संस्कृत वाङ्मय कोश

तृतीय खण्ड : परिभाषा

[दो जिल्दों में]

1

(पूर्वार्द्ध)

सम्पादक

डॉ. श्रीधर भास्कर वर्णेकर

प्रज्ञाभारती

भूतपूर्व संस्कृत विभागाध्यक्ष, नागपुर विश्वविद्यालय

भारतीय भाषा परिषद, कोलकाता

की ओर से

लोकभारती प्रकाशन

प्रकाशक
भारतीय भाषा परिषद, कोलकाता
की ओर से

लोकभारती प्रकाशन
पहली मंजिल, दरबारी बिल्डिंग, महात्मा गांधी मार्ग
प्रयागराज-211 001

वेबसाइट : www.lokbhartiprakashan.com
ईमेल : info@lokbhartiprakashan.com

शाखाएँ : 1-बी, नेताजी सुभाष मार्ग, दरियागंज
नई दिल्ली-110 002
अशोक राजपथ, साइंस कॉलेज के सामने
पटना-800 006
1, अनमोल सोराबजी संतुक लेन, धोबी तलाव,
मरीन लाइंस, मुम्बई-400 002

पहला संस्करण : 1992
दूसरा संस्करण : 2015
This book is printed on **Print on Demand**
Technology : 2024

SANSKRIT VANGMAYA KOSH
PART-III (PARIBHASHA) VOL.I
Edited by Dr. Shridhar Bhasker Varnekar

ISBN : 978-81-8031-992-1

तृतीय खंड की दो जिल्दों का
मूल्य : ₹2000

प्रकाशकीय

भारतीय भाषा परिषद, राष्ट्र की सभी प्रादेशिक भाषाओं के साहित्यकारों व पाठकों में पारस्परिक सौमनस्य, समादर, सम्यक् सम्पर्क हेतु संस्थापित सेतु-संस्था है। परिषद ने देश की विभिन्न भाषाओं के श्रेष्ठ उपन्यास, कहानियां कविता के सारांश अथवा मूल रूप का सक्षम हिन्दी रूपांतर करवाकर प्रादेशिक वाङ्मय के अमोल ग्रंथ रत्नों को सुधी पाठकों के सामने प्रस्तुत करने का प्रयास किया है।

संस्कृत सभी भारतीय भाषाओं की जननी है। अतः परिषद ने १९८० में एक परिकल्पना की कि सम्पूर्ण संस्कृत् वाङ्मय का परिदर्शन हिन्दी के माध्यम से प्रस्तुत हो। इस परिकल्पना को साकार किया, संस्कृत के परिनिष्ठित विद्वान डॉ. श्रीधर भास्कर वर्णेकर ने। इस योजना के अंतर्गत प्रथम व द्वितीय खण्ड पहले प्रकाशित हो चुके हैं। भारतीय भाषा परिषद को संस्कृत वाङ्मय कोश के तृतीय खण्ड (परिभाषा खण्ड) के प्रकाशन पर उपलब्धि व तुष्टि बोध से विलक्षण गौरव का अनुभव हो रहा है।

संस्कृत वाङ्मय कोश के - प्रथम दो खण्डों (ग्रंथकार व ग्रंथ खण्ड) का प्रकाशन व लोकार्पण १९८९ के प्रारंभ में हुआ था। संस्कृत की महनीय अपार सम्पदा का वरदान राष्ट्रभाषा हिन्दी को डॉ. श्रीधर भास्कर वर्णेकर की सप्त-वर्षीय एकलव्य-निष्ठा के द्वारा मिला। सात वर्षों तक, देववाणी संस्कृत के शीर्षस्थ विद्वान डॉ. वर्णेकर ने सर्वतोभावेन इस कोश सम्पादन के प्रति अपने को समर्पित कर, यह अतुलनीय कृति लोक-मानस को राष्ट्रभाषा / हिन्दी के माध्यम से प्रदान की। इन दो खण्डों के प्रकाशन पर देश के प्रतिष्ठित आचार्यों ने विस्मय-भरी व आनन्दमयी मुद्रा में मुक्त कंठ से इस अवदान का अभिनंदन किया।

१९८९ की जनवरी में ही इन दो खण्डों के प्रकाशन के साथ-साथ डॉ. वर्णेकर पुनः तृतीय खण्ड- परिभाषा खण्ड - की सामग्री संकलन, संचयन व संपादन मे जुट गये। भारतीय भाषा परिषद की मूल योजना संस्कृत वाङ्मय के दिग्दर्शन को चार खण्डों में नियोजित करने की थी। ये चार खण्ड थे – ग्रंथकार, ग्रंथ, परिभाषा व सन्दर्भ। पर ग्रंथकार व ग्रंथ खण्डों में ही सन्दर्भ- सामग्री का इतनी प्रचुरता से समावेश हो गया कि सन्दर्भ खण्ड, का पृथक प्रस्तुतीकरण अनावश्यक प्रतीत हुआ। पर 'परिभाषा खण्ड' की प्रस्तुति तो अनिवार्य थी ही। डा वर्णेकर ने जनवरी १९८९ से अक्टूबर १९९१, तक अनवरत प्रतिदिन नागपुर से बाहर अनेकों प्रवास की अवधि में भी निरत रह कर, १९९१ की विजयादशमी को "परिभाषा खण्ड" की रचना का कार्य सम्पन्न किया।

ग्रंथकार व ग्रंथ खण्डों के सम्पादन की तुलना में परिभाषा खण्ड के प्रणयन का कार्य ही दुष्कर था। एक ही शब्द की अलग-अलग विधाओं में सर्वथा नयी परिभाषा होती है, फिर धर्म, योग, ज्ञान, मोक्ष, ईश्वर, सुख, आत्मा जैसे महत्वपूर्ण शब्दों का "दर्शन" जैसी एक ही विधा में विभिन्न व्याख्याकारों ने अपनी मान्यता के अनुसार भिन्न रूपों में परिभाषित किया है। वरेण्य सम्पादक ने इन उलझनों का भी समाधान किया है।

प्रस्तुत खण्ड में परिभाषाओं का धर्म, अर्थ, काम तथा मोक्ष चार पुरुषार्थ तथा एक संकीर्ण- कुल पांच शीर्षकों के अन्तर्गत विभाजन किया गया है।

धर्म विभाग में वेद, वेदांग, स्मृति व टीकाओं की धर्म, यज्ञ, व्रत, आदि शब्दों की तथा भगवद्‌गीता की विशिष्ट परिभाषाएँ है। एक "व्रत" शब्द में ही बौद्ध, जैन, शैव, वैष्णव विभिन्न सम्प्रदायों के व्रतों की व्याख्या है। छन्दः शास्त्र तथा ज्योतिष में प्रयुक्त शब्दावली की परिभाषाएं भी इसी विभाग में है। **अर्थ विभाग** में कौटिलीय अर्थशास्त्र, शुक्रनीति व मनु-स्मृति के शब्द परिभाषित है। **काम विभाग** में नाट्य, साहित्य, संगीत, शिल्पचित्रकला में चर्चित शब्दों की परिभाषाएं है। **मोक्ष विभाग में** भारतीय दर्शन के विभिन्न पक्ष आस्तिक, नास्तिक दर्शन, शब्दावली की परिभाषाएं है।

पंचम-विभाग में दृष्टान्त वाक्य, खण्डन-मण्डनात्मक शास्त्रग्रंथों के सिद्धांत वाक्यों का चयन तथा परिभाषा है।

भारतीय भाषा परिषद की परिकल्पना को इतने विराट व सघन रूप में साकार करने की जो साधना डॉ. वर्णेकर ने की है, परिषद उसका आभार व्यक्त करने में बहु-विध अलंकारिक शब्दों का प्रयोग करके भी अपने को असमर्थ पाती है।

इतना बड़ा कार्य सम्पन्न करके डॉ. वर्णेकर सफल तरुवर की विनीत मुद्रा में कहते हैं - "मेरे स्वामी ने भण्डार खोल रखा है, यह समस्त माल उसी का है, मै तो केवल भारवाही मज़दूर हूं।"

भारतीय भाषा परिषद का विश्वास है कि संस्कृत वाङ्मय कोश के इस परिभाषा खण्ड का विद्वत् मनीषीगणों के समाज में पूर्व प्रकाशित दो खण्डों के समान ही सम्यक् समादर होगा।

परमानंद चूडीवाल

संपादकीय निवेदन

सन् १९७९ में नागपुर विश्वविद्यालय के संस्कृत विभागाध्यक्ष पद से मैं सेवानिवृत्त हुआ। उसी वर्ष कलकत्ता की भारतीय भाषा परिषद के कार्यकर्ताओं ने 'संस्कृत वाङ्मय कोश' का प्रकाशन करने का निर्णय किया और उस के संपादन का दायित्व १९८१ में मुझ पर सौंपा।

१ अप्रैल १९८२ से संपादन कार्य का प्रारंभ हुआ। कुछ सहकारियों की सहायता से **'ग्रंथकार खण्ड'** और **'ग्रंथखण्ड'** नामक दो खंडों का संपादन सन् १९८८ में संपूर्ण हुआ। प्रथम दो खण्डों का प्रकाशन भारत सरकार के मानव संसधान विकास मन्त्रालय की आंशिक आर्थिक सहायता से हुआ।

भारत के विद्वान् एवं लोकप्रिय उपराष्ट्रपति डॉ. शंकर दयाल शर्मा जी की अध्यक्षता में माननीय श्री. नरसिंह राव (आज के हमारे प्रधान मंत्री) एवं श्री. वसंतराव साठे (तत्कालीन ऊर्जामंत्री) इत्यादि महानुभावों के गुणग्रहणात्मक भाषणों के साथ उपराष्ट्रपतिभवन में प्रस्तुत कोश के प्रथम दो खंडों का प्रकाशन समारोह दि. ७ जनवरी १९८९ को संपन्न हुआ। भा. भा. परिषद की कोश योजना के अन्तर्गत **'परिभाषाखण्ड'**-नामक तृतीय खण्ड का प्रकाशन बाकी रहा था। दिल्ली एवं कलकत्ता में संपन्न प्रकाशन समारोह के तुरंत पश्चात् हमने इस कार्य का शुभारंभ किया।

संस्कृत वाङ्मय के अन्तर्गत प्रायः सभी शास्त्रों के महत्त्वपूर्ण पारिभाषिक शब्दों का चयन और उनका हिंदी में यथोचित स्पष्टीकरण, इस प्रकार का कार्य करने की दृष्टि से सहकारी की आवश्यकता तो थी, किन्तु दुर्लभता के कारण यह संपूर्ण संपादन अथ से इति तक हमें एकाकी करना पड़ा। प्रारंभिक दो खण्डों के संपादन कार्य के कारण, अन्तःकरण में इस कार्य में कुछ विशेष रुचि प्रबल हुई थी। इसी कारण यह कार्य एकाकी करने में अपूर्व आनन्द का अनुभव प्रतिदिन मिलता रहा। १९८९ के जनवरी मास में जिस दिन से हमने इस संपादन कार्य का प्रारंभ किया उस दिन से १९९१ की विजयादशमी तक हमारे इस अनुष्ठान में (प्रवास काल में भी) खण्ड नहीं पडा। संकल्पित कार्य में इस प्रकार निर्विघ्नता प्रभुकृपा के कारण ही प्राप्त हो सकती है। अब यह कार्य समाप्त होने के कारण एक प्रकार की रिक्तता का अनुभव आ रहा है।

प्रथम दो खण्डों का मुद्रण 'भाग्यश्री' फोटो टाइपसेटर्स एन्ड ऑफ्सेटप्रिन्टर्स (लक्ष्मीनगर, नागपुर) के संचालक श्री. अरविन्द मार्डीकर ने जिस आत्मीयता और तन्मयता से किया, उसी भाव से इस तृतीय खण्ड का भी मुद्रण कार्य उन्होंने किया है। 'भाग्यश्री' मुद्रणालय जैसा उत्तम मुद्रणालय हमें मिला यह हमारा भाग्य फल हम समझते हैं। ग्राहक वर्ग ने प्रारंभिक दो खण्डों के सुन्दर एव निर्दोष मुद्रण की जिस प्रकार सर्वत्र प्रशंसा की, उसी प्रकार इस तृतीय खण्ड के भी मुद्रण की प्रशंसा अवश्य होगी।

प्रस्तुत कोश के तीनों खण्डों के शोध्य पत्रों के शोधन कार्य में हमारे परम मित्र श्री. मोहन मार्डीकर (नागपुर विश्वविद्यालय के कला विभाग के भूतपूर्व अधिष्ठाता) का जो सहयोग हमें मिला, वह सर्वथा अभिनन्दनीय है।

परिभाषा खण्ड की रूपरेषा

प्रस्तुत तृतीय खण्ड का विभाजन पांच भागों में किया है। (१) धर्म, (२) अर्थ, (३) काम, (४) मोक्ष और (५) न्यायसंग्रह। **(१) धर्मविभाग** में वेद या वेदांगों में तथा धर्मशास्त्र में प्रयुक्त पारिभाषिक शब्दों का चयन हुआ है। वैदिक शब्दावली में शतपथ, ऐतरेय आदि ब्राह्मण ग्रन्थों तथा आश्वलायन, बौधायन, कात्यायन, आपस्तंब आदि श्रौतसूत्रों, कल्पसूत्रों, गृह्यसूत्रों तथा धर्मसूत्रों एवं मनु, याज्ञवल्क्य, आदि स्मृतिग्रंथ, और मन्वर्थमुक्तावली (ले. कुल्लूकभट्ट), मिताक्षरा (ले. विज्ञानेश्वर) आदि कुछ टीका-ग्रंथों में प्रयुक्त विविध प्रकार के पारिभाषिक शब्दों का चयन करने का प्रयत्न हुआ है। भारत की धर्म विषयक परिभाषा में यज्ञविधि, संकरोत्पन्न जाति, एवं विविध प्रकार के व्रत से संबंधित पारिभाषिक शब्दों का प्राधान्य है। व्रतों में बौद्ध, जैन, शैव, वैष्णव संप्रदायों के व्रतों का यथोचित निर्देश हुआ है।

वेदांगों के पारिभाषिक शब्दों का चयन महत्त्वपूर्ण ग्रंथों तथा उनकी टीकाओं से हुआ है। **व्याकरण** – इसमें सिद्धान्त कौमुदी (बालमनोरमा टीका), पाणिनिकृत शिक्षा, गणपाठ, धातुपाठ, पातंजल महाभाष्य, भर्तृहरिकृत वाक्यपदीय तथा स्व. गुंडेराव हरकरे कृत प्रत्यय कोश, स्व. रावबहादुर नाराणय दाजीबा वाडेगावकरकृत परिभाषेन्दुशेखर का मराठी भाषान्तरात्मक भाष्य इत्यादि ग्रन्थों से शब्दों तथा उनके विवरण का चयन हुआ है। **छन्दःशास्त्र** – इसमें वृत्तरत्नाकर (ले. केदार भट्ट, व्याख्या – नारायणी-नारायण भट्ट कृत); पिंगल सूत्र, (मृतसंजीवनी व्याख्या – हलायुध भट्ट कृत) इन ग्रन्थों से प्रधानतया शब्दों का चयन हुआ है। **ज्योतिषशास्त्र** – इसमें बृहत्संहिता (वराहमिहिर कृत),

(व्याख्या अच्युतानंद झा), ब्रह्मस्फुटसिद्धान्त (ब्रह्मगुप्त कृत), सिद्धान्तशिरोमणि (भास्कराचार्यकृत), जैसे ग्रंथों से शब्दार्थ का चयन हुआ है। **आयुर्वेद** – चार उपवेदों में से आयुर्वेद की परिभाषा का चयन धर्मविभाग में हुआ है। इस परिभाषा का चयन प्रधानतः चरकसंहिता, सुश्रुतसंहिता (व्याख्या- दत्तो बल्लाळ बोरकर), अष्टांगहृदय (वाग्भटकृत), (व्याख्या डॉ. र. कृ. गर्दे), शार्ङ्गधर संहिता, धन्वन्तरिनिघण्टु (व्याख्या झारखंडे, ओझा), वैद्यकोष (चक्रपाणि दत्तकृत) जैसे ग्रन्थों से हुआ है।

(२) **अर्थविभाग** – इसमें मुख्यतः कौटिलीय अर्थशास्त्र (हिवरगावकर कृत तथा डॉ. कंगलेकृत मराठी भाषान्तर) शुक्रनीति तथा मनुस्मृति से परिभाषा का चयन हुआ है।

(३) **कामविभाग** – इसमें कामशास्त्र के साथ नाट्य, साहित्य, संगीत, शिल्प और चित्रकला जैसे कामपुरुषार्थ से संबंधित उपांगों से संबंधित शास्त्रों की परिभाषा का चयन विषयानुसार हुआ है। यह परिभाषा भरत नाट्यशास्त्र, दशरूपक (धनिक-धनंजयकृत), काव्यप्रकाश (मम्मटाचार्य कृत), साहित्य-दर्पण (कविराज विश्वनाथकृत), काव्यमीमांसा (राजशेखर कृत), शृंगारप्रकाश (भोजकृत), संगीतरत्नाकर (निःशंकशाङ्र्गदेवकृत), समग्र भातखंडे ग्रंथावली, जैसे ग्रंथों से संकेलित की है।

(४) **मोक्षविभाग** – इसमें सभी आस्तिक एवं नास्तिक दर्शनों में उपयुक्त दार्शनिक परिभाषा का चयन हुआ है। भगवद्गीता के शांकरभाष्य में तथा प्रज्ञाचक्षु गुलाबराव महाराजकृत वेदान्तपदार्थोद्देश-दीपिका, सर्वदर्शनसंग्रह (माधवाचार्यकृत), अर्थसंग्रह (लौगाक्षीभास्करकृत), इन मौलिक ग्रंथों के साथ, जैनधर्मामृत (डॉ. उमेश मिश्र), भारतीयदर्शन (पं. बलदेव उपाध्याय) जैसे प्रबन्धों से भी सहायता ली गयी है।

इन महत्त्वपूर्ण ग्रन्थों के अतिरिक्त वैदिककोश (डॉ. सूर्यकान्त कृत), हिन्दी विश्वकोश, भारतीय संस्कृति कोश (१० भाग, पं. महादेव शास्त्री जोशी कृत) संस्कृत-हिंदी कोश (वामन शिवराम आपटे कृत), न्यायकोश (भीमाचार्य झळकीकर कृत) इत्यादि श्रेष्ठ कोशग्रन्थों से यथोचित मात्रा में शब्दों का चयन एवं अर्थों का विवरण हमने किया है।

इन सभी ग्रंथकारों, भाष्य-टीकाकारों, प्रबंधकारों एवं कोशकारों के हम सर्वथा ऋणी हैं।

(५) **न्यायसंग्रह विभाग** – संस्कृत शास्त्र ग्रंथों के प्रतिपाद्य विषयों के खण्डन मण्डनात्मक शास्त्रार्थों में, सिद्धान्तों के निदर्शन या दृष्टान्त के रूप में अत्यंत मार्मिक वाक्य मनीषियों द्वारा कहे गये हैं। वे सर्वत्र और सर्वदा बोधप्रद हैं। प्रस्तुत कोश के निमित्त पारिभाषिक शब्दों का संकलन करते समय जो दृष्टान्तवचन या दृष्टान्तरूप कल्पनाएँ हमें मिलती गयीं, उनका संकलन तथा स्पष्टीकरण हमने किया। साथ ही इस प्रकार का प्रयत्न' लौकिक न्यायांजलि' के तीन भागों का संपादन करने वाले कर्नल जेकब के द्वारा संकलित तथा 'दृष्टान्तपाठ' नामक महाराष्ट्र के महानुभाव संप्रदाय के प्रमाणभूत ग्रंथ में संगृहीत दृष्टान्तस्वरूप न्यायों का एवं शांकरभाष्य, पातंजलमहाभाष्य परिभाषेन्दुशेखर जैसे ग्रंथों में कथित न्याय-स्वरूप वचनों का और सुभाषितों में ग्रंथित दृष्टान्तवचनों का भरपूर मात्रा में चयन इस विभाग में हुआ है। यहां सभी पारिभाषिक शब्दों का चयन शास्त्रात्मक प्रकरणानुसार हुआ है। जिन शब्दों का अन्तर्भाव विशिष्ट प्रकरण में नहीं हो सका तथा वर्णक्रमानुसार संपादन का कार्य समाप्त होने के बाद जो संग्राह्य शब्द हमें मिले; उनका भी संकलन, परिशिष्टों में हुआ है। इस प्रकार संस्कृत वाङ्मय कोश का यह तृतीय खण्ड 'पंचमुखी' हुआ है।

कोश संपादन का कार्य मधुकोष के निर्माण सा होता है। किसी भी कोश में कोशकार का अपना कुछ नहीं होता। होता है उसका केवल परिश्रम। महाराष्ट्र के संतशिरोमणी श्री. तुकाराम महाराज अपनी अभंग गाथा के संबंध में कहते हैं –

''फोडिले भांडार धन्याचा हा माल।
मी तव हमाल, भारवाही।।''

(**भावार्थ** – मेरे स्वामी ने भंडार खोल रखा है, वहीं का यह सारा माल है। मै तो केवल भारवाही मज़दूर हूं।)

प्रस्तुत कोश में पारिभाषिक शब्दों का चयन तथा विवरण करने में हमने केवल मज़दूरी की है। यह सारा माल पूर्व सूरियों का ही है।

दूसरी दृष्टि से यह काम मालाकार के समान है। मालाकार पुष्पावली को उत्पन्न नहीं करता। वह केवल विविध रंगबिरंगे पुष्पों का पुष्पोद्यानों से चयन करता है और अपनी कुशलता से सुन्दर पुष्पमाला बनाकर उपासकों को समर्पण करता है।

प्रभुकृपा से संस्कृतवाङ्मय कोश के तीन खण्डों के संपादन का कार्य अब तक हमसे हो सका। उसके गुणों से अवगुण अधिक हैं यह हम स्वयं जानते हैं। ये सारे अवगुण हमारी अल्पज्ञता, असमर्थता, और असहायता के कारण हुए हैं। संस्कृत वाङ्मय संबंधी कोशसाहित्य में इस प्रकार से ग्रंथकार, ग्रंथ तथा विविध शास्त्रोक्त पारिभाषिक

शब्दों का समेकित चयन करने का यह प्रारंभिक उद्योग है। आशा है कि आगे चलकर श्रेष्ठ विद्वज्जन इस योजना के अनुसार प्रस्तुत **कोशत्रयी** में अनुक्त और दुरुक्त का दोष दूर करते हुए बृहत्तम आकार के कोश निर्माण करेंगे। इन कोशों में उल्लिखित (और अनुल्लिखित भी) ग्रंथकार हमारी सनातन राष्ट्रीय संस्कृति के महान् उपासक थे। उनके द्वारा निर्मित सारी संस्कृत ग्रंथसंपदा हमारा राष्ट्रीय निधान है। उस ग्रंथसंपदा में प्रतिपादित विविध स्वरूप शास्त्रीय ज्ञान-विज्ञान और उसका धारण एवं वहन करने वाले शास्त्रोक्त पारिभाषिक शब्द उस राष्ट्रीय विधान के अन्तर्भूत रत्नकोश या हिरण्यकोश है। भारतीय संस्कृति की रक्षा करने के कार्य में इस 'त्रयी' की आराधना करना सर्वश्रेष्ठ कार्य है।

भारतीय भाषा परिषद इसी कार्य के लिए बद्ध परिकर है। परिषद ने अपनी इस योजना में मुझ जैसे नगण्य व्यक्ति को सहभागी किया यह मेरा अहोभाग्य है। परिषद के सभी अग्रगण्य कार्यकर्ताओं को इस निमित्त अन्तःकरणपूर्वक धन्यवाद देता हूं।

प्रभो तव कृपां विना तृणकणोऽपि न स्पन्दते
सहस्रकिरणोऽपि न क्षणशतांशमुद्योतते।।
न चेन्दुरपि राजते न खलु गीष्पतिर्भाषते
कुतो नु बत मादृशो विरचयेत कोशत्रयम्।

— **श्रीधर भास्कर वर्णेकर**

संस्कृत वाङ्मय कोश

तृतीय खण्ड – परिभाषा

अन्तरङ्ग दर्शन

(कुल पृष्ठसंख्या १३)

विश्व के शास्त्रीय वाङ्मय का विहंगावलोकन करने पर यही दिखाई देता है की मानव जीवन को चरितार्थ करने वाले, धर्म, अर्थ, काम और मोक्ष – इन चारों पुरुषार्थों की प्राप्ति के लिए, आवश्यक ज्ञान-विज्ञान के प्रायः सभी मूलभूत ग्रंथ भारत में ही प्रथम निर्माण हुए। इस ज्ञान-विज्ञान की अभिव्यक्ति का माध्यम संस्कृत भाषा होने के कारण यहां के सारे शास्त्रीय चर्चात्मक ग्रंथ संस्कृत भाषा में ही उपनिबद्ध हुए।

पारिभाषिक शब्द

शास्त्रकार विद्वान् अपने सविस्तर आशय को अल्पाक्षरों में संगृहीत करने हेतु पारिभाषिक शब्दों का निर्माण करते हैं। ऐसे शब्द प्रायः व्याकरण की व्युत्पत्ति के अनुसार बनाए जाते हैं। अतः अनेक पारिभाषिक शब्दों के अर्थ उनके विग्रह या लौकिक व्युत्पत्ति के द्वारा अनायास प्राप्त हो सकते हैं। उदाहरणार्थ 'अर्थान्तरन्यास' एक अर्थालंकार का वाचक शब्द है। अलंकार शास्त्र के लेखकों ने इस अलंकार का लक्षण अपने अपने शब्दों में बताया है, तथापि अर्थान्तरन्यास शब्द का विग्रह करने से उक्त लक्षण का मूलभूत आशय ध्यान में आ सकता है। अतः व्याकरण या व्युत्पत्ति शास्त्र का पर्याप्त अध्ययन करने वालों के लिए अनेक पारिभाषिक शब्द सुबोध होते हैं। उस सुबोधता के कारण वे व्यावहारिक भाषा में रूढार्थक शब्दों की भांति प्रचलित भी होते हैं। यज्ञ, धर्म, माया, पत्नी, यजमान, राग, ताल, रस, इत्यादि सैकड़ों पारिभाषिक शब्द लौकिक भाषा में रूढ हो चुके हैं।

सामान्य मनुष्य को उन शब्दों के पारिभाषिक (अर्थात् शास्त्रकारों द्वारा आरोपित) ''कृत्रिम अर्थ'' का ज्ञान नहीं होता। जब वह किसी शास्त्रीय ग्रंथ का अध्ययन करता है, तब उन सुपरिचित शब्दों का शास्त्रोक्त अर्थ जानकर एक आश्चर्य का अनुभव करता है।

कालप्रभाव सर्वव्यापी होता है। उसके कारण अनेक शास्त्रों का भी लोप यथाकाल क्रमशः होता है। समाज में प्राचीन शास्त्रों का अध्ययन बंद होकर नवोदित शास्त्रों का अध्ययन होते लगता है। ऐसी अवस्था में पुराने शास्त्रों के पारिभाषिक शब्दों का प्रचार न रहने के कारण, वे लुप्तप्राय होते हैं। और प्रचार में रहे तो भी फूलों के सुगंध की भाँति उनका अर्थ उड़ जाने के कारण, गंधहीन पुष्पों के समान अनेक पारिभाषिक शब्द अर्थहीन होकर इधर उधर पड़े रहते हैं। उनके मूलभूत विशिष्ट अर्थों की खोज करते समय, उस लुप्तप्राय अर्थ के ज्ञान से एक विचित्र आनंद आता है।

प्राचीन काल में पाली, अर्धमागधी, शौरसेनी, महाराष्ट्री, द्राविड, इत्यादि अनेक अपभ्रंशात्मक भाषाएँ देश के विविध प्रदेशों के लोकव्यवहार में प्रचलित थीं। पाली-प्राकृत में तो बौद्ध-जैन संप्रदायों का प्रमाणभूत साहित्य भरपूर निर्माण हुआ, किन्तु उनमें 'शास्त्रीय' कहने योग्य ग्रन्थों की निर्मिति नहीं हुई। महाराष्ट्री, शौरसेनी आदि अनेक लोकभाषाओं को किसी सम्प्रदाय के प्रचार का माध्यम होने का सौभाग्य प्राप्त नहीं हुआ, अतः उन सभी लोकभाषाओं में विशेष उल्लेखनीय कोई ग्रंथरचना नहीं दिखाई देती। सूक्ष्म शास्त्रीय चर्चा करने की प्रगल्भता इन लोकभाषाओं में नहीं थी। व्यवहार में विविध प्रादेशिक भाषाओं का उपयोग करने वाले शिक्षित 'शिष्ट' लोग भी अपने ज्ञातव्य या प्रतिपाद्य शास्त्रीय विषयों की चर्चा के लिए, संस्कृत शब्दों का ही प्रयोग करते थे।

लौकिक भाषाओं के क्षेत्र में एक उल्लेखनीय कन्नड ग्रंथ है ''शब्ददर्पण''। १३ वीं शती में कर्नाटक के एक जैन व्याकरणाकार केशिराज ने इस ग्रंथ की रचना की है। इस ग्रंथ के ९ भागों में से प्रथम आठ भागों में व्याकरण विषय की चर्चा और अंतिम नौवें भाग में श्रेष्ठ कवियों द्वारा प्रयुक्त गूढ शब्दों का स्पष्टीकरण किया है। वह कोशग्रंथ एक प्रादेशिक भाषा में है किन्तु उसमें संचित पारिभाषिक शब्द संस्कृत शास्त्रों के है। साहित्य, व्याकरण ज्योतिष, आयुर्वेद, योग, वेदान्त आदि विविध शास्त्रीय विषयों की चर्चा वाचिक तथा लिखित स्वरूप में आज के विविध भाषाभाषी भारतीय लोग अपनी अपनी बंगला, हिन्दी, मराठी, कन्नड, तेलुगु, गुजराती आदि प्रादेशिक भाषाओं में भरपूर मात्रा में करते हैं। उनकी चर्चा का माध्यम प्रादेशिक भाषा होते हुए भी, जिस शास्त्र की चर्चा होती है, उसके सारभूत, सिद्धान्तबोधक, सभी शब्द संस्कृत होते हैं। उनके प्रमाणभूत सारे आप्तवाव्य भी संस्कृत वाङ्मय के ख्यातनाम आकर ग्रंथों से उद्घृत किए जाते हैं।

अनुवाद असंभव

भारत की सभी प्रादेशिक भाषाओं में अर्वाचीन कालखंड में (**१९-२० वीं शती में**) इस प्रकार के संस्कृत शास्त्राधिष्ठित तथा उन शास्त्रों में प्रतिष्ठित पारिभाषिक शब्दों से अनुप्राणित, अनेक ग्रंथों का प्रकाशन भूरि मात्रा में हुआ है। ऐसे ग्रंथों में अनुवादात्मक तथा विमर्शात्मक ग्रंथों का मुख्यतः अर्न्तभाव होता है। उदाहरण के लिए भारतीय साहित्य शास्त्र विषयक डॉ. सत्यव्रत सिंह कृत साहित्यदर्पण की 'शशिकला' नामक हिन्दी व्याख्या देखिए। इसमें मूल कारिकाएँ, उनकी वृत्तियाँ, उदाहरणपद्य आदि के अनुवाद तथा उनका "विमर्श" यह सारा लेखन है तो हिन्दी में, किन्तु "शशिकला' का विवेचनीय विषय साहित्यदर्पण में प्रतिपादित साहित्य शास्त्र होने के कारण, व्याख्याकार को पद पद पर साहित्य शास्त्र के मूलभूत पारिभाषिक शब्दों का प्रचुर मात्रा में उपयोग करना अनिवार्य था। इसका कारण सैद्धान्तिक विचारों का अनुवाद और विवेचन उन पारिभाषिक शब्दों के प्रयोग किये बिना असम्भव होता है। अभिधा, लक्षणा, व्यंजना, विभाव, अनुभाव, उपमा, दृष्टान्त, विभावना, विशेषोक्ति, इत्यादि अनेकविध साहित्यशास्त्रीय पारिभाषिक संज्ञाओं की लक्षणकारिकाओं के अनुवाद और विवरण प्रस्तुत ग्रंथ में विशिष्ट स्थान पर अवश्य हुए हैं, किन्तु पारिभाषिक संज्ञाओं का प्रयोग प्रत्येक स्थान पर हिंदी स्पष्टीकरण के साथ देना ग्रंथकार के लिए असम्भव है। अतः ऐसी संस्कृत संज्ञाएँ संपूर्ण ग्रंथ में यथावत् प्रयुक्त हुई है। पारिभाषिक शब्दों के अर्थज्ञान बिना यह ग्रंथ हिन्दी के ज्ञानी विद्वान् को भी दुर्बोध होता है। इसी प्रकार पारिभाषिक संस्कृत संज्ञाओं के प्रयोग, सभी भारतीय भाषाओं के शास्त्रीय ग्रंथों में निरपवाद हुए हैं। उन सब में यही दिखाई देता है कि, पारिभाषिक संज्ञाओं का विवरण हो सकता है (वह तो मूल संस्कृत ग्रंथकारों ने ही कर रखा है) शास्त्रग्रंथों के अनुवादक अधिक स्पष्टीकरणों के साथ अनुवाद कर सकते हैं। **किन्तु मूल पारिभाषिक संस्कृत संज्ञाएँ या शब्द, संस्कृत भाषा का निजी धन होने से, उनका अनुवाद हो ही नहीं सकता।**

उदाहरण के लिए साहित्य शास्त्र का एक सामान्य पारिभाषिक शब्द 'उपमा' लीजिए। विशिष्ट अर्थालंकार बोधक इस शब्द का स्पष्टीकरण विश्वनाथ कविराज ने, "साम्यं वाच्यम् अवैधर्म्यं वाक्यैक्ये उपमा द्वयोः" इस कारिका के रूप में प्रस्तुत किया। उसका अनुवाद "शशिकला' व्याख्याकार ने — 'उपमा' वह अलंकार है, जिसे उपमान और उपमेय का साम्य अथवा 'सादृश्य' कहते हैं जो कि स्पष्टतः एक वाक्य में प्रतिपादित रहा करता है और जिसमें वैधर्म्य की कोई चर्चा नही हुआ करती इन शब्दों में किया है।

इस प्रकार कारिका तथा बाद में वृत्ति का अनुवाद फिर उदाहरण - प्रत्युदाहरण आदि के अनुवाद और विमर्शात्मक शास्त्रीय चर्चा सब कुछ हिन्दी भाषा में होने के कारण पाठक को "उपमा" संज्ञा का भरपूर ज्ञान होता है। और वह "उपमा" शब्द का अपने व्यवहार में अनायास प्रयोग करने में समर्थ होता है। किन्तु इस पारिभाषिक शब्द के हिन्दी अनुवाद का प्रयोग वह कभी भी और कहीं भी नहीं कर सकता; क्यों की उसका अनुवाद हो ही नहीं सकता। इस प्रकार संस्कृत शास्त्रान्तर्गत किसी भी पारिभाषिक शब्दों के अनुवाद किसी भी भारतीय भाषा में आज तक न हो सके न आगे चलकर हो सकेगे। अब तक सारे अनुवाद लौकिक संस्कृत शब्दों के ही हुए हैं। इसका कारण लौकिक व्यवहार में उपयुक्त, संस्कृत शब्दों के पर्याय प्रादेशिक भाषाओं में मिलते हैं, शास्त्रीय शब्दों के अनुवाद नहीं मिलते; क्यों कि वे हो ही नहीं सकते।

विदेशी (यूरोपीय) प्रगल्भ भाषाओं में संस्कृत शास्त्रों के कुछ पारिभाषिक शब्दों के पर्याय, वहां के उन उन शास्त्रों में मिलते है। किन्तु ऐसे शब्दों की संख्या अत्यल्प है। विदेशी अनुवादकों को भी भारतीय संस्कृत शास्त्रग्रंथों के अनुवादों में संस्कृत संज्ञाओं का यथावत् ग्रहण करना अनिवार्य हुआ है।

इस सारे प्रतिपादन का तात्पर्य यही है कि संस्कृत भाषा जिन लौकिक और शास्त्रीय शब्दों से गठित हुई है, वे दोनों प्रकार के शब्द मुख्यतः पाणिनीय प्रक्रिया के अनुसार व्युत्पत्तिसिद्ध होते हैं। व्युत्पत्तिविरहित शब्दों के अन्तर्गत लोकव्यवहार में यत्र तत्र प्रचलित रूढार्थक शब्द होते है, जिनके पर्याय प्रादेशिक भाषाओं में मिलने के कारण संस्कृत ग्रंथों के अनुवादों में उन प्रादेशिक पर्यायों का प्रयोग होता है।, कुछ सामासिक संस्कृत शब्दों का विग्रहात्मक अनुवाद हो सकता है किन्तु उनमें सामासिक शब्द का लाघव और प्रसाद न रहने के कारण मूल सामासिक संस्कृत शब्दों का ही प्रयोग करना कुशल अनुवादक अच्छा समझते हैं।

व्युत्पत्तिसिद्ध परिभाषा

शास्त्रीय या पारिभाषिक शब्दों की निर्मिति शास्त्रकारों ने अपना व्यापक मन्तव्य अल्पाक्षरों में गठित करने के हेतु की है। वे शब्द उन्होंने संस्कृत की व्युत्पत्तिप्रक्रिया के अनुसार निर्माण किए हैं। अलंकार शास्त्रकारों की, रूपक, दृष्टान्त, अप्रस्तुतप्रशंसा अर्थान्तरन्यास, यथासंख्य, विरोधाभास, भ्रान्तिमान्, सहोक्ति, विनोक्ति, आदि अलंकार-वाचक

संज्ञाएं इसी प्रकार निर्माण हुई हैं। इस प्रकार की अन्वर्थक संज्ञाओं द्वारा अलंकार के स्वरूप की कल्पना केवल व्युत्पत्ति, विग्रह आदि व्याकरण प्रक्रिया द्वारा, विदग्ध विज्ञासु को आ सकती है। व्युत्पत्तिलभ्य आशय के अतिरिक्त विशिष्ट शास्त्रीय आशय का ज्ञान, शास्त्रग्रंथ के विवरण से हो सकता है।

इन व्युत्पत्तिसिद्ध पारिभाषिक शब्दों के अतिरिक्त अन्यान्य शास्त्रकारों ने अपने विशिष्ट मन्तव्य को शब्दांकित करने के लिये अपने ऐसे शब्द निर्माण किये है कि उनका लौकिक व्यवहार में कहीं उपयोग न होने के कारण, तथा व्युत्पत्तिप्रक्रिया से उनका अर्थबोध न होने के कारण, शास्त्रकार के कथनानुसार ही उनका अर्थ ध्यान में लेना होता है। व्याकरणशास्त्र के टि, घु, घि, कृत्, कृत्य, गुण, वृद्धि, प्रगृह्य, अच्, हल्, सर्वनामस्थान, इत्, इत्यादि अनेक शब्द इस प्रकार के उदाहरण के रूप में प्रस्तुत किये जा सकते हैं। इन्हें हम ''पाणिनि के यदृच्छाशब्द'' शब्द कह सकते हैं। लौकिक भाषा के यदृच्छा शब्दों का अर्थ जिस प्रकार संकेतानुसार होता है उसी प्रकार टि, घु, आदि शब्दों का अर्थ पाणिनिकृत संकेतानुसार ही लेना पड़ता है। इनका अनुवाद कदापि नहीं हो सकता।

लौकिक शब्दों में पारिभाषिक अर्थ

पारिभाषिक शब्दों में ऐसे अनेक शब्द मिलते हैं, जिनका लौकिक भाषा में सर्वत्र विशिष्ट अर्थ में प्रयोग होता है, किन्तु शास्त्रकारों ने अपना शास्त्रीय मन्तव्य व्यक्त करने के लिए अपना विशेष अर्थ उन पर थौंप दिया है। इस प्रकार का सर्व परिचित उदाहरण है **'गुण'** शब्द। लौकिक व्यवहार में शौर्य, धैर्य, चातुर्य, नैपुण्य आदि व्यक्तिगत विशेषताओं का निर्देश करने के लिए इस शब्द का सर्वत्र प्रयोग होता है, किन्तु सांख्य-योग शास्त्र के अनुसार सत्त्व, रज, तम को गुण कहा जाता है। साहित्य में वही 'गुण' शब्द, माधुर्य, ओज, प्रसाद जैसे शब्द, अर्थ या रस के वैशिष्ट्य का वाचक कहा गया है। व्याकरण में ''अदेङ् गुणः'' सूत्र द्वारा गुण शब्द अकार, ए, ओ स्वरों का बोध कराता है। इसी प्रकार **''धातु''** शब्द का लौकिक अर्थ लोह, ताम्र, सुवर्ण आदि हैं, किन्तु आयुर्वेद में रुधिर, मांस, मेद वीर्य, आदि का ग्रहण उस शब्द से होता है। और व्याकरण शास्त्र में ''भूवादयो धातवः'' सूत्र के अनुसार (धातुपाठ में परिगणित) क्रियावाचक गम्, रम्, लिख्, पठ, विद्, चुर, आदि का बोध लेना पडता है। **सन्धि** शब्द का राजनीति, नाट्य और व्याकरण शास्त्र में सर्वथा पृथक् अर्थ होता है।

इस प्रकार जिन शब्दों का शास्त्रीय परिभाषा के अनुसार विशिष्ट अर्थ निर्धारित हुआ है, उसी शास्त्रीय अर्थ में, उनका, प्रयोग काव्य-रचना में करना, साहित्यिकों ने 'कष्टत्व' नामक दोष माना है। यह एक अनित्य दोष होने के कारण शास्त्रज्ञानी वक्ता और श्रोता होने पर ही कष्टत्व गुण माना जाता है। इसका तात्पर्य यही है कि **पारिभाषिक शब्दों का संबंध प्रमुखतया शास्त्रीयता से है लौकिकता के साथ नहीं।**

सभी शास्त्रकारों ने परम्परागत पारिभाषिक शब्दों में अन्तर्हित विशिष्ट आशय की चर्चा अपने अपने ग्रंथों में की है। उसमें पूर्ववर्ती शास्त्रकारों द्वारा निर्धारित आशय से अपने आशय की भिन्नता प्रतिपादित करते हुए, उन पारिभाषिक शब्दों पर प्राचीन शास्त्रकारों द्वारा आरोपित अर्थों का खण्डन करते हुए, स्वमतानुसार अर्थ, लक्षणवाक्यों में प्रतिपादित किया है। इस कारण पारिभाषिक शब्द एक ही होने पर, भी उसकी अर्थच्छटा में अन्तर दिखाई देता है। इस प्रकार का प्रसिद्ध उदाहरण है **'काव्य'** शब्द। दण्डी, भामह से लेकर पण्डितराज जगन्नाथ तक सभी मौलिक चिन्तकों ने 'काव्य' शब्द का पारिभाषिक अर्थ अपनी अपनी धारणाओं के अनुसार पृथक्ता से खण्डन-मण्डनपूर्वक प्रतिपादित किया है। योग, धर्म, मोक्ष, ईश्वर, सुख, आत्मा, इत्यादि अनेक महत्त्वपूर्ण शब्दों के अर्थ प्रत्येक शास्त्रकार ने अपनी अपनी धारणा के अनुसार आग्रहपूर्वक प्रतिपादन किये हैं। इसी कारण एक ही संज्ञा का प्रयोग करते हुए वे परस्पर विरोधी होते हैं। आज के लौकिक जीवन में भी यह प्रकार सर्वत्र दिखाई देता है। समाजवाद, राष्ट्रवाद, एकात्मता, हिन्दुत्व, जैसे आधुनिक पारिभाषिक शब्दों का प्रयोग तो सभी पक्ष करते हैं। किन्तु इन शब्दों की अर्थच्छटा के विषय में उनकी धारणा में भिन्नता होने कारण उनमें विरोधाभास प्रकट होता है।

तात्पर्य भारतीय संस्कृति के निधानभूत सभी शास्त्रग्रंथ संस्कृत भाषा में ग्रथित हुए। उनका विमर्श करने वाले भाष्य, अनुभाष्य, टीका, उपटीका, प्रकरण ग्रंथ आदि सभी वाङ्मय संस्कृत तत्वचिन्तकों ने पारिभाषिक शब्दों के आधार पर निर्माण किए। उन्होंने पुराने पारिभाषिक शब्दों के अर्थों की चर्चा की। उस चिन्तन में जहां सर्वथा नया आशय व्यक्त करने की आवश्यकता उत्पन्न हुई, वहां नये पारिभाषिक शब्दों की निर्मिति की। साहित्य शास्त्र के इस प्रकार के उदाहरण में, अनेक अलंकार वाचक शब्द प्रस्तुत किए जा सकते हैं। अलंकारों की यथाक्रम बढ़ती गयी संख्या भी ऐसे पारिभाषिक शब्दों की संख्यावृद्धि का कारण ही हुई है।

परिभाषा के दो प्रकार

परिभाषा के क्षेत्र में यह दिखाई देता है कि, कुछ शब्द मूलतः लौकिक ही होते हैं, किन्तु शास्त्रकार अपनी

सुविधा के लिए उन पर अपना अभिप्रेत अर्थ आरोपित कर उन्हें विशिष्ट शास्त्र के क्षेत्र में पारिभाषिक कर देते हैं। उदा. **'गोदान'** शब्द लौकिक व्यवहार में गाय का दान इस अर्थ में प्रयुक्त होता है, किन्तु धर्मशास्त्रकारों ने ब्रह्मचर्याश्रम के बाद, ''केशकर्तन विधि' यह अर्थ उस पर आरोपित किया। इसी प्रकार **'गोमुख'** (एक सुषिर वाद्य), **दिव्य** (धर्म परीक्षा) **धिषणा** (सोम रस तैयार करने का पात्र), **ध्रुवा** (अधर दिशा या नीचे की दिशा) इत्यादि अनेक शब्द इसी प्रकार से पारिभाषिक हुए हैं।

दूसरे प्रकार में ऐसे शब्द होते हैं जिनका उनके प्रतिपादक शास्त्र के अतिरिक्त अन्यत्र कहीं प्रयोग नहीं होता। उदाहरणार्थ व्याकरण शास्त्रों में, टि, घु, कृत्, कृत्य, अच्, हल्, सर्वनाम प्रादि, चादि, इत्यादि अनेक शब्द ऐसे ही हैं कि जिनका लौकिक व्यवहार में कहीं भी प्रयोग नही होता। अपने शास्त्र की सुविधा के लिए पाणिनि ने स्वयं उन शब्दों की निर्मिति की और अपना विशिष्ट अर्थ उन पर आरोपित किया।

इस द्विविधता की दृष्टि से हम पारिभाषा के दो प्रकार मान सकते हैं। आर्थी पारिभाषा और (२) शाब्दी पारिभाषा। उपरिनिर्दिष्ट उदाहरण में से दिव्य, धिषणा आदि **आर्थी परिभाषा** के और टि, घु, आदि **शाब्दी परिभाषा** के उदाहरण हैं।

अनेक पारिभाषिक शब्दों में व्युत्पत्ति या निरुक्ति के द्वारा अभिव्यक्त होने योग्य अर्थ नहीं होता। उनका अर्थ कृत्रिम सा सांकेतिक (अर्थात् ग्रंथकार द्वारा आरोपित) होने के कारण टीका भाष्य आदि के अभाव में वे शब्द दुर्बोध तथा दुरूह हो जाते है। इसका उदाहरण सामवेद का 'पुष्पसूत्र' नामक (गोभिल ऋषिकृत) प्राचीन ग्रंथ। इस ग्रंथ के पहले चार प्रपाठकों में नाना प्रकार के पारिभाषिक शब्दों का प्रयोग हुआ है। इन प्रपाठकों पर किसी की भी टीका उपलब्ध न होने के कारण, उन सभी सांकेतिक स्वरूप के शब्दों का अर्थ समझना आज असंभव है। किन्तु उसी ग्रंथ के अवशिष्ट भाग पर अजातशत्रु का भाष्य होने के कारण, वहां दुर्बोधता का परिहार हुआ है। तात्पर्य यही है कि **टीका, भाष्य आदि ग्रंथों में मिलने वाले पारिभाषिक शब्दों के अर्थों का कोशरूप में चयन होना नितान्त आवश्यक है।** इन दोनों प्रकार के पारिभाषिक शब्दों का स्वरूप लौकिक दृष्टि से गूढ सा ही होता है। विग्रह करने से या प्रकृतिप्रत्यय का विभाजन करने पर शास्त्रों में जिस अर्थ से उनका प्रयोग होता है वह अर्थ प्रायः प्रतीत नहीं होता। उदाहरणार्थ **केंद्रयोग** (ज्योतिष शास्त्र), **कृच्छ्रचतुर्थी** (धर्मशास्त्र), **कुम्भीपाक,** (पुरण), **कुतपकुल** (तंत्रशास्त्र), **कूटशाला,** (शिल्पशास्त्र), **केवली,** (जैनमत) इ.। अतः ऐसे शास्त्रीय अर्थ जानने के लिए शास्त्रग्रंथों की टीकाओं का अवगाहन आवश्यक होता है। इसी दृष्टि से टीकाकारों द्वारा प्रतिपादित अर्थों का चयन कोशरूप में करने की आवश्यकता थी। प्रस्तुत कोश के चयन में यही मुख्य प्रयोजन है।

पर्यायवाचक संग्रह

प्रायः सभी विकसित भाषाओं में १) एक ही अर्थ के वाचक अनेक शब्द तथा २) एक ही शब्द के अनेक अर्थ होते हैं। एकार्थबोधक अनेकशब्दता और अनेकार्थबोधक एकशब्दता यह भाषा के विकास, प्रगल्भता एवं वैभव का एक प्रमाण है। संस्कृत भाषा में यह वैशिष्ट्य अधिक मात्रा में दिखाई देता है। कृत्-तद्धित प्रत्ययों, उपसर्गों एवं समासों के द्वारा अत्यधिक अर्थ एक ही शब्द में समाविष्ट करने की संस्कृत भाषा की शक्ति अनन्यसाधारण है। व्युत्पत्ति तथा निरुक्ति के द्वारा साधित शब्द के स्वरूप का विवरण करने से, शब्द के अन्तरंग में भरा हुआ विशिष्ट वाच्यार्थ कोई भी 'वाग्योगविद्' (वैयाकरण) कोश की सहायता के बिना जान सकता है। उसी प्रकार वह अपना अभिप्रेत अर्थ सुचारु रूप से व्यक्त करने वाले शब्दों का निर्माण भी कर सकता है। शास्त्रकारों ने इसी तंत्र के अनुसार पारिभाषिक शब्दों का निर्माण किया है। लौकिक व्यवहार में शिष्ट वर्ग ने इसी पद्धति से लौकिक व्यवहार में उपयोगी गुणद्योतक, क्रियाद्योतक तथा गुणक्रिया-द्योतक नामों की निर्मिति की है। इस पद्धति के कारण संस्कृत ग्रंथों में एक ही पदार्थ के वाचक अनेक नाम निर्दिष्ट हुए। पद्यात्मक ग्रंथों में छन्दोरचना की सुविधा के लिए तथा गण-मात्रा का औचित्य सम्हालने के लिए, एकार्थवाचक अनेक शब्द ग्रंथों मे लिखे गये। वे शब्द एक ही पदार्थ का बोध तो करते ही हैं, किन्तु साथ ही उस पदार्थ का कुछ विशिष्ट गुण या क्रिया की ओर भी संकेत करते हैं। जैसे मित्र, रवि, भानु, खग, पूषन्, हिरण्यगर्भ, इत्यादि लोकप्रसिद्ध सूर्य के १२ नाम सूर्य के ही वाचक हैं, किन्तु व्युत्पत्ति की दृष्टि से प्रत्येक शब्द सूर्य की एक एक पृथक् विशेषता सूचित करता है। इस प्रकार के एकार्थबोधक अनेक पर्यायशब्दों का व्युत्पत्ति तथा निरुक्ति के तंत्रानुसार मनन करने पर उस वाच्य पदार्थ का बहुरंगी वैशिष्ट्य ध्यान में आ सकता है। संस्कृत के अध्येता को शास्त्रीय ग्रंथों के सम्यक् ज्ञान के लिए पर्याय शब्दों का व्युत्पत्ति-निरुक्ति सहित ज्ञान होना अत्यावश्यक है। इस ज्ञान से प्राचीन ग्रंथ की दुरूहता या दुर्बोधता लुप्त होती है। पर्यायवाचकों का अत्यल्पज्ञान रखने वाले लोग ही संस्कृत ग्रन्थों को दुर्बोध मानते हैं। इसमें दोष ग्रन्थों या ग्रन्थकारों

का नहीं है। दोष है आजकल के संस्कृत स्नातकों की अल्पज्ञता का। प्राचीन शिक्षापद्धति में पर्यायवाचकों के भरपूर ज्ञान की आवश्यकता को ध्यान में लेते हुए संस्कृत के अध्ययन का श्रीगणेश अमरकोश कंठस्थ करने से होता था। अनेकार्थवाचक एक शब्द और एकार्थबोधक अनेक शब्द, इनका इसी प्रकार चयन करके अमरसिंह ने अपना नाम लिंगानुशासनात्मक कोश निर्माण किया है। अमरकोश का सम्यक् ज्ञान रखने वाला संस्कृतस्नातक संस्कृत ग्रन्थों की दुर्बोधता का अनुभव नहीं करता।

प्रस्तुत परिभाषा कोश की पूर्णता की दृष्टि से हमने पर्यायवाचकों का चयन कुछ मात्रा में किया है। यह चयन मुख्यतः अमरसिंहकृत नामलिंगानुशासन तथा महेन्द्र भोगिक कृत धन्वन्तरि निघण्टु पर आधारित है। पुनरुक्ति दोष टालने की दृष्टि से इसमें कुछ तुल्यरूप शब्दों का निर्देश नहीं किया।

लौकिक व्यवहार में विविध शब्द एकार्थ में प्रयुक्त होते है, किन्तु वे अनेक पर्याय शब्द जाति प्रकार के बोधक होते है। विशेपतः सिंहादि पशुवाचक पर्यायशब्दों में यह वैशिष्ट्य दिखाई देता है। सिंह के पर्याय सिंह की जातियों के भी बोधक होते हैं। इसी कारण उस प्राणि की जितनी जातियाँ होती हैं, उतने पर्याय शब्द कोश में मिलते हैं। प्राय सभी पदार्थो के पर्याय शब्द उस पदार्थ का आकार रंग, रूप, वैचित्र्य रस, स्पर्श, आदि वैशिष्ट्यों का बोध कराते हैं।

कोशस्वरूप

संस्कृत के प्राचीन कोशों की नामावली प्रस्तुत वाङ्मय कोश के द्वितीय खंड के परिशिष्ट द-पृष्ठ ५५५-६० में दी गयी है। वे सारे कोशग्रन्थ प्रायः शब्दार्थ-कोश हैं। उनमें अनेक पारिभाषिक शास्त्रीय शब्दों का अन्तर्भाव यथावसर हुआ है, किन्तु उन शब्दों का वर्गीकरण शास्त्रानुसार किसी कोश में नहीं मिलता। क्वचित् अकारादिक्रम में संगृहीत शब्दों की सूची में जिज्ञासु को ज्ञातपूर्व शब्द, या शास्त्रीय ग्रंथ के वाचन में अकस्मात् उपलब्ध शब्द का अर्थ मिल सकता है। किन्तु जिस जिज्ञासु को धर्म, अर्थ, काम और मोक्ष इन चार पुरुषार्थो से संबंधित श्रौत-स्मार्त धर्म, आस्तिक-नास्तिक दर्शन, साहित्य, संगीत, व्याकरण, न्याय, योग, मीमांसा आदि शास्त्र, जैन, बौद्ध आदि संप्रदाय इत्यादि विषयों के शास्त्रोक्त पारिभाषिक शब्दों, (जो उसके लिए सर्वथा अज्ञात है और ग्रन्थावलोकन करने का अभ्यास न होने के कारण जिनका कहीं अन्यत्र दर्शन होने की संभावना नहीं ऐसे की शब्दों) को जानने की इच्छा पूर्ण करने वाला **सर्वशास्त्रावगाही या सर्वशास्त्रस्पर्शी कोश** प्राचीन काल में कहीं निर्माण नहीं हुआ था।

बौद्ध वाङ्मय में बौद्ध धर्म तथा दर्शन की पृथक् परिभाषा का परिचय देने वाले कुछ कोश निर्माण हुए थे जिनमें **महाव्युत्पत्ति कोश** सुप्रसिद्ध है। इसमें बौद्ध धर्म से संबंधित विशिष्ट संज्ञाओं शरीरावयवों, प्राणियों, वनस्पतियों, रोगों, तथा कुछ अवांतर विषयों के पारिभाषिक शब्दों का चयन हुआ है। ज्योतिष तथा वनस्पति शास्त्र विषयक कुछ कोशों के भी उल्लेख प्राप्त होते हैं।

अर्वाचीन कोश ग्रन्थों में वामनाचार्य झलकीकर के **न्यायकोश** में दार्शनिक परिभाषा का उत्तम संग्रह हुआ है। उसमें एक ही शब्द के विविध शास्त्रग्रन्थों में दिए लक्षण या विवरण मूल संस्कृत अवतरणों में मिलते हैं। अतः संस्कृत पंडितों के लिए प्रस्तुत न्यायकोश की उपयुक्तता असाधारण महत्त्व रखती है। किन्तु एक ही शब्द के अनेकानेक प्रकार के विवरणों तथा लक्षणों के कारण, सामान्य जिज्ञासु संदेहाकुल सा हो जाता है। वहाँ अनेक शब्द ऐसे भी हैं, जिनका एक ही आशय अनेक प्रमाणवचनों में कहा गया है। वाक्य अनेक किन्तु उनका विवरणात्मक सारभूत अर्थ एक, इसी कारण कोश का कलेवर बढ़ा है। अनेक प्रमाणवचनों के उद्धरण देने की दृष्टि से इस पुनरुक्तता का उपयोग हो सकता है। एक ही विचार अनेक विद्वानों द्वारा अन्यान्य शब्दों, वाक्यों तथा उदाहरणों द्वारा किस प्रकार कहा जाता है, इसका भी परिचय न्यायकोश की इस पुनरुक्तता के कारण होता है। **शब्दकल्पद्रुम, वाचस्पत्यम् और अभिधान-राजेद्र** ये आधुनिक कोश सर्वसमावेशकता की दृष्टि से प्रशंसनीय हैं। किन्तु इनमें शास्त्रीय संज्ञाओं का चयन लौकिक शब्दों के साथ ही हुआ है।

डॉ. सूर्यकांत के **वैदिक कोश** में वेद वाङ्मय में प्रयुक्त सभी शब्दों का चयन हुआ है। वेदों के अभ्यासकों के लिये यह कोश अत्यंत उपयुक्त है। इसमें वेदोक्त सभी शब्दों का अन्तर्भाव करने के प्रयत्न में वैदिक धर्म के "पारिभाषिक" शब्दों का भी चयन हुआ है। इस कोश में उसी प्रकार के शब्दों का चयन करने का प्रयत्न हुआ है। कोशवाङ्मय में शब्दार्थ कोश की आवश्यकता वैदिक शब्दों के गूढ अर्थों की जिज्ञासा पूर्ण करने के लिए सर्व प्रथम हुई; तब निघण्टु नामक वैदिक शब्दों का कोश निर्माण हुआ। निघण्टु के रचयिता का नाम महाभारत के अनुसार कश्यप है। निघण्टु के टीकाकार यास्काचार्य का नाम वैदिक वाङ्मय में प्रख्यात है। यास्काचार्य निघण्टु को "समाम्नाय" कहते हैं। उन्होंने शब्द से ही अर्थ का निर्वचन या निर्धारण करने का ज्ञान सर्वप्रथम प्रकट किया।

इस निरुक्तपद्धति के कारण वैदिक शब्दों के गूढ अर्थ समझना संभव हुआ। यास्काचार्य की निरुक्त नामक टीका के बिना निघण्टु का ज्ञान असम्भव होने के कारण यथावसर **निघण्टु** और **निरुक्त** शब्द एकार्थक हो गये। वैदिक शब्दार्थ कोश के अर्थ में "निरुक्त" शब्द ही सर्वत्र प्रचलित हुआ। निरुक्त एक वेदांग (निरुक्तं श्रोत्रमुच्यते) अर्थात् वेदपुरुष का श्रवणेन्द्रिय माना गया। दुर्गाचार्य के मतानुसार निरुक्त, वैदिक शब्दों का अर्थबोध करने वाला अंग होने के कारण, अन्य वेदांगों एवं शास्त्रोंमें से श्रेष्ठ है।

निघण्टु के पांच अध्यायों में से तीन अध्यायों को "नैघण्टुक काण्ड" कहते हैं। इस काण्ड में एकार्थवाचक शब्दों का संग्रह है। चौथे अध्याय को "नैगमकाण्ड" कहते हैं। इस में अनेकार्थवाचक शब्दों का चयन हुआ है। पांचवें अध्याय का नाम है "दैवतकाण्ड"। इसमें अग्नि से देवपत्नी तक वैदिक देवताओं की नामावली दी है।

यास्क का "निरुक्त" निघण्टुपर आधारित है। देवराज यज्वा ने "निघण्टुनिर्वचन" नामक टीका में नैघण्टुक काण्ड का ही सविस्तर विवरण किया है। इसके बाद भास्करराय नामक प्रसिद्ध तांत्रिक ने अमरकोश की पद्धति के अनुसार निघण्टु के सारे शब्दों का पद्यात्मक चयन किया है। स्कन्दमहेश्वर (या स्कन्दस्वामी) और वररुचि नामक विद्वानों की अन्य दो टीकाएँ, निरुक्त का अध्ययन करनेवालों को उपयोगी हैं। शास्त्रग्रंथो में पारिभाषिक शब्दों का अर्थ स्वयं शास्त्राकार स्पष्ट करते हैं। किंबहुना अपने पारिभाषिक शब्दों का निश्चित अर्थ बाताना उनका ही आवश्यक कर्तव्य है क्यों कि वे शब्द उन्हीं के द्वारा उत्पन्न होते हैं। अपने शब्दों की निर्मिति करते समय वे यास्क की निरुक्ति तथा पाणिनि की व्युत्पत्ति प्रक्रिया का आधार लेते हैं। शास्त्रोक्त पारिभाषिक शब्दों का शास्त्रकार द्वारा प्रतिपादित अर्थ ठीक समझने की दृष्टि से निरुक्ति और व्युत्पत्ति की प्रक्रिया अत्यंत सहायक होती है। विस्तृत अर्थ का बोध संक्षेप में करने के हेतु शास्त्रकारों ने पारिभाषिक शब्द निर्माण किए हैं। प्रस्तुत कोश में उनका स्पष्टीकरण संक्षेपतः देने का प्रयास यथामति किया है। उस स्पष्टीकरण में तत्-तत् शास्त्रगत पारिभाषिक शब्दों का प्रयोग करना अनिवार्य था। हमने ऐसे स्थानों में उनका संक्षिप्त स्पष्टीकरण स्थान स्थान पर दिया है। इससे किंचित् मात्रा में पुनरुक्ति दोष हुआ है, परंतु उस दोष के अभाव में दुर्बोधता दोष होता। दोनों दोषो की शृंगापत्ति में हमने पुनरुक्ति दोष, सुबोधता के हेतु किया है। व्याकरण की परिभाषा के स्पष्टीकरण में पुनरुक्ति का प्रमाण अधिक हुआ है। शास्त्रों में कथित अनेक पारिभाषिक शब्द ऐसे होते हैं कि जिनके लौकिक तथा पारिभाषिक अर्थ में अन्तर नहीं होता। ऐसे शब्द शास्त्रीय पारिभाषिक होने पर भी शास्त्राकार स्वयम् उनका निर्वचन नहीं करते। जैसे व्याकरण शास्त्र में "संहिता, अवसान" जैसी संज्ञाओं का प्रतिपादन सूत्रकार ने "परः सन्निकर्षः संहिता" (१-४-१०९) तथा विरामोऽवसानम् (१-४-११०) इत्यादि सूत्रों में किया है। किन्तु उनके संबंध में वार्तिककार (कात्यायन) कहते हैं कि, संहिता और अवसान शब्द लोगों से परिचित होने से उनके विषय में निर्वचन करना अनावश्यक है। (संहिताऽवसानयोः लोकविदितत्वात् सिद्धम्)। इस वाक्य में कात्यायन मुनि ने पारिभाषिक शब्दों का चयन तथा विवरण करने की मर्यादा का ज्ञापन किया है। तदनुसार लोकप्रसिद्ध पारिभाषिक शब्दों का विवरण यथासंभव टालने का प्रयत्न हुआ है। फिर भी जहां ऐसे अनावश्यक शब्दों का चयन हुआ हैं उसे क्षम्यापराध माना जाय यही प्रार्थना है।

कोश के चयन का स्वरूप

अनेक पारिभाषिक शब्द ऐसे होते हैं कि उनका प्रयोग अन्यान्य मतों के प्रतिपादक ग्रंथों में होता है किन्तु उनके आशय में भिन्नता होती है। वर्णक्रमानुसार शब्द समान होने पर भी "अर्थभेदे शब्दभेदः" इस न्याय के अनुसार वे तत्वतः भिन्न होते हैं, किन्तु उनका भिन्नत्व दिखाई नहीं देता। **संस्कृत शास्त्रों में प्रयुक्त पारिभाषिक शब्दों का विशिष्ट पद्धति के अनुसार संकलन तथा उनका समुचित विवरण इतना ही उद्देश्य इस कोश के संपादन में रखा है। अतः वर्णतः समान किन्तु अर्थतः भिन्न स्वरूप के शब्दों की सभी अर्थच्छटाओं का दर्शन यहां नहीं किया गया।** उदाहरणार्थ : — बोधिचित्त या बोधिवज्र इस बौद्ध पारिभाषिक शब्द का प्रयोग महायान संप्रदाय के बोधिचर्यावसार ग्रंथ में तथा वज्रयान के गुह्यसमाजतंत्र में हुआ है, किन्तु दोनों संप्रदायों के अनुसार उस शब्द के आशय में भेद है। प्रस्तुत कोश में उन शब्दों का विवरण देते समय दोनों आशय नहीं दिए, केवल एक मात्र आशय विवरण के रूप में दिया गया है। किन्तु जिस एक शब्द का प्रयोग विविध शास्त्रों में उन विशिष्ट शास्त्रों के पारिभाषिक अर्थों का आविष्करण करणे हेतु किया गया है, **ऐसा शब्द, शास्त्रानुसार परिभाषा के चयन में संकलित हुआ है और उसका अर्थ शास्त्रानुसार दिया गया है।** इस अर्थ में भी मतभेदात्मक विवरण नहीं दिया गया, केवल एक विशिष्ट अर्थ ही दिया गया है। **मतभेदों का संकलन और उनका विश्लेषण इस कोश का प्रयोजन नहीं है** यह ध्यान में रखकर ही कोश का अवगाहन किया जाय।

चयन का स्वरूप

प्रस्तुत कोश में उद्धृत व्युत्पत्तिसिद्ध शब्दों के लौकिक अर्थ होते हैं जैसे पिप्पलाद शब्द के पिप्पल खाने वाला या किसी आचार्य का नाम ये दो अर्थ होते हैं। किन्तु इस प्रकार के **सामान्य अर्थों का चयन हमने नहीं किया।** पिप्पलाद शब्द, अथर्ववेद की एक शाखा की संज्ञा के लिए वैदिक वाङ्मय में प्रयुक्त है, उतना ही पारिभाषिक अर्थ कोश में संगृहीत किया है। **प्रायः संपूर्ण कोश में इस नियम का पालन किया है।** प्रत्येक शब्द के अपारिभाषिक अर्थों का भी निर्देश यहां होता तो यह ''पारिभाषिक शब्दार्थ कोश'' नहीं होता। फिर तो उसका स्वरूप अन्य प्रसिद्ध शब्द कोशों के समान ही होता। अमरकोश में पीयूष शब्द का अमृत अर्थ दिया है, किन्तु वेदों में, सद्यःप्रसूता गौ का प्रारंभिक दूध या सोमरस के अर्थ में इसका प्रयोग हुआ है। ऐसे विशिष्ट अर्थों का यहा चयन हुआ है। कोश में निर्दिष्ट वैदिक शब्द संहिता, ब्राह्मण, उपनिषद्, कल्पसूत्र आदि वैदिक ग्रन्थों में प्रयुक्त हुए हैं। किन्तु वैदिक जीवन का प्रधान अंग था यज्ञ। अतः **वैदिक कर्मकाण्ड की परिभाषा में प्रधानतया यज्ञ के संबंध में उपयुक्त प्रायः सभी शब्दों का ही चयन करने का प्रयत्न किया है।** परवर्ती संस्कृत वाङ्मय में धर्मशास्त्र और वेदान्त दर्शन में इनमें से कुछ शब्दों का प्रयोग हुआ है। अन्यत्र वे प्रायः नहीं मिलते। डॉ. सूर्यकान्त ने अपने वैदिक कोश में वैदिक वाङ्मय में प्रयुक्त सभी प्रकार के शब्दों (उनमें व्यक्ति तथा नदी, पर्वत, देश, स्वर्गादि परलोक आदि से संबंधित) का चयन किया है। प्रस्तुत कोश का उद्देश्य केवल ''पारिभाषिक'' शब्दों का एकत्र चयन करना इतना ही संकल्पित होने से शब्द का चयन और उसका प्रमुख अर्थ दिया गया है। साथ में संदर्भ का निर्देश किसी एक ग्रंथ से दिया गया है, सभी से नहीं।

''धर्म विभाग'' के अन्तर्गत वैदिक परिभाषा में विविध प्रकार के यज्ञों के नाम निर्दिष्ट हुए हैं। उन सभी का परिचय देना संभव नहीं है। निर्दिष्ट यज्ञों की नाममात्र विशेषता यहां संक्षेप में कही है। यज्ञ के सारे प्रकारों का परिचय देना कोश का उद्देश्य नहीं है अपितु यज्ञीय परिभाषा का संकलन ही हमारा उद्देश्य है। डॉ. सूर्यकान्त द्वारा संपादित कोश में तथा भारतीय संस्कृति कोश (मराठी) में यज्ञों का कुछ अधिक मात्रा में परिचय जिज्ञासुओं को मिलेगा। श्रौतसूत्रों तथा शतपथ, ताण्ड्य, छन्दोग आदि ब्राह्मण ग्रन्थों से ही यज्ञों का वर्णन सर्वत्र लिया गया है। इस विषय में वे ही प्रमाण ग्रंथ हैं।

प्रस्तुत कोश में पारिभाषिक शब्दों के विवरण में अनेक स्थानों पर उस विशिष्ट शब्द के सामान्य अर्थ में अन्तर्भूत **विविध प्रकारों का निर्देश** उसी स्थान पर किया है। उन प्रकारवाचक शब्दों का निर्देश करते समय सम्पूर्ण शब्द में संभाव्य पुनरुक्ति टालने हेतु, एक स्थान में पूर्ण सामासिक शब्द का निर्देश होने पर बाद में समास के पूर्व पद के सामने ०चिन्ह दिया है, जो उसके उक्त पद का द्योतक है (उदा. महायज्ञ ''के पांच प्रकारों का निर्देश करते समय देवयज्ञ के बाद भूत० पितृ० मनुष्य० और ब्रह्म०, इस प्रकार से निर्देश हुआ है। ऐसे स्थानों में ० के स्थान पर प्रथम सामासिक शब्द में निर्दिष्ट उत्तर पद (यज्ञ आदि) का ग्रहण करना चाहिये।

शब्दस्वरूप

सामविशेष – वैदिकी परिभाषा में अनेक शब्दों के स्पष्टीकरण में ''सामविशेष'' शब्द का प्रयोग किया है। विशिष्ट सामवेदी मंत्रों को दी गई संज्ञा उस शब्द से सूचित होती है, इतना ही उसका अर्थ समझना चाहिए। साममंत्रों को वह संज्ञा प्राप्त होने का कारण उन मंत्रों में उस विशिष्ट शब्द प्रयोग किया गया है। उसी विशिष्ट शब्द की संज्ञा उन सामों को ब्राह्मण ग्रंथों में दी गई है। उदा. ब्रह्मयशसं वा एतानि सामानृचा श्रोत्रियाणि ब्रह्मयशसी भवति यद्वाहिष्ठीयेन स्तुष्टुवानः ''इस वचन में (तांड्यब्राह्मण १५-५-२६) यद्वाहिष्ठीय ''शब्द से उस शब्दयुक्त साममंत्र का निर्देश हुआ है। इसी प्रकार रथंतर, यौधाजय, पाष्ठोह, पार्थुरश्म दिवाकीर्त्य, गौरीवीति, गौषूक्त, यौक्ताश्व, आदि सामविशेष वाचक शब्दों का अभिप्राय ग्रहण करना चाहिये। वे वेदसंबंधी पारिभाषिक शब्द माने जा सकते हैं।

प्रस्तुत कोश की वैदिक परिभाषा में अश्वमेध तथा पुरुषमेध की व्यक्तियों की सूची में उल्लिखित पशु, पक्षी आदि के नामों का चयन यथास्थान किया गया है। उनमें से कुछ पशु-पक्षी अज्ञात से है। उल्लेखित प्राणियों में प्रायः सभी ऐसे दिखाई देते है कि जिनसे मानव जीवन को पीडा होती है। उन प्राणियों के वाचक शब्दों में, अनेक शब्दों का प्रयोग लौकिक संस्कृत में नहीं दिखाई देता। अतः वे सामान्य पशु-पक्षियों के वाचक होते हुए भी पारिभाषिक से हो गए है। इसी कारण वेदों के भाष्यकारों को उनके अर्थ देने की आवश्यकता उत्पन्न हुई थी। पाश्चात्य वैदिक पंडितों ने भी उनके अर्थों के संबंध में अपने अपने मत प्रतिपादन किए हैं। उदाहरण के लिए कुछ शब्द – देखिए पर्णक, परावत, पारुष्ण, इत्यादि।

वेदमूलक परिभाषाएँ

पारिभाषिक शब्दों में कुछ शब्द ऐसे है जिनका मूल वेदमंत्रों में मिल सकता हैं। सर्वपरिचित **'रस'**- शब्द इसका उदाहरण कहा जा सकता है। काव्य या सभी ललित कलाओं में सहृदयों को आनन्द देने की शक्ति होती है। इस काव्यानन्द (या कलानन्द) की मीमांसा करने वाले मनीषियों ने उसका स्वरूप चर्वणाजन्य आस्वादात्मक कहा है। इस अपूर्व आस्वाद की कल्पना ''ब्रह्मास्वादसहोदर'' (ब्रह्मानंद के समान) इस शब्द द्वारा दी गयी है। उपनिषदों में ब्रह्म का निर्देश ''आनंदं ब्रह्मेति व्यजनात्। रसो वै सः'' इत्यादि मन्त्रों में किया है। काव्यानंद का ब्रह्मानंद से साधर्म्य सूचित करने की दृष्टि से मन्त्रप्रयुक्त 'रस' शब्द अधिक समर्पक होने के कारण साहित्यशास्त्र की परिभाषा में उसे अपनाया गया। आस्तिक दर्शनों के पारिभाषिक शब्दों में इस प्रकार वेदमूलक शब्दों का प्रमाण अधिक मात्रा में मिलता है।

पुराण कथामूलक परिभाषा

पारिभाषिक संज्ञाओं में कुछ संज्ञाएँ ऐसी मिलती हैं जिनकी उपपत्ति शास्त्रकारों ने पौराणिक कथाओं के आधार पर दी है। उदाहरणार्थ ''नान्दी'' शब्द की उपपत्ति भावप्रकाशनकार शारदातनय ने इस प्रकार दी है —

''नन्दी वृषो वृषांकस्य जगदादौ जगत्पतेः। नृत्यतः कल्पनायोगात् जगाम किल रंगताम्।
तस्य तद्रूपसंबन्धात् पूजा नान्दीति कथ्यते ।।

(भावप्रकाशन - अधिकार ७)

अर्थात् — जगदुत्पत्ति के पूर्व शिव भगवान् की नृत्याभिलाषा पूर्ण करने के लिए नन्दी स्वयं रंगस्वरूप (रंग = नृत्य - नाट्यादि के लिए उपयुक्त समग्र सामग्री) हो गया। इस प्रकार नन्दी से संबंधित होने कारण ''पूर्वरंग'' को ''नान्दी'' कहते हैं। वैदिक शब्दों में से कुछ शब्द ऐसे हैं जिनके प्रयोग अतिप्राचीन शास्त्रग्रंथों में विशिष्ट रूढार्थ से भिन्न अर्थ में मिलते हैं जैसे चरकसंहिता में 'उपनिषद्' शब्द का प्रयोग केवल स्थान के अर्थ में किया है। — (विस्तरेण कल्पोपनिषदि व्याख्यास्यामः च. सू.अ. ४) ऐसी अवस्था में उन शब्दों के रूढ पारिभाषिक अर्थ गौण हो जाते हैं।

धर्मशास्त्र विषयक स्मृतिग्रनथो में उल्लिखित विविध जातियों के वाचक पारिभाषिक शब्दों के स्पष्टीकरण में यह बात स्पष्ट दिखाई देती है कि प्रायः सभी जातियाँ वर्णसंकर के कारण उत्पन्न हुईं। उन जातियों में अनुलोम, प्रतिलोम विवाह, व्यभिचार या काममूलक बलात्कार आदि के कारण तथा वृत्तिभेद के कारण अनेक उपप्रकार माने जाते हैं। जातिवाचक शब्दों के स्पष्टीकरण में स्मृतिकारों के मतभेद यत्र तत्र दिखाई देते हैं। कुछ जातियों को एक स्मृतिकार स्पृश्य तो दूसरा अस्पृश्य कहता है। दो वर्णों के संकर में भी स्त्री और पुरुष के भेद के कारण जाति में भिन्नता आती है, जैसे वैश्य पुरुष और शूद्र स्त्री तथा शूद्र पुरुष और वैश्य स्त्री के संबंध से जाति में भिन्नता मानी गयी है। जातिभेद के सूचक पारिभाषिक शब्द, प्राचीन भारत में प्रचलित भिन्नजातीय विवाहों का प्रबल प्रमाण है। निम्नस्तरीय जातियों के संकर से उत्पन्न संतान की गणना प्रायः शूद्र वर्ण में की गई है जैसे मागध जाति को वैखानस स्मृति ने (१०-१३) शूद्र कहा है।

जातियों में उच्चनीचता उत्पन्न होने का कारण विवाह की वैधता और अवैधता दिखाई देती है। सूत और रथकार दोनों जातियाँ क्षत्रिय पुरुष और ब्राह्मण स्त्री की संतान है, किन्तु सूत की उत्पत्ति वैध विवाह से और रथकार की अवैध विवाह से होने के कारण, सूत जाति उच्च और रथकार नीच मानी जाती है। धर्मशास्त्र के पारिभाषिक शब्दों में जिन अनेक जातियों के वाचक शब्दों का अन्तर्भाव हुआ है, उन शब्दों का स्पष्टीकरण अन्यान्य धर्मशास्त्रीय ग्रंथों में मिलता है। जातिव्यवस्था के विकास काल में ये विशिष्ट जातिवाचक शब्द धर्मशास्त्रकारों ने निर्माण किये। सभी जातिवाचक शब्द जिन विविध जातियों का बोध कराते है, वे सभी जातियाँ संकरोत्पन्न हैं। उनमें से कई जातियाँ प्रादेशिक है। उनके भी उपासना, आचारपद्धति, संप्रदाय आदि के कारण अनेकविध उपप्रकार निर्माण होते रहे और उनके वाचक लौकिक शब्द प्रचलित हुए। **ऐसे लौकिक शब्दों का अर्न्तभाव प्रस्तुत कोश में नहीं किया। प्रायः धर्मशास्त्र विषयक संस्कृत ग्रन्थों में प्रयुक्त शब्दों का ही निर्देश यहां हुआ है।** संकर करने वाले वर्णो तथा जातियों का निर्देश सर्वत्र किया गया है।

विवाद्य अर्थ

शब्द के कृत्रिम या पारिभाषिक अर्थ में, शास्त्रकार अपनी अपनी धारणा के अनुसार प्रायः परिवर्तन करते हुए दिखाई देते है। उदाहरणार्थ ''काव्य'' शब्द का सामान्य अर्थ सर्व परिचित है। वह कव् धातु के अर्थ पर आधारित व्युत्पत्तिसिद्ध अर्थ है। किन्तु काव्यशास्त्र (या साहित्यशास्त्र) विषयक ग्रंथोंके लेखकों ने अपनी अपनी धारणा के

अनुसार काव्य के लक्षणस्वरूप पारिभाषिक अर्थ प्रतिपादन किए है। इतना ही नहीं अपितु उन्होंने अपने अर्थ से भिन्न अर्थ प्रतिपादित करने वाले लक्षणों का सयुक्तिक खंडन करने का भी प्रयत्न किया है। काव्य शब्द के विविध पारिभाषिक अर्थों का खण्डन करते हुए अपने अभिप्रेत अर्थ की यथार्थता स्थापन करने का अतिरेक जगन्नाथ पंडित के रसगंगाधर में दिखाई देता है। काव्यशास्त्रोक्त गुणों, अलंकारों, दोषों आदि के वाचक शब्दों के पारिभाषिक अर्थों में यह प्रवृत्ति अधिक मात्रा में दिखाई देती है।

एक ही शास्त्र की नानार्थक संज्ञाएँ

शास्त्रकारों द्वारा एक ही संज्ञा का अन्यान्य शास्त्रों में विशिष्ट पारिभाषिक अर्थ निर्धारित होने के अनेक उदाहरण दिए जा सकते हैं। इस प्रकार **एक ही संज्ञा को पारिभाषिक अनेकार्थता** आने पर भी शास्त्रगत प्रकरण द्वारा उनके अर्थ उन स्थानों पर निश्चित होने से, जिज्ञासु को विशेष सन्देह होने की संभावना नहीं रहती।

इसके विपरीत, **एक ही शास्त्र में एक ही संज्ञा के अनेक अर्थ** दिए जाने से सन्देह उत्पन्न होने की संभावना बढ़ती है। "संशयोच्छेद" शास्त्र का एक प्रमुख प्रयोजन होता है। किन्तु एक ही शास्त्र में पारिभाषिक संज्ञा के अर्थ में वैविध्य होने पर यह शास्त्रप्रयोजन सिद्ध नहीं होता। नाट्यशास्त्र में इस प्रकार की संदेहास्पद पारिभाषिक संज्ञाए मिलती हैं। जैसे –

परिकर = (१) मुखसन्धि का एक प्रकार। (२) एक अर्थालंकार।
प्राप्ति = (१) मुखसन्धि का एक प्रकार। (२) नाट्य लक्षणों का एक प्रकार
विरोध = (१) प्रतिमुख सन्धि का एक अंग। २) एक अर्थालंकार।
अनुमान = १) गर्भसन्धि का एक अंग। २) एक अर्थालंकार।
त्रोटक = १) गर्भसन्धि का एक अंग। २) उपरूपकों का एक प्रकार।
सन्धि = १) निर्वहण सन्धि का एक अंग। २) अवस्था और अर्थप्रकृति के संमन्वय की संज्ञा।
अर्थापत्ति = नाट्यलक्षणों का एक प्रकार। २) एक अर्थालंकार।
हेतु = १) नाट्यलक्षणों का एक प्रकार। २) एक अर्थालंकार।
दृष्टान्त = १) नाट्यलक्षणों का एक प्रकार। २) एक नाट्यालंकार। (३) एक अर्थालंकार
युक्ति = १) मुखसन्धि का एक प्रकार। २) एक नाट्यालंकार।
रूपक = १) दृश्य काव्य। २) एक अर्थालंकार।
प्रसाद = निर्वहण सन्धिका एक अंग। २) एक गुण (शब्द, अर्थ तथा रस का।)
उद्घात्यक = १) वीथी का एक अंग। २) रूपक की प्रस्तावना एक प्रकार।
काव्य = १) उपरूपक का एक प्रकार। २) रसात्मक वाक्य।
माधुर्य = १) एक काव्य गुण। २) नायिका के २८ यौवनालंकारों में से एक।

इस प्रकार एक ही शास्त्र में एक ही संज्ञा की अनेकार्थता को सदोष मानना चाहिये।

संज्ञाओं की निरुक्ति तथा व्युत्पत्ति

पारिभाषिक शब्दों में अन्तर्भूत शास्त्रीय आशय को विवरणात्मक कारिकाओं या वृत्तियों द्वारा विशद करते हुए, यथासम्भव निरुक्ति तथा शास्त्रीय या लौकिक व्युत्पत्ति एवं विग्रहवाक्य के द्वारा स्पष्ट करने का प्रयत्न भी शास्त्रकारों ने किया है। जैसे अलंकारशास्त्र में **रूपक** = रूपारोपात् तु रूपकम्। = दृश्य काव्य का इस लिए रूपक कहा जाता है कि इस के प्रदर्शक (नटी-नट) इसमें चित्रित चरितों के रूप का, अपने मन में 'आरोप'' अर्थात् अनुसन्धान किये दिखाई देते हैं।

रसना = रसव्यक्तौ पुनर्वृत्ति रसनाख्यां परे विदुः "(व्यंजना वृत्ति को रसाभिव्यक्ति के कारण अन्य विद्वान् "रसना" कहते हैं। (अर्थात् वस्तु या अलंकार स्वरूप अर्थ को व्यंजित करने वाली शक्ति को 'व्यंजना' और रस-भाव को व्यंजित करते समय उसी शक्ति को "रसना" कहते हैं।

गर्भ = (गर्भसन्धि) "फलस्य गर्भीकरणाद् गर्भः" (साहित्यदर्पण)।

व्याघात (एक अर्थालंकार) = निष्पन्न वस्तु का विघात ही व्याघात का लक्षण है) (अलंकारसर्वस्व-विमर्शिनी)।

उत्प्रेक्षा : = उत् + प्र + ईक्षा = उत्कृष्टा प्रकृष्टा उपमानस्य ईक्षा (ज्ञानम्) उत्प्रेक्षा, अर्थात् प्रकृत (उपमेय) की उत्कृष्ट अप्रकृत (उपमान) के रूप में ईक्षा याने सम्भावनात्मक ज्ञान।

रूपक = "यदा तु विषयी विषयं रूपयति रूपवन्तं करोति तद् 'अन्वर्थाभिधानं' रूपकम् (एकावली)। (अर्थात् जब

विषयी विषय को रूपवान् करता है, तब रूपक यह अन्वर्थक संज्ञा प्राप्त होती है।)

अनुप्रास = अनु + प्र + आस = "रसाद्यनुगतत्वेन प्रकर्षेण न्यासः (अर्थात् रसभावादिके अनुकूल, प्रकृष्ट (उत्कृष्ट प्रकार का) शब्दों का न्यास)।

ऐसे शब्दों का विवरण करने वालों ने इस प्रकार व्युत्पत्ति का विचार अवश्य किया। व्युत्पत्ति के अनुसार ही उन्होंने अपना विवरण लिखा है।

सामान्य-विशेष संबंध

पारिभाषिक शब्दों में यह विशेषता दिखाई देती है कि उनका एक अर्थ सामान्य बोधक होता है और उस सामान्य के अनेक प्रकारों के वाचक पारिभाषिक शब्द कभी कभी सामान्यवाचक शब्दों से समानता रखते हैं। किन्तु अनेक सामान्य अर्थबोधक पारिभाषिक शब्दों के विशेषार्थबोधक शब्द, सर्वथा पृथक्-स्वरूप होते हैं। जब वे तत्समान याने सामान्यर्थ वाचक के समान होते हैं, तब वे उस सामान्य पारिभाषा के प्रकार का बोध कराते हैं, किन्तु जब वे सर्वथा पृथक्स्वरूप होते हैं, तब वे किस सामान्य परिभाषा के अंगभूत हैं यह बोध नहीं होता।

तत्समान विशेषार्थबोधक पारिभाषिक शब्दों के उदाहरण हैः १) काव्य (सामान्य संज्ञा) के विशेष प्रकारों की वाचक संज्ञाएँ दृश्यकाव्य, श्रव्यकाव्य, महाकाव्य, खण्डकाव्य, गीतिकाव्य, गद्यकाव्य, चम्पूकाव्य, इत्यादि।

२) वेद (सामान्यसंज्ञा) – के विशेष प्रकारों की वाचक संज्ञाएँ – ऋगवेद् यजुर्वेद, सामवेद, अथर्ववेद, आयुर्वेद, धनुर्वेद, गान्धर्ववेद, इत्यादि।

असमान विशेषार्थबोधक पारिभाषिक संज्ञाएँ – उदाहरण १) रूपक (सामान्य संज्ञा) विशेष संज्ञाएँ – नाटक, प्रकरण, भाण, व्यायोग, समवकार, डिमं, ईहामृग, अंक, वीथी, प्रहसन।

२) **उपरूपक** (सामान्य संज्ञा)। विशेष संज्ञाएँ – नाटिका, त्रोटक, गोष्ठी, सट्टक, रासक प्रस्थानक, उल्लाप्य, काव्य, प्रेंखण, नाट्यरासक, संलापक, श्रीगदित, शिल्पक, विलासिका दुर्मल्लिका, प्रकरणिका, हल्लीश और भाणिका। सामान्य और विशेष संज्ञाओं में इस प्रकार जब किसी प्रकार की समानता नहीं होती, तब पारिभाषिक संज्ञाओं में विद्यमान सामान्य-विशेष संबंध का बोध अच्छे शास्त्री-पण्डित को भी होना कठिन होता है। **पारिभाषिक संज्ञाओं के विषय में यह दुर्बोधता एक बड़ी समस्या है।** इसकी प्रतीति सर्वत्र होती है। उदाहरण के लिए नाट्यशास्त्र की सन्धि-सन्ध्यंगवाचक संज्ञाएँ देखिये। सन्धि (या नाट्यसन्धि) : – सामान्य संज्ञा। इसके पांच प्रकारों की संज्ञाएँ हैं – मुखसन्धि, प्रतिमुखसन्धि, गर्भसन्धि, विमर्शसन्धि और निर्वहणसन्धि। पांच प्रकार की इन वाचक संज्ञाओं का निर्देश जब सन्धि संज्ञा के साथ होता है। तब तत्काल ध्यान में आ जाता है कि यह "सन्धि" नामक नाट्यशास्त्रीय संज्ञा का एक प्रकार है। परंतु जब इन पंचसन्धियों के ६५ प्रकारों के वाचक अंग, उपक्षेप, परिकर, परिन्यास, विलोभन इत्यादि ६५ पारिभाषिक शब्द पढ़ने में आते है, तब उनके नाट्यशास्त्रीय विशिष्ट अर्थ का तत्काल बोध, या स्मरण होना नाट्यशास्त्र के विशेषज्ञों के लिए भी टेढ़ी खीर है। उसी प्रकार, शाकुन्तल, वेणीसंहार जैसे नाट्यशास्त्रदृष्ट्या आदर्शभूत नाटकों का अध्ययन-अध्यापन करते समय पारिभाषिक संज्ञा में कथित सन्ध्यङ्गों के ६५ प्रकार का बोध तथा प्रकार वाचक संज्ञाओं का स्मरण अतिमार्मिक अध्येता को भी नहीं होता।

प्रस्तुत कोश में सर्वत्र "सामान्य संज्ञा' का विवरण संक्षेपतः देते हुए, उसकी 'विशेष संज्ञाओं का चयन उसी के साथ किया है। और फिर उन विशेष संज्ञाओं का स्पष्टीकरण देते समय भी, विशेष प्रकारों की संख्या का निर्देश करते हुए संज्ञा का स्पष्टीकरण दिया है। **जहां विशेष प्रकारों की संख्या अत्यधिक है, वहां कुछ ही संज्ञाओं का स्पष्टीकरण दिया है, सभी नहीं** यह संक्षेप कोश की पृष्ठसंख्या की मर्यादा का अतिक्रमण टालने की दृष्टि से किया गया है; जैसे नाट्यशास्त्र की पांच सन्धियों की वाचक संज्ञाओं का स्पष्टीकरण करते हुए उन प्रकारों की संख्या का निर्देश किया है, किन्तु प्रत्येक प्रकारवाचक संज्ञा का स्पष्टीकरण नही दिया। यहाँ "मुखसन्धि" का स्पष्टीकरण देते हुए अंगों की १२ संख्या का निर्देश मिलेगा, किन्तु प्रकारवाचक सारी संज्ञाओं का स्पष्टीकरण नहीं दिया। **विशेष जिज्ञासु को अपनी इस सूक्ष्म जिज्ञासा की पूर्ति के लिए मूल शास्त्रग्रंथों का ही अवलोकन करना होगा।**

अर्थपरिवर्तन

लौकिक भाषा में अनेक शब्द ऐसे होते है जो मूलतः पारिभाषिक अर्थ में प्रयुक्त होते थे, किन्तु कुछ समय के बाद उनका पारिभाषिक अर्थ लुप्त सा हो गया और सामान्य अर्थ में वे भाषा में प्रचलित हुए। उदाहरणार्थ : 'विप्र' शब्द ऋग्वेद में (१-१२९-२, २-१६२-७, ४-२६-१ इत्यादि अनेक स्थानों पर) "अनुभूतिसम्पन्न गायक" के विशिष्ट अर्थ में प्रयुक्त हुआ है। किन्तु बाद में यह शब्द विद्वान् ब्राह्मण का वाचक बन गया। आर्ष काव्यों के काल में यह केवल ब्राह्मण के अर्थ में प्रयुक्त हुआ है। ऐसे शब्दों का प्रचलित रूढार्थ इस कोश में नहीं मिलेगा।

रूढ शब्दों के कृत्रिम अर्थ

भाषा में ऐसे अनेक शब्द होते है, जिनका लौकिक व्यवहार में रूढ अर्थ सभी के परिचय का होता है, किन्तु विशिष्ट शास्त्र में सीमित अर्थ में उसका प्रयोग होता है और शास्त्रकार उसका लक्षण भी बताते है। उदा. ''ग्रंथ'' शब्द। लौकिक भाषा में इसका अर्थ सर्वविदित है किन्तु छन्दःशास्त्रकार, ''द्वात्रिंशद्वर्णमित-अनुष्टुप् छन्दस्कःश्लोको ग्रन्थ'' (३२ अक्षरों के अनुष्टुप् छन्द के श्लोक को ग्रन्थ कहते है।) इस प्रकार का विशिष्ट अर्थ बताते है। इस कृत्रिम अर्थ के कारण छन्दःशास्त्र में यह शब्द पारिभाषिक अर्थ का वाचक हो गया। प्रस्तुत कोश में ग्रन्थ जैसे शब्दों के अकृत्रिम या लौकिक अर्थ का उल्लेख न करते हुए केवल कृत्रिम या शास्त्रोक्त पारिभाषिक अर्थों का निर्देश करने पर बल दिया है। प्रस्तुत खण्ड का **''परिभाषा खंड''** यह नामकरण इसी उद्देश्य से किया है। शब्द के ''कृत्रिम अर्थ'' प्रायः शास्त्रकारों द्वारा लक्षणकरण की प्रक्रिया में दिए जाते है। प्रदीर्घ अर्थ को अल्पाकार शब्दों में संचित करने से शास्त्र में लाघव गुण निर्माण होता है। जिस प्रकार प्रदीर्घ अर्थ का एक या अनेक वाक्यों में निर्देश होना संभव होता है, उसी प्रकार ऐसे प्रदीर्घ अर्थ को एक अल्पाकार शब्द से ज्ञापित करने की सुविधा कृत्रिमार्थ युक्त पारिभाषिक शब्दों के द्वारा शास्त्रकार को उपलब्ध होती है। इस सुविधा के कारण पारिभाषिक शब्द सूत्रवाङ्मय में प्रचिलत सूत्रों के समान ''सारवत्'' होते है। प्रस्तुत कोश में संकलित प्रायः सभी शब्द इस तथ्य के ही उदाहरण होने से यहा विशिष्ट उदाहरण देने की आवश्यकता प्रतीत नहीं होती। तथापि उदाहरण के लिए, गोमांसभक्षण (तांत्रिक), कूर्मशिला (वास्तुशास्त्र), बंधकी (धर्मशास्त्र), गुणस्थान (जैनमत), समाधि (साहित्यशास्त्र), गुण (न्यायशास्त्र या व्याकरण शास्त्र), स्थायभंजनी (संगीतशास्त्र), क्लेश (योगशास्त्र), क्रतु (वैदिक), क्रकचयोग (ज्योतिषशास्त्र), पशु (कौलतंत्र), इत्यादि शब्द विचारार्ह हैं। कुछ पारिभाषिक शब्दों के लौकिक अर्थ भी होते हैं, किन्तु इन अर्थों का शास्त्रबोध की दृष्टि से कोई उपयोग नहीं होता। उदा. स्वकालीन (पौराणिक), काकपक्ष, अश्वगंधा, काकिनी (तंत्रशास्त्र), षट्कुल इत्यादि।

पारिभाषिक अर्थज्ञान की आवश्यकता

शास्त्रों में प्रयुक्त अनेक पारिभाषिक शब्द व्यवहार में लौकिक अर्थ में रूढ हैं। सामान्य शिक्षित मनुष्य जब किसी शास्त्रीय ग्रंथ का वाचन करता है तब यदि वह शास्त्रोक्त पारिभाषिक शब्दों के विशिष्ट अर्थ से अनभिज्ञ हो तो उन शब्दों के लौकिक या केवल व्युत्पत्तिलभ्य अर्थ के अनुसार शास्त्रवचन का अर्थग्रहण करता हैं। यह अर्थ शास्त्रकार की दृष्टि से अपेक्षित न होने के कारण अनुचित या प्रामादिक होगा। **'योगाद्रूढिर्बलीयसी'** (यौगिक अर्थ से शब्द का रूढ अर्थ अधिक बलवान् मानना चाहिये) **'अवयवप्रसिद्धेः समुदायप्रसिद्धिर्बलीयसी'** = शब्द के अवयवों के अर्थो का संयोग करने पर निष्पन्न होने वाले (यौगिक तथा व्युत्पत्तिसिध्द) अर्थ से संपूर्ण शब्द द्वारा कहा गया सामुदायिक रूढ अर्थ अधिक बलवान होता है) इत्यादि न्याय वचनों के अनुसार शब्दों के शास्त्रद्वारा कथित अर्थ अर्थात् पारिभाषिक अर्थ शास्त्रीय व्यवहार में अधिक महत्त्वपूर्ण होते हैं। **''रथाधिकरणन्याय''** के अनुसार यह तथ्य अधिक स्पष्ट होगा। श्रुति में कहा है कि, ''वर्षासु रथकार आदधीत'' याने वर्षा ऋतु में रथकार ने अग्न्याधान करना चाहिये। इस वचन मे प्रयुक्त रथकार शब्द का यौगिक अर्थ है रथ करने वाला (रथं करोति इति रथकारः)। इस विग्रह के अनुसार रथकार एक त्रैवर्णिक पुरुष होता है। किन्तु ''माहिष्यात् करण्याम् उत्पन्नः रथकारः'' (अर्थात् माहिष्य पुरुष (क्षत्रिय पुरुष द्वारा वैश्य स्त्री से उत्पन्न) और करणी (वैश्य पुरुष द्वारा शूद्र से उत्पन्न) स्त्री से उत्पन्न पुरुष को 'रथकार' कहते हैं; इस याज्ञवल्क्य स्मृति के वचनानुसार 'रथकार' शब्द का विशिष्ट पारिभाषिक अर्थ होता है और शास्त्रदृष्ट्या यही अर्थ ग्राह्य है। इस विवेचन का इत्यर्थ यही है कि **शास्त्रव्यवहार में लौकिक या या यौगिक शब्दार्थ से पारिभाषिक अर्थ ही बलवत्तर होते हैं।** उनका ज्ञान निरुक्ति, व्युत्पत्ति, कोश आदि द्वारा प्रायः नहीं होता। आप्तवाक्य (अर्थात् शास्त्रवचन) के द्वारा ही उनका अर्थ ज्ञात हो सकता है। प्रस्तुत कोश में आप्तवाक्यों के आधार पर ही अर्थों का चयन करने का यथाशक्ति यथामति प्रयास हमने किया है। आशा है कि मूल संस्कृत या अनुवादित शास्त्रग्रंथों के अध्येताओं को इस कोश का साहाय्य मिलेगा।

कालबाह्य शब्द

पारिभाषिक शब्दों में ऐसे अनेक शब्द मिलते हैं जिन्हें विशिष्ट काल या परिस्थिति में महत्त्वपूर्ण अर्थ था, किन्तु परिस्थिति में परिवर्तन होने पर वे अर्थहीन हो गए। उदाहरणार्थ प्राचीन काल में जब बहुपत्नीकत्व को धर्मशास्त्र एवं सामाजिक जीवन में मान्यता थी, तब राजा की विविध प्रकार की रानियों का पृथक् बोध कराने वाले, **वावाता, परिवृक्ता, पालागली**, जैसे शब्दों को महत्त्वपूर्ण अर्थ था। यज्ञीय परिभाषा में भी ऐसे अनेक शब्द मिलते हैं, जिनका यज्ञप्रधान धर्मजीवन में विशिष्ट महत्त्व था। उदा. वसतीवरी, वनाधिती, राष्ट्रगोप, रत्नी, आदि। वर्ण – जाति

व्यवस्था का तब अत्यंत महत्त्व माना जाता था, तब रथकार, माहिष्य, करणी, क्षत्ता, ब्रह्मबन्धु आदि जातिवाचक शब्दों के पारिभाषिक अर्थ विशेष महत्त्व रखते थे। बाद में यथाकाल वे नाममात्र रह गए। प्राचीन समाजव्यवस्था का ज्ञान देने की दृष्टि से ही उन शब्दों का आज उपयोग होता है। पारिभाषिक शब्दों के प्रस्तुत कोश में उन कालबाह्य शब्दों का संचय इसी कारण आवश्यक है।

पारिभाषिक शब्दों के अर्थ जिस प्रकार शास्त्रभेद के अनुसार बदलते है उसी प्रकार एक ही शास्त्र में कालभेद के कारण वे बदलते हैं। उदाहरणार्थ – संगीत शास्त्र में प्रयुक्त वादी, संवादी, अनुवादी और विवादी स्वर प्राचीन काल में आपस के ध्वनिसंबंध पर अवलंबित माने जाते थें। परंतु ये संबंध प्राचीन ग्रंथों में श्रुतियों की परिभाषा में ही वर्णित होने के कारण, उनसे तथा स्वयं षड्ज-पंचम भाव तथा षड्ज-मध्यम भाव से मेल नहीं खाते। आज कल वादी-संवादी का अर्थ स्वर के बहुत्व अल्पत्व के आधार पर लगाया जाता है। ''प्रयोगे बहुलः स्वरः वादी राजाऽत्र गीयते। विवादी तु सदा त्याज्यः क्वचित् तानक्रियात्मकः।।'' इत्यादि परिभाषाएँ ही आजकल के वादी विवादी स्वरों को आधार हैं।

प्रादेशिक संज्ञाएँ – साहित्य शास्त्र के वैदर्भी, पांचाली, गौडी, लाटी, लाटानुप्रसि, मागधी, शौरसेनी, महाराष्ट्री इत्यादि विविध पारिभाषिक शब्द यही सूचित करते हैं कि विशिष्ट प्रदेशों के नामों पर आधारित पारिभाषिक शब्द निर्माण होते हैं, प्रदेश की विशेषता से उनका मूलतः संबंध होता है, किन्तु बाद में वह समाप्त होता है।

अपवादात्मक चयन – प्रस्तुत कोश में केवल संस्कृत वाङ्मय में प्रयुक्त पारिभाषिक शब्दों का ही चयन मुख्यतः किया है। किन्तु अपवाद में प्रादेशिक नृत्यप्रकार, विशिष्ट वाद्यप्रकार इत्यादि के वाचक लौकिक शब्दों का भी चयन किया है। कुछ नए प्रचलित पारिभाषिक शब्द भी यत्रतत्र संकलित हुए हैं।

प्रादेशिक वाद्य – प्रस्तुत कोश में संगीत प्रकरण में अनेक प्रादेशिक वाद्यों का (उदा. गौरीकालम्, गोटुवाद्यम् इ.) नामनिर्देश हुआ है। संगीतशास्त्र विषयक ग्रन्थों में इनके नाम एकत्रित उपलब्ध नहीं होते। प्रस्तुत चयन से संगीत प्रेमी लोगों को विविध प्रादेशिक वाद्यों की कल्पना आ सकेगी। इन नामों का चयन भारतीय संस्कृति कोश (मराठी में) से किया है।

व्रतसंज्ञा – तिथियों के विशिष्ट नाम और उस निमित्त प्रचलित स्त्री-पुरुषों के व्रतों का निर्देश करने में उनकी अखिल भारतीयता की ओर ध्यान दिया है। क्वचित् प्रादेशिक व्रतों का भी उल्लेख हुआ है। जैन तथा बौध्द संप्रदायों के व्रत और उत्सवों का जहां विशिष्ट तिथियों से संबंध है, उल्लेख किया गया है। सभी व्रत सकाम होते हैं। ग्रंथों में उनके पुत्रप्राप्ति, शत्रुनाश, धनलाभ, आदि फल कहे गये हैं। प्रस्तुत कोश में व्रतकथा या फल निर्देश नहीं है।

विदेशी संज्ञाओं के प्रादेशिक पर्याय

संस्कृत भाषीय शास्त्रोक्त पारिभाषिक संज्ञाओं का चयन करना ही प्रस्तुत कोश का मुख्य उद्देश्य है, किन्तु इस चयन के प्रयत्न में संस्कृत शब्दों के प्रादेशिक पर्यायों की ओर हमारा ध्यान आकृष्ट हुआ। भारत की सभी प्रादेशिक भाषाएँ विद्या के क्षेत्र में आरंभ से संस्कृतोपजीवी रही हैं। २० वीं शताब्दी में विदेशी-अंग्रेजी भाषा तथा पाश्चात्य विद्याओं का अतिरिक्त प्रभाव बढ़ने के कारण सभी प्रादेशिक भाषाओं में अंग्रेजी परिभाषा के देशी पर्याय निर्माण करने का कार्य हुआ। नवशब्दनिर्मिति की शास्त्रीय प्रक्रिया संस्कृत में ही होने कारण, **विदेशी पारिभाषिक शब्दों के प्रादेशिक पर्याय तत्त्वतः संस्कृत शब्द ही हैं।** इनमें संस्कृत मूलकता समान है किन्तु रूपभिन्नता होने से एक ही विदेशी शब्द के प्रदेशानुसार भिन्न पर्याय उन उन प्रदेशों में प्रचलित हुए। उनमें तुल्यार्थता है किन्तु तुल्यरूपता नहीं है। उदाहरणार्थ, प्राइम मिनिस्टर को हिन्दी में प्रधानमंत्री तो मराठी में पंतप्रधान कहते हैं। सेक्रेटरीएट के लिये हिन्दी में सचिवालय और मराठी में मंत्रालय, शब्द रूढ हुआ है। नॉवेल का अनुवाद हिन्दी में उपन्यास और मराठी में कादम्बरी हुआ। अन्य प्रदेशों में भी इसी प्रकार के संस्कृतमूलक नए शब्द प्रचलित होंगे। ऐसे समानार्थक किन्तु भिन्नस्वरूपी नवनिर्मित शब्दों का पृथक् कोश करना आज आवश्यक है।

इन अनूदित शब्दों के अतिरिक्त कुछ शब्द ऐसे हैं जो तत्वतः ''संस्कृत'' नहीं किन्तु उनमें पारिभाषिक अर्थ हैं, जैसे वनस्पतियों के नाम। हमने पर्यायशब्दों के संग्रह में विशिष्ट वनस्पतिवाचक संस्कृत पर्याय देते हुए उनके हिन्दी प्रतिशब्द दिए हैं। किन्तु उन वनस्पतियों के वाचक प्रत्येक प्रादेशिक भाषा - उपभाषाओं में अन्यान्य शब्द होंगे। ऐसे प्रादेशिक शब्द भी ''पारिभाषिक'' कोटि के मानना उचित होगा। इस कोश में संगीत शास्त्र में निर्दिष्ट अनेक रागों, तालों, तथा नृत्यप्रकारों के नाम इसी कारण स्वीकृत किये हैं। केवल संस्कृतमूलकता के अभाव के कारण उन 'प्रादेशिक शब्दों' का चयन हम नहीं करते तो पारिभाषिक शब्दावली में अपूर्णता रह जाती। धर्मशास्त्र

में वर्णसंकर से उत्पन्न जातियों के नाम भी इसी प्रकार के मिलते हैं।

प्रातिपदिक और संज्ञा – पारिभाषिक शब्दावली में शब्द की ये दो अवस्थाएँ दिखाई देती हैं। विशिष्ट अर्थ को व्यक्त करने वाले वर्णसमूह को लौकिक व्यवहार में शब्द कहते हैं। इसी शब्द को वैयाकरण ''प्रातिपदिक'' (अर्थवत् अधातुः अप्रत्ययः प्रातिपादिकम्– (पाणिनिसूत्र) कहते हैं। ऐसे शब्दों का प्रयोग जब विशिष्ट शास्त्रीय या सांकेतिक अर्थ व्यक्त करने के लिए होता है तब उन्हे ''संज्ञा'' कहते हैं। प्रायः संज्ञाएँ संस्कृत व्युत्पत्तिमूलक होती हैं, इसी कारण देशी शब्दों को पारिभाषिक संज्ञाओं की योग्यता प्रायः नहीं मिलती। किन्तु संगीत शास्त्र में विदर्भवासी पुष्पदन्त (१२ वीं शती) नामक पंडित ने तत्कालीन देशी शब्दों को शास्त्रीय संज्ञाओं की योग्यता देने का कार्य किया था। पारिभाषिक शब्दावली में इसी पद्धति से देशी शब्दों का प्रमाण कुछ मात्रा में दिखाई देता है।

प्रस्तुत कोश के संपादन में परिभाषिक शब्दों की जो विशेषताएँ हमारे ध्यान में आयी उनका सोदाहरण विवेचन यहां प्रस्तुत किया है। साथही शब्दों का चयन करने में हमारी जो दृष्टि या भूमिका रही उसका भी प्रतिपादन इस अन्तरंग दर्शन में प्रस्तुत करने का प्रयास हमने किया है। आशा है कि, भारतीय विद्याओं की रूपरेखा इन पारिभाषिक शब्दों के अध्ययन से जिज्ञासुओं को प्रतीत होगी, तथा शास्त्रीय ग्रंथों के अध्ययन में यथास्थान उन्हें इस कोश की सहायता हो सकेगी।

श्रीधर भास्कर वर्णेकर
''प्रज्ञाभारती''

संस्कृत वाङ्मय कोश

परिभाषा खण्ड

अनुक्रमणिका

(पूर्वार्ध कुल पृष्ठसंख्या ३०४)

पूर्वार्ध

धर्म विभाग

अर्थ विभाग

(उत्तरार्ध कुल पृष्ठसंख्या ४५५)

उत्तरार्ध

काम विभाग

मोक्ष विभाग

न्यायवचन संग्रह विभाग

कुल प्रविष्टियाँ – २०३०४

सस्कृत वाङ्मय कोश

परिभाषा खण्ड (पूर्वार्ध)

अनुक्रमणिका

धर्म विभाग

धर्म विभाग कुल प्रविष्टियाँ – ६४७१

वर्ग - १ — वैदिक कर्मकाण्ड की परिभाषा

अकूपार (आकूपार) = सामविशेष।

अक्षदेवनसूक्त = ऋग्वेद का द्यूत निन्दा विषयक एक सूक्त (१०-३०-४)

अग्नायी = अग्नि की पत्नी (ऋ. १-२२-१२)

अंगयाग (यज्ञ) = मुख्य यज्ञ से संबंधित गौण यज्ञविधि।

अग्निवेश = कृष्ण यजुर्वेद की एक लुप्त शाखा की संज्ञा। अपर संज्ञा — कौण्डिन्य। इसका केवल गृह्यसूत्र उपलब्ध है।

अंबायज्ञ = देवी के बीजाक्षरों से युक्त मंत्रों से इस यज्ञ में हवन होता है। पुराणकथा के अनुसार अंबा की कृपा प्राप्त करने श्री विष्णु ने २७ ऋत्विजों द्वारा यह यज्ञ करवाया था। (देवी भाग. स्कं. ३)

अग्नि = प्रत्येक गृह्यकर्म में स्थंडिल पर स्थापित अग्नि के नाम भिन्न होते है। जैसे चौलकर्म में **सभ्य,** उपनयन में **समुद्भव,** गोदान में **सूर्य,** विवाह में **योजक,** वास्तुशांति में **द्विज,** वैश्वदेव में **रुक्मक**। देवों के अग्नि को **हव्यवाह** और पितरों के अग्नि को **कव्यवाह** कहते हैं। अग्नि के प्रकार = जाठराग्नि, लौकिकाग्नि, क्रव्यादग्नि (चिताग्नि),

अग्निकारिका = अग्नीध्र नामक ऋचा।

अग्निकार्य = ब्रह्मचर्याश्रम में प्रातः और सायंकाल में उपनयन की अग्नि में समिधा का हवन।

अग्निचित् = पांच प्रकार के काठक चयन तथा श्येन आदि अन्य प्रकार के चयन करने वाला यजमान। (अष्टाध्यायी - ३-२-९१)

अग्निचित्या = यज्ञ की अग्नि को प्रतिष्ठित करना।

अग्नितनु = विशिष्ट मंत्रों की संज्ञा। ये मंत्र अश्वमेध में यज्ञीय अश्व के दाहिने कान में कहे जाते हैं।

अग्निद्वयसंसर्ग = प्रथम पत्नी होते हुए दूसरी स्त्री से विवाह करने पर गृहस्थ आहिताग्नि के दो गृह्याग्नि होते थे। उन दोनों गृह्याग्नियों का संयोग करने की विधि की यह संज्ञा है।

अग्निधान = आहिताग्नि का घर।

अग्निमाठर =ऋग्वेद की बाष्कल शाखा की चार उपशाखाओं में से एक। संप्रति अनुपलब्ध।

अग्निमारुत = अग्निष्टोम याग का अंतिम शस्त्र। इसका गायन द्रुत लय में होता है। शस्त्र = यज्ञ में होता द्वारा उच्चारित मन्त्र।

अग्निमुख = विवाह, उपनयन जैसे संस्कारों में यजमान स्वयं अग्निमुख विधि करता है। ग्रहमख स्वाहाकार इत्यादि महानुष्ठानों में आचार्य ऋत्विक् अग्निमुख विधि का तंत्र सम्हालता है।

अग्निमुख = यज्ञीय अग्नि ही जिनका मुख है ऐसे देव-देवता। (शतपथब्राह्मण ७-२-२४)

अग्निमुख = ग्रहमख, शांति, संस्कार, व्रतोद्यापन आदि कर्मों में स्थंडिल पर अग्निस्थापना सहित हवनादि कर्म। इस विधि में ब्रह्मा, यम, सोम, रुद्र, ईश और शतक्रतु नाम के छह देवताओं का आवाहन होता है।

अग्निविच्छेद = आहिताग्नि का १२ दिनों से अधिक प्रवास आदि के कारण हवन कर्म न होना। बाद में गृह्यसूत्र की विधि के अनुसार यज्ञाग्नि का पुनःसंधान किया जाता है।

अग्निव्रत = फाल्गुन शु. ४ से इस व्रत का आरंभ होकर उसका एक वर्ष तक पालन किया जाता है.

अग्निष्टुत् = सोमयाग का एक विकार। इसमें त्रिवृत नामक स्तोत्रपद्धति से अग्नि का स्तवन होता है। अनुष्ठान की विधि अग्निष्टोम याग के समान है।

अग्निष्टोम = सोमयागों का 'प्रकृतियाग'। वसंत ऋतु में **यह एकाह याग होता है। इसमें अग्नि की स्तुति प्रधान होती है तथा अंतिम स्तोत्र अग्निपरक है। इस का प्रारंभ दीक्षणीय इष्टि से होता है जो पूर्णिमा, अमावस्या या प्रतिपदा को करनी होती है।**

अग्निष्टोम = सामवेद के "यज्ञा यज्ञा वो असय" इस ऋचा में गीत के रूप में विहित साम की संज्ञा।

अग्निसमारोप = आहिताग्नि गृहस्थाश्रमी १२ दिनों तक प्रवास के निमित्त इस विधि से अपना हवन कर्म बंद रखता है। इस विधि में अरणि या समिधा को यज्ञाग्नि में तपा कर अग्नि की स्थापना मानी जाती है। प्रवास काल में इसी अग्नि को स्पर्श करते हैं। वापिस लौटने पर उसकी आहुति देते हैं।

अग्निहोत्र = वैदिकों के सात हविर्यज्ञों में दूसरा यज्ञ

अग्निहोत्र = गृहस्थाश्रमी के इस व्रत में गार्हपत्य, आहवनीय और दक्षिणाग्नि का आधान होता है। "उद्धरणपक्ष" के अनुसार गार्हपत्य अग्नि नित्य रखा जाता है और "अजस्रपक्ष" के अनुसार तीनों अग्नि नित्य रखे जाते हैं। हवन विधि प्रातः और सायं होती है। अग्निहोत्री की पत्नी का होत्राग्नि से नित्यसंबंध होता है। अग्निहोत्र यज्ञ का मुख कहा जाता है। (शतपथ ब्रा. - १४-३-१-२९)

अग्निहोत्र = एक वैदिक व्रत जिसमें हवनीय अग्नि की नित्य स्थापना तथा उसमें हवन होता है।

अग्निहोत्र = वैतानिक अग्नियों (गार्हपत्य, आहवनीय, दक्षिणाग्नि, और सभ्याग्नि) में अग्नि को उद्दिष्ट करके सायं, प्रातः किया जाने वाला विशेष कर्म। इसमें दूध, यवागू, तण्डुल, दधि, घृत आदि द्रव्यों की आवश्यकता होती है।

अग्निहोत्र के देवता = सायंकाल में अग्नि मुख्य और प्रजापति स्विष्टकृत स्थान का अंग देवता। प्रातः सूर्य मुख्य देवता और प्रजापति अंगदेवता।

अग्निहोत्र हवणी = अग्निहोत्र के हवन की एक काष्ठ निर्मित स्रुचा जिसमें डाले हुए पवित्र जल से अन्य सभी यज्ञीय पात्रों का प्रोक्षण (सिंचन) होता है।

अग्निहोम हवणी = इससे अग्निहोत्र किया जाता है। इसमें शकट से या इडापात्रो से हवि का ग्रहण, यज्ञ के अवसर पर होता है।

अग्निहोत्रहोम = अग्निहोत्री द्वारा तीनों अग्निकुंडों में सूर्य-प्रजापति के प्रीत्यर्थ प्रातः और सायं अग्नि-प्रजापति के प्रीत्यर्थ किया गया हवन। इसमें गोरस, (अथवा चांवल, घृत या दही) की आहुतियां यजमान की कामना के अनुसार दी जाती हैं।

अग्निहोत्री = अग्निहोत्र व्रत का पालन करने वाला गृहस्थाश्रमी द्विज।

अग्नीषोमप्रणयन = सोमयाग में आग्निध्रीय मंडप में अग्नि की और हविर्धान मंडप में सोमराजा की स्थापना।

अहन्या = अवध्या। गौ का एक विशेषण। अर्थात्, उसकी हत्या नहीं होती।

अग्न्यन्वाधान = पौर्णमासी में गार्हपत्य, आहवनीय और दक्षिण-अग्नियों में "ममाग्ने वर्चः" इस मंत्र से छह समिधाओं का आधान करना।

अग्न्याधान = अग्निहोत्र व्रत। गौतम धर्मसूत्रोक्त ४८ संस्कारों में से एक।

अग्न्याधान = सभी यज्ञों के प्रारंभ में यह विधि होती है। इसमें विशिष्ट स्थान पर विशिष्ट व्यक्ति द्वारा अरणी और मंथा के घर्षण से यज्ञीय अग्नि की निर्मिति होने पर पूर्णाहुति तक विधि होती है। अग्न्याधान से यजमान आहिताग्नि होता **है।**

अग्न्याधेय = वैदिकों के सात हविर्यज्ञों में से प्रथम द्विदिवसीय यज्ञ। अन्य यज्ञों के नाम- **अग्निहोत्र, दर्शपूर्णमास, चातुर्मास्य, आग्रयणेष्टि, निरूढपशुबंध,** और **सौत्रामणि** । अग्न्याधेय का अधिकार त्रैवर्णिक और उपकृष्टों को होता है। यह विशिष्ट नक्षत्र और ऋतु के पर्वकाल में होता है।

अग्न्युत्तारण = धातु या पाषाण आदि की मूर्ति स्थापित करते समय उसे ताम्रपात्र में रखकर दूध और जल का अभिषेक करना। इस विधि से इस मूर्ति के दोषों का निवारण होता **है।**

अग्न्युद्धरण = पौर्णमासी में प्रणयन के लिये गार्हपत्य अग्नि से आहवनीय और दक्षिण- अग्नि को अलग करना।

अंगिरसाम् आयनम् = एक संवत्सरसत्र का नाम।

अच्छन्दस् = वेदाध्ययन का अनधिकारी (छन्दस् = वेद)

अच्छावाक = सोमयाग में होता का सहकारी ऋत्विक्। (ऐतरेय ब्राह्मण - ६-१४/, ६-३०)। इसका दूसरा नाम है **उद्वंशीय**।

अच्छावाक = स्वच्छ उच्चारण करने वाला ऋग्वेदी ऋत्विक्। सोमयाग में यही आज्या और शस्त्र का पाठ करता है। (२) पुराणों के अनुसार भुवर्लोक की अग्निदेवता का नाम। (वायु. पु.२९-२८)

अज एकपाद् = एक अंतरिक्ष देवता। यह अग्निस्वरूप माने जाते है।

अतिग्राह्य प्रचार = सोमयाग के मध्यंदिन सवन में एक विधि।

अतिजगती = एक वैदिक छंद।

अतित्वरी तथा **अतिष्कद्वरी (या अपष्कद्वरी)** = अतित्वरी = अतिकुलटा। अतिष्कद्वरी = गर्भस्राव करने वाली कुट्टनी। ये दोनों शब्द वाजसनेयी संहिता में पुरूषमेधीय बलियों की सूची में आये हैं। (३०-१५)

अतिधृति = एक वैदिक छंद। ऋक् संहिता में केवल एक ही मंत्र इस छंद में है।

अतिरात्र = अतिरात्र नामक साममंत्र के गायन से समाप्त होने वाला, सप्त सोमसंस्था के अन्तर्गत सोमयाग। यह दिन और रात्रि में पूर्ण होता है। इस में २९ स्तोत्र और २९ शस्त्र गाये जाते हैं।

अतिशक्वरी = एक वैदिक छंद।

अतिष्कद्वरी (या अपष्कद्वरी) = देखिये अतित्वरी।

अत्यग्निष्टोम = सप्त सोमसंस्था के अंतर्गत एक सोम याग। यह अग्निष्टोम का दूसरा ऐच्छिक भाग है।

अत्यष्टि = एक वैदिक छंद।

अत्रिकुल = ऋग्वेद के मंत्रद्रष्टा अत्रि ऋषि का कुल। इसमें अत्रि, अर्चनानस, श्यावाश्व, गविष्ठिर, आविहोत्र (या अधिगु), और पूर्वातिथि इन मंत्रद्रष्टाओं की गणना होती है।

अदाभ्य = ज्योतिष्टोम के अन्तर्गत एक ग्रह, जिसका समर्पण स्वर्गदायक होता है। (तैत्ति. सं. ६-६-९-२)

अदितीष्टि = पशुओं की कामना से दर्श-इष्टि के साथ इस यज्ञ का विधान है। (मानव श्रौत सूत्र १-३-५-२९)

अद्मसद् = भोजन के अवसर पर आया हुआ अतिथि। (ऋ. १-१२४-४)

अथर्वण = अथर्ववेदी ब्राह्मणों की एक लुप्त प्राय शाखा का नाम।

अथर्वणि = अथर्ववेद में निर्दिष्ट विधियों के अनुष्ठान में कुशल वैदिक ब्राह्मण।

अथर्वन् = पौराणिक पुरोहितों के एक अर्धदैवी वंश का प्रमुख। (बृहदारण्यक उप. २-६-३)

अथर्वन् = अग्नि और सोम का उपासक पुरोहित।

अथर्ववेद = (अपरनाम = अथर्वांगिरस वेद, भृग्वंगिरस वेद, आंगिरस वेद, ब्रह्मवेद और क्षत्रवेद,) इसकी पैप्पलाद और शौनक नामक दो शाखाएँ आज उपलब्ध हैं। चरणव्यूह में ९ शाखाओं के नाम निर्दिष्ट है — (नवधा आथर्वणो वेदः)।

अथर्वांगिरस = अथर्व वेद की अपरसंज्ञा

अथर्वाण = (१) अथर्ववेद की अपरसंज्ञा। (२) अथर्ववेद की अनुष्ठान पद्धति।

अधस् = (१) सोम का पौधा (२) सोम का रस।

अधिकल्पी = कुशल अक्षक्रीडक। (माध्यं. वाजसनीय संहिता-३०-१८)

अध्रिगु = (१) देवों के यज्ञ में शमिता (अर्थात् पशुहनन

करने वाला) देवता। (२) मानवी पशुयाग में पशुहनन की अधिष्ठात्री देवता का नाम। (ऐतरेय. ब्रा. २-७) (३) आहवनीय पशु के प्रति शुभ कामना व्यक्त करनेवाले मंत्र।

अध्रिगुप्रैष = दिव्य तथा मानुष शमिताओं (यज्ञ में पशु हत्या करने वालों) को, पशु का यज्ञभूमि पर आवाहन करने हेतु प्रयुक्त मंत्र।

अधिदेवता = ग्रहयज्ञ आदि विधियों में प्रमुख देवता की चाहना और स्थापित देवता।

अधिषवण = जिन दो फलकों पर सोमलता को कूट कर यज्ञ के लिये सोमरस निकाला जाता है। उन फलकों की संज्ञा। (शतपथ ब्रा.-३-९-४-१)

अधीवास = याज्ञिक अनुष्ठान में उपयुक्त उत्तरीय परिधान। (शतपथ ब्राह्मण- ५-३-५-२२)

अध्वर = हविर्यज्ञ की संज्ञा। (शतपथ ब्रा. १-१-४-७)

अध्वर = ध्वरा याने हिंसा जिसमे नही होती ऐसा यज्ञ कर्म। यज्ञीय हिंसा, हिंसा नहीं मानी जाती, अतः यज्ञ को अध्वर कहा गया है।

अध्वर कल्पेष्टि = शत्रु को सोम आदि यज्ञों का फल प्राप्त न हो, इस लिये यह इष्टि त्रिकाल की जाती है। अग्नाविष्णू, सरस्वती और बृहस्पति इस इष्टि के देवता है।

अध्वर्यु = यज्ञ के होता, उद्गाता और ब्रह्मा के अतिरिक्त ऋत्विक्, जो यजुर्वेद का विशेषज्ञ होता है।

अध्वर्यु = (अध्वरं = यज्ञं याति इति) अध्वर = यज्ञ में गमन करने वाला। यज्ञविधि करने वाला प्रमुख ऋत्विक् या पुरोहित। कर्म का प्रारंभ होने के पूर्व अध्वर्यु, यजमान और ब्रह्मा की अनुज्ञा लेता है। श्रौतयाग अध्वर्यु के बिना नहीं होता।

अध्वर्युवेद = अध्वर अर्थात् यज्ञ की विधि के मंत्र मुख्यतः यजुर्वेद में कहे गये हैं, अतः उसे यह संज्ञा प्राप्त हुई।

अनादेश देवता = अग्नि, वायु, सूर्य और प्रजापति इन चारों की संज्ञा। जिस स्मार्त कृत्य में विशिष्ट देवता का शास्त्रोक्त निर्देश नहीं होता वहां इन चारों का स्वीकार होता है।

अनुक्रमणी = वेदों की सूची के ग्रंथ। ऋग्वेद के २ ग्रंथ = शौनककृत अनुवाकानुक्रमणी (नामांतर बृहद्देवता) और कात्यायन कृत सर्वानुक्रमणी। यजुर्वेद का सर्वानुक्रमसूत्र; अथर्ववेद की बृहत्सर्वानुक्रमणी आदि प्रसिद्ध हैं। अनुक्रमणी में मंत्रों के ऋषि, छंद, देवता, आख्यान आदि की जानकारी मिलती है।

अनुक्षत्तृ = सारथि या द्वारपाल का अनुयायी। पुरुषमेध की बलियों की सूची में निर्दिष्ट। (तैत्तिरीय ब्रा. ३-४-९-२)

अनुबन्ध्या याग = अवभृथस्नान के बाद वशा (वन्ध्या) गौ का हवन। तन्निमित्त आमिक्षा याग होता है।

अनुमंत्रण = अर्थ की ओर ध्यान रखकर मंत्र का पाठ करना।

अनुयाज = (१) विशिष्ट वैदिक देवता। (२) यज्ञ के शेष अंग। बर्हि, नराशंस और स्विष्टकृत् निमित्त आहुति समर्पण, (३) (या अनूयाज) = गौण अर्थात् मुख्य यज्ञ का पूरक यज्ञानुष्ठान। (४) प्रधान याग के अनन्तर जिन्हें पढ़कर ब्रह्मा नामक ऋत्विक् हवन करता है, उन याज्या मंत्रों की संज्ञा।

अनुवाक = वेद के अध्यायसदृश उपभाग।

अनुवाद = ब्राह्मण ग्रंथ का भाग, जिसमें पूर्वोक्त विधि की व्याख्या मात्र होती है और जिसमें स्वतंत्र कोई विधि या निषेध नहीं होता।

अनुव्याख्यान = वैदिक मंत्रों की सूत्रात्मक व्याख्या।

अनुशासन = (१) वेदांगों का वाचक शब्द। (२) साहित्य का एक विशिष्ट शास्त्रीय अंग। (उदा. योगानुशासन, शब्दानुशासन आदि)

अनुश्रव = वैदिक परंपरा।

अनुष्टुभ् = ३२ अक्षरों का एक छंद जिसमें आठ आठ अक्षरों के चार पाद होते हैं। इस के विविध प्रकार बताये गये हैं।

अन्तरिक्ष = द्युलोक और पृथ्वी लोक का मध्यवर्ती लोक।

अन्नस्तुति = ऋग्वेद-प्रथम, मंडल के एक सूक्त (१-१८७) की संज्ञा। इसीको **'अन्नसूक्त'** भी कहते हैं। इसके अतिरिक्त ४-३१-१ से ३ मंत्रों को भी **'अन्नसूक्त'** कहते हैं। पार्वण श्राद्ध में भोजन परोसते समय अन्नसूक्त कहा जाता है।

अनूचान = वेद-वेदांगों का ज्ञाता, जो अध्यापन में भी समर्थ होता है।

अनृच = (१) यज्ञोपवीत संस्कार न होने के कारण जो वेदाध्ययन का अधिकारी नहीं हो सकता। (२) ऐसा पुरुष जिसने ऋग्वेद का अध्ययन नहीं किया हो।

अन्वाख्यान = मुख्य कहानी की पूरक कहानी।

अन्वाधान = हवन विधि में अग्निस्थापना व ध्यान के पश्चात् देवताओं के विशिष्ट हविर्द्रव्य और आहुतिसंख्या का निर्देश करते हुए देवता की स्थापना।

अन्वाधान = अग्निहोत्र की अग्नि में समिधाएँ रखना।

अन्वाधान = यज्ञ में अग्नि की स्थापना (आधान) होने पर, ऋत्विग् हाथ में समिधा लेकर कर्म के देवता तथा हविर्द्रव्य आदि निर्देश करने पर, उस समिधा को यज्ञाग्नि में समर्पण करता है। इसी को अनु + आधान = अन्वाधान कहते है।

अन्वारंभ = श्रौत या स्मार्त कर्म करते समय पत्नी ने पति के हाथ को हाथ लगाना; या यजमान ने पुरोहित के हाथ को दर्भ से स्पर्श करना।

अन्वारंभण (या अन्वारंभ) = यज्ञ के समय यजमान को पुनीत संस्कार के सुफल का अधिकारी बनाने के लिये स्पर्श करना।

अन्वारंभणीया इष्टि = प्रथम ही दर्शपूर्णमास यज्ञ करने वाले के लिये आवश्यक। सरस्वती को दो आहुतियाँ देकर इसका प्रारंभ होता है। यह इष्टि एक ही बार की जाती है।

अन्वाहार्य = ऋत्विजों के भोजन के लिये बनाया गया ओदन (भात)। अन्वाहार्यदक्षिणा से यज्ञसंबंधी दोषसमूह का परिहार होता है।

अपराग्नि = दक्षिण और गार्हपत्य नामक यज्ञाग्नि।

अपराजिता = उत्तर दिशा। ऐतरेय ब्रा. (१-१४)

अपां नपात् = जलों का पुत्र। अग्नि का एक विशेषण।

अपां नपात् =विद्युतस्वरूपी अग्निदेवता। ऋग्वेद (२-३५) के एक संपूर्ण सूक्त में इस का स्तवन किया है।

अपामार्ग = एक पवित्र वनस्पति। अघाडा नामक वनस्पति। ग्रहयाग में बुधग्रह के हवन में इसीकी समिधाओं का उपयोग होता है। अभिचारात्मक क्रियाओं में इसका उपयोग होता है।

अपामार्ग होम = राजसूय यज्ञ के अन्तर्गत एक सोमयाग।

अपौरुषेय (वेद) = जो मनुष्यद्वारा निर्माण नहीं किया गया, अर्थात् ईश्वरकृत है।

अप्नस्वती = (१) खनन कर्षण योग्य उर्वर भूमि। (२) ओजस्वी वाणी।

अप्वा = एक उदररोग।

अप्सुदीक्षा = दीक्षणीय इष्टि में क्षौर, नववस्त्र परिधान, हविष्यभोजन आदि होने पर सपत्नीक यजमान अपने शरीरपर दर्भांकुरों से जलसिंचन का पवन नामक संस्कार करता है। इसी को अप्सुदीक्षा कहते हैं।

अबूलिंगमंत्र = संध्यावंदन और मंगलाभिषेक में उपयुक्त "आपो हि ष्ठा" इत्यादि ऋग्वेद (१०-९) के तीन मंत्र।

अभिक्रतु = शत्रु

अभिघार = यज्ञ में घृत की आहुति।

अभितृष्ण = ऋग्विशेष।

अभिनिधन = सामविशेष।

अभिप्रश्नी = जिज्ञासु। पुरुषमेध की बलियों में उल्लिखित।

अभिमंत्रण = संशोधनीय हविर्द्रव्य की ओर दृष्टि लगाकर मंत्र का पठन।

अभिचार यज्ञ = जादू टोने के लिये किया जाने वाला होम-हवन।

अभिवान्यवत्सा = ऐसी गौ, जिसका बछडा मर जाने पर दूध दुहते समय दूसरी गौ का बछडा उसके सामने खडा किया जाता है। (अपरसंज्ञा - निवान्यवत्सा)

अभिश्रयण = आहुति के पूर्व सोमरस में दूध का मिश्रण करना।

अभिषवं = (१) यज्ञ के लिये सोमरस निचोड़ना। (२) धार्मिक कृत्यों के प्रारंभ में किया जाने वाला स्नान।

अभिषवणी = (१) यज्ञ के लिये सोम को पीसते समय प्रयुक्त जल। (२) सोम पीसने का यंत्र।

अभिष्टुत् (या अग्निष्टुत् = ब्रह्महत्यादि अपराधों के प्रायश्चित्त निमित्त सोमयाग (मनु. ११-७४ वसिष्ठ २२-७)

अभोग्घन = **(अभोग् + हन्) = ऋग्वेद में मरुद्‌गणों का एक विशेषण, जिस का अर्थ है- जो देवताओं को भोजन के लिये हवि नहीं देते, उनका नाश करने वाले। (ये देवान्** हविर्न भोजयन्ति तेषां हन्तारः (सायणाचार्य)

अभ्यातान = तैत्तिरीय संहिता के ३, ४, ५ अध्यायों के मंत्रों की संज्ञा। इन मंत्रों सहित हवन को "अभ्यातान होम' कहते हैं। यह श्रौत और स्मार्त कर्मों में मुख्य कर्मों का आनुषंगिक होम होता है।

अभ्रि = अथर्ववेद में निर्दिष्ट एक हथियार। इसका डंडा, बांस, उदुंबर या विकंकत की लकड़ी का होता था। (अथर्व वेद-४.७.५-६)

अमत्र = विशिष्ट यज्ञपात्र। जिसमें पीसने के बाद सोम रखा जाता था।

अमीव = रोग

अमृतचरु = प्रजापति आदि छह देवताओं को अर्पित आहुतियों का नाम।

अयज्ञिय = (१) यज्ञ के लिये निषिद्ध पदार्थ, (२) यज्ञ करने का अनधिकारी।

अयव = कृष्णपक्ष। (यव = शुक्लपक्ष)

अयोगू = (१) भ्रातृहीन कन्या। (२) अविनीता स्त्री। पुरुषमेध के बलियों की सूची में उल्लिखित।

अरणी = शमी वृक्ष पर ऊगे हुए अश्वत्थ (पीपल) वृक्ष के काष्ठ से (घर्षण द्वारा) यज्ञीय अग्नि उत्पन्न करने का एक साधन।

अरणि (णी) = यज्ञीय अग्नि उत्पन्न करने के लिए उपयुक्त अश्वत्थ काष्ठ के दो फलक, जिन्हें उत्तरारणि (उपर वाली) और अधरारणि कहते हैं। दोनों अरणियों के बीच की खांच में मंथा रख कर घर्षण से अग्नि उत्पन्न करते हैं।

अरण्यानी = (१) महारण्य। (२) अरण्यरूपिणी एक वेदोक्त देवता।

अरुणकेतु चयन = काठक चयन का एक प्रकार। इसमें उत्तरवेदी के स्थान पर नदी जल, उष्ण जल और शीतजल को इष्ट माना गया है। इस चयन के अनंतर सौत्रामणि याग होता है।

अरुंधती = घावों को भरने वाली तथा गौवों का दूध बढ़ाने वाली एक वनस्पति। (अन्य नाम = शिलाची, हिरण्यवर्णा, लोमशवक्षणा।

अर्ककर्मी (या अर्क) = अर्क नामक अर्चनसाधन मंत्रों को गाने वाला।

अर्जुनी = फल्गुनी नक्षत्र की अपर संज्ञा।

अर्धाधान = (१) अग्निहोत्र का स्वीकार करते समय आधा स्मार्ताग्नि अलग रख कर, अवशिष्ट अर्ध स्मार्ताग्नि से अग्न्याधान करना। (२) संपूर्ण स्मार्ताग्नि का रूपान्तर श्रौताग्नि में करना।

अर्बुद = इन्द्र द्वारा मारा गया एक असुर।

अर्म (अर्मक) = (१) नेत्ररोग, (२) अरमणीय स्थान। पुरुषमेध की बलियों की सूची में उल्लिखित।

अर्यमा = एक वैदिक देवता। इनकी गणना आदित्यों में की गई है। (तैत्ति. ब्रा.१-१-९-१)

अर्शस् = एक रोग का नाम।

अलज = एक विशिष्ट पक्षी। अश्वमेध में इसकी बलि दी जाती थी। (तैत्ति. सं. ५-५-११-१)

अलजि = एक प्रकार का नेत्ररोग (अथर्व वेद - ९-८-२०)

अलौकिक = वैदिक

अवदान = यज्ञ के हविर्द्रव्य में हवनयोग्यता निर्माण करने वाला संस्कार अथवा अग्नि में जिसका हवन होता है वह हविर्द्रव्य। पुरोडाश के अवदान में आज्य से उपस्तरण, अभिधार इत्यादि चार या पाच संस्कार (चतुरवदान पंचावदान) होते हैं।

अवदान = हवनयोग्य द्रव्य। (शतपथ ब्रा. १-७-२-६)

अवदानधर्म = स्रुचा को उपस्तरण (घी लगाना) करने पर उसमें दो या तीन बार हवि का अभिधार करना।

अवभृथ = चातुर्मास्य, वरुण, प्रघासपर्व, कोकिलसौत्रामणि, तथा विविध प्रकार के सोमयाग समाप्त होने पर वरुण देवता के निमित्त याग। इसके पश्चात् यजमान दम्पती ऋत्विग् जनों सहित जलाशय में जो स्नान करते हैं उसे **अवभृथ स्नान** कहते हैं।

अवभृथ = सोमयाग का अंतिम अनुष्ठान। इसमें नदीस्नान का महत्त्व होता है। यजमान अपनी मेखला का और पत्नी अपने योक्त्र का विसर्जन करते है। इस में उदयनीयेष्टि, अनुबन्ध्यायाग अमिक्षा याग, वाजिनयाग, सक्तु होम, उदवसानीया इष्टि, पूर्णाहुति संज्ञक आज्याहुति आदि विधियों का अनुष्ठान होता है।

अवभृथ = यज्ञ समाप्त होने पर तीर्थ स्थान में समंत्रक स्नान।

अविवाक्य = द्वादशाह याग के दसवें दिन का नाम। इस दिन के प्रमादों का उच्चारण तथा विवाद नहीं किया जाता।

अवेष्टि = एक प्रकार की इष्टि जो प्रात्यः राजसूय यज्ञ में राजा द्वारा होती है।

अशित्र = चावल की आहुति

अशीति = अन्न। (श. ब्रा. ८-५-२-१७)

अश्वमेध = एक महान् सोमयाग। दिग्विजयी चक्रवर्ती राजा इसका यजमान होता है। यज्ञ का अश्व श्यामकर्ण और श्वेतवर्ण होता है। अन्य पशुओं की संख्या ६ सौ से अधिक होती है। अश्व के संचार के समय उसके रक्षक चार सौ होते हैं। चैत्र पौर्णिमा से यज्ञ का प्रारंभ होता हैं। अश्व सहित अनेक पशुओं का हनन होता है। २१ यूप आवश्यक। मृत अश्व और पटरानी का मैथुन विहित (कात्यायन श्रौतसूत्र २०१६-१५-१६) यजमान की चार रानियों के साथ अनेक कन्याएँ होती हैं। अन्त में रानियों की अनुचारियों का ऋत्विजों को दान होता है।

अश्वमेधयाजी = अश्वमेध नामक यज्ञ करने वाले महाराज की सम्मानोपाधि।

अश्विनौ = ऋग्वेद में वर्णित एक युग्म देवता। विवस्वान् और सरण्यू के जुड़वे पुत्र। ऋग्वेद के ५० सूक्तों में इनकी स्तुति है। पुराणों में अश्विनौ स्ववैंद्य = देवो के वैद्य और अतिसुंदर कहे गये हैं।

अष्टक = ऋग्वेद के आठ विभाग। प्रत्येक विभाग में अध्याय संख्या भी आठ ही है। प्रत्येक अध्याय के वर्ग नामक विभाग होते हैं।

अष्टकर्णी = गाय का वाचक वैदिक प्रतिशब्द।

अष्टका श्राद्ध = सप्त पाकयज्ञ संस्था में अन्तर्भूत एक कर्म। यह तीन दिन चलता है।

अष्टका श्राद्ध = हेमन्त और शिशिर ऋतु की चारों कृष्णपक्षीय अष्टमीयों पर अपूप एवं शाक से विश्वदेव, प्रजापति तथा पितरों के प्रीत्यर्थ नित्य कर्म। आश्वलायन गृह्य सूत्र के अनुसार इसमें बैल के मांस का विधान है।

अष्ट विकृतियाँ = (वेदपठन की पद्धतियां) जटा, माला, शिखा, लेखा, ध्वज, दण्ड, रथ और धन। (विकृतिवल्ली १-५)

अष्टाकपाल पुरोडाश = दर्श-पूर्णमास-याग में पौर्णिमासी को अग्नि के लिये हवनीय द्रव्य।

अष्टि = एक वैदिक छंद।

असदंध्येता = अपनी वेद शाखा छोडकर दूसरी का अध्ययन करने वाला। इसीको "शाखारंड" कहते हैं। शाखारण्ड ब्राह्मण धर्मक्रिया में निषिद्ध होता है।

असलम् = अस्त्र छोड़ते समय पढ़ा जाने वाला विशिष्ट मंत्र।

असितमृग = कश्यपों के वंश की संज्ञा। (ऐ.ब्रा. ७-२७)

असुर्या = (१) आसुरी सेना ऋ. १-१६८-७) (२) आसुरी लोक। (ईश उप. ३)

अस्यवामीय (या अस्यवामस्य) = ऋग्वेद का एक अध्यात्म विषयक सूक्त। यह अथर्ववेद में भी मिलता है। (१.१६४)

अहि = सर्प। अहि की वेदोक्त जातियाँ – अघाश्व, अजगर, असित, कंकापर्ण, करिक्रत, कल्याषग्रीव, कसर्णीत, कुम्भीनस, तिरश्चिराजि, तैमात, दर्वि, दशोनसि, पुष्करसाद, पृदाक, लोहिताहि, शर्कोट, श्वित्र, सर्प। (वैदिककोश पृ. ३३)

अहीन याग = सोमयाग का एक प्रकार। इसका प्रारंभ पौर्णिमासे होता है। एक महीने के बाद अतिरात्र याग से समाप्ति होती है। त्रिरात्र, पंचरात्र, षडह, इसी याग के अंग है। अहीन याग में अश्वमेध और द्वादशाह प्रमुख माने जाते हैं। इस के३३ प्रकार कहे गए हैं।

अहिर्बुध्न्य = एक वैदिक देवता। रुद्र या शिव का एक नाम।

आकूपार = सामविशेष

आक्षार = सामविशेष

आगीत = अग्नि, वायु और आदित्य इन तीन देवों का निर्देशक शब्द।

आख्यान वैदिक

शुनःशेपाख्यान = राजसूय यज्ञ के समय होता इस आख्यान का प्रवचन करता है। यह ऋग्वेद प्रथम मंडल के २४ वे सूक्त से संबंधित है।

अगस्त्य-लोपामुद्रा आख्यान = ऋग्वेद १-१७९ में कथित।

गृत्समद्-आख्यात = ऋग्वेद २-१२ में उल्लिखित.

च्यवान-भार्गव आख्यान = शतपथब्राह्मण ४-१५ में उल्लिखित ऋग्वेदीय आख्यान

त्र्यरुण-वृषजान आख्यान = ऋग्वेद ५-२ में उल्लिखित।
सोमापहरण आख्यान = ऋग्वेद ३-४३ में उल्लिखित।
अग्निजन्माख्यान = ऋग्वेद ५-११ में उल्लिखित
श्यावाश्व-आख्यान = ऋग्वेद ५-३२ में उल्लिखित ।
वसिष्ठ-विश्वामित्र-आख्यान = ऋग्वेद ३-५३/७-३३ में उल्लिखित ।
सुदास्-आख्यान = ऋग्वेद ७-१८ में उल्लिखित।
बृहस्पति जन्म-आख्यान = ऋग्वेद ६-७१ में उल्लिखित।
नहुष-आख्यान = ऋग्वेद ७-९५ में उल्लिखित।
अपाला-आख्यान = ऋग्वेद ८-९१ में उल्लिखित।
नाभानेदिष्ट-आख्यान = ऋग्वेद १०-६१, ६२ में उल्लिखित।
वृषाकपि-आख्यान = ऋग्वेद १०-८६ में उल्लिखित
ऊर्वशी-पुरूरवा आख्यान = ऋग्वेद १०-९५ में उल्लिखित ।
देवापि-शंतनु आख्यान = ऋग्वेद १०-९८ में उल्लिखित ।
सरमा-पणि आख्यान = ऋग्वेद १०-१०८ में उल्लिखित।
नचिकेता आख्यान = ऋग्वेद १०-१३५ में उल्लिखित।
दध्यङ्-आथर्वण आख्यान = एक वेदोक्त आख्यान जिसका विकास पुराणों में हुआ।
पुराण संहिता = ऋग्वेद के सुपर्ण आख्यान तथा पुरूरवा आख्यान की अथर्ववेदोक्त संज्ञा।

× × ×

आग्नीध्रम् = यज्ञाग्नि जलाने का स्थान अर्थात् यज्ञकुण्ड ।

आग्नीध्रः = यज्ञाग्नि प्रदीप्त करने वाला पुरोहित।

आग्नीध्रीय = सोमयागनिमित्त निर्मित मंडप, जो महावेदी की उत्तर दिशा में होता है। इसका आधा भाग महावेदी के अंदर होता है। इसकी दक्षिण दिशा में द्वार होता है।

आग्नेय = विराट् पुरुष के मुख से अग्नि और ब्राह्मण की उत्पत्ति होने से वेद में ब्राह्मण को आग्नेय, अग्नि या अग्निदेव कहा गया है।

आग्रयण इष्टि = (अन्य नाम नवयज्ञ तथा नवसस्येष्टि) = नवीन अन्न सेवन करने के पूर्व होने वाली यज्ञविधि। प्रतिपदा या पौर्णिमा इसकी तिथि है। इस में १७ सामधेनी ऋचाओं का प्रयोग होता है। अपर संज्ञा – नवान्ना इष्टि।

आग्रयण = अग्निष्टोम में सोम की प्रथम आहुति ।

आग्रयणेष्टि = वैदिकों के सात हविर्यज्ञों में पांचवा यज्ञ ।

आग्रहायणी = सप्त पाक यज्ञों में से एक।

आघार = यज्ञ की अग्नि में घृत की आहुतियां डालमा ।

आघार = यज्ञ में वायव्य से आग्नेय की ओर तथा नैर्ऋत्य से ईशान्य की ओर समर्पित दो आहुतियों की संज्ञा ।

आघार = यज्ञाग्नि के किसी एक ओर से दूसरी ओर तक मंत्र सहित आज्यधारा का आहरण (डालना)। यज्ञ में यह आघार दो बार होता है।

आघाटि = एक वेदकालीन करतालसदृश वाद्य यंत्र।

आङ्गूष = स्तोत्र (निरुक्त ५-११)

आचमन = श्रौत तथा स्मार्त धार्मिक अनुष्ठानों तथा भोजन के पूर्व और पश्चात् हथेली में जल लेकर घूंट-घूंट करके पीना ।

आचारधूमग्रहण = यज्ञानुष्ठान के समय श्वास के द्वारा यज्ञाग्निका धूम ग्रहण करने की विधि।

आजिज्ञासेन्या = ऋग्विशेष।

आज्य = पिघला हुआ घी।

घृत = धनस्वरूप घी ।
(सर्पिर्विलीनमाज्यं स्याद्। घनीभूतं घृतं भवेत्)

आज्य = अजा (बकरी) के दूध का घी।
(२) गाय के दूध से निकाला घृत।
(३) घृत, तेल, दूध, दही और यावक (जौ का पदार्थ) जब आज्य के स्थान पर उपयोग में लाए जाते है तब उन्हें भी आज्य कहते है। देवों का आहार आज्य ही है (देवानामाज्यमाहारः)

आज्य और प्रउग = प्रातःकालीन (हो) सोम के हविर्मंत्र (होतृद्वारा उच्चारित)। शस्त्र का एक प्रकार

आज्यग्रहण = एक यज्ञीय विधि।

आज्यदोह साम = एक विशिष्ट साम। इसमें तीन ही मंत्रों का समावेश होता है। (ऋग्वेद- ६-७-१/६-७-४/६-७-२)

आज्यभाग = अग्नि और सोम इन दो देवताओं का यज्ञीय आज्य (घृत) भाग होता है। अतः इन दो देवताओं को तथा उनसे संबंधित होम विधि को 'आज्यभाग'- कहते हैं।

आज्यभाग = होम के प्रारंभ में आघार विधि के बाद स्थंडिल पर उत्तर और दक्षिण की ओर अग्नि और सोम के प्रीत्यर्थ वर्तुलाकार घृताहुति। आज्यभाग्य यज्ञपुरुष के नेत्र माने जाते हैं।

आज्यशस्त्र = सोमयाग के प्रातःसवन में होता द्वारा पठित प्रथम शस्त्र।

आज्यस्तोत्र = प्रातःसवन में गायत्र साम से गाये जाने वाले चार स्तोत्र। (जैमिनीय न्यायमाला १-४-३)

आज्यस्थाली = किसी याग में आवश्यक संपूर्ण आज्य रखने की मिट्टी, चांदी या कांस्य की स्थाली। प्रायश्चित्त होम आदि कुछ विधि में आज्यस्थाली से आज्य लिया जाता है।

आज्य हविष्कयाग = अमावस्या को विष्णु तथा अग्निषोम देवता के प्रीत्यर्थ होते हैं। इसमें 'आज्य' (विशिष्ट प्रकार का घृत) प्रधान हविर्द्रव्य होता है, जो देवताओं को अत्यंत प्रिय होता है।

आडम्बर = नगारा सदृश वेदकालीन वाद्य।

आतिथ्येष्टि = विष्णु देवता के प्रीत्यर्थ नौ कपालों पर पकाये पुरोडाशों का हवन। तानूनप्त्र, आप्यायन, प्रवर्ग्य, घर्माहुति आदि विधि होने पर, ऋत्विक् विशिष्ट मंत्रों का पाठ करता है और प्रस्तोता सामगान करता है। सोमक्रय विधि में सोमवल्ली के प्रीत्यर्थ आतिथ्येष्टि होती है।

आत्रेय = यज्ञ में जिस व्यक्ति को अग्रपूजा का बहुमान

दिया जाता है। प्रायः अत्रिगोत्र के पुरुष को यह बहुमान दिया जाता है।

आथर्वण = (१) अथर्ववेद

(२) अथर्ववेद के मन्त्रों से यज्ञ की विधि करने वाला ऋत्विज्।

आथर्वणिक = अथर्ववेद का अध्ययन करने वाला।

आदित्य = एक वैदिक देवता समूह। कश्यप और अदिति के पुत्र। शतपथ ब्राह्मण के अनुसार (११-६-३-८) इनकी संख्या १२ है जिनमें विष्णु सर्वश्रेष्ठ हैं। (अपरनाम साध्य)

आदित्यानाम् अयनम् = एक वर्ष में पूर्ण होने वाला सत्र।

आधिपत्यमय = एक वैदिक शासन की व्यवस्था।

आध्वर्यव = (१) अध्वर्युवेद (यजुर्वेद) से संबंधित। (२) अध्वर्यु नामक पुरोहित का यज्ञविधि में कर्तव्य।

आनाय्य = यज्ञ में गार्हपत्य अग्नि से ली हुई संस्कारित अग्नि। इसे दक्षिणाग्नि भी कहते हैं।

आपस्तंब शाखा = कृष्णयजुर्वेद की १५ अध्वर्यु शाखाओं के अन्तर्गत तैत्तिरीय शाखा की एक उपशाखा। इस शाखा का प्रचार आंध्र में अधिक है।

आपस्तंब गृह्यसूत्र = कृष्णयजुर्वेद के आपस्तम्ब नामक कल्पसूत्र का २७ वां (प्रश्न नामक) भाग।

आपस्तंब धर्मसूत्र = कृष्ण यजुर्वेदीय आपस्तंब कल्पसूत्र के २८ और २९ वें (प्रश्न नामक) भाग।

आपोदेवता = एक वैदिक जलमयी देवता।

आप्तोर्याम = ज्योतिष्टोम यज्ञ का अंतिम या सातवां भाग। इसकी समाप्ति में 'आप्तोर्याम' नामक सामवेद के मंत्र का उच्चारण होता है।

आप्तोर्याम = सप्त सोम संस्था के अन्तर्गत एक याग जो अतिरात्र याग के बाद में होता है। इसमें हजारों गायों की दक्षिणा दी जाती है। इसका फल है गोधन का लाभ।

आप्यायन = सोमयाग में आतिथ्येष्टि के अन्तर्गत यजमान सहित ऋत्विजों द्वारा सोमवल्ली पर किया जाने वाला एक संस्कार।

आप्यायन = (१) मंत्रोच्चार सहित कुशोदक से मंत्र के प्रत्येक वर्ण का विधिवत् प्रोक्षण। सोमयाग में सोमक्रय होने पर प्रतिदिन उस का आप्यायन अर्थात कवोष्ण जल से सिंचन होता है। (२) वारंवार जलस्पर्श करते हुए मंत्रों का पठन।

आप्री = एक सूक्त विशेष। दो भाग – नाराशंस और तनूनपात्।

आप्रीसूक्त = याज्यास्वरूप ११ या १२ ऋचाओं का समूह। ऋग्वेद में कुल १० आप्रीसूक्त हैं। जिन्हें यज्ञों में प्रयाजयाज्या, कहते हैं।

आप्रीसूक्तों में वर्णित देवता- इध्म (या सुसमिद्ध तथा समिधान अग्नि), तनूनपात् या नाराशंस, ईळ, बर्हिस, देवी द्वारः, उषासानक्तौ, देव्यौ होतारौ (या प्रचतसौ), सरस्वती (भारती या इळा), त्वष्टा वनस्पति (यूप), स्वाहाकृति (या विश्वेदेव)।

आमहीयव = सामविशेष। प्रजापति इसके द्रष्टा थे।

आमिक्षा = घनीभूत दही, एक यज्ञीय हविर्द्रव्य। गरम दूध में दही मिलाने पर बनने वाला पदार्थ- (आपस्तंब श्रौत सूत्र-८-२-६) इसे **पयस्या** भी कहते हैं। आमिक्षा को वस्त्र से छानने पर निकले हुए जल को **वाजिन** कहते हैं जो वाजिन् देवता का हविर्द्रव्य है।

आम्नानम् = वैदिक ग्रंथों का सस्वर पठन या अध्ययन।

आम्नाय = (१) किसी शास्त्र का आद्य ग्रंथ।

(२) वेद या ब्राह्मण ग्रंथ। (३) सम्यक् अध्ययन।

आयास्य = सामविशेष।

आयुष्कामेष्टि = रोगपीडित होने पर रोगमुक्ति के हेतु एक विशिष्ट यज्ञ। इसमें १०० कृष्णलों (सोने के छोटे टुकड़ों) का हवन होता है। (आपस्तंब श्रौत सूत्र १९-२१-१)

आयुष्यसूक्त = ऋग्वेद का एक सूक्त।

आयुष्यहोम = घृतसूक्त के मंत्रोच्चारण से किया गया यज्ञ।

आयुष्टोम = दीर्घायु प्राप्त करने के लिए किया जाने वाला एक यज्ञ।

आरण्यकम् = वैदिक वाङ्मय में ब्राह्मण ग्रंथों से संबंधित याज्ञिक कर्मकांड तथा ज्ञानकांड से युक्त ग्रंथरचना, जो अरण्य में निर्माण हुई और जिसका अध्ययन अरण्य में रहने वाले वानप्रस्थाश्रमी विद्वान करते थे। (अरण्येऽनूच्यमानत्वात्, अरण्ये अध्ययनात् आरण्यकम् उदाहृतम्) ये ब्राह्मण ग्रंथों के परिशिष्ट माने जाते हैं।

आर्चिक = सामवेद की ऋचाएं। छंद, आरण्यक और उत्तर नामक तीन आर्चिक ग्रंथ होते हैं। (२) सामवेद का विशेषण।

आर्चिक = ऋग्वेद से संबंधित। ऋग्वेद की व्याख्या करने वाला।

आर्त्विजीन = ऋत्विक् के कर्तव्य में कुशल वैदिक ब्राह्मण (अष्टाध्यायी ५-१-१७१)

आर्त्विज्य = यज्ञ में ऋत्विक् का पद तथा ऋत्विक् का कर्म।

आर्भव पवमान = अग्निष्टोम याग के तृतीय सवन का प्रथम स्तोम, जो ऋभु देवताओं से संबंधित है।

आर्षभ = एक सामविशेष

आवसस्थ = एक यज्ञीय अग्नि का नाम। यज्ञ मंडप में आहवनीय अग्नि के सामने वाले कक्ष में इस अग्नि का स्थान होता है।

आवसथ्य = (१) अग्निहोत्री की यज्ञशाला में स्थापित अग्नि। (२) यज्ञ में प्रयुक्त होने वाली पांच अग्नियों में से एक। (३) आवसथ- (अर्थात अतिथिगृह) में स्थापित अग्नि।

आवसायी = सर्वत्र निवास करने वाला ब्राह्मण। (एत.ब्रा. ७-२९-२)

आवापगमन = पशु याग में हत्या के कारण पशु को होने वाले क्लेशों के कारण यजमान के पुण्य का ह्रास। (व्यास भाष्य २-१३)

आवाहन = यज्ञ या पूजा की विधि में देवताओं को मंत्रोच्चार द्वारा निमंत्रित करना। विधि के अन्त में उनके निर्गमन की

विधि को विसर्जन कहते हैं।

आशु = एक सामविशेष

आश्वम् = एक सामविशेष

आश्वयुज = आश्विन मास का नाम।

आश्वयुजीकर्म = अश्विनी नक्षत्र पर करने योग्य सप्त पाक यज्ञों में से एक। इसमें पृषातक (देखिये) की आहुतियों का महत्त्व होता है।

आश्वलायन = ऋग्वेद की २१ शाखाओं में से एक। श्रौतसूत्र की एक शाखा।

आश्वयुक्त = साम विशेष

आश्विन (आश्वीन) = एक अश्वारोही एक दिन की दौड़ में जितनी दूरी तय कर लेता है उतना अंतर। (अथर्ववेद ६-१३१-३)

आष्ट्री = अग्निस्थान। दुष्टपक्षी के उस पर बैठने को अशुभ समझा गया है।

आश्विनशस्त्र = ऋग्वेद के अन्तर्गत अश्विनौ देवता की स्तुतिपरक अनेक ऋचाओं का समूह। अतिरात्र याग में होता ऋत्विक् इसका गायन करता है।

आसंदी = राजसूय यज्ञ में उपयुक्त, यजमान राजा का एक उच्चासन (कुर्सी के समान) जो औदुंबर काष्ठ से बनाया जाता था।

आसाद = व्रात्य के आसन का एक भाग। (अथर्व वेद १५-३-८)

आहवनीय = (१) यज्ञ में गार्हपत्य अग्नि से ली हुई अभिमंत्रित अग्नि, जो तीन अग्नियों में से एक मानी जाती है। गार्हपत्य अग्नि की पूर्वदिशा में इस का आयतन होता है। (२) आहिताग्नि की जिस अग्नि में आहुतियां डाली जाती हैं। (अन्य यज्ञीय अग्नि गार्हपत्य और दक्षिणाग्नि)

आहाव = (१) जलपात्र। (२) यज्ञ में शस्त्रपठन के समय होता शोंऽ३ सावोंऽ३" मंत्र का उच्चारण करता है। इसी की यह संज्ञा है।

इज्या = यज्ञ

इट = विशेष दूर्वा या शर।

इड = अन्न (ऐत.ब्रा. २-४-६-१५)

इडसून = एक काष्ठ फलक, जिस पर यज्ञीय पशु का स्वधिति नामक शस्त्र से अवदान (छेदन) होता है।

इडा = (१) अन्न या पुष्टि। (२) एक देवी (३) गौ (निघण्टु)। (४) मनु की पुत्री (५) अग्नि की माता। (६) पृथ्वी। (७) श्रद्धा।

इडादध = यज्ञ

इडानां संक्षारः = साम विशेष।

इडापात्री = बरने की लकड़ी की बनाई, एक अरत्नि लंबी, दो अंगुल गहरी, किनारों पर दो अंगुल परिधि वाली, बीच में संकुचित, चार अंगुल के हत्थे वाली पात्री। उसमें इडा (अन्न) को रखने के कारण यह संज्ञा प्राप्त हुई।

इडाभक्षण = सोमयाग में सोमरस का हवन होने पर अवशिष्ट सोमरस के प्राशन के बाद यह कर्म होता है। (इडा = अन्न या पुष्टि)

इध्मजिह्व = अग्नि।

इन = स्वामी या ईश (निरुक्त ३-११-११-२१)

इन्दु = (१) सोम। (२) उदक (निघण्टु (१-१२)। (बिन्दु)

इध्म = उदुंबर, पलाश आदि पवित्र वृक्ष की एक हाथ लंबी अठारह समिधाएं

इध्मप्रोक्षण = यज्ञ की विधि निमित्त समिधाओं पर मंत्रोच्चार सहित पवित्रजल से सिंचन।

इध्मबंधनरज्जु = दर्भों की रस्सी जो इध्म (समिधा) बांधने के लिये होती है।

इन्द्र = अन्तरिक्ष स्थानीय अत्यंत ओजस्वी देवता।

इन्द्रतुरीया = राजसूय के अन्तर्गत एक इष्टि।

इन्द्रध्वजोत्सव = एक वैदिक महोत्सव जो वर्षप्रतिपदा को होता था। अपरनाम- इन्द्रमह, इन्द्रयष्टि

इन्द्रयाग = इन्द्र के प्रीत्यर्थ एक यज्ञ जो पर्जन्य की प्राप्ति के लिए होता था।

इन्द्रस्तुत् = एक याग जिसमें पंचदश सोमपद्धति से इन्द्र की स्तुति होती है।

इन्द्राग्नी = प्राण-उदान तथा प्राण-अपान वायु की आधिदैविक संज्ञा। (शत. ब्रा. २-५-२-८, ४-३-१-२२)

इन्वका, इन्वगा = मृगशीर्ष-संघगत एक नक्षत्र का नाम। (मैत्रा. सं. २-१३-२०)

इरज्यु = स्वामी या ईश (ऋ. १०-९३-३)

इरा = देखिये इडा, इला।

इरिण = भूविवर। (२) अक्षक्रीडा का स्थान (ऋ. १०-३४-१,९)

इष् = अन्न।। देखिये = इडा, इरा इला

इषीका = शूर्प, या छाज (शत. ब्रा. ११-४-१९)

इषु, इषुका = बाण

इष्ट = अग्निहोत्र, तप, सत्यपालन, वेदार्थ का पालन, आतिथ्य और वैश्वदेव इन छह व्रतों की संज्ञा। (मेदिनी कोश)

इष्ट = गृह्याग्नि व श्रौताग्नि में हवन तथा श्रौतयज्ञ की वेदी पर दान।

इष्टका = ईंट

इष्टकाकरण = सोमयाग के अन्तर्गत चयन विधि में ईंटे तयार करने की विधि। चयन की विधि संवत्सरसत्र में एक वर्ष तक होती है।

इष्टापूर्त = द्विजों का सामान्य धर्म जिसमें यज्ञ तथा परोपकारक कर्मों का अन्तर्भाव होता है। इनमें **इष्ट** वैदिक और **पूर्त** पौराणिक धर्माचार हैं।

इष्टापूर्त = यज्ञ और दान (परोपकारी कर्म)

इष्टि = यज्ञ। प्राप्ति, अभीप्सा।

इष्टिश्राद्ध = श्राद्ध के १२ प्रकारों में से एक कर्मांगभूत श्राद्ध।

इहनिधन = एक सामविशेष।

इहेड = एक सामविशेष।

ईनिधन = एक सामविशेष।

ईशावास्य = शुक्ल यजुर्वेद-४० वां अध्याय। ईशावास्य शब्द से प्रारंभित एक उपनिषद का नाम। इसकी श्लोक संख्या १८ है।

उक्थ = सामवेद की संज्ञा। उद्गाता ऋत्विक् द्वारा गेय साम (स्तोत्र)।

उक्थ पात्र = एक यज्ञीय पात्र जिसमें उक्थस्थाली से लिये गये ग्रह का हवन होता है।

उक्थयाग = एक यज्ञ। (तांड्य ब्राह्मण)

उक्थपत्रयज्ञ = एक यज्ञ (वाजसनेयी सं.)

उक्थवाहस् = उक्थ का पाठ करने वाला

उक्थस्थाली = सोमयाग में उपयुक्त मिट्टी की थाली। इससे विविध उक्थ्यग्रह लिये जाते हैं।

उक्थ्य = सप्त सोमसंस्था के अंतर्गत एक। इस याग में १५ उक्थ स्तोत्र गाये जाते हैं (इसमें अज का बलिदान होता है।)

उक्थ्यप्रचार = सोमयाग के मध्यंदिन सवन में एक विधि।

उखा = मिट्टी का एक यज्ञीय पात्र जो ऋत्विक् द्वारा निर्माण किया जाता है। दीक्षाकाल में यह पात्र यजमान के गले में बांधा जाता है।

उखासंभरण = (उखा = कुंडाकार मृत्तिकापात्र) सोमयाग के प्रारंभ में यह विधि होती है। उखापात्र की मृतिका विशिष्ट पद्धति से सिद्ध की जाती है। उखापात्र में दर्भ रखकर आहवनीय अग्नि पर वह तपाया जाता है, जिससे दर्भ जलने लगते हैं। इसी को **उख्याग्नि** कहते हैं। यह स्वयंभू अग्नि कही जाती है। इसकी स्थापना गार्हपत्यचिति में होती है।

उख्याग्नि = देखिये उखासंभरण।

उग्रंपश्या = अप्सराविशेष

उग्ररथशांति = आयु के ६० वर्ष पूर्ण होने पर एक हवन विधि। (षष्ट्यब्द-पूर्तिशांति या **मार्कण्डेय शांति**)

उत्तर वेदी = सोमयाग के निमित्त पूर्व दिशा में निर्मित पीठ का नाम।

उत्तरार्चिक = योनि ऋचा के उत्तर दल में समाविष्ट दो या एक ऋचा

उत्तानपर्णा = सपत्नीपर्दन के लिए अभिप्रेत मंत्र में उल्लिखित एक वनस्पति का नाम।

उत्सर्जन = उपाकर्म (देखिये) विधि पूर्वक प्रारंभित वेदाध्ययन के समापन की विधि। **उपाकर्म** के छह महीनों के बाद (माघ पौर्णिमा को) यह समापन विधि होती है।

उत्सेध = सामविशेष

उदचमस = जल छिड़कने या डालने के लिए एक (स्रुवाकार) पात्र।

उदञ्चन = जलपात्र।

उदयनीया इष्टि = सोमयाग के अवभृथ विधि के अन्तर्गत अवभृथ स्नान के बाद की विधि।

उदवसानीया = एक इष्टि का नाम।

उदात्त = वेदपठन का उच्चतम स्वर। (उच्चैरुदात्तः)

उदाज = संग्राम में राजा द्वारा जीता गया धन। (मैत्रा. सं. १-१-१६)

उद्गाता = सामगान करने वाला ऋत्विक्। इसके तीन सहायक- प्रस्तोता, प्रतिहर्ता और सुब्रह्मण्य।

उद्गीथ = सामवेद का गान। इसका गायक ही उद्गाता कहलाता है। पांच सामों में से एक।

उद्र = तैत्तिरीय, मैत्रायणी और वाजसनेयी संहिताओं में उल्लिखित अश्वमेघ के बलिपशुओं में से एक (प्रायः खेकडा, या जलबिलाव।

उद्वंशीय = देखिये अच्छावाक।

उन्नेता = श्रौत याग में अध्वर्यु के आदेश के अनुसार कर्म करने वाला सहकारी ऋत्विक्।

उन्नेता = यज्ञ में सोमसंबंधि कर्म करने वाला ऋत्विक्। अवभृथ स्नान विधि समाप्त होने पर यह सभी लोगों को नदी के बाहर लाता है।

उद्गीथ = प्रणव या ओंकार जो ऋग्वेद और सामवेद का सारभूत श्रेष्ठ मंत्राक्षर है।

उपगाता = उद्गाता आदि के पीछे एक साथ गान करने वाला। (शत. ब्रा. १२-२-३-२)

उपज्ञात = वैदिक साहित्य के अन्तर्गत किसी आचार्य द्वारा प्रथम उपदिष्ट शास्त्र। उदा. पाणिनि की अष्टाध्यायी।

उपद्रव = पांच भाग वाले सामों में चतुर्थ। पांच साम – प्रस्ताव, उद्गीथ, प्रतीहार, उपद्रव और निधन।

उपद्रष्टा = यज्ञ-विधि में ऋत्विज् और यजमान कर्म में व्यग्र होने पर सारी देखरेख करने वाला ऋत्विक्। (भगवद्गीता में परमात्मा को 'उपद्रष्टा' कहा है। १३-२२)

उपनिषद् = (उप + नि + सद्) उप = समीप। नि = नियत। सद् = बैठना। इस व्युत्पत्ति के अनुसार गुरु के समीप बैठकर प्राप्त होने वाली विद्या (अर्थात् अध्यात्म विद्या) (२) अविद्या का नाश करने वाली विद्या (३) यह वेदों का अंतिम भाग होने के कारण 'वेदान्त' कहा जाता है। ईश, केन, कठ, प्रश्न, मुंड, माण्डूक्य, तैत्तिरीय, ऐतरेय, छांदोग्य, बृहदारण्यक और श्वेताश्वतर प्रमुख उपनिषद हैं।

उपनिषद् = रहस्यात्मक अर्थ, परिव्राजक के गूढ नियम, गूढ तत्त्वों की पुस्तक,

उपपति = पुरुषमेध की बलि-पशु की नामावली में उल्लिखित।

उपब्द, उपब्दि = वाक् का एक नाम (निघण्टु १-११)

उपभृत् = अश्वत्थ काष्ठ से निर्मित एक यज्ञीय पात्र।

उपभृत् = (उप-समीपे भ्रियते-ध्रियते) = अध्वर्यु द्वारा होम के लिये दाहिने हाथ में ली हुई जुहू के समीप धारण की

हुई अश्वत्थ काष्ठ की बनी हुई वस्तु।

उपमन्थिता = तैत्ति. ब्राह्मण में पुरुषमेध की बलियों में उल्लिखित। (उपमन्थनी = मथानी)

उपयज् होम = पशुयाग में अनुयाज के साथ होने वाला एक गौण पशुयाग, जिसमें पशु के गुदकांड के ११ भागों की आहुतियाँ दी जाती हैं।

उपयमनी = उदुंबर काष्ठ से निर्मित एक स्रुवा। इसका बिल सामान्य स्रुवा से आकार में बड़ा होता है।

उपयाज = यज्ञ के परिशिष्ट अंग।

उपलप्रक्षिणी = सोम के सवन में सहायता करने वाली स्त्री।

उपवक्ता = एक ऋत्विज्

उपवसथ = सोमयाग के आरंभ का पूर्वदिन। इस दिन उपवास और यज्ञ की दीक्षा होती है।

उपवसथ = अग्न्याधेय नामक द्विदिवसीय हविर्यज्ञ का प्रथम दिवस।

उपवीत = वैदिकों का पावन सूत्र। (यज्ञोपवीत) जो देवक्रिया में वामस्कंध पर रखा जाता है।

उपवेद = चार वेदों की अंगभूत विद्याएँ। ऋग्वेद का उपवेद = आयुर्वेद; यजु. का = **धनुर्वेद**; साम. का = **गांधर्व वेद**; अथर्व. का = **अर्थशास्त्र**। इनके अतिरिक्त सर्पवेद, पिशाचवेद, असुरवेद, इतिहासवेद और पुराणवेद अथर्ववेद से संबंधित उपवेद माने जाते हैं।

उपवेश = पलाश या खादिर की लकड़ी से बना एक हस्ताकार यज्ञपात्र या समिधा।

उपवेषनिरसन = सोमयाग के तृतीय सवन में एक विधि।

उपशय = ऐकादेशिन पशुयाग में १२ वें यूप का नाम। यह अन्य यूपों की दक्षिण में आडा रखा जाता है।

उपसद् = एक विशिष्ट याग, जिसमें अभिषुत सुरा का गर्त में उपस्थापित किया जाता था।

उपसद-इष्टि = सोम या अग्निष्टोम याग के अन्तर्गत आतिथ्येष्टि के बाद की विधि। इसमें अग्नि, सोम और विष्णु प्रधान देवता होते हैं। इस विधि में प्रवर्ग्य और उपसद् विधियां तीन दिनों तक प्रातः और सायं होती हैं। द्वितीय दिन में सोमयाग की महावेदी की रचना होती है।

उपसर्जनी = यज्ञीय पिष्ट को सानने के निमित्त गरम किया गया जल।

उपस्तरण = होम के समय पात्र में हविर्भाग लेने के पूर्व उसे घी लगाना।

उपस्ति = वैश्य और शूद्र जो आश्रित होते थे।

उपस्थान = (१) मंत्रोच्चार सहित देवता को नमस्कार। प्रवास को जाते समय आहिताग्नि अग्नि का उपस्थान करता है। (२) अग्निहोत्री ने नित्य हवन की विधि करने के बाद देवताओं की प्रार्थना के मंत्रों का उच्चारण। यह कर्म प्रातः या सायं अथवा दोनो समय किया जाता है। दैनंदिन उपस्थान के अतिरिक्त मास के प्रथम पक्ष में अग्निषोम का और द्वितीय पक्ष मे इन्द्राग्नी का उपस्थान किया जाता है।

उपाकरण = (१) सोमयाग में अग्निषोम देवता को अज (बकरा) का समर्पण। इसमें पशु का उदर फाड़कर निकाले हुये वपा नामक मांस के भाग हवन होता है।
(२) पशुयाग में हवनीय पशु को यज्ञशाला में लाकर उसके देवता का निर्देश करना। तत्पश्चात् पशु का हनन होता है।
(३) संस्कार पूर्वक वेदों का अध्ययन।

उपाकर्म (श्रावणी) = वर्षा ऋतु में वेदाध्ययन के प्रारंभ की विधि। इसी को **अध्यायोपाकर्म** या **अध्यायोपाकरण** भी कहते है। श्रावण मास में हस्तनक्षत्र की तिथि को (पंचमी को) उपाकर्म विधि होती है।

उपाध्याय = वेदों के विशिष्ट भाग तथा वेदांगों का अध्यापन करने वाला वैदिक पंडित।

उपानस = अन्नपूर्ण शकट।

उपांशु = व्यक्त शब्दोच्चार न करते हुए मंत्र का उच्चारण।

उपांशुयाग = दर्शपौर्णिमास यज्ञ में पौर्णिमासी को अग्नि एवं सोम के लिये आज्य द्रव्य का हवन इसमें होता है।

उपांशुसवन ग्रावा = (उपांशु मंत्रोच्चार सहित सिद्ध किया गया सोम रस)। जिस पत्थर से सोम पीसा जाता है।

उभयमन्तरेण = वेदमंत्रों का क्रमपाठ (ऐत.आ. ३-१-३,५)

उशिज = ऋत्विज्

उस्र, उस्रा, उस्रिय, उस्रिया = ये सभी वैदिक शब्द वृष या गौ को सूचित करते हैं। (२) गोचर्म या गाय का दूध।

उषा-सूक्त = ऋग्वेद के अन्तर्गत उषा देवता की स्तुति के २० सूक्त।

उष्णिक् = एक वैदिक छंद जिसमें अक्षरसंख्या २५ होती है। (पुर उष्णिक् इसी का एक प्रकार है) (लौकिक उष्णिक्, सप्ताक्षर छंद है जिसके मधुमती, कुमारलतिका और पदलेखा नामक तीन प्रकार होते हैं।

ऊर्ज = अन्न या बल। (इष और ऊर्ज शरद् ऋतु के मास माने जाते हैं।

ऊर्दर = अन्न या अन्नकोष्ठ। (ऋ. २-१४-११)

ऊर्ध्वबृहती = एक वैदिक छंद

ऊष्मन् = श, ष, स और ह इन चार वर्णों की संज्ञा। (ऋग्वेद- प्रातिशाख्य = १०२)

ऋक् = ऋच्यते = स्तूयते अनया इति ऋक् इस व्युत्पत्ति के अनुसार स्तुतिपरक छंदोबद्ध मंत्र।

ऋग्वेद = छंदोबद्ध मंत्र को ऋक् कहते हैं अतः ऋचाओं का समूह ही ऋग्वेद कहलाता है।

ऋग्वेद = पातंजल महाभाष्य के अनुसार इसके शाखाओं की कुलसंख्या अनुसार २१। स्कन्दपुराण के अनुसार -२४। अर्वाचीन मत- २७।

ऋग्वेद = कुछ अनुपलब्ध शाखाएं- बह्वृच, पैंग्य, औद्दालकि

(या गौतम तथा आरुण), शैलालक, शतबलाक्ष, गत्र (या हास्तिक) वाष्कलिभारद्वाज, ऐतेरय, महैतरेय, वासिष्ठ, सुलभ, शौनक।

ऋक्प्रातिशाख्य = वैदिक व्याकरण विषयक ग्रंथ। इसी ऋक्शिक्षाशास्त्र भी कहते है। शिक्षा नामक एक वेदांग की चर्चा प्रातिशाख्यों में होती है। अपरनाम- **पार्षद सूत्र या पारिषदसूत्र**। वैदिक छंदों का भी विवेचन प्रातिशाख्य में होता है।

ऋग्विधान = ऋग्वेद के मंत्रों का काम्य फलों की दृष्टि से विनियोग प्रतिपादन करने वाला एक महत्त्वपूर्ण ग्रंथ। ७५० श्लोकों के प्रस्तुत पंचाध्यायी ग्रंथ के रचयिता शौनक ऋषि माने जाते हैं।

ऋणत्रय = देवऋण, ऋषिऋण और पितृऋण। प्रत्येक मनुष्य के लिये ये तीन ऋणात्मक दायित्वों को निभाना अनिवार्य माना गया है।

ऋणमोक्षमुहूर्त = गुरुवार, शनिवार, मैत्र मुहूर्त, कुलिक मुहूर्त, रिक्त तिथि आदि समय। इस समय पर ऋण वापिस लौटाने वाला पुनश्च ऋणग्रस्त नहीं होता।

ऋणापनोद धेनुदान = शास्त्रोक्त तीन (या चार) ऋणों से मुक्तता देने वाले कर्तव्य (प्रजोत्पत्ति, विद्याध्ययन, यज्ञयाग और अन्न-वस्त्रदान) न होने पर धेनुदान से ऋणमुक्तता पाना।

ऋत = संसार चक्र के शाश्वत नियम। संसार में उत्पन्न प्रथम तत्त्व। प्रजापति को ऋतज कहा है। (२) ऋत = यज्ञ, ब्रह्म, सत्य।

ऋतपा = ऋत नामक संसार के शाश्वत नियमों के रक्षक देवता (अग्नि, वरुण आदि)

ऋतावा = ऋत का धारण करने वाले अग्नि, सोम, वरुण सविता आदि वैदिक देवता।

ऋतु = सौर वर्ष के दो मासों की अवधि। ऋग्वेद में वसंत, ग्रीष्म, और शरद-तीन ही ऋतुओं का उल्लेख है और अथर्ववेद तथा शतपथ ब्राह्मण में पांच। (शिशिर तथा हेमंत को एक ही माना है।)

ऋतुपात्र = सोमयाग में ऋतु नामक ग्रह रखने का पात्र जो अश्वत्थ या श्रीपर्णी के काष्ट से बनाया जाता है।

ऋतुयाग = (नामांतर-ऋतुग्रहयाग।) सोमयाग में १३ महीने (मलमास सहित) और षड्ऋतु के निमित्त सोम रस का हवन।

ऋत्विज् = यजमान के लिए यज्ञ में अग्न्याधान, पाकयज्ञ और अग्निष्टोम आदि कर्म करने वाला पुरोहित। (ऋतौ यजति इति ऋत्विक्)

ऋत्विज् = यज्ञ की विधि करने वाले वेदज्ञ पुरोहित। कुल संख्या १७। इनमें होता, पोता, नेष्टा, आग्नीध्र, प्रशास्ता, अध्वर्यु, ब्रह्मा, उद्गाता और प्रस्तोता प्रमुख होते हैं। यज्ञ में पांच ऋत्विज् और पांच अग्नियां होती हैं।

ऋबीस = अग्निकुण्ड। (ऋ. १-११८-८)

ऋभु = तीन वैदिक देवताओं का समूह। इनके नाम हैं- वाज, विभ्वा और ऋभुक्षा। इन्हें सौधन्वान (सुधन्वा के पुत्र) भी कहा है।

ऋष्टि = मरुत् देवताओं का शस्त्र।

ऋषि = वेदमंत्रों के द्रष्टा। मंत्रों द्वारा देवताओं की स्तुति करने वाले तपस्वी पुरुष। अतीन्द्रिय ज्ञान संपन्न महापुरुष। रत्न कोश में ऋषि के सात प्रकार निर्दिष्ट है – ब्रह्मर्षि, देवर्षि, महर्षि, परमर्षि, कांडर्षि, श्रुतर्षि, राजर्षि। ऋग्वेद में ३५० से अधिक ऋषियों का निर्देश है।

ऋषिऋण = वह ऋण जिसकी निवृत्ति स्वाध्याय से होती है। (देखिये ऋणत्रय)

ऋषिब्राह्मण = सामवेद की प्राचीन अनुक्रमणी।

ऋषियज्ञ = पांच महायज्ञों में से एक। वेदाध्ययन (या ब्रह्मयज्ञ) का अपर नाम।

ऋषु = सूर्यकिरण। अग्नियुक्त काष्ठ।

एकधना = एक यज्ञीय कुंभाकार पात्र। प्रातःसवन के पूर्व विषम संख्या में ये पात्र भरे जाते हैं।

एकपाद = एक वैदिक छंद।

एकश्रुति = ऋचाओं का स्वरविरहित पठन। (सोमयाग में आज्यशस्त्र का पाठ एकश्रुति से होता है। उदात्त, अनुदात्त और स्वरित नामक त्रिस्वर का नियम त्याग कर उच्चारित मंत्रपाठ। (इसी को कात्यायन तान कहते हैं।)

एकादशकपाल पुरोडाश याग = दर्श पूर्णमास याग में पौर्णिमासी को अग्नि तथा सोम के लिए यह याग होता है।

एकायन वेद = सभी वेदों का मूलभूत वेद।

एकायन शाखा = शुक्ल यजुर्वेद की काण्वशाखा का अपर नाम।

एकायन = (१) छांदोग्य उपनिषद् में उल्लिखित एक विद्या। (२) पांचरात्र मत का समर्थन करने वाली एक वेदसंहिता का नाम।

एकाष्टका = माघ वद्य अष्टमी। संवत्सर याग की दीक्षा इसी तिथि को होती है। प्रायः वद्य अष्टमी को एकाष्टका कहते हैं। (शतपथ ब्रा. ६-२-२-२३)

ऐकादेशिन पशुयाग = एक विशिष्ट पशुयाग जिसमें १३ यूप और ११ पशु होते हैं, जो अग्नि, सरस्वती, सोम, पूषा, बृहस्पति विश्वेदेव, इन्द्र, मरुत्, इन्द्राग्नी, सविता और वरुण इन ११ देवों पर बलि चढ़ाये जाते है।

ऐतिहासिक = वेदार्थ का प्रतिपादन करने वाला एक प्राचीन संप्रदाय (यास्काचार्य)

ऐष्टिक = अग्निष्टोम यज्ञ (जो पांच दिनों तक चलता है) जिस की एक वेदी में आनुषंगिक इष्टियों के अनुष्ठान होते हैं।

ओणि = द्यावापृथिवी (ऋ. ९-१६-१)

ओदन = भात (या पकाया हुआ चावल।) क्षीरपाक अर्थात् दूध के साथ पका हुआ अन्न। प्रकार – दध्योदन, मुद्गोदन, तिलौदन, उदौदन, मांसौदन, घृतौदन, क्षीरौदन इत्यादि।

ओदनसव = सोमयाग का एक प्रकार। इसमें ओदन (भात)

मुख्य हविर्द्रव्य होता है।

औक्ष्णोरन्ध्रे = सामविशेष।

औणीयव = सामविशेष।

औदल = सामविशेष।

औदुम्बरी = यज्ञ मंडप में स्थापित एक स्तंभ। यह औदुंबर काष्ठ का, यजमान की उंचाई- का होता है। सामगायक ऋत्विज् इसी के पास बैठकर सामगान करते हैं।

औपासन होम = दधि, चांवल या अक्षता इन द्रव्यों से सायं एवं प्रातः किया जाने वाला होम। इसका प्रारंभ सायंकाल में और समापन प्रातःकाल में होता है। (२) गृह्याग्नि में प्रातः और सायं नित्य कर्तव्य होम।

औशन = सामविशेष।

ककर = याजुष संहिता में उल्लिखित एक अश्वमेधीय बलि पशु। (वा.सं. २०-२४)

ककुप = एक वैदिक छंद (ककुभ्)

कण्टकीकारी = कांटों में काम करने वाला। तैत्ति. ब्राह्मण ३-४-५-१ में कण्डककार शब्द से इसका निर्देश पुरुषमेध की वलियों में हुआ है।

कठाध्वर्यु = यज्ञ के अध्वर्यु का वेदशाखा के अनुसार एक भेद।

कंडिका = कृष्ण यजुर्वेदीय आपस्तंब धर्मसूत्र के पटल नामक अध्यायों के उपभाग।

कण्वकुल के सूक्त द्रष्टा ऋषि = वत्स, प्रस्कण्व, कुसादि, गोषूप्ति, अश्वसूप्ति, प्रगाथ, भर्ग, कलि, हर्यत, नीपा तिथि, सोभरि पर्वत, नारद, त्रिशोक, इरिंबिठि, ब्रह्मातिथि, सद्ध्वंस, शशकर्ण, कुरुस्तुति सोभरिपुत्र और कुशिक (महाराष्ट्र ज्ञानकोश)

कण्वरथन्तर = सामविशेष जो गोसव में गाया जाता है।

कथा = दार्शनिक चर्चा। (छांन्दोग्य उप. १-८-१२)

कपाल = यज्ञीय पुरोडाश आदि पकाने का एक मृत्पात्र। एक कपाल, त्रिकपाल, पंचकपाल, अष्टकपाल, एकादशकपाल, ऊर्ध्वकपाल और अंगार कपाल इ. शब्द याजुष संहिता में प्रयुक्त हैं।

कपालोपधान = यज्ञ विधि में कपालों (मिट्टी के बरतनों) को शास्त्रोक्त क्रमानुसार रखना।

कयाशुभीय = सामविशेष।

करंब = आज्य-मिश्रित सतू।

करंभ = जौ मिलाकर बनाया हुआ एक हविर्द्रव्य जो दन्तहीन पूषा देवता को समर्पित होता था।

करंभपात्र = यवपिष्ट से निर्मित अंगुष्ठमात्र दीपिका। चातुर्मास्य यज्ञ के अन्तर्गत वरुणप्रघास पर्व में इन का हवन होता है।

कर्मकाण्ड = वेदों का यज्ञयाग विषयक भाग। मीमांसक मतानुसार यही वेदों का मुख्य अंग है।

चार वेदों में एक लक्ष मंत्रों में कर्मकाण्ड के ८० हजार मंत्र हैं।

कर्मदेव = कर्म से देवत्व प्राप्त करने वाले। इसका आनन्द आजानज देवों तथा जन्मना देवो के आनंद से शतगुणित कहा है - तैति. उप. २-८)

कलापाध्वर्यु = कलापशाखा के मंत्रों का विशेषज्ञ अध्वर्यु।

कल्प = यज्ञविधि का निरूपण करने वाले सूत्र ग्रंथ। कल्प सूत्रों में श्रौत, धर्म और गृह्य सूत्रों का अन्तर्भाव होता है। (२) एक वेदांग।

कवि = ऋत के पालक एवं देवों के सहचर (ऋ. ७-७६-४)

कविक्रतु = कवि के समान शक्तिसंपन्न। (अग्नि, सोम, आदि का विशेषण) (ऋ. 1-1-5)

कल्पसूत्र = वेदांगों के अन्तर्गत कल्प नामक अंग का विचार करने वाले सूत्रमय ग्रंथ। तीन प्रकार = श्रौत. गृह्य. और धर्म.

कव्य = पितृदैवत्य हवि।

कव्यवाहन =कव्य का वहन करने वाला अग्नि। पितरों का अग्नि।

(हव्यावाहन – देवों के तथा **सहरक्षा** असुरों के अग्नि को कहा गया है।)

कश = याजुष संहिताओं में अश्वमेध की बलियों को सूची में उल्लिखित एक पशु।

काकबलि = वैश्वदेव यज्ञ के शेष भात का लंबाकार पिंड। यह पिंड कौवों को समर्पण किया जाता है। प्रेत की उत्तर क्रिया में भी काकबलि का समर्पण होता है।

काक्षीवत = सामविशेष

काठक = कृष्ण यजुर्वेदीय कठशाखा का नाम। (निरुक्त १०-४)

काठकचयन = इष्टका तथा चूने के ढेले का चयन। अग्निचयन का एक प्रकार। इसके सावित्र, नाचिकेत, चातुर्होत्र, वैश्वसृज और अरुणकेतु नामक पांच प्रकार हैं। पशुयाग, सोमयाग, चातुर्मास्य याग से काठकचयन का संबंध होता है। इसके समापन के लिए सौत्रामणि याग अथवा मित्रावरुण देवतात्मक आमिक्षा याग विहित है।

काठक संहिता = काश्मीरस्थ कठशाखियों की वेद संहिता। इस के पांच ग्रंथ (विभाग) और १८ हजार मंत्र हैं। पं. सातवलेकर ने १९४३ में इन्हें प्रकाशित किया।

काठकाम्नाय = यजुर्वेद की एक लुप्त शाखा। काश्मीर में इस का प्रचार था। परकीय आक्रमणों के कारण वह नष्ट हुई।

काण्डवीणा = काठक संहिता। (३४-५) में उल्लिखित नरकट के पोरों से बना हुआ एक विशिष्ट वाद्य। महाव्रतनामक महोत्सव में इसका उपयोग होता था।

काण्डर्षि = तैत्तिरीय संहिता के पांच काण्डों के द्रष्टा।

काण्डानुसमय = यज्ञविधि में देवता तथा यूपादि यज्ञीय द्रव्यों पर अंजन से परिव्यान तक के अनेक संस्कार होते हैं। उसकी दो पद्धतियां होती हैं। सभी यूपों पर प्रथम संस्कार होने पर दूसरा, तीसरा आदि संस्कार यथाक्रम करना ही 'काण्डानुसमय' कहा जाता है। इसी पद्धति से देवताओं की पूजा भी होती है।

काण्व = (१) सामविशेष। (२) देवातिथि, मेघातिथि और वत्स काण्व (कण्ववंश) के प्रमुख ऋषि थे। शुक्ल यजुर्वेद की १७ शाखाओं में से एक विद्यमान शाखा। दूसरी शाखा – माध्यंदिनी।

कातीय = कल्पसूत्रों की एक शाखा का नाम।

कात्यायन = प्रातिशाख्य, अनुक्रमाणी और कल्पसूत्र से संबंधित एक प्रमुख वेदाचार्य।

कात्यायन श्रौत सूत्र = शुक्ल यजुर्वेद के श्रौत सूत्र का नाम। अध्याय संख्या- २६।

कांतारदीपदान =यज्ञ में जिस वृक्ष का उपयोग किया जाता है, उसके अवशिष्ट स्तंभ पर आश्विनी से कार्तिकी पौर्णिमा तक पितरों के उद्धारार्थ आठ दीप प्रज्वलन करना।

कापिष्ठल = कृष्ण यजुर्वेद की एक उपशाखा। कापिष्ठल-कठ संहिता उपलब्ध है।

काम्यद्रव्य = अग्निहोत्र में आवश्यक दूध, दही, घी, चांवल, यवागू (जौ) आदि हवनीय पदार्थ।

कारीरदि = उद्गीथ के संबंध में विशेष प्रकार का विचार करने वाले विद्वान।

कारीरीष्टि = पर्जन्य की वृष्टि के लिए विहित एक विशिष्ट यज्ञविधि। इस में कृष्ण वस्त्र करीरसक्तु के पिंड तथा कृष्णाजिन का विशेष महत्त्व माना है।

कारोतर = सुरा छानने की चलनी। विशिष्ट यज्ञ में इसकी आवश्यता होती है।

कालका = याजुष संहिताओं में उल्लिखित अश्वमेघ की वलियों में से एक पक्षी। (तै. त्ति. सं. ५-५-१५-१)।

काव = प्राजापत्य साम विशेष।

काव्य = बर्हिषद नामक पितरों के अंतर्गत एक पितृगण। अन्यनाम – संवत्सर, आज्यप, पंचाब्द। ये आज्यपान तथा सोमपान करते हैं।

काष्ठा = रथों के दौड़ की निश्चित सीमा। (देखिये- कार्श्यन्)।

कीर्शा = अश्वमेघ की वलियों में उल्लिखित। (तैत्ति. सं. ५-५-२०-१)।

कुण्डऋणाची = अश्वमेध की बलियों में उल्लिखित एक प्राणी।

कुण्डपायिनाम् अयनम् = एक संवत्सर सत्र का नाम।

कुण्डपाय्य = द्वादशाह यज्ञ का एक विकृति याग। कालावधि – एक वर्ष।

कुण्डलेष्टि = दर्श पूर्णमास याग का एक प्रकार। इसमें आज्य में रखा हुआ सुवर्णकुण्डल आयुष्यवृद्धि के हेतु धारण किया जाता है। देवता – सोम, वरुण, सरस्वती, और अग्नाविष्णु।

कुन्ताप अध्याय = ऋग्वेद के परिशिष्ट में अन्तर्भूत निगदसंग्रह। अथर्ववेद के २० वें काण्ड में भी कुन्ताप निगदो का संग्रह है। वृषाकपि नामक शस्त्र (स्तोत्र) में सूत्रकारों ने इस निगद – संग्रह का समावेश किया है।

कुम्भीनस = तैत्तिरीय संहिता में (५-५-१४-१) अश्वमेध की बलियों की सूची में उलिखित एक प्राणी।

कूर्मोलूखला = राजसूय के चयन में उपयुक्त विशिष्ट इष्टका (ईंट)।

कुलीका = वाजसनेयी संहिता (२४-२४) में अश्वमेध की बलियों में उल्लिखित एक पक्षी।

कूष्माण्ड = वाजसनेयी संहिता के कूष्माण्ड मंत्रों द्वारा प्रायश्चित्त के निमित्त यह यज्ञ होता था।

कूष्माण्ड होम = प्रत्येक कर्म के आरंभ में करने योग्य एक होम। इसमें 51 समिधाओं की आहुतियां दी जाती हैं।

कृकवाकु = कुक्कुट। यजुर्वेद में अश्वमेध की बलियों की सूची में उल्लिखित।

कृति = मरुत् देवों का शस्त्र।

कृत्या = एक यज्ञीय देवता।

कृष्ण यजुर्वेद = व्यासशिष्य वैशंम्पायन द्वारा प्रचारित वेद विभाग। इसमें मंत्र और ब्राह्मण भागों का संमिश्रण होने से यह संज्ञा निर्माण हुई। संप्रति इस की चार शाखाएं उपलब्ध है – तैत्तिरीय, मैत्रायणी, काठक और कपिष्ठल। १०१ या ८६ शाखाओं में से इन चार के अतिरिक्त अन्य शाखाओं का लोप हो चुका है।

केश-वपनीय = राजसूय यज्ञान्तर्गत एक सोमयाग। इस याग का प्रारंभ ज्येष्ठ पौर्णिमा को होता है। राजसूय के मुख्य सोमयाग को **अभिषेचनीय** कहते हैं, जिसमें अभिषेक का विशेष महत्त्व होता है।

कोटिहोम = ग्रहबाधा, प्राकृतिक उत्पात, अकाल मृत्यु आदि का निवारण करने हेतु कोटि हवनयुक्त ग्रहयज्ञ। इसे प्रायः शिव या नृसिंह के मंदिर में करने की प्रथा है।

कोटिहोम = शतमुख, दशमुख, द्विमुख ओर एकमुख भेद से चार प्रकार होते हैं। शतमुख में प्रत्येक कुण्ड में १० होता (हवनकर्ता) होते हैं। और द्विकुण्ड में १०० होता बैठते हैं। कुण्ड गोल पद्माकार, या चतुरस्त्र होते हैं। सब मिलाकर १३१८ पाठकर्ता होते हैं। इसमें २ सौ मन हवन सामग्री लगती है।

कोश = (१) सोम रखने का बड़ा पात्र।

कोशकार = पुरुषमेध के बलियों में उल्लिखित।

कौथुम शाखा = सामवेद की एक शाखा जो गुजरात में विशेषतः प्रचलित है।

कौलीक = यजुर्वेद में अश्वमेघ की बलियों में उल्लिखित एक पक्षी।

कौल्मल बर्हिष = साम विशेष।

कौशिक = इन्द्र का एक नाम।

कौशिक सूत्र = अथर्ववेद की शौनक शाखा का एक सूत्र ग्रंथ। इसका स्वरूप गृह्यसूत्र के समान है।

कौषीतकी = ऋग्वेद-शांखायन शाखा की ४ उपशाखाओं में से एक। संप्रति अनुपलब्ध।

क्रतु = यूप की स्थापना और सोमरस का हवन जिसमें

होता है ऐसा यज्ञ। (भूत-सहितः सोमसाध्यो यज्ञः)।

क्रमपाठ = वेदपाठ करने की अष्टविध विकृतियों में से एक। – उदा. – यज्ञेन यज्ञं यज्ञमयजन्त अयजन्त देवाः देवास्तानि। (इत्यादि)।

क्रमान्तवैदिक = वेद संहिता का पाठ क्रम – विकृति के अनुसार योग्यता पूर्वक कहने वाला वेदज्ञ।

क्रवण = पूजा करने वाला या यज्ञ की बलि को मारने वाला।

क्रव्यादग्नि = शव का भक्षण करने वाला अग्नि। श्मशानाग्नि। (क्रव्य – कच्चा मांस)।

क्रीडनीया इष्टि = चातुर्मास्य याग के साकमेध नामक तृतीय पर्व में यह होती है। इसके देवता मरुत् और द्रव्य पुरोडाश होता है।

क्रौंच = साम विशेष।

क्वयि = यजुर्वेद में अश्वमेध के बलियों में उल्लिखित एक पक्षी।

क्षत्रधृति = राजसूय के अन्तर्गत श्रावण कृष्णा प्रतिपदा से एक मास तक चलने वाला एक अनुष्ठान।

क्ष्विंका = तैत्तिरीय संहिता में अश्वमेध की बलियों में उल्लिखित एक प्राणी।

क्षुद्रसूक्त = छोटे सूक्त या छोटे सूक्तों के रचयिता।

क्षुद्रसूक्त = ऋग्वेद के अंतिम मंडल के सूक्तों के रचयिता ऋषिओं का एक गण।

खलेवाली = बैलों को चलाने के लिए गाड़ा गया शंकु। पैर में लान से नाज निकालने के लिए यह बीच में गाड़ा जाता है। उसमें रज्जू से बैलों को बांधकर घुमाते हैं। एकाह याग में इसका उपयोग सवनीय पशु को बांधने के लिए होता है।

खांडिकीय = कृष्ण यजुर्वेदी तैत्तिरीय शाखा का एक भाग।

खादिर गृह्यसूत्र = सामवेदीय द्राह्यायण शाखा का गृह्यसूत्र।

खिलसूक्त = ऋग्वेद के अन्तर्गत परिशिष्टस्वरूप अंतिम सूक्तों की संज्ञा।

खिलकाण्ड = कृष्ण यजुर्वेद की मैत्रायणी शाखा के अन्तर्गत एक काण्ड।

खिलकाण्ड = अथर्ववेद के अंतिम २ कांड।

गणक = ज्योतिषी। यजुर्वेद में पुरुषमेध की बलियों की नामावली में उल्लिखित।

गणयज्ञ = एकाह याग के अन्तर्गत इन यज्ञों में अनेक यजमान होते हैं। व्रात्यस्तोम, मरुत्स्तोम आदि गणयज्ञ के उदाहरण हैं।

गणहोम = सोमयाग के अन्तर्गत वैश्वानर देवता के प्रीत्यर्थ होम।

गणेश यज्ञ = इसमें शुक्ल यजुर्वेद के ३३ वें अध्याय के (६५ से ७२ तक) आठ मंत्रों से एक लक्ष आहुतियाँ होती हैं।

गरुडचयन = सोमयाग में गरुड की आकृति का इष्टकाओं से बनाया गया हवन-कुंड। इसे श्येन या सुपर्ण चयन भी कहते हैं। (तैत्तिरीय सूत्र)।

गर्गत्रिरात्र = सोमयाग का एक प्रकार।

गवाशिर् = दूध में मिलाया हुआ सोम। (ऋ. १-१३६-१) देखिये – यवाशिर।

गवामयन = ३६० दिनों या दस महीनों तक चलने वाला एक सत्र। ऐतरेय ब्राह्मण के १७-१८ अध्यायों में इसका विवरण दिया है। सोमयाग के तीन प्रकारों में से एक। यह सांवत्सरिक सत्र का एक विकृतियाग है। इसका आरंभ माघ कृष्णाष्टमी, या शुक्ल एकादशी को, या फाल्गुनी अथवा चैत्र पौर्णिमा को होता है। गौओं द्वारा अनुष्ठित होने से यह नाम हुआ। २४ दिनों तक इसका कर्मकाण्ड चलता है। सपत्नीक यजमानों का शिखासहित वपन होता है और मार्जालीय के दक्षिण की ओर वेदी से बाहर, घेरे के बीच अनियत जाति के स्त्री-पुरुष मैथुन करते हैं।

गवालंभ = एक गो-हिंसायुक्त यज्ञ।

गविष्टि = (१) गौ की इच्छा। (२) पशुओं के निमित्त युद्ध। (अपर शब्द- गव्या)।

गातुविद् = वैदिक गाथाओं के ज्ञाता पुरुष।

गाथ = स्तोत्र। (ऋ. ८-३२-१)।

गाथपति = गाथ – वेदमंत्रों के गायकों का अधिपति। यह रुद्र देवता का विशेषण है।

गाथा = मानवी रचना, अवैदिक रचना। (ऋक् = दैवी रचना)।

नाराशंसो गाथा = दानस्तुतिपर रचना।

गाथिन् = वेदमंत्रों के गायक।

गायत्र = सामवेद का सूक्त विशेष। यह तडागोत्सर्जन-विधि में गाया जाता है।

गायत्री = (१) सात वैदिक छंदों में अग्रगण्य छंद। (गायत्री छंदसामहम् - गीता १०-३५) इसके तीन पद और प्रत्येक पद में आठ अक्षर होते हैं। अतः इसे त्रिपदा, अष्टाक्षरा और चतुर्विंशत्यक्षरा विशेषण लगाते हैं। (२) विश्वामित्र ऋषि कृत प्रसिद्ध मंत्र। (३-६२-१०)। इसी छंद के मंत्रोंद्वारा ब्राह्मण यज्ञीय अग्नि का आधान करते हैं।

गायत्री = एक मंत्रमयी वैदिक देवता। तीन स्वरूप – गायत्री, सावित्री, और सरस्वती।

गायत्री इष्टि = संवर्ग अग्नि के निमित्त अष्टकपाल पुरोडाश का हवन। इस तंत्र दर्शपूर्णमास याग के समान होता है।

गायत्री महायज्ञ = गायत्री मंत्र तथा गायत्री सहस्रनामावली से २४ लाख आहुतियां होती हैं। इसमें १, ५, ९, या २४ कुंड होते हैं। गायत्री पुरश्चरण में जपसंख्या के दशांश हवन होता है। इसमें ४५ ब्राह्मणों की आवश्यकता होती है।

गायत्री = छांदोग्य उपनिषद के अनुसार गायत्री मंत्र की विधियुक्त उपासना।

शताक्षरा गायत्री = "तत् सवितुर्वरेण्यं" (२४ अक्षर) जातवेदसे सुनवाम (४४ अक्षर) और त्र्यंबकं यजामहे (३२ अक्षर) = तीन मंत्रों की सामूहिक संज्ञा।

गार्हपत्य = वैदिक यज्ञ की तीन प्रमुख अग्नियों में से एक। (अतिथियों के लिये प्रयुक्त अग्नि **आहवनीय,** गृह्ययज्ञों में

प्रयुक्त **गार्हपत्य** और पश्चात की अग्नि को **दक्षिणाग्नि** कहा जाता है।

गार्हपत्य = विवाह के समय नवदम्पती द्वारा प्रज्वालित यज्ञीय अग्नि। 'गृहपतिना संयुक्तः इति गार्हपत्यः'।

गार्हपत्य = मंथन द्वारा उत्पन्न अग्नि। इसका आधान वर्तुलाकार मेखलाद्वययुक्त कुंड में होता है। आधान करने वाले को गृहपति कहते हैं। आहवनीय और दक्षिणाग्नि का उद्धरण या प्रणयन गार्हपत्य से ही होता है। अतः यह योनिस्वरूप प्रमुख यज्ञाग्नि माना जाता है। यज्ञमंडप के एक कोने में इस का आयतन (निवासस्थान या कुंड) होता है।

गार्हपत्यचिति = गार्हपत्य नामक यज्ञाग्नि के लिये बनाया गया २४ इष्टकाओं का चतुष्कोण पीठ। इसमें उखापात्र में उत्पन्न 'उख्याग्नि' की स्थापना होती है। देखिये – उखासंभरण।

गालव शाखा = ऋग्वेद-शाकल शाखा की पांच उपशाखाओं में से एक।

गूर्द = सामविशेष।

गृहप्रवेशनीय होम = विवाह से चतुर्थ दिन यह वर द्वारा होता है। अतः अपरनाम है 'चातुर्थीह्निक होम'।

गृहमेध = वेदोक्त वास्तोष्पति नाम गृहदेवता की गृह्यसूत्र में निर्दिष्ट संज्ञा। इसी देवता की उपासना के कर्मों को **गृहमेधीय** या **गृहमेध्य** कहते हैं।

गृहमेधीयेष्टि = चातुर्मास्य याग के साकमेध नामक तृतीय पर्व में सायंकाल में यह इष्टि होती है। इसमें गृहमेधी मरुत् देवता और दूध में पका हुआ चरु द्रव्य होता है।

गृह्यसंस्कार = गृह्याग्नि से संबंधित गृह्यसूत्रोक्त विशिष्ट संस्कार।

गृह्यसूत्र = गृहस्थाश्रमी गृहपति के धार्मिक कर्तव्यों का प्रतिपादन करने वाले सूत्रमय ग्रंथ। इनकी कुल संख्या – 16 (ऋग्वेद- ३; कृ. यजुर्वेद- ८; शु. यजु. १; सामवेद- ३ और अथर्ववेद- १)।

गृह्याग्नि = (अन्यनाम – औपासन, आवसथ्य, स्मार्त) विवाहोत्तर स्थापित यज्ञीय अग्नि। विवाहाग्नि का ही रूपांतर गृह्याग्नि में होता है। यह अग्नि अखंडित जलता रखना आवश्यक माना है। गृह्याग्नि में पशु और सोम का हवन नहीं होता। आहिताग्नि इसी अग्नि में गृह्यसूत्रों में विहित कर्म (औपासन होम आदि) करते हैं।

गो-आयुषी = सामविशेष।

गोघात = गौ (बैल) को मारने वाला। यजुर्वेद में पुरुषमेध की बलियों में उल्लिखित।

गोत्र ऋषि = ऋग्वेद के मंडलों के द्रष्टा आठ ऋषि – - गृत्समद, विश्वामित्र, वामदेव, अत्रि, भारद्वाज, वसिष्ठ, कण्व, आंगिरस।

गोदान (या केशान्त) = महानाम्नी आदि वैदिक चार व्रतों में से एक। ब्रह्मचारी वटु के यौवनारंभ में यह संस्कार होता था।

गोपथ = अथर्ववेद से संबंधित एकमात्र ब्राह्मण ग्रंथ।

गोमृग = वृषभ की एक विशेष जाति। अश्वमेध यज्ञ की बलियों की सूची में उल्लिखित।

गोमेध = गोसंगम, गोवर्धन और गोसमर्पण इन तीन विधियों से युक्त एक विशिष्ट यज्ञ। अथर्ववेद में (१०-९-१०) ये सूक्त गोमेध विषयक हैं। हिंसायुक्त गोमेध कलियुग में निषिद्ध कहा गया है। (आपस्तंब श्रौतसूत्र)। गोहत्या के प्रायश्चित्त में विहित सोमयाग में एक।

गोयज्ञ = गोरक्षा के निमित्त, वेदोक्त गोसूक्त से अथवा ऋग्वेद के २८ वे सूत्र के प्रारंभिक ८ मंत्रों से सवा लक्ष आहुतियां होती हैं।

गोलत्तिका = यजुर्वेद में अश्वमेध की बलियों में उल्लिखित पशु।

गोविकर्तन = यज्ञ में गौ (बैल) को काटने वाला। (शत. ब्राह्मण- ५-३-१-१०)।

गोषादी = गौ पर बैठने वाला, पक्षी, यजुर्वेद में अश्वमेध की बलियों में उल्लिखित।

गोसव = सोमयाग (एकाह) का एक प्रकार। इसमें यजमान का गोरस से स्नान कराया जाता है। फल – पशु समृद्धि। यज्ञ के बाद एक वर्ष तक गो-सेवा का व्रत आवश्यक।

गोङ्गव = सामविशेष।

गौरीवीति = सामविशेष।

गौषूक्त = सामविशेष।

गोसव = एक यज्ञ।

ग्ना = देवपत्नी।

ग्रह = (१) यज्ञ में देवताओं को समर्पण करने योग्य, विशिष्ट पात्र में रखा हुआ सोमरस।

ग्रह = ज्योतिष्टोम के तीन सवनों में कुल मिलाकर २७ ग्रह होते हैं। "गृह्यते इति ग्रहः" इस व्युत्पत्ति के अनुसार सोमरस को ग्रह कहते हैं और "गृह्यते अस्मिन् इति.." इस व्युत्पत्ति के अनुसार सोम रखे जाने वाले पात्र को भी ग्रह कहते हैं। ग्रह नामक पात्रों की संख्या १५ होती है।

ग्रहयज्ञ = ग्रहपीड़ा की शांति के निमित्त एक यज्ञ। तीन प्रकार – नित्य (ग्रहण के समय), नैमित्तिक (विवाहादि के समय), और काम्य। इसमें बलिदान करते हैं। ग्रहों की प्रतिमाएँ या प्रतीक स्थापित होते हैं। संस्कार निमित्त ग्रहयाग में बलिदान निषिद्ध है।

ग्रावस्तुत् = यज्ञ का एक विशिष्ट ऋत्विज।

ग्रावस्तुत् = सोमयाग के १६ ऋत्विजों में से होतृगण का चतुर्थ ऋत्विज्।

घनपाठ = वेदपठन की अष्ट विकृतियों (पद्धतियों) में से अंतिम जटिल पद्धति। घनपाठी वैदिक सर्वश्रेष्ठ वैदिक माना जाता है।

घर्म = अश्विनौ देवताओं के लिये दूध पकाने का पात्र।

घर्म = आतिथ्येष्टि में महावीरपात्र में उबाले गये गोरस और आज्य का मिश्रण। गरम घी में उबाला हुआ दूध डालकर

यह सिद्ध होता है।

घर्मशिरस् = यज्ञविधि के विशिष्ट मंत्रों की संज्ञा।

धासि = अश्वमेघ की बलि के अश्व का खाद्य। (घास-सामान्य पशुओं का खाद्य)।

घृणीवन्त = वाजसनेयी संहिता में अश्वमेघ की बलियों की नामावली में उल्लिखित एक पशु।

घृत प्रतीक, घृतपृष्ठ और घृतप्री = अग्नि के विशेषण।

घोरम् = आंगिरस वेद का विशेषण। **भेषजम्-** अथर्वण वेद का विशेषण। (इनसे अथर्वांगिरस वेद का द्विविध स्वरूप ध्यान में आता हैं।)

चतुरह याग = चार प्रकार – अत्रिचतुर्वीर, जामदग्न्य, वसिष्ठ संसर्प, और विश्वामित्र।

चंद्र = अश्वमेध में मेध्य अश्व के शरीर से निकाला हुआ हवनीय मेद।

चप्य = एक यज्ञीय पात्र।

चमकानुवाक ऋग्वेद के रुद्राध्याय का उत्तर भाग। इसमें "च मे" शब्द का सर्वत्र प्रयोग होने के कारण यह संज्ञा रूढ हुई। देखिये – नमकानुवाक।

चमस = उदुंबर की लकड़ी का बनाया एक यज्ञीय पान-पात्र या सोमरस रखने का पात्र।

चमसाध्वर्यु = यज्ञ में अध्वर्यु का एक सहायक।

चंडातक = राजसूय यज्ञ में यजमान-पत्नी के पहनने का वस्त्र, जो घुटने तक होता है। लहंगा, या साया। (अर्धोरुकं विलासिन्या श्चासश्चण्डातकं विदुः)।

चयन (या अग्निचयन) = सोमयाग में उत्तरवेदी पर इष्टकाओं से बनाया गया कुंड। चयन की श्येन, रथचक्र, द्रोण, कंक, सुपर्ण इत्यादि अनेक आकृतियां होती है। प्रथम सोमयाग, वाजपेय और सारस्वत सत्र में चयन नहीं होता। (सत्याषाढ श्रौत सूत्र ११-१)। चयन के पूर्व में शीर्ष, पश्चिम में पुच्छ, मध्य में आत्मा और उत्तर-दक्षिण में पक्ष होते हैं।

काठक चयन = गरुड चयन के अतिरिक्त, सावित्र, नाचिकेत, चातुर्होत्र, वैश्वसृज और अरुणकेतु नाम पाच चयनों को 'काठकचयन' कहते हैं। (तैत्तिरीय ब्राह्मण- ३-१०-१२)। काठक चयनों में इष्टका के स्थान पर कंकरों का प्रयोग होता है। इन चयनों के मंत्र-द्रष्टा का नाम कठऋषि था।

चरक = (१) पुरुष-मेध की बलियों की सूची में उल्लिखित। (२) कृष्ण यजुर्वेद की एक लुप्त शाखा।

चरक संहिता = कठ और कपिष्ठल संहिताओं की संज्ञा।

चरु = एक पांच छेदों वाला पात्र तथा उसमें पकाया जाने वाला खाद्य पदार्थ।

चर्षणि = मनुष्यों का वाचक यह वैदिक शब्द बहुवचन में प्रयुक्त हुआ है। (ऋ. १-८६-५)।

चषाल = उलूखल के समान आकार वाला एक पात्र। (ऋ. १-१६२-६)।

चातुर्थाह्निक होम = विवाह के बाद चौथे दिन होने वाला गृहप्रवेशनीय होम।

चातुर्मास्य = सप्त हविर्यज्ञ संस्थाओं में से चौथा यज्ञ प्रकार।

चातुर्मास्य याग = फाल्गुनी, आषाढी और कार्तिकी पौर्णिमा को इसके तीन पर्व होने पर चौथा फाल्गुन शु. प्रतिपदा को होता है। इसी प्रकार इसकी आवृत्तियां होती रहती हैं। इनके वैश्वदेव, वरुणप्रघास, साकमेघ और शुनासीरीय नामक प्रत्येकशः पर्व होते हैं। इसके ऐष्टिक, पाशुक और सौमिक नामक तीन प्रकार होते हैं।

चातुर्होत्रचयन = इसमें ८६ इष्टकाओं की आवश्यकता होती है। यह काठक चयन का एक प्रकार है।

चारणवैद्य = अथर्ववेद की एक लुप्त शाखा। (नामान्तर-चारणविद्या)।

चाष = यजुर्वेद में अश्वमेध की बलियों की सूची में उल्लिखित एक पक्षी।

चुपुडिका = कृत्तिका नक्षत्र के सात तारों में से एक।

चैत्रीयाग = गृह्यसूत्रों में उल्लिखित सात पाक यज्ञो में से एक यज्ञ।

च्यावन = एक सामविशेष।

छंदोग = छंद नामक सामवेद की ऋचाएँ तथा उनका गायक।

छन्दोम = स्तोम विशेष।

जगती = सात वैदिक छंदों में से १२ अक्षरों का एक। इसी छंद से वैश्य यज्ञीय अग्नि का आधान करते थे।

जतू = अश्वमेध की बलियों में उल्लिखित एक पक्षी।

जर्तिल = वन्य तिल। यह त्याज्य हव्य माना गया है।

जलद = अथर्ववेद की एक लुप्त शाखा।

जहका = अश्वमेध की बलि के रूप में उल्लिखित एक पशु। (लोमश मार्जारी या बिलवासी शृगाली)।

जाजल = अथर्ववेद की एक लुप्त शाखा।

जातवेदाः = यज्ञ की अग्नि।

जातुकर्ण्य शाखा = ऋग्वेद बाष्कल शाखा की चार उपशाखाओं में से एक। संप्रति अनुपलब्ध।

जुहू = (हूयते अनया) जिसके द्वारा हवन किया जाता है ऐसी पलाश की लकड़ी की या पर्ण की बनाई गई, एक बाहु लंबी, हंस के समान मुंह वाली स्रुक्। अर्थात् यज्ञीय चमस, जिससे अग्नि में घृत की आहुति दी जाती है।

ज्योतिष्टोम = तृच् (तीन ऋचाओं वाला) स्तोत्र की प्रथम ऋचा को ज्योतिः कहते हैं। ज्योतिः जिसके स्तोत्र होते हैं (ज्योतिषि स्तोमाः यस्य सः) वह **'ज्योतिष्टोम'** कहा जाता है। त्रिवृत्, पंचदश, सप्तदश, एकविंश ये ही ज्योतियां होती हैं।

ज्योतिष्टोम की चार संस्थाएँ = अग्निष्टोम, उक्थ्य, षोडशी और अतिरात्र। (इन चार नामों के साममंत्रों से समाप्ति होने के कारण ये संज्ञाएं रूढ हुई।

तनूनपात् = आप्री सूक्तों के दो भेदों में से एक।

तरक्षु = सायण के अनुसार गर्दभाकार व्याघ्रविशेष। अश्वमेध की बलियों में उल्लिखित पशु।

तानूनप्त्र = आतिथ्येष्टि के अंतर्गत इस विधि में ऋत्विग्गण कांस्यपात्र में रखे हुए आज्य को स्पर्श करते हुए यागानुष्ठान निर्दोष तथा एकात्मभाव से करने की प्रतिज्ञा करते हैं।

तापश्चित = तीन वर्षों तक चलने वाला एक सत्र। दो प्रकार – (१) महातापश्चित – यह पांच वर्षों में होता है। (२) क्षुल्लक तापश्चित् – इसमें चार चार महीने दीक्षा, उपसद् और सुत्या होते हैं।

तुरायण = एक सत्र की संज्ञा।

तूपर = शृंगहीन यज्ञीय पशु।

तृच् = उत्तरार्चिक में एक स्वर, एक छंद और एक तात्पर्य युक्त तीन तीन ऋचाओं का सूक्त। दो ऋचाओं की जोडी की **'प्रगाथ'** संज्ञा है।

तृतीय सवन = ४८ अक्षरों वाले जगतीछन्द और आदित्य देवता से संबंधित श्रौतयज्ञ की विधि।

तृतीय सवन = पुरुष की आयु के ६९ से ११६ वें वर्ष तक का ४८ वर्षों का काल। (छांदोग्य उपनिषद् के अनुसार पुरुषायुष ११६ वर्षों का माना जाता है।) (छांदोग्य ३-१६)।

तृतीयिन् = गण के मुख्य ऋत्विक् की दक्षिणा से तृतीयांश दक्षिणा का अधिकारी। उदा. – ब्रह्मगण का आग्नीध्र या होतृगण का अच्छावाक।

तैत्तिरीय = कृष्ण यजुर्वेद की एक शाखा। इस शाखा में संहिता, ब्राह्मण, और आरण्यक (जिस के अन्त में दो उपनिषद है।) पाये जाते हैं।

तोदायन = अथर्ववेद की एक लुप्त शाखा।

त्रि-कद्रुक = (१) सोम धारण करने वाले तीन पात्र। (कद्रू- सोमरस को एकत्र रखने का पात्र)। (२) सायण के अनुसार एक विशेष यज्ञ की संज्ञा।

त्रि-णव = स्तोम।

त्रि-णिघन = सामविशेष।

त्रि-पवित्र = त्रयीविद्या (ऋक्. यजुस् और साम वेद को) जानने वाला ब्राह्मण। (अन्य शब्द – त्रि-शुक्रिय या त्रिशुक्र)।

त्रिवृत् स्तोमस्तोत्र = वह स्तोत्र जिसके तीन तृचात्मक सूक्तों में आने वाली नवीं ऋचा का तीन पर्यायों में गान होता है।

त्रि-शुक्र (या त्रिशुक्रिय) = देखिये त्रिपवित्र।

त्रि-षंयुक्ता इष्टि = त्रि-हविष्क तीन कर्मों में पहिली इष्टि की संज्ञा।

त्रिष्टुभ् = सात वैदिक छंदों में से ११ अक्षरों का एक छंद। इस के मंत्रों से राजन्य (क्षत्रिय) लोग यज्ञ में अग्नि का आधान करते थे। ऋग्वेद के सर्वाधिक मंत्र (४२५३) इस छंद में है।

त्रिसंवत्सर = तीन वर्षों तक चलने वाला एक यज्ञ सत्र।

त्रैककुभ = साम विशेष।

त्रैत = साम विशेष।

त्रैशोक = साम विशेष।

त्र्यम्बका इष्टि = चातुर्मास्य याग के साकमेध नामक तृतीय पर्व में यह होती है। इसके देवता रुद्र और चार एककपाल पुरोडाश द्रव्य होता है। सभी कार्य मौन रहकर एवं उत्तर की ओर मुख करके संपन्न होते है।

त्र्यह याग = पांच प्रकार – गर्ग, वैद, छन्दोम, अन्तर्वसु, और पराक।

त्र्याशिर = दधि, सक्तु, और पयस् का सोम के साथ मिश्रण। (देखिये – गवाशिर यवाशिर और दध्याशिर)।

त्वाष्ट्री = साम विशेष।

दक्ष-णिधन = साम विशेष।

दक्षिणा = यज्ञ में गौ की दक्षिणा सर्वोत्तम मानी जाती है अतः यह गौ का बोधक शब्द है। (कठोपनिषद)।

दक्षिणाग्नि = गार्हपत्य अग्नि से प्रज्ज्वलित एक यज्ञीय अग्नि का नाम। यज्ञमंडप में गार्हपत्य अग्नि की आग्नेय दिशा में इसका आयतन होता है। इसे आहिताग्नि अर्धचन्द्राकार कुंड में प्रज्वलित रखते हैं और इसमें प्रायः पितृकर्म होते हैं।

दधिमंथ = एक हविर्द्रव्य।

दर्भस्तम्ब = राजसूय के चयन में उपयुक्त विशिष्ट इष्टका की संज्ञा।

दर्शपूर्णमास = वैदिकों के सात हविर्यज्ञों में तीसरा यज्ञ।

दर्श-पूर्णमास याग = दर्श अमावस्या में कर्तव्य ३ और पूर्णमास = पौर्णिमा में कर्तव्य ३ याग। इन छह यागों का निर्देश ''दर्शपूर्णमासौ'' इस द्विवचन से होता है। यह ''प्रकृतियाग'' कहा गया है। इन ६ यज्ञों में अग्नि का आधान पौर्णिमासी और अमावस्या को होता है किन्तु यागविधि प्रतिपदा के दिन संपन्न होता है। दो अवसरों पर किये जाने वाले ये छह कर्म एक ही फल देते हैं। अतः इन्हें एक ही कर्म माना गया है।

दर्शपूर्णमास = पौर्णिमा के तीन याग – (१) अष्टाकपाल पुरोडाशयाग, (२) उपांशु याग, (३) एकादशकपाल पुरोडाश याग।। अमावस्या के तीन याग = (१) अग्निप्रीत्यर्थ पुरोडाशयाग (२) इन्द्रप्रीत्यर्थ पुरोडाश (दधिद्रव्यक) याग। (३) इन्द्रप्रीत्यर्थ पयोद्रव्यक याग।

दशपेय यज्ञ = राजसूय यज्ञ के अन्तर्गत एक यज्ञ जिसमें उद्गाता सोने की कंठी पहनता है।

दशरात्र = चार प्रकार – त्रिककुप्, कौसुरुविन्द, पूर्व दशरात्र और छन्दोम दशाह।

दशापवित्र = जिस ऊनी कपड़े से सोमरस छाना जाता है, उस विशिष्ट वस्त्र की संज्ञा।

दस्यु = यज्ञ न करने वाले, देवों से घृणा करने वाले तथा तरह तरह की शपथ खाने वाले चपटी नाक वाले, वेद में उल्लिखित नीच लोग।

दाक्षायण याग = दर्शपूर्णमास यज्ञ का विकृतिभूत स्वरूप। इसमें अमावस्या और प्रतिपदा को एवं पूर्णिमा और प्रतिपदा को दो-दो याग होते हैं। दाक्षायण और दर्शपूर्णमास याग एक

ही होने से, एक को करने वाला दूसरे का अनुष्ठान नहीं करता। दर्शपूर्ण- ३० वर्षों तक और दाक्षायण १५ वर्षों तक किया जाता है।

दाक्षिणात्य होम = सोमयाग के माध्यंदिन सवन में एक विधि। यह दक्षिणांगभूत यज्ञ है। इस के बाद यज्ञ की दक्षिणा अर्पण होती है।

दात्यौह = याजुष संहिताओं में अश्वमेध बलियों के सूची में उल्लिखित (कुक्कुट या तित्तिर के समान) एक पक्षी। (दात्यूह)।

दान = यज्ञीय भोजन का विभाजन।

दान = यज्ञ में आवश्यक कर्तव्य, भूदान, गृहदान, द्रव्यदान, विद्यादान, अन्नदान, श्रमदान, वाणीदान, अर्थात् धर्मप्रवचन, इनका यज्ञ में ही अन्तर्भाव होता है।

दानस्तुतिसूक्त = ऋग्वेद ६-४७ का नाम।

दान्त = अथर्ववेद की एक लुप्त शाखा।

दार्वाघात = यजुर्वेद में अश्वमेध की बलियों की सूची में उल्लिखित पक्षी (कठफोडवा)।

दार्वाहार = लकड़ी बीनने वाला। यजुर्वेद में पुरुषमेध की बलियों की सूची में उल्लिखित।

दार्षद्वत सत्र = तीन सारस्वत सत्रों से भिन्न प्रकार का सारस्वत सत्र (देखिये)।

दाश = मछुआ। यजुर्वेद में पुरुषमेध की बलियों में उल्लिखित।

दाशस्पत्य = सामविशेष।

दाशराज्ञ = ऋग्वेद (७-३३-२,५। ७-८-३-८) और अथर्ववेद (१०-१२८-१२) में दश राजाओं के साथ सुदास् के युद्ध को "दाशराज्ञ" कहते हैं। प्रस्तुत युद्ध का विवरण देने वाले सूक्त (७-१८) में 'दाशराज्ञ' शब्द नहीं आया है।

दाश्वान् = हवि देने वाला, होम करने वाला।

दीक्षणीयेष्टि = यज्ञ की दीक्षा लेने के निमित्त इष्टि। दीक्षा लेने पर यजमान को विशिष्ट नियमों का पालन करना होता है। इस इष्टि में अग्ना-विष्णु नामक देवता के प्रीत्यर्थ पुरोडाश का हवन होता है। प्राग्वंश मंडप में आज्य संस्कार, कूष्माण्ड होम, क्षौर, नववस्त्र परिधान, तथा अप्सुदीक्षा (दर्भांकुरों से सिंचन) आदि संस्कार और सायंकाल तक मौन व्रत यजमान करता है।

दीक्षित = यज्ञ का आरंभ करने के पहले दीक्षा लेकर सिद्ध हुआ गृहस्थाश्रमी यजमान पुरुष। दीक्षित होने पर क्षत्रिय और वैश्य भी ब्राह्मणत्व को प्राप्त होते हैं। (दीक्षमाण एव ब्राह्मणताम् उपैति- ऐतरेय ब्राह्मण ७-२३)।

दीवाकीर्त्य = साम विशेष।

दुरोण = गृहवाचक वैदिक शब्द।

दुर्ब्राह्मण = जिसके पिता और पितामह ने सोमयाग में सोमपान नहीं किया ऐसा जात्य ब्राह्मण मनुष्य। दौर्ब्राह्मण्य की निवृत्ति के लिए सोमयाग के चौथे दिन पशुयाग होता था।

दूर्वेष्टका = राजसूय के चयन में उपयुक्त विशिष्ट इष्टका (ईंट)।

दृतिवातवतोः अयनम् = कुण्डपायिनाम् अयनम् नामक संवत्सर सत्र के उत्तरार्ध के सत्र की संज्ञा।

देवता (वैदिक) "यस्य वाक्यं स ऋषिः। या तेन उच्यते सा देवता" अर्थात् वेद में जिसका वचन होता है वह ऋषि कहा जाता है और ऋषि जिसका स्तवन या वर्णन करते हैं वह देवता है।

देवदर्श = अथर्ववेद की एक लुप्त शाखा। (नामान्तर- देवदर्शनी)

देवदूत = यज्ञीय अग्नि का विशेषण। शतपथ ब्राह्मण।

देविका = विशिष्ट देवताओं की संज्ञा। सोमयाग की अवभृथ विधि में इनके निमित्त हवन होता है।

देवयजन = यज्ञ के लिये यजमान द्वारा राजा से मांगी गई पवित्र भूमि। यजमान यज्ञ समारोह के निमित्त अरणी में अग्नि का समारोपण होने पर ऋत्विजों तथा अरणी और समग्र यज्ञसामग्री सहित 'देवयजन' में प्रवेश करता है।

देवयान = एक स्वर्गप्रद साम।

देवानां मुखम् = अग्नि।

दैर्घश्रवस = साम विशेष।

दैवातिथ = साम विशेष।

व्यह याग = दो दिन चलने वाले याग। आंगिरस, चैत्ररथ, कापिवन इसके तीन प्रकार हैं।

धौतान = साम विशेष।

द्राह्यायण = (१) सामवेद की एक शाखा की संज्ञा। (२) काल्पसूत्रों की एक शाखा।

द्रुपद = (१) यज्ञीय यूप। (२) लकड़ी की दीवार।

द्वन्द्व देवता = ऋग्वेद में उल्लिखित देवता युग्म। ऋग्वेद में द्यावापृथिवी, अग्नीषोम आदि १२ युग्म देवता उल्लिखित हैं। ६० सूक्त इनकी स्तुति में रचित हैं।

द्वन्द्व यज्ञ = एकाह सोमयाग का एक प्रकार। इसमें एक का अनुष्ठान करने पर दूसरे का भी अवश्य करना चाहिए। इसके राट्-विराट्, उद्भिद्-बलभिद् आदि १० प्रकार होते हैं।

द्वन्द्वसोम = एकाह याग के अन्तर्गत इस याग में एक अनुष्ठान करने पर दूसरा अवश्य करना पड़ता है। राट्-विराट्, पुनस्तोम, चतुष्टोम, उद्भिद्-बलभिद्, अपचिती, अग्निस्तोम द्वय, ऋषभ-गोसव (पक्षी- ज्योतिः) इन सात यागों की संज्ञा।

द्वादशकपाल पुरोडाश याग = इन्द्र और अग्नि देवता के प्रीत्यर्थ अमावस्या को माध्यंदिनीय एवं शांखायन शाखा के ब्राह्मणों द्वारा यह होता है।

द्वादशरात्र याग = द्व्यह से एकादश रात्र तक के याग 'अहीन' और त्रयोदशरात्र से अन्य सारे 'सत्र' (या रात्रिसत्र)' कहलाते हैं। द्वादशरात्र की अहीन और सत्र दोनों में गणना होती है।

द्वादशाह = गवामयन नामक संवत्सर याग के अन्तर्गत एक अहीन याग।

द्वादशाह यज्ञ = इसमें आहिताग्नि एवं अग्निष्टोमयाजी सत्रह से चौबीस तक व्यक्ति अधिकारी होते हैं। इसमें दक्षिणा नहीं

होती। इसके सत्र और अहीन नामक दो प्रकार होते हैं। अहीन याग में एक सहस्त्र या अधिक गौवों की दक्षिणा होती है।

द्विदैवत्य = इन्द्रवायू, मित्रावरुण, अश्विनौ इन युग्म देवताओं के प्रीत्यर्थ जिस पात्र में सोमरस रखा जाता है। यह सोमपात्र की संज्ञा है।

द्विपाद = एका वैदिक छंद।

द्वैगत = साम विशेष।

द्युदास = साम विशेष।

धनुर्याग = मल्लयुद्ध क्रीडा का प्रारंभ इस यज्ञ से होता था। क्रीडा में सहभागी होने वाले एक महान् धनुष पर प्रत्यंचा रोपण करके अपना बल प्रकट करते थे।

धवित्र = यज्ञ में अग्नि को प्रदीप्त करने के काम में उपयुक्त चमडे का पंखा।

धिषणा = (१) सोम तैयार करने का एक पात्र या नांद। (२) सोम। (३) पृथ्वी। (४) यज्ञवेदी। (५) धन की देवता।

धिष्ण्य =आग्नीध्रीय, मार्जालीय, सदस् - नामक यज्ञीय मंडपों में स्थापित मिट्टी के पीठ।

धिष्ण्योपापस्थान = प्रातःकालीन सोमसवन के अंगभूत दस विधियों में से एक।

धुंक्षा = अश्वमेध की बलियों की सूची में उल्लिखित पक्षी। (श्वेत काकी) अपर नाम धुंक्ष्णा।

धृतव्रत = वैदिक देवताओं का विशेषण।

धृति = एक वैदिक छंद। केवल २ मंत्र इस छंद में हैं।

धृति होम = अश्वमेघ का अंगभूत होम, जो मेध्य अश्व के वापिस लौटने तक किया जाता है।

धृष्टि = गार्हपत्याग्नि से अंगारे उठाने के लिए प्रयुक्त चिमटा। (शत. ब्रा. १४-३-१-२२)।

ध्रुवा = विकंकत काष्ठ की बनी हुई, एक हाथ लंबी, याग की समाप्ति तक, वेदी पर रखी जाने वाली वस्तु। (स्रुव, उपभृत, जुहू, ध्रुवा आदि का मार्जन यज्ञ की एक विधि है।)

ध्रौवाज्य = यज्ञ की प्रायश्चित्त विधि तक बचा हुआ आज्य द्रव्य। प्रायश्चित्त की आहुतियों में इसकी समाप्ति की जाती है।

नक्षत्रदर्श = नक्षत्रों को देखने वाला-ज्योतिषी। यजुर्वेद में पुरुषमेध की बलियों की सूची में उल्लिखित।

नदीसूक्त = ऋग्वेद का एक सूक्त (१०-७५)।

नमकानुवाक = ऋग्वेद के रुद्राध्याय का पूर्वविभाग। इस में 'नमः' शब्द का प्रचुर प्रयोग होने, से यह संज्ञा रूढ़ हुई। देखिये - चमकानुवाक।

नराशंस = नर (मनुष्य) जिनकी आशंसा करें। प्रार्थनीय देव।

नवग्रह महायज्ञ = इस में १,५,९ और १०० कुण्ड होते हैं। शुक्ल यजुर्वेद के विशिष्ट मंत्रों में दस हजार से १ करोड तक आहुतियां होती है।

नवयज्ञ = (देखिये - आग्रयण इष्टि)।

नवसस्येष्टि = देखिये - आग्रयण इष्टि)।

नाक्र = याजुष संहिताओं में अश्वमेध की बलियों की सूची में उल्लिखित जलचर। (प्रायः नक्र- मगर)।

नाचिकेत = एक अग्नि चयन की संज्ञा। (कठ-उप. १-१८। २-१०)।

नाथबिन्दु = एक साम विशेष।

नानद = साम विशेष।

नामधेय = अनेक अंगों से युक्त यज्ञ के नाम का वाचक शब्द। उदा. - दर्शपूर्णमास, अग्निहोत्र, ज्योतिष्टोम इ.।

नाराशंस = आप्री सूक्तों के दो भेदों में से एक।

नाराशंसी गाथा = (१) दानस्तुति परक वैदिक मंत्र। (२) दान देने वालों की स्तुति कहने वाले वैदिक मंत्र।

नार्मेधस = साम विशेष।

निग्राभ्या = सोमयाग में सोम के क्षुल्लकाभिषव में उपयुक्त विशिष्ट जल की संज्ञा।

निधन = पांच सामों में से एक।

निधन काम = साम विशेष।

निरूढ पशुबन्ध = सप्त हविर्यज्ञ संस्थाओं में से छठा यज्ञ प्रकार। इसमें 'पशु (बकरा) संज्ञपन' यानें सांस रोककर पशु की हत्या होती है। यह उत्तरायण या दक्षिणायन के आरंभ में अनुष्ठान होता है। यह याग ज्योतिष्टोमांगभूत अग्निषोमीय पशुयाग प्रकृतिक होता है। इस में ग्यारह प्रयाज और उतने ही अनुयाज होते है। और गौ आदि पशुओं की दक्षिणा होती है।

निर्भुज् = ऋग्वेद मंत्रों का पदपाठ। (ऐत. आर. ३-१-३,५)।

निविद् = यज्ञ के अवसर पर देवता को आदरपूर्वक न्यौता (निमंत्रण) देने के लिए प्रयुक्त छोटे मंत्र।

निषेध = साम विशेष।

निष्किरीय = पुरोहितों की एक शाखा। (पंचविंश ब्रा. १२-५-१४)।

निष्केवल्य = मध्याह्नकालीन सोम के हविर्मन्त्र। (देखिये - मरुत्वतीय)

निहव = साम विशेष।

नीलंगु = अश्वमेध की बलियों में उल्लिखित एक कीट।

नीलशीर्ष्णी = अश्वमेध की बलियों की सूची में उल्लिखित एक पशु।

नेष्टा = (१) श्रौत यज्ञ में अध्वर्यु के साथ कर्म करने वाला ऋत्विक्। अध्वर्यु इसे कर्मविधि के आदेश देता है। (२) सोमयाग के १६ ऋत्विजों में से अध्वर्युगण का तृतीय।

नैर्ऋति = राजसूय के चयन में उपयुक्त विशिष्ट इष्टका (ईंट)।

नैदान = वैदिक व्याख्याकारों का एक वर्ग जो व्युत्पत्ति की दृष्टि से व्याख्या करते थे।

नैष्कैवल्य = एक शस्त्र (वैदिक स्तोत्र) जो महाव्रत नामक श्रौत विधि के होम में मध्यंदिन सवन के अवसर पर गाया जाता है।

नौधस = साम विशेष।

न्यङ्कु = मृग या ऋक्ष। याजुष संहिताओं में अश्वमेध की

बलियों की सूची में उल्लिखित।

पंचजन = वेदकालीन समाज।

पंचदश = स्तोम विशेष।

पंचबिल = राजसूय यज्ञ के अन्तर्गत वैशाखी पौर्णिमा का अनुष्ठान। इसमें पांच हवियां होती हैं।

पंचवातीय = राजसूय यज्ञ के अन्तर्गत एक होम।

पंचविंश = स्तोम विशेष।

पंचांग (यज्ञ के) =देवता, हविर्द्रव्य, मंत्र, ऋत्विक् और दक्षिणा।

पंचाह याग = तीन प्रकार – देवपंचाह, पंच-शारदीय और व्रतवान्।

पंचौदन = पांच प्रकार के मिश्रित चावलों से पकाया गया भात (अथर्ववेद ४-१४-७)।

पणि = धनी होकर दान न देने वाला, देवों को हवि और पुरोहितों को दक्षिणा न देने वाला, गौओं को चुराने वाला और जलप्रवाह रोकने वाला नीच मनुष्य।

पत्नी = पति के साथ यज्ञकर्म में सहभागिनी होने वाली गृहिणी। ("पत्युर्नो यज्ञसंयोगे" अष्टध्यायी ४-१-३३)।

पत्नीसंनहन = यजमानपत्नी के बंधन के लिये बनायी हुई मुंज-घास की एक विशिष्ट रस्सी।

पत्नीसंयाज = (१) दर्श पूर्णमास यज्ञ के अंगभूत चार विशिष्ट याग, जिनमें पत्नी देवता होती है। (२) सोमयाग के तृतीय सवन में होने वाली एक विधि।

पद (या चरण) = ऋचा या श्लोक की एक पंक्ति।

पयस्या (या आमीक्षा) = गौ के गरम दूध में दधि डालने पर होने वाले दो भागों में से द्रवरूप भाग। यह एक हविर्द्रव्य होता है। (२) पयस्या = सोमयाग में मित्रावरुण देवता के प्रीत्यर्थ रात में निकाला हुआ गोरस।

परिधयः = यज्ञ के समय आहवनीय अग्नि की चारों ओर रखी गई पलाश उदुंबर आदि की बाहुमात्र समिधाएँ।

परिधि = यज्ञ के स्थंडिल की पूर्व के अतिरिक्त अन्य दिशाओं में दर्भ स्थापना।

परिधि-परिधान = यज्ञ की एक विधि।

परिप्लव = अश्वमेध के प्रसंग में जब एक वर्ष तक अश्व स्वेच्छया घूमता था तब चलने वाले आख्यानों की परंपरा।

परिविविदान = अग्रज से पूर्व विवाह करने वाला। वाजसनेयी संहिता में पुरुषमेध की बलियों की सूची में इसका उल्लेख है।

परिष्टुब्धेड् = साम विशेष।

परिस्तरण = यज्ञ के समय अग्नि के चारों ओर (उत्तर और पूर्व की ओर अग्र रखते हुए) दर्भ रखना।

परिसमूहन = हवन के समय यज्ञाग्नि की चारों ओर जल का मंडलाकार सिंचन।

पर्यङ्ग्य = अश्वमेध में अश्व के ललाट आदि अंगों में बांधे हुए बारह पशु। यह पशुबंधन मेध्याश्व के संपूर्ण शरीर को घेरकर बांधी हुई रस्सी से होता है।

पर्जन्ययाग (इन्द्रयाग) = इसमें ऋग्वेद के ५ वें और ७ वें मंडल के विशिष्ट मंत्रों से १ लाख साठ हजार या ३ लाख २० हजार आहुतियां ११ दिनों में दी जाती है। पर्जन्यलाभ इसका उद्देश्य होता है।

पर्जन्यसूक्त = ऋग्वेद में अत्रि द्वारा रचित सप्तम मंडल का १०२ वां सूक्त।

पर्णक = विषाक्त पर्ण को जल में रखकर मछली पकड़ने वाला। पुरुषमेध की बलियों की सूची में उल्लिखित।

पवमान = ज्योतिष्टोम यज्ञ के अवसर पर सामगान करने वालों के स्तोत्र विशेष। तीन भेद – बहिष्पवमान, माध्यंदिन पवमान और तृतीय या आर्भव पवमान। (शतपथ- ब्राह्मण १३-२-३-१)।

पवित्र = (१) सोमरस को छानने की छन्नी, जो भेड़ के ऊन से बनती थी। (२) यज्ञ में उपयुक्त दर्भ।

पवित्रकरण = पवित्र – अनन्त गर्भ वाला, नोक वाला, कुश का बना हुआ, दो दल युक्त प्रादेशमात्र दीर्घ (प्रादेश – एक बालिश्त बंधन। यज्ञ के लिये 'पवित्र' सिद्ध करना।

पवित्रक = दो साग्र दर्भों से निर्मित पवित्रक से प्रणीता नामक पात्र में डाला हुआ जल का उत्प्लवन (उपर उछालना) पात्रप्रोक्षण, दर्वी स्रुचा का संमार्जन होता है।

पवमान मंडल = सोम का विशेषण है पवमान (पवित्र करने वाला)। ऋग्वेद के नौवें मंडल में सभी सूक्त पवमान (सोम) विषयक होने से उसे यह संज्ञा दी है।

पशुबन्ध = वह यज्ञ जिस में पशु का हवन होता था।

पशुयाग = सोमयाग के अन्तर्गत पांच (या एक मात्र) पशु के सिर इसमें काटे जाते हैं अथवा मिट्टी के सिर बनाये जाते हैं। पुशयाग के बाद उखासंभरण विधि होती है।

पशुस्तोम = गोसव में गेय "षट्त्रिंशत् स्तोम" नामक स्तोत्र का अपर नाम।

पश्वैकादशिनी = सोमयाग में अग्नि, सरस्वती, सोमा, पूषा, बृहस्पति, विश्वेदेव, इन्द्र और वरुण इन आठ देवताओं के प्रीत्यर्थ स्वीकृत ११ सवनीय पशु। इनके लिए यूपैकादशिनी (११ यूप) होती हैं। अलग अलग यूप में एक एक पशु बांधा जाता है।

पाकसंस्था = पाकयज्ञ की अपर संज्ञा।

पाकयज्ञ संस्था = गृह्यसूत्रोक्त गृहस्थाश्रमी के सात कर्म। इनमें कुछ कर्म अग्नि संबंधित नहीं होते। सात कर्म – औपासन होम, वैश्वदेव, पार्वण, अष्टका, मासिक श्राद्ध, श्रवणा और शूलगव। (गौतम धर्मसूत्र ८-१८)।

पाङ्क्त्र = खेत का चूहा। अश्वमेघ की बलियों की सूची में उल्लिखित।

पात्नीवत = ऐकादशिन पशुयाग में १३ वां यूप, जो यजमान की नाभी तक उंचा होता है।

पात्रासादन = दर्भों का परिस्तरण करने पर उसी पर यज्ञ के पात्र, समिधा, बर्हि (दूर्वा) आदि की स्थापना।

पादिन् = गण के मुख्य ऋत्विक् की दक्षिणा से चतुर्थांश दक्षिणा का अधिकारी। उदा. - होतृगण का ग्रावस्तुत् या उद्गातृगण का सुब्रह्मण्य।

पाराशर शाखा = ऋग्वेद बाष्कल शाखा की चार उपशाखाओं में से एक। संप्रति अनुपलब्ध।

पारिप्लव = अश्वमेध के समय कहे जाने वाले आख्यान जो सारस्वत्य इष्टि होने पर यज्ञावकाश के समय वर्षभर बार बार कहे जाते थे। (शत. ब्रा. १३,४,३,२-१५)।

पारूष्ण = अश्वमेध की बलियों में उल्लिखित कोई पक्षी।

पार्थ = (१) राजसूय यज्ञ में प्रयुक्त १२ मंत्रों की संज्ञा। (२) कुछ साम मंत्र।

पार्थ होम = राजसूय यज्ञ के अन्तर्गत एक विधि।

पार्थुरश्म = साम विशेष।

पार्वण = सप्त पाक यज्ञ संस्थाओं में से एक यज्ञ प्रकार जो अमावस्या को नित्य किया जाता है।

पावमान = (१) अग्नि से संबद्ध मंत्र या स्तोम। (२) छानने के योग्य सोमरस।

पावमानी = ऋग्वेद के नवम मंडल के 'सोमपवमान' से संबद्ध सारी ऋचाओं की संज्ञा।

पाशुक याग = पशु सहित चातुर्मास्य याग। इसमें पशु तंत्र-प्रधान होता है।

पाशुक अनुष्ठान = सोमयाग के तृतीय सवन में शमिता द्वारा पकाये गये विविध पशु-अंगों का अध्वर्युद्वारा हवन।

पाष्ठौह = साम विशेष।

पाष्य = सोमसवन में प्रयुक्त पाषाण। (ऋ. ९-१०१-२)।

पिंडीयाग = कारीरी इष्टि की अपर संज्ञा। (आश्व. श्रौ. सू. के अनुसार।)

पितृमेध = इसमें तीनों वर्ण अधिकारी होते है। एक ही ऋत्विक् अध्वर्यु होता है। मृत पिता आदि की अस्थियाँ वन में ले जाकर, उनके अंग बनाकर पुरुष के आकार का ढांचा शैवल, कुश आदि से ढंका जाता है। यही पितृमेध की विधि है।

पित्व (या पिद्व) = अश्वमेध की बलियों में से एक। (भाष्यकार के मतानुसार यह सिंह है।)

पिप्पिका = अश्वमेघ की बलियों में से एक पक्षी।

पुनरभिषेक = राज्याभिषेक के पश्चात् सामर्थ्य प्राप्ति की अपेक्षा से होने वाला अभिषेक।

पुनःस्तोम = निषिद्ध प्रदेश में प्रवास करने पर एका प्रायश्चित्त स्वरूप यज्ञ। (बौधायन धर्मसूत्र १-१-२९-३०)।

पुरुषमेध = चैत्र शुक्ल दशमी को प्रारंभ होकर ४० दिनों तक चलने वाला यज्ञ। इसमें १८४ पशु होते हैं। सर्वस्व दक्षिणा होती है। ब्राह्मण आदि ४८ पुरुष यूप को बांधे जाते है और पुरुषसूक्त पाठ तथा पर्यग्निकरण के बाद वे छोड़ दिये जाते हैं। पुरुषमेघ का यजमान यज्ञ के अंत में वानप्रस्थाश्रम स्वीकारता हैं या आमरण अग्निहोत्र करता है।

पुरुषायुष = ११६ वर्षों का संपूर्ण जीवन काल। (उपनिषदों के अनुसार)।

पृदाकु = एक सर्प-विशेष। यजुष संहिताओं में अश्वमेध की बलियों की सूची में निर्दिष्ट।

पृषत = याजुष संहिताओं में अश्वमेध की बलियों की सूची में उल्लिखित एक पशु। (प्रायः एक हरिणविशेष)।

पृषदाज्य = घी से मिश्रित दूध। (शत. ब्रा. २-५-२-४१)।

पृषातक = घृतमें दूध या दही मिलाकर होने वाला एक आहुतिद्रव्य।

पृषातक = दधि, मधु और आज्य का मिश्रण। (मानव गृ. सू २-३)।

पृष्ठ्यस्तोम = इसमें त्रिवृत् से त्रयस्त्रिंशतक स्तोम एक-एक एकाह में होते हैं।

पृष्ठ्य स्तोत्र = बृहत्, रथंतर, वैरूप, वैराज, शाक्वर और रैवत ये छह साम 'पृष्ठ' कहे जाते है। पृष्ठों का समूह 'पृष्ठ्य' (स्पृशति स्वर्गं लोकम् अनेन) कहा जाता है। प्रस्तुत छह स्तोत्रों को पृष्ठ्यस्तोत्र कहते हैं।

पुरोऽनुवाक्या = यज्ञ में किसी देवता को भाग लेने के लिए आमन्त्रित करने के मन्त्र। इसके बाद 'याज्या' मंत्र का पाठ होता था और उसके साथ वास्तविक बलि दी जाती थी।

पुरोरुच् = निविद मंत्रों (देखिये) की अपर संज्ञा। ये मंत्र आज्य और समा प्रउग समारोहों के अवसर पर प्रातःसवन में प्रार्थना सूक्त में प्रयुक्त होते है।

पुरोहित (या पुरोधा) = यजमान के धार्मिक कृत्यों का संचालक जो वेदमंत्रों तथा विधिविधानों का ज्ञानी होता था। वैदिक धर्मजीवन में पुरोहित अत्यंत पूज्य माने जाते थे।

पूतभृत् = पवित्र सोमरस भरने का घटाकार पात्र।

पूर्णाहुति = आज्याहुति का एक प्रकार।

पेशस्कार = (पेशस्- बेलबुटे का उत्तम परिधान) पुरुषमेध की बलियों की सूची में उल्लिखित।

पेशितृ = पुरुषमेघ की बलियों में उल्लिखित। सायण के अनुसार ऐसा व्यक्ति जिसकी दबाई हुई शत्रुता पुनः जागृत हो सकती है।

पैंगराज = याजुष संहिताओं में अश्वमेध की बलियों की सूची में उल्लिखित एक पक्षि-विशेष।

पैठीनसी = अथर्ववेद के एक श्रौतसूत्र का नाम।

पैप्पलाद = अथर्ववेद की एक विद्यमान शाखा। इसमें २० कांड हैं। (डॉ. रघुवीर द्वारा संशोधित)।

पोता = सोमयाग के १७ ऋत्विजों में से ब्रह्मगण का चतुर्थ ऋत्विज् जो ब्रह्मा (ऋत्विक्) का सहायक होता था।

पौण्डरीक यज्ञ = विष्णुधर्मोत्तर पुराण में उल्लिखित एक अहीन यज्ञ।

पोतृ = यज्ञ का एक ऋत्विक् जो प्रमुखता से पवित्र सोम को छानने का और सोम की स्तुति का काम करता था।

पौरुमद्ग = साम विशेष।

पौष्कस = यजुर्वेद में पुरुषमेध की बलियों में उल्लिखित। निषाद या शूद्र द्वारा क्षत्रिय स्त्री से उत्पन्न व्यक्ति। (२) साम विशेष।

प्रउग = यज्ञ में प्रातःकालीन सोम के हर्व्मिन्त्र। देखिये – आज्य।

प्रउगशस्त्र = प्रातःसवन के अंगभूत दस विधियों में से एक।

प्रकरितृ = यजुर्वेद में पुरुषमेध की बलियों में उल्लिखित। सायण के अनुसार विभेदक अर्थात् प्रिय व्यक्तियों में भेद डालने वाला।

प्रकृति याग = 'दर्श-पूर्णमासौ' नामक छह याग सभी यज्ञो की "प्रकृति" (मूलाधार) माने जाते हैं। इन्ही पर आधारित फल और निमित्त के अनुसार सहस्र से अधिक इष्टियाँ श्रौत सूत्रों में कही गई हैं। अन्य सभी यागों को "विकृति याग" कहते हैं। जहां सभी अंगों का उल्लेख हो वहां "प्रकृति" होती है।

प्रक्रम = अश्वमेध के अंगभूत् ४९ होम, जो मेध्य अश्व वापिस लौटने तक होते हैं।

प्र-गाथ = ऋग्वेद के अष्टम मण्डल के ऋषि, जिन्होंने प्रगाथ अर्थात् बृहती, ककुभ्, सतोबृहती जैसे प्रकृष्ट छंदों में मंत्र-रचना की है। (देखिए – तृच्)।

प्रगाथ बार्हत = एक वैदिक छंद।

प्रचय = वैदिक शब्द के स्वरों का एक प्रकार। (ऋक् प्रातिशाख्य- ३-११-१३,१७)।

प्रजापति यज्ञ (या ब्रह्म यज्ञ) = इसमें शुक्ल यजुर्वेद के ७ वें अध्याय से ३४ वें अध्याय तक अन्यान्य मंत्रों से १ लाख आहुतियां होती हैं।

प्रजापति = स्विष्टकृत् स्थानीय अंगदेवता।

प्रजापतिसत्र = १२ वर्षों तक चलने वाला एक महासत्र।

प्रणीता-प्रणयन = प्रणीता – चमस में लिया गया जल। उसे अपने स्थान पर स्थापन करना।

प्रणीता विमोक = सोमयाग के तृतीय सवन में एक विधि।

प्रणेजन = यज्ञ में सफाई के लिए प्रयुक्त जल। (प्रणीता- जल)।

प्रतिकर्म सोम = अग्न्याधेय सोम, पुनराधेय, अग्निहोत्र, दर्शपूर्णमास, दाक्षायण, आग्रयण, इन छह क्रतुओं की संज्ञा।

प्रतिज्ञासूत्र = शुक्ल यजुर्वेद के श्रौतसूत्र। जो सोमयाग में अध्वर्यु के साथ ऋतुपात्र से हवन करता है।

प्रतिप्रस्थाता = सोमयाग के १६ ऋत्विजों में से अध्वर्युगण का द्वितीय ऋत्विज। अध्वर्यु इसे प्रैष (आज्ञा) देकर विधि करवाता है।

प्रतिहर्ता = यज्ञ के सोलह ऋत्विजों में से एक जो उद्गाता का सहायक होता है। सोमयाग में इसे सब के बाद दक्षिणा दी जाती है। तत् पश्चात् दक्षिणादान बंद होता है।

प्रतिहर्ता = साम के पांच भागों में से प्रतिहार नामक तृतीय भाग गाने वाला ऋत्विज्।

प्रतिहार = सामंत्रों के गान में चौथे पद के आरंभ से मन्त्रोच्चारण में प्रतिहर्ता भाग लेता है। इसीका पारिभाषिक नाम है प्रतिहार। छांदोग्य उपनिषद् में अन्य चार प्रकार कहे हैं – प्रस्ताव, उद्गीथ, उपद्रव और निधन।

प्रतीहार = पांच सामों में एक।

प्रतृण्ण = ऋक्संहिता का पाठ। अन्य पाठ प्रकार – निर्भुज (पदपाठ) और उभयमन्तरेण (क्रम पाठ)। (ऐतरेय आरण्यक ३-१-३-५)।

प्रत्याश्रावण = यज्ञ के आरंभ में अध्वर्यु आग्नीध्र को कुशल निवेदन का आदेश देता है। तब वह हाथ में स्फ्य (लकड़ी की तलवार) लेकर सार्वत्रिक कुशल का निवेदन करता है। इसी निवेदन को 'प्रत्याश्रावण' कहते हैं।

प्रदान्त = अथर्ववेद की एक लुप्त शाखा।

प्रधान याग = पुत्रप्राप्ति आदि उद्दिष्ट फल को प्रदान करने वाले देवता के लिये किया गया याग विशेष। प्रधान याग को भली भांति करने वाला "स्विष्टकृत" कहलाता है। (सुष्ठु इष्टं करोति इति)। दर्शपूर्णमास याग का एक अनुष्ठान।

प्रमंहिष्ठीय = साम विशेष।

प्रयाज = यज्ञीय देवता, जिनकी संख्या ११ या १२ मानी जाती है।

प्रयाज = प्रारंभिक होम। (अनुयाज = प्रयाज के बाद के होम।)

प्रयाज = वे यज्ञ जिनके द्वारा देवताओं का प्रकृष्ट रूप से पूजन होता है। यज्ञ में पांच 'प्रयाज' अर्थात् देवताओं के प्रमुख पूजन होते हैं। प्रकर्षेण इज्यन्ते अस्मिन् – अर्थात् जिसमें प्रमुखता से पूजा होती है।

प्रयाजयाज्या = ऋग्वेद के अन्तर्गत १० आप्रीसूक्तों की अपर संज्ञा।

प्रवर = यज्ञ के प्रारंभ में कार्य संपादन के लिए अग्नि का आवाहन या आह्वान। इसमें पुरोहितों के पूर्वजों का भी नामोल्लेख होता था। अतः प्रवर का अर्थ 'आहूत पूर्वज' भी होता है।

प्रवर्ग = (अन्यनाम – महावीर या घर्म) एक मिट्टी का पात्र जिसमें प्रवर्ग्य नामक यज्ञ के निमित्त गरम दूध तप्त घी में डाला जाता है।

प्रवर्ग्य = सोमयज्ञ के पहले किया जाने वाला एक यज्ञ। इसमें गरम दूध प्रवर्ग नामक मिट्टी के पात्र में गरम घी के साथ मिलाया जाता है।

प्रवर्ग्य = प्रवृग्जन विधि (गरम घी में दूध डालना) द्वारा बना हुआ एक यज्ञीय द्रव्य। इसी को घर्म भी कहते हैं। (२) सोमयाग का एक विशिष्ट अनुष्ठान। इस अनुष्ठान को यजमानपत्नी ने देखने का निषेध है।

प्रवर्ग्योद्वासन = सोमयाग की उपसदिष्टि के अन्तर्गत तीसरे दिन प्रवर्ग की सामग्री पर विशिष्ट संस्कार। इसमें सारी सामग्री उत्तरवेदी पर चक्राकार रखी जाती है जिस पर दही और मधु का अभिषेक होने पर आग्नीध्र नामक ऋत्विक् जलकलश की

धारा से उत्तरवेदी की तीन प्रदक्षिणाएँ करता है।

प्रशास्ता = पशुयज्ञ या सोमयज्ञ जैसे बडे यज्ञों में होता नामक ऋत्विक् का सहायक। इसका मुख्य कार्य था स्मृतियों का पाठ करना। उसे 'उपवक्तृ' तथा 'अच्छावाक' कहा है। प्रैष द्वारा अन्य ऋत्विजों को निर्देशन देना भी इसका कार्य था। (ऋ. ४-९-५)।

प्रश्नविवाक = न्यायाधीश। पुरुषमेध की बलियों की सूची में उल्लिखित।

प्रश्निन्, अभिप्रश्निन् और प्रश्नविवाक = याजुष संहिताओं में पुरुषमेध की बलियों में उल्लिखित।

प्रश्निन् = न्यायालय में वादी। पुरुषमेध की बलियों की सूची में उल्लिखित।

प्रसव = सोम का सवन अर्थात् रस निचोड़ना।

प्रस्तर = कुश (नामक घास) की मुष्टि।

प्रस्तरग्रहण = यज्ञ की एक विधि।

प्रस्तर = सोमयाग में श्येन, गरुड़ आदि आकृति का चयन (चिति) करने के लिये स्थापित इष्टकाओं का प्रथम स्तर। एक प्रस्तर में दो सौ इष्टकाएं होती हैं। प्रतिदिन एक एक प्रस्तर की स्थापना होती है। प्रस्तरों की संख्या पांच, सात या नौ होती है।

प्रस्ताव = पांच सामों में से एक।

प्रस्तोता = सोमयाग के १६ ऋत्विजों में से उद्गातृगण का द्वितीय ऋत्विज, जो साम का प्रस्ताव (प्रारंभ) करता है।

प्रस्तोता = प्रस्ताव नामक साम के पांच भागों का प्रथम भाग गाने वाला ऋत्विज।

प्रस्थाता = यज्ञ में अध्वर्यु का एक सहायक।

प्राग्वंश = यज्ञभूमि में स्थापित प्रथम मंडप। इसके आच्छादन के वंश (बांस) के अग्र पूर्व दिशा की ओर होने के कारण मंडप का यह नाम है। इसके पांच द्वार होते हैं।

प्राचीनावीत = देखिये यज्ञोपवीत।

प्राच्याध्वर्यु = यज्ञ के अध्वर्यु का एक प्रकार। यह देशभेद मूलक है। कठाध्वर्यु, कलापाध्वर्यु इत्यादि अध्वर्यु के भेद वेदशाखा के भेद के कारण माने जाते हैं।

प्राजापत्य प्रायश्चित्त = औपासन अग्नि का आधान करने में गलती होने पर, जितना समय उस प्रत्यवाय में बीता हो उतने समय तक यह प्रायश्चित्त होता है। बाद में अग्नि का आधान विहित है।

प्रातरनुवाक = प्रातःकाल में पक्षियों की चहचहाट होने के पहले ही यज्ञ में होता के द्वारा पढ़ा जाने वाला ऋक्समूह। (आश्व. श्रौ. सू. ४-१३१-६)।

प्रातर्दर्वि होम = चातुर्मास्य याग के साकमेध नामक तृतीय पर्व में दूसरे दिन यह होता है। इसमें सभी क्रियाएँ मौन में की जाती है।

प्रातःसवन = प्रातःकालीन सोम-सवन की विधि। इसमें १० याज्ञिक विधियां अन्तर्भूत हैं- प्रातरनुवाक, अभिषव, पशवः, धिष्ण्योपापस्थान, सवनीया, पुरोडाशाः, द्विदेवत्यग्रहाः, द्विदेवत्यभक्ष, ऋतुयाजाः, आज्यशस्त्र और प्रउगशस्त्र।

प्रातःसवन = २४ अक्षरों वाला गायत्री छंद और वसु-देवता से संबंधित श्रौत यज्ञ की विधि।

प्रातःसवन = पुरुष की आयु के प्रथम २४ वर्ष। (छांदोग्य उपनिषद के अनुसार)।

प्रातर्दन अग्निहोत्र = प्रतर्दन ऋषि के मतानुसार भाषण करते समय प्राण (श्वास) का वाणी में और भाषण समाप्ति होने पर वाणी का प्राण में हवन होता है। यह अंतर्यामी अग्निहोत्र जो ज्ञानी लोग जानते हैं वे लौकिक अग्निहोत्र व्रत नहीं करते। (कौषीतकी उपनिषद २-५)।

प्रायणीय = गवामयन नामक सत्र के अन्तर्गत एकाह याग।

प्रायणीया इष्टि = सोमयाग के अन्तर्गत एक अनुष्ठान। (प्रयन्ति स्वर्गम् अनया इति प्रायणीया – जिसके द्वारा स्वर्ग की ओर प्रस्थान किया जाता है ऐसी इष्टि) इसमें पांच देवता होते हैं। सोमयाग में दीक्षणीयेष्टि प्रथम होने पर दूसरे दिन पथ्यास्वस्ति, अग्नि, सोम, सविता और अदिति इन पांच देवताओं के निमित्त आज्य तथा चरु का हवन।

प्रायश्चित्त = पश्चात्ताप होने पर पापनिवृत्ति के लिए विशिष्ट अनशन हवन आदि विधि (सभी प्रकार के सामाजिक या नैतिक प्रायश्चित्तों की सूची सामविधान ब्राह्मण में है।)

प्राशित्रावदान = प्राशित्र — (ब्रह्मा का यज्ञीय भाग।) के अवदान (विभाग) का ग्रहण। दर्शपूर्ण मास याग का एक अनुष्ठान।

प्रैष = यज्ञ का अध्वर्यु नामक ऋत्विक् अन्य ऋत्विजों को उनके मंत्रपाठ विधि आदि की आज्ञा देता है। इस आज्ञापन को प्रैष कहते है। यज्ञ के निमित्त निमंत्रण।

प्रोक्षण = इध्म, वेदि और बर्हिस् का प्रोक्षण, यज्ञ की एक विधि है। प्रोक्षण = पवित्र जल से सिंचन।

प्रोक्षणी = अग्निहोत्र हवणी नामक स्रुचा में दर्भक पवित्रक के उपर से मंत्रोच्चार सहित डाला हुआ पवित्र जल। इसी से यज्ञीय पात्रों पर प्रोक्षण (सिंचन) करने पर वे यज्ञोपयोगी होते हैं।

प्लुषि = अश्वमेध की बलियों की सूची में उल्लिखित एक कीटक।

फलीकरण = यज्ञीय तंडुलों को छानना अथवा शुद्ध करना।

बम्भारि = सोमरक्षक सात देवों में से एक। सात सोमरक्षक- स्वान, भ्राज, अंधारि, बम्भारि, हस्त, सुहस्त, कृशानु। (वाजसनेयी संहिता- ४-२०, ५-३२)।

बलाका = अश्वमेध की बलियों की सूची में उल्लिखित।

बलाय = अश्वमेध की सूची में उल्लिखित एक पशु।

बर्हिस् = यज्ञ में निमंत्रित देवताओं के बैठने के लिये बिछाई हुई पवित्र घास। 'बर्हिषद्' शब्द देवता के अर्थ में रूढ है।

बहिष्पवमान = एक विशिष्ट सामगान की संज्ञा। अन्य पवमानों की संज्ञाएं है। माध्यंदिन और आर्भव (तृतीय)।

बहिष्पवमान = एक स्तोत्र, जो विशिष्ट तीन सूक्तों के गायन से सम्पन्न होता है। इसकी ऋचाएं पवमान के लिये होने से बाहर से संबद्ध होती हैं, अतः इसी को बहिष्पवमान कहते हैं। यह प्रातःसवन के अवसर पर गाया जाता है।

बह्वृच = ऋग्वेद या ऋग्वेदी ब्राह्मण।

बाष्कल = ऋग्वेद की २१ शाखाओं में से एक।

बार्हदुक्थ = एक सामविशेष।

बार्हद्गिर = एक साम विशेष।

बिदलकारी = अश्वमेध की बलियों की सूची में उल्लिखित। (टोकरी बनाने वाली।)

बृहती = ३६ मात्राओं का एक वैदिक छंद। इसके उरोबृहती पुरस्ताद्बृहती आदि अनेक भेद माने गये हैं। ऋग्वेद के सबसे कम (१८१) मंत्र इस छंद में रचित हैं।

बृहत्साम = बृहती छन्द पर बने हुए साम। (गीता में परमात्मा की विभूतियों में इसका उल्लेख हुआ है।)

बृहस्पति = एक प्रमुख वैदिक देव जो प्रज्ञा के देवता, देवों के पुरोहित और प्रार्थना के स्वामी कहे गये हैं। (अपर नाम - ब्रह्मणस्पति)

बृहस्पति सव = राजसूय यज्ञ के अन्तर्गत वाजपेय याग के बाद पुरोहित इस यज्ञ को करता है। शतपथ ब्राह्मण में इसे वाजपेय से अभिन्न कहा है। (शत.ब्रा. ५-२-१-१९)।

बृहस्पति सव = एकाह सोमयाग का एक प्रकार।

बृहस्पति स्तोम = एक एकाह यज्ञ।

बैन्द = यजुर्वेद में पुरुषमेध की बलियों में उल्लिखित। निषाद या धीवर।

बौधायन = कृष्ण यजुर्वेद की तैत्तिरीय शाखा के छह शाखा-सूत्रों में से एक सूत्रग्रंथ।

बौध्यशाखा = ऋग्वेद-बाष्कल शाखा की चार उपशाखाओं में से एक। संप्रति अनुपलब्ध।

ब्रह्मवद्य (ब्रह्मोद्य या ब्रह्मवाद्य) = (१) अश्वमेध और दाशरात्र यज्ञों का एक अंग। (२) ब्रह्मविद्या विषयक समस्याओं पर विचार विमर्श। ब्राह्मण के अध्ययन के विषयों में से एक। (छांदोग्य उप. ७-१-२,४)।

ब्रह्मवद = अथर्व वेद की एक लुप्त शाखा।

ब्रह्मसामन् = एक सामविशेष।

ब्रह्मसूक्त = अथर्ववेद के अन्तर्गत एक सूक्त जो वेदान्त के ब्रह्मविचार का बीज माना जाता है। (अथर्ववेद १०-२-३)।

ब्रह्मा = सोमयाग के १६ ऋत्विजों में से ब्रह्मगण का प्रथम ऋत्विज् जो अथर्ववेद का ज्ञानी होता है। इसके तीन सहायक - आग्नीध्र, पोतृ और ब्राह्मणाच्छंसी। **ब्रह्मन्** (नपु.) = प्रार्थना। (२) जगत् का आदिकारण।

ब्रह्मीय = अश्वमेध में ब्रह्मा (ऋत्विज्) और होता के बीच होने वाले कूट प्रश्नोत्तर।

ब्रह्मौदन = यज्ञ के समय प्रमुख ऋत्विजों के लिए पकाया भात।

ब्राह्मणाच्छंसी = सोमयाग के १७ ऋत्विजों में से ब्रह्मगण का द्वितीय ऋत्विज जो यज्ञ में ब्रह्मा का सहायक होता है। ब्राह्मण ग्रंथों में से विशिष्ट याज्या कहता है।

ब्राह्मौदनिक = एक यज्ञीय अग्नि। यह औपासन अग्नि से अंगारे निकाल कर या मंथन से उत्पन्न किया जाता है। इसी पर **ब्रह्मौदन** (यज्ञीय भात) पकाया जाता है। ब्रह्मौदन के कुछ अंश की आहुतियाँ दी जाती हैं और शेष ब्राह्मणों को खिलाया जाता है।

भद्र = साम विशेष।

भारद्वाज = कृष्ण यजुर्वेद की तैत्तिरीय शाखा के छह शाखा सूत्रग्रंथों में से एक सूत्रग्रंथ।

भास = साम विशेष।

भिषज् = याजुष संहिताओं में पुरुषमेध की बलियों की सूची में उल्लिखित। रोगों की चिकित्सा और उपचार करने वाला।

भूतविद्या = छांदोग्य उपनिषद् में विद्याओं की नामावली में उल्लिखित एक विद्या।

भूमिसूक्त = अथर्ववेद का एक (१२-१) सुप्रसिद्ध सूक्त। यह मार्गशीर्ष पौर्णिमा को आग्रहायण नामक विधि में गाया जाता है।

भृंगा = अश्वमेध्र की बलियों की सूची में उल्लिखित। भ्रमर।

भोज = ऐतरेय ब्राह्मण (८-१४) के अनुसार सात्वत गण के अधिपति की संज्ञा।

मकर = अश्वमेध की बलियों की सूची में उल्लिखित। मगरमच्छ।

मंडप = सोमयाग में हविर्धान, आग्नीध्रीय, मार्जालीय, सदस्, नामक मंडपों का निर्माण आहवनीय अग्नि प्रज्वलित करने पर होता है।

मंडल = ऋग्वेद संहिता का अध्यायस्वरूप विभाग। ऋग्वेद में मंडल संख्या है १०। दो विभाग - (१) **गोत्रमंडल** (विशिष्ट गोत्र, ऋषि और उनके वंशजों के अनुसार घटित विभाग)। (२) **ऋषि मंडल** (गृत्समद, विश्वामित्र, वामदेव, अत्रि, भारद्वाज, वसिष्ठ, कण्व और आंगिरस ऋषियों के नाम से प्रसिद्ध विभाग)।

मण्डूकसूक्त = ऋग्वेद का मण्डूक विषयक एक सूक्त (७-१०३)।

मदन्ती = सोमयाग में आतिथ्येष्टि के बाद की विधियों में उपयुक्त तपाया गया जल। इसी जल से सभी कार्य होते हैं।

मदपती = इन्द्राविष्णु नामक युग्मदेवता का विशेषण।

मधुब्राह्मण = एक रहस्यपूर्ण सिद्धान्त। (शतपथ ब्रा. ४-१-५-१८)।

मधुमंथ = दही और शहद (मधु) का मिश्रण। यह एक हविर्द्रव्य है।

मन्त्र = यज्ञ से संबंधित वेदों का ऋचात्मक तथा गद्य भाग। विविध प्रकार - शस्त्र, स्तोत्र, आज्य, प्रउंग, मरुत्वतीय, निष्केवल्य, वैश्वदेव और आग्निमारुत। (मंत्र के पाठक तथा

हविर्दान का समय, इनके भेदानुसार ये प्रकार हुये हैं।)

मन्थ = पित्र्य यज्ञ का हविर्द्रव्य जो गौ के, (जिसका अपना बछड़ा मर चुका है तथा जो दूसरी गौ के बछड़े को चाटकर दुही जाती है) दूध में सक्तु डालकर तैयार होता है।

मयु = यजुर्वेद में अश्वमेध की बलियों की सूची में उल्लिखित प्राणी। लंगूर या आरण्य मयूर।

मरुत्वतीय और निष्केवल्य = मध्याह्नकालीन होम के मंत्र (होतृद्वारा उच्चारित)। शस्त्र का एक प्रकार।

मरुत्वतीय याग = सोमयाग के माध्यंदिन सवन में एक विधि।

मरुत्स्तोम = अग्निष्टोम संस्था का एक गणयज्ञ।

मर्कट = याजुष संहिताओं में अश्वमेध की बलियों के सूची में उल्लिखित।

महर्षि = ऋग्वेद मंडल २ से ७ के द्रष्टाओं का विशेषण।

महाकौषीतकी = ऋग्वेद-शांखायन शाखा की ४ उपशाखाओं में से एक। संप्रति अनुपलब्ध।

महा-दिवाकीर्त्य = सामविशेष।

महानिरिष्ट = बड़ा बधिया बैल, जिसे राजसूय यज्ञ के प्रसंग में दक्षिणा बताया गया है। (तैत्ति. सं. १-८-९-१)।

महापैंग्य = आश्वलायन गृह्यसूत्र में निर्दिष्ट एक वैदिक शाखाग्रन्थ का नाम। (आश्व गृ. सू. ३-४-४)।

महाबार्हत = एक वैदिक छंद।

महाबृहती = बृहती (वैदिक छंद) का एक प्रकार।

महाभिषेक = बड़े राजाओं का अभिषेक जो राजसूय यज्ञ के समकक्ष माना गया है।

महामख = (मख = यज्ञ) ब्रह्मयज्ञ (अध्यापन), पितृयज्ञ (तर्पण), दैवयज्ञ (होम), भूतयज्ञ (बलिसमर्पण), नृयज्ञ या मनुष्य यज्ञ (अतिथिसत्कार)। मनुस्मृति ३-७०। इन्हें महासत्र, बलिवैश्वदेव, भी कहते हैं।

महायज्ञ (पांच प्रकार) = ब्रह्मयज्ञ, पितृयज्ञ, देवयज्ञ, भूतयज्ञ, मनुष्ययज्ञ।

महायज्ञ = (महासत्र) समाज कल्याण के हेतु किया जाने वाला यज्ञ। (समष्टिहित महायज्ञ का और व्यक्तिहित यज्ञ का प्रयोजन होता है।)

महारात्र = अर्धरात्रि के बाद और सूर्योदय के पहले का समय। (कौषीतकी ब्राह्मण २-९-११-९)।

महारुद्र याग = ९ या ११ दिनों में पर्ण होता है। इसमें ३१ अथवा ४१ विद्वान् होते हैं। २१९१३१ आहुतियाँ होती हैं।

महावीर (घर्म या प्रवर्ग्य) = घर्म (गरम घी में दूध डालकर बनाया हुआ पदार्थ) पकाने के लिए मिट्टी का बनाया गया उलूखल के आकार का यज्ञीय पात्र।

महावैश्वामित्र = सामविशेष।

महावैष्टम्भ = साम विशेष।

महाव्रत = गवामयन नामक सत्र के अंतर्गत एक एकाह याग।

महाव्रत = एक साम या स्तोत्र, जो सोमयाग के बाद एवं गवामयन के पहले गाया जाता है।

महासत्र = तीन प्रकार- शाक्त्यानाम् अयनम्, साध्यानाम् अयनम् और विश्वसृजाम् अयनम्।

महासूक्त = दशम मंडल के बड़े सूक्तों के द्रष्टा ऋषि। (छोटे सूक्तों के द्रष्टाओं को **क्षुद्रसूक्त** कहा है।)

महाहविष् = साकमेध यज्ञ की प्रमुख हवि। (शत. ब्रा.२-५-३-२०)।

महाहवि इष्टि = चातुर्मास्य याग के साकमेध नामक तृतीय पर्व में यह उत्तर वेदी पर की जाती है।

माण्डूकायन = ऋग्वेद की २१ शाखाओं में से एक।

माधुच्छन्दस = साम विशेष।

माध्यन्दिन सवन = ४४ अक्षरों वाले त्रिष्टुप् छंद और रुद्रदेवता से संबधित श्रौतयज्ञ की विधि। (२) पुरुष की आयु के २५ से ६८ वर्षों का ४४ वर्षों का काल। (छांदोग्य उपनिषद के अनुसार)।

मान्थालव (मान्थोलव) = यजुर्वेद में अश्वमेध की बलियों की सूची में उल्लिखित प्राणी। (मूषक या कुक्कुट या चमगीदड़)।

मार्गार = यजुर्वेद में पुरुषमेध की बलियों में उल्लिखित प्राणी। (संभवतः शिकारी या मछुवा)।

मार्जालीय = सोमयाग का एक विशिष्ट मंडप। यह महावेदी की दक्षिण दिशा में होता है। इसका आधा भाग महावेदी के अंदर होता है। उत्तर दिशा में इस मंडप का द्वार होता है।

मासिश्राद्ध = सप्त पाकयज्ञ संस्थाओं में से एक यज्ञ प्रकार।

मुंज = यज्ञ में उपयुक्त एक पवित्र घास।

मुद्गल शाखा = ऋग्वेद-शाकल शाखा की पांच उपशाखाओं में से एक।

मुनि-मरण = वैखानसों के वधस्थान की संज्ञा। (पंचविंश ब्राह्मण १४-४-७)।

मृगतीर्थ = सवन के उपरान्त ऋत्विजों के गमन का मार्ग (आश्व. श्रौ. सूत्र. ५-११-२)।

मृत्युंजय (या महामृत्युंजय) मन्त्र = ऋग्वेद के ७-५९-१२ (त्र्यंबकं यजामहे सुगन्धिं...) इस मंत्र की संज्ञा।

मेक्षण = लकड़ी का चम्मच जिससे यज्ञ के चरु को चलाया जाता था।

मेथि (या मेधि) = यज्ञीय यूप की अपर संज्ञा। यज्ञ के अवसर पर गौ को बांधने के लिए इस का उपयोग होता था। (अथर्ववेद ८-५-२०)।

मेध = शतपथ ब्राह्मण (३-८-४-५) में मेदस् को ही मेध कहा है। (मेदो वै मेधः) यज्ञ में मेदस् की हवि दी जाती थी। उसी कारण 'मेध' शब्द यज्ञ के अर्थ में रूढ हुआ। (उदा. अश्वमेध, पुरुषमेध इ.)।

मेघातिथि (या मेध्यातिथि) = यज्ञ के अवसर पर अतिथियों का सत्कार करने वाला। एक प्रसिद्ध मंत्रद्रष्टा का नाम।

मेषहोम तथा मेषीहोम = चातुर्मास्य याग के वरुण प्रघास

नामक द्वितीय पर्व में पूर्णिमा के दिन अध्वर्यु जौ के आटे से मेष और प्रतिप्रस्थाता मेषी बनाता है जिनका होम किया जाता है।

मैनाल = यजुर्वेद में पुरुषमेध की बलियों में उल्लिखित। (सायण तथा महीधर के अनुसार इसका अर्थ है मछुआ)।

मैत्रायणी संहिता = (अपर नाम – आद्य यजुर्वेद) कृष्ण यजुर्वेद की चतुष्काण्डात्मक संहिता। इसमें सभी प्रकार के यज्ञों का विवेचन है।

मैधातिथ = साम विशेष।

मोदायन = अथर्ववेद की एक लुप्त शाखा।

यजुष्मती = राजसूय यज्ञ के चयन में उपयुक्त विशिष्ट इष्टका (ईंट)। इनकी संख्या ३७० होती है। इनकी स्थापना समंत्र होती है।

यजुर्वेद = याज्ञिक मंत्रों की संहिता। **यजुस्** - गद्यात्मक और पद्यात्मक यज्ञीय मंत्र।

यज्ञ = देवपूजा, सत्पुरुषों का समागम और दान इन तीन अर्थों में 'यज्ञ' (यज्+नङ्) शब्द का प्रयोग होता है।

'यज्ञ' = शब्द का लौकिक विग्रह- (१) यजनं इन्द्रादिदेवानां पूजनम् इति यज्ञः। (२) इज्यन्ते देवाः अस्मिन् इति-।। (जिस विधि में देवों का पूजन होता है।) (३) इज्यन्ते देवाः अनेन इति- जिस विधि से देवों की पूजा होती है। (४) इज्यते (पूज्यते) असौ यज्ञः- भगवान् विष्णु। (५) इज्यते- देवतोद्देशेन श्रद्धापुरस्सरं द्रव्यादि त्यज्यते अस्मिन् इति- जिस विधि में देवता प्रीत्यर्थ धन का त्याग होता है। (६) इज्यन्ते वेदाः अस्मिन्- जिसमें वेदज्ञान का दान होता है ऐसी विधि।

यज्ञ = जिस कर्म में देवता, हवनीय द्रव्य, वेदमंत्र, ऋत्विज और दक्षिणा इन पांचों का संयोग होता है। (मत्स्य पुराण १४४-४४)।

यज्ञ के तीन प्रकार = पाकयज्ञ, हविर्यज्ञ, सोमयज्ञ। इनमें प्रत्येक के सात सात भेद होते है। (गौतम, **धर्मसूत्र** ८-१८)। यज्ञ के तीन भेद – सात्विक, राजस, और तामस। १४ **वैदिक** यज्ञों के प्रत्येकशः ये तीन प्रकार होते हैं।

द्रव्ययज्ञ, तपोयज्ञ, योगयज्ञ, स्वाध्याययज्ञ, ज्ञानयज्ञ, प्राणायाम, प्रायोपवेशन आदि गीता (४-४८) में उल्लिखित विविध यज्ञ। (देखिये शांकर भाष्य - परिभाषा) सभी **यज्ञों** का वर्गीकरण गीता में सात्विक, राजस, और तामस इन तीन विभागों में किया है।

यज्ञकुण्ड = यज्ञीय अग्नि का आयतन। **प्रकार** = **स्थंडिल**, चतुरस्र, वृत्त, पद्म, योनि, अर्धचन्द्र, त्रिकोण, पंचकोन, षट्कोन, सप्तकोन, अष्टकोन। प्रायः १ हाथ लंबा, चौड़ा और गहरा कुंड होता है। कुंड के पास दो या तीन 'मेखलाएं' होती हैं।

यज्ञगाथा = यज्ञ के संबंध में गाये गये गीत (ऐत. ब्रा. ३-४३-५)।

यज्ञगाथा = यज्ञसमारोह में गाने योग्य वेदमंत्र।

यज्ञतनु = सोमयाग में आग्नीध्रीय मंडप में स्थापित अग्नि में दी गई ३३ आज्याहुतियाँ।

यज्ञपतिः = विष्णु।

यज्ञाग्नि के पांच भेद = गार्हपत्य, दक्षिणाग्नि, आहवनीय, सभ्य और आवसथ्य। इनमें प्रायः प्रथम तीन की उपासना अग्निहोत्री करते हैं।

यज्ञायज्ञीय = सामविशेष।

यज्ञायुध = यज्ञ में उपयुक्त साधन-उपकरण। (ऐतरेय ब्राह्मण ७-१९)।

यज्ञिय देश = भारत का एक विशेषण।

यज्ञिय पशुपंचक = अश्व, वृषभ, अवि, अज और पुरुष। (तैत्ति. सं. ४-२-१-१-४)। (महाभारत में संख्या ७ कही है – अज, अवि, वृषभ, अश्व, श्वान, गर्दभ और उष्ट्र।)

यज्ञोपवीत = यज्ञ के अवसर पर वाम स्कन्ध के ऊपर से ब्रह्मसूत्र को धारण करना। प्रारंभिक काल में ब्रह्मसूत्र (जनेऊ) के स्थान पर वस्त्र या मृगाजिन धारण किया जाता था। (अपर संज्ञा – प्राचीनावीत।)

यज्ञेश्वर = यज्ञस्वरूप भगवान् विष्णु।

यज्वा = विधिपूर्वक यज्ञ (देवपूजा, संगतिकरण और दान) करने वाला।

यद्वाहिष्ठीय = सामविशेष।

यमसू = जुडवां बच्चे उत्पन्न करने वाली। यजुर्वेद में पुरुषमेध की बलियों की सूची में उल्लिखित।

यवाग्रयण और व्रीह्याग्रयण = आग्रयण इष्टि के प्रकार।

यवाशिर = सोमरस में जौ का पिष्ट मिलाने पर होने वाला मिश्रण। (देखिये – गवाशिर)

याग = देवता के उद्देश्य से अग्नि में हविर्द्रव्य का त्याग। (देखिये – यज्ञ)।

यातुविद्या = अथर्ववेद में प्रतिपादित जादूटोना तथा इन्द्रजाल।

यूप = सोमयाग में अग्नीषोमीय पशु (बकरा) को बांध रखने के लिये स्थापित एक स्तम्भ। यह अत्यंत पवित्र माना जाता है।

यूपन् = अश्वमेध में अश्व के मांस से बननेवाला सूप जो खाने के काम में आता था। (अन्य शब्द- यूस)

योनिऋक् = तृच् की तीन और प्रगाथ की दो ऋचाओं में से प्रथम ऋचा जिसका छंद उत्तरार्चिक से लिया जाता है। उत्तरार्चिक को ही योनिग्रंथ कहते हैं।

योनिग्रंथ = तीन आर्चिक ग्रंथों में से उत्तरार्चिक (जिसमें तृच् और प्रगाथ का अन्तर्भाव होता है।) की संज्ञा।

यौक्ताश्व = साम विशेष।

यौधाजय = साम विशेष।

यौवराज्याभिषेक = सपात्र और सर्वमान्य ज्येष्ठ राजपुत्र के भावी राज्यारोहण की सूचना के निमित्त अभिषेक।

रजयित्री = रंगाने वाली स्त्री। यजुर्वेद में पुरुषमेध की बलियों की सूची में इसका उल्लेख आया है।

रज्जुसर्ज = गोलाकार में बैठनेवाला सांप। यजुर्वेद में पुरुषमेध की बलियों में उल्लिखित।

रत्नहवि-इष्टि = राजसूय के अन्तर्गत एक विधि। ये १२

इष्टियाँ राजा के १२ संबंधियों के घर में होती हैं। सेनानी के घर पहली इष्टि होती है।

रत्निन् = राजसूय यज्ञ के अवसर पर 'रत्नहविष' नामक यज्ञ करने वाले राजपरिवार के व्यक्ति, जिनमें पुरोहित, राजन्य, महिषी, वावाता, परिवृक्ती, सेनानी, सूत, भागदुध (करसंग्रह करने वाला या भोजन वांटने वाला), अक्षावाप आदि लोगों का अन्तर्भाव होता है।

राक्षोघ्नसूक्त = ऋग्वेद का एक सूक्त।

राजसूय यज्ञ = अभिषिक्त क्षत्रिय ही इसका अधिकारी होता है। फाल्गुन शुक्ला प्रतिपदा को इसका आरंभ होता है। इसके अन्तर्गत अनेक प्रकारे की इष्टियां संपन्न होती हैं जिनमें पंचवातीय, त्रिसंयुक्त, रत्नहवि, आदि प्रधान हैं। ये इष्टियां राजसंबंधित लोगों के घर में होती हैं। रथावरोहण व द्यूत भी इसमें होता हैं। इसमें कुल मिलाकर ४३९ इष्टियां, दो पशु याग, आठ सोमयाग, सात हर्विहोम होते हैं। इसका समय २१ या ३३ मास का होता है। कुल १११७० इष्टकाओं की आवश्यकता अग्निचयन के लिये होती है।

राजा = यज्ञीय सोमवल्ली का एक नाम। (रामायण १-१४-६)।

रात्रिसत्र = त्रयोदश रात्र से शत रात्र तक के सोमयागों की संज्ञा।

राज्य = शांखायन श्रौतसूत्र में उल्लिखित विविध प्रकार — साम्राज्य, भौज्य, स्वाराज्य, वैराज्य, पारमेष्ठ्य, माहाराज्य और आधिपत्य। (ऐत. ब्रा. ८-१२-४-५)।

राष्ट्रगोप = पुरोहित जो मंत्र-तंत्र-यज्ञ आदि आधिदैविक प्रयोगों से राष्ट्र का रक्षण करता है।

राष्ट्रभृत होम = सोमयाग के अन्तर्गत महाग्नि के पास एक रथ लाया जाता है जिसके मुख से अंतिम पांच आहुतियों का समर्पण होता है। यह रथ यजमान द्वारा अध्वर्यु को समर्पित होता है। राजसूय के अन्तर्गत एक विधि।

रुद्राध्याय = यजुर्वेद संहिताओं के रुद्रस्तुतिपरक एक अध्याय की संज्ञा।

रुरु = हरिण। अश्वमेध की बलियों की सूची में उल्लिखित।

रेभी = वैदिक गाथा अर्थात् पद्यसमूह का एक प्रकार। अन्य प्रकार — नाराशंसी, यज्ञगाथा।

रौरव = साम विशेष।

रोहित कूलीय = साम विशेष।

लब = लवा या बटेर। यजुर्वेद में अश्वमेघ की बलियों मे उल्लिखित।

लोकम्पृणा = राजसूय यज्ञ के चयन में उपयुक्त विशिष्ट इष्टका (ईंट)। इनकी संख्या दस हजार आठ सौं होती है। इनकी स्थापना अमंत्र होती है। (चयन में उपयुक्त कुल इष्टकाओं की संख्या १११७०)

लोपा = कौवा या श्मशान पक्षी। अश्वमेघ की बलियों में उल्लिखित।

लोपाश = शृगाल या लोमडी। यजुर्वेद में अश्वमेध की बलियों की सूची में उल्लिखित।

लोमशवक्षणा = देखिये अरुंधती।

लोहिताहि = यजुर्वेद में अश्वमेध की सूची में उल्लिखित। लाल सांप।

लौकिकाग्नि = आत्म-संस्कारों के अतिरिक्त पुत्रादि के संस्कार निमित्त सीमन्तादि कर्म इस अग्नि में संपन्न होते हैं।

वन = लकड़ी से बना सोमरस का प्याला। (ऋ. १-५५-४)

वनधिति = यज्ञवेदी पर स्थापित समिधाओं का संचय।

वन-प = वन का रक्षक। पुरुषमेध की बलियों में उल्लिखित।

वनीवाहन = राजसूय यज्ञ का एक कर्म।

वप = बोनेवाला। पुरुषमेध की बलियों में उल्लिखित।

वरुणप्रघास = चातुर्मास्य याग के चार पर्वों में से एक। इस का अनुष्ठान आषाढी पौर्णिमा को होता है। इसके हवियों में वरुण के लिए प्रकृष्ट घास (एक भक्ष्य विशेष) का उपयोग होता है। इसमें यजमान-पत्नी से उसके अन्य प्रियकर के विषय में पृच्छा की जाती थी।

वरुण साम = सामविशेष

वर्ग = ऋग्वेद के आठ अष्टकों के अन्तर्गत अध्यायों का एक लघु खंड। ऋक्संहिता में वर्ग संख्या २००६ है। प्रत्येक वर्ग में सामान्यतः पांच से नौ तक ऋचाएं होती हैं।

वर्चस्या = सोमयाग के चयन की एक इष्टका (ईंट)। (ईंट का नाम मंत्र का प्रतीक है।) (अष्टाध्यायी ४-४-१२५)। इसी प्रकार तेजस्या, रेतस्या आदि इष्टका के नाम होते है।

वर्तिका = बटेर। यजुर्वेद में अश्वमेध की बलियों में उल्लिखित।

वर्षाहू = वर्षा को बुलाने वाला अर्थात् मेंढक। अश्वमेध की बलियों की सूची में उल्लिखित। (वर्षाभू- मेंढक जो वर्षा में उत्पन्न होता है।)

वंशनर्तिन् = बांस पर नाचने वाला। पुरुषमेध की बलियों की सूची में उल्लिखित।

वसतीवरी = सोमयज्ञ के एक दिन पहले नदी से लाकर, रात भर रखा हुआ यज्ञोपयोगी जल। (शत. ब्रा. ३-६-१-२६)। सोमवल्ली को निचोड़ते समय रस बढ़ाने के लिए इसका उपयोग होता था। सोमयाग में 'शालामुखीय' नामक अग्नि की पश्चिम दिशा में यह रखा जाता है।

वसोर्धारा होम = उदुंबर काष्ठ की प्रदीर्घ स्रुचा के द्वारा अग्निकुंड में समर्पित अखंडित घृतधारा का हवन।

वंशमंडल = ऋग्वेद में द्वितीय से सप्तम मंडल।

वाचस्तोम = अग्निष्टोम संस्थान्तर्गत एकाह याग। इसमें सभी ऋचाओं एवं सामों का शंसन और स्तवन किया जाता है।

वाजपेय = सप्त सोमसंस्थाओं में से एक यज्ञप्रकार। (वाज — घोड़ों की स्पर्धा)। इस यज्ञ का अधिकार ब्राह्मणों और क्षत्रियों को हीं है। यह राजसूय से श्रेष्ठ तथा उसका प्रारंभिक

यज्ञ है। कात्यायन श्रौत सूत्र में बृहस्पतिसव से वाजपेय का अभेद कहा है। इस यज्ञ में रथ की दौड़ आवश्यक है। उसमें विजयी यज्ञकर्ता होता है।

वाजपेय यज्ञ = समय – शरदृऋतु। इसके पहले और अंत में **बृहस्पति सत्र** होता है। वाजपेय के अनन्तर युग्म शुक्ल पक्षों में ज्योतिष्टोम होता है। इस यज्ञ के विषय में चार पक्ष हैं। सुराग्रह के लिये १७ पात्र, २२ सवनीय पशु, चार-चार घोड़ोंवाले, सोलह रथ, १७ दुंदुभियां, १७ बाण, **''आजिधावन''** (रथों की स्पर्धा), 'स्वर्गारोहण' आदि इस की विशेषताएँ हैं।

वाजप्रसवीय होम = सोमयाग के अन्तर्गत महाग्निचिति में सात प्रकार के धान्यों से हवन।

वाजिन = गौ के गरम दूध में दधि डालने पर होने वाले दो भागों में से घनरूप भाग। यह एक हविर्द्रव्य होता है। (देखिये – आमीक्षा)

वाजिन याग = सोमयाग के अवभृथ स्नान के बाद की एक विधि। (२) वाजि देवता के लिए वैश्वदेव याग का एक विशिष्ट अंगभूत याग। वाजिन (देखिये) एक हविर्द्रव्य है जिसका उपयोग इन विशिष्ट वैश्वदेव पर्वों में होता है।

वाणी = पद्यबद्ध वैदिक मंत्रसमूह। इसी को सूक्त कहते है।

वातहोम = राजसूय यज्ञ के अन्तर्गत एक विधि।

वात्सप्र = साम विशेष।

वात्स प्रोपस्थान = राजसूय यज्ञ का एक कर्म।

वात्स्यशाखा = ऋग्वेद-शाकल शाखा की पांच उपशाखाओं में से एक।

वाधूल = कृष्ण यजुर्वेद की तैत्तिरीय शाखा की छह शाखाओं में से एक शाखा।

वामदेव्य = एक साम की संज्ञा। यज्ञ में गार्हपत्य अग्नि से आहवनीय अग्नि निकाला जाने के समय इस का गान होता है।

वाम्र = साम विशेष।

वारवन्तीय = सामविशेष।

वार्त्रघ्न = पूर्णमास याग के आज्यभाग। (देखिये – आज्यभाग)।

वार्धाणस (वार्ध्रीणस) = याजुष संहिताओं में अश्वमेध की बलियों में उल्लिखति एक पशु। (प्रायः गण्डक या खड्ग अर्थात् गेण्डा)

वार्ष = साम विशेष।

वालखिल्य सूक्त = ऋग्वेद के अष्टम मंडल के अन्तर्गत ११ प्रक्षिप्त सूक्त (४९ से ५९)। इन सूक्तों के ऋषियों को भी वालखिल्य कहते है।

वासःपल्पूली = कपड़े धोने वाला। पुरुषमेध की बलियों में उल्लिखित।

वास्तुमंडल = यज्ञविधि में आलिखित एक मंडल जिसमें देवताओं का आवाहन और पूजन होता है।

वास्तोष्पति = निवास स्थान का अधिपति।

वाहस = अजगर। अश्वमेध की बलियो की सूची में उल्लिखित।

विककर = अश्वमेध की बलियों की सूची में उल्लिखित पक्षी।

विदथ = धर्मसभा (अथर्ववेद १-१३-४)। या यज्ञ समारोह।

विधर्म = साम विशेष।

विधृति कुश = जिन कुशों पर 'प्रस्तर' (कुश मुष्टि) आदि को विशेष रूप से रखा जाता है। विधृतिस्थापन – यज्ञ की एक विधि है।

विप्र = मंत्र और यज्ञ में परम निष्ठा रखने वाले। (ब्रह्मपुराण १८७-५०)।

विप्रुद् होप (विप्रुड्ढोम) = सोमयाग में ऋत्विजों द्वारा परस्पर स्पर्श करते हुए किया जाने वाला विशिष्ट कर्म।

विभिन्दुकीय = पुरोहितों का एक विशिष्ट वर्ग।

विभीतक = वहेडा। इसकी लकड़ी याज्ञिक अग्नि को प्रज्वलित करने के लिए उपयुक्त होती थी। इसके बीजों से द्यूत के अक्ष बनाये जाते थे।

विमोक्तृ = जोते हुए रथ को मुक्त करने वाला। पुरुषमेघ की बलियों में उल्लिखित।

विराज् = दशाक्षरी एवं चतुष्पाद वैदिक छंद की संज्ञा।

विराट् = एक वैदिक छंद जिस की अक्षरसंख्या निश्चित नहीं होती।

विलम्ब सौपर्ण = साम विशेष।

विवाहसूक्त = ऋग्वेद १०-८५ की संज्ञा। देखिये- सूर्यासूक्त।

विशाखे = २७ नक्षत्रों मैं परिगणित युग्मनक्षत्र। अतः इसका द्विवचनी निर्देश होता है।

विषुवान् दिन = गवामयन सत्र के छह महीनों का पर्वपक्ष समाप्त होने पर पहला दिन। मास में और संवत्सर में इस दिन की गणना नही होती। उसके बाद सत्र के उत्तर पक्ष का प्रारंभ होता है।

विशोविशीय = साम विशेष।

विश्वकर्मण होम = सोमयाग के माध्यंदिन सवन में एक विधि।

विश्वचर्षणी = इन्द्र का एक विशेषण।

विश्वजित् = अग्निष्टोम संस्थ एकाह सोमयाग का एक प्रकार।

विश्वज्योति = एकाह यज्ञ।

विश्वशान्ति महायज्ञ = इसमें शुक्ल यजुर्वेद के ३६ वें अध्याय के मंत्रों से सवा लक्ष आहुतियाँ ९ या १० दिनों में होती हैं।

विश्वसृजाम् अयनम् = सहस्त्र सुत्यावाला एक महासत्र।

विषुवत् = गवामयन नामक सत्र के अन्तर्गत एक एकाह याग।

विष्णुक्रम = विष्णुपाद के समान पृथ्वी पर यज्ञ समाप्त होने पर अपने पैरों को रखना। राजसूय यज्ञ का एक कर्म।

विष्णुयाग = तीन प्रकार – विष्णु, महाविष्णु और अतिविष्णु। अन्य जानकारी रुद्रयाग के समान। इसमें पुरुषसूक्त और विष्णुसहस्त्र नाम से हवन होता है।

विहव्यसूक्त = ऋग्वेद का एक सूक्त।

विहारभूमि = श्रौतकर्म के लिए निर्धारित एवं संस्कारित भूमि।

वीङ्क = साम विशेष।
वीणावादक = पुरुषमेध की बलियों में उल्लिखित।
वृधन्वन्त = दर्शयाग के आज्यभाग। (देखिये – आज्यभाग।)
वृषदंश = मार्जार या बिल्ली। अश्वमेध की बलियों की सूची में उल्लिखित।
वेद = मंत्रसंहिता और ब्राह्मण ग्रंथ की सामूहिक संज्ञा। ब्राह्मण ग्रंथों में ब्राह्मण, आरण्यक और उपनिषदों का अन्तर्भाव होता है। चार वेद – ऋग्वेद, यजुर्वेद, सामवेद, अथर्ववेद।
वेद = दर्भमुष्टि। तैत्तिरीय ब्राह्मण में इसे प्रजापति की श्मश्रु कहा है। (३-३-९-११)।
वेदमाता = गायत्री मंत्र का अथर्ववेदोक्त एक विशेषण।
वेदाङ्ग = वेद के सहायक छह विशिष्ट शास्त्र – शिक्षा, कल्प, व्याकरण, निरुक्त, छन्दस् और ज्योतिष।
वेदि = यज्ञ-विधि के लिये सिद्ध की गई पवित्रभूमि। 'वेदिर्वै देवलोकः' ऐसा शतपथ ब्राह्मण में कहा है। (८-६-३-६)।
वेन = यज्ञ। (निघंटु ३-५)।
वैकर्त = यज्ञ में अध्वर्यु का एक गौण सहायक।
वैखानस = (१) कृष्ण यजुर्वेद की तैत्तिरीय शाखा के छह शाखा सूत्रग्रंथों में से एक। (२) सामविशेष।
वैतहव्य = सामविशेष।
वैतान = अथर्ववेद के एक श्रौतसूत्र का नाम।
वैतानिक अग्नि = दायकाल में स्थापित होने वाले इस अग्नि में ही श्रौत कर्म होते हैं।
वैदन्वित = साम विशेष।
वैदिक कर्म = (चार प्रकार) – शांत, घोर, पौष्टिक और आभिचारिक।
वैयश्व = साम विशेष।
वैरूप = साम विशेष।
वैश्वदेव और आग्निमारुत = संध्याकालीन होम के होतृद्वारा उच्चारित मंत्र। (शस्त्र का एक प्रकार)।
वैश्वदेव = सप्त पाक यज्ञ संस्थाओं में से दूसरा यज्ञप्रकार। इसमें 'विश्व' अर्थात् सभी देवताओं की पूजा होती है। इसी का दूसरा नाम है 'महायज्ञ'। (देखिये)
वैश्वदेव = चातुर्मास्य याग का एक पर्व। इस का अनुष्ठान फाल्गुनी पौर्णिमा को होता है।
वैश्वमनस = साम विशेष।
वैश्वसृज चयन = काठक चयन का एक प्रकार। इसमें ४२ इष्टकाओं की एक या तीन स्तरों में स्थापना होती है। यह विधि सहस्र, संवत्सर सत्र, रात्रिसत्र इत्यादि में आवश्यक माना है। (सत्याषाढ श्रौतसूत्र २३-३-२८)।
वैश्वानर इष्टि = त्रैलोक्यव्यापी वैश्वानरस्वरूप अग्नि की आराधना। यह अग्नि-चयन में होती है। (शतपथ ब्राह्मण ९-३-१३)। पुत्र जन्म के निमित्त यह होती है।
वैष्टम्भ = साम विशेष।
वैसर्जन होम = सोमयाग में अग्निष्टोमीय पशु का मुख्य अनुष्ठान होने के बाद पात्रासादन और आज्यग्रहण होता है। तत्पश्चात् ब्रह्मा (ऋत्विज) द्वारा सोमराजा का उत्थापन होने पर यह होम होता है।
व्यच्छ (या गोव्यच्छ) = गौओं को पीड़ा देने वाला। पुरुषमेध की बलियों में उल्लिखित।
व्याधित = रोगपीड़ित। पुरुषमेध की बलियों की सूची में उल्लिखित – वामन, कुब्ज, खलति (गंजा), अन्ध, बधिर, मूक, पीवन (मोटा), सिध्मल, किलास (कुष्ठी), हर्यक्ष (पीली आंख वाला), पिंगलाक्ष, पीठसर्पी (विकलांग), स्राम (लंगड़ा), जागरण (निद्रानाशपीड़ित), स्वप्न (बहुत सोने वाला), अतिदीर्घ, अतिन्हस्व, अतिकृश, अतिलोमश।
व्याहृति = गायत्री मंत्र जप में प्रयुक्त भूः भुवः, स्वः, महः, ये चार मंत्रवर्ण। भूर्- (भूलोक)। भुवस्- (अन्तरिक्ष लोक)। स्वस्- (द्युलोक) और महस्- (प्रकाश लोक) की द्योतक व्याहृतियाँ है।
व्याहृति होम = आघार और चक्षुषी नाम दो दो आहुतियों के बाद होता है।
व्यूहन = यज्ञ में जुहू और उपभृत नामक पात्रों को पश्चिम में हटाने की क्रिया।
व्रतभक्षण = सोमयाग के निमित्त दीक्षाप्राप्त यजमान को, पहले दिन गौ को एक स्तन के, फिर दो-तीन-चार स्तनों के दोहन से प्राप्त दूध का आधा भाग पीना होता है। बाकी भाग यजमान पत्नी ग्रहण करती है। इसी को "**व्रतप्राशन**" भी कहते हैं।
व्रात्य = संस्कारहीन। यजुर्वेद में पुरुषमेध की बलियों में उल्लिखित।
व्रात्यसूक्त = अथर्ववेद का एक सूक्त।
व्रात्यस्तोम = एकाह सोमयाग का एक प्रकार।
व्रात्यस्तोम = उपनयन संस्कारहीन पूर्वज होने के कारण यह प्रायश्चित्त स्वरूप गणयाग होता है। इससे व्रात्यों की (संस्कारहीनों की) शुद्धता होती है। अनुष्ठान लौकिक अग्नियों पर ही होता है। **व्रात्यों के चार प्रकार** – हीन (धर्माचार हीन), निंदित (निषिद्ध आचरण वाले), कनिष्ठ (जाति से भ्रष्ट), ज्येष्ठ (प्रजनन शक्तिहीन बूढ़े)।
व्यूहन = यज्ञविधि में जुहू को पूर्व में और उपभृत को पश्चिम में हटाना।
शकपूत = गोमय से पवित्र किया हुआ यज्ञ का स्थान।
शका = याजुष संहिताओं में अश्वमेध की बलियों में उल्लिखित।
शक्तिसांकृति = एक साम की संज्ञा। यह यज्ञ में गाया जाता है।
शक्वरी = (स्त्री. बहुवचन) ऐसी ऋचाएँ जिन पर शाक्वर साम गाया जाता है। महानाम्नी ऋचाओं पर भी शाक्वर साम गाया जाता है।
शतगाथम् = शुनःशेप आख्यान का विशेषण।

शतरुद्रिय (**शतरुद्रीय**) = यजुर्वेद का एक भाग जिसमें रुद्र देवता के सैकड़ों उपाधियों का उल्लेख तथा सैकड़ों पक्षों का आराधन है।

शतरुद्रीय होम = सोमयाग के अंतर्गत इस हवन में रुई के पत्ते पर बकरी का दूध डालते हुए रुद्राध्याय का पाठ होता है।

शतर्चिन = ऋग्वेद प्रथम मंडल में विश्वामित्र-पुत्र मधुच्छन्दा ने १०० ऋचाओं की रचना की थी। अतः मधुच्छन्दा को 'शतर्चिः' उपाधि प्राप्त हुई थी। बाद में उस मंडल के सभी ऋषियों को (१०० ऋचाओं की रचना न करने पर भी!) 'छत्रिन्याय' से यह संज्ञा प्राप्त हुई।

शप्तदश = एकाह सोमयाग का एक प्रकार। इसके पांच प्रकार- अपहव्य; ऋतपेय, दूणास, वैश्यस्तोम, और तीव्रसुत्।

शमिता = यज्ञ में अध्वर्यु का एक गौण सहायक। यज्ञीय पशु का हनन करने वाला ऋत्विज्।

शवसस्पति = इन्द्र का एक नाम।

शस्त्र = यज्ञ में स्तोत्रगान समाप्त होने पर होतृ द्वारा गाये जाने वाले स्तुतिमंत्र। (स्तोत्रम् अग्रे शस्त्रात्। आश्व. श्रौ. सू. ९-५०) जिस देवता का स्तोत्र होता है, उसी का शस्त्र कहा जाता है।

शस्त्र के तीन प्रकार = (१) प्रातःकालीन आज्य और प्रउग, (२) मध्याह्नकालीन मारुत्वतीय और निष्केवल्य, (३) संध्याकालीन विश्वेदेव और आग्निमारुत। इनका उच्चारण होतृ नामक ऋत्विक् करता है।

शंकु = साम विशेष।

शंखध्म = शंख बजाने वाला। यजुर्वेद में पुरुषमेध की वलियों में उल्लिखित।

शंयुवाक = "तच्छंयोरावृणीमहे" इस सुप्रसिद्ध मंत्र की संज्ञा। (इस में शंयु नामक बृहस्पति पुत्र की स्तुति है। शंयु शब्द प्रयोग के कारण यह संज्ञा आई है।

शाक्यानाम् अयनम् = छत्तीस वर्षों का एक सत्र।

शाकल = (अपर नाम – शाकलक, शाकल्य, शाकलेयक)। ऋग्वेद की २१ शाखाओं में से एक प्रमुख शाखा। इसकी पांच उपशाखाएं थी।

शाकल = साम विशेष।

शाक्वरी = एक वैदिक छंद।

शामित्र शाला = यज्ञीय पशु की हत्या करने का स्थान।

शारि = याजुष संहिताओं में अश्वमेघ की बलियों में उल्लिखित एक पक्षी। (प्रायः शारिका)।

शार्कर = सामविशेष

शार्ग = याजुष संहिताओं में अश्वमेध की बलियों में उल्लिखित एक पक्षी। (बहुधा- वन्य चटक)।

शालामुखीय = एक यज्ञीय अग्नि।

शालीय शाखा = ऋग्वेद-शाकल शाखा की पांच उपशाखाओं में से एक। (संप्रति अनुपलब्ध)

शांखायन = ऋग्वेद की २१ प्रमुख शाखाओं में से एक। संप्रति अनुपलब्ध। इसी नाम की इस शाखा की उपशाखा भी है।

शांबव्य = ऋग्वेद-शांखायन शाखा की ४ उपशाखाओं में से एक। संप्रति अनुपलब्ध।

शांबव्यसूत्र = ऋग्वेद की कौशीतकी शाखा गृह्यसूत्र की संज्ञा। (अपर नाम – कौषीतकी सूत्र।)

शांभव = साम-विशेष।

शिवशक्ति महायज्ञ = प्रातःकाल में रुद्रयाग और मध्याह्न में शक्तियज्ञ होता है। आहुतियां की संख्या १२५०००। रुद्रयज्ञ में शुक्ल यजुर्वेद के पांचवे अध्याय से और शक्तियज्ञ में संपूर्ण दुर्गा से हवन होता है।

शुक = अश्वमेध की बलियों में उल्लिखित पक्षी। (तोता)।

शुक्र-मंथिप्रचार = सोमयाग में अध्वर्यु द्वारा **शुक्र** नामक ग्रह (पात्र) में और प्रतिप्रस्थाता द्वारा **मंथि** नामक ग्रह में भरे हुए सोमरस का हवन। इस कर्म में चमसाध्वर्यु नामक गौण ऋत्विक् भी चमस में भरे हुए सोम का हवन करते है।

शुक्ल यजुर्वेद = (अपर नाम वाजसनेयी संहिता) याज्ञवल्क्य ऋषि द्वारा सूर्योपासना से प्राप्त मंत्रों की संहिता।

शुद्धाशुद्धीय = साम विशेष।

शुनासीरीय = चातुर्मास्य याग के चार पर्वों में से चौथा पर्व। इसका अनुष्ठान फाल्गुन शुक्ल प्रतिपदा को होता है। (शुन = वायु, और सीर = आदित्य। इन दो देवताओं के लिए शुनासीरीय पर्व होता है।)

शुल्बसूत्र = कृष्ण यजुर्वेद की तैत्तिरीय शाखा के कल्पसूत्र के प्रश्न नामक ३० भागों में अंतिम (३० वें) प्रश्न की संज्ञा।

शूद्र = याजुष संहिताओं में पुरुष मेध की बलियों की सूची में उल्लिखित। (शत.ब्रा. १३-६-३-१०)।

शूलगव = सप्त पाक यज्ञ संस्था के अंतर्गत गो-द्रव्य से किया जाने वाला विशेष कर्म। यह एक बार होता है। गोद्रव्य = गो अर्थात् बैल का मांस।

शैलूष = यजुर्वेद में पुरुषमेध की बलियों की सूची में उल्लिखित पुरुष। नट या नर्तक। सायण के अनुसार अपनी स्त्री से वेश्या वृत्ति करवाने वाला।

शैशव = साम विशेष।

शैशिरी शाखा = ऋग्वेद शाकल शाखा की पांच उपशाखाओं में से एक।

शौक्त = साम विशेष।

शौनक = अथर्ववेद की २० कांडात्मक विद्यमान शाखा। मंत्रसंख्या ६०००।

शौष्कल = शुष्क मत्स्य बेचने वाला। यजुर्वेद में पुरुषमेध की बलियों में उल्लिखित।

श्यावयुग्य = रथ के बाए ओर का अश्व। (देखिये दक्षिणा प्रष्टि या दक्षिणायुग्य)।

श्यावाश्व = साम विशेष।

श्येनयाग = इस में यूप तत्वल वृक्ष का, काष्ठ इन्धन विभीदक वृक्ष का होता है। शववाहन के उपयुक्त दो काष्ठ अधिषवण फलक होते हैं और दक्षिणा की गौ काणत्व आदि दोषों से युक्त होती है। ऋत्विज् के वस्त्र और उष्णीष रक्तवर्ण होते हैं।

श्यैत = साम विशेष।

श्रवणा = सप्त पाक यज्ञ संस्थाओं में से एक यज्ञ प्रकार।

श्रद्धासूक्त = ऋग्वेद के १०-१५१ सूक्त की संज्ञा। इसकी रचयित्री श्रद्धा कामायनी नामक ऋषीका थी।

श्रवणाकर्म = सप्त पाक यज्ञ संस्था के अन्तर्गत यह बलिकर्म श्रावण की पौर्णिमा से मार्गशीर्ष पौर्णिमा तक प्रतिदिन सर्पों के लिये किया जाता है।

श्रायन्तीय = साम विशेष।

श्रोत्रिय = वेदाध्ययन से तथा अध्यात्मज्ञान से संपन्न ब्राह्मण।

श्रौत-अग्नि का आधान = वसन्त में ब्राह्मण, ग्रीष्म में राजन्य (अर्थात् क्षत्रिय) और वर्षा में वैश्य द्वारा अमावस्या में होता है। त्रैवर्णिकों को सपत्नीक यह कर्म करने का अधिकार है। वही सप्त हविर्यज्ञ संस्थाओं तथा सोम संस्थाओं का अधिकारी होता है।

श्रौतकक्ष = साम विशेष।

श्रौत यज्ञ = श्रुति (वेद) में प्रतिपादित यज्ञ, जिसमें केवल वेदोक्त मंत्रों का प्रयोग होता है। अग्निहोत्र, दर्शपूर्णमास, चातुर्मास्य, पशु और सोम ये पांच प्रधान श्रौत यज्ञ हैं।

श्रौताचमन = दर्शपूर्णमासादि श्रौत विधि का एक अंग। इस आचमन में हाथ में पवित्रक अथवा दर्भ आवश्यक है।

श्वेताश्वतर = कृष्ण यजुर्वेद की एक लुप्त शाखा। इस नाम का केवल उपनिषद उपलब्ध है।

षडह = गवामयन सत्र में अभिप्लव, पृष्ठ्य आदि पांच षडहों (छह दिनों का समूह) से तीस दिनों का एक 'सवन मास' होता है।

षडह याग = तीन प्रकार – ऋतुप्रथम, पृष्ठ्यवलम्ब, तीसरे का नाम नहीं है।

षडुपसत्क यज्ञ = राजसूय के अन्तर्गत विशिष्ट याग। इसमें प्रतिदिन एक एक चिति होती है।

षोडशी = सप्त सोम संस्थाओं में से एक यज्ञप्रकार। षोडशी नामक १६ साम मंत्रों से समाप्त होने वाला सोमयाग। (सोमयाग की समाप्ति जिस साममंत्र से होती है उसी नाम से उस याग का व्यवहार होता है।)

सक्तुहोम = अवभृथ स्नान से बाद की एक विधि।

सख्य विसर्जन = सोमयाग निमित्त की हुई एकता की प्रतिज्ञा की समाप्ति।

संचाय्य = विशिष्ट सत्ररूप सोमयाग।

सत = यज्ञ का एक पात्र।

सतोबृहती = एक वैदिक छंद।

सत्र = १२ दिनों से एक वर्ष तक जिस यज्ञ में प्रतिदिन सोम का हवन होता है ऐसा दीर्घकालीन यज्ञ।

सत्र = बारह से हजार तक सुत्यावाले जो अनेक सोमयाग है उन्हें सत्र कहते है। ये रात्रिसत्र होते है। कुछ सत्रों के नामं – आदित्यानामयन, अंगिरसामयन, कुण्डपायिनामयन, दृतिवातवतोरयन, सर्पसत्र, महातापश्चित, अग्निसत्र, शाक्यानामयन, सारस्वतसत्र इत्यादि।

सदोमंडप = सोमयाग में महावेदी की पश्चिम दिशा में स्थापित मंडप।

सदोविशीय = सामविशेष।

सद्यःक्री = एकाह सोमयाग।

सप्तदश याग = उपहव्य, ऋतपेय, बहुसुवर्ण, वैश्यस्तोम, और तीव्रसूत् इन पांच यागों की संज्ञा।

सप्ताह याग = सात प्रकार – ज्योति, गौ, आयु, अभिजित्, विश्वजित्, सर्वजित् और सर्वस्तोम।

सफ = साम विशेष।

सभ्य = पांचवें यज्ञीय अग्नि का नाम। सभामंडप में आहवनीय अग्नि के सामने के कक्ष में इसका आयतन होता है।

सभाचर = यजुर्वेद में पुरुषमेध की बलियों में उल्लिखित।

समन्त = साम विशेष।

सर्पसत्र = एक संवत्सरसत्र की संज्ञा।

सर्वज्योतिः = यज्ञविशेष।

सर्वतोभद्र = यज्ञविधि में आलिखित एक मंडप जिसमें देवताओं का आवाहन और पूजन होता है।

सर्वपृष्ठ = यज्ञ का एक प्रकार। निषिद्ध प्रदेश में प्रवास करने पर यह यज्ञ प्रायश्चित के लिये कहा गया है। (बौधायन धर्मसूत्र १-१-२९-३०)।

सर्ववेदस् = यज्ञ विशेष, जिसमें यजमान अपनी सारी संपत्ति पुरोहितों को दान में देता था।

सर्वमेध = यह याजुष याग ३४ दिन का होता है। इसमें १०० अग्नियां होती हैं। सत्रह अरत्नि का एक यूप होता है। पुरुषमेध जैसी दक्षिणा होती है। इसके अन्तर्गत अग्निष्टुत् महाव्रत, वाजपेय, आप्तोर्याम, त्रिणवस्तोम, अतिरात्र, इष्टकापशु, उखासंभरण आदि होते हैं। (देखिये पुरुषमेध)।

सर्वस्वार = आसन्नमरण या मुमूर्षु व्यक्ति द्वारा यह एकाह यज्ञ होता है। यज्ञ में मृत्यु न आने पर प्रायोपवेशन या आहवनीय अग्नि में प्रवेश करके वह अपना जीवन समाप्त करता है।

सवन = (१) सोम को निचोडकर उसका रस निकालना। (२) आहुतियाँ जो दिन में तीन बार होती है। (३) यज्ञ या हविर्विशेष।

सवनमुखभक्षण = सोमयाग के तृतीय सवन में एक कृत्य।

सहरक्षा = हव्यवाहन या कव्यवाहन के समान अग्नि जो असुरों के अन्न का वहन करता है। (सहरक्षा असुराणाम्) शत. २-६-१-३०।

संचाय्य = सोमयाग का एक विशिष्ट सत्ररूप प्रकार। दूसरा

प्रकार है कुण्डपाय्य। (देखिये)।

संजय = साम विशेष।

संज्ञपन = यज्ञीय पशु का मुंह बंद कर श्वास रोक कर उसे मारना।

संपात = सूत्रविशेष की संज्ञा।

संवत्सर रात्र = गवामयन नामक गौवों द्वारा अनुष्ठित होने वाला सत्र। एक संवत्सर में साध्य होने के कारण उसे यह संज्ञा दी जाती है। (वस्तुतः ३८५ दिनों में यह सत्र किया जाता है।)

संशानानि = साम विशेष।

संस्राव होम = सोमयाग के तृतीय सवन में एक कृत्य।

संहिता = साम विशेष।

साद्यस्क्र = सद्यः अर्थात् दीक्षादिवस को ही सोम के क्रय से अभिषव तक कर्म जिनमें होते है उन्हें साद्यस्क्र कहते हैं। अनुक्री,विश्वजिच्छिल्प, श्येन और एकत्रित नामक इसके प्रकार हैं। इसमें सवनीय पशु होते हैं।

साध्यानाम् अयनम् = सौ वर्षो का एक महासत्र।

सान्नाय्य याग = अग्नि का आधान होने पर सोम द्वारा यज्ञ करने वाला इसका अधिकारी होता है। इसमें दूध और दही का उपयोग प्रमुखता से होता है। सांनाय्ययाजी दर्शपूर्णमास के छह याग करता है।

साम = गेय वैदिक मंत्र।

साम के पांच भाग = पंचदश, सप्तदश आदि स्तोम में साम के पांच भाग होते है – प्रस्ताव, उद्‌गीथ, प्रतिहार, उपद्रव और निधन।

सामधेनी = ग्यारह ऋचाएँ, जिनका पाठ करते हुए यज्ञीय अग्नि को प्रज्वलित किया जाता है। इन ऋचाओं के पाठ को "सामधेनीवचन" कहते है। यह एक यज्ञ की विधि है।

सारस्वत पाठ = यजुर्वेद की तैत्तिरीय संहिता (कृष्ण यजुर्वेद) की एक पाठ-पद्धति। इसमें ७ काण्ड, ३ ब्राह्मण और दो आरण्यक हैं।

सारस्वत सत्र (अथवा यात्सत्र) = इस नाम के तीन सत्र होते हैं। इनकी दीक्षा सरस्वती-समुद्र संगम स्थान पर प्रभासक्षेत्र में होती है। यह सोमयाग का एक प्रकार हैं जो शतरात्र से अधिक काल तक चलता है।

सारस्वत्य इष्टि = अश्वमेध का अश्व जब तक सर्वत्र संचार करता है तब तक यह इष्टि प्रतिदिन त्रिकाल की जाती है।

सावित्र चयन = इसमें रथचक्राकार मंडल में नौ मंडलों की रेखाओं पर कंकर स्थापित करते है। इसी चिति पर अग्नि का प्रणयन होता है। यह काठक चयन का एक प्रकार है।

सावित्री = वैदिक गायत्री मंत्र की संज्ञा।

सावित्र्य इष्टि = अश्वमेध की अंगभूत तीन इष्टियाँ।

सांतपनेष्टि = चातुर्मास्य याग के साकमेध नामक तृतीय पर्व में मध्याह्न में यह इष्टि होती है। इसमें सांतपन मरुत् देवता और चरु द्रव्य होता है।

सांमनस्य सूक्त = अथर्ववेद के एक सूक्त की संज्ञा।

सांवर्त = साम विशेष।

सीचापू = यजुर्वेद में अश्वमेध की बलियों की सूची में उल्लिखित एक पक्षी।

सीदन्तीय = साम विशेष।

सुत्यादिवस = सोम याग का पांचवा दिवस। यही प्रधान दिवस होता है.

सुत्या = सोम का अभिषव करने के क्रिया।

सुनस् = इन्द्र का एक विशेषण।

सुब्रह्मण्य = सोमयाग के १६ ऋत्विजों में से उद्‌गातृगण का चतुर्थ ऋत्विज्।

सुभद्रिका = याजुष संहिताओं में अश्वमेध के संदर्भ में उल्लिखित एक स्त्री। वाजसनेयी संहिता के भाष्यकार महीधर के मतानुसार यह ऐसी स्त्री है जिसके अनेक प्रियकर होते हैं।

सुराकार = मद्य या मदिरा बनाने वाला। यजुर्वेद में पुरुषमेध की बलियों में उल्लिखित।

सुरूप = साम विशेष।

सुशिप्र = इन्द्र का एक विशेषण।

सूक्त = वेदों के अन्तर्गत विशिष्ट देवता की स्तुति से पूर्ण मंत्रमय ऋचाओं का समूह। ऋग्वेद में १०१७ सूक्त संगृहीत हैं।

सूक्तवाक् = "इदं द्यावा-पृथिवी" इस अनुवाक से प्रतिपाद्य मंत्रविशेष जो यज्ञ में पढ़ा जाता है।

सूत = पुरुषमेध की बलियों की सूची में उल्लिखित। राजा के आठ वीरों तथा ग्यारह रत्नियों में इसकी गणना होती थी।

सूत्र = यज्ञ संबंधी नियमों का संकलन (बृह. उप. २-४-१०/४-१-६)।

सूर्ययाग = इसमें शुक्ल यजुर्वेद के अन्यान्य अध्यायों के विशिष्ट मंत्रों से १० हजार से १ करोड तक आहुतियां होती है।

सूर्यासूक्त = ऋग्वेद का १०-८५ सूक्त। अपर नाम – विवाह सूक्त।

सूरि = पुरोहित को धन देकर यज्ञ करवाने वाला यजमान।

सृजय = यजुर्वेद में अश्वमेध की बलियों की सूची में उल्लिखित एक प्राणी। (पक्षी, श्वेतसर्प, या काला भैंसा, काली मक्खी- भाष्यकारों के मतानुसार)।

सृमर = याजुष संहिताओं में अश्वमेध की बलियों में उल्लिखित। (प्रायः गवय अर्थात् वनगाय)।

सेना = ऋग्वेद (१-६६-७) तथा अथर्व (८-८-७) वेद के अनुसार इस का अर्थ अस्त्र है। इस का सामान्य अर्थ प्रसिद्ध है।

सेलग = वाजसनेयी संहिता में पुरुषमेध की बलियों में उल्लिखित। (अर्थ – प्रायः डाकू)

सैन्धुक्षित = साम विशेष।

सोम = १५ पत्रों वाली वनस्पति। शुक्ल पक्ष में एक एक दिन एक एक पत्र ऊगता है। पौर्णिमा के बाद अमावस्या तक एक एक पत्र क्रमशः झड़ते जाता है। यह मादक वनस्पति हिमालय, अर्बुद, सह्य, महेंद्र, मलय, श्रीपर्वत, देवगिरि, देवसह,

पारियात्र, विंध्य, देवसुन्दह्रद, तथा वितस्ता नदी की उत्तर के पर्वतों मे उत्पन्न होती है। सुश्रुत ने इसके २४ प्रकार कहे हैं।

सोमक्रय = सोमयाग से लिये कुत्सगोत्री ब्राह्मण या शूद्र से सोमवल्ली को खरीदने की विधि। इस सोमराजा को सुब्रह्मण्य नामक ऋत्विक् शकट में रखकर प्राग्वंश मंडप में लाता है। मंडपद्वार पर सोमराजा को अजापुत्र की भेंट दी जाती है। आतिथ्येष्टि से सत्कार करने पर सोमराजा की स्थापना उदुंबर की आसंदी पर आहवनीय अग्नि के दक्षिण में होती है।

सोम प्रवाक = यज्ञ का संकल्प होने पर, यजमान निमंत्रक के नाते इसकी नियुक्ति करता है। तब वह ब्रह्मा, होता, अध्वर्यु आदि १६ या १७ ऋत्विजों को यज्ञ के लिए निमंत्रित करता है। सोमयाग के प्रारंभ में आभ्युदयिक कर्म होने पर सबसे पहले इस ऋत्विज् का वरण होता है। सोम प्रवाक ही अन्य ऋत्विजों को एकत्रित लाता है।

सोमयज्ञ संस्था (या सोम संस्था) = अग्निष्टोम, अत्यग्निष्टोम, उक्थ्य, षोडशी, वाजपेय, अतिराज, आप्तोर्याम, (कुल ६) (गौ. ध. सू. ८-१८)। इन यज्ञों के नाम गेय सामों की संज्ञाओं के अनुसार रूढ हुए है।

सोमयाग = इसमें सोम खरीद कर उसके रस से होम किया जाता है। सोम के अभाव में पूतिक नामक लता के रस का उपयोग होता है। इसमें सोलह ऋत्विज् होते हैं। संपूर्ण विधि पांच दिनों में पूर्ण होता है। इसमें गोरूप दक्षिणा दी जाती है। इसकी समाप्ति तीन वेदों द्वारा होती है। इसको अग्निष्टोम भी कहा जाता है क्यों कि इसकी समाप्ति साम मंत्र के गान से होती है। इस याग की अग्निष्टोम, उक्थ्य, षोडशी और अतिरात्र नामक चार संस्थाएँ होती हैं। **सोमयाग के आठ प्रकार** – पवित्र, अभिषेचनीय, दशपेय, केश-वपनीय, व्युष्टिद्विरात्र, क्षत्रस्यधृति, त्रिष्टोम और अग्निष्टोम।

सोमयाजी = सोमयाग करते हुए सोमरस का प्राशन करने वाला।

सोमसाम = साम विशेष।

सौत्र = अथर्ववेद की एक लुप्त शाखा।

सौत्रामणि = सात हविर्यज्ञों में सातवा (अंतिम) यज्ञ। सोमयाग के साथ में अग्निचयन करने पर यह याग किया जाता है। यह एक पशुयाग है **जिसके स्वतंत्र और अंगभूत** नामक दो प्रकार होते है। स्वतंत्र या प्रधान में ब्राह्मण का ही अधिकार होता है और अंगभूत में क्षत्रिय वैश्य भी अधिकारी होते हैं। इसमें अज, मेष, और वृष तीन पशुओं के अवयवों का हवन होता है। कोकिल सौत्रमणि में पांच पशु होते हैं। यह यज्ञ 4 दिनों में संपन्न होता है। इसमें सुरा (मद्य) का भी प्रयोग अवश्य होता है। चरण सौत्रामणि राजसूय में अंगभूत होता है।

सौपर्ण आख्यान = एक वैदिक आख्यान जिसका निरूपण ऐतरेय ब्राह्मण में उल्लिखित आख्यानविद् (ऐ. ब्रा. ३-२५-१) करते थे।

सौमिक = अग्निष्टोम यज्ञ (जो ज्योतिष्टोम की पांच संस्थाओं में से एक है) की द्वितीय वेदी। (प्रथम वेदी का नाम है ऐष्टिक)। इस वेदी पर प्रधान इष्टियों का अनुष्ठान होता है।

सौपर्ण = साम विशेष।

सौभर = साम विशेष।

सौमिक = साम विशेष।

सौमेध = साम विशेष।

सौश्रवस = साम विशेष।

सौहविष् = साम विशेष।

स्तम्बयजुस् = दर्शपूर्ण मास के प्रारंभ में यजुर्वेद के मंत्रों का पाठ करते हुए काटा गया दर्भ। स्तम्बयजुर्हरण – यज्ञ की एक विधि है।

स्तोत्र = यज्ञ में उद्गाता एवं उसके सहायक ऋत्विजों द्वारा गाए जाने वाले स्तुतिपरक मंत्र। स्तोत्रगान के एक विशेष प्रकार को **स्तोम** कहते हैं।

स्तोत्रीय = यज्ञकाल में एक ऋचात्मक साम तीन ऋचाओं में गाया जाता है। जिन तीन ऋचाओं (तृच्) में उद्गीत होता है उसे स्तोत्रीय कहते हैं। (इसमें पहली ऋचा को ''योनि'' और बाद की दो ऋचाओं को ''उत्तरा'' कहते हैं।)

स्तोम = साम मंत्रों द्वारा की जाने वाली विशेष स्तुति प्रकार के स्तोत्र।

स्तोम = त्रिवृत्, पंचदश, एकविंश, आदि विशेषण स्तोम को तब लगते हैं। जब एक तृच् की आवृत्तियाँ करके उक्त संख्या पूर्ण होती है।

स्तोमायन = चार सोम संस्थाओं (अग्निष्टोम, उक्थ्य, षोडशी और अतिरात्र) में देवताओं के लिए स्वीकृत चार पशु।

स्नात = अथर्ववेद की एक लुप्त शाखा।

स्मार्तअग्नि (या गृह्यशालाग्नि) = इसकी स्थापना विवाह संस्कार के अनन्तर चतुर्थी होम के बाद या दाय (भाइयों में संपत्ति का विभाजन) के बाद होती है। इसीके अन्य नाम हैं – गृह्य, आवसथ्य, शालाग्नि, और औपासन। इसी में सात पाक यज्ञों का अनुष्ठान किया जाता है।

स्मार्तयज्ञ = स्मृतिग्रंथों में प्रतिपादित यज्ञ, जिसमें वैदिक, पौराणिक, और तांत्रिक मंत्रों का प्रयोग होता है।

स्वधा = पितरों को समर्पण करते समय स्वाहा के अलावा इस शब्द का प्रयोग होता है। उदा. – पितृभ्यः स्वधा।

स्वयमातृण्णा = राजसूय के चयन में उपयुक्त विशिष्ट इष्टका (ईट) की संज्ञा। पकते समय अपने आप बने हुए छेदों वाली इष्टका।

स्वरसाम = ''यज्ञायज्ञा (4-8-1) की योनि में उत्पन्न स्वर नाम के चार साम होते हैं, उन्हें यह संज्ञा दी जाती है।

स्रुव = वैकंकत काष्ठ से निर्मित छोटा यज्ञीय चमस। यह स्थाली से आज्य (धृत) निकाल कर बड़े चमस (जुहू) में डालने के काम में आता है।

स्वर्गारोहण = वाजपेय यज्ञ में यजमान और उसकी पत्नी यूप के उपर रखी हुई २१ सीढ़ियों वाली सीढ़ी पर चढ़ते है। उस समय उनके पुत्र-पौत्रादि खारी मिट्टी के सत्रह मृतिका पुटों को यजमान की ओर फेंकते हैं। इस विधि की संज्ञा है स्वर्गारोहण।

स्वरु = यूप। यज्ञीय स्तम्भ।

स्वाध्याय = वैदिक अध्ययन।

स्वाहा = यज्ञ कुंड में आहुति का समर्पण इस शब्द के उच्चार के साथ होता हैं। जिस देवता को स्वाहाकार होता है उसके वाचक शब्द का का चतुर्थी विभक्ति में प्रयोग होता है। उदा. इन्द्राय स्वाहा।

स्वाहाकार = यज्ञ या यज्ञ की समाप्ति। (शत. ब्रा. ३-१-३-२७/१-५-३-१३)।

स्विष्टकृत् = जय, अभ्यातान, और राष्ट्रभृत् नाम के होम के पश्चात् इस विधि में प्रधान होम के सभी हविर्द्रव्यों के अंशों से आहुतियां दी जाती है जिनका अन्य आहुतियों से संसर्ग नहीं होना चाहिये। (२) प्रधान याग को अच्छे प्रकार से करने वाला ऋत्विक्। (सुष्ठु इष्टं करोति)।

हलिक्ष्ण या हलीक्ष्ण = यजुर्वेद में अश्वमेध की बलियों में उल्लिखित।

हविर्द्रव्य = यवागू, तण्डुल, दुग्ध, दधि, घृत आदि। पशुयज्ञों में मेध्य पशु के शरीर के अन्तर्गत विशिष्ट भाग भी हविर्द्रव्य होते हैं।

हविर्धान = (१) घर का वह भाग जिसमें यज्ञीय हविर्द्रव्य रखे जाते थे। (२) दो गाड़ियां जो उत्तर वेदी के पीछे रखी जाती हैं। (३) एक यज्ञ मंडप की संज्ञा। यह महावेदी की उत्तरदिशा में होता है।

हविर्यज्ञ = वैदिक धर्म में मान्यताप्राप्त यज्ञ। इनकी कुलसंख्या सात है। उनके नाम हैं – अग्न्याधेय (या अग्न्याधान), अग्निहोत्र, दर्शपूर्णमास, चातुर्मास्य, आग्रयणेष्टि, निरूढपशुबंध और सौत्रामणि। (गौ. ध. सू. ८-४४)।

हविस् = देवताओं के प्रीत्यर्थ यज्ञकुण्ड में समर्पित पदार्थ।

हव्यवाहन = अग्नि, जो देवों के हविर्भाग का वहन करता है।

हंस = यजुर्वेद में अश्वमेध की बलियों में उल्लिखित।

हंससाचि = यजुर्वेद में अश्वमेध की बलियों में उल्लिखित।

हरिवर्ण = साम विशेष।

हारायण = साम विशेष।

हाविष्कृत = साम विशेष।

हस्तिप = याजुष संहिताओं में पुरुषमेध की बलियों में उल्लिखित। हाथी पालने वाला।

हारियोजन याग = सोमयाग के तृतीय सवन में एक कृत्य।

हिरण्यकार = याजुष संहिताओं में पुरुषमेध की बलियों में उल्लिखित। स्वर्णकार।

हिरण्यकेशी = कृष्ण यजुर्वेद के तैत्तिरीय शाखा की छह शाखाओं में से एक शाखा।

हिरण्यमय पुरुष = अग्निचयन समय स्थापित यज्ञपुरुष की सुवर्णमयी मूर्ति।

हिरण्यवर्णा = देखिये अरुंधती।

होता = सोमयाग के १७ ऋत्विजों में से होतृगण का प्रथम ऋत्विज्। यज्ञ में ऋग्वेद के मंत्रों से देवताओं का आवाहन करने वाला ऋत्विक्। इसके तीन सहायक – मैत्रावरुण, अच्छावाक, और ग्रावस्तुत्।

होत्रक = यज्ञ के होता का सहायक (मुख्य पुरोहितों के अतिरिक्त) ऋत्विक्।

* * *

वैदिक कर्मकाण्ड की परिभाषा
(वर्ग १ अ) परिशिष्ट

अग्नि (तीन भेद) = पृथ्वीस्थ को **पवमान**, अन्तरिक्षस्थ को **पावक** और द्युलोकस्थ को **शुचि** कहते हैं।

अतिच्छन्द = २४ से ४८ अक्षरों के वैदिक छन्द।

अथर्ववेद के ९ भेद = पैप्पल, दान्त, पदान्त, स्तौत, औत, ब्रह्मदायश, शौनकी, वेददर्शी और चरणविध।

अध्वर्युगण = सोमयाग के ४ ऋत्विग् गणों में से प्रथम गण। इस में अध्वर्यु, प्रतिप्रस्थाता, नेष्टा और उन्नेता नामक चार यजुर्वेदी ऋत्विज होते हैं।

अग्निष्टोम संस्था = अग्निष्टोम संज्ञक साम से 'संस्था' – अर्थात् समाप्ति होने वाला यज्ञ।

अग्निष्टोम साम = जिस साम द्वारा अग्निष्टोम संस्था की समाप्ति होती है वह अग्निष्टोम स्तोत्र होता है।

अग्निसत्र = सहस्र सुत्या वाला एक सत्र।

अचिर निर्मथितः (अग्निः) = यज्ञ विधि के चयन काल में निर्मथन करते हुए उखा (पतीलि, डेगची) में तत्काल ग्रहण किया हुआ अग्नि। यज्ञ व्यतिरिक्त लौकिक व्यवहार के निमित्त तत्काल ग्रहण किये हुए अग्नि को यह विशेषण नहीं लगता। (जैमिनीय न्यायमाला – माधवाचार्य १-४-१०)

अतिरुद्रयाग = ९ या ११ दिनों में होता है। इसमें ६१ या ७१ विद्वान होते है और २४१०४४१ आहुतियाँ दी जाती है।

अदिति इष्टि = चातुर्मास्य याग के साकमेध नामक पर्व में यह होती हैं। इसके देवता अदिति और द्रव्य चरु होता है।

अध्यूहनम् = भस्म या कोयले से यज्ञीय अग्नि को आच्छादित करना (जैमीनीय न्यायमाला १०-१-११)।

अध्वर्यु = यज्ञ में यजुर्वेद-मंत्रों के द्वारा होम आदि अनुष्ठान करने वाला ऋत्विक्। सोमयाग में अध्वर्युगण के चार ऋत्विजों में से प्रथम। (सोमयाग में कुल १६ ऋत्विज होते हैं।)

अनीकवती इष्टि = चातुर्मास्य याग के साकमेध नामक तृतीय पर्व के प्रारंभ में प्रातःकाल यह अनुष्ठान होता है।

अभिप्लव = गवामयन नामक संवत्सर सत्र के अन्तर्गत एक अहीन याग। अन्य याग है – **पृष्ठ्य** और **द्वादशाह।**

अभिषव = सोम का रस निचोड़ना। तीन प्रकार – महाभिषव – चार ऋत्विजों द्वारा किया जाता है, क्षुल्लकभिषव – एक ऋत्विज के द्वारा होता है और शुष्काभिषव।

अभिषेचनीय = राजसूय के अन्तर्गत एक सोमयाग।

अर्धिन् = गण के मुख्य ऋत्विक् की दक्षिणा से आधी दक्षिणा का अधिकारी। उदा. अध्वर्यु गण का प्रतिप्रस्थाता या उद्गातृगण का प्रस्तोता।

अनीकवान् = यज्ञीय अग्नि की एक संज्ञा।

अनुपदसूत्र = चतुर्थ सामसूत्र की संज्ञा।

अनुयाज = यज्ञ में प्रधान आहुतियाँ देने के बाद; बर्हि, नराशंस और स्विष्टकृत् निमित्त आहुति देना।

अनुवादक = यज्ञविधि में यजमान जब प्रायश्चित्त ग्रहण करता है तब उसके पातकों का उच्चारण करने वाला ऋत्विक्।

अनूबंध्या = सोमयाग में उदयनीया इष्टि के बाद, मित्रावरुण को अर्पण की जाने वाली गाय जो वंध्या होती है।

आधवनीय = यज्ञीय सोमरस से भरा हुआ कलश।

आंगिरसी = अथर्ववेद संहिता की अपरसंज्ञा।

आपस्तम्बी = तैत्तिरीय संहिता की खांडिकेय शाखा के पांच भेदों में से एक

आमिक्षा = उष्ण दूध में दही का अंश डालने पर फटे हुए दूध का घन अंश। उसके जलांश को 'वाणिन' कहते हैं।

आमिक्षा याग =चातुर्मास्य याग के अंगभूत वैश्वदेव पर्व का विशिष्ट प्रकार जिस में 'अमिक्षा' – फटे दूध का द्रवरूप भाग हविर्द्रव्य होता है।

आवटिक = वेदों की वाजसनेयी संहिता के १७ भेदों में से एक।

आश्वयुजी = गौतम धर्मसूत्र में कथित ४८ संस्कारों में से एक। आश्विनी पौर्णिमा को रुद्र (या पशुपति) देवता के प्रीत्यर्थ स्थालीपाक (भात की दो आहुतियाँ समर्पण करना)।

आसुरायणीया = सामवेद की एक शाखा।

आहुति = यज्ञ विधि में किसी देवता के प्रीत्यर्थ हवनकुण्ड में समर्पित तंडुल, घृत, समिधा आदि पवित्र पदार्थ।

आह्वरक = यजुर्वेद के १२ प्रमुख भेदों में से एक।

इच्छासूक्त = ऋग्वेद ९-११२ क्रमांक के सूक्त की संज्ञा।

इष्टि = पशु या सोम के अतिरिक्त हविर्द्रव्य से किया जाने वाला यज्ञ।

उक्थ्य = सप्त सोम संस्थाओं में से एक यज्ञ प्रकार। उक्थ्य नामक १५ साममंत्र के गान से समाप्त होने वाला सोम यज्ञ (सोमयाग की समाप्ति जिस साममंत्र से होती है उसी नाम से उस याग का व्यवहार होता है।)

उद्गातृगण = सोमयाग के चार ऋत्विग् गणों में से चतुर्थ गण। इस में उद्गाता प्रस्तोता, प्रतिहर्ता और सुब्रह्मण्य नामक चार सामवेदी ऋत्विज् होते हैं।

उपरव = ज्योतिष्टोम यज्ञ के हविर्धानमण्डप में सोमाभिषव करने के लिए स्थापित दो फलकों के नीचे चार दिशाओं में निर्मित चार पृथक् गर्त जो अंदर से मिले हुए होते हैं। वे पास में ही होते हैं।

उपवक्ता = देखिये प्रशास्ता। पशु याग में होता का सहायक।

उपसद् इष्टि = ज्योतिष्टोम के अंगभूत एक अनुष्ठान। सब मिलाकर छह उपसद किये जाते हैं।

उपसर्जनी = यज्ञीय पिष्ट को छानने के निमत्त गरम किया गया जल।

उपांग (वेदों के) = पुराण, न्याय, मीमांसा और धर्मशास्त्र।

ऋजीष = रस निचोडने पर रहे हुए सोम के पर्व।

ऋत्विक् = यज्ञ के लिए निमंत्रित यज्ञतंत्र का ज्ञाता वैदिक पंडित। चार प्रकार – होता, अध्वर्यु उद्गाता और ब्रह्मा।

ऋत्विगपोहनीय = एकाह सोमयाग का एक प्रकार। इस के तीन प्रकार – सर्वस्तोम, छान्दोमिक और वाचस्तोम।

एकाष्टक = पूर्णिमा के बाद आठवां दिन। माघ मास की एकाष्टका तिथि पुराने वर्ष के अन्त या नए वर्ष के प्रारंभ की तिथि मानी जाती है।

एकाहयाग = सामवेद विहित सोमयाग। कात्यायन श्रौतसूत्र में इनकी संख्या ७७ बताई गई है। ऋत्विज् लाल रंग के वस्त्र और उष्णीष (पगड़ी) धारण करते हैं। दक्षिणा की गौ काणत्व आदि दोषों से युक्त होती है और दान करते समय उसे कांटे से चुभाया जाता है।

ऐष्टिक वेदी = अग्निष्टोम याग की एक वेदी जिसमें आनुषंगिक इष्टियों का अनुष्ठान किया जाता है।

ओदन सव = एक विशिष्ट यज्ञ। इसमें वैश्य को दक्षिणारूप में हल-समर्पण होता है।

औखेय = तैतिरीय संहिता के दो प्रमुख भेदों मे से एक। अन्य भेद - खांडिकेय।

औत = अथर्ववेद के ९ भेदों में से एक

औद्ग्रभण होम = सोमयाग का अंगभूत एक अनुष्ठान।

औधेयी = तैतिरीय संहिता की खंडिकेय शाखा के पांच भेदों में से एक।

कठ = यजुर्वेद के १२ प्रमुख भेदों में से एक।

कपिष्ठलकठ = यजुर्वेद के १२ प्रमुख भेदों में से एक।

कल्प (पांच प्रकार) = नक्षत्रकल्प विधानकल्प, विधिविधानकल्प, संहिताकल्प और शांतिकल्प। इन पांच कल्पों के अनुसार अथर्ववेद का अध्ययन होता है।

कापाल = वाजसनेयी संहिता के १७ भेदों में से एक।

कालेयसाम = सामवेद का एक गान सूक्त। इसकी गणना ऋक्संहिता के समान दृष्ट वैदिक साहित्य में होती है।

कुन्तापसूक्त = अथर्ववेद की शौनक संहिता में २० वें कांड के अन्तर्गत १२७ वें सूक्त की संज्ञा। कुन्ताप शब्द का अर्थ = 'कुं पृथ्वीं पार्थिव विकारान् पापतापादीन् तापयान्ति दहन्ति इति'' – अर्थात् पापताप आदि पृथ्वी संबंधी दोषों का दहन करने वाला।

कूटसूक्त = (१) ऋग्वेद १,१६४ क्रमांक के सूक्त की संज्ञा।
(२) ऋग्वेद के आठवे मंडल का २९ वां सूक्त। इसमें मन्त्रों के देवताओं का निर्देश कूट शब्दों में किया है। सूक्त का विषय है विश्वेदेवों की स्तुति।

कृष्ण यजुर्वेद की प्रमुख शाखाएँ = चरक, कठ, प्राच्य कठ, कपिष्टल कठ, चारायणीय, वारायणीय, श्वेताश्वतर, औपमन्यव, मैत्रायणीय मानव, वराह, दुंदुभ, छागलेय, हरिद्रवीय, श्यायायन, श्याम, तैत्तिरीय, औखेय, खांडिकेय, आपस्तम्ब, भरद्वाज, हिरण्यकेशी, बौधायन, सत्यापाढ, आत्रेय, आलंबी, पलंग, कमल, तंडी, कलाप (या कलापी), तुंबरु, वैखानस, वाघूल, आग्निवेश्य, कौण्डिन्य, हारीत

कृष्ण यजुर्वेद संप्रति उपलब्ध चार शाखाएँ = तैत्तिरीय, मैत्रायणी, कठ और कपिष्ठल

कृष्णविषाण = मृगशृंग का एक यज्ञीय उपकरण, सोमयाग में यजमान इसीसे खुजलाहट मिटाता है।

कौकिली = सौत्रामणि याग का एक प्रकार। निर्वासित राजा या ब्राह्मण इसका यजमान होता है।

कौथुम (या कौथुमी) = सामवेद की विद्यमान तीन शाखाओं में से एक। अन्य दो – राणायनीय और जैमिनि) इसका प्रचार गुर्जर देश में अधिक है।

क्रमजटा = ऋग्वेद के आठ स्थानों (प्रकारों) में से सक्षम स्थान।

क्रमदण्ड = ऋग्वेद के आठ स्थानों (प्रकारों) में से अष्टम अर्थात् अंतिम स्थान।

क्रमपद = ऋग्वेद के आठ स्थानों में से छठवां स्थान।

क्रमपार = ऋग्वेद के आठ स्थानो (प्रकारों) में से पंचमस्थान।

खल्व = सामवेद की राणायनीय शाखा के नौ भेदों में से एक।

खांडिकेय = तैत्तिरीय संहिता के दो प्रमुख भेदों में से एक। इसके पांच प्रकार – आपस्तंबी, सत्यापाठी, बौधायनी, हिरण्यकेशी और औधेयी (अन्यप्रकार औखेय)

खिल = वाजसनेयी संहिता (शुक्ल यजुर्वेद) के अन्तर्गत २६ से ३५ तक अध्यायसमूह की संज्ञा।

गलन्तपद = ऋग्वेद संहिता के पद पाठ में पुनरुक्त पदों का पाठ नहीं होता। ऐसे वर्जित पदों की संज्ञा।

गांधर्ववेद = सामवेद का यह उपवेद माना जाता है। (इस नाम का कोई ग्रंथ उपलब्ध नहीं है।

गोसूक्त = ऋग्वेद के दशम मंडल में १९ वाँ सूक्त (मथित यामायन तथा भृगु और च्यावन भी इस सूक्त के द्रष्टा माने जाते हैं।

ग्रह = होतृमंत्र का उत्तरार्ध (देखिये होतृमंत्र)। आहुति का समर्पण ग्रह के उच्चारण के साथ होता है। होतृमंत्र का जप करते समय 'ग्रह' का उच्चारण नहीं करते।

घर्म = उबलते घी में मिलाया गया अजा का दूध। इसीको वाजसनेयी संहिता में संभार कहा है। यही **यज्ञशिर** कहा गया है।

चमस = यज्ञ के लिए सोमरस रखने का एक विशिष्टपात्र। यह औदुंबर, पीपल, बड़ आदि पवित्र वृक्षों के काष्ठ से बनाया जाता था।

चमू = सोमवल्ली से रस निकालने का एक पाषाणनिर्मित पात्र।

चरक = यजुर्वेद के १२ प्रमुख भेदों में से एक।

चरक = (१) यजुर्वेद की अति प्राचीन शाखाओं की संज्ञा।
(२) कृष्ण यजुर्वेदी ब्राह्मणों में चरकों की गणना होती है।
(३) अध्ययन के लिए यत्र तत्र संचार करने वाले छात्र।
(४) वैशम्पायन के नौ शिष्य.

चरण = छन्दोबद्ध रचना की एक पंक्ति। इसीको 'पाद' भी कहते हैं। समचरण विषमचरण, अर्धसम, इत्यादि छंदों के प्रकार, चरणों की संख्या के अनुसार होते हैं। प्रायः श्लोक में चार चरण होते हैं। त्रिपाद गायत्री तथा त्रिपाद अनुष्टुभ तीन चरणों के छंद हैं।

चरणविद्य = अथर्ववेद के ९ भेदों में से एक।

चरु = देवताओं का भक्ष्य। यह चावल, यव, नीवार, जैसे पदार्थ, दूध, घी, या बकरी के दूध में पकाकर बनाया जाता है। यज्ञ में ऋत्विक् चरु पकाने का कार्य करता है।

चर्चक = ऋग्वेद के आठ स्थानों (प्रकारों) में से तृतीय स्थान।

चर्चा = तालु और ओष्ठ की सहायता से दूसरें को श्रवण योग्य ऋग्वेद का अध्ययन।

चर्चा = ऋग्वेद के आठ स्थानों (अर्थात् प्रकारों) में से प्रथम स्थान

चषाल = यज्ञीय यूप पर स्थापित एक काष्ठमय आच्छादन। चषाल आटे से भी बनाया जाता है। (शतपथ ब्राह्मण = ५-२-१-६)

चात्वाल = यज्ञ के निरुपयोगी पदार्थों कों फेंकने के लिये यज्ञमण्डप में निर्मित गढ्ढा।

चिति = ईटों के पांच स्तर रखकर की गयी विशिष्ट रचना जिस पर यज्ञ की अग्नि स्थापना, पशुओं के अवयवों का हवन आदि सोमयाग की विधियां होती हैं। चिति के अनेक प्रकारों में से केवल श्येन चिति का ही प्रचार है।

चित्रेष्टि = अग्नि, सोम, त्वष्टा, सरस्वान्, सरस्वती, सिनीवाली, और इन्द्र इन सात वैदिक देवताओं के प्रीत्यर्थ एक यज्ञविधि।

चैत्रीयाग = सात पाक यज्ञों में एक।

छन्दस् = वेद के छह अंगो में से पांचवा अंग। 'यदक्षर – परिमाणं तच्छन्दः' इस लक्षण के अनुसार वेदमंत्रों के विशिष्ट अक्षरमाण को छंदस् कहा जाता है। वेदज्ञान के लिए मंत्रों के द्रष्टा ऋषियों और देवताओं के ज्ञान के साथ छंन्दोज्ञान भी अत्यावश्यक माना है। सात प्रमुख वैदिक छन्द = गायत्री, उष्णिक्, अनुष्टुभ्, बृहती, पंक्ति, त्रिष्टुभ् और जगती।

छंन्दोग = सामवेद की अपरसंज्ञा।

जटापाठ = वेदमंत्रों के पाठ की अष्ट विकृतियों में से एक।

जातवेदस-कल्प = ऋग्वेद के (१-९९) सूक्त की संज्ञा। यह सूक्त संकटहारक और कल्याणकारक माना जाता है।

जाबाल = बाजसनेयी संहिता के १७ भेदों में से एक

जैमिनीय = सामवेद की विद्यमान ३ शाखाओं में से एक। अन्य दो – कौमुथी और राणायनीय द्रविड़ ब्राह्मणों में इसका प्रचार है।

ज्येष्ठ सामिक व्रत = एक वैदिक व्रत। विशिष्ट वेदभाग का अध्ययन करने का अधिकार प्राप्त करने के लिये वैदिक छात्र इस व्रत का पालन करते थे।

ज्योतिष्टोम = त्रिवृत् पंचदश, सप्तदश, और एकविंश, इन चार स्तोमों को "ज्योतिस्" और ऋचाओं की आवृत्ति से संख्यावृद्धि करने को 'स्तोम' कहा है। सोमयाग को 'ज्योतिष्टोम' कहते हैं।

ताण्ड्य ब्राह्मण = सामवेद का एक ब्राह्मण। अपर संज्ञा- पंचविंश ब्राह्मण तथा महाब्राह्मण।

तामस यज्ञ = विधिहीन, अन्नदान विरहित, मन्त्रहीन, दक्षिणारहित और श्रद्धाविरहित यज्ञ (गीता १७-१३)

तुंबरु शाखा = कृष्ण यजुर्वेद की एक शाखा। इसको केवल व्याकरण ही उपलब्ध है।

त्रिपदागायत्री = तीन अनुष्टुभ् चरणों का वैदिक छन्द।

त्रिसुपर्ण = (१) महानारायणीयोपनिषद् के विशिष्ट मंत्रों की संज्ञा। (२) ऋग्वेद के दशम मंडल में ११४ वें सूक्त के ३४५ क्रमांक के मंत्रों की संज्ञा। वैदिक ब्राह्मणों के भोजनारंभ के समय त्रिसुपर्णमंत्रों का पाठ करने की प्रथा है।

त्रैधातवीय इष्टि = दर्श-पूर्णमास इष्टि के समान एक यज्ञविधि। इसमें तीन पुरोडाशों की एक हवि मानी जाती है।

दण्डपाठ = वेद-पाठ की आठ विकृतियों (अर्थात् पद्धतियों में से एक।

दधिग्रहपात्र = उदुंबर की लकड़ी से बनाया गया एक चतुरस्त्र पात्र। सोमयाग में दही (या सोम तथा आज्य) भरने के लिए इसका उपयोग होता है।

दाक्षविधि = यजमान की वैदिक कर्मों में कुशलता बढाने के लिए पौर्णिमा अमावस्या आदि तिथियों पर की जाने वाली चार या अधिक यज्ञविधियां

दाक्षायण यज्ञ = फाल्गुन पौर्णिमा से १५ वर्षों तक दर्श-पौर्णिमास इष्टि के साथ किया जाने वाला यज्ञ। यजमान की कर्मकुशलता बढ़ाना इसका प्रयोजन होने से इसे दाक्षविधि कहते हैं।

दान्त = अथर्ववेद के ९ भेदों में से एक।

दुर्गायज्ञ = दुर्गासप्तशती एवं दुर्गासहस्त्र नामावली के द्वारा ९ दिनों तक आहुतियां होती है। यह एक स्मार्त यज्ञ है।

देवपत्नी = विशिष्ट यज्ञीय मंत्रों की संज्ञा।

देवयज्ञ = गृहस्थधर्म के पंचयज्ञों में से एक। दैनिक वैश्वदेव विधि की अपर संज्ञा।

दोग्ध = महावीर पात्र के समान एक मृण्मय यज्ञीय पात्र। इसका आकार स्त्रुचा के समान किंतु दण्डहीन होता है।

द्यूतकर सूक्त = ऋग्वेद १०-३४ क्रमांकों के सूक्तों की संज्ञा।

द्रोणकलश = यज्ञीय वृक्ष के काष्ठ से निर्मित नौकाकार या वर्तुलाकार यज्ञ पात्र। द्रोण कलश में भरे हुए सोमरस को **शुक्र** कहते हैं।

द्वादशाह याग = सोमयाग का एक प्रकार। इसमें १२ सुत्याह (सोम का सवन और हवन करने के दिन) होते हैं। इसमें दिन १ में अतिरात्र; २-अग्निष्टोम, ३ से १० वें दिन में उक्थ्य, ११-अतिरात्र, १२ वें दिन अग्निष्टोम याग होता है।

धर्म = जैमिनि के मतानुसार यज्ञात्मक कर्म।

धाय्या = सामधेनी नामक ११ ऋचाओं में से ५ से १० क्रमांकों की ऋचाओं की संज्ञा।

ध्रुवस्थाली = यज्ञ के प्रातःसवन में ध्रुव नामक ग्रह से भरी हुई स्थाली।

ध्रुवाश्वकल्प = मानव गृह्यसूत्र में कथित सप्तपाकयज्ञों में अन्तर्भूत एक यज्ञविधि। आश्वयुजी नामक यज्ञ विधि के समान प्रस्तुत विधि उत्तम अश्वों की प्राप्ति के हेतु यह विधि होती थी। अश्वों की अभिवृद्धि के लिए नीराजना नामक एक विधि होती थी।

नक्षत्र कल्प = अथर्ववेद के अध्ययन के पांच कल्पों में से एक।

नक्षत्रेष्टि = (अपरसंज्ञा नक्षत्र सत्र या ज्योतिषाम् अयनम्) यजमान के जन्मनक्षत्र पर या वैशाखी अमावस्या के दिन इस सत्र का प्रारंभ होता है। (वैशाखी अमावस्या को चन्द्र प्रायः कृत्तिका नक्षत्र पर होता है।) इस में कुल ३७ यज्ञ होते है। प्रत्येक नक्षत्र के देवता के प्रीत्यर्थ प्रतिदिन यथाक्रम ये इष्टियाँ होती हैं।

नमक-चमक = देखिये रुद्राध्याय। नमक = शतरुद्रीय। चमक = वसोर्धारानुवाक

नाराशंसी = नायकों की प्रशंसा में कही गई वैदिक काव्यात्मक गाथाएँ।

नासदीय सूक्त = ऋग्वेद दशम मण्डल के अन्तर्गत १०-१२९ वें सूक्त की संज्ञा। इसका प्रारंभ 'नासदासीत्' शब्द से होने के कारण यह संज्ञा प्रचलित हुई। सृष्टि की उत्पत्ति का विचार इस सूक्त में सर्व प्रथम हुआ है।

निगद = (१) कृष्ण यजुर्वेद की अपर संज्ञा। (२) यज्ञविधि में यजुर्वेदीय 'होता' नामक ऋत्विक् द्वारा उच्चस्वर में उच्चारित मंत्रसमूह। (३) यजुर्वेद का गद्यमय भाग जिसका उच्चारण उच्च स्वर में होता है। विशिष्ट निगदों को 'सुब्रह्मण्या' कहते हैं।

निदानसूत्र = सामवेद के एक सूत्र की संज्ञा। इसमें सामगान के छंदों का विचार हुआ है। सायणाचार्य के मतानुसार पतंजलि इसके रचयिता हैं।

निविद = देवता के वैशिष्ट्यों का वर्णन करने वाले गद्यात्मक विशेषणों का समूह। यज्ञ विधि में होता निविदाओं का उच्चारण करता है। यह निगद का ही एक प्रकार है।

निविद्धानीय सूक्त = यज्ञ में विशिष्ट सूक्तों के पाठ में निविदाओं का समावेश होता है। तब उस सूक्त को यह संज्ञा प्राप्त होती है।

निरूढपशु याग = आहिताग्नि द्वारा इन्द्राग्नी देवता के प्रीत्यर्थ किया जाने वाला एक पशुयाग। यह याग छह महीनों के अंतर से करने का संकेत है। इसमें अध्वर्यु, ब्रह्मा, होता, आग्नीध्र, मैत्रावरुण और प्रतिप्रस्थाता नामक छह ऋत्विक् पौरोहित्य करते हैं।

निर्वाण = यज्ञीय देवता के लिए विशिष्ट प्रमाण में हविर्द्रव्य लेना। प्रत्येक देवता के लिए मंत्रोचार सहित चार मुट्ठी निवाप किया जाता है।

नैर्ऋत्य याग = चतुर्दशीयुक्त पौर्णिमा को निर्ऋति तथा अनुमति नामक तामसी देवताओं के प्रीत्यर्थ याग।

पक्षहोम = आपत्काल में प्रतिपदा से चतुर्दशी तक नियतकाल से पूर्व किये जाने वाले होम।

पंचजन = (१) देव, मनुष्य, गंधर्व, सर्प और पितर (ऐतरेय ब्राह्मण - ३-११)। (२) गंधर्व, अप्सरा, देव, असुर, राक्षस, (सायण-अथर्ववेदभाष्य ४-२३-१, (३) गंधर्व, पितर, देव, असुर, राक्षस, (यास्काचार्य)

पंचमवेद = इतिहास पुराण तथा महाभारत की सम्मान उपाधिरूप संज्ञा।

पंचम वेद = इतिहास का प्रशंसापर विशेषण (छांदोग्य उपनिषद)

पंचमहायज्ञ = ब्रह्मयज्ञ (अध्यापन), पितृयज्ञ (तर्पण), देवयज्ञ (वैश्वदेव), भूतयज्ञ (बलिप्रदान) और मनुष्ययज्ञ (अतिथि सत्कार)। इन्हींकी क्रमशः अहुत, हुत, प्रहुत, ब्राह्महुत और प्रशित संज्ञा है।

पंचवेद = सर्पवेद, पिशाचवेद, असुरवेद, इतिहासवेद, पुराणवेद। (गोपथ ब्राह्मण १-१-१०)

पंचशारदीय याग = पांच शरद ऋतुओं में यह याग होता है। इस में सत्रह सांड और गोवत्सरिया, मरुत देवता को समर्पण होते है।

पंचसूक्त = पुरुषसूक्त, श्रीसूक्त, पर्जन्यसूक्त, सूर्यसूक्त और देवीसूक्त।

पंचाग्नि = दक्षिणाग्नि, गार्हपत्य, आहवनीय, सभ्य और आवसथ्य । इन्हें **श्रौताग्नि** कहते हैं।

पंचौदन = ओदन (भात) के पांच प्रकार - क्षीरौदन, दध्योदन, मृद्गौदन, तिलोदन और घृतौदन।

पत्नीसंयाज = दर्शपूर्ण याग के अन्तर्गत एक विधि। इसमें देवों के साथ उनकी पत्नियों को भी हविर्भाग दिया जाता है।

पदपाठ = वेदों के संहितापाठ का पदविभाग। वेदमंत्रोक्त शब्दों के स्वरज्ञान में इसकी आवश्यकता मानी जाती है।

पद्धरणी = (पद् + हरणी) = एक यज्ञीय पात्र जो यज्ञ में सोमक्रय के समय चलाई गई गाय के सप्तम पद स्थान पर समर्पित घृत से भीगी हुई मिट्टी रखने के काम में आता था।

पदान्त = अथर्ववेद के नौ भेदों में से एक।

पन्नेजनी स्थली = सोमयाग के प्रातःसेवन के प्रारंभ में यजमानपत्नी जिसमें पानी भर कर लाती है उस घट की संज्ञा।

परिप्लु पात्र = दण्डहीन स्रुचा के समान एक यज्ञीय पात्र, जिसका उपयोग चमस में सोमरस भरने के लिए होता है।

परिहस्त = पुत्रप्राप्ति के लिए हाथ में मणि बांधने वाला। (अथर्ववेद- ६-८१-१)

पवमान ग्रह = देखिये पूतभृत।

पवमानेष्टि = पवमान अग्नि, पावक अग्नि और शुचि अग्नि,

इन तीन देवताओं के प्रीत्यर्थ होने वाले यज्ञ की संज्ञा।

पवित्रेष्टि = दस देवताओं के प्रीत्यर्थ आत्मशुद्धि की अपेक्षा से प्रधानयाग के साथ कुछ उपहोम करने की विधि।

पशुगायत्री = यज्ञीय पशु की हत्या के समय उसके कान में कहा जाने वाला मंत्र – "पशुपाशाय विद्महे। शिरश्छेदाय धीमहि। तन्नः पशुः प्रचोदयात्।"

पाकयज्ञ (या पाकसंस्था) = लौकिक विधि। (लौकिकानां पाकयज्ञशब्द :– आपस्तंब गृह्यसूत्र २-९) पाकयज्ञों की संख्या अनिश्चित है। उनमें मुख्य दो प्रकार – अग्निसहित और अग्नि विरहित होनी वाली विधियां। साधारणतया इसके सात प्रकार माने जाते हैं। वैखानस गृह्यसूत्र में, स्थालीपाक, अष्टका, अमाश्राद्ध, औपासन होम, श्रावणी, आग्रहायणी और चैत्री इन सात पाकयज्ञों का निर्देश किया है। (इनके अतिरिक्त सात हविर्यज्ञ और सात सोमयज्ञ होते हैं, जिन्हें हविःसंस्था और सोमसंस्था कहा जाता है।

पाकयज्ञ = (चार प्रकार) = वैश्वदेव होम, बलिगर्भ, नित्यश्राद्ध और अतिथि भोजन।

पाथिकृतीष्टि = दर्शपूर्णमासादि विहित नित्यकर्म का पालन न होने पर प्रायश्चित्तरूप यज्ञ। यह नैमित्तिक कर्म है।

पाद = देखिये चरण (छन्दशास्त्र)

पार्वण = (या स्थालीपाक) = गौतम धर्मसूत्र में कथित ४८ संस्कारों में से एक। पौर्णिमा और अमावस्या को व्रतस्थ रहकर दूसरे दिन प्रात की दो आहुतियाँ देना।

पारायण = संहिता का अखंडित पठन। दो प्रकार – प्रकृतिरूप और विकृतिरूप।

पाराशर्य = वेदों की वाजसनेयी शाखा के १७ भेदों में से एक।

पारिप्लव = यज्ञ समारोह में गाये जाने वाले राजस्तुतिपर आख्यानों की संज्ञा।

पारिप्लवाख्यान = अश्वमेध के सत्रकाल में सूतद्वारा यजमान राजा को प्रतिदिन एक वैदिक राजा का आख्यान सुनाया जाता है। दस आख्यानों का सत्र समाप्त होने पर उसी क्रम से एक वर्ष की अवधि में ३६ बार आवृत्तियां पूर्ण होती है। इसी आख्यान चक्र को पारिप्लवाख्यान कहते है।

पावमानी मंत्र = (१) पवमान अर्थात् यज्ञ में दशापवित्र से छाना जाने वाला सोमरस। इस पवमान से संबंधित वेद मंत्र। (२) ऋग्वेद के नवम मण्डल के सभी मंत्रों की संज्ञा।

पिण्डपितृयज्ञ = पितरों एवं देवों के प्रीत्यर्थ पिण्डदान युक्त यज्ञ। यह अमावस्या को होता है। अग्निहोत्री द्वारा गृह्याग्नि में यह यज्ञ होता है। यज्ञ करने की संभावना न होने पर मनु ने पितृतर्पण करने की सूचना दी है। (२-१२७)

पितृयज्ञ = पंच महायज्ञों में से एक। इस के दो भाग हैं, तर्पण और पिण्डदान।

पिज्वन = एक यज्ञीय पात्र। इसमें दूध रखा जाता है।

पुत्रकामेष्टि = पुत्रप्राप्ति की इच्छा से प्रेरित होकर अग्निहोत्री द्वारा, पत्नी के रजोदर्शन के छठे दिन दर्शपूर्णमास याग के तंत्रानुसार किया जाने वाला यज्ञ। इसमें अग्नि, वरुण, विष्णु, पृथ्वी, सोम और सूर्यासावित्री प्रमुख देवता होते हैं।

पुनराधान = किसी कारणवश अग्निहोत्र का व्रत खण्डित होने पर तीनों यज्ञाग्नियों की पुनः विधिपूर्वक स्थापना की विधि। इसी को **पुनराधेय** भी कहते हैं।

पुरुष नारायण = पुरुषमेध में मेध्य पुरुष की संज्ञा (शतपथ ब्राह्मण)

पुरुषसूक्त = ऋग्वेद दशममण्डल के अन्तर्गत ९० वां सूक्त। इसमें १६ ऋचाएँ है। तैत्तिरिय आरण्यक (३.१२) में १८ ऋचाओं का पुरुषसूक्त है। इसमें विश्वरूप परमात्रा का वर्णन है। पूजा, स्नान आदि विधियों में पुरुषसूक्त का पठन होता है।

पुरोडाश = तंदुल या यव के पिष्ट से समंत्रक विधिपूर्वक यज्ञहेतु बनाई हुई कूर्माकार तथा अश्वखुरप्रमाण मोटी रोटी। जितने कपालों पर (मिट्टी के पात्रों पर) पुरोडाश पकाया जाता है, तदनुसार सप्तकपाल, अष्टकपाल, एकादशकपाल, द्वादशकपाल आदि विशेषणों सहित उसका उल्लेख होता है।

पुरोनुवाक्या = यज्ञों में समर्पण योग्य हवि का ग्रहण करते समय होता के द्वारा उच्चारणीय ऋचा।

पूतभृत = आहवनीय पात्र में सिद्ध किया हुआ सोमरस दशापवित्र द्वार छान कर इस पात्र में रखा जाता है। अपरसंज्ञा है 'पवमान ग्रह'।

पूर्णाहुति = प्रधान होम के अंत में अध्वर्यु द्वारा मंत्राग्नि में समर्पित अखंडित घृतधारा। पूर्णाहुति के समय यजमानपत्नी यजमान की और यजमान अध्वर्यु की दाहिनी भुजा को स्पर्श करते हैं।

पूतभृत = दशापवित्र नामक ऊनी वस्त्र से छाने हुए सोमरस से भरा हुआ यज्ञीय पात्र।

पैप्पल = अथर्ववेद के नौ भेदों में से एक।

पोता = सोमयाग करने वाला तथा सोम स्तुतिपरक याज्यानामक मंत्रों का शुद्ध पाठ करने वाला एक ऋत्विक्।

पौण्ड्रवत्स = वेदों की वाजसनेनी संहिता के १७ भेदों में से एक।

पृथिसव = राजसूय में उत्तरवेदी से संबंधित कर्मों से विरहित एक इष्टि स्वरूप याग।

पृथ्वीसूक्त = ऋग्वेद – ५-८४, और अथर्व वेद १२-१-१ क्रमांकों के सूत्रों की संज्ञा।

पृषदाज्य = आज्य (धृत) और दही का हवनयोग्य मिश्रण। (पृषदाज्यधानी = स्रुचा नामक यज्ञीय पात्र की अपर संज्ञा।

पृष्ठसाम = सोमयाग के विशिष्ट प्रकार से गाये जाने वाले साममंत्र। छह प्रकार – बृहत्, वैरूप, वैराज शाक्वर और श्वैत। इन छह पृष्ठसामों का प्रयोग होने के कारण इस सोमयाग को **'पृष्ठ्यषडह'** कहते हैं।

प्रकृति-पारायण = ऋग्वेद संहिता के मंत्रों, मन्त्रपदों का तथा पदसंयोगों का पठन।

प्रकृतियाग = सभी वैदिक यज्ञों के आधारभूत या आदर्शभूत यज्ञ (१) दर्शपूर्णमास। (२) पशुबन्ध (३) अग्निष्टोम और (४) स्थालीपाक।

प्रणव = अकार, उकार, मकार और अर्धमात्रा स्वरूप एक मंत्रमय वैदिक ध्वनि अर्थात् ओम्। यही मंत्रराज कहलाता है। यही ईश्वर तथा प्रत्यगात्मा (अंतरात्मा) का वाचक है।

प्रतिप्रस्थाता = सोमयाग, पशुयाग जैसे महायज्ञों में अध्वर्यु का सहायक ऋत्विज्। इसकी योग्यता अध्वर्यु के समान होती है।

प्रतिहर्ता = सोमयाग में साममंत्रों का उपसंहार करने वाला एक उद्गाता।

प्रत्यधिदेवता = गृहयज्ञादि कर्मों में मुख्य देवता की बांयीं ओर स्थापित देवता।

प्रवरण = दर्शपूर्णमास, पशुयाग, सोमयाग आदि श्रौतयज्ञों में ऋत्विणों का वरण। इसमें प्रथम यजमान के प्रवर का निर्देश होने पर ऋत्विज के व्यावहारिक नाम का निर्देश करते हुए ऋत्विक्वरण होता है।

प्रवर्ग्य = अग्निष्टोमादि सोमयाग की एक विशिष्ट विधि जो दो-तीन दिनों तक दोबार होती है। इस विधि में प्रयुक्त मृत्पात्रों को भी प्रवर्ग्य कहते हैं।

प्रस्तोता = सोमयाग में साममंत्रों का प्रस्ताव (प्रारंभ) करने वाला उद्गातागण में से एक ऋत्विक्।

प्राचीनयोग्या = सामवेद की एक शाखा।

प्राच्यकठ = यजुर्वेद के १२ प्रमुख भेदों में से एक।

प्रांजलऋग्वेदविध = सामवेद की एक शाखा।

प्राणविद्या = 'प्राणो गायत्री'' (शतपथ ब्रा. ६-२-१-२४) के अनुसार गायत्री मंत्र की उपासना (गायत्री विद्या) की अपर संज्ञा।

प्रातिशाख्य = वेदों की प्रत्येक शाखा के मंत्रों का शुद्ध उच्चारण, पदाध्ययन, संधिनियमन, और स्वररक्षक का प्रतिपादन करने वाले वैदिक व्याकरणस्वरूप शास्त्रग्रंथ।

प्राशित्र = यज्ञ में हविर्भाग का समर्पण होने पर ब्रह्मा नामक ऋत्विक् को दिये जाने वाले अवाशिष्ट हवि की संज्ञा। इसका दान **प्राशित्रहरण** नामक गोकर्णाकार लघु खादिरपात्र से होता है।

प्रोक्त = वैदिक वाङ्मय का एक प्रकार। कुछ वेदशाखाओं तथा ब्राह्मण ग्रंथों का इसमें अन्तर्भाव होता है। वैदिक चरणों के संस्थापक ऋषियों तथा श्रौतसूत्रकारों द्वारा निर्मित वाङ्मय की संज्ञा।

प्रोक्षणी धानी = स्रुचासदृश यज्ञीय पात्र।

बहिष्पवमान = नौ ऋचाओं का साम। यज्ञविधि में इसका पांचों भागों सहित ऋत्विक् जन गायन करते हैं। साम के पांच भाग – प्रस्ताव, उद्गीथ, प्रतिहार, उपद्रव और निधन।

बहुधेय = वाजसनेयी संहिता के १७ भेदों में से एक।

बर्हिषद = एक पितृगण। अग्निहोत्रादि हविर्यज्ञ का व्रत पालन करने वाले गृहस्थों को यह अवस्था मरणोत्तर प्राप्त होती है। बर्हिषद 'कामरूपी' (स्वेच्छानुसार रूप ग्रहण करने वाले) माने गये हैं।

बह्वृच = (१) ऋग्वेद की अपर संज्ञा। (२) ऋग्वेद की एक शाखा जिसके भाष्यकार पतंजलि के मतानुसार २१ भेद थे। (सम्प्रति इस नाम की कोई ऋक्संहिता या ब्राह्मण नहीं है)

बृहती = सात वैदिक छंदों में से चौथा छंद। इसके प्रथमार्ध में १६ और उत्तरार्ध में २० अक्षर (कुल ३६ अक्षर होते हैं)। ३६ अक्षरों के कारण बृहती शब्द ३६ संख्या का द्योतक माना जाता है।

बृहस्पतिसव = यह एकाह सोमयाग केवल ब्राह्मणों के लिए विहित है। यह वाजपेय याग का एक भाग माना गया है।

बौधायनी = तैत्तिरीय संहिता की खांडिकेय शाखा के पांच भेदों में से एक

ब्रह्मगण = सोमयाग के ४ ऋत्विग्गणों में से द्वितीय गण। इसमें ब्रह्मा, ब्राह्मणाच्छंसी, आग्नीध्र और पोता नामक चार ऋत्विज होते हैं।

ब्रह्मणि हुत यज्ञ = श्राद्ध आदि ब्राह्मण भोजन सहित होने वाले श्रौत तथा स्मार्त कर्म।

ब्रह्मदायश = अथर्ववेद के ९ भेदों में से एक।

ब्रह्मयज्ञ = (१) अपनी परम्पराप्राप्त वेदशाखा का नित्य स्वाध्याय। (२) वेदवाङ्मय से संबंधित (संहिता, ब्राह्मण, आरण्यक, उपनिषद, वेदांग, महाभारत इत्यादि २१ ग्रंथों के प्रथम वाक्यों का पाठ कहना। यजुर्वेदी ब्रह्मयज्ञ में प्रथम और अंतिम वाक्यों का पाठ होता है। (३) तीन बार केवल ओंकार का उच्चारण करना।

ब्रह्मयज्ञ = वेदों का अध्ययन। पांच महायज्ञों में से एक। देखिये- ऋषियज्ञ।

ब्रह्मा = यज्ञ के ऋत्विजों में श्रेष्ठ ऋत्विज्। यह चारों वेदों का ज्ञानी तथा भृगु या अंगिरस के कुल में उत्पन्न एवं वसिष्ठ गोत्री होता है।

ब्रह्मोद्य = यज्ञ समारोह में होनेवाली शास्त्रचर्चा।

ब्रह्मोद्य = धार्मिक कूट प्रश्न। अश्वमेध या दशरात्र जैसे महायज्ञों में ब्रह्मोद्य एक आवश्यक भाग होता है।

ब्राह्मण = (१) ब्रह्म = वेदमंत्रों का ज्ञान देने वाले वैदिक ग्रंथ। (नपुंसक लिंग में ही इस शब्द का अर्थ ग्रंथ होता है।) मंत्र और ब्राह्मण दोनों को वेद कहा जाता है। (२) यज्ञों के कर्मकाण्ड का निवेदन करने वाले वैदिक ग्रन्थ।

ब्राह्मण सव = सोमयाग का एक प्रकार जो केवल ब्राह्मण ही कर सकते हैं।

मंथिपात्र = सोमरस का हवन करने के लिए उपयुक्त काष्ठपात्र। अपरसंज्ञा – ग्रहपात्र।

मधुमती ऋचा = ऋग्वेद प्रथम मण्डल के ९० वें सूक्त में ६, ७, ८ क्रमांकों की तीन ऋचाओं की संज्ञा। इन ऋचाओं का प्रारंभ 'मधु' शब्द से होने के कारण उन्हें यह संज्ञा प्राप्त

हुई। मधुपर्कपूजा तथा श्राद्धविधि में इन ऋचाओं का पठन होता है।

मनुष्य देव = शास्त्र के ज्ञाता विद्यासम्पन्न पुरुष। (शतपथ ब्राह्मण २-२-२-६) (विद्वांसो हि देवाः)।

महानाम्नी = (१) सामवेद के पूर्वार्चिक और उत्तरार्चिक के बीच की ऋचाएँ। इनके गायन को महानाम्नी साम कहते हैं। प्रस्तुत ऋचाएँ शक्वरी नामक छंद में होने के कारण उन्हें 'शाक्वरी' भी कहते हैं।

(२) ऐतरेय आरण्यक के विशिष्ट मंत्रों की संज्ञा। इनका अध्ययन प्रारंभ करते समय ब्रह्मचारी महानाम्नी नामक व्रत का पालन करता है।

महापवित्रेष्टि (या मृगारेष्टि तथा रहस्येष्टि) = अश्वमेध का एक अंगभूत होम। किसी महापातक से मुक्तता पाने के हेतु यह इष्टि होती थी। इसका सारा तंत्र दर्शपूर्णमास इष्टि के समान ही होता है।

महिषी-अश्व-सन्निवेश = अश्वमेध यज्ञ में पटरानी और मेध्याश्व के समागम की विधि।

माध्यन्दिन = (१) यजुर्वेद की वाजसनेयी संहिता (शुक्ल यजुर्वेद) की १५ शाखाओं में से एक प्रमुख शाखा। (२) महाराष्ट्रीय ब्राह्मणों की एक शाखा की संज्ञा।

मित्रविन्देष्टि (या महावैराजी इष्टि) = राष्ट्र तथा मित्रवर्ग की अनुकूलता प्राप्त करने के हेतु इस इष्टि का विधान किया है। इसमें दस देवताओं के प्रीत्यर्थ हवन होता है। (दस देवता – अग्नि, सोम, वरुण, मित्र, इन्द्र, बृहस्पति, सविता, पूषा, सरस्वती और त्वष्टा।) इस इष्टि का तंत्र दर्शपूर्णमासेष्टि के समान होता है।

मूरदेव = दस्यु लोगों का एक वेदोक्त विशेषण। इस शब्द का अर्थ मूढदेव अर्थात जिनके देवता मूढ (जारण, मारण आदि क्षुद्र कर्म करने वाले) होते हैं।

मृगारेष्टि = देखिये महापवित्रेष्टि।

मृत्युसव = एक विशिष्ट यज्ञ। इसमें यत्रमान को व्याघ्रचर्म के पादत्राण धारण करने पड़ते है।

मैत्रायणी = कृष्ण यजुर्वेद की चरक शाखा की एक उपशाखा की संज्ञा। मैत्रायणी संहिता में १८००० मंत्र हैं। इसका अंतिम भाग ही मैत्रायणी उपनिषद् (या आरण्यक) कहा जाता है।

मैत्रावरुण = पशुयाग में मित्र और वरुण के स्तुतिस्तोत्र कहने वाला होता का सहायक ऋत्विज्। देखिये-प्रशास्ता।

मैत्रावरुण = यज्ञविधि में होता का सहायक एक ऋत्विज् होता के अर्धप्रमाण में इसे दक्षिणा दी जाती है अतः इसे "अर्धी" कहते हैं।

मैत्रावरुण पात्र= मित्र और वरुण इन द्वन्द्व देवताओं के प्रीत्यर्थ, इस यज्ञीय पात्र में सोमग्रह संचित होता है।

मोक्षोत्सव = मार्गशीर्ष शुद्ध एकादशी से दस दिन तक वेदपठन का समारोह। तमिलनाडु में अनेक मंदिरों में इस उत्सव निमित्त प्रतिदिन यजुर्वेद के ८ प्रश्नों का पाठ होता है।

यज्ञ (के पांच अंग) = (१) देवता, हविर्द्रव्य, वेदमंत्र, ऋत्विक्, और दक्षिणा। (२) शास्त्रोक्तविधि, अन्नसंतर्पण, वेदमंत्र, दक्षिणा और श्रद्धा (भगवद्गीता)

यज्ञपंचक = (गीता में कथित) = द्रव्ययज्ञ, तपोयज्ञ, योगयज्ञ, स्वाध्याय, ज्ञान। (भगवद्गीता ४-२८)

यज्ञशिर = देखिये घर्म तथा प्रवर्ग्य।

यज्ञीय पात्र तथा अन्य सामग्री = स्रुव, प्रोक्षणी (या अग्निहोत्र हवणी), स्फ्य , कपाल, शूर्प, कृष्णाजिन, शम्या, जुहू, उपभृत्, ध्रुवा, मेक्षण, वेद, प्रणीता, इडापात्र, स्थाली (मदनी, अन्वाहार्यस्थाली, उक्थ्यस्थाली, आग्रयण स्थाली, आदित्यस्थाली इत्यादि प्रकार) यूप, स्वरू, स्वधिती (छुरिका), रशना, शुल्व, उपवेश, कारोतर, कृष्णविषाण, उष्णीष, वालस्राव, दीक्षितदण्ड, व्रतस्थाली, (व्रत गाय का दूध) पद्धरणी, ऊर्णास्तुका, आसंदी, महावीर दोग्ध्र (या पिन्वन), रौहिण हवनी, उपयमन, शफौ (या परीशास), धवित्र (कृष्णजिन का पंखा), निदान, अभ्री,, विघन (हथोड़ा), पर्शु, (अश्वपर्शु, अनडुत्पर्शु), अधिषवण फलक, वसतीवरी, वायव्यपात्र, (मैत्रावरुण ग्रह या अजकाव), आश्विन ग्रह, वैश्वदेव ग्रह आदि प्रकार); ऋतुपात्र, सोमस्थाली, परिप्लुपात्र, द्रोणकलश (यज्ञीयपात्र) पूतभृत, आघवनीय, चमस, कूर्च, दर्वी, वसोर्धारा। इनके अतिरिक्त उदुंबर, पलाश, तथा अश्वत्थ वृक्षों की समिधा, व्रीहि, यव, तिल आदि धान्य।

याज्या = यज्ञाहुति के समय हवन देवता की स्तुति के वेदमंत्र। याज्या मंत्रों में देवता का निर्देश मंत्र के उत्तरार्ध में होता है। इसका उच्चारण हवि के समर्पण के क्षण में होता है।

यायजूक = बारंबार यज्ञ करने वाला या यज्ञ करना ही जिसका स्वभाव हुआ है ऐसा आहिताग्नि पुरुष

यूपसूक्त = ऋग्वेद ३-८ क्रमांक के सूक्त की संज्ञा।

योजक = विवाहविधि के होमाग्नि की संज्ञा। (देखिये समुद्भव)

रहस्येष्टि = देखिये महापवित्रेष्टि।

राजनीष्टि = नेत्रदोष का निवारण करने के हेतु यज्ञविधि। इसमें अग्नि और सूर्य प्रधान देवता होते हैं।

राणायनीय = सामवेद की विद्यमान ३ शाखाओं में से एक। (अन्य दो – कौथुमी और जैमिनि)। यह शाखा महाराष्ट्र में प्रचलित है।

रात्रिसूक्त = ऋग्वेद के १०-१२७ क्रमांक के सूक्त की संज्ञा। दुष्ट स्वप्न देखने पर इसका पाठ होता है।

राष्ट्रभृध्दोम = **(राष्ट्रभृद्-होम)** = राष्ट्र की समृद्धि के निमित्त एक विशिष्ट होम। इसके कुल १२ मंत्र हैं। प्रत्येक मंत्र में दो स्वाहाकार होते हैं।

रामयज्ञ = इसमें पुरुषसूक्त अथवा "ओम् रां रामाय नमः" इस मंत्र से एक लक्ष या एकलक्ष साठ हजार आहुतियां दी जाती हैं। एक स्मार्त यज्ञ।

रुद्रयाग = इसके तीन प्रकार – (१) रुद्र, (२) महारुद्र, (३) अतिरुद्र। इसमें रुद्रसूक्त तथा शिवसहस्र नामावली से

हवन होता है।

रुद्राध्याय = कृष्ण यजुर्वेद की तैत्तिरीय (तथा अवांतर) संहिता के अन्तर्गत चतुर्थ काण्ड में नमक और चमक नामक पांचवे प्रपाठक के २२ अनुवादकों की संज्ञा। नमक में 'नमः' और चमक में 'च मे' इन शब्दों की वारंवार आवृत्ति होती है। इसी कारण उन अनुवादकों को नमक और चमक कहते हैं। (शुक्ल यजुर्वेद में भी 'रुद्राध्याय' होता है। (अपरसंज्ञा = शतरुद्रीय)

रौहिण = एक यज्ञीय पात्र। इस पर पुरोडाश तपाया जाता है।

लक्ष्मीनारायण-महायज्ञ = प्रातःकाल श्रीसूक्त और मध्याह्न में पुरुष-सूक्त से सव्वालाख आहुतियां ८, ९ या ११ दिनों तक दी जाती है।।

लक्ष्मीयज्ञ = श्रीसूक्त तथा लक्ष्मीसहस्त्रनाम से एक लक्ष आहुतियां ८ दिनों में दी जाती है।

लघुरुद्र (या रुद्र) याग = यह ५, ७ या ९ दिनों में संपन्न होता है। इसमें १६ या २१ विद्वान् होते हैं। आहुतियों की संख्या १९९२१ होती है।

लांगल यज्ञ = (लांगल = हल) हल चलाना प्रारंभ होने के पहले खेत में यह यज्ञ होता है।

लाट्यायन = सामवेदी राणायनी शाखा का अध्ययन करने वाले वैदिक की संज्ञा।

लौगाक्षि गृह्यसूत्र = काठक गृह्यसूत्र का अपर नाम।

वषट्कार = याज्या तथा अनुयाज्या नामक मंत्रों के अन्त में 'स्वाहा' के अर्थ में, पितरों के संबंध में 'वषट्' शब्द का सावेश उच्चारण। इस उच्चारण के साथ अध्वर्यु यज्ञ की आहुति समर्पण करता है। वषट्कार का उच्चारण दिन में ही करना चाहिये। इस मंत्र से यजमान के शत्रु पर आघात होता है।

वसतीवरी = धूप-छाया के संधिस्थान पर से लाया हुआ नदी प्रवाह का जल। वह जिस यज्ञीय पात्र में रखा जाता है उसे 'वसतीवरी' कहते है। सोमयाग के सोमसवन में इसी जल का उपयोग होता है।

वसाहोम हवनी = पशुयाग में हवनीय पशु के अवयव कुंभ में पकाने पर निर्माण हुए मांस रस की आहुति जिस स्रुचा से देते हैं उसकी संज्ञा।

वसिष्ठ यज्ञ = फाल्गुनी अमावस्या को होने वाला एक यज्ञ। इसमें दर्श और पौर्णिमासी इष्टियों के देवताओं को एक साथ आहुतियाँ दी जाती हैं।

वागम्भृणी सूक्त = ऋग्वेद दशम मण्डल के १२५ वे सूक्त की संज्ञा। इस में वाक्शक्ति के महत्त्व का वर्णन किया है।

वाजपेय = सप्त सोमसंस्था में एक महत्त्वपूर्ण सोमयाग की संज्ञा। वाज = अन्न। यज्ञमें सोमपान करने से अन्नलाभ होता है। अतः यह संज्ञा उत्पन्न हुई। तीन प्रकार - (१) आप्तवाजपेय, (२) कुरुवाजपेय और (३) संस्थावाजपेय। (शतपथ ब्राह्मण के अनुसार वाजपेय और बृहस्पतिसव में अभेद माना है।)

वातरशनाः = वेदकालीन विवस्त्र या दिगम्बर मुनियों की संज्ञा। इन्हीको श्रमण परम्परा के मूल पुरुष माना जाता है।

वामदेव साम = सामवेद का एक गान सूक्त। इसकी गणना ऋक्संहिता के समान 'दृष्ट' वैदिक साहित्य में होती है।

वालखिल्य = (१) अंगुष्ठप्रमाण ६० सहस्र ऋषियों के गण की संज्ञा। (२) ऋग्वेद के आठवें मण्डल के ४९-५९ क्रमांक के ११ सूक्तों की संज्ञा।

वासुरायणीया = सामवेद की एक शाखा।

वास्तुपुरुष = वास्तु (निवासस्थान) का अधिदेवता। वेदोक्त वास्तोष्पति नामक देवता की अपर संज्ञा।

वास्तुयज्ञ = (१) नवीन भवन की निर्मिति के निमित्त होने वाले पांच यज्ञविधि। (२) भोजन के पूर्व वास्तुपुरुष के प्रीत्यर्थ नैवद्य या आहुति का प्रदान।

वास्तुशांति = (या वास्तुशमन होम) वास्तुनिर्मिति का कार्य पूर्ण होने पर वास्तुदेवता की प्रसन्नता के निमित्त एक यज्ञविधि। इसके पश्चात् गृहप्रवेश होता है।

विकृति पारायण = विकृति के आठ प्रकार – जटा, माला, शिखा, रेखा, ध्वज, दण्ड, रथ और धन। इन आठ पद्धतियों में धनपारायण अत्यंत जटिल होता है। धनपाठी वैदिक पंडितों की सम्मानोपाधि है। उक्त आठ वेद-विकृतियों के पारायण की संज्ञा।

विधन = राजा तथा विद्वान ब्राह्मण ने गत प्रतिष्ठा प्राप्त करने के हेतु करने योग्य एक यज्ञ। इस का अनुष्ठान अग्निष्टोम के समान होता है।

विधानकल्प = अथर्ववेद के अध्ययन के पांच कल्पों में से एक।

विधिविधान कल्प = अथर्ववेद के अध्ययन के पांच कल्पों में से एक।

विजितीष्टि = शत्रु पर विजय प्राप्त करने के निमित्त वैमृध इन्द्र, अहोमुच इंद्र और इन्द्रियवान् इन्द्र देवता के प्रीत्यर्थ एक यज्ञ।

विरजा होम = संन्यास दीक्षा के पूर्व की एक हवन विधि। इसमें समिधा, आज्य और चरु इन हवनीय द्रव्यों की प्रत्येकशः ४० आहुतियाँ होती हैं। तथा अग्निहोम के सभी काष्ठपात्र अग्नि में समर्पित होते है।

विश्वजित् = गवाम् अयन नामक दीर्घसत्र (जो एकवर्ष तक चलता है) का एक अंशभूत यज्ञ। इस यज्ञ में सर्वस्व की दक्षिणा दी जाती है। रघु और हर्षवर्धन द्वारा सर्वस्व दक्षिणा दी जाने का उल्लेख है (रघुवंश, हर्षचरित)

वेदशाखा (औत्तराह) = नर्मदा के उत्तरविभाग में विद्यमान ४ वेद शाखाएं – माध्यन्दिनी, सांख्यायनी, कौमुथी और शौनकी

वृष्टिसूक्त = अथर्ववेद ४-१५ क्रमांकों के सूक्तों की संज्ञा।

वेद = यज्ञ-वेदी को स्वच्छ करने के लिए दर्भमुष्टि से बनाया गया गोवत्सचरणवत् पवित्र झाडू। यज्ञीय विधि के समय यह वेद यजमान पत्नी के हाथ में दिया जाता है। (इसीको

'वेदपरिवासन' कहते हैं।

वेददर्शी = अथर्ववेद के नौ भेदों में से एक।

वेदव्रत = गौतमधर्मसूत्र के अनुसार वेदाध्ययन करने वालों के चार व्रत (१) महानाम्नी, (२) महाव्रत, (३) उपनिषद और (४) गोदान।

वेदविकृति = जटा, माला, शिखा, रेखा, ध्वज, दण्ड, रथ, और धन इन आठ प्रकारों की वेदपाठ की पद्धतियों की संज्ञा। इनमें मन्त्रोक्त पदों का स्थानान्तर या अनुक्रम में परिवर्तन होने से यह संज्ञा प्राप्त हुई। मन्त्रों के पदपाठ और क्रमपाठ को 'विकृति नहीं माना जाता।

वेदशाखा दाक्षिणात्य = नर्मदा के दक्षिण विभाग में विद्यमान ४ वेदशाखाएँ – आपस्तंबी (यजुर्वेदीय); आश्वलायनी (ऋग्वेदीय) राणायनी (सामवेदीय); और पिप्पल (अथर्ववेदीय)

वेदार्थ के पांच प्रकार = अधिलोक, अधिज्योतिष, अधिविद्य, अधिप्रज और अध्यात्म (तैत्तिरीय उपनिषद के अनुसार)

वेदी = यज्ञविधि के लिये संस्कारित पवित्र भूभाग। विविध यज्ञों की वेदी का प्रमाण अलग अलग होता है।

वैधेय = वाजसनेयी संहिता के १७ भेदों में से एक।

वैनेय = वाजसनेयी संहिता के १७ भेदों में से एक।

वैमृद्धेष्टि = सोमयाग करने पर प्रत्येक पूर्णमासेष्टि के पश्चात् इन्द्र वैमृद्ध नामक देवता के प्रीत्यर्थ एक हवन।

वैश्यसव (या स्थपति सव) = वैश्यवर्णीय यजमान के द्वारा करने योग्य एक पशु याग।

व्रात्यधन = व्रात्यस्तोम में समर्पित दक्षिणा। कात्यायन के मतानुसार मगधदेश का मूर्ख मनुष्य, व्रात्यधन का अधिकारी माना गया है। (कात्यायन श्रौतसूत्र २२-४-२४)

शततृण्णा (या शतच्छिद्रा) = एक यज्ञीय स्थाली।

शतरुद्रीय होम = रुद्राध्याय के मंत्रों से हवन। (यह रुद्रानुष्ठानपद्धति के अनुसार होता है।)

शंकुवाक = यजमान के कल्याण निमित्त श्रौतयाग में कहे जाने वाले विशिष्ट मंत्र। अपर संज्ञा-निगद।

शस्त्र = (१) उदात्तादि स्वरहीन वेद मंत्र। (२) सोमयाग में सोम का यजन होने के पूर्व, हवनीय देवता की स्तुति में होता के द्वारा गाये जाने वाले मंत्रों की संज्ञा (३) यज्ञ में होता नामक ऋत्विक् द्वारा कहे जाने वाले मंत्र। आज्य, प्रउग, मरुत्वतीय, निष्केवल्य, वैश्वदेव, आग्निमारुत इत्यादि शस्त्र-नाम प्रसिद्ध हैं।

शाखारण्ड = स्वशाखा से अन्य वेदशाखा का अध्ययन करने वाला ब्राह्मण। (देखिये असदध्येता)

शाट्यायनीय = सामवेद की राणायनीय शाखा के ९ भेदों में से एक।

शांतिकल्प = अथर्ववेद के अध्ययन के पांच कल्पों में से एक।

शांतिकल्प = अथर्व परिशिष्ट का एक भाग।

शापमोचन सूक्त = अथर्ववेद के विशिष्ट सूक्त (२-७) की संज्ञा। इसमें शाप से मुक्तता मिलने की प्रार्थना है।

शामित्रशाला = यज्ञीय पशु मारने का कक्ष।

शिक्षा = वेदमंत्रों के निर्दोष उच्चारण का शास्त्र। यह प्रथम वेदांग (वेद पुरुष की नाक) माना गया है। शिक्षा के छह अंग – वर्ण, स्वर, मात्रा, बल, साम, और संतान। प्रत्येक वेद का स्वतंत्र शिक्षा ग्रंथ होता है। शिक्षा ही संसार का प्राचीनतम भाषाविज्ञान कहा जा सकता है।

शिल्प (या देवशिल्प) = यज्ञ में गाये जाने वाले शस्त्र अर्थात स्तोत्र।

शिश्नदेव = दस्यु लोगों का एक वेदोक्त विशेषण। शिश्न := लिंग को देव मानने वाले, लिंग पूजक।

शुक्रपात्र = बिल्वकाष्ठ से निर्मित एक यज्ञीय पात्र।

शुक्ल यजुर्वेद = (प्रमुख शाखाएँ) – जाबाल, बौधेय, काण्व, माध्यन्दिन, शापेयी, तापनीय, कपोल, परमावटिक, पराशर, वैणेय, कात्यायन, बैजवाप, इन १२ अनुपलब्ध शाखाओं के अतिरिक्त संप्रति उपलब्ध शाखाएँ – वाजसनेय और काण्व।

शूलगव = सात पाकसंस्थाओं के अन्तर्गत एक याग। इस में सात बैलों का (या अज, अथवा मेष) बलिदान होता था। रुद्र देवता के प्रीत्यर्थ यह याग किया जाता था। इस याग को ईशानवलि या चैत्री (चैत्रमास में होने के कारण) कहते हैं।

शुल्ब सूत्र = कल्पसूत्रों में अन्तर्भूत सूत्र ये शुक्ल और कृष्ण यजुर्वेद से संबंधित होते हैं। यज्ञों के विविध प्रकार के वेद कुण्ड के आकार, बनाने की प्रक्रिया, उनसे संबंधित रेखागणित आदि विषयों का प्रतिपादन शुल्ब सूत्रों में होता है।

शौनकी = अथर्ववेद के ९ भेदों में से एक।

श्मशान सूक्त = (या अंत्येष्टि सूक्त) = ऋग्वेद दशम मण्डल के १८ वें सूक्त की संज्ञा।

श्येन याग = सोमयाग का एक आभिचारिक प्रकार। इस यज्ञ की वेदी का चयन श्येन पक्षी के समान होता है। श्येनचयन को सुपर्णचयन या गरुडचयन कहते हैं।

श्रवणीय पार = ऋग्वेद के आठ स्थानों (प्रकारों) में से चतुर्थ स्थान।

श्रावक = ऋग्वेद के आठ स्थानों (प्रकारों) में से द्वितीय स्थान।

श्रीसूक्त = लक्ष्मी की स्तुति का वैदिक परिशिष्टात्मक सूक्त। चारों वेदों के श्रीसूक्त अलग अलग हैं। ऋग्वेद के पंचम मंडल का परिशिष्ट स्वरूप २५ मंत्रों वाले श्रीसूक्त का सर्वत्र प्रचार है। लक्ष्मी की उपासना में इसका विनियोग होता है।

श्रौतसूत्र = वैदिक आचारधर्म का प्रतिपादन करने वाले सूत्रबद्ध ग्रंथ। प्रत्येक वेद के श्रौतसूत्र अलग अलग होते हैं। कुल १४ श्रौतसूत्र ग्रंथों का प्रमाण्य श्रौत (अर्थात् वैदिक) कर्मकाण्ड में माना जाता है। श्रौतसूत्र का अन्तर्भाव कल्प नामक वेदांग में होता है।

श्रौताग्नि = दक्षिणाग्नि, गार्हपत्य, आहवनीय, सभ्य और आवसथ्य इन पंचाग्नियों की संज्ञा।

षडह याग = उत्तरायण के प्रारंभदिन से छह दिनों तक होने वाला यज्ञ। इसी षडह (छहदिन) के साथ संवत्सर सत्र (एकवर्ष तक चलने वाले यज्ञ) का प्रारंभ होता है।

षोडशि = षोडशी नामक सोमयाग में पंद्रह स्तोत्रों और शस्त्रों के अतिरिक्त गाया जाने वाला एक शस्त्र।

संज्ञपन = यज्ञीय पशु का श्वास निरोध करते हुए हत्या। संज्ञपन क्रिया शामित्रशाला में शमिताद्वारा होती है।

संज्ञानी इष्टि = समान जाति के लोगों का अन्तर्गत वैरभाव शांत होने के हेतु, अग्नि, सोम, इन्द्र, वरुण इन चार देवताओं के प्रीत्यर्थ दर्शपूर्णमास याग के समान एक यज्ञ।

संभार यजु = विशिष्ट यज्ञीय मंत्रों की संज्ञा।

संसृष्ट हवि = दधि, मधु, घृत, धाना और जल के मिश्रण से बनाया गया हविर्द्रव्य। पशुकामेष्टि में यह हवि प्रजापति को समर्पण किया जाता है।

संहिताकल्प = अथर्ववेद के अध्ययन के पांच कल्पों में से एक।

सत्याषाढी = तैत्तिरीय संहिता की खांडिकेय शाखा के पांच भेदों में से एक।

सत्र = (१) १२ से अधिक दिनों तक चलने वाली यज्ञ विधियां। (२) महापुरुषिया नामक असम प्रदेश के वैष्णव संप्रदाय का प्रार्थना घर।

सदस्य = वाजपेय यज्ञ का एक विशिष्ट ऋत्विक् जो अन्य १६ ऋत्विजों के कर्मों पर निगरानी रखता है। अन्य यज्ञों में सदस्य की योजना, वैकल्पिक होती है।

सनीहार = यज्ञसामग्री का संपादन करने वाले।

समन = ऋग्वेद में उल्लिखित एक उत्सव। (ऋ. १-४८-६। १-१२४-८)

समस्त होम = जय अभ्यतान और राष्ट्रभृद् इन तीन होमों की एक साथ विधि।

समस्य होम = प्रातर्होम और सायंहोम दोनों एक साथ सायंकाल में करना।

समिधा = यज्ञ में आहुति देने के लिए उपयुक्त पलाश, खदिर, पीपल, रुई, शमी, उदुंबर, आघाडा, दूर्वा और दर्भ के १०-१२ अंगुलिप्रमाण काष्ठखण्ड।

समिध्दवती = देखिये सामधेनी।

समिध्यमानवती = देखिये सामधेनी।

समिष्टयजु = इष्टि, पशुयाग, और सोमयाग की समाप्ति में विशिष्ट मंत्र के साथ तीन आज्याहुतियों की संज्ञा।

समुद्भव = उपनयन विधि के होमाग्नि की संज्ञा। (देखिये योजक)

सर्पवेद = (१) गोपथ ब्राह्मण (ग्रंथ) की संज्ञा (२) गोपथ ब्राह्मण में उल्लिखित सर्पविद्या की संज्ञा।

सर्वपृष्ठेष्टि = दर्श-पूर्णमासेष्टि के समान एक यज्ञ, जिसमें रथंतर इंन्द्र, बार्हत इन्द्र, वैरूप, वैराज इन्द्र, शाक्वर इन्द्र और रैवत इन्द्र नामक छह देवताओं के प्रीत्यर्थ एक ही पुरोडाश से हविर्दान होता है। इन्द्रियबल तथा ऐश्वर्य की कामना से यह इष्टि की जाती है।

सर्वारिष्टशांति = काकस्पर्शादि अशुभ घटना होने पर इन्द्रादि दिक्पालों के प्रीत्यर्थ एक यज्ञविधि।

सव = जिन यज्ञों के अंत में यजमान का विशिष्ट पद्धति से अभिषेक किया जाता है ऐसे सभी प्रकार के यज्ञों की संज्ञा। सोमरस, पुरोडाश, ओदन, पशुमांस, आदि का हवन, सव में होता है।

ससर्परी = (१) ऋग्वेद (३-५३-१५) में उल्लिखित (२) गायत्री मंत्र की एक संज्ञा।

साकमेध = कार्तिक या मार्गशीर्ष पौर्णिमा के समय दो दिन यह यज्ञ होता है। इसमें अनीकवती इष्टि, सांतपन इष्टि, गृहमेधीया, पूर्णदर्व्य, क्रीडनीष्टि, महाहविषेष्टि, पितृयज्ञ, त्र्यंबक हवि, आदित्येष्टि-नामक याग होते हैं। यह यज्ञ चातुर्मास्य याग का तृतीय पर्व होता है। "साकम् एधन्ते" इति अर्थात् इस में हवियों से देवता एकसाथ बढते हैं, अतः यह संज्ञा हुई।

साकं प्रस्थायीयेष्टि = तैत्तिरीय संहिता में उल्लिखित एक यज्ञ। अमावस्या के दिन यह यज्ञ होता है। विविध उदुंबर पात्रों में (साकं) = एक साथ सान्नाय (दूध और दही एकत्रित) लेकर उनका हवन इस याग में पशुवृद्धि के उद्देश्य से होता है। इसी कारण प्रस्तुत संज्ञा हुई है।

सांग्रहणी = अश्वमेध के प्रारंभ में चित्रा नक्षत्र पर सारी जनता के सहकार्य की कामना से यह इष्टि होती है।

सांग्रहणी दृष्टि = अश्वमेध के प्रारंभ में होने वाली इष्टि। यह चित्रानक्षत्र पर जनता की अनुंकूलता प्राप्त करने के उद्देश्य से की जाती थी।

सात्यमुग्र = सामवेद की राणायनीय शाखा के नौ भेदों में से एक।

सात्त्विक यज्ञ = फलांकांक्षा विरहित, विधियुक्त, और कर्तव्य बुद्धि से किया हुआ यज्ञ। (गीता १७-११)

सान्नाय्य = दूध और दही के मिश्रण से बना हुआ एक हविर्द्रव्य।

साम = "सा (ऋचा) च अमश्च इति" अर्थात ऋचा और गंधारादि स्वर। वेदों में विशिष्ट साम मंत्रों की अलग अलग संज्ञा रूढ है। जैसे – **ऋग्वेद मे उल्लिखित** – वैरूप, बृहत्, रैवत, गायत्र, भद्र इत्यादि। **यजुर्वेद में उल्लिखित** – साम, रथंतर, वैखानस, वैराज्य, वामदेव्य, शाक्वर, रैवत, अभीवर्त इ. **ऐतरेय ब्राह्मण में निर्दिष्ट साम** – बौधस, रौरव, अग्निष्टोमीय इ.। गेय वैदिक मंत्र।

सामधेनी = ऋग्वेद तृतीय मण्डल के २७ वें सूक्त की १ से ११ तक ऋचाओं की संज्ञा। श्रौतयज्ञ में अग्नि प्रदीप्त करते समय होता (एक ऋत्विक्) इन का पाठ करता है। प्रत्येक ऋचा के अंत में प्रणवोच्चार होता है। इनमें ४ थी ऋचा को "**समिध्यमानवती** और ११ वीं ऋचा को "**समिद्धवती**" कहते है। ४ से ११ तक की ऋचाओं को 'धाय्या' कहते है।

सामपंचक = साम-गान के पांच भाग – प्रस्ताव, उद्‌गीथ, प्रतिहार, उपद्रव और निधन।

सार्वसेनी यज्ञ = दर्श-पौर्णिमासेष्टि के देवता के प्रीत्यर्थ केवल पौर्णिमा को एकत्र होने वाला यज्ञ। संतति लाभ के हेतु यह याग विहित है।

सीतायज्ञ = (सीता = एक देवता - इंद्रपत्नी) एक श्रौत याग। इसमें सीता, यजा, सामा और भूति नामक देवताओं तथा इन्द्र, मरुत्, पर्जन्य, अशनि और भग देवों को स्थालीपाक की आहुतियाँ दी जाती हैं।

सुत्यादिन = सोमयाग के पांचवें दिन की संज्ञा। इस दिन प्रातःकाल, मध्याह्न और सायंकाल में सोमसवन होता है।

सुब्रह्मण्य = यज्ञ के ऋत्विजों में से एक। यह यज्ञ के निमित्त देवों का आवाहन करता है तथा सोमक्रय होने पर सोमशकट को खींच लाता है।

सुब्रह्मण्या = देखिये निगद

सुमनानामेष्टि = दर्शपौर्णिमासेष्टि का एक प्रकार।

सुरभिमतीष्टि = दर्श-पूर्णमास इष्टि का एक विशिष्ट प्रकार। इसमें सुरभि अर्थात् सुगंधी द्रव्यों का उपयोग अधिक मात्रा में होता है।

सोममण्डल = ऋग्वेद के नवम मंडल की संज्ञा।

सोम्यास = सोमयाग से स्वर्गप्राप्ति करने वाले पितरों का गण।

सोष्यन्ती होम = पुत्रजन्म के निमित्त होम।

स्तोत्र = उदात्तादि स्वरयुक्त वेदमंत्र।

स्तौत = अथर्ववेद के ९ भेदों में से एक।

स्थंडिल = उपनयन, यज्ञ, आदि विधि के निमित्त बनाया हुआ मिट्टी का चतुरस्र पीठ। इस पर लौकिक अग्नि की स्थापना होती है।

स्थालीपाक = गृहस्थ द्वारा पर्वदिन को करने योग्य एक यज्ञ। पौर्णिमा के स्थालीपाक में अग्नि और अग्निषोम प्रधान देवता होते हैं। और दर्श (अमावस्या) के स्थालीपाक में अग्नि और इन्द्राग्नि प्रधान देवता होते हैं।

स्रुक् (या स्रुचा, स्रुची) = धृत आदि द्रव पदार्थों की आहुति देने का दर्वी के समान एक यज्ञीय काष्ठपात्र। इसका मुख चंचू के समान होता है। तीन प्रकार – जुहू, उपभृत् और ध्रुवा। इनका निर्माण क्रमशः पलाश, अश्वत्थ और विकंकत नामक वृक्षों के काष्ठ से किया जाता है।

स्वधिति = एक खड्गरूप यज्ञीय उपकरण। इसी शस्त्र से अज, मेष, अश्व आदि यज्ञीय पशुओं का विशसन (हनन) करते थे

स्वयंकृत = (१) स्वयं यजमान द्वारा किया हुआ होम। (२) ऋत्विक्, पुत्र, गुरू, शिष्य, बंधु, भगिनीपुत्र, लोकनेता, तथा पत्नी, कन्या द्वारा किया गया होम।

स्वर्गसत्र = १२ दिनों में १२ इष्टियाँ इस सत्र में होती हैं। इन इष्टियों के दिवश्येन और अपाघा नामक दो भाग होते हैं। प्रत्येक इष्टि के देवता अलग होते हैं। इसमें दक्षिणा के रूप में स्त्रियों के अलंकारों का समर्पण होता है।

हरिहर महायज्ञ = इसमें प्रातःकाल में विष्णुयज्ञ और मध्याह्न में रुद्रयाग होता है। यह महायज्ञ ९ अथवा ११ दिनों में होता है।

हरियोजन याग = उन्नेता नामक ऋत्विक् द्वारा सोमरसयुक्त द्रोणकलश मस्तक पर उठाकर किया गया हवन।

हिरण्यगर्भसूक्त = ऋग्वेद १०-१२१ क्रमांक के सूक्त की संज्ञा।

होत्राग्नि = देखिये श्रौताग्नि।

होतृगण = सोमयाग के चार ऋत्विक गणों में से तृतीय गण। इसमें होता, मैत्रावरुण, अच्छावाक और, ग्रावस्तुत्, नामक चार ऋग्वेदी ऋत्विज होते हैं।

होतृमंत्र = विशिष्ट मंत्र-समूहों की संज्ञा। कृष्णयजुर्वेद में चतुर्होता, पंचहोता, षड्होता, (षड्-ढोता), सप्त होता, दश होता, इत्यादि संज्ञक मंत्र आते हैं। उन होतृमंत्रों में वाक्यों की संख्या पंच, सप्त इत्यादि संज्ञा के अनुरूप होती है। होतृमत्रों के उत्तरार्ध को 'ग्रह' कहते हैं।

★ ★ ★

वर्ग - २ – स्मार्त धर्मशास्त्र की परिभाषा

अकर्मकरणमंत्र = यज्ञविधि के समय जिनका किसी प्रयोजन के बिना उद्घोष होता है ऐसे वैदिक मंत्र।

अक्षतयोनि = वह कन्या जिसके साथ संभोग न हुआ हो।

अक्षता = पूजा का एक उपचार द्रव्य। महापूजा के अन्तर्गत अंगपूजा, आवरणपूजा आदि गौण पूजा के विधि अक्षतासमर्पण से ही होते हैं।

अक्षतारोपण = विवाह के अन्तर्गत एक विधि।

अक्षयनीवि = सदा के लिए दिया गया दान।

अक्षया चतुर्थी = मंगलवार की चतुर्थी तिथि।

अक्षय्य तृतीया = वैशाख शु. तृतीया। पुराणानुसार कृत या त्रेता युग का आरंभ दिन। यह एक अपिंडक श्राद्ध की तिथि है। भगवान् परशुराम की जन्मतिथि।

अक्षय्य नवमी = कार्तिक शु. नवमी। विष्णुपूजा का व्रत।

अक्षय्य फलावाप्तिव्रत = वैशाख शुद्ध तृतीया को कृत्तिका नक्षत्र होने पर एक व्रत।

अक्षरारंभ विधि = हिरण्यकेशी शाखा के ब्रह्मकर्म में पांच वर्ष के बालक को अक्षरों का परिचय देने का प्रारंभ करते समय यह विधि बताई गई है। होमविधि होने पर "ॐ नमः सिद्धम्" इन मातृकाक्षरों का लेखन सर्व प्रथम होता है।

अखंड द्वादशी = अश्विन शु. १२, अथवा मार्गशीर्ष शु. १२ तिथि का व्रत। व्रती लोग एकादशी को उपवास और द्वादशी को विष्णू पूजा करते है। (हेमाद्रिकृत व्रतखंड)।

अगम्या = समागम या संभोग के लिये निषिद्ध स्त्री। ब्रह्मवैवर्त पुराण के अनुसार, शूद्र को ब्राह्मणी, ब्राह्मण को शूद्र स्त्री, गुरुपत्नी, राजपत्नी, सपत्नमाता, माता, कन्या, बहू, सास, गर्भवती, भगिनी, भ्रातृजाया, भ्रातृकन्या, भगिनीकन्या, शिष्या, शिष्यपत्नी, भगिनीपुत्रकन्या और भ्रातृपुत्रकन्या अगम्या मानी गई है। (ब्र. वै. प्रकृतिखंड २७)।

अगस्त्य-अर्ध्यदान = एक व्रत। अगस्त्य तारका का उदय सूर्य के सिंहराशि प्रवेश के २१ दिन पश्चात् होता है और सूर्य का वृषभ राशि में प्रवेश होने के ७ वें दिन उस तारका का अस्त होता है। अगस्त्योदय होने पर सात दिन तक अर्ध्यदान करने का यह व्रत १७ वर्षों तक होता है।

अगस्त्यपूजा = एक व्रत। अगस्त्य के उदय के समय (वर्षा ऋतु के अंत में) अगस्त्यमूर्ति की पूजा और किसी एक फल के भक्षण का त्याग इस व्रत में होता है।

अग्निक्रिया = और्ध्वदैहिक संस्कार। मृत के शरीर का विधिवत् दहन।

अग्निज्वाला = ऋषिजनों को पीडा देने वाले पापियों को मरणोत्तर प्राप्त होने वाला एक नरक लोक। (वायु. पु. १०१-१४८)

अग्नितीर्थ = पुराणों में उल्लिखित छह तीर्थक्षेत्र। जो यमुना, गंगा, गोदावरी, सरस्वती, साभ्रमती और कुब्जाम्रका के तीरों पर माने जाते हैं।

अग्निदग्ध = दहन से जिनकी अंत्यक्रिया हुई ऐसे पितर। अन्य प्रकार – गाडना या जलसमाधि से अंत्यक्रिया होने वालों को अनग्निदग्ध कहा जाता था।

अग्निदान = शीतनिवारण के हेतु गरीबों के लिये अखंड अग्नि की व्यवस्था मठ मंदिरों में करना। (दानचन्द्रिका)।

अग्निप्रवेश = पति की चिता पर किसी विधवा का सती होना।

अग्निप्रवेश = स्वेच्छा से देहत्याग करने की विधि। आठ प्रकार – पतंगपात, हंसपात, भृगुपात, मुसलपात, वृषपात, विमानपात, शाखापात, और सिंहपात। (शांति पर्व ३५-१७। तीर्थविवेचनकांड लक्ष्मीधर कृत)। प्रायोपवेशन, पर्वतपतन, जलप्रवेश आदि अन्य मार्गों से स्वेच्छया देहत्याग होता है।

अग्निमुख = पवित्र ब्राह्मण।

अग्निष्वात्त = एक पितृगण, जिसकी संख्या ६४ हजार मानी गई है। व्याख्या – "यान् अग्निः एव दहन् स्वदयति ते अग्निश्वात्ताः" अग्नि जिनका दहन करते हुए स्वाद लेता है। (शतपथ ब्रा. २-६-१-७)। भागवत पुराण के अनुसार दक्षिण दिशा में सोमपद नामक प्रदेश में इनका निवास होता है। (भाग. ४-१-६३)।

अग्न्युत्सव = पुरी के जगन्नाथ मंदिर में माघ पौर्णिमा को होने वाला महोत्सव। उत्कल के महाराजा महाभाव गुप्त ययाति इस उत्सव के प्रवर्तक माने जाते हैं।

अंगदेवता = स्मार्त और पुराणोक्त कर्मों में मुख्य देवताओं से संबधित गौण देवता।

अंगन्यास = संध्यादि धार्मिक विधि में विशिष्ट मंत्रों का उच्चारण करते हुए दाहिने हाथ से शरीर के अंगों को स्पर्श करना और उस अंग में मंत्रोक्त देवता का न्यास (स्थापना) करना।

अंगपूजा = पूजनीय देवता के प्रत्येक अंग का निर्देश करते हुए उस अंग की पूजा करना।

अंगयाग = मुख्य याग का एक गौण याग। इसके पांच प्रकार – समिध्, तनूनपात्, इडा, बर्हि और स्वाहाकार, इन यज्ञ संबंधित वस्तुओं के निमित्त होते है।

अंगारक चतुर्थी = मंगलवार को आने वाली संकष्ट चतुर्थी। इस तिथिव्रत में केवल रात्रि में भोजन होता है।

अंगारक चतुर्दशी = मंगलवार को आनेवाली चतुर्दशी। एक तिथिव्रत।

अंगिरस कुल = एक वैदिक ऋषिकुल अंगिरा का संबंध अथर्व वेद से है। इस के कुल में ३२ ऋषियों की गणना होती है जिन में गर्ग, मांधाता, अंबरीष, कण्व, मुद्गल, वामदेव, दीर्घतमा आदि नाम प्रसिद्ध हैं।

अंगिरसकल्प = अथर्ववेद के एक भाग की संज्ञा।

अग्नौकरण = श्राद्धविधि में ब्राह्मण के हाथ पर या पवित्र अग्नि में चरू का समर्पण।

अग्रजन्मा = अग्र अर्थात् विराट् पुरुष के मुख से उत्पन्न। यह ब्राह्मण और ब्रह्मदेव की विशिष्ट संज्ञा है। ज्येष्ठ भ्राता को भी अग्रजन्मा कहते हैं।

अग्रदानी = पतित ब्राह्मण को श्राद्धविधि में दान देने वाला।

अग्रदानी = असमी ब्राह्मण, जो प्रेतदहन के समय मंत्रपाठ करते हैं और प्रेत के निमित्त दान का स्वीकार करते हैं।

अग्रदीधिषु (पु) = (१) विवाहित स्त्री से विवाह करने वाला (त्रैवर्णिक) पुरुष। (३) बडी बहन के विवाह के पहले विवाहित हुई स्त्री।

अग्रहार = (अग्रं =ब्राह्मणभोजनं। तदर्थं हियन्ते = राजधनात् पृथक्क्रियन्ते ते अग्रहाराः क्षेत्रादयः। (मानसार)। अर्थात् ब्राह्मणों के योगक्षेम निमित्त दिये हुए भूभाग पर बसा हुआ अध्यापननिष्ठ ब्राह्मणों का ग्राम। भारत के सभी प्रदेशों में ऐसे अनेक अग्रहार थे। काश्मीर में भट्टाग्रहार संज्ञा थी। सभी अग्रहार विद्याके केन्द्रस्थान थे।

अग्रिय = विष्णुपुराण में वर्णित एक सुनहरे रंग का पातालस्थ प्रदेश (विष्णु पु. २५-२-३)।

अघमर्षण = ऋग्वेद के दशम मंडल के पापप्रक्षालन सूक्त की एक संज्ञा (ऋग्वेद = १०-१९०) संध्यावन्दन तथा स्नान विधि के समय इस सूक्त का पाठ करते है। इस सूक्त के द्रष्टा का नाम अघमर्षण था।

अघमर्पण व्रत = तीन दिनों का एक प्रायश्चित्त स्वरूप व्रत। सभी पातकों (अघ) का परिमार्जन करने हेतु दिन में तीन वार जलाशय में डूबकी लगाते हुए अघमर्षण नामक ऋग्वेद के दशम मंडल के सूक्त का पाठ तथा जागरण आदि इस व्रत में होते हैं।

अघोर = वायुपुराण (३२-२९-७६) के अनुसार ३२ वें कल्प में धारण किया हुआ महेश्वर का अवतार। यह चतुर्मुख, अष्टभुज, मुंडमालाधारी, श्मशानवासी और मरुत्त दैत्य का संहारक माना गया है। भाद्रपद कृ. 14 तिथि को अघोरा चतुर्दशी कहते हैं। अघोरपंथी लोग इस दिन विशिष्ट शिवोपासना करते हैं।

अघोर = आगमान्त शैव संप्रदाय की उपास्य सदाशिव मूर्ति के पांच मुखों में से एक।

अंगत्रय (धर्म के) = आचार, व्यवहार और प्रायश्चित्त।

अचलदान = (अचल = पर्वत का दान) दानचंद्रिका के अनुसार किसी चतुरस्रमंडप में दर्भों पर धान्य, लवण, गुड, हेम (सोना), तिल, कार्पास, घृत, रत्न, रजत (चांदी), और शर्करा इन दस पदार्थों की पर्वताकार स्थापना करके उनका दान पर्वकाल में या मंगल विधि में देना पुण्यप्रद कहा गया है।

अचला सप्तमी = मार्गशीर्ष शु. ७ अथवा माघ शु. ७ को यह सूर्यव्रत होता है। शिवपार्वती इस के मुख्य देवता हैं। वसिष्ठ ऋषि ने सगर राजा की इन्दुमती नामक वेश्या को इस व्रत का पालन करने कहा था।

अच्छिद्र = श्राद्ध के समय ब्राह्मण 'अच्छिद्रं भवतु'' यह आशीर्वाद देते हैं जिसका यह भाव है कि श्राद्धादि कर्म दोषरहित हों। (छिद्र = दोष, न्यूनता)

अच्छोदा = बर्हिषद नामक पितरों की मानस कन्या। अमावसु नामक पितृगण के पुरुष से विवाह करने से वह योगभ्रष्ट एवं शापग्रस्त होकर मत्स्यगंधा (शंतनु की सत्यवती नामक पत्नी, व्यास ऋषि की माता) के रूप में पृथ्वी पर आयी।

अच्युत व्रत = पौष कृ. १ तिथि का एक वैष्णव व्रत।

अच्युतावास = (अच्युत = विष्णु) पीपल के वृक्ष का एक विशेषण।

अजएकपाद = एक वैदिक देवता। इसे अग्नि स्वरूप या रुद्र का एक रूप माना जाता है। (तैत्तिरीय ब्राह्मण- ३-१-२-८)

अजगरवृत्ति = स्वतः के लिये किसी प्रकार के कष्ट न करना। अनायास प्राप्त भोजन आदि विषयों का ग्रहण करना।

अजप = अनुचित ढंग से संध्योपासना करने वाला ब्राह्मण।

अजा = एक रहस्यमयी अष्टविद्याओं की देवता। इस का रूप १६ हाथ, पांव, ४ नख और १ सींग वाला माना गया है।

अजा एकादशी = श्रावण कृ. ११। पुराणकथा के अनुसार इस व्रत से हरिश्चंद्र को पूर्व ऐश्वर्य की प्राप्ति हुई।

अजादान = एक व्रत जो चैत्रमास में किसी शुभ दिन दशभुजा पार्वती की चंदनरेखा की प्रतिमा की ज्वालामुखी नाम से पूजा तथा तीन दिन नक्त भोजन से किया जाता है। तीसरे दिन पांच अजाओं (बकरियों) का दान यज्ञीय आज्य के लिये ब्राह्मणों को देते हैं।

अजित = (१) चाक्षुष मन्वन्तर में क्षीरसागर के मंथन निमित्त विष्णु का एक अवतार। भाग. पु. ८-६। (२) स्वारोचिष मन्वन्तर में तुषितापुत्र के रूप में विष्णु का अवतार (ब्रह्माण्ड पु. ३-३)। (३) असम, उग्रदृष्टि, सुनय, शुचिश्रवस्, केवल, विश्वरूप, सुदक्ष, मधुप, तुरीय और इन्द्रयुक्- नामक देवों का एक गण। (ब्रह्माण्ड पु. २-९-४६)।

अजिता = भवमालिनी देवी की अनुचरी देवता। (मत्स्य पु. १७९-७१)।

अजितागम = २८ आगमों में से एक शैवागम।

अजिनवासी = हिरन या बकरे का चर्म धारण करने वाला (ऋषि-मुनि) (शत. ब्राह्म- ३-९-१-१२)। मृगाजिन, व्याघ्राजिन, पवित्र माने जाते हैं। गजाजिन भगवान् शिव परिधान करते हैं। कृष्णाजिन यज्ञ में यजमान के लिए प्रशस्त माना जाता है। (ऐत. ब्रा. १-१-३)।

अट्टहास = वैवस्वत मन्वन्तर में हिमालय के अट्टहास नामक शिखर पर उत्पन्न एक शिवावतार।

अंडकटाह = भूः, भुवः, स्वः, महः, जनः, तपः और सत्यं इन सात लोकों की पुराणोक्त संज्ञा।

अतपस्क = तपस्वियों की निन्दा करने वाला।

अतल = पुराणों के अनुसार सप्त पातालों में चौथा पाताल जिसमें दैत्य, राक्षस, नाग निवास करते हैं। (भाग. पु. २-५-४०)।

अतिकृच्छ्र = 12 रात्रियों तक कठिन तपश्चर्या करने का व्रत।

अतिकृच्छ्र = पापक्षालन के लिये धर्मशास्त्रोक्त एक उपोषण व्रत। (मनु. ११-२१३।

अतिक्रुद्ध = तन्त्रशास्त्र का एक २८ अक्षरी या ३१ अक्षरी मंत्र। यह मंत्र निन्द्य माना गया है।

अतिथिधर्म = अभ्यागत का सत्कार करने का अधिकार।

अतिदेश = एक स्थान पर कहे गये धर्माचार का अन्य किसी कार्य में प्रयोग करना; जैसे प्रकृतियाग में विहित अंगों का विकृतियाग में प्रयोग होता है।

अतिपातक = पुरुष ने माता, कन्या या स्नुषा से तथा स्त्री ने पुत्र, पिता या श्वसुर से व्यभिचार करना (विष्णुधर्मोत्तर पु. ३४-१-२)।

अतिबला = देवमूर्ति के अभिषेक में उपयुक्त एक ओषधि। (मत्स्य पु. २६७-१४)।

अतिरुद्र = ११ महारुद्रों का अनुष्ठान।

अतिवर्णाश्रमी = वर्ण और आश्रम के धर्म नियमों के बंधनों से मुक्त। उच्चकोटि का संन्यासी महात्मा।

अतिवर्तन = मनुस्मृति में (८-२९०) कथित दस क्षम्य अपराधों में से एक। उदा. किसी कारणवश स्नान-संध्यादि नित्य विधि का पालन न होना।

अतिविजया = पुनर्वसु नक्षत्र की शुक्ल एकादशी। यह उपवास व्रत है।

अतिवृद्ध मंत्र = 4 सौ से 1 हजार तक वर्ण संख्या वाला आगमोक्त मंत्र जो सभी शास्त्रों में वर्जित माना गया है।

अत्यन्तवासी = गुरुकुल में आमरण निवास करने वाला विद्यार्थी।

अदत्तदान = देने पर भी जो दान नहीं माना जाता ऐसा भय, क्रोध, शोक, आदि के कारण दिया हुआ। घूस निमित्त, लाभ की अपेक्षा से, अपात्र व्यक्ति को पात्र मानकर दिया हुआ धनादि का दान 'अदत्त' माना गया है।

अदत्तपूर्वा = वह कन्या जिसकी सगाई न हुई हो।

अदारिद्र्य षष्ठी = दारिद्र्य निवारण के हेतु षष्ठी तिथि को उपवास-पूजा का व्रत। व्रतस्थ व्यक्ति एक वर्ष तक तेल, नमक का आहार वर्जित करता है।

अदिति = (१) संस्कार विधि में उपयुक्त गाय। (२) वेदों में देवों की, अष्ट वसुओं की, माता, विष्णु-पत्नी, इत्यादि स्वरूप में अदिति का उल्लेख हुआ है।

अदुःख नवमी = भाद्रपद शु. ९ तिथि। इस तिथि का विशिष्ट व्रत ९ वर्षों तक किया जाता है। व्रत की देवता है गौरी माता।

अद्भुत शांति = बोधायन गृह्यसूत्र में कथित एक हवनात्मक विधि। कौआ घर में घुसना, सर्पदंश होना, इत्यादि प्रकार के अशुभ दर्शन होने पर यह हवन विधि होता है। इसके प्रमुख देवता इन्द्र हैं।

अद्वैत = कुबेर-पुत्रस्वरूप भगवान् शिव का अवतार।

अधमर्ण = (अधम + ऋण) कर्जदार। उत्तमर्ण = साहूकार।

अधर्म पुरुष = भागवत पुराण (३-१२/४-८) के अनुसार ब्रह्मा के पृष्टभाग से उत्पन्न काल्पनिक पुरुष। इसके आप्त स्वजन = भार्या – मृषा। कन्या – माया। दंभ – पुत्र। दंभ और माया की मिथुनात्मक संतान = लोभ – निकृति, क्रोध – हिंसा, कलि-दुरुक्ति, मृत्यु-भीति, और निरय-यातना। इस रूपक में अधर्म का स्वरूप-लक्षण कहा गया है।

अधःशिरस् = (या अधोमुख) पुराणों के अनुसार फलज्योतिष पर उपजीविका करने वालों तथा निषिद्ध दान ग्रहण करने वालों को प्राप्त होने वाला नरक लोक। (विष्णु पु. २-६-४)।

अधिवासन = मूर्ति में देवता की प्राणप्रतिष्ठा करना।

अधिवासन = देवता मूर्ति की मंदिर आदि में पूजा के हेतु स्थापना करते समय हलदी, अक्षता, दधि, घृत, दूर्वांकुर, चंदन आदि द्रव्यों से संस्कारशुद्धि करना। इन संस्कार-द्रव्यों की संख्या २२ मानी जाती है।

अधिदैव (अधिदैवत) = किसी वस्तु की अधिष्ठात्री देवता। (पुरुषश्चाधिदैवतम्- भ. गीता)।

अधिविन्ना = वह स्त्री जिसके रहते हुए पति दूसरा विवाह करता है। मनु. ९-८०-८३)।

अधिवेदन = धर्मपत्नी के होते हुए दूसरी स्त्री के साथ प्रेमविवाह करना।

अधिवेत्ता = एक स्त्री होते हुए दूसरी से विवाह करने वाला।

अधोमुखजननशांति = बच्चे का जन्म अधोमुख होने पर यह विधि होती है। इस हवन में रुद्राध्याय और रुद्रसूक्त का पठन महत्त्वपूर्ण माना है।

अध्यावाहनिक = छह प्रकार के स्त्री धनो में एक प्रकार। वह धन जो स्त्री अपने पिता के घर से पति के घर को बिदा होते समय प्राप्त करती है। (अध्यावाहनं – पितृगृहात् पतिगृहगमनम्)।

अध्यासविधि = बहिरंग उपासना के चार प्रकारों में से एक। शिवलिंग, शालिग्राम आदि प्रतीकों में शिव, विष्णु आदि देवता को देखना (शिवगीता)।

अध्यूढा = देखिये अधिविन्ना।

अनग्नि = श्रौत और स्मार्त कर्मों से विरहित। अधार्मिक।

अनघाव्रत = मार्गशीर्ष व. ८ का एक काम्यव्रत। व्रतावधि = एक वर्ष। अनघ और अनघा नाम से स्थापित नारिकेल फल की पूजा इसमें विहित है। इसी तिथि को अनघाष्टमी कहते है।

अनघाष्टमी = मार्गशीर्ष व. ८। वासुदेव-लक्ष्मी की दर्भमय मूर्ति का पूजन करने का व्रत।

अनंगत्रयोदशी = मार्गशीर्ष शु. १३ से एक वर्ष तक

करणीय एक व्रत। इसमें वस्त्र पर कामदेव की प्रतिमा चित्रित कर उसका पूजन होता है।

अनरक-व्रत = हेमंत और शिशिर ऋतु का एक काम्य व्रत। (चतुर्वर्गचिंतामणि)।

अनवलोपन (अनवलोभन) = गर्भवती का गर्भस्राव न हो इस निमित्त दूसरे या तीसरे मास में यह संस्कार होता है।

अनंगदान व्रत = वेश्याओं का एक काम्य व्रत। रविवार को पुनर्वसु, पुष्य या हस्त नक्षत्र आने पर यह व्रत होता है। मर्यादा– १३ महीने।

अनंगव्रत = मार्गशीर्ष शु. १३ का काम्य शैव व्रत। व्रतावधि – एक वर्ष।

अनन्त-चतुर्दशी = भाद्र शु. १४। एक काम्य व्रत। अवधि – १४ वर्ष। फल – गतवैभव का लाभ। इसमें १४ गांठ के रेशमी डोरे का विशेष महत्त्व माना है। यह व्रत संप्रदाय से किया जाता है।

अनन्त-तृतीया = भाद्रपद, वैशाख या मार्गशीर्ष की शु. ४ को गौरी देवता का व्रत।

अनन्त-पंचमी = फाल्गुन शु. ५ का एक व्रत।

अनन्तफल सप्तमी = भाद्र. शु. ७ को सूर्यपूजा का व्रत। अवधि – एक वर्ष।

अनन्तव्रत = मार्गशीर्ष मास में मृगशीर्ष नक्षत्र पर करणीय एक काम्य व्रत। फल – पुत्रप्राप्ति। व्रतावधि – १ वर्ष।

अनाश्रमी = जीवन के चार आश्रमों में से किसी से भी संबंध न रखने वाला तथा किसी आश्रमधर्म का पालन न करने वाला।

अनिच्छा प्रारब्ध कर्म = प्रारब्ध कर्म का एक प्रकार। इन प्रारब्ध कर्मों के फल का भोग पाने की जीवात्मा को इच्छा नहीं होती।

अनुकल्प = धर्मशास्त्र में सभी वर्णों के लिये सजातीय (या सवर्णीय) स्त्री के साथ विवाह का सामान्य आदेश दिया है। यही ''**मुख्यकल्प**'' कहा जाता है। मुख्यकल्प से दूसरे प्रकार के सामान्य नियमों को 'अनुकल्प' कहते हैं। किन्तु ब्राह्मणादि चार वर्णीय, क्षत्रिय, क्षत्रियादि त्रिवर्णीय, वैश्य, द्विवर्णीय, और शूद्र सवर्णीय स्त्री से विवाह करें यह अनुकल्प (या गौणकल्प) कहा है। (२) ''यवाद्याभावे गोधूमाः'' (गेंहू) या ''मधुआदिअभावे गुडादयः'' इत्यादि-स्वरूप दूसरे प्रकार के अनुकल्पों को ''**प्रतिनिधिकल्प**'' कहते हैं। (वाचस्पत्यम्)।

अनुपधा = (उपधा – अधर्मजनक दोष) श्रद्धा, मनः प्रसाद इत्यादि गुण, जिनके प्रादुर्भाव से धर्माचरण करने की प्रवृत्ति होती है।

अनुपातक = चोरी, हिंसा, व्यभिचार आदि। मनुस्मृति में अनुपातकों के ३० प्रकार बताये है।

अनुप्रवचनीय = उपनयनविधि के अन्तर्गत एक होम।

अनुमति = एक यज्ञीय देवता। राजसूय यज्ञ में फाल्गुनी पौर्णिमा को इसके निमित्त इष्टि होती है।

अनुमरण = विधवा स्त्री का सती होना।

अनुयोक्ता = अध्यापक का एक प्रकार।

अनुमरण = पति का निधन अन्यदेश में होने पर, उसकी पादुका को हृदय से लगाकर साध्वी स्त्री ने अग्निप्रवेश करना। यह विधि ब्राह्मण स्त्रियों के लिये निषिद्ध माना था।

अनुमंत्रण = पूजादि धर्मकर्म करते समय अभिषेकादि विधि के अनुरूप मंत्रों का उच्चारण।

अनुवहस्कंध = पुराणों के अनुसार ग्रह और सप्तर्षि मंडल के बीच विद्यमान छठे वातस्कंध में प्रमुख स्कंध। (ब्रह्माण्ड पु. ३-५-८७)।

अनुष्ठान = धार्मिक संस्कारों या कृत्यों का प्रयोग।

अनुस्तरणी = कात्ययन श्रौतसूत्र के अनुसार प्रेत का दहन करते समय जिस गाय या बकरी के अवयव प्रेत पर रखे जाते थे उसकी संज्ञा। (२) वह गाय जिसका बलिदान अंत्येष्टि संस्कार में दिया जाता था।

अनृतव्रत = प्रतिज्ञा का पालन न करने वाला।

अनेक गोत्र = दो कुलों से संबंध रखने वाला, दत्तक पुत्र।

अनोदना सप्तमी = (ओदन = भात) चैत्र शु. ७ मी का एक व्रत। इसमें षष्ठी और सप्तमी दोनों दिन ओदन न खाते हुए केवल जल पीते हैं।

अनौरस = विवाहिता स्त्री से उत्पन्न न हुआ किन्तु पुत्र के रूप में स्वीकृत किया गया बालक।

अंतरिक्ष = पृथ्वी और स्वर्ग के बीच का स्थान जहां नक्षत्र तथा यक्ष, गंधर्वादि देव योनि संचार करते हैं। (वायुपुराण २३-१०७)।

अन्तःपट = दो व्यक्तियों (वधू-वर) के बीच में कपड़े का पड़दा।

अंतेवासी = शिक्षा ग्रहण करने के निमित्त गुरु के समीप रहने वाला विद्यार्थी।

अंत्यक्रिया (या और्ध्वदेहिक) = मरणोत्तर शरीर का दहन, करना या गाड़ना। (३ प्रकार) – मरणोत्तर क्रिया। खनन, दहन, और त्याग (अरण्य में) या नदीप्रवाह में विसर्जन।

अंत्यज = ग्राम के बाहर रहने वाली जातियों के लोग। चण्डाल, श्वपच (कुत्तों का मांस खाने वाले)। क्षत्ता (सारथि)। सूत, वैदेहिक, मागध और आयोगव, धोबी, चम्हार, नट, बुरुड, केवट, मेद, भिल्ल आदि लोक अंत्यज और अस्पृश्य माने जाते थे।

अन्त्यावसायी = अंत्यजों में भी अंत्यज माने गये हीन लोग। चाण्डाल पुरुष + निषाद स्त्री, शूद्र पुरुष + वैश्य स्त्री की संतान।

अन्त्येष्टि = मृत व्यक्ति के पुत्र आदि द्वारा उसके शरीर की अग्नि में आहुति देना अर्थात् अन्त्यक्रिया करना। (इष्टि- यज्ञ) इसमें मृतात्मा का शरीर ही हविर्द्रव्य होता है। यह कर्म श्रौत और गृह्य दोनों प्रकार का होता है।

अंधकार = पुराणों के अनुसार क्रौंचद्वीप के अन्तर्गत एक

वर्ष (प्रदेश)। (ब्रह्माण्ड पु. २-१९-७२)।

अंधकूप = एक नरक-लोक का नाम। शास्त्रविरुद्ध आचरण करने वाले, हिंसक लोग इस नरक में मरणोत्तर यातना भोगते हैं। (भागवत पु. ५-२६-१७)।

अंधतामिस्त्र = एक नरक का नाम। धर्मविरोधी आचरण करने वाले तथा परस्त्री और परधन का अपहार करने वाले पापी मरणोत्तर इस नरक में यातना भोगते हैं। (भाग. पु. ५-२६-९/३-३०-३३/)।

अंधिनी = भगवती ललिता के किरिचक्र के तिसरे पर्व में स्थित एक देवता।

अन्नकूट = कार्तिक शु. प्रतिपदा के दिन गोवर्धन पर्वत (मथुरा के समीप) की पूजा का उत्सव। गोवर्धन पर्वत का अपर नाम है अन्नकूट। भगवान् कृष्ण की मूर्ति के सामने विविध प्रकार के मिष्टान्न रखकर नैवेद्य समर्पण करना।

अन्नप्राश (प्राशन) = सोलह संस्कारों में से प्रायः छठे महीने में होनेवाला शिशु संस्कार जिस में बालक को विधिवत् अन्न खिलाया जाता है।

अन्नसंस्कार = देवताओं के निमित्त अन्न का समर्पण।

अन्वारोहण = पति की चिताग्नि पर पतिव्रता स्त्री द्वारा आरोहण। सती-गमन या सहगमन।

अन्वष्टका (या अन्वष्टक्य) = श्राद्ध विधि का एक प्रकार। भाद्रपद कृष्ण पक्ष में मघा नक्षत्र पर यह विधि होती है, जो पिण्ड-पितृयज्ञ के समान होती है। इस विधि में स्त्री पितरों को सुरा समर्पण करने का आदेश पारस्कर गृह्यसूत्र में (३-३) दिया है।

अन्वष्टका = पौष, माघ और फाल्गुन के कृष्ण पक्ष की नवमी तिथि। इस तिथि को होने वाले श्राद्ध आदि विधि को अन्वष्टक्य कहते है।

अन्वाहार्य = अमावस्या के दिन किया जाने वाला मासिक श्राद्ध। अमावस्या को मासिक पिण्डपितृयज्ञ के बाद, यह विधि होती है।

अन्वाहार्य पचन = पुराणोक्त एक विशिष्ट अग्नि का नाम। भागवत पुराण के अनुसार इस अग्नि से वृत्रासुर की उत्पत्ति हुई। (६-९-१२)।

अपकर्ष = श्राद्धादि धर्मशास्त्रोक्त कर्तव्य जिस समय पर करने का विधान स्मृतिग्रंथ में किया होता है, उसे पहले ही निपट लेना। उदा. मासिक श्राद्ध मरणोत्तर ग्यारहवे या बारहवे दिन करना।

अपज्ञात = माता-पिता से गुणदृष्ट्या हीन पुत्र।

अनुजात = पितुतुल्य गुणवान् पुत्र।

अतिजात = पिता से अधिक गुणवान पुत्र।

अपपात्रित = किसी बड़े पाप के कारण जिसे संबंधियों के साथ सामान्य पात्रों में भोजन करने नहीं दिया जाता।

अपरा एकादशी = वैशाख वद्य ११ तिथि। पुत्र-प्राप्ति के हेतु उपोषण व्रत। (पद्म पुराण उत्तर खंड, अ ५)।

अपराजिता = दुर्गादेवी, जिसकी पूजा विजयादशमी के दिन की जाती है।

अपराजिता सप्तमी = भाद्रपद शुद्ध ७ तिथि। चतुर्थी से इस व्रत का आरंभ होता हैं। व्रतावधि – एक वर्ष।

अपराध = देवता की पूजा अर्चा आदि में ३२ प्रकार के अपराध (असत्य भाषण, रोदन, कलह इ.) वराह पुराण में कहे हैं। वैष्णवों के लिये वे सभी वर्जनीय हैं।

अपराधशत व्रत = भविष्य पुराण अ. १४६ में एक सौ अपराध कहे हैं। उनके क्षालन के निमित्त, किसी सप्तमी या अष्टमी से अथवा द्वादशी या अमावस्या से इस व्रत का आरंभ होता है। व्रतावधि – एक वर्ष।

अपर्युषित = रातभर न रखा हुआ भोज्य पदार्थ।

अपविद्ध = धर्मशास्त्र में कथित १२ प्रकार के पुत्रों में से एक प्रकार का पुत्र, जिसे माता-पिता द्वारा त्याग होने पर दूसरे किसी ने गोद लिया हो। (मनु. ९-१७१)।

अपसव्य = दाहिने कंधे के ऊपर से जनेऊ को शरीर के वाम भाग पर रखना। (यज्ञोपवीत नित्य बायें कंधे के उपर से लटकता है)।

अपसव्य (प्राचीनावीत) = यज्ञोपवीत दाहिने कंधे पर रखना। श्राद्ध विधि में जनेउ अपसव्य होता है।

अपस्नान (१) स्नान किये हुए पानी में पुनः स्नान। (२) मृतक स्नान।

अपःस्पर्श = पूजा आदि धर्म कर्मों में कोई अपराध (देखिये) होने पर शुद्धिनिमित्त आंख, कान, मुख, को जलस्पर्श करना।

अपांक्त (अपांक्तेय, अपांक्त्य) = जाति से बहिष्कृत किये जाने के कारण जिस व्यक्ति को अन्य लोगों के साथ भोजन आदि व्यवहार में एक पंक्ति में बैठने का अधिकारी नहीं माना जाता। पापाचरण, रोग आदि कारण से भोजन की पंक्ति में बैठने के अयोग्य (मनु. ३-१६७)।

अपाप संक्रांति = एक काम्य व्रत जो किसी संक्रांति से प्रारंभ होता है। व्रतावधि – एक वर्ष।

अपामार्ग = एक पवित्र वनस्पति जिसका उपयोग यज्ञ, पूजा आदि कर्मों में होता है। (अघाडा – लौकिक नाम)।

अपुत्रिका = पुत्रहीन पिता की पुत्रहीन कन्या।

अपुष्पिणी = रजोदर्शन न होने वाली स्त्री, जो अभोग्य मानी गई है।

अपोशान = भोजन के पूर्व और अंत में मंत्रोच्चार सहित आचमन।

अप्रकाश = एक पुराणोक्त देवगण। यमराज इसके अधिपति हैं। (ब्रह्माण्ड ३-१-५२)।

अप्रतिष्ठ = चतुर्थ नरक का नाम। इस नरक में पडे हुए जीव नित्य भ्रमण करते हैं। (ब्रह्माण्ड पु. 4-2-150, 184)।

अभिमंत्रण = विशेष मंत्रों को पढ़कर वस्तु को संस्कारित करना।

अभिरूपपति = एक संस्कार जो परलोक में अच्छा पति प्राप्त होने के लिये किया जाता था।

अभिवादन = एक शिष्टाचार। ज्येष्ठ और श्रेष्ठ व्यक्ति से शुभ-आशीर्वाद प्राप्त करने की अपेक्षा से चरणस्पर्शयुक्त वंदन या नमन। **नित्य अभिवादन** – माता, पिता और गुरु को। **नैमित्तिक अभिवादन** – प्रवास से प्रत्यागमन, यशोलाभ आदि निमित्त ज्येष्ठ व्यक्तियों को और **काम्य अभिवादन** मंगल प्राप्ति की कामना से किया जाता है।

अभिवादनीय नाम = माता-पिता को अभिवादन करते समय पुत्र ने उच्चारणीय नाम, जो नामकरण संस्कार में रखा जाता है किन्तु व्यवहार में गुप्त रखा जाता है।

अभिश्रवण = श्राद्ध के अवसर पर बैठे हुए ब्राह्मणों द्वारा वेदमंत्रों का पाठ।

अभिषेक = पूजा विधि में देवता पर जल सिंचना।

अभिषेक के प्रकार = मूर्धाभिषेक, राज्याभिषेक, यौवराज्याभिषेक, पुष्याभिषेक, पट्टाभिषेक, पुनरभिषेक, देवाभिषेक, अमृताभिषेक। वज्रयान बौद्ध संप्रदाय में सात प्रकार के अभिषेक – उदकाभिषेक, मुकुटाभिषेक, पट्टाभिषेक, वज्रघंटाभिषेक, वज्रव्रताभिषेक, नामाभिषेक और अनुज्ञाभिषेक।

अभिषेक मंत्र = स्वर्णधर्मानुवाक, महापुरुषविद्या, पुरुषसूक्त, सामनीराजन आदि की संज्ञा। पूजा में इन मंत्रों सहित सुगंधित जल से देवतामूर्ति का अभिषेक होता है। षोडशोपचार पूजा में अभिषेक एक उपचार है।

अभीष्ट तृतीया = मार्गशीर्ष शु. ३ को करणीय एक तिथि व्रत। **इसमें गौरी माँ की पूजा प्रमुख है।**

अभीष्ट सप्तमी = एक तिथिव्रत। किसी भी मास की शुद्ध सप्तमी से इस व्रत का आरंभ होता है।

अभ्यंग (मांगलिक) स्नान = शरीर को सुगंधि द्रव्य तथा तेल से मर्दन करने पर उष्णोदक से स्नान। मंगल कार्य के प्रारंभ में अभ्यंग स्नान आवश्यक होता है।

अभ्युक्षण, अवोक्षण और प्रोक्षण = पवित्र जल से सिंचन। – श्राद्ध विधि में पुष्प, दर्भ आदि पर अभ्युक्षण दहिने (पलटे) हाथ से होता है। – स्थंडिल पर स्थापित अग्नि में अवोक्षण बांये (तिरछे) हाथ से होता है। और – भोजन परोसने पर प्रोक्षण तुलसीदल से होता है।

अभ्युक्षण = धर्मविधि में अभिषेक या सिंचन द्वारा संस्कार।

अभ्युत्थान = किसी के सम्मान में अपने आसन से उठना।

अभ्युपपत्ति = भाई की विधवा पत्नी का नियोगविधि द्वारा गर्भवती होना।

अंबिका = पुराणों के अनुसार रुद्रपत्नी तथा विनायक माता (भागवत ३-१२-१३)। जलाशय निर्माण के समय इस देवता की पूजा होती है। (मत्स्य पु. ५८)।

अंबिकाव्रत = आषाढ शु. १४ को उपवास और पौर्णिमा को प्रातः अंबिका की पूजा करना।

अंबिकाहृदय = एक विशिष्ट मंत्र पाठ। मद्यपान के पातक का प्रक्षालन करने हेतु इस मंत्र का जाप कहा गया है।

अंबुवाची = असम प्रदेश में प्रसिद्ध कामाख्या देवी का आषाढ शुक्लपक्ष में एक उत्सव। इसमें तीन दिनों तक कामाख्या देवी के रजोदर्शन का काल माना जाता है। चौथे दिन मंदिर का दरवाजा खोलकर देवी के रजोदर्शन का प्रतीक लाल कपडा भक्तों को समर्पण करते है।

अमुक्ताभरण सप्तमी = भाद्रपद शु. ७ तिथि। स्त्रियों का तिथिव्रत। शिवपार्वती की आराधना प्रमुख।

अमृताभिषेक = मंगल कार्य में यजमान दंपती का विशिष्ट मंत्रोच्चार सहित अभिषेचन।

अमोघाक्षी = एक देवता का नाम।

अय = पूर्वजन्म के सत्कर्म।

अयनव्रत = उत्तरायण का प्रारंभ होने के दिन का एक काम्य व्रत।

अयाचित व्रत = याचना किये बिना मिला हुआ भोजन ग्रहण करना, अन्यथा उपवासी रहना।

अरण्य = नित्य अरण्य में निवास करने वाला दसनामी संन्यासी। (मठाम्नाय)।

अरण्य द्वादशी = एक वैष्णव व्रत। चैत्र, श्रावण या मार्गशीर्ष की शुद्ध एकादशी से एक वर्ष तक व्रतावधि। इस व्रत की पारणा अरण्य में होती है।

अरण्यषष्ठी = ज्येष्ठ शु. षष्ठी का पुत्रप्राप्ति निमित्त एक काम्यव्रत। अपर नाम स्कंध षष्ठी।

अरण्यायन (अरण्ययान) = वानप्रस्थ आश्रम में प्रवेश।

अरुंधती व्रत = चैत्र शु. 3 को प्रारंभ होने वाला स्त्रियों का व्रत।

अर्कविवाह = तीसरा विवाह अशुभ माना गया है। अतः तीसरी स्त्री से विवाह करने के पहले अर्क (मंदार वृक्ष) से विवाह करने का विधान है।

अर्कसप्तमी = उत्तरायण के किसी शुक्ल पक्ष में रविवार की सप्तमी से प्रारंभ होने वाला सूर्योपासना का व्रत। (पद्म पुराण- ५,७५,८६-१०६)।

अर्कसंपुट सप्तमी = फाल्गुन शु. सप्तमी। एक सूर्यव्रत। कालावधि – २ वर्ष।

अर्काष्टमी = रविवार की शुद्ध अष्टमी को प्रारंभ होने वाला शिव-पार्वती उपासना का व्रत।

अर्घ्य = देव, पितर, तथा वन्दनीय अतिथि को दूर्वा, पुष्प इत्यादि विविध पवित्र द्रव्यों सहित एक अंजलि उदक का समर्पण। यह षोडशोपचार पूजा का चौथा उपचार है।

अर्घ्यपात्र = पत्र, वनस्पति, शंख, शुक्ति अथवा उत्तम धातु का बना हुआ पूजा का पात्र।

अर्चन (पूजा) के आठ अधिष्ठान = प्रतिमा, स्थंडिल, अग्नि, सूर्य, जल, हृदय, गौ और ब्राह्मण। इनमें प्रथम अधिष्ठान श्रेष्ठ है, उसके अभाव में अन्य अधिष्ठान यथाक्रम ग्राह्य माने हैं। (भागवत पु. १०-८४-३७)।

अर्थकर्म = कर्ता में 'अपूर्व' की निर्मिति करने वाला कर्म। उदा. अग्निहोत्र, दर्शपूर्णमास, प्रयाज आदि। तीन प्रकार – नित्य, नैमितिक और काम्य।

अर्धकृच्छ्र = एक प्रायश्चित्त व्रत। प्रथम चार दिन एकभुक्त रहकर दो दिन संपूर्ण उपवास।

अर्धनारीश्वर = शिव और पार्वती के संयुक्त स्वरूप की मूर्ति। भारतीय शिल्पकला, तत्त्वज्ञान तथा साहित्य में इस ईश्वर स्वरूप का दर्शन होता है।

अर्धलक्ष्मीहरि = शैवों के अर्धनारीश्वर के समान वैष्णवों की उपास्य देवता।

अर्धश्रावणिक व्रत = श्रावण शु. प्रतिपदा से एकभुक्त रहना। व्रतावधि – एक मास।

अर्धिक = ब्राह्मण द्वारा संस्कारित वैश्यपुत्र। (पराशर स्मृति)।

अर्धोदय पर्व = पौष या माघ मास की अमावस्या के दिन रविवार, श्रवण नक्षत्र और व्यतीपात का योग आना। इनमें एक योग न आने पर 'महोदय पर्व' कहा जाता है। इस पुण्य पर्व पर विशिष्ट व्रत करते हैं।

अर्यमा = (१) परमात्मा की पितृस्वरूप विभूति। (गीता १०-२९)। (२) १२ आदित्यों में एक। (३) एक देवता जिसकी पूजा गृहनिर्माण के समय होती है।

अलका = आठ से दस वर्ष तक की आयुवाली कन्या।

अलक्ष्मी = अपरनाम – ज्येष्ठा। पुराणों के अनुसार देवी लक्ष्मी की ज्येष्ठ भगिनी। पौष पौर्णिमा को अलक्ष्मी-नाशक स्नान करते हैं।

अलवण तृतीया = वैशाख, भाद्रपद और माघ शु. तृतीया। इस व्रत में आहार में नमक वर्जित है।

अवकीर्णी = ब्रह्मचर्य व्रत भंग करने वाला विद्यार्थी। (मनुस्मृति - ३-१५५)।

अवकृष्ट = झाडना-बुहारना आदि क्षुद्र काम करने वाला नौकर। (मनु. ७-१२६)।

अवक्षारण = उपनयन संस्कार के अन्तर्गत एक विधि, जिस में गुरु अपनी अंजलि में भरा हुआ जल शिष्य की अंजलि में छोड़ता है।

अवटनिरोधन = २८ नरकों में एक नरक लोक का नाम। किसी को कोठडी में अकारण बंद करने वाले पापियों को यह नरक प्राप्त होता है। (भागवत पु. ५-२६-७)।

अवतार = सज्जनों का परित्राण, दुर्जनों का संहार, तथा धर्म संस्थापना इन तीन प्रयोजनों से देवता या परमात्मा का देहधारण। गीता के अनुसार युग युग में परमात्मा-अवतरण इहलोक में होता है। (गीता. ४-८.८)। सामान्य जीवों के समान अवतार कर्मवश या प्रकृतिवश नहीं होता। उसका प्रकृति पर स्वामित्व होता है। यही जीव और अवतार में भेद है। पुराणों में मत्स्य, कूर्म, वराह, नृसिंह, वामन, परशुराम, राम, कृष्ण, बुद्ध और कल्कि नाम १० अवतार निश्चित किये हैं।

अवतार = विविध प्रकार – अंशावतार, पूर्णावतार, नित्यावतार, गुणावतार, विभवावतार, सत्त्वावतार, अर्चावतार, अन्तर्यामी अवतार, लीलावतार (कल्पावतार), मन्वन्तरावतार, युगावतार, आविष्टावतार, (कुल १२)।

अवतार = विविध प्रकार – गर्भावतार, पतितावतार (किसी मृतदेह में प्रवेश करना), अवरदृश्यावतार, परदृश्यावतार, उभयदृश्यावतार, (यही अवतार जीवों का उद्धार करता है।)

अवतारवाद = मानव जाति का विशिष्ट परिस्थिति में कल्याण करने के लिए साक्षात् परमात्मा मानवरूप में लोकोत्तर गुणों से संपन्न होकर प्रकट होते हैं। यह मत वैदिक-अवैदिक सभी संप्रदायों में मान्य है। अलौकिक सद्‌गुणों से संपन्न सत्पुरुषों को तत्समान प्राचीन विभूति का अवतार सर्वत्र मानते हैं। पुनर्जन्मवाद में जीव के तथा अवतारवाद में ईश्वर के अनेक जन्म माने जाते हैं।

अवधूत = वर्णाश्रमधर्म के बंधनों से मुक्त होकर वर्ताव करने वाला मुक्तसंग पुरुष। चार प्रकार – ब्रह्मावधूत, शैवावधूत, वीरावधूत, और कुलावधूत। रामानंदी और नाथपंथी साधु पुरुष। भगवान् दत्तात्रेय का एक नाम।

अवनेजन = श्राद्ध-विधि में पिंडदान करते समय दर्भों पर जलसिंचन। (मत्स्य पु. १७-४७)।

अवपात्रित = ऐसा व्यक्ति जिसको बिरादरी के लोग अपने घरके पात्र में भोजन करने के लिए अनुमति नहीं देते। (अतः उसे निजी पात्र में भोजन करना पड़ता है।

अविघ्न-चतुर्थी व्रत = फाल्गुन शुद्ध चतुर्थी से चार महीनों तक प्रत्येक शु. चतुर्थी को विशिष्ट पद्धति से श्रीगणेश की आराधना।

अविधवा नवमी = भाद्रपद वद्य नवमी। मृत सधवा स्त्री की श्राद्धविधि इस दिन होती है।

अविधेय = पुराणों के अनुसार सातवें नरक का नाम।

अवियोग द्वादशी = भाद्रपद शुद्ध द्वादशी का तिथिव्रत।

अवियोग व्रत = मार्गशीर्ष शुद्ध तृतीया का स्त्री-व्रत। व्रतावधि – एक वर्ष।

अवीचि = २८ नरकों में एक का नाम (भागवत पु. ५-२६-२८)।

अवीरा = पति-पुत्रहीन स्त्री। "(पति-पुत्रवती नारी वीरा प्रोक्ता मनीषिभिः)"।

अवरूद्धा = भोगदासी जो परिवार की ही एक घटक मानी जाती है। उपभोक्ता के निधन के बाद इसे उपजीविका पाने का अधिकार होता है।

अशरीर = सांसारिक संबंधों का त्याग करने वाला संन्यासी।

अशून्यशयन व्रत = आषाढ कृ. द्वितीया से चार महिनों तक प्रत्येक द्वितीया को लक्ष्मी-विष्णु की पूजा का व्रत। फल – पति-पत्नी का वियोग न होना।

अशोक त्रि-रात्र व्रत =ज्येष्ठ, भाद्रपद या मार्गशीर्ष शु.

त्रयोदशी से तीन गतों का स्त्री-व्रत। व्रतावधि – एक वर्ष। अशोक वृक्ष की पूजा।

अशोक द्वादशी = आश्विन शु. दशमी से व्रतारंभ। व्रतावधि – एक वर्ष।

अशोक पौर्णिमा = फाल्गुनी पौर्णिमा मे पृथ्वी पूजा का व्रत। व्रतावधि – एक वर्ष।

अशोक प्रतिपदा = आश्विन शु. प्रतिपदा को अशोक वृक्ष की पूजा। एक स्त्री-व्रत।

अशोक रोहिणीव्रत = जैनों का नाक्षत्र व्रत। प्रत्येक मास में रोहिणी नक्षत्र पर उपोषण का व्रत। व्रतावधि – २ वर्ष और तीन महिने।

अशोक व्रत = भाद्रपद शु. त्रयोदशी से प्रारंभ होने वाला स्त्रियों का त्रिरात्र व्रत। अशोक वृक्ष की पूजा इस में प्रमुख है।

अशोक षष्ठी = चैत्र शु. षष्ठी का तिथिव्रत।

अशोक संक्रान्ति = अयन संक्रांति या विषुव संक्रांति को व्यतीपात योग आने पर तिलदान करने का एक व्रत।

अशोकाष्टमी व्रत = आश्विन कृ. अष्टमी या वर्ष की सभी अष्टमियों को अशोका देवी की पूजा का तथा नक्त भोजन का व्रत।

अशौच = अपवित्रता। दो प्रकार – (१) जननाशौच जो परिवार में किसी बच्चे के जन्म के निमित्त माना जाता है। (२) मरणाशौच जो परिवार के किसी व्यक्ति की मृत्यु के कारण माना जाता है।

अंशभाग (या अंशल, अंशहर) = संपत्ति का उत्तराधिकारी।

अंशमान-आगम = २८ आगमों में से एक शैवागम।

अंशावतार = षोडशकलात्मक परमात्मा के कुछ अंशों में अवतीर्ण हुआ सगुण साकार स्वरूप। श्रीकृष्ण के अतिरिक्त अन्य सभी अंशावतार कहे गये हैं। विशिष्ट कार्य के लिये परमात्मा का मनुष्यादि रूपों में जन्म। भगवान् कृष्ण के अतिरिक्त, मत्स्य, कूर्म आदि सभी अंशावतार कहे जाते हैं। बौद्ध मतानुसार अवलोकितेश्वर को बुद्ध का अंशावतार मानते हैं।

अश्मकुट्टक = वानप्रस्थ (मनु. ६-१७)।

अश्मंतक = विजया दशमी के दिन पूजनीय वृक्ष। (मराठी में आपटा) विजयादशमी को इस के पत्ते सोना मानकर महाराष्ट्र में बांटते हैं।

अश्मनन्दना = एक देवता का नाम।

अश्मपृष्ठ = गया क्षेत्र की एक पवित्र शिला। अपर नाम – प्रेतशिला।

अश्मा = ब्राह्मण की और्ध्वदेहिक विधि में प्रेत की चिताग्नि की प्रदक्षिणा करते समय, जिस पत्थर से जलकुंभ का छेदन करते हैं। इस अश्मा में प्रेत की आत्मा का निवास दस दिनों तक माना जाता है। इसी पर श्मशान में तिलांजलि देते है।

अश्वक्रंद = अमृत का रक्षण करने वाले देवता।

अश्वत्थ प्रदक्षिणा व्रत = इस व्रत में प्रदक्षिणा की संख्या १ लक्ष से १२ लक्ष तक होती है।

अश्वत्थमूलसिंचन व्रत = वैशाख मास का व्रत।

अश्वत्थपट व्रत = वैशाख मास का एक स्त्रीव्रत। बंगाल में विशेष प्रचलित।

अश्वत्थ-सेचन व्रत = सन्तान की वृद्धि के उद्देश्य से चैत्र से चार महीनों तक अश्वत्थ वृक्ष का प्रतिदिन मूलसिंचन करना।

अश्वत्थोद्यापन = अश्वत्थ वृक्ष १२ वर्षों का होने पर एक यज्ञात्मक विधि जिस में वृक्ष का व्रतबंध और तुलसी से विवाह होता है।

अश्वदान = गरुड पुराण के अनुसार, अश्वमेध यज्ञ करने का सामर्थ्य न रखने वाला प्रस्तुत व्रत करता है। दान का अश्व शुभ्रवर्णी होता है।

अश्वदीक्षा = एक नक्षत्र व्रत। आश्विन मास में शुक्ल पक्ष में चंद्रमा स्वाती नक्षत्र में होने पर उच्चैःश्रवा (इंद्र का अश्व) की पूजा। उसी दिन नवमी तिथि होने पर घर के घोड़े की पूजा।

अश्वव्रत = इन्द्रपूजा का व्रत। अवधि – एक वर्ष।

अश्वारूढा = एक शाक्त देवता।

अश्वमुख = पिता, पितामह, और प्रपितामह इन तीन पितरों की संज्ञा। (अन्य प्रकार – नान्दीमुख)।

अष्ट उपद्वीप = भागवत के अनुसार क्षार समुद्र में जम्बूद्वीप के आसमंत में स्वर्णप्रस्थ, आवर्तन, रमणक, मंदर, हरिण, पांचजन्य, सिंहल और लंका नामक उपद्वीप होते हैं।

अष्ट आयुध (दुर्गा देवी के) = खड्ग, शूल, गदा, चक्र, शंख, धनुर्बाण, भुशुंडी (बंदूक), और परिध।

अष्ट आवरण = (वीर शैव संप्रदाय के अनुसार) विभूति, रुद्राक्ष, मंत्र (नमः शिवाय), गुरुसेना, लिंगपूजा, जंगम का आदर, पादोदक-ग्रहण, और प्रसाद-ग्रहण।

अष्टका = मार्गशीर्ष, पौष, माघ और फाल्गुन महीनों की वद्य अष्टमी तिथि। इनमें माघ व. अष्टमी को एकाष्टका कहते है। वही प्रमुख मानी गई है।

अष्टका = उन तीन महीनों की अष्टमियां, जिन में पितरों का तर्पण होता है, अथवा इन तीन तिथियों को होने वाले श्राद्ध का अनुष्ठान।

अष्टका यज्ञ = सात पाकयज्ञों में से एक। इसका विवरण गृह्यसूत्र में है।

अष्टगंध = गोरोचन, चंदन, देवदारु, कर्पूर, कृष्णागरु, नागरमोथा, कस्तूरी, और कुंकुम इन आठ पवित्र द्रव्यों का मिश्रण जो पूजा आदि में उपयुक्त होता है।

अष्ट गुण = ब्राह्मण के आठ गुण – भूतदया, क्षांति, अनसूया, शौच, अनायास, मांगल्य, अकार्पण्य, अस्पृहा (गौतम स्मृति)।

अष्टतारा = तांत्रिक देवताओं का गण – तारा, उग्रा, महोग्रा, वज्रा, नीला, सरस्वती, कामेश्वरी, भद्रकाली।

अष्टदान = मरणोत्तर उत्तरक्रिया में दान योग्य आठ पदार्थ – आमात्र, जलकुंभ, धेनु, वस्त्र, भूमि, शय्या, छत्री, और आसन।

अष्ट दिक्पाल = पूर्व – इंद्र, आग्नेय-अग्नि, दक्षिण-यम, नैर्ऋत्य-निर्ऋति, पश्चिम-वरुण, वायव्य-वायु, उत्तर-कुबेर, ईशान्य-ईशान।

अष्ट दिग्गज = ऐरावत, पुण्डरीक, वामन, कुमुद, अंजन, पुष्पदन्त, सार्वभौम, सुप्रतीक।

अष्ट देहधर्म = क्षुधा, पिपासा, मल, मूत्र, शीत, उष्ण, भय, और निद्रा।

अष्ट द्रव्य (यज्ञोपयोगी) = अश्वत्थ, उदुंबर, प्लक्ष, न्यग्रोध, समिध्, तिल, पायस और आज्य।

अष्ट भैरव = शैव संप्रदाय के आठ क्रूर देवता – असितांग, संहार, रुरु, काल, क्रोध, ताम्रचूड, चंद्रचूड और महाभैरव।

अष्टम-कालिक = एक व्रती जो पूरे तीन दिन तथा चौथे दिन का प्रातःकाल होने पर आठवें काल में भोजन करता है। (मनु. ६-१९)।

अष्टमंगल = ब्राह्मण, अग्नि, गाय, सुवर्ण, घृत, सूर्य, जल और राजा। **अथवा** – सिंह, वृषभ, गज, पूर्णकुंभ, व्यजन (पंखा), ध्वज, वाद्य और दीप।

अष्टमांगल्य = गर्भाधान संस्कार के बिना गर्भवती हुई स्त्री के लिये यह संस्कार आठवें मास में होता है। संस्कार की विधि गर्भाधान के संस्कार के समान होती है।

अष्टमातृका = ब्राह्मी, माहेश्वरी, कौमारी, वैष्णवी, वाराही, इन्द्राणी, चामुण्डा, और महालक्ष्मी। **अथवा** रौद्री, वैष्णवी, ब्राह्मी, कुमारी, वाराही, नारसिंही, चामुण्डा, माहेन्द्री। (विवाहादि मंगल विधि में इनकी पूजा होती है।)

अष्टमीव्रत = शुक्ल पक्ष में नवमी युक्त और कृष्ण पक्ष में सप्तमी युक्त अष्टमी तिथि के व्रत। इस व्रत के ३० प्रकार माने हैं।

अष्टमूर्ति = पृथ्वी, जल, तेज, वायु, आकाश, सूर्य, चंद्र और यजमान (यज्ञ करने वाला) इन आठों को शिव की मूर्ति माना गया है। अष्टमूर्ति – शिव का एक विशेषण है।

अष्टमूर्ति = पूजा के लिये आठ प्रकार की मूर्तियां प्रशस्त मानी जाती हैं। – शिलामयी, काष्ठमयी, लोहमयी, लेप्यामयी (लिंपन से निर्मित) लेख्यमयी, सैकतमयी, मनोमयी और मणिमयी।

अष्टयाम सेवा = (याम – प्रहर)। पुष्टिमार्गी वैष्णव (वल्लभ) संप्रदाय में प्रचलित आठ प्रकार की कृष्णमूर्ति की आराधना।

अष्टयोग = एक प्रायश्चित्त का प्रकार। इसमें मंदिर का जीर्णोद्धार विहित है।

अष्टयोगिनी = भगवती दुर्गा की आठ परिचारिकाएँ – मंगला, पिंगला, धन्या, भ्रामरी, भद्रिका, उल्का, सिद्धा और संकटा। दूसरी नामावली – मार्जनी, कर्पूरतिलका, मलयगंधिनी, कौमोदिका, भेरुंडा, माताली, गायकी, जया, (अथवा शुभाचारा)।

अष्टलक्ष्मी = गजलक्ष्मी, सामान्य लक्ष्मी, इंद्रलक्ष्मी, महालक्ष्मी, वीरलक्ष्मी, कोलापुर महालक्ष्मी, लक्ष्मी और मही।

अष्ट वसु = वैदिक तथा पौराणिक देवतागण। नाम – धर, ध्रुव, सोम, आप, अनल, अनिल, प्रत्यूष, और प्रभास।

अष्ट वसु = द्रोण, प्राण, ध्रुव, अर्क, अग्नि, दोष, वसु और विभावसु (भागवत)।

अष्टविध विवाह = ब्राह्म (सालंकृत कन्यादान) दैव (यज्ञ में ऋत्विक् को कन्यादान), आर्ष (धन लेकर), प्राजापत्य (धर्माचरणार्थ कन्यादान), आसुर (कन्या का शुल्क लेकर दान), गांधर्व (प्रेम विवाह), राक्षस (मारपीट से कन्या का अपहरण), पैशाच (कन्या की इच्छा के विरुद्ध हठात् अपहरण)।

अष्टविनायक = मुद्गल पुराण में उल्लिखित आठ गणपति क्षेत्र – मयूरेश्वर, बल्लालेश्वर, विनायक, चिंतामणि, गिरिजात्मज, विघ्नेश्वर, गणपति, और गजमुख। इनमें पांच गणपति महाराष्ट्र के अन्तर्गत दो पुणे जिले में, दो कुलाबा और एक नगर जिले में है।

अष्टशक्ति = श्रीविष्णु की विश्व की धारणा करने वाली शक्तियां – श्री, भू, सरस्वती, प्रीति, कीर्ति, शांति, पुष्टि और तुष्टि। अन्य नामावली – दीप्ति, सूक्ष्मा, जया, भद्रा, विभूति, विमला, अमोघा और विद्युता।

अष्टांग (धर्म के) = देवपूजा, धार्मिक ग्रंथों का पठन, दान, तप, सत्य, क्षमा, इन्द्रियनिग्रह और निर्लोभता। (महाभारत वन पर्व २-७५)।

अष्टांग अर्घ्य = पूजा के अर्घ्यदान में उपयुक्त, जल, दूध, कुशाग्र, दही, अक्षता, तिल, यव और सफेद राई-इन आठ द्रव्यों की संज्ञा।

अष्टादश उपपुराण = सनत्कुमार, नारसिंह, नारद, शिवधर्म, आश्चर्य, कपिल, मानव, औशनस, ब्रह्माण्ड, वरुण, कालिका, माहेश्वर, सांब, सौर, पाराशर, भागवत, देवी भागवत।

अष्टादश पुराण = ब्रह्म, पद्म, विष्णु, शिव, भागवत, नारद, मार्कण्डेय, अग्नि, भविष्य, ब्रह्मवैवर्त, लिंग, वराह, स्कन्द, वामन, कूर्म, मत्स्य, गरुड, और ब्रह्माण्ड।

अष्टसखा = श्रीकृष्ण के प्रिय बालमित्र।

अष्टोत्तरशत लिंग =जिस शिवलिंग पर २०८ चतुर्भुज रेखांकित होते हैं।

असच्छास्त्र = धर्मविरोधी शास्त्र।

असपिण्ड = रुधिरसंबंध न होने के कारण जो पिण्डदान से संबंधित न हो। भिन्नवंशीय व्यक्ति।

असिधारा व्रत = उग्र दुष्कर व्रतों की संज्ञा। बीच में नंगी तलवार (असि) रखकर पति-पत्नी का एक शय्या पर शयन। पंचाग्निसाधन आदि व्रतों को भी असिधारा व्रत कहते हैं।

अस्तेय व्रत = 'अनादानम् अदत्तस्य' न दिये हुए पदार्थ का स्वीकार न करना। अस्तेय प्रतिष्ठा – एक योगसिद्धि है जिसके कारण योगी को सभी रत्नों का लाभ इस व्रत से होता है। (योग सूत्र- २-३७)। सभी में यह एक मान्यताप्राप्त व्रत है। (स्तेय = चोरी)।

अस्थिसंचयन = प्रेतदहन के बाद तीसरे दिन चिता से अस्थि बाहर निकालने की विधि। यह विधि समंत्रक होती है।

अस्थिसंचयन श्राद्ध = अस्थि-संचयन मंत्रसहित विषम दिन को होता है किन्तु श्राद्ध अमंत्रक होता है। तीर्थस्थान में अस्थिविसर्जन भी श्राद्धयुक्त होता है।

अहिर्बुध्न्य स्नान = एक नाक्षत्र व्रत। पंचगव्य युक्त जलस्नान का इसमें महत्त्व है।

आकर्षणी = रेवती का अनुसरण करने वाली एक देवता। (मत्स्य पु. १७८-७२)।

आकाशमुख = एक शैव संप्रदाय। इसके अनुयायी आकाश को देखते हुए उपासना करते है।

आकाश लिंग (नभोलिंग) = चिदंबरम् तीर्थक्षेत्र का शिवलिंग।

आक्रंदिक = आक्रंद राजा (देश के पृष्ठ भाग का मित्र राजा) की ओर प्रेषित दूत। (अष्टाध्यायी ४-४-३७)।

आक्षपण = उपवास या व्रत द्वारा आत्मशुद्धि करना।

आगम = अभ्युदय और निःश्रेयस के उपायों का ज्ञान देने वाला शास्त्र (तत्त्ववैशारदी – १०७)।

आगम = सृष्टि, प्रलय, देवतार्चन, सर्वसाधन, पुरश्चरण, षट्कर्मसाधन, षट्कर्म – शांति, वशीकरण, स्तंभन, विद्वेषण, उच्चाटन मारण, और चतुर्विध ध्यानयोग इन सात लक्षणों से युक्त ग्रंथ (वाराही तंत्र)।

आगम = दो प्रकार – (१) वैदिक, (२) अवैदिक। तीन प्रकार – शैव, वैष्णव, और शाक्त। **शैवागम के चार प्रकार** – कापालिक कालामुख, पाशुपत और शैव। **शाक्तागम के दो प्रकार** – दक्षिणाचार और वामाचार। **वैष्णवागम के दो भेद** – वैखानस और पांचरात्र।

आगम आचमन = शौचादि विधि का एक अंग।

आगमान्त शैव = एक तांत्रिक शैव संप्रदाय जो दक्षिणभारत में प्रचलित है।

आग्नेय = शिखा धारण करने वाला ब्राह्मण। मस्तक पर बढ़ने वाली शिखा (चोटी) अग्नि का चिन्ह माना गया है। शिखा त्याग करने वाला संन्यासी आग्नेय नहीं कहा जाता।

आग्नेय = कुबेर के अनुयायी गंधर्वों का एक कुल।

आग्नेयकागम = २८ आगमों में से एक रौद्रिक आगम।

आग्नेय कृच्छ्र = एक प्रायश्चित्त का व्रत। इस का व्रती १२ दिनों तक केवल तिल ही खाता है।

आग्नेय व्रत = किसी नवमी तिथि को यह व्रत होता है। मुख्य विधि – विन्ध्यवासिनी देवी की पूजा।

आग्नेय स्नान = जलस्नान की असमर्थता होने पर शरीर को केवल भस्म लगाना।

आग्नेयास्त्र = अग्निवर्षणात्मक अस्त्र जो भरद्वाज ने अग्निपुत्र अग्निवेश को प्रथम प्रदान किया था।

आग्नेयी = पूर्व और दक्षिण के बीच वाली दिशा जिस का अधिपति अग्नि है।

आग्रभोजनिक = भोजन समारोह में अग्रस्थान ग्रहण करने का अधिकारी पुरुष।

आग्रहायणी = सर्प भय के कारण पलंग पर सोने की विधि प्रारंभ श्रावण पौर्णिमा से होने पर उस का त्याग आग्रहायणी (मार्गशीर्ष) पौर्णिमा को होता है। इसी त्याग को आग्रहायणी विधि संज्ञा है।

आग्रहारिक = अग्रहार अर्थात् भूमिदान ग्रहण करने का अधिकारी ब्राह्मण पंडित।

आघासिक (या आंधसिक) = वैदेहिक पुरुष और शूद्र स्त्री की संतति। ये लोग पकाया अन्न बेचने का व्यवसाय करते थे। अतः प्रस्तुत संज्ञा रूढ हुई।

आचमन = धर्म विधि के प्रारंभ में तीन बार मंत्रोच्चारपूर्वक हथेली में जल लेकर प्राशन करना और यथाक्रम अष्टांगों को स्पर्श करना। (अष्टांग – आंख, कान, नाक, हृदय और मस्तक आदि) आचमन के तीन प्रकार – श्रौत, स्मार्त और आगमोक्त।

आचमनीय = देवपूजा के षोडश उपचारों में एक। मुखप्रक्षालन के लिये पवित्र जल।

आचार = (दो प्रकार) – शास्त्रीय और लौकिक।

आचार दीप = आरती उतारने का दीप।

आचार लाज = धान की खीलें जिसकी किसी महापुरुष पर सम्मान प्रदर्शित करने के लिये बौछार की जाती है।

आचार्य = (१) मंत्रों की व्याख्या करने में समर्थ विद्वान। (२) आचार का बोध देने वाला। (३) शिष्य का उपनयन होने पर उसे वेद पढ़ाने वाला। (मनु. २-१४०)।

आचार्य कुल = ब्रह्मचर्य आश्रम की अपर संज्ञा। (आपस्तंब धर्मसूत्र)।

आचार्या = आध्यात्मिक गुरुआनी।

आचार्यानी = आचार्य की धर्मपत्नी।

आजगर व्रत = अजगर के समान यदृच्छा से प्राप्त अन्न पर शरीरपोषण करना। (भागवत ५-५-३२)।

आजानज देव = जन्मना देव।

आज्ञासंक्रांति = सर्वत्र सत्ता प्राप्त करने के हेतु किया जाने वाला एक सूर्योपासना का व्रत। किसी भी संक्रांति से इस व्रत का प्रारंभ होता है।

आज्यप = आज्य (बकरी का घी) का पान करने वाला एक पितृगण। वैश्यवर्ण में इनकी पूजा विहित है।

आज्यस्तोत्र = यज्ञ में प्रातःसवन के समय गायत्रसाम सहित गाये जाने वाले "अग्न आयाहि वीतये" आनो मित्रा वरुण, "आयाहि सुषमा हिते" और इन्द्राग्नी आगतं सुतम्" इन चार स्तोत्रों की संज्ञा।

आतिथ्य (या अतिथिपूजा) = अतिथि का स्वागत। यह गृहस्थाश्रम का श्रेष्ठ धर्म माना गया है।

आतुरसंन्यास = रुग्ण तथा आसन्नमरण पुरुष का संन्यासाश्रम में प्रवेश। संकल्प, क्षौर, सावित्री प्रवेश और प्रैषोच्चार इन विधियों के बाद "संन्यस्तोऽहम" इस वाक्य का उच्चारण, आतुर संन्यासी करता है।

आत्मनिवेदन = नवविधा भक्ति में ९ वीं भक्ति जिसमें भक्त परमात्मा को अपना सर्वस्व समर्पण करता है अर्थात् अहंता और ममता का संपूर्णतया त्याग करता है। "मै नहीं तू ही" यह वृत्ति।

आत्मबांधव = मामा, मौसी, और फूफा के पुत्र।

आत्मशुद्धि के विधि = (धर्मकृत्य के प्रारंभ में आवश्यक) - भूशुद्धि, भूतशुद्धि, प्राणप्रतिष्ठा, अन्तर्मातृका न्यास और बहिर्मातृका न्यास।

आत्मश्राद्ध = मरणोत्तर क्रिया का अधिकारी (पुत्रादि) न होने पर स्वयं अपना श्राद्ध करना। गरुड पुराण के अनुसार यह अधिकार राजा को प्राप्त है।

आत्रेयिका = रजस्वला स्त्री।

आदित्यवार नक्तव्रत = रविवार को हस्त नक्षत्र होने पर इस व्रत का आरंभ होता है। व्रतावधि - एक वर्ष। नक्तव्रत में केवल रात्रि को भोजन विहित है। (नक्त-रात्रि)।

आदित्यवार व्रत = मार्गशीर्ष मास के प्रथम रविवार से इस व्रत का आरंभ होता है। व्रतावधि - एक वर्ष। प्रत्येक मास के सूर्य का अलग नाम है। उस नाम से सूर्य की उपासना होती है।

आदित्य व्रत = (१) आश्विन मास में। (२) रेवती नक्षत्र युक्त रविवार को चतुर्दशी तिथि आने पर, अथवा (३) मघा नक्षत्रयुक्त रविवार को अष्टमी तिथि आने पर यह व्रत होता है। व्रतावधि - एक वर्ष।

आदित्यशयन व्रत = रविवार, सप्तमी तिथि, हस्त नक्षत्र और सूर्यसंक्रांति एक साथ आने पर यह व्रत होता है। व्रत निमित्त शैय्या का दान होता है।

आदित्यशांति व्रत = हस्त नक्षत्र युक्त रविवार का व्रत।

आदित्याभिमुख व्रत = प्रातः स्नान करके सूर्योदय से सूर्यास्त तक सूर्याभिमुख खडे रहकर महाश्वेता मंत्र का जप करना।

आदिनाग (आदिशेष) = भगवान् विष्णु के शयन का नाग।

आदिपुराण = १८ उपपुराणों में अग्रगण्य पुराण।

आदिवराह या यज्ञवराह = भगवान् विष्णु के वराह-अवतार की संज्ञा।

आदिवारम् = दक्षिण भारत में प्रचलित रविवार से संबंधित विविध व्रत।

आधिदैविक = अधिष्ठातृ देव से संबंध रखने वाला।

आंदोलन व्रत = चैत्र शु. तृतीया का एक व्रत। इस व्रत में शिव-पार्वती की मूर्ति को दोले पर रखा जाता है।

आनन्तर्य व्रत = मार्गशीर्ष शु. तृतीया से प्रत्येक तृतीया का एक स्त्रीव्रत। व्रतावधि - एक वर्ष। फल - पति-पुत्रों के नित्य सान्निध्य का लाभ।

आनंद-तृतीया व्रत = वैशाख, भाद्रपद और मार्गशीर्ष की शु. तृतीया का एक ललितादेवी की उपासना का व्रत।

आनन्द-नवमी व्रत = व्रतारंभ - फाल्गुन शु. नवमी। व्रतावधि - एक वर्ष। व्रतकाल पंचमी से नवमी के चार दिन। इन चार दिनों में क्रमशः एकभुक्त, नक्त, अयाचित और उपवास पालन और देवीपूजा करते हैं।

आनंद-व्रत = चैत्रादि चार महीनों में अयाचित जलदान का व्रत। (मत्स्य पु. १००-३१-३२)।

आनंद-सफल सप्तमी = भाद्रपद शु. सप्तमी का एक सूर्यपूजा व्रत। व्रतावधि - एक वर्ष।

आपद्धर्म = आपत्काल में जीविका के लिये अन्य वर्ण या जाति के कर्म धनार्जन के लिये करना। सभी श्रेष्ठ धर्मशास्त्रकारों ने आपद्धधर्म को संमति दी है।

आपाकदान = मंकर संक्राति के दिन स्थूल-सूक्ष्म मृत्तिका पात्रों का दान।

आपोशान = भोजन के प्रारंभ में और अंत में मंत्रपूर्वक आचमन।

आप्य = चाक्षुष मन्वन्तर का एक देवगण (भागवत पु. ८-५-८)।

आप्यायन = पितृकार्य में पितरों के प्रीत्यर्थ तिल, उदक आदि का समर्पण (तर्पण)।

आभूतरज = रैवत मन्वन्तर का एक देव गण। (मत्स्य पु. ९-२०)।

आभ्युदयिक श्राद्ध = उपनयन, विवाह आदि मंगल अवसर पर विहित श्राद्ध। इसे नान्दीश्राद्ध भी कहते हैं।

आमर्दकी व्रत = द्वादशी तिथि को आंवले की वृक्षछाया में लक्ष्मी-विष्णु की पूजा का व्रत। किसी भी मास की द्वादशी से इसका प्रारंभ होता है। व्रतावधि- एक वर्ष।

आमलक स्नान = आंवले का कल्क लगाकर स्नान जो सप्तमी, नवमी, पर्वकाल तथा ग्रहण काल में निषिद्ध होता है।

आमलकी एकादशी = फाल्गुन शु. ११ को उपवास और आंवले की वृक्षछाया में विष्णु-लक्ष्मी पूजन का व्रत।

आमश्राद्ध = द्रव्य तथा ब्राह्मण का अभाव, प्रवास आदि कारणों से पार्वण श्राद्ध करने की असमर्थता के कारण आमश्राद्ध विहित है। (स्कंद पु. ७-१-२०६)। इसमें भोजन के लिये धान्य आदि देते हैं। शूद्र समाज में आमश्राद्ध ही होता है।

आमषष्ठी व्रत = ज्येष्ठ शु. षष्ठी को पिष्टमार्जार तथा षष्ठीदेवी की पूजा का व्रत। फल - संतति की दीर्घायुष्यता।

आमुष्मिक = परलोक से संबंधित।

आम्रपुष्प भक्षण = चैत्र शु. प्रतिपदा या फाल्गुनी पौर्णिमा की एक विधि।

आयुध पुरुष = शंख, चक्र, गदा, त्रिशूल आदि देवताओं के आयुधों की मानवाकृति मूर्ति।

आयुध पूजन = आश्विन मास के नवरात्रोत्सव में ९ मी

तिथि पर शस्त्रों की पूजा।

आयुध व्रत = श्रावण से चार महीने शंख, चक्र आदि आयुधों की पूजा का व्रत। इसमें आयुध ही देवता का प्रतीक माना जाता है।

आयुर्व्रत = विष्णु मूर्ति के सामने रेखांकित शिवलिंग की पूजा। (मत्स्य पु. १००-२२)।

आयुष्मत्य: = सूर्य से उत्पन्न अप्सराओं का गण।

आयुष्मंत = एक देवता गण। इनकी संख्या १४ मानी है। (ब्रह्माण्ड पु. ४-१-१२२)।

आयुष्य = जातकर्म संस्कार के अन्तर्गत एक विधि। (आश्वलायन गृह्य सूत्र)।

आयु:संक्रांति व्रत = सूर्य संक्रांति के दिन सूर्य पूजा सहित दान।

आरण्य = चाक्षुष मन्वन्तर के एक प्रजापति।

आरात्रिकम् = पूजाविधि में देवप्रतिमा के सामने दीपक या कपूरदीप घुमाना। आरती उतारना।

आरोग्यदशमी व्रत = लक्ष्मी-विष्णु पूजा का व्रत।

आरोग्यद्वितीया व्रत = पौष शु. द्वितीया से एक वर्ष तक प्रत्येक शु. द्वितीया को चन्द्रकला का पूजन।

आरोग्य प्रतिपद् व्रत = चैत्र शु. प्रतिपदा से एक वर्ष तक सूर्यपूजा का व्रत।

आरोप विधि = बहिरंग उपासना के चार प्रकारों में से एक, जिसमें उपास्य की प्रतिमा में उपास्य का अध्यारोप होता है। यही मूर्तिपूजा का रहस्य है। (शिवगीता)।

आरोग्य सप्तमी = मार्गशीर्ष शु. सप्तमी से एक वर्ष तक प्रत्येक शु. सप्तमी को सूर्यपूजा का व्रत।

आर्तव्य = बर्हिषद् नामक पितरों की अपर संज्ञा।

आर्द्राक्षतारोपण = विवाह विधि के अन्तर्गत एक वृद्धाचार स्वरूप विधि जिसमें वधू-वरों के संबंधी लोग आर्द्र अक्षता उनके मस्तक पर समर्पण करते हैं।

आर्द्रानन्दकरी तृतीया = किसी भी मास की तृतीया को पूर्वाषाढा, उत्तराषाढा, मृग, हस्त या मूल नक्षत्र होने पर यह पुराणोक्त व्रत किया जाता है। इस में शिव-पार्वती की पूजा होती है।

आर्य = ब्राह्मण, क्षत्रिय और वैश्य जो 'दास' नहीं होते।

आर्ष विवाह = बिवाह के आठ प्रकारों में से एक, जिसमें वधूपिता जामात को गाय या बैल की जोड़ी देता है। (मनु. ९-१९६)।

आर्षेयवरण = विशिष्ट वैदिक कर्म संप्रदाय का स्वीकार। गोत्र के प्रवर को आर्षेय या आर्ष कहा जाता था। अत: प्रवर द्वारा प्रवर्तित वैदिक कर्म संप्रदाय का स्वीकार ही आर्षेयवरण है।

आलेख्य सर्प पंचमी = भाद्रपद शु. पंचमी। इस तिथि को रंगावली से आलिखित नाग के चित्र की पूजा होती है।

आलोक दान = सार्वजनिक स्थानों पर दीपक लगाना।

आवरण देवता = मनुष्य के लिंग (सूक्ष्म) शरीर के षट्चक्रों में स्थित देवता। इनकी संख्या ३६० मानी जाती है।

आवाप = प्रधान होम।

आवीचि = नरक का नाम (विष्णु पुराण- २-६-४)।

आवेशक = एक यक्षगण।

आशादशमी = (आशा- दिशा)। किसी मास की शुद्ध १० तिथि से इस व्रत का प्रारंभ होता है। व्रतावधि – छह मास से दो वर्ष।

आशादित्य व्रत = आश्विन मास के प्रथम रविवार से इस व्रत का प्रारंभ होता है। व्रतावधि – एक वर्ष। व्रतफल – कुष्ठ रोग निवारण। प्रतिदिन भूमि पर गोमय से मंडल करना और उस पर सूर्य को अर्घ्य समर्पण करना इस व्रत की विधि है।

आशीर्वाद = चिरं जीव इत्यादि इष्ट अर्थ का आविष्करण। (इष्टार्थविधारकं वाक्यम्) कनिष्ठ व्यक्ति ने अभिवादन करने पर ज्येष्ठ व्यक्ति आशीर्वाद का उच्चारण करते हैं। (देखिए वरदान)।

आशौच = अपवित्रता जो विशिष्ट समय के बाद स्नान से समाप्त होती है। दो प्रकार – जननाशौर और मरणाशौच। इसकी सामान्य अवधि दस दिनों की होती है। (पारस्कर गृह्य सूत्र – ३-१०-३०) (मनु. ५-५९)।

आश्रम = मनुष्य जीवन की एक विशिष्ट अवस्था। जीवन की प्रारंभिक अवस्था से उसके चार विभागों को ब्रह्मचर्य, गृहस्थ, वानप्रस्थ, और संन्यास. संज्ञाएँ थीं।

आश्रम = यातायात का त्याग कर, आश्रम में नित्य निवास करने वाला संन्यासी। दसनामी संन्यासियों का एक प्रकार। (मठाम्नाय)।

आश्रमपद = तपोवन जहां ऋषिमुनि का आश्रम होता है।

आश्रमव्रत = चैत्र शु. चतुर्थी से आरंभ कर एक वर्ष के तीन तीन मासों में एक आश्रम में क्रमश: वासुदेव, संकर्षण, प्रद्युम्न और अविरुद्ध इस चतुर्व्यूह की उपासना करना।

आश्रायणी = काश्यप वंशीय गोत्रकार ऋषिगण। (मत्स्य पु. १९८-२)।

आश्लेषाजननशांति = आश्लेषा नक्षत्र पर जन्म होने पर एक विधि जिस में सर्पप्रतिमा की पूजा प्रधान होती है।

आश्वयुजीकर्म = सात पाकयज्ञों में से एक। इसका विवरण गृह्यसूत्र में किया है।

आषाढ = ढाक की लकड़ी का दण्ड जिसे संन्यासी धारण करते हैं।

आसन = (धर्मकृत्यों में उपयुक्त) – कौशेयासन, कंबलासन, व्याघ्रचर्मासन, कृष्णमृगचर्मासन, कुशासन, काष्ठासन।

आसुर विवाह = वधू या वधूपिता को धन देकर होने वाला विवाह। (आश्व. गृ. सू. १-६-१)।

आसुर श्राद्ध = जिस श्राद्ध में निषिद्ध विशेषत: कर्णवेधहीन ब्राह्मण को निमंत्रित किया जाता है।

आसुरी दुर्गा = एक तांत्रिक देवता, जो अथर्वण और कटुका

की कन्या मानी जाती है।

आस्तिक = ईश्वर, परलोक, वेदवाक्य, तथा धर्म परंपरा पर विश्वास रखने वाला। (इस के विपरीत होता है **नास्तिक**)।

आहवनीय = एक श्रौताग्नि जिसे आहिताग्नि द्वारा चतुष्कोण कुण्ड में रखा जाता है।

आहाव = पशुओं को पानी पिलाने के लिये कुएं के पास बनाया हुआ कुण्ड।

आहृति = ब्रह्मा के मन से उत्पन्न अप्सराओं का एक गण। (ब्रह्माण्ड पुराण ३-७-१८)।

आहार्य अग्नि = लौकिक उपासना का पवित्र अग्नि।

आह्निक = (१) दैनंदिन नियत समय पर किये जाने वाला धार्मिक कार्य। (२) पातंजल महाभाष्य के प्रकरण की संज्ञा।

आह्निक = दिन में करने योग्य धार्मिक कृत्य। छह प्रकार -- स्नान, संध्या, जप, होम, देवतापूजा, अतिथिसत्कार, और वैश्वदेव। (पाराशर स्मृति १-३९)। (ये षट्कर्म द्विजों या त्रैवर्णिकों के लिये कहे गये हैं।)

आह्निक विधि (के पंचांग) = जप, होम, तर्पण, अभिषेक और ब्राह्मण भोजन। धार्मिक ब्राह्मण इन पांच अंगों से अपनी दैनिक उपासना करता है।

इच्छाश्राद्ध = श्राद्धों के १२ प्रकारों में से एक। इसी को इष्टिश्राद्ध भी कहते हैं।

इन्द्रध्वजोत्सव = भाद्रपद शु. अष्टमी से पौर्णिमा तक उत्सव-काल। चंपक, अर्जुन, कदंब वृक्ष के प्रदीर्घ स्तंभ की पूजा प्रमुख विधि है।

इन्द्र पौर्णिमासी = भाद्रपद पौर्णिमा को उपवास तथा ३० दम्पतियों के भोजन का व्रत।

इन्द्रमह = एक प्राचीन उत्सव।

इन्द्रव्रत = साठ संवत्सर व्रतों में से एक। व्रतस्थ व्यक्ति वर्षा ऋतु में आकाश के नीचे सोता है।

इन्द्रसावर्णि = १४ वें मनु का नाम।

इष्टजात्यवाप्ति = एक व्रत जो चैत्र या कार्तिक मास से इष्ट जाति में आगामी जन्म प्राप्त होने की इच्छा से किया जाता है। (विष्णधर्मोत्तर पु. ३-२००)।

इष्टापूर्त = यज्ञ और कूप, तालाब आदि परोपकारक स्थानों की निर्मिति। यही द्विजों का सामान्य धर्म है।

इष्टिश्राद्ध = देखिये इच्छाश्राद्ध।

ईशान व्रत = पौष में पुष्य नक्षत्र युक्त पौर्णिमा का एक व्रत। व्रतावधि -- पांच वर्ष। (गाय और बैल का दान होता है।)

ईश्वरगणगौरी व्रत = चैत्र शु. १ से ३ तक शिव-गौरी की पूजा का सौभाग्यदायक व्रत। (यह राजस्थान में विशेष प्रचलित है।

ईश्वर व्रत = कृष्ण १४ को शिवपूजा का व्रत।

उग्रचंडा = एक शाक्तपंथी देवता, जो अष्टादश-भुजा सिंहारूढा और नरमुंडमालाधारिणी होती है।

उग्रतारा = हिमालयवासिनी उग्र रूपिणी दुर्गादेवी का अपर नाम। कालिका और कामाख्या इसी देवी को कहते हैं।

उच्चाटन = भूत, प्रेत, पिशाच और शत्रु को स्थानभ्रष्ट करने या दूर भगाने के लिए एक तांत्रिक प्रयोग। इसमें मंत्र जप तथा सरसों का हवन होता है।

उच्छिष्ट गणेश = वामाचारी तांत्रिक संप्रदाय की एक उपास्य देवता।

उच्छिष्ट चंडाली = तांत्रिक संप्रदाय की एक प्रेतारूढ देवता।

उच्छिष्ट पिशाच यंत्र = तांत्रिक साधक अपने विरोधकों का प्रतिबंध करने के लिए अपने रक्त में गोरोचन मिलाकर यह यंत्र भूर्जपत्र पर रेखांकित करता है।

उंछवृत्ति = एक विशिष्ट तपश्चर्या, जिसमें खेती की फसल काटने पर भूमि पर पड़े हुए धान्यकणों को जमाकर उसीसे उदरनिर्वाह करना। इसी को शिलोंछवृत्ति भी कहते हैं।

उत्क्रांति धेनुदान = आसन्नमरण अवस्था में एक गाय का प्रदान। (अपर संज्ञा -- मोक्ष धेनुदान)।

उत्तर कौल = देखिये पूर्व कौल।

उत्तर पूजा = विसर्जन के समय देवता की अंतिम पूजा।

उत्थान = एक धर्मशास्त्रोक्त शिशुसंस्कार, जो जन्म के बाद १२ वे दिन होता है।

उत्थापनपिण्ड = मृतशरीर की अंत्ययात्रा के निमित्त पकाया चांवल। इसीसे छह पिंडों का दान होता है। अपर नाम -- उत्क्रांतिपिण्ड।)

उत्पत्ति एकादशी = कार्तिक वद्य एकादशी।

उत्सर्जन (या समापन) = कुछ समय के लिए वेदाध्ययन स्थगित करने की विधि, जो पौष या माघ पौर्णिमा को होती है। (**श्रावण पौर्णिमा को उपाकर्म = वेदाध्ययन के प्रारंभ की विधि होती है।**)

उत्सर्ग विधि = वापी कूप आदि जलाशयों को शुद्ध करने की एक धार्मिक विधि, जिसमें जलाशय में प्रवेशित गाय का दान होता है।

उदक शांति = ग्रहपीड़ा के निवारण हेतु एक धर्मशास्त्रोक्त गृह्य विधि। यह विधि तीन, पांच, सात या नौ दिनों तक की जाती है। (बौधायन गृह्य शेष सूत्र- १-४)।

उदक सप्तमी = सप्तमी के दिन एक अंजलि जल पीकर उपोषण करना।

उदककुंभ दान = अक्षय्य तृतीया को पितरों की तृप्ति निमित्त जलकुंभ का दान।

उदकुंभ श्राद्ध = इसमें आमान्न और उदकुम्भ का दान होता है।

उदय सप्तमी = मार्गशीर्ष शु. सप्तमी का एक व्रत।

उदसेविका = भैरव की पत्नी का नाम है उदसेविका। भाद्रपद शु. १३ को स्कंद पुराण के अनुसार उनके विवाह की तिथि को यह उत्सव माना गया है। वायुपुराण में ज्येष्ठ शुक्ल पक्ष उत्सवकाल कहा है।

उदासीन गृहस्थ = गृहस्थाश्रमी का एक प्रकार। ऋणत्रय से मुक्त होकर भार्या, धन आदि का त्याग कर, मुमुक्षु वृत्ति से संचार करने वाला। (गरुड़ पुराण)।

उद्गीत (या प्रोद्गीत) आगम = २८ आगमों में से एक रौद्रिक आगम।

उद्दालक व्रत = उपनयन संस्कार की वयोमर्यादा का उल्लंघन होने के कारण प्राप्त दोष के प्रायश्चित्त स्वरूप एक व्रत। वसिष्ठ धर्मसूत्र- ११-७६,७७।

उद्यापन = व्रत की समाप्ति की विधि, जो प्रायः व्रतारंभ की तिथि पुनः आने पर होती है। व्रत की पूर्ति के लिए उद्यापन विधि आवश्यक मानी जाती है।

उद्वृषभ यज्ञ = ज्येष्ट मास की पौर्णिमा को बैलों की पूजा करना तथा उन्हें दौड़ाना। (जैमिनीय न्याय १-३-८)।

उन्मीलनी एकादशी = अहोरात्र पूर्ण होने पर भी दूसरे दिन एक घटिका तक अवशिष्ट रहने वाली एकादशी। यह एक व्रततिथि मानी जाती है।

उपनयन = (मौजीबंधन या व्रतबंध)- बालक की द्विजत्व प्राप्ति के लिए आवश्यक एक संस्कार जिसका सभी गृह्यसूत्रों ने प्रतिपादन किया है। इसी संस्कार में गायत्री मंत्र का उपदेश बटु को होता है और संस्कार होने पर ब्रह्मचारी को गुरुकुल में भेजा जाता है।

उपनिषद् व्रत = उपनयन संस्कार प्राप्त बटु का एक महाव्रत, जिसका पालन एक संवत्सर तक होता है।

उपपातक = पंच महापातकों के अतिरिक्त अनैतिक आचार एवं व्यवहार। इनकी कुल संख्या ४९ बताई गई है, जिनमें गोवध, मातृपितृत्याग, व्रतलोप, अभिचार कर्म, पाखंड शास्त्राध्ययन, शूद्रवध, नास्तिकता, स्वाध्याय त्याग, अपत्यविक्रय, महायज्ञप्रवर्तन, ऋणाशोधन, व्रात्यत्व इत्यादि का अन्तर्भाव होता है।

उपपुराण = १८ प्रमुख पुराणो के अतिरिक्त उसीप्रकार के पंचलक्षणी प्राचीन संस्कृत ग्रंथ। इनकी संख्या भी १८ मानी गई है किन्तु संप्रति यह संख्या ५१ मानी जाती है। गणेश पुराण और हेमाद्रि के मतानुसार इनकी नामावली अलग अलग है। देवी भागवत एक महत्त्वपूर्ण प्रसिद्ध उपपुराण है।

उपभूषण = देवमूर्ति के पूजोपचार में अन्तर्भूत उत्तरीय वस्त्र, पानपात्र जैसे पलंग के उपभोग साधन।

उपमाता = मौसी, मामी, चाची, फूफी, सास और ज्येष्ठ देवर की पत्नी इन छह की संज्ञा। इन संबंधित आप्त स्त्रियों का आदर मातृवत् होता है। धाय को भी उपमाता कहते हैं।

उपयोग = धार्मिक कार्यों में संपत्ति का विनियोग।

उपवास = पापकर्म से निवृत्त होकर सत्कर्म तथा सद्गुणों से जीवन बिताना। बृहदारण्यक के अनुसार ब्रह्मज्ञान के चार उपायों (यज्ञ, दान, तप, अनशन) में से एक। अनशन अथवा अल्पाहार का व्रत। पातक का एक प्रायश्चित्त।

उपसंग्रहण = गोत्र, प्रवर, नाम का उच्चारण, कानों का स्पर्श करते हुए गुरुजनों के चरणों पर नतमस्तक होना।

उपांग ललिता व्रत = आश्विन शु. ५ का व्रत। ललिता इस व्रत की उपास्य देवता है।

उपाध्याय = उपजीविका के लिये शिष्य से शुल्क लेकर वेद-वेदांगों का अध्यापन करने वाला विद्वान्। (मनु. २-१४१)।

उपाय = आत्मशुद्धि के साधन। (पांच प्रकर)- वासचर्या, जप, ध्यान, ईशस्मृति, और प्रपत्ति। (नकुलीश दर्शन)।

उपासना = आराध्य देवता के समीप भक्ति और योगसाधना से पहुंचना। मोक्षसाधना के तीन अंगों में से एक। (तीन अंग- कर्म, उपासना, ज्ञान)।

उपासना = (पांच प्रकार) – अभिगमन, उपादान, इज्या स्वाध्याय और योग (रामानुज दर्शन)।

उपासना (प्रकार) = सकाम, निष्काम, नित्य, नैमित्तिक, (पूजा, मानसपूजा, नाम-जप, ध्यान, नवविधा भक्ति, कर्मयोग, तांत्रिक अनुष्ठान इत्यादि)।

उपासनात्रय = ब्रह्मोपासना, मंत्रोपासना और प्रतिमोपासना।

उपासनात्रयी = शंसन, (वैदिक मंत्रों से स्तुति) हवन और स्तवन (लौकिक स्तोत्र द्वारा स्तुति।)

उभय एकादशी = मार्गशीर्ष शु. 11 से एक वर्ष तक प्रत्येक एकादशी को विष्णु की उपासना का व्रत। (शुक्ल एकादशी को श्रीकृष्ण की उपासना होती है।)

उभयतोमुखी धेनु = गाय की प्रसूति के समय जब वत्स का केवल मुख बाहर आता है, तब उसे यह संज्ञा प्राप्त होती है। (ऐसी धेनु पृथ्वी का प्रतीक मानी जाती है। उसकी प्रदक्षिणा में पृथ्वीप्रदक्षिणा मानी जाती है।)

उभयद्वादशी व्रत = मार्गशीर्ष व. १२ से प्रत्येक द्वादशी को विष्णु के केशव, नारायण माधव, आदि २४ स्वरूपों की वर्ष भर पूजा का व्रत।

उभय नवमी = पौष मास की नवमी से प्रत्येक नवमी को देवी की पूजा का व्रत। प्रत्येक पूजा में देवी के अन्यान्य स्वरूप में पूजा होती है।

उभय सप्तमी = पौष मास में शुद्ध और वद्य सप्तमी को सूर्यपूजा का व्रत।

उमा चतुर्थी = ज्येष्ठ शु. चतुर्थी (उमा की जन्मतिथि) को उत्तम वर तथा सौभाग्य की प्राप्ति निमित्त एक व्रत। उपवास और कुंदपुष्पों से उमादेवी की पूजा इस व्रत का स्वरूप है।

उमादि पूजा = चैत्र शु. २ को उमा, शिव और अग्नि की पूजा का व्रत।

उमा-ब्राह्मणी = (ब्राह्मणी है। श्वेत-वर्णा पार्वती का अपर नाम)। ज्येष्ठ शु. १ को ब्राह्मणी देवी की पूजा का व्रत।

उमा-महेश्वर व्रत = भाद्रपद पौर्णिमा से प्रारंभ। व्रतावधि – १५ वर्ष। शिव-पार्वती-मूर्ति की पूजा। घृत-तैल विरहित अन्न का भोजन इसमें आवश्यक है।

उमामाहेश्वरी तिथि =अष्टमी में नवमी और नवमी में अष्टमी

तिथि का योग।

ऊर्जा =अप्सराओं के १४ गणों में से एक गण जिसकी उत्पत्ति अग्नि से मानी है। (ब्रह्माण्ड पु. ३-७-१९)।

ऊर्ध्वपुण्ड्र =ललाट पर चंदन या गोपी चंदन का ऊर्ध्व-रेखांकन। वैष्णवों के दस संप्रदायों में अलग अलग प्रकार का ऊर्ध्वपुण्ड्र रेखांकित होता है। (नासादि केशान्तम् ऊर्ध्वपुण्ड्रम्)।

उल्का नवमी = आश्विन शु. ९ । महिषासुर मर्दिनी की पूजा का व्रत। व्रतावधि - एक वर्ष।

उष्मप =पितरों का एक वर्ग। पितरों की संख्या ३१ मानी है।

ऊर्ध्वरेता =निग्रही ब्रह्मचारी जिसका वीर्यपतन नहीं होता।

ऋतुगाथ =शुद्धता पूर्वक वेदमंत्रों का गायन करने वाला वैदिक पुरुष।

ऋतज =ऋत से उत्पन्न आद्य प्रजापति।

ऋतुगमन =गर्भधारणा के योग्य काल। स्त्री का रजोदर्शन होने पर १६ दिनों की अवधि। ऋतुकाल में स्वस्त्री-संभोग।

ऋतुशांति = अशुभ समय पर प्रथम रजोदर्शन होने पर एक हवन-विधि।

ऋतुस्नान = रजोदर्शन होने पर चौथे दिन का प्रथम स्नान।

ऋत्विक् = पाकयज्ञादि वैदिक कर्मों में निपुण पुरोहित।

वृषभ = (भागवतोक्त) विष्णु का एक अवतार, जो अजनाभ वर्ष (भारत वर्ष का प्राचीन नाम) का अधिपति था। भरत (जिसके प्रभाव से इस देश का नाम भारत हुआ) इसी का श्रेष्ठ पुत्र है।

ऋषिचान्द्रायण = एक प्रायश्चित्त स्वरूप व्रत जिसमें अत्यल्प आहार होता है।

ऋषिपंचमी = भाद्रपद शु. पंचमी को स्त्रियों का एक व्रत। इसमें कश्यप, अत्रि, भरद्वाज, विश्वामित्र, गौतम, जमदग्नि, वसिष्ठ (और अरुंधती) इस सप्तर्षि गण की पूजा होती है।

एकनक्षत्र जनन शांति = पिता-पुत्र का या दो भाइयों का जन्मनक्षत्र एक ही होने पर यह विधि होती है।

एकभुक्त व्रत = केवल मध्याह्न में ही भोजन करने का चैत्र मास का व्रत।

एकभुक्त सोमवार व्रत = चैत्र, वैशाख, ज्येष्ठ, श्रावण या मार्गशीर्ष इनमें से किसी भी मास में प्रत्येक सोमवार को केवल नक्तभोजन (सांय भोजन) करना। प्रायः श्रावण मास में यह व्रत करने की प्रथा है।

एकराट् = संपूर्ण पृथ्वी-मंडल का अधिपति जो सम्राट् से भी वरिष्ठ माना गया है। (ऐतरेय ब्रा. ८-५)।

एकलिंग = जिस शिवलिंग की पंचक्रोशी में दूसरा शिवलिंग नहीं होता ऐसा स्थान।

एकवीरा = अद्वितीय वीर परशुराम की माता रेणुका का अपर नाम।

एकाक्षरा = गाणपत्य संप्रदाय की तांत्रिक उपास्य मूर्ति।

एकादश रुद्र = १६ हाथ वाले देवता। इनके ११ नामों में एकवाक्यता नहीं है। उनमें = विरूपाक्ष, त्र्यंबक, हर, और अहिर्बुध्न्य नाम प्रसिद्ध हैं।

एकादशी नामावली = (चैत्र से फाल्गुन तक शुक्ल पक्ष की) = कामदा, मोहिनी, निर्जला, शयनी, पुत्रदा, परिवर्तिनी, पाशांकुशा, प्रबोधिनी, मोक्षदा, प्रजावर्धिनी, जया और आमलकी।

एकादशी नामावली = (चैत्र के फाल्गुन तक कृष्ण पक्ष की) = पापमोचनी, वरूथिनी, अपरा, योगिनी, कामिका, अजा, इंदिरा, रमा, फलदा, षट्तिला, विजया।

एकानंशा = कृष्ण जन्म के समय यशोदा से उत्पन्न कन्यका। इसे दुर्गा देवी का अवतार माना जाता है। (अपर नाम- एकानंगा)।

एकान्तिक (या ऐकान्तिक) धर्म = भागवत धर्म का अपरनाम। परमात्मा की कृपा बिना जीव के उद्धार का अन्य कोई उपाय नहीं, यह इस का एकान्तिक अर्थात् निरपवाद सिद्धान्त है।

एकायन = एकान्तिक या भागवत संप्रदाय का उपनिषत्-कालीन नाम।

एकोद्दिष्ट = अंत्यक्रिया से संबंधित मृतात्मा के निमित्त श्राद्ध। तीन प्रकार - एकश्राद्ध (१० वें या ११ वें दिन), नवमिश्र (प्रतिमास एक वर्ष तक), और पुराणश्राद्ध (वर्षश्राद्ध के पश्चात् वार्षिक श्राद्ध)।

एवाव्रत = आश्विन अमावस्या का एक स्त्रीव्रत।

एषणासमिति = भिक्षा के ४२ दोषों से मुक्त अन्न का मुनिद्वारा स्वीकार।

ऐकान्तिक धर्म = भागवत धर्म का अपर नाम। इसी से उत्तरकालीन वैष्णव धर्म का विकास माना जाता है।

ऐन्द्राग्न = विशाखा नक्षत्र की अपर संज्ञा। (इन्द्र और अग्नि इस नक्षत्र के देवता होते है।)

ऐन्द्रीपूजन = आषाढ शुद्ध या वद्य ९ मी को ऐन्द्री पूजा का व्रत।

ऐरिणीदान = विवाह संस्कार के अन्तर्गत एक अंतिम समारोह। इस में ऐरिणी याने वंशपात्र का दान होता है।

ऐश्वर्य तृतीया = तृतीया तिथि को ब्रह्मा, विष्णु, महेश की पूजा का व्रत।

ऐश्वर्य शक्ति = निंबार्क के हंससप्रदाय की परिभाषा में भूमि और लक्ष्मी, विष्णु की ऐश्वर्यशक्ति कही हैं।

ओघद्वादशी = भाद्रपद शु. १२ को जलाशय में स्नान करने का व्रत।

ओम् = अ- विष्णु, उ- महेश्वर, म्- ब्रह्मा। अर्थात् ओम् के अन्तर्गत अ, उ, और म् अक्षर समाविष्ट हैं जो क्रमशः विष्णु, महेश और ब्रह्मा के वाचक हैं। प्रणव शब्द ओंकार का ही वाचक है।

औद्वाहिक = वर को ससुराल से प्राप्त धन। यह स्त्रीधन होता है।

औपशयिक दोष = पतिपत्नी के संबंध में दोष। इससे विवाह-विच्छेद योग्य माना जाता है।

औरस = धर्मपत्नी से उत्पन्न पुत्र। १२ प्रकार के धर्मशास्त्रोक्त पुत्रों में श्रेष्ठ माना जाता है।

और्ध्वदेहिक = मृतात्मा के दाहसंस्कार से लेकर सपिण्डीकरण तक होनेवाले पिण्डदानादि विधि। इस मरणोत्तर क्रियाविधि में छह प्रायश्चित्त (३ प्रेतशुद्धि निमित्त और ३ कर्ता की अधिकार प्रप्तिनिमित्त) एवं तिलांजलि, पिंडदान, श्राद्ध और दान का अन्तर्भाव होता है। क्षौर वैकल्पिक होता है। तिलांजलि प्रेत की तृषा का और पिडदान क्षुधा का शमन करने हेतु होता है। १० पिंडों के दान से आत्मा को नया शरीर प्राप्त होता है और वह स्वर्ग सुख भोगता है।

कज्जलागौरी व्रत = श्रावण वद्य तृतीया का एक स्त्रीव्रत। फल – सौभाग्यवृद्धि।।

कटपूतनः = अपवित्र प्रेतभक्षक क्षत्रिय (या उसका प्रेतात्मा) (मनु. २-७१)।

कटिसूत्र बंधन = प्रतिवर्ष जन्म नक्षत्र पर कमर में सूत्र बांधने की विधि। आंश्वलायन गृह्य सूत्र के अनुसार यह सूत्र धर्मकृत्य के समय उतार कर रखना आवश्यक है।

कटोदकम् = मृत पितरों को तर्पण के लिए देने योग्य जल।

कदली व्रत = भाद्रपद शु. १४ तिथि का एक स्त्रीव्रत। वैशाख, कार्तिक, और मार्गशीर्ष की पौर्णिमा को भी करते हैं। केले के वृक्ष की पूजा इसमें प्रधान कर्म होता है।

कन्यकुमारि = दुर्गा या दुर्गी का एक विशेषण।

कन्या = ८ वर्षों की बालिका। अष्टवर्षा भवेत् कन्या। ९ प्रकार- (१) कुमारिका (द्विवर्षा), (२) त्रिमूर्तिनी (त्रिवर्षा), (३) कल्याणी (चतुर्वर्षा), (४) रोहिणी (पंचवर्षा), (५) काली (षडवर्षा), (६) चण्डिका (सप्तवर्षा), (७) शांभवी (अष्टवर्षा), (८) दुर्गा (नववर्षा), (९) सुभद्रा (दशवर्षा)।

कपर्दिविनायक व्रत = एक काम्य व्रत जो किसी भी रविवार से चार बार किया जाता है। कपर्दी (कौडी) का दान इस व्रत में महत्त्वूर्ण माना है।

कपालक्रिया = संन्यासी के प्रेत संस्कार में उसकी खोपड़ी नारियल से फोड़ना और उस रन्ध्र में शालिग्राम की स्थापना करना।

कमलषष्ठी = मार्गशीर्ष शु. षष्ठी का एक व्रत। इसमें कमलदान का महत्त्व होता है। एक वर्ष तक प्रत्येक षष्ठी को व्रत-पालन होता है।

कमला एकादशी = अधिक-मास की कृष्ण एकादशी का व्रत। फल – मोक्षप्राप्ति।

कमलाक्षी = एक तांत्रिक देवता जो त्रिलोचना और चंद्रकला धारिणी है।

करक चतुर्थी = कार्तिक वद्य चतुर्थी का स्त्रीव्रत। गौरी – प्रधान देवता। शिव, गणेश, कार्तिकेय-गौण देवता। चन्द्रोदय होने पर अर्घ्यप्रदान। फल – सौभाग्यप्राप्ति।

करकाष्टमी = कार्तिक वद्य अष्टमी का स्त्रीव्रत। रात्रि में गौरी की पूजा और नौ कुमारिकाओं का भोजन।

करगा महोत्सव = कर्नाटक में प्रचलित चैत्र कृ. सप्तमी से त्रयोदशी तक पंचपांडवों सहित द्रौपदी की पूजा का महोत्सव।

करणमंत्र = यज्ञ विधियों का नियंत्रण करने वाले वैदिक मंत्र।

करण मुद्रा = एक हस्तमुद्रा। तर्जनी और कनिष्ठिका खडी रखते हुए मध्यमा और अनामिका को अंगुष्ठ से दबाना।

करणव्रत = माघ शुक्ल पक्ष में बवनामक करण आने पर ७ बार यह व्रत होता है। अच्युत मूर्ति की पूजा और ७ ब्राह्मणों के भोजन से पारणाविधि इसमें होती है।

करन्यास = हाथ तथा उंगलियों में देवताओं की कल्पना से स्थापना। तांत्रिक पूजा में 'न्यास' का विशेष महत्त्व होता है।

करमाला = जप की मणिमाला के अभाव में करांगुलियों के पर्वों पर अंगूठा रखकर मंत्रसंख्याकी गणना होती है। इस करमाला से जप की एक विशिष्ट पद्धति होती है।

करवीर प्रतिपद् = ज्येष्ठ शु. प्रतिपदा का एक व्रत। इसमें करवीर वृक्ष की पूजा होती है।

कराष्टमी = आश्विन वद्य अष्टमी।

करिव्रत = मत्स्य पुराण में कथित एक काम्यव्रत। देवता – ब्रह्मा। विधि – सुवर्ण के हाथियों सहित रथ का दान। फल – आगामी जन्म में राज्यलाभ।

कर्कटी व्रत = कर्क राशि में सोमवार को सूर्य प्रविष्ट होने पर यह शैव व्रत होता है। इसमें कर्कटी (ककडी) की लता का महत्त्व होता है। फल – पतिकल्याण।

कर्णवेध = एक शिशुसंस्कार। इसमें उचित समय में शिशु के कान में छिद्र किये जाते हैं। गृह्यसूत्रों में इस संस्कार का उल्लेख नहीं।

कर्ता (तीन प्रकार) = (१) लौकिक (अपने इच्छित फल के निमित्त कर्म करने वाला), (२) सिद्ध (केवल परोपकारार्थ कर्म करने वाला), (३) दैवी (अंतवाहक या सूक्ष्म) शरीर के द्वारा जो नवीन सृष्टि का निर्माण करता है।

कर्म = धार्मिक क्रिया। बीजांकुरवत् यह प्रवाह स्वरूप और अनादि तथा फलप्रद होता है। दो प्रकार – (१) बंधनकारक (पुरुषार्थ), (२) अबंधनकारक (यज्ञ) अथवा श्रौत और स्मार्त अथवा अकर्म और विकर्म (गीता)।

कर्त्राश्रित कर्म = (तीन प्रकार) – शारीरिक, वाचिक और मानसिक।

कर्म = सृष्टि निर्मिति के क्षण में निर्विकार ब्रह्मतत्त्व में उत्पन्न प्रथम स्पंदन। इसी कर्म से सृष्टि की उत्पत्ति हुई। (वेदान्ती मत)।

कर्म = तंत्र शास्त्रानुसार छह प्रकार – शान्तिकरण, वशीकरण, स्तम्भन, विद्वेषण, उच्चाटन, और मारण।

कर्म = धर्मशास्त्रानुसार ३ प्रकार – (१) नित्य (सन्ध्यावन्दनादि), (२) काम्य (यज्ञादि), (३) नित्यकाम्य (एकादशी व्रतादि) – एकादशी न करने से प्रत्यवाय दोष होता है। अतः वह नित्यकर्म है और पुत्र-प्राप्ति आदि कामना से उस व्रत का पालन होने से वह काम्य भी है। **नैमित्तिक**

कर्म मीमांसक मानते हैं। (उदा. ग्रहणश्राद्ध आदि)।

कर्म = (तीन प्रकार) — कर्त्राश्रित, भोक्त्राश्रित और स्वांगाश्रित।

कर्मकाण्ड = मंत्र और ब्राह्मण नामक वेद का भाग। इसमें श्रौत यज्ञ याग आदि कर्म प्रधानतया प्रतिपादित हैं।

कर्म पंचक = नित्य, नैमित्तिक, काम्य, प्रायश्चित्त, और निषिद्ध।

कर्मसाक्षी = मानवों के प्रत्यक्ष तथा अप्रत्यक्ष कर्मों के देखने वाले नौ देवता। पांच महाभूत और सूर्य, चंद्र, काल और यम।

कर्मांग देवता = श्रौत तथा स्मार्त कर्म के आरंभ में पुण्याहवाचन विधि में कर्मानुसार जिनका आवाहन होता है। विवाह, जातकर्म, वास्तुहोम, ग्रहमख आदि विविध कर्मों के देवता भिन्न भिन्न होते है।

कलश = मिट्टी या खोखले बड़े फल या खोखले काष्ठ का बना हुआ बड़ा घड़ा। सोमकलश या द्रोणकलश प्रायः लकड़ी के बनते थे जिनका उपयोग यज्ञ में होता था।

कलश = ५० अंगुलि परिघ, १६ अंगुलि ऊंचाई और अंगुलि मुख — इस परिमाण का विशिष्ट मंगल पात्र। नौ प्रकार — क्षितींद्र, जलसंभव, पवन, अग्नि, यजमान, कोशसंभव, सोम, आदित्य और विजय। (तंत्रसार) कमलपुष्प-युक्तकलश मंदिर के शिखर पर स्थापित होता है।

कलिवर्ज्य = ११ वीं शती से पराशर आदि स्मृति ग्रंथों में वानप्रस्थाश्रम, चिरकाल ब्रह्मचर्य, नियोगविधि, यज्ञ में पशुहिंसा, मांसश्राद्ध, समुद्रपर्यटन आदि अनेक आचार कलियुग में वर्जित कहे हैं। उन्हें कलिवर्ज्य कहते हैं।

कलंदर = कल — शास्त्रीय आदेश या शिष्टाचार का भंग करने वाला वर्णसंकरजन्य पुरुष। (कलं दृणाति इति कलंदरः) (ये प्रायः बैरागी होते हैं।)

कल्प = वेदविहित धार्मिक कर्मों की यथाक्रम स्थापना। कल्पसूत्र नामक ग्रंथों में वैदिक कर्मकाण्ड का सविस्तर प्रतिपादन हुआ है। संप्रति ४० कल्पसूत्र उपलब्ध हैं।

कल्पवास = माघ मास में प्रयाग के संगम क्षेत्र में पर्णकुटी में निवास।

कल्पादि (तिथि) = चैत्र शु. १, चैत्र शु. ५, वैशाख शु. ३, कार्तिक शु. ७, मार्गशीर्ष शु. ९, माघ शु. १३, और फाल्गुन कृ. ३ इन तिथियों की संज्ञा। कल्पादि तिथि पर श्राद्धविधि प्रशस्त मानी है।

कल्पसूत्र = कल्प एक वेदांग है। उसके तीन प्रकार — श्रौत, गृह्य और धर्म। तीनों में वैदिक समाज के आचार धर्म का विवरण किया है।

कल्याण सप्तमी = रविवार की शुक्ल सप्तमी का व्रत। व्रतावधि — एक वर्ष। अपरनाम - विजया सप्तमी।

कवच = (१) भूर्जपत्र पर आलिखित मंत्र या यंत्राकृति का तावीज जो गले में या भुजा पर धारण किया जाता है। इससें दैवी आपत्तियों से रक्षण होता है। (२) शरीरावयवों के रक्षण की प्रार्थना के श्लोक। उदा. रामरक्षा स्तोत्र में अन्तर्भूत रामकवच

कव्य = पितरों के प्रीत्यर्थ वेदज्ञानी ब्राह्मणों को देने योग्य अन्न, धान्य आदि पदार्थ।

कव्यवाह = एक पितृगण। तीन प्रकार — सोमप, आज्यप और स्वकालीन।

काकतुंडी = एक तांत्रिक देवता।

काकपक्ष = प्राचीन काल में शिशु के बाल काटते समय सिर के दोनों और किंचित् बाल रखे जाते थे। उन्हें 'काकपक्ष' कहते थे।

काकमिथुन दर्शन शांति = काक मिथुन की चेष्टा आदि दिखना अशुभ माना गया है। उस निमित्तहवन पूजन आदि विधि।

काकिनी = (१) एक तांत्रिक देवता। (२) अनाहत चक्र (योगशास्त्रानुसार शरीर में हृदयस्थ चक्र) की शक्ति की संज्ञा।

काचनकुंडली = तांत्रिक पद्धति के अनुसार बनाई गोबर की मूर्ति। सिद्धि की प्राप्ति के हेतु इसकी पूजा होती है।

कांचनगौरी व्रत = भाद्रपद शु. तृतीया को गौरी की पूजा को व्रत।

कात्यायनी व्रत = श्रीकृष्ण भगवान् का पतित्व प्राप्त होने की कामना से व्रज की गोपकन्याओं ने किया हुआ एक व्रत। (भागवत स्कं. १० अ. २२)। आधुनिक काल में श्रीरामकृष्ण परमहंस तथा प्रज्ञाचक्षु श्री गुलाबराव महाराज (विदर्भवासी) इस व्रत का पालन नियमानुसार मार्गशीर्ष मास में करते थे। इस व्रत में व्रती स्त्री-वेश में रहता है।

कानीन = अविवाहित कन्या का पुत्र। उदा. (महाभारत का कर्ण)। याज्ञवल्क्य के मतानुसार यह मातामह का पुत्र माना जाता है।

कापालिक = (१) कपाल धारण करने वाले शैवों का एक प्राचीन पंथ। शिवपुराण में इन्हें "महाव्रतधर" कहा है। (२) अवैदिक शैवागमों का एक प्रकार।

कामगायत्री = कामदेव-परक गायत्री छंद का एक मंत्र।

कामचंडाली = बौद्धों की एक तांत्रिक देवता।

कामत्रयोदशी = चैत्र शुद्ध त्रयोदशी।

कामदा एकादशी = चैत्र शुद्ध एकादशी।

कामदा सप्तमी = फाल्गुन शुद्ध सप्तमी से प्रत्येक सप्तमीपर सप्ताश्व सूर्य की पूजा का व्रत। व्रतावधि — एक वर्ष।

कामदेव पूजा = चैत्र शुद्ध द्वादशी का एक पूजाव्रत, जिस में पति अपनी पत्नी का सत्कार करता है।

कामदेवव्रत = वैशाख शुद्ध १२ से प्रारंभ होने वाला एक व्रत। व्रतावधि — एक वर्ष। प्रत्येक द्वादशी को कामदेव की पूजा होती है।

कामधेनुदान = सोने की सालंकृत सवत्स-धेनु का दान।

कामधेनु व्रत = कार्तिक कृष्ण एकादशी से पांच दिनों का व्रत। विष्णुमूर्ति का गोदुग्ध से अभिषेक, द्यूतक्रीडा, और

सार्वजनिक स्थानों में दीप जलाना इस व्रत के अंग हैं।

कामरतिमंत्र = "क्लीं कामदेवाय नमः" यह अष्टाक्षर काम-मंत्र हैं और "ऱ्ही रत्यै नमः" यह पंचाक्षर रतिमंत्र है।

कामव्रत = (१) कार्तिक मास में सूर्योपासना का व्रत। (२) पौष १३ से प्रत्येक त्रयोदशी को नक्त भोजन का व्रत। (३) किसी भी सप्तमी को सूर्यपत्नी सुवर्चला की पूजा का व्रत। (४) पौष शु. पंचमी को कार्तिकेय की उपासना का व्रत।

कामषष्ठी = माघ शुद्ध षष्ठी से एक वर्ष तक कार्तिकेय की पूजा का व्रत।

कामिका एकादशी = आषाढ वद्य एकादशी। श्रीधर (विष्णु) की उपासना का व्रत विहित है। (पद्मपुराण उत्तरखंड ५४)।

कामिक आगम = २८ आगमों में से एक।

कामिका व्रत = मार्गशीर्ष कृ. २ को चांदी या सोने की विष्णुमूर्ति का दान।

कामेशी = एक तांत्रिक देवी।

कामेश्वरी = गुवाहाटी की कामाख्या देवी के पांच रूपों में से एक देवीरूप।

कामेश्वरी = तांत्रिकों की अष्टतारा देवताओं में एक देवता।

काम्य कर्म = तीन प्रकार – (१) ऐहिक फलकामना मूलक, (२) पारलौकिक० और (३) इहामुत्र०।

काम्य कर्म = पुत्रेष्टि, राज्यप्राप्ति आदि विशिष्ट कामना से किये गये यज्ञ याग या चांद्रायण व्रतादि।

काम्यदान = अपत्य, विजय, ऐश्वर्य और स्वर्ग इन चार में से किसी एक की अभिलाषा से दिया गया दान।

कायिक पाप = (तीन प्रकार) – (१) अदत्तानाम् उपादानम्, (२) अवैध हिंसा, (३) परस्त्री समागम (मनु. १२-७)।

कारणागम = २८ आगमों में से एक।

कारु = यज्ञ कर्म करने में कुशल ऋत्विज (सायण)।

कार्तवीर्य = एक तांत्रिक देवता। इस की एक हजार भुजाएँ होती हैं।

कार्तिक स्नान = आश्विन शु. ११ से कार्तिकी पौर्णिमा तक सूर्योदय से २ घटिका पूर्व नदीस्नान का व्रत अथवा कार्तिक शु. ११ से पौर्णिमा तक प्रातः स्नान का व्रत।

कालचक्र यान = बौद्धों का एक तांत्रिक संप्रदाय जो नेपाल तथा तिब्बत में था। इसमें कालचक्र नामक चतुर्मुख, त्रिकंठ, द्वादशनेत्र अद्भुत देवता की उपासना होती थी। सेकोद्देशटीका इस संप्रदाय का प्रमाण ग्रंथ है।

कालपुरुष दान = चतुर्थी, चतुर्दशी या भद्रा तिथि को सुवर्णमय कालपुरुष की मूर्ति के दान की विधि।

कालभैरव = अष्टभैरवों में से एक। शिव भगवान् के क्रोध से उत्पन्न काशीनिवासी देवता।

कालभैरवाष्टमी = मार्गशीर्ष कृष्ण अष्टमी।

कालरात्रि = एक तांत्रिक देवता जिसकी स्थापना विशिष्ट यंत्राकृतिपर होती है और उपासना कार्तिकी अमावस्या को प्रशस्त मानी है। यह देवता कल्पांतकालीन तमोमयी रात्रि का प्रतीक है। कालरात्रिसंहिता नामक तंत्रशास्त्रीय ग्रंथ में कालरात्रि के ८४ भेद यंत्रों और मंत्रों सहित बताये हैं।

कालरात्रि व्रत = आश्विन शुद्ध अष्टमी का शैव व्रत। एक, तीन या सात दिनों तक उपवास।

कालामुख = एक अघोरपंथी दाक्षिणात्य शैव संप्रदाय। अपर नाम – महाव्रतधर, लगुडधर। लकुलीश दर्शन इस में प्रमाणभूत है। इ. १० से १३ शती में यह संप्रदाय कर्नाटक में प्रबल था।

कालामुख आगम = अवैदिक शैवागमों का एक भेद।

कालाष्टक = आषाढ वद्य १ से ८ तक का समय। भक्त लोग इसमें कालभैरव की उपासना करते हैं।

कालाष्टमी व्रत = आश्विन, कार्तिक या भाद्रपद वद्य अष्टमी को कालभैरव की पूजा का व्रत।

काली = (१) परमात्मा की क्रियारूप शक्ति का देवतास्वरूप। (२) महाकाली से उत्पन्न १२ देवियों में से प्रथम देवी। (बृहन्नील तंत्र ४२)। (३) दश महाविद्याओं में प्रथम।

काश्मीरागम = अवैदिक शैवागमों का एक भेद।

किरणागम = २८ आगमों में से एक रौद्रिक आगम।

कुक्कुट मंत्र = एक तांत्रिक मंत्र। इसकी साधना में गौरीचित्र के हाथ में चित्रित कुक्कुट की पूजा होती है।

कुक्कुटी व्रत (या वानरी व्रत) = भाद्रपद शुद्ध सप्तमी से एक वर्ष तक प्रत्येक सप्तमी को अंबिका-शिव की पूजा का व्रत। फल – संतति की अविच्छिन्नता।

कुक्कुटेश्वर = एक तांत्रिक देवता।

कुटीचक = गांव की सीमा के पास कुटिया में निवास करने वाला संन्यासी। संन्यासियों के चार प्रकारों में से प्रथम। (अन्य प्रकार – बहूदक, हंस, और परमहंस)। (२) पुत्रान्न पर अपना निर्वाह करता है या पर्णकुटी में निवास करता है।

कुतप = (कु - पाप। तप - तपाना)। पाप का निवारण करने वाले कुश, तिल, गाय, कन्यापुत्र, मध्याह्न समय, चांदी, खड्गपात्र और नेपाली कंबल इन आठ पदार्थों की संज्ञा।

कुंदचतुर्थी = माघ शु. चतुर्थी। इस तिथि को कुंदपुष्पों से स्त्रियां शिवपूजा करती है।

कुमार व्रत = चैत्र शु. षष्ठी तिथि को कार्तिकेय की पूजा का व्रत। इस व्रत में घृतमिश्रित ब्राह्मी के रस का सेवन होता है। फल – शास्त्रपाण्डित्य।

कुमारी = १२ वर्षों की बालिका।

कुंभपर्व = प्रयाग, हरिद्वार, नासिक और उज्जयिनी इन चार तीर्थक्षेत्रों में (इन्हें कुम्भमेलातीर्थ कहते हैं।) गुरु, चंद्र और सूर्य का विशिष्ट राशियों में प्रवेश होने पर माना गया पुण्यकाल। प्रयाग का कुंभपर्व सर्वश्रेष्ठ माना जाता है। प्रत्येक क्षेत्र में १२ वर्षों के अंतर से कुंभपर्व होता है। इस पर्व से समुद्र मंथन के अमृतकुंभ की कथा का संबंध माना जाता है।

कुम्भविवाह = मार्कण्डेय पुराण के अनुसार किसी कन्या की जन्मपत्रिका में वैधव्य होने पर उसका परिहार सजल कुम्भ, अश्वत्थ वृक्ष आदि के साथ प्रथम विवाह करने से होता है ऐसा कहा जाता है। इन विवाहों को कुम्भविवाह कहते है।

कुम्भीपाक = पुराणोक्त २८ नरकों में से एक (कुंम्भ्यां पाक इव पाको यत्र स कुम्भीपाकः)

कुरुकुल्ला = बौद्धों की एक तांत्रिक अष्टभुजा देवता। इसके परिवार में १२ देवताएं मानी गई हैं।

कुरुविंद = कुंभकार पुरुष और कुक्कुट जातीय स्त्री की संतान। (शूद्रकमलाकर)।

कुलपति = १० हजार छात्रों के भोजन तथा अध्यापन का प्रबन्ध करने वाला श्रेष्ठ ब्रह्मर्षि।

कुशग्रहणी = भाद्रपद अमावस्या का नाम। इस तिथि को कुश (दर्भ, कुतुप, बर्हि) काट कर संचित किए जाते हैं।

कूर्मचक्र = मंत्रजप, यज्ञविधि आदि में उपयुक्त एक तांत्रिक आसन, जिस पर आलिखित कूर्म के चित्र के अवयवों पर विविध व्यंजनाक्षर लिखे होते हैं।

कूर्मद्वादशी = पौष, शु. द्वादशी का एक पूजाव्रत।

कूष्माण्डदशमी = आश्विन शु. दशमी। इस तिथि की पूजा में कूष्मांड पुष्पों का उपयोग होता है।

कूष्माण्ड नवमी = कार्तिक शुद्ध नवमी। अपर नाम - युगादि तिथि। इस दिन कूष्माण्ड फल का दान तथा पिण्डरहित श्राद्धविधि होते हैं।

कूष्माण्ड व्रत = कार्तिकी पौर्णिमा को कूष्माण्डलता की पूजा का व्रत।

कूष्माण्ड सूक्त = यजुर्वेद का एक सूक्त जो तडागोत्सर्ग नामक विधि में गाया जाता है।

कूष्माण्डी व्रत = वैशाख शु. १४ को कूष्माण्ड बीज का वपन करना और आगे छह महीनों तक यथाक्रम सौभाग्यदा, सर्वकामप्रदा, पुत्रदा, धनदा, फलदा और मोक्षदा इन नामों से कूष्माण्डवल्ली की पूजा का व्रत।

कृच्छ्र = पापक्षालनार्थ दुष्कर व्रत। इस के पैतामह कृच्छ्र, वैष्णव कृच्छ्र आदि अनेक प्रकार कहे गये हैं।

कृच्छ्र चतुर्थी = माघ शु. ४ से एक वर्ष तक एकभुक्त, मार्गशीर्ष शु. ४ से एक वर्ष तक नक्तभोजन, फिर मार्ग. शु. ४ से अयाचित भोजन और चौथे वर्ष में उसी तिथि से उपवास इस प्रकार चार वर्षों तक प्रत्येक चतुर्थी का व्रत। इसमें गणेशपूजा भी होती है।

कृच्छ्र-त्रय = निषिद्ध दान का प्रतिग्रह करने से प्राप्त दोष से मुक्त होने के लिए एक प्रायश्चित्त।

कृच्छ्रसांतपन = एक प्रायश्चित स्वरूप व्रत। इस में गोमय भक्षण होता है। (गोमय- गोबर)

कृच्छ्रातिकृच्छ्र = घोर पाप के प्रायश्चित्त निमित्त केवल अल्पजल प्राशन, अनशन, आदि क्लेशदायक व्रत।

कृच्छ्रार्ध = छह दिनों का व्रत। दो दिन एक भुक्त, दो दिन अयाचित और दो दिन उपोषण इस व्रत का स्वरूप है।

कृत्रिम पुत्र = धर्मशास्त्रोक्त १२ प्रकार के पुत्रों में से एक।

कृषिदेवता = उर्वरा, सीता, अरदा, अनघा, यजा, समा और भूति इ. (पारस्कर तथा गोभिल गृह्यसूत्र)।

कृष्णचतुर्दशी = फाल्गुन वद्य १४ को १४ शिव नामों के जप का स्त्रीव्रत।

कृष्ण चतुर्दशी जनन शांति = कृष्णपक्ष की चतुर्दशी तिथि के छह भागों में से प्रथम भाग के अतिरिक्त भाग में जन्म होना अनिष्ट माना जाता है। उस कारण होम-हवन की विधि।

कृष्णदोलोत्सव = चैत्र शुद्ध एकादशी को लक्ष्मी सहित कृष्ण की मूर्ति को झुलाना।

कृष्ण द्वादशी = आश्विन वद्य १२ को उपोषण और वासुदेव पूजा का व्रत। (देखिये वासुदेव द्वादशी)।

कृष्णव्रत = (१) विशिष्ट तिथि को कृष्णमंदिर में कंदब तथा वट की छाया में कृष्ण मंत्र का जप। प्रयोजन - पुत्रप्राप्ति। (२) मार्गशीर्ष वद्य षष्ठी से प्रत्येक वद्य षष्ठी को सूर्य-पूजा का व्रत। व्रतावधि - एक वर्ष।

कृष्णाष्टमी व्रत = मार्गशीर्ष कृष्ण अष्टमी से एक वर्ष तक प्रत्येक कृष्णाष्टमी को शिवपूजा का व्रत।

कृसर (या कृसरान्न) = तिल मिश्रित भात।

केदार-गौरी व्रत = कार्तिकी अमावस्या का एक दाक्षिणात्य व्रत। इसमें गौरी और केदार का पूजन विहित है।

केदार दर्शन = चैत्र कृ. ११ को केदारनाथ की मानसपूजा का व्रत।

कोकिला व्रत = आषाढ़ अधिक मास होने पर यह व्रत आषाढ पौर्णिमा से श्रावण पौर्णिमा तक सौभाग्य प्राप्ति के उद्देश्य से स्त्रियां करती हैं। इसमें कोकिला स्वरूप गौरी माँ की पूजा होती है।

कोजागरी पौर्णिमा = आश्विनी पौर्णिमा का नाम। इन्द्र और लक्ष्मी की पूजा तथा दीपोत्सव का व्रत।

कोटि संवत्सर व्रत = भाद्रपद शु. तृतीया को पार्वती प्रतिमा की पूजा का व्रत। इसे लक्षेश्वरी व्रत भी कहते हैं। व्रतावधि - चार वर्ष।

कौमार सप्तमी = भाद्रपद शुद्ध सप्तमी का एक जैन व्रत।

कौमारी = सप्त मातृकाओं में से एक।

कौमारिकी = आषाढ़ शुक्ल षष्ठी तिथि।

कौमुदी द्वादशी व्रत = एक व्रत, जिसमें गायन, वादन, नृत्य का विशेष महत्त्व होता है।

कौमुदी महोत्सव = आश्विनी पौर्णिमा का एक प्राचीन लोकोत्सव। अन्यनाम - कौमदी जागर या दीपदानजागर।

कौल = श्री कुल (योनि) की पूजा करने वाले तांत्रिक लोग। दो प्रमुख भेद - पूर्व कौल और उत्तर कौल।

कौल संप्रदाय = प्रमुख भेद - पूर्व कौल और उत्तर

कौल। अवांतर भेद – रोमकूप, वृषणोत्थ, वह्नि, कौलसद्भाव, पदोत्तिष्ठ, महत्कौल, सिद्धामृतकौल और मत्स्योदर कौल।

कौलेश भैरवी = एक तांत्रिक देवता।

कौशिकी = एक शाक्त या तांत्रिक देवता।

क्रियमाण कर्म = ऐसा कर्म जो परिस्थिति के अनुसार जीवात्मा को करना पड़ता है।

क्रूरवश्यकर कालानल यंत्र = एक तांत्रिक यंत्र जिसका प्रयोग क्रूर स्वामी को वश में लाने के हेतु सेवकद्वारा होता है। यह यंत्र भूर्ज पत्र पर गोरोचना से खींचा जाता है।

क्रोधशमन जामदग्न्य यंत्र = क्रुद्ध स्वजन का क्रोध शांत करने के लिए एक तांत्रिक उपचार। यह यंत्र ताड़पत्र पर गोरोचन से आलिखित होता है।

गंगा सप्तमी = वैशाख शुद्ध सप्तमी का एक महोत्सव। यह वाराणसी में मुख्यतः होता है।

गजपर्व = कार्तिकी पौर्णिमा से तीन दिनों का उत्सव। दक्षिण भारत में यह लोकप्रिय है। हाथी की मृण्मय मूर्ति की पूजा इसमें होती है।

गजलक्ष्मी = अष्ट महालक्ष्मियों में एक देवता। दो हाथियों के बीच बैठी लक्ष्मी की मूर्ति या प्रतिमा इस का प्रतीक है।

गण = शिव, विष्णु आदि देवताओं के अनुचर देवताओं के समूह जिन का **शिवगण, विष्णुगण** जैसे शब्दों से पुराणों में उल्लेख होता है।

गणगौरी = राजस्थान तथा उत्तर प्रदेश में प्रचलित गौरी माँ की पूजा का एक व्रतोत्सव। फाल्गुनी पौर्णिमा (होलिकोत्सव) से चैत्र शु. ३ तक (१८ दिन) स्त्रियाँ यह उत्सव करती हैं।

गणदेवता = १२ आदित्य, १० विश्वेदेव, ८ वसु, ६३ तुषित, ६४ आभास्वर, ४९ अनिल, २२० महाराजीक, १२ साध्य, और ११ रुद्र इन समूहयुक्त देवतओं की संज्ञा।

गणयाजी = बौधायन धर्मसूत्र में वर्णित गणहोम (यही गण याग माना जाता है।) करने वाला वैदिक ब्राह्मण। गणयाग दूसरे किसी के लिए करना अप्रशस्त माना है। ऐसे गणयाजी मनु के मतानुसार श्राद्ध के निमंत्रण के अनधिकारी माने गए हैं।

गणेश चतुर्थी = भाद्रपद शुद्ध चतुर्थी तिथि। अन्यनाम – वरद चतुर्थी, शिवा चतुर्थी। गणेशोपासना की प्रमुख तिथि।

गणेशपूजा व्रत = श्रावण शुद्ध १० से श्रावण वद्य १० तक (एक पखवाडा) गणेशपूजा का व्रत।

गया क्षेत्र (तीन) = मातृगया (सिद्धपुर – गुजरात), पितृगया (बिहार), शिवगया (वाराणसी)।

गर्भरक्षाकर यंत्र = यह यंत्र भूर्जपत्र पर हाथी के मदस्राव से आलिखित होता है। गर्भरक्षा के हेतु गर्भवती स्त्री इसका तावीज धारण करती है।

गर्भस्थिरीकरण विधि = जिस स्त्री में गर्भपात का दोष होता है उसका गर्भ स्थिर रहने के निमित्त एक शास्त्रोक्त विधि। इसमें सुवर्ण के विशिष्ट यज्ञोपवीत का दान होता है।

गर्भाधान (या गर्भालंबन) = विवाहोत्तर प्रथम ऋतुस्नात स्त्री पांचवे दिन से सोलहवे दिन तक गर्भ या स्त्री का विशिष्ट धार्मिक संस्कार। इसमें अश्वगंधा या दूर्वा का रस पत्नी के दाहिने नासारन्ध्र में पति डालता है।

गाणपत्य लिंग = गणपति का एक (शिवलिंग के समान) प्रतीक जो पाषाण, जम्बूफल, नींबूफल, दाडिमफल या कुम्हड़े के आकार का होता है।

गांधर्व विवाह = विवाह के धर्मशास्त्रोक्त आठ प्रकारों में से एक। प्रबल कामवासना के कारण विवाहपूर्व संभोग के कारण होने वाला विवाह। उदा. दुष्यन्त-शकुन्तला-विवाह। (मनुस्मृति ३-३२) (मैथुन्यः कामसंभवः)। दो प्रकार– (१) मिश्र (असमान वर्णों का) (२) शुद्ध (समान वर्णों का)।

गायत्री (त्रि रूपा) = (१) पूर्वाह्ले गायत्री, (२) मध्याह्ले सावित्री, (३) सायाह्ले सरस्वती।

गिरि = गिरिवन में गीता का अध्ययन करते हुए निवास करने वाला दसनामी संन्यासी (मठाम्नाय)।

गिरिमह = एक प्राचीन उत्सव। (भगवती सूत्र में उल्लिखित)।

गुणकर्म = कर्ता में संस्कार निर्माण करने वाला कर्म। दो भेद – प्रतिपत्ति कर्म (उपयुक्त संस्कारक) और उपयोक्ष्यमाण संस्कारक। अथवा – स्वतंत्र गुणकर्म और यज्ञांग गुणकर्म।

गुणकर्म (चार प्रकार) – (१) उत्पत्ति। (अग्न्याधान)। (२) आप्ति (स्वाध्याय)। (३) विकृति (व्रीहि आदि का अवहनन) और संस्कृति (व्रीहि-प्रोक्षण)। गुणकर्म क्र. ३ और ४ - यज्ञांग भूत होते हैं। पहले २ स्वतंत्र गुणकर्म माने हैं।

गुरु = गर्भाधान, पुंसवन, आदि संस्कार विधि करने वाला (अर्थात् पिता, और पुरोहित) तथा अन्नदान से पोषण करने वाला विप्र (मनुस्मृति २-१४२)।

गुरु = आचार्य, पिता, ज्येष्ठ भ्राता, राजा, मामा, श्वशुर, रक्षणकर्ता, मातामह, पितामह, ज्येष्ठ वर्णीय और चाचा इन ११को गुरु माना जाता है। (देवल स्मृति)।

गुरुकुल = विद्यादान करने वाला विद्वानों का आश्रम जहां उपनयन विधि के उपरांत, ब्रह्मचारी छात्र विद्याध्ययन के निमित्त निवास करते थे। यह नगरों से दूर होता था।

गुरु पौर्णिमा = आषाढ़ी पौर्णिमा। अपर नाम – व्यास पौर्णिमा।

गुह्यक = यक्षों का एक प्रकार जो निधि संरक्षण करता है।

गुह्यलिंग = हरिश्चन्द्र, आम्रातक, जलेश्वर, श्रीपर्वतेश्वर, महालय, कृमिचंडेश्वर, केदार और महाभैरव इन आठ शिवलिंगों की संज्ञा।

गुह्यवाणी = तांत्रिक गुह्यसाधना का विवेचन करने वाली प्रतीकात्मक भाषा।

गुह्यषोढा = एक विशिष्ट देवी जो (षोढा) अर्थात् छह कलाओं से युक्त मानी जाती है। छह कलाएँ – परात्, परतारा, परातीतरूपा, काली, कला, परातीता और पूर्णा। गुह्यषोढान्यास नामक उपनिषद् में इसकी तांत्रिक पूजा का निवेदन किया है।

गुह्यसाधना = साधक के अतिरिक्त अन्य किसी को जिसका

पता नहीं होता ऐसी तांत्रिक साधना। इसमें मैथुन क्रिया का विशेष महत्त्व होता है।

गृहस्थ = गरुड़ पुराण के अनुसार **दो प्रकार** – उदासीन और साधक। वैखानस गृह्यसूत्र के अनुसार **चार प्रकार** – वार्तावृत्ति, शालीनवृत्ति, यायावर, और घोराचारिक।

गृहस्थवृत्ति = (वृत्ति – उपजीविका के मार्ग)। **सात प्रकार** – ऋत (शिल और उंछ), अमृत (अयाचित), भृत (भिक्षान्न), प्रभृत (कृषीवलकर्म), सत्य + अनृत (वाणिज्य), श्ववृत्ति (सेवावृत्ति), (मनुस्मृति ४-५, ६)।

गृह्यसूत्र = वैदिकों के सोलह संस्कार तथा अन्य विधि निषेधों का विवरण करने वाले सूत्रमय ग्रंथ। कल्पसूत्रों के प्रकारों में से एक में सात पाकयज्ञों की विधियां गृह्यसूत्रों में कही हैं।

गेयचक्र = ललिता देवी के चक्रों में से एक। इस चक्र में कीर्ति आदि देवताओं की गणना होती है।

गोकुलाष्टमी = श्रावण कृष्ण अष्टमी। श्रीकृष्ण अवतार की जन्मतिथि।

गोत्र = विश्वामित्र, जमदग्नि, भरद्वाज, गौतम, अत्रि, वसिष्ठ, कश्यप और अगस्त्य इन आठ ऋषियों के वंशज (बौधायन धर्मसूत्र)। इन ऋषियों को गोत्रकार गोत्रकृत्, वृद्ध, स्थविर या वंश्य कहते हैं। गोत्र का संबंध विद्यागुरु से होता था।

गोत्रव्रत = श्रावण वद्य ४ थी का एक स्त्रीव्रत। इसमें सवत्स धेनु की पूजा का महत्त्व है।

गोत्रावयव = विश्वामित्र, जमदग्नि, भरद्वाज, गौतम, अत्रि, वसिष्ठ और कश्यप इन आठ गोत्रकारों के अतिरिक्त अन्य ऋषियों की संतान।

गो-त्रिरात्रिव्रत = भाद्रपद शु. १३ से तीन रात्रियों तक यह व्रत होता है। गोमाता इस व्रत की प्रमुख देवता है।

गोदान विधि = ब्रह्मचर्याश्रम समाप्त होने पर छात्र का विधिपूर्वक केशवपम। १६ संस्कारों में इसकी गणना होती है।

गोपद-त्रिरात्रि = भाद्रपद शु. तृतीया या चतुर्थी का एक गोपूजा का व्रत।

गोपद्मव्रत = चातुर्मास्य का व्रत, आषाढ शु. १०, ११ पौर्णिमा या जन्माष्टमी से इसका प्रारंभ होता है। व्रतावधि – पांच वर्ष। ३३ गोपद्माकृतियों की पूजा इसमें होती है।

गोपाल द्वादशाक्षरी मंत्र = "श्रीं ऱ्हीं क्लीं कृष्णाय गोविंदाय स्वाहा" – इस मंत्र की संज्ञा।

गोपाल मंत्र = 'गोपीजनवल्लभाय स्वाहा' इस दशाक्षरी मंत्र की संज्ञा।

गोपाष्टमी = कार्तिक शुद्ध अष्टमी। यह गोमाता के पूजन का दिन है।

गोपीचंदन = एक विशिष्ट शुभ्रवर्ण मृत्तिका की संज्ञा। यह मृत्तिका वैष्णव संप्रदाय में गंगाजल सी पापहारिणी मानी जाती है। इसे विष्णुचंदन भी कहते हैं।

गोप्रसव शांति = अनिष्ट तिथि या नक्षत्र आदि पर जन्म हुए बालक के हितार्थ यह विधि होती है। इस विधि में अर्भक का जन्म गोमाता से माना जाता है। गाय के द्वारा बच्चे का अवघ्राण अशुभ निवारक माना जाता है।

गोमयादि सप्तमी = चैत्र शुद्ध सप्तमी। इस तिथि से एक वर्ष तक सूर्योपासना का व्रत होता है।

गोमुख = जैन दैवतशास्त्र में कथित एक यक्ष। यह आदिनाथ तीर्थंकर का सेवक कहा गया है।

गोमुख प्रसव शांति = अपत्य जन्म के समय होने वाली एक विधि।

गोमूत्रकृच्छ्र = एक प्रायश्चित्त व्रत। इसमें गाय के गोबर द्वारा निकले हुए गेहूं के कण गोमूत्र के साथ खाते हैं।

गोलोक = पद्म तथा ब्रह्मवैवर्त पुराण में वर्णित एक दिव्य लोक। यहां के निवासी ही वृन्दावन में गोप-गोपी के रूप में अवतीर्ण हुए थे। (ब्र. वै. ६-६३-६९)।

गोवत्स द्वादशी = आश्विन वद्य द्वादशी। गोपूजा-प्रधान स्त्रीव्रत। इस तिथि को सवत्स गाय की चित्राकृति की पूजा होती है।

गोविंद द्वादशी = फाल्गुन शुद्ध द्वादशी। इस तिथि से एक वर्ष तक गोसेवा का व्रत होता है।

गोविंद शयन = आषाढ शु. एकादशी से चार महीनों का व्रत। इन चार महीनों में अन्य मंगल कार्य नहीं किये जाते।

गोष्ठाष्टमी = कार्तिक शुद्ध अष्टमी। देखिये गोपाष्टमी।

गोष्ठीश्राद्ध = तीर्थक्षेत्र में किया गया श्राद्ध।

गोशांति = घर के गाय बैलों में रोग उत्पन्न होने पर यह विधि होती है।

गौरी = आठ वर्षों की बालिका।

गौरी चतुर्थी = माघ शुक्ल चतुर्थी का स्त्रीव्रत।

गौरी तृतीया = चैत्र शुद्ध, भाद्रपद शुद्ध या माघ शुद्ध तृतीया का स्त्री व्रत। दक्षिण भारत में इस का विशेष प्रचार है।

गौरी विवाह = चैत्र शु. ३, ४ या ५ को शिव और गौरी की मृण्मय मूर्तियों का विवाह

गौरीहर पूजा = विवाह मुहूर्त के पहले नववधू यह पूजाविधि करती है। महाराष्ट्र में यह प्रथा ब्राह्मण समाज में प्रचलित है।

ग्रहण व्रत = दिन के पूर्वार्ध में, जन्मनक्षत्र पर या जन्मराशि पर सूर्यग्रहण होने पर यह व्रत किया जाता है।

ग्रामयाजक = विविध जातियों के लोगों के धर्मकार्य करने वाला अब्राह्मण पुरोहित।

ग्रहण श्राद्ध = सूर्य या चंद्र के ग्रहण काल में विहित श्राद्धकर्म। (आशौच काल में भी यह श्राद्ध होता है।)

घटस्फोट = विवाह संबंध का विच्छेद करने की विधि। इसमें दर्भों पर घट फोडं कर विवाह विच्छेद की घोषणा होती है।

घृतदान = आश्विन मास का एक विशेष धर्मकृत्य।

घोराचारिक गृहस्थ = याजन, अध्यापन और प्रतिग्रह न करने वाला, मार्गशीर्ष और ज्येष्ठ मास में असिधारा व्रत पालन करने वाला, एवं उञ्छवृत्ति से उपजीविका करने वाला कठोरव्रती

गृहस्थाश्रमी।

चक्रपूजा = तंत्रमार्ग में वीरभावयुक्त साधकों के लिए विहित एक विशिष्ट पद्धति की सामूहिक पूजा। इसमें भैरव और भैरवी माने गए साधक चक्राकार बैठक कर मद्यपान करते हैं। **चक्र के प्रकार** – राजचक्र, महाचक्र, देवचक्र, वीरचक्र, वह्यचक्र, भैरवचक्र, इत्यादि। साधक खी कामना के अनुसार चक्रपूजा में भिन्नता होती है।

चंड नायिका = माँ दुर्गा की अष्ट शक्तियों में से एक।

चंड मातंगिनी = एक तांत्रिक देवता जो कृष्ण वस्त्र और वीणा धारण करती है।

चंडा = माँ दुर्गा की अष्टशक्तियों में से एक। यह गौरवर्ण तथा षोडशभुजा कही गयी है।

चंडिका (या चंडी) = माँ दुर्गा की अष्टशक्तियों में से एक। यह एक मातृदेवता भी मानी गई है।

चण्डीमंत्र = "ऐं ह्रीं क्लीं चामुण्डायै विच्चे' इस नवाक्षर मंत्र की संज्ञा।

चण्डेश = भगवान शिव का अंशस्वरूप एक गण। दक्षिण भारत में शिवमंदिर के रक्षक के रूप में इस की मूर्ति स्थापित होती है। (पेरिय पुराण में इसे आदिदास कहा है।)

चण्डेशानुग्रह मूर्ति = शिवमूर्ति का एक प्रकार जो दाक्षिणात्य शैव मंदिरों में दिखाई देता है।

चतुरायुध क्षेत्र = **शंखक्षेत्र** – जगन्नाथपुरी, **चक्रक्षेत्र** – भुवनेश्वर, **गदाक्षेत्र** – जयपुर (कलकत्ता) **पद्मक्षेत्र** – मैत्रावन (कलकत्ता)।

चतुर्थी कर्म = विवाह संस्कार के बाद चौथी रात को वधू-वर के समागम की विधि। काठक, शांखायन, आपस्तंभ, आदि गृह्यसूत्रों में इसका प्रतिपादन हुआ है।

चतुर्मेध = अश्वमेध, पुरुषमेध, सर्वमेध और पितृमेध करने वाला, या इन चार यज्ञों के कर्मकाण्ड का ज्ञाता वैदिक पंडित। यह एक सम्मानोपाधि है।

चतुर्विध पुरुषार्थ = धर्म, अर्थ, काम, और मोक्ष। (या पुरुषार्थ चतुष्टय) (पुरुषार्थत्रय – धर्म, अर्थ, काम) मोक्ष को परमपुरुषार्थ कहते हैं।

चतुर्विध मित्र = औरस, कृतसंबंध, वंशक्रमागत, आपद्रक्षक। (कामंदकीय नीतिसार – ४-७४)।

चतुर्व्यूह = (१) वासुदेव (परमात्मा), संकर्षण (जीवात्मा), प्रद्युम्न (मन), अनिरुद्ध (अहंकार), इन चार भगवत्स्वरूपों का समूह। इनमें संकर्षण, प्रद्युम्न और अनिरुद्ध, विष्णु के अवतार माने जाते हैं।

उपव्यूह = वासुदेव, संकर्षण, प्रद्युम्न और अनिरुद्ध इन चार व्यूहों में प्रत्येक व्यूह से तीन व्यूहों की उत्पत्ति मानी जाती है। इन १२ व्यूहों को उपव्यूह कहते हैं। उपव्यूह – वासुदेव से केशव, नारायण, माधव। संकर्षण से – गोविंद, विष्णु, मधुसूदन। प्रद्युम्न से – त्रिविक्रम, वामन, श्रीधर। अनिरुद्ध से – हृषीकेश, पद्मनाभ, दामोदर। (१२ राशियों में संक्रामित सूर्य के १२ रूपों के ये उपव्यूह प्रतिनिधि माने जाते हैं।

चतुष्पाद धर्म = (१) तप, यज्ञ, दान, वैराग्य। (२) अहिंसा, सत्य, अस्तेय और आनृण्य। (३) कर्मयोग, भक्तियोग, ज्ञानयोग, राजयोग।

चतुःसंप्रदाय = रामानुज (विशिष्टाद्वैत मत), मध्वाचार्य (द्वैत मत), विष्णुस्वामी (विशुद्धाद्वैत.), और निम्बार्क (द्वैताद्वैत मत) इन चार वैष्णव सम्प्रदायों की संज्ञा।

चर्चिका = बालसंरक्षक एक देवता। अपरसंज्ञा – जात-मातृ देवता। जन्म के छठे दिन इस मार्जारमुखी देवता की पूजा होती थी।

चाण्डाल = तीन प्रकार – **(१) जन्म चाण्डाल** – ब्राह्मण स्त्री और शूद्र पुरुष की संतान, सगोत्र या अविवाहित स्त्री की संतति, संन्यास के बाद गृहस्थाश्रम स्वीकृत करने वाले की संतति। **(२) कर्म चाण्डाल** – अधम कृत्य करने वाला। **(३) ग्राम चाण्डाल** – धोबी, चमार, नट, बुरुड आदि १६ जातियों के लोग।

चातुर्मास्य = आषाढ शु. एकादशी (शयनी एकादशी) से कार्तिक शु. एकादशी (प्रबोधिनी एकादशी) तक अथवा आषाढी पौर्णिमा (व्यास पूजा दिन) से कार्तिकी पौर्णिमा (त्रिपुरी पौर्णिमा) तक का चार महीनों का काल।

चांद्रायण प्रायश्चित्त =श्रेष्ठ अतिथि के पूर्व भोजन करने के दोष का परिहार करने निमित्त धर्मशास्त्रकारों ने इसे आवश्यक माना है।

चामुंडा = सप्तमातृकाओं में से एक उग्र देवता।

चिंचिनीशक्ति = तांत्रिक त्रिकोण (त्रिकोणरूपा योनि या भग) के इच्छा, ज्ञान और क्रिया नामक तीन कोणों के मध्य में स्पंदन करने वाली दिव्य शक्ति। (त्रिकोण एक प्रतीकात्मक आकृति विविध संप्रदायोंने मानी है।)

चूडाकर्म =(अपर संज्ञा चूडाकरण, या चौल) **धर्मशास्त्र** में कथित १६ संस्कारों में से एक। इसमें बाल्यावस्था में बालक की चोटी के अतिरिक्त बाल काटे जाते हैं। यह संस्कार उत्तरायण में दिन के समय होता है।

चैत्ययज्ञ = देवता की कृपा से इष्ट कामना की सिद्धि का संकल्प पूर्ण करने की याचना पूर्ण होने पर किया जाने वाला यज्ञ या बलिकर्म।

छिन्नमस्ता = दश महाविद्याओं में से एक। **छिन्नमस्ता** याने मस्तकरहित देवी। इसी देवी ने निशुंभ नामक दैत्य का वध किया। कामना सिद्धि के लिए छिन्नमस्तायंत्र की पूजा होती है।

छुरिका बन्धन = नारदकृत ज्योतिर्निबन्ध में कथित एक क्षत्रिय संस्कार की विधि। शस्त्रविद्या का अध्ययन पूर्ण होने पर मंगलमुहूर्त पर क्षत्रिय युवा की कमर को खड्ग बांधने का यह संस्कार राजस्थानी क्षत्रियों में १९ वीं शती तक प्रचलित था। (लौकिक संज्ञा – खरग बंधाई)।

जंगम = लिंगायत संप्रदाय के गुरु। चललिंग की उपासना

के कारण यह संज्ञा प्राप्त हुई। **चार प्रकार** – (१) गुरुस्थल (विवाहित), (२) विरक्त (ब्रह्मचारी)। (३) पट्टाधिकारी, (४) चारमूर्ति। **पांच उपपंथ** – एकोरामाराध्य, पंडिताराध्य, मरुलाराध्य, रेवणाराध्य, विश्वाराध्य।

जननशांति = अशुभ नक्षत्र, तिथि या योग पर जन्म होने पर संभाव्य अरिष्ट की शांति के निमित्त एक धार्मिक विधि।

जनभार शांति = महामरी जैसे उपद्रवों का प्रशमन करने हेतु दैवी उपचारात्मक एक विधि। इस में रुद्रपूजा, रुद्रसूक्त पाठ आदि का विशेष महत्व होता है।

जयंती मंत्र = "जयंती मंगला काली भद्रकाली कपालिनी। दुर्गा शिवा क्षमा धात्री स्वाहा स्वधा नमोऽ स्तुते।।" नवचण्डीविधान में इस मंत्र का जप होता है।

जयाभिषेक = युद्ध के लिए प्रस्थान करते समय होने वाला राज्याभिषेक। इस का फल युद्ध में अपमृत्यु का निवारण माना जाता है।

जयावतीसिद्धि = एक तांत्रिक साधना। इसमें आषाढ, श्रावण और भाद्रपद की रात्रि में नित्य सरोवर में बैठकर जप साधना होती है।

जातकर्म = नवजात पुत्र का नालच्छेदन होने के पूर्व एक संस्कार। यह संस्कार शिशु का मुखावलोकन करने हेतु पिता द्वारा होता है। इस संस्कार के अंतर्गत मेधाजनन, आयुष्य, नालच्छेदन आदि कर्म होते हैं।

जातवेदसी = एक तांत्रिक देवता।

जारकर्म = विवाहित स्त्री या पुरुष ने अन्य पुरुष या स्त्री से कामुक संबंध रखना। धर्मशास्त्र के अनुसार यह एक दण्ड्य अपराध है।

जीवच्छ्राद्ध (जीवत् + श्राद्ध) = श्राद्धविधि करने योग्य वंशज या संबंधी न होने पर, आसन्नमरण अवस्था में स्वतः किया हुआ श्राद्ध। पलाशकाष्ठ की प्रतिमा का दहन होने पर यह श्राद्धविधि की जाती है।

ज्येष्ठ साम = मूर्तिपूजा तथा श्राद्धविधि के समय गेय साम।

ज्वरदेव = श्रीमद्भागवत, हरिवंश, वनदुर्गोपनिषद तथा आगम ग्रंथों में उल्लिखित एक रोगकारक देवता।

ज्वालामुखी = भगवान् शिव द्वारा निर्मित एक मातृदेवता। ज्वालामुखी का मंदिर कांगडा में बियास नदी के तीर पर विराजमान है जो ५१ शक्ति पीठों में से एक (सती माँ का जिह्वास्थान) माना जाता है।

डाकिनी = (१) एक तांत्रिक देवता। (२) वज्रयानी बौद्ध, तांत्रिक योगसाधना से ज्ञानसंपन्न योगिनी को डाकिनी कहते हैं। लाकिनी, शाकिनी, राकिनी, हाकिनी इसी के प्रकार माने जाते है।

✶ ✶ ✶

(वर्ग - २ अ) – स्मार्त धर्म की परिभाषा
(परिशिष्ट)

अग्निपानीय = एक दिव्य। इसमें अपराधी व्यक्ति को प्रथम अग्नि में डालकर तुरंत पानी में डुबाया जाता था। शरीर पर कोई अपाय न होने पर अपराधी निरपराध माना जाता था। इसी दिव्य को 'श्यामशबल' भी कहते हैं।

अतिवाहिक = शरीरत्याग होने पर मृतात्मा को प्राप्त होने वाला सूक्ष्म (अतीन्द्रिय) शरीर। इसी देह से जीव इहलोक का त्याग करता है। दस दिनों के पश्चात् उसे अंगुष्ठमात्र प्रेतशरीर प्राप्त होता है। प्रेतशरीर के प्रीत्यर्थ होने वाले श्राद्धों को **प्रेतश्राद्ध** कहते हैं। पिण्डदान से इस अवस्था से प्रेतअवस्था में तथा मासिक एकोद्दिष्ट और सपिण्डीकरण श्राद्धों से पितृ-अवस्था में मृतात्मा का संक्रमण होता है।

अध्यग्नि = विवाह के समय अग्नि के समक्ष स्त्री को दिया गया धन। (कात्यायन स्मृति) मनुस्मृति में इस के छह प्रकार कहे हैं (मनु. ९-१९४)

अनुसमय = इष्टदेवता की विधियुक्त पूजा होने पर अन्य देवताओं की उसी प्रकार पूजा करना। दो प्रकार = (१) काण्डानुसमय और (२) पदार्थानुसमय। इष्ट देवता की पूजा के पश्चात् प्रत्येक अवान्तर देवता की पूजा को काण्डानुसमय और इष्टदेवता और अन्य देवताओं की एकसाथ पूजा को पदार्थानुसमय कहते हैं।

अन्वयदान = अपनी धनसंपत्ति पुत्र-पौत्र आदि उत्तराधिकारी दायादों के समर्पण करना।

अन्वारोहण (या अनुसरण) = पति की चिता में पत्नी का आत्मदहन।

अप्राकृतजन्म = तांत्रिकों की निर्वाणदीक्षा की अपर संज्ञा।

अम्बुघट श्राद्ध = मृतात्मा के प्रीत्यर्थ प्रतिदिन अन्न तथा जल का दान।

अरणिधर्म = पति की अनुमति से परपुरुष द्वारा संतति प्राप्त करने की एक प्राचीन प्रथा। संततिलाभ होने पर पुनः अपने पति के साथ स्त्री गृहस्थधर्म का पालन करती थी।

अरण्यचतुष्टय = दण्डकारण्य, स्वकारण्य, नैमिषारण्य और धर्मारण्य।

अर्घ्य = षोडशोपचार पूजा में एक उपचार। अर्घ्य के जल में दही, अक्षता, कुशाग्र, दूध, मधु (शहद), यव और सफेद राई का समावेश होता है।

अर्चा = देवप्रतिमाकी पूजा। पांचरात्र मतानुसार छह प्रकार – कर्मार्चा, उत्सवार्चा, बलार्चा, तौर्यार्चा (संगीतपूजा), स्नपनार्चा और शयनार्चा

अर्चावतार = पांचरात्र क्रिया विधिद्वारा शोधित और स्थापित पाषाणादि की देवमूर्ति

अवघ्राण = ज्येष्ठ व्यक्तिद्वारा शुभकामना व्यक्त करने के लिए कनिष्ठ व्यक्ति का मस्तक सूंघना। यह एक शिष्टाचार था।

अविन्धकलश = विवाह, देवप्रतिष्ठा आदि मंगल समारोहों में स्थापित मंडप में पूजित एक श्वेत मंगल घट।

अष्टलोक = ब्रह्मलोक, पितृलोक, सोमलोक, इन्द्रलोक, गंधर्व लोक, राक्षस लोक, यक्षलोक, पिशाचलोक। मरणोत्तर जीवात्मा को अपने कर्म के अनुसार इनमें से उचित लोक प्राप्त होता है।

अष्टका = मार्गशीर्ष, पौष, माघ, और फाल्गुन इन चार महीनों की वद्य अष्टमी को करने योग्य पितृश्राद्धविधि। स्त्री पूर्वजों के निमित्त होने वालू इसी विधि को **अन्वष्टका** कहते हैं।

अष्टावरण = लिंगायत संप्रदाय की साधना का संस्कार। आठ प्रकार – गुरुलिंग (तीन प्रकार भावलिंग, प्राणलिंग और इष्टलिंग)। जंगम (तीन प्रकार के साधु - स्थिर, चर और पर)। पादोदक, प्रसाद, (गुरु का उच्छिष्ट), विभूति, रुद्राक्ष और मंत्र

आचार्य दीक्षा = तांत्रिकों की निर्वाण दीक्षा की अपर संज्ञा।

आदिपुराण = व्यासकृत १८ प्रमुख पुराणों की संज्ञा। इनमें अंतिम श्रीमद्भागवत को, दशलक्षणी होने के कारण, **महापुराण** कहते हैं।

आपत्संन्यास = जीवन की संभावना समाप्त होने के अवसर पर ली जाने वाली संन्यासदीक्षा।

आरूढ पतित = संन्यासाश्रमी होने पर पुनश्च गृहस्थाश्रम में प्रवेश करने वाला।

आवाहनी मुद्रा = पंचमुद्राओं में से एक। दोनों हाथ पुष्पांजलि से पूर्ण से होना।

आशिस् (आशीर्वचन) = जेष्ठ व्यक्ति द्वारा कनिष्ठ के मंगल की कामना का उच्चारण। ('वर' शब्द इस अर्थ का वाचक है किन्तु उसमें मंगल कामना की सिद्धि अध्याहृत है।

उग्ररथशांति = जीवन के ६० वर्ष पूर्ण होने पर यह विधि होती है। इसमें प्रमुख देवता मार्कंडेय ऋषि, (जो भगवान शिव के वरदान से अमर हुए हैं।) होते हैं।

उत्तर पूजा = मुख्य पूजा विधि के बाद होने वाली पंचोपचारयुक्त पूजा।

उद्धव सम्प्रदाय = देखिये स्वामिनारायण।

उद्यापन = व्रतसमाप्ति के निमित्त पूजा, जप, होम, इत्यादि विधियों की संज्ञा।

उद्गमस्वत्त्ववाद = पिता के मृत्यु के बाद ही पुत्रादि दायादों का उसकी संपत्ती पर अधिकार होता है। यह दायभाग का एक सिद्धान्त है। मिताक्षरा के अनुसार जन्म के साथ ही पुत्र का पितृधन पर अधिकार होता है।

उपवास = (१) यज्ञ का संकल्प होने पर यजमान ने गार्हपत्य अग्नि के समीप (उप) वास करना। (२) अन्न

सेवन न करना।

उपवास = (अनशन) के प्रकार -- विशिष्ट अन्न का ही सेवन करना या न करना, एक भुक्त, अयाचित्त, नक्तभोजन, हविष्यान्न का भोजन

उपहार = पाशुपत मतानुसार हसित, गीत, नृत्य, हुडुक्कार, नमस्कार और जप इन छह प्रकारों के नियमों की संज्ञा।

ऋष्यादिन्यास = न्यासविधि का एक प्रकार। मंत्र के ऋषि, देवता, छंद, बीज और कीलक इन तत्त्वों का मस्तक, मुख, हृदय, आदि शरीरस्थानों पर संकल्पद्वारा न्यास याने स्थापना।

एकजटा = एक तांत्रिकी देवता। देखिये महाचीनतारा।

एकोद्दिष्ट श्राद्ध = एक मात्र मृत व्यक्ति के प्रेतत्व की निवृत्ति के लिए गृह्यसूत्रों मे कथित एक श्राद्ध प्रकार।

एकोद्दिष्ट श्राद्ध = मृत्यु के पश्चात् एक वर्ष तक होने वाले सोलह श्राद्धों की संज्ञा। अंत में 'सपिण्डीकरण' नामक श्राद्ध होता है जिससे आत्मा की प्रेतावस्था से मुक्ति होती है।

करपात्री = भिक्षान्न का स्वीकार कर(हाथ)रूप पात्र में "भोजन" करने वाला एक संप्रदाय।

करुणा = लिंगायतों के लिंगधारणविधि की संज्ञा।

कलंज = विषलिप्त शस्त्र से मारे गये पशु का मांस।

कलादीक्षा = आगमोक्त १२ दीक्षाओं में से एक।

कलिवर्ज्य = वैदिक धर्मशास्त्र में पूर्व प्रचलित कुछ प्रथाओं को (११ वीं शती से) निषिद्ध माना गया जिन्हें कलिवर्ज्य कहा है। समुद्रपर्यटन, भिन्नजातीय विवाह, सपिंड तथा सगोत्र विवाह, नियोगक्रिया, सोमविक्रय इत्यादि कलिवर्ज्य हैं।

कल्याणमण्डप = दाक्षिणात्य मंदिरों में विवाहोत्सव निमित्त निर्मित विशिष्ट भवन।

कव्य = श्राद्ध विधि में पितृस्थानीय ब्राह्मणों को देने योग्य खाद्य पदार्थ। देवस्थानीय ब्राह्मणों के खाद्य पदार्थों को **द्रव्य** कहते हैं।

कृच्छ्र प्रायश्चित्त के प्रकार = पादकृच्छ्र, प्राजापत्य, अतिकृच्छ्र, मासोपवास, यावक, ताप्तकृछ, शीतकृछ, सांतपन, वज्रकृच्छ, तुलापुरुष, इत्यादि। (विष्णुस्मृति)।

कृष्णद्रव्य = चोरी, द्यूत आदि कुकर्मों से प्राप्त धन।

केशवकीर्त्यादिन्यास = भगवान विष्णु की केशव, नारायण, माधव आदि २४ मूर्तियों की, शक्तिसहित शरीरावयव में संकल्पद्वारा स्थापना। यह न्यासविधि वैष्णवों में प्रचलित है।

कोदण्डराम = भंडासुर से लड़ते समय ललितादेवी द्वारा निर्मित श्रीराम की संज्ञा।

कोशपान = धर्मशास्त्र में कथित अपराधी की परीक्षा का एक दिव्य नामक विशिष्ट उपचार। न्यायाधीश द्वारा इसका प्रयोग होता है।

कौतुकबंध (कौतुकसूत्र) = विवाह के समय वधू के बाएँ और वर के दाहिने हाथ में बांधा जाने वाला एक सूत्रबंधन।

कौल = शाक्त मतानुयायी। दो प्रकार = **पूर्वकौल** = (मद्य, मांस, मीन, मुद्रा और मैथुन इन पंच मकारों का योगमार्गानुकूल लाक्षणिक अर्थ मानने वाले) और **उत्तर कौल** = पंच मकारों का वाच्यार्थ मानने वाले दुराचारी।

क्रीतदास = दास के आठ प्रकारों में से एक। धन देकर खरीदा गया मनुष्य।

क्षण = श्राद्धविधि के निमित्त पुरोहित को दिया जाने वाला दर्भखंड।

क्षेत्रज = पति के शरीरदोष के कारण पुत्रोत्पति असंभव होने पर अन्य योग्य पुरुष द्वारा उत्पादित अपत्य। (धृतराष्ट्र, पण्डु, विदुर तथा पांच पांडव क्षेत्रज थे)।

क्षेत्रज संतति = नियोग विधि से उत्पन्न संतति। यह संतति स्त्री के मूल पति की ही मानी जाती है। पांडव 'क्षेत्रज' होने पर भी पंडु के ही पुत्र माने जाते थे।

क्षेत्रसंन्यास = एक ही तीर्थक्षेत्र में आमरण निवास करने का व्रत। (देखिये दिग्व्रत)।

गृहजदास = दास के आठ प्रकारों में से एक। दासी से उत्पन्न पुत्र।

गोचर्म भूमि = जितनी भूमि पर सौ गाय, तथा सौ बैल बैठ सकते हैं, उतनी भूमि। गोचर्मभूमि का दान देना और लेना प्रशस्त माना गया है। इसी को **'महीदान'** भी कहते हैं।

चटश्राद्ध = श्राद्धविधि के जानकार ब्राह्मण दुर्लभ होने पर ब्राह्मण के आसन पर चट (दर्भ) रखकर वचन-प्रतिवचन युक्त श्राद्धविधि।

चर्या = पाशुपत मतानुसार प्रधान विधि की संज्ञा (विधि = धर्म-अर्थ साधक व्यापार)। **दो प्रकार** – (१) व्रतचर्या और (२) द्वारचर्या।

द्वारचर्या के छह प्रकार – क्राथन (निद्रा का अभिनय), स्पंदन (शरीरावयवों का कंपन), मंदन (दुर्बल, लंगड़े, के समान चलना), शृंगारण (स्त्री को देखकर कामुक चेष्टा करना), अवितत्करण (लोकनिंदित कर्म करना), अवितद्भाषण (अनर्गल तथा अनर्थक भाषण)

चर्यापद (या चर्यागीति) = तांत्रिक उपासना में गाने योग्य गीत।

जननशांति (जन्मशांति) = दिनक्षय, व्यतीपात, व्याघात, विष्टि, वैधृति, शूल, गण्ड, अतिगंड, परिघ, यमघंट, कालदण्ड, मृत्ययोग, दग्धयोग इत्यादि अशुभ योगों पर जन्म होने पर यह विधि आवश्यक मानी है।

जन्मस्वत्ववाद = जन्म के साथ ही पुत्र को पिता की या कुल की सम्पत्ति पर अधिकार प्राप्त होता है। याज्ञवल्क्य स्मृति के टीकाकार विज्ञानेश्वर ने अपनी मिताक्षरा नामक टीका में इस सिद्धान्त का प्रतिपादन किया है।

जप = जिव्हा तथा ओष्ठ की हलचल न करते हुए मंत्र के शब्द और अर्थ का चिंतन। जपसंख्या का संकल्प किया जाता है। जपयज्ञ अन्य सभी यज्ञों से श्रेष्ठ है ऐसा गीता का

अभिप्राय है। (यज्ञानां जपयज्ञोऽस्मि) जपसंख्या की गणना होती है। नामस्मरण के संख्या की गणना नहीं होती।

जयपत्र = (१) परदेश गमन करते समय गर्भवती पत्नी को दिया गया गर्भधारणा का प्रमाणपत्र। यह प्रथा बंगाल में थी। (२) पराभूत गायक द्वारा विजयी गायक को दिया गया शरणपत्र। (३) राजपंडित को शास्त्रार्थ में पराभूत करने पर राजसभा से प्राप्त प्रमाणपत्र।

जालंधर = एक शैव पंथ।

ज्ञानदीक्षा = आगमोक्त १२ दीक्षाओं में श्रेष्ठदीक्षा।

तत्त्वन्यास = तांत्रिक विष्णुपूजा में म से क तक (मादि-कान्त) बीजमंत्रों के उच्चारण सहित शरीर के अवयवों को स्पर्श करना। इस प्रकार शरीर में देवताओं की स्थापना होने से शरीर में दिव्यता का संचार माना जाता है।

तपस् = क्षुधा, पिपासा, शीत-उष्ण आदि द्वन्द्वों के आघातों को निर्विकार वृत्ति से सहन करना। पातकों का निवारण तथा शुद्ध ज्ञान के उदय का तप ही श्रेष्ठसाधन माना गया है। भगवद्गीता में शारीर, वाङ्मय और मानस-तीन प्रकार का तप कहा है। इनके भी सात्त्विक, राजस और तामस प्रकार कहे गये हैं।

तप्तमाषक = आरोपी को अपना निरपराधित्व सिद्ध करने के लिए धर्मशास्त्र में कथित दिव्य का एक प्रकार। अति उष्ण तेल या घी में रखी गयी सोने की अंगूठी को खुले हाथ से बाहर निकालना।

तर्पण = देव, ऋषि, पितर आदि की तृप्ति के लिये 'सूत्रनिष्पीडनोदक' (गीले वस्त्र से निचोडा हुआ जल) यथाविधि समर्पण करना (देखिये आप्यायन)

तांत्रिक दीक्षा के ११ प्रकार = कला, एकतत्त्व, त्रितत्त्व, पंचतत्त्व, नवतत्त्व,, छत्तीस तत्त्व, पद, मंत्र, वर्ण, भुवन और केवल भुवन।

तीर्थपंचक = पुष्कर, कुरुक्षेत्र, गया, गंगा, और प्रभास।

तीर्थश्राद्ध = तीर्थक्षेत्र में यात्रा के प्रारंभ तथा यात्रा समाप्ति के बाद वृद्धिश्राद्ध।

तुलादान = दाता के वजन का सुवर्ण या रजत (तथा अन्य दान योग्य धान्य, तिल, गुड, नमक, घृत, आदि पदार्थो) का सत्पात्र लोगों को समर्पण। यह कायिक दान माना गया है।

तुल्यदिव्य = दिव्य विधि के पांच प्रकारों में से एक। इस में अपराधी को तराजू के एक पात्र में बिठाकर उस की माटी-पत्थरों से तुला की जाती है। समभार होने पर अपराधी को उतार कर पुनः तुला पात्र में बिठाया जाता है। पात्र नीचे गया तो वह अपराधी, समान रहा तो अल्पदोषी और उपर गया तो व निरपराधी माना जाता है।

त्रिक प्रसवशांति = तीन कन्याओं के बाद पुत्र या तीन पुत्रों के बाद कन्या का जन्म, अशुभ माना जाता है। उस निमित्त यह एक अरिष्टनिवारक विधि होती है।

त्रिदण्डी संन्यास = एक गौण संन्यास। एकत्र बांधे हुए तीन दण्ड धारण करना आवश्यक। शिखा, सूत्र और कच्छ का त्याग अनावश्यक। यथाकाल गृहस्थाश्रम का पुनः स्वीकार इस संन्यास का स्वरूप माना गया है।

त्रिमधुर = घृत, मधु और शर्करा।

त्रिपुण्ड्र = शैवपंथी लोगों के भाल पर आलिखित मध्यबिंदुसहित तीन भस्मरेखा (या चन्दनरेखा)। ये तीन पुण्ड्र या चिह्न ओंकार, वेदत्रयी, अग्नित्रयी, शक्तित्रयी, लोकत्रयी, त्रिसवन आदि का प्रतीक माने जाते हैं।

त्रिपुर भैरवी = एक रक्तवर्ण तांत्रिक देवता।

त्रिपुर सुन्दरी = एक तांत्रिक देवता। इसके उग्र और सौम्य स्वरूप कहे गये हैं। श्रीचक्र के प्रतीकद्वारा इसकी उपासना करने की पद्धति है।

त्रिपिण्ड श्राद्ध = तीर्थक्षेत्र में होने वाला श्राद्ध। इसमें पितरों की सद्गति के हेतु, यवपिण्ड (या धर्मपिण्ड), व्रीहिपिण्ड और तिलपिण्ड का पूजन और दान होता है।

त्रिपुरा = ब्राह्मी, रौद्री और वैष्णवी शक्तियों से घटित एक तांत्रिक देवता। दुर्गा, कात्यायनी, ललिता, काली, गौरी, श्रीविद्या, त्रिपुरसुंदरी, त्रिपुरभैरवी आदि इसी की संज्ञाएं हैं। त्रिपुरातापिनी उपनिषद इसी देवता की उपासना का निवेदन करता है।

त्रिरात्र व्रत = विवाहविधि के बाद नव दम्पती ने एकशय्या पर व्रतस्थ वृत्तिसे तीन रात्र शयन करना।

त्रिवेणी = गंगा, यमुना और सरस्वती इन तीन नदियों का संगमस्थान जो 'प्रयागराज' कहलाता है।

त्रैलोक्यमोहन गणेश = शक्तिसहित गणेशमूर्ति का एक तांत्रिक प्रकार।

त्रैलोक्य सम्मोहन = अष्टभुज विष्णुमूर्ति का एक प्रकार।

त्रैलोक्य मोहना या त्रैलोक्य मोहिनी = एक शाक्त देवता।

त्रैलोक्य स्तंभनी = एक शाक्त देवता।

त्र्यायुष = भस्म की अपर संज्ञा।

त्वरिता = (या अक्षरादेवी) = एक तांत्रिक देवता। मयूरपिच्छ और गुंजामाला इसके आभरण हैं।

त्वष्टा = एक वैदिक देवता। इन्द्र का वज्र, तिलोत्तमा अप्सरा, त्रिपुरासुर युद्ध में उपयुक्त शिव का रथ, इत्यादि के निर्माता। विश्वकर्मा इसीका पुत्र कहा गया है।

दक्षिणकाली = बंगाल में उपास्य काली देवी की संज्ञा।

दत्तक पुत्र = धर्मशास्त्र के १२ प्रकार के पुत्रों में से एक। पुत्र। पुत्रहीन व्यक्ति को माता-पिता के द्वारा विधिपूर्वक दिया गया पुत्र। (दत्तक विधान कन्या का भी होता है।) सबसे योग्य दत्तक पुत्र भतीजा माना है। कन्यापुत्र या भगिनीपुत्र निषिद्ध। उपनीत दत्तक उभयगोत्री होता है। लड़की का भी दत्तकविधि शास्त्र संमत है।

दर्शश्राद्ध (या पार्वण श्राद्ध) = दर्श = अमावस्या के दिन, पितृत्रयी, मातृत्रयी, मातामहत्रयी, मातामहीत्रयी; के निमित्त

श्राद्धविधि।

दशपेय याग = सोमयाग का एक प्रकार। इसमें दस ब्राह्मणों के दस गुट क्रमशः एक साथ लकड़ी के चमस से सोमपान करते हैं। अतः 'दशपेय' संज्ञा रूढ हुई।

दर्शजननशांति = दर्श = चन्द्र-सूर्य की युति। सूर्य-चंद्र एक दूसरे का दर्शन लेते हैं। अतः अमावस्या को 'दर्श' कहते हैं। यह श्राद्ध के लिए प्रशस्त तिथि होती हैं। अतः इस तिथि पर अपत्य का जन्म अरिष्टकारक माना जाता है। इसं निमित्त आवश्यक मानी गई एक शांति विधि।

दशविध दान = और्ध्वदेहिक क्रिया में गाय, भूमि, तिल, सुवर्ण, आज्य, वस्त्र, धान्य, गुड, रौप्य और लवण (नमक) इन दस पदार्थों का दान उचित माना है। (लवण का दान देवों को वर्ज्य किंतु पितरों को प्रिय माना जाता है।)

दाय = (१) श्रम का पुरस्कार। (२) उत्तराधिकार में प्राप्त पैतृक धन। सम्पत्ति के न्याय्य स्वामी से पुत्र, कन्या, भ्राता, आदि संबंधों के कारण अन्य व्यक्ति के स्वामित्व की स्थापना।

दायभाग = धनस्वामी के मरणोत्तर पैतृक धन का विभाजन करने की धर्मशास्त्रोक्त पद्धति। इस पद्धति में स्त्री को भी विभाग प्राप्त होता है।

दायाद = धर्मशास्त्रोक्त १२ पुत्रों में से औरस, क्षेत्रज, दत्त, कृत्रिम, गूढ, अपविद्ध इन छह पुत्रों की संज्ञा। पिता के मरणोपरान्त दायाद ही उसकी सम्पत्ति का स्वामी हो सकता है। अन्य छह अदायाद माने हैं।

दासकूट = कीर्तन (भक्तिसंगीत) के निमित्त यत्र तत्र प्रवास करने वाले हरिदासों का समूह।

दासमार्ग = तांत्रिकों की सहज-दीक्षा की अपर संज्ञा। यही सामान्य तांत्रिक दीक्षा है। (देखिये-सहजदीक्षा)

दासीदान = पांच से अधिक और चालीस से कम आयु की स्त्री का ब्राह्मण को उपभोगार्थ समर्पण करने की एक विधि। पर्वकालों में या स्थिर नक्षत्र युक्त बुधवार को यह दानविधि होती थी।

दास्यभक्ति = किसी मंदिर में निष्काम बुद्धि से निरलस सेवा करना। भक्ति के नौ प्रकारों में से सातवीं भक्ति। हनुमानजी इस भक्ति-प्रकार के आदर्श हैं।

दिग्व्रत = अपने निवास-ग्राम की सीमा का उल्लंघन न करना। (इसी व्रत को क्षेत्रसंन्यास भी कहते हैं।

दिधिषु = भाई के दाहसंस्कार के समय उसकी पत्नी के पति का स्थान ग्रहण करने वाला। (ऋ. १०-१८-१८) तैत्ति आरण्यक- ६-१-३)

दिव्य पंचक = दिव्य = सत्य-असत्य के प्रमाण के अभाव में की जाने वाली सत्त्वपरीक्षा। पांच प्रकार – तुलादिव्य, अग्निदिव्य, जलदिव्य, विषदिव्य और कोषदिव्य।

दीक्षा = दो प्रकार – (१) समय दीक्षा, (२) निर्वाण दीक्षा। (तंत्रशास्त्र)

दीक्षा = वीरशैव मतानुसार तीन प्रकार – वेधात्मिकी, मन्त्रात्मिकी और क्रियात्मिकी।

दीक्षा = ज्ञानदान और कर्मक्षय करने वाला एक संस्कार। यह संस्कार गुरु के द्वारा ही होता है। दो प्रकार – लोकधर्मी और शिवधर्मी। लोकधर्मी दीक्षा को भोगोपाय और शिवधर्मी को मोक्षोपाय माना जाता है। **तांत्रिक दीक्षा के प्रकार** – अलौकिक, दैवी, चाक्षुपी, मानसी, स्पर्शवती, श्रौती, निर्वाणपद, सकल, अघोरेश्वरी, सामान्या, आचार्य, शिव, योग इत्यादि।

दीधिषू = छोटी वहन का विवाह पहले संपन्न होने के कारण अविवाहित बड़ी बहन को यह संज्ञा प्राप्त होती है।

दीपदान जागर = आश्विनी पौर्णिमा का एक प्राचीन लोकोत्सव। अन्यनाम कौमुदीजागर या कौमुदीमहोत्सव।

दुर्मरण श्राद्ध = विष, शस्त्र, हिंस्र पशु आदि कारणों से मृत व्यक्ति का या महापातकी का श्राद्ध। यह विधि आश्विन कृष्ण १४ को होती है।

दुष्ट (या दूषित) अन्न के प्रकार = आमदुष्ट स्थानदुष्ट, कालदुष्ट, परिग्रहदुष्ट, संसर्गदुष्ट, क्रियादुष्ट और निमित्तदुष्ट।

देवऋषि = भूतबाधा निवारण के मंत्रतंत्रों का जानकार।

देवऋषि = वैद्य, ज्योतिषी तथा मांत्रिक के नाते गांव की सेवा करने वाला सज्जन। (इसी को भगत कहते हैं।)

देवता वैकृतशांति = देवतामूर्ति में किसी प्रकार की विकृति दिखाई देने पर यह शांतिविधि होती है।

दैधिषव्य = (१) विधवा का पुत्र। (तैत्तिरीय सं. ६-१) (२) बडी बहन से पहले विवाहिता छोटी बहन का पुत्र (दिधिषू का पुत्र)

दैवविवाह = यज्ञविधि में यजमान द्वारा ऋत्विक् को कन्या समर्पण करने की प्रथा। धर्मशास्त्रोक्त विवाह के आठ प्रकारों में इसकी गणना होती है।

दोलारोरण = नवजात अर्भक को १२ वें दिन या किसी सुमुहूर्त पर झूले में सुलाने का एक गौण संस्कार।

दौहित्रश्राद्ध (या मातामहश्राद्ध) = आश्विन शुद्ध प्रतिपदा को माता के मृत पिता के प्रीत्यर्थ श्राद्ध।

द्वारचर्या = देखिये चर्या।

धनुर्बाणविधि = पुंसवन संस्कार के समय एक बाण गर्भिणी के मस्तक पर तोडकर, तीन ग्रंथियों से युक्त धनुष्य की प्रत्यंचा से गर्भिणी को बांधने की विधि। (कौशिक सूत्र ३५-१-४/१२.१५)

धनुर्वेदोपनयन = धनुर्विद्या के अध्ययन का प्रारंभ इस विधि से होता था। इसमें धनुर्दान की विधि मुख्य थी।

धर्म = (१) 'चोदनालक्षणोऽर्थो धर्मः' (जैमिनिसूत्र १-१-२) = अर्थात् आज्ञापक वाणी (याने वेदवचन या आप्तवचन) के द्वारा आदिष्ट विधि और निषेध। (२) समाज की धारणा करने वाले सिद्धान्त (यःस्याद् धारणसंयुक्तः स धर्म इति निश्चयः।) (३) यतोऽभ्युदय-निःश्रेयसासिद्धिःस धर्मः। (वैशेषिक सूत्र

१-१-२) जिसके द्वारा ऐहिक और पारलौकिक कल्याण की प्राप्ति निश्चित होती है वही धर्म है।

धर्मगाथा (धर्मकथा) = पौराणिक दैवतों की कथा। सामान्य जनता को तत्त्वबोध करना ही इसका प्रयोजन होता है।

धर्मरात्र = भूतान के अधिपति की संज्ञा। राज्य के प्रमुख मंत्री या सचिव को देवरात्र कहते हैं।

धर्मशास्त्र के आधार = वेद, वेदांग, मीमांसा, स्मृति, पुराण और न्यायशास्त्र।

धर्मशालादान = प्रवासियों के लिए स्वतंत्र भवन बनाना या अपने आवास का कुछ अंश खाली रखना।

धान्यधेनुदान = वराहपुराण में उल्लिखित एक व्रत। अयन संक्रांति या कार्तिकी पौर्णिमा को चांवल से निर्मित गाय और बछड़े की प्रतिमा बनाकर दान देना।

धान्यशैल दान = मेरु, मंदार, गंधमादन और सुपार्श्व इन पुराणोक्त पर्वतों की आकृतियाँ, चांवल, गेंहू, तिल, उड़द, इन धान्यों से करके, उनका दान देने की विधि।

ध्वजनाथ पंथ = नाथ-संप्रदाय का एक उपपंथ।

नक्षत्र गंडान्त शान्ति = रेवती-आश्विनी, आश्लेषा-मघा, एवं ज्येष्ठा-मूल, इन नक्षत्रों के संधिकाल में जन्म पाये अर्भक के कल्याणार्थ ११ वें दिन या ६ महीनों के उपरान्त विहित कृत्य।

नग्न प्रच्छादन श्राद्ध = और्ध्वदेहिक विधियों में प्रथम दिन होने वाला श्राद्ध। इसमें मृतात्मा की प्रेतत्वनिवृत्ति होती है। मृतात्मा के प्रवासोपयोगी आमान्न, तैल, घृत, पादत्राण, छाता, सोना, चांदी आदि पदार्थों का दान इसमें होता है। यह अमंत्रक होता है।

नवचण्डी = नौ दिनों तक (विशेषतः आश्विन मास की नवरात्रि में) सप्तशती ग्रंथ का पारायण। इस प्रकार, शतचण्डी, सहस्रचण्डी, लक्षचण्डी, चामक चण्डीपाठ होते हैं। इस अनुष्ठान में कुमारी-पूजा होती है।

नवमिश्रश्राद्ध = एकोद्दिष्ट श्राद्ध का एक प्रकार (मासिक श्राद्ध)।

नवश्राद्ध = एकोद्दिष्ट (देखिये) श्राद्ध का एक प्रकार जो ९ वें या ११ वें दिन होता है। अपर संज्ञा-विषम श्राद्ध।

नान्दीश्राद्ध = पुत्रजन्म, उपनयन, विवाह, इत्यादि शुभ अवसरों पर होने वाला श्राद्ध (अपर नाम- वृद्धिश्राद्ध तथा आभ्युदयिक श्राद्ध) – नान्दीमुख नामक पितरों की तृप्ति के हेतु मंगल समारोहों में यह श्राद्ध होता है।

नारायणबलि (या नारायण नागबलि) = दुरवस्था, अपघात, आत्महत्त्या आदि के कारण मृत व्यक्ति की प्रेतत्वनिवृत्ति के लिये शुद्ध एकादशी को की जानेवाली विशिष्ट श्राद्धविधियां।

नित्यकर्म = पंच महायज्ञादि दैनंदिन धर्मशास्त्रोक्त कर्म। इनके करने से चित्तशुध्दि फल मिलता है किन्तु न करने से **'प्रत्यवाय'** नामक दोष लगता है।

नित्ययज्ञ = देखिये (पंच) महायज्ञ

नित्ययज्ञ पंचक = स्नान, दान, तप, होम और तर्पण।

नित्यश्राद्ध = प्रतिदिन एक ब्राह्मण को अन्नदान।

नित्या = एक शाक्त देवताओं का समूह (नित्यास्तु षोडश)। महात्रिपुरसुंदर, कामेश्वरी, भगमालिनी, क्लिन्ना, भेरुण्डा, वह्निवासिनी, महाविद्या, ईश्वरी, दूती, त्वरिता, कुलसुंदरी, नीलपताका, विजया, सर्वमंगला, ज्वालामालिनिका, और चित्रा।

नियम पंचक (भिक्षु के लिये) = अक्रोध, गुरु-शुश्रूषा, शौच, मिताहार और नित्य स्वाध्याय।

नियोग = (१) पुत्रहीन स्त्री को अपने कनिष्ठ देवर या अन्य योग्य पुरुष द्वारा तीन अपत्य प्राप्त करने की एक प्राचीन विधि। (२) मृत भ्राता की पुत्रहीन पत्नी को पुत्रलाभ के निमित्त देवर की योजना।

निरंजनी संप्रदाय = सिक्खों का एक संप्रदाय। इसके संस्थापक हंदल नाम जाट साधु होने के कारण इसे हंदली संप्रदाय भी कहते हैं। निरंजन नाम से ईश्वर का निर्देश करने के कारण निरंजनी कहते हैं।

निर्बीज दीक्षा = तांत्रिकों की दीक्षा का एक प्रकार। सामान्य असमर्थ लोगों को यह दीक्षा दी जाती है। गुरु को ही परमेश्वर मान कर शिष्य इस दीक्षा में साधना करता है।

निर्वाण दीक्षा = तांत्रिकों की द्विविध दीक्षा में दूसरी दीक्षा (प्रथम दीक्षा को समयदीक्षा या दासमार्ग कहते हैं।) इस दीक्षा से शिष्य में भगवद्धर्म की अभिव्यक्ति होती है। दो प्रकार – (१) सबीज (अपर संज्ञा - पुत्रक दीक्षा, आचार्य दीक्षा या अप्राकृत जन्म); (२) निर्बीज दीक्षा

निवीत = गले में यज्ञोपवीत को माला के समान धारण करना। ऋषितर्पण निवीत से होता है। (देवतर्पण सव्य से और पितृतर्पण अपसव्य से होता है।

निवृतिधर्म = ज्ञान - वैराग्यनिष्ठ मोक्षपरक धर्म।

निष्क्रमण = १६ संस्कारों में से छठा संस्कार। चार मास होने पर शिशु का निष्क्रमण संस्कार (अर्थात् देवदर्शन निमित्त घर से बाहर निकलना) होता है।

नीराजनाविधि = आश्विन शुक्ल पक्ष में विजययात्रा के समय हाथी, घोड़े आदि की आरती उतारने की विधि।

नैमित्तिक कर्म = उपनयन, विवाहसंस्कार आदि कर्म जो विशिष्ट निमित्त से किये जाते हैं।

नैवेद्य = देवपूजा के १६ उपचारों में से एक। इसमें पांच प्रकार (भक्ष्य, भोज्य, लेह्य, पेय, और चूष्य) के भोग का देवता को विधिपूर्वक समर्पण होता है।

नैष्ठिक ब्रह्मचर्य = आमरण अविवाहित रहकर गुरुगृह में विद्याध्ययन करने का व्रत।

न्यास = शरीर के अंगप्रत्यांगों पर विशिष्ट देवताओं की संकल्पद्वारा स्थापना। विविध प्रकार – देवतान्यास, मंत्रन्यास, मातृका न्यास, तत्त्वन्यास, करन्यास, पंचांग/षडंग-न्यास, व्यापकन्यास, ऋष्यादिन्यास।

पक्ष = गोत्र के विभाग गण और गण के विभाग पक्ष होते हैं।

पतित = संकटकाल न होते हुए भी स्वधर्म का त्याग कर परधर्म का स्वीकार करने वाला

पतितसावित्रिक = उपनयन संस्कार की धर्मशास्त्रोक्त कालमर्यादा का उल्लंघन होने के कारण जिसे गायत्री मंत्र की दीक्षा नहीं मिली ऐसा त्रैवर्णिक व्यक्ति। पतितसावित्रिक लोग समाज में बहिष्कृत माने जाते थे।

पतिव्रता = काया, वाचा, मन से पति की निष्ठापूर्वक साथ-संगत करने वाली। पति को देवता मान कर दासीसमान, वेश्यासमान, मातासमान और मित्रसमान उसकी साथसंगत करनेवाली और उसके धर्मव्रतों में सहचारिणी आदर्श गृहिणी। (पद्मपुराण सृतिखंड ४५-५७)

परमधर्म = यज्ञ, सदाचार, दम (इंद्रिय संयम) अहिंसा, दान, स्वाध्याय, (वेदशास्त्राध्ययन) शास्त्रोक्त कर्मानुष्ठान इनसे भी योग साधना के द्वारा आत्मदर्शन (या आत्मप्रतीति) श्रेष्ठतम धर्म है।) (याज्ञावल्क्य स्मृति- (१-८)

परापूजा = देखिये मानसपूजा।

परावृज = कुमारी का पुत्र।

परिक्रीत दास = विशिष्ट कालावधि के लिए सेवाकार्य में नियुक्त। उदा. सरकारी नौकर।

परिदायी (परिदाता) = ज्येष्ठ कन्या के विवाह के पूर्व छोटी कन्या का विवाह करने वाला पिता।

परिवित्त (या परिवित्ति) = छोटाभाई या छोटी बहन का विवाह पहले होने के कारण बड़े भाई या बड़ी बहन को प्राप्त संज्ञा।

परिवेदन = अव्यंग बड़े भाई या बहन के पहले छोटे भाई या बहन का विवाह होना

परिवेदिनी = देखिये अग्रेदीधिषू।

परिव्राजक (परिव्राट्) = सर्वसंग-परित्याग-पूर्वक संन्यास ग्रहण कर अखंड प्रवास करने वाला मुमुक्षु। इसे यज्ञ का अधिकार नहीं होता।

परिषद् = व्रतपालन तथा मंत्र आदि की साधना करने वाले सज्जनों का समुदाय। (मनु. १२-११४/३-११७)

परिषद् = चार वेदों के चार ज्ञाता, तीन आश्रमों (ब्रह्मचर्य, गृहस्थ, वानप्रस्थ) के श्रेष्ठ तीन और धर्मशास्त्र के विशेषज्ञ तीन ऐसे दस सज्जनों की समिति। इसीको "दशावर" कहते हैं।

पर्यंकशौच = संन्यास ग्रहण की एक विधि। इसमें संन्यास ग्रहण करने वाले व्यक्ति को पर्यंक (पलंग) पर बिठाकर मिट्टी से उसके अवयव निर्मल किये जाते हैं।

पर्व = चार्तुमास्य के उत्सवदिन।

पर्याधातृ = बड़े भाई के पूर्व अग्न्याधान करने वाला छोटा भाई। (देखिये पर्याहित)

पर्याहित = छोटे भाई के पूर्व अग्न्याधान करने वाला बडा भाई। (देखिये पर्याधातृ)

पवित्रक = दर्भ, सुवर्ण, रजत, तथा ताम्र की पवित्र अंगूठी जो धर्मकृत्य के समय तर्जनी या अनामिका में धारण की जाती है। दर्भ-पवित्रक ब्राह्मणों के लिए विहित है। कर्म समाप्ति के बाद उसका विसर्जन होता है।

पशुगायत्री = "पशुपाशाय विद्महे। शिरश्छेदाय धीमहि। तन्नः पशुः प्रचोदयात्" इस मंत्र की संज्ञा।

पंक्तिपावन = श्राद्धभोजन एक निंद्य कर्म माना गया है। श्राद्धभोजी ब्राह्मणों की पंक्ति को अपनी उपस्थिति से पावन करने वाला मूर्धन्य विद्वान् एवं शीलसंपन्न ब्राह्मण। पंक्तिपावन एक सम्मानसूचक उपाधि है।

पंचकमरण शान्ति = धनिष्ठा, शततारका, पूर्वाभाद्रपदा, उत्तराभाद्रपदा, और रेवती इन अंतिम पांच यमनक्षत्रों को 'पंचक' कहते हैं। इस पंचक काल में मृत्यु अनिष्टकारक माना जाता है। अतः अनिष्ट परिहार के हेतु शांतिविधि में पांच दर्भ-प्रतिमाओं के सहित मृत शरीर का दहन होता है।

पंचकाल = पांचरात्र मतानुसार परमात्मा की उपासना के पांच काल (१) अभिगमन (जप, ध्यान और अर्चन के द्वारा ईश्वर के संमुख जाना) (२) उपादान (पूजा के लिए फल-पुष्प आदि द्रव्यों का ग्रहण करना) (३) इज्या (ईश्वर की पूजा) (४) (आगम ग्रंथों का अध्ययन और प्रवचन), (५) योग (अष्टांग योग की साधना)।

पंचकृष्ण = महाराष्ट्र के महानुभाव नामक वैष्णव संप्रदाय में (१) भगवान श्रीकृष्ण (२) दत्तात्रेय प्रभु, (३) गुंडम राऊळ, (४) चांगदेव राऊळ और (५) चक्रधरस्वामी (जो प्रस्तुत संप्रदाय के संस्थापक (ई. १२ वीं शती) थे। इन पांचों का 'पंचकृष्ण' संज्ञा से उल्लेख होता है।

पंचकलि = (१) मिथ्याभाषण, उन्माद, काम, हिंसादिदोष और वैर (भागवत १-१७-३९) (देखिये कलिचतुष्टय)

पंचकषाय = शमी, उदुंबर, अश्वस्थ, वट और पलाश। (यज्ञ में इन पांच वृक्षों की समिधाओं का उपयोग होता है।)

पंचगंगा = प्रधानतया गंगा, यमुना, सरस्वती, किरणा, और धूतपापा इन पांच नदियों की संज्ञा। उनके अतिरिक्त इस पंचक में कृष्णा, गोदावरी, कावेरी, आदि अन्य पवित्र नदियों की भी गणना की जाती है।

पंचगंध = कस्तूरी, चंदन, कपूर, अगरु और मलयागरुचन्दन। ये सभी कार्यों में शुभ माने जाते हैं।

पंचगव्य = रक्त, श्वेत, कांचन, कृष्ण और नील वर्णो की पांच गायों के गोमूत्र, गोमय, दुग्ध, दधि और घृत इन पांच द्रव्यों का विधियुक्त मेलन।

पंचगव्य = गोमूत्र, गोमय (गोबर), दूध, दही और घृत (अर्थात् गाय के दूध का)। धार्मिक कार्यों में शुद्धि के लिये पंचगव्य आवश्यक माना है।

पंचगव्य स्नान = अभक्ष्यभक्षण आदि दोषों को प्रायश्चित्तों का एक प्रकार।

पंचतपा = वानप्रस्थाश्रमी जो पंचाग्निसाधना करता है। (भागवत ४-२६-६)

पंचतीर्थ = देवतीर्थ, ऋषितीर्थ, पितृतीर्थ, ब्रह्मतीर्थ और अग्नितीर्थ। पवित्र ब्राह्मण के दाहिने हाथ के विशिष्ट स्थानों में इनका अस्तित्व माना जाता है।

पंचदक्षिणा = अतिथि को नेत्र, मन, मधुरवाणी, अनुगमन और सेवा इन पांचों का प्रदान। अर्थात् अतिथि को प्रेम से देखना, मधुर बोलना, प्रवास में साथ देना, और उसकी आवश्यक सेवा करना। इसीको महाभारत में **'पंचदक्षिणा यज्ञ'** माना हैं। (अनुशासन पर्व ७-६)

पंचप्रेत = शाक्त मत में ब्रह्मा, विष्णु, रुद्र, ईश्वर और सदाशिव इन पांचों की संज्ञा। श्रीविद्या भगवती इन पर विराजमान होती है।

पंचब्रह्म = शैव मतानुसार सृष्टि के आरंभ में उत्पन्न सद्योजात, अघोर, वामदेव, तत्पुरुष और ईशान इन पांचों की संज्ञा।

पंचम = शैव मतानुसार ईशानमूर्ति नामक शिवमूर्ति से उत्पन्न गणेश्वर नामक पंचमुखी देवतासे उत्पन्न मखारि, कलारि, पुरारि, स्मरारि और वेदारि नामक पांच महापुरुष। (इन्हींसे भक्त, जंगम, शीलवंत, बजिंग और पंचमशाली नामक पांच **उपपंचमों** की उत्पत्ति मानी जाती है।

पंचम पुरुषार्थ = ज्ञानोत्तर भक्ति। (अन्य चार - धर्म, अर्थ, काम, मोक्ष)

पंच-महापातक = ब्रह्महत्या, सुरापान, चौर्य, गुरुपत्नीगमन और इन चार पातकों को करने वाले पातकियों से संसर्ग।

पंचमुद्रा = आवाहनी, स्थापनी, सन्निधापिनी, संबोधनी और संमुखी। हाथों की विशिष्ट स्थिति द्वारा मुद्रा कि जाती है।

पंचमुख शिव = पूर्व-महादेव, दक्षिण-भैरव, पश्चिम-नन्दिवक्त्र, उत्तर- उमावक्त्र। ऊर्ध्व- सदाशिव। इस प्रकार पांच दिशाओं में पंचमुखी शिवलिंग में सद्योज्ञान वामदेव, अघोर, तत्पुरुष और ईशान- संज्ञक शिवमुख होते हैं।

पंचयज्ञ = अग्निहोत्र, दर्शपूर्णमास, चातुर्मास्य, पशुयाग और सोमयाग।

पंच लांगलक = भूमि का दान देते समय उसके साथ पांच हल समर्पण करना।

पंचव्रीहि (या धान्य) = तिल, उड़द, मूंग, श्यामाक (संवि) और शाली। ये सर्व आरिष्टों के नाशक माने हैं।

पंचसखा (या शाखा) = उत्कल प्रदेश का एक वैष्णव संप्रदाय। इस संप्रदाय से तांत्रिक और बौद्ध संप्रदायों का समन्वय हुआ है। चैतन्य महाप्रभु से प्रेरणा पाने वाले बलरामदास, जगन्नाथदास, अच्युतानन्ददास, यशोवन्तदास और अनन्तदास इन पांच सत्पुरुषों ने इस संप्रदाय का प्रवर्तन किया। संप्रदाय के ग्रंथ उड़िया भाषा में रचे हैं।

पंचसूना = चूल्हा, चक्की, झाड़ू, ओखली और जलकुंभ। इन पांच के कारण घर में जीवहत्या होती है। (सूना = कसाईखाना)। पंचमहायज्ञों से इन पांच हत्यास्थानों के कारण प्राप्त पंचसूना दोष के मुक्तता होती है। मनु ३-६८-६९

पंचहत्या = ब्रह्महत्या, भ्रूणहत्या, गोहत्या, राजहत्या और स्त्रीहत्या ये अक्षम्य अपराध हैं।

पंचांग (विवाह के) = वाग्दान, प्रदान, वरण (सर्वानुमति), पाणिपीडन (या पाणीग्रहण) और सप्तपदी।

पंचाग्निसाधन = ग्रीष्म ऋतु में चारों दिशाओं में जलते हुए अग्निकुंडों के बीच में बैठकर सूर्यबिंब को देखने की कठोर तपस्या।

पंचाचार = (लिंगायत मतानुसार) **सदाचार, गणाचार, नित्याचार** (लिंगपूजा ध्यान, व्रत आदि) **शिवाचार** (लिंगधारक का आदर), **लिंगाचार** (शरीर पर धारण किये लिंग की नित्य पूजा)

पंचाचार्य = लिंगायत संप्रदाय के पांच प्रमुख आचार्य (१) रेणुकाराध्य, (२) मरुळाराध्य, एकोराम, पंडिताराध्य और विश्वाराध्य इन पंचाचार्यों के मठ, मठपति, स्थावर, गणाचार्य और देशिक नामक पांच उपाचार्य होते हैं।

पंचामृत = नरियल, आम, केला, (या कटहल) इन तीन फलों के रस का मधु और शक्कर से मिश्रण। (बौधायन गृहसूत्र)

पंचामृत =गाय का दूध, दही, घृत, मधु और शक्कर। पूजा में इन्हीं से देवता का पंचामृतस्नान होता है।

पंचोपचार = पूजा में उपयुक्त पांच द्रव्य - गंध, पुष्प, धूप, दीप और नैवेद्य। (देखिये षोडशोपचार)

पाखण्ड = पा = (त्रयी धर्म) का खण्ड = खण्डन करने वाला, अर्थात् वैदिक मत विरोधी। इसी को "नग्न" (वेद का आवरण न होने वाला) कहा गया है। चार्वाक, वर्धमान, महावीर, गौतम, कापालिक, पाशुपत पांचरात्र इत्यादि के मतों को वैदिक मतानुयायी पाखण्डी कहते हैं।

पातक = विहित कर्म का त्याग और निषिद्ध कर्म का आचरण। (कात्यायन के अनुसार पांच प्रकार) - पातक, अतिपातक, उपपातक, प्रासंगिक, महापातक। (अन्यत्र उल्लिखित प्रकार) - प्रकीर्ण, अपांक्तेय, ज्ञातिभ्रंशकर, मलिनीकरण।

पाथेय श्राद्ध = प्रेतत्वनिवृत्ति के निमित्त अमंत्रक विधि।

पापकर्म = अहितबुद्धि या असद्भावना से किया हुआ कर्म जो परिणामतः दुःखदायक होता है।

पारणा = उपवास व्रत समाप्ति के बाद विधिपूर्वक अन्नसेवन। यह भी उपवास व्रत का अंग माना जाता है।

पारायण = विशिष्ट पर्वकाल में रामायण, गीता, सप्तशती आदि पवित्र ग्रंथों का व्रताचार सहित नियमित पठन। ज्ञानेश्वरी, रामचरितमानस, गुरुचरित्र आदि प्राकृत ग्रंथों का भी पारायण श्रद्धालु लोक करते हैं।

पार्वण श्राद्ध = श्राद्ध के दो प्रकारों में से एक। यह वेदोक्त पिण्डपितृयज्ञ का एक पर्याय अनाहिताग्नि लोगों के लिए कहा गया है। अन्य प्रकार - **एकोद्दिष्ट श्राद्ध** -- यह एकमात्र मृतव्यक्ति के प्रेतत्व की निवृत्ति के लिए होता है।

पार्वण श्राद्ध = पिता, पितामह और प्रपितामह इन तीन मृत

पूर्वजों के प्रीत्यर्थ श्राद्ध। प्रातिसांवत्सरिक, महालय आदि इसके अनेक प्रकार कहे गये हैं।

पार्वण श्राद्ध = (देखिये दर्शश्राद्ध)

पार्षद देवता = पंचायतन के शिव, विष्णु, देवी, गणेश और सूर्य इन पांच प्रमुख देवताओं के अनुयायी गौण देवता।

पिण्डदान = श्राद्धविधि में प्रेत तथा पितरों के प्रीत्यर्थ सत्तू या भात का पिण्ड विधिपूर्वक समर्पण करना। औरस, या दत्तक पुत्र, पौत्र और प्रपौत्र यथाक्रम पिण्डदान के अधिकारी माने गये हैं। इन सभी के अभाव में विधवा पत्नी को अधिकार होता है।

पिता = जन्मदाता के अतिरिक्त कन्यादाता, अन्नदाता, ज्ञानदाता, अभयदाता, मंत्रदाता, ज्येष्ठ भ्राता और उपनेता (उपनयन करने वाला।) (ब्रह्मवैवर्त पुराण श्रीकृष्णजन्मखंड - ३५)

पितापुत्रीय = एक संस्कारविशेष जिसमें पिता अन्तिम अवस्था में अपनी सभी शक्तियों को पुत्र में स्थापित करता है। (कौषीतकी उप. २-१५)

पितृगण = काव्य, संवत्सर, आज्यप, सोमप, पंचाब्द।

पितृचतुष्टय = अग्निष्वात्त (पूर्वदिशा में) बर्हिषद (दक्षिण में), आज्यप (पश्चिम में), सोमप (उत्तर में। अन्य ७ प्रकार – (१) मूर्तपितृगण – हविष्मत (या काव्य), सुस्वधा (उपभूत), आज्यप और सोमप (सुकाल) (२) **अमूर्त पितृगण** = वैराज, अग्निष्वात्त और बर्हिषद। महाभारत के अनुसार ५ पितृगण – अग्निष्वात्त, फेनप, उष्मप, सुधावान् और बर्हिषद।

पितृलोक सप्तक = सत्य, विरजस, सोमपथ, मरीचिगर्भ, कामग, मानस और सनातन।

पितृतर्पण = पितरों की तृप्ति के निमित्त कुशतिलयुक्त जल का मंत्रपूर्वक समर्पण। इसी प्रकार ब्रह्मयज्ञ की आह्निक विधि में देव और ऋषि गणों का तर्पण श्रेयस्कर माना है।

पित्र्यकर्म = (तीन प्रकार) = दैव, पार्वण और एकोद्दिष्ट। पितरों के निमित्त धर्मशास्त्र में विहित कर्म।

पीठशक्ति = जया, विजया, अजिता, अपराजिता, नित्या, विलासिनी, दोग्ध्री, अघोरा और मंगला इन नौ देवताओं की संज्ञा।

पीताम्बरा = एक शाक्त देवता। इसी को शांभवी महाविद्या कहते हैं।

पुण्यकर्म = हितबुद्धि या सद्भावना से किया हुआ कर्म जो परिणामतः सुखदायक होता है।

पुण्याहवाचन = प्रत्येक धार्मिक कार्य के प्रारंभ में यजमान पुरोहित से प्रार्थना करता है कि 'मह्यं....पुण्याहं भवन्तो ब्रुवन्तु''। इस प्रार्थना का प्रत्युत्तर ''अस्तु पुण्याहम्'' इस वचन से देते है। इस प्रार्थना एवं प्रत्युत्तर की विधि की संज्ञा। पुण्याहवाचन के बाद प्रत्यक्ष धार्मिक कर्म का प्रारंभ होता है।

पुत्र = वाच्यार्थ (१) पितरों को पवित्र करने वाला। (पुत्नामक नरक से माता-पिताका त्राण (रक्षण) करने वाला)। मनुस्मृति में कथित १२ प्रकार के पुत्र – औरस, क्षेत्रज (परपुरुष द्वारा उत्पादित), दत्तक, कृत्रिम, गूढ (जिसका पिता अज्ञात है।) अपविद्ध (माता-पिता द्वारा परित्याग होने पर स्वीकृत), कानीन (कुमारिका का पुत्र) सहोढ (गर्भिणी से विवाह होने पर जन्म पाया हुआ), क्रीत, पौनर्भव (परित्यक्ता या विधवा स्त्री का पुनर्विवाह से उत्पन्न), स्वयंदत्त (माता-पिता द्वारा अकारण त्याग होने पर दूसरे व्यक्ति का पितृत्व स्वीकार करने वाला), पारशव (उच्चवर्णीय पुरुष का नीचवर्णीय स्त्री से उत्पन्न)। धर्मशास्त्र के अनुसार मृतव्यक्ति की सम्पत्ति के तीन उत्तराधिकारी – पुत्र, पौत्र और प्रप्रौत्र

पुत्रिका = भ्रातृहीन कन्या। पुत्रिका से विवाह निषिद्ध माना गया है। जिस लड़की का पिता अज्ञात होता है ऐसी लड़की भी पुत्रिका कही गई है।

पुनरुपनयन = अपनी कुलपरंपरा की वेदसंहिता से अन्य वेदसंहिता का (विशेषतः अथर्ववेद का) विधिपूर्वक अध्ययन करने के लिए तथा विशिष्ट पापाचार के प्रायश्चित्त के लिए पुनः उपनयन संस्कार करना।

पुनर्भू = पुनर्विवाहिता विधवा स्त्री। इसके सात प्रकार माने गये हैं – वाग्दत्ता, मनोदत्ता, कृतकौतुकमंगला, उदकस्पर्शिता, पाणिगृहीतिका, अग्निपरिगता और जातप्रसवा।

पुरश्चरण (पुरश्चर्या, पुरक्रिया) = मंत्रसिद्धि के हेतु किसी मंत्र का विशिष्ट संख्या में (मंत्राक्षर संख्या के सहस्रगुना या लक्षगुणा) जप करना। पुरश्चरण के पांच अंग – जप, होम, तर्पण, अभिषेक, और ब्राह्मणभोजन। (इन अंगों का प्रमाण जपसंख्या से यथाक्रम दशांश माना गया है)।

पुराण = परंपरा के अनुसार वेदव्यास विरचित वेदानुकूल कथात्मक पंचलक्षणी ग्रंथ। इनकी संख्या १८ निश्चित है। इनके शैव, वैष्णव और ब्राह्म तीन भेद माने जाते हैं। शिव, विष्णु, सूर्य, गणेश और शक्ति इन देवताओं की भक्ति का प्रचार पुराणों का प्रयोजन है। हिंदुसमाज में आज मुख्यतः पुराणोक्त व्रतादि का प्रभाव अधिक है।

पुराण के दशलक्षण = सर्ग, विसर्ग (जीवसृष्टि), वृत्ति (जीवों के निर्वाह की सामग्री), रक्षा (परमेश्वर का अवतारकार्य), अन्तर (मन्वन्तर), वंश, वंशानुचरित, संस्था (विविध प्रलय), हेतु (जीववर्णन), अपाश्रय (सर्वसाक्षी परमात्मा)।
(सर्गश्चाथ विसर्गश्च वृत्ती रक्षाऽन्तराणि च। वंशो वंशानुचरितं संस्था हेतुरपाश्रयः।। (श्रीमद्भागवत १२-७-९)

पुराणश्राद्ध = एकोद्दिष्ट श्राद्ध का एक प्रकार। वार्षिक श्राद्ध।

पुरुषार्थ = धर्म का साध्य (अभ्युदय और निःश्रेयस प्राप्त करने के लिये यथोचित प्रयत्न।

पुरुषार्थ = मनुष्य की जिसके प्रति प्रीति या इच्छा होती है ऐसा विषय (जैमिनि सूत्र ४-१-१-२)

पुरुषार्थ = धर्म, अर्थ, काम, और मोक्ष इन जीवन के चार उद्देश्यों की संज्ञा। पुरुष (जीव) का अर्थ (प्रयोजन या उद्देश्य)

पुरुषोत्तम क्षेत्र = जगन्नाथपुरी की अपर संज्ञा।

पुरोहित = अध्ययन और अध्यापन में जीवन व्यतीत करने वाला ब्राह्मणवर्ग

पुष्याभिषेक = चंद्र-पुष्य योग पर होने वाला राजा का अभिषेक। इसी योग पर इन्द्र ने वृत्रासुर पर विजय प्राप्त की थी।

पुंड्र = भाल प्रदेश पर भस्म या चंदन के चिह्न निकालने की साम्प्रदायिक पद्धति। इसमें त्रिपुण्ड्र, उर्ध्वपुण्ड्र इत्यादि प्रकार होते हैं।

पुंसवन = प्रथम गर्भधारणा होने पर दूसरे से आठवें महीने तक पुत्ररूप अपत्य के जन्म के उद्देश्य से धर्मशास्त्र में कथित एक संस्कार जो बालक (बालिका नहीं) की उत्पत्ति के उद्देश्य से किया जाता है।

पैतृकप्रसाद = पिता ने प्रसन्न होकर किसी पुत्र को दिया हुआ धन। परिवार की सामायिक सम्पत्ति के साथ इसका विभाजन नहीं होता।

पैत्रिक दास = दास के सात प्रकारों में से एक। पितृपरंपरा से प्राप्त दास का पुत्र।

पैशाच विवाह = मद्यपान से प्रमत्त अवस्था में पड़ी हुई या मूर्छित अवस्था में पड़ी हुई कुमारिका पर बलात्कार के बाद होने वाला विवाह। शास्त्रोक्त विवाह प्रकारों में से अंतिम प्रकार का एक निंद्य विवाह।

पोष्यवर्ग = जिनका पोषण गृहस्थाश्रमी ने अवश्य करना चाहिये ऐसे लोग – माता, पिता, गुरु, भार्या, प्रजा (संतति), दीन, अतिथि, अभ्यागत (मेहमान) और अग्नि।

पौष्टिक कर्म = कल्याण तथा अभिवृद्धि के हेतु होने वाले धार्मिक कर्म।

प्रतिकूल दोष = वाङ्‌निश्चय होने पर विवाह तिथि के पूर्व दोनों परिवारों में से किसी व्यक्ति की मृत्यु होना। इस दोष के शमनार्थ शांतिविधि होती है।

प्रतिग्रह = दान का स्वीकार। प्रत्येक दान का प्रतिग्रह विशिष्ट पद्धति से होता है। उदाहरणार्थ = घोडे का कान पकड कर और गाय की पूंछ पकड़कर प्रतिग्रह होता है।

प्रजापति क्षेत्र = तीर्थराज प्रयाग की अपर संज्ञा। प्रजापति के प्र + याग = प्रकृष्ट यज्ञ के कारण यह संज्ञा प्राप्त हुई।

प्रतिनिधिकल्प = देखिये अनुकल्प।

प्रतिरूपचर्या = (१) स्वजातीय कर्तव्यों का पालन। (२) जाति के प्रति आवश्यक कर्तव्य।

प्रतिसृष्टि = ब्रह्मा के द्वारा आदिसृष्टि की निर्मिति होने पर उसके रुद्र, विराद्, मनु, दक्ष, मरीचि आदि मानस पुत्रों ने जो पृथक् पृथक् प्रकार की सृष्टियां निर्माण की उन्हें प्रतिसृष्टि कहते हैं। विश्वामित्र भी प्रतिसृष्टि के विधाता माने जाते हैं।

प्रत्यवरोहण = श्रावण पौर्णिमा से सर्पभयं के कारण पलंग पर सोने का प्रारंभ होता है और मार्गशीर्ष पौर्णिमा (आग्रहायणी को पलंग का त्याग करते हैं। इसी को प्रत्यावरोहण विधि कहते हैं।

प्रत्यवाय = नित्य औपासन होम आदि कर्म न करने पर उत्पन्न होने वाला दोष। इस दोष का परिमार्जन प्रायश्चित्त से होता है।

प्रत्याम्नाय = कई पातकों के शास्त्रोक्त प्रायश्चित्त सामान्य व्यक्ति के लिए दुष्कर होते हैं। ऐसे व्यक्तियों के लिये धर्मशास्त्र द्वारा कथित सुकर प्रायश्चित्तों की संज्ञा।

प्रयाग तीर्थ = (१) प्रयागराज (गंगा- यमुना- सरस्वती संगम) (२) देवप्रयाग (अलकनंदा + भागीरथी) (३) रुद्र० (अलकनंदा + मंदाकिनी)। (४) कर्ण० (अलकनंदा + पिंडरगंगा)। (५) नन्द० (अलकनंदा + नन्दा) (६) विष्णु० (अलकनन्दा + विष्णुगंगा)। (७) सूर्य० (अलस तरंगिणी + मंदाकिनी। (८) इन्द्रप्रयाग (भागीरथी + व्यासगंगा)। (९) सोमप्रयाग (सोमनन्दी + मंदाकिनी) (१०) भास्कर प्रयाग (११) हरिप्रयाग (हरिगंगा + भागीरथी। (१२) गुप्तप्रयाग (नीलगंगा + भागीरथी) (१३) श्यामप्रयाग (श्यामगंगा + भागीरथी) (१४) केशवप्रयाग (अलकनंदा + सरस्वती)।

प्रवर = गोत्र वैदिक **विद्यासंप्रदाय**'' का द्योतक होता है। उसी प्रकार प्रवर वैदिक **कर्मसंप्रदाय** का द्योतक होता है। गोत्रनाम के साथ प्रवर (१, २, ३ या ५) नाम का भी निर्देश होता है। प्रवरों की कुलसंख्या ४९ मानी जाती है। प्रवर वैदिक शाखाओं के प्रमुख थे। गोत्रसंस्थापक ऋषि के पूर्वजों को भी प्रवर कहते हैं। क्षत्रिय और वैश्य वर्णों में पुरोहित के प्रवर का उल्लेख होता है।

प्रवृत्ति धर्म = विधि-निषेधात्मक त्रिवर्गनिष्ठ आचारधर्म।

प्रव्रज्या = घर छोड़ कर तत्त्वदर्शन के लिए जाना (बृह. उप. ४-५-२)।

प्राचीनावीति = बांएँ कंधे पर यज्ञोपवीत धारण करना। पितृकार्यों में प्राचीनावीति होती है। देवकार्यों में **यज्ञोपवीति** (दाहिने कंधे पर यज्ञोपवीत धारण) होती है।

प्राणप्रतिष्ठा = उपास्य देवमूर्ति या देवलिंग में देवत्व की स्थापना करने की मंत्र-तंत्रात्मक विधि। (प्राणप्रतिष्ठा के बिना देवमूर्ति केवल एक कलात्मक पुतला मानी जाती है।

प्राणाग्निहोत्र = भोजन का प्रारंभ करते समय पंच प्राणों तथा ब्रह्म के प्रीत्यर्थ घृतयुक्त ओदन के अल्प मात्र ग्रास, दन्तस्पर्श न होते हुए ग्रहण करना। इसीको ''**प्राणाहुति**'' कहते हैं।

प्रायोपवेशन = अन्नत्याग। (देखिये उपोषण)

प्रारब्ध कर्म = पूर्वजन्मों मे किये हुए कर्मों में से इस जन्म में फलोन्मुख हुआ कर्म। दो प्रकार – **स्वेच्छाप्रारब्ध** और अनिच्छाप्रारब्ध।

प्रेतकल्प = प्रेत का उद्धार करने वाली धार्मिक विधियां।

प्रेतशरीर = देखिये अतिवाहिक।

प्रेतशिला = गयाक्षेत्र की एक पवित्र शिला जिस पर पिण्डदान करने पर प्रेतावस्था में से जीवात्मा पितृलोक को जाता है।

प्रेतश्राद्ध = देखिये अतिवाहिक।

फलश्रुति = पूजा, व्रत, पारायण आदि पुण्यकर्मों से प्राप्त होने वाले फललाभ का ग्रंथोक्त वर्णन। सभी काम्य कर्मविषयक ग्रंथों में फलश्रुति होती है। फलश्रुति का श्रवण कर्मविधि का आवश्यक अंग है।

बगलामुखी = शाक्तों की एक उपास्य देवता। महाविद्या का एक स्वरूप।

बटुकभैरव = शिव का एक स्वरूप। इसका वाहन कुत्ता है।

बंधकी = पाँच पुत्र को जन्म देने वाली स्त्री। (महाभारत आदि. १२३ के अनुसार पुत्रों की संख्या तीन उचित है। चौथे पुत्र को जन्म देने वाली **स्वैरिणी** होती है।)

बंधमोक्षण यंत्र = कारागृह आदि में बद्ध व्यक्ति की मुक्तता के लिए भूर्जपत्र पर केशर से आलिखित विशिष्ट मंत्रयुक्त आकृति।

बंधुविद्वेषण यंत्र = भाइयों में कलह निर्माण करने हेतु श्मशान में प्राप्त वस्त्र पर आलिखित एक विशिष्ट आकृति।

बलिहरण = पंचमहायज्ञों में से भूतयज्ञ की अपर संज्ञा। यह एक नित्यकर्म है।

बीजमंत्र = अं, यं, रं, लं, ऱ्हां, ह्रीं, ह्रूं, इत्यादि एकवर्णात्मक मंत्र। ऐं-वेदों का बीज मंत्र माना जाता है। चारों वेदों के प्रारंभस्वरों से यह बीजमंत्राक्षर निर्माण हुआ है।

ब्रह्मकपाल = हिमालय में अलकनंदा नदी के अन्तर्गत एक महाशिला। इस पर श्राद्ध करने पर फिर श्राद्ध की आवश्यकता नहीं होती।

ब्रह्मज्य (या ब्रह्मज्येय) = ब्राह्मण को बाधा पहुंचाना। यह एक भयंकर अपराध माना है।

ब्राह्मपुराण = व्यास विरचित १८ पुराणों में अग्नि और ब्रह्मवैवर्त पुराणों को ब्राह्म मानते हैं। ब्रह्मवैवर्त में सूर्य देवता का माहात्म्य प्रतिपादन किया है।

ब्रह्मबन्धु = राजसेवक, शूद्र स्त्री का पति, पशुहिंसक, अपात्र उपाध्याय इनकी निन्दा की द्योतक संज्ञा।

ब्रह्मबन्धु = अयोग्य पुरोहित (छान्दोग्य उप. ६-१-१)।

ब्रह्मयज्ञ = स्वाध्याय। वेदाध्ययन।

ब्रह्मर्षि = ब्रह्मा, वसिष्ठ, भृगु, अत्रि, दक्ष, कश्यप आंगिरस तथा वालखिल्य इन ब्रह्मज्ञानी, ब्रह्मकुलोत्पन्न, जीवन्मुक्त महापुरुषों की संज्ञा। अपर संज्ञा – परमर्षि।

ब्रह्मवर्चस् = ब्राह्मण को स्वाध्याय के द्वारा प्राप्त होने वाला तेज या सामर्थ्य।

ब्रह्मवादिनी = अविवाहित अवस्था में अध्यात्म विद्या के अध्ययन तथा अध्यापन में संपूर्ण जीवन व्यतीत करने वाली विदुषी। विवाहिंत होकर इस प्रकार का कार्य करने वाली विदुषी को **'सद्योवधू'** कहा है।

ब्रह्मसंप्रदाय = मध्वाचार्यद्वारा स्थापित द्वैतवादी वैष्णव संप्रदाय की संज्ञा।

ब्रह्मसूत्र = शिल्पकार द्वारा निर्मित शिवलिंग (जिसे मानुषलिंग कहते हैं) पर प्रकट होने वाली रेषा। दैविक तथा आर्षक शिवलिंग पर ब्रह्मसूत्र नहीं होता।

ब्राह्मण = चार वर्णों में अग्रगण्य वर्ण की संज्ञा। ज्ञानोपासना और सच्छील आचार इस वर्ण के लोगों की विशेषता मानी जाती है। महाभारत के अनुसार **प्रकार** – ब्रह्मसम, देवसम, शूद्रसम, चाण्डालसम, क्षत्रसम, वैश्यसम। अत्रिस्मृति के अनुसार प्रकार – देवब्राह्मण, मुनिब्राह्मण, शूद्रब्राह्मण, निषादब्राह्मण, पशुब्राह्मण, म्लेच्छब्राह्मण, चाण्डालब्राह्मण इत्यादि।

भक्तदास = दास के सप्त प्रकारों में से एक। पेट पालने के लिए किसी की सेवा करने वाला।

भागवत धर्म = भगवान् द्वारा उपदिष्ट और भगवत्भक्तों द्वारा आचरित कृष्णोपासना परक वैष्णवधर्म। पांचरात्र संप्रदाय से इसकी उत्पत्ति मानी जाती है।

भुवनेश्वरी शांति = (१) अशुभ समय पर रजोदर्शन के निमित्त की जाती है। (२) गर्भाधान संस्कार के पूर्व अरिष्ट निवारण के निमित्त यह विधि होती है।

भूतबलि = वैश्वदेव हवन समाप्त होने पर अवशिष्ट चरु (भात) का गृहदेवता, वास्तुदेवता, पितर, यम आदि अन्य देवताओं को समर्पण।

भूतशुद्ध = (१) यं (बीजाक्षर) सहित पृथ्वी, जल आदि महाभूतों का ध्यान जो धर्मकृत्य के आरंभ में आवश्यक होता है। (२) धार्मिक कर्म के प्रारंभ में शरीरस्थ पंचमहाभूतों की शुद्धि के निमित्त एक आवश्यक कर्म।

भृताध्यापन = शुल्क लेकर विद्या का अध्यापन करना; यह ४९ उपपातकों में से एक माना गया है।

भोक्ताश्रित कर्म = (तीन प्रकार) = संचित, प्रारब्ध और क्रियमाण।

भ्रूणहत्या = एक पातक जो ऋतुकाल में स्वस्त्री समागम न करने वाले को लगता है।

मंगलसूत्र = महाराष्ट्र तथा कर्नाटक में प्रचलित विवाहित स्त्रियों का एक महत्त्वपूर्ण अलंकार।

मंगलाष्टक = विवाह तथा व्रतबंध के उत्सव में दीक्षा के समय पुरोहितों द्वारा गाये जाने वाले शार्दूलविक्रीडित छंद में रचित आठ श्लोक। श्लोकों के अंत में "कुर्यात् सदा मंगलम्" यह वाक्य होता है। मंगलाष्टक गायन की प्रथा महाराष्ट्र में प्रचलित है।

मठ = शंकराचार्य द्वारा स्थापित धार्मिक केंद्र। शारदा (पश्चिम में, गोवर्धन (पूर्व में), ज्योतिर्मठ (उत्तर में), शृंगेरी (दक्षिण में), सुमेरु (ऊर्ध्व दिशामें), आत्माम्नाय (अधर दिशा में)।

मण्डल = चतुष्कोण या वर्तुल के अन्तर्गत आरेखित स्वस्तिक पद्म आदि प्रकार की देवता प्रतीकात्मक आकृती। **१२ प्रकार** – विमल, विजय, भद्र, विमान, शुभद, शिव, वर्धमान, दैव, लताक्ष, कामदायक, रुचक. स्वस्तिक।

मत्तमयूर = ९ वीं शताब्दी में मध्यभारत में स्थापित एक शैव सम्प्रदाय की संज्ञा। इस मत में **विद्यापाद** (पशु, पाश

और पति इन तीन प्रमुख तत्त्वों का सम्यग् ज्ञान) (२) **क्रिया पाद** (सम्प्रदाय की सांगदीक्षा), (३) **योगपाद** = (जयध्यान अदि यौगिक साधना और (४) **चर्यापाद** = (विधि और निषेध का पालन) इन चार पादों में धर्म का प्रतिपादन किया गया है। इस पंथ की अपर संज्ञा थी **सिद्धान्त मत** । पंथ के आचार्यों को **सैद्धान्तिक** कहते थे।

मंत्र = (१) वेदों का संहिता स्वरूप भाग जिनके मनन से यज्ञ, देव, तथा आत्मा का ज्ञान होता है ऐसे पवित्र 'तथा सामर्थ्यशाली अक्षर या शब्द। (मकारो मननं प्राहुः त्रकारस्त्राण उच्यते)।

मंत्रों के प्रकार = वैदिक, तांत्रिक, शाबर, (या पैशाचिक), बीजमंत्र, मूलमंत्र, मालामंत्र, पुरुषमंत्र (अन्त में वषट् या फट् होने वाले मंत्र), स्त्रीमंत्र (अन्त में वौषट् या स्वाहा होनेवाले मंत्र) नपुंसक मंत्र (अन्त में पुं या नमः शब्द होने वाले मंत्र) शापित, स्वतःसिद्ध, सिद्ध.

मंत्रेश्वर = विशिष्ट देवता का वर्ग, जिसका संबंध सद्योजात, वामदेव, अघोर, तत्पुरुष और ईशान इन पांच शिवस्वरूपों से होता है।

मधुधेनुदान = दश धेनुदानों में से एक। इस विधि में मधु कुम्भों को ही गाय और बछड़ा माना जाता है।

मधुपर्क = (१) विशिष्ट अतिथि के सत्कारार्थ दही में घृत या मधु मिश्रित कर बनाया गया एक मधुर पदार्थ। (२) मधु, घी, जल और सत्तू का मिश्रण।

मधुपर्क के प्रकार = (१) ब्राह्म- दही + मधु का मिश्रण (२) ऐन्द्र- दूध में पकाये चांवल, (३) सौम्य- घृत + मधु का मिश्रण, (४) पौष्ण- धृत + मंथ का मिश्रण, (५) मौसल- सुरा + आज्य का मिश्रण, (६) वारुण - जल + घृत का मिश्रण, (७) श्रवण- घृत + तैल का मिश्रण); (८) पारिव्राजक - तैल + ओदन का पिण्ड।

मधुपर्कपूजा = ऋत्विज, स्नातक, राजा, आचार्य, श्वशुर, चाचा, मामा, तथा विवाहार्थ आया हुआ वर इत्यादि आदरणीय व्यक्तियों की मधुपर्क (देखिये) सहित विशिष्ट पूजा। "नामांसो मधुपर्को भवति" इस वचन के अनुसार मधुपर्क पूजा समांस होती थी।

मधुरत्रय = घृत, गुड़ और माक्षिक (शहद)

मनुष्यऋण = प्रत्येक व्यक्ति का एक अनिवार्य कर्तव्य। अन्नदान और वस्त्रदान से इस ऋण से मुक्ति होती है। (शतपथ ब्रा. १-७-२ २-१-६)

मनुष्ययज्ञ (या अतिथियज्ञ) = पंच महायज्ञों में से एक। अतिथि का सत्कार ही प्रस्तुत यज्ञ है।

महादान = सुवर्ण, हाथी, तिल, दास-दासी, रथादि वाहन, भूमि, गृह, भार्या और कपिला गाय इन का दान। महादान देने वाला पुण्य का और लेने वाला पापका धनी माना जाता है।

महानुभाव संप्रदाय = १३ वीं शती में विदर्भ (महाराष्ट्र) में चक्रधर स्वामी द्वारा स्थापित एक वैष्णव संप्रदाय। अवांतर संज्ञाएँ - महात्मा पंथ, अच्युत पंथ, जयकृष्णी पंथ, भटमार्ग, परमार्ग।

महान्यास = न्यास विधि में प्रत्येक अवयव पर पांच मंत्रों का स्पर्शपूर्वक न्यास करना।

महापुरुष = वेदपारंगत ब्राह्मण का पिशाच।

महापुरुष विद्या = 'जितं ते पुण्डरीकाक्ष' इत्यादि १६ पौराणिक श्लोकों की संज्ञा। इसका विनियोग देवपूजा में अभिषेक के प्रीत्यर्थ होता है।

महापुरुष संप्रदाय = शंकरदेव द्वारा असम प्रदेश में संस्थापित एक वैष्णव सम्प्रदाय की संज्ञा (अपरसंज्ञा-महापुरुषिया)

महाप्रस्थान = प्रवास मार्ग में ही मृत्यु पाने की अपेक्षा से निवास स्थान से प्रयाण।

महामख (मख = यज्ञ) = मातृ-पितृसेवा, पातिव्रत्य, सर्वत्र समभाव, मित्र का अद्रोह और विष्णुभक्ति। (पद्म पु., सृष्टिखंड ७-१३) इन्हें 'पंच महामख' कहा है।

महायंत्र प्रवर्तन = महायंत्रों का निर्माण। ४९ उपपातकों में यह एक है।

महालय श्राद्ध = भाद्रपद कृष्णपक्ष (पितृपक्ष) में सभी पूर्वजों के निमित्त होने वाला श्राद्ध।

महाशांति = राजा की विजययात्रा के निमित्त आयोजित एक मंगलविधि।

महाशाल = अध्ययन, न्यायदान मंत्रित्व आदि कर्म करने वाला ब्राह्मण वर्ग

महाश्वेतामंत्र = "ह्रीं क्रीं सः" इस मंत्र की संज्ञा।

महैकोद्दिष्ट श्राद्ध = मरणोत्तर ११ वें दिन प्रेत को उत्तम गति की प्राप्ति के निमित्त होता है।

माघ्यावर्ष (या मघावर्ष) = भाद्रपद वद्य त्रयोदशी को चंद्र मघा नक्षत्र में होने पर किया जाने वाला श्राद्ध। अन्य मतानुसार भाद्रपद वद्य सप्तमी, अष्टमी या नवमी को यह विधि होती है।

मानसपूजा = बाह्य षोडशोपचारी पूजा में होने वाली विधियों केवल मानसिक संकल्प से भगवान को समर्पण करना। यह सगुण ध्यान का ही एक प्रकार है। श्रीशंकराचार्य इसी को परा पूजा कहते हैं।

मानुषलिंग = शिल्पकार द्वारा निर्मित शिवलिंग। दस प्रकार – सार्वदेशिक, सर्वसम, वर्धमान, शैवाधिक, स्वस्तिक, त्रैराशिक, अध्य, नगर, द्रविड और वेसर।

मार्कण्डेय शांति = आयु के ६० वर्ष पूर्ण होने पर एक हवनविधि। देखिये "उग्ररथ शांति"।

मालामंत्र = माला की सहायता से जिसका जप होता है ऐसा मंत्र।

मासिक निवृत्ति = मृतव्यक्ति के निमित्त प्रथम वर्षश्राद्ध के पूर्व १२ मासिक तथा ऊन मासिक, त्रैपक्षिक, ऊन षाण्मासिक, उनाब्दिक इस प्रकार १६ श्राद्ध होते हैं। किसी कारणवश यह संभव नहीं हो तो सभी मासिक श्राद्ध एक ही दिन में पूर्ण

करते हैं। यही मासिक निवृत्ति कहलाती है। १६ श्राद्ध होने तक परिवार में मंगलकार्य निषिद्ध माना गया हैं। कुछ लोग ११ वें दिन सभी मासिक श्राद्ध करते हैं। इसे 'मासिक निवृत्ति' कहते हैं।

मासिक श्राद्ध = प्रत्येक महीने में किया जाने वाला श्राद्ध कर्म।

मिताक्षरा = कुल की संपत्ति पर वारिसों का अधिकार स्थापन करने की एक पद्धति। भारत के अधिकतर प्रदेशों में (बंगाल और असम प्रदेश के अतिरिक्त) यह पद्धति प्रमाण मानी जाती है। मिताक्षरा संप्रदाय की द्राविड, महाराष्ट्र, मिथिला, काशी और पंजाब प्रदेशों में पृथक् पांच शाखाएं थीं।

मिश्रकर्म = सत् और असत् भावना से किया गया कर्म। इसका फल सुख-दुःखमिश्रित होता हैं।

मुख्यकल्प = प्रत्येक वर्ण के लोग अपनी सजातीय वधू से विवाह करें इस प्रकार के आदेश। (पैठीनसी स्मृति)

मुंडशावक = ब्राह्मण यति का एक प्रकार (बौद्ध ग्रंथों में उल्लिखित)।

मूलजनन शांति = मूलनक्षत्र पर अपत्य का जन्म अशुभ माना है। अतः तन्निमित्त गोमुख प्रसव शांति के बाद यह शांतिविधि होती है। लौकिक शांतिविधि १०८ कुओं के जल से माता-पिता के स्नान के रूप में होती है।

मूलमंत्र = ऐसा मंत्र जिसमें अक्षरसंख्या दस तक होती है।

मूलविद्या = एक तांत्रिक देवता की संज्ञा।

मृत्युदण्ड = दण्ड के पांच प्रकारों में से अंतिम दण्ड। बौद्ध जातकों में उल्लिखित प्रकार – (१) शंखमुण्डिका (सिर की चमडी सहित मुण्डन, (२) राहुमुख – (कान तक मुँह फाडना), (३) ज्योतिमल्लिका (तेल में भिगोए कपड़े से लपेट कर जलाना); (४) एरकवर्तिका – शरीर की चमड़ी छील कर जमीन पर घसीटना, (५) ऐणेयक (हाथ-पाव में कीले ठोक कर जलाना) (६) खारापुतच्छिका (शरीर चीर कर उसमें नमक भरना)।

मेधाजनन = जातकर्म संस्कार का प्रथम कर्म। इसमें पिता शिशु के कान में व्याहृति (ॐ भूर्भुवः स्वः (इत्यादि) का उच्चारण करता है। इससे शिशु की मेधाशक्ति बढ़ती है। उपनयन के बाद भी यह संस्कार होता है जिसमें पलाशवृक्ष की शाखा का पूजन मेधासावित्री के प्रीत्यर्थ होता है।

मोक्षधेनुदान = आसन्नमरण अवस्था में गो-प्रदान। देखिये उत्क्रांति-धेनुदान।

म्लेच्छ = संस्कृत शब्दों का अपभ्रंशात्मक उच्चारण करने वाला परकीय व्यक्ति। बर्बर, गुरुंड, शक, खस, यवन, पल्लव, रोमन, कामरु, चीन इत्यादि म्लेच्छ जातियों का उल्लेख पुराणों में मिलता है।

यज्ञोपवीति = देवकार्य करते समय दाहिने कंधे पर यज्ञोपवीत (जनेऊ) धारण करना।

यतिकर्म चतुष्क = ध्यान, शुचिता, भिक्षा, एकान्तवास। (स्कंद पु. ४१-२०)

यमल जननशांति = पत्नी, दासी, गाय तथा घोड़ी को जुड़वे अपत्य होना अनिष्ट माना है। इस निमित्त शांतिविधि करते हैं।

यामदेवता = स्वायंभुव मनु और शतरूपा के पौत्र और पौत्री (जो पति-पत्नी हुए) के १२ पुत्रों की संज्ञा।

यायावर = देखिये परिव्राजक।

यायावर गृहस्थ = ब्राह्मण वर्ण के षट्कर्म (अध्यापन-अध्ययन आदि) करते हुए पौरोहित्य और आतिथ्य (नृयज्ञ) करने वाला गृहस्थाश्रमी (वैखानस गृह्यसूत्र)

युगदेवता = कृतयुग में ब्रह्मा, त्रेता युग में यज्ञ, द्वापर युग में विष्णु और कलि युग में शिव। (विष्णु पुराण ६-२-१९)

युगधर्म = कृतयुग में तप, त्रेतायुग में आत्मज्ञान, द्वापरयुग में यज्ञ और कलियुग में दान श्रेष्ठ धर्म माना है।

यूपाधिवास = अश्वत्थोद्यापन व्रत में अश्वत्थ के पास यूप स्थापन कर उस पर ब्रह्मा, विष्णु और महेश की स्थापना तथा पूजा करना।

योगिनी = शाक्त संप्रदाय की देवता। इनकी कुलसंख्या ६४ मानी गई है। इन्हें आवरण देवता भी कहते हैं।

रक्षापर्व या रक्षाबन्धन = श्रावण पौर्णिमा को रक्षासूत्र बांधने की विधि। यह एक अखिल भारतीय त्यौहार है। (भारत सरकार ने इसे 'संस्कृत दिन' निश्चित किया है।

रथयात्रा = (१) आषाढ शुद्ध द्वितीया को पुरी में भगवान् जगन्नाथ की रथयात्रा। (२) मार्गशीर्ष शुक्लपक्ष मे दुर्गा की रथयात्रा। (३) आषाढ शुद्ध द्वितीया को वृन्दावन में श्रीकृष्ण की शोभायात्रा।

रथसप्तमी = माघशुद्ध सप्तमी। सूर्यपूजा की तिथि।

रसिक सम्प्रदाय = एक रामभक्तिपर वैष्णव संप्रदाय। इसमें दो वर्ग हैं। रसिक और रुक्षरसिक।

रसिकानन्द सम्प्रदाय = बालकृष्ण की उपासना करने वाला एक वैष्णव संप्रदाय।

रसेश्वर संप्रदाय = एक शैव संप्रदाय। इसमें रसेश्वर अर्थात् पारद (पारा) सेवन का विशेष महत्त्व माना जाता है।

राक्षसविवाह = अष्टविध विवाह प्रकारों में से सातवा प्रकार। आक्रोश करती हुई वधू को तथा उसके संबंधियों को मारपीट कर उसका अपहरण करना।

राजराजेश्वरी = दशमहाविद्या नामक शक्तिस्वरूप देवताओं में विश्वचालिका चौथी शक्ति की संज्ञा।

राज्ञीस्नापन = चैत्रवद्य अष्टमी को भूमि के शुद्धीकरण की विधि। काश्मीर में यह प्रथा है। (चैत्र वद्य पंचमी से अष्टमी तक काश्मीर में भूमि रजस्वला मानी जाती है। अतः अष्टमी को स्त्रिया उसका शुद्धीकरण करती हैं।

रुद्रगण = (१) भूत, वेताल, उच्छष्म, प्रेतपूतन, कुभांड और यातुधान नामक भीषण देवता। इनकी उत्पत्ति रुद्र के कान से मानी जाती है। (२) अजैकपाद, अहिर्बुध्न्य, कपाली,

वृषाकपि, शम्भु, कपर्दी, रैवत, हर, बहुरूप, त्र्यंबक और अपराजित इन ११ वैदिक देवताओं की संज्ञा। अन्त्यकर्म में इनके प्रीत्यर्थ श्राद्ध होता है। उसे 'रुद्रगण श्राद्ध' कहते हैं। (५-६) **रुद्रगण श्राद्ध और वसुगण श्राद्ध** = ११ रुद्र और ८ वसु देवताओं के प्रीत्यर्थ यह होता है। (वसु, रुद्र और आदित्यों को मृतों के देवता माना जाता है।)

रुद्रगायत्री = "महाकालाय विद्महे। श्मशानवासिने धीमहि। तन्नो रुद्रः प्रचोदयात्" इस मंत्र की संज्ञा

रुद्रगायत्री = "तत्पुरुषाय विद्महे महादेवाय धीमहि। तन्नो रुद्रः प्रचोदयात्" इस मंत्र की संज्ञा। इसी मंत्र से रुद्र देवता की पूजा अर्चा होती है।

रुद्रसम्प्रदाय = विष्णुस्वामी द्वारा स्थापित शुद्धाद्वैतवादी (मायारहित ब्रह्म को जगत्कारण मानने वाला) वैष्णव संप्रदाय। वल्लभाचार्य इस संप्रदाय के अनुयायी थे। उनके प्रभाव के कारण इस संप्रदाय को 'वल्लभ संप्रदाय' कहने लगे।

रूपसंयोग = देव प्रतिमा में उट्टंकित आसन, वाहन, आयुध, वस्त्र और अलंकार।

रहमू = अविवाहिता या विधवा गर्भवती।

लक्ष्मी के **आठ स्वरूप** = धनलक्ष्मी, धान्यलक्ष्मी, धैर्यलक्ष्मी, शौर्यलक्ष्मी, विद्यालक्ष्मी, कीर्तिलक्ष्मी, विजयलक्ष्मी, राज्यलक्ष्मी

लिंग = वीरशैव मतानुसार तीन प्रकार – भावलिंग, प्राणलिंग, इष्टलिंग।

लिंगतोभद्र = तांत्रिक पूजा में उपयुक्त एक विशिष्ट मण्डलाकृति।

लिंगायत = दक्षिण महाराष्ट्र तथा कर्नाटक में रहने वाले शैवलोग। अपरसंज्ञा- लिंगवत, लिंगांगी, वीरशैव, शिवशरण, विविध प्रकार – संलग्न, अर्ध, सामान्य, विशेष., निराभारी भक्त, माहेश्वर। ये लोग देहपर शिवलिंग धारण करते हैं।

लेपभाज = एक पितृगण की संज्ञा। श्राद्ध में पिंडदान करते समय हाथ पर चिपके हुए अन्नकण खाने वाले पितृगण।

लोकपक्ति = लोगों को विद्याद्वारा संस्कारित करना। शतपथ ब्राह्मण के अनुसार ब्राह्मण के सात कर्तव्यों में से एक।

लोष्ठचिति = (या श्मशानचयन) = मृत शरीर का दहन करने पर पैर, कटि, मस्तक, जंघा इत्यादि स्थानों की अस्थियां जमा करने पर होनेवाली विधि।

लोहाभिसार = (या लोहाभिसारिक) = आश्विन शुद्ध प्रतिपदा से अष्टमी तक दुर्गापूजा, तथा शस्त्रास्त्रपूजनयुक्त होमविधि। युद्धविजय के हेतु राजा या सेनापतिद्वारा यह विधि होती थी।

वरा दक्षिणा = यज्ञ में दक्षिणानिमित्त गाय का दान।

वर्धमान = अष्टमांगलिक चिह्नों में से एक। मिट्टी की दो थालियां एक दूसरे पर रखकर होने वाले ३ संपुटों को वर्धमान कहते हैं। विवाहमंडप तथा सूतिकागृह में इस की स्थापना होती है।

वर्धापन = जन्मदिन निमित्त एक हवनात्मक विधि। इसमें सप्त चिरंजीव तथा मार्कण्डेय की पूजा भी होती है।

वर्षसप्तक = पुराणों के अनुसार ७ देशविभाग। भारतवर्ष, किंपुरुषवर्ष, हरिवर्ष, रम्यक०, उत्तर०, हिरण्मय० और उत्तरकुरु०।

वहतु = विवाहित कन्या का माता-पिता के घर से पति के घर जाने का समारोह (बारात)।

वाक्पारुष्य = निंदाव्यंजक, कठोर या अश्लील शब्दों से किसीका तिरस्कार करना। धर्मशास्त्र के अनुसार यह दण्डय अपराध माना जाता है। **तीन प्रकार** – निष्ठुर, अश्लील और तीव्र।

वानप्रस्थ = गृहस्थाश्रमी जीवन में शरीर वली-पलित युक्त होने पर स्वीकारयोग्य तृतीय आश्रम। चार आश्रमों में से गृहस्थ और संन्यास आश्रम के बीच का आश्रम। तपश्चर्या और आत्मचिन्तन इस आश्रम के प्रमुख कर्तव्य होते हैं। दो प्रकार – पचमानक (कंदमूल आदि पकाकर खाने वाले) और (२) अन्य। विविध प्रकार – वैखानस, वालखिल्य, पत्राहार, सलिलाहार, फेनप, क्षीरप, धूमप, मरीचिप, गात्रशय्य, शिलोञ्छवृत्ति।

वारकरी = महाराष्ट्र में संतज्ञानेश्वर के द्वारा प्रवर्तित वैष्णव संप्रदाय। इसके प्रमुख चार उपसंप्रदाय (१) चैतन्य संप्रदाय (२) स्वरूप संप्रदाय (इसके दो भेद- रामानुजी और रामानन्दी) (३) आनन्द संप्रदाय। (४) प्रकाशसंप्रदाय। इन उपसंप्रदायों के मंत्र अलग अलग होते हैं।

वार्तावृत्ति गृहस्थ = कृषि, गोरक्ष्य या वाणिज्य से उपजीविका करने वाला गृहस्थाश्रमी।

वार्धुष्य = निषिद्ध ब्याज पर उपजीविका। यह एक उपपातक माना गया है।

वार्धीणस = वह बकरा जिसके कान पानी पीते समय जल को स्पर्श करते हैं। श्राद्धान्न में इसका मांस प्रशस्त माना जाता है।

वि-जामाता = (१) अपने वैगुण्य के कारण मूल्य देकर पत्नी को खरीदने वाला जामाता। (२) निश्चित मूल्य से अल्प मूल्य देकर पत्नी को प्राप्त करने वाला।

वि-जामाता = आसुरविवाह (कन्या का मूल्य देकर विवाह) संबंध से बना हुआ जामाता। यह संज्ञा हीनत्वद्योतक है।

विद्यारंभ (या अक्षरारंभ) = बालकों को अक्षरज्ञान देने का प्रारंभिक संस्कार। यह संस्कार उपनयन के पूर्व होता है।

विधिवचन = "अग्निहोत्रं जुहुयात् स्वर्गकामः।" (स्वर्ग की कामना करने वाला अग्निहोत्र होम करे) इत्यादि प्रकार के ब्राह्मण ग्रंथ के वचन। इसमें कर्म की प्रेरणा होती है।

विनायक = (१) दुष्ट पिशाचों का गण। इसमें शाल, कटंकट, मित, सम्मित, कूष्मांड, और राजपुत्र नामक छह विनायक माने जाते हैं। धर्मशास्त्र में कार्यों की निर्विघ्न सिद्धि इन की पूजा से विधि बताई है। (२) अंबिकापुत्र। इसे विघ्नेश्वर, भूतनाथ, हस्तिमुख (गजानन) कहते हैं। महाराष्ट्र में 'अष्टविनायक' और काशीक्षेत्र में '५६ विनायक प्रसिद्ध हैं।

विवाहकृत्य = अष्टविध विवाहों में ब्राह्मविवाह सर्वश्रेष्ठ माना जाता है। इस में प्रमुख ११ कृत्य है – वाङ्निश्चिय,

सीमान्तपूजन, मधुपर्क (दही और मधु एकत्र करना), परस्पर निरीक्षण, कन्यादान, अक्षतारोपण, विवाहहोम, गृहप्रवेशनीय होम, ऐरिणीदान, गृहप्रवेश और आशीर्वचन

विभूतिवेलायी = लिंगायत संप्रदाय में प्रचलित अन्तिम संस्कार। आसन्नमरण अवस्थामें यह संस्कार होता है।

विमलदान = भगवान् के प्रीत्यर्थ, निष्काम तथा धर्मयुक्त अंतःकरण से दिया गया दान। नित्य, नैमित्तिक और काम्य इन तीन प्रकारके दानों से यह सर्वश्रेष्ठ दान माना गया है।

विषदिव्य = दिव्यविधि के पांच प्रकारों में से एक। शूद्र अपराधी की सत्त्वपरीक्षा उसे विशिष्ट मात्रा में विष देकर की जाती थी। विष का प्रभाव ५ सौ तालियाँ बजाने तक न हुआ तो वह निर्दोष माना जाता था।

विषनाडी जननशांति = विषघटिका तथा क्रूर ग्रहयुक्त लग्न पर जन्म होने पर यह शांतिविधि जननाशौच के बाद होती है।

विष्टर = अग्रयुक्त दर्भों का आसन।

वीरशैव = कर्नाटक में उत्पन्न एक मध्ययुगीन शैव संप्रदाय। रामय्या अल्लमप्रभु बसवेश्वर इसके प्रवर्तक माने जाते हैं। यह संप्रदाय शक्तिविशिष्ट शिवाद्वैत मत को ग्राह्य मानता है। (तीन प्रकार) – सामान्य वीरशैव, विशेष वीरशैव और निराभारी वीरशैव।

वीरसाधना = रात में श्मशान में शव के पास बैठकर की जाने वाली तांत्रिक साधना।

वृद्धिश्राद्ध (या नान्दी श्राद्ध) = उपनयन, विवाह आदि मंगलकार्यों के प्रारंभ में पितरों के प्रीत्यर्थ होने वाली श्राद्धविधि।

वृषली = विवाह के पूर्व पिता के घर में रजोदर्शन होने वाली ब्राह्मण कन्या। ''**वृषलीपति**'' को ब्राह्मण 'अश्राद्धेय' और अपांक्तेय'' (अर्थात् श्राद्धभोजन तथा पंक्तिभोजन के लिये अपात्र) कहा गया है।

वृषोत्सर्ग = गो, प्रजा की वृद्धि के लिए सांड को छोड़ देना यह एक धार्मिक आचार है। (२) मृतात्मा की प्रेतावस्था से मुक्तता करने हेतु उसके नाम सांड तथा वत्सतरी का उत्सर्ग।

व्रजमण्डल = उत्तर प्रदेश में मथुरा के आसपास के प्रदेश की संज्ञा।

वैखानस = (१) वानप्रस्थाश्रमी लोग। (२) एक प्राचीन वैष्णव संप्रदाय (दक्षिण भारत में यह संप्रदाय प्रचलित है। (३) कृष्ण यजुर्वेद की एक शाखा। (४) संन्यास आश्रम की अपर संज्ञा (वैखानस को यज्ञ करने का अधिकार नहीं होता।

व्रतदुधा = व्रत के लिए दूध देनेवाली गौ या व्रत के निमित्त जिसका दोहन होता है ऐसी गौ।

व्रतपरिभाषा = प्रायश्चित्त, कर्तव्य, ऐच्छिक, काम्य, नित्य, नैमित्तिक, इत्यादि विविध प्रकार के व्रतों के सामान्य नियम।

व्यंतर देवता = प्रमुख देवताओं के सेवकगण तथा शत्रु आदि गौण देवता।

शक्ति = देखिये तांत्रिकों के षट् कर्म।

शतचण्डी = इसमें पांच दिनों तक प्रतिदिन वृद्धिक्रम से दुर्गापाठ होता है। इसके लिए समय का नियम नहीं होता

शरणविधि = असम के महापुरुषिया संप्रदाय की दीक्षा लेने की विधि।

शांकर मठ = चारस्थान = शृंगेरी, द्वारका, जगन्नाथपुरी और बदरिकाश्रम।

शाकाष्टका = फाल्गुन कृष्ण अष्टमी। इस तिथि को पितृश्राद्ध तथा आठ सागों का दान होता है।

शांति = दुष्ट नक्षत्र, तिथि, अपशकुन आदि कारणों से सूचित संभाव्य देवी-अरिष्ट का निवारण करने के निमित्त किया जाने वाला शास्त्रोक्त कृत्य। वैष्णवी, रौद्री, वारुणी, पार्थिवी, वायवी आदि विविध प्रकार की शांतियां ध धर्मशास्त्रकारों ने बताई हैं।

शान्तिक और पौष्टिक कर्म = ये गृह्याग्नि में या लौकिकाग्नि में सम्पन्न होने वाले स्मार्त कर्म है।

शान्तिमन्त्र = ॐ पूर्णमदः पूर्णमिदं पूर्णात् पूर्णमुदच्यते। पूर्णस्य पूर्णमादाय पूर्णमेवावशिष्यते।। ॐ शान्तिः शान्तिः शान्तिः।। बृहदारण्यकोपनिषद् के प्रस्तुत मंत्र की संज्ञा।

शाबर मंत्र = तांत्रिक साधकों के प्रभावी मंत्र। ये मंत्र निरर्थक होते हैं।

शारदोत्सव = शरद् नवरात्रि-महोत्सव का अपर नाम। (कालिकापुराण में उल्लिखित शारदोत्सव का स्वरूप होलिकोत्सव के समान बीभत्स था

शालीनवृत्ति गृहस्थ = पाकयज्ञ, दर्शपूर्णमास, चातुर्मास्य, पशुबंध, सोमयाग, इत्यादि यज्ञ करने वाला आहिताग्नि, गृहस्थाश्रमी। (वैखानस गृह्यसूत्र)

* * * *

शिक्षा विषयक (गुरुकुल से संबंधित) परिभाषा

अधीष्ट = उपनयन करने वाला गुरु।

अध्यापक = शिष्य जिसके पास जाकर पढता है ऐसा गुरु।

अध्यापक के प्रकार = (१) आख्याता, (२) प्रवचनीय, (३) प्रवक्ता, (४) अनूचान, (५) अधीष्ट (६) मासाध्यापक, (७) दारुणाध्यापक (८) घोराध्यापक, (९) काष्ठाध्यापक, (१०) परमाध्यापक, (११) स्वाध्यापक (१२) भृशाध्यापक। **(पाणीनीय अष्टाध्यायी)**

अध्याय = ग्रंथ का एक खंड। इस प्रकार के ग्रंथ के विषयानुसार विभागों को, सर्ग, (महाकाव्य में) वर्ग, परिच्छेद, उद्घात, अंक, (नाटक में), संग्रह, उच्छ्वास (गद्यकाव्य में), परिवर्त, पटल, कांड, पर्व, आनन, स्थान, प्रकरण, उल्लास, आह्निक, इत्यादि विविध नाम संस्कृत ग्रंथों में मिलते हैं।

अनध्याय = परंपरा के अनुसार प्रतिपदा, अष्टमी, चतुदर्शी, पौर्णिमा और अमावस्या, महानवमी (आश्विन शु. ९), अक्षय्यतृतीया, रथसप्तमी, दक्षिण-उत्तर, अयन के दिन, और सोपपदा तिथि को अध्ययन का निषेध अनुसार माना है। इन

तिथियों को अध्ययन करने से अनिष्ट होता है। ये तिथियां नित्य अनध्याय की मानी गईं हैं।

अनध्याय = (४ प्रकार) – नित्य, नैमित्तिक, तात्कालिक, और आकालिक।

अनूचान = अध्यापक का एक प्रकार। वेद के शिक्षा, कल्प आदि अंगों का अध्यापन या अध्ययन करने वाला विद्वान् (बौधायन गृह्यसूत्र १-४)

अयुताध्यापक = अच्छा अध्यापक।

आख्याता = अध्यापक का एक प्रकार। छात्रों के अध्येय विषय का नियमपूर्वक अध्यापन करने वाला। (अष्टाध्यायी १-४-२९)

काष्ठाध्यापक = अध्यापक का एक प्रकार।

घोराध्यापक = अष्टाध्यायी में उल्लिखित अध्यापक का एक प्रकार।

खंडिकोपाध्याय = व्याकरण महाभाष्य में उल्लिखित अध्यापक का एक प्रकार

दारुणाध्यापक = अष्टाध्यायी में उल्लिखित अध्यापक का एक प्रकार

परमाध्यापक = अध्यापक का एक प्रकार। प्रमुखतम अध्यापक (प्राचार्य)

प्रवचनीय = स्वाध्याय के विषयों का गुरु। (अष्टाध्यायी ३-४-६८)। अध्यापक का एक प्रकार।

प्रवक्ता = अध्यापक का एक प्रकार। वैदिक विषयों का वेदानुकूल प्रवचन करने वाला

भृशाध्यापक = विषय कंठस्थ करवाने वाला अध्यापक। अध्यापक का एक प्रकार।

मासाध्यापक = अध्यापक का एक प्रकार। मासिक शुल्क से अध्यापन करने वाला या दो-चार निश्चित महिनों तक अध्यापन करने वाला।

मौख = गुरु-शिष्यों का संबंध (कौटिलीय अर्थशास्त्र)

समावर्तक = गुरुकुल का अध्ययन तथा ब्रह्मचर्याश्रम की समाप्ति का एक धार्मिक संस्कार।

स्वाध्यापक = अध्यापक का एक प्रकार।

× × ×

शिलोंछवृत्ति = त्यागी एवं विद्वान ब्राह्मणों की उपजीविका पद्धति। शिल = खेत में पडे हुए कणिश और उंछ = खेत में पड़े हुए धान्यकण। शिल और उंछ पर ही अपना उदरभरण करने का व्रत।

शिवभागवत = एक शिवोपासक प्राचीन संप्रदाय।

शिवलिंग (विविध प्रकार) = **ज्योतिर्लिंग** (इनकी संख्या १२ है) **स्वयंभू लिंग, मानुषलिंग** (इसके **दस प्रकार** – सार्वदेशिक, सर्वसम, वर्धमान, शैवाधिक, स्वस्तिक, त्रैराशिक, अध्य, नागर, द्रविड, और वेसर)। **मुखलिंग** प्रकार – एकमुखी, त्रिमुखी, चतुर्मुखी और पंचमुखी)।

भूतलिंग = दक्षिणभारत में पृथ्वी आदि पंच महाभूतों के पांच लिंग प्रसिद्ध हैं। **अष्टोत्तरशत** तथा **सहस्रलिंग** (इस पर १०८ या १००० चतुष्कोण रेखाकृति होती है)। **धारालिंग** (५ से २८ तक धारारेखायुक्त)। इन प्रकारों के अतिरिक्त ब्रह्मलिंग, (कमलाकार लिंग), अग्निलिंग (द्विशिखराकार), इन्द्रलिंग (छत्राकार), यमलिंग (त्रिपादयुक्त), निर्ऋतिलिंग (खड्गसमान)।

शिवानुभव मण्डप = वीर शैव संप्रदाय की एक प्राचीन सांस्कृतिक संस्था। शिवशरण नामक संप्रदाय के अनुयायी इस में धार्मिक, सामाजिक एवं आध्यात्मिक विषयों का विवेचन करते थे।

शिवावतार = कालभैरव, शरभ, यज्ञेश्वर, महाकाल, एकादश रुद्र, हनुमान् नर्तकनट, अवधूतेश्वर, वृषेश इ. (शिवपुराण)।

शिष्टाचार = दान, सत्य, तप, अलोभ, विद्या, यजन, पूजन और इन्द्रियदमन इन आठ गुणों से युक्त आचार। (चार प्रकार) = गुरुशुश्रूषा, सत्यवाणी, अक्रोध और दान।

शैव = शिव के उपासक संप्रदाय। **चार प्रकार** – शैव, पाशुपत, कालामुख (या कालदमन), और कापालिक। इनके अतिरिक्त नायन्मार (तामिलनाडु के शैव), वीरशैव (कर्नाटक के शैव) और काश्मीरी शैव इत्यादि शैवों के भेद हैं।

श्राद्ध = पितरों के प्रीत्यर्थ श्रद्धायुक्त होकर यथाविधि सत्पात्र ब्राह्मणों को अन्नादि का दान। पिण्डपितृयज्ञ, महापितृयज्ञ, अष्टका, इत्यादि वैदिक शब्द श्राद्धवाचक ही हैं।

श्राद्ध के चार प्रकार = पार्वण, एकोदिष्ट, नांदी और सपिण्डीकरण। इनके अतिरिक्त हिरण्यश्राद्ध, आमश्राद्ध, वृद्धिश्राद्ध।

श्राद्ध = (या कर्मांग श्राद्ध) के प्रकार – (१) गोष्ठश्राद्ध (गोधन की समृद्धि के लिए), (२) अश्वश्राद्ध (अश्वों की **समृद्धि के लिए**), (३) **यात्राश्राद्ध (प्रवास की निर्विघ्नता के लिए)** (४) **शुचिश्राद्ध (आत्मशुद्धि के लिए)**

श्राद्ध = (११ प्रकार) = विषम (या नव), नग्नप्रच्छादन, पाथेय, अस्थिसंचयन. रुद्रगण, वसु, द्वितीय पाथेय. उदकुंभ, महैकोद्दिष्ट, सपिंडी, षोडश मासिक, यह विधियां प्रायः अमंत्रक होती हैं।

श्राद्धसंपात = माता और पिता का एक ही मृत्युदिन। इस अवस्था में प्रथम पिता और बाद में माता का श्राद्ध होता है। अनेक आप्तों की एक ही मृत्युतिथि।

श्रावणी = प्रदीर्घ अनध्याय के बाद पुनः वेदाध्यायन का प्रारंभ करने की सामुदायिक विधि। अपर संज्ञा – उपाकर्म या उपाकरण। चारों वेदों की श्रावणी की तिथियां अलग अलग होती हैं। श्रावणी पौर्णिमा इनमें प्रमुख तिथि है।

श्रीचक्र = (या श्रीविद्या) = इस तांत्रिक चक्र पर होती है त्रिपुरसुंदरी देवी की पूजा। श्रीचक्र की आकृति का स्वरूप – चार ऊर्ध्वशीर्ष त्रिकोण, पांच अधःशीर्ष त्रिकोण, इनमें ९ त्रिकोण तथा कुल मिलाकर ४३ त्रिकोण, उनके बाहर अष्टदल

और फिर षोडशदल, फिर त्रिवलय, अंत में त्रिरेखांकित चतुष्कोण इनके केंद्रस्थान में बिंदुस्वरूप शिव होता है। श्रीचक्र के अन्तर्गत दस चक्रों का अन्तर्भाव होता है। (१) बिन्दु (या सर्वानन्दनमय चक्र) (२) त्रिकोणचक्र (या सर्वसिद्धिप्रद चक्र, (३) अष्टार (सर्वरोगहर.), (४) अन्तर्दशार (या सर्वरक्षाकर.) (५) बहिर्दशपर (या सर्वार्थसाधक), (६) चतुर्दशार (सर्वसौभाग्य दायक) (७) अष्टदल (या सर्वसंक्षोभण), (८) षोडशदल (या सर्वाशापरिपूरक), (९) त्रिवलय (या मेखलात्रय), (१०) भूपुर (या त्रैलोक्यमोहन)। श्रीचक्र की आकृति में २४ संधियां (दो रेखाओं का संगम) और २८ मर्म (तीन रेखाओं का संगम) होते हैं।

श्रीयंत्र = ललिता (या आद्या, नित्या, तथा त्रिपुरसुन्दरी) नामक तांत्रिक देवता का प्रतीकात्मक चिह्न। तांत्रिकसाधना में श्रीयंत्र की उपासना का विशेष महत्त्व माना जाता है।

श्रीविद्या = शाक्त सम्प्रदाय की उपास्य देवता। इसीका पंचकामेश्वरी, त्रिपुरसुंदरी, ललिता, नित्या, षोडशिका, इत्यादि नामों से निर्देश होता है।

श्रीशांति = व्रतबंध, विवाह आदि के समय पुत्र या कन्या की माता रजस्वला होने पर यह शांतिविधि होती है। इसमें श्रीदेवी की पूजा तथा श्रीसूक्त के मंत्रों से पायस का हवन होता है।

श्रीसंप्रदाय = रामानुजाचार्य का विशिष्टाद्वैती वैष्णव संप्रदाय। रामानंद ने इस मत का विशेष प्रचार करने के कारण इसे रामानंदी संप्रदाय भी कहते हैं।

श्वशुरक = विवाह संबंध के कारण हुए स्वजन।

षट्कर्म = (ब्राह्मण के) – अध्ययन, अध्यापन, यजन, याजन, दान और प्रतिग्रह। **वैश्य के** = अध्ययन, यजन, दान, कृषि, गोरक्षण और वाणिज्य।

हठयोगी के = **धौती, नेती, बस्ती त्राटक, नौली और कपालभाती। तांत्रिकों के = शांति, वशीकरण, स्तंभन,** विद्वेषण, उच्चाटन, मारण। (तांत्रिक षट्कर्मों में पद्मिनी, शंखिनी, डाकिनी इत्यादि प्रकारों की स्त्री को '**शक्ति**' कहते हैं।

षड्ब्राह्मण = मरीचि, अत्रि, पुलस्त्य, पुलह, वसिष्ठ और क्रतु इन छह ब्रह्मर्षियों की संज्ञा।

षोडशोपचार = पूजा की विधि में देवता को समर्पण करने योग्य सोलह उपचार – आवाहन, आसन, पाद्य, अर्ध्य, आचमनीय, स्नान, वस्त्र, यज्ञोपवीत, अनुलेपन, पुष्प, धूप, दीप, नैवेद्य नमस्कार, प्रदक्षिणा और मंत्रपुष्प।

सकलमत संप्रदाय = माणिक प्रभु नामक सत्पुरुष द्वारा १९ वीं शती में स्थापित एक समन्वयवादी दत्तोपासक संप्रदाय।

सकुल्य = **चौथी** पीढ़ी से छठी पीढ़ी तक के पूर्वज और **चौथी** पीढ़ी से छठी पीढ़ी तक के वंशज। सपिण्डों के अभाव में सकुल्यों को धन का अधिकार प्राप्त होता है।

सत्यविनायक = सत्यनारायण पूजा के समान विनायक गणेश की पूजा का आधुनिक व्रत। वैशाखी पौर्णिमा, भाद्रपद शुद्ध चतुर्थी सोमवार या शुक्रवार को यह पूजा होती है।

सद्योवधू = देखिए ब्रह्मवादिनी।

सद्यःशौच = आशौच से केवल एक स्नान से मुक्त होने वाले ब्रह्मवेत्ता, श्रोत्रिय, राजा, वैद्य, नापित, शिल्पी, कारीगर, और दास-दासी।

सनातन धर्म = (१) शास्त्रोक्त आचार विचारों में अपरिवर्तनवादी धर्ममत। प्रमाणभूत धर्मग्रन्थों के वचनों को वाच्यार्थ में ग्राह्य मानने वाला धर्ममत। (२) वैदिक धर्म की अपरसंज्ञा।

सचैल स्नान = अत्यंत अपवित्र वस्तु का स्पर्श होने पर धारण किये सभी वस्त्रों सहित स्नान।

सपिण्ड = पितृवंश के तीन पूर्वज तथा भिन्न कुल की स्त्रियों द्वारा संबंधित रिश्तेवाले (भांजा, फुफेरा भाई, मौसेरा भाई, ममेरा भाई (आदि) आप्त जन।

सपिंड = श्राद्ध में पिण्डदान करने योग्य आप्त-स्वजन। पितृवंश में सात पीढ़ीयों तक और मातृवंश में पांच पीढीयों तक स्त्री-पुरुष सपिंड होते है। सपिण्डों का विवाह धर्मशास्त्र में निषिद्ध माना गया है। **पिण्ड** –श्राद्धविधि में मृतात्मा के प्रीत्यर्थ अर्पित होने वाले भात के गोलक (२) यज्ञों में हवन होने वाले पशुमांस के खण्ड।)

सपिण्डीकरण = मृतात्मा की प्रेतावस्था में प्राप्त यातनाओं से मुक्ति के लिए गृह्यसूत्रों में विहित श्राद्ध।

सपिण्डीकरण = पुरुष अपने जीवितकाल में अपने तीन पूर्वजों (पिता, पितामह और प्रपितामह) को श्राद्धविधि में पिण्डदान करता है। उसके मरणोपरान्त उसका पुत्र, पिता तथा तीन पूर्वजों के पृथक् पिंड कर, उन चार पिण्डों का एक पिण्ड बनाता है। इसमें उसके पिता का 'सपिण्डीकरण' होता है। (२) मृतात्माका प्रेतत्व समाप्त होकर उसे पितृलोक में प्रतिष्ठा प्राप्त होने के हेतु करने योग्य श्राद्ध। मृत्यु के पश्चात् **१२ वें या ४२ वें दिन, अथवा चौथे, छठे या ग्यारहवे मास में अथवा वर्षसमाप्ति होने पर यह श्राद्धविधि होती है।**

सपिण्डीकरण श्राद्ध = मरणोत्तर प्रथम वर्ष में होने वाले एकोद्दिष्ट नामक १६ श्राद्धों के अंत में होने वाला श्राद्ध। इससे मृतात्मा की प्रेतावस्था से मुक्ति होती है।

सपिण्डी श्राद्ध = यह १२ वें दिन प्रेतत्वनिवृत्ति तथा पितृलोक की प्राप्तिनिमित्त होता है।

सप्तमातृका = भगवान् शिव द्वारा अंधकासुरसंहार में सहाय्य करने के लिए निर्मित देवता। इन मातृकाओं ने अंधकासुर का रुधिर भूमि पर गिरने के पहले ही पी लिया था जिसके कारण अंधकासुर के रक्त बिंदुओं से राक्षस निर्माण होना बंद हुआ था। सप्तमातृकाओं के नाम = (१) श्री, लक्ष्मी, धृति, मेघा, श्रद्धा, विद्या और सरस्वती। (२) देवीभागवत के अनुसार सप्तमातृका = ब्राह्मी, माहेश्वरी, कौमारी, वैष्णवी, वाराही, इन्द्राणी, और चामुण्डा। (दे.भा. स्कंध १२)

सप्रतिबंध दाय = पिता, पितामह और प्रपितामह की सम्पत्ति

के अतिरिक्त अन्य व्यक्ति से प्राप्त सम्पत्ति। इसका सामायिक सम्पत्ति के साथ विभाजन नहीं हो सकता।

समानोदक = एक व्यक्ति को उदकदान (तर्पण में) करने वाले तथा उससे उदकदान लेने वाले संबंधी। इनमें सात पूर्वजों और सात वंशजों एवं चौदह पीढ़ियों की व्यक्तियों की गणना होती है। 'सकुल्य' उत्तराधिकारी के अभाव में समानोदक उत्तराधिकारी होता है।

सर्वतोभद्र = तांत्रिक पूजा में उपयुक्त एक विशिष्ट मण्डलाकृति।

सहस्त्रचन्द्रदर्शन शांति = आयु के ८० वर्ष आठ महीनों में मनुष्य को सहस्त्रबार पौर्णिमा के चंद्रमा का दर्शन होता है। अतः उतनी आयु पूर्ण होने पर यह शांतिविधि होती है। सहस्त्रचंद्रर्शन होने पर मनुष्य का शरीर **'ब्रह्मशरीर'** माना जाता है।

संकर = दो विभिन्न पदार्थों का संमिश्रण। दो प्रकार – (१) वर्ण-संकर – (ब्राह्मण आदि चार वर्णों में भिन्नवर्णियों के विवाह होना **(२) वृत्तिसंकर** – एक वर्ण के व्यक्ति ने अन्य वर्ण का व्यवसाय करना; यथा ब्राह्मण ने दुकानदारी या शूद्र ने धर्मोपदेश करना।

संकल्प = श्रुति-स्मृति-पुराणोक्त धर्मकर्म का प्रारंभ करते समय इष्ट देवता, कुलदेवता, देश, काल, विशेष कर्म, आदि का निर्देश। प्रत्येक धार्मिक कर्म में संकल्प होता ही है।

सन्ध्योपासना = सूर्यबिम्ब में स्थित आदित्य देवता की ध्यानात्मक उपासना का नित्य कर्म। प्रातः सूर्योदय के पूर्व और सायं सूर्यास्त के पूर्व यह उपासना होनी चाहिये। इसमें आचमन, प्राणायाम, अर्घ्य, गायत्रीजप और उपस्थान (स्तुतियुक्त प्रार्थना) प्रमुख कर्म होते हैं।

संन्यास = (१) काम्य कर्मों का न्यास (त्याग) (भगवद्गीता १८-२)। (२) जीवन की चतुर्थ अवस्था में सर्व संग परित्याग करना। दो प्रकार (१) विविदिषा संन्यास और (२) आतुरसंन्यास

संन्यासी (चार प्रकार) = कुटीचक (विहित कर्म करने वाला), बहूदक (विहित कर्म और शास्त्राभ्यास करने वाला), हंस (केवल शास्त्राभ्यास करने वाला) और परमहंस (ब्रह्मसाक्षात्कारी)

संबंधम् = केरलीय हिंदु समाज में प्रचलित वैदिक संस्कारविरहित विवाह।

संबोधनी मुद्रा = हाथों की मुठ्ठी में अंगूठे दबाना।

संमुखी मुद्रा = दोनों मुठ्ठियां ऊर्ध्व-मुख करना।

संस्कार = दो प्रकार - समंत्रक और अमंत्रक। कन्या के नामकरण, अन्नप्राशन और चौल संस्कार अमंत्रक कहे गये हैं।

सात्वत = (या पांचरात्र) = कृष्णोपासक एक प्राचीन वैष्णव संप्रदाय। सभी वैष्णव संप्रदायों का यही मूल माना जाता है।

यजन (तीन प्रकार)

सात्त्विक यजन = देवों की उपासाना **राजस यजन** = यक्ष-राक्षसों की उपासना, **तामस यजन** = भूतप्रेतों की उपासना (भगवद्गीता (१७-४)

साधक गृहस्थ = गृहस्थाश्रमी का एक प्रकार जो केवल कुटुंब पोषण में ही निरत रहता है। (गरुड पुराण)

साध संप्रदाय = उत्तर प्रदेश का एक शैव सम्प्रदाय।

साध्वी (विविध प्रकार) = प्रव्रजिता, श्रमणी (बौद्ध), क्षपर्णिका (जैन), तापसी, भिक्षुकी, मुंडा आदि।

सान्निधापिनी मुद्रा = हाथों की मुठ्ठी बांधकर अंगूठा उपर उठाना।

सामयाचारिक धर्म = रूढिस्वरूप धार्मिक आचार। धर्मसूत्रों में सर्वप्रथम इसका प्रतिपादन हुआ।

साहस = स्वामी के समक्ष उसके धनधान्य आदि का अपहरण (मनु. ८-३-३३२) अप्रत्यक्ष अपहरण को 'स्तेय' कहा है।

सिद्ध = विश्व की आंतरिक एवं बाह्य शक्तियों का नियन्त्रण करने में समर्थ महापुरुष। इनकी संख्या ८४ मानी जाती है। तीन प्रकार = शैव, बौद्ध, और नाथ.।

सिद्धपीठ = तांत्रिक सम्प्रदायों के उपासना केन्द्र। श्रीहट्ट (सिल्हट), पूर्णगिरि (पुणे), श्रीशैल (जालंधर), अर्बुद (अबू), पर्वत, कामाख्या, ओडियान इत्यादि सिद्धपीठ प्रसिद्ध हैं।

सिद्धिविनायक = दाहिनी ओर सूंड वाली गणेश की प्रतिमा।

सीमन्तोन्नयन = गर्भवती का एक संस्कार। इसमें सीमंत (केशपाश) का उन्नयन होता है।

सोमसूत्री प्रदक्षिणा = शिवलिंग की प्रदक्षिणा। इस प्रदक्षिणा में **'सोमसूत्र'** (शिवलिंग पर अभिषिक्त जल प्रणाली) का उल्लंघन नहीं होता, अतः यह प्रदक्षिणा अपूर्ण होती है।

सौम्यतीर्थ = अंगुलियों का मूलस्थान। (इसी स्थान में स्रुवाधारण करते हुए यज्ञ की आहुतियाँ देना श्रेयस्कर माना है।)

स्थापनीमुद्रा = पंचमुद्राओं में से एक। करांजलि उल्टी करना।

स्नातक = ब्रह्मचर्याश्रम में अध्ययन समाप्त होने पर यथाशास्त्र स्नानविधि के पश्चात् गृहस्थाश्रम में प्रवेश होने तक छात्र को स्नातक कहते हैं। तीन प्रकार – **विद्यास्नातक** – अल्पावधि में वेदाध्ययन समाप्त होने पर समावर्तन करने वाला छात्र)। **(२) व्रतस्नातक** (वेदाध्ययन समाप्त होने के पूर्व समावर्तन करने वाला छात्र)। **(३) विद्याव्रतस्नातक** (संपूर्ण ब्रह्मचर्यावस्था में संपूर्ण वेदाध्ययन करने वाला)।

स्नान – प्रकार - अभ्यंगस्नान (तैलमर्दनपूर्वक उष्णोदक स्नान), मानसस्नान (केवल परमात्मा का ध्यान करना), मंत्रस्नान (केवल विशिष्ट मंत्रों का उच्चारण करना), कापिल स्नान (आर्द्रवस्त्र से शरीर पोंछना), मृत्तिकास्नान, – (गौ की पादधूली शरीरपर लगाना), वायव्यस्नान और भस्मस्नान। जलस्नान करने में असमर्थ लोगों के लिए शास्त्र में मानसस्नान आदि गौणस्नान कहे हैं।

स्मार्त कर्म = स्मृतिग्रंथों द्वारा वर्ण, आश्रम, जाति, अधिकार, आदि भेदों के अनुसार प्रतिपादित कर्म।

स्मार्ताचमन = संध्यावंदनादि नित्य धार्मिक विधि का एक अंग।

स्त्रीधन = माता, पिता, भ्राता आदि आप्त-जनों द्वारा स्त्री को समर्पित क्षेत्र, गृह, अलंकार आदि धन। इस पर स्त्री का

ही संपूर्ण अधिकार होता है। स्त्रीधन पर उत्तराधिकार कन्या का होता है। स्त्रीधन पर व्यभिचारिणी का अधिकार नहीं होता।

स्त्रीधन के छह प्रकार = अध्यग्नि, अध्यवहनिक, भर्तृदान, भर्तृदत्त, पितृदत्त और मातृदत्त।

स्वयंवर = एक प्राचीन विवाहप्रकार। इसमें कन्या अपने इच्छित पुरुष से विवाह करने का निर्णय लेती है। (सीता स्वयंवर, रुक्मिणीस्वयंवर आदि पुराणों में प्रसिद्ध हैं)

स्वस्तिमंत्र = स्वस्ति न इन्द्रो वृद्धश्रवाः

स्वस्ति नः पूषा विश्ववेदाः

स्वस्तिनस्ताक्ष्यों अरिष्टनेमिः।

स्वस्ति नो बृहस्पतिर्दधातु।। (ऋ.१-८-९-६)

गौतम ऋषि का यह स्वस्तिमंत्र सभी मंगलकृत्यों में कहा जाता है।

स्वस्तिवाचन = मंगलकार्य में ब्राह्मणों से मंत्रसहित आशीर्वाद ग्रहण करने की विधि।

स्वाध्याय = (१) वेदपाठ की वारंवार आवृत्ति। (२) मोक्षशास्त्र का अध्ययन। (३) अर्थज्ञान सहित गुरुमंत्र या वेदमंत्र का जप।

स्वामिनारायण = विशिष्टाद्वैती कृष्णोपासक आधुनिक वैष्णव संप्रदाय की संज्ञा। अपर नाम – उद्धव संप्रदाय।

स्वैरिणी = तीन पुत्रों के बाद चौथे पुत्र को जन्म देने वाली स्त्री (महाभारत आदिपर्व – १२३-७७)

हविषान्न = व्रत, उपवास आदि में खाने योग्य धान्य फलादि पदार्थ।

हस्ततीर्थ (या करतीर्थ) = (१) दैवतीर्थ (कनिष्ठिका का अग्रभाग)। (२) कायतीर्थ = कनिष्ठिका और अनामिका का मूलभाग)। (३) पितृतीर्थ (अंगुष्ठ और अन्य ४ उंगलियों का मध्यभाग)। (४) ब्राह्मतीर्थ (अंगुष्ठ का मूलस्थान)।

हव्य = श्राद्ध में देवस्थानीय ब्राह्मणों को देने योग्य खाद्यान्न।

हंस = चातुवर्ण्य की व्यवस्था होने के पूर्व यही एक मात्र वर्ण था।

हंस संप्रदाय (निंबार्क संप्रदाय) = द्वैताद्वैतवादी या भेदाभेदवादी एक वैष्णव संप्रदाय। निंबार्काचार्य इसके संस्थापक थे। हरिव्यास द्वारा इसका प्रचार होने के कारण इसे **हरिव्यासी** संप्रदाय भी कहते हैं।

हिरण्यश्राद्ध = आपत्काल में यथाशास्त्र श्राद्ध करना असंभव होने पर भोज्यान्न के चौगुना मूल्य दाम देकर किया जाने वाला श्राद्ध।

हेरंब = पंचमुखी तथा सिंहाधिरूढ श्रीगणेश का तांत्रिक रूप।

★ ★ ★

(वर्ग - २ आ) – धार्मिक व्रत की परिभाषा

(परिशिष्ट)

अक्षयनिधि व्रत = अक्षय दशमी नामक (श्रावण शु. १० तथा भाद्र. शु. और कृ. १० पवित्र तिथि का एक जैन व्रत। व्रतावधि – पांच या दस वर्ष।

अक्षयफल दशमी व्रत = एक जैन तिथिव्रत। व्रतदिन – श्रावण शु. दशमी। व्रतावधि – १० वर्ष। फल – संतान की प्राप्ति।

अपूर्व व्रत = भाद्रपद की प्रतिपदा में करणीय एक जैन व्रत।

अमावास्याव्रत = शैवों का एक तिथिव्रत।

अमावास्या पयोव्रत = वैष्णवों का तिथि व्रत। अमावास्या को केवल दूध पीना।

अष्टाह्निक पर्व = एक जैन संप्रदायी पूजा का व्रत। आषाढ, कार्तिक और फाल्गुन मासों में शु. अष्टमी से पौर्णिमा तक यह व्रत होता है। इसमें नंदीश्वर – प्रतिमा की पूजा को विशेष महत्त्व होने से इसे "नन्दीश्वर पर्व" भी कहते हैं।

आकाश पंचमी = भाद्रपद शु. पंचमी का एक जैन व्रत। व्रतावधि – पांच वर्षों तक।

आचाम्ल व्रत = जैन श्रावकों का एक व्रत। अष्टमी आदि पर्व तिथियों को निर्जल उपोषण करने में असमर्थ होने पर यह व्रत किया जाता है। व्रती रूक्ष और नीरस अन्न का सेवन करते हैं।

आचारवर्धन व्रत = एक जैन व्रत। व्रतावधि – ११९ दिवस। इस अवधि में १०० उपवास और ५० पारणाएँ होती हैं। व्रत का आरंभ किसी भी दिन से होता है।

आदिनाथ जयंती व्रत = प्रथम तीर्थंकर वृषभ देव को फाल्गुन व. एकादशी को केवलज्ञान की प्राप्ति हुई और उसी दिन उन्होंने प्रथम प्रवचन दिया था। इस निमित्त उपवास व्रत।

अनन्त चतुर्दशी = एक जैन संप्रदायी व्रत। अवधि – भाद्र. शु. ११ से १५ तक।

आयंबिल = केवल ओदन का भोजन आयंबिल वर्द्धमाण एक जैनों का व्रत है।

ऋषि पंचमी = आषाढ शु. पंचमी का एक जैन व्रत। ६५ उपोषण होने पर व्रत का उद्यापन होता है।

एकावली व्रत = एक जैन व्रत। श्रावण शु. प्रतिपदा से एक वर्ष की अवधि में (प्रतिमास ७ इस प्रकार ८४ उपवास और ८४ पारणा का व्रत।) २४ उपवास व पारणा वाला व्रत 'लघु एकावली' कहा जाता है।

एकाशन = एक जैन व्रत। थाली में एक बार परोसा गया ही अन्न खाना।

एगल विहार पडिमा = जैन तपोव्रत। इस में एकांतवास आवश्यक होता है।

ऐसोदश व्रत = ६५० दिनों का एक जैन व्रत, जिसमें ५५० उपवास और १०० पारणाएं होती है।

ऐसोनव व्रत = एक जैनव्रत, जिसमें ४०५ उपवास और ८० पारणाएं होती है।

करमचूर व्रत = एक जैन व्रत। इसमें दो वर्ष आठ महीनों की अवधि में ६४ दिनों की मर्यादा में जप किया जाता है।

कर्मक्षय व्रत = एक जैन व्रत। यह ७४ महीनों में पूर्ण होता है। व्रती को १४८ उपवास और पारणा करना आवश्यक है।

कर्मचूरव्रत = एक जैन व्रत जो किसी भी मास की अष्टमी से प्रारंभ होता है और २ वर्ष आठ महीनों तक जिसका पालन होता है।

कर्मनिर्जराव्रत = एक जैनव्रत जो आषाढ शु १४ या भाद्रपद शु ११ से चार दिनों तक होता है। फल – स्वर्गप्राप्ति।

कलिचतुर्दशी = जैनव्रत। आषाढ शु १४ से प्रत्येक चतुर्दशी को चार वर्षों तक उपोषण का व्रत।

कल्पवास = माघ मास में मकर संक्रांति से कुंभ संक्रांति तक प्रयाग संगम के क्षेत्र में व्रतयुक्त निवास करना।

कल्याणक व्रत = फाल्गुनी पौर्णिमा के दिन चंद्रमा प्रायः उत्तरा नक्षत्र में प्रवेश करता है। इस निमित्त शिवाराधना का व्रत तामिलनाडू में इसे 'पंगुनी उत्तिरम' कहते हैं। उसी प्रदेश में यह व्रत होता है।

कल्याणकव्रत = एक जैन व्रत। इसके दो प्रकार – (१) लघुव्रत जो ५ दिनों में संपूर्ण होता है। (२) मध्यमव्रत जो १३ दिनों में पूर्ण होता है।

कवलचांद्रायण = एक जैन व्रत। अमावस्या से पौणिमा तक प्रतिदिन एक एक ग्रास का आहार बढाना और कृष्ण पक्ष में उसी प्रकार कम करना।

कवलाहार = जैन मुनि का एक बाह्य तप। प्रतिदिन मुनि ने ३२ और साध्वी ने २८ कवल भक्षण करना। (एक कवल = पचास पके चांवल) छह प्रकार – नोकर्माहार, कर्माहार, कवलाहार, लेह्याहार, ओजाहार और मानसाहार।

कांचनपुरीव्रत = शुक्ल तृतीया। कृष्ण एकादशी अष्टम् पूर्णिमा, अमावस्या तथा संक्रांति के दिन सुवर्णनगरी में स्थापित लक्ष्मीनारायण की मूर्ति का समर्पण।

कृष्णपंचमी व्रत = ज्येष्ठ कृ. ५ को उपोषण का एक जैनव्रत।

कोकिला पंचमी = एक जैन व्रत। आषाढ वद्य पंचमी से कार्तिक वद्य पंचमी को। पांच वर्षों तक यह व्रत होता है।

गरुड पंचमी = श्रावण शुद्ध पंचमी का एक जैनव्रत। व्रतावधि ५ वर्ष।

गोचरणव्रत = २१ दिन तक गौ की अखण्ड सेवा में रहना। गाय जो क्रिया (बैठना, उठना, चलना) करती है तदनुसार क्रिया व्रती ने करना।

गोपाष्टमी = कार्तिक शुद्ध अष्टमी। गोपूजन व्रत की तिथि।

गोमूत्र यावक = गोमूत्र में से यव के दाने चुन कर, गोमूत्र में पकाकर उसीका आहार करने का व्रत। व्रतावधि एक सप्ताह, पक्ष या मास। इसी व्रत का दसूरा प्रकार – गोमय से चुने हुए यावक कण पानी में पकाकर खाना। इसको 'यावक व्रत' कहते हैं।

चतुर्मूर्ति व्रत = चैत्रशुद्ध प्रतिपदा से एक वर्ष तक वासुदेव, संकर्षण, रुद्र और अनिरुद्ध इन चार दैवतों की क्रमशः तीन-तीन मासों तक उपासना का व्रत। अपर संज्ञा – सर्वाप्तिव्रत।

चतुर्थी व्रत = गणेश चतुर्थी, गौरीचतुर्थी, नागचतुर्थी, कुण्डचतुर्थी, बहुला, अंगारकी, संकष्ट, शिवा, विनायकी, शांता, सुखा, इत्यादि कुल २५ चतुर्थी व्रत माने जाते हैं। तृतीयायुक्त चतुर्थी व्रत उपवास आदि के लिए महत्त्वपूर्ण मानी जाती है।

चतुर्युग व्रत = प्रत्येक मास के प्रारंभिक चार दिनों में कृत, त्रेता, द्वापर और कलि इन चार युगों की पूजा तथा केवल दुग्धाहार करना। व्रतावधि – एक वर्ष।

चंडिका नवमी = वैशाख मास की दोनों नवमी तिथियों का व्रत। इस में रक्तवस्त्र धारण कर चंडिका की पूजा होती है।

चंद्रकल्याणक = एक जैनव्रत जो २५ दिनों में पूर्ण होता है।

चन्दनषष्ठी व्रत = भाद्रपद कृष्ण षष्ठी का एक जैन व्रत।

चन्द्रनक्षत्रव्रत = चैत्र पोर्णिमा की तिथि सोमवार को आने पर यह व्रत होता है।

चंद्ररोहिणी शयन व्रत = पौर्णिमा को सोमवार या रोहिणी नक्षत्र होने पर यह व्रत होता है। इसके व्रती पुरुष गोमूत्र प्राशन तथा हविष्यान्न का भक्षण करते हैं। व्रतावधि – एक वर्ष। अंत में चन्द्र-रोहिणी की सुवर्ण प्रतिमा का दान। फल – चन्द्रलोक की प्राप्ति।

चन्द्रव्रत = प्रकार (१) प्रत्येक अमावस्या को कमल पर स्थापित सूर्यचन्द्र की मूर्तियों का पूजन। (२) मार्गशीर्ष पौणिमा से प्रत्येक पौर्णिमा को उपवास तथा चन्द्र देवता की पूजा। व्रतावधि – एक वर्ष। (३) प्रत्येक पौर्णिमा को नक्त भोजन। व्रतावधि – १५ वर्ष। (४) चान्द्रायणव्रत और सुवर्णमयी चन्द्रमूर्ति का दान।

चन्द्रशांति = सोमवार को चित्रा नक्षत्र होने पर यह व्रत होता है।

चन्द्रषष्ठी = भाद्रपद वद्या षष्ठी का एक स्त्रीव्रत।

चंपकचतुर्दशी = ज्येष्ठ शुद्ध चतुर्दशी को भगवान् शिव की चम्पक पुष्पों से पूजा का व्रत।

चम्पकद्वादशी = ज्येष्ठ शुद्ध द्वादशी को चम्पक पुष्पों से गोविन्दपूजन का व्रत।

चरित्रशुद्धिव्रत = एक जैन व्रत। इसमें १०४२ उपवास छह वर्षों में पूर्ण होते हैं। एक दिन उपवास और दूसरे दिन पारणा इस क्रम से यह व्रत २०८४ दिनों में पूर्ण होता है।

चातुर्मास्यव्रत = श्रावणमास में शाकान्न, भाद्रपद में दही, आश्विन में दूध और कार्तिक में द्विदलधान्य का सेवन न करना। आषाढ शुद्ध द्वादशी को इस व्रत का प्रारंभ और कार्तिक शुद्ध द्वादशी को समाप्ति होती है। सभी वर्ण और संप्रदायों के लिए यह व्रत विहित है।

चांद्रव्रत = मार्गशीर्ष शु. प्रतिपदा को मूल नक्षत्र होने पर चंद्रमा की मूर्ति का पूजाव्रत। इस पूजा में चंद्रमा के अवयवों पर नक्षत्रों का न्यास करते हैं।

चांद्रायणव्रत = दो प्रकार – (१) **यवमध्य** और (२) पिपीलिका मध्य। यवमध्य चांद्रायण में शुक्ल प्रतिपदा से पौर्णिमा तक प्रतिदिन एक एक कवल ग्रास बढ़ाना और कृष्ण प्रतिपदा से अमावस्या तक एक एक कवल ग्रास क्रमशः घटाया जाता है। **पिपीलिकामध्य** चांद्रायण में कृष्ण प्रतिपदा से इसी प्रकार अन्न ग्रहण होता है। इनके अतिरिक्त यतिचांद्रायण, शिशुचान्द्रायण इत्यादि इस प्रायश्चित्तात्मक व्रत के प्रकार माने जाते हैं। महापातकों का प्रायश्चित्त चांद्रायण व्रत से किया जाता है। व्रतावधि – एक वर्ष।

चित्रभानुव्रत = शुद्ध सप्तमी से इसका आरंभ किसी भी मास से होता है। इसमें सूर्यदेवता को घृताभिषेक होता है।

जनार्दनपूजा = मार्गशीर्ष शु. द्वादशी का विष्णुपूजा का एक व्रत।

जयंती सप्तमी = माघ शुद्ध सप्तमी। इस तिथि से सूर्यपूजा के व्रत का प्रारंभ होता है। व्रतावधि – एक वर्ष।

जयंती व्रत = श्रावण कृष्ण अष्टमी का एक व्रत। यशोदासहित बालकृष्ण की पूजा इस व्रत में होती है।

जयपौर्णिमासी = पौर्णिमा को नक्षत्र सहित चंद्रमा के चित्र की पूजा का व्रत।

जयापार्वतीव्रत = आषाढ शुद्ध त्रयोदशी से कृष्ण तृतीया तक (पांच दिन) व्रत। २० वर्षों तक यह व्रत होता है। शिव-पार्वती की उपासना और स्वादहीन भोजन इस व्रत की विशेषता है।

जयाव्रत = कार्तिक शुद्ध पंचमी का एक व्रत।

जयावाह्नि = आश्विन कृष्ण प्रतिपदा से कार्तिक पौर्णिमा तक नित्य विष्णुपूजा का व्रत।

जलकृच्छ्रव्रत (उदक कृच्छ्र, वरुणकृच्छ्र) = कार्तिक कृष्ण चतुर्दशी को उपवास और जल में खड़ा रहकर वरुणमंत्र का जप। व्रतावधि – एक वर्ष।

जलदिव्य = दिव्य के पांच प्रकारों में से एक। अपराधी को विशिष्ट समय तक जलधारा में डुबो कर उसके निरपराधित्व की परीक्षा इसमें होती है। वैश्य अपराधी की परीक्षा जलदिव्य से होती थी।

जलधेनुदान = जेष्ठ शुक्ल एकादशी का एक व्रत। इसमें उत्तम धातु की सवत्स गोमूर्ति का दान होता है।

जलशयन व्रत = वैशाखी पौर्णिमा को जल में स्थापित विष्णुमूर्ति की पूजा का व्रत।

जाति त्रिरात्रिव्रत = ज्येष्ठ शुद्ध त्रयोदशी से तीन रात्रि तक उपोषण और लक्ष्मी- सरस्वती-पार्वती की पूजन इसमें होता है।

जानकी व्रत = फाल्गुन वद्य अष्टमी (सीताजी की जन्मतिथि) (या नवमी) का एक व्रत।

जिताष्टमी = अश्विन वद्य अष्टमी। इस तिथि को पुत्रप्राप्ति हेतु बंगाली स्त्रियां व्रतपालन करती है।

जिनगुण संपत्ति व्रत =एक जैन व्रत। इसमें ६३ उपवास होते हैं। दो प्रकार – बृहद्व्रत और लघुव्रत। लघुव्रत में ३६ उपवास या ६३ एकभुक्त व्रत होते है।

जिनपूजा-पुरन्दर व्रत = किसी भी मास की शुद्ध प्रतिपदा से अष्टमी तक उपोषण का जैनव्रत।

जिनपूजा विधान व्रत = एक जैनव्रत।

जिनमुखावलोकन व्रत = भाद्रपद कृ. प्रतिपदा से आश्विन कृ. प्रतिपदा तक प्रतिदिन प्रातः सर्वप्रथम जिनेन्द्र मूर्ति का दर्शन करने का व्रत।

जिनरात्रि व्रत = फाल्गुन वद्य प्रतिपदा से चतुर्दशी तक का व्रत। इस व्रत में एक दिन उपोषण, दूसरे दिन पारणा, प्रत्येक प्रहर को जिनमूर्ति का दर्शन और रात में जागरण होता है। व्रतावधि -- ९ या १४ वर्ष।

जीवत्पुत्रिका व्रत = आश्विन वद्य अष्टमी का एक स्त्रीव्रत। उत्तर प्रदेश में यह प्रचलित है।

ज्येष्ठाकल्प =ज्येष्ठा नामक देवता (अपर नाम — अलक्ष्मी, निर्ऋति, विघ्नपार्षदा, कुंभी, हस्तिमुखा) की उपासना के लिए एक हवन विधी।

ज्येष्ठ गौरी = अपर संज्ञा धान्यलक्ष्मी। भाद्रपद शुक्लपक्ष में इसकी पूजा होती है।

ज्येष्ठा गौरी व्रत = एक स्त्री व्रत। भाद्रपद शुक्ल पक्ष में अनुराधा नक्षत्र पर आवाहन, ज्येष्ठा नक्षत्र पर पूजन और मूल नक्षत्र पर ज्येष्ठा गौरी का विसर्जन होता है। महाराष्ट्र में चैत्रशुद्ध प्रतिपदा से अक्षय्य तृतीया तक भी गौरीपूजा का व्रतोत्सव होता है।

ज्येष्ठानक्षत्र जननशांति = ज्येष्ठा नक्षत्र के दस भाग में से किसी भाग में अपत्य का जन्म, किसी आप्त की मृत्यु का कारण होता है। अतः इन्द्र पूजा प्रधान यह शांतिविधि होती है।

ज्येष्ठजिन व्रत = ज्येष्ठ शुद्ध प्रतिपदा से एक मास का व्रत। आदिनाथ तीर्थंकर की उपासना इसका प्रमुख अंग है। व्रतावधि – २४ वर्षों तक।

ज्वरशांति = शांति कमलाकर ग्रंथ में उल्लिखित ज्वरादि दोषों की शांति की एक विधि।

ज्वरहर व्रत = अष्टमी, एकादशी, द्वादशी या चतुर्दशी को ज्वर पीड़ा के प्रशमनार्थ यह व्रत कहा गया है।

ज्ञानावाप्ति व्रत = चैत्र पौर्णिमा से एक मास तक नृसिंह भगवान् की उपासना का व्रत।

तप्तकृच्छ्र = महापातक का एक प्रायश्चित्त। इसमें तप्त लोहस्तंभ को आलिंगन करना पडता था।

तप्तकृच्छ्र (या तप्त महाकृच्छ्र) = पातकों के प्रायश्चित्त निमित्त १२, २१ या ४ दिनों का कठोर व्रत। इसमें उष्ण, जल, दूध, घी का सीमित सेवन किया जाता है।

तप्तमुद्रा = आश्विन या कार्तिक मास की शुद्ध एकादशी को शंख, चक्र आदि भगवान विष्णु के आयुधों की धातुमुद्रा को तपाकर उनके चिन्ह हाथों पर अंकित करना। वैष्णव संप्रदाय में यह पद्धति है।

तर्पणव्रत = ज्वरपीडित मनुष्य द्वारा ज्वरपीड़ा के निवारणार्थ १०८ बार (या अधिक बार मृत व्यक्ति की तृप्ति के लिए तिलोदक का यथाविधि समर्पण।

तारक द्वादशी = सूर्यादि ग्रहों की उपासना का एक व्रत। मार्गशीर्ष शुद्ध द्वादशी से इसका प्रारंभ होता है। व्रतावधि — एक वर्ष।

ताल नवमी (या तालोपहार नवमी) व्रत = भाद्रपद शु. नवमी का एक स्त्रीव्रत। इस में दुर्गापूजा तथा तालवृक्ष के पत्र का महत्त्व होता है।

तिथि युगल व्रत = प्रत्येक मास में शुद्ध और वद्य, सप्तमी, अष्टमी, द्वादशी और चतुर्दशी तथा पौर्णिमा और अमावस्या को उपोषण का व्रत।

तिथीश पूजन व्रत = प्रत्येक तिथि का एक विशिष्ट स्वामी माना जाता है। तिथि पर उसके स्वामी का पूजन करने का व्रत।

तिलक व्रत = चैत्र शु. प्रतिपदा को विष्णुचित्र की पूजा करने का व्रत। पूजा के अंत में चन्दन लगाते हैं। अतः यह तिलक व्रत कहलाता है।

तिंदुकाष्टमी = ज्येष्ठ वद्य अष्टमी का विष्णु पूजा का एक व्रत। इसमें कमल, धतूरा तथा शतपत्र-पुष्पों से प्रत्येक चार महीनों में विष्णुपूजा होती है। व्रतावधि – एक वर्ष।

तिल चतुर्थी = माघ शुक्ला चतुर्थी।

तिलदाही व्रत = पौष वद्य एकादशी का व्रत। तिलमिश्रित गोबरी का हवन इसमें होता है।

तिलपूर्ण कांस्यपात्रदान = माघ पौर्णिमा अमृतसिद्धि योग, चंद्रग्रहण, सूर्यग्रहण, संक्रांति या युगादि तिथि को यह विधि होती है।

तिल द्वादशी = माघ वद्य द्वादशी को श्रवण नक्षत्र का योग।

तिष्य (या पुष्य) व्रत = उत्तरायण में शुक्लपक्ष के पुष्य नक्षत्र पर कुबेर-पूजा का व्रत। एक वर्ष तक प्रतिमास पुष्य नक्षत्र पर यह पूजा होती है।

तुरग सप्तमी = चैत्र शुद्ध सप्तमी का एक व्रत। इसका उद्यापन तुरग - (घोड़ा) के दान से होता है।

तुलसी व्रत = कार्तिक शुद्ध नवमी से एकादशी तक तीन दिन का व्रत। अंत में तुलसी-विष्णु विवाह विधि होती है।

तुलापुरुष कृच्छ्र = एक उपोषणात्मक सप्ताह व्रत।

तेजःसंक्राति व्रत = प्रत्येक मास की सूर्य-संक्रान्ति का एक व्रत। इसमें सूर्य की पूजा प्रमुख होती है। व्रतावधि — १ वर्ष।

तौरायणिक = तुरायण नामक सत्र का यजमान। चैत्र या वैशाख शुद्ध पंचमी को **तुरायण** सत्र का प्रारंभ होता है। यह याग, पौर्णिमासेष्टि की प्रकृति और द्वादशाह याग की

विकृति, माना जाता है।

त्रिगति सप्तमी = फाल्गुन शुद्ध सप्तमी से एक वर्ष तक प्रत्येक सप्तमी को सूर्यपूजा का व्रत। इस व्रत में सूर्य के चार नाम होते है - **हेंली** - फाल्गुन शु. ७। **हंस** - फाल्गुन से ज्येष्ठ तक। **मार्तण्ड** - आषाढ से आश्विन तक। **भास्कर** - कार्तिक से माघ तक।

त्रितयप्रदान सप्तमी = हस्तनक्षत्र युक्त माघ शुद्ध सप्तमी से प्रत्येक मास की सप्तमी को सूर्यपूजा का व्रत। व्रतावधि - एक वर्ष।

त्रिपुरज्वलन व्रत = कार्तिकी पौर्णिमा से आरंभ होने वाला शिवोपासना का व्रत। एक वर्ष तक प्रत्येक पौर्णिमा को शिव के संमुख ७५० दीपज्योतियां प्रज्वलित करना तथा दीपपात्रों का दान करना इस व्रत में आवश्यक है।

त्रिपुरसूदन व्रत = उत्तरानक्षत्रयुक्त रविवार को सूर्यपूजा का व्रत।

त्रिपुरी पौर्णिमा = कार्तिकी पौर्णिमा। भगवान् शिव के त्रिपुरविजय निमित्त दीपप्रज्वालन का उत्सव।

त्रिरात्रतुलसी व्रत = कार्तिक शुद्ध नवमी से तीन दिनों तक लक्ष्मीनारायण मूर्ति की तुलसी तरु की छाया में पूजा।

त्रिमुख शुद्धि व्रत = अन्नग्रहण करने के पूर्व दरवाजे में खड़ा सत्पात्र अतिथि की प्रतीक्षा करना। अतिथि के अन्नग्रहण होने पर ही स्वयः भोजन करना।

त्रिमूर्ति व्रत = ज्येष्ठ शुद्ध तृतीया को प्रतिवर्ष सूर्य-चन्द्र, और वायु के स्वरूप में विष्णुपूजा का व्रत। व्रतावधि - तीन वर्ष।

त्रिरात्र व्रत = उपनयन संस्कार के बाद तीन रात तक ब्रह्मचारी के लिए विहित एक कठोर व्रत।

त्रिलोचनाष्टमी = ज्येष्ठ वद्य अष्टमी को शिवपूजा का व्रत।

त्रिविक्रम व्रत = किसी भी मास की शुद्ध तृतीया से लक्ष्मी और त्रिविक्रमस्वरूप विष्णु की पूजा का व्रत। व्रतावधि - ३ या १२ वर्ष। (२) मार्गशीर्ष शुद्ध नवमी से तीन दिन उपवास। यह त्रिरात्र व्रत १०० बार किया जाता है।

त्रिशूल दान = उदरशूल की व्यथा का निवारण करने हेतु कृष्ण पक्ष की अष्टमी या चतुर्दशी को शिवपूजा तथा त्रिशूल का दान इसमें होता है।

त्रुटित वल्लीदान = संक्रांति के पर्व पर तिलचूर्ण और गुड के मिश्रण की पंचमुष्ठी का दान। (वंशवल्ली त्रुटित न होने के हेतु यह दान होता है।)

त्र्यंबक व्रत = प्रत्येक मास की वद्य चतुर्दशी का एक शिवव्रत।

दधिसंक्रांतिव्रत = मकर संक्रांति से प्रत्येक मास की संक्रांति के दिन लक्ष्मी-नारायण मूर्ति का दही से स्नान करना।

दमनकारोपण व्रत = चैत्रशुद्ध प्रतिपदा से पौर्णिमा तक विविध देवताओं को दमनक (दवणा) नामक वनस्पति समर्पण करना।

दम्पतीपूजन = चैत्र, वैशाख, श्रावण, कार्तिक, मार्गशीर्ष और माघ इन मासों में युगादितिथि, मन्वादितिथि, संक्रान्ति, व्यतीपात, और वैधृति योग पर या द्वादशी तिथि पर लक्ष्मी-नारायण की पूजा का एक व्रत।

दशफलव्रत = श्रावण वद्य अष्टमी से दस दिनों का एक स्त्रीव्रत। गोपाल कृष्ण की तुलसी दलों से पूजा इसमें प्रमुख है। व्रतावधि १० वर्ष।

दशहराव्रत = ज्येष्ठमास की शुद्ध दशमी तिथि, दश पापहरा (दस पापों का हरण करनेवाली) मानी गई है। इसी तिथि को गंगा का पृथ्वी पर अवतरण हुआ था। ज्येष्ठ शुद्ध प्रतिपदा से शुद्ध दशमी तक यह गंगास्नानात्मक व्रत होता है। इस व्रत की मुख्य देवता गंगा और शिव, विष्णु आदि गौण देवता माने जाते है।

दशादित्य व्रत = वैशाख, मार्गशीर्ष या माघ मास की शुद्ध दशमी अथवा रविवार की दशमी को इस व्रत का आरंभ होता है। सूर्यपूजात्मक इस व्रत से दशविध दुर्दशाओं का नाश होता है। इस व्रत में दुर्दशा देवी की दस प्रतिमाओं का पूजन और विसर्जन होता है।

दिवाकर व्रत = हस्तनक्षत्र युक्त रविवार से इस व्रत का प्रारंभ होता है। सात रविवारों को द्वादश दल कमल में स्थापित सूर्य बिंबों की पूजा इसमें होती है।

दीपदान व्रत = कार्तिक मास में शिवमंदिर में एक लक्ष या दो लक्ष दीप जलाना। प्रतिदिन ११ दीप जलाकर भी यह व्रत होता है।

दुर्गाव्रत = श्रावण शुद्ध अष्टमी से प्रारंभ होने वाला एक मासिक व्रत। व्रतावधि एक वर्ष।

दूर्वा-गणपतिव्रत = श्रावण शु. चतुर्थी से माघ शुद्ध चतुर्थी तक की अवधि में रविवार को आने वाली किसी शुद्ध चतुर्थी से इसका प्रारंभ होता है। व्रतावधि छह महीने या तीन वर्ष।

दूर्वात्रिरात्रि व्रत = भाद्रपद शुद्ध त्रयोदशी से पौर्णिमा तक एक पूजाव्रत।

दूर्वालक्ष व्रत = दूर्वागणपति की पूजा का व्रत। पौष मास के अतिरिक्त अन्य किसी भी मास में इस व्रत का प्रारंभ होता है।

देवमूर्ति व्रत = चैत्रशुद्ध प्रतिपदा से चार दिनों में शिव, अग्नि, विरूपाक्ष और वायु इन चार देवताओं की पूजा का व्रत। प्रत्येक मास में चार दिन इसी क्रम से पूजा करना। व्रतावधि एक वर्ष।

देवव्रत = चतुर्दशी तिथि को मघानक्षत्र में गुरु ग्रह आने पर महेश्वर की पूजा का व्रत।

देवीरथयात्रा = पंचमी, सप्तमी, नवमी, एकादशी, वद्य तृतीया, इन तिथियों अथवा सोमवार या मंगलवार को राजा ने करने योग्य एक काम्य व्रत। इसमें मंदिराकार रथ में देवी की शोभा यात्रा निकालते हैं।

देवीव्रत = कार्तिकमास में उपोषण सहित देवीपूजा और तिलहोम करने का व्रत।

देव्यांदोलन = चैत्रशुद्ध तृतीया को झूले में उमा-महेश्वर मूर्ति की आराधना।

दोलोत्सव = चैत्र शुद्ध तृतीया से वैशाख शुद्ध तृतीया तक

शिव-पार्वती आदि देवताओं की दोले = (झूला) में बिठाकर आराधना। अयोध्या, मथुरा आदि वैष्णव तीर्थक्षेत्रों में यह प्रसिद्ध महोत्सव होता है।

द्वात्रिंशी व्रत = वैशाख, मार्गशीर्ष या माघ मास की पौर्णिमा से ३२ वी पौर्णिमा तक शिवगौरी की उपासना का व्रत।

द्विदल व्रत = कार्तिक मास में मूंग, चना, उड़द आदि द्विदल धान्यों का आहार वर्जित करना।

धरणीव्रत = कार्तिक शुद्ध एकादशी को विष्णुपूजा का व्रत।

धर्मघटदान = वैशाख मास में सुगंधि जल युक्त घट का आमान्नसहित दान का व्रत। व्रतावधि-चार वर्ष।

धर्मप्राप्तिव्रत = आषाढ वद्य प्रतिपदा से एक महिने तक धर्मस्वरूप विष्णु की पूजा का व्रत।

धर्मत्रय व्रत = मार्गशीर्ष शुद्ध या वद्य दशमी से धर्मस्वरूप विष्णु की पूजा का व्रत।

धर्ममूलव्रत = पुत्रप्राप्ति के उद्देश्य से रविवार की शुद्ध सप्तमी या गुरुवार की शुद्ध दशमी को इस व्रत का प्रारंभ होता हैं।

धर्मव्रत = मार्गशीर्ष शुद्ध दशमी से एक वर्षतक यह व्रत होता है। उपोषण और हवन इस व्रतनिमित्त होते है।

धनद कृच्छ = एक प्रायश्चित्तरूप व्रत। केवल एक मुष्टि अन्न का सेवन।

धनव्रत = फाल्गुन शुद्ध १३ या मार्गशीर्ष शुद्ध एकादशी से एक वर्ष तक कुबेर की उपासना।

धनसंक्रान्तिव्रत = संक्रांति दिन से एक वर्ष तक सूर्य की उपासना।

धनावाप्तिव्रत = श्रावण वद्य प्रतिपदा से एक वर्ष या महिने तक विष्णु, संकर्षण आदि देवताओं की उपासना

धात्रीव्रत = शुद्ध या वद्य एकादशी को आंवले के कल्क से स्नान।

धामव्रत (धामत्रिरात्रिव्रत) = फाल्गुनी पौर्णिमा को धाम याने गृह का दान देने का व्रत।

धारणपारणव्रत = आषाढ शुद्ध एकादशी से कार्तिक शुद्ध एका दशी तक एक दिन उपोषण और दूसरे दिन पारणा (भोजन) इस क्रम से चातुर्मास्य में विष्णुभक्ति का व्रत करना।

नक्तव्रत (या दिवारात्रि व्रत) = केवल नक्त समय में भोजन करना।

नक्षत्रविधिव्रत = प्रत्येक नक्षत्र को देवी पार्वती के अवयव का प्रतीक मानकर, प्रत्येक नक्षत्र प्रारंभ के दिन विशिष्ट अवयव की पूजा का व्रत। नक्षत्र दिन पर उपवास और दूसरे दिन पारणा इस व्रत में होती है।

नदीत्रिरात्रव्रत = आषाढ मास में नदी में महापूर आने पर यह व्रत होता है।

नदीव्रत = चैत्र शुक्लपक्ष से एक वर्ष तक प्रतिमास एक सप्ताह सिंधू, भागीरथी, आदि सात नदियों की पूजा का व्रत।

नन्द = माघ शुद्ध षष्ठी का आने वाले रविवार की संज्ञा। इस दिन नन्दादि विधि नामक सूर्योपासना की विधि होती है।

नन्दाव्रत = श्रावण मास की ३, ४, ५ ६, ८, ९, ११ तथा पौर्णिमा इन तिथियों को पार्वती की उपासना का व्रत।

नरसिंहव्रत = अष्टमी तिथि को शत्रुनाश के निमित्त राजपुरुष ने करने का नरसिंह पूजा का व्रत।

नवनीत धेनुदान = कार्तिकी अमावस्या को वत्ससहित नवनीत की (माखन की) गोप्रतिमा की पूजा और दान का व्रत।

नवरात्रि व्रत = आश्विन शुद्ध प्रतिपदा से नवमी तिथि तक अष्टभुजा देवी या नवार्ण यंत्र की उपासना का व्रत। नक्त भोजन, कुमारी पूजन, सप्तशती पारायण, इ. इस व्रत में होते हैं।

नवव्यूहार्चन = आश्विनी या फाल्गुनी एकादशी को विष्णुव्यूह (= वासुदेव, संकर्षण, नारायण और वासन) तथा अष्ट दिक्पालायुधों के चित्रों की पूजा का व्रत।

नवान्न भक्षण = मार्गशीर्ष मास में सूर्य का वृश्चिक राशि में प्रवेश होते समय, तथा रेवती, अश्विनी, श्रवण, धनिष्ठा, पुनर्वसु, पुष्य, हस्त, चित्रा, रोहिणी, मृग, उत्तरा इन नक्षत्रों पर समारोह पूर्व नवीन धान्य का सेवन करना।

नागदष्टोद्धरणव्रण = भाद्रपद शुद्ध पंचमी से प्रत्येक पंचमी को पंच फणधर-नाग-प्रतिमा की पूजा।

नागव्रत = कार्तिक शुद्ध पंचमी को नागमूर्ति की पूजा का व्रत।

निकुंभपूजा = आश्विनी पौर्णिमा को पिशाच्चबाधा से रक्षण के हेतु निकुंभनामक पिशाच नियंत्रक देवता की पूजा की विधि। इस में किचड़ फेंकना तथा अश्लिल बोलना विहित है।

निशाभार्गव व्रत = चैत्र, श्रावण या भाद्रपद मास के प्रथम शुक्रवार को इस व्रत का प्रारंभ होता है। व्रतावधि = एक या पांच वर्ष। इसमें रात्रि के समय लक्ष्मी-नारायण की पूजा होती है।

नीलज्येष्ठा व्रत = श्रावण मास में ज्येष्ठा नक्षत्र युक्त अष्टमी एवं रविवार को सूर्यपूजा का व्रत।

पंचधान्य = यव, गोधूम, मुद्‌ग, तिल और तण्डुल। इनके लक्ष कणों से शिवपूजा का व्रत वैशाख, श्रावण, कार्तिक या माघ मास में होता है। इसे पंचधान्य लक्षपूजा व्रत कहते हैं।

पंचभूत व्रत = चैत्र शुद्ध पंचमी को पंचमहाभूत स्वरूपी विष्णु की पूजा का व्रत।

पंचमहापापनाशन व्रत = श्रावण शुद्ध द्वादशी और श्रावण पौर्णिमा को भगवान कृष्ण की बारह रूपों में उपासना करने का व्रत।

पंचमूर्तिव्रत = चैत्र शुध्द पंचमी से एक वर्ष तक प्रत्येक पंचमी को शंख, चक्र, गदा, पद्म और पृथ्वी की चंदनाकृति की पूजा का व्रत।

पक्षप्रदोष = कार्तिक शुद्ध त्रयोदशी से एक वर्ष तक प्रत्येक शुद्ध और वद्य त्रयोदशी को शिवोपासना का व्रत।

पत्रकृच्छ्र = तीन दिनों के उपोषण की पारणा पलाश, औदुंबर, कमल और बिल्व वृक्षों के पत्तो का कषाय पीकर करने का व्रत! देखिए पर्णकृच्छ्र।

पराक = एक कठोर प्रायश्चित्त व्रत।

पयोव्रत = दिन में केवल एक समय दूध पीकर रहने का व्रत।

पयोव्रत = फाल्गुन शुद्ध प्रतिपदा से द्वादशी तक या प्रत्येक अमावस्या को केवल दूध पीकर विष्णु की आराधना करना।

पर्णकृच्छ व्रत = ५ से ७ दिनों तक उपोषण की पारणा औदुंबर, कमल, बिल्व या पालाश इन में से किसी एक वृक्ष के पत्तों का कषाय पीकर करना। देखिए पत्रकृच्छ्र।

पर्वरात्री = **महारात्री** (फाल्गुन वद्य ११), **दिव्य रात्री** (शुक्रवार-ज्येष्ठ शु. १० सहित ११), **भावरात्री** (मंगलवार, अमावस्या को संक्रांति और ग्रहण), **सिद्धरात्री** (चैत्र अष्टमी को संक्रांति), **कालरात्री** (अमावस्या युक्त नरकचतुर्दशी), **मोहरात्री** (कृष्ण जन्माष्टमी), **क्रोधरात्री** (चैत्र शुद्ध ९), **घोररात्री** (मार्गशीर्ष कृष्ण ८), **वीररात्री** (मंगलवार, चतुर्दशी, कुलनक्षत्र से युक्त)। तंत्रशास्त्र के अनुसार इन पर्वरात्रियों में देवीपूजा विशेष फलप्रद होती है।

पर्वोत्सव = देखिए पुरुषोत्तम व्रत।

पवित्रारोपण व्रत = प्रतिपदा से पौर्णिमा तक प्रत्येक तिथि को विशिष्ट देवता को पवित्र (जनेऊ) समर्पण करने का एक व्रत।

पादकृच्छ्र व्रत = चार दिनों में क्रमशः एकभुक्त, नक्तभोजन, अयाचित भोजन और उपोषण करना।

पादोदकस्नान = उत्तराषाढ़ा नक्षत्र पर उपवास और श्रवण नक्षत्र के दिन भगवान् विष्णु के चरणों पर अभिषेक करने की एक विधि।

पादोनकृच्छ = एक प्रायश्चित। इनमें नौ दिनों में तीन तीन दिनों तक एक भोजन, अयाचित भोजन और उपोषण होता है।

पापमोचन व्रत = अन्नग्रहण न करते हुए १२ दिनों तक बिल्ववृक्ष की छाया में रहने का व्रत।

पापसंक्रान्तिव्रत = किसी भी संक्रांति से प्रतिमास संक्रान्ति के दिन तिलपूर्ण कुम्भ का दान तथा सूर्य की उपासना का व्रत।

पारायण व्रत = श्रावण या भाद्रपद पौर्णिमा से साढ़े चार महीनों तक वेद सूक्तों का संहिता-क्रम आदि विकृतियों सहित पठन।

पालीव्रत = भाद्रपद शुद्ध व चतुर्दशी को वरुण मूर्ति या वारुण यंत्र की पूजा का स्त्रीव्रत।

पाशुपतव्रत = महाभारत (शांतिपर्व) में उल्लिखित एक तांत्रिक व्रत।

पाशुपत व्रत = शुद्ध या वद्य द्वादशी से चार दिनों तक क्रमशः एकभुक्त, अयाचित, नक्तभोजन उपोषण के व्रत होने पर चौथे दिन बैल की धातुमूर्ति का दान

पितृपक्ष = भाद्रपद कृष्णपक्ष की संज्ञा। (इस पक्ष में पितृनिधन की तिथि पर श्राद्धविधि महत्त्वपूर्ण मानी गई है)

पितृव्रत = पितरों को संतुष्ट करने के निमित्त प्रत्येक अमावस्या को केवल दुग्धप्राशन करना। व्रतावधि एक वर्ष।

पिपीलिकामध्य चांद्रायण = चांद्रायण व्रत का एक प्रकार। पौर्णिमा तिथि से तिथि की संख्या के अनुसार किसी भक्ष्य पदार्थ के ग्रास खाये जाते हैं। अमावस्या के मध्य दिन को निराहार रह कर फिर शुक्ल पक्ष की तिथि की संख्या के ग्रास प्रतिदिन एक बार ग्रहण करते हैं।

पिशाचमोचन व्रत = मार्गशीर्ष शुद्ध चतुर्दशी या मंगलवार की चैत्रशुद्ध चतुर्दशी को यह व्रत होता है। (काशी में पिशाचमोचन तीर्थ में इस तिथि को शिवपूजा तथा गंगास्नान होता है)।

पुष्यक व्रत = माघ शुद्ध त्रयोदशी से एक वर्ष तक नित्य कृष्णपूजा का स्त्री व्रत।

पुत्रकाम व्रत = (या पुत्रकाम्यव्रत) = भाद्रपद या ज्येष्ठ पौर्णिमा को दो प्रकार से यह व्रत पुत्रप्राप्ति की कामना से होता है। प्रथम व्रत तीन दिनों का है। द्वितीय व्रत प्रत्येक पौर्णिमा को एक वर्ष तक होता है।

पुत्रद-आदित्यवार = रोहिणी या हस्त नक्षत्र से युक्त आदित्यवार। इस दिन व्रतस्थ होकर महाश्वेतामंत्र का जप करते हैं।

पुत्रद रविवार = जिस रविवार को रोहिणी या हस्त नक्षत्र होता है उस दिन की संज्ञा। इस दिन पुत्रप्राप्ति की इच्छा रखने वाला व्यक्ति सूर्योपासना का व्रत करता है। उसे **पुत्रदविधि** कहते हैं।

पुत्रप्राप्तिव्रत = वैशाख शुद्ध षष्ठी को स्कन्द की उपासना का अथवा श्रावण पौर्णिमा को दुर्गापूजा का विशिष्ट व्रत।

पुत्रीयव्रत = भाद्रपद या आश्विन वद्य अष्टमी से एक वर्ष तक प्रत्येक (शुद्ध और वद्य) अष्टमी को बालकृष्ण की पूजा का व्रत।

पुत्रीयानन्तव्रत = मार्गशीर्ष मास में अश्विनी, कृत्तिका आदि मासों के नाम वाले नक्षत्रों के दिन विष्णुपूजा का व्रत। इसी प्रकार मासनाम से संबंधित नक्षत्र के दिनों पर विष्णु के विशिष्ट अवयवों की पूजा और अंत में अनन्त के नामजप से व्रतसमाप्ति होती है।

पुरुषोत्तम व्रत = जगन्नाथ पुरी में १२ पर्वोत्सवों की यात्राओं में सहभागी होना। (१२ **पर्वोत्सव** = स्नान, गुंडिचा, हरिशयन, दक्षिणायन, पार्श्वपरिवर्तन, उत्थापनैक-द्वादशी, प्रावरणोत्सव, पुष्याभिषेक, उत्तरायण, दोलायात्रा, दमनकचतुर्दशी और अक्षय्यतृतीया।)

पुंसवन व्रत = एक पुराणोक्त व्रत। मार्गशीर्ष शुक्ल पक्ष से कार्तिकी अमावस्या तक, प्रतिमास, पुत्रप्राप्ति के उद्देश्य से लक्ष्मी-नारायण की पूजा और हवन का व्रत।

प्रकृतिपुरुष व्रत = चैत्रशुद्ध प्रतिपदा से एक वर्ष तक पुरुषसूक्त से अग्निपूजा और द्वितीया को लक्ष्मीनारायण की पूजा का व्रत।

प्रजापति व्रत = शांखायन ब्राह्मण के अनुसार दैनन्दिन जीवन में पालने के विधि निषेध

प्रतिमाव्रत = कार्तिक शुद्ध चतुर्दशी से एक वर्ष तक शिव-पार्वती की पिष्टप्रतिमा की पूजा तथा हवन का व्रत।

(प्रतिमाएँ तंदुल के पिष्ट की होती है।

प्रायश्चित्त = पापाचरण निमित्त स्वयमेव दण्डन करना ही प्रायश्चित्त है। प्रकार – कृच्छर प्रायश्चित्त चान्द्रायण, विष्णुस्मरण, प्रत्यान्माय।

प्रायोपवेशन = कर्म-संन्यासपूर्वक आमरण अन्नत्याग का व्रत।

प्रीतिव्रत = आषाढ से चार मास तक तेल उबटन आदि अभ्यंजन को वर्ज्य करना।

फलत्यागव्रत = मार्गशीर्ष शुद्ध तृतीया, अष्टमी, द्वादशी या चतुर्दशी से एक वर्ष तक सभी प्रकार के फलों का त्याग तथा शिव सेवा का व्रत।

फलयुग्मदान = मकरसंक्रांति के दिन नारियल की १२ जोड़ियों का दान।

फलव्रत = चातुर्मास्य की अवधि में कटहल कृष्मांड आदि महाफलों का आहार में त्याग।

फलहारिणी पूजा = ज्येष्ठ वद्य १४ की कालीपूजा (यह संज्ञा बंगाल में रूढ है)

फलाहार हरिप्रियव्रत = वसंत ऋतु में तथा शरद ऋतु में विशिष्ट तिथि से तीन महिने चतुर्मूर्ति अराधना का व्रत।

फाल्गुनोत्सव = फाल्गुन शुद्ध नवमी से पौर्णिमा तक या फाल्गुनी पौर्णिमा से वद्य पंचमी तक होने वाला एक लोकोत्सव। इसे वसंतोत्सव, हुताशनी महोत्सव या दोलायात्रा भी कहते हैं। इस उत्सव में अश्लीलता तथा अस्पृश्यता निषिद्ध नहीं होती।

बस्त त्रिरात्र व्रत = (बस्त = बकरी) चैत्र मास में तीन दिन श्वेत कमलों से सूर्य की पूजा और समाप्ति के दिन पांच बकरियों का दान।

बहुला व्रत = भाद्रपद वद्य चतुर्थी। इस तिथि को गाय और सिंह की वालुकामयी प्रतिमा के पूजन का व्रत स्त्रियां करती हैं।

बालेन्दुव्रत = चैत्रशुद्ध द्वितीया से एक वर्ष तक प्रत्येक शुद्ध द्वितीया को चंद्रकला के चित्र की पूजा का व्रत।

बिल्व त्रिरात्रिव्रत = ज्येष्ठ शुद्ध त्रयोदशी से पूर्णिमा तक तीन दिन बिल्ववृक्ष और उमामहेश्वर की उपासना का स्त्रीव्रत। व्रतावधि-एकवर्ष।

बिल्ववर्ति = अपने हाथों से काते हुए सूत से बनाई हुई तर्जनीप्रमाण दीपक की वर्ति (बात)। बिल्ववर्तिव्रत में इस प्रकार की १ लक्ष वर्तिकाओं से शिवजी की आरती होती है।

बुध-बृहस्पतिव्रत = श्रावणमास में बुधवार और गुरुवार को बुध तथा बृहस्पति के चित्र की पूजा का व्रत।

बुधव्रत = बुद्ध ग्रह विशाखा नक्षत्र में आने पर बुध की पूजा तथा नक्तभोजन का व्रत।

बुद्धवाप्तिव्रत = चैत्र वद्य प्रतिपदा से वैशाखी पौर्णिमा तक नरसिंह पूजा का व्रत। इसमें प्रतिदिन सरसों का होम होता है।

बृहद्‌गौरी व्रत = भाद्रपद कृष्ण तृतीया को बृहतीनामक एक लता तथा चन्द्रमा की पूजा का स्त्रीव्रत।

बृहद्यावक व्रत = गोमय में प्राप्त यव का पिष्ट गोमूत्र में पकाकर खाना। व्रतावधि १२, २४ या ३६ वर्ष।

बृहत्तपोव्रत = मार्गशीर्ष शुद्ध प्रतिपदा से एक वर्ष तक शिवोपासना का व्रत।

ब्रह्मचर्य = (ब्रह्म) वेदों के अध्ययन हेतु आचरणीय व्रत। जीवन के चार आश्रमों में प्रथम आश्रम की संज्ञा। दो प्रकार – नैष्ठिक और उपकुर्वाण

ब्रह्म सावित्रीव्रत = भाद्रपद शुद्ध त्रयोदशी से पौर्णिमा तक सवित्री और ब्रह्मा की आराधना का व्रत।

ब्रह्मोत्सव = चैत्र वद्य द्वितीया से एकादशी तक व्रजमण्डल में होने वाला एक महोत्सव। रामानुज सम्प्रदाय में यह सर्वप्रमुख महोत्सव माना जाता है।

ब्राह्मी प्रतिपद्‌लाभव्रत = चैत्रशुद्ध प्रतिपदा को ब्रह्मा की मूर्ति के साथ वेद, वेदांग, धर्मशास्त्र, पुराण, आदि के ग्रन्थों की पूजा का व्रत। व्रतावधि- बारा वर्ष

भद्र = भाद्रपद शुद्ध षष्ठी के रविवार की संज्ञा। इस योग पर सूर्यपूजा का भद्रव्रत होता है।

भद्रचतुष्टय (या भद्रोपवास व्रत) = (१) त्रिपुष्कर या त्रिपुष्य – फाल्गुन शुद्ध द्वितीया से तीन महीनों तक व्रतचर्या व्रत (२) त्रिपुष्यक – ज्येष्ठ शुद्ध द्वितीया से तीन महीनों तक व्रतचर्या। (३) त्रिरात्र – भाद्रपद शुद्ध द्वितीया से तीन महीनों तक व्रतचर्या। (४) **विष्णुपद** – मार्गशीर्ष शुद्ध प्रतिपदा से तीन महीनों तक व्रतचर्या।

भद्रप्राप्तिव्रत = चैत्रशुद्ध द्वादशी को उपोषण तथा लक्ष्मी नारायण की प्रतिमा का पूजन।

भद्रा प्रवृत्ति = ज्योतिष के पंचांग में ११ करणों में से एक योग की संज्ञा है भद्रा। पंचांग में भद्रा का प्रारंभ (प्रवृत्ति) और समाप्ति (निवृत्ति) का काल दिया जाता है। भद्रा प्रवृत्ति में किसी कार्य का प्रारंभ निषिद्ध माना है। प्रत्येक मास में आठ भद्राएँ आती हैं। उनके नाम (रत्नकोश के अनुसार) हंसी, नन्दिनी, त्रिशिरा, सुमुखी, करालिका, वैकृति, रौद्रमुखी, चतुर्मुखी।

भद्राव्रत = कार्तिक शुद्ध तृतीया से एक वर्ष तक प्रत्येक शुद्ध तृतीया को गोमूत्र प्राशन तथा सत्तू के नक्तभोजन का व्रत।

भरणी उत्सव = फाल्गुन मास में भरणी नक्षत्र के दिन केरल में यह उत्सव काली मंदिरों में होता है। उत्सव में स्त्री-पुरुष अश्लील गीतों का (भरणीपाट्टु) का गायन करते है।

भवानीव्रत = प्रत्येक मास की शुद्ध तृतीया, अथवा पौर्णिमा-अमावस्या को भवानी की उपासना का व्रत।

भानुव्रत = किसी मास की सप्तमी से एक वर्ष तक प्रत्येक सप्तमी को एकभुक्त रहने का व्रत।

भीमद्वादशी (या कल्याणिनी) = भगवान् वासुदेव ने भीम को प्रथम बताया हुआ एक व्रत। माघ शुद्ध दशमी से द्वादशी तक विष्णुभक्ति का व्रत।

भीष्मपंचक व्रत = कार्तिक शुद्ध एकादशी से पौर्णिमा तक

भगवान् विष्णु की उपासना का व्रत। भीष्माचार्य ने इन पांच दिनों में युधिष्ठिर को धर्मोपदेश दिया था। उसके स्मरणार्थ यह व्रत होता है।

भूतमाता महोत्सव = वैशाख कृष्ण प्रतिपदा से अमावस्या तक देवी के मंदिर में यह लोकोत्सव होता था। इसका स्वरूप अभद्र था।

भृगुव्रत = मार्गशीर्ष वद्य द्वादशी से प्रत्येक वद्य द्वादशी को एक वर्ष तक भृगुनामक १२ देवताओं की पूजा का व्रत।

भैरव जयंती व्रत = कार्तिक वद्य अष्टमी (कालाष्टमी) को कालभैरव की उपासना का व्रत।

भोगावाप्तिव्रत = ज्येष्ठ प्रतिपदा से तीन दिनों तक विष्णुपुजा का व्रत।

भौमव्रत = वैशाख या मार्गशीर्ष मास के किसी भी मंगलवार (भौमवार) से एक वर्ष तक मंगलग्रह की पूजा का व्रत।

मंगलव्रत = चैत्र, श्रावण, आश्विन, या माघ मास की वद्य अष्टमी से आगामी शुद्ध अष्टमी तक (१५ दिन) देवी की उपासना तथा उपवास का व्रत।

मंगलागौरी = विवाह के उपरांत शिव-गणपति सहित गौरी की पूजा का स्त्रीव्रत। व्रतावधि पांच वर्ष।

मदनद्वादशी = चैत्रशुद्ध द्वादशी से एक वर्ष तक व्रतस्थ रहकर रति-मदन की आराधना होती है।

मदनमहोत्सव = चैत्र शुद्ध त्रयोदशी को भस्मीभूत मदन के पुनर्जन्म की तिथि होने के कारण उसकी प्रतिमा की पूजा का समारोह।

मंदारसप्तमी = माघ शुद्ध सप्तमी को आठ ब्राह्मणों को मंदार पुष्प समर्पण करने का व्रत। यह व्रत पंचमी से ही प्रारंभ होता है।

मधुसूदनपूजा = वैशाख शुद्ध द्वादशी को गुरु और मंगल सिंह राशि में, सूर्य मेष राशि में, तथा हस्त नक्षत्र और व्यतीपात होने पर विष्णुपूजा का व्रत।

मधूकपूजा = फाल्गुन शुद्ध तृतीया को उपवास और चतुर्थी को मधूक वृक्ष पर उमा भगवती की पंचोपचारों से पूजा का व्रत।

मनोरथ संक्रांति = मकरसंक्रान्ति से एक वर्ष तक सूर्यप्रतिमा की पूजा का व्रत।

मरीच सप्तमी = चैत्र शुद्ध सप्तमी को सूर्यपूजा और मरीचभक्षण (मरीच = मीरा के दाने) करने का व्रत।

मरुद्व्रत = चैत्रशुद्ध सप्तमी को ७ × ७ = ४९ दीपज्योतियाँ जलाकर मरुद्गणों की आराधना का एक व्रत।

मर्कटी व्रत = देखिये कुक्कुटी व्रत।

महत्तमव्रत = भाद्रपद शुद्ध प्रतिपदा को त्रिनेत्र तथा पंचमुख शिव भगवान् की उपासना का व्रत।

महानन्दा = माघ मास की नवमी तिथि की संज्ञा। पुण्यकृत्यों के लिये यह तिथि प्रशस्त मानी जाती है।

महानिशा = आश्विनी अमावस्या। बंगाल में इस तिथि को काली की पूजा होती है। अन्यत्र लक्ष्मीपूजन होता है।

महासांतपन = एक कठोर प्रायश्चित्त व्रत। इसमें सात दिन तक क्रमशः गोमूत्र, गोमय, दूध, दही, घी और दर्भोदक का आहार लेकर अंतिम दिन उपोषण होता है।

महाव्रत = (१) महानाम्नी व्रत के समान ब्रह्मचारी का एक व्रत। वतावधि-एकवर्ष। (२) सोमयाग के अन्तर्गत एक विशिष्ट विधि (३) कार्तिक पौर्णिमा या अमावस्या को उपोषण का व्रत। व्रतावधि १६ वर्ष।

महाव्रत (या गौरीतप) = मार्गशीर्ष अमावस्या का स्त्रीव्रत। व्रतावधि १६ वर्ष। मध्यारात्रि में मंदिर में जाकर शिव-पार्वती की पूजा इस में आवश्यक है।

महिषघ्नीव्रत = आषाढ शुद्ध अष्टमी को दुर्गा देवी की आराधना का व्रत।

महिषी दान = कार्तिकी एकादशी, संक्रान्ति, ग्रहण, जैसे मुहूर्त पर विद्वान् ब्राह्मण को भैस का दान देने का व्रत।

महेश्वर कृच्छ = एक प्रायश्चित्त व्रत। इसमें भिक्षान्न सेवन तथा गोमूत्र प्राशन होता है।

महोत्सव व्रत = चैत्र शुद्ध चतुर्दशी को शिवोपासना का व्रत। इसमें शिव की रथयात्रा होती है।

महोदधि अमावस्या = मार्गशीर्ष वद्य चतुर्दशी से युक्त अमावस्या। इस तिथि को महोदधि में स्नान होता है।

महाराज व्रत = शुद्ध या वद्य चतुर्दशी आर्द्रा, पूर्वा भाद्रपदा या उत्तराभाद्रपदा नक्षत्र से युक्त होने पर शिव-पार्वती की उपासना का व्रत।

महाशिवरात्रि = प्रत्येक वद्य चतुर्दशी (त्रयोदशीयुक्त एवं मध्यरात्रव्यापिनी) तिथि को शिवरात्रि कहा जाता है। माघ वद्य चतुर्दशी को महाशिवरात्रि संज्ञा है। इस तिथि को सर्वत्र शिवोपासना तथा उपोषण का व्रत होता है।

मातृकाव्रत = चैत्रशुद्ध नवमी को भैरव तथा ६४ योगिनियों की पूजा का व्रत।

मातृव्रत = आश्विन मास में नवमी को मातृदेवता की पूजा का व्रत।

माधुकरी वृत्ति = भिक्षान्न पर उपजीविका करना। ब्रह्मचारी का यह एक व्रत है।

मासव्रत = मार्गशीर्ष से एक वर्ष तक प्रत्येक मास में नमक, घी, तिल आदि एक-एक पदार्थ का दान करने का व्रत।

मासशिवरात्रि = माघ वद्य चतुर्दशी से १२ वर्षों तक प्रत्येक वद्य चतुर्दशी को शिवलिंग की उपासना का व्रत।

मासर्क्षपौर्णिमासी व्रत = कार्तिकी पौर्णिमा से एक वर्ष तक यह व्रत होता है। इसमें कार्तिक मास में कृत्तिका रोहिणी नक्षत्र में, मार्गशीर्ष में मृगशीर्ष और आर्द्रा नक्षत्र में इस क्रम से प्रत्येक मास के नाम से युक्त ऋक्ष याने नक्षत्र में पौर्णिमा चन्द्रा होने पर चन्द्र प्रतिमा की पूजा का व्रत होता है।

मासोपवास व्रत = आश्विन शुद्ध एकादशी (या अन्य मत

से आषाढ, श्रावण, भाद्रपद की (एकादशी) से एक मास तक उपवास और विष्णु की आराधना का व्रत।

मैत्रकृच्छ्र = सांतपन प्रायश्चित्त का एक प्रकार।

मोदनव्रत = चैत्रशुद्ध सप्तमी को सूर्यपूजा का व्रत।

मोहिनी एकादशी = वैशाख शुद्ध एकादशी। इस तिथि को उपवास और विष्णुपूजा का व्रत होता है।

मौनी अमावस्या = माघ मास की अमावस्या। इस तिथि को माघस्नान की समाप्ति मौनपूर्वक त्रिवेणीसंगम (प्रयाग) में स्नान से होती है।

मुक्ताभरण व्रत = भाद्रपद शुद्ध सप्तमी को शिव-पार्वती की उपासना का व्रत। इसमें मोतियों से आसन को अलंकृत करते हैं।

मूलगौरीव्रत = चैत्र शुद्ध तृतीया शिव-गौरी के विवाह की तिथि मानी जाती है। अतः इस तिथि से एक वर्ष तक शिव-गौरी की उपासना प्रीत्यर्थ प्रत्येक शुद्ध तृतीया को अलग अलग मिष्टान्न का सेवन करते हैं।

मृगशीर्षव्रत = श्रावणवद्य प्रतिपदा को यह व्रत होता है। इस में मिट्टी के मृगशीर्ष की पूजा होती है।

यज्ञकृच्छ्र = एक प्रायश्चित्तात्मक विधि।

यतिसांतपन = एक प्रायश्चित्त व्रत। तीन दिन पंचगव्य और चौथे दिन कुशोदक पीकर **प्रायोपवेशन इसका स्वरुप है।**

यतिचांद्रायण = एक प्रायश्चित्त व्रत। एक महीनाभर हविष्य पदार्थ के केवल आठ ही ग्रास मध्याह्न में खाना।

यमतर्पण = आश्विन कृष्ण चतुर्दशी को पिता जीवित होते हुए भी उसके निमित्त तर्पण।

यमव्रत = कार्तिक वद्य १४ यमराज के निमित्त तर्पण।

यवमध्यचान्द्रायण = एक व्रत। अमावस्या से पौर्णिमा तक एक एक ग्रास बढाकर और पौर्णिमा से अमावस्या तक एक एक ग्रास घटाकर भोजन करना। यव की पत्ती का आकार दोनं ओर छोटा और मध्य में बडा होता है। इस कारण व्रत को 'यवमध्य' कहा है।

यावकव्रत = देखिए गोमूत्र यावक।

युगादिव्रत = चार युगादि तिथियों को क्रमशः लक्ष्मी-नारायण, शिवपार्वती, पितृगण, और सावित्री-ब्रह्मा की उपासना का व्रत।

युगावतार व्रत = भाद्रपद वद्य त्रयोदशी द्वापरयुग के प्रारंभ की तिथि है। इस तिथि को विष्णु प्रतिमा की उपासना होती है।

रंभाजयंती = **ज्येष्ठ शुद्ध द्वितीया। राजस्थान में यह उत्सव** होता है।

रंभाचिरात्रिव्रत = (रंभा = कदली) **ज्येष्ठ शुद्ध त्रयोदशी** से तीन दिन तक रंभावृक्ष की आराधना तथा उमा-शंकर और कृष्ण-रुक्मिणी की पूजा का व्रत।

रटन्ती पूजा = (१) माघ वद्य चतुर्दशी को रटन्ती नामक देवी की पूजा। यह पूजा बंगाल में प्रचलित है। (२) माघवद्य चतुर्दशी को यमराज को १४ नामोंसे तर्पण देना।

रथोत्सव = आषाढ शुद्ध द्वितीया को पुष्यनक्षत्र होने पर कृष्ण, बलराम और सुभद्रा के प्रीत्यर्थ एक सामाजिक उत्सव।

रविनारायण व्रत = एकादशी के रविवार को सूर्योपासना का व्रत। यह उडीसा में प्रचलित है।

रसकल्याणिनी = माघशुद्ध तृतीया को ललिता देवी की उपासना का व्रत। इसमें प्रत्येक मास में दूध, घी, शक्कर, दही आदि एक एक पदार्थ भोजन में वर्ज्य होता है।

राज्यव्रत = ज्येष्ठ शुद्ध तृतीया से प्रत्येक शुद्ध तृतीया को प्राप्त मध्याह्न और सायं वायू, सूर्य, और चंद्र की पूजा का व्रत। व्रतावधि १, ३, ५ या १२ वर्ष।

राशिव्रत = कार्तिकी पौर्णिमा से एक वर्ष तक प्रत्येक पौर्णिमा को विशिष्ट प्रकार का दान देने का व्रत।

रुद्रलक्षवर्तिव्रत = वैशाख, श्रावण, कार्तिक यां माघ में से किसी एक मास में गाय के घी की एक लक्ष दीपज्योतियों से रुद्र की अर्चना का व्रत।

रुद्रव्रत = (१) ज्येष्ठ मास में शुद्ध और वद्य पक्ष की षष्ठी या चतुर्दशी से चार दिन तक सायंकाल में पंचाग्नि साधन का व्रत। (२) एक वर्ष तक एकभुक्त व्रत। (३) शुद्ध तृतीया से एक वर्ष तक यव और गोमूत्र का सायंकाल सेवन करना।

रूपसंक्रांतिव्रत = संक्रांति के दिन सूर्यपूजा तथा गोदान का व्रत।

रूपसत्र = फाल्गुन वद्य अष्टमी और मूलनक्षत्र के योगपर इस व्रत का आरंभ होता है। चैत्र पौर्णिमा तक विष्णुपूजा का व्रत।

रूपावाप्ति व्रत = (१) फाल्गुन वद्य प्रतिपदा से चैत्र पौर्णिमा तक शेषशायी विष्णु की आराधना का व्रत। (२) किसी भी पंचमी को दशविश्वदेवों की पूजा का व्रत।

रोटक व्रत = (रोटक = मोटी रोटी) = श्रावण शुद्ध प्रतिपदा को सोमवार होने पर या श्रावण शुक्लपक्ष के प्रथम सोमवार को शिव की उपासना का व्रत। इसमें पांच रोटक नैवेद्य में आवश्यक माने है।

रोहिणीचन्द्रशयनव्रत = सोमवार, पौर्णिमा और रोहिणीनक्षत्र का योग होने पर विष्णुपूजा तथा रोहिणी-चंद्र की मूर्ति सहित शय्या का दान।

रोहिणीव्रत = पंचांग में जिस दिन रोहिणी नक्षत्र का निर्देश होगा उस दिन रोहिणी की मूर्ति की पूजा का व्रत। (रोहिणी श्रीकृष्ण का जन्मनक्षत्र होने के कारण उस का विशेष महत्त्व माना जाता है।

रोहिणीस्नान = रोहिणी नक्षत्र के दिन चावल की राशि पर स्नान तथा रोहिणी और प्रजापति की पूजा का व्रत।

लक्षनमस्कार व्रत = आषाढ शुद्ध एकादशी से कार्तिक पौर्णिमा तक विष्णु भगवान् को एक लक्ष नमस्कार करने का व्रत।

लक्षपद्मव्रत = किसी भी मास के शुक्ल पक्ष में गुरु-शुक्र का अस्त न हो ऐसे दिन लक्ष संख्या पूरी होने तक सूर्यसहित विष्णु की पूजा का व्रत। अंत में सुवर्णपद्म का दान होता है।

लक्षपूजा = किसी भी मास की वद्य चतुर्दशी से विविध प्रकार के पुष्प प्रत्येकशः एक लक्ष (या सब मिलाकर एक लक्ष) शिव-पार्वती या लक्ष्मीनारायण को मंत्रोच्चार सहित समर्पण करना।

लक्षप्रदक्षिणा व्रत = आषाढ शुद्ध एकादशी से कार्तिक शुद्ध एकादशी तक अग्नि, गाय, ब्राह्मण, औदुम्बर, अश्वत्थ, पीपल, तुलसी, हनुमान, विष्णु आदि को प्रत्येकशः एक लक्ष प्रदक्षिणा का व्रत।

लक्षवर्तिव्रत = वैशाख, कार्तिक या माघ मास की पौर्णिमा को समाप्ति होने की दृष्टि से तीन मास पूर्व इस व्रत का प्रारंभ होता है। प्रतिदिन भरपूर दीपक जलाकर एकलक्ष दीपकों की संख्या समाप्ति के दिन पूर्ण करते है।

लक्षेश्वरीव्रत = देखिए कोटिसंवत्सरव्रत

लक्ष्मीनारायणव्रत = कार्तिक या फाल्गुन मास की पौर्णिमा से एक वर्ष तक प्रत्येक पौर्णिमा को व्रतस्थ होकर लक्ष्मी-नारायण के विविध स्वरूप में पूजा का व्रत।

लक्ष्मीपूजन व्रत = (१) आश्विनी अमावस्या को दीपावली महोत्सव के अन्तर्गत लक्ष्मी पूजन का व्रत संपूर्ण भारत में होता है। (२) चैत्र शुद्ध पंचमी को लक्ष्मी का मृत्यू लोक में आगमन हुआ। उस निमित्त लक्ष्मीपूजन होता है।

लक्ष्मीप्रदव्रत = कार्तिक वद्य सप्तमी से दशमी तक दूध, बिल्वपत्र और कमल तन्तु का सेवन तथा केशव की पूजा का व्रत।

लक्ष्मीव्रत = (१) प्रत्येक पंचमी को उपवास और लक्ष्मी की पूजा। (२) चैत्रशुद्ध तृतीया से एक वर्ष तक प्रतिमास तीन दिन व्रतस्थ होकर लक्ष्मी की आराधना। (३) मार्गशीर्ष मास के प्रत्येक गुरुवार को लक्ष्मी नारायण की पूजा।

लवणदान = मार्गशीर्ष पौर्णिमा को मृगशीर्ष नक्षत्र होने पर नमक का दान करने का व्रत।

लवणसंक्रान्तिव्रत = प्रत्येक मास की संक्रान्ति को सूर्य की पूजा सहित नमक का दान देने का व्रत।

लक्षणार्द्राव्रत = भाद्रपद वद्य अष्टमी को आर्द्रा नक्षत्र होने पर उमा महेश्वर की उपासना का यह व्रत होता है।

लाजाव्रत = आश्विनी पौर्णिमा को ब्राह्मण को लाजा का प्रसाद समर्पण करने का व्रत।

लिंगव्रत = कार्तिकशुद्ध चतुर्दशी से प्रत्येक चतुर्दशी को विविध पदार्थों के शिवलिंग बनाकर उनकी पूजा का व्रत। व्रतावधि एक वर्ष।

लिंगार्चन व्रत = कार्तिक शुद्ध त्रयोदशी को शनिवार होने पर शिवलिंग की प्रदोषपूजा का व्रत।

वंज्युलिव्रत = आठ महाद्वादशीयों में से एक। यह एक सूर्योदय से दूसरे सूर्योदय तक या अधिक समय अर्थात् संपूर्ण अहोरात्र तक होती है। इसमें प्रथम दिन उपोषण और दूसरे दिन नारायण पूजा तथा पारणा होती है।

वज्रकृच्छ्र = प्रायश्चित्त का एक प्रकार। इसमें एक दिन गोमूत्र में पकाया यव खाकर रहते है।

वटसावित्रीव्रत = ज्येष्ठशुद्ध त्रयोदशी से पौर्णिमा तक यह त्रिरात्रव्रत स्त्रियां करती हैं। इसमें पौर्णिमा को पति के दीर्घायु के हेतु वटवृक्ष का पूजन होता है।

वरुणव्रत = (१) भाद्रपद शुद्ध प्रतिपदा से पौर्णिमा तक वरुणपूजा का व्रत। (२) रातभर जल में खड़े रहकर दूसरे दिन गोप्रदान करना।

वर्णव्रत = चैत्रशुद्ध प्रतिपदा से चार महीनों तक वासुदेव, संकर्षण, प्रद्युम्न और अनिरुद्ध इस चतुर्मूर्ति की पूजा तथा चार वर्णों के लोगो को उनके उद्योग के अनुकूल साधनों का दान देने का व्रत।

वर्षपर्वत व्रत = वर्ष = व्रत प्रदेश को सीमांकित करने वाले पर्वतों की संज्ञा। – हिमवान्, हेमकूट, निषध, मेरु, चैत्र, कर्णी और शृंगी, इन सात वर्षपर्वतों का निर्देश प्राचीन ग्रंथों में होता है। चैत्रशुद्ध नवमी को वर्षपर्वतों की पूजा का व्रत होता है जिसे **'वर्षव्रत'** कहते हैं।

वसुव्रत = चैत्रशुद्ध अष्टमी से पौर्णिमा तक उपवास का व्रत। इस व्रत में अष्ट वसु नामक देवों की पूजा होती है। (अष्टवसु = द्रोण, ध्रुव, प्राण, अर्क, अग्नि, दोष, वसु और विभावसु। (श्रीमद् भागवत के अनुसार)

वह्नि महोत्सव = कार्तिक शुद्ध पक्ष की षष्ठी को मंगलवार होने पर कार्तिकस्वामी की पूजा का व्रत।

वह्निव्रत = चैत्र अमावस्या से एक वर्ष तक प्रत्येक अमावस्या को अग्निपूजा तथा तिलहोम का व्रत।

वरलक्ष्मीव्रत = श्रावण शुद्ध पक्ष के अंतिम शुक्रवार को वरलक्ष्मी की आराधना का व्रत। दक्षिण भारत में आषाढ शुक्ल पक्ष के अंतिम शुक्रवार को यह व्रत होता है।

वरव्रत = सात दिन उपवास और अंत में घृतपूर्ण पात्र का दान।

वाणिज्य लाभ व्रत = मूल तथा पूर्वाषाढा नक्षत्र के दिन व्यापारी ने करने योग्य एक व्रत। इसमें विष्णु, वरुण और चंद्र देवताओं के प्रीत्यर्थ हवन और पूजन होता है।

वायव्यकृच्छ्र = एक प्रायश्चित्त व्रत। एक हाथ की अंजलि में जितना अन्न समाये, उतने ही अन्न का सेवन करना।

वायुव्रत = ज्येष्ठ शुद्ध चतुर्दशी से प्रत्येक चतुर्दशी को वायुपूजा और उपोषण का व्रत।

वारलक्ष्मीव्रत = श्रावण शुद्ध चतुर्दशी या पौर्णिमा को या उस अवधि में आने वाले शुक्रवार को लक्ष्मी की पूजा का व्रत।

वारिव्रत = चैत्र, ज्येष्ठ आश्विन, पौष (या माघ) इन चार महीनों में अयाचित आहार का सेवन करना।

विद्यावाप्तिव्रत = माघ शुद्ध प्रतिपदा से एक मास तक हयग्रीव की उपासना का व्रत।

विद्याव्रत = चैत्रशुद्ध प्रतिपदा से एक वर्ष (या १२ वर्षों तक) प्रतिपदा को चौदह विद्याओं की पूजा का व्रत।

विधिपूजा = विधि (याने ब्रह्मा) की गुरुवार की पौष शुद्ध

द्वितीया को या माघी अमावस्या को पूजा का व्रत।

विनायक व्रत = फाल्गुन शुद्ध चतुर्थी से चार मास तक प्रत्येक शुद्ध चतुर्थी को नक्त भोजन का व्रत (नक्त = सायंकाल)

विरूपाक्षव्रत = पौष शुद्ध चतुर्दशी से एक वर्ष तक प्रत्येक शुद्ध चतुर्दशी को शिवपूजा का व्रत।

विश्वरूप व्रत = अष्टमी या चतुर्दशी के दिन शनिवार और रेवतीनक्षत्र होने पर शिव की उपासना का व्रत।

विश्वव्रत = (१) प्रत्येक दशमी को एकभुक्त रहने का व्रत। (२) प्रत्येक एकादशी को विश्वेदेवों की पूजा का व्रत।

विष्णु त्रिमूर्तिव्रत = ज्येष्ठशुद्ध त्रयोदशी से एक वर्ष तक प्रत्येक शुद्ध त्रयोदशी को वायु- चन्द्र, सूर्य स्वरूप विष्णु की प्रातः मध्याह्न और सायंकाल पूजा का व्रत।

विष्णु त्रिरात्र व्रत = कार्तिक शु. नवमी का एक व्रत।

विष्णुदेवकी व्रत = कार्तिक शुद्ध प्रतिपदा से एक वर्ष तक प्रत्येक शुद्ध प्रतिपदा को व्रतस्थ होकर विष्णुपूजा करने का व्रत।

विष्णुदोलोत्सव = चैत्रशुद्ध पंचमी को विष्णु की आराधना का व्रत।

विष्णुपंचक = कार्तिक मास के अंतिम पांच दिनों को विष्णुपंचक कहते हैं। इन पांच दिनों में उपवास तथा राधा-दामोदर की आराधना होती है।

विष्णुपदव्रत = आषाढ में पूर्वाषाढा नक्षत्र पर इस व्रत का प्रारंभ होता है। बाद में श्रावण-उत्तराषाढा, भाद्रपद-पूर्वाषाढा, फाल्गुन में पूर्वा फाल्गुनी और चैत्र में उत्तराफाल्गुनी इन योगों पर विष्णु के त्रिचरणों की आराधना होती है।

विष्णुलक्ष नमस्कारव्रत = आषाढ शुद्ध एकादशी से कार्तिकी पौर्णिमा तक प्रतिदिन नियत संख्या मे विष्णु के प्रीत्यर्थ योगिक नमस्कारों की एक लक्ष संख्या पूर्ण करना। इसी प्रकार आषाढ से कार्तिक तक की अवधि में "अनन्तमव्ययं विष्णुं लक्ष्मीनारायणं हरिम्। जगदीश नमामि त्वां प्रदक्षिण पदे पदे।" इस मंत्र के साथ एक लक्ष प्रदक्षिणा का व्रत भी होता है।

विष्णुलक्षवर्तिव्रत = कार्तिक, माघ, या वैशाख मास की एकादशी से एक वर्ष तक की अवधि में प्रतिदिन नियत संख्या में बत्तियां जलाकर एक लक्ष संख्या पूरी करने का व्रत। दक्षिण भारत में इसका प्रचार है।

विष्णुव्रत = (१) विष्णुदेवकी व्रत, (२) विष्णुदोलोत्सव, (३) विष्णुपंचकव्रत, (४) विष्णुपदव्रत, (५) विष्णुप्राप्तिद्वादशी, (६) विष्णुयाग, (७) विष्णुलक्षनमस्कारव्रत, (८) विष्णुलक्ष प्रदक्षिणाव्रत, (९) विष्णुलक्षवर्तिव्रत, (१०) विष्णुशंकरव्रत, (११) विष्णुशयनव्रत (१२) विष्णुशृंखलव्रत, (१३) विष्णुसप्तमी।

विष्णुशंकरव्रत = भाद्रपद या आश्विन मास में मृगशीर्ष, आर्द्रा, पूर्वाफाल्गुनी, अनुराधा और ज्येष्ठा इनमें से किसी एक नक्षत्र का योग होने पर विष्णु और शंकर की प्रतिमा की पूजा का व्रत।

विष्णु शयनव्रत = आषाढशुद्ध एकादशी (शयनी एकादशी) से त्रयोदशी तक विष्णु के शयनारंभ निमित्त आराधना का व्रत।

विष्णुशृंखल = एकादशी, द्वादशी और श्रवण नक्षत्र इन तीनों का योग होने पर विष्णुपूजा का व्रत।

वीरव्रत = किसी नवमी तिथि से एक वर्ष तक शिव या पार्वती की उपासना का व्रत।

वृंताकत्याग व्रत = भरणी या मघा नक्षत्र की रात्रि से वृन्ताकफल (बैंगन) का त्याग करने का व्रत। यह व्रत ३ या ६ महीने या, एक वर्ष तक या आमरण भी होता है।

वृषभव्रत = (१) शुक्ल अष्टमी को अलंकृत बैल का दान। (२) ज्येष्ठ अमावस्या को बैलों का तथा काष्ठमयी बैल की प्रतिमा की, धर्मप्रतीक के स्वरूप में पूजा का व्रत।

वृषव्रत = **कार्तिकी पौर्णिमा को अथवा रेवती नक्षत्र युक्त पौर्णिमा को वृषोत्सर्ग (सांड समर्पण करना)।**

वेदव्रत = (१) महानाम्नी, महाव्रत, उपनिषद्व्रत और गोदान। ब्रह्मचारी के इन चार व्रतों की संज्ञा।

वैतरणीव्रत = मार्गशीर्ष कृष्ण एकादशी से एक वर्ष तक तीन चातुर्मास्यों में यह व्रत पूर्ण होता है। अंत में गोप्रदान होता है। वैतरणी अर्थात् यमलोक की भयंकर नदी को लांघने की शक्ति देने वाला व्रत।

वैनायक व्रत = प्रत्येक चतुर्थी तिथि को नक्तभोजन तथा गणेश की आराधना।

वैशाखी = वैशाख शुद्ध प्रतिपदा। इस तिथि को उत्तर भारत में आनंदोत्सव मनाया जाता है। वैशाखी पौर्णिमा को दान धर्म करने का व्रत

वैष्णवव्रत = आषाढ के प्रारंभ से चार मास तक प्रातःस्नान का व्रत।

व्रत = पाशुपत मतानुसार – भस्मस्नान, भस्मशयन, उपहार, जप और प्रदक्षिणा।

व्रतचर्या = पाशुपतमतानुसार प्रधान विधि के दो प्रकारों में से एक। इसमें अनुस्नान, भैक्ष्य, उच्छिष्टभोजन, निर्माल्यसेवन, लिंगधारण, इत्यादि गुणभूत विधियों का अन्तर्भाव होता है।

व्याहृतिव्रत = चैत्रशुद्ध प्रतिपदा से एक वर्ष तक प्रत्येक शुद्ध प्रतिपदा से छह दिनों तक क्रमशः गोमूत्र, गोमय, दुग्ध, दधि, घृत और कुश मिश्रित जल का सेवन तथा सातवें दिन अनशन का व्रत।

शंकरार्कव्रत = रविवार की अष्टमी को शिव के दक्षिणनेत्र की अर्थात् सूर्य की प्रतिमा के पूजन का व्रत।

शक्रव्रत = आश्विनी पौर्णिमा को उपवास तथा सपरिवार इंद्र की पूजा का व्रत। व्रतावधि एक वर्ष।

शतभिषक्स्नान = धनिष्ठा नक्षत्र के दिन व्रतस्थ व्यक्ति को १०० जलपात्रों में शंख मौक्तिक सहित रखे हुए जल से स्नान तथा चंद्र शतभिषक् नक्षत्र आदि की पूजा का व्रत।

शत्रुनाशकव्रत = कृत्तिका या भरणीनक्षत्र के दिंन वासुदेव

की पूजा तथा ब्राह्मणों को आयुध दान।

शनिप्रदोष व्रत = त्रयोदशी और शनिवार का योग होने पर शिवपूजा का यह व्रत प्रारंभ होकर १२ मास या वर्ष तक होता है।

शर्वोपासव्रत = प्रत्येक मास की दोनों अष्टमी और चतुर्दशी तिथियों को उपवास और शिवोपासना का व्रत।

शाक्वरी व्रत = विद्याध्ययन के अंत में महानाम्नी (देखिये) नामक साममंत्रों का पारायण करने का व्रत। महानाम्नी ऋचाएँ शक्वर छंद में होने के कारण उन्हें 'शाक्वरी' कहते हैं।

शांतिव्रत = कार्तिक शुद्ध पंचमी से एक वर्ष तक नृसिंह या शेषशायी विष्णु भगवान् की पूजा का व्रत। इस में खट्टे पदार्थ वर्जित होते है।

शांभरायणीव्रत = कृत्तिका, मृग॥ शीर्ष, पुष्य इत्यादि मास नाम के सूचक नक्षत्र पर १२ मासों में शांभरायणी नामक देवी की रौप्य प्रतिमा सहित अच्युत भगवान की पूजा का व्रत। व्रतावधि ७ वर्ष।

शांबरी = पौष शुद्ध नवमी। देखिये ध्वजनवमी।

शिवनक्तभोजन = प्रत्येक कृष्ण अष्टमी एवं चतुर्दशी को नक्तभोजन और शिवपूजा का व्रत।

शिवनक्षत्र व्रत (या शैवनक्षत्रव्रत) = फाल्गुन शुक्ल पक्ष में हस्त नक्षत्र के दिन शिवप्रतिमा के अवयवों पर २७ नक्षत्रों की धारणा करते हुए आराधना तथा तैल-लवणवर्जित नक्त भोजन का व्रत।

शिवपवित्र व्रत = आषाढी और कार्तिकी पौर्णिमा को शिवाराधना का व्रत।

शिवरथव्रत = हेमंत ऋतु में चांवल के पिष्टमय लिंग की ४ बैलों के रथ में शोभायात्रा।

शिवरात्रि = देखिये महाशिवरात्रि।

शिवशयनव्रत = आषाढी पौर्णिमा को शिवभगवान् शयन करते हैं। उस निमित्त उत्सव मनाना।

शिशुचान्द्रायण = चान्द्रायण व्रत या प्रायश्चित्त का एक सुकर प्रकार।

शीतलाव्रत = श्रावण शुद्ध या वद्य सप्तमी को शीतलादेवी की पूजा और कुमारिका भोजन का व्रत।

शीलव्रत = प्रत्येक तृतीया को अग्निपक्व अन्न का सेवन न करने का व्रत।

शीलावाप्तिव्रत = मार्गशीर्ष पौर्णिमा से एक मास तक वराहमूर्ति की पूजा का व्रत।

शुक्रव्रत = शुक्रवार को ज्येष्ठा नक्षत्र होने पर नक्त भोजन। इस योग पर सात बार शुक्रव्रत होता है।

शूद्रकृच्छ् = एक प्रायश्चित्त, जो शूद्र का उच्छिष्ट भक्षण करने पर किया जाता है।

शुद्धिव्रत = शरद ऋतु के अंतिम पांच दिनों में उपवास और विष्णुपूजा का व्रत।

शूलप्रदान व्रत = प्रत्येक अमावस्या को उपवास और पिष्टशूल का दान।

शैलव्रत = चैत्रशुद्ध प्रतिपदा से सात दिनों तक क्रमशः महेन्द्र, मलय, सह्य, शुक्तिमान्, ऋक्ष, विन्ध्य और पारियात्र इन सात कुलपर्वतों की (अथवा किसी एक पवित्र पर्वत की) पूजा करने का व्रत।

शौर्यव्रत = आश्विन शुद्ध सप्तमी से नवमी तक उपवास तथा दुर्गादेवी की उपासना का व्रत।

श्यामशबल = एक दिव्य। देखिये अग्निपानीय।

श्रावणिकाव्रत = मार्गशीर्ष शुद्ध अष्टमी और चतुर्दशी को ब्राह्मण और कुमारिकाओं को भोजन देने का व्रत।

श्रीप्राप्तिव्रत = वैशाख वद्य प्रतिपदा से एक वर्ष तक लक्ष्मीनारायण की पूजा का व्रत।

श्रीव्रत = (१) चैत्रशुद्ध तृतीया से पंचमी तक लक्ष्मी की उपासना का व्रत। इसमें श्री सूक्त के मंत्रों से कमल तथा बिल्वपत्रों का हवन होता है। (२) श्री-अक्षर की लक्ष्मी के नामोच्चारण सहित पूजा तथा श्रीमंत्र के जाप का व्रत। व्रतावधि सोलह वर्ष।

षण्मूर्तिव्रत = चैत्र शुद्ध षष्ठी से प्रत्येक षष्ठी तिथि को नक्त भोजन और प्रत्येक ऋतु में मधुर अम्ल आदि एक एक रस को वर्ज्य करने का व्रत।

षष्ठीव्रत = षष्ठी तिथि को मंगलवार होने पर सूर्यपूजा का व्रत। जैन षष्ठी व्रत में छह वर्षों तक श्रावण शुद्ध षष्ठी को उपवास होता है।

संकटहर गणपति व्रत = माघ वद्य चतुर्थी को गणेश उपासना का व्रत।

संपत् शनिवार = श्रावण मास का शनिवार। इस दिन एकभुक्त होकर हनुमान तथा लक्ष्मीनृसिंह की उपासना की जाती है। फल- सम्पत्ति का लाभ।

सभादीपदान = श्रावण शुद्ध पौर्णिमा को ब्राह्मणों के उपाकर्म में दीप का दान।

सत्कुलावाप्तिव्रत = मार्गशीर्ष शुद्ध प्रतिपदा से तीन तीन द्रव्यों से विष्णु भगवान की पूजा का व्रत। उत्तम कुल में जन्म पाने की कामना से यह व्रत होता है।

सत्यनारायण व्रत = बंगाल एवं महाराष्ट्र में प्रचलित एक लोकप्रिय विष्णुपूजाव्रत।।

सप्तर्षिव्रत = चैत्र शुक्ल पक्ष में सात दिन क्रमशः मरीचि, अत्रि, अंगिरस, पुलस्त्य पुलह, क्रतु और वसिष्ठ इन सप्तर्षियों की क्रमशः एकेक दिन पूजा का व्रत।

सप्तलोकव्रत = शुद्ध सप्तमी को भूः, भुवः, स्वः, महः, जनः, तपः और सत्य इन सप्त लोकों की पूजा का व्रत। अपरसंज्ञा सप्तमी लोकव्रत।

सप्त सप्तमी व्रत = इसका प्रारंभ उत्तरायण के शुक्लपक्ष में रविवार को पुंक्षत्र होने पर होता है। सात शुद्ध सप्तमी तिथियों तक पंचमी से सप्तमी तक व्रतचर्या होती है।

सप्तसागर व्रत = चैत्रशुद्ध प्रतिपदा से सात दिनों तक, सुप्रभा, कांचनाक्षा, विशाला, मानसोद्भवा, मेघनादा, सुवेणु, विमलोदका नामक सात देवताओं की क्रमशः पूजा का व्रत। व्रतावधि-एक वर्ष।

समुद्रव्रत = वर्ष प्रतिपदा से सात दिनों तक सात समुद्रों की एकैकशः विधियुक्त पूजा का व्रत।

सरस्वतीपूजन = आश्विन मास के नवरात्रोत्सव में मूल नक्षत्र पर आवाहन, पूर्वाषाढा नक्षत्र पर स्थापना, उत्तराषाढा पर पूजा और श्रवण नक्षत्र पर विसर्जन।

सर्वकामव्रत = (1) मार्गशीर्ष शुद्ध एकादशी से एक वर्ष तक चंद्र, मंगल, सूर्य आदि ११ देवताओं की पूजा का व्रत। (2) माघ वद्य चतुर्थी को पितृपूजा का व्रत।

सर्वकामावाप्तिव्रत = कृत्तिका नक्षत्र युक्त कार्तिकी एकादशी से एक वर्ष तक प्रत्येक पौर्णिमा को कृष्णोपासना का व्रत।

सर्वप्रायश्चित्त = जीवन भर में सहेतुक या अहेतुक किये हुए पातकों का निवेदन वेदज्ञानी विद्वानों के समक्ष करना और उनके द्वारा बताया गया प्रायश्चित्त लेना, पापमुक्तता का अभिवचन उनसे पाना यह इस धार्मिक विधि का स्वरूप है।

सर्वफलत्याग = किसी भी मास की शुद्ध ३, ८, १२ या १४ तिथि से एक वर्ष तक पायस अन्न से ब्राह्मण भोजन करने का एक व्रत। व्रतावधि में व्रतस्थ व्यक्ति विशिष्ट धान्य, फल आदि का सेवन नहीं करता।

सर्वव्रत = शनिवार को शुद्ध त्रयोदशी होने पर शिवपूजा तथा उपवास का व्रत।

सर्वाप्तिव्रत = देखिये चतुर्मूर्तिव्रत।

सवार्तिहरव्रत = फाल्गुन शुद्ध चतुर्दशी को उपवासी रहते हुए संपूर्ण दिन सूर्याभिमुख खड़े रहना। पौर्णिमा को व्रत की पारणा होती है।

सर्षपव्रतसप्तमी = सात सप्तमी तिथियों को क्रमशः एक से सात सर्षप (सरसों) के दाने पंचगव्य में डालकर निगलने का व्रत।

सागरव्रत = वासुदेव, संकर्षण, प्रद्युम्न और अनिरुद्ध इस चतुर्व्यूह को चार सागरों का प्रतीक मानकर, उनके प्रीत्यर्थ चार जलपूर्ण पात्रों की पूजा का व्रत। चातुर्मास्य के चार महीने यह व्रत होता है।

सांतपन = एक कठोर प्रायश्चित्त व्रत। इसका कालावधि दो दिनों का होता है। महासांतपन, अतिसांतपन आदि इसके प्रकार होते हैं।

सारस्वत व्रत = (१) वर्ष प्रतिपदा से सात दिनों तक, सुप्रभा, कांचनाक्षी, विशाला, मानसी, त्रिनादा सुवेणु और विमलोदका इन सात नाम रूपों से सरस्वती (गायत्री, सावित्री) देवता की आराधना का व्रत। (२) फाल्गुन कृष्ण प्रतिपदा से सप्तमी तक भी यह व्रत होता है।

सार्वभौमव्रत = कार्तिक शुद्ध दशमी से एक वर्ष तक प्रतिमास शुद्ध दशमी को विविध पुष्पों से दिशाओं के पूजन का व्रत। साम्राज्य प्राप्ति के हेतु यह व्रत राजा को करना चाहिये।

सीताव्रत = चतुर्थी को एकभुक्त रहने का व्रत।

सीमोल्लंघन = आश्विन शुद्ध दशमी को ग्रामसीमा का उल्लंघन।

सुकुल-त्रिरात्रिव्रत = मार्गशीर्ष मास में तीन दिनों को स्पर्श करने वाली तिथि को त्रिविक्रम् की पूजा का व्रत। इसमें त्रिमधुर, त्रिलोह, त्रिवर्ण पुष्प का उपयोग होता है।

सुखव्रत = (१) किसी भी कृष्ण सप्तमी को उपवास और अष्टमी को नक्त भोजन। (२) किसी भी शुद्ध चतुर्थी को मंगलवार होने पर मंगल ग्रह की पूजा का व्रत। (३) किसी भी अष्टमी को ऋषिपूजा का व्रत (४) वर्ष के अंतिम दिन गोदान का व्रत।

सुगतिपौर्णिमासीकल्प = फाल्गुनी पौर्णिमा को लक्ष्मी-केशव मूर्ति की पूजा नक्त भोजन (तैल-लवण वर्जित) और नास्तिक पाखण्डियों से अभाषण का व्रत।

सुरचान्द्रायण = एक प्रायश्चित्त व्रत। इसमें संपूर्ण मास में मात्र २४० कवल (कौर अथवा निवाला अन्न) ग्रहण किया जाता है।

सुवर्णकृच्छ्र = एक प्रायश्चित्त। इसमें विशिष्ट संख्या में सुवर्ण मुद्राओं का दान होता है।

सुवर्णगौरीव्रत = हरितालिका या ज्येष्ठा-गौरी व्रत के समान एक स्त्रीव्रत। भाद्रपद शुद्ध तृतीया को गौरी-गणपति की पूजा इस व्रत में होती है।

सुव्रत = चैत्र शुद्ध अष्टमी से एक वर्ष तक प्रत्येक शुद्ध अष्टमी को अष्ट वसुओं का पूजन इस व्रत में होता है।

सुवसंतक = वसंत ऋतु का गीत-नृत्यमय आनन्दोत्सव।

सोमयानव्रत = गोरसपान का एकव्रत। प्रथम सप्ताह में चारों स्तनों से निकाला हुआ बाद में प्रत्येक सप्ताह में तीन, दो और एक स्तन से निकला हुआ गोरस पीकर निर्वाह करना तथा अंत तीन दिन उपोषण करना इस व्रत का स्वरूप है।

सोमव्रत = सोमवार को शुद्ध द्वितीया, अष्टमी, नवमी, अमावस्या, वैशाखी पौर्णिमा, माघ शुद्ध सप्तमी होने पर अन्यान्य प्रकार से शिवोपासना के व्रत।

सौख्यव्रत = माघ मास की अष्टमी, एकादशी या चतुर्दशी को एकभुक्त रहने का व्रत।

सौभाग्यव्रत = (१) फाल्गुन तृतीया से एक वर्ष तक प्रत्येक तृतीया को लवणवर्जित भोजन करना। (२) चैत्र पंचमी को चन्द्रपूजा। (३) कार्तिक पौर्णिमा को सभी नक्षत्रों सहित नक्षत्रेश चंद्र की पूजा।

सौभाग्यशयनव्रत = चैत्र शुद्ध तृतीया से एक वर्ष तक प्रत्येक शुद्ध तृतीया को शिव-गौरी की उपासना का व्रत।

सौभाग्यसंक्रान्तिव्रत = अयन, विषुव, संक्रान्ति, व्यतीपात योग और संक्राति के दिन सूर्योपासना का स्त्रीव्रत। व्रतावधि एक वर्ष।

सौभाग्यसुन्दरीव्रत = मार्गशीर्ष या माघ वद्य तृतीया से एक वर्ष तक प्रत्येक वद्य तृतीया को गौरीपूजा का व्रत।

सौभाग्यावाप्तिव्रत = माघ वद्य प्रतिपदा से एक मास तक श्रीकृष्ण की उपासना का व्रत।

सौम्यकृच्छ्र = एक प्रायश्चित्तात्मक व्रत। इसमें छह दिनों तक एकमात्र विशिष्ट पदार्थ का मित आहार होता है।

सौरव्रत =प्रत्येक शुद्ध सप्तमी को सूर्यपूजा और उपवास। व्रतावधि एक वर्ष।

स्त्रीपुत्रकामावाप्तिव्रत = कार्तिक मास में एकभुक्त रहकर सूर्योपासना का व्रत।

स्नेहव्रत = आषाढ से आश्विन तक चार महीने, स्नान के समय तेल न लगाना और केवल दुग्ध घृत का आहार करना।

स्वर्णगौरीव्रत = श्रावण शुद्ध वृतीया को गौरीशंकर की आराधना का स्त्रीव्रत। व्रतावधि एक, आठ या सोलह वर्ष।

स्वस्तिकव्रत = आषाढ शुद्ध एकादशी से एक, तीन या चार मासों तक विष्णु मंदिर में १०८ (या सहस्र, दशसहस्र) रंगबिरंगे स्वस्तिक चिह्नों की लक्ष्मी-नारायण की धारणा से, पूजा का व्रत।

हरकालीव्रत = माघ शुद्ध तृतीया से एक वर्ष प्रत्येक शुद्ध तृतीया को काली की उपासना का स्त्रीव्रत।

हरिक्रीडायनव्रत = कार्तिक या वैशाखी मास की शुद्ध द्वादशी को रत्नजड़ित नृसिंहमूर्ति की पूजा का व्रत।

हरिकालीव्रत = भाद्रपद शुद्ध तृतीया को सात धान्यों के अंकुरों में स्थापित काली की पूजा का व्रत।

हरितालिकाव्रत = भाद्रपद शुद्ध तृतीया को शिव-पार्वती की सौभाग्य प्राप्ति हेतु पूजा का स्त्री व्रत। इसमें शिवलिंग और पार्वतीमूर्ति वालुका से बनाई जाती है।

हरिव्रत = पौर्णिमा और अमावस्या को जय नाम से विष्णुमूर्ति की पूजा का व्रत।

हरिपंचक व्रत = मार्गशीर्ष शुद्ध एकादशी से पौर्णिमा तक एकभुक्त रहकर विष्णु की आराधना का व्रत।

हरगौरीव्रत = हस्त नक्षत्र में सूर्य का प्रवेश होने पर १४ दिनों तक हर, गौरी, हेरंब दैवतों की आराधना का व्रत। व्रतावधि १४. वर्ष।

हर-त्रिरात्रिव्रत = बिल्ववृक्ष की छाया में तीन दिन तक उपवासी रहकर एक लक्ष शिवमंत्रों का जय।

हिमपूजा = पौर्णिमा की रात में चन्द्र की विष्णु के वामनेत्र की भावना से पूजा का व्रत। इसमें हिमयुक्त पदार्थों का उपयोग प्रशस्त माना है। हिम (बर्फ) के अभाव में "हिम" शब्द का प्रयोग करते हुए भोग्य पदार्थों का दान होता है।

* * *

* * *

व्रत-तिथि

इस शब्दावली में विशिष्ट व्रतों से संबंधित तिथियों के नामों का संकलन किया गया है। यह संकलन चैत्रादि मासों के अनुक्रम से किया है। पंचांगों में इन व्रतों का निर्देश तिथि के साथ मिलता है।

पौरुष प्रतिपद् = चैत्र शुद्ध प्रतिपदासे एक वर्ष तक प्रतिमास दोनों प्रतिपदाओं को विष्णुपूजा और पुरुषसूक्त-पठन का व्रत।

बलिप्रतिपदा = कार्तिक शुद्ध प्रतिपदा। विक्रम संवत् का वर्षारंभ दिन। अपर संज्ञा – द्यूत प्रतिपदा। (इसी तिथि को पार्वती ने शिव को द्यूत में पराभूत किया था।)

बलिप्रतिपदा = कार्तिक शु. प्रतिपदा। बलिपूजा, गोवर्धन पूजा आदि विधियां इस दिन होती हैं।

बलिप्रतिपदा = कार्तिक शुध्द प्रतिपदा। यह विक्रम संवत्सर का प्रारंभ दिन है।

धन्य प्रतिपदाव्रत = मार्गशीर्ष शुक्ल प्रतिपदा से आठ महीनों तक प्रत्येक प्रतिपदा को विष्णु पूजा तथा हवन इस व्रत में होता है

विद्याप्रतिपद् = किसी भी प्रतिपदा को विष्णु-लक्ष्मी, सरस्वती, चंद्र इनकी पूजा का एक व्रत।

वैश्वानर प्रतिपदा = एक व्रत।

× × ×

यम द्वितीया = कार्तिक शुद्ध द्वितीया। इस तिथि को बहन के हाथ का भोजन प्रशस्त माना है। (यमराज ने अपनी भगिनी यमुना के घर इस तिथि को भोजन किया था।

यमद्वितीया = कार्तिक शुद्ध द्वितीया। अपरनाम – भ्रातृद्वितीया (भाई दूज) बहन अपने भाई का आदरातिथ्य इस दिन करती है और भाई उसे भेंट समर्पण करता है।

पुष्पद्वितीया व्रत = कार्तिक शुद्ध द्वितीया से एक वर्ष तक प्रत्येक शुद्ध द्वितीया को अश्विनीकुमारों की आराधना का व्रत।

मनोरथ द्वितीया = सभी शुद्ध द्वितीया तिथियों की संज्ञा। वासुदेव की पूजा और चंद्रकला को अर्घ्यदान इस निमित्त करते हैं।

× × ×

मनोरथ तृतीया = चैत्र शुद्ध तृतीया की संज्ञा। इस तिथि से एक वर्ष तक २० भुजाओं वाली गौरी की पूजा होती है।

अनन्त तृतीया = वैशाख, भाद्रपद और मार्गशीर्ष मास की शु. तृतीया।

रंभातृतीया = ज्येष्ठ शुद्ध तृतीया, या मार्गशीर्ष शुद्ध तृतीया से एक वर्ष तक अन्यान्य रूपों में देवी की उपासना का व्रत।

सुकृततृतीया व्रत = हस्तनक्षत्र युक्त **श्रावण शुद्ध** तृतीय को लक्ष्मी नारायण की उपासना का व्रत।

बलितृतीया = भाद्रपद शुद्ध तृतीया को उमा-महेश्वर की उपासना का स्त्रीव्रत। उड़ीसा में इस व्रत का प्रचार है।

सिन्दूर तृतीया = आश्विन शुद्ध तृतीया। इस तिथि को स्त्रियां मांग भरती हैं।

महातृतीया = माघशुद्ध तृतीया। इस तिथि को उमा-महेश्वर की पूजा का व्रत होता है। व्रतावधि-चार वर्ष।

हरतृतीया = माघ शुद्ध तृतीया। इस तिथि का उमा-महेश्वर की पूजा का व्रत होता है। व्रतावधि- चार वर्ष।

सौभाग्यतृतीया व्रत = **फाल्गुन शुद्ध** तृतीया से एक वर्ष तक लक्ष्मी-नारायण या शिवपार्वती की आराधना का एक व्रत। इस में चार-चार मासों में आहार में परिवर्तन होता है।

फलतृतीया = किसी तृतीया तिथि से एक वर्ष तक फलाहार का त्याग और उद्यापन में फलों के दान का व्रत।

व्रतराज तृतीया = शुद्ध तृतीया तिथि को दो वस्त्रों पर आलिखित उमा और शिव की प्रतिमाओं की पूजा का व्रत।

× × ×

सुखचतुर्थी = वैशाख, भाद्रपद, पौष तथा माघ मास की शुद्ध चतुर्थी को मंगलवार होने पर गणेशपूजा का व्रत।

महाचतुर्थी = **भाद्रपद** शुद्ध चतुर्थी को रविवार या मंगलवार आने पर यह संज्ञा प्राप्त होती है।

वरद चतुर्थी = **भाद्रपद शुद्ध** चतुर्थी की संज्ञा। (गणेश चतुर्थी)।

विनायक चतुर्थी = भाद्रपद शुद्ध चतुर्थी की संज्ञा। इस तिथि से दो वर्षों तक बिलभक्षण और तिलदान का व्रत होता है।

शिवा चतुर्थी =भाद्रपद शुद्ध चतुर्थी की संज्ञा।

रथोत्सव चतुर्थी = आश्विन शुद्ध चतुर्थी। रथारूढ देवी की शोभायात्रा।

नक्तचतुर्थी = मार्गशीर्ष शुद्ध चतुर्थी (गणेश चतुर्थी) को नक्त समय (नक्षत्र दर्शन होने पर या सूर्यास्त पूर्व दो घटिका में भोजन करना।

वरचतुर्थी = **मार्गशीर्ष** शुद्ध चतुर्थी से एक मास तक गणेशपूजा तथा एकभुक्त, अयाचित और उपोषण का व्रत। व्रतावधि = चार वर्ष।

तिलचतुर्थी = (या उमा चतुर्थी) **कुंदचतुर्थी** = **माघ** शुद्ध चतुर्थी। इस दिन कुंद पुष्पों से गौरी की पूजा होती है।

वक्रतुण्ड चतुर्थी = **माघ मास** की चंद्रोदयव्यापिनी वद्य चतुर्थी की संज्ञा। इसमें सायंकाल गणेश पूजा तथा चंद्रपूजा का व्रत होता है।

वरदचतुर्थी = **माघ, भाद्रपद** एवं **मार्गशीर्ष** मास की शुद्ध चतुर्थियों की संज्ञा। इस तिथि को वरद = गणेश की पूजा का व्रत होता है।

शांता चतुर्थी = **माघ शुद्ध** चतुर्थी। इस तिथि को शांताचतुर्थी नामक गणेश मूर्ति की उपासना का व्रत होता है।

मनोरथ चतुर्थी = **फाल्गुन** शुद्ध चतुर्थी की संज्ञा। इस तिथि से एक वर्ष तक प्रत्येक शुद्ध चतुर्थी को गणेश प्रतिमा की पूजा का व्रत होता है।

संकष्ट (या संकष्टी) चतुर्थी = प्रत्येक मास की वद्य चतुर्थी की संज्ञा। मंगलवार की संकष्ट चतुर्थी को अंगारकी चतुर्थी कहते हैं।(अंगारक = मंगलग्रह)। श्रावण की संकष्टी चतुर्थी को गणेश-उपासना के व्रत का प्रारंभ होता है। व्रतावधि-एक वर्ष, २१ वर्ष या आमरण।

यमचतुर्थी = चतुर्थी को शनिवार और भरणी नक्षत्र का योग होने पर यमराज की पूजा का व्रत।

विनायकी चतुर्थी = प्रत्येक मास की शुद्ध चतुर्थी की संज्ञा। तृतीया युक्त तिथि को उपासना का व्रत होता है।

× × ×

हयपंचमी = **चैत्रशुद्ध** पंचमी। (समुद्र मंथन में इसी तिथि को उच्चैःश्रवा नामक हय (अश्व) प्रकट हुआ)।

निर्जर पंचमी = **आषाढ** शुद्ध पंचमी से कार्तिक वद्य पंचमी तक प्रत्येक पंचमी तिथि को उपोषण करने का जैनव्रत।

विद्युत् पंचमी = आषाढ शु. पंचमी। इस तिथि को आकाश में बिजली का चमकना आगामी वर्षा की दृष्टि से अच्छा माना जाता है।

नागपंचमी = श्रावण शुद्ध पंचमी। इस दिन **पंचमुखी** नागराज के चित्र की पूजा सर्वत्र होती है।

सर्पविषापह-पंचमी (या नागपंचमी) = **श्रावण शुद्ध** पंचमी। इस दिन सर्पप्रतिमा या सर्प की पूजा होती है। अपरसंज्ञा – सर्पाभय – पंचमी।

दष्टोद्धारपंचमी = किसी आप्त को सर्पदंश से मृत्यु आने पर यह व्रत किया जाता है। भाद्रपद शुद्ध पंचमी से एक वर्ष तक नागप्रतिमा की पूजा का यह व्रत होता है।

ऋषिपंचमी = भाद्रपद शुद्ध पंचमी। सप्तर्षिपूजा का स्त्री व्रत।

ललिता पंचमी = आश्विन शु. ५

शांतिपंचमी = आश्विन शुद्ध पंचमी या कार्तिक शुद्ध शुद्ध पंचमी। इस तिथि से एक वर्ष तक प्रत्येक शुद्ध पंचमी को नागपूजा का व्रत।

लाभपंचमी = कार्तिक शुद्ध पंचमी की संज्ञा। यह संज्ञा गुजरात में प्रचलित है।

श्रीपंचमी = मार्गशीर्ष शु. ५। स्कन्द-देवसेना विवाह की तिथि। इसी तिथि को साक्षात् श्रीदेवी स्कन्द के आश्रय में आई थीं।

श्रीपंचमी = (१) मार्गशीर्ष शुद्ध पंचमी को लक्ष्मी प्रतिमा की पूजा का व्रत। (२) माघ शुद्ध पंचमी – इसी को 'वसंतपंचमी' कहते है।

वसंत पंचमी (या श्रीपंचमी) = माघ शुद्ध पंचमी। इसी दिन के। वसंतऋतु का प्रारंभ माना जाता है। नवान्नेष्टि, रति-मदन पूजा, सरस्वती और लक्ष्मी की पूजा (उनके जन्मदिन निमित्त) वसंतपंचमी को होती है।

रंगपंचमी = फाल्गुन वद्य पंचमी। महाराष्ट्र, गुजरात, राजस्थान तथा उत्तरप्रदेश में यह एक रंगक्रीडा का महोत्सव है।

× × ×

लोटण षष्ठी = श्रावण षष्ठी का एक व्रत। बंगाल में पुत्रों की दीर्घायु के निमित्त यह व्रत होता है। इसमें लोटण याने

लड्डू का नैवद्य देवी को समर्पण करते हैं।

वर्णषष्ठी = श्रावण शुद्ध षष्ठी को शिव-पूजा का व्रत। व्रतावधि - पांच वर्ष।

चंद्रषष्ठी = **भाद्रपद** वद्य षष्ठी की संज्ञा। उपोषण तथा चंद्रपूजा का व्रत।

सूर्यषष्ठी = भाद्रपद शुद्ध षष्ठी की संज्ञा।

प्रतिहारषष्ठी = **(कार्तिक)** शुद्ध षष्ठी की सायंकाल सूर्यपूजा का एक व्रत।

महाषष्ठी = **कार्तिक** शुद्ध षष्ठी, मंगलवार और वृश्चिक राशिस्थ सूर्य इस योग की संज्ञा।

चम्पाषष्ठी = **(१) मार्गशीर्ष** शुद्ध षष्ठी। (२) भाद्रपद शुद्ध षष्ठी को मंगलवार, विशाखा नक्षत्र तथा वैधृति योग ३० वर्ष में एक बार आता है। इसे चम्पाषष्ठी योग कहते हैं।

स्कन्दषष्ठी = **मार्गशीर्ष** शु. षष्ठी। शिवपुत्र स्कन्द की जन्मतिथि। तारकासुर वध की तिथि।

प्रावरणषष्ठी = **मार्गशीर्ष** शुद्ध षष्ठी को शीतबाधा के निवारणार्थ ऊनी वस्त्रों के दान का व्रत।

दारिद्रयहरषष्ठी = **माघ** शुद्ध षष्ठी के प्रारंभ से प्रत्येक मास की शुद्ध षष्ठी को स्कन्दपूजन तथा नक्तभोजन का व्रत।

मंदारषष्ठी = **माघ** शुद्ध षष्ठी को मंदार नामक देववृक्ष की पूजा का व्रत।

विशोका षष्ठी = **माघ**शुद्ध षष्ठी और सप्तमी को सूर्यप्रतीकात्मक रक्तकमल की पूजा का व्रत। एक वर्ष तक यह व्रत शुद्ध षष्ठी-सप्तमी को होता है।

व्योमषष्ठी = षष्ठी तिथि को आकाशस्थ सूर्य की पूजा का व्रत।

सुदर्शनषष्ठी = विजयप्राप्ति के निमित्त क्षत्रियों ने करने योग्य एक व्रत। षष्ठी तिथि को भगवान् विष्णु के आयुधों की पूजा इसमें होती है।

× × ×

कमलसप्तमी = **चैत्र** शुद्ध सप्तमी से एक वर्ष तक प्रत्येक शु. सप्तमी को एक एक नाम से सूर्य की आराधना का व्रत।

जह्नुसप्तमी = **वैशाख** शुद्ध सप्तमी। (इसी तिथि को जह्नुराजा ने भागीरथी नदी को अपने दाहिने कान से मुक्त किया था।)

शर्करा सप्तमी = **वैशाख** शुद्ध सप्तमी। शक्कर में सूर्य प्रतिमा की स्थापना और पूजा का व्रत।

शर्करासप्तमी = **वैशाख** शुद्ध सप्तमी से एक वर्ष तक प्रत्येक शुद्ध सप्तमी को शक्कर की सूर्य प्रतिमा का पूजन करने का व्रत।

निंबसप्तमी = **वैशाख** शुद्ध सप्तमी से एक वर्ष तक सूर्योपासना तथा नीम के पत्ते खाने का व्रत।

फलसप्तमी = **भाद्रपद** शुद्ध सप्तमी से एक वर्ष तक प्रतिमास सूर्य भगवान की अन्यान्य नामों से उपासना का व्रत।

सन्तानसप्तमी = **भाद्रपद** शुद्ध सप्तमी को सन्तान की प्राप्ति तथा कल्याण के निमित्त शिव-पार्वती की उपासना का व्रत।

सरस्वती शयन सप्तमी = **आश्विन** शुद्ध सप्तमी से नवमी तक सरस्वती की उपासना के निमित्त अनध्याय होता है।

शुकसप्तमी = **आश्विन** शुद्ध सप्तमी। एक वर्ष तक सूर्योपासना का व्रत।

शुभ सप्तमी =आश्विन शुद्ध सप्तमी से एक वर्ष तक प्रत्येक शुद्ध सप्तमी को कपिला गौ की पूजा तथा तिलदान का व्रत।

शाकसप्तमी = **कार्तिक** शुद्ध सप्तमी। इस तिथि को उपवास तथा सूर्य पूजा का व्रत होता है।

नन्दा सप्तमी = **मार्गशीर्ष** शुद्ध सप्तमी को सूर्योपासना का व्रत।

भद्रासप्तमी = **मार्गशीर्ष** शुद्ध सप्तमी को सूर्योपासना का व्रत। चतुर्थी व्रत के उपोषणों का प्रारंभ से होता है।

मित्र सप्तमी = **मार्गशीर्ष** शुद्ध सप्तमी। इस दिन सूर्योपासना तथा गंगा की जन्मतिथि के कारण गंगाजल से शिवलिंग का अभिषेक किया जाता है।

फलसप्तमी = **मार्गशीर्ष** शुद्ध सप्तमी। सूर्यपूजा का व्रत।

रक्तसप्तमी = **मार्गशीर्ष** वद्य सप्तमी को रक्तकमलों से सूर्यपूजा का व्रत।

विष्णुसप्तमी = **मार्गशीर्ष** शुद्ध सप्तमी। इस दिन रक्तचन्दन और रक्तवर्ण पुष्पों से विष्णु की पूजा होती है।

सितसप्तमी = **मार्गशीर्ष** शुद्ध सप्तमी से एक वर्ष तक प्रत्येक शुद्ध सप्तमी को सूर्यपूजा का व्रत।

मार्तण्डसप्तमी = **पौष** शुद्ध सप्तमी। इस तिथि से एक वर्ष तक सूर्योपासना का व्रत होता है।

विधानसप्तमी = **मास** शुद्ध सप्तमी से एक वर्ष तक प्रत्येक शुद्ध सप्तमी को सूर्यपूजा तथा रुई के फूल, गोमय, जल, फल आदि एक एक पदार्थ पर निर्वाह करने का व्रत।

विशेष सप्तमी = **माघशुद्ध** सप्तमी को सूर्यपूजा का व्रत।

विशेष सप्तमी= **माघ** शुद्ध सप्तमी। सूर्यपूजा का व्रत। व्रतावधि-एक वर्ष।

मंदारसप्तमी = **माघ** शुद्ध सप्तमी। एक वर्ष तक सूर्य पूजा का व्रत।

सर्वाप्तिसप्तमी = **माघ** वद्य सप्तमी से एक वर्ष तक प्रत्येक मास की वद्य सप्तमी को अन्यान्य नामों से सूर्य की उपासना का व्रत।

महासप्तमी = **माघ** शुद्ध सप्तमी। इस तिथि को सूर्यपूजा का व्रत होता है। अन्य संज्ञाएँ – **रथसप्तमी, जयंतसप्तमी, अचला० भास्करसप्तमी**। महासप्तमी से एक वर्ष तक प्रत्येक शुद्ध सप्तमी को सूर्यपूजा का व्रत प्रारंभ होता है।

पुत्रसप्तमी = **(१) माघ** शुद्ध सप्तमी से प्रत्येक (शुद्ध और वद्य) सप्तमी को सूर्यपूजा का व्रत। व्रतावधि – एक वर्ष **(२) भाद्रपद** शुद्ध या वद्य सप्तमी से एक वर्ष तक प्रत्येक सप्तमी को विष्णुपूजा का व्रत।

पुरश्चरण सप्तमी = **माघ** शुद्ध सप्तमी, रविवार तथा मकर

राशिस्थित सूर्य-ऐसें सुयोग पर सूर्य की मूर्तिपूजा का व्रत। एक वर्ष तक प्रत्येक सप्तमी को यह व्रत होता है।

विजया सप्तमी = (१) माघशुद्ध सप्तमी (२) रविवार युक्त सप्तमी। इस दिन सूर्यपूजा का व्रत होता है। (३) सात सप्तमी तिथियों को क्रमशः उपवास का व्रत।

विजया (यज्ञ) सप्तमी = माघ शुद्ध सप्तमी से एक वर्ष तक प्रत्येक शुद्ध सप्तमी को सूर्यपूजा का व्रत।

कल्याणसप्तमी = शुद्ध सप्तमी को रविवार होने पर सूर्यपूजा का व्रत। व्रतावधि १३ मास।

जयदा सप्तमी = रविवार की शुद्धसप्तमी।

जया सप्तमी = रोहिणी, आश्लेषा, मघा व हस्त नक्षत्रों में से कोई एक नक्षत्र जिस सप्तमी में होता है अथवा जिस सप्तमी को पांच ग्रहों की 'युति' होती है, वह सप्तमी। ऐसी सप्तमी से सूर्यपूजा का व्रत आरंभ करते हैं। व्रतावधि एक वर्ष।

धान्यसप्तमी = किसी भी मास की शुद्ध सप्तमी को धान्य, लवण, पात्र आदि का दान।

भानु सप्तमी = माघ शुद्ध सप्तमी। अपर संज्ञा – रथसप्तमी।

महाजया सप्तमी = जिस सप्तमी को सूर्य का किसी राशि में प्रवेश नही होता ऐसी सप्तमी। इस योग पर पितृपूजा तथा सूर्यपूजा करते है।

महाफलसप्तमी = सप्तमी, रविवार और रेवती नक्षत्र. इस योग की संज्ञा। इस योग पर अशोक वृक्ष की कलियों से दुर्गा की पूजा होती है।

मांगल्य सप्तमी = सप्तमी के दिन। लक्ष्मी-नारायण की उपासना का व्रत।

मुक्तिद्वार सप्तमी = हस्त या पुष्य नक्षत्र युक्त सप्तमी से षड्रसों में से केवल एक रस का सेवन करने का व्रत। व्रतावधि एक वर्ष।

यज्ञ सप्तमी = संक्रांतियुक्त सप्तमी से एक वर्ष तक प्रत्येक सप्तमी को सूर्य की उपासना का व्रत।

वराटिका सप्तमी = सप्तमी के दिन सूर्यपूजा और तीन वराटिकायों (कौड़ी) के मूल्य में मिलने वाला अन्न सेवन करना।

विजया सप्तमी = देखिये कल्याणसप्तमी

× × ×

अशोकाष्टमी = चैत्र कृष्णपक्ष की अष्टमी तिथि।

सन्तानाष्टमी = चैत्र कृष्ण अष्टमी से एक वर्ष तक प्रत्येक वद्य अष्टमी को देवकी-कृष्ण की उपासना का व्रत।

शीतलाष्टमी = चैत्र वद्य अष्टमी को चेचक की पीड़ा निवारण करने के लिये शीतला देवी की उपासना का व्रत।

पुष्पाष्टमी = श्रावण शुद्ध अष्टमी से एक वर्ष तक प्रत्येक शुद्ध अष्टमी को अन्यान्य पुष्पों से शिव की पूजा करना।

रोहिणी अष्टमी = श्रावण वद्य अष्टमी (यह कृष्ण जन्म की तिथि होने के कारण 'जयंती' कहलाती है।) को रोहिणी नक्षत्र होने पर उपोषण और कृष्णपूजा का व्रत।

दूर्वाष्टमी = भाद्रपद शुद्ध अष्टमी। दूर्वा की पूजा का व्रत।

दूर्वाष्टमी = भाद्रपद शुद्ध अष्टमी का दूर्वाविषयक एक व्रत। प्रायः अपत्यहीन स्त्रिया यह व्रत करती है।

राधाष्टमी = भाद्रपद की शुद्ध और वद्य अष्टमियां। इस तिथि को राधाकृष्ण की पूजा का व्रत होता है।

महाष्टमी = आश्विन शुद्ध अष्टमी। इस तिथि पर भद्रकाली की उपासना होती है।

दांपत्याष्टमी = कार्तिक वद्य अष्टमी से शिव-पार्वती की दर्भमूर्ति का पूजन इस तिथि का व्रत है। व्रतावधि- एक वर्ष

प्रथमाष्टमी = मार्गशीर्ष वद्य अष्टमी को ज्येष्ठ पुत्र का अभीष्टचिन्तन एवं सत्कार करना। यह प्रथा उत्कल में प्रचलित है।

महेश्वराष्टमी = मार्गशीर्ष शुद्ध अष्टमी। इस तिथि से एक वर्ष तक शिवलिंग की उपासना का व्रत होता है।

रुक्मिणी अष्टमी = मार्गशीर्ष वद्य अष्टमी से सात वर्षों तक मिट्टी की गृह-प्रतिमा का दान करने का व्रत। इस गृहप्रतिमा के अंदर कृष्ण भगवान के परिवार की रुक्मिणी आदि व्यक्तियों की मूर्तियाँ रखी जाती हैं।

शिवकृष्णाष्टमी = मार्गशीर्ष कृष्णाष्टमी से एक वर्ष तक प्रत्येक कृष्णाष्टमी को शिवलिंग की आराधना का व्रत।

भीष्माष्टमी = माघ शुद्ध अष्टमी को भीष्माचार्य ने देहत्याग किया था। अतः इस तिथि को उनके नाम से श्राद्ध तथा तर्पण करते हैं।

लक्ष्मी-सीताष्टमी = फाल्गुन शुद्ध अष्टमी को सीतास्वरूप लक्ष्मी की पूजा का व्रत।

बुधाष्टमी = शुक्लपक्ष की अष्टमी को बुधवार होने पर बुध ग्रह की प्रतिमा का पूजन करने का व्रत।

महाभद्राष्टमी = बुधवार की **पौष** शुद्ध अष्टमी की संज्ञा। इस योग पर शिवपूजा का व्रत होता है।

कालाष्टमी = कृष्णपक्ष की अष्टमी तिथि।

रामनवमी = चैत्र शुद्ध नवमी। रामजन्म के इस दिन प्रभु राम की उपासना सर्वत्र होती है।

× × ×

भद्रकाली = (१) चैत्र शुद्ध नवमी की संज्ञा। (२) आश्विन शुद्ध नवमी को भद्रकाली की पूजा का व्रत।

सीतानवमी = वैशाख शुद्ध नवमी। सीता की प्राप्ति इसी तिथि को राजा जनक को हुई थी। बंगाल में यह संज्ञा प्रचलित है।

नकुलनवमी = श्रावण शुद्ध नवमी का एक गुजराती व्रत

नन्दानवमी = भाद्रपद मास की शुद्ध और वद्य नवमीयों कीसंज्ञा। इस तिथि को शिव-दुर्गा पूजन तथा नन्दामंत्र का जप करते हैं।

अविधवा नवमी = भाद्रपद वद्य नवमी। मृत सुवासिनी के निमित्त इस दिन श्राद्ध होता है।

महानवमी (या दुर्गानवमी)=आश्विन शुद्ध नवमी की संज्ञा। इस तिथि से प्रत्येक शुद्ध नवमी को दुर्गा की आराधना होती है।

नामनवमी = **आश्विन** शुद्ध नवमी से एक वर्ष तक प्रत्येक नवमी को दुर्गा मां की अन्यान्य नामों से आराधना का व्रत।

प्रदीप्तनवमी = **आश्विन** शुद्ध नवमी से महिषासुरमर्दिनी तथा शिवभगवान् की उपासना का व्रत। इसमें व्रती, एक हाथ लंबा तृण का दण्ड जितने समय तक जलता है उतने ही समय में भोजन करता है।

रथनवमी = **आश्विन** = शुद्ध नवमी को दुर्गा की पूजा तथा शोभायात्रा का व्रत।

नन्दिनी = **मार्गशीर्ष** शुद्ध नवमी की संज्ञा।

रूप नवमी = **मार्गशीर्ष** की नवमी से फाल्गुन नवमी तक चण्डिका की उपासना तथा उपोषण और विविध प्राणियों की पिष्टप्रतिमा के दान का व्रत।

ध्वजनवमी = **पौष** शुध्द नवमी। अपर नाम शांबरी।

महानन्दा = **माघ** शुध्द नवमी की संज्ञा। इस तिथि से एक वर्ष तक प्रत्येक शुध्द नवमी को देवी की आराधना होती है।

वर नवमीव्रत = नवमी के दिन अग्निस्पर्श हुए अन्न को न खाने का व्रत।

× × ×

विजया दशमी = **आश्विन** शुद्ध दशमी। इसी दिन प्रभु रामचंद्रने रावण पर विजय पाई थी।

राज्यप्राप्तिदशमी = **कार्तिक** शुद्ध दशमी को दस विश्वेदेवों की पूजा का व्रत।

पदार्थ दशमी = **मार्गशीर्ष** शुद्ध दशमी से एक वर्ष तक प्रत्येक शुद्ध दशमी को दश दिशाओं तथा उनके दिक्पालों की पूजा का व्रत।

× × ×

वरूथिनी एकादशी = **चैत्र** वद्य एकादशी।

भीम एकादशी = **ज्येष्ठ** शुद्ध एकादशी को भीम (पांडव) उपोषण करता था। अतः गुजरात में इस तिथि को उपोषण का व्रत होता है।

निर्जला एकादशी (या भीमसेनी एकादशी)। = **ज्येष्ठ** शुद्ध एकादशी की संज्ञा। इस तिथि को उपवास व्रत करने वाले जल भी सेवन नहीं करते। व्यास ऋषि के आदेशानुसार भीमसेन ने यह व्रत किया था, अतः इस तिथि को भीमसेनी एकादशी भी कहते हैं।

शयनी एकादशी (या महाएकादशी) = **आषाढ** शुद्ध एकादशी। इस तिथि को 'विष्णु शयनोत्सव' नामक व्रतविधि होती है। इस तिथि से देवों के रात्रिकाल का प्रारंभ होता है, अतः उनके शयन का प्रारंभ होता है। कार्तिकी एकादशी को देवता जागृत होते हैं अतः उसे प्रबोधिनी एकादशी कहते हैं।

पुत्रदा एकादशी = **श्रावण शुद्ध** एकादशी तथा पौषशुद्ध एकादशी की संज्ञा। इस तिथि को पुत्रप्राप्ति की कामना से विष्णु-पूजा का व्रत होता है।

ध्वजा एकादशी = **भाद्रपद** शुद्ध एकादशी। राजस्थान में इस तिथि को मंदिरों पर नये ध्वज आरोपित होते हैं।

परिवर्तिनी एकादशी = **भाद्रपद** शुद्ध एकादशी। शयनी एकादशी के बाद इस तिथि को विष्णु भगवान् अपनी करवट बदलते हैं। उस निमित्त विष्णुपूजा का व्रत होता है।

रमा एकादशी = **आश्विन** वद्य एकादशी।

प्रबोधिनी एकादशी = **कार्तिक** शुद्ध एकादशी। इस तिथि को चातुर्मास्य में निद्रित भगवान् विष्णु प्रबुद्ध होते है। अपर संज्ञा - **देवोत्थान एकादशी**। इस दिन मंदिरों में प्रबोधोत्सव और परिवार में तुलसी विवाह का समारोह होता है।

मोक्षदा एकादशी = **मार्गशीर्ष** शुद्ध एकादशी। गीता जयंती इसी तिथि को भगवान श्रीकृष्ण ने भगवद्गीता का उपदेश किया था।

सफला एकादशी = **मार्गशीर्ष** वद्य एकादशी।

षट्तिला एकादशी = पौष कृष्ण या माघ शुद्ध एकादशी को चंद्र के मृगशीर्ष नक्षत्र में होने पर तिलमर्दन, तिलमिश्रित जलस्नान, तिलहोम, तिलदान, तिलमिश्रित जल से पितृतर्पण और तिलभक्षण ऐसे तिलयुक्त षट्कर्म करने का व्रत।

जया एकादशी = **माघ** शुद्ध एकादशी।

विजया एकादशी = **माघ** वद्य एकादशी।

पापनाशिनी (या मोचनी) एकादशी = **फाल्गुन** वद्य एकादशी, गुरु-पुष्य योग युक्त एकादशी, या सूर्य कुंभ (या मीन) राशि में होते हुए एकादशी की संज्ञा। पापनाशिनी द्वादशी को परशुराम की उपासना का व्रत होता है।

देवोत्थान एकादशी = देखिये प्रबोधिनी एकादशी।

महाएकादशी = **आषाढी** एवं कार्तिकी शुद्ध एकादशी।

भीमसेनी एकादशी = देखिये निर्जला एकादशी।

भागवत एकादशी = जिस पक्ष में दो एकादशी तिथियाँ आती हैं, तब दूसरी को भागवत कहते है। (देखिये-स्मार्त एकादशी)

स्मार्त एकादशी = एकादशी के दो भेदों में से एक। कभी कभी दो एकादशी तिथियां होती हैं, तब पहली स्मार्त और दूसरी भागवत मानी जाती है।

× × ×

भद्रद्वादशी व्रत = **चैत्र** शुद्ध द्वादशी से एक वर्ष तक प्रत्येक द्वादशी को विष्णुपूजा का व्रत। एकादशी को उपोषण।

जामदग्न्य द्वादशी = **वैशाख** शुद्ध द्वादशी

राघवद्वादशी = **ज्येष्ठ** शुद्ध द्वादशी। राम-लक्ष्मण की पूजा इस तिथि को होती है।

रोहिणीद्वादशी = **श्रावण** वद्य द्वादशी से एक वर्ष तक जलाशय के पास चंद्र-रोहिणी की प्रतिमा का पूजन करने का व्रत।

महाद्वादशी = **भाद्रपद** शुद्ध द्वादशी, श्रवण नक्षत्र और बुधवार इनका योग।

वामन-द्वादशी = **भाद्रपद** शुद्ध द्वादशी। वामनावतार की तिथि। इस दिन वामन मूर्ति की पूजा होती है।

विजया द्वादशी = (१) बुधवार की **भाद्रपद** वद्य एकादशी या द्वादशी को श्रवण नक्षत्र का होना। (२) फाल्गुन शुद्ध एकादशी या द्वादशी पुष्यनक्षत्र से युक्त होना। विष्णुपूजा का व्रत।

श्रवणद्वादशी = **भाद्रपद** शुद्ध द्वादशी को श्रवण नक्षत्र का योग होने पर उपवास तथा विष्णुपूजा का व्रत। (२) एक जैन स्त्री-व्रत। १२ वर्षों तक भगवान वासुपूज्य की पूजा इसमें होती है।

श्रावणद्वादशी = श्रावण नक्षत्र युक्त **भाद्रपद** शुद्ध द्वादशी।

गोवत्सद्वादशी = **आश्विन** वद्य द्वादशी। (लौकिक संज्ञा- वसुबारस)

पद्मनाभ द्वादशी = **आश्विन** शुद्ध द्वादशी। इस तिथि को पद्मनाभस्वरूपी विष्णु की उपासना का व्रत होता है।

वासुदेव द्वादशी = **आश्विन** वद्य द्वादशी को उपोषण और वासुदेवपूजा का व्रत। (अपरनाम – कृष्णद्वादशी)

वासुदेव द्वादशी = **आश्विन** शुद्ध द्वादशी को वासुदेव स्वरूप श्रीकृष्ण की पूजा का व्रत।

विशोका द्वादशी = **आश्विन** शुद्ध दशमी से द्वादशी तक उपोषण तथा 'विशोका नामक लक्ष्मीमूर्ति की पूजा का व्रत। व्रतावधि एक वर्ष। आश्विन शुद्ध दशमी को 'विशोका कहते है। (यही विजया दशमी कहलाती हैं)।

नीराजना द्वादशी = **कार्तिक** शुद्धद्वादशी। इस तिथि से पांच दिन तक देवता, माता-पिता, हाथी, घोड़ा, गाय आदि की आरती उतारना इस व्रत का स्वरूप है।

योगेश्वर द्वादशी = **कार्तिक** शुद्ध द्वादशी को विष्णुपूजा का व्रत (अपर संज्ञा – धरणी व्रत)

नामद्वादशी = **मार्गशीर्ष** शुद्ध द्वादशी से एक वर्ष तक केशव, नारायण, माधव इन संध्या वन्दन के नामों का उच्चारण करते हुए विष्णु की उपासना का व्रत।

मत्स्यद्वादशी = **मार्गशीर्ष** शुद्ध द्वादशी। इस तिथि को मत्स्यावतार की पूजा होती है।

मल्लद्वादशी = मार्गशीर्ष शुद्ध द्वादशी। इस तिथि को कृष्ण पूजा का व्रत होता है। अपरसंज्ञा - अरण्य द्वादशी।

राज्यद्वादशी = मार्गशीर्ष की शुद्ध दशमी से द्वादशी तक उपोषण और विष्णुपूजा का तथा वद्य दशमी से द्वादशी तक देवीपूजा का व्रत।

व्यंजनद्वादशी = मार्गशीर्ष शुद्ध द्वादशी को विष्णु की उपासना का व्रत।

शुभद्वादशी = मार्गशीर्ष शुद्ध प्रतिपदा से द्वादशी तक एकभुक्त, उपवास दान आदि व्रत।

सुनामद्वादशी = मार्गशीर्ष शुद्ध एकादशी से एक वर्ष तक प्रतिमास शुद्ध एकादशी को सूर्य तथा विष्णु की पूजा का व्रत।

ब्रह्मद्वादशी = पौष शुद्ध द्वादशी को ज्येष्ठा नक्षत्र होने पर इस विष्णुपूजात्मक व्रत का प्रारंभ होता है। व्रतावधि एक वर्ष।

महाफलद्वादशी = एक तिथि व्रत। पौष वद्य एकादशी विशाखा नक्षत्र से युक्त होने पर इस व्रत का आरंभ होता है। द्वादशी को विष्णुपूजा होने पर समाप्ति। कालावधि - एक वर्ष।

सुजन्मद्वादशी = पौष शुद्ध द्वादशी को ज्येष्ठा नक्षत्र होने पर उपवास तथा देवपूजा का व्रत। प्रत्येक मास की शुद्ध द्वादशी को इसमें विशिष्ट भोजन तथा विशिष्ट पदार्थ का दान होता है।

सुरूपद्वादशी = पौष मास में पुष्य नक्षत्र युक्त तिथि से वद्य द्वादशी तक विष्णु की आराधना का व्रत। फल - सुरूप प्राप्ति।

वराहद्वादशी = माघ शुद्ध द्वादशी। इस दिन वराह पूजा का व्रत होता है।

जयाद्वादशी = पुष्य नक्षत्रयुक्त फाल्गुन शुद्ध द्वादशी।

नरसिंहद्वादशी = फाल्गुन वद्य द्वादशी को नरसिंह की काष्ठप्रतिमा की पूजा और दान का व्रत।

मनोरथद्वादशी = फाल्गुन शुद्ध द्वादशी की संज्ञा। इस तिथि से एक वर्ष तक विष्णुपूजा का व्रत प्रत्येक शुद्ध द्वादशी को होता है। एकादशी को उपोषण।

षट्तिलाद्वादशी = श्रवण नक्षत्र युक्त फाल्गुन वद्य द्वादशी। इस तिथि को तिलदान, तिलहोम तिलभक्षण आदि तिलयुक्त छह कर्म होते हैं।

सुगतिद्वादशी = फाल्गुन शुद्ध एकादशी से एक वर्ष तक कृष्ण, केशव और विष्णु इन नामों का चार चार मासों तक १०८ बार जप करने का व्रत।

पुष्यद्वादशी = पुष्य नक्षत्र, गुरुचंद्र की युति, कुम्भराशि स्थित रवि - ऐसे (दुर्घट) योग पर विष्णुपूजा का व्रत।

विभूतिद्वादशीव्रत = चैत्र-वैशाख, आषाढ-श्रावण, कार्तिक-मार्गशीर्ष इनमें से किसी शुद्ध द्वादशी से एक वर्ष तक प्रत्येक शुद्ध द्वादशी को क्रमशः मत्स्यादि दशावतार तथा दत्तात्रेय और व्यास इन १२ अवतारों की उपासना का व्रत।

भाग्यऋक्षद्वादशी = पूर्वाफाल्गुनी नक्षत्र (अपर संज्ञा भाग्य अर्थात भगदेवतायुक्त) पर द्वादशी। इस योग पर हरि-हर की पूजा का व्रत होता है।

विष्णुप्राप्तिद्वादशी = एकादशी और द्वादशी दोनों तिथियों को उपोषण का व्रत।

× × ×

धनत्रयोदशी = आश्विन वद्य त्रयोदशी। धन्वन्तरि का जन्मदिन।

नरसिंह त्रयोदशी = किसी भी मास में गुरुवार को आने वाली त्रयोदशी। इस तिथि को नरसिंह भगवान की उपासना होती है।

सर्वमंगल त्रयोदशी = प्रत्येक मास की शुद्ध त्रयोदशी को एकभुक्त रहकर कृष्ण, बलराम और मंगला (दुर्गा) देवी की उपासना का व्रत।

दमनचतुर्दशी = चैत्र या श्रावण शुद्ध चतुर्दशी का एक व्रत। इसमें एकवीरा और भैरव की पूजा का महत्व होता है।

पिशाच चतुर्दशी = चैत्र वद्य चतुर्दशी की संज्ञा। इस दिन

नदी में या रास्तों पर पिशाचों के प्रीत्यर्थ बलिसमर्पण होता है।

मदनचतुर्दशी = (या मदनभंजी) चैत्र शुद्ध चतुर्दशी। इस तिथि को मदन की आराधना होती है।

नरसिंह चतुर्दशी = वैशाख शुक्ल चतुर्दशी की संज्ञा। नरसिंह अवतार की तिथि।

नरक चतुर्दशी = आश्विन वद्य चतुर्दशी। पुराणों के अनुसार इसी तिथि को भगवान कृष्ण ने १६ सहस्र कन्यकाओं की मुक्ति के लिये नरकासुर का वध किया था। इस तिथि को सूर्योदय के पूर्व स्नान तथा संध्याकाल में दीपावली प्रज्वालन होता है।

प्रेतचतुर्दशी = कार्तिक वद्य चतुर्दशी। शस्त्राघात से मृत व्यक्ति के प्रीत्यर्थः इस तिथि को मशाल जलाई जाती है।

वैकुण्ठ चतुर्दशी = कार्तिक शुद्ध चतुर्दशी। विष्णुपूजा का व्रत।

महाशिवरात्रि = माघ वद्य चतुर्दशी। इस तिथि को शिव भगवान की उपासना होती है।

पाषाण चतुर्दशी = शुक्ल पक्ष की चतुर्दशी को सूर्य वृश्चिक राशि में आने पर गौरी पूजा का यह व्रत होता है।

प्रौष्ठपदी = भाद्रपद पौर्णिमा की संज्ञा। इस तिथि को प्रपितामह के तीन पूर्वजों के निमित्त श्राद्धविधि होती है।

द्यूतपौर्णिमा = आश्विनी पौर्णिमा को धर्मशास्त्र में द्यूतक्रीडा का आदेश किया है। अतः उस तिथि की अपर संज्ञा।

त्रिपुरी पौर्णिमा = कार्तिकी पौर्णिमा की अपर संज्ञा। भगवान शिव ने इसी दिन त्रिपुरासुर का नाश किया था।

नवान्न पौर्णिमा = शरद ऋतु की पौर्णिमा। इस तिथि को नवान्न भक्षण की विधि होती है।

मनोरथपौर्णिमा = कार्तिक पौर्णिमा से एक वर्ष तक प्रत्येक पौर्णिमा को चन्द्रबिंब की पूजा तथा नक्तभोजन का व्रत। (चंद्रबिंब नमक का बनाया जाता है।)

नरक पौर्णिमा = मार्गशीर्ष पौर्णिमा से एक वर्ष तक विष्णुपूजा का व्रत।

शाकम्भरी पौर्णिमा = पौष मास की पौर्णिमा। महाराष्ट्र में शाकम्भरी देवी को इस तिथि को ६० सागों का नैवेद्य होता है।

व्रतद्वयी पौर्णिमा = फाल्गुनी पौर्णिमा को सूर्योदय के समय आदित्य और चन्द्रोदय के समय चन्द्रमा की पूजा का व्रत।

महामाघी = गुरु तथा पूर्ण चंद्र का मघा नक्षत्र में योग होने वाली पौर्णिमा तिथि।

पंचघट पूर्णिमा = अखंडित पांच महिनों की पौर्णिमाओं को देवी पूजा तथा दुग्ध, दधि, घृत, मधु, शर्करा इन पांचों द्रव्यों से पूर्ण घटों का दान करने का व्रत।

महापूर्णिमा = जिस नक्षत्र नाम से मास का नामकरण हुआ है, उस नक्षत्र पर उस मास का पूर्णचन्द्र गुरु से युक्त होने पर यह संज्ञा होती है। महापूर्णिमा से एक वर्ष तक प्रत्येक पौर्णिमा को विष्णुपूजा का व्रत होता है।

अनुमति = शुक्ल चतुर्दशीयुक्त पौर्णिमा, जिसमें चंद्रमा एक कला से हीन होता है। (कलाहीने सानुमतिः - अमरकोश)

सर्वपित्री अमावस्या = भाद्रपद अमावस्या। पितृश्राद्ध की तिथि।

महानिशा = आश्विनी अमावस्या की संज्ञा। यह संज्ञा बंगाल में रूढ है।

सोमवती = सोमवार की अमावस्या का विशेषण। सोमवार, मंगलवार, बृहस्पतिवार की, एवं अनुराधा, विशाखा, स्वाती नक्षत्र की अमावस्या पवित्र तिथि मानी जाती है।

नकुल अमावस्या = पौष अमावस्या की संज्ञा। इस तिथि को पितरों को खीर अर्पण करते हैं।

खर्विका = वद्य चतुर्दशी से संमिश्र अमावस्या। (अपर संज्ञा - गताध्वा)

सिनीवाली = चंद्रदर्शन युक्त अमावस्या। (२) अमावस्या युक्त चतुर्दशी।

सोमवतीव्रत = सोमवार की अमावस्या। सोमवती के दिन विष्णुपूजा के व्रत में उपयुक्त फल मिष्टान्नादि पदार्थों की संख्या १०८ होती है। ★★★

(वर्ग - २ इ) – धर्मशास्त्र में कथित जातिप्रकार (परिशिष्ट)

अधर्मसंतति = मागध, सैरन्ध्र, चांडाल, गोलक, आदि भिन्न जातियों की तथा व्यभिचार, वेश्यागमन, विधवासंभोग आदि कारणों से उत्पन्न संतति।

अनन्तरजा (संतति) = क्षत्रिय स्त्री से ब्राह्मण द्वारा और वैश्य स्त्री से क्षत्रिय द्वारा उत्पन्न सन्तान। (मनु. १०-४२)।

अनवक्षत्रिय = ब्राह्मण पु. + वैश्य स्त्री, अथवा क्षत्रिय पु. + वैश्य स्त्री के उत्पन्न अंबष्ठ नामक जाति की पौराणिक संज्ञा।

अनार्य जातियाँ = शक, शबर, यवन, पल्लव, बर्बर, आदि। महाभारत शान्ति ६५-१३।

अनिरवसित = शूद्र समाज के अन्तर्गत एक वर्ग। इस वर्ग के द्वारा उपयुक्त पात्रों की शुद्धि होती है। दूसरे **निरवसित** शूद्रों के द्वारा उपयुक्त पात्र सर्वथा त्याज्य माने जाते थे।

अनुलोम जाति = उच्चवर्णीय पुरुष और निकृष्ट वर्णीय स्त्री के संबंध से उत्पन्न जाति। याज्ञवल्क्य स्मृति में छह जातियाँ अनुलोम कही हैं। – मूर्धावसिक्त, अंबष्ठ, निषाद, माहिष्य, उग्र और करण। मनुस्मृति में इनके उपनयनादि संकारों को मान्यता दी है किंतु प्रतिलोम जातियों को नहीं दी। (मनु. १०-४१)।

अंतराल वर्ग = इसमें अनेक जातियों की गणना होती है। दक्षिण भारत में यह क्षत्रियोत्पन्न किंतु क्षत्रियों से निकृष्ट और शूद्रों से उच्च मानां जाता है। इनके संस्कार अमंत्रक होते हैं।

अन्त्यज = रजक, चर्मकार, नट, बुरुड, कैवर्त, (मच्छीमार), मेद, भिल्ल, इन जातियों का समाज।

अंत्यज (दूसरा वर्ग) = चाण्डाल, श्वपच (कुत्ते का मांस खाने वाला), क्षत्ता, सूत, वैदेहक, मागध एवं आयोगव इन सात जातियों के समाज। गाय का मांस खाने वाली सभी जातियाँ अन्त्यज कही गई हैं। (व्यास स्मृति १-१२-१३)।

अन्त्यावसायी = (१) चाण्डाल पुरुष एवं निषाद स्त्री की संतान जो अस्पृश्य और स्मशानवासी होती थी। (मनु ४-७९)। (२) शूद्र पुरुष एवं वैश्य नारी की संतान। (वसिष्ठ धर्मसूत्र १८-३)।

अन्ध्र = वैदेहक पिता और कार्वावर माता की संतान जो वनवासी होती थी। (मनु.)

अपसद् = अनुलोम विवाह संबंध से उत्पन्न संतति। ब्राह्मण से ३, क्षत्रिय से २, और वैश्य से एक, कुल मिलाकर अपसद के छह प्रकार होते है। (मनुस्मृति १०-१०)।

अभिषिक्त = ब्राह्मण पुरुष और क्षत्रिय स्त्री के विवाहबाह्य संबंध से उत्पन्न एक संकर जाति।

अंबट्टन = ब्राह्मण पुरुष और वैश्य स्त्री के समागम से उत्पन्न एक दाक्षिणात्य जाति। मनुस्मृति में उल्लिखित अंबष्ठ जाति से संबंधित। ये विवाह में पौरोहित्य करते है।

अंबलवासी = केरल की एक अंतराल जाति जो क्षत्रिय से निकृष्ट मानी जाती है। चाक्यार, नंबियार आदि जातियों की अंबलवासी समाज में गणना होती है।

अंबष्ठ = (१) ब्राह्मण की वैश्य स्त्री में उत्पन्न संतान। (नारद स्मृति ५-१०७)। (२) क्षत्रिय की वैश्य स्त्री के उत्पन्न संतान। (गौतम स्मृति-टीका हरदत्त कृत)। पुराण में इन्हें अनव क्षत्रिय कहा है।

अवरीट = विवाहित स्त्री की सजातीय परपुरुष से उत्पन्न सन्तान। यह शूद्र मानी जाती थी।

अवावट = किसी भी विवाहित स्त्री का सवर्ण पुरुष से व्यभिचार करने से उत्पन्न पुत्र। यह शूद्र माना जाता है।

अवीर (या अविर) = क्षत्रिय पुरुष और वैश्य विवाहित स्त्री के व्यभिचार से उत्पन्न संतान।

अयोगव = वैश्य स्त्री और शूद्र पुरुष के समागम से उत्पन्न संतान।

आघासिक = वैदेहक पुरुष एवं शूद्र नारी की सन्तान। (पका हुआ भोजन बेचने वाला) (अन्य नाम आन्धसिक)।

आपीत = ब्राह्मण एवं दौष्यंती की संतान।

आभीर = ब्राह्मण पुरुष और अंबष्ठ स्त्री की संतान। (मनु. १०-१५) एक प्राचीन बलाढ्य राजवंश।

आयोगव = (१) शूद्र पुरुष और वैश्य स्त्री की संतान। (याज्ञवल्क्य १-९४)। (२) वैश्य पुरुष और क्षत्रिय स्त्री की संतान। (बौधायन धर्मसूत्र १-९-७)। यज्ञीय वस्तु एकत्रित करने का अधिकार इस जाति को था।

आवर्तक = भूर्जकण्ठ एवं ब्राह्मण नारी की सन्तान।

आश्विक = क्षत्रिय पुरुष और वैश्य स्त्री की गुप्त प्रेम से उत्पन्न संतान। वृत्ति – घोड़ों का व्यापार।

आहिण्डिक = निषाद पुरुष और वैदेही नारी की संतान अर्थात् यह दोहरी प्रतिलोम जाति है। इसे चर्मकार का कार्य करने के कारण 'कारावर' कहा है।

उग्र = (१) क्षत्रिय पुरुष और शूद्र नारी की संतान। (मनु. १०-९)। (२) ब्राह्मण पुरुष और शूद्र नारी की संतान। (उशना ४१)। (३) वैश्य और शूद्रा की संतान। (गौतम ४-१४)। (सह्याद्रिखंड एवं शूद्र कमलाकर में उग्र को 'राजपूत' कहा गया है।

उद्बन्धक = (१) सूनिक एवं क्षत्रिया की संतान। (उशना १५)। (२) खनक एवं क्षत्रिया की संतान। (वैखानस १०-१५)।

उपक्रुष्ट = बढ़ई की वृत्ति करने वाला वैश्य। आश्व- श्रौ सू. भाष्य २-१।

कटकार = शूद्र स्त्री का वैश्य पुरुष से चौर्यसंभोग के कारण उत्पन्न पुत्र (उशना स्मृति)।

कटधानक = आवर्तक पुरुष और ब्राह्मणी की संतान।
करण = (१) वैश्य की शूद्र स्त्री से उत्पन्न संतान। (२) क्षत्रिय की वैश्य स्त्री से उत्पन्न संतान।
करणी (या कर्णी) = वैश्य पुरुष की शूद्र स्त्री से उत्पन्न कन्या।
कायव्य = क्षत्रिय पुरुष और निषादी स्त्री का पुत्र।
कारावर = निषाद पुरुष और वैदेही स्त्री की संतति। व्यवसाय – चर्मकार। देखिये – आहिण्डिक।
कारुष = व्रात्य वैश्य और उसी के समान स्त्री की सन्तान (नामान्तर – सुधन्वाचार्य, विजन्मन्, मैत्र एवं सात्वत)।
किरात = शूद्र की स्थिति में आया हुआ क्षत्रिय (मनु. १०-४३-४४)।
कुकुन्द = मागध एवं शूद्र नारी की सन्तान।
कुक्कुट = (१) शूद्र एवं निषाद स्त्री की संतान। (मनु. १०-१८)। (२) उग्र और निषाद स्त्री की संतान। (कौटिल्य ३-७)। (वृत्ति – राजा के लिए कुक्कुट युद्ध का प्रबन्ध करना)।
कुण्ड = विवाहित ब्राह्मण स्त्री के अन्य ब्राह्मण पुरुष से व्यभिचार से उत्पन्न संतति। (मनु, स्मृति ३-१७४)।
कुम्भकार = ब्राह्मण और वैश्य नारी के गुप्त प्रेम से उत्पन्न संतान।
कुरुविन्द = कुम्भकार पुरुष और कुक्कुट स्त्री की संतान।
कुलश्रेष्ठ = कायस्थ समाज की १२ उपजातियों में से एक।
कुशीलव = (१) अंबष्ठ पुरुष और वैदेहक नारी की सन्तान (बौधायन)। कौटिल्य ने इसे वैण कहा है। (२) वैदेहक पुरुष और अंबष्ठ स्त्री की संतान। (कौटिल्य ३-७)।
कृत = वैश्य पुरुष और ब्राह्मण स्त्री की संतति।
कैवर्त = निषाद और आयोगव की संतान। (नामान्तर – मार्गव और दाश)। (वृत्ति- नौका चलाना)।
क्षत्ता = (१) शूद्र पिता और क्षत्रिय माता की संतान। अपरनाम – रथकार, द्वारपाल, निषाद)।
क्षत्रबन्धु (राजन्यबन्धु) = संस्कारहीन नाम मात्र क्षत्रिय।
खनक = आयोगव पुरुष और क्षत्रिय स्त्री की संतान। (वैखानस १०-१५)। वृत्ति – खुदाई का काम।
खश = (१) ब्राह्मणों से संपर्क न रहने के कारण संस्कारहीन हुए क्षत्रिय वर्ण के लोग। (२) नेपाल की एक वीर जाति का नाम।
गणक = देवल पुरुष और वैश्य स्त्री की संतान। गणक प्रायः ज्योतिषी होते थे।
गुहक = श्वपच पुरुष और ब्राह्मण स्त्री की संतान।
गोज = क्षत्रिय स्त्री-पुरुष के गुप्त प्रेम के कारण उत्पन्न संतान।
गोलक = ब्राह्मण विधवा का ब्राह्मण के संबंध से उत्पन्न अपत्य। (मृते भर्तरि गोलकः। (अमर कोश)।
घोलिक = व्याध पुरुष और गारुड स्त्री की संतान।
चक्री = (१) शूद्र पुरुष एवं वैश्य स्त्री की संतान। (उशना २२-२३)। (२) वैश्य पुरुष और ब्राह्मणी की संतान। (वैखानस ११-१३)। वृत्ति – तिल या तैल का व्यापार।

चर्मकार = (१) शूद्र एवं क्षत्रिय स्त्री की संतान। (२) वैदेहक एवं ब्राह्मण स्त्री की संतान। (३) आयोगव और ब्राह्मण स्त्री की संतान। (सात अंत्यजों में से एक जाति)।
चाक्रिक = शूद्र पुरुष एवं वैश्य नारी की संतान। (वैखानस १०-१४)। देखिये – चक्री)
चाण्डाल = स्मृति के अनुसार – (१) ब्राह्मण स्त्री और शूद्र पुरुष की संतान। (२) सगोत्र तथा सप्रवर विवाह से उत्पन्न संतति। (३) अविवाहित कन्या की संतति। (४) संन्यासोत्तर – गृहस्थाश्रमी की संतति। ये लोग **'जन्मचाण्डाल'** कहे जाते थे। (यमस्मृति)
चाण्डाल = कर्मचाण्डाल – (१) आह्वयक (दौंडी पीटने वाला), (२) देवलक (पुजारी की नौकरी करने वाला), (३) नाक्षत्र (भविष्य का धंदा करने वाला), (४) ग्रामयाजक और (५) श्मशानजीवी पाशुपत। ये पांच प्रकार के ब्राह्मण 'कर्मचांडाल' कहे जाते थे। (जन्मचाण्डाल – देखिये)।
चूञ्चु = ब्राह्मण एवं वैदेहक नारी की सन्तान। (कुल्लूक भट्ट)।
चूचुक = वैश्य पुरुष एवं शूद्र स्त्री की संतान।
जटीलक = ब्राह्मण यति का एक प्रकार। (बौद्ध ग्रंथों में उल्लिखित)।
जात्यपकर्ष = उच्चवर्णीय पुरुष का नीच वर्णीय स्त्री से उत्पन्न पुत्र पांच, छह या सात पीढियों तक उसी नीचवर्णीय स्त्री से विवाह करे तो उच्चवर्णीय का जात्यपकर्ष होता है। जात्यपकर्ष के कारण ब्राह्मण परिवार का क्षत्रिय, वैश्य या शूद्र वर्ण में प्रवेश होता है।
जात्युत्कर्ष = उच्चवर्णीय पुरुष की नीच वर्णीय स्त्री से उत्पन्न कन्या (निषादी, अंबष्ठा, आदि) का विवाह उच्चवर्णीय पुरुष से होने पर उस वंश में उच्चवर्णीयों से ही विवाह करने की परंपरा पांच छह या सात पीढियों तक अखंडित रही तो अंतिम पीढी में जात्युत्कर्ष होता है।
ज्योतिर्लिंग = सौराष्ट्र में सोमनाथ। श्रीशैल - मल्लिकार्जुन। उज्जयिनी- महाकाल। ओंकारमांधाता- ममलेश्वर। परली- बैजनाथ। डाकिनी- भीमशंकर। सेतुबंध- रामेश्वर। द्वारुकावन- नागेश। इन १२ शिवलिंगों को ज्योतिर्लिंग माना गया है।
ताम्र (या ताम्रोपजीवी) = ब्राह्मण स्त्री एवं आयोगव की सन्तान। (वैखानस स्मृति १०-१५)।
दुर्भर = आयोगव पुरुष और धिग्वण स्त्री की संतान।
दौष्यन्त = क्षत्रिय पुरुष और शूद्र नारी की सन्तान।
द्रविड (या करण) = शूद्र की अवस्था को प्राप्त हुआ क्षत्रिय। (मनु. १०-४३, ४४)।
धिग्वण = ब्राह्मण पुरुष और आयोगव स्त्री की सन्तान। (वृत्ति – चमड़े का व्यवसाय)।
धीवर = वैश्य पुरुष एवं क्षत्रिय नारी की संतान।
नर्तक = वैश्य नारी एवं रंजक की संतान। (उशना १९) (शैलुक्ष, नट और नर्तक भिन्न जातियाँ मानी गई हैं। उनकी

वृत्तियाँ भी अलग अलग होती हैं।)

नापित = (१) ब्राह्मण पुरुष और वैश्य नारी की संतान (वैखानस १०-१२)। (२) अंबष्ठ पुरुष और क्षत्रिय नारी की संतान। (वैखानस १०-१५)। वृत्ति – बाल बनाना।

निरवसित = शूद्रों का एक प्रकार – जिनका झूठा पात्र किसी भी संस्कार से शुद्ध नहीं होता।

निषाद = (१) चार वर्णों के अतिरिक्त जाति के लोग। (निरुक्त-औपमन्यव टीका)। (२) ब्राह्मण पुरुष एवं शूद्र स्त्री की संतान। (याज्ञवल्क्य १-९१)। (३) ग्रामसीमा पर रहनेवाला।

नैगम = एक ही नगर के नागरिकों का समुदाय।

पह्लव = शूद्रों की स्थिति को प्राप्त हुआ क्षत्रिय। (मनु. १०-४३, ४४)।

पाण्डूसोपाक = चाण्डाल पुरुष और वैदेहक नारी की संतान। यह बुरुड ही है।

पिंगल = ब्राह्मण पुरुष और आयोगव नारी की संतान।

पुलिन्द = वैश्य पुरुष और क्षत्रिय नारी की अवैध संतान। (वैखानस १०-१४)।

पुल्कस (या पौल्कस, पुक्कस) = निषाद पुरुष और शूद्र नारी की संतान।

पूग = विविध जातियों के उन लोगों का दल जो कोई स्थिर व्यवसाय नहीं करते थे और कामलम्पट तथा धनलोलुप रहते थे। (काशिका)।

पौष्टिक = ब्राह्मण और निषादी की संतान।

प्लव = चाण्डाल एवं अन्ध्र नारी सी संतान।

बन्धुल = मैत्रेयक और जांघिका स्त्री की संतान।

ब्रह्मक्षत्रिय = जन्मतः ब्राह्मण और कर्मतः क्षत्रिय लोग।

ब्रह्मबन्धु = संस्कारहीन नाममात्र ब्राह्मण।

ब्राह्मण के प्रकार = **(१) देव ब्राह्मण** (संपूर्ण ब्राह्मण धर्म का पालन करने वाला)। **(२) मुनि ब्राह्मण** (वन में तपश्चर्या करने वाला)। **(३) द्विज ब्राम्हण** (तत्त्वज्ञान के अध्ययन में निमग्न रहने वाला)। **(४) क्षत्र ब्राह्मण** (युद्ध में भाग लेने वाला)। **(५) वैश्य ब्राह्मण। (६) शूद्र ब्राह्मण** (दुकानदारी करने वाला)। **(७) निषाद ब्राह्मण** (चोरी, मांसाहार आदि करने वाला दुराचारी)। **(८) पशु ब्राह्मण** (केवल यज्ञोपवीत धारण करने वाला ज्ञानहीन)। **(९) म्लेच्छ ब्राह्मण** (अत्याचार करने वाला)। **(१०) चाण्डाल ब्राह्मण** (अत्रिस्मृति ३७३-३८३)। **इनके अतिरिक्त (१) नातिब्राह्मण** (ब्राह्मण कर्म न करने वाला)। **(२) अनूचान** (ज्ञान संपन्न अग्निहोत्री)। **(३) भ्रूण** (यज्ञ के प्रसाद पर जीविका निभाने वाला)। **(४) ऋषिकल्प** (वैदिक एवं लौकिक ज्ञान से संपन्न तथा संयमशील)। **(५) ऋषि** (वरदान या शाप देने में समर्थ)। **(६) मुनि** (सोना और मिट्टी समान मानने वाला श्रेष्ठ ब्राह्मण)।

भस्मांकुर = भ्रष्ट शैव संन्यासी एवं शूद्र वेश्या की संतान।

भिषक = ब्राह्मण पुरुष और क्षत्रिय कन्या के प्रेम संभोग से उत्पन्न सन्तान। वृत्ति – ज्योतिष, वैद्यक, शल्यकर्म।

भूप = वैश्य पुरुष एवं क्षत्रिय नारी की संतान।

भूर्जकण्टक = व्रात्य ब्राह्मण और ब्राह्मणी की संतान। (अपरनाम – आवन्त्य या वाटधान)

भृज्जकण्ठ = वैश्य पुरुष और ब्राह्मण नारी की संतान। (देखिये अंबष्ठ)।

भोज = वैश्य पुरुष और क्षत्रिय स्त्री की संतान।

मणिकार = (१) क्षत्रिय पुरुष और वैश्य नारी के गुप्त संभोग से उत्पन्न संतान। (उशना ३९-४०)। (२) वैश्य पुरुष और वैश्य स्त्री के गुप्त संभोग से उत्पन्न संतान। (सूत संहिता)।

मत्स्यबन्धक = तक्षक (बढ़ई) और क्षत्रिय नारी की सन्तान। (उशना ४४)।

मदगु = (१) ब्राह्मण पुरुष एवं बन्दी नारी की संतान (कुल्लूक भट्ट)। (२) क्षत्रिय पुरुष और वैश्य नारी की संतान। (वैखानस १०-१२)।

मन्यु = वैश्य पुरुष और क्षत्रिय स्त्री की संतान।

महापात्र = उत्कल के ब्राह्मणों का एक वर्ग जो प्रायः पौरोहित्य करता था।

मागध = (१) वैश्य पुरुष एवं क्षत्रिय नारी की संतान। (मनु. १०-११,१७)। (२) वैश्य पुरुष एवं ब्राह्मणी की संतान। (गौतम ४-१६)। (३) शूद्र पुरुष और क्षत्रिय नारी की संतान। (बौधायन १-९-७)।

माणविक = शूद्र स्त्री-पुरुष के गुप्त संभोग से उत्पन्न संतान।

मातंग = देखिये चाण्डाल।

माथुर = कायस्थ समाज की एक उपजाति।

माहिष्य = क्षत्रिय पुरुष और वैश्य नारी की संतान। (देखिये – अंबल)।

माहिष्य = क्षत्रिय पति और शूद्र स्त्री का पुत्र।

महिष्या = क्षत्रिय पुरुष की वैश्य स्त्री से उत्पन्न कन्या।

मूर्धावसिक्त = ब्राह्मण पुरुष एवं क्षत्रिय जाति की संतान। यह सर्वोत्तम अनुलोम विवाह माना गया है। इनकी अवैध सन्तान को केवल **अभिषिक्त** कहते है।

मेद = वैदेहक पुरुष एवं निषाद नारी की संतान। (मनु. १०-३६)।

मैत्रेयक = वैदहक पुरुष एवं आयोगव नारी की संतान। (मनु. १०-२३)।

म्लेच्छ = वैश्य पुरुष और ब्राह्मणी के गुप्तसंभोग से उत्पन्न संतान।

यवन = (१) शूद्र पुरुष और क्षत्रिय नारी की संतान। (गौतम ४-१७)। (२) शूद्र अवस्था में प्राप्त क्षत्रिय। (मनु. १०-४३, ४४)।

रजक (धोबी) = पुल्कस (या वैदेहक) पुरुष एवं ब्राह्मणी की संतान। (वैखानस १०-१५)। (२) पुल्कस और वैश्य

स्त्री की संतान। (उशना १८)।

रंजक = शूद्र पुरुष और क्षत्रिय स्त्री के गुप्त संभोग से उत्पन्न संतान।

रथकार = वैश्य पुरुष और शूद्र नारी के विवाह से उत्पन्न जाति। विविध स्मृतियों में इसकी उत्पत्ति के विषय में मतभेद है।

रामक = वैश्य पुरुष एवं ब्राह्मण नारी की संतान। (देखिये - वैदेहक)।

रोमिक = मल्ल जातीय पुरुष और आवर्तक स्त्री की संतान।

वन्दी (या बन्दी) = वैश्य पुरुष एवं क्षत्रिय नारी की सन्तान। वृत्ति - स्तुतिपाठक।

वाल्मीकि = कायस्थ समाज की बारह उपजातियों में से एक की संज्ञा।

विप्र = (दस प्रकार) - द्राविड, तैलंग, कर्नाट, मध्यदेशग और गुर्जर (ये पंच द्रविड) तथा सारस्वत, कान्यकुब्ज, उत्कल, मैथिल और गौड़।

विश् = कृषि, वाणिज्य, कारीगरी इत्यादि द्वारा उपजीविका करने वाले अर्थात् वैश्य।

वेण (या वैण) = (१) वैदेहक पुरुष और अंबष्ठ नारी की संतान। (मनु. १०-१९)। (२) अंबष्ठ पुरुष एवं वैदेहक नारी की संतान। (कौटिल्य ३-७)।

वेणुक = (१) सूत एवं ब्राह्मणी की संतान। (उशना ४)। (२) मद्गु एवं ब्राह्मणी की संतान। (वैखानस १०-१५)। (३) नापित एवं ब्राह्मणी की संतान। (सूत संहिता)।

वेल्लव = शूद्र पुरुष एवं क्षत्रिय नारी की संतान। (सूत संहिता)।

वैदेहक = (१) वैश्य पुरुष और ब्राह्मण नारी की संतान। (मनु. १०-११,१३,१७)। (२) शूद्र पुरुष और क्षत्रिय नारी की संतान। (गौतम ४-१५)। (३) शूद्र पुरुष और वैश्य नारी की संतान। (उशना २०)।

व्रात = विविध जातियों के श्रमजीवी लोगों का समूह जिनका कोई निश्चित व्यवसाय नहीं होता था। (पातंजल महाभाष्य)।

व्रात्य = गायत्री (या सावित्री) मंत्र के जाप को त्यागने वाला ब्राह्मण या क्षत्रिय। व्रात्यस्तोम नामक यज्ञ से उनका शुद्धीकरण होता है।

शालाक्य (शाकल्य) = मालाकार और कायस्थ नारी की संतान।

शालिक = देखिये मागध।

शूद्र = दो प्रकार - (१) अनिरवसित - जिनका झूठा पात्र मांजने पर पवित्र होता है। (२) निरवसित -जिनके द्वारा उपयुक्त पात्र किसी संस्कार से शुद्ध नहीं होता।

शूलिक = (१) ब्राह्मण पुरुष एवं शूद्र नारी की संतान। (उशना ४२)। (२) क्षत्रिय पुरुष और शूद्र नारी के गुप्तसंभोग से उत्पन्न संतान। वृत्ति - दण्डितों को सूली पर चढ़ाना।

श्वपच (या श्वपाक) = (१) उग्र पुरुष और क्षत्ता स्त्री की संतान। (कौटिल्य ३-७)। (२) क्षत्ता पुरुष और उग्र नारी की संतान। (मनु. १०-५१)।

सिन्दोलक (स्पन्दालिक) = शूद्र एवं मागध नारी की संतान।

सुवर्ण (या सवर्ण) = ब्राह्मण पुरुष और क्षत्रिय स्त्री की वैध संतान। इनके कर्म-संस्कार अथर्व वेद के अनुसार विहित हैं।

सूचक = वैश्य पुरुष और शूद्र नारी की संतान।

सूचिक (या सौचिक तथा सूची) = वैदेहक पुरुष और क्षत्रिय नारी की संतान। अपर नाम - तुन्नवाय (अर्थात् दर्जी)।

सूनिक (या सौनिक) = आयोगव पुरुष और क्षत्रिय नारी की संतान। ब्रह्म पुराण में इसे पशुमारक कहा है। (आज कल कसाई या खाटिक कहे जाते हैं।)

सैरिन्ध = दस्यु पुरुष और आयोगव स्त्री की संतान। (द्रौपदी और दमयन्ती ने 'सैरन्ध्री' का किया हुआ काम प्रसिद्ध हैं)।

सौधन्वन = देखिये रथकार।

★ ★ ★ ★

जातिप्रकार (परिशिष्ट)

अप्रयत शूद्र = शूद्र वर्ण में समाविष्ट न हुई चाण्डाल, पौल्कस आदि जातियाँ।

गौड ब्राह्मण = (पांच प्रकार) = सारस्वत, कान्यकुब्ज, गौड, उत्कल और मैथिल। इन्हें "पंच गौड" कहते हैं।

देशस्थ = पंचद्राविड ब्राह्मण समाज के अन्तर्गत महाराष्ट्र के देशविभाग में रहने वाले ब्राह्मण। ये शाकल शाखीय ऋग्वेदी तथा माध्यंदिन और काण्व शाखीय यजुर्वेदी होते हैं। (**कोंकणस्थ** और **कऱ्हाडे** नामक अन्य दो ब्राह्मणों के प्रकार प्रदेशभेदानुसार महाराष्ट्र में रहते हैं।

दैवज्ञ ब्राह्मण = महाराष्ट्र के सुवर्णकारों की संज्ञा।

द्राविड ब्राह्मण (पंच द्राविड) = गुर्जर, महाराष्ट्रीय, कर्नाटक, तैलंग और केवलद्रविड (अर्थात तमिल और मल्याली)

नामशूद्र = शूद्र पुरुष और ब्राह्मण स्त्री की संतान। बंगाल, असम प्रदेश में चाण्डालों के लिये यह संज्ञा प्रचलित हैं। इन्हें 'नामशूद्र ब्राह्मण' भी कहते है।

पंच गौड = विंध्य की उत्तर में रहने वाले - सारस्वत, कान्यकुब्ज, गौड, उत्कल और मैथिल शाखाओं के ब्राह्मण।

पंचजन = (१) ब्राह्मण, क्षत्रिय, वैश्य, शूद्र और निषाद इन पांच समाजों की संज्ञा।

पारशव = ब्राह्मण पुरुष और शूद्र स्त्री की संतान। मनु याज्ञवल्क्य आदि के मतानुसार यह निषाद का अपर नाम है। (मनु. ९-१७८)

प्रतिलोम प्रजा = निकृष्ट वर्णीय पुरुष द्वारा उच्च वर्णीय स्त्री से उत्पन्न संतान। प्रारंभ मे केवल छह प्रतिलोम (तथा अनुलोम) जातियां थीं।

मूर्धावसिक्त = क्षत्रिय पुरुष और वैश्य स्त्री की सन्तान। मूर्धावसिक्त को राज्याभिषेक का अधिकार होता है।

रथकार = ब्राह्मण स्त्री और क्षत्रिय पुरुष के विवाहबाह्य संबंध से उत्पन्न एक प्रतिलोम जाति।

रोमिक = मल्ल पुरुप और आवर्तक स्त्री की संतान।

वृषल = मनुस्मृति के अनुसार ब्राह्मणों से संपर्क छूटने तथा धार्मिक क्रिया-कर्म का लोप होने के कारण शूद्रवत् हुआ क्षत्रिय वर्ग। पौंड्रक, औंड्र, द्रविड, कांबोज, यवन, शक, पारद, पह्लव, चीन, किरात, दरद, खश, इन जातियों के लोग वृषल माने जाते थे।

व्रात्य = (१) धार्मिक दीक्षाहीन पुरुष का पुत्र। (२) उपनयन संस्कार हीन। (३) क्षत्रिय की अनौरस संतान (४) शूद्र पुरुप और क्षत्रिय स्त्री की संतान।

शुनिक (या सौनिक) = आयोगव पुरुष और क्षत्रिय स्त्री की संतान। पशुहत्या ही इनका उद्योग होता है।

संकर जाति = चार वर्णों में भिन्नवर्णीयों के विवाह या अनैतिक संबंधों के कारण उत्पन्न जातियां।

स्मृति ग्रंथों मेंउल्लिखित कुछ संकर जातियों की नामावली

प्राचीन संकर जातियाँ = निषाद, पारशव, करण, रथकार, भृज्जकंठ, अंबष्ठ, पुल्कस, मागध, वैदेहक, आवन्त्य, सूत, वेणुक, चर्मकार, चाण्डाल, श्वपच, आयोगव, ताम्रोपजीवी, सूनिक, उद्‌बंधक, पुक्कस, रजक, नर्तक, चर्मोपजीवी, सूचिक, मूर्धावसिक्त, नृप, गूढजातक, उग्र, सूचक, तक्षक, मत्स्यबंधक, कंटकार, कालवच, पुलिंद, रजक, चक्री, भिषक्, कुम्भकार, निषाद, मणिकार, शूलिक, कटकार इत्यादि। स्मृतिग्रंथों में लगभग सौ संकर जातियों के नामोल्लेख वर्णसंकर के निर्देश सहित मिलते हैं।

सारस्वत = गोवा तथा कोंकण विभाग की एक ब्राह्मण उपजाति।

सूत = (१) क्षत्रिय पुरुष और ब्राह्मण स्त्री की संतान। (२) राजा का एक प्रमुख सहकारी। इनकी अवैध संतान को 'रथकार' कहते हैं।

* * *

वर्ग - ३

आध्यात्मिक धर्म की परिभाषा

(श्रीमद्भगवद्गीता में प्रयुक्त)

भगवद्गीता की परिभाषा

श्रीमद्भगवद्गीता में अनेक शब्दों का विशिष्ट पारिभाषिक अर्थों में प्रयोग हुआ है। जिन शब्दों के स्पष्टीकरण की आवश्यकता भगवान् व्यासजी को प्रतीत हुई उनका स्पष्टीकरण स्वयं उन्होंने दिया है। भगवद्गीता के ऐसे पारिभाषिक शब्दों का गीतोक्त स्पष्टीकरण सहित चयन यहां किया है। **यहां शब्द अध्याय-श्लोक के क्रम से संचित किये हैं (अकारादिक्रम् से नहीं)।**

स्थितप्रज्ञ = सभी कामनाओं का त्यागी, आत्मस्वरूप में तुष्ट, दुःखों में अनुद्विग्न, सुखों में निस्पृह, राग, भय और क्रोध से दूर, सर्वत्र स्नेहरहित, शुभअशुभ का अभिनन्दन या द्वेष न करने वाला, इन्द्रियों को विषयों से परावृत्त करने वाला, परतत्त्व का द्रष्टा, योगयुक्त, परमात्मनिष्ठ, इन्द्रियों को वश में रखने वाला (२-५५-६८)

ब्राह्मी स्थिति = निस्पृह, निर्मम, निरहंकार अवस्था। (२-७२)

द्विविधा निष्ठा = (३-३) दो प्रकार की अवस्था। १) सांख्य, २) योग। अर्थात् ज्ञानयोग और कर्मयोग।

असक्त = ज्ञानेन्द्रियों का मन से संयम करते हुए कर्मेन्द्रियों से कर्मयोग का आचरण करने वाला। (३-६)

मिथ्याचार = कर्मेन्द्रियों का संयम करते हुए मन से विषयों का स्मरण करने वाला (३-६)

बुद्धिमान् = (३-१८) जो कर्म में अकर्म और अकर्म में कर्म देख पाता है उसी को कृत्स्नकर्मकृत् (समस्त कर्म करने वाला) योगी कहते है।

पण्डित = (३-१९) जिसके सारे कर्म कामना और संकल्पों से वर्जित होते हैं, तथा जिसका कर्म ज्ञानाग्नि से दग्ध होता है।

नित्यसंन्यासी = (५-३) जो किसी का द्वेष नहीं करता और किसी भी वस्तु की इच्छा नहीं रखता।

योगारूढ = (५-४) शमप्रधान, इन्द्रियार्थ (शब्दादिविषय) और कर्म में निरासक्त, सर्वसंकल्पों का त्याग करनेवाला।

युक्त = (५-८) वह योगी जो ज्ञान-विज्ञान से तृप्त, विजितेन्द्रिय तथा सोना और मिट्टी का ढेला समान मानता है।

युक्त = पाप से अलिप्त (५-१०) जो अपने कर्म ईश्वर को समर्पित करते हुए निःसंग वृत्ति से करता है।

युक्त = (योगी) (५-२३) जो शरीर त्याग से पूर्व काम और क्रोध से उत्पन्न आवेग को सहन कर सकता है। (वही सुखी होता है)।

योगी = (५-२४) जो अन्तरात्मा में सुख पाता है, वहीं क्रीडा करता है, और अन्तरात्मा के ज्योति को देखता है। (वही ब्रह्मरूप होकर ब्रह्मनिर्वाण पाता है।)

मुक्त = (५-२८) मन, बुद्धि को नित्य संयत रखने वाला इच्छा, भय, क्रोध से विरहित, संन्यासी तथा योगी (६-१)- कर्मफल का आश्रय न लेते हुए अपना कर्तव्य कर्म करता है।

युक्त = (६-१८) जब साधक का चित्त संयमित होकर, आत्मा में स्थिर होता है और जब वह सभी कामनाओं के प्रति निःस्पृह होता है।

योग = (६-२०-२३) जब अतीन्द्रिय आत्यन्तिक सुख का अनुभव प्राप्त होता है, आत्यन्तिक लाभ का अनुभव होता है, जिस में स्थिर होने पर महान् दुःख से विचलित नहीं होता, दुःखसंयोग का ऐसा वियोग ही योग कहलाता है।

परमयोगी = (६-२९-३२) सभी भूतमात्रों में आत्मा को और आत्मा में सभी भूतमात्रों को देखने वाला। सर्वभूतस्थ परमात्मा से एकत्व प्राप्त कर उसकी भक्ति करने वाला। सर्वत्र सुख-दुःख का आत्मौपम्य बुद्धि से अनुभव पाने वाला।

युक्ततम = (६-४७) जो श्रद्धायुक्त होकर तथा अपना अन्तःकरण परमात्मा से एकरूप कर उसकी भक्ति करता है।

अपरा प्रकृति = (आठ प्रकार) (७-४) = भूमि, जल, वायु, अग्नि, आकाश, मन, बुद्धि और अहंकार।

परा प्रकृति = जीवतत्त्व। (७-५)

ब्रह्म = परम अक्षर। जो अक्षर (कभी नष्ट न होने वाला) और परम अर्थात् ओंकार से भी परतत्त्व (८-३)

अध्यात्म = (८-३) परब्रह्म की प्रत्येक देह में अन्तरात्मता। इसी को स्वभाव कहा गया है।

अधियज्ञ = (८-४) 'यज्ञो वै विष्णुः' इस श्रुति वचन के अनुसार यज्ञाभिमानिनी देवता विष्णु का अधिष्ठाता।

अधिदैवत = (८-४) पुरुष अर्थात् 'पूर्णम् अनेन सर्वम् इति पुरुषः'- इस निरुक्ति के अनुसार सर्वव्यापी और 'पुरि शयनात् पुरुषः' इस निरुक्ति के अनुसार शरीररूपी पुर में वास्तव्य करने वाला।

अधिभूत =(८-४) क्षरभाव अर्थात् उत्पन्न हुई प्रत्येक वस्तु।

ओम् = (८-१३) एकाक्षर ब्रह्म।

अहोरात्रविद् = (८-१७) सहस्र युगपर्यंत ब्रह्मा (प्रजापति) का दिन तथा रात्रि का ज्ञान रखने वाले।

अव्यक्तअक्षर = (८-२०) हिरण्यगर्भसंज्ञक अव्यक्त से भी पर, जो ब्रह्मादि संपूर्ण भूतमात्र का नाश होने पर भी नष्ट नहीं होता। इसी को परमगति कहते हैं।

परमधाम = (८-२१) जिस परमभाव को प्राप्त होने पर जीव फिर संसार में नहीं फंसते।

परः पुरुषः = (८-२२) जिसके अन्तर्गत समस्त भूतमात्र हैं और जिससे यह सारा (कार्यस्वरूप विश्व) व्याप्त हुआ है।

अनावृत्ति काल = (८-२३, २४) जिस काल में योगी का प्रयाण होने पर पुनर्जन्म नहीं होता। (अग्नि, ज्योति, दिन, शुक्ल पक्ष तथा उत्तरायण के छह मास)। इसी को **'शुक्लगति'** कहा है। (८-२३,२४) (२६)

आवृत्तिकाल = (८-२५, २६)- जिस काल में योगी का प्रयाण होने पर पुनर्जन्म होता है। (धूम, रात्रि, कृष्णपक्ष, दक्षिणायन)। इसी को **''कृष्णगति''** कहा है। (८-२५,२६)

राजविद्या, राजगुह्य= (९-२) विज्ञान (अनुभव) सहित ज्ञान, जिसकी प्राप्ति से संसार रूप अशुभ से मुक्तता होती है।

युक्ततम = (१२-२) परम श्रद्धायुक्त होकर परमात्मा में मन विलीन करते हुए युक्त (निरंतर तत्पर) होकर जो उपासना करते हैं।

भक्त = (मद्भक्त = भगवद्भक्त) (१२-१३) भूतमात्र का द्वेष न करने वाला, मित्रता से सभी के साथ व्यवहार करने वाला, करुण, निर्मम, निरहंकार, सुखदुःख समान मानने वाला, क्षमावान्, सतत संतुष्ट, सतत योगी, स्वसंयमी, दृढनिश्चयी, परमात्मा में मन बुद्धि को समर्पित करने वाला, जिससे लोगों को उद्वेग नहीं होता, लोग जिससे उद्विग्न नहीं होते, हर्ष, अमर्ष-भय-उद्वेग से मुक्त, अपेक्षाहीन, शुचि, दक्ष, उदासीन (निःपक्षपाती) व्यथाहीन, सकाम कर्मों का त्याग करने वाला, हर्ष, शोक और इच्छा न करने वाला, शुभ-अशुभ का परित्यागी, शत्रु-मित्र, मान-अपमान, शीत-उष्ण और सुख-दुःख को समान मानने वाला, आसक्तिरहित, निन्दा-स्तुति को समान मानने वाला, मौनी(वाक्संयमी), हर किसी में संतुष्ट, अनिकेत, स्थिरमति। इन ३० गुणों या लक्षणों से युक्त भक्त भगवान् को प्रिय होता है।

क्षेत्र = (१३-१)मानव शरीर।

क्षेत्रज्ञ = (१३-१,२) शरीर को संपूर्णतः जानने वाला। परमात्मा।

ज्ञान = (१३-२) क्षेत्र-क्षेत्रज्ञ का ज्ञान अर्थात् शरीर और शरीरस्थ ज्ञाता का ज्ञान।

क्षेत्रविकार = (कुल ३१ तत्त्व) (१३-५,६)- पंचमहाभूत, अहंकार, बुद्धि, अव्यक्त, पाँच ज्ञानेन्द्रियां, पाँच कर्मेन्द्रियाँ, मन पांच इन्द्रियविषय (शब्दस्पर्शादि), इच्छा, द्वेष, सुख, दुःख, संघात (देहेन्द्रियरूप समुदाय) में व्यक्त अन्तःकरण की वृत्ति, चेतना, धृति। कुल ३१ तत्त्व **क्षेत्र के विकार** होते है।

तमस् = (१३-८) प्रकृति संभव गुण जो अज्ञान से उत्पन्न, मोहकारक, तथा प्रमाद, आलस्य और निंद्रा से जीव को बद्ध करता है।

ज्ञान = (कुल २० लक्षण) (१३-७)। अमानित्व, अदंभित्व, अहिसा, क्षान्ति, आर्जव, आचार्योपासन, शौच, स्थैर्य, शरीरनिग्रह, शब्दादिविषयों का वैराग्य, अहंकाराभाव, जन्म-मृत्यु- जरा-व्याधि में दुःख दोष देखना, विषयों में अप्रीति. पुत्रदारादि में अनासक्ति, इष्ट, अनिष्ट के प्रति समचित्तता, अनन्य भगवद्भक्ति, पवित्र क्षेत्रवास, असंस्कृत लोगों के समुदाय की अप्रीति, अध्यात्म ज्ञान में नित्य व्यग्रता, तत्त्वज्ञान के प्रयोजन का आलोचन।

ज्ञेय = (१३-१२)- अनादि, परब्रह्म।

प्रकृति = (१३-२०) कार्य (शरीर) करण (मन, बुद्धि, अहंकार और १० इन्द्रियाँ), के कर्तृत्व (उत्पादव.त्वें) का हेतु।

पुरुष = (१३-२०) सुख/दुःखों के भोक्तृत्व का हेतु।

परमात्मा = (१३, २२) देहस्थ पुरुष।

उपद्रष्टा = (१३,२२) देहस्थ पुरुष।

अनुमन्ता = (१३-२२) देहस्थ पुरुष, क्षेत्रज्ञ।

भर्त्ता = (१३-२२)- देहस्थ पुरुष।

भोक्ता = (१३-२२) देहस्थ पुरुष।

महेश्वर = (१३-२२) देहस्थ पुरुष।

गुणातीत = (१३-२२,२६) प्रकाश (सत्त्वकार्य), प्रवृत्ति (रजोगुण का कार्य), मोह (तमोगुण का कार्य), इस प्रवृत्ति और निवृत्ति की चिंता न करने वाला, उदासीनवत्, गुणों से अविचलित, समसुखदुःख, समलोष्टाश्मकांचन, प्रिय-अप्रिय, मान-अपमान, निन्दा-स्तुति, मित्र-शत्रु समान मानने वाला, सर्वारिंभपरित्यागी, अव्यभिचारी भक्ति से युक्त।

गुण = (१४-५)सत्त्व, रजस् और तमस् जो प्रकृतिसंभव (प्रकृति से उत्पन्न) होते हैं।

सत्त्व = (१४-६) वह प्रकृतिसंभव गुण जो निर्मलता के कारण प्रकाशक तथा अनामय (निरुपद्रव) है (१४-६) तथा जो सुख और ज्ञान के संग से पुरुष को बद्ध करता है।

रजस् = (१४-७) प्रकृति संभव गुण, जो रागात्मक, जो तृष्णा और आसक्ति को उत्पन्न करता है और जो आत्मा को कर्म की आसक्ति से बद्ध करता है।

युक्ततमः = (१२-२) परम श्रद्धायुक्त होकर परमात्मा में विलीन होते हुए नित्ययुक्त (निरंतर तत्पर) होकर जो उपासना करते है।

क्षर पुरुष = (१५-१६) संपूर्ण भूतमात्र।

अक्षर पुरुष = (१५-१६)- कूटस्थ (माया आदि अनेक प्रकार से स्थित।

उत्तम पुरुष = (पुरुषोत्तम) (१५-१७)- परमात्मा ईश्वर जो त्रैलोक्य में आविष्ट होकर उसका भरण करता है। जो क्षर पुरुष से परे तथा अक्षर पुरुष से उत्तम है।

दैवी सम्पद् = (१६-१३) अभय, सत्त्वसंशुद्धि, ज्ञानयोग में निष्ठा, दान, दम, यज्ञ, स्वाध्याय, तप, आर्जव, अहिंसा, सत्य, अक्रोध, त्याग (संन्यास), शान्ति, अपैशुन्य , परदोष प्रकट न करना, तेजः, क्षमा, धृति, शौच, अद्रोह, नातिमानिता। कुल २१ गुण।

आसुरी सम्पद् -(१६-४) = दम्भ, दर्प, अभिमान, क्रोध, पारुष्य, अज्ञान। (कुल ६ लक्षण)।

नरकद्वार (या तमोद्वार) = (१६-२१,२२) काम, क्रोध, लोभ।

सात्त्विक आहार (१७-८) = रसयुक्त, स्नेहयुक्त, स्थिर (देह में चिरकाल स्थिर रहनेवाला), हृदय को प्रिय।

राजस आहार (१७-९) = कडवा, खट्टा, लवणयुक्त,

अतिउष्ण, तीक्ष्ण रूखा, दाहकारक, चिन्ता और रोग उत्पन्न करने वाला।

तामस आहार (१७-१०) = यातयाम (मन्दपक्व), रसरहित, दुर्गन्धयुक्त, पर्युषित (बासा) उच्छिष्ट, अमेध्य (यज्ञ के लिये अयोग्य। (६ लक्षण)

सात्त्विक यज्ञ (१७-११) = फल की इच्छा न रखते हुए विधिपूर्वक कर्तव्य बुद्धि से किया हुआ यज्ञ।

राजस यज्ञ (१७-१२) = फल के उद्देश्य से और दम्भ व्यक्त करने के लिये किया जाने वाला।

तामस यज्ञ (१७-१३) = विधिहीन, अन्नदानरहित, मन्त्रहीन, दक्षिणारहित, तथा श्रद्धाविरहित। (५ लक्षण)

शारीरतप (१७-१४) = देव, ब्राह्मण, गुरु और प्राज्ञ लोगों का पूजन, शौच, आर्जव, ब्रह्मचर्य, अहिंसा।

वाङ्मय तप (१७-१५) = वह भाषण जो अनुद्वेगकर, सत्य, प्रिय, और हितकर होता है तथा स्वाध्याय का अभ्यास।

मानस तप (१७-१६) = मन की स्वच्छता या प्रसन्नता सौम्यता, मौन, मनोनिग्रह, भावसंशुद्धि (निष्कपटता)।

सात्त्विक तप (१७-१७) = वह कायिक, वाचिक और मानसिक तप जो परम श्रद्धा से एवं फलाभिलाषाविरहित वृत्ति से किया जाता है।

राजस तप (१७-१८) = जब शारीर, वाङ्मय एवं मानस तप, सत्कार, मान पूजा के हेतु से तथा दम्भ से किया जाता है।

तामस तप (१७-१९) = जो शारीर वाङ्मय और मानस तप अविवेक से, दूसरों को पीडा देने के लिये स्वयं को पीडा देते हुए किया जाता है।

सात्त्विक दान (१७-२०) = जो दान कर्तव्यबुद्धि से उपकार न करने वाले को या प्रत्युपकार करने की शक्ति न रखने वाले, सत्पात्र व्यक्ति को, पवित्र देश और काल में दिया जाता है।

राजस दान (१७-२१) = प्रत्युपकार करने के या पाने के, या दानधर्म का फल पाने के उद्देश्य से जो खेदपूर्वक दिया जाता है।

तामस दान (१७-२२) = जो अयोग्य देश और काल में अपात्र व्यक्तियों को सत्कारवचनरहित अवज्ञा से दिया जाता है।

ॐतत् सत् (१७-२३) = ब्रह्म का त्रिविध नामनिर्देश।

सत् (१७-२६, २७) = सद्भाव साधुभाव, प्रशस्त कर्म। (यज्ञ, तप और दान मे स्थित ईश्वरार्थ कर्म।

असत् (१७-२८) = अश्रद्धापूर्वक यज्ञ, दान, तप, कर्म, जिसका फल इह तथा पर लोक में नहीं के बराबर होता है।

संन्यास = (१८-२) काम्य कर्मों का परित्याग।

त्याग (१८-२ = नित्य, नैमित्तिक आदि सभी कर्मों के फलों का त्याग।

तामस संन्यास (१८-७) = नियत कर्मों का मोह से परित्याग।

राजस त्याग (१८-८) = जब कर्म का त्याग शरीरक्लेश के कारण दुःख की भावना से होता है।

सात्त्विक त्याग (१८-९) = आसक्ति और फल की इच्छा का त्याग करते हुए जब नियत कर्म किया जाता है, और आसक्ति और फल की इच्छा का भी त्याग होता है।

त्यागी (१८-११) = जो कर्म के फल का त्याग करता है।

कर्मचोदना (१८-१८) = ज्ञान, ज्ञेय और परिज्ञाता(ये तीन प्रकार)

कर्मसंग्रह (१८-१८) = करण, कर्म, कर्ता (तीन प्रकार)

सात्त्विक ज्ञान (१८-२०) = जिससे सारे भूतमात्र में एक अविनाशी तत्त्व का विभक्तता में अविभक्त एक अखंड) तत्व का दर्शन होता है।

राजस ज्ञान (१८-२१) = जिस ज्ञान के कारण भूतमात्र में अनेक भिन्न भिन्न स्वरूपों का पृथक्ता से भान होता है।

तामस ज्ञान (१८-२२) = जिस ज्ञान के कारण देहादि एक मात्र वस्तु में सर्वस्व की ही प्रतीति होती है। (अर्थात् वही एकमात्र उपाय है अन्य सब झूठ ऐसी धारणा होती है) तथा जो तत्त्वविरहित एवं अल्पमात्र होता है।

सात्त्विक कर्म (१८-२३) = जो कर्म अनासक्ति से एवं राग-द्वेष हीन वृत्तिसे फल की इच्छा के बिना किया जाता है।

राजस कर्म (१८-२४) = जो फल की इच्छा से अहंकारपूर्वक अतिकष्ट से किया जाता है।

तामस कर्म (१८-२५) = जो कर्म अन्तिम परिणाम, शक्ति क्षय तथा अर्थक्षय, हिंसा, और पौरुष का विचार किये बिना किया जाता है।

सात्त्विक कर्ता (१८-२६) = जो मुक्तसंग, अहंकार विरहित, धृति और उत्साह से युक्त, तथा सिद्धि या असिद्धि के विषय में निर्विकार होता है।

राजस कर्ता (१८-२७) = जो रागी (आसक्तियुक्त) कर्मफल की इच्छा रखने वाला, परधन का लोभी, हिंसक, बाह्य-अन्तर शुचित्वहीन, तथा हर्ष और शोक का अनुभव करता है।

तामस कर्ता (१८-२८) = अयुक्त (चंचल चित्त वाला), प्राकृत (संस्कारहीन), स्तब्ध (घमंडी), शठ (कपटी), नैष्कृतिक (दूसरों की जीविका नष्ट करने वाला), आलसी, विषादी और दीर्घसूत्री।

सात्त्विकी बुद्धि (१८-३०) = जिससे प्रवृत्ति, निवृत्ति, कार्य, अकार्य, भय, अभय, बन्ध, मोक्ष इन द्वन्द्वों का सम्यक् ज्ञान होता है।

राजसी बुद्धि (१८-३१) = जिससे धर्म और अधर्म, कार्य और अकार्य का निर्णययुक्त ज्ञान नही हो पाता।

तामसी बुद्धि (१८-३२) = जिसके कारण मनुष्य को धर्म का अधर्म, एवं अन्य सभी विषयों का उलटा ज्ञान होता है।

सात्त्विकी धृति (१८-३३) = जिस अव्यभिचारिणी (अर्थात् सदा समाधियुक्त) धृति के द्वारा मन, प्राण, तथा इन्द्रियों की क्रियाओं का योग से धारण होता है।

राजसी धृति (१८-३४) = जिस के द्वारा मनुष्य धर्म और काम के विषयों को प्रसंगानुसार फल की आकांक्षा से धारण करता है।

तामसी धृति (१८-३५) = जिसके कारण दुष्ट बुद्धि का मनुष्य निद्रा, भय, शोक, विषाद, मद इन दोषों का त्याग नहीं करता।

सुख (१८-३६) = जिसमें (अभ्यास) परिचय के कारण मनुष्य रममाण होता है और दुःख के उपशमन का अनुभव पाता है।

सात्त्विक सुखं (१८-३७) = जो आरंभ में विषवत् होता है किन्तु परिणामतः अमृततुल्य होता है।

राजस सुख (१८-३८) = जो विषय और इन्द्रिय के संयोग से उत्पन्न होता है, प्रारंभ में अमृततुल्य होने पर भी जिसका परिणाम विषवत् होता है।

तामस सुख (१८-३९) = जो आरंभ में और अंत में जीव को मोहित करता है ऐसा निद्रा, आलस्य और प्रमाद से उत्पन्न होने वाला अनुभव।

ब्रह्मकर्म (१८-४२) = शम, दम, तप, शौच, क्षमा, आर्जव ज्ञान, विज्ञान, आस्तिक्य (वेदों पर विश्वास) इनका स्वाभाविक आचरण।

क्षत्रकर्म (१८-४३) = शौर्य, तेज, धृति, (उत्साह) दक्षता, युद्ध से पलायन न करना, दान, ईश्वरभाव (प्रभुशक्ति), इनका स्वाभाविक आचरण।

वैश्यकर्म (१८-४४)=कृषि, पशुपालन और वाणिज्य स्वभावतः करना।

शूद्रकर्म (१८-४४)=परिचर्या (अर्थात् अन्य तीन वर्णों के कर्मों में सहाय देना।

× × ×

भगवद्गीता-शांकरभाष्य में उल्लिखित

आध्यात्मिक परिभाषा

प्रास्ताविक

भगवद्गीता एक विश्वमान्य ग्रंथ है। इसमें प्रयुक्त अनेक शब्दों में मार्मिक अर्थ भरा हुआ है जिसका आकलन केवल अनुवाद मात्र से नहीं होता। स्वयं गीताकार ने ही अपने अनेक शब्दों का विवरण यत्र तत्र किया है। संस्कृत के अनेक दार्शनिक आचार्यों ने अपनी धारणा के अनुसार गीता के अर्थगर्भ शब्दों का मार्मिक विवरण अपने भाष्यग्रंथों में किया है। सभी प्रमुख भाष्य ग्रंथों में कथित गीता-शब्दों के अर्थों का संकलन एक आवश्यक कार्य है जो अभी तक नहीं हुआ है। जगद्गुरु श्री शंकराचार्यजी का भाष्यगीता उपलब्ध भाष्यों में अनेक दृष्टि से अग्रगण्य है। प्रस्तुत संकलन में जिस श्लोक के शब्द का आचार्यजी ने स्पष्टीकरण दिया है उस श्लोक का अध्याय निर्देश सहित क्रमांक दिया है। पहला क्रमांक अध्याय का और दूसरा श्लोक का सूचक है। कई शब्दों के अनेक अर्थ संदर्भ के अनुसार भाष्य में मिलते हैं वे प्रायः सभी यहां एकत्र आये हैं। उनका तौलनिक अध्ययन उद्बोधक होगा। अतिप्रसिद्ध तथा अप्रस्तुत शब्दों का चयन यहां नहीं किया है। अनेक स्वनामधन्य आचार्यों के भाष्य तथा उन पर लिखे उपभाष्य ग्रंथों में प्राप्य इस प्रकार के विवरणात्मक अर्थों का एक स्वतंत्र कोश निर्माण हो सकता है। संस्कृत वाङ्मय कोश के प्रस्तुत तृतीय खंड में विविध महत्त्वपूर्ण विविध शास्त्रग्रंथों में प्रयुक्त परिभाषात्मक शब्दों का चयन करने की संकल्पना होने के कारण गीता के अन्य भाष्यों का ही शब्दसंग्रह नहीं किया गया। व्यवहार में धर्म, ज्ञान, योग, भक्त, ईश्वर, सत्य, आत्मा, माया आदि अनेक शब्दों का प्रयोग होता है किन्तु उस प्रकार के सुरूढ शब्दों में कितनी विलक्षण अर्थच्छटा होती है, इसकी कल्पना हमारे इस चयन से सहज आ सकेगी।

इसमें क्रियापदों के अर्थों का चयन नहीं है। जो संस्कृत शब्द उल्लिखित हैं उनके केवल प्रातिपदिक रूपों का ही निर्देश यहां है। मूलतः बहुवचनी शब्द भी एकवचन में निर्दिष्ट हैं। मूल भाष्य की वाक्यरचना के हिंदी अनुवाद में आवश्यकता के अनुसार सुविधा के लिए लेशमात्र परिवर्तन लिये किया है किन्तु उसके कारण मूल अर्थ में भेद न होने की यथाशक्ति दक्षता ली है।

अक्षरः = (१) संसार रूपी वृक्ष का बीज (१५-१८) (२) संसार बीजों की अनन्तता के कारण जो नष्ट नहीं होता (न क्षरति), और अनेक माया प्रकारों से नित्य, रहता है। १५-१६ (३) जो परमार्थतः सत् और असत् के पार है (११-३७)।

अक्षर पुरुष = क्षरसंज्ञक पुरुष की उत्पत्ति का बीज, अनेक संसारी जंतुओं के काम कर्म आदि संस्कारों का आश्रय, (१५-१६)

अकुशल = काम्य कार्य (१८-१७)।

अकृतबुद्धि = जो देहादि के व्यतिरिक्त आत्मा का अस्तित्व मानता है किन्तु उस आत्मा को ही केवल कर्ता मानता है (१८-१६)

अक्रोध = दूसरों के द्वारा निंदा या आघात होने पर उत्पन्न हुए क्रोध का उपशमन करना। (१६-२)

अक्रोध और क्षमा में भेद यही है कि निंदा और आघात होने पर अन्तःकरण में किसी प्रकार विकार उत्पन्न न होना क्षमा होती है किन्तु उस अवस्था में उत्पन्न विक्रिया का प्रशमन अक्रोध होता है। (१६-३)

अग्निषोमौ = भोक्ता वैश्वानर को अग्नि और भोज्य अन्न को सोम संज्ञा है। ये दोनों मिलकर अग्निषोमौ कहलाते हैं। (यह सारा संसार 'अग्निषोमौ' ही है यह ज्ञान होने पर अन्नदोष नहीं होता (१५-१४)

अचापलम् = किसी प्रयोजन के बिना वाणी, हाथ, पाव आदि से कोई क्रिया न करना (१६-२)

अज्ञ = देह को आत्मा समझने वाला, मै कर्ता हूँ यह निश्चित बुद्धि रखने वाला लौकिक तथा वैदिक कर्मों में अधिकारी। ३-७

अज्ञान = संसार की प्रवृत्ति का कारण। १३-११

अद्रोह = दूसरे की हत्या करने की इच्छा का अभाव। (१६-३)

अधर्म = विवेक विज्ञान की हानि जिसका कारण होता है।

ऐसा (आचार) (१ भू-)

अधिदैवत = पुरुष की एक संज्ञा (८-४)।

अधिभूत = उत्पन्न होने वाली प्रत्येक वस्तु (८-४)।

अधियज्ञ = सर्वयज्ञाभिमानी देवता विष्णु की एक संज्ञा (८-४)

अध्यात्म = (१) परब्रह्म का प्रत्येक देहमात्र में जो प्रत्यगात्मा या अंतरात्मा स्वरूप है उसे 'स्व-भाव' या अध्यात्म कहते हैं।(८-१)।

(२) आत्मा और अनात्मा का विवेक जिसका विषय होता है (११-२)

(३) परमात्मा के स्वरूप की आलोचना (१५-५)

(४) वह तत्त्व जो शरीर को आश्रय बना कर, जो अन्तरात्म भाव से उसमें रहता है, और परिणाम में जो परमार्थ ब्रह्म ही है (जिसे स्वभाव भी कहते है)

अनन्यभक्ति = ज्ञान जिसका लक्षण और आत्मा जिसका विषय है (८-२)।

अनन्ययोग = (१) विश्वरूप देवता के अतिरिक्त जिसका अन्य कोई आलंबन या आधार नहीं ऐसा योग- (१२-६)

(२) भगवान वासुदेव के परे कोई नहीं अतः वही हमारा गंतव्य है, ऐसी निश्चित और अविचल बुद्धि रहना (१३-१०)

अनित्य = जिसका आदि और अन्त होने के कारण केवल उनके मध्यम काल में जिसका अस्तित्व होता है (५-२२)।

अनुबन्ध = पश्चात् होने वाली वस्तु (१८-२५)

अनुमन्ता = कार्य के व्यापार में स्वयं प्रवृत्त न होते हुए भी प्रवृत्त व्यक्ति के समान उस कार्य में जो अनुकूल दिखाई देता है (१३-२२)

अन्न = भोज्य, भक्ष्य, चोष्य, लेह्य इन चार प्रकारों के भक्षणीय पदार्थ (१५-१४)

अपरा प्रकृति = यह संसारबन्धनस्वरूप होती है। इससे भिन्न क्षेत्रज्ञलक्षणा एवं प्राणधारण की निमित्त प्रकृति को परा प्रकृति कहते हैं।

अभिष्वंग = (१) पुत्रादि के प्रति आत्मभावना स्वरूप विशेष आसक्ति- (१३-९)।

(२) अपना प्रियतम व्यक्ति सुखी या दुःखी होने पर मै ही सुखी या दुःखी हूँ अथवा उसके जीने मरने पर मै ही जीवित या मृत हूँ ऐसी ममता(१३-९)

अभिनव = ऐसा नित्य वर्धमान पदार्थ जिसमें अवयव आने के कारण उपचय स्वरूप वृद्धि होते रहती है (२-२२)

अभ्यसूयक = सन्मार्ग से चलने वालों के गुणों को सहन न करने वाला। (१६-१८)

अभ्यास = (१) एकमात्र परमात्मा में समान अनुभूति की ऐसी आवृत्ति, जिसमें तदतिरिक्त अनुभूति से विघ्न नहीं होता, ऐसी अखण्डित अनुभूति। (८-८)

(२) किसी एक चित्तभूमि पर समान अनुभव की आवृत्ति होना (६-३५)

अभ्यासयोग = चित्त को अन्य विषयों से आकर्षित कर एक ही आलम्बन (आधार) पर पुनः पुनः स्थापन करते रहना (१२-९)

अमृत = देवयज्ञ (होम) होने पर अवशिष्ट रहा हुआ अन्न।

अयशः = अधर्माचरण के कारण होने वाली अकीर्ति- (१०-५)।

अलस = अपने कर्तव्य में भी प्रवृत्ति न होना जिसका स्वभाव है (१८-२८)

अलोलुप्त्व = विषय पास में होते हुह भी इन्द्रियों में विक्रिया का अभाव (१६-२)

असंग = पुत्रेषणा, वित्तेषणा और लोकेषणा से बाहर होना (१५-३)

असत् = (१) उत्पत्ति के पहले और विनाश के पश्चात् जो उपलब्ध नहीं होता (२-१६)

(२) जिस में 'नास्ति' (नहीं है) यह बुद्धि होती है (११-३७)

(३) जो भगवत्प्राप्ति के साधन से बाह्य, और अश्रद्धा से किये जाते है ऐसे यज्ञ दान आदि कर्म (१७-२८)।

असम्मोह = उपस्थित विषयों में विवेक पूर्वक प्रवृत्ति

अविद्या = (१) जिसमें क्रिया, कारक और फल में भेद होते हुए भी जो सब कर्म करवाती है। (२-६९)

(२) यह मेरा कर्म है, मै इस कर्म का कर्ता हूँ, अमुक फल की प्राप्ति के लिए मैं यह कर्म करूंगा यह धारणा, जो अनादि काल से जीवों में प्रवृत्त हुई है (१८-५)।

(३) विषय और विषयी (विषयों का स्वामी) इनमें विवेक का अभाव (१४-६)। मै सुखी हूँ इस अनुभूति का विषय जो सुख, उससे असंबंधित आत्मा का संबंध जोड़ना। (१४-६)

(४) तमोगुण के प्रभाव में होने वाला अनुभव (१३-२)

(५) पुरुष का प्रकृति में स्थित होना (१३-२०)

अविद्वान् = (१) देह इन्द्रियां आदि में आत्मबुद्धि रखने वाला (अर्थात उन्हीं को आत्मा मानने वाला), (१३-२)।

(२) राग-द्वेष आदि विकारों से प्रेरित होकर धर्म-अधर्म का आचरण करने वाला (१३-२)।

(३) मैं कर्ता हूँ, अग्निहोत्रादि वैदिक कर्म मेरे कर्तव्य हैं इस प्रकार का अनुभव करने वाला (२-२१)

अव्यक्त = (१) अहकार का प्रवर्तक मूल कारण।

(२) प्रजापति की स्वापावस्था (८-१८)।

(३) बुद्धितत्त्व का ईश्वरशक्ति स्वरूप कारण (१३-५)।

(४) जिसका इन्द्रियों से ज्ञान नहीं हो सकता। (९-४)।

अव्यय = (१) जिसमें (उपचय) वृद्धि और (अपचय) व्हास नहीं होता (२-१७)।

(२) जन्मादि छह भावविकारों से विरहित (७-१३)।

(३) जिसमें स्वरूपतः वा धर्मतः व्यय नहीं होता (१८-२०)।

अव्यवसायी = जो प्रत्यक्षादि प्रमाणों से उत्पन्न विवेक बुद्धि से हीन होता है। (२-४१)

अहंकार = (१) कार्य और करणों के संघातरूप शरीर में आत्मभाव की प्रतीति (३-२७)।
(२) अहंकार वासना से युक्त अव्यक्त कारण भी अहंकार कहलाता है। (७-४)
(३) मन का कारण (७-४)।
(४) जो महाभूतों का कारण और अहंप्रत्यय (मैं हूं) स्वरूप है (१३-५)।
(५) (आत्मा में अध्यारोपित) विद्यमान और अविद्यमान गुणों से युक्त आत्मा को ही जिसके कारण निज स्वरूप माना जाता है (१६-१८)।
(६) देह इन्द्रियां आदि में अहंभाव (१८-५३)।
अहंकार-विमूढात्मा = कार्य-करण स्वरूप शरीर के धर्मों से युक्त, कार्य-कारण को ही स्वरूप मानने वाला, अविद्या के कारण आत्मा में कर्म मानने वाला (३-२७)।
अहिंसक = (१) किसी के प्रतिकूल आचरण न करने वाला (६-३२)। (२) सारे प्राणिमात्र के हित में (अनुकूलता में) ही निरत रहने वाला (५-३३)।
अहिंसन = दूसरे की हत्या करने की इच्छा का अभाव।
अहिंसा = (१) प्राणियों को पीड़ा न देना (१०-५), (१३-७)। (२) प्राणियों को पीडावर्जित करना (१६-२)।
आचार्य = मोक्ष प्राप्ति की साधना का उपदेश करने वाला (१३-७)
आत्मा = (१) नित्य, अविक्रिय, प्रत्यक्षादि प्रमाणों से अपरिच्छेद्य (२-१८)। (२) अहंप्रत्यय का विषय (२-१९)। (३) छह भाव विकारों से रहित (२-२२)। (४) कर्म रहित (४-१८)। (५) कार्य-करणों के संघात से बाह्य (४-२१)। (६) निर्व्यापार (४-३२)। (७) जन्मवृद्धि आदि विकारों से रहित होने के कारण निष्क्रिय (५ प्र.)। (८) समाधि (योग) द्वारा परिशुद्ध हुआ अन्तःकरण (६-२०)। (९) चैतन्य ज्योतिः स्वरूप (६-२०)।
आत्मज्ञान = जिस ज्ञान का विषय आत्मा होता है। (२-६९)।
आत्मवान् = अप्रमत्त (किसी प्रकार का प्रमाद न करने वाला) (२-४५)।
आत्मवित् = जिसका मिथ्याज्ञान निवृत्त हो चुका है ऐसा पुरुष (५ प्र.)। (२) निष्क्रिय आत्मा को आत्मस्वरूप में जानने वाला (५ प्र.)
आत्मविनिग्रह = स्वभावतः सर्वत्र संचार करने वाले देह इन्द्रियादि को सन्मार्ग में ही निरुद्ध करना (१३-७)
आत्महा = पुनः पुनः देहधारण करके उसका नाश करने वाला (१३-२८)।
आश्चर्य = पहले कभी न देखा हुआ जब अकस्मात् दिखाई देता है तब उसे आश्चर्य कहते है (२-२९)।
आश्रय = जिसका आधार लेकर पुरुषार्थों के साधन की इच्छा की जाती है (४-२०)

आसक्तिनिमित्त = पुत्रभार्या, गृहधन आदि (१८-४९)
आसंग = प्राप्त विषय के प्रति मन की प्रीति जम जाना (१४-७)
आसुर = (१) कामोपभोग ही परम पुरुषार्थ है इस प्रकार की निश्चित धारणा वाला। (१६-११)। (२) अशुचि, अनाचारी, मायावी और अनृतवादी (१६-७)।
आस्तिक्य = आगमोक्त विचारों पर श्रद्धायुक्तता (१८-४३)।
आसुरभाव = हिंसा, असत्यता आदि (७-१५)।
इच्छा = सुख का हेतु जिसका विषय होता है। (७-२७)
इन्द्रिय = आत्मा की उपलब्धि के द्वार (५-१३)।
ईश्वर = सर्वज्ञ और द्विविध (परा-अपरा) प्रकृति के द्वारा जगत् का कारण। (७-६)। (२) सर्वात्मा एवं सर्व भूतमात्र का सुहृद् (११-३६)। (३) सर्व यौगैश्वर्य, सर्व ज्ञानशक्ति से युक्त तथा सत्त्वोपाधियुक्त (१२ प्र.) (४) निरतिशय ज्ञान. ऐश्वर्य, बल आदि शक्तिमान् (१०-१५)। (५) सर्वज्ञ परमगुरु (१३-१६)। (६) सर्वात्मत्व और स्वतंत्रत्व के कारण पुरुष को ईश्वर कहते हैं (१३-२२)। (७) क्षेत्र और क्षेत्रज्ञ संज्ञक द्विविध प्रकृति की शक्तियों से सम्पन्न (१४-३)। (८) धर्म और अधर्म की अपेक्षा के अनुसार इस जगत् का शासनकर्ता (१६-८)।
ईश्वरत्व = द्विविध प्रकृति से युक्तता (१३-१९)।
ईश्वरभक्त = यह सारा दृश्य संसार भगवान वासुदेव ही है (तद् व्यतिरिक्त दूसरा कुछ भी नहीं) इ. विचार से जिसकी बुद्धि भर गई हो। (१३-१८)। (२) अपनी संपूर्ण आत्मबुद्धि जिसने ईश्वर में समर्पित की है (१३-१८)।
ईश्वरभाव = जिन पर शासन करना हो उनके प्रति अपनी प्रभुशक्ति प्रकट करना (१८-४३)।
उपकारी = प्रत्युपकार की अपेक्षा न रखने वाला (५-२९)।
उपद्रष्टा = शरीर इन्द्रियों के व्यापारों से असंबंधित किंतु व्यापारयुक्त कार्यकारणों को समीपता से देखने वाला (१३-२२)।
ऐश्वरं जन्म = मायारूप और अप्राकृत प्रकृति से असंबंधित आविर्भाव (९-४)।
ऐश्वरं बलं = ऐसा बल जो काम राग आदि विकारों से रहित तथा जगत् की धाराणा के लिए पृथ्वी में प्रविष्ट होने से भारी पृथ्वी नीचे नहीं गिरती और विदीर्ण नहीं होती।
ऐश्वरं रूपम् = ज्ञान, ऐश्वर्य, शक्ति, बल, वीर्य तथा तेज से सम्पन्न (११-२)।
ऐश्वरं विश्वरूपम् = समस्त जगत् का आद्य आत्मस्वरूप (१२ प्र.)।
ओंकार = परब्रह्म का वाचक, मन्द तथा मध्यम बुद्धि के लोगों को परब्रह्म का ज्ञान होने के हेतु प्रतिमावत् या प्रतीकवत् जिसे कहा गया है (८-११)। (२) ब्रह्म का नाम (८-१३)। जिसकी उपासना से कालान्तर में मुक्ति फल प्राप्त होता है (८-११)
करुणा = दुःखितों पर दया (१२-१३)।
कर्म = (१) जिसमें अनेक अनर्थों का संभव होता है

और परम्परा से जिसके द्वारा श्रेयःप्राप्तिरूपी फल अनिश्चित होता है। (३ भू.)। (२) ऋत्विक् और यजमान का वह यज्ञ व्यापार जिसके द्वारा अपूर्व की उत्पत्ति होती है (३-१४)। (३) जगत् चक्र को चालना देने का हेतु (३-१४)। (४) शरीर और इन्द्रियों द्वारा जिसकी निष्पत्ति होती है (४-१८)। (५) जिसका प्रयोजन दृष्ट या अदृष्ट होता है, शास्त्रोक्त विधि तथा प्रतिषेध द्वारा जिसका बोध होता है तथा शरीर, वाणी तथा मन के द्वारा जो निष्पन्न होता है (४-२१)। (६) ध्यान योग का बहिरंग (६ प्र.)। (७) अधिकार संपन्न गृहस्थ को जिसका आचरण करना पड़ता है (६ प्र.) (८) देवता की प्रसन्नता संपादन करने हेतु चरु-पुरोडाश आदि द्रव्यों का परित्याग (या समर्पण) यज्ञ कहा जाता है। इस यज्ञ का कर्म शब्द से निर्देश होता है (३-८)। (९) धर्म और अधर्म या पुण्य और पाप जिसका स्वरूप है (१५-२) (१०) कर्म के दो प्रकार (१) धर्म्य अर्थात् शास्त्रीय (२) और अधर्म्य अर्थात् शास्त्रबाह्य (१८-१५)। (११) लोकस्थिति का निमित्त (३-२४)।

कर्मकाण्ड = श्रुति तथा स्मृति में कथित कर्म (२-११)।

कर्मबन्ध = धर्म और अधर्म नामक बन्ध (२-३९)।

कर्मसंग = दृष्ट और अदृष्ट फल देने वाले कर्मों में तत्परता (१४-७)।

कर्मकौशल (कर्मसु कौशल) = चित्त ईश्वरार्पित होने के कारण स्वधर्म स्वरूप कर्मों का आचरण करते हुए सिद्धि या असिद्धि के संबंध में समत्व (या तटस्थ) बुद्धि रहना (२-५०)। (यही गीतोक्त योग का लक्षण है)।

कवि = क्रान्तदर्शी (१०-३७)।

कर्मयोग = (१) कर्म में प्रवृत्ति (६-२)। (२) निःसंगवृत्ति से सुख-दुःखादि द्वन्द्व सहते हुए ईश्वर की आराधना के निमित्त स्वधर्माचरण (इसी को समाधियोग भी कहते हैं) (२-३९)। (३) फलनिरपेक्ष एवं ईश्वरार्पण बुद्धि से जिसका पालन होता है वह है वैदिक कर्मयोग (५-६) (यही ज्ञानयोग का साधन होने के कारण औपचारिकता से योग या संन्यास कहा जाता है। (५-६)। (४) ध्यानयोग का बहिरंग (६-३)।

कर्मप्रकार = शास्त्रीय, अशास्त्रीय, नित्य, नैमित्तिक, काम्य, प्रतिषिद्ध (५-१३) (२-२१)। श्रौत, स्मार्त, पुराणोक्त, संचित, क्रियमाण, आरब्धफल, अनारब्धफल, वर्णकर्म, आश्रमकर्म, ज्ञानपूर्व, ज्ञानोत्तर, सकाम, निष्काम, न्याय्य, अन्याय्य।

गुणसंख्यान = कापिलशास्त्र या सांख्यदर्शन।

काम = (१) समीप न होने वाले (दूरस्थ) विषयों की तृष्णा (तीव्र अभिलाषा) (७-११)।

(२) इन्द्रिय के संपर्क में आये हुए सुखदायक इष्ट विषय का श्रवण या स्मरण होते ही निर्माण होने वाली तद्विषयक तृष्णा (५-२३)।

(३) सत्त्वादि गुणों की आसक्ति (१३-२१)।

(४) श्रौत स्मार्त कर्मों का फल (१२-१२)।

कामोद्भव वेग = अन्तःकरण का वह प्रक्षोभ जिसमें रोमांच, प्रसन्न नेत्र, मुख आदि चिन्ह व्यक्त होते हैं (५-२३)।

कामी = अन्तवत् साधन से उद्योग करने वाला (७-२३)।

कार्य = कारण का विपरिणाम (१३-२०)।

कालानल = प्रलय के समय सभी लोकों का दहन करने वाली अग्नि (११-२५)।

कुशल = नित्य कर्म (१८-१०)।

कूट = (१) जिसके अंतर्गत दोष होते हुए भी गुण मात्र दिखाई देते है ऐसी वस्तु (३-१२)। (२) माया, व्याकृत आदि शब्दों से जिसका उल्लेख होता है। इस प्रकार के कूट के अध्यक्षरूप में रहने वाला (उसे देखनेवाला) **कूटस्थ** कहलाता है। (१२-३)। (२) माया, वंचना, वक्रता, कुटिलता।

कृतान्त (वेदान्त) = जिसमें कृत (कर्म) की समाप्ति होती है ऐसा शास्त्र (१८-१३)।

कृष्ण = भक्तजनों के पापादि दोषों का कर्षण करने वाला। यह शब्द कृष् धातु से सिद्ध हुआ है। (६-३४)

कैवल्य = सभी करणों से वियोग (१३-२)।

कौशल = स्वभावतः बन्धनकारक कर्मों का समत्व बुद्धि से निवारण (२-५०)।

क्रियाविशेष = भोग और ऐश्वर्य के साधनभूत कर्म (२-४३)।

क्रोध = (१) अपने प्रतिकूल तथा दुःखजनक विषयों का दर्शन या श्रवण होते ही उनके प्रति उत्पन्न होने वाला द्वेष (५-२३) (२) किसी कारण कामविकार प्रतिहत (रुद्ध) होने से उत्पन्न विकार (२-६२)।

क्रोधोद्भव वेग = जिसमें गात्रों का प्रकम्प, पसीना, होंठ चबाना, लाल आखें इत्यादि चिन्ह व्यक्त होते हैं।

क्षत्रिय = (१) जगत् का पालन करने वाले (४-१)। (२) ऐसे लोग जिन में सत्त्वगुण न्यून और रजोगुण प्रधान होता है (४-१३)

क्षमा = निंदा या ताड़न होने पर भी चित्त की अविकृतता (४-१०)।

क्षान्ति = दूसरे ने अपना अपराध करने पर भी अविक्रियता (१३-७)।

क्षेत्र = (१) शरीर की एक संज्ञा (१३-१)।

क्षतत्राणात् क्षयात्, क्षरणात् क्षेत्रवद् वा अस्मिन् कर्मफलनिर्वृत्तेः शरीर क्षेत्रम् (१३-१)।

क्षेत्रज्ञ = ब्रह्मा से घास के तिनके तक के अनेक क्षेत्र (शरीर) रूप उपाधि में प्रविभक्त चैतन्यस्वरूप परमात्मा (१३-२)।

(२) अविक्रिय, आकाशवत् सर्वव्यापी, अमूर्त आत्मा, ईश्वर (१३-२)।

(३) अविद्या, कामना, कर्म और उपाधि के स्वरूप का अनुवर्तन करने वाला (१४-३)।

क्षेत्रधर्म = इच्छा, द्वेष, सुख दुःख आदि (५-१९)।

गुणविकार = राग द्वेष मोह आदि (७-१३)।

चेतना = देह-इन्द्रियों द्वारा नित्य अभिव्यक्त होने वाली बुद्धिवृत्ति या अन्तःकरणों की वृत्ति (१०-२२)। जिसमें आत्मचैतन्य का आभास होता है (१३-६) (जैसे तप्त लोहपिंड में अग्नि का)

चैतन्याभास = देह, इन्द्रिय मन और बुद्धि (१३-२२)।

जनार्दन = (१) जिससे जन अभ्युदय निःश्रेयस रूप पुरुषार्थ रूप प्रयोजन की याचना करते हैं (१०-१८)। (२) देवों के प्रतिकूल असुर जनों को जो नरकादि स्थानों में भेजता है। (१०-१८)।

जीवात्मा = ब्रह्म जो बुद्धि, मन, इन्द्रियां आदि उपाधियों से युक्त तथा सर्व उपाधि के धर्मों का जिस पर अध्यास होता है। (४-२५)

ज्ञान = (१) शास्त्र के तथा आचार्य के द्वारा प्राप्त आत्मा (बुद्धि मन आदि आध्यात्मिक विषयों) का अवबोध (३-४१) (४-१०) (१६-१)।

(२) कर्म में अकर्म का दर्शन (४-१९)।

(३) आत्मा और ईश्वर का एकत्व जिसका लक्षण है (४-२१)।

(४) ज्ञान के दो प्रकार, स्वाभाविक और औपदेशिक (उपदेश के द्वारा प्राप्त) (१३-१)।

(५) सम्यक्ज्ञान = क्षेत्र और क्षेत्रज्ञ जिसका विषय होते हैं। (१३-२)।

(६) जन्म आदि में दुःखदोष देखना (ज्ञान का हेतु होने से ज्ञान कहलाता है (१३-८)।

(७) अनन्ययोग से भक्ति (१३-१०)।

(८) अन्तःकरण स्वरूप क्षेत्र का धर्म (१४-६)।

(९) बुद्धि की वृत्ति (१०-३०) (धृति भी बुद्धि की एक विशिष्ट वृत्ति है)।

(१०) ज्ञान जिस विषय का होता है वह तदाकार होता है (१८-५०)।

(११) शास्त्रोक्त पदार्थों का परिचय। (इसीका स्वानुभव पाना ही विज्ञान' है। (८-६)

ज्ञाननिष्ठा = (१) शास्त्र और आचार्य के द्वारा उत्पन्न, क्षेत्रज्ञ और परमात्मा के एकत्व के ज्ञान के स्वानुभवाधिष्ठित निश्चय के रूप में स्थिर रहना। इसी अवस्था को 'चतुर्थी भक्ति' (ज्ञानी की भक्ति) कहते है। (१८-५१)। (२) प्रत्यगात्मस्वरूप विषय का सतत प्रत्यय पाने की इन्द्रियों की उत्कट प्रवृत्ति (अभिनिवेश)। (१८-५५)

ज्ञानफल = ज्ञेय जब ज्ञात होता है तब उसे ज्ञानफल कहते हैं। (१३-१७) (अज्ञान-संमोह का नाश और आत्मस्मृति का लाभ यही ज्ञानफल है (१८-७३)।

ज्ञानयोग = (१) नैष्कर्म्य जिसका स्वरूप है (३-४)।
(२) कर्मयोग जिसका उपाय है (अर्थात् कर्मयोग के द्वारा जिस की प्राप्ति होती है। (३-४)

ज्ञानयोगनिष्ठा = निष्क्रिय आत्मा के स्वरूप में स्थिर रहना (५ प्र.)।

ज्ञानाग्नि = जिनका फल नहीं मिला, जो ज्ञानोत्पत्ति के पूर्व किए गए, ज्ञानप्रगति के साथ किए जाने वाले, अनेक पूर्वजन्मों में किए गए इत्यादि सभी प्रकार के कर्मों को नष्ट (भस्मसात्) करने के कारण ज्ञान पर अग्नि का आरोप होता है (४-३७)।

ज्ञानी = (१) अपना कोई प्रयोजन न होने के कारण कर्मों तथा उनके फलों के प्रति आसक्ति न रखने वाला (४-१९)।

(२) निष्क्रिय ब्रह्म का आत्मरूप में दर्शन पाने वाला (४-२२)। (३) एक (अविभक्त) आत्मा के साक्षात्कार से सम्पन्न। (१३-२७)।

ज्ञेय = सर्व क्षेत्र। ज्ञाता = क्षेत्रज्ञ। (१३-२)।

तत्त्व = ब्रह्म की यथात्मता। तत् सर्वनाम अर्थात् सर्वस्वरूप ब्रह्म का नाम है, अतः तत् का भाव तत्त्व याने ब्रह्म का स्वभाव (२-१६)।

तत्त्वज्ञान = मोक्ष अर्थात् जन्म-मरण स्वरूप संसार से उपरति (या मुक्ति) (१३-११)।

तत्त्वदर्शी = ब्रह्म अर्थात ज्ञेय का यथार्थ रूप देखना जिनका स्वभाव है (२-१६)।

तत्त्वविद् = आत्मा के यथार्थ रूप को जानने वाला (५-८)।

तप = (१) परमात्मविषयक ज्ञान (४-१०)।

(२) इन्द्रिय संयमपूर्वक शरीर का पीडन (शरीर को सुखाना) (१०-५)।

तात = (१) तनोति आत्मानं पुत्ररूपेण इति पिता तात उच्यते। अर्थात् पिता अपने को पुत्ररूप से तानता है इस कारण पिता को तात (तन् धातु) कहते हैं। (२) पिता और पुत्र में अभेद होने के कारण पुत्र भी 'तात' कहा जाता है। शिष्य और पुत्र में अभेद के कारण प्रियशिष्य को भी तात कहते हैं (६-४०)

तुष्ट = बाह्य लाभ की अपेक्षा न रखने वाला। (२-५५)।

तृष्णा = अप्राप्त वस्तु की अभिलाषा (१४-७)।

तेज = प्रगल्भता (१८-४४) (ढीठपन)।

त्यागी = कर्म की तथा उसके फल की आसक्ति का त्याग करते हुए नित्यकर्मों का आचरण करने वाला (१०-१०)।

तामस-राजस-त्यागी = शरीर-क्लेश के भय से कर्म का त्याग करने वाला (१८-३)।

त्रैवर्णिक = जिन्हें शास्त्रोक्त आचार करने का अधिकार (जन्म के कारण) प्राप्त हुआ है (३-३)।

दम = बाह्य इन्द्रियों का उपशमन- (१६-१) [१०-४]।

दर्प = (१) धन, (श्रेष्ठ) स्वजन इत्यादि कारणों से अंतकरण में उत्पन्न उत्सेक (उद्दामता, मस्ती) (१६-४)। (२) अन्तःकरण का एक दोष, जिसके कारण मनुष्य धर्म का भी अतिक्रमण करता है (१६-१८)। (३) हर्ष होने पर धर्म के अतिक्रमण करने में कारणीभूत मनोविकार (१८-५३)

दम्भ = धर्मध्वजित्व (अपनी धार्मिकता की ख्याति करना) (१६-४)।

दम्भित्व = स्वधर्म का प्रकटीकरण करने की प्रवृत्ति। (१३-७)।

दाक्ष्य = सहसा उपस्थित हुए कार्य में व्यामोहित न होते हुए प्रवृत्त होने का गुण (१८-४५)

दान = (१) यथाशक्ति (अपने अन्न धनादि का) संविभाजन। (१०-५) (१६-१)। (२) देय वस्तु के प्रति मुक्तहस्तता (१८-४४)।

दीन = फल की तृष्णा से (कर्म में) प्रवृत्त होने वाले (२-४९)।

दुःख = (१) इन्द्रियों की विषयों के संबध में तृष्णा। (दुःखों का कारण होने से तृष्णा को ही दुःख कहते हैं।) (२-६७)। (२) काम (विकार) का कार्य (३-३९)। (३) प्रतिकूलात्मक (१३-६)। आध्यात्मिक, आधिभौतिक और आधिदैविक दुःख अविद्या मूलक होते हैं (५-२२)।

दुर्बल = इन्द्रियों पर विजय न पाने वाले (२-४)।

दृश्य = पांचभौतिक सृष्टियों से बुद्धि तक सारी प्रकृति का कार्य (३-४२)।

दृढव्रत = निश्चित विज्ञान सम्पन्न (७-२८)।

देहभृत् = देह में आत्मा का अभिमान रखने वाला (१८-११)।

दैवं कारणम् = नेत्रादि इन्द्रियों पर अनुग्रह करने वाले आदित्यादि (देवता) (१८-१४)।

दैवी प्रकृति = शम, दम, दया, श्रद्धा आदि जिसके स्वरूप-लक्षण हैं (२-१३)।

द्रव्ययज्ञ = सत्पात्रों में द्रव्य का विनियोग [४.२८]।

द्वन्द्व = जो पदार्थ परस्पर विरोधी एवं सुख दुःख के कारण होते हैं (२-४५)।

द्वन्द्वातीत = शीत उष्ण आदि के आघात होते हुए भी चित्त में विषण्णता न रखने वाला (४-२३)।

द्वेष = दुःखदायक विषय का प्रथम अनुभव पाने पर बाद में उसी प्रकार का विषय प्राप्त होने पर उत्पन्न भावना (१३-६)।

धर्म = (१) जगत् की स्थिति का कारण तथा प्राणियों के अभ्युदय- निश्रेयस का साक्षात् हेतु (१ भू.) (२) वर्णाश्रम जिसके लक्षण हैं और जो अभ्युदय निःश्रेयस का साधन है (४-७)। (३) शास्त्र के आदेशानुसार विहित कर्तव्य (१८-३१) (४) इन्द्रियों का संयम, शम, दम, दया, अहिंसा आदि जिसके लक्षण हैं (९-१४)।

धृति = (१) देह इन्द्रियादि के थक जाने पर उस थकावट को रोक लगाने वाली अन्तःकरण की विशिष्ट वृत्ति जिसके कारण इन्द्रियां और देह उत्साहित होकर कार्य में नहीं थकते [१६-३]। (२) जिस वृत्ति के कारण थके हुए देह और इन्द्रियों की धारणा होती है। (१३-६)। (३) उत्साहित मनुष्य को किसी भी अवस्था में जिसके कारण थकावट नहीं आती (१८-४४).

ध्रुव = अव्यभिचारी (विचलित न होने वाला) (२-२७)।

ध्यान = (१) मन को वश करते हुए उसीकी सहायता से हृदय से ऊपर जाने वाली नाडी से ऊर्ध्व गमन (८-१२)। (२) चित्त को हृदयकमल में एकाग्र करने पर ऊर्ध्वगामिनी नाडी से क्रमशः भूमिजय करते हुए प्राण को भ्रूमध्य में स्थिर करना (८-१०)। (३) मन को हृदयकमल में सुस्थिर करना (८-१२)। (४) श्रोत्रादि ज्ञानेंद्रियों को उनके निजी विषयों से परावृत्त कर मन में स्थिर करना, फिर मन को प्रत्यक् चैतन्य (अंतरात्मा) में लीन करते हुए जो चिन्तन होता है उसे ध्यान कहते हैं (१३-२३)। (५) तैलधारा के समान संतत (अखंडित) अनुभूति (१३-२४)।

ध्यानयोग = जो सम्यक् दर्शन का अन्तरंग है (६-१)।

ध्यानयोगपरं = ध्यान = आत्मस्वरूप का चिन्तन और योग = आत्मविषय में चित्त का एकाग्रीकरण। (१८-५२) (ऐसे साधक के लिए मंत्र जप आदि कर्तव्य आवश्यक नहीं होते)।

नातिमानिता = अपने को अत्यंत पूज्य मानने की भावना का अभाव (१६-३)।

नाश = पुनर्जन्म में पहले से हीन जन्म की प्राप्ति (६-४०)।

नित्य = विपरिणाम नामक विकार से रहित (२-२१)।

नित्यतृप्त = विषयों की आकांक्षा न रखने वाला (४-२०)।

नियतकर्म = जो जिस कर्म का अधिकारी है उसका वह कर्म, जिसका कोई फल नहीं कहा गया। (३, ८)

निरहंकार = विद्या प्रतिष्ठा आदि की प्राप्ति के निमित्त स्वतः के प्रति विशेष संभावना न होना (२-७१)।

निराश्रय = दृष्ट और अदृष्ट फल के निमित्त किसी साधना का आश्रय न लेने वाला (४-२३)।

निर्मम = देह या जीवन के विषय में भी जिसे ममता नहीं होती (१८-५३) (ऐसा पुरुष ही शांत होता है)। (२) शरीर की धारणा के निमित्त स्वीकृत पदार्थों में भी यह मेरा है इस प्रकार का अभिनिवेश न रखने वाला (२-७१)।

निर्वैर = अपने पर अत्यंत अपकार करने प्रवृत्त हुए लोगों के प्रति भी शत्रुत्व की भावना न रखने वाला (११-५५)।

निवृत्तिधर्म = ज्ञान और वैराग्य जिसके लक्षण है (१ भू.)।

निष्कर्मा = निष्क्रिय ब्रह्म को ही आत्मस्वरूप में जानने वाला (१८-४९)।

निःस्पृह = शरीर को जीवित रखने की भी स्पृहा (इच्छा) न रखने वाला। (२-७१)

नैष्कर्म्य = ज्ञानयोग द्वारा निष्क्रिय आत्मा के स्वरूप में स्थिरता (३-४) इसी को नैष्कर्म्यसिद्धि कहा है (३-४)। यह अवस्था ज्ञानरहित कर्म के परित्याग मात्र से प्राप्त नहीं होती।

पण्डित = पण्डा अर्थात् आत्मविषय बुद्धि जिन्हें प्राप्त हुई है। (२-११)।

परम् = व्यतिरिक्त तथा विलक्षण (७-१३)।

परमात्मतत्त्व = अद्वैत, चैतन्यमात्र, एकरसमय, अज, अजर, अमर, अभय, अनन्त - (इत्यादि विशेषणों का विशेष्य)

(१८-५५)।

परमात्मा = (१) अक्षर ब्रह्म (३-१५), (२) बुद्धि का द्रष्टा (३-४३), (३) चित्तसमर्पण करने का विषय (८-८), (४) भक्तों पर अनुग्रह करने वाला (९-२९), (५) केवल द्रष्टा (दृशिमात्रस्वरूप) तथा विक्रियारहित (९-१०), (६) ज्ञान, बल, वीर्य आदि विशिष्ट धर्मों से युक्त (१०-९), (७) निर्गुण होने के कारण व्यय रहित (१३-३१)। (८) वेदान्त के अर्थ का प्रवर्तक (१५-१५) (वेदान्तकृत्, वेदविद), (९) अपनी चैतन्यमयी बलशक्ति से प्रवेश कर केवल सता मात्र से त्रैलोक्य का धारण करने वाला (१५-१७), (१०) अविद्या के कारण माने हुए देह इन्द्रियां मन आदि आत्मस्वरूपों से परतम। (१५-१७), (११) सभी भूत मात्रों का (समष्टिरूप) आत्मा (१५-१७)।

परमार्थदर्शी = वाणी, मन, शरीर की चेष्टाओं का त्याग करने वाला, आयासरहित, प्रसन्नचित्त, सभी आत्मबाह्य प्रयोजनों से निवृत्त (१३-५) (ऐसा मनुष्य ही वास्तव सुख में रहता है)।

परमार्थयोग = कर्मयोग के पालन से उत्पन्न फल (२-५३)।

परमार्थ संन्यास = (१) सर्व कर्म और उनके फल का त्याग जिसका स्वरूप है (६-२)। (२) निवृत्ति जिसका लक्षण है (६-२)।

परमार्थ संन्यासी = (१) अग्निहोत्र (श्रौतकर्म) और क्रिया (स्मार्तकर्म) न करने वाला (निरग्निः अक्रियः) (६ भू.)। (२) श्रुति, स्मृति, पुराण, इतिहास और योगशास्त्र में कथित संन्यासित्व तथा योगित्व से युक्त (६ प्र.)।

परमेश्वर = (१) नित्य, शुद्ध, बुद्ध, मुक्त, सर्वभूतमात्र का आत्मा, निर्गुण, संसाररूपी दोष के बीज के प्रदाह का कारण (७-१२) महाभूतों से अत्यंत विलक्षण (१३-२७)।

पाप = सर्व धर्म तथा अधर्म संज्ञक बन्धन जिसका रूप है (१८-६६)।

पुण्यकर्म = जिससे सत्त्वशुद्धि (या चित्तशुद्धि) होती है (७-२८)।

पुराण = जिसमें वृद्धि स्वरूप विकार नहीं होता (परमात्मा का एक विशेषण) (२-२१)।

पुरुष = (१) पुर (शरीर) में शयन करने वाला (अर्थात् जीवात्मा) तथा पूर्ण (८-२२)। (२) आदित्य के अन्तर्गत हिरण्यगर्भ, सभी प्राणियों पर अनुग्रह करने वाला (८-४)। (३) पूर्णम् अनेन सर्वम् = जिस से यह सारा ओतप्रोत है। (४-७), (४) क्षेत्रज्ञ, भोक्ता, जीव ये जिसके अन्य पर्याय हैं (१३-२०)।

पैशुन = एक के पास दूसरे के छिद्र (दोष) प्रकट करना (१६-२)।

प्रकृति = (१) सत्त्व, रज और तम इन त्रिगुणों की साम्यावस्था (३.२७), (२) पूर्व जन्म में किए हुए धर्म-अधर्म आदि के संस्कारों की वर्तमान जन्म में अभिव्यक्ति (३-३३), (३) जिसके वश में सारा जगत् होता है और जिससे मोहित होने के कारण मैं वासुदेव (परमात्मा) हूं यह मनुष्य नहीं पहचानता (४-६), (४) सूक्ष्म महाभूत, अहंकार, बुद्धि और अव्यक्त इन पांच प्रकारों में अपरा प्रकृति विभक्त होती है। (१३-५, प्र.) (५) जीव का मूल स्वरूप, क्षेत्रज्ञ ईश्वरात्मिका परा प्रकृति कहलाती है। (३ प्र.), (६) ईश्वर की मायाशक्ति (७) जन्मान्तरों में अर्जित विशेष संस्कारों के कारण बना हुआ मनुष्य का स्वभाव (७-२०) (८) देहात्मवादिनी प्रकृति राक्षसी तथा आसुरी कही जाती है (९-१२)। (९) शरीर (कार्य) और करणों (इन्द्रियों) के कर्तृत्व के रूप में संसार का कारण (१३-१९)। (१०) ईश्वर की विकार निर्माण करने वाली शक्ति (१३-१९), (११) क्षेत्र (अपर) क्षेत्रज्ञ (पर) संज्ञक ईश्वर की दो प्रकृतियां होती हैं जिनके द्वारा ईश्वर जगत् की उत्पति, स्थिति और प्रलय का हेतु होता है। वे दोनों प्रकृतियाँ अनादि तथा संसार का कारण होती हैं। (१३-१९)

प्रज्ञा = आत्मा और अनात्मा का विवेक करने के कारण विकसित हुई बुद्धि (२-५५)।

प्रणय = स्नेह के कारण निर्मित विश्वास (११-४१)।

प्रणव = परमात्मा का निजी स्वरूप, जिसमें सारे वेद समाये हैं (७-८)।

प्रणाश = पुरुषार्थ की अयोग्यता (२-६३)।

प्रद्वेष = शासन का अतिक्रमण करते हुए बर्तन (१६-१८)।

प्रभाव = उपाधि से प्राप्त शक्ति (१३-३)।

प्रमाद = प्राप्त कर्तव्य न करना (१४-९)।

प्रसाद = अनुग्रह करने की बुद्धि (११-४७)।

प्राकृत = बालक के समान जिसकी बुद्धि अत्यंत असंस्कृत होती है। (१८-२८)।

प्रेयस् = अविद्या का कार्य (२-१३)।

फल = फल्गुतया लयम् (अदर्शनं) गच्छति इति (क्षुद्रता के कारण जिसका लय होता है) (१८-१२)।

फलाकांक्षी = जो भिन्न भिन्न देवताओं का यजन करते हैं (४-१२)।

बुद्धि = (१) निश्चयात्मिका चित्त की वृत्ति (३-४२)। (२) सूक्ष्म, सूक्ष्मतर, सूक्ष्मतम अर्थ जानने का अन्तःकरण का सामर्थ्य (४-१०)। (३) अहंकार का कारण तथा निश्चयात्मिका (१३-५) (४) विक्षेप तथा चलन से रहिता बुद्धि को 'निश्चला' बुद्धि कहते हैं (२-५३) (५) विकल्पों से वर्जित होने पर 'अचला' बुद्धि कही जाती हैं (२-५३)। (६) विक्षिप्ता बुद्धि = अनेक साध्य तथा उनका अनेक साधनों से संबंध प्रतिपादन करने वाले आप्तवाक्यों से जिसमें नानात्व उत्पन्न हुआ है (२-५३)। (७) अहंकार का कारण महत्तत्त्व (७-४) (८) विवेक करने की अन्तःकरण की शक्ति (७-१०)।

बुद्धियुक्त = समत्वविषयक बुद्धि से युक्त (२-५०)।

बुद्धियोग = (१) समत्वबुद्धि से युक्त होकर किया हुआ

कर्म (२.४९), (२) ईश्वर में बुद्धि को समाहित (स्थित) करना (१८-५७), (३) बुद्धि = भगवत्तत्त्व का सम्यग् दर्शन, उससे प्राप्त योग (१०-१०) (अर्थात् चित्त की तन्मयता) (४) सम्यक्दर्शन जिसका स्वरूप है (१०-१०)

बुद्धिविशुद्धता = मायारहितता (१८-५१)।

ब्रह्म = (१) जो भूख, प्यास आदि समस्त सांसारिक धर्मों से रहित है, जो नेति, नेति (ऐसा नहीं, ऐसा नहीं) इस प्रकार के वेद वाक्यों द्वारा सब विशेषणों से परे बताया गया है, (४-२५) (२) सर्व दोषों से अस्पृष्ट (५-१९) (३) जिसमें सारे विशेषण विध्वस्त होते हैं ऐसा अक्षर तत्त्व (१२ प्र.) (४) जो जातिमत्, गुणवद् और क्रियावत् न होने के कारण जातिवाचक, गुणवाचक तथा क्रियावाचक शब्द से कहा नहीं जाता (१३-१२), (५) इन्द्रियों से अतीत किंतु केवल शब्द (वेद) रूप प्रमाण से जिसका ज्ञान होता है (१३-१२), (६) जो एक, अद्वितीय (जिसके समान दूसरा नहीं), अविषय ओर आत्मस्वरूप होने से किसी से भी संबंधित नहीं (१३-१२), (७) जिसका प्रतिपादन अन्य तत्त्वों के अपोह (अपसारण, निराकरण) से तथा तद्भिन्न पदार्थों से धर्मों का अध्यास (आरोप) करने से होता है ऐसा श्रेष्ठ तत्त्व (१३-१२)। (८) जो अव्यक्त माया की शक्ति से युक्त तथा काल सूक्ष्मता, कारणता, नित्यता, महत्ता इनकी दृष्टि से सर्वोच्च होने से 'ऊर्ध्व' कहलाता है (१५ प्र.)।

ब्रह्मचर्य = गुरु की शुश्रूषा तथा भिक्षान्न का भोजन आदि व्रतों का पालन (१४-६).

ब्रह्मनिर्वाण = मोक्ष (२-७२)।

ब्रह्मविद् = ईश्वर से अपना अभेद जानने वाला (४-१०)।

ब्रह्मसूत्र = ब्रह्म को सूचित करने वाले वाक्य (१३-४)। उनके द्वारा ब्रह्म पाया जाता है अतः उन्हें 'ब्रह्मसूत्रपद' कहते है।

ब्राह्मण = सत्त्व प्रधान मनुष्य (४-१३)।

ब्राह्मणत्व = भूलोक का ब्रह्म। भौमं ब्रह्म (१ भू.)।

ब्राह्मी स्थिति = सर्व कर्मों से संन्यास लेकर ब्रह्मरूप में अवस्थित होना (२-७२)

भक्त = (१) जिसने अपना अंतरात्मा परमात्मा को समर्पित किया हो (९-३१)। (२) भगवान् के लिए कर्म करने वाला और भगवान् को ही परम प्राप्तव्य मानने वाला (११-५५), (३) भगवान् के अतिरिक्त दूसरे को शरण न जाने वाला (१२-१)।

भक्ति (अनन्या) = जो भगवान् के अतिरिक्त अन्य किसी के प्रति नहीं होती (११-५४)।

भक्ति (उत्तमा) = परमार्थ (मोक्ष) का ज्ञान ही जिसका स्वरूप है (२-२०)।

भगवान् = (१) अज (जन्म रहित) अव्यय (अपक्षयनाश रहित), भूतमात्रों का अधिपति, नित्य, शुद्ध, बुद्ध, मुक्त-स्वभाव (१ भू)। (२) ज्ञान, ऐश्वर्य, शक्ति, बल, वीर्य तेज इन गुणों से संपन्न (१ भू.) (जैसे श्रीकृष्ण)। (३) ऐश्वर्य, धर्म, यश, श्री, ज्ञान और वैराग्य ये छह गुण जिसमें नित्य, प्रतिबन्धरहित तथा संपूर्ण होते हैं। (४) जिसका तत्त्वतः जन्म नहीं होता किन्तु जो सामान्य मनुष्यवत् जन्म पाया सा दीखता है (४-६)

भय = (१) जन्म-मरण आदि स्वरूप संसार ही सबसे बड़ा भय है (२-४०)। (२) नरक आदि दुर्गति जिसका स्वरूप है (३-३५)।

भाव = परमार्थ तत्त्व के प्रति अभिनिवेश (अत्यधिक आकर्षण) (१०-७)।

भावसंशुद्धि = दूसरों से व्यवहार करते समय मायावीपन का न होना (१७-१६)।

भावना = आत्मज्ञान के प्रति अभिनिवेश (२-६६)।

भूत = अदृष्ट, दृष्ट, प्रणष्ट तथा भ्रान्ति जिनका स्वरूप है (२-२८) (२) विनायक, मातृगण, चतुर्भगिनी, सप्तमातृका इत्यादि देवता (९-२५) (३) समस्त विकाररूप पदार्थ (१५-१६) (४) जगत् (१५-१३)। (५) कार्य (शरीर) करण (इन्द्रियां) का समुदाय जिनका स्वरूप है (अर्थात् प्राणिमात्र)। (६) जो एक-दूसरे के नाश के कारण होते हैं (२-२४)।

भूतग्राम = स्थावर जंगम समस्त पदार्थ (८-१९)।

मन = संकल्प और विकल्प जिसका स्वरूप है (३-४२) (२) जो स्वभावतः चंचल होने के कारण स्थिर नहीं होता (६-२६)। (३) जो शरीर का प्रमथन और इन्द्रियों को विक्षिप्त तथा परवश करता है (६-३४)। (४) शास्त्र तथा आचार्य के उपदेश से संस्कृत होने पर जो आत्मदर्शन का साधन होता है (२-२१)।

मनःप्रसाद = मन की शांति, स्वच्छता (विकारहीनता) (१७-१६)।

मंत्र = जिसके प्रयोग द्वारा पितरों तथा देवताओं को हविर्दान होता है (९-१६)।

मन्द = कर्म में तथा केवल कर्मफलों में आसक्त मनुष्य (३-२९)।

मात्रा = (मीयन्ते। ज्ञायन्ते शब्दादयः याभिः ताः) जिनके द्वारा शब्द, स्पर्श आदि विषयों का ज्ञान प्राप्त होता है अर्थात् ज्ञानेंद्रियां। (२-१४)।

मानित्व = अपनी प्रशंसा करने का स्वभाव (१३-७)।

मुक्त = जिसके धर्म अधर्म आदि बंधन निवृत्त हुए हैं (४-२३) (अर्थात् शास्त्रोक्त विधि-निषेधों के परे)।

मुनि = (१) मनन जिनका स्वभाव है और जो सर्व पदार्थों के ज्ञानी हैं (१०-३७)। (२) कर्मफलों से संन्यास करने वाला (६-३)। (३) ईश्वरस्वरूप का मनन करने वाला (५-६)।

मृत्यु = इसके दो प्रकार होते है (१) धनादि का अपहरण और (२) प्राणों का अपहरण (१०-३४)।

मोक्ष = (१) ईश्वरस्वरूप होना (४-१०)। (२) अमृतत्व का अनुभव (२-१५)। (३) जीवात्मा का परमात्मा से संगम (१५-७)। (४) सर्व उपद्रवों से रहित विष्णु का परम पद (२-५१)। (५) ज्ञानपूर्वक सर्व कर्मों के त्याग का फल (१८-८) (६) सत्त्वशुद्धि, ज्ञानप्राप्ति, सर्व कर्मों से संन्यास और ज्ञाननिष्ठा इस अनुक्रम से प्राप्त होने वाली परम शान्ति की अवस्था (५-१२)।

मोह = (१) मैं कर्ता हूं, यह मेरा कर्म है और मुझे इसका फल भोगना है यह धारणा (४-१८) (२) परमार्थ तत्त्व के ज्ञान की उत्पत्ति में प्रतिबन्ध होने का कारण (७-२७)।

मौन = मन का संयम (अर्थात मन में उत्पन्न होने वाले विचारों का नियंत्रण) (१७-१८)।

यज्ञ = (१) देवताओं के उद्देश्य से चरु, पुरोडाश आदि हविर्द्रव्यों का त्याग, इसे विसर्ग तथा कर्म कहते हैं (८-३)। (२) भगवान् जिसके स्वामी होते हैं वही यज्ञ हैं। (९-२२)। (३) भगवद्विषयक ज्ञान ही यज्ञ है (९-१५)।

यति = ज्ञाननिष्ठा में प्रवृत्त साधक (२-५८)।

यथाभूतार्थ वचन = जिस वचन में अप्रिय और असत्य वर्जित होते हैं (१६-६)।

यदृच्छालाभ = प्रार्थना न करते हुए जो अनायास प्राप्त होता है (४-२२)।

यश = धर्म के कारण हुई कीर्ति (१०-५)।

युक्त = मेरे सारे कर्म ईश्वर के लिए हैं, मेरे लिए नहीं हैं इस प्रकार निश्चयवाला साधक (५-१२)।

योग = आत्मा की देहादि से पृथक्ता, कर्तृता, भोक्तृता मानने की जिसमें अपेक्षा होती है, जो धर्म-अधर्म के विवेक से युक्त है, मोक्ष की साधना का अनुष्ठान जिसका स्वरूप है। (इसी विषय में व्यग्र बुद्धि को 'योगबुद्धि' कहते हैं। योगी कर्मी उन्हीं को कहते हैं जिन्हें योगबुद्धि प्राप्त हुई है (२-११ भू.)। (२) सांख्यबुद्धि की प्राप्ति का उपाय (अर्थात् कर्मयोग और समाधियोग) (२-३९) (३) सिद्धि और असिद्धि के प्रति समभावना (२-४८) (४) विवेकजनित प्रज्ञारूप समाधि (२-५३), (५) योग की साधना से उत्पन्न सर्वज्ञता रूप सामर्थ्य को भी योग कहते हैं (१०-७) (६) सम्यक्दर्शन ही जिसका स्वरूप लक्षण है, (१०-७) (७) अप्राप्त विषय की प्राप्ति (९-२२) उस प्राप्त विषय का रक्षण 'क्षेम' कहा जाता है। यही 'योगक्षेम' शब्द का पारिभाषिक अर्थ है) (८) शास्त्र और आचार्य के द्वारा ज्ञात हुए विषयों का इन्द्रिय-मन के संयम से एकाग्र चित्त हो कर अपने में अनुभव प्राप्त करना (१६-१)। (९) चित्त के समर्पण के विषय (परमात्मा) में विजातीय प्रतीतियों के व्यवधान से रहित, समान स्वरूप प्रत्ययों की आवृत्ति के अभ्यास को योग कहते हैं (८-८)।

योगज्ञ = चित्त के संचार को जानने वाले (६-१९)।

योगबल = समाधि (चित्त की एकाग्रता या निरुद्धता) के अनेक संस्कारों से चित्त में उत्पन्न स्थिरत्व (८-१०)।

योगी = जिसने योग अर्थात् चित्त का समाधान प्राप्त किया है (६-१) (६-४)। (२) जिन कर्ममार्गियों की बुद्धि योग विषय में लग जाती है वे भी योगी कहलाते हैं (२-११ भू.)। (३) मोक्षप्राप्ति के हेतु कर्मानुष्ठान करने वाले (२-११ भू.)। (४) संयमवान् तथा जितेन्द्रिय (२-६९)। (५) ज्ञान प्राप्ति का एक उपाय इस बुद्धि से सारे कर्म अपने लिए कल की अपेक्षा न रखते हुए ईश्वर को समर्पण करते हैं (५-५)।

रजोगुण = जो कामविकार से उत्पन्न होता है या कामविकार जिसके कारण उत्पन्न होता है। (३-३७)

राग = प्राप्त विषयों में रंग जाना (७-११)।

लोकसंग्रह = लोगों की प्रवृत्ति को उन्मार्ग से निवारण करना (३-२०)।

लोकायतिक दृष्टि = इस जगत् का धर्म, अधर्म आदि कोई दूसरा अदृष्ट कारण नहीं है, केवल काम ही प्राणियों का कारण है यह दृष्टिकोण (१६८)।

लोभ = दूसरों का धन स्वाधीन करने की इच्छा (१४-१२)।

वाङ्मय तप = दूसरों को बोध देने हेतु प्रयुक्त वाक्यों में सत्यता, प्रियता, हितकारकता, अनुद्वेगकत्व इत्यादि संपूर्ण गुणों की युक्तता होना (१७-१५)।

विकार = बुद्धितत्त्व से लेकर देहेन्द्रियों तक सारा (प्रकृति का) विकार (अर्थात कार्य) है (१३-१९)।

विज्ञान = (१) (सृष्टि की) उत्पत्ति आदि (षड्विकारों का ज्ञान (३-३६)।

(२) आत्मा आदि (सूक्ष्म तत्त्वों का) विशेष रूप से अनुभव (३-४१) (९-१)।

विनाश = भावरूप पदार्थ का अन्तिम (छठवा) विकार (२-२१).

विवेकबुद्धि = मैं ईश्वर के लिए सेवक के समस्त कार्य करने वाला कर्ता हूं यह धारणा ही विवेकबुद्धि है (३-३०)।

विष्णु = सर्व यज्ञों की अभिमानिनी देवता (८-४)।

वीर्य = सामर्थ्य, विक्रम, पराक्रम (११-४०)।

वेदवादरत = वेद वाक्यों में जहां अर्थवादस्वरूप फल और उनके साधनों का कथन है उन्हीं में आसक्ति रखने वाले (२-४२)।

वेद = त्रैगुण्य अर्थात संसार जिनका विषय है वे वेद कहलाते हैं (२-४५)।

वैदिक धर्म = प्रवृत्ति लक्षण तथा निवृत्ति लक्षण दो प्रकार का धर्म (१ भू.)।

वैराग्य = दृष्ट (लौकिक) और अदृष्ट (स्वर्गीय) विषयों की तृष्णा का विलय (१८-५२)।

वैश्य = जिसमें तमोगुण अप्रधान और रजोगुण प्रधान होता है ऐसा मनुष्य (४-१३)।

वैश्वानर = जठराग्नि (१५-१४)।

व्यक्त = इंद्रियों द्वारा जिसका ज्ञान होता है (१२-१)।

व्रत = नियम और भक्ति सहित कर्म (९-२५)।

शठ = मायावी। अपनी शक्ति को गुप्त रखनेवाला (१८-२८)।

शम = (१) अन्तःकरण को वश में करना (१०-४)। (२) सर्व कर्मों से निवृत्ति (६-३)।

शरण = अभय प्राप्ति का कारण (२-४९)।

शरीर = इच्छा, द्वेष, सुख, दुःख आदि की अभिव्यक्ति का अधिष्ठान (१४-१४)। इसमें कर्मफलों की उत्पत्ति होती है अतः इसे 'क्षेत्र' भी कहते हैं (१३-१)। इसे 'नवद्वार पुर' की उपमा दी है (५-१३)।

शरीरस्थ = आत्मा, जिसकी उपलब्धि शरीर में ही होती है।

शान्ति = (१) मोक्ष (२-६०) (२) निर्वाण, जहां सभी दुःखों का उपशम होता है (२-७०)। (३) अन्तःकरण का उपशमन (अर्थात संकल्प – विकल्पहीन होना) (१६-२)।

शारीरं कर्म = शरीर निर्वाह मात्र के लिए किए जाने वाले कर्म, (शरीर द्वारा होने वाले सभी कर्म नहीं।) (४-२१)।

शारीरं तपः = शरीर जिसमें प्रधान है, ऐसे समस्त कार्यकरणों से, जो कर्ताद्वारा किया जाता है (१७-४)।

शाश्वत = जिसमें छह विक्रियाओं में से अपक्षय नामक विक्रिया नहीं होती (२-२०)।

शाश्वत धर्म = ज्ञाननिष्ठा स्वरूप (निवृत्तिपर) धर्म (१४-२७)।

शूद्र = जिसमें रजोगुण अप्रधान और तमोगुण प्रधान होता है (४-१३)।

शोक = सुख के वियोग से तथा दुःख के संयोग से उत्पन्न अन्तःकरण का विकार (२-१४)।

शौच = रागादि मनोविकारों का प्रतिकूल भावना द्वारा निस्सारण (१३-७)।

श्रद्धा = आस्तिक्य बुद्धि (९-२२)।

श्रेयः = (१) मोक्षस्वरूप परम प्राप्तव्य (३-११)। (२) विद्या का विषय (१३-२)।

सक्ति = विषयों में प्रीति (१३-९)।

सखा = समान वय का मित्र (११-४१)।

सत् = जिस पदार्थ को विषय करने वाली बुध्दि नष्ट नहीं होती वह पदार्थ (२-१६)। (अर्थात् जिसको विषय करने वाली बुद्धि नष्ट होती है वे सभी पदार्थ असत्। सत्-असत् का यह विभाग बुद्धि के अधीन है।

सततयुक्त = ईश्वर-कार्य में समाहित बुद्धि से निरन्तर प्रवृत्त होने वाला (१-११)।

सत्य = देखे हुए तथा सुने हुए विषय का स्वानुभव दूसरे की बुद्धि में संक्रामित करने के लिए तदनुसार उच्चारित वाणी (१०-४)।

सत्त्व = विशिष्ट संस्कारों से संस्कारित अन्तःकरण (१७-३)।

सत्त्वशुद्धि = व्यवहार में दूसरों के साथ छल, कपट, और झूठ आदि अवगुणों को छोड़कर शुद्धभाव से आचरण करना (१६-१)।

समता = समचित्तता (१०-५)।

समाधि = १) समाधीयते अस्मिन् पुरुषोपभोगाय सर्वम् इति''। = पुरुष (जीवात्मा के उपभोग के लिए जिसमें सभी भरा हुआ रहता है अर्थात् **अन्तःकरण। २-४४)।** २) ''सम्प्राधीयते चित्तम् अस्मिन्'' = जिस में चित्त समाया होता है अर्थात् **आत्मा (२-५३)।**

समबुद्धि = कौन मनुष्य कौन सा कर्म करता है इसमें जिसकी बुद्धि व्यग्र नहीं होती (९-६)।

सम्यग् दर्शन = अद्वैत आत्मदर्शन (१८-२०) (२) मोक्ष प्राप्ति का प्रत्यक्ष साधन (९-१) (अर्थात् अन्य सभी अप्रत्यक्ष साधन हैं) (३) ये सारे मेरे कर्म नहीं हैं, मैं निर्व्यापार (निष्क्रिय) हूं यह धारणा (४-३२)। (४) कर्म में अकर्म देखने वाला (५-८) (५) जो शोकमोह आदि दोषों का अपहरण करता है। (४-४२)

सर्वज्ञ = (१) वेदार्थ का ज्ञानी (१५-१)। (२) संसार वृक्ष के अतिरिक्त कोई अन्य ज्ञेय नहीं है; अतः उसको जाननेवाला (१५-१)। (३) भगवत्-तत्व को जानने वाला (२-७)।

संकल्प = ऐहिक तथा पारलौकिक कामना के हेतु (४-६)।

संघात = देह तथा इन्द्रियों का समुच्चय (१३-६)।

संतुष्ट = देहस्थिति को आवश्यक पदार्थ का लाभ होने या न होने पर भी जिसके मन में पर्याप्तता का भाव (अलंप्रत्यय) रहता है। (१२-१३)

संतोष = जो भी मिले उसमें पर्याप्तता की भावना (१०-५)।

संन्यास = (संपूर्वः न्यासशब्दः त्यागार्थः न तु निक्षेपार्थः (२-२१) (१) कर्तव्य रूप से प्राप्त शास्त्रविहित सकाम कर्म को न करना (१८-२)। (२) त्याग (१८-२) (३) कर्मफलों का त्याग (१८-२) (४) निष्क्रिय आत्मा के स्वरूप में स्थिर रहना (५ प्र.) (इसीको सर्वकर्मसंन्यास कहते हैं)। (५) परमात्मा का ज्ञान जिसका स्वरूप है (प्र-६) (६) विवेक बुद्धि से कर्म में अकर्म देखना यही सर्वकर्मसंन्यास है (५-१३) (७) सर्व कामनाओं का त्याग (६-४)।

संन्यासी = (१) पुत्रैषणा,वित्तैषणा और लौकैषणा इन तीनों एषणाओं (आंतरिक इच्छाओं) का त्याग करने वाला (२-५५)। (२) सारी कामनाओं का त्याग कर जीवन के लिए अपरिहार्य चेष्टामात्र करने वाला (२-७१) [सर्वसंकल्पसंन्यासी = सारी कामनाओं का तथा सारे कर्मों का त्याग करने वाला] (६-४)। (३) अक्षरोपासक सम्यग्दर्शननिष्ठ, सर्वैषणाओं का त्यागी और सभी भूतमात्र को अभय देने वाला (१२-१२, १३)।

संमोह = कार्य तथा अकार्य के विषय में विवेक का अभाव (२-६३)।

संसार = (१) इष्ट तथा अनिष्ट जन्म के कारण सुख तथा दुःख की प्राप्ति जिसका स्वरूप है (२-११भू.)। (२) जहां

आत्मा में कर्तृत्व और भोक्तृत्व होता है (२/१३)। (३) अविद्या और काम जिसके कारण हैं(१३-२१)।

संसिद्धि = सत्त्वशुद्धि और ज्ञानोत्पत्ति जिसके लक्षण हैं। (२-११ भू.)

सांख्य = (१) एक दर्शन, जिसका विषय है परमार्थ (मोक्ष) (की वस्तु आदिकारण) (२-३९)। (२) जो परमार्थतः योग है (५-५) (३) ज्ञान होने पर संन्यास (५-५) (४) सत्त्व, रज, तम गुण मेरे दृश्य है, उनसे मैं अलग अर्थात् उनका द्रष्टा, नित्य, निर्गुण, आत्मा हूं यह चिन्तन इसीको "सांख्ययोग" कहते हैं (१३-२४) (५) जिस शास्त्र में ज्ञातव्य पदार्थों की संख्या (गणना) होती है। इसी को वेदान्त और कृतान्त भी कहते हैं (१८-१३)। (६) आत्मज्ञानी मनुष्य (२-११ भू.)।

सांख्यबुद्धि = (१) बुद्धियोग के परिपाक से उत्पन्न हुई बुद्धि (२-४९) (२) जन्म, वृद्धि आदि षड्-विकारों के अभाव के कारण आत्मा अकर्ता होता है ऐसी बुद्धि (२-११ भू.) (इस प्रकार की बुद्धि होने वाले पुरुष भी सांख्य कहे जाते हैं) (२-११ भू.)।

साधु = शास्त्रानुसार वर्तन करने वाला (६-९)

साम्यस्थिति = सभी प्राणिमात्रों में विद्यमान ब्रह्म में समभाव (५-१९)।

सिद्ध = (१) जिन्हें जन्मतः उत्कृष्ट धर्म, ज्ञान, वैराग्य की प्राप्ति हुई है। (१०-२६) (२) जो मोक्ष के हेतु प्रयत्न करते हैं (७-३)।

सिद्धि = (१) ज्ञाननिष्ठा की योग्यता (१८-५०)। (२) सत्त्वशुद्धि के कारण ज्ञान की प्राप्ति (२-४८) (१२-११)।

सुख = (१) इन्द्रियों की विषयभोग की तृष्णा से निवृत्ति (२-६६), (२) अनुकूल, प्रसन्नतादायक, तथा सत्त्वात्मक अवस्था (१३-६)।

सुहृद् = प्रत्युपकार की अपेक्षा न रखते हुए उपकार करने वाला (६-९) (९-१८)।

सूत्र = सूचक वाक्य (१३-४)

स्थितप्रज्ञ = (१) मै पर-ब्रह्म हूं इस अनुभव के कारण जिस की प्रज्ञा स्थित हुई (२-५४)। (२) परमार्थ दर्शन का अमृतरस प्राप्त होने से अन्य विषयों के प्रति तृप्तता का अनुभव (अलंप्रत्यय) करने वाला। संन्यासी, आत्माराम (आत्मसुख में रममाण होने वाला) आत्मक्रीडा (२-५५)। (२) सुख प्राप्त होने से जिसकी तृष्णा नहीं बढ़ती, तथा दुःख प्राप्त होने से जिसका मन क्षुभित नहीं होता (२-५६)। (३) दो प्रकारः- (१) कर्म संन्यास से ज्ञाननिष्ठा जिसे प्राप्त हुई है, तथा (२) कर्मयोग के द्वारा ज्ञाननिष्ठा में प्रवृत्त हुआ।

स्थिरबुद्धि = (१) सभी भूतमात्रों में एक सम निर्दोष आत्मा है इस विचार में जिसकी बुद्धि में संशयरहित स्थिर होती है (५-२०)।

स्पर्श = जिन्हें इन्द्रियों द्वारा स्पर्श किया जाता है ऐसे शब्द स्पर्श आदि विषय (२-१४)(५-२१)।

स्पृहा = सर्वसामान्य वस्तु के विषय में तृष्णा (४-१४) (१४-१२)।

स्मृति = शास्त्र तथा आचार्य के उपदेशों से प्राप्त संस्कारों के कारण उत्पन्न मति (२-६३)।

स्मृतिविभ्रम = स्मृति की उत्पत्ति होने का निमित्त प्राप्त होने पर भी स्मृति की अनुत्पत्ति (२-६३)।

स्वभाव = (१) पर-ब्रह्म का प्रत्येक देह में प्रत्यगात्मा के रूप में अस्तित्व। इसी को अध्यात्म कहते हैं (८-१)। (२) अन्य जन्म में किये हुए धर्मादि संस्कारों का मरणकाल में अभिव्यक्त होना (१७-२)।

स्वाध्याय = (१) ऋग्वेदादि (धर्मग्रंथों) का यथाविधि अभ्यास। (४-२८)। (२) अदृष्ट कल्याण की प्राप्ति के लिए ऋग्वेद आदि का अध्ययन (१६-१)।

होम = (१) श्रोत्र चक्षु आदि इन्द्रियों से (आत्महित के विरुद्ध) विषयों का ग्रहण न करना (४-२६) (२) उपाधियुक्त आत्मा का निरुपाधिक ब्रह्मस्वरूप में दर्शन (४-२५)।

* * *

वर्ग- ४ – जैन परिभाषा

अनियत्य = नवदीक्षित जैन श्रमण जो नित्य आचार विधि तथा जैन धर्मग्रंथों से अनभिज्ञ है।

अघाती कर्म = जीव के स्वाभाविक गुणों का नाश न करने वाले चार कर्मबन्ध (आयु, नाम, गोत्र और अंतराय)।

अंकुश = जैन यतियों का एक उपकरण जिसके सहारे वृक्ष की शाखा झुकाकर वे फूल तोड़ते हैं। अंकुश पर वज्र होने पर उसे **वज्रांकुश** कहते हैं।

अंग = जैन आगमों का एक भाग। जैन परंपरा में अंगों की संख्या १२ मानी जाती है – आचारांग सूत्र, (इसके दो भाग – श्रुत और स्कंध), सूत्रकृतांग, स्थानांग, समवायांग, भगवतीसूत्र, ज्ञानधर्मकथा, उपासकदशांग, अन्तकृद्दशा, अनुत्तरौपपातिकदशा, प्रश्नव्याकरण, विपाकसूत्र और दृष्टिवाद (इसके उल्लेख मात्र मिलते हैं।)

अंगबाह्य = जैन धर्म के अंग नामक १२ ग्रंथों के अतिरिक्त ७ ग्रंथ – सामयिक, चतुर्विंशतिस्तव, वंदन, प्रतिक्रमण, दशवैकालिक, उत्तराध्ययन और कल्पव्यवहार। इन्हीं को **प्रकीर्णक** भी कहते हैं।

अंगविद्या = अंग, स्वर, लक्षण, व्यंजन, स्वप्न, छीख, भूमि और अंतरिक्ष इन आठ विषयों के आधार पर भविष्य कथन की विद्या। जैन वाङ्मय में इस नाम का एक महत्त्वपूर्ण ग्रंथ है किन्तु उसकी परिभाषा दुर्बोध है।

अच्छाप्ता = जैन संप्रदाय में पूज्य विद्या की देवता । यह अश्वारूढ एवं खड्गधारिणी मानी जाती है।

अजितबला = अजितनाथ नामक द्वितीय तीर्थंकर की यक्षिणी देवता। निर्वाणकलिको नामक जैन ग्रंथ में इसका स्वरूप लोहासना, चतुर्भुजा वृषभवाहना, और मातुलुंग-अंकुशधारिणी इस प्रकार किहा है।

अजीव = अबोधात्मक समस्त वस्तुजात। जैन दर्शन में माना हुआ एक द्रव्य। इसके रूपी और अरूपी नामक दो प्रमुख भेद होते हैं तथा रूपी के – स्कंध, देश, प्रदेश और अविभागी – नामक चार भेद माने जाते हैं।

अंचलगच्छ = श्वेतांबर जैनों के छह गच्छों (पंथों) में से एक। इस के साधु मुखपट्टिका के अलावा अंचल का उपयोग करते हैं।

अणुव्रत = जैन मतानुसार गृहस्थाश्रमी श्रावकों के लिए विहित अहिंसा, सत्य, अस्तेय, स्वस्त्रीसंतोष और परिग्रहप्रमाण इन पांच व्रतों का पालन।

अधिकारपद (जैन मुनिसंघ के) = आचार्य, अंतेवासी, गणी, वाचक, श्रद्धचर, श्रमणोपासक, सूरि, भट्टारक, उपाध्याय आदि।

अनंतनाथ = १४ वें तीर्थंकर। जन्मस्थान अयोध्या।

अनन्तमति = एक जैन विद्यादेवता। यह सरस्वती के समान हंसवाहना मानी जाती है।

अन्तराय कर्म = अष्टविध कर्मों में से एक। दूसरों के पराक्रम, दान आदि उच्च गुणों का घात करने से आत्मा के उच्च गुणों का नाश करने वाला कर्म।

अनर्थदण्ड व्रत = एक जैन व्रत। सदाचार का पालन इस का स्वरूप है।

अनस्तमी व्रत = एक जैन व्रत। यावज्जीव सूर्यास्त के पूर्व संध्याकाल में भोजन करना।

अनिवृत्तिकरण संयत = जैन मतानुसार निर्वाणदायक १४ गुणस्थानों में से नवम स्थान।

अनुप्रेक्षा = जीवन में दशविध धर्म को धारण करने के लिए आवश्यक अनित्य, अशरण, संसार इत्यादि १२ प्रकारों की साधना।

अनुभागबन्ध = जीव के बंधनकारक कर्मपरमाणुओं में तीव्र या मन्द फल देने की शक्ति की उत्पत्ति।

अनुभाव = कर्मपुद्गलों में निजी कार्य करने का विशेष सामर्थ्य।

अनुयोग = जैन-आगमों की चतुर्विध व्याख्या। (चार प्रकार) – (१) प्रथमानुयोग (धर्मकथानुयोग), (२) करणानुयोग (गणितानुयोग), (३) द्रव्यानुयोग, (४) करचरणानुयोग। अनुयोगों की व्यवस्था आर्यरक्षित की मानी जाती है। इन्हीं के आधार पर जैन शास्त्रों का विभाजन किया गया है।

अनेकान्तवाद = जैन दर्शन का एक महत्त्वपूर्ण सिद्धान्त। तदनुसार अन्य सारे दार्शनिक वाद "एकान्तवाद" है। अतः उनसे विवाद का बवंडर निर्माण होता है। उन विवादों से मुक्त, सत्य का दर्शन देने वाला यह महान् सिद्धान्त है। परस्पर विरोधी वादों का समन्वय इस वाद से होता है। जैन दर्शन का नयवाद और सप्तभंगीवाद इस महासिद्धान्त के अंग होते हैं। ऐकान्तिक पक्ष को टालना ही अनेकान्तवाद का प्रयोजन तथा फल है।

अपराजिता = जैन, बौद्ध तथा पौराणिक देवता। जैन अपराजिता यक्षिणी मल्लिनाथ तीर्थंकर की सेविका है। (२) एक विशिष्ट विद्या की संज्ञा।

अपूर्वकरण संयत = जैन मतानुसार निर्वाण दायक १४ गुण स्थानों में से अष्टम स्थान।

अप्रतिचक्रा (जम्बूनदा) = एक जैन विद्या देवी।

अप्रमत्तसंयत = जैन मतानुसार निर्वाणदायक 14 गुणस्थानों में से सप्तम स्थान।

अभिषेक = जैनसूत्रों का अर्थ और विनियोग जानने वाले आचार्य की विशिष्ट उपाधि।

अभिसेग = जैन सूत्रों का अध्ययन समाप्त होने पर आचार्य पदवी के योग्य श्रमणक।

अभिसेगा = जैन संप्रदाय में प्रवर्तिनी पद की योग्यता प्राप्त

करने वाली श्रमणा।
अंबिका = दिगंबर जैन मतानुसार कूष्मांडी नामक एक यक्षिणी देवता जो तीर्थंकर नेमिनाथ की सेविका थी।
अयोग केवल = जैन मतानुसार निर्वाण दायक १४ गुणस्थानों में से अंतिम गुणस्थान। इस गुणस्थान पर आरुढ होना ही निर्वाण है।
अयोग केवली = जैन मतानुसार केवली अवस्था प्राप्त महापुरुष का एक प्रकार। यह सर्व बंधनों से मुक्त होता है।
अरिहंत = तीर्थंकरों का विशेषण। (अर्हत् का अपभ्रंश)
अरूपी = जैन दर्शन के अनुसार अजीव नामक तत्त्व का एक प्रमुख भेद।
अर्धपलितंका = जैनों की तपश्चर्या की एक अवस्था।
अर्धफलक = केवल लंगोटी पहनने वाले जैन श्रमणों का एक वर्ग।
अर्धमागधी = जैन श्वेतांबर संप्रदाय की प्रमुख भाषा। यह मागधी प्राकृत से भिन्न है। भगवान् महावीर ने इसी भाषा में धर्मोपदेश किया। भाषाविज्ञान की दृष्टि से आयारंगसुत्त नामक जैन धर्मग्रंथ इस भाषा का श्रेष्ठ ग्रंथ माना जाता है।
अर्हत्केवली = वीतराग और सर्वज्ञ जैन मुनि जो धर्मप्रवर्तन करते हैं। तीर्थंकरों की एक उपाधि।
अर्हन् = पूज्य तीर्थंकरों की एक उपाधि। जैनियों के पूज्य देवता। बौद्धों का उच्चतम, पुरोहित।
अवधिज्ञान = प्रत्यक्ष ज्ञान के तीन भेदों में से एक। इसमें भूत, भविष्य और दूरस्थित वर्तमान घटना का ज्ञान अन्तर्भूत होता है। अवधिज्ञान के ६ प्रकार माने जाते हैं।
अवसर्पिणी = सुख से दुःख की ओर जानेवाली कालचक्र की एक गति। (देखिये – उत्सर्पिणी)।
अव्वहग = एक प्राचीन जैन पंथ जो श्रमण और ईश्वर में अभेद मानता है।
अविभागी = जैन दर्शन में परमाणु की संज्ञा।
अशोका = जैन संप्रदाय की एक विद्यादेवी या यक्षिणी।
अष्ट दोष (जैन मत के अनुसार) = शंका, कांक्षा, विचिकित्सा, मूढदृष्टि, अनुपगूहन, अवात्सल्य, अस्मितीकरण, और अप्रभावना।
अष्टमंगल (जैन मतानुसार) = मत्स्ययुगल, नन्दावर्त, भद्रासन, कुंभ, श्रीवत्स, दर्पण, संपुट और स्वस्तिक।
अष्ट मूलगुण = जैन संप्रदायी श्रावक के आचार धर्म के आठ आधार – हिंसा, असत्य, स्तेय (चोरी), व्यभिचार, परिग्रह, मद्य, मांस, और मधु इन आठ पातकों का त्याग।
अष्टशील = उपोसथ तिथि (प्रत्येक मास की शु. व. अष्टमी और पौर्णिमा तथा अमावस्या के चार दिन) को व्रतस्थ लोगों के पालनीय ८ नियम – हिंसा, चोरी, मैथुन, असत्य, मद्य, अकालभोजन, नृत्यगायनादि, पुष्पमाला आदिं सुगंधी द्रव्य और सुखप्रद शय्या इन आठों से अलिप्तता।
असंयत सम्यग्दृष्टि = जैन मतानुसार निर्वाण दायक १४ गुणस्थानों में से चतुर्थ स्थान।
अस्तिकाय = बहुप्रदेशी द्रव्यों की संज्ञा। इनमें जीव और अजीव के चार प्रकार (धर्म, अधर्म, आकाश और पुद्गल) मिलाकर पांच द्रव्यों को "**पंचास्तिकाय**" कहते हैं। पंचअस्तिकाय "**बहुप्रदेशी**" होते हैं। (प्रदेश = पुद्गल परमाणु द्वारा व्याप्त देश)।
अहिंसा-अणुव्रत = हिंसा के छह प्रकारों से अलिप्त रहना।
आकाश = जैन मतानुसार- पंच अस्तिकायों में से एक जो जीवादि अन्य अस्तिकायों का आधार है। दो प्रकार –(**१**) **लोकाकाश** जिसमें 'पुद्गल' द्रव्य रहते हैं। (**२**) **अलोकाकाश** जो लोकाकाश के उपर होता है और जिसमें केवल आकाशतत्त्व होता है।
आगम (जैनागम) = जैन धर्म के प्राचीनतम ग्रंथ। इनमें आप्तकथित, प्रमाणसिद्ध, सर्वहितकारक और परमसत्य उपदेश होता है। दो भेद – (**१**) **अंगप्रविष्ट** (महावीर शिष्य सुधर्मा द्वारा कथित धर्मज्ञान)। (**२**) **अंगबाह्य** महावीर तीर्थंकर के पश्चात् १ हजार वर्षों की कालावधि में अनेक आचार्यों द्वारा कथित ज्ञान।
आजीवक = हलायुध कोश के अनुसार दिगंबर जैनियों की संज्ञा। इन्हें एक-दण्डी भी कहते हैं। ये मस्करी गोशाल के अनुयायी माने जाते हैं।
आत्मषष्ठवाद = जैन दर्शन में अन्तर्भूत एक मत। पंचमहाभूत और छठा आत्मा मूलतत्त्व मानने वाला मत।
आत्मा = जैन मतानुसार – जीव तत्त्व। इस जीव तत्त्व के स्वभाव के प्रमुख पांच प्रकार – औपशमिक, क्षायिक, क्षायोपशमिक, औदयिक और पारिणामिक। प्रत्येक भेद के अवांतर भेद माने जाते हैं।
आदिनाथ = जैनों के प्रथम तीर्थंकर ऋषभदेव का विशेषण।
आदिपुराण = जैन धर्म का जिनसेन कृत एक पुराण। इसका उत्तरार्ध गुणभद्र ने लिखा, जिसे उत्तरपुराण कहते हैं। दिगंबर संप्रदाय के 'प्रथमानुयोग' का यह प्रधान ग्रंथ है जिसमें ६३ शलाकापुरुषों का चरित्र संगृहीत हुआ है।
आयागपट्ट = जैन मंदिर में स्थापित जिनमूर्तियुक्त एक पाषाण जिसकी पूजा होती है।
आयुकर्म = अष्टविध कर्मों में से एक। जीव को शुक के समान बंधन में रखने वाला कर्म। इसके कारण आत्मा की सर्वव्यापक शक्ति का लोप कुछ समय तक होता है।
आरंभी हिंसा = जैन मतानुसार हिंसा के चार प्रकारों में से तीसरे प्रकार की हिंसा। उदा. – रसोई घर आदि स्थानों में अनवधान के कारण होने वाली हिंसा। (२) स्वरक्षण तथा पररक्षण के निमित्त होने वाली हिंसा।
आराधना = यापनीय जैन मतानुसार साधना, जिसके ४ प्रकार होते हैं – सम्यग् दर्शन, सम्यग् ज्ञान, सम्यक् चरित्र और सम्यक् तप। इन्हीं को आराधना कहते हैं।

आर्हत धर्म = अर्हत् (परमेश्वर के समान सिद्ध पुरुष) के द्वारा प्रवर्तित धर्म। जैन धर्म की अपर संज्ञा।

आवश्यक क्रिया = जैन धर्म का एक प्रधान अंग। इसमें सामायिक, चतुर्विंशतिस्तव, वंदन, प्रतिक्रमण, कायोत्सर्ग और प्रत्याख्यान इन छह क्रियाओं का यथाक्रम अन्तर्भाव होता है। प्रत्याख्यान या गुणधारण सर्वोच्च आवश्यक क्रिया है। (इस नाम के मूलसूत्र ग्रंथ में इन क्रियाओं का प्रतिपादन किया है।)

आवश्यक क्रिया = जैन साधु के छह आवश्यक कर्म। इन कर्मों से आत्मा वासित (संस्कारित) होता है। अतः इन्हें 'आवासक' भी कहते हैं। छह प्रकार – सामायिक, चतुर्विंशातिस्तव, वंदन, प्रतिक्रमण, कायोत्सर्ग, और प्रत्याख्यान।

आवश्यक चूर्णी = जैनागमों के चूर्णी नामक प्राकृत गद्यात्मक टीकाग्रंथ का एक प्रकार। इसमें ऋषभदेव, महावीर, आर्यरक्षित इत्यादि श्रेष्ठ पुरुषों के जीवनचरित्र वर्णित है।

आस्रव = संसार (पुनर्जन्मादि) का कारण होने वाला कर्मका बन्धन।

आस्रव = जैन मत के सात ज्ञेय तत्त्वों में से तीसरा तत्त्व। जीव द्रव्य में कर्म का प्रवेश होने का कारण। दो प्रकार – शुभयोग० और अशुभयोग०। शुभ आस्रवों से सुख-प्राप्ती और अशुभों से दुःख-प्राप्ती होती है। आस्रवहि जीव के कर्मबन्ध के कारण हैं। मिथ्यात्व, अविरति, कषाय और योग ये चार आस्रव के कारण हैं।

ईश्वरयक्ष = एक जैन देवता जो तीर्थंकर श्रेयांसनाथ का सेवक था।

ईषत् प्राग्भार = जैन मतानुसार २६ स्वर्गों से उपर का स्वर्ग। निर्वाण-प्राप्त महात्मा यहीं निवास करते हैं।

उच्चारणसूत्र = जैनों के कषाय प्राभृत (कसाय पाहुड) नामक ग्रंथ का भाष्य। इसके लेखक थे उच्चारणाचार्य।

उत्तम श्रुत = देखिये छेदसूत्र (जैनागमों का एक विभाग)।

उत्तराध्ययन चूर्णी = जैनागमों के चूर्णी (या चूर्णीपद) नामक प्राकृत गद्यात्मक टीका-ग्रन्थों का एक प्रकार।

उत्सर्पिणी = दुःख से सुख की ओर जाने वाली कालचक्र की एक गति। (देखिये अवसर्पिणी)।

उद्योगी हिंसा = कृषि, वाणिज्य तथा युद्ध आदि में होने वाली (हिंसा के चार प्रकारों में से दूसरी) हिसा।

उपशांतकषाय संयत = जैन मतानुसार निर्वाणदायक १४ गुणस्थानों में से ग्यारहवाँ स्थान।

उपांग = जैनागमों के १२ अंगों से संबंधित उपांग भी १२ हैं – औपपातिक, राजप्रश्न, जीवाधिगम, प्रज्ञापना, जम्बुद्वीप-प्रज्ञप्ति, चंद्रप्रज्ञप्ति, सूर्यप्रज्ञप्ति, निरयावली, कल्पावतंस, पुष्पिका, पुष्पचूलिका, और वृष्णिदशा।

उपायपंचक = जीव में कर्म का प्रवेश रोकने के पांच उपाय – (१) गुप्ति, (२) समिति, (३) धर्मानुप्रेक्षा, (४) परीषह जय और (५) चारित्र्य।

उपाश्रय = जैन भिक्षु-भिक्षुणियों का निवास स्थान।

उपोसथ = अष्टशील (देखिये) का पालन करने के चार दिन – वद्य और शुद्ध अष्टमी, पौर्णिमा और अमावस्या।

एकान्तवाद = जैन मतानुसार, अनिर्वचनीयवाद, निर्वचनीयवाद (लक्षणावाद), प्रकृति-पुरुषवाद, परमाणुवाद, विभुद्रव्यवाद, अद्वैतवाद, सत्कार्यवाद, आदि सभी जगत्कारण का प्रतिपादन करने वाले वाद एकान्तवाद हैं, क्यों कि वे किसी एक पक्ष का आग्रह रखते हैं।

औदयिक = जैन मतानुसार जीव तत्त्व के पांच स्वभावों में से एक।

औपशमिक = जैन मतानुसार जीव तत्त्वों के पांच स्वभावों में से एक।

कथानुयोग = देखिये करणानुयोग। एक जैन अनुयोग-ग्रंथ।

करणानुयोग = जैन साहित्य के अन्तर्गत अनुयोग ग्रंथों का एक प्रकार। अन्य अनुयोग हैं – प्रथमानुयोग (या कथानुयोग) इन ग्रन्थों में भूगोल और खगोल विषयक काल्पनिक वर्णन होते हैं।

करणानुयोग = जैनागमों के व्याख्या स्वरूप चार अनुयोगों के अंतर्गत द्वितीय अनुयोग की संज्ञा। इसमें सूर्यप्रज्ञप्ति, चंद्रप्रज्ञप्ति, और जयधवला इन सृष्टि-उत्पत्ति ज्ञान विषयक ग्रंथों का अन्तर्भाव होता है।

कर्म =दो प्रकार – घाती और अघाती। अघाती कर्म के चार प्रकार होते है।

कर्म = जैन दर्शन के अनुसार चार प्रकार – मोहनीय, ज्ञानावरण, दर्शनावरण, और अंतराय।

कर्म (आठ प्रकार) = ज्ञानावरणीय, दर्शनावरणीय, वेदनीय, मोहनीय, आयुकर्म, नामकर्म, गोत्रकर्म, और अंतरायकर्म। इन अष्ट कर्मों के संयोग के कारण जीव संसार बंधन में फंसता है।

कर्मबन्ध = राग-द्वेषादि दोष युक्त आत्मा का कार्मणवर्गणा (देखिये) से संबंध। इसीसे जीव की ज्ञान-दर्शन शक्ति का घात होकर आत्मा अज्ञानी होता है।

कर्मसिद्धान्त = राग-द्वेष आदि के कारण जीव जो कायिक वाचिक और मानसिक क्रिया करता है उसके साथ एक द्रव्य जीव में प्रविष्ट होता है। वह द्रव्य जीव से संबद्ध होने पर उसे सुख-दुःख रूप फल देता है। जीव और कर्म का यह संबंध अनादि होता है।

कल्पसूत्र = जैनागमों के अन्तर्गत छह छेदसूत्रों में से ५ वां छेदसूत्र। इसमें प्रमुखतः जैन साध्वियों के आचार धर्म का प्रतिपादन है।

कषाय = जीव के राग, द्वेष, मोह इत्यादि भाव। कर्मपरमाणुओं को जीव में स्थापित करने वाला तत्त्व।

कायोत्सर्ग = जैनों की छह आवश्यक क्रियाओं में से एक। शरीर की ममता का त्याग कर धर्मकार्य में सर्वस्व समर्पण करना।

कार्माण वर्गणा = पुद्‌गल (द्रव्य) के अंगभूत स्कंध के विशिष्ट परमाणु जो संसार में सर्वत्र व्याप्त है।

काल = जैन मतानुसार वस्तुमात्र के परिवर्तन में सहायक एक द्रव्य। दो भेद – (१) निश्चयकाल, (२) व्यवहारकाल। संसार के सभी पदार्थों के परिणाम का कारणीभूत अमूर्तिक द्रव्य। यह अजीव द्रव्य का एक प्रकार माना गया है। इस द्रव्य के परमाणु एकप्रदेशी होते हैं। वे कभी एकत्र नहीं आते और विलग भी नहीं होते। लोकाकाश कालाणुओं से व्याप्त है।

कुबेर यक्ष = एक जैन देवता जो मल्लिनाथ तीर्थंकर का सेवक है।

कुमार = एक जैन देवता जो वासुपूज्य तीर्थंकर का सेवक है।

कुलकर = जैन मतानुसार कर्मभूमि नामक युग का विकास करने वाले १४ महापुरुषों की संज्ञा। अन्य युग की 'भोगभूमि' संसार है।

कुसुम = जैन देवताओं में से एक यक्ष। यह तीर्थंकर पद्मप्रभ का सेवक था।

कूर्चक = एक प्राचीन जैन संप्रदाय। (कूर्च = डाढी-मूंछ)।

कुलधामय = एक प्राचीन जैन पंथ।

कृतिकर्म (या पूजाकर्म) = जैनों की छह आवश्यक क्रियाओं में से एक। पूज्य व्यक्तियों का सर्वथा समादर। (देखिये वंदन)।

केवल ज्ञान = जैन दर्शनानुसार जीव सभावतः सर्वज्ञ ही होता है। विशिष्ट साधना से आवरण दूर होने पर जिसका उदय होता है वही केवल ज्ञान है।

केवल ज्ञान = प्रत्यक्षः ज्ञान के तीन प्रकारों में से एक। भ्रांतिरहित, जगत्प्रकाशक, समस्त पदार्थों के अनंत पर्यायों का ज्ञान। यह ज्ञान नित्योदित होता है। चतुर्विध कर्मों का क्षय होने पर इसका उदय होता है और मति, श्रुति आदि अपूर्णता युक्त ज्ञानों का संपूर्ण विलय होता है।

केवल ज्ञानी = तीर्थंकर महावीर के तीन प्रधान शिष्य – गौतम, सुधर्मा और जम्बूस्वामी।

केवली = केवलज्ञान संपन्न पुरुष जो पंचास्तिकायात्मक लोक को विशेष रूप से जानता है। ६ प्रकार – सयोग केवली, अयोग केवली, भवस्थ, सिद्ध, श्रुत, अर्हत्केवली। वीतराग और सर्वज्ञ जैन मुनि की सर्वश्रेष्ठ उपाधि।

केशलोच = जैन मुनियों का एक कठिन तप। इसमें हर दो-चार महीनों में हाथ से केशों का लुंचन होता है।

कैवल्य दशा = घाती कर्मों का सम्पूर्ण क्षय होने पर साधक को प्राप्त होने वाली परमोच्च अवस्था। इसी में जीव को अर्हत्पद की प्राप्ति होती है।

क्रियावादी = जैन मतानुसार चार पाखंडी पंथों में से एक। ज्ञान या श्रद्धा के बिना केवल क्रिया से ही उत्तम गति जीव को प्राप्त होती है, ऐसी इस पंथ की धारणा होती है।

क्षायिक = जैन मतानुसार जीव तत्त्व के पांच स्वभावों में से एक।

क्षायोपशमिक = जैन मतानुसार जीव तत्त्व के पांच स्वभावों में से एक।

क्षीणकषाय संयत = जैन मतानुसार निर्वाण दायक १४ गुणस्थानों में से बारहवाँ स्थान।

खरतरगच्छ = श्वेतांबरों के छह गच्छों में से एक। अन्य गच्छ- उपकेश, तपा, पार्श्वचन्द्र, सार्धपौर्णमीयक, अंचल और आगमिक। संप्रति खरतर, तपा और अचल विद्यमान हैं।

गच्छ = अनेक जैन साधुओं का संघ। गच्छों की कुल संख्या १७३ तक मानी जाती है जिन में ८४ प्रमुख हैं।

गण = जैन मतानुसार समान आचार, क्रिया और वाचन वाले परस्पर सापेक्ष अनेक कुलों के साधुओं का समुदाय।

गणधर = जैन परंपरा में श्रमणकुलों के समूह को गण कहते हैं। गणधर उसके प्रमुख की संज्ञा है।

गणधर = तीर्थंकरों के अनुयायी, जो अनुत्तर ज्ञान दर्शन आदि धर्म के गणों का धारण तथा उन पर प्रवचन करते थे।

गणस्थविर = एक जैन गणप्रमुख जो गण व्यवस्था की देखभाल करता था और व्यवस्था में बिगाड़ करने वालों का निग्रह करता था।

गणितानुयोग = जैन धर्मसाहित्य के चार प्रकारों में से एक। देखिये – अनुयोग।

गन्धर्व = जैन दैवतों में से एक यक्ष जो कुंथुनाथ तीर्थंकर का सेवक है।

गरुड = एक जैन देवता। यह तीर्थंकर शांतिनाथ का सेवक है।

गाणंगणिक = छह महीनों के अंदर गणप्रमुख की अनुज्ञा के बिना गण बदल करने वाला श्रमण।

गांधारी = जैन दैवत समूह की एक यक्षिणी व शासनदेवी। तीर्थंकर नेमिनाथ की सेविका।

गुणधारण = जैनों की छह आवश्यक क्रियाओं में से एक (देखिये- प्रत्याख्यान)।

गुणव्रत = (१) दिग्व्रत, (२) अनर्थदण्ड और (३) भोगोपभोग परिमाण।

गुणस्थान = जैन मतानुसार जीव के गुणों का क्रमशः विकास जहां होता है ऐसे १४ स्थान – मिथ्यादृष्टि, सासादन सम्यग्दृष्टि, सम्यग्मिथ्यादृष्टि, असंयत सम्यग् दृष्टि, देश संयत, प्रमत्तसंयत, अप्रमत्त संयत, अपूर्वकरण संयत, अनिवृत्तिकरण संयत, सूक्ष्मसांपराय संयत, उपशांतकषाय संयत, सयोग केवल और अयोग केवल। (अन्तिम गुणस्थान पर आरुढ होने वाला साधक निर्वाण (मोक्ष) का अधिकारी होता है।

गुप्ति = उपायपंचक में से प्रथम उपाय। आहार-विहार, गमनागमन, वचन-व्यवहार आदि में संयम। इससे कर्म का जीव में प्रवेश होने में रुकावट आती है।

गुप्ति = संवर की प्रथम अवस्था। तीन प्रकार – कायगुप्ति, वचनगुप्ति, और मनोगुप्ति।।

गोत्रकर्म = अष्टविध कर्मों में से एक। इसके कारण जीव को उच्च-नीच कुलों में मनुष्य जन्म प्राप्त होता है।

गौरी = जैन दैवत समूह में एक यक्षिणी। यह तीर्थंकर

श्रेयांसनाथ की सेविका मानी जाती है।

घाती कर्म = जीव की प्रकृतिबन्ध में अन्तर्भूत चार प्रकार- (१) ज्ञानावरण, (२) दर्शनावरण, (३) वेदनीय और (४) मोहनीय। इन्हीं के कारण जीव के स्वाभाविक गुणों का घात होता है।

चक्रवर्ती = जैन मतानुसार १२ चक्रवर्ती - भरत, सगर, मघवा, सनत्कुमार, शांति, कुंभुयु, अर, सुभूम, महापद्म, हरिषेण, जय और ब्रह्मदत्त। रत्नांकित आयुध धारण करने वाले महापुरुष को चक्रवर्ती कहा गया है।

चक्रेश्वरी = तीर्थंकर ऋषभनाथ की एक शासनदेवता। इसका स्वरूप लक्ष्मी के समान कहा गया है।

चतुर्गति = चार योनियां। नारकीय, पशु, मनुष्य और देव।

चतुर्याम = प्राणिहत्या, मृषावाद (असत्य भाषण), अदत्तादान (चोरी), और बहिस्थादान (परिग्रह), इन चारों की संज्ञा। चतुर्याम धर्म (जिसके प्रवर्तक २३ वें तीर्थंकर पार्श्वनाथ माने जाते हैं) में इन चारों से निवृत्त होना श्रेयस्कर माना गया है। चतुर्याम के साथ अचेलकत्व (विवस्त्रत्व) का व्रत जोड़ कर भगवान् महावीर (२४ वें तीर्थंकर) ने "पंचव्रतधर्म" का प्रतिपादन किया।

चतुर्याम धर्म = २३ वें तीर्थंकर पार्श्वनाथ द्वारा प्रतिपादित अहिंसा, सत्य, अस्तेय और अपरिग्रह इन चार यामों पर आधारित धर्ममत।

चतुर्विध दान = आहारदान, ज्ञानदान, औषधिदान, और अभयदान।

चतुर्विंशति स्तव = जैनों की छह आवश्यक क्रियाओं में एक। २४ तीर्थंकरों की स्तुति।

चतुःशरण = अर्हत्, सिद्ध, साधु और जिनधर्म इन चारों के रक्षण के लिए प्रार्थना। (बौद्ध सम्प्रदाय में त्रिशरण कहा है) (बुद्ध, धम्म, और संघ को तीन बार शरण की प्रार्थना ही त्रिशरण विधि है।)

चंडा = जैनों की शासन देवता, या जैन समूह की यक्षिणी जो तीर्थंकर वासुपूज्य की सेविका है।

चम्पा = वासुपूज्य तीर्थंकर की शासन देवता। अपर नाम - प्रवरा।

चरण-करणानुयोग = धार्मिक साहित्य के चार प्रकारों में से एक।

चरणानुयोग = दिगंबर संप्रदायी १२ जैनागमों के चार अनुयोगों (विभागों) में से एक। इसमें मुनि गृहस्थ और समाज के आचार नियमों का प्रतिपादन करने वाले ग्रंथों का अन्तर्भाव होता है। इसमें मूलाचार, त्रिवर्गाचार, रत्नकरंड, श्रावकाचार नामक आचार धर्म विषयक ग्रंथों का अन्तर्भाव होता है।

चारणमुनि = जैन सिद्ध पुरुषों का एक वर्ग।

चारित्र = सदाचार का अखंडित पालन तथा क्रमशः उसमें प्रगति। इसके सामायिक, छेदोपस्थापना इत्यादि पांच प्रकार हैं।

चितिकर्म = जैनों की छह आवश्यक क्रियाओं में एक। पूज्य व्यक्तियों का सर्वथा समादर करना। इसी को वंदन, कृतिकर्म या पूजाकर्म भी कहते हैं।

चूर्णी = जैन आगमों की टीकाओं में से एक टीकाप्रकार। अपर संज्ञा चूर्णीपद। इनकी रचना गद्यात्मक प्राकृत भाषा में हुई है। विविध प्रकार - निशीथचूर्णी, आवश्यक चूर्णी, दशाश्रुतस्कंध चूर्णी, दशवैकालिक चूर्णी, नंदी चूर्णी, उत्तराध्ययन चूर्णी इत्यादि। कोटिक-गण तथा वज्रशाखा के जिनदासगणी (इ. ६ शती) इस टीकाप्रकार के प्रवर्तक माने जाते हैं।

चूर्णीसूत्र = जैनों के कषायप्राभृत (कसाय पाहुड) नामक ग्रन्थ का भाष्य। इसके लेखक थे यतिवृषभ।

चूलिका सूत्र = पवित्र जैन ग्रंथों की संज्ञा। दो भाग - (१) नंदी और (२) अनुयोग द्वारं।

चैत्य = मृत सत्पुरुष के शरीरावशेष का स्मारक चबूतरा। इसी पर निर्मित स्मारकभवन को स्तूप कहते हैं। बौद्ध और जैन समाज में चैत्य तथा स्तूप के निर्माण की प्रथा थी।

चैत्यगृह = (१) ज्ञानपूर्ण वीतराग मुनि का शरीर। कुंदकुंदाचार्य के मतानुसार ज्ञानरूप आत्मतत्त्व ही चैत्य होता है। (२) चैत्ययुक्त स्तूप।

चैत्यवृक्ष = जिन वृक्षों की छाया में तीर्थंकरों को केवलज्ञान प्राप्त हुआ ऐसे वट, साल, सरल आदि पवित्र वृक्ष।

चैत्यवृक्ष = अशोक, सप्तच्छद, चंपक और आम्र इन चारों की संज्ञा। जैन संप्रदाय में प्रत्येक चैत्यवृक्ष की चारों दिशाओं में चार चार जिनप्रतिमाएं स्थापन करने की प्रथा है।

छेदसूत्र = जैन आगमों का एक विभाग। इसमें मुनि तथा साध्वी के विधि-निषेधों तथा प्रायश्चित्तों का प्रतिपादन हुआ है। अपर संज्ञा - उत्तमश्रुत। **छह विभाग** - निशीथ, महानिशीथ, व्यवहार, दशाश्रुत स्कंध, कल्पसूत्र (या बृहत्कल्प), पंचकल्प (या जितकल्प)।

जम्बूनदा = एक विद्यादेवी। (देखिये- अप्रतिचक्रा)।

जिन = राग, द्वेष, मोह आदि अंतरंग शत्रुओं पर विजय पाने वाला। भगवान् महावीर आदि सभी तीर्थंकरों की श्रेष्ठ उपाधि।

जीव = चेतनायुक्त, सुखदुःखों का कर्ता और भोक्ता, देहाकार (तनुप्रभः), अनादि-अनन्त, अमूर्त किंतु प्रमाणों से सिद्ध होनेवाला तत्त्व। दो भेद - (१) संसारी (कर्मबन्ध के कारण जन्म-मरण के चक्र में ग्रस्त), (२) मुक्त (कर्मबंध से मुक्त)। सभी मुक्त जीव समान होते है।

जैनाभास = विशिष्ट जैन संघों की संज्ञा प्रकार - श्वेतांबर, यापनीय, द्राविड, माथुर (या निषिच्छ) और काष्ठा, चैत्यवासी, संवेगी (वनवासी), तेरापंथ, तारणपंथ, स्थानकवासी, ढुंढिया, अर्धस्फालक (अर्ध दिगंबर)।

ज्ञानावरणीय = अष्टविध कर्मों में से एक। इसके कारण ज्ञानशक्ति आच्छादित होने से ज्ञानप्राप्ति के मार्ग रुद्ध होते हैं।

ढूंढिया = एक श्वेतांबर जैन संप्रदाय। अन्य भेद - बावीस पंथ, तेरापंथ। अपर संज्ञा - साधुमार्गी या मठमार्गी।

णमोकार = जैन धर्म का सुप्रसिद्ध श्रेष्ठ मंत्र – "णमो अरिहंताणं, णमो सिद्धाणं, णमो आयरियाणं, णमो उवज्झायाणं, णमो लोए सव्वसाहूणं" यही णमोकार मंत्र है। इसका संक्षिप्त रूप – "अ-सि-आ-उ-सा-" भी मंत्ररूप माना जाता है।

तर्क = तीन स्वतंत्रशास्त्र – (१) अनेकान्तवाद, (२) नय, (३) सप्तभंगीवाद।

तारणपंथी = मूर्ति पूजा न करने वाले किन्तु तारणस्वामी (संप्रदाय के प्रवर्तक) कृत १४ ग्रंथों की पूजा करने वाले जैन संप्रदायी।

तीर्थंकर = जीवों को भवसागर से पार करने के उद्देश्य से तीर्थ (आधार स्थान) होने वाला महापुरुष। तीर्थंकर मनुष्य रूप में जन्मते हैं और तीव्र तपस्या से देवत्व पाते हैं।

त्रिषष्टि शलाकापुरुष = देखिये शलाका पुरुष।

दर्शनावरणीय = अष्टविध कर्मों में से एक। इसीके कारण आत्मा की दर्शन शक्ति का लोप होने से वह आत्मा और शरीर में एकता देखता है।

दशविध धर्म = देखिये समिति।

दशवैकालिक चूर्णी = जैनागमों के चूर्णी (या चूर्णीपद) नामक गद्यात्मक प्राकृत टीका ग्रन्थों का एक प्रकार।

दशाश्रुत स्कंध = जैनागमों के अन्तर्गत छह छेदसूत्रों में से चौथा छेदसूत्र। कर्ता – भद्रबाहु।

दशाश्रुतस्कंध चूर्णी = जैनागमों के चूर्णी (या चूर्णीपद) नामक गद्यात्मक प्राकृत टीका ग्रन्थों का एक प्रकार।

दिव्ययोगी = तीर्थंकरों की अपर संज्ञा। वैराग्य से कैवल्यावस्था की प्राप्ति करने वाले जैन सिद्ध पुरुष।

देवता = (तीन प्रकार) (१) संप्रदाय देवता, (२) प्रासाद देवता और (३) कुल देवता।

देवता (या अतिमानवी दिव्ययोनि) = जैन मतानुसार चार प्रकार – भवनपति, व्यंतर, ज्योतिष्क और वैमानिक।

देश = जैन दर्शन में सम्मत अजीव तत्त्व के, रूपी नामक भाग के, स्कंध नामक भाग का आधा विभाग। उसके आधे भाग को **प्रदेश** कहते है।

देशसंयत = जैन मतानुसार निर्वाणदायक १४ गुणस्थानों में से पंचम स्थान।

देशावकाशिक = जैनों के चतुर्विध आचार धर्म में प्रथम व्रत। गुणव्रत की प्रदेशमर्यादा का संकोच करना।

द्रव्य = एक सत् तत्त्व जो उत्पन्न नहीं होता तथा जिसका विनाश नहीं होता, किन्तु पर्याय के कारण जिसमें उत्पाद, व्यय और ध्रौव्य की निर्मिति होती है।

द्रव्य = जैन मतानुसार जीव-अजीव, धर्म-अधर्म, आकाश और काल- नामक छह द्रव्य माने जाते हैं। इनमें काल के अतिरिक्त पांच द्रव्यों का निर्देश **'अत्थिकाय'** शब्द से प्राकृत में होता है। तत्त्वतः जीव और अजीव में से **अजीव के पांच प्रकार होते हैं** – धर्म, अधर्म, आकाश, काल और पुद्गल।

द्रव्य संवर = संवर नामक ज्ञेय तत्त्व के दो प्रकारों में से दूसरा। कर्म-पुद्गलों का जीव में प्रवेश कुंठित होने पर नये कर्म पुद्गलों की निरुद्धता।

द्रव्यानुयोग = जैनागमों के व्याख्यास्वरूप चार अनुयोगों में तीसरा अनुयोग। कुंदकुंदाचार्य, उमास्वाति और समंतभद्र के ग्रंथों का इसमें अन्तर्भाव होता है। (देखिये - अनुयोग)

द्रव्यार्थिक नय = नय (अंशरूप ज्ञान) के दो प्रकारों में से एक। ज्ञेय वस्तु के अन्वयरूप द्रव्य (अर्थात् वस्तुत्व) का ज्ञान। (तीन प्रकार – नैगम, संग्रह और व्यवहार।)

धर्म-अधर्म = अजीव द्रव्य के प्रकार। जीव और पुद्गल की स्वयंभू क्रियाशक्ति को व्यक्त करने में धर्म-अधर्म सहायक होते हैं। ये दोनों द्रव्य सर्वव्यापी, अखंडित, असंख्यातप्रदेशी और आकाश की भाँति अमूर्तिक हैं।

धर्मकथानुयोग = जैन धार्मिक साहित्य के चार प्रकारों में एक। (देखिये- प्रथमानुयोग)।

नय = (दो प्रकार) – (१) द्रव्यार्थिक और (२) पर्यायार्थिक।

नयसिद्धान्त = नय = केवलज्ञान हीन सामान्य मानव का अंशात्मक ज्ञान, जिसमें ज्ञेय पदार्थ के समस्तधर्मों का आकलन नहीं होता। यह नयस्वरूप (अंशात्मक) ज्ञान का सिद्धान्त जैन दर्शन का एक प्रमुख विषय है। (नीयते – [illegible] छ्यते एकदेशविशिष्टः अर्थः येन स नयः)।

नंदी चूर्णी = जैनागमों के चूर्णी (या चूर्णीपद) नामक गद्यात्मक प्राकृत टीका ग्रन्थों का एक प्रकार।

नाटकत्रयी = कुंदकुदाचार्य (एक महान दाक्षिणात्य जैन पंडित) द्वारा विरचित प्रवचनसार, पंचास्तिकाय और समयसार नामक तीन श्रेष्ठ प्राकृत ग्रंथों की संज्ञा। अपर संज्ञा– **प्राभृतत्रयी।**

नामकर्म = अष्टविध कर्मों में से एक। इसी कर्म के कारण सूक्ष्म गुणों का नाश होने से आत्मा को ८४ लक्ष योनियों में जन्म लेना पड़ता है।

नियम = जैन मतानुसार सम्यक् ज्ञान, सम्यक् दर्शन और सम्यक् चारित्र्य। इन तीनों को **रत्नत्रय** भी कहते है।

निर्ग्रन्थ = तीर्थंकर महावीर के 11 गणधरों में से सुधर्म नामक गणधर की परंपरा के श्रमणों का सम्प्रदाय।

निर्जरा = जैन मतानुसार सात ज्ञेय तत्त्वों में से छठा तत्त्व। जीव में पूर्वप्रविष्ट कर्मपुद्गलों का क्रमशः निस्सारण। यह निस्सारण बाह्य और आभ्यंतर तप से होता है। निर्जरा अवस्था में जीव आत्यन्तिक दुःखनिवृत्ति और विशुद्ध अंतःकरण में आत्मदर्शन पाता है।

निर्युक्ति = प्रमाणभूत जैन ग्रंथों की दस (भद्रबाहुकृत) टीकाओं की संज्ञा। निर्युक्तियाँ संस्कृत और प्राकृत भाषा में लिखी गई हैं।

निशीथ चूर्णी = जैनागमों के चूर्णी या चूर्णीपद नामक प्राकृत गद्यात्मक टीका ग्रंथ का एक प्रकार। इसमें श्रमणों के आचार धर्म के अपवाद तथा विविध प्रदेशों की आचार

पद्धतियों का कथन है।

निशीथ सूत्र = जैनागमों के अन्तर्गत छेदसूत्रों के छह विभागों में से एक। भद्रबाहु इसके रचयिता माने जाते हैं। आचार्य पदवी से लिए निशीथसूत्र का ज्ञान परम आवश्य माना है।

निश्चयकाल = काल-द्रव्य का एक भेद। लोकाकाश पर अवस्थित असंख्य कालाणु। इनके कारण संसार में प्रतिक्षण परिवर्तन होता है और वस्तु का अस्तित्व स्थिर रहता है।

नैष्ठिक श्रावक = मध्यम अवस्था का जैन धर्मी गृहस्थ। इस अवस्था के ११ भेद (जिन्हें प्रतिमा कहा है)। दार्शनिक, व्रतिक, सामायिक, प्रोषधोपवासी, सचित्तविरत, दिवामैथुनविरत, ब्रह्मचारी, आरंभविरत, परिग्रहविरत, अनुमतिविरत और उद्दिष्टविरत।

पंचकल्प = जैनागमों के अन्तर्गत छह छेद सूत्रों में से छठा छेदसूत्र। संप्रति यह सूत्र उपलब्ध नहीं है।

पंचकल्याणिका = जैनों के आद्य तीर्थंकर ऋषभदेव या आदिनाथ के जीवन से संबंधित पांच पवित्र तिथियाँ। – (१) गर्भकल्याण-आषाढ व. २। (२) जन्मकल्याण व दीक्षाकल्याण चैत्र व. ९। (३) केवल ज्ञान-कल्याण फाल्गुन व. ११। (४) मोक्ष-कल्याण मार्गशीर्ष व. १४। ये पांच व्रतों की तिथियां मानी जाती हैं।

पंचज्ञान = (जैनमत) मतिज्ञान, श्रुति, अबाधिज्ञान, मनःपर्यय, केवल।

पंचणमोकार (नमस्कार) = जैन संप्रदाय में अर्हत, सिद्ध, आचार्य, उपाध्याय और संत इन पांचों का नमस्कार "ओं णमो अरिहंताणं" इत्यादि प्राकृत घोषणाओं के सहित किया जाता है।

पंच परमेष्ठी = तीर्थंकर, चक्रवर्ती, बलभद्र, वासुदेव और प्रतिवासुदेव।

पंच परमेष्ठी = जैन संप्रदाय में अर्हत्, सिद्ध, आचार्य, उपाध्याय और साधु नामक पांच परमेष्ठी (परमश्रेष्ठ पुरुष) माने जाते हैं। इन पांचों के वन्दन को पंच णमोकार कहते हैं।

पंचपरिवर्तन = (जैनमत) देखिये परिवर्तन।

पंचव्रत धर्म = देखिये 'चतुर्याम'।

पंचस्तूपान्वय संघ = जैन मुनियों के विशिष्ट संघ की संज्ञा।

पट्टधर = जैन आचार्य का प्रधान शिष्य।

पंचाक्षरी मंत्र = 'ओं नमः सिद्धम्'।

पंचांगी आगम = निर्युक्ति, भाष्य, चूर्णी और टीका। इन चारों विवरणों सहित जैनागमों की संज्ञा।

परमाणु = पुद्गल के दो प्रकारों में से एक। अविभाज्य, अगोचर, नित्य अजीव द्रव्य को परमाणु कहते है।

परिवर्तन = (पांच प्रकार) द्रव्य परिवर्तन, क्षेत्र०, काल०, भाव०, और भव०।

परीषह जय = साधन मार्ग में उत्पन्न संकटों को झेलना। इनके २२ प्रकार माने है।

परोक्षज्ञान = देखिये प्रत्यक्षज्ञान।

पर्यायार्थिक नय = नय (अंशरूप ज्ञान) के दो प्रकारों में से एक। ज्ञेय पदार्थ की परिवर्तनीय अवस्था को विषय करने वाला ज्ञान। चार प्रकार – ऋजु, शब्द, समधिरूढ और एवंभूत।

पाक्षिक श्रावक = जैनधर्मी गृहस्थ की प्राथमिक अवस्था। आठ मूलगुणों का पालन तथा मंदिर में अर्हत्पूजा, गुरुसेवा, उचित दान आदि धर्माचरण करने वाला जैन गृहस्थ।

पाटलीपुत्रवाचना = पाटलीपुत्र में स्थूलभद्र की अध्यक्षता में हुआ 11 जैनागमों का संकलन।

पारिणामिक = जीव तत्त्व के पांच स्वभावों में से एक

परोक्षज्ञान = जैन मतानुसार दो प्रकार – (१) मति और (२) श्रुत।

पुद्गल = एक अजीव पदार्थ जिसमें स्पर्श, गंध, रस और रूप ये चार गुण होते हैं। 'पुद्गल' शब्द-पदार्थ का पूरण और गलन (अर्थात् संयोग और वियोग) गुणधर्म का सूचक है। दो भेद – परमाणु और स्कंध। 'पुद्गल' जैन दर्शन में भूतसामान्य का वाचक एक विशिष्ट पारिभाषिक शब्द है।

पूजा के चार प्रकार (जैन मतानुसार) = (१) नाम पूजा (नाम जप), (२) स्थापना पूजा (प्रतिमा स्थापन), (३) द्रव्य पूजा (साधु पूजा), (४) भाव पूजा (उदात्त भाव से तीर्थंकर की पूजा)।

पौद्गलिक शरीर = जीव के विचारों के उस पर संस्कार होते हैं। इन संस्कारों से युक्त सूक्ष्म शरीर को जैन दर्शन में पौद्गलिक शरीर कहते हैं। यह सूक्ष्म संस्कारमय शरीर ही नवीन देह धारण करता है।

प्रकीर्णक = पवित्र जैन ग्रंथों की संज्ञा। इनकी संख्या दस है।

प्रकृतिबन्ध = कर्मबन्धन के चार प्रकारों में से एक। कर्म में ज्ञान, दर्शन आदि मोक्षमार्ग का घात करने के स्वभाव की उत्पत्ति।

प्रकृतिबन्ध के आठ भेद = (१) **ज्ञानावरण** – (जीवों के ज्ञान में भेद होने का कारण।) (२) **दर्शनावरण** – (जीव की दर्शकता का घात करने वाला बन्ध)। (३) **वेदनीय** – सुख दुःखों के अनुभव का कारण। (४) **मोहनीय** – जीव के मोहविकार का कारण। (५) **आयुर्बन्ध** – विशिष्ट कालमर्यादा तक जीव के शरीर में रुद्ध होने का कारण। (६) **नाम** – जीव को उत्तम, मध्यम, अधम शरीर की प्राप्ति का कारण। (७) **गोत्र** – उच्चनीच कुल में जन्म का कारण। (८) **अंतराय** – इच्छित वस्तु की प्राप्ति में बाधा आने का कारण।

प्रतिक्रमण = जैनों के छह आवश्यक कर्मों में से एक। शुभ कर्मों से च्युत होने पर पुनश्च शुभ कर्मों का प्रारंभ।

प्रतिहार्य = जैन मूर्तिकला के अनुसार अर्हत प्रतिमा का परिवार। इस परिवार में तीन छत्र, दो चामर, अशोकवृक्ष, दुंदुभि, सिंहासन, प्रभामंडल, दिव्यभाषा और पुष्पवृष्टि इन आठ पदार्थों का अन्तर्भाव होता है।

प्रत्यक्ष ज्ञान = (जैन मतानुसार) जिस ज्ञान की प्राप्ति 'आत्मसापेक्ष' अर्थात् आत्मा के निजी प्रयत्न से होती है। जिस ज्ञान की प्राप्ति इन्द्रिय और मन के द्वारा होती है उसे **परोक्षज्ञान** कहते हैं।

प्रत्यक्ष ज्ञान के तीन भेद = (१) अवधिज्ञान, (२) मनःपर्यय ज्ञान, (३) केवल ज्ञान।

प्रत्याख्यान = गुरु के सन्मुख विशिष्ट व्रत के पालन की शपथ ग्रहण करना।

प्रत्याख्यान = जैनों की छह क्रियाओं में से एक। अन्न-वस्त्रादि द्रव्यरूप बाह्य और असंयम, अज्ञान आदि भावरूप आंतरिक दोषों को त्याग। इसी को **गुणधारण** कहते हैं।

प्रथमानुयोग = जैनागम के व्याख्या स्वरूप ४ अनुयोगों में पद्मपुराण, त्रिषष्टिलक्षण, महापुराण, हरिवंश पुराण और उत्तर पुराण इन कथात्मक ग्रंथों की संज्ञा। (अपर नाम – धर्मकथानुयोग।)

प्रमत्तसंयत = निर्वाणदायक १४ गुणस्थानों में से छठवां स्थान।

प्रोषधोपवास = जैनों के चतुर्विध शिक्षा व्रत में तृतीय व्रत। अष्टमी और चतुर्दशी को उपोषण या एक भोजन।

बंध = जैन मत के सात ज्ञेय तत्त्वों में से चौथा तत्त्व। जीव और कर्म का संबंध ही बंध है। यह संबंध दूध और जल के संबंध के समान एक दूसरे को प्रभावित करता है। (२) योग और कषाय के कारण जीव को प्राप्त होने वाला कर्म का बन्धन। **चार प्रकार** – प्रकृतिबन्ध, प्रदेशबन्ध, स्थितिबन्ध, और अनुभागबन्ध।

बहुजीववाद = सांख्य तथा जैन दर्शन का एक मत। इसके अनुसार प्रत्येक जीव की सत्ता स्वतंत्र होती है। एकजीववाद मानने में एक जीव के सुखी या दुःखी होने में सभी सुखी या दुःखी होगें, या एक जीव के मुक्त या बद्ध होने पर सभी जीव मुक्त या बद्ध होने चाहिये। यह अनुभव न होने के कारण बहुजीववाद ग्राह्य माना जाता है।

ब्रह्मस्तंभ = जैन शिल्प की प्रथा के अनुसार मंदिर के सामने स्थापित अखंडित पाषाण का ऊंचा स्तंभ। इस पर ब्रह्मा की मूर्ति होती है।

भावसंवर = संवर नाम पांचवें ज्ञेय तत्त्व के प्रकारों में से एक। कर्ममार्ग का विरोध करने वाले नैतिक प्रयत्न।

भुक्तियोगी = तंत्रसाधना के द्वारा सिद्धि और भुक्ति प्राप्त करने वाले जैन तांत्रिक।

मठमार्गी = देखिये ढूंढिया।

मतिज्ञान = परोक्ष ज्ञान का एक प्रकार। ज्ञेय पदार्थ और विशिष्ट ज्ञानेन्द्रिय के सन्निकर्ष के कारण मन की सहायता से होने वाला पदार्थज्ञान। इस ज्ञान के अवग्रह, ईहा आदि प्रकार होते हैं।

मंदिरमार्गी = मूर्तिपूजक जैन समाज की संज्ञा।

मनःपर्यय ज्ञान = सम्यक् चारित्र्य के अनुसरण से आवरणीय कर्मों का क्षय होने पर संयमी सत्पुरुषों को होने वाला गूढज्ञान। प्रत्यक्ष ज्ञान के तीन प्रकारों में से एक।

महानिशीथ सूत्र = जैनागमों के अन्तर्गत छह छेदसूत्रों में से द्वितीय छेदसूत्र। हरिभद्रसूरि ने इनका संशोधन किया था।

महाव्रत = जैन श्रमणों के द्वारा अहिंसा, सत्य, अस्तेय, ब्रह्मचर्य और अपरिग्रह इन पांच व्रतों का निरपवाद पालन। (पातंजल योगसूत्र में 'यम' नामक प्रथम योगांग में 'सार्वभौम महाव्रत' शब्दों से इसका निर्देश हुआ है।

माथुरीवाचना = आर्य स्कंदिल की अध्यक्षता में मथुरा की आचार्य परिषद द्वारा किया गया ११ जैनागमों का संशोधन कार्य। (यह कार्य महावीर तीर्थंकर के पश्चात् ६०९ वें वर्ष में हुआ था।)

मानस्तम्भ = जैन शिल्प की परंपरा के अनुसार मंदिर के सम्मुख स्थापित अखण्ड पाषाण का उत्तुंग स्तम्भ। इसके ऊपर की वेदी पर चतुरानन ब्रह्मा की मूर्ति होती है।

मिथ्यादृष्टि = जैन मतानुसार १४ गुणस्थानों में से प्रथम स्थान।

मुनिधर्म के २८ गुण = ५ महाव्रत, ५ समिति, ५ इन्द्रिय-विजयता, ६ आवश्यक और स्नान न करना, दन्तधावन न करना, भूमिशयन, तिष्ठद्भोजन, एकभुक्त, विवस्त्रता, और केशलोंच।।

मुष्टिविधान व्रत = एक जैन व्रत जो चैत्र, भाद्रपद और माघ मास में होता है। व्रतावधि – एक वर्ष।

मूलसंघ = दिगम्बर जैन संप्रदाय की अपर संज्ञा।

मूलसूत्र = पवित्र जैन ग्रंथों की संज्ञा। इनकी संख्या चार है।

मोक्षमार्ग = जैन मतानुसार – सम्यग् दर्शनज्ञान – चारित्राणि मोक्षमार्गः। (तत्त्वार्थसूत्र, उमास्वातिकृत- १-१) अर्थात् सम्यक् दर्शन, सम्यक् ज्ञान और सम्यक् चारित्र इन तीनों का समवाय ही मोक्ष का मार्ग है।

मोक्षासन = जैन मतानुसार पर्यंक, अर्धपर्यंक, वज्र, वीर, और कायोत्सर्ग नाम पांच योगासनों की संज्ञा।

मोहनीय = अष्टविध कर्मों में से एक। दर्शन और सुचरित्र इन आत्मगुणों का विलय करने वाला कर्म। लोभ, मत्सर आदि मानसिक दोषों के कारण यह कर्म होता है।

यापनीय = एक जैन संप्रदाय जो दिगंबर संप्रदाय के अचेलकत्व तथा श्वेतांबर संप्रदाय की स्त्रीमुक्ति को मान्यता प्रदान करता है। यह दक्षिण भारत में था।

योग = कर्म के परमाणुओं को जीव तक खींच लाने वाली एक शक्ति।

योग = काया, वाचा और मन की क्रिया। (अपर संज्ञा – आस्रव)। शुभ योग – पुण्यास्रव। अशुभ योग – पापास्रव।

रत्नत्रय = जैन मतानुसार उद्धार के तीन श्रेष्ठ उपाय – सम्यग् दर्शन, सम्यग् ज्ञान और सम्यक् चरित्र।

रूपी = जैन दर्शन में अजीव तत्त्व का एक प्रमुख भेद। इसके स्कन्ध, देश, प्रदेश और अविभागी नामक चार भेद

माने जाते हैं।

वज्रशृंखला = जैन दैवतों में से एक यक्षिणी या विद्यादेवी। यह अभिनंदनाथ तीर्थंकर की सेविका मानी गई है।

वज्रांकुशा = तीर्थंकर अनंतनाथ की शासनदेवता। जैनों की विद्यादेवी।

वंदन = जैनों की छह आवश्यक क्रियाओं में से एक। पूज्य व्यक्ति का काया वाचा मन से आदर। इसी को **चितिकर्म, कृतिकर्म** या **पूजाकर्म** भी कहते हैं।

वलभी वाचना = देवर्धिगणी की अध्यक्षता में गुजरात की वलभी नगरी में हुआ ११ जैनागमों का द्वितीय (अंतिम) संशोधन। (श्वेताम्बर संप्रदाय में वलभीवाचना में संशोधित आगमों का ही प्रामाण्य माना जाता है। इनके अतिरिक्त आगमों में १२ उपांगों, ६ छेदसूत्रों, ४ मूलसूत्रों, १० प्रकीर्णकों और २ चूलिकासूत्रों की गणना होती है।

वेदनीय = अष्टविध कर्मों में से एक। इसके कारण परपीड़ा न करने का आत्मगुण लुप्त होता है।

वैयावृत्य = जैनों के चतुर्विध शिक्षाव्रत में चतुर्थव्रत। अन्नदान, औषधिदान, अभयदान, ज्ञानदान आदि दान देना तथा असमर्थ या रोगी-मुनि, श्रमण, या श्रावक की सेवा।

व्यवहार काल = जैन मतानुसार कालद्रव्य के दो भेदों में से एक। सौर मंडल की गति के कारण ज्ञात घटिका, अहोरात्र आदि।

व्यवहार सूत्र = जैनागमों के अन्तर्गत छह छेदसूत्रों में से तीसरा छेदसूत्र। कर्ता – भद्रबाहु।

शलाकापुरुष = जैन मतानुसार १४ कुलकरों के पश्चात् मानव जाति को सदाचारात्मक धर्म का ज्ञान देने वाले महापुरुष। इनमें २४ तीर्थंकर, १२ चक्रवर्ती, ९ बलभद्र, ९ वासुदेव, ९ प्रतिवासुदेव इन ६३ महापुरुषों की गणना होती है।

शिक्षा व्रत = जैनों के आचार धर्म का एक भाग। चार प्रकार – (१) देशावकाशिक, (२) सामायिक, (३) प्रोषधोपवास और (४) वैयावृत्य।

श्रमण संघ के ५ विभाग = गण, कुल, शाखा, संयोग और गच्छ।

श्रावक (या उपासक) = सम्यग् दर्शन की प्राप्ति के लिए मुनिजनों से सदाचार के उपदेश का श्रवण करने वाला जैन धर्मी गृहस्थ। तीन प्रकार – (१) पाक्षिक श्रावक, (२) नैष्ठिक, और (३) साधक।

श्रुतकेवली = तीर्थंकर महावीर के पांच शिष्य – विष्णु, नन्दिमित्र, अपराजित, गोवर्धन और भद्रबाहु।

श्रुतज्ञान = जैन मतानुसार परोक्ष ज्ञान के दो प्रकारों में से दूसरा। प्रथम मतिज्ञान होने पर युक्ति, तर्क, अनुमान और शब्दार्थ के द्वारा होने वाला पदार्थज्ञान। दो भेद – (१) **अंगप्रविष्ट** और (२) **अंगबाह्य**। अंग प्रविष्ट में आचारांग, सूत्रकृतांग आदि 12 श्रुतांगों का अन्तर्भाव होता है। और अंगबाह्य में **दशवैकालिक, सामायिक** इत्यादि उत्तरकालीन आचारों का अन्तर्भाव होता है।

सत् = (उत्पाद- व्यय- ध्रौव्य- युक्तं सत्) अर्थात् उत्पत्ति, विनाश और ध्रौव्य (नित्यता) से युक्त तत्त्व। द्रव्य सत् होता है।

सप्तभंगी नय = जैन मतानुसार प्रत्येक पदार्थ में सात धर्म होते हैं। – नित्य, अनित्य, अवक्तव्य, नित्यानित्य, नित्यअवक्तव्य, अनित्य-अवक्तव्य, नित्यानित्य-अवक्तव्य। इन सात धर्मों की संज्ञा है सप्तभंगी (प्रकार) नय।

सप्तभंगी नय = पदार्थ का परामर्श करने के सात प्रकार – (१) स्याद् अस्ति उदा.- स्याद् घट घर में है। (२) स्यात् नास्ति उदा. – स्याद् घट घर के बाहर नहीं। (३) स्यात् अस्ति च नास्ति च उदा. – स्याद् घट घर में और घर के बाहर नहीं। (४) स्यात् अवक्तव्यम् उदा. – - कच्चा घट काला और पक्का घट लाल होता है अतः घट का वास्तविक स्वरूप अवक्तव्य है। (५) स्यात् अस्ति च अवक्तव्यं च, उदा. – स्यात् घट घर में है किन्तु वह नाना विरोधी धर्मों से युक्त होने के कारण उसका रूप अनिर्वचनीय है। (६) स्यात् नास्ति च अवक्तव्यं च उदा. – स्यात् घट घर के बाहर नहीं और वह अनिर्वचनीय भी है। (७) स्यात् अस्ति च नास्ति च अवक्तव्यं च उदा.– स्यात् घट घर में है, घर के बाहर नहीं, और वह अनिर्वचनीय भी है। सप्तभंगी नय के प्रत्येक प्रकार में स्यात् (या स्याद्) शब्द का प्रयोग आवश्यक होता है। (स्यात् का अर्थ है – संभवतः अथवा किसी विशिष्ट अपेक्षा से)।

समय = आकाश के एक प्रदेश में स्थित पुद्गल के एक परमाणु का अपनी निजी गति से दूसरे प्रदेश तक पहुंचने का काल। देखिये – व्यवहारकाल।

समाधिमरण = देखिये सल्लेखना व्रत।

समिति (पांच प्रकार) = जैन मुनिधर्म के २८ गुणों में से पांच गुणों की संज्ञा। पाच समितियां – **ईर्या समिति** चलने में सावधानता। **भाषा** – सत्य, प्रिय और मंगल भाषण। **एषणा** – शुद्ध भिक्षान्न तथा निर्लोभ व्यवहार। **आदान निक्षेप** – अनावश्यक वस्तुओं का त्याग। **इन्द्रिय विजयता** ज्ञानेन्द्रियों की इष्ट विषयों में प्रवृत्ति और अनिष्ट विषयों में अरति। **षडावश्यक** – समता, स्तव, वंदना, प्रतिक्रमण, प्रत्याख्यान, और कायोत्सर्ग।

समिति = उपायपंचक में से द्वितीय उपाय। क्षमा, मार्दव, आर्जव, शौच, सत्य, संयम, तप, त्याग, औदासीन्य, और ब्रह्मचर्य (यही दशविध धर्म है)। इसके पालन से कर्म का जीव में प्रवेश होने से रूकावट आती है।

सम्यक् चारित्र = अहिंसा, सत्य, अस्तेय, ब्रह्मचर्य और अपरिग्रह का निरपवाद पालन।

सम्यग् ज्ञान = शास्त्र प्रतिपादित समस्त तत्त्वों का यथार्थ अनुभव।

सम्यग्दर्शन = तीर्थंकरों द्वारा प्रतिपादित शास्त्रग्रंथों पर दृढ श्रद्धा। यह त्रिविध मोक्षमार्ग में प्रथम है।

सम्यग्मिथ्यादृष्टि = जैन मतानुसार निर्वाणदायक १४ गुणस्थानों में से तृतीय स्थान।

संयोगकेवल = जैन मतानुसार निर्वाणदायक १४ गुणस्थानों में से तेरहवाँ स्थान।

सयोगकेवली = केवली महापुरुष का एक प्रकार। इसको जिन, या अर्हत् कहते हैं। यह आयु के अंतिम मुहूर्त में ध्यानस्थ हो जाता है।

सल्लेखना व्रत = साधकावस्था के श्रावक का ध्यान में शरीरत्याग। इसी को समाधिमरण भी कहते है।

साधकश्रावक = उच्च अवस्था का जैनधर्मी गृहस्थ। आसन्नमरण अवस्था में भोजन आदि का त्याग कर, ध्यानमग्न रहने वाला।

साधुमार्गी = मूर्तिपूजा न करने वाले मतनिष्ठ जैन। (देखिये- ढुंढिया)।

सामायिक = जैनों के चतुर्विध आचार धर्म में से द्वितीय व्रत। दिन में तीन बार नियमित काल में तीर्थंकरों का गुणस्तवन करना।

सामायिक = जैनों की छह आवश्यक क्रियाओं में से एक। आत्मौपम्य बुद्धि से सभी से व्यवहार। समय याने आत्मा के विषय में शुभ भावना।

सासादन सम्यग् दृष्टि = जैन मतानुसार १४ गुणस्थानों में से द्वितीय स्थान।

सिद्धचक्र = जैन सम्प्रदाय में माना गया एक प्रतीक।

सूक्ष्म सांपराय संयत = जैन मतानुसार निर्वाण दायक १४ गुणस्थानों में से दशम स्थान।

संकल्पी हिंसा = जैन मतानुसार हिंसा के चार प्रकारों में से एक। उदा. कसाई द्वारा पशु की हिंसा।

संघ (या गण)) की संज्ञाएँ = नंदी, वीर, अपराजित, देव, सेन, भद्र, गुणधर, गुप्त, सिंह, चंद्र इत्यादि।

संथारु व्रत = जैन साधुओं का आमरण प्रायोपवेशन का व्रत।

संवर = मोक्ष का कारणीभूत होने वाला कर्म (संवरो मोक्ष कारणम्) (सर्वदर्शन संग्रह)। जैन मतानुसार ७ ज्ञेय तत्त्वों में से पांचवाँ तत्त्व। "आस्रवस्य निरोधः संवरः" अर्थात् आस्रव (याने जीव में कर्मप्रवेश का द्वार) का निरोध करना। (जीव और कर्म का संबंध टूटे बिना जीव मुक्त अवस्था को नहीं प्राप्त कर सकता)। दो भेद- भाव, और द्रव्य।

संसारी जीवों के ४ प्रकार = नारकी, तिर्यञ्च, मनुष्य और देव।

स्कंध = जैन दर्शन में सम्मत अजीव तत्त्व का एक प्रधान भेद "रूपी" कहा जाता है। रूपी का एक प्रकार **स्कंध** है जो सकल पुद्गल द्रव्य स्वरूप माना जाता है। अनेक परमाणुओं के संयोग से निर्मित पदार्थ। यह इन्द्रियग्राह्य होता है।

स्तूप = महापुरुष के स्मरणार्थ निर्मित पाषाणमय भव्य स्मारक। जैन और बौद्ध परंपरा में इस प्रकार के स्मारक बनाये जाते थे।

स्थितिबन्ध = जीव के बन्धनकारक कर्मपरमाणुओं में काल मर्यादा की उत्पत्ति।

स्याद्वाद = जैन धर्म के तत्त्वज्ञान का एक मूलभूत एवं दार्शनिक जगत् का एक महत्त्वपूर्ण सिद्धान्त। देखिये – सप्तभंगी नय।

स्वतंत्रजीववाद = यह एक जैन मत है। इसके अनुसार जीव चैतन्यस्वरूप तथा प्रतिशरीर भिन्न होने के कारण अगणित होते हैं।

हिंसा के दो प्रकार = (१) द्रव्यहिंसा (शरीर नाश), (२) भावहिंसा (दुष्ट भाषण या दूसरे की मृत्यु, हत्या आदि का चिंतन।

हिंसा के चार प्रकार = संकल्पी, उद्योगी, आरंभी, और विरोधी।

★ ★ ★

(वर्ग - ५) – बौद्ध परिभाषा

अंगुत्तरनिकाय = यह बौद्धों के सुत्तपिटक का एक भाग है जो निकाय ग्रंथों में चौथा माना जाता है। इसमें ९५५७ सुत्तों का समावेश हुआ है जिन में नीतिनियमों का मनोवैज्ञानिक स्पष्टीकरण दिया गया है।

अंधक निकाय = आंध्रप्रदेश में महाचैत्यवादी बौद्ध संप्रदाय से अलग चैत्यवादी संप्रदाय का उदय अशोक के काल में हुआ था। चैत्यवादी संप्रदाय से पूर्वशैलीय, अपरशैलीय, राजगिरक और सिद्धार्थक नामक 4 संप्रदाय उत्पन्न हुए। इन चारों को 'अंधकनिकाय' कहते हैं। इसी निकाय से वैपुल्यवादी पंथ प्रवर्तित हुआ।

अकुशल कर्म = दुष्ट फल देने वाला कर्म।

अक्षोभ्य व्यूह = अक्षोभ्य नामक ध्यानी बुद्ध का स्वर्गस्थान।

अठ्ठकथा (अर्थकथा) = बौद्धों के त्रिपिटकों के अन्तर्गत ग्रंथों पर कथापरक भाष्य। बुद्धदत्त, बुद्धघोष और धम्मपाल, पाली साहित्य के प्रख्यात अठ्ठकथाकार थे। बुद्धोत्तर एक हजार वर्षों के बाद अठ्कथा साहित्य की निर्मिति मानी जाती है।

अद्वय = महायान बौद्ध मतानुसार चतुष्कोटि-विनिर्मुक्त ज्ञान। (चतुष्कोटि - अस्ति, नास्ति, अस्ति-नास्ति, नास्ति-नास्ति) अर्थात् भावज्ञान और अभावज्ञान से पर ज्ञान। वेदान्त का अद्वैत और प्रस्तुत अद्वय में भिन्नता होती है।

अद्वयवादी = (१) भगवान् बुद्ध की एक संज्ञा। (2) ब्रह्म और विश्व का तादात्म्य या प्रकृति और आत्मा का तादात्म्य प्रतिपादन करने वाला अद्वैतवादी।

अधिकरण समथा धम्मा = बौद्ध संप्रदाय में संघ के अन्तर्गत विवाद होने पर पालनीय सात नियम – (१) संमुखविनय, (२) स्मृतिविनय, (३) अमूढविनय, (४) प्रतिज्ञातकरण, (५) यद्भूयसिक, (६) तत्पापीयसिका, (७) तिणवत्थारक।

अधिचित्त = बौद्धों के शिक्षात्रय नामक विशुद्धि के अन्तर्गत समाधिशिक्षा की अपर संज्ञा। कुशलचित्त की एकाग्रता को ही 'समाधि' कहते है।

अधिशील = बौद्धों के शिक्षात्रय में अन्तर्भूत शीलशिक्षा की अपरसंज्ञा। शील याने अहिंसापूर्वक आचारधर्म का पालन।

अध्यात्म आयतन = बौद्ध दर्शन में छह ज्ञानेन्द्रियों की संज्ञा। बाह्य आयतन – शब्दादि विषय। (देखिये- आयतन)।

अनागमी = बौद्ध मतानुसार सत्कायदृष्टि, विचिकित्सा, शीलव्रतपराभास, कामच्छंद और व्यापाद (हिंसा) इन पांच बंधनों का लय होने पर साधक को यह उच्च अवस्था प्राप्त होती है। मरणोत्तर वह संर्वोच्च 'अर्हत्' अवस्था में प्रविष्ट होता है। (न आगमी इति अनागमी = पुनर्जन्म से मुक्त)।

अनागरिक = गृहत्यागी भिक्षु।

अनात्मवाद = (अपर नाम – नैरात्म्यवाद, पुद्गल-प्रतिषेधवाद) यह बौद्ध दर्शन का एक मत है, जिसमें आत्मा की सत्ता का निषेध प्रतिपादन किया है। बौद्ध दर्शन लौकिक व्यवहार में पंच स्कंध (रूप, वेदना, संज्ञा, संस्कार, विज्ञान) के रूप में आत्मा की सत्ता ही अनात्मवाद मानता है किंतु पारमार्थिक दृष्ट्या शाश्वत आत्मा वह नहीं मानता। उत्तरकालीन बौद्ध दार्शनिकों ने अनेक प्रकार से इस वाद का प्रतिपादन किया है।

अनात्मवाद (या नैरात्म्यवाद) = बौद्ध मतानुसार आत्मा के अतिरिक्त अन्य पदार्थों की सत्ता का प्रतिपादन करने वाला सिद्धान्त। इस के अनुसार 'आत्मा' शब्द परस्पर संबद्ध अनेक धर्मों की एक सामान्य संज्ञा मात्र है।

अनियत कर्म = अनिश्चित फल देने वाला कर्म।

अनुत्तरज्ञान = बौद्ध दर्शन में कथित शून्यता, प्रज्ञा, और उपाय का एकात्मक ज्ञान। सहज स्वभाव तथा वज्रस्वभाव को आत्मसात् करने वाले साधक ही अनुत्तर ज्ञानसाधना के अधिकारी होते हैं। अनुत्तर = न उत्तरं यस्मात् तत् अर्थात् सर्वोत्कृष्ट।

अनुत्तरतंत्र = बौद्धों के वज्रयान के चार तंत्रों में से एक। अन्य तंत्र – क्रिया, योग, और अनुत्तर।

अनुत्तर पूजा = बौद्ध संप्रदाय में बोधिचित्त का उदय होने के लिये विहित विशिष्ट विधि। इस के सात अंग – वंदन, पूजन, पापदेशना पुण्यानुमोदन, बुद्धाध्येषण, बुद्धयाचना, बोधि परिणामना। इस सप्तांग पूजा से साधक में 'बोधिचित्त' का उदय होता है।

अनुत्तर योग = सर्वश्रेष्ठ योग।

अनुत्तर योगतंत्र = बौद्ध तंत्र साहित्य के चार प्रकारों में से एक। इस में बोधिसत्त्व के उत्पादहेतु वंदना, पूजा, शरणगमन आदि क्रियाओं का प्रतिपादन है।

अनुमान = (दो प्रकार) – स्वार्थानुमान और परार्थानुमान।

अनुमानाभास = भ्रान्तियुक्त अनुमान। तीन प्रकार – पक्षाभास (९ प्रकार)। हेत्वाभास (२ प्रकार)। और दृष्टान्ताभास (२ प्रकार)।

अनुलोमचर्या = बोधिसत्त्व को बुद्धत्त्व की प्राप्ति के लिए करने योग्य चार चर्याओं में से तृतीय चर्या। इस में बुद्धत्व प्राप्ति के लिए आवश्यक गुण संपादन किये जाते हैं।

अनुशय = बौद्ध दर्शन के अनुसार संसार के छह मूल कारण – राग (तृष्णा), प्रतिघ (द्वेष), मान, अविद्या, दृष्टिविशेष (सत्कार्य दृष्टि, मिथ्यादृष्टि इ.), और विचिकित्सा (संशय)।

अपदान (अवदान) = बौद्ध जातक कथाओं के समान अर्हत् के पूर्वजन्म वृत्तान्त सहित चरित्रों का कथन।

अपरशैलीय = चैत्यवादी बौद्ध संप्रदाय की आंध्र में उत्पन्न एक शाखा। धान्यकटक नगर की पश्चिम दिशा में विद्यमान पर्वत में निवास के कारण यह नाम प्राप्त हुआ। पूर्वदिशा के पर्वत में रहने वाले 'पूर्वशैलीय' कहे जाते थे।

अपान समाधि = बौद्ध दर्शन के अनुसार चित्त की एकाग्रता की एक अवस्था।

अपोहवाद = बौद्ध दर्शन का एक सिद्धान्त जो शब्दार्थ में 'सामान्य' (जाति) की सत्ता नहीं मानता; अतः शब्द का अर्थ सामान्य संबंध से विरहित ही ज्ञात होता है। अथवा शब्द का अर्थ अन्याभाव मात्र होता है। (अपोह =अप + ऊह)।

अभिधर्म (अभिधम्म) = बौद्धों के त्रिपिटकों में एक। इसमें पुग्गल पञ्त्ति, धातुकथा, धम्मसंगणि, विभंग, पठ्ठानपगरण, कथावत्थु और मयक नामक सात ग्रंथों का अन्तर्भाव होता है। अन्य मतों का खंडन और बौद्ध मत का प्रतिपादन इस पिटक का प्रमुख विषय है।

अभिनिष्क्रमण = भगवान बुद्ध का राजप्रसाद का त्याग कर तपस्या के लिये निर्गमन।

अभिषेक = बौद्धों की तांत्रिक साधना में कलशाभिषेक, गुह्याभिषेक और प्रज्ञाभिषेक नामक तीन अभिषेक सात बार किये जाते हैं। इन अभिषेकों के बाद शिष्य तांत्रिक साधना का अधिकारी माना जाता है।

अभिषेक भूमि = बौद्धों की दशभूमियों में अंतिम भूमि की संज्ञा।

अभौतिक वाद = एक बौद्ध मत जो समाधि और ब्रह्मचर्य का विरोध करने वाले तथा परलोक का अस्तित्व न मानने वाले भौतिकवाद का विरोधक है। अनात्मवाद और अनीश्वरवाद का प्रतिषेध करते हुए यह मत प्रतिपादन हुआ है।

अमितप्रभ = एक बोधिसत्व का नाम।

अमिताभ = एक ध्यानस्थ बुद्ध जो सुखावती (दिव्यलोक) का अधिपति है। पद्मपाणि नामक बोधिसत्त्व की उत्पत्ति अमिताभ से ही हुई है। अमितायु इसीका पुत्र और सुखावती व्यूह (स्वर्गलोक) का अधिपति है।

अमोघदर्शी = बोधिसत्त्वका एक नाम।

अमोघसिद्धि = ध्यानी बुद्धों में चौथा बुद्ध। (वज्रसंग्रह)।

अर्हत् = हीनयानी बौद्ध मतानुसार सात गुण – अनुद्विग्नता, आत्मशुद्धि, उत्साह, शांतता, आनंद, एकाग्रता और औदार्य। इन गुणों से युक्त तथा अष्टांगिक मार्ग का आक्रमण करने पर अंतिम अवस्था को प्राप्त हुआ सिद्ध पुरुष, जिसका पुनर्जन्म नहीं होता।

अवतंसक साहित्य = बौद्धों के छह प्रकार के अवतंसक सूत्रों का समुच्चय।

अवदान = बौद्ध साहित्य का एक प्रकार जिसमें कर्मफल सिद्धांत का प्रतिपादन करने वाली कथाओं का संग्रह होता है। दिव्यावदान, अवदानकल्पलता आदि अनेक ग्रंथों का इसमें अन्तर्भाव होता है।

अवलंबन = बौद्धों की धारणा के अनुसार मरणोत्तर अधोमुखी अवस्था में पड़ा हुआ प्रेतात्मा। अवलंबन सूत्र नामक ग्रंथ में ऐसे प्रेतात्मा की मुक्ति का उपाय कहा है।

अवलोकितेश्वर = सभी ओर से मानवों को कृपादृष्टि से देखने वाला ईश्वर। बोधिसत्त्व 'समन्तमुख, लोकेश्वर, लोकनाथ आदि इसी के अन्य नाम हैं। महायानी साहित्य में इसे 'संघरत्न' कहते हैं। यही तिब्बती लामा संप्रदाय का मुख्य ईश्वर है और दलाई लामा के व्यक्तित्व में आविष्ट होता है। चीन में अवलोकितेश्वर की मूर्ति स्त्रीरूपी होती है। पद्मपाणि इस देवता का मुख्य लक्षण तथा नामांतर है।

अवस्थात्रय = (बौद्ध मतानुसार) (१) उत्पाद (पदार्थ की एक अवस्था बदल कर दूसरी उत्पन्न होना।) (२) व्यय (अवस्था के रूपान्तर के समय प्रथम अवस्था का नाश)। और (३) ध्रौव्य (तत्त्वतः पदार्थ के अस्तित्व का परिणमन)।

अविद्या = बौद्ध मतानुसार भवचक्र या प्रतीत्य समुत्पाद के १२ अंगों में से प्रथम। यह पूर्व जन्म की एक दशा है। इस अवस्था में प्राणी अज्ञान, मोह और लोभ के अधीन होकर क्लेश भोगता है।

अविवर्तचर्या (या अनिवर्तन चर्या) = बोधिसत्त्व को बुद्धत्व की प्राप्ति के लिए करने योग्य चार चर्याओं में से अंतिम चर्या। बोधिसत्त्व की आठवीं अवस्था प्राप्त होने पर इसका प्रारंभ होता है।

अव्याकृत कर्म = भला या बुरा फल न देने वाला निष्फल कर्म।

अशुद्ध कर्म = दूसरों को पीड़ा देने के उद्देश्य से इहलोक में सुख प्राप्ति की कामना से किया हुआ कर्म।

अष्टशील = उपोसथ की आठ तिथियों (अष्टमी, चतुर्दशी, पौर्णिमा और अमावस्या) को उपवास आदि व्रतों का पालन।

अष्टशौच = (बौद्ध मतानुसार) – कालशौच, अग्निशौच, भस्मशौच, मृत्तिकाशौच, गोमयशौच, जलशौच, पवनशौच और ज्ञानशौच (रत्नकरण्डक श्रावकाचार अ. १)।

अष्टांगिक मार्ग = गौतम बुद्ध द्वारा "धर्मचक्र प्रवर्तन" नामक प्रथम प्रवचन में प्रतिपादित चतुर्थ **'आर्यसत्य'**। इसी को **"दुःखनिरोधगामिनी प्रतिपद्"** अर्थात् दुःखमुक्ति की ओर जाने वाला मार्ग कहते हैं। बौद्धधर्म के आचार मार्ग का यह सारसर्वस्व है। सम्यक् दृष्टि (श्रद्धा), सम्यक् संकल्प, सम्यक् वाचा, सम्यक् कर्मान्त (कृति), सम्यक् आजीव (धंधा), सम्यक् व्यायाम (योगाभ्यास), सम्यक् स्मृति और सम्यक् समाधि (ध्यान) ये ही अष्टांग हैं।

असत् = बौद्ध मतानुसार 'अकिंचित्करम् अभावादिकम्' अर्थात् जो कुछ भी निर्माण नहीं कर सकता ऐसा अभावात्मक तत्त्व। (वेदान्त मतानुसार नाम-रूपात्मक जगत् के रूप में व्यक्त न हुआ किन्तु कारणरूप में विद्यमान, सूक्ष्मतम तत्त्व)।

असंस्कृत धर्म = आकाश, प्रतिसंज्ञानिरोध और अप्रतिसंज्ञा निरोध इन तीनों की संज्ञा। ये नित्य और अनुत्पन्न होते है। देखिये – विषयदत।

अस्तिकायः = जीव, आकाश, धर्म, अधर्म, और पुद्गल

इन पांचों की संज्ञा। इन पांच तत्त्वों में कालत्रय का ''अस्ति'' रूप में निर्देश होता है।।

आकाश गर्भ (या खगर्भ) = एक ध्यानस्थ बोधिसत्व।

आत्मा = पंचस्कन्धों का समुदाय। अपर संज्ञा – पुद्‌गल।

आत्मा = **वैभाषिक** बौद्ध मतानुसार – अनादि काल से लेकर निर्वाण काल तक स्थायी स्वरूप में प्रवाहित विज्ञान की धारा। **योगाचार** मतानुसार – चित्त या आलयविज्ञान। लोकायतिक मतानुसार – **चैतन्य** युक्त शरीर। (चैतन्यविशिष्टः कायः पुरुषः)। **माध्यामिक** बौद्ध मतानुसार – शून्य। **विज्ञानवादी** बौद्ध मतानुसार – क्षणिक विज्ञान।

आदिबुद्ध = वज्रयानी मतानुसार वज्रधर और वज्रसत्त्व का संयुक्त स्वरूप।

आदिबुद्ध = कालचक्रयान नामक बौद्ध पंथ के प्रमुख देवता। नेपाल, श्रीलंका और जापान में इसकी उपासना होती है। वज्रधर आदिबुद्ध के मनुष्यावतार का नाम है।

आनंद = बौद्ध मतानुसार चार भेद – प्रथमानंद, परमानंद, विरमानंद, और सहजानंद। काम-विकार के कारण मन में उत्पन्न क्षोभ या भाव-विकास ही आनंद कहलाता है।

आयतन = छह ज्ञानेन्द्रियों को और उनके शब्द, स्पर्श आदि विषयों को बौद्ध दर्शन में आयतन (प्रवेशद्वार) कहते हैं। ज्ञानेन्द्रियों को अध्यात्म आयतन और विषयों को बाह्य आयतन कहते हैं।

आर्यसत्य = धर्मचक्र प्रवर्तन (सारनाथ में प्रथम प्रवचन) द्वारा गौतम बुद्ध द्वारा प्रतिपादित चार सिद्धान्त – (१) दुःख –(यह सारा संसार केवल दुःखमय है)। (२) दुःखसमुदय – (दुःख का मूल कारण तीन प्रकार की तृष्णा है। त्रिविध तृष्णा – कामतृष्णा, भवतृष्णा और विभवतृष्णा)। (३) दुःखनिरोध – (तृष्णा से मुक्तता। इसी को प्रतिसर्ग, निर्वाण या अनालय कहते हैं। (४) दुःखनिरोधगामिनी प्रतिपद् (इसी को अष्टांगिक मार्ग कहते हैं। देखिये – अष्टांगिक मार्ग।

आलय विज्ञान = बाह्य-आभ्यन्तर तथा जड-चेतन सारा जगत् विज्ञान का परिणाम है। सागर में तरंगमालाएँ उत्पन्न और विलीन होती हैं, उसी प्रकार विज्ञान में सारे पदार्थ (इन्द्रियों का ज्ञान और मन) उत्पन्न होकर विलीन होते हैं।

आस्रव = बौद्ध मतानुसार चार प्रकार – कामास्रव, भवास्रव, दृष्ट्यास्रव, और अविद्यास्रव। आस्रव से मुक्ति ही अर्हत् पद की प्राप्ति का उपाय है। राग-द्वेषादि विकारों की बौद्ध संज्ञा।

उच्छेद दृष्टि = दृष्टि – आत्मज्ञान के दो प्रकारों में से एक। शरीर को आत्मा से अभिन्न मानता (अर्थात् देहात्मवाद) शरीरनाश में आत्मा का नाश मानना बौद्ध मत में सम्यक् दृष्टि नहीं है। यह एकान्तिक दृष्टि है।

उड्डीयान कुरुकुल्ला = तांत्रिक बौद्धों की एक भीषण उपास्य देवता। इसका वाहन प्रेत होता है।

उदान = भगवान् बुद्ध के भावपूर्ण वचनों का संग्रह। इस के आठ वर्ग है और प्रत्येक वर्ग में प्रायः दस सूक्त है।

उपचित = बौद्ध मतानुसार कर्म का एक प्रकार। स्वेच्छा से तथा बुद्धिपूर्वक किया गया कर्म, जिसका फल कर्ता को प्राप्त होता है। (अन्य प्रकार-कृत अर्थात् जो फलदायक नहीं होता)।

उपसथागार = बौद्ध विहार के अन्तर्गत पापोच्चारण विधि का स्थान।

उपादान = बौद्ध मतानुसार भवचक्र या प्रतीत्य समुत्पाद के १२ अंगों में से नौवां अंग। इस अवस्था में सुखप्रद विषयों की प्राप्ति के लिए प्राणी अस्वस्थ होकर दौड़धूप करता है।

उपादान स्कंध = जब रूप, वेदना, संज्ञा, संस्कार और विज्ञान नाम पंच स्कन्ध संगठित होकर देहधारी व्यक्ति का निर्माण करते हैं, तब उन्हें यह संज्ञा दी जाती है।

उपाय = बौद्ध मतानुसार वास्तव समाधि में उदित प्रज्ञा या शुद्ध ज्ञान। इसे 'उपाय-प्रत्यय' भी कहते हैं।

उपाय कौशल = बौद्ध संप्रदाय में मुद्रामैथुन की गुह्यसाधना की यह संज्ञा है।

उपासक = बौद्ध संप्रदाय में नवदीक्षित पुरुष।

उपेक्षाविहारी = बौद्ध भिक्षु का एक प्रकार जो 'उपेक्षा' नामक शीलधर्म का पालन करते हुए उदासीन वृत्ति से जीवन व्यतीत करता है।

उपोसथ = पौर्णिमा, अमावस्या और दोनों अष्टमियाँ इन चार तिथियों को होने वाली बौद्धों की सभा, जिसमें सहभागी लोग अपने अपराधों का निवेदन करते थे। (वैदिक उपवसथ शब्द का यह अपभ्रंश है।)

उष्णीषकमल = मस्तकस्थित सहस्रारचक्र की बौद्ध संज्ञा।

उष्णीष देव = वज्रयानी बौद्धों के आठ देवता – वज्रोष्णीष, रत्नोष्णीष, पद्मोष्णीष, विश्वोष्णीष, तेजोष्णीष, ध्वजोष्णीष, तीक्ष्णोष्णीष, छत्रोष्णीष। ये प्रत्येकशः एक-एक दिशा के प्रमुख माने गये हैं।

उष्णीष विजया = एक बौद्ध देवता जिसकी उपासना नेपाल में लोकप्रिय है।

एकजटा = वज्रयानी बौद्धों की एक देवता।

एडूक = मृत व्यक्ति के दांत, केश, अस्थि आदि पर निर्मित चैत्य या अल्प स्तूप। (बौद्धों में एडूक निर्मिति के प्रथा अधिक थी)।

ऐलक (अचेलक) = अल्पतम वस्त्र धारण करनेवाला जैन श्रावक।

ऐश्वरिक = नेपाल के चार बौद्ध संप्रदायों में से एक। यह सम्प्रदाय परमात्मा की सत्ता मानता है।

ककुच्छंद = गौतम बुद्ध के पूर्ववर्ती छह बुद्धों में से एक। (समय ई. पू. ३१०१ प्रायः)।

कठिन = बौद्ध भिक्षुओं का एक दुष्कर व्रत। इस व्रत के बारह नियम कठोर होते हैं।

कनकमुनि = गौतम बुद्ध के पूर्ववर्ती छह बुद्धों में से एक

प्रागैतिहासिक बुद्ध। समय- प्रायः ई. पू. २०९९।

कर्म = बौद्ध मतानुसार सृष्टि का मूल कारण। मरणोत्तर जीव का कर्म दूसरे जीव में संक्रामित होता है। लोकवैचित्र्य का कारण। दो प्रकार – (१) चेतना, (२) चेतयित्वा। (अर्थात् कायिक और वाचिक कर्म)।

कर्मपथ = हिंसा, चोरी आदि दस प्रकार के दुष्कृत्यों की संज्ञा। दो प्रकार – कायिक और मानसिक। यह कर्म बुद्धिपूर्वक होता है।

कर्मसिद्धि = जो आश्रय, स्वभाव और समुत्थान इन तीन कारणों से होती है।

कामतृष्णा = बौद्ध मतानुसार त्रिविध तृष्णाओं में एक जो दुःखसमुदय (एक आर्यसत्य) का कारण है।

काय = (चार प्रकार) – निर्माणकाय, संभोगकाय, धर्मकाय और वज्रकाय। महायान बौद्ध संप्रदाय में गौतम बुद्ध की चतुर्विध काया का निरूपण किया है। इनमें वज्रकाया (या सहकाया, स्वभावकाया, महासुखकाया) सर्वश्रेष्ठ मानी जाती है। काय = शरीर।

कायविज्ञप्ति = कायिक कर्म, क्षणिक चेतना (अर्थात् मानस कर्म) के पुनः पुनः अभ्यास से इसकी उत्पत्ति होती है।

कायिक कर्मपथ = (बौद्ध मत) हिंसा, चोरी, व्यभिचार जैसे शारीरिक कुकर्म।

कार्मिक = नेपाल के चार बौद्ध संप्रदायों में से एक।

कालचक्र यान = एक तांत्रिक बौद्ध संप्रदाय।

काश्यप = गौतम बुद्ध के पूर्ववर्ती छह बुद्धों में से एक। (समय प्रायः ई. पू. १०४४)।

काश्यपीय = अशोकपूर्व काल में उत्पन्न बौद्ध धर्म के १८ निकायों में से एक। सर्वास्तिवाद, स्थविरवाद और धर्मगुप्तिक इन मतों का समन्वय इस संप्रदाय में हुआ है।

कुंडा = एक रक्तवर्ण बौद्ध देवता।

कुशल कर्म = बौद्ध मतानुसार दुःख की समाप्ति तथा निर्वाण की प्राप्ति कराने वाला कर्म।

कृत = बौद्ध मतानुसार कर्म का एक प्रकार। स्वेच्छा से या बुद्धिपर्वक न किया गया कर्म। (अन्य प्रकार उपचित – देखिये) यह कर्म फल नहीं देता।

क्रियातंत्र = वज्रयदान बौद्धतंत्र के चार प्रकारों में से एक। इसमें मंदिर-निर्माण, देव-प्रतिष्ठा आदि से संबंधित अनुष्ठानों का तथा दानशील, क्षमा, वीर्यध्यान और प्रज्ञा आदि क्रियासाधनाओं का निरूपण किया है।

खक्खर = बौद्ध भिक्षुओं का एक आयुध जो आत्मरक्षण के हेतु रखा जाता है।

खदिरवनीतारा = एक बौद्ध देवता।

खसर्पण = बोधिसत्त्व अवलोकितेश्वर का एक रूप।

गगनगज = एक बोधिसत्त्व।

गणपतिहृदया = एक नृत्यासना बौद्ध देवता जो गणपति की शक्ति मानी जाती है।

गंधहस्ती = एक बोधिसत्त्व की संज्ञा।

गुरुधम्मा = बौद्ध भिक्षु महिलाओं के लिए निषिद्ध ८ प्रकार के आचार। इसी को अठ्ठगुरुधम्मा कहते हैं।

गुह्यत्रय = बौद्धों के मंत्रयान के अनुसार वाग्गुह्य, कायगुह्य और मनोगुह्य इन तीन पारमार्थिक साधनाओं की संज्ञा।

गुह्यसमाज = तांत्रिक साधना करने वाला बौद्ध संघ।

गौरी = वज्रयानी बौद्ध सम्प्रदाय में मान्य आठ देवताओं को गौरी कहते हैं। आठ गौरियां – गौरी, चौरी, वेताली, धस्मरी, पुक्काशी, शबरी, चंडाली और डोंबी। इनके वर्ण और पाश घंटा आदि चिन्ह अलग अलग होते हैं।

ग्रहमातृका = एक त्रिमुखी और षड्भुजा बौद्ध देवता।

घण्टापाणि = वज्रसत्त्व नामक ध्यानी बुद्ध का पुत्र। एक बोधिसत्त्व।

घस्मरी = वज्रयानी बौद्धों की अष्टगौरियों में से एक, वर्ण-हरित, चिह्न- घंटा।

चक्रसंवर = सहजयानी बौद्ध मतानुसार एक देवता।

चंडरोषण = एक तांत्रिक बौद्ध देवता जो अक्षोभ्य नामक ध्यानी बुद्ध से उत्पन्न हुई। इसकी मूर्ति के मस्तक पर अक्षोभ्य की मूर्ति होती है। इसकी मूर्ति और पूजाविधि गुप्त होती है।

चंडाली = वज्रयानी बौद्धों की अष्टगौरी देवताओं में से एक। वर्ण – नील, चिह्न – वह्निकुण्ड।

चण्डाली = बौद्धों के एक तांत्रिक देवता जो वायुरूप प्रकृति की शक्ति मानी गयी है।

चतुर्धातु = आकाश के अतिरिक्त अन्य ४ महाभूतों की बौद्ध मतानुसार संज्ञा।

चतुष्कोटि ज्ञान = महायान बौद्ध मतानुसार अस्ति, नास्ति, अस्ति-नास्ति और नास्ति-नास्ति यह चार प्रकार का ज्ञान माना गया है। इस चतुष्कोटि के परे अद्वय ज्ञान होता है।

चर्या = महायानी बौद्ध संप्रदाय में बोधिचित की अवस्था प्राप्त होने के लिये विहित छह पारमिताओं की साधना। इस साधना में दीक्षा, अभिषेक मंडल, आवेश आदि का अन्तर्भाव होता है। चर्या शब्द का अर्थ है "पथि स्थितिः" अर्थात् नियमों का समुचित पालन। **चर्या के चार प्रकार** – प्रकृतिचर्या, प्रणिधान (प्रणिधि) चर्या, अनुलोमचर्या, और अविवर्तचर्या।

चर्या = बौद्धों के नित्य और नैमित्तिक आचार विधि। इसमें चैत्यवन्दना और बोधिवन्दना नामक दो प्रकार के मंत्र या स्तोत्र पाठ होते हैं।

चर्यागीत = सहजिया बौद्ध संप्रदाय में प्रचलित उपदेशात्मक गीत। (बंगाल में इन चर्यागीतों का प्रचार था। ये गीत रागबद्ध होते हैं।)

चर्यातंत्र = बौद्ध तंत्रसाहित्य के चार प्रकारों में से एक। इसमें राग, द्वेष, मोह, श्रद्धा, बुद्धि और वितर्क नामक छह

चर्याओं का प्रतिपादन है।

चित्तवज्र = बोधिसत्त्व के चित्त की एक उच्च अवस्था, जिसमें संसार के किसी भी उत्तम-अधम विषय का चित्त पर कोई परिणाम नहीं होता।

चुंद्रा = (अपर नाम – चंद्रा, चंडा, चंड्रा)। १६ या २६ भुजा वाली एक **बौद्ध** देवता।

चेतना = बौद्ध मतानुसार मानसकर्म। मुनियों की शुद्ध चेतना से ही फल की उत्पत्ति होती है।

चेतयित्वा = बौद्ध मतानुसार कर्म के दो प्रकारों में से एक। इसके दो प्रकार – (१) कायिक और (२) वाचिक।

चैत्यक = अशोकपूर्वकाल में उत्पन्न बौद्ध धर्म के 18 निकायों में से महासांघिक निकाय से महादेव द्वारा स्थापित एक उपसंप्रदाय। इसी निकाय ने बुद्ध और बोधिसत्त्व को सर्वप्रथम देवस्वरूप माना था जिसे महायान संप्रदाय ने मान्यता दी थी। इस संप्रदाय में चैत्यों की निर्मिति, पूजा, प्रदक्षिणा पुण्यदायक मानी जाती है।

चैत्यमह = एक प्राचीन उत्सव।

चौरी = वज्रयानी बौद्धों की अष्टगौरियों में से एक। वर्ण – पीत, चिह्न – पाश। (साधनमाला)।

छेदोपतापन = (१) संदेहयुक्त मनःस्थिति में व्रत का पालन। (२) व्रतभंग होने पर प्रायश्चित्त लेकर पुनः व्रत का आरंभ।

जंभल = एक बौद्ध देवता। बौद्ध देशों में इसकी मूर्ति की पूजा होती है। कुबेर के समान जंभल भी धन का अधिपति माना जाता है।

जरा-मरण = बौद्ध मतानुसार भवचक्र या प्रतीत्य समुत्पाद के १२ अंगों में से अंतिम अंग।

जांगुली = बौद्धों की बारह धारिणी देवताओं में से छठी देवता। यह सर्पविष की बाधा का निवारण करती है।

जातक कथा = भगवान् बुद्ध की पूर्वजन्म की कथाओं के संग्रह की संज्ञा। यह खुद्दक निकाय का १० वां भाग है।

जातककथा के पांच भाग = (१) पच्चुपन्नवत्थू (वर्तमान घटना), (२) अतीतवत्थू (पूर्व-जन्म की कथा), (३) गाथा (जातक कथा का मुख्य अंश), (४) वेय्याकरण (या अत्थ वण्णना) इसमें गाथा का स्पष्टीकरण होता है।), (५) समोघन (उपसंहार)।

जाति = बौद्ध मतानुसार भवचक्र या प्रतीत्य समुत्पाद के १२ अंगों में से ११वाँ अंग। इसमें प्राणी मातृगर्भ में प्रविष्ट होकर अपने कर्मों का फल भोगने की योग्यता प्राप्त करता है।

जालिनीप्रभ (या सूर्यप्रभ) = अमिताभ नामक ध्यानी बुद्ध का शिष्य जो स्वयं बोधिसत्त्व था।

जीव = (बौद्ध मतानुसार) कर्म के कारण एकत्रित तथा प्रतिक्षण परिवर्तनशील अनेक द्रव्यों का समुच्चय।

ज्वालावस्था = देखिये – विरमानंद (बौद्ध मतानुसार एक आनंद)।

ज्ञानशक्ति पंचक = बौद्ध मतानुसार श्रद्धा, वीर्य, स्मृति, समाधि और प्रज्ञा।

डोंबी = वज्रयानी बौद्धों की अष्टगौरियों में से एक। वर्ण – मिश्र, चिह्न – पताका। (साधनमाला तथा निष्पन्नयोगावली)

तथागत **गुह्यक** = एक बौद्ध तंत्र की संज्ञा। इस तंत्र का पालन करने वाले समाज को तथागत गुह्यक समाज कहते हैं।

तंत्र = बौद्ध धर्म में मंत्रयान और वज्रयान के साहित्य की संज्ञा। बौद्धतंत्र के चार प्रकार – **क्रियातंत्र, चर्यातंत्र, योगतंत्र,** और **अनुत्तरयोग तंत्र।**

तृष्णा = बौद्ध मतानुसार भवचक्र या प्रतीत्य समुत्पाद के १२ अंगों में से आठवां अंग। जीवन की इस अवस्था में विषयोपभोग, संभोग आदि की कामना होती है। तीन प्रकार – **कामतृष्णा** (इन्द्रियभोगों की आसक्ति), **भवतृष्णा** (संसार की आसक्ति), और **विभवतृष्णा** (ऐहिक-पारलौकिक विभव की आसक्ति)।

त्रिरत्न = बुद्ध, धर्म और संघ इन तीनों की संज्ञा।

त्रिरत्न = शील, समाधि, और प्रज्ञा (जो अष्टांगिक मार्ग के तीन वर्ग हैं) इन तीन धर्मतत्त्वों की संज्ञा।

त्रिशरण = बुद्ध, धर्म और संघ इन तीन शरणस्थानों का आश्रय लेना। "बुद्धं सरणं गच्छामि, धम्मं सरणं गच्छामि, संघ सरणं गच्छामि" इस मंत्र का त्रिवार उच्चारण।

त्रिकाय = महायानी मतानुसार **धर्मकाय, संभोगकाय** और **निर्माणकाय** नामक बुद्ध की तीन कायाओं की संज्ञा।

त्रिचक्र = बौद्ध दर्शन के तीन परिवर्तन। (१) नैरात्म्यवाद, प्रतीत्यसमुत्पाद, (२) धर्मनैरात्म्यावाद, शून्याद्वैतवाद, (३) विज्ञानवाद, योगाचार। इन तीन सैद्धान्तिक भूमिकाओं के विकासक्रम को 'त्रिचक्र' कहते हैं।

दशभूमि = बोधिसत्त्व को बुद्धत्व प्राप्त करने के लिए उल्लंघनीय दस अवस्थाएँ। महायानी दशभूमि कल्पना मानते हैं। हीनयानी चारभूमि – स्रोतापत्र, सकृदागमी, अनागमी और अर्हत् – मानते है।

देवकुल = तांत्रिक बौद्ध संप्रदायों में माने गये वैरोचन, संभव, अमिताभ, अमोघ, और अक्षोभ्य, नामक पांच ध्यानी बुद्धों और उन प्रत्येक के परिवार की अनेकविध देवताओं का समूह।

धर्मकाय = सांसारिक क्लेशादि से मुक्त भगवान् बुद्ध का शरीर।

धर्मगुप्तिक = अशोकपूर्व काल में उत्पन्न बौद्ध धर्म के १८ संप्रदायों में से महीशासक संप्रदाय से उत्पन्न एक निकाय। मध्य एशिया तथा चीन में इसका प्रचार हुआ था। ये लोग स्तूप की पूजा महत्त्वपूर्ण मानते हैं।

धर्मचक्र = (१) हृदयस्थित योगचक्र की संज्ञा। (२) बौद्ध धर्म का एक चक्राकार प्रतीक। भगवान् बुद्ध को संबोधी प्राप्त होने पर उन्होंने सारनाथ में जो प्रथम प्रवचन दिया उसे 'धर्मचक्र प्रवर्तन' कहते हैं। धर्मचक्र भगवान् बुद्ध द्वारा

प्रतिपादित चार आर्यसत्यों का प्रतीक माना जाता है।

धर्मचक्र प्रवर्तन = बोधी प्राप्त होने पर गौतम बुद्ध द्वारा इसिपत्तन (सारनाथ) में कौण्डिन्य आदि पंचवर्गीय भिक्षुओं को दिया ज्ञानोपदेश।

धर्मधातु = देखिये- वज्रसत्त्व।

धर्ममहामात्र = सम्राट अशोक द्वारा धर्मप्रचार के लिये नियुक्त अधिकारी वर्ग।

धर्मयुत = सम्राट अशोक द्वारा बौद्ध-धर्म के प्रचारार्थ नियुक्त अधिकारी।

धर्मविजय प्रक्रम = भगवान् बुद्ध से संबधित तीर्थस्थानों का दर्शन करने हेतु सम्राट अशोक की यात्रा। इसी यात्रा में स्तूप स्थापित किये गये।

धातुत्रय = महायान बौद्ध मतानुसार रूप, काम, और धर्म नामक तीन धातुएं क्रमशः निर्माणकाय, संभोगकाय और धर्मकाय के कारण कहे जाते हैं।

धारणी मंत्र = तांत्रिक बौद्ध संप्रदाय में मान्यता प्राप्त मंत्र। ये मंत्र बुद्धप्रणीत माने जाते है।

ध्यानीबुद्ध = पंचस्कन्धों के अधिष्ठाता पाच देवताओं की संज्ञा। पांच ध्यानीबुद्ध – वैरोचन, रत्नसंभव, अमिताभ, अमोघसिद्धि और अक्षोभ्य।

नवधर्म = बौद्ध धर्म के महायान सूत्रान्तर्गत प्रसिद्ध नौ ग्रंथों की संज्ञा। नौ ग्रन्थ – अष्टसाहस्रिका प्रज्ञापारमिता, सद्धर्मपुंडरीक, ललितविस्तर, लंकावतार, सुवर्णप्रभास, गंडव्यूह, तथागतगुह्यक, समधिराज, और दशभूमीश्वर। अपर संज्ञा – **वैपुल्यसूत्र**।

नामरूप = बौद्ध मतानुसार भवचक्र या प्रतीत्य समुत्पाद के १२ अंगों में से चौथा। भ्रूण अवस्था में प्राणी की शारीरिक एवं मानसिक प्रगति। विज्ञान अवस्था से षडायतन नामक ५ वीं अवस्था तक यह अवस्था होती है।

निकाय = भगवान् बुद्ध के महानिर्वाण के पश्चात् मतभेदों के कारण उत्पन्न १८ संप्रदाय।

नियत कर्म (बौद्ध मत) = निश्चित फल देने वाला कर्म।

निरोधगामिनी प्रतिपद् = बौद्ध मतानुसार आर्य सत्यों में अंतिम सत्य। प्रतिपद् = मार्ग (जो अष्टांगिक होता है)। अर्थात् दुःखनिरोध करने का **अष्टांगिक मार्ग**।

निर्माणकाय = सांसारिक जीवन व्यतीत करने वाला भगवान बुद्ध का मानव शरीर।

निर्माणचक्र = नाभिस्थित योग चक्र की बौद्ध संप्रदायी संज्ञा।

निर्वाण = बौद्ध साधक का अंतिम साध्य। (निव्वाणं परमं पदम्)।

निर्वाण = "दुःखनिरोध" नामक तृतीय आर्यसत्य की अपर संज्ञा। त्रिविध तृष्णाओं का त्याग (या प्रतिसर्ग) ही निर्वाण है।

निर्वाण = हीनयानी मतानुसार क्लेशावरण का निवारण और महायानी मतानुसार क्लेशावरण और ज्ञेयावरण दोनों का निवारण। हीनयानी दुःखाभाव को निर्वाण मानते है। किन्तु महायानी निर्वाण आनन्दरूप मानते हैं।

निर्वाणावस्था = देखिये – सहजानन्द (बौद्ध मतानुसार सर्वश्रेष्ठ आनंद)।

नेपाल के चार बौद्ध संप्रदाय = स्वाभाविक, ऐश्वरिक, कार्मिक, और यांत्रिक।

नैरात्म्यवाद = देखिये अनात्मवाद।

पंच पारमिता = बौद्ध मत के वज्रयान संप्रदाय में पारमिता नामक साधना का विशेष महत्त्व माना है। पारमिता का अर्थ है परम उत्कृष्ट अवस्था। पंच पारमिताओं में प्रज्ञा पारमिता सर्व श्रेष्ठ मानी गई है जो भगवान् बुद्ध को प्राप्त हुई थी।

पंच बंधन = (बौद्ध मतानुसार) सत्काय दृष्टि, विचिकित्सा, शीलव्रतपराभास, कामच्छंद और व्यापाद। इन बंधनों से मुक्त साधक अनागमी और अंत में अर्हत् अवस्था को प्राप्त करता है।

पंच भिक्षु = भगवान् बुद्ध से प्रथम उपदेश पाये हुए पांच भिक्षु – कौण्डिन्य, वप्र, भद्रायु, महानाम और अश्वजित्।

पंच शील = अहिंसा, सत्यभाषण, अस्तेय, ब्रह्मचर्य, और मद्य-मदिरा आदि का त्याग। इन पांच व्रतों की संज्ञा। (शील शब्द सभी सात्त्विक कर्मों का द्योतक है)।

पंच स्कन्ध = रूप, वेदना, संज्ञा, संस्कार और विज्ञान। इन पांचों की उत्पत्ति रागद्वारा होती है और ये दुःखस्वरूप होते हैं।

परमाणुपुंज वाद = एक बौद्ध मत जो पंच स्कंधों को केवल परमाणुओं का पुंज मानता हैं।

परमानन्द = बौद्ध मतानुसार आनंद के चार प्रकारों में द्वितीय प्रकार, जो बोधिचित्त की पूर्णता में प्राप्त होता है। (बोधिचित्त = शरीर का सारभूत अंश जिसे बिन्दु कहते हैं)।

परित्राणपाठ = महामंगल सुत्त, करणीयमेत्त सुत्त, महामंगल गाथा, पुण्यानुमोदन, और जयमंगल अठ्ठगाथा, इन पांचों का पठन, अमंगलनाश तथा मंगलप्राप्ति के निमित्त, करना या करवाना।

पापदेशना = सहेतुक या अहेतुक किये हुये पापों का भगवान् बुद्ध की मूर्ति के समक्ष पश्चात्तापयुक्त निवेदन।

पारमिता दशक = दान, शील, नैष्कर्म्य, प्रज्ञा, वीर्य, क्षान्ति, सत्य, अधिष्ठान, मैत्री और उपेक्षा। दशपारमिता (पूर्णता) की साधना से ५५० जन्मों के पश्चात् शाक्यमुनि को सम्यक् समाधि की अवस्था प्राप्त हुई ऐसी महायानों की श्रद्धा है।

पाराजिक धम्म = बौद्ध भिक्षुओं के लिए निषिद्ध ४ आचार।

पुक्काशी = वज्रयानी बौद्धों की अष्टगौरियों में से एक। वर्ण – नील, चिह्न – बोधिचित्त घट।

पुण्यानुमोदन = बौद्धों की अनुत्तरपूजा के सात अंगों में एक। इसमें संसार के सभी प्राणियों को दुःखमुक्ति तथा सत्कर्म-प्रवृत्ति की प्रार्थना होती है।

पुद्गल = बौद्ध मतानुसार व्यावहारिक आत्मा की अपर संज्ञा। यह रूप, वेदना, संज्ञा संस्कार और विज्ञान नामक पांच स्कन्धों का संघात या समुदाय मात्र है। इसे 'सत्ता' भी कहते हैं।

पुद्गल नैरात्म्य = बौद्ध दर्शन के अनात्मवाद (आत्मतत्त्व

का अस्तित्व नकारने वाला विचार) की अपर संज्ञा।

पूर्वशैलीय = आंध्र में उत्पन्न एक चैत्यवादी बौद्ध संप्रदाय। धान्यकटक की पूर्वदिशा में स्थित पर्वत में निवास के कारण यह संज्ञा प्राप्त हुई।

पृष्ठ = मौलकर्मपथ (प्रत्यक्ष कर्म) के अनंतर होने वाला कर्म (उदा. – हिंसित पशु के मांस का विक्रय)। इस पश्चात्-कृत्य का फल-भोग नहीं होता।

प्रकृतिचर्या = बोधिसत्त्व को बुद्धत्व की प्राप्ति के लिए करणीय चार चर्याओं में से प्रथम चर्या। इसमें माता, पिता, श्रमण, ब्राह्मण, आदि की सेवा, बुद्ध की पूजा तथा सत्कर्म विहित हैं।

प्रज्ञा = बौद्धों के शिक्षात्रय नामक विशुद्धिसाधना के अन्तर्गत मोहादि चित्तविकारों का निर्मूलन करने की साधना।

प्रज्ञापारमिता = वज्रयानी बौद्ध साधक को तथागत (बुद्ध) की अवस्था प्राप्त होने पर जो मुद्रा होती है उसकी संज्ञा।

प्रज्ञात्रय = (१) श्रुतमयी प्रज्ञा (आत्मप्रमाण से उत्पन्न निश्चय), (२) चिंतामयी प्रज्ञा (युक्ति या तर्क के द्वारा उत्पन्न निश्चय), (३) भावनामयी प्रज्ञा (समाधिजन्य निश्चय)।

प्रज्ञोपाय = (१) एक बौद्ध सिद्धान्त जो प्रज्ञा और उपाय के संभोग का प्रतिपादन करता है। (२) वामशक्ति और दक्षिण शक्ति तथा शून्यता और करुणा के दुग्धजलवत् मिलन का स्थान। (हेवज्रतंत्र)। (३) सहजयानी बौद्धों के मतानुसार भोग और मोक्ष की दूध-जल के समान अद्वयावस्था।

प्रज्ञोपाय युगनद्ध = बौद्धों की एक गुह्य साधना जिसमें हठयोग का महत्त्व होता है।

प्रणिधि (या प्रणिधान) चर्या = बोधिसत्त्व को बुद्धत्व की प्राप्ति के लिए करने योग्य चार चर्याओं में से द्वितीय चर्या। इसमें संबोधि (सम्यक् ज्ञान) की प्राप्ति करने की प्रतिज्ञा होती है।

प्रतिसर्ग = त्रिविध तृष्णाओं (कामतृष्णा, भवतृष्णा और विभवतृष्णा) का त्याग। इसी को 'निर्वाण' कहते है।

प्रतीत्य समुत्पाद = एक बौद्ध सिद्धान्त। वासनाओं के कारण मनुष्य में कर्मप्रवृत्ति होती है। कर्म के अनुसार पुनर्जन्म होता है। इस प्रकार जन्ममरण की शृंखला का प्रतिपादन इस सिद्धान्त द्वारा हुआ है। कार्य-कारण संबंध का नियम। (अस्मिन् सति इदं भवति)।

प्रत्यक्ष ज्ञान = नाम, जाति, गुण, कर्म, द्रव्य, आदि के आकलन विरहित अर्थात् कल्पना विरहित तथा भान्तिरहित ज्ञान। चार प्रकार – इन्द्रियप्रत्यक्ष, मानसप्रत्यक्ष, स्वसंवेदन-प्रत्यक्ष, और योगिप्रत्यक्ष

प्रत्यय = बौद्ध मतानुसार कार्य-कारण संबंध के विविध प्रकार या एक वस्तु का दूसरी वस्तु से संबंध। कार्य का गौण कारण। उदा. – वृक्ष के बीज के अतिरिक्त पृथ्वी, जल, आदि।

प्रत्येक बुद्ध = बुद्धत्व की एक अवस्था। पूर्वजन्म के संस्कारों के प्रभाव से गुरुबोध के बिना ज्ञान संपन्न सत्पुरुष। ऐसा पुरुष आत्मोद्धार कर सकता है। दूसरों का उद्धार करने की उसमें शक्ति नहीं होती।

प्रत्येक बुद्ध यान = बौद्ध धर्म के तीन यानों में से द्वितीय यान।

प्रदेशबन्ध = जीव के बंधनकारक कर्म के परमाणुओं की संख्या नियत होना।

प्रमाण = बौद्ध न्यायानुसार अज्ञातार्थ – प्रकाशक, वास्तवानुकूल, और अर्थक्रिया द्वारा प्रतिबोधित होता है। दो प्रकार – प्रत्यक्ष और अनुमान।

बहुश्रुतीय = अशोक पूर्वकाल में उत्पन्न बौद्ध धर्म के १८ निकायों में से महासांघिक निकाय से उत्पन्न एक उपसंप्रदाय। ये लोग बुद्ध में चतुर्विध वैशारद्य, दशबल आदि दिव्यगुण मानते हैं। केवल वर्तमान को ही ये लोग वास्तव मानते हैं।

बाह्यार्थ प्रत्यक्षवाद = वैभाषिक बौद्धों का सिद्धान्त। जिन वस्तुओं पर मानवी जीवन आधारित होता है उनका अस्तित्व स्वयंसिद्ध मानना।

बाह्यार्थानुमेयवाद = सौत्रान्तिक बौद्धों का सिद्धान्त। आदर्श में प्रतिबिंब देखने पर बिंब की सत्ता का अनुमान होता है। इसी प्रकार बाह्य वस्तु का प्रतिबिंब चित्तपटल पर होने से मूल वस्तु के अस्तित्व का अनुमान मात्र होता है। बाह्य वस्तु का अस्तित्व प्रत्यक्ष पर नहीं अपि तु अनुमान पर अवलंबित होता है।

बिन्दु = बौद्ध तंत्र के अनुसार शरीर का सारभूत अंश। इसी को **बोधिचित्त** कहते हैं।

बुद्धयाचना = बौद्धों की अनुत्तरपूजा के सात अंगों में एक। समस्त मानवजाति के कल्याण का चिन्तन बोधिसत्त्व करे, यह प्रार्थना।

बुद्धाध्येषणा = बौद्धों की अनुत्तर पूजा के सात अंगों में एक अंग। दुःखनिवृत्ति के लिये संसार के सभी जीवमात्र को धर्मोपदेश करने की भगवान बुद्ध से प्रार्थना।

बोधी = सत्यज्ञान। (बोधीसंपन्न होने पर गौतम को 'बुद्ध' कहने लगे)।

बोधिचित्त (या बोधिवज्र) = सद्वस्तु और जगत् का अद्वय भाव।

बोधिपरिणामना = बौद्धों की अनुत्तर पूजा के सात अंगों में अंतिम अंग। अनुत्तर पूजा के कारण "मै प्राणिमात्र के दुःख का प्रशमन करने में कारणीभूत हो सकूं" यह भावना धारण करना।

बोधिसत्त्व = बोधी याने ज्ञान की प्राप्ति के लिए प्रयत्न करने वाला, सत्त्व (अर्थात् जीव)। बुद्धत्व की एक अवस्था।

बोधिसत्त्व = पंचस्कन्धों के अधिष्ठाता पांच बुद्धों के मानवी आविर्भाव। बुद्ध के अवतार।

बोधिसत्त्व = महायानी बौद्ध मतानुसार हीनयान के 'अर्हत्'

पद से उच्चपद पर आरूढ बुद्ध की उपाधि।

बोधिसत्त्व की दशभूमियां = दुरारोहा, बद्धमाना, पुष्पमंडिता, रुचिरा, चित्तविस्तारा, रूपवती, दुर्जया, जन्मनिदेश, यौवराज्य और अभिषेक।

बोधिसत्त्व यान = बौद्ध संप्रदाय के तीन यानों में से तृतीय यान। बोधिसत्त्व = सभी प्राणीमात्र के दुःख-क्लेशों का परिहार करने का प्रयत्न करने वाला महापुरुष। यह प्रत्येक बुद्ध से उच्चकोटि का होता है।

बौद्धतीर्थ = (चार स्थान) – (१) लुंबिनी (जन्मस्थान), (२) गया (ज्ञानस्थान), (३) ऋषिपत्तन (प्रथम प्रवचन स्थान), और (४) कुसीनारा (निर्वाण स्थान)।

बौद्ध दर्शन के संप्रदाय = (चार प्रकार) – वैभाषिक, सौत्रान्तिक, योगाचार और माध्यमिक।

भद्रकल्प = विद्यमान कल्प की बौद्ध परंपरा के अनुसार संज्ञा। इस कल्प का अधिपति है अवलोकितेश्वर नामक बोधिसत्त्व।

भव = बौद्ध मतानुसार भवचक्र या प्रतीत्य समुत्पाद के १२ अंगों में से १० वां अंग। विषयासक्ति के कारण प्राणी पाप-पुण्य स्वरूप कर्म, इस अवस्था में करता है। इस कर्म स्वरूप भव के कारण प्राणी का पुनर्जन्म होता है।

भवचक्र = प्रतीत्य समुत्पाद सिद्धान्त के १२ अंग – अविद्या, संस्कार, विज्ञान, नामरूप, षडायतन, स्पर्श, वेदना, तृष्णा, उपादान, भव, जाति और जरामरण। इन १२ अंगों मे यथाक्रम पहला कारण और दूसरा उसका कार्य होता है।

भवतृष्णा = बौद्ध मतानुसार त्रिविध तृष्णाओं में एक जो दुःखसमुदय (एक आर्यसत्य) का कारण है।

भाजनलोक = सर्वास्तिवादी बौद्ध मतानुसार विश्व का आधारभूत एक लोक। अन्यलोक है **'सत्त्वलोक'** जो सजीव प्राणियों का निवास स्थान है।

भ्रान्ति के पांच प्रकार (१) संज्ञा भ्रान्ति – (मृगजल में जल की भ्रान्ति)। **(२) संख्या भ्रान्ति** – (नेत्र दोष के कारण दो चन्द्रमाओं का दर्शन)। **(३) संस्थान भ्रान्ति** – जलती लकड़ी के घुमाने पर तेजोवलय की भ्रान्ति)। **(४) वर्ण भ्रान्ति** – (पीलिया रोग के कारण शुभ्र वस्त्र पीला दिखना)। **(५) कर्म भ्रान्ति** – (वाहन के वेग से वृक्षों में वेग का दर्शन। इन पांच प्रकारों की भ्रान्ति से रहित ज्ञान को 'प्रत्यक्ष' कहते हैं।

मंजुश्री = एक बोधिसत्त्व का नाम।

मंत्रयान = एक बौद्ध संप्रदाय जो मंत्रसाधना में ही निर्वाण प्राप्ति हैं ऐसी श्रद्धा रखता है।

मध्यममार्ग = गौतम बुद्ध द्वारा प्रतिपादित अष्टांगिक मार्ग का स्वरूप। अष्टांगिक मार्ग में दुःखनिरोध के जो आठ उपाय – (वाचा, कर्मान्त, आजीव, व्यायाम, स्मृति, समाधि, संकल्प, और दृष्टि) कहे हैं, उनमें प्रत्येक को सम्मा (या सम्यक्) विशेषण लगा है। सम्यक् का स्पष्टीकरण 'मध्यममार्ग' शब्द से होता है। मध्यममार्ग याने उन्मार्ग का त्याग, अर्थात् किसी भी प्रकार से अतिरेक न करना। उदा. – अतिभोजन या सर्वथा अनशन त्याग कर मिताहार या युक्ताहार ही सम्यक् (सम्मा) होता है। यही मध्यम मार्ग है। अष्टांगिक मार्ग में मध्यममार्ग अपेक्षित है।

मध्यमा प्रतिपद् = गौतम बुद्ध द्वारा प्रतिपादित मध्यम मार्ग की संज्ञा। इसमें संसार को वास्तविक तथा अवास्तविक भी नहीं माना जाता।

मध्यमा प्रतिपद् = आत्मा की पारमार्थिक शाश्वत सत्ता मानना तथा उसके विपरीत उसका सर्वथा अभाव मानना इन दो ऐकांतिक मतों का समन्वय करते हुए, व्यावहारिक दृष्टि से पंच स्कंधात्मक आत्मा को मानना और पारमार्थिक दृष्टि से उसका अभाव मानना।

महापरिनिर्वाण = भगवान् बुद्ध के निधन का निर्देश इस शब्द से होता है।

महाभिनिष्क्रमण = गौतम बुद्ध का गृह, दारा, सुत, धन आदि सर्वस्व का परित्याग। आषाढी पौर्णिमा को 'महानिष्क्रमण दिन' का व्रतोत्सव मनाया जाता हैं।

महामुद्रा = सहजयानी बौद्ध मत के अनुसार साधनावस्था में उपयुक्त नारी। (इसी को प्रज्ञा और साधक को उपाय कहते हैं)। प्रज्ञा + उपाय की समरसता को ही वे निर्वाण मानते हैं।

महायान = अपर संज्ञा- **अग्रयान या बोधिसत्त्वयान**। बौद्ध धर्म के दो प्रमुख संप्रदायों में से एक की संज्ञा। महायानी बोधिसत्त्व को आदर्श और पूज्य मानते हैं। दो प्रकार – (१) भक्तिमार्गी – बोधिसत्त्व यान और प्रज्ञायान। (२) तंत्रमार्गी – मंत्रयान, वज्रयान, तंत्रयान इ.।

महासांघिक = अशोक पूर्व काल में उत्पन्न बौद्ध धर्म के १८ निकायों में से एक थेरवादी (स्थविरवादी) मत के विरोध में इसका उदय हुआ। यही महायान संप्रदाय का मूल स्रोत माना जाता है। ये अनेक अतिमानुष बुद्धों का अस्तित्व मानते हैं। जो समाधि अवस्था में रहते हैं। परिवर्तन-वादियों का यह संप्रदाय था।

महीशासक = अशोक पूर्व काल में उत्पन्न बौद्ध धर्म के १८ संप्रदायों में से स्थविरवादी संप्रदाय से उत्पन्न एक उपसंप्रदाय। ये लोग गत (भूत) और अगत (भविष्य) नहीं मानते, केवल वर्तमान और 'असंस्कृत धर्म' (देखिये) मानते हैं।

मातिकाधर = बौद्ध विद्यापीठ में मंत्र-तंत्र आदि का ज्ञान देने वाले गुरुजन। (मातिका- मातृका अर्थात् मंत्रतंत्र)।

माध्यमिक = अशोक पूर्व काल में उत्पन्न बौद्ध धर्म के १८ निकायों में से नागार्जुन द्वारा स्थापित एक मध्यममार्गनिष्ठ संप्रदाय। नागार्जुन ने शून्यता को ही परमतत्त्व कहा है। अतः इसे "शून्यवादी निकाय" कहते हैं। शून्यता का अर्थ है वस्तु का सापेक्ष अस्तित्व।

मानसिक कर्मपथ = असत्य भाषण, गर्व और निंदा जैसे मानसिक कुकर्म।

मायाजाल क्रम = महायान बौद्धों के उपास्य अवलोकितेश्वर की मूर्ति का एक प्रकार।

मायाजालक्रम कुरुकुल्ला = एक तांत्रिक बौद्ध देवता। यह सर्पारूढ होती है तथा इसके मस्तक पर पांच ध्यानी बुद्ध होते हैं।

मार = समाधिमग्न बुद्ध की ज्ञानसाधना में विघ्न उत्पन्न करने वाले क्षुद्र देवता। कामवासना, क्षुधा, तृष्णा, लोभ, आलस्य, भीति, संशय, दंभ आदि विकार मार देवता के सैनिक हैं। भगवान् बुद्ध को 'मारजित्' कहते हैं।

मुद्रा = बौद्धों की तांत्रिक साधना में गुरु द्वारा शिष्य को समर्पित विशिष्ट स्त्री। ब्राह्मणी, क्षत्राणी, शूद्री, डोंबी, चांडाली आदि अनेक जातियों की स्त्री 'मुद्रा' मानी जाती है। बौद्ध तांत्रिक साधक इस मुद्रा से रममाण होकर सुप्त शक्तियों को जागृत करते थे।

मौनवाद = भगवान् बुद्ध को "जीव की शरीर से भिन्नता" व "मरणोत्तर जीव का अस्तित्व" के विषय में प्रश्न पूछे गये थे तब उन्होंने उन प्रश्नों के उत्तर में मौन का अवलंब किया था। इसी को मौनवाद कहते हैं।

मौल प्रयोग = प्रत्यक्ष कर्म की पूर्व सिद्धता। उदा. – हिंसा के हेतु पशु को खरीदना।

यात्रिक = नेपाल के चार बौद्ध संप्रदायों में से एक।

यानत्रय = बौद्धमतानुसार श्रावकयान, प्रत्येक बुद्धयान, और बोधिसत्त्वयान। ये तीनों 'यान' निर्वाणप्राप्ति के पृथक् मार्ग माने हैं।

युगनद्ध देवता = बौद्ध तांत्रिकों के शक्तिसहित संयुक्त देवता। देवताओं का यह स्वरूप बौद्ध तांत्रिकों के अद्वयवाद सिद्धान्त का द्योतक है। प्रज्ञा और उपाय इन दोनों का संयोग युगनद्ध अवस्था में सूचित होता है।

युगनद्धरूप = सहज (या सहजिया) संप्रदाय में सम्मत प्रज्ञा और उपाय का मिलन। प्रज्ञोपाय मिलन ही महासुख का उपाय माना गया है।

योगतंत्र = बौद्ध तंत्र साहित्य के चार प्रकारों में से एक। इसमें योगसाधना से संबंधित क्रियाओं का प्रतिपादन किया है।

योगाचार = अशोकपूर्व काल में उत्पन्न बौद्ध धर्म के १८ निकायों में से एक। मैत्रेय इसके संस्थापक तथा असंग और वसुबन्धु समर्थक विद्वान् थे। इस संप्रदाय में बोधि (सत्य ज्ञान) की प्राप्ति का साधन योग माना गया है। वसुबन्धु ने इसे 'विज्ञानवाद' कहा है। लंकावतारसूत्र इस निकाय का प्रमाण ग्रंथ है। विज्ञानवाद यानी विज्ञप्ति अर्थात् विज्ञान (अनुभवपूर्ण ज्ञान) ही अंतिम सत्य मानने वाला मत।

योगाम्बर मंडल = तांत्रिक बौद्धों के विशिष्ट देवकुल की संज्ञा।

रत्नत्रय = बुद्ध, धर्म और संघ।

राजगिरक = चैत्यवादी संप्रदाय की आंध्र में उत्पन्न एक शाखा। (देखिये- सिद्धार्थक)।

लोकप्रज्ञप्ति = बौद्ध मतानुसार जगदुत्पत्ति की संज्ञा।

वज्र = (१) बौद्ध मतानुसार भौतिक जगत् के अंत में शाश्वत रहने वाला शून्य स्वरूप सद् वस्तुतत्त्व, जो अभेद्य तथा अविनाशी है। (२) शून्यता का प्रतीक।

वज्र = वज्रयानी मत के अनुसार अच्छेद्य, अभेद्य, तथा अविनाशी, तत्त्व अर्थात शून्यता (शून्यता वज्रमुच्यते)।

वज्रधर = वज्रयानी मतानुसार सर्वश्रेष्ठ बुद्ध।

वज्रधर = कालचक्रयान नामक बौद्ध संप्रदाय के प्रमुख देवता आदिबुद्ध का अवतार।

वज्रधर्म = अवलोकितेश्वर का एक प्रकार। नेपाल में अवलोकितेश्वर के १०८ प्रकार माने जाते हैं।

वज्रयान = तांत्रिक साधना तथा ध्यानी बुद्ध, देवकुल, युगनद्ध, महासुख आदि सिद्धातों को मानने वाला एक बौद्ध संप्रदाय।

वज्रयान = मंत्र, मैथुन, भैरवीचक्र और हठयोग की साधना करने वाला एक मध्यगुगीन (ई. ८-१२ शती) बौद्ध संप्रदाय। **मंत्रयान** में भैरवीचक्र की उपासना या मैथुन की साधना नहीं होती, यही दोनों संप्रदायों में अंतर है। ८४ सिद्ध वज्रयानी माने जाते हैं।

वज्रयोगिनी = वज्रयानी बौद्धों की एक छिन्नमस्ता देवी।

वज्रवाराही = वज्रयानी बौद्धों की एक उपास्य देवता। अपर संज्ञा – बुद्धडाकिनी, तथा वज्रवैरोचनी। तिब्बत और चीन में इसकी उपासना होती है।

वज्रवाहनिका (या वज्रेश्वरी विद्या) = युद्ध में जय प्राप्ति के हेतु इसका दैवी प्रयोग होता था।

वज्रविदारिणी = अक्षोभ्य नामक ध्यानी बुद्ध के परिवार के वज्रयान की एक उपास्य देवता।

वज्रशृंखला = अमोघसिद्धि नामक ध्यानी बुद्ध के परिवार की उपास्य देवता। वज्रयानी बौद्ध इसकी आराधना करते हैं।

वज्रसत्त्व = वज्रयानी मतानुसार एक बोधिसत्त्व। यही अन्य सब बौद्ध देवताओं का आदिदेव माना जाता है।

वज्रसत्त्व = (अपरसंज्ञा - धर्मधातु) पाच ज्ञानी बुद्धों का पुरोहित। वज्रयानी बुद्धों के उपास्त देवता।

वज्रपर्वतवासी निकाय = वज्रयान की अपर संज्ञा – आंध्र के श्रीशैल या श्रीपर्वत को ही वज्रपर्वत कहते हैं।

वज्रहुंकार = रौद्रस्वरूपी वज्रयानी बौद्ध देवता। इसकी मूर्तियां चीन में विद्यमान हैं।

वज्राचार्य = यह प्रत्येक तथागत का गुरु माना गया है।

वज्रानंग = वज्रायानी बौद्धों के प्रेमदेवता। बोधिसत्व मंजुश्री का एक स्वरूप।

वज्रामृत = ध्यानी बुद्ध अमोघसिद्धि के परिवार के एक वज्रयानी देवता।

वज्रासन = बोधिवृक्ष के नीचे जिस पाषाण खंड पर गौतम

बुद्ध को बोधि (ज्ञान) की प्राप्ति हुई, उसकी संज्ञा।

वज्रासन बुद्ध (या मानुषी बुद्ध) = गौतम बुद्ध का एक स्वरूप। इसकी असंख्य मूर्तियां भारत में विद्यमान हैं जिसमें दाहिनी ओर मैत्रेय बोधिसत्त्व और बांयी ओर लोकेश्वर बोधिसत्त्व की मूर्तियां होती हैं।

वाग्विज्ञाप्ति = वाचिक कर्म। क्षणिक चेतना (अर्थात् मानस कर्म) के पुनः पुनः अभ्यास से इसकी उत्पत्ति होती है।

वात्सीपुत्रीय = अशोक पूर्वकाल में उत्पन्न बौद्ध धर्म के १८ निकायों में से एक पुद्‌गल सिद्धान्तवादी संप्रदाय। ये लोग पुद्‌गल को ही व्यक्ति का स्थिरतत्त्व मानते है। पुद्‌गल के कारण ही पुनर्जन्म संभव है। इसका प्रचार अवंती प्रदेश में हुआ।

विज्ञान = बौद्ध मतानुसार भवचक्र या प्रतीत्य समुत्पाद के १२ अंगों में से तीसरा। इस अवस्था में गर्भस्थ प्राणी को चैतन्य प्राप्त होता है।

विज्ञानवाद = एक बौद्ध दार्शनिक मत। असंगकृत योगाचार भूमि और उत्तरतंत्र इन ग्रंथों में इसका समर्थन हुआ है। वसुबंधु का अभिधर्मकोश भी इस मत का महत्त्वपूर्ण ग्रंथ है। पांच इन्द्रियां तथा मन के विज्ञानों के अतिरिक्त विज्ञानवादी 'आलय विज्ञान' मानते हैं जिसमें संसार की जड और चेतन वस्तु की उत्पत्ति और लय होता है। वे आत्मा को केवल विज्ञान स्वरूप मानते हैं।

विज्ञानवाद = योगाचार बौद्धों का सिद्धान्त। विज्ञान = चित्त। चित्तस्वरूप विज्ञान के अतिरिक्त सारा संसार मिथ्या है। विज्ञान के विविध आभास को ही जग्त कहते हैं।

विद्यात्रय = देखिये समाधि।

विनयग्रंथ = बौद्ध भिक्षु की चर्या का कथन करने वाला ग्रंथ।

विनयधर = बौद्ध विद्यापीठ में विनय (बौद्ध धर्म की शिक्षा के दो अंगों में से दूसरा अंग। पहला अंग है धम्म) का अध्यापन करने वाले गुरुजन।

विभवतृष्णा = बौद्ध मतानुसार त्रिविध तृष्णाओं में एक जो दुःखसमुदय (एक आर्यसत्य) का कारण है।

विरमानन्द = बौद्ध मतानुसार आनंद के चार प्रकारों में से तृतीय प्रकार। इसकी अनुभूति को "ज्वालावस्था" कहते है। सहजिय (बौद्ध) मतानुसार राग-द्वेष आदि मानसिक विकारों का शक्ति साधना के कारण प्रशमन होने पर प्राप्त सर्वोच्च अवस्था।

विषयदत्त = स्थविरवादी बौद्ध निकाय (या संप्रदाय) का एक मत। इसके अनुसार पदार्थ धर्म के दो विभाग माने जाते हैं। (१) असंस्कृत धर्म और (२) संस्कृत धर्म। नित्य, स्थायी, शुद्ध, तथा किसी भी कारण की सहायता से उत्पन्न न होनेवाले **असंस्कृत धर्म** होते हैं और **संस्कृत धर्म** अनित्य, अस्थायी और मलिन होते है। इस के अनुसार सारा संसार स्कंध, आयतन, और धातु संज्ञक तीन महातत्त्वों में विभाजित है।

विहार = भिक्षुओं का निवास-स्थान।

वेताली = वज्रयानी बौद्धों की अष्टगौरियों में से एक। वर्ण-लाल, चिह्न- शृंखला।

वेदना = बौद्ध मतानुसार भवचक्र या प्रतीत्य समुत्पाद के १२ अंगों में से सातवाँ अंग। सुख, दुःख, न सुख, न दुःख। आयु के ५ वें वर्ष से इन तीन वेदनाओं का अनुभव प्राणी को आता है।

व्याप्तिज्ञान = पदार्थों के नित्य और उपाधिरहित संबध का ज्ञान। यही अनुमान का आधार है।

वैपुल्यवादी = अंधक निकाय नामक आंध्र के चार बौद्ध संप्रदायों से इनका संप्रदाय शुरु हुआ। वैपुल्यवादी, बुद्ध का अवतार तथा उसके द्वारा उपदेश नहीं मानते।

वैपुल्यसूत्र = महायान संप्रदाय के प्रमुख नौ ग्रन्थों के संज्ञा। देखिये नवधर्म।

वैभाषिकनय = बौद्धों के सर्वास्तिवादी वाङ्मय की संज्ञा।

शक्ति = सहजिया (बौद्ध) संप्रदाय के अनुसार तीन स्वरूप – अवधूती (द्वैतभावयुक्त), चांडाली (द्वैताद्वैतभावयुक्त), बंगाली या डोंबी (अद्वैतभावयुक्त)।

शबरी = वज्रयानी बोद्धों की अष्टगौरियों में से एक। वर्ण-श्वेत। चिह्न- मेरुपर्वत।

शमथ = शून्यता की अनुभूति के लिए आवश्यक चित्त की एकाग्रता।

शारीरिक धातु = शरीर का दहन होने पर अवशिष्ट रहने वाले अस्थि, दन्त, रक्षा, आदि अवशेष।

शाश्वत दृष्टि = दृष्टि – आत्मज्ञान के दो प्रकारों में से एक। शरीर से भिन्न, अपरिणामी तथा नित्य आत्मा का अस्तित्व मानना। बौद्धमत में यह सम्यक् दृष्टि नहीं है। यह एकान्तिक दृष्टि है।

शासन दायाद = बौद्ध संप्रदाय में दीक्षाप्राप्त।

शिक्षात्रय (या त्रिशिक्षा) = बौद्ध साधना का एक भाग। इसमें (१) शीलशिक्षा (अधिशील), (२) समाधि शिक्षा (अधिचित्त), और (३) प्रज्ञा इन तीन विशुद्धिसाधनाओं का अन्तर्भाव होता है।

शुद्ध कर्म = वासना, अज्ञान आदि दोषों से अलिप्त कर्म। इसी से फल के अभाव के कारण जीव की निर्वाण प्राप्ति का मार्ग सुकर होता है।

शून्यवाद = माध्यामिक बौद्ध संप्रदाय का तात्त्विक सिद्धान्त। इसके अनुसार सुख-दुःख, बंध-मोक्ष, उत्पात-नाश, गति-विराम, देश-काल इत्यादि सारी धारणाएँ कल्पना मात्र हैं। संसार का पारमार्थिक दृष्टि से अस्तित्व ही नहीं है। कार्य-कारण संबंध सापेक्षता के कारण असत्य है। संसार अनुत्पन्न होने से अविनष्ट है। गुणसमुच्चय के अतिरिक्त आत्मा की सत्ता ही नहीं है। इन्द्रियों द्वारा प्राप्त विषयज्ञान वास्तव नहीं, वह ज्ञानाभास मात्र है। पारमार्थिक सत्य शून्यरूप है। बाह्य पदार्थ एवं विज्ञान (चित्त) सभी 'असत्' हैं। केवल शून्य ही 'सत्' है। जगत्

का अस्तित्व व्यावहारिक है किन्तु शून्य की सत्ता पारमार्थिक है।

श्रावकयान = (अपर संज्ञा- हीनयान) श्रावक अर्थात् गुरु के पास निर्वाण प्राप्ति के उद्देश्य से धर्म की शिक्षा पाने वाला। बौद्ध संप्रदाय के तीन यानों में से यह प्रथम यान है।

षडायतन = बौद्ध मतानुसार भवचक्र या प्रतीत्य समुत्पाद के १२ अंगों में से पांचवां अंग। शरीर के सारे अंग-प्रत्यंग प्राप्त होने पर भी उनका उपयोग करने की असमर्थता इस अवस्था का स्वरूप है।

सत्त्वलोक = देखिये- भाजनलोक।

सप्तशतिक हयग्रीव = एक बौद्ध देवता।

सप्ताक्षर = हेवज्र नामक बौद्ध देवता का एक स्वरूप।

समाधि = तीन प्रकार की विद्या का उदय करने वाली एक साधना। तीन विद्याएँ- (१) पूर्वजन्मस्मृति, (२) जीवों के उत्पत्ति-विनाश का ज्ञान, (३) चित्त-शुद्धि में बाधक विषयों का ज्ञान।

सम्यक् आजीव = बौद्ध धर्म के अष्टांगिक मार्ग में से तृतीय अंग। न्यायपूर्ण व्यवसाय से उपजीविका करना।

सम्यक् कर्मान्त = बौद्ध धर्म के अष्टांमिक मार्ग में से द्वितीय अंग। हिंसा, चोरी, व्यभिचार आदि का त्याग और सदाचार का पालन।

सम्यक् दृष्टि = बौद्ध धर्म के अष्टांगिक मार्ग में से आठवां अंग। आध्यात्मिक दर्शन का ज्ञान।

सम्यक् वाचा = बौद्ध धर्म के अष्टांगिक मार्ग में से प्रथम अंग। मिथ्या, अनुचित और दुष्ट भाषण का त्याग तथा सत्यकथन।

सम्यक् व्यायाम = बौद्ध धर्म के अष्टांगिक मार्ग में से चतुर्थ अंग। दुर्गुणों का क्षय तथा सद्गुणों का संचय करना।

सम्यक् स्मृति = बौद्ध धर्म के अष्टांगिक मार्ग में से पंचम अंग। लोभ-मोह आदि विकारों का क्षय तथा चित्त शुद्ध करने की साधना।

सम्यक् संकल्प = बौद्ध धर्म के अष्टांगिक मार्ग में से सातवां अंग। द्वेष, हिंसा, तथा लौकिक विषयों का त्याग करने में प्रयत्नशीलता।

सम्यक् समाधि = बौद्ध धर्म के अष्टांगिक मार्ग में छठा अंग। चित्त की चंचलता क्षीण करना तथा उसे एकाग्र करना।

सम्यक् सम्बुद्ध (सम्मासंबुद्ध) = सर्वज्ञानी होने के नाते भगवान् बुद्ध की एक सर्वश्रेष्ठ उपाधि।

संघरत्न = बोधिसत्त्व अवलोकितेश्वर की महायान सांप्रदायिक उपाधि।

संघातवाद = एक बौद्ध मत, जो रूप, वेदना, संज्ञा, संस्कार और विज्ञान इन पांच स्कधों के संघात (समूह)को ही व्यावहारिक दृष्टि से आत्मा मानता है।

संतानवाद = एक बौद्ध मत जो आत्मा को नित्य किन्तु परिवर्तनशील मानता है। जलप्रवाह या दीपशिखा जिस प्रकार क्षणिक जल या अग्नि की संतान ही होते हैं, उसी प्रकार आत्मा भी पंच स्कंधों को एक संतान या सातत्य मात्र है।

संधाभाषा = सहजयानी बौद्धों के मतप्रचार की एक कूटभाषा। इसी भाषा में सहजयानी चर्यागीतों की रचना ई. १० से १२ वीं शती में बंगाल में हुई।

संभोगकाय = आनंद का अनुभव पाने वाला भगवान बुद्ध का शरीर।

संभोगचक्र = कंठ-स्थित योगचक्र की बौद्ध संज्ञा।

संवर = बौद्ध मतानुसार चार प्रकार के आस्रव ही संसार के कारण हैं। आस्रवरूपी मनोविचारों या मनोविकारों का नियमन ही संवर कहलाता है। (आस्रवो भवहेतुः स्यात्। संवरो मोक्षकारणम्। (सर्वदर्शन संग्रह – आर्हत मत)।

संवरमंडल = तांत्रिक बौद्धों के विशिष्ट देवकुल की संज्ञा।

संस्कार = बौद्ध मतानुसार – भवचक्र या प्रतीत्यसमुत्पाद के १२ अंगों में से दूसरा। पूर्व जन्म में अविद्या की दशा में प्राणी द्वारा किये गये सत्कर्म या पापकर्म।

संस्कृत धर्म = देखिये विषयदत्त।

समंतभद्र = योगाचारमार्गी बौद्ध इसे प्रथम ध्यानीबुद्ध तथा योगमार्ग का जनक मानते हैं।

समंतभद्र = धर्मकायस्वरूप एक श्रेष्ठ बुद्ध। आदि बुद्ध पंथी समंतभद्र से संसार की उत्पत्ति मानते हैं।

सर्वास्तिवादी = अशोक पूर्व काल में उत्पन्न १८ निकायों में से एक निकाय (संप्रदाय), धर्मग्रंथों की रचना संस्कृत भाषा में करने वाले, सर्व वस्तुओं का सर्वदा अस्तित्व मानने वाले, नैरात्म्यवादी, तथा विश्व में ७५ मूलतत्त्वों को मानने वाले बौद्ध साम्प्रदायिक। इसमें सभी पदार्थों में क्षणिकता का सातत्य (संतान) माना जाता है।

सर्वास्तिवाद = एक बौद्ध मत। वसुबंधु ने (५ श.) अपने अभिधर्मकोश में इसका सविस्तर प्रतिपादन किया है।

सर्वापायंह = एक बोधिसत्त्व की संज्ञा। यह सभी अपायों का निवारक है।

सहजकाय = भगवान् बुद्ध की चार कायाओं में से अंतिम सर्वश्रेष्ठ काया। यह दुःखातीत, द्वैतातीत तथा शुद्ध, सिद्ध एवं सहजरूप मानी जाती है। महायानी साधकों का यही प्राप्तव्य है।

सहज (सहजिया) यान = इन्द्रियों का संयम न करते हुए सहज प्रवृत्ति के अनुसार जीवन बिताते हुए बोधिचित्त (अर्थात् चित्त की जाग्रत् अवस्था) की प्राप्ति करने का सन्देश देने वाला एक बौद्ध संप्रदाय।

सहजायन = एक चैतन्यपूर्वकालीन तांत्रिक बौद्ध समाज। सहजयानी बौद्धों के मतानुसार सहज याने शून्यता या परमतत्त्व। मन-इन्द्रियाँ आदि की स्वाभाविक प्रवृत्तियों का निरोध न करना, उनकी सहज प्रेरणा पूर्ण करना इसी को सहजयान में साधना माना जाता है।

सहजानंद = बौद्ध मतानुसार आनंद की चार अवस्थाओं में सर्वोच्च चतुर्थ अवस्था। इसी को निर्वाणावस्था कहते हैं, जिसमें

वाचा तथा चित्तबिंदु का अवसान होता है।

संयुक्तनिकाय = बौद्धों के त्रिपिटकों में से सुत्तपिटक के पांच निकायों में से तीसरा निकाय। यह सगाथ, निदान, स्कंध, षडायतन, और महावर्ग नाम छह वर्गों में विभाजित है।

सागरमति = एक बौद्ध देवता।

सामान्यलक्षण = ज्ञेय विषय का दूसरा प्रकार। इसमें अनेक वस्तुओं के ज्ञान में उनके सामान्यस्वरूप का ज्ञान होता है। उदा.- अनेक वृक्षों का ज्ञान होते समय वृक्षत्व का ज्ञान। यह अनुमान का विषय है और यह अर्थक्रिया करने में असमर्थ होता है। (विषय का प्रथम प्रकार है- स्वलक्षण विषय)।

सांवृतिक सत्य = मोह या अविद्या से आच्छादित काल्पनिक ज्ञान। (संवृति- अविद्या)। **दो प्रकार)** – (१) लोकसंवृति (घटपटादि लौकिक पदार्थों का ज्ञान)। और (२) अलोक संवृति (पीलिया के कारण शुभ्र पदार्थ में पीतता का ज्ञान)।

सिद्धार्थक = अशोक के समय में महादेव नामक भिक्षु द्वारा आंध्र में स्थापित चैत्यवादी संप्रदाय की एक उपशाखा। दूसरी शाखा का नाम था **राजगिरक।**

सुखावती = सद्धर्मपुण्डरीक नामक बौद्ध ग्रन्थ में वर्णित स्वर्ग की संज्ञा। (सुखावतीव्यूह एक तांत्रिक बौद्ध ग्रंथ का नाम है)।

सुत्तंतिक = बौद्ध विद्यापीठ में धम्म- का अध्यापन करने वाले गुरुजन।

सौत्रान्तिक (या संक्रान्तिक) = अशोक पूर्वकाल में उत्पन्न बौद्ध धर्म के १८ निकायों में से काश्यपीय निकाय से उत्पन्न एक। श्रावकयान, हीनयान और महायान का समन्वय इस संप्रदाय में हुआ है। सौत्रान्तिक एक ऐसा बौद्ध मत है जो आत्मा के विज्ञान को सत् और ध्रुव मानता है। (यह मत वेदांत के समान है जो आत्मा को सत्, नित्य मानता है।)

स्तूप = भगवान् बुद्ध के शारीरिक धातुओं (अस्थि, दंत, रक्षा) पर रचित स्मारक। ऐसे स्तूप बौद्ध भिक्षुओं का उपासना स्थान होते हैं।

स्तूपमह = एक प्राचीन बौद्धस्तूप संबंधित उत्सव।

स्थविरवादी (थेरवादी या वैभाषिक) = अशोक पूर्व काल में उत्पन्न बौद्ध धर्म के १८ संप्रदायों (निकायों) में से सर्व प्रथम उत्पन्न निकाय। इस मत के अनुयायी सारा संसार अनित्य, निःसार और दुःखपूर्ण मानते हैं। स्थविरवादी-अपरिवर्तनवादी थे।

स्पर्श = बौद्ध मतानुसार भवचक्र या प्रतीत्य समुत्पाद के १२ अंगों में से छठा अंग। प्राणी की शैशव अवस्था की संज्ञा।

स्वर्ग = बौद्ध मतानुसार दो प्रमुख प्रकार- (१) कामधातु और (२) रूपधातु। जैन मतानुसार २६ स्वर्ग = १२ कल्प + ९ ग्रैवेयक + ५ अनुत्तर।

स्वलक्षण = पदार्थ की क्षणिकता के कारण वह दूसरी किसी वस्तु से संबंधित नहीं होता, उसकी स्वतः में विशिष्ट सत्ता होती है। यह एक बौद्ध सिद्धान्त है।

स्वलक्षण = जिस ज्ञेय विषय का ज्ञान शब्दादि प्रमाण के बिना होता है अर्थात् प्रत्यक्ष प्रमाण से ज्ञात होने वाला विषय। यह अर्थक्रिया करने में समर्थ होता है। (ज्ञेय विषय का दूसरा प्रकार है सामान्य लक्षण)।

स्वाभाविक = नेपाल के चार बौद्ध सम्प्रदायों में से एक।

हारीती = एक बौद्ध देवता। स्थविरवाद (थेरवाद) और सर्वास्तिवाद मानने वाला बौद्ध संप्रदाय। सर्वास्तिवाद से वैभाषिक और सौत्रांतिक संप्रदाय उत्पन्न हुए, वे भी हीनयान में अन्तर्भूत होते हैं।

हीनयान = स्थविरवादी बौद्ध संप्रदाय की अपर संज्ञा हीन यानी अर्हत् को आदर्श मानते हैं। वे अपरिवर्तनवादी हैं।

हेतु = अनुमान को सिद्ध करने वाला घटक। तीन प्रकार – अनुपलब्धि, स्वभाव और कार्य।

हेतु = बौद्ध मतानुसार लोभ, मोह आदि दोषों के कारण चित्त की विकृति। कार्य का प्रमुख कारण। उदा. – वृक्ष का बीज।

हेतुविद्या = न्याय शास्त्र की बौद्ध संज्ञा। छह भाग - वाद, वादाधिकरण, वादाधिष्ठान, वादालंकार, वादनिग्रह, और वादे बहुकर।

हैमावत = अशोक पूर्व काल में उत्पन्न बौद्ध धर्म के १८ निकायों में से एक। स्थविरवादियों का एक उपसंप्रदाय। इसका प्रचार हिमालय के प्रदेश में हुआ था।

* * *

(वर्ग - ५ - अ) — जैन-बौद्ध परिभाषा (परिशिष्ट)

अचला = बुद्धत्व प्राप्ति की दशभूतियों में से आठवीं भूमि की संज्ञा। इस भूमि में जगत् के मिथ्यात्व की प्रतीति साधक को होती है।

अज्ञान = बौद्ध मतानुसार क्षणिक एवं अस्थिर पदार्थों को स्थिर मानना। यही सारे दुःखों का मूल कारण है।

अणुव्रत = जैनमतानुसार प्रखर या तीव्र व्रतों को 'महाव्रत' कहते हैं। उसीका सुकर या सौम्य स्वरूप अणुव्रत कहलाता है। इसका पालन गृहस्थाश्रमी के लिये उचित माना है।

अध्यवसाय = वैभाषिक बौद्धमतानसुार किसी भी वस्तु को नाम, जाति, गुण आदि विशेषों से संयुक्त करना। यथा 'गौः शुक्लः चलः डित्थः '' इस प्रकार प्रत्यक्ष पदार्थ का ज्ञान।

अप्रतिसंख्यानिरोध = देखिये- निरोध।

अभिधम्मपिटक = त्रिपिटकों में से अंतिम पिटक की संज्ञा।

अभिमुक्ति = बुद्धत्व प्राप्ति की दशभूमियों में से छठी भूमि की संज्ञा। साधक बोधिसत्व इस भूमि में प्रज्ञापारमिता का अभ्यास करता है।

अर्चिष्मती = बुद्धत्व प्राप्ति की दशभूमियों में से चतुर्थ भूमि की संज्ञा। इस भूमि में वैराग्य दया, मैत्री और असंदेह की प्राप्ति होती है। साधक बोधिसत्व वीर्यपारमिता का अभ्यास करता है।

अष्टमहास्थान = भगवान् गौतम बुद्ध के जीवन से संबंधित पवित्र स्थान – (१) लुंबिनी (जन्मस्थान), (२) बोधगया (ज्ञान प्राप्ति का स्थान), (३) सारनाथ (प्रथम प्रवचन का स्थान), (४) कुशीनगर (निर्वाणस्थान) (५) श्रावस्ती, (६) सांकाश्य, (७) राजगृह और (८) वैशाली।

अष्टादश धातु = वैभाषिक बौध्द मतानुसार १२ आयतन + ६ ज्ञानेद्रियों के विज्ञान। (धातु = ऐसी शक्तियां जिनके एकीकरण से घटनाओं का प्रवाह निष्पन्न होता है।)

आचारिक वाद = महासांघिक नामक प्रथम बौद्ध संप्रदाय के लोगों द्वारा, वैशाली की द्वितीय संगीति के बाद किया गया बुद्धवचनों का संकलन।

आरंभत्याग = जैन श्रावकों की ११ प्रतिमाओं (देखिये प्रतिमा) में से एक। इसमें असि (तलवार), मसि और कृषि का त्याग होता है।

आवरणद्वय = महायानी बौद्ध मतानुसार आत्मा के दो आवरण : (१) क्लेशावरण और (२) ज्ञेयावरण। इन दोनों आवरणों का निवारण ही महायानी मतानुसार 'निर्वाण' माना जाता है।

उद्दिष्टत्याग = जैन श्रावकाचार की ११ प्रतिमाओं (नियमों) में से एक। १० प्रतिमाओं का पालन करने पर संसार का परित्याग कर महाव्रतों का स्वीकार करने के लिए मुनि को शरण जाना। ११ प्रतिमाओं मे यह अंतिम प्रतिमा है।

कर्मनिर्जरा = तपःसाधना से संचित कर्मों का क्षय करना (जैन मत)।

काष्टासंघ = जैन भट्टारकों (आचार्य तथा पुरोहितों) का एक गण।

क्षणिकवाद = प्रत्येक वस्तु का अस्तित्व क्षणमात्र मानने वाला एक बौद्ध मत। (अपर संज्ञा-अनित्यवाद)। बौद्धेतर सभी दार्शनिकों ने उस मत का खण्डन किया है।

क्षमावाणी व्रत = आश्विन वद्य प्रतिपदा को आप्तजनों से क्षमा की प्रार्थना करने का जैनव्रत।

गुप्ति = जैन मतानुसार व्रतपालन के विधिनिषेध।

चक्रवर्ती = जैनों के ६३ शलाकापुरुषों के अन्तर्गत १२ महापुरुष – भरत, सगर, मघवा, सनत्कुमार, शांति, कुंथू, अर, सौभग, पद्म, हरिषेण, जयसेन, और ब्रह्मदत्त

चतुर्यामधर्म = २३ वें तीर्थंकर पार्श्वनाथ द्वारा प्रतिपादित सत्य, अहिंसा, अस्तेय और अपरिग्रह इन चार नीतिसिद्धांतों पर आधारित धर्ममत। तीर्थंकर महावीर का पंचमहाव्रतात्मक या गौतम बुद्ध का पंचशीलात्मक धर्ममत चतुर्याम धर्म का ही सुधारित संस्करण माना जाता है।

चर्याचतुष्टय = हीनयान मतानुसार बोधिसत्व को बुद्धत्व प्राप्त करने के लिए आवश्यक चार प्रकार की साधनाएं – (१) प्रकृतिचर्या (पूज्यपूजा और सदाचरण), (२) प्रणिधि (या प्रणिधान) चर्या – (संबोधि प्राप्त करने का प्रतिज्ञापूर्वक निश्चय); (३) अनुलोमचर्या (बुद्धत्व प्राप्ति के लिए आवश्यक गुणों का संपादन) (४) अविवर्त (या अनिवर्त) चर्या (बोधिसत्त्व की आठवी भूमिका पर आरोहण करने पर इस अवस्था का प्रारंभ होता है।

चर्यातंत्र = बौद्धों के वज्रयान संप्रदाय के चार तंत्रों में से एक।

चित्त = वैभाषिक बौद्ध मतानुसार पंच महाभूतों का सारभूत अंश जहां ज्ञान प्रकाशित होता है। चैत्य = चित्त में उत्पन्न होने वाली पांच वृत्तियाँ- विज्ञान, वेदना, संज्ञा, संस्कार, और रूप।

चैत्यगृह = स्तूप सहित सभामण्डप जहां प्रार्थना होती है।

चैत्यवादी = दक्षिणभारत का एक बौद्ध संप्रदाय। दो प्रकार (१) पूर्वशैलीय और (२) अपरशैलीय। श्रीशैल के दोन भागों में निवास होने के कारण ये संज्ञाएँ उत्पन्न हुईं।

चैत्यवासी = श्वेताम्बर जैन संप्रदाय का एक उपपंथ। चैत्यवासी साधु मठ-मंदिरों में निवास करते हैं तथा ग्रंथ, धन, संपत्ति का संग्रह करते हैं।

जिनकल्प = एक प्राचीन जैन संप्रदाय की संज्ञा। दिगंबर संप्रदाय की पूर्वसंज्ञा।

ज्ञानपंचमी = कार्तिक शुद्ध पंचमी को ग्रन्थों की साफसफाई और पूजा का जैन व्रत।

ज्ञानशक्तिपंचक = (बौद्धमतानुसार) श्रद्धा, वीर्य, स्मृति,

समाधि, और प्रज्ञा।

डेरावासी = श्वेताम्बर जैन संप्रदाय की एक मूर्तिपूजक शाखा।

तथता = विज्ञानवादी बौद्ध दर्शन का परमतत्त्व। परमार्थभूत अविकारी तत्त्व। अपर पर्याय **भूतकोटि** (अर्थात् सत्य तत्त्व का अंतिम स्वरूप)

तथागत = यथा पुनरावृत्तिर्न भवति तथा तेन प्रकारेण गतः अर्थात् जिस प्रकार पुनर्जन्म न हो उस प्रकार से बर्ता हुआ। पांच ध्यानी बुद्धों की संज्ञा। **बुद्ध के प्रकार** = श्रावक, सम्यक् संबुद्ध, जिन, अर्हत् और तथागत। इस अनुक्रम की दृष्टि से 'तथागत' संज्ञा सर्वश्रेष्ठ बुद्ध की वाचक है। तथागत के ३२ लक्षण माने गये हैं।

तपागच्छ = श्वेतांबर जैनों का एक प्रमुख उपपंथ। इसका मूलनाम था बृहद्गच्छ। इसके प्रवर्तक जगच्चन्द्र सूरि (इ. १३ वीं शती) को 'तपा' उपाधि प्राप्त होने पर यह संज्ञा प्रचलित हुई। तपागच्छ की एक शाखा की संज्ञा है ''पार्श्वचंद्र गच्छ''।

तारा = एक बौद्ध तांत्रिक देवता। इसे प्रज्ञा या प्रज्ञापारमिता भी कहते हैं। यह अवलोकितेश्वर बुद्ध की सहचरी मानी जाती है। पांच ध्यानी बुद्धों की तारा नामक पांच शक्तियां मानी जाती है।

तीर्थ – (जैनमतानुसार) = द्वादशांग, रत्नत्रय, चतुर्विध संघ

तीर्थंकर बेलाव्रत = एक जैनव्रत। व्रतावधि ६ महीने।

तृष्णा = बौद्ध मतानुसार तीन प्रकार – कामतृष्णा, भवतृष्णा, और विभवतृष्णा।

तेरापंथ = दिगम्बर जैनों का एक अर्वाचीन उपपंथ। (१७ वीं शती में स्थापित) (मूल पुराने पंथ को **बीसपंथ कहते हैं**।)

त्रिगुणसारव्रत = एक जैन व्रत। इस में ३० उपवास और ११ पारणाएँ होती हैं। व्रतावधि ४१ दिन।

त्रिलोक = जैन मतानुसार नौ विभाग – सामान्य लोक, नारक लोक, भवनवासी. मनुष्यलोक, तिर्यक् लोक, व्यन्तर लोक, ज्योतिर्लोक, देवलोक और सिद्ध लोक।

त्रैपणक्रिया व्रत = एक जैन व्रत। व्रतावधि २ वर्ष + १ मास + १ पक्ष (त्रैपण = ५३)

त्रैलोक्यवशंकर = एक बौद्ध तांत्रिक देवता। **अपर संज्ञा** = उड्डियान लोकेश्वर।

त्रैलोक्य विजय = एक बौद्ध देवता। शिव और गौरी इसके वाहन कहे गये हैं।

थेरवाद = बुद्धकालीन एक बौद्ध संप्रदाय। अपरसंज्ञा **स्थविरवाद**। सम्राट अशोक थेरवादी थे। इस की १२ शाखाएँ थी।

थेरी गाथा = बौद्ध दीक्षा प्राप्त ७३ वृद्ध महिलाओं की ५२२ गाथाओं का संग्रह।

दर्शनों के दो प्रकार (जैनमतानुसार) = (१) विकलदेश, (जैनेतर सारे दर्शन जिन्हें सत्य का अंशतः ज्ञान हुआ) (२) सकलदेश (केवल जैन दर्शन. जो स्याद्वाद तथा नयवाद के आधार पर संपूर्णतया सत्य का प्रतिपादन करता है।)

दशभक्ति = जैन मतानुसार सिद्धभक्ति, श्रुतभक्ति, चरित्रभक्ति, योगिभक्ति, आचार्यभक्ति, निर्वाणभक्ति, नंदीश्वरभक्ति, चैत्यभक्ति शांतिभक्ति, और पंचगुरुभक्ति। (इन दस प्रकारों के अतिरिक्त तीर्थंकरभक्ति और समाधिभक्ति भी श्रेयस्कर मानी गई हैं।

दशभूमि = बुद्धत्व की प्राप्ति के लिए बोधिसत्व के लिये उल्लंघनीय दस अवस्थाएँ – मुदिता, विमला, प्रभाकरी, अर्चिष्मती, सुदुर्जया, अभिमुक्ति, दूरंगमा, अचला, साधुमती, धर्ममेघ (या अभिषेक)। इन दश भूमियों का उल्लंघन करने पर बोधिसत्व को बुद्धत्व प्राप्त होता है। अतः बुद्ध को **'दशभूमिग'** या **'दशभूमीश'** कहते है।

दशलक्षण व्रत = एक जैन व्रत। इसका प्रारंभ चैत्र, भाद्रपद और माघ मास की शुक्ल पंचमी से होता है। चतुर्दशीतक (दस दिन) उपवास और क्षमादि दशलक्षण धर्म मंत्र का जाप होता है।

दशलक्षण पर्व = देखिये पर्युषण पर्व।

दिक्पालिका = बौद्ध मतानुसार दिशाओं का संरक्षण करने वाली देवियाँ – वज्रांकुशी, वज्रपाशी, वज्रस्फोटा, वज्रघंटा, उष्णीष विजया, सुंभा, पुष्पा, धूपा, दीपा, गंधा।

दीघनिकाय = बौद्धों के त्रिपिटकों में से सुत्तपिटक के पांच भागों में से प्रथम भाग। इस में दीर्घ आकार के सुत्तों का संग्रह हुआ है।

दीपमालिका व्रत = एक जैन व्रत जो भगवान् महावीर की स्मृति में आश्विन अमावस्या को दीपाराधना के रूप में होता है।

दुःखदुःखता = हीनयानी बौद्ध मतानुसार भौतिक तथा मानसिक कारणों से उत्पन्न होने वाले क्लेश।

दूरंगमा = बुद्धत्वप्राप्ति की दशभूमियों में से सातवीं भूमि की संज्ञा। इस भूमि से शून्यता की तथा सर्वज्ञता की उपाधि होती है।

देवसंघ चतुष्टय = भवनपति, व्यंतर, जोतिष्क और वैमानिक (जैनमत)

द्रव्यानुयोग = जैनागमों के अनुयोग नामक चार विभागों में से जीव-अजीव, नय, निक्षेप, कर्म आदि सिद्धान्तों का विचार प्रतिपादन करने वाला एक विभाग। (अन्य तीन अनुयोग हैं; प्रथमानुयोग, करणानुयोग और चरणानुयोग।

द्वादश आयतन = वैभाषिक बौद्ध मतानुसार ६ ज्ञानेन्द्रियां, और छह विषयों की संज्ञा।

आयतन = अनुभूति का साधन।

द्विकावली व्रत = किसी भी मास से १२० दिनों तक दो दो तिथियों पर उपोषण करने का एक जैन व्रत।

धनद कलशव्रत = श्रावण वद्य प्रतिपदा से भाद्रपद पौर्णिमा तक एक जैन व्रत। इस व्रत में प्रतिदिन जिनेन्द्र भगवान् का अभिषेक और पूजा होती है। व्रतावधि - पाँच वर्ष।

धर्म = वैभाषिक बौद्ध मतानुसार प्रत्येक सत्तात्मक पदार्थ की संज्ञा। दो प्रकार सास्रव (मलयुक्त) और अनास्रव (मलरहित)

सास्रव (या संस्कृत धर्म के रूपधर्म, चित्तधर्म, चैत्तधर्म, रूपचित्तविप्रयुक्त इत्यादि कुल ७२ प्रकार माने गये है। अनास्रव (या असंस्कृत) धर्म के तीन प्रकार – (१) आकाश (२) प्रतिसंख्यानिरोध और (३) अप्रतिसंख्यानिरोध। (प्रतिसंख्या = प्रज्ञा)

धर्म-अधर्म = जैन दर्शन के छह द्रव्यों में से दो द्रव्य। जीव और पुद्गल इन दो द्रव्यों की गति के कारण हैं। धर्माधर्म स्थितीगति के कारण होने पर भी वे प्रेरक नहीं है।

धर्मकाय = बुद्ध के 'संभोग काय' और 'निर्माण काय' का आधारभूत एक अनिर्वचनीय अपरिमेय सूक्ष्म काय (अर्थात देह)।

धर्मगुप्तिक = मध्य एशिया तथा चीन में प्रचारित एक बौद्ध सम्प्रदायों के महीशासक नामक संप्रदाय से यह उत्पन्न हुआ। इस संप्रदाय में स्तूप का महत्त्व माना जाता है।

धर्मचक्र = वज्रयान मतानुसार बोधिसत्व का एक रूप। यही बौद्ध धर्म का प्रतीक माना जाता है।

धर्मचक्र प्रवर्तन = (१) बुद्धत्व प्राप्त होने पर गौतम द्वारा सारनाथ के मृगदाव (मृगवग) में दिया हुआ प्रथम प्रवचन। (२) अशोक स्तंभ पर उंट्टकित चक्र। इस चक्र में ३२ अर विद्यमान हैं जो ३२ महापुरुषों के लक्षणों के प्रतीक माने जाते हैं।

धर्मचक्र मुद्रा = बायें हाथ की ज्ञानमुद्रा और दाहिने हाथ की व्याख्यान मुद्रा इसका स्वरूप है।। धर्मचक्रप्रवर्तन के प्रथम प्रवचन में भगवान बुद्ध के हाथ इसी मुद्रा में थे।

धर्ममेघ (या अभिषेक) = बुद्धत्व प्राप्ति की दशभूमियों में से अंतिम भूमि की संज्ञा। इस अवस्था में साधक को सभी प्रकार की समाधियों का लाभ होता है।

धर्मराजिक = सारनाथ के बौद्ध स्तूप की संज्ञा।

धातु = बौद्धमतानुसार १८। (६ इन्द्रियाँ + ६ विषय + ६ विज्ञान)।

धारिणी = महायान बौद्ध सम्प्रदाय में मान्यता प्राप्त त्रिपिटकों के कुछ मंत्रमय सुत्त। चार प्रकार = धर्मधारिणी, अर्थधारिणी, मंत्रधारिणी, और धारिणी। नेपाल में पंचरक्षा नामक एक धारिणी - संग्रह बौद्धों में प्रचलित है।

ध्यानी बुद्ध = महायान बौद्ध संप्रदाय के देवता। **पांच भेद** = अभिताभ, अक्षोभ्य, वैरोचन, अमोघसिद्धि, और रत्नसंभव। इनके गुरु का नाम वज्रसत्व था। ये सदैव ध्यानमग्न रहते हैं। ध्यानी बुद्ध विश्वजनक आदिदेव माने जाते हैं।

ध्यानी बोधिसत्व = ध्यानी बुद्ध का आध्यात्मिक पुत्र। पांच ध्यानी बुद्धों के पांच ध्यानी बोधिसत्वः – समंतभद्र, वज्रपाणि, रत्नपाणि, अवलोकितेश्वर और विश्वपाणि।

नक्षत्रमालाव्रत = आश्विनी नक्षत्र पर प्रारंभ और ५४ वें दिन समाप्त होने वाला एक जैन व्रत। इसमें २७ उपवास और २७ पारणाएँ होती हैं।

नन्दीश्वर-पंक्तिव्रत = १० दिनों का एक जैनव्रत। इस व्रत में ५६ उपोषण और ५२ पारणाएँ होती हैं।

नन्दीश्वर पर्व = नंदीश्वर की पूजा का एक जैन व्रत (देखिये अष्टाह्निक पर्व व्रत)

नरदत्ता = यक्षिणी स्वरूप एक जैन देवता। अपर संज्ञा – बहुरूपिणी।

नवकार व्रत = सत्तर दिनों तक एकभुक्त रहनेका एक जैन व्रत।

नामसंगीति = एक बौद्ध देवता। इसकी प्रतिमा 'तर्पणमुद्रा' में होती है।

नाम संमतकरण = बौद्ध संप्रदाय में किसी विशिष्ट विद्वान् को उपाधि देकर सम्मानित करने का समारोह।

निकाय = बौद्ध मतानुयायी लोगों के विविध गुट या समूहों की संज्ञा। दो प्रमुख भेद **(१) स्थविरवादी** (इसमें १० निकायों का अन्तर्भाव होता है) और **(२) महासांघिक** (इसमें आठ निकायों का अन्तर्भाव होता है वसुमित्रकृत अष्टादशनिकाय शास्त्र नाम ग्रंथ में प्रमुख अठारह निकायों की नामावली दी है – स्थविरवादी, हैमवंत, वात्सीपुत्रीय, धर्मोत्तरीय, भद्रयाणीय, सम्मितीय, षण्णागरिक, सर्वास्तिवादी, महीशासक, धर्मगुप्त, काश्यपीय, सौत्रान्तिक, महासांघिक, प्रज्ञप्तिवादी, चैतीय, लोकत्तरवादी, एकव्यावहारिक और गोकुलिक।

निकाय चतुष्टय = (१) आर्य महासांघिक, (२) आर्यस्थविर, (३) आर्यमूल सर्वास्तिवादी और (४) सम्मितीय इनमें से महासांघिकों के ७, स्थाविरों के ३, मूलसर्वास्तिवादियों के ४ और सम्मितीयों के ४ ऐसे कुल मिलाकर १८ निकाय माने जाते है।

नित्यरसी व्रत = एक जैन व्रत। इसमें रविवार से शनिवार तक क्रमश' नमक, हरा फल, मीठा, घी, दही, दूध, और तेल आहार में वर्जित होते हैं।

निदान कथा = जातक कथाओं की स्पष्टीकरणात्मक कथाएँ। इन में भगवान् बुद्ध के प्रथम जन्म से बुद्धत्व प्राप्त तक की कथाएँ सुसंगत रीति से ग्रंथित हुई हैं इसके तीन भाग हैं **दूरे निदान, अविदूरे निदान और संतिके निदान**।

निरोध = बौद्ध दर्शन के अनुसार अभावमात्र पदार्थों में से एक। निरोधस्वरूप विनाश या अभाव के दोन प्रकार (१) प्रतिसंख्या निरोध और (२) अप्रतिसंख्या निरोध। **प्रतिसंख्या निरोध** का उदाहरण है - पत्थर के आघात से घट फोड़ना या पुस्तक जैसी वस्तु को छिन्न भिन्न करना। इसमें विद्यमान पदार्थ का नाश करने की भावना कर्ता में होती है। **अप्रतिसंख्या निरोध** याने पदार्थ का प्रतिक्षण स्वभावतः होने वाला विनाश।

निरोध समापत्ति = बौद्धमतानुसार समाधि का एक श्रेष्ठ प्रकार। इस समाधि में कायसंस्कार, वाक्संस्कार और मानस संस्कार का निरोध होता है। इस समाधि की अवस्था में योगी सात दिनों तक रह सकता है।

निर्ग्रन्थ = दिगम्बर संप्रदायी जैन मुनिजनों की संज्ञा।

निर्माणकाय = धर्मोपदेश के निमित्त भगवान बुद्ध ने धारण किया हुआ रक्त-अस्थि-विरहित शरीर।

निर्माण चक्र = नाभिप्रदेश की बौद्ध संज्ञा।

निर्युक्ति = आचारांग, सूत्रकृतांग, सूर्य प्रज्ञप्ति, व्यवहार, कल्प दशाश्रुत स्कंध, **उत्तराध्ययन**, आवश्यक और दशवेकालिक इन नौ जैन आगमों की टीकाओं का एक प्रकार। इसमें प्राकृत पद्यों द्वारा आगमों के प्रतिपाद्य विषय का संक्षेपतः निवेदन होता है। भद्रबाहु निर्युक्तियों के रचयिता माने जाते हैं।

निर्वाण = हीनयानी मतानुसार क्लेशावरण का निवारण और महायानी मतानुसार क्लेश तथा ज्ञेय के आवरण का निवारण।

निर्वाण = जैन और बौद्ध मतानुसार त्रिविध क्लेशों से मुक्तता। त्रिविध क्लेश – (१) **दुःखदुःखता** (भौतिक तथा मानसिक कारणों से उत्पन्न क्लेश) **(२) संस्कार दुःखता** (उत्पत्तिविनाशशाली संसार के पदार्थों से होने वाला दुःख) **(३) विपरिणाम दुःखता** (दुःखरूप में परिणत सुखों के कारण क्लेश)।

निर्वाण के दो भेद = (१) प्रकृतिसिद्ध (श्रावक तथा प्रत्येकबुद्ध मैत्रीभावरहित होते हैं। अतः वे निर्वाण की ओर अपना चित्त केन्द्रित करते हैं। यही प्रकृतिसिद्ध निर्वाण कहलाता है। **(२) अप्रतिष्ठित निर्वाण** – बोधिसत्व मैत्रीभावयुक्त होने के कारण जनदुःख का परिहार करने में ही व्यग्र होते हैं। वे निर्माण के प्रति उदासीन होने के कारण **अप्रतिष्ठित निर्वाण** प्राप्त करते हैं।

निर्विकृतिव्रत = एक जैनव्रत। इसमें मनोविकृति निर्माण करने वाले भोज्य पदार्थों का त्याग करते हुए रुक्ष आहार किया जाता है।

निःशल्य अष्टमीव्रत = एक जैन व्रत। भाद्रपद शुद्ध अष्टमी से प्रारंभ। व्रतावधि – सोलह वर्ष।

निष्यन्दकाल = विज्ञानवादी (योगाचार) बौद्ध मतानुसार एक चित्त (विचार) से दूसरा चित्त उत्पन्न होता है। चित्त क्षणिक होने पर भी सर्वथा विनाशशील नहीं है। अतः एक चित्त से दूसरे चित्त का उदय होने का जो काल होता है वह **निष्यन्दकाल** है।

नैष्ठिक श्रावक = जैनधर्मीय श्रावकों की मध्यम श्रेणी का श्रावक। ११ अवस्थाएँ (या प्रतिमाएँ) -- **दर्शनिक, व्रतिक,** सामायिकी, प्रोषधोपवासी, सचित्तविरत, **दिवामैथुनविरत, ब्रह्मचारी,** आरंभविरत, परिग्रहविरत, **अनुमतिविरत और उद्दिष्टविरत।**

नोजीव = एक प्राचीन जैन संप्रदाय की संज्ञा। जीव और अजीव के अतिरिक्त नोजीव नामक तीसरा तत्त्व मानने के कारण यह संज्ञा रूढ हुई है।

पंचकल्याणक = तीर्थंकरों के (१) गर्भवास (२) जन्म (३) तपश्चर्या (४) ज्ञानप्राप्ति और (५) निर्वाण की संज्ञा। इन पंचकल्याण की तिथियों को पंचकल्याणक प्रतिष्ठा नामक महोत्सव जैन समाज में होता है। पंचकल्याणक निमित्त **बृहद्व्रत** में पांच वर्षों में प्रत्येक कल्याण के निमित्त (२४ तीर्थंकरों के प्रीत्यर्थ) २४ उपवास होते हैं। **लघुव्रत** एक ही वर्ष में १२० उपवास तथा पारणा से होता है।

पंच परमेष्ठी = जैन मतानुसार साधु, उपाध्याय, आचार्य, सिद्ध और अर्हन्त इन उच्च भूमिकाओं पर आरूढ महापुरुषों की संज्ञा (परमेष्ठी = परमे इन्द्रादिवन्दिते पदे तिष्ठति इति) परमेष्ठी १८ प्रकार के मलों (दोषों) से मुक्त होते हैं।

पंच बुद्ध = अमोघसिद्धि, अमिताभ, रत्नसंभव, अक्षोभ्य और वैरोचन इन पांच बौद्ध देवताओं की संज्ञा। ये पांच ध्यानी बुद्ध माने जाते हैं। विदेशों में इन्हें क्रमशः शक, अमिद, होशी, अशुकु, और दैनिचि कहते हैं।

पंचरक्षा = नेपाली बौद्धों में मान्यता प्राप्त पांच मंत्रों का समूह। महाप्रतिसरा (रोग निवारक मंत्र), महासहस्रप्रमर्दिनी (भूतबाधा निवारक मंत्र); महामयूर (सर्पबाधा निवारक मंत्र); महाशीतवती (शत्रु एवं दुर्ग्रह निवारक मंत्र), महामंत्रानुसारिणी (सकल रोग निवारक मंत्र)।

पंचरक्षामंडल = महाप्रतिसरा, महासाहस्र प्रमर्दिनी, महामंत्रानुसारिणी, महामायूरी और महासितवती -- इन पांच बौद्ध देवताओं का समूह। नेपाल में इन देवताओं की पूजा होती है।

पंचश्रुतज्ञान व्रत = एक जैन व्रत। इसमें एक वर्ष में १६० उपवास और १६८ पारणाएं होती हैं। ३३६ दिनों में व्रत पूर्ण होता है।

पट्टावली = जैन समाज के विविध गच्छों (अर्थात् उपसंप्रदायों) के आचार्यों की परंपरा का परिचय देने वाला ग्रंथ।

परित्राणपाठ = बौद्ध परम्परा के अनुसार विवाह, गृहप्रवेश आदि मंगल समारोह में तथा संकटकाल में महामंगल सुत्त, करणीयमेत्तसुत्त, महामंगलगाथा, पुण्यानुमोदन, और जयमंगल अठ्ठगाथा इन प्रकरणों का पठन यह एक धार्मिक विधि मानी जाती है।

पर्युषण पर्व = (अपर संज्ञा-धर्मपर्व या पर्वराज या दशलक्षण पर्व) = दिगंबर जैन समाज में यह उपोषणात्मक व्रत भाद्रपद शुद्ध पंचमी से चतुर्दशी तक होता है। व्रतकाल में क्षमा, मार्दव, आर्जव, सत्य, संयम, तप, त्याग, शौच, आकिंचन्य और ब्रह्मचर्य इन दस व्रतों का पालन आवश्यक होने कारण इसे **दशलक्षण व्रत** भी कहते हैं।

पल्लविधान = एक जैन व्रत। लघुव्रत ३४ दिनों तक, बृहद्व्रत – ७२ दिनों तक। उपवास और पारणाएँ इस व्रत में होती हैं।

पवारणा = वर्षाकाल में एकत्रित निवास करने के अंतिम दिन अपने अपराधों का कथन तथा दण्डन पाने का एक बौद्ध भिक्षु समाज का कार्यक्रम। भगवान् बुद्ध इस के प्रवर्तक माने जाते हैं।

पाप = बौद्ध मतानुसार दो प्रकार (१) पाराजिक (अक्षम्य पाप- इस के कारण संप्रदाय से बहिष्कृत किया जाता है।) (२) पाचितिय (प्रायश्चित्त से परिमार्जित होने योग्य परनिंदा, कलह आदि पाप)।

पारमिता दशक = (पारमिता = पारंगतता या पूर्णता। महायान मतानुसार पारमिता सर्वश्रेष्ठ साधना है।) दान, शील, नैष्कर्म्य, प्रज्ञा, वीर्य, क्षान्ति, सत्य, अधिष्ठान, मैत्री, और उपेक्षा। (भगवान बुद्ध को ५५० जन्मों के द्वारा दश-पारमिता के कारण सम्यक् संबोधि की प्राप्ति हुई)।

पाराजिक = बौद्ध संप्रदाय में भिक्षुद्वारा स्त्री-संभाषण आदि अपराध होने पर करने योग्य एक प्रायश्चित्त।

पुस्तक गच्छ = जैनों के मूलसंघ के देसीय गण के अन्तर्गत एक पंथ।

प्रकाश देवता = वज्रयानी बौद्ध सम्प्रदाय की चार उग्र एवं नग्न देवताएँ – सूर्यहस्ता, दीपा, रत्नलोका और तडित्करा)।

प्रकीर्णक = तीर्थंकरों के समयोपदेशों पर आधारित श्रमणों द्वारा लिखित धार्मिक आचारविषयक ग्रंथ। इनकी संख्या मूलतः सहस्त्रावधि है किन्तु उन में से १० प्रकीर्णकों का अन्तर्भाव जैन आगामों में होता है। (१) चतुःशरण, (२) आतुर प्रत्याख्यान, (३) महाप्रत्याख्यान, (४) भक्तपरिरक्षा, (५) तंदुलवैचारिक, (६) संस्तारक (७) गच्छाचार (८) गणिविद्या, (९) देवेन्द्र और (१०) मरणसमाधि।

प्रज्ञा = कुशलचित्त से युक्त विपश्यना ज्ञान। स्कंध, आयतन, धातु, इंद्रिय, सत्य और प्रतीत्य समुत्पाद – इन्हें प्रज्ञा की छह भूमियाँ मानते हैं। (बौद्धमत)

प्रज्ञापारमिता = (१) दस या छह पारमिताओं में से सर्वश्रेष्ठ पारमिता। इसमें दृश्य जगत् के मिथ्यात्व की प्रतीति होती है। दान, शील, क्षांति, वीर्य, ध्यान, सत्य, मैत्री, नैष्कर्म्य, उपेक्षा इन सभी पारमिताओं (पारंगतता) की पूर्णता प्रज्ञापारमिता में होती है। वज्रयानी बौद्ध सम्प्रदाय में इन सभी पारमिताओं की मूर्ति के स्वरूप में उपासना होती है। सभी पारमिताएँ द्विभुज होती हैं।

प्रज्ञोपाय = प्रज्ञा = निःस्वभाव और उपाय = स्वभाव इन दोनों की अभिन्नता। प्रज्ञा + उपाय का सामरस्य ही सहजयान में निर्वाण माना जाता है।

प्रज्ञोपाय = (१) प्रज्ञा + उपाय। शक्ति और शिव स्वरूप दिव्य तत्त्वों के युगल की वज्रयानी बौद्ध संप्रदाय में प्रचलित संज्ञा। (२) प्रज्ञा = शून्यता। उपाय = करुणा इन दोनों का दीप और दीपप्रभा के समान अभेद।

प्रतिमा = जैन आचार धर्म के श्रावक (गृहस्थ) आचार के ११ विभागों की संज्ञा प्रतिमा है। ११ प्रतिमाएँ – दर्शन प्रतिमा, व्रतप्रतिमा, सामायिक प्रतिमा, प्रोषधोपवास प्रतिमा, सचित्तत्याग, रात्रिभोजन त्याग, ब्रह्मचर्य, आरंभत्याग, परिग्रह त्याग, अनुमतित्याग, और उद्दिष्टत्याग। यही मुनिधर्म की प्राथमिक अवस्था मानी जाती है।

प्रतिसंख्यानिरोध = ज्ञानद्वारा निर्वाण की प्राप्ति का सिद्धान्त। (बौद्धमत)

प्रत्येक-बुद्ध = महायानी बौद्धमतानुसार तीन प्रकार के निर्वाण साधकों में से मध्यम श्रेणी का साधक। श्रावक ही प्रतीत्य समुत्पाद की साधना से प्रत्येकबुद्ध होता है। इसे बोधी (ज्ञान) के लिये आवश्यक ३७ गुण जन्मतः प्राप्त होते हैं।

प्रभाकरी = बुद्धत्व प्राप्ति की दशभूमियों में से तृतीय भूमि की संज्ञा। इस भूमि में आठ प्रकार की समाधियाँ, चार ब्रह्मविहार और कुछ सिद्धियाँ प्राप्त होती हैं। कामासक्ति और देहासक्ति क्षीण होती है। साधक बोधिसत्व धैर्यपारमिता का अभ्यास करता है।

प्रव्रज्या = बौद्ध दीक्षाविधि। इस विधि के बाद सत्पात्र व्यक्ति को 'श्रमण' पदवी प्राप्त होती है। श्रमण को ही बौद्ध संघ में प्रवेश मिलता था।

प्रतिहार्य = तीर्थंकरों के आठ वैशिष्ट्य- दिव्यच्छत्र, दिव्यध्वनि, अशोकवृक्ष, सिंहासन, दुंदुभि, पुष्पवृष्टि, चामर, और भामंडल।

प्राभृतत्रयी = देखिये नाटकत्रयी।

प्रोषधोपवास प्रतिमा = जैन श्रावकाचार या शिक्षाव्रत की ११ प्रतिमाओं (नियमों) में से एक। प्रत्येक मास की दोनों अष्टमी तथा चतुर्दशी को उपोषण के व्रत की संज्ञा।

बलभद्र = जैन संप्रदाय के त्रिषष्टि (६३) 'शलाकापुरुषों' के अन्तर्गत ९ शलाका पुरुष। (भागवत में वर्णित बलराम इनमें से एक हैं।)

बलात्कारगण = जैन भट्टारकों का (आचार्य तथा पुरोहितों का) एक गण।

बंध = जैन मतानुसार चार प्रकार = प्रकृति, स्थिति, अनुभाव और प्रदेश।

बुद्ध = ३२ महालक्षणों तथा ८० लघु लक्षणों से संपन्न महापुरुष।

बुद्धद्वादशी = श्रावण शुद्ध द्वादशी को बुद्धमूर्ति की पूजा का व्रत।

बृहद्गच्छ = देखिये तपागच्छ।

बोधिसत्त्व = बोधि अर्थात संपूर्ण शुद्ध ज्ञान प्राप्त करने का सत्त्व याने सामर्थ्य रखने वाला साधना सम्पन्न सत्पुरुष। अंत में यही बुद्ध होता है। जातक कथाएं बोधिसत्त्वों की ही कथाएँ हैं।

बोधिसत्त्व यान = बोधिसत्त्व के जीवन का सर्वोच्च आदर्श मानने के कारण महायान की संज्ञा। अपर संज्ञा है – अग्रयान। इस पंथ में बोधिसत्त्व की पूजा होती है।

बोधिसत्त्वयान = महायान बौद्ध पंथ की अपरसंज्ञा।

बोधिपक्षीय (पक्खीय) धर्म = निर्वाणप्राप्ति के छह उपाय जो भगवान् बुद्ध ने कहे हैं। (१) स्मृति-उपस्थान (२) सम्यक् प्रहाण (३) ऋद्धिपाद। (४) इन्द्रियवर्ग, (५) बलवर्ग और (६) संबोधि-अंग।

बौधिवृक्ष = बुद्धगया में महाबोधी मंदिर की पश्चिम की ओर एक पवित्र पीपल का वृक्ष। इस वृक्ष की छाया में आज तक हुए सभी बुद्धों को ज्ञान की प्राप्ति हुई थी। गौतम बुद्ध को भी इसी वृक्ष की छत्रच्छाया में ज्ञान प्राप्त हुआ।

ब्रह्मविहार = योगशास्त्र में कथित मैत्री, करुणा, मुदिता और

उपेक्षा इन चार वृत्तियों से समाज के लोगों से यथोचित व्यवहार करना। (यह शब्द बौद्ध वाङ्मय मे प्रयुक्त हुआ है।)

भट्टारक = जैनधर्मीय आचार्य तथा पुरोहित की संज्ञा। दिगंबर तथा श्वेताम्बर पंथीय भट्टारकों के २२ पीठ प्रसिद्ध हैं।

भिक्षु = सर्व प्रकार से संयमी, अध्यात्मप्रवण, एकाकी और संतुष्ट बौद्ध सत्पुरुष। दो प्रकार – **समानावासक** (अर्थात् परिव्राजक - जो निरंतर भ्रमण करते हैं)। (२) **नानावासक** – (एक स्थान में रह कर समाज को संघटित करने वाले)

भूत = विशिष्ट तत्त्व के परमाणुओं का सामुदायिक स्वरूप (वैभाषिक मत)। भूत से उत्पन्न पदार्थ 'भौतिक' कहलाते हैं।

भूमिचतुष्टय = हीनयानी बौद्ध मतानुसार साधक को अर्हत्पद की प्राप्ति होने तक क्रमशः चार भूमिकाओं से प्रगति करनी होती है। (१) स्रोतापन्न, (२) सकृदागामी, (३) अनागामी, और (४) अर्हत्।

भूमिदशक = बोधिसत्त्व की दस अवस्थाएँ – दुरारोहा, वद्धमाना, पुष्पमण्डिता, रुचिरा, चित्तविस्तार, रूपवती, दुर्जया, जन्मनिर्देश, यौवराज और अभिषेक। हीनयान मतानुसार इन दस भूमिकाओं के अनुक्रम से साधक को बोधिसत्त्व-अवस्था प्राप्त होती है।

भूमिस्पर्शमुद्रा = बौद्ध मूर्तियो की एक विशिष्ट स्थिति। इस में आसनस्थ मूर्ति का हस्तस्पर्श भूमि को होता है।

मंगल = विघ्नविनाशक शुभ कर्म। जैन मतानुसार छह प्रकार – नाममंगल, स्थापना, द्रव्य, क्षेत्र, काल, भाव। इनमें अंतिम मंगल सर्वश्रेष्ठ माना है।

मंत्रयान = बौद्धों के महायान पंथ का एक उपपंथ। इस पंथ में होम, जप, ध्यान, मुद्रा, मण्डल, मंत्र इत्यादि का विशेष महत्त्व माना जाता है। इसमें विशुद्धियोग, धर्मयोग, मंत्रयोग और संस्थानयोग नामक चार योग और शून्यता, अनिमित्त, अप्रणिहित और अनभिसंस्कार नामक चार **विमोक्ष** आवश्यक माने हैं।

महासांधिक = बुद्धकालीन बौद्ध मत की एक प्रमुख शाखा। जो द्वितीय धर्मसंगीति के पश्चात् स्थापित् हुई थी।

महासांधिक = बौद्ध भिक्षुओं का एक प्रारंभिक संप्रदाय। इसी संप्रदाय से महायान पंथ का उदय हुआ। महासांघिक बुद्ध को अजरामर सर्वशक्तिमान मानते है। इसी पंथ की अन्य शाखाएँ – एकव्यावहारिक लोकोत्तरवाद, कुक्कुटिक, बहुश्रुतीय, शैल, अंधक, चैतियवादी इ.।

मानुषीबुद्ध = हीनयान मतानुसार २४ एवं महायान मतानुसार ३२ बुद्धों में से अंतिम ७ बुद्धों को मानुषी बुद्ध कहते हैं। उनके नाम हैं – विपाशी, शिखी, विश्वभू, क्रकुच्छंद, कनकमुनि, कश्यप और शाक्यसिंह।

मुकुट सप्तमी = श्रावणशुद्ध सप्तमी। इस तिथि को जैनपंथी आदिनाथ की उपासना करते हैं। व्रतावधि-सात वर्ष।

मुक्तावली = जैनों का एक प्रायश्चित्त व्रत। इसमें छह उपोषणों के बाद एक भोजन होता है। व्रतावधि – तीन वर्ष।

मुदिता = बुद्धत्व की प्राप्ति के लिए उल्लंघनीय दश भूमियों में से प्रथम भूमि की संज्ञा। इस भूमिका पर आरोहण करने के लिए, श्रद्धा, दया, मैत्री, दान, शास्त्रज्ञान, लोकज्ञान नम्रता, दृढता, और सहनशीलता, इन दस गुणों की आवश्यकता होती है।

मुद्रा (या मुद्रितयोषा) = बौद्ध साधक द्वारा तांत्रिक साधना के लिए स्वीकृत स्त्री। इस स्त्री के साथ साधक ब्रह्मचर्यव्रत से योगक्रियारूप अनुष्ठान करता है। मुद्रा की जाति का विचार नहीं होता।

मुष्टिविधान व्रत = भाद्रपद, माघ, और चैत्र मास में एक मुष्टि शुभ द्रव्य जिनेन्द्र को समर्पण करने का व्रत।

मूलसूत्र = जैनों के उत्तराध्ययन सूत्र, दशवैकालिक, आवश्यक, पिण्डनिर्युक्ति, और ओघनिर्युक्ति इन पांच धार्मिक, ग्रंथों की संज्ञा। इनमें से प्रथम दो ग्रंथ विशेष महत्त्वपूर्ण माने जाते हैं।

मेघमालाव्रत = एक जैन व्रत। भाद्रपद वद्य प्रतिपदा से आश्विन वद्य प्रतिपदा तक सात उपवास और २४ एकाशन का व्रत। व्रतावधि – पांच वर्ष।

मेरु त्रयोदशी = पौष वद्य त्रयोदशी। प्रथम तीर्थंकर ऋषभदेव की स्मृतिनिमित्त सात रजत घटों का मेरु इस दिनोत्सव में करते हैं।

मेरु पंक्तिव्रत = ८० उपवास, २० बेला और १०० पारणाएँ इस जैनव्रत में होती है। कुल समय ७ मास १० दिन।

मेरुव्रत = जैन मतानुसार श्रावण वद्या प्रतिपदा प्रत्येक युग की प्रथम तिथि मानी जाती है। इस तिथि से २२० दिनों तक यह व्रत होता है।

मोक्ष सप्तमी = श्रावण शुद्ध सप्तमी का एक जैन व्रत। व्रतावधि-सात वर्ष।

मौन एकादशी = मार्गशीर्ष शुद्ध एकादशी को उपोषण और मौन का एक जैन व्रत।

यति = धर्मप्रसार तथा पौरोहित्य करने वाले जैन साधुओं की संज्ञा। इनके कुल ८४ गच्छ (संप्रदाय या पंथ) माने जाते हैं।

यापनीय = श्वेतांम्बर जैन मत का एक उपपंथ। इस का प्रचार कर्नाटक में था।

यमसंप्रदाय = बौद्धों का एक गौण संप्रदाय। इसमें यम देवता का विशेष महत्त्व माना है।

युगनद्धरूप = प्रज्ञा और उपाय का मिलन। यही महासुख की प्राप्ति का श्रेष्ठ उपाय सहजयान या सहजिया संप्रदाय में माना गया है।

योगाचार = महायानी बौद्धों का मैत्रेयनाथ द्वारा स्थापित एक संप्रदाय। वसुबन्धु ने इसी को 'विज्ञान वाद' कहा है।

रत्नत्रय व्रत = जैनमत में सम्यक् दर्शन, ज्ञान और चारित्र्य को रत्नत्रय कहते हैं। चैत्र, भाद्रपद और माघ मास की शुद्ध द्वादशी से पौर्णिमा तक उपोषण और "ओं ह्रीं सम्यक् दर्शन-ज्ञान-चारित्र्येभ्यो नमः"- इस मंत्र के जाप का व्रत।

रत्नपाद = भगवान् बुद्ध का पदचिह्न। इसे 'श्रीपाद' भी कहते है।

रत्नावली व्रत = जैनों का एक उपोषण व्रत।

रविवार व्रत = आषाढ के अंतिम रविवार से भाद्रपद के अंतिम रविवार तक उपोषण का जैनव्रत। व्रतावधि ९ वर्ष।

रूपस्कन्ध = बौद्ध दर्शन के पंच स्कन्धों में से प्रथम स्कन्ध। शरीर, ज्ञानेन्द्रियाँ और शब्दादि विषयों का इस स्कन्ध में अन्तर्भाव होता है।

लक्षणपंक्तिव्रत = एक जैन व्रत। २०४ उपवास और २०४ पारणाएँ मिलाकर कुल ४०८ दिनों का यह व्रत होता है।

लब्धिविधानव्रत = एक जैन व्रत। चैत्र भाद्रपद और माघ मास में उपोषण तथा एकाशन इस व्रत में होता है।

लोकपाल = (या दिक्पाल) (बौद्धमतानुसार- सारचर-) – पूर्व – धृतराष्ट्र। पश्चिम – विरूपाक्ष। – दक्षिण – विरूदक। उत्तर – कुबेर।

वज्रयान = एक बौद्ध संप्रदाय। इस में मंत्र, हठयोग और मैथुन की साधना प्रशस्त मानी है। ८४ सिद्धों की परंपरा में वज्रयान का महत्त्व माना है। 'गुह्य समाजतंत्र' इस बौद्ध मार्ग का प्रमुख ग्रंथ है। इस संप्रदाय का उदय आंध्र में श्रीपर्वत पर हुआ। किन्तु प्रचार मगध के नालंदा और ओदन्तपुरी के विहारों में हुआ।

वज्रासन = बोधगया में भगवान बुद्ध को जिस पाषाणपर बैठकर सम्यक् ज्ञान की प्राप्ति हुई उस पाषाण की संज्ञा।

विज्ञानवाद = महायानी बौद्धों के योगाचार पंथ का सिद्धान्त। इसके अनुसार विज्ञान या चित्त (विचार) के अतिरिक्त अन्य किसी बाह्य वस्तु का तत्त्वतः अस्तित्व नहीं होता। विज्ञान के दोन प्रमुख भेद – आलयविज्ञान और प्रकृतिविज्ञान। आलयविज्ञान से ही चक्षुर्विज्ञान, श्रोत्रविज्ञान, धारणविज्ञान, रसनाविज्ञान, कायविज्ञान, मनोविज्ञान और क्लिष्टमनोविज्ञान नामक सात प्रकार उत्पन्न होते हैं। उन्हींको **प्रवृत्तिविज्ञान** कहा है। बुद्धत्व प्राप्त होने पर ही आलयविज्ञान का लय होता है।

विनयपिटक = बौद्ध वाङ्मय के त्रिपिटकों में से एक पिटक की संज्ञा। इसमें बौद्ध भिक्षुओं के आचार संबंधी नियमों का प्रतिपादन किया है। विभंग, खंधक और परिवार इसके तीन विभाग हैं।

विनयपिटक = बौद्ध भिक्षु और बौद्ध संघ के नियमों का बुद्धशिष्य उपाली द्वारा राजगृह की संगीति के लिये किया गया संचय। इसमें गौतम बुद्ध के वचनों का चयन हुआ है।

विनयवाद = भगवान् महावीर द्वारा विविध जैन संप्रदायों का जिन चार वर्गो में गठन हुआ उनमें से एक वर्ग। इस वर्ग के ३२ भेद माने जाते हैं। इस पंथ में ईश्वर, साधु तथा किसी अन्य श्रेष्ठ व्यक्ति के प्रति, तन, मन, धन और वचन द्वारा आदरभाव व्यक्त करना यही श्रेष्ठ साधना मानी जाती है।

विपरिणाम दुःखता = हीनयानी बौद्ध मतानुसार सुख ही दुःखरूप में परिणत होने के कारण होने वाले क्लेश।

विमला = बुद्धत्व की प्राप्ति के लिए उल्लंघनीय दशभूमियों में से द्वितीय भूमि की संज्ञा। इस भूमि में साधक बोधिसत्व त्रिविध पापों का निवारण और शीलपारमिता का अभ्यास करता है।

विहार = 'बौद्ध भिक्षुओं का निवासस्थान। अपर संज्ञा- आराम, संघाराम।

वीरशासन जयंती = श्रावण वद्य प्रतिपदा को जैनमतानुसार युगारंभदिन माना जाता है। इसी तिथि को भगवान् महावीर ने राजगृह के समीप विपुलाचल पर धर्मचक्र का प्रवर्तन किया था। इस दिन जैन समाज में महावीर की आराधना होती है।

बीस पंथ = दिगंम्बर जैनों के भट्टारक पंथ की संज्ञा। १७ वीं शती में तेरापंथ की स्थापना राजस्थान में होने पर पुराने पंथ को यह संज्ञा प्राप्त हुई।

वेदनास्कन्द = बौद्ध दर्शन के पंचस्कंधों मे से द्वितीय। वस्तुस्पर्श के कारण चित्त में उत्पन्न होनेवाले सुख-दुःख और नसुख-नःदुख स्वरूप अनुभव।

वैपुल्यसूत्र = महायानी बौद्ध संप्रदाय के प्रमाणभूत नौ ग्रंथों की संज्ञा। नौ ग्रन्थ-अष्टासाहस्त्रिका, प्रज्ञापारमिता, सद्धर्मपुण्डरीक, ललितविस्तर, लंकावतारसूत्र, सुवर्णप्रभास, गण्डव्यूह, तथागतगुह्यक, समाधिराज और दशभूमिक।

वैभाषिक = स्थविरसंप्रदाय के अन्तर्गत सर्वास्तिवादी बौद्ध संप्रदाय की एक संज्ञा। विनयपिटक की विभाषा नामक टीकाओं का अध्ययन करने के कारण यह संज्ञा रूढ हुई। इस मत के अनुसार जगत् सत्य है। और भौतिक तथा मानसिक जगत् की पृथक् सत्ता की अनुभूति होती है। (देखिये = सौत्रान्तिक।)

वैभाषिक नय = सर्वास्तिवादी बौद्ध वाङ्मय की संज्ञा।

वैयावृत्य = जैनों के चार शिक्षा व्रतों में से एक। अन्नदान, औषधिदान, अभयदान और ज्ञानदान।

वैभाषिक = देखिये सौत्रांतिक।

व्रतप्रतिमा = जैन श्रावकाचार की ११ प्रतिमाओं (नियमों) में से एक। इसमें श्रावक पांच अणुव्रतों, तीन गुणव्रतों और चार शिक्षाव्रतों का पालन करता है।

शमथ = चित्त की एकाग्रतारूप समाधि (बौद्धमत)

शिक्षात्रय = बौद्ध मतानुसार विशुद्धि प्राप्त करने के तीन उपाय (१) शीलशिक्षा (या अधिशील), (२) समाधिशिक्षा (या अधिचित्त) और (३) प्रज्ञा।

शिक्षाव्रत = जैन आचारधर्म के प्रकारों की संज्ञा। चार प्रकार – देशावकाशिक, सामायिक, प्रोष्रधोपवास और वैयावृत्य।

शिवकुमारबेलाव्रत = एक जैनव्रत। इसमें ६४ बेला और ६४ पारणाएं होती हैं। प्रत्येक मास में ७, ८, १३, १४ तिथियों पर बेला और नवमी तथा पौर्णिमा तिथि को पारणा होती है। व्रतावधि १६ मास।

शील = अहिंसा, सत्य, ब्रह्मचर्य आदि अंगीकृत पवित्र व्रतों का निरपवाद पालन करना। काया, वाचा, मन से निंद्य आचार का त्याग।

शीर्षमुकुट सप्तमी = श्रावण शुद्ध सप्तमी को भगवान्

आदिनाथ की उपासना का एक जैन स्त्रीव्रत।

शीलव्रत = जैनपंथ में श्रावण शुद्ध नवमी से भाद्रपद शुद्ध एकादशी तक उपवास का व्रत।

शीलकल्याणक = एक जैन व्रत। एक वर्ष की अवधि में १८० उपवास और १८० पारणाएं करना।

शून्यवाद = माध्यमिक बौद्धों का तात्त्विक सिद्धान्त। शून्य याने सत्, असत्, नसत्, नासत्, इन चारों कोटियों से विलक्षण तत्त्व। (वेदान्त में ब्रह्म तत्त्वका वर्णन इसी पद्धति से किया है।)

श्रद्धान (या उपस्थान) = एक जैन प्रायश्चित्त पंथ। आचारधर्म का उल्लंघन करने वाले श्रमण को बहिष्कृत करना और पुनः दीक्षा देकर पंथ में प्रवेश देना यही इस प्रायश्चित्त का स्वरूप है।

श्रमण = बौद्ध तथा जैन पंथ के दीक्षाप्राप्त व्रती। जैन श्रमणों के निर्ग्रंथ, शाक्य, तापस, गेरुय, और आजीव नामक पाँच प्रकार कहे गये है।

श्रावक = जैन मतानुयायी गृहस्थ। तीन प्रकार – (१) पाक्षिक (प्रारंभिक अवस्था वाला। (२) नैष्ठिक (द्वितीय अवस्था वाला)। (३) साधक (सर्वश्रेष्ठ अवस्था का श्रावक)।

श्रुतज्ञानव्रत = एक जैनव्रत इस में १२ वर्ष ८ मासों में १४८ उपवास होते हैं।

श्रुतपंचमी = ज्येष्ठ शुद्ध पंचमी। इस तिथि को आचार्य भूतबलि के षट्खण्डागम नामक महान् जैन ग्रंथ की रचना पूर्ण होने के कारण जैन समाज में इस तिथि को श्रुतपूजनव्रत होता है।

श्रुतस्कंध व्रत = भाद्रपद मास में उपोषण का जैनव्रत।

श्वेतपंचमी = आषाढ, कार्तिक या फाल्गुन मास की शु. पंचमी से प्रत्येक शुद्ध पंचमी को उपोषण का जैन व्रत।

षडंग योग = बौद्ध मतानुसार प्रत्याहार, ध्यान, प्राणायाम, धारणा, अनुस्मृति और समाधि नामक योगसाधना के छह अंग।

षड्रसीव्रत = एक जैन व्रत। इसमें दूध, दही, घी, तेल, नमक और गुड़ इन छह पदार्थों का क्रमशः एक एक मास में आहार वर्जित होता है।

षोडशकारणव्रत = एक जैन व्रत। भाद्रपद, माघ या चैत्र मास की वद्य प्रतिपदा से एक मास तक उपोषण तथा अभिषेक का व्रत।

सखंडि = एक प्राचीन जैन उत्सव (आचारांग सूत्र में उल्लिखित)

सचित्तत्याग = जैन श्रावकाचार की ११ प्रतिमाओं (नियमों) में से एक। कंदमूल सागभाजी आदि पदार्थों का भोजन में त्याग।

समाचरी = श्रमणों के दैनन्दिन नियत कार्यक्रम की संज्ञा।

संकट हरणव्रत = चैत्र, भाद्रपद और माघ मास में शुद्ध त्रयोदशी से पौर्णिमा तक विशिष्ट मंत्र के जाप करने का एक जैन व्रत। व्रतावधि - तीन वर्ष।

संगीति = बौद्धों की धर्मपरिषदों की संज्ञा।

संघाटक व्रत = कार्तिक शुद्ध प्रतिपदा से चार दिनों तक पूजा का एक स्त्रीव्रत। बाद में प्रत्येक मास के शुद्ध और वद्य पक्ष मे सात बार तक यह पूजाव्रत उपोषण सहित होता है।

संज्ञास्कन्ध = बौद्धों के पंचस्कन्धों में से तृतीय स्कन्ध की संज्ञा। अनुभूत पदार्थों का नामकरण। (नैयायिकों के सविकल्प ज्ञान की ही यह अपर संज्ञा है।)

सम्यक् प्रहाण = बुद्धों के मतानुसार निर्वाण प्राप्ति के ३७ उपायों के सात वर्गों में से एक। पापनाशक और पुण्यवर्धक कर्तव्यों का पालन ही सम्यक् प्रहाण कहलाता है।

सम्यक् सम्बुद्ध = अनेक जन्मों की पारमिता नामक साधनाओं से प्राप्त होने वाली सर्वोत्तम अवस्था में पहुंचा हुआ महापुरुष। भगवान गौतम बुद्ध को यह अवस्था प्राप्त हुई थी। इसी को बोधिसत्त्व भी कहते हैं।

संवत्सरी = जैन धर्मियों के पर्युषणवपर्व या धर्मपर्व का अंतिम दिन। इस दिन प्रत्यक्ष या पत्रद्वारा क्षमायाचना होती है।

संवर = जैन मतानुसार संसार के कारण को आस्रव कहते हैं। आस्रवों का निरोध गुप्ति, समिति, धर्म, अनुप्रेक्षा, परीषहजय, तप और चारित्र्य जैसे उपायों से करना ही संवर कहा जाता है।

संस्कार दुःखता = हीनयानी बौद्ध मतानुसार उत्पत्ति विनाशशाली जगत् के पदार्थों से उत्पन्न होने वाले क्लेश।

संस्कार स्कन्ध = बौद्धों के पंचस्कन्धों में से चतुर्थ स्कन्ध। इसमें रागद्वेषादि क्लेश, मत- मान आदि उपक्लेश तथा धर्म, अधर्म का अन्तर्भाव होता है।

सर्वास्तिवाद = बुद्धकालीन एक बौद्ध संप्रदाय। यह महीशासक नामक स्थविरवाद की एक शाखा थी। सर्वास्तिवादी सभी पदार्थों की सत्ता (अस्तित्व) मानते हैं।

सर्वास्तिवाद के चार नय = (१) भावान्ययिक, (२) लक्षणान्ययिक, (३) अवस्थान्ययिक, (४) अन्यथान्ययिक।

सर्वार्थसिद्धिव्रत = शुक्ल पक्ष की अष्टमी से पौर्णिमा तक उपोषण का एक जैन व्रत।

सल्लेखना = देहत्याग के उद्देश्य से अनशन करना। इसी को प्रयोपवेशन कहते हैं।

सल्लेखनाव्रत = साधक नामक उत्तम श्रावक अवस्था में अन्नत्याग पूर्वक जप करते हुए देहत्याग करना। इसी को समाधिमरण कहते हैं।

सलोक पुरुष = जैनों के पूज्य ६३ शलाकापुरुषों की अपर संज्ञा।

सहजयान = एक बौद्ध संप्रदाय। इस मत में 'सहज' शब्द का प्रयोग आत्मा, परमतत्त्व, इन्द्रियों की प्रवृत्तियाँ इत्यादि अर्थों में होता हैं।

साधुमती = बुद्धत्व प्राप्ति की दशभूमियों में से नौवीं भूमि की संज्ञा। इस भूमि में साधक शब्दार्थविवेचन, धर्माधर्म विवेचन, व्याकरणात्मक विश्लेषण और शीघ्रप्रतिपादन का अभ्यास करता है।

सामायिक = जैनों का एक शिक्षाव्रत। दिन में तीन समय एकत्रित बैठकर तीर्थंकरों के गुणगान करना।

सांवृतिक सत्य = (संवृत्ति = अविद्या) जो सत्य तत्त्व

को आच्छादित करता है। (१) अविद्या या मोह के द्वारा उत्पादित काल्पनिक सत्य। (इसी को वेदान्त में 'व्यावहारिक सत्य' कहा है।) (बौद्ध मत)। दो प्रकार- **लोक संवृति** और **अलोक संवृति।**

सिद्धचक्र = जैनों का एक उपास्य प्रतीक। अष्टकोणी थाली पर पंचपरमेष्ठी (साधु, उपाध्याय, आचार्य, सिद्ध और अर्हत्) की प्रतिमाएँ तथा त्रिरत्न (सम्यक् ज्ञान, दर्शन, चारित्र्य) का उल्लेखन यही इसका स्वरूप होता है।

सुखकारक व्रत = एक जैन व्रत। किसी भी मास की प्रतिपदा से साढ़ेचार मास तक क्रमशः उपोषण और पारणा का व्रत।

सुगंधदशमी = एक जैन व्रत। इसमें प्रत्येक भाद्रपद शुद्ध दशमी को उपवास होता है। व्रतावधि - दस वर्ष।

सुत्तपिटक = बुद्धशिष्य आनंद द्वारा राजगृह की संगीति में किया गया भगवान् बुद्ध के वचनों का संचय।

सुदर्शन व्रत = एक जैन व्रत। इसमें २४ उपवास और २४ पारणाएँ होतीं हैं।

सुदुर्जया = बुद्धत्व प्राप्ति की दशभूमियों में से पंचम भूमि की संज्ञा। चित्त में समता, विशुद्धता, दया, उदात्तता आदि भाव उत्पन्न होने पर साधक बोधिसत्त्व उपदेशक बनता है और वह ध्यानपारमिता का अभ्यास करता है।

सेनगण = जैन भट्टारकों का (आचार्य तथा पुरोहितों का) एक गण।

सौत्रांतिक = बुद्धोपदिष्ट मूल ग्रंथों को सूत्र कहते हैं। सूत्रों का प्रमाण्य मानने वाले बौद्धों की संज्ञा सौत्रांतिक हैं। सूत्रों के भाष्यों को 'विभाषा' कहते हैं। विभाषाओं को प्रमाण मानने वाले बौद्धों की संज्ञा है **वैभाषिक'**।

स्तूप = भगवान बुद्ध के शरीर के दांत, अस्थि आदि अवशेषों पर निर्मित अण्डाकार बौद्धशिल्प। बौद्ध लोग स्तूप की पूजा करते हैं। स्तूप पर बौद्धमूर्तियाँ होती हैं।

स्थविर कल्प = एक प्राचीन जैन संप्रदाय की संज्ञा। श्वेताम्बर संप्रदाय की पूर्वसंज्ञा।

स्थविरवाद (थेरवाद) = एक अपरिवर्तनवादी बौद्ध संप्रदाय। उपपंथ - महीशासक, सर्वास्तिवादी, काश्यपीय, सांक्रान्तिक, सौत्रान्तिक, धर्मगुप्तिक इत्यादि (इन्हें **'निकाय'** कहते हैं।)

स्थविरवादी (थेरवादी) = भगवान् बुद्ध के आदेशों का निरपवाद पालन करने वाले बौद्ध संप्रदाय की संज्ञा। स्थविरवादी बौद्धों ने ही भगवान बुद्ध के पश्चात् प्रायः एक शताब्दि के बाद बुद्धवचनों का ग्रंथरूप में संकलन किया था।

स्थानकवासी = श्वेताम्बर जैन संप्रदाय का एक मूर्तिपूजाविरोधी उपपंथ।

स्मृत्युपस्थान (पाली में सतिपट्ठान) = बुद्धमतानुसार निर्वाणप्राप्ति का सर्वश्रेष्ठ उपाय। चार प्रकार - (१) काय स्मृत्युपस्थान (शरीर की अन्तर्बाह्य क्रियाओं पर चित्त की एकाग्रता करना। (२) वेदना-स्मृत्युपस्थान (सुख, दुःख आदि आंतरिक वेदनाओं पर चित्त को एकाग्र करना। (३) चित्त-स्मृत्युपस्थान (राग, द्वेष विरहित चित्त पर एकाग्रता से ध्यान देना), (४) धम्म-स्मृत्युपस्थान- शरीरस्कन्धों के उत्पत्ति विनाश की ओर ध्यान देना।

स्वर्ग (१२ प्रकार) = सौधर्म, ईशान, सानतकुमार, माहेन्द्र, ब्रह्मलोक, लांतक, महाशुक्र, सहस्रार, आनत, प्राणत, आरण और अच्युत। (जैनमत)

हीनयान = स्थविरवादी तथा सर्वास्तिवादी बौद्ध सम्प्रदायों की संज्ञा। सर्वास्तिवाद से सौत्रान्तिक और वैभाषिक नामक दो उपसंप्रदाय निर्माण हुए।

★★★

(वर्ग - ६) – संकीर्ण साम्प्रदायिक परिभाषा

अक्षयवट = तीर्थराज प्रयाग में गंगायमुना संगम पर स्थित एक प्राचीनतम वटवृक्ष का नाम। गयाक्षेत्र में भी अक्षयवट प्रसिद्ध है।

अक्षरमातृका = भारतीय वर्णमाला के ५२ अक्षरों की संज्ञा

अंगारकी = मंगलवार तथा संकष्टी चतुर्थी का योग। यह दिन गणेश की उपासना के लिये उत्तम माना जाता है।

अतिवाहिक देवता = देहत्याग के बाद आत्मा को ऊर्ध्व लोक में जाने में सहाय करनेवाला देवताओं का गण।

अनन्त = बारह चक्रचिह्न वाला शालिग्राम पाषाण।

अनुग्रह = वल्लभाचार्य के पुष्टिमार्ग में परमात्मा के अनुग्रह (कृपा) को ही 'पुष्टि' कहा है। अनन्य भक्ति से भक्तों को परमात्मा का अनुग्रह या प्रसाद प्राप्त होता है। यह भक्ति मार्गियों की प्रमुख धारणा है।

अनुपातक = पंचमहापातकों के समान, गोवध, परदारागमन, व्रात्यता, व्रतलोप, संन्यासोत्तर गृहस्थता, अमंगलवस्तुस्पर्श, निकृष्ट से दानग्रहण, धर्मभ्रष्टता इत्यादि। (मनुस्मृति- ११/५५,-५८) इनका प्रक्षालन, दुष्कर प्रायश्चित्तों से होता है। (आप. धर्मसूत्र १, ९, २६, ८-९)

अपस्मार = दुष्ट पिशाचों का एक समुदाय (भागवत पुराण १०-६-६८)

अभयहस्त (या वरदहस्त) = एक शुभ चिह्न। हाथ के पंजे पर लगाये गये कुंकुम का ठप्पा।

अमृतप्राशन = सिक्खों के निर्मल संप्रदाय की दीक्षा में लोहपात्र में सिद्ध किया हुआ शर्करायुक्त पवित्र जल प्राशन करने की विधि।

अरण्य = पशुओं के संचार का स्थान। (प्रायः जंगल)। पुराण प्रसिद्ध ९ अरण्य = दण्डकारण्य, सैंधवारण्य, पुष्करारण्य, कुरु-जांगल, उत्पलावर्तकारण्य, जम्बूमार्ग, हिमवदरण्य, अर्बुदारण्य।

अरिष्ट (रिष्ट) = भावी मृत्यु के सूचक लक्षण। उदा. कौआ या गिद्ध का मस्तक पर बैठना, बादल बिना बिजली दिखना, दर्पण में प्रतिबिंब न दिखना इ.।

अश्रुमुख पितर = देखिये नान्दीमुख।

अष्ट अप्सरा (या देवांगना) = ऊर्वशी, मेनका, रंभा, घृताची, तिलोत्तमा, भित्रकेशी, स्वयंप्रभा, पूर्वचित्ती।

अष्ट दिग्गज = पुराणों के अनुसार पृथ्वी का रक्षण तथा धारण करने वाले आठ दिव्य हाथी – ऐरावत, पुण्डरीक, वामन, कुमुद, अंजन, पुष्पदन्त, सार्वभौम, सुप्रतीक।

अष्ट दिव्ययोनियां = विद्याधर, अप्सरा, यक्ष, राक्षस, गंधर्व, किन्नर, पिशाच, गुह्यक, और सिद्ध (अमर कोश)

अष्टनाग = पुराणों के अनुसार – अनंत, वासुकी, तक्षक, कर्कोटक, शंख, कुलिक, पद्म और महापद्म।

अष्ट नायिकाएं = भागवत के अनुसार भगवान् श्रीकृष्ण की आठ प्रमुख रानियाँ – रुक्मिणी, सत्यभामा, सत्या, लक्ष्मणा, जांबवती, कालिंदी, मित्रा और मित्रविन्दा

अष्टनिधि = पुराणोक्त संपत्ति के आठ प्रकार – पद्म, महापद्म, मकर, कच्छव, मुकुंद, नंद, नील, शंख

अष्टमंगल (या मंगलाष्टक) = ब्राह्मण, गाय, अग्नि, सुवर्ण, घृत, सूर्य, जल, और राजा। अथवा सिंह, वृषभ, हाथी, पूर्णकुंभ, पंखा, माला, भेरी और दीप। इन अष्ट-मंगलों का दर्शन शुभकारक माना जाता है।

अष्टमंगलक माला = मीनमिथुन, देवविमानगृह, श्रीवत्स, वर्धमान, त्रिरत्न, पुष्पदाम, इन्द्रयष्टि (या वैजयंती) और पूर्णकलश इन आठ मंगल चिन्हों से युक्त माला शुभकारक मानी गई है। दिग्विजय की यात्रा में विजिगीषु राजा इसे धारण करते थे।

अष्ट मर्यादागिरि = पुराणों के अनुसार हिमालय, हेमकूट, निषध, गंधमादन, नील, श्वेत, शृंगवान् और मौल्यवान् नामक पर्वतों को मर्यादागिरि कहते हैं। इन्हीसे जम्बूद्वीप का नौ वर्षों (विभागों) में विभाजन होता है, जिनमें भारतवर्ष एक है।

अष्टांग (साष्टांग) प्रणाम = घुटने, पांव, हाथ, हृदय, सिर, दृष्टि, मन-बुद्धि और वाणी इन आठ अंगों सहित प्रणाम (अथवा घुटने, पांव, हाथ (६) हृदय और सिर इन आठ अंगो से भूमिस्पर्श करते हुए प्रणाम)

अष्टायुध = इन्द्रादि अष्टदिक्पालों के आयुध – वज्र, शक्ति, दण्ड, खड्ग, पाश, पताका, गदा, शूल।

असिपत्रवन = २८ नरकों में एक, जिसमें सर्वत्र असिपत्र (तलवार) होते हैं। (भागवत पुराण- ५.२६.१५)

असुर = शतपथ ब्राह्मण के अनुसार प्रजापति के ज्येष्ठ पुत्र। देवों के नित्यशत्रु। पुराणों के अनुसार शिवभक्त।

आचारसप्तक = (तांत्रिक मतानुसार) – वेदाचार, वैष्णवाचार, शैवाचार दक्षिणाचार, वामाचार, सिद्धांताचार और कौलाचार (तंत्रशास्त्र कौलाचार को सर्वश्रेष्ठ मानता है। कौलाचारी साधक सभी बंधनों से अतीत सर्वत्र समबुद्धि रखने वाला होता है।)

आचार्य चतुष्टय (वैष्णवों का) = विष्णुस्वामी, निंबार्क, मध्वाचार्य, और रामानुजाचार्य।

आजीवकवृत्ति = उपजीविका के लिए भविष्य कथन करने का धंधा। बुद्ध काल में आजीवक नामक एक धर्मसंप्रदाय था। मंखली गोशाल आजीवक संप्रदाय के संस्थापक माने जाते हैं।

आदिग्रंथ = सिक्ख संप्रदाय के पवित्र ग्रंथ का प्रथम भाग (गुरु अर्जुन सिंह द्वारा संकलित) की संज्ञा। इसीको गुरुग्रंथ या गुरुबानी कहते हैं।

ईशान = आगमान्त शैवसंप्रदाय की उपास्य सदाशिव मूर्ति के पांच मुखों में से एक।

उत्सन्न श्रुतिवाद = जब समाज में रूढ किसी धर्म विधि को वेदवचन का आधार नहीं मिलता तब नष्ट वेदांश में उसके अस्तित्व की कल्पना करना।

उद्‌वज्र = मंत्रयुक्त जल, जिसका प्रयोग मांत्रिक लोक शत्रुनाश के लिये करते थे।

एकायन = एक प्राचीन वैष्णव संप्रदाय। श्रीमद्भागवत में इसे भगवत्प्रपन्न एकात्मिक कहा है। (अपर संज्ञा - चौक्ष इसी से "चौखल्लिया" नाम उत्पन्न हुआ)

कपाल = (१) एक यज्ञोपयोगी मृत्तिकापात्र (२) तंत्रसाधना में उपयोगी मनुष्य की खोपड़ी का अस्थिमय पात्र। दो प्रकार, असृक्ककपाल और मांसकपाल।

काकशिला = गयाक्षेत्र की एक शिला। इस पर तीर्थयात्री काकबलि का पिंड समर्पण करते हैं।

कात्यायनी = सभी देवताओं के सामूहिक तेज में कात्यायन ऋषि का तेज मिश्रित होने पर उत्पन्न हुई एक देवी। इसे दुर्गा भगवती का एक स्वरूप माना गया है।

कामकोटिपीठ = आद्य शंकराचार्य द्वारा कांचीवरम् में स्थापित आश्रम की संज्ञा।

कार्पटी वेष = ताम्रमुद्रा, ताम्र कंकण, और काषाय वस्त्र। तीर्थयात्रा में कार्पटी वेष उचित माना गया है।

कालाग्नि = पंचमुखी रुद्राक्ष की संज्ञा (इस रुद्राक्ष में सर्वपापों का दहन करने की शक्ति मानी गई है।)

कालीकुल = तांत्रिक साधकों का एक वर्ग। इसमें जिन आठ वर्गों की गणना होती है वे हैं - काली, तारा, रक्तकाली, भुवनेश्वरी, महिषमर्दिनी, त्रिपुरा, दुर्गा और प्रत्यंगिरा।

किन्नर = (१) पुराणानुसार अश्वमुखी नरदेही देवयोनि। (२) बौद्धमतानुसार मानवमुखी पक्षी। (३) हिमालय में तिब्बत के पड़ोसी प्रदेश का निवासी एक समाज। इस समाज में अनेक भाइयों की एक ही पत्नी होती है।

कृतघ्न = उपकारी के उपकार को न मानने वाला या उस पर अपकार करने वाला। इस के आठ प्रकार कहे हैं।

कृत्या = एक आसुरी देवता, धनुष्कोटी तीर्थ (रामेश्वर) में इसे वालुकापिण्ड का दान करते हैं। इस पिण्डदान से पिशाच बाधा का उपद्रव शांत होता है।

कौस्तुभ = समुद्रमंथन में निकले हुए चौदह रत्नों में से एक। यह विष्णु-भगवान् का हृदयभूषण है।

क्षणिक लिंग = उपासना के लिए निर्मित मृण्मय शिवलिंग। पूजा होने पर इसका विसर्जन होता है।

क्षेत्रत्रय = (१) अवतारों की जन्मभूमि (२) संतों की मृत्युभूमि और (३) वीरों की कर्मभूमि।

क्षेत्र पंचक = नासिक, प्रयाग, पुष्कर, नैमिषारण्य, और गया।

क्षेत्रपाल = शैव-तांत्रिक पूजा में अग्रपूज्य देवता। यह एक लोकदेवता है।

कुंकुमपत्रिका = विवाह की निमंत्रण पत्रिका। इस पत्रिका पर कुंकुम छिडका जाता है।

कुरव = अप्सराओं के १४ गणों में से एक।

कूर्मचक्र = वराहमिहिर तथा पराशर के मतानुसार भारतवर्ष की संज्ञा।

खट्वांग = भगवान् शिव का एक आयुध। खट्वा (खटिया) के एक पैर पर नरमुण्ड ऐसा इसका स्वरूप होता है।

गीतपंचक (श्रीमद्भागवत में) = वेणुगीत, गोपीगीत, युगलगीत, भ्रमरगीत और महिषीगीत।

गुरुग्रंथ = सिक्ख संप्रदाय का प्रमाणग्रंथ। सात अध्यायों में इसका वर्गीकरण किया है। अपर नाम **आदिग्रंथ।**

गुरुत्रय = माता, पिता और आचार्य

गुरुद्वय = विद्यागुरु और मोक्षगुरु

गुरुमतदर्शन = सिक्खों का अध्यात्मवाद। नीति और भक्तियुक्त सदाचार ही इसका स्वरूप है।

गोभूमि = भारत की पुराणोक्त संज्ञा। (मेरु पर्वत से उत्पन्न चार प्रवाहों में से दक्षिण दिशा में जाने वाला प्रवाह गोमुख से आता है। अतः यह संज्ञा दी गई है।

गोरोचन = गोमूत्र या गाय के वमन से निर्मित पीले रंग का द्रव्य। मांत्रिक प्रयोग में इसका उपयोग प्रशस्त माना जाता है।

गोवर्धन मठ = जगन्नाथपुरी के शांकर मठ की संज्ञा।

चललिंग = शैव उपासना के उपास्य शिवलिंग। छह प्रकार - मृण्मय, लोहज, (धातुनिर्मित) रत्नज, दारुज (काष्ठनिर्मित); शैलज और क्षणिक

चतुःश्लोकी भागवत = श्रीमद् भागवत पुराण के द्वितीय स्कन्ध में ९ वें अध्याय के ३२ से ३५ तक चार श्लोक। इनमें भागवत पुराण या भागवत धर्म का सार सर्वस्व संगृहीत हुआ है।

चतुश्लोकी भागवत =

अहमेवासमेवाग्रे नान्यद् यत् सदसत् परम्।
पश्चादहं तदेतच्च योऽवशिष्येत सोऽस्म्यहम्।।३२।।
ऋतेऽर्थं यत् प्रतीयेत न प्रतीयेत चात्मनि।
तद् विद्यादात्मनो मायां यथा भासो यथा तमः ।।३३।।
यथा महान्ति भूतानि भूतेषूच्चावचेष्वनु।
प्रविष्टान्यप्रविष्टानि तथा तेषु न तेष्वहम् ।।३४।।
एतावदेव जिज्ञास्यं तत्त्वजिज्ञासुनात्मनः।
अन्वयव्यतिरेकाभ्यां यत् स्यात् सर्वत्र सर्वदा ।।३५।।

चंद्रचूड = शैव संप्रदाय के अष्ट भैरवों में एक

जगन्नाथ की १२ यात्राएँ = चैत्र से फाल्गुन मास तक अनुक्रम से मदनभंजिका, चान्दनी, स्नापनी, रथ, शयनी, दक्षिणपार्श्वीय, वामपार्श्विक, उत्थानी, छादनी, पुष्याभिषेक, राज्योदनी, दोल.

जंबुद्वीप = पुराणों के अनुसार पृथ्वी का एक विस्तीर्ण भूखंड। भारत आदि नौ खंड (देश) इसमें अन्तर्भूत होते हैं।

जभंकविद्या = इंद्रजाल, जादुगरी

जयदेवसेवा = पुरी के जगन्नाथ मंदिर में जयदेवकृत गीतगोविंद काव्य की अष्टपदी का गायन करने की सेवा।

ज्येष्ठा गौरी = भाद्रपद में पूजा के निमित्त नदी से लाये हुए पाषाणों की संज्ञा। यह संज्ञा कोंकण विभाग में प्रचलित है।

ज्योतिर्मठ = श्री शंकराचार्यद्वारा स्थापित उत्तर भारत का शांकर मठ। इसका केंद्रस्थान बदरिकाश्रम में है।

तमिळवेद = नाथमुनि नामक वैष्णव आचार्य द्वारा संगृहीत १२ आलवार संतों के भक्तिरसपूर्ण चार हजार पद्यों का संग्रह। इसे "**नालायिर** (चार हजार) या **प्रबंधम्** कहते हैं। भारत के समस्त भक्तिसाहित्य का यह मूलस्रोत माना जाता है।

तंत्र = दो प्रकार (१) वैदिक और (२) अवैदिक (अप्पय्य दीक्षित का मत)

तपोलोक = सप्त स्वर्गों में से छठा स्वर्ग।

तत्पुरुष = आगमान्त शैव संप्रदाय की उपास्य सदाशिवमूर्ति के पांच मुखों में से एक।

तत्त्वदीक्षा = आगमोक्त १२ दीक्षाओं में से एक। इसके एकतत्त्व, त्रितत्त्व, पंचतत्त्व, नवतत्त्व, अष्टादशतत्त्व, षट्त्रिंशत्तत्त्व आदि भेद माने जाते हैं।

तारक मंत्र = (१) ॐ रामाय नमः। (२) ॐ श्रीराम राम राम (३) ॐ नमो नारायणाय'। इन मन्त्रों की संज्ञा।

तांत्रिक आचार = दो प्रकार (१) दक्षिणाचार और (२) वामाचार। वामाचार में पंच मकारों (मद्य, मांस आदि) का प्रत्यक्ष सेवन और शक्ति देवता की उपाना होती है। दक्षिणाचार में शैव उपासना और पंच मकारों का प्रतीकात्मक सेवन होता है।

तांत्रिक दीक्षा अभिषेक के आठ प्रकार = शाक्ताभिषेक, पूर्णाभिषेक, क्रमदीक्षाभिषेक, साम्राज्याभिषेक, महासाम्राज्याभिषेक, योगदीक्षाभिषेक, पूर्णदीक्षाभिषेक और महापूर्णदीक्षाभिषेक। दीक्षाविधि के बाद ये अभिषेक अनुक्रम से होते हैं।

तांत्रिक विधि – (छह प्रकार) = शांतिक, पौष्टिक, वश्य, आकर्षण, उच्चाटन, मारण, (प्रत्येक विधि के देवता का रंग पृथक् माना जाता है।)

तिरस्कारिणी विद्या = कृष्णाकाली देवी की अपरसंज्ञा

तीर्थ = 'तत्वमसि' इस महावाक्यार्थ का निदिध्यासन करनेवाला संन्यासी। दसनामी संन्यासियों का एक प्रकार (मठाम्नाय)

तीर्थ के प्रकार = दैव, ब्राह्म, पैत्र्य, आसुर, आर्ष, जंगम, (तपस्वी ब्राह्मण); स्थावर (नदी, पर्वत, अरण्य आदि) मानस (क्षमा, दया, सत्य आदि आध्यात्मिक गुण), धर्मतीर्थ, अर्थतीर्थ, कामतीर्थ, मोक्षतीर्थ (देखिये महापुरी)।'

तुलापुरुषदान = १६ महादानों में एक। इसमें पुरुष की तुला जिस धातु या द्रव्य से होती है उस का संपूर्णतया दान होता है।

तुषित = तोष, प्रतोष, संतोष, भद्र, शान्ति, इडस्पति, दूध्म, कवि, विभु, स्वहन, सुदेव, और रोचन, नामक १२ देवों का गण।

तृचाकल्प नमस्कार = १२ सूर्यनमस्कारों की एक पद्धति। इसमें बीज, मंत्र, मंत्र, का एक चरण और एक सूर्यनाम का उच्चारण होता है। १२ नमस्कारों का तीन चार आवर्तन करने पर "तृचा कल्प' होता है।

तेजोलिंग = अरुणाचलम् का शिवलिंग

तेदंडिक = (त्रिदण्डी) ब्राह्मण यतियों का एक प्रकार। (बौद्ध ग्रंथों में उल्लिखित)

त्रिकूट = त्रिपुर सुंदरी श्रीविद्यामंत्र नामक श्रेष्ठमंत्र के तीन बीजों की संज्ञा। तीन बीज = वाग्बीज, कामबीज, और शक्तिबीज।

त्रिदण्डी = वाग्दण्ड, कर्मदण्ड और मनोदण्ड तीन प्रकार के तप या संयम करने वाला संन्यासी

त्रिमूर्ति = ब्रह्मा, विष्णु और महेश इन तीन देवों की एकत्र मूर्ति। तीन मुख और छह भुजाएँ इसकी विशेषता होती है। महाराष्ट्र में श्री दत्तात्रेय की मूर्ति इस प्रकार की होती है। (२) मंजुश्री अवलोकितेश्वर और वज्रपाणि बौद्ध सम्प्रदाय में त्रिमूर्ति मानी जाती है।

त्रिविध कर्म (भागवतानुसार) = वैदिक (वेदोक्त), तांत्रिक (तंत्रशास्त्रोक्त) और वैदिक तांत्रिक (भाग ११.२७.७)

त्रिष्टुभ् = ११ अक्षरों के चार पाद वाला एक वैदिक छंद। (ऋग्वेद की सबसे अधिक ४२५३) ऋचाएं इसी छंद में हैं। इंद्र और मरुत् देवों के सूक्त प्रायः त्रिष्टुभ् छंद में मिलते हैं।

त्रिस्थली = प्रयाग, काशी, और गया इन तीन पवित्र तीर्थक्षेत्रों की संज्ञा।

दक्षिणाचार = "शिवो भूत्वा शिवं यजेत्" इस सिद्धान्त का प्रतिपादक एक तांत्रिक आचार मार्ग। इसमें शिव की उपासना और मद्यमांसादि पंच मकारों का प्रतीकात्मक सेवन उचित माना है।

दक्षिणामूर्ति = अद्वैत सिद्धान्त का प्रतिपादन करने वाला भगवान् शिव का एक स्वरूप। चार प्रकार – वीणाधरमूर्ति, योगमूर्ति, ज्ञानमूर्ति और व्याख्यानमूर्ति।

दधिवामन = विष्णुमूर्ति का एक प्रकार। इसके दाहिने हाथ में अमृतकलश और बाएँ हाथ में दहीभात होता है।

दर्भपवित्रक = दर्भों की बनाई हुई अंगूठी। यह स्नान, दान, जप, यज्ञ, स्वाध्याय, और नित्यकर्म करते समय आवश्यक माना गया है।

दासकूट = कर्नाटक के दो वैष्णव भक्त संघों में से एक की संज्ञा। दूसरे भक्तसंघ को व्यासकूट कहते हैं।

दारविहारी = सिद्ध तापसों के दो प्रकारों में से एक। गृहस्थ जीवन व्यतीत करने वाले तपस्वी।

दीक्षागुरु = परम्पराप्राप्त मंत्र की दीक्षा शिष्यों के देने वाले सद्गुरु।

दीक्षात्रय = (शिवागम के अनुसार) वेधादीक्षा, क्रियादीक्षा, और मंत्रदीक्षा।

दीक्षागम = २८ आगमों में से एक शैवागम।

दुर्गासप्तशती = मार्कण्डेय पुराण के अध्याय ८१ से ९२ तक विभाग में वर्णित देवीमाहात्म्य की संज्ञा।

दुर्दशा देवी के दस रूप = दुर्मुखी, दीनवन्दना, मलिना, सत्यनाशिनी, बुद्धिनाशिनी, हिंसा, दुष्टा, मित्रविरोधिनी, उच्चाटनकारिणी, और दुश्चित्तप्रदा। देखिये वशादित्य व्रत।

देवता = प्रकार – इष्टदेवता, कुलदेवता, ग्रामदेवता, वास्तुदेवता।

देवता = (३३ कोटी = प्रकार) = ८ वसु, १२ आदित्य, ११ रुद्र; इन्द्र और प्रजापति।

देवतापंचक = अग्नि, वायु, सूर्य, चंद्र और नक्षत्र। (तैत्तिरीय उप.)

देवतापंचक = सूर्य, देवी, विष्णु, गणेश, और शिव। इन्ही देवताओं का 'पंचायतन' होता है।

देवधामिक = ब्राह्मण यतियों का एक प्रकार। (बौद्ध ग्रंथों में उल्लिखित)

देवपर्व = तांत्रिक पद्धति की पूजा के लिए अनुकूल विशिष्ट तिथियों की संज्ञा। प्रत्येक मास में एक 'देव पर्व' होता है। – चैत्र शुद्ध १४, वैशाख शु. ३ (अक्षय तृतीया), ज्येष्ठ वद्य १४, आषाढ वद्य ९, श्रावण वद्य ५, भाद्रपद शु.६, आश्विन व. ५, कार्तिक शु. ९, मार्गशीर्ष पौर्णिमा, पौष, व. १४, माघ शु. ४ और फाल्गुन व ९। तांत्रिक साधक इन देवपर्वो में मध्यरात्रि के समय पंच मकारों से देवी की पूजा करते हैं।

देवपादप (पाँच) = मंदार, पारिजातक, संतान, हरिचन्दन और कल्पवृक्ष। (पादप = वृक्ष)

देवप्रयाग = भागीरथी और अलकनंदा का संगम क्षेत्र। पंच प्रयागों में से एक।

देवयु = देवताओं को प्राप्त करने की कामना करने वाले देवभक्त लोग

देवयोनि = (देवाः योनिः उत्पत्तिस्थानं येषां ते देवयोनयः)। विद्याधर, अप्सरा, यक्ष, राक्षस, गन्धर्व, किन्नर, पिशाच, गुह्यक, सिद्ध, तथा सर्प इन की गणना देवयोनि जीवों में होती है।

देवर्षि = नारद, अत्रि, मरीचि, भरद्वाज, पुलस्त्य, पुलह, क्रतु, भृगु, वसिष्ठ, प्रचेता, और शिव।

देवहूति विद्या = देवताओं से प्रत्यक्ष प्रत्यक्ष संपर्क स्थापन करने की एक मंत्रविद्या। कुन्ती को इस विद्या का ज्ञान दुर्वासा ऋषि द्वारा प्राप्त होने का उल्लेख है।

देवीविग्रह १२ स्थानों में प्रसिद्ध = कामाक्षी (कांचीपुर में); भ्रामरी (मलयगिरि में) कन्याकुमारी (केरल में), अंबा (आनर्त अर्थात् गुजरात में) महालक्ष्मी (करवीर या कोल्हापुर में), कालिका (उज्जयिनी में); ललिता (प्रयाग में), विन्ध्यवासिनी (विन्ध्याद्रि में), विशालाक्षी (वाराणसी में), मंगलावती (गया में), सुंदरी (बंगाल में), गुह्यकेश्वरी (नेपाल में)

देवीसूक्त = दुर्गासप्तशतरी ग्रंथ के पांचवें अध्याय में ८ से २२ (पंद्रह श्लोकों की संज्ञा)।

दैवकर्म = छह प्रकार = व्रत, दान, नक्त, एकभुक्त, अयाचित और उपवास।

द्वादशाक्षर मंत्र = "ॐ नमो भगवते वासुदेवाय" इस वैष्णव मंत्र की संज्ञा।

धनतारा = एक बौद्ध देवता। तिब्बत और चीन में इस की उपासना होती थी।

धर्म (दो प्रकार) = प्रवृत्तिपर और निवृत्तिपर

धर्म के प्रकार = (मनु के अनुसार) – जातिधर्म, जानपदधर्म, श्रेणीधर्म, और कुलधर्म। (मनुस्मृति ८-४१)। इनके अतिरिक्त वर्णधर्म और आश्रमधर्म होते हैं।

धातुवादी गुरु = शिष्यद्वारा विविध साधना करवाने पर अनुग्रह करने वाले सद्‌गुरु।

धामचतुष्टय = (१) बदरीकेदार, रामेश्वर, द्वारका और जगन्नाथपुरी। (२) हिमालय में गंगोत्री, जम्नोत्री, बदरी और केदार।

धूमावती = एक भीषण, कुरूप, विधवा, स्वरूप तांत्रिक देवता, इसका वाहन कौवा और स्थान श्मशान है। शाक्त सिद्धान्तानुसार महाशक्ति का वृद्ध रूप। यह देवता नर्तकी एवं नृत्यनाट्यादि में आनंद मानने वाली है।

ध्यानबदरी = हिमालय में पंचबदरियों में से एक तीर्थस्थान।

ध्वज = पुराणों में प्रत्येक देवता के पृथक् ध्वज कहे हैं। जैसे – शंकर- **वृषध्वज** विष्णु –**गरुडध्वज** दुर्गा –**सिंहध्वज** गणेश – **मूषकध्वज** (या कुंभध्वज)। स्कंद – **मयूरध्वज**। मदन – **मकरध्वज**। बलराम – **तालध्वज**। अनिरुद्ध – **हरिणध्वज**।

ध्रुवप्रिय = ध्रुवबालक की तपस्या से प्रसन्न होकर उसे वरदान देनेवाले विष्णु का एक अवतार

नमस्कार (दो प्रकार) = भावनमस्कार और द्रव्य नमस्कार। अथवा व्यवहार नमस्कार और निश्चय नमस्कार (रत्नकरंडक)

नवखंड = पुराणोक्त भारतवर्ष के नौ विभाग

नवखंड नामावली = इन्द्रद्वीप, कसेरू, ताम्रपर्व, गभस्तिमान्, नागद्वीप, सौम्य, गन्धर्व, वारुण और कुमारीद्वीप। (मत्स्यपुराण-११४-७-८) (कुछ पुराणों में पंच खंड या सप्तखंड ही माने हैं।)

नवगंगा = गंगा, यमुना, सरस्वती, नर्मदा, गोदावरी, कावेरी, महानदी, पयोष्णी, और शरयू इन नौ नदियों की संज्ञा।

नवपत्रिका = कदली, दाडिमी, हरिद्रा, भात, कचू, बिल्ब, अशोक, मानक, और जयंती। इन ९ पत्रिकाओं को दुर्गा या मातृदेवता का प्रतीक माना जाता है। बंगाल के दुर्गोत्सव में इनकी पूजा होती है।

नवब्रह्म = देखिये मानसपुत्र।

नवाक्षरी मंत्र = 'ॐ दुर्गे दुर्गे रक्षिणि स्वाहा' नवचण्डीविधान में इस मंत्र का जप होता है।

नायन्मार = तामिलभाषा में इस शब्द का अर्थ है भगवद्भक्त। ज्ञानसंबंधपर, सुंदर, माणिक्यवाचकर आदि ६३ संतों का नायन्मारों में अन्तर्भाव होता है। ये शिवभक्ति का प्रचार करते रहे।

नारसिंह आगम = (सर्वोत्तर या सर्वोक्त) = २८ आगमों में से एक रौद्रिक आगम।

नारायणीय धर्म = महाभारत शांतिपर्व (अध्याय ३३४ से ३५१ तक) भीष्माचार्य द्वारा प्रतिपादित एक प्रवृत्ति लक्षणात्मक वैष्णव धर्म। वर्तमान वैष्णव संप्रदायों का यही मूल माना जाता है। इस मत में वासुदेव (परमात्मा), संकर्षण, (प्राणिमात्र), प्रद्युम्न (मन), और अनिरुद्ध (अहंकार) इस चतुर्व्यूह का सिध्दान्त 'प्रतिपादित हुआ है।

निगम = वेदों की अपर संज्ञा। (आगम – तंत्रों की अपर संज्ञा है।

नित्यकर्म = यावज्जीवन् अग्निहोत्रं जुहोति' इत्यादि वचनों द्वारा ज्ञात यज्ञादि वैदिक कर्म। दुरितनिवृत्ति इसका फल होता है।

नित्यविहार = निंबार्क के रसिक सम्प्रदाय में तथा राधावल्लभ संप्रदाय में कृष्ण-राधा की अखण्डित शृंगार लीला की संज्ञा।

निवीत = दोनो कंधों पर रखा हुआ यज्ञोपवीत (देखिये संवीत)

निश्वासागम् = २८ आगमों में से एक रौद्रिक आगम।

नैमित्तिक कर्म = नित्यकर्म का आचरण न होने पर प्रायश्चित्त के निमित्त कर्तव्य कर्म उदा. पथिकृतीष्टि (देखिये) । दुरित निवारण इस कर्म का फल होता है।

पंच उपासक = शैव, वैष्णव, सौर, शाक्त और गाणपत्य।

पंच काशी = वाराणसी, गुह्यकाशी, उत्तरकाशी, दक्षिणकाशी (तेन्काशी) और शिवकाशी

पंच केदार = केदारनाथ नामक ज्योतिर्लिंग के पांच अंग – बदरीकेदार, मध्यमहेश्वर, तुंगनाथ, रुद्रनाथ और कल्पेश्वर (केदारक्षेत्र की यात्रा में इन पांचों का दर्शन विहित है।

पंच देवता = विष्णु, सूर्य, शिव, देवी, और गणपति। पंचायतन पूजा में इन देवताओं का पंचायतन स्थापन किया जाता है। श्री शंकराचार्य पंचायत पूजा के प्रवर्तक माने जाते हैं।

पंच देवी = दुर्गा, पार्वती, सावित्री, सरस्वती और राधिका।

पंच पतिव्रता = सती, पार्वती, अरुंधती, अनसूया और शांडिली।

पंचपद गोपाल मंत्र = गोपाल पूर्वतापिनी उपनिषद् में कथित कृष्णोपासना का मंत्र – 'क्लीं कृष्णाय गोविंदाय गोपीजनवल्लभाय स्वाहा''।

पंचब्रह्म = देखिये पंचमुख (शिव के)

पंच मकार = शाक्त पंथीय वाममार्गी लोगों के सेवनीय पांच पदार्थ – मांस, मदिरा, मत्स्य, मैथुन और मद्य (इनमें 'म' वर्ण होने से 'मकार' शब्द का प्रयोग हुआ है।) इन पांच मकार युक्त शब्दों का अर्थ तांत्रिक संप्रदाय में (१) प्रत्यक्ष (अर्थात् लौकिक व्यवहार में रूढ) (२) अनुकल्प (अर्थात् रूढ अर्थ से भिन्न भौतिक पदार्थ) और (३) दिव्य (अर्थात् अध्यात्म परक माना जाता है।

पंच मकार = के अनुकल्पात्मक अर्थ – **मद्य** = नारियल का पानी **मांस** = लहसुन, अद्रक, तिल, नमक, गेहूं की कलम। **मत्स्य** = लाल मूली, बैंगन इ. **मुद्रा** = चावल, अक्षता। मैथुन = प्रेमभाव से पुष्प समर्पण।

पंच मकार के दिव्य अर्थ = **मद्य** = परमात्मा का दिव्य ज्ञान जिससे साधक को बाह्य जड जगत् का विस्मरण होता है। **मांस** = सभी पदार्थों का अंतरात्मा को समर्पण। **मत्स्य** = श्वास और प्रश्वास का नियंत्रण करना तथा उन्हें सुषुम्णा नाड़ी में प्रवाहित करना। **मुद्रा** = सत्संगानुकूल व्यवहार। **मैथुन** = कुण्डलिनी का उद्दीपन तथा सहस्रारपद्म (या चक्र) में शिवशक्ति का मिलन।

पंचमुद्रा = (जपविधि में आवश्यक) – कमलमुद्रा, कलश०, धेनु०, ज्ञान०, अंजलि०।

पंचमुद्रा = वीर शैव संप्रदाय की दीक्षा में आवश्यक पांच वस्तुएं – भिक्षापात्र, दण्डकाष्ठ, काषायकंथा, कमंडलु, और विभूति (भस्म)।

पंचमुख = (शिवभगवान के) = सद्योजात, वामदेव, अघोर, तत्पुरुष, और ईशान। इन्हीको शैवलोग 'पंचब्रह्म' कहते हैं।

पंचरत्न गीता = भगवद्गीता, विष्णुसहस्रनाम, भीष्मस्तवराज, अनुस्मृति और गजेन्द्रमोक्ष इन पांच ग्रंथों की संज्ञा।

पंचविनायक = मोद, प्रमोद, दुर्मुख, सुमुख, और गणनायक। (श्रीगणेशजी के पांच स्वरूप)

पंचाचार्य = (वैदिक धर्म के) = शंकराचार्य, रामानुजाचार्य, वल्लभाचार्य, मध्वाचार्य और निंबार्काचार्य।

पंचाचार्य (वीरशैव संप्रदाय में) = देवणाराध्य, मरुळाराध्य, एकोरामाराध्य, पंडिताराध्य, और विश्वेश्वराराध्य (या विश्वाराध्य)।

पंचाचार्य = रेणुकाचार्य, दारुक (मरुल) घंटाकर्ण (एकोराम), धेनुकर्ण (पंडिताराध्य) और विश्वकर्ण (विश्वाराध्य)। ये पांच वीरशैवाचार्य पंचब्रह्म के अवतार माने जाते हैं।

पंचाक्षरी मंत्र (शैवों का) = ओं नमः शिवाय। (वैष्णवों का = विष्णवे नमः।।)

पंचायतन = शिव, विष्णू, सूर्य, गणेश और देवी। इन पांच देवताओं में जिसकी प्रतिमा मध्यस्थान में होती है उस का वह पंचायतन होता है। इस प्रकार पांच पंचायतन होते हैं।

पंचारति (पंचार्तिक्य) = दीप, कमल, वस्त्र, आम्रफल और सुपारी इन पांचों को एकत्र रखकर पंचारति होती है।

पंचोपचार (पूजा के) = (१) गंध, पुष्प, धूप, दीप और नैवेद्य।। (२) ध्यान, आवाहन, नैवेद्य, नीराजना और नमस्कार।

पददीक्षा = आगमोक्त २२ दीक्षाओं में से एक।

पद्मिनी विद्या = मार्कण्डेय पुराणोक्त अष्टनिधियों की अधिष्ठात्री। एक देवता।

परमात्मा के षड्गुण = ज्ञान, शक्ति, ऐश्वर्य, बल, वीर्य और तेज (पांचरात्र मतानुसार)

परमेश्वरागम = २८ आगमों में से एक रौद्रिक आगम।

परा पूजा = पूजा के तीन प्रकारों में से सर्वोत्कृष्ट पूजा का प्रकार। इसमें जीवात्मा परमशिव या परमात्मतत्त्व से अभिन्नता का अनुभव पाता है। अन्य पूजा प्रकार – अपरापूजा और परापरा पूजा।

पर्वत = पर्वत में निवास करनेवाला दशनामी संन्यासी (मठाम्नाय,

पांचरात्र = वैष्णवागमों का एक भेद। यह वेदानुकूल है।

पांचरात्र = (रात्र = वैष्णव आगमानुसार ज्ञान)। वैष्णव आगमों की संज्ञा। परमात्मा, भुक्ति, मुक्ति, योग, और संसार इन पांच तत्त्वों का ज्ञान देने वाला दर्शन।

पात्राष्टक = गुरुपात्र, भोगपात्र, शक्तिपात्र, योगिनीपात्र, वीरपात्र, बलिपात्र, पाद्य और आचमनीय पात्र। तांत्रिक उपासना में श्रीपात्र के चारों ओर इन आठ पात्रों की स्थापना होती है।

पाशुपत = एक अघोरपंथी दाक्षिणात्य शैव संप्रदाय। अवैदिक शैवागम का एक भेद।

पुत्रक दीक्षा = तांत्रिकों की निर्वाण दीक्षा की अपर संज्ञा।

पुराण (पंचलक्षण) = सर्ग (सृष्टि की उत्पत्ति), प्रतिसर्ग (सृष्टिसंहार), वंश (या पुनरुत्पत्ति), मन्वन्तर कथा, और वंशानुचरित (सूर्य-चंद्र आदि वशों के महापुरुषों की कथाएँ। सभी पुराणों में ये विषय होते हैं।

पुराण प्रस्थानत्रयी = वाल्मीकि रामायण, महाभारत, और श्रीमद्भागवत

पुरी = तत्त्वज्ञान से परिपूर्ण तथा ब्रह्मरत दशनामी संन्यासी (मठाम्नाय)।

पुष्टि = (ईश्वर का अनुग्रह) = (चार प्रकार) = प्रवाहपुष्टि, मर्यादापुष्टि, पुष्टिपुष्टि और शुद्धिपुष्टि।

पूजा = तीन प्रकार – वैदिकी, तांत्रिकी और मिश्र (अर्थात् वैदिकी और तांत्रिकी का संयोग)

पूजा के पांच भेद = १) साधनाभाविनी (पूजा-द्रव्यों के अभाव में केवल जल से पूजा) (२) त्रासी = संकटमय अवस्था में संक्षेपतः पूजा। (३) दौर्बोधी = पूजाविधि के अज्ञान से की गई पूजा (४) सौतकी = जननाशौच में की गई मानस पूजा। आतुरी = रोगातुर अवस्था में केवल पुष्प से पूजा।

पूजा के पंचकर्म = अभिगमन, उपादान, योग, स्वाध्याय और इज्या।

(अभिगमन = देवगृह की स्वच्छता।, उपादान = पूजा साहित्य की सिद्धता।, योग = पूज्य देवता का अखंडित चिंतन।, स्वाध्याय = मंत्रजप, स्तोत्रपाठ। इज्या = षोडशोपचारयुक्त पूजा

पूतना = बालकों को उपद्रव देवे वाली उग्र तामसी देवता। बारह प्रकार – नन्दिनी, सुनन्दा, स्वग्रहा, मुण्डिका, मातृका, शकुनि, मुक्तकेशी, अर्थका, कुम्भिका, निरता, पिच्छिका, कामुका। १२ वर्ष की आयु तक आधिदैविक पीडा से मुक्त होने के लिए 'पूतनाशांति' नामक विधि होती है।

पूर्णावतार = परमात्मा का संपूर्ण १६ कलाओं सहित आविर्भाव। श्रीकृष्ण भगवान् पूर्णावतार माने जाते हैं। अन्य सभी अंशावतार हैं।

पूर्वकौल = एक तांत्रिक संप्रदाय। इसमें श्रीचक्र के अन्तर्गत त्रिकोण रूपी कुल की पूजा प्रधान उपासना है। दूसरा संप्रदाय उत्तर कौल कहलाता है जिसमें कुल शब्द का अर्थ स्त्री की योनि मान कर उसीकी पूजा होती है।

पृथ्वीलिंग = कांचीवरम् का शिवलिंग

प्रपत्ति = भगवान् को संपूर्ण शरणागति। यही भागवत धर्म का प्रधान सिद्धांत है।

प्राचीनावीत = पितृक्रिया में दक्षिण स्कंध पर रखा गया यज्ञोपवीत।

प्राणप्रतिष्ठा = उपास्य मूर्ति में प्राणतत्त्व की स्थापना का संकल्प करना। प्राणप्रतिष्ठा की विधि होने पर उपास्य मूर्ति चैतन्यमयी देवतास्वरूप होती है।

बलातिबला = बला + अतिबला) रामायण के अनुसार विश्वमित्र द्वारा रामलक्ष्मणों को दी गई दो रणविद्याओं की संज्ञा।

बलिदशक = तांत्रिक उपासना में बलि देने योग्य माने गये दस पशु – मृग, छाग (बकरा), मेष, भैसा, सूअर, शशक (खरगोश), शल्लक (साही), गोधा (घड़ियाल), कूर्म (कछुवा), और खड्ग (गेंडा)।

बहिरंग उपासना (चार प्रकार) = **संपत्** (उपास्य में अनंत गुणों की भावना); **आरोप** (उपास्य की प्रतिमा में देवत्व का अध्यारोप); **संवर्ग** (अनेक देवताओं में एकत्व की भावना); **अध्यास** (शालिग्रामादि प्रतीक में देवत्व देखना)। (शिवगीता १२-१०-१६)

बाणलिंग = (या चल पाषाणलिंग) = शिवमंदिर में स्थापित शिवलिंग। यह भूमि में स्थापित नहीं होता।

बीजमंत्र = दीक्षाविधि के समय गुरु द्वारा दिया गया मंत्र। लौकिक दृष्ट्या यह प्रायः अर्थहीन होता है किन्तु जपसाधना से सिद्धिदायक होता है।

बृहद्ब्रह्म = एकांतिक या भागवत संप्रदाय की १०८ संहिताओं में से एक प्रमुख संहिता का नाम।

ब्रह्मणस्पति = पौराणिक गणपति देवता का वैदिक नाम। तमिलनाडू में इसी नाम से गणेशजी का निर्देश होता है।

ब्रह्मध्वज = चैत्र शुद्ध प्रतिपदा को इस ध्वज की भवनों पर स्थापना तथा पूजा होती है। (महाराष्ट्र में इसे गुढी कहते हैं।)

भद्रकाली = शाक्तपंथियों की एक षोडश (१६) – भुजा उपास्य देवता। तांत्रिकों की अष्टतारा देवताओं में से एक।

भद्रागम = २८ तांत्रिक आगमनों में से एक रौद्रिक आगम

भवमालिनी = एक तांत्रिक उपास्यदेवता।

भारती = विद्या का भार सम्हालने वाला और संसार का भार त्यागने वाला दशनामी संन्यासी (मठाम्नार्य)

भावयाग = श्रीचक्र के स्वरूप में त्रिपुरसुंदरी देवी की आराधना की संज्ञा।

भुवनदीक्षा = आगमोक्त १२ दीक्षाओं में से एक।

भूतमह = भूत-पिशाच विषयक एक प्राचीन उत्सव।

मकुटागम = २८ आगमों में से एक रौद्रिक आगम

मंडलेश्वर = दसनामी पंथ के संन्यासियों को अध्यात्मशास्त्र

पढ़ाने वाले विद्वान् नागा साधु। जिस मंडलेश्वर के शिष्य मंडलेश्वर का अधिकार प्राप्त करते हैं, उन्हें **महामण्डलेश्वर** कहते हैं।

मंत्र = मनन से त्राण करने वाला वर्णसमूह (मननात् त्रायते इति मंत्रः) मंत्र के तीन तत्त्व – प्रणव, बीज और देवता। तंत्रशास्त्र में **दीक्षातंत्र** = सर्वश्रेष्ठ माना जाता है।

मंत्रदीक्षा = आगमोक्त १२ दीक्षाओं में से एक।

मंत्रराज = "ॐ नमो नारायणाय" इस अष्टाक्षरी नारायण मंत्र की अपर संज्ञा।

मंत्रों के प्रकार = (१)**स्त्री मंत्र** (या विद्या) इसके अंत में ॐ स्वाहा वर्ण होते हैं।, (२) **पुंमंत्र** (या सौरमंत्र) पुरुषमंत्र (इसके अंत में हुं फट् वर्ण होते हैं); (३) **नपुंसक मंत्र** (अर्थात **पौराणिक मंत्र) इस के अंत में नमः शब्द होता है।**

अन्य प्रकार = नित्यातंत्र के अनुसार – पिंड (१ अक्षरी), कर्तरी (२ अक्षरी), बीज (३ से ९ अक्षरों वाला); मंत्र (१० से २० अक्षरों वाला); माला (२० से अधिक अक्षरों वाला मंत्र)

मयूरेश्वर = त्रेतायुग के गणेश अवतार का नाम। मयूरारूढ षड्भुज गणेश।

मस्करी = एक प्राचीन परिव्राजक संप्रदाय का अनुयायी।

महाचीन तारा = एक तांत्रिक देवता। अपर संज्ञा – एकजटा।

महानुशासन = आद्य शंकराचार्य द्वारा सभी मठाधिपतियों को दिया हुआ सन्देश।

महापद्मनिधि = पुराणोक्त आठ धननिधियों के अन्तर्गत एक निधि। इसका स्वामी संत, योगी, सत्पुरुषों को धन-साहाय्य करता है।

महाकाली = (विविध स्वरूपों के नाम) = आद्याकाली, दक्षिणकाली, भद्रकाली, गुरुकाली, कामकाली, धनकाली, सिद्धिकाली, चण्डकाली, गुह्यकाली, श्मशानकाली, रक्षाकाली इत्यादि.

महापुरुषीय संप्रदाय = असम प्रदेश के वैष्णव संप्रदाय का नाम।

महापूर्णाभिषेक = तांत्रिक दीक्षा के बाद आठ अभिषेकों में से अंतिम अभिषेक। इस अभिषेक के बाद शिष्य अपना जीवत्श्राद्ध करता है। इससे शिष्य को गुरुपद प्राप्त होता है अर्थात् गुरु-शिष्य का भेदभाव समाप्त होता है।

महामण्डलेश्वर = देखिये मंडलेश्वर।

महालक्ष्मी = अष्टलक्ष्मीयों में एक। इसकी मूर्ति के मस्तक पर मातुलिंग नामक चिन्ह होता है।

महाविद्या या विद्या एक शाक्त देवता = दशमहाविद्या – काली, तारा, महाविद्या, षोडशी, भुवनेश्वरी, भैरवी, छिन्नमस्ता, विद्या, धूमावती, बगंला। इन्हें सिद्धविद्या भी कहते हैं।

महाव्रतधर = कापालिक शैवों की अपरसंज्ञा। (देखिये कापालिक)

महिमाधर्म = एक् अर्वाचीन भक्तिप्रधान बौद्ध संप्रदाय। उड़ीसा में १८७५ में भीमभोई नामक संत ने इसकी स्थापना की। (इसी कालावधि में मुंबई में आधुनिक 'वैदिक धर्म' की अर्थात् आर्यसमाज की स्थापना हुई थी)।

मही = विष्णुमूर्ति के बांये हाथ की ओर स्थापित अष्टलक्ष्मियों में एक देवता।

मात्राशास्त्र = नानकदेव के पुत्र श्रीचंद द्वारा स्थापित उदासी संप्रदाय के सिद्धान्तों का संग्रह। श्रीचन्द ही इसके लेखक हैं।

मानसपुत्र = सृष्टिनिर्मित्ति के लिए ब्रह्मा के संकल्प से उत्पन्न नौ देवर्षि – भृगु, पुलस्य, पुलह, क्रतु, अंगिरस, मरीचि, दक्ष, अग्नि और वसिष्ठ। अपर संज्ञा = नवब्रह्म।

मानसपुत्र (ब्रह्मा के) = सनक, सनन्दन, सनातन और सनत्कुमार। (भागवत ३-१२-४)

मांदार गणेश = मंदारवृक्ष की मूली से निर्मित गणेश की मूर्ति।

मायापुर = अवतारी पुरुष के देह की संज्ञा।

मार्तण्डभैरव = मणिमल्ल नामक असुर का नाश करने वाला शिव का एक अवतार। महाराष्ट्र में इसी को खंडोबा, और कर्नाटक में म्हालसा (महालसा) कान्त भी कहते हैं।

मुकुंदनिधि = पुराणोक्त अष्ट निधियों में एक। इसका स्वामी संगीतप्रेमी एवं कलाकारों को दान देने वाला होता है।

मुकुंदमह = एक प्राचीन कृष्णोत्सव

मुखबिंब (या मुखयुग्बिंब) आगम = २८ आगमों में से एक रौद्रिक आगम।

मुद्रांकन = शंख, चक्र, गदा, पद्म और नारायण की पांच मुद्राओं का चंदन या अन्य पदार्थ से शरीर पर रेखांकन, माध्वसंप्रदाय में प्रशस्त माना जाता है।

मुद्राधारण (माध्वसंप्रदाय में) = शंख, चक्रं, गदा, पद्म, और नारायण, इनके चिह्न धारण करना

मेघादीक्षिता = काली का एक स्वरूप

मेघास्पर्शमणि = कालीदेवी का एक स्वरूप

मोक्षपुरी = अयोध्या, मथुरा, माया, काशी, काञ्ची, अवन्तिका, द्वारका। इन सात प्राचीन पुराणप्रसिद्ध नगरियों का विशेषण।

मोक्षसाधक पंचक = रामानुज संप्रदाय में मुद्राधारण, त्रिपुंड्र, विष्णुनामकरण, विष्णुप्रियमालाधारण, और "ओं नमो नारायणाय" मंत्र इन पाँचो को 'मोक्षस्थान' माना है।

यथार्थदीक्षा = यह दीक्षा मुमुक्षु साधक को तंत्रमार्ग में दी जाती है।

यात्रात्रय = गुरुयात्रा, देवयात्रा, और तीर्थयात्रा। (वीरशैव प्रदीपिका)

यूथेश्वरी = श्रीकृष्ण की नित्यप्रियाओं में से आठ प्रमुख सखियां जिनमें राधा सर्वश्रेष्ठ मानी जाती है।

योगलिंग = श्रीशंकरचार्य ने कैलास से लाये हुए पांच लिंगों में से एक। इसकी स्थापना उन्होंने कांचीवरम् के

कामकोटिपीठ में की है।

योजक आगम = २८ आगमों में से एक शैव आगम।

रसिक संप्रदाय = निंबार्काचार्य द्वारा स्थापित भागवत संप्रदाय की संज्ञा।

रात्रिसूक्त (पौराणिक) = दुर्गासप्तशती या देवीमाहात्म्य ग्रंथ के प्रथम अध्याय के ७१ से ८७ इन सत्रह मंत्रों की संज्ञा।

रासपंचाध्यायी = श्रीमद्भागवत के दशमस्कंध के अन्तर्गत २९ से ३३ तक अध्याय। यह पंचाध्यायी भक्तिरसपूर्ण है। वैष्णवों का यह प्रिय काव्य है।

रुद्र = कन्या-संभोग करनेवाले प्रजापति को दण्ड देने के लिये सभी देवों के उग्र अंश से निर्मित भीषण देवता। शैवों के अष्ट भैरवों में एक भैरव।

रौरवागम = २८ आगमों में से एक रौद्रिक आगम।

लकुलीश = एक प्राचीन शैव संप्रदाय।

लक्ष्मीत्रय = श्रीदेवी, भूदेवी और दुर्गा। (इसीको त्रिरूपा लक्ष्मी कहते हैं।)

लक्ष्मी के दशरूप = सुबुद्धिदा, सुखकारिणी, सर्वसंपत्तिदा, इष्टभोगदा, लक्ष्मी, कांतिदा, दुःखनाशिनी, पुत्रप्रदा, विजया, और धर्मदायिनी। दशादित्यव्रत में इन रूपों में लक्ष्मी की पूजा होती है।

ललितागम = २८ आगमों में से एक रौद्रिक आगम।

लिंगचक्रवर्ती = श्रीशैल के मल्लिकार्जुन नामक ज्योतिर्लिंग की संज्ञा।

वचन साहित्य = वीरशैव सम्प्रदाय का साहित्य।

वज्रवाहनिका (या वज्रेश्वरी विद्या) = एक प्राचीन गूढविद्या। रणांगण में शत्रु का नाश करने हेतु इस का प्रयोग होता था। इस में मंत्रजप तथा हवन से वज्र सिद्ध किया जाता था और युद्ध के समय विजय के निमित्त उसे राजा को दिया जाता था।

वन = वन में जलाशय के पास निवास करने वाला दसनामी संन्यासी (मठाम्नाय)

वर्णदीक्षा = आगमोक्त १२ दीक्षाओं में से एक।

वर्णमंडल = ५० पंखुडियों की कमलाकृति में अ से ह तक ५० वर्ण (आदि अन्त में ॐ और नमः सहित) लिख कर बनाया गया एक प्रतीक। शैव समाज में वर्णमंडल की पूजा ही शिवपूजा मानी जाती है।

वस्तुन्यास = मंदिर में मूर्ति स्थापना करते समय अष्ट दिशाओं में रत्न, धान्य, धातु, सुगंधिद्रव्य आदि पदार्थ भूमि में गाड़कर रखे जाते हैं। यही 'भूमिन्यास' विधि है।

वातुलागम (परागम) = २८ आगमों में से एक रौद्रिक आगम।

वामदेव = आगमान्त शैव संप्रदाय की उपास्य सदाशिवमूर्ति के पांच मुखों में से एक।

वामाचार = तंत्रशास्त्रोक्त ७ आचारों में से पांचवां आचार धर्म। देखिये आचारसप्तक। वामाचारी रजस्वला के रज की और कुलस्त्री की पूजा करते हैं।

वामाचार = एक शक्तिपूजक तांत्रिक आचारमार्ग। इसमें मद्य, मांस, मैथुन, आदि पंच म-कारों का प्रत्यक्ष सेवन होता है।

वायुलिंग = आंध्र में कालहस्ती क्षेत्र का शिवलिंग

वाराणसी क्षेत्र = गंगा के तीर पर वरुणा और असी नदियों के बीच का क्षेत्र। इसी क्षेत्र में विश्वेश्वर नामक ज्योतिर्लिंग (१२ ज्योर्तिलिंगों में एक) प्रकट हुआ है।

विजयागम = २८ आगमों में से एक रौद्रिक आगम

विमलागम = २८ आगमों में से एक रौद्रिक आगम।

विष्णुगायत्री = वैष्णव संप्रदाय का गायत्री मंत्र। इस मंत्र का उच्चारण करते हुए वैष्णव गोपीचंदन लगाते है।

वृद्धासरस्वती = कालिका पुराणोक्त सरस्वती के ६४ रूपों में से एक तांत्रिक स्वरूप

वैखानस आगम = वैष्णवागमों का एक भेद। यह वेदानुकूल है।

वैष्णवागम = वेदानुकूल आगम। इसके दो भेद – वैखानस और पांचरात्र।

व्यासकूट = कर्नाटक के दो वैष्णव भक्तसंघों में से एक की संज्ञा। दूसरा संघ है दासकूट।

व्रात = कठोर व्रत का पालन करने वाले लोग। व्रातपति, गणेशजी का एक विशेषण है।

शक्ति (विष्णु की) = ऐश्वर्यशक्ति, माधुर्यशक्ति, ह्लादिनी शक्ति, सामर्थ्यशक्ति, सिद्धशक्ति

शक्तिपीठ = दक्षयज्ञ में दग्ध सती के देह के विष्णु भगवान द्वारा खंडित अवयवों से संबंधित स्थान। शक्तिपीठ ५१ स्थानों में स्थापित हैं। अपर संज्ञा – महापीठ।

शठकोपाचार्य = आन्ध्रस्थित अहोबिल क्षेत्र के रामानुज संप्रदायी पीठ के प्रमुख आचार्य की उपाधि।

शाकिनी = (१) अभिचार कर्म करने वाली स्त्री। (२) कुमारिका का पिशाचरूप।

शाक्तागम = आगमों के तीन भेदों में से एक। वैदिक आगमों में इसकी गणना होती है।

शारदा पीठ = आद्य शंकराचार्य द्वारा द्वारकाक्षेत्र में स्थापित अद्वैतपीठ। उनके शिष्य सुरेश्वराचार्य इसके प्रथम आचार्य थे। विद्यमान आचार्य ७७ वें माने जाते हैं।

शालिग्राम = नेपाल की गण्डकी नदी में प्राप्त होने वाला, सुवर्णरेखांकित या चक्राकृतियुक्त पवित्र पाषाण। इसके ८९ प्रकार कहे गये हैं जिन्हे वासुदेव, हिरण्यगर्भ, श्रीविष्णु, प्रद्युम्न, अनन्त आदि संज्ञाएँ, वर्ण तथा आकृति के अनुसार दी जाती हैं।

शिखरदान = गौरी की प्रतिमा तथा गुड, इक्षुदण्ड आदि का दान।

शिलोंच्छवृत्ति = देखिये उंछवृत्ति।

शैव (चार संप्रदाय) = काश्मीर शैव, शैव सिद्धान्त, कारुणिक (सिद्धान्ती) और पाशुपत इन चार माहेश्वर संप्रदायों के आधारभूत सिद्धान्तों को शैवागम कहते हैं। तांत्रिक वाङ्मय में शैवागमों का अन्तर्भाव होता है।

शैव आगम के प्रमुख प्रकार = विजय, निश्वास, स्वायंभुव, आग्नेयक, भद्र, रौरव, मकुट, विमल, चंद्रहास, (या चंद्रज्ञान)

मुखयुग्बिंब (मुखबिंब), उद्गीत (प्रोद्गीत) ललित, सिद्ध, संतान, नारसिंह, सर्वोत्तर या (सर्वोक्त), परमेश्वर, किरण और पर (या वातुल)। शैवागम के प्रमुख तत्त्व हैं – पशु (जीव), पति (शिव) और पाश (मल, कर्म और माया)

शैवाचार = तंत्रशास्त्रोक्त ७ आचारों में से एक। शैवाचारी पशुहिंसा करते हैं। (देखिये आचार सप्तक)

श्रीकुल = तांत्रिक साधकों का एक वर्ग। इस कुल में सुंदरी, भैरवी, बाला, बगला, कमला, धूमावती, मातंगी और स्वप्नावती इन आठों की गणना होती है।

श्रीचक्र = तंत्रमार्ग में यह आदिशक्ति का प्रतीक माना जाता है। श्रीचक्र की उपासना विशेष लाभदायक मानी जाती है। इसके अतिरिक्त तंत्रमार्ग में मायाचक्र, योगचक्र, तालुचक्र, दीप्तिचक्र, शांतचक्र, आनंदचक्र, स्थितिचक्र, संहारचक्र, शिवचक्र, ब्रह्मचक्र, महासुखचक्र, निर्वाणचक्र इत्यादि ३२ चक्र माने जाते हैं।

श्रीविद्या = एक तांत्रिक संप्रदाय की संज्ञा। तीन भेद **(१) कादि** – उपास्य देवता काली **(२) हादि** – उपास्य देवता -त्रिपुर सुंदरी, **(३) कहादि** – उपास्य देवता-तारा सरस्वती।

षडक्षर मंत्र = आगमान्त शैवसंप्रदाय का सर्व सामान्य मंत्र "ॐ नमः शिवाय"।

षण्मुद्रा = कापालिक संप्रदाय में माला, अलंकार, कुंडल, चूडामणि, भस्म और यज्ञोपवीत इन छह वस्तुओं की संज्ञा। कापालिक षण्मुद्रा धारण करते हैं।

संतानागम = २८ आगमों में से एक रौद्रिक आगम।

संन्यासी (दशनामी) = तीर्थ, आश्रम, वन, अरण्य, गिरि पर्वत, सागर, सरस्वती, भारती, पुरी (मठाम्नाय)

संपद्विधि = चतुर्विध बहिरंग उपासना का एक प्रकार जिसमें अन्न, मन, प्राण, आदि तत्त्वों में ब्रह्मत्व की धारणा रखना। (शिवगीता)

संपुटित पाठ = विशिष्ट धर्मग्रंथ का पारायण करते समय प्रारंभ में और अंत में पारायण के ग्रंथ से संबंधित विशिष्ट मंत्र का १०८ बार जप करने पर उसे 'संपुटित पाठ' कहते हैं।

संवीत = दोनोन कंधों पर रखा गया यज्ञोपवीत (देखिये निवीत)

सदाशिवमूर्ति = आगमान्त शैव संप्रदाय की उपास्य शिवमूर्ति। इसके पंचमुख = सद्योजात, वामदेव, अधोर, तत्पुरुष और ईशान।

सद्योजात = आगमान्त शैव संप्रदाय की उपास्य सदाशिवमूर्ति के पंचमुखों में से एक।

सप्त ऋषि = ब्रह्मर्षि, देवर्षि, महर्षि, परमर्षि, काण्डर्षि, श्रुतर्षि, और राजर्षि

सबीज दीक्षा = तांत्रिकों की निर्वाण दीक्षा का एक प्रकार। यह दीक्षा समर्थ तथा विद्यावान् शिष्य को दी जाती है। इस दीक्षा से शिष्य का 'अप्राकृत जन्म' होता हैं।

समय दीक्षा = तंत्रमार्ग के अनुसार इस सामान्य दीक्षा में गुरु अपने शिष्य को रुद्रपद पर स्थापित करता है और शिष्य के मस्तक पर हाथ रखकर आशीर्वाद देता है। यह दीक्षा लेनेपर समयधर्म का पालन आवश्यक माना है। समय धर्म के पालन को ही 'दासमार्ग' कहते हैं। दीक्षा प्राप्त होने पर गुरुशुश्रूषा, देवपूजा, आदि का अधिकार साधक को प्राप्त होता है। दो भेद = **कर्मदीक्षा और ज्ञानदीक्षा।**

समयाचार = कौलाचार जिसका गौडीय शाक्त संप्रदाय में पालन होता है। इसमें बहिर्योग का महत्त्व होता है। समयाचार में अन्तर्योग तथा पंच मकार (मद्य, मदिरा आदि) के प्रतीकात्मक अर्थ ग्राह्य माने जाते हैं। कौलाचार के प्रवर्तक, अभिनवगुप्ताचार्य और समयाचार के प्रवर्तक, शंकराचार्य माने जाते हैं।

सरस्वती = (१) सायंकालीन गायत्री देवी की संज्ञा। (२) स्वरज्ञान में निपुण एवं कवीश्वर (३) दशनामी संन्यासी (मठाम्नाय) तांत्रिकों की अष्टतारा देवताओं में एक।

संवर्गविधि = बहिरंग उपासना के चार प्रकारों में से एक जिसमें अनेक देवताओं में एकत्व की धारणा होती है। (शिवगीता)

सर्वराजेन्द्रमुद्रा = देखिये अंजलिमुद्रा।

सर्वोदय = महात्मा गांधी और विनोबा भावे द्वारा प्रतिपादित एक अभिनव मत या तत्त्वज्ञान। अहिंसानिष्ठ, जातिपंथ आदि भेदरहित तथा शोषणमुक्त समाज की निर्मिति, सर्वोदयवाद का उद्देश्य है। कर्मयोग, भगवद्भक्ति और पंचशील का समन्वय इस मत में होता है।

सहजिया = एक सिद्ध संप्रदाय।

सहजिया वैष्णव = चैतन्य मत का एक उपसंप्रदाय। इस संप्रदाय में 'परकीया भक्ति' की साधना का विशेष महत्त्व है। राधा आदि गोपिकाओं की कृष्णप्रीति परकीया भक्ति का उदाहरण है।

सहस्त्रागम = २८ आगमों में से एक शैवागम

सूर्यासावित्री = पुराणोक्त प्रजापति की धर्मकन्या।

सागर = सागर के समान गंभीर वृत्ति का ज्ञानसंपन्न दशनामी संन्यासी (मठाम्नाय)

सामर्थ्यशक्ति = वल्लभाचार्य की पुष्टिमार्गीय परिभाषा में गोपियाँ श्रीकृष्ण की सामर्थ्यशक्ति कही जाती है।

सावित्री = मध्याह्न की गायत्री देवता की संज्ञा।

सिद्धविद्या = देखिये विद्या, शाक्त देवता

सिद्धागम = २८ आगमों में से एक रौद्रिक आगम।

सिद्धांताचार = तंत्रशास्त्रोक्त ७ आचारों में से एक। सिद्धान्ताचारी नित्य देवपूजा में रत रहता है। (देखिये आचार सप्तक)

सुखशायी पंचक = अगस्ति, माधव, मुचुकुंद, कपिल, और आस्तीक। सुख से सोने वाले इस पंचक का निद्रा के पूर्व स्मरण करते हैं।

सुप्रभ (या सुप्रभेद) आगम = २८ आगमों में से एक शैवागम।

सूक्ष्मागम = २८ आगमों में से एक शैवागम

सुमेरु = जपमाला का मध्यमणि।

स्वांगाश्रित कर्म = (तीन प्रकार) = पुण्य, पाप और मिश्र। इस प्रकार के कर्म का स्वतः अस्तित्व होता है और इसके कर्ता को सुख, दुःख या मिश्र संवेदना का अनुभव आता है। अनुभव से ही कर्म के स्वरूप का अनुमान होता है।

स्वांगभुवागम = २८ आगमों में से एक रौद्रिक आगम।

स्वेच्छाप्रारब्ध कर्म = प्रारब्ध कर्मों का एक प्रकार। जीवात्मा को स्वयं इस प्रकार के कर्मों के फल का उपभोग पाने की इच्छा होती है।

हयग्रीव = एक वैष्णव तांत्रिक देवता।

हयपंचमी = चैत्रशुद्ध पंचमी। इस तिथि को मत्स्यावतार की पूजा का व्रत होता है। मत्स्यावतार की तिथि है- चैत्र शुद्ध प्रतिपदा।

हविष्यान्न = चांवल, मूंग, यव, तिल, मटर, गेहूं, सैन्धव, नमक, गोदुग्ध, गोघृत पनस, आम, नारियल, केला इत्यादि पदार्थ यज्ञ में उपयुक्त (हविष्य) पवित्र माने गये हैं। चातुर्मास्य में हविष्यान्न का सेवन उचित माना है।

हंससंप्रदाय = श्रीनिबार्कद्वारा प्रवर्तित वैष्णव संप्रदाय।

हाटकेश्वर = सप्तपातालों के अधिष्ठाता ईश्वर (तंत्रशास्त्र)।

ह्लादिनी शक्ति = निंबार्क के हंससप्रदाय की परिभाषा में गोपियाँ श्रीकृष्ण की ह्लादिनीशक्ति कही जाती हैं।

* * *

(वर्ग - ७) – ज्योतिष शास्त्र परिभाषा

अंगविद्या = दैवज्ञ को प्रश्न पूछने वाला, अपने शरीर के जिस विशिष्ट अंग को स्पर्श करते हुए प्रश्न पूछता है, उस अंग के आधार पर प्रश्नकर्ता के प्रश्न के उत्तर जानने की विद्या। अंगविद्या में शरीर के १९ अंग पुरुषसंज्ञक, १५ अंग स्त्री-संज्ञक और १४ अंग नपुंसकसंज्ञक कहे जाते हैं। अंग के स्पर्श से प्राणियों के शुभाशुभ फल जानने की विद्या। अंगविद्या में "पुरुष" = संज्ञक अंग को स्पर्श करते हुए पूछे गये प्रश्नों के उत्तर शीघ्र फलप्रद होते हैं। स्त्री- संज्ञक अंग को स्पर्श करते हुए प्रश्न के उत्तर का फल विलंब से फलप्रद होता है और नपुंसक संज्ञक अंग को स्पर्श करते हुए किये गये प्रश्न के उत्तर निष्फल होते हैं।

अंधनक्षत्र = धनिष्ठा, पुष्य, रोहिणी, पूर्वाषाढा, विशाखा, रेवती, उत्तरा फाल्गुनी इन नक्षत्रों की संज्ञा।

अंहसस्पति = वाजसनेयी संहिता के अनुसार अधिक मास की संज्ञा (वा. सं. ७-२३; २२-३०)

अंहस्पतिः = जिस मास में संक्रांति नहीं होती अथवा दो संक्रांतियाँ आती हैं ऐसे संसर्प (लौंद का महीना, जो क्षयमास वाले वर्ष में होता है)। अंहसपति और अधिमास (या मलमास) निंद्य माने जाते हैं। इस काल में कोई धार्मिक विधि नहीं की जाती। (पुरुषार्थ चिन्तामणि)

अग्निदेवा = कृत्तिका नक्षत्र की संज्ञा।

अग्निराशि = देखिये धनुराशि।

अग्रहायन = संवत्सर का पहला महीना। मार्गशीर्ष का अपरनाम। (हायन = संवत्सर, वर्ष)

अजवीथी = आकाशस्थ शिशुमार नक्षत्रों के उपर से दक्षिण की ओर का मार्ग। इसमें मूल, पूर्वाषाढा और उत्तराषाढा इन तीन नक्षत्रों का अन्तर्भाव होता है। पितृयाण मार्ग इसके दक्षिण में माना गया है। (भागवत पु. ५-२३-५)

अतिचार = राशिभोग का नियतकाल समाप्त होने के पहले ही भौम (मंगल) आदि पांच ग्रहों का अग्रिम राशि में प्रवेश होना। ग्रहों का पूर्वराशि में प्रवेश को 'वक्रातिचार' कहते हैं। गुरु ग्रह के अतिचार से अवर्षण आदि आपत्तियां आती हैं।

अत्यन्तमहती = श्रवण नक्षत्र युक्त द्वादशी को बुधवार होने पर उस तिथि को प्रस्तुत संज्ञा प्राप्त होती है। (पुरुषार्थ चिन्तामणि)

अधिकमास = (अधिकमास, मलमास, पुरुषोत्तम मास) – प्रत्येक चांद्रमास में एक सौर संक्राति होती है। किन्तु जब दो सौर संक्रांतियों के बीच एक संपूर्ण चांद्रमास होता है तब उसे अधिक मास कहते हैं। ३२ या ३३ चांद्र मासों के बाद एक अधिक मास होता है जिससें सौर मासों से चांद्र मासों की संगति होती है। चैत्र, ज्येष्ठ, श्रावण १२, आषाढ १८ भाद्रपद २४, आश्विन १४१ और कार्तिक ७०० वर्षों के बाद अधिक मास होता है। कार्तिक से चार महीनों तक अधिक मास नहीं होते। सौर (आर्तव) और चान्द्र (पार्वण) वर्षों की कालमर्यादा में होनेवाले अंतर में मेल लाने के लिए 'अधिक' मास की कल्पना की गई हैं। जिस चांद्रमास (शुक्ल प्रतिपदा से अमावस्या तक) में रवि की संक्रान्ति होती नहीं उसे अधिमास, अधिक मास या पुरुषोत्तम मास कहते हैं। (जिस वर्ष में क्षयमास होता है उस वर्ष में दो 'अधिमास' होते हैं। प्रथम अधिमास को **'संसर्प'** और द्वितीय को **अंहस्पति** कहते है।

अधिदिन = बढ़ा हुआ चांद्र दिवस।

अधिवत्सर = चांद्र संवत्सर में जब मध्यम मान से गुरु (ग्रह) की संक्रांति नहीं होती तब उसे अधिवत्सर कहत हैं।

अधोमुख नक्षत्रगण (कुल संख्या ९) = आश्लेषा, कृत्तिका, भरणी, मघा, विशाखा, पूर्वा, पूर्वाषाढा, पूर्वा भाद्रपदा और शततारका। ये नक्षत्र अशुभ माने जाते है।

अधोमुख नक्षत्र = मूल, आश्लेषा, कृत्तिका, विशाखा, पूर्वा, भाद्रपदा, मघा और भरणी।

अनुमति = शुक्ल चतुर्दशी युक्त पौर्णिमा तिथि। अर्थात् इस पौर्णिमा में चंद्रमा की एक कला नहीं प्रतीत होती

अनुराधा = अश्विनी, भरणी, कृत्तिका आदि २७ नक्षत्रों में १७ वां नक्षत्र। आषाढ की पूर्व रात्रि में दक्षिण दिशा में जो वृश्चिक के आकार का तारका पुंज दिखाई देता है उसके मस्तिष्क स्थान में अनुराधा का दर्शन होता है। मित्र इस नक्षत्र की देवता है।

अनुवत्सर = युग के अंतर्गत पांच संवत्सरों में चौथा वर्ष। वत्सरों (वर्षों) की कुल संख्या ६० मानी है। इनमें प्रारंभ से क्रमशः पांच पांच वत्सरों के संघ को **'युग'** कहते हैं। इन पांच वर्षों के क्रमशः नाम हैं – **संवत्सर, परिवत्सर, इदावत्सर, 'अनुवत्सर'** और **इद्वत्सर।**

अपराहण = दिन के पांच भागों में चौथा भाग या दिन का उत्तर भाग। सूर्योदय से १८ घटियों के बाद का समय। पितृकार्यों के लिये अपराहण प्रशस्त होता है। (मनु. ३-२७८)

अमृता = सूर्य की पर्जन्यदायक विशिष्ट नाड़ियाँ। इन नाड़ियों से सूर्य जल का शोषण करता है और वही पर्जन्यरूप में बरसता है। (ब्रह्माण्ड पुराण २-२४-४७)।

अभिजित् = एक नक्षत्र जिसकी तीन ताराएँ होती हैं। मध्याह्नपूर्व एक घटिका और मध्याह्नोत्तर एक घटिका का समय अभिजित मुहूर्त होता है। अभिजित् नक्षत्र क्रांतिवृत्त की उत्तर दिशा में बहुत दूर होता है किन्तु क्रांति वृत्त से उसका कोई संबंध नहीं हैं।

अभ्रपिशाच = राहु ग्रह की उपाधि।

अमा = चन्द्रमा की सोलहवीं कला।

अमापर्व = नूतन चन्द्रमा का दिन।

अमावसु = पितृगणों में एक संयमी पितर। मास की अंतिम

तिथि 'अमावास्या' इसीके नाम से संबंधित है। अमावास्या (या अमावस्या सभी पितरों की प्रियतिथि मानी जाते है।

अमावस्या (अमावास्या, अमावसी, अमावासी, अमामती, अमामासी) = वह समय जब सूर्य और चंद्र संयुक्त से रहते हैं। (सूर्यचन्द्रमसोः परः संन्निकर्ष। गोभिल सूत्र) इस तिथि में चंद्र और सूर्य का एक नक्षत्र में सहवास (अमा = सह) होता है। यह अशुभ तिथि मानी जाती है। सोमवार की अमावस्या **'सोमवती'** कहलाती है। भाद्रपद की अमावस्या को **'सर्वपित्री'** कहते है।

अमोघ = सूर्य के उदय या अस्त के समय में दीर्घाकार दिखने वाले सूर्य किरणों की संज्ञा।

अमृतसिद्धि योग = एक शुभ सूचक दिन नक्षत्र योग। मूल, श्रवण, उत्तराभाद्रपदा, कृत्तिका, पुनर्वसु, पूर्वा और स्वाती ये सात नक्षत्र, क्रमशः रविवार से शनिवार तक किसी दिन होने पर यह योग माना जाता है। **शुभयोग** = रविवार + हस्तनक्षत्र। गुरु + पुष्य.। बुध + अनुराधा.। शनि. + रोहिणी.। सोम. + मृगशीर्ष। शुक्र + रेवती। मंगल + अश्विनी। विशिष्ट तिथि को ये अशुभ योग होते है। **अशुभ योग** = पंचमी को रवि + हस्त। सप्तमी को मंगल + अश्विनी। षष्ठी को सोम+ मृगशीर्ष। अष्टमी को बुध + अनुराधा दशमी को शुक्र + रेवती + नवमी को गुरु + पुष्य.। एकादशी को शनि. + रोहिणी।

अरुणोदय = पूर्व दिन के सूर्योदय से ५७ वीं घटिका का समय (सप्तपंचारुणोदयः)

अयन काल = उत्तरायण और दक्षिणायन का संधिकाल।

अयनांश = संपात गति के कारण अयनांश माने जाते हैं। निरयन गणना का आरंभस्थान निःशर रेवती योगतारा मानी गया है। वहां से सायन मेष संपात तक के अंशात्मक अंतर को अयनांश कहते हैं। सूर्य सिद्धान्त के अनुसार यह अंतर पूर्व और पश्चिम की ओर २७ अंशों से अधिक नहीं बढ़ता। रेवती योगतारा पर संपात होने पर अयनांश शून्य होता है। (संपात = पूर्व-पश्चिम आंदोलन गति)

अयन = सूर्य का उत्तर या दक्षिण की ओर गमन। दो विभाग = दक्षिणायन = उत्तर से दक्षिण की ओर गमन। इसका प्रारंभ आषाढ (दिनांक २२ जून) से होता है। (२) उत्तरायण = दक्षिण से उत्तर की ओर गमन। इसका प्रारंभ पौष (२२ दिसंबर) से माना जाता है। मृत्यु के लिये उत्तरायण शुभ और दक्षिणायन अशुभ माना जाता है।

अवकडहा चक्र = फल ज्योतिषी वधू-वर संबंध का औचित्य इस चक्र के आधार पर देखते हैं। इस चक्र में मंडलाकृति ८ कोष्टक होते हैं जिन में क्रमशः नक्षत्रचरण, नाडी, योनि, गण, नक्षत्र, राशिवर्ण, राशिस्वामी, और राशि का निर्देश होता है। पंचांग में यह चक्र दिया जाता है।

अवम दिन = (तिथिक्षय) = एकही दिन में दो तिथियों की समाप्ति का दिन। शुभ कार्यों के लिये यह दिन वर्जित है।

अवान्तर दिशा = पूर्व, पश्चिम आदि चार दिशाओं की मध्यवर्ती, आग्नेयी, नैर्ऋती, वायवी और ऐशानी नामक चार दिशाएँ।

अशुभग्रह = शनि, मंगल, राहु और केतु।

अशुभतिथि = (१) शुक्ल पक्ष की प्रतिपदा से पंचमी तक पांच तिथियाँ। इसकी क्रमशः नन्दा, भद्रा, जया, रिक्ता और पूर्णा संज्ञा है। (२) कृष्ण पक्ष की एकादशी से अमावस्या तक पाँच तिथियाँ। इनकी भी नन्दा, भद्रा आदि संज्ञाएं हैं।

अश्लेषा (या आश्लेषा) = ९ वाँ नक्षत्र जिसमें पाँच तारकाएं होती हैं।

अश्लेषा-भू (भव। ज) = केतु ग्रह।

अश्विनी = तीन तारकाओं का अश्वसदृश एक नक्षत्र। अश्वकान्ता नामक छंद की देवता। २७ नक्षत्रों की गणना का आरंभ अश्विनी से होता है।

अष्टका = पौर्णिमा के पश्चात् आने वाले (वद्य पक्ष के) सप्तमी, अष्टमी और नवमी तिथि के दिन।

अष्टघटित (या घटिताष्टक) = वर्ण, वश्य, तारा, योनि, ग्रह, गण, भकुट, (सत्कूट) और नाड़ी। इनकी यथाक्रम १, २, ३, ४, ५, ६, ७, ८ संख्या मानी जाती है; जो कुल मिलाकर ३६ होती है। १८ से अधिक गुणों का मेलन विवाह के लिये ग्राह्य माना जाता है।

अष्टमस्थान = जन्मकुंडली में यह स्थान मृत्युसूचक माना जाता है।

अष्टयोगिनी = मंगला, पिंगला, धन्या, भ्रामरी, भद्रिका, उलका, सिद्धा और संकटा। ज्योतिष मतानुसार इनके द्वारा शुभ या अशुभ फल प्राप्त होता है।

अहोरात्र = ३०. मुहूर्तों का कालावधि। मुहूर्त = १ घंटा + १२ मिनटों की कालावधि)

आकाशगंगा = आकाश में प्रसृत तेजोमय मार्ग, (जिसे शतपथ और तैतिरिय ब्राह्मण में 'अर्यम्णः पन्थाः' कहा है। (तै.ब्रा. १-७-६-६) शत. ब्रा. ५-३-१-२)। इस तेजोमय प्रवाह में ४० अब्ज तारों का अस्तित्व माना जाता है, जिनमें सूर्य भी एक है।

आग्नेय मण्डल = पुष्य, कृत्तिका, विशाखा, भरणी, मघा, पूर्वाभाद्रपदा, पूर्व फल्गुनी इन सात नक्षत्रों के समूह की संज्ञा।

आग्रहायणी = मार्गशीर्ष मास की पौर्णिमा।

आदित्य व्यूह = कालस्वरूप बारह आदित्य तथा उनके विश्वसंसार में सूक्त-गान करने वाले ऋषि, नृत्य करने वाले गंधर्व-अप्सरा, नैर्ऋत और अग्रगामी वालखिल्य इनका समूह। (भागवत पु. १२-११)

आनंदयोग = बुधवार को हस्तनक्षत्र का होना।

आप्य (नक्षत्र) = पूर्वाषाढा नक्षत्र की अपरसंज्ञा।

आर्तव वर्ष = देखिए सौर वर्ष।

आर्द्रा = अश्विनी, भरणी आदि २७ नक्षत्रों में छठा नक्षत्र, जो मृग और पुनर्वसु के मध्य में होता है।

आषाढ = पूर्वाषाढा या उत्तराषाढा नक्षत्र से युक्त चैत्रादि में से चौथा तथा ग्रीष्म ऋतु का द्वितीय मास। इस मास में सूर्य का कर्क-संक्रमण होता है। दक्षिणायन के प्रारंभ का मास।

आश्लेषा (आश्रेया) = २७ नक्षत्रों में से ९ वां नक्षत्र। इसकी पांच तारकाएं पुष्य नक्षत्र की दक्षिण के ओर होती हैं। इसकी देवता सर्प है।

आश्वयुज = आश्विन मास से संबंधित। आश्वयुजी = आश्विन मास की पूर्णिमा।

आश्विन = आश्विनी नक्षत्र जिस पौर्णिमा के समय होता है ऐसा महीना। शरद् ऋतु का प्रथम तथा चैत्रादि से सातवां महीना। इसी मास में सूर्य का संक्रमण सातवीं तुला (राशि) में होता है। इसीको **तुलामास्** तथा **'इष'** भी कहते है।

आषाढी योग = आषाढी पौर्णिमा को उत्तराषाढा नक्षत्र में चंद्र का अवस्थान।

इडावत्सर (या इद्वत्सर) = पंच संवत्सरात्मक युग का तीसरा संवत्सर। (भागवत पु. ३-११-१४)

इन्द्रमण्डल = अभिजित्, श्रवण, धनिष्ठा, रोहिणी, ज्येष्ठा, उत्तराषाढा और अनुराधा, इन सात नक्षत्रों के समूह की संज्ञा।

इल्वलाः = मृगशिरा नक्षत्र के ऊपर स्थित पांच तारकाएं

ईक्षणिक = ज्योतिषी, भविष्यवेत्ता।

उग्रनक्षत्र = पूर्वा फाल्गुनी, पूर्वाषाढा, पूर्वभाद्रपदा, भरणी और मघा इन पांच नक्षत्रों की संज्ञा। इनमें घातक कर्म सफल होते हैं।

उच्च स्थान (ग्रहों के) = सूर्य-मेष राशि। चंद्र-वृषभ। मंगल-मकर। बुध-कन्या। गुरू-कर्क। शुक्र-मीन। शनि। तुला। (देखिये- नीच स्थान) मिथुन, सिंह, धनुस् और कुंभ इन चार राशियों में ग्रहों की उच्च-नीच स्थिती नहीं मानी जाती)

उत्तरा फाल्गुनी = २७ नक्षत्रों में १२ वां नक्षत्र जो सिंह राशि के पुच्छस्थान में होता है। यह एक शुभ नक्षत्र है।

उत्तराभाद्रपदा = २७ नक्षत्रों में २६ वां नक्षत्र। यह मीन राशि में होता है। यह शुभ नक्षत्र है।

उत्तरायण = मकर, कुम्भ, मीन, मेष, वृषभ, और मिथुन इन छह राशियों में सूर्य के यथाक्रम अवस्थान का काल। उत्तरायण में मरण प्रशस्त माना जाता है।

उत्तराषाढा = २७ नक्षत्रों में से २१ वां नक्षत्र जिसका प्रथम चरण धनुराशि में और अन्य तीन चरण मकर राशि में होते हैं।

उत्पात = अतिवृष्टि, उल्का, दण्ड, परिवेष, ग्रहण, परिधि, रजोनीहार, दिग्दाह, भूकम्प और गन्धर्वनगर। ये सभी भावी अशुभ के सूचित करते हैं।

उत्पात योग = यह एक अशुभ सूचक योग है। विशाखा, पूर्वाषाढा, धनिष्ठा, रेवती, रोहिणी, पुष्य और उत्तरा ये सात नक्षत्र, क्रमशः रविवार से शनिवार तक किसी वार को आने पर यह योग माना जाता है।

उत्सर्पिणी, अवसर्पिणी = युगों का कालविभाग।

उपग्रह = मुख्य ग्रह की प्रदक्षिणा करने वाला ग्रह। उदा. चंद्र पृथ्वी का उपग्रह है।

उल्का = (१) वराहमिहिर के मतानुसार स्वर्ग में शुभ फल भोगकर नीचे गिरते हुए प्राणियों का स्वरूप। (२) लोगों की परीक्षा कर के, शुभाशुभ फलज्ञान के लिए, लोकपालों द्वारा छोड़े गये अस्त्र (गर्ग आदि ज्योतिषाचार्यों का मत)। **पांच प्रकार** = धिष्ण्या, उल्का, अशनि, विद्युत् और तारा।

उषःकाल = (पंचपंच उषःकालः) सूर्योदय के पूर्व ५ घटिकाओं का अथवा प्रथम दिन के सूर्योदय काल से ५५ घटिकाओं का काल। (५७ घटिका अरुणोदय, ५८ घटिका प्रातःकाल और बाकी समय सूर्योदय काल)

ऊर्ध्वनक्षत्र = आर्द्रा, पुष्य, श्रवण, धनिष्ठा, शततारका, उत्तरा फाल्गुनी, उत्तराषाढा, उत्तराभाद्रपदा और रोहिणी।

ऋतुप्रारंभ = सूर्यसंक्रांति का दिन। उदा. वसंत का प्रारंभ सूर्य का मीन राशि में प्रवेश होने पर होता है।

ऋतुमान –वसन्त = मीन तथा मेष राशि में सूर्य के अवस्थान का काल।

ग्रीष्म = वृषभ तथा मिथुन राशि में सूर्य के अवस्थान का काल।

वर्षा = कर्क तथा सिंह राशि में सूर्य।

शरत् = कन्या तथा तुला राशि में सूर्य।

शिशिर = मकर तथा कुम्भ राशि में सूर्य।

कंकणाकृति ग्रहण = सूर्यग्रहण के काल में चंद्रबिंब सूर्यमंडल के मध्यभाग के सामने आने से पृथ्वी पर कुछ विभाग में सूर्यमंडल कंकणाकृति (बीच में काला) दिखाई देता है। इस अवस्था को कंकणाकृति ग्रहण कहते है। यह प्रायः दस मिनट तक ही दीखता है।

कन्या = बारह राशियों में छठी राशि। उत्तरा नक्षत्र के तीन पाद तथा हस्त और चित्रा नक्षत्र के प्रथम दो पाद मिलाकर कन्या राशि मानी जाती है। यह दक्षिण दिशा की स्वामिनी है। बुध इसका स्वामी है।

कन्यागत = गुरू ग्रह का कन्या राशि में निवास का काल।

कपिलाषष्ठी योग = भाद्रपद वद्य षष्ठी, मंगलवार, हस्तनक्षत्र का सूर्य, रोहिणी नक्षत्र का चंद्र और व्यतीपात इन पांच योगों एकत्र होना। लाक्षणिक अर्थ- अतिदुर्लभ योग। यह योग ६० वर्षों में एक ही बार आ सकता है।

१) करण = चंद्र-सूर्य में ५ अंशों का अंतर = एक करण। सात करणों का एक चक्र होता है। एक मास में ८ पूर्णचक्र अर्थात् ५६ करण होते हैं। करणचक्र का प्रारंभ चैत्र शु. १ से उत्तरार्ध तक होता है।

२) करण = पंचांग में निर्दिष्ट करणचक्रों की कुल संख्या ११ है। नाम – बव, बालव, कौलव, तैत्तिल, गरज, वणिज, विष्टि, (भद्रा या कल्याणी) चतुष्पाद, नाग, किंस्तुघ्न।

करिदिन = ग्रहण, अयनसंक्रांति, होली, वैशाखी, अमावस्या और प्रेतदाह इन दिनों का अपर दिन। यह शुभ कृत्यों के लिए वर्जित कहा गया है।

कर्क = मेषादि १२ राशियों में चौथी राशि। पुनर्वसु का चौथा चरण और पुष्य आश्लेषा सहित सवा दो नक्षत्रों की यह राशि होती है। चंद्र इसका स्वामी है। कर्क – संक्रमण से सूर्य के दक्षिणायन का प्रारंभ होता है।

कर्णप्रहर = सूर्यपुत्र कर्ण की सूर्योपासना का समय। सूर्योदय से साढे सात घटिका (३ घंटे)।

कला = (१) चंद्रमा का सोलहवां अंश, (२) राशि के तीसवें भाग का साठवां अंश। (ज्योतिष)

कलियुग = इसका प्रारंभ इ.पू. ३१०२ में माना जाता है। इस युग की वर्षसंख्या ४३२००० वर्षों की कही गई है। यह युग तमोगुण प्रधान है। इस में यज्ञ संस्था उत्सन्न होती है। दान तथा हरिभक्ति इस युग का धर्म है।

कल्प = पुराणों के अनुसार ब्रह्मा के एक अहोरात्र का कालमान (अर्थात् मानवों के ८६,४०,००० वर्ष) एक कल्प में २४ मन्वन्तर होते हैं। कल्पों की कुलसंख्या मत्स्यपुराण (अ.२८९) के अनुसार ३० है। उनके नामों में एकवाक्यता नहीं है।

कल्प = ब्रह्मा का एक दिन। १००० महायुग या दिव्य युग।

कल्पादि तिथि = चैत्र शुद्ध पंचमी।

काणयोग = एक अशुभ योग। ज्येष्ठा, अभिजित्, पूर्वाभाद्रपदा, भरणी, आर्द्रा, मघा, और चित्रा ये सात नक्षत्र, रविवार से शनिवार तक यथाक्रम आने पर यह योग माना जाता है।

कामद-आदित्यवार = मार्गशीर्ष शु. षष्ठी का आदित्यवार।

कार्तिक = जिस मास की पौर्णिमा को सूर्यास्त के समय पूर्व क्षितिज पर कृत्तिका नक्षत्र (सात ताराकाओं का पुंज) का उदय होता है उसका नाम। कृत्तिका नक्षत्र युक्त पौर्णिमा का मास। इसमें सूर्य तुला-राशिस्थ होता है।

कालचक्र = (या ज्योतिष्चक्र) = दिन, ऋतु, मास, संवत्सर आदि क्रम से चक्र के समान प्रतीत होने वाले काल की एक रूपकात्मक कल्पना।

कालनिर्णय = व्यक्ति के जीवन में भावी घटनाओं के काल की निश्चिति करने की पद्धति। विविध प्रकार – विंशोत्तरी दशा अष्टोत्तरी और योगिनी दशा तथा ताजिक, वर्षप्रवेश, गोचरी, दिनवर्ष पद्धति इत्यादि प्रकारों से कालनिर्णय होता है।

कालपाशयोग = ज्योतिषशास्त्रोक्त एक संज्ञा। काल और पास, दक्षिण-उत्तर इत्यादि विरुद्ध दिशा में होते हैं। रात और दिन में उनके स्थान विरुद्ध होते हैं। जैसे दिन में उत्तर में काल तो दक्षिण में पाश होता है। रात में वे उसी दिन दक्षिण-उत्तर में होते हैं। उनका भ्रमण उत्तर, वायव्य, पश्चिम इस क्रम से होता हैं। वायव्य उत्तर, ईशान्य में काल और उनके उल्टे अंग में पाश का होना अति शुभ माना जाता है।

कालपुरुष = ज्योतिष शास्त्र की अपर संज्ञा।

कालपुरुष = शुभाशुभ फलित जानने के निमित्त शीर्ष, मुख, बाहु, हृदय आदि पुरुषदेह के १२ स्थानों पर राशियों की स्थापना।

कालावयव = युग, वर्ष, अयन, ऋतु, मास, पक्ष, अहोरात्र, प्रहर, मुहूर्त, घटी, पल, नाडी, प्राण और त्रुटि।

कुण्डली = ज्योतिष शास्त्र के अनुसार बारह राशि स्थानों में नवग्रहों की स्थापना से निर्मित जीवन का एक मानचित्र। दो भेद – राशि कुण्डली और लग्न कुण्डली। (अवांतर भेद – नवमांशकुंडली, द्वादशांश कुंडली, त्रिंशांश कुण्डली आदि)। कुण्डली के आधार पर फलज्योतिषी भविष्य कथन करते हैं। व्रतबंध, विवाह आदि विधियों के लिए शुभ-अशुभ भवितव्यता का अनुमान, जन्मपत्रिका में आलिखित कुण्डली देखकर होता है।

कुतुप = दिन के १५ मुहूर्तों में से आठवें मुहूर्त का समय।

कुंभ = बारह राशियों में परिगणित ग्यारहवीं राशि का नाम। धनिष्ठा नक्षत्र का उत्तरार्ध और पूर्वा तथा उत्तरा भाद्रपदा के तीन चरणों को मिलाकर यह राशि स्थिर होती है। शनि ग्रह इसका स्वामी है।

कुंभपर्व = १२ वर्षों के बाद गुरु मकर राशिस्थ और उसी अवधि में सूर्य मकर राशिस्थ होने पर प्रयाग में होने वाली तीर्थयात्रा-पर्व की संज्ञा। (अपर संज्ञा – कुंभमेला)

कुलिक = शुभकर्म के लिए निषिद्ध माना गया प्रत्येक दिन का विशिष्ट प्रहर। प्रायः दिन के अंतिम प्रहर का उत्तरार्ध और रात्र के प्रथम प्रहर का पूर्वार्ध।

कुहू = अमावस्या, जिसमें चंद्रकला पूर्णतया लुप्त होती हैं। चंद्रकला किंचित् दीखती है तब अमावस्या को **सिनीवाली** कहते है। (सा दृष्टेन्दुः सिनीवाली सा नष्टेन्दुकला कुहूः - अमर कोश)

कूटगुण = विवाह के निमित्त वधू-वर के आठ गुणों का विचार होता है। (आठ गुण = वर्णगुण, वश्यगुण, योनि, नक्षत्र, ग्रह, गण, कूट, और नाडी)। वधू या वर की **राशि** से दूसरी राशि छठी या आठवीं होने पर **षडाष्टक कूट'** माना जाता है। दूसरी या बारहवीं हो तो द्विर्द्वादशकूट' और पांचवी या नौवीं होने पर 'नवपंचक कूट' माना जाता है। इन तीनों को **''दुष्कूट' कहते हैं।**

कूटसंक्रान्ति = मध्यरात्रि के बाद सूर्य का एक राशि से दूसरी राशि में संक्रमण।

कृतयुग = (या सत्य युग) चार युगों में प्रथम। रवि, चंद्र और गुरु एक राशि में आने पर इसका आरंभ माना गया है। चार हजार दिव्य वर्ष इसकी काल मर्यादा है। इस युग में हंस नामक एक ही मानव वर्ग होता है। (२) सुखपूर्ण शासन काल। (अपर नाम मालवगण युग) कृतयुग की वर्ष मर्यादा सत्रह लक्ष अठ्ठाईस हजार सौर वर्ष मानी जाती है।

कृत्तिका = अश्विनी आदि २७ नक्षत्रों में तीसरा नक्षत्र। अंबा, दुला, नितत्री, अभ्रयन्ती, मेघयन्ती, वर्षयन्ती नामक छह तारकाओं के पुंज का नाम। इसका प्रथम चरण मेष राशि में

और अंन्य तीन वृषभ राशि में होते हैं। वैदिक काल में यह प्रथम नक्षत्र माना जाता था।

केतु = नवग्रहों में से एक पापग्रह। यह एक राशि में १८ मास रहता है और उलटे क्रम से राशिचक्र में भ्रमण करता है। यह दृश्य नहीं है। (पृथ्वी और चंद्र के क्रांतिवृत्त के दो छेद (या पात) बिंदुओं को राहु और केतु कहते हैं।

केतुत्रय = केतु नामक ग्रह के तीन प्रकार – (१) भौम (पृथ्वी पर उत्पन्न); (२) आन्तरिक्ष (ग्रह-नक्षत्रों के स्थान से भिन्न स्थान में उत्पन्न), (३) दिव्य (आकाश में उत्पन्न)

केतु के विविध प्रकार = (१) सूर्य पुत्र (२५ प्रकार) २) अग्निपुत्र (२५ प्रकार), ३) यमपुत्र (२५ प्रकार), ४) भूमिपुत्र (२२ प्रकार); ५) चन्द्रपुत्र (३ प्रकार); ६) ब्रह्मपुत्र (एक मात्र)। अन्य प्रकार – शुक्रपुत्र (८४); शनिपुत्र (६०), बुधपुत्र (५०), मंगलपुत्र (६०), राहुपुत्र (३३), अग्निपुत्र (१२२), वायुपुत्र (७७), प्रजापतित्र पुत्र (८), ब्रह्मपुत्र (१०४); वरुण पुत्र (३२); कालपुत्र (९६); विदिशापुत्र (९)। इनके अतिरिक्त वसा, अस्थि, कपाल, रौद्र, आदि संज्ञावाले केतु होतु होते हैं।

केंद्र योग = एक उत्तम प्रवास योग। जन्मकुण्डली में लग्न से ४, ७, १०, स्थान को केंद्र कहते हैं। केंद्र में तथा लग्न से ३, ६, ९ और १० वीं राशियों में गुरु ग्रह का होना।

कोटि = राशिचक्र का तृतीयांश।

कोलंबवर्ष = (कोल्लम शक) केरल मे प्रचलित सौर वर्षगणना। इसमें मकर संक्रमण से वर्षारंभ होता है।

कौर्मकल्प = और पितृकल्प = ब्रह्मा की पूर्णिमा और अमावस्या के नाम।

क्रकचयोग = शनिवार से शुक्रवार, गुरुवार इत्यादि उलटे क्रम से जब तिथियों का क्रम, षष्ठी, सप्तमी, इस प्रकार होता है तब 'क्रकच' नामक योग होता है जो शुभ कृत्यों के लिए वर्जित माना गया है।

क्रूरायण = दक्षिणायन की अपर संज्ञा।

क्रोध = ६० वर्षों के संवत्सर चक्र में ३८ वे वर्ष की संज्ञा।

क्षण = (१) निमेष काल का चतुर्थांश। (२) मुहूर्त का १२ वां भाग (अर्थात् ३० कला या ४ मिनट)।

क्षयमास = दो सूर्य संक्रमणों से युक्त चांद्रमास की संज्ञा। प्रायः कार्तिक, मार्गशीर्ष, और पौष में से एक क्षय मास होता है। सौर और चान्द्र मास समकाल होने के कारण क्षयमास होता है।

क्षयमास = जिस चान्द्रमास (शुक्ल प्रतिपदा से अमावस्या तक का समय) में दो रविसंक्रान्तियां आती हैं उसे क्षयमास कहते हैं। क्षयमास कार्तिक, मार्गशीर्ष और पौष इन तीन ही मासों में होता है।

क्षयमास = जिस वर्ष आश्विन अधिकमास होता है उस वर्ष पौष क्षय मास होता है। १४१ वर्षों के बाद आश्विन अधिक मास होता है। पौष क्षयमास (नष्टमास) होता है तब मार्गशीर्ष में प्रतिदिन दो प्रहर मार्गशीर्ष और आगे दो प्रहर तक पौष मान कर दोनों महीनों के धर्मकृत्य होते है।

क्षिप्र = एक काल विभाग।

खगोल शास्त्र = ज्योतिष शास्त्र की एक संज्ञा।

खग्रास ग्रहण = पौर्णिमा की रात में सूर्य, पृथ्वी और चंद्र एक सरल रेखा में आने के कारण जब पृथ्वी की घनच्छाया में चंद्रबिंब लुप्त होता होता तब वह **खग्रास चंद्रग्रहण** होता है। उसी प्रकार अमावस्या के दिन-समय में सूर्य, चंद्र और पृथ्वी एक सरल रेखा में आने के कारण चन्द्र की घनच्छाया से पृथ्वी के किसी भाग में सूर्य लुप्त सा होता है, तब वह **खग्रास सूर्यग्रहण** होता है। यह प्रायः आठ मिनट तक दीख सकता है।

खण्डग्रास ग्रहण = पौर्णिमा की रात में चंद्रबिंब का पृथ्वी की उपच्छाया से घनच्छाया में प्रवेश होते समय का ग्रहण। संपूर्णतया घनच्छाया में प्रवेश होने पर **'खण्डग्रास ग्रहण** कहा जाता है।

खण्डतिथि = सूर्योदय के समय होने वाली तिथि, दिन के मध्यभाग में खंडित होने पर, खण्ड तिथि कही जाती है।

खडष्टक (षडष्टक) = फल ज्योतिष के अनुसार कुण्डली में एक स्थान के ग्रह के बांई ओर से षष्ठ स्थान में जो ग्रह होता है, उसका प्रथम निर्दिष्ट ग्रह से बैर होता है। यही गणना दाहिनी ओर से करने पर वह स्थान अष्टम आता है। अतः छठे और आठवें स्थान के ग्रह से प्रथम निर्दिष्ट ग्रह का बैर होता है। षडष्टक (या षडाष्टक। खडाष्टक) योग महान बैर का द्योतक माना जाता है।

गजच्छाया पर्व = (१) भाद्रपदी अमावस्या को हस्तनक्षत्र सूर्य-चंद्रयोग। (२) कृष्ण त्रयोदशी को चंद्र का मघा नक्षत्र में और सूर्य का हस्त नक्षत्र में होना। (३) सूर्यग्रहण में यह पर्व होता है।

गण = ज्योतिष शास्त्र में जन्मनक्षत्र के अनुसार मनुष्य प्राणियों के गण (देव, राक्षस या मनुष्य) माने जाते हैं। विवाह निमित्त वधू-वरों की पत्रिका देखते समय उनके गण की भी अनुकूलता देखी जाती है।

गणक = शुभ-अशुभ ग्रहों के कारण प्राप्त भोगों का फल कथन करने वाला, फलज्योतिषी। राजा के अनुचरों में गणक को स्थान दिया जाता था।

गणमैत्री = जातक शास्त्र में अश्विनी, भरणी आदि सत्ताईस नक्षत्रों के देव, मनुष्य और राक्षस गण निर्धारित किए हैं। वधू-वरों का घटित देखते समय दोनों के गणों की अनुकूलता और प्रतिकूलता गणक देखते हैं। दोनों के समान गण, अथवा वर देवगणी व वधू मनुष्य गणी होना उत्तम गणमैत्री का लक्षण माना जाता है।

गणित स्कन्ध = ज्योतिष शास्त्र के सिद्धान्त स्कन्ध के

अन्तर्गत एक विभाग।

गणिविद्या = जैन संप्रदाय के प्रव्राजन, सामयिक, आरोपण, उपस्थान, श्रुतोद्देशानुज्ञा, विहार इत्यादि कर्मों के लिए शुभ दिन, तिथि, ग्रहयोग आदि देखने की विद्या।

गंडयोग = तीन प्रकार – (१) तिथिगंड, (२) नक्षत्रगंड और (३) लग्नगंड। पूर्णा तिथि और नंदा तिथि (अर्थात् पंचमी और षष्ठी)। (देखिए- सिद्धिप्रद तिथि की संधिघटिकाएँ (अर्थात् पंचमी की अंतिम और षष्ठी की प्रथम घटिका) **'तिथि गण्डान्त'** कहलाती है। उसी प्रकार कर्क-सिंह, वृश्चिक-धनुस्, मीन-मेष, इनकी संधि की क्रमश अंतिम और आदिम अर्ध-अर्ध घटिकाओं को **लग्न गण्डान्त** कहते हैं। गण्डान्तर योग अशुभ माने जाते हैं।

गण्डान्त = जातक शास्त्र में कथित एक अशुभ योग। तीन प्रकार – तिथिगण्डान्त, नक्षत्रगंडान्त, लग्नगण्डान्त।

गलग्रह तिथि = गला पकड़ने वाली अर्थात् अनिष्ट फलदायक तिथि। १, ४, ६, ७, ८, ९, १३, १४ पौर्णिमा और अमावस्या, ये दस तिथियाँ 'गलग्रह तिथियाँ मानी जाती हैं।

गुण = जातक शास्त्र में वधू-वरों की जन्मपत्रिका द्वारा ३६ गुणों का विचार होता है। वर्ण-१, वंश-२, तारा-३, योनि-४, ग्रह-५, गण-६, कूट-७ और नाडी-८, यह गुणों की संख्या है। कुल मिला कर वे ३६ होते हैं।

गुरु (या बृहस्पति) = ९ ग्रहों में पांचवा तेजस्वी ग्रह। यह एक राशि में १ वर्ष तक रहता है। सभी ग्रहों में यह 'गुरु' (याने आकारमान में बड़ा) है।

गुरुपुष्य योग = गुरुवार को पुष्यनक्षत्र का होना। इस योग पर सुवर्णक्रय करना लाभदायक माना जाता है।

गुरुबल = जन्मराशिसे २, ५, ७, ९, या ११ वें स्थान में गुरु ग्रह होना। गुरुबल की अनुकूलता उपनयन संस्कार में देखी जाती है।

गोचर फल = सूर्यचंद्रादि नवग्रहों के दैनंदिन संचार के कारण जन्मराशि में उनका जो स्थान होता है उससे अनुमानित शुभ-अशुभ फल।

गोचरी पद्धति = व्यक्ति के जीवन में उत्कर्ष-अपकर्ष का अनुमान करने की कालनिर्णय की पद्धति।

गोदोहन काल = मुहूर्त का आठवां भाग। (मुहूर्त = ४८ मिनट का काल) अर्थात् छह मिनिट की अवधि। गाय का दोहन करने की लिये पर्याप्त काल।

गोरज (या गोधूलि) **मुहूर्त** = सूर्यास्त के पूर्व आधी तथा बाद की आधी घटिका मिलाकर होने वाला एक घटिका का समय। विवाह के लिए यह शुभ मुहूर्त माना जाता है। (इस संध्या समय में गोचर भूमि से गांव की ओर लौटने वाली गायों की चरणधूलि उड़ने के कारण यह संज्ञा निर्माण हुई)।

ग्रह = 'गृह्णाति गतिविशेषान्' इति, अथवा गृह्णाति फलदातृत्वेन जीवान्' इति। अर्थात् विशिष्ट गति का ग्रहण करने वाले या शुभाशुभ फल दोनों के द्वारा जीवों का ग्रहण करने वाले नवग्रहों- सूर्य, चंद्र मंगल, बुध, गुरु, शुक्र, शनि, राहु और केतु - इन नौ ताराओं की संज्ञा। (अर्वाचीन जातकशास्त्र में युरेनस (प्रजापति), नेपच्यून (वरुण) और प्लूटो (इंद्र), नामक तीन ग्रह अधिक माने जाते हैं।

ग्रहगति के ६ प्रकार = शीघ्र, मन्द, दक्षिण, उत्तर, नीच और उच्च।

ग्रहण काल = (१) स्पर्शकाल – सूर्य या चंद्र के ग्रहण के प्रारंभ का काल। **(२) मोक्षकाल** –ग्रहण की समाप्ति का काल।

ग्रहपरिवृत्ति संवत्सर = तमिळनाडू में प्रचलित एक काल गणना। इसमें ९० वर्षों का कालचक्र होता है और इस का प्रारंभ कलियुग ३०७९(ई.पू. २४) में होता है। (इ. पू. ३१०१ कलियुग का आरंभ माना जाता है। अतः सन १९९० में ५०९१ युगाब्द माना जाता है।)

ग्रहयुद्ध = आकाश मे संचार करने वाले ग्रहों के आच्छादन, परिधिस्पर्श, किरणसंयोग आदि कारणों से (१) भेद, (२) उल्लेख, (३) अंशुमर्दन, और (४) अपसव्य नामक चार प्रकार के युद्ध माने जाते हैं। इन ग्रहयुद्धों के कारण अशुभ फल दिखाई देते हैं।

ग्रहयोग के छह प्रकार = (१) संवर्त –(एक नक्षत्र में पौर (या नागर) ग्रह के साथ पापी ग्रहं मिलकर उनकी संख्या ४ या ५ होना)। (२) **संमोह** (एक नक्षत्र में पौर ग्रह के साथ केतु या राहु का होना)। **(३) समाज** (पौर ग्रह के साथ पौर और पापग्रह के साथ पाप ग्रह का होना)। **(४) कोश** (शनि या गुरु के संयोग में दूसरे ग्रह का आना। **(५) सन्निपात** (एक ग्रह पूर्व और दूसरा ग्रह पश्चिम दिशा में उदित होकर दोनों का एक नक्षत्र में आना। (६) **समागम** (उक्त पांच प्रकारों से भिन्न प्रकार से ग्रहों का समागम।

ग्रास दशक = ग्रहण काल में राहु द्वारा सूर्य और चन्द्र का ग्रास दस प्रकार से दिखाई देता है। उन दस प्रकार के ग्रासों की संज्ञाएँ – सव्य, अपसव्य, लेह, ग्रसन, निरोध, अवमर्दन, आरोह, आघ्रात, मध्यतम और तमोऽन्त्य। ज्योतिष शास्त्र में इन ग्रासों के अन्यान्य फल बताये हैं।

घटिका पात्र = विवाहमुहूर्त का समय निश्चित करने के लिए उपयुक्त एक कालमापक पात्र। सच्छिद्र घटिका-पात्र जलपूर्ण पात्र में रखने पर जब पूर्ण होकर डूब जाता है तब संपूर्ण घटिका, मानी जाती है।

घबाड मुहूर्त= (१) एक शुभ मुहूर्त। सूर्यनक्षत्र, दिवस नक्षत्र, तिथि के अनुसार यह मुहूर्त निश्चित होता है।

घटिका = अहोरात्र का ६० वां विभाग। अपर संज्ञा – नाडी।

चतुर्युग = (१) कृतयुग = १७,२८,००० मानवी वर्ष
(२) त्रेतायुग = १२,९६,००० मानवी वर्ष
(३) द्वापर युग = ८,६४,००० मानवी वर्ष

(४) कलियुग = ४,३२,००० मानवी वर्ष

चन्द्रबल = दो पापग्रहों के बीच या पापग्रह से युक्त अथवा किसी पापग्रह से सातवें स्थान में होने पर, चंद्र अशुभ माना जाता है; किन्तु शुभ ग्रह के नवांश में, मित्रग्रह के नवांश में या गुरुदृष्ट होने से वह अशुभ होने पर भी शुभ माना जाता है। दूसरे मत के अनुसार – शुक्लपक्ष के आरंभ में चंद्रमा शुभ होने पर उस पक्ष में चंद्रबल माना जाता है। कृष्णपक्ष के आरंभ में चंद्र अशुभ होने पर, उस पक्ष में चंद्रबल माना जाता है। इसकी विपरीत अवस्था में चंद्रबल का अभाव माना जाता है।

चर नक्षत्र = स्वाती, पुनर्वसु, श्रवण, धनिष्ठा, शततारका इन पांच नक्षत्रों की संज्ञा।

चर नक्षत्र = संचार के लिए उचित नक्षत्र – श्रवण, धनिष्ठा, शततारका, स्वाती और हस्त।

चल करण = बव, बालव, कौलव, तैत्तिल, गर, वणिज और विष्टि- इन सात करणों की संज्ञा।

चान्द्र दिन = तिथिभोग्य काल की संज्ञा।

चांद्र नक्षत्र (या दिन नक्षत्र) = चंद्रमा के समीपवर्ती नक्षत्र।

चान्द्र मास = दिन प्रमाण $29^1/_2$। शुद्ध प्रतिपदा से अमावस्या तक या वद्य प्रतिपदा से पौर्णिमा तक का कालमान।

चान्द्र मास = (दो प्रकार) = (१) मुख्य – जो शुक्ल पक्ष की प्रतिपदासे अमावस्या तक होता है। यह नर्मदा के दक्षिण विभाग में प्रचलित है।

(२) गौण = कृष्णपक्षीय प्रतिपदा से पौर्णिमा को समाप्त होने वाला। यह नर्मदा के उत्तर भाग में प्रचलित है। मुख्य चान्द्रमास को **'अमान्त'** और गौण को **पौर्णिमान्त** कहते हैं।

चांद्र वर्ष = चैत्र शुक्ल प्रतिपदा से फाल्गुन-अमावस्या तक ३५४ दिनों की कालावधि। सूर्यसिद्धान्त के अनुसार चान्द्र वर्ष में ३५४ दिन, २२ घटिका, १ पल और २४ विपल होते हैं।

चांद्र वर्ष = १२ अमावस्याओं और पौर्णिमाओं से युक्त कालमान। यह पर्व (अमावस्या-पौर्णिमा) पर आधारित होने से इसे **पार्वण वर्ष** कहते हैं।

चित्रा = २७ नक्षत्रों में से १४ वां नक्षत्र। इस नक्षत्र के पहले दो चरण कन्या राशि में और दूसरे दो चरण तुला राशि में होते है।

चूडामणि योग = रविवार को सूर्यग्रहण या सोमवार को चंद्रग्रहण का होना। यह एक पुण्ययोग माना जाता है।

चैत्रमास = चांद्र संवत्सर का प्रथम मास। इसकी पौर्णिमा के आगे पीछे चित्रा नक्षत्र का उदय होने से यह मास चैत्र कहलाता है।

छायाशंकु = कालमापन का एक प्राचीन साधन। भूमि पर दंड की छाया की दिशा देखकर घटिका, पलं, आदि कालगणना होती थी। उसी डंडे को छायाशंकु कहते हैं।

जन्मपत्रिका = जन्मतिथि से एक महीने के बाद जन्मकालीन, तिथि, नक्षत्र, घटिका, पल, लग्न, ग्रहस्थिति, आदि का निर्देश करने वाली पत्रिका। इसमें जन्मकुंडली (लग्नकुण्डली) और राशिकुण्डली भी लिखी जाती है।

जन्मपत्रिका के १२ स्थान = (१ से १२ तक) (१) तनु (२) धन (३) सहज (४) सुहृत् (५) सुत, (६) रिपु (७) माया, (८) मृत्यु, (९) धर्म, (१०) कर्म, (११) आय, (१२) व्यय।

जन्मलग्न = जन्म के समय पूर्व क्षितिज पर सूर्योदय की राशि।

जयंतादित्यवार = उत्तरायण के आदित्यवार।

जया तिथि = तृतीया, अष्टमी, और त्रयोदशी तिथियों को 'जया' कहते हैं। ये तिथियां युद्ध कार्य में जय देने वाली मानी जाती हैं।

जयादित्यवार = दक्षिणायन के आदित्यवार।

जातक = ज्योतिषशास्त्र के फलित स्कन्ध का एक भाग। इसमें जन्मकाल के आधार पर मानवों तथा अन्य प्राणियों के जीवन संबंधी सभी प्रकार के फल कहे जाते हैं।

जामित्र = एक मुहूर्तदोष जो विवाह के लिए अशुभ माना जाता है।

ज्येष्ठा = २७ नक्षत्रों में से १८ वां नक्षत्र। वैदिक संज्ञा, ज्येष्ठघ्नी। इन्द्र इस नक्षत्र की देवता है। यह नक्षत्र वृश्चिक राशि के अन्तर्गत होता है। इस नक्षत्र पर कृषिविषयक कार्य करना उचित माना है।

ज्योतिष = यज्ञ के कालविधान का एक प्राचीन शास्त्र। यह छह वेदांगों में नेत्ररूप वेदांग माना जाता है। **तीन भाग** – ऋग्वेद ज्योतिष, यजुर्वेद ज्योतिष और अथर्ववेद ज्योतिष।

ज्योतिष शास्त्र के त्रिस्कन्ध = (१) सिद्धान्त (या गणित) (२) संहिता और (३) होरा।

ज्योतिष के विविध सिध्दान्त = सूर्यसिध्दान्त, ब्रह्म स्फुट सिध्दान्त, पितामहसिद्धान्त, वेदांगज्योतिष, आर्यभट्टीय, ग्रहलाघव, ज्योतिर्गणित। भारतीय ज्योतिष शास्त्र में इन सिद्धान्तों का प्रचार है।

तन्त्रस्कन्ध = ज्योतिष शास्त्र के तीन स्कन्धों में से एक। इसमें गणित द्वारा ग्रहगति का निर्णय किया जाता है।

ताजिक = ज्योतिष शास्त्र के फलित स्कन्ध का एक भाग। इससे वर्षफल, मासफल आदि का ज्ञान होता है। यह शास्त्रज्ञान भारतीय विद्वानों ने यवनाचार्यों से ग्रहण किया। ताजिक शास्त्र के परिभाषिक शब्द फारसी भाषीय हैं।

तिथि = चान्द्रमास का दिवस। चान्द्र मास २७ दिनों का माना जाता था। उस मास का तीसवां भाग तिथि होती है। चांद्र मास का ३० वा अंश। अथवा सूर्य और चंद्रमा में १२ अंशों का अंतर पड़ने का काल।

तिथि = पक्ष का १५ वाँ विभाग तिथि होती है। शुक्ल पक्ष में ''सूर्योदयव्यापिनी'' और कृष्ण पक्ष मे ''सूर्यास्तव्यापिनी'' तिथि ग्राह्य मानी जाती है। वस्तुतः तिथि २९.५ दिवसों का तीसवाँ भाग होती है। यह चान्द्रमान का एक दिन या चान्द्रमास का तीसवाँ

भाग होती है। चन्द्रमा को सूर्य से १२ अंश दूर जाने के लिए लगने वाला समय। चंद्रमा सूर्य की संपूर्ण ३६० अंश प्रदक्षिणाएं, , २९.५ दिनों में, करता है। उसमें १२ अंशों का अंतर जितने समय में पूर्ण होता है वह अवधि ही एक तिथि होती है। सूर्योदय के समय की तिथि उस संपूर्ण दिन की तिथि मानी जाती है। तिथि के क्षय तथा वृद्धि का निर्देश पंचांग में दिया जाता है।

तिथिक्षय = सूर्योदय के क्षण की तिथि को दिनतिथि मानना चाहिए इस संकेत के कारण तिथि का क्षय माना जाता है। उदा. बुधवार को सूर्योदय से १ घटिका १२ पल तक वद्य त्रयोदशी हो तो उस दिन की तिथि त्रयोदशी ही मानी जाती है। फिर १घटिका १२ पल से चतुर्दशी का प्रारंभ होने पर भी वह गुरुवार का सूर्योदय होने से पहले ही समाप्त होती है तब गुरुवार को अमावस्या मानी जाती है। अर्थात् बुधवार को त्रयोदशी और गुरुवार को अमावस्या आने के कारण वद्य १४ का क्षय माना जाता है। (देखिये अवमदिन)

तिथिगण्डान्त = गण्डान्त योग के तीन प्रकारों में से एक। पंचमी, दशमी, पौर्णिमा और अमावस्या इन तिथियों की प्रथम घटिका। (देखिये – गण्ड योग)

तिथिचक्र = प्रवास का मुहूर्त देखने के लिए उपयुक्त एक तिथिसारणी। इसमें पौष को प्रारंभिक मास माना जाता है। इस सारणी में फलज्योतिषी तिथि और प्रवास की दिशा का फल देखते हैं।

तिथिस्वामी = प्रतिपदा – ब्रह्म, २ विधाता, ३ विष्णु, ४ यम, ५ चन्द्र, ६ कार्तिकेय, ७ इन्द्र, ८ वसु, ९ सर्प, १० धर्म, ११ शिव, १२ सूर्य, १३ कामदेव, १४ कलि, पौर्णिमा-विश्वेदेव। अमावस्या-पितृगण (इसी प्रकार २७ नक्षत्रों तथा करणों के भी स्वामी कहे हैं।

तिथीश (या तिथिस्वामी) = प्रतिपदा- अग्नि। द्वितीया-ब्रह्मा। तृतीया-गौरी। चतुर्थी- गणेश। पंचमी- नाग। षष्ठी- कार्तिकेय। सप्तमी-सूर्य। अष्टमी-शिव। नवमी-दुर्गा। दशमी-यम। एकादशी-विश्वेदेव। द्वादशी-विष्णु। त्रयोदशी - कामदेव। चतुर्दशी-शिव। अमावस्या-पितर। पौर्णिमा-पितर।

तिर्यङ्मुख नक्षत्र = मृग, रेवती, चित्रा, अनुराधा, हस्त, स्वाती, पुनर्वसु, ज्येष्ठा और अश्विनी।

तीक्ष्णनक्षत्र = मूल, आर्द्रा, ज्येष्ठा, आर्द्रा - इन चार नक्षत्रों की संज्ञा। इनमें कुकर्मों की सिद्धि होती है।

तुलामास = देखिये आश्विन। इस मास में सूर्य का तुला राशि में संक्रमण होता है।

तुला राशि = १२ राशियों में सातवी राशि। चित्रा के दो चरण तथा स्वाती और विशाखा के तीन चरण मिलाकर तुला राशि मानी जाती है।

त्रिपाद नक्षत्र = कृत्तिका, पुनर्वसु, उत्तरा, विशाखा, उत्तराषाढा और पूर्वाभाद्रपदा - इन छ नक्षत्रों को त्रिपाद मानते हैं। इन नक्षत्रों पर मृत्यु होने पर शांति करते हैं।

त्रिपुष्कर योग = मंगलवार, शनिवार और रविवार को द्वितीया, सप्तमी और द्वादशी, तथा कृत्तिका, पुनर्वसु, उत्तरा, विशाखा, उत्तराषाढा, और पूर्वाभाद्रपदा नक्षत्र इन तीनों का एकत्र योग आता है तब जो शुभ या अशुभ घटना होती है उस घटना की तीन बार आवृत्ति होती है। किन्तु उक्त वार और तिथि को मृग, चित्रा और धनिष्ठा में से किसी नक्षत्र के आने पर **'द्विपुष्कर योग'** होता है। इस योग पर हुई घटना की दो बार आवृत्ति होती है।

त्रिप्रश्न गणित = ज्योतिर्गणित की संज्ञा। ग्रह और तारका का स्थल, काल और विशिष्ट तारका से अंतर और दिशा - इन तीन प्रश्नों का विचार ज्योतिगणित में प्रधान होने के कारण यह संज्ञा रूढ हुई है।

त्रिस्कन्ध ज्यौतिष = (१) सिद्धान्त (२) गणित और (३) फलित नामक ज्योतिष शास्त्र के तीन विभाग। अथवा (१) संहिता (२) तंत्र, (३) होरा।

त्रुटी = कालगणना का सूक्ष्मतम भाग।

त्रेतायुग = चार युगों में दूसरा युग। इसकी काल मर्यादा १२ लक्ष ९६ हजार वर्षों की मानी जाती है। प्रभु रामचंद्र का आविर्भाव इसी युग में माना जाता है। वायु पुराण के अनुसार इसी युग से वर्णाश्रम व्यवस्था का प्रारंभ हुआ।

त्र्यहःस्पृक् तिथि = तीन वारों को स्पर्श करने वाली वृद्धि तिथि। एक ही तिथि दो वारों में होती है तब उसे **'वृद्धितिथि'** कहते हैं। उदा. जब गुरुवार सूर्योदय से ५७ घटिका २ पल तक अष्टमी होती है तब शुक्रवार के उदय क्षण में नवमी का प्रारंभ होने से शुक्रवार की तिथि नवमी होती है। वह शनिवार की सूर्योदय के बाद १ घ. ३० प. तक होने से शनिवार की भी तिथि नवमी होती है। ऐसी तिथि को 'वृद्धितिथि' कहते हैं। यह नवमी गुरुवार, शुक्रवार और शनिवार को स्पर्श करती है। अतः उसे 'त्र्यहःस्पृक्'' कहते हैं।

दक्षिणायन = कर्क, सिंह, कन्या, तुला, वृश्चिक, और धनु - इन छह राशीयों में सूर्य का यथाक्रम अवस्थान का काल।

दक्षिणायन = आषाढ से पौष तक छह महीनों का काल। इस काल में सूर्य का अयन (अर्थात् गमन) दक्षिण गोलार्ध की ओर दिखाई देता है। सूर्य का प्रवेश कर्क राशि में होने पर दक्षिणायन का और मकर राशि में होने पर, उत्तरायण का प्रारंभ होता है।

दग्ध योग = एक अशुभ योग जो विशिष्ट वार और तिथि के संयोग पर माना जाता है। उदा. रविवार-तिथि १२। सोमवार-११, मंगलवार-५-१०। बुधवार-३। गुरुवार-६। शुक्रवार-२-८। शनिवार- ७-९।

दण्ड = सूर्य के उदय या अस्त के समय स्पष्ट इन्द्रधनुष्य के समान दिखने वाली मेघरेखा की संज्ञा।

दर्श = (१) अमावस्या। (२) अमावस्या के बाद चंद्रदर्शन की (प्रतिपदा) तिथि।

दशा = नक्षत्रों के अनुसार सूर्य – चंद्रादि ग्रहों का जिस काल विभाग पर स्वामित्व होता है उस कालांश को दशा कहते हैं। दस प्रकार – योगिनी, वार्षिकी, नाक्षत्रिकी, लाग्निकी, मुकुंदा, विंशोत्तरा, त्रिंशोत्तरा, पताकी, हरगौरी, और दिनदशा।

दशापद्धति = व्यक्ति के जीवन में उत्कर्ष-अपकर्ष के योग का अनुमान करने की एक पद्धति।

दिक्शूल = विशिष्ट दिशा को प्रवास करने के लिए निषिद्ध माने गए वार। जैसे **पश्चिम** = रवि, शुक्र। **उत्तर** = बुध, मंगल। **पूर्व** = शनि. सोम.। **दक्षिण** = बृहस्पति.। बुधवार सभी दिशाओं के लिए दिक्शूल माना गया है। (जोतिःसारसंग्रह)

दिनवर्षपद्धति = व्यक्ति के जीवन में उत्कर्ष-अपकर्ष का अनुमान करने की काल निर्णय की एक पद्धति। इस पद्धति में जन्म के बाद का प्रत्येक दिन, एक वर्ष का द्योतक माना जाता है।

दिनांश = अहोरात्र के समय के १२४ समान विभाग।

दिवस या दिन = ६० संपूर्ण घटिकाओं की कालावधि। (१) एक सूर्योदय-क्षण से दूसरे सूर्योदय क्षण तक का समय। (२) एक मध्याह्न से दूसरे मध्याह्न तक का समय। (३) एक मध्यरात्रि से दूसरी मध्यरात्रि तक का समय। इन तीन पद्धतियों से "सौरदिवस" माना जाता है। दो प्रकार – सौर दिवस और नाक्षत्र दिवस (**पितरों का दिवस** = कृष्ण पक्ष। शुक्लपक्ष उनकी रात्रि होती है।)

दिवस के पाँच विभाग = प्रातः, संगव, मध्याह्न, अपराह्ण और सायाह्न (स्मृतिकार तथा कौटिल्य दिन के आठ विभाग मानते हैं।)

दिव्य अहोरात्र = मानवों का एक वर्ष।

दिव्य दिन = मानवों का उत्तरायण, जो कर्क संक्रांति को (आषाढ मास में) पूर्ण होता है। उत्तरायण का प्रारंभ मकर संक्रांति (पौष मास) से होता है।

दिव्यरात्रि = मानवों का दक्षिणायन जो कर्क संक्रांति से प्रारंभ होकर मकर संक्रमण (पौष मास में) पूर्ण होता है।

दिव्य रात्र = ज्येष्ठ शुद्ध दशमी को शुक्रवार तथा रात्र में एकादशी के प्रारंभ का योग।

दिव्यवर्ष = मनुष्यों के ३६० वर्षों का कालावधि। एक युग में १२००० दिव्य वर्ष माने जाते हैं और एक कल्प में २४,००,००,००० दिव्य वर्ष माने है।

दुष्कूट = देखिए कूटगुण। षडाष्टक (या खडाष्टक) द्विद्विदशक और नवपंचक राशियोग की संज्ञा। दुष्कूट होने पर विवाह तय नहीं होता।

देवनक्षत्र = (२७ में से प्रारंभिक १४ नक्षत्र) कृत्तिका, रोहिणी, मृगशीर्ष, आर्द्रा, पुनर्वसू, तिष्य, आश्लेषा, मघा, फाल्गुनी, उत्तरा फाल्गुनी, हस्त, चित्रा, स्वाती, विशाखा। (तैत्ति. ब्रा. १-५/२-७) (नामान्तर – **दक्षिण नक्षत्र**)। देव नक्षत्रों के काल में कर्मकार्य अधिक पुण्यकारक होता है। ये नक्षत्र दक्षिण दिशा में होते हैं। शेष नक्षत्रों को **यमनक्षत्र** कहा जाता है और वें उत्तर दिशा में होते हैं।

द्वापर युग = चार युगों में तिसरा। इसका प्रारंभ भाद्रपद कृष्ण त्रयोदशी, गुरुवार से माना गया है। कृष्णावतार इसी युग में हुआ। महाभारत युद्ध इस युग के अंत में हुआ था। इसकी कालावधि – आठ लक्ष, चौंसठ हजार सौर वर्षों का है। कृष्णावतार की समाप्ति के दिन कलियुग का प्रारंभ हुआ।

द्वारचक्र = मुहूर्तशास्त्र के अनुसार भवन का नया द्वार स्थापन करते समय इस नक्षत्रचक्र का विचार होता है। द्वार के अन्यान्य भागों में विशिष्ट शुभ या अशुभ नक्षत्रों का स्थान होता है। उसी नक्षत्रचक्र को द्वारचक्र कहते हैं।

द्विर्द्वादशक = देखिए कूट गुण।

द्विपुष्कर योग = देखिए त्रिपुष्कर योग।

धनिष्ठा (या श्रविष्ठा) = २७ नक्षत्रों में से २३ वां नक्षत्र इसके पांच मंदप्रभ तारका होते है। इसके पहले दो चरण मकर राशि में और अन्य दो चरण कुंभ राशि में होते हैं। वसु इस नक्षत्र के देवता हैं। इस नक्षत्र पर जन्म पाने वाला धनवान् होता है।

धनुर्मास = मार्गशीर्ष मास में सूर्य का भ्रमण धनुस् राशि में होता है। अतः मार्गशीर्ष मास की यह अपर संज्ञा है। इस मास में सूर्योपासना तथा सूर्योदय के समय भोजन करते हैं। तामिलनाडु में यह काल अशुभ माना जाता है।

धनु राशि = मेष-वृषभादि १२ राशियों में नौवीं राशि। इस राशि में मूल, पूर्वाषाढा, तथा उत्तराषाढा नक्षत्र का पूर्व चरण होता है। गुरु इस राशि का स्वामी है। अपर संज्ञा = **अग्निराशि**।

धूमकेतु = आकाश में कभी कभी प्रकट होने वाले विरल तेजस्वी वस्तुकणों के पुंज। इनकी संख्या अगणित है। इनके तीन प्रकार माने जाते हैं। इनका आविर्भाव उत्पातसूचक माना जाता है।

ध्रुव या स्थिर नक्षत्र = रोहिणी, उत्तराषाढा, उत्तर भाद्रपदा, उत्तर फाल्गुनी - इन नक्षत्रों की संज्ञा। इनमें सत्कर्म सफल होते हैं।

ध्रुव = नीचे की दिशा। (अधरा दिक्)। बृह. उप. ३-९-२५)

नक्षत्र = आयनिक वृत्त की दोनों ओर आठ अंशों के आयाम में प्रमुख तारकाओं की कल्पित आकृति। नक्षत्र स्वरूप तारकापुंज आकाश में स्थिर होते हैं। क्रांति वृत्त के २७ समान भागों की यह संज्ञा है। सामान्यतः चंद्र एक नक्षत्र में १ दिन तक रहता है।

नक्षत्र (प्रकार) = लघुनक्षत्र (४), मृदुनक्षत्र (४), और चरनक्षत्र (५)।

नक्षत्र – दो प्रकार = देवनक्षत्र और यमनक्षत्र।

नक्षत्रकल्प = अथर्व परिशिष्ट का एक भाग। इसमें युद्ध आदि कार्यों में नक्षत्रों की अनुकूलता तथा प्रतिकूलता का विचार किया गया है।

नक्षत्र के विविध वर्ग = (१) ध्रुव, तीक्ष्ण, चर, मृदु, लघु, उग्र, मृदुतीक्ष्ण। (२) अधोमुख, ऊर्ध्वमुख, तिर्यङ्मुख, अंध, मंदाक्ष, मध्याक्ष, सुलोचन, (३) **(देवी भागवत के अनुसार** = नाग वीथी, गज वीथी, ऐरावती वीथी, आर्षभी वीथी, जारद्गवी वीथी, अज वीथी, गो वीथी, मार्गी वीथी और वैश्वानरी वीथी – (इनमें प्रत्येक के अन्तर्गत तीन नक्षत्रों का समूह होता है)। (४) स्त्री नक्षत्र, पुंनक्षत्र और क्लीब नक्षत्र। (९ पुं नक्षत्र, ३ क्लीब नक्षत्र और १५ स्त्री नक्षत्र माने जाते हैं।) (५) **आद्य** = (मनुष्य के जन्मसमय का नक्षत्र); **कर्म** = (जन्मनक्षत्र से १० वां), **सांपत्तिक** (१६ वां); **समुदाय** – (१८ वां), **वैनाशिक** (२३ वां), **मानस** – (२५ वां)।

नक्षत्र गण्डान्त = गण्डान्त योग के तीन प्रकारों में एक। आश्लेषा, ज्येष्ठा, रेवती नक्षत्रों की अंतिम दो घटिकाएँ तथा मघा, मूल और अश्विनी नक्षत्रों की प्रथम दो घटिकाएँ।

नक्षत्र दर्श या नक्षत्रविद्या = ज्योतिषशास्त्र की अपर संज्ञा।

नक्षत्रनाम = नक्षत्र की अधिष्ठात्री देवता के अनुरूप यजमान का एक गुप्त नाम।

नक्षत्रसूचक = ज्योतिष शास्त्र का ज्ञान न होते हुए अपने आपको दैवज्ञ कहला कर फलित कथन करने वाला। दांभिक ज्योतिषी।

नक्षत्रिय प्रजापति = आकाश में दिखनेवाले हस्त नक्षत्र से अनुराधा नक्षत्र तक एक कल्पित मनुष्याकृति की वैदिक संज्ञा। इस आकृति में हस्त = हाथ,; चित्रा = शिर, स्वाती = हृदय, विशाखा = ऊरु; अनुराधा = चरण माने जाते हैं।

नन्दा तिथि = प्रत्येक मास की प्रतिपदा, षष्ठी और एकादशी तिथियों की संज्ञा। इन तिथियों को श्राद्धविधि वर्ज्य मानी है।

नंदादित्यवार = मार्गशीर्ष शुक्ल षष्ठी का आदित्यवार।

नपुंसक ग्रह = बुध और केतु।

नवपंचक = देखिए कूटगुण।

नवांश कुंडली = व्यक्ति के भविष्य की सूक्ष्म घटनाओं का अनुमान इस कुंडली के द्वारा फलज्योतिषी करते हैं।

नाक्षत्र काल गणना = नक्षत्रों की दैनिक गति पर आधारित कालगणना। सौर दिन से **नाक्षत्र** ३ मिनट ५५.९ सेकंद कम होता है। नाक्षत्र काल गणना का आरंभ मेष संपात से माना जाता है। अश्विनी से रेवती तक २७ नक्षत्रों में से चंद्रमा का भ्रमण एक मास में होता है। इसे नाक्षत्र मास कहते है। १२ **नाक्षत्र मास** पूर्ण होने पर **नाक्षत्र वर्ष** पूर्ण होता है।

नाक्षत्र दिन = नक्षत्रोदय से नक्षत्रोदय तक का समय।

नाक्षत्र दिवस = एक तारका आकाश के मध्यमण्डल में दिखने पर पुनः उसी स्थान पर उसी तारका का आगमन होने तक का समय। पंचांग में नाक्षत्र दिवस ही प्रमाणभूत माना जाता है। सूक्ष्म कालगणना इसीके अनुसार होती है।

नाक्षत्र वर्ष = २७ दिन के १२ महीनों का काल (अर्थात् २७ × १२ = ३२४ दिन।

नाडी = ज्योतिष शास्त्र के अनुसार तीन प्रकार - आद्य, मध्य और अंत्य।

नाडी = अहोरात्र का ६० वां विभाग। अपर संज्ञा = घटिका।

नाडीग्रंथ = किसी भी व्यक्ति के भूत-भविष्य का कथन करने वाला जातक पद्धति का ज्योतिष ग्रंथ। भृगु संहिता भी इसी प्रकार का ग्रंथ माना जाता है। दक्षिण भारत में नाडी ग्रंथों का प्रचार है।

निमेष = लघु अक्षर का उच्चारण करने योग्य समय। २ निमेष = त्रुटि। १० त्रुटि = १ प्राण। ६ प्राण = १ विनाडिका। ६० विनाडिका = १ नाडिका और ६० नाडियां = १ अहोरात्र अर्थात् सूर्योदय से सूर्योदय तक का काल।

निमेष = काल गणना का लघुतम घटक। आंख की पंखुड़िया बंद करने में लगने वाला समय। (नि + मिष् = बंद करना)। १५ निमेष = १ इदानीं। १५ इदानीं = १ एतर्हि। १५ एतर्हि = १ क्षिप्र। १५ क्षिप्र = १ मुहूर्त। ३० मुहूर्त = १ अहोरात्र (दिन और रात्रि का समय अर्थात् एक सूर्योदय से दूसरे सूर्योदय तक का समय।

नियोज्य गणित = गणितशास्त्र के तीन प्रकारों में से एक जिसमें यंत्रशास्त्र, भूमापन, भूपदार्थविज्ञान, ज्योतिष आदि विषयों का अन्तर्भाव होता है। (अन्य दो प्रकार – शुद्ध और व्यावहारिक।)

निर्घात = दो दिशाओं से तीव्र गति से बहने वाले वायुप्रवाह टकराकर आकाश से पृथ्वी पर गिरने के कारण उत्पन्न होने वाली घोर ध्वनि। यह अशुभसूचक होती है।

नीचस्थान (ग्रहों के) = सूर्य- तुला राशि। चन्द्र- वृश्चिक राशि। मंगल- कर्क। बुध- मीन। गुरु- मकर। शुक्र- कन्या। शनि- मेष।

नृपानुचर पंचक = **वामनक** (भद्रयोगी राजा का अनुचर); **जघन्य** (मालव्ययोगी राजा का अनुचर); **कुब्ज** (हंसयोगी राजाका अनुचर); **मण्डलक** (रुचकयोगी राजा का अनुचर); **साची** (शश योगी राजा का अनुचर।) देखिए योग पंचक।

पंच पर्वकाल = अष्टमी, चतुर्दशी, अमावस्या, पौर्णिमा और रविसंक्रांति।

पंच पर्वकाल = व्यतिपात, वैधृति, संक्रान्ति, पौर्णिमा और अमावस्या।

पंच सिद्धान्त (ग्रहगणित के) = पौलिश, रोमक, वासिष्ठ, सौर और पैतामह।

पंचमी = (अपर संज्ञा पूर्णा) – **नागपंचमी** = श्रावण शु. ५। **ऋषिपंचमी** = भाद्र. शु.५। **ललिता पंचमी** = आश्विन शु. ५। **पांडवपंचमी** = कार्तिक शु.५। **वसंतपंचमी** = माघ शु. ५। **रंगपंचमी** = फाल्गुन वद्य ५।

पद्मक योग = (१) षष्ठी युक्त माघ शुद्ध सप्तमी को रविवार का होना। (२) विशाखा नक्षत्र पर सूर्य और कृत्तिक

नक्षत्र में चन्द्र होना। (३) विष्टि, व्यतीपात और रविवार - इन तीनों का एकत्र होना। यह एक शुभ योग माना जाता है।

परिघ = सूर्य के उदय या अस्त के समय दिखाई देने वाली तिरछी मेघरेखा की संज्ञा।

परिवत्सर = पांच वर्षों के चक्र में द्वितीय क्रम का वर्ष।

परिवेष = सूर्य-चन्द्र के किरणों से युक्त तथा वायु द्वारा आकाश में मण्डलाकार हुए अल्प मेघ, जो अनेक वर्णों के दिखाई देते हैं। परिवेष की आकृति तथा वर्ण से शुभाशुभ फल सूचित होता है।

पर्वकाल = तीर्थस्नान, श्राद्ध, दान, जप तथा उपवास करने के पवित्र दिन।

पर्वपंचक = अष्टमी, चतुर्दशी, पौर्णिमा, अमावस्या और सूर्यसंक्रान्ति का समय। इनके अतिरिक्त दक्षिणायन-उत्तरायण का प्रारंभ काल, विषुवदिन, चंद्रग्रहण, सूर्यग्रहण एवं व्यतीपात योग भी ज्योतिष शास्त्र के अनुसार पर्वकाल माने जाते हैं।

पर्वदिन = दर्श (अमावस्या) और पौर्णिमा।

पश्चिमसन्ध्या = सूर्यबिंब का अर्धास्त होने पर स्पष्ट रूप में ताराओं का दर्शन होने तक का समय।

पाशक विद्या = देखिये रमल।

पार्वण वर्ष = देखिये चांद्रवर्ष।

पितृपक्ष = भाद्रपद मास के वद्य पक्ष की संज्ञा।

पितृयाण मार्ग = आकाशस्थ अजवीथी के दक्षिण की ओर का एक मार्ग। (ब्रह्माण्ड पु.)

पुनर्वसू = २७ नक्षत्रों में सातवें नक्षत्र की संज्ञा। यह युग्म या मिथुन नक्षत्र है। इसके प्रथम तीन चरण मिथुन राशि में होते हैं।

पुरुषग्रह = सूर्य, मंगल, और गुरु।

पुरुषोतम मास = पुराणों के अनुसार अधिकमास का नाम। विष्णु इस मास के देवता माने गये हैं। इस मास में वर्जित धर्मकर्म- अग्न्याधान, देवप्रतिष्ठा, राज्याभिषेक, विवाह, उपनयन, गृहारंभ, गृहप्रवेश, देशांतरगमन इत्यादि।

पुष्य = नक्षत्रों में आठवाँ नक्षत्र। पुनर्वसू और मघा नक्षत्र के बीच कर्क राशि में कर्क (खेकडा) के समान मंद प्रभा वाला यह एक तारकापुंज है। वेद में इसे **तिष्य** और फलज्योतिष में **कौस्तुभ** कहा है। गुरुग्रह इसकी देवता है। अतः गुरु-पुष्य योग को 'अमृतसिद्धि योग' माना जाता है।

पूर्णिमा (पौर्णिमा, पौर्णमासी, पूर्णमासी) = मास को पूर्ण करने वाली शुक्ल पक्ष की अंतिम तिथि। दो प्रकार - (१) अनुमति (एक चंद्रकला से अपूर्ण), (२) राका समग्र चंद्रकलाओं से युक्त। पौर्णमास याग की तिथि।

पूर्वसंध्या = प्रातःकाल में ताराओं के प्रकाश की हानि के समय से सूर्यबिंब का अर्धोदय होने तक का काल।

पूर्वाफल्गुनी = २७ नक्षत्रों में ११ वां नक्षत्र। उत्तर-दक्षिण स्थित दो तारकाओं वाला यह नक्षत्र सिंह राशि में होता है।

पूर्वा भाद्रपदा = २७ नक्षत्रों में २५ वां नक्षत्र। श्रवण-नक्षत्र के समीप दक्षिणोत्तर दो तारकाएं। इसका प्रथम चरण कुंभ राशि में और अन्य तीन चरण मीन राशि में होते हैं। अज-एकपाद इसका अधिपति है। वैदिक संज्ञा - **प्रोष्ठपदा**।

पूर्वाषाढा = २७ नक्षत्रों में २० वां नक्षत्र। आप (जल) इसकी देवता है। यह अंध स्त्री नक्षत्र माना जाता हैं।

प्रश्न ज्योतिष = ज्योतिषी को भविष्य के संबंध में प्रश्न पूछे जाने पर, प्रश्न काल के लग्न के आधार पर उत्तर देने का फलज्योतिष का एक प्रकार। होरा स्कन्ध का यह एक अंग है।

प्राजापत्य दिन = शुक्ल पक्ष की १४ दिनों की अवधि। कृष्णपक्ष को **प्राजापत्य रात्रि** कहा है। यह एक वैदिक कालगणना थी।

प्रातःकाल = पूर्वदिन के सूर्योदय काल के बाद ५८ वीं घटिका का समय। (अष्टपंच भवेत् प्रातः)

प्रोष्ठपदा (या प्रोष्ठपद) = यम नक्षत्रों के अन्तर्गत एक नक्षत्र द्वन्द्व का नाम।

फलितस्कन्ध = ज्योतिष शास्त्र के तीन स्कन्धों के अन्तर्गत एक स्कन्ध जिसमें जातक, तांत्रिक, मुहूर्त, प्रश्न और संहिता पांच भेद माने जाते हैं।

फल्गुनी = देवनक्षत्रों के अन्तर्गत नक्षत्र-युग्म।

बार्हस्पत्य कालगणना = बृहस्पति या गुरु नामक सूर्यमंडल का पांचवा ग्रह १२ वर्षों में एक सूर्यप्रदक्षिणा पूर्ण करता है। अतः दीर्घ काल की गणना 'बार्हस्पत्य कालगणना' पद्धति से होती थी।

बार्हस्पत्य संवत्सर = बृहस्पति ग्रह १२ वर्षों में राशिचक्र का भ्रमण पूर्ण करता है। अतः बृहस्पति (गुरू) का एक संवत्सर १२ वर्षों का होता है। बार्हस्पत्य वर्ष प्रायः ४०० दिनों का होता है। अतः १२ सौर वर्षों में (सौर वर्ष = ३६५.२५८७ दिन) बर्हिस्पत्य गणना के ११ वर्ष पूर्ण होते हैं।

बुध की चतुर्विधा गति = (देवल के मतानुसार) ऋज्वी, अतिवक्रा, वक्रा, और विकला।

बुध की सात गतियाँ = विशिष्ट नक्षत्रों में बुध की गति की संज्ञाएँ अलग अलग होती हैं :- प्राकृत, विमिश्र, संक्षिप्त, तीक्ष्ण, योगान्तिक, घोर और पाप। ये गतिवाचक संज्ञाएँ **बुध** के उदय तथा अस्त की दिनमर्यादाओं को सूचित करते हैं।

ब्राह्ममुहूर्त = रात्रि के अंतिम प्रहर के तृतीय मुहूर्त की दो घटिकाओं का काल।

भद्रपदा = प्रोष्ठपदा नक्षत्र का अपरनाम।

भद्रादित्यवार = भाद्रपद शुक्लपक्ष का आदित्यवार।

भरणी = २७ नक्षत्रों में द्वितीय नक्षत्र की संज्ञा। इसकी तीन तारकाएं त्रिकोण में दीखती हैं।

भरणी (अपभरणी) = यमनक्षत्रों में एक। इसका निर्देश स्त्रीलिंगी बहुवचनी होता है।

भौमयोग = कार्तिक वद्य चतुर्दशी, मंगलवार और चित्रा नक्षत्र एक ही दिन होने पर यह योग होता है। भौम =

मंगलग्रह, जो भूमि का पुत्र माना जाता है।

मकर = १२ राशियों में अंतिम राशि की संज्ञा। उत्तराषाढा के तीन पाद और श्रवण तथा धनिष्ठा के अर्धपाद मिलकर यह राशि होती है।

मकर संक्रान्ति (अयन संक्रान्ति) = सूर्य का मकर राशि में प्रविष्ट होने का दिन। संक्रांति के दूसरे दिन को **किंक्रान्त** या **करिदिन** कहते है।

मगीवर्ष = बंगाल (चित्तगांव जिला) में प्रचलित एक कालगणना.। ईसवी सन से ६३८-३९ वर्ष बाद इस काल गणना का प्रारंभ हुआ।

मघा = २७ नक्षत्रों में १० वां नक्षत्र। यह सिंह राशि में स्थित पांच तारकाओं के रूप में हलाकार दीखता है। वैदिक संज्ञा- अघा।

मघा (अघा) = देवनक्षत्रों में एक। इसका निर्देश स्त्री लिंगी बहुवचनी होता हैं।

मघापंचक = मघा, पूर्वा, उत्तरा, हस्त और चित्रा। (ये वर्षाऋतु के पांच प्रमुख नक्षत्र है।)

मंगल = (अपर संज्ञा भौम, कुज, अंगारक) = नवग्रहों में तीसरा, रक्तवर्ण, दक्षिण दिशा का स्वामी, युद्धदेवता। यह पापग्रह माना जाता है। जन्मलग्न कुण्डली में १, ४, ७, ८ और १२ वें स्थान में मंगल होने पर वह पत्रिका मंगलयुक्त मानी जाती है। वधू और वर दोनों की जन्मपत्रिकाएं मंगलयुक्त या मंगल विरहित होनी चाहिए। अन्यथा अमंगल होता है।

मंगल के पंचमुख = जिस नक्षत्र से मंगल का उदय या अस्त होता है उससे जिस विशिष्ट क्रमांक के नक्षत्र पर, जब वह वक्री होता है तब उसे नई संज्ञाएँ दी जाती हैं। – (१) उष्णमुख, (२) अश्रुमुख, (३) व्यालमुख, (४) रुधिरानन, (५) असिमुसलमुख। इस प्रकार वक्री मंगल को शुभ-अशुभ सूचक माना जाता है।

मण्डलचतुष्टय = सात सात नक्षत्रों के चार समूह = वायव्य मण्डल, आग्नेय मण्डल, इन्द्रमण्डल और वरुण मण्डल।

मधु-माधव = वसन्त ऋतु के मास। चैत्र-वैशाख मास की अपर संज्ञा।

मध्यतिथि = शुक्ल और कृष्ण पक्ष की षष्ठी से एकादशी तक पाँच तिथियाँ। इन्हें क्रमशः नन्दा, भद्रा, जया, रिक्ता, और पूर्णा कहते है। अन्य तिथियों के समान ये शुभ या अशुभ नहीं होती।

मध्याक्ष नक्षत्र = आर्द्रा, मघा, पूर्वाभाद्रपदा, चित्रा, ज्येष्ठा, अभिजित् और भरणी।

मंदाक्ष नक्षत्र = हस्त, उत्तराषाढा, अनुराधा, शततारका, आश्लेषा, अश्विनी और मृगशीर्ष।

मन्वन्तर = ७१ दिव्य युगों का कालखंड। (३० कोटी ६७ लक्ष, २० हजार मानव वर्षों का काल)।

मन्वन्तर १४ = स्वायंभुव, स्वारोचिष, उत्तम, तामस, रैवत, चाक्षुष, वैवस्वत, सावर्णी, दक्षसावर्णी, ब्रह्मसावर्णी, धर्मसावर्णी, रुद्रसावर्णी, देवसावर्णी (रुचि), इंद्रसावर्णी (भौम)

मन्वादि तिथि = (कुल संख्या १४) – आश्विन शुद्ध ९। कार्तिक शुद्ध १२। चैत्र शु. ३। भाद्रपद शु. ३। फाल्गुनी अमावस्या। पौष शु. ११। आषाढ शु. १०। माघ शु. ७। श्रावण वद्य ८। आषाढ, कार्तिक, फाल्गुन और चैत्र पौर्णिमाएं। इन तिथियों को गत १४ मन्वन्तरों का यथाक्रम प्रारंभ माना जाता है।

मलमास = अधिक मास का अपर नाम। मूल शब्द **मलीम्लुच** (वाजसनेयी संहिता)

महाकला = चंद्रमा की १६ वीं कला, जिसका क्षय और उदय नहीं होते।

महाचैत्री = चैत्र पौर्णिमा को गुरु-चंद्र युति चित्रा नक्षत्र पर होती है तब उस पौर्णिमा को महाचैत्री कहते हैं।

महाज्यैष्ठी = ज्येष्ठ पौर्णिमा, ज्येष्ठा नक्षत्र, चंद्र-गुरु युति, और रोहिणी नक्षत्र में सूर्य - इस प्रकार का योग होने पर पौर्णिमा को महाज्यैष्ठी कहते हैं।

महापराह्न = श्रावण वद्य प्रतिपदा की संज्ञा। इस संज्ञा का वाच्यार्थ है बड़ा मध्याह्न।

महापूर्णिमा = नक्षत्र नामांकित मास में उसी नक्षत्र पर पूर्णचंद्र और गुरु का योग होने पर पौर्णिमा की संज्ञा।

महाभरणी = भाद्रपद वद्य पक्ष की भरणी नक्षत्रस्थित चंद्र की स्थिति।

महामखम् = कुंभकोणम् क्षेत्र का एक महोत्सव। १२ वर्षों के अंतर से गुरु ग्रह मघा नक्षत्र में आने पर यह मख होता है।

महायुग (या दिव्य युग) = कृत, त्रेता, द्वापर, कलि – इन चार युगों का समेकित कालखण्ड। १२०० दिव्य वर्षों का काल (अर्थात् – ४३,२०,००० मानुष वर्ष)।

महालयपक्ष (या पितृपक्ष) = भाद्रपद वद्य पक्ष की **संज्ञा**। इस पक्ष में महालय श्राद्ध (अर्थात् सभी मृत पूर्वजों एवं मृत पत्नी, पुत्र, गुरु, मित्र आदि संबंधियों के निमित्त श्राद्ध) होता है।

महावारुणी योग = चैत्र वद्य त्रयोदशी, शततारका नक्षत्र, और शनिवार का एक ही दिन आना। इस योग पर गंगास्नान का माहात्य माना गया है।

महाश्वेताप्रिय आदित्यवार = सूर्यग्रहणयुक्त आदित्यवार। इस दिन महाश्वेतामंत्र का जप करते हैं।

महोदयपर्व = पौष या माघ की अमावस्या को सोमवार, श्रवणनक्षत्र और व्यतीपात का योग।

मार्गशीर्ष = चैत्रादि १२ मासों में नौवां मास। इसकी पौर्णिमा के आगे पीछे मृगशीर्ष नक्षत्र होने के कारण, मास को यह संज्ञा प्राप्त हुई। प्राचीन काल में वर्षगणना का प्रारंभ इस मास से होने के कारण इसे 'आग्रहायण' मास भी कहते हैं। (हायन = वर्ष)।

मालवगण युग = (१) कृत युग का अन्य नाम। (२) इसका प्रारंभ इ.पू. ४५८ में माना गया है।

मास = १२ मासों के अतिप्राचीन नाम – मधु, माधव, शुक्र, शुचि, नभ, नभस्य, इष, ऊर्ज, सह, सहस्य, तप और तपस्य। (चैत्र वैशाख आदि १२ मासों के इन नामों का प्रयोग काव्य ग्रंथों में होता है।)

जैन परम्परा में मासों की नामावली = (चैत्रादि क्रम से) – वसंत, कुसुमसंभव, निदाघ, दानविरोधी, अभिनन्द, सुप्रतिष्ठा, विजया, प्रतिवर्धन, श्रियान्, शिव, शिशिर और हैमवान।

मास (विविध प्रकार) = **(१) सावन मास** – सूर्योदय से दूसरे सूर्योदय तक अहोरात्र काल को **'सावन दिन'** कहते हैं। ३० सावन दिन = १ सावन मास। (२) **सौरमास** = सूर्य का एक राशि में प्रवेश होने से दूसरी राशि में प्रवेश होने तक का काल। (३) **चान्द्रमास** = शुक्ल प्रतिपदा से अमावस्या (या कृष्ण प्रतिपदा से पौर्णिमा) तक की कालावधि। (४) **नाक्षत्र मास** = चंद्र का अश्विनी नक्षत्र में प्रवेश होने से (२७ नक्षत्रों को लांघकर) पुनः अश्विनी नक्षत्र में प्रवेश होने तक की कालावधि।

मित्र = मार्गशीर्ष मास में सूर्य का नाम।

मिथुन = मेषादि १२ राशियों में तीसरी राशि। आधी मृगशीर्ष, संपूर्ण आर्द्रा और पुनर्वसु के तीन चरण मिलकर यह राशि होती है। इस राशि का स्वामी बुध है।

मीन = मेषादि १२ राशियों में बारहवीं राशि। पूर्वा भाद्रपदा का एक चरण, उत्तराभाद्रपदा और रेवती (दोनों संपूर्ण) इस राशि में आते हैं। इस राशि का स्वामी गुरु हैं।

मुहूर्त = (१) दो नाडिकाओं का कालमान अर्थात् दिन का ३० वा विभाग (४८ मिनट)। दिन के १५ और रात के १५ इस प्रकार कुल मिलाकर एक अहोरात्र में ३० मुहूर्त होते हैं। (२) तिथि, वार, नक्षत्र, करण और योग नामक पांचों अंग जब शुभ होते है तब उस समय को मुहूर्त कहते हैं।

मुहूर्त = विवाहादि कार्यों की सिद्धि के लिए निश्चित तिथि, वार, घटिका, पल, स्वरूप काल। दो प्रकार - शुभ और अशुभ। त्रिस्कन्ध ज्योतिष के संहितास्कंध का यही प्रमुख विषय होने के कारण उसे **'मुहूर्तस्कन्ध'** संज्ञा है।

मूल = २१ नक्षत्रों में से १९ वें नक्षत्र की संज्ञा। वृश्चिक नक्षत्र की ११ तारकाओं में पुच्छ स्थानीय अन्तिम दो तारकाएं ही मूल नक्षत्र मानी जाती हैं। धनु राशि में इसका स्थान होता है। यही आकाशगंगा का मूल माना जाता हैं।

मृगपंचक = मृग, आर्द्रा, पुनर्वसु, पुष्य और आश्लेषा।

मृगशीर्ष = २१ नक्षत्रों में पांचवां नक्षत्र। इन्वका नामक १३ तारकाएं इसमें होती हैं। यह आधा वृषभ और आधा मिथुन राशि में होता है। इसकी दक्षिण दिशा में व्याध या मृगव्याध नामक तेजस्वी तारा होता है। व्याध का त्रिकांड बाण मृग के उदर में घुसा हुआ दीखता है।

मृत्युयोग = एक अशुभ योग। अनुराधा, उत्तराषाढा, शततारका, अश्विनी, मृगशीर्ष, आश्लेषा और हस्त नक्षत्र, क्रमशः रविवार से शनिवार तक किसी भी दिन आने से यह योग माना जाता है।

मृत्युयोग = (१) नंदा तिथि को रविवार या मंगलवार। (२) भद्रातिथि को सोमवार या शुक्रवार। (३) जयातिथि – बुधवार (४) रिक्तातिथि – गुरूवार (५) पूर्णातिथि – शनिवार।

मृदुतीक्ष्ण नक्षत्र = कृत्तिका और विशाखा।

मृगनक्षत्र = अनुराधा, चित्रा, रेवती और मृगशिरा - इन चार नक्षत्रों की संज्ञा। ये मंगल कार्यों के लिए फलप्रद होते हैं।

मेदिनीय ज्योतिष = राज्य के सामुदायिक भविष्य का विचार करने वाले ज्योतिष शास्त्र का एक अंग।

मोक्षदशक = सूर्य और चन्द्र के ग्रहण काल की समाप्ति के दस प्रकार – दक्षिण हनु, वाम हनु, दक्षिण कुक्षि, वाम कुक्षि, दक्षिण पायु, वाम-पायु, संछर्दन, जरण, मध्य विदरण और अन्त्य विदरण। इन दश मोक्षों के अन्यान्य प्रकारों के फल शास्त्र में कहे हैं। चन्द्रग्रहण और सूर्यग्रहण में दिग्वैपरीत्य करके मोक्षों के लक्षण और फल का विचार होता है।

यमघंटयोग = एक अशुभ वार नक्षत्रयोग। रविवार – मघा, सोमवार – विशाखा, मंगलवार – आर्द्रा, बुधवार – मूल, गुरुवार – कृत्तिका, शुक्रवार – रोहिणी, और शनिवार – हस्त, इस प्रकार के वार नक्षत्रों का योग।

यम नक्षत्र = नक्षत्रों के दो भागों में एक। अनुराधा नक्षत्र से भरणी (या अपभरणी) नक्षत्र तक यम नक्षत्र माने जाते हैं।

यम नक्षत्र = अनुराधा, ज्येष्ठा, मूल, आषाढा, उत्तराषाढा। अभिजित्, श्रोण (या अश्वत्थ), श्रविष्ठा, शतभिषज्, प्रौष्ठपदा, उत्तरे प्रौष्ठपदा, रेवती, अश्वयुजौ, भरणी। (तैति. ब्राह्मण १.५/२.७)। अश्विनी का नामान्तर – उत्तरनक्षत्र

यात्रायोग द्वय = (१) युद्धयात्रा को प्रस्थान करने के दो मुहूर्त – लग्नस्थ शनि व मंगल, दशम स्थान में रवि या बुध तथा शुक्र। एकादश स्थान में बुध व शुक्र। उसी प्रकार (२) तृतीय एकादश तथा षष्ठ स्थानों में से किसी स्थान पर मंगल या शनि होना और गुरु, बुध, शुक्र का अपनी स्थिति में बलवान् होना।

युग = वैदिक वाङ्मय के अनुसार ४ वर्षों का कालखंड। वेदांग ज्योतिष के अनुसार संवत्सर, परिसवत्सर, इदावत्सर, अनुवत्सर और इद्वत्सर नामक पांच वर्षों का कालखंड। एक युग में दो अधिक मास होते हैं। एक युग में ६२ चांद्रमासों और १८३० अहोरात्रों की गणना होती थी। युग के पंचमांश काल को वर्ष कहा जाता था।

युग = बृहस्पति ग्रह की पांच सूर्य प्रदक्षिणाएँ ६० वर्षों में पूर्ण होती हैं। इन पांच प्रदक्षिणाओं की कालमर्यादा बार्हस्पत्य कालगणना के अनुसार एक युग मानी जाती है। अर्थात् ५ बार्हस्पत्य वर्ष = १ युग।

युगनाम = युगों की संख्या १२ मानी गई है। उनकी संज्ञाएँ दैवतस्वरूप अधिपति के नामानुसार होती हैं। – प्रथम युग = वैष्णव युग। द्वितीय युग = बार्हस्पत्य। तृतीय = ऐन्द्र।

चतुर्थ = आग्नेय। पंचम = त्वाष्ट्र। षष्ठ = प्रौष्ठपद। सप्तम. = पितृ।, अष्टम. = वैश्व। नवम. = सौम्य। दशम. = शक्राग्नि। एकादश. = आश्विन। द्वादश = भाग्य। प्रत्येक युग में पांच पांच वर्ष होते हैं। उनकी साठ संज्ञाएँ शास्त्रों में उल्लिखित हैं।

युगादि तिथि = कृतयुग की - वैशाख शु. ३, **त्रेता युग की** - कार्तिक शुद्ध ९, **द्वापार युग** - भाद्रपद वद्य १४. और **कलियुग की** - माघ पौर्णिमा (या अमावस्या)।

युगादितिथि = (अन्य मतानुसार) -- कृत- कार्तिक व. ९। त्रेता- वैशाख शु. ३। द्वापर- माघ अमावस्या। कलि- भाद्रपद व. १२।

युगान्त = कृत युग का अन्त- सूर्य, सिंह राशि में। त्रेता. - सूर्य, वृश्चिक राशि में। द्वापर- सूर्य वृषभ राशि में। कलियुग के अन्त में सूर्य कुम्भ राशि में प्रवेश करेगा। (युगादि और युगान्त तिथि को श्राद्ध एक महत्वपूर्ण कर्म है।)

युगाब्द = (युधिष्ठिर शक, कलियुग संवत् या भारत युद्ध संवत्) = ई.पू. ३१०२ से प्रारंभ होने वाला संवत्सर। युधिष्ठिर के राजाभिषेक निमित्त इस कालगणना का प्रारंभ हुआ। सर्वत्र पंचांगों में इसका निर्देश होता है। भारत का यही वास्तविक राष्ट्रीय संवत् या शक है।

योग = ज्योतिष शास्त्र के अनुसार आनंद, कालदंड, धूम्र आदि २८ योग अर्थात् शुभ-अशुभ फलदायक विशिष्ट समय कहे गये हैं। योगनिर्धारण करने में अभिजित् सहित २८ नक्षत्रों की गणना होती हैं। विशिष्ट दिन के नक्षत्र से इष्ट तिथि तक नक्षत्रों की गणना करते समय प्राप्त संख्या से योग का निर्धारण होता हैं। (मुहूर्त चिंतामणि)।

योगतारा = नक्षत्र पुंज के अन्तर्गत प्रमुख तेजस्वी तारा

योगपंचक = महापुरुष के पांच योग (१) हंसयोग (बृहस्पति ग्रह स्वगृह में उच्च और केन्द्र में बली) (२) शश. (शनि स्वगृह में उच्च और केन्द्र में बली), (३) रुचक. (मंगल स्वगृह में उच्च और केन्द्र में बली) (४) भद्र. (बुध स्वगृह में उच्च और केन्द्र में बली)। (५) मालव्य (शुक्र स्वगृह में उच्च और केन्द्र बली) उक्त योग वाले पुरुषों की उँचाई और व्यायाम (दोनों भुजा पसार कर चौडाई) में भेद होता है। इनके व्यक्तिगत गुण भी अलग अलग होते हैं।

रमल = (या पाशकविद्या) - पासे डाल कर प्रश्न का उत्तर जानने की एक विद्या। यह विद्या अरबस्तानी मानी जाती थी। रमल पद्धति के अनेक परिभाषिक शब्द अरबी और प्राकृत भाषीय है।

राक्षसी बेला = प्रातःकाल, संगव, मध्याह्न, अपराह्न और संध्याकाल इन पांच दिन विभागों के प्रारंभ की तीन नाडिकाओं का समय (नाडिका = २४ मिनट)

राशि = ३६० अंशात्मक क्रांतिवृत्त के ३०-३० अंशों के १२ विभाग। ३० अंशों के प्रत्येक विभाग को मेष, वृषभ, आदि बारह नाम दिये गये हैं। अश्विनी आदि २७ नक्षत्रों के प्रत्येकशः ४ चरणों की दृष्टि से ९ चरणों (या सवा दो नक्षत्रों) से एक राशि होती है। मेषादि राशियों के मंगल, शुक्र, बुध, चंद्र, रवि, बुध, शुक्र, मंगल, गुरु, शनि, शनि और गुरु - स्वामी माने जाते हैं। स्वामी के अनुसार राशिफल का विचार फलज्योतिषी करते हैं। सूर्य एक वर्ष में १२ राशियों में भ्रमण पूर्ण करता है। राशि के दो प्रकार -- (१) सायन (गतियुक्त) और (२) निरयण (गतिरहित) (भारतीय पंचांग में निरयण राशि का विचार होता है।

राशिकुण्डली = जन्मपत्रिका में ग्रहस्थिति का दर्शक रेखाचित्र। इस में व्यक्ति की राशि का क्रमांक शीर्षस्थान में लिखते है। लग्न कुण्डली में जन्मकालीन लग्न (राशिका उदय) का क्रमांक शीर्षस्थान में लिखा जाता है। अन्य राशियों के क्रमांक वामतः लिखे जाते है। जन्मकुण्डली के नवांश, द्वादशांश, त्रिंशांश इत्यादि अंशात्मक कुण्डलियां सूक्ष्म भविष्य के ज्ञान के लिए बनाई जाती हैं।

रिक्ता = नवमी तिथि की अपरसंज्ञा। इस तिथि पर जन्म पाने वाला अभागा होता है।

रेवती = अश्विनी आदि २७ नक्षत्रों में अंतिम नक्षत्र। ३२ मंदप्रभ तारकाओं का मृदंगाकार पुंज इस का स्वरूप होता है। इस नक्षत्र में सभी ग्रह बलवान् होते हैं।

रोगह-आदित्यवार = पूर्वाफाल्गुनी नक्षत्र युक्त आदित्यवार।

रोहिणी = २७ नक्षत्रों में चौथा नक्षत्र। यह वृषभ राशि में होता है। ब्रह्मा इसका अधिपति है। रोहिणी के तारका पुंज में पांच तारकाओं की शकटाकृति बनती है। इस पुंज की अतितेजस्वी तारा को रोहिणी कहते हैं।

रोहिणी योग = चन्द्रमा के रोहिणी नक्षत्र से होने वाले विविध प्रकार के संयोग। इस योग के फल विविध प्रकार के कहे गये हैं।

रोहिणीशकट = रोहिणी नक्षत्र की छह तारकाओं का समूह।

राहु और केतु = पृथ्वी की सूर्यप्रदक्षिणा की कक्षा और चंद्र की पृथ्वी प्रदक्षिणा की कक्षा का जिन बिंदुओं पर छेद होता है उन छेदबिंदुओं की (या संपात बिंदुओं की) संज्ञा। अतः नव ग्रहों में ये दो अदृश्य माने जाते हैं।

लक्ष्मण सेन शक = मिथिला में प्रचलित एक अर्वाचीन कालमान। कार्तिक शुद्ध प्रतिपदा शके १०४१ अथवा ७ अक्तूबर १११९ इसका प्रारंभ दिन माना जाता है। बंगाल के राजा लक्ष्मणसेन के राज्याभिषेक से इस वर्षगणना का प्रारंभ माना जाता है।

लग्न = जन्म के समय पूर्व क्षितिज पर उदित मेषादि राशि। जन्मकुण्डली में प्रथम कोष्टक, फलित ज्ञान के लिए महत्त्व का स्थान है।

लग्नकुंडली = देखिए राशिकुण्डली।

लग्नगण्डान्त = गण्डान्त के तीन प्रकारों में से एक। कर्क,

मीन, वृश्चिक लग्नों की अंतिम अर्ध घटिका तथा सिंह, मेष, धनु लग्नों की प्रथम घटिका।

लघुनक्षत्र = हस्त, अश्विन अभिजित् और पुष्य- इनकी संज्ञा। इनमें शिल्पकर्म, कला, यात्रा आदि सिद्ध होते हैं।

वरुणमण्डल = रेवती, पूर्वाषाढा, आर्द्रा, आश्लेषा, मूल, उत्तरभाद्रपदा और शतभिषा- इन सात नक्षत्रों के समूह की संज्ञा।

वर्ष = देखिए युग। एक वर्ष में ३६५ अहोरात्र होते हैं। वर्ष के दो प्रकार – सौर और चांद्र।

वर्ष = (मास और दिनों की संख्या) = (१) २७ दिनों के १२ मास = ३२४ दिन। (२) २६ दिनों के १२ मास और एक मास = ३५१ दिन।। (३) ३० दिनों के ६ मास और २९ दिनों के ६ मास (अर्थात् सौर मास) = ३५४।। (४) सामान्य सावन वर्ष = ३६० दिन (५) ३६० + १८ दिन = ३७८ दिन। इसमें सावन और सौर वर्ष का समन्वय है। (सामवेदी सूत्र)

वर्षगणना = (९ प्रकार) – ब्राह्म, पित्र्य, दैव, प्राजापत्य, गौरव (या बार्हस्पत्य) सौर, सावन, चान्द्र, और नाक्षत्र। इनमें बार्हस्पत्य, सौर, सावन, चान्द्र और नाक्षत्र वर्षगणना लौकिक व्यवहार में होती है। ब्राह्म, दैव, पित्र्य और प्राजापत्य वर्षगणना कल्प, युग आदि दीर्घतम कालों की गणना के लिए होती है।

वर्षेश = चैत्र शुद्ध प्रतिपदा का वार।

वसंत संपात = जिस दिन में रात और दिन का कालमान समान होता है। (दिनांक २१ मार्च)। इस संपात बिंदु में आने पर सूर्य का उत्तरायण प्रारंभ होता है।

वायव्य मण्डल = उत्तरफाल्गुनी, हस्त, चित्रा, स्वाती, पुनर्वसु, मृगशिरा, और आश्विनी- इन सात नक्षत्रों के समूह की संज्ञा।

वाराह कल्प = वराह अवतार के आविर्भाव से प्रचलित कल्प। विद्यमान कल्प का यही नाम है। (अपर संज्ञा = **श्वेतवाराहकल्प**)

वारुणी पर्व = (१) चैत्र वद्य त्रयोदशी को शततारका नक्षत्र का होना। उसी स्थिति को शनिवार होने पर "**महावारुणी**" कहते हैं। महावारुणी पर कोई अन्य शुभ योग होने पर महावारुणी पर्व कहते हैं।

विक्रमसंवत् = उत्तर भारत में प्रचलित कालगणना। इसकी पूर्वसंज्ञा **कृतसंवत्** तथा **मालव संवत्** थी। ई.पूर्व ५७ वें वर्ष से (उत्तर भारत में चैत्र शुद्ध प्रतिपदा से और दक्षिण भारत में कार्तिक शुद्ध प्रतिपदा से) इसका प्रारंभ माना जाता है। इसमें मासगणना शालिवाहन शक के समान चांद्र पद्धति से होती है।

विजय दशमी (या विजया दशमी) = आश्विन शुद्ध दशमी की संज्ञा। यह एक उत्तम मुहूर्ततिथि मानी जाती है। श्रवणनक्षत्र युक्त होने पर यह अति शुभ मानी जाती है। दुर्गानवरात्रव्रत की समाप्ति इसी तिथि को होती है। इस दिन सीमोल्लंघन, शमीपूजन, अपराजिता पूजा और शस्त्रपूजा- ये चार विधियां होती हैं।

विजय योग = शुक्लपक्ष की सप्तमी को रविवार तथा रोहिणी नक्षत्र का होना। इस योग पर सूर्यपूजा का व्रत होता है।

विजयादित्यवार = रोहिणीनक्षत्रयुक्त सप्तमी का आदित्यवार।

विवाह नक्षत्र = उत्तरा फल्गुनी, उत्तराषाढा, उत्तरा भाद्रपदा, रेवती, मृगशिरा, मूल, अनुराधा, मघा, हस्त और स्वाती। इन नक्षत्रों में विवाह शुभ होता है।

विवाहयोग्य लग्न = कन्या, तुला और मिथुन (लग्न = राशि का उदयकाल)

विशोक संक्रान्ति = अयन संक्रान्त और विषुवसंक्रान्ति को व्यतिपात का योग। इस योग में सूर्योपासना का व्रत होता है।

विश्व के तीन विभाग = अन्तरिक्ष, द्यौः और पृथ्वी।

विषयोग = मुहूर्त ज्योतिष के अनुसार रविवार- चतुर्थी, सोमवार- षष्ठी, मंगलवार- सप्तमी, बुधवार- द्वितीया, गुरुवार-अष्टमी, शुक्रवार- नवमी, और शनिवार- सप्तमी- विषयोग अर्थात् अशुभ योग माने जाते हैं।

विषुव = प्रत्येक अयन का मध्यम दिन।

विष्णु = पौष मास के सूर्य का नाम।

विष्णुशृंखला योग = एकादशी सहित द्वादशी और दोनों दिन श्रवण नक्षत्र का योग।

वीरनिर्वाण संवत् = भगवान् महावीर के महानिर्वाण से आरंभ होने वाली वर्षगणना। इसका निर्देश प्रायः जैनग्रंथों में होता है। ईसवी संवत् से ५२७, विक्रम संवत् से ४७० तथा शालिवाहन शक से ६०५ वर्ष पूर्व, इस कालगणना का प्रारंभ माना जाता है। युधिष्ठिर शक के बाद इस कालगणना का क्रम आता है।

वृश्चिक = १२ राशियों में ८ वीं राशि। विशाखा का चतुर्थ चरण और अनुराधा तथा ज्येष्ठा नक्षत्र का इस राशि में अन्तर्भाव होता है।

वृषभ = १२ राशियों में दूसरी राशि। कृत्तिका के ३ चरण तथा रोहिणी और मृगशीर्ष नक्षत्र का इस राशि में अन्तर्भाव होता है। इस राशि का स्वामी शुक्र है।

वेधकाल = ग्रहण का प्रारंभ होने के पूर्व तीन या चार प्रहरों (सवा या डेढ घंटे) का समय।

वेधशाला = आकाशस्थ ग्रह-तारकाओं की स्थिति आदि का यंत्रों द्वारा निरीक्षण करने का स्थान। **वेध** = ग्रह नक्षत्र आदि की स्थिति तथा गति का परीक्षण।

वेध्ययंत्र = आकाशस्थ ताराओं का वेध (शलाका की सहायता से सूर्यादि वेध्य पदार्थों का अवलोकन। इस अवलोकन में वेध्य पदार्थ विद्ध होता है। अतः उसे 'वेध' कहते हैं।) वेध लेने का साधन। नौ प्रकार – चक्रयंत्र, चाप. तुरीय., गोलयंत्र, नाडीवलय, घटिकायंत्र, शंकु, फलक और यष्टि. (भास्कराचार्य कृत सिद्धान्तशिरोमणि के यंत्राध्याय में उल्लिखित)

वेध्ययंत्र = (सूर्य सिद्धान्त में उल्लिखित) – शंकु, चक्र,

काल, धनुष, नर, वानर, भू-भ गोल। इनके अतिरिक्त सम्राट यंत्र, नाडीवलय यंत्र, दिगंशयंत्र, भित्तियंत्र, शंकुयंत्र, रामयंत्र, जयप्रकाशयंत्र, षष्ठांशयंत्र, कपालयंत्र।

वैकुण्ठ एकादशी = मार्गशीर्ष शुद्ध एकादशी।

वैकुण्ठ चतुर्दशी = कार्तिक शुद्ध चतुर्दशी। यह हरि और हर के समागम की तिथि मानी गई है।

वैवस्वत मन्वन्तर = वर्तमान मन्वन्तर की पौराणिक संज्ञा। जिस विवस्वान् से यह संज्ञा हुई वह १४ मनुओं में ७ वां कहा गया है। मन्वन्तर = ७१ चतुर्युगों का कालखंड।

व्यतीपातयोग = सूर्य और चंद्र परस्पर आमने सामने (अर्थात् १८० अंश पर) होने का दिन। यह एक अशुभ मुहूर्त माना जाता है। इस योग पर जन्म होने पर शांतिविधि की जाती है। प्रत्येक मास में व्यतीपात योग आने पर विशिष्ट व्रत किया जाता है। (व्यतीपात योग के समान अन्य २८ प्रकार के योग ज्योतिष शास्त्र में माने जाते हैं।

शततारका = २७ नक्षत्रों में २४ वां नक्षत्र। यह १०० तारकाओं का एक पुंज सा है। अपर संज्ञा – शतभिषा या शतभिषक्।

शरत् संपात = जिस दिन रात और दिन का कालमान समान होता है। (दिनांक २३ सितम्बर) इस संपातबिंदु में आने पर सूर्य का दक्षिणायन प्रारंभ होता है।

शालिवहन शक = दक्षिण भारत में मान्यता प्राप्त वर्षगणना। इसके महीने दक्षिण भारत में अमान्त (और उत्तर में पौर्णिमान्त) माने जाते हैं। चैत्र शुद्ध प्रतिपदा से इसका प्रारंभ माना जाता है। शालिवाहन या शातवाहन महाराष्ट्र या दक्षिण भारत के सम्राट थे। उनका नाम इस कालगणना से जोड़ा गया है। शक राजाओं ने इस कालगणना का स्वीकार करने के कारण संवत्सर को 'शक' संज्ञा भी प्राप्त हुई।

शालिवाहन शक + ७८ या ७९ = ईसवी सन।

शालिवाहन शक + १३४ या १३५ = विक्रम संवत्

शालिवाहन शक + ३१७९ = युगाब्द।

स्वतंत्र भारत में शालिवाहन शक को मान्यता दी गई है।

शिशिर ऋतु = माघ और फाल्गुन मास का शीत समय। इस ऋतु में वृक्षों की पत्रशोभा शीर्ण होती है। इसी कारण 'शिशिर' संज्ञा दी जाती है।

शुक्र ग्रह की नौ वीथियाँ = अश्विनी, भरणी आदि क्रमानुसार तीन तीन नक्षत्रों में, नाग, गज, ऐरावत, वृष, गो, जरद्गव, मृग, अज और दहन नामक शुक्र की ९ वीथियाँ होती हैं।

शुद्धगणित = गणित शास्त्र के तीन प्रकारों में एक, जिसमें अंकगणित, बीजगणित, भूमिति, और संख्या सिद्धान्त का अन्तर्भाव होता है। (अन्य दो प्रकार – नियोज्य और व्यावहारिक)।

शुभतिथि = शुक्लपक्ष की एकादशी से पौर्णिमा तक पांच तिथियां। इन्हें क्रमशः नन्दा, भद्रा, जया, रिक्ता, और पूर्णा कहते हैं। कृष्णपक्ष की प्रतिपदा से पंचमी तक पांच तिथियाँ। इन्हें भी नंदा, भद्रा आदि ५ संज्ञाएं दी जाती हैं।

शुभग्रह = सूर्य, गुरु, बुध, शुक्र और चंद्र।

श्रवण = महाभारत के अनुसार माना गया प्रथम नक्षत्र। २७ नक्षत्रों में २२ वां नक्षत्र। वेदों में इसीको श्रोणा कहा है। इस तीन तारका स्वरूप नक्षत्र का स्थान मकर राशि में होता है।

श्रविष्ठा = धनिष्ठा नक्षत्र की वैदिक संज्ञा। वेदांग ज्योतिष में नक्षत्र नामावली की गणना श्रविष्ठा से होती थी। ईसा पूर्व पांचवी शती से श्रवण से गणना होने लगी। अति प्राचीन काल में रोहिणी से नक्षत्रगणना होती थी।

श्वेतवाराह = वर्तमान कल्प की संज्ञा। (कल्प = १ सहस्र दिव्य युगों का कालखंड)। यही ब्रह्मा का एक दिन (उदय से अस्त तक) होता है।

षडष्टक = देखिए कूट गुण और खडष्टक।

सप्तर्षि (या सप्तऋषि) = कश्यप, अत्रि, भरद्वाज, विश्वामित्र, गौतम, जमदग्नि, भरद्वाज और (अरुंधती सहित) वसिष्ठ। ध्रुव-तारा की उलटी प्रदक्षिणा करने वाला सात ताराओं का समूह। इनमें छठे (वसिष्ठ) के निकट अरुंधती की तारका होती है। इस तारा समूह का उदय ईशान्य दिशा में और अस्त वायव्य में होता है। पुराणों के अनुसार सप्तर्षि तारासमूह एकेक नक्षत्र में १०० वर्षों तक रहता है। इस क्रम से संपूर्ण नक्षत्र चक्र का भ्रमण २७०० वर्षों में पूर्ण होता है।

सप्तर्षि संवत् = काश्मीर तथा आसपास के प्रदेश में यह कालगणना प्रचलित है। विक्रम संवत् में ३०१९; ईसवी सन में ३०७५ और शालिवाहन शक में ३१५४ संख्या मिलाने पर सप्तर्षि संवत् का वर्ष मिलता है। काश्मीर में इसका आरंभ युगाब्द से २५ वर्षों बाद माना जाता है।

समयविभाग = ध्वंसि, निमेष, काष्ठा, कला, क्षण, मुहूर्त और अहोरात्र।

समय विभाग = १ दिन = १५ मुहूर्त। १ मुहूर्त = १५ क्षिप्र। १ क्षिप्र = १५ एतर्हि। १ एतर्हि = १५ इदानीं । १ इदानीं = १ प्राण।।

मुहूर्त के विभाग = इदानीं, तदानीं, एतर्हि, क्षिप्रम्, अचिरम्, आशु, निमेष, प्राण, द्रवन्, अतिद्रवन्, त्वरन्, त्वरमाण, आशीयान् और जव।

सविता = उदयपूर्व सूर्य की संज्ञा। (सायण के अनुसार)

संगवकाल = दिन के पांच भागों में दूसरा भाग।

संध्याकाल (या पर्वकाल) = **प्रातः** – सूर्योदय के पूर्व दो घटिका। **सायं** – सूर्यास्त के पश्चात् दो घटिका। (१ घटिका = २४ मिनट) मध्याह्न काल भी संध्याकाल माना जाता है।

संपत्करनक्षत्र = जन्मनक्षत्र से दूसरा, ११ वां, और २० वां नक्षत्र। ये शुभकारक माने जाते हैं।

संवत्सर = बारह मासों का कालखंड। **चांद्रसंवत्सर** = ३५४ दिन। **सावन संवत्सर** = ३६० दिन। **सौर संवत्सर**

= ३६५ दिन। **बार्हस्पत्य** = ३६१ दिन। **नाक्षत्र संवत्सर** = ३२४ दिन। भारत में प्रमुखतया चैत्र शुद्ध प्रतिपदा से संवत्सर का प्रारंभ माना जाता है।

संवत्सर तनु = कृत्तिका और रोहिणी नक्षत्र। इन दो नक्षत्रों का संवत्सर, पुरुष का (तनु) शरीर माना जाता है।

संवर्तक योग = बुधवार की प्रतिपदा या रविवार की सप्तमी को संर्वतक योग कहते है। यह एक अशुभ योग माना जाता है।

संसर्प मास = पौष क्षयमास होने पर मार्गशीर्ष में उसका समावेश माना जाता है। इस युग्म-मास को संसर्प मास कहते हैं। देखिये अधिक मास।

संहिता स्कन्ध = (या मुहूर्त स्कंध) = त्रिस्कंध ज्योतिष शास्त्र का द्वितीय स्कन्ध। शुभ-अशुभ, ग्रह नक्षत्र आदि के योग का विचार इसका प्रमुख विषय है।

संहिता विभाग = ज्योतिष शास्त्र के फलितस्कन्ध के पांच विभागों में एक। इसमें ग्रहचार आदि फलों के अतिरिक्त वायसविरुत, शिवारुत, मृगचेष्टित, श्वचेष्टित, गवेङ्गित, अश्वेङ् गित, हस्तिचेष्टित, आदि के फल कहे जाते हैं।

सामुद्रिक विद्या = स्त्री-पुरुषों के शरीर पर विशिष्ट लक्षणों को देखकर उनके व्यक्तित्व तथा भवितव्य का अनुमान करने की विद्या। यह फल-ज्योतिष-शास्त्र का एक प्रकार है। हस्त सामुद्रिक में केवल हथेली पर की रेखाएँ तथा शंख, चक्र, पद्म, धनुष्य, बाण, आदि चिह्न देखकर भविष्य कथन किया जाता हैं।

सारणी = ज्योतिष शास्त्र के विशिष्ट ग्रन्थ। इनकी सहायता से पंचांग की रचना सुकर होती है।

सावन (दिन, मास, वर्ष) = एक सूर्योदय से पुनः सूर्योदय तक सावन दिन। ३० सावन दिन = १ सावन मास। १२ सावन मास = एक सावन वर्ष।

संक्रान्ति = सूर्य का एक राशि से दूसरी राशि में संक्रमण समय। इस संक्रान्ति के अनुसार सौर मासों की व्यवस्था मानी गई है। जिस मास में राशिसंक्रान्ति नहीं होती उसे "अधिकमास" कहते हैं। जब मासावधि में दो संक्रातियाँ होती हैं तब वह "क्षयमास" माना जाता है। वसिष्ठ के मतानुसार संक्रान्तियों का समय – **विष्णुपदी संक्रान्ति** – सूर्य का कुम्भ, वृश्चिक, वृषभ और सिंह राशियों में प्रवेश।

षडशीति संक्रान्ति = सूर्य का कन्या, धनु, मीन और मिथुन राशियों में प्रवेश।

यामायन संक्रान्ति = सूर्य का कर्क राशि में प्रवेश।

सौम्यायन संक्रान्ति = सूर्य का मकर राशि में प्रवेश।

विषुव संक्रान्ति = सूर्य का मेष तथा तुला राशि में प्रवेश। संक्रान्तियों का समय **पर्वकाल** कहा जाता है।

सिद्धान्त स्कन्ध (या गणित स्कन्ध) = त्रिस्कन्ध ज्योतिष शास्त्र के तीन स्कन्धों में से प्रथम। इसमें कालमापन और युति, ग्रहण, वेध आदि का विवेचन होता है। इसमें त्रुटिकाल से प्रलय के अन्त तक के काल की गणना, सौर, सावन, चान्द्र, नाक्षत्र आदि कालमानों के भेद, ग्रहों के संचार का ज्ञान; पृथ्वी, नक्षत्र और ग्रहों की स्थिति, वर्णन तथा यंत्रादि का वर्णन आदि विषयों का परामर्श होता है।

सिद्धिप्रद तिथि = शुक्रवार की नन्दा, बुधवार की भद्रा, मंगलवार की जया, शनिवार की रिक्ता और गुरुवार की पूर्णा। **नंदातिथि** – १, ६, ११ **भद्रातिथि** – २, ७, १२ **जयातिथि** – ३, ८, १३ **रिक्तातिथि** – ४, ९, १४ **पूर्णा** – ५, १०, पौर्णिमा (शुक्लपक्ष में। कृष्णपक्ष में) भी तिथियों की यही संज्ञाएं होती हैं। अमावस्या को पूर्णा कहते हैं।

सिद्धियोग = विशिष्ट वार और नक्षत्र का योग। मुहूर्त ज्योतिष के अनुसार यह शुभ माना जाता है। जैसे रविवार को हस्त, मूल, उत्तरा, उत्तराषाढा, उत्तराभाद्रपदा, पुष्य, तथा अश्विनी नक्षत्रों का योग।

सिनीवाली = चंद्रकलायुक्त अमावस्या। (देखिए कुहू)

सिंहस्थपर्व = सिंह राशि में गुरु ग्रह के प्रवेश की कालावधि। १२ वर्षों के बाद यह पुण्यपर्व होता है। कुम्भपर्व का ही यह एक अंश है। कुम्भपर्व का योग कन्याविवाह के लिये अप्रशस्त माना जाता है। इस पर्व में गो-प्रसव भी अशुभ माना जाता है।

सिंह संवत् = काठियावाड में प्रचलित एक कालगणना। शालिवाहन शक से १०३५ वर्ष या विक्रम संवत् से ११७० वर्ष बाद इसका प्रारंभ हुआ। इसका वर्षारंभ आषाढ शुद्ध प्रतिपदा से होता है। (इसका उल्लेख केवल सात अभिलेखों में मिलता हैं।

सुलोचना नक्षत्र = स्वाती, पुनर्वसु, श्रवण, कृत्तिका, उत्तरा भाद्रपदा, मूल और पूर्वाफल्गुनी।

सौम्यवार = रोहिणी नक्षत्र युक्त रविवार। ऐसे दिन में सूर्योपासना तथा स्नान, दान, जप, होम, तथा श्राद्ध आदि कर्म लाभदायक माने गये हैं।

सौम्यदित्यवार = रोहिणीनक्षत्रयुक्त आदित्यवार।

सौरदिन = सूर्य का एक अंशात्मक भोग्य काल।

सौर नक्षत्र काल = सूर्य के नक्षत्र विभाग के आक्रमण का समय।

सौरमास = एक राशिसंक्रांति से दूसरी राशि संक्रान्ति की कालावधि। सूर्य के मेष राशि संक्रमण से सौर वर्ष के प्रथम मास का प्रारंभ माना जाता हैं। मलबार तथा तमिलनाडू में सौर मासों के नाम मेष, वृषभ, आदि १२ राशि - नामों के अनुसार ही प्रचलित हैं। सौर मास में २९ से ३१ तक दिन होते हैं।

सौरवर्ष = सूर्य प्रत्येक नक्षत्र पर १३१/३ दिनों तक रहता है; अतः १३१/३ × २७ = ३६० दिन। ऋतुओं में इसका विभाजन होने से इसे आर्तव वर्ष भी कहते हैं।

सौरवर्ष = दो प्रकार – (१) सांपातिक (सायन) और (२) नाक्षत्र (या निरयन) सौर।

स्थिर करण = शकुनि, नाग, चतुष्पद और किंस्तुघ्न - इन चार करणों की संज्ञा।

स्त्रीग्रह = चंद्र, शुक्र और राहु।

स्वरोदयशास्त्र = सूर्यस्वर और चान्द्रस्वर (दाहिनी और बांई नासापुट से श्वासोच्छ्वास) के अनुसार भविष्य कथन का एक प्राचीन शास्त्र। इसे को शिवस्वरोदय भी कहते हैं।

स्वाती योग = स्वाती नक्षत्र में चन्द्रबिंब की अवस्था।

हस्त = १३ वां नक्षत्र। हस्ताकृति छह तारकाओं का यह एक पुंज होता है। इसका स्थान कन्या राशि में होता है।

हृदययोग = रविवार और संक्रान्ति का योग। इस योग पर सूर्योपासना की विधि होती है।

हृदयादित्यवार = संक्रांतियुक्त आदित्यवार। इस दिन सूर्याभिमुख बैठकर आदित्यहृदय मंत्र का जप करते हैं।

होरा = (१) मेषादि राशिका अर्धभाग। (२) अहोरात्र का २४ वां भाग। तीन प्रकार – जन्म होरा, यात्रा होरा और विवाह होरा।

होरास्कन्ध = त्रिस्कन्ध ज्योतिषशास्त्र के तीन स्कन्धों में तृतीय स्कंध। अपर संज्ञा- **जातक स्कन्ध**। व्यक्ति के जन्मकालीन ग्रह नक्षत्र आदि के आधार पर उसकी भवितव्यता का विचार इसका विषय होता है। अपर संज्ञा - फलज्यौतिषशास्त्र।

★ ★ ★

अवशिष्ट
धर्म परिभाषा

अग्निहोत्री = अग्निहोत्री के लिए उपयुक्त गाय।

अधोवेदन (अधोवेद) = प्रथम पत्नी के होते हुए दूसरा विवाह करना।

अद्भुतशान्ति = अथर्ववेद के ६७ वें परिशिष्ट की संज्ञा।

अध्वर्युकाण्ड = अध्वर्युनामक ऋत्विजों के लिए वैदिक मंत्रों का भाग।

अनुवाक = ब्राह्मण ग्रन्थों का एक भाग।

अनुश्रविक (आनुश्रविक) = वेद शास्त्र से संग्रह किया हुआ।

अभिचार (पांच प्रकार) = मारण, मोहन, उच्चाटन, वशीकरण और विद्वेषण।

अरिक्थभाग् (अरिक्थीय) = पैतृक सम्पत्ति में हिस्सा पाने में किसी दोष के कारण अनधिकारी पुत्र।

अरुणपराशर = एक वैदिक शाखा तथा उसके अनुयायी।

अरुन्धतीदर्शन = विवाहविधि के अन्तर्गत एक संस्कार। इस मे वधू को अरुन्धती का तारा पतिद्वारा दिखाया जाता है।

अवकीर्णी = व्याभिचार करने वाला ब्रह्मचारी। इस अपराधी को कठोर प्रायश्चित्त धर्मशास्त्र में कहा है।

अष्टका = श्राद्ध, महालय पक्ष। आश्विन वद्य अष्टमी तिथि के दिन् अष्टका श्राद्ध किया जाता है। नवमी को 'अन्वष्टका' श्राद्ध विधि होती है।
(धर्मशास्त्र में तीन 'अष्टका' माने है)

अस्थियज्ञ = और्ध्वदैहिक क्रिया का एक भाग।

आकूपार = कुछ साममन्त्रों की संज्ञा।

आचार्या = स्वयम् अध्यापन करने वाली।
(आचार्याणी = आचार्य की पत्नी। यह अध्यापन नहीं करती)

आपोशान = भोजन के प्रारंभ तथा अन्त में कहने योग्य मंत्र।

आम्रकुब्जासन = आम्रफल के समान शरीर की अवस्था करना। जैन श्रमणों की तपश्चर्या के लिए विहित एक आसन।

आर्षिक्य = ऋषियों द्वारा प्रस्थापित धर्म या आचार-विचार की पद्धति।

आयुष्य होम = दीर्घायुष्य की प्राप्ति के हेतु किया जाने वाला यज्ञ।

आर्चिक = ऋग्वेद से संबंधित।

आवर्तक = भुजकंठ पुरुष और ब्राह्मण स्त्री की संतान।

आवाप = मन्त्रों का बारंबार उच्चारण।

इष्टिश्राद्ध = एक विशेष और्ध्वदैहिक क्रिया।

उखासंभरण = शतपथ ब्राह्मण ग्रंथ का छठा अध्याय।

उञ्छशील (या उञ्छवृत्त) = खेत में बचे अनाज के कणों को चुन कर उपजीविका करने वाला व्रती।

उत्तरक्रिया = मरणोत्तर श्राद्धादि क्रिया। अन्त्येष्टि।

उत्थान-एकादशी = कार्तिक शुद्ध एकादशी। अपर संज्ञा देवोत्थान एकादशी या विष्णु प्रबोधिनी।

उत्पत्ति व्यंजक संस्कार = उपनयन में यज्ञोपवीत पहनाकर छात्रत्व की दीक्षा देना। इसीके कारण 'द्विज' संज्ञा प्राप्त होती है।

उत्सर्जन (या वेदोत्सर्जन) = वेदाध्ययन का स्थगन तथा उस स्थान से संबंधित एक षण्मासिक संस्कार।

उदक-द = पितरों को जलतर्पण करने वाला, उत्तराधिकारी।

उदकशान्ति = ज्वर दूर करने के लिए रोगी के शरीर पर अभिमन्त्रित जल छिड़कना। मरणोत्तर एक उत्तर क्रिया।

उदास्थित = ऐसा तपस्वी जिसका व्रतभंग हुआ है।

उद्गीति = सामवेद के मन्त्रों का गायन।

उद्गीथ = सामवेद का उत्तरार्ध। सामवेद के मन्त्रों का गायन

उद्ग्रह = धार्मिक कृत्यों से सम्पन्न होने योग्य कार्य।

उद्धान = यज्ञकुण्ड।

उद्बन्धक = वर्णसंकर से उत्पन्न अस्पृश्य जाति जो धोबी का काम करती है। सूनिक पुरुष और क्षत्रिय स्त्री की सन्तान।

उद्यापन = व्रतादि की समाप्ति की विधि।

उपदेश = सूर्य-चन्द्र के ग्रहण काल में पुण्यस्थान में मन्त्र की दीक्षा।

उपधर्म = अप्रधान धार्मिक नियम।
(मनु. २-२३७/४-१४७)

उपनिष्क्रमण = बच्चा चार मास का होने पर उसे घर के बाहर प्रथम निकालने का एक संस्कार। (मनु. २-३४)

उपपातक = पंच महापातकों के समान पातक।

उपमाता = मातृष्वसा (मौसी), मातुलानी (मामी), पितृष्वसा (फूफी), पितृव्यस्त्री (चाची), श्वश्रू (सास), पूर्वजपत्नी (बड़े भाई की पत्नी। इनके अतिरिक्त धाय भी उपमाता मानी जाती है।

उपयाज = यज्ञविधि के अतिरिक्त यजुर्वेदीय मंत्र।

उपविष्ट होम = देखिए जुहोति।

उपसंख्यान = अतिरिक्त निर्देशन। परिशिष्ट। उदा: कात्यायन के वार्तिकों में पाणिनीय सूत्रों का 'उपसंख्यान' हुआ है।

उपाकरण = प्रारंभिक अनुष्ठान करने के बाद वेद पाठ का उपक्रम।

उपाकर्म = वर्षारंभ के पश्चात् वेदपाठ प्रारंभ करने के पूर्व करने योग्य अनुष्ठान।

उपांग = शिक्षादि छह वेदांगों के परिशिष्ट स्वरूप ग्रंथ समूह। इस में पुराण, न्याय, मीमांसा और धर्मशास्त्र का अन्तर्भाव होता है। वेदों का अध्ययन **'सांगोपांग'** अर्थात् ६ और ४ उपांगों सहित होना प्रशस्त माना जाता है।

उपाध्याय = वेद का विशिष्ट अंश या उपजीविका के हेतु वेदांगों का अध्यापन करने वाला।

उपाध्याया = अध्यापन करने वाली स्त्री।

उपाध्यायानी = उपाध्याय की पत्नी।

उपाध्याया (यी) = स्वयम् अध्यापन करने वाली स्त्री। उपाध्यायानी तथा आचार्याणी = उपाध्याय तथा आचार्य की पत्नी। यह अध्यापन नहीं करती)।

ऊर्ध्वरेतस् = अखण्डित ब्रह्मचर्य का पालन करने वाला।

ऋग्ब्राम्हण = ऐतरेय ब्राह्मण की अपर संज्ञा।

ऋत = (१) निश्चित नियम या दिव्य नियम। (इस अर्थ में प्रस्तुत शब्द का प्रयोग वैदिक मंत्रों में मिलता है।) (२) उञ्छवृत्ति (देखिए) (मनु. ४-४)। या शिलोञ्छवृत्ति।

ऋतसाम = सामवेद के एक अंश की संज्ञा।

ऋषि = (व्युत्पत्ति के अनुसार अर्थ (१) ऋषति = जानाति इति ऋषिः। (२) **प्रलीनाः वेदाः तपोबलवशात् यान् अर्षन्ति** प्रानुवन्ति ते ऋषयः। प्रलय काल में लुप्त वेद, तपश्चर्या के कारण जिन्हे स्वयं प्राप्त होते हैं उन्हें ऋषि कहते हैं।

ऋषिस्तोम = एक दिन में समाप्त होने वाला एक विशेष यज्ञ।

एकजाति = शूद्र वर्ण की संज्ञा। अन्य तीन वर्ण 'द्विजाति' कहे जाते हैं।

एकदण्डी = चार श्रेणियों के संन्यासियों में से 'हंस' श्रेणी के संन्यासी की संज्ञा।

एक पत्नी = (१) स्वाध्वी स्त्री (२) अनेक स्त्रियों में से पुत्रवती स्त्री। (मनु. ९-१८-३)।

एकोदक = आप्त संबंधी जिसका संबंध एक ही मृत पूर्वज को तर्पण करने के कारण होता है।

ऐकान्यिक = वेद के सस्वर पाठ में एक-दो अशुद्धियाँ करने वाला छात्र।

ॐ = मंत्रशास्त्र के अनुसार आदि बीजरूप अक्षर।

कण्डिका = शुक्ल यजुर्वेद का छोटे अनुभाग की संज्ञा।

कठधूर्त = (या कठश्रोत्रिय) = यजुर्वेद की कठ शाखा में पारंगत।

कन्या शुल्क = विवाहनिमित्त कन्या के पिता को दिया जाने वाला धन।

कपाली = ब्राह्मण माता तथा मछुवे पिता की संतान।

कपोतवृत्ति = एक संन्यासी व्रत। इसमें अपने भोजन का कुछ भी प्रबन्ध नहीं किया जाता।

करपात्री = अपने हाथ में ही भिक्षा ग्रहण करने वाला संन्यासी।

करपीडन (पाणिपीडन) = विवाह योग।

करसूत्र = विवाहनिमित्त कलाई में बांधा जाने वाला सूत्र।

कर्मचाण्डाल = नीचतम कर्म करने वाला। (अत्याचारी प्रकार – असूयक, पिशुन, कृतघ्न, दीर्घकोपी, और जन्मना चाण्डाल (वसिष्ठ स्मृति)।

कष्टमातुल = सौतेली मा का संबंधी भाई या पुत्र।

कंसकार = ब्राह्मण द्वारा वर्णसंकर से उत्पन्न जाति। कसेरा। कांसे की ढलाई का काम करने वाला।

काकस्पर्श = मृत्यु के पश्चात् दसवाँ दिन। इस निमित्त भात का पिण्ड कौओ को दिया जाता है।

काण्डपृष्ठ = (१) औरस के अतिरिक्त अन्य पुत्र। (२) वैश्य स्त्री का पति।

कामोदक = आप्त संबंधियों के अतिरिक्त मित्रों द्वारा दिवंगत के प्रति ऐच्छिक तर्पण। (याज्ञ. ३-४)

कारावर = निषाद पिता और वैदेही माता का पुत्र। (मनु. १०-३६)

कालवेला = धर्मकृत्य करने योग्य दिन के विशिष्ट आधे प्रहर का समय।

कालंजर = धार्मिक साधुओं की सभा।

कुतपसप्तक = श्राद्ध विधि में दी जाने वाली सात वस्तुएँ शृंगपात्र, ऊर्णावस्त्र, रौप्य धातु, कुशमृग, सवत्सा धेनु, तिल और दौहित्र।

कुन्ताप सूक्त = अथर्ववेद के विशिष्ट सूक्तों की संज्ञा।

कृत्या = अभिचार मंत्रों के द्वारा शत्रुवध के लिए अग्निमध्य से उत्पन्न होने वाली क्षुद्रदेवता।

कृत्रिमपुत्र = गोद में लिया हुआ पुत्र। जन्मदाता की अनुमति के बिना यह पुत्र माना जाता है। धर्मशास्त्र में पुत्र के प्रकार १२ माने जाते हैं। (मनु. ९-१६९)

कौथुम = सामवेद की एक शाखा या उसका विशेष ज्ञानी।

कौलिक = वाममार्गी शाक्त संप्रदाय का अनुयायी।

क्षात्रि = क्षत्रिय पुरुष और शूद्र स्त्री की संतान। 'क्षत्रिय' क्षत्रिय स्त्री-पुरुष की संतान का वाचक है।

क्षेत्रज (क्षेत्रजात) = धर्मशास्त्रोक्त १२ प्रकार के पुत्रों में से एक। पुत्रोत्पत्ति के निमित्त विधिवत् नियोजित पुरुष द्वारा उत्पन्न सन्तान।

खरु = पति का वरण करने वाली स्त्री ।

गणदेवता = समूह में रहने वाले देवता। आदित्य, रुद्र, वसु आदि वेद पुराणोक्त गणदेवता हैं।

गर्भाधान = ऋतु स्नान के पश्चात् एक शुद्धिसंस्कार। इसी संस्कार से विवाह पूर्णतः वैध माना जाता है। (याज्ञ. १-११)

गुरुपुष्य मुद्रा = गुरु-पुष्य योग पर २७ बार खरीदे गए सोने की अंगूठी। यह मुद्रा सर्वत्र यशोदायक मानी जाती है।

गुरुश्रुति = गायत्री मंत्र की संज्ञा।

गोपथ = अथर्ववेद का एक ब्राह्मण।

गोसावित्री = गायत्री मंत्र की एक संज्ञा।

ग्रहशान्ति = आकाशस्थ ग्रहों के कारण सम्भाव्य पीड़ा की निवृत्ति के लिए यज्ञ, जप आदि दैवी उपचार।

घातचतुष्टय = घातचंद्र, घाततिथि, घातनक्षत्र और घातवार।

चंडातक = (अपर संज्ञा अर्धोरुक, दहर, अर्धवसन) = एक प्राचीन वस्त्र जो कमर से घुटने तक शरीर का भाग आच्छादित करता है। वाजपेय यज्ञविधि की विशिष्ट विधि में यजमान पत्नी इसे परिधान करती थी।

चरण = वेद की शाखा।

चरणामृत (चरणोदक) = देवता अभिषेक या गुरु आदि सत्पुरुष के चरणक्षालन होने पर अवशिष्ट रहा पवित्र जल।

चर्चा = वर्ण, आश्रम या संप्रदाय के अनुरूप व्रतमय आचरण।

चात्वाल = भूमि को खोद कर, बनाया हुआ यज्ञकुण्ड।

चैत्य = (१) समाधि स्थान का कोई स्मारक। (२) देवमूर्ति की स्थापना का स्थान।

जटावल्लभ = 'जटापाठ' की पद्धति के अनुसार वेदपाठ करने वाला वैदिक।

जन्माष्टमी = कृष्णजन्म की तिथि अर्थात् विक्रम संवत् के अनुसार भाद्रपद कृष्णपक्ष की अष्टमी। (शालिवाहन संवत्सर के अनुसार श्रावण कृ. ८)।

जातिब्राह्मण = तप और ज्ञान से विहीन केवल जन्मतः ब्राह्मण।

जीवमातृका = प्राणियों का पालन पोषण करने वाली सात देवियों की संज्ञा। सात देवियाँ- कुमारी, धनदा, नन्दा, विमला, मंगला, बला और पद्मा।

जुहोति = 'जुहोति' क्रिया से सम्पन्न होने वाले यज्ञानुष्ठान। इन्हींको 'उपविष्ट होम' कहते हैं। 'यजति क्रिया से सम्पन्न होने वाले यज्ञानुष्ठानों को 'तिष्ठद्धोम' कहते हैं।

जैमिनि = सामवेद की एक शाखा की संज्ञा।

ज्येष्ठसाम = सामवेद के विशिष्ट भाग की संज्ञा।

तन्त्रम् = अनेक धर्म विधियों समान रहने वाली विशिष्ट धार्मिक विधि।

तन्त्रसंहिता = वामाचारी शाक्त संप्रदाय की पूजापद्धति का कथन करने वाले ग्रन्थों की संज्ञा।

तप्तमुद्रा = शरीर पर अंकित तप्तधातु की शंख, चक्र, आदि मुद्राओं के चिह्न। यह वैष्णवों में प्रचलित है।

तर्पण = दिवंगत पितरों की तृप्ति के लिए विधिपूर्वक जलसमर्पण। इसीको 'पितृयज्ञ' कहते है।

तलवकार = सामवेद की विशिष्ट शाखा या उसके ज्ञाता।

तिष्ठद्धोम (तिष्ठत् + होम्) = देखिए यजति।

तुरायण = एक प्रकार का यज्ञ।

तुषिता = समूहदेवता, गौण देवताओं का समूह। इनकी संख्या १२ या ३६ मानी जाती हैं।

तृच = तीन ऋचाओं की समष्टि।

तोयकृच्छ् = केवल जल पीकर ही उपोषण करने का व्रत।

त्रयी = पति-पुत्रवती स्त्री।

त्रयीधर्म = वैदिक धर्म का अपर संज्ञा।

त्रिकर्मा = स्वाध्याय, यज्ञ और दान करने वाले (ब्राह्मण के छह कर्म माने जाते हैं, उनमे से केवल तीन ही करने वाला।)

त्रिदण्डी = एकत्र बांधे हुए तीन दण्ड धारण करने वाला संन्यासी अथवा, वाग्दण्ड, मनोदण्ड, और कायदण्ड युक्त संन्यासी अर्थात् काया वाचा मन का पूर्ण संयम करने वाला।

त्रिपुण्ड्र = चन्दन या भस्म से शरीर पर अलिखित तीन रेखाएँ।

त्रिसवण = एक ही दिन में तीन कालों में होने वाले यज्ञ।

त्रेताग्नि = यज्ञाग्नियों का समाहार।

त्रैविद्य = तीन वेदों (या आध्यात्मिक शास्त्रों में निष्णात।

दक्षिणाम्नाय = भारत के 'दक्षिणावर्त' (दक्षिण प्रदेश) से संबंधित एक तांत्रिक सम्प्रदाय।

दशतयी = दश मण्डलात्मक होने के कारण ऋग्वेद की संज्ञा।

दशमहाविधा = महाकाली, उग्रतारा, षोडशी, (या त्रिपुरासुंदरी), भुवनेश्वरी, छिन्नमस्ता, भैरवी, धूमावती, बगलामुखी, मातंगी और कमला इन शाक्तों की उपास्य दस देवी - स्वरूपों की आगमोक्त संज्ञा। निगमों में इन्हीं की विराट विद्या कहते हैं।

दशमी = जीवन की शताब्दी के अन्तिम दस वर्ष।

दशरथ चतुर्थी (या करक चतुर्थी) = कार्तिक वद्य चतुर्थी। इस तिथि को करक (मृत्तिका पात्रों) में दशरथ और दुर्गा की मूर्ति की पूजा करते हैं।

दशरथ-ललिता व्रत = आश्विन शुद्ध दशमी से आश्विन वद्य चतुर्थी तक (दस दिनों का) एक व्रत। (यह केवल आश्विन दशमी को ही करने की प्रथा है।) ललिता अर्थात् चन्द्रपत्नी रोहिणी इस की प्रधान देवता है। स्कन्द पुराण के अनुसार महाराजा दशरथ ने पुत्र कामना से यह व्रत किया था। व्रतावधि दस वर्ष।

दस्यु = चातुर्वर्ण्य से बाह्य, संस्कार-कर्महीन, म्लेच्छभाषा तथा आर्यभाषा बोलने वाले लोग (मनु. १०-४५), विश्वामित्र के अंध, पुण्ड्र, शबर, पुलिंद और मूतिव नामक पुत्र।

दान (चार प्रकार) = नित्य नैमित्तिक, काम्य और विमल (निष्काम)।

दानचतुष्टय = कन्यादान, गोप्रदान, भूमिदान और विद्यादान।

दान (पांच प्रकार) = धर्ममूलक, अर्थमूलक, भयमूलक, काममूलक और करुणामूलक।

दान के छह अंग = दाता, प्रतिगृहीता, (लेने वाला), श्रद्धा, देयपदार्थ, देश और काल।

दासीघट = महापातक करने वाले व्यक्ति को परिवार तथा समाज से बहिष्कृत करने की एक विधि। महापातक की व्यक्ति की 'जीवि[illegible] काल में ही' की गयी एक औपचारिक अंत्यक्रिया।

दिवाकीर्त्य = एक पितृगण की संज्ञा। प्रत्येक मास की शुद्ध प्रतिपदा को इस पितृगण की श्राद्ध विधि होती है।

दीक्षान्त = यज्ञादि धार्मिक कर्मो में संभाव्य त्रुटियों की शान्ति के निमित्त पूरक धर्मविधि।

दीक्षित = किसी विशिष्ट श्रेष्ठ कार्य के लिए प्रतिज्ञा आदि संस्कार ग्रहण करने वाला।

देवऋण = जन्मतः प्राप्तऋण या दायित्व जिससे मुक्तता मिलती है यज्ञ कर्म से। (**पितृऋण** से मुक्तता संतति के द्वारा और **ऋषिऋण** से मुक्तता ब्रह्मचर्य या अध्ययन से होती है।)

देवलक्ष्म = ब्राह्मणत्व का चिन्ह। यज्ञोपवीत।

देवशिल्प = देवताओं को प्रसन्न करने वाले यज्ञीय स्तोत्र।

दैवल (लक) = भूत प्रेतादि का उपासक। तामसी उपासक।

द्रव्यसंस्कार = यज्ञ या पूजा के साहित्य का शुद्धीकरण।

द्रुम = यज्ञोपयोगी वृक्ष। उदा. पलाश शमी औदुंबर इ.।

व्यामुष्यायण = दत्तक पुत्र जो जन्मदाता तथा दत्तक पिता इन दोनों की सम्पत्ति का उत्तराधिकारी होता है।

धर्मज्ञ समय = रागद्वेषरहित अनेक विद्वानों ने एकत्रित होकर एकमत या बहुमत से निर्धारित नियम। ('आपस्तंब' धर्मसूत्र)।

धर्मपत्नी = शास्त्रोक्त विधि के अनुसार विवाहित स्त्री। धार्मिक कृत्यों में पति के साथ सहभागी होने योग्य पत्नी।

धर्ममूल = वेद, स्मृतिवाङ्मय, सज्जनों का आचार, अपनी अभिरुचि, और सम्यक् संकल्पों से उत्पन्न कामना (या इच्छा)। (कुल पांच) (याज्ञवल्क्य स्मृति १.७)

धर्मलक्षण = (चतुर्विध) वेद, स्मृति, सज्जनों का आचार और आत्मप्रियता। (मनु. २-१२)

धर्मवणिक् (धर्मवाणिजिक) = अपने धर्माचरण का स्वार्थ के लिए दुरुपयोग करने वाला ढोंगी धर्माचरणी व्यक्ति।

धर्मशास्त्र = (१) स्मृति वाङ्मय की अपरसंज्ञा। (२) श्रौतसूत्र, गृह्यसूत्र, और धर्मसूत्र - इन तीन नामों के सूत्र ग्रंथ। धर्मशास्त्र में अन्तर्भूत विषय – वर्णधर्म, आश्रमधर्म, राजधर्म, आचारधर्म, आपद्धर्म, उपवास, तीर्थयात्रा, दान, दायभाग, विविधपुत्र, प्रायश्चित्त, विवाह, श्राद्ध, पूजाविधि, इष्टापूर्त, दत्तकविधान, गोत्रप्रवर, तिथिनिर्णय, आशौच। इनका वर्गीकरण – वर्णधर्म, आश्रमधर्म, और नैमित्तिक धर्म - इन तीन विभागों में होता है।

धर्मशास्त्र के १२ विषय = संस्कार, आह्निक, श्राद्ध, काल, व्यवहार, प्रायश्चित्त, कर्मविपाक, व्रत, दान, शांति, तीर्थ और प्रतिष्ठा।

धर्मशास्त्र = सदाचार विषयक विधि निषेधात्मक शास्त्र। श्रुति, स्मृति, सदाचार और आत्मतुष्टि धर्म शास्त्र के प्रमाण हैं। (याज्ञ. १-७)। इनमें श्रुति सर्वश्रेष्ठ प्रमाण है। अन्य तीनों का महत्त्व अनुक्रम से माना जाता है। जनपद, ग्राम, और कुल के रीतिरिवाज भी धर्मशास्त्र में प्रमाण माने जाते हैं।

धर्मसाधन (२ प्रकार) = प्रवृत्ति और निवृत्ति – (मोक्ष) गीता ३-४)

धर्मस्कन्ध = वैदिक धर्म के आधार। (तीन धर्मस्कंध = यज्ञ, अध्ययन और दान। (अथवा श्रुति, स्मृति और पुराण- ये तीन प्रमाण हैं।

धर्मारण्य = तपस्वियों के निवासार्थ सुरक्षित अरण्य।

धाट्या = यज्ञाग्नि को प्रज्वलित करते समय गाए जाने वाली ऋचाएँ।

धूमावती = दश महाविद्या नामक देवियों में से विधवा रूपिणी महाविद्या की संज्ञा।

नांदीमुख = पिता, दादा और उनके पिता को अश्रुमुख पितर कहते हैं। अश्रुमुख पितरों के सभी पूर्वजों को नांदीमुख कहते हैं।

नारायणसूक्त = ऋग्वेद के सुप्रसिद्ध पुरुषसूक्त की अपर संज्ञा।

नास्तिक = १) वेदप्रामाण्य न मानने वाला। (२) मरणोत्तर जीवन तथा परलोक न मानने वाला। (३) सर्वशक्तिमान् ईश्वर का अस्तित्व न मानने वाला।

नास्तिकत्रय = तीन प्रकार के नास्तिक = (१) क्रियादुष्ट (किसी प्रकार का धार्मिक कृत्य न करने वाला); (२) मनोदुष्ट (३) वाग्दुष्ट (वाणी से धार्मिकता की निंदा करने वाला)।

नाहल = जातिबहिष्कृत व्यक्ति या समुदाय।

निघण्टु = वेदों के दुर्बोध शब्दों का कोश। यास्ककृत निरुक्त नामक वेदांग इसीका विवरणात्मक भाष्य है। वेदार्थ के निर्णय का यह प्रधान साधन है। अपर संज्ञा समाम्नाय।

निमित्तधर्म = प्रायश्चित्त स्वरूप कर्म।

नियोग = देवर या अन्य किसी योग्य व्यक्ति द्वारा प्रजोत्पादन करने की प्रथा।

निर्ग्रन्थ = जैन संप्रदायों की अपर संज्ञा।

निर्दोष सप्तमी = भाद्रपद शुद्ध सप्तमी को उपोषण का एक जैन व्रत। व्रतावधि सात वर्ष।

निर्हरण = दाह संस्कार के लिए शव को ले जाना।

निवपन (निवाप) = मृत संबंधियों के निमित्त जलतर्पण।

निवीत = माला की भांति यज्ञोपवीत को धारण करना।

निष्क्रम (निष्क्रमण) = चतुर्थ मास में शिशु को घर के बाहर निकालने का संस्कार।

न्याय = वैदिक स्वर या जटा आदि पाठ करने की पद्धति।

पंचगीता = भगवद्गीता, गणेशगीता, भगवतीगीता, सूर्यगीता और शिवगीता।

पंचनीराजन = दीपक, कमल, वस्त्र, आम और पान का पत्ता इन - पांचों से आरती उतारना।

पंचपात्र = एक श्राद्ध, जिसमें पांच पात्रों में रखकर भेंट दी जाती है।

पंचम वेद = महाभारत की अपर संज्ञा। चार वेदों के समान सर्वज्ञानमय तथा प्रमाणभूत ग्रंथ होने के कारण यह संज्ञा रूढ़ हुई है।

पंचमाता = गुरुपत्नी, मित्रपत्नी, भ्रातृपत्नी, पत्नीमाता, और स्वमाता। (वृद्ध चाणक्य ४-२०)

पंचमी व्रत = मार्गशीर्ष या माघ शुद्ध पंचमी से छह वर्षों तक प्रत्येक शुक्ल पंचमी को लक्ष्मी नारायण की पूजा का व्रत।

परपाकनिवृत्ति = दूसरों के घर भोजन न करने का व्रत।

परिचरणतन्त्र = श्राद्ध के अनुष्ठान की विशेष रीति।

परिप्लोष = शरीर के अन्दर की दाहपीडा।

पर्युक्षण = धार्मिक विधि में मन्त्रोच्चार के बिना चारों ओर जल छिड़कना।

पवमान = आहिताग्नि के गार्हपत्य नामक यज्ञाग्नि की संज्ञा।

पवित्रारोपण (रोहण) = यज्ञोपवीत धारण करने का संस्कार।

पशुगायत्री = बलिदान के समय पशु के कान में बोला जाने वाला एक विकृत गायत्रीमंत्र (पशुपाशाय विद्महे।

विश्वकर्मणे धीमहे। तन्नो जीवः प्रचोदयात्।।

पाषंण्डक = (पाषण्डी) = धर्म संबंधी आचार-विचार को तुच्छ मानने वाला। नास्तिक।

पाण्डारक = (पण्ड = नपुंसक) = नपुंसक की सन्तति, अर्थात् अन्य पुरुष द्वारा उत्पादित। (पण्ड + आरक)

पादकृच्छ् = एक व्रत जिसमें हर तीसरे दिन उपवास होता है।

पालाशविधि = ढाक की लकड़ियों से मृत शरीर का दाह संस्कार।

पिण्डदान (पिण्डनिर्वपन) या पिण्डयज्ञ = (श्राद्ध विधि में पितरों को पिण्ड समर्पण करना।

पिण्डान्वाहार्य = पितरों के निमित्त हुआ भोजन।

पिण्डोदकक्रिया = श्राद्ध और तर्पण।

पितु:पुत्रः = पिता का शिष्य (अन्तेवासी)। (यहां विद्याकृत सम्बन्ध अपेक्षित है।

पितृकर्म (कार्य, क्रिया, कृत्य) = मृत पूर्वजों के निमित्त श्राद्ध आदि धार्मिक विधियां।

पितृपक्ष = भाद्रपद वद्य पक्ष। इसमें विशिष्ट तिथि को पितृकर्म प्रशस्त माना जाता है।)

पीठनायिका = चौदह वर्ष की कुमारिका, जो दुर्गा पूजा के अवसर पर दुर्गा का प्रतीक मानकर पूजी जाती है।

पुण्ड्र = संप्रदाय द्योतक चन्दनादि का चिह्न।

पुत्रकृतक = दत्तक आदि कृत्रिम पुत्र।

पुत्रेष्टि = (पुत्रेष्टिका) = पुत्रप्राप्ति की कामना से किया जाने वाला यज्ञ।

पुनर्भू = दुबारा विवाह करने वाली अक्षतयोनि स्त्री।

पूरक = श्राद्धविधि की समाप्ति होने पर पितरों को अर्पित पिण्ड।

पुरोहित = धार्मिक विधियों का संचालन करने वाला विशेषज्ञ।

पुष्टिकर्म = गृहस्थ जीवन में सुखसमृद्धि की प्राप्ति के निमित्त किया जाने वाला कर्म।

पुंसवन = गर्भधारणा होने पर पुत्र की अपेक्षा से किया जाने वाला धार्मिक संस्कार।

पूर्णपात्र = स्वामी को आनंददायक शुभार्ता सर्वप्रथम सुनाते हुए उसके महावस्त्र, अलंकार आदि का अपहरण करने की प्राचीन रूढ़ि को 'पूर्णपात्र हरण' कहते थे। (२) धार्मिक विधि में मंगलकलश पर स्थापित धान्य से पूर्ण पात्र।

पौत्रिकेय = कन्या का पुत्र जो अपने मातामह का वंश चलाता है।

पौनर्भव = पुनर्विवाहिता विधवा का पुत्र। धर्मशास्त्र में संमत १२ पुत्रों में से एक।

प्रतिग्रह = दान का स्वीकार। ब्राह्मणों का एक कर्तव्य।

प्रतिसर = (१) विवाहकंकण या विवाहसूत्र। (२) विवाहकंकण।

प्रतिपदादिव्रत = प्रतिपदा से पौर्णिमा तक प्रत्येक तिथि को किसी विशिष्ट एकमात्र पदार्थ का सेवन। (इसमें त्रयोदशी को गोमूत्र प्राशन कहा गया है।)

प्रदोष व्रत = प्रत्येक मास की शुद्ध और वद्य त्रयोदशी को शिवपूजा तथा नक्त भोजन का व्रत। शनिवार, सोमवार और भौमवार की प्रदोष तिथि को शनिप्रदोष, सोमप्रदोष और भौमप्रदोष कहते हैं।

प्रयाज = प्रधान यज्ञ से संबंधित एक अनुष्ठान।

प्रयोगशास्त्र = कल्पसूत्रों की अपरसंज्ञा।

प्रवर = एक विशेष प्रकार का आवाहन जो यज्ञ में अग्न्याधान के अवसर पर अग्नि को संबोधित किया जाता है।

प्रवर्ग = यज्ञीय अग्नि।

प्रवार्य = सोमयाग से पूर्व किया जाने वाला अनुष्ठान।

प्रव्रज्या = संन्यासी अवस्था। संन्यास व्रत

प्राजापत्य = एक यज्ञविधि जो पुत्रहीन पिता द्वारा अपने दौहित्र को उत्तराधिकारी करने हेतु किया जाता है।

प्राजापत्या = संन्यासदीक्षा लेने से पूर्व अपनी सारी सम्पत्ति का दान करना।

प्रीतिश्राद्ध = पितरों सम्मानार्थ किया जाने वाला समारोह।

प्रेतशौच = किसी आप्त की मृत्यु के निमित्त स्नान आदि शुद्धि क्रियाएं।

फट् = मांत्रिक प्रयोग के मन्त्रोच्चार के अन्त में उच्चारणीय एक शब्दध्वनी। (उदा. अस्त्राय फट् इ.)

फलस्थापन = सीमन्तोन्नयन का संस्कार। **बलि** (= भोजन) के पूर्व 'भूतयज्ञ' निमित्त आकाश में फेंका जाने वाले खाद्यान्न का अंश।

बृहत्साम = सामवेद का एक श्रेष्ठ मंत्र। भगवद्गीता में इसे परमात्मा की एक विभूति मानी है।

ब्रह्मकूर्च = एक कठोर व्रत। इसमें पौर्णिमा (या अन्य किसी) तिथि पर अहोरात्र उपोषण करने पर दूसरे दिन प्रातः गोमूत्र प्राशन किया जाता है।

ब्रह्मग्रह = वेदपारंगत एवं गर्विष्ठ ब्राह्मण का पिशाच।

ब्रह्मण्य = वेदों में निष्णात।

ब्रह्मपरायण = साम मंत्र की संज्ञा।

ब्राह्मण (ब्रह्म = **वेद)** = वेद का अध्ययन करने वाला या ज्ञानी।

ब्राह्मणाच्छंसी = ब्राह्मण (मंत्र से भिन्न वेदभाग) ग्रन्थों में पठित 'शस्यों (गुणानुवादों) का पारायण करने वाला ऋत्विक्।

भट्ट = क्षत्रिय का ब्राह्मणी से उत्पन्न पुत्र।

भारुष = (१) अविवाहित कन्या से किसी व्रात्य द्वारा उत्पादित पुत्र। २) शक्ति की पूजा करने वाला।

भाल्लवि = सामवेद की एक शाखा।

भीमरथी = मनुष्य जीवन के सत्तरवें वर्ष में सातवें महीने की सातवीं रात। यह समय अति भयानक संकट का माना जाता है। इस निमित्त 'भीमरथ शान्ति' नामक धार्मिक विधि होती है। (साठवें वर्ष में इसी कारण **'उग्ररथ शान्ति'** होती है।)

भूर्जकण्टक = ब्राह्मण का वेश्यापुत्र।

भोल = वैश्य द्वारा नटी में उत्पादित पुत्र।

भ्रातृद्वितीया (यमद्वितीया) = कार्तिक शुक्ल द्वितीया।

मंगल प्रतिसर (या मंगलसूत्र) = विवाहोत्तर सौभाग्यवती स्त्रियों का एक मणिमय अलंकार। पति का देहान्त होने पर यह निकाला जाता है।

मण्डल = ऋग्वेद के खण्ड की संज्ञा। समस्त ऋग्वेद दस मण्डलों या आठ अष्टकों मे विभाजित है।

मदनचतुर्दशी = चैत्र शुक्ला चतुर्दशी। मदनोत्सव की तिथि।

मधुप्राशन = नवजात शिशु के शुद्धीकरण के सोलह संस्कारों में एक। इसमें शिशु को मधु चटाया जाता है।

मन्त्रकरण = सस्वर वेदपाठ।

मन्त्रजागर = मन्त्रपारायण सहित जागरण।

मन्त्रस्नान = अधमर्षण आदि पवित्र मन्त्रों के उच्चारण सहित स्नानक्रिया।

महापुरी = (१) **धर्मतीर्थ** (धर्मनीति के अध्यापन का स्थान (२) **अर्थतीर्थ** (नदीतीरस्थ व्यापार केंद्र (३) **कामतीर्थ** (कलोपासना तथा सौंदर्यपूर्ण कारीगरी का केंद्र) और (४) **मोक्षतीर्थ** (आध्यात्मिक साधना का स्थान)। इन चार प्रकार के तीर्थों से युक्त नगरी।

महाशूद्र = उच्चपदस्थ शूद्र।

महाशूद्र = आभीर जाति का पुरुष (ब्राह्मण पुरुष और उग्र स्त्री की संतान)। स्त्री महाशूद्री = (उग्र- क्षत्रिय पुरुष और शूद्रा स्त्री की संतान)

महास्नान = शीतोदक, उष्णोदक, शंखोदक, समुद्रजल, गोरस, आदि तथा पंचगव्य, गोष्ठ, चतुष्क, वल्मीक, नदीतट इत्यादि स्थानों की मृत्तिका के उपयोग से होने वाला देवता या देवता-प्रतिबिंब का अभिषेक।

मातृकान्यास = मातृका का अर्थ है स्वर और वर्ण। मातृकाओं का अनुस्वारयुक्त उच्चारण करते हुए कंठमूल, नाभि, लिंगमूल, मूलाधार, भ्रूमध्य आदि स्थानों में न्यास (स्थापना) करना। दो प्रकार - बहिर्मातृकान्यास और अन्तर्मातृकान्यास। संहारमातृकान्यास में बहिर्मातृका न्यास के उलटे क्रम से स्वर वर्ण लिए जाते है।

मातृयज्ञ = ब्राह्मी, माहेश्वरी, चण्डी आदि अष्ट मातृदेवताओं के निमित्त किया जाने वाला यज्ञ।

मिथ्याजीव = मंत्रतंत्रों के द्वारा जारण-मारण आदि प्रयोग करने वाले लोग।

मृतस्नान = किसी की मृत्यु होने के निमित्त होने वाला स्नान।

मृताशौच = किसी आप्त संबंधी की मृत्यु के कारण धर्मतः आने वाला आशौच।

मोदक = क्षत्रिय पिता और शूद्र माता का पुत्र।

म्लेच्छ देश = यज्ञिय देश से भिन्न देश। (मनु. ९-२३)।

यजति = 'यजति'क्रिया से सम्पन्न होने वाले यज्ञविधि। इन को तिष्ठद्धोम (तिष्ठत् + होम) कहते हैं।

यजत्र = अग्निहोत्री। यज्ञीय अग्नि का यथाविधि रक्षण करने वाला।

यज्ञकण्टक = यज्ञविधि में विघ्न डालने वाले या बाधा उत्पन्न करने वाले यजमान आदि।

यज्ञकीलक = यज्ञीय बलि पशु बांधने हेतु स्थापित स्तंभ या खूंटा।

यज्ञद्रव्य (या संभार) = यज्ञ विधि में प्रयुक्त करने योग्य समिधा आज्य आदि पदार्थ।

यज्ञपत्नी = यजमान की धर्मपत्नी।

यज्ञायज्ञीय = एक सामसूक्त की संज्ञा।

यज्ञिय देश = वह प्रदेश जिसमें कृष्णसार जाति का मृग स्वभावतः संचार करता है। इसके अतिरिक्त देश को 'म्लेच्छदेश' कहते हैं। (मनु. ९-२३)।

याज्य = यज्ञविधि कराने के निमित्त पुरोहित को प्राप्त होने वाली दक्षिणा।

याज्या = यज्ञ की आहुति की पद्धति।

योनिसंकर = भिन्न वर्ण या जाति के स्त्री-पुरुषों का वैवाहिक संबंध।

राजन = क्षत्रिय पुरुष द्वारा शूद्रा स्त्री से अथवा अविवाहित स्त्री से उत्पन्न जाति की संज्ञा।

राजन्य शब्द क्षत्रिय पुरुष तथा स्त्री की सन्तान का वाचक है।

लेपभागी = चौथी, पांचवी और छटी पीढ़ी के पूर्वज। (लेप = श्राद्ध के पिण्ड बनाने पर हाथ में चिपका हुआ अन्नांश।) पिण्डभागी (पिता, पितामह, प्रपितामह) पूर्वजों को पिण्डदान करने पर यह **लेप** चौथी, पांचवी और छठी पीढ़ी के पूर्वजों द्वारा ग्रहण किया जाता है।

वचोग्रह = बद्धकोष्ठता, कब्ज।

वर्धापन = अर्भक का नालच्छेदन। जन्मदिन का उत्सव।

वंशब्राह्मण = सामवेद से संबंधित ब्राह्मणग्रन्थ।

वास्तोष्पति = एक वैदिक देवता जो घर की आधारशिला की अधिष्ठात्री मानी जाती है।

वृद्धिश्राद्ध = पुत्रजन्मादि के निमित्त होने वाला श्राद्ध।

वृषली = १२ वर्ष की अविवाहित कन्या। रजोदर्शन होने पर भी अविवाहित अवस्था में पिता के घर में रहने वाली कन्या। (२) शूद्रस्त्री।

वेदपाश = वेद का अल्पज्ञानी।

वेदसंन्यास = वैदिक कर्मकाण्ड का त्याग।

वैखानस = वानप्रस्थाश्रमी पुरुष।

व्रतस्नातक = ऐसा व्यक्ति जिसके ब्रह्मचर्याश्रम की विधिवत् समाप्ति हो चुकी है।

व्रतादेश = बालक के यज्ञोपवीत का संस्कार।

व्याहृति = सन्ध्याविधि के समय ओंकार के सात उच्चारणीय, 'भूः भुवः स्वः महः जनः तपः और सत्यम् इन पवित्र शब्दों की संज्ञा। इनमें से 'भूः भुवः स्व'' का प्रयोग अधिक होता है।

शंखकार = ब्राह्मण द्वारा वर्णसंकर से उत्पन्न एक जाति।

शान्तिहोम = मुख्य यज्ञविधि में संभाव्य पापादि दोषों के प्रशमननिमित्त हवनविधि।

शूद्र = त्रैवर्णिक समाज के अतिरिक्त समाज की संज्ञा। (दो प्रकार) = (१) **निरवसित** = जिनके उच्छिष्ट पात्र क्षार मिश्रित जल से मांजने पर भी शुद्ध नहीं माने जाते। उदा. चाण्डाल आदि। (२) अनिरवसित। जिनके उच्छिष्ट कांस्यपात्र क्षारयुक्त जल से मांजने पर शुद्ध माने जाते हैं। उदा. बढ़ई, लुहार, आदि। संस्कृत व्याकरण में 'शूद्राणामनिरवासितानाम्' (२-४-१०) इस सूत्र से यह स्पष्ट होता है कि भाषा में द्वन्द्व सामासिक शब्द करने वाले विद्वान् इस भेद की ओर ध्यान देते थे। 'अनिरवसित' (अबहिष्कृत शूद्रवाचक शब्दों का समास प्रस्तुत सूत्र से समाहार द्वन्द्व होता है उदा. तक्षायस्कारम् इ.। किन्तु "निरवसित" शूद्र वाचक शब्दों का इतरेतर द्वन्द्व समास होता है। (उदा. चण्डालमृतपाः)।

शिक्षागुरु = योगाभ्यास शास्त्राध्ययन आदि साधना शिष्यों से करवाने वाले गुरु।

शूद्रावेद = शूद्रा स्त्री से विवाह

श्राद्धिक = श्राद्ध के अवसर पर दिया जाने वाला उपहार, तथा उसे ग्रहण करने वाला व्यक्ति।

सनाभ्य = सात पूर्वजों तक एक ही वंश से संबंधित परिवार के लोग।

सपिण्ड = समान पितरों को पिण्डदान करने के कारण सम्बन्धी।

सपिण्ड = पितृवश में मूल पुरुष से सातवीं पीढ़ी तक की सन्तति और मातृवंश में मूल पुरुष से पंचम पुरुष पर्यंत सन्तति की संज्ञा।

सप्तद्वीपव्रत = चैत्रशुद्ध प्रतिपदा से प्रत्येक मास में सात दिनों तक जम्बू, शाक, कुश, कौंच, शाल्मली, गोमेद और पुष्कर - इन पुराणोक्त पृथ्वी तक के सात द्वीपों की यथाक्रम पूजा का व्रत।

सन्ध्यावन्दन = प्रातः और सायंकाल में ब्राह्मणों द्वारा की जाने वाली उपासना।

संप्रोक्षण = जल के छीटों से अभिमंत्रित करना।

संस्था = प्रेत का दाह संस्कार या जलविसर्जन।

समानोदक = समान पितरों को जलतर्पण करने के कारण संबंधित लोग। यह संबंध सातवीं से १४ वीं पीढ़ी तक माना जाता है।

सम्प्रदाय = परम्परा से प्राप्त विचार तथा आचार की पद्धति।

सर्वस्वार = एक वैदिक यज्ञ की संज्ञा। इसमें रोगपीड़ित व्यक्ति आत्मबलिदान करता है।

सहसान = यज्ञ, आहुति।

सहोढ (सहोढज) = धर्मशास्त्र में कथित १२ प्रकार के पुत्रों में से एक। विवाह के समय गर्भवती का पुत्र।

सान्नाय्य = घृतयुक्त हव्य पदार्थ।

सापिण्ड्य = समान पितरों को पिण्डदान करने से प्राप्त संबन्ध।

सार्ववेदस = यज्ञ या अन्य पुण्यकार्यों में अपना संपूर्ण धन समर्पण करने वाला।

सावित्रम् = यज्ञोपवीत का संस्कार। यह संस्कार होने के पश्चात् ब्रह्मचारी को सवितृदेवता विषयक गायत्री मंत्र का जाप करने का अधिकार प्राप्त होता है।

सुत्या = (१) यज्ञ के लिए सोमरस तैयार करना। (२) यज्ञ की आहुति।

सोमप = पितरों के तीन गणों में से एक।

सौदायिक = विवाह के समय कन्या को उसके माता, पिता आदि संबंधियों से प्राप्त होने वाला धन। यह उसका निजी धन होता है।

स्थण्डिल = (१) यज्ञनिमित्त रचित पीठ। (२) **स्थण्डिल** = (यज्ञभूमि) पर शयन करने वाला साधु।

स्नातक = ब्रह्मचर्याश्रम में अध्ययन समाप्त होने पर स्नानविधि से उसकी समाप्ति करने वाला युवक। स्नातक होने पर वह गृहस्थाश्रम में प्रवेश करने को पात्र होता है।

स्मार्त = स्मृतियों के अनुसार धर्माचरण करने वाला।

स्वकालीन = पितरों के तीन गणों में से एक।

स्वयंदत्त = दत्तक ग्रहण करने वाले माता-पिता का अपनी इच्छा से पुत्रत्व स्वीकारने वाला पुत्र। धर्मशास्त्रोक्त १२ पुत्रों में से एक।

स्वयंवरा = अपने पति को स्वयमेव चुनने वाली कुमारी।

स्वरू = यज्ञीय स्तंभ का एक अंश।

स्वस्तिवाचन = (स्वस्तिवाचनिक) = प्रत्येक मंगल कार्य के आरंभ में होने वाला एक धार्मिक विधि।

स्वस्त्ययन = दान का स्वीकार होने पर ब्राह्मण द्वारा उच्चारित मंगलकामनापूर्ण मंत्रपाठ।

हविष्यान्न = यज्ञादि पवित्र विधि में खाने योग्य अन्न। हविष्य = आहुति के योग्य पदार्थ।

होत्र = हवन में आहुति के योग्य पदार्थ।

★ ★ ★

अवशिष्ट ज्योतिष परिभाषा

अक्षौरिम = चूडाकर्म या केशमुंडन के लिए अशुभ दिन या नक्षत्र।

अखण्डतिथि = सूर्योदय से कर्मकाल की समाप्ति तक पर्याप्त तिथि।

अश्वत्थमुहूर्त = अश्वत्थ = अश्विनी नक्षत्र। अश्विनी नक्षत्र से युक्त मुहूर्त।

अशंक = विवाह के लिए उचित ग्रहदशा।

अष्टम राशि = किसी व्यक्ति की नक्षत्र राशि से आठवीं राशि जो प्रायः अशुभ मानी जाती है।

असंक्रान्त = अधिकमास या मलमास का विशेषण।

एकनाडी (या नाड) = पुरुष और स्त्री के जन्म नक्षत्र के अनुसार एक ही नाडी (आदि, मध्य या अन्य) नाडी होना। ऐसी अवस्था में विवाह अप्रशस्त माना गया है।

आजपाद = पूर्वाभाद्रपदा नक्षत्र।

ईशानकल्प = चार युगों का काल।

ईसराफ = फल ज्योतिष का चतुर्थ भाग।

उपनक्षत्र = गौण नक्षत्र पुंज। इनकी संख्या ७२९ मानी जाती है।

ऋतुसन्धि = श्रावण (वर्षारंभ) कार्तिक (शिशिरारंभ) और चैत्र (निदाघारंभ) - इन तीन मासों की संज्ञा।

कल्प = एक हजार चतुर्युग अर्थात् ब्रह्मा का एक दिन। इसके अन्त में प्रलय होता है। उसे नैमित्तिक प्रलय या 'ब्राह्मी रात्री' कहते हैं।

कालग्रंथि = एक वर्ष का समय।

कालाष्टक = आषाढ मास-कृष्ण पक्ष के प्रथम आठ दिन।

कायचिकित्सा = आयुर्वेद के आठ अंगों में से तीसरा अंग। इसमें समस्त शरीर में व्याप्त रोगों की चिकित्सा का प्रतिपादन होता है।

कुतप = दिन के १५ मुहूर्तों में से अष्टम मुहूर्त की संज्ञा।

कुम्भलग्न = दिन का वह समय, जब राशिचक्र का उदय क्षितिज के उपर होता है।

कुल तिथि = शुक्ल पक्ष की चतुर्थी, अष्टमी, द्वादशी और चतुर्दशी।

कुलवार = मंगलवार और शुक्रवार की संज्ञा।

कूटसंक्रान्ति = मध्यरात्रि के समय में सूर्य का अन्य राशि में संक्रमण।

कूर्मद्वादशी = पौष शुक्ला द्वादशी।

कृष्णव्दादशी = आषाढ कृष्ण द्वादशी।

केन्द्र = जन्मकुण्डली में लग्न से पहला, चौथा, सातवाँ और दसवाँ स्थान।

केरल = ज्योतिर्विज्ञान की अपर संज्ञा।

क्षुरनक्षत्र = क्षौरकर्म के लिए शुभ नक्षत्र।

क्रान्ति (या क्रान्तिवृत्त) = सूर्य का भ्रमणमार्ग। पृथ्वी का उष्णकटिबन्ध।

क्षयतिथि = दो सूर्योदयों के पूर्व ही समाप्त होने वाली तिथि।

क्षेत्रलिप्ता = क्रान्तिवृत्त की एक कला।

क्षेत्रांश = क्रान्तिवृत्त का एक अंश।

खविद्या = ज्योतिष विद्या।

गुलिककाल = दिन का अशुभ काल।

गुलिक = केरलीय ज्योतिष में मान्य एक उपग्रह। यह शनिपुत्र माना जाता है।

ग्रहदशा = जन्मराशि की दृष्टि से ग्रहों की स्थिति। ग्रहों के शुभाशुभ फल का समय।

ग्रहयुति = एक ही राशि में अनेक ग्रहों का सामीप्य।

ग्रहाधार = ध्रुवनक्षत्र का विशेषण। अपर संज्ञा- ग्रहाश्रय। ध्रुव ही नक्षत्रों का स्थिर केन्द्र है।

घटिकामण्डल = विषुवद्वृत्त।

घातवार = अशुभ दिन। (इसी प्रकार घाततिथि, घातनक्षत्र, घातचन्द्र)।

चन्द्रग्रह = कर्कराशि, (राशिचक्र में चौथी राशि)।

चपेटी = भाद्रपद शुक्ल षष्ठी तिथि।

जातकचक्र = जन्मकुण्डली।

जामित्र = जन्मकुण्डली में लग्न से सातवाँ घर।

ज्ञानशास्त्र = भविष्यकथन का शास्त्र।

ज्योतिषचक्र = राशिचक्र।

तुरीययंत्र = ग्रहणवेध लेने में उपयुक्त एक यंत्र।

दशयोग = एक दुर्लभ मुहूर्त की संज्ञा। ज्येष्ठमास, शुक्लमास, दशमी तिथि, बुधवार, हस्तनक्षत्र, गरकरण, आनंदयोग, व्यतीपात, कन्याराशि का चन्द्र, और वृषभ राशि में सूर्य इन दस योगों का एकत्र आना।

दिक्शूल = विशिष्ट दिशा में प्रवास का निषेध करने वाली ग्रहदशा या ग्रहनक्षत्र योग।

देवयुग = कृतयुग की अपरसंज्ञा।

दैवयुग = १२००० दैववर्षों का काल।

नक्षत्र पाठक = ज्योतिषी।

नक्षत्रविद्या = ज्योतिष गणित।

नक्षत्रसूचक = अल्पज्ञ ज्योतिषी।

नरयंत्र = धूपघड़ी।

नाडी (डि) = आधे मुहूर्त का अथवा २४ मिनटों का कालमान।

नाडीत्रय = ज्योतिष्यशास्त्र में आद्य० मध्य० अन्त्य०।

नाडी मण्डल = आकाशीय विषुवत् रेखा।

पंचसिद्धान्त (ज्योतिषशास्त्र के) = रोमक, पैतामह, वासिष्ठ, पौलिश और सौर। वराहमिहिर कृत पंचसिद्धान्तिका ग्रंथ में इनका विवरण है।

पंचांग (काल के) = तिथि, वार, नक्षत्र, योग और करण।

जिस कालदर्शन पुस्तक में इन पांच अंगों से कालविचार होता है उसे व्यवहार में पंचांग कहते हैं।

पर्वकाल = दोनों पक्षों की अष्टमी, तथा पौर्णिमा और अमावस्या। चन्द्रमा का, पर्वसंधि में से निकलने का समय।

पर्वसन्धि = पौणिमा (या अमावस्या) तथा प्रतिपदा के मध्य का समय। पौर्णिमा (अमावस्या) की समाप्ति और प्रतिपदा के प्रारंभ का समय।

पितृतिथि (दिन.) = अमावस्या की संज्ञा।

पित्र्यनक्षत्र = मघा नक्षत्र की संज्ञा।

प्रश्नविचार = फलित ज्योतिष शास्त्र की एक शाखा।

प्रहर = दिन का आठवाँ भाग। करीब ३ घंटों का समय।

फलकयन्त्र = भास्कराचार्यद्वारा प्रचारित एक ज्योतिर्विषयक उपकरण।

बहुलपक्ष = महीने का कृष्ण पक्ष (वद्य पक्ष)

ब्राह्ममुहूर्त = रात्रि के अंतिम प्रहर की समाप्ति तथा दिन के प्रथम प्रहर के प्रारंभ का समय। यह अतिपवित्र समय माना जाता है।

भीष्मपंचक = कार्तिक शुक्ला एकादशी से पौर्णिमा तक के पांच दिन। ये अतिपवित्र माने जाते हैं।

भाग्यऋक्ष = पूर्वा फल्गुनी नक्षत्र की संज्ञा।

भुजंग = आश्लेषा नक्षत्र की संज्ञा।

मकरसप्तमी = माघ शुक्ल सप्तमी।

मन्त्रस्थान = जन्मकुण्डली में पांचवां स्थान।

मन्वन्तर = ४३ लक्ष + २० सहस्र संवत्सरों का काल। ब्रह्मा का एक दिन १४ मन्वन्तरों का होता है। इस समय सातवाँ (वैवस्वत) मन्वन्तर चल रहा है।

महायुग = चारों युगों का समाहार। ३ लक्ष २० हजार मानव वर्षों का काल।

मानरन्ध्रा = कालमान देखने की छिद्र युक्त घटी। घटिका यन्त्र।

मास = दो प्रकार (१) अधिमास और (२) क्षयमास।

मासप्रमित = अमावस्या या शुद्ध प्रतिपदा के चन्द्रबिंब का विशेषण।

मृगशिरस्, मृगशीर्षन् = पांचवे नक्षत्र की संज्ञा।

यष्टियन्त्र = समय मापन का एक पुराना साधन।

योनिदेवता = पूर्वाफाल्गुनी नक्षत्र की संज्ञा।

योगत्रय (फलज्योतिष में) = कालयोग, ग्रहयोग और प्रारब्धयोग।

विक्रम = जन्मकुण्डली में लग्न से तीसरा घर।

विघटिका = एक घटिका के समय का साठवाँ भाग। (लगभग २४ सेकंद के समय का काल)

विपक्ष = चन्द्रमा का एक पक्ष से दूसरे पक्ष में संक्रमण करने का दिन।

वैकुण्ठ चतुर्दशी = कार्तिक शुक्ला चतुर्दशी।

रामनवमी = चैत्र शुक्ला नवमी। श्रीरामचन्द्र की जन्मतिथि।

राशिभोग = सूर्यादि ग्रहों का किसी राशि में रहने का काल।

राहुसूतक = सूर्य या चन्द्र का ग्रहण। राहु का जन्म।

रिक्ता तिथी = चान्द्र मास की चतुर्थी, नवमी या चतुर्दशी तिथि।

लग्न = वह बिन्दु जहां ग्रहपथ मिलते हैं।

सप्तनाडीचक्र = ज्योतिष का एक रेखाचित्र जो वर्षभविष्य का कथन करने हेतु खींचा जाता है।

संवत्सर (चार प्रकार) = चान्द्र संवत्सर, सौर, नाक्षत्र, सायन (या संपात.)। इनके अतिरिक्त पांचवाँ बार्हस्पत्य संवत्सर भी माना जाता है।

सहस्य = पौष मास की अपर संज्ञा।

सुनफा = ज्योतिष शास्त्रोक्त एक योग।

* * *

अर्थ विभाग

संस्कृत वाङ्मय कोश

परिभाषा खण्ड (पूर्वार्ध)

अनुक्रमणिका

अर्थ विभाग

अर्थ विभाग कुल प्रविष्टियाँ – ५२२०

वर्ग - १

कौटिलीय अर्थशास्त्र की परिभाषा (संकीर्ण)

कौटिलीय अर्थशास्त्र, भारतीयं अर्थव्यवहार तथा राजनीति का सुव्यवस्थित प्रतिपादन करने वाला सर्वश्रेष्ठ संस्कृत ग्रंथ है। इसी ग्रंथ के अर्थशास्त्र तथा राजनीति विषयक पारिभाषिक शब्दों का उपयोग उत्तरकालीन सभी ग्रंथकारों ने किया है। अतः प्रस्तुत कोश में कौटिलीय परिभाषा का अकारादि अनुक्रमानुसार समग्र चयन तथा विवरण (उपलब्ध अनुवाद ग्रंथों के अनुसार) किया गया है। अर्थशास्त्र का विभाजन अधिकरण, अध्याय और प्रकरण में हुआ है। मूल ग्रंथ में कुल १५ अधिकरण, १५० अध्याय और १८० प्रकरण हैं। प्रस्तुत कोश में **शब्द के साथ दिया हुआ क्रमांक अध्याय का है।** इससे मूल ग्रंथ में शब्द की खोज करने में जिज्ञासुओं को सुविधा होगी। प्रस्तुत संकीर्ण शब्दावली का विषयानुसार वर्गीकरण भी आगामी वर्गों में किया है। अतः यत्र तत्र पुनरुक्ति हुई है। — **संपादक**

अकर्मण्य = बेकार, निरुद्योगी। (१२)

अकान्ति = (लेख दोष) (२ प्रकार) – (१) अचारुविषय और (२) विराग (फीके अस्पष्ट) अक्षर। (३१)

अकृतार्थमान = जिसका धन देकर सत्कार नहीं किया। (२१)

अकृत्य = शत्रु के वश में जाने वाला सेवक। राजा पर निष्ठा न रखने वाला। (११-१३)

अकृत्योपगृहीत = दुष्कृत्य के कारण कैद किया गया मनुष्य। (२१)

अकृष्या भूमि = खेती के लिये अयोग्य भूमि। (२३)

अक्षणताडन = भलते समय भटकने पर सजा। (५७)

अक्षपटल = सराफा का विभाग। सराफ कट्टा। दफ्तरदार की कचहरी। (रजिस्ट्रार का कार्यालय) (२५,२८)

अक्षशाला = सोने-चांदी के अलंकार बनाने का स्थान। (३४) शासकीय कार्यालय। (८६)

अक्षीब = समुद्री नमक।

अगरु = (कोशप्रवेश्य रत्नों में अन्तर्क्षत) विविध प्रकार = जोंगक, दोंगक, पारसमुद्रक, तैलपर्णिक, सौवर्णकुड्यक, पूर्णद्वीपक, भद्रश्रीय। (३२)

अगार = संग्रह का स्थान (२-२६)

अग्निजीवी = लुहार इत्यदि अग्नि पर उपजीविका करने वाले। (५७)

अग्निदण्ड = निषिद्ध समय पर घर में आंग जलाने का दण्ड। (१/८पण)

अग्निधारण करने वाले पदार्थ = सरल, देवदारु, पूतितृष्ण, गुग्गुल, श्रीवेष्टक, सर्ज – इन वृक्षों के रस, तथा खर, उष्ट्र, अज, अबी इन प्राणियों की विष्टा (कुल ८)। (१४४)

अग्निरस = विष। (१२)

अग्निशाला = स्नानगृह ।(६५)

अंगविद्या = सामुद्रिक लक्षणों का शास्त्र। (१-११)

अंगार = कोयला। (३३)

अंगुष्ठ-सन्दंशन = अंगूठा काटने की सजा। (२४)

अंसपथ = स्थलमार्ग।

अंबरीषोदपानक = रोगोत्पादक जल के कुंड। (२४)

अजस्रपण्य = नित्योपयोगी विक्रेय माल। (३७)

अट्टाल = चबूतरा। (२४)

अणिद्वार = बाहर का दरवाजा। (६७)

अतिनयन = सीमा के पार ले जाना।

अत्यय = द्रव्यदण्ड।

अतिचार = अनाचार, अवैध व्यवहार। (४) (६०)

अतिसन्धान = ठगाना, विश्वासघात, वंचना, प्रतारणा। (१४३)

अतिसन्धि = ठगाना।

अत्याहित = अतिसाहस।

अत्याहारित =जिससे अधिक धन का अपहरण हुआ।

अद्वैध्य = अविभाजनीय।

अत्यय = नुकसान , हानि (३०) कर न देना। (३३)

अदण्डकर = जिस भूभाग पर दण्ड या कर लागाया नहीं जाता। (२२)

अदृष्टकर्मा = कर्तव्य कर्म का अनुभव न होने वाला अननुभवी। (८)

अदेवमातृक = उत्तम देश का एक लक्षण। जहां की खेती वर्षा पर निर्भर नहीं होती। (९७)

अधिकरण = विभाग (२६)। विभागप्रमुख (२८), अधिकारपद (३०)। उत्पादन या आय का विभाग (२८)। शासन का कोई विभाग (१३७)।

अधिकरण ग्रहण = गिरवी (माल) रख कर ऋण लेना (५८)।

अधिकरणी = हथियार, औजार।

अधिचार = बलात्कार। (८६)

अधिमासकं = अधिक मास का हिसाब. (२८)

अधिवेदनिक = पति द्वारा दूसरा विवाह करने के कारण प्राप्त नुकसान भरपाई। (६०)

अधिष्ठाता = कार्यकर्ता अधिकारी। (१८)

अध्यक्ष = अधिकारी, विभागप्रमुख। (३०, ९३)

अध्यक्षनिबन्ध = अधिकारी का आदेश। (४९)

अध्यक्षपुरुष = विभाग प्रमुख का सहायक निकृष्ट अधिकारी। (८६)।

अनपाकर्म = नकारना। (६३)

अनर्थ = जिस लाभ के कारण अपनी प्रजा से या शत्रुराज्य से भय उत्पन्न होता है। (१२८)

अनर्थसंयोग = धन का अपव्यय। (अधि १ अ ७)

अनर्थसंशयापद् = सभी ओर अनर्थ होने की परिस्थिति में

मित्र द्वारा सहायता जब होती है ऐसी परिस्थिति। (१२८)

समन्ततो अनर्थापद् = जब सभी ओर से शत्रुओं की पीडा उत्पन्न होती है। (१२८)

अनवसित सन्धि = जिस सन्धि में समाप्ति की कोई कालमर्यादा नहीं होती। (१०९)

अनिभृत सन्धि = अनिश्चित सन्धि, जिसमें बलवान् राजा को दी गयी भूमि वापिस लेने की संभावना होती है। (१०९)।

अनिष्कासिनी = गोषावाली स्त्री। (५८)

अनिसृष्ट = अनुमति रहित, बिना परवाना । (९२)

अनिसृष्टोपजीवी = बिना परवाने के माल तैयार करने वाला। निश्चित उद्योग न करने वाला। (३३)

अतिसृष्टोपभोक्ता = बिना अनुमति निक्षेप का उपभोग लेने वाला। (६९)

अनीकस्थ = हाथी की परीक्षा करने वाला। (२३)

अनीकस्थान = सैन्य शिबिर (छावनी) का स्थान। (१६)

अनीश्वर = अनधिकारी (६२)

अनुग्रह = टोल या चुंगी की माफी। (३६)

अनुग्रह = किसान को दी हुई तकावी। (२२)

अनुग्रहकारण = सार्वजनिक निर्माण कार्य के लिए आवश्यक सामान विनामूल्य देना। (२२)

अनुग्राह्य = (१) क्षमा करने योग्य (७७)।
(२) सहायता देने योग्य (१०६)

अनुजीविवृत्त = नौकरों के कामधाम के नियम। (५)

अनुनय = तीन प्रकार = पैसे मांगने के निमित्त,
(२) अतिक्रम की क्षमायाचना के निमित्त और
(३) किसी का महत्त्व बढ़ जाने के कारण।

अनुपात = पीछा करना।

अनुबन्ध षड्वर्ग = अर्थ के तीन और अनर्थ के तीन अनुबन्ध (परिणाम), देखिये अर्थ-अनर्थ (लाभ-हानि) (१२८)

अनुमेय राजकृत्त = भूत घटनाओं से भावी घटनाओं का तर्क करना। (९)

अनुयोग = (पूछताछ) के विषय = देश, जाति, गोत्र, नाम, कर्म, सार (संपत्ति), सहाय, निवास। (कुल ८)। गवाह से यह जानकारी न्यायांलय में प्राप्त की जाती है। (८५)

अनुलास = दो सीमाओं के बीच की खुली भूमि।

अनुलोमपुत्र = उच्च वर्णियों से अवरवर्णीय स्त्री द्वारा उत्पन्न पुत्र। (६४)

अनुष्ठान = बंदोबस्त, व्यवस्था (अनुतिष्ठेत्)। (२६)

अनूपग्राम = नदी या समुद्र के तीर पर के गाव। (४९)

अनेकमुख = अनेक स्थानों में चलने वाला व्यवहार।(४६)

अनेकस्थानतल (पण्यगृह) = अनेक मंजिलों वाला (२६)

अन्तःकोप = प्रजाजनों में असंतोष ।(१६)

अन्तःपाल = गांव या देश की सीमा की देखभाल करने वाला अधिकारी। (१२) (२२) (४२)

अन्तरमात्यकोप = मुख्य मंत्रियों के अतिरिक्त मंत्रियों का प्रक्षोभ। (१२४)

अन्तरारंभशेष (आय) = मंजूर किए हुए खर्च से बची हुई राशि। (२७)

अन्तर्धि = नेता (विजिगीषु) और शत्रु इन दोनों के बीच वाला दुर्बल राजा। (उदा. भारत और चीन के बीच नेपाल) (१११)

अन्तरिका = दरवाजे की पटिया (पॅनेल)। (६५)

अन्तर्वंशिक सैन्य = अन्तःपुर का सैन्य। (१२९)

अन्तर्वंशिक = अन्तःपुर का सेवक, जिसे नाटक में कंचुकी कहा जाता है। (१२)

अन्यंगा = पंगु स्त्री। (४४)

अन्यजात = लावारिस माल (३६)

अन्यजात आय = नष्टप्रस्मृत, आयुक्तदण्ड, पार्श्व, परिहीणिक, औपायनिक, अस्वम्, अपुत्रकम्। (आठ प्रकार) (२७)

अन्वाधि = नियमानुसार पालक (स्त्री का)। (६०)।

अन्वाधि = अन्य प्रदेश में किसी को वापस लौटाने निमित्त दिया हुआ द्रव्य। ६९) (देखिये आदेश)।

अन्वाधेय विवाह निमित्त स्त्री को मिलने वाला उपहार। (५९)

अन्वायन = विवाह के बाद पिता के घर से पति के घर जाने वाला स्त्री का सामान।(४२)

अपचय = क्षय-व्यय = युग्य (कार्यक्षम) पुरुष का अपचय (नाश) ही क्षय और हिरण्यधान्य का अपचय (ऱ्हास) ही व्यय होता है। (१२५)

अपचरित प्रकृति = जिस राजा के अत्याचारों से प्रजाजन त्रस्त हैं ऐसा राजा। (१०३)

अनपय = सामदामादि शास्त्रोक्त उपायों का अयोग्य देशकाल में प्रयोग। (इसीसे आपत्तियों का उद्‌भव होता है।) (१२६)

अपराजिता = लक्ष्मीदेवी, दुगदिवी। (२५)

अपराधी (३ प्रकार) = (१) युक्त (मुख्य) (२) उपयुक्त (अपराधी का सहायक) और (३) तत्पुरुष (अनुचर)।

अपरान्त कोंकण। (४५)

अपरिपणित सन्धि = धन देकर सन्धि। (७)

अपवर्तक = जिसमें मोती और सुवर्णमणि अनुक्रम से होते हैं ऐसी एकावली। (३२)

अपवाहित स्थान = रिक्त अधिकारपद। (१४५)

अपविद्धपुत्र = परित्यक्त पुत्र। इस पर जो संस्कार करता है उसी का यह धर्मतः पुत्र माना जाता है। (आजकल के अनाथालयों में इसी प्रकार के पुत्र कन्या पाले जाते हैं। (६४)

अपव्ययमान = आरोप नामंजूर करने वाला। (२९)

अपशब्द = (लेखदोष) लिंग, वचन, काल और कारक (विभक्ति) का अयोग्य प्रयोग। (३१)

अपसर्प = परीक्षा करने की व्यवस्था। (१२)

अपसर्पण = किसी की योजना या नियुक्ति करना। (१३)

अपसर्पप्रणिधि = गुप्तचरों की रवानगी। (१३)

अपसार = अपराधी का पलायन। (३५)

अपसारभूमि = युद्ध संकट में आश्रय का स्थान। (१-१६)

अपसारित = (मिलावट से सोना चोरना) त्रिपुटकाप- सारित, शुल्बापसारित, वेल्लकापसारित, हेमापसारित। (कुल चार प्रकार)।

अपसृत सन्धि = जमानत की रक्कम देकर सन्धि। (७)

अपहीन = स्वायत्त खेत में कृषि उत्पादन न करने पर दण्ड। (२२)

अपाश्रयवान् = परावलंबी (५८)

अपुत्रक (आय) = पुत्रहीन की संपत्ति के रूप में प्राप्त। (२७)

अपुत्रा = जिस के पुत्र अल्पजीवी होते हैं ऐसी स्त्री। (४९)

अप्रतिहत = विष्णुदेवता। (२५)

अप्राप्तव्यवहार = आर्थिक इत्यादि व्यवहारों का अनधिकारी, अज्ञान। (७०)

अप्रार्थनीय = न्याय के अतिरिक्त किसी को न मानने वाला अधिकारी।

अप्रणीत = उपयोग में न लाया हुआ।

अप्सारक = नेपाली कंबल जो वर्षा से संरक्षण करता है। (३२)

अभयदान = (देने योग्य) पतित, पराङ्मुख, अभिपत्र (शरणागत), मुक्तकेश, शस्त्रभयविरूप। (कुल ५)

अभयवनपरिग्रह = संरक्षित वन में रहने वाले प्राणी। (४७)

अभिग्रह = गूढाजीवी अपराधी को पकड़ना। इसके तीन प्रमुख उपाय = शंकाभिग्रह (शंका के कारण पकड़ना), रूपाभिग्रह (चोरी का माल पकड़ना) कर्माभिग्रह (अपराध स्थान के लक्षणों से पकड़ना)। (८३)

अभित्यक्त पुरुष = वध्य पुरुष, जिसे फांसी की सजा हुई हो। (२६)

अभिपत्र = शरणागत। (१८)

अभिप्रजात = कुलशीलवान्। (७०)

अभिभर्त्सन = किसी को ऐसी धमकी देना कि आगे चलकर वे संकट में फसेंगे। (३१)

अभियान में दोष = क्षय (मनुष्यनाश), व्यय (द्रव्यनाश), प्रवास, प्रत्यवाय (पाप), परापकार, शरीरबाधा। (१०६)

अभियास्यत्कर्म = शत्रु पर आक्रमण। (१२२)

अभियुक्त = न्यायालय में पराभूत प्रतिवादी। (५८)

अभियुक्तोपजाप = आरोपी के साथ मेलजोल। षडयंत्र। संगनमत। (२९)

अभियोक्ता = आक्रमणकारी (प्रकार)- धर्मविजयी, लोभविजयी, असुरविजयी (कुल ३)। (१३६)

अभियोग = न्यायालयीन मामला, दोषारोप। (२९)

अभियोग करने योग्य = ३ प्रकार- मूलहर (मूल धन का व्यय करने वाला)। तादात्विक (यथाशक्ति निर्वाह करने वाला), कदर्य (कंजूस)। (१११)

अभिरूपदायक = योग्यता के अनुसार दी हुई कृषि योग्य भूमि। (२२)

अभिशस्त = पूर्वदण्डित अपराधी। (५८)

अभिहितसन्धि = अपरिवर्तनीय सन्धि। (१०९)

अभेद्य सैन्य = जिसके देश, जाति, शिल्प (कला) समान होते हैं और जिसमें संगठन अच्छा होता है। (१२३)

अभ्यन्तर कोप = मंत्री, पुरोहित, सेनापति और युवराज इन में से किसी एक या अनेकों का उत्थान। (१२४)

अभ्यवपत्ति = संकट में सहायदान (व्यसनसाहाय्य)। (३१)

अभ्यागारिक = अन्तपुर का सेवक वर्ग। (२१)

अभ्रपटल = अभ्रक के टुकड़े। (३५)

अमात्य = मंत्रिमंडल। मुख्यमंत्री। (९७)

अमात्यसंपत् = अमात्य या मंत्री के विविध गुण। (९) (३०)

अमित्र = (शत्रु) समान सीमा वाले राज्य के स्वामी। (दो प्रकार = सहज, कृत्रिम अथवा चल और स्थित। (१११)

अमित्रभावी (प्रकार) = अनात्मवान् (दुष्ट), नित्यापकारी, शत्रुसहित पार्ष्णिग्राह, व्यसनयातव्य, व्यसन (संकट) - अभियोक्ता (कुल-५)। (११६)

अय = (सुदैव) दैवयोग से इष्ट फल की प्राप्ति। (अनिष्ट फल की प्राप्ति = अनय अर्थात् दुर्दैव)। (९८)

अरति = २४ अंगुलियों का अंतर, मुड़ा हाथ (यही एक धनुष्य का अंतर होता है) (२५) (२६) (१३३)

अरिप्रकृति = विजिगीषु की सीमा से संलग्न भूमि का स्वामी। (९८)

अरिविशेष = बलवान सामन्त, व्यसनी, अनपाश्रय, दुर्बलाश्रय, (आक्रमण करके इनका नाश करना इष्ट होता है) (९८)

अरिष्ट = औषधोपयोगी मदिरा। (४६)

अर्घपतन = बाजारभाव घसरना, मंदी आना। (६९)

अर्घवृद्धि = महंगाई। (२७)

अर्घान्तर = तेजी मंदी। (३७)

अर्घारोपण = मूल्य में बढोत्री करना। (३७)

अर्थ = (लाभ) के तीन अनुबंध (परिणाम) = अर्थानुबन्ध. (जिससे नवीन लाभ होता है) निरनुबन्ध = जिससे लाभ या हानि दोनों नहीं होते)। (१२७) (१२८) **अनर्थानुबन्ध** = जिससे अनर्थ उत्पन्न होते हैं।

अनर्थ के तीन अनुबंध = अर्थानुबंध, निरनुबन्ध, अनर्थानुबंध। (१२७) (१२८)

अर्थकारणिक = रकम जमा करने वाला। (२८)

अर्थकृच्छ्र = आर्थिक संकट। (९२)

अर्थ त्रिवर्ग = धर्म, अर्थ, काम।

अनर्थ त्रिवर्ग = अनर्थ, अधर्म, शोक।

संशय त्रिवर्ग = अर्थ-अनर्थ, धर्म-अधर्म, काम-शोक। (१२८)

अर्थदूषण = ४ प्रकार = अदान, आदान, विनाश, परित्याग। (११९)

अर्थशास्त्र = (मनुष्याणां वृत्तिः अर्थः। मनुष्यवती भूमिः इत्यर्थः) = अर्थ शब्द का अर्थ है मनुष्यों की जीविका का उपाय, यह उपाय याने जिस पर मनुष्य रहते हैं ऐसी भूमि। उस भूमि के लाभ और पालन का उपाय प्रतिपादन करने वाला शास्त्र। (१५०)

अर्थशास्त्र के प्रतिपादन की ३२ युक्तियाँ = १) अधिकरण (प्रमुख विषय का निर्देश। २) विधान = (प्रकरणों का अनुक्रम)। ३) योग = वाक्यों की योजना। ४) पदार्थ = पद-शब्द - का अर्थ विशद करना, ये शब्द परिभाषात्मक होते हैं। ५) हेत्वर्थ = प्रतिपादित विधान का पुष्टीकरण। ६) उद्देश्य = संक्षेप में अधिक अर्थ का कथन। ७) निर्देश = विस्तार में अर्थ का कथन। ८) उपदेश ९) अपदेश (अन्य व्यक्तियों के मतों का उल्लेख। १०) अतिदेश = कथित वाक्यों द्वारा अकथित की सूचना। ११) प्रदेश = भावी वक्तव्य की सूचना। १२) उपमान। १३) अर्थापत्ति। १४) संशय १५) प्रसंग (पूर्वोक्त क्रम का निर्देश। १६) विपर्यय = एक विषय बताने पर दूसरा उसके विपरीत है यह कथन। १७) वाक्यशेष = वाक्यार्थ की पूर्ति के लिये आवश्यक शब्द की कल्पना। १८) अनुमत = दूसरे मत का उल्लेख करने पर उसका खंडन न करना। १९) व्याख्यान = अनेक प्रकारों से विवरण। २०) निर्वचन = व्युत्पत्ति पर आधारित अर्थ का कथन। २१) निदर्शन = उदाहरण से विधान की सिद्धि। २२) अपवर्ग = अतिव्याप्त विधान को सीमित करने वाले वाक्य का प्रयोग। २३) स्वसंज्ञा = लेखक की अपनी परिभाषा। २४) पूर्वपक्ष = खंडन योग्य मत। २५) उत्तर पक्ष। २६) एकान्त = निरपवाद विधान। २७) अनागतावेक्षण = आगामी प्रतिपादन की पूर्वसूचना। २८) अतिक्रान्तावेक्षण = पूर्व प्रतिपादित विषय का स्मरण। २९) नियोग = इसी प्रकार से, अन्य प्रकार से नहीं, ऐसा निश्चित कथन। ३०) विकल्प। ३१) समुच्चय = परस्पर पोषक दो उपायों का कथन। ३२) ऊह्य = सामान्य दिग्दर्शन।

अर्थ संप्राप्ति के उपाय = पार्ष्णिग्राह और आसार का प्रतिघात, मनुष्यक्षय, धनव्यय, प्रवास की व्यवस्था, प्रत्यादेय (ऋण का प्रत्यर्पण), मूलरक्षण (राजधानी का रक्षण) (कुल ६)। (१२८)

अर्थसमुदय = द्रव्यसंचय। (३०)

अर्थ संशयापद् = सभी ओर से प्राप्य लाभ से पार्ष्णिग्राह के द्वारा जब विघ्न आता है। (१२८)

समन्ततो अर्थापद् = जब सभी ओर से लाभदायक परिस्थिति होती है। (१२८)

अर्थोपधा = द्रव्य के प्रलोभन से गूढ परीक्षा। (१०)

अर्धगुच्छ = २४ यष्टियों वाला मोतियों का हार। (३२)

अर्धबाहु = युद्धोपयोगी स्थितयंत्र, गिराने योग्य दो स्तम्भ। (३९)

अर्धमाणवक = मध्यमणियुक्त १, ३, ५ या १० यष्टि (सर) वाला मोतियों का हार (फलकहार, त्रिफलक, पंचफलक। (३२)

अर्धसीतिक = आधे हिस्से की बोली पर खेती करने वाला। (६८)

अर्धहार = ६४ यष्टियों वाला मोतियों का हार। (३२)

अलंकारभूमि = वेषभूषा का स्थान (२०)

अल्पभोग (मित्र) = अल्प संपत्तिवाला (१०७)

अवक्लृप्तिक = अधिकार के लिये अधिक योग्य। (२८)

अवक्रय = किराया। (६५)

अवक्रयी = किरायेदार। (५७)

अवक्रीतक = बेचे गये माल की रकम। (६९)

अवक्षार = म्लान, क्षीण। (१२२)

अवक्षिप्त = अपमानित। (१०)

अवक्षेप = अधिकार से निवृत्त करना। (१०)

अवक्षेप = भट्टी, अंगीठी (३५)

अवगूर्णन = शस्त्र लेकर मारने दौड़ना।

अवघाटक यष्टि = मोतियों के हार का एक प्रकार। (३२)

अवध्वंसन = धातु की ठोकपीट। (३५)

अवनिधान = अवनिधत्ते = लोगों के पास धन को गुप्त रखना। (३०)

अवमर्द = कीले पर कब्ज़ा। (१३)

अवमर्शभित्ति = छप्पर की आधार भित्ति। (६५)

अवरवर्ण लोगों के ३ गुण = सर्वभोगसहत्व, बहुत्व, ध्रुवत्व। (१०९)

अवरुद्ध = कारागार में बंद रखा हुआ कैदी। (१३)

अवरुद्धवृत्त = बंदिवान राजपुत्रों से व्यवहार। (१)

अवरुद्धादान = बंदिवान राजपुत्र आदि को मुक्त करने का प्रयोग। (१२४)

अवलेपन = मुलामा चढ़ाना। (३४, ३५)

अवश्य सैन्य = जिस का सैन्य वश में नहीं रहता। (१०७)

अवस्कन्द = शौचकूप। (१०)

अवस्कंन्दित = निर्माण कार्य में बाधा (हडताल आदि से) डालने वाले। (४४)

अवस्कर = कचरे का ढेर। (६५)

अवस्कर भ्रम = पाखाने के गंदे पानी की नाली। (६५)

अवस्राव (अवस्रावयति) = परदेश में धन जमा रखना। (३०)

अविनय = विरुद्ध उत्थान, विद्रोह, बगावत (बंड-मराठी में) (९१)

अविसंपादक = वचनं भंग न करने वाला। (१८)

अश्मक = पश्चिम महाराष्ट्र। (४५)

अश्वतर = खच्चर। (५०)

अश्वदमक = घुड़सवार सिपाही। (२२)

अश्वयुद्ध (प्रकार) = अभिसृत, परिसृत, अतिसृत,

उन्मथ्यावधान, वलय, गोमूत्रिक, मण्डल, प्रकीर्णिका, व्यावृत्तपृष्ठ, अनुवंश, भग्नरक्षा, भग्नानुपात। (कुल १२)। (१३३)

अश्ववाह = घुड़सवार या घोड़े की देखभाल करने वाला, सईस। (५१)

अश्वविभाग = क्रयोपगत, आहव (युद्ध) लब्ध, आजात, (अश्वशाला में जन्म पाये हुये) साहाय्यकागत, पणस्थित (गिरवी रखे हुए), यावत्कालिक (किंचित् काल के लिए रखे हुए) (कुल ६)। (५१)

अश्वशाला का प्रमाण = अश्वायाम द्विगुण विस्तार अर्थात् घोडे की लंबाई से दुगुनी चौड़ाई होनी चाहिये। (५१)

अश्वाध्यक्ष = अश्वविभाग का प्रमुख अधिकारी। (५१)

अष्टक = मोम। (३५)

अष्टादशकमंडल = प्रत्येक राज्य की विदेश नीति का यह पृथक् एकक होता है। इसमें प्रत्येक विजगीषु, मित्र और मित्र के अमात्य, जनपद, दुर्ग, कोश तथा दण्ड का अन्तर्भाव होता है। कुल चार मंडलों में १२ राजा और उनकी ६० प्रकार की द्रव्यप्रकृतियां अन्तर्भूत होती हैं। (९८)

असत्प्रगह = अयोग्य व्यक्ति को उच्चाधिकार देना। (१०)

अस्थितुल्य = हड्डी के चूर्ण का लेप। (३४)

अस्वामिविक्रय = दूसरे की वस्तु की लेन देन। (३)

अहिभय = राजपुत्र को किसी स्थान पर बंद कर रखने के कारण संभाव्य भय; जैसा सांप को बंद रखने के कारण हो सकता है। (१७)

अहोरात्रोत्तर = अधिक कालमर्यादा। (१३६)

आकर-कर्मान्त = खनि से संबंधित उद्योग।

आकर कर्मान्त प्रवर्तन = (२) खदान का उत्खनन। (१३)

आकरिक = खदान के मज़दूर। (३३)

आक्रन्द = विजिगीषु राजा की पिछाड़ी का मित्र राजा। (पार्ष्णिग्राह की सीमा से संलग्न राज्य का स्वामी) अर्थात् पिछाड़ी के शत्रु का शत्रु। (९८) (१११)

आक्रन्दासार = विजिगीषु राजा की पिछाड़ी के मित्र का मित्र (अर्थात् परोक्ष मित्र)। (९८)

आक्रमण करने योग्य शत्रु = क्षीण पुराण भक्त (जिसका पुराना धान्य समाप्त हुआ), अगृहीत नवभक्त (जिसने नये धान्य का संग्रह नहीं किया), असंस्कृत दुर्ग, क्षीणतृणकाष्ठोदक। (कुल ४) (१२२)

आक्रमण करने योग्य शत्रुसैन्य = अभूमिष्ठ, विभूतिप्राप्त, **संहतानीक, भिन्न, प्रचल,** विमुख, दूष्य फल्गुबल, विषम, श्रान्त, **विश्वस्त, प्रमत्त,** आकृष्ट, अवसुप्त, अकृतहस्त्यश्व, प्रतिनिवृत्त, प्रतिसूर्यवात, (१३१)

आक्षपटले गाणनिक्याधिकार = जनगणना। (२)

आगन्तुलवण = विदेश से आया हुआ नमक। (३३)

आचरण हस्ती = सब प्रकार की गति जानने वाला औपवाह्य हाथी। (५३)

आचामोदक मार्ग = मुखमार्जन का स्थान। (६५)

आज्ञापत्रक = (देखिये शासन)।

आतिपातिक = नियमों का अतिक्रमण करनेवाला। (७१)

आतिवाहिक = चुंगी माल के आयात-निर्यात का कर। (५६)

आतोद्य = वाद्य। (२१)

आत्मसंपन्न = सर्वगुणसंपन्न। (१७)

आत्माधाता = अपने आप को आधान (गिरवी) रखने वाला। (७०)

आत्ययिक = (कार्य) आवश्यक कार्य या दीर्घ काल से चलते आया हुआ कार्य, जिसकी कालमर्यादा अत्यधिक हो चुकी। (१५) (१९)

आटविक = वनाधिपति। (अटवि = अरण्य, वन)

आढक = वजन का एक प्रकार (७९)

आदान = करवसूली। (२७)

आदेश = अपने गांव में किसी को पहुंचाने निमित्त दिया हुआ द्रव्य। (देखिये अन्वाधि)। (६९)

आधान = गिरवी रखना। (२२)

आधानगतिक हस्ती = नाना प्रकार की गति से चलने वाला औपवाह्य हाथी। (५३)

आधिवेदनिक = नुकसान भरपाई या परिपोषण निमित्त देय धन। (५९)

आनूप (अनूप) = दलदल का जलयुक्त प्रदेश। (४५)

आन्वीक्षिकी (१) = सांख्य, योग, तर्कवाद - तीनों विद्याओं का नाम।

(२) त्रयी, वार्ता, और दण्डनीति के बलाबल की परीक्षा करने वाली विद्या।

आपत्ति = (दो प्रकार) कुलबन्धन (फौजदारी), तूर्य (दीवानी), (७०)

आपत्ति = के चार कारण, आभ्यंतर उत्पत्ति और बाह्य प्रतिजाप, बाह्योत्पत्ति-अभ्यंतर प्रतिजाप, बाह्योत्पत्ति- बाह्य प्रतिजाप, अभ्यन्तरोत्पत्ति- अभ्यन्तर प्रतिजाप। (उपजाप = विरोधी षड्यंत्र) (१२६)

आपत्ति = **शुद्धा** (अमिश्रा और परमिश्रा। शुद्धा (दो प्रकार) दूष्यशुद्धा और शत्रुशुद्धा। **अमिश्रा** = दूष्य और अदूष्य के संगम से। **परमिश्रा** = मित्र और शत्रु के संयोग से। (१२७)

आपत्ति (तीन प्रकार) = अर्थयुक्त, अनर्थयुक्त, संशययुक्त। (१२८)

आपद् (के तीन मार्ग) = (१) पुत्र भ्राता आदि बांधव, (२) पौर जानपद, दण्डमुख्य। (३) सामन्त-आटविक। इनके प्रतिकार के उपाय - पुत्रादि द्वारा सामदाम से। पौरादि द्वारा भेद से। सामन्तादि द्वारा- भेद दण्ड से। (१३८)

आपदर्थ = ऐसा अर्थ (लाभ) जिसकी अप्राप्ति शत्रुवृद्धि के कारण होती है, जो प्राप्त होने पर शत्रु को वापिस देना बाध्य होता है, और जिसको प्राप्त करने में क्षय और व्यय

अधिक होता है। (१२८)

आपदर्थ = जिस लाभ को सामन्त चाहते हैं। जो सामंत के संकट से प्राप्त हुआ है। शत्रु जिसे चाहते हैं। जो शत्रु को अनायास प्राप्त होता है। पार्णिग्राह के द्वारा जो बाधित हो सकता है। जो मित्रच्छेद से, सन्धिच्छेद से, या मित्रमंडल के मतविरोध में प्राप्त हुआ है। (कुल ८) (१२८)

आपद् दैवी = प्रकार = अग्नि, उदक, व्याधि, प्रमार, विद्रव (ज्वालामुखी, भूकंप आदि), दुर्भिक्ष, और आसुरी सृष्टि (शलभ- मूषक आदि।) (१२८)

आपमित्यक = उधार धान्य। (३६)

आपूपिक = रोटी बनाने वाला (३६)। मिष्टान्न बनाने वाला रसोइया। (११५)

आप्यप्रयोग = एक कूट प्रयोग जिस में औषधि के निमित्त विष पिलाकर हत्या की जाती है। (९१)

आबन्ध्य = स्त्रीधन के अलंकार या अलंकार रूप स्त्रीधन। (५९)

आभिगामिक गुण = लोगों को आकर्षित करने वाले गुण। (९७)

आय = (३ प्रकार) वर्तमान, पर्युषित (गत-बचत) अन्यजात (आकस्मिक)। (२७)

आय = (गावों से) = हिरण्य, विष्टि, शुल्क (चुंगी और कर), दण्ड (कुल ४ प्रकार)। (५६)

आयमुख = राज्य के उत्पन्न के प्रकार। इसमें मूल (विक्री का मूल्य), भाग (लगान), ब्याज, परिघ (किराया), क्लृप्त (ठेका), रूपिक (नाणक बनाने पर कर), अत्यय (दण्ड) इन सात प्रकारों की गणना होती है। (२७)

आयाति = वेतन (३०)। भावी उत्पन्न। (४८)

आयशरीर = आवक के विषय। इसमें दुर्ग, राष्ट्र, खनि, सेतु, वन, व्रज, और वणिक्पथ इन सात विभागों का अन्तर्भाव होता है। इन सात विभागों से राज्य की आमदनी होती है। (२७)

आयुक्त दण्ड आय = अधिकारियों को दण्ड देने से प्राप्त। (२७)

आयुक्त पुरुष = राज्य की मंत्रणा में अन्तर्भूत पुरुष। (१५)

आयुधवर्ग = यन्त्र, गोष्पण, मुष्टि, पाषाण, रोचनी, दृषद्। (३१)

आयोगव = प्रतिलोम पुत्र (शूद्र पुरुष द्वारा ब्राह्मण स्त्री से उत्पन्न।) (६४)

आरकूट = पितल। (३३)

आरक्षविपर्यास = आरक्षकों का स्थानान्तर। (१२९)

आरण्यक = अरण्यवासी लोग। (१३)

आरंभकर्ता = (५ प्रकार) शक्यारंभी, कल्पारंभी (निर्दोष कार्य का आरंभ करने वाला), भव्यारंभी (फलोत्पादक कार्यों का आरंभ करने वाला), स्थिरकर्मा (आरब्ध कार्य संपूर्ण करने वाला) और अनुरक्त प्रकृति (जनता की सहायता से अल्प व्यय में करने वाला) (१०६)

आरालिक = हलवाई, मिठाई बनाने वाला। (१२) (११५)

आर्य = १) उत्तम लोग (२) चातुर्वण्य के अन्तर्गत लोग। (४६) (७७)

आर्य = अदास, स्वतंत्र, आपत्ति के कारण दासत्व आने पर भी जिसे मूल्य देकर आर्यत्व प्राप्त करने का जन्मसिद्ध अधिकार होता है।

अनार्य = म्लेच्छ

आर्यभक्त = एक भले मनुष्य का एक समय का आहार।

आर्षविवाह = वरपक्ष द्वारा 'गोमिथुन' (दो गाय) या बैलजोड़ी या एक गाय और एक बैल लेकर योजित विवाह। (५९)

आवरणक = १) संरक्षक हथियार (२५)। २) कवच (३९)

आवरण प्रकार = शिरस्त्राण, कण्ठत्राण, कूर्पास, कंचुक (घुटने तक), वारबाण, पट्ट (जाकिट के समान), नागोदरिका (अंगुलित्राण), पेटी, चर्म, हस्तिकर्ण, तालमूल (लकडे की ढाल), धमनिका, कवाट, किटिका, अप्रतिहत, बलाहकांत। (३९)

आवाप = अधिक सेना या अवशिष्ट सेना।

प्रकार- **(१) प्रत्यावाप** = अधिक पदाति। (१३३)

(२) अन्वावाप = सेना के तीन अंगों में किसी अंग का आधिक्य।

आवेशनिक = अतिथि, मेहमान। (९१)

आवेशनी = सोने का काम करने वाला सुनार, कारीगर। (३५)

आसन = अपने उत्कर्षनिमित्त वैर से निवृत्ति। (देखिये स्थान) (१०२)

आसार = सहायक सैन्य। (१४०)

आसुरविवाह = वधूपक्ष से शुल्क (दहेज) लेकर आयोजित विवाह। (५९)

आसुरी वृत्ति = कामादि विकारों का उत्सेक (अतिरेक) और अपनय। (१२८)

आसुरी सृष्टि = शलभ, मूषक आदि उपद्रवकारक जीव। (१२८)

आस्तरक = बिस्तर बिछाने वाला। (९२)

आस्थिक = जुए में हारी गई रकम। (७३)

आस्फोटिम = युद्धोपयोगी चलयंत्र जिसके चार स्तम्भ चर्माच्छादित होते हैं। (३९)

आशीतिक = ८० वर्षों की उमरवाला पुरुष।

आशुग्रन्थ = शीघ्र शब्द- वाक्यों की रचना करने वाला। (३१)

आशुमृतक = अपघात में मृत। (४)

आशुमृतक = (अकस्मात मृत) - निरुद्धोच्छ्वास हत, उद्बन्धहत, अवरोपित, उदकहत, काष्ठाश्महत, अवक्षिप्त, विषहत, सर्पकीटहत, मदनयोगहत, उद्बन्धकण्ठ, निकृत्तकण्ठ (कुल ११ प्रकार)। (८४)

आहार्यबुद्धि = (१) दूसरे की बुद्धि को प्रमाण मानकर व्यवहार करने वाला। (२) धर्म और अर्थ का ज्ञान होने पर भी तदनुसार आचरण न करने वाला (इसी को घृतबुद्धि कहते

हैं) (१७)

आहार्योदक सेतु = (२) वर्षाकालीन प्रवाह पर बांधा हुआ तात्कालिक सेतु।

आहितिक = ठेकेपर काम करने वाले।

आहितिका = गिरवी रखी हुई स्त्री।

आहिच्छत्रक = एक जाति का हीरा। (८६)

आहितुण्डक = सांप पकड़ने वाला, सपेरा।

ऋणवृद्धि से मुक्त = दीर्घसत्रस्थ। व्याधित, गुरुकुलोपरुद्ध, बाल, असार (अकिंचन), (कुल ५)। (६८)

ऋतुमान = दो मास का काल।

एकपुरुषक = एक पुरुष की जीवनमर्यादा तक ही जिस पर स्वामित्व होता है ऐसा खेत। (२२)

एकप्रग्रह = राजाधिकार पाने योग्य। (१०)

एक मुख व्यवहार = एक मनुष्य को ठेका देना (३६) (४६)

एकलोष्ट्रवध = पथ्रराव से हत्या। (१७)

एकांग वध = हाथ-पांव आदि अवयव काटने का दण्ड। (४) (८७)

एकावली = केवल मोतियों का सूत्र। (३२)

एकैश्वर्य = एक पुरुष के अधीन सर्व व्यवहार। (९६)

ऐश्वर्य = एकच्छत्री आधिपत्य। (५)

औत्पत्तिक व्यय = प्रकृति (सामान्य व्यय) से अधिक। (४६)

औत्साहिक सैन्य = अनेक जातीय तथा शत्रुदेश की लूट करने वाला नित्य सैन्य। (१२३)

औदनिक = चांवल पकाने वाले, लाही, चने वाले। (३६) भड़भुंजे।

औद्र = जलचर की चमड़ी। (५७)

औदार्य = लेखगुण। ग्राम्यशब्द का प्रयोग न करना। (३१)

औपघातिक = नुकसान करने वाला व्यवहार (३७) कृतघ्न मनुष्य। (७३)

औपघातिक देश = खराब हवापानी का, या उपद्रवयुक्त प्रदेश। (१४५)

औपनिधिक = गिरवी और न्यास का व्यवहार। (३)

औपनिषदिक प्रयोग = विनाश के गुप्त प्रयोग (११३)

औपपादिक = पर्वताधिपति। (१०)

औपवाह्य = वल्गन, नीचैर्गत, लंघन, धोरण, नारोष्ट, (या नारोष्ट्र)- अश्वगति के प्रकार। सवारी के घोडे की चाल के प्रकार हैं। (५१)

औपवाह्य = अंबारी का हाथी। (३६)

औपवाह्य हस्ती (आठ प्रकार) = आचरण-सब प्रकार की गति जानने वाला), कुंजरापवाह्य- (दूसरे हाथी के साथ चलने वाला), धोरण (दौड़ने वाला), आधान-गतिक, यष्ट्युपवाह्य (दण्डा मारने पर चलने वाला), तोत्रोपवाह्य (तोत्र = अंकुश) मार्गायुक = (स्वेच्छा से चलने वाला) (५३)

औपवाह्यक कर्म = आरूढ या सवार होना।

औपवेणुक = घोड़े की मंडलाकार चाल। (५१)

औपस्थायिक वर्ग = (गजशाला का सेवक वर्ग) = चिकित्सक (गजवैद्य), अनीकस्थ, आरोहक, आधोरण (महाहत), हस्तिपक, औपचारिक, विधापाचक, यावासीक (घास खिलाने वाला), पादपाशिक, कुटीरक्षक, औपशायिक (साथ में सोने वाला, (कुल ११)। (५३)

औपस्थायुक = हाथी को सम्हालनेवाला, महावत। (देखिये उपस्थायुक्त) (५२)

औपायनिक (आय) = नज़राना, उपहार, उपायान द्वारा प्राप्त। (२७)

औरभ्रक भय = राजपुत्र के संभाव्य विद्रोह के भय से, (उसे सीमान्त के अधिकारी के नियंत्रण में रखने के कारण) 'उरभ्र' (मेष, भेड़) के समान आक्रमण का भय। दूर जाकर भेड़ अधिक शक्ति से टक्कर मारता है। (१७)

औरस पुत्र = यथाविधि विवाहित स्त्री से स्वयं पतिद्वारा उत्पादित। अथवा पुत्रिका (कृतककन्या) का पुत्र (६४)

इतिहास = पुराण, इतिवृत्त (बखर), आख्यायिका, उदाहरण (पुराने वृत्तान्त), धर्मशास्त्र, अर्थशास्त्र इनका 'इतिहास' विषय में अन्तर्भाव होता है। (५)

इंगित भेद = नित्य आचरण में अंतर। (१५)

इन्द्रकोश = दुर्ग के तट पर आरक्षियों के बैठने की खिड़की। (२४)

इन्द्रच्छंद = १००८ यष्टियों वाला मोतियों का हार।

इन्द्रवानक = एक जाति का हीरा। (३२)

इन्द्रनील = गहरे नीलवर्ण का मणि। (२३) गुणानुसार प्रकार = नीलावलीय, कलायपुष्पक, महानील, जाम्बवाभ, जीमूत (मेघ) प्रभ, नन्दक, स्रवन्मध्य (कुल ७)। (३२)

इन्द्रियजय = श्रोत्रादि ज्ञानेन्द्रियों को उनके शब्दादि विषयों की प्राप्ति न होना।(६)

(२) शास्त्रोक्त कर्तव्यों का पालन करना (शास्त्रानुष्ठान)।

(३) कामादि षड् रिपुओं का त्याग करने से उत्पन्न योग्यता। (६)

इषु (बाण) प्रकार = वेणु, शर, शलाका, दण्ड, आसन, नाराच। (३९)

ईश्वर = राजा, सर्वाधिपति। (३१)

उक्षा = बूढ़ा बैल। (६७)

उञ्छ = जमीन से चुनकर उठाया गया अन्न धान्य। (१३)

उत्कर = कमिशन। (३६)

उत्कोचक = जबरदस्ती से रिश्वत लेने वाला। (८१)

उत्क्रम = निश्चित क्रम से अलग क्रम। (२८)

उत्तमकाल = जब अपने सैन्य के व्यायाम के लिये भरपूर समय मिलता है। इसके विपरीत **अधम काल होता है।** (१२२)

उत्तम दण्ड = ५ सौ से १ हजार पण दण्ड। (३३)

उत्तम देश = जहां अपने सैन्य को व्यायाम के लिए पर्याप्त भूखंड होता है और शत्रु को स्थान नहीं होता। इसके विपरीत

अधम देश होता है। (१२२)

उत्तम साहस (या वध) दण्ड = ५०० से १००० पण दण्ड। (४२)

उत्तमागार = मंदिर का शिखर। (१४०)

उत्तराध्यक्ष = वरिष्ठ अधिकारी। (३०)

उत्थान = जिससे योगक्षेम होता है ऐसा उद्योग। (७)

उत्थान क्लेश = दौरे के परिश्रम। (२८)

उत्साह = शौर्य, अमर्ष (शत्रु का उत्कर्ष सहन न होना) शीघ्रता, दाक्ष्य (कुल ४ गुण)। (९७)

उत्साहहीन द्वारा संग्राह्य लोग = श्रेणी, प्रवीर पुरुष, चोरगण, आटविक, म्लेच्छजाति, उपजापकरी, गूढपुरुष। (कुल 7) (११२)

उत्साहहीन = सैन्यहीन, उत्थानशक्तिहीन।

उत्सेचक = नाव के अंदर का पानी फेकने वाला।

उत्सेध = बुर्ज़।

उत्सेध = समावक्षेपसोपान - चढने और उतरने की सीढी। (२४)

उदकपेषण = पानी से अनेक बार धातु को घंसना। (३५)

उदय = लाभ, नफा।

उदरदास = उदर निमित्त दास बना हुआ (अर्थात् जो जन्मतः दास नहीं)। (७०)

उदासीन = विजिगीषु, शत्रु और मध्यस्थ दोनों से अलग किन्तु सभी से बलाढ्य होने के कारण संकट में साहाय्य तथा विरोध करने में समर्थ राजा। (७) (९८)

उदास्थित = संन्यास मार्ग से भ्रष्ट (प्रव्रज्या- प्रत्यवसित), ऐसे लोग गुप्तचर होते है। (११)

उद्धारक = रकम लेने वाला। (२८)

उद्यतदण्ड = नित्य दण्डप्रयोग करने वाला। (४)

उद्वाप = फसल निकलना। (९२)

उन्मान - अवामान = आकार, मूल कीमत।

उपकण्ठी = पोले दंडे वाला तराजू। (२८)

उपगत पुत्र = पुत्रभाव से किसी के पास रहने वाला। (६४)

उपग्रह = वश में लाना। (१४)

उपजाप = भेद या फूट, प्रतिकूल प्रचार करना। (१३) (१०)

उपजाप = २ प्रकार- **स्वपक्ष उत्कर्ष, परपक्षोपवेग**। उपाय (१) = **सर्वज्ञख्यापन** (राजा सर्वज्ञ है ऐसा मिथ्या प्रचार) (२) **दैवतसंयोग स्थापन** (राजा पर देवता प्रसन्न हैं इत्यादि मिथ्या प्रचार)। (१४१)

उपदाग्राहक = रिश्वत लेने वाला। (८१)

उपधा = (१) गूढ युक्ति से सत्त्वपरीक्षा। (२) कपट प्रयोग। (१०)

उपाधि = मिलावट, अशुद्धता। (३४)

उपनिधि = परोक्ष या गुप्त जमा। न्यास। (५८) (६९)

उपनिपात = आधिभौतिक संकट। (४) (६९) (७२) (८०)

उपनिषत्प्रतिषेध = अंतरंग शत्रु का नाश करने का गुप्त उपाय। (९१)

उपप्रदान = (एक उपाय) द्रव्य देकर उपकृत करना। (३१)

उपभोग का अधिकार = (स्थावर संपत्ति के) प्राप्त होने के निमित्त। = **प्रक्रय** (रोकड़ रकम देकर), **अवक्रय** (किराया पट्टी या हप्ता,) **अधिभाग** (विभाजन), **भोग** दीर्घकाल उपभोग, निसृष्ट समर्थन (६६)। (कुल ५)

उपवाद = दोषदर्शन (वाक्पारुष्य रूप अपराध का एक प्रकार)। दो प्रकार (सत्य और मिथ्या)। इसके विषय-शरीर, स्वभाव, विद्या, वृत्ति (धंधा) और देश (कुल ५)। (७५)

उपवास = गांव वाला पडोसी या सहकारी। (६७)

उपयुक्त = नियोजित अधिकारी वर्ग। (३०)

उपशाल = धर्मशाला। (६७)

उपशीर्षक = (यष्टि) (३२) मोतियों के हार का एक प्रकार।

उपस्थान = राज्यसभा का स्थान। (१९) (२०)
कार्यालय का समय। (२८)
देवडी या चौकी। (१२९)

उपस्थान = तुलामानान्तर, हस्तपूरणक, उत्कर (कमिशन) ब्याजी, पर्युसित (पुरानी बचत) और प्रार्जित (आगामी उत्पन्न) (इन ६ प्रकारों की आय)। (३६)

उपाय = चार प्रकार – साम, उपप्रदान, भेद, और दण्ड। (३१)

उपाय = प्रयोग। स्थान- **साम**-शंकित अमात्य पर। **दान**-दूष्य अमात्य पर। **भेद**- सांघिक विरोध होने पर। **दण्ड**-प्रबलों का विरोध होने पर। (१२८)

उपायों के त्रिविध प्रयोग = **नियोग**- निश्चित किसी एक उपाय का। **विकल्प** - एक या दो उपायोंका, **समुच्चय**- दो तीन या चार उपायों का मिलकर। (१२८)

उपाय = सिद्धि के अनुसार राजभेद = एक उपाय से सिद्धि प्राप्त करने वाला = **एक सिद्धि**। इसी प्रकार द्विसिद्धि, त्रिसिद्धि, चतुःसिद्धि। ये राजा के विशेषण होते हैं। (१२८)

उपावर्तन = विवाहादि संबंध में नकार। (७२)

उपांशु दण्ड = गुप्त घात। (११, १७, १३३)

उपेक्षण = शत्रुविरोधी उपाय की योजना क्षमता होने पर भी न करना। (देखिये आसन) (१२८)

उभयतो अनर्थापद् = इधर उधर के दोनों मार्गों से अनर्थ की संभावना जब होती है। (१२८)

उभयतो अर्थापद् = इधर उधर के दोनों मार्गों से लाभ होने की जब संभावना होती है। (१२८)

उभयतोऽर्थाऽनर्थ संशयदायिनी = एक ओर से लाभ किन्तु अन्य सभी ओर से आपत्ति आने की संभावना जब होती है। सर्वतोऽर्थाऽनर्थसंशयदायिनी - इसी प्रकार की होती है। (१२८)

उभयवेतन = दोनों राज्यों से वेतन पाने वाला गुप्तचर (१२)

उरस्य = सेना व्यूह का मध्यभाग। (१३४)

उष्ट्रगुप्तिस्थान = ऊंटखाना। (२५)

उष्ट्री = मिट्टी का घड़ा।

ऊरुवेष्ट = दंडा, बेड़ी। (८५)

ऊर्ध्वबाहु = युद्धोपयोगी स्थितयंत्र। ऊंचे स्थान से आक्रमक पर फेंकने योग्य स्तम्भ। (३९)

कंकट कर्मान्त = कवच बनाने का कारखाना। (४४)

कक्षौ = व्यूह की पिछाड़ी के दो अग्रभाग।

कंटकशोधन = अनिष्ट या गुंडे लोगों का बंदोबस्त। (१०), (३५), (७८)

कटव्रज = जलपूर्ण घट (जो ग्रीष्म काल में मार्ग पर रखे जाते थे)। (५७)

कटशर्करा = मिश्री, गड़ीशक्कर।

कटुकवर्ग = पिपली, मीरा, सोंठ, जीरा, राई, आदि तीखे पदार्थ। (३६)

कडंगर = घास आदि पशुखाद्य।)५२)

कणकुण्डक = जानवरों का खाद्य, भूसा। (३६)

कण्डोली = धान्य धोने का सच्छिद्र पात्र, (रोळी - मराठी में)।

कणय = (१) एक हलमुखीयंत्र - २० से २४ अंगुलि लंबा, (२) त्रिकोणाकृति नोंक वाला लोहदण्ड। (३९)

कदर्य = स्वतः को तथा भृत्यों को पीड़ा देकर धनसंचय करने वाला कंजूस। (३०)

कन्याकुमारपुर = राजकन्या तथा राजकुमार वर्ग के निवास का राजप्रासाद का विभाग। (२०)

कन्याप्रकर्म = अविवाहिता से बलात्कारपूर्वक संभोग। (४)

कर = धन के रूप में शासनद्वारा वसूली। (२७)

कपालसंधि = सर्वथा घातक संधि।

कपिशीर्षक = रास्ते के बाजू में लगाये हुए सीमा के पत्थर।

करणीय = इसमें संस्थान (चालू काम), प्रचार (नया काम), शरीरावस्थापन (पुराने काम का सुधार), आदान (करवसूली), सर्वसमुदयपिण्ड, (वसूली एकत्रित करना), संजात (सारी आय का बहीखाता रखना)- इन छह विषयों की गणना होती है। (२७)

करप्रति-कर = गोरक्षकद्वारा गाय का घी, चमड़ा इत्यादि जो प्रतिवर्ष राजा को दिया जाता है। (५०)

कक्षापरिगत = कमरों से सभी ओर से सीमित घर का भाग।

कक्षाविभाग = महल, प्रासाद। (२०)

कर्पण = हाथ से फेंकने योग्य बाण। (३९)

कर्म = (युद्धोपयोगी) (२ प्रकार) = ऐन्द्रजालिक और औनिषदिक। (३९)

कर्म आयोग = कर्तव्य में नैपुण्य। (५४)

कर्मकर = प्रवीण या जानकार नौकर। (३३)

कर्मकरवर्ग = नौकर, चाकर, मजदूर ।(३) (३६) (७०)

कर्मगुह्य = खराब वस्तु को सुंदर दिखाने का उपचार। (३२)

कर्मगृह = कार्यालय। (२५)

कर्मच्छेद = काम में हुआ नुकसान। (२८)

कर्मच्छेदवहन = काम के नुकसान की भरपाई करना। (२८)

कर्मदिवस = काम की कालमर्यादा। (३०)

कर्मनिर्दिष्ट = विशिष्ट काम में नियुक्त नौकर वर्ग। (४६)

कर्मनिषद्या = ग्रामोद्योग का स्थान, कारखाना। (२५)

कर्मफल = लाभांश। (१८)

कर्मफल-विनिपात = उत्पादन के लाभ में हानि। (४५)

कर्मयोग = शत्रुनाश के हेतु जारण मारण आदि प्रयोग। (१६)

कर्मवध्य = देहान्त शासन देने योग्य अपराध करने वाला (८५)

कर्मव्यापद् = मंत्र-तंत्र के कर्म में दोष। (९१)

कर्मसन्धि = दोनों मिलकर दुर्ग आदि कार्य करने के हेतु संधि। (११०)

कर्मसंबंध = मजदूरी के करार, सेवा के संकेत या प्रस्ताव। (७०)

कर्मसंवत्सर = ३५४ दिन का कालावधि। (इसकी समाप्ति आषाढ़ी पौर्णिमा को होती है। (२८)

कर्मान्त = कारखाना, (३८) धातु का कारखाना (३३)

कर्मान्तिक = कारखाना। (२५)

कर्मार = लुहार। (४५)

कर्मोदक = खेती के काम का जल। (६७)

कर्ष = वजन का एक प्रकार। (७९)

कलभित्तिका = हाथी की झूल।

कल्पना = हाथी के अलंकार

कल्प = संकटरहित लाभ।

कलापक = शिर, हाथ, पाँव, और कमर के विशिष्ट मौक्तिकालंकार। (३२)

कल्प = नियम, निर्बंध, संकेत। (५)

कल्पक = प्रसाधक = (१) वस्त्र, अलंकार पहनाने वाला। (१२)। (२) नाई या हजाम।

काकणिक = दो रत्ती का वजन (३५)

काक्षीब = गोपीचंदन, फिटकरी।

काच = ठगाई, वंचना।

काचमणि = सर्वसामान्य मणि। (३२)

कांचनकारु = सुवर्णालंकार बनाने वाले कारीगर (३४)

काणलिंग = अंध, पंगु इत्यादि विकलांग। (६३)

कानीन पुत्र = कन्या के विवाह पूर्व संभोग से उत्पन्न। यह प्रायः "अपविद्ध" होता है। उदा- महाभारत का कर्ण।

कान्तारक = वनवासी लोग (६८)

कापटिक = इंगितज्ञ और प्रौढ़ छात्रचर। (११)

कापटिक = छात्र गुप्तचर। (९२)

कापिशायन = मधु (द्राक्षासव) का प्रदेशानुसारी एक नाम। (४६)

कामदान = कलाकारों को दान। (७३)

काममूलक चार व्यसन = मृगया, द्यूत, स्त्री, मद्यपान। (११९)

कामोपधा = स्त्रीविषयक प्रलोभन द्वारा गूढ परीक्षा। (१०)

काम्बुक = कम्बु पर्वत में प्राप्य रजत।

कायदण्ड = दण्डनिमित्त शारीरिक ताडन, पीड़न। (५७)

कारणिक = हिसाब की जांच करने वाला। (२८)
कारु = कारीगर। (४)
कारुकर्म = सुनार के काम (५ प्रकार) – **(१) घन (२) घनसुषिर** – लोटे जैसे पात्र (मोटा पत्रा) मढ़ाना **(३) अवलेप्य** – (पतला पत्रा मढ़ाना)। **(४) संघात्य** – तार के अलंकार बनाना **(५) वासितक** – (मुलामा देना) (३५)
कार्तान्तिक = ज्योतिषी, भविष्यवेत्ता। (१३)
कार्पासिक = सूती वस्त्र (३२)
कार्मान्तिक = खनिज का अधिकारी। (१२)
कार्मिक = अधिकारी। (२८)
कार्य = (राजसेवक के) = आभ्यन्तर, बाह्य, गुह्य, प्रकाश्य, आत्ययिक (सत्वर), उपेक्षितव्य। (कुल ६ प्रकार)। (९५)
कार्यानुशासन = कर्तव्यों का उपदेश, जिससे स्वधर्म की स्थापना होती है। (७)। (२) न्यायदान। (१९)
कार्यार्थी = अर्जदार। (१-१९)
कार्वटिक (या खार्वटिक) = २०० गावों में प्रमुख स्थान
कालमान = त्रुत, लव, निमेष, काष्ठा, कला, नालिका, (घटिक)। मुहूर्त, दिन, (रात्रि) = १५ मुहूर्त काल) अहोरात्र, पक्ष, मास, ऋतु, अयन, संवत्सर, युग (पांच संवत्सर)। (४१)
कालायास = लोहा (३४)
कालिक = उधार मिलने वाला माल। (१३९)
कालिका = उत्तम मदिरा। (४६)
काष्ठकोष्ठ = स्निग्ध पदार्थ रखने योग्य लकड़ी का पात्र। (३६)
काष्ठद्रोणी = पैसे रखने योग्य लकड़े की पेटी।
कासीस = नीला थोथा, हिराकस, मोरचूद।
किट्ट = धातु का मल। (३३)
किलाख = तक्र, छाछ।
किण्व = उड़द और चांवल के पिष्ट से निर्मित मद्य। (४६)
किष्कु = १।। या २ हाथ का लंबा अंतर। (६५)
कीलाट = दूषित या फटा दूध। (५०)
कुञ्जरोपवाह्य हस्ती = दूसरे हाथी की साथ संगत मिलने पर चलने वाला औपवाह्य हाथी। (५३)
कुंत = एक हलमुखी शस्त्र। ५ से ७ हाथ लंबा दण्ड। (३९)
कुटुम्बकामा = वैधव्य आने पर श्वशुर की अनुमति से दूसरा विवाह करने की इच्छा करने वाली। (इसे पूर्वपति और श्वशुर द्वारा प्रदत्त धन पाने का अधिकार था। (५९)
कुट्टक = खलबत्ता। (३६)
कुट्टनशाला = कूटने पीसने का कमरा। (६५)
कुट्टनी = ओखली। (६५)
कुट्टाक = बढ़ई। (४५)
कुडुम्ब = वेतन। (४८)
कुण्ड्य = दीवार। (८६)
कुत्सितयाजक = निंद्य लोगों से यज्ञ करने वाला। (७१)
कुप्य = जंगल में प्राप्य कच्चा माल। (४, ३२, ४६, ५६, १३६)
कुप्यगृह = वन्य वस्तुओं का आगर। (२५), (२६)
कुप्य पण्य = जंगल में उत्पन्न होने वाली नैसर्गिक संपत्ति। (१६)
कुप्यागार = अन्नधान्यादि की कोठी। (१२९)
कुप्याध्यक्ष = जंगल का अधिकारी। (२), (३८)
कुप्योपजीवी कुप्याध्यक्ष = वन्य संपत्ति पर जीविका करने वाला।
कुल्या = (१) कुलीन स्त्री। (२०), (२) भूमिगत मार्ग, तहखाना।
कुल्यावाप = जहां नहर के पानी से खेती होती है। (४५)
कुशिक्या = असमान तराजू।
कुसीद = व्याजरहित मुद्दल (मूल राशि) (६८) सूदखोरी।
कुशीलव = बहुरूपी (४८) वैदेहिक जातीय पुरुषद्वारा, अंबष्ठ जातीय स्त्री से उत्पन्न। (६४)
(देखिये वैण)
कुहक = जादू,टोना या करनी करने वाला। (२) चापलूस
कुम्भीपाक = कटाह या कुम्भ में जलाकर मारना, (अभिषिक्त रानी से संभोग करने का दंड है) (९०)
कूटपणकारक = झूठा करारनामा करने वाला। (८१)
कूटमुद्रा = खोटा सिक्का। (४२)
कूटरूपकारक = झूठे नाणक बनाने वाला। (८१)
कूटसाक्षी = झूठी गवाह देने वाला। (८१)
कूटसुवर्णकारी = झूठे सोने के पैसे बनाने वाला। (८१)
कूलग्राम = बंदरगाह। (४९)
कृच्छ्रवृत्तिः = कठिन कार्य में नियुक्त। (१८)
कृतकपुत्र = जिसे पुत्र के स्वधा-रिक्थादि अधिकार दिये जाते हैं। (६४)
कृतकर्मा = कर्तृत्व सम्पन्न, जिसने कोई महान् कर्म किया है। (२१)
कृतक्षेत्र = कसने या फसल निकालने योग्य खेत। (२२)
कृतकबन्धांक = अपराधी के मस्तक पर लगाया गया चिह्न। (९०)
कृतशिल्प = कलाकुशल। (९)
कृत्य = विश्वासघाती जो राजभक्ति से पथभ्रष्ट किया जा सके। (१, १३)
कृत्यअकृत्यवर्ग (परराज्यस्थ) = क्रुद्ध, भीत, लुब्ध, और मानी इन चार प्रकारों का अधिकारी वर्ग। (१४)
कृत्यपक्ष = बेईमान बनाये जा सकने योग्य लोग। (१३८)
कृत्यपक्षोपग्रह = बेईमान असंतुष्ट लोगों से सख्य, दोस्ती करना। (१८)
कृत्रिम मित्र = शत्रु की सीमा के पार का राजा अथवा माता पिता से संबंधित राजा। (९८)
कृत्रिम शत्रु = स्वयं विरोध करने वाला या दूसरे के द्वारा विरोध करवाने वाला। (९८)

कृषियोग्य भूमि के ७ प्रकार = फेनाघात – जहां पानी में फेस आता है। **परीवाहान्त** = (प्रवाह के पासवाली), **कूपपर्यंत, हरणीपर्यंत** (जलप्रचुर), **पाल्य** – खेत के किनारे की), **स्थली, अनूप। (४५)**
कोपमूलक = तीन व्यसन - वाक्पारुष्य, अर्थदूषण, दण्डपारुष्य। (११९)
कोल = नींबू या बेर।
कोश अवस्तार = वसूली का दिन बदलना। झूठा जमा खर्च। (२९)
कोशक्षय के ८ कारण = प्रतिबंध, प्रयोग (ब्याज के हेतु द्रव्य देना), व्यवहार (लेन देन), अवस्तार (झूठे हिसाब), परिहापण, (वसुली न करना), उपभोग, परिवर्तन (अदलाबदल), अपहार।
कोशगृह = खज़ाना, बँक। (२६)
कोशनिर्हार = कोश के धन से खरीदा धान्य। (३६)
कोशपरिवर्तन = सरकारी माल के स्थान में दूसरा माल जमा करना। (२९)
कोशपरिहापन = आय कम करना और व्यय बढ़ाना। (२९)
कोश - प्रतिबन्ध (तीन प्रकार) = असाधन (वसूली न करना), अनवतारण (दिया हुआ वसूल न लेना), अप्रवेशन (मिला हुआ वसूल जमा न करना। (२९)
कोशप्रयोग = कोश का द्रव्य ब्याज से देना। (२९)
कोशसंग = कर न देने का अपराध। (८)
कोशसन्धि = धन की बोली पर सन्धि। (१३६)
कोशवृद्धि के ९ साधन = प्रचारसमर्धि (कारखानों का विकास), चरित्रानुग्रह (शीलरक्षण), चोरग्रह, **युक्तप्रतिषेध (अधिकारियों** का नियंत्रण), सस्यसम्पत्, पण्यबाहुल्य, उपसर्गप्रमोक्ष (आधिभौतिक उपसर्ग से बचाव), परिहारक्षत (रियायत न देना), हिरण्योपायन।
कोशव्यवहार = शासकीय भांडार के माल की बिक्री करना (२९)
कोशापहार = (तीन प्रकार) = आय जमा न करना, अवैध व्यय वापस न लौटाना, प्राप्त हुई बाकी रकम अमान्य करना। (२९)
कोशाभिसंहरण = कोशसंग्रह (५), कोश की व्यवस्था। (९२)
कोशावच्छेद = कोश का नाश। (२६)
कोशोपभोग = राजस्व का प्रत्यक्ष या अप्रत्यक्ष उपभोग। (२९)
कोष्ठक - आलय = देवमंदिर (२५)
कोष्ठागार = धान्य भुसार माल आदि के संग्रह का स्थान। (२) (२५) (२६)
कौमारभृत्य = प्रसूतिशास्त्रज्ञ।
कौष्ठेयक = कांजी घर का कर (३६) वृक्षों का उत्पन्न।
क्रम (या अनुक्रम) लेखगुण = क्रियाओं का उचित क्रम रखते हुए महत्त्व के विषय का प्रथम निर्देश और अन्य कार्यों का पश्चात् निर्देश करना। (३१)
क्रमावहीन = निश्चित क्रम रहित। (२८)
क्रयसंघर्ष = नीलाम। (२७)
क्रयिम = धान्यमूल्य, कोशनिर्हार (कोश के व्यय से खरीदा धान्य), प्रयोग-प्रत्यादान (अल्प धान्य लेकर अधिक धान्य लौटाना। (३६)
क्रियाभारिक = जहां भारी श्रम करने पड़ते हैं ऐसे काम (जैसे खदान)। (३३)
क्रीतपुत्र = मूल्य देकर प्राप्त किया हुआ पुत्र। (६४)
क्रुद्धवर्ग = वंचित, अपमानित, पीडित, निर्वासित, अधिकारच्युत कैद में कुण्ठित, दण्डित, लुण्ठित इत्यादि प्रकार का अधिकारी वर्ग। (१४)
क्षत्रिय धर्म = अध्ययन, यजन, दान, शस्त्राजीव (शस्त्रविद्या पर उपजीविका), भूतरक्षण (प्राणिमात्र का रक्षण।) (३)
क्षुद्रिका = छोटी नौका या छोटी नदी। (४९)
क्षुरप्रमाला = नक्षत्रमाला - हाथी का एक भूषण। (४३)
क्षय-व्यय-लाभ-विमर्श = सैन्य तथा कोश का आय व्यय। (९)
क्षय = स्वकार्य की हानि होना और शत्रुकार्य की न होना। (९९)
क्षीरवृक्ष = गांव की सीमा पर लगाने योग्य वृक्ष। (वट, पीपल, शाल्मली इ.)। (२२)
क्षुद्रक = कनिष्ठ अधिकारी वर्ग, २) सोने के मणि। (१३)
क्षुद्रपरिषत्क = जिस की परिषद में क्षुद्रलोग होते हैं। (९७)
क्षुरवर्ग = (सात प्रकार के शस्त्र) = परशु, कुठार, पट्टस, खनित्र (फावड़ा), कुद्दाल, क्रकच (आरी), काणुच्छेदन। (३९)
क्षेत्रपथहिंसा = खेती का नुकसान। (६७)
क्षेत्रिक = किसान। (६७)
क्षेमरात्रि = अपराधविरहित रात्रि। (५७)
क्षौम (रेशम) = नौ प्रकार – वांगक (बंगाल का), पौंड्रक, सौवर्णकुड्यक, सूर्यवर्ण, मणिस्निग्ध, उदवान, चतुरश्रवान, व्यामिश्रवान, काशिक। (३२)
क्षारवर्ग = फाणित (पक्व इक्षुरस), गुड, मत्स्यण्डिका (गुड की शक्कर), खंडशर्करा (मिश्री, गडीशक्कर)। (३६)
खंजन = जलमयी भूमि।
खंडसंघात्य = अनेक टुकड़े एकत्र जोड़कर बनाया वस्त्र।
खड्ग के प्रकार = निस्त्रिंश, मंडलाग्र, असियष्टि। (३९)
खण्डफुल्ल = (दरवाजा) बंद करना और खोलना।
खनक योधी = खंदक से लड़ने वाले। (६५)
खनि के ३ गुण = प्रभूतसारा, अदुर्गमार्गा, अल्प- व्ययारम्भा। (११०)। **खनि** विभाग के अन्तर्गत, **सुवर्ण, रजत, वज्र** (हीरा), **मणि, मुक्ता, प्रवाल, शंख, लोह, लवण, भूमि, प्रस्तर,** रस (पारद) और धातु इन १३ का अन्तर्भाव होता है। (२७)
खनि (खदान) से १२ प्रकार की आवक = मूल्य, विभाग,

व्याजी (कसर), परिघ (मुद्रापरीक्षक का शुल्क), अत्यय, शुल्क, वैधरण दण्ड रूप, (मुद्रा), रूपिक, धातु और पण्य।

खन्यध्यक्ष = खनि विभाग का प्रमुख। (३३)

खरपट्ट = कैदी के गले में बांधा हुआ लोहे का बिल्ला। (८५)

खात-साल = खंदक और तट। (१४४)

खार्वटिक = दो सौ गांवों का केन्द्र स्थान। (२२)

गणिका (प्रकार) = दासी, रूपदासी, रूपाजीवा, गूढाजीवा, रंगोपजीविनी, मातृका। (४८)

गणिकाध्यक्ष = राजप्रासाद में सवेतन सेवा करने वाली स्त्रियों का प्रमुख। (४८)

गण्डिका (या गांडिका) = लकड़े के ढेले।

गण्डिका = कूटने का पात्र, खल। (३४)

गण्यपण्य = संख्या की गिनती से बेचने योग्य माल। (३७)

गर्भपात = (अपराध) = प्रहार से, भैषज्य से और परिक्लेश से (तीन प्रकार)। (८८)

गाणनिक्य = हिसाब लिखने वाले हिसाबनवीस। (२८)

गाणनिक्य = दर्ज करने वाला (रेकार्ड कीपर)। (२८)

गांधारपंक = गांधार देश की लाख, या लाख जैसी मिट्टी। (३५)

गुच्छ = ३२ यष्टियों वाला मोतियों का हार। (३२)

गुप्तचर द्वारा परीक्षण योग्य स्थान = चैत्य, चतुष्पथ, शून्यपद, उदपान, नदी, निपान (नदी घाट), तीर्थ , आयतन (देवालय), आश्रम, शैल, वनगाहन। (कुल ११)

गुप्तचर के प्रकार = सिद्ध, तापस, प्रव्रजित, चक्रचर (जादूगर), चारण, कुहक (मदारी या मांत्रिक), प्रच्छन्दक, कातान्तिक (भविष्यवादी), मौहूर्तिक, चिकित्सक, उन्मत्त, मूक, बधिर, जड, अंध, वैदेहक, कारु, शिल्पि, कुशीलव, वेश (नट), शौण्डिक, आपूपिक, पाक्वमांसिक, औदनिक (कुल २४)। (८१)

गुप्तिछिद्र = मर्मस्थान (१-१६)

गुप्तिस्थान = आरक्षित विभाग। (४७)

गूढ प्रणिधान = गुप्तचरों की योजना (११६)।

गुल्मतरदेय = मार्ग पर देने योग्य चुंगी। (३७)

गुह्यसधर्मा =जिसका गुह्य मर्म ज्ञात है ऐसा पुरुष। (अधि १-८)

गूढज पुत्र = **बांधवों के घर में गूढ संभोग के कारण** उत्पन्न। नियोगज पुत्र के समान इसे द्विपितृकता से प्राप्त अधिकार नहीं होते। (६४)

गूढदण्डनिवारण = शत्रु के गुप्त सैन्य का निवारण या नाश करना। (१-१६)

गूढपुरुष = गुप्तचर, जासूस खुफिया। (१-१)

गूढलेख्य = गुप्तपत्र। (१-१२)

गूढाजीवा = गुप्त मार्गों से कमाई करने वाली स्त्री। (४८)

गूढाजीवी के प्रकार = उपदाग्राह, उत्कोचक, कूटसाक्षी, संवननकारक, रसद, मदनयोगव्यवहारी, कूटरूपकारक, कूट सुवर्णकारक (कुल ३०)। इन आरोपों से ३ प्रकार के ग्रामकंटकों को निर्वासित किया जाता है। (८१)

गूढाजीवी = रिश्वत लेने वाले। (१-४)

गुरुसमुत्थ = (मित्र) जिसे युद्ध के समय उत्थान करने में प्रयास होते हैं। (१०७)

गृष्टि = जंगल (२-२२)

गृहपति = कुटुंबी (किसान) (५६)

गृहपतिक = खेती में नुकसान आने के कारण बेकार बना हुआ किसान। (१-११)

गृहपरिवाप = घर काम के बर्तन। (६३)

गृहस्थधर्म = स्वकर्माजीव (स्वकर्म से उपजीविका), भिन्न गोत्रज (असमान ऋषि) परिवार में विवाह संबंध, ऋतुगामित्व (योग्य समय पर सम्भोग), देव, पितर, अतिथि तथा भृत्यों को अन्नादि दान और अवशिष्ट भोजन।
(अ-३) (अधि १-३)

गो = गाय व्यक्ति की आर्थिक परिस्थिति का प्रमाण माना गया था। "शतगु" (सौ गाय का धनी) होने पर आहिताग्नि न होना और "सहस्रगु" होने पर "यज्वा", यज्ञकर्ता न होना निंद्य ब्राह्मण का लक्षण माना जाता था। (७१)

गोदान = ब्रह्मचर्याश्रम समाप्त होने पर केश कटवाने की विधि। (अधि १ अ ५)

गोध्यक्ष = बैल, गाय, भैंस आदि पशुओं का प्रमुख। (५०)

गोप के प्रमुख कर्तव्य = ग्रामसीमा, क्षेत्र वनमर्यादा पथ प्रमाण, संप्रदान (दान), विक्रय, अनुग्रह (इनाम), परिहार (करमाफी), करद, अकरद, गृहसंस्थान, (मनुष्य पशु गणना, गाव की प्राप्ति इन की नोंद रखना। (कुल १०)। (५६)

गोप = ५ या १० गावों का प्रमुख

गोप = १०, २० या ४० कुलों पर देख रेख रखने वाला नगर का अधिकारी। (५७)

गोपायक = पहरेदार, चौकीदार (२८)

गोरुत (भूमि) = जहां एक स्थान से दूसरे स्थान तक गाय का रंभाना सुनाई देता है इतनी मर्यादा वाली भूमि। (२-२३)

गोवाणिजक = गाय बैलों के व्यापारी। (१३९)

गौरव = वस्तु का वजन (१-२१)

ग्रन्थिभेद = जेब काटना, गांठ खोलना। (८७)

ग्रहणकाल = पशु को पकड़ने का समय। (४२)

ग्राम के प्रकार= परिहारक (करमुक्त), आयुधीय (सैनिक देने वाला), धान्यप्रतिकर, पशुप्रतिकर, हिरण्यप्रतिकर, कुप्यप्रतिकर, विष्टिप्रतिकर, (कुल-७)।

ग्रामकूट = गांव का प्रमुख। (८१)

ग्रामदेववृष = देवता के निमित्त अर्पित नंदी (सांड)। (इनका कोई स्वामी नहीं होता)।

ग्रामभ्रातृक = गांव वाले नोकर। (२-२२)
ग्रामसीमावृक्ष = शाल्मली (सेमल का पेड), शमी, क्षीरवृक्ष (वट, पीपल इ.)
ग्रामिक = गांव का मज़दूर। (६७)
ग्रासाच्छादन = अन्नवस्त्र। (६०)
घटिका (नालिका नाडिका) = चार मासा सोने की ४ अंगुलि लंबी तार की चौड़ाई के बराबर छिद्र वाले पात्र से, १ आढक (१/४ द्रोण) पानी गलने के लिए लगने वाला समय। दिन का १/६० वां विभाग) (४१)
चक्रचर = गाड़ियों में सामुदायिक प्रवास करनेवाले। (११५)
चक्रान्त = सेना की पिछाड़ी।
चक्रयुक्तनाश = अन्तर्गत मारपीट के कारण हानि। (६९)
चक्षुष्मान् = दूरदर्शी। (९)
चतुरस्त्रिका = ऊन का चौकोनी आसन।
चंद्रचित्रा (या चंद्रोत्तरा) = चमड़े का एक प्रकार।
चंदन के ११ गुण = लघु (हलकापन), स्निग्ध, अश्यान (आर्द्रता), सर्पिः स्नेहलेपि, गंधुख, त्वगनुसारी (त्वचा में मिलना), अनुल्बण (चिकना न होना) अविरागी, उष्णसह, दाहग्राही, सुखस्पर्श। (३२)
चन्दन = (वर्ण और गंध के अनुसार १६ भेद) = सातन, गोशीर्षक, हरिचंदन, तार्णस, ग्रामेरुक, दैवसभेय, जावक, जांगक, कुचंदन, कालप्रवर्तक, सौरूप, कोशाकार, पर्वतक, शीतोदकीय, नागपर्वतक मलयक, शाकल। इसमें कुछ चंदनों में मत्स्य, गोमूत्र, अजमूत्र, आम्र जैसी गंध होती है। (३२)
चरक = मूस तयार करने वाले। (३४)
चर्म = कान्तनावक, प्रैयक, बिसी, महाविसी, श्यामिका, सामूर, चीनसी, सामूली, सातिना, नलतुला, वृत्तपुच्छा, (कुल १५ प्रकार) (इनमें वनचर और जलचर प्राणियों के चर्म अन्तर्भूत हैं। (३२)
चर्मकरण्ड = चमड़े का टोकरा। (१३०)
चरित्रसंस्थान = (१) स्वाभाविक बर्ताव (२८) (२) काम का स्वरूप
चलयंत्र = (युद्धोपयोगी शस्त्र समूह)। पंचालिक, देवदण्ड, सूकरिका, मुसल, यष्टि, हस्तिवारक, तालवृन्त, मुद्गर, गदा, स्पृक्तला, कुद्दाल, आस्फोटिम, औदघाटिम, सप्तदिन, त्रिशूल, चक्र (कुल १६ प्रकार) (३१)
चाक्रवालिक = चांदी का एक प्रकार।
चातुरन्त = समुद्रवलयांकित पृथ्वी का अधिपति।
चापकुक्षि और चापपक्ष = धनुष्याकार व्यूह की बाजू।
चारक = कैदी। दीवानी कारागृह। (८६)
चाररक्ष = गुप्तचरों पर निगरानी रखने वाले। (१२९)
चार्या = तट के अन्तरंग में बांधी हुई सीढ़ी। (२४)
चित्रघात = तड़पा तड़पा कर या आत्यंतिक पीड़ा देकर मारना। (६८)
चित्रदण्ड = देहान्त शासन, मौत की सजा। ((४)
चित्रभोग = अनेक प्रकार से उपयोगी मित्र।
चीनपट्ट (चीनांशुक) = चीन में निर्मित वस्त्र। (३२)
चीनसी = चमड़े की एक जाति।
चुंचुवालुका = बारीक रेती।
चूलिका = गुठली।
उद्गतचूलिकरूप्य = जिस के उपरिभाग में गुठली होती है, ऐसी चांदी। (३४)
चैत्य = पूजास्थान, समाधिस्थान। (२०)
चोर रज्जू = (१) चोर पकड़ने वाले सिपाही, (२७) (२) चोर पकड़ने वाले का इनाम।
चोररज्जूक = एक सामान्य ग्रामाधिकारी। (९०)
चौर्णेय = मोती की एक जाति।
छन्दवासिनी = स्वतंत्र रहने वाली (विधवा आदि)। (७७)
छन्दिका = राजकुमार आदि को वैयक्तिक व्यय के लिये दी जाने वाली रकम (पॉकेट मनी)। (१३५)
छन्नपथ = भूमिगत गुप्त मार्ग (२५)
छायानलिका = (१) राजा को समय की सूचना देने का साधन। (२) उन्मार्गवर्ती राजा को सन्मार्गपर लाने के लिए मार्गदर्शक आचार्य द्वारा जिसका प्रयोग किया जाता था ऐसा कोई साधन। (७)
छाया प्रमाण = समय बोध के लिए छाया को नापना। (१९).
जघनाभिघात = पिछाड़ी से हमला।
जंभक विद्या = वशीकरण विद्या। (१४२)
जंघाकारिक = दौड़ते जाने वाला जासूस। (२२)
जंघाग्र = स्त्री पुरुषों की गिनती। (५६)
जनपद के तीन विभाग = संग्रहण, द्रोणमुख और स्थानीय। (५८)
जनपदनिवेश = १) नये गांवों की निर्मिति करना। (२२) (२) देश की रचना।
जनपदसन्धि = प्रदेश के विभाग। (५८)
जनसमवाय = सार्वजनिक स्थान। (१३)
जांगल = रुक्षप्रदेश। (४५)
जांगलीविद् = विषविद्या के विशेषज्ञ। (२१) (५१)
जात्य = असली माल। अजात्य = खोटा माल। (७९)
जानपद = १) स्वदेश का निवासी। (८९) (२) सर्वसामान्य जनता। (९९)
जानुभंजनी = एक शस्त्र।
जावक = चंदन का एक प्रकार।
जामदग्न्य = युद्धोपयोगी स्थित यंत्र, जिसके मध्यरन्ध्र से शत्रु पर बाण वर्षाव किया जाता है। (३९)
जालक = मस्तक, हाथ, पांव और कटिदेश के विशिष्ट मौक्तिकालंकार। (३२)
जीवक = जैन भिक्षु। (२०)

जांगक = चन्दन का एक प्रकार।
जोंगनी = सांडस। (३४)
ज्ञातिकुल = (स्त्री के लिए) मातृपितृगृह, मायका। (६०)
ज्योतीरसक = एक प्रकार का रत्न।
झरक-पांसुधावक = रास्ते साफ करने वाला, झाडू वाला
झषास्य =मत्स्यमुखाकार सेनाव्यूह।
डमर = दंगा, युद्ध।
डमरगत = (आय) लूट से प्राप्त धन। (२७)
डामरिक = किसी रोग की महामारी से मरा हुआ। (८६)
तटाकवमन = (या वामन) = तलाव शुष्क करवाना। (६६)
तन्तुवाय = बुनकर। (७८)
तन्माणवक = मध्यमणि युक्त मोतियों का हार। इसके इन्द्रच्छद, देवच्छन्द आदि १० प्रकार होते हैं।
तपनीय = सोना, सुवर्णालंकार। (३४)
तपनीय = (सुवर्णालंकार) के १३ गुण समराग, समद्वंद्व विभक्त, स्थिर, सुप्रमृष्ट, असंवीत, धारणसुख, अभिनीत, प्रभायुक्त, संस्थानमधुर, सम, मनोनेत्राभिराम। (३४)
तप्त-कलधौत = सोना-चान्दी। (३५)
तर = (१) जहाज (२) जहाज से आने वाला माल। (३)इस प्रकार के माल का केन्द्र। (२७) (४९)
तरलयष्टि = मोतियों के सर का एक प्रकार। (३२)
तादात्विक = आय के समप्रमाण में व्यय करने वाला। (३०)
तापस व्यंजन = तपस्वी के वेश में घूमने वाला गुप्तचर। (५६)
ताम्ररूप्यवेधन = धातु = जो तांबा और चांदी में मिलाने योग्य होता है। (३३)
तार्णस = चंदन का एक प्रकार।
तार्यबन्ध = नांव में बैठकर टालने योग्य।
तालावचर = नट, नर्तक तथा अन्य तमासगीर। (२५,६०)
तिरोजनपद = जनपद के बाहर का मनुष्य। (५५)
तीक्ष्णदण्ड = नित्य दण्ड का कठोर प्रयोग करने वाला। (४)
तीक्ष्ण = (१) हाथी, सांप इत्यदि से लड़ने का खेल।
तीक्ष्ण = विष और शस्त्र के प्रयोग से शत्रु का नाश करने वाले गुप्तचर। (१२६)
तीक्ष्णधातु = लोहा। (३३)
तीक्ष्णमूत्र = मनुष्य का या विशिष्ट पशु का मूत्र। (३३)
तीक्ष्णरस = विष, जहर। (११)
तीर्थ = अन्यान्य शासकीय विभाग (जिनकी संख्या १८ थी)
तीर्थघात = तीर्थस्थान में अपराध करने वाला। (१२)
तीर्थाकांक्षा = मासिक रजोदर्शन तक पति की प्रतीक्षा (पंचतीर्थाकांक्षा, सप्ततीर्थाकांक्षा इ.)। (६०)
तीर्थाभिग्रह = उतार का रास्ता रोकना।
तीर्थोपरोध = ऋतुस्नात स्त्री से समागम न करना। (६०) (तीर्थोपरोधो हि धर्मवधः इति कौटिल्यः।) **धर्मवध** = धर्म का उल्लंघन।
तुत्थ = लेपन क्रिया। (३४)
तुन्नवाय = दर्जी। (७८)
तुला प्रकार = समवृत्ता और परिमाणी (४१)
तुलामानपौतव = वजन तथा नाप की परीक्षा। (२)
तुलोत्सेध = (१) खंभे की उचाई (२) मयाल की लंबाई। (२४)
तुल्यलाभ में विमर्शनीय ७ विषय = देश-काल, शक्ति-उपाय, प्रिय-अप्रिय, जव-अजव (अल्प - दीर्घकाल), सामीप्य-विप्रकर्ष, तदात्व-अनुबंध, सारत्व-सातत्य, (संख्या बाहुल्य- बाहुगुण्य)। (१२५)
तुष्टिदान = राजा के द्वारा अर्पित पारितोषिक, पुरस्कार (११)
तूर्यभाण्डफेला = वाद्य और अलंकार की पेटी। (११५)
तूर्यकर = बाजेवाले। (९३)
तूष्णींदण्ड = गुप्त दण्ड।
तृतीयसार = तृतीय श्रेणी का। नपुंसक
तेजनोदक = तेजाब। (१४६)
तेजनाग्नि = अग्नि के समान चमकने वाले पदार्थ।
तोत्र = अंकुश, तुतारी। (५३)
तोत्रोपवाह्य = अंकुश के आघात होनेपर चलने वाला हाथी। (५३)
त्रपु या त्रपुस = कथिल, जस्ता। (३३)
त्रयी = सामवेद, ऋग्वेद और यजुर्वेद- इन तीनों की संज्ञा। (३७)
त्रयी धर्म = चार वर्णों और चार आश्रमों की कर्मस्थापना करने वाला। (३)
त्रस्नु = भयग्रस्त जानवर। (५०)
त्रासिक = एक हलमुखी शस्त्र जो प्रास के समान होता है। (३९)
त्रिक = तीन रथ आदि का एक गुट। (१३३) (सेना के व्यूह में १५ त्रिक अर्थात ४५ रथ होते है।)
त्रिपुटक = दो भाग चांदी और एक भाग तांबे का मिश्रण। (३५)
त्रिपुटकापसारित = शुद्ध सोने में त्रिपुटक (२ भाग चांदी + १ भाग तांबा) मिलाकर उतना सोने का अंश निकाल लेना। (३५)
त्रिवर्ग = धर्म, अर्थ, काम नामक तीन पुरुषार्थ।
त्रिशूल = एक प्रकार का शस्त्र।
त्रैविद्य = तीन वेदों का ज्ञान। (६२)
त्रैविद्य = तीन वेदों का अध्ययन करने वाला। (१९)
त्वष्टृकर्म = सोने की तार के अलंकार बनाना। (३४)
दक्षिणा = पुरोहित वर्ग के ब्राह्मणों को धर्मविधिनिमित्त प्रदेय द्रव्य। यह "वेतन" के समान निर्धारित नहीं होता किन्तु आवश्यक होता है। (७१)
दत्त (या दत्तक पुत्र) = माता पिता द्वारा समर्पित। (६४)
दण्ड = आन्वीक्षिकी, त्रयी और वार्ता - इन तीनों विद्याओं के योगक्षेम का साधन। दण्ड की नीति = दण्डनीति। (१४)

दण्ड = (तीन प्रकार) पूर्व, मध्यम, उत्तम वध। (२६) (वध = दण्ड)

दण्ड (तीन प्रकार) = वध, परिक्लेश (पीडा देना) और अर्थहरण।

दण्डखेदी = (दण्ड की पीडा न होते ही व्याकुल हुआ।

दण्डनीति = नय और अनय का अर्थात् अर्थ और अनर्थ का विवेक। (२)

दण्डपारुष्य = अपकृत्यनिमित्त निर्दय ताड़न आदि। (३)

दण्डपारुष्य = (३ प्रकार) **स्पर्शन** = (गंदे हाथ से या पांव से) **अवगूर्णन** = (शस्त्र उठाकर धमकी), **प्रहत** (आघात करना)। (७६)

दण्डप्रतिकारिणी = दण्ड लौटाने निमित्त मजदूरी करने वाली स्त्री। (४४)

दण्डप्रयोग में विचारणीय (८) विषय = पुरुष, अपराध, कारण, गुरुलाघव, अनुबन्ध (विशिष्ट परिस्थिति), तदात्व, देश और काल। (८७)

दण्डवृद्ध = वृद्ध सेनाधिकारी। (९३)

दण्डमण्डल व्यूह = दण्डाकार एवं वर्तुलाकार व्यूह की रचना।

दण्डव्यासंग = सेना का अभ्यास, या प्रशिक्षण।(१०६)

दण्डसन्धि = हाथी, घोड़े जैसे सेनांगों की प्राप्ति की बोली पर संधि। (१३६)

दण्डातिसंधान = सेना के बल से शत्रु को त्रस्त करना। (१२)

दण्डान्तर = चार हाथों का अंतर। (२४)

दण्ड्य =सभी असिद्ध व्यवहारों में कर्ता, कारयिता, श्रोता, अनुमन्ता (साथीदार या साक्षीदार)। (५८)

दम =दण्ड। (६६)

दम्य = अप्रशिक्षित किन्तु प्रशिक्षण योग्य। (५२)

दम्यकर्म = असंस्कारित बैल, घोडे, हाथी को शिक्षा देना। (५२)

दम्यहस्ती = (५ प्रकार) = स्कन्धगत, स्तंभगत, वारिगत, अवपातगत, यूथगत। (५३)

दशबन्ध दण्ड = दस गुना दण्ड (२८)

दशवर्गाधिपति = दस सैनिकों के प्रमुख।

दशवर्गिक = पुरोहित आदि दस वर्गों के नेता गण। (२१)

दण्डकर्मिक = गुप्तता से राज्यद्रोहियों का वध करवाना। (९१) (९६)

दान =(३ प्रकार) = अनुग्रह, परिहार (कर माफी), कर्म आयोग (विशिष्ट कार्य पर नियुक्ति। (१२६)

दान के निमित्त = शौच, सामर्थ्य, व्यसन (गृहसंकट), अभ्युदय (उत्तम कार्य) - इन चार निमित्तों से दानप्रयोग करना चाहिये। (१२६)

दानप्रयोग साध्य =(१) लुब्ध और (२) धनक्षीण। (१२७)

दान (पांच प्रकार) = देयविसर्ग (लेने की रकम छोड़ना), गृहीतानुवर्तन (ली हुई राशि को [illegible]न्यता [illegible]), [illegible]तिदान (स्वाधीन की हुई राशि वापस [illegible]), स्वद्रव्य[illegible]न, परधन लूटने की अनुमति देना। (१२७)

दान (प्रकार) = धर्मदान, अर्थदान, कामदान (कलाकारों को दान), भयदान, रोषदान, (दूसरे को अपाय करने हेतु दान)। (७३)

दाय = पूर्वक्रमागत संपत्ति। (४८) (६२)

दाय के ६ अनधिकारी =पतित, पतितजात, जड, उन्मत्त, अन्ध, कुष्ठी। (६२)

दायधर्म = (प्रकार) – देश, जाति, संघ, व्यापारी संस्था तथा ग्राम- इन चारों की परम्परा दायविभाग में प्रमाण होती है। (६४)

दायाद = संपत्ति के उत्तराधिकारी, वारिस, (६२)

दार = प्राचीर में निर्मित विच्छेद।

दारकर्म = विवाहसंस्कार। (५)

दाण्डकर्मिक = शत्रुओं को गुप्तता से दण्ड देना।

दायक = (दापक) – वसुली की रकम तय करने वाला और वसूल करने वाला। (२८)

दिवायाम =दिन का सांकेतिक शब्द। (१२९)

दास (या दासी के चार प्रकार) =गृहजात, दायागत, लब्ध और क्रीत। (७०)

दासी =(५ प्रकार की सेवावृत्ति) धात्री (धाय), परिचारिका (घर काम रसोई आदिवाली), अर्धसीतिका (आधे हिस्से पर खेत में काम करने वाली), उपचारिका (रुग्णसेवा करने वाली), पुश्चली (व्येश्या)। (७०)

दुर्ग =(आठ प्रकार) १) स्थल, (२) नदीदुर्ग, ३) प्रास्तर, (४) पार्वत, (५) इरिण, (६) धान्वन, (रुक्षभूमिस्थित) (७) संबगहन, (८) वन.। (२४)

दुर्ग (अष्टभेद) = अन्तद्वीप (स्थल), २) निम्नावरुद्ध (औदक), ३) प्रातर (जलप्राय भूमि में स्थित) गुहा (या पर्वत), ५) इरिण, ६) धान्वन, ७) खंजनोदक, (८) स्तंबगहन (वन.)। (१०८)

दुर्ग से संबंधित शब्द = मत्तवारण, प्रतिमंच, आणि, हर्म्य, स्थूणावबन्ध, उत्तमागार, तोरणाशिरः, इन्द्रकील, अरत्नि, मणिद्वार, हस्तिपरिघ, निवेश, हस्तिनख। इनके शब्दों के अर्थ अज्ञात से हैं।

दुर्ग = इसके अन्तर्गत शुल्क, दण्ड, पौत्तव, नागरिक, लवणाध्यक्ष, मुद्राध्यक्ष, सुरा, सूना, सूत्र, तैल, धृत, [illegible]र, सौवर्णिका, पण्यसंस्था, वेश्या, द्यूत, वास्तुक, कारुशिल्पिगण, देवताध्यक्ष, द्वारबाहिरिकार देय- इन २० विषयों का अन्तर्भाव होता है। (८ / २७)

दुर्गनिवेश = किलों की स्थापना। (२)

दुर्गवध = किले पर चढ़ाई करना। (५४)

दुर्बुद्धि = नित्य संकटग्रस्त रहने वाला और धर्म, अर्थ का द्वेष करने वाला। (१७)

[illegible]तुला (खोटा तराजू) = ७ प्रकार - सन्नामिनी (झटका देन योग्य), उत्कीर्णिका (नीचे सीसा भरी हुई), भिन्न मस्तका

(टूटे कांटे वाला), **उपकण्ठी** (पोले डंडी वाली, **कुशिक्या** (विषम पात्र वाली), **सकटुकक्ष्या** – डोरी में गांठ वाली), **परिवेल्ययस्कान्ता** (लोहचुंबक युक्त)। (३५)

दूतप्रणिधि = राजसभा की मसलत या मंत्रणा का ज्ञान रखने वाला दूत। (१६)

दूतप्रणिधि के तीन प्रकार =१) निःसृष्टार्थ। (२) परिमितार्थ। ३) शासनहर। (१६)

दूतप्रावर्तिम = परराष्ट्रस्थित दूतावास का व्यय।

दूष्य = राजद्रोही, या जिस पर राजद्रोह का आरोप किया जाता है। (९१) (१००)

दूष्यकुल्य = राजद्रोही परिवार के लोग। (९२)

दूष्यबल = सैन्यान्तर्गत राजद्रोही लोगों का दल या जिनके (१११) विषय में राजद्रोह की संभावना है ऐसे लोग। (१३१)

दूष्यवध =राजद्रोही का कड़ा दण्ड। (११)

दूष्यव्यंजन = राजद्रोही के रूप में संचार करने वाले गुप्तचर। (१२६)

दृढक =व्यूह का एक प्रकार।

दृति = भाता (३५), पखाल (५७)

दृतिप्लवग = तैरने के लिये चमडे के बुधले। (१३०)

दृष्टापदान = पूर्व परम्परा जानने वाला। (८)

दृढवास्तुक = जड़ाव का अलंकार।

दृषद् =पीसने की चक्की। (३६)

देवगृह =देवमंदिर। (२५)

देवताकोष्ठक = देवता का मंदिर। (२५)

देवताध्यक्ष = देवता का प्रमुख पुजारी। (२७)

देवच्छन्द = १०० यष्टियों के मोतियों का हार। (३२)

देवदण्ड = युद्धोपयोगी चलयंत्र, लम्बे कीलकों से युक्त महान दण्ड जो किले के बुर्ज पर रखा जाता है। (३९)

देवपथ = भूमिगत मार्ग या गुप्त मार्ग। (२४)

देवरात्रिकरण = रातभर भजन करना। (८०)

देवसर =विशाल नैसर्गिक सरोवर (जो कभी शुष्क नहीं होता)। (४९)

देशमान =(अंतर का नाप) = परमाणु, धूलिकण, लीख, ऊं, यव, अंगुल, धनर्ग्रह, धनुर्मुष्टि, वितस्ति, (बिल्लस), अरति (एक हाथ), शम, किष्कु, व्याम (गहराई नापने का प्रमाण), दण्ड। (४१)

देशलौल्य = अन्यान्य देशों में प्रवास करने का शौक।

देशावस्थापन = देश विषयक चिन्तन।

देशोपनत सन्धि = भूमि का उत्पन्न देने की बोली पर की गई संधि।

दैव (कर्म) =जिस का ज्ञान घटना के पूर्व नहीं होता। (९८)

दैवकृत दुर्ग =(१) नैसर्गिक भूरचना के अनुरूप, (२४) या निसर्गतः सुरक्षित दुर्ग। (११०)

दैवदण्ड = दैवी आपत्ति। १ (१३)

दैवपीडन = (पांच प्रकार) अग्नि, उदक (महापूर), व्याधि, दुर्भिक्ष, मरक। (१२०)

दैवी महाभय = (८ प्रकार) = अग्नि, जल, व्याधि, दुर्भिक्ष, मूषिका (चूहे), व्याल (हिंस्र पशु), भर्व, भूतापिशाच (रक्षांसि)। (८०)

दोष (अधिकारी के) = जिससे राजा (सरकार) का आर्थिक नुकसान होता है। अज्ञान, आलस्य, प्रमाद , भय, काम, कोप, दर्प, लोभ। (२८) (यथापराधं दण्डयाः)

दौरात्मिक व्याधि = दुराचार के कारण उत्पन्न होने वाला रोग। (९१)

दौवारिक = द्वारपाल, द्वाररक्षक। (२१)

द्यूत समाह्वय = द्यूत या स्पर्धा (१-३)

द्यूताध्यक्ष = (७७)।

द्यूतावास = जुए का अड्डा। (५७)

द्रव्य = जंगम संपत्ति। (६२)

द्रव्यवन = उत्पादक वन या उत्पन्न देने वाला वन। (३८)

द्रव्यवनकर्मान्त = जंगल के कच्चे माल से पक्का माल तयार करने का कारखाना। (२३)

द्रव्यहरण के ४० उपाय = पूर्व सिद्ध पश्चात् अवतारितम्। पश्चात् सिद्ध पूर्वम् अवतारितम् (पहली जमा बाद में, और बाद की पहले दर्ज करना),। साध्यं न सिद्धम्, असाध्यं सिद्धं (मिलने योग्य वसूल न लेना, और वसूल करने अयोग्य लेना) इत्यादि प्रकार की हेराफेरी।

द्रोण = अनाज का एक विशिष्ट नाप। (७९) १ द्रोण = चार आढक। (३६)

द्रोणमुख = चार सौ गांवों का केन्द्रस्थान, या एक प्रकार की व्यूहरचना। (२२)

द्रोणी = मजबूत पेटी। (३७)

द्वारबाहिरिकादेय = दरवाजे के अंदर बाहर से आने वाले माल पर लेने का कर। चुंगी। (२७)

द्वारादेय = सीमा के अंदर माल आने पर लादा गया कर। (४३)

द्विगुणावास्तुक = दो पत्रेवाला अलंकार। (३५)

द्विपटवान = चौड़े पन्हे वाला कपड़ा। (७८)

द्विपितृक पुत्र = क्षेत्रज पुत्र के जन्मदाता और माता का पति दोनों पिता धर्मतः होते हैं। यह ''द्विगोत्र'' भी होता है। दोनों की संपत्ति का उत्तराधिकारी तथा दोनों का पिंडदान करता है।

द्वैधीभाव = सन्धि और विग्रह दोनों का अवलंब। (९९)

द्वैराज्य = दो राजाओं का आधिपत्य।

द्वि-अंगबल विभाग = पदाति आगे की दोनों ओर, दोनों बगलों में अश्व, हाथी पिछाडी में और रथ अग्रभाग में। इसी प्रकार त्र्यंग बलविभाग भी होता है। (१३३)

धनिक = साहुकार। (६८)

धनिक – धारणिक = धनको और ऋणको। (६८)

धनुस् = एक नाप (प्रायः ६ फीट का अंतर)

धनुष प्रकार = चाप, ताल, दारव, शार्ङ्ग, कार्मुक, कोदण्ड। (३९)
धन्वन = अश्वत्थ या बांस। (३८)
धरक = वजन करने वाला, कांटावाला।
धरण = वजन। **प्रकार** = माष, गुंजा, सुवर्णमाष, सुवर्णकर्ष, पल, रूप्यभाष, धरण = (१६ मासे का वजन)। (४१)
धर्मलोप = सामाजिक अधिकारों का अपहरण। (६०)
धर्मवध = धर्म नियमों का अतिक्रमण। (६०)
धर्मस्थ = (१) न्यायाधीश। (५८) (६०)। (२) सामान्य कैदी। (२६)
धर्मसंस्थान = धार्मिक आचार की पद्धति। (२८)
धर्मस्थ = (न्यायाधीश) के २० अपराध = तर्जन, भर्त्सन, अपसारण, अभिग्रसन (गवाह को बोलने से मना करना), वाक्पारुष्य (गालियां देना), पृच्छ्यस्य अपृच्छा, अपृच्छस्य पृच्छा, पृष्ट्वाविसृजति, स्मारयति, पूर्वंददाति (पहली जबानी दिखाना), देयं देशं न पृच्छति, अदेय देशं पृच्छति, कार्यम् अदेशेन अतिवाहयति, छलेन अतिहरति, कालहरणेन श्रान्तम् अपवाहयति, मार्गापत्रं वाक्यम् उत्क्रमयति, मतिसाहाय्यं साक्षिभ्यो ददाति, तारितानुशिष्ट कार्यं पुनरपि गृहणाति। भूतम् अर्थं नाशयति, अभूतम् अर्थं करोति। (८६)
धर्मस्थीय = न्यायविभाग। (१०)
धर्मावसथी = धर्मस्थान का व्यवस्थापक। (५७)
धर्मोपधा = धार्मिकता की कसौटी या गूढ परीक्षा। (१०)
धातु = (तीन प्रकार) भूमिजन्य, प्रस्तर (पत्थर), जन्य, रसजन्य। (३३)
धातुप्रकार =कांचन, शिलाजतु, ताम्र, रूप्य, सीस, त्रपु (कथिल), तीक्ष्ण धातु (लोह) वैकृन्तक (पोलाद), मणिधातु। (३३)
धान्य के तीन प्रकार =पूर्ववाप, मध्यवाप, पश्चाद्वाप। (४५)
धान्यनिचय = धान्य का गोदाम। (२५)
धान्यवृद्धि = धान्य के रूप में व्याज। (६८)
धारणिक = ऋण लेने वाला। (६८)
धारा =(औपवाह्य अश्व का वेग) = धारा के ५ प्रकार= विक्रम, वल्गित, उपकंठ, उपजव, जव। (५१)
धेनु = दुभती गाय। (५०)
धोरण = दौड़ लगाने वाला औपवाह्य हाथी। (५३)
धोरण = (औपवाह्य अश्व की एक गति) ८ प्रकार — कांक, वारिकांक, मायूर, अर्धमायूर, नाकुल, अर्धनाकुल, वाराह, अर्धवाराह। (५१)
ध्मायक = भाता फूकने वाला। (३४)
ध्रुवनिधि = गंगाजली, स्थायी निधि। (२६)
ध्वजस्थान = राजपुत्र को मातुल परिवार में रखने पर, भिखारी जिस प्रकार झंडा लेकर पैसे जमा करते हैं, उसी प्रकार मातुल परिवार के लोग राजा से द्रव्य मांगते रहते हैं। अतः ऐसे राजपुत्र को 'ध्वजस्थान' कहते है। (१७)
ध्वजाहत = युद्धबंदी। (७०)
नक्षत्रमाला = २७ यष्टियों वाला मोतियों का हार। (३२)
नदीपाल = तीर्थरक्षक अधिकारी। (२०)
नष्टप्रस्मृत (आय) = स्वामी मृत या अज्ञात होने से प्राप्त धन। (२७)
नागरायण =सीमा पर टक्कर मारना।
नागरक (या नागरिक) = नगर प्रमुख। (२७) (५७)
नागवन = हाथी वाला जंगल। चार प्रकार = पार्वत, नदेय, सारक, आनूप।
नागवनाध्यक्ष = हाथी वाले जंगल का प्रमुख (२३)
नायक = १० सेनापतियों का प्रमुख। (अर्थात् सेना के हजार अंगों का प्रमुख। (१२), (१३४)
नारोष्ट्र (या नारोष्ठ) = औपवाह्य अश्व की एक गति जिस में वह इशारे के अनुसार दौडता है। (५१)
नारोष्ट्र कर्म = हाथी का जठराग्नि प्रदीप्त करना। (५३)
नालिका = समयबोधक घटिका पात्र। (१९)
नाली = नली, पन्हाल, मूस। (३५)
नावध्यक्ष = नौकाविभाग प्रमुख। (४९)
निकष = कसौटी का पत्थर। (३४) **तीन प्रकार** — क्रयहित, विक्रयहित, क्रयविक्रयहित।
निक्षेप और उपनिधि = बंद और खुला न्यास। (अमानत)। (६९)
निक्षेप = भूमि में गाड़ कर रखा हुआ धन। (७३)
निक्षेपभाजन = तिजोरी। (२८)
निक्षेपोपनिधि = गिरवी रखा हुआ माल। (४६)
निगूढोपहित = गुप्तता से रहने वाले जासूस।
निचय = कोशस्थान, संग्रहस्थान। (२६)
नित्यव्यय = दैनंदिन खर्च। (२७)
नित्याधिकार = एक ही अधिकार पर सदा के लिये नियुक्त व्यक्ति। (३०)
नित्योत्पादिक = (व्यय) = नित्य व्यय के साथ किसी कारण होने वाला आनुषंगिक व्यय। (२७)
निधातृ- निधातृक = या निधायक = प्रमुख कोषाधिकारी या खजांची, खजीनदार (२८)
निन्दा के ३ विषय = कुल, शील, और शरीर के दोष कथन।
निन्दु = मृतपुत्रा या जिसके पुत्र जन्मतः मरते हैं ऐसी स्त्री। (५९)
निबन्ध = विविध चिह्न या लक्षण। (२३)
निबन्धक = हिसाब लिखने वाला मुनीम। (२८)
निबन्धपुस्तक = वहीखाता, हिसाब के कागजात। (२८)
निमित्त = शकुनशास्त्र। (९)
निम्नयोधी = पर्वत की घाटी में लड़ने वाले।
निम्नारण्य = पर्वत की घाटी में बढ़ा हुआ अरण्य। (५५)
नियम्य = न्यायालय में पराभूत होने वाला। (५८)

नियुक्त = नियोग पद्धति से पुत्र उत्पन्न करने वाला। (६३)
नियोगसम्पद् = संसिद्ध कार्य को अधिक फलप्रद करने की उपाय योजना। (१६)
निर्देशोत्पादिक = (लाभ) विशेष सहुलीयत। विशेष अधिकार से छूट। (२८)
निविशमान = नई बस्ती बसाने वाला। (९२)
निविष्टपण्य = भारी कीमत का माल। (४२)
निवेशकाल = विधवा द्वारा पुनर्विवाह किये पर दूसरे पति के घर में प्रवेश करने का काल। (५९)
निशान्त प्रणिधि = राजमहल की रचना तथा संरक्षण। (१) (२०)
निश्चार = संचार को प्रतिबन्ध (कर्फ्यू)।
निश्रेणी = सीढ़ी। (६५)
निष्कर = दुर्धर आघात, जोरदार हमला। (१४४)
निष्कुहद्वार = गुप्त दरवाजा। (२४)
निष्पातन = वस्तु बाहर या अन्यत्र ले जाना। (४८) (६९)
निष्पातित = फरार, पलायित। (४८)
निसृष्टार्थ = पूर्ण अधिकार दिया हुआ गुणसंपन्न दूत।
निसृष्टिलेख = अधिकार-दान की संमति का लेख।
निसृष्टि = (शासन पत्रक प्रकार) विशिष्ट व्यक्ति को अपना कार्य करने या अपना प्रचार करने की अनुमति। (३१)
निसृष्टिस्थापना = अपना अधिकार दूसरे को देने की विधि।
निर्हरण = समाचार बाहर भेजना। (१२)
नीचैर्गत = (औपवाह्य अश्व की एक चाल) १६ प्रकार = प्रकीर्णक, प्रकीर्णोत्तर, निषण्ण, पार्श्वानुवृत, ऊर्मिमार्ग, शरभक्रीडित, शरभप्लुत, त्रिताल, बाह्यानुवृत, पंचपाणि, सिंहायत, स्वाधूत, क्लिष्ट, श्लाघित, बृंहित, पुष्पाभिकीर्ण। (५१)
नीप्र = घर का छप्पर। (६५)
नीराजनाविधि = (या वाजिनीराजनाविधि) = अश्वपूजन की विधि। (५१)
नीवी = संपूर्ण खर्च होने पर रहने वाली बचत। (२७) दो प्रकार १) प्राप्ता (रोख बचत)। २) अनुवृत्ता- हिसाब होने पर रही बचत।)
नीवीग्राहक = खजांची, कोषप्रमुख। (३०)
नीवीभक्षण = बचत के पैसे खाना। (२८)
नेता = विजिगीषु राजा। (१०३)
नैत्र = नेतृत्व, राजनीति की चाल।
नैमित्तिक = शकुन-अपशकुन जानने वाले। (१३)
नैवेशनिक = विवाह पर हुआ व्यय। (६२)
नैषेचनिक = मृत्युनिमित्त मद्य का वितरण। (१३५)
पक्ष = व्यूह की आघाडी के दो अग्रभाग।
पक्षवान् = जिसे किसी पक्ष का आधार होता है। (३०)
पक्षोपग्रह = स्वपक्ष में लाना। (१)
पंचकं शतं वेतनम् = प्रतिशत पांच मजदूरी। (७८) सैकड़ा पांच दण्ड। (४६)
पंचकुली = (पांच कुल जहां एकत्र रहते हों ऐसी भूमि)।
पंचग्रामी = (या दशग्रामी) के अन्तर्गत विभाग = (गोप के कार्यक्षेत्र के विभाग) = कृष्ट, अकृष्ट, स्थल (समभूमि), केदार (जलमय भाग), आराम, वाट (वाडी), वन, वास्तु, चैत्य (समाधि स्थान), देवगृह, सेतुबंध, श्मशान, सत्र (अन्नसत्र), प्रपा (पेयजलस्थान), (पुण्यस्थान, विवीत, मार्ग। (५६)
पंचबंध = पांच गुना।
दशबन्ध = दस गुना। (७०)
पंचसंस्था = कापटिक, उदास्थित, गृहपतिक, वैदेहक और तापस नामक पांच प्रकार के गुप्तचर। (११)
पंचालिक = युद्धोपयोगी एक चलयंत्र। आक्रमकों के मार्ग में जल के अन्तर्गत रखा हुआ कीलयुक्त फलक। (३९)
पंचाशत्क = ५० वर्षों की उमर वाला। (२०)
पट्टन = गांव (२७)।
पण = एक प्रकार की मुद्रा।
पणन-व्यवहार = क्रय-विक्रय जो पण (मुद्रा) के माध्यम से होता था। (३३)
पणयात्रा = मुद्रा व्यवहार के नियम। (३३)
पण्य = बिक्री का माल। (२५)
पण्यगृह = किराने का गोदाम। (२६)
पण्यनिचय = बिकाऊ माल का गोदाम। (२५)
पण्यपतन = व्यापार के केंद्र का नगर। (२२)
पण्यपतन-चरित्र = व्यापारी बंदरगाह की पद्धति। (३७) (४९)
पण्यपुट = अन्याय प्रकार के बाजारू मालों की मंडियां। (२४)
पण्यसंपात = बिक्री को माल एकत्रित करना।
पण्यसंस्था = व्यापार की संस्था। (७९)
पण्यागार = विक्रेय माल का संग्रह स्थान। गोदाम (मराठी में कोठार)। (५६)
पण्याधिष्ठाता = माल की बिक्री करने वाला। (३७)
पण्याध्यक्ष = बिकाऊ माल का प्रमुख। (७९)
पथ्यनुसरण = पुरुष के साथ स्त्री का भाग जाना, (यह एक दण्ड्य अपराध है।) (६०)
पतिशयनं पालयन्ती = पतिव्रता विधवा। (५९)
पत्तनाध्यक्ष = बंदरगाह का प्रमुख। (४९)
पत्तियुद्ध = (पत्ति- पदाति सैन्य)। २ प्रकार। सर्वदेश और सर्व काल में आघात करना। तथा (२) उपांशु दण्ड (गूढ आघात)। (५४) (१३३)
पत्यध्यक्ष = पैदल सेनाविभाग का प्रमुख। (२)
पत्रोर्णा = नागवृक्ष, लकुच, बकुल और वट वृक्ष के पत्तोंपर पोसे गए कीडों द्वारा निर्मित रेशम। ३ प्रकार मागधिका, पौण्ड्रिका, सौवर्ण कुड्यका। (३२)
पथिभक्त = प्रवास भोजन का व्यय-। (५८)

पदिक = सेना के दस अंगों का प्रमुख। (१३४)
परदेशोपवाहन = परकीय प्रदेश से लोगों को लाना। (२२)
परविषय = शत्रुराज्य। (१४)
पराक्रमं = शांतता संधि का भंग करने हेतु शत्रु पर आक्रमण। (१६)
परमित्रा = वह आपत्ति जिसमें शत्रु और मित्र एकत्रित आये हों।
परावाप = शत्रु पक्ष की अलग रखी हुई सेना।
परकर्मिक = सेवा शुश्रूषा करने में कुशल। (२३)
परकर्मी = सेवा में कुशल नौकर वर्ग। (४५)
परिखा = खंदक। (२०)
परिघ = सब्बल। (१४०)
परित्याज्य सेवक = भीरु, निरुद्योगी, और अमर्षशील (असहिष्णु या निष्ठुर) तीन दोषों से युक्त। (१०४)
परिदान लेख (शासन पत्रक का प्रकार) = गुणी जनों को पारितोषिक, या संकट निमित्त सहाय का आदेश। (३१)
परिदेश = एक लंबाई का नाम (२ रज्जू - १ परिदेश)
परिपणित सन्धि = देश विभाजन की बोली पर शत्रु से सन्धि। (७)
परिपूर्णता (लेखगुण) = शब्द और अर्थ में न्यूनता या अतिरेक न होना, हेतु, उदाहरण और दृष्टान्तों द्वारा अर्थ को विशद करना। (३१)
परिबंध = पक्षसंबंध।
परिभाषण = धमकी, इशारा (२६)
परिभाण्ड और वास्तुक = अशुद्ध और शुद्ध सोना। (३४)
परिभाण्ड = हीन सुवर्ण, हलका सोना। (३४)
परिमाणि = वजन का एक प्रकार।
परिमितार्थ = दूतप्रणिधि= अमात्य से ३/४ गुणों से युक्त दूत जो सीमित कार्य पर नियुक्त किया जाता है। (१६)
परिरय = १० अंगुलियों का नाप।
परिवर्तक = एक धान्य लेकर दुसरा धान्य देने वाला। (३६)
परिवाप = आर्थिक परिस्थिति। (६०)
परिवाह (या परीवाह) = बाहर जाने का मार्ग। (२४)
परिव्राजक धर्म = इंद्रिय संयम, अनारंभ (नैष्कर्म्य), अकिंचनता, संगत्याग, भैक्ष (भिक्षाटन), अरण्य में अनेक स्थानों में निवास, बाह्य एवं आभ्यंतर शुचित्व। (३)
परिस्तोम = कंबल का एक प्रकार।
परिहायण = उत्पन्न घटाना और व्यय बढाना।
परिहारोपहत = सहुलीयत के कारण क्षीण।
परिहार = फसल न आने पर दी गई किसान को सहूलीयत। (३२)
परिहार लेख = (शासन पत्रक का प्रकार) = विशिष्ट जाति, नगर, ग्राम और प्रदेश को सहूलियत देने का आदेश। (३१)
परिहार लाभ = करमाफी।(२८)
परोक्त = न्यायालयकी जबानी में एक अपराध। नौ प्रकार के अपराध = संक्रमण, अभिसंधान, अभिग्रहण, अनिर्देश, निर्देश, उपस्थापन, अर्थवचन, अपव्यय, अनवधारण। (५८)
परोक्ष = परोपदिष्ट, दूसरे के द्वारा कथित। (९)
प्रतीवाप = पिष्ट आदि का लेपन। (३३)
पर्जन्यक = युद्धोपयोगी स्थित यंत्र, जिससे आग बुझाई जाती है। (३९)
पर्युपासन कर्म = (१) घेराव (२) किलों का बंदोबस्त (१३) (४४)
पर्युषित आय = परसांवत्सरिक (गतवार्षिक), परप्रचार (जो निवृत्त अधिकारी द्वारा समर्पित की जाती है)। (२७)
पशु के ४ उपकार = लोम (ऊन), दोह (दूध), वाहन, प्रजनन। (९०)
पश्चात्कोपचिन्ता = पिछाड़ी के ओर से संरक्षण की सिद्धता। (९)
पश्चाद्वाप = वर्षा के अन्त में बोने योग्य धान्य। (कुसुम्भ, मसूर, कुलत्थ, याव, गोधूम (गेहू) कलाय (द्विदल धान्य), अतसी (अलसी), सर्षप (राई)। (४५)
पष्ठौही = गर्भधारण योग्य (तरुण) गाय। (५०)
पाकपात्र = पतला पत्रा। (३४)
पादगोप = सेना में अश्वरथ तथा हाथी के रक्षक पदाति वीर। (१३३)
पादपाशिक = हाथी जैसे पशुओं के पांव में पाश बांधने वाला। (२३)
पादप्रक्षालन = (अश्वमेधावभृथस्नानेन तुल्यो हस्तिना वधः इति पादप्रक्षालम्।) हाथी के पावतले मृत्यु आना, अवभृथ स्नान (यज्ञ समाप्ति का स्नान) के समान है। अतः उसे पादप्रक्षालन कहते हैं (९०)
पादबंध = घर की नींव। (६५)
पादिक = चतुर्थांश। (५०)
पानागार = मद्यपान का स्थान, शराबखाना। (४६)
पानानुबन्ध = मद्यपान का चस्का।
पारग्रामिक = शत्रु के ग्राम पर कब्जा करने का उपाय। (१२४)
पारग्रामिक योग = शत्रुओं के गांवो में धूम मचाना। (१८)
पारतल्पिक = व्यभिचारी। (८२)
पारदारिक = व्यभिचार चेष्टा। (६७)
पारविषयिक = परदेश के लोग। (४९)
पारिकर्मिक = हाथी के सेवा में कुशल सेवक।
पारीक्षिक = मुद्रा आदि की परीक्षा का शुल्क। (३३)
पारिपतन्तक = व्यूह का एक प्रकार।
पारिवेल्ली = टेढ़ी डंडी का तराजू।
पारिहीणिक = राजमार्गस्थ वृक्षों की आय। (३६)
पारिहीणिक (आय) = नुकसान भरपाई। (२७)
पारुष्य = मारपीट (६५)
पार्श्व (आय) = धन स्वामी की विस्मृति के कारण प्राप्त। (२७)

पार्ष्णिग्राह = विजिगीषु राजा की पिछाड़ी के प्रदेश का अधिपति जो युद्ध के समय पीछे से उपद्रव देता है। (९८) (तीन प्रकार) = **चेष्टा** निरोधक, पृष्ठतो वर्ग सामन्त, और पार्श्वतः प्रतिवेशी (बांये दाहिने ओर के पड़ोसी)। (१११)

पार्ष्णिग्राहासार = विजिगीषु राजा की पिछाडी के शत्रु का मित्र (अर्थात् विजिगीषु का परोक्ष शत्रु या आक्रंद राजा का प्रत्यक्ष शत्रु। (९८) (१०१)

पालि = बगीचे की साग सब्ज़ी। (६७)

पाषंडावास = पाखंडी लोगों का निवासस्थान या विधर्मियों के निवास का भाग। (५७)

पांसुधावक = झाडू पोछा करने वाला सेवक। (३४)

पिंकअपसारण = जडाव के अलंकार से सोना निकालकर दूसरी धातु डालना। (३५)

पिण्डकर = गांव की वसूली। (३६)

पिंडारक = महिषपाल।

पिण्याक = जानवरों के खाने की तिल की पेंड। (३६) -५०)

पीठिका = राजासन। (४८)

पीडन (प्रजा के उपद्रव के कारण) = दैवपीडन, क्षुद्रकक्षय, मुख्यक्षय, स्वचक्र, (अन्तर्गत कलह), परचक्र, प्रकृतिविवाद, राजविवाद, देशविहार (क्रीडा), राजविहार, रात्रपुत्र, राजकन्या, श्रेणी, मुख्य, सन्निधाता, समाहर्ता, अन्तपाल, वैदेहक (१२०), प्रतिरोधक (डाकू, आटविक), (कुल १९)। (१२०)

पुंगव (बैल) की अवस्थानुसार ६ भेद = वत्स, वत्सतर, दम्य, वाही, वृष, उक्षा, युगवाहन, शकटवाहन। (५०)

पुत्रिका = कृतक कन्या या मानी हुई अनौरस कन्या।

पुद्गल = अलंकार बनाने योग्य सोना।

पुनरुक्ति (लेखदोष) = आवश्यकता न होने पर भी उक्त विषय का पुनः कथन। (३१)

पुरुषधृति-पथिभक्त = दैनिक भोजन व्यय तथा प्रवास भोजन का व्यय। (५८) (डेली अलाऊन्स, ट्रॅव्हलिंग अलाऊन्स)

पुरुषभोग (मित्र) = जिस के पास शूर मनुष्यों का संग्रह अधिक है ऐसा मित्र। (१०७)

पुरुष विप्रकार = पतिद्वारा स्त्री को उपद्रव या पीड़ा। (६०)

पुरुष-वेतन = श्रमिक की दैनिक मजदूरी। (३०)

पुरुष-सन्धि = सैनिक देने की बोली पर संधि। (१३५)

पुरुषोपस्थापन = सामूहिक मजदूरों में कोई एक अस्वस्थ होने पर उसने अपने लिए दूसरे को उपस्थापित करना। (७१)

पुलक = रत्न जो बीच में काला पड़ गया हो।।

पुलाक = पुलाव, पक्व खाद्य। (५१)

पुष्पका-सीस = आयर्न सल्फेट।

पुष्पच्छिद्र = मणि का एक दोष। बीच बीच के दाग होना। (३२)

पुस्तकस्थ प्रकरण = दर्ज करना, नमूद करना। (२८)

पुस्तभाण्ड = पुस्तकों की पेटी। (२८)

पूग = संघ, समुदाय। (१-१३)

पूजा-वेतन = सत्कारधन, धनस्वरूप उपहार। (९२)

पूज्यव्यक्ति = न्यायालय के ५ गुण = विद्या, बुद्धि, पौरुष, अभिजन, कर्मातिशय। (७७)

पूतिकिट्ट = धातु को शुद्ध करने से निकाला गया माल। (३५)

पूर्ववध दण्ड = (तीन प्रकार) = ४८ से ९६ पण। **मध्यम वध** = २०० ते ५०० पण। **उत्तम वध** = ५०० ते १००० पण। (वध दो प्रकार देखिये)

पूर्ववाप = वर्षा ऋतु के प्रारंभ में बोने योग्य। (शालि, व्रीहि, कोद्रव, तिल, प्रियंगु, दारक, वरक। (४५)

पूर्वसाहस दण्ड = ४८ से ९६ तक पण का दण्ड।

पृषतकारु = जड़ाव का काम करने वाला कारीगर। (३४)

पृषित = सोने के मणि। (३४)

पेटक = मुलामा चढाया हुआ एक अलंकार (दो प्रकार) गाढ़े सीसे पर किया हुआ और अभ्युद्धार्य = लाख पर किया हुआ। (३५)

पौतव = वजन और नाप। (२७) (४१)

पौतवाध्यक्ष = वजन और नाप का अधिकारी। (३४) (३५)

पौरजानपद = समस्त प्रजाजन। (१३)

पौर (व्यावहारिक) = नगराध्यक्ष। (१२)

प्रकाण्डक यष्टि = मोतियों की लड़ी का एक प्रकार। (३२)

प्रकाश युद्ध का अवसर = बल, विशिष्टता और उपजाप की सिद्धता, ऋतुमान की व्यवस्था। (अन्यथा कूट युद्ध करना उचित)। (१३१)

प्रकीर्णिका = सैन्य की मिश्र हलचल।

प्रकृत = विभाग का अधिकारी। (२८)

प्रकृति = स्वामी (राजा), अमात्य, जनपद (देश), दुर्ग, कोश, दण्ड = (सेनाबल), मित्र। (इन्हींको राज्यपुरुष के ७ अंग कहते हैं। (९७)

प्रकृति = विजिगीषु और उसका शत्रु, इनके अतिरिक्त, मित्र अरिमित्र, मित्रामित्र, अरिमित्रामित्र,पार्ष्णिग्राह, आक्रंद, पार्ष्णिग्राहासार, आक्रंदासार, इनके अतिरिक्त २ उदासीन और २ मध्यम (कुल १२ राजाओं का गण)। (९८)

प्रकृति = अमात्यदि उच्च अधिकारी वर्ग। (११४)

प्रकृति (२ प्रकार) मित्रप्रकृति और अरिप्रकृति। (११६)

प्रकृति (प्रजाजनों के) **प्रिय-हित** करने के ६ उपाय = स्वधर्म, स्वकर्म, अनुग्रह (उपहार इ.), परिहार (कर माफ करना), दान, मान। (१४५)

प्रकृतिकर्शन = प्रजा के द्वारा पीडा देना। (१०६)

प्रकृतिप्रकोप = सामाजिक अशान्तता। (९)

प्रकृतिमण्डल = राजमण्डल। (९९)

प्रकृतिसंपद् = राज्य के विविध अंग। (६)

प्रकृति-विकृति = मित्र-शत्रु। (११६)

प्रकृतिवेतन = राष्ट्रीय संकट। (८) (दो प्रकार) = अनय (नीती का अभाव) और अपनय (नीतिबाह्य व्यवहार)। (११७)

प्रकृति व्यसन (संकट के दो प्रकार) = दैव और मानुष। (११७)

प्रकृष्टभौम = विजिगीषु के राज्य से दूर के प्रदेश का अधिपति।

प्रक्रय = राजस्व या राजकीय हिस्सा। (३३)

प्रक्रय = नगद रकम देकर खरीदना। (६६)

प्रक्षेप = (१) जमा रखा हुआ माल (६८) (२) स्थावर गिरवी। (६९)

प्रग्रहलाभ = आदर सत्कार। (२८)

प्रग्रीव = कठड़ा (लकड़े का)। (५१)

प्रचार = नया कार्य। (२७)

प्रचारसम = कार्य की सामान्य पद्धति। (२८)

प्रचार-संस्थान = कार्य की पद्धति। (२८)

प्रच्छन्दक = स्वैर संचारी।

प्रज्ञागुण = (७ प्रकार) शुश्रूषा, श्रवण, ग्रहण, धारण, विज्ञान, ऊहापोह, तत्त्वाभिनिवेश। (राजा का एक गुण)। (९७)

प्रज्ञापना (आज्ञालेख) = नौकरों को दण्ड या अनुग्रह देने का आदेश। (३१)

प्रणय = व्यवहार, न्यायपद्धति। (९२)

प्रणिधि = (१) अधिकार पर नियुक्ति (१), (२) गूढ वार्ताहर (३), (३) अधिकारी (८०), (४) कर्तव्य। (८१)

प्रताप = शत्रु को पीडा देना। (१६)

प्रतिकर्तृ = सख्त मजदूरी का दण्ड भोगने वाला कैदी। (४५)

प्रतिकृष्ट = नीलाम की घोषणा करने वाला। (६६)

प्रतिक्रोष = नीलाम की घोषणा। (६६)

प्रतिग्रह = (१) राजपरिवार के किसी व्यक्ति को देकर की गई संधि। (११५) (२) साहाय्य। (३) परिवार।

प्रतिग्रह = पिछाड़ी का अवशिष्ट सैन्य। (१३३)

प्रतिग्राहक = वसूली जमा करने वाला। (२८)

प्रतिजाप = शत्रु के कपटप्रयोग निष्फल करने का प्रयत्न। (१२४) (२) दूसरों के षड़यंत्र में सहकारी होना। (१२६)

प्रतिदेय वस्तु = वापस लौटाने योग्य वस्तु। (चार प्रकार) याचितक, अवक्रीतक (कीराये की), आहितक (गिरवी), निक्षेपक (न्यास या धरोहर)। (७७)

प्रतिपण्यार्घ = अन्य वस्तु के रूप में मूल्य। (३७)

प्रतिपत्तिमान् = समयज्ञ, प्रत्युपन्न बुद्धिशाली। (९)

प्रतिपात = दण्ड, भरपाई।

प्रतिपात = प्रतिबन्धक यष्टी। मोतियों की लड़ी का एक प्रकार। (३२)

प्रतिबल कर्म = शत्रु सेना का प्रतिकार। (९)

प्रतिभू = जामीनदार (२८)

प्रतिरागी = यथास्थित रंग बताने वाला।

प्रतिरोधक = डाकू, तस्कर, रास्ते में रोक लगाने वाले। (६९)

प्रतिलेख = (शासन पत्रक का प्रकार) दूसरे राजा से प्राप्त पत्र का राजा के आदेशानुसार उत्तर। (३१)

प्रतिलोमद्वार = सामने वाले पड़ोसी के मकान का दरवाजा। (६५)

प्रतिवर्णक = मेहनताना। (२८)

प्रतिवर्णिका = कसौटी।

प्रतिवर्णिका ग्रहण = कसौटी पर सेना परखना। (३४)

प्रतिवाप = संमिश्रण।

प्रतिवेश = पड़ोसी, समीपस्थ राजा।

प्रतिसंसर्ग = भेंट, उपहार। (३७)

प्रतिसंस्कार = दुरुस्ती। (३२)

प्रतिबेध = नौकरी से निकाल देना। (१२)

प्रतीकार लाभ = संकट का प्रतिकार करने के लिए दी गई विशेष सुविधा। (२८)

प्रतोली = ड्योढ़ी, रास्ता । (२४)

प्रत्यन्त स्कन्ध = सीमास्थित सैन्य।

प्रत्यपसृत = शत्रुपक्ष से आया हुआ और बाद में भेद के लिए वापस भेजा गया।

प्रत्यभियोग = न्यायालय में पराभूत होने पर पुनः अभियोग करना। (५८)

प्रत्यवाप = बचत मे रखा हुआ पदाति सैन्य।

प्रत्यासारवती = पीछेहाट करने योग्य भूमि।

प्रदर = सेनाव्यूह का एक प्रकार।

प्रदान-आदान = (नजराना) = उपहार और लगान का हिस्सा। (२८)

प्रदेशभोग = जमीनदारी, मालगुजारी इ.। (२८)

प्रदेष्टा = १) पुलिस अधिकारी (१२), २) विभागाधिकारी (७८), ३) गोप तथा स्थानिक के कर्तव्यों का पर्यवेक्षक अधिकारी। (५६), (९३)

प्रधावितिका = दुर्ग से बाहर भागने योग्य अस्थायी सेतु, सीढ़ी का रास्ता। (२४)

प्रमाद हेतु = मृगया, द्यूत, मद्य, स्त्री। (कुल ४), (९८)

प्रभानुलेपी = मणि का एक गुण। (३२)

प्रभावहीन = द्रव्य और सैन्य से हीन। (१२)

प्रमाणकरण = शपथ लेना। (१)

प्रमार = सर्वत्र फैलने वाला रोग।

प्रयाम = महंगाई, धान्य के भाव में चढ़-उतार। (२८)

प्रयोगापहत = नई वस्तु बनाने अर्थात् रूपांतरित करने के निमित्त दिया हुआ (चांदी, सोना इ.) माल। (४६)

प्रयोगोपलब्धि = प्रयोगद्वारा अनुभव पाना। (३१)

प्रयोग्य = औलाद उत्पन्न करने योग्य (घोड़ा) (५१)

प्रलम्भन = औषधि, मंत्र आदि की शत्रुनाश के लिए योजना। (१४)

प्रवहणिक निकाय = प्रवासी व्यापारी संघ। (२५)

प्रवीर पुरुष = साहसी लोग। (५६)

प्रशास्ता = सेना का एक नियामक अधिकारी।

प्रशोध्य = कठिनाई से वसूल होने वाली रकम।
प्रसन्नायोग = एक प्रकार के मद्य का मसाला।
प्रसाधक = राजा को वस्त्रालंकार से सजानेवाला। (२२)
प्रसारवीवध = धान्य आदि की निर्यात और आयात। (१४४)
प्रस्रवण प्रपात = नाली का उतार। (६५)
प्रसार वृद्धि = निरुपयोगी सेना का विस्तार, निरुपयोगी सैन्य।
प्रहवण = यज्ञादि उत्सव।
प्रतिभाव्यबन्ध = ज़मानतदार के करार का बन्धन।
प्राकार = प्रासाद के परिसर की सीमाभित्ति। (२०) परकोट।
प्रतिभाव्य = ज़मानत की रकम। (७३)
प्रतिभाव्यबन्ध = जमानतदार को करार से बांध लेना।
प्रात्ययिक = विश्वासपात्र। (२४)
प्रादानिक = कन्या विवाह के निमित्त (पिता की संपत्ति का) देय अंश। (६२)
प्रापनीवी = मिली हुई बाकी रकम।
प्राप्तव्यवहार = सज्ञान, शासनमान्य व्यवहार करने योग्य आयु वाला व्यक्ति (स्त्री द्वादशवर्षा, पुमान षोडशवर्षः) । (६०)
प्रामित्यक = मांग कर लाया हुआ धान्य, जिसे वापस नहीं लौटाया जाता। (३६)
प्रावरक = राजा की वेशभूषा करने वाला।
प्रावदिक = राजा को कथा सुनाने वाला।
प्रावृत्तिक = (शासन लेख का प्रकार) दैवी एवं मानुषी आपत्ति के प्रतिकार निमित्त आदेश। (३१)
प्रावृत्तिकलेख = विशिष्ट कार्य करने का लिखित आदेश।
प्रावर्तिम (सिचाई) के चार प्रकार = हस्तप्रावर्तिम, स्कन्धप्रावर्तिम, स्रोतोयंत्र प्रावर्तिम, नदीसरतटाककूपोद्घाट। (४५)
प्राश्यप्राशं = अन्न-जल का भरपूर संग्रह।
प्रास = एक हलमुखी शस्त्र या दो मूठी वाला २४ अंगुल लंबा शस्त्र, भाला। (३९)
प्रासपाणि = भाले से लड़ने वाला सैनिक। (२१)
प्रासाद = राजभवन। (२६)
प्रेक्षा = नाटक, तमाशा आदि।
प्रैयक = नीले पीले रंग वाले रत्न का एक प्रकार।
प्लवक या प्लवकसौभिक = खेलकूद का तमाशा करने वाला, रस्से पर नाचने वाला। (४८), (१३५)
प्रस्थ = एक पाव का नाप। (३६)
प्रशंसा = (क ३ विषय) कुल, शील और शरीर - इन ३ विषयों की स्तुति होती है। (३१)
फलकहार: = अनेक लड़ियो वाला हार।
फलवाट = शाक सब्जी के बगीचे की जमीन।
फलाम्ल = फलों की मदिरा। (४६)
फल्गुकुप्य = जंगल का हलका सस्ता माल। (२८)
फल्गुभाण्ड = हल्का माल। (४२)
फाणित = गन्ने का उबाला या पकाया हुआ रस। (काकवी – मराठी में)। (३६)
फेला = पेटी, डब्बा।
बदराम्ल = बेर से बनाया अम्ल (ॲसिड)। (३५)
बन्धकी = वेश्या। (१३५)
बन्धकीपोषक = वेश्या गृह का संचालक। (९२)
बन्धनागाराध्यक्ष = कारालय प्रमुख। (८६)
बल (सैन्य) ६ प्रकार = मूल, भृतक, श्रेणी, मित्र, अमित्र, अटवी। (१२३)
बल (सैन्य) = (पांच प्रकार) – मौल (खानदानी, वंशपरंपरागत) भृत, श्रेणी (सामूहिक), मित्र, अटवी (वनवासी लोगों का दल)। (५४)
बलव्यसन = सैनिकों का विग्रह। (८)
बलव्यसन = दीर्घ कान्तार, अनुदक, यवस-इन्धनहीन, कृच्छ्रध्वा अभियोग, प्रस्कन्न (शत्रु के आक्रमण से त्रस्त), क्षुत्पिपासाध्व-क्लान्त, दुर्गम मार्ग, पहाड़ में रुकावट, विसन्नाह (कवचहीन), भोजनव्यासक्त, परिश्रान्त, अवसुप्त, व्याधिमरक-दुर्भिक्षपीडित, व्याधिग्रस्त, (इस अवस्था में परसैन्य पर आघात करना चाहिये। (१३०)
बलव्यायोग = सेना की व्यूहरचना। (९)
बलावाप = रक्षित सेना का साहाय्य।
बलि = यात्रियों से मिलने वाला कर। (२७)
बहुकुष्ठवन = शौर्यहीन हाथियों की बहुसंख्या वाला वन। (११०)
बहुमुख = (१) जहां से सभी और बाणों की वर्षा करने की व्यवस्था हो ऐसा किले पर का एक स्थान (३९) (२) अनेक लोगों को ठेका देना।
बालसूर्यक = बाल सूर्य के रंग का रत्न।
बाहिरिक = बौद्ध विहार।
बाहूत्सार = (१)शरीररक्षक (१३०) (२) सेना की आजू बाजू के शत्रुओं को खदेड़ना।
बाह्यम्-आभ्यन्तरम् = व्यय-आय। (२६)
बाह्यकोप = राष्ट्र (प्रांत) का मुख्य, अन्तपाल, आटविक, दंडोपनत (विजित)। राजा इन चारों का प्रत्येकशः या संमिलित प्रक्षोभ। (१२४)
बीजोत्तरा = आमरस की विशिष्ट मदिरा। इसी को **महासुरा** कहते हैं। (१७)
बुद्धिमान् = सिखाने पर जो धर्म और अर्थ (पुरुषार्थ) ठीक समझता है। (१७)
ब्रह्मचारिधर्म = स्वाध्याय, अग्निकार्य, अभिषेक (स्नान), भैक्षव्रत (भिक्षाटन), आचार्य तथा उनके अभाव में गुरुपुत्र तथा सब्रह्मचारी (गुरुकुलनिवासी सहपाठी) की सेवा (प्राणान्तिकी वृत्ति)। (३)
ब्रह्मदेयिक = ब्रह्मकर्म के हेतु वार्षिक अनुदान पाने वाला। (६७)

ब्रह्मारण्य = अध्यापन तथा यज्ञादि ब्रह्मकर्म करने योग्य वन। (२३)

ब्राह्मण महानसावलेही= ब्राह्मण के रसोई घर में घुसकर खाने वाला अपराधी। (इस अपराध के लिए जिह्वा उखाडने की सजा कही है। (८८)

भक्तभाटक = माल के रक्षकों का वेतन। (३७)

भक्तवेतन = (१)चांवल के रूप में वेतन या चांवल और वेतन। (११) (२) भत्ता। (३) जीविका के लिये पर्याप्त वेतन।

भक्तलवण = भोजनार्थ आवश्यक नमक। (३३)

भग्नानुपात = पराभूत सेना का पीछा करना।

भग्नोत्सृष्टक = (१)व्याधित, पंगु इत्यादि प्रकार की अयोग्य गौवों के द्वारा प्रतिवर्ष राजा के लिये दिया गया दूध, घी, चमड़ा इत्यादि आंशिक भाग। (५०) (२)विशिष्ट कारण से भागने के लिये छोड़े गये जानवर।

भंगप्रदान = पराजय का बहाना करना।

भयोपधा = प्राणभय दिखाकर गूढ परीक्षा। (१०)

भर्मसमर्थ = भरणपोषण करने में समर्थ। (६०)

भर्मणी = अन्नवस्त्रादि जीविका का अधिकार वाली स्त्री। (६०)

भव्यारंभी = महान् कार्य का दायित्व लेने वाला।

भाग = खेती का कर। (२०)

भागधेय = राजा का हिस्सा, राजा को देय अंश (जैसे धान्य का षष्ठांश, व्यापार का दशांश और सुवर्ण) (१३)

भाग - प्रक्रम = हिस्से, राशि और ठेका। (३३)

भागानुप्रविष्टक = शत्रु आदि के भय से बाहर से आये हुये पशुओं का दशांश भाग (जो राजा को दिया जाता है। (५०)

भाजनी = (१) एक प्रकार का तराजू। (२) नाप या वजन।

भांड = माल, बाजारू सामान। (२८)

भांडफेला = अलंकारों की पेटी।

भांडवाहिनी = कोश संरक्षक दल। (२६)

भाण्डागार = कोशस्थान (२५)

भारिक = भार उठाने वाला, हमाल या कुली। (३३)

भिंगिसी = काले रंग के टुकडे जोड़कर बनाया नेपाली कंबल। यह वर्षा से संरक्षण करता हैं। (३२)

भीतवर्ग = अपने निजी दोष के कारण जिसका नुकसान हुआ, जिसका पाप प्रकाशित हुआ, जिसकी भूमि जप्त हुई, भरपूर दण्ड से त्रस्त, अधिकार के दुरुपयोग से धनाढ्य, तथा राजद्वेष्टा इन ७ प्रकारों का अधिकारी वर्ग।

भित्तिलेप्य = ईंट बनाने वाले या दीवार के लिपा पोती करेने वाले। (३६)

भूमि =(दो प्रकार) = **भिन्नपुरुषा** (जहां लोग भिन्न भिन्न गावों में विखरे होते हैं) और **श्रेणीमनुष्या** (जहां लोग समुदाय से रहते हैं) (१०९)

भूमिच्छिद्रविधान = भूमि का विभाजन या वर्गीकरण। (२३)

भूमिपरिग्रह = स्थावर संपत्ति। (५६)

भूमिभोग (मित्र) = (१) जिसके अधीन भूमि है। (१०७), (२) जिससे भूमि का लाभ होता है ऐसा मित्र।

भूमिसन्धि = भूमि देने की बोली पर सन्धि। (१३६)

भूम्येकान्तर = सीमा के समीपस्थ देश की सीमा से जुड़े हुए भूभाग।

भृंगार = सुवर्णपात्र। सोने की एक जाति। (१२) (४८)

भृतक = (१) मजदूर, कामगार (दो प्रकार)- संघभृत = सामूहिक और संभूय समुत्थाता (सहकारी) २) सरकारी नौकर। (२९)

भृत्यक (या भृत) = वेतन पर नियुक्त कायम नौकर। (५४)

भृत्यभरणीय = नौकर वर्ग के वेतन की व्यवस्था। (५)

भृत्यभावी सामन्त = (६ प्रकार) बलवान् से भयभीत, अन्तर्धि (विजिगीषु और अरि के मध्यवर्ती), बलवान् का पार्ष्णिग्राह (पिछाड़ी का शत्रु), स्वयम् उपनत, प्रतापोपनत, दण्डोपनत। (११६)

भेद = उपाय (दो प्रकार) - शंका और निर्भर्त्सना (भय उत्पन्न करना। (३१)

भेदोपदान = भेदनीति (११)

भेद्यसैन्य = (३ प्रकार) – भक्तवेतन, विलोपप्रतापकर (लूट के लिए पराक्रम करने वाला) विष्टि-प्रतापकर। (१२३)

भोग = वस्तु के दर या भाव। (४८)

भोगव्यूह = सर्प मंडलाकार व्यूहरचना।

भ्रेष = विक्रेय माल में खराबी होना। (६९)

भ्रेषण = धमकी। (७७)

मणिकारु = जवाहरात के अलंकार बनाने वाले कलाकार। (२५)

मणि के गुण = ११ और दोष ६ माने गये हैं। (३२)

मणिधातु = तेजस्वी धातु (३३)

मणिमंतक = एक प्रकार का हीरा।

मणिसोपान = एक प्रकार का रत्नालंकार।

मण्डपक = कमान (२४)।

मण्डल = शत्रु-मित्र समूह। (७)

मत्कुण = दन्तहीन हाथी।

मत्स्यण्डिका = गुड़ की शक्कर या गुड़ की मदिरा। (३३)

मदनयोग = मदन वृक्ष (धतूरे) का रस पिलाना। (विष प्रयोग का एक प्रकार)। (११५) (१४६)

मदनयोग व्यवहारी = गूढाजीवी। अपराधी का एक प्रकार जो मदनवृक्ष के रस का प्रयोग करता है। (८१)

मदनरस = बेहोष करने वाली औषधि, या विष। (१८) (१३५)

मदनवृक्ष = धतूर (१४६)

मदिरा = चामुंडा देवी।

मद्य के ६ प्रकार = भेदक (मदक), प्रसन्न, आसव, अरिष्ट, मैरेय, मधु। (४६)

मद्य = (तीन प्रकार) शुद्ध, माद्य, रससिद्ध (विषयुक्त)।

(१३९)

मद्यध्वज = शराब के दुकान की निशानी। (८५)
(ब्राह्मण ने सुरापान का अपराध करने पर उसके मस्तक पर यह चिन्ह अंकित किया जाता था।)

मध्यभेदी **(सैन्यरचना)** = मध्य में हाथी, दोनों कक्षाओं में रथ की **और दोनों** पक्ष (आगे पीछे) भाग में घोड़े - इस प्रकार की रचना।
इससे उलटी रचना को अन्तर्भेदी रचना कहते हैं। (१३३)

मध्यम = तटस्थ राज्य। (७)

मध्यम सम दण्ड = २०० से ५०० पण

मध्यवाप = वर्षा ऋतु के मध्य में बोने योग्य धान्य। (मुद्ग, माष, शैम्ब्य) (४५)

मध्यस्थ = विजिगीषु और उसका शत्रु इन दोनों के राज्यों से संलग्न राज्य का स्वामी, जो सहाय या विरोध कर सकता है। (९८)

मंत्र के ५ अंग = (१) कर्मारम्भ का उपाय (२) पुरुष और द्रव्य का बल ३) कर्म का स्थल और काल (४) अकल्पित संकट और उसका प्रतिकार तथा (५) कार्यसिद्धि।

मंत्रभूमि = मंत्रणा करने का स्थान। (२०)

मंत्रयुद्ध = दांव पेच, पेच प्रति पेच, (कोल्ड वॉर)। (१२)

महाकच्छवर्धन = सागर की पूजा।

महाभाण्ड = भारी (वजनदार) माल। (४९)

महाभोग (मित्र) = अधिकधन संपन्न। (१०७)

महामात्र = अमात्य या उच्चाधिकारी (१०), (२६, २८)

माणव = अपराधी प्रवृत्ति के लोग। (८२)

माणव प्रकाशन = गूढ अपराध का प्रकाशन।

माणव विद्या = गूढ विद्या (८२)

माणवक = जादूगर। (९३)

माणवक = २० यष्टियों वाला मोतियों का हार (३२)

मातृका = उपमाता, धात्री। (४८)

मात्स्यन्याय = मछलियों के समान बलवानों द्वारा दुर्बलों का नाश। (४)

माधुर्य = (लेख गुण) मधुर अर्थ व्यक्त करने वाले सहज सुंदर शब्दों का प्रयोग। (३१)

मान = (माप) ११ प्रकार। माषद्रोण, व्यावहारिक द्रोण, भाजनी द्रोण, आढका, प्रस्थ, कुडुव, खारी, कुंभ, वदवारक, घटिका। (४१)

मानिवर्ग = (४ प्रकार) – सम्मान की इच्छा करने वाला, प्रतिपक्ष का मान होने से क्रुद्ध, अपात्र अधिकारी का उपसहायक, प्राप्त वेतन से असंतुष्ट अधिकारी वर्ग।

मानुषकर्म = जिसका ज्ञान घटना के पहले तर्क से हो सकता है। दैव अचिन्त्य होता है। (९८)

मानुषाग्नि = प्रेत दहन की अग्नि।

मानुषोपेत = पौरुषयुक्त, अक्लीब। (६३)

मानोन्मान = नापने में कम – अधिकता। (२७)

मायक = नाप डालने वाला।

मायायोगविद् = जादूगर, ऐन्द्रजालिक। (१९)

मार्ग (घोड़े के चलने योग्य) ३ प्रकार = विक्रम, भद्राश्वास और भारवाह्य।

मार्गायुक = स्वेच्छा से चलने वाला औपवाह्य हाथी। (५३) २) आखेट के काम का हाथी। (२३)

मालवन = जंगल का मैदानी भाग। (६७)

मासवृद्धि = मासिक ब्याज का प्रमाण। (६८)

माहानसिक = पाकशाला का अधिकारी। (१९)

मित्र (उभयतो भोगी) = शत्रु और शत्रुमित्र (आसार) राजाओं का बंदोबस्त करने वाला। (११४)

मित्र = (एकतोभोगी) = शत्रु को एक ओर से रुद्ध करने वाला। (११४)

मित्र (६ गुण) = (मित्रं षड्गुणमुच्यते) नित्य, वश्य, लघूत्थान, पितृपैतापह, अद्वैध्य, संपन्न। (१०७)

मित्र = (६ प्रकार) चित्रभोग, महाभोग, सर्वभोग, एकतोभोगी, उभयतोभोगी, सर्वतोभोगी। (११४)

मित्र = (३ प्रकार) नित्य, अवश्य (वश में न रहनेवाला), अनित्य। इनके प्रत्येकशः महाभोग, अल्पभोग, गुरुसमुत्थ, लघुसमुत्थ, महत्, लघु, विक्षिप्त सैन्य, अवश्य सैन्य, पुरुष भोग, हिरण्यभोग, भूमिभोग (कुल ११) प्रकार होते हैं। (१०७)

मित्र (चित्रभोग) = नगर, खनि, वन, इत्यादि में प्राप्य विधि प्रकार के द्रव्य देकर मैत्री करने वाला। (११४)

मित्रप्रकृति = शत्रुराष्ट्र की अपर सीमा में संलग्न देश का स्वामी। (९८) (वह शत्रु का शत्रु होने के कारण मित्र सा होता है।)

मित्रभावी (७ प्रकार) = एकार्थाभिप्रयात, पृथगर्थाभिप्रयात, संभूय यात्रिक, स्वार्थाभिप्रयात, सामुत्थायिक, कोशदण्ड में से एक का क्रेता या विक्रेता, द्वैधीभाविक (एक से संधि, दूसरे से बैर करने वाला। (११६)

मित्र (महाभोग) = द्रव्य और सैन्य का सहाय्य देने वाले। (११४)

मित्रव्यसन = (मित्र के विराग से उत्पन्न संकट । १३ कारण) = परित्याग, विक्रय, भयावमान, अमोक्ष, अवरुद्ध, भयापसार, अवमान, अत्याहार (अधिक करवसूली), अतिभारे-नियोजन, उपेक्षा, भक्ति का अस्वीकार, मित्रोपघात-संत्रास, अरिशंकित, दूष्यभेद (१२१)

मित्र (सर्वभोग) = दण्ड, कोश, और भूमि तीनों देकर मित्रता करने वाला। (११४)

मित्र (सर्वतोभोगी) = शत्रु, आसार और प्रतिवेशी तीनों का बंदोबस्त करने वाला। (११४)

मित्र (विक्षिप्त) = मित्र के कार्यनिमित्त दूर रखा हुआ सैन्य।

मिथ:समवाय = दो मनुष्यों द्वारा आपस में किया गया

व्यवहार। (६९)

मिथ्याभोग = अधिकार न होते हुए भी उपभोग लेना।

मिथ्यावृत्त = दुराचरणी। (६२)

मुख = व्यय का विषय। (२८)

मुखोत्पत्ति-निवृत्ति = वसूली या मुआवज़ा। (२८)

मुण्डकद्वार = कमान का दरवाजा।

मुण्डहर्म्य = शिखरहीन प्रासाद।

मुण्डा = बौद्ध भिक्षुणी (१२) जो गुप्तचर का काम करने निमित्त प्रवास करती है।

मुंडानीक = कुशल सैन्य।

ताम्र मुद्राएँ = माष, अर्धमाष, काकणी, अर्धकाकणी (४ प्रकार) इनमें १/४ हलकी धातु मिलाई जाती थी। (३३)

रूप्य मुद्राएँ = पण, अर्धपण, पावपण, अष्टांश पण। (लोहा, सीसा कथिल जैसे धातु के साथ १/११ चांदी मिलाकर ये मुद्राएँ बनाई जाती थीं। (३३)

मुद्राध्यक्ष = नाणक विभाग का प्रमुख। (५५)

मुद्राध्यक्ष = परवाना (लाइसेन्स) देने वाला अधिकारी। (५५)

मूकपूषा = पोली मूस। (३५)

मूढवात = तूफान। (४९)

मूलहर = (१) पूर्वजों से प्राप्त संपत्तिपर गुजारा करने वाला (३०) (२) जमा से अधिक खर्च करने वाला।

मूलहर = राज्य का अपहरण करने वाला। (१००)

मृगाश्मक = किंचित् कृष्णवर्ण धवल रत्न

मृत्कोष्ट = माटी का घड़ा, तेल घी रखने योग्य। (३६)

मृत्युकूट = मृत्यु का गुप्त स्थान।

मृत्युदण्ड = दण्ड का अल्पमात्र प्रयोग करने वाला।(४)

मेदकयोग = मेदक नामक मद्य का मसाला।

मेथीप्रतति = कंटकमय लताएँ। (१२९)

मैत्र = निर्मत्सरी। (९)

मोक्ष या मोक्षण = कैदी की मुक्तता। (५०)

मोषक = अन्न परोसने वाला। (२१)

मोहनगृह = शत्रु को वंचित करने के लिए रचित घर। (२०)

मौक्तिक = उत्पत्ति स्थान के भेदानुसार १० प्रकार। (ताम्रपर्णी, पाशिका, आदि नदियां तथा सरोवर हिमालय आदि १० स्थान मोती के उत्पत्ति के माने गये हैं (३२) अप्रशस्त जाति के मोतियों के दस प्रकार और प्रशस्त जाति के सात प्रकार माने हैं।(३२)

मौक्तिक हार (११ प्रकार) = इन्द्रच्छंद, विनयछंद, देवच्छंद, अर्धहार, रश्मिकलाप, गुच्छ,, नक्षत्रमाला, अर्धगुच्छ, माणवक, अर्धमाणवक, शुद्ध। (३२)

मौल पुरुष = वंश परंपरागत सेवक। (२१)

यज्वा = सहस्र गायों का स्वामी होने पर वैदिक ब्राह्मण के लिये जो यज्ञ करना आवश्यक माना है। यज्वा का अर्थ है यज्ञ पूर्ण करने वाला। अयज्वा ब्राम्हण निंद्य माना जाता है। (७१) (देखिये- अग्न्याधान)

यथार्हदण्ड = पात्रता के अनुसार दण्ड करने वाला। (यथार्हदण्डः पूज्यः।) (३४)

यन्त्रयुक्त सोपान = कील से खुलने वाला गूढ सीढ़ी का मार्ग। (२६)

यमक = घोड़े की एक चाल।

यष्टि = मध्यमणियुक्त एकावली।

एकावली = मोतियों की एकमात्र लड़ी।

यष्टि = मोतियों की लड़ी। इस में शीर्षक, उपशीर्षक, प्रकाण्डक, अवघाटक, तरल और प्रतिबंधक नामक यष्टि प्रकार माने जाते हैं। (३२)

यष्ट्युपवाह्य = दण्डा मारनेपर चलने वाला औपवाह्य हाथी। (५३)

याचितक = (१) विक्री के लिए मांगा हुआ दूसरे का माल (६९)। (२) उधारी का सामान (७०)

यातव्य = आक्रमण करने योग्य शत्रु। प्रकार = गुरुव्यसन, न्यायवृत्ति, लघुव्यसन, अन्यायवृत्ति, विरक्त-प्रकृति, क्षीण- लुब्ध प्रकृति, उपचरित-प्रकृति, बलवान् अन्याधान, दुर्बलन्यायी। (१०३)

यात्रा = (आक्रमण) के योग्य ३ काल – चैत्र, ज्येष्ठ, मार्गशीर्ष अनुकूलता होने पर ग्रीष्म, वर्षा, जैसे ऋतुओं में भी आक्रमण करना योग्य होता है।(९). (१२२)

यान = (आक्रमण) के दो प्रकार- (१)व्यसनाभियान- (शत्रु का संकट देखकर यान) (२) विगृह्ययान- (युद्ध घोषित होने पर यान)

यानक = युद्धोपयोगी स्थितयंत्र जिसमें चक्के पर डंडा बांधा होता है। (३९)

यानभाटक = गाड़ीभाड़ा। (३७)

यामतूर्य = प्रहर समाप्ति सूचक नगाड़े या घंटे का निनाद। (५७)

युक्त = शासन द्वारा नियुक्त कर्मचारी।

युक्तयमदण्ड = अपराधी के समान दण्ड। (२९)

युक्तापहृत = अधिकारी द्वारा हेराफेरी किया गया (धन)। (२९)

युगपिंगन काल = नये बैल को गाड़ी में जोतने का समय।

युग्मोरस्य = व्यूह की द्विकेन्द्रक रचना।

युद्ध के ८ प्रकार = निम्न (दरी) स्थान, प्रकाश (मैदान), कूट, खनक (खंदक), आकाश, दिवा, रात्रि। (५४), (१०८)

युद्धभूमि के ५ प्रकार = स्वभूमि (चतुरंग सेना के योग्य), रथभूमि, अश्वभूमि, पदातिभूमि, हस्तिभूमि (१३२)

युद्धप्रतिग्रह = युद्धानुकूल स्थान। (१६)

युद्धविचार = युद्धदेश, युद्धकाल और युद्धलाभ इन तीनों का विचार आवश्यक। (११७)

यूथ = दस व्यक्तियों का समूह। (८८)

योग = बुद्धिमत्ता के कारण होने वाला गुण। श्रद्धा। (५)

योग = षड्यंत्र, गुप्त कार्रवाई। (१४३)

योगक्षेमवध = आजीविका का साधन नष्ट करना।

योगधूम = शत्रु सेना पर छोड़ने योग्य विषैला धुंआ।

योगयान = घृणाजनक द्रव्य का प्राशन। (१७)

योगपुरुष = गुप्तचर। (२१) (९२)

योगवामन = कपट प्रयोग द्वारा शत्रु का उच्चाटन। (१३) (१४२)

योगस्थान = माल के उत्पादन का स्थान। (२८)

योगाग्नि = कपटसे शत्रु सेना में भड़काई गई आग।

योगातिसंधान = कपट प्रयोग से शत्रु को त्रस्त करना। (१२)

योगापसर्य = कपट बुद्धि से शत्रु के राज्य में निवास करने वाला।

योगोपनिषद् = गुप्तचर। (१२२)

योगोपनिषत्प्रणिधि = गुप्तचर। (९९)

योग्याचार्य = अश्वशिक्षक। (५१)

योध के १६ प्रकार = पदाति, अश्व, रथ, हस्ति, धान्वन, वन, निम्न, स्थल, खनक, आकाश, दिवा, रात्रि, नादेय, पार्वत, अनूप, सारस। (१३२)

योनिपोषक = पशु, पक्षी वेश्या आदि के समूहों का पालन करने वाला। (९२)

यौनानुबन्ध = रिश्ते-नाते का संबंध। (३१)

रक्षी = आरक्षक (पुलीस)- इनके २ प्रकार (१) दृश्य, (२) अदृश्य। (१६)

रत्न (तीन प्रकार) = कौट, मालेयक, पारसमुद्रक। (३२)

रत्नों के गुणानुसार १० प्रकार = षडस्र, चतुरस्र, वृत्त, तीव्रराग, संस्थानवान्, अच्छास्निग्ध गुरु, अर्चिष्मान, अन्तर्गतप्रभ, प्रमानुलेपी। (३२)

रत्नदोष = (६ प्रकार) मंदरागप्रभ, सशर्कर, पुष्पच्छिद्र, खण्ड, दुर्विद्ध, लेखाकीर्ण। (३२)

रत्न = (अवांतर १८ प्रकार) =विमलक, सस्यक, अजनमूलक, पित्तक, सुलभक, लोहितक, अमृतांशु, ज्योति - रसक, मैलेयक, अहिच्छत्रक, कूर्प, प्रतिकूर्प, सुगंधिकूर्प, क्षीरपक, शुक्तिचूर्णक, शिला-प्रवालक, पुलक, शुक्रपुलक। (३२)

कोशप्रवेश्य रत्न = (१२ प्रकार) मौक्तिक, माणिक, वैडूर्य, इन्द्रनील, हीरक, प्रवाल, चंदन, अगरु, चर्म, ऊन, क्षौम (रेशम), कार्पासिक (सूती वस्त्र)। (३२)

रत्नावली = सोने के मध्यमणियों से युक्त मोतियों की एक मात्र लड़ी। (३२)

रत्नोपधा = रत्न की परीक्षा। (२६)

रथ = ऊंचाई तथा आकार मान से इसके प्रकार होते हैं। उत्तम रथ १० पुरुष ऊंचा और १२ पुरुष लंबा चौड़ा होता है। (५४)

रथ के ६ प्रकार = देवरथ (देवयात्रार्थ), पुष्परथ (विवाहयात्रार्थ), सांग्रामिक, पारियानिक (प्रवासार्थ), परपुराभियानिक, वैनयिक (शिक्षानिमित्त)। (५४)

रथचर्यासंचार = रथ चलाने योग्य मार्ग। (२४)

रथयुद्ध के (१७ प्रकार) = अश्वयुद्ध के उन्मथ्यावधान (विध्वंस और विरोध) के अतिरिक्त १४ प्रकार और अभियान, अपयान (पीछे हाट) और स्थित युद्ध। (१३३)

रथाध्यक्ष = रथ सेना के अधिकारी। (५४)

रथोपस्थ = रथ के अन्तर्गत बैठने का स्थान। (१५५)

रथ्य = रथ को जोतने योग्य (घोडा) (५१)

रश्मिकलाप = ५४ लड़ियों का मोतियों का हार। (३२)

रसद = विष प्रयोग करने वाला गुप्तचर। (१२) (८१)

रसपाक = पारे की कृति (पारद-कर्म) या रसायनशास्त्र। (३३)

रसोत्तरा = आमरस की एक विशिष्ट मदिरा। (४८)

रांकव = रंकु नामक हिरन का ऊन। (४४)

राजकिल्बिषी = राजापराध करने वाला, राजद्रोही। (५९)

राजधर्म = निष्पक्षपाती न्याय। (५८)

राजधर्म = शासकीय कोष में जमा करने योग्य (द्रव्यादि)। (७३)

राजनीति के ३ उद्देश्य = मित्रप्राप्ति, हिरण्यप्राप्ति और भूमिप्राप्ति। (१०९)

राजनौका = सरकारी जहाज। (४९)

राजपण्य = राजा के अधिकार का विक्रेय माल (३३) (३८)

राजपरिग्रह = सरकारी इमारत। (५७)

राजपेया = राजाने पीने योग्य मदिरा, जिसमें अनेक प्रकार के मसाले मिश्रित होते हैं। (४८)

राजप्रणिधि = राजा के कर्तव्य। (९) (१९)

राजमंडल = इसमें विजिगीषु, मित्र, मित्रामित्र, राजा तथा प्रत्येक के अमात्य, जनपद, दुर्ग, कोश, दण्ड कुल मिलाकर (१८) प्रकृतियों का समावेश होता है। (इसीको "अष्टादशकमंडल" कहते हैं) जो अरि, मध्यम और उदासीन का भी अपना अपना पृथक् होता है।

राजवर्ष = राज्याभिषेक का संवत्सर। (२७)

राजवाच्य = सरकारी दण्ड भोगा हुआ। राजदण्डित। (६९)

राजविहार = राजाओं की क्रीडा।

राजव्यंजन = राजा के समान दिखने वाला व्यक्ति। (तोतया-मराठी में) (९६)

राजव्यसन = (राजा के कारण संकट) = अन्ध (शास्त्रचक्षुहीन), चलितशास्त्र (शास्त्रमर्यादा उल्लंघन करने वाला), व्याधित, नव, दुर्बलोऽभिजातः, बलवान् अनभिजात, (६ प्रकार)

व्याधित राजा = (दो प्रकार) = पापरोगी, अपापरोगी।

राजव्यसन = राजा का मरण। (९६)

राजशब्दी = अपने आप को राजा कहलाने वाला।

राजहार = राजा के निजी व्यय के निमित्त धनराशि।

राजा = (तीन गुण) = आत्मसंपन्न (सत्त्वगुणसंपन्न), द्रव्यसंपन्न, प्रकृतिसंपन्न। (९४)

राजा के व्रत = (या आवश्यक कर्तव्य) = उद्योग

(उत्थान), यज्ञ, न्यायदान, दक्षिणादान, वृत्तिसाम्य (सर्वत्र समान व्यवहार, निष्पक्षपात), यज्ञदीक्षा का अवभृत स्थान। (१९)

निकृष्ट राजा = (७ लक्षण) = दुर्बल, अराजबीज, निरुत्साह, अपक्ष (असहाय), अन्यायवृत्ति, व्यसनी, दैवप्रमाण, यत्किंचनकारी (अविवेकी)। (१०९)

राज्य = (दो प्रकार) = द्वैराज्य – (पिता-पुत्र या भाई-भाई दोनों का राज्य। वैराज्य = परकीय राजा का राज्य। (११८)

राज्यवध (नाश) दो प्रकार = सस्यवध (धान्य के अभाव से नाश) और मुष्टिवध = (आक्रमण के कारण नाश। (११५)

राज्यकंटक = राज्य में विघ्न उत्पन्न करने वाला। (९६)

राज्यप्रतिसंधान = राज्य का बंदोबस्त, नियंत्रण (५)

राज्यविभ्रम = राज्यक्रान्ति या राज्य में अराजकता। (६८)

राढायुक्त = मिलावट किया हुआ। (७९)

रात्रिदोष = रात में किये जाने वाले अपराध। (५७)

राशिमूल = धान्य की राशि का भूमि पर बचा हुआ अंश। (९२)

राष्ट्र = इस विषय के अन्तर्गत **सीता, भाग, बलि, कर, वणिक्, नदीपाल, तर, नौका, पट्टन, विवीत, वर्तनी, रज्जू** और **चोररज्जू** इन १२ विषयों का अन्तर्भाव होता है। (२७)

राष्ट्र = राज्य के भूभाग के अन्तर्गत प्रांत या प्रदेश। (१३)

राष्ट्र = पिण्डकर, षड्भाग, सेनाभक्त, बलि, कर, उत्संग, पार्श्व, परिहीणिक, औपायनिक, औष्ठेयक इन - दस प्रकारों की आय। (३६)

राष्ट्रपाल = प्रान्त का प्रमुख अधिकारी। राज्यपाल। (९३)

रिक्थहर = १) संपत्ति के विभाग ग्रहण करने का अधिकारी (पुत्र आदि) (६७) (७३) २) भागीदार।

रूप और व्याजी = द्रव्यात्मक दण्ड के दो प्रकार। (७४)

रूपदर्शक = १) सिक्कों या मुद्राओं की परीक्षा करने वाला अधिकारी। (२६) २) सराफ (३०)।

रूपदासी = राजा को हार, गुच्छ, इत्र आदि भोग देने वाली गणिका। (४८)

रूपलक्षण = सिक्कों की शब्द - **अशुद्धता**। (२८)

रूपाजीवा = १) सुरूप पर जीविका करने वाली (नटी नर्तकी जैसी कलाकार स्त्री) (४८) २) वेश्या (२०)।

रूपिक = मुद्रा तैयार करने पर देय कर।

रूप्य = (चांदी के प्रकार) तुत्थोद्‌गत गौडिक, काममल, कांबुक, चाक्रवालिक।

रूप्य धातु = अशोधित चांदी। चांदी धारण करने वाला पत्थर (३३) या मृत्तिका।

लक्षणाध्यक्ष = टकसाल का प्रमुख। (३३)

लक्ष्यलंभाधिकार = लक्ष्य पर बाण मारने में कुशल।

लग्नक = उद्दाम, उन्मत्त (हाथी)।

लघुसमुत्थ (मित्र) = कर्तव्य के समय शीघ्र उत्थान करने वाला। (१०७)

लंघन (औपवाह्य अश्व की गति) = कपिप्लुत, भेकप्लुत, एणप्लुत, एकपादप्लुत, कोकिल - संचारी, उरस्य, बकचारी - ये सात, गति के अन्य प्रकार हैं। (५१)

लम्भ = (विजय से अरण्यादि विभाग स्वायत्त करना) = (तीन प्रकार) = नव, भूतपूर्व, पित्र्य। (१४५)

लब्धप्रशमन = विजित भूभाग को स्वाधीन रखना। (१३)

लब्धप्रशमन = विजित राज्य में शांति स्थापना के उपाय = प्रजा के समान शील, भाषा आचार अपनाना और प्रजा से देश, दैवत, सामाजिक उत्सव और समारोह के प्रति भक्तिपूर्ण व्यवहार करवाना। (१४५)

लवणाध्यक्ष = नमक का अधिकारी। (२७), (३३)

लाघविक = अल्पश्रम का काम। (३३)

लाभ (१२ प्रकार) = आदेय (सुखप्राप्य व नित्योप – भोग्य), प्रत्यादेय (कष्टप्राप्य और अनित्य), **प्रसाधक** (अधार्मिकता से धार्मिक का), प्रकोपक = (मंत्री के उपदेश से धार्मिक से अधार्मिक का लाभ), ह्स्वकाल (आक्रमण करते ही होने वाला), **तनुक्षय** (मनुष्य हानि द्वारा), अल्पव्यय, महान (जिससे भरपूर 'प्राप्ति' तत्काल मिलती है।), **वृध्द्युद्य** वित्तदायक) **कल्य** (हानिविरहित), धर्म्य, पुरोग (अनायास) (१२५)

लाभविघ्न = काम, कोध, भय, कारुण्य, न्ही, अनार्यभाव, अभिमान, सानुक्रोशता, परलोकापेक्षा, दांभिकत्व, अत्यागित्व, दैन्य, असूया, हस्तगतावमान, दौरात्म्य, अविश्वास, भय, उपेक्षा, अतितिक्षा, तिथिनक्षत्र-विश्वास। (कुल २०)

लाभव्यय = जिस व्यय के कारण कुछ समय के बाद लाभ होता है। (२७)

लाभोत्पादिक (व्यय) = लाभव्यय के साथ होने वाला आनुषंगिक व्यय। (२७)

लुब्धवर्ग = (अधिकारी वर्ग जिसका आय से व्यय अधिक है, जो अपनी पात्रता से अधिक भारी काम करता है। (१४)

लुब्धक = पशुपाल या शिकारी (५०) (५५)

लेख = (आज्ञापत्रक) के उद्देश्य = निंदा, प्रशंसा, पृच्छा, आख्यान (कथन), प्रार्थना, प्रत्याख्यान (नकार), उपालंभ, प्रतिसेध, चोदना (प्रेरणा), सांत्वन, अभ्यवपत्ति (सहायदान), भर्त्सना, अनुनय (मनौती)। (३१)

लेखक = बाबू (क्लर्क), मुनीम। (३०)

लेखक = (क्लर्क के ५ अपराध) उक्तं न लिखति, अनुक्तं लिखति, दुरुक्तम् उपलखति, सूक्तम् उल्लिखति, **अर्थोत्पत्तिं** विकल्पयति (८६)

लेखदोष (पांच प्रकार) = अकान्ति, व्याघात (विरोध), पुनरुक्ति, अपशब्द और संप्लव (शब्दों की अव्यवस्था)। (३१)

लेखसम्पत् = लेख (आज्ञापत्रक) के ६ गुण = अर्थक्रम, संबंध (वाक्य संगति), परिपूर्णता, माधुर्य, औदार्य, स्पष्टत्व। (३१)

लेख्यनीविक = जमा करने की लिखित रकम। (२८)

लोभनीयार्थ = रिश्वत (तमाखु आदि प्रलोभक द्रव्य)। (१०)
लोहकारु = लोहे का कारीगर, लुहार। (२५)
लोहवर्ग = कालायस (लोहा), ताम्र, वृत, कांस्य, सीस, त्रपु (कथिल) वैकृन्तक (जस्ता), आरकूट (पीतल), (कुल ८) (इसमें सोना चांदी अर्न्तभूत नहीं)।
लोह = सामान्य धातु।
लोहाध्यक्ष = धातु-खदानों का अधिकारी।(३३)
वज्र (या हीरक) = ६ प्रकार – सभाराष्ट्रक, मध्यराष्ट्रक, काश्मक (कान्तीर, राष्ट्रक, श्रीकटनक, मणिमन्तक, इन्द्रवानक। (३२)
वज्र (अशुभ) तीन प्रकार = नष्टकोण, निरश्रि (नष्टप्रभ), पार्श्वापवृत्त (एक ओर झुका हुआ)। (३२)
वज्र (शुभ) = स्थूल, स्निग्ध, गुरु, प्रहार, समकोटिक, भाजनलेखी (बर्तनों पर लिखने योग्य) तर्कुभ्रमि (परावर्तनशील), भ्राजिष्णु। (अतितेजस्वी)। (शुभ हीरे के कुल गुण ८)। (३२)
वज्रभेद (हीरे के विविध वर्णों के अनुसार ६ भेद) = मार्जाराक्षक, शिरीषपुष्पक, गोमूत्रक, गोमेदक, शुद्धस्फटिक, मूलाटीपुष्पक वर्ण (मालती – पुष्पवर्ण)। (३२)
वडवा = घोड़ी (५१)
वणिक्पथ = वारिपथ, स्थलपथ, चक्रपथ (गाड़ी का मार्ग), पादपथ, खरोष्ट्रपथ, असंपथ (डोली से जाने का मार्ग)। (कुल ६) (२७) - (११०)
वत्सतर = दूध पीने वाला गाय का बछड़ा। (५०)
वत्स = जिसका दूध पीना बंद किया गया है ऐसा बछड़ा।
वत्सस्थान = (भय) राजपुत्र को किसी सामंत के अधीन रखने पर वह सामन्त राजा से उसके निमित्त धन वसूल करते रहता है, जैसे बछड़े को सामने रखकर गाय से दूध निकला जाता है। (१७)
वध = (दो प्रकार) शुद्धवध और चित्रवध (८८)
वधावध = पैरों से कुचलकर हत्या।
वन (दो प्रकार) = हस्तिवन और द्रव्यवन। (१०९)
वनपरिग्रह = जंगल की वसूली (२७)
वनविचय = जंगल के शत्रुओं का खदेडना।
वनविभाग = इस में पशु, मृग, द्रव्य, हस्ति, वनपरिग्रह इन ५ विषयों का अन्तर्भाव होता है। (२७)
वनस्पति = के विविधवर्ग – सारदारु वर्ग (बांधकाम की लकड़ी), वेणुवर्ग, वल्लीवर्ग, पत्रवर्ग, पुष्पवर्ग, औषधिवर्ग। (३८)
वनस्पति = कालकूट, वत्सनाभ (बचनाग), हालाहल, मेषशृंग, मुस्त, कुष्ठ, महाविष, वेल्लितक, गौरार्द्र, बालार्द्र, मार्कट, हैमवत, कालिंगक, दारदक, अंकोलसारक, उष्ट्रक। (कुल १६ प्रकार) (३८)
वप्र = तट (तीन प्रकार) १) ऊर्ध्वचय = (नीचे अधिक चौड़ा और ऊपर कम), २) मंचपृष्ठ = नीचे ऊपर समान चौड़ाई वाला। (३) कुम्भकुक्षिक = कुंभ के समान बीच में बड़े आकार वाला। (२४), (१४४)
वमन = लोगों का निर्वासन। (१४४)
वरकार = शांतिकर्म, कल्याण की कामना से किया हुआ कर्म।
वरत्रा = बेत या बांस की रज्जू, रस्सी। (४४)
वराहकर्ण = एक हलमुखी शस्त्र जिसका पाता वराह के कान सा होता है। (३९)
वर्तनकाल = बैल को जोतने का समय।
वर्तनी = रहदारी का मार्ग, आम रास्ता। (२७) (५५)
वर्तमानाय = चालू जमा।
वर्धकी = बढ़ई। (९२)
वर्धमानक = घोडे की एक चाल।
वर्म = (विरह-बख्तर या कवच) प्रकार = लोहजाल, जालिकापट्ट, कवच, सूत्र (कार्पासादि सूत्रमय कवच), कंकट, शिंशुमार (एक जलचर), खड्गि (गेंडा), धेनुक, हस्ति, गो, इनके चर्म, खुर, शृंगों से बनाये गये। (३९)
वर्षमान कुण्ड = पर्जन्यमान देखने का कुंड। (२६)
वर्षवर = राजा के अन्तः पुर में सेवा करने वाले खोजे, या हिजड़े लोग। (२१)
वल्गन = (औपवाह्य अश्व की मंडलाकार गति) - ६ प्रकार – औपवेणुक, वर्धमानक, यमक, आलीढ, प्लुत, पृथग, त्रिकचाली।
वल्लभ = राजा के प्रिय लोग। (१४)
वल्लभापाश्रय = पहुंच। शिफारिश। (२८)
वल्लूर = (१) सूखा मांस (२५), (२) सूखी मछलियाँ। (९२)
वाक्पारूष्य = अशिष्ट, कठोर शब्दप्रयोग, बदनामी, वाक्ताडन। (४८) (तीन प्रकार) - कुत्सन (निंदा, गाली), उपवाद (दोष दर्शन), अभिभर्त्सन (धमकी)। (७५)
वाक्पारुष्य के लिये दण्डनीय ६ विषय = देश, ग्राम, जाति, संघ, देव, चैत्य। (७५)
वाक्यकर्मानुयोग = चोरी की तलाशी। (४)
वाक्यविप्रेक्षण = दूसरों का संभाषण छिप कर सुनना।
वाक्यशक्ति = वक्तृत्व। (११)
वाक्संग = अस्पष्ट बोलना, तुतलापन।
वागुरिक = पाश की सहायता से शिकार करने वाला।
वागुरा = पाश। (२२)
वाग्जीवन = भाट, (१२) (१८), स्तुतिपाठक।
वाटभेद = वाटिका या खेत की सीमा (कपौंड) तोड़ना। (२५) (६७)
वातग्रहण = वायु के अनुकूल रणस्थान प्राप्त करना।
वानकर्मान्त = बुनकरी का कारखाना, (कपडे की मिल)। (४४)
वानलटी = घर का छप्पर। (६५)

वारक = ४।। कुडव (अनाज का एक प्रमाण या नाप)।
वार्ता= गोरक्ष, वाणिज्य और कृषिकर्म (१३५)
वार्ताकर्मप्रदिष्टाभूमि = जानवरों के बाजार का स्थान। (११)
वासगृह = राजा का मुख्य निवासस्थान। (२०)
वासविचय = छावनी के स्थानों से शत्रु को खदेड़ना।
वासितक = मुलामा चढ़ाना।
वास्तु = (या वास्तुक) (६ प्रकार) - गृह, क्षेत्र, आराम (बगीचा), सेतुबन्ध, तटाक (तालाब), आधारकूप आदि जलाशय- इन छह की सामान्य संज्ञा। (६५)। २) स्थावर संपत्ति। (६५)
वास्तुक = (१) वास्तुविद्या का ज्ञानी। (२०), (२) शुद्ध सोना। (३४)
वास्तुछिद्र = भवननिर्माण के निमित्त भूमि का विभाजन।
वास्तुकप्रदेश = बस्ती करने योग्य प्रदेश। (२४)
वास्तुविवाद के ९ विषय = गृह, ग्रामसीमा, तपोवन, विवित, महापथ, श्मशान, देवकुल, यजनस्थान, पुण्यस्थान। (कुल ९) (६६)
वाहिरीक = विहार स्थापन करने वाले। (२५)
विक्क = हाथी का बछड़ा, कलभ, स्तनंधय। (५२)
विक्रम = (आक्रमण) के ३ प्रकार = प्रकाशयुद्ध, कूटयुद्ध, तूष्णीयुद्ध। (१०४)
विक्षिप्तसैन्य = जिसका सैन्य यत्र तत्र बिखरा हुआ रहता है। (१०७)
विक्षेप = अन्यत्र बदली या ताबादला। (९३)
विक्षेप = (आय) उद्योग में लगाई राशि के लाभांश का हप्ता। (२७)
विगृह्ययान = शत्रु पर स्वयम् आक्रमण करना। (७)
विगृह्यासन = शत्रु के प्रदेश में लूट करना। (७)
विचय = तलाशी। (९१)
विजय पाने के पांच उपाय = १) उपाजय, अपसर्प, वासन, पर्युपासन, अवमर्द। (१४४) इन उपायों से शत्रु का प्रदेश जीता जाता है।
विजयच्छन्द = ५०४ यष्टियों वाला मोतियों का हार। (३२)
विजिगीषु = आत्मगुण, द्रव्यगुण तथा प्रकृतिगुण से संपन्न नीतिनिष्ठ राजा। (९८) विजिगीषु के सामने वाले पांच राजा (अनुक्रम से) - प्रकृत्यमित्र, मित्र, अरिमित्र, मित्र-मित्र, अरिमित्र-मित्र। (९८)
विजिगीषु के पिछाडी के अनुक्रम से चार राजा = पार्ष्णिग्राह, आक्रन्द, पार्ष्णिग्राहासार, अक्रन्दाकसार। (९८)
वितर्दि (या वितर्दिका) = स्थंडिल, ओटा। (८०)
वितंस = पक्षी का चित्र (जो पक्षियों को जाल में पकडने हेतु रखा जाता है।)
विद्या = जिस ज्ञान से धर्म-अधर्म, अर्थ-अनर्थ के विवेक का ज्ञान होता है। (२)
विद्या = (१) अन्वीक्षिकी, त्रयी, वार्ता और दण्डनीति (कौटिल्य का मत)
२) त्रयी, वार्ता, दण्डनीति (मानव मत)
३) वार्ता, दण्डनीति (बार्हस्पत्यमत)।
४) दण्डनीति (औशनस अर्थात् शुक्राचार्य का मत)। (अ. २)
विद्रव = ज्वालामुखी का स्फोट, २) भागदौड़।
विधाप्रमाण = हाथी के खाने का प्रमाण। (३६)
विधायोग = हाथी या घोड़े के आहार की योजना। (५१)
विधाविधि = हाथी या घोडे के आहार का प्रमाण। (७२)
विनय = वृद्धसेवा से प्राप्त होने वाला उत्तम गुण। २) प्रात्यक्षिक सहित अध्ययन। (५)
विनय = आचार्य के अनुशासन के अनुसार विद्याग्रहण से उत्पन्न होने वाला गुण। (५)
विनयग्रहण = उन्मार्ग से सन्मार्ग पर लाना। (२२)
विनयन = योग्य मार्गदर्शन (५)। (२) छात्र को प्रशिक्षण देकर निपुण करना। (१७)
विनिपात = परस्पर विरुद्ध वृत्तकथन। (१२)। (२) अकल्पित आने वाला संकट। (१५)
विलवण = नमक में मिलावट करने वाला।
विलोप =लूट (१२३)
विलोपभृत = लूट पर निर्वाह करने वाला
विवध = धान्यादि संचय।
विवादपद निबंध = १) न्यायालय के विवादों का विचार। (५८) २) विवाद में पूर्व-उत्तर पक्ष, या वादी-प्रतिवादी निश्चित करना। (३)
विवादार्थ के चतुष्पाद = धर्म (शास्त्रोक्त), व्यवहार, चरित्र (रूढि परम्परा) और राजशासन। न्यायालय में इन चारों का प्रामाण्य अनुक्रमानुसार अधिकतर माना जाता है। अर्थात् राजशासन (राजाज्ञा) सर्वश्रेष्ठ प्रमाण है।
विवाहधर्म = विवाह के शासकीय नियम। (५९)
विवीत = गोचर भूमि। (२३) (२५)
विवीताध्यक्ष = गोचर भूमि का प्रमुख। (२) (५५)
विशद = चमकीला। (३३)
विशालविजय = व्यूह का एक प्रकार।
विशाखा = सराफ कट्टा। (२) (३५)
विशिष्टच्छन्दिका = राजपुत्रों के निजी खर्च की रकम।
विश्वासघाती सेतु = युद्धोपयोगी स्थितयंत्र खंदक पर डाला हुआ एक सेतु। (३९)
विष्कम्भ = चौडाई। (२४)
विष्टि = कारीगर (४), मजदूर वर्ग। (३३ बिगार काम का दर। (२८)
विष्टादण्ड = अस्थान में मलोत्सर्ग निमित्त दण्ड। (५७)
विष्टिबन्धक = मजदूर लाने वाला अधिकारी। (९३)
विसर = शुष्क होने वाला सरोवर। (४९)

विस्रावण = (अपसारण) सोना चुराने का कूट उपाय। (३५)
विहारार्थ शाला = नाट्यगृहादि भवन। (२२)
वीवधासार-प्रसारवध = शत्रु की कोठी या कोशागार का नाश। (१२)
वृक्ष विषयक ५ अपराध = प्ररोहछेदन, क्षुद्रशाखाछेदन, पीनशाखाछेदन, स्कन्धवध, समुच्छित्ति। (७६)
वृक्षायुर्वेद = वनस्पतिशास्त्र। (४५)
वृश्चिकबन्ध = बिच्छू के समान अपराधी को बांध के रखना।
वृत्ति = दो हजार (पण) से अधिक स्त्रीधन। (५९)
वृत्तिच्छद्र = मूल्यवान पदार्थों के संरक्षण की व्यवस्था। (१६)
वृद्धि = नफा, फायदा, लाभ(२७)। व्याज (६८)
वृद्धि = इष्ट फलप्राप्ति (अर्थात् अपनी उन्नति और शत्रु की हानि), षाड्गुण्य प्रयोग इसका साधन है। (९९)
वृद्धिक्षय = नफा-नुकसान, लाभ-अलाभ। (२८)
वृद्धिमूल्य = ब्याज की रकम।(६९)
वृध्द्यारोपण = ब्याज पर ब्याज लगाना। चक्रवृद्धि ब्याज (६८)
वृष = सांड, या गर्भाधान करने वाला।
यूथवृष = गोसमूह में संचार करने वाला सांड। (५०)
वेणिका = बांस का बना हुआ, तराफा (१३०)
वेतन = मजदूरी, रोजी, तनख़ाह, (२८)
वेतननाश = वेतन में कटौती। (३५)
वेतनोपग्राहिक = केवल वेतन लेकर पशुओं की रखवाली करने वाला। (५०)
वेतसधर्मा = बेत के समान नम्रवृत्ति धारण करने वाला। (१३६)
वेलाग्राम = बंदरगाह। (४९)
वेल्लक = लोहे और चांदी का समप्रमाण मिश्रण। (३५)
वेल्लकापसारित = शुद्ध सोने में वेल्लक (लोहे + चांदी का मिश्रण) मिलाकर उतना सोना निकाल लेना। (३५)
वेल्लन = बेलना।
वेश-शौण्डिका = वेश्यागृह का मद्यपान कक्ष।
वैकृन्तक धातु = पोलाद को काटने वाली धातु। (३३)
वैजयन्ती = गजपताका, हाथी का एक भूषण। (५३)
वडूर्यमणि के गुणानुसार ८ प्रकार = उत्पलवर्ण, शिरीषपुष्पक, उदकवर्ण, वंशराग, शुकपत्रवर्ण, पुष्पराग, गोमूत्रक, गोमेदक। (३२)
वैडूर्यमणि = जल, गोमूत्र, वंश आदि आठ प्रकार की छटाओं वाला मणि। (३२)
वैदेहक = (१) दिवालिया ब्यापारी (११) २) व्यापारी वर्ग (३७) (४२)
वैदेहक व्यंजन = व्यापारी का वेष धारण करने वाला गुप्तचर। (४२)
वैधरण = माल न खपने कारण हुए नुकसान का दण्ड। (३३)
वैयापृत्य कर्म = सलाह देना। (८८)
वैयापृत्याविक्रय = मूल्य वापिस लौटाने की बोली पर विक्री करना। (६९)
वैयावृत्यकर = अंतरंग सेवक, सहकारी। (२९)
वैयावृत्यकार = अपराधियों के साथी। (२६)
व्यंजन = हाथी आदि का लक्षण। (२३)
व्यय (चार प्रकार) = नित्य, नित्योत्पादिक, नित्यानुषंगी, लाभ, लाभोत्पादिक।
व्ययप्रत्याय = निर्धारित व्यय से अल्प व्यय होने पर बची हुई रकम। (२७), (३६)
व्ययशरीर = (सरकारी खर्च) के १९ विषय = देवपूजा आदि धार्मिक, दूतावास, शस्त्रागार, पदार्थसंग्रहालय, सेना के विविध विभाग, पशुपक्षि-संग्रहालय, काष्ठतृण-संग्रह आदि। (२७)
व्ययसमानयन = खर्च का तालमेल देखना। (२८)
व्यवहार = न्यायालय के विवाद। (३)
व्यवहार (करारनामा) के प्रकार = तिरोहित, उपनिधि, अगारकृत, रात्रिकृत, अरण्यकृत, उपधिकृत, उपह्वरकृत। ये व्यवहार सामान्यतः असिद्ध (अमान्य) माने गये है। विशिष्ट अपवाद में ये सिद्ध माने गये है। (५८)
व्यवहार (अन्तरगारकृत किन्तु सिद्ध) = दाय, निक्षेप, उपनिधि गुप्त, विवाह, अनिष्कासिनी (गोषावाली) स्त्री, व्याधित (अमूढसंज्ञ)। (५८)
व्यवहार = (अरण्यकृत किन्तु सिद्ध) पांच = सार्थ, व्रज, आश्रम, व्याध, चार (यात्री), (इन्होंने अरण्यवास के समय किये हुये)। (५८)
व्यवहार (असिद्ध) = कृद्ध, आर्त, मत्त (मद्यपान से), उन्मत (मानसिक विकार से), अवगृहीत (अगतिक)। (इन पांच अवस्थाओं में किसी का भी व्यवहार सिद्ध नहीं माना जाता) (५८)
व्यवहार (तिरोहित किन्तु सिद्ध) = १) परोक्षे अधिकरण ग्रहण, (२) अवक्तव्यकर। (५८)
व्यवहार (रात्रिकृत किन्तु सिद्ध) = साहसानुप्रदेश, कलह (द्वंद्वयुद्ध), विवाह, राजनियोग, पूर्वरात्रव्यवहार (कुल ५)। (५८)
व्यवहार = (करारमदार) जो असिद्ध होते है। पितृमान् पुत्र, पुत्रवान् पिता, कुलभ्रष्ट भ्राता, अविभक्तांश कनिष्ठ (भ्राता), पतिमती तथा पुत्रवती स्त्री, दास तथा परोपजीवी, अल्पवयी, अतिवृद्ध, अभिशस्त (दण्डित गुनाहगार), प्रव्रजित, व्यंग, व्यसनी, इन १२ लोगों के व्यवहार असिद्ध अर्थात् शास्त्रबाह्य होते है) (५८)
व्यवहार पत्रक में निवेश योग्य १४ विषय = संवत्सर, ऋतु, मास, पक्ष, दिवस (तिथि) करण, अधिकरण, स्थान, ऋण, देश, ग्राम, जाति, गोत्र, नाम, कर्म। (५८)
व्यवहार संस्थान = सामाजिक रीतिरिवाज। (२८)
व्यसन (५ प्रकार) = गुणप्रातिलोम्य (सद्गुणों का विपर्यास), गुणाभाव, प्रदोष, दुर्गुणों का आधिक्य, प्रसंग, (आसक्ति)

पीडा। (११७)

व्यसन (संकट) तीन प्रकार के = युद्ध, अवस्कन्द (मारपीट, दंगा), अवरोध।

व्यसन (आपत्ति) = बलव्यसन और मित्र व्यसन। बलव्यसन सैन्य दोष प्रकार = अवमानित, विमानित, अभृत, व्याधित, नवागत, दूरायात, परिश्रान्त, परिक्षीण, प्रतिहत, हताग्रवेग, अनृतुप्राप्त, अभूमिप्राप्त, आशानिर्वेदि, परिसृप्त, कलत्रगर्दि, अन्तःशल्य, कुपितमूल।

भिन्नवर्ग (व्यसन) = अपसृत, अतिक्षिप्त, उपनिविष्ट, समाप्त, उपरुद्ध, परिक्षिप्त, छित्रधान्य-पुरुष, स्वविक्षिप्त, मित्र विक्षिप्त, दूष्यमुक्त, दृष्टपार्ष्णिग्राह, शून्यमूल, अस्वामिसंहत, भिन्न कूट, अन्ध (ज्ञानहीन) (कुल ३३)। (१२१)

व्याघात = (लेखदोष) पहले और दूसरे वाक्य में असंबद्धता या परस्पर विरोध। (३१)

व्याजी = (१) वजन और नाप के भेद से वृद्धि (२८) २) कर, राजस्व (२८) ३) लभ्यांश, नफा (४६) ४) माल की कीमत पर कसर। (३७)

व्याधित = (आय) दिवाला निकालने पर रही हुई बचत। (२७)

व्यायाम = आरब्ध कार्यों को सफल करने के लिए प्रयत्न, उद्योग उद्यम। (९८)

व्यायाम युद्ध = आमने सामने किया गया युद्ध।

व्यायोग = सैन्यरचना, व्यूह। (१३२)

व्याल = उन्मत हाथी जिसे किसी भी उपाय से प्रशिक्षित नहीं किया जा सकता। (२३, ५२, ५३) (दुष्ट हस्ति प्रकार) = शुद्ध (१८ दोषयुक्त।), सुव्रत (१५ दोष युक्त), विषम = (१८+१५ = ३३ दोष युक्त) दोष-प्रदुष्ट = ३३+२९ = ६२ दोषयुक्त। (५३)

व्यावहारिक = व्यापारी वर्ग (९२)

व्यावहारिकाध्यक्ष = व्यापार प्रमुख। (२५)

व्यावर्तन = प्रकुपित लोगों को शांत करना। (१३)

व्यावेधन = शत्रुसैन्य में घुसकर उसे पीड़ा देना।

व्यावेशन = शत्रुसेना में घुस कर उसे भयाकुल करना।

व्युपरत = नौकरी के लिये अपात्र, या सेवानिवृत्त। (४४)

व्युष्ट = उदय से उदय तक का समय। अर्थात् पूरा एक दिन। (२८)

व्यूह की संज्ञा के साधन = तूर्य, घोष, ध्वज, पताका। इन्ही संज्ञाओं से सेना की अंगविभाग, संघात, स्थान, गमन, व्यावर्तन और प्रहरण ये पांच क्रियाएं होती थी।

व्यूह = प्रकार – दण्डमण्डल व्यूह, भोगसंहत व्यूह, विषयव्यूह (अन्यान्य प्रकार युक्त)। **अचलव्यूह** = पदाति, घोड़े, रथ और हाथी इस क्रम से सेना विभागों की रचना। (१३४) **अप्रतिहत व्यूह** = हाथी, अश्व, रथ और पदाति इस क्रम से सेना की रचना। (१३४) **अरिष्टव्यूह** = मध्य में रथ, बाजू में हाथी और पिछाडी में घोड़े ऐसी सैन्य रचना। (१३४)

असंहत व्यूह = पृथग् विभागों में सैनिकों की रचना। प्रकार = वज्र (या गोधा), **उद्यानक** (काकपदी), अर्धचन्द्रक या कर्कटक शृंगी)। (१३४) **दण्डव्यूह** = सैनिकों की तिर्यक् रचना। (१३२) (१७ प्रकार) प्रदर, दृढक, असह्य, श्येन (चाप, चाप-कुक्षि, प्रतिष्ठ, सुप्रतिष्ठ (प्रदरादि के विपरीत)। संजय, विजय, स्थूलकर्ण, विशाल विजय, चमूमुख, झषास्य, सूची, वलय, दुर्जय। (१३४)

प्रकृति व्यूह = (४ विभाग), दण्डाकार, सर्पाकार, मण्डलाकार और **असंहत** (पृथक् विभाग)। (१३४) **मण्डलव्यूह** = सभी दिशाओं की ओर मुख करके मण्डलाकार रचना। (प्रकार) = सर्वतोमुख, सर्वतोभद्र, अष्टानीक, दुर्जय। (१३४) **भोगव्यूह** = एक के पीछे दूसरी तति इस प्रकार सैनिकों की वर्तुलाकार रचना। (४ प्रकार) = सर्पसारी (या गोमूत्रक) शकट, मकर, परिपतंतक। (१३४)

व्यूहरचना = मकर, शकट, वज्र, सर्वतोभद्र, सूची (कुल ५ प्रकार)। (१३०)

विषम व्यूह = पक्ष, कक्ष और उरस्य (अर्थात् अग्रिम बाजू का और मध्य) भाग जिस व्यूह में समव्यूह रचना के विपरीत संख्या के रथ, अश्व तथा पदाति दल से सिद्ध किया जाता है। (१३३) **समव्यूह पदाति** = ४५ रथ, २२५ अश्व, ६७५ पदाति और पादगोप सैनिक से युक्त व्यूह रचना। (१३३)

व्रज = इस शब्द से गो, महिष, अज, अविक (भेड), खर (गधा) उष्ट्र, अश्व, अश्वतर (खच्चर) - इनका ग्रहण होता है। (२७)

व्रजपर्यग्र = गाय बैल आदि जानवरों का हिसाब रखना। (५०)

व्रजिक = एक लोकसत्ताक राज्य।

व्रात्य = दुराचारी सवर्ण स्त्री-पुरुषों का पुत्र। (ये अनुलोम पुत्र नहीं होते)।

शकल = मीठी बातें करने वाला।

शंकारूप = गुप्त रूप से व्यवहार करने वाले तस्कर। (४)

शण = ताग। **शणक्षौम** =ताग का वस्त्र। (४४)

शत्रु =(दो प्रकार) कर्शनीय और उच्छेदनीय। (११६) और (१) आसन = अन्तःशत्रु २) पर = बाह्य शत्रु। (१७)

शत्रु = दो प्रकार = १) नित्य और २) अनित्य। तथा १) पीडनीय और २) उच्छेदनीय। (१०८)

स्थिर शत्रुराज्य (के नाश में प्रयोजनीय लोग = सामन्त (पड़ोसी राजा), **आटविक** (वन्य राजा), **तत्कुलीन**, **अवरुद्ध** (बंदिस्थ राजपुत्र), सार्थव्रज (व्यापारी वर्ग), **अटवी** (वन्य समाज)। (१२७)

शत्रु सेना के ज्ञातव्य ९ विषय = चार, ग्रास, आहार, शय्या, प्रस्तार (सामग्री), अग्नियंत्र, निधान (कोष) ध्वज, आयुध। (१३०) **स्वसेना** के ये विषय गुप्त रखने चाहिये)

शत्रु को उद्विग्न करने के ११ उपाय = गुप्तयंत्र, व्यासक्तघाती तीक्ष्ण (गुप्तचर), हाथी, रथ, दूष्यप्रकोप, गोयूथ (अपने सेना

के सामने गायों का झुंड रखना), स्कंधावार- प्रदीपन, कोटीघात, जघनघात, दूतव्यंजन, भेदन, असत्यप्रचार इ.। (१३४)

शम या शल = १४ अंगुलि अंतर। (१३३)

शम = कार्य के फल का अबाधित उपभोग लेने योग्य परिस्थिति (शांततापूर्ण काल)। (९८)

शम-व्यायाम = शांतता और बलवर्धन। (६)

शरावाप = बाणों का भाता या तूणीर। (५३)

शारदकर्म = पुष्ट हाथी को कृश करना। (५३)

शाला = भवन के अंदर का चौक। (२६)

शासन = आदेश या आदेशपत्रक। (३१) (१२७)

शासन आज्ञापत्रक = (८ प्रकार) = प्रज्ञापन (निवेदन) आज्ञा, परिदान, परिहार (सहुलीयत), निसृष्टि (अनुमति) प्रावृत्तिक (संकट निवारण की सूचना), प्रतिलेख (प्रत्युत्तर), सर्वत्रग (जाहीरनामा)। (३१)

शासनहर = १/२ अमात्य गुणों से युक्त दूतों में से केवल संदेश पहुंचाने वाला। (१६)

शिका या शिकादण्ड = कोड़े मारने की सजा। (४८) (६०)

शिल्पकारिका = स्त्रियों की केशरचना करने वाली। (१२)

शिंशुप = अशोक वृक्ष। (३८)

शीर्षक यष्टि = मोतियों के हार का एक प्रकार। (३२)

शेष = इसमें सिद्धिप्रकर्मयोग (समाप्त काम का हिसाब) दण्डशेष, आहरणीय (थकबाकी), बलातकृत, प्रतिस्तब्ध, अवसृष्ट — इन पांचों की गणना होती है। इसकी वसूली अनिश्चित होती है। (२७)

शक्ति = एक हलमुखी शस्त्र जो चार हाथ लंबा होता है। (३९)

शक्ति = (तीन प्रकार) मन्त्रशक्ति (ज्ञानबल), प्रभुशक्ति (कोश दण्डबल) और उत्साहशक्ति (विक्रमबल)। देखिये सिद्धि। (९८)

शक्तिमान् = आक्रमण के समय सहायता देने की या पिछाड़ी के शत्रु को रोकने की शक्ति से युक्त। (१०३)

शक्यसामन्त = सामन्तों को काबू में रखने वाला (राजा का एक गुण)। (९७)

शुक्तवर्ग = इसमें विविध प्रकार के अचार और मुरब्बे अन्तर्भूत होते हैं। (३६)

शुचि = कार्य की सिद्धि या असिद्धि होने पर बोली के अनुसार व्यवहार करने वाला। (१०३)

शुद्धदण्ड = केवल वध का दंड। (८७)

शुद्धव्यूह = केवल हाथी या घोड़े या पदातियों की व्यूहरचना। (१३३)

शुद्धस्फटिक = (गुणानुसार ३ प्रकार) मूलाट वर्ण (दधिवर्ण), शीतवृष्टि, सूर्यकान्त। (३२)

शुद्धहार = एक मात्र यष्टि वाली मोतियों की माला। (३२)

शुल्क = चुंगी, राजस्व (२७)

शुल्क = दहेज। (५९)

शुल्कवर्तनी = माल की मूल कीमत। (३७)

शुल्कस्थान = चुंगी नाका। (७३)

शुल्काध्यक्ष = कर या चुंगी की वसूली करने वाला अधिकारी। (२), (४२)

शुल्कावरुद्धा = धन आदि देकर जिससे विवाह निश्चित किया गया हो ऐसी कुमारी। (८९)

शुल्ब = तांबा। (३३, ३४, ३५)

शुल्बशास्त्र = धातुशास्त्र।

शुल्बापसारित = शुद्ध सोने में जितना तांबा मिलाया उतना सोना निकाल लेना। (३५)

शुष्कतुत्थ = नीले थोथे का लेप। (३४)

शुष्कपटल = जंगल में प्राप्त गोबर। (३४)

शूद्र-प्रकर्म = विधियुक्त विवाहादि कर्म करने वाले शूद्र। (७२)

शूद्रधर्म = द्विजाति की सेवा, वार्ता (कृषि, गोरक्षण) कारु (कारीगरी), कुशीलवकर्म (कुशीलव = नटवर्ग)। (३)

शून्यपाल = राजा की अनुपस्थिति में व्यवहार सम्हालने वाला अधिकारी। (१३७)

शून्यमूल = जिसकी राजधानी का सैन्य खदेड़ा जा चुका है ऐसा राज्य।

शृंगाटक = त्रिशूल के समान एक शस्त्र।

शृंगिशुक्तिज = सोने का एक प्रकार।

शूर = (के दो गुण) = स्थैर्यप्रतिपत्ति (दृढनिश्चिय) और असंमोष (स्वीकृत कार्य को न छोड़ना)। (११५)

श्रेणी = समिति (७८)। स्वयंसेवक दल। (११२)

श्रेणीनिकाय = स्थानिक व्यापारी संघ। (२५)

श्वगणि = शिकारी कुत्ते पालने वाले लोग। (५५)

श्वेतसुरा = पारिवारिक धार्मिक कृत्यों में उपयुक्त विशिष्ट मदिरा। एक उत्तम प्रकार की मदिरा। (४६)

षाड्गुण्य = राजनीति के छह प्रकार। सन्धि — (लेन-देन के द्वारा संबंध), विग्रह (अपकार), आसन – तटस्थता, यान (युद्ध की सिद्धता), संश्रय (परार्पण), द्वैधीभाव (संधि और विग्रह दोनों अंगों का अवलंब)। (९१), (११६)

सकटुकक्षा = जिसकी रस्सी में गांठ हो ऐसा तराजू।

संकट = जहां प्रवेश करना असंभव है ऐसा प्रदेश।

संकलन-निर्वर्तन = अनुकूल प्रतिकूल परीक्षण। सीधी उलटी जांच। (२८)

संक्रोश = निंदा, बदनामी। (१७) (२८)

संख्यातार्थ कर्म = अमात्यादि पर सौंपने योग्य कार्य। (८)

संख्यान = गणित।

संख्याप्रचार = नाम आदि को दर्ज करना। (२८)

संख्यायक = हिसाब रखने वाला गांव का एक अधिकारी। (२२), (३०)

संग्रहण = दस गांवों का केन्द्रस्थान। (२२)

संग्रहण = परपुरुष के साथ पाणिग्रहण (यह स्त्री का दण्ड्य

अपराध है। (६०)। विवाहित स्त्री का अपहरण। (७३)
संग्रहात्यय = व्यभिचार का अपराध। (६०)
संग्राम = उभय पक्षों द्वारा देश और काल का निश्चय होने पर युद्ध। या धर्मयुद्ध। (१३१)
संघट्टन = लोगों की भीड़। (९०)
संघभृत = सामूहिक मजदूर वर्ग। (७१)
संघाटी = १) युद्धोपयोगी स्थित यंत्र, २) शत्रु के किले पर आग भड़काने योग्य एक काष्ठ दण्ड। (३९)
संघात = समूह, गुट। (११२)
संघात्य = तार का गहना बनाना। (३५)
संज्ञालिपि = सांकेतिक लिपि। (१२)
सत्तलिका = गलीचा।
सत्रस्थान = शत्रु पर आघात करने के लिए छिपकर रहने का स्थान। (१२१)
सत्रस्थान (छिपने के स्थान) = धान्वन (रेगिस्तान, मरुस्थल), वन, संकट, पंक, शैल, निम्न, विषम नौका, शकटव्यूह, नीहार (कुहरा), रात्रि। (कुल ९) (१३१)
सत्री = कपट वेशधारी गुप्तचर। (८१)
सत्रि = गुप्तचर। (२-१०)। जो विविध वेशों में संचार करते हैं। (११)
सत्रि = सहकारी। (१-११)
सत्रिसवर्ण = समान व्यवसाय करने वाला। (गुप्तचर)। (८१)
सत्रिप्रयोग = गुप्त वेशधारी विविध गुप्तचरों द्वारा अपराधियों की खोज। (८२)
सन्दंश = चिमटा। (३४)
संदंशच्छेदन = अंगुलि- छेदन (८७)
सन्देहार्थ (के चार प्रकार) = जिस लाभ में-
१) शत्रु के मित्र प्रोत्साहित होने का संशय,
२) शत्रु सैन्य को निमंत्रित करने में संशय।
३) बलवान् सामन्त की भूमि पर कब्ज़ा करने में संशय
४). प्रबल से सन्धि करते हुए अभियान में संशय.
सन्धायासन = शत्रु से सन्धि करने पर उसके प्रदेश में रहना। (१-७)
संधि, शम, समाधि = (तीनों राजनीति शास्त्र में समानार्थक शब्द हैं) = राजाओं के परस्पर विश्वास का हेतु। (११५)
सन्धि = दो प्रकार - १) परिपणित २) अपरिपणित। (१०४)
सन्धि = (दो प्रकार) = चल और स्थावर।
चलसन्धि = शपथ ग्रहण से होने वाली।
स्थावर सन्धि = जमानत या न्यास के द्वारा होने वाली। (यह आचार्य-मत है। कौटिल्य का मत इससे विपरीत है।)
संधि = (प्रकार) दण्डसन्धि, पुरुषसंधि, कोशसंधि, भूमिसन्धि (कुल ४)। (१३६)।
सन्धि = (अकृतचिकीर्षा) = जब सामादि उपायों का प्रयोग होने पर समान, कनिष्ठ और वरिष्ठ राजाओं के अधिकारों का निश्चय होता है। (१०४)
अदृष्ट पुरुष सन्धि = किसी एक अधिकारी ने अथवा कुछ सेनाप्रमुखों ने किसी स्थान पर युद्ध में साहाय्य देने की बोली पर की गई सन्धि। (१०१)
अपक्रय सन्धि = भूमि का उत्पन्न मात्र देने की बोली पर की गई सन्धि। (१०१)
सन्धि = (अवशीर्ण क्रिया) = अपने दोष के कारण विभक्त हुए मित्र या भृत्य को अपने अनुकूल करना। **अवशीर्ण क्रिया** के चार प्रकार – सकारण जाना-आना। अकारण जाना-आना। सकारण जाना, अकारण आना। अकारण जाना-सकारण आना। (१०४)
आत्मामिष सन्धि = अपना सारा सैन्य लेकर आपका साहाय्य करूंगा इस अभिवचन से की गई। (१०१)
आदिष्ट संधि = राज्य का कोई प्रदेश देने की बोली पर की गई संधि। (१०१)
उच्छिन्न संधि = राजधानी व्यतिरिक्त सारा प्रदेश देने की बोली पर की गई सन्धि। (१०१)
उपग्रह (संधि) = हप्ते से द्रव्य देने की बोली पर की गई संधि। (१०१)
कपाल संधि = अपरिमित द्रव्य देने की बोलीपर की गई संधि। (१०१)
सन्धि (कृतविदूषण) = पुराने संधिनियमों का उल्लंघन सिद्ध करते हुए सन्धि को तोड़ना।)१०४)
सन्धि (कृतश्लेषण) = पुराने संबंध कायम रखने के लिये पुराने करारों का पालन, और परिस्थित्यनुरूप नये निर्बंधों की योजना करना।.(१०४)
सन्धिकर्म = तद्नामा, सन्धिनिमित्त लिखित पत्रक। (७)
परदूषण सन्धि = उत्पन्न से अधिक द्रव्य देने के बोली पर की गई सन्धि। (१०१)
संधि परिक्रय = केवल द्रव्य देने की बोली पर की गई संधि। (१०१)
पुरुषान्तर सन्धि = सेनापति और राजकुमार को उपस्थित करने की बोली पर की गई सन्धि। (१०१)
परिपणिव सन्धि = (७ प्रकार) परिपणित देश, परिपणित काल, परिपणितार्थ। (तीन प्रमुख प्रकार) - और देश-काल, काल-कार्य, देश-कार्य, देश-काल-कार्य, इनका विचार करने पर अवांतर ४ प्रकार होते हैं। (१०४)
परिपणितार्थ सन्धि = जब विजिगीषु और सामन्त आक्रमण के कार्य का विभाजन करते हुए सन्धि करते हैं। (१०४)
परिपणितकाल सन्धि = जब विजिगीषु और सामन्त आक्रमण का समय बांट लेते हैं। (जैसे तुम अश्विन महीने में आक्रमण करो, मै कार्तिक में करूंगा।) (१०४)
परिपणित देश सन्धि = जब विजिगीषु और सामन्त आक्रमण योग्य देश के विभाग बांटकर आक्रमण करने उद्युक्त होते हैं।

(१०४)

सुवर्णसंधि = परस्पर विश्वास से की गई सन्धि। (१०१)

हीन संधि = तीन प्रमुख प्रकार= (१) दण्डोपनत। (२) कोशोपनत। (३) देशोपनत संधि। (१०१) हीन संधि (प्रकार)= **दण्डोपनत संधि** = आत्मामिष सन्धि, पुरुषानंतर संधि, अदृष्टपुरुष संधि, मुख्य स्त्री बन्धन। **कोशोपनत सन्धि**= उपग्रह, सुवर्णसंधि, कपालसन्धि। **देशोपनत संधि**= आदिष्ट संधि, उच्छिन्न संधि, अपक्रय संधि, परदूषण सन्धि (कुल १२ प्रकार) (१०१)

सन्नाह = सेना की सिद्धता। (९)

संनिधाता = कोशपाल, भांडार प्रमुख (१०) (२६)

सन्निधातृ चेयकर्म = द्रव्य सम्पादन। (२)

सन्निधान = घर में जमा कर रखना। (३०)

सर्पसारी = व्यूह का एक प्रकार।

सर्वतोभद्र = युद्धोपयोगी स्थितयंत्र जिसको घुमाकर शत्रु पर पथराव किया जाता है। (३९)

सर्वत्रग (शासनपत्रक) = प्रवासी लोगों के रक्षण तथा सहाय के निमित्त, सभी मार्गों में तथा संपूर्ण देश में घोषणीय आदेश। यह उच्चतम अधिकारियों के नाम से निकाला जाता है। (३१)

सर्वसमुदयपिण्ड = संपूर्ण वसूली का एकत्र संग्रह करना। (२७)

सर्वसामान्य धर्म = अहिंसा, सत्य, शुचिता, आनृशंस्य (सदयता) और क्षमा। (३)

समय = व्यवहार, संकेत, करार। (३१)

समयस्य अनपाकर्म = करार और हिस्सेदारी का पालन न करना। (३)

समयाचार = संधिपत्रक का अनुपालन। (५)

समयाचारिक = करार के अनुसार सेवा करने वाला सेवक। (११३)

समवायानुबन्ध = विशिष्ट उद्देश्य से स्थापित संगठन या समिति। (२२)

समसन्धि = वरिष्ठ, समान और निकृष्ट राजा से सन्धि, जिस में लूट का माल क्रमशः अधिक, समान और न्यून देने का वादा होता है। इसके उलटा क्रम होने पर **विषम संधि** होती है। (१०५) अन्य दोनों को अधिक देने पर **अतिसन्धि** (वंचना) होती है।

समाधिमोक्ष = न्यासरूप में रखे हुए शत्रुपक्षीय राजपुत्रादि की मुक्तता। (१६)

समानतीर्थ्य = सहाध्यायी। (६३)

समानयन = जांच करना। (२८)

समाहर्तृ = करवसूली करने वाला, जमाबंदी विभाग का प्रमुख। (२, १०, २७, ५६)

समाहर्तृ समुदय- प्रस्थापनम् = कर लादना और वसूल करना। (२)

समुत्थान (के दो प्रयोजन) = (१) अटवी इत्यादि भाग स्वायत्त करना। (२) ग्राम-नगरादि स्वायत्त करना। (१४५)

समुदय = (१) कर वसूली (२) राज्य की आवक (३) द्रव्योत्पत्ति का स्थान। (२७) (२८) (२९)

समुदय-परिहापन = अल्पमात्रा में वसूली करना। (३०)

समुदय प्रत्यानयन = अपहृत शासकीय द्रव्य वापस मिलाना। (२९)

समुदयस्थान = (स्थानीय) व्यापार केन्द्र का नगर। (२४)

समुदयस्य युक्तापहृतस्य प्रत्यानयनम् = अधिकारियों द्वारा खाया गया सरकारी धन वसूल करना। (२)

सम्पत् = अनेक गुणों का एकत्र अस्तित्व। (९७)

संपत्ति का पुनर्विभाजन = (चार कारण) दुर्विभक्त अन्योन्यापहृत, अन्तर्हित (संपत्ति गूढ रखना), अविज्ञातोत्पन्न। (६२)

राजा की संपन्नता = (चार प्रकार की) पक्ष, मंत्र, द्रव्य, बल। (११२)

संपात निश्चार = सीमा पर आने जाने वालों की निगरानी।

संप्रिय = सर्वप्रिय।

संप्लव (एक लेखदोष) = अयोग्य वर्गीकरण। अयोग्य स्थान पर लेख का विभाजन करना। (३१)

संबन्ध (एक लेखगुण) = प्रारंभ में लिखे हुए अर्थ का अन्त तक कहीं भी विरोध न होना। (३१)

संभारिकी = आमरस की विशिष्ट मदिरा जिसमें मसाले का प्रमाण अधिक होता है। (४६)

संभाषित बेतन = जिसके वेतन के संबंध में बातचीत द्वारा निर्णय हुआ हो। (७०)

संभूय समुत्थान = सहकारी संस्था। (३) (७१)

सभ्योपकारी = भागीदार, साझेदार। (३७)

संयानीय = बाजारपेठ, जहाँ माल उतारा जाता है। (२५)

संयूहन = जोड़ या दाग देना। (३५)

संरुद्धिका = कैदी स्त्री।

संवनन = वशीकरण। (८१)

संवाहक = अंगमर्दन करने वाला। (१२) (२१)

संवीत = मिश्रित रंग वाला। (३४)

संशयार्थ = संशययुक्त लाभ। जिस लाभ में अर्थ या अनर्थ, प्रथम अर्थ पश्चात् अनर्थ, या प्रथम अनर्थ पश्चात् अर्थ- इस प्रकार के ३ संदेह उत्पन्न होते हैं। (१२८)

संश्रय = शक्तिहीन राजा के आपत्काल में दूसरे बलवान् राजा को सर्वस्वार्पण करना। (९९)

संश्रयवृत्ति = स्नेहसंपादन। (७)

संसर्गविद्य (या सत्रि) = जो बेकार किन्तु सामुद्रिक, वशीकरण, ज्योतिष इत्यादि विद्या जानते हैं ऐसे प्रवासी गुप्तचर। (१२)

संसर्गानुबन्ध = मैत्री दृढ करना। (१६)

संस्था = रूढि (५८)
संस्थाध्यक्ष = व्यापार विभाग का प्रमुख। (७९)
संस्थान = चालू व्यवहार। (२७) परंपरा, पद्धति या रूढि। (२८)
संस्थावृक्ष = गमले में लगाए पेड़। (२०)
संहतभेदन = संधि के कारण एकत्रित सेनाओं में भेद निर्माण करना। (५४)
सस्य पण्य = विकाऊ धान्य। (१६)
सहग्राही = सहायक, सहकारी। (२८)
सहोद्रक सेतु = नित्य जलपूर्ण प्रवाह पर बांधा हुआ सेतु (१२)
साक्षी (के ३ गुण) = प्रात्यक्षिक (विश्वसनीय), शुचि, अनुमत (मान्यता प्राप्त)। (६८)
साक्षी (के लिए निषिद्ध लोग) = **श्याल** (साला), **सहाय** (भागीदार), **अन्वर्धि** (कैदी), **धनिक** (साहुकार), **धारणिक** (ऋणी), **वैरी**, **न्यंग** (विकलांग), **धृतदंड** (पूर्वदण्डित), इनके अतिरिक्त राजा, **श्रोत्रिय**, ग्रामभृतक, **अहंकारी**, **स्त्री**, राजपुरुष, इत्यादि लोग विशिष्ट व्यवहार में निषिद्ध होते हैं। (कुल १४)। (६८)
साक्षी (छल करने अयोग्य) = **मन्दावधान** (अल्प जानकारी वाला), **बाल**, **वृद्ध**, **व्याधित**, **मत्त**, **उन्मत्त**, **क्षुधाक्लान्त**, **पिपासाक्लान्त**, **अध्वक्लान्त**, **अत्याशित**, (अति भोजन करने वाला), **आत्मकाशित** (स्वयं आरक्षक के अधीन होने वाला), **दुर्बल**।
साधन = वश करना, अधीन करना। (१३)
सान्त्व, **सान्त्वन या सामप्रयोग** = मुझ में और आप में भेद नहीं, हम एक ही हैं, मेरा जो कुछ है वह आप ही का है, ऐसा कथन, (२) उच्चाधिकार देना। (१२६) (३१)
सान्नाह्य हस्ती = (लड़ाई का हाथी) = प्रशिक्षण के सात प्रकार) = **उपस्थान**, **संवर्तन**, **सयान**, **वधावध**, **हस्तियुद्ध**, **नागरायण**, **सांग्रामिक**। **(५३)**
साम (उपाय के पांच प्रकार) = **गुण संकीर्तन** (विद्यमान तथा अविद्यमान गुणों की प्रशंसा), **संबंध कथन** (समान जाति कुल इत्यादि कथन), **उपकार संदर्शन**, **आयति दर्शन** (भावी परिणाम की सूचना), **आत्मोपनिधान** (अभेद कथन)। (३१)
साम = (प्रकार) **तुष्टलिंगम्- अतुष्टम्। अतुष्टलिंगम्-तुष्टयम्** (अर्थात् बाह्यतः संतोष दिखाकर असंतुष्ट रहना और बाह्यतः असंतोष दिखाकर तुष्ट रहना। (१२६)
सामप्रयोग साध्य- राजा (के ८ प्रकार) = **निवृत्तोत्साह**, **विग्रह (युद्ध से) श्रान्त**, **प्रतिहतोपाय**, **उपतप्त (त्रस्त)**, **सन्मित्र का इच्छुक**, **अन्य सहकारियों से शंकित**) मैत्री का महत्त्व जानने वाला, **कल्याणबुद्धि**। (१२७)
सामसिद्धि = (तीन प्रकार)- **स्वामी**, **मंत्री** या दोनों के अधीन। अथवा **प्रधानसिद्धि**, **आयत्तायत्त**, **प्रधानायत्त** (अर्थात् स्वाधीन, पराधीन, उभयाधीन)। (१२७)
सामवायित परामर्श = मित्र राजाओं का परामर्श। (७)
सामुत्थायक = सहकारी संस्था। (२२)
सामेधिक = वैभव-प्राप्ति की साधना जानने वाला। (११) (१४२)
सामन्त = पड़ोसी राजा। (६५)
सांपरायिक (दुर्ग) = युद्धोपयोगी।(२-२४)
सार = बहुमूल्य वस्तु। (२६)
सारकुप्य = जंगल का भारी या क़ीमती माल (२८)
सारच्छिद्र = मूल्यवान पदार्थों के संग्रह का स्थान। (१६)
सारदारु = भवन निर्माण में उपयोगी लकड़ी। मजबूत लकडी- (२५)
सारदारु = इमारती लकड़ी के योग्य वृक्ष। **साग**, **तिनिश**, धन्वन (अश्वत्थ या बांस), **अर्जुन** (मोह) **मधूक**, **तिलक**, साल, शिंशुप (अशोक), अरिभेद, राजादन, शिरिश, **खदिर**, सरल (देवदार), ताल, सर्ज (सालई), **अश्वकर्ण**, **सोमवल्क** (सफरखैर), कश, आम्र, प्रियक, धव। (कुल २० प्रकार)
सारबल = विशिष्ट बलसंपन्न सेना। (९)
सारभाण्ड = भारी माल। (४२)
साहस = कानून भंग करना, कानून या शासकीय निर्बंध का अतिक्रमण। (५८)
साहस = अत्याचार (३) बलात्कार या बलात्कार से धन आदि का अपहरण। (४८) (७४)
साहस दण्ड = कानून भंग करने पर शासकीय दण्ड। (५८)
सालपरिक्षेप = लकड़े का प्रकार।
सांवनिकी = वशीकरण करने वाली औषधि या मादक औषधि। (९१), (१३५)
सार्थ = व्यापारी मंडल, व्यापारी समूह। (४२)
सार्थवाह = दूसरे प्रदेश से माल लाने वाले या दूसरे प्रदेश में बेचने वाले। (३७)
सार्थातिवाह्य = मालवाले व्यापारी समुदाय को संकटयुक्त मार्ग से सुरक्षित पहुंचाना। (५५) (विवीताध्यक्ष का कर्तव्य)।
सिद्धद्रव्य = इसमें **कोषार्पित** (कोश में जमा हुआ द्रव्य), **राजहार** (राजा के द्वारा स्वीकृत), **प्रविष्ट** (बही खाते में लिखित), परमसंवत्सरानुवृत्त (गत वर्ष की जमा राशि), **शासन मुक्त**, **मुखातप्त**, **आपातनीय** (आकस्मिक व्यय) इन ७ का अन्तर्भाव होता है। (२७)
सिद्धि = मंत्रशक्ति साध्या, प्रभुशक्ति साध्या, **उत्साहशक्ति** साध्या। (कुल ३ प्रकार) (देखिये शक्ति)।
सिंहनिका = दारु, (शराब) मदिरा, तेल, **पिष्ट**, **गुड**, **इत्यादि** तैयार करवाने की मजदूरी। (३६)
सीता = धान्य उत्पादक क्षेत्रभूमि। (२७) (३६)
सीताध्यक्ष = कृषि विभाग का प्रमुख। (२) (४५)
सीधू = गुड़ की मदिरा। (४६)

सूत्राध्यक्ष = सूतकाम का अधिकारी। (४४)
सुराकिण्व विचय = मदिरा बनाने की क्रिया।
सुराकिण्व व्यवहार = मदिरा बनाना और बेचना। (४६)
सुराध्यक्ष = आबकारी या मदिरा विभाग का प्रमुख। (२) (४६)
सुवर्चिका = क्षार का एक प्रकार। (३६)
सुवर्ण = सोने का सिक्का। (७८)
सुवर्ण के आठ प्रकार = जाम्बूनद, हाटक, शातकुंभ, वैणव, शृंगीशुक्तिज, रसविद्ध, आकरोद्भव और जातरूप। (३४)
सुवर्ण पुद्गल = सोने के अलंकार। (३५)
सुवर्ण मालुका = धातु का प्रकार।
सुवर्णाध्यक्ष = कोशाधिकारी। (२), (३४)
सुवर्णालंकार के काम = (३ प्रकार) क्षेपण (जड़ाव काम), गुण (तार, गोफ आदि बनाना), क्षुद्रक (सोने के मणि तथा पोले अलंकार करना)। (३४)
सुरंगा = भूमिगृह से बाहर निकलने का मार्ग, गुप्तमार्ग (२०)
सुषमारूप = शुभ संवत्सर का लक्षण।
सूकरिका = युद्धोपयोगी पोतड़ी, जिसमें कपास या ऊन भरकर शत्रुओं की पथराव का प्रतिकार किया जाता था। (३९)
सूद = रसोइया। (१२)
सूद-आरालिक व्यंजनप्रणिहित = मांसान्न और पक्वान्न बेचने वाले के वेश में गुप्तचर। (९१)
सूत्राध्यक्ष = बुनकरों के काम पर देखरेख करने वाला प्रमुख अधिकारी। (२)
सूनाध्यक्ष = कसाईखाने का प्रमुख। (२) (४७)
सूपकार = दाल, शाक पकाने वाला।
सेतु = गांव की सीमा का बांध, बंधारा (दो प्रकार = स्थावर और कृत्रिम। (६६)
सेतु = गृह रचना के लिए खंभों पर आड़े खंभो को रखने पर बनने वाली चौखट। (६५)
सेतु = के अन्तर्गत पुष्प, फल, वाट (वाडी), षण्ड, केदार, मूल, वाप (वाफा) इन ७ विषयों का ग्रहण होता है। (२७)
सेतुबन्ध = नहर (दो प्रकार) **सहोदक** – अन्तर्गत झरने के पानी से भरा हुआ) **आहार्योदक** = बाहर के जल से भरा हुआ। (११०)
सेनापति = दस पदिकों का प्रमुख (अर्थात् १०० सेनांगों का प्रमुख। (१३४)
सेनापति के ज्ञातव्य ८ विषय = स्वभूमि, युद्धकाल, प्रत्यनीक (शत्रुसेना), अभित्रभेदन, भिन्नसंधान, संहतभेदन (जिन अनेक सेनाओं में संधि हो उनमें भेद करना), भिन्नवध, दुर्गबन्ध, यात्राकाल। (५४)
सेनापतिप्रचार = सेनापति के कर्तव्य। (५४)
सेनाभक्त = सेना का अन्नभाग। (३६)
सैन्धविका = सैन्धव का पिष्ट। (३४)

सैन्य (पांच प्रकार) = मैल, भृत, श्रेणी, मित्र, अटवी (वनवासी वीर)। (१०६)
सैन्य के चार गुण = शूर, कृतास्त्र, दुःखसह, अनुरक्त। (१०६)
सैन्य के आवश्यक ८ पदार्थ = गुणवत्ता, धान्य, कुप्य (कच्चा माल), यंत्र, शस्त्र, आवरण (कवच आदि), विष्टि, राशि। (१४४)
सैन्य के ६ संकट = व्याधि, दुर्भिक्ष, निचय, रक्षाक्षय, आवश्यक पदार्थो का अभाव) क्रीतबलनिर्वेद मित्रबल निर्वेद। (१४४)
सैन्य विनय = सैनिक अनुशासन। (शिस्त – मराठी में, (५४)
सैमिक = सीमारक्षक। (२३)
सोपानक = सोने की तार वाली एकावली (एक लड़ी की मोती-माला) (३२)
मणिसोपानक = बीच में मणि वाला सोपानक।
सोमारण्य = सोमयाग करने योग्य अरण्यस्थल। (२३)
सौगन्धिक = लाल रंग का मणि, माणिक। (३२)
सौप्तिक = सुप्त शत्रु पर आघात करना। (१३१)
सौभिक = मदारी, ऐन्द्रजालिक, जादु वाला। (१३५)
सौभित्तिक = हाथी की झूल।
सौवर्णकुड्यक = एक श्रेष्ठ जाति का क्षौम (रेशम)। (३२)
सौवर्णिक = (१) सोने के व्यापारी (२७)। (२) अधिकारी द्वारा नियुक्त सुनार। (३४), (३५)
सौवर्णिक के ५ अपराध = सोने में वर्णहीनता, प्रमाणहीनता, तुलोपधा, (खोटा तराजू), प्रतिमानोपधा (खोटा वजन), भांडोपधा (धातु में अदल बदल)। (३५)
सौवर्णिक प्रचार = सुनार के व्यवहार। (३५)
सौस्नातिक = राजा का स्नान होने पर कुशलता पूछने वाला। (२१)
स्कन्धप्रावर्तिम = (१) कंधे पर पानी लाकर खेत में सिंचाई करना। (२) उक्त प्रकार की खेती पर कर। (४५)
स्कन्धावार = छावनी, सेना निवेश। (२३) (४६)
स्कन्धावार का स्वरूप = **चतुर्द्वार, षट्पथ, नवसंस्थान,** (विभाग), खातवप्रसक्त (बुर्ज), साल (तट) द्वार (१२९), अट्टालक से संपन्न। (१२९)
स्कन्धावार में निषिद्ध (३ विषय) = विवाद, सौरिक समाज (शराबी लोग) और द्यूत। (१२९)
स्कन्धावार प्रयाण = सेना का अभियान। (१००)
स्कन्धावार निवेश = सेना की छावनी। (१०)
स्कन्धोपनेय = किश्तों किश्तों में प्रदान करने योग्य।
स्तम्भ = (१) राजद्रोह का अपराध। (८), (२) गर्व। (९)
स्तम्भ = (राज्य की प्रगति में विघ्न) दो प्रकार- (१) मुख्यस्तम्भ (नेताओं के कारण) (२) अमित्राटवीस्तम्भ (शत्रु एवं वन्य लोगों के कारण)। (१२०)
स्तम्भ वर्ग = करबंदी का आंदोलन करने वाले लोग।

स्तम्भ संक्रम = खंभों पर निर्मित तात्कालिक सेतु।

स्तवन के ४ विषय = जाति, कुल, श्रुत (ज्ञान) और वृत्त। (१२७)

स्तेय = राक्षस और पैशाच विवाह होने पर स्त्रीधन का उपयोग करना। (यह चोरी है और इस व्यवहार में चोरी समान दण्ड होता है। (५९)

स्तेय = (के प्रकार)- क्षुद्रक द्रव्य और स्थूलक द्रव्य (इसके ३ प्रकार = अवर, मध्यम, वर)। (७४)

स्तेय दण्ड = चोरी के अपराध का दण्ड। (२२)

स्तेय = अप्रत्यक्ष अपहरण या दूसरे की वस्तु का उपभोग। (७४) (देखिये साहस)।

स्त्रीधन = २ हजार से अधिक पण धनराशि या आबन्ध्य (अलंकार)।

स्त्रीधनकल्प = स्त्रीधन की व्यवस्था का विचार। (५९)

स्त्री-विप्रकार = पत्नी द्वारा पीड़ा या उपद्रव। (६०)

स्थल औदक (भूमि) = जिराईत, बागाईत बगिचे की (शाक सब्ज़ी के)। (१०९)

स्थल (वणिक्) पथ = (४ गुण) बहुखनि, सारपण्य, प्रसिद्धगति, अल्पव्यायाम।

स्थान = (१) स्वकर्म की वृद्धि या हानि दोनों न होना। (९९)

स्थान = (२) विशिष्ट उद्देश्य से शांत रहना। (१०२) (देखिये आसन)।

स्थानिक = (१) नगर के किसी एक विभाग का अधिकारी। (२) दुर्ग के चतुर्थ भाग की देखरेख करने वाला। (१७)

स्थानिक = (३) देश के चतुर्थ भाग का प्रमुख, प्रांतप्रमुख।

स्थानीय = ८ सौ गावों का केन्द्रस्थान। (२२)

स्थावर = अचल संधि।

स्थित यन्त्र = सर्वतोभद्र, जामदग्न्य, बहुमुख, विश्वासघाति, संघाटी, यानक, पर्जन्यक, अर्धबाहु, ऊर्ध्वबाहु। (कुल ९)। (युद्धोपयोगी विविध शस्त्रास्त्र)

स्थूलकर्ण = एक प्रकार का व्यूह।

स्नापक = हजाम (१२) या स्नान कराने वाला। (१२), (२१)

स्पष्टत्व = (लेख गुण) सर्वपरिचित शब्दों का प्रयोग। (३१)

स्पृक्तला = युद्धोपयोगी चल यंत्र। नोंकदार गदा। (३९)

स्रोतोयंत्र प्रावर्तिम = मोट चलाकर सिंचाई करना। (४५)

स्रौव = याज्य-याजक संबंध।

स्वकरण = स्वामित्व सिद्ध करना। (७३)

स्वदेशाभिष्यन्दवमन = अपने देश में एक प्रदेश के लोगों को अन्यत्र भेजना। (नयी बस्ती बसाने के निमित्त अन्यत्र भेजना।)

स्वधापाश = मृत पिता से संबंधित ज्येष्ठ पुत्र के कर्तव्य। (६३)

स्वप्न = अकाल निद्रा। (५२)

स्वबलोपघात प्रतिकार = शत्रु के गुप्त प्रयोगों से अपनी सेना की सुरक्षा करना। (१४)

स्ववग्रह = जिसके अनेक आप्तजन हैं ऐसा मनुष्य। (९)

स्ववित्तकारु = अपनी निजी पूंजी पर धंदा करने वाले। (७८)

स्ववीर्योपजीवी = शरीरश्रम पर जीवन बिताने वाले। (४५)

स्वाजीव = स्वावलंबी जीविका वाला।

स्वापतेय = पतिद्वारा ससुराल से प्राप्त संपत्ति। (४८)

स्वामिसंपद् = राजा की गुणसंपदा। (९५)

हरणोपाय = (सोना चांदी चुराने के उपाय) तुलाविषम, अपसारण, विस्रावण, पेटक, पिंगक। **सुवर्णहरण के ४ उपाय** = परिकुट्टन (ठोकपीट), **अवच्छेदन** (तोड़ना), **उल्लेखन** (खरोंधना), **परिमर्दन** (घिसना)। (३५)

हरितपण्य = घास पता आदि विक्रेय वस्तु। (२२)

हलमुखशस्त्र = शक्ति, प्रास, कुंत, हाटक, भिंदिपाल, शूल, तोमर, वराहकर्ण, कणय, कर्पण, त्रासिक। (कुल ११)। (३९)

हस्तपादपारंचिक = हाथ पाव तोडना। (७६)

हस्तप्रावर्तिम = खेत में हाथों से सिंचाई करना। (४५)

सेना के हस्ति तथा अश्व के १३ गुण = कुल, जाति, सत्त्व (सामर्थ्य) वयःस्थता, प्राणशक्ति, वर्ष्म (शरीर), जव, तेज, शिल्प (कौशल्य), स्थैर्य, उदग्रता (भव्यता), विधेयता, (आज्ञापालन), सुव्यंजनाचारता। (१३३)

हस्तिदोष = कर्मशंकित, अवरुद्ध, विषम, प्रभिन्न, विनिश्चय, मदहेतु विनिश्चय। (कुल दोष ६२ माने जाते हैं)। (५३)

हस्तिबंधकी = हाथी को वश में लाने में कुशल हाथिनी। (२३)

हस्तियुद्ध (प्रकार) = अश्व युद्ध प्रकार के प्रकीर्णिका व्यतिरिक्त ११ प्रकार और चतुरंग बल का घात, पक्ष-कक्ष-उरस्य विभाग को जर्जर करना और सौतिक (शत्रु पर आघात)। (कुल १५)। (१३३)

हस्तिवाटक = युद्धोपयोगी चलयंत्र। हाथी का प्रतिकार करने वाला तीक्ष्ण नोंक वाला दण्ड। (३९)

हस्ती (दो प्रकार) = नदीज, पर्वतौकस। नदीज हाथी के दांत २।। वर्षों के बाद और पर्वतीय हाथी के ५ वर्षों के बाद काटे जाते हैं। (५३)

हस्त्यध्यक्ष = पीलखाने का प्रमुख। (५२) (५३)

हाटक = हलमुखीशस्त्र, ३ या ४ पातों वाला दण्ड। (३९)

हारहूरक = हरहूर नामक नगर का मधु (द्राक्षामद्य) (४६)

हस्तिपक = पीलवान, महावत। (२३)

हिरण्य = मुद्रा।

सुवर्ण = नाणक। (२६)

द्रव्य = धन। (९३)

हिरण्यभोग (मित्र) = जिसके पास धन संपत्ति अधिक है। (१०७)

हिरण्यप्रतिग्रह = वसूली का स्वीकार। (१९)

हिरण्यप्रतिग्राही = रिश्वत लेने वाला।

हिरण्यभोग = जिससे सुवर्ण लाभ होता है ऐसा मित्र।

हिरण्यभोग = मित्र के ४ गुण = प्रर्थितार्थता, प्राभूल्य, अल्पप्रयासता, सातत्य। (१०७)

हिरण्य-सुवर्ण = सोना और सोने की मुद्रा। (७३)
हिंस्त्रिका = तस्करों की नौका। (४९)
हीनकर्म = कृश हाथी को पुष्ट करना। (५३)
हीनप्रतिवर्णक = हलकी कीमत वाला नमूना। (४२)
हीनशक्तिपूरण = प्रबल होने के लिये दुर्बलोंके उपाय। (११२)
हीनसंधि = शत्रु को धन देकर संधि करना। (७)
हीनानुसारण = पराजित सेना का पीछा करना।
हीरक = देखिये वज्र। (६ प्रकार)। (३२)
हेड = अवकृपा। (९७)
हेमापसारित = १ भाग सोने और आधे भाग तांबे का मिश्रण। शुद्ध सोने में मिलाकर शुद्ध सोने का अंश निकाल लेना। (३५)

* * *

वर्ग - २ – कौटिलीय अर्थशास्त्र
राज्य व्यवहार की परिभाषा

अकृतार्थमान = अधिकारी जिसका धन देकर सत्कार नहीं किया गया। (२१)

अकृत्य = राजा पर निष्ठा न रखने वाला और शत्रु के वश में जाने वाला सेवक।

अकृत्योपगृहीत = दुष्कृत्य के कारण कैद किया गया मनुष्य। (२१)

अक्षणताडन = असमय या बेवक्त भटकने पर सजा। (५७)

अक्षपटल = सराफे का विभाग, सराफ कट्टा। दफ्तरदार की कचहरी (रजिस्ट्रार का कार्यालय)। (२५/२८)

अग्निदण्ड = निषिद्ध समय पर घर में आग जलाने का दण्ड। (१/८५)

अंगुष्ठ-सन्दंशन = अंगूठा काटने की सजा। (४४)

अतिनयन = सीमा के पार ले जाना। (६७)

अत्यय = द्रव्यदण्ड।

अतिचार = अनाचार, अवैध व्यवहार (४) (६०)

अतिसन्धान = ठगाना, विश्वासघात, वंचना, प्रतारणा। (१४३)

अतिसन्धि = ठगना।

अत्याहित = अतिसाहस।

अत्याहारित = जिसके अधिक धन का अपहरण हुआ है।

अद्वैध्य = अविभाजनीय।

अत्यय = नुकसान, हानि (३०)। कर न देना (३३)

अदण्डकर = जिस भूभाग पर दण्ड या कर लगाया नहीं जाता। (२२)

अदृष्टकर्मा = कर्तव्य कर्म का अनुभव न होने वाला। (८)

अधिकरण = विभाग (२६)। विभाग प्रमुख, (२८)। अधिकारपद (३०)। उत्पादन या आय का विभाग (२८)। शासन का कोई विभाग (१३७)

अधिचार = बलात्कार (४७)

अधिमासकं = अधिक मास का हिसाब (२८)

अध्यक्ष निबन्ध = अधिकारी का आदेश। (४९)

अनर्थ = जिस लाभ के कारण अपनी प्रजा से या शत्रु के राज्य से भय उत्पन्न होता है। (१२८)

अनर्थसंशयास्पद् = सभी ओर से अनर्थ होने की परिस्थिति में मित्र द्वारा सहाय जब होता है, ऐसी परिस्थिति। (१२८)

समन्त अनर्थापद् = जब सभी ओर से शत्रुओं की पीड़ा उत्पन्न होती है। (१२८)

अनिसृष्ट = अनुमति रहित, बिना परवाना। (९२)

अनिसृष्टोपभोक्ता = बिना अनुमति के निक्षेप का उपभोग लेनेवाला। (६९)

अनीश्वर = अनधिकारी। (६२)

अनुग्रह = टोल या चुंगी की माफी (३७)

अनुग्रह = किसान को दी हुई तगाई (२२)
२) टोल या चुंगी की माफी (३७)

अनुग्रहकरण = सार्वजनिक निर्माण कार्य के लिए आवश्यक सामान विनामूल्य देना। (२२)

अनुग्राह्य = १) क्षमा करने योग्य। (७७)
२) साहाय्य देने योग्य। (१०६)

अनुजीविवृत्त = नौकरों के कामधाम के नियम। (५)

अनुनय (तीन प्रकार) = १) पैसे मांगने के निमित्त। (२) अतिक्रम की क्षमायाचना के निमित्त, और ३) किसी का महत्त्व बढ़ जाने के कारण।

अनुयोग (पूछताछ) के विषय = देश, जाति, गोत्र, नाम, कर्म, सार (संपत्ति), सहाय, निवास। (कुल ८)। गवाह से यह जानकारी न्यायालय में प्राप्त की जाती है। (८५)

अनुलास = दो सीमाओं के बीच की खुली भूमि।

अनुष्ठान = बंदोबस्त, व्यवस्था (अनुतिष्ठेत्)। (२६)

अनेकमुख = अनेक स्थानों में चलने वाला (व्यवहार)। (४६)

अन्तःकोप = प्रजाजनों में असंतोष। (१६)

अन्तरमात्यकोप = मुख्य मंत्रियों के अतिरिक्त मंत्रियों का प्रक्षोभ। (१२४)

अन्तर्धि = नेता (विजिगीषु) और शत्रु इन दोनों के बीच वाला दुर्बल राजा। (उदा. भारत और चीन के बीच नेपाल)। (१११)

अन्तर्वेशिक = अन्तःपुर का वृद्ध सेवक, जिसे नाटक में कंचुकी कहा जाता है। (१२)

अन्यजात = लावारिस माल (३६)

अन्यजात आय = नष्टप्रस्मृत, आयुक्तदंड, पार्श्व, परिहीणिक, औपायनिक, उमरगत, अस्वम्, अपुत्रकम। (आठ प्रकार) (२७)

अन्वाधि = अन्य प्रदेश में किसी को वापस लौटाने निमित्त दिया हुआ द्रव्य। (६९) (देखिये आदेश)

अपचय (क्षय-व्यय) = युग्य (कार्यक्षम) पुरुष का अपचय (नाश) ही क्षय और हिरण्यधान्य का अपचय (ऱ्हास) ही व्यय होता है। (१२५)

अपचरित प्रकृति = जिस राजा के प्रजाजन अत्याचारों से त्रस्त हैं। (१०३)

अपनय = साम-दामादि शास्त्रोक्त उपायों का अयोग्य देश काल में प्रयोग। (इन्हीं से आपत्तियों का उद्भव होता है।) (१२६)

अपराधी (तीन प्रकार) = १) युक्त (मुख्य) २) उपयुक्त (अपराधी का सहायक) और ३) तत्पुरुष (अनुचर)

अपरोहित स्थान = रिक्त अधिकार पद (१४५)

अपव्ययस्थान = आरोप नामंजूर करने वाला। (२९)

अपसर्प (प्रवासी गुप्तचर) (१२) = परीक्षा करने की व्यवस्था। (१३)

अपसर्पण = किसी की योजना या नियुक्ति करना। (१३)

अपसर्पप्रणिधि = गुप्तचरों की रवानगी (१३)

अपसार = अपराधी का पलायन। (३५)

अपसृत सन्धि = जमानत की रकम देकर सन्धि। (७)

अपुत्रक (आय) = पुत्रहीन की संपत्ति के रूप में प्राप्त। (२७)

अप्राप्त व्यवहार = आर्थिक इत्यादि व्यवहारों का अनधिकारी, अज्ञान (७०)

अप्रार्थनीय = न्याय के अतिरिक्त किसी को न मानने वाला अधिकारी।

अपहीन = स्वायत्त खेत में कृषि उत्पादन न करने पर दण्ड। (२२)

अप्रणीत = उपयोग में न लाया हुआ (घर खेत आदि)

अभयदान देने योग्य = पतित, पराङ्मुख, अभिपन्न (शरणागत), मुक्तकेश, शस्त्रभयविरूप। (कुल ५)

अभयवन परिग्रह = संरक्षित वन में रहनेवाले प्राणी। (४७)

अभिग्रह = गूढाजीवी अपराधी को पकड़ना (इसके तीन प्रमुख उपाय = शंकाभिग्रह = (शंका के कारण) पकड़ना। रूपाभिग्रह (चोरी का माल पकड़ना) **कर्माभिग्रह** (अपराध स्थान के लक्षणों से पकड़ना) (८३)

अभित्यक्त पुरुष = वध्य पुरुष, जिसे फांसी की सजा हुई है। (२६)

अभिपन्न = शरणागत। (१८)

अभिजात = कुलशीलवान। (७०)

अभिभर्त्सन = किसी को धमकी देना कि आगे चलकर आप संकट में फसेंगे। (३१)

अभियुक्त = न्यायालय में पराभूत प्रतिवादी। (५८)

अभियुक्तोपजाप = आरोपी के साथ संगनमत। (२९)

अभियोग = न्यायालयीन मामला (३७), दोषारोप। (२९)

अभियोग करने योग्य = (३ प्रकार) मूलहर (मूल धन का व्यय करने वाला। तादात्त्विक (यथाशक्ति निर्वाह करने वाला), कदर्य (कंजूस)। (१११)

अभिरूपदायक = योग्यता के अनुसार दी हुई कृषियोग्य भूमि। (२२)

अभिशस्त = पूर्वदण्डित अपराधी। (५८)

अभ्यन्तर कोप = मंत्री पुरोहित सेनापति और युवराज इन में से किसी एक का या अनेकों का उत्थान। (१२४)

अभ्यवपत्ति = संकट में सहायदान (व्यसनसाहाय्य)। (३१)

अमात्यसम्पत् = अमात्य या मंत्री के विविध गुण (९), (३०)

अर्थ संशयापद् = सभी ओर से प्राप्त लाभ में पार्ष्णिग्राह के द्वारा जब विघ्न आता है। (१२८)

समन्ततोअर्थापद् = सभी ओर से लाभदायक परिस्थिति। (१२८)

अर्थोपधा = द्रव्य के प्रलोभन से गूढ परीक्षा। (१०)

अल्पभोग (मित्र) = अल्प संपत्ति वाला (१०७)

अवक्लृप्तिक = अधिकार के लिये अधिक योग्य। (२८)

अवक्षेप = अधिकार से निवृत्त करना। (१०)

अवगूर्णन = शस्त्र लेकर मारने दौड़ना।

अवनिधान = लोगों के पास धन को गुप्त रखना। (३०)

अवरुद्ध = कारागार में बंद कैदी। (१३)

अवरुद्धवृत्त = राजपुत्रों से व्यवहार। (१)

अवरुद्धादान = बंदिवान राजपुत्र आदि को मुक्त करने का प्रयोग। (१२४)

अवश्यसैन्य (मित्र) = जिसका सैन्य वश में नहीं रहता। (१०७)

अवस्कन्दित = निर्माण कार्य में बाधा (हड़ताल आदि से)। (४४)

अविनय = विरुद्ध उत्थान, विद्रोह, बगावत (बंड – मराठी में)। (९१)

अविसंवादक = वचन भंग न करने वाला। (१८)

अष्टादशशक मंडल = प्रत्येक राज्य की विदेश नीति का यह पृथक् एकक होता है। इसमें प्रत्येक विजगीषु, मित्र और मित्र के मित्र के अमात्य, जनपद, दुर्ग, कोश तथा दण्ड का अन्तर्भाव होता है। कुल चार मंडलों में 12 राजा और उनकी ६० प्रकार की द्रव्यप्रकृति अन्तर्भूत होती है। (९८)

असत्प्रगह = अयोग्य व्यक्ति को उच्चाधिकार देना। (१०)

अहिभय = राजपुत्र को किसी स्थान में बंद कर रखने के कारण संभाव्य भय जैसा साप को बंद रखने के कारण हो सकता है। (१७)

आक्षपटले गाणनिक्याधिकार :
जनगणना (२)

आज्ञापत्रक = (देखिये शासन)।

आतिपातिक = नियमों का अतिक्रमण करने वाला (७२)।

आत्मवत्ता = श्रद्धा से उत्पन्न होने वाला आत्मप्रत्यय गुण। आत्मविश्वास।

आत्मसंपन्न = सर्वगुणसंपन्न। (१७)

आत्ययिक (कार्य) = आवश्यक कार्य या दीर्घकाल से चलते आया हुआ, जिसकी कालमर्यादा अत्यधिक हो चुकी है। (१५) (१९)

आदेश = अपने गांव में किसी को पहुंचाने निमित्त दिया हुआ द्रव्य। (देखिये अन्वाधि)। (६९)

आधिवेदनिक = नुकसान भरपाई या परिपोषण के निमित्त देय धन। (५९)

आनूप = (अनुप) दलदल का जलयुक्त प्रदेश। (४५)

आपत्ति (तीन प्रकार) = कुल, बन्धन (फौजदारी), तूर्य

(दीवानी)। (७०)

आपदर्थ = जिस अर्थ (लाभ) की अप्राप्ति शत्रुवृद्धि का कारण होती है। जो प्राप्त होने पर शत्रु को वापिस देना आवश्यक होता है, और जिसको प्राप्त करने में क्षय और व्यय अधिक होता है। (१२८) जिस लाभ को सामन्त चाहते हैं। जो सामन्त के संकट से प्राप्त हुआ है। शत्रु जिसे चाहते हैं। पार्ष्णिग्राह के द्वारा जो बाधित हो सकता है। जो मित्रोच्छेद से, सन्धिच्छेद से, या मित्रमण्डल के मत-विरोध में प्राप्त हुआ है। (कुल ८) (१२८)

आपद् दैवी (प्रकार) = अग्नि, उदक, व्याधि, प्रमार, विद्रव (ज्वालामुखी, भूकंप आदि), दुर्भिक्ष और आसुरी सृष्टि (शलभ-मूषक आदि)। (१२८)

आप्यप्रयोग = एक कूट प्रयोग जिसमें औषधि के निमित्त विष पिलाकर हत्या की जाती है। (९१)

आभिगामिक गुण = लोगों को आकर्षित करने वाले गुण। (९७)

आयुक्त दण्ड (आय) = अधिकारियों को दण्ड देने से प्राप्त। (२७)

आरक्षविपर्यास = आरक्षकों का स्थानान्तर। (१२९)

आरण्यक = अरण्यवासी लोग। (१३)

आरंभकर्ता = (५ प्रकार) शक्यारंभी, कल्यारंभी, (निर्दोष कार्य का आरंभ करने वाला), भव्यारंभी, (फलोत्पादक कार्यो का आरंभ करने वाला), स्थितकर्मा (आरब्ध कार्य संपूर्ण करने वाला) और अनुरक्त प्रकृति (जनता की सहायता से अल्प व्यय में करने वाला)। (१०६)

आर्य = १) उत्तम लोग (४६) २) चातुर्वर्ण्य के अन्तर्गत लोग। (७७)

आर्य = आपत्ति के कारण दासत्व आने पर भी जिसे मूल्य देकर आर्यत्व प्राप्त करने का जन्मसिद्ध अधिकार है। (अनार्य = म्लेच्छ)। (७०)(८६)

आसन = अपने उत्कर्ष निमित्त बैर से निवृत्ति। (देखिये – स्थान)। (१०८)

आशुमृतक = अपघात में मृत। (४)

आशुमृतक (अकस्मात् मृत) = निरुद्धोश्वासहत, उद्बन्धहत, अवरोपित, उदकहत, काष्ठाश्महत, अवक्षिप्त, विषहत, सर्वकीटहत, मदनयोगहत, उद्बन्धकण्ठ, निकृत्तकण्ठ। (कुल ११ प्रकार) (८४)

आहार्यबुद्धि = १) दूसरे की बुद्धि को प्रमाण मानकर व्यवहार करने वाला। २) धर्म और अर्थ का ज्ञान होने पर भी तदनुसार आचरण न करने वाला (इसी को घृतबुद्धि कहते हैं)। (१७)

उत्कोचक = जबरदस्ती से रिश्वत लेने वाला (८१)

उत्तमदण्ड = ५ सौ से १ हजार पण दण्ड (३३)

उत्तम साहस (या वध) दण्ड = ५०० से १००० पण दण्ड (४२)

उत्थान = ऐसा उद्योग जिससे योगक्षेम होता है। (५)

उत्थानक्लेश = [illegible] के परिश्रम। (२८)

उदरदास = उदरनिमित्त दास बना हुआ (अर्थात् जो जन्मतः दास नहीं है।) (७०)

उद्धतदण्ड = [illegible] (४)

उपग्रह = वश में लाना। (१२)

उपजाप = भेद या झूठ प्रतिकूल प्रचार करना। (१३)(१०)

उपजाप (२ प्रकार) = स्वपक्ष उत्कर्ष तथा परपक्षोपक्षेप के उपाय = १) सर्वज्ञख्यापन (राजा सर्वज्ञ है ऐसा मिथ्याप्रचार) २) दैवत संयोग ख्यापन ([illegible] प्रसन्न है इत्यादि मिथ्या प्रचार)। ([illegible])

उपदाग्राहक = रिश्वत लेने वाला। (८१)

उपधा = गूढ युक्ति से सत्त्वपरीक्षा (९) २) [illegible] प्रयोग। (१०)

उपाधि = मिलावट, [illegible] (३४)

उपनिपात = आधिभौतिक संकट। (८)(६९)(७२) (८०)

उपनिषत् प्रतिषेध = [illegible] शत्रु का नाश करने का गुप्त उपाय। (९१)

उपप्रदान ([illegible]) = द्रव्य देकर उपकृत करना।

उपभोग [illegible] अधिकार (स्थावर संपत्ति के) प्राप्त होने के निमित्त = [illegible] (रोकड़ [illegible] देकर), अवक्रय (किराया पट्टे [illegible]) अधिभाग (विभाजन), भोग (दीर्घकाल उपभोग), निसृष्ट ([illegible]) (कुल ५) (६६)

अपवाद (दोषदर्शन) = वाक्पारुष्यरूप अपराध का एक प्रकार)। दो-प्रकार (सत्य और मिथ्या। (इसके विषय- शरीर, स्वभाव, विद्या, वृत्ति (धंधा) और देश (कुल ५) (७५)

उपस्थान = राजसभा का स्थान (१९, २०)। २) कार्यालय का समय (२८) ३) देवडी या चौकी (१२९)

उपाय = साम, दान, भेद और दण्ड। (३१)

उपाय सिद्धि के अनुसार राजभेद = एक उपाय से सिद्धि प्राप्त करने वाला = एकसिद्धि। इसी प्रकार द्विसिद्धि, त्रिसिद्धि, चतुःसिद्धि। ये राजा के विशेषण होते हैं। (१२८)

उपावर्तन = विवाहादि संबंध में इन्कार। (७२)

उपांशु दण्ड = गुप्त घात। (११) (९७) (१३३)

उपेक्षण = शत्रुविरोधी उपाय योजना (शक्यता होने पर भी) न करना (देखिये आसन)। (१०२)

उभयतो अनर्थापद् = इधर उधर के दोनों मार्गों से अनर्थ की संभावना जब होती है। (१२८)

उभयतो अर्थापद् = इधर उधर से दोनों मार्गों से लाभ होने की जब संभावना होती है। (१२८)

उभयतोऽर्थाऽनर्थसंशयदायिनी = एक ओर से लाभ और अन्य सभी ओर से आपत्ति आने की संभावना जब होती है। (१२८)

सर्वतोऽर्थानर्थ संशयदायिनी इसी प्रकार की होती है।

उष्ट्रगुप्तिस्थान = ऊंटखाना (२५) उष्ट्री = मिट्टी का घड़ा।

उरुवेष्ट = दंडबेड़ी (८५)

एकपुरुषक = एक पुरुष की जीवन मर्यादा तक ही जिस पर स्वामित्व होता है। (ऐसा खेत) (२२)

एकप्रग्रह = राजाधिकार पाने योग्य। (१०)

एकलोष्टवध = पथराव से हत्या। (१७)

एकांगवध = हाथ पांव आदि अवयव काटने का दण्ड। (४) (८७)

औपघातिक = नुकसान करने वाला व्यवहार। (३७) कृतघ्न मनुष्य। (७३)

औपघातिक देश = खराब हवा पानी का उपद्रव युक्त प्रदेश (१४५)

औपनिषिदिक प्रयोग = विनाश के गुप्त प्रयोग। (११३)

औपपादिक = पर्वताधिपति। (१०)

औपयनिक (आय) = नजराना, उपहार, उपायन द्वारा प्राप्त। (२७)

औरभ्रकभय = राजपुत्र के संभाव्य विद्रोह के भय से, उसे सीमान्त के अधिकारी के नियंत्रण में रखने के कारण 'उरभ्र' (भेष, भेड) के समान आक्रमण का भय। (दूर जाकर भेड़ अधिक शक्ति से टक्कर मारता है। (17)

कंटकशोधन = अनिष्ट या गुंडे लोगों का बंदोबस्त। (१०) (३४) (७८)

कन्याकुमारपुर = राजकन्या तथा राजकुमार - वर्ग के निवास का राजप्रासाद का विभाग। (२०)

कर = धन के रूप में शासनद्वारा वसूली। (२७)

करणीय = इसमें, संस्थान (चालू काम), प्रचार (नया काम), शरीरावस्थापन (पुराने काम का सुधार), आदान (करवसूली), सर्वसमुदयपिण्ड (वसूली एकत्रित करना), संजात (सारी आय का बहीखाता रखना), इन छह विषयों की गणना होती है। (२७)

करप्रतिकर = गोरक्षक द्वारा गाय का घी, चमडा, इत्यादि जो प्रतिवर्ष राजा को दिया जाता है। (४०)

कर्म आयोग = कर्तव्य में नैपुण्य। (५८)

कर्मकर = प्रवीण या जानकार नौकर (३३)

कर्मगृह = कार्यालय। (२५)

कर्मयोग = शत्रुनाश के हेतु जारणमारण आदि प्रयोग। (१६)

कर्मवध्य = देहान्त शासन देने योग्य अपराध करने वाला (८५)

कर्मसंवत्सर = ३५४ दिन का कालावधि (इसकी समाप्ति आषाढी पौर्णिमा को होती है। (२८)

कल्य = संकट रहित लाभ।

कल्प = नियम, निर्बन्ध, संकेत। (५)

कल्पक = प्रसाधक (वस्त्र, अलंकार पहनाने वाला) २) नाई या हजाम। (१२)

कान्तारक = वनवासी लोग। (६८)

कापटिक = इंगितज्ञ और प्रौढ छात्रचर। (११)

कापटिक = छात्र गुप्तचर। (९२)

कामदान = कलाकारों को दान। (७३)

काममूलक चार व्यसन = मृगया, द्यूत, स्त्री, मद्यपान। (११९)

कायदण्ड = दण्डनिमित्त शारीरिक ताड़न पीड़न। (५७)

कार्य = (राजसेवक के) आभ्यन्तर, बाह्य, गुह्य, प्रकाश्य, आत्ययिक (सत्वर), उपेक्षितव्य। (कुल ६ प्रकार) (९५)

कार्यानुशासन = १) कर्तव्यों का उपदेश (जिससे स्वधर्मस्थापना होती है (७)। २) न्यायदान (१९)

कालमान = त्रुट, लव, निमेष, काष्ठ, कला, नालिका (घटिका) मुहूर्त- दिन (रात्रि = (१५ मुहूर्त काल), अहोरात्र, पक्ष, मास, ऋतु, अयन, सवंत्सर, युग = (पाच संवत्सर)। (४१)

कुडुम्ब = वेतन (४८)

कुत्सित याजक = निंद्य लोगों से यज्ञ करवाने वाला। (७१)

कुल्य = समान कुल में उत्पन्न। (१)

कुम्भीपाक = कटाह या कुम्भ में जलाकर मारना (अभिषिक्त रानी से संभोग करने का दण्ड है।) (९०)

कूटपणकारक = झूठा करारनामा करने वाला। (८१)

कूटसाक्षी = झूटी साक्ष, गवाही देने वाला। (८१)

कृच्छवृत्ति = कर्तृत्वसंपन्न, जिसने कोई महान् कर्म किया है। (२१)

कृतकबन्धांक = अपराधी के मस्तक पर लगाया गया कलंक। (९०)

कृत्य = विश्वासघातकी, जो राजभक्ति से पथभ्रष्ट किया जा सके। (१, १३)

कृत्य-अकृत्य वर्ग (परराज्यस्थ) = क्रुद्ध, भीत, लुब्ध और मानी - इन चार प्रकारों का अधिकारी वर्ग। (१४)

कृत्यपक्ष = जो बेइमान हो सके ऐसे लोग। (१३८)

कृत्यपक्षोपग्रह = बेईमान, असंतुष्ट लोगों से सख्य करना। (१८)

कोशवृद्धि के ९ साधन = प्रचारसमर्धि (कारखानों का विकास), चरित्रानुग्रह (शीलरक्षण), चोरग्रह, युक्तप्रतिषेध (अधिकारियों का नियंत्रण), सस्यसंपत्, पण्यबाहुल्य, उपसर्ग प्रमोक्ष (आधिभौतिक उपसर्ग से बचाव), परिहारक्षय (सहूलियत न देना), हिरण्योपादान।

कौष्ठेयक = कांजी घर का कर (३६)। वृक्षों का उत्पन्न।

क्रुद्धवर्ग = वंचित, अपमानित, पीडित, निर्वासित, अधिकारच्युत, कैद में कुण्ठित, दण्डित, लुण्ठित, इत्यादि प्रकारों का अधिकारी वर्ग। (१४)

क्षय = स्वकार्य की हानि होना और शत्रुकार्य की न होना। (९६) क्षय-व्यय-लाभ-विमर्श = सैन्य तथा कोश का आय व्यय। (९)

क्षुद्रक = कनिष्ठ अधिकारी वर्ग (१३)

क्षुद्रपरिषत्क = जिस की परिषद में क्षुद्र लोग होते हैं। (९७)

क्षेमरात्रि = अपराधविरहित रात्रि। (५७)

खरपट = कैदी के गले में बांधा हुआ लोहे का बिल्ला। (८५)

खार्वटिक = दो सौ गांवों का केन्द्रस्थान। (२२)

गर्भपात अपराध = प्रहार से, भेषज्य से, परिक्लेश से। (८८)

गुप्तचर द्वारा परीक्षण योग्यस्थान = चैत्य, चतुष्पथ, शून्यपद, उदपान, नदी, निपान (नदी घाट), तीर्थ, आयतन (देवालय), आश्रम, शैल, वनगहन। (कुल ११)

गुप्तचर के प्रकार = सिद्ध, तापस, प्रव्रजित, चक्रचर (जादुगर), चारण, कुहक (मदारी या मांत्रिक), प्रच्छन्दक, कार्तान्तिक (भविष्यवादी), मौहूर्तिक, चिकित्सक, उन्मत्त, मूक, बधिर, जड, अंध, वैदेहिक, कारु, शिल्पि, कुशीलव, वेश (नट) शौण्डिक, आपूपिक, पाक्वमांसिक, औदनिक (कुल २४)। (८१)

गुप्तिच्छिद्र = मर्मस्थान। (१-१५)

गुप्तिस्थान = आरक्षित विभाग। (४७)

गूढप्रणिधान = गुप्तचरों की योजना। (११६)

गुह्यसधर्मा = ऐसा पुरुष जिसका गुह्य मर्म ज्ञात है। (८)

गूढलेख्य = गुप्तपत्र (१-१२)

गूढाजीवा = गुप्त मार्गों से कमाई करने वाली स्त्री। (४८)

गूढाजीवी = प्रकार – उपदाग्राहक, उत्कोचक, कूटसाक्षी, संवननकारक, रसद, मदनयोगव्यवहारी, कूटरूपकारक, कूट सुवर्णकारक (कुल ८)। (इन आरोपों से १३ प्रकार के ग्रामकंटकों को निर्वासित किया जाता है। (८१)

गूढाजीवी = रिश्वत या घूस लेने वाले। (१-४)

गुरुसमुत्थ (मित्र) = जिसे युद्ध के समय उत्थान करने में प्रयास होते हैं। (१०७)

ग्रन्थिभेद = जेब काटना, गांठ खोलना। (८७)

ग्रहणकाल = पशु पकड़ने का समय। (५२)

ग्राम के प्रकार = परिहारक (करमुक्त), आयुधीय (सैनिक देने वाला), धान्यप्रतिकर, पशुप्रतिकर, हिरण्यप्रतिकर, कुप्य – प्रतिकर, विष्टिप्रतिकर (कुल ७)। (५६)

ग्रामभृतक = गांव वाले नौकर। (२-२२)

चारक = कैदी। दीवानी कारागृह। (८६)

चित्रभोग = अनेक प्रकार से उपयोगी मित्र।

छन्दिका = गजकुमार आदि को वैयक्तिक व्यय के लिए दी जाने वाली रकम। (पॉकेट मनी)। (१३५)

छायानलिका = १) राजा को समय की सूचना देने का साधन २) उन्मार्गवर्ती राजा को सन्मार्ग पर लाने के लिए मार्गदर्शक आचार्य द्वारा जिसका प्रयोग किया जाता था ऐसा कोई साधन। (७)

जंघाकारिका = दौड़ते दौड़ते जाने वाला जासूस। (22)

जंघाग्र = स्त्री पुरुषों की गिनती। (५६)

जनपद के तीन विभाग = संग्रहण, द्रोणमुख और स्थानीय। (५८)

जनपदनिवेश = नये गावों की निर्मिति करना। (२२), २) देश की रचना।

जनपदसन्धि = प्रदेश के विभाग (५८)

जनसमवाय = सार्वजनिक स्थान। (१३)

जानपद= १) स्वदेश का निवासी (९), २) सर्वसामान्य जनता (९९)

तटाकवमन = (या वामन) = तालाब शुष्क करवाना। (६६)

तापसव्यंजन = तपस्वी के रूप में घुमने वाला गुप्तचर। (५६)

तिरोजनपद = जनपद के बाहर का मनुष्य (५५)

तीक्ष्णदण्ड = नित्य कठोर दण्ड का प्रयोग करने वाला। (४)

तीक्ष्ण = १) हाथी, साप इत्यादि से लढने का खेल करने वाले प्रवासी गुप्तचर (१२)। २) घातक गुप्तचर (९)

तीर्थ = अन्यान्य शासकीय विभाग (जिनकी संख्या १८ थी) (१२)

तीर्थघात = तीर्थस्थान में अपराध करने वाला।

तुल्य लाभ से विमर्शनीय ७ विषय = देश, काल, शक्ति उपाय, प्रिय- अप्रिय, जव-अजव (अल्प - दीर्घकाल), सामीप्य-विप्रकर्ष, तदात्व-अनुबन्ध, सारत्व, सातत्य, संख्या बाहुल्य-बाहुगुण्य। (१२५)

तुष्टिदान = राजा के द्वारा अर्पित पारितोषिक। (११)

तृतीयसार = तृतीय श्रेणी का।

दण्ड = आन्वीक्षिकी, त्रयी और वार्ता इन तीनों विद्याओं के योगक्षेमं का साधन। दण्ड की नीति = दण्डनीति। (१४)

दण्ड = (तीन प्रकार)- पूर्व, मध्यम, उत्तम वध। (वध = दण्ड।) (२६)

दण्ड = (तीन प्रकार)- वध, परिक्लेश (पीड़ा देना) और अर्थहरण।

दण्डखेदी = दण्ड की पीडा न होते ही व्याकुल हुआ। नय और अनय का अर्थात् अर्थ और अनर्थ का विवेक। (२)

दण्डप्रयोग में विचारणीय ८ विषय = पुरुष, अपराध, कारण, गुरु-लाघव, अनुबन्ध (विशिष्ट परिस्थिति) तदात्व, देश और काल (८७)

दण्डपारुष्य = अपकृत्यनिमित्त निर्दय ताडन आदि (३)

दण्डपारुष्य (३ प्रकार) = स्पर्शन (गंदे हाथ से या पांव से) अवगूर्णन (शस्त्र उठाकर धमकी)। प्रहत (आघात करना)। (७६)

दण्ड्य = सभी असिद्ध व्यवहारों में कर्ता, कारयिता, श्रोता, अनुमन्ता (साथीदार या गवाह) (५८)

दम = दण्ड। (६६)

दशबन्ध दण्ड = दस गुना अधिक दण्ड। (२८)

दाण्डकार्मिक = गुप्तता से राज्यद्रोहियों का वध करवाना। (९१) (९६)

दान (३ प्रकार) = अनुग्रह, परिहार (करमाफी) कर्म –

आयोग (विशिष्ट कार्य पर नियुक्ति)। (१२६)
दान = के निमित्त = शौच, सामर्थ्य, व्यसन (गृहसंकट), अभ्युदय (उत्तम कार्य) - इन चारों निमित्तों से दान प्रयोग करना चाहिये। (१२६)
दान प्रयोग से साध्य = १) लुब्ध और धनक्षीण। (१२७)
दान = (पांच प्रकार) देयविसर्ग (देने की रकम छोड़ना) गृहीतानुवर्तन (ली हुई राशि को मान्यता देना), आत्तप्रतिदान (स्वाधीन की हुई राशि वापिस लेना), स्वद्रव्यदान, परधन लूटने की अनुमति देना। (१२७)
दान = (प्रकार) - धर्मदान, अर्थदान, कामदान (कलाकारों को दान), भयदान, रोषदान, (दूसरे को अपाय करने हेतु दान)। (७३)
दायक = (दापक) वसूली ठहराने वाला और वसूल करने वाला। (२८)
दास = (या दासी) चार प्रकार- गृहजात, दायागत, लब्ध और क्रीत। (७०)
दासी = (पांच प्रकार की सेविका) धात्री (धाय), परिचारिका (घर काम रसोई आदि वाली,) अर्धसीतिका (आधे हिस्से पर खेत में काम करने वाली), उपचारिका (रुग्णसेवा करने वाली) पुंश्चली (वेश्या) (७०)।
दुर्ग = इसके अन्तर्गत शुल्क, दण्ड, पौतव, नागरिक, लवणाध्यक्ष, मुद्राध्यक्ष, सुरा, सूना, सूत्र, तैल, घृत, क्षार सौवर्णिक, पण्यसंस्था, वेश्या, द्यूत, वास्तुक, कारुशिल्पिगण, देवताध्यक्ष, द्वारबाहिरीकार देय - इन २० विषयों का अन्तर्भाव होता है। (२७)
दुर्बुद्धि= नित्य संकटग्रस्त रहने वाला और धर्म अर्थ का द्वेष करने वाला (१७)
दूतप्रणिधि = के तीन प्रकार- १) निःसृष्टार्थ। (२) परिमितार्थ। (३) शासनहर (१६)
दूतप्रावर्तिम = परराष्ट्र स्थित दूतावास का व्यय।
दूष्य = राजद्रोही या जिस पर राजद्रोह का संशय किया जाता है। (९१) (१००)
दूष्यकुल्य = राजद्रोही परिवार के लोग (९२)
दूष्यबल = सैन्यान्तर्गत राजद्रोही लोगों का दल, या जिनके (१११) विषय में राजद्रोह की संभावना है ऐसे लोग। (१३१)
दूष्यवध = राजद्रोही का कडा दण्ड (११)
दूष्यव्यंजन = राजद्रोही के रूप में संचार करने वाले गुप्तचर। (१२६)
दृष्टापदान = पूर्व परंपरा जानने वाला। (८)
देशमान = (अंतर का नाप) = परमाणु, धूलिकण, लीख, ऊं, यव, अंगुल धनुर्ग्रह, धनुर्मुष्टि, वितस्ति, (बिल्लस), अरत्नि (एक हाथ), शम, किष्कु व्याम (गहराई नापने का प्रमाण), दण्ड। (४१)
देशलौल्य = अन्यान्य देशों में प्रवास करने का शौक।

देशावस्थापन = देश विषयक चिन्तन।
दैवदण्ड = दैवी आपत्ति। (१३)
दैवपीडन (पांच प्रकार) = अग्नि, उदक (महापूर), व्याधि, दुर्भिक्ष, मरक। (१२०)
दैवी महाभय (८ प्रकार) = अग्नि, जल, व्याधि, दुर्भिक्ष, मूषिक (चूहे), व्याल (हिंस्र पशु), सर्प, भूतपिशाच (रक्षांसि)। (८०)
दोष = (अधिकारी के) जिससे राजा (सरकार) का आर्थिक नुकसान होता है) = अज्ञान, आलस्य, प्रमाद, भय, काम, कोप, दर्प, लोभ। (यथापराधं दण्डयाः)।
द्यूतसमाह्वय = द्यूत, शर्यत या स्पर्धा । (१-३)
द्यूतावास = जुए का अड्डा।
द्रव्यहरण के ४० उपाय = पूर्वसिद्ध पश्चात् अवतारितम्, पश्चातसिद्धं पूर्वम् अवतारितम् (पहली जमा बाद में, और बाद की पहले, दर्ज करना) साध्यं न सिद्धम्, असाध्यं सिद्धम् (मिलने योग्य वसूल न लेना), और वसूल करने अयोग्य लेना) इत्यादि प्रकार की हेराफेरी।
द्वारबाहिरिकादेय = बाहर से दरवाजे के अंदर आने वाले माल पर लेने का कर, टोल. (२७)
द्वैधीभाव = सन्धि और विग्रह दोनों का अवलंब। (९९)
द्वैराज्य = दो राजाओं का आधिपत्य।
धनुस् = एक नाप (प्रायः ६ फीट का अन्तर)।
धर्मलोप = सामाजिक अधिकारों का अपहरण। (६०)
धर्मवध = धर्मनियमों का अतिक्रमण। (६०)
धर्मस्थ (न्यायाधीश) के २० अपराध = तर्जन , भर्त्सन, अपसारण अभिग्रसन, साक्षी या गवाह को बोलने से मना करना वाक्पारुष्य (गालिया देना), पृच्छ्यस्य अपृच्छा, अपृच्छ्यस्य पृच्छा, पृष्ट्वा विसृजति, स्मारयति, पूर्वं ददाति (पहली जबानी दिखाना), देयं देशं न पृच्छति, अदेयं देशं पृच्छति, कार्यम् अदेशेन अतिवाहयति, छलेन अतिहरति, काल हरणेन श्रान्तम् अपवाहयति, मार्गापत्र, वाक्यम् उत्क्रमयति, मतिसाहाय्यं साक्षिभ्यो ददाति, तारितानुशिष्टं कार्यं पुनरपि गृहणाति, भूतम् अर्थं नाशयति, अभूतम् अर्थं करोति। (८७)
धर्मस्थीय = न्यायविभाग (१०)
धर्मोपधा = धार्मिकता की कसौटी या गूढ परीक्षा। (१०)
ध्वजस्थान = धार्मिकता की कसौटी को मातुल परिवार में रखने पर , भिखारी जिस प्रकार झंडा लेकर पैसे जमा करते हैं, उसी प्रकार मातुल परिवार के लोग राजा से द्रव्य मांगते रहते हैं। अतः ऐसे राजपुत्र को ध्वजस्थान कहते हैं। (१७)
नष्टप्रसृत (आय) = स्वामी मृत या अज्ञात होने से प्राप्त धन। (२७)
निगूढोपहित = गुप्तता से रहने वाले जासूस।
नियम्य = न्यायालय में पराभूत होने वाला। (५८)
निर्देशोत्पादिक (लाभ) = विशेष सहूलियत, विशेष अधिकार

से छूट। (२८)
निविशमान = नई बस्ती बसाने वाला (९२)
निशान्तप्रणिधि = राजप्रासाद की रचना।
निशान्त प्रणिधि = राजमहल की रचना तथा संरक्षण। (१) (२०)
निश्चार = संचार को प्रतिबंध (कर्फ्यू)
निष्पातन = वस्तु बाहर अन्यत्र ले जाना। (४८) (६९)
निष्पतित = फरार, पलायित। (४८)
निसृष्टि = (शासन पत्रक का प्रकार) – विशिष्ट व्यक्ति को उसका कार्य करने या अपना प्रचार करने की अनुमति। (३१)
निसृष्टि स्थापना = अपना अधिकार दूसरे को देने की विधि।
निर्हरण = समाचार बाहर भेजना। (१२)
पक्षवान् = जिसे किसी पक्ष का आधार होता है। (३०)
पक्षोपग्रह = स्वपक्ष में लाना (१)
पंचकुली = पांच कुल जहां एकत्र रहते हैं ऐसी भूमि।
पंचग्रामी = (या दशग्रामी) के अन्तर्गत १७ विभाग (गोप के कार्यक्षेत्र के विभाग) = कृष्ट, अकृष्ट, स्थल (पठार, मैदान, समभूमि केदार (जलमय भाग) आराम, वाट (वाड़ी), वन, वास्तु, चैत्य (समाधि स्थान), देवगृह, सेतुबन्ध, श्मशान, सत्र (अन्नसत्र), प्रपा (पेयजलस्थान), पुण्यस्थान, विवीत, मार्ग। (५६)
प्रकृति = स्वामी (राजा), अमात्य, जनपद (देश), दुर्ग, कोश, दण्ड (सेनाबल), मित्र। (इन्हीं को राजपुरुष के ७ अंग कहते है। (९७)
प्रकृति (प्रजाजनों के) प्रिय हित करने के ६ उपाय = स्वधर्म, स्वकर्म, अनुग्रह (उपहार इ.), परिहार (कर माफ करना), दान, मान। (१४५)
प्रकृतिमण्डल = राजमंडल। (९९)
प्रकृतिसंपद् = राज्य के विविध अंग। (६)
प्रकृति व्यसन के (दो कारण) = अनय (नीति का अभाव) और अपनय (नीतिबाह्य व्यवहार)। (११७)
प्रकृतिव्यसन (संकट के २ प्रकार) = दैव और मानुष (११७)
प्रकृष्ट भौम = विजिगीषु के राज्य से दूर के प्रदेश का अधिपति।
प्रचारसम = कार्य की सामान्य पद्धति। (२८)
प्रचारसंस्थान = कार्य की पद्धति। (२८)
प्रज्ञागुण = राजा का एक गुण (७ प्रकार) = शुश्रूषा, श्रवण, ग्रहण, धारण, विज्ञान, ऊहापोह, तत्वाभिनिवेश। (९७)
प्रज्ञापना = (आज्ञा लेख) नौकरों को दण्ड या अनुग्रह देने का आदेश। (३१)
प्रणय = व्यवहार, न्यायपद्धति। (९२)
प्रणिधि = (१) अधिकार पर नियुक्ति। (१)
(२) गूढ वार्ताहर। (३)
(३) अधिकारी। (८०)
(४) कर्तव्य। (८१)

प्रतिकर्तृ = सख्त मजदूरी का दंड भोगने वाले कैदी (४५)
प्रतिग्रह = (१) राजपरिवार के किसी व्यक्ति को ज़मानत के रूप में देकर की गई संधि। (११५) (२) साहाय्य (३) परिवार।
प्रतिजाप = दूसरों के षड्यंत्र में सहकारी होना। (१२६)
प्रतिपत्तिमान् = समयज्ञ, प्रत्युत्पन्न बुद्धिशाली। (९)
प्रतिपात = दंड, भरपाई।
प्रतिरोधक = डाकू, तस्कर, रास्ते में रोक लगाने वाले। (६९)
प्रतिलेख = (शासन पत्रक का प्रकार) दूसरे राजा से प्राप्त पत्र का राजा के आदेशानुसार उत्तर। (३१)
प्रतिषेध = नौकरी से निकाल देना। (१२)
प्रतीकार लाभ = संकट का प्रतिकार करने के लिये दी गई विशेष सुविधा। (२८)
प्रतोली = देवड़ी रास्ता (२४)
प्रत्यभियोग = न्यायालय में पराभूत होने पर पुनः अभियोग करना। (५८)
प्रत्यय = ज़मानत, गारंटी, विश्वास। (४९)
प्रदान-आदान (नजराना) = उपहार और लगान का हिस्सा। (२८)
प्रमादहेतु = मृगया, द्यूत, मद्य, स्त्री (कुल ४)। (९८)
प्रभावहीन = द्रव्य और सैन्य से हीन। (११२)
प्रमाणकरण = शपथ लेना (१)
प्रहवण = यज्ञादि उत्सव।
प्रातिभाव्यबन्ध = ज़मानतदार के करार का बन्धन।
प्राप्तनीवी = प्राप्त हुई बाकी की रकम।
प्राकार = प्रासाद के परिसर की सीमाभित्ति। (२०) परकोट।
प्रतिभाव्य = ज़मानतदार की रकम। (७३)
प्रातिभाव्यबन्ध = ज़मानतदार को करार से बांध लेना।
प्रात्ययिक = विश्वासपात्र। (३४)
प्राप्तनीवी = मिली हुई बाकी रकम।
प्राप्तव्यवहार = सज्ञान, शासनमान्य व्यवहार करने योग्य आयु वाला व्यक्ति (स्त्री द्वादशवर्षा। पुमान् षोडशवर्षः। (६०)
प्रावृत्तिक = शासन लेख का प्रकार, दैवी एवं मानुषी आपत्ति के प्रतिकार निमित्त आदेश। (३१)
प्रावृत्तिक लेख = विशिष्ट कार्य करने का लिखित आदेश।
प्रासाद = राजभवन। (२६)
प्रसाधक = राजा को वस्त्रालंकारों से सजाने वाला (२१)
बलि = यात्रियों से मिलने वाला कर। (२७)
बुद्धिमान् = जो सिखाने पर धर्म और अर्थ (पुरुषार्थ) ठीक समझता है। (१७)
ब्रह्मदेयिक = ब्रह्मकर्म के हेतु वार्षिक अनुदान पाने वाला। (६७)
भग्नोत्सृष्टक = १) व्याधित पंगु इत्यादि प्रकार की अयोग्य गौवों के रक्षकद्वारा प्रतिवर्ष राजा को दिया गया दूध, घी

चमड़ा इत्यादि आंशिक भाग। (५०)
२) विशिष्ट कारण से भागने के लिये छोडे गये जानवर।
भयोपधा = प्राणभय दिखाकर गूढ परीक्षा। (१०)
भव्यारंभी = महान् कार्य का दायित्व लेने वाला।
भागानुप्रविष्टक = शत्रु आदि के भय से बाहर से आये हुये पशुओं का दशांश भाग (जो राजा को दिया जाता है)। (५०)
भीतवर्ग = अपने निजी दोष के कारण जिसका नुकसान हुआ, जिसका पाप प्रकाशित हुआ, जिसकी भूमि जप्त हुई, भरपूर दण्ड से त्रस्त, अधिकार के दुरुपयोग से धनाढ्य तथा राजद्वेष्टा इन ७ प्रकार का अधिकारी वर्ग।
भूमि (दो प्रकार) = भिन्न मनुष्या (जहां लोग भिन्न भिन्न गावों में बिखरे होते हैं) और **श्रेणी मनुष्या** (जहां लोग समुदाय से रहते है) (१०९)
भूमिच्छिद्रविधान = भूमि का विभाजन या वर्गीकरण। (२३)
भूमिभोग (मित्र) = १) जिसके अधीन अधिक भूमि है (१०७) २) जिससे भूमि का लाभ होता है ऐसा मित्र।
भूम्येकान्तर = सीमा के समीपस्थ देश की सीमा से जुड़ा हुआ भूभाग।
भेद (उपाय) दो प्रकार = शंकाजनन और निर्भर्त्सना (भय उत्पन्न करना)। (३१)
भेदोपदान = भेदनीति। (११)
मध्यम वध दण्ड = २०० से ५०० पण।
मंत्र के पांच अंग = १) कर्मारम्भ का उपाय २) पुरुष और द्रव्य का बल ३) कर्म का स्थल और काल, ४) अकल्पित संकट और उसका प्रतिकार तथा ५) कार्यसिद्धि।
मंत्रभूमि = मंत्रणा करने का स्थान। (२०)
महाभोग (मित्र) = अधिक धनसंपन्न। (१००)
माणव = अपराधी प्रवृत्ति के लोग (८२)
माणव प्रकाशन = गूढ अपराध का प्रकाशन।
माणव विद्या = गूढ विद्या। (८२)
मात्स्यन्याय = मछलियों के समान बलवानों द्वारा दुर्बलों का नाश होना। (४)
मानिवर्ग (४ प्रकार) = सम्मान की इच्छा करने वाला, प्रतिपक्ष का मान होने से क्रुद्ध, अपात्र अधिकारी का उपसहायक, प्राप्त वेतन से असंतुष्ट अधिकारी वर्ग।
मास (६ प्रकार) = सौर (३०।। दिवस), **चांद्रमास** (२९।। दिवस), **नाक्षत्र** (२७ दिवस), **मल** (मल्ल) मास ३२ दिवस। **अश्ववाह** (३५ दिवस), **हस्तिवाह** (४० दिवस) (४१)
मित्र (के ६ गुण) = मित्रं षड्गुणमुच्यते) नित्य, वश्य, लघूत्थान, पितृपैतामह, अद्वैध्य, संपन्न। (१०७)
मित्र (६ प्रकार) - चित्रभोग, महाभोग, सर्वभोग, एकतोभोगी, उभयतोभोगी, सर्वतोभोग। (११४)
मित्र (चित्रभोग) = नगर, खनि, वन इत्यादि में प्राप्य विविध प्रकार के द्रव्य देकर मैत्री करने वाला। (११४)
मित्रप्रकृति = शत्रुराष्ट्र की अपर सीमा से संलग्न देश का स्वामी (९८), (वह शत्रु का शत्रु होने के कारण मित्र सा होता है)।
मित्र (भावी) (७ प्रकार) = **एकार्थाभिप्रयात, पृथगर्थाभिप्रयात, संभूययात्रिक, स्वार्थाभिप्रयात, सामुत्थायिक** (कोश दण्ड में से एक का क्रेता या विक्रेता), **द्वैधीभाविक** (एक से संधि दूसरे से बैर करने वाला। (११६)
मित्रव्यसन (मित्र के विराग से उत्पन्न संकट) (१३ कारण) = परित्याग, विक्रय, भयावमान, अमोक्ष, अवरुद्ध, भयापसार, अवमान. अत्याहार, (अधिक करवसूली), अतिभारे-नियोजन, उपेक्षा, भक्ति का अस्वीकार, मित्रोपघात- संत्रास, अरिशंकित, दूष्यभेद। (१२१)
मित्र-सर्वभोग = दण्ड कोश और भूमि, तीनों देकर मित्रता करने वाला। (११४)
मित्र सर्वतोपभोगी = शत्रु, आसार और प्रतिवेशी तीनों का बंदोबस्त करने वाला। (११४)
मित्रविक्षिप्त = मित्र के कार्यनिमित्त दूर दूर रखा हुआ सैन्य।
मिथःसमवाय = दो मनुष्यों द्वारा आपस में किया गया व्यवहार। (६९)
मिथ्याभोग = अधिकार न होते हुए भी उपभोग लेना। (६५)
मिथ्यावृत्त = दुराचरणी। (६२)
मूलहर = १) पूर्वजों से प्राप्त संपत्ति पर गुजारा करने वाला। (३०)। २) प्राप्ति से अधिक खर्च करने वाला। (३) दण्ड का अल्पमात्र प्रयोग करने वाला (४)
मोक्ष या मोक्षण = कैदी की मुक्तता। (५७)
मौलपुरुष = वंशपरंपरागत सेवक। (२१)
मौहूर्तिक = शुभ-अशुभ मुहूर्त जानने वाला। (१३)
यथार्हदण्ड = पात्रता के अनुसार दण्ड करने वाला। (४)
युक्तसमदण्ड = अपराधी के समान दण्ड। (२९)
युक्तापहृत = अधिकारी द्वारा हेराफेरी किया गया (धन)। (२९)
युगपिंगनकाल = नये बैल को गाड़ी में जोतने का समय।
योग = षड्यंत्र, गुप्त कारवाई। (१४३)
योगक्षेमवध = आजीविका का साधन नष्ट करना।
यौनानुबन्ध = रिश्ते का संबंध। (३१)
रसद = विष प्रयोग करने वाला गुप्तचर (१२) (८१)
राजकिल्बिषी = राजापराध करने वाला, राजद्रोही। (५९)
राजधर्म = निष्पक्षपाती न्याय। (५८)
राजधर्म = शासकीय कोश में जमा करने योग्य द्रव्यादि। (७३)
राजनीति के ३ उद्देश्य = मित्रप्राप्ति, हिरण्यप्राप्ति और भूमिप्राप्ति। (१०९)
राजपरिग्रह = सरकारी इमारत (५७)।
राजपेया = राजा के द्वारा पीने योग्य मदिरा (जिसमें अनेक प्रकार के मसाले मिश्रित होते हैं। (४६)
राजप्रणिधि = राजा के कर्तव्य (१), (१९)

राजमंडल = इसमें विजिगीषु, मित्र, मित्र-मित्र राजा तथा प्रत्येक के अमात्य, जनपद, दुर्ग, कोष, दण्ड। कुल मिलाकर १८ प्रकृतियों का समावेश होता है। (९८)

इसी को "अष्टादशकमण्डल" कहते हैं। जो अरि, मध्यम और उदासीन का भी अपना अपना पृथक् होता है।

राजवर्ष = राज्याभिषेक का संवत्सर। (२७)

राजवाच्य = सरकारी दण्ड भोगता हुआ, (राजदण्डित)। (६९)

राजव्यसन = (राजा के कारण संकट) = अंध (शास्त्रचक्षुहीन), चलितशास्त्र (शास्त्र मर्यादा उल्लंघन करने वाला), व्याधित, नव, दुर्बलोऽभिजातः, बलवान् अनभिजातः। (६ प्रकार)

व्याधित राजा (दो प्रकार) = पापरोगी, अपापरोगी।

राजव्यसन = राजा का मरण (९६)

राजशब्दी = अपने आप को राजा कहल वाने वाला।

राजहार = राजा के निजी व्यय के निमित्त धनराशि।

राजा (तीन गुण) = आत्मसंपन्न (सत्त्वगुणसंपन्न), द्रव्यसंपन्न, प्रकृतिसंपन्न। (९४)

राजा के व्रत (या आवश्यक कर्तव्य) = उद्योग (उत्थान), यज्ञ, न्यायदान, दक्षिणादान, वृत्तिसाम्य (सर्वत्र समान व्यवहार, निष्पक्षपात), यज्ञदीक्षा का अवभृतस्नान) (१९)

निकृष्ट राजा (७ लक्षण) = दुर्बल, अराजबीज, निरुत्साह, अपक्ष (असहाय), अन्यायवृत्ति, व्यसनी, दैवप्रमाण, यत्किंचनकारी (अविवेकी)। (१०९)

राज्य (दो प्रकार) = द्वैराज्य- (पिता-पुत्र दोनों का या भाई-भाई दोनों का राज्य।

वैराज्य = परकीय राजा का राज्य (११८)

राज्यवध (नाश) दो प्रकार = सस्यवध (धान्य के अभाव से नाश और **मुष्टिवध** (आक्रमण के कारण नाश)। (११८)

राज्यकण्टक = राज्य में विघ्न उत्पन्न करने वाला। (९६)

राज्यप्रतिसन्धान = राज्य का बंदोबस्त, नियंत्रण। (५)

रात्रिदोष = रात में किया जाने वाला अपराध (५७)

राष्ट्र = इस विषय के अन्तर्गत **सीता, भाग, बलि, कर, वणिक्, नदीपाल, तर, नौका, पट्टन, विवीत वर्तनी, रज्जू और चोररज्जू** - इन 12 विषयों का अन्तर्भाव होता है। (२७)

राष्ट्र = राज्य के भूभाग के अन्तर्गत प्रांत या प्रदेश। (१३)

राष्ट्र = पिण्डकर, षड्भाग, सेनाभक्त, बलि, कर, उत्संग, पार्श्व, परिहीणिक, औपायनिक, औष्ठेयक, इन दस प्रकारों के आय (३६)

रूप और व्याजी = द्रव्यात्मक दण्ड के दो प्रकार। (७४)

रूपिक = मुद्रा तैयार करने पर देय कर।

लम्भ = (विजय से अरण्यादि विभाग स्वायत्त करना)। (तीन प्रकार) = नव, भूतपूर्व, पित्र्य (१४५)

लब्धप्रशमन = विजित भूभाग को स्वाधीन रखना। (१३)

लब्धप्रशमन = (विजित राज्य में शांति स्थापना के उपाय) = प्रजा के समान शील, भाषा, आचार को अपनाना और प्रजा के देश, दैवत, सामाजिक उत्सव और समारोह के प्रति भक्ति पूर्ण व्यवहार करना। (१४५)

लाभ (१२ प्रकार) = आदेय (सुखप्राप्य व नित्योपभोग्य), प्रत्यादेय (कष्टप्राप्य और अनित्य), **प्रसादक** (अधार्मिक से धार्मिक का), **प्रकोपक** (मंत्री के उपदेश से धार्मिक से अधार्मिक का), **ह्रस्वकाल** (आक्रमण करते ही होने वाला) **तनुक्षय** (मनुष्य हानि द्वारा) **अल्पव्यय, महान्** (जिससे भरपू लाभ तत्काल मिलता है), वृध्द्युदय (वित्तदायक), कल्य (हानिविरहित), **धर्म्य, पुरोग** (अनायास) (१२५)

लाभ-विघ्न = काम, क्रोध, भय, कारुण्य, ह्री, अनार्यभाव, अभिमान, सानुक्रोशता, परलोकापेक्षा, दांभिकत्व, अत्यागित्व, दैन्य, असूया, हस्तगतावमान, दौरात्म्य, अविश्वास, भय, उपेक्षा, अतितिक्षा, तिथिनक्षत्रविश्वास। (कुल २०)

लेख (आज्ञापत्रक) = के १३ उद्देश्य = निंदा, प्रशंसा, पृच्छा, आख्यान (कथन), प्रार्थना, प्रत्याख्यान (नकार), उपालंभ, प्रतिषेध, चोदना (प्रेरणा), सांत्वन, अभ्यवपत्ति (सहायदान), भर्त्सना, अनुनय (मनौती)। (३१)

लेखक (क्लर्क) के पांच अपराध = उक्तं न लिखति, अनुक्तं लिखति, दुरुक्तम् उपलिखति, सूक्तम् उल्लिखति, अर्थोत्पत्तिं विकल्पयति। (८६)

लेखदोष (पांच प्रकार) = अकान्ति, व्याघात (विरोध), पुनरुक्ति, अपशब्द और संप्लव (शब्दों की अव्यवस्था)। (३१)

लेखसंपत् = लेख (आज्ञापत्रक) के ६ गुण = अर्थक्रम संबंध (वाक्यसंगति) परिपूर्णता, माधुर्यम्, औदार्यम्, स्पष्टत्व (३१)

लोभनीयार्थ = रिश्वत, तमाखु आदि प्रलोभक द्रव्य। (१०)

वत्सस्थान (भय) = राजपुत्र को किसी सामंत के अधीन रखने पर वह सामन्त, राजा से उसके निमित्त धन वसूल करते रहता है, जैसे बछडे को सामने रखकर गाय से दूध निकाला जाता है। (१७)

वध = दो प्रकार = शुद्ध वध और चित्रवध। (८८)

वधावध = पैरों से कुचलकर हत्या।

वन (दो प्रकार) = हस्तिवन और द्रव्यवन। (१०९)

वनपरिग्रह = जंगल की वसूली। (२७)

वनविचय = जंगल से शत्रुओं को खदेड़ना।

वनविभाग = इसमें पशु, मृग, द्रव्य, हस्ति, वनपरिग्रह- इन ५ विषयों का अन्तर्भाव होता है। (२७)

वमन = लोगों का निर्वासन (१४४)

वरकार्य = शांतिकर्म। कल्याण की कामना से किया हुआ कर्म।

वर्षमान कुण्ड = पर्जन्य का मान देखने का कुण्ड। (२६)

वर्षवर = राजा के अन्तःपुर में सेवा करने वाले वृद्ध खोजे लोग, या हिजड़े। (२१)

वल्लभ = राजा के प्रिय लोग। (१४)

वल्लभापाश्रय = वशीला (२८)

वाक्पारुष्य = अशिष्ट, कठोर शब्दप्रयोग, बदनामी वाक्ताडन। (३) (४८)। (३ प्रकार) = कुत्सन (निंदा गाली), उपवाद, अभिभर्त्सन (धमकी)। दोषदर्शन। (७५)।

वाक्पारुष्य = के लिये दण्डनीय ६ विषय- देश, ग्राम, जाति, संघ, देव, चैत्य। (७५)

वाक्यकर्मानुयोग = चोरी की तलाशी। (४)

वाक्यविप्रेक्षण = दूसरों का संभाषण छिप कर सुनना।

वाटभेद = वाटिका या खेत की सीमा (कपौंड) तोड़ना (२५) (६७)

वारिपथ = (३ प्रकार) कूलपथ (किनारे वाला मार्ग) और संयानपथ (सागरी मार्ग), नदीपथ।

वासगृह = राजा का मुख्य निवास स्थान।

वास्तुकप्रदेश = बस्ती करने योग्य प्रदेश (२४)

वास्तुविवाद = के ९ विषय= गृह, ग्रामसीमा, तपोवन, विवीत, महापथ, श्मशान, देवकुल, यजनस्थान, पुण्यस्थान (कुल - ९)। (६६)

विक्षेप = अन्यत्र बदली, तबादला (ट्रान्सफर)। (९३)

विचय = तलाशी (९१)

विद्या = जिस ज्ञान से धर्म-अधर्म, अर्थ-अनर्थ के विवेक का ज्ञान होता है। (२)

विद्या = (१) आन्वीक्षिकी, त्रयी, वार्ता और दण्डनीति (कौटिल्य का मत) (२) त्रयी, वार्ता, दण्डनीति-(मानव मत), (३) वार्ता दण्डनीति-(बार्हस्पत्य मत) (४) दण्डनीति = (औशनस अर्थात् शुक्राचार्य का मत। (अ-२)

विनय = वृद्धसेवा से प्राप्त होने वाला उत्तम गुण। (२) प्रात्यक्षिक सहित अध्ययन (५)

विनय = आचार्य के अनुशासन के अनुसार विद्या ग्रहण से उत्पन्न होने वाला गुण। (५)

विनय ग्रहण = उन्मार्ग से सन्मार्ग पर लाना। (२२)

विनयन = (१) योग्य मार्गदर्शन (५)
(२) छात्र को प्रशिक्षण देकर निपुण करना (१७)

विनिपात = (१) परस्पर विरुद्ध वृत्तकथन (१२)
(२) अकल्पित आने वाला संकट। (१५)

विलोप = लूट। (१२३)

विलोपभृत = लूट पर निर्वाह करने वाले।

विवध = धान्यादि संचय।

विवाद पद निबन्ध = (१) न्यायालय के विवादों का विचार। (५८) (२) विवाद में पूर्व-उत्तर पक्ष या वादी-प्रतिवादी निश्चित करना। (३)

विवादार्थ के चतुष्पाद = **धर्म** (शास्त्रोक्त) व्यवहार, चरित्र (**रूढि परंपरा**) और **राजशासन। न्यायालय में इनका प्रामाण्य** अनुक्रमानुसार अधिकतर माना जाता है। (**अर्थात्** राजशासन (**राजाज्ञा**) सर्वश्रेष्ठ प्रमाण है।

विवाहधर्म = विवाह के शासकीय नियम। (५९)

विशिष्ट छन्दिका = राजपुत्रों के निजी खर्च की रकम।

वृत्ति = दो हजार (पण) से अधिक स्त्रीधन। (५९)

वृत्तिच्छिद्र = मूल्यवान पदार्थों के संरक्षण की व्यवस्था। (१६)

वृद्धि = इष्टफल प्राप्ति (अर्थात् अपनी उन्नति और शत्रु की हानि), और षाड्गुण्य प्रयोग इसका साधन है। (९९)

वेतनोपग्राहिक = केवल वेतन लेकर पशुओं की रखवाली करने वाला। (५०)

वेतसधर्मा = बेंत के समान नम्रवृत्ति धारण करने वाला। (१३६)

वेलाग्राम = बंदरगाह। (४९)

वैयापृत्य कर्म = सलाह देना। (८८)

वैयावृत्यकर = अंतरंग सेवक, सहकारी। (२९)

वैयावृत्यकार = अपराधियों के साथी।

व्ययशरीर = सरकारी खर्च के १९ विषय। देवपूजा, धार्मिक, दूतावास, शस्त्रागार, पदार्थ संग्रहालय, काष्ठतृण संग्रह आदि। (२७)

व्यवहार = न्यायालय के विवाद। (३)

व्यवहार = (करारनामा) के प्रकार – तिरोहित, उपनिधि, अगारकृत, रात्रिकृत, अरण्यकृत, उपधिकृत, उपह्वरकृत। ये व्यवहार सामान्यतः असिद्ध (अमान्य) (५८) माने गये हैं। विशिष्ट अपवाद में ये सिद्ध माने गये हैं।

व्यवहार (उपन्तरागारकृत किन्तु सिद्ध) = दाय, निक्षेप, उपनिधि, (गुप्तजमा), विवाह, अनिष्कासिनी (पड्दे वाली स्त्री, व्याधित (अमूढसंज्ञ)। (५८)

व्यवहार (अरण्यकृत किन्तु सिद्ध) छह = सार्थ, व्रज, आश्रम, व्याध, चार, यात्री इन्हीं‍ने अरण्यवास के समय के किये हुए (५८)

व्यवहार (असिद्ध) = कृद्ध, आर्त, मत्त, (मद्यपान), उन्मत्त (मानसिक विकार से), अवगृहीत (अगतिक) (इन पांच अवस्थाओं में किसी का भी व्यवहार सिद्ध नहीं माना जाता) (५८)।

व्यवहार = (तिरोहित किन्तु **सिद्ध**) (१) परोक्षे अधिकारग्रहण (२) अवक्तव्यकर। (५८)

व्यवहार (रात्रिकृत किन्तु **सिद्ध**) = साहसानुप्रवेश, कलह (द्वंदयुद्ध), विवाह, राजनियोग, पूर्वरात्रव्यवहार। (कुल ५) (५८)

व्यवहार = (करारमदार) (जो **असिद्ध होते हैं**) – पितृमान् पुत्र, पुत्रवान् पिता, कुलभ्रष्ट भ्राता, अविभक्तांश कनिष्ठ (भ्राता), पतिमती तथा पुत्रवती स्त्री, दास तथा परोपजीवी, अल्पवयी, अतिवृद्ध, अभिशस्त (दण्डित गुनहगार), प्रव्रजित, व्यंग, व्यसनी – इन १२ लोगों के व्यवहार असिद्ध शास्त्रबाह्य होते हैं। (५८)

व्यवहार पत्रक = में निवेशयोग्य १४ विषय = संवत्सर, ऋतु, मास, पक्ष, दिवस (तिथि), करण, संधिकरण (स्थान), ऋण, देश ग्राम, जाति, गोत्र, नाम, कर्म। (५८)

व्यवहारसंस्थान = सामाजिक रीतिरिवाज। (२८)

व्यसन (५ प्रकार) = गुण प्रतिलोम्य (सद्गुणों का विपर्यास), गुणाभाव, प्रदोष, (दुर्गुणों का आधिक्य), प्रसंग (आसक्ति), पीडा। (११७)

व्यावर्तन = प्रकुपित लोगों को शांत करना। (१३)

व्रजपर्यग्र = गाय बैल आदि जानवरों का रेकार्ड रखना। (५०)

व्रजिक = एक लोकसत्ताक राज्य।

शंकारूप = गुप्तरूप में व्यवहार करने वाले तस्कर। (४)

शम = कार्य के फल का अबाधित उपभोग लेने योग्य परिस्थिति। (शांतता पूर्ण काल) (९८)

शम-व्यायाम = शांतता और बलवर्धन। (६)

शरीरावस्थापन = पुराने कामों में सुधार या दुरुस्ती, (२७)

शासन = आदेश या आदेशपत्रक। (३१) (१२७)

शासन (आज्ञापत्रक) (८ प्रकार) = **प्रज्ञापन** (निवेदन), **आज्ञा**, **परिदान**, **परिहार**, (सहूलियत) **निसृष्टि** (अनुमति, लाइसेन्स), **प्रावृत्तिक** (संकटनिवारण की सूचना), **प्रतिलेख** (प्रत्युत्तर), **सर्वत्रग** (ज़ाहिरनामा)। (३१)

शासनहर = 1/2 अमात्य गुणों से युक्त दूत। केवल सन्देश पहुंचाने वाला। (१६)

शिफा या शिफादण्ड = कोड़े मारने की सजा। (४८) (२०)

शेष = इसमें सिद्धिप्रकर्मयोग (समाप्त काम का हिसाब), दण्डशेष, आहरणीय (पुरानी), बलात्कृत प्रतिस्तब्ध, अवसृष्ट- इन पांचों की गणना होती है। इसकी वसूली अनिश्चित होती है (अल्पसारम् असारं) वा। (२७)

शुचि = कार्य की सिद्धि या असिद्धि होने पर बोली के अनुसार व्यवहार करने वाला। (१०३)

शुद्ध दण्ड = देहान्त शासन, प्राणदण्ड, मौत की सजा। (४)

शुद्ध वध = केवल वध का दण्ड। (८७)

शुल्क = चुंगी, राजस्व (२७), (३३)। दहेज। (५९)

शून्यमूल = ऐसा राज्य जिसकी राजधानी में का सैन्य खदेड़ा गया है।

श्रेणी = समिति (७८), स्वयंसेवक दल (११२)

षाड्गुण्य राजनीति के छह प्रकार - **सन्धि** (लेन देन के द्वारा संबंध), **विग्रह** (अपकार), **आसन** (तटस्थता), **यान** (युद्ध की सिद्धता), **संश्रय** (परार्पण), **द्वैधीभाव** (संधि और विग्रह दोनो अंगो का अवलंब। (९९) (११६)

संकलन-निर्वर्तन = अनुकूल-प्रतिकूल परीक्षण। उलटी-सीधी जांच। (२८)

संक्रोश = निंदा, बदनामी। (१७) (२८)

संख्यातार्थ कर्म = अमात्यदि पर सौंपने योग्य कार्य (८)

संग्रहण = दस गांवों का केन्द्र स्थान। (२२)

संग्रहण = पर पुरुष के साथ पाणिग्रहण (यह स्त्री का दण्ड्य अपराध है)। (६०)। विवाहित स्त्री का अपहरण। (६३)

संग्रहात्यय = व्यभिचार का अपराध। (६०)

सत्रि = सहकारी। (१-११)

सत्रि = गुप्तचर जो विविध वेशों में संचार करते हैं। (११)

सत्रिसवर्ण = समान व्यवसाय करने वाला (गुप्तचर) (८१)

सत्रिप्रयोग = गुप्त वेशधारी विविध गुप्तचरों द्वारा अपराधियों की खोज। (८२)

संदंशच्छेदन = अंगुलि छेदन। (८७)

सन्देहार्थ (के चार प्रकार) = जिस लाभ में- (१) शत्रु के मित्र प्रोत्साहित होने का संशय।
(२) शत्रुसैन्य को निमंत्रित करने में संशय,
(३) बलवान् सामन्त की भूमि पर कब्जा करने में संशय,
(४) बल से सन्धि करते हुए अभियान में संशय।

सन्निधातृ चेयकर्म = द्रव्य सम्पादन। (२)

समानयन = जांच करना। (२८)

समाहर्तृ समुदय प्रस्थापनम् = कर लादना और वसूल करना। (२)

समुदय = (१) कर वसूली, (२) राज्य की आवक (३) द्रव्योत्पत्ति का स्थान। (२७), (२८), (२९)

समुदय परिहापन = अल्पमात्रा में वसूली करना। (३०)

समुदय प्रत्यानयन = अपहृत शासकीय द्रव्य वापस मिलाना। (२९)

समुदयस्य युक्तापहृतस्य प्रत्यानयन = अधिकारियों द्वारा अपहार किया गया सरकारी धन वसूल करना। (२)

संपत्ति का पुनर्विभाजन = (चार कारण) दुर्विभक्त, अन्योन्यापहृत, अन्तर्हित (संपत्ति गूढ रहना) अविज्ञातोत्पन्न। (६२)

राजा की संपन्नता = (चार प्रकार की) पक्ष, मंत्र, द्रव्य, बल। (११२)

संपातनिश्चार = सीमा पर आने जाने वाले की निगरानी।

संरुद्धिका = कैदी स्त्री (८६)

संशयार्थ = संशय युक्त लाभ। जिस लाभ में अर्थ या अनर्थ, प्रथम अर्थ पश्चात् अनर्थ, या प्रथम अनर्थ पश्चात् अर्थ इस प्रकार के ३ संदेह उत्पन्न होते हैं। (१२८)

संसर्गविद्य (या सत्रि) = जो बेकार किन्तु सामुद्रिके, वशीकरण, ज्योतिष इत्यदि विद्या जानते हैं ऐसे प्रवासी गुप्तचर। (१२)

संसर्गानुबन्ध = मैत्री दृढ करना। (१६)

संस्था = रूढि। (५८)

संस्थान = परंपरा, पद्धति या रूढी। (२८)

सहोदक सेतु = नित्य जलपूर्ण प्रवाह पर बांधा हुआ सेतु। (२२)

सर्वत्रग (शासनपत्रक) = प्रवासी लोगों के रक्षणार्थ तथा सहाय के निमित्त सभी मार्गों में तथा संपूर्ण देश में घोषणीय आदेश। यह उच्चतम अधिकारियों के नाम निकाला जाता है। (३१)

सर्वसमुदय पिण्ड = संपूर्ण वसूली का एकत्र संग्रह करना।

(२७)

साक्षी = (के ३ गुण) = प्रात्ययिक (विश्वसनीय), शुचि अनुमत (मान्यता प्राप्त)। (६८)

साक्षी (के लिए निषिद्ध लोग) = **स्याल** (साला), **सहाय** (भागीदार), **अन्वर्थि** (कैदी), **धनिक** (साहुकार), **धारणिक** (ऋणी), **वैरी**, न्यंग (विकलांग), **धृतदण्ड पूर्व** दण्डित)। इनके अतिरिक्त राजा, **श्रोत्रिय, ग्रामभृतक, अहंकारी, स्त्री**, राजपुरुष इत्यादि लोग विशिष्ट व्यवहारों में निषिद्ध होते हैं। (कुल १४)। (६८)

साक्षी-(छल करने अयोग्य)। = **मन्दावधान** (अल्प जानकारी वाला), **बाल, वृद्ध, व्याधित, मत्त, उन्मत्त, क्षुधाक्रान्त, पिपासाक्लान्त, अध्वक्लान्त, अत्याशित** (अति भोजन करने वाला), **आत्मप्रकाशित** (स्वयं आरक्षक के अधीन होने वाला), **दुर्बल**। (१२)

साधन = वश करना, अधीन करना। (१३)

सान्त्व = (१) सान्त्वन, सामप्रयोग= मुझमें और आप में भेद नहीं, हम एक ही हैं, मेरा जो कुछ है वह आप ही का है ऐसा कथन (२) उच्चाधिकारपद देना। (१२६)

साम (उपाय के पांच प्रकार) = **गुणसंकीर्तन** (विद्यमान तथा अविद्यमान गुणों की प्रशंसा), **संबंधकथन** (समान जाति कुल इत्यादि कथन), उपकार संदर्शन, आयतिदर्शन (भावी परिणाम की सूचना) आत्मोपनिधान, अभेदकथन। (३१)

साम = (प्रकार) तुष्टलिंगम्-अतुष्टम्। अतुष्टलिगंम्-तुष्टम् (अर्थात् बाह्यतः संतोष दिखाकर असंतुष्ट रहना) और बाह्यतः असंतोष दिखाकर तुष्ट रहना। (१२६)

सामसिद्धि = (अथवा प्रधान सिद्धि) (तीन प्रकार) स्वामी, मंत्री या दोनों के अधीन,, आयत्तायत्त, प्रधानायत्त (अर्थात् स्वाधीन, पराधीन, उभयाधीन) (१२७)

साहस = कानून भंग करना, कानून या शासकीय निर्बन्ध का अतिक्रमण। (५८)

साहस = अत्याचार (३) बलात्कार या बलात्कार से धन आदि का अपहरण (४८) (७४)

साहसदण्ड = कानून भंग करने पर शासकीय दण्ड। (५८)

सिद्ध द्रव्य = इसमें **कोषार्पित** (कोश में जमा हुआ दण्ड), **राजहार** (राजा के द्वारा स्वीकृत), **प्रविष्ट** बही खाते में लिखित), **परसंवत्सरानुवृत्त** (गत वर्ष की जमा राशि), **शासनमुक्त, मुखाज्ञप्त**, आपातनीथ (आकस्मिक व्यय) - इन ७ का अन्तर्भाव होता है। (२७)

सिद्धि = मन्त्रशक्ति साध्या, प्रभुशक्तिसाध्या, उत्साहशक्तिसाध्या। (कुल तीन प्रकार)। (देखिये शक्ति)।

सुहृद्भेद = मित्र के मित्रों में भेद निर्माण करना। (१६)

सेतु = गांव की सीमा का बांध, (दो प्रकार = स्थावर और कृत्रिम)। (६६)

सेतुबन्ध (नहर दो प्रकार) = अन्तर्गत झरने के पानी से भरा हुआ

आहार्योदक = बाहर के जल से भरा हुआ। (११०)

स्तम्भ = (१) राजद्रोह का अपराध (८)। (२) गर्व। (९)

स्तम्भ = राज्य की प्रगति में विघ्न (दो प्रकार) = (१) मुख्य स्तंभ (नेतोओं के कारण), (२) अमित्राटवीस्तंभ (शत्रु एवं वन्य लोगों के कारण)। (१२०)

स्तम्भवर्ग = करबंदी का आंदोलन करने वाले लोग।

स्तेयदण्ड = चोरी के अपराध का दण्ड। (२८)

स्तेय = अप्रत्यक्ष अपहरण या दूसरे की वस्तु का उपभोग (७४) (देखिये साहस)।

स्त्रीधनकल्प = स्त्रीधन की व्यवस्था का विचार। (५९)

स्त्रीविप्रकार = पत्नीद्वारा पीडा या उपद्रव। (६०)

स्थान = (१) स्वकर्म की वृद्धि या हानि न होना। (९९)

स्थान = (१) विशिष्ट उद्देश्य से शांतता रखना (१०२) (देखिये आसन)।

स्थानिक = (१) नगर के किसी एक विभाग का अधिकारी। (२) दुर्ग के चतुर्थ भाग की देखरेख करने वाला। (५७)

स्थानीय = ८ सौ गांवो का केंद्रस्थान। (२२)

स्वदेशाभिष्यन्द वमन = अपने देश में एक प्रदेश के लोगों को अन्यत्र भेजना (नयी वस्ती बसाने के निमित्त।)

स्ववग्रह = ऐसा मनुष्य जिसके अनेक आप्तजन हैं। (९)

स्वामिसंपद् = राजा की गुणसंपदा। (९७)

हस्तपादपारंचिक = हाथ पाव तोड़ना। (७६)

हिरण्यभोग (मित्र) = जिस के पास धनसंपत्ति अधिक है। (१०७)

हिरण्यप्रतिग्रह = वसूली का स्वीकार। (२९)

हिरण्यप्रतिग्राही = रिश्वत लेने वाला।

हिरण्यभोग = जिससे सुवर्णलाभ होता है ऐसा मित्र।

हिरण्यभोग = मित्र के ४ गुण = प्रार्थितार्थता, प्राभूत्य, अल्पप्रयासता, सातत्य। (१०७)

हिंस्त्रिका = तस्करों की नौका। (४९)

हीनशक्तिपूरण = प्रबल होने का उपाय (११२)

★★★

वर्ग - ३ — कौटिलीय अर्थशास्त्र
आर्थिक व्यवहार की परिभाषा

अकर्मण्य = बेकार, निरुद्योगी। (९२)
अजस्रपण्य = नित्योपयोगी विक्रेय माल। (३७)
अधिकरण ग्रहण = गिरवी (माल) रखकर ऋण लेना। (५८)
अनर्थ संयोग = धन का अपव्यय। (७)
अनिसृष्टोपजीवी = अनुमती के बिना माल तयार करने वाला। निश्चित उद्योग न करने वाला। (३३)
अन्तरारंभशेष = मंजूर किये हुए खर्च से बची हुई राशि। (२७)
अर्घपतन = बाजारभाव घसरना, मंदी आना। ((६९)
अर्थवृद्धि = महंगाई। (२७)
अर्घान्तर = तेजी-मन्दी। (३७)
अर्घारोपण = मूल्य में बढोत्री करना। (३७)
अर्थलाभ के तीन अनुबंध परिणाम = १) अर्थानुबन्ध = जिससे नवीन अर्थलाभ होता है।
२) निरनुबन्ध = जिससे लाभ या हानि दोनों नही हैं।
३) अनर्थानुबन्ध = जिससे अनर्थ उत्पन्न होते हैं।
अनर्थ के तीन अनुबंध = अर्थानुबंध, निरनुबंध, अनर्थानुबंध। (१२७) (१२८)
अर्थकारणिक = रकम जमा करने वाला। (२८)
अर्थकृच्छ्र = आर्थिक संकट। (९२)
अर्थदूषण = (४ प्रकार) अदान, आदान, विनाश, परित्याग। (११९)
अर्थशास्त्र = मनुष्यानां वृत्तिः अर्थः। मनुष्यवती भूमिः इत्यर्थः = अर्थ शब्द का अर्थ है मनुष्यों के जीवित का उपाय, यह उपाय याने जिस पर मनुष्य रहते हैं ऐसी भूमि। उस भूमि के लाभ और पालन का उपाय प्रतिपादन करने वाला शास्त्र। (१५०)
अर्थसमुदय = द्रव्यसंचय। (३०)
अर्धसीतिक = आधे हिस्से की बोली पर खेती करने वाला (६८)
अवक्रय = किराया। (६५)
अवक्रयी = किरायेदार। (५७)
अवक्रीतक = बेचे गये माल की रकम। (६९)
अवस्राव (अवस्रावयति) = परदेश में धन जमा रखना। (३०)
अस्वामिविक्रय = दूसरे की वस्तु का लेनादेना (३)
आकरकर्मान्त = खनि से संबंधित उद्योग (३३)
आकरकर्मान्त प्रवर्तन = खदान का उत्पन्न। (२)
आकरिक = खदान के कामगार। (२३)
अतिवाहिक = चुंगी। माल का आयातनिर्यात कर। (५६)
आत्माधाता = अपने आप का आधान (गिरवी) रखने वाला। (७०)
आढक = वजन का एक प्रकार (७९)
आदान = कर की वसूली। (२७)
आधान = गिरवी रखंना। (२२)
आपमित्यक = उधार धान्य। (३६)
आय = तीन प्रकार - वर्तमान, पर्युषित (गत बचत), अन्यजात (आकस्मिक)। (२७)
आय = (गांवो से) हिरण्य, विष्टि, शुल्क, (चुंगी और कर), दण्ड। कुल ४ प्रकार (६)
आयमुख = राज्य के उत्पन्न के प्रकार। इसमें मूल (विक्री का मूल्य), भाग (लगान), व्याज, परिघ (किराया, भाडेपट्टी), क्लृप्त (ठेका), रुपिक (नाणक या सिक्के बनाने पर कर), अत्यय (दण्ड) — इन सात प्रकारों की गणना होती है। (२७)
आयति = वेतन (३०)। भावी उत्पन्न। (४८)
आयशरीर = आवक के विषय। इसमें दुर्ग, राष्ट्र, खनि, सेतु, वन, व्रज और वणिक्पथ - इन सात विभागों का अन्तर्भाव होता है। इन सात विभागों से राज्य की आमदनी होती है। (२७)
आस्थिक = जुए में हारी गयी रकम। (७३)
उदय = लाभ, नफा। (३०) (६८)
उन्मान-अवामान = आकार मूल की कीमत (२८)
उपकण्ठी = पोले दंडे वाला तराजू।
ऋणवृद्धि से मुक्त = दीर्घसत्रस्थ, व्याधित, गुरुकुलोपरुद्ध, बाल, असार, (अकिंचन), (कुल ५)। (६८)
एक मुख व्यवहार = एक मनुष्य को ठेका देना। (३७) (४६)
उत्कर = कमिशन। (३६)
उद्धारक = रकम लेने वाला। (२८)
उन्मान-अवामान = मूल कीमत। (२८)
उपनिधि = परोक्ष या गुप्त जमा, न्यास। (५८) (६९)
उपस्थान = तुलामानान्तर, हस्तपूरणक, उत्कर (कमिशन) व्याजी, पर्युषित (पुरानी बचत) और प्रार्जित (बयाना) (इन ६ प्रकारों की आय) (३६)
औपनिधिक = गिरवी और न्यास (धरोहर) का व्यवहार। (३)
कदर्य = स्वतः को तथा भृत्यों को पीड़ा देकर धनसंचय करने वाला कंजूस। (३०)
कर = धन के रूप में शासनद्वारा वसूली।
कर्मच्छेद = काम में हुआ नुकसान। (२८)
कर्मदिवस = काम की कालमर्यादा। (३०)
कर्मच्छेदवहन = काम के नुकसान की भरपाई करना। (२८)
कर्मनिषद्या = ग्रामोद्योग का स्थान, कारखाना। (२५)

कर्मनिर्दिष्ट = विशिष्ट काम में नियुक्त नौकर वर्ग। (४६)

कर्मफल = लाभांश। (१८)

कर्मफलविनिपात = उत्पादन के लाभ में हानि। (४५)

कर्मसंबंध = मजदूरी के करार, सेवा के संकेत या प्रस्ताव। (७०)

कर्मान्त = कारखाना। धातु का कारखाना। (३३)

कर्मान्तिक = कारखाना। (२५)

कर्ष = वजन का एक प्रकार। (७९)

काकणिक = दो रत्ती। दो रत्ती का वजन। (३५)

कारणिक = हिसाब की जांच करने वाला। (२८)

कालिक = उधारी से मिलने वाला माल। (१३९)

किष्कु = १।। या २ हाथ लंबा अंतर। (६५)

कुप्य = जंगल में प्राप्य कच्चा माल। (४, ३२, ४६, ५६, १३६)

कुप्य पुण्य = जंगल में उत्पन्न होने वाली नैसर्गिक संपत्ति (१६)

कुसीद = ब्याज सहित मुद्दल (मूलराशि), सूदखोरी। (६८)

कुशिक्या = असमान तराजू।

कूटमुद्रा = खोटा सिक्का। (४२)

कूटरूप = खोटा सिक्का (७८)

कूटरूपकारक = खोटे सिक्के बनाने वाला (८१)

कूटसुवर्णकारी = झूठे सोने के पैसे बनाने वाला। (८१)

कोश-अवस्तार = वसूली का दिन बदलना। खोटा जमाखर्च। (२९)

कोश क्षय के ८ कारण = प्रतिबंध प्रयोग (ब्याज के हेतु द्रव्य देना), व्यवहार (लेवान-देवान), अवस्तार (खोटे हिसाब), परिहापण (वसूली न करना) उपभोग परिवर्तन (हेराफेरी, अपहार)

कोशगृह = ख़ज़ाना (बैंक)। (२६)

कोशनिर्हार = कोश के धन से खरीदा धान्य। (३६)

कोशपरिवर्तन = सरकारी माल के स्थान में दूसरा माल जमा करना। (२९)

कोशपरिहापण = आय कम करना और व्यय बढ़ाना। (२९)

कोशप्रतिबंध (तीन प्रकार) = असाधन (वसूली न करना), अनवतारण (दी हुई वसूली न लेना), अप्रवेशन (मिली हुई वसूली जमा न करना) (२९)

कोशप्रयोग = कोश का द्रव्य ब्याज से देना। (२९)

कोशसंग = कर न देने का अपराध। (८)

कोशव्यवहार = शासकीय भांडार के माल की विक्री करना। (२९)

कोशापहार = तीन प्रकार- आय जमा न करना, अवैध व्यय वापस न लौटाना, प्राप्त हुई बाकी रकम अमान्य करना। (८९)

कोशाभिसंहरण = कोशसंग्रह (५), कोश की व्यवस्था। (९२)

कोशावच्छेद = कोश का नाश। (६२)

कोशोपभाग = राजस्व का प्रत्यक्ष या अप्रत्यक्ष उपभोग। (२९)

क्रयसंघर्ष = नीलाम। (२७)

क्रयिम = धान्य मूल्य, कोशनिर्हार (कोश के व्यय से खरीदा धान्य)।

प्रयोग प्रत्यादान = अल्प धान्य लेकर अधिक धान्य लौटाना। (३६)

क्रियाभारिक = जहां भारी श्रम करने पडते है ऐसे काम (जैसे खदान)। (३३)

क्षेत्रिक = किसान। (६७)

खनि विभाग के अन्तर्गत = सुवर्ण, वज्र (हीरा), मणि, मुक्ता, प्रवाल, शंख, लोह, लवण, भूमि, प्रस्तर, रस (पारद) और धातु इन १३ का अन्तर्भाव होता है। (२७)

खनि (खदान) के १२ प्रकार की आवक = मूल्य, विभाग, व्याजी (कसर), परिघ (मुद्रा परीक्षक का शुल्क), अप्तय, शुल्क, वैधरणदण्ड, रूप (मुद्रा), रूपिक धातु और पण्य।

गण्यपण्य = संख्या की गिनती में बेचने योग्य माल। (३७)

गुल्यतर-देय = मार्ग पर देने योग्य चुंगी। (३७)

गृहपतिक = खेती में नुकसान आने के कारण बेकार बना हुआ किसान। (१-११)

गो = गाय व्यक्ति की आर्थिक परिस्थिति का प्रमाण माना गया था। "शतगु" (सौ गाय का धनी) होने पर आहिताग्नि न होना और "सहस्रगु"- होने पर "यज्वा" यज्ञकर्ता न होना निंद्य ब्राह्मण का लक्षण माना जाता था। (७१)

गोवाणिजक = गाय बैलों के व्यापारी। (१३९)

गौरव = वस्तु का वजन। (१-२१)

ग्रामिक = गांव का कामगार। (६७)

ग्रासाच्छादन = अन्नवस्त्र। (६०)

जात्य = असली माल।

अजात्य = खोटा, नकली माल। (७९)

तर = (१) जहाज, (२) जहाज़ से आने वाला माल। (३) इस प्रकार के माल का केन्द्र। (२७), (४९)

तादात्विक = आय के समप्रमाण में व्यय करने वाला (३०)

तुन्नवाय = दर्जी। (७८)

तुला का प्रकार = समवृत्ता और परिमाणी। (४१)

तुलामान पौतव = वजन तथा नाम की परीक्षा। (२)

दक्षिणा = पुरोहित वर्ग के ब्राह्मणों का धर्मविधिनिमित्त प्रदेय द्रव्य। यह "वेतन" के समान निर्धारित नहीं होता किन्तु आवश्यक होता है। (७१)

दण्ड-प्रतिकारिणी = दण्ड लौटाने निमित्त मजदूरी करने वाली स्त्री। (४४)

दाय = पूर्वक्रमागत संपत्ति। (४८) (६२)

दाय के ६ अनधिकारी = पतित, पतितजात, जड, उन्मत्त, अन्ध, कुष्ठी। (६२)

दायधर्म = (प्रकार) देश, जाति, संघ (व्यापारी संस्था),

और ग्राम - इन चारों की परंपरा दायविभाग के प्रमाण होती है। (६४)

दुष्टतुला = (खोटे तराजू के ७ प्रकार) = **सन्नामिनी** (झटका देने योग्य), **उत्कीर्णिका** = नीचे सीसा भरी हुई, **भिन्नमस्तका** = (टूटे कांटेवाली), **उपकण्ठी** = (पोले डंडी वाली), **कुशिक्या** = (विषम पात्र वाली), **सकटुकक्ष्या** = (डोरी में गांठ वाली), **परिवेल्ययस्कान्ता** (लोहचुंबक युक्त)। (३५)

द्रव्य = जंगम संपत्ति (६२)

द्रव्यवन = उत्पादक वन या उत्पन्न देने वाला वन। (३८)

द्रव्यवन कर्मान्त = जंगल के कच्चे माल से पक्का माल तयार करने का कारखाना। (२३)

द्रोण = ४ आढक का नाप। (३६)

द्वारादेय = सीमा के अंदर माल लाने पर लगाया गया कर। (४३)

धनिक = साहुकार। (६८)

धनिक-धारणिक = धनको और ऋणको। (६८)

धरक = वजन करने वाला, कांटावाला।

धरण = वजन। धरण प्रकार = माष, गुंजा, सुवर्णमाष, सुवर्णकर्ष, पल, रूप्यमाप, धरण = १६ मासे का वजन)। (४१)

धान्यवृद्धि = धान्य के रूप में व्याज। (६८)

धारणिक = ऋण लेने वाला। (६८)

ध्रुवनिधि = गंगाजली, स्थायी निधि। (२६)

निक्षेप = भूमि में गाड़कर रखा हुआ धन। (७३)

निक्षेपभाजन = तिजोरी। (२८)

निक्षेपोपनिधि = गिरवी माल। (४६)

निचय = कोशस्थान, संग्रहस्थान। (२६)

नित्यव्यय = दैनंदिन खर्च। (२७)

नित्योत्पादिक (व्यय) = नित्य व्यय के साथ किसी कारण होने वाला आनुषंगिक व्यय। (२७)

निबन्धपुस्तक = बही खाता, हिसाब के कागजात। (२८)

निविष्टपण्य = भारी कीमत का माल। (४२)

नीवी = आवश्यक खर्चा होने के पश्चात् बची हुई रकम । (२७) दो प्रकार १) प्राप्ता (रोख बचत), २) अनुवृत्ता। हिसाब होने पर रही बचत)।

नीविभक्षण = बचत के पैसे खाना। (२८)

पण = एक प्रकार की मुद्रा (सिक्के का एक प्रकार)

पणन व्यवहार = क्रयविक्रय, जो पण (मुद्रा) के माध्यम से होता था। (३३)

पणयात्रा = मुद्रा व्यवहार के नियम। (३३)

पण्य = बिक्री का माल। (२५)

पण्यगृह = किराने का गोदाम। (२६)

पण्यनिचय = बिकाऊ माल का गोदाम (२५)

पण्यपत्तन = व्यापार के केन्द्र का नगर, बाजारपेठ। (२२)

पण्यपत्तनचरित्र = व्यापारी बंदरगाह की पद्धति। (३७) (४९)

पण्यपुट = अन्यान्य प्रकार के बाजार मालों की मंडियां।) (२४)

पण्यसंपात = बिक्री का माल एकत्रित करना।

पण्यसंस्था = व्यापार का केंद्र (७९)

पण्यागार = विक्रेय माल का संग्रहस्थान, गोदाम। वखार (मराठी में)। (५६)

पत्रोर्णा = नागवृक्ष, वकुल और वटवृक्षों के पत्तों पर पोसे गए कीडों द्वारा निर्मित रेशम।

पत्रोर्णा = (३ प्रकार का रेशम) मागधिका, पौण्ड्रीका, सौवर्यकुड्यका। (३२)

पथिभक्त = प्रवासभोजन का व्यय। (५८)

परदेशोपवाहन = परकीय प्रदेश से लोगों का लाना। (२२)

परविषय = शत्रुराज्य। (१४)

परिकर्मिक = सेवा - शुश्रूषा करने में कुशल। (२३)

परिघ = सब्बल। (१४०)

परित्याज्य सेवक = भीरु, निरुद्योगी, और अमर्षशील (असहिष्णु या निष्ठुर)। तीन दोषों से युक्त)। (१०४)

परिदान लेख = (शासन पत्रक का प्रकार) गुणीजनों को पारितोषिक या संकटनिमित्त सहाय का आदेश (३१)

परिदेश = लंबाई का एक नाप (२ रज्जू = १ परिवेश)।

परिपणित सन्धि = देश विभाजन की बोली पर शत्रु से सन्धि। (७)

परिभाण्ड और वास्तुक = अशुद्ध और शुद्ध सोना। (३४)

परिभाण्ड = हीन सुवर्ण, हलका सोना (३४)

परिमाणी = वजन का एक प्रकार (७९)

परिरय = १४ अंगुलियों का नाप।

परिवर्तक = एक धान्य देकर दूसरा धान्य लेने वाला। (३६)

परिवाय = आर्थिक परिस्थिति। (६०)

परिवाह = (या परीवाह) पानी बाहर जाने का मार्ग। (२४)

परिस्तोम = कंबल का एक प्रकार।

परिहापण = उत्पन्न घटाना और व्यय बढाना।

परिहारोपहत = सहूलियत के कारण क्षीण।

परिहार = किसान को फसल न आने पर कर में दी गई सहूलियत। (२२)

परिहार लेख = (शासन पत्रक का एक प्रकार) = विशिष्ट जाति, नगर, ग्राम और प्रदेश को सहूलियत देने का आदेश (३१)

परिहार लाभ = कर माफी। (२८)

परोक्त = न्यायालय की जबानी में एक अपराध। (नौ प्रकार के अपराध) = संक्रमण, नभिसंधान, अभिग्रहण, अनिर्देश, निर्देश, उपस्थापन, अर्थवचन, अपव्यय, अनवधारण। (५८)

पर्युषित आय = परम सांवत्सरिक (गतवार्षिक) परप्रचार, जो निवृत्त अधिकारी के द्वारा समर्पित की जाती है। (२७)

पशु के ४ उपकार = लोम (ऊन), दोह (दुग्ध), वाहन, प्रजनन। (९०)

पश्चाद्वाय = वर्षा के अन्त में बोने योग्य धान्य। (कुष्कुम्भ - मसूर, कुलुत्थ, याव, गोधूम (गेहूं) कलाय (द्विदल धान्य), अतसी (अलसी), सर्षप (राई)। (४५)
पष्ठौही = (तरुण) गर्भधारण योग्य गाय। (५०)
प्रक्रय = राजस्व या सरकारी हिस्सा। (३३)
प्रक्रय = रोख रकम देकर खरीदना। (६६)
प्रक्षेप =(१) जमा रखा हुआ माल (६८) (२) स्थावर गिरवी। (६९)
प्रतिक्रुष्ट = नीलाम की घोषणा करने वाला। (६९)
प्रतिक्रोश = नीलाम की घोषणा। (६६)
प्रतिदेय वस्तु = वापस लौटाने योग्य वस्तु (चार प्रकार) = याचितक, अवक्रीतक (किराये की), आहितक (गिरवी), निक्षेपक (न्यास)। (७७)
प्रतिपण्यार्थ =अन्य वस्तु के रूप में मूल्य। (३७)
प्रतिभू =जामानतदार। (२८)
प्रतिमान-मान =वजन और माप। (२८, ४१)
प्रतिवर्णक =मुआवज़ा। (२८)
प्रदेशभोग = जमीनदारी, मालगुजारी इ.। (२८)
प्रयाम = महंगाई, धान्य या अनाज के भाव में तेज़ीमंदी। (२८)
प्रयोगापहृत = नई वस्तु बनाने अर्थात् रूपांतरित करने के निमित्त दिया हुआ (चांदी सोना इ.) माल। (४६)
प्रवहणिक निकाय = प्रवासी व्यापारी संघ (२५)
प्रशोध्य = कठिनाई से वसूल होने वाली रकम।
प्रसार वीवध = धान्य आदि की निर्यात और आयात। (१४४)
प्रस्थ = एक पाव का नाप (३६)
प्रामित्यक = मांग कर लाया हुआ धान्य। (जिसे वापस नहीं लौटायां जाता (३६)
पादिक =चतुर्थांश। (५०)
पानागार = मद्यपान का स्थान, गुत्ता अड्डा। (४६)
पानानुबन्ध = मद्यपान का चस्का।
पारग्रामिक = शत्रु के ग्राम पर कब्ज़ा करने का उपाय। (१२४)
पारग्रामिक योग = शत्रुओं के गावों में धूम मचाना (१८)
पारंचिक =तोड़ना, शिथिल करना।
पारतल्पिक = व्यभिचारी. (८२)
पारदारिक = व्यभिचार चेष्टा। (६७)
पारविषयिक = परदेश के लोग। (४९)
पारिकर्मिक = हाथी की सेवा में कुशल सेवक।
पारीक्षिक = मुद्रा आदि की परीक्षा का शुल्क (३३)
पारिपतन्तक = व्यूह का एक प्रकार।
पारिवेल्ली = टेढ़ी डंडी का तराजू।
पारिहीणिक = राजमार्गस्थ वृक्षों की आय। (३६)
पारिहीणिक = (आय) नुकसान भरपाई। (२७)
पारुष्य = मारपीट.। (६५)
पार्श्व (आय) = धनस्वामी की विस्मृति के कारण प्राप्त। (२७)

पालि = बगीचे की सागपत्ती, (शाकसब्ज़ी)। (६७)
पाषंडावास = पाखंडी लोगों का निवासस्थान या विधर्मियों के निवास का भाग। (५७)
पांसुधावक = झाड़ूपोछा करने वाला सेवक (34)
पिंक अपसारण = जड़ाव के अलंकार से सोना निकालकर दूसरी धातु डालना। (३५)
पिण्ड-कर = गांव की वसूली या लग्गन। (३६)
पिंडारक = महिषपाल।
पिण्याक = जानवरों के खाने की तिल की ढेप। (३६) (५०)
पीठिका = राजासन। (४८)
पीडन = प्रजा के उपद्रव के कारण = दैवपीडन, क्षुद्रक क्षय, मुख्य क्षय, स्वचक्र (अन्तर्गत कलह), परचक्र, प्रकृति विवाद, राजविवाद, देशविहार (क्रीडा), राजविहार, राजपुत्र, राजकन्या, श्रेणी, मुख्य, सन्निधाता, समाहर्ता, अन्तपाल, वैदेहक, (१२०), प्रतिरोधक (डाकू), आटविक। कुल (९१) (१२०)
पुद्गल = अलंकार बनाने योग्य सोना।
पुनरुक्ति (लेखदोष) = आवश्यकता न होने पर भी उक्त विषय का पुनः कथन। (३१)
पुराणचोर = शातीर चोर, या पक्का चोर (५६)
पुरुषभृति पथिभक्त = दैनिक भोजनव्यय तथा प्रवास भोजन का व्यय। (५८) (डेली अलाऊन्स, ट्रॅव्हलिंग अलाऊन्स)।
पुरुषभोग (मित्र) = जिसके पास शूर मनुष्यों का संग्रह अधिक है ऐसा मित्र। (१०७)
पुरुषविप्रकार = पतिद्वारा स्त्री को उपद्रव या पीड़ा। (६०)
पुरुषवेतन = श्रमिक की दैनिक मजदूरी। (३०)
पुरुषसन्धि = सैनिक देने की बोली पर संधि। (१३५)
पुरुषोपस्थापन = सामूहिक मजदूरों में कोई अस्वस्थ होने पर उसने अपने लिए दूसरे को उपस्थापित करना। (७१)
पुलक = बीच में काला हुआ रत्न।
पुलाक = पुलाव, पक्व खाद्य। (५१)
पुष्पका-सीस = आयर्न सल्फेट।
पुष्पाछिद्र = मणि का एक दोष, बीच बीच में दाग का होना। (३२)
पुस्तकस्थकरण = दर्ज़ करना, नमूद करना, लेखाजोखा रखना। (२८)
पुस्तभाण्ड = पुस्तकों की पेटी। (२८)
पूग = संघ, समुदाय। (१-१३)
पूजावेतन = सत्कार धन, धनस्वरूप उपहार (९२)
न्यायालय में पूज्य व्यक्ति के ५ गुण = विद्या, बुद्धि, पौरुष, अभिजन, कर्मातिशय। (७७)
पूतिकिट्ट = धातु को शुद्ध करने में निकाला गया माल। (३५)
पूर्णवधदण्ड (तीन प्रकार) = ४८ से ९६ पण। **मध्यमवधदण्ड** = २०० से ५०० पण। **उत्तमवध** = ५०० से १००० पण। **वध** – दो प्रकार देखिये)

पूर्ववाप = वर्षाऋतु के आरंभ में बोने योग्य धान्य (शालि, व्रीहि, कोद्रव, तिल, प्रियंगु, दारक, वरक। (४५)

पूर्वसाहस दण्ड = ४८ से ९६ तक पण का दण्ड।

पूर्वसाहस दण्ड = २५० पण का दण्ड।

पृषतकारु = जड़ाव का काम करने वाले कारीगर। (३४)

पृषित = सोने के मणि। (३४)

पौतन = वजन और नाप (२७)

पौरजानपद = समस्त प्रजानन। (१३)

फल्गुकुप्य = जंगल का हलका सस्ता माल। (२८)

फल्गुभाण्ड = हलका माल। (४२)

बहुमुख = अनेक लोगों को ठेका देना।

बाह्यम् आभ्यन्तरम् = व्यय-आय। (२६)

भक्त भाटक = माल के रक्षकों का वेतन। (३७)

भक्त वेतन = १) चांवल के रूप में वेतन या चांवल और वेतन। २) भत्ता। ३) जीविका के लिये पर्याप्त वेतन।

भक्त लवण = भोजनार्थ आवश्यक नमक। (३३)

भाग = खेती का कर। (२७)

भागधेय = राजा का हिस्सा। राजा को देय अंश, (जैसे धान्य का षष्ठांश, व्यापार का दशांश और सुवर्ण)। (१३)

भाग प्रक्रम = हिस्से की राशि और ठेका (३३)

भाजनी = १) एक प्रकार का तराजू। २) नाप, या वजन

भांड = बाजारू माल। (२८)

भांडवाहिनी = कोश संरक्षण दल। (२६)

भाण्डागार = कोश स्थान। (२५)

भारिक = भार उठाने वाला, हमाल। (३३)

भूमिपरिग्रह = स्थावर संपत्ति। (५६)

भृतक = १) मजदूर, कामगार (२ प्रकार)- **संघभृत** = (सामूहिक) और **संभूयसमुत्थाता** (सहकारी) (२) सरकारी नौकर (२९)।

भृत्यभरणीय = नौकर वर्ग के वेतन की व्यवस्था। (५)

भोग = वस्तु के दर भाव। (४८)

भ्रेष = विक्रेय माल में खराबी होना। (६९)

महाभाण्ड = भारी (वजनदार) माल। (४९)

मान (माप) ११ प्रकार = माष, द्रोण, व्यावहारिक द्रोण, भाजनी द्रोण, अन्तःपुर भाजनी द्रोण, आढक, प्रस्थ, कुडुव, खारी, कुंभ, वहवारक, घटिका। (४१)

मानोन्मान = नापने में कम ज्यादा, कमी-अधिकता।

मायक = नाप डालने वाला।

मासवृद्धि = मासिक ब्याज का प्रमाण (६८)

मुख = व्यय का विषय। (२८)

मुखोत्पत्ति = निवृत्ति (वसूली) और मुआवज़ा। (२८)

ताम्र मुद्राएँ = माष, अर्धमाष, काकणी, अर्धकाकणी (४ प्रकार)।, (इस में १/४ हलकी धातु मिलाई जाती थी। (३३)

रूप्य-मुद्राएँ = पण, अर्धपण, पावपण, अष्टांश पण, (लोहा, सीसा, कथिल जैसे धातु के साथ १/११ चांदी मिलाकर ये मुद्राएं बनाई जाती थीं)। (३३)

याचितक = १) बिक्री के लिए मांगा हुआ दूसरे का माल। (६९), २) उधारी का सामान। (७०)

यानभाटक = गाड़ीभाड़ा। (३७)

योगस्थान = माल के उत्पादन का स्थान। (२८)

राजपण्य = राजा के अधिकार का विक्रेय माल। (३३), (३७)

रिक्थहर = १) संपत्ति के विभाग ग्रहण करने का अधिकारी (पुत्र आदि) २) भागीदार। (६८), (७३)

रूपदर्शक = 1) सिक्कों या मुद्राओं की परीक्षा करने वाला अधिकारी (२६) (३३) २) सराफ (३०)

रूपलक्षण = सिक्कों की शुद्धता- अशुद्धता (२८)

लाभव्यय = जिस व्यय के कारण कुछ समय के बाद लाभ होता है। (२७)

लाभोत्पादिक व्यय = लाभव्यय के साथ होने वाला आनुषंगिक व्यय। (२७)

लेख्यनीविक = जमा करने की लिखित रकम। (२८)

वणिक्पथ = वारिपथ, स्थलपथ, चक्रपथ (गाड़ी का मार्ग) पादपथ, खरोष्ट्र पथ, अंसपथ (डोली से जाने का मार्ग)। (कुल ६) (२७, ११०)

वर्तमानाय = चालू जमा रकम।

वानकर्मान्त = बुनकरी का कारखाना (कपड़े की मिल या पुतलीधर) (४४)

वारक = ४।। कुडव।

वारिपथ भोग = जलमार्ग से होने वाली यातायात।

वार्ता = गोरक्ष, वाणिज्य और कृषिकर्म (अर्थात् व्यापार और कृषिकर्म)। (१३५) (२)

वार्ताकर्म-प्रदिष्टाभूमि = जानवरों के बाजार का स्थान, मवेशी बाज़ार। (११)

विक्षेप = (आय) उद्योग में लगाई राशि के लाभांश की किश्त। (२५)

विशिखा = सराफ कट्टा। (२, ३५)

विष्टि = कारीगर (४) मजदूर वर्ग। (३३)।

विष्टि = बिगार काम का दर। (२८)

विष्टिबन्धक = मजदूर लाने वाला अधिकारी। (९३)

वृद्धि = नफा, फायदा, लाभ (२०) ब्याज (६८)

वृद्धिक्षय = नफा नुकसान, लाभ-अलाभ। (२८)

वृद्धिमूल्य = ब्याज की रकम (६९)

वृद्ध्यारोपण = ब्याज पर ब्याज लगाना। (चक्रवाढ ब्याज – मराठी में। (६८)

वेणिका = तराफा। (१३०)

वेतन = मजदूरी, रोजी, तनख्वाह। (२८)

वेतननाश = वेतन में कटौती। (३५)

वैदेहक = वणिक् और केवट। (१-४)

वैदेहक = व्यापारी वर्ग। (३७) १) दिवालिया ब्यापारी (११) २) व्यापारी वर्ग। (३७) (४२)

वैधरण = २) माल न बिकने या उठने कारण नुकसान का दण्ड। (३३)

वैधरण = नुकसान भरपाई की रकम। (३७) (४६)

वैय्यापृत्य विक्रय = मूल्य वापिस लौटाने की बोली पर बिक्री करना। (६९)

वैश्यधर्म = अध्ययन, यजन, दान, कृषि, पशुपाल्य (पशुपालन), वाणिज्य। (व्यापार)। (३)

व्यय (चार प्रकार) = नित्य, नित्योत्पादिक (नित्यानुषंगी) लाभ, लाभोत्पादिक।

व्ययप्रत्यय = निर्धारित व्यय से अल्प व्यय होने पर बची हुई रकम। (२७) (३६)

व्ययशेष = जमा रकम। (२६)

व्यय-समानयन = खर्चे का तालमेल रखना (२८)

व्याजी = १) वजन और नाप के भेद से वृद्धि (२८) २) कर, राजस्व (३३) ३) लभ्यांश, नफा (४६) ४), माल की कीमत पर कसर। (३७)

व्याधित (आय) = दिवाला निकालने पर शेष बचत। (२७)

व्यावहारिक = व्यापारी वर्ग। (९२)

व्यावहारिकाध्यक्ष = व्यापार प्रमुख।

व्युपरत = नौकरी के लिये अपात्र, या सेवानिवृत्त। (४४)

शुल्कवर्तनी = माल की मूल कीमत। (३७)

शुल्कस्थान = जकात नाका। (७३)

श्रेणीनिकाय = स्थानिक व्यापारी संघ। (२५)

सकटुकक्षा = ऐसा तराजू जिसकी रस्सी में गांठ हो।

संघभृत = सामूहिक मजदूर वर्ग। (७१)

समय = व्यवहार, संकेत, करार। (३१)

समयस्य अनपाकर्म = करार और हिस्सेदारी का पालन न करना। (३)

समयाचार = संधिपत्रक का अनुपालन। (५)

समयाचारिक = करार के अनुसार सेवा करने वाला सेवक। (११३)

समवायानुबन्ध = विशिष्ट उद्देश्य से स्थापित संगठन या समिति। (२२)

समुदयस्थान (स्थानीय) = व्यापार केन्द्र का नगर। (२४)

संभाषितवेतन = जिसके वेतन के संबंध में बातचीत द्वारा निर्णय हुआ है। (७०)

संभूय समुत्थान = सहकारी संस्था। (३) (७१)

सभ्योपकारी = भागीदारी, साझेदारी। (३७)

संयानीय = बाजार (२५) (जहां माल उतारा जाता है)। (३५)

संस्थान = चालू व्यवहार। (२७)

सस्य पण्य = बिकाऊ धान्य। (१६)

सहग्राही = सहायक सहकारी। (२८)

स्थल (वणिक्) पथ (४ गुण) = बहुखनि, सारपण्य, प्रसिद्धगति, अल्पव्यायाम।

सामुस्थायिक = सहकारी संस्था। (२२)

सार = बहुमूल्य वस्तु। (२६)

सारकुप्य = जंगल का भारी या कीमती माल। (२८)

सारच्छिद्र = मूल्यवान पदार्थों के संग्रह का स्थान। (१६)

सारभाण्ड = भारी माल। (४२)

सार्थ = व्यापारी मंडल, व्यापारी समूह। (४२)

सार्थवाह = दूसरे प्रदेश से माल लाने वाले या दूसरे प्रदेश में बेचने वाले। (३७)

सार्थातिवाह्य = माल वाले व्यापारी समुदाय को संकटयुक्त मार्ग से सुरक्षित पहुचाना। (५५) (विवीताध्यक्ष का कर्तव्य)।

सिंहनिका = दारु, तेल, पिष्ट, गुड इत्यादि तैयार करवाने की मजदूरी। (३६)

सीता = धान्य उत्पादक क्षेत्रभूमि। (२०) (३६)

सुवर्ण = सोने का सिक्का। (७८)

सुवर्ण हरण के चार उपाय = **परिकुट्ट** (ठोक पीट), **अवच्छेदन** (तोड़ना) **उल्लेखन** = (खरोंचना), **परिमर्दन** = घिसना। (३५)

सोपानक = सोने की तार वाली एकावली (एक लड़ी की मोतीमाला)।

मणिसोपानक = बीच में मणि वाला सोपानक। (३२)

सौवर्णिक = १) सोने के व्यापारी (२७)

सोवर्णिक के ५ अपराध = सोने में वर्णहीनता, प्रमाणहीनता, तुलोपधा (खोटा तराजू), प्रतिमानोपधा (खोटा वजन), भांडोपधा (धातु में मिलावट) (३५)

स्ववित्तकारु = निजी पूंजी पर धंदा करने वाले (७८)

स्ववीर्योपजीवी = शरीरश्रम पर जीवन बिताने वाले। (४५)

स्वाजीव = स्वावलंबी जीविका वाला।

हरणोपाय = (सोना चांदी चुराने के उपाय) = तुलाविषम, अपसारण, विस्रायण, पेटक, पिंगक। (३५)

हरितपण्य = घास पत्ते आदि विक्रेय वस्तु। (२९)

हिरण्य = मुद्रा (२६) सुवर्ण- नाणक, द्रव्य, धन। (९३)

हीनप्रतिवर्णक = हलकी कीमतवाला नमूना। (४२)

* * *

वर्ग - ४ — कौटिलीय अर्थशास्त्र

युद्धविषयक की परिभाषा

अधिकरणी = हथियार, औजार।

अनवसित सन्धि = जिस सन्धि में समाप्ति की कोई कालमर्यादा नहीं होती। (१०९)

अनिभृतसन्धि = अनिश्चित सन्धि, जिसमें बलवान् राजा को दी गई भूमि वापिस लेने की 'संभावना' होती है। (१०९)

अनीकस्थ = हाथी की परीक्षा करने वाला। (२३)

अनीकस्थान = सैन्य-शिबिर (छावनी)।

अनुपात = शत्रु का पीछा करना।

अन्तर्वंशिक सैन्य = अन्तःपुर का सैन्य। (१२९)

अपरिपणित सन्धि = धन देकर सान्धि। (७)

अपसार भूमि = युद्ध संकट में आश्रय का स्थान। (१-१६)

अभियान में दोष = क्षय (मनुष्यनाश), व्यय (द्रव्यनाश), प्रवास, प्रत्यवाय (पाप), परापकार, शरीरबाधा। (कुल ६) (१०६)

अभियास्यत् कर्म = शत्रु पर आक्रमण। (१२२)

अभियोक्ता = आक्रमण का प्रकार = धर्मविजयी, लोभविजयी, असुरविजयी। (कुल ३) (१३६)

अभिहितसन्धि = अपरिवर्तनीय सन्धि। (१०९)

अभेद्य सैन्य = जिस के देश, जाति, शिल्प (कला) समान होते हैं और जिसमें संगठन अच्छा होता है। (१२३)

अमित्र (शत्रु) = समान सीमा वाले राज्य का स्वामी; (दो प्रकार) सहज, कृत्रिम, अथवा चल और स्थित। (११)

अमित्रभावी = (प्रकार) अनात्मवान् (दुष्ट), नित्यापकारी, शत्रुसहित पार्ष्णिग्राह, व्यसने यातव्य, व्यसने (संकटे) अभियोक्ता (कुल ५) (११६)

अरिप्रकृति = विजिगीषु की सीमा में संलग्न भूमि का स्वामी। (९८)

अरिविशेष = बलवान् सामन्त, व्यसनी, अनपाश्रय, दुर्बलाश्रय (आक्रमण करके इनका नाश करना इष्ट होता है)। (९८)

अर्थसंप्राप्ति के उपाय = पार्ष्णिग्राह और आसार का प्रतिघात, मनुष्यक्षय, धनव्यय, प्रवास की व्यवस्था, प्रत्यादेय (ऋण का समर्पण), मूलरक्षण। (राजधानी का रक्षण) (कुल ६)। (१२८)

अर्धबाहु = युद्धोपयोगी स्थितयंत्र, आक्रमक पर गिराने योग्य दो स्तम्भ। (३९)

अवमर्द = किले पर कब्ज़ा करना। (१३)

अश्वदमक = घुड़सवार सिपाही। (२२)

अश्वयुद्ध = (प्रकार) = अभिसृत, परिसृत, अतिसृत, उन्मथ्यावधान, वलय, गोमूत्रिका, मंडल, प्रकीर्णिका, व्यावृत्तपृष्ठ, अनवंश, भग्नरक्षा, भग्नानुपात। (१३३) (कुल १२)

अश्ववाह = घुड़सवार या घोड़े की देखरेख करने वाला सईस। (५१)

अश्वविभाग = क्रयोपगत, आहव (युद्ध)- लब्ध, आजात, (अश्वशाला में जन्म पाए हुये), साहाय्यकागत, पणस्थित (गिरवी रखे हुए), यावत्कालिक (किंचित् काल के लिए रखे हुए) (कुल ६)। (५१)।

अश्वशाला का प्रमाण = अश्वायाम-द्विगुणविस्तार, अर्थात् घोड़े की लंबाई से दुगुनी चौड़ाई होनी चाहिये। (५१)

आक्रन्द = विजिगीषु राजा का पिछाड़ी का मित्र राजा। (पार्ष्णिग्राह की सीमा से संलग्न राज्य का स्वामी) अर्थात् पिछाड़ी के शत्रु का शत्रु) (९८) (१११)

आक्रान्दासार = विजिगीषु राजा की पिछाड़ी के मित्र का मित्र (अर्थात् परोक्ष मित्र)। (९८)

आक्रमण करने योग्य शत्रु = क्षीणपुराणभक्त (जिसका पुराना धान्य समाप्त हो चुका है), अगृहीत (नवभक्त) जिसने नये धान्य का संग्रह नहीं किया है) असंस्कृतदुर्ग, क्षीण तृणकाष्ठोदक। कुल ४ (१२२)

आक्रमण करणे योग्य शत्रु सैन्य = अभूमिष्ठ, विभूतिप्राप्त, संहतानीक, भिन्न, प्रचल, विमुख, दूष्य फल्गुबल, विषम, श्रान्त, विश्वस्त, प्रमत्त, आकृष्ट, अवसुप्त, अकृतहस्त्यश्व, प्रतिनिवृत्त, प्रतिसूर्यवात। (१३९)

आचरणहस्ती = सब प्रकार की गति जानने वाला औपवाह्य हाथी। (५३)

आधानगतिक हस्ती = नाना प्रकार की गति से चलने वाला औपवाह्य हाथी। (५३)

आपत्ति के चार कारण = अभ्यन्तर उत्पत्ति और बाह्य प्रतिजाप। बाह्योत्पत्ति - अभ्यन्तर प्रतिजाप। बाह्योत्पत्ति, बाह्य प्रतिजाप। अभ्यन्तरोत्पत्ति - अभ्यन्तर प्रतिजाप (१२६) (उपजाप - विरोधी षड़यंत्र)

आपत्ति = (३ प्रकार) शुद्धा, आमिश्रा और परमिश्रा। शुद्धा (दो प्रकार) = दूष्यशुद्धा और शत्रुशुद्धा।

आमिश्रा = दूष्य और अदूष्य के संगम से। **परमिश्रा** = मित्र और शत्रु के संयोग से। (१२७)

आपत्ति = (तीन प्रकार) = अर्थयुक्त, अनर्थयुक्त, संशययुक्त। (१२८)

आपद = (के तीन मार्ग) = पुत्र भ्राता आदि बांधव। पौर, जानपद, दण्डमुख्य। सामन्त-आटविक। इनके प्रतिकार के उपाय = पुत्रादि द्वारा सामदान से। **पौरादिद्वारा** = दान भेद से। **सामन्तादि द्वारा** = भेद दण्ड से। (१२८)

आयुधवर्ग = यंत्र, गोष्पण, मुष्टि, पाषाण, रोचनी, दृषद्। (३१)

आयुधीय ग्राम = सैनिक देने वाला गांव।
आवरणक = १) संरक्षक हथियार (२५), २) कवच। (३९)
आवरण प्रकार = **शिरस्त्राण, कण्ठत्राण, कूर्पास,** कंचुक (घुटने तक) वारबाण, पट्ट (जाकीट के समान) नागोदरिका (अंगुलित्राण)। पेटी-चर्म, हस्तिकर्ण, तालमूल (लकड़ी की ढाल), धमनिका, कवाट, किटिका, अप्रतिहत, बलाहकांत। (३९)
आवाप = अधिक सेना या अवशिष्ट सेना। (प्रकार) – **प्रत्यावाप** = अधिक पदाति। **अन्वावाप** = सेना के तीन अंगों में किसी अंग का आधिक्य। **अत्यावाप** = सेवक सैनिकों का आधिक्य। (१३३)
आसार = सहायक सैन्य। (१४०)
आस्फोटिम = युद्धोपयोगी चलयंत्र जिस के चार स्तम्भ चर्माच्छादित होते हैं। (३९)
इन्द्रकोश = दुर्ग के तट पर आरक्षियों के बैठने के लिये बनाई हुई खिड़की। (२४)
इषु (बाण) प्रकार = वेणु, शर, शलाका, दण्ड, आसन, नाराच। (३९)
उत्तम काल = जब अपने सैन्य के व्यायाम के लिए भरपूर समय मिलता है (इसके विपरीत अधम काल होता है)। (१२२)
उत्तम देश = जहां अपने सैन्य को व्यायाम के लिये पर्याप्त भूखंड होते है और शत्रु को स्थान नहीं होता। (इसके विपरित अधम देश होता है।) (१२२)
उत्साह = शौर्य, अमर्ष (शत्रु का उत्कर्ष सहन न होना) शीघ्रता, दाक्ष्य। (कुल ४ गुण)। (९७)
उत्साहहीन द्वारा संग्राह्य लोग = श्रेणी, प्रवीरपुरुष, चोरगण, आटविक, म्लेच्छजाति, परापकारी, गूढपुरुष (कुल ७)। उत्साहहीन = सैन्यहीन, उत्थानशक्तिहीन। (११२)
उत्सेध = बुरुज।
उत्सेध-समाधक्षेप सोपान = चढ़ने और उतरने की सीढ़ी। (२४)
उदासीन = विजिगीषु, शत्रु और मध्यस्थ तीनों से अलग किन्तु सभी से बलाढ्य होने के कारण संकट में साहाय्य तथा विरोध करने में समर्थ राजा। (७) (९८)
उपाय प्रयोग स्थान –
साम = शंकित अमात्य पर। **दान** = दूष्य अमात्य पर, **भेद** = सांघिक विरोध होने पर। **दण्ड** = प्रबलों का विरोध होने पर। (१२८)
उपायों के त्रिविध प्रयोग = **नियोग** (निश्चित किसी एक उपाय का) **विकल्प** एक या दो उपायों का **समुच्चय** = दो, तीन या चार उपायों का मिलाकर। (१२०)
उरस्य = सेनाव्यूह का मध्यभाग। (१३४)
ऊर्ध्वबाहु = युद्धोपयोगी स्थितयंत्र, ऊँचे स्थान से आक्रमक पर फेंकने योग्य स्तम्भ। (३९)
औत्साहिक सैन्य = अनेक जातीय तथा शत्रु-देश की लूट करने नित्य सिद्ध। (१२३)
औपवाह्य अश्वगति के प्रकार = वल्गन, नीचैर्गत, लंघन, धोरण, नारोष्ट (या नारोष्ट्र)। सवारी के घोड़े की चाल के प्रकार हैं। (५१)
औपवाह्य = अंबारी का हाथी। (३६)
औपवाह्य हस्ती = (आठ प्रकार) = **आचरण,** (सब प्रकार की गति जानने वाला)। **कुंजरोपवाह्य** (दूसरे हाथी के साथ चलने वाला)। **धोरण** (दौड़ने वाला)। **आधानगतिक** यष्ट्युपवाह्य (दण्डा मारने पर चलने वाला)। **तोत्रोपवाह्य** (तोत्र = अंकुश), **मार्गायुक** - स्वेच्छा से चलने वाला। (५३)
औपवाह्यक कर्म = आरूढ सवार होना। (४१)
औपवेणुक = घोड़े की मंडलाकार चाल।
कंकट-कर्मान्त = कवच बनाने का कारखाना। (४४)
कक्षौ = व्यूह की पिछाड़ी के दो अग्रभाग।

कणय = १) एक हलमुखीशस्त्र - २० से २४ अंगुलि लंबा। २) त्रिकोणाकृति नोंक वाला लोहदण्ड। (३९)
कपालसन्धि = सर्वथा घातक संधि।
कर्पण = हाथ से फेंकने योग्य बाण। (३९)
कर्म (युद्धोपयोगी – २ प्रकार) = ऐन्द्र जालिक और औनिषदिक। (३९)
कर्मसन्धि = दोनों ने मिलकर दुर्ग आदि कार्य करने के हेतु संधि। (११०)
कुंजरोपवाह्य हस्ती = (दूसरे हाथी की साथ संगत मिलने पर चलने वाला औपवाह्य हाथी। (५३)
कुंत = एक हलमुखी शस्त्र (५ से ७ हाथ लंबा दण्ड)। (३९)

कृत्रिम मित्र = शत्रु की सीमा के पार का राजा अथवा माता पिता से संबंधित राजा। (९८)
कोशसन्धि = धन के बोली पर सन्धि। (१३६)
कृत्रिम शत्रु = स्वयं विरोध करने वाला या दूसरे के द्वारा विरोध करवाने वाला। (९८)
क्षुरवर्ग = सात प्रकार के शस्त्र – परशु, कुठार, पट्टस, खनित्र (फावड़ा), कुद्दाल, क्रकच, (आरी), **काण्डच्छेदन।** (कुल सात)। (३९)
खड्ग के प्रकार = निस्त्रिंश, मंडलाग्र, असियष्टि। (३९)
खनकयोधी = खंदक से लढने वाले।
खात-साल = खंदक और तट। (१४४)

गूढदण्डातिसारण = शत्रु के गुप्त सैन्य का निवारण या नाश करना। (१६)
चक्रान्त = सेना की पिछाड़ी।
चक्रयुक्तनाश = अन्तर्गत मारपीट के कारण हानि। (६९)
चलयन्त्र = पंचालिक, देवदण्ड, सूकरिका, मुसल, यष्टि, हस्तिवारक, तालवृन्त, मुद्गर, गदा, स्पृक्तला, कुद्दाल, आस्फोटिम,

औद्घाटिम, सप्तदिन, त्रिशूल, चक्र, (कुल १६ प्रकार) (युद्धोपयोगी शस्त्रसमूह)। (३९)

चापकुक्षि और चापपक्ष = धनुष्याकार व्यूह की बाजू।

चार्या = तट के अन्तरंग में बनाई हुई सीढ़ी। (२४)

चित्रघात = अतिशय क्लेश या पीड़ा देकर मारना। (६८)

चित्रदण्ड =विचित्र पद्धति से देहान्त शासन। (४)

छत्रपथ = भूमिगत गुप्त मार्ग (२५)

जघनाभिघात = पिछाड़ी से हमला। (१४२)

जानुमंजनी = एक शस्त्र।

जामदग्न्य = युद्धोपयोगी स्थितयंत्र, जिसके मध्य रन्ध्र से शत्रु पर बाण-वर्षण किया जाता हैं। (३९)

झषास्य = मत्स्यमुख के आकार का व्यूह।

डमर = दंगा, मारपीट।

डमरगत = (आय) = युद्ध में लूट से प्राप्त धन। (२७)

तीक्ष्ण = विष और शस्त्र के प्रयोग से शत्रु का नाश करने वाले गुप्तचर। (१२६)

तीर्थाभिग्रह = उतार का रास्ता रोकना।

तोत्र = अंकुश, तुतारी। (५३)

तोत्रोपवाह्य = अंकुश के आघात होने पर चलने वाला हाथी। (५३)

त्रासिक = एक हलमुखी शस्त्र जो प्रास के समान होता हैं। (३९)

त्रिक = तीन रथों का गुट। (१३३)
(सेना के व्यूह में १५ त्रिक अर्थात् ४५ रथ होते हैं)

दण्डमण्डल व्यूह = दण्डाकार एवं वर्तुलाकार व्यूह की रचना।

दण्डव्यासंग = सेना का अभ्यास या प्रशिक्षण। (१०६)

दण्डसन्धि = हाथी, घोड़े जैसे सेनांगों की प्राप्ति की बोली पर सन्धि। (१३६)

दण्डातिसंधान = सेना के बल से शत्रु को त्रस्त करना। (१२)

दम्य कर्म = असंस्कारित बैल,, घोड़े या हाथी को शिक्षा देना। (५२)

दम्य हस्ती = (५ प्रकार) = स्कन्धगत, स्तंभगत, वारिगत, अवपातगत, यूथगत। (५३)

दण्डकर्मिक = शत्रुओं को गुप्तता से दण्ड देना। (५)

दुर्ग = (आठ प्रकार) १) स्थल. २) नदीदुर्ग, औदक. ३) प्रास्तर. ४) पार्वत. ५) इरिण. ६) धान्वन. (रुक्षभूमिस्थित.) ७) स्तंबगहन. ८) वन. (२४)।

दुर्ग = **अष्टभेद** = १) अन्तर्द्वीप (स्थल), २) निम्नावरुद्ध (औदक), ३) प्रांतर (जलप्राय भूमि में स्थित), ४) गुहा (या पार्वत), ५) इरिण, ६) धान्वनः, ७) खंजनोदक, ८) स्तंबगहन (वन.)। (१०८)

दुर्ग से संबंधित शब्द = मत्तवारण, प्रतिमंच, आणि, हर्म्य, स्थूणावबन्ध, उत्तमागार, तोरणशिरः, इन्द्रकील, अरलि, मणिद्वार, हस्तिपरिघ, निवेश, हस्तिनख। इनके अर्थ अज्ञात से हैं।

दुर्गनिवेश = किलों की स्थापना। (२)

दुर्गवध = किले पर चढाई करना (२)

दृढक = व्यूह का एक प्रकार।

देवदण्ड = युद्धोपयोगी चलयंत्र, लम्बी कीलों से युक्त, महान् दण्ड जो किले के बुर्ज पर रखा जाता है। (३९)

देवपथ = भूमिगत मार्ग या गुप्त मार्ग। (२४)

देशोपनत सन्धि = भूमि का उत्पन्न देने की बोली पर की सन्धि।

द्रोणमुख = चार सौ गावों का केन्द्रस्थान, या एक प्रकार की व्यूहरचना। (२२)

द्व्यंग बल विभाग = पदाति आगे की दोनों ओर, दोनों बगलों में अश्व, हाथी पिछाड़ी में और रथ अग्रभाग में। (इसी प्रकार त्र्यंग बलविभाग भी होता है। (१३३)

धनुष प्रकार = चाप, ताल, दारव, शार्ङ्ग, कार्मुक, कोदण्ड। (३९)

धारा (औपवाह्य अश्व का वेग), धारा के ५ प्रकार = विक्रम, वल्गित, उपकंठ उपजन, जव। (५१)

धोरण = (औपवाह्य अश्व की एक गति।) (८ प्रकार) = कांक, वारिकांक, मायूर, अर्धमायूर, नाकुल, अर्धनाकुल, वाराह, अर्धवाराह। (५१)

धोरण = दौड़ लगाने वाला औपवाह्य हाथी। (५३)

ध्वजहत = युद्धबंदी। (७०)

नागरायण = सीमा पर ललकार मारना।

नाकरोष्ट्र (या नारोष्ट्र) = औपवाह्य अश्व की गति जिस में वह इशारे के अनुसार दौड़ता है। (५१)

नारोष्ट्र कर्म = हाथी की जठराग्नि प्रदीप्त करना। (५३)

निम्नयोधी = पर्वत की घाटी में लड़ने वाला सैन्य।

निष्कर = दुर्धर आघात, जोरदार हमला। (१४४)

नीचैर्गत = औपवाह्य अश्व की एक चाल १६ प्रकार = प्रकीर्णक, अप्राकीर्णोत्तर, निषण्ण, पार्श्वानुवृत्त, ऊर्मिमार्ग, शरभक्रीडित, शरभप्लुत, त्रिताल, बाह्यानुवृत्त, पंचपाणि, सिंहायत, स्वाधूत, क्लिष्ट, श्लाघित, बृहित, पुष्पाभिकीर्ण। (५१)

नीराजनाविधि = या वाजिनीराजनाविधि = अश्वपूजन की विधि। (५१)

नेता = **विजिगीषु राजा (१०३)**

नैत्र = **नेतृत्व। राजनीति की चाल।**

पक्ष = व्यूह की अघाड़ी के दो अग्रभाग।

पंचसंस्था = कापटिक, उदास्थित, गृहपतिक, वैदेहक और तापस नामक पांच प्रकार के गुप्तचर। (११)

पंचालिक = युद्धोपयोगी एक चलयंत्र। आक्रमकों के मार्ग में जल के अन्तर्गत रखा हुआ कीलयुक्त फलक। (३९)

प्रकाश युद्ध का अवसर = **बल** = विशिष्ट और उपजाप की सिद्धता ऋतुमान की व्यवस्था (अन्यथा कूटयुद्ध करना उचित)। (१३१)

प्रकीर्णिका = सैन्य की मिश्र हलचल।

प्रकृति = विजिगीषु और उसका शत्रु इनके अतिरिक्त, मित्र, अरिमित्र, मित्रामित्र, अरिमित्रामित्र, पार्ष्णिग्राह, आक्रंद, पार्ष्णिग्राहसार, आक्रंदासार; इनके अतिरिक्त उदासीन और मध्यम (कुल १२ राजाओं का गुट)। (९८)

प्रकृति (दो प्रकार) = मित्रप्रकृति और अरिप्रकृति। (११६)

प्रकृतिप्रकोप = सामाजिक अशांतता। (९)

प्रकृति - विकृति = मित्र और शत्रु। (११६)

प्रकृतिव्यसन = राष्ट्रीय संकट (८)

प्रताप = शत्रु को पीड़ा देना। (१६)

प्रतिग्रह = पिछाड़ी का अवशिष्ट सैन्य। (१३३)

प्रतिजाप = शत्रु के कपट प्रयोग निष्फल करने का प्रयत्न। (१२४)

प्रतिबलकर्म = शत्रुसेना का प्रतिकार। (९)

प्रत्यन्तस्कन्ध = सीमास्थित सैन्य।

प्रत्यपसृत = शत्रु पक्ष से आया हुआ और बाद में भेद के लिए वापिस भेजा हुआ।

प्रत्यावाप = अलग रखा हुआ पदाति सैन्य।

प्रत्यासारवती = पीछे हटने योग्य भूमि।

प्रदर = सेनाव्यूह का एक प्रकार।

प्रधावितिका = दुर्ग के बाहर भागने योग्य अस्थायी सेतु, सीढी का रास्ता। (२४)

प्रलम्भन = औषधि, मंत्र आदि की शत्रुनाश के लिए योजना। (१४)

प्रवीर पुरुष = साहसी लोग। (५६)

प्रसार = सेना का विस्तार। फालतू सैन्य।

प्रसारवृद्धि = फालतू सेना।

प्राश्यप्राशं = अन्नजल का भरपूर संग्रह।

प्रास = एक हलमुखी शस्त्र या दो मूठ वाला २४ अंगुल लंबा शस्त्र, भाला। (३९)

प्रासपाणि = भाले से लढने वाला सैनिक। (२१)

बल (सैन्य) ६ प्रकार = मूल, भृतक, श्रेणी, मित्र, अमित्र, अटवी। (१२३)

फल्गुबल = फल्गु = तुच्छ सैन्य। (१-२०)

बल = सैन्य (पांच प्रकार) – मौल, (पीढ़ीजात, वंशपरंपरागत), भृतक, श्रेणी (सामूहिक), मित्र, अटवी (वनवासी लोगों का दल)। (५४)

बलव्यसन = सैनिकों का विद्रोह (८)।

बलव्यसन = दीर्घकान्तार, अनुदक, यवस, इन्धन, हीन, कृच्छ्राध्वा, अभियोग प्रस्कन्न (शत्रु के आक्रमण से त्रस्त), क्षुत्पिपासाध्वक्लान्त), दुर्गममार्ग, पहाड़ में रुकावट, विसन्नाह (कवचहीन), भोजनव्यासक्त, परिश्रान्त, अवसुप्त, व्याधि-मरक-दुर्भिक्षपीडित, व्याधिग्रस्त (इस अवस्था में परसैन्य पर आघात करना चाहिये। (१३०)

बलव्यायोग = सेना की व्यूहरचना। (९)

बलावाप = रक्षित सेना का साहाय्य।

बहुकुण्ठवन = शौर्यहीन हाथियों की बहुसंख्या वाला वन। (११०)

बहुमुख = १) किले पर का ऐसा एक स्थान, जहां से सभी ओर बाणों की वर्षा करने की व्यवस्था हो । (३९)

बाहूत्सार = १) शरीररक्षक (१३०)
२) सेना की आजूबाजू के शत्रुओं को खदेड़ना।

बाह्यकोप = राष्ट्र (प्रांत) का मुख्य, अन्तपाल, आटविक, दंडोपनत (विजित) राजा इन चारों का प्रत्येकशः या संमिलित प्रक्षोभ। (१२४)

भग्नानुपात = पराभूत सेना का पीछा करना।

भंगप्रदान = पराजय का बहाना करना।

भूमिसन्धि = भूमि देने की बोली पर सन्धि। (१३६)

भृत्यभावी सामन्त (६ प्रकार) = बलवान् से भयभीत, अन्तर्धि (विजिगीषु और अरि के मध्यवर्ती), बलवान् का पार्ष्णिग्राह (पिछाड़ी का शत्रु), स्वयम् उपनत, प्रतापोपनत, दण्डोपनत। (११६)

भेद्य सैन्य = (३ प्रकार) – **भक्तवेतन, विलोप प्रतापकर** (लूट के लिए पराक्रम करने वाला), **विष्टि प्रतापकर**। (१२३)।

भोगव्यूह = सर्पमंडलाकार व्यूहरचना।

भ्रेषण = धमकी (७७)

मध्यभेदी = (सैन्य रचना) मध्य में हाथी, दोनों कक्षाओं में रथ और दोनों पक्ष (आगे पीछे) भाग में घोड़े इस प्रकार की रचना। इससे उलटी रचना को **अन्तर्भेदी** रचना कहते हैं। (१३३)

मध्यम = तटस्थ राज्य। (७)

मध्यस्थ = विजिगीषु और उसका शत्रु - इन दोनों के राज्यों से संलग्न राज्य का स्वामी, जो सहायविरोध कर सकता है। (९८)

मंत्रयुद्ध = दांव पेंच। पेच और प्रतिपेंच (कोल्ड वॉर)। (१२)

मार्ग = (घोड़े के चलने योग्य) ३ प्रकार) = **विक्रम, भद्राश्वास और भारवाह्य** ।

मार्गायुक = १) स्वेच्छा से चलने वाला औपवाह्य हाथी (५३)
२) आखेट के काम का हाथी। (२३)

मित्र उभयतोभोगी = शत्रु और शत्रुमित्र (आसार) राजाओं का बंदोबस्त करने वाला। (११४)

मित्र एकतोभोगी = शत्रु को एक ओर से रुद्ध करने वाला (११४)

मित्र (तीन प्रकार) = नित्य, अवश्य (वश में न रहने वाला), अनित्य। इनके प्रत्येकशः महाभोग, अल्पभोग, गुरुसमुत्थ, लघुसमुत्थ, महत्, लघु, विक्षिप्त सैन्य, अवश्य सैन्य, पुरुषभोग, हिरण्यभोग, भूमिभोग (कुल ११) प्रकार होते है। (१०७)

मित्र (महाभोग) = द्रव्य और सैन्य का साहाय्य देने वाले। (११४)

मित्रव्यसन = मित्र राज्य से संकट (९)

मुंडानीक = कुशल सैन्य।

मूलहर = राज्य का अपहरण करने वाला (१००)
मृत्युकूट = मृत्यु का गुप्त स्थान।
यंत्रयुक्त सोपान = कील से खुलने वाला गुप्त सीढी का मार्ग। (२६)
यमक = घोड़े की एक चाल।
यष्ट्युपवाह्य = डंडा मारने पर चलने वाला औपवाह्य हाथी। (५३)
यातव्य = आक्रमण करने योग्य शत्रु। **प्रकार-** गुरुव्यसन – न्यायवृत्ति, लघुव्यसन – अन्यायवृत्ति, विरक्तप्रकृति, क्षीणलुब्ध प्रकृति, अपचरित प्रकृति, बलवान् अन्यायी, दुर्बलन्यायी। (१०३)
यात्रा = (आक्रमण) के योग्य ३ काल – चैत्र, ज्येष्ठ, मार्गशीर्ष। अनुकूलता होने पर ग्रीष्म, वर्षा जैसे ऋतुओं में भी आक्रमण करना योग्य होता है। (९) (१२२)
यान = युद्ध की सिद्धता।
यान = (आक्रमण) के दो प्रकार) = **व्यसनाभियान** शत्रु का संकट देख कर यान), १) **विगृह्ययान** (युद्ध उद्घोषित होने पर यान)।
यानक = युद्धोपयोगी स्थितयंत्र जिसमें चक्र पर डंडा बांधा होता है। (३९)
युग्मोरस्य = व्यूह की द्विकेन्द्रक रचना।
युद्ध के ८ प्रकार = निम्न (दरी), स्थल, प्रकाश (मैदानी) कूट, खनक (खंदक), आकाश, दिवा, रात्रि। (कुल ८)। (५४) (१०८)
युद्ध भूमि के ५ प्रकार = स्वभूमि (चतुरंग सेना के योग्य) रथभूमि, अश्वभूमि, पदातिभूमि, हस्तिभूमि। (१३२)
युद्धप्रतिग्रह = युद्धानुकूल स्थान। (१६)
युद्धविचार = युद्धदेश, युद्धकाल और युद्धलाभ इन तीनों का विचार आवश्यक। (११७)
यूथ = दस व्यक्तियों का समूह। (८८)
योगधूम = शत्रु सेना पर छोड़ने योग्य विषैला धुंआ।
योगवामन = कपट प्रयोग द्वारा शत्रु का उच्चाटन। (१३) (१४२)
योगाग्नि = कपट से शत्रुसेना में भड़काई आग।
योगातिसंधान = कपटप्रयोग से शत्रु को त्रस्त करना। (१२)
योगापसर्प = कपटबुद्धि से शत्रु के राज्य में निवास करने वाला।
योगोपनिषद् = गुप्तचर (११२)
योध के १६ प्रकार = पदाति, अश्व, रथ, हस्ति, धान्वन, वन, निम्न, स्थल, खनक, आकाश, दिवा, रात्रि नादेय, पार्वत, अनूप, सारस। (१३२)
रथ = ऊंचाई तथा आकारमान से होते हैं। उत्तम रथ १० पुरुष ऊंचा और १२ पुरुष लंबा चौड़ा होता है। (५४)
रथ के ६ प्रकार = देवरथ (देवयात्रार्थ), पुष्परथ (विवाहयात्रार्थ), सांग्रामिक, पारियाणिक (प्रवासार्थ), परपुराभियानिक, वैनयिक (शिक्षानिमित्त)। (५४)

रथचर्यासंचार = रथ चलाने योग्य मार्ग (२४)
रथयुद्ध = के १७ प्रकार अश्वयुद्ध के उन्मथ्यावधान (विध्वंस और निरोध), के अतिरिक्त १४ प्रकार और अभियान, अपयान (पीछेहाट), और स्थितयुद्ध। (१३४)
रथोपस्थ = रथ के अन्तर्गत बैठने का स्थान। (११५)
रथ्य = रथ को जोतने योग्य घोड़ा।
राज्यविभ्रम = राज्यक्रान्ति या राज्य में अराजकता। (६८)
लक्षण्य = कृत्रिम किन्तु सुंदर।
लक्ष्यलंभाधिकार = लक्ष्य पर बाण मारने में कुशल।
लग्नक = उद्दाम, उन्मत्त (हाथी)।
लघुसमुत्थ = (मित्र) कर्तव्य के समय शीघ्र उत्थान करनेवाला। (१०७)
लंघन = (औपबाह्य अश्व की एक गति) = कपिप्लुत, भेकप्लुत, एणप्लुत, एकपादप्लुत, कोकिल संचारी, उरस्य, बकचारी - ये सात गति के अन्य प्रकार है। (५१)
वडवा = घोडी (५१)
वप्र = तट। (२४) (तीन प्रकार) (१) ऊर्ध्वचय (नीचे अधिक चौड़ा और उपर कम, २) मंचपृष्ठ = नीचे ऊपर समान चौडाई वाला। ३) कुम्भकुक्षिक = कुंभ के समान बीच में बड़े आकार वाला। (२४) (१४४)
वराहकर्ण = एक हलमुखी अस्त्र जिसे वराह के कान समान पाता होता है। (३९)
वर्म = (कवच) प्रकार – लोहजाल, जालिकापट, कवच, सूत्र (कार्पासादि सूत्रमय कवच), कंकट, शिशुमार (एक जलचर) खड्गि (गेंडा), धेनुक, हस्ति, गो, इनके चर्म खुर, शृंगों से बनाये हुए। (३९)
वल्गन = औपवाह्य अश्व की मंडलाकार गति के ६ प्रकार) = औपवेणुक, वर्धमानक, यमक, आलीढ, प्लुत, पृगक, त्रिकचाली।
वातग्रहण = वायु के अनुकूल रणस्थान प्राप्त करना।
वासविचय = छावनी के स्थान से शत्रु को खदेड़ना।
विक्क = हाथी का बछड़ा, कलथ, स्तनंधय (५२)
विक्रम = (आक्रमण) के तीन प्रकार- प्रकाशयुद्ध, कूट युद्ध, तृष्णींयुद्ध। (१०४)
विक्षिप्तसैन्य = जिसका सैन्य यत्र तत्र बिखरा हुआ रहता है। (१०७)
विगृह्ययान = शत्रु पर स्वयम् आक्रमण करना। (७)
विगृह्यासन = शत्रु के प्रदेश में लूट करना। (७)
विजय पाने के पांच उपाय = १) उपजाप, अपसर्प, वामन, पर्युपासन, अवमर्द। (१४४) इन उपायों से शत्रु का प्रदेश जीता जाता है।
विजिगीषु = आत्मगुण, द्रव्यगुण, तथा प्रकृतिगुण से संपन्न नीतिनिष्ठ राजा। (९८)
विजिगीषु के सामने वाले पांच राजा (अनुक्रम से) =

प्रकृत्यमित्र, मित्र, अरिमित्र, मित्रमित्र, अरिमित्र- मित्र। (९८)
विजिगीषु के पिछाड़ी की ओर अनुक्रम से चार राजा – पार्ष्णिग्राह, आक्रन्द, पार्ष्णिग्राहासार, आक्रन्दासार। (९८)

विधाप्रमाण = हाथी के खाने का प्रमाण। (३६)

विधायोग = हाथी या घोड़ की आहार की योजना। (५१)

विधाविधि = हाथी या घोड़ का आहारप्रमाण। (५२)

विशालविजय = व्यूह का एक प्रकार।

विश्वासघाती = युद्धोपयोगी स्थित यंत्र, खंदक पर डाला हुआ एक सेतु। (३९)

वीवधासार-प्रसारवध = शत्रु के गोदाम या कोशागार का नाश। (१२)

वैजयन्ती = गजपताका, हाथी का एक भूषण। (५३)

व्यसन = (संकट) तीन प्रकार के = युद्ध, अवस्कन्द, (मारपीट दंगा), अवरोध।

व्यसन = (आपत्ति) बलव्यसन और मित्रव्यसन। बलव्यसन (सैन्यशेष) (प्रकार) = अमानित, विमानित, अभृत, व्याधित, नवागत, दूरायात, परिश्रान्त, परिक्षीण, प्रतिहत, हताग्रवेग, अनृतुप्राप्त, अभूमिप्राप्त, आशानिर्वेदि, परिसृप्त, कलमगर्दि, अन्तःशल्य, कुपितमूल, भिन्नगर्भ, (व्यसन), अपसृत अतिक्षिप्त, उपनिविष्ट, समाप्त, उपरुद्ध, परिक्षिप्त, छिन्नधान्यपुरुषवीवध, स्वविक्षिप्त, मित्रविक्षिप्त, दूष्ययुक्त, दुष्टपार्ष्णिग्राह, शून्यमूल, अरिस्वामिसंहत, भिन्नकूट, अन्ध (ज्ञानहीन) (कुल ३३)। (१२१)

व्यायाम = आरब्ध कार्यो को सफल करने के लिए प्रयत्न (९८) उद्योग, उद्यम।

व्यायाम युद्ध = आमने सामने किया गया युद्ध।

व्यायोग = सैन्यरचना, व्यूह। (१३२)

व्याल = उन्मत्त हाथी जिसे किसी भी उपाय से प्रशिक्षित नहीं किया जा सकता। (२३), (५२), (५३)

व्याल = (दुष्ट हस्ति प्रकार) = शुद्ध (१८ दोष युक्त), **सुव्रत** १५ दोष युक्त), **विषम** (१८ + १५ = ३३ दोष युक्त), **दोषप्रदुष्ट** = (३३ + २९ = ६२ दोष युक्त) (५३)

व्याबंधन = शत्रुसैन्य में घुसकर उसे पीड़ा देना।

व्यावेशन = शत्रु सैन्य में घुसकर उसे भयाकुल करना।

व्यूह की संज्ञा के साधन = तूर्य, घोष, ध्वज, पताका। इन्हीं संज्ञाओं से सेना की अंगविभाग, संघात, स्थान, गमन, व्यावर्तन और प्रहरण ये पाच क्रियाएं होती हैं।

व्यूह-प्रकार = दण्डमण्डल व्यूह, भोग संहत व्यूह, विषम व्यूह (अन्यान्य प्रकार युक्त)।

अचलव्यूह = पदाति, घोड़े, रथ और हाथी इस क्रम से सेनाविभागों की रचना। (१३४)

अप्रतिहत व्यूह = हाथी, अश्व, रथ और पदाति इस क्रम से सेना की रचना। (१३४)

अरिष्ट व्यूह = मध्य में रथ, बाजू में हाथी और पिछाड़ी में घोड़े - ऐसी सैन्य रचना। (१३४)

असंहत व्यूह = पृथग् विभागों में सैनिक खड़े होना। प्रकार = **वज्र** (या गोधा), **उद्यानक** (काकपदी), **अर्धचंद्रक** (या कर्काटक शृंगी)। (१३४)

दण्डव्यूह = सैनिकों की तिर्यक् रचना (१३२) (१७ प्रकार) प्रदर, दृढक, असह्य, श्येन (चाप), चापकुक्षि, प्रतिष्ठ, (प्रदशादि के विपरित) संजय, विजय, स्थूलकर्ण, विशालविजय, चमूमुख, इषास्य, सूची, वलय, दुर्जय। (१३४)

प्रकृतिव्यूह = ४ विभाग – **दण्डाकार, सर्पाकार, मण्डलाकार, और असंहत** (पृथग् विभाग) (१३४)

मण्डलव्यूह = सभी दिशाओं की ओर मुख करके मण्डलाकार रचना। **(प्रकार)** = सर्वतोमुख, सर्वतोभद्र, अष्टानीक, दुर्जय।

भोगव्यूह = एक के पीछे दूसरी तति इस प्रकार सैनिकों की वर्तुलाकार रचना। ४ प्रकार = सर्पसारी (या गोमूत्रक), शकट, मकर, परिपतंतक। (१३४)

व्यूहरचना = मकर, शकट, वज्र, सर्वतोभद्र, सूची (कुल ५ प्रकार) (१३०)

विषम व्यूह = पक्ष, कक्ष और उरस्य (अर्थात् अग्रिम बाजू का और मध्य का भाग जिस व्यूह में समव्यूह रचना के विपरीत संख्या के रथ, अश्व तथा पदाति दल से सिद्ध किया जाता है। (१३३)

शक्ति = एक हलमुखी शस्त्र जो चार हाथ लंबा होता है। (३९)

मध्यम शत्रु = (दो प्रकार) कर्शनीय और उच्छेदनीय। (११६)

शत्रु = १) अन्तः शत्रु २) पर-बाह्य शत्रु। (१७)

शत्रु = (दो प्रकार) १) नित्य और २) अनित्य तथा पीडनीय और उच्छेदनीय। (१०८)

स्थिर शत्रुराज्य = (के नाश में प्रयोजनीय लोग = सामन्त (पड़ोसी राजा) आटविक (वन्य राजा), तत्कुलीन अवरुद्ध (बंदिस्थ राजपुत्र), सार्थव्रज (व्यापारी वर्ग), अटवी (वन्य समाज)। (१२७)

शत्रुसेना के ज्ञातव्य ९ विषय = चार, ग्रास, आहार, शय्या, प्रस्तार (सामग्री), अग्नियंत्र, निधान (कोश), ध्वज, आयुध (१३०)। (स्वसेना के ये विषय गुप्त रखने चाहिये।)

शत्रु को उद्विग्न करने के ११ उपाय = गुप्तयंत्र, व्यासक्तघाती, तीक्ष्ण (गुप्तचर) हाथी, रथ, दूष्यप्रकोप, गोयूथ (अपनी सेना के सामने गायों का झुंड रखना), स्कन्धावार प्रदीप्त, कोटीघात, जघनघात, दूतव्यंजन भेदन, असत्यप्रचार इ.। (१३४)

शरावाप = बाणों का भाता। (५३)

शारदकर्म = पुष्ट हाथी को कृश करना। (५३)

शक्ति = (तीन प्रकार) मन्त्रशक्ति (ज्ञानबल), प्रभुशक्ति (कोश दण्डबल) और उत्साहशक्ति (विक्रम बल) (देखिये सिद्धि). (९८)

शक्तिमान् = आक्रमण के समय सहायता देने या पिछाड़ी

क शत्रु को रोकने की शक्ति से युक्त। (१०३)

शक्यसामन्त = सामन्तों को काबू में रखने वाला (राजा का एक गुण)। (९७)

शुद्धव्यूह = केवल हाथी या घोड़े या पदातियों की व्यूह रचना। (१३३)

शूर (के दो गुण) = स्थैर्यप्रतिपत्ति (दृढनिश्चय) और असंमोप (स्वीकृत कार्य को न छोड़ना) (११५)

शृंगाटक = त्रिशूल के समान एक शस्त्र।

संकट = ऐसा प्रदेश जहां प्रवेश करना असंभव हो।

संग्राम = उभय पक्षों द्वारा देश और काल का निश्चय होने पर युद्ध। या धर्मयुद्ध। (१३१)

संघाटी = १) युद्धोपयोगी स्थित यंत्र, शत्रु के किलेपर आग भड़काने योग्य एक काष्ठ दण्ड। (३९)

सत्रस्थान = शत्रु पर आघात करने के लिए छिपकर रहने का स्थान। (१२१)

सत्रस्थान (छिपने के स्थान) = धान्वन (रेगिस्तान), वन, संकट, पंक, शैल, निम्न-विषमनौका, शकटव्यूह, नीहार (कुहरा) रात्रि। (कुल ९) (१३१)

सत्रि = गुप्तचर (२-१०)

सन्धाययान = मित्रों के सहायता से शत्रु पर आक्रमण। (१-७)

सन्धायासन = शत्रु से संधि करने पर उसके प्रदेश में रहना। (१-७)

संधि, शम, समाधि = (तीनों राजनीति शास्त्र में समानार्थक शब्द हैं) = राजाओं के परस्पर विश्वास का हेतु। (११५)

सन्धि = दो प्रकार = परिपणित, अपरिपणित। (१०४)

सन्धि (दो प्रकार) = चल और स्थावर। चलसन्धि = शपथ ग्रहण से होने वाली।

स्थावरसन्धि = जमानत या न्यास के द्वारा होने वाली यह आचार्य मत है। कौटिल्य का मत इस के विपरीत है।

सन्धि (प्रकार) = दण्डसंधि, पुरुषसंधि, कोशसंधि, भूमिसंधि (कुल ४) (१३६)

सन्धि = (के चार प्रकार) अकृतचिकीर्षा, कृतश्लेषण, कृतविदूषण, अवशीर्णक्रिया। (१०४)

सन्धि = (अकृत चिकीर्षा) = जब सामादि उपायों का प्रयोग होने पर समान, कनिष्ठ और वरिष्ठ राजाओं के अधिकारों का निश्चय होता है। (१०४)

अदृष्टपुरुषसन्धि= किसी एक अधिकारी ने अथवा कुछ सेनाप्रमुखों ने किसी स्थान पर युद्ध में साहाय्य देने की बोली पर की हुई सन्धि। (१०१)

अपक्रयसन्धि = भूमि का उत्पन्न मात्र देने की बोली पर की गई सन्धि। (१०१)

सन्धि (अवशीर्णक्रिया) = अपने दोष के कारण विभक्त हुए मित्र या भृत्य को अपने अनुकूल करना।

अवशीर्ण क्रिया के चार प्रकार = सकारण जाना आना। अकारण जाना आना। सकारण जाना। अकारण आना। अकारण जाना- सकारण आना। (१०४)

आत्मामिष सन्धि = अपना सारा सैन्य लेकर आपका साहाय्य करूंगा इस अभिवचन से की गई सन्धि। (१०१)

आदिष्टसन्धि = राज्य का कोई प्रदेश देने की बोली पर हुई सन्धि। (१०१)

उच्छिन्न सन्धि = राजधानी व्यतिरिक्त सारा प्रदेश देने की बोली पर की गई सन्धि। (१०१)

सन्धि उपग्रह = किश्तों में द्रव्य देने के बोली पर की गई सन्धि। (१०१)

सन्धि कृतविदूषण = पुराने संधिनियमों का उल्लंघन सिद्ध करते हुए सन्धि को तोड़ना। (१०४)

सन्धि (कृतश्लेषण) = पुराने संबंध कायम रखने के लिए पुराने करारमदारों का पालन और परिस्थित्यनुरूप नये निर्बंधों की योजना करना। (१०४)

सन्धिकर्म = तहनामा, सन्धिनिमित्त लिखित पत्रक। (७)

परदूषणसन्धि = उत्पन्न से अधिक द्रव्य देने की बोली पर की गई संधि। (१०१)

संधिपरिक्रय = केवल द्रव्य देने की बोली पर की गई सन्धि। (१०१)

पुरुषान्तरसन्धि = सेनापति और राजकुमार को उपस्थित करने की बोली पर की गई संधी। (१०१)

परिपणित सन्धि (७ प्रकार) = परिपणित देश, परिपणित काल, परिपणितार्थ। तीन प्रमुख प्रकार और देश-काल, काल-कार्य, देश-कार्य, देश-काल कार्य इनका विचार करने पर अवांतर ४ प्रकार होते हैं। (१०४)

परिपणितार्थ सन्धि = जब विजिगीषु और सामन्त आक्रमण के कार्य का विभाजन करते हुए सन्धि करते हैं। (१०४)

परिपणितकाल सन्धि = जब विजिगीषु और सामन्त आक्रमण का समय बांट लेते हैं। (जैसे तुम अश्विन महीने में आक्रमण करो, मैं कार्तिक में करूंगा। (१०४)

परिपणित देशसन्धि = जब विजिगीषु और सामन्त आक्रमण योग्य देश के विभाग बांटकर आक्रमण करने उद्युक्त होते हैं। (१०४)

सुवर्णसन्धि = परस्पर विश्वास से की गई सन्धि। (१०१)

सन्धि (हीन) = तीन प्रमुख प्रकार- १) दण्डोपनत। २) कोशोपनत। ३) देशोपनत सन्धि। (१०१)

हीनसन्धि (प्रकार) = दण्डोपनतसंधि, आत्मामिष संधि, पुरुषान्तर सन्धि, अदृष्टपुरुष संधि, मुख्यस्त्री बन्धन। कोशोपनत संधि। परिक्रय। उपग्रह सन्धि, सुवर्णसंधि, कपालसंधि। देशोपनत सन्धि, आदिष्ट सन्धि, उच्छिन्नसंधि, अपक्रय संधि, परदूषण संधि (कुल १२ प्रकार) (१०१)

सन्नाह = सेना की सिद्धता। (९)

समव्यूहप्रकृति = ४५ रथ, २२५ अश्व, ६७५ पदाति और

पादगोप सैनिक से व्यूह रचना। (१३३)

समसन्धि = वरिष्ठ, समान, और निकृष्ट राजा से सन्धि जिसमें लूट का माल क्रमशः अधिक, समान और न्यून देने का वादा होता है। इसके उलटा क्रम होने से विषम सन्धि होती हैं। (१०५) अन्य दोनों को अधिक देने पर अतिसन्धि (वंचना) होती है।

समाधिमोक्ष = न्यासरूप में रखे हुए शत्रु पक्षीय राजपुत्रादि की मुक्तता। (१६)

समुत्थान (के दो प्रयोजन) = १) अटवी इत्यादी भाग स्वायत्त करना। २) ग्रामनगरादि स्वायत्त करना। (१४५)

संश्रय = शक्तिहीन राजा ने आपत्काल में दूसरे बलवान राजा को सर्वस्वार्पण करना। (९९)

संश्रयवृत्ति = स्नेहसंपादन। (७)

संहतभेदन = संधि के कारण एकत्रित आयी सेनाओं में भेद निर्माण करना। (५४)

सर्पसारी = व्यूह का एक प्रकार।

सर्वतोभद्र = युद्धोपयोगी स्थितयंत्र, जिसे घुमाकर शत्रुपर पथराव किया जाता है। (३९)

सान्नाह्य हस्ती (लड़ाई का हाथी) = प्रशिक्षण के सात प्रकार) = उपस्थान, संवर्तन, संयान, वधावध, हस्तियुद्ध, नागरायण, सांग्रामिक। (५३)

सान्नाह्य = लड़ाई का हाथी (३६) (५१)

सान्नाह्य = युद्ध में उपयुक्त रणयोग्य। (५१)

सामप्रयोग साध्यराजा (के ८ प्रकार) = निवृतोत्साह, विग्रह (युद्ध) से श्रान्त, प्रतिहतोपाय, ५४ तप्त (त्रस्त), सन्मित्र का इच्छुक, अन्य सहकारियों से शंकित, मैत्री का महत्त्व जानने वाला, कल्याण बुधि। (१२७)

सामवायित परामर्श = मित्र राजाओं का परामर्श। (७)

सामन्त = पड़ोसी राजा। (६५)

सांपरायिक (दुर्ग) = युद्धोपयोगी। (२-२४)

सारबल = विशिष्ट बलसंपन्न सेना। (९)

सुरुंगा = भूमिगृह से बाहर निकलने का मार्ग, गुप्तमार्ग। (२०)

सूकरिका = युद्धोपयोगी पसोड़ी, जिसमे कपास या ऊन भरा हुआ होने के कारण शत्रुओं के पथराव का प्रतिकार किया जाता था। (३९)

सेनापति के ज्ञातव्य विषय = स्वभूमि, युद्धकाल, प्रत्यनीक (शत्रुसेना), अभिन्नभेदन, भिन्नसंधान, संहतभेदन (जिन अनेक सेनाओं में संधि हो उनमें भेद करना), भिन्नवध, दुर्गवध, यात्राकाल। (५४)

सेनापतिप्रचार = सेनापति के कर्तव्य। (५४)

सेनाभक्त = सेना का अन्नभाग। (३८)

सैन्धविका = सैन्धव का पिष्ट। (३४)

सैन्य (पांच प्रकार) = मौल, भृत, श्रेणी, मित्र, अटवी (वनवासी वीर) (१०६)

सैन्य के चार गुण = शूर, कृतास्त्र, दुःखसह, अनुरक्त। (१०६)

सैन्य में आवश्यक ८ पदार्थ = गुणवत्ता, धान्य, कुप्य (कच्चा माल), यंत्र, शास्त्र, आवरण (कवच आदि), विष्टि, रश्मि। (१४४)

सैन्य के ६ संकट = व्याधि, दुर्भिक्ष, निचय (अधूरा बंदोबस्त आवश्यक पदार्थों का अभाव), **रक्षाक्षय क्रीतबल निर्वेद, मित्रबल निर्वेद। (१४४)**

सैन्य विनय = सैनिक अनुशासन। (शिस्त- मराठी में)। (५४)

सौप्तिक = सुप्त शत्रु पर आघात करना। (१३१)

सौभित्तिक = हाथी की झूल।

स्कन्धावार = छावनी, सेनानिवेश। (२३) (४६)

स्कन्धावार का स्वरूप = चतुर्द्वार, षट्पथ, नवसंस्थान) (विभाग), खात, वप्रसक्त (बुर्ज़), साल (तट), द्वार, अट्टालक, संपन्न। (१२९)

स्कन्धावार में निषिद्ध ३ विषय = विवाद, सौरिक समाज (शराबी लोग), द्यूत। (१२९)

स्कन्धावार प्रयाण = सेना का अभियान। (१०)

स्कन्धावार निवेश = सेना की छावनी। (१०)

स्तंभसंक्रम = खंभों पर निर्मित तात्कालिक सेतु।

स्थावर = अचल संधि।

स्थितयन्त्र = सर्वतोभद्र, जामदग्न्य, बहुमुख, विश्वासघाति, संघाटी, यानक, पर्जन्यक, अर्धबाहु, ऊर्ध्वबाहु (कुल ९) (युद्धोपयोगी विविध शास्त्रास्त्र)

स्थूल कर्ण = एक प्रकार का व्यूह।

स्पृक्तला = एक युद्धोपयोगी यंत्र। नोंकदार गदा। (३९)

स्वकरण = स्वामित्व सिद्ध करना। (७३)

स्वबलोपघात प्रतीकार = शत्रु के गुप्त प्रयोगों से अपनी सेना की सुरक्षा करना। (१४)

हलमुख शस्त्र = शक्ति, प्रास, कुंत, हाटक, भिंडिवाल, शूल, तोमर, वराहकर्ण, कणय, कर्पण, त्रासिक (कुल ११) (३९)

सेना के हस्ति-अश्व के १३ गुण = कुल, जाति, सत्त्व (सामर्थ्य), वयःस्थता, प्राणशक्ति, वर्ष्म (शरीर), जव, तेज, शिल्प, कौशल्य), स्थैर्य, उदग्रता (भव्यता), विधेयता (आज्ञापालन), सुव्यंजनापारता। (१३३)

हस्तिदोष = कर्मशंकित, अवरुद्ध, विषम, प्रभिन्न, प्रभिन्नविनिश्चय, मदहेतुविनिश्चय (कुल दोष ६२ माने जाते हैं)। (५३)

हस्तिबन्धकी = हाथी को वश में लाने में कुशल हाथिनी। (२३)

हस्तियुद्ध = (प्रकार) = अश्वयुद्ध प्रकार के प्रकीर्णिका व्यतिरिक्त ११ प्रकार और चतुरंग बल का घात, पक्ष-कक्ष-उरस्य विभाग को जर्जर करना, और सौप्तिक (सुप्त शत्रु पर आघात) (कुल ११) (१३३)

हस्तिवारक = युद्धपयोगी चलयंत्र हाथी का प्रतिकार करने वाला तीक्ष्ण नोंक वाला दण्ड। (३९)

हस्ती = (दो प्रकार) = नदीज, पर्वतौकस (नदीज हाथी

के दांत २।। वर्षों के बाद और पर्वतीय हाथी के ५ वर्षो के बाद काटे जाते हैं)। (५३)

हाटक = हलमुखी शस्त्र, ३ या ४ पातों वाला दंड। (३९)

हास्तिपक = पीलवान, माहत। (२३)

हीनकर्म = कृश हाथी को दुष्ट करना। (५३)

हीनसन्धि = शत्रु को धन देकर संधि करना। (७)

हीनानुसरण = पराजित सेना के पीछा करना।

* * *

वर्ग - ५

कौटिलीय अर्थशास्त्र में उल्लिखित

अधिकारी वर्ग।

अधिकरण = विभाग प्रमुख (२८)।

अधिष्ठाता = कार्यकारी अधिकारी। (१८)

अध्यक्ष = विभाग प्रमुख। ३०,९३

अध्यक्ष पुरुष = विभाग प्रमुख के सहायक निकृष्ट अधिकारी। (८६)

अन्तपाल = गांव या देश की सीमा की देखरेख करने वाला अधिकारी। (१२), (२२), (४२)

अभ्यागारिक = अन्तःपुर का सेवक वर्ग। (२१)

अमात्य = मंत्रिमंडल/ मुख्यमंत्री। (९७)

अश्वाध्यक्ष = अश्व विभाग का प्रमुख अधिकारी। (५१)

आटविक = वन विभाग का प्रमुख। (१०)
(अटवि = अरण्य, वन)

आयुक्त पुरुष = राज्य की मंत्रणा में अन्तर्भूत अधिकारी। (१५)

आस्तरक = राजा का विस्तर बिछोने वाला। (१२)

उपयुक्त = नियोजित अधिकारी वर्ग। (३०)

उभयवेतन = दो राज्यों से वेतन पाने वाला गुप्तचर। (१२)

एकैश्वर्य = एक पुरुष के अधीन सर्वाधिकार। (९६)

ऐश्वर्य = एकच्छत्री आधिपत्य। (५)

औपस्थायिक वर्ग (गजशाला का सेवक वर्ग) = **चिकित्सक** (गजवैद्य), **अनीकस्थ, आरोहक, आधोरण** (महावत), **हस्तिपक, औपचारिक, विधापाचक, यावसिक** (घास खिलाने वाला), **पादपाशिक, कुटीरक्षक, औपशायिक** (साथ में सोने वाला) (कुल ११)

औपस्थायुक = हाथी को सम्हालने वाला (महावत)। (१२)

ईश्वर = राजा, सर्वाधिपति। (३१)

उत्तराध्यक्ष = वरिष्ठ अधिकारी। (३०)

कर्मकर वर्ग = नौकर, चाकर, मजदूर। (३), (३६), (७०)

कार्यान्तिक = खनिज का अधिकारी। (१२)

कार्मिक = अधिकारी। (२८)

कार्वटिक (या खार्वटिक) = २०० गावों का प्रमुख।

कुप्याध्यक्ष = जंगल का अधिकारी। (२) (३८)

कुप्योपजीवी = कुप्याध्यक्ष या वनसंपत्ति पर जीविका करने वाला।

खन्यध्यक्ष = खनि विभाग का प्रमुख। (३३)

गणिकाध्यक्ष = राजप्रासाद में सवेतन सेवा करने वाली स्त्रियों का प्रमुख। (४८)

गाणनिक्य = हिसाब रखने वाला। (२८)

गाणनिक्य = दर्ज़ करने वाला, (रिकार्डकिपर)

गूढ पुरुष = गुप्तचर खुफिया। (१), (११)

गोध्यक्ष = बैल, गाय, भैस आदि पशुओं का प्रमुख। (५०)

गोप = पांच या दस गावों का प्रमुख।

गोप = १०, २०, या ४० कुलों पर निगरानी रखने वाला नगर का अधिकारी। (५७)

गोपायक = पहरेदार, चौकीदार। (२८)

गोप के प्रमुख कर्तव्य = ग्रामसीमा क्षेत्र – वनमर्यादा, पथप्रमाण, सम्प्रदान (दान), विक्रय, अनुग्रह (इनाम), परिहार (करमाफी), करद, अकरद, गृहसंस्थान, (मनुष्य – पशुगणना), गांव की प्राप्ति- इनका हिसाब रखना। (कुल १०)। (५६)

ग्रामकूट = गांव का प्रमुख (८१)।

चातुरन्त = समुद्रवलयांकित पृथ्वी का अधिपति।

चाररक्ष = गुप्तचरों पर निगरानी रखने वाला। (१२९)

चोररज्जुक = एक सामान्य ग्रामाधिकारी। (९०)

दण्डवृद्ध = वृद्ध सेनाधिकारी। (९३)

दशवर्गाधिपति = दस दस सैनिकों के प्रमुख।

दशवर्गिक = पुरोहित आदि दस वर्गों के नेता गण। (२१)

दूतप्रणिधि = राजसभा की यंत्रणा का ज्ञान रखने वाला दूत। (१६)

देवताध्यक्ष = देवस्थान का प्रमुख। पुजारी। (२७)

दौवारिक = द्वारपाल, द्वाररक्षक। (२१)

धर्मस्थ = (१) न्यायाधीश, (५८) (६०)
(२) सामान्य कैदी। (२६)

धर्मावसथी = धर्मस्थान का व्यवस्थापक। (५७)

नदीपाल = तीर्थरक्षक अधिकारी। (२०)

नागरक (या नागरिक) = नगर प्रमुख। (२७), (५७)

नागवनाध्यक्ष = हाथी वाले जंगल का प्रमुख। (२३)

नागवन के चार प्रकार = पार्वत, नादेय, सारस, आनूप।

नायक = १० सेनापतियों का प्रमुख। अर्थात् सेना के १ हजार अंगों का प्रमुख। (१२, (१३४)

नावध्यक्ष = नौकाविभाग प्रमुख। (४९)

निगूढोपहित = गुप्तता से रहने वाला जासूसी अधिकारी। (४६)

नित्याधिकार = एक ही अधिकार पर सदा के लिये नियुक्त व्यक्ति। (३०)

निधातृ निधातृक = विधायक – कोषप्रमुख, खजांची (२८)

निबन्धक = हिसाब लिखने वाला, मुनीम। (२८)

निसृष्टार्थ = पूर्ण अधिकार प्राप्त गुणसंपन्न दूत।

नीवीग्राहक = खजांची, कोशप्रमुख (३०)

प्रकृत = किसी विभाग का अधिकारी। (२८)

प्रकृति = अमात्यादि उच्च अधिकारी वर्ग। (११४)

प्रणिधि = अधिकारी (१०)।

प्रतिग्राहक = वसूली जमा करने वाला (२८)

प्रदेष्टा = १) पुलीस अधिकारी (१२) २) विभागाधिकारी (७८) ३) गोप तथा स्थानिक के कर्तव्यों का पर्यवेक्षक अधिकारी। (५६), (९३)

प्रशास्ता = सेना का एक नियामक अधिकारी।

प्रसाधक = राजा को सजाने वाला।

प्रावरक = राजा की वेशभूषा करने वाला।

प्रावादक = राजा को कथा सुनाने वाला।

प्रशास्तु = छावनी का अधिकारी।

पण्याधिष्ठाता = माल की विक्री करने वाला। (३७)

पण्याध्यक्ष = विकाऊ माल का प्रमुख (७९)

पत्तनाध्यक्ष = वंदरगाह का प्रमुख। (४९)

पत्त्यध्यक्ष = पैदल सैन्यविभाग का प्रमुख। (२) (पत्ति = पैदल सेना।)

परिकर्मी = सेवा में कुशल नौकर वर्ग। (४५)

पादगोप = सेना में अश्वरथ तथा हाथी के रक्षक पदाति वीर। (१३३)

पादपारिक = हाथी जैसे पशुओं के पैरों में पाश बांधने वाला। (२३)

पौतवाध्यक्ष = वजन और नाप का अधिकारी। (३४) (३५)

पौरव्यावहारिक = नगराध्यक्ष। (१२)

बन्धकीपोषक = वेश्यागृह का संचालक। (९२)

बन्धनागाराध्यक्ष = कारालय प्रमुख। (८६)

बाहूत्सार = राजा का शरीररक्षक।

भृत्य (या भृत) = वेतन पर नियुक्त कायम नौकर। (५४)

महामात्र = अमात्य या उच्चाधिकारी। (१०), (२६), (२८)

माहानसिक = पाकशाला का अधिकारी। (१९)

मुद्राध्यक्ष = टकसाल का प्रमुख। (२७)

मुद्राध्यक्ष = अनुमती देने वाला अधिकारी।(५५)

योगपुरुष = गुप्तचर। (२१) (९२)

योगोपनिषत्प्रणिधि = गुप्तचर। (९९)

योग्याचार्य = अश्वशिक्षक। (५१)

रक्षी = आरक्षक (पुलीस)। इनके दो प्रकार १) दृश्य २) अदृश्य। (१६)

रथाध्यक्ष = रथ सेना का अधिकारी (५४)

राजव्यंजन = राजा के समान दिखने वाला व्यक्ति। (तोतया – मराठी में)। (९६)

राष्ट्रपाल = प्रान्त का प्रमुख अधिकारी। राज्यपाल। (९३)

रूपदासी = राजा को हार, पुष्पगुच्छ आदि भोग देने वाली गणिका। (४८)

लक्षणाध्यक्ष = टकसाल का प्रमुख। (३३)

लुब्धवर्ग = अधिकारी वर्ग, जिसका आय से व्यय अधिक है, जो अपनी पात्रता से अधिक काम करते हैं। (१४)

लेखक = कारकून, बाबू (क्लर्क), मुनीम (३०)

लोहाध्यक्ष = धातुखदानों का अधिकारी (३३)

विवीताध्यक्ष = गोचर भूमिका प्रमुख। (२) (५५)

वैदेहक व्यंजन = व्यापारी का वेषधारण करने वाला गुप्तचर (४२)

व्यावहारिकाध्यक्ष = व्यापार प्रमुख। (२४)

शुल्काध्यक्ष = कर या चुंगी वसूली करने वाला अधिकारी। (२) (४२)

शून्यपाल = राजा की अनुपस्थिति में व्यवहार सम्हालने वाला अधिकारी। (१३७)

संनिधाता = कोशपाल, भांडार प्रमुख। (१०) (२६)

संख्यायक = गांव का हिसाब रखने वाला अधिकारी। (२२) (३०)

सत्री = कपटवेशधारी गुप्तचर। (८१)

समाहर्तृ = करवसूली करने वाला, जमाबंदी विभाग का प्रमुख। (२, १०, २७, ५६)

संस्थाध्यक्ष = व्यापार विभाग का प्रमुख। (७९)

सीताध्यक्ष = कृषि विभाग का प्रमुख (२) (४५)

सूत्राध्यक्ष = सूतकाम का अधिकारी (४४)

सुराध्यक्ष = आबकारी या मदिरा विभाग का प्रमुख। (२), (४६)

सुवर्णाध्यक्ष = कोशाधिकारी। (२) (३४)

सूत्राध्यक्ष = बुनकरों के काम की देखरेख करने वाला प्रमुख अधिकारी। (२)

सूनाध्यक्ष = कसाईखाने का प्रमुख। (२) (४७)

सेनापति = दस पदिकों का प्रमुख (अर्थात् १०० सेनांगों का प्रमुख। (१३४)

सैमिक = सीमारक्षक। (२३)

सौवर्णिक = (२) अधिकारी द्वारा नियुक्त सुनार। (३४) (३५)

सौस्नातिक = राजा का स्नान होनेपर कुशलता पूछने वाला। (२१)

स्थानिक = नगर के किसी एक विभाग का अधिकारी।

स्थानिक = (३) देश के चतुर्थ भाग का प्रमुख (प्रांत प्रमुख)

हस्त्यध्यक्ष = पीलखाने का प्रमुख।(५२) (५३)

★ ★ ★

वर्ग - ६
कौटिलीय अर्थशास्त्र में उल्लिखित
नर-नारी जीवन संबंधी परिभाषा

अधिवेदनिक = पतिद्वारा दूसरा विवाह करने के कारण प्राप्त नुकसान भरपाई। (६०)

अनिष्कासिनी = बुर्के वाली स्त्री। (५८)

अनुलोमपुत्र = उच्चवर्णियों से अवरवर्णीय स्त्री द्वारा उत्पन्न पुत्र। (६४)

अन्तर्वेदी = विवाहार्थ यज्ञवेदी (बोहले - मराठी में)। (५९)

अन्यंगा = पंगु स्त्री। (४४)

अन्वाधि = नियमानुसार पालक (स्त्री का)। (६०)

अन्वाधेय = विवाहनिमित्त स्त्री को मिलने वाला उपहार। (५९)

अन्वायन = विवाह के बाद पिता के घर से पति के घर जाने वाला स्त्री का सामान। (४२)

अपविद्ध पुत्र = अपरियुक्त पुत्र। इस पर जो संस्कार करता है उसी का यह धर्मतः पुत्र माना जाता है। (६४) (आजकल के अनाथालयों में इसी प्रकार के पुत्र कन्या पाले जाते हैं।)

अपुत्रा = जिसके पुत्र अल्पजीवी होते हैं ऐसी स्त्री। (५९)

अभिजन = ज्ञातिसंबंध, उत्तम कुल। (१२)

असवर्णपुत्र = (प्रकार) ब्राह्मणपुरुष + क्षत्रिय स्त्री, **अंबष्ठ** = (ब्राह्मण पु. + वैश्य स्त्री), निषाद (या पाराशव (ब्राह्मण पु. + शूद्र स्त्री)। उग्र- क्षत्रिय पु. + शूद्र स्त्री), शूद्र (वैश्य पु. + शूद्र स्त्री) क्षत्रिय पु. + वैश्य स्त्री = असवर्ण। वैश्य पु. + शूद्र स्त्री = असवर्ण। (६४)

आयोगव = प्रतिलोम पुत्र, (शूद्रपुरुष द्वारा ब्राह्मण स्त्री से उत्पन्न)। (६४)

आर्ष विवाह = वर पक्ष द्वारा गोमिथुन (दो गाय), या (बैल जोड़ी), या एक गाय और बैल लेकर योजित विवाह। (५९)

आसुर विवाह = वधूपक्ष से शुल्क (दहेज) लेकर आयोजित विवाह। (५९)

आहितिका = गिरवी रखी हुई स्त्री। (८६)

उपगत पुत्र = पुत्रभाव से किसी के पास रहने वाला। (६४)

औरस पुत्र = यथाविधि विवाहित स्त्री से स्वयं पतिद्वारा उत्पादित। अथवा पुत्रिका (कृतक कन्या) का पुत्र। (६४)

कटवानक = पड़दा।

कन्या प्रकर्म = बलात्कार पूर्वक अविवाहिता से संभोग। (४)

कानीन पुत्र = कन्या का विवाह पूर्व संभोग से उत्पन्न। यह प्रायः "अपविद्ध" होता है। उदा. महाभारत का कर्ण।

कामोपधा = स्त्री विषयक प्रलोभन द्वारा गूढ परीक्षा। (१०)

कुटुम्बकामा = वैधव्य आने पर श्वशुर की अनुमति से दूसरा विवाह करने वाली (इसे पूर्व पति और श्वशुर द्वारा प्रदत्त धन पाने का अधिकार था। (५९)

कुल्या = (१) कुलीन स्त्री। (२०)

कुशीलव = बहुरूपी (४८) वैदेहिक जातीय पुरुषद्वारा अंबष्ठ जातीय स्त्री में उत्पन्न। (देखिये वेण) (६४)

कृतक पुत्र = जिसे पुत्र के स्वधा-रिक्थादि अधिकार दिये जाते हैं। (६४)

कौमारभृत्य = सूतिकाशास्त्रज्ञ। (१७)

क्रीतपुत्र = मूल्य देकर प्राप्त किया हुआ पुत्र। (६४)

क्षत्ता = शूद्र पुरुष द्वारा क्षत्रिय स्त्री से उत्पन्न प्रतिलोम पुत्र। (६४)

क्षेत्रज पुत्र = (क्षेत्र = स्त्री) = नियोग विधि के अनुसार क्षेत्र में उत्पन्न (जैसे धृतराष्ट्र, पंडु, विदुर)।

गणिका = (प्रकार) = दासी, रूपदासी, रूपाजीवा, गूढजीवा, रंगोपजीविनी, मातृका। (४८)

गर्भभर्म = गर्भपोषण। (१-१७)

गर्भव्याधिवैद्य = गर्भरोग के विशेषज्ञ वैद्य। (१-२०)

गांधर्व विवाह = वधूवर के परस्पर प्रेम या अनुमति (मिथःसमवाय) से योजित विवाह। (५९)

गूढज पुत्र = बांधवों के घर में गूढ संभोग के कारण उत्पन्न। नियोगज पुत्र के समान इसे द्विपितृकता से प्राप्त अधिकार नहीं होते। (६४)

चण्डाल = शूद्र पुरुष को वैश्य स्त्री से उत्पन्न हुआ प्रतिलोम पुत्र। (६४)

छन्दवासिनी = स्वतंत्र रहने वाली (विधवा आदि)। (७७)

ज्ञातिकुल = (स्त्री के लिए) मातृ-पितृगृह, मायका। (६०)

तीर्थाकांक्षा = मासिक रजोदर्शन तक पति की प्रतीक्षा। (पंच-तीर्थाकांक्षा, सप्त-तीर्थाकांक्षा इ.) (६०)

तीर्थोपरोध = ऋतुस्नात स्त्री से समागम न करना। (६०) (तीर्थोपरोधो हि धर्मवधः इति कौटिल्यः। **धर्मवध** = धर्म का उल्लंघन।

दत्त = (या दत्तक पुत्र) मातापिता द्वारा तथाविधि समर्पित। (६४)

दारकर्म = विवाह संस्कार। (५)

दैव विवाह = अन्तर्वेदी (विवाह वेदी) पर ऋत्विक् को कन्या का दान। (५९)

द्विपितृक पुत्र = क्षेत्रज पुत्र। जन्मदाता और माता का पति धर्मतः दोनों इसके पिता होते है। यह "द्विगोत्र" भी होता है। दोनों की संपत्ति का उत्तराधिकारी तथा दोनों का पिण्डदान करता है।

निन्दु = मृतपुत्रा या जिसके पुत्र जन्मतः मरते हैं ऐसी स्त्री। (५९)

नियुक्त = नियोग पद्धति से पुत्र उत्पन्न करने वाला। (६३)

निवेशकाल = विधवा द्वारा पुनर्विवाह किये जाने पर, दूसरे पति के घर में प्रवेश करने का काल। (५९)

नैवेशनिक = विवाह पर हुआ व्यय। (६२)

प्रतिलोमपुत्र = निकृष्ठ वर्णीय पुरुष द्वारा उच्चवर्णीय स्त्री से उत्पन्न। (६४)

प्राजापत्य विवाह = "दोनो मिल कर धर्माचरण करो" इस आदेश से संपन्न विधियुक्त विवाह। (५९)

प्रादानिक = कन्या विवाह के निमित्त (पिता की संपत्ति का) देय अंश। (६२)

बन्धकी = वेश्या।(१३५)

ब्राह्म विवाह = अलंकृत कन्या का विधियुक्त दान। (५९)

भर्म समर्थ = भरण पोषण करने में समर्थ। (६०)

भर्मणी = अन्नवस्त्रादि जीविका का अधिकार वाली स्त्री। (६०)

मागध = वैश्य पुरुष को ब्राह्मण स्त्री से उत्पन्न हुआ प्रतिलोम पुत्र। (६४)

मातृका = उपमाता, धाय, दाई। (४८)

मानुषोपेत = पौरुषयुक्त, अक्लीब। (६३)

राक्षस विवाह = बलात्कार से (कन्या का) अपहरण द्वारा विवाह। (५९)

रूपाजीवा = (१) सुरूप पर जीविका करने वाली (नटी, नर्तकी जैसी कलाकार स्त्री। (४८) (२) वेश्या। (२०)

विन्दमाना = पुनर्विवाह करने वाली। (५९)

विवाह (आठ प्रकार) = **ब्राह्म** - (सालंकृत कन्यादान), प्राजापत्य = (ज्येष्ट पुरुषों द्वारा तय या निश्चित), **आर्ष** (वर पक्ष की ओर से दो गायें (या बैलजोड़ी) देने पर निश्चित), **दैव** वेदी पर ऋत्विक को कन्या का दान), **गांधर्व** = वधूवर के प्रेम संबंध के कारण), **आसुर** – (बंधु या वरपक्ष से शुल्क लेकर), **राक्षस** – (बलात्कार से वरपक्ष द्वारा अपहरण). **पैशाच** –(सुप्त कन्या-अपहरण)। (५९)

वृषली = शूद्र स्त्री।

वेशशौण्डिका = वेश्यागृह का मद्यपान कक्ष।

वैण = अंबष्ठ जातीय पुरुष द्वारा वैदेहिक जाती की स्त्री में उत्पन्न। (देखिये कुशीलव) (६४)

वैदेहक = वैश्य को क्षत्रिय स्त्री से उत्पन्न पुत्र। (६४)

शिल्पकारिका = स्त्रियों की केशरचना करने वाली। (१२)

शुल्कावरुद्धा = धन आदि देकर जिसका विवाह निश्चित किया गया हो ऐसी कुमारी। (८९)

शूद्र-प्रकर्म = विधियुक्त विवाहादि कर्म करने वाले शूद्र। (७२)

श्वपाक = उग्रजातीय पुरुष द्वारा क्षत्ता जातीय स्त्री में उत्पन्न। (६४)

सहोद पुत्र = गर्भवती अवस्था में विवाह होने पर उत्पन्न। (६४)

सूत = क्षत्रिय पुरुष को ब्राह्मण स्त्री से उत्पन्न प्रतिलोम पुत्र। (६४)

स्तेय = राक्षस और पैशाच विवाह होने पर स्त्रीधन का उपयोग करना। (यह चोरी है और चोरी के समान व्यवहार में दण्ड होता है।) (५९)

स्त्रीधन = २ हजार से अधिक पण धनराशि या आबध्य (अलंकार)।

स्वापतेय = पतिद्वारा ससुराल से प्राप्त संपत्ति। (४८)

★★★

वर्ग - ७ (परिशिष्ट)

कौटिलीय अर्थशास्त्र में प्रयुक्त - संकीर्ण शब्दावली

(वर्गीकृत पारिभाषिक शब्दों के अतिरिक्त शब्दों का संग्रह)

अकान्ति (लेख दोष) =अचारु, विषम और विराग (फीकें अस्पष्ट) अक्षर, (३१)

अक्षीब = समुद्री नमक।

अग्निधारण करनेवाले पदार्थ = सरल, देवदारु, पूतितृष्ण, गुग्गुल, श्रीवेष्टकक, सर्ज - इन वृक्षोंसे रस तथा खर, उष्ट्र, अवी इन प्राणियों की विष्टा (कुल ८) (१४४)

अग्निरस = विष (१२)

अग्निष्ठ = राख, भस्म (३५)

अग्न्याधान = सौ गायों का स्वामित्व होने पर गृहस्थाश्रमी ब्राह्मण का कर्तव्य। अग्न्याधान करने वाले को "आहिताग्नि" कहते हैं। इतना पर्याप्त गोधन होने पर अनाहिताग्नि रहने वाला निंद्य ब्राह्मण माना जाता है। (देखिये यज्वा)

अंगविद्या = सामुद्रिक लक्षणोंका शास्त्र। (१-११)

अंगार = कोयला। (३३)

अधिमास (अधिकमास) = २।। वर्षों के बाद आने वाला महीना (पहला अधिक मास आषाढ में और दूसरा २।। वर्षों के बाद पौष मास में आता है। (४५)

अनपाकर्म = (नकारना)। (७३)

अपराजिता = लक्ष्मीदेवी, दुर्गादेवी। (२५)

अपरान्त = कोंकण। (४५)

अपशब्द = (लेखदोष)- लिंग, वचन, काल, और कारक (विभक्ति) का अयोग्य प्रयोग। (३१)

अपाश्रयवान् = परावलंबी। (५८)

अप्रतिहत = विष्णुदेवता। (२५)

अप्सारक = नेपाली कंबल जो वर्षा से संरक्षण करता हैं। (३२)

अभ्रपटल = अभ्रक के टुकड़े (३५)

अय = (सुदैव) दैव और योग से इष्ट फल की प्राप्ति। (अनिष्ट फल की प्राप्ति **अनय** अर्थात् दुर्दैव। (९८)

अरिष्ट = औषधोपयोगी मदिरा। (४६)

अर्थ त्रिवर्ग = अर्थ, धर्म, काम।

अनर्थ त्रिवर्ग = अनर्थ, अधर्म, शोक।

संशय त्रिवर्ग = अर्थ-अनर्थ, धर्म-अधर्म, काम-शोक। (१२८)

अवक्षार = म्लान, क्षीण। (१२२)

अवक्षिप्त = अपमानित। (१०)

अवरवर्ण = लोगों के ३ गुण= सर्वभोगसहत्व, बहुत्व, ध्रुवत्व। (१०९)

अश्मक = पश्चिम महाराष्ट्र। (४५)

अष्टक = मोम। (३५)

अस्थितुत्थ = हड्डी के चुर्ण का लेप। (३४)

अहोरात्रोत्तर = अधिक कालमर्यादा। (१३६)

आगन्तुलवण = विदेश से आया हुआ नमक। (३३)

आतोद्य = वाद्य। (२१)

अन्वीक्षिकी = १) सांख्य, योग, तर्कवाद तीनों विद्याओं की संज्ञा।

२) त्रयी वार्ता और दण्डनीति के बलाबल की परीक्षा करने वाली विद्या। (२)

आपूपिक = मिष्टान्न बनाने वाला, हलवाई। (११५)

आरकूट = पीतल (३३)

आरालिक = हलवाई, मिठाई बनाने वाला। (१२) (११५)

आर्यप्राण शूद्र = आर्यवंशीय शूद्र। (७०)

आर्यभक्त = एक भले मनुष्य का सरल व्यवहार। (३६)

आवेशनिक = अतिथि, मेहमान। (९१)

आसुरीवृत्ति = कामादि विकारों का उत्सेक (अतिरेक) और अपनय। (१२८)

आसुरी सृष्टि = शलभ, मूषक आदि उपद्रवकारक जीव। (१२८)

अशीतिक पुरुष = ८० वर्षों की आयु वाला पुरुष।

आशुग्रन्थ = शब्द-वाक्यों की शीघ्र रचना करने वाला। (३१)

अहितुण्डिक = सांप पकड़ने वाला, सपेरा।

इतिहास = पुराण, इतिवृत्त (बखर), आख्यायिका, उदाहरण (पुराने वृतान्त), धर्मशास्त्र, अर्थशास्त्र- इनका इतिहास विषय में अन्तर्भाव होता है। (५)

इंगितभेद = नित्य आचरण में अंतर। (१५)

इन्द्रिय जय = श्रोत्रादि ज्ञानेन्द्रियों को उनके शब्दादि विषयों की प्राप्ति न होना।

२) शास्त्रोक्त कर्तव्यों का पालन करना। (शास्त्रानुष्ठान)

३) कामादि षड्रिपुओं का त्याग करने से उत्पन्न योग्यता। (६)

उत्क्रम = निश्चित क्रम से अलग क्रम। (२८)

उत्सेचक = नाव के अंदर का पानी फेंकने वाला।

उदास्थित = संन्यास मार्ग से भ्रष्ट (प्रव्रज्या प्रत्यवसित), (११) ऐसे लोग गुप्तचर होते है।

उपवास = गांव वाला पड़ोसी या सहकारी। (६७)

उपशाल = धर्मशाला। (६७)

ऋतुमान = दो मास का काल।

वर्षा = श्रावण भाद्रपद **शरत्** = आश्विन कार्तिक, **हेमन्त** = मार्गशीर्ष पौष। **शिशिर** = माघ, फाल्गुन, **वसन्त** = चैत्र वैशाख। **ग्रीष्म** = ज्येष्ठ, आषाढ। **उत्तरायण** = शिशिरादि।

दक्षिणायन = वर्षादि। (४१)

सूर्यमान = दो ऋतु= ६१ दिन। चंद्रमान, दो ऋतु (५९ दिन) (४१)

औदनिक = चावल पकाने वाले, लाही-फुटाने वाले भडभूंजे। (५७)

औद्र = जलचर की चमड़ी।

आपूपिक = रोटी बनाने वाले। (३६)

कटव्रज= जलपूर्ण घट (जो ग्रीष्मकाल में मार्ग पर रखे जाते थे। (५७)

कटशर्करा = मिश्री।

कटुकवर्ग = पिपली, कालीमिर्च, सोंठ, जीरा, राई, आदि तीखे पदार्थ। (३६)

कटुशर्करा = वालु के कण। (३५)

कपिशीर्षक = रास्ते के किनारे लगाये हुए सीमा के पत्थर।

करट = कृमियुक्त।

करटक मुख = कैंची का जोड। (३५)

कर्मगुह्य = खराब वस्तु को सुंदर दिखाने का उपचार। (३२)

कर्मव्यापद् = मंत्र-तंत्र के कर्म में दोष। (९१)

कलभित्तिका = हाथी की झूल।

काक्षीब = गोपीचन्दन, फिटकरी।

काच = ठगना, वंचना।

काणलिंग = अंध, पंगु इत्यादि विकलांग। (६३)

कापिशायन = मधु (द्राक्षासव) का एक प्रदेशानुसारी नाम। (४६)

कार्तान्तिक = ज्योतिषी, भविष्यवेत्ता। (१३)

कार्पासिक = सूती वस्त्र। (३२)

कालिका = उत्तम मदिरा। (४६)

काष्ठकोष्ठ = स्निग्धपदार्थ रखने योग्य लकड़ी का पात्र। (३६)

कांष्टद्रोणी = पैसे रखने योग्य लकड़े की पेटी।

कासीस = नीला थोथा, हिराकस।

किट्ट = धातु का माल। (३३)

किलाट = तक्र, छाछ।

किण्व = उड़द और चावल के पिष्ट से निर्मित मद्य। (४६)

कीलाट = दूषित दूध या फटा दूध। (५०)

कुहक = खलबत्ता। (३६)

कुहनी = ओखली। (६५)

कुहाक = बढ़ई (४५)

कुहक = जादू टोना करने वाला। (२०) चापलूसी, खुशामद।

कूलग्राम = बंदरगाह। (४९)

कोपमूलक = (तीन व्यसन) = वाक्पारुष्य, अर्थदूषण, दण्डपारुष्य। (११९)

क्रम = (या अनुक्रम) (लेखगुण) - क्रियाओं का उचित क्रम रखते हुए महत्त्व के विषय का प्रथम निर्देश करने पर अन्य कार्यों का पश्चात् निर्देश करना। (३१)

क्रमावहीन = निश्चित क्रम रहित। (२८)

क्रमुक = सुपारी। (४६)

क्षत्रिय धर्म = अध्ययन, यजन, दान, शास्त्राजीव (शस्त्रविद्या पर उपजीविका), भूतरक्षण (प्राणिमात्र का रक्षण)। (३)

क्षुद्रिका = छोटी नौका या छोटी नदी। (४९)

क्वाथन = उबालना। (३५)

क्षौम (रेशम) (नौ प्रकार) = वांगक (बंगाल का), पौंड्रक, सौवर्णकुडयक, सूर्यवर्ण, मणिस्निग्ध, उदवान, चतुरश्रवान, व्यामिश्रवान, काशिक। (३२)

क्षारवर्ण = फाणित (पक्व इक्षुरस), गुड, मत्स्यण्डिका (गुड की शक्कर), खंडशर्करा (मिश्री) (३६)

खंजन = जलमय भूमि।

खंड संघात्य = अनेक टुकडे एकत्र जोड़कर बनाया वस्त्र।

खण्डफुल्ल = दरवाजा बंद करना और खोलना। (६५)

खनकयोधी = खंदक से लढ़ने वाले।

गण्डिका = (या गांडिका) लकड़े के टुकड़े।

गण्डिका = कूटने का पात्र, खल। (३४)

गृहपति = कुटुंबी (किसान)। (५६)

गृहपरिवाद = घरेलू बर्तन। (६३)

गृहस्थधर्म = स्वकर्माजीव (स्वकर्म से उपजीविका) समान किन्तु भिन्न गोत्रज (असमान ऋषि), परिवार में विवाह संबंध, ऋतुगामित्व (योग्य समय पर संयोग) देव, पितर, अतिथि तथा भृत्यों को अन्नादि दान और अवशिष्ट भोजन। (अ-३, अधि-१)

गोरुतपरभूमि = जहां एक स्थान से दूसरे स्थान तक गाय का रंभाना सुनाई देता है इतनी मर्यादा वाली भूमि। (२-२३)

ग्रामदेववृष = देवता के निमित्त अर्पित नंदी (६७) (इनका कोई स्वामी नहीं होता)।

ग्राम सीमावृक्ष = शाल्मली (सेमल का झाड़) शमी, क्षीर वृक्ष (वट, पीपल इ.)।

घटिका = (नालिका या नाडिका) - ४ मासा सोने की अंगुली लंबी तार की चौडाई के बराबर छिद्र वाले पात्र से १ आढक (१/४ द्रोण) पानी गलने के लिए लगने वाला समय। दिन का १/६० वा विभाग। (४१)

चक्रधर = गाड़ियों में सामुदायिक प्रवास करने वाले। (११५)

चक्षुष्मान् = दूरदर्शी। (९)

चतुरस्त्रिका = ऊन का चौकोनी (चार कोनों वाला) आसन।

चंद्रचित्रा = चमड़े का एक प्रकार (या चंद्रोत्तरा)।

चर्म = कान्तनावक, पैयक, बिसी, महाबिसी, श्यामिका, कालिका, कदली, चंद्रोत्तरा, शकुला, सामूर, चीनसी, सामूली, सातिना, नलतूला, वृत्तपुच्छा (कुल १५ प्रकार)। (इनमें वनचर और जलचर प्राणियों के चर्म अन्तर्भूत हैं। (३२)

चर्मकाण्ड = चमड़े का टोकरी। (१३०)

चरित्रसंस्थान = १) स्वाभाविक बर्ताव (२८), २) काम

का स्वरूप।
चीनसी = चमड़े की एक जात।
चुंचुवालुका = बारिक रेती।
चेल्लंबोल्लनं = कपड़े या चोटी की हलचल, बकवास। (३५)
चोररज्जू = १) चोर पकड़नेवाले सिपाही। (२७)
२) चोर पकड़ने वाले का इनाम।
चौलकर्म = जन्मजात बालक के बाल काटना यह विधि बचपन में होती हैं। और इसके बाद बालक को अक्षर और संख्या का ज्ञान दिया जाता है। (४)
छायाप्रमाण = समय बोध के लिए छाया को नापना। (१९)
जांगलीविद् = विषविद्या के विशेषज्ञ। (२१) (५१)
जीवक = जैन भिक्षु। (२०)
जोंगक = चन्दन का एक प्रकार।
जोंगनी = सांडस। (३५)
झरकपांसुधावक = रास्ते साफ करने वाला, झाडू वाला। (७८)
झषास्य- = मत्स्यमुखाकार सेना व्यूह।
डामरिक = किसी रोग की महामारी से भरा हुआ। (८६)
डिम्ब = नपुंसक बालक। (१७)
तल्पतल = पृष्ठवंश का भाग। (५२)
तार-चांदी। तार्णस = चंदन का एक प्रकार।
तार्याबाध = नांव मे बैठकर टालने योग्य।
तालावचर = नट नर्तक तथा अन्य तमासगीर। (२५) (६०)
तीक्ष्णमूत्र = मनुष्य का या विशिष्ट पशु का मूत्र। (३३)
तीक्ष्णरस = विष, जहर। (११)
तुत्थ =लेपन क्रिया। (३४)
तूर्यभाण्डफेला = वाद्य और अलंकार की पेटी। (११५)
तूर्यकर = बाजे वाले। (९३)
तुलोत्सेध = १) खंभे की उंचाई, २) मयाल की लंबाई। (२८)
त्रयी = वेदविद्या जिससे धर्म और अधर्म का यथार्थ ज्ञान होता है। (२)
त्रयी = सामवेद, ऋग्वेद और यजुर्वेद इन तीनों की संज्ञा। (३)
त्रयीधर्म = चार वर्णो और चार आश्रमों के कर्म स्थापन करने वाला। (३)
त्रस्नु = भयग्रस्त जानवर। (५०)
त्रिवर्ग = धर्म, अर्थ, काम नामक तीन पुरुषार्थ।
त्रिशूल प्रकर = एक प्रकार का शस्त्र।
त्रैविद्य = तीन वेदों का ज्ञानी (६२)
त्रैविद्य = तीन वेदों का अध्ययन करने वाला। (१९)
दम्य = अप्रशिक्षित किन्तु प्रशिक्षणयोग्य। (५२)
दायाद = संपत्ति का उत्तराधिकारी, वारिस। (६२)
दार = प्राचीर में प्रवेशनिमित्त विच्छेद।
दृतिप्लवग = तैरने लिए चमड़े के ड्रम। (१३०)
दृषद् = पीसने की चक्की। (३६)
देवरात्रिकरण = रातभर भजन करना। (८०)
दैव (कर्म) = जिसका ज्ञान घटना के पूर्व नहीं होता। (९८)
दैवकृत दुर्ग = १) नैसर्गिक भूरचना के अनुरूप। (२८)
या निसगर्तः सुरक्षित दुर्ग। (११०)
दौरात्मिक व्याधि = दुराचार के कारण उत्पन्न होने वाला रोग। (९१)
द्रोणी = मजबूत पेटी। (३७)
द्विपटान = चौड़े पन्हे वाला कपड़ा। (७८)
धन्वन = अश्वत्थ या बांस।
धरक = वजन करने वाला।
धर्मसंस्थान = धार्मिक आचार की पद्धति। (२८)
धारयिष्णु = उत्तम धारणाशक्ति से युक्त। (९)
ध्मायक = भाता फूंकने वाले (३४)
नालिका = समयबोधक घटिका पात्र। (१९)
नाली = नली, पन्हाल, मूस। (३५)
निक्षेप और उपनिधि = बंद और खुला न्यास। (अमानत)। (६९)
निन्दा के ३ विषय = कुल, शील और शरीर दोष का कथन।
निबन्ध = विविध चिन्ह या लक्षण। (२३)
निमित्त = शकुनशास्त्र। (९)
निम्नयोधी = पर्वत की घाटी में लड़ने वाले।
निम्नारण्य = पर्वत की घाटी में बढ़ा हुआ अरण्य। (४४)
नियोगसंपद् = संसिद्ध कार्य को अधिक फ़लदायक करने की उपाय योजना। (१५)
नैमित्तिक = शकुन – अपशकुन जानने वाले (१३)
नैषेचनिक = मृत्युनिमित्त मद्य का वितरण। (१३५)
पंचक शतं शुल्कम् = सैकड़ा पांच दण्ड। (४६)
पंचबंध = पांचगुना। (दशबन्ध) = दसगुना। (७०)
पंचाशत्क = ५० वर्षो की उमरवाला (२०)
पट्टन = गांव (२७)।
पण = एक प्रकार की मुद्रा।
प्रग्रहलाभ = आदरसत्कार। (२८)
प्रचार = नया कार्य। (२७)
प्रच्छन्दक = स्वैर संचारी।
प्रतिरागी = यथास्थित रंग बताने वाला।
प्रतिसंसर्ग = भेंट, उपहार (३६)
प्रत्यक्ष = स्वयंदृष्ट (१९)
प्रमार = सर्वत्र फैलने वाला रोग।
प्रयोगोपलब्धि = प्रयोगद्वारा अनुभव पाना। (३१)
प्रयोग्य = औलाद उत्पन्न करने योग्य घोड़ा। (51)
प्रसन्नायोग = मद्य का एक प्रकार का मसाला।
प्रेक्षा = नाटक, तमाशा आदि।
प्लवक या प्लवक सैनिक = खेल कूद का तमाशा करने वाला, रस्सेपर नाचने वाला। (१३५) (४८)
प्रस्तीत = कड़ा, कठोर। (३५)

प्रशंसा = के तीन विषय - कुल, शील और शरीर –इन तीन विषयों की स्तुति होती है। (३१)
फलाम्ल = फलों की मदिरा। (४६)
फेला = पेटी, डब्बा।
बदराम्ल = बेर से बनाया अम्ल (अॅसिड)। (३४)
बाहिरिक = बौद्धविहार।
बीजोत्तरा = आमरस की विशिष्ट मदिरा। इसीको महासुरा कहते हैं। (४६)
बृहस्पतिस्तवन = स्तुत्य (सवनात्मक) यज्ञ के अंतर्भूत एक सवन। इसकी दक्षिणा नहीं दी जाती। (७१)
ब्रह्मचारि धर्म = स्वाध्याय, अग्निकार्य, अभिषेक (स्नान) भैक्षव्रत (भिक्षाटन), आचार्य तथा उनकी अनुपस्थिती में गुरुपुत्र तथा सब्रह्मचारी (गुरुकुल निवासी सहपाठी) की सेवा (प्राणान्तिकी वृत्ति)। (३)
ब्रह्मारण्य = अध्यापन तथा यज्ञादि ब्रह्मकर्म करने योग्य वन। (२३)
ब्राह्मणधर्म = अध्ययन, अध्यापन, यजन, याजन, यज्ञ करवाना। दान प्रतिग्रह (दान का स्वीकार)। (३)
ब्राह्मण महानसावलेही = ब्राह्मण के रसोई घर में घुसकर खाने वाला अपराधी। (इस अपराध के लिये जिह्वा उखाड़ने की सजा कही गई है।) (८८)
भडिकाधिकरणी = ऐरण। (३५)
भिंगिसी = काले रंग के ८ टुकडे जोडकर बनायी नेपाली कंबल। ये वर्षासे संरक्षण करती है। (३२)
मदनवृक्ष = धतूर। (१४६)
मदिरा = चामुंडा देवी।
मद्य के ६ प्रकार = मेदक (मदक), प्रसन्न, आसव, अरिष्ट, मैरेय, मधु। (४६)
मद्य = तीन प्रकार – शुद्ध मद्य, रससिद्ध (विषयुक्त)। (१३९)
मद्यध्वज = शराब के दूकान की निशानी। (८५)
(ब्राह्मण ने सुरापान का अपराध करने पर उसके मस्तक पर यह चिन्ह अंकित किया जाता था।)
मधु = मृद्वीका (द्राक्षा) रस से, निर्मित मद्य।
(कापिशायंन और हारहूरक = मधु के दो नाम उत्पत्ति स्थान के कारण हुए हैं। (४६)
मधु (२ प्रकार) = क्षौद्र, मार्द्वीक (द्राक्षा से निर्मित)
मधुक = ज्येष्ठमध। (४६)
मधूच्छिष्ट = मोम।
मलमास = (देखिये अधिमास) = सौरमास ३०।। दिन और चांद्रमास २९।। दिन। इन दिन मान के इस भेद से मास गणना में जो अंतर उत्पन्न होता है उसका परिहार २।। वर्षों के बाद आषाढ या पौष मांस में होता है। (४१)
महाकच्छवर्धन = सागर की पूजा।
मण्डल = शत्रु मित्र समूह। (७)

मत्स्याण्डिका = गुड़ या शक्कर या गुड़ की मदिरा। (३३)
मदनयोग = मदन वृक्ष (धतूरे) का रस पिलाना। (विष प्रयोग का एक प्रकार) (११५) (१४६)
मदनयोग व्यवहारी = गूढाजीवी, अपराधी का एक प्रकार जो मदनवृक्ष के रस का प्रयोग करता है। (८१)
मदनरस = बेहोष करनेवाली औषधि, या विष। (१८) (१३५)
माणवक = जादूगर। (९३)
माधुर्य = (लेख गुण) = मधुर अर्थ व्यक्त करने वाले सहज सुंदर शब्दों का प्रयोग। (३१)
मानुष = (कर्म) = जिसका ज्ञान घटना के पहले तर्क से हो सकता है। दैव अचिन्त्य होता है। (९८)
मानुषाग्नि = प्रेत-दहन का अग्नि।
मायायोगविद् = जादूगर, ऐन्द्रजालिक। (१९)
मार्द्वीका = मृद्वीका अर्थात् द्राक्षा से निर्मित मधु। (३६)
मुण्डा = बौद्ध भिक्षुणी (१२) जो गुप्तचर का काम करने निमित्त प्रवास करती है।
मुद्रांकवस्त्र = धोबी ने पहनने का कपड़ा। (७८)
मुस्ता = नागरमोथा (४६) मूकमूषा = पोली मूस।
मूढवात = तूफान (४९)
मेदक योग = मेदक नामक मद्य का मसाला।
मैत्र = निर्मत्सरी। (९)
मोषक = अन्न परोसने वाला। (२१)
मौख = गुरू-शिष्यों का संबंध।
यज्ञ के महत्त्वपूर्ण कर्म = सोमविक्रय, मध्यमोपसद्, प्रवर्ग्योद्वासन, प्रातःसवन, माध्यन्दिनसवन, **सावन** इन कर्मों की पूर्तता पर याजकों की दक्षिणा का प्रमाण अवलंबित होता है।
यज्वा = (सहस्र गायों का स्वामी होने पर वैदिक ब्राह्मण को यज्ञ करना आवश्यक माना गया है।) यज्वा का अर्थ है यज्ञ पूर्ण करने वाला। अयज्वा ब्राह्मण निंद्य माना जाता है। (७१) (देखिये अग्न्याधान)।
यन्त्रपत्र = सरौता। (अडकित्ता मराठी में) (३६)
यामतूर्य = प्रहर समाप्ति सूचक नगारे या घंटा का निनाद। (५७)
युक्त = शासन द्वारा नियुक्त कर्मचारी।
योग = बुद्धिमत्ता के कारण उत्पन्न होने वाला गुण। श्रद्धा। (५)
योगदर्शन = अद्भुत दर्शन। (९२)
योगपान = घृणाजनक द्रव का प्राशन। (१७)
रसोत्तरा = आमरस की एक विशिष्ट मदिरा। (४६)
रांकव = रंकु नामक हिरन का ऊन (४४)
राढा = कान्ति, शोभा।
राढायुक्त = मिलावट किया हुआ। (७९)
रोचनी = १) चक्की २) हल्दी। (९५)
लाघविक = अल्पश्रम का काम। (३३)
लुब्धक = पशुपाल, या शिकारी। (५०) (५५)
वनस्पति विषवर्ग = कालकूट, वत्सनाभ (बचनाग), हालाहल,

मेषशृंग, मुस्त, कुष्ठ, महाविष, वेल्लितक, गौरार्द्र, बालार्द्र, मार्कट, हैमवत, कालिंगक, दारदक, अंकोलसारक, उष्ट्रक, (कुल १६ प्रकार)। (३८)
वर्धकी = बढ़ई (९२)।
वर्धमानक = घोड़े की एक चाल।
वल्लूर = १) सूखामांस (२५)
२) सूखी मछलियाँ। (९२)
वाक्य = संपूर्ण अर्थ व्यक्त करने वाला पदसमूह। (३१)
(पदसमूहो वाक्यम् अर्थसमाप्तौ)।
वाक्यशक्ति = वक्तृत्व (११)
वाक्संग = अस्पष्ट बोलना, तुतलापन, तुरुलाहट।
वागुरिक = पाश की सहायता से शिकार करने वाला (वागुरा = पाश)। (२२)
वाग्जीवन = भाट (१२) (१८) स्तुतिपाठक।
वानप्रस्थधर्म = ब्रह्मचर्य, भूमि पर शयन, जटा अजिन धारण, अग्निहोत्र, अभिषेक (स्नान) देवता, पितर और अतिथि की पूजा, वन्य पदार्थों का आहार। (३)
विच्छिन्नपिण्ड = चौथी पीढ़ी के अनन्तर वंशज। (६२)
वितंस = पक्षी का चित्र (जो पक्षियों को जाल में पकड़ने हेतु रखा जाता है।)
विद्रव = १) ज्वालामुखी का स्फोट, २) भागदौड़।
विलवण = नमक में मिलावट करने वाला।
विष्टादण्ड = अस्थान में मलोत्सर्ग निमित्त दण्ड। (५७)
विस्र = दुर्गंध युक्त। (३५)
वृक्षायुर्वेद = वनस्पतिशास्त्र। (४५)
वृश्चिकबन्ध = बिच्छूके समान बांध के रखना।
वेद = अथर्ववेद और इतिहास - इन दोनों की संज्ञा। (रामायण और महाभारत की संज्ञा इतिहास है।) (अ-३)
वेदांग = शिक्षा, कल्प, व्याकरण, निरुक्त, छंदोविचिति (छंदःशास्त्र) और ज्योतिष - इन छह शास्त्रों की संज्ञा। (३)
व्यंजन = हाथी आदि के लक्षण। (२३)
व्याघात = (लेख दोष) = पहले और दूसरे वाक्य में असंबंधता या परस्पर विरोध। (३१)
व्युष्ट = उदय से उदय तक का समय। अर्थात् पूरा एक दिन। (२८)
शकल = मीठी बातें करने वाला।
शुक्तवर्ग = इसमे विविध प्रकार के आचार और मुरब्बे अन्तर्भूत होते हैं। (३६)
शूद्रधर्म = द्विजाति की सेवा, वार्ता (कृषि गोरक्षण), कारु (कारीगरी), कुशीलव कर्म। (कुशीलव = नटवर्ग) (३)
श्मशानवाट = श्मशानभूमि। (२५)
श्वगणि = शिकारी कुत्ते पालने वाले लोग। (५५)
श्वेतसुरा = पारिवारिक धार्मिक कृत्यों में उपयुक्त विशिष्ट मदिरा। एक उत्तम प्रकार की मदिरा। (४६)

संस्थान = गणित।
संख्याप्रचार = नाम आदि को दर्ज़ करना। (२८)
संघट्टन = लोगों की भीड़। (९०)
संघात = समूह, गुट। (११२)
संज्ञालिपि = सांकेतिक लिपि। (१२)
सन्निधात = घर में जमा कर रखना। (३०)
समानतीर्थ्य = सहाध्यायी। (७३)
समेधाशास्ति =. भविष्यकथन (११)
सम्पत् = अनेक गुणों का एकत्र अस्तित्व। (९७)
संप्लव (एक लेख दोष) = अयोग्य वर्गीकरण। अयोग्य स्थान पर लेख का विभाजन करना। (३१)
संबन्ध (एक लेख गुण) = प्रारंभ में लिखे हुए अर्थ से अन्त तक कहीं विरोध न होना। (३१)
संभारिकी = आमरस की विशिष्ट मदिरा, जिसमें मसाले का प्रमाण अधिक होता है। (४६)
संवनन = वशीकरण। (८१)
संवाहक = अंगमर्दन करने वाला। (१२) (२१)
संवीत = मिश्रित रंगवाला। (३४)
सर्वसामान्य धर्म = अहिसा, सत्य, शुचिता, आनृशंस्य (सदयता) और क्षमा। (३)
सामेधिक = वैभव प्राप्ति की साधना जानने वाला (११) (१४२)
सांवनिकी = वशीकरण करने वाली औषधि, या मादक औषधि। (९१) (१३५)
सीधू = गुड़ की मदिरा। (४६)
सुराकिण्वविजय = दारु करने की क्रिया।
सुराकिण्वव्यवहार = मदिरा बनाना और बेचना (४६)
सुवर्चिका = क्षार का एक प्रकार (३६)
सूद = रसोईवाला। (१२)
सूद-आरालिक व्यंजन प्रणिहित = मांसान्न और पक्वान्न बेचने वाले के वेश में गुप्तचर। (९१)
सूपकार = दाल, शाक पकाने वाला।
सोमारण्य = सोम याग करने योग्य अरण्यस्थल (२३)
सौभिक = गारुडी, ऐन्द्रजालिक, जादूवाला। (१३५)
स्कन्धोपनेय = हप्ते हप्ते से प्रदान करने योग्य।
स्तवन के ४ विषय = जाति, कुल, श्रुत (ज्ञान) और वृत्त। (१२७)
स्तेय = क्षुद्रक, द्रव्य, स्थूलक द्रव्य (इस के प्रकार = अवर, मध्यम, वर) (७४)
स्नापक = हजाम या स्नान करने वाला। (१२) (२१)
स्नेह = तेल घी इ. (२५)
स्पष्टत्व = (लेखगुण) सर्वत्र परिचित शब्दों का प्रयोग करना। (३१)
स्वधादान = श्राद्ध क्रिया में अर्पित पिंडोदक। (६३)

स्वधापाश = मृत पिता से संबंधित ज्येष्ठ पुत्र के कर्तव्य। (६३)

स्वप्न = अकाल निद्रा। (५२)

हारहूरक = हरहूरनामक नगर का मधु (द्राक्षामद्य) (४६)

हेड = अवकृपा। (९७)

* * *

कौटिलीय अर्थशास्त्र के अतिरिक्त अन्य ग्रंथोंसे संकलित

अर्थशास्त्रीय शब्दावली (संकीर्ण)

अक्षपटलिक = एक अधिकारी जो शासकीय आय-व्यय का हिसाब सम्हालता था।

अक्षौहिणी = सेना की इकाई। इसमें २१८७० रथ तथा हाथी, ६५,६१० घोड़े, १,०९,३५० पदाति सैनिक होते हैं। कुलसंख्या = २ लक्ष, १८ हजार, ७ सौ। अथवा ७२९० सेनाप्रमुख। अथवा १० अनीकिनी।

अग्निकुल = राजस्थान में चौहान, चालुक्य, परमार और परिहार नामक चार क्षत्रिय कुलों को अग्नि से उत्पन्न माना जाता है। छत्तीस राजकुलों में चार अग्निकुल क्षेष्ठ माने गये हैं।

अंगदेश = वैद्यनाथ से भुवनेश्वर तक का भू-भाग। (शक्तिसंगम तंत्र)। यह भूभाग दुर्योधन ने कर्ण को समर्पण किया था। प्राचीन भारत के १६ महाजनपदों में इसकी गणना होती थी।

अंगदीप = जम्बूद्वीप के अन्तर्गत म्लेच्छों का प्रदेश। (वायु.पु. ४८, १४-१८)

अंधक-वृष्णि = एक प्राचीन संघराज्य। महाभारत काल में अक्रूर अंधकों के और श्रीकृष्ण वृष्णियों के नेता थे।

अंध्र = दक्षिणापथ में राज्यशासन करने वाली एक प्राचीन जाति का नाम। इसने भगवान् विष्णु की आराधना से अपना उद्धार किया था। (भागवत पु. २-४-१८)

अंजलि = कौटिल्य के मतानुसार इसीको कुडव कहते हैं। जो १२१/२ तोले के बराबर होता है। चरक मतानुसार १६ कर्ष = १ अंजलि परिणाम।

अतिरथ = एक योद्धा जो अपने रथ में बैठकर ही युद्ध करता है।

अदेवमातृक (नदीमातृक) = जिस प्रदेश में खेती के लिये वर्षारूप माता जलवर्षण नहीं करती, अतः नदी ही खेतों के फसल की माता के समान पोषण करती है। (देवमातृक = वर्षा के जल से खेती होती है।)

अधिकरण = भोजक या अधिकरणिक न्यायाधीश।

अधिकरण मंडप = न्यायभवन।

अधिकरणिक = एक प्राचीन अधिकार पद जो कायस्थ जातीय व्यक्ति को दिया जाता था।

अधिकर्मकर = कर्मचारियों का प्रमुख निरीक्षक अधिकारी।

अध्यावहनिक = स्त्रीधन, जो वधू को पिता के घर से पतिगृह में जाते समय प्राप्त होता है। स्त्रीधन के छह प्रकारों में से एक। (मिताक्षरा-२-१४३)

अग्निदिव्य = आरोपी स्त्री-पुरुष को अपना निरपराधत्व सिद्ध करने के लिये, उबालते तेल में हाथ डालकर या हाथ में तप्त लोहपिंड पकडने का प्रयोग। इस दिव्य में निरपराधी व्यक्ति को अग्निदिव्य से क्लेश नही होता। रामायण में सीता का अग्निदिव्य प्रसिद्ध है। याज्ञवल्क्य तथा कात्यायन स्मृति में अग्निदिव्य की विधि का सविस्तर वर्णन है। (याज्ञ. स्मृ. २-१०७)

अनीक = (१) हाथी का प्रतिरक्षक। (२) सेना की एक टुकड़ी।

अनीकिनी = पूर्ण अर्थात् अक्षौहिणी सेना का दशम भाग। इसमें ७२९ सेनामुख अन्तर्भूत होते थे।

अनुग्रह = सेना के पृष्ठभाग की रक्षा करने वाला दल।

अनुबल = मुख्य सेना की रक्षा के लिये पीछे आती हुई सहायक सेना।

अनुभाव = कोष की समृद्धता तथा दण्डशक्ति की प्रखरता के कारण राजा में व्यक्त होने वाला विशेष तेज या सामर्थ्य।

अनुभोग = सेवा करने पर दी गयी मुफ्त जमीन। भूमिदान।

अनुसौख्य = सेना का पिछला भाग। या अनुरक्षक सेना।

अंतपाल = राज्य की सीमा का संरक्षक।

अन्तःप्रकृति = राजा का मंत्रिमंडल या मंत्रालय।

अन्तरीय = समुद्र के भीतर घुसा हुआ भूभाग। भूनासिका।

अंदु = हाथी के पैर बांधने की शृंखला।

अन्न (चार अवस्थाएँ) = (१) सस्य = खेत में उत्पन्न; (२) धान्य = तुषसहित सस्य; (३) आम = तुष निकाला हुआ धान्य, (४) अन्न = अग्निपर पकाया हुआ आमधान्य।

अन्वाधि = दोनों के व्यवहार में किसी तीसरे विश्वसनीय व्यक्ति के पास धरोहर (या प्रतिभूति) जमा करना।

अन्वाधेय (क) = एक प्रकार का स्त्रीधन, जो विवाह विधि के पाश्चात् संबंधियों की ओर से स्त्री को उपहार स्वरूप दिया जाता है।

अन्वाहित = एक व्यक्ति के पास आहित = रखा हुआ द्रव्य, जब किसी कारणवश उसके द्वारा, वह द्रव्य स्वामी को देने के निमित्त दूसरे व्यक्ति को दिया जाता है, तब उस द्रव्य को अनु + आहित) अन्वाहित कहते हैं। (मिताक्षरा- २-६०)

अपकर्म = ऋण चुकाना। ऋणपरिशोध।

अपलापदण्ड = न्यायालय में दोष सिद्ध होने पर भी अपने दोष को अस्वीकृत करने के कारण दण्ड।

अप्रतिरथ = ऐसा योद्धा जिसका कोई प्रतिद्वन्द्वी नहीं हो सकता।

अप्राप्तव्यवहार = १६ वर्ष से कम आयु होने के कारण लौकिक व्यवहार के लिए अपात्र।

अभियान = युद्ध के लिये प्रयाण। आक्रमण।

अभियुक्त = जिस पर न्यायालय में दोषारोपण किया गया हो। प्रतिवादी।

अभियोग = किसी के अपराध का शासन के प्रति निवेदन। (फिरियाद)। दो प्रकार - (१) शंकाभियोग, (२) तत्त्वाभियोग।

अभ्यमित्रीय = वह योद्धा जो वीरतापूर्वक शत्रु का सामना

करता है।

अमात्य = राजा का सहचर या अनुयायी (मंत्री) जो देशकाल परिस्थिति के अनुसार राज्य की नीति निर्धारित करता है और राजा का व्यवहार सम्हालता है। राजा के सात अंगों में आमात्य दूसरा अंग माना जाता है। आठ प्रकार – (१) **प्रधान** = सभी कार्यों को यथोचित जानने वाला। (२) **प्रतिनिधि** = कार्य-अकार्य का विवेक रखने वाला। (३) **सचिव** = सैन्य के व्यवहार जानने वाला। (४) **मंत्री** = नीतिकुशल (५) **पंडित** = धर्मतत्त्व का ज्ञानी। (६) **प्राड्विवाक** = लौकिक तथा शास्त्रोक्त नीति जानने वाला, (७) **अमात्य** = देश और काल के अनुसार कार्य की दिशा निश्चित करने वाला। (८) **सुमंत्र** = आर्थिक व्यवहार सम्हालने वाला।

अर्घसंख्यान (संस्थान) = वस्तुओं का मूल्य निर्धारण करना।

अर्जुनायन = आधुनिक आगरा-जयपुर विभाग के एक प्राचीन गणराज्य का नाम।

अर्थशास्त्र = मानव जिन (अन्न-वस्त्र, भूमि आदि) विषयों की अपेक्षा रखता है उसे 'अर्थ' कहा जाता है। चतुर्विध पुरुषार्थों में एक पुरुषार्थ का नाम है अर्थ। इसी को नीतिशास्त्र भी कहते हैं। यह धर्मशास्त्र से गौण माना जाता है। (याज्ञवल्क्य २-२१)। पृथ्वी का लाभ और पालन करने का उपाय कथन करने वाला शास्त्र (कौटिलीय अर्थशास्त्र -१-१७)

अर्थशौच = रुपये-पैसे के व्यवहार में विशुद्धता या प्रामाणिकता। (मनु. ५-१०६)

अर्धरथ = दूसरे वीर के साथ रथ में बैठकर युद्ध करने वाला वीर।

अर्धसीरी (या अर्धिक) = अपने परिश्रम के बदले में आधी फसल लेने वाला किसान। (याज्ञवल्क्य स्मृति १-१६६)

अवचूड (ल) = रथ के ऊपर लहराता हुआ वस्त्र।

अवक्रय = कर या राजस्व (राजग्राह्यं द्रव्यम्)

अवक्षयण = आग बुझाने का साधन।

अश्मयुग = आधुनिक वैज्ञानिक संशोधकों द्वारा कल्पित एक प्राचीन तम कालखंड, जब मानव अश्म (पत्थर) से अपने शस्त्र आदि बनाता था। ईसापूर्व ५० वें शतक में इसकी समाप्ति मानी जाती है। प्रारंभ ५-६ लक्ष वर्ष पूर्व।

अश्वक्रान्ता = शाक्तमतानुसार विंध्याद्रि से समुद्रतट की भरतभूमि।

अश्व-महिषिका = घोड़े और भैसे के बीच रहने वाली स्वाभाविक शत्रुता।

अष्टगतिक = आठ गतियां (कर्तव्य) पूर्ण करना जिसका धर्म है अर्थात् राजा। राजा के आठ कर्तव्य – आदान, प्रदान, आदेश देना, निषेध करना, अर्थव्यवहार, न्यायदान, दण्ड देना, बंधमुक्त करना।

अष्टधा प्रकृति = राजनीति शास्त्र के अनुसार – राजा, अमात्य, मित्र, कोश, राष्ट्र, दुर्ग, बल (सैन्य), प्रजा।

अष्टनिधि = पद्म, महापद्म, मकर, कच्छप, मुकुंद, नंदक, नील और शंख।

अष्टाधिकार = (अधिकार = शासन का विभाग) – जलाधिकार, स्थलाधिकार, ग्रामाधिकार, कुललेखन, ब्रह्मासन, दण्डविधिनियोग, पौरोहित्य और ज्योतिष।

असाक्षिक व्यवहार = जिसमें कोई गवाह न हो ऐसा विवाद। उदा. राम के जन्मस्थान का विवाद। (मनु ८-१०९)

असाक्षी = जिसकी साक्ष्य (गवाही) कानूनी दृष्टि से ग्राह्य हो। जो किसी कानूनी दस्तावेज को प्रमाणित करने का अधिकारी न हो।

असिक्नी = अन्तःपुर की युवति- परिचारिका।

अस्त्रविद्या = शस्त्र केवल समीपस्थ शत्रु का नाश करता है किंतु अस्त्र समीपस्थ और दूरस्थ शत्रु को भी नष्ट करता है। अस्त्र के दो भेद – (१) दिव्य और (२) अदिव्य। दिव्य अस्त्र मंत्रशक्ति से प्रयुक्त होते थे। दिव्य अस्त्रों को मायिक और अदिव्यों को निर्माण (मायारहित) कहते है। इन्हीं के तंत्रास्त्र (पाणिमुक्त), यंत्रास्त्र (यंत्रयुक्त), और मंत्रास्त्र (मंत्रयुक्त) नाम तीन प्रकार माने जाते है। मंत्रयुक्त अस्त्र के प्रयोग की चार अवस्थाएँ – मंत्र, उपचार, प्रयोग और संहार। मंत्रास्त्रों की साधना का अधिकार विशुद्ध शीलसंपन्न अधिकारी पुरुष को था।

आकाशरक्षी = किले की बाहरी दीवारों की रक्षा करने वाला।

आक्रन्द = वह राजा जो अपने मित्र राजा को दूसरे की सहायता करने से रोके।

आक्षपाटिक = द्यूतक्रीडा का निर्णायक। द्यूतगृह का अधीक्षक।

आक्षार (आक्षारण) = व्यभिचार जैसे दोष का आरोप लगाना।

आगम = साक्षिपूर्वक लिखित पत्र (दस्तावेज़)

आढक = द्रव पदार्थ का एक नाम। एक आढक में १०२४ तोले द्रव पदार्थ समाता है। अन्य मापों के नाम – कर्ष, पल, प्रसृति, कुडव, प्रस्थ, और द्रोण। (एक द्रोण = चार आढक)

आढक = अनाज का माप।

(अन्य माप = मुष्टि। **कुंचि** = (अष्टमुष्टि)। **पुष्कल** = (अष्ट कुंचि)। **आढक** = चार पुष्कल अर्थात २५६ मुष्टियां)।

आततायी = (छह प्रकार) = आग लगाने वाला, विष देने वाला, शस्त्रधारी उन्मत्त, डाकू, क्षेत्रहर, और स्त्रियों का अपहरण करने वाला।

आधिकरणिक = न्यायाधीश।

आधिभोग = धरोहर की वस्तु का उपभोग।

अधिस्तेन = स्वामी की अनुमति बिना धरोहर की राशि खर्च करने वाला।

आधिवेदनिक = दूसरा विवाह करने पर पहली पत्नी को सन्तोषार्थ दिया जाने वाला धन आदि उपहार। (याज्ञ. २-१४३)

आनर्त = वर्तमान गुजरात के अन्तर्गत एक प्राचीन प्रदेश

का नाम। सौराष्ट्र देश।

आनुवेश्य = पड़ोसी के बाद के घर का निवासी (निरन्तर गृहवासी प्रतिवेश्यः तद्नन्तर गृहवासी आनुवेश्यः (मनु. ८-३९२ पर कुल्लूटभट्टी)

आंध्र देश = अपरनाम – त्रिलिंग, त्रिकलिंग, वज्रदेश, मंजीर देश, नागभूमि।

आपमित्यक = विनिमय द्वारा प्राप्त वस्तु या सम्पत्ति।

आयःशूलिक = अपने उद्देश्य की सिद्धि के लिये प्रखर उपायों का अवलंब करने वाला। (अयःशूलेन अन्विच्छति।)

आर्य = वैदिक भारतीय समाज, यूरोभारतीय समाज; यूरो-भारतीय भाषा बोलने वाला समाज। श्रेष्ठ कुलीन कृषीवल। कर्तव्य पालन करने वाला और अकर्तव्य न करने वाला। (इस शब्द के अर्थ के विषय में आधुनिक विद्वानों ने अनेक मत व्यक्त किये हैं।

आर्यमिश्र = परम आदरणीय व्यक्ति।

आर्यावर्त = (१) गंगा-यमुना के दुआब का याज्ञिय प्रदेश जहां कृष्णमृग संचार करते हैं। (वसिष्ट धर्मसूत्र १-११-१३) (२) हिमालय और विंध्य पर्वतों के तथा पूर्व-पश्चिम समुद्र के बीच का प्रदेश (मनु. २-२२)

आर्यावर्त = आर्य (अर्थात् श्रेष्ठ) लोगों के निवास का प्रदेश। मनु के अनुसार पूर्व-पश्चिम समुद्र के तथा हिमालय - विंध्य के बीच का प्रदेश (अर्थात संपूर्ण भारत वर्ष) (मनु. २-२२)

आसेध (निषेध) = कानूनी प्रतिबंध। किसी अपराधी व्यक्ति को मनाई करने निमित्त राजाज्ञा। चार प्रकार – स्थानबद्धता, विशिष्ट समय पर उपस्थिति, प्रवास की मनाई, व्याख्यान, लेखन आदि कार्यों की मनाई (मिताक्षरा)।

आस्थानमंडप = राजसभा के निमित्त स्थापित एक सुंदर पटमंडप। (अपरनाम – दुकूलवितान)

आहरणम् = विवाह के समय वधू को दिया जाने वाला धन।

इलावृत्त = जम्बुद्वीप के अन्तर्गत ९ वर्षों (देशों) में से एक। (भागवत पु. ५-१६-७)

ईति = महासंकट। छह प्रकार – अतिवृष्टि, अनावृष्टि, चूहे, टिड्डीदल, तोते, परकीय आक्रमक।

उत्तम साहस दण्ड = वध, सर्वस्व हरण, निर्वासन, अंकन, और अंगच्छेद। (मिताक्षरा २-२६)

उत्तर = न्यायालय में वादी के विधान का खंडन करने वाला वाक्य। इसमें ५ गुण अपेक्षित होते हैं। पक्षव्यापक, सारभूत, असंदिग्ध, अनाकुल, व्याख्या की अपेक्षा न होना। (मिताक्षरा -२-७)

उत्तरापथ = (या उदीचीपथ) = भारत वर्ष के उत्तर भाग की प्राचीन संज्ञा।

उत्सवसंकेत = एक प्राचीन लोकगण जिसका निर्देश कालिदास ने किन्नरों के साथ किया है।

उपराजा = गणराज्य की नियामक सभा के सदस्यों के पुत्र। सदस्यों को राजा कहा जाता था।

उपरिक = एक प्राचीन अधिकार पद जो कायस्थ व्यक्ति को दिया जाता था।

उपाय चतुष्टय = साम, दान, दण्ड और भेद।

उपाय सप्तक = साम, दान, दण्ड, भेद, उपेक्षा, माया और इन्द्रजाल। (मत्स्य पु. २२२-१-३)

कच्छपनिधि = नव या अष्ट निधियों में से भूमि में गुप्त रखी हुई उपभोगहीन निधि।

कथावकाश = कथाओं के माध्यम से गुप्तचरों का काम करने वाले।

कला = मुद्दल पर लगाया गया ब्याज।

कलिस्थान चतुष्टय = द्यूत, मद्यपान, स्त्रीसंग, और सूना (कसाईखाना)। (भागवत स्कं १-१७-३८)

कात्यायन = खड्ग का एक प्रकार। (जंबिया) देखिए मंडलाग्र।

कापोलक = खड्गयुद्ध के वीर की एक सिद्ध अवस्था। अन्य प्रकार – शिखरक, ग्रीवास्थान, भूमण्डल, तीक्ष्णाग्र, मुनय और पंचघात।

कारिता वृद्धि = ऋणको ने स्वतः सूचित किया हुआ ब्याज।

कार्मुक = ताड़ की लकड़ी से बनाया गया धनुष। (क्रमुका = सुपारी)

कालका-वृद्धि = प्रतिमास देय ब्याज।

किंपुरुषवर्ष = पुराणों के अनुसार जम्बुद्वीप के अंतर्गत वर्ष संज्ञक नौ विभागों में से एक। अपरनाम-हैमवतवर्ष। यह किन्नरों का निवास स्थान माना गया है।

कुडव = द्रव पदार्थ या धान्य का एक माप (१ कुडव = १६ तोले) (अपर नाम अंजलि)।

कुंभ = २० द्रोणों का एक नाम। (अर्वाचीन पांच मन)

कुल = एक परिवार का पोषण करने के लिए पर्याप्त भूमि। (मनु ७-११९)

कुलपर्वत = देश के अन्तर्गत विभागों की सीमा निर्धारित करने वाले पर्वत। महेन्द्र, मलय, सह्य, शुक्तिमान्, ऋक्ष, विन्ध्य और पारियात्र ये सात कुलपर्वत कहे जाते हैं।

कुलपुत्र = राजकुल में पुत्रवत् पालित सत्कुलीन कुमार।

कुसीद = ऋण के व्याज पर उपजीविका।

कृष्णल = रत्ती। यही सुवर्ण तोलने का परिमाण था।

कृष्यन्न (या ग्राम्यान्न = दस प्रकार) व्रीहि (चावल), गोधूम (गेहूं) यव, तिल, माष (उड़द), अणु, प्रियंगु, मसूर, खल और कुल। (शतपथ ब्राह्मण – १४-९-३-२२)।

केतुमाल = जम्बुद्वीप के नव खंडों में से एक।

कोदण्ड = वेतस् के दण्ड से बनाया धनुष्य।

कोश = राज्य के मूलभूत सात अंगों में से एक। प्रजा से प्राप्त करभार तथा कृषि, खनि, और वन ही इस के आधार हैं।

क्रौंचद्वीप = पृथ्वीस्थित सप्त द्वीपों में से एक। यहां सात पर्वतों और सात नदियों का अस्तित्व पुराणों में कहा है।

क्रौंचव्यूह = युद्ध में क्रौंच पक्षी के समान सेना की रचना। (क्रौंच = बगुला)

क्षत्र = देवों तथा मनुष्यों द्वारा प्रयुक्त किए जाने वाला राज्य या शासन।

क्षुद्रक = एक प्राचीन गणराज्य।

खंड = पुराणों के अनुसार भारत वर्ष के नौ भाग। नामावली – कुशावर्त, इलावर्त, ब्रह्मावर्त, मलय, केतु, भद्रसेन, इन्द्रस्पृक्, विदर्भ, कीकट।

खारी = धान्य या अनाज का सबसे बडे परिमाण की संज्ञा। १ खारी = १०२४ कुडव।

गण = सेना की इकाई जिसमे ९ सेनामुख (देखिये) अन्तर्भूत होते थे।

गण (सेनागण) = २७ रथ, २७ हाथी, ८१ घोडे और १३५ पदाति (कुल २७० सैनिकों का एक गण माना जाता है। (महाभारत – आदिपर्व २-११)

गणपूरक = गणराज्य के कार्यकारी मंडल की सभा में सदस्यों को उपस्थित करवाने वाला विशिष्ट अधिकारी।

गणराज्य = यौधेय, मालव, अर्जुनायन, शाक्य, लिच्छवी, कोलिय, इत्यादि प्राचीन गणों के राज्य। **दो प्रकार** – राजक और राजन्यक।

गरुडव्यूह = गरुड के समान सेना की संरचना, (भारतीय युद्ध में भीष्म ने इस व्यूह की रचना की थी)

गर्त = रथी योद्धा के लिए रथ में बैठने का स्थान।

गुण = संधिविग्रह यान, द्वैध, आसन, द्वैधीभाव, (राजनीतिशास्त्र)।

गोकर्ण = अंगुष्ठाग्र से अनामिका के अग्र तक का अन्तर

गोचर्म = एक वर्ष तक एक मनुष्य के निर्वाह के लिये पर्याप्त धान्य देने वाला भूखण्ड।

ग्राम्य धान्य = व्रीहि, यव, तिल, माण, अणु, प्रियंगु, गोधूम, मसूर, खल्व, खलकुल (या कुलित्थ) - (शतपथ ब्राह्मण १४-९-३-२२)

ग्रीवास्थान = खड्योधी वीर की एक सिद्धस्थिति। देखिए – कापोलक।

चक्रवर्ती = (१) संपूर्ण भारतवर्ष का अधिपति (२) चक्र (सामुद्रिक चिह्न) से युक्त हाथ वाला भाग्यशाली पुरुष। (३) जैनमतानुसरा चक्र (याने रत्नांकित आयुध विशेष) धारण करने वाला महापुरुष।

चक्रवृद्धि = ब्याज समय पर न देने पर ब्याज पर भी ब्याज चढाना।

चर-पंचक = (चर = गुप्त सिपाही) कापटिक (कपटी विद्यार्थी), उदास्थित (भ्रष्ट संन्यासी), गृहपतिक (निर्धन किसान), वैदेहिक (दिवालिया व्यापारी), तापस (व्यवहारी साधु)। (कौटिलीय अर्थशास्त्र १-१)

छंद = गणराज्य के कार्यकारी मण्डल के सदस्य का मत।

छंदप्रदान = शलाका द्वारा मतदान

जनपद = समान संस्कृति की जनता के निवास का प्रदेश। सात विभागों में सारे भारतीय जनपदों को वर्गीकरण – मध्य, प्राच्य, उदीच्य, दक्षिणपथ, अपरान्त, विन्ध्यपृष्ठ और पर्वत।

१६ महाजनपद = (अंगुत्तर निकाय में निर्दिष्ट) – अंग, मगध, काशी, कोसल, वृजी, मल्ल, चेदी, वत्स, कुरु, पांचाल, मत्स्य, शूरसेन, अश्मक, अवंती, गंधार, कंबोज।

जम्बुद्वीप = पुराणोक्त सात द्वीपों में से एक। भारत वर्ष जम्बुद्वीप के अन्तर्गत नौ वर्षों में से एक वर्ष है।

ताल = अंगष्ठाग्र से मध्यमा के अग्र तक का अंतर (लगभग ८ इंच)।

तीक्ष्णाग्र = खड्गयोधी वीर की एक सिद्धस्थिति। देखिए कापोलक।

तीर्थ = राजनीति शास्त्र में राजा, युवराज, पुरोहित, मंत्री, सेनापति, समाहर्ता, धर्माध्यक्ष, दुर्गपाल इत्यादि १८ अधिकारों की संज्ञा। महामात्य को कौटिल्य मुख्यतीर्थ मानते हैं।

त्रसरेणु = खिड़की से घर में आने वाले सूर्यकिरणों में दिखने वाले सूक्ष्म धूलिकण। यह सूक्ष्मतम सुवर्ण परिमाण माना जाता है। १२९६ त्रसरेणु = १ कृष्णल (अर्थात् रत्ती) यह सुवर्ण का लघुप्रमाण होता है। ४०० रत्ती = १ पल।

दाक्षिणापथ = नर्मदा से सेतुबंध तक का भारत का दक्षिण भाग।

दण्डनीति = राजनीति की अपरसंज्ञा। दण्ड = राष्ट्र का नियमन तथा अपराधी को शासन करने का राजा का अधिकार। दण्ड के प्रकार - वाग्दण्ड, धिग्दण्ड, अर्थदण्ड, देहदण्ड और मृत्युदण्ड।

दण्डपंचक = अर्थदण्ड, कारावास, निर्वासन, अंगविच्छेद और वध।

दण्डयात्रा = दिग्विजय के लिए राजा का प्रस्थान।

दुर्गपंचक = जलदुर्ग, गिरिदुर्ग, वृक्षदुर्ग, ईरिणदुर्ग (रुक्ष प्रदेश) धन्वदुर्ग (वालुकामय प्रदेश)।

दूत (तीन प्रकार) = निःसृष्टार्थ, (२) परिमितार्थ, और (३) शासन हर।

देवक्षेत्र = उत्तरगुरु प्रदेश का विशेषण।

देवप्रस्थ = असम, वंग, आदि भारत के पूर्वांचल में अन्तर्भूत होने वाले विभागों की प्राचीन संज्ञा। अन्य चार विभागों के नाम थे इन्द्रप्रस्थ, यमप्रस्थ, वरुणप्रस्थ और कूर्मप्रस्थ।

देवमातृक = ऐसा प्रदेश जहां की कृषि वर्षा पर अवलंबित होती है।

देशमुख = महाराष्ट्र की मध्ययुगीन राज्यव्यवस्था में एक अधिकार पद। अपने प्रदेश के वे सर्वाधिकारी होते थे।

द्रविड देश = विन्ध पर्वत के दक्षिण का भारत। इसे दक्षिणापथ भी कहते हैं।

द्रुण = चन्दनादि काष्ठ से बनाया धनुष्य। (कोदण्डमण्डन नामक ग्रंथ में धनुष्य के १८ प्रकार माने हैं।

द्रोण = एक परिमाण। ८०० तोले = १ द्रोण।

द्रोण = एक प्राचीन नाप (अर्वाचीन २० सेर), (२० द्रोण = एक कुंभ – अर्थशास्त्र)।

द्रोणीमुख = नगर के आठ प्रकारों में से एक। नदी-समुद्र के संगम पर स्थित व्यापारी केंद्र।

धन = तीन प्रकार **(१) शबल धन** = कृषि, वाणिज्य, कारीगरी, साहुकारी, नौकरी जैसे उपायों से प्राप्त। **(२) शुक्लधन** = देवता की आराधना के कारण या आनुवंशिकता के कारण प्राप्त। (३) **कृष्ण धन** = चौर्य, द्यूत, चक्रवृद्धि, लूटपाट, आदि नीच उपायों से प्राप्त। मनुस्मृति में (१०-११५) धनार्जन के सात उपाय बताए है।

धनुष (चार प्रकार) = कार्मुक, कोदण्ड, द्रुण, और धनुस्।

धनुस् = सींग या अस्थि से बनाया धनुष।

धनुर्दण्ड = भूमि का एक परिमाण। ९६ अंगुलियाँ = १ धनुर्दण्ड।

धनुर्मह (धनुर्मख). = धनुर्विद्या का कौशल्य प्रदर्शित करने हेतु प्राचीन काल में यह उत्सव होता था। रामायण में सीता स्वयंवर, महाभारत में द्रौपदी स्वयंवर, भागवत में कृष्ण का मथुरा-गमन, धनुर्मह निमित्त हुए थे। (मह = उत्सव)। (मख = यज्ञ)

धर्मारण्य = गया और उत्कल के भूभाग का प्राचीन नाम।

नगर के आठ प्रकार = राजधानी, पत्तन, (समुद्रतट स्थित व्यापार केंन्द्र), द्रोणीमुख (नदी-समुद्रसंगम पर स्थित व्यापार केंद्र), पुटभेदन (व्यापार केंद्र), निगम (कारीगरों का निवासस्थान), स्थानीय (८०० ग्रामों का केंद्रस्थान), खर्वट (दो सौ ग्रामों का केंद्र स्थान)।

नदीमातृक = ऐसा प्रदेश जहां की खेती नदी के जलपर अवलंबित होती है।

नंदकनिधि = नव या अष्ट निधियों में परिगणित उपभोगी, परोपकारी धनिक का भांडागार।

नवखण्ड (पृथ्वी के नौ विभाग) = इन्द्रद्वीप, कसेरू, ताम्रपर्ण, गभस्तिमान् नागद्वीप, सौम्य, गन्धर्व, वारुण और भारत। (मत्स्य पुराण १४७-७-८)

नाराच = पांच अग्र और पांच पिच्छ वाला बाण।

निक्षेप = अपना द्रव्य किसी विश्वासपात्र व्यक्ति के पास कुछ समय तक रखना। निक्षेप वापस न देना, चौर्य माना गया है।

निगम (या नैगम) = (१) व्यापारी या कारीगर लोगों का संघ। अपर संज्ञा – श्रेणी, पूग, गण, व्रात, संघ) (२) विशिष्ट कारीगर समाज का निवासग्राम।

नियोग = न्यायालय में वादी या प्रतिवादी का प्रतिनिधित्व करने वाला (अर्थात् वकील)। (शुक्रनीति)।

निष्क = एक सुवर्ण परिमाण। २०४८० कौडियां = १ निष्क। अथवा १०२४ काकिणी = १ निष्क।

निष्क = (१) १०८ सुवर्ण नाणक। (२) सुवर्ण हार। (३) एक पल सुवर्ण। (४) एक दीनार।

निसृष्टार्थ = देखिए राजदूत।

नीलनिधि = नव या अष्टनिधियों में परिगणित, धान्य-वस्त्रादि उपभोग्य वस्तुओं का भांडागार।

पंचघात = खड्ग्युद्ध में वीर की एक सिद्ध अवस्था। देखिए – कापोलक।

पंचनद = जिस प्रदेश में वितस्ता, इरावती (असिक्नी), चंद्रभागा (परुष्णी), शतद्रु (सतलज), और विपाशा नामक पांच नदियाँ बहती हैं। इनके आधुनिक नाम हैं। झेलम्, चिनाब, रावी, बियास और सतलज।

पंचसम्राट = यौवनाश्व (मांधाता), भगीरथ, कार्तवीर्य, भरत, और मरुत् (महाभारत-सभापर्व १५-१६)

पंडित = राजा के आठ अमात्यों में धर्मतत्त्व जानने वाला।

पद्मनिधि = नव या अष्टनिधियों में से सुवर्ण, रजत, आदि धातुओं की निधि।

परिकारक = हाथी के साथ युद्धक्रीडा करने वाला।

परिमाण (या मान) = त्रसरेणु, लिक्षा, राजसर्षप, (सरसों का दाना), सुवर्ण और पल। **सोने का वजन** इस मानों से होता था। इन में कृष्णल (रत्ती) मूल प्रमाण माना जाता था। इनके अतिरिक्त वल्ल, धरण, कर्ष, निष्क, वीशी, भार, रूप्यमाषक, निष्पाव, काकिणी (कौडी), पण, द्रम्म, आदि धातुद्रव्य के परिमाण थे। **धान्य परिमाण** – में मुष्टि, पल, प्रसृत, कुडव, प्रस्थ, आढक, द्रोण, खारी, कुंभ, (या शूर्प) वाह, कुंची, पुष्कल, आदि थे।

भूमिमापन = अंगुल, वितस्ति, प्रादेश, ताल, गोकर्ण, रत्नी, हस्त, किष्कु, धनुर्दण्ड, नाली, नल्व, गव्यूती, और गोचर्म, नामक परिमाणों से होता था।

परिमितार्थ = देखिए राजदूत।

परिवृक्ता (वृक्ती, वित्ती) = राजा की चार प्रमुख रानियों में से एक, जो परित्यक्ता सी होती है।

परिष्कन्द = रथ के साथ पैदल दौड़ने वाला।

पालागल = राजा का सन्देश वाहक।

पालागली = राजा की चार पत्नियों में चौथी। इसका संम्मान अन्य पत्नियों से कम था।

पूग = (१) व्यापारी समाज का राजमान्य का संघ। (२) विविध वर्ण तथा व्यवसाय के लोगों का संघ।

पुटभेदन = व्यापार के केंद्र का नगर। इन केंद्रों में मुहरबंद माल का पुट (गट्ठा, पिटारा आदि) खोला जाता था।

पुरुष = पांच अरत्नी (अर्थात् ७।। फीट) का एक नाप। इसके दो प्रकार **(१) पौरुष** – (९६ अंगुल = ६ फीट) और (२) **खातपौरुष** = (८४ अंगुल = ५। फीट।) (३) **अग्निचित्यपौरुष** = १०८ अंगुल = ६।।। फीट। इसी नाप से अग्निचयन की बेदी बनायी जाती है।

पौगण्ड = १६ वर्षों की आयु तक बालक की अवस्था।

लौकिक व्यवहार में पौगण्ड-अवस्था का बालक अज्ञान माना जाता है।

पौर-जानपद = नगरवासी और ग्रामवासी लोक-प्रतिनिधियों की समिति। इस की संमति से ही राजाज्ञा का पालन होता था।

पौर = एक प्राचीन राजकीय संस्था। इसमें सभी जातियों के सदस्य होते थे जो पुर या राजधानी की व्यवस्था रखते थे। अन्य संस्था थी नैगम या निगम।

प्रकृति = राजा, मंत्री, देश, दुर्ग, कोश, सैन्य, और सामंत - इन सात राज्यांयों की संज्ञा।

प्रतिज्ञा = गणराज्य की नियामक समिति के सामने चर्चा के लिए रखा गया प्रस्ताव।

प्रतिनिधि = राजा के आठ अमात्यों में एक।

प्रधान = राजा के आठ अमात्यों में एक।

प्रस्थ = द्रव पदार्थ का एक माप। ४ कुडव = १ प्रस्थ।

प्रादेश = अंगुष्ठ के अग्र से तर्जनी के अग्र तक का अंतर।

बाण के पांच प्रकार = शर, दण्डशर, वेणु, शलाका और नाराच।

ब्रह्मावर्त = सरस्वती और दृषद्वती नदियों के बीच का प्रदेश।

भयत्रय = अग्निभय, चोरभय और राजभय।

भागदुध = करसंग्रह करने वाला या भोजन बांटने वाला अधिकारी पुरुष।

भागहार = गांव से करभार जमा करने वाला ग्रामाधिकारी (शुक्रनीतिसार)।

भूमंडल = खड्गयोधी वीर की एक सिद्ध स्थिति। देखिए कापोलक।

भूमि = २ प्रकार – कर्मभूमि (भारतवर्ष) और भोगभूमि (भारत के अतिरिक्त प्रदेश)

भोगलाभ = ब्याज के रूप में ऋणको के घर खेती आदि का उपभोग।

भौज्य = एक वेदमंत्रोक्त शासनव्यवस्था।

मकर निधि = नव या अष्टनिधियों में से शस्त्रों की निधि।

मंडलाग्र = खड्ग के प्रकारों में से एक। अन्य प्रकार – असियष्टि, निस्त्रिंश, दीर्घक, नारसिंहक (कटार), कात्यायन (जंबिया), इत्यादि।

मत्स्ययंत्र = नौकानयन में दिशाज्ञान के लिए उपयुक्त प्राचीन होकायंत्र। लोहमत्स्य ही इस यंत्र का स्वरूप था।

मंत्री = राजा के आठ अमात्यों में एक।

मल्ल = (प्रकार) (१) ज्येष्ठी (६४ गुणों से संपन्न) (२) अंतर ज्येष्ठी (३० गुणों से युक्त) (३) गोपकुल (४) विभष्य (५) अस्थिस्सार, (६) मांससार, (७) मेदसार, (८) अस्थिमेदःसार (९) अस्थिमांससार। (१०) गजवर्णीय, (११) सिंहवर्गीय (१२) वृषभवर्गीय, (१३) मृगवर्गीय।

महापद्मनिधि = नव या अष्टनिधियों में से माणिक्य मौक्तिक आदि रत्नों की निधि।

महिष = शक्तिशाली पशु। (भैंसे के अर्थ में यह शब्द रूढ हुआ है।) इसी अर्थ में राजा की पटरानी को महिषी (अर्थात् शक्तिशालिनी) कहते हैं।

महिषी = राजा की प्रथम विवाहिता और पट्टाभिषिक्ता प्रधान रानी।

मागधमान = पर्जन्य का मापन करने में उपयुक्त एक विशिष्ट कुण्ड या पात्र।

मालव = एक प्राचीन गणराज्य।

मुकुंद निधि = नव या अष्ट निधियों में परिगणित पैतृक दायभाग से प्राप्त निधि।

मुनय = खड्योधी वीर की एक सिद्ध अवस्था। देखिए– कापोलक।

मूषकजनपद = उत्तर सिंध प्रान्त का प्राचीन नाम।

मेघ (चार प्रकार) = (१) आवर्त (विशिष्ट स्थान में वृष्टि करने वाले)। (२) संवर्त (सर्वत्र वृष्टि करने वाले) (३) पुष्कर (अल्पवृष्टि करनेवाले) (४) द्रोण (भरपूर वृष्टि करनेवाले)।

यंत्रायुध = यंत्रस्वरूप शस्त्र। (कौटिलीय अर्थशास्त्र में उल्लिखित विविध यंत्रायुध) सर्वतोभद्र (पाषाण फेंकने वाला यंत्र), जमदग्नीय (शरवर्षण करने वाला यंत्र), विश्वासघाती, बाहुयंत्र, पांचालिका, देवदंड (तोप के समान यंत्र), शूकरिका, तालवृन्त, आस्फोटिक, उद्घाटिम, शतघ्नी (तोप)

युद्ध (पांच प्रकार) = तंत्रयुद्ध, दण्डयुद्ध, पाषाणयुद्ध, पाशयुद्ध और क्षेपणयुद्ध।

युवराज = पटरानी का ज्येष्ठपुत्र। अपर संज्ञा – उपराज या आर्यकुमार।

योजन = एक भूमिमान। ८००० धनुर्दण्ड = १ योजन।

यौधेय = एक प्राचीन गण जिस में गणराज्य की पद्धति थी।

रत्नी = १२० अंगुलों का अंतर।

रथक्रान्ता = शाक्त मतानुसार भारत के उत्तरपश्चिम भाग की संज्ञा।

राजक = गणराज्य एक प्रकार जहां राज्य संस्थापक क्षत्रिय वीर के वंशजों का आधिपत्य माना जाता था।

राजचिह्न = (पांच) छत्र, चामर, सिंहासन, मुकुट और राजदंड। राजा के अतिरिक्त अन्य किसी अधिकारी को इनका अधिकार नहीं होता।

राजदूत (तीन प्रकार) = **निसृष्टार्थ** = (आंतर राष्ट्रीय व्यवहार में अंतिम निर्णय लेने का अधिकार रखने वाला)। **परिमितार्थ** = (केवल विचार विनिमय का अधिकार रखने वाला)। **सन्देशहर** = (केवल अपने राजा का संदेश अन्य राजा को पहुचाने वाला।

राजन्य = (१) राजवंशी ! व्यक्ति जो प्रशासन में राजा को सहाय करता था।

राजन्यक = गणराज्य का एक प्रकार, जिसमें सभी क्षत्रिय सत्ताधारी होते थे और 'राजा' उपाधि लगाते थे।

राजन्यबन्धु = राजवंशीय निन्द्य व्यक्ति।

राजबल = राजा का त्रिविध बल (१) मंत्र (२) कोश (३) सैन्य

राजा = गणराज्य की नियामक सभा के सदस्य की उपाधि। इसके पुत्र **उपराजा** कहलाते थे।

राष्ट्र = ऐतरेय ब्राह्मण के अनुसार सार्वभौम राजा के आधिपत्य का भूभाग।

वर्षपर्वत = प्रदेशों की सीमा निर्धारित करने वाले पर्वत। (वर्ष = प्रदेश)।

वार्ता = (आण्वीक्षिकी, त्रयी और दण्डनीति के समान) कृषि, व्यापार और पशुपालन विषयक विद्या की एक संज्ञा।

वावाता = राजा की प्रिय पत्नी। इसका स्थान महिषी (पटरानी) से नीचा माना जाता था। अन्य मतानुसार यही पटरानी मानी गयी है।

वाहिनी = ८१ सेनामुख (देखिये)। युक्त सैन्य की इकाई।

वितस्ति = अंगुष्ठाग्र से कनिष्ठिका के अग्र तक का अंतर।

विदर्भ = मत्स्य पुराण के अनुसार भारतवर्ष के नौ खण्डों में से एक। (वर्तमान महाराष्ट्र के एक भाग का नाम)

विराज् = सार्वभौम शक्तिसम्पन्न राजा, या ऐसे राजा की विशिष्ट सत्ता।

विराद् = ऐतरेय ब्राह्मण (८-१४) के अनुसार उत्तर मद्र और उत्तर कुरु प्रदेशों के अधिपति की संज्ञा।

विषकन्या = विष खिलाकर बढाई हुई तरुणी। कौटिलीय राजनीति में इस प्रकार की तरुणी के संभोग से शत्रु का नाश करने का प्रयोग बताया है।

विष्णुक्रान्ता = शाक्त मतानुसार भारत के उत्तर-पूर्वभाग की संज्ञा।

वृत्ति = जीविका का साधन। पारिश्रमिक।

वृद्धि ब्याज के चार प्रकार = चक्रवृद्धि, कालवृद्धि, कारिता० और कायिका०

वैराज्य = वेदों में उल्लिखित एक राज्यपद्धति। राजा-रहित शासनव्यवस्था इसका वैशिष्ट्य माना जाता है।

व्यूह = रणांगण में सेना की रचना का प्रकार। प्राचीन ग्रन्थों में उल्लिखित, विविध व्यूह = प्रदर. दृढक. असत्य, येन, चाप, प्रतिष्ठ, सुप्रतिष्ठ, संजय, विजय, स्थूलकर्ण, विशालविजय, पारिपतंतक, सर्वतोभद्र, गरुड, मकर, क्रौंच, मंडल, कूर्म, अर्धचंद्र, कर्क, वज्र, शृगाल, अचल, अजगर, सर्वशत्रुंजय दण्ड, शकट, वराह, पद्म, सूची इत्यादि। (इन व्यूहों का विभाजन चार प्रकारों में किया जाता है। – (१) दण्डाकार (२) सर्पाकार, (३) मंडलाकार और (४) असंहत।

शंखनिधि = नव या अष्टनिधियों में परिगणित एक निधि। इसका व्यय स्वामी द्वारा केवल अपने ही उपभोग में होता है।

शपथ = न्यायालय में साक्षीदार (गवाह) द्वारा अपने कथन की सत्यता के लिए हाथ में पवित्र वस्तु लेकर देवता आदि का पूर्वनिर्देश करते हुए सत्य भाषण की प्रतिज्ञा करना। शपथ के साथ अग्निदिव्य, जलदिव्य, तुलादिव्य आदि 'दिव्य' भी किये जाते थे।

शल = वेदकालीन लंबाई का एक माप।

शलाकाग्राहक = गणराज्य की कार्यकारी सभा में गुप्त मतदान की शलाकाओं (एक रंगीन पट्टी) का संग्रह तथा गणना करने वाला विशिष्ट अधिकारी।

शस्त्र = हाथ से चलाया जाने वाला आयुध (अस्त्र का प्रयोग मंत्रद्वारा होता था)। प्रधान शस्त्र = बाण, शक्ति, पट्टिश, भृशुंडी, शतघ्नी, भिण्दिपाल, कुलिश, खण्ड, शूल, चक्र, गदा, परशु, त्रिशूल।

शस्त्र (चार प्रकार) = मुक्त, अमुक्त, यंत्रमुक्त और यंत्रयुक्त।

शस्त्र (या आयुध) = के विविध प्रकार – खड्ग, वज्र, पट्टिश, परशु, गोशिरस्, असियष्टि, अस्तार, लवित्र, कुन्त, स्थूण, प्रास, पिनाक, गदा, मुद्गर, शिर, मुसल, मुष्टिका, शतघ्नी, त्रिशूल, शूल, भिंदिपाल, शक्ति, द्रुघण, तोमर, नलिका, लगुड, पाश, चक्र, दंतकान्त, भुशुंदी, भल्ल, कुन्त, शाबल, अंकुश, कृपाण, क्षेपणी, मंगद।

शाक्य = एक प्राचीन गणराज्य।

शासनपल्लव = राजमुद्रा से अंकित कंकण।

शिखरक = खड्योधी वीर की एक सिद्ध स्थिति। देखिए- कापोलक।

शिखावृद्धि = शिखा के समान प्रतिदिन ब्याज में बढत।

शुल्कग्राह = चुंगी की वसूली करने वाला ग्रामाधिकारी। (शुक्रनीतिसार)

श्रीगर्भ = खड्ग का एक नाम।

श्रेणी = एक ही उद्योग पर उपजीविका करने वाले विभिन्न जातीय लोगों की राजमान्य व्यावसायिक संघटना। इसमें पूग, गण, व्रात, आदि प्रकार होते थे।

षड्द्वीप = प्लक्ष, शाल्मली, कुश, क्रौंच, शाक और जम्बू इन पौराणिक द्वीपों की संज्ञा (इनमें जम्बूद्वीप के अतिरिक्त पांच द्वीप भारत के बाहर के हैं।

सन्देशहर = देखिए राजदूत।

संभूय समुत्थान = सामूहिक भागीदारी का उद्योग। अपर संज्ञा – सहक्रिया। (आजकल सहकार कहते हैं।)

साधनिक = एक प्राचीन अधिकारपद जो कायस्थ व्यक्ति को दिया जाता था।

साम्राज्य = वेदमंत्रोक्त एक शासन व्यवस्था।

साहसाधिपति = मारपीट, झगडे आदि की देखरेख करने वाला एक क्षत्रिय ग्रामाधिकारी। (शुक्रनीतिसार)

सिंहासन = अभिषिक्त राजा तथा देवता का सिंहाकार आसन। **विविध प्रकार** – नित्यार्चन सिंहासन, नित्योत्सव० विशेषोत्सव० प्रथम, मंगल, वीर, विजय, पद्मासन, पद्मकेसर पद्मबन्ध, पद्मभद्र, श्रीभद्र, श्रीविशाल, श्रीमुख, भद्रासन, (भद्रपीठ) पादबन्ध। (२) योगासन का एक प्रकार।

सीमापंचक = गाव या खेत आदि की सीमा के पांच प्रकार – ध्वजिनी (ध्वज से सूचित), मत्सिनी (जलाशय, नदी प्रवाह आदि से सूचित), नैधानी (भूमि में गाड़कर रखे हुए पदार्थों से सूचित), भयवर्जिता (उभय पक्ष द्वारा सम्मत) और राजशासननीता (राजादेश से निर्धारित)।

सुमंत्र = राजा के आठ अमात्यों में आर्थिक विभाग सम्हालने वाला अमात्य।

सुवर्णद्वीप = आधुनिक मलाया, सुमात्रा आदि द्वीपसमूह की प्राचीन संज्ञा।

सेना के विभाग = पदाति (पत्ति), सेनामुख, गुल्म, गण, वाहिनी, पृतना, चमू, अनीकिनी, अक्षौहिणी।

सेना के विभाग = पत्ति = १ रथ + १ गज + ३ अश्व + ५ पदाति। ३ पत्ति = १ सेनामुख। ३ सेनामुख = १ गुल्म। ३ गुल्म = १ गण। ३ गण = १ वाहिनी। ३ वाहिनी = १ पृतना। ३ पृतना = १ चमू। ३ चमू = १ अनीकिनी। १० अनीकिनी = १ अक्षौहिणी। (महाभारत के अनुसार)

सेनाधिकारी (कौटिल्य के अनुसार) = १० सैनिकों पर = १ पदिक, १० पदिकों पर = १ सेनापति। १० सेनापतियों पर = १ नायक।

सेनामुख = १ रथ, १ हाथी, ३ घोडे, और ५ पदाति। (कुल १०)।। ३ सेनामुख = १ गुल्म। ९ सेनामुख = गण। २७ सेनामुख = वाहिनी। ८१ सेना वाहिनी = २४३ सेना चमू। ७२९ सेना अनीकिनी। ७२९० सेनामुख = एक अक्षौहिणी।

स्त्रीधन = विवाह के अवसर पर अग्नि को साक्षी करके स्त्री को दिया जाने वाला धन।

स्वराद् = ऐतरेय ब्राह्मण (८-१४) के अनुसार पश्चिम भारत के नीच्य और अपाच्य गणों के अधिपति की संज्ञा।

सचिव = राजा के आठ अमात्यों में एक।

सभ्य = (१) मुख्य न्यायाधीश के सहायक उपन्यायाधीश। इनकी संख्या ३ से ७ तक होती थी। (२) यज्ञशाला में स्थापित चार अग्नियों में से एक।

समय-संविद् = पौर-जानपद नामक लोकसमिति का नियंत्रण करने वाले नियमों की 'समय' और उनके द्वारा जनता के लिए बनाए गये नियमों की 'संविद्' संज्ञा है।

सम्राट = ऐतरेय ब्राह्मण (८-१४) के अनुसार प्राच्य देशों के अधिपति की संज्ञा।

सलिलवात = संभवतः दक्षिण – पश्चिमी मानसून।

★ ★ ★

वर्ग - ९

कौटिलीय अर्थशास्त्र में उल्लिखित

रत्न-धातु-अलंकार

अक्षशाला = सोने-चांदी के अलंकार बनाने का स्थान (३४)। शासकीय कार्यालय। (८६)

अगरु = (कोश प्रवेश्य रत्नों में अन्तर्भूत) विविध प्रकार = जोंगक, दोंगक, पारसमुद्रक, तैलपर्णिक, सौवर्णकुथक, पूर्णद्वीपक। (३२)

अग्निजीवी = लुहार इत्यादि अग्नि पर उपजीविका करनेवाले (५७)

अपसारित = (मिलावट से सोना चोरना), त्रिपुटकापसारित, शुल्बापसारित, वेल्लकापसारित, हेमापसारित। (कुल चार प्रकार)।

अपवर्तक = जिसमें मोती और सुवर्णमणि अनुक्रम से होते है ऐसी एकावली। (३२)

अर्धगुच्छ = २४ यष्टियों वाला मोतियों का हार। (३२)

अर्धमाणवक = मध्यमणियुक्त १, ३, ५ या १० यष्टि (लड़ी) वाला मोतियों का हार। (फलकहार, त्रिफलक, पंचफलक)।

अर्धहार = ६४ यष्टियों वाला मोतियों का हार। (३२)

अलंकारभूमि = वेश-भूषा का स्थान। (२०)

अवघाटक यष्टि = मोतियों के लड़ी का एक प्रकार। (३२)

अवध्वंसन = धातु की ठोकपीट। (३५)

अवलेपन = मुलामा चढ़ाना। (३४) (३५)।

अहिच्छत्रक = एक जाति का हीरा।

आबध्य = स्त्रीधन के अलंकार (या अलंकाररूप स्त्रीधन। (५९)

आवेशनी = सोने के कारीगर। (३५)

इन्द्रच्छंद = १००८ यष्टियों वाला मोतियों का हार। (३२)

इन्द्रवानक = एक जाति का हीरा।

इन्द्रनील = गहरे नीलवर्ण का मणि (३२)

इन्द्रनील मणि के गुणानुसार प्रकार = नीलावलीय, कलायपुष्पक, महानील, जाम्बवाभ, जीमूत (मेघ) प्रभ, नन्दक, स्रवन्मध्य। (कुल ७)। (३२)

इन्द्रवानक = एक जाति का हीरा।

उदकपेषण = पानी से अनेक बार धातु को घिसना (३५)

अवशीर्षक = (यष्टि) मोतियों के हार का एक प्रकार। (३२)

एकावली = केवल मोतियों का एकमात्र सूत्र। (३२)

कर्मार = लुहार। (४'३)

कल्पना = हाथी के अलंकार

कलापक = सिर, हाथ, पाव और कमर के विशिष्ट मौक्तिकालंकार। (३२)

काचमणि = सर्वसामान्य मणि। (३२)

कांचनकारु = सुवर्णालंकार बनाने वाले कारीगर। (३४)

काम्बुक = चांदी का एक प्रकार (कंबु पर्वत में प्राप्य)

कारु = कारीगर। (४)

कारुकर्म = (सोनार के काम) घन, घनसुषिर (लोटे जैसे पत्र), संयूह्य मोटा पत्रा मढाना, अवलेप्य - पतला पत्रा मढाना) **संघात्य** (तार के अलंकार बनाना, वासितक- मुलामा देना। (३५)

कालायस = लोहा। (३४)

किट्ट = धातु पर चढ़ी हुई गन्दगी मल (३३)

कृतशिल्प = कलाकुशल। (९)

कोट = एक रत्नप्रकार।

क्षीरपक = सफेद रंग का एक रत्न।

क्षुरप्रमाला = नक्षत्रमाला (हाथी का एक भूषण)। (५३)

क्षुद्रक = सोने के मणि।

खनि के ३ गुण = प्रभूतसारा, अदुर्गमार्गा, अल्पव्ययारम्भा। (११०)

गांधारपंक = गांधार देश की लाख या लाख जैसी माटी। (३५)

गुच्छ = ३२ यष्टियों वाला मोतियों का हार। (३२)

गोमेदक = गोमेद।

चन्दन के ११ गुण = लघु (हलकापन), स्निग्ध, अश्यान (आर्द्रता), सर्पिः, स्नेहलेपि, गंधसुख, त्वगनुसारी (त्वचा में मिलना) अनुल्बण (चिकना न होना) अविरागी, उष्णसह, दाहग्राही, सुखस्पर्श। (३२)

चन्दन (वर्ण और गंध के अनुसार १६ भेद) = सातन, गोशीर्षक, हरिचंदन, तार्णस, ग्रोमेरुक, दैवसभेय, जावक, जांगक, कुचंदन, कालप्रवर्तक, सौरूप, कोशाकार पर्वतक, शीतोदकीय, नागपर्वतक मलियक शाकल, (इनमें चंदनों का मत्स्य, गोमूत्र, अजमूत्र, आम्र जैसी गंध होती है। (३२)

चरक = मूस तयार करने वाले। (३४)

चाक्रवालिक = चांदी का एक प्रकार।

चिमिचिमायित = चमकदार (३४)।

चीनपट्ट (चीनांशुक) = चीन में निर्मित वस्त्र। (३२)

चूलिका = गुठली।

उद्गतचूलिक रूप्य = जिसके उपरिभाग में गुठली होती है ऐसी चांदी (३४)

चौर्णेय = मोती की एक जाति।

जावक = चंदन का एक प्रकार

जालक = मस्तक, हाथ, पांव और कटिप्रदेश के विशिष्ट मौक्तिकालंकार। (३२)

ज्योतीरसक = एक प्रकार का रत्न।

तन्माणवक = मध्यमणि युक्त मोतियों का हार। इसके

इन्द्रच्छन्द, देवच्छन्द आदि १० प्रकार होते हैं। (तन्मणि – मराठी में)।
तपनीय = सोना सुवर्णालंकार।(३४)
तपनीय = (सुवर्णालंकार के १३ गुण) समराग, समद्वंद्व, असक्तपृषत, स्थिर, सुप्रमृष्ट, असंवीत, विभक्त, धारणसुख, अभिनीत, प्रभायुक्त, संस्थानमधुर, सम, मनोनेत्राभिराम (कुल १३)। (३४)
तप्त कलधौत = सोना चांदी। (३५)
तरल यष्टि = मोतियों की लड़ी का एक प्रकार। (३२)
तर्कुभ्रमि = किरण परावर्तन करने वाला हीरा।
ताम्ररुप्यवेधन (धातु) = जो तांबा और चांदी में मिलाने योग्य होता है। (३३)
ताम्ररूप्यवेद्धार (रसा) = तांबा और चांदी में मिलने वाला रस। (३३)
तार = चांदी।
तार्णस = चंदन का एक प्रकार।
तीक्ष्ण धातु = लोहा। (३३)
तेजनोदक = तेजाब। (१४६)
तेजनाग्नि = अग्नि के समान चमकने वाले पदार्थ।
त्रपु या त्रपुस = कथिल, जस्ता। (३३)
त्रिपुटक = दो भाग चांदी और एक भाग तांबे का मिश्रण।(३५)
त्रिपुटकापसारित = शुद्ध सोने में त्रिपुटक (२ भाग चांदी + १ भाग तांबा) मिलाकर उतना सोने का अंश निकाल लेना। (३५)
त्वष्टृकर्म = सोने के तार के अलंकार बनाना। (३४)
दृति = भाता (३५)।
दृढवास्तुक = जड़ाव का अलंकार।
देवच्छन्द = १०० यष्टियों का मोतियों का हार। (३२)
द्विगुणवास्तुक = दो पत्रों वाला अलंकार। (३५)
धातु = (तीन प्रकार) भूमिजन्य, प्रस्तरजन्य, रसजन्य। (३२)
धातुप्रकार = कांचन, शिलाजतु, ताम्र, रूप्य, सीस, त्रपु (कथिल), तीक्ष्ण धातु (लोह) वैकृन्तक (पोलाद), मणिधातु। (३३)
नक्षत्रमाला = २७ यष्टियों वाला मोतियों का हार। (३२)
निकष = कसौटी का पत्थर (३४ **तीन प्रकार** = क्रयहित, विक्रयहित, क्रयविक्रयहित।
प्रकांडक यष्टि = मोतियों की लड़ी का एक प्रकार (३२)
प्रतिबंधक यष्टि = मोतियों की लड़ी का एक प्रकार (३२)
प्रतिवर्णिक = कसौटी।
प्रतिवर्णिका ग्रहण = कसौटी पर सोना परखना। (३४)
प्रतिवाप = संमिश्रण।
प्रभानुलेपी = मणि का एक गुण (३२)
प्रवाल (दो प्रकार) = आलकंदक, वैवर्णिक। मणि का एक प्रकार।
प्रैयक = नीले-पीले रंग वाला एक रत्न का प्रकार।
पिंडातक = मरवा।
पुलक = रत्न जो बीच में कृष्णवर्ण होता है।
प्रैयक = नीलछटायुक्त पीला रत्न।
फणिज्जक = मरवा, जंबीर।
फलकहार = अनेक तार वाला हार।
बालसूर्यक = बालसूर्य के रंग का रत्न।
भांडफेला = अलंकारों की पेटी। (२८)
भृंगार = सुवर्णपात्र, सोने की एक जाति। (१२)(४८)
मणिमंतक = हीरे की एक जात।
मुष्कक = मारवा।
मणिकारु = जवाहरात के अलंकार बनाने वाले कलाकार। (२५)
मणि के गुण = ११ और दोष ६ माने गये हैं। (३२)
मणिधातु = तेजस्वी धातु। (३३)
मणिमंतक = एक प्रकार का हीरा।
मणिसोपान = एक प्रकार का रत्नालंकार।
माणवक = २० यष्टियों वाला मोतियों का हार। (३२)
मूकमूषा = पोलीमूस।
मूषा = मूस (३३)
मृगाश्मक = किंचित् कृष्णवर्ण धवल रत्न।
मौक्तिक = उत्पत्ति स्थान के भेद के अनुसार १० प्रकार (ताम्रपर्णी, पाशिका, आदि नदियां तथा सरोवर हिमालय आदि १० स्थान मोती की उत्पत्ति के माने गये हैं। (३२) अप्रशस्त जाति के मोतियों के दस प्रकार और प्रशस्त जाति के सात प्रकार माने हैं। (३२)
मौक्तिक हार (११ प्रकार) = इंद्रच्छंद, विजयच्छंद, देवच्छंद, अर्धहार, रश्मिकलाप, गुच्छ, नक्षत्रमाला, अर्धगुच्छ, माणवक, अर्धमाणवक, शुद्ध। (३२)
यष्टि = मध्यमणियुक्त एकावली। (३२)
(एकावली = एक मात्र मोतियों की लड़ी।)
यष्टि = मोतियों की लड़ी। इस में शीर्षक, उपशीर्षक, प्रकांडक, अवघाटक, तरल और प्रतिबंधक नामक यष्टिप्रकार माने जाते हैं। (३२)
रत्न (तीन प्रकार) = कौट, मालेयक, पारसमुद्रक। (३२)
रत्नों के गुणानुसार १० प्रकार = षडस्र, चतुरस्र, वृत्त, तीव्रराग, संस्थानवान्, अच्छस्निग्ध गुरु, अर्चिष्मान्, अन्तर्गतप्रभ, प्रभानुलेपी। (३२)
रत्नदोष = (६ प्रकार) मंदरागप्रभ, सशर्कर, पुष्पच्छिद्र, खण्ड, दुर्विध, लेखाकीर्ण। (३२)
रत्न = (अवांतर १८ प्रकार) - विमलक, सस्यक, अजतमूलक, पित्तक, सुलभक, लोहितक, अमृतांशु, ज्योतिरसक, मैलेयक, अहिच्छत्रक, कूर्प, प्रतिकूर्प, सुगंधिकूप, क्षीरपक, शुक्तिचूर्णक, शिलाप्रवालक, पुलक, शुक्रपुलक। (३२)

कोशप्रवेश्य रत्न = (१२ प्रकार) मौक्तिक, माणिक, वैडूर्य, इन्द्रनील, हीरक, प्रवाल, चंदन, अगरु, चर्म, ऊन, क्षौम (रेशम), कार्पासिक (सूती वस्त्र)। (३२)
रत्नावली = सोने के मध्यमणियों से युक्त मोतियों का हार। (३२)
रत्नोपधा = रत्न की परीक्षा। (२६)
रश्मिकलाप = ५४ लड़ियों का मोतियों का हार। (३२)
रसपाक = पारे की कृति (पारद-कर्म) या रसायनशास्त्र। (३३)
रूप्य = चांदी के प्रकार = **तुत्थोद्गत, गौडिक, काममल, कांबुक, चाक्रवालिक।**
रूप्यधातु = अशोधित चांदी। चांदी धारण करने वाला पत्थर या मृत्तिका।
लोहकारु = लोहे का कारीगर, लुहार। (२५)
लोहवर्ग = कालायस (लोहा), ताम्रवृत्त, कांस्य, सीस, त्रपु (कथिल), वैकृन्तक (जस्ता), आरकूट (पीतल) = (कुल ८) (इसमें सोना चांदी अन्तर्भूत नहीं)।
लोह = सामान्य धातु।
लोहिताक्ष = लाल छटा वाला रत्न।
वज्र या (हीरक) = ६ प्रकार – सभाराष्ट्रक, मध्यराष्ट्रक, काश्मक (कान्तीर) राष्ट्रक, श्रीकटनक, मणिमन्तक, इन्द्रवानक। (३२)
वज्र = (अशुभ तीन प्रकार) - नष्टकोण, निरश्रि (नष्टप्रभ), पार्श्वपवृत्त (एक ओर झुका हुआ)। (३२)
वज्र (शुभ) = स्थूल, स्निग्ध, गुरु, प्रहारसह, समकोटिक, भाजन लेखी (बर्तनों पर लिखने योग्य), तर्कुभ्रमि (परावर्तनशील), भ्राजिष्णु (अतितेजस्वी)। (शुभ हीरे के कुल गुण ८) (३२)
वज्रभेद = हीरे के विविध वर्णों के अनुसार ६ भेद - मार्जारक्षक, शिरीषपुष्पक, गौमूत्रक, गोमेदक, शुद्धस्फटिक, मूलाटी पुष्पकवर्ण (मालती पुष्पवर्ण)। (३२)
वासितक = मुलामा चढाना।
वास्तु = शुद्ध सोना (३४)
विजयच्छन्द = ५०४ यष्टियों वाला मोतियों का हार (३२)
विशद = चमकीला। (३३)
विस्रावण (अपसारण) = सोना चुराने का कूट उपाय। (३५)
विमल वर्ण = स्फटिक।
वेल्लक = लोहे और चांदी का समप्रमाण मिश्रण। (३५)
वेल्लकापसारित = शुद्ध सोने में वेल्लक (लोहा + चांदी का मिश्रण) मिला कर उतना सोना निकाल लेना। (३५)
वेल्लन = बेलना।
वैकृन्तक = एक धातु प्रकार। (७८)
वैकृन्तक धातु = पोलाद को काटनेवाला धातु। (३३)
वैडूर्यमणि के गुणानुसार ८ प्रकार = उत्पलवर्ण, शिरीषपुष्पक, उदकवर्ण, वंशराग, शुकपत्रवर्ण, पुष्पराग, गोमूत्रक, गोमेदक। (३२)
वैडूर्य (मणि) = जल, गोमूत्र, वंश आदि आठ प्रकार की छटाओं वाला मणि। (३२)
शीर्षक यष्टि = मोतियों के हार का एक प्रकार। (३२)
शुद्धस्फटिक = गुणानुसार ३ प्रकार। मूलाट वर्ण (दधिवर्ण), शीतवृष्टि, सूर्यकान्त। (३२)
शुद्ध हार = एकमात्र लड़ी वाली मोतियों की माला। (३२)।
शुल्ब = तांबा (३३), (३४), (३५)
शुल्बशास्त्र = धातुशास्त्र।
शुल्बापसारित = शुद्ध सोने में जितना तांबा मिलाया उतना सोना निकाल लेना। (३५)
शुष्कतुत्थ = नीले थोथे का लेप (३४)
शृंगिशुक्तिज = सोने का एक प्रकार।
शीतवृष्टि = चन्द्रकांत मणि।
श्रीकटनक = हीरे की एक जाति।
संघास = तार का गहना बनाना। (३५)
सत्तलिका = गलीचा।
सन्देश = चिमटा। (३५)
सुगन्धिकूर्प= रत्न की एक जाति।
सुलभक = शुभ्र वर्ण का रत्न।
सुवर्ण के ८ प्रकार = जाम्बूनद, हाटक, शांतकुंभ, वैणव, शृंगीशुक्तिज, रसविध, आकरोद्भव और जातरूप। (३४)
सुवर्ण पुद्गल = सोने के अलंकार। (३५)
सुवर्ण मालुका = धातु का प्रकार।
सुवर्णालंकार = धातु का प्रकार।
सुवर्णालंकार के काम = (३ प्रकार) = क्षेपण (जडाव काम), गुण (तार गोफ आदि बनाना), क्षुद्रक (सोने के मणि तथा पोले अलंकार बनाना) (३४)
सौगन्धिक = लाल रंग का मणि, माणिक। (३२)
सौवर्णकुड्यक = एक श्रेष्ठ जाति का क्षौम (रेशम)। (३२)
सौवर्णिक प्रचार = सुनार के व्यवहार। (३४)
स्फटिक = फिटकरी। (३३)
स्रवन्मध्य = रत्न का एक प्रकार।
हिरण्य-सुवर्ण = सोना और सोने की मुद्रा। (७३)
हेमापसारित = १ भाग सोना और आधा भाग तांबे का मिश्रण शुद्ध सोने में मिलाकर शुद्ध सोने का अंश निकाल लेना। (३५)

★ ★ ★

वर्ग - १०

कौटिलीय अर्थशास्त्र में उल्लिखित

कृषिविषयक परिभाषा

अकृष्या भूमि = खेती के लिए अयोग्य भूमि। (२३)

अंबरीषोदपानक = रोगोत्पादक जल के कुंड (२४)

अदेवमातृक = उत्तम देश का एक लक्षण। जहां की खेती वर्षा पर निर्भर नहीं होती। (९७)

अवस्कर = कचरे का ढेर। (६५)

अश्वतर = खच्चर। (५०)

आहार्योदक सेतु = वर्षाकालीन प्रवाह पर बांधा हुआ तात्कालिक सेतु। (२)

आहितिक = ठेके पर काम करने वाले।

उक्षा = बूढ़ा बैल (६७)

उञ्छ = जमीन से चुनकर उठाया अन्नधान्य। (१३)

उद्वाप = फसल निकालना। (९२)

कडंगर = घास आदि पशु खाद्य। (५२)

कणकुणुक = जानवरों का खाद्य, भूसा। (३६)

कण्डोली = धान्य धोने का सच्छिद्र पात्र (रोळी मराठी)।

कर्मोदक = खेती के काम का जल। (६७)

कुल्यावाय = जहां नहर के पानी से खेती होती है। (४५)

कृतक्षेत्र = कसने या फसल निकालने योग्य खेत। (२२)

कृषियोग्य भूमि के ७ प्रकार = फेनाघात (जहां पानी में फेस आता है। परीवाहान्त (प्रवाह के पास वाली), कूपपर्यंत, हरणीपर्यंत (जलप्रचुर) पाल्य (खेत के किनारे की), स्थली, अनूप। (४५)

कृसर = तिल (३३) गोपालक की कंबल के चलक।

क्षीरवृक्ष = गांव की सीमा पर लगाने योग्य वृक्ष (वट, वड़, पीपल, शाल्मली इ.)। (२२)

क्षेत्रपथहिंसा = खेती का नुकसान। (६७)

क्षौद्र = मधुमक्खियों द्वारा निर्मित मधु या मोम। (३६)

गृष्टि = जंगल। (२-२२)

चोच = दालचीनी। (४६)

जांगल =रूक्ष प्रदेश (४५)

देवसर = विशाल नैसर्गिक सरोवर (जो कभी शुष्क नहीं होता)। (४९)

धान्य के तीन प्रकार = पूर्ववाप, मध्यवाप, पश्चाद्वाप। (४५)

धान्यनिचय = धान्य का कोठार या गोदाम। (२५)

धेनु = दुहती गाय। (५०)

पंचकशत वेतनम् = प्रतिशत पांच मजदूरी (७८)

प्रावर्तिम (सिंचाई) के चार प्रकार = हस्तप्रावर्तिम, स्कन्धप्रावर्तिम, स्तोतोयंत्र प्रावर्तिम, नदीसरतटाककूपोद्घाट। (४५)

प्रस्त्रवणप्रपात = नाली का उतार। (६५)

फलवाट = फल या सब्ज़ी के बगीचे की जमीन।

फाणित = पकाया हुआ ईख का रस (काकवी – मराठी में)। (३६)

मध्यवाप = वर्षा ऋतु के मध्य में बोने योग्य धान्य (मुद्ग, माष, शैष्य)। (४५)

मर्यादा = खेत या अरण्य की हद या सीमा। (देखिये सीमा) (५६)

मालवन = जंगल का मैदानी भाग (६७)

मेथीप्रतति = कंटकमय लताएं। (१२९)।

यवस = सतु। (२५)

योनिपोषक = पशु, पक्षी वेश्या आदि के समूहों का पालन करने वाला (९२)

राशिमूल = धान्य की राशि का भूमि पर बचा हुआ अंश। (९२)

वत्स = जिसका दूध पीना बंद हो गया ऐसा बछड़ा।

वत्सर = दूध पीने वाला गाय का बछडा (५०)

वर्तनकाल = बैल को जोतने का समय।

वर्तनी = रहदारी का मार्ग। (२७) (५५)

विवीत = गोचर भूमि। (२३) (२५)

विसर = शुष्क होने वाला सरोवर। (४९)

वृक्षविषयक ५ अपराध = प्ररोहच्छेदन, क्षुद्रशाखाच्छेदन, पीनशाखाछेदन, स्कन्धवध, समुच्छित्ति। (७६)

वृष = सांड, या गर्भाधान करने वाला।

यूथवृष = गो-समूह में संचार करने वाला सांड। (५०)

व्रज = इस शब्द से गो, महिष, अज, अविक (भेड), खर (गधा), उष्ट्र, अश्व, अश्वतर (खच्चर), इनका ग्रहण होता है। (२७)

शण = ताग।

शमक्षौम = ताग का वस्त्र। (४४)

शिंशुप = अशोक वृक्ष। (३८)

शुष्कपटल = जंगल में प्राप्त गोबर (३४)

संस्थावृक्ष = गमले में लगाए पौधे (२०)

स्कन्धप्रवर्तिम = (१) कंधे पर पानी लाकर खेत में सिंचाई करना। २) उक्त प्रकार की खेती पर कर। (४५)

स्थल-औदक भूमि = जिराईत, बागाईत, शाक, सब्जी के बगीचे की ज़मीन। (१०९)

स्त्रोतोयंत्र प्रावर्तिम = मोट चलाकर सिंचाई करना। (४५)

स्त्रौव = याज्य-याजक संबंध।

हस्तप्रावर्तिम = खेत में हाथों से सिंचाई करना। (४५)

हस्तिकर्ण = एरंड। (१४६)

वर्ग - ११

कौटिलीय अर्थशास्त्र में उल्लिखित

वनस्पतियाँ

अरिष्ट = नीम।

कण्टकार = शाल्मली वृक्ष।

कशेरूक = एक जाति की घास।

काक्षीब = गोपीचंदन या फिटकरी।

काम्लशारिबा = काले रंग की भद्रानामक वनस्पति।

कैडर्य = करंज का एक प्रकार। मीठा नीम, कढी पत्ता।

कोल = निंबू, बेर।

गृष्टि = बेर का वृक्ष।

गोजी = गोजिह्वा नामक वनस्पति।

ग्रामेरूक = चंदन की एक जाति।

चिमिय = वेतस की एक जाति।

जोगक = एक प्रकार का चंदन।

तगर = एक पुष्पवृक्ष।

तौरुप = कृष्णवर्ण रक्तचंदन।

दन्तश = इमली या कपित्थ।

दोंगक = चंदन की एक जात।

द्रवन्ती = मराठी में – उंदीरकानी

धामार्गव = आघाडा।

नक्तमाल = करंज।

नड = देवनल

पुनर्नवा = एक औषधि वनस्पति। (मराठी में– घेंटुली)।

पृश्निपर्णी = मराठी में – पिठवण।

प्लक्ष = वटवृक्ष।

बल = चिकना, (मराठी में – चिकणा)

भद्रश्रीय = चंदन की एक जाति।

मदन = धोत्रा, धत्तूर।

मालेयक = चंदन की एक जाति। (मलय पर्वतोत्पन्न)

मोरटा = खैर, ईख का मूल।

राजवृक्ष = बाहवा वृक्ष।

रोचनी = हलदी।

लांगली = पृथक्पर्णी।

वंजुल = बोरु, बेत।

वत्सनाभ = बचनाग।

वल्लूर = चंदन की एक जाति।

वारणवल्ली = गजपीपली।

वारुणी = दूर्वा।

वाशी = वासक वृक्ष।

विदल = दाडिम।

विदारी = सफेद कद्दू, (मराठी में भुई कोहळा, या सालवण)।

विलंग = वावडिंग।

वृक्षाम्ल = ईमली।

शण = ताग, ज्यूट।

शतपर्वा = दूर्वा, बांस।

शिग्रु = मुनगा (मराठी में – शेवगा या मुंगणा)।

शीकवल्ली = शिकाकाई।

शृंगी = वटवृक्ष, प्लक्ष।

श्रीवेष्टक = बेल, पीपल।

सरल = देवदारु वृक्ष।

सातन = सातन प्रदेश का चंदन।

सातीव = बांस का एक प्रकार।

सिन्दुवारित = सिन्धुवार वृक्ष। (?)

सृगालविभा = एक औषधि।

सौवर्ण कुडयक = आसाम के सुवर्णकुड्य गाव का चंदन।

सौवीरक = संतरा।

स्नुही = नागफण।

हस्तिकर्ण = एरंड

वर्ग - ११ - अ (परिशिष्ट)

अमरकोश में उल्लिखित वनस्पतियाँ

(कोष्टक में (म) = मराठी नाम)

अंकोट (या निकोचक) = पिस्ता।

अग्निमंथ = नरवेल (म)।

अजमोदा, उग्रगंधा = ओणवा।

अजशृंगी = मेढशिंगी (म)।

अतिमुक्त = माधवी लता (जो आम की प्रिया के रूप में आम्रवृक्ष पर लिपटी रहती है)।

अधिरूढक = अंकुरित बीज।

अपराजिता = गोकर्णी (म)।

अपामार्ग = किणीही, खस, खर, मंजरी, केटपर्णी, आघाडा (म)।

अम्लान (महासह) = अबोली (म)।

अरिष्ट = रीठा (म)।

अर्क = रूई (म)।

अर्जुन, वीरतरु = अर्जुन सादद, कहुआ (म)।

अर्शोधुवा = सूरण।

अलाम्बू = काला कुम्हड़ा। (म)

अवकेशी = निष्फल वृक्ष।

अवरोह = नीचे की ओर बढ़ने वाला वृक्षमूल।

अशोक, वंजुल = अशोक।

अश्वत्थ या पिप्पल = पीपल का वृक्ष।

अश्मपुष्प = शिलाजित, शिलाजतु।

आटरुशा, वाशिका, वैद्यमाता, सिंहास्या, वज्रदन्तक = आडुलसा। (म)

आमलक = आंवला। (आजकल विटामिन 'सी' के लिये सर्वोत्तम फल माना जाता हैं)।

आम्र, रसाल, चूत, माकंद, सहकार = आम का वृक्ष

आम्रटाक = अंबाडा (म)।

आम्रातक = अमवट या अमरं का वृक्ष।

आम्रलोनिका = चुक्रिक = चूक (म)।

आलर्क = रुई- मंदार।

आसन = असना (म)।

आस्फोटा = रान मोगरी (म)।

इक्षु पनुद्रक = ऊंस, ईख, गन्ना।

इंगुदी, तामसतरू = हिंगनबेट।

उत्पल, शारीव, गोपवल्ली = उपलसरी (म)।

उदुंबर या हेमदुग्धक = उंबर, औदुंबर।

उद्वेगा = सुपारी।

ऊर्णाख्य, दद्रुघ्न = टाकला।

उशीर, जलशयनी = खस।

ऋद्धि = कवनी, मुरुंडशेंग (म)।

एरंड = (अन्य नाम पंचांगुल, गंधर्वहस्तक, वर्धमान = एरंडी, एरंड।

एला = इलायची, वेलची (म)।

एलापर्णी = कोलिदन।

ओषधि = फल देने वाले वृक्ष।

औषधि = पत्र, फल युक्त औषधि वनस्पति।

कटभी, पारावतांघ्रि = मालकंगोणी (म)।

कटंभरी = कडू रोहणी (म), (मछलियों के विषनिमित्त इसका उपयोग होता है।)

कड्डूर = केदार कुटकी (म) = केवल वर्षा ऋतु में ही उगती है।

कत्तृण, सौगन्धिका = रोहित, रोहितघास (गवत - म)।

कदली, रम्भा = केला। (केळी- म)

कदर, सोवल्क = कडार।

कदम्ब (नीव) = कालंब, नीव (म)।

कदराल, गर्भभांड = लाखी पिंपरी, गजदंड (म)।

कदराल = (या अक्षोट, अक्षोटु) = पहाड़ी अक्रोड (म)।

कपित्थ या दन्तशठ = कवीठ, कवठ (म)।

कपिल, भस्मगंर्भा = काला शिसवा (म)।

करमर्दक कृष्ण पाक फल = करौंदा, करवंद (म)।

करवीर, प्रतिहास = कनेर, कण्हेर (म)।

करीर, ग्रंथिल = नेवाली (म)।

करीराग्र = वृक्षशाखा का अंतिम प्ररोह।

कर्कटी = ककडी। काकडी (म)।

कर्कन्धु (बदरी, कोली) = बेर (बोर- म)।

कर्चुर, गंधमूली, शती = आंबेहळद (म)।

कर्चुरक = काचर (म) बालों का तेल सुगन्धित करने में उपयुक्त।

कर्मार = बांस। वेळू (म)।

कलंबी, उपादिका, मूलक, हिलमोचक, वस्तुक = शाक के विविध प्रकार।

काम्पिल्ल, रोचनी = शुंडरोचनी (म)।

कर्णिकार, द्रुमोत्पल = पांगारा (म)।

काकमाची = कावळी (म)।

काकमुद्ग =जंगली मूंग, रानमूग (म)।

काकांगी = रवळी। (म)

काकेन्दु = कुचला या काटेतेंदु (म)।

कान्तार = दुर्गम वन।

कारवल्ला = वरळे।(म)

कार्पासी, तुंदिकेरी, समुकान्त = कपास, कापूस (म)।

कालस्कन्ध, तमाल, तापिच्छ = तमाल।

काश =कांस।

क्षीरवी =दुधी।

कुटज, गिरिमल्लिका, इन्द्रजव = कुडा (म)।

कुंद = नेवाली (म)।

कुमारी = लाल शेवंती (म)।

कुमारी = कोरफड (म)।

कुम्ब, गुग्गुल = गुगूळ (म)।

कुम्भी = कायफळ (म)।

कुरंटक = पीत कोरांटी।

कुरबक = लाल कोरांटी (म)।

कुरुविंद, मुस्ता = मोथा।

कुश = दर्भ।

कुष्ट, पाकल = कडु कोष्ट (म)।

कूष्पाण्ड = कुम्हड़ा, कद्दू। कोहळा (म)।

क्रमुक (लाक्षा, प्रसाध्र, पट्टिका) = सुपारी।

किराततिक्ता = किराईत।

कीचक = वेणू, बांस। (जिसके छिद्रों से स्वर निकलते हैं।)

कृष्णत्रिवृता, मसूर विदला = तिधरे (म)।

केटपर्णी = देखिये अपामार्ग।

केसर, बकुल = बेल, ओनवळ (म)।

कोकिलाक्षा = कोळसुंदा (म)।

कोरंगी = (देखिये त्रिपुट)।

कोविदार, कंचनर या युगपत्रक = कांचन (म)।

खदिर, दन्तधावन = खदिर खैर (म)।

खर = (देखिये अपामार्ग)।

खीर विदारी = कुम्हड़ा, कद्दू।

गणहासक = अजवाईन। चोर ओवा। किरमणि ओवा। (म)

गण्डाली = श्वेत दूर्वा।

गण्डीर = कडू सूरण।

गंधमूर्ली शीती, कर्चूर = आंबेहळद (म)।

गंभारी काश्मरी मधुपर्णिका = शिवणी (म)।

गडूची, सोमवल्ली = गुळवेल (म)।

गुल्मिनी = अधिक प्रमाण में बढ़ने वाली लता।

गृष्टि, वाराही = डुकरकंद।

गोक्षुरक, स्वादुकण्टक = गोखरू।

गोडुंब = कवनदळ, चिबूड (म)।

गोधापदी = रक्त लाजाळू। (म)

गोलिध (घंटा पाटली) = मोरवा (म)।

गोलोमी = वेखंड।

गोशाटक, धमार्गव = घोसाळी, दोडकी (म)।

गोस्तनी = द्राक्षा।

ग्रंथि, परुशपर्व = पेरु (बांस का एक प्रकार)।

ग्रन्थिपर्ण = गंथीवन, या भटोर (म)।

घंटारवा = लघुतग (म।)

घास = घास।

घोंट = सौवीर।

चक्रवर्तिनी = चाकवत (म)।

चम्पक, हेमपुष्क = सोनचांफा (म)।

चविका = चवक (म)।

चित्रक = चीता (म)।

चित्रोपचित्र, मूषकपर्णी = उंदीरकानी (म)।

चिरबिल्व (चिरिबिल्व?) = करंजक।

नक्तमाल = करंज।

चुक्रिक, आम्ललोनिका = चूक।

चुडाला = फुरडी।

चूत = आम का वृक्ष।

छत्रा = (देखिये मधुरिका) = बड़ी सौंफ।

जपापुष्पा = जबाकुसुम, जास्वंद।

जम्बीर = बड़ा नींबू, इडलिंबू (म)।

जया, जयन्ती, तरकरी = थोर ऐरण (म)।

जलशयनी, उशीर = खस।

जाती, मालती, चमेली = चमेली, जाई (म)।

जुंगी, अजगंधिका = तिलवणी, कानफोडी (म)।

जीवन्तिका वंदा = बांडगूळ।

जीवन्ती, मधुश्रवा = हरणवेल।

झिंटी = नील कोरांटी।

तण्डुलीय = तांदुळजा (म.)।

तमाल = कालस्कन्ध, तापिच्छ, तमाल।

तापसतरु = (इंगुदी) हिंगनबेट (म.)।

तामलकी, वितुन्नक = भुई आवळ।

ताल, तृणराज = ताड़।

तिंतिडी, आम्लिका = इमली, चिंच (म.)।

तिनिश, वंजुल = तिवस (म)। (इसके लकड़े का उपयोग रथ बनाने में होता है।)

तिन्दुक, कालस्कन्ध = तेंदू, टेभुर्णी (म.)।

तिलक = तिल्वा (म.)।

तूद (यूप) = परशुपिपळ (म)। (यज्ञक्रिया में उपयुक्त वृक्ष)।

तृण = घास।

तृण द्रुम = इस में ताल, नालिकेर, पूग, हिताल (सुपारी) खर्जूर, केतकी, ताली तालीपोत, जैसी वनस्पतियों का अन्तर्भाव होता हैं।

तोय-पिप्पली = कंचरा (म)।

तुंडिकेरी, बिंबिका = कुन्द्रू, तोंडली (म.)।

तुंबी = सफेद कद्दू, दुधिया।

तुवरिका = तूबरी। तुवर (म)

त्वक्सार (देखिये वंश) = **बांस।**

त्रिपुट कोरंगी = इलायची, वेलची।

त्रिवृता, सर्वानुभूति = तिवड़ी (म)।

त्वक्पत्र = दालचीनी।

दर्भ = कुश।

दार्विका = ढवळी, पाथरी (म)।

दाडिम, करक = अनार, डाळिंब (म)।

दारुहरिद्रा = दारुहळद (म)।

दूर्वा = दूर्वा, दूब।

देवातड, गर्गरी = देवडंगिरी। इसीसे चूहे मारने का विष निकाला जाता है।

देवदार, द्रुकिलिम, पीतदारु = देवदार।

द्राक्षा, गोस्तनी, मृद्वीका = द्राक्षा।

धत्तूर = धतूरा। धोत्रा (म)

धन्वायस, सुस्पर्श = धमासा (म)।

धातकी = धायती (म)।

निकोचक = **पिस्ता।**

निचुल, हिज्जल = **बेंत।**

निदिग्धिका (कंटकारिका) = रिंगणी (म)।

निंब, पिचमुन्द = नीम।

निर्गुण्डी, सिन्धुवार = निगडी (म)।

निष्कुट = कृत्रिम वन, उपवन।

नकुलेष्ट, रास्ता = मुंगुसवेल (म)।

नक्तमाल, चिरबिल्व, करंजक = करंज (म)।

नड, धमन = देवमाळ (म)।

नद्या = **नदी में उगने वाली वनस्पति।**

नन्दिवृक्ष, तुणी = नांद्रुखी।

नमस्कारी = लाजाळू (म)।

नवमल्लिका = बटमोगरा।

नागकेसर = नागचाफा। (म)

नागरंग = नारिंग (म) संतरा।

नागवल्ली, ताम्बूलवल्ली = पानवेल (म)।

नादेयी, भूमिजम्बुक = नदी के किनारे उगने वाली वनस्पति।
नादेयी =पानी में उगने वाला बेंत।
नादेयी = भुई जांभळी (म)।
नालीकेर, नारिकेल, लांगली = नरियल।
नीप = कदंब = कालंब नीव (म)।
नीली रंजनी = नील। (म)
न्यग्रोध, वट, बहुपाद = वड (म) बड़।
पुनर्नवा, शोथघ्नी = घेटुळी (म)।
पलांडु = प्याज। कांदा (म)।
पद्मचारिणी, अतिचर = स्थलकमलिनी।
पुष्कर, पद्मपत्र = कमल का एक प्रकार।
पालक्री, कुंद = पोई साग, पालक। (म)
पिचुमन्द, निंब = नीम।
पनस, कंटकफल = फणस (म), कटहल।
प्रियंगु, श्यामा, फलिनी = वाचाटी (म)।
पाटल, कचस्थली, कृष्णवृन्त = पाडळी (म)।
पूतिका = घाणोरा करंज (म.), **षड्ग्रन्थि, मर्कटी।**
अंगारवल्लरी = करंज के प्रकार।
पिच्छिल (शाल्मली) सावरी (म.) = (माचिस की लकड़ी इसीसे आजकल बनायी जाती है।) 'षष्टिवर्षसहस्राणि वने जीवति शाल्मलिः'। शाल्मलीवृक्ष ६० हजार वर्षों तक जीता है।
पलाश (या किंशुक) = पलाश। पळस (म)
पीलु (गुदफल) = अक्रोड।
पारिभद्र = (या निंब तरु) = कडुनिंब (म), नीम।
पुन्नाग = उंदी (म)।
प्रमदवन = स्त्रियों के लिये आरक्षित बगीचा।
पिचुल, धवुक = कुम्भा (म) तिलक का एक प्रकार।
प्रियाल, राजादन = चार, चारोळी (म)।
प्लक्ष = पिंपरी (म)।
पाठा, पपचेली = पाडळी (म)।
पटोलिका = पडवळ (म)।
पिप्पली, कोटा = पिंपळी (म)।
पृश्निपर्णी, सिंहपुच्छी = ढवळा पिठवण (म)।
पूग, क्रमुक = पोफळी, सुपारी।
पालघ्न = शेत गवत, खेत की घास।
पटोल= पडवळ (म)।
प्रसरिणी, कंटभरा = चांदवेल (म.)।
ब्राह्मी, सोमवल्लरी = सोमलता (इसके पत्ते शुक्ल पक्ष में उगते हैं और कृष्णपक्ष में गल जाते हैं।)
बन्धूक सेवांत्रिका = शेवंती।
बकुल, केसर = बाऊल ओनवळ (म)।
बिल्व (मालूर) = बेल।
बाकुची = बवंची (म)।
बल्वज = लव्हाळे।

भस्मगन्धिनी, रेणुका = रेणुक बीजा (म)।
मुरुण्डी, श्रीहस्तिनी = थोर कुरडु (म)।
मुरुण्डी, श्रीहस्तिनी = थोर कुरडु (म)।
भूर्ज = जिसकी खाल लेखन पत्र के हेतु उपयोग में लायी जाती थी।
भल्लातक (वीरवृक्ष अग्निमुख) = बिबवा, बिब्बा (म)।
भरद्वाजी = जंगली कपास
भंतगी = (देखिये हिंगुली)।
भाग्री (हांजिका, बालेय शाक) = भारंगी।
मकुलक, दन्तिक = दांती, जेपाळ।
मंजरी = (देखियें अपामार्ग)।
मंजिष्ठा, जिंगी, मण्डूकपर्णी, मंदिरी = मंजिष्ठा।
मधुश्रवा, जीवन्ती = हरणवेल (म)।
मधूक = मोह (म), मधुवा।
मधुयष्टिका = जेष्ठीमध, ज्येष्ठमध।
मधुरिका, = छत्रा = बड़ी सौंफ
मधुलक = मधूक का एक प्रकार जो पानी में बढ़ता है।
मधु शिग्रु = शिग्रु का लालरंग वाला एक प्रकार।
मरुन्माल = पिंडक (म)।
मरुबक = महालुंगू (म)।
मलयू = (जघने फल) बोडका खर्वट (म)।
मल्लिका = मोगरा।
महाजाति = घासाळई (पीत पुष्प वाली)।
महासह, अम्लान = अबोली।
मस्कर = (देखिये वंश), बांस
मातुलिंग = महालुंग।
मार्कव = माका (म)।
मालूर (बिल्व) = बेल।
माषपर्णी = जंगली उड़द। रानउडीद (म)
मुरा = मोरा मौसी।
मुसळी = मुसळकंद (म), मूसल कन्द।
मुस्तक = मोथी (म)।
तूर्व, गोकर्णी = मोरवेल (म)।
मूषकपर्णी = देखिये चित्रोपचित्र।
मृद्वीका = द्राक्षा।
यूथिका = जुई (म), जूही।
रंजनी, नीली = नीळ (म), नील।
रम्भा, कदली = केळी, केला।
रसाल = (आम्र चूत माकंद सहकार) = आम का वृक्ष।
राजवृक्ष = आरग्वध, शम्याक, चतुरंगुल, आखेट, व्याधिघट, कृतमाल, स्वर्णक।
रेणुका, हरेणु, भस्मगन्धिनी = रेणुकबीजा।
रोचन =काली सावंरी (म)।
रोहितक, प्लीहशत्रु = रक्त हिर्डा (म)।

लकुच, लिकुच, दहु = बहहर का वृक्ष।
लतार्क, दुद्रुम = हरा प्याज। हिरवा कांदा (म)
लशुन, महासुधा = लहसुन। लसूण (म)।
लांगलिका = कळलावी (वाक्‌चावक) (म)।
लोचमस्तक, काखी = मोरशेंडा (म)।
लोध्र = (गालव) लाल या सफेद पुष्प वाला वृक्ष।
वचा = वेखंड (म)।
वचा, हैमवती = पांढरी वेखंड (म)।
वज्र, सिंहुड = शेर निवडुंग।
वंजुल = अशोक।
वंजुल = बेंत।
वंदा, जीवन्तिका = बांडगूळ (म)।
वंश, त्वकसार, कर्मा, मस्कर, = बांस।
वनस्पति = अप्रगट फूलोंवाला वृक्ष।
वन्या = वनों का समूह।
वरण = बारना वायवर्ण (म)।
वातक, अपराजिता = गोकर्णी।
वानस्पत्य = जिसके फूल प्रकट दिखते हैं ऐसा वृक्ष
वानीर = बेत।
वायसोली = काकोली, लहान कवळी।
वाराही, गृष्टि = डुकरकंद।
वार्ताकी, हिंगुली, भंतगी = जंगली बैंगन।, रानवांगी (म)
वालुक = वाळुक, काकडी, ककड़ी।
विंककटार = (सवादु कंटका) बेहळी (म)।
कन्नड में हनुमणिका) (यज्ञ क्रिया में उपयुक्त वृक्ष).
विटप = वृक्ष स्तंभ के ऊपर का विस्तार।
विंडग = वावडिंग (म)।
वितुन्न = कुई (म)
वितुन्नक, तामलकी = भुई आवळा (म)।
विदारी = कोहळे (म)।
विदारी गंधा = डवला, सालवण।
विदुल या नादेयी = पानी में उगने वाला बेत।
विभीतक = बेहडा (त्रिफला चूर्ण में आवश्यक।)
विशाल = मोठी कवंदळ (म)।
विश्वा, महाशधाम, अतिविष = विषनिरोधक औषधि।
वीरण = काळा वाल (म)।
वीरुध = अधिक प्रमाण में बढ़ने वाली लता।
वृद्धदारिका = वर्धरा जीर्णपुंजी (म)।
वेतस वानीर वंजुल = बेंत।
व्याकोश = प्रफुल्लवृक्ष।
व्याघ्रनख = बघैय्या, बाघनख। वाघनख (म)
शकु = वृक्ष का मूल स्तम्भ।
पुष्पिका, विशल्या = कळलावी (म)।
शंखिनी, चोरपुष्पी = शंखवेल।
शतमूली, बहुसूता = शतावरी।
शतला, भूरिकेना = आंबट वेत (म)।
शमी = शमी।
शमीर = शमी का छोटा प्रकार।
शष्प = हिरवळ (म), हरियाली।
शाला = वृक्ष की प्रमुख शाखा
शाल्मली, पिच्छिल = सांवरी, इसी वृक्ष से गोंद निकाला जाता है।
पिच्छ = गोंद।
शिग्रु = शेवगा (म) (सौभाजन या सोथंजन)।
शिरीष, कपिलान = शिरस (म), सीरस, सरेस।
शिंशव = शिसवा (म)।
शुकशिंबी, मर्कटी = कुहिरी (म)।
शृंगी, ऋषभा = बैलघंटी।
शेफालिका = रान निर्गुंडी।
श्याम, प्रियंगु = वाघाटी (म)।
श्वेत सुरसा = कातरी निर्गुंडी।
सप्तपर्ण = सातवन।
सल्लकी = सालाई (म), सलई।
सहकार, रसाल, माकंद = आम का वृक्ष।
साल, सायसांबर, अश्वकर्णक = सलई।
सितच्छत्रा = मधुर कारवी, बडीशेप, बड़ी सौंफ।
सिंहपुच्छी, पृश्निपर्णी = ढवळा पिठवण (म)।
सुषीर, विद्रुमलता = पवारी।
सुस्पर्श = देखिये धन्वायस।
सूरण, अर्शोधुवा = सूरण, सुरन।
सोभांजन, शिग्रु या शोभंजन = शेवगा (म)।
सोमवल्ली, गुडूची = सोमवेल।
सेलु (उद्याल) = भोकरी शेला (म)।
सौगन्धिका = देखिये कत्तृण।
स्थाणु = वृक्ष का मूल स्तंभ।
स्वर्णक्षीरी = पिसोला (औषधोपयोगी)।
हरीतकी = हरडा (त्रिफला चूर्ण में आवश्यक)।
हरेणु = देखिये रेणुका।
हिंगुली, वार्ताकी, भतंगी = रानवांगी (म), जंगली बैंगन।
हिज्जल, निचुल = बेंत।

***

वर्ग - १२

धातु और रत्न

पर्याय शब्द

[क्रमांक धन्वन्तरि निघण्टु (संपादक- डॉ. झारखण्डे ओझा और डॉ. उमापति मिश्र प्र. आदर्श विद्यानिकेतन, वाराणसी-५) के अनुसार]

३९५ कांस्य (हिंदी- कांसा) = लोह, निज, घोष, प्रकाश, कांस्यक, बल और घोषपुष्प।

३९६ गारुत्मत (एक रत्न - पन्ना) = मरकत, रौहिणेय, हरिन्मणि, सौपर्ण्य, गरुडोद्‌गीर्ण, बुधरत्न, अश्मगर्भज, गरलारि, वायवाल, गारुड और रुद्रसम्मित।

३९७ ताम्र (हिंदी- तांबा) = म्लेच्छमुख, शुल्व, रक्तक, रक्तधातुक, उदुंबर, त्र्यंबक और त्वाष्ट्र।

३९८ त्रपु (हिंदी- रांगा) = त्रपुक, आनील, रंग, वंग, पिच्चट, गुरु, श्रेष्ट, सलवण, सुरटी, नीलिका और घन।

३९९ पारद (हिंदी- पारा) = रुद्ररेतस्, रसलोह, महारस, रसेन्द्र, चपल, सूत, पारदीय, और रसोत्तम।

४०० प्रवाल (हिंदी- मूंगा) = विद्रुम, रक्त, भूषणार्ह, सुवल्लिज, समुद्रज, महारक्त, वल्लीपाषाण-संभव।

४०१ राजावर्त = देखिये हीरक।

४०२ रीतिका (हिंदी- पीतल) = दो प्रकार – (१) रीति = लोहक, पिंग, कपिलोह, आदि सुवर्णक, सैहलक, निष्ठुर और दारुकण्टक। (२) काकतुण्डी = राज्ञी, राजपुत्री, महेश्वरी, ब्राह्माणि, ब्रह्मरीति, कपिला और पिंगला।

४०३ रौप्य (हिंदी- चांदी) = सौध, सित, तार, रजत, तप्तरूप, शुभ्र, कुप्य, वसुश्रेष्ठ, रुचिर, श्वेतक, चन्द्रहास, चन्द्रवपु, चन्द्रभूति, महावपु और वाक्यल।

४०४ लोह (हिंदी- लोहा) = शस्त्र, घन, पिण्ड, तीक्ष्ण, पारशव, शिव, अयस, कृष्णायस, वीर, भ्रमर, और कृष्णलोह। तीन प्रकार- **(१) मुण्डलोह** (इसके तीन प्रकार होते हैं – मृदु, कण्ट, कडार) **(२) तीक्ष्णलोह** – (प्रकार - खरसार, हरताल, ताल, वल्ल, वज्र, और काललोह। **(३) कान्तलोह** (प्रकार - भ्रामर, चुंबक, रंजक, आलोचक और रोमकान्त।

४०५ वर्तलोह (एक लोह प्रकार) = वट्टलोह, वर्तकलोह, वर्तुलोह, पंचलोह और नीलिका। **लोहोच्छिष्ट** = मण्डूर, किट्ट, मलोद्‌भव, लोहोत्थ, लोहनिर्यास, और अयःशिष्ट।

४०६ वैक्रान्तक – एक रत्न (हिंदी- तुरमली) = वज्र, क्रान्त, गोनस, भूमिरज, क्षुद्रकुलिश, जीर्णवज्र, और वज्रक.

४०७ सीसक (हिंदी- शीशा) = नाग, उरग, कृष्णोरग, भुजंगम, यवनेष्ट, विशिष्ट, योगीष्ट और चीरपिष्टक।

४०८ सुवर्ण (हिंदी- सोना) = कनक, रुक्म, शांतकुम्भ, कांचन, जाम्बूनद, जातरूप, हिरण्य, हेम, हाटक, चामीकर, चारुरत्न, तपनीय, पीतक, श्रीकेतन, भूषणार्ह, और चारुरूप।

वर्ग - १२ - अ

(परिशिष्ट)

धान्यादी भोज्य पदार्थ

४१० अतसी (हिंदी- अलस, तीसी) = रुद्रपत्नी, सुनीलपुष्पा, वसुतर्की, क्षुमा, शीता, तैलफला, पालिका, और पूतिपूरक।

४११ अफूक (हिंदी- अफीम) = अहिफेन और अफेनक (यह खसखस का निर्यास है।)

४१२ आढकी (हिंदी- अरहर) = तुवरी, करवीरभुजा, वृत्तबीजा, पीतपुष्पा, (तीन प्रकार – श्वेत, रक्त और कृष्ण)।

४१३ करट (हिंदी- खेरारी, लतरी) = कराल, त्रिपुट और खण्डिक।

४१४ कलाय (हिंदी- मटर) = मुण्डचणक, हरेणुक, सतीनक, त्रासन, नलक, कण्ठी और वर्तुल।

४१५ कांजीक = कुल्माषाभिपुत, सौवीर, अवन्तिसोम, धान्याम्ल, आरनाल और महारस। अन्य प्रकार – सौवीरक और

४१६ तुषोदक = सुवीराम्ल, यव, गोधूमसंभव, यवोत्थ, यवाग्र।

४१७ कुलत्थ (हिंदी- कुलथी) = ताम्रपर्ण, कलावृत्त, अनिलापह, कर्षण, पीतमुद्‌ग, अलिस्कन्ध, और सुराष्ट्रक।

४१८ कुसुम्भ (हिंदी- कुसुम, बर्रे) = पावक, पीत, अलक्त, वस्त्ररंजन, कौसुम्भ, वह्निशिख। **कुसुम्भबीज** = कीलता, कट्वा, शुद्धा। और पद्मोत्तरा।

४१९ कोद्रव (हिंदी- कोदो) = कोरदूष, कुद्दाल और वनकोद्रव।

४२० खस्तिल (हिंदी- खसखस, पोस्ता) = तिलभेद, शुभ्रपुष्प और लसत्फल।

४२१ गोधूम (हिंदी- गेहूँ) = यवक, हुडुम्ब, म्लेच्छभोजन, गिरिज, सत्यभामा और रसिक।

४२२ घृत (घी) = आज्य, हविस्, सर्पिस्, पवित्र, नवनीत, अमृत, अभिधार और जीवनीय। विविध प्रकार –१ गोघृत. (२) महिषीघृत, (३) आजाघृत, (४) आविक **(भेडी) घृत** (५) उष्ट्री० (६) अश्वा० (७) गर्दभी० (८) **हस्तिनी०** (९) स्त्रीघृत० (१०) पुराणघृत० (११) **घृतमण्ड**।

४२३ चणेक (हिंदी- चना, बूंट) = **हरिमन्थ, सुगन्ध,** और कृष्णकंचुक।

४२४ जल = पानीय, आप, कीलाल, क, नीर, सलिल, अमृत, वारुण, तोय, वारि, अम्भस्, जीवन, अम्बु, उदक और पयस्। **विविध प्रकार** – गगनाम्बु, **चन्द्रकान्तोद्‌भव,** नादेय, ताडाग, सारस, वाप्य, (वापी = **बावडी**), **चौण्ड्य** (चुण्डी = गढ्ढा), औद्‌भिद, कैदार (केदार = खेत), सामुद्रक, पर्वतीय, भौम, आनूप, (अनूप = जलमय प्रदेश) जांगल, क्वथित, नारिकेलोदक।

४२५ तक्र = छच्छिका और सात्म्य। (दुगना जल मिलाया हुआ दही); **उदश्वित** आधा जल मिलाया हुआ दही), **मथित**

(बिना जल के मंथन किया हुआ दही। तक्र के उपर आने वाले जल को उदश्वित कहते हैं।

४२६ तिल = होमधान्य, पवित्र, पितृतर्पण, पापघ्न और पूतधान्य। अन्य प्रकार जर्तिल = वन में उत्पन्न होने वाले तिल।

४२७ तैल = स्नेहोत्तम, तिलज, तिलसंभव, अभ्यंजन, म्रक्षण और मर्दनक।

विविध प्रकार= १) तिलतैल, २) अतसीतैल, ३)सर्षपतैल, ४) एरण्डतैल, ५) कुसुम्भतैल, ६)'कोशाग्रतैल, ७) आम्रगुप्ता, ८) निम्ब., ९) अक्ष., १०) करंज, ११) नीम, १२) भल्लातक, १३) विभीतक, १४) अतिमुक्तक., १५) अखरोल, १६) नारियल., १७) महुआ, १८) खीरा, १९) ककड़ी, २०) पेठा, (कूष्माण्डं) २१) लिसोड, २२) प्रियाल (चिरौंजी) २३) दन्ती, २४) मूलक, २५) सहिजन, २६) सुवर्चला. २७) इंगुदी २८) पीलु, २९) शंखिनी, ३०) सरल ३१) अगरु, ३२) देवदारु ३३) शिंशप. ३४) तुवरक, ३५) यवतिक्ता.।

४२८ दुग्ध = क्षीर, पयस्, स्वादु, रसायन, समाश्रय, सौम्य, प्रस्रवण, स्तन्य, बालसात्म्य और जीवित। आठ प्रकार – गाय, बकरी, भेड़ी, भैंस, ऊंटनी, घोड़ी, हस्तिनी और मानुषी - इनके दूधों में औषधिगुण होते हैं। इन आठ प्रकार के दूधों से आठ प्रकार का दही भी औषधिगुणों से युक्त होता हैं।

४२९ धान्यमाष (हिंदी- उडद) = कुरुविन्द, वृषाकर, मांसल, बलाढ्य, पित्र्य और पितृजोत्तम।

४३० नवनीत (मक्खन- माखन) = दधिभव, घृतहेतु, शिशुप्रिय, दधिमण्डोद्भव और मन्थनोद्भव।

४३१ निष्पाव (हिंदी- सेम, भटवासु) = श्वेतशिम्ब, पालकाख्य, और मुखप्रिय।

४३२ नीवार (हिंदी- तिन्नी) = तापस, मुनिभक्त, प्रसादक, अरण्यधान और रसिक।

४३३ प्रियंगु (हिंदी- कंगुनी) = कंगुक, चीनक, पीततण्डुल, अस्थिसंबंधन, और कङ्गुनी।

४३४ मकुष्ठ (हिंदी- मोट, मोठ) = वनमुद्ग, मकुष्टक, निरूढ और कृमीलक।

४३५ मद्य (विविध जातियाँ) = सुरा, प्रसन्ना, मदिरा, वारुणी, रसा, वरा, मण्डा, मदकरी, माधवी, वरुणात्मजा, इरा, कादम्बरी, हाला, जगल, और मेदक। महासुरा, मैरेय, (मैरेयी, सौरेयी। नवमद्य और जीर्णमद्य।

४३६ मधु = क्षौद्र, माक्षीक, माक्षिक, कुसुमासव, पुष्पासव, सारघ और पुष्परस।

आठ प्रकार – माक्षिक (तैलसमान वर्ण), क्षौद्र (कपिल वर्ण का), पौत्तिक (घी के वर्ण का), भ्रामर (श्वेतवर्ण का) छात्र (हल्के पीत वर्ण का), आर्ध्य, (पिगल वर्ण का) औद्दालक (स्वर्णवर्ण का) और दालमधु (हलके लाल वर्ण का)। इन आठ मधु प्रकारों में माक्षिक मधु सर्वश्रेष्ठ माना जाता है।

४३७ मसूर (हिंदी- मसूरी) = मधुर, सूप्य, पृथव और पित्तभेषज।

४३८ मस्तु = दही में उत्पन्न जल।

४३९ माध्वी सिता (हिंदी-) = मधुनिर्मित शर्करा। श्रीद शर्करा, माक्षिक शर्करा।

४४० मार्द्वीक = मृद्वीका अर्थात् द्राक्षा से निर्मित मद्य। = मधु, मद्योत्तम, हृद्य, सर, अभिषवक्रान्त, कामिकान्त और मदोत्कट।

४४१ मुद्‌ग (हिंदी- मूंग) = दो प्रकार (१) कृष्णमुद्‌ग = वासन्त, पित्तप्रसेक, वरक वसुक और माधव। (२) हरितमुद्‌ग = शारद , किलाट और मांगल्य। (३) राजमुद्‌ग = खण्डक।

४४२ मेथिका (हिंदी- मेथी) = दीपनी, उग्रा, कुंजिका, बहुपत्रिका, मल्लिका, शीतवीर्या, ज्योतिष्का, वल्लरी और शिखी। अन्य प्रकार - वनमेथिका = वास्तिका, सेलु, हिस्फिथ

४४३ यव (हिंदी- जौ) = अक्षत, और तीक्ष्णशूक।

४४४ राजमाष (हिंदी- लोबिया) = बीजवर, घारी, चवल, राजमाषक, नीलमाष, नृपमाष और नृपोचित।

४४५ व्रीहि (हिंदी- चांवल) विविघ प्रकार = महाव्रीहि और कृष्णव्रीहि।

४४६ शालि (हिंदी- धान) विविध प्रकार = रक्तशालि, महाशालि, सुगन्धप्रसव, वृन्दारक और मुष्टिक। शाबर, कृष्णशालि, हास, वृन्दक, कृष्णव्रीहि और गौर। आरण्यधान्य, जलज धान्य, प्रसादक धान्य।

४४७ शुक्त (या अम्ल) = सहस्रवेध, रसाम्ल, चुक्र, मुक्तसार, दहन, नीलकारक, चण्ड, और भेदन। दो प्रकार = मधुशुक्त और गौड शुक्त।

४४८ श्यामाक (हिंदी- साँवा) = तृणबीज, मुनिभक्ष्य, गवांप्रिय, सुकुमार, राजधान्य और तृणबीजोत्तम।

४४९ सीधु (एक मद्य प्रकार) = भेद - आमण्डवास, शीतरस और पक्वरस, मधूक सीधु, गौडसीधु, माक्षीकसीधु, जाम्बसीधु

४५० सुरा के प्रकार = यवसुरा, मधूलिका, आक्षिकी, मार्द्वीक, खार्जूर ★★★

अर्थशास्त्र परिभाषा (संकीर्ण)
(अवशिष्ट अंश)

अंककार = सर्वोत्तम योद्धा।

अक्षदृक्कर्म = अक्षांश ज्ञान के लिए गणित की प्रक्रिया।

अक्षयनीवी = स्थायी धर्मादाय निधि।

अंगियनीवी = स्थायी धर्मादाय निधि।

अंगिकरणिक = पंजीयन करने वाला अधिकारी।

अष्टताल = मानव की ऊंचाई का एक सामान्य नाप (८४ इंच)। नवताल पुरुष सामुद्रिक दृष्टि से उत्तम माना जाता है।

अतल = गणित शास्त्र में क ट प य आदि वर्ग प्रसिद्ध हैं। इस वर्गव्यवस्था में वर्णाक्षर की जो संख्या होती वह उस वर्ण का संख्यावाचक अर्थ माना जाता है। अतल शब्द का इस व्यवस्था के अनुसार अर्थ = अ = शून्य। त् = छह (टकार से यह छठा वर्ण है) ल = तीन (यकार से तीसरा वर्ण) इस क्रम से सिद्ध हुई ६३ संख्या, 'अंकानां वामतो गतिः'' इस गणित न्याय के अनुसार ३६० होती है।

अत्यर्थवेदन = हाथियों का एक प्रकार। इस प्रकार का हाथी अत्यंत संवेदनशील होता है।

अनिलभद्रक = सात प्रकारों में से रथ का एक प्रकार। सात प्रकार – नभस्वत्, प्रभंजन, निवात, पवन, परिषद, इन्द्रक और अनिलभद्रक।

अन्वाधेय = विवाह के पश्चात् वधू को पिता के कुल से तथा पति के कुल से प्राप्त होने वाला द्रव्य।

(मिताक्षरा- २-१४४)

अभ्यन्तर दोष = राजा के शरीर से संबंधित या अन्तःपुर से संबंधित अपराध। ये अपराध अक्षम्य माने जाते हैं।

अवधा = किसी त्रिकोण की आधार रेषा का अंश।

आक्षपटलिक = लेखाधिकारी।

आखण्डिशाला = शिल्पी का कारखाना।

आंजलिक = अर्धचन्द्राकार बाण।

आर्यघोटक = बारात के अग्रभाग में चलाया जाने वाला अलंकृत घोड़ा

आलान = हाथी को बांधने योग्य खंभा तथा रस्सा।

आलीढ = निशाना लगाते समय दाहिने घुटने को आगे रखकर बांये पैर को मोड़ देकर बैठना। यह एक प्रकार का वीरासन है।

आस्कन्दित (आस्कन्द) = घोड़े की एक प्रकार की चाल।

उत्कोचक = रिश्वतखोर। घूस लेने वाला। (मनु. ९-२५८)

उत्तमर्ण (उत्तमर्णिक) = उधार देने वाला। साहुकार। (इस के विपरीत होता है अधमर्ण)।

उत्तम साहस = उच्चतम आर्थिक दण्ड। १ हजार से ८० हजार पणों का दण्ड।

उत्थान = युद्ध के लिए सेना की सिद्धता।

उद्धार = पैतृक सम्पत्ति से केवल श्रेष्ठ पुत्र को ही धर्मतः प्राप्त होने वाला अंश। इस पर छोटे भाइयों का अधिकार नहीं होता।

उद्धारकविधि = भुगतान करने की रीति।

उपकारी (उपकार्या) = राजकीय तंबू। धर्मशाला।

उपग्राह्य = राजा या तत्सम श्रेष्ठ व्यक्ति को दी जाने वाली भेंट।

उपजाप = शत्रु के मित्रों के साथ गुप्त बातचीत, फूट के बीज बो कर विद्रोह के लिए भड़काना। (हिंदुस्थान के समाज में यह प्रयोग अंग्रेज शासकों ने किया था।

उपदा = राजा को दिया जाने वाला उपहार।

उपनिक्षेप = रूप, संख्या, परिणाम आदि दिखाकर दूसरे के पास सम्हालने के लिए दी जाने वाली मूल्यवान वस्तु।

उपनिधि = मुद्रांकित धरोहर।

उपनिर्हार = शत्रु पर हमला।

उपस्थान = न्यायालय का कक्ष।

ऋणदास = वह क्रीतदास जिसको ऋणमुक्त करने के पश्चात् दास के रूप में स्वीकृत किया जाता है।

ऋणार्ण = एक ऋण चुकाने के लिए दूसरा ऋण।

एकच्छत्र = वह राज्य जहां एक ही राजा का आधिपत्य होता है।

औपवेशिक = पूरी लगन के साथ काम करके अपनी उपजीविका कमाने वाला।

औपस्थिक = व्यभिचार द्वारा उपजीविका चलाने वाला।

कटफल = घूस, रिश्वत।

कपोलताडन = अपने अपराध का स्वीकार करते हुए अपने ही गालों को थपथपाना।

कर्णयोनी = बाण की अपर संज्ञा। कर्ण (कान) तक खींची गयी प्रत्यंचा से वह निकल पड़ता है, इस कारण यह संज्ञा रूढ हुई।

कलत्र = राजकीय दुर्ग।

कला = मूलधन पर ब्याज।

कलापक = (१) वह ऋण जिसका परिशोध मोर की पूंछ फैलाने के समय होता है। (२) मस्तक पर लगाया हुआ संप्रदायद्योतक तिलक विशेष।

काकयव = फलहीन तृणधान्य।

कायकवृद्धि = धरोधर रखे हुए पशु आदि के उपयोग के बदले बयाने के रूप में दिया गया ब्याज। धरोहर रखे हुए पशु को उपयोग में लाना।

कारणोत्तर = अभियोग के कारण को स्वीकार न करना।

कालवृद्धि = निश्चित समय पर देय ब्याज।

कार = घुड़दौड़ का पुरस्कार। (वा.सं. ३०-६-२०)

कार्ष्मन् = रथ के दौड़ की एक सीमा जिस तक पहुंचकर

प्रतिद्वन्द्वी अपने स्थान पर लौट आते थे। (ऋ १-११६-१७)

काहारक = पालकी में बैठनेवालों को ढोनेवाला।

कुग्राम = नदी से दूर छोटा गांव जहां राजाधिकारी, वैद्य या पुरोहित आदि नहीं रहते।

कुसूल = अन्न-धान्य का भण्डार।

कौटतक्ष = स्वेच्छा से काम करने वाला बढ़ई। अन्य प्रकार है **ग्रामतक्ष** वह गावं वालों का काम करता है।

कौस्तुभ = घोड़े की अयाल, गर्दन के बाल।।

कोट्टार = (१) किलेबन्दी वाला नगर। (२) तालाब की सीढ़ियाँ।

क्रियाद्वेषी = पक्षपाती साक्ष्य (गवाही) देने वाला।

क्रीतानुशय = खरीदी हुई वस्तु को वापिस करना।

क्रोडपत्र= वसीयतनामे का उत्तराधिकार पत्र।

क्षेत्रगणित = रेखागणित, या ज्यामिति

क्षेत्रफल = आकृति की लम्बई और चौड़ाई का गुणन फल।

क्षेत्रराशि = ज्यामितीय आकृतियों द्वारा प्रकट किया गया परिणाम।

खटकामुख = बाण चलाते समय हाथ की विशेष स्थिति।

खलूरिका = सैनिकों की कवायत का प्रांगण।

खुरली = कृत्रिम युद्ध का अभ्यास।

खुरलीकेलि = सैनिकों का अभ्यास।

गणद्रव्य = सार्वजनिक सम्पत्ति। पंचायती माल।

गणराज्य = राज्यव्यवस्था का एक प्रकार। इसमें राष्ट्र के विशिष्ट गण का आधिपत्य होता है।

गणित = एक विज्ञान। तीन प्रकार = अंकगणित, बीज गणित और रेखागणित।

गरुडव्यूह = युद्ध में एक विशिष्ट प्रकार की सैनिक रचना।

गर्भपाकी = साठ दिनों में पक्व होने वाला धान, चांवल।

गुल्म = सैनिकों का एक दल, जिसमें ४५ पदाति, २७ अश्वारोही, ९ रथारोही, और ९ गजारोही होते हैं।

ग्रामतक्ष = **देखिये कौटतक्ष।**

घनगोलक = चांदी सोने की मिलावट।

घनफल = किसी वस्तु की लंबाई-चौड़ाई और मुटाई या उंचाई का गुणन फल।

चतुष्पाद = न्यायालय में अभियोग की जाँच पड़ताल, जिस में तर्क, पक्षसमर्थन, प्रत्युक्ति और निर्णय ये चार प्रक्रियाएँ होती हैं।

चन्द्रलौह (लौहक) = चांदी।

जयन्ति = तराजू की डंडी।

जित्य = खेत को समतल करने का एक उपकरण।

ज्येष्ठांश = केवल ज्येष्ठत्व के कारण बड़े भाई को मिलने वाला पैतृक संपत्ति का विशिष्ट भाग।

तंडुलपरीक्षा = चोरी के अपराधी व्यक्ति की सत्यासत्यता की परीक्षा करने की एक प्राचीन न्यायालयीन पद्धति। इसे दिव्य कहते हैं। अपराधी को खिलाए गए भीगे तडुलों में वमन करते समय रक्तांश दिखने पर वह चोर माना जाता था।

तद्विद्यसंभाषा = तज्ञ व्यक्तियों की सभा में होने वाला संवाद तथा वादविवाद।

तन्त्रिक = प्रशासन वाणिज्य आदि व्यवहारों में कुशल।

त्रसरेणु = लंबाई का सूक्ष्मतम परिमाण।

त्रैराशिक = तीन ज्ञात राशियां द्वारा चौथी अज्ञात राशि निकालने की गणितशास्त्र की एक रीति।

दक्षिणाप्रष्टि (या दक्षिणायुग्य) = रथ के दाहिने ओर का अश्व। **युग्य** = रथ के बाइ ओर का अश्व।

दण्डदास = दास के सात प्रकारों में से एक। दण्ड की राशि देने में असमर्थ होने के कारण दास्य का स्वीकार करने वाला।

दण्डनायक = सेना या आरक्षी दल का मुख्याधिकारी।

दण्डयात्रा = दिग्विजय के हेतु सेना का प्रयाण।

दण्डवारित = दण्ड के भय से अपने कार्य से निवृत्त होनेवाला।

दण्डव्यूह = सैनिकों की विशिष्ट रचना।

दत्तानपकर्म = दान में समर्पित वस्तु को न देना या वापिस लेना। धर्मशास्त्र में वर्णित १८ स्वाधिकारों में से एक।

दत्रिम दास = दास के सात प्रकारों में से एक। गिरवी रखा गया सेवक।

दशावर = दश + अवर। दस श्रेष्ठ पुरुष। इन्हींके समुदाय को **परिषद** कहते हैं। (देखिये – परिषद)।

दाय = उत्तराधिकार में प्राप्त होने वाली संपत्ति।

दायभाग = उत्तराधिकारियों में सम्पत्ति का विभाजन।

दास = आज्ञाधारक सेवक। सात प्रकार- ध्वजाहत (युद्ध का कैदी), भक्तदास (उदर- भरण के लिए सेवा करने वाला), गृहज (दासी से उत्पन्न पुत्र), पैत्रिक (कुलपरंपरा से प्राप्त), दण्डदास (दण्ड भरने की असमर्थता के कारण दास्यवृत्ति का स्वीकार करने वाला। (मनु. ८-४१५)

दासी = स्मृतिचंद्रिका (२-२९०-५) के अनुसार संभोग के लिए खरीदी गयी स्त्री। अर्थात् दासी संज्ञा का अर्थ दास की पत्नी नहीं माना जाता। चार प्रकार – देवदासी, ब्रह्मदासी, स्वतंत्रदासी (वेश्या) और शूद्र दासी (घर का काम करने वाली नौकरानी)।

दासीभार = दासी की प्रसूति का तथा उसकी संतति का दायित्व।

दिव्य = धर्मपरीक्षा। अग्निदिव्य जलदिव्य आदि इसके प्रकार होते हैं।

दुहिलितिका = बहुत बालों वाले जानवर की खाल।

देवस्व = यज्ञ याग करने वाले की सम्पनि। (मनु. ११-०) मन्दिर की सम्पत्ति।

देवी = पति के राज्याभिषेक के समय अभिषेकादि संस्कार पायी हुई ज्येष्ठ रानी। अग्रमहिषी।

द्विबिस्ता = ८० रत्ती सोना गलाने वाली मूस।

द्यूतधर्म = द्यूत खेलने के नियम।

द्वैधीभाव = विदेशनीति के छह गुणों में से एक। बलवान

शत्रु की सेना में फूट डालना और दो सेनाओं से अलग अलग युद्ध करके शत्रु को परास्त करना अथवा अपनी सेना के दो विभाग करते हुए शत्रु को परास्त करना।

धनधानी = धन का कोष, खजाना। (तैत्तिरीय आरण्यक - १०-६९)

धर्मपीडा = शासकीय तथा धर्मशास्त्रीय नियमों का भंग।

धर्मयुद्ध = न्याय, नीति, भूतदया, इत्यादि का अवधान रखते हुए किये जाने वाले युद्ध का एक प्रकार। प्राचीन भारतीय संस्कृति में इसी प्रकार का युद्ध होता था। धर्मजुद्ध की पद्धति भारतीय संस्कृति की श्रेष्ठता का एक प्रमाण है।

धर्माधिकरण = न्यायालय।

धर्माधिकरणिक = न्यायाधीश।

धर्माध्यक्ष = न्यायाधीश।

धर्मराज परीक्षा = धर्म-अधर्म परक आचरण का निश्चय करने निमित्त एक दिव्य विधि। भूर्जपत्र या वस्त्र पर धर्म और अधर्म अक्षर लिख कर वे टुकडे घट में रखे जाते है। दिव्य करने वाला एक टुकड़ा बाहर निकालता है। उस पर जो अक्षर लिखे होते हैं वेही प्रमाण माने जाते हैं।

ध्वजाहत = दास के सात प्रकारों में से एक। युद्ध में शत्रु द्वारा पकड़ा गया सैनिक।

नामापराध = किसी प्रतिष्ठित व्यक्ति को नाम लेकर गाली देना।

धान्यवर्धन = ब्याज के निमित्त धान्य देना।

नारायणास्त्र = एक विश्वसंहारक दिव्य अस्त्र, जिसका प्रतिकार केवल प्रणाम करने से ही हो सकता है।

पक्षनिक्षेप (पात) = विवाद में एक ही पक्ष के प्रति अनुकूलता।

पक्षवध = शरीर का आधा भाग ढीला या लूला पड़ना। (पक्षवायु, पक्षवात या पक्षाघात)।

पंचरत्न = माणिक, मोती, हीरा, प्रवाल और इन्द्रनील। (२) सोना, चांदी, मोती, माणिक और प्रवाल। ये देवताओं को प्रिय माने गए हैं।

पंचराशिक = गणित की एक पद्धति। इसमें चार ज्ञात राशियों के द्वारा पांचवी राशि निकाली जाती है। (देखिए त्रैराशिक)।

पंचिका = अभिलेख पुस्तक। रजिस्टर।

पट्टकील = भूखण्ड को किराये पर जोतने वाला पट्टेदार।

पणबन्ध = प्रतिपक्ष से सन्धि या सुलह करना।

परिपन्थिक = मार्ग में लूटपाट करने वाला, डाकू।

परिमाण = ५ रत्ती = १ माष। १६ माष = १ सुवर्ण (या अक्ष)। ४ या ५ सुवर्ण = १ पल। २ पल = १ प्रसृत। १० पल = १ कुडव। ४ कुडव = १ प्रस्थ। ४ प्रस्थ = १ आढक।

पारीणह्य या पारिणाह्य = घर के उपयोगी पात्र जिनका रक्षण गृहणी करती है। (मनु. ९-११)

पार्ष्णिविग्रह = सेना की पिछाड़ी में युद्ध करना।

पिक्क = २० वर्ष की आयु का हाथी।

पुष्कल = ६४ मुष्टियों के बराबर एक विशेष माप। (२) चार ग्रास की भिक्षा।

पुस्तपाल = भूमिविषयक अभिलेखों को सुरक्षित रखने वाला अधिकारी।

पूर्णपात्र = आनन्ददायक समाचार प्रथम लाने वाले व्यक्ति को देने योग्य उपहार।

पृतना = सेना का एक विभाग जिसमें २४३ हाथी, २४३ रथ, ७२९ घोडे, और १२१५ पदाति होते है।

पृष्ठभंग = युद्ध में लड़ने की एक रीति।

पौरुषेय = दैनिक वेतन पर काम करने वाला श्रमिक।

पौरोगव = राजभवन का अधीक्षक। राजा के रसोई का अधीक्षक।

प्रउग = अक्ष से समकोण पर रथ की भार-यष्टि, जिसके दोनो ओर घोडे जाते थे। (अपर शब्द = ईषा)

प्रतिशीर्षक = बन्धन या सजा से मुक्तता पाने के निमित्त दिया जाने वाला धन।

प्रतिसर = सेना का पृष्ठभाग। (२) विवाह कंकण।

प्रतिहस्त (हस्तक) = प्रतिनिधि।

प्रत्यवस्कन्द = प्रतिवादी का वह उत्तर, जिसमें वह वादी के अभियोग का खण्डन करता है।

प्रत्यालीढ = लक्ष्यवेध करते समय धनुर्धारी की विशेष स्थिति। (अन्य स्थिति है आलीढ)

प्रथम साहस = न्यूनतम दण्ड।

प्रस्थ = एक विशिष्ट माप। यह ३२ पलों के बराबर होता है।

प्राङ्न्याय = पहले से निर्णीत मुकदमा जो केवल बाद में लेखनिविष्ट होता है।

प्राप्तव्यवहार = कानून की दृष्टि से अपने आर्थिक व्यवहार संभालने का अधिकारी युवा।

प्राभृतक = राजा या देवता को देने योग्य उपहार।

प्रीतिदत्त = विवाह के समय सास या ससुर द्वारा वधू को दी गयी सम्पत्ति।

बलिषड्भाग = आय का छठा अंश जो राजा को करभार के रूप में दिया जाता है।

बस्तिक = एक प्रकार का बाण। शरीर में घुसने पर इसका अग्र बाहर निकालना असंम्भव होता है।

बालक = पांच वर्ष की आयु का हाथी।

बाहु = सम-त्रिकोण की आधार रेखा।

बीजगणित = भारतीय गणित शास्त्र की एक शाखा। इसमें अव्यक्त संख्या का निर्देश अ, ब, य, क्ष इत्यादि प्रतीक अक्षरों से होता है। इसमें समीकरण, बहुपद, विततभिन्न, श्रेणी संख्यानुक्रम, सारणिक, समघात आदि विषयों का समावेश होता है।

ब्रह्मकिल्बिष = ब्राह्मणों के प्रति किया गया अपराध।

भद्रगणित = ऐन्द्रजालिक द्वारा खींची गई रेखाकृति।

भद्रपीठ या भद्रासन = राजा का सिंहासन।
भाजन = ६४ पलों का माप।
भाषापत्र = आवेदन पत्र।
भुजा = ज्यामिति की आकृति का पार्श्व।
भूमि = ज्यामिति की आकृतियों की आधाररेखा।
मकरव्यूह = युद्धभूमि में सैनिकों की मकराकार रचना।
मकुति = शूद्रों के लिए राजा का आदेश।
मंजील = वह गांव जिस में धोबियों का निवास हो।
माण्डलिक = प्रान्त का प्रशासक। राज्यपाल।
मानयोग = माप तोल करने की निश्चित पद्धति।
माहिषिक = पत्नी की वेश्यावृत्ति से धन कमाने वाला। (महिषी = व्यभिचारिणी स्त्री)
यव = सामान्यतः कोई भी धान्य। संहिताओं में विशेषतः जौ के अर्थ में इसका प्रयोग हुआ है।
याजक = राजकीय हाथी।
याष्टीक = लाठी से युद्ध करने वाला।
युवराज = राजा का उत्तराधिकारी पुत्र।
योगवामन = कपटपूर्ण योजना।
रत्नपंचक (पंचरत्न) = इन्द्रनील (नीलम), मरकत (पन्ना), पुष्पराग (पुखराज) और वज्र (हीरा)। नव रत्नों में ये श्रेष्ठ माने जाते हैं।
राष्ट्रिक = राज्य का नियुक्त प्रशासक राज्यपाल।
रिक्थ = किसी व्यक्ति की मृत्यु के बाद उसकी अदत्त या अवशिष्ट सम्पत्ति।
रुरुशीर्ष्णी = बाण का एक विशेषण। सींग की नोंक वाला बाण।
रेखागणित = ज्यामिति। गणितशास्त्र का एक अंग।
लावण्यार्जित = विवाहिता स्त्री की निजी सम्पत्ति जो विवाह के अवसर पर उसे पिता या सास से प्राप्त होती है।
लोहाभिहार = एक सैनिक संस्कार।
वणिक्पथ = व्यापार, क्रयविक्रय।
वराहकर्ण = एक प्रकार का बाण।
वराहकर्णिका = एक प्रकार का अस्त्र।
वर्धमान = वह भवन जिसके दक्षिण की ओर कोई द्वार न हो।
वाक्यसारथि = किसी का प्रतिनिधि होकर वक्तव्य करने वाला। अधिवक्ता।
वार्ता = वैश्य का उद्यम।
बाहिनी = अक्षौहिणी सेना। इसमें ८१ गजारोही, ८१ रथी, २४३ अश्वारोही, और ४०५ पदाति सैनिक होते हैं।
विचारस्थल = न्यायालय। न्यायाधिकरण।
विष्टिकर = बेगार में पकड़े मजदूरों का स्वामी।
व्यवहार = न्यायालयीन कार्यविधि।
व्यवहारविषय = कानूनी कार्यवाही के योग्य विषय। मनुस्मृति के अनुसार इनकी संख्या १८ है। (मनुस्मृति- ८/४-७)
व्यवहारासन = न्यायासन।

व्यूहन = युद्ध के समय किसी विशेष व्यूह के अनुसार सेना की रचना।
व्रातम् = शारीरिक श्रम की मजदूरी। इस प्रकार मजदूरी करने वाले को **'व्रातीन'** कहते हैं।
शक्ति = तीन प्रकार (१) क्रियाशक्ति, इच्छाशक्ति और ज्ञानशक्ति। (२) प्रभुशक्ति, मंत्रशक्ति और उत्साहशक्ति।
शक्रकुमारी (या इन्द्रकुमारी) = विजिगीषु राजा के इन्द्रध्वज की यात्रा में छोटी-बड़ी काष्ठमय पुतलिया। शक्रकुमारी सप्तक = नन्दा, उपनन्दा, जया, विजया, वसुन्धरा नामक दो, तथा शक्रजनित्री। (शक्रजनित्री का स्थान बीचं में होता है)।
शासनपत्र = भूमिदान आदि के संबंध में ताम्र पत्र या अन्य पत्र पर लिखित राजाज्ञा।
संख्यावाचक संज्ञाएँ = एक, दश, शत, सहस्र, अयुत, लक्ष, प्रयुक्त, कोटि, अर्बुद, अब्ज, खर्व, निखर्व, महापद्म, शंकु, जलधि, अन्त्य, मध्य, परार्ध। ये क्रमशः दशगुणित संख्याओं की वाचक संज्ञाएँ हैं।
संविदा = करार, ठेका।
सत्यंकार = अभिवचन की पूर्ति के निमित्त बयाने के रूप में दिया गया धन आदि। जमानत।
सन्नाह = युद्ध की सिद्धता।
सभिक = द्यूतसभा का प्रमुख।
समक्रिया = करार करना।
समयव्यभिचार = करार तोड़ना।
सम्मतिपत्रक = न्यायालय के निर्णय का पत्रक।
सम्राट् = राजसूय यज्ञ करने वाला तथा राजमण्डल का प्रमुख राजा।
सामन्त = चक्रवर्ती राजा को करभार देने वाला दुर्बल राजा।
साम्राज्य = सार्वभौम अधिपत्य।
सांयात्रिक = समुद्री व्यापार करने वाला।
सार्थवाह = व्यापारियों के दल का प्रमुख। (सार्थ = व्यापारियों का दल या समूह)
सुरंग (या सुरुंग) = भवन के नीचे से जाने वाला गुप्त मार्ग। (सुरंगा या सुरुंगा)
सुवर्ण = एक परिमाण। १ सुवर्ण = ८० रत्ती। (५ रत्ती = १ माष)
सुवर्णगणित = गणित शास्त्र की एक रीति।
सेनाप्रमुख = सेना का वह भाग जिसमें ३ हाथी, ३ रथ, ९ घोड़े और १५ पदाति होते हैं।
सौखशायनिक (सौखशायिक या सौखसौप्तिक) = प्रातःकाल में सुखपूर्ण निद्रा की पृच्छा करने वाला राजा का निकटवर्ती सेवक।
स्कन्धावार = सेना का शिबिर। युद्ध काल में राजा का निवास स्थान।
स्थपति = वास्तुरचना करने वाला कुशल कारीगर।

स्थानेपतित = दूंसरे के स्थान पर अधिकार करने वाला।
स्थापत्य = भवन निर्माण की कला।
स्थूणाकर्ण = एक प्रकार का सैन्य व्यूह।
स्फुटफल = त्रिकोण का क्षेत्रफल।
स्वर्णबन्ध = सोना गिरवी रखना।
हंसोदक = मदिरा का एक पौष्टिक प्रकार।
हस्ती (चार प्रकार) = (१) भद्र, (२) मन्द (३) मृग और (४) संकीर्ण।
(मृग जातीय हाथी की ऊँचाई पांच हाथ, पूँछ से कुम्भ तक लंबाई सात हाथ और मध्य की मोटाई आठ हाथ होती है। इन प्रमाणों में एक एक हाथ बढ़ाने से **मन्द** का, दो दो हाथ बढ़ाने से **भद्र** का प्रमाण होता है। संकीर्ण जातीय का प्रमाण अनिश्चित होता है। ये हाथी शुभ माने जाते हैं।
हस्ती (पांच प्रकार) = कुब्ज, मत्कुण, षण्ढ, वामन और विकट। इन जातियों के हाथी अशुभ माने जाते हैं।
हेडाबुक्क = घोडों का व्यापारी।

★ ★ ★

वर्ग - १३

पशु-पक्षी-वर्ग पर्याय शब्द

४५१ अश्व = घोटक, तुरग, तुरंग, तुरंगम, हरि, हंस, शालिहोत्र, जर्वा, सप्ति, ययु और हय।

४५२ अश्वतर (हिंदी- खच्चर) = द्रुगामी, शीघ्रग और वेगपूजित

४५३ अस्थि = हड्डु, बलकर, सन्धान, देहधारण, सकल, मांसलिप्त, सर्वभेदग्मुद्भव।

४५४ उलूक = नक्तधारी, दिवान्ध, कौशिक, कौशी, घर्घरक, भीरु, काकशत्रु और निशाचर। अन्यप्रकार- क्षुद्रोलूक = शाकुनेय, पिङ्गल, इड्डुल, वृक्षाश्रयी, बृहद्राव, पिंगलाक्ष और भयंकर।

४५५ उष्ट्र (हिंदी- ऊंट) = क्रमेलक, धूम्र, करभ, दीर्घमार्गय, ग्रीवांकुश, कुनास, दीर्घग्रीव, धूसर, वक्रग्रीव, दीर्घजङ्घ, धूम्र, दासेरक, और मय।

४५६ कच्छप (हिंदी- कछुवा) = कमठ, कूर्म, गूढांग, धरणीधर, कच्छेष्ट, पल्वलावास, वृत्त, और कठिनपृष्ठ। अन्य प्रकार – महामत्स्य, कूर्मराज, गुप्तांग, चित्रपृष्ठ, और धरणीधरक्षम।

४५७ कर्कट = कर्कटक, कुलीर, कुलीरक, संदंशक, पंकवास, तिर्यग्गामी, ऊर्ध्वदृक्।

४५८ काक = वायस, ध्वांक्ष, काण, अरिष्ट, उलूकजित्, वलिभुक्, चिरजीवी, धूलिजंघ और निमित्तकृत्। अन्य प्रकार – द्रोणकाक (या काकद्रोण)।

४५९ कुक्कुट = ताम्रचूड, दक्ष, शौण्ड, विष्किर, कालज्ञ, कृकवाकु, नियोद्धा और चरणायुध।

४६० कोकिल = परपुष्ट, परभृत, कृष्ण, असित, वसन्तदूत, ताम्राक्ष, गन्धर्व, और वनभूषण। (कोकिला= धूर्ता)

४६१ क्षुद्रमत्स्य = शफर (शफरी) और प्रोष्ठी

४६२ गर्दभ (हिंदी- गदहा) = शंकुकर्ण, बालेय, रासभ, खर, भारवाह, भूमिगम, धूसर और रेणुभूषित।

४६३ गोमूत्र = गोजल, गोपानीय, गोस्त्रव, गोकीलाल, गोनीर, सुरभिजल।

४६४ गौ = शृंगिणी, सौरभेयी, दोग्ध्री, धेनु तथा पयस्विनी

४६५ चक्रवाक = चक्री, चक्राह्व, चक्ररथ, रथी, चक्र, रथांगनामा, रथिक और कामी।

४६६ छाग (हिंदी- बकरा) = छगल, बर्कर, बस्त, पयस्वल, अज, बृकडक, मेध्य, लम्बकर्ण, और पशु।

४६७ त्वक् (त्वचा) = चर्म, असृग्धरा, कृत्ति, अजिन, देहचर्म, रक्ताधार, रोमभूमि और शरीरावरण।

४६८ दीर्घतुंडी (चूहे का एक प्रकार) = नखी, आमूषिका, छुछुंदरी।

४६९ पित्त = तेजोमय, तिक्त, शिखी, वैश्वानर, अनल, ज्वर, पक्ता, तृषाकर्ता और शोष।

४७० बलीवर्द (हिंदी- सांड) = दान्त, उग्र, गोरक्ष, धूर्वह, और स्थिर। अन्य प्रकार- वृषभ।

४७१ बिडाल = मूषकद्वेषी, वृषदंश, बिडालक, शालावृक, मार्जार, मायावी और दीप्त-लोचन। अन्य प्रकार (१) पूतिक, पूतिकेशर, सुगन्धिमूत्रपतन (गन्धमार्जार। (२) उग्र, पिंगल, उग्रबिडालक, सुगन्धिमूत्रवृषण, कस्तूरी।

४७२ भास = शिव, गृध्राकार और रजःप्रभ। अन्य प्रकार – जलकाक (दात्यूह, कालकण्टक)।

४७३ भ्रमर = षट्पद, भृंग, शिलीमुख, द्विरेफ, अलि, मधुकर, मधुप, मधुलिट्, षट्चरण, झंकारी, पुष्पलोलुप, नील, घुमघुमाराव, मधुकृत् और मधुरस्वर। अन्य प्रकार – क्षुद्र भृंगार, पूतिभृंग, और कुभृंगक।

४७४ मज्जा = अस्थिसार, बीज, तेजस् और अस्थिसम्भव।

४७५ मण्डूक = दर्दुर, मण्ड, हरि, भेक, सूचक। अन्य प्रकार – (१) राजमण्डूक = महावित्त, और मण्डव्य।

४७६ मत्स्य = मीन, शकुनि, कष्ठी, मांगल्यदर्शन, रोहित, कण्ठकाल, पाणिन और शकुल। प्रमुख प्रकार = रोहित, शकल, नन्दिकावर्त, कण्टकी (प्रकार- रणजित्, शतशंख, गोमत्स्य अलिमत्स्य और त्रिकंटक); शृंगी, मुद्गरमुखमत्स्य, इरस, पुलंग।

अन्य प्रकार – राजीव, शकुली, वागूश, शल्य, चुल्लक, कुलिश, तिमि, शिशुमार, समुद्र। सरोवर, नदी आदि जलाशयों में मत्स्य भिन्नजातीय होते हैं।

४७७ मयूर = नर्तक, बर्ही, शिखी, ध्वनी, नीलकण्ठ, मेघाराव, कलापी, शिखण्डी, और चित्रपिच्छक।

४७८ मल = विष्ठा, पुरीष, विट्, किट्ट और पूतिक।

४७९ महामत्स्य = प्रकार- तिमिंगिल, तिमिगिलगिल, और मकर, चिलमिल।

४८० महिष (हिंदी- भैंसा) = कासर, शृंगी, श्याम, कृष्ण लुलायक, विषाणी, कलुष, दंशी, पीनस्कन्ध और रजस्वल। **महिषी** = महाक्षीर, मन्दगमना, पयस्विनी, लुलायकान्ता, कलुषा और तुरंगद्वेषिणी।

४८१ मानुष = पुरुष, शतायु, नर, कान्त, मर्त्य, पुमान्, वक्ता, दीर्घपेशी और मानव।

४८२ मांस = आमिष, लोमन, रस्य, शोणितसंभव, अंगज, पिशित, कीर, क्रव्य तथा राक्षसभोजन।

४८३ मूषक (हिंदी- चूहा) = खनक, पिंग, आखु, नखी, उन्दुरुक। अन्य प्रकार – **महामूषक** = मोषी, विघ्नेशवाहन, सस्यमारी, भूफल और भित्तिपातन।

४८४ मृग = हरिण, न्यूङ्कु, सारंग, पृषात, रुरु, एण, श्यामलपृष्ठ, कुरंग और चारुलोचन।

४८५ मेद = मांससार, मांसज, एवं शुभ्र।

४८६ **मेष** (हिंदी- भेड़) = भेड्र, हुड, मेड्र, उरभ्र, उरण, अविक, अवि, पशु, एड, एडक, पृष्ठशृंगक, ऊर्णायु, रोमश, वृष्णि, मदपुच्छ और बर्ब्रक।

४८७ **रक्त** = शोणित, विस्र, असृग्, लोहित, आग्नेय, आमिषकर, प्राणद, रसमंभव, अशुद्ध और रुधिर।

४८८ **रस** = प्राणप्रद, पथ्य, षड्रस, अन्नसम्भव, रक्तधातुकर्ता, और रक्तपिता।

४८९ **रोम** = लोम, त्वगज्, चर्मज और तनूरुह। (पक्ष्म = नेत्र के रोम) (श्मश्रु = मुख के रोम)

४९० **लाव** = लावक, चित्रदेह। चार प्रकार = पांशुल, गौरक, पौण्ड्रक और दर्भर।

४९१ **वसा** = पीतधरा, मेदमांससमुद्भवा, सर्वस्नेहप्रधाना और अस्थिजननी।

४९२ **वाचा** = वाक्, वाणी, सरस्वती, गौरी, वचनी, गिरा, भारती, ब्राह्मी, भाषा।

४९३ **वानर** = मर्कट, हरि, शाखामृग, कपि, वनौकस्, प्लवग, प्लवंग, प्लवंगम।

४९४ **वायु** = प्रभंजन, कर्ता, मारुत, श्वसन, अनिल, समीरण, मातरिश्वा, पवंन, सदागति, गन्धवह, गन्धावह, स्पर्शन। दस प्रकार – प्राण, अपान, समान, उदान और व्यान। तथा, कृकर, देवदत्त, नाग, कूर्म, और धनंजय।

४९५ **वृक** (हिंदी- भेड़िया) = ईहामृग, कोक, वत्सादन और अविभुक्।

४९६ **वृषभ** (हिंदी- बैल) = अनड्वान्, दम्य, ककुद्मान और वृष। अन्य प्रकार- बलीवर्द।

४९७ **व्याघ्र** = पंचनख, द्वीपी, शार्दूल, गुहाशय, पुण्डरीक, तीक्ष्णदंष्ट, तरस्वी, और घोरदर्शन।

४९८ **शरभ** (हिंदी- चीता) = चित्रकाय, उपव्याघ्र, मृगान्तक, शूर, क्षुद्रशार्दूल और चित्रव्याघ्र।

४९९ **शरीर** = देह, काय, पुर, शकट, कलेवर, वपुस्, अवयवस्थान, आत्मा और दशरथ।

५०० **शुक** = कीर, रक्तमुख, मेधावी, और प्रियदर्शन। अन्य प्रकार- राजशुक और शतपत्र।

५०१ **शुक्र** = तेज, बल, पुंस्त्व, पौरुष, हर्षसम्भव। रेतस्, वीर्य, वृद्धिकर, शिरःस्थ, और सप्तधातुज।

५०२ **शृगाल** = जम्बुक, गोमायु, क्रोष्टुक, शिव, भल्लूक, मृगधूर्त, शालावृक, फेरु (फेरव) अन्य प्रकार (१) तरक्षु, (तरस्वी, मृगभक्ष, और घोरदर्शन)। २) कुक्कुर = भषक सारमेय, श्वानक, शुन, वक्रलांगूल, भल्लूक, और रात्रिजागर।

५०३ **श्लेष्मा** (कफ) = बलास, सतत, बलवान्, समकृत्, समयोनि, अनिर्वाण, सुनिद्राजनक

५०४ **सर्प** = भुजग, भुजंग, भुजंगम, द्रंष्टी, फणी, कुण्डली, भोगी, अहि, सरीसृप, उरग, कंचुकी, व्याल, द्विजिह्व, नाग, विषधर, चक्षुःश्रवस्, दन्दशूक, बिलेशय, जिह्मग, पवनाशन, आशीविष। अन्य प्रकार – जलसर्प, राजिल, विरुल, श्वेत, नाग, अरुण, व्यन्तर, चित्रवर्णक, गोनस, मण्डलीपात, कुलंग, कृष्णडुंडुभ, दर्वीकर और , कृष्णसर्प।

५०५ **सारिका** = गोराटिका, गोकिरीटी, गोरका, कलहाकुला, और मेधाविनी। अन्य प्रकार – प्रियवादिनी।

५०६ **सिंह** = पंचमुख, दृप्त, पंचानन, क्रव्याद्, हरि, केशरी, मृगराज, विक्रान्त और श्वेतपिंगल।

५०७ **सूकर** = वराह, वज्रदंष्ट्र, रोमश, किरि, दंष्ट्री, दंष्ट्रायुध, क्रोड, पीनस्कन्ध और बहुप्रज।

५०८ **स्त्री** = योषित्, योषा, वनिता, वासिता, वामलोचना, प्रतीपदर्शिनी, श्यामा, कान्ता, नारी, अंगना, अबला, रामा, कामिनी, भीरू, सुन्दरी, कामुका, महिला, ललना, गौरी, प्रमदा, सीमन्तिनी, युवती और एकवासा।

५०९ **हंस** = श्वेत, धार्तराष्ट्र, राजहंस और मनोरम। अन्य प्रकार - कलहंस = जलपाद, बन्धुर।

५१० **हस्तिनी** = करेणु, करिणी, धेनुका, गजस्त्री

५११ **हस्ती** (हिंदी- हाथी) = द्वीप, गज, नाग, इभ, द्विरद, करी, वारण, कुंजर, दन्ती, मातङ्ग, षष्टिहायन, कुम्भी, स्तम्बेरम, पद्मी, सिन्धु और मतंगज।

★ ★ ★

वर्ग - १४

कौटिलीय अर्थशास्त्र में उल्लिखित

वास्तुकर्म विषयक परिभाषा

अगार = संग्रह का स्थान।

अग्निशाला = स्नानगृह । (६५)

अणिद्वार = बाहर का दरवाजा। (६७)

अनेकस्थानतल (पण्यगृह) = अनेक मंजिले (२६)

अन्तरिका = दरवाजे की पाटियां (पॅनल) (६५)

अरत्नि = २४ अंगुलियों का अंतर, मुंड़ा हाथ (यही एक धनुष्य का अन्तर होता है। (२५) (२६) (१३३)

अवयर्शभित्ति = छप्पर की आधार भित्ति (दीवाल)। (६५)

अवस्कन्द = शौचकूप। (१०)

अवस्करभ्रम = पैखाने के गंदपानी की नाली। (६५)

अंसपथ = स्थलमार्ग।

अट्टाल = चबूतरा। (२४)

आचामोदकमार्ग = मुखमार्जन का स्थान। (६५)

कक्ष्य = कोना। (२६)

कक्षापरिगत = कमरों से सभी ओर से सीमित घर का भाग।

कक्षाविभाग = महल, प्रासाद। (२०)

कुट्टनशाला = कूटने-पीसने का कमरा। (६५)

कुड्य = दीवाल। (२६)

कुप्यगृह = वन्य वस्तुओं का आगर। (२५) (२६)

कुप्यागार = अन्न धान्यादिकी कोठी। (१२९)

कोष्ठक = आलय = देव मंदिर। (२५)

कोष्ठागार = धान्य, भुसार माल आदि के संग्रह का स्थान। (२) (२५) (२६)

चैत्य = पूजास्थान, समाधिस्थान। (२०)

दण्डान्तर = चार हाथों का अंतर। (२४)

देवगृह = देवमंदिर।(२५)

देवता कोष्टक = देवता का मंदिर। (२५)

निश्रेणी = सीढ़ी। (६५)

निष्कुहद्वार = गुप्त दरवाजा। (२४)

नीप्रा = घर का छप्पर। (६५)

प्रग्रीव = कठड़ा (लकड़े का) (५१)

प्रतिलोमद्वार = सामने वाले पड़ोसी के मकान का दरवाजा। (६५)

प्रतिवेश = पड़ोसी।

प्रतिसंस्कार= दुरुस्ती। (३२)

भित्तिलेप्य = ईंटे बनाने वाले या दीवाल की लीपा पोती करनेवाले। (३६)

भेषज्यगृह = औषधिशाला (२५)

भैषज्यागार = औषधियों का संग्रहस्थान (२५)

मण्डपक = कमान। (२४)

मुण्डकद्वार = कमान का दरवाजा।

मुण्डहर्म्य = शिखरहीन प्रसाद।

मोहन गृह = शत्रु को वंचित करने के लिए रचित घर। (२०)

वनस्पति के विविध वर्ग = सारदारु वर्ग (बांधकाम की लकडी), वेणुवर्ग, वल्लीवर्ग, पत्रवर्ग, पुष्पवर्ग, औषधिवर्ग। (३८)

वरत्रा = बेंत या बास की रज्जू, रस्सी। (४४)

वातायन = वायु संचार का मार्ग, खिड़की। (६५)

वानलटी = घर का छप्पर (६५)

वास्तु (या वास्तुक) - ६ प्रकार = गृह, क्षेत्र, आराम (बगीचा) सेतुबन्ध, तटाक (तालाबर), आधार (कूप आदि जलाशय) - इन छह की सामान्य संज्ञा।
२) स्थावर संपत्ति। (६५)

वास्तुक = (१) वास्तुविद्या का ज्ञानी। (२०)

वास्तुछिद्र = भवन निर्माण के निमित्त भूमि का विभाजन।

वाहिरिक = विहार स्थापन करने वाले। (२५)

वितर्दि (या वितर्दिक) = स्थंडिल, ओटा, चौका। (८०)

विष्कम्भ = चौड़ाई (२४)

विहारार्था शाला = नाट्यगृहादि भवन। (२२)

शम या शल = १४ अंगुलि अंतर। (१३३)

शाला= भवन के अंदर का चौक। (२६)

सारदारु = भवन निर्माण में उपयोगी लकड़ी। (२) मजबूत लकडी। (२५)

सारदारु = इमारती लकड़े के योग्य वृक्ष- साग, तिनिश, धन्वन (अश्वत्थ या बांस), अर्जुन, मधुक, तिलक, साल, शिंशुप (अशोक), अरिभेद, राजादन, शिरीश, खादिर, सरल (देवदार) ताल, सर्ज (सालई), अश्वकर्ण, सोमवल्क, (सफेद खैर), कश, आम्र, प्रियक, धव। (कुल २० प्रकार)

सालपरिक्षेप = लकड़े का प्रकार।

सेतु = गृह रचना के लिए लंबे खंबों पर आड़े खंभों को रखने पर बनने वाली चौखट। (६५)

सेतु = के अन्तर्गत पुष्प, फल, वाट (वाडी) षण्ड, केदार, मूल, बाद (वाफा) इन ७ विषयों का ग्रहण होता है। (२७)

* * *

वर्ग - १५

वास्तु शास्त्र एवं गणित परिभाषा

अंक = चिह्न, संख्यावाचक शब्द।

अंक गणित = गणित शास्त्र की एक सुगम एवं उपयुक्त शाखा। इसीको भास्कराचार्य 'पाटीगणित' कहते हैं। इसको 'व्यक्त गणित' भी कहते हैं।

अंकगणित की २० प्रक्रियाएँ = संकलित (जोड़), व्युत्कलित (घटाना), गुणाकार, भागाकार, वर्ग, वर्गमूल, घन, घनमूल, अपूर्णांक, त्रैराशिक, पंचराशिक, सप्तराशिक, नवराशिक, एकादशराशिक, भांड-प्रतिभांड (अदल-बदल और विनिमय) इत्यादि (ब्राह्म स्फुट सिद्धांत- ब्रह्मगुप्तकृत)

अक्षरांक पद्धति = देखिये क-ट-प यादि पद्धति। अंकानां वामतो गतिः' इस नियम का पालन प्रस्तुत पद्धति में प्रारंभ में नहीं होता था। उत्तरकालीन लेखकों ने उस नियम का अनुसरण किया है।

अंगुल = प्रतिमा का एक प्रभाण। ८ यव = अंगुल। ८ यूक = १ यव। ८ लिक्षा = १ यूक। ८ बालाग्र = एक लिक्षा। ८ रज = १ बालाग्र। ८ परमाणु = १ रज। परमाणु पहला प्रमाण है। जालान्तरगत सूर्यकिरण में दिखाई देने वाला रजःकरण (या धूलिकण) परमाणु माना जाता है।

अब्ज = शत कोटी या एक अरब की संख्या।

अय = ४ संख्यावाचक सांकेतिक शब्द (वेदांग ज्योतिष)।

अर्बुद = एक कोटी संख्या का वाचक

अलिन्द = गृह के आभ्यन्तर भाग (शाला) के बाहर का सोपानमार्ग।

उत्क्रमपद्धति = अंकगणित में जोड़ करने की एक पद्धति जिसमें क्रम पद्धति के विपरीत जोड़ किया जाता है। क्रम-पद्धति में एकम् से प्रारंभ होता है।

कटपयादि = संगीत, ज्योतिष आदि शास्त्रों में उपयुक्त शब्दानुक्रम के निर्धारण की पद्धति। यह कादि नव, टादि नव, पादि पंच, यादि-अष्ट नामक चार विभागों पर आधारित होती है। 'न वर्ण' शून्य का वाचक है। इस पद्धति में वर्णानुक्रम से प्राप्त संख्या उलटे क्रम से लिखने पर निश्चित संख्या का ज्ञान होता है।

क- ट- प यादि पद्धति = अंकगणित शास्त्र में १ से ९ अंक और शून्य संख्याओं का निर्देश। क वर्ग = १ से ५। च वर्ग = ६ से १०। ट वर्ग = १ से ५। त वर्ग = ६ से १०। प वर्ग = १ से ५। य...ह = १ से ८ इसमें स्वरों का कोई अर्थ नहीं होता। इस पद्धति में 'अंकानां वामतो गतिः' इस नियम से उलटा क्रम होता है। उदा. क, ण, ध, झ, झु, झि, ला = १५९९९९३ (आर्यसिद्धांत)।

क ट प यादि पद्धति = (प्रथम आर्यभट्ट के अनुसार) क से म तक अक्षरों से यथाक्रम १ से २५ का बोध माना है। य से ह तक वर्ण क्रमशः ३०, ४०, ५०, ६०, ७०, ८०, ९० और १०० के वाचक माने हैं। अ स्वर एक का और इ से औ तक के स्वर १ सौ से ८ सौ तक का बोध करते हैं। व्यंजनसहित स्वर उस व्यंजन से सौगुनी संख्या का बोध करता है। उदा. = महायुग में भूभ्रमणों की संख्या = ङिशिबुण लखृ = १५,८२,२३,७५,२००/- इस प्रकार आर्यभट्ट ने निर्दिष्ट की है।

कादि नव = कटपयादि संख्या पद्धति में क वर्ग के पांच और च वर्ग से झ वर्ण तक यथाक्रम एक से नौ संख्याओं का संकेत।

कुंजर = प्रासाद के २० प्रकारों में से एक। इसका आकार हाथी की पीठ के समान और मूल से चारों और १६ हाथ विस्तार होता है।

कुट्टक = अंकगणित के अन्तर्गत अत्यंत व्यापक स्वरूप का दृढभाजक।

कृत = चार संख्या का वाचक सांकेतिक शब्द।

कैलास = प्रासाद के २० प्रकारों में से एक। इसमें २८ हाथ विस्तार, आठ भूमियाँ, छह कोण और शिखर होते हैं।

क्रमपद्धति = अंकगणित में जोड़ करने की एक पद्धति जिसमें जोड़ का आरंभ एकम् से होता है। सम्प्रति यही पद्धति प्रचलित है।

गणित शास्त्र = यह वेदांग ज्योतिष का एक भाग माना जाता था।

गणित के अष्ट प्रकार = संकलन, वेवकलन, गुणन, भाजन, वर्ग, वर्गमूल, घन और घनमूल। इसीको **परिकर्माष्टक** कहते हैं।

गणितपाश = अधिक से अधिक संख्याभेद करना (परम्यूटेशन और कांबिनेशन)।

गरुड = प्रासाद के २० प्रकारों में से एक। यह गरुडाकार, सप्त भूमियों तथा २४ शिखरों से युक्त होता है। इसका विस्तार २४ हाथ होता है।

गायत्री = २४ संख्यावाचक सांकेतिक शब्द (श्रौत सूत्र)।

गुण = ८ संख्यावाचक सांकेतिक शब्द (वेदांग ज्योतिष)।

गोमूत्रिका पद्धति = अंक गणित में गुणाकार करने की पद्धतियों में एक पद्धति जो संप्रति प्रचलित है।

घट = प्रासाद के २० प्रकारों में से एक। इस में घट (या कलश) के समान आकार, एक भूमि और एक शृंग होते हैं।

जगती = ४८ संख्या का वाचक सांकेतिक शब्द (श्रौत सूत्र)।

त्रिशाल वास्तु के प्रकार = (१) हिरण्य (इसकी उत्तर दिशा में दीवार (दी वाल) नहीं होती)। (२) सुक्षेत्र (इसकी पूर्व दिशा में दीवार नहीं होती)। (३) चुल्ली (इसकी दक्षिण दिशा मे दीवार नहीं होती। (४) पक्षघ्न (इसकी पश्चिम दिशा

में दीवार नहीं होती। इनमें चुल्ली और पक्षघ्न नामक वास्तुएं अशुभ होती है।

दशमान पद्धति = भारतीय अंकगणित शास्त्र की महत्त्वपूर्ण पद्धति।

दशांकपद्धति = काल तथा अक्षर की गणना करने की प्राचीन भारतीय पद्धति।

दशांश अपूर्णांक पद्धति = अपूर्ण अंकों का निर्देश करने की भारतीय गणित शास्त्र की पद्धति।

द्विशाल वास्तु के प्रकार = (१) सिद्धार्थ (पश्चिम और दक्षिण में शालायुक्त। (२) यमसूर्य (पश्चिम और उत्तर में शालायुक्त) (३) दण्ड (उत्तर और पूर्व में शालायुक्त)। (४) वात (पूर्व और दक्षिण में शालायुक्त। (५) गृहचुल्ली (पूर्व और पश्चिम में शालायुक्त)। (६) काघ (दक्षिण और उत्तर में शालायुक्त)। इनमें केवल सिद्धार्थ वास्तु शुभ होती है।

नन्दन = प्रासाद के २० प्रकारों में एक। इसमें छह कोण, छह भूमियाँ, ३२ हाथ विस्तार और १६ अण्ड (अंडाकार शिखर) होते है।

नन्दिवर्धन = प्रासाद के २० प्रकारों में एक। इसकी आकृति पंख-पूँछ रहित गरुड के समान होती है। इसका विस्तार २४ हाथ होता है और इसमें सात भूमियाँ तथा २४ शिखर होते हैं।

नन्द्यावर्त वास्तु = शाला की दीवार से आरंभ करके प्रदक्षिणा क्रम से अलिन्द वाला भवन। इसमें पश्चिम दिशा में द्वार नहीं होता।

नियुत = एक लक्ष संख्या का वाचक

पद्म = प्रासाद के २० प्रकारों में एक। यह पद्माकृति होता है। इसमें एक भूमि और एक शृंग होते हैं।

परमाणु = देखिए अंगुल।

परार्ध = अंतिम संख्यावाचक शब्द।

परिकर्माष्टक = देखिए गणित अष्ट प्रकार) अंकगणित शास्त्र के अन्तर्गत जोड़, घटाना, गुणाकार, भागाकार आदि प्रक्रियाएं।

पाटीगणित (अंकगणित) के आठ विभाग = परिभाषा, (विविध परिमाण), परिकर्माष्टक (आठ प्रकार के जोड़ घटाना, गुणाकार इत्यादि कर्म), व्यक्तविधि, (इष्टकर्म, विषयकर्म, त्रैराशिक, इ. संकीर्ण विषय), मिश्रक व्यवहार - (व्याज, हौद, नलिका, क्रयविक्रय, वर्णज्ञान (सोने की शुद्धता), छन्दश्चिति, शिल्प इ.) श्रेढीव्यवहार, क्षेत्रव्यवहार (क्षेत्रफल, घनफल, चिति, राशि छाया इ.); कुट्टक (व्यापक स्वरूप का दृढभाजक), गणितपाश (यावच्छक्य भेदों की संख्या निकालना = परम्यूटेशन और कॉंबिनेशन); (इन आठ प्रकारों का विवरण भास्कराचार्य ने किया है।

प्रासाद के २० प्रकार = मेरु, मन्दर, कैलास, विमानच्छन्द, नन्दन, समुद्ग, पद्म, गरुड, नन्दिवर्धन, कुंजर, गुहराज, वृष, हंस, सर्वतोभद्र, घट, सिंह, वृत्त, चतुष्कोण, षोडशाश्रि और अष्टाश्रि।

भ-समूह = (भ = नक्षत्र) २७ संख्या का वाचक (वेदांग ज्योतिष)।

मंदर = प्रासाद के २० प्रकारों में एक। इसमें छह कोण, ३० हाथ विस्तार, १० भूमियाँ, और शिखर होते हैं।

मर्मस्थान (वास्तु के) = वास्तु के पदों के ठीक मध्यस्थान में वंशों या कोण से कोणगत सूत्रों का परस्पर संपात होने का स्थान। वास्तु के मर्मस्थानों का खम्भा, पाषाण, कील-आदि से पीड़ित होना अशुभ माना जाता है।

मानपद्धति = चतुर्मान, पंचमान, दशमान इत्यादि संख्याओं की गणना करने की गणितज्ञों की पद्धतियाँ।

मिश्रक व्यवहार = अंकगणित शास्त्र के अंतर्गत व्याज, हौद, नलिका, क्रय-विक्रय, वर्णज्ञान (सोने की शुद्धता), छन्दश्चिति, शिल्प आदि विषय।

मेरु = प्रसाद के २० प्रकारों में से एक। इसमें छह कोण, १२ भूमियाँ, अनेक प्रकार की खिड़कियाँ, चारों दिशाओं में चार द्वार और ३२ हाथ विस्तार होता है।

युग = १२ संख्या का वाचक (वेदांग ज्योतिष)।

युति = मेल, जोड।

रुचक वास्तु = इसमें पूर्व और पश्चिम का अलिन्द दक्षिणोत्तर शाला से संलग्न तथा उन दोनों के मध्य में स्थित होता है। इसमें उत्तर दिशा में द्वार अशुभ होता है।

रूप = एक संख्यावाचक सांकेतिक शब्द। (वेदांग ज्योतिष)।

वज्रलेप = देवप्रासाद, वलभी, शिवलिंग, देवप्रतिमा, कूप आदि में दृढता निर्माण करने वाला एक विशिष्ट कल्क या 'उबाला हुआ द्रव पदार्थ'। वज्रतल और वज्रसंघात नामक इसके दो अन्य प्रकार होते हैं।

वज्रसंघात = आठ भाग सीसा, दो भाग कांसा, एक भाग पीतल - इनको एकत्र गलाकर होने वाला वज्रलेप।

वर्धमान वास्तु = प्रधान भवन के द्वार के अन्तर्गत द्वारालिन्द, उसके प्रदक्षिण क्रम से द्वितीय अलिन्द तथा उसके प्रदक्षिण क्रम से तृतीय अलिन्द वाली वास्तु। इसके दक्षिण में द्वार नहीं होता।

वास्तुशास्त्र के दो मत = (१) मयमत और (२) विश्वकर्मा मत।

वास्तु प्रकार = सर्वतोभद्र, नन्द्यावर्त, वर्धमान, स्वस्तिक। और रुचक। ये पांच प्रकार आलिन्द के आधारपर माने जाते हैं। इनके अतिरिक्त हिरण्य, सुक्षेत्र, चुल्ली, पक्षघ्न नामक चार प्रकार **त्रिशाल वास्तु** के और सिद्धार्थ, यमसूर्य, दण्ड, वात, गृहचुल्ली और काच नामक छह प्रकार **द्विशाल वास्तु** के होते है। इनके अतिरिक्त क्षेत्रमान के अनुसार, **चतुष्षष्टि**, पदक्षेत्र, चतुरस्र वास्तु, एकाशितीपद त्रिभुजवास्तु, इत्यादि वास्तु प्रकार देवतान्यास की दृष्टि से माने गये हैं।

वास्तु के चार प्रकार = (१) **सोष्णीष** = (जिस भवन के पूर्व में वीथिका (या स्थला) होती है। **(२) सायाश्रय** = जिसके पश्चिम में वीथिका होती है। **(३) सावष्टम्भ**

= जिसके उत्तर में वीथिका होती है। (४) **सुस्थित** = जिसके चारो ओर वीथिकाएं होती हैं। ये चारों उत्तम वास्तु के प्रकार माने जाते हैं।

विमान = प्रासाद के २० प्रकारों में एक। इसमें जालगवाक्ष (जालीदार खिड़कियाँ), २१ हाथ विस्तार, आठ भूमियाँ, छह कोण होते हैं।

वीथिका = भवन के तृतियांश में निर्मित कृत्रिम भूमि। इसी को स्थला (अंगन) कहते हैं।

वृष = प्रासाद के २० प्रकारों में एक। इसमें एक भूमि, एक शृंग, वर्तुलाकार, और १२ हाथ विस्तार होता हैं।

व्यक्त गणित = अंकगणित या पाटीगणित की एक संज्ञा।

व्यक्तविधि = अंकगणित शास्त्र के अंतर्गत इष्टकर्म, विषयकर्म, त्रैराशिक इत्यादि संकीर्ण विषय।

व्युत्कलित = अंकगणित की एक पद्धति, (घटाना)

संकलित = अंकगणित की एक पद्धति अर्थात् जोड़।

समुद्ग = प्रासाद के २० प्रकारों में एक। यह वृत्ताकार होता है। इसमें एक भूमि और एक शृंग होते हैं।

सर्वतोभद्र = प्रासाद के २० प्रकारों में एक। इसमें चारों दिशाओं में चार द्वार, अनेक चन्द्रशालाएँ, पांच भूमियाँ, अनेक शिखर होते हैं। विस्तार २६ हाथ।

सर्वतोभद्र वास्तु = चारों तरफ अलिंद (बरामदा) और द्वार वाला भवन। यह राजा तथा देवताओं के लिए प्रशस्त माना जाता है।

संख्या = एक, दश, शत, सहस्र, नियुत (एक लाख), प्रयुत (दस लाख), अर्बुद (एक करोड़), न्यर्बुद (दस करोड़), समुद्र (एक अरब), मध्य (दस अरब) अन्त (खरब), परार्ध (दस अरब),। निखर्वक, बद्व, अक्षि और गो = (दश खरब)।

सिंह = प्रासाद के २० प्रकारों में एक। विस्तार आठ हाथ। यह सिंह की प्रतिमाओं से सुशोभित होता है।

स्तम्भ के पांच प्रकार = (१) **रुचक** (समान चतुष्कोण वाला स्तंभ। (२) वज्र-(समान आठ कोण वाला स्तंभ। (३) प्रलीनक (बत्तीस कोण वाला। (४) वृत्त (वर्तुलाकार स्तम्भ)। ये पांच प्रकार शुभ होते हैं।

स्तम्भ के भाग = (१) वहन (नीचे का प्रथम भाग जिससे वह भूमि पर स्थित होता (२) घट (घटाकार द्वितीय भाग)। (३) पद्म (पद्माकार तृतीय भाग) (४) उत्तरोष्ठ (उपर का चतुर्थ भाग, जहां शोभा के लिये विशिष्ट आकृतियाँ बनायी जाती है। (५) भारतुला (पंचम भाग)। (६) तुला। (७) उपतुला।

स्वस्तिक वास्तु = इसमें पश्चिम का अलिन्द दक्षिणोत्तर शाला से संलग्न, तथा इस अलिन्द से निकले हुए अन्य दो अलिन्द पूर्व दिशा की शाला से संलग्न और उन दोनों के मध्य में पूर्व का अलिन्द होता है। इसमें केवल पूर्व दिशा में ही द्वार होता है।

शतगुणोत्तर पद्धति = अंक गणना करने की प्राचीन पद्धति। इस पद्धति के अनुसार तल्लक्षण = $१०^{५३}$ अंतिम संख्या कही जाती है।

शाला = गृह का अभ्यन्तर भाग।

शून्य = संख्या वाचक एक शब्द। शून्य का कोई मूल्य नहीं होता किन्तु इसका किसी भी संख्या से गुणाकार करने पर फल शून्य ही होता है किन्तु भागाकार अनंत होता है।

हंस = प्रासाद के २० प्रकारों में एक। इसमें हंस का आकार, १२ हाथ विस्तार एक भूमि और एक शृंग होते हैं।

संख्यावाचक

संख्यावाचक सांकेतिक शब्द = यहां निर्दिष्ट किये संख्यावाचक सांकेतिक शब्दों के पर्याय वाचक शब्द भी उसी अर्थ में प्रयुक्त होते हैं। उदा. – लोचन के पर्यायवाचक नयन, नेत्र अक्षि, चक्षु इत्यादि सभी शब्द २ संख्या के वाचक होते हैं।

० = (सांकेतिक शब्द) ख, गगन, इत्यादि आकाशवाचक शब्द, पूर्ण, रन्ध्र, शून्य।

२ = कर, लोचन, कुच, यम और अश्विन् वाचक शब्द

३ = राम, गुण, लोक, अग्नि।

४ = वेद, वर्ण, समुद्र, कृत, अय, युग के वाचक शब्द।

५ = इंद्रिय, विषय, बाण, भूत, प्राण, पांडव, पर्व, के वाचक शब्द।

६ = रस, ऋतु, रिपु, दर्शन के वाचक शब्द।

७ = ऋषि, पर्वत, स्वर, धातु, छंद के वाचक शब्द।

८ = वसु, गज, सिध्दि, भूति, मंगल, अहि – के वाचक शब्द।

९ = अंक, नंद, निधि, ग्रह, द्वार, गो, पवन।

१० = अंगुलि, अवतार, दिशा।

११ = रुद्र, भर्ग।

१२ = आदित्य, मास, राशि, व्यय इ.।

१३ = विश्वेदेव, काम, अतिजगती, अघोष।

१४ = विद्या, मनु, इन्द्र, लोक इ.।

१५ = तिथि, पक्ष।

१६ = नृप, अष्टि, कला।

१७ = अत्यष्टि।

१८ = धृति।

१९ = अतिधृति।

२० = नख, कृति।

२१ = उत्कृति, प्रकृति, स्वर्ग।

२२ = कृति, जाति!

२३ = विकृति।

२४ = गायत्री, जिन, अर्हत्, सिध्द।

२५ = तत्त्व।

२७ = नक्षत्र-वाचक शब्द।

३२ = दंत-वाचक शब्द

३३ = देव-वाचक शब्द।

४० = नरक।

४८ = जगती।

४९ = तान।

* * *

(अर्थविभाग परिशिष्ट)

अर्थशास्त्र में कथित १२ राजमण्डल

परिशिष्ट

१२ अरिमित्रमित्र नृप.
१ अमात्य २ जनपद ३ दुर्ग
४ कोश ५ दंड

९ मित्रमित्र नृप.
१ अमात्य २ जनपद ३ दुर्ग
४ कोश ५ दंड

८ अरिमित्र नृप.
१ अमात्य २ जनपद ३ दुर्ग
४ कोश ५ दंड

५ मित्र नृप.
१ अमात्य २ जनपद ३ दुर्ग
४ कोश ५ दंड

४ उदासीन नृप.	**३ मध्यम नृप**	**२ अरिनृप**	**३ मध्यम नृप**	**४ उदासीन नृप**
१ अमात्य २ जनपद ३ दुर्ग ४ कोश ५ दंड	१ अमात्य २ जनपद ३ दुर्ग ४ कोश ५ दंड	१ अमात्य २ जनपद ३ दुर्ग ४ कोश ५ दंड **१ विजिगीषु नृप** १ अमात्य २ जनपद ३ दुर्ग ४ कोश ५ दंड	१ अमात्य २ जनपद ३ दुर्ग ४ कोश ५ दंड	१ अमात्य २ जनपद ३ दुर्ग ४ कोश ५ दंड

६ पार्ष्णिग्राह नृप.
१ अमात्य २ जनपद ३ दुर्ग
४ कोश ५ दंड

७ आक्रंद नृप.
१ अमात्य २ जनपद ३ दुर्ग
४ कोश ५ दंड

१० पार्ष्णिग्राहासार नृप.
१ अमात्य २ जनपद ३ दुर्ग
४ कोश ५ दंड

११ आक्रंदासार नृप.
१ अमात्य २ जनपद ३ दुर्ग
४ कोश ५ दंड

संस्कृत वाङ्मय कोश

तृतीय खण्ड : परिभाषा

[दो जिल्दों में]

❷

(उत्तरार्द्ध)

सम्पादक

डॉ. श्रीधर भास्कर वर्णेकर

प्रज्ञाभारती

भूतपूर्व संस्कृत विभागाध्यक्ष, नागपुर विश्वविद्यालय

भारतीय भाषा परिषद, कोलकाता

की ओर से

लोकभारती प्रकाशन

प्रकाशक
भारतीय भाषा परिषद्, कोलकाता
की ओर से

लोकभारती प्रकाशन
पहली मंजिल, दरबारी बिल्डिंग, महात्मा गांधी मार्ग
प्रयागराज-211 001

वेबसाइट : www.lokbhartiprakashan.com
ईमेल : info@lokbhartiprakashan.com

शाखाएँ : 1-बी, नेताजी सुभाष मार्ग, दरियागंज
नई दिल्ली-110 002
अशोक राजपथ, साइंस कॉलेज के सामने
पटना-800 006
1, अनमोल सोराबजी संतुक लेन, धोबी तलाव,
मरीन लाइंस, मुम्बई-400 002

पहला संस्करण : 1992
दूसरा संस्करण : 2015
This book is printed on **Print on Demand**
Technology : 2024

SANSKRIT VANGMAYA KOSH
PART-III (PARIBHASHA) VOL.II
Edited by Dr. Shridhar Bhasker Varnekar

ISBN : 978-81-8031-992-1

तृतीय खंड की दो जिल्दों का
मूल्य : ₹2000

प्रकाशकीय

भारतीय भाषा परिषद, राष्ट्र की सभी प्रादेशिक भाषाओं के साहित्यकारों व पाठकों में पारस्परिक सौमनस्य, समादर, सम्यक् सम्पर्क हेतु संस्थापित सेतु-संस्था है। परिषद ने देश की विभिन्न भाषाओं के श्रेष्ठ उपन्यास, कहानियां कविता के सारांश अथवा मूल रूप का सक्षम हिन्दी रूपांतर करवाकर प्रादेशिक वाङ्मय के अमोल ग्रंथ रत्नों को सुधी पाठकों के सामने प्रस्तुत करने का प्रयास किया है।

संस्कृत सभी भारतीय भाषाओं की जननी है। अतः परिषद ने १९८० में एक परिकल्पना की कि सम्पूर्ण संस्कृत् वाङ्मय का परिदर्शन हिन्दी के माध्यम से प्रस्तुत हो। इस परिकल्पना को साकार किया, संस्कृत के परिनिष्ठित विद्वान डॉ. श्रीधर भास्कर वर्णेकर ने। इस योजना के अंतर्गत प्रथम व द्वितीय खण्ड पहले प्रकाशित हो चुके हैं। भारतीय भाषा परिषद को संस्कृत वाङ्मय कोश के तृतीय खण्ड (परिभाषा खण्ड) के प्रकाशन पर उपलब्धि व तुष्टि बोध से विलक्षण गौरव का अनुभव हो रहा है।

संस्कृत वाङ्मय कोश के - प्रथम दो खण्डों (ग्रंथकार व ग्रंथ खण्ड) का प्रकाशन व लोकार्पण १९८९ के प्रारंभ में हुआ था। संस्कृत की महनीय अपार सम्पदा का वरदान राष्ट्रभाषा हिन्दी को डॉ. श्रीधर भास्कर वर्णेकर की सप्त-वर्षीय एकलव्य-निष्ठा के द्वारा मिला। सात वर्षों तक, देववाणी संस्कृत के शीर्षस्थ विद्वान डॉ. वर्णेकर ने सर्वतोभावेंन इस कोश सम्पादन के प्रति अपने को समर्पित कर, यह अतुलनीय कृति लोक-मानस को राष्ट्रभाषा / हिन्दी के माध्यम से प्रदान की। इन दो खण्डों के प्रकाशन पर देश के प्रतिष्ठित आचार्यों ने विस्मय-भरी व आनन्दमयी मुद्रा में मुक्त कंठ से इस अवदान का अभिनंदन किया।

१९८९ की जनवरी में ही इन दो खण्डों के प्रकाशन के साथ-साथ डॉ. वर्णेकर पुनः तृतीय खण्ड- परिभाषा खण्ड - की सामग्री संकलन, संचयन व संपादन मे जुट गये। भारतीय भाषा परिषद की मूल योजना संस्कृत वाङ्मय के दिग्दर्शन को चार खण्डों में नियोजित करने की थी। ये चार खण्ड थे – ग्रंथकार, ग्रंथ, परिभाषा व सन्दर्भ। पर ग्रंथकार व ग्रंथ खण्डों में ही सन्दर्भ- सामग्री का इतनी प्रचुरता से समावेश हो गया कि सन्दर्भ खण्ड, का पृथक प्रस्तुतीकरण अनावश्यक प्रतीत हुआ। पर 'परिभाषा खण्ड' की प्रस्तुति तो अनिवार्य थी ही। डा वर्णेकर ने जनवरी १९८९ से अक्टूबर १९९१, तक अनवरत प्रतिदिन नागपुर से बाहर अनेकों प्रवास की अवधि में भी निरत रह कर, १९९१ की विजयादशमी को "परिभाषा खण्ड" की रचना का कार्य सम्पन्न किया।

ग्रंथकार व ग्रंथ खण्डों के सम्पादन की तुलना में परिभाषा खण्ड के प्रणयन का कार्य ही दुष्कर था। एक ही शब्द की अलग-अलग विधाओं में सर्वथा नयी परिभाषा होती है, फिर धर्म, योग, ज्ञान, मोक्ष, ईश्वर, सुख, आत्मा जैसे महत्वपूर्ण शब्दों का "दर्शन" जैसी एक ही विधा में विभिन्न व्याख्याकारों ने अपनी मान्यता के अनुसार भिन्न रूपों में परिभाषित किया है। वरेण्य सम्पादक ने इन उलझनों का भी समाधान किया है।

प्रस्तुत खण्ड में परिभाषाओं का धर्म, अर्थ, काम तथा मोक्ष चार पुरुषार्थ तथा एक संकीर्ण- कुल पांच शीर्षकों के अन्तर्गत विभाजन किया गया है।

धर्म विभाग में वेद, वेदांग, स्मृति व टीकाओं की धर्म, यज्ञ, व्रत, आदि शब्दों की तथा भगवद्‌गीता की विशिष्ट परिभाषाएँ है। एक "व्रत" शब्द में ही बौद्ध, जैन, शैव, वैष्णव विभिन्न सम्प्रदायों के व्रतों की व्याख्या है। छन्दः शास्त्र तथा ज्योतिष में प्रयुक्त शब्दावली की परिभाषाएं भी इसी विभाग में है। **अर्थ विभाग** में कौटिलीय अर्थशास्त्र, शुक्रनीति व मनु-स्मृति के शब्द परिभाषित है। **काम विभाग** में नाट्य, साहित्य, संगीत, शिल्पचित्रकला में चर्चित शब्दों की परिभाषाएं है। **मोक्ष विभाग में** भारतीय दर्शन के विभिन्न पक्ष आस्तिक, नास्तिक दर्शन, शब्दावली की परिभाषाएं है।

पंचम-विभाग में दृष्टान्त वाक्य, खण्डन-मण्डनात्मक शास्त्रग्रंथों के सिद्धांत वाक्यों का चयन तथा परिभाषा है।

भारतीय भाषा परिषद की परिकल्पना को इतने विराट व सधन रूप में साकार करने की जो साधना डॉ. वर्णेकर ने की है, परिषद उसका आभार व्यक्त करने में बहु-विध अलंकारिक शब्दों का प्रयोग करके भी अपने को असमर्थ पाती है।

इतना बड़ा कार्य सम्पन्न करके डॉ. वर्णेकर सफल तरुवर की विनीत मुद्रा में कहते हैं - "मेरे स्वामी ने भण्डार खोल रखा है, यह समस्त माल उसी का है, मै तो केवल भारवाही मज़दूर हूं।"

भारतीय भाषा परिषद का विश्वास है कि संस्कृत वाङ्मय कोश के इस परिभाषा खण्ड का विद्वत् मनीषीगणों के समाज में पूर्व प्रकाशित दो खण्डों के समान ही सम्यक् समादर होगा।

परमानंद चूडीवाल

संपादकीय निवेदन

सन् १९७९ में नागपुर विश्वविद्यालय के संस्कृत विभागाध्यक्ष पद से मैं सेवानिवृत्त हुआ। उसी वर्ष कलकत्ता की भारतीय भाषा परिषद के कार्यकर्ताओं ने 'संस्कृत वाङ्मय कोश' का प्रकाशन करने का निर्णय किया और उस के संपादन का दायित्व १९८१ में मुझ पर सौंपा।

१ अप्रैल १९८२ से संपादन कार्य का प्रारंभ हुआ। कुछ सहकारियों की सहायता से **'ग्रंथकार खण्ड'** और **'ग्रंथखण्ड'** नामक दो खंडों का संपादन सन् १९८८ में संपूर्ण हुआ। प्रथम दो खण्डों का प्रकाशन भारत सरकार के मानव संसधान विकास मन्त्रालय की आंशिक आर्थिक सहायता से हुआ।

भारत के विद्वान् एवं लोकप्रिय उपराष्ट्रपति डॉ. शंकर दयाल शर्मा जी की अध्यक्षता में माननीय श्री. नरसिंह राव (आज के हमारे प्रधान मंत्री) एवं श्री. वसंतराव साठे (तत्कालीन ऊर्जामंत्री) इत्यादि महानुभावों के गुणग्रहणात्मक भाषणों के साथ उपराष्ट्रपतिभवन में प्रस्तुत कोश के प्रथम दो खंडों का प्रकाशन समारोह दि. ७ जनवरी १९८९ को संपन्न हुआ। भा. भा. परिषद की कोश योजना के अन्तर्गत **'परिभाषाखण्ड'**-नामक तृतीय खण्ड का प्रकाशन बाकी रहा था। दिल्ली एवं कलकत्ता में संपन्न प्रकाशन समारोह के तुरंत पश्चात् हमने इस कार्य का शुभारंभ किया।

संस्कृत वाङ्मय के अन्तर्गत प्रायः सभी शास्त्रों के महत्त्वपूर्ण पारिभाषिक शब्दों का चयन और उनका हिंदी में यथोचित स्पष्टीकरण, इस प्रकार का कार्य करने की दृष्टि से सहकारी की आवश्यकता तो थी, किन्तु दुर्लभता के कारण यह संपूर्ण संपादन अथ से इति तक हमें एकाकी करना पड़ा। प्रारंभिक दो खण्डों के संपादन कार्य के कारण, अन्तःकरण में इस कार्य में कुछ विशेष रुचि प्रबल हुई थी। इसी कारण यह कार्य एकाकी करने में अपूर्व आनन्द का अनुभव प्रतिदिन मिलता रहा। १९८९ के जनवरी मास में जिस दिन से हमने इस संपादन कार्य का प्रारंभ किया उस दिन से १९९१ की विजयादशमी तक हमारे इस अनुष्ठान में (प्रवास काल में भी) खण्ड नहीं पडा। संकल्पित कार्य में इस प्रकार निर्विघ्नता प्रभुकृपा के कारण ही प्राप्त हो सकती है। अव यह कार्य समाप्त होने के कारण एक प्रकार की रिक्तता का अनुभव आ रहा है।

प्रथम दो खण्डों का मुद्रण 'भाग्यश्री' फोटो टाइपसेटर्स एन्ड ऑफ्सेटप्रिन्टर्स (लक्ष्मीनगर, नागपुर) के संचालक श्री. अरविन्द मार्डीकर ने जिस आत्मीयता और तन्मयता से किया, उसी भाव से इस तृतीय खण्ड का भी मुद्रण कार्य उन्होंने किया है। 'भाग्यश्री' मुद्रणालय जैसा उत्तम मुद्रणालय हमें मिला यह हमारा भाग्य फल हम समझते हैं। ग्राहक वर्ग ने प्रारंभिक दो खण्डों के सुन्दर एव निर्दोष मुद्रण की जिस प्रकार सर्वत्र प्रशंसा की, उसी प्रकार इस तृतीय खण्ड के भी मुद्रण की प्रशंसा अवश्य होगी।

प्रस्तुत कोश के तीनों खण्डों के शोध्य पत्रों के शोधन कार्य में हमारे परम मित्र. श्री. मोहन मार्डीकर (नागपुर विश्वविद्यालय के कला विभाग के भूतपूर्व अधिष्ठाता) का जो सहयोग हमें मिला, वह सर्वथा अभिनन्दनीय है।

परिभाषा खण्ड की रूपरेषा

प्रस्तुत तृतीय खण्ड का विभाजन पांच भागों में किया है। (१) धर्म, (२) अर्थ, (३) काम, (४) मोक्ष और (५) न्यायसंग्रह। **(१) धर्मविभाग** में वेद या वेदांगों में तथा धर्मशास्त्र में प्रयुक्त पारिभाषिक शब्दों का चयन हुआ है। वैदिक शब्दावली में शतपथ, ऐतरेय आदि ब्राह्मण ग्रन्थों तथा आश्वलायन, बौधायन, कात्यायन, आपस्तंब आदि श्रौतसूत्रों, कल्पसूत्रों, गृह्यसूत्रों तथा धर्मसूत्रों एवं मनु, याज्ञवल्क्य, आदि स्मृतिग्रंथ, और मन्वर्थमुक्तावली (ले. कुल्लूकभट्ट), मिताक्षरा (ले. विज्ञानेश्वर) आदि कुछ टीका-ग्रंथों में प्रयुक्त विविध प्रकार के पारिभाषिक शब्दों का चयन करने का प्रयत्न हुआ है। भारत की धर्म विषयक परिभाषा में यज्ञविधि, संकरोत्पन्न जाति, एवं विविध प्रकार के व्रत से संबंधित पारिभाषिक शब्दों का प्राधान्य है। व्रतों में बौद्ध, जैन, शैव, वैष्णव संप्रदायों के व्रतों का यथोचित निर्देश हुआ है।

वेदांगों के पारिभाषिक शब्दों का चयन महत्त्वपूर्ण ग्रंथों तथा उनकी टीकाओं से हुआ है। **व्याकरण** – इसमें सिद्धान्त कौमुदी (बालमनोरमा टीका), पाणिनिकृत शिक्षा, गणपाठ, धातुपाठ, पातंजल महाभाष्य, भर्तृहरिकृत वाक्यपदीय तथा स्व. गुंडेराव हरकरे कृत प्रत्यय कोश, स्व. रावबहादुर नाराणय दाजीबा वाडेगावकरकृत परिभाषेन्दुशेखर का मराठी भाषान्तरात्मक भाष्य इत्यादि ग्रन्थों से शब्दों तथा उनके विवरण का चयन हुआ है। **छन्दःशास्त्र** – इसमें वृत्तरत्नाकर (ले. केदार भट्ट, व्याख्या – नारायणी-नारायण भट्ट कृत); पिंगल सूत्र, (मृतसंजीवनी व्याख्या – हलायुध भट्ट कृत) इन ग्रन्थों से प्रधानतया शब्दों का चयन हुआ है। **ज्योतिषशास्त्र** – इसमें बृहत्संहिता (वराहमिहिर कृत),

(व्याख्या अच्युतानंद झा), ब्रह्मस्फुटसिद्धान्त (ब्रह्मगुप्त कृत), सिद्धान्तशिरोमणि (भास्कराचार्यकृत), जैसे ग्रंथों से शब्दार्थ का चयन हुआ है। **आयुर्वेद** – चार उपवेदों में से आयुर्वेद की परिभाषा का चयन धर्मविभाग में हुआ है। इस परिभाषा का चयन प्रधानतः चरकसंहिता, सुश्रुतसंहिता (व्याख्या- दत्तो बल्लाळ बोरकर), अष्टांगहृदय (वाग्भटकृत), (व्याख्या डॉ. र. कृ. गर्दे), शाङ्‌र्गधर संहिता, धन्वन्तरिनिघण्टु (व्याख्या झारखंडे, ओझा), वैद्यकोष (चक्रपाणि दत्तकृत) जैसे ग्रन्थों से हुआ है।

(२) **अर्थविभाग** – इसमें मुख्यतः कौटिलीय अर्थशास्त्र (हिवरगावकर कृत तथा डॉ. कंगलेकृत मराठी भाषान्तर) शुक्रनीति तथा मनुस्मृति से परिभाषा का चयन हुआ है।

(३) **कामविभाग** – इसमें कामशास्त्र के साथ नाट्य, साहित्य, संगीत, शिल्प और चित्रकला जैसे कामपुरुषार्थ से संबंधित उपांगों से संबंधित शास्त्रों की परिभाषा का चयन विषयानुसार हुआ है। यह परिभाषा भरत नाट्यशास्त्र, दशरूपक (धनिक-धनंजयकृत), काव्यप्रकाश (मम्मटाचार्य कृत), साहित्य-दर्पण (कविराज विश्वनाथकृत), काव्यमीमांसा (राजशेखर कृत), शृंगारप्रकाश (भोजकृत), संगीतरत्नाकर (निःशंकशाङ्‌र्गदेवकृत), समग्र भातखंडे ग्रंथावली, जैसे ग्रंथों से संकलित की है।

(४) **मोक्षविभाग** – इसमें सभी आस्तिक एवं नास्तिक दर्शनों में उपयुक्त दार्शनिक परिभाषा का चयन हुआ है। भगवद्‌गीता के शांकरभाष्य में तथा प्रज्ञाचक्षु गुलाबराव महाराजकृत वेदान्तपदार्थोद्देश-दीपिका, सर्वदर्शनसंग्रह (माधवाचार्यकृत), अर्थसंग्रह (लौगाक्षीभास्करकृत), इन मौलिक ग्रंथों के साथ, जैनधर्मामृत (डॉ. उमेश मिश्र), भारतीयदर्शन (पं. बलदेव उपाध्याय) जैसे प्रबन्धों से भी सहायता ली गयी है।

इन महत्त्वपूर्ण ग्रन्थों के अतिरिक्त वैदिककोश (डॉ. सूर्यकान्त कृत), हिन्दी विश्वकोश, भारतीय संस्कृति कोश (१० भाग, पं. महादेव शास्त्री जोशी कृत) संस्कृत-हिंदी कोश (वामन शिवराम आपटे कृत), न्यायकोश (भीमाचार्य झळकीकर कृत) इत्यादि श्रेष्ठ कोशग्रन्थों से यथोचित मात्रा में शब्दों का चयन एवं अर्थों का विवरण हमने किया है।

इन सभी ग्रंथकारों, भाष्य-टीकाकारों, प्रबंधकारों एवं कोशकारों के हम सर्वथा ऋणी हैं।

(५) **न्यायसंग्रह विभाग** – संस्कृत शास्त्र ग्रंथों के प्रतिपाद्य विषयों के खण्डन मण्डनात्मक शास्त्रार्थों में, सिद्धान्तों के निदर्शन या दृष्टान्त के रूप में अत्यंत मार्मिक वाक्य मनीषियों द्वारा कहे गये हैं। वे सर्वत्र और सर्वदा बोधप्रद हैं। प्रस्तुत कोश के निमित्त पारिभाषिक शब्दों का संकलन करते समय जो दृष्टान्तवचन या दृष्टान्तरूप कल्पनाएँ हमें मिलती गयीं, उनका संकलन तथा स्पष्टीकरण हमने किया। साथ ही इस प्रकार का प्रयत्न 'लौकिक न्यायांजलि' के तीन भागों का संपादन करने वाले कर्नल जेकब के द्वारा संकलित तथा 'दृष्टान्तपाठ' नामक महाराष्ट्र के महानुभाव संप्रदाय के प्रमाणभूत ग्रंथ में संगृहीत दृष्टान्तस्वरूप न्यायों का एवं शांकरभाष्य, पातंजलमहाभाष्य परिभाषेन्दुशेखर जैसे ग्रंथों में कथित न्याय-स्वरूप वचनों का और सुभाषितों में ग्रंथित दृष्टान्तवचनों का भरपूर मात्रा में चयन इस विभाग में हुआ है। यहां सभी पारिभाषिक शब्दों का चयन शास्त्रात्मक प्रकरणानुसार हुआ है। जिन शब्दों का अन्तर्भाव विशिष्ट प्रकरण में नहीं हो सका तथा वर्णक्रमानुसार संपादन का कार्य समाप्त होने के बाद जो संग्राह्य शब्द हमें मिले; उनका भी संकलन, परिशिष्टों में हुआ है। इस प्रकार संस्कृत वाङ्मय कोश का यह तृतीय खण्ड 'पंचमुखी' हुआ है।

कोश संपादन का कार्य मधुकोष के निर्माण सा होता है। किसी भी कोश में कोशकार का अपना कुछ नहीं होता। होता है उसका केवल परिश्रम। महाराष्ट्र के संतशिरोमणी श्री. तुकाराम महाराज अपनी अभंग गाथा के संबंध में कहते हैं –

''फोडिले भांडार धन्याचा हा माल।
मी तव हमाल, भारवाही।।''

(**भावार्थ** – मेरे स्वामी ने भंडार खोल रखा है, वहीं का यह सारा माल है। मै तो केवल भारवाही मज़दूर हूं।)

प्रस्तुत कोश में पारिभाषिक शब्दों का चयन तथा विवरण करने में हमने केवल मज़दूरी की है। यह सारा माल पूर्व सूरियों का ही है।

दूसरी दृष्टि से यह काम मालाकार के समान है। मालाकार पुष्पावली को उत्पन्न नहीं करता। वह केवल विविध रंगबिरंगे पुष्पों का पुष्पोद्यानों से चयन करता है और अपनी कुशलता से सुन्दर पुष्पमाला बनाकर उपासकों को समर्पण करता है।

प्रभुकृपा से संस्कृतवाङ्मय कोश के तीन खण्डों के संपादन का कार्य अब तक हमसे हो सका। उसके गुणों से अवगुण अधिक हैं यह हम स्वयं जानते हैं। ये सारे अवगुण हमारी अल्पज्ञता, असमर्थता, और असहायता के कारण हुए हैं। संस्कृत वाङ्मय संबंधी कोशसाहित्य में इस प्रकार से ग्रंथकार, ग्रंथ तथा विविध शास्त्रोक्त पारिभाषिक

शब्दों का समेकित चयन करने का यह प्रारंभिक उद्योग है। आशा है कि आगे चलकर श्रेष्ठ विद्वज्जन इस योजना के अनुसार प्रस्तुत **कोशत्रयी** में अनुक्त और दुरुक्त का दोष दूर करते हुए बृहत्तम आकार के कोश निर्माण करेंगे। इन कोशों में उल्लिखित (और अनुल्लिखित भी) ग्रंथकार हमारी सनातन राष्ट्रीय संस्कृति के महान् उपासक थे। उनके द्वारा निर्मित सारी संस्कृत ग्रंथसंपदा हमारा राष्ट्रीय निधान है। उस ग्रंथसंपदा में प्रतिपादित विविध स्वरूप शास्त्रीय ज्ञान-विज्ञान और उसका धारण एवं वहन करने वाले शास्त्रोक्त पारिभाषिक शब्द उस राष्ट्रीय विधान के अन्तर्भूत रत्नकोश या हिरण्यकोश है। भारतीय संस्कृति की रक्षा करने के कार्य में इस 'त्रयी' की आराधना करना सर्वश्रेष्ठ कार्य है।

भारतीय भाषा परिषद इसी कार्य के लिए बद्ध परिकर है। परिषद ने अपनी इस योजना में मुझ जैसे नगण्य व्यक्ति को सहभागी किया यह मेरा अहोभाग्य है। परिषद के सभी अग्रगण्य कार्यकर्ताओं को इस निमित्त अन्तःकरणपूर्वक धन्यवाद देता हूं।

प्रभो तव कृपां विना तृणकणोऽपि न स्पन्दते
सहस्रकिरणोऽपि न क्षणशतांशमुद्योतते.।
न चेन्दुरपि राजते न खलु गीष्पतिर्भाषते
कुतो नु बत मादृशो विरचयेत कोशत्रयम्।

— **श्रीधर भास्कर वर्णेकर**

संस्कृत वाङ्मय कोश

तृतीय खण्ड – परिभाषा

अन्तरङ्ग दर्शन

(कुल पृष्ठसंख्या १३)

विश्व के शास्त्रीय वाङ्मय का विहंगावलोकन करने पर यही दिखाई देता है की मानव जीवन को चरितार्थ करने वाले, धर्म, अर्थ, काम और मोक्ष – इन चारों पुरुषार्थों की प्राप्ति के लिए, आवश्यक ज्ञान-विज्ञान के प्रायः सभी मूलभूत ग्रंथ भारत में ही प्रथम निर्माण हुए। इस ज्ञान-विज्ञान की अभिव्यक्ति का माध्यम संस्कृत भाषा होने के कारण यहां के सारे शास्त्रीय चर्चात्मक ग्रंथ संस्कृत भाषा में ही उपनिबद्ध हुए।

पारिभाषिक शब्द

शास्त्रकार विद्वान् अपने सविस्तर आशय को अल्पाक्षरों में संगृहीत करने हेतु पारिभाषिक शब्दों का निर्माण करते हैं। ऐसे शब्द प्रायः व्याकरण की व्युत्पत्ति के अनुसार बनाए जाते हैं। अतः अनेक पारिभाषिक शब्दों के अर्थ उनके विग्रह या लौकिक व्युत्पत्ति के द्वारा अनायास प्राप्त हो सकते हैं। उदाहरणार्थ 'अर्थान्तरन्यास' एक अर्थालंकार का वाचक शब्द है। अलंकार शास्त्र के लेखकों ने इस अलंकार का लक्षण अपने अपने शब्दों में बताया है, तथापि अर्थान्तरन्यास शब्द का विग्रह करने से उक्त लक्षण का मूलभूत आशय ध्यान में आ सकता है। अतः व्याकरण या व्युत्पत्ति शास्त्र का पर्याप्त अध्ययन करने वालों के लिए अनेक पारिभाषिक शब्द सुबोध होते हैं। उस सुबोधता के कारण वे व्यावहारिक भाषा में रूढार्थक शब्दों की भांति प्रचलित भी होते हैं। यज्ञ, धर्म, माया, पत्नी, यजमान, राग, ताल, रस, इत्यादि सैकड़ों पारिभाषिक शब्द लौकिक भाषा में रूढ हो चुके हैं।

सामान्य मनुष्य को उन शब्दों के पारिभाषिक (अर्थात् शास्त्रकारों द्वारा आरोपित) ''कृत्रिम अर्थ'' का ज्ञान नहीं होता। जब वह किसी शास्त्रीय ग्रंथ का अध्ययन करता है, तब उन सुपरिचित शब्दों का शास्त्रोक्त अर्थ जानकर एक आश्चर्य का अनुभव करता है।

कालप्रभाव सर्वव्यापी होता है। उसके कारण अनेक शास्त्रों का भी लोप यथाकाल क्रमशः होता है। समाज में प्राचीन शास्त्रों का अध्ययन बंद होकर नवोदित शास्त्रों का अध्ययन होते लगता है। ऐसी अवस्था में पुराने शास्त्रों के पारिभाषिक शब्दों का प्रचार न रहने के कारण, वे लुप्तप्राय होते हैं। और प्रचार में रहे तो भी फूलों के सुगंध की भाँति उनका अर्थ उड़ जाने के कारण, गंधहीन पुष्पों के समान अनेक पारिभाषिक शब्द अर्थहीन होकर इधर उधर पड़े रहते हैं। उनके मूलभूत विशिष्ट अर्थों की खोज करते समय, उस लुप्तप्राय अर्थ के ज्ञान से एक विचित्र आनंद आता है।

प्राचीन काल में पाली, अर्धमागधी, शौरसेनी, महाराष्ट्री, द्राविड, इत्यादि अनेक अपभ्रंशात्मक भाषाएँ देश के विविध प्रदेशों के लोकव्यवहार में प्रचलित थीं। पाली-प्राकृत में तो बौद्ध-जैन संप्रदायों का प्रमाणभूत साहित्य भरपूर निर्माण हुआ, किन्तु उनमें 'शास्त्रीय' कहने योग्य ग्रन्थों की निर्मिति नहीं हुई। महाराष्ट्री, शौरसेनी आदि अनेक लोकभाषाओं को किसी सम्प्रदाय के प्रचार का माध्यम होने का सौभाग्य प्राप्त नहीं हुआ, अतः उन सभी लोकभाषाओं में विशेष उल्लेखनीय कोई ग्रंथरचना नहीं दिखाई देती। सूक्ष्म शास्त्रीय चर्चा करने की प्रगल्भता इन लोकभाषाओं में नहीं थी। व्यवहार में विविध प्रादेशिक भाषाओं का उपयोग करने वाले शिक्षित 'शिष्ट' लोग भी अपने ज्ञातव्य या प्रतिपाद्य शास्त्रीय विषयों की चर्चा के लिए, संस्कृत शब्दों का ही प्रयोग करत्ते थे।

लौकिक भाषाओं के क्षेत्र में एक उल्लेखनीय कन्नड ग्रंथ है ''शब्ददर्पण''। १३ वीं शती में कर्नाटक के एक जैन व्याकरणाकार केशिराज ने इस ग्रंथ की रचना की है। इस ग्रंथ के ९ भागों में से प्रथम आठ भागों में व्याकरण विषय की चर्चा और अंतिम नौवें भाग में श्रेष्ठ कवियों द्वारा प्रयुक्त गूढ शब्दों का स्पष्टीकरण किया है। वह कोशग्रंथ एक प्रादेशिक भाषा में है किन्तु उसमें संचित पारिभाषिक शब्द संस्कृत शास्त्रों के है। साहित्य, व्याकरण ज्योतिष, आयुर्वेद, योग, वेदान्त आदि विविध शास्त्रीय विषयों की चर्चा वाचिक तथा लिखित स्वरूप में आज के विविध भाषाभाषी भारतीय लोग अपनी अपनी बंगला, हिन्दी, मराठी, कन्नड, तेलुगु, गुजराती आदि प्रादेशिक भाषाओं में भरपूर मात्रा में करते हैं। उनकी चर्चा का माध्यम प्रादेशिक भाषा होते हुए भी, जिस शास्त्र की चर्चा होती है, उसके सारभूत, सिद्धान्तबोधक, सभी शब्द संस्कृत होते हैं। उनके प्रमाणभूत सारे आप्तवाव्य भी संस्कृत वाङ्मय के ख्यातनाम आकर ग्रंथों से उद्धृत किए जाते हैं।

अनुवाद असंभव

भारत की सभी प्रादेशिक भाषाओं में अर्वाचीन कालखंड में (१९-२० वीं शती में) इस प्रकार के संस्कृत शास्त्राधिष्ठित तथा उन शास्त्रों में प्रतिष्ठित पारिभाषिक शब्दों से अनुप्राणित, अनेक ग्रंथों का प्रकाशन भूरि मात्रा में हुआ है। ऐसे ग्रंथों में अनुवादात्मक तथा विमर्शात्मक ग्रंथों का मुख्यतः अन्तर्भाव होता है। उदाहरण के लिए भारतीय साहित्य शास्त्र विषयक डॉ. सत्यव्रत सिंह कृत साहित्यदर्पण की 'शशिकला' नामक हिन्दी व्याख्या देखिए। इसमें मूल कारिकाएँ, उनकी वृत्तियाँ, उदाहरणपद्य आदि के अनुवाद तथा उनका ''विमर्श'' यह सारा लेखन है तो हिन्दी में, किन्तु ''शशिकला' का विवेचनीय विषय साहित्यदर्पण में प्रतिपादित साहित्य शास्त्र होने के कारण, व्याख्याकार को पद पद पर साहित्य शास्त्र के मूलभूत पारिभाषिक शब्दों का प्रचुर मात्रा में उपयोग करना अनिवार्य था। इसका कारण सैद्धान्तिक विचारों का अनुवाद और विवेचन उन पारिभाषिक शब्दों के प्रयोग किये बिना असम्भव होता है। अभिधा, लक्षणा, व्यंजना, विभाव, अनुभाव, उपमा, दृष्टान्त, विभावना, विशेषोक्ति, इत्यादि अनेकविध साहित्यशास्त्रीय पारिभाषिक संज्ञाओं की लक्षणकारिकाओं के अनुवाद और विवरण प्रस्तुत ग्रंथ में विशिष्ट स्थान पर अवश्य हुए हैं, किन्तु पारिभापिक संज्ञाओं का प्रयोग प्रत्येक स्थान पर हिंदी स्पष्टीकरण के साथ देना ग्रंथकार के लिए असम्भव है। अतः ऐसी संस्कृत संज्ञाएँ संपूर्ण ग्रंथ में यथावत् प्रयुक्त हुई है। पारिभाषिक शब्दों के अर्थज्ञान बिना यह ग्रंथ हिन्दी के ज्ञानी विद्वान् को भी दुर्बोध होता है। इसी प्रकार पारिभाषिक संस्कृत संज्ञाओं के प्रयोग, सभी भारतीय भाषाओं के शास्त्रीय ग्रंथों में निरपवाद हुए हैं। उन सब में यही दिखाई देता है कि, पारिभाषिक संज्ञाओं का विवरण हो सकता है (वह तो मूल संस्कृत ग्रंथकारों ने ही कर रखा है) शास्त्रग्रंथों के अनुवादक अधिक स्पष्टीकरणों के साथ अनुवाद कर सकते हैं। **किन्तु मूल पारिभाषिक संस्कृत संज्ञाएँ या शब्द, संस्कृत भाषा का निजी धन होने से, उनका अनुवाद हो ही नहीं सकता।**

उदाहरण के लिए साहित्य शास्त्र का एक सामान्य पारिभाषिक शब्द 'उपमा' लीजिए। विशिष्ट अर्थालंकार बोधक इस शब्द का स्पष्टीकरण विश्वनाथ कविराज ने, ''साम्यं वाच्यम् अवैधर्म्यं वाक्यैक्ये उपमा द्वयोः'' इस कारिका के रूप में प्रस्तुत किया। उसका अनुवाद ''शशिकला' व्याख्याकार ने – 'उपमा' वह अलंकार है, जिसे उपमान और उपमेय का साम्य अथवा 'सादृश्य' कहते हैं जो कि स्पष्टतः एक वाक्य में प्रतिपादित रहा करता है और जिसमें वैधर्म्य की कोई चर्चा नही हुआ करती इन शब्दों में किया है।

इस प्रकार कारिका तथा बाद में वृत्ति का अनुवाद फिर उदाहरण - प्रत्युदाहरण आदि के अनुवाद और विमर्शात्मक शास्त्रीय चर्चा सब कुछ हिन्दी भाषा में होने के कारण पाठक को ''उपमा'' संज्ञा का भरपूर ज्ञान होता है। और वह ''उपमा'' शब्द का अपने व्यवहार में अनायास प्रयोग करने में समर्थ होता है। किन्तु इस पारिभाषिक शब्द के हिन्दी अनुवाद का प्रयोग वह कभी भी और कहीं भी नहीं कर सकता; क्यों की उसका अनुवाद हो ही नहीं सकता। इस प्रकार संस्कृत शास्त्रान्तर्गत किसी भी पारिभाषिक शब्दों के अनुवाद किसी भी भारतीय भाषा में आज तक न हो सके न आगे चलकर हो सकेगे। अब तक सारे अनुवाद लौकिक संस्कृत शब्दों के ही हुए हैं। इसका कारण लौकिक व्यवहार में उपयुक्त, संस्कृत शब्दों के पर्याय प्रादेशिक भाषाओं में मिलते हैं, शास्त्रीय शब्दों के अनुवाद नहीं मिलते; क्यों कि वे हो ही नहीं सकते।

विदेशी (यूरोपीय) प्रगल्भ भाषाओं में संस्कृत शास्त्रों के कुछ पारिभाषिक शब्दों के पर्याय, वहां के उन उन शास्त्रों में मिलते है। किन्तु ऐसे शब्दों की संख्या अत्यल्प है। विदेशी अनुवादकों को भी भारतीय संस्कृत शास्त्रग्रंथों के अनुवादों में संस्कृत संज्ञाओं का यथावत् ग्रहण करना अनिवार्य हुआ है।

इस सारे प्रतिपादन का तात्पर्य यही है कि संस्कृत भाषा जिन लौकिक और शास्त्रीय शब्दों से गठित हुई है, वे दोनों प्रकार के शब्द मुख्यतः पाणिनीय प्रक्रिया के अनुसार व्युत्पत्तिसिद्ध होते हैं। व्युत्पत्तिविरहित शब्दों के अन्तर्गत लोकव्यवहार में यत्र तत्र प्रचलित रूढार्थक शब्द होते हैं, जिनके पर्याय प्रादेशिक भाषाओं में मिलने के कारण संस्कृत ग्रंथों के अनुवादों में उन प्रादेशिक पर्यायों का प्रयोग होता है।, कुछ सामासिक संस्कृत शब्दों का विग्रहात्मक अनुवाद हो सकता है किन्तु उनमें सामासिक शब्द का लाघव और प्रसाद न रहने के कारण मूल सामासिक संस्कृत शब्दों का ही प्रयोग करना कुशल अनुवादक अच्छा समझते हैं।

व्युत्पत्तिसिद्ध परिभाषा

शास्त्रीय या पारिभापिक शब्दों की निर्मिति शास्त्रकारों ने अपना व्यापक मन्तव्य अल्पाक्षरों में गठित करने के हेतु की है। वे शब्द उन्होंने संस्कृत की व्युत्पत्तिप्रक्रिया के अनुसार निर्माण किए हैं। अलंकार शास्त्रकारों की, रूपक, दृष्टान्त, अप्रस्तुतप्रशंसा अर्थान्तरन्यास, यथासंख्य, विरोधाभास, भ्रान्तिमान्, सहोक्ति, विनोक्ति, आदि अलंकार-वाचक

संज्ञाएं इसी प्रकार निर्माण हुई हैं। इस प्रकार की अन्वर्थक संज्ञाओं द्वारा अलंकार के स्वरूप की कल्पना केवल व्युत्पत्ति, विग्रह आदि व्याकरण प्रक्रिया द्वारा, विदग्ध विज्ञासु को आ सकती है। व्युत्पत्तिलभ्य आशय के अतिरिक्त विशिष्ट शास्त्रीय आशय का ज्ञान, शास्त्रग्रंथ के विवरण से हो सकता है।

इन व्युत्पत्तिसिद्ध पारिभाषिक शब्दों के अतिरिक्त अन्यान्य शास्त्रकारों ने अपने विशिष्ट मन्तव्य को शब्दांकित करने के लिये अपने ऐसे शब्द निर्माण किये है कि उनका लौकिक व्यवहार में कहीं उपयोग न होने के कारण, तथा व्युत्पत्तिप्रक्रिया से उनका अर्थबोध न होने के कारण, शास्त्रकार के कथनानुसार ही उनका अर्थ ध्यान में लेना होता है। व्याकरणशास्त्र के टि, घु, घि, कृत्, कृत्य, गुण, वृद्धि, प्रगृह्य, अच्, हल्, सर्वनामस्थान, इत्, इत्यादि अनेक शब्द इस प्रकार के उदाहरण के रूप में प्रस्तुत किये जा सकते हैं। इन्हें हम ''पाणिनि के यदृच्छाशब्द'' शब्द कह सकते हैं। लौकिक भाषा के यदृच्छा शब्दों का अर्थ जिस प्रकार संकेतानुसार होता है उसी प्रकार टि, घु, आदि शब्दों का अर्थ पाणिनिकृत संकेतानुसार ही लेना पड़ता है। इनका अनुवाद कदापि नहीं हो सकता।

लौकिक शब्दों में पारिभाषिक अर्थ

पारिभाषिक शब्दों में ऐसे अनेक शब्द मिलते हैं, जिनका लौकिक भाषा में सर्वत्र विशिष्ट अर्थ में प्रयोग होता है, किन्तु शास्त्रकारों ने अपना शास्त्रीय मन्तव्य व्यक्त करने के लिए अपना विशेष अर्थ उन पर थौंप दिया है। इस प्रकार का सर्व परिचित उदाहरण है **'गुण'** शब्द। लौकिक व्यवहार में शौर्य, धैर्य, चातुर्य, नैपुण्य आदि व्यक्तिगत विशेषताओं का निर्देश करने के लिए इस शब्द का सर्वत्र प्रयोग होता है, किन्तु सांख्य-योग शास्त्र के अनुसार सत्त्व, रज, तम को गुण कहा जाता है। साहित्य में वही 'गुण' शब्द, माधुर्य, ओज, प्रसाद जैसे शब्द, अर्थ या रस के वैशिष्ट्य का वाचक कहा गया है। व्याकरण में ''अदेङ् गुणः'' सूत्र द्वारा गुण शब्द अकार, ए, ओ स्वरों का बोध कराता है। इसी प्रकार **''धातु''** शब्द का लौकिक अर्थ लोह, ताम्र, सुवर्ण आदि है, किन्तु आयुर्वेद में रुधिर, मांस, मेद वीर्य, आदि का ग्रहण उस शब्द से होता है। और व्याकरण शास्त्र में ''भूवादयो धातवः'' सूत्र के अनुसार (धातुपाठ में परिगणित) क्रियावाचक गम्, रम्, लिख्, पठ, विद्, चुर, आदि का बोध लेना पडता है। **सन्धि** शब्द का राजनीति, नाट्य और व्याकरण शास्त्र में सर्वथा पृथक् अर्थ होता है।

इस प्रकार जिन शब्दों का शास्त्रीय परिभाषा के अनुसार विशिष्ट अर्थ निर्धारित हुआ है, उसी शास्त्रीय अर्थ में, उनका, प्रयोग काव्य-रचना में करना, साहित्यिकों ने 'कष्टत्व' नामक दोष माना है। यह एक अनित्य दोष होने के कारण शास्त्रज्ञानी वक्ता और श्रोता होने पर ही कष्टत्व गुण माना जाता है। इसका तात्पर्य यही है कि **पारिभाषिक शब्दों का संबंध प्रमुखतया शास्त्रीयता से है लौकिकता के साथ नहीं।**

सभी शास्त्रकारों ने परम्परागत पारिभाषिक शब्दों में अन्तर्हित विशिष्ट आशय की चर्चा अपने अपने ग्रंथों में की है। उसमें पूर्ववर्ती शास्त्रकारों द्वारा निधारित आशय से अपने आशय की भिन्नता प्रतिपादित करते हुए, उन **पारिभाषिक शब्दों पर प्राचीन शास्त्रकारों द्वारा आरोपित अर्थों का खण्डन करते हुए, स्वमतानुसार अर्थ, लक्षणवाक्यों में प्रतिपादित किया है। इस कारण पारिभाषिक शब्द** एक ही होने पर, भी उसकी अर्थच्छटा में अन्तर दिखाई देता है। इस प्रकार का प्रसिद्ध उदाहरण है **'काव्य'** शब्द। दण्डी, भामह से लेकर पण्डितराज जगन्नाथ तक सभी मौलिक चिन्तकों ने 'काव्य' शब्द का पारिभाषिक अर्थ अपनी अपनी धारणाओं के अनुसार पृथक्ता से खण्डन-मण्डनपूर्वक प्रतिपादित किया है। योग, धर्म, मोक्ष, ईश्वर, सुख, आत्मा, इत्यादि अनेक महत्त्वपूर्ण शब्दों के अर्थ प्रत्येक शास्त्रकार ने अपनी अपनी धारणा के अनुसार आग्रहपूर्वक प्रतिपादन किये हैं। इसी कारण एक ही संज्ञा का प्रयोग करते हुए वे परस्पर विरोधी होते हैं। आज के लौकिक जीवन में भी यह प्रकार सर्वत्र दिखाई देता है। समाजवाद, राष्ट्रवाद, एकात्मता, हिन्दुत्व, जैसे आधुनिक पारिभाषिक शब्दों का प्रयोग तो सभी पक्ष करते हैं। किन्तु इन शब्दों की अर्थच्छटा के विषय में उनकी धारणा में भिन्नता होने कारण उनमें विरोधाभास प्रकट होता है।

तात्पर्य भारतीय संस्कृति के निधानभूत सभी शास्त्रग्रंथ संस्कृत भाषा में ग्रथित हुए। उनका विमर्श करने वाले भाष्य, अनुभाष्य, टीका, उपटीका, प्रकरण ग्रंथ आदि सभी वाङ्मय संस्कृत तत्वचिन्तकों ने पारिभाषिक शब्दों के आधार पर निर्माण किए। उन्होंने पुराने पारिभाषिक शब्दों के अर्थों की चर्चा की। उस चिन्तन में जहां सर्वथा नया आशय व्यक्त करने की आवश्यकता उत्पन्न हुई, वहां नये पारिभाषिक शब्दों की निर्मिति की। साहित्य शास्त्र के इस प्रकार के उदाहरण में, अनेक अलंकार वाचक शब्द प्रस्तुत किए जा सकते हैं। अलंकारों की यथाक्रम बढ़ती गयी संख्या भी ऐसे पारिभाषिक शब्दों की संख्यावृद्धि का कारण ही हुई है।

परिभाषा के दो प्रकार

परिभाषा के क्षेत्र में यह दिखाई देता है कि, कुछ शब्द मूलतः लौकिक ही होते हैं, किन्तु शास्त्रकार अपनी

सुविधा के लिए उन पर अपना अभिप्रेत अर्थ आरोपित कर उन्हें विशिष्ट शास्त्र के क्षेत्र में पारिभाषिक कर देते हैं। उदा. **'गोदान'** शब्द लौकिक व्यवहार में गाय का दान इस अर्थ में प्रयुक्त होता है, किन्तु धर्मशास्त्रकारों ने ब्रह्मचर्याश्रम के बाद, ''केशकर्तन विधि' यह अर्थ उस पर आरोपित किया। इसी प्रकार **'गोमुख'** (एक सुषिर वाद्य), **दिव्य** (धर्म परीक्षा) **धिषणा** (सोम रस तैयार करने का पात्र), **ध्रुवा** (अधर दिशा या नीचे की दिशा) इत्यादि अनेक शब्द इसी प्रकार से पारिभाषिक हुए हैं।

दूसरे प्रकार में ऐसे शब्द होते हैं जिनका उनके प्रतिपादक शास्त्र के अतिरिक्त अन्यत्र कहीं प्रयोग नहीं होता। उदाहरणार्थ व्याकरण शास्त्रों में, टि, घु, कृत्, कृत्य, अच्, हल्, सर्वनाम प्रादि, चादि, इत्यादि अनेक शब्द ऐसे ही हैं कि जिनका लौकिक व्यवहार में कहीं भी प्रयोग नही होता। अपने शास्त्र की सुविधा के लिए पाणिनि ने स्वयं उन शब्दों की निर्मिति की और अपना विशिष्ट अर्थ उन पर आरोपित किया।

इस द्विविधता की दृष्टि से हम पारिभाषा के दो प्रकार मान सकते हैं। आर्थी पारिभाषा और (२) शाब्दी पारिभाषा। उपरिनिर्दिष्ट उदाहरण में से दिव्य, धिषणा आदि **आर्थी परिभाषा** के और टि, घु, आदि **शाब्दी परिभाषा** के उदाहरण हैं।

अनेक पारिभाषिक शब्दों में व्युत्पत्ति या निरुक्ति के द्वारा अभिव्यक्त होने योग्य अर्थ नहीं होता। उनका अर्थ कृत्रिम सा सांकेतिक (अर्थात् ग्रंथकार द्वारा आरोपित) होने के कारण टीका भाष्य आदि के अभाव में वे शब्द दुर्बोध तथा दुरूह हो जाते है। इसका उदाहरण सामवेद का 'पुष्पसूत्र' नामक (गोभिल ऋषिकृत) प्राचीन ग्रंथ। इस ग्रंथ के पहले चार प्रपाठकों मे नाना प्रकार के पारिभाषिक शब्दों का प्रयोग हुआ है। इन प्रपाठकों पर किसी की भी टीका उपलब्ध न होने के कारण, उन सभी सांकेतिक स्वरूप के शब्दों का अर्थ समझना आज असंभव है। किन्तु उसी ग्रंथ के अवशिष्ट भाग पर अजातशत्रु का भाष्य होने के कारण, वहां दुर्बोधता का परिहार हुआ है। तात्पर्य यही है कि **टीका, भाष्य आदि ग्रंथों में मिलने वाले पारिभाषिक शब्दों के अर्थों का कोशरूप में चयन होना नितान्त आवश्यक है।** इन दोनों प्रकार के पारिभाषिक शब्दों का स्वरूप लौकिक दृष्टि से गूढ सा ही होता है। विग्रह करने से या प्रकृतिप्रत्यय का विभाजन करने पर शास्त्रों में जिस अर्थ से उनका प्रयोग होता है वह अर्थ प्रायः प्रतीत नहीं होता। उदाहरणार्थ **केंद्रयोग** (ज्योतिष शास्त्र), **कृच्छ्रचतुर्थी** (धर्मशास्त्र), **कुम्भीपाक,** (पुराण), **कुतपकुल** (तंत्रशास्त्र), **कूटशाला,** (शिल्पशास्त्र), **केवली,** (जैनमत) इ.। अतः ऐसे शास्त्रीय अर्थ जानने के लिए शास्त्रग्रंथों की टीकाओं का अवगाहन आवश्यक होता है। इसी दृष्टि से टीकाकारों द्वारा प्रतिपादित अर्थों का चयन कोशरूप में करने की आवश्यकता थी। प्रस्तुत कोश के चयन में यही मुख्य प्रयोजन है।

पर्यायवाचक संग्रह

प्रायः सभी विकसित भाषाओं में १) एक ही अर्थ के वाचक अनेक शब्द तथा २) एक ही शब्द के अनेक अर्थ होते हैं। एकार्थबोधक अनेकशब्दता और अनेकार्थबोधक एकशब्दता यह भाषा के विकास, प्रगल्भता एवं वैभव का एक प्रमाण है। संस्कृत भाषा में यह वैशिष्ट्य अधिक मात्रा में दिखाई देता है। कृत्-तद्धित प्रत्ययों, **उपसर्गों** एवं समासों के द्वारा अत्यधिक अर्थ एक ही शब्द में समाविष्ट करने की संस्कृत भाषा की शक्ति अनन्यसाधारण है। व्युत्पत्ति तथा निरुक्ति के द्वारा साधित शब्द के स्वरूप का विवरण करने से, शब्द के अन्तरंग में भरा हुआ विशिष्ट वाच्यार्थ कोई भी 'वाग्योगविद्' (वैयाकरण) कोश की सहायता के बिना जान सकता है। उसी प्रकार वह अपना अभिप्रेत अर्थ सुचारु रूप से व्यक्त करने वाले शब्दों का निर्माण भी कर सकता है। शास्त्रकारों ने इसी तंत्र के अनुसार पारिभाषिक शब्दों का निर्माण किया है। लौकिक व्यवहार में शिष्ट वर्ग ने इसी पद्धति से लौकिक व्यवहार में उपयोगी गुणद्योतक, क्रियाद्योतक तथा गुणक्रिया-द्योतक नामों की निर्मिति की है। इस पद्धति के कारण संस्कृत ग्रंथों में एक ही पदार्थ के वाचक अनेक नाम निर्दिष्ट हुए। पद्यात्मक ग्रंथों में छन्दोरचना की सुविधा के लिए तथा गण-मात्रा का औचित्य सम्हालने के लिए, एकार्थवाचक अनेक शब्द ग्रंथों मे लिखे गये। वे शब्द एक ही पदार्थ का बोध तो करते ही हैं, किन्तु साथ ही उस पदार्थ का कुछ विशिष्ट गुण या क्रिया की ओर भी संकेत करते हैं। जैसे मित्र, रवि, भानु, खग, पूषन्, हिरण्यगर्भ, इत्यादि लोकप्रसिद्ध सूर्य के १२ नाम सूर्य के ही वाचक हैं, किन्तु व्युत्पत्ति की दृष्टि से प्रत्येक शब्द सूर्य की एक एक पृथक् विशेषता सूचित करता है। इस प्रकार के एकार्थबोधक अनेक पर्यायशब्दों का व्युत्पत्ति तथा निरुक्ति के तंत्रानुसार मनन करने पर उस वाच्य पदार्थ का बहुरंगी वैशिष्ट्य ध्यान में आ सकता है। संस्कृत के अध्येता को शास्त्रीय ग्रंथों के सम्यक् ज्ञान के लिए पर्याय शब्दों का व्युत्पत्ति-निरुक्ति सहित ज्ञान होना अत्यावश्यक है। इस ज्ञान से प्राचीन ग्रंथ की दुरूहता या दुर्बोधता लुप्त होती है। पर्यायवाचकों का अत्यल्पज्ञान रखने वाले लोग ही संस्कृत ग्रन्थों को दुर्बोध मानते हैं। इसमें दोष ग्रन्थों या ग्रन्थकारों

का नहीं है। दोष है आजकल के संस्कृत स्नातकों की अल्पज्ञता का। प्राचीन शिक्षापद्धति में पर्यायवाचकों के भरपूर ज्ञान की आवश्यकता को ध्यान में लेते हुए संस्कृत के अध्ययन का श्रीगणेश अमरकोश कंठस्थ करने से होता था। अनेकार्थवाचक एक शब्द और एकार्थबोधक अनेक शब्द, इनका इसी प्रकार चयन करके अमरसिंह ने अपना नाम लिंगानुशासनात्मक कोश निर्माण किया है। अमरकोश का सम्यक् ज्ञान रखने वाला संस्कृतस्नातक संस्कृत ग्रन्थों की दुर्बोधता का अनुभव नहीं करता।

प्रस्तुत परिभाषा कोश की पूर्णता की दृष्टि से हमने पर्यायवाचकों का चयन कुछ मात्रा में किया है। यह चयन मुख्यतः अमरसिंहकृत नामलिंगानुशासन तथा महेन्द्र भोगिक कृत धन्वन्तरि निघण्टु पर आधारित है। पुनरुक्ति दोष टालने की दृष्टि से इसमें कुछ तुल्यरूप शब्दों का निर्देश नहीं किया।

लौकिक व्यवहार में विविध शब्द एकार्थ में प्रयुक्त होते है, किन्तु वे अनेक पर्याय शब्द जाति प्रकार के बोधक होते है। विशेषतः सिंहादि पशुवाचक पर्यायशब्दों में यह वैशिष्ट्य दिखाई देता है। सिंह के पर्याय सिंह की जातियों के भी बोधक होते हैं। इसी कारण उस प्राणि की जितनी जातियाँ होती हैं, उतने पर्याय शब्द कोश में मिलते हैं। प्राय सभी पदार्थों के पर्याय शब्द उस पदार्थ का आकार रंग, रूप, वैचित्र्य रस, स्पर्श, आदि वैशिष्ट्यों का बोध कराते हैं।

कोशस्वरूप

संस्कृत के प्राचीन कोशों की नामावली प्रस्तुत वाङ्मय कोश के द्वितीय खंड के परिशिष्ट द-पृष्ठ ५५५-६० में दी गयी है। वे सारे कोशग्रन्थ प्रायः शब्दार्थ-कोश हैं। उनमें अनेक पारिभाषिक शास्त्रीय शब्दों का अन्तर्भाव यथावसर हुआ है, किन्तु उन शब्दों का वर्गीकरण शास्त्रानुसार किसी कोश में नहीं मिलता। क्वचित् अकारादिक्रम में संगृहीत शब्दों की सूची में जिज्ञासु को ज्ञातपूर्व शब्द, या शास्त्रीय ग्रंथ के वाचन में अकस्मात् उपलब्ध शब्द का अर्थ मिल सकता है। किन्तु जिस जिज्ञासु को धर्म, अर्थ, काम और मोक्ष इन चार पुरुषार्थों से संबंधित श्रौत-स्मार्त धर्म, आस्तिक-नास्तिक दर्शन, साहित्य, संगीत, व्याकरण, न्याय, योग, मीमांसा आदि शास्त्र, जैन, बौद्ध आदि संप्रदाय इत्यादि विषयों के शास्त्रोक्त पारिभाषिक शब्दों, (जो उसके लिए सर्वथा अज्ञात है और ग्रन्थावलोकन करने का अभ्यास न होने के कारण जिनका कहीं अन्यत्र दर्शन होने की संभावना नहीं ऐसे की शब्दों) को जानने की इच्छा पूर्ण करने वाला **सर्वशास्त्रावगाही या सर्वशास्त्रस्पर्शी कोश** प्राचीन काल में कहीं निर्माण नहीं हुआ था।

बौद्ध वाङ्मय में बौद्ध धर्म तथा दर्शन की पृथक् परिभाषा का परिचय देने वाले कुछ कोश निर्माण हुए थे जिनमें **महाव्युत्पत्ति कोश** सुप्रसिद्ध है। इसमें बौद्ध धर्म से संबंधित विशिष्ट संज्ञाओं शरीररावयवों, प्राणियों, वनस्पतियों, रोगों, तथा कुछ अवांतर विषयों के पारिभाषिक शब्दों का चयन हुआ है। ज्योतिष तथा वनस्पति शास्त्र विषयक कुछ कोशों के भी उल्लेख प्राप्त होते हैं।

अर्वाचीन कोश ग्रन्थों में वामनाचार्य झलकीकर के **न्यायकोश** में दार्शनिक परिभाषा का उत्तम संग्रह हुआ है। उसमें एक ही शब्द के विविध शास्त्रग्रन्थों में दिए लक्षण या विवरण मूल संस्कृत अवतरणों में मिलते हैं। अतः संस्कृत पंडितों के लिए प्रस्तुत न्यायकोश की उपयुक्तता असाधारण महत्त्व रखती है। किन्तु एक ही शब्द के अनेकानेक प्रकार के विवरणों तथा लक्षणों के कारण, सामान्य जिज्ञासु संदेहाकुल सा हो जाता है। वहाँ अनेक शब्द ऐसे भी हैं, जिनका एक ही आशय अनेक प्रमाणवचनों में कहा गया है। वाक्य अनेक किन्तु उनका विवरणात्मक सारभूत अर्थ एक, इसी कारण कोश का कलेवर बढ़ा है। अनेक प्रमाणवचनों के उद्धरण देने की दृष्टि से इस पुनरुक्तता का उपयोग हो सकता है। एक ही विचार अनेक विद्वानों द्वारा अन्यान्य शब्दों, वाक्यों तथा उदाहरणों द्वारा किस प्रकार कहा जाता है, इसका भी परिचय न्यायकोश की इस पुनरुक्तता के कारण होता है। **शब्दकल्पद्रुम, वाचस्पत्यम्** और **अभिधान-राजेद्र** ये आधुनिक कोश सर्वसमावेशकता की दृष्टि से प्रशंसनीय हैं। किन्तु इनमें शास्त्रीय संज्ञाओं का चयन लौकिक शब्दों के साथ ही हुआ है।

डॉ. सूर्यकांत के **वैदिक कोश** में वेद वाङ्मय में प्रयुक्त सभी शब्दों का चयन हुआ है। वेदों के अभ्यासकों के लिये यह कोश अत्यंत उपयुक्त है। इसमें वेदोक्त सभी शब्दों का अन्तर्भाव करने के प्रयत्न में वैदिक धर्म के "पारिभाषिक" शब्दों का भी चयन हुआ है। इस कोश में उसी प्रकार के शब्दों का चयन करने का प्रयत्न हुआ है। कोशवाङ्मय मे शब्दार्थ कोश की आवश्यकता वैदिक शब्दों के गूढ अर्थों की जिज्ञासा पूर्ण करने के लिए सर्व प्रथम हुई; तब निघण्टु नामक वैदिक शब्दों का कोश निर्माण हुआ। निघण्टु के रचयिता का नाम महाभारत के अनुसार कश्यप है। निघण्टु के टीकाकार यास्काचार्य का नाम वैदिक वाङ्मय में प्रख्यात है। यास्काचार्य निघण्टु को "समाम्नाय" कहते हैं। उन्होंने शब्द से ही अर्थ का निर्वचन या निर्धारण करने का ज्ञान सर्वप्रथम प्रकट किया।

इस निरुक्तपद्धति के कारण वैदिक शब्दों के गूढ अर्थ समझना संभव हुआ। यास्काचार्य की निरुक्त नामक टीका के बिना निघण्टु का ज्ञान असम्भव होने के कारण यथावसर **निघण्टु** और **निरुक्त** शब्द एकार्थक हो गये। वैदिक शब्दार्थ कोश के अर्थ में "निरुक्त" शब्द ही सर्वत्र प्रचलित हुआ। निरुक्त एक वेदांग (निरुक्तं श्रोत्रमुच्यते) अर्थात् वेदपुरुष का श्रवणेन्द्रिय माना गया। दुर्गाचार्य के मतानुसार निरुक्त, वैदिक शब्दों का अर्थबोध करने वाला अंग होने के कारण, अन्य वेदांगों एवं शास्त्रोंमें से श्रेष्ठ है।

निघण्टु के पांच अध्यायों में से तीन अध्यायों को "नैघण्टुक काण्ड" कहते हैं। इस काण्ड में एकार्थवाचक शब्दों का संग्रह है। चौथे अध्याय को "नैगमकाण्ड" कहते हैं। इस में अनेकार्थवाचक शब्दों का चयन हुआ है। पांचवें अध्याय का नाम है "दैवतकाण्ड"। इसमें अग्नि से देवपत्नी तक वैदिक देवताओं की नामावली दी है।

यास्क का "निरुक्त" निघण्टुपर आधारित है। देवराज यज्वा ने "निघण्टुनिर्वचन" नामक टीका में नैघण्टुक काण्ड का ही सविस्तर विवरण किया है। इसके बाद भास्करराय नामक प्रसिद्ध तांत्रिक ने अमरकोश की पद्धति के अनुसार निघण्टु के सारे शब्दों का पद्यात्मक चयन किया है। स्कन्दमहेश्वर (या स्कन्दस्वामी) और वररुचि नामक विद्वानों की अन्य दो टीकाएँ, निरुक्त का अध्ययन करनेवालों को उपयोगी हैं। शास्त्रग्रंथो में पारिभाषिक शब्दों का अर्थ स्वयं शास्त्राकार स्पष्ट करते हैं। किंबहुना अपने पारिभाषिक शब्दों का निश्तिच अर्थ बाताना उनका ही आवश्यक कर्तव्य है क्यों कि वे शब्द उन्हीं के द्वारा उत्पन्न होते हैं। अपने शब्दों की निर्मिति करते समय वे यास्क की निरुक्ति तथा पाणिनि की व्युत्पत्ति प्रक्रिया का आधार लेते हैं। शास्त्रोक्त पारिभाषिक शब्दों का शास्त्रकार द्वारा प्रतिपादित अर्थ ठीक समझने की दृष्टि से निरुक्ति और व्युत्पत्ति की प्रक्रिया अत्यंत सहायक होती है। विस्तृत अर्थ का बोध संक्षेप में करने के हेतु शास्त्रकारों ने पारिभाषिक शब्द निर्माण किए हैं। प्रस्तुत कोश में उनका स्पष्टीकरण संक्षेपतः देने का प्रयास यथामति किया है। उस स्पष्टीकरण में तत्-तत् शास्त्रगत पारिभाषिक शब्दों का प्रयोग करना अनिवार्य था। हमने ऐसे स्थानों में उनका संक्षिप्त स्पष्टीकरण स्थान स्थान पर दिया है। इससे किंचित् मात्रा में पुनरुक्ति दोष हुआ है, परंतु उस दोष के अभाव में दुर्बोधता दोष होता। दोनों दोषो की शृंगापत्ति में हमने पुनरुक्ति दोष, सुबोधता के हेतु किया है। व्याकरण की परिभाषा के स्पष्टीकरण में पुनरुक्ति का प्रमाण अधिक हुआ है। शास्त्रों में कथित अनेक पारिभाषिक शब्द ऐसे होते हैं कि जिनके लौकिक तथा पारिभाषिक अर्थ में अन्तर नहीं होता। ऐसे शब्द शास्त्रीय पारिभाषिक होने पर भी शास्त्राकार स्वयम् उनका निर्वचन नहीं करते। जैसे व्याकरण शास्त्र में "संहिता, अवसान" जैसी संज्ञाओं का प्रतिपादन सूत्रकार ने "परः सन्निकर्षः संहिता" (१-४-१०९) तथा विरामोऽवसानम् (१-४-११०) इत्यादि सूत्रों में किया है। किन्तु उनके संबंध में वार्तिककार (कात्यायन) कहते हैं कि, संहिता और अवसान शब्द लोगों से परिचित होने से उनके विषय में निर्वचन करना अनावश्यक है। (संहिताऽवसानयोः लोकविदितत्वात् सिद्धम्)। इस वाक्य में कात्यायन मुनि ने पारिभाषिक शब्दों का चयन तथा विवरण करने की मर्यादा का ज्ञापन किया है। तदनुसार लोकप्रसिद्ध पारिभाषिक शब्दों का विवरण यथासंभव टालने का प्रयत्न हुआ है। फिर भी जहां ऐसे अनावश्यक शब्दों का चयन हुआ हैं उसे क्षम्यापराध माना जाय यही प्रार्थना है।

कोश के चयन का स्वरूप

अनेक पारिभाषिक शब्द ऐसे होते हैं कि उनका प्रयोग अन्यान्य मतों के प्रतिपादक ग्रंथों में होता है किन्तु उनके आशय में भिन्नता होती है। वर्णक्रमानुसार शब्द समान होने पर भी "अर्थभेदे शब्दभेदः" इस न्याय के अनुसार वे तत्वतः भिन्न होते हैं, किन्तु उनका भिन्नत्व दिखाई नहीं देता। **संस्कृत शास्त्रों में प्रयुक्त पारिभाषिक शब्दों का विशिष्ट पद्धति के अनुसार संकलन तथा उनका समुचित विवरण इतना ही उद्देश्य इस कोश के संपादन में रखा है। अतः वर्णतः समान किन्तु अर्थतः भिन्न स्वरूप के शब्दों की सभी अर्थच्छटाओं का दर्शन यहां नहीं किया गया।** उदाहरणार्थ : – बोधिचित्त या बोधिवज्र इस बौद्ध पारिभाषिक शब्द का प्रयोग महायान संप्रदाय के बोधिचर्यावसार ग्रंथ में तथा वज्रयान के गुह्यसमाजतंत्र में हुआ है, किन्तु दोनों संप्रदायों के अनुसार उस शब्द के आशय में भेद है। प्रस्तुत कोश में उन शब्दों का विवरण देते समय दोनों आशय नहीं दिए, केवल एक मात्र आशय विवरण के रूप में दिया गया है। किन्तु जिस एक शब्द का प्रयोग विविध शास्त्रों में उन विशिष्ट शास्त्रों के पारिभाषिक अर्थो का आविष्करण करणे हेतु किया गया है, **ऐसा शब्द, शास्त्रानुसार परिभाषा के चयन में संकलित हुआ है और उसका अर्थ शास्त्रानुसार दिया गया है।** इस अर्थ में भी मतभेदात्मक विवरण नहीं दिया गया, केवल एक विशिष्ट अर्थ ही दिया गया है। **मतभेदों का संकलन** और उनका **विश्लेषण इस कोश का प्रयोजन नहीं है** यह ध्यान में रखकर ही कोश का अवगाहन किया जाय।

चयन का स्वरूप

प्रस्तुत कोश में उद्धृत व्युत्पत्तिसिद्ध शब्दों के लौकिक अर्थ होते हैं जैसे पिप्पलाद शब्द के पिप्पल खाने वाला या किसी आचार्य का नाम ये दो अर्थ होते हैं। किन्तु इस प्रकार के **सामान्य अर्थों का चयन हमने नहीं किया।** पिप्पलाद शब्द, अथर्ववेद की एक शाखा की संज्ञा के लिए वैदिक वाङ्मय में प्रयुक्त है, उतना ही पारिभाषिक अर्थ कोश में संगृहीत किया है। **प्रायः संपूर्ण कोश में इस नियम का पालन किया है।** प्रत्येक शब्द के अपारिभाषिक अर्थों का भी निर्देश यहां होता तो यह "पारिभाषिक शब्दार्थ कोश" नहीं होता। फिर तो उसका स्वरूप अन्य प्रसिद्ध शब्द कोशों के समान ही होता। अमरकोश में पीयूष शब्द का अमृत अर्थ दिया है, किन्तु वेदों में, सद्यःप्रसूता गौ का प्रारंभिक दूध या सोमरस के अर्थ में इसका प्रयोग हुआ है। ऐसे विशिष्ट अर्थों का यहा चयन हुआ है। कोश में निर्दिष्ट वैदिक शब्द संहिता, ब्राह्मण, उपनिषद्, कल्पसूत्र आदि वैदिक ग्रन्थों में प्रयुक्त हुए हैं। किन्तु वैदिक जीवन का प्रधान अंग था यज्ञ। अतः **वैदिक कर्मकाण्ड की परिभाषा में प्रधानतया यज्ञ के संबंध में उपयुक्त प्रायः सभी शब्दों का ही चयन करने का प्रयत्न किया है।** परवर्ती संस्कृत वाङ्मय में धर्मशास्त्र और वेदान्त दर्शन में इनमें से कुछ शब्दों का प्रयोग हुआ है। अन्यत्र वे प्रायः नहीं मिलते। डॉ. सूर्यकान्त ने अपने वैदिक कोश में वैदिक वाङ्मय में प्रयुक्त सभी प्रकार के शब्दों (उनमें व्यक्ति तथा नदी, पर्वत, देश, स्वर्गादि परलोक आदि से संबंधित) का चयन किया है। प्रस्तुत कोश का उद्देश्य केवल "पारिभाषिक" शब्दों का एकत्र चयन करना इतना ही संकल्पित होने से शब्द का चयन और उसका प्रमुख अर्थ दिया गया है। साथ में संदर्भ का निर्देश किसी एक ग्रंथ से दिया गया है, सभी से नहीं।

"धर्म विभाग" के अन्तर्गत वैदिक परिभाषा में विविध प्रकार के यज्ञों के नाम निर्दिष्ट हुए हैं। उन सभी का परिचय देना संभव नहीं है। निर्दिष्ट यज्ञों की नाममात्र विशेषता यहां संक्षेप में कही है। यज्ञ के सारे प्रकारों का परिचय देना कोश का उद्देश्य नहीं है अपितु यज्ञीय परिभाषा का संकलन ही हमारा उद्देश्य है। डॉ. सूर्यकान्त द्वारा संपादित कोश में तथा भारतीय संस्कृति कोश (मराठी) में यज्ञों का कुछ अधिक मात्रा में परिचय जिज्ञासुओं को मिलेगा। श्रौतसूत्रों तथा शतपथ, ताण्ड्य, छन्दोग आदि ब्राह्मण ग्रन्थों से ही यज्ञों का वर्णन सर्वत्र लिया गया है। इस विषय में वे ही प्रमाण ग्रंथ हैं।

प्रस्तुत कोश में पारिभाषिक शब्दों के विवरण में अनेक स्थानों पर उस विशिष्ट शब्द के सामान्य अर्थ में अन्तर्भूत **विविध प्रकारों का निर्देश** उसी स्थान पर किया है। उन प्रकारवाचक शब्दों का निर्देश करते समय सम्पूर्ण शब्द में संभाव्य पुनरुक्ति टालने हेतु, एक स्थान में पूर्ण सामासिक शब्द का निर्देश होने पर बाद में समास के पूर्व पद के सामने ०चिन्ह दिया है, जो उसके उक्त पद का द्योतक है (उदा. महायज्ञ "के पांच प्रकारों का निर्देश करते समय देवयज्ञ के बाद भूत० पितृ० मनुष्य० और ब्रह्म०, इस प्रकार से निर्देश हुआ है। ऐसे स्थानों में ० के स्थान पर प्रथम सामासिक शब्द में निर्दिष्ट उत्तर पद (यज्ञ आदि) का ग्रहण करना चाहिये।

शब्दस्वरूप

सामविशेष – वैदिकी परिभाषा में अनेक शब्दों के स्पष्टीकरण में "सामविशेष" शब्द का प्रयोग किया है। विशिष्ट सामवेदी मंत्रों को दी गई संज्ञा उस शब्द से सूचित होती है, इतना ही उसका अर्थ समझना चाहिए। साममंत्रों को वह संज्ञा प्राप्त होने का कारण उन मंत्रों में उस विशिष्ट शब्द प्रयोग किया गया है। उसी विशिष्ट शब्द की संज्ञा उन सामों को ब्राह्मण ग्रंथों में दी गई है। उदा. ब्रह्मयशसं वा एतानि सामानृचा श्रोत्रियाणि ब्रह्मयशसी भवति यद्वाहिष्ठीयेन स्तुष्टुवानः "**इस वचन में (तांड्यब्राह्मण १५-५-२६) यद्वाहिष्ठीय "शब्द से उस शब्दयुक्त साममंत्र** का निर्देश हुआ है। इसी प्रकार रथंतर, यौधाजय, पाष्ठोह, पार्थुरश्म दिवाकीर्त्य, गौरीवीति, गौषूक्त, यौक्ताश्व, आदि सामविशेष वाचक शब्दों का अभिप्राय ग्रहण करना चाहिये। वे वेदसंबंधी पारिभाषिक शब्द माने जा सकते हैं।

प्रस्तुत कोश की वैदिक परिभाषा में अश्वमेध तथा पुरुषमेध की व्यक्तियों की सूची में उल्लिखित पशु, पक्षी आदि के नामों का चयन यथास्थान किया गया है। उनमें से कुछ पशु-पक्षी अज्ञात से है। उल्लेखित प्राणियों में प्रायः सभी ऐसे दिखाई देते है कि जिनसे मानव जीवन को पीडा होती है। उन प्राणियों के वाचक शब्दों में, अनेक शब्दों का प्रयोग लौकिक संस्कृत में नहीं दिखाई देता। अतः वे सामान्य पशु-पक्षियों के वाचक होते हुए भी पारिभाषिक से हो गए है। इसी कारण वेदों के भाष्यकारों को उनके अर्थ देने की आवश्यकता उत्पन्न हुई थी। पाश्चात्य वैदिक पंडितों ने भी उनके अर्थों के संबंध में अपने अपने मत प्रतिपादन किए हैं। उदाहरण के लिए कुछ शब्द – देखिए पर्णक, परावत, पारुष्ण, इत्यादि।

वेदमूलक परिभाषाएँ

पारिभापिक शब्दों में कुछ शब्द ऐसे है जिनका मूल वेदमंत्रों में मिल सकता हैं। सर्वपरिचित 'रस'- शब्द इसका उदाहरण कहा जा सकता है। काव्य या सभी ललित कलाओं में सहृदयों को आनन्द देने की शक्ति होती है। इस काव्यानन्द (या कलानन्द) की मीमांसा करने वाले मनीषियों ने उसका स्वरूप चर्वणाजन्य आस्वादात्मक कहा है। इस अपूर्व आस्वाद की कल्पना "ब्रह्मास्वादसहोदर" (ब्रह्मानंद के समान) इस शब्द द्वारा दी गयी है। उपनिषदों में ब्रह्म का निर्देश "आनंदं ब्रह्मेति व्यजनात्। रसो वै सः" इत्यादि मन्त्रों में किया है। काव्यानंद का ब्रह्मानंद से साधर्म्य सूचित करने की दृष्टि से मन्त्रप्रयुक्त 'रस' शब्द अधिक समर्पक होने के कारण साहित्यशास्त्र की परिभाषा में उसे अपनाया गया। आस्तिक दर्शनों के पारिभाषिक शब्दों में इस प्रकार वेदमूलक शब्दों का प्रमाण अधिक मात्रा में मिलता है।

पुराण कथामूलक परिभाषा

पारिभाषिक संज्ञाओं में कुछ संज्ञाएँ ऐसी मिलती हैं जिनकी उपपत्ति शास्त्रकारों ने पौराणिक कथाओं के आधार पर दी है। उदाहरणार्थ "नान्दी" शब्द की उपपत्तिं भावप्रकाशनकार शारदातनय ने इस प्रकार दी है –

"नन्दी वृषो वृषांकस्य जगदादौ जगत्पतेः। नृत्यतः कल्पनायोगात् जगाम किल रंगताम्।

तस्य तद्रूपसंबन्धात् पूजा नान्दीति कथ्यते ।।

(भावप्रकाशन - अधिकार ७)

अर्थात् – जगदुत्पत्ति के पूर्व शिव भगवान् की नृत्याभिलाषा पूर्ण करने के लिए नन्दी स्वयं रंगस्वरूप (रंग = नृत्य - नाट्यादि के लिए उपयुक्त समग्र सामग्री) हो गया। इस प्रकार नन्दी से संबंधित होने कारण "पूर्वरंग" को "नान्दी" कहते हैं। वैदिक शब्दों में से कुछ शब्द ऐसे हैं जिनके प्रयोग अतिप्राचीन शास्त्रग्रंथों में विशिष्ट रूढार्थ से भिन्न अर्थ में मिलते हैं जैसे चरकसंहिता में 'उपनिषद्' शब्द का प्रयोग केवल स्थान के अर्थ में किया है। – (विस्तरेण कल्पोपनिषदि व्याख्यास्यामः च. सू.अ. ४) ऐसी अवस्था में उन शब्दों के रूढ पारिभाषिक अर्थ गौण हो जाते हैं।

धर्मशास्त्र विषयक स्मृतिग्रनथो में उल्लिखित विविध जातियों के वाचक पारिभाषिक शब्दों के स्पष्टीकरण में यह बात स्पष्ट दिखाई देती है कि प्रायः सभी जातियाँ वर्णसंकर के कारण उत्पन्न हुई। उन जातियों में अनुलोम, प्रतिलोम विवाह, व्यभिचार या काममूलक बलात्कार आदि के कारण तथा वृत्तिभेद के कारण अनेक उपप्रकार माने जाते हैं। जातिवाचक शब्दों के स्पष्टीकरण में स्मृतिकारों के मतभेद यत्र तत्र दिखाई देते हैं। कुछ जातियों को एक स्मृतिकार स्पृश्य तो दूसरा अस्पृश्य कहता है। दो वर्णों के संकर में भी स्त्री और पुरुष के भेद के कारण जाति में भिन्नता आती है, जैसे वैश्य पुरुष और शूद्र स्त्री तथा शूद्र पुरुष और वैश्य स्त्री के संबंध से जाति में भिन्नता मानी गयी है। जातिभेद के सूचक पारिभाषिक शब्द, प्राचीन भारत में प्रचलित भिन्नजातीय विवाहों का प्रबल प्रमाण है। निम्नस्तरीय जातियों के संकर से उत्पन्न संतान की गणना प्रायः शूद्र वर्ण में की गई है जैसे मागध जाति को वैखानस स्मृति ने (१०-१३) शूद्र कहा है।

जातियों में उच्चनीचता उत्पन्न होने का कारण विवाह की वैधता और अवैधता दिखाई देती है। सूत और रथकार दोनों जातियाँ क्षत्रिय पुरुष और ब्राह्मण स्त्री की संतान है, किन्तु सूत की उत्पत्ति वैध विवाह से और रथकार की अवैध विवाह से होने के कारण, सूत जाति उच्च और रथकार नीच मानी जाती है। धर्मशास्त्र के पारिभाषिक शब्दों में जिन अनेक जातियों के वाचक शब्दों का अन्तर्भाव हुआ है, उन शब्दों का स्पष्टीकरण अन्यान्य धर्मशास्त्रीय ग्रंथों में मिलता है। जातिव्यवस्था के विकास काल में ये विशिष्ट जातिवाचक शब्द धर्मशास्त्रकारों ने निर्माण किये। सभी जातिवाचक शब्द जिन विविध जातियों का बोध कराते है, वे सभी जातियाँ संकरोत्पन्न हैं। उनमें से कई जातियाँ प्रादेशिक है। उनके भी उपासना, आचारपद्धति, संप्रदाय आदि के कारण अनेकविध उपप्रकार निर्माण होते रहे और उनके वाचक लौकिक शब्द प्रचलित हुए। **ऐसे लौकिक शब्दों का अन्तर्भाव प्रस्तुत कोश में नहीं किया। प्रायः धर्मशास्त्र विषयक संस्कृत ग्रन्थों में प्रयुक्त शब्दों का ही निर्देश यहां हुआ है।** संकर करने वाले वर्णो तथा जातियों का निर्देश सर्वत्र किया गया है।

विवाद्य अर्थ

शब्द के कृत्रिम या पारिभाषिक अर्थ में, शास्त्रकार अपनी अपनी धारणा के अनुसार प्रायः परिवर्तन करते हुए दिखाई देते है। उदाहरणार्थ "काव्य" शब्द का सामान्य अर्थ सर्व परिचित है। वह कव् धातु के अर्थ पर आधारित व्युत्पत्तिसिद्ध अर्थ है। किन्तु काव्यशास्त्र (या साहित्यशास्त्र) विषयक ग्रंथोंके लेखकों ने अपनी अपनी धारणा के

अनुसार काव्य के लक्षणस्वरूप पारिभाषिक अर्थ प्रतिपादन किए है। इतना ही नहीं अपितु उन्होंने अपने अर्थ से भिन्न अर्थ प्रतिपादित करने वाले लक्षणों का सयुक्तिक खंडन करने का भी प्रयत्न किया है। काव्य शब्द के विविध पारिभाषिक अर्थों का खण्डन करते हुए अपने अभिप्रेत अर्थ की यथार्थता स्थापन करने का अतिरेक जगन्नाथ पंडित के रसगंगाधर में दिखाई देता है। काव्यशास्त्रोक्त गुणों, अलंकारों, दोषों आदि के वाचक शब्दों के पारिभाषिक अर्थों में यह प्रवृत्ति अधिक मात्रा में दिखाई देती है।

एक ही शास्त्र की नानार्थक संज्ञाएँ

शास्त्रकारों द्वारा एक ही संज्ञा का अन्यान्य शास्त्रों में विशिष्ट पारिभाषिक अर्थ निर्धारित होने के अनेक उदाहरण दिए जा सकते हैं। इस प्रकार **एक ही संज्ञा को पारिभाषिक अनेकार्थता** आने पर भी शास्त्रगत प्रकरण द्वारा उनके अर्थ उन स्थानों पर निश्चित होने से, जिज्ञासु को विशेष सन्देह होने की संभावना नहीं रहती।

इसके विपरीत, **एक ही शास्त्र में एक ही संज्ञा के अनेक अर्थ** दिए जाने से सन्देह उत्पन्न होने की संभावना बढ़ती है। ''संशयोच्छेद'' शास्त्र का एक प्रमुख प्रयोजन होता है। किन्तु एक ही शास्त्र में पारिभाषिक संज्ञा के अर्थ में वैविध्य होने पर यह शास्त्रप्रयोजन सिद्ध नहीं होता। नाट्यशास्त्र में इस प्रकार की संदेहास्पद पारिभाषिक संज्ञाए मिलती हैं। जैसे –

परिकर = (१) मुखसन्धि का एक प्रकार। (२) एक अर्थालंकार।
प्राप्ति = (१) मुखसन्धि का एक प्रकार। (२) नाट्य लक्षणों का एक प्रकार
विरोध = (१) प्रतिमुख सन्धि का एक अंग। २) एक अर्थालंकार।
अनुमान = १) गर्भसन्धि का एक अंग। २) एक अर्थालंकार।
त्रोटक = १) गर्भसन्धि का एक अंग। २) उपरूपकों का एक प्रकार।
सन्धि = १) निर्वहण सन्धि का एक अंग। २) अवस्था और अर्थप्रकृति के संमन्वय की संज्ञा।
अर्थापत्ति = नाट्यलक्षणों का एक प्रकार। २) एक अर्थालंकार।
हेतु = १) नाट्यलक्षणों का एक प्रकार। २) एक अर्थालंकार।
दृष्टान्त = १) नाट्यलक्षणों का एक प्रकार। २) एक नाट्यालंकार। (३) एक अर्थालंकार
युक्ति = १) मुखसन्धि का एक प्रकार। २) एक नाट्यालंकार।
रूपक = १) दृश्य काव्य। २) एक अर्थालंकार।
प्रसाद = निर्वहण सन्धिका एक अंग। २) एक गुण (शब्द, अर्थ तथा रस का।)
उद्धात्यक = १) वीथी का एक अंग। २) रूपक की प्रस्तावना एक प्रकार।
काव्य = १) उपरूपक का एक प्रकार। २) रसात्मक वाक्य।
माधुर्य = १) एक काव्य गुण। २) नायिका के २८ यौवनालंकारों में से एक।

इस प्रकार एक ही शास्त्र में एक ही संज्ञा की अनेकार्थता को सदोष मानना चाहिये।

संज्ञाओं की निरुक्ति तथा व्युत्पत्ति

पारिभाषिक शब्दों में अन्तर्भूत शास्त्रीय आशय को विवरणात्मक कारिकाओं या वृत्तियों द्वारा विशद करते हुए, यथासम्भव निरुक्ति तथा शास्त्रीय या लौकिक व्युत्पत्ति एवं विग्रहवाक्य के द्वारा स्पष्ट करने का प्रयत्न भी शास्त्रकारों ने किया है। जैसे अलंकारशास्त्र में **रूपक = रूपारोपात् तु रूपकम्।** = दृश्य काव्य को इस लिए रूपक कहा जाता है कि इस के प्रदर्शक (नटी-नट) इसमें चित्रित चरितों के रूप का, अपने मन में 'आरोप'' अर्थात् अनुसन्धान किये दिखाई देते हैं।

रसना = रसव्यक्तौ पुनर्वृत्ति रसनाख्यां परे विदुः ''(व्यंजना वृत्ति को रसाभिव्यक्ति के कारण अन्य विद्वान् ''रसना'' कहते हैं। (अर्थात् वस्तु या अलंकार स्वरूप अर्थ को व्यंजित करने वाली शक्ति को 'व्यंजना' और रस-भाव को व्यंजित करते समय उसी शक्ति को ''रसना'' कहते हैं।

गर्भ = (गर्भसन्धि) ''फलस्य गर्भीकरणाद् गर्भः'' (साहित्यदर्पण)।

व्याघात (एक अर्थालंकार) = निष्पन्न वस्तु का विघात ही व्याघात का लक्षण है) (अलंकारसर्वस्व-विमर्शिनी)।

उत्प्रेक्षा : = उत् + प्र + ईक्षा = उत्कृष्टा प्रकृष्टा उपमानस्य ईक्षा (ज्ञानम्) उत्प्रेक्षा, अर्थात् प्रकृत (उपमेय) की उत्कृष्ट अप्रकृत (उपमान) के रूप में ईक्षा याने सम्भावनात्मक ज्ञान।

रूपक = ''यदा तु विषयी विषयं रूपयति रूपवन्तं करोति तद् 'अन्वर्थाभिधानं' रूपकम् (एकावली)। (अर्थात् जब

विषयी विषय को रूपवान् करता है, तब रूपक यह अन्वर्थक संज्ञा प्राप्त होती है।)

अनुप्रास = अनु + प्र + आस = "रसाद्यनुगतत्वेन प्रकर्षेण न्यासः (अर्थात् रसभावादिके अनुकूल, प्रकृष्ट (उत्कृष्ट प्रकार का) शब्दों का न्यास)।

ऐसे शब्दों का विवरण करने वालों ने इस प्रकार व्युत्पत्ति का विचार अवश्य किया। व्युत्पत्ति के अनुसार ही उन्होंने अपना विवरण लिखा है।

सामान्य-विशेष संबंध

पारिभाषिक शब्दों में यह विशेषता दिखाई देती है कि उनका एक अर्थ सामान्य बोधक होता है और उस सामान्य के अनेक प्रकारों के वाचक पारिभाषिक शब्द कभी कभी सामान्यवाचक शब्दों से समानता रखते हैं। किन्तु अनेक सामान्य अर्थबोधक पारिभाषिक शब्दों के विशेषार्थबोधक शब्द, सर्वथा पृथक्-स्वरूप होते हैं। जब वे तत्समान याने सामान्यर्थ वाचक के समान होते हैं, तब वे उस सामान्य पारिभाषा के प्रकार का बोध कराते हैं, किन्तु जब वे सर्वथा पृथक्स्वरूप होते हैं, तब वे किस सामान्य परिभाषा के अंगभूत हैं यह बोध नहीं होता।

तत्समान विशेषार्थबोधक पारिभाषिक शब्दों के उदाहरण हैः १) काव्य (सामान्य संज्ञा) के विशेष प्रकारों की वाचक संज्ञाएँ दृश्यकाव्य, श्रव्यकाव्य, महाकाव्य, खण्डकाव्य, गीतिकाव्य, गद्यकाव्य, चम्पूकाव्य, इत्यादि।

२) वेद (सामान्यसंज्ञा) – के विशेष प्रकारों की वाचक संज्ञाएँ – ऋगवेद् यजुर्वेद, सामवेद, अथर्ववेद, आयुर्वेद, धनुर्वेद, गान्धर्ववेद, इत्यादि।

असमान विशेषार्थबोधक पारिभाषिक संज्ञाएँ – उदाहरण १) रूपक (सामान्य संज्ञा) विशेष संज्ञाएँ – नाटक, प्रकरण, भाण, व्यायोग, समवकार, डिम, ईहामृग, अंक, वीथी, प्रहसन।

२) उपरूपक (सामान्य संज्ञा)। विशेष संज्ञाएँ – नाटिका, त्रोटक, गोष्ठी, सट्टक, रासक प्रस्थानक, उल्लाप्य, काव्य, प्रेंखण, नाट्यरासक, संलापक, श्रीगदित, शिल्पक, विलासिका दुर्मल्लिका, प्रकरणिका, हल्लीश और भाणिका। सामान्य और विशेष संज्ञाओं में इस प्रकार जब किसी प्रकार की समानता नहीं होती, तब पारिभाषिक संज्ञाओं में विद्यमान सामान्य-विशेष संबंध का बोध अच्छे शास्त्री-पण्डित को भी होना कठिन होता है। **पारिभाषिक संज्ञाओं के विषय में यह दुर्बोधता एक बड़ी समस्या है।** इसकी प्रतीति सर्वत्र होती है। उदाहरण के लिए नाट्यशास्त्र की सन्धि-सन्ध्यंगवाचक संज्ञाएँ देखिये। सन्धि (या नाट्यसन्धि) : – सामान्य संज्ञा। इसके पांच प्रकारों की संज्ञाएँ हैं – मुखसन्धि, प्रतिमुखसन्धि, गर्भसन्धि, विमर्शसन्धि और निर्वहणसन्धि। पांच प्रकार की इन वाचक संज्ञाओं का निर्देश जब सन्धि संज्ञा के साथ होता है। तब तत्काल ध्यान में आ जाता है कि यह "सन्धि" नामक नाट्यशास्त्रीय संज्ञा का एक प्रकार है। परंतु जब इन पंचसन्धियों के ६५ प्रकारों के वाचक अंग, उपक्षेप, परिकर, परिन्यास, विलोभन इत्यादि ६५ पारिभाषिक शब्द पढ़ने में आते है, तब उनके नाट्यशास्त्रीय विशिष्ट अर्थ का तत्काल बोध, या स्मरण होना नाट्यशास्त्र के विशेषज्ञों के लिए भी टेढ़ी खीर है। उसी प्रकार, शाकुन्तल, वेणीसंहार जैसे नाट्यशास्त्रदृष्ट्या आदर्शभूत नाटकों का अध्ययन-अध्यापन करते समय पारिभाषिक संज्ञा में कथित सन्ध्यङ्गों के ६५ प्रकार का बोध तथा प्रकार वाचक संज्ञाओं का स्मरण अतिमार्मिक अध्येता को भी नहीं होता।

प्रस्तुत कोश में सर्वत्र "सामान्य संज्ञा' का विवरण संक्षेपतः देते हुए, उसकी 'विशेष संज्ञाओं का चयन उसी के साथ किया है। और फिर उन विशेष संज्ञाओं का स्पष्टीकरण देते समय भी, विशेष प्रकारों की संख्या का निर्देश करते हुए संज्ञा का स्पष्टीकरण दिया है। **जहां विशेष प्रकारों की संख्या अत्यधिक है, वहां कुछ ही संज्ञाओं का स्पष्टीकरण दिया है, सभी नहीं** यह संक्षेप कोश की पृष्ठसंख्या की मर्यादा का अतिक्रमण टालने की दृष्टि से किया गया है; जैसे नाट्यशास्त्र की पांच सन्धियों की वाचक संज्ञाओं का स्पष्टीकरण करते हुए उन प्रकारों की संख्या का निर्देश किया है, किन्तु प्रत्येक प्रकारवाचक संज्ञा का स्पष्टीकरण नही दिया। यहाँ "मुखसन्धि" का स्पष्टीकरण देते हुए अंगों की १२ संख्या का निर्देश मिलेगा, किन्तु प्रकारवाचक सारी संज्ञाओं का स्पष्टीकरण नहीं दिया। **विशेष जिज्ञासु को अपनी इस सूक्ष्म जिज्ञासा की पूर्ति के लिए मूल शास्त्रग्रंथों का ही अवलोकन करना होगा।**

अर्थपरिवर्तन

लौकिक भाषा में अनेक शब्द ऐसे होते है जो मूलतः पारिभाषिक अर्थ में प्रयुक्त होते थे, किन्तु कुछ समय के बाद उनका पारिभाषिक अर्थ लुप्त सा हो गया और सामान्य अर्थ में वे भाषा में प्रचलित हुए। उदाहरणार्थ : 'विप्र' शब्द ऋग्वेद में (१-१२९-२, २-१६२-७, ४-२६-१ इत्यादि अनेक स्थानों पर) "अनुभूतिसम्पन्न गायक" के विशिष्ट अर्थ में प्रयुक्त हुआ है। किन्तु बाद में यह शब्द विद्वान् ब्राह्मण का वाचक बन गया। आर्ष काव्यों के काल में यह केवल ब्राह्मण के अर्थ में प्रयुक्त हुआ है। ऐसे शब्दों का प्रचलित रूढार्थ इस कोश में नहीं मिलेगा।

रूढ शब्दों के कृत्रिम अर्थ

भाषा में ऐसे अनेक शब्द होते है, जिनका लौकिक व्यवहार में रूढ अर्थ सभी के परिचय का होता है, किन्तु विशिष्ट शास्त्र में सीमित अर्थ में उसका प्रयोग होता है और शास्त्रकार उसका लक्षण भी बताते है। उदा. ''ग्रंथ'' शब्द। लौकिक भाषा में इसका अर्थ सर्वविदित है किन्तु छन्दःशास्त्रकार, ''दात्रिंशद्वर्णमित-अनुष्टुप् छन्दस्कःश्लोको ग्रन्थ'' (३२ अक्षरों के अनुष्टुप् छन्द के श्लोक को ग्रन्थ कहते है।) इस प्रकार का विशिष्ट अर्थ बताते है। इस कृत्रिम अर्थ के कारण छन्दःशास्त्र में यह शब्द पारिभाषिक अर्थ का वाचक हो गया। प्रस्तुत कोश में ग्रन्थ जैसे शब्दों के अकृत्रिम या लौकिक अर्थ का उल्लेख न करते हुए केवल कृत्रिम या शास्त्रोक्त पारिभाषिक अर्थो का निर्देश करने पर बल दिया है। प्रस्तुत खण्ड का **''परिभाषा खंड''** यह नामकरण इसी उद्देश्य से किया है। शब्द के ''कृत्रिम अर्थ'' प्रायः शास्त्रकारों द्वारा लक्षणकरण की प्रक्रिया में दिए जाते है। प्रदीर्घ अर्थ को अल्पाकार शब्दों में संचित करने से शास्त्र में लाघव गुण निर्माण होता है। जिस प्रकार प्रदीर्घ अर्थ का एक या अनेक वाक्यों में निर्देश होना संभव होता है, उसी प्रकार ऐसे प्रदीर्घ अर्थ को एक अल्पाकार शब्द से ज्ञापित करने की सुविधा कृत्रिमार्थ युक्त पारिभाषिक शब्दों के द्वारा शास्त्रकार को उपलब्ध होती है। इस सुविधा के कारण पारिभाषिक शब्द सूत्रवाङ्मय में प्रचलित सूत्रों के समान ''सारवत्'' होते है। प्रस्तुत कोश में संकलित प्रायः सभी शब्द इस तथ्य के ही उदाहरण होने से यहा विशिष्ट उदाहरण देने की आवश्यकता प्रतीत नहीं होती। तथापि उदाहरण के लिए, गोमांसभक्षण (तांत्रिक), कूर्मशिला (वास्तुशास्त्र), बंधकी (धर्मशास्त्र), गुणस्थान (जैनमत), समाधि (साहित्यशास्त्र), गुण (न्यायशास्त्र या व्याकरण शास्त्र), स्थायभंजनी (संगीतशास्त्र), क्लेश (योगशास्त्र), क्रतु (वैदिक), क्रकचयोग (ज्योतिपशास्त्र), पशु (कौलतंत्र), इत्यादि शब्द विचारार्ह हैं। कुछ पारिभाषिक शब्दों के लौकिक अर्थ भी होते हैं, किन्तु इन अर्थों का शास्त्रबोध की दृष्टि से कोई उपयोग नहीं होता। उदा. स्वकालीन (पौराणिक), काकपक्ष, अश्वगंधा, काकिनी (तंत्रशास्त्र), पट्कुल इत्यादि।

पारिभाषिक अर्थज्ञान की आवश्यकता

शास्त्रों में प्रयुक्त अनेक पारिभाषिक शब्द व्यवहार में लौकिक अर्थ में रूढ हैं। सामान्य शिक्षित मनुष्य जब किसी शास्त्रीय ग्रंथ का वाचन करता है तब यदि वह शास्त्रोक्त पारिभाषिक शब्दों के विशिष्ट अर्थ से अनभिज्ञ हो तो उन शब्दों के लौकिक या केवल व्युत्पत्तिलभ्य अर्थ के अनुसार शास्त्रवचन का अर्थग्रहण करता हैं। यह अर्थ शास्त्रकार की दृष्टि से अपेक्षित न होने के कारण अनुचित या प्रामादिक होगा। **'योगादरूढिर्बलीयसी'** (यौगिक अर्थ से शब्द का रूढ अर्थ अधिक बलवान् मानना चाहिये) **'अवयवप्रसिद्धेः समुदायप्रसिद्धिर्बलीयसी'** = शब्द के अवयवों के अर्थों का संयोग करने पर निष्पन्न होने वाले (यौगिक तथा व्युत्पत्तिसिध्द) अर्थ से संपूर्ण शब्द द्वारा कहा गया सामुदायिक रूढ अर्थ अधिक बलवान होता है) इत्यादि न्याय वचनों के अनुसार शब्दों के शास्त्रद्वारा कथित अर्थ अर्थात् पारिभाषिक अर्थ शास्त्रीय व्यवहार में अधिक महत्त्वपूर्ण होते हैं। **''रथाधिकरणन्याय''** के अनुसार यह तथ्य अधिक स्पष्ट होगा। श्रुति में कहा है कि, ''वर्षासु रथकार आदधीत'' याने वर्षा ऋतु में रथकार ने अग्न्याधान करना चाहिये। इस वचन मे प्रयुक्त रथकार शब्द का यौगिक अर्थ है रथ करने वाला (रथं करोति इति रथकारः)। इस विग्रह के अनुसार रथकार एक त्रैवर्णिक पुरुष होता है। किन्तु ''माहिष्यात् करण्याम् उत्पन्नः रथकारः'' (अर्थात् माहिष्य पुरुष (क्षत्रिय पुरुष द्वारा वैश्य स्त्री से उत्पन्न) और करणी (वैश्य पुरुष द्वारा शूद्र से उत्पन्न) स्त्री से उत्पन्न पुरुष को 'रथकार' कहते हैं; इस याज्ञवल्क्य स्मृति के वचनानुसार 'रथकार' शब्द का विशिष्ट पारिभाषिक अर्थ होता है और शास्त्रदृष्ट्या यही अर्थ ग्राह्य है। इस विवेचन का इत्यर्थ यही है कि **शास्त्रव्यवहार में लौकिक या या यौगिक शब्दार्थ से पारिभाषिक अर्थ ही बलवत्तर होते हैं।** उनका ज्ञान निरुक्ति, व्युत्पत्ति, कोश आदि द्वारा प्रायः नहीं होता। आप्तवाक्य (अर्थात् शास्त्रवचन) के द्वारा ही उनका अर्थ ज्ञात हो सकता है। प्रस्तुत कोश में आप्तवाक्यों के आधार पर ही अर्थों का चयन करने का यथाशक्ति यथामति प्रयास हमने किया है। आशा है कि मूल संस्कृत या अनुवादित शास्त्रग्रंथों के अध्येताओं को इस कोश का साहाय्य मिलेगा।

कालबाह्य शब्द

पारिभाषिक शब्दों में ऐसे अनेक शब्द मिलते हैं जिन्हें विशिष्ट काल या परिस्थिति में महत्त्वपूर्ण अर्थ था, किन्तु परिस्थिति में परिवर्तन होने पर वे अर्थहीन हो गए। उदाहरणार्थ प्राचीन काल में जब बहुपत्नीकत्व को धर्मशास्त्र एवं सामाजिक जीवन में मान्यता थी, तब राजा की विविध प्रकार की रानियों का पृथक् बोध कराने वाले, **वावाता, परिवृक्ता, पालागली,** जैसे शब्दों को महत्त्वपूर्ण अर्थ था। यज्ञीय परिभाषा में भी ऐसे अनेक शब्द मिलते हैं, जिनका यज्ञप्रधान धर्मजीवन में विशिष्ट महत्त्व था। उदा. वसतीवरी, वनाधिती, राष्ट्रगोप, रत्नी, आदि। वर्ण – जाति

व्यवस्था का जब अत्यंत महत्त्व माना जाता था, तब रथकार, माहिष्य, करणी, क्षत्ता, ब्रह्मबन्धु आदि जातिवाचक शब्दों के पारिभाषिक अर्थ विशेष महत्त्व रखते थे। बाद में यथाकाल वे नाममात्र रह गए। प्राचीन समाजव्यवस्था का ज्ञान देने की दृष्टि से ही उन शब्दों का आज उपयोग होता है। पारिभाषिक शब्दों के प्रस्तुत कोश में उन कालबाह्य शब्दों का संचय इसी कारण आवश्यक है।

पारिभाषिक शब्दों के अर्थ जिस प्रकार शास्त्रभेद के अनुसार बदलते है उसी प्रकार एक ही शास्त्र में कालभेद के कारण वे बदलते हैं। उदाहरणार्थ – संगीत शास्त्र में प्रयुक्त वादी, संवादी, अनुवादी और विवादी स्वर प्राचीन काल में आपस के ध्वनिसंबंध पर अवलंबित माने जाते थें। परंतु ये संबंध प्राचीन ग्रंथों में श्रुतियों की परिभाषा में ही वर्णित होने के कारण, उनसे तथा स्वयं षड्ज-पंचम भाव तथा षड्ज-मध्यम भाव से मेल नहीं खाते। आज कल वादी-संवादी का अर्थ स्वर के बहुत्व अल्पत्व के आधार पर लगाया जाता है। ''प्रयोगे बहुलः स्वरः वादी राजाऽत्र गीयते। विवादी तु सदा त्याज्यः क्वचित् तानक्रियात्मकः।।'' इत्यादि परिभाषाएँ ही आजकल के वादी विवादी स्वरों को आधार हैं।

प्रादेशिक संज्ञाएँ – साहित्य शास्त्र के वैदर्भी, पांचाली, गौडी, लाटी, लाटानुप्रसि, मागधी, शौरसेनी, महाराष्ट्री इत्यादि विविध पारिभाषिक शब्द यही सूचित करते हैं कि विशिष्ट प्रदेशों के नामों पर आधारित पारिभाषिक शब्द निर्माण होते हैं, प्रदेश की विशेषता से उनका मूलतः संबंध होता है, किन्तु बाद में वह समाप्त होता है।

अपवादात्मक चयन – प्रस्तुत कोश में केवल संस्कृत वाङ्मय में प्रयुक्त पारिभाषिक शब्दों का ही चयन मुख्यतः किया है। किन्तु अपवाद में प्रादेशिक नृत्यप्रकार, विशिष्ट वाद्यप्रकार इत्यादि के वाचक लौकिक शब्दों का भी चयन किया है। कुछ नए प्रचलित पारिभाषिक शब्द भी यत्रतत्र संकलित हुए हैं।

प्रादेशिक वाद्य – प्रस्तुत कोश में संगीत प्रकरण में अनेक प्रादेशिक वाद्यों का (उदा. गौरीकालम्, गोटुवाद्यम् इ.) नामनिर्देश हुआ है। संगीतशास्त्र विषयक ग्रन्थों में इनके नाम एकत्रित उपलब्ध नहीं होते। प्रस्तुत चयन से संगीत प्रेमी लोगों को विविध प्रादेशिक वाद्यों की कल्पना आ सकेगी। इन नामों का चयन भारतीय संस्कृति कोश (मराठी में) से किया है।

व्रतसंज्ञा – तिथियों के विशिष्ट नाम और उस निमित्त प्रचलित स्त्री-पुरुषों के व्रतों का निर्देश करने में उनकी अखिल भारतीयता की ओर ध्यान दिया है। क्वचित् प्रादेशिक व्रतों का भी उल्लेख हुआ है। जैन तथा बौध्द संप्रदायों के व्रत और उत्सवों का जहां विशिष्ट तिथियों से संबंध है, उल्लेख किया गया है। सभी व्रत सकाम होते हैं। ग्रंथों में उनके पुत्रप्राप्ति, शत्रुनाश, धनलाभ, आदि फल कहे गये हैं। प्रस्तुत कोश में व्रतकथा या फल निर्देश नहीं है।

विदेशी संज्ञाओं के प्रादेशिक पर्याय

संस्कृत भाषीय शास्त्रोक्त पारिभाषिक संज्ञाओं का चयन करना ही प्रस्तुत कोश का मुख्य उद्देश्य है, किन्तु इस चयन के प्रयत्न में संस्कृत शब्दों के प्रादेशिक पर्यायों की ओर हमारा ध्यान आकृष्ट हुआ। भारत की सभी प्रादेशिक भाषाएँ विद्या के क्षेत्र में आरंभ से संस्कृतोपजीवी रही हैं। २० वीं शताब्दी में विदेशी-अंग्रेजी भाषा तथा पाश्चात्य विद्याओं का अतिरिक्त प्रभाव बढ़ने के कारण सभी प्रादेशिक भाषाओं में अंग्रेजी परिभाषा के देशी पर्याय निर्माण करने का कार्य हुआ। नवशब्दनिर्मिति की शास्त्रीय प्रक्रिया संस्कृत में ही होने कारण, **विदेशी पारिभाषिक शब्दों के प्रादेशिक पर्याय तत्त्वतः संस्कृत शब्द ही हैं।** इनमें संस्कृत मूलकता समान है किन्तु रूपभिन्नता होने से एक ही विदेशी शब्द के प्रदेशानुसार भिन्न पर्याय उन उन प्रदेशों में प्रचलित हुए। उनमें तुल्यार्थता है किन्तु तुल्यरूपता नहीं है। उदाहरणार्थ, प्राइम मिनिस्टर को हिन्दी में प्रधानमंत्री तो मराठी में पंतप्रधान कहते हैं। सेक्रेटरीएट के लिये हिन्दी में सचिवालय और मराठी में मंत्रालय, शब्द रूढ हुआ है। नॉवेल का अनुवाद हिन्दी में उपन्यास और मराठी में कादम्बरी हुआ। अन्य प्रदेशों में भी इसी प्रकार के संस्कृतमूलक नए शब्द प्रचलित होंगे। ऐसे समानार्थक किन्तु भिन्नस्वरूपी नवनिर्मित शब्दों का पृथक् कोश करना आज आवश्यक है।

इन अनूदित शब्दों के अतिरिक्त कुछ शब्द ऐसे हैं जो तत्वतः ''संस्कृत'' नहीं किन्तु उनमें पारिभाषिक अर्थ हैं, जैसे वनस्पतियों के नाम। हमने पर्यायशब्दों के संग्रह में विशिष्ट वनस्पतिवाचक संस्कृत पर्याय देते हुए उनके हिन्दी प्रतिशब्द दिए हैं। किन्तु उन वनस्पतियों के वाचक प्रत्येक प्रादेशिक भाषा - उपभाषाओं में अन्यान्य शब्द होंगे। ऐसे प्रादेशिक शब्द भी ''पारिभाषिक'' कोटि के मानना उचित होगा। इस कोश में संगीत शास्त्र में निर्दिष्ट अनेक रागों, तालों, तथा नृत्यप्रकारों के नाम इसी कारण स्वीकृत किये हैं। केवल संस्कृतमूलकता के अभाव के कारण उन 'प्रादेशिक शब्दों' का चयन हम नहीं करते तो पारिभाषिक शब्दावली में अपूर्णता रह जाती। धर्मशास्त्र

में वर्णसंकर से उत्पन्न जातियों के नाम भी इसी प्रकार के मिलते हैं।

प्रातिपदिक और संज्ञा – पारिभाषिक शब्दावली में शब्द की ये दो अवस्थाएँ दिखाई देती हैं। विशिष्ट अर्थ को व्यक्त करने वाले वर्णसमूह को लौकिक व्यवहार में शब्द कहते हैं। इसी शब्द को वैयाकरण ''प्रातिपदिक'' (अर्थवत् अधातुः अप्रत्ययः प्रातिपादिकम्– (पाणिनिसूत्र) कहते हैं। ऐसे शब्दों का प्रयोग जब विशिष्ट शास्त्रीय या सांकेतिक अर्थ व्यक्त करने के लिए होता है तब उन्हे ''संज्ञा'' कहते हैं। प्रायः संज्ञाएँ संस्कृत व्युत्पत्तिमूलक होती हैं, इसी कारण देशी शब्दों को पारिभाषिक संज्ञाओं की योग्यता प्रायः नहीं मिलती। किन्तु संगीत शास्त्र में विदर्भवासी पुष्पदन्त (१२ वीं शती) नामक पंडित ने तत्कालीन देशी शब्दों को शास्त्रीय संज्ञाओं की योग्यता देने का कार्य किया था। पारिभाषिक शब्दावली में इसी पद्धति से देशी शब्दों का प्रमाण कुछ मात्रा में दिखाई देता है।

प्रस्तुत कोश के संपादन में परिभाषिक शब्दों की जो विशेषताएँ हमारे ध्यान में आयी उनका सोदाहरण विवेचन यहां प्रस्तुत किया है। साथही शब्दों का चयन करने में हमारी जो दृष्टि या भूमिका रही उसका भी प्रतिपादन इस अन्तरंग दर्शन में प्रस्तुत करने का प्रयास हमने किया है। आशा है कि, भारतीय विद्याओं की रूपरेखा इन पारिभाषिक शब्दों के अध्ययन से जिज्ञासुओं को प्रतीत होगी, तथा शास्त्रीय ग्रंथों के अध्ययन में यथास्थान उन्हें इस कोश की सहायता हो सकेगी।

श्रीधर भास्कर वर्णेकर
''प्रज्ञाभारती''

संस्कृत वाङ्मय कोश

परिभाषा खण्ड

अनुक्रमणिका

(पूर्वार्ध कुल पृष्ठसंख्या ३०४)

पूर्वार्ध

धर्म विभाग

अर्थ विभाग

(उत्तरार्ध कुल पृष्ठसंख्या ४५५)

उत्तरार्ध

काम विभाग

मोक्ष विभाग

न्यायवचन संग्रह विभाग

कुल प्रविष्टियाँ – २०३०४

संस्कृत वाङ्मय कोश

परिभाषा खण्ड (उत्तरार्ध)

अनुक्रमणिका

काम विभाग

काम विभाग कुल प्रविष्टियाँ – ४८१९

वर्ग - १
साहित्यशास्त्र परिभाषा

अक्रमत्व (या क्रमभेद) = एक वाक्यगत काव्यदोष। काव्यपंक्ति में इति इत्थं आदि शब्द का प्रयोग अयोग्य स्थान पर करने से यह दोष प्रतीत होता है।

अक्षरच्युतक = जिस श्लोक की पंक्ति में किसी एक अक्षर का लोप करने पर दूसरा अर्थ व्यक्त होता है। यह प्रहेलिका का प्रकार है। इसी प्रकार मात्राच्युतक भी होता है।

अगूढव्यङ्ग्य = काव्य के गुणीभूत व्यङ्ग्य अर्थ का एक प्रकार। इसमें व्यङ्ग्यार्थ में कोई गूढ़ता न होने के कारण वह वाच्यार्थवत् हो जाने से उसे गौणता प्राप्त होती है।

अगूढव्यङ्ग्या = प्रयोजनवती लक्षणा का एक प्रकार। इस में व्यङ्ग्यार्थ साधारण व्यक्ति को भी स्फुटतया प्रतीत होता है।

अजहत्स्वार्था लक्षणा = देखिए उपादान लक्षणा

अतद्गुण = एक अर्थालंकार। इसमें अप्रकृत वस्तु के उत्कृष्ट गुण का स्वीकार करने का कारण होते हुए भी, प्रकृतवस्तु उसका स्वीकार नहीं करती।

अतिकथा = अतिरंजित कहानी।

अतिशयोक्ति = एक अर्थालंकार। इसमें उपमेय का निगरण करते हुए उपमेय उपमान का अभेदरूप कथन होता है। पांच प्रकार = (१) भिन्नता में अभिन्नता का वर्णन; (२) अभिन्नता में भिन्नता का वर्णन; (३) संबंध में असंबध का वर्णन; (४) असम्बन्ध में सम्बन्ध का वर्णन। (५) कार्य-कारण भाव में विपरीतता का वर्णन।

अत्यन्त तिरस्कृत वाच्य ध्वनि = अविवक्षित वाच्य (लक्षणामूलक) ध्वनि का एक प्रकार। इसमें शब्द का मुख्यार्थ अनुपपत्ति के कारण सर्वथा तिरस्कृत होता है और सर्वथा भिन्न अर्थ का बोध कराता है। 'निःश्वासान्धः आदर्शः' इस उदाहरण में अन्ध शब्द का मुख्यार्थ (नेत्रहीन) लुप्त करते हुए, अप्रकाशमान अर्थ व्यक्त होता है।

अद्‌भुत = काव्य के नौ रसों में एक रस। इसके स्थायी भाव को विस्मय कहते हैं जिसके परिपोष से सहृदय को अद्‌भुत रस की अनुभूति होती है।

अधिक = एक अर्थालंकार। आधार से आधेय की अथवा आधेय से आधार की अधिकता का वर्णन।

अधिकपदत्व = एक वाक्यगत काव्यदोष। अनावश्यक शब्दप्रयोग या विशेषण आदि के प्रयोग से यह दोष व्यक्त होता है। उदा. 'पल्लवाकृति – रक्तोष्ठी' यहां आकृति शब्द अनावश्यक है।

अध्यवसान = प्रकृत और अप्रकृत विषयों की एकरूपता। यही एकरूपता अतिशयोक्ति अलंकार का तथा 'साध्यवसाना लक्षणा' वृत्ति का आधार है।

अध्याय = ग्रंथ का एक विभाग। संस्कृत वाङ्मय में इस के अन्यान्य नाम प्रयुक्त हैः- सर्ग, वर्ग, परिच्छेद, उद्‌घात, अंक, संग्रह, उच्छ्‌वास, परिवर्त, पटल, कांड, आनन, स्थान, प्रकरण, पर्व, उल्लास, आह्निक, स्कन्ध, अंश इ.।

अनन्वय = एक अर्थालंकार। इसमें एक ही वाक्य में एक ही वस्तु उपमेय और उपमान होती है। उदा. चन्द्र : चन्द्र : इव।

अनवीकृतत्व = एक अर्थदोष। लोकप्रसिद्ध अर्थ का वैचित्र्यहीन पद्धति से कथन तथा शब्द के पुनरुच्चारण से यह दोष उत्पन्न होता है। कथितपदत्व दोष से यह पृथक् माना जाता है।

अनियमे नियमः = एक अर्थदोष। एवं, हि जैसे विशिष्ट नियमबोधक शब्द की अपेक्षा न होते भी उसका प्रयोग वाक्य में करना। इसके विरुद्ध जहां नियम बोधक (एवं, हि इत्यादि) शब्द के प्रयोग की अपेक्षा होती है वहां उसका प्रयोग न करना "नियमे अनियमः' दोष कहलाता है।

अनुकूल = एक अर्थालंकार। इसमें प्रतिकूलता का अनुकूलता के रूप में वर्णन होता है। (साहित्यदर्पणकार विश्वनाथ इस अलंकार के प्रवक्ता हैं।)

अनुचितार्थत्व = एक काव्यदोष। अनुचित औपम्य तथा अ०

अनुनिर्देश = अनेक पदार्थों का अनुक्रम से निर्देश। काव्य में यही यथासंख्य अलंकार का स्वरूप है। (देखिए- यथासंख्य)।

अनुप्रसक्ति = वाक्य में शब्दों का अत्यंत तर्कयुक्त संबंध। लेखन और भाषण का यह एक गुण है।

अनुप्रास = एक शब्दालंकार। शब्दों के स्वरों में भिन्नता किन्तु व्यंजनों में एकता होने के कारण यह उत्पन्न होता है। ५ प्रकार - छेकानुप्रास, वृत्त्यनुप्रास, श्रुत्यनुप्रास, अन्त्यानुप्रास, लाटानुप्रास। इनके अतिरिक्त सरस्वतीकण्ठभरणकार ने मसृण, वर्णमसृण, वर्णात्कट, वर्णोनुत्कट आदि अनेक प्रकार माने हैं।

अनुभाव = जिसके द्वारा अन्तःकरण के भाव व्यक्त होते हैं, जैसे भ्रूभंग से कोप व्यक्त होता है।

अनुमान = एक अर्थालंकार। इसमें साधन द्वारा साध्य का ज्ञान वैचित्र्यपूर्ण पद्धति से होता है। (लौकिक अनुमान में वैचित्र्य का अभाव होता है)। इसमें 'ज्ञापक हेतु' का निर्देश होता है। रसगंगाधरकार ने इस अलंकार के चार प्रकार कहे है। (१) वाच्य (मन्ये इत्यादि वाचक पद के कारण); (२) लक्ष्य कथयति इत्यादि लक्षक पद के कारण) (३) प्रतीयमान अनुमानके साध्याक्षिप्त होने के कारण); (४) ध्वन्यमान (साध्य के अभाव में केवल लिङ्गमात्र के निर्देश के कारण)

अनुवादायुक्तत्व = एक अर्थदोष। वाक्य में विधेय के प्रतिकूल उद्देश्य की योजना करने से यह दोष होता है।

अनौचित्य = एक प्रमुख काव्यदोष जो अवश्य रसभंग करता है। (अनौचित्यादृते नान्यद् रसभंगस्य कारणम्)।

अन्त्यानुप्रास = अनुप्रास के पांच प्रकारों में एक। श्लोक के पूर्वार्ध के अन्त में आने वाले अनुस्वार, विसर्ग, या स्वरयुक्त वर्ण की उत्तरार्ध के अन्त में आवृत्ति होना। इसी अलंकार को चन्द्रालोक में स्फुटानुप्रास कहा है।

अन्योन्य = एक अर्थालंकार। दो पदार्थों में एक दूसरे के प्रति समान उपकारक क्रिया का वर्णन। (उदा. रजन्या शोभते चन्द्रः चन्द्रेणापि निशीथिनी)।

अन्विताभिधानवाद = वाक्यार्थ से संबंधित एक मत। वाक्यस्थ पद स्वभावतः परस्पर अन्वित ही होते हैं। अतः वाक्यार्थ का बोध होने के लिए तात्पर्य नामक पृथक् वृत्ति मानना अनावश्यक है। प्राभाकर मतानुयायी मीमांसक इस वाद के पक्षपाती हैं। (पद की दृष्टि से वाक्यार्थ अभिहितान्वय-स्वरूप होता है और वाक्य की इकाई मानने पर वाक्यार्थ अन्विताभिधान स्वरूप होता है।)

अपह्नुति = एक काव्यालंकार, जिसमें वर्णनीय वस्तु का निषेध करते हुए अप्रस्तुत की स्थापना की जाती है। उदा. नेदं नभोमण्डलमम्बुराशिः = यह आकाश नहीं, समुद्र है।

अपह्नुति = (१) एक अर्थालंकार। इसमें प्रकृत (उपमेय) का निषेध करते हुए अप्रकृत (उपमान) का आरोप किया जाता है। (२) दूसरे प्रकार में गोपनीय विषय के किसी प्रकार का आविष्कार करते हुए श्लेष या अन्य किसी प्रकार से उस विषय का अन्य अभिप्राय के रूप में आविष्कार किया जाता है।

अपार्थकता = एक काव्यदोष, जो असंगत या तर्कहीन विधान के कारण उत्पन्न होता है।

अपुष्ट (अपुष्टार्थता) = काव्य का एक अर्थदोष जो प्रस्तुत अर्थ का पोषण न करने वाले शब्द के प्रयोग से होता है। उदा. विलोक्य वितते व्योम्नि विधुं मुंच रुषं प्रिये। यहा 'वितते' शब्द प्रस्तुत दोष व्यक्त करता है। यह 'अधिकपदत्व' से भिन्न माना जाता है।

अपस्मार = एक व्यभिचारी भाव। स्मृति का विलय अथवा अन्यथा स्मृति, इसका स्वरूप है।

अप्रतीतत्व = एक काव्यदोष। काव्य तथा लौकिक व्यवहार में अप्रयुक्त किन्तु विशिष्ट योग, व्याकरण आदि शास्त्र में प्रयुक्त शब्द का काव्य में प्रयोग होने से यह दोष व्यक्त होता है।

अप्रयुक्तता = एक काव्यदोष जो शास्त्रसंमत किन्तु मनीषियों द्वारा प्रयोग में न लाए हुए शब्द- 'तथामन्ये दैवतोऽस्य पिशाचो राक्षसोऽथवा'- यहां का दैवतः (पुं) शब्द।

अप्रस्तुतप्रशंसा = एक अर्थालंकार। अप्रस्तुत विषय के वर्णन द्वारा प्रस्तुत वर्ण्य विषय की सूचना। पांच प्रकार (१) सामान्य द्वारा विशेष की सूचना (२) विशेष द्वारा सामान्य. (३) कार्य द्वारा कारण. (४) कारण द्वारा कार्य. (५) समान द्वारा समान (इसके श्लेषमूलक और सादृश्यमूलक प्रकार होते हैं।)

असम्भवन्मतसम्बन्ध = एक वाक्यगत काव्यदोष। काव्यपंक्ति में प्रयुक्त किसी शब्द का अभिप्रेत सबन्ध उत्पन्न न होने से यह दोष प्रतीत होता है। प्रायः यत्-तत् का वाक्य में उचित प्रयोग न होने से यह दोष होता है।

अभिधा = शब्द की एक स्वाभाविक शक्ति। इसीके द्वारा शब्द के संकेतित (लोकप्रसिद्ध) अर्थ का तत्काल बोध होता है। इसीको शब्द की मुख्य शक्ति कहते हैं।

अभिहितान्वयवाद = गाम् आनय इत्यादि वाक्यस्थ शब्द अपने सामान्य अर्थ का बोध करते हैं। इनके परस्पर संबद्ध अर्थ का प्रतिपादन तात्पर्यवृत्ति के द्वारा ही होता है। भाट्ट मीमांसक इस मतवाद का प्रतिपादन करते हैं। ध्वनिवादी साहित्यिक इसी मत को ग्राह्य मानते हैं।

अमतपदार्थता = वाक्यगत एक काव्यदोष। काव्यश्लोक में कथित दो वाक्यों में रसादि की दृष्टि से परस्पर विरोध होने पर यह दोष व्यक्त होता है। उदा. एक वाक्य में शृंगारिक और दूसरे वाक्य में तद्विरोधी बीभत्स रस की सूचना होने से यह दोष होता है।

अर्थ (शब्द या वाक्य के) = चार प्रकार – वाच्य, लक्ष्य, व्यंग्य और तात्पर्य।

अर्थकवि = काव्य में अर्थालंकारों की विविधता व्यक्त करने वाला।

अर्थगौरव = काव्य का एक वैशिष्ट्य, जो श्लोक में प्रयुक्त शब्दों के अर्थ की गंभीरता से व्यक्त होता है। महाकवि भारवि के कवित्व का या वैशिष्ट्य माना गया है।

अर्थदोष = काव्य के अर्थ में किसी कारण उत्पन्न त्रुटि। काव्यदोषों के चार प्रकारों के एक प्रकार। चार प्रकार – पददोष, पदांशदोष, वाक्यदोष और अर्थदोष। (इनके अतिरिक्त रसदोष भी माना गया है। काव्य के अर्थ में, कवि की अशक्ति के कारण व्यक्त होने वाला यह दोष अर्थमूलक होने के कारण केवल शब्दों का परिवर्तन करने से नहीं हट सकता।

अर्थदोष प्रकार = अपुष्टत्व, दुष्क्रमत्व, ग्राम्यत्व, आहतत्व, अश्लीलत्व, कष्टत्व, अनवीकृतत्व, निर्हेतुत्व, प्रकाशितविरुद्धत्व, सन्दिग्धत्व, पुनरुक्तत्व, ख्यातिविरुद्धत्व, विद्याविरुद्धत्व, साकांक्षत्व, सहचरभिन्नत्व, अस्थानयुक्तत्व, अविशेषे विशेषत्व, अनियमे नियमत्व, विशेषे अविशेषत्व, नियमे अनियमत्व, विध्ययुक्तत्व, अनुवादायुक्तत्व, निर्मुक्तपुनरुक्तत्व। (कुल २३)

अर्थशक्त्युद्भव ध्वनि = संलक्ष्यक्रम व्यङ्ग्य नामक ध्वनि का एक प्रकार। इसमें अर्थ ही व्यंजक होता है। इस व्यंजक अर्थ से व्यक्त होने वाला व्यङ्ग्यार्थ दो प्रकार का होता है। (१) वस्तुरूप व्यङ्ग्यार्थ और (२) अलंकाररूप व्यङ्ग्यार्थ। इन दोनों के तीन विभाग होते है – (१) स्वतःसम्भवी (२) कविप्रौढोक्तिसिद्ध और (३) कविनिबद्धवक्तृ प्रौढोक्तिसिद्ध। इस प्रकार अर्थशक्त्युद्भव ध्वनि के १२ भेद होते हैं।

अर्थव्यक्ति = दस काव्य गुणों में से एक। काव्य का

अर्थबोध होने के लिए शब्दों का अध्याहार करने की आवश्यकता न होना। काव्यस्थ शब्दों से ही संपूर्ण अर्थ की अभिव्यक्ति। आचार्य वामन के मतानुसार यह एक शब्द गुण है। शब्द द्वारा अर्थबोध विनायास होना ही इस का स्वरूप है।

अर्थानौचित्य (या अन्यविधानौचित्य) = एक रसदोष। काव्य में देश, काल आदि का यथोचित वर्णन न होने से अर्थात् केवल काल्पनिक वर्णन होने से, यह दोष उत्पन्न होता है। इससे काव्य में असत्यता की प्रतीति होने के कारण चित्ताकर्षकता नहीं रहती।

अर्थान्तरन्यास = एक अर्थालंकार। इसमें एक वाक्यार्थ का दूसरे से वाक्यार्थ समर्थ्य-समर्थक सम्बन्ध होता है। यह सम्बन्ध – (१) सामान्य का विशेष से; (२) विशेष का सामान्य से, (३) कार्य का कारण से; (४) कारण का कार्य से-समर्थन द्वारा सिद्ध होता है। इन चार प्रकारों के साधर्म्य और वैधर्म्य की मूलता से प्रत्येकशः दो प्रकार होते हैं। अर्थात् कुल ८ प्रकार।

अर्थान्तरसंक्रमितवाच्य = अविवक्षितवाच्य (या लक्षणामूलक) ध्वनि का एक प्रकार। इसमें शब्द का सामान्यभूत मुख्यार्थ, उपपत्ति युक्त न होने के कारण, उससे भिन्न किन्तु अपने विशेषस्वरूप अर्थ का अवबोध कराता है। 'कदली कदली करभः करभः' इस उदाहरण में द्वितीय कदली और करभ शब्द इसके उदाहरण हैं; जो अपने वाच्यार्थ के विशेष गुणयुक्त अर्थ का बोध कराते हैं।

अर्थापत्ति = कुछ साहित्य शात्रियों ने माना हुआ एक अर्थालंकार। इसमें एक संवध्द उक्ति से ऐसे अनुमान का सुझाव मिलता है, जो प्रस्तुत विषय से संबंधित नहीं होता या उसके ठीक विपरीत होता है। यह **दण्डापूपन्याय या कैमुतिक न्याय से** मिलता जुलता है।
(दण्डापूपन्याय का उदा. = मूषकेण दण्डो भक्षितः इति अनेन तत् सहचारितम् अपूपभक्षणम् अर्थात् आयाति.)

अर्थालंकार = काव्य में अर्थ का वैचित्र्य जो केवल अर्थ पर ही निर्भर करता है। शब्दों के परिवर्तन सें जिसमें हानि नहीं होती।

अर्थोपमा = जो उपमा अर्थ पर निर्भर होती है शब्द पर नहीं। शब्दों में परिवर्तन होने पर भी अर्थोपमा के वैचित्र्य में बाधा नहीं आती।

अर्धान्तरैकपदत्व = वाक्यगत एक काव्यदोष। श्लोकवाक्य के प्रथम पाद में अपेक्षित शब्द का द्वितीय पाद में तथा द्वितीय पाद में अपेक्षित शब्द का प्रथम पाद में प्रयोग होने से यह दोष होता है।

अलक्ष्यक्रम (या असंलक्ष्यक्रम) व्यंग्य = विवक्षित – अन्यपरवाच्य नामक ध्वनि काव्य का एक प्रकार। इसमें वाच्यार्थ और व्यंग्यार्थ की प्रतीति में पूर्वापर क्रम का बोध नहीं होता. वाच्यार्थ की प्रतीति के साथ ही 'शतपत्र-पत्रभेदन न्याय' से प्रतीति होती है। (सौ पंखुड़ियों में से सुई प्रवेश करती है तब उनके भेदन में क्रम होते हुए भी वह ध्यान में नहीं आता) इसी प्रकार वाच्यार्थ और व्यंग्यार्थ की प्रतीति में वस्तुतः पूर्वापर क्रम होने पर भी उस का भान नहीं होता। इसी व्यंग्यार्थ को रसध्वनि माना है, यही काव्यात्मा माना जाता है।

अलंकार = काव्य के आधारभूत शब्द और अर्थ के वैचित्र्य की संज्ञा। इस वैचित्र्य के कारण काव्यरस में उत्कटता आती है। दो प्रकार – (१) शब्दालंकार (अनुप्रास, यमक आदि)। अर्थालंकार (उपमा उत्प्रेक्षा आदि)। अलंकारसर्वस्वकार के मतानुसार अर्थालंकारों की विभाग व्यवस्था : –
(१) सादृश्यमूलकः (उपमा, रूपक आदि); (२) विरोधमूलक (विरोध, विभावना आदि); (३) काव्यन्यायमूलक (पर्याय, परिवृत्ति आदि); (४) लोकन्यायमूलक (प्रत्यनीक, मीलित आदि); (५) शृंखलाबंधमूलक (कारणमाला, एकावली आदि), (६) तर्कन्यायमूलक (काव्यलिंग, अनुमान आदि); इनके अतिरिक्त (१) **प्रतीयमानवस्तुरूप** (उदा. समासोक्ति, पर्यायोक्ति, आक्षेप, व्याजस्तुति आदि) व (२) **प्रतीयमान-औपम्य रूप** (उदा. रूपक, परिणाम, सन्देह, भ्रान्तिमान, आदि) (३) **प्रतीयमान रसभाव रूप** (उदा. रसवत्, प्रेयान् उर्जस्वी, आदि)

अवतरणिका = ग्रंथ के आरंभ में किया गया मंगलाचरण (इससे उल्लिखित देवताओं का स्वर्ग से भूमि पर अवतरण माना जाता है।)

अवदान (साहित्य) = (अवदान = सत्कर्म या पराक्रम) = पुण्य कर्म तथा पाप कर्म के उत्तम और अधम फल के सिद्धान्त को नीति कथाओं द्वारा, प्रतिपादन करने वाला बौद्ध साहित्य। आर्यशूर की जातकमाला 'अवदान' स्वरूप ही है। 'अवदान शतक' सबसे प्रथम अवदान ग्रंथ माना जाता है।

अवाचकत्व (या अन्यार्थत्व) = एक काव्यदोष। अपेक्षित अर्थ को व्यक्त करने में असमर्थ शब्द का प्रयोग इसका कारण है।

अविमृष्टविधेयांशत्व (या विधेयामर्शत्व) = एक काव्य दोष। किसी कारण विधेय अर्थात् वाक्य के प्रधान आशय को गौणता आने से यह दोष व्यक्त होता है।

अविवक्षितवाच्यध्वनि के दो प्रकार = (१) अर्थान्तर संक्रमितवाच्य और (२) अत्यन्ततिरस्कृतवाच्य।

अविशेषे विशेषता = एक अर्थदोष। सामान्य वाचक शब्द के प्रयोग की आवश्यकता होते हुए तज्जातीय विशेष अर्थ के वाचक शब्द का प्रयोग करने से यह दोष होता है। उदा. रत्न शब्द की आवश्यकता होने पर हीरक मौक्तिक जैसे रत्न विशेष वाचक शब्द का प्रयोग। इसके विपरीत विशेष वाचक की आवश्यकता होने पर सामान्य वाचक के प्रयोग से 'विशेषे अविशेषता' दोष होता है।

अश्लीलत्व = एक काव्यदोष। सहृदय के अन्तःकरण में व्रीडा, जुगुप्सा और अमंगलता के भाव निर्माण करने वाले शब्दों के प्रयोग के यह उत्पन्न होता है।

असङ्गति = एक अर्थालंकार। कारण और कार्य रूप दो पदार्थों में वैयधिकरण्य (स्थानभिन्नत्व) के कथन से यह उत्पन्न होता है।

असमर्थत्व = एक काव्यदोष। "कुंजं हन्ति कृशोदरी" इस वाक्य में 'हन्ति' शब्द शास्त्रतः गमनार्थक होने पर भी रूढि के कारण हिंसार्थक होने से अपेक्षित अर्थ व्यक्त करने में असमर्थ है।

असंलक्ष्यक्रम व्यङ्ग्य ध्वनि = विवक्षितान्यपरवाच्यध्वनि का एक प्रकार। इसमें वाच्यार्थ और व्यङ्ग्यार्थ की प्रतीति में पौर्वापर्य की प्रतीति नहीं होती अर्थात् वाच्यार्थ प्रतीति के साथ ही व्यङ्ग्यार्थ की प्रतीति का आभास होता है। (वस्तुतः प्रथम वाच्यार्थ और अन्य क्षण में व्यंग्यार्थ की प्रतीति होती है। यही काव्य का रसभाव रूप अर्थ है।

असाम्प्रयोगिक रति = मित्र, गुरु, नृपति, माता-पिता, पुत्र आदि विषयक प्रीति। शृंगार में अभिव्यक्त होने वाली रति को 'साम्प्रयोगिक' कहते है।

असुन्दर व्यङ्ग्य = काव्य के गुणीभूतव्यङ्ग्य अर्थ का एक प्रकार। इसमें व्यङ्ग्यार्थ की कोई सुन्दरता प्रतीत नहीं होती।

अस्थानस्थपदत्व = वाक्यगत एक काव्यदोष। शब्द का प्रयोग अनुचित स्थान पर होने के कारण विवक्षित अर्थ का ज्ञापन यथोचित नहीं होता। यही इस दोष का कारण है। (यह अक्रमत्व दोष से भिन्न दोष माना गया है।)

अस्थानयुक्तत्व = एक अर्थ दोष। श्लोक के वाक्यार्थ की समाप्ति अयोग्य स्थान पर होने से यह दोष होता है।

अस्थानस्थ समासत्व = वाक्यगत एक काव्यदोष। अनपेक्षित स्थान पर समास करने से यह दोष प्रतीत होता है।

अस्फुटव्यङ्ग्य = काव्य के गुणीभूत व्यङ्ग्य अर्थ का एक प्रकार। इसमें व्यङ्ग्यार्थ कुछ ऐसा होता है कि जिसे सहृदय और व्युत्पन्न पाठक भी स्पष्ट रूप से नहीं समझ पाते।

आकांक्षा = वाक्यरूप पदसमूह की एक विशेषता। 'घटम्' शब्द सुनने पर आनय अथवा नय इत्यादि क्रिया वाचक अन्य शब्द की आकांक्षा होती है। 'घटम् आनय' वाक्य के दोनों शब्दों में परस्पर आकांक्षा है। इसी प्रकार 'पयसा सिंचति' इत्यादि पदसमूह परस्पर साकांक्ष होने के कारण वह वाक्य कहलाता है।

आक्षेप = एक अर्थालंकार। इसमें विवक्षित विषय का विशेष रूप में प्रतिपादन करने के लिए आपाततः उसके निषेध का आभास किया जाता है। प्रकार - (१) वक्ष्यमाण विषयगत निषेधाभास; (२) उक्तविषयगत निषेधाभास।

आक्षेप = (द्वितीय प्रकार) - विशिष्ट विवक्षित अर्थ को व्यक्त करने के लिए विधिपर अर्थ में निषेध का आभास अथवा अनिष्टरूप अर्थ का विधिपरक आभास इस में होता है। इसके दो प्रकार (१) वक्ष्यमाण विषय और उक्तविषय माने जाते हैं।

आख्यान = आर्षमहाकाव्य (उदा. महाभारत) का सर्गात्मक अंग।

आख्यायिका = ऐतिहासिक वृत्तान्त का वर्णन करने वाली काव्यात्मक गद्य रचना। उदा. बाण कृत हर्षचरित। (देखिए कथा)

आभिधानिक = शब्दकोशकार।

आभ्यासिक कवि = इसी जन्म में विशिष्ट संस्कारों के द्वारा उत्पन्न होने वाली आहार्य प्रतिभा की प्रेरणा से काव्य-नाटकादि रचना करने वाला साहित्यिक। (काव्य मीमांसा, राजशेखरकृत)

आभ्यासिक कवि = चित्रालंकार जैसे दुष्कर दुर्बोध, कठोर, तथा नीरस शब्दालंकारात्मक पद्यों की रचना करने वाला कवि।

आर्थी उपमा = जहां अर्थ के द्वारा उपमान-उपमेय संबंध की प्रतीति होती है। (दूसरी श्रौती उपमा में यथा इव आदि उपमा प्रतिपादक शब्दों के प्रयोग के कारण उपमा की प्रतीति होती है।

आश्वास (या उच्छ्वास) = आख्यायिका-स्वरूप गद्य प्रबंध के प्रकरण या अध्याय की संज्ञा।

आसत्ति = वाक्यरूप पदसमूह में योग्यता और आकांक्षा की विशेषता होने पर भी जिस अविच्छिन्नता की अपेक्षा होती है। देवदत्तः और गच्छति इन पदों का अविलम्ब उच्चारण ही आसत्ति है।

आहतम् = एक काव्यदोष। नीरस और निरर्थक भाषण।

आहतविसर्गत्व = देखिए लुप्तविसर्गत्व। उदा. 'धीरो वरो नरो याति' यहा सारे विसर्गों का ओकार होने से यह वाक्य दोष माना जाता है।

इतरांग (या अपरांग व्यंङ्ग्य) = काव्य के गुणीभूतव्यंग्य अर्थ का एक प्रकार। इसमें प्रधान रसादिस्वरूप अर्थ, अन्य रस का अंग होने से, गौण होता है।

इतिकथा = अर्थहीन बात।

उत्तर = एक अर्थालंकार। इसके दो स्वरूप होते हैं - (१) उत्तरात्मक वाक्य के श्रवण से प्रश्न का उन्नयन (या आकलन) होता है। (२) अनेक प्रश्नों के प्रत्येकशः विशिष्ट अभिप्रायगर्भ असम्भाव्य (सामान्य व्यक्ति द्वारा अकल्पनीय) उत्तर होते हैं।

उत्प्रेक्षा = एक अर्थालंकार। इसमें प्रकृत विषय की अप्रकृत के रूप में संभावना या कल्पना होती है। दो प्रकार (१) वाच्या - इव, मन्ये, ध्रुवं, आदि शब्दों का प्रयोग होने पर (२) प्रतीयमाना इवादि शब्दों के अभाव में। इन दोनों के जाति, गुण, क्रिया, और द्रव्य की उत्प्रेक्षा होने पर कुल ८ प्रमुख भेद होते हैं। विश्वनाथ कविराज इसमें वाच्योत्प्रेक्षा के ११२ और प्रतीयमानोत्प्रेक्षा के ६४ = १७६ भेद मानते हैं।

उदात्त = एक अर्थालंकार। इसमें समृद्धिमत् वस्तु और महनीय चरित्र का वर्णन प्रस्तुत विषय के अंगरूप में होता है। इस प्रकार के वर्णन से प्रस्तुत वस्तु की अंगीरूप महनीयता अत्याधिक प्रतीत होती है।

उदारता = दस काव्यगुणों में एक। समुचित विशेषणों तथा

अलंकारों से वर्णनीय विषय की वृद्धि।

उदारता (औदार्य) = आचार्य वामन के मतानुसार एक शब्दगुण। यह काव्यस्थ पदों के विकटत्व अर्थात् नृत्यप्रायत्व के कारण प्रतीत होता है।

उदाहरण = एक काव्य प्रकार। यह गद्यपद्यात्मक, अनुप्रास तथा विविध विभक्तियों के प्रयोग से युक्त जयगीत सा होता है।

उद्देश्य प्रतिनिर्देश भाव = उद्देश्य अथवा पूर्व उच्चारित शब्द की प्रतीति एक रसता की दृष्टि से पुनः उच्चारण होने पर यह भाव व्यक्त होता है।

उपज्ञात = प्रोक्त साहित्य के अन्तर्गत प्रथम आविष्कार स्वरूप ग्रंथ। उदा. पाणिनिकृत अष्टाध्यायी। (वेद के शाखाग्रंथ 'प्रोक्त' कहे जाते हैं।)

उपमा = एक अर्थालंकार। एक ही वाक्य में उपमेय और उपमान के साधर्म्य या सादृश्य का कथन। यह अनेक अलंकारों की माता है।

उपमा के प्रकार = पूर्णोपमा और लुप्ता। पूर्णोपमा के ६ प्रकार और लुप्तोपमा के २१ प्रकार होते हैं। प्रमुख प्रकार — श्रौती, आर्थी, वाक्यगा, समासगा और तद्धितगा। एकलुप्ता — उपमानलुप्ता, धर्मलुप्ता, औपम्य वाचक लुप्ता। द्विलुप्ता —धर्मोपमान लुप्ता, धर्मोपम्यवाचक लुप्ता। धर्मोपमान वाचक लुप्ता — (त्रिलुप्ता)। इनके अतिरिक्त रशनोपमा, मालोपमा आक्षेपोपमा एकदेशविवर्तिनी, प्रतिनिर्देश्योपमो इत्यादि उपमा के विविध प्रकार होते हैं।

उपमा दोष = (१) असादृश्य (उपमेय और उपमान में आवश्यक साधारण धर्म की अप्रसिद्धता); (२) असम्भव (उपमान का असम्भव); (३) न्यूनत्व (जातिगत और प्रमाणगत); (४) आधिक्य (जातिगत और प्रमाणगत)।

उपमेयोपमा = एक अर्थालंकार। इसमें दो वाक्य होते हैं, जिसमें प्रथम वाक्य के उपमेय-उपमान, द्वितीय वाक्य में उपमान-उपमेय होते हैं। (उदा. कमलेव मतिः मतिरिव कमला)।

उपाख्यान = पौराणिक आंख्यानों के उपोद्बलक कथा भाग। उदा. महाभारत में नल-दमयंती उपाख्यान या सावित्री उपाख्यान।

उपादान लक्षणा = एक शब्दशक्ति जिसके द्वारा शब्द के मुख्यार्थ के साथ भिन्न अर्थ का भी बोध होता है। इसीको वैयाकरण 'अजहत्स्वार्था वृत्ति' कहते हैं। उदा. काकेभ्यो दधि रक्ष्यताम्' इस वाक्य में काकशब्द से कौओ के साथ दधि को दूषित करने वाले कुत्ता आदि अन्य प्राणियों का भी ग्रहण होता है।

ऊर्जस्वी = एक अर्थालंकार। इसमें रसाभास (अनुचित रस) और भावाभास (अनुचित भाव) की प्रतीति किसी रस या भाव की अभिव्यक्ति के अंग रूप में होती है।

उल्लेख = एक अर्थालंकार। इसमें ज्ञातृभेद तथा विषयभेद के कारण एक हीं वर्णनीय वस्तु का अनेक प्रकार से उल्लेख होता है।

एकदेशविवर्ति = रूपक अलंकार के साङ्ग रूपक नामक प्रकार का एक भेद। इसमें आरोप्य विषय पर आरोपित विषय के किसी न किसी अंग का निर्देश शब्दतः नहीं अपितु अर्थतः होता है।

एकदेशविवर्तिनी उपमा = उपमा का एक प्रकार। इसमें उपमान का सादृश्य वाच्य और व्यङ्ग्य दोनों रूपों में होता है।

एकावली = एक अर्थालंकार। इसमें पूर्व पूर्व वर्णित वस्तु, उत्तरोत्तर वर्णित वस्तु का विशेषण रूप से स्थापन या अपोहन (रखना या हटाना) करती है। (२) कभी कभी विशेष का भी उत्तरोत्तर विशेषण रूप से स्थापन या अपोहन होता है।

ओजस् = एक काव्य गुण। वीर बीभत्स रौद्र जैसे उज्ज्वल रसों की अनुभूति के कारण सहृदय के हृदय में उद्दीपित होने वाली चित्तविस्ताररूप दीप्तता। ट वर्ग के वर्ण, संयुक्ताक्षर रेफ, दीर्घ समास औद्धत्यवती रचना आदि कारणों से शब्द तथा अर्थ में भी यह गुण व्यक्त होता है।

औचित्य = काव्य का रसानुकूल गुणधर्म। क्षेमेन्द्र ने औचित्य - विचार चर्चा ग्रन्थ में इसके २७ प्रकार प्रतिपादन किये हैं।

औपदेशिक कवि = मंत्र-तंत्रादि साधना से प्राप्त औपदेशिकी प्रतिभा के बल पर रचना करने वाला कवि (काव्यमीमांसा राजशेखरकृत)

कंकणकाव्य = कूट काव्य का एक प्रकार। यह मंडलाकार लिखा जाता है और उसका वाचन विशिष्ट अक्षर से दाहिनी या बांयीं ओर से, अंतिम शब्द तक करने से एक श्लोक पूर्ण होता है। इसी क्रम से एक कंकण श्लोक से अनेक श्लोक निष्पन्न होते हैं। चार्लाभाष्यकार कृत कंकणबन्ध रामायण इस का उदाहरण है।

कथा = काल्पनिक वृत्तान्त का वर्णन करने वाली काव्यात्मक गद्य रचना। उदा. बाणकृत कादम्बरी (देखिऐ- आख्यायिका)।

कथा = (विविध प्रकार) — परिकथा, सकल कथा, खंडकथा, धर्मकथा, अर्थकथा, कामकथा, संकीर्ण कथा, जातक कथा, व्रतकथा, दंतकथा, धूर्तकथा, पुराणकथा, दैवतकथा, नक्षत्रकथा।

कथानिका = अद्भुत, भयानक, रसपरक करुण कहानी। प्रायः इसमें उदात्तता नहीं होती। यह व्रतकथा या धर्मकथा से भिन्न होती है।

कथाकालक्षेपम् = राम, कृष्ण, आदि दैवतों तथा संतों की कथाओं पर प्रवचन। यह संज्ञा दक्षिण भारत में रूढ है।

कथितपदत्व = वाक्यगत एक काव्यदोष। किसी शब्द का वाक्य में एक बार प्रयोग होने पर, पुनः उस अर्थ का बोध सर्वनाम से होना चाहिए। उसी शब्द का पुनः प्रयोग होने से यह दोष व्यक्त होता है।

करम्भक = प्रशस्तिस्वरूप एक काव्य प्रकार जिसमें रचना अनेक भाषाओं में होती है।

कलापक = ४ पद्यों में अर्थपूर्ण होने वाली रचना।

कुलक = ५ पद्यों में अर्थपूर्ण होने वाली रचना। (शिशुपाल

वध में ६, ७, ८, ९, पद्यों के भी कुलक मिलते हैं।)

कवि = प्रतिभा और व्युत्पत्ति के बल पर चमत्कारपूर्ण,आनंददायक गद्यात्मक या पद्यात्मक प्रबंधरचना करने वाला एक वाङ्मयीन कलाकार। कवि के आठ प्रकार (राजशेखर के मतानुसार) – रचनाकवि, शब्दकवि, अर्थकवि, अलंकारकवि, उक्तिकवि, रसकवि, मार्गकवि, शास्त्रार्थकवि, और महाकवि।

कविगण स्पर्धा = ४ या पांच कवियों के आशुकवित्व की स्पर्धा। उड़ीसा में यह प्रचलित थी। (महाराष्ट्र में यही स्पर्धा 'कलगी तुर्रा' नाम से प्रचलित है।

कवि निबद्धवक्तृप्रौढोक्तिसिद्ध = अर्थशक्त्युद्भव संलक्ष्यक्रम व्यङ्ग्य ध्वनि का एक प्रकार। इसमें व्यंजित भाव कवि के निजी भाव नहीं होते। कवि की प्रतिभा से निर्मित नायक-नायिकादि के वे भाव होते हैं।

कविप्रौढोक्तिसिद्ध = अर्थशक्त्युद्भव संलक्ष्यक्रम व्यङ्ग्यध्वनि का एक प्रकार। इसमें कविद्वारा वर्णित वस्तु का अस्तित्व केवल काव्यसृष्टि में ही होता है। उसका अनुभव लौकिक जीवन में नहीं आता। इस के दो भेद हैं – १) वस्तुरूप और २) अलंकार रूप।

कविसमय = कविसंप्रदाय के अनुसार अशास्त्रीय तथा अलौकिक पदार्थ का वर्णन। तीन प्रकार – (१) असत् निबन्धन (उदा. नदियों में नीलकमल, पर्वतों में सुवर्ण रत्न आदि) (२) सतो अनिबन्ध उदा. चन्दन के फूल का अभाव, वसन्त में मालती न खिलना आदि), (३) नियमतः उपनिबन्धन (उदा. समुद्रवर्णन में मकरवर्णन, ताम्रवर्णी नदी में मुक्ताफल वर्णन आदि)। 'कविसमय' के कारण ख्यातविरुद्धता नामक दोष भी गुण माना जाता है।

कविसमाज = राजा की उपस्थिति में आयोजित कवि, विद्वान तथा कलाकार लोगों की विशिष्ट सभा।

कष्टकाव्य = खड्, मुरज, मृदंग, आदि स्वरूप की बंध-स्वरूप पद्य रचना। देखिए बंध।

कष्टत्व = एक अर्थदोष। जब वाच्यार्थ का बोध ही कष्टपूर्वक होता है और उससे व्यंग्यार्थ का बोध उससे भी अधिक कष्ट से होता है तब यह दोष माना जाता है।

काक्वाक्षिप्त = काव्य के गुणीभूत व्यङ्ग्य अर्थ का एक प्रकार। इसमें प्रधानभूत व्यङ्ग्य अर्थ 'काकु' (शब्दोच्चारण की एक ध्वनि विकृति) के द्वारा व्यक्त होता है, जिससे वाच्यार्थ के सौन्दर्य पर कोई प्रभाव नहीं पड़ता।

कान्ति = दस काव्यगुणों में से एक। काव्य का आशय प्रौढ- प्रगल्भ तथा नागर शब्दों द्वारा व्यक्त करने से यह गुण व्यक्त होता है।

कारणमाला = एक अर्थालंकार। इसमें पूर्व पूर्व निर्दिष्ट वस्तु उत्तरोत्तर निर्दिष्ट वस्तु का कारण होता है। अथवा उत्तरोत्तर वर्णित वस्तु पूर्व-पूर्व वर्णित वस्तु का कारण होता है।

काव्य = सहृदय हृदयाह्लादि-शब्दार्थमयत्वमेव काव्यलक्षणम् (ध्वन्यालोक उद्योत)

काव्य = एक ही वृतान्त या चरित्र का वर्णन करने वाला संस्कृत, प्राकृत या अपभ्रंशभाषीय पद्य प्रबन्ध। इसमें महाकाव्य के समान, सन्धि, तथा सर्ग नहीं होते।

काव्य = (१) वाक्यं रसात्मकं काव्यम् (साहित्य दर्पण) (२) रमणीयार्थप्रतिपादकः शब्दः काव्यम् (३) शब्दार्थौं सहितौ काव्यम् (भामह)। प्रतिभा = कवि की वह शक्ति जो उसके शब्दग्राम, अर्थसार्थ, अलंकार तंत्र तथा उक्तिमार्ग आदि सभी काव्य वैशिष्ट्यों को उसके हृदय में उद्दीपित या प्रतिभासित करती है। (राजशेखर कृत काव्यमीमांसा अध्याय-४)। काव्य में उत्कर्ष (उत्कृष्टता) निर्माण करनेवाला यही प्रधान तत्त्व है। प्रतिभा के कारण ही काव्य के गुण, अलंकार, रीति आदि में चित्ताकर्षकता उत्पन्न होती है।

काव्य = तीन प्रकार – (१) ध्वनि, (२) गुणीभूत व्यंग्य। (३) अव्यंग्य (चित्रकाव्य)। इन्हीं को यथाक्रम उत्तम, मध्यम और अधम कहते हैं।

काव्यगुण = काव्य में शोभा उत्पन्न करने वाले वैशिष्ट्य। **१० प्रकार** – श्लेष, प्रसाद, समता, ओज, कान्ति, समाधि, माधुर्य, सौकुमार्य, उदारता, और अर्थव्यक्ति। **वैदर्भी** नामक काव्यरीति में ये सभी गुण व्यक्त होते हैं। गौडी रीति में ओज और पांचाली में माधुर्य और सौकुमार्य गुण अधिक मात्रा में व्यक्त होते हैं।

काव्य प्रयोजन = (१) यशोलाभ, (२) अर्थलाभ, (३) व्यवहारज्ञान, (४) अमंगलनिवारण, (५) रसास्वाद (६) सरसोपदेश आदि।

काव्यलिंग = एक अर्थालंकार। इसमें किसी अर्थ की उपपत्ति देने वाले हेतु रूप वाक्यार्थ या पदार्थ की आकांक्षा होती है।

काव्यसंपद् = शब्द और अर्थ- **शरीर**; व्यङ्ग रसभावादि-**जीवित**, शब्द-अर्थ के अलंकार-**हारादि**, ओजःप्रसाद आदि **गुण-** शौर्यादि के समान आत्मगुण, वैदर्भी गौडी आदि **रीतियां-** आत्मोत्कर्ष के सूचक स्वभाव, उपनागरिका आदि वृत्तियाँ- **वृत्तिया**, पदशय्या या वाक्यशय्या, शय्या के समान, रसास्वाद के प्रकार (जिन्हें **पाक** कहते हैं) - पाक के समान। (प्रतापरुद्रीय)। संस्कृत के विदग्ध काव्यों के सभी अंगों का निर्देश इस 'काव्यसम्पद्' के लक्षण में हुआ है।

काव्यहेतु = प्रतिभा, व्युत्पत्ति और काव्यशास्त्र का अभ्यास। इन तीनों के कारण काव्य की निष्पत्ति होती है।

काव्यार्थ योनि = कवित्वशक्ति की प्राप्ति के लिए आवश्यक व्युत्पत्ति प्राप्त करने के लिए जिनका अध्ययन आवश्यक होता है ऐसे इतिहास, पुराण, आदि विषय।

कुडवक = अपभ्रंशभाषीय महाकाव्य के सर्गों की संज्ञा।

कोप = इच्छा पूर्ण न होने के कारण उत्पन्न होने वाला मनोविकार। दो प्रकार – (१) प्रणय मूलक; (२) ईर्ष्यामूलक। (साहित्यदर्पण)।

कौकिली = वैदर्भी रीति के काव्य की अपर संज्ञा।

क्रम = ग्रन्थ रचना की परिपाटी। दो प्रकार = (१) सुकुमारक्रम (काव्यरचना का वैशिष्ट्य) (२) कठोरक्रम (शास्त्र का वैशिष्ट्य)।

क्लिष्टत्व = एक काव्यदोष। काव्यार्थ की प्रतीति में विलम्ब करने वाले शब्द, समास, तद्धित आदि का प्रयोग इसका कारण है।

खण्डकाव्य = संस्कृत काव्य का एक प्रकार, जिस में एक छोटी सी घटना का पद्यात्मक चित्रण एक-दो विभागों में होता है। मेघदूत, चौरपंचाशिका, घटकर्पर आदि खण्डकाव्यों के उत्कृष्ट उदाहरण हैं।

गण = छन्दः शास्त्र के अनुसार श्लोक के तीन अक्षरों का समूह। आठ प्रकार – य (आदि लघु), र (मध्य लघु), त (अन्त्य लघु) भ (आदि गुरु), ज (मध्य गुरु), स (अन्त्य गुरु), म (सर्वगुरु), न (सर्वलघु)। (लघु = एक मात्रा का अक्षर और **गुरु** = द्विमात्रिक अक्षर)

गद्य = छन्दोबन्धनविहीन रचना। **गद्यकाव्य** के चार प्रकार = **मुक्तक** (समास रहित रचना); (२) **वृत्तगन्धि** (वृत्तभागयुक्त रचना) (३) **उत्कलिकाप्राय** (दीर्घतर समास युक्त रचना), (४) **चूर्णक** (लघुतर समास युक्त रचना)।

गर्भितता = वाक्यगत एक काव्यदोष। एक वाक्य की शब्द योजना पूर्ण होने के पहले ही बीच में दूसरे वाक्य का प्रयोग करना।

गर्व = ऐश्वर्य, रूप, तारुण्य, कुल, विद्या, बल, इष्टलाभ आदि कारणों से उत्पन्न मनोविकार। एक व्यभिचारी भाव।

गर्विता = भानुदत्त के मतानुसार एक नायिकाप्रकार। पति का प्रेम देख कर यह अपने रूपपर गर्व करती है।

गुण = काव्य में प्राणभूत रसतत्त्व के माधुर्य, ओज, प्रसाद, आदि विशेष धर्म। इनके कारण काव्यरस में उत्कृष्टता प्रतीत होती है। कुछ विद्वान् माधुर्य, ओज, प्रसाद को शब्द और अर्थ के विशिष्ट धर्म मानते हैं। मनुष्य में शौर्य धैर्य आदि गुणों के समान काव्य में गुणों का महत्व होता है। साहित्य शास्त्र के अनुसार कुल संख्या दस – श्लेष, प्रसाद, समता, माधुर्य, सुकुमारता, अर्थव्यक्ति, उदारता, ओज, कान्ति और समाधि। (इनमें प्रसाद, माधुर्य और ओज प्रधान माने जाते हैं)। दो प्रकार – शब्दगुण और अर्थगुण।

गुणीभूतव्यङ्ग्य = काव्य का वह प्रकार जिसमें वाच्यार्थ की अपेक्षा व्यङ्ग्यार्थ गौण अर्थात् अप्रधान होता है। काव्य के तीन प्रकारों में यह मध्यम या अनुत्तम प्रकार कहा जाता है। आठ प्रकार – इतरांग, काक्वाक्षिप्त, वाच्यसिध्द्यंग, सन्दिग्धप्राधान्य तुल्यप्राधान्य, अस्फुट, अगूढ, और असुन्दर। व्यङ्ग्यार्थ में गौणता के ये आठ कारण होने से मध्यम काव्य के आठ प्रकार माने जाते हैं।

गूढव्यङ्ग्या = प्रयोजनवती लक्षणा का एक भेद। इस में व्यङ्ग्यार्थ गूढ अर्थात् सहृदयमात्र संवेद्य होता है।

गोष्ठी = मनोरंजन निमित्त मित्रों का सम्मेलन। पदगोष्ठी, जल्पगोष्ठी, काव्यगोष्ठी, गीतगोष्ठी, नृत्यगोष्ठी, वाद्यगोष्ठी, वीणागोष्ठी, इत्यादि गोष्ठी के प्रकार होते थे, जिनका वैशिष्ट्य नाम से ही ध्यान में आता है।

ग्रंथ = (१) छन्दः शास्त्र के अनुसार ३२ अक्षरों का अनुष्टुप् छन्दात्मक श्लोक।

ग्राम्यता = एक अर्थदोष। अनुचित या अभद्र शब्दों से उदात्त या सुकुमार भावों का प्रकाशन।

चक्रवाक = एक काव्य प्रकार। इसमें संबोधनविभक्ति से प्रारंभ पद्यांश तथा शब्दों का पुनरुच्चार होता है।

चमत्कार (या विस्मय) = साहित्यशास्त्री नारायण (विश्वनाथ कविराज के प्रपितामह) के मतानुसार यही समस्त रसों का सार है। अद्भुत रस का यह स्थायी भाव होने के अद्भुत रस ही अन्य सारे रसों का मूलाधार है।

चम्पू = गद्य-पद्य मिश्रित संस्कृत काव्य का एक प्रकार (ई. ९ वीं शती से यह काव्य प्रकार त्रिविक्रम भट्ट के नलचम्पू से प्रारंभ हुआ।

चित्तदीप्ति = वीर, रौद्र आदि रसों की अनुभूति में होने वाली चित्त की क्षोभमयी अवस्था।

चित्तद्रुति = शृंगार, करुण जैसे रसों की अनुभूति में होने वाली चित्त की कोमल अवस्था।

चित्तविस्तृति = अद्भुत रस की अनुभूति में होनेवाली चित्त की अवस्था।

चित्र = एक शब्दालंकार। पद्म, खड्ग, मुरज, चक्र, गोमूत्रिका, आदि चित्रों के रूप में श्लोक का वर्णविन्यास होने से यह अलंकार माना जाता है। इसके अनुलोम, प्रतिलोम, स्थानचित्र, स्वरचित्र, व्यंजन चित्र, गतिचित्र, इत्यादि अन्य प्रकार भी माने जाते है।

चित्रकथक = (या चित्रकथी) चित्रों के साथ कथा कथन करने वाले। (मानसोल्लास-३-१४२७)

चित्रकाव्य = व्यंग्यार्थहीन केवल शब्दवैचित्र्य युक्त या अर्थवैचित्र्ययुक्त काव्य की संज्ञा। इसीको 'अवर' या 'अधम' काव्य प्रकार मानते हैं।

चूर्ण = लयबद्ध गद्यरचना।

चूलिका पैशाची = पैशाची प्राकृत की एक उपभाषा।

च्युतसंस्कृतत्त्व = एक काव्य दोष। व्याकरण शास्त्र के नियमों का समुचित पालन न होने पर यह उत्पन्न होता है। यह 'नित्यदोष' माना जाता है।

छेकानुप्रास = शब्दालंकार। अनुप्रास के पांच प्रकारों में एक। व्यंजनसमूह के स्वरूपतः और क्रमतः साम्य से यह उत्पन्न होता है। उदा.पावन पवन। कावेरीवारि मन्दमन्द इत्यादि। (छेक = विदग्धकवि)

जहत्स्वार्था लक्षणा = देखिए लक्षणलक्षणा।

तद्गुण = एक अर्थालंकार। इस में प्रकृत वस्तुद्वारा स्वगुणों का त्याग और उत्कृष्ट गुणवाली अप्रकृत वस्तु के गुणों का

ग्रहण होने का वर्णन होता है।

तात्पर्यवृत्ति = वाक्यगत पदों के पृथक् पृथक् अर्थों के परस्पर संबंध का बोध करवाने वाली एक विशिष्ट शक्ति। यह तात्पर्यार्थ, पृथक् पृथक् पदों का नहीं अपितु वाक्यों का, होता है। (अभिहितान्वयवादी (भाट्टमतानुयायी) मीमांसक इस वृत्ति को मानते हैं।

तारावाली (या नक्षत्रवाली) = नक्षत्रों की संख्या २७ होने के कारण २७ पद्यों की वर्णनात्मक काव्य रचना।

तुल्यप्रधान = काव्य के गुणीभूतव्यङ्ग्य अर्थ का एक प्रकार। इसमें वाच्यार्थ और व्यङ्ग्यार्थ का सौन्दर्य समान रूप में प्रतीत होता है।

तुल्ययोगिता = एक अर्थालंकार। इसमें प्रस्तुत तथा अप्रस्तुत पदार्थों में गुण या क्रिया रूप एक धर्म द्वारा संबंध स्थापित किया जाता है।

दीपक = एक अर्थालंकार। दो प्रकार – (१) प्रस्तुत और अप्रस्तुत में एक धर्म (गुण या क्रिया) द्वारा संबंध स्थापन करना, तथा (२) अनेक क्रियाओं के साथ एकमात्र कारण का संबंध होना। इसके तीन प्रकार – (१) आदि दीपक, (२) मध्यदीपक (३) अन्त्यदीपक।

दीप्ति = देखिए कान्ति।

दुर्वाचनयोग = श्लोक में प्रयुक्त दुर्बोध शब्दों का अर्थ पहचानना। ६४ कलाओं में उल्लिखित एक कला।

दुष्क्रमत्व = एक अर्थदोष। पदार्थों के निर्देश में अनुचित अनुक्रम होने से यह होता है।

दुःश्रवत्व = एक काव्यदोष। कर्णकर्कश वर्णयुक्त शब्दों के प्रयोग से काव्य में यह दोष उत्पन्न होता है।

दूतकाव्य = संस्कृत खण्डकाव्य का एक प्रकार। इसमें हंस, मयूर, कोकिल चक्रवाक आदि के द्वारा नायक या नायिका अपनी हृदयव्यथा का कथन करता है। कालिदास का मेघदूत सर्वश्रेष्ठ दूतकाव्य माना जाता है।

दृष्टान्त = एक अर्थालंकार। उपमेयवाक्य और उपमान-वाक्य के समान धर्म में बिम्ब-प्रतिबिम्ब भाव होता है। इससे प्रकृत विषय की स्पष्ट प्रतीति होती है। दो प्रकार – (१) साधर्म्यमूलक और (२) वैधर्म्यमूलक।

दोष = काव्यात्मस्वरूप रस की प्रतीति में विलम्ब लगाने वाले तथा रस की हानि और अपकर्ष करने वाले काव्य के वैगुण्यों की संज्ञा। ६ प्रकार – पदगत, पदांशगत, पदार्थगत, वाक्यार्थगत, अलंकारगत और रसगत। (काव्यगुणों की अल्पमात्रता भी दोष ही है।) इन छह प्रकार के दोषों के **नित्य** और **अनित्य** नामक दो प्रकार माने जाते हैं।

धर्म-धर्मिभाव = दो पदार्थों का सम्बन्ध उदा. अग्नि और उष्णत्व का संबंध। इस संबंध के कारण उष्णत्वहीन अग्नि और अग्निविरहित उष्णत्व का अस्तित्व नहीं हो सकता।

धूर्ताख्यान = गद्य-काव्य का एक प्रकार। इसमें द्यूत, मद्यपान, युद्ध, वध, ग्राम्य जीवन, प्रणय आदि के वर्णनों का महत्त्व होता है।

धृति = एक व्यभिचारी भाव। यथार्थज्ञान, अभीष्टलाभ, आदि के कारण इच्छाओं की पूर्ति।

ध्रुवा = मात्रा वृत्त में निबद्ध गानानुकूल पद्यरचना।

ध्वनि = वह कविरचना, जिस में वाच्यार्थ से व्यङ्ग्यार्थ अधिक मनोरम होता है। यही त्रिविध काव्यों में उत्तम माना गया है। इससे विपरीत (१) वाच्यार्थ प्रधान और व्यङ्ग्यार्थ गौण काव्य को 'मध्यम' और (२) व्यङ्ग्यार्थ हीन, केवल शब्दवैचित्र्य तथा अर्थवैचित्र्य युक्त कविकर्म को, 'अवर' कहते हैं। (ध्वनि के शुद्ध भेद ५१ और सर्व प्रकारके भेद कुल मिलाकर १०४५५ होते हैं।)

ध्वनि काव्य –प्रकार = (१) अविवक्षित वाच्य (लक्षणामूलक), जहां वाच्यार्थ का विशिष्ट बोध करने की कवि की इच्छा नहीं होती। (२) विवक्षिततान्यपर वाच्य (वाच्यार्थमूलक) जहां वाच्यार्थ का बोध कराते हुए व्यंग्यार्थ का बोध करवाया जाता है।

नागर अपभ्रंश = महाराष्ट्री, शौरसेनी, मागधी, पैशाची, आवंतिका, प्राच्या, दाक्षिणात्या, बालीका इत्यादी २१ प्राकृत प्राचीन भाषाओं से उत्पन्न विविध अपभ्रंश भाषाओं की एक सामान्य स्वरूप भाषा। हेमचंद्र ने इसका व्याकरण लिखा है।

नाममुद्रा = कविता में कविद्वारा स्व-नाम का निर्देश

निदर्शना = एक अर्थालंकार। इसमें दो वाक्यों में विद्यमान परस्पर संबंध बिंबानुबिंबत्व को सूचित करता है। दो वाक्यों का यह सम्बन्ध कभी संभाव्य और कभी असंभाव्य (बाधित) भी होने से निदर्शना अलंकार के दो प्रकार माने जाते हैं। (१) सम्भवद्वस्तु सम्बन्धा और (२) असम्भवद्सम्बन्धा। इसमें दोनों अलंकारों में संबन्ध की अनुपपत्ति का निवारण करने के लिए सादृश्य की कल्पना की जाती है।

न खलु अन्यस्य धर्मम् अन्यो वहति = एक पदार्थ के गुणधर्म को दूसरा पदार्थ धारण नहीं कर सकता।

नियमे अनियम = एक अर्थदोष। देखिए अनियमे नियमः।

निरङ्गरूपक = रूपक अलंकार का एक भेद। इसमें प्रमुख आरोप्यमाण (उपमान) का ही आरोपविषय (उपमेय) पर आरोप होता है। (उपमान के अंगों का उपमेय के अंग पर आरोप नहीं होता।) इसके दो प्रकार। (१) माला और (२) केवल।

निरर्थकत्व = एक काव्यदोष। च वै तु हि आदि शब्दों का पादपूरण मात्र के निमित्त प्रयोग करने से यह दोष माना जाता है।

निर्मुक्तपुनरुक्तत्व = एक अर्थदोष। एक ही श्लोक में पहले ही समाप्त हुई बात के पुनः कथन से यह दोष उत्पन्न होता है।

निर्वेद = तत्त्वज्ञान, दारिद्रय, व्याधि, अपमान, इष्टजनवियोग आदि के हेतु अन्तःकरण में उत्पन्न, स्वावमानन तृष्णाक्षय, सर्वतो निवृत्ति या निर्विकारचित्तता।

निर्हेतुत्व = एक अर्थदोष। किसी गुण या क्रिया का कथन हेतुनिर्देश के बिना करना।

निश्चय = एक अर्थालंकार। इसमें प्रकृत वर्णनीय विषय पर आरोपित (उपमान) का निषेध करते हुए आरोप्यमाण (उपमेय) की निश्चित स्थापना होती है।

निहतार्थत्व = एक काव्यदोष। अनेकार्थक शब्द का प्रयोग उसके अप्रसिद्ध अर्थ में करना। (उदा. शम्बर शब्द के एक पौराणिक दैत्य और जल दो अर्थ माने जाते हैं। इनमें जल अर्थ अप्रसिद्ध होने से उस अर्थ में शम्बर शब्द का प्रयोग दोषास्पद माना जाता है।

नेयार्थत्व = एक काव्य दोष। रूढि तथा प्रयोजन विरहित लाक्षणिक शब्द के प्रयोग के कारण यह उत्पन्न होता है।

न्यूनपदत्व = एक वाक्यगत काव्यदोष। अर्थपूर्ति के लिए आवश्यक शब्द का प्रयोग वाक्य में न होने के कारण यह दोष प्रतीत होता है।

पंचमी विद्या = राजशेखर के मतानुसार साहित्य विद्या। (अन्य चार विद्याएं- आन्वीक्षिकी, त्रयी, वार्ता और दण्डनीति)। ज्ञान की दो शाखाएँ – (१) विद्या और (२) उपविद्या। उपविद्याओं में ६४ कलाओंका अन्तर्भाव होता है। किन्तु काव्य का अन्तर्भाव 'विद्या' में होता है।

पंच महाकाव्य = रघुवंश (कालिदास कृत), कुमारसंभव (कालिदास), किरातार्जुनीय (भारवि.), शिशुपालवध (माघ.) नैषधचरित (श्रीहर्ष)।

पंचाननावली = पांच पद्यों की काव्यरचना।

पतत्प्रकर्षत्व = एक वाक्यगत काव्यदोष। काव्यपंक्ति की रचना में अनुप्रासादि अलंकारों का अपेक्षानुसार प्रकर्ष न होने से यह दोष व्यक्त होता है।

पद = प्रयोगयोग्य तथा एकार्थबोधक वर्ण (या वर्णसमूह) की संज्ञा। क च ट त प जैसे निरर्थक वर्णों को पदसंज्ञा नहीं होती। व्याकरण शास्त्र के अनुसार सुबन्त (नाम) और तिङन्त (क्रियापद) शब्द को 'पद' कहते हैं।

पदगत दोष = दुःश्रवत्व (या श्रुतिकटुत्व); अश्लीलत्व, अनुचितार्थत्व, अप्रयुक्तत्व; ग्राम्यत्व; अप्रतीतत्व; सन्दिग्धत्व, नेयार्थत्व; निहतार्थत्व; अवाचकत्व; क्लिष्टत्व; विरुद्धमतिकारित्व; अविमृष्टविधेयांशत्व; निरर्थकत्व; असमर्थत्व, और च्युतसंस्कारत्व (कुल-१६)।

पद्य-मुक्तक = एक पद्यात्मक काव्य का प्रकार। इसमें अर्थपूर्ति के लिए अन्य पद्य की आकांक्षा नहीं होती। स्फुट सुभाषित इसके उदाहरण हैं।

परक्रिया = इतिहास का एक प्रकार। इसमें एक ही नायक के चरित्र कथन होता है। (उदा. रामायण)।

परम्परितरूपक = रूपक अलंकार के तीन प्रकारों में से एक। इसमें एकत्र उपमेय पर उपमान का आरोप करने से दूसरे पूर्व सम्बन्धित उपमेय पर पूर्वोपमान से सम्बधित उपमान का आरोप किया जाता है। अर्थात् इसमें एक अभेदारोप दूसरे अभेदारोप का कारण होता है। श्लिष्ट और अश्लिष्ट शब्दों के प्रयोग से इसके अन्य प्रकार होते हैं। मालारूपक इसीका एक प्रकार है।

परिकर = एक अर्थालंकार। इसमें विशेषणों का प्रयोग साभिप्राय (व्यङ्ग्यार्थगर्भ) होता है। रसगंगाधरकार के मतानुसार एक भी उत्कृष्ट अभिप्राययुक्त विशेषण यह वैचित्र्य उत्पन्न कर सकता है।

परिणाम = एक अर्थालंकार। इसमें उपमेय पर किया हुआ उपमान का आरोप प्रकृत अर्थ में अर्थात् कार्य में उपयोगी होता है। (रूपक अलंकार से यह भिन्न इस लिए है कि रूपक में उपमान, उपमेय का उपरंजक होता है, उसके कार्य में उपयुक्त नहीं होता।)

परिमण्डल कथा = किसी मुख्य कथा के अंगों से संबंधित विविध उपकथाएं। (बृहत्कथा, दशकुमारचरित, पंचतंत्र आदि कथाग्रंथों में अनेक परिमंडल कथाओं की योजना की गई हैं।

परिवृत्ति = एक अर्थालंकार। इसमें किसी वस्तु का समान, न्यून, अथवा अधिक महत्त्वपूर्ण वस्तु के साथ विनिमय होने का वर्णन होता है।

परिसंख्या = एक अर्थालंकार। इसमें एक वस्तु के कथन से, उनके समान अन्य वस्तुओं की व्यावृत्ति (या व्यपोह) होती है। यह व्यपोहात्मक कथन प्रश्नपूर्वक, प्रश्नविरहित या श्लेषमूलक हुआ करता है।

पर्याय = एक अर्थालंकार। इसमें एक वस्तु का क्रमशः अनेक स्थानों पर अवस्थान होता है या किया जाता है। उसी प्रकार अनेक वस्तुओं का एकत्र संपादन या विधान होता है।

पर्यायोक्त (पर्यायोक्ति) = एक अर्थालंकार। इसमें व्यङ्ग्य अर्थ का वाच्य अर्थ के रूप में कथन होता है जो व्यङ्ग्यार्थ से अधिक वैचित्र्यपूर्ण होता है।

पर्युदास = विधिपर अर्थ की प्रधानता और निषेधपर अर्थ की गौणता। नञ्समास में नञ् के समासगत होने के कारण निषेधपर अर्थ को गौणता आती है। अन्तः नञ्समास में पर्युदास (अर्थात् परि प्रतिषेध को गौण या वर्जित कर = (उद् + आस = **उदास** – विधिपर अर्थ का विधान करना) होता है। उदा. अनातुर, अनासक्त इत्यादि समास)।

पांचाली रीति = विश्वनाथ कविराज के मतानुसार, वैदर्भी और गौडी रीतियों के संमिश्रण से निर्मित रीति।

पादत्रयगतत्व = यमक अलंकार का एक दोष। आलंकारिकों के संकेतानुसार यमक नामक शब्दालंकार के श्लोक के चारों पादों में होना युक्त माना जाता है। श्लोक के चार पादों में से एक में यमक न होने पर यह दोष माना जाता है। विश्वनाथ कविराज इसे अप्रयुक्त दोष मानते हैं।

पुनरुक्तत्व = एक अर्थदोष। एक प्रकार से प्रतिपादित अर्थ का उसी श्लोक में पुनः कथन। ''सहसा विदधीत न क्रियाम्'' इस भारविकृत प्रसिद्ध श्लोक में यह दोष शास्त्रकारों ने दिखाया है।

पुनरुक्तवदाभास = शब्द और अर्थ दोनों पर आधारित एक

अलंकार। यह शब्दालंकार इस लिए है कि इस में कहीं शब्द की परिवृत्ति से अलंकार नष्ट हो जाता है और अर्थालंकार इस लिए है कि शब्द की परिवृत्ति से भी अलंकारत्व नष्ट नहीं होता। उदा. 'भुजंग-कुण्डली' (भुजंग रूप कुण्डल धारण करने वाला, शिव) उदाहरण में भुजंग शब्द का परिवर्तन हो सकता है। किन्तु कुण्डली शब्द अपरिवर्तनीय है।

पुराकल्प = इतिहास का एक प्रकार (राजशेखर कृत मीमांसा) इसमें अनेक श्रेष्ठ पुरुषों के चरित्रों का वर्णन होता है। (उदा. महाभारत)

पुराण के पांच लक्षण = सर्ग, प्रतिसर्ग (प्रलय), राज-वंश, मन्वन्तर और वंशानुचरित (स्वायंभुव और वैवस्वत मनु के वंशजों का चरित्रवर्णन) (सर्गश्च प्रतिसर्गश्च वंशो मन्वन्तराणि च। वंशानुचरितं चेति पुराणं पंचलक्षणम्।

पुराण के चार उपकरण = आख्यान, उपाख्यान, गाथा और कल्पशुद्धि।

१८ पुराणों के तीन प्रकार : –

सात्विक पुराण = विष्णु, नारद, भागवत, गरुड, पद्म, और वराह।

राजस पुराण = ब्रह्म, ब्रह्माण्ड, ब्रह्मवैवर्त, मार्कण्डेय, भविष्य, वामन।

तामस पुराण = मत्स्य, कूर्म, लिंग, शिव, स्कंद, अग्नि।

पूर्वपदार्थवक्रता = वक्रोक्तिजीवितकार कुंतक के मतानुसार वक्रोक्ति के छह प्रकारों में से व्दितीय प्रकार।

पृथक्पदत्व = आचार्य वामन के मतानुसार एक शब्दगुण। समासरहित पदरचना के कारण यह प्रतीत होता है। इस गुण का अन्तर्भाव 'माधुर्य' गुण में होता है।

पैशाची = पिशाच (पिश = कच्चा मांस, खाने वाले) लोगों की भाषा का नाम। गुणाढ्य की बृहत्कथा इसी प्राकृत भाषा में मूलतः लिखित प्रख्यात ग्रंथ है।

पैशाची = पिशाच देश की भाषा। (उत्तर भारत में पांचाल, नेपाल, गांधार, शौरसेन कान्यकुब्ज, भोट, गौड, बाल्हीक इत्यादि प्रदेश तथा दक्षिण में पाण्ड्य, कांची आदि प्रदेश को पिशाच देश कहते थे)। तीन प्रकार – शौरसेन – (शौरसेनी प्राकृत पर आधारित)। कैकय – (संस्कृत पर आधारित) और पांचाल.। अपर संज्ञा भूतभाषा। (पुश्तू और दरद भाषाएं पैशाची से प्रभावित हैं।

प्रकरणवक्रता = वक्रोक्तिजीवितकार कुंतक के मतानुसार वक्रोक्ति के छह प्रकारों में पांचवा प्रकार।

प्रकाशितविरुद्धत्व = एक अर्थदोष। वाक्य के प्रकाशित वाच्यार्थ से सर्वथा विपरीत अर्थ सूचित होने पर यह दोष माना जाता है।

प्रकृतिविपर्यय = एक रसदोष। नायक-नायिकादि पात्रों की दिव्य-अदिव्य, दिव्यादिव्य तथा धीरोदात्त आदि अवस्था के विपरीत प्रकृति का वर्णन होने से यह दोष प्रतीत होता है। रामायण में रामद्वारा बालिवध और कुमारसंभव में पार्वती-परमेश्वर का सम्भोग शृंगार इस रसदोष के प्रमुख उदाहरण हैं।

प्रतिकूलवर्णत्व = एक वाक्यगत दोष। रसाभिव्यंजन के प्रतिकूल वर्णों की योजना के कारण काव्य में यह दोष होता है। जैसे शृंगारिक रचना में ट वर्ग के वर्णों का अधिक प्रयोग।

प्रतिभा = दो प्रकार (दण्डी के मतानुसार) सहज और उत्पाद्य।

प्रतिमाला = कामसूत्र में कथित ६४ कलाओं में एक। अन्त्याक्षरी श्लोकस्पर्धा की प्राचीन संज्ञा। पठित श्लोक के अन्तिम अक्षर से आरंभ होने वाला श्लोक कहना। यह एक प्राचीन लोकप्रिय साहित्यिक क्रीडा थी।

प्रतिमाला योग = अन्त्याक्षरानुसार श्लोकपठन की स्पर्धा। ६४ कलाओं में उल्लिखित एक कला।

प्रतीति (या अनुभूति) के प्रकार = प्रात्यक्षिकी, आनुमानिकी, आगमोत्था, प्रतिभानकृता और योगिप्रत्यक्षजा। प्रतीति तत्त्वतः एकरूपा होने पर भी उपाय वैशिष्ट्य के कारण प्रस्तुत ५ प्रकार माने जाते हैं।

प्रतिवस्तूपमा = एक अर्थालंकार। इसमें सादृश्यव्यंजक दो वाक्यों में अन्तर्हित एक साधारण धर्म का पृथक् शब्दों से निर्देश होता है।

प्रतीप = एक अर्थालंकार। इसके स्वरूप है – (१) प्रसिद्ध उपमान की उपमेय के रूप में कल्पना करना। (२) उपमेय की तुलना में प्रसिद्ध उपमान की निष्फलता का वर्णन करना। (३) किसी अत्युत्कृष्ट वस्तु के अत्यन्त उत्कर्ष का वर्णन करने के बाद उसे दूसरे किसी के उपमान के स्वरूप में कहना।

प्रत्यनीक = एक अर्थालंकार। इसमें किसी के द्वारा अपने प्रबल प्रतिपक्षी का प्रतिकार करने के शक्ति न होने कारण वह प्रतिपक्षी से संबंधित किसी दूसरे दुर्बल का प्रतिकार करता है, जिस का पर्यवसान उस प्रबल शत्रु का उत्कर्ष सूचित करने में होता है।

प्रत्ययवक्रता = कुंतक से मतानुसार वक्रोक्ति के छह प्रकारों में तीसरा प्रकार।

प्रबंधवक्रता = वक्रोक्तिजीवितकार कुंतक के मतानुसार वक्रोक्ति के छह प्रकारों में अंतिम (छठा) प्रकार।

प्रसज्य प्रतिषेध = प्राप्ति के विपरीत निषेधपरक अर्थ। इस प्रकार का अर्थ 'नञ्' (न) के प्रयोग से तब व्यक्त होता है, जब वह क्रिया के साथ संबंधित रहता है। इस अवस्था में विधिपर अर्थ की अप्रधानता और निषेधपर अर्थ की प्रधानता होती है। प्रसज्य प्रतिषेध में निषेध का प्राधान्य होने से नञ्समास (जिसमें उत्तरपद प्रधान हुआ करता है।) योग्य नहीं माना जाता। ''नवजलधरः सन्नद्धोऽयं नदृप्तनिशाचरः' यह कालिदास की पंक्ति प्रसज्य प्रतिषेध का प्रसिद्ध उदाहरण है। इसमें 'नञ् समास न होने के कारण निषेध का प्राधान्य व्यक्त होता है। प्रसज्य प्रतिषेध में नञ् का संबंध क्रिया के साथ होता है और 'पर्युदास' में नञ् का संबंध समास के उत्तरपद

से होता है। अत्रस्तः असक्तः आदि पर्युदास के उदाहरण हैं। (प्रसज्य प्रतिषेध और पर्युदास का विपर्यय होने पर काव्य में अविमृष्टविधेयांशत्व नामक दोष व्यक्त होता है।)

प्रसाद = एक श्रेष्ठ काव्यगुण जो सभी प्रकार की रचनाओं में आवश्यक माना गया है। इसी गुण के कारण काव्य के वाच्य, लक्ष्य तथा व्यङ्ग्य अर्थ सहृदय के सहृदय में शुष्क इन्धन में अग्नि की भांति तत्काल व्याप्त हो जाते हैं। जिनके अर्थ श्रवण के साथ ही चमक उठते हैं, ऐसे शब्दों का भी यह गुण माना जाता है।

प्रसिद्धित्याग = वाक्यगत एक काव्यदोष। कविसंप्रदाय में विशिष्ट शब्दों का विशिष्ट शब्दों से संबंध उचित माना जाता है। उस संबंध का विच्छेद होने पर यह दोष माना जाता है। उदा. मेघरव, मंजीरकूजित, खगगर्जित, आदि शब्द प्रयोग। कविसंप्रदाय के अनुसार, मेघगर्जित, खगकूजित, मंजीररणित कहा जाता है।

प्रसिद्धत्व = लोकप्रसिद्ध या कविसंप्रदाय में प्रसिद्ध अर्थ से भिन्न प्रकार का अर्थ प्रतिपादन करना। (उदा. शूलधर हरि. अथवा चक्रधर हर इत्यादि शब्दप्रयोग)

प्रसिद्धयभाव = देखिए ख्यातिविरुद्धत्व।

प्रहेलिका = पद्य में च्युताक्षर, दत्ताक्षर, च्युतदत्ताक्षर, क्रियागुप्ति, कारकगुप्ति आदि के कारण वैचित्र्य की उत्पत्ति। इस प्रकार की रचना में रहस्यमयता होने के कारण यह गोष्ठी विनोद में बालकों को मनोरंजक लगती है।

प्रेयान् = एक अर्थालंकार। इसमें शृंगारादि रस निर्वेदादि किसी व्यभिचारी भाव की अभिव्यक्ति में अंगरूप में होते है।

बंध = श्लोकरचना में विशिष्ट आकृति के स्वरूप में वर्णों की रचना। प्रकार – गोमूत्रिका, अर्धभ्रम, सर्वतोभद्र, बाण, बाणासन, व्योम, खड्ग, मुद्गर, शक्ति, मृदंग, पद्म, मुसल, अंकुश, मुरज, बंधमय। मम्मट ने ऐसी पद्यरचना को ही **'कष्टकाव्य'** कहा है।

बिम्ब-प्रतिबिम्बभाव = दो पृथक् वाक्यों में एक आशय की प्रतीति देने वाला संबंध। प्रथम वाक्य के कर्ता, कर्म, क्रियापद और दूसरे वाक्य के कर्ता, कर्म; क्रियापद आदि तुल्य होने पर यह भाव प्रतीत होता है। दृष्टान्त तथा निदर्शना अलंकार इसी भाव पर आधारित होते हैं।

बिरुद = एक काव्यप्रकार। गद्य-पद्यात्मक राजस्तुति इस का विषय होता है। इसी कारण यह 'चम्पू' काव्य से भिन्न प्रकार माना जाता है।

बिरुदावली = एक काव्यप्रकार। वर्णनीय व्यक्ति के विविध नाम उपाधियाँ आदि का आडम्बरपूर्ण निर्देश इसकी विशेषता होती है। आधुनिक 'मानपत्र' बिरुदावली का उदाहरण कहा जा सकता है।

बीभत्स रस = दो प्रकार – क्षोभज और उद्वेगी।

भग्नप्रक्रमत्व = वाक्यगत एक काव्यदोष। जिस शब्दक्रम से वाक्य का प्रारंभ होता है उस का त्याग होने से यह दोष होता है। अर्थात् उद्देश्य प्रतिनिर्देशभाव'' वाक्य में खंडित होने से यह दोष होता है। प्रकृति, प्रत्यय; पर्याय आदि अनेक विषयों में यह दोष व्यक्त होता है।

भाव = साहित्यशास्त्र में प्रतिपादित, ८ स्थायी, ३३ व्यभिचारी और ८ सात्त्विक चित्तवृत्तियों की सामान्य संज्ञा। अभिनय द्वारा। इन्हीके उद्दीपन के रसास्वाद की अनुभूति सहृदय को होती है। (भावयन्ति रसान् इति भावाः)

भावकत्व = काव्य में रसानुभूति देने वाला एक व्यापार जिससे (भट्टनायक के मतानुसार) रस भावित होता है, वह ध्वनित या व्यक्त नहीं होता। **भोजकत्व** नामक दूसरे व्यापार से रसिक उस भावित रस का आस्वाद लेता है।

भावकता शक्ति (या भावकत्व व्यापार) = भट्टनायक के मतानुसार नाट्यदर्शन के समय, कविवर्णित विषयों के प्रति सहृदय सामाजिक को स्वगत-परगत भेदभाव का विस्मरण कराने वाली एक काव्य-नाट्यगत असाधारण शक्ति या असाधारण व्यापार। इसीसे काव्यस्थ विभावादि का 'साधारणीकरण' होता है जिसके कारण सहृदय में 'भोजकत्व' व्यापार का आविर्भाव होकर वह रसास्वाद लेता है।

भावयित्री प्रतिभा = शब्द, वाक्य आदि के द्वारा व्यंजित अर्थ की प्रतीति देने वाली सहृदय व्यक्ति की एक विशेष अन्तःशक्ति।

भावशबलता = एक अर्थालंकार। इसमें किसी भाव की अभिव्यक्ति में अनेक व्यभिचारी भाव अंगरूप होते हैं।

भावसन्धि = एक अर्थालंकार। किसी भाव की अभिव्यक्ति में अन्य भाव के वर्णन से दोनों की सन्धियां एक श्लोक में होना।

भाविक = एक अर्थालंकार। इसमें भूत या भावी अद्भुत पदार्थ का प्रत्यक्षवत् वर्णन होता है। कविवर्णित वस्तु की सहृदयद्वारा भावना किये जाने के कारण यह संज्ञा की गई।

भावोदय = एक अर्थालंकार। किसी भाव की अभिव्यक्ति में अन्य भाव के उदय का वर्णन।

भाव्यभावक संबंध = भट्टनायक के मतानुसार काव्य और रस का संबंध। अभिनवगुप्त द्वारा प्रतिपादित व्यङ्ग्य व्यंजक संबंध से इसका स्वरूप पृथक् है। इस मत के अनुसार 'रस' भाव्य और काव्य 'साधारणीकरण' द्वारा भावक होता है।

भाषासम (भाषासमक) = एक शब्दालंकार। विविध भाषाओं के एक समान लगने वाले शब्दों द्वारा घटित विचित्र वाक्यबन्ध। इसमें शब्द आपाततः एक भाषा के होते हैं किन्तु वे विविध भाषाओं में अन्यान्य अर्थों से प्रयुक्त होते हैं। **भाषाश्लेष** इस अलंकार की अपर संज्ञा है।

भोगावली = एक काव्यप्रकार। आदि अन्त में पद्यरचना, संस्कृत-प्राकृत भाषाओं का संमिश्रण, चार या आठ कड़ियाँ (स्कन्ध), सर्वत्र देवशब्द का प्रयोग इत्यादि इसकी विशेषताएं होती हैं।

भोजकत्व व्यापार = काव्य-नाट्यगत विभावादि का, 'भावकत्व' नामक अलौकिक व्यापार के कारण, 'साधारणीकरण' होने पर, सहृदय इसी व्यापार से रसास्वाद लेता है। भट्ट नायक के मतानुसार भावकत्व और भोजकत्व व्यापार के कारण ही सहृदय को रसास्वाद का आनंद प्राप्त होता है।

भ्रान्तिमान् = एक अर्थालंकार। इसमें कवि अपनी प्रतिभा से एक वस्तु पर दूसरी तत्सम वस्तु की भ्रमात्मक अनुभूति का वर्णन करता है।

मणिप्रवालम् = मलयालम् आदि दाक्षिणात्य पद्य साहित्य की एक शैली। इसमें देशी शब्दों के साथ विभक्ति प्रत्यययुक्त संस्कृत शब्दों का उपयोग होता है। संस्कृत और प्राकृत की मिश्र लेखन पद्धति।

मति = एक व्यभिचारी भाव। नीतिमार्ग के नियत अनुसरण के कारण वस्तुतत्त्व का निश्चय अथवा सद्-असद् विवेक करने की प्रवृत्ति।

मध्यमकाव्य = देखिए ध्वनि।

महाकवि = अलंकार, रस, रीति, शास्त्रज्ञान, सदुक्ति आदि सारे कविगुणों से युक्त निर्दोष काव्यों की रचना करने में समर्थ साहित्यिक।

महाकाव्य = प्रतिभासम्पन्न साहित्यिक की सर्वश्रेष्ठ मानी गई रचना जिसमें निम्नलिखित वैशिष्ट्य आवश्यक माने गये हैं। – (१) सर्गात्मक प्रबन्ध रचना (२) मुख या प्रारंभ में आशिस् नमस्कार या कथावस्तु का निर्देश। (३) कथावृत्त-ऐतिहासिक, पौराणिक, उदात्त एवं चतुर पुरुष के चरित्र पर आधारित। (४) वर्णन के विषय- नगर, सागर, पर्वत, ऋतु, चन्द्र-सूर्य के उदयास्त, वन, उपवन, जलक्रीडा, मधुपान, रतोत्सव, विवाह, विप्रलम्भ (नायक-नायिका का वियोग), मन्त्रचर्चा, दूतप्रयाण, युद्ध, राजकुमारों का अभ्युदय,। (५) रस, भाव, अलंकार आदि काव्योंगों में शृंगार, वीर या शान्त रस का प्राधान्य। (६) रसानुकूल नाट्यसन्धि और सन्ध्यङ्ग। (७) वृत्तवैविध्य, (८) प्रत्येक सर्ग में भिन्न वृतान्त कथन। उत्तम महाकाव्य की रचना करने वाला कवि ही **महाकवि'** उपाधि का अधिकारी होता है।

महाकाव्य के चार प्रकार = (१) सर्गबन्ध (संस्कृतभाषीय), (२) आश्वासबन्ध (प्राकृत भाषीय) और (३) सन्धिबन्ध (मात्राछन्दोबन्ध - अपभ्रंशभाषीय), (४) संहिता (विविधवृत्तान्तमय संस्कृत महाकाव्य उदा. – रघुवंश)

महावाक्य = 'आकांक्षा' 'योग्यता' और 'आसक्ति' इन तीनों विशेषताओं से युक्त अनेक वाक्यों का समूह। रामायण, महाभारत, रघुवंश आदि ग्रन्थ- महावाक्य के उदाहरण हैं। (एक मात्र श्लोक 'वाक्य' का उदाहरण है)।

माधुर्य = एक काव्यगुण। सहृदय के हृदय में काव्य रसास्वाद के कारण उत्पन्न होने वाले चित्तद्रवत्व स्वरूप आल्हाद की संज्ञा। यह शृंगार आदि मधुर एवं सुकुमार रसों का विशेष धर्म है। मधुररसों के उद्दीपन में उत्कटता लाने वाली तथा अन्तःकरण में आल्हाद उत्पन्न करने वाली शब्दरचना और अर्थयोजना से यह गुण उत्पन्न होता है।

मायूरी = काव्य में गौडी रीति की अपरसंज्ञा।

माराली = काव्य में पांचाली रीति की अपर संज्ञा।

मार्ग = साहित्यिक रीति (पदसंघटना) की अपरसंज्ञा। तीन प्रकार – (कुंतक के अनुसार) सुकुमार, विचित्र और माध्यम।

मार्गकवि = वैदर्भी, गौडी, पांचाली आदि काव्यरीतियों से युक्त काव्यरचना करने वाला। रीतिनिष्ठ कवि।

मालादीपक = एक अर्थालंकार। इसमें एक धर्म के साथ अनेक धर्मियों का अनुक्रम से संबंध इस प्रकार होता है कि उसका पर्यवसान यथाक्रम उत्तरोत्तर उत्कर्ष में होता है। यह दीपक अलंकार से सर्वथा पृथक् है।

मालोपमा = उपमा का एक प्रकार। इसमें उपमेय के अनेक उपमान होते है।

मीलित = एक अर्थालंकार। इसमें स्वाभाविक या आगन्तुक उत्कृष्ट गुण के कारण दूसरी वस्तु के निकृष्ट गुण के गोपन या तिरोधान का वर्णन होता है।

यथासंख्य = एक अर्थालंकार। इसमें पूर्वनिर्दिष्ट पदार्थों का पश्चात् निर्दिष्ट पदार्थों के साथ यथाक्रम संबन्ध, वाक्यरचना का वैशिष्ट्य होता है। इस प्रकार के क्रम को 'अनुनिर्देश' कहते हैं।

यमक = एक शब्दालंकार। अर्थयुक्त या निरर्थक स्वर-व्यंजनों के समूह की उसी क्रम से आवृत्ति होना। इसके पादावृत्ति, पदार्धावृत्ति, श्लोकावृत्ति इत्यादि प्रकारों तथा आद्यभागावृत्ति, मध्यभागावृत्ति, अन्त्यभागावृत्ति इत्यादि उपप्रकारों के कारण अनेक प्रकार होते हैं। (यमक के ड-ल, व-ब, ल-र व्यंजनों में अभेद मानने की साहित्यिकों में रूढि है)

युग्मक = अर्थपूर्ति के लिए दो पद्यों की अपेक्षा रखने वाली रचना।

योग्यता = वाक्यरूप पदसमूह की वह विशेषता, जिसके कारण पदार्थों के पारस्परिक संबंध में कोई बाधा या विरोध नहीं आता। योग्यता के अभाव में 'विह्नना सिंचति' (अग्नि से सींच रहा है) आदि असंबद्ध पदसमूह भी वाक्य बनेंगे।

रंगद्वार = नाटक के पूर्वरंग का एक अंग। नान्दी के बाद रंगशाला में नटों द्वारा देवपूजा निमित्त होने वाला नाट्यप्रयोग का प्रथम उपक्रम।

रत्नावली = ९ पद्यों की काव्य रचना।

रशनोपमा = उपमा का एक प्रकार। इसमें उपमेय यथाक्रम उत्तरोत्तर उपमान के रूप में परिणत होते जाता है।

रसदोष = (१) स्वशब्दवाच्यत्व, (स्थायी भाव, संचारी भाव, तथा रस का तद्वाचक शब्द से काव्य में उल्लेख करना), (२) कष्टाक्षिप्तत्व (अनुभाव तथा विभाव की कष्टकल्पना); (३) परिपन्थि रसाङ्गग्रहण (प्रकृतरस के विरोधी रस के अङ्ग का ग्रहण); (४) अकाण्डे रसप्रथम, (५) अकाण्डे

रसच्छेद, (६) पुनः पुनः रसदीप्ति; (७) अङ्गिरसाननुसन्धान, (८) अनङ्गरसकीर्तन; (९) अङ्गरसातिविस्तृति; (१०) प्रकृतिविपर्यय; (११) अर्थानौचित्य।

रसधर्म = माधुर्य, ओज, प्रसाद आदि काव्यगुणों का स्वरूप विशेष। रीतिवादी साहित्यशास्त्री गुणों को शब्द और अर्थ के धर्म मानते है। शृंगार और शान्तरस का गुण है माधुर्य; वीर रौद्र, भयानक का गुण है ओज और प्रसाद सभी रसों का गुण है।

रसनावृत्ति = व्यंजना वृत्ति के द्वारा जब काव्य के रसादिस्वरूप व्यङ्ग्य अर्थ की अभिव्यक्ति होती है; तब उसीको 'रसना' संज्ञा प्राप्त होती है। वस्तुरूप और अलंकाररूप व्यङ्ग्यार्थ की प्रतीति का कारण 'व्यंजना' और रस-भावादि की प्रतीति का कारण 'रसना' वृत्ति मानी जाती है।

रसवत् = एक अर्थालंकार। इसमें शृंगारादि रस अन्य प्रधान रसों के अंग होते हैं जिससे प्रकृत रस में अधिक उत्कटता आती है।

रसाभास = अयोग्य विभाव अनुभाव आदि के संयोग से निष्पन्न काव्यरस। उदा. धीरोदात्त राम के द्वारा बालिवध में वीर रसाभास। अथवा पार्वती-शिव के संभोग वर्णन में शृंगाराभास। विश्वनाथ कविराज के मतानुसार 'प्रकृतिविपर्यय' रसाभास का हेतु है। रसाभास से 'रसभंग' जो अनौचित्यमूलक होता है, सर्वथा पृथक् है। रसभंग काव्य दोष है, रसाभास नहीं।

रीति = काव्य में माधुर्य, ओज, प्रसाद जैसे गुण निर्माण करने वाली शब्दार्थों की संघटना। यही काव्य की अंगसंस्था या शरीर मानी जाती है। ४ प्रकार – वैदर्भी, गौडी, पांचाली और लाटी।

रीति सम्प्रदाय = आचार्य वामन द्वारा प्रतिपादित साहित्य शास्त्र का एक मत। इस मत के अनुसार विशिष्ट पदरचनात्मिकी रीति या शैली ही काव्य की आत्मा है। रीति के तीन प्रमुख प्रकार। वैदर्भी, पांचाली और गौडी। (इन के अतिरिक्त, लाटी, आवंती और मागधी नामक अन्य तीन रीतियाँ भी मानी गयी हैं।

रूपक = एक अर्थालंकार। इसमें उपमान का उपमेय पर आरोप करते हुए दोनों में तद्रूपता का कथन होता है। तीन प्रमुख प्रकार – (१) परंपरित, (२) सांग, (३) निरङ्ग परम्परित रूपक के प्रकार – श्लिष्टशब्दात्मक; और अश्लिष्ट शब्दात्मक। (अश्लिष्ट. के दो प्रकार (१) केवल और (२) माला। (कुल ८ प्रकार)

लक्षणा = वाक्यस्थ किसी शब्द का मुख्यार्थ बाधित होने पर मुख्यार्थ से संबंधित किन्तु रूढि या प्रयोजन की विवक्षा के कारण उससे भिन्न अर्थ का अवबोध कराने वाली शब्द की अस्वाभाविक शक्ति। लक्षणा के कुल भेद ८० होते हैं। (पदगत ४० + ४० वाक्यगत)।

लक्षणा के प्रयोजक हेतु = (१) मुख्यार्थबाध, (२) मुख्यार्थ योग, (३) रूढि, (४) प्रयोजन। (गंगायां घोषः। काकेभ्यो दधि रक्ष्यताम्। मंचाः क्रोशन्ति। आयुर्घृतम् आदि लक्षणा के उदाहरण शास्त्र में प्रसिद्ध हैं)

इनके अतिरिक्त (१) सामीप्य (उदा. गंगायां घोषः) (२) सादृश्य (उदा. मुखचन्द्र) (३) कारणत्व (उदा. आयुर्घृतम्) (४) विरोध आदि लक्षणा के हेतु माने जाते हैं।

लक्षणा के दो प्रकार = (१) गूढ व्यङ्ग्या; (२) अगूढव्यङ्ग्या।

लक्षण-लक्षणा = वाक्यों में किसी शब्द का मुख्यार्थ उपपन्न न होने पर उसे त्याग कर, भिन्न, किन्तु किसी संबंध से संबंधित, अर्थ का ग्रहण करने वाली शब्दशक्ति। 'गंगायां घोषः' इस का उदाहरण है। यहां गंगाशब्द का प्रवाह रूप अर्थ बाधित होने के कारण गंगातट रूप अर्थ का ग्रहण होता है। इसी को 'जहत्स्वार्था' कहते हैं। दो प्रकार – (१) रूढ लक्षणा और (२) प्रयोजनवती। इन दोनों के (१) सारोपा और (२) साध्यवसानिका नामक प्रत्येकशः दो दो भेद होते हैं। 'आयुर्घृतम्' और गौर्वाहीकः सारोपा लक्षणलक्षणा के और 'गौरयम्' गौर्जल्पति आदि साध्यवसानिका लक्षणलक्षणा के उदाहरण प्रसिद्ध हैं। **प्रयोजनवती लक्षणा** के कुल भेद ६४ होते हैं और रूढिलक्षणा के कुल १६ भेद होते हैं।

लाटानुप्रास = अनुप्रास के पांच प्रमुख प्रकारों में से एक। जिनके अर्थ में भिन्नता है ऐसे शब्दों की पुनरुक्ति से यह व्यक्त होता है। (उदा. नयने तस्यैव नयने च' यहां द्वितीय नयन शब्द सौंदर्यादि गुणयुक्त नयन का वाचक है)। सरस्वतीकण्ठाभरण में इसके छह प्रकार कहे हैं। लाटप्रदेश के साहित्यिकों में यह अलंकार अधिक प्रिय होने के कारण यह संज्ञा दी गई।

लाटी रीति = विश्वनाथ कविराज के मतानुसार वैदर्भी और पांचाली रीति के संमिश्रण से निर्मित रीति।

लुप्तविसर्गत्व = वाक्यगत एक काव्यदोष। विसर्गात्मक उच्चारण संस्कृत भाषा का एक निजी वैशिष्ट्य है। अतः विसर्गों का व्याकरण नियमों के आधार पर, अधिक मात्रा में लोप होने से काव्य में यह दोष व्यक्त होता है। उदा. 'गता इमा निशा बाले' इत्यादि प्रकार की रचना।

इसी प्रकार विसर्ग का ओकार अधिक मात्रा में होने पर 'आहतविसर्गत्व' नामक दोष व्यक्त होता है।

लौकिक व्यापार = लौकिक वस्तु की उत्पत्ति का कारण। दो प्रकार (१) **कृतिरूप** (जिस में कार्योत्पत्ति के बाद कारण का अस्तित्व समाप्त सा होता है। (२) **ज्ञप्तिरूप** (जिसमें किसी कारण द्वारा पूर्वावस्थित वस्तु केवल प्रकट होती है; उदा. प्रकाश से घट का प्रकटीकरण। रसास्वाद रूपी व्यापार कृतिरूप तथा ज्ञाप्तिरूप न होने के कारण 'अलौकिक व्यापार' कहा जाता है।

वक्रोक्ति = एक शब्दालंकार। श्लेष या काकु (ध्वनिविकार) के कारण किसी वाक्य का अर्थ अन्य प्रकार से निकालना। दो प्रकार – (१) श्लेषवक्रोक्ति और (२) काकुवक्रोक्ति। (श्लेष वक्रोक्ति के सभंग और अभंग श्लेष के कारण दो प्रकार होते हैं)।

वक्रोक्ति संप्रदाय = आचार्य कुन्तक के वक्रोक्तिजीवित नामक ग्रंथ में प्रथम प्रतिपादित एक काव्यसंप्रदाय। इसमें वक्रोक्ति अर्थात् चमत्कारयुक्त कथन ही काव्य का प्राण माना जाता है। वक्रोक्ति के **पांच प्रकार** - वर्णवक्रता, पदवक्रता, वाक्यवक्रता, अर्थवक्रता, और प्रबंधवक्रता।

वचनसाहित्य = कन्नड साहित्य के सुभाषित वाङ्मय की संज्ञा। इसके निर्माता वीरशैव संत थे जिनकी संख्या दो सौ से अधिक है। परम्परा के अनुसार वचनों की संख्या १६० कोटी मानी जाती है।

वंशसाहित्य = पाली साहित्य का एक प्रकार। इसमें राजाओं के वंशों का इतिहास होता है। इसका स्वरूप काव्यात्मक इतिहास जैसा होता है। दीपवंस, महावंस आदि १२ से अधिक वंशग्रंथ पाली साहित्य में प्रसिद्ध हैं।

वर्णविन्यासवक्रता = कुंतक के मतानुसार वक्रोक्ति (जिसे वह काव्यजीवित कहता है।) के छह प्रकारों में प्रथम प्रकार।

वाच्यसिध्यङ्ग्य = काव्य के गुणीभूत व्यङ्ग्य अर्थ का एक प्रकार। इसमें व्यंग्यार्थ ही वाच्यार्थ की सिद्धि में उपोद्बलक होता है।

वाच्यानभिधान (वाच्यावचन) या अनभिहितवाच्यत्व) = वाक्यगत एक काव्यदोष। वाक्य में अर्थ की स्पष्टता के लिए आवश्यक शब्द का प्रयोग न होने पर यह दोष प्रतीत होता है। (न्यूनपदत्व से यह दोष पृथक् है। उसमें आवश्यक पद का प्रयोग ही नहीं होता)।

वाक्य = 'योग्यता' (नैयायिक दृष्ट्या), 'आकांक्षा' (मीमांसक दृष्ट्या) और 'आसत्ति' (वैयाकरण दृष्ट्या), नामक तीनों गुण जिसमें होते हैं; ऐसे वक्तृद्वारा प्रतिपाद्य अर्थ का कथन करने वाले पदसमूह की संज्ञा।

वाक्यवक्रता = वक्रोक्तिजीवितकार कुंतक के मतानुसार वक्रोक्ति के छह प्रकारों में चौथा प्रकार।

वाक्य दोष = प्रतिकूलवर्णत्व, लुप्तविसर्गत्व, आहतविसर्गत्व, अधिकपदत्व, न्यूनपदत्व, कथितपदत्व, हतवृत्तत्व, पतत्प्रकर्षत्व, सन्धिविश्लेष, सन्ध्यश्लील, सन्धिकष्टत्व, अर्धान्तरैकपदत्व, समाप्त पुनरात्तत्व, अभवन्मतसंबंधत्व, अक्रमत्व, अमतपरार्थत्व, वाच्यानभिधानत्व, भग्नप्रक्रमत्व, प्रसिद्धित्याग, अस्थानस्थपदत्व, अस्थानस्थसमासत्व, संकीर्णत्व, गर्भितार्थत्व। इन २३ वाक्यगत दोषों के अतिरिक्त दुःश्रवत्व, अश्लीलत्व, नेयार्थत्व, क्लिष्टत्व और अविमृष्टविधेयांशत्व - इन पददोषों का भी अन्तर्भाव वाक्यगत दोषों में होता है।

वात्सल्य = शृंगारादि नव रसों के अतिरिक्त विश्वनाथ कविराज,आचार्य हेमचन्द्र आदि शास्त्रज्ञों द्वारा संमत, दशम रस की संज्ञा। इसका स्थायी 'ममकार' अर्थात् ज्येष्ठों की बालकों के प्रति रति। (रति के ३ विशेष हैं, **स्नेह** (समान व्यक्तियों की परस्पर रति), **भक्ति** (पूज्यों के प्रति अनुराग) और **वात्सल्य** (बालकों के प्रति ममता)।

वात्सल्यरस = बाल-शिशु के प्रति ममतामयी प्रीति। दो प्रकार - (१) बालरूप पर मातृपितृ भाव से अनुरक्ति (२) लघुवात्सल्य = उपास्य देवता को माता-पिता मानना।

वार्ता = चमत्कारशून्य वस्तुवर्णन। ऐसे वर्णन की स्वभावोक्ति अलंकार में गणना नहीं होती।

विकल्प = एक अलंकार। इसमें दो तुल्यबल पदार्थों के परस्पर विरोध का ऐसा कथन होता है जिसमें औपम्यगर्भता होती है। यह औपम्य शुद्ध या श्लेषमूलक होता है।

विचित्र = एक अर्थालंकार। अपेक्षित फल की प्राप्ति के लिए कर्ता द्वारा तद्विरुद्ध क्रिया के अनुष्ठान का वर्णन।

विद्याविरुद्धत्व = व्याकरण शास्त्र के अतिरिक्त धर्म, अर्थ, काम आदि शास्त्रों में प्रसिद्ध सिद्धान्तों के विरुद्ध मतप्रदर्शन करने से यह दोष होता है।

विध्ययुक्तत्व = एक अर्थदोष। वाक्य का जो अंश विधेय होने के अयोग्य हो उसी को विधेय बनाना।

विनोक्ति = एक अर्थालंकार। इस में विना (या उसी अर्थ के सूचक अन्य शब्द) के प्रयोग के कारण एक वस्तु के विना (अभाव में) दूसरी वस्तु की साधुता अथवा असाधुता का प्रतिपादन होता है। वाक्यार्थ में विना 'पद' का अभिप्राय सूचित होने पर, विना शब्द के बिना भी यह अलंकार होता है।

विभावना = एक अर्थालंकार। तत्त्वतः कारण के अभाव में कार्य नहीं होता किन्तु प्रसिद्ध कारण के अभाव में कार्यनिष्पत्ति का वर्णन होने पर यह अलंकार होता है। दो प्रकार - (१) उक्तनिमित्ता, (२) अनुक्तनिमित्ता।

विरुद्धमतिकृत् = एक काव्यदोष। प्रकृत अर्थ से विपरीत अर्थ की प्रतीति करने वाले शब्दों के प्रयोग से यह होता है। (उदा. 'भवानीपति' इसमें भवकी पत्नी का अन्य पति यह अर्थ प्रतीत होता है। (भवानी = भवस्य पत्नी)

विरोध = एक अलंकार। इसमें जाति, गुण, क्रिया और द्रव्य के वाचक चार प्रकार के शब्दों के अर्थों में परस्पर विरुद्धता या बाधकता का आभास होता है। (इसी कारण उसे **विरोधाभास** भी कहते हैं। प्रकार (अ) जातिवाचक के विरोधी जाति, गुण, क्रिया और द्रव्यवाचक होने पर ४ प्रकार। (आ) गुणवाचक के विरोधी गुण, क्रिया और द्रव्यवाचक होने पर ३ प्रकार। (इ) क्रियावाचक के विरोधी क्रिया और द्रव्यवाचक होने पर २ प्रकार। (३) द्रव्यवाचक के विरोधी द्रव्यवाचक होने पर १ प्रकार। (कुल १० प्रकार)

विशेष = एक अर्थालंकार। इसका स्वरूप तीन प्रकारों से व्यक्त होता है। (१) आधार के बिना आधेय का वर्णन। (२) एक वस्तु एक ही समय अनेक स्थानों में व्यक्त होना। (३) एक कार्य करते हुए, दैववश किसी के द्वारा अन्य असम्भाव्य कार्य का सम्पादन।

विशेषे अविशेषता = एक अर्थदोष। देखिए अविशेषे विशेषता। उदा. पौर्णिमा या अमावस्या जैसे विशिष्ट रात्रिसमय

का निर्देश अपेक्षित होने पर केवल रजनी या निशा जैसे सामान्य रात्रि वाचक शब्द का प्रयोग।

विशेषोक्ति = एक अर्थालंकार। इसमें कारण होने पर भी कार्योत्पत्ति के अभाव का कथन होता है। दो प्रकार (१) उक्तनिमित्ता (२) अनुक्त निमित्ता। (विभावना और विशेषोक्ति के दो प्रकार शाब्द और आर्थ माने जाते हैं।)

विश्वावली = एक काव्य प्रकार। विश्वों की संख्या १४ (सप्तस्वर्ग + सप्त पाताल) होती है। अतः १४ पद्यों की काव्यरचना।

विषम = एक अर्थालंकार। तीन प्रकार – (१) कारण और कार्य के गुण और क्रिया में विरुद्धता का कथन। (२) आरब्ध कार्य की विफलता और साथ ही अनर्थ की उत्पत्ति। (३) दो विरुद्ध पदार्थों की संघटना।

वृत्तिविरोध = अनुप्रास अलंकार का एक दोष। शृंगार आदि सुकुमार रसों के वर्णन में ट वर्ग, र, ष, जैसे माधुर्य गुण विरोधी (या ओजोगुणसूचक) वर्णों का प्रयोग होने से यह दोष निर्माण होता है। विश्वनाथ कविराज इसे प्रतिकूलवर्णत्व कहते हैं।

वृत्त्यनुप्रास = अनुप्रास अलंकार के पांच प्रकारों में एक। इसमें अनेक व्यंजनों की अनेक बार या एक प्रकार से (स्वरूपतः और क्रमतः या एकबार) आवृत्ति होती है। (**वृत्ति** = रसभिव्यक्ति करने वाली रचना।)

वैफल्य या (वैयर्थ्य) = अनुप्रास अलंकार का एक दोष। वर्णों में अनुप्रास होते हुए भी अगर वह रसाभिव्यक्ति में उत्कर्ष नहीं ला सकते तब यह दोष माना जाता है। इसे 'अपुष्टार्थत्व' दोष भी कहते हैं।

व्यंग्यार्थ की वाच्यार्थ से विभिन्नता के हेतु = (१) बोद्धा (वाच्यार्थ का ज्ञाता पद-पदार्थविद् होता है किन्तु व्यङ्ग्यार्थ का सहृदय होता है।); (२) स्वरूप (वाच्यार्थ जहां विधि स्वरूप होता है वहां व्यङ्ग्यार्थ निषेधस्वरूप भी हो सकता है) (३) संख्या (वाच्यार्थ एकही होता है तब व्यंग्यार्थ अनेक होते हैं। (४) प्रतीति (वाच्यार्थ का बोध शब्दोच्चारण मात्र से होता है किन्तु व्यंग्यार्थ के बोध के लिए भावयित्री प्रतिभा की अपेक्षा होती है। (५) काल (वाच्यार्थ तत्काल प्रतीत होता है किन्तु व्यङ्ग्यार्थ की प्रतीति किंचित् विलम्ब से होती है। (६) आश्रय (वाच्यार्थ का आश्रय शब्द होता है किन्तु व्यङ्ग्यार्थ के आश्रय शब्द के अतिरिक्त वर्ण अर्थ, रचना अभिनय आदि अनेक होते हैं।

व्यंजक शब्द = व्यंग्यार्थ का बोध करने में समर्थ शब्द।

व्यंजना = काव्यगत 'ध्वनि' (रसभावात्मक व्यंग अर्थ) को व्यक्त करने वाली एक शब्दशक्ति। व्यंजनाशक्ति के कारण एक ही शब्द वाक्य से, वक्ता और श्रोता के वक्तृ-बोद्धव्य संबंध के अनुसार, अन्यान्य अर्थों की प्रतीति होती हैं। शब्द या वाक्य से वाच्यार्थ, लक्ष्यार्थ और तात्पर्यार्थ की प्रतीति होने पर भी उनसे विभिन्न प्रकार के अर्थ का बोध कराने वाली यह विलक्षण शक्ति है। यह शक्ति केवल शब्द की ही नहीं किन्तु अर्थ, प्रकृति, प्रत्यय, उपसर्ग, निपात आदि की शक्ति के रूप में भी प्रस्फुरित होती है।

शाब्दी व्यंजना के २ प्रकार – अभिधामूला (२) लक्षणामूला, **आर्थी व्यंजना** के ३ प्रकार – वाच्यार्थमूला, लक्ष्यार्थमूला और व्यङ्ग्यार्थमूला।

व्यतिरेक = एक अर्थालंकार। उपमान की अपेक्षा उपमेय के उत्कर्ष या न्यूनत्व का वर्णन करना। दो प्रकार – (१) श्लेषमूलक (२) श्लेषाभावमूलक। विश्वनाथ कविराज ने इस अलंकार के ४८ प्रकार सिद्ध किये हैं।

व्याख्यान = दुर्बोध ग्रन्थ का स्पष्टीकरण। टीका या भाष्य की अपर संज्ञा।

व्याघात = एक अर्थालंकार। इसके दो स्वरूप हैं – (१) इसमें जिस विशिष्ट उपाय से एक ने किसी कार्य का सम्पादन किया हो, उस (कार्य) का उसी क्रिया के द्वारा दूसरे किसी के द्वारा अन्यथाकरण। (व्याघात शब्द का अर्थ ही निष्पन्न वस्तु का विघात है)। (२) किसी निष्पन्न कार्य को अति सुकरता से उलट देने का वर्णन।

व्याजस्तुति = एक अर्थालंकार। इसमें स्तुतियुक्त वाक्य द्वारा निन्दा और निन्दायुक्त वाक्य द्वारा स्तुति सूचित होती है।

व्याजोक्ति = एक अर्थालंकार। इसमें किसी कारण से प्रकट हुआ गूढ भाव, किसी दूसरी वस्तु की ओर संकेत करते हुए युक्ति से छिपाया जाता है।

शक्ति = कवित्व का बीजभूत प्राक्तन संस्कार। इसके बिना काव्य की निष्पत्ति नहीं होती और प्रयत्नतः करने पर भी वह उपहासास्पद होती। इसीको कहते हैं प्रतिभा (देखिए)।

शक्तिग्रह = शब्द से अर्थ का आकलन। इसके हेतु व्याकरण, उपमान, कोष, आप्तवाक्य, वृद्धव्यवहार, वाक्यशेष, विवरण, और सिद्धपदसान्निध्य।

शब्द के ३ प्रकार = वाचक, लाक्षणिक और व्यंजक। अभिघा, लक्षणा और व्यंजना नामक तीन शक्तियों के कारण ये तीन प्रकार होते हैं।

शब्ददोष = काव्य में प्रयुक्त विशिष्ट शब्द के प्रयोग, अप्रयोग या अस्थानप्रयोग के कारण उत्पन्न होने वाला काव्यदोष। यह शब्ददोष शब्द के परिवर्तन से हट सकता है। किंतु अर्थदोष केवल शब्द बदलने से नहीं हटता।

शब्दशक्ति = शब्द का अर्थबोधक स्वाभाविक सामर्थ्य। तीन प्रकार – अभिधा, लक्षणा, और व्यञ्जना। (इनके अतिरिक्त तात्पर्य नामक चौथी शक्ति भी मानी जाती है।)

शब्दशक्तिवाद के प्रकार = (१) उपाधिशक्तिवाद, (२) जातिशक्तिवाद, (३) जातिविशिष्ट-व्यक्ति शक्तिवाद और (४) अपोहशक्ति वाद।

शब्दशक्त्युद्भवध्वनि = अभिधामूलक संलक्ष्यक्रम व्यङ्ग्य

नामक ध्वनि के ३ प्रकारों में एक। इसमें जिस शब्द से जो व्यङ्ग्यार्थ निकलता है वह उसके दूसरे पर्याय से नहीं निकलता, जैसे पयोधर शब्द से व्यंजित अर्थ, मेघ, घन आदि पर्याय शब्द से नहीं निकलता। दो प्रकार – वस्तुध्वनि और (२) अलंकारध्वनि।

शास्त्रकाव्य = भट्टिकाव्य के समान काव्य के माध्यम से व्याकरण-साहित्य आदि शास्त्रों का बोध देने के हेतु रचित महाकाव्य। महाभारत को आर्षकाव्य तथा काव्यशास्त्र अर्थात् महाकाव्यात्मक पुरुषार्थबोधक शास्त्र कहा है।

शास्त्रार्थकवि = काव्य में शास्त्रीय ज्ञान का पांडित्य व्यक्त करने वाला।

शृंगार = 'शृंग ऋच्छति' इस व्युत्पत्ति के अनुसार (शृंग = कामुक युगल के उत्पीडक कामाविर्भाव) कामविकार से रतिस्थायी भाव के उद्दीपन द्वारा उत्पन्न होने वाला रस। दो प्रकार – (१) विप्रलंभ (२) संभोग

शौरसेनी = शूरसेन अर्थात् मथुरा विभाग के लोगों की एक अपभ्रंश भाषा। संस्कृत नाटकों में स्त्रियां तथा मध्यम पुरुष पात्र इसी भाषा का प्रयोग करते हैं। मध्ययुगीन व्रजभाषा का मूल शौरसेनी प्राकृत ही है।

श्रुत्यनुप्रास = अनुप्रास अलंकार के पांच प्रकारों में एक। कण्ठ, तालु, मूर्धा, दन्त, ओष्ठ, इन उच्चारण स्थानों में उत्पन्न होने व्यंजनों में से किसी एक स्थान में उच्चारित एक या अनेक व्यंजनों के सादृश्य से यह श्रुतिसुखद शब्दालंकार प्रतीत होता है।

श्लेष = एक शब्दालंकार। श्लिष्टता (शब्दों की अनेकार्थता) के कारण वाक्य के अर्थ में अनेकता निर्माण होना इसका स्वरूप है। ८ प्रकार – वर्णश्लेष (भिन्न वर्णों के, समान विभक्ति प्रत्ययान्त रूपों के कारण); (२) प्रत्ययश्लेष (प्रत्यय भिन्नता होने पर भी साधित रूपों की समानता के कारण); (३) लिङ्गश्लेष (लिंगभेद होते हुए भी विभक्त्यन्त रूप की समानता के कारण); (४) प्रकृतिश्लेष - धातु भेद होते हुए भी प्रत्ययों के कारण साधितशब्द में एकरूपता),
(५) पदश्लेष - पृथुकार्तस्वर = पृथु + कार्तस्वर (सुवर्ण) और पृथुक (बालक) + आर्तस्वर; इस प्रकार एक ही सामासिक शब्द में पदभंग के कारण विभक्ति और समास की विलक्षणता के कारण यह अलंकार होता है। (प्रकृतिश्लेष से इसका स्वरूप भिन्न होता है क्यों कि प्रकृतिश्लेष में विभक्ति और समास में पृथक्ता नहीं होती)।
(६) विभक्ति श्लेष = सुप् और तिङ् प्रत्ययों की भिन्नता होने पर भी साधित शब्दों की एकरूपता इसका स्वरूप है। (उदा. भव शब्द भू धातु का लोट्कार का सिप् प्रत्ययांत रूप है और भव (शंकर) शब्द का संबोधक भी है।) (७) वचनश्लेष और (८) भाषाश्लेष। आठों प्रकारों के श्लेषों के सभंग, अभंग, और सभंगाभंग नामक तीन तीन प्रकार होने के कारण श्लेक अलंकार के २४ प्रकार होते हैं।

श्लेष अर्थालंकार = शब्द स्वभावतः एकार्थक होते हुए भी उनसे घटित वाक्य से अनेक वाच्यार्थों की प्रतीति होती है। (शब्दश्लेष में शब्द ही अनेकार्थक होते हैं। अतः इसे **अर्थश्लेष**' कहते हैं।

श्लेष = १० काव्यगुणों में एक। शब्दरचना में शैथिल्य, संयुक्ताक्षरों तथा कठोर वर्णों का अभाव और शृंखलावत् अखंड दृढ रचना इस का स्वरूप है।

श्लेष = आचार्य वामन के मतानुसार एक शब्दगुण जो अनेक पदों का बन्ध, एक पद की भांति संश्लिष्ट प्रतीत होने से व्यक्त होता है। विश्वनाथ कविराज इसे ओजःस्वरूप मानते है।

संकर = यह एक ऐसा अर्थालंकार है जिसमें अनेक अर्थालंकारों में अङ्गाङ्गीभाव सम्बन्ध होने से उन में नीर-क्षीरवत् एकरूपता की प्रतीति होती है। तीन प्रकार – (१) अंगाङ्गिभावरूप, (२) एकत्रावस्थानरूप और (३) संदिग्धरूप।

संकीर्णत्व = वाक्यगत एक काव्यदोष। एक वाक्य में आवश्यक शब्द का दूसरे वाक्य में अनुप्रवेश होना। उदा. चन्द्रं मुंच कुरंगाक्षि, पश्य मानं नभोङ्गने। इसमें "हे कुरंगाक्षि नभोंगने चन्द्रं पश्य, मानं, मुंच" यह शब्दक्रम होना चाहिये।

संकेतग्रहण के तीन उपाय – (१) वृद्धव्यवहार (२) प्रसिद्धार्थपद समभिव्याहार (प्रसिद्ध अर्थ वाले शब्द के साथ उच्चारण) और (३) आप्तोपदेश (प्रामाणिक ज्येष्ठ व्यक्ति द्वारा उपदेश)। इन तीन कारणों से शब्द के संकेतित या मुख्य अर्थ का बोध होता है।

संकेतित अर्थ के चार क्षेत्र = (१) जाति (२) गुण, (३) क्रिया और (४) द्रव्य (या व्यक्तिसंज्ञा)।

सादिग्धत्व = एक अर्थदोष। वक्ता, बोद्धा, प्रकरण आदि के निर्देश के अभाव में वाक्य का अर्थनिर्देश करता असंभव होने से यह दोष माना जाता है।

सदिग्धप्राधान्य = काव्य के गुणीभूत व्यङ्ग्य अर्थ का एक प्रकार। इसमें वाच्यार्थ के सौंदर्य के कारण रस-भावादि रूप व्यङ्ग्यार्थ की प्रधानता सन्दिग्ध होती है।

सन्देह = एक अर्थालंकार। इसमें, प्रकृत विषय पर अप्रकृत विषय का आरोप, कवि की कल्पना पर आधारित होता है। ३ प्रकार – शुद्ध, (२) निश्चयगर्भ, (३) निश्चयान्त।

सन्ध्यश्लीलत्व = वाक्यगत एक काव्यदोष। चलण्डामर चेष्टितः = चलन् + डामरचेष्टितः इस सन्धि में 'लण्डा' जैसे अश्लील शब्द की निष्पत्ति होने के कारण यह दोष उत्पन्न हुआ हैं।

संबन्ध = दो शब्दार्थों या वाक्यार्थों में इकाई निर्माण करने वाला तत्त्व। शास्त्रग्रन्थों में यत्र तत्र अनेक प्रकार के सम्बन्धों का निर्देश मिलता है, जैसे वक्तृ- बोध्दव्य सम्बन्ध, कार्य कारण सम्बन्ध, विशेषण विशेष, धर्म-धर्मि, आधारा-धेय, तादात्म्य., वाच्य-वाचक, लक्ष्य-लक्षण, व्यंग्य-व्यंजक, संयोग,

समवाय. ज्ञाप्य-ज्ञापक; सामान्य-विशेष, बिम्ब-प्रतिबिम्बभाव., सान्निध्य, समर्थ्य-समर्थक, साध्य-साधन., प्रधान-गौण, स्व-स्वामिभाव. कार्य-कारक, निमित्त-नैमित्तिक, समवाय. लिङ्गलिंगि, प्रकृति-प्रत्यय, उपसर्ग-धातु, क्षेत्र-क्षेत्रज्ञ, प्राप्य-प्रापक, प्रयोज्य-प्रयोजक, प्रस्तुत-अप्रस्तुत. प्रकृत-अप्रकृत, गुण-गुणी. निष्पाद्य-निष्पादक; साधर्म्य-वैधर्म्य, हेतु-हेतुमत् (फल), आश्रयाश्रयिभाव. (या आधाराधेय भाव.)।

संलक्ष्यक्रमव्यङ्ग्यध्वनि = अभिधामूलक (या विवक्षितान्यपर वाच्य) ध्वनि का एक प्रकार। यहां वाच्य और व्यङ्ग्य अर्थ की प्रतीति में क्रम स्पष्टतया प्रतीत होता है। यह प्रतीति "अनुकरण सदृश" होती है। यह अनुरणनवत् अर्थ ३ प्रकार का होता है। (१) शब्दशक्तिमूलक, (२) अर्थशक्तिमूलक और (३) उभयशक्तिमूलक। इसमें वस्तुध्वनि और अलंकार ध्वनि का अन्तर्भाव होता है।

सन्धिकष्टत्व = वाक्यगत एक काव्यदोष। अनेक सन्धियां के कारण वाक्य में उत्पन्न होने वाली श्रुतिकटुता की संज्ञा।

सन्धिविश्लेष = वाक्यगत एक काव्यदोष। 'दलिते उत्पले एते अक्षिणी अमलाङ्गि ते' इस रचना में व्याकरण नियमानुसार 'प्रगृह्यं स्वरत्व के कारण सन्धि नहीं होते; किन्तु इस सन्ध्यभाव के अतिरेक से प्रस्तुत दोष यहां माना जाता है। (व्याकरण या छंद शास्त्र के अनुसार निर्दोष रचना भी साहित्यिक दृष्टि से सदोष मानी जा सकती है।

संसृष्टि = शब्दालंकार तथा अर्थालंकार की एक ही श्लोक में परस्परनिरपेक्ष अवस्था में तिल तण्डुलवत् पृथक् प्रतीति।

संहिता = भावप्रकाशनकार के मतानुसार जिस में विविधवृत्तान्तों का एकत्र संकलन होता है ऐसा महाकाव्य। उदा. रघुवंश।

सत्त्व = अन्तःकरण का एक विशिष्ट धर्म, जिसके कारण सामाजिक के हृदय में वासनारूप से स्थित रत्यादि भावों का उद्बोधन होता हैं। सत्त्व के उद्रेक से उत्पन्न स्तम्भ, स्वेद आदि ८ मनोविकारों को "सात्त्विक भाव" कहते हैं।

सत्त्वोद्रेक = काव्यार्थ के परिशीलन के कारण सहृदय के अन्तःकरण में रजोगुण और तमोगुण का प्रशम होने पर सत्त्वगुण का प्रबल आविष्कार होता। यही सहृदय को काव्य से रसास्वाद मिलने का प्रमुख कारण है।

समता = काव्य के उपक्रम और उपसंहार में एकरूपता (मार्गभेद) के कारण व्यक्त होने वाला एक शब्दगुण। कभी कभी यह दोष भी हो सकता है।

समर्थ्य-समर्थक भाव = जब एक वाक्य के अर्थ से दूसरे वाक्य के अर्थ का समर्थन होता है तब उन दो वाक्यों में यह सम्बन्ध होता है। ऐसे दो वाक्यों में एक वाक्य सामान्य अर्थ का और दूसरा वाक्य विशेष अर्थ का कथन करता है, अतः इसे 'सामान्य विशेष भाव' भी कहते है। अर्थान्तरन्यास अलंकार इसी कारण सिद्ध होता है।

समस्तवस्तुविषय रूपक = रूपक अलंकार के साङ्गरूपक नामक प्रकार का एक भेद। इसमें आरोप्य (उपमेय) और आरोप्यमाण (उपमान) विषयों के समस्त उपांगों का यथोचित निर्देश शब्दतः होता है।

समस्यापूर्ति = एक प्राचीन साहित्यिक कला। श्लोक के एक पाद को, अन्य तीन पादों की तत्काल रचना से पूर्ण करना।

समाधि = आचार्य वामन के मतानुसार एक शब्दगुण। यह काव्यबन्ध के 'आरोह' (गाढबन्धत्व रूप उत्कर्ष और 'अवरोह' (शिथिल) बन्धत्व रूप अपकर्ष) के कारण व्यक्त होता है।

समाधि = दस काव्यगुणों में एक। अमानवीय वस्तुओं पर मानवीय भावनाओं एवं गुणों का आरोप करने से यह काव्यगुण व्यक्त होता है।

समाधि = एक अर्थालंकार। इसमें कार्य की सिद्धि एक कारण से होते हुए काकतालीय न्याय से दूसरा साधक कारण उपस्थित होने से कार्य की सुकरता का कथन होता है।

समाप्तपुनरात्तत्व = वाक्यगत एक काव्यदोष। वाक्य के समाप्त होने पर भी अवशिष्ट पादांश में पुनश्च उसी अर्थ का कथन।

समाप्ति मुद्रा = ग्रंथ लेखन की समाप्ति होने पर कवि-नामनिर्देशयुक्त वाक्य।

समासोक्ति = एक अर्थालंकार। इसमें प्रस्तुत पर अप्रस्तुत का आरोप, समान रूप से समन्वित होनेवाले कार्य, लिङ्ग और विशेषणों के आधार पर होता है। समान विशेषणाश्रित समासोक्ति के तीन प्रकार होते है। (१) श्लेषमूलक (२) साधारणमूलक और (३) औपम्यगर्भता-मूलक।

समाहित = एक अर्थालंकार। किसी भाव की अभिव्यक्ति में भावप्रशम का अंगरूप में वर्णन।

समुच्चय = एक अर्थालंकार। इसके दो स्वरूप होते हैं – (१) किसी एक कारण से कार्य की सिद्धि होती हो तब 'खले कपोतिका न्याय' से उसी कार्य के साधक अन्य कारणों की उपस्थिति का कथन। (२) दो गुणों, दो क्रियाओं या गुण और क्रिया का एक साथ ही एकत्र समागम, या उत्पादन का कथन। तीन प्रकार – (१) सद्योगात्मक, (२) असद्योगात्मक और (३) सदसद्योगात्मक। इस अलंकार का वैचित्र्य अतिशयोक्तिमूलक होता है।

सर्ग = महाकाव्य का एक अध्याय। इस का अंतिम श्लोक अन्य श्लोकों से भिन्न (प्रायः पुष्पिताग्रा) वृत्त में होता हैं।

सहचरभिन्नत्व = एक अर्थदोष। श्लोक में वर्णित पदार्थों में किसी विशिष्ट पदार्थ की विजातीयता के कारण यह दोष प्रतीत होता है।

सहोक्ति = एक अर्थालंकार। इसमें 'सह' शब्द का ऐसा प्रयोग होता है कि जिससे एकही शब्द द्वारा दो अर्थों की अतिशयोक्तिमूलक विचित्रता प्रतीत होती है। दो अर्थों के अभेदाध्यवसाय अतिशयोक्ति के बिना केवल सह शब्द के प्रयोग से अलंकारत्व की प्रतीति नहीं होती। अभेदाध्यवसाय होने पर सहशब्द का प्रयोग न होने पर भी अलंकार प्रतीति होती है।

साकांक्षत्व = एक अर्थदोष। श्लोक में प्रयुक्त वाक्यों में से किसी एक वाक्य की अर्थपूर्ति के लिए आवश्यक विशिष्ट शब्द का प्रयोग न होने से यह दोष प्रतीत होता है।

साङ्गरूपक = रूपक अलंकार का एक प्रकार। इसमें आरोप्यमाण विषय के अंगों पर आरोपित विषय के अङ्गों का आरोप होता है। अर्थात् अङ्गों के आरोपण के साथ साथ अङ्गी (प्रमुख उपमान) का आरोप होता है। दो प्रकार – (१) समस्तवस्तु विषय और (२) एकदेशविवर्ति।

सात्विक भाव = देखिये सत्त्व। भ्रूविक्षेप आदि अनुभावों में स्तम्भ, स्वेद, रोमांच आदि सात्त्विक भावों का अभेद 'गो-बलीवर्द न्याय' से माना जाता है।

सांदानितक (या विशेषक) = तीन पद्यों में अर्थपूर्ण होने वाली रचना।

साधर्म्य = उपमेय और उपमान का समान धर्म से सम्बन्ध। तीन प्रकार – (१) भेद प्राधान्यमूलक (यह व्यतिरेक अलंकार में होता है); (२) अभेद प्राधान्यमूलक (यह रूपक अलंकार में होता है, और (३) भेदाभेदतुल्यत्व मूलक (यह उपमा अलंकार में होता है।)

सामान्य = एक अर्थालंकार। इस में साधारण गुण के कारण प्रस्तुत वस्तु के अप्रस्तुत वस्तु से तादात्म्य का वर्णन होता है।

सार = एक अर्थालंकार। इसमें वर्ण्य विषय के उत्कर्ष का उत्तरोत्तर क्रम से वर्णन होता है। दो प्रकार – (१) स्वरूपतः उत्कर्ष; (२) धर्मतः उत्कर्ष। नामान्तर है 'उदार'।

सारस्वत कवि = जन्मान्तर के संस्कारों से प्राप्त सहज प्रतिभा की प्रेरणा से साहित्य रचना करने वाला कवि। (काव्य मीमांसा राजशेखरकृत)

सुकुमारता = दस काव्य गुणों में एक। मृदुवर्णमय रचना से यह गुण काव्य में निर्माण होता है।

सूक्ष्म = एक अर्थालंकार । इसमें किसी के आकार या इङ्गित द्वारा सूचित हुआ सूक्ष्म अभिप्राय किसी सूचक चेष्टा के द्वारा प्रकाशित किया जाता है जिसका आकलन सूक्ष्म बुद्धि वाले विदग्ध को ही होता है।

स्थायी भाव = सहृदय सामाजिक के अन्तःकरण में स्वभावतः विद्यमान भाव। नौ प्रकार – रति, ऱ्हास, शोक, क्रोध, उत्साह, भय, जुगुप्सा, विस्मय, एवं निर्वेद।

स्मरण = एक अर्थालंकार। समान रूप या गुण वाले एक पदार्थ के अनुभव से तत्सदृश दूसरे पदार्थ की स्मृति होने का कथन।

स्फुटानुप्रास = देखिए अन्त्यानुप्रास।

स्वतःसम्भवी = अर्थक्त्युद्भव संलक्ष्यक्रम व्यङ्ग्यार्थ के तीन भेदों में से एक भेद। (अन्य २ भेद हैं – कविप्रौढोक्ति सिद्ध – इसमें काव्य में वर्णित विषय लोकजीवन में भी वास्तव होता है। इसके दो प्रकार होते हैं वस्तुरूप ध्वनि और अलंकाररूप ध्वनि।

स्वभावोक्ति = एक अर्थालंकार। शिशु, पशु, पक्षी आदि के संस्थान, अवस्थान, क्रिया रूप, आदि का यथास्थित किन्तु सूक्ष्म वैचित्र्यपूर्ण वर्णन।

हतवृत्तत्व = (१) वाक्यगत एक काव्यदोष। आर्या आदि वृत्त सुनते समय अनुष्टुप आदि भिन्न वृत्त की प्रतीति होना। (२) छन्दःशास्त्र के अनुसार छन्दोरचना निर्दोष होने पर भी प्रकृत वृत्त यदि रसविरोधी हो, तो यह दोष माना जाता है। उदा. 'अयि मयि मनिनि मा कुरु मानम्।'' यह शृंगारिक पंक्ति पज्झटिका छंद में रचित है। पज्झटिका छंद हास्यरसानुकूल माना जाता है। अतः शृंगारिक अर्थ की दृष्टि से यह रचना सदोष है। (३) पादान्त में लघुमात्रा में गुरुत्व की प्रतीति न होना।

हेतु = एक अर्थालंकार। इसमें हेतुमान् (फल) के साथ हेतु (कारण) का अभेदरूप में कथन होता है। (मम्मटाचार्य ने इसका अन्तर्भाव काव्यलिंग में किया है।)

हेतु (दो प्रकार) = (१) **कारक हेतु** (मृत्तिका कुलाल आदि घट के कारक हेतु होते हैं)।
(२) **ज्ञापक हेतु** (अंधकार स्थित घट को प्रकाशित करने वाला दीपप्रकाश ज्ञापक हेतु का उदाहरण है)

कारक हेतु = स्वयं उदासीन किन्तु प्रवृत्ति, निवृत्ति तथा प्रमुक्ति का सम्पादक होता है। (२) **ज्ञापक हेतु.** यह किसी क्रिया में आविष्ट नहीं होता किन्तु कार्य अथवा कारण रूप से रहते हुए कार्य की स्थिति का समर्थन मात्र करता रहता है। सरस्वती कण्ठाभरण (३-१३-१४) (साहित्य दर्पणकार ने कारक हेतु के दो प्रकार – (१) निष्पादक और (२) समर्थक बताये हैं। इस कारण हेतु तीन प्रकार के माने जाते है। (१) ज्ञापक हेतु (अनुमान अलंकार इस पर आधारित होता है); (२) निष्पादक हेतु (काव्यलिंग अलंकार इस पर आधारित होता है); (३) समर्थक हेतु (अर्थान्तरन्यास इस पर आधारित होता है।

★ ★ ★

वर्ग - २
नाट्यशास्त्र परिभाषा

अंकमुख = नाटक में अर्थोपक्षेपक का एक प्रकार। इसमें एक ही अंक में अग्रिम अंकार्थों पात्रों आदि की सूचना तथा संक्षिप्त कथा 'प्रबन्ध का कथन होता है। तद्वत् बीज तथा अर्थ (फल) दोनों संक्षेप में सूचित होते हैं।

अंकास्य = यह 'अंकमुख' नामक अर्थोपक्षेपक का एक प्रकार है। इसमें अंक के अन्त में प्रविष्ट पात्रों द्वारा अग्रिम असंबद्ध अंकों की सूचना दी जाती है। इसी को 'अंकावतार' कहा जाता है।

अभिनय चतुष्टय = आंगिक, वाचिक, आहार्य और सात्त्विक अभिनय। इनका आविष्कार अंग, वाचा, वेष, और सत्त्व के द्वारा होता है।

अवलगित = नाटकीय प्रस्तावना का एक प्रकार। इसमें सूत्रधार अपने वाक्य में नाट्यप्रयोग से संबंधित अर्थ युक्तिपूर्वक सूचित करता है। इस प्रकार का प्रसिद्ध उदाहरण शाकुन्तल नाटक की प्रस्तावना है।

अवस्थानुसार (या अवस्थानुकृति) = राम युधिष्ठिर, सीता, द्रौपदी आदि पात्रों के साथ अभिनय कुशल नट-नर्तक का तादात्म्य। यही नाट्य या रूपक का स्वरूप है।

आरम्भ = रूपक प्रबन्ध के अवस्थापंचक में से प्रथम अस्वस्था। इसमें मुख्य फल की सिद्धि के लिए नायक-नायिका आदि के औत्सुक्य पूर्ण व्यापार का दर्शन होता है।

आसीन = एक लास्यांग। इस में चिन्ताकुला अभिनेत्री बिना किसी आतोद्य या आङ्गिक अभिनय के, रंगमंच पर आसीन होती है।

आहार्याभिनय = नाट्योचित वेष अलंकार आदि धारण करना।

उक्तप्रत्युक्त = नाट्योपयोगी एक लास्यांग। इसमें उपालम्भपूर्व, विलासयुक्त, उक्तिप्रत्युक्तिमय गीतों का गान, आकाशभाषित या स्वगत के रूप में होता है।

उत्तमोत्तमक = नाट्योपयोगी एक लास्यांग। (उत्तमेभ्यः लास्यांगेभ्यः अपि उत्तमम्)। इसमें विचित्रबन्धमय गायन होता है जो कोप-प्रसाद मूलक, अधिक्षेपयुक्त तथा उत्तरोत्तर रसमनोहर होता है।

उदाहरण = रूपक की गर्भसन्धि का एक अंग। इसमें वक्ता के भाषण द्वारा स्वविषयक या परविषयक उत्कर्ष सूचित होता है।

उद्घात्यक = नाटक की प्रस्तावना का एक प्रकार। इसमें सूत्रधार द्वारा प्रयुक्त अनिश्चितार्थक शब्दों का नाट्य कथा से संबंधित निश्चित अर्थ कहते हुए, पात्र प्रवेश होता है। मुद्राराक्षस नाटक की प्रस्तावना इस प्रकार का उदाहरण है।

उपन्यास = प्रतिमुख सन्धि का एक अर्थ। प्रसन्नता जनक तथा युक्तिसंगत वचनविन्यास या वस्तुस्थापन की संज्ञा।

उपरूपक = कोहलाचार्य द्वारा प्रतिपादित रूपक (नाट्य) का भेद। इसीको 'नृत्त' कहते हैं। जो कि ताल-लयाश्रित तथा पदार्थाभिनयात्मक होता है। इसमें आंगिक अभिनय का आधिक्य होता है। भोजराज के शृंगारप्रकाश के अनुसार इसके १४ प्रकार होते हैं। किन्तु भावप्रकाशनकार शारदातनय तथा विश्वनाथ कविराज आदि के मतानुसार १८ प्रकार होते हैं।

औदार्य = एक यौवनालंकार। नायक द्वारा कोई अपराध होने पर भी कुपित न होना या कठोर शब्दोच्चार न करना।

कथोद्घात = नाटक की प्रस्तावना का एक प्रकार। इसमें सूत्रधार द्वारा प्रमुख वाक्य का उच्चारण करते हुए या उसके अर्थ का अनुशीलन करते हुए पात्रप्रवेश होता है। रत्नावली नाटिका की प्रस्तावना इस प्रकार का प्रसिद्ध उदाहरण है।

कान्ति = नायिका का एक यौवनालंकार। नायक-नायिका के हृदय में कामविकार की प्रबलता के कारण सौन्दर्य में होने वाली अभिवृद्धि। कान्ति का अतिरिक्त स्वरूप ही दीप्ति नामक यौवनालंकार कहा जाता है।

कार्य = रूपक के अर्थप्रकृतिपंचक में एक। नायक (प्रधान नायक, पताका नायक और प्रकरी नायक) जिस फल प्राप्ति के लिए उद्युक्त होते हैं और जिसकी सिद्धि होने पर उद्योग समाप्त होता है वही कार्य है। दो भेद – (१) महाकार्य, और (२) अवान्तर कार्य। यह अंगरूपक के अन्त में होता है। रायायणकथा में रावणवध, कार्य का प्रसिद्ध उदाहरण है।

काव्यसंहार = नाट्य की निर्वहण सन्धि का एक अंग। रूपक प्रबन्धों के अन्त में "किं ते भूयः प्रियम् उपकरोमि" यह वाक्य होता है। इससे वरप्रदान की संप्राप्ति सूचित होती है। इसी के साथ रूपक का उपसंहार होता है।

किलकिंचित = एक यौवनालंकार। सौभाग्य गर्व के कारण प्रियतम के समागम का आनंद, बारंबार शुष्करुदित (अकारण रोदन), स्मित, हसित, क्रोध, श्रम आदि के संकर से व्यक्त करना।

कुट्टमित = एक यौवनालंकार। नायक के द्वारा अधरदंश, केशग्रहण, स्तनपीडन आदि कामचेष्टाएं होने पर नायिका के द्वारा अतिहर्ष के कारण निषेध-सूचक सिर, हाथ आदि के विधूनन से बाह्यतः कोपसूचना।

गर्भांक = रस, नायक तथा वस्तु के उत्कर्ष हेतु, जिसमें अल्पतर सूच्य वस्तु का प्रदर्शन होता है। यह नाटक के अंक के अन्तर्गत प्रयुक्त होता है। नाट्यप्रयोग में इसका महत्त्व (विष्कम्भक, प्रवेशक आदि के समान होता है।

गेयपद = एक नाट्योपयोगी लास्यांग। रंगमंच पर स्वस्थचित्त होकर बैठे हुए गायकों का सर्वविध वाद्यों सहित शुद्ध अर्थात् अभिनयशून्य गायन।

गोष्ठी = उपरूपक का एक प्रकार। इसमें नौ या दस साधारण श्रेणी के पुरुष और ५ या ६ स्त्री पात्रों द्वारा एक अंक में शृंगारिक विषय पर अनुदात्त रीति से संवाद होते हैं।

जवनिका (यवनिका) = सट्टक नामक प्राकृत भाषीय उपरूपक के अंकों की संज्ञा।

तोटक (त्रोटक) = गर्भसन्धि का एक अंग। क्रोधाभिव्यंजक वाक्यों के उच्चारण की संज्ञा।

त्रिगूढक = एक नाट्योपयोगी लास्यांग। इस में स्त्रीवेशधारी पुरुष नट का सुन्दर अभिनय होता है।

दृश्यकाव्य में वर्जितविषय = दूराह्वान, वध, युद्ध, राज्यविप्लव, देशविप्लव, विवाह, भोजन, शाप, मलमूत्र त्याग, मृत्यु, रतिक्रीडा, दन्तक्षत, नखक्षत, लज्जास्पद सभी विषय, शयन, अधरपान, नगर दुर्ग आदि का अवरोध, स्नान, अनुलेपन आदि।

द्विगूढक = नाट्योपयोगी एक लास्यांग। इसमें मुख-प्रतिमुख नामक गीतांगों सहित रस-भावरमणीय चतुरस्रपद गीत की योजना होती है।

धैर्य = एक यौवनालंकार। काम विकार की प्रबलता होने पर भी चंचल न होना और आत्मश्लाघा न करना।

नाटक = पंचसन्धि, चतुर्वृत्ति, (६४) चतुषष्ट्यंगसयुतम्।
(३६) षड्त्रिंशल्लक्षणोपेतम् अलंकारोपशोभितम्।
महारसं महाभोगम् उदात्तरचनान्वितम्।
महापुरुषसत्कारं साध्वाचारं जनप्रियम्।।
सुश्लिष्टसन्धियोगं च सुप्रयोगं सुखाश्रयम्।
मृदुशब्दाभिधानं व कविः कुर्यात् तु नाटकम्
(नाट्यशास्त्र १९/१३९/१४१)

नान्दी = पुराण कथा के अनुसार भगवान् शिव के ताण्डव के लिए नन्दी ने रंगस्वरूप धारण किया और भगवान् ने उसी पर ताण्डव किया। अतः रंग (या रंग मंच को 'नान्दी' कहते हैं।)

नियताप्ति = रूपक प्रबन्ध के अवस्थापंचक में चतुर्थ अवस्था। इसमें फलसिद्धि में प्रतिबन्धक अपाय की निवृत्ति और फल-लाभ की निश्चिति का दर्शन होता है।

पंचकत्रय = (१) सन्धिपंचक, (२) अर्थप्रकृतिपंचक और (३) अवस्थापंचक। रूपकप्रबन्ध का गठन – इन तीन पंचकों पर आधारित होता है। नाटक, प्रकरण जैसे प्रमुख रूपक प्रबन्धों में यह यह पंचकत्रय संपूर्णतया होता है। भाण, व्यायोग आदि अवान्तर रूपकों तथा उपरूपकों में कुछ अंगों का अभाव हो सकता है।

पारिपार्श्विक = नाटक के सूत्रधार या स्थापक का अनुचर नट।

पुष्प = प्रतिमुख सन्धि का एक अंग। मनोहर वचनविन्यास।

पुष्पगण्डिका = एक लास्यांग। इसमें पुरुष के रूप में स्त्री अथवा स्त्री के रूप में पुरुष आतोद्य वाद्य के साथ विविध छन्दों में गान करता हैं।

पूर्वरंग = जिस स्थान में, सभ्य, सभापति, सभा, गायक, वादक, नटी-नट, आदि अन्योन्यानुरंजन के कारण प्रमोदित होते हैं उसे **रंग** कहते हैं। नाट्यप्रयोग के पूर्व प्रकल्पित होने के कारण यही 'पूर्वरंग' कहा जाता है। (भावप्रकाशन, ७ अधिकार) पूर्व रंग में नाट्यमण्डप की विघ्नशान्ति, मंगलाशंसा के लिए नटवर्ग द्वारा प्रत्याहार (वाद्ययंत्रों का एकत्रीकरण), महाचारि, (गायक वादकों का मण्डलादि प्रचार) आदि अनेक क्रिया कलापों सहित 'नांदी' (देवद्विजनृप आदि की स्तुति) होती है।

प्रकरी = रूपक के अर्थप्रकृतिपंचक में एक। प्रधान इतिवृत्त के नायक के फल का साधनभूत, अल्पदेशव्यापक प्रासंगिक वृत्त। रामायण कथा में जटायुवृत्तान्त इसका प्रसिद्ध उदाहरण है।

प्रच्छेद = एक नाट्योपयोगी लास्यांग। पति का अन्य स्त्री के प्रति अनुराग देखकर किसी स्त्री का प्रेमभंग सूचक, वीणा पुरःसर गायन।

प्रपंच = वीथी (= एक रूपक प्रकार) का एक अंग। दो पात्रों के परस्पर मनोरंजक मिथ्यालाप या झूठमूठ बातें।

प्रयोगातिशय = नाटक की प्रस्तावना का एक प्रकार। इसमें सूत्रधार स्वयम् आरब्ध प्रयोग (अथवा कृत्यानुष्ठान) में, नाट्यात्मक अन्य प्रयोग अथवा कृत्यानुष्ठान कर दे, और तन्निमित्त नाटकीय पात्र का प्रवेश होता है। दो प्रयोगों का संश्लेषण होने के कारण यह संज्ञा हुई।

प्ररोचना = विमर्श सन्धि का एक अंग। इसमें अभिलषित कार्य को पूर्ति होने के पहले ही पूर्तता का प्रतिपादन होता है।

प्रवर्तक = नाटकीय प्रस्तावना का एक प्रकार। इसमें सूत्रधार किसी ऋतुकाल का वर्णन करता है। उसमें प्रयुक्त शब्दों के श्लिष्टार्थ के आधार पर पात्र प्रवेश होता है।

प्रसाद = रूपकों की निर्वहणसन्धि का एक अंग। नायक-नायिका आदि पात्रों द्वारा सेवा, परिचर्या, आदि के द्वारा प्रसन्न करना।

प्राप्त्याशा = रूपक प्रबन्ध के अवस्थापंचक में तृतीय अवस्था। इसमें प्रधान फल की सिद्धि के साधक उपाय और प्रतिबन्धक अपाय के संघर्ष में फलसिद्धि की संभावना की प्रतीति होती है।

प्रार्थना = रूपक की गर्भसन्धि का एक अंग। इसमें नायक-नायिका आदि के द्वारा प्रमोददायक प्रेमालिंगन आदि की याचना होती है।

फलागम = रूपक प्रबन्ध के अवस्था पंचम में अंतिम अवस्था इसमे अपाय अर्थात् प्रतिबन्धक कारण का सर्वथा निवारण और प्रधान् फल के साथ अवान्तर फलों की प्राप्ति का दर्शन होता हैं।

बिन्दु = रूपक के अर्थप्रकृतिपंचक में एक। रूपक में वृत्तविच्छेद की सम्भावना होने पर इसके द्वारा अविच्छेद (अनुसन्धान) होता है। नाटकीय इतिवृत्त का वैचारिक अंश ही बिन्दु है।

बीज = रूपक के अर्थप्रकृतिपंचक में एक। इस में नायक के अपेक्षित फल का मुख्य हेतु बीजवत् सूक्ष्म रूप में उपक्षिप्त होता है। तीन प्रकार – वस्तुबीज (कथा), अर्थबीज (नायक)

और फलबीज।

भरतवाक्य = संस्कृत नाटक के अंत में सद्भावना व्यक्त करने वाला ईश्वरप्रार्थनात्मक पद्य। भरतवाक्य का गायन, नाटक का नायक या सभी पात्र मिलकर करते हैं।

भारतीवृत्ति = नाटक के पूर्वरंग में नटों का संस्कृतप्राय अर्थात् संस्कृतप्रचुर भाषण। इसके चार अंग हैं (१) प्ररोचना (प्रस्तुत नाट्यप्रयोग के प्रति सामाजिकों को, रूपक तथा रूपककार की स्तुतिद्वारा, आकर्षित करना। (२) वीथी, (३) प्रहसन और (४) आमुख।

भाव = नायिका का यौवनालंकार। जन्मतः निर्विकार चित्त में यौवनारम्भ में अंकुरित होने वाली रति स्थायी का प्रथम उन्मेष।

माधुर्य = एक यौवनालंकार। कामविकार की प्रबलता होने पर नायक-नायिका की चेष्टाओं में व्यक्त होने वाला रमणीय मार्दव।

मोट्टायित = एक यौवनालंकार। प्रियतम का दर्शन या तत्संबंधी वार्तालाप का श्रवण होने पर नायिका की अंगड़ाई, जमुहाई, कर्णकण्डूति (कान खुजलाना) आदि चेष्टाएँ।

महानाटक = जिस नाटक में दस अंक और चतुर्विध पताकास्थानकों की योजना होती उसे महानाटक कहते हैं।

यत्न = (या प्रयत्न) रूपक प्रबन्ध के अवस्थापंचक में द्वितीय अवस्था। इसमें प्रथमावस्था में दर्शित व्यापार में त्वरा का आधिक्य दिखाया जाता है।

ललित = एक यौवनालंकार। कामोन्माद के कारण अंग प्रत्यंगों का सुकुमार विन्यास।

लीला = एक यौदनालंकार। कामविकार का उद्रेक होनें पर वेष, भूषण, भाषण, आदि में प्रियतम का अनुकरण।

वज्र = रूपक की प्रतिमुखसन्धि का एक अंग। क्रुद्ध पात्रों का कठोर वचनविन्यास।

वर्णसंहार = प्रतिमुख सन्धि का एक अंग। इसमें विविध वर्णों के लोगों का या अनेक नाटकीय पात्रों के सम्मेलन का दर्शन होता है।

विच्छिति = एक यौवनालंकार। सौभाग्यगर्व के कारण सौंदर्य की वृद्धि के लिए माल्य, आच्छादन, भूषण, विलेपन आदि का अत्यल्प मात्रा में उपयोग करना।

विभ्रम = एक यौवनालंकार। प्रियतम के अकस्मात् आगमन से हर्षातिरेक के कारण अन्यथा भाषण, अलंकारों का अयथोचित धारण, वेषभूषा की अपूर्णता आदि अस्तव्यस्त चेष्टाएँ।

विलास = एक यौवनालंकार। प्रियतम के दर्शन, आगमन आदि के कारण नायक-नायिका के चलन, वलन, आसन, शयन आदि व्यापारों में आनन्द सूचकता।

विलास = प्रतिमुखसंधि का एक अंग। रतिस्थायीभाव के विषयभूत पदार्थों के लिए नायक-नायिका की उत्कट अभिलाषा।

विरोध (या निरोध) = प्रतिमुख सन्धि का एक अंग। इष्ट निरोध तथा संकट प्राप्ति की संज्ञा।

विव्वोक = एक यौवनालंकार। सौभाग्य गर्व के कारण प्रिय वस्तु के प्रति अनादर का प्रदर्शन।

शोभा = नायिका का एक यौवनालंकार। नायक-नायिका के रूप, यौवन, लालित्य (सौकुमार्य) आदि कारणों से शरीर पर बाह्य अलंकारों के बिना व्यक्त होने वाला विशिष्ट सौन्दर्य।

सन्धि = रूपकप्रबन्ध के अवस्थापंचक और अर्थप्रकृति पंचक के यथाक्रमसमन्वय से घटित पांच अवयवों या विभागों की संज्ञा। इन पांच विभागों में क्रमशः अन्योन्य सम्बन्धित होने की योग्यता होती है। अतः इन्हें 'सन्धि' कहते हैं।

सात्त्विकाभिनय = सत्त्व अर्थात् मनोवस्था की तद्रूपता के द्वारा स्तम्भ, स्वेद, अश्रु, रोमांच आदि शरीर पर व्यक्त करना। अभिनेय पात्र से आत्यन्तिक तन्मयता होने पर ही नट इस प्रकार का अभिनय कर सकता है।

स्थितपाठ्य = एक लास्यांग। कामावेश या क्रोधावेश के कारण प्राकृत सूक्तियों का पाठ।

सैन्धव = नाट्योपयोगी एक लास्यांग। सैन्धवी नामक प्राकृत भाषा में रसोचित ध्वनिविकार-विरहित वीणावादन सहित अभिनेता का गायन।

हाव = नायिका का एक यौवनालकार। रति भाव का उन्मेष होने पर नायक-नायिका के भ्रुकुटी, नयन आदि की चेष्टाओं से उस का प्रकटीकरण। प्रेम भाव की सूचना देने वाला अंगविकार।

हेला = नायिका का एक यौवनालंकार। नायिका के रतिभाव को व्यंजित करने वाले हाव का अधिकतर आविष्कार करने वाले अंगविकार।

* * *

वर्ग - २ (अ) – (परिशिष्ट)

नाट्य और नृत्य विषयक परिभाषा

अंक = नाट्य रचना का एक भाग। इसमें नायक का प्रत्यक्ष चरित्र या उसके चरित्र के संबद्ध रसात्मक घटना, तथा बिंदु नामक अर्थप्रकृति का विस्तार होते हैं। एक दिन की घटना तथा तीन चार पात्र होते हैं। रूपक के विभिन्न दस प्रकारों में अंकों की संख्या न्यून अधिक होती है।

अंकमुख (या अंकास्य) = नाटक का वह भाग जिसमें सब अंकों के विषय सूचित किये जाते हैं। इसी भाग में नाटक के बीज और फल का संकेत प्राप्त होता है।

अंकावतार = पांच अर्थोपक्षेपकों में एक। यहां पूर्व अंक के पात्र भावी बातों की सूचना देते हैं और उसी कथावस्तु को अविच्छिन्न रखते हुए आगामी अंक में प्रवेश करते हैं।

अंकियानाट = उत्तर और दक्षिण भारत की नृत्यकला का समन्वयात्मक एक नृत्यप्रकार। असम के संत कवि शंकर देव इसके प्रवर्तक माने जाते हैं।

अंगहार = नृत्य तथा अभिनय कला में अंगप्रत्यंगों द्वारा हाव-भाव प्रकट करना।

अग्निनृत्य = शमी काष्ट की जलती आग की प्रदीर्घ खाई में यह होता है। राजस्थान में इसे 'जसनाथी अग्निनृत्य' कहते है।

अंजलिमुद्रा = यह एक नमस्कार स्वरूप नृत्यमुद्रा है। इसे 'सर्वराजेन्द्रमुद्रा' भी कहते हैं।

अट्टहास = (१) हास्य का एक प्रकार। अर्थात् जोर की हंसी या ठहाका। (२) भगवान् शिव का हास्य।

अद्भुत रस = अलौकिक वीर कर्मों से विस्मय स्थायी भाव का परिपोष होने पर चित्त का विस्तार होकर इस रस की अनुभूति सहृदय को होती है। इस अनुभूति से सभी इन्द्रियों में तटस्थाता उत्पन्न होती है। नारायण पंडित अद्भुत एक मात्र रस मानते हैं। साहित्य दर्पणकार सभी रसों का सार अद्भुत को मानते हैं। पौराणिक कथाओं द्वारा इसकी प्रचीति सभी को होती है।

अधमा नायिका = प्रियकर हितकर्ता होने पर भी उसका अहित करने हेतु प्रतिकूल आचरण करने वाली स्त्री। (भानुदत्तकृत रसमंजरी)।

अधिबल = वीथी के १३ अंगों में एक। इसमें नाटकीय पात्र एक दूसरे के प्रति स्पर्धायुक्त अत्युक्तिपूर्ण उक्ति-प्रत्युक्ति करते हैं।

अनुकार्यगत रस = नट जिसका अभिनय करता है उसे अनुकार्य कहते हैं। शृंगार, वीर रौद्र और बीभत्स – इन चार जनक रसों को अनुकार्यगत माना जाता है।

अनुकूल = नाट्यशास्त्र में नायक का एक भेद। एक ही नायिका से प्रीति रखने वाला।

अनुनायिका = नाटक की नायिका की अनुचरी, जैसे सखी, धात्री, शिल्पकारिणी दासी इ.।

अनुभाव = रत्यादि स्थायी भावों का अनुभव सहृदय को देने वाला तत्त्व। भ्रूविक्षेप, कटाक्ष आदि शारीरिक विकारों का वर्णन, दर्शन या अभिनय। इसीके कारण सहृदय को रस का अनुभव होता है।

अनुशयाना = भानुदत्त के अनुसार एक नायिका भेद। नायक के मिलन से वंचित होने पर खेद करने वाली परकीया स्त्री।

अनूढा = अविवाहिता नायिका का एक प्रकार।

अन्तःप्राण = नर्तक के आवश्यक गुण। गति, स्थैर्य, रेखा (मर्यादा), भ्रमरी (गिरकी), दृष्टि, अश्रम (थकावट का अभाव), मेधा, श्रद्धा, निर्दोषवाणी, और गानशक्ति। (कुल-१०)।

अन्यसंभोग दुःखिता (नायिका) = भानुदत्त द्वारा मानी गयी एक नायिका जो पति या प्रियकर के अन्य स्त्री से संभोग के कारण दुःखित होती है।

अन्या (नायिका) = अविवाहित कन्या या दूसरे की पत्नी।

अन्वाख्यान = पुराणों में कहा हुआ मुख्य आख्यान का पूरक आख्यान। उदा. – कर्णवध के आख्यान में छात्रावस्था में परशुराम द्वारा शाप का आख्यान।

अपटीक्षेपण = नाट्यप्रयोग में अकस्मात् पात्र द्वारा पर्दा हटा कर मंच पर प्रवेश करना।

अपवारितकम् = नाटक में इस ढंग से बोलना कि, केवल वही सुन सके जिसके लिये वह कहा हो।

अभिनय = यह एक नट का गुण है जिसके द्वारा वह नाट्याश्रित विभाव और अनुभावों को प्रकट करते हुए नाट्य रस और भाव को, शारीरिक एवं मानसिक हाव-भावों से, रसिक दर्शकों के अन्तःकरण में निर्माण करता है। नृत्य तथा नाट्य कला का यही गुण प्रमुख आधार है।

अभिनय = नट-नर्तकों द्वारा किसी दशा का अनुकरण। **चार प्रकार – आंगिक** (शारीरिक चेष्टाओं द्वारा), **वाचिक** (शब्दोच्चारण द्वारा), **आहार्य** (वेशभूषा अलंकार आदि द्वारा), **सात्त्विक** (स्वेद, रोमांच आदि शरीर विक्रियाओं के द्वारा)।

अभिनय (के पंचांग) = नेत्र, भ्रुकुटी, हस्त, पाद, सर्वांग। इन पांच अंगों द्वारा किसी पात्र की अवस्था को अभिव्यक्त करना ही अभिनय कहलाता है।

अभिनेय = अभिनय कला के द्वारा प्रदर्शन-योग्य कथा। अर्थात् रूपक, नामक काव्य प्रकार।

अभिसारिका = प्रियकर के समागम के लिये निर्जन संकेत स्थान पर प्रायः अंधकार में अकेली जाने वाली नायिका। इसके उत्तमा, मध्यमा, अधमा, मुग्धा, प्रौढा, स्वीया, सामान्या आदि भेद माने जाते हैं।

अभ्यन्तर कला = हावों और भावों को प्रदर्शित करने की कला। अभिनय कला।

अमर्ष = ३३ व्यभिचारी भावों में से एक। तिरस्कार, अपमान आदि को सहन न करना। स्वेद, तर्जन, ताडन आदि अनुभावों से यह प्रतीत होता है।

अयोग शृंगार = शृंगार के तीन प्रकारों में एक। इसमें नायक-नायिका परस्पर अनुरक्त होने पर भी उनका किसी कारण समागम नहीं होता। **दश अवस्था** – अभिलाष, चिन्तन, स्मृति, गुणकथा, उद्वेग, प्रलाप, उन्माद, संज्वर, जडता तथा मरण। (संस्कृत के कुछ प्रसिद्ध महाकाव्यों में, इन दस अयोग शृंगार अवस्थाओं का क्रमशः चित्रण हुआ है।

अर्थप्रकृति = नाटक के उद्देश्य का प्रमुख साधन या अवसर। इन साधनों की संख्या पांच है – बीज, बिन्दु, पताका, प्रकरी, और कार्य। उत्तम नाटक में इन पांच अर्थ प्रकृतियों का कथावस्तु के विकास में यथोचित प्रयोग दिखाई देता है।

अर्थवृत्ति = नायक की (शृंगारपरक **कैशिकी**, वीर-रसपरक **सात्त्वती** एवं रौद्र-बीभत्स रसपरक **आरभटी**) – इन तीन वृत्तियों की संज्ञा। संस्कृत भाषामयी एवं अष्ट रसपरक **भारती** को 'शब्दवृत्ति' कहा है।

अर्थोपक्षेपक = नाट्य की कथावस्तु के अदर्शनीय अंशों की सूचना देने वाले नाट्यांग। **पांच प्रकार** – विष्कंभक, चूलिका, अंकास्य, अंकावतार और प्रवेशक।

अवदान = शौर्यपूर्ण तथा कीर्तिदायक श्रेष्ठ कार्य की प्रशंसा का काव्य।

अवपात = नायक की आरभटी वृत्ति के चार अंगों में एक। इसमें किसी पात्रादि के रंगमंच पर प्रवेश करने से या चले जाने से दूसरे पात्रों में भय तथा भगदड़ मचती है।

अवमर्ष (या विमर्ष) = नाटक की पांच सन्धियों में एक, जिसमें नाटक के मुख्य फल का उपाय किंचित् अधिक प्रकट होने पर भी, शाप आदि कारणों से उसमें विघ्न आता है।

अवमर्श सन्धि के १३ अंग = अपवाद, संफेट, विद्रव, द्रव, शक्ति, द्युति, प्रसंग, छलन, व्यवसाय, निरोधन, प्ररोचना, विचलन और आदान।

अवलगित = वीथी के १३ अंगों में एक। इसमें एक कार्य के साथ दूसरे कार्य की अनायास सिद्धि होती है।

अवस्यन्दित = वीथी के १३ अंगों में एक। इसमें भावावेश के कारण अकस्मात् उच्चारित वाक्य से व्यक्त होने वाले वास्तव अर्थ में युक्ति से परिवर्तन किया जाता है।

अवहित्था = ३३ व्यभिचारि भावों में एक। भय, लज्जा, ...व आदि के कारण हर्ष शोक आदि मुख्य भावों को छिपाना।

अविवक्षितवाच्य = ध्वनि या व्यंग्यार्थ के दो प्रमुख भेदों में से एक। इसमें लाक्षणिक शब्द के द्वारा प्रतीत प्रयोजनरूप व्यङ्ग्यार्थ प्रधान होता है। इसके दो प्रकार – (१) अत्यन्त तिरस्कृत वाच्य और (२) अर्थान्तरसंक्रमित वाच्य।

अश्वनृत्य = तमिलनाडु का एक लोकप्रिय नृत्य।

अष्ट नायिका (अवस्थाभेदानुसार) = वासकसज्जा, विरहोत्कंठिता, स्वाधीनभर्तृका, कलहांतरिता, खंडिता, विप्रलब्धा, प्रोषितभर्तृका और अभिसारिका। (दशरूपक)।

अष्टनायिका = स्वीया, परकीया, वेश्या, मुग्धा, प्रौढा, मध्या, मानवती, और धीरा। (दशरूपक)। (भानुभट्ट कृत रसमंजरी में नायिकाओं के कुल प्रकार ११५२ बताये हैं)।

अष्टपदी आट्टम = केरल में प्रचलित गीतगोविंद काव्य पर आधारित नृत्य का एक प्रकार।

अष्ट सात्त्विक भाव = साहित्य रस शास्त्र के अनुसार – स्तंभ, स्वेद, रोमांच, स्वरभंग, कंप, विवर्णता, अश्रुपात और मृत्यु। स्थायी भाव के उद्दीपन के कारण मनुष्य के शरीर में ये सात्त्विक भाव प्रकट होते हैं।

अष्ट स्थायिभाव = रति, हास, शोक, उत्साह, क्रोध, भय, जुगुप्सा और विस्मय। (भरत नाट्यशास्त्र ६-१८)।

असत्प्रलाप = वीथी के १३ अंगों में से एक। इसमें उन्माद, शैशव आदि कारणों से असंबद्ध शब्दों की योजना होती है।

असंलक्ष्यक्रम व्यङ्ग्य = अभिधामूलक व्यङ्ग्यार्थ का एक प्रकार जिसमें वाच्यार्थ के द्वारा तत्काल (शतपत्र पत्र भेदनन्याय से) शृंगारादि रसों तथा निर्वेदादि भावों की प्रतीति होती है।

असूया = ३३ व्यभिचारी भावों में एक। घमण्ड, दुष्टता तथा क्रोध के कारण, दूसरे व्यक्ति की उन्नति सहन न होना।

आकाशचारी = नृत्यकला में उपयुक्त चारी नामक चलनक्रिया के दो प्रकारों में एक। १६ प्रकार – अतिक्रांता, क्रान्ता, अपक्रान्ता, ऊर्ध्वजानु, नूपुरपादिका, सूची, दोलापाद, क्षिप्ता, आविद्धा, उद्वृत्ता, विद्युत्क्रान्ता, अलाता, भुजंगत्रासिता, हरिणीपुल्ता, दण्डपादा, और भ्रमरी।

आकाशभाषित = रंगमंच पर अनुपस्थित व्यक्ति का काल्पनिक उत्तरात्मक भाषण।

आकाशमण्डल = नृत्यकला के मण्डल नामक आंगिक अभिनय या चलनक्रिया के दो प्रकारों में एक। १२ प्रकार – अतिक्रांत, वामविद्ध, विचित्र, सूचिविद्ध, दण्डपाद, विवृत्त, ललितसंचर, अलात, ललित, क्रांत, भ्रमरक और आस्कंदित।

आक्षिप्तिका = रंगमंच पर प्रवेश करते हुए किसी पात्र द्वारा विशिष्ट गायन।

आख्यान = काल्पनिक या पौराणिक कहानी। इसमें पुरातन घटना की ओर संकेत किया जाता है।

आख्यानक = पुराणोक्त छोटीसी कहानी।

आंगिक अभिनय = भूमिका के अनुसार नट की चालचलन या वर्तन। तीन प्रकार – शारीर, मुखज, और चेष्टाकृत। विदूषक का अभिनय हास प्रधान तथा आंगिक होता है।

आंगिक अभिनय (ग्रीवा द्वारा) चार प्रकार = सुंदरि, तिरश्चीन, परिवर्तित और प्रकंपित।

आंगिक अभिनय (दृष्टि द्वारा) आठ प्रकार = सम, आलोकित, साचि, प्रलोकित, निमीलित, उल्लिखित, अनुवृत्त, और अवलोकित।

आंगिक अभिनय (भ्रुकुटी द्वारा) ६ प्रकार = सहज, पतित, उत्क्षिप्त, चतुर, रेचित, कुंचित।

आंगिक अभिनय = मस्तक का नवविध संचालन, दृष्टि का अष्टविध, भ्रुकुटी का षड्‌विध, ग्रीवा (गर्दन) का चतुर्विध और हाथों का द्वादशविध संचालन, आंगिक अभिनय में अन्तर्भूत है। इनके अतिरिक्त वक्ष, पार्श्व, कटी, ऊरू, जांघ, और चरण के प्रत्येकशः पांच प्रकारों के और उदर के ३ प्रकारों के संचालन भी आंगिक अभिनय में आवश्यक है। (भरत नाट्य शास्त्र)।

आंगिक अभिनय (मस्तक द्वारा) ९ प्रकार = सम, उद्वाहित, अधोमुख, आलोलित, धूत, कंपित, परावृत्त, उत्क्षिप्त और परिवाहित।

आंगिक अभिनय (हस्तचालन द्वारा) ११ प्रकार = प्रसारण, कुंचित, रेचित, पुंखित, उद्‌वेष्टित, व्यावृत्त, परिवृत्त, संकेत, चिन्ह, पदार्थ, टीक।

आट्टभागवतम् = कुचिपुडी नृत्य की अपर संज्ञा।

आत्मगतम् = रंगमंच पर नट द्वारा निजी विचार को कहने की सूचना। यह भाषण दूसरे पात्रों के लिए अश्राव्य होता है। इसके विपरीत होता है। 'प्रकाशकम्'।

आदिद्विपद = नृत्यनाट्य के प्रारंभ में नाट्य विषय का कथन द्विपदवृत्त में करना। दक्षिणात्य नृत्य में यह संज्ञा प्रचलित है।

आनन्दताण्डव = नटराज शिव के तांडव की संज्ञा। इस ताण्डव का दर्शन केवल गौरी ने किया था। इस कारण इसे गौरीताण्डव भी कहते है। ताण्डव नृत्य के सात प्रकारों में से एक।

आमुख = नाट्यप्रयोग के प्रारंभ में सूत्रधार जब नटी, मार्ष (पारिपार्श्वक), या विदूषक के साथ कथावस्तु की ओर संकेत करते हुए अपने कार्य का वर्णन करता है तब उसे आमुख या प्रस्तावना कहते हैं।

आयुष्मत् = संस्कृत नाटक में वृद्ध पुरुषोंद्वारा सत्कुलीन व्यक्ति को इस शब्द से संबोधित करने का संकेत है। ब्राह्मण को अभिवादन करते समय भी इस शब्द का प्रयोग करने का शिष्टाचार था। (आयुष्मान् भव सौम्येति वाच्यो विप्रोऽभिवादने। (मनु. ४-१२५)।

आरभटी = (१) नाट्यकला की एक शाखा। (२) साहित्य रचना की एक विशिष्ट शैली। (३) नृत्यकला की एक पद्धति।

आरभटी = एक नृत्य की पद्धति, जिसमें भारतीय रासनृत्य तथा यावनी हल्लीसक का समन्वय होता है। इस नृत्य में क्रुद्ध एवं भ्रान्त व्यक्ति की चेष्टाओं का प्रदर्शन होता है।

आरभटी = नायक की चार वृत्तियों में एक। इसमें माया, इन्द्रजाल, संग्राम, क्रोध, आदि चेष्टाएं होती हैं। **चार अंग** – संक्षिप्तिका, संफेट, वस्तूत्थापन, और अवपातन।

आर्य = नाटक में सम्माननीय व्यक्ति का निर्देश इस शब्द से होता है। नटी और सूत्रधार एक दूसरे को इसी शब्द से संबोधित करते हैं।

आर्यपुत्र =(१) आध्यात्मिक गुरु के पुत्र, और (२) बड़े भाई के पुत्र का निर्देश इस शब्द से होता है। नाटक में पत्नी इसी शब्द से पति का निर्देश करती है।

आलस्य = साहित्यशास्त्रोक्त ३३ व्यभिचारी भावों में से एक जिसमें पात्र में स्फूर्ति का अभाव दिखाई देता है।

आलंबन विभाव = साहित्यिक रसशास्त्र में विभाव का एक प्रकार अर्थात् काव्य के रस का आधार (नायक या नायिका)। दूसरा विभाव उद्दीपन कहा जाता है। उद्दीपन विभाव में नायक-नायिका आदि पात्रों के रति-हास आदि स्थायिभावों को उत्तेजित करने वाले उद्यान, नदीतीर आदि नैसर्गिक विषयों का अन्तर्भाव होता है। सहृदय के स्थायी भावों को उद्दीपित करने वाला, काव्य का विशिष्ट अंश। नाट्य प्रयोग में सामाजिक के लिए नायक और नायिका दोनों आलंबन विभाव होते है। नायक के लिये नायिका और नायिका के लिए नायक आलंबन विभाव होता है।

आवेग (या क्षोभ) = ३३ व्यभिचारी भावों में से एक। इसमें राजविद्रव, झंझावात, अग्नि, हाथी का प्रक्षोभ, उत्पात, आदि कारणों से भगदड़ मचती है।

आसीन = लास्यांग के दस प्रकारों में से एक। इसमें शोक और चिन्तामग्न स्त्री गात्रों को फैलाकर वाद्य के बिना गीतगान करती है।

आहार्य अभिनय = नाटक के पात्रों की सात्त्विक, राजस आदि भूमिका के अनुसार वेशभूषा। वास्तव में यह नेपथ्यकर्म का ही प्रकार है किन्तु भरतमुनि ने इसे अभिनय में अन्तर्भूत किया है।

इतिहास = परंपरा से प्राप्त उपाख्यानसमूह जिसमें चतुर्विध पुरुषार्थ का उपदेश होता है।

इत्वरी = व्यभिचारिणी, अभिसारिका।

ईर्ष्याकलहांतरिता = कलहांतरिता नामक शृंगार नायिका का एक प्रकार। पति के अन्य स्त्री पर आसक्त होने से उसे त्याग कर बाद में पश्चात्ताप करने वाली। अन्य प्रकार – प्रणय-कलहांतरिता।

ईहामृग = रूपक के दस प्रकारों में से एक। इसमें कथावस्तु-प्रख्यात और कल्पित का मिश्रण। अंकसंख्या- चार, सन्धियाँ- मुख, प्रतिमुख और निर्वहण। नायक और प्रतिनायक मानवी या दिव्य किन्तु धीरुद्धत प्रकृति के। प्रतिनायक द्वारा अन्यासक्त स्त्री का अपहरण, युद्ध की परिस्थिति में भी युद्ध न होना, प्रतिनायक वध्य होने पर भी उसका वध न होना इत्यादि वैशिष्ट्य होते हैं। ईहामृग शब्द की निरुक्ति- मृगवद् अलभ्यां नायिकां नायकः अस्मिन् ईहते इति ईहामृगः अर्थात् इसमें नायक ऐसी नायिका को प्राप्त करने की इच्छा करता है जो हरिणी

की भांति अलभ्य होती है।

उक्तप्रत्युक्त = लास्यांग के दस प्रकारों में से एक। शृंगार चेष्टा, उक्ति-प्रत्युक्ति, विविध हावभाव, उपालंभ, चित्रबन्ध आदि गुणों से युक्त द्वन्द्वगीत।

उत्कण्ठिता (या उत्का) नायिका = संकेत स्थान पर संकेत काल पर नायक न आने पर उस विषय में अन्यान्य कारणों का चिंतन करने वाली।

उत्तमोत्तमक = लास्यांग के दस प्रकारों में से एक। रस-भाव-युक्त मधुर गीत।

उत्थापक = नायक की सात्त्वती वृत्ति के चार अंगों में से एक अंग। इसमें एक पात्र दूसरे पात्र को युद्ध के लिए उत्तेजित करता है।

उत्सृष्टिकांक = रूपक के दस प्रकारों में से एक। इसमें कथावस्तु- इतिहास-पुराण प्रसिद्ध। अंगीरस- करुण। नायकादि पात्र- सामान्य मनुष्य, वृत्ति- भारती, अंकसंख्या- एक, सन्धियाँ- मुख और निर्वहण। इनके अतिरिक्त स्त्रियों का रुदन, पात्रों के वागयुद्ध और जय-पराजय की योजना होती है।

उद्दीपन विभाव = सहृदय के स्थायी भावों को उद्दीपित करने वाला काव्य का विशिष्ट अंश। आलंबन विभाव के कारण, उद्बुद्ध स्थायी भाव को, उद्दीपन विभाव, अधिक उद्दीपित करते है। विशिष्ट प्रदेश, ऋतु, समय आदि प्राकृतिक अंगों का वर्णन ही उद्दीपन विभाव कहलाता है।

उद्धता नायिका = अपने प्रियकर के अन्य स्त्रीसंग की प्रार्थना करने वाली स्त्री।

उद्धात्यक = वीथी नामक प्रस्तावना या रूपक प्रकार के १३ अंगों में से एक। इसमें पात्रों के गूढार्थक संभाषण में प्रश्नों और उत्तरों की माला बन जाती है।

उपांग अभिनय = आंगिक अभिनय के अन्तर्गत नेत्र, भ्रुकुटी, अधर, हनु, गाल, आदि उपांगों का संचालन।

उपेक्षिता = एक शृंगार नायिका, जिसका प्रियकर अन्य स्त्री की आसक्ति के कारण उसकी ओर नहीं आता।

उमाताण्डव = ताण्डव नृत्य के सात प्रकारों में से एक।

ऊढा = परकीया विवाहित नायिका। नाटक में ऊढा नायिका से नायक की शृंगार चेष्टा का निषेध किया है।

औग्र्य = ३३ व्यभिचारी भावों में से एक। अपराध, दुष्टता, क्रूरता, आदि कारणों से दुष्ट व्यक्ति के प्रति कर्कश भाव।

औदार्य = सर्वस्व समर्पण की सिद्धता एवं सज्जनों को अपने सदाचरण से अनुकूल बनाना। यह नायक का एक सात्त्विक गुण है।

कंचुकी = राजा के अंतःपुर में स्त्रियों की देखभाल करने वाला गुणसंपन्न वृद्ध ब्राह्मण।

कथकली = केरल का एक ताण्डव स्वरूप शास्त्रीय नाट्य-नृत्य संप्रदाय है। यह पुरुषप्रधान नृत्य है। वीर और रौद्र रस प्रधान होते है। अन्य प्रकार – पुडापट्टा, नोटकलासम, नीलपदम्, मेलपदम्, तिरानोक्कू, इत्यादि। इसमें नर्तक स्वयं नहीं गाते।

कथाकालक्षेपम् = दक्षिण और उत्तर भारत की कीर्तन पद्धतियों के समन्वय से कृष्णभागवतर (तंजौरवासी) द्वारा प्रवर्तित आधुनिक कीर्तनपद्धति।

कथावस्तु के दो विभाग = (१) आधिकारिक (यह नायक के चरित्र से संबंधित होता है)। (२) प्रासंगिक (आधिकारिक कथावस्तु को उपकारक गौण कथावस्तु।

कथोद्‌घात = आमुख या प्रस्तावना के तीन अंगों में से एक। सूत्रधार के वाक्य या वाक्यार्थ को लेकर तदनुकूल उक्ति का प्रयोग करते हुए नाटकीय पात्र का प्रवेश। दो प्रकार – (१) वाक्यमूलक, (२) वाक्यार्थमूलक।

कनकाभिषेक = साहित्यिक या कलाकार पर राजसभा में सुवर्णपुष्पों की वृष्टि करना। यह प्रथा दक्षिण भारत की है।

करण = नृत्य की भौमीचारी और आकाशचारी नामक दोनों चलनक्रियाओं को एक साथ करना।

करण = नृत्य की करण नामक क्रिया के १०८ प्रकार नाट्य शास्त्र में कहे हैं। उनमे प्रमुख सात प्रकार – स्वस्तिक, दण्डपक्ष, भुजंगत्रस्तरेचित, नूपुर, वैशाखरेचित, परच्छिन्न और ललित। इनके अतिरिक्त तलपुष्पपुट, वर्तित, चलितोरु, अपविद्ध, समनख, लीन, स्वस्तिकरेचित, मंडलस्वस्तिक, निकुट्टक आदि करण के प्रकार महत्त्वपूर्ण माने गए हैं।

कथा = "बह्वनृता स्तोकसत्या"- अर्थात् अधिकांश असत्य और अल्पांश सत्य, प्रेम की कहानी। यह गद्य या पद्य में लिखी जाती है।

करुण रस = इष्ट नाश तथा अनिष्ट प्राप्ति के कारण शोक स्थायी भाव का उद्दीपन। आक्रोश आदि इसके अनुभाव और विषाद, उन्माद, स्मृतिभ्रंश आदि व्यभिचारी भाव हैं। नाट्यदर्पण में प्रतिकूल वेदनीयता के कारण इसे दुःखात्मक कहा है।

कार्य = नाट्यकथा की पांच अर्थप्रकृतियों में से अंतिम की संज्ञा। इसमें नायक को कथा का उद्दिष्ट फल प्राप्त होता है।

कालियाट्टम (या कलियाट्टम) = केरल के कालीउपासकों का एक लोकनृत्य।

कालिकाताण्डव = ताण्डव नृत्य के सात प्रकारों में से एक।

काव्य = भावाश्रित नृत्य के सात प्रकारों में से एक।

काव्य के तीन प्रकार = ध्वनि सिद्धान्त के अनुसार – (१) ध्वनि (उत्तम), (२) गुणीभूतव्यङ्ग्य (मध्यम), (३) चित्रकाव्य (अधम)।

किंकिणीजाल = घुंगरु या क्षुद्र घंटिकाओं से युक्त नर्तक का कमरपट्टा।

कीर्तन = भक्तिमय लोकनृत्य का एक बंगाली प्रकार। महाराष्ट्र में ब्रह्मनिरूपणात्मक भगवत्कथाख्यान की एक लोकप्रिय कला। दो प्रकार – वारकरी, और नारदीय।

कीर्तनिया = मिथिला तथा वंग प्रदेश के भक्तिगीत प्रधान नाट्य का एक प्रकार।

कीर्तनिया = बंगाल में प्रचलित एक लोकनृत्य। चैतन्य महाप्रभु इस नृत्यप्रकार के प्रवर्तक माने जाते हैं।

कुचिपुडी = केरल का एक नृत्यनाट्य संप्रदाय। इसमें नर्तक नृत्याभिनय के साथ गायन करते हैं।

कुचिपुडि = भरतनाट्यम् – नृत्य का आंध्र में प्रचलित एक भक्तिप्रधान प्रकार। कुचिपुडी एक गांव का नाम है जहां इस नृत्य प्रकार का उदय हुआ। इसमें स्त्रियां सहभागी नहीं होतीं।

कुचिपुडी भागवतम् = कुचिपुडीनृत्य की अपर संज्ञा। (आटभागवतम् भी कहते हैं।)

कुंजरास = मणिपुरी नृत्य के चार प्रकारों में से एक।

कुट्टमित = क्रोध की अभिनयात्मक अभिव्यक्ति।

कुडु = डोगरा जाति में प्रचलित एक सामूहिक नृत्य।

कुडेकुत्तु = एक दाक्षिणात्य नृत्य प्रकार।

कुरत्ति आट्टम् = केरलीय लोकनृत्य का एक प्रकार।

कुंभी = तमिलनाडु का एक लोकनृत्य।

कुलटा = भानुदत्त के मतानुसार नायिका जो कामासक्ति के कारण परपुरुष से शृंगार करती है। (गणिका धनासक्त होती है।)

कूथंबलम् = केरलीय नाट्यगृह का एक प्रकार।

कृष्णनाट्टम् = केरल के कथकलि नामक नृत्य का प्रकार। यह नृत्य कृष्णकथा पर आधारित होता है। इसी प्रकार के **रामनाट्टम्** नामक भी नृत्यनाट्य केरल में लोकप्रिय है। गीतरचना संस्कृत में होती है।

कैशिकी = नायक की चतुर्विध वृत्तियों में से एक। इसमें गीत, नृत्य,, विलास आदि शृंगारिक चेष्टाओं का प्राधान्य होता है। कैशिकी वृत्ति के चार अंग – नर्म, नर्मस्फिंज, नर्मस्फोट, और नर्मगर्भ।

खंड = नृत्य की करण नामक चरणक्रिया को अनेकबार करना। तीन या चार खंड अनुक्रम से करना **मंडल** कहा जाता है।

खंडिता = शृंगारिक नायिका की एक अवस्था। परस्त्री के उपभोग का चिह्न धारण करते हुए पति को प्रातः देखकर व्यथित स्त्री।

गणिका = भरत-नाट्यशास्त्र के अनुसार अभिसारिका नायिका का एक प्रकार। प्रियभाषण, दक्षता, परिश्रमशीलता आदि गुणों से युक्त, ललितकलाभिज्ञ राजसेविका। उदा. – मृच्छकटिक में वसन्तसेना।

गण्ड = वीथी के १३ अंगों में से एक। इसमें प्रस्तुत अर्थ के वाक्य द्वारा भिन्न भावी घटना सूचित होती है।

गरबा = गुजरात का एक लोकनृत्य।

गर्भसन्धि = नाट्य संविधानक के पांच कल्पित विभागों में से तृतीय भाग। इसमें पताका (अर्थ प्रकृति) और प्राप्त्याशा (अवस्था) का समन्वय होता है।

गर्भसन्धि के १२ अंग = अभूताहरण, मार्ग, रूप, उदाहरण, क्रम, संग्रह, अनुमान, तोटक, अधिबल, उद्वेग, संभ्रम और आक्षेप।

गर्व = ३३ व्यभिचारी भावों में से एक। कुलीनता, सुंदरता, बल, ऐश्वर्य, आदि के कारण उन्मत्तता। इससे मनुष्य दूसरों की अवज्ञा करता है।

गीतविधि = नाट्यप्रयोग में पूर्वरंग के बाद करने योग्य विधि। प्रकार – भद्रक, वर्धमान, उत्थापन, नान्दी, रंगद्वार, चारी, महाचारी, नर्कुटक (एक गीत प्रकार)। इन विधियों को चतुरस्र पूर्वरंग कहा है।

गेयपद = लास्यांग के दस प्रकारों में से एक। इसमें सम्मुख बैठे हुए नायक के सामने नायिका वीणासहित गाती है।

गौरीताण्डव = ताण्डव नृत्य के सात प्रकारों में से एक। (देखिए- आनंदताण्डव)।

ग्लानि = ३३ व्यभिचारी भावों में से एक। सुरतश्रम, तृष्णा, क्षुधा आदि के कारण निष्प्राणता। इसमें वैवर्ण्य; कम्प, अनुत्साह, अंग-वचन आदि में मन्दता आदि प्रमुख अनुभाव होते हैं।

चर्चरी = आधुनिक ध्रुपद, ख्याल, ठुमरी, आदि गानशैली के समान एक प्राचीन गानशैली।

चर्चरी = एक प्राचीन शृंगारिक नृत्यप्रकार जिसमें ३२ युवतियाँ भाग लेती हैं। सावित्री व्रत में यह नृत्य किया जाता था।

चर्मकट्टुवाद्य नृत्य = कुचिपुडि संप्रदाय का एक सामूहिक नृत्य प्रकार। इसमें दशावतार स्तुति का एक गीत अनेक रागों एवं तालों में गाया जाता हैं। तिरुपति देवस्थान में इसका प्रयोग यथावसर होता है।

चतुरस्र = नाट्यगृह के तीन प्रकारों में से एक। इसमें रंगपीठ मध्यभाग में होता है।

चतुरस्र पूर्वरंग = देखिए- गीतविधि।

चापल = ३३ व्यभिचारी भावों में से एक। मात्सर्य, द्वेष, राग आदि के कारण मन की अस्थिरता।

चारी = नृत्यकला में प्रयुक्त पादक्रिया। दो प्रकार – (१) भौमीचारी, (२) आकाशचारी।

चाविट्टु = एक केरलीय नृत्यनाट्य। इसमें वीररसात्मक गीत गाते हुए विविध तालों पर नृत्य होता है।

चित्तभूमि = काव्यरसास्वाद में सहृदय रसिक के अन्तःकरण की विशेष अवस्था। चार प्रकार – विकास, विस्तर, क्षोभ, और विक्षेप। देखिए स्वाद (या रसास्वाद)।

चित्रनाट्यम् = एक नृत्यप्रकार। मंच पर फैलाई हुई बालुका पर नृत्य के पदन्यास से चित्राकृति निर्माण करना, इस नृत्य प्रकार की विशेषता है। दक्षिण भारत में चित्रनाट्यम् का प्रचार है।

चित्रिणी = शृंगार नायिकाओं का एक प्रकार।

चिन्ता = ३३ व्यभिचारी भावों में से एक। अपेक्षित वस्तु की प्राप्ति न होने के कारण उसी वस्तु का बारंबार व्याकुलतापूर्ण स्मरण। शून्यता, श्वास, ताप, बुद्धि की जडता आदि इसके अनुभाव है।

चूलिका = नेपथ्यस्थित पात्रों के उद्गारों से अतीत या भावी घटना की सूचना देने वाला एक अर्थोपक्षेपक।

चेष्टाकृत अभिनय = वृद्ध, अंगविकल आदि का अनुकरण।

छल = भानुमिश्र ने अपनी रसतरंगिणी में उल्लेखित ३४ वां स्थायी भाव। (भरताचार्य ने ३३ व्यभिचारी भावों की परिगणना केवल उपलक्षणार्थ की है)।

छलन = वीथी के १३ अंगों में से एक। इसमें आपाततः प्रिय किन्तु वस्तुतः अप्रिय अर्थ के वाक्यों से छल (याने कपट) सूचित होता है।

छायानाट्य = एक प्राचीन कलाप्रकार। गुडियों की हलचल का पड़दे पर छायात्मक प्रदर्शन इसमें होता है। छायानाट्य का विषय मुख्यतः पौराणिक होता हैं।

छालिक्य = रासनृत्य का एक प्रकार। स्त्री-पुरुषों का समूह इस नृत्य में सहभागी होता है।

छेज नृत्य = सिंधी समाज में प्रचलित एक लोकनृत्य।

छोपती नृत्य = गढवाल प्रदेश का एक लोकनृत्य।

छोलूजा नृत्य = विवाह संबंधी राजस्थानी समूहनृत्य।

जडता = एक व्यभिचारी भाव। अपेक्षित या अनपेक्षित वस्तु या घटना को देखने या सुनने के कारण होने वाली किंकर्तव्यमूढता। इसमें नेत्रो की अनिमिषता, वाणी की कुंठा आदि अनुभाव होते हैं।

डिम = रूपक के दस प्रकारों में से एक। इसकी कथावस्तु इतिहास-पुराणों प्रसिद्ध। वृत्ति- सात्त्विक, और आरभटी नायक-देवता या भूत पिशाच आदि अनार्य, पात्रसंख्या – १६, रस – शृंगार और हास्य विरहित अन्य छह। अंगीरस रौद्र, अंकसंख्या – ४। सन्धियाँ – विमर्श विरहित अन्य चार।

डेरा = कोकण का एक लोकनृत्य।

डोम्बी = नृत्य के सात प्रकारों में से एक।

तलपुष्पपुट = नृत्य के प्रारंभ की हस्तमुद्रा।

ताण्डव = नटराज शिव के प्रथम शिष्य तण्डु ने भरत को पढाया हुआ नृत्त या नृत्य। ताण्डव = तण्डु से आया हुआ एक ऊद्धत भावयुक्त पुरुषनृत्य (या नृत्त) है। सात प्रकार – आनन्दताण्डव, संध्याताण्डव, कालिकाताण्डव, त्रिपुरताण्डव, गौरीताण्डव, संहारताण्डव, और उमाताण्डव। तण्डु नामक शिव का गण इसका प्रथम प्रवर्तक माना जाता है।

तेय्याट्टम् (या तेय्यम्) = केरल का एक धार्मिक लोकनृत्य।

तेरहताली नृत्य = कमार जाति की स्त्रियों का लोकनृत्य। इसमें मजीरों के ताल १३ प्रकार से बजाए जाते हैं।

तौरिप = प्रमुख नर्तक जो सभी प्रकार के वाद्य कुशलता से बजाता है।

त्रास = ३३ व्यभिचारी भावों में से एक। मेघ, सिंह, आदि की गर्जना से मन का प्रक्षोभ। इसका अनुभाव है – कम्प।

त्रिगत = वीथी के १३ अंगों में से एक। यह पूर्वरंग में नट आदि तीन पात्रों के संवाद में शब्द की समानता के कारण अनेक अर्थों की एक साथ योजना से सम्पन्न होता है।

त्रिपुरत्ताण्डव = ताण्डव नृत्य के सात प्रकारों में से एक।

त्रोटक = संस्कृत रूपकों का एक प्रकार। अंकसंख्या- ५, ७, ८ या ९। पात्र दिव्य और मानुष दोनों प्रकार के होते हैं। मुख्यरस- शृंगार। विदूषक का अधिक प्रचार होता है। कालिदास कृत विक्रमोर्वशीयम् इसका प्रख्यात उदाहरण है।

त्र्यस्त्र = प्रेक्षागृह के तीन प्रकारों में से एक। यह त्रिकोणाकृति होता है और इसमें त्रिकोणाकृति ६४ भाग होते हैं जिनके मध्यभाग में स्थित चार त्रिकोणों का रंगपीठ होता है। उसके पश्चिम में पांच त्रिकोणों का रंगशीर्ष और उसके पीछे १६ त्रिकोणों का नेपथ्यगृह होता है।

थरिया नृत्य (या थाली नृत्य) = उत्तर भारत का एक स्त्री-पुरुष समूह नृत्य।

थेरी आट्टम = एक केरलीय धार्मिक नृत्य।

दक्षिण नायक = नवीन नायिका से प्रेम हो जाने पर भी पूर्वा नायिका के प्रति सहृदय रहने वाला शृंगार नायक।

दंबाली = एक काश्मीरी पुरुषनृत्य।

देशी = नृत्त की अपरसंज्ञा।

दैन्य = ३३ व्यभिचारी भावों में से एक। दारिद्र, अपमान, बुद्धिहीनता आदि कारणों से कान्ति तथा ओज की क्षीणता।

द्विगूढ = लास्यांग के दस प्रकारों में से एक। मुख तथा प्रतिमुख से युक्त, चतुरस्त्रपद गीत।

द्विपदी खण्डक = गायन की एक प्राचीन शैली।

धीरोदात्त = नायक के चार प्रकारों में से श्रेष्ठ प्रकार का नायक। नाट्यशास्त्रोक्त सामान्य नायकगुणों के अतिरिक्त इसमें महासत्त्वता (शोक क्रोध आदि विकारों से विचलित न होना), दृढव्रतता, अहंकार की गूढता, तथा आत्मश्लाघा का अभाव इत्यादि श्रेष्ठ गुण होते है। उदा. – प्रभु रामचंद्र।

धीरोद्धत = दर्प, मात्सर्य, कपट, चंचलता, आत्मश्लाघा, रौद्रता, आदि राजसी गुणों से युक्त नाट्य का नायक। उदा. – रावण, दुर्योधन।

धीरललित = नायक के चार प्रकारों में से एक। यह निश्चिंत, कलासक्त, सुखासीन एवं मृदु प्रकृति का पुरुष होता है।

धीरशान्त (या धीर प्रशान्त) = नायक के चार प्रकारों में से सात्त्विक वृत्ति का पुरुष जो प्रायः ब्राह्मण, वणिक् या सचिव होता है। यह प्रकरण (रूपक का एक प्रकार) का नायक होता है।

धृति = ३३ व्यभिचारी भावों में से एक। ज्ञान, शक्ति आदि के कारण सन्तोष से कर्मभोग को सहन करना।

धृष्ट नायक = नवीन नायिका से शृंगारिक चेष्टा करने पर, उन चेष्टाओं के चिह्न शरीर पर धारण करते हुए पहली नायिका के समक्ष उपस्थित होने वाला शृंगारिक नायक।

ध्वनि = उत्तम काव्य जिसमें व्यङ्ग्यार्थ, वाच्यार्थ से अधिक चमत्कारी तथा प्रधान होता है।

ध्वनि = शब्द या वाक्य का व्यंजित (व्यंजना शक्ति के द्वारा सूचित) अर्थ। ३ प्रकार – शब्दशक्तिमूलक, अर्थशक्तिमूलक,

और शब्दार्थशक्तिमूलक (उभयशक्तिमूलक)।

ध्वनि के दो भेद = (१) विवक्षितवाच्य (या अभिधामूलक) और (२) अविवक्षित वाच्य (या लक्षणामूलक)।

नटवरी कथक = एक नृत्य प्रकार। कालिया के मस्तक पर बालकृष्ण ने किए हुए नृत्यप्रकार से इसकी उत्पत्ति मानी जाती है।

नन्दी = संस्कृत और प्राकृत भाषा में निपुण तथा मधुर स्वर में नान्दी पद्य गाने वाला नट।

नर्म = नायक द्वारा नायिका को अथवा नायिका द्वारा नायक को प्रसन्न करने वाला विलासपूर्ण व्यापार। यह नर्म व्यापार हास्ययुक्त, शृंगारयुक्त या भययुक्त होता है।

नर्मगर्भ = नायक की कैशिकी वृत्ति के चार प्रकारों में से एक। इस में नायक का छिपकर प्रवेश होता है।

नर्मस्फिंज = नायक की कैशिक वृत्ति के चार प्रकारों में से एक। इस व्यापार में नायक-नायिका, समागम का सुख पाने पर, किसी के डर से विचलित होते हैं।

नर्मस्फोट = नायक की कैशिकी वृत्ति के चार प्रकारों में से एक। इसमें सात्त्विकादि भावों के लेशमात्र से किंचित् रस सूचित होता है।

नाटिका =रूपक एक गौण प्रकार (उपरूपक)। इसमें कथावस्तु उत्पाद्य तथा लौकिक होती है। नायक धीरललित प्रकृति का राजा होता है। स्त्री पात्रों की प्रधानता। अंगीरस – शृंगार। अंकसंख्या – चार। वृत्ति – कैशिकी।

नाटी =हिमाचल प्रदेश (कुलू विभाग) में प्रचलित एक सामूहिक वीरताप्रधान लोकनृत्य।

नाट्य =धीरोदात्त, धीरोद्धत, धीरललित और धीरप्रशान्त अवस्था के नायक-नायिका आदि पात्रों का आंगिक, वाचिक, आहार्य तथा सात्त्विक अभिनयों द्वारा रसनिष्ठ अनुकरण।

नाट्य = सुंदर अभिनय द्वारा लोकवृत्त में प्रकट होने वाले भावों तथा अवस्थाओं का अनुकरण।

नाट्यगृह = (अन्य संज्ञाएँ – नाट्यमंडप, प्रेक्षागार, प्रेक्षागृह)। अभिनवभारती में इसके १८ प्रकार बताए हैं। भरत नाट्यशास्त्र के अनुसार तीन प्रकार – विकृष्ट, चतुरस्र और त्र्यस्त्र। इन तीनों के प्रत्येकशः ज्येष्ठ, मध्यम और कनिष्ठ, तीन प्रकार माने हैं।

नाट्यधर्म =(१) प्रकाश- (सर्वश्राव्य भाषण) (२) स्वगतम्- (ऐसा भाषण जो सर्वश्राव्य नहीं होता) (३) जनान्त (जनान्तिक) – (केवल विशिष्ट व्यक्ति द्वारा श्राव्य भाषण) (४) अपवारित – (मुंह को दूसरी ओर कर, पात्रद्वारा अन्य पात्र से गुप्त भाषण) (५) आकाशभाषित – (अप्रत्यक्ष पात्र से मंचस्थित पात्र का ऊँचे स्वर में भाषण तथा उसके कथन के बिना ही सुनकर पुनः कथन। भाण नामक रूपक आकाश भाषित पर ही चलता है। रंगमंच पर पात्रों द्वारा इन पांच नाट्य धर्मों का अवलंब होता है।

नाट्यधर्मी =वास्तविक लौकिक कथा में नाटककार द्वारा किया गया कल्पित परिवर्तन। नाट्य प्रयोग का यह महत्त्वपूर्ण अंग होता है।

नाट्यावस्था =संविधानक की निर्मिति में आवश्यक पांच कल्पित अवस्थाएँ। अवस्थापंचक – आरंभ, यत्न, प्राप्त्याशा, नियताप्ति और फलागम। नाट्यलेखक इन पांच अवस्थाओं में से संविधानक का क्रम से विकास करता है।

नायक (या नेता) =विनय, माधुर्य, त्याग, आदि श्रेष्ठ गुणों से सम्पन्न नाट्य का प्रधान पात्र।

नायक के चार प्रकार = धीरोदात्त, धीरोद्धत, धीरललित और धीरशान्त।

नायकपरिच्छद = नाटकीय घटना में नायक राजा के परिवार में अन्तर्भूत सहायक लोग – मंत्री, ऋत्विक्, पुरोहित, तपस्वी, ब्रह्मज्ञानी, मित्र राजा, युवराज, आटविक (वनविभाग का प्रमुख), सामन्त, सैनिक, वर्षवर (षंढ), किरात, शकार (राजा का नीचजातीय साला), म्लेच्छ, आभीर आदि।

नायिका = (चार प्रकार) – (१) धीरा, ललिता, उदात्ता और निभृता। (२) अनुकूला, दक्षिणा, शठा और दुष्टा।

नायिका = (तीन प्रकार) – स्वीया, परकीया (अन्या) और साधारणस्त्री, जो प्रायः वेश्या होती है।

नायिका = (तीन प्रकार) – कन्या, पुनर्भू और वेश्या। (कामसूत्र के अनुसार)।

नायिका = अष्टावस्था – स्वाधीनपतिका, वासकसज्जा, विरहोत्कण्ठिता, खण्डिता, कलहान्तरिता, विप्रलब्धा, प्रोषितभर्तृका, और अभिसारिका। शृंगारप्रधान काव्यों, नाटकों में नायिका की इन आठ अवस्थाओं का चित्रण होता है।

नालिका = गूढार्थयुक्त हास्यात्मक प्रहेलिका (पहेली भरी उक्ति)। वीथी के १३ अंगों में से यह एक अंग है।

नित्यरास = मणिपुरी नृत्य के चार प्रकारों में से एक।

निर्वहण = केरलीय कूटिट्याट्टम (नृत्य नाट्य) के प्रयोग पांच-सात दिनों तक होते हैं। गत दिन के प्रयोग के आगामी भाग को निर्वहण कहते हैं। तीन भाग – अनुक्रम, संक्षेप और विस्तार।

निर्वहणसन्धि = नाट्य संविधानक के पांच कल्पित विभागों में से अंतिम भाग। इसमें कार्य(अर्थप्रकृति) और फलागम (अवस्था) का समन्वय होता है।

निर्वहण संधि के १४ अंग = संधि, विबोध, ग्रथन, निर्णय, परिभाषण, प्रसाद, आनन्द, समय, कृति, भाषा, उपगूहन, पूर्वभाव, उपसंहार और प्रशस्ति।

निर्वेद = ३३ व्यभिचारी भावों में से एक। तत्त्वज्ञान, आपत्ति, ईर्ष्या आदि के कारण स्वयं का तिरस्कार इसका स्वरूप है। चिन्ता, अश्रु, वैवर्ण्य, उच्छ्वास तथा दीनता इसके अनुभाव (चिह्न) है। यह शान्त रस का स्थायी भाव माना जाता है।

नृत्त = पदार्थाभिनयात्मक कला। इसमें लयबद्ध अंग विक्षेपों के द्वारा पदों का (अर्थात् शब्दों का) अर्थ अभिव्यक्त किया जाता है। यह देशी अतः हीन कला प्रकार माना जाता है।

इसमें रस-भावों की अभिव्यक्ति का अभाव तथा ताल लय का प्राधान्य होता है।

नृत्त (या नृत्य) के १० विषय = पादभेद, स्थानक, संकरहस्त, १०८ ताल, चारी, अंगहार (अंगविक्षेप), नानार्थहस्त, शृंगनाट्य, सप्तलास्य और पुष्पांजलि।

नृत्य = रसभाव द्योतक गात्रविक्षेप। (यह नाट्य और नृत्त से भिन्न होता है)।

नृत्य = पदन्यास, हस्तमुद्रा, अंगविक्षेप, नेत्रविक्षेप, भ्रूविक्षेप, और चतुर्विध अभिनय के द्वारा रसों और भावों की अभिव्यक्ति करने की कला।

नृत्य = (दो प्रकार) – ताण्डव (शिवनृत्य) और लास्य (पार्वती नृत्य)।

नृत्य के सात भेद = डोम्बी, श्रीगदित, भाण, भाणी, प्रस्थान, रासक और काव्य।

नृत्य के चार सम्प्रदाय = कथक, कथकली, भरतनाट्यम् और मणिपुरी। इनके अतिरिक्त यक्षगान, वीथीभागवतम्, कूडियाट्टम्, ओडीसी, कुचिपुडी, गरबा और रास आदि संप्रदाय प्रचलित हैं।

नृत्यकर्म = विविध प्रकार। **पाद कर्म** = नृत्य में कलापूर्ण पदक्षेप करना। इसके छह प्रकार – (१) समपाद – (मंच पर सम अवस्था में खड़े रहना), (२) उद्घट्टितपाद – (एक पाव स्थिर और दूसरे की पार्ष्णि से मंच पर आघात करना), (३) अग्रतल संचर पाद – (पार्ष्णि उठाकर पाव की अंगुलियां फैलाना), (४) अंचितपाद, (५) कुंचितपाद, (६) सूचीपाद।

हस्तकर्म = संयुक्त-अर्थात् दोनों हाथों की क्रियाएँ। १३ प्रकार – अंजलि, कपोतक, कर्कटक, स्वस्तिक, कटकावर्धमानक, उत्संग, निषेध, दोला, पुष्टपुट, मकर, गजदंत, अवहित्थ, और वर्धमान।

जंघाकर्म = चार प्रकार – क्षिप्त, परिवृत्त, उद्वाहित और नत।

कटिकर्म = पांच प्रकार – कंपित, छिन्न, विवृत्त, उद्वाहित, और रेचित।

उदरकर्म = नत, उन्नत, प्रसारित, विवर्तित और अपसृत। पांच प्रकार।

उरःकर्म = सम, निर्भुग्न, आभुग्न, प्रकंपित और उद्वाहित। पांच प्रकार।

शिरःकर्म = नौ प्रकार – सम, नत, अंचित, कुंचित, रेचित, पार्श्वोन्मुख, विवृत्त, त्रस्य, उन्त। (इनके अतिरिक्त – धूत, विधूत, आधूत, अवधूत, उद्वाहित, लोलित आदि प्रकार भी माने जाते हैं)।

हस्तकर्म = २४ प्रकार – पताक, त्रिपताक, कर्तरीमुख, अर्धचंद्र, अराल, शुकतुण्ड, मुष्टि, शिखर, कपित्थ, कटकामुख, सूचीमुख, पद्मकोश, अलपल्लव, ऊर्णनाभ, मुकुल, सर्पशीर्ष, मृगशीर्ष, चतुरक, हंसपक्ष, हंसमुख, भ्रमर, लांगूल, संदंश, ताम्रचूड।

नृत्यनाट्य = कथा के रसभावों का गीतसहित नृत्यात्मक निवेदन।

नृत्यनाट्य (केरलीय) = कूडियाट्टम्, कथकली, यात्रकली, ओट्टम्, थुक्कल, मोहिनीआट्टम् आदि।

पंचम वेद = नाट्यशास्त्र की अपर संज्ञा। चार वेदों से यथाक्रम- (ऋग्वेद से) पाठ्य, (सामवेद से) गीत, (यजुर्वेद से) अभिनय और (अथर्ववेद से) रस लेकर यह शास्त्र सिद्ध होने से इसे पंचम वेद माना है। (महाभारत को भी पंचम वेद कहते हैं)।

पताका = नाट्यकथा की पांच अर्थ प्रकृतियों में से तृतीय अर्थप्रकृति की संज्ञा। इसमें मुख्य कथा को पूरक उपकथानक का निर्देश होता है।

पताका = प्रासंगिक कथावस्तु के दो प्रकारों में से एक। पताका प्रदीर्घ उपकथानक की संज्ञा है। उदा.- रामायण के सुग्रीव का वृत्तान्त।

पताका नायक = देखिए पीठमर्द।

पताकास्थानक = समानार्थक विशेषणों के या अप्रस्तुत-प्रशंसा अलंकार के द्वारा काव्य में जहां प्रस्तुत के साथ अप्रस्तुत भावी घटना की सूचना होती है।

परिवर्तक = नायक की सात्वती वृत्ति के चार अंगों में से एक। इसमें एक कार्य का आरंभ होने पर, उसे छोड़कर दूसरे कार्य का आरंभ होता है।

पाठ्यगुण = रंगपीठ पर नट के वाचिक अभिनययुक्त भाषण का वैशिष्ट्य। छह प्रकार – विच्छेद, अर्पण, विसर्ग, अनुबंध, दीपन, और प्रशमन। इनका प्रयोग रसानुसार होता है।

पाण्डव नृत्य = उत्तर प्रदेश का एक सामूहिक नृत्य। इन में पांच पाण्डवों और द्रौपदी का नृत्याभिनय होता है।

पात्रप्रवेश दारु = कुचिपुडी नामक भरतनाट्यम् के प्रकार में पात्र के प्रवेश की विशिष्ट पद्धति। इसमें अल्प नृत्य के साथ पात्र अपना नाम निर्देश करता है।

पीठमर्द (या पताकानायक) = पताका नामक प्रासंगिक कथावस्तु का नायक। यह प्रधाननायक का सहायक होता है। उदा.- रामायण में सुग्रीव।

पुष्पगण्डिका = लास्यांग के दस प्रकारों में से एक। इसमें स्त्री-पुरुषों की विपरीत चेष्टा तथा वाद्योंसहित विविध छन्दों का गायन होता है।

पुरुषार्थ = केरल के कूडिय्याट्टम् (नृत्यनाट्य) के अन्तर्गत एक भाग। जिसमें विदूषक विनोद, वंचना, अशन और राजसेवा – इन चार 'पुरुषार्थों' का निरूपण करता है।

पूर्वरंग = नाट्यशाला की अपर संज्ञा। (पूर्वं रज्यते अस्मिन् इति = जिसमें सामाजिकों को प्रथम आनन्द प्राप्त होता है ऐसा स्थान)। दो प्रकार – चतुरस्र और त्र्यस्र। तालभेद के कारण ये प्रकार माने गए हैं।

पूर्वरंग = नाट्य प्रयोग के आरंभ में करने योग्य धार्मिक कृत्य। भरतनाट्य के अनुसार आठ प्रकार – प्रत्याहार, अवतरण,

आरंभ, आश्रावणा, वक्त्रपाणि, परिघट्टना, संस्वदना, और आसारित (इन आठ प्रकारों का संबंध गायक-वादक वृन्द से होता है।)

प्रकरण = रूपक का एक प्रकार। इसमें कथानक उत्पाद्य (याने कविकल्पित) तथा लौकिक जीवन विषयक होता है, नायक- मन्त्री, बनिया या ब्राह्मण जो संकटग्रस्त किन्तु धीर-प्रशान्त प्रकृति का होता है। अंक संख्या ५ से १० तक। मृच्छकटिक तथा मालतीमाधव आदर्श प्रकरण हैं।

प्रकरणिका = नाटिका के समान उपरूपक का एक प्रकार। (दशरूपककार धनिक इस प्रकार को नहीं मानते)।

प्रकरी = नाट्यकथा की पांच अर्थप्रकृतियों में से चतुर्थ अर्थप्रकृति की संज्ञा। इसमें अल्पमात्र घटना का निर्देश होता है।

प्रकरी = नाटक की प्रासंगिक कथा का एक प्रकार। इसमें नाट्यसन्धि नहीं होती। यह कथानक अल्पसा होता है। उदा. – रामायण में शबरी वृत्तान्त।

प्रच्छेदक = लास्यांग के दस प्रकारों में से एक। प्रेमभंग के कारण शोक-क्रोध-ग्रस्त स्त्री का वीणा सहित गायन।

प्रज्ञा = बुद्धि के द्वारा गृहीत ज्ञान में अपनी ओर से कुछ मिलाकर उसे विशिष्ट रूप देने वाली अन्तःशक्ति।

प्रणयकलहांतरिता = प्रणय- (प्रेमपूर्वक याचना) की अवहेलना करने पर नायक का त्याग करने वाली और फिर पश्चात्ताप करने वाली नायिका।

प्रतिनायक = मुख्य नायक का शत्रु जो धीरोद्धत्त, पापी और व्यसनी होता है।

प्रतिमुखसंधि = नाट्य संविधानक के पांच कल्पित विभागों में से द्वितीय भाग। इसमें बिन्दु (अर्थ प्रकृति) और यत्न (अवस्था) का समन्वय होता है।

प्रतिमुख सन्धि के १३ अंग = विलास, परिसर्प, विधूत, नर्म, शम, नर्मद्युति, प्रगमन, निरोध, पर्युपासन, वज्र, पुष्प, उपन्यास और वर्णसंहार।

प्रपंच = वीथी के १३ अंगों में से एक। इनमें अनुचित प्रशंसा के द्वारा हास्य उत्पन्न होता है।

प्रयोगातिशय = आमुख या प्रस्तावना के तीन अंगों में से एक। इसमें सूत्रधार अपने प्रारंभिक भाषण में किसी पात्र का प्रवेश सूचित करता है।

प्ररोचना = नाट्यप्रयोग के प्रारंभ में कवि, काव्य = विशिष्ट दर्शकगण आदि की प्रशंसा से सामाजिकों के मन में रुचि उत्पन्न करना।

प्रवृत्तक = आमुख या प्रस्तावना के ३ अंगों में से एक। इसमें ऋतुवर्णन में प्रयुक्त श्लिष्ट शब्दों के द्वारा किसी पात्र का प्रवेश सूचित होता है।

प्रवृत्ति = नाटकीय कथावस्तु का देश, काल, के अनुसार, भाषा, वेष, शस्त्रादि उपकरण इत्यादि की विभिन्नता के अनुसार नाट्यप्रयोग में योजना।

प्रवेशक = दो या अधिक अधम पात्रों के संवाद द्वारा अतीत या भावी घटना का एक अर्थोपक्षेपक। इसमें संभाषण मागधी, शकारी आदि अशिष्ट प्राकृत में होता है।

प्रस्तावना = देखिए आमुख। इसके तीन अंग – कथोद्घात, प्रवृत्तक और प्रयोगातिशय।

प्रस्थान = भावाश्रित नृत्य के सात प्रकारों में से एक।

प्रहसन = रूपक के दस प्रकारों में से एक एकांकी प्रकार। इसमें पाषण्डी ब्राह्मण, नौकरवर्ग, नपुंसक, आदि क्षुद्र एवं धूर्त पात्रों का प्राधान्य होता है। मुख और निर्वहण दो सन्धियाँ तथा दशविध लास्यांग। हास्य ही विशिष्ट रस तथा हास्य के छह प्रकार होते है। तीन प्रकार – (१) शुद्ध, (२) विकृत, और (३) संकर।

प्रोषितप्रिया (भर्तृका) = पति के दीर्घ प्रवास के कारण व्याकुल शृंगार नायिका।

बंध = सामूहिक नृत्त के विशिष्ट स्वरूप की आकृतिरचना। **चार प्रकार** – (१) पिण्डीबंध- (इसके मयूरपिण्डी, त्रिशूल पिण्डी, कमलपिण्डी, गरुडपिण्डी आदि प्रकार होते हैं)। **(२) शृंखला बंध। (३) लताबंध।** और **भेद्यक बंध।**

बाह्य प्राण = नृत्य में आवश्यक पदार्थ। मृदंग, ताल, मुरली, घुंगरु, श्रुति (पुंगी), तानपुरा, और गायकवृन्द। कुल सात।

बिंदु = नाट्यकथा की पांच अर्थप्रकृतियों में से तृतीय अर्थप्रकृति की संज्ञा। पताका (उपकथानक) और प्रकरी (अल्पघटना) का मुख्य कथानक से संबंध इस अर्थप्रकृति के द्वारा जोड़ा जाता है।

बीज = नाट्यकथा की पांच अर्थ प्रकृतियों में से प्रथम की संज्ञा। इसमें कथा के फल के मूल कारण का निर्देश होता है।

बीभत्स रस = दुर्गन्ध, वमन, रक्तमांस आदि विभावों से जुगुप्सा नामक स्थायी भाव का उद्दीपन।

ब्रह्मरथ = वाराणसी, उज्जयिनी आदि प्राचीन विद्याकेन्द्रों में 'कविसमाज' नामक साहित्यिक कार्यक्रम होते थे। उनमें श्रेष्ठ कवि या पंडित लोगों का सत्कार होने पर प्रस्तुत नाम वाले रथ में उनकी शोभायात्रा निकाली जाती थी।

ब्राह्मणमेल = दक्षिण भारत में नृत्यनाट्य आदि प्रयोग द्वारा मनोरंजन के कार्यक्रम यत्र तत्र करने वाले कलाकारों का समूह (या संस्था)। इसे नट्टुवामेल भी कहते हैं।

भद्रक = नाटक की पद्यात्मक गीतविधि (देवतास्तुति) का एक प्रकार (या काव्य जाति)। यह वृत्तबन्धन-हीन, किन्तु तालबद्ध होता है।

भयानक रस = भयंकर शब्द या रूप के कारण भय-स्थायी भाव का उद्दीपन।

भरत = नाटकों में अन्यान्य भूमिकाएँ करने वाला, संगीतज्ञ प्रमुख नट।

भरतनाट्यम् = तमिलनाडू का एक नृत्त संप्रदाय। यह स्त्री-प्रधान नृत्त है। यह नृत्त राधा-कृष्ण, शिव-पार्वती, स्कंद-देवसेना

के लीलाचरित्र पर आधारित होता है। अन्य प्रकार – अलारिप्पू, जातिस्वरम्, तिल्लाणा, वर्णम्, शब्दम्, पदम् इत्यादि।

भागवतर् = नृत्य-नाट्य के माध्यम से भागवत पुराण के आख्यानों का प्रचार करने वाले भगवद्‌भक्त तमिल कलाकार। (आंध्र में इन्हें भागवतलु कहते हैं)।

भाण = भावाश्रित नृत्य के सात प्रकारों में से एक।

भाण = रूपक के दस प्रकारों में से एक। इस में विट के द्वारा धूर्त चोर आदि दुर्जन के चरित्र का कथन होता है। मुख और निर्वहण दो संधियाँ होती है। विट-एक मात्र पात्र आकाशभाषित से उक्ति-प्रत्युक्ति करता है। रस-वीर तथा शृंगार। वृत्ति-भारती। अंकसंख्या- एक। दस प्रकार के लास्यांगों (गीत प्रकारों) का प्रयोग आवश्यक।

भाणी = भावाश्रित नृत्य के सात प्रकारों में से एक।

भारती वृत्ति के चार अंग = प्ररोचना, वीथी, प्रहसन और आमुख। नाट्यप्रयोग का स्थापक, प्रारंभ में इनमें से एक का प्रयोग करता है। इसमें संस्कृत भाषा का ही प्रयोग होता है। नट के संस्कृत भाषण को ही भारती वृत्ति कहते है।

भारती वृत्ति = एक नाटकीय "**शब्दवृत्ति**" मानी है। इसका प्रयोग सभी रसों में होता है। यह वृत्ति नाटक के आमुख का अंग है। भारती में सभी पात्र संस्कृत भाषी होते हैं। (कैशिकी, सात्वती, और आरभटी को **अर्थवृत्तियाँ** माना गया है)।

भाव = काव्य-नाट्य में चित्रित नायकादि के सुख-दुःख, हर्ष-शोक, आदि के कारण रसिक का हृदय उसी भाव से भावित या परिपूरित होना। नाट्य के पात्र और उसके रसिक के भाव की एकतानता भाव कहलाती है। दो प्रकार – (१) स्थायी और (२) व्यभिचारी।

भाव = ८ स्थायीभाव + ८ सात्विक भाव + ३३ व्यभिचारी = कुल संख्या ४९।

भाव-त्रय = **भाव** (निर्विकार चित्त में किसी विकार का प्रथम स्फुरण), **हाव** (मनोविकार का उद्रेक होने पर भाषण में अल्पता), और **हेला** (मनोविकार का स्पष्ट आविर्भाव)। ये तीन भाव स्त्रियों के शारिरीक अलंकार माने जाते हैं।

भावदशक = (तरुणी के स्वाभाविक दस भाव) – लीला – (नायक के वेष, चेष्टा आदि का अनुकरण), विलास, विच्छित्ति, विभ्रम, किलकिंचित, (क्रोध, हर्ष, भय आदि का संकर), मोट्टायित (प्रियकर के चिन्तन में तन्मयता), कुट्टमित (मन में प्रसन्नता किंतु बाहर से क्रोध का प्रकटन), विव्वोक (गर्व या अभिमान के कारण इष्ट वस्तु के प्रति अनादर), ललित और विहृत (लज्जा के कारण अनुकूल वाक्य का अनुच्चारण)।

भावसप्तक = शोभा, कान्ति, दीप्ति, माधुर्य, प्रगल्भता, औदार्य, और धैर्य - ये सात सत्त्वगुणोत्पन्न भाव युवतियों में अयत्नतः प्रकट होते हैं। वे नैसर्गिक अलंकार माने गए हैं।

भूमिका = तीन प्रकार – अनुरूप, विरूप और रूपानुरूप (पुरुष द्वारा स्त्री की भूमिका)।

भौमंडल = आंगिक अभिनय के अन्तर्गत दस प्रकार के अभिनयों की संज्ञा।

भौममण्डल = नृत्य कला के मण्डल नामक चलन क्रिया के दो प्रकारों में से एक। आठ प्रकार – भ्रमरक, आस्कन्दित, आवर्त, अड्डित, शकटास्य, अध्यर्ध, पिष्टकुट्ट और चाषगति।

भौमीचारी = नृत्यकला में उपयुक्त चारी नामक दो चलनक्रियाओं में से एक। १६ प्रकार – समपादा, स्थितावर्ता, शकटास्या, अर्धिका, चाषगति, विच्यावा, एलकाक्रीडित, बद्धा, ऊरूद्वृत्ता, अड्डिता, उत्स्यन्दिता, जनिता, स्कंदिता, अपस्कन्दिता, समोत्सरितवल्ली, और मतल्ली।

मंडल = देखिए – खंड। मण्डल के दो प्रकार – भौम और आकाशक।

मणिपुरी नृत्य = ईशान्य भारत का एक लोकनृत्य। इसमें खोलवाद्य (ढोलक) बजाने वाला कलाकार भी नृत्य में सहभागी होता है। यह एक रासनृत्य है। रासनृत्य के चार प्रकार – वसंतरास, महारास, कुंजरास और नित्यरास।

मत्तवारणी = नाट्यगृह में रंगपीठ की दोनों ओर बांधे हुए चार खंभों पर रचित गुंबज।

मत्तवारणी = रंगमंच के दोनों ओर के भाग जहां से पात्र रंगमंच पर प्रवेश करते हैं।

मध्या नायिका = (तीन अवस्थाएँ) – धीरा, धीराधीरा और अधीरा। नायक के परस्त्री संबंध के कारण ये तीन अवस्थाएँ मानी गई हैं।

महारास = मणिपुरी नृत्य के चार प्रकारों में से एक।

मांदारी = सतपुड़ा के वन्य समाज का लोकनृत्य। झुलकी नृत्य का एक भाग।

मार्ग = नृत्य की अपर संज्ञा।

मिझावु = कुत्तू नामक दाक्षिणात्य नृत्यनाट्य के विविध प्रकारों में उपयुक्त एक वाद्य विशेष।

मुखज अभिनय = (देखिये- मुखराग)।

मुखराग के चार प्रकार = स्वाभाविक, प्रसन्न, रक्त और श्याम। मुखरागयुक्त मुखचेष्टा के अभिनय के छह प्रकार होते है। सभी अभिनयों में मुखचेष्टाओं का अभिनय अधिक भावव्यंजक होने से श्रेष्ठ माना जाता है।

मुखसंधि = नाट्य संविधानक के पांच कल्पित विभागों में से प्रथम विभाग। इस में बीज (अर्थप्रकृति) और आरंभ (अवस्था) का समन्वय होता है।

मुखसन्धि के १२ अंग = उपक्षेप, परिकर, परिन्यास, विलोभन, युक्ति, प्राप्ति, समाधान, विधान, परिभावना, उद्भेद, भेद, और करण।

मृदव = वीथी के १३ अंगों में से एक। इसमें दोषों का गुणरूप में या गुणों का दोषरूप में कथन होता है।

मोट्टायित = प्रिय व्यक्ति की स्मृति के कारण व्यक्त होने

वाला आनंद।

यक्षगान = दक्षिण भारत का एक नृत्यनाट्य प्रकार।

रंगपीठ = नाट्य मंडप का प्रयोगस्थान।

रंगशीर्ष = रंगपीठ का पिछला स्थान।

रंगमंच के तीन विभाग =रंगशीर्ष, रंगमध्य, और रंगपृष्ठ।

रति = एक स्थायी भाव। युवक-युवतिओं के अन्तःकरण में परस्पर के प्रति प्रसन्नता या आकर्षण। यही स्थायी भाव रम्य देश, वेष, कला, काल, अंगविचेष्टित, आदि विभावांगों से जब पुष्ट होता है तब उसे **शृंगार** कहते हैं।

रस = विभाव, अनुभाव, व्यभिचारी भाव और सात्त्विक भाव (इन पारिभाषिक शब्दों का स्पष्टीकरण यथास्थान देखिए) के द्वारा जब रत्यादि हृदयस्थ स्थायी भाव स्वादगोचर होते हैं तब उन्हें (अर्थात् स्थायी भावों को) रस कहते हैं। अनुदबुद्ध स्थायी भावों की उद्‌बुद्ध अवस्था ही 'रस' कहलाती है।

रस = दो प्रकार – (१) लौकिक रस – जो लौकिक जीवन में स्त्री-पुरुष आदि के संबंधों में ज्ञात होता है। (२) अलौकिक रस – जो काव्य-नाट्य में नायक-नायिकादि के संबंधों में प्रतीत होता है।

रस के नौ विभाग = नाटक में शृंगार, वीर, रौद्र, और बीभत्स, ये चार जनक रस **'अनुकार्य गत'** – (नट जिस पात्र का अभिनय करता है) (तथा हास्य, अद्‌भुत, करुण और भयानक ये चार शृंगारादि के जन्य रस **सामाजिक गत** माने गए हैं। शान्त ९ वां रस माना जाता है।

रसचर्या = नृत्य में रसों एवं भावों की अभिव्यक्ति करने वाली रसानुकूल मुख, नेत्र, भ्रुकुटि की अवस्थाएं।

रसवत् = एक काव्यालंकार। काव्य में वाच्यार्थ प्रधान, तथा रसरूप व्यङ्ग्यार्थ उसका अंग होना इसका स्वरूप है।

रसास्वाद = देखिए- स्वाद।

रामनाट्टम् = केरल के कथकलि नामक नृत्यनाट्य का एक प्रकार। रामकथा पर आधारित संस्कृत गीतों पर यह नृत्य-नाट्य प्रकार होता है।

रायबन्शी नृत्य = देखिए – ढाली नृत्य।

रासक = भावाश्रित नृत्य के सात प्रकारों में एक।

रासनृत्य = (पांच प्रकार) – महारास, वसंतरास, कुंजरास, उत्कलरास, और राखालरास।

रूपक = अवस्थानुकृति स्वरूप नाट्य की अपर संज्ञा। नटों पर रामादि का आरोप होने के कारण यह संज्ञा होती है।

रूपक के दस प्रकार = नाटक, प्रकरण, अंक (उत्सृष्टांक), व्यायोग, भाण, समवकार, डिम, ईहामृग और वीथी।

रूपक (दृश्यकाव्य) के दो विभाग = प्रकृतिरूपक और विकृतिरूपक। प्रकृतिरूपक सर्वांग परिपूर्ण होता है। दशरूपकों में नाटक प्रकृतिरूपक होता है। अन्य नौ रूपक विकृतिरूपक माने जाते हैं।

रौद्र रस = वैरी द्वारा अपकार, उसके प्रति मत्सर आदि विभावों से उद्दीपित क्रोध नामक स्थायीभावं का परिपोष।

लालित्य = नायक का एक सात्त्विक गुण जिसके कारण उसकी शृंगार चेष्टा स्वाभाविक एवं कोमल होती है।

लास्य = मधुर भावयुक्त नृत्त और नृत्य की संज्ञा।। यह स्त्रीनृत्य गौरीदेवी का नृत्य माना जाता है। शिवनृत्य को ताण्डव कहते हैं।

लास्यांग के दस प्रकार = गेयपद, स्थितपाठ्य, आसीन, पुष्पगण्डिका, प्रच्छेदक, त्रिगूढ, सैन्धव, द्विगूढक, उत्तमोत्तमक और उक्त-प्रत्युक्त।

लोकधर्मी = नाट्यकथा का वास्तव अंश। इसे शास्त्र में "लोकवार्ता क्रियापेत" भाग कहा है।

वसंतरास = मणिपुरी नृत्य के चार प्रकारों में एक।

वस्तूत्थापन = नायक की आरभटी वृत्ति के चार अंगों में से एक। इसमें मन्त्रबल के द्वारा किसी मायावी वस्तु का उत्थापन अर्थात् कृत्रिम निर्माण होता है।

वाक्केली = वीथी के १३ अंगों में से एक। इसमें वाक्य अधूरा होने से मुख्य आशय सूच्य या व्यङ्ग्य रहता है। अथवा वैचित्र्यपूर्ण उक्ति-प्रत्युक्ति होती है।

वाङ्मय के चार प्रकार = (दण्डी के मतानुसार) संस्कृत, प्राकृत, अपभ्रंश और मिश्र। (काव्यादर्श १-३२)।

वाचिक अभिनय = रसयुक्त वाक्यों का आरोह अवरोह तथा उदात्त, अनुदात्त स्वर आदि वैचित्र्यों सहित उच्चारण, जिससे केवल श्रवणमात्र से श्रोताओं को रसानुभूति होती है।

वासकसज्जा = शृंगार नायिका की एक अवस्था। प्रियकर के आने के समय यह हर्ष से अपने आपको सजाती है।

विकृत प्रहसन = प्रहसन नामक रूपक के तीन प्रकारों में से एक। इसमें नपुंसक, कंचुकी (अन्तःपुर का वृद्ध सेवक), तपस्वी इत्यादि पात्रों की कामुक चेष्टाओं द्वारा हास्य निर्मिति होती है।

विकृष्ट = नाट्यगृह के तीन प्रकारों में से एक। इसकी लंबाई ६४ हाथ और चौड़ाई ३२ हाथ कही है।

विट = नायक का सहायक जो किसी एक विद्या में निपुण होता है।

विदूषक = विचित्र वेषभूषा तथा चेष्टा आदि के द्वारा नाट्य प्रयोग में हास्यरस निर्माण करने वाला पात्र। नाटक में यह प्रायः राजा का मित्र होता है।

विनायक कवित्ता = कुचिपुडी नृत्य के प्रारंभ में गेय मंगलाचरण।

विप्रयोग शृंगार = नायक-नायिका का समागम होने पर प्रवास, प्रणय-मान, ईर्ष्यामान, आदि के कारण वियोग होने से प्रेममूलक विह्वलता। (कालिदास का मेघदूत इसका उत्कृष्ट उदाहरण है)।

विप्रलब्धा = संकेत स्थान पर निश्चित समय पर उपस्थित न होने वाले नायक द्वारा अपने आपको अपमानित समझने वाली शृंगार नायिका।

विभाव = ("विभाव्यते इति विभावः" अर्थात् जिसका ज्ञान

होता है)। जिसके ज्ञान से सहृदय श्रोता या दर्शक स्थायी भाव का आस्वाद लेता है। रत्यादि स्थायी भावों को उद्दीपित करने वाला काव्य-नाट्य का अंश। दो प्रकार – (१) आलंबन विभाव और (२) उद्दीपन विभाव।

विमर्श सन्धि = नाट्य संविधानक के पांच कल्पित विभागों में से चतुर्थ भाग। इसमें प्रकरी (अर्थप्रकृति) और नियताप्ति (अवस्था) का समन्वय होता है।

विरहोत्कण्ठिता = शृंगार नायिका की एक अवस्था।

विवक्षितवाच्य = व्यंग्यार्थ का एक प्रकार। इसमें अभिधाशक्ति द्वारा प्रतीत वाच्यार्थ ही व्यङ्ग्यार्थ की प्रतीति कराता है। दो प्रकार – (१) संलक्ष्यक्रमव्यङ्ग्य और (२) असंलक्ष्यक्रमव्यङ्ग्य।

विषाद = ३३ व्यभिचारी भावों में से एक। आरम्भ किए हुए कार्य के पूरे न होने पर व्यक्ति का सत्त्व तथा बल मन्द या नष्ट होना इसका स्वरूप है।

विष्कम्भक = अर्थोपक्षेपकों (कथावस्तु के सूचकों) के पांच प्रकारों में से एक। नाट्य के मध्यम पात्रों के वार्तालाप द्वारा, अतीत या भावी कथांशों का सूचक नाट्यांश। दो प्रकार – (१) शुद्ध (जिसमें दो मध्यम पात्रों का संवाद होता है।) (२) संकीर्ण (इसमें एक मध्यम तथा अन्य अधम पात्र का संवाद होता है)।

वीथिनाटकम् = एक दाक्षिणात्य नृत्यनाट्य का प्रकार।

वीथी = रूपक के दस प्रकारों में से एक। वीथी शब्द का अर्थ है मार्ग। इसका स्वरूप भाण (एक रूपकप्रकार) के समान होता है। (देखिए – भाण) किन्तु शृंगार रस की कैशिकी वृत्ति का प्राधान्य होता है। (जबकि भाण में भारती वृत्ति का प्राधान्य होता है।) पात्र संख्या – एक या दो। अंकसंख्या – एक। सन्धियाँ – मुख और निर्वहण।

वीथी = शृंगार रस, मुख और निर्वहण सन्धि, एक या दो पात्र, और एक अंक इन वैशिष्ट्यों से युक्त एक नाट्य प्रकार। इसकी योजना प्रस्तावना के उद्घात्यक, आदि १३ अंगों से होती है। वीथी के १३ अंग – उद्घात्यक, अवलगित, प्रपंच, त्रिगत, छल, वाक्केली, अधिबल, गण्ड, अवस्यन्दित, नालिका असत्प्रलाप, व्याहार और मृदव।

वीर रस = प्रताप, विनय, शौर्य, आदि विभावों से उत्साह नामक स्थायी भाव की परिपुष्ट अवस्था। **चार प्रकार** – युद्धवीर, दयावीर, दानवीर और धर्मवीर।

वृत्ति चतुष्टय = नायक की चार प्रकार की वृत्तियां (अर्थात् बर्ताव की रीत)– कैशिकी, सात्त्वती, आरभटी और भारती।

वृत्ति चतुष्टय = शान्त रस की अनुभूति में चित्तवृत्ति की चतुर्विध अवस्थाएँ – मैत्री, करुणा, मुदिता और उपेक्षा। (शान्त रस के अतिरिक्त अन्य आठ नाट्य रसों की अनुभूति में विकास, विस्तर, क्षोभ और विक्षेप नामक चार अवस्थाएँ होती हैं। जिन्हें **'चित्तभूमि'** कहते हैं।

व्यभिचारी भाव = स्थायी भावों के अन्तर्गत (समुद्र के अन्तर्गत तरंगों के समान) उत्पन्न और विलीन होने वाले अल्पजीवी हृदयस्थ भाव।

व्यभिचारी भाव के ३३ प्रकार = निर्वेद, ग्लानि, शंका, श्रम, धृति, जडता, हर्ष, दैन्य, उग्रता, चिन्ता, त्रास, ईर्ष्या, अमर्ष, गर्व, स्मृति, मरण, मद, सुप्त, निद्रा, विबोध, व्रीडा, अपस्मार, मोह, मति, अलसता, वेग, तर्क, अवहित्था, व्याधि, उन्माद, विषाद, उत्सुकता तथा चपलता।

व्यायोग = रूपक के दस प्रकारों में से एक। इसमें कथावस्तु – इतिहास-पुराण प्रसिद्ध उद्धत व्यक्ति के चरित्र पर आधारित। सन्धियाँ – मुख, प्रतिमुख, और निर्वहण। रस- शृंगार और हास्य के अतिरिक्त अन्य छह। अंकसंख्या- एक, जिसमें एक दिन की घटना का चित्रण तथा पुरुष पात्र का संख्याबाहुल्य होता है। वृत्तियाँ- सात्त्वती, आरभटी और भारती। इसमें वर्णित युद्ध स्त्री विषयक नहीं होता।

व्याहार = वीथी के १३ अंगों में से एक। इसमें विशिष्ट प्रयोजन से हास्योत्पादक वाक्यों का प्रयोग होता है।

शंका = ३३ व्यभिचारी भावों में से एक। यह भाव दूसरे की क्रूरता या अपने दुर्व्यवहार इत्यादि के कारण उत्पन्न होता है। इसमें कम्प, शोष, स्वरभंग, अभिवीक्षा (डरकर इधर उधर देखना) आदि अनुभाव होते हैं।

शठनायक = नवीन नायिका से प्रेम हो जाने पर पहली नायिका से डरकर, छिपी शृंगार चेष्टाएं करने वाला शृंगार नायक।

शिवमूर्ति-चतुष्टय = (१) संहार मूर्ति, (२) अनुग्रहमूर्ति, (३) दक्षिणामूर्ति और (४) नृत्तमूर्ति (नटराज)।

शिवलीला = एक दाक्षिणात्य नृत्यप्रकार।

शिल्प = नृत्य, गीत, और वाद्य – इन तीनों कलाओं की वैदिक संज्ञा (कौषीतकी ब्राह्मण २९-५)। इन्हीं को आगे 'संगीत' संज्ञा प्राप्त हुई।

शुद्ध प्रहसन = प्रहसन नामक रूपक के तीन प्रकारों में से एक। इसमें पाखण्डी भिक्षु, लोभी ब्राह्मण, चेट, चेटी आदि की चेष्टा, उक्ति-प्रत्युक्ति द्वारा हास्य की निर्मिति होती है।

शृंगार नायक के चार प्रकार = दक्षिण, शठ, धृष्ट और अनुकूल।

शृंगार के तीन प्रकार = (१) अयोग शृंगार, (२) विप्रयोग, (३) संभोग।

शोभा = नायक का एक सात्त्विक गुण। इसके कारण वह नीच के प्रति घृणा तथा अधिक गुणी से स्पर्धा करता है। दो प्रकार – शौर्यशोभा और दक्षशोभा।

श्रम = ३३ व्यभिचारी भावों में से एक। इसमें प्रवास, अत्यधिक सुरतक्रीडा आदि के कारण अलसता या खेद का अनुभव होता है। इसमें स्वेद, मर्दन आदि अनुभाव होते हैं।

श्रीगदित = नृत्य के सात प्रकारों में से एक।

संकीर्ण प्रहसन = धूर्त लोगों की चेष्टाओं द्वारा इसमें हास्य

निर्मिति होती है। प्रहसन के तीन प्रकारों में से एक।

समवकार = रूपक के दस प्रकारों में से एक। इसमें कथावस्तु – देव-दैत्यों से संबधित अर्थात् पुराण प्रसिद्ध। सन्धियाँ – मुख, प्रतिमुख, गर्भ और निर्वहण। वृत्तियाँ – सात्त्वती, आरभटी और भारती। नायक – इतिहास-पुराण प्रसिद्ध १२ वीर पुरुष। अंक संख्या – तीन, **अर्थप्रकृतियाँ** – बीज, पताका, प्रकरी और कार्य, अर्थोपक्षेपक – विष्कम्भक, चूलिका, अंकास्य और अंकावतार। धर्म-अर्थ-काम मूलक शृंगार। विद्रव (अर्थात् नगरोपरोध, झंझावात। अग्नि आदि कारण से भगदड़), इत्यादी की योजना होती है।

संविधानक = मूल पौराणिक, ऐतिहासिक या कल्पित कथा की नाट्यानुकूल रचना।

संक्षिप्तिका = नायक की आरभटी वृत्ति के चार अंगों में से एक। पहला नायक निवृत्त होकर दूसरे नायक का आना, अथवा नायक द्वारा एक अवस्था छोडकर दूसरी अवस्था का ग्रहण होना।

संधिपंचक = नाट्य संविधानक के पांच कल्पित विभाग। इनमें अर्थप्रकृति पंचक तथा अवस्था-पंचक का यथाक्रम समन्वय होता है। संधि संज्ञाएँ – मुख, प्रतिमुख, गर्भ, विमर्श, और निर्वहण।

संफेट = नायक की आरभटी वृत्ति के चार अंगों में से एक। इसमें दो क्रुद्ध पात्र परस्पर आघात या अधिक्षेप करते है।

संलाप (या संलापक) = नायक की सात्वत्ती वृत्ति का वह अंग, जहां पात्रों में नानाभाव तथा रस से युक्त गंभीर संवाद होते है।

संहारताण्डव = ताण्डव नृत्य के सात प्रकारों में एक।

सन्ध्याताण्डव = ताण्डव नृत्य के सात प्रकारों में एक।

सांघात्य = नायक की सात्त्वती वृत्ति के चार अंगों में से एक अंग। इसमें मंत्रशक्ति, अर्थशक्ति या दैवशक्ति के द्वारा प्रतिनायक के संघ का भेदन होता है।

सात्त्वती = नायक की चतुर्विध वृत्तियों में से एक। इसमें नायक का व्यवहार शोकहीन, तथा सत्त्व, शौर्य, त्याग, दया, आदि भावों से युक्त होता है। **चार अंग** – संलाप, उत्थापक, सांघात्य और परिवर्तक।

सात्त्विक अभिनय = स्तंभ, स्वेद, रोमांच, आदि अष्ट सात्त्विक भावों का प्रदर्शन।

सात्त्विक गुण = शोभा, विलास, माधुर्य, गांभीर्य, स्थैर्य, तेज, और लालित्य। ये श्रेष्ठ गुण उत्तम नायक में अपेक्षित होते हैं।

सात्त्विक भाव = सत्त्व याने मन (जो दूसरों के हर्ष शोक आदि भावों से तत्काल एकतान होता है) की विशिष्ट अवस्था के कारण उत्पन्न होने वाले अश्रु रोमांच आदि की संज्ञा। अश्रु रोमांच आदि सात्त्विक (सत्त्व से उत्पन्न) भाव तथा अनुभाव। (भ्रूविक्षेपादि के समान अनुभव का विषय) भी होते हैं। (अनुभावों से सात्त्विक भाव अलग माने जाते है)।

सात्त्विक भाव के आठ प्रकार – स्तम्भ, प्रलय (अचेतनता), रोमांच, स्वेद, वैवर्ण्य (मुंह का रंग फीका पड़ जाना), वेपथु (कम्प), अश्रु, वैस्वर्य (स्वर में परिवर्तन),। इन अतिरिक्त अन्य भावों को अनुभाव कहते हैं। इन्हीं को "अष्ट सात्त्विक भाव" भक्तिमार्गी कहते हैं।

सामाजिकगत रस = हास्य, करुण, अद्‌भुत और भयानक – इन शृंगारादि के चार जन्य रसों की प्रतीति सामाजिकों को होती है। अतः इन्हें 'सामाजिकगत' माना है।

सैन्धव = लास्यांग के दस प्रकारों में एक। नायिका संकेतस्थल पर न आने के कारण व्याकुल नायक का प्राकृत गायन।

स्थापक = सूत्रधार के समान नाटकीय कथावस्तु स्थापना करने वाला अर्थात् नाट्य की कथावस्तु, बीज नामक अर्थप्रकृति, मुख नामक सन्धि और प्रमुख पात्र का अपने भाषण में परिचय देने वाला नट।

स्थायी भाव = समुद्र समस्त वस्तुओं को आत्मसात् करके आत्मस्वरूप करता है, उसी प्रकार, रति, शोक, क्रोध, आदि (आठ या नौ) भाव अनुकूल प्रतिकूल- सभी प्रकार के सामान्य संचारी भावों को आत्मरूप करते हैं। विभाव, अनुभाव, तथा व्यभिचारी भाव के द्वारा ये 'उद्‌बुद्ध' होते हैं। तब उन्हीं को शृंगार, करुण, रौद्र, आदि संज्ञा प्राप्त होती है। **नाट्यानुकूल स्थायी भाव** – रति, उत्साह, जुगुप्सा, क्रोध, हास, स्मय, भय, और शोक। शम भी नौवां स्थायी भाव है किन्तु नाट्य में उसका परिपोष नहीं होता। अतः नाट्यशास्त्र में उसे स्थायी नहीं माना जाता।

स्थितपाठ्य = लास्यांग के दस प्रकारों में एक। इसमें मदनोत्तप्त नायिका प्राकृत गीत गाती है।

स्मृति = ३३ व्यभिचारी भावों में एक। पूर्वज्ञात वस्तु का तत्सम वस्तु के दर्शन के कारण मन में उद्‌बोधन।

स्त्रीपात्र = संस्कृत नाट्यप्रयोग में अभिनय करनेवाले १७ प्रकार के स्त्रीपात्र भरत ने कहे हैं – महादेवी (अभिषिक्त पटरानी), देवी (अनभिषिक्त रानी), स्वामिनी, स्थायिनी, भोगिनी, शिल्पकारी, नाटकीया, नर्तकी, अनुचारिका, आयुक्ता, परिचारिका, संचारिणी, प्रेक्षणकारिका, प्रतिहारी, कुमारिका, वृद्धा, आयुक्तिका।

स्वाद (रसास्वाद) = काव्यार्थ के ज्ञान के सहृदय-रसिक के अन्तःकरण में उत्पन्न विशेष प्रकार के सात्त्विक आनंद का अनुभव। **चार प्रकार** – (१) शृंगार तथा हास्य के ज्ञान से **विकास,** (२) वीर तथा अद्‌भुत की अनुभूति से **विस्तार,** (३) बीभत्स तथा भय से **क्षोभ,** एवं (४) रौद्र तथा करुण के अनुभव से **विक्षेप।**

स्वाधीनपतिका = शृंगार नायिका की एक अवस्था। इसका प्रिय पति समीप रहता है तथा उसके अधीन होता है।

स्वीया नायिका = नायक की धर्मपत्नी। तीन प्रकार – मुग्धा, मध्या, और प्रगल्भा (या प्रौढा)।

हर्ष = ३३ व्यभिचारी भावों में से एक। प्रिय का आगमन,

जयलाभ, पुत्रजन्म आदि के कारण चित्त की प्रसन्नता। इसमें अश्रु, स्वेद, गद्‌गदता आदि अनुभाव होते हैं।

हास्यत्रय = सुप्त हास्य, स्मितहास्य, और व्यक्तहास्य।

हास्य के छह प्रकार = हसित, अपहसित, उपहसित, अवहसित और अतिहसित।

हास्यरस = विकृत आकार, वाणी, वेष, आदि के कारण हास स्थायी भाव का परिपोष। इस रस के उत्तम, मध्यम और अधम- तीन प्रकार माने हैं।

★★★

वर्ग - २ (आ) – (परिशिष्ट)

भारतीय लोकनृत्य संज्ञाएँ

कुरवैकुत्तु = तमिलनाडू का एक सामूहिक स्त्रीनृत्य। इसमें एक पुरुष को बीच में रखकर स्त्रियाँ मंडलाकार नृत्य करती हैं। देखिए हल्ली।

कयांग = हिमालय प्रदेश का एक सामूहिक नृत्य।

कच्छीघोडी = एक राजस्थानी लोकनृत्य। इसमें नर्तक लकड़े की अश्वाकृति में खड़ा होकर नृत्याभिनय करता है।

कसोमखुलेन = एक मणिपुरी लोकनृत्य।

कुम्मनी = एक काश्मीरी धार्मिक लोकनृत्य।

खड्गनृत्य = मुंडा जातीय वनवासियों का खड्गसहित समूहनृत्य। अपरसंज्ञा– संग्रामनृत्य या पायकी नृत्य

गंधर्वप्रीति = भरतनाट्यम् के समान एक निकृष्ट नृत्यप्रकार।

गद्दी = हिमाचल प्रदेश के स्त्री-पुरुषों का एक सामूहिक नृत्य।

चक्रमार = बुंदेलखंडी लोकनृत्य का एक प्रकार।

जरीगान नृत्य = एक असमी लोकनृत्य।

जागर नृत्य = गढवाल, कुमायूँ और गोमंतक प्रदेश में प्रचलित एक लोकनृत्य। यह नृत्य प्रायः देवता का संचार होने वाले लोगों द्वारा होता हैं।

जागो नृत्य = पंजाब में प्रचलित सामूहिक स्त्रीनृत्य। यह नृत्य विवाह के उत्सव में होता है।

जोग नृत्य = उड़ीसा का एक लोकनृत्य। वधू का अपहरण इसमें मुख्य अंग होता है।

झांझर = हिमाचल प्रदेश का एक सामूहिक लोकनृत्य।

झिम्पा = महाराष्ट्रीय महिलाओं का एक सामूहिक नृत्य।

झुमैलो = एक गढवाली लोकनृत्य।

झुलकी = सतपुडा विभाग का एक वनवासी लोकनृत्य। दीपावली के पहले यह नृत्योत्सव होता है।

झुम्मीर = पंजाब का एक लोकनृत्य।

झूमर = एक अखिल भारतीय लोकनृत्य। उत्तर भारत के विविध प्रदेशों में इसके विविध प्रकार प्रचलित है।

झेंडा नृत्य = महाराष्ट्र का एक लोकनृत्य।

झोडा = कुमाऊं प्रदेश का एक सामूहिक लोकनृत्य। चैत्र मास में यह नृत्य होता है अतः इसे चैतझोडा कहते हैं।

झोडिया = वनवासी लोगों का एक सामूहिक नृत्य।

टहोका = व्रजमंडल का एक लोकनृत्य।

टिपडो = एक सिंधी लोकनृत्य। यह होली के समय होता है।

डांडिया नृत्य = राजस्थानी पुरुषों का सामूहिक नृत्य।

डुम्हल = एक काश्मीरी लोकनृत्य।

ढिमरा = बुदेलखंड के वनवासियों का एक सामूहिक नृत्य।

थांबलचंग्बा = मणिपुरी लोकनृत्य।

नाट्टी = हिमाचल प्रदेश का एक पारिवारिक नृत्य।

धुमुरा = बस्तर-उड़ीसा के वनवासी समाज का सामूहिक नृत्य। छोटा ढोल बजा कर यह नृत्य होता है।

नकटा नृत्य = कोंकण प्रदेश का एक लोकनृत्य।

नकटौरा = उत्तरप्रदेश का एक लोकनृत्य। (इसमें गाए जाने वाले गीत को नकटा कहते हैं।

नट्टुवन = मोहिनी आट्टम नामक केरलीय नृत्य का सूत्रधार।

तारनाप = अरुणाचल प्रदेश की मोनपा जाति में प्रचलित नृत्यनाट्य।

दशावतार = लोकनाट्य का एक प्रकार। गोमंतक (गोवा) तथा महाराष्ट्र में यह लोकनाट्य होता है। इसमें भगवान् विष्णु के मत्स्य कूर्म, आदि दस अवतारों के आख्यान अभिनयद्वारा प्रदर्शित होते है।

नागनृत्य (या भैरवनृत्य) = एक सामूहिक स्त्रीनृत्य। लहरा या वाद्य की धुन पर यह नृत्य होता है। अतः इसे 'लहरा' भी कहते हैं।

नाटी = हिमालय के कुलू विभाग में प्रचलित एक लोकनृत्य।

नादान्तनृत्य = नटराज के ताण्डवनृत्य का एक प्रकार। चिदम्बरम् की सुप्रसिद्ध नटराजमूर्ति इसी नृत्यावस्था में है।

नामसंकीर्तन = एक मणिपुरी पुरुषनृत्य।

नृत्त = अभिनयहीन, तालाश्रित, तथा अंग विक्षेपयुक्त नर्तन का एक प्रकार। इसमें ३२ अंगहार, १०८ करण, (या आडाव) होते है।

पक्षिनृत्य = उत्तर प्रदेश का एक लोकनृत्य।

पंगी = हिमाचल प्रदेश का एक लोकनृत्य।

पदम् = भरतनाट्यम् का एक शृंगारात्मक प्रकार। इसका प्रयोग कलाकार वर्णम् के बाद करता है।

पात्र नृत्य = बंगाल में प्रचलित देवदासियों का एक लोकनृत्य।

पाधरनृत्य = सौराष्ट्र के वनवासी केवट समाज का सामूहिक नृत्य।

पांडवनृत्य = उत्तर भारत का एक लोकनृत्य जिसमें पांडव तथा द्रौपदी आदि पात्र नृत्य करते हैं।

पायकी = देखिए खड्ग नृत्य।

पारिजातम् = एक कर्नाटकीय लोकनाट्य।

पुरवी आट्टम् = दक्षिण भारत का एक नृत्य। इसमें नर्तक लकड़े की अश्वाकृति में खडा होकर नाचता है।

पूजा कुणित = मैसूर विभाग का एक धार्मिक लोकनृत्य।

पूरकली = उत्तर केरल का एक लोकनृत्य।

पैकियानृत्य = व्रजमण्डल का लोकनृत्य। विवाह की बारात में कागज के हंस या मोर के बीच खड़ा होकर नर्तक नाचता है।

प्रदोष नृत्य (या सन्ध्यानृत्य) = नटराज के ताण्डव नृत्य का एक प्रकार

फान्दरो नृत्य = वनवासी समाज का एक नृत्य।

फूलपाती = मध्यप्रदेश का एक लोकनृत्य।

बऊनृत्य = (वधूनृत्य) असम के विशिष्ट प्रदेश का एक स्त्रीनृत्य।
बगुली = बिहार की स्त्रियों में प्रचलित एक गीतिनाट्य।
बच्चनग्न = काश्मीरी तरुणों का एक विशिष्ट नृत्य। इसमें सुकुमार युवक स्त्रीवेष में नृत्य करते हैं।
बलिनृत्य = आंध्र (पूर्वभाग) के वनवासी लोगों का समूह नृत्य।)
बांडजश्न = एक काश्मीरी सामूहिक लोकनृत्य।
बालनृत्य = नेपाल का एक धार्मिक समूह नृत्य।
बिसननृत्य = बस्तर विभाग के माडिया समाज में प्रचलित स्त्री-पुरुषों का सामूहिक नृत्य।
बिसेंदिया = पूर्व उत्तरप्रदेश और पश्चिम बिहार के विभाग में प्रचलित लोकनाट्य का एक प्रकार।
बिहुनृत्य = असम प्रदेश में प्रचलित एक लोकनृत्य। तीन प्रकार – **रंगाली, भोगाली** और **कंगाली**। इस नृत्य में उपयुक्त गीतों को भी बिहु कहते हैं।
बैलाटम् = यक्षगान नामक दाक्षिणात्य नृत्यनाट्य का एक प्रकार (बैल = प्रांगण/ आटम = नृत्यनाट्य)।
बोंडानाच = सतपुड़ा के गिरिजनों का एक नृत्यप्रकार।
बोहाडा = महाराष्ट्र के नासिक विभाग में प्रचलित एक पौराणिक विषयों पर आधारित नृत्यनाट्य।
भगतनृत्य = उत्तरप्रदेश का एक लोकनृत्य। दुर्गापूजा में भगत लोक इसका प्रयोग करते हैं।
भरतनाट्यम् के ५ अंग = अलारिपु, पदम्, जाति-स्वरम्, शब्दम्, वर्णम्, तिल्लाना, और नटनम् अडिनार। इसी अनुक्रम से संपूर्ण भरतनाट्यम् का प्रयोग होता है।
भवाई नृत्य = गुजरात का एक प्रमुख लोकनृत्य।
भांगडा = पंजाब का एक लोकप्रिय समूह नृत्य। इसी प्रकार के स्त्रीनृत्य को **गिध्दा** कहते हैं।
भागवत मेला नाटकम् = तमिलनाडू में प्रचलित नृत्यनाट्य का एक प्रकार। यह भरतनाट्यम् से मिलता जुलता है।
भागवतमेल = भरतनाट्यम् का एक प्रकार। इसमें नर्तक स्वयं वाचिक अभिनय करता है। नृत्य के पार्श्वसंगीत को ही वाचिक अभिनय कहते हैं।
भूतनृत्य = भूतपिशाचों की बाधा नष्ट करने या उन्हें प्रसन्न करने के लिए यह धार्मिक लोकनृत्य भारत के विविध प्रदेशों में होता है। इसमें केवल उछलकूद होती है।
भूथम् = तमिलनाडु का एक लोकनृत्य।
मण्डूकभारतम् = वर्षा के आगमन से आनंदित मण्डूकों (मेंढकों) की भावना की अभिव्यक्ति करनेवाला एक नृत्य प्रकार।
माच = मालवा में प्रचलित एक नृत्यनाट्य।
माथुरी = आंध्र के उत्तरी भाग में प्रचलित एक सामूहिक नृत्य।
मारनमाहोन = एक मणिपुरी लोकनृत्य। यह वीररस प्रधान होता है।
माला = हिमाचल प्रदेश के स्त्री-पुरुषों का सामूहिक नृत्य।
मेघरानी नृत्य = बंगाल का सामूहिक स्त्रीनृत्य। वैशाख और ज्येष्ठ मास में मेघों के प्रीत्यर्थ यह नृत्य होता है।
मेहुलिया = गुजराती वनवासियों का सामूहिक नृत्य।
मोहिनी अट्टम = भरतनाट्यम् नृत्य का केरलीय प्रकार।
मोहिलनृत्य = वज्रमण्डल का एक स्त्री नृत्य।
यक्षगान = दक्षिण भारत के नृत्यनाट्य का एक प्रकार। पौराणिक कथाओं पर आधारित ये नृत्यनाट्य होते हैं। इसी को आंध्र में वीथिनाटकम्; तमिलनाडू में भागवतमेल, और कर्नाटक में दशावतार यक्षगानम् कहते हैं।
यात्रकळी = केरल का एक नृत्यनाट्य। चार प्रकार- नालपादम् पानम्, अभिनयम् और हास्यम्। इनके प्रयोग प्रायः विद्वान ब्राह्मण करते हैं।
यात्रानाटक = बंगाल, उड़ीसा और बिहार का पुरुषप्रधान ग्रामीण नाट्य। विविध प्रकार- शक्तियात्रा, शिवयात्रा, रामयात्रा, कृष्णयात्रा, स्वदेशी यात्रा, इत्यादि। जयदेवकृत **गीतगोविंदम्**, यात्रानाटक से प्रभावित गीतिकाव्य है।)
रम्मत = एक राजस्थानी गीतप्रचुर लोकनाट्य।
राधानृत्य = महाराष्ट्र में प्रचलित राधाकृष्ण की शृंगार लीला पर आधारित एक लोकनृत्य।
राधान आट (या राजानआट) = कर्नाटक में प्रचलित राधा-कृष्ण विषयक एक लोक नाट्य।
रामलीला = रामचरित्र विषयक उत्तरभारतीय लोकनाट्य।
रासधारी = राजस्थान का एक उत्तम लोकनाट्य। प्रायः रामकथा या पौराणिक आख्यान पद्यात्मक संवाद तथा संगीत सहित इसमें प्रदर्शित होते हैं। इसके कलाकार भी रासधारी कहलाते हैं।
रासनृत्य = स्त्री-पुरुषों के युगुलों का मंडलकार समूह नृत्य।
रासलीला = व्रजभूमि (उत्तर प्रदेश) में प्रचलित कृष्णलीलात्मक लोकनृत्य। (रास =(१) नौ रसों का समूह। (२) रसों का उत्पत्ति स्थान)। श्रीमद् भागवत के दशम स्कन्ध के (२९ से ३३) पांच अध्यायों में श्रीकृष्ण की रासलीला का अपूर्व वर्णन आता है। इन पांच अध्यायों को **रासपंचाध्यायी''** कहते हैं।
रोफनृत्य = काश्मीरी स्त्रियों का एक लोकनृत्य।
लक्ष्मीपुराणस्वांग = उत्कल प्रदेश का एक लोकनाट्य। मार्गशीर्ष मास के प्रथम गुरुवार को इसके प्रयोग सर्वत्र होते हैं। इस नाट्य में गृहिणीस्वरूप लक्ष्मी का उदात्त चित्रण होता है।
ललित = महाराष्ट्र का एक प्राचीन नाट्यप्रकार जिसमें हिंदी भाषा का प्रयोग अधिक होता है और कृष्णलीला, रामकथा आदि पौराणिक तथा लौकिक हास्यात्मक विषयों का प्रदर्शन होता है। आधुनिक मराठी नाट्यकला का उद्गम ललित से ही माना जाता है।
लादूहरोबा = मणिपुरी लोकनृत्यों में एक प्रमुख प्रकार। इसके १२ उपप्रकार माने जाते हैं।

लामानृत्य = लडाख के लामा लोगों का सामूहिक नृत्य।

लावरानृत्य = महाराष्ट्र का एक लोकनृत्य।

लावली बगावली = हिमाचल प्रदेश का एक लोकनृत्य।

लाहलडी = हिमाचल प्रदेश का एक लोकनृत्य।

लोकनाट्य –(विविध प्रदेशों में प्रचलित प्रकार) = रामलीला, कीर्तनिया, स्वांग, डोमकच्छ, माच, नौटंकी, भगत, गंभीरा, अंकिया, भवाई, ख्याल, रम्मत, गवरी, दशावतार, ललित, खेळ्ये, कठपुतली, यात्रकली, यक्षगान, हरिकथा, बुरकथा भागवतमेल, वीथिभागवतम्, तमाशा इत्यादि।

लोकनृत्य (विविध प्रदेश के प्रकार) –

काश्मीरी – बच्चनग्म, डुम्हल, पाथेर, छज्जा, गद्दी. इ.। **पंजाबी** –कौलरी दियाली, लाहलडी, नाटी, झूमर, भांगडा, इ.। **हिमाचली** –संगला (३ प्रकार- वाक्यांग, काग्यांग, डाक्यांग) खेडा, झांझर, दीपक, घुमाटी, श्रीखंडन। **उत्तरप्रदेशीय** – छपेदी, चांचरी, झोडा, झुमइलो, चौफुला, छोपत्ती, तांदी, ठाड्या, लामण, जागर, बराडी नटी, विजयनृत्य। **बिहारी** – रामलीला, कीर्तनीया, कुंजवाँसी, भगता, विदापत, बरवो, व्रजवासी, कदंबलीला, नागलीला, जदुर, सरहुल, करमा, दूदैल, छाऊ इ. **बंगाली** – छाली, राइबन्शे, काठी, झूमरबोला, बाउल इ.। **असमिया** – बिहू, नोंगक्रोम, बोई, सांखू, मोसांगलांगनाई। खल्लाम, सुत्तलाम, साम्बालिम, ब्रूदूरालिम, दिमासाकाचारी, के दोहोई, अंगामलू (मत्स्यनृत्य), हुचारी। **मणिपुरी** – मारनमाहून, काबुई, हायसेनगाय, हेंगानातूना, ग्लानलम, पाटनजोगाई, लाइहरोबा, राखाल, रिआँग, नरिंगान, इ.। **उत्कलीय** – जदुर, धुमुरा, पाइक। **मध्यप्रदेशीय** – धुरिया, सारू, गौड, लक्ष्मीजागर, लांगी इ.। **राजस्थानी** – धूमर, नेजा, गौरी, व्रालर, चनग, शंकरिया, गींदड, पणिहारी इ.। **गुजराती** – रासदांडिया, गरबा, (स्त्रीनृत्य) गरबी (पुरुषनृत्य), कुछाडी, पांधर, दोहाडिया, बवाडिया, परनिया। **महाराष्ट्र** – फुगडी, झिम्मा, आगोटा-पागोटा, गोफ, पिंगा, कोळीनृत्य, गजा, लेझिमनृत्य, काठखेळ, धुसादी (या धांदरी), ढोलाचा नाच, तंबोरीनाच, तारपीनाच, दिंडी, नकटा नाच इ.। **गोमंतकीय** – जागर, तियात्र, रोमट, राधानृत्य। **आंध्रीय** – डापुवाद्यम्, माधुरी नृत्य, बलीनृत्य, मयूरनृत्य। **कर्नाटकीय** – बालकत, पूजाकुलित, भूतनृत्य। **तमिलनाडु** – करगम, ओशिलआट्टम्, चिंडू, पिन्नलआट्टम। **केरलीय** – कथकली, थुळ्ळल कलियाट्टम्, वेलकली, कोलकली।

वग = महाराष्ट्र में प्रचलित ग्रामीण नाट्य प्रकार।

वर्णम् = भरतनाट्यम् का सर्वोत्कृष्ट प्रकार। इसमें कलाकार तालबद्धता तथा गीत के भावार्थ से तन्मयता का समन्वय करता है।

व्रतनृत्य = बंगाल की स्त्रियों का एक सामूहिक नृत्य।

वालर = राजस्थान का एक लोकनृत्य।

विजयनृत्य = उत्तरप्रदेश के पर्वतीय प्रदेश का वीर रसात्मक सामूहिक (पुरुषनृत्य)।

वेलकली = केरल में प्रचलित वीर नृत्य। इसमें कौरव-पाण्डवों के युद्ध का अभिनय होता है।

शंखासुर नृत्य = महाराष्ट्र का लोकनृत्य।

शापदोह = सिक्किम प्रदेश का लोकनृत्य। शाप = चरण; दोह = गति।

शिकारी (या लाहो) = असम प्रदेश के जयंतिया (या जंतिया) लोगों का एक धार्मिक समूह नृत्य।

शोंरचेस = लडाख के बौद्धों का नववर्षानिमित्त सामूहिक नृत्य।

श्रूपला रचेस = लडाख प्रदेश का एक नृत्य प्रकार। इसमें नर्तक सिंहवेष मे नाचता है।

संगला = हिमाचल प्रदेश का एक लोकनृत्य। तीन प्रकार बाक्यांग, डाक्यांग, क्राक्यांग।

संग्रामनृत्य = देखिए – खड्गनृत्य।

संघकली = केरलीय लोकनृत्य। अन्य प्रकार – अंगमंगलं, और हास्यमंगलम्।

सरहुलनृत्य = उरांव नामक वनवासी लोगों का रामूह नृत्य।

सलामीनाच = महाराष्ट्र का एक लोकनृत्य।

सुगानृत्य (सुआनृत्य) = (सुगा = तोता) = छत्तीसगढी स्त्रियों का एक सामूहिक नृत्य। इसमें तोते की चाल का अभिनय होता है।

सैलानृत्य (डंडा नाच) = मध्यप्रदेश के वनवासी लोगों का एक नृत्य।

सैलारिना नृत्य = मध्यप्रदेश के गोंड लोगों का सामूहिक नृत्य।

स्वांग = उत्तर भारत में प्रचलित स्त्री समाज का लोकनाट्य। इसके दोन प्रकार प्रचलित है। (१) हाथरसी और (२) रोहतकी।

हल्लीसक = (या धालिक्य गांधर्व) = एक सामूहिक नृत्य प्रकार। इस में एक पुरुष को बीच में रखकर स्त्रियाँ मंडलाकार नृत्य करती हैं।

हस्तमुद्रा के चार प्रकार–

(१) असंयुक्त हस्त (एक ही हाथ से एक वस्तु संकेत करना। **(२) संयुक्तहस्त** (दो हाथों से एक वस्तुओं सो कूचित करना। **(३) समान हस्त** (एक ही हाथ से अनेक वस्तु सूचित करना), **(४) मिश्रहस्त** (दो हाथों से दो विभित्र वस्तुओं को सूचित करना। इनमें असंयुक्त हस्त के २४ और संयुक्त हस्त के १३ प्रकार नाट्यशास्त्र में कहे हैं।

हुजारी = असम प्रदेश का लोकनृत्य। हुचारी कीर्तन नामक धार्मिक गीतों के साथ यह पुरुषनृत्य होता है।

★★★

वर्ग - ३
संगीत शास्त्र परिभाषा

अंशस्वर = गीत में जिस स्वर का प्रयोग अधिक मात्रा में होता है। इसी से राग की पहचान होती है। देखिए – वादी स्वर।

अचल थाट यन्त्र = वीणा जैसे विशिष्ट यंत्र में शुद्ध और विकृत सभी स्वरों के लिए २२ अथवा २३ परदे रहने पर उसे अचल थाट यंत्र कहते है। वीणा के परदे सरकाए नहीं जाते।

अचल स्वर = षड्ज और पंचम। अन्य पांच स्वर चल माने जाते हैं।

अटताल = कर्नाटकी संगीत के सात प्रमुख तालों में से एक। इसमें १२ मात्राएँ और चार ठोके होते हैं।

अतिकोमल = दयावती श्रुति पर स्थापित रे और मदन्ती श्रुति पर स्थापित ध। (**रंजनी** श्रुति पर स्थापित कोमल रे तथा **रोहिणी** श्रुति स्थापित कोमल ध से ये अलग होते हैं।)

अनिबद्ध = ताल और मात्रा से रहित आलाप।

अनुकार = गायक के पांच प्रकारों में एक। उत्तम गायक का यथायोग्य अनुकरण करने वाला गायक। अन्य प्रकार – **शिक्षाकार, रसिक** (अपने निजी गायन का रसास्वाद लेने वाला), **रंजक** (श्रोताओं को संगीत से रिझाने वाला), **भावुक** (गायन मे भावना व्यक्त करने वाला)।

अनुपल्लवी = कर्नाटक संगीत की वर्णम् नामक रचना के पूर्वांग में अन्तर्भूत एक स्वरयोजना। इसके साथ पल्लवी और मुक्ताबाई नामक स्वर भी होते हैं।

अनुवादी स्वर = राग गायन में वादी और संवादी स्वरों के अतिरिक्त अन्य स्वरों की संज्ञा। इन्हें **'सेवक'** की उपमा दी जाती है।

अनुवादी स्वर = वादी स्वर से तीसरा स्वर। जैसे सा + ग, र + म इत्यादि।

अन्तरगांधार = चतुःश्रुति युक्त गांधार (ग) (देखिए – गांधार)।

अन्तरा = ध्रुपद, आलाप और ख्याल के चार चरणों में द्वितीय चरण की संज्ञा। इसमें मध्यम सप्तक के गान्धार (ग) से तार सप्तक के गान्धार (क्वचित् पंचम) तक स्वराष्टक का व्यवहार होता है।

अपन्यास = गीत के विशिष्ट भाग का अंतिम स्वर। **संन्यास** और **विन्यास** भी विशिष्ट भागों के अंतिम स्वरों की संज्ञाएँ हैं। इन का अन्तर्भाव अपन्यास में ही होता है।

अपन्यास स्वर = पदविदारी जिस स्वर पर पूर्ण होती है उसकी संज्ञा। अपन्यास स्वर ही विदारी पूर्ण करता है। इस स्वर में गीत खंड या स्वरपद पूर्ण होता है। (देखिए – विदारी)।

अभिरुद्गता = देखिए- मूर्छना।

अर्धस्थित स्वर = राग के स्थायी स्वर से चौथे और आठवे स्वर (अर्थात् व्दयर्ध और द्विगुणित) के बीच के सारे स्वर।

अलंकार (या पलटे) = छात्रों को स्वरज्ञान होकर राग विस्तार का ज्ञान होने के उद्देश्य से किया गया वर्णों का समुदाय। अलंकार में आरोह और अवरोह की आवश्यकता होती है किन्तु स्वरसंख्या का नियम नहीं हैं।

अलंकार = दो प्रकार – (१) वर्णालंकार (जैसे सारेग, रेगम, इत्यादि), (२) शब्दालंकार – नाद को ध्वनित करने की विशिष्ट प्रयोगात्मक कला। उदा. – मींड, गमक, कृन्तन इत्यादि। शास्त्र में ६३ प्रकार के अलंकारों का उल्लेख है जिनके प्रकार – स्थायी वर्णगत, आरोहीवर्णगत, गात्रवर्णगत, अवरोही वर्णगत, संचारी वर्णगत इत्यादि। हस्तक्रिया भी शब्दालंकार के अन्तर्गत आती है। स्वर की रंजकता का ज्ञान, स्वरगत ज्ञान, वर्णसंदर्भ के वैचित्र्य इत्यादि के लिए अलंकार आवश्यक माने जाते है।

अवरोह = संगीत के स्वरों का उपर से नीचे आना। (सानिधपमगरेसा)। स्वरों के नीचे से उपर जाने को **आरोह** कहते हैं। (सारेगमपधनिसा)।

अवरोही = अवरोह के क्रम में स्वर का विस्तार। उदा. – सांनिध, धपम, पमग, इत्यादि।

अवरोही वर्ण = वर्ण (गानक्रिया) के चार प्रकारों में एक। निषाद से षड्ज तक उतरते हुए स्वरों का गायन।

अष्टपदी = जयदेव कृत गीतगोविंदम् के गीत। इन गीतों में प्रायः आठ पाद या चरण होते हैं।

आक्षिप्तिका = निबद्ध गान। ताल स्वरों सहित लिखी हुई चीजों की संज्ञा। संगीत शास्त्र की क्रमिकपुस्तकों में लिखी हुई चीज।

आगन्तुक स्वर = राग में वर्जित होने पर भी प्रयुक्त किया गया स्वर।

आतंक = ढोलक, तबला आदि चर्मवाद्यों की आवाज।

आतोद्य = वीणा आदि तंतुवाद्य।

आदिताल = चतुरस्र जाति का त्रिपुट ताल। यह कर्नाटक संगीत में प्रचलित है।

आदि रस = शृंगार को सृष्टि का कारण मानकर उसे यह संज्ञा दी जाती है।

आनक = एक प्राचीन शंखसदृश रणवाद्य।

आनन्दलहरी = दक्षिण भारत का एक तंतुवाद्य।

आभोग = ध्रुपद या आलाप का चतुर्थ चरण। इसमें प्रायः कवि का नाम निर्देश (जिसे भणिता कहते हैं) होता है। मध्य सप्तक के मध्यम से तार सप्तक के पंचम (या धैवत तक भी) स्वरविलास इसमें होता है।

आरोही वर्ण = वर्ण (गानक्रिया) के चार प्रकारों में एक। षडजं से निषाद तक जाते हुए स्वरों का गायन।

आरोही वर्ण = स्वरों के आरोह क्रम में स्वर का विस्तार।

उदा.- सागम, मधनि।

आलंकारिक स्वर = मुख्य स्वरों को अलंकृत करने वाले समीपवर्ती स्वर। ग्रंथ में ये स्वर मुख्यस्वर के उपर लिखे जाते हैं। ये अप्रधान होते हैं किन्तु मुख्य स्वर में रंजकता लाते हैं।

आलाप = राग को स्वर विस्तार से प्रकट करना या उसका विस्तार करना। चार विभाग – औचार, बन्धान, कैद, और विस्तार।

आलाप चार विभाग = स्थायी, अंतरा, संचारी, आभोग।

आलापिनी = २२ श्रुतियों में से १७ वीं श्रुती। प्राचीन मतानुसार पंचम (प) स्वर का स्थान।

आलापिनी = वीणा का एक प्रकार।

आलप्ति = रागालाप तथा रूपकालाप की उपर की अवस्था। इस में राग का आविर्भाव और तिरोभाव दिखाया जाता है।

आलप्ति या आलाप = अनिबद्ध गायन व्यवहार में इसे बहलावे कहते है।

आवर्त = ताल या छंद की एक बार संपूर्ण आवृत्ति।

आशिंजित (या शिंजित) = आभूषणों की झंकार।

आश्रय राग = मेल या ठाठवाचक नामों की अपर संज्ञा।

उग्रा = २२ श्रुतियों में २१ वीं श्रुति। आधुनिक मतानुसार शुद्धनिषाद (नि) स्वर का स्थान।

उच्चांग संगीत = शास्त्रीय संगीत की अपर संज्ञा।

उत्तररंग = महाराष्ट्र के नारदीय कीर्तन के दो अंगों में से एक। पूर्वरंग में प्रतिपादित सिद्धान्त का उदाहरण किसी पौराणिक आख्यान द्वारा उत्तररंग में होता है। इन दोनों अंगों में संगीत का विशेष उपयोग होता है।

उत्तरांगवादी = उत्तरराग की अपर संज्ञा। देखिए – राग - दो वर्ग। इनका वादी स्वर, सप्तक के उत्तरांग में होता है। (कुछ उत्तरांग रागों में मध्यम भी वादी होता है)।

उत्तरांग स्वर = मध्यम से तार षड्ज तक के स्वर।

उद्ग्राह = धातु या गत के पांच अवयवों में प्रथम। इसीसे गायन का आरंभ होता है।

उपरिपाणिक (ग्रह) = देखिए ग्रह (ताल के)।

उपांग राग = जनक राग के स्वरों से ही युक्त जन्य राग।

ऋतुराग = ग्रीष्म-दीपक। वर्षा-मेघ। शरद-भैरव। हेमन्त-मालकोष। शिशिर-श्री। वसन्त-हिंडोल। यह व्यवस्था हनुमन्त मत के अनुसार मानी गयी है।

ऋषभ (रे) = स्वर सप्तक का द्वितीय स्वर। शास्त्रानुसार- दयावती, रंजनी एवं रक्तिका श्रुति पर ही यह स्वर निर्दिष्ट है। यह शुभ अवसर पर प्रयुक्त होता है।

एकवीर = बांसुरी का एक प्रकार।

एकांत वाद्य = दक्षिण भारत का एक मधुर वाद्य।

एक्कालम् = एक दाक्षिणात्य सुषिर वाद्य, जो चार नलियां जोड़कर बनाया जाता है।

एदका = एक उत्तर भारतीय वितत वाद्य।

ओडव या औडुव राग = ५ स्वरों का राग। औडुव-औडुव रागों की संख्या- २२५ हो सकती है। इसमें प्रायः रे और प वर्जित होते हैं।

औचार आलाप = आलाप के चार प्रकारों में से एक। इसमें राग में व्यवहृत प्रधान पदों के व्यवहार से राग परिचय मात्र दिखाई देता है।

कच्छपी वीणा = अपर नाम – सरस्वती वीणा। वीणा का एक प्रकार जिसके दण्ड के अग्र में सिंहमुख होता है।

कटकम् = दाक्षिणात्य संगीत का एक राग विषयक कोश। इसमें प्रत्येक राग के क्रमसंचार, विशेष संचार, अपूर्व संचार आदि निर्दिष्ट हैं।

कणस्वर = प्रधान स्वर को अलंकृत करने वाला अल्पांश युक्त पूर्ववर्ती या परवर्ती स्वर।

करटा = एक प्राचीन आनद्ध चर्मवाद्य।

करडि वाद्य = डमरु के समान एक महान मृदंग जो दंडों से बजाया जाता है। दक्षिण भारत में इसका प्रचार है।

करण = बड़ी शहनाई जो मंद्र सप्तक में नहीं बजती।

करद = मृदंग का एक प्राचीन प्रकार।

करुण वीणा = मुरली के समान एक वाद्य।

कर्करि = एक वाद्य यंत्र (संभवतः वीणा) (कर्करिकर्णी- गौवों का एक विशेषण- कर्करि के चिह्न से युस्त कानवाली)।

कर्नाटकीय पद्धति = दाक्षिणात्य संगीत पद्धति की अपर संज्ञा।

कला = कम् (आनंद) लाति इति। आनंददायक रचना या निर्मिति। गीत, वाद्य, नाट्य आदि। "गीतवाद्यादिका कला" (अभिनव गुप्त) कुल संख्या ६४।

कला = संगीत ताल में एक आवश्यक तत्त्व। काल के एक प्रमाण को कला कहते हैं। आदि काल में चच्चत्पुट, चाचपुट, षट्पितापुत्रक आदि पांच ताल माने जाते थे।

काकली निषाद = निषाद स्वर का एक भेद। यह चतुःश्रुतियुक्त तथा कुमुद्वती श्रुति पर अधिष्ठित होता है। यही वर्तमान शुद्ध निषाद है।

काकली = (१) सूक्ष्म स्वर वाला एक दाक्षिणात्य वाद्य। (२) मधुर, अस्फुट और सूक्ष्म स्वर।

काकपाद = ४ मात्राओं का काल।

काकु = ध्वनि का विकार। छह प्रकार – स्वरकाकु, रागकाकु, दशकाकु, क्षेत्रकाकु, अन्यरागकाकु, और यन्त्रकाकु।

कादुमुख = एक दाक्षिणात्य वाद्यविशेष। युद्ध में विजय मिलने पर यह बजाया जाता था।

कात्यायनी वीणा = सौ तारों की एक प्राचीन वीणा। इसे 'शततंत्री' कहते हैं।

कामाद्वो = सारंगी के समान एक तत (तंत्री) वाद्य। इसमें २७ तार होते हैं।

कार्यदशी धर्म = कर्नाटकी संगीत सभा के कार्यक्रम की देखभाल करने वाले कार्यवाह के कर्तव्य।

काल = संगीत के ताल में आवश्यक एक तत्त्व। तालगणना

अनुद्रुत, द्रुत, लघु, गुरु, प्लुत और काकपाद के द्वारा होती है।

कालम् = एक दाक्षिणात्य सुषिर वाद्य। दो भेद —एक्कालम् और गौरीकालम्।

कालक्षेपम् = दाक्षिणात्य गायन का एक प्रकार। यह तंजौर राज्य में विशेष प्रचलित था।

काष्ठतरंग = काष्ठमयं स्वर पट्टिकाओं या स्वर पात्रों का एक घन वाद्य। इसमें पट्टिकाओं पर छोटे डंडे से आघात कर स्वर विलास होता है।

काष्ठताल = एक ग्रामीण घन वाद्य। इसे खटतार भी कहते है।

किनरी = देखिये रावणहस्त।

किन्नरी वीणा = वीणा का एक प्राचीन प्रकार। संगीत रत्नाकर के अनुसार इसमें ११ पड़दे होते हैं।

किलिकंजु = छोटे आकार का दाक्षिणात्य तानपूरा। इसके स्वर तोते के स्वर के समान होते हैं।

कीर्तन = गुणगान विषयक संगीत। दो प्रकार – कृष्ण कीर्तन और कालीकीर्तन (ये प्रकार बंगाल में प्रचलित हैं)।

कीर्तन = कर्नाटकी भक्तिसंगीत या गेय पद्य की संज्ञा। चार प्रकार – दिव्यनाम, उत्सवसंप्रदाय, मानसपूजा और संक्षेप रामायण।

कुझहत = दाक्षिणात्य ग्राम्य समाज का एक सुषिर वाद्य।

कूटतान = स्वरों के स्वाभाविक क्रम को त्याग कर व्यतिक्रम से स्वरों का विस्तार करना। उदा. सा म प ग इसमें स्वाभाविक क्रम का परिवर्तन है।

कुंडलम् = तामिलनाडु का एक लोकप्रिय वाद्य।

कुतप = नाट्यप्रयोग में उपयोगी एक वाद्यसमूह।

कुन्तलम् = एक दाक्षिणात्य चर्मवाद्य। इसके दो भाग होते हैं।

कुंभमुख (या कुंभ) = एक प्राचीन कुंभाकार चर्मवाद्य।

कुम = पितल का एक सुषिर वाद्य।

कुरुल = वन्य समाज का एक वाद्य।

कूर्मवीणा = प्राचीन दक्षिण भारतीय एक तंतुवाद्य।

कृति = कर्नाटक संगीत की सर्वोत्तम आधुनिक रचना। इसमें रंजकता के लिए क्वचित् चिट्ट स्वर (सरगम) प्रयुक्त होते हैं। (हिंदुस्थानी संगीत के ध्रुपद के समान यह रचना होती है।)

कैशिकी निषाद = निषाद स्वर का एक भेद। शास्त्रोक्त शुद्ध द्विश्रुतिक निषाद जब षड्ज की तीव्रा श्रुति पर अधिष्ठित होता है तब उसे यह संज्ञा देते हैं। वर्तमान काल में इसे तीव्र (चढ़ा) तीव्र कोमल निषाद कहते है। भीमपलासी राग में इसी का प्रयोग होता है।

कैद आलाप = आलाप के चार प्रकारों में से एक। इस में षड्ज को या राग के वादी स्वर को, केन्द्र मान कर छोटी-बडी तानों से उसे अलंकृत किया जाता है।

कोमल स्वर = देखिये विकृत स्वर।

कोलाहलवृन्द = जिसमें कलाकारों की संख्या ३२ से अधिक होती है, ऐसा गायक वृन्द।

क्रिया = संगीत के ताल में आवश्यक एक तत्त्व। दो प्रकार – सशब्द और निःशब्द। **सशब्द क्रिया** - के शम्पा ध्रुवा, ताल और सन्निपात नामक चार प्रकार होते हैं। निःशब्द क्रिया के आवाप, निष्क्राम, विक्षेप और प्रवेश नामक चार भेद होते हैं।

क्रोधी = २२ श्रुतियों में से ९ वीं श्रुति। प्राचीन मतानुसार गांधार स्वर का स्थान।

क्षिति = २२ श्रुतियों में १४ वी श्रुति। आधुनिक मतानुसार पंचम (प) स्वर का स्थान।

क्षोभिणी = २२ श्रुतियों में २२ वीं (अंतिम) श्रुति। प्राचीन मतानुसार शुद्ध निषाद (नि) स्वर का स्थान।

खण्डमेरु = कूटतान का स्वरूप निर्धारित करने की एक पद्धति। इससे स्वरप्रसार के स्वरूप का बोध होता है।

खोल = मृदंग के समान एक बंगाली चर्मवाद्य।

गमक = विशिष्ट स्वर जो स्वर अपनी श्रुति के स्थान से दूसरी श्रुति का आश्रय लेता है। सात प्रकार – कम्पित, स्फुरित, लीन, भिन्न, स्थविर, आहत और आन्दोलित।

गमक = किसी स्वर के पूर्ववर्ती या परवर्ती स्वर के आश्रय से एक या एकाधिक बार उच्चारण की पद्धति। दो प्रकार – आरोही और अवरोही। खण्डारी रीति के गायन में इसका अधिक प्रयोग होता है। इसके १५/२० या २२ प्रकार माने जाते हैं और उनके नाम भी अलग अलग हैं।

गंधर्व = (गंधं = संगीत वाद्यादिजनित्यं प्रमोदं अर्वति = प्राप्रोति इति) संगीत वाद्य आदि से आनंद प्राप्त करने की योग्यता रखने वाला। **आठ प्रकार** (पुराणोक्त) = हाहा, हूहू, चित्ररथ, हंस, विश्वावसु, गोमायु, तुंबरु, नंदी।

गर्गर = एक वाद्य यन्त्र।

गातु = (या ऋजुगाथ) = ठीक गाने वाला।

गांधर्वगीत = वेद के समान अपौरुषेय, शब्दप्रधान, मोक्षप्रद और गंधर्वों द्वारा गाया जाने वाला गीत।

गांधार = स्वर सप्तक का तृतीय स्वर जो रौद्री एवं क्रोधा श्रुतियों पर अधिष्ठित है। दो प्रकार – (१) अन्तर गांधार (वर्तमान शुद्ध गांधार) – यह मध्यमस्वर की दो श्रुतियां ग्रहण कर चार श्रुतियों का होता है। (तब मध्यम द्विश्रुतिक होता है)। अर्थात् अन्तर गांधार रौद्री, क्रोधा, वज्रिका और प्रसारिणी इन चार श्रुतियों में अंतिम श्रुति पर व्यक्त होता है। (२) साधारण गांधार = त्रिश्रुतिक गांधार जो वज्रिका श्रुति पर निष्पन्न होता है।

गांधारग्राम = (देखिए ग्राम-) - इस में स्वरों की श्रुतिसंख्या इस प्रकार होती है – सा-३। रे-२। ग-४। म-४। में-३। प-३। ध-३। नि-४। यह ग्राम अव्यवहार्य माना गया है।

गान (प्रकार) = वैदिक और लौकिक। लौकिक के प्रकार यन्त्रोत्पन्न, गात्रोत्पन्न, निबद्ध (तालमान-रसयुक्त) और अनिबद्ध।

गान = वाग्गेयकारों द्वारा रचित, लोकरंजन-परक देशी संगीत। यह लोकरुचि के अनुसार परिवर्तनशील होता है।

गायक = पांच प्रकार। - शिक्षाकार, अनुकार, रसिक, रंजक,

और भावुक। इनमें भावुक गायक संगीत में विशिष्टता लाने में समर्थ होता हैं।

गायक वादक धर्म = कर्नाटक संगीत के अन्तर्गत कच्चेरि (महफिल) में गायक वादकों के कर्तव्य

गायकाधम = (दोष संख्या २५) = संदष्ट, उद्घृष्ट, सूत्कारी, भीत, शंकित, कंपित, कराली, विकल, काकी, विताल, करभ, उद्वड, झोंबक, तुंबकी, वक्री, प्रसारी, निमीलक, विरस, अपस्वर, अभ्यक्त स्थानभ्रष्ट, अव्यवस्थित, मिश्रक, अनवधान, सानुनानिक।

गायकोत्तम के गुण = (कुलसंख्या २२) — **हृद्यशब्द, सुशारीर,** ग्रहमोक्षविचक्षण, राग-रागांगादि कोवीद, प्रबन्धगान निष्णात, विविधालक्षि तत्वविद्, सर्वरागेषु अनायास- लसद्गतिः, आयत्तकंठ, तालज्ञ, सावधान, जितश्रम, शुद्ध छायालग-अभिज्ञ, सर्वकाकुविशेषविद्, अपार स्थायसंचार, सर्वदोष विवर्जित, क्रियापर, अजस्त्रलय, सुघट, धारणान्वित, स्फूर्जन्निर्जवन, हारिरहः कृद्भजनोध्दुरः, सुसंप्रदायः। (संगीत-रत्नाकर)

गायकी = गुरु परंपरा से प्राप्त गीत या चीज को अपनी प्रतिभा से तान, आलाप, बोलतान आदि से अलंकृत करते हुए गाने की पद्धति।

गीत = मनोरंजक स्वरसमुदाय की संज्ञा। दो भेद- गांधर्व और गान।

गीत (प्रकार) - ध्रुवपद, खयाल, टप्पा, ठुमरी, गजल, होरी, तराना, चतुरंग, इत्यादि।

गीतविदारी = गीत की एक पंक्ति के दो या तीन विभाग।

गीति = गीत गाने की रीति। पांच प्रकार — **शुद्धा, भिन्ना,** गौडी, वेसरा (या वेगस्वरा) और साधारणी।

गेट्टुवाद्यम् = एक दाक्षिणात्य तंतुवाद्य।

गोटुवाद्यम् = (अपरनाम महानाटकवीणा) दक्षिणभारत का एक लोकप्रिय तंतुवाद्य। इसमें ५ + ३ तार होते हैं।

गोपी यंत्र = बंगाल का एक क्षुद्र तंतुवाद्य।

गोमुख = एक शृंगाकार सुषिर रणवाद्य।

गौरीकालम् = दक्षिणभारत का एक सुषिर वाद्य जो प्रायः मंदिरों के व्रतोत्सवों में बजाया जाता है।

ग्रह = गीत और ताल का आरंभ साथ में या आगे पीछे होना। तीन प्रकार = (१) समग्रह - (गीत और ताल का समकाल प्रारंभ) (२) अतीत ग्रह - गीत के प्रारंभ होने के पश्चात् ताल का आरंभ) (३) अनागत ग्रह - (गीत का आरंभ होने के पूर्व ताल का प्रारंभ)।

ग्राम = श्रुतिभेद के अनुसार षड्जादि स्वरों का समूह। तीन प्रकार - षड्जग्राम, मध्यमग्राम, और गांधार ग्राम।

ग्रह (ताल के) - सम, अतीत, और अनागत। संगीत के आरंभ काल में आरंभ होने वाला ताल- सम, पहले ही आरंभ हो जाने वाला ताल- अतीत, और बाद में आरंभ होने वाला अनागत या उपरिपाणिक कहलाता है।

ग्रहस्वर = स्वर के तीन प्रकारों में से एक। यह गीत के प्रारंभ में होता है। प्रत्येक राग का विशिष्ट ग्रह स्वर होता है।

घटम् = एक दाक्षिणात्य उपताल वाद्य। यह घट रूप ही होता है।

घडस = एक ग्रामीण चर्मवाद्य। इसी को डिंडिम कहते हैं।

घण्टातरंग = एक घंटामय वाद्य।

घनवाद्य नामावली = करताल, काँसर (काँसी), **खरताल,** घड़ी, घण्टा, जलतरंग, झांझ (झांझर)।

घुमट = एक घटाकार ग्रामीण चर्मवाद्य। (यह गोवा, कर्नाटक में प्रचलित है।)

घोसण = असम के वन्य समाज का एक वाद्य।

चंडालिका = वीणा का एक ग्रामीण प्रकार।

चंद्रीपरै = एक दाक्षिणात्य ग्राम्य तंतु।

चरणम् = कर्नाटक संगीत की वर्णम् नामक रचना के उत्तरांग में अन्तर्भूत स्वरयोजना। पूर्वांग में पल्लवी, अनुपल्लवी और मुक्ताबाई नामक स्वर योजनाएं होती हैं।

चर्चरी ताल = कर्नाटकी संगीत के १०८ तालों में एक।

चलन = (या पकड) जिन स्वरों के आलापन से राग की छाया झलकती है उन स्वरों के समूह की संज्ञा।

चलवीणा = वह वीणा जिसके तार इच्छानुसार दृढ और शिथिल कर स्वरोंकी उच्चता और निम्नता का क्रम बिठाया जाता है।

चिकारा = सारंगी के समान तंतुवाद्य।

चेंडे = ढोलक के समान एक चर्मवाद्य। पश्चिम समुद्र तट के निवासियों में इसका प्रचार है।

छंदोगान = -उदात्त, अनुदात्त, स्वरित, स्वरों में वैदिक ऋचाओं का गायन।

छन्दोवती = २२ श्रुतियों में चौथी श्रुति। प्राचीन मतानुसार षड्ज (सा) का स्थान।

छायालग (या सालग) राग = रागों के तीन वर्गों में एक। इसमें मुख्य राग के साथ अन्य राग की योजना से रंजकता होती है।

जंतर = राजस्थान का एक तंतुवाद्य।

जन्य राग = संपूर्ण राग से उत्पन्न राग, जिसमें जनक राग से एक दो भिन्न स्वरों की भी योजना होती है। दो प्रकार- **वर्ज्य** (जिसमें एक दो स्वर वर्जित होते हैं।) और **वक्र** राग (जिसमें १ से ४ तक स्वर वक्र होते है।)

जलतरंग = (उदकवाद्य) = जल से भरे हुए पात्रों पर बारीक यष्टि से आघात कर यह वाद्य बजाया जाता है। जलपात्र प्रायः चीनी मिट्टी के होते है।

जाति = (१) वर्ण और अलंकार युक्त गीतसमूह। षाड्जी आर्षभी इत्यादि स्वरनामों की सात शुद्ध जातियां और १३९ विकृत जातियों का उल्लेख शास्त्र में है। जाति का स्वरूप राग के समान ही था। वर्तमान काल में संपूर्ण, षाडव और औड्व इत्यादि जाति विभाग माने जाते हैं।

(२) प्राचीन गायन की पद्धति। दो भेद (१) **शुद्धजाति**

= (जो सदा संपूर्ण तथा जिसमें तार स्थान में न्यास कभी नहीं होता ऐसी जाति)। (३) विकृतजाति = शुद्ध जाति के न्यास का नियम पालते हुए अन्य बातों में जहां परिवर्तन होता है। कुल विकृत जातियां १५३ होती है।

(३) संगीत ताल में एक आवश्यक तत्त्व। लघुताल के मात्राकाल को जाति कहते हैं। **दो प्रकार** – त्र्यस्र (या त्र्यक्ष) और चतुरस्र।

जातिगान = रागगायन का प्रारंभ होने के पूर्व यह गान प्रकार प्रचलित था। आज वह लुप्त है।

जालरा = एक दाक्षिणात्य तालवाद्य।

जावली = कर्नाटक संगीत के सात रचना प्रकारों में एक शृंगारिक रचना जिसका उपयोग नृत्यप्रयोग में होता है। (हिंदुस्थानी ठुमरी के समान रचना) इसके गीत में पल्लव, अनुपल्लवी और चरण नामक तीन विभाग होते हैं।

झांझ = एक घनवाद्य। प्रकार- कैताल, जाल्रा, मंजी और झरीगा।

झींगा = लेजीम के समान एक घन वाद्य। दो प्रकार = छडिया और कमानिया।

झेंगट = कांस्य धातु का एक घन वाद्य। अन्य संज्ञा – **झल्लरी, झालरी, झालर।**

झोंबक = दुष्ट गायक का एक कुलक्षण। गर्दन व चेहरे की नसें फुलाकर गाने वाला।

टप्पा = पंजाब और बंगाल में लोकप्रिय हिंदुस्थानी संगीत का एक प्रकार।

टाल = एक तालोपयोगी धातुवाद्य।

ठुमरी = हिंदुस्थानी संगीत का एक रसीला अभिनयपरक गायन प्रकार। लखनवी, बनारसी और पंजाबी इन तीन पद्धतियों से ठुमरी का गायन होता है।

डंका = एक चर्मवाद्य जो शोभायात्रा में सबसे आगे बजाया जाता था।

डप्पुवाद्यम् = आंध्र प्रदेश का एक ग्रामीण नृत्यप्रकार। इसमें डप्पु नामक ढोल जैसे चर्मवाद्य का प्रधानता से उपयोग होता है।

डफगीत = राजस्थान तथा महाराष्ट्र में प्रचलित गीत सहित लोकनृत्य का एक प्रकार।

डमरु = एक अतिप्राचीन चर्मवाद्य। उदुक्क, निदुक्क और बुदुक्क – डमरु के प्रकार हैं।

डांक = ढोलक के आकार का डमरु के समान एक चर्मवाद्य। महाराष्ट्र की कुछ जातियों में श्राद्ध के निमित्त इस का वादन होता है।

डागर (या डागुर) = देखिए वाणी। यह विलम्बित लय में व्यवहृत होती है।

डिंडिम = एक चर्मवाद्य। यह लकडी या मिट्टी से बनाया जाता है।

डुमन = मुंड वनवासियों का एक चर्मवाद्य।

ढक्का = एक प्राचीन चर्मवाद्य।

ढवस = एक प्राचीन चर्मवाद्य।

ढाली = बंगाल में प्रचलित एक वीरनृत्य। रायबन्शी नृत्य इसी का एक प्रकार है।

ढोलक = पखावज के समान एक लोकप्रिय चर्मवाद्य। यह आम्र या वट के काष्ठ से बनाया जाता है।

ततवाद्य = वाद्यों के चार प्रकारों में से तंतुवाद्य की संज्ञा।

ततवाद्य नामावली = आनंदलहरी, एकतारा, इसराज, कानन (या स्वरमंडल), गोपीयन्त्र (गोपचन्द), तुंबरुवीणा (या तंबूरा), ताऊस, दिलरुबा, वीणा, बेहला (वायोलीन, या बहुलीन), बैंजो, रवाब, सरोद, सरिन्दा, सारंगी (सारंगवीणा), सितार, सुरचैन, सुरबहार, सुरमंजरी (स्वरमण्डल) सुररवाब, सुरशृंगार, सुरसंग्रह (या स्वराज)।

तबला-डग्गा = एक सुप्रसिद्ध चर्मवाद्य। यह म्लेच्छवाद्य कहा गया है।

तंदुरो = एक राजस्थानी वाद्य जो तानपुरे के समान होता है। इसके चार तारों की रचना तानपुरे के उलटे क्रम में होती है। (अन्य संज्ञा – वीणौ, चौतरो और निशाण)

तंचोरी = छोटा तंबोरा या तानपुरा।

ताऊस = सितार के समान एक तंतुवाद्य। इसके निचले भाग में मोर की आकृति होती है।

तान = (चार प्रकार) सरलतान, मिश्र, आलंकारिक, और कूटतान।

तान प्रकार= आर्चिक (एकस्वर) गाथिक (द्विस्वर), सामिक (त्रिस्वर), स्वरान्तर (चतुःस्वर), औडुव (पंचस्वर); षाडव (६ स्वर); संपूर्ण (सप्तस्वर) शुद्धतान संख्या- ८८। कूटतान संख्या = ३,१७,९२१। प्रचलित तान के प्रकार ७२। स्वरतान और बोलतान – वर्तमान तान प्रकार के नाम है।

तानपुरा = मूलसंज्ञा – तुंबरुवीणा। गायक को स्वर की साथ देने वाला एक प्रसिद्ध तंतुवाद्य। इसे तंबोरा भी कहते हैं। दक्षिण भारत में इसी प्रकार का वाद्य है जिसे कोट्टुवाद्यम् या बाल-सरस्वती कहते हैं।

तारसप्तक = उंचे नाद में अर्थात् मध्य नाद से दूगने नाद में गाया गया स्वर सप्तक।

ताल = कई मात्राओं की समष्टि। इन मात्राओं पर पखावज या तबले पर आघात किया जाता है।

ताल = संगीत में मात्राक्षरों के उच्चारण से गति का मापन हाथों से ताली बजाकर या मंजीरा, तबला आदि वाद्योंद्वारा करना। भरत-नाट्यशास्त्र में १०८ तालों का उल्लेख किया है। कर्नाटक संगीत में संप्रति प्रचलित सात ताल – एकताल, रूपक, झप, त्रिपुट, मठ्य. अट., ध्रुव।

तालचित्रनृत्य = जिस नृत्य में तालानुसार पदन्यास करते हुए चित्रांकन होता है।

तालमालिका = कर्नाटक संगीत के रचना प्रकारों में एक। इसमें राग एक ही होता है। किन्तु प्रत्येक चरण में ताल

भिन्न होते है। जितने ताल उतने ही चरण रचना में होते है।

ताशः = एक ग्रामीण चर्मवाद्य जो मुख्यतः शोभायात्रा में बजाया जाता है।

तीव्र मध्यम = विकृत मध्यम (म) स्वर की संज्ञा। संगीत में केवल यही स्वर तीव्र होता है। (कुछ लोग रे, ग, ध, नि इन शुद्ध स्वरों को भी 'तीव्र' कहते हैं।)

तीव्रा = २२ श्रुतियों में प्रथम श्रुति की संज्ञा। आधुनिक मतानुसार षड्ज (सा) का स्थान

तौर्यत्रिक = गीत, वाद्य, और नृत्य – तीनों की सम्मिलीत संज्ञा। दो प्रकार (१) उपपत्ति तौयत्रिक (अर्थात शास्त्रीय चिकित्सा) और (२) क्रियासिद्ध तौर्यत्रिक (संगीत की साधना)।

त्रिपुटताल = कर्नाटक संगीत के सात प्रमुख तालों में एक। इसमें आठ मात्राएँ और तीन ठोके होते हैं।

दयावती = २२ श्रुतियों में पांचवी श्रुति। आधुनिक मतानुसार शुद्ध ऋषभ (रे) स्वर का स्थान।

दावंडै = तामिलनाडु में प्रचलित डमरु के समान एक चर्मवाद्य।

दासरी तपट्टई = दक्षिण भारतीय एक चर्मवाद्य।

दिण्डी = वीणा के समान एक सामान्य तंतु वाद्य। महाराष्ट्र के वारकरी अपनी तीर्थयात्रा में इस वाद्य का उपयोग करते हुए नृत्य करते हैं। उसे **दिण्डीनृत्य** कहते हैं ।

दिलरुबा = सितार और सारंगी के संयोग से बनाया गया एक तंतु वाद्य।

विदेशी संगीत = विविध देशों में जनता की अभिरुचि के अनुसार प्रचलित हृदयरंजक गान, वादन और नृत्य।

देशी संगीत = शास्त्रीय (या मार्ग) संगीत संगीत के अन्य प्रकार – लोकसंगीत, लघुसंगीत, सुगम संगीत, रम्यसंगीत, कीर्तन आदि लोकप्रिय प्रकार इसीमें अन्तर्भूत होते हैं।

द्विगुणित = राग के स्थायी स्वर से आठवाँ स्वर।

द्व्यर्ध = राग के स्थायी स्वर से चौथा स्वर।

धमार = धमार नामक ताल में गाए 'होरी' गीत के प्रबंध।

धातु = गीत के अवयव + (१) स्थायी, (२) अंतरा, (३) संचारी, (या भोग) एवं (४) आभोग। 'ध्रुवपद' में धातु के चारों अवयव होते हैं। खयाल में प्रायः स्थायी और अंतरा होते हैं। **पांच प्रकार** – उद्ग्राह, मेलापक, ध्रुव, आभोग, अन्तर (या अन्तरा)।

धातुमातु = गीत की अक्षर रचना को मातु और स्वररचना को धातु कहते थे। (तत्र नादात्मको धातुः मातुरक्षरसंभवः)

धैवत = स्वर सप्तक का छठवां स्वर। यह मदन्ती, रोहिणी और रम्या तीन श्रुति युक्त तथा रम्या या मदन्ती श्रुति पर अधिष्ठित होता है।

ध्रुपद या ध्रुवपद = एक प्राचीन गायन शैली।

ध्रुपद गान = साधारणतया चौताल में होता हैं। जब यह धमार में गाया जाता है तब इसे कहते हैं और जब झपताल में गाते है तब इसे **सादरा** कहते हैं।

ध्रुवपद = स्थायी, अन्तरा, आभोग और संचारी इन चार विभागों मे विभाजित (अथवा केवल स्थायी और अन्तरा में विभाजित गीत। प्रत्येक भाग में तीन या चार चरण होते हैं।

ध्रुवताल = कर्नाटक संगीत में प्रचलित सात तालों में से एक। इसमें १४ मात्राएँ और चार ठोके होते हैं।

ध्रुववीणा = वह वीणा जिस के तार २२ श्रुति स्वरों के अनुसार बंधे रहते हैं।

नागस्वरम् = कर्नाटकी वाद्य संगीत में प्रयुक्त एक वाद्य। यह तामिलनाडु में विशेष लोकप्रिय है।

नाद = कुलसंख्या २२ जिनसे सा रे ग म इत्यादि संगीतोपयोगी सात स्वरों की उत्पत्ति हुई है।

नादस्थान = मंद्र, मध्य, और तार। इन तीनों स्थानों में एक एक स्वरसप्तक होता है जिन्हें मंद्रसप्तक, मध्यसप्तक और तार सप्तक कहते हैं।

नायक = संगीत के सभी अंगों में श्रेष्ठ गुणी और विद्वान् कलाकार।

नायकी तार = तत-वाद्य के वादन में उपयोगी मुख्य तार। वीणा का नायकी तार दर्शकी दृष्टि में वामपार्श्व में अवस्थित होता है। अन्य सभी भारतीय तंत वाद्यों का नायकी तार दांयी ओर होता है।

नायिकी = गुरु परंपरा से प्राप्त किसी गीत या चीज को शुद्ध उसी रूप में गाने की पद्धति। (देखिए भातखंडे की पुस्तकें)।

निषाद = स्वर सप्तक का अंतिम स्वर। इसकी दो श्रुतिया उग्र और क्षोभिनी हैं तथा यह क्षोभिनी पर अवस्थित होता है। दो प्रकार- काकली निषाद (वर्तमान शुद्ध निषाद और (२) कैशिकी निषाद।

न्यास स्वर = स्वर के तीन प्रकारों में से एक। यह गीत की समाप्ति में होता है। प्रत्येक राग का विशिष्ट न्यास स्वर होता है। राग का अंश स्वर, संवादी या अनुवादी स्वर में से कोई भी न्यास स्वर होता है।

न्यास = राग का विशिष्ट स्वर। इस स्वर में अवस्थान करने के पूर्व तक राग के पद का विश्राम नहीं होता। कई रागों में षड्ज ही न्यास होता है। किंतु यमन राग में गान्धार, तिलककामोद में मन्द्रनिषाद, देश राग में ऋषभ् इत्यादि न्यास स्वर होते हैं।

पंचम = स्वर सप्तक में पांचवा स्वर। क्षिति, रक्ता, सन्दीपनी और आलापिनी, इन श्रुतियों से युक्त आलापिनी श्रुति पर स्थित। पंचम की दो श्रुतियाँ (क्षिति और रक्ता) ग्रहण कर रक्ता श्रुति पर अधिष्ठित शुद्ध मध्यम को 'तीव्र मध्यम' कहते हैं। कुछ लोग इसे ' कोमल पंचम ' कहना उचित मानते हैं।

पंचमग्राम राग = जिन रागों में सा-प वादी और संवादी होते हैं ऐसे सभी राग।

पटह = लौकिक संज्ञा ढोल। एक चर्मवाद्य।

पण-पद्धति = कर्नाटकी संगीत के आरोह – अवरोह की

पद्धति जो तामिलनाडु में विशेष प्रचलित है। कंपितम् कुटिलम् आदि ओष्ठ दंतादि की क्रियाओं से पण की उत्पत्ति होती है।

पणव = एक प्राचीन चर्मवाद्य

पंडित = गायनकला में असमर्थ और संगीत शास्त्र का संपूर्ण ज्ञानी।

पद = राग प्रकाशक स्वररचना। षड्जादि (सा रे आदि) पदों को यथाक्रम जोडने से ही रागक्रम परिस्फुटित होता है। इसे 'स्वरशब्द' भी कहा जाता है।

पद्म = कर्नाटक संगीत के सात रचनाप्रकारों में से एक। इस का गायन अनुपल्लवी से सुरू होता है। (हिंदुस्थानी संगीत के ख्याल के समान इसका स्वरूप होता है)

पदविहारी = राग के अंश (वादी) स्वर और उसके संवादी, अनुवादी एवं न्यास स्वर में एक एक विभाग पूर्ण होता है उसे पदविदारी कहते है। जिस स्वर पद विदारी पूर्ण होती है उसे अपन्यास स्वर (देखिए) कहते हैं।

पल्लवी = कर्नाटक संगीत की वर्णम् नामक रचना के पूर्वांग में अन्तर्भूत एक स्वर योजना। यह सात रचना प्रकारों में एक कठिन रचना है। (हिंदुस्थानी संगीत की अस्थायी के समान पल्लवी और अंतरा के समान अनुपल्लवी होती है। चरणम् उभयत्र संचार करने संचारी स्वरों के समान होता है।

पाट = आनद्ध वाद्य के बोल। कण्ठ संगीत में उसीके अनुरूप वस्तु को वाणी कहा जाता है। इनका उपयोग आलाप और तराना में होता है।

पाटज्ञ = वाद्योपयुक्त बोल या वाणी जानने वाला वादक। पाटज्ञता वादक के १६ गुणों में एक है।

पिशील = लाट्यायन श्रौतसूत्र में निर्दिष्ट एक वीणा। (ला.श्रो.सू. ४-२-४५.)

पूर्वरंग = महाराष्ट्र के हरिदासी कीर्तन (या नारदीय कीर्तन) के दो अंगों में से एक। पूर्वरंग में हरिदास 'ब्रह्म निरूपण' याने किसी आध्यात्मिक तत्त्व का विवरण करता है। और 'उत्तररंग' में उसी तत्त्व का उदाहरण किसी पौराणिक आख्यान द्वारा करता है।

पूर्वांगवादी = पूर्वराग की अपर संज्ञा। देखिए राग दो वर्ग। इनमें वादी स्वर, सप्तक के पूर्वार्ध में होता है। (कुछ पूर्वांगों में पंचम भी वादी होता है।)

पूर्वांग स्वर = षडज से पंचम तक के स्वर।

प्रतिग्रहणिका = संगीत के रूपकालाप का एक प्रकार। ख्याल गायकी में इसका प्रयोग होता है।

प्रबन्ध = प्राचीन काल में प्रचलित निबद्ध गीत। चार भाग – उद्‌गाह, मेलापक, ध्रुव और अन्तरा।

प्रमाण श्रुति = २२ श्रुतियों में सन्दीपनी श्रुति को प्रमाण श्रुति माना गया है। मध्यम ग्राम में पंचम स्वर त्रिश्रुति होने से, वह संदीपनी श्रुति पर अवस्थित होता है।

प्रसारी = दुष्ट गायक का एक लक्षण। हाथ पैर पटक कर गाने वाला।

प्रस्तार = स्वर सप्तक के स्वाभाविक क्रम को भिन्न भिन्न प्रकार से सजाने की रीति। प्रस्तार के द्वारा कुल ५९१२ तान प्रकार होते हैं। प्रस्तार तानें – ७ प्रकार – (१) आर्चिक तान-१। (२) गाथिक (द्विस्वर)- २ भेद। (३) सामिक (त्रिस्वर)- ६ प्रस्तार भेद। (४) स्वरान्तर (चतुस्वर)-२४। (५) औडुव (पंचस्वर)- १२०। (६) षाडव- (छह स्वर)- ७२०; (७) संपूर्ण - ५०४०.

प्रस्तार = ताल के अंगों की भिन्न भिन्न रूप से कल्पना।

प्राण = तालों में आवश्यक दस तत्त्व – काल, मार्ग, क्रिया, अंग, ग्रह, जाति, कला, लय, यति और प्रस्ताव।

प्रातर्गेय = जिनमें तार षड्ज के धैवत और पंचम का महत्त्व, कोमल रे और ध की प्राबल्य अधिक होता है ऐसे प्रातःकाल में गाने योग्य राग। इनमें सां, म, प, और ध में से कोई एक स्वर वादी होता है।

बन्धान आलाप = आलाप के चार प्रकारों में से एक। संगीत घरानों में प्रचलित बंधी हुई तानों के द्वारा आलाप का आरंभ इनमें होता है।

बहुत्व = किसी राग की पदसमाप्ति में प्रधानतया विशिष्ट स्वर का प्रयोग ही उसका बहुत्व सूचित करता है। कभी कभी यह प्रधान स्वर की गणना करने पर अल्प हो सकता है।

बाल-स्वरस्वती = देखिये तानपुरा।

बिलावल सप्तक = सा, रे, ग, म, प, ध, नी, इस स्वरानुक्रम की संज्ञा।

भाषांग राग = जनक राग के स्वरों के अतिरिक्त स्वरों से युक्त राग।

भूमिदुन्दुभि = एक वेदकालीन चर्मवाद्य। यह भूमि में गढ्ढा खोदकर और उसे चर्म से ढांककर बनाई जाती थी।

भेरी = एक प्राचीन चर्मवाद्य

मठ्यताल = कर्नाटकी संगीत के सात प्रमुख तालों में एक। इसमें दस मात्राएँ और तीन ठोके होते हैं।

मत = संगीत शास्त्र के विशिष्ट सिद्धान्त। संगीत शास्त्र में मान्यता प्राप्त चार मत – (१) ब्रह्मा, (२) भरत, (३) हनुमन्त और (४) काल्लिनाथ। इन मतों के अनुसार रागों का वर्गीकरण राग-पत्नी- पुत्र- और पुत्रवधू- इन चार विभागों में होता है। प्रायः एक एक राग की छह या पाँच रागिनियाँ मानी गयी हैं। यह छह राग सभी मानते हैं। वे प्रत्येक मतानुसार भिन्न हैं। किन्तु वर्तमान काल में यह विभाजन शिष्ट सम्मत नहीं है।

मदन्ती = २२ श्रुतियों में १८ वीं श्रुति। आधुनिक मतानुसार धैवत (ध) स्वर का स्थान।

मध्यम = स्वर सप्तक में चौथा अर्थात् मध्यवर्ती। वज्रिका, प्रसारिणी, प्रीति और मार्जनी – इन चार श्रुतियों सहित यह मार्जनी श्रुति पर अधिष्ठित है।

मध्यमग्राम = म प ध नि सां रें गं। अथवा गं रें सां नि ध प म।

मध्यम ग्राम = (देखिए ग्राम) इसमें स्वरों की श्रुतिसंख्या इस प्रकार होती है – सा- ४। रे-३। ग-२। म-४। प-३। ध-४। नि-२।

मध्यम ग्रामराग = जिन रागों में रे-प वादी और संवादी होते हैं ऐसे सभी राग।

मध्यम सप्तक = साधारण बोलने के स्वर में गाया हुआ स्वर सप्तक। यह मंद्र सप्तक की दूनी आवाज में गाया जाता है।

मन्द्रसप्तक = मंद्र या निचले नाद में गाया हुआ स्वर सप्तक।

मातु = देखिये सरमग तथा धातु-मातु

मात्रा = गायन का समय तौलने का प्रमाण। 'क च ट त प' इत्यादि पाच लघु अक्षरों का तत्काल उच्चारण करने में लगने वाला समय। यही लघुमात्रा कही जाती है। इसी प्रमाण में गुरुमात्रा, प्लुतमात्रा का समय दुगना या तीन-गुना माना जाता है। 'ताल' का यही आधार है।

मार्ग = संगीत ताल में आवश्यक एक तत्त्व। इसके चित्र, वार्तिक और दक्षिण नामक तीन प्रकार होते हैं। **चित्र** मार्ग में कला की दो मात्राएँ, **वार्तिक** मार्ग में चार मात्राएँ और **दक्षिण** मार्ग में आठ मात्राएँ मानी जाती हैं।

मार्जनी = २२ श्रुतियों में १३ वीं श्रुति। प्राचीन मतानुसार शुद्ध मध्यम (म) का स्थान।

मिश्रक = दुष्ट गायक का एक लक्षण। रागों को मिश्रित करके गाने वाला।

मींड = एक स्वर से दूसरे स्वर तक घसीटते हुए जाने की गानक्रिया।

मुखचालन = रागोचित विविध गमकादिक अलंकारों का यथोक्त प्रयोग करके गायन या वादन करना।

मूर्च्छता या मूर्छना = स्वरग्राम पर आश्रित ७ स्वरों का यथानुक्रम आरोह और अवरोह। राग का उठाव (या उद्ग्राह)। इसीको **मेल** संज्ञा प्राप्त हुई हैं। संगीत रत्नाकर के अनुसार **षड्जग्राम की मूर्च्छना के सात प्रकार** – उत्तरमन्द्रा, रजनी, उत्तरायता, शुद्धषड्जा, मत्सरीकृत, अश्वक्रान्ता, अभिरुद्गता।। **मध्यम ग्राम की शुद्ध मूर्च्छना सात प्रकार** – सौवीरी, हरिणाश्वा, कलोपनता, शुद्धमध्या, मार्गी, पौरवी, हृष्यका। शुध्द मूर्छना के अतिरिक्त, **सकाकलिक, सान्तर, और सान्तर काकलिक** नामक अन्य तीन प्रमुख मूर्छना के वर्ग होते हैं। कुल मूर्छनाएँ ५६ होती हैं।

मेल (या ठाठ) = बारह स्वरों की विशिष्ट रचना, जिससे 'राग' की उत्पत्ति होती है। मेल में सात स्वर आरोही क्रम से होना आवश्यक है। शास्त्र में मेल या ठाठ की संज्ञा किसी प्रसिद्ध राग के नाम से की जाती है। उदा. बिलावल; कल्याण, इ.। हिंदुस्थानी संगीत पद्धति में मेलसंख्या केवल दस मानी जाती है। दाक्षिणात्य संगीत में वेंकटमखी (चतुर्दण्डी – प्रकाशिका का लेखक) ने ७२ मेल (जनक राग) माने हैं। उनमें १९ कल्पित मेल हैं और अवशिष्ट ५३ मेलों के कल्प्यमान और कल्पिष्यमाण नामक दो भेद माने जाते हैं। एक मेल से शास्त्रतः ४८४ राग उत्पन्न हो सकते हैं।

उत्तरभारती मेल		दक्षिण भारतीय मेल		राग संख्या
कल्याण	=	मेचकल्याण	=	१५
बिलावल	=	धीरशंकराभरण	=	३६
खमाज	=	हरिकाम्बोजी	=	१४
भैरव	=	माया मालवगौड	=	१८
पूर्वी	=	कामवर्द्धिनी	=	१५
मारवा (मारुव)	=	गमनश्रम	=	१६
काफी	=	खरहरप्रिय	=	५३
आसावरी	=	नटभैरवी	=	१४
भैरवी	=	हनुमन्ततोडी	=	७
तोडी	=	शुभपन्तवराली	=	७
				१९७

मेलापक = प्रबन्ध गान के चार भागों में से एक।

मेलापक = धातु के पांच अवयवों में एक। यह संचारी तुक समान, अवयव गमक के प्रथम अवयव (उद्ग्राह) एवं तृतीय (ध्रुव) अवयव का मिलन करता है।

मौलिक राग = (कुलसंख्या २०) - कानडा, काफी, कामोद, खमाज, गौड सारंग, नट, वृन्दावनी सारंग, बिलावल, बिहाग, भैरव, मालकौंस, मालश्री, मेघ, ललित, शंकरा, शुद्धमल्हार, श्री, सिन्धु, हिन्दोल

यजमानधर्म = कर्नाटकी संगीतसभा के संयोजक के कर्तव्य।

यति = विलंबित, मध्य और द्रुत- तीनों लयों की गीत में समुचित योजना। तीन प्रकार – समा, स्रोतोगता, और गो-पुच्छ।

रक्तिका = २२ श्रुतियों में ७ वीं श्रुति। प्राचीन मतानुसार शुद्ध ऋषभ (रे) का स्थान।

रम्यगीति = रागनियमविरहित रमणीय गायन।

रम्या = २२ श्रुतियों में २० वीं श्रुति। प्राचीन मतानुसार धैवत (ध) स्वर का स्थान।

राग = जनचित्त का रंजन करने वाली स्वरों एवं वर्णों के समूह से अलंकृत विशिष्ट ध्वनिव्यवस्था।

राग – दो वर्ग = (१) पूर्व राग (मध्याह्न से मध्यरात्रि तक गाने योग्य राग) और उत्तर राग (मध्यरात्रि से मध्याह्न के आरंभ काल तक गाने योग्य राग।

राग = तीन प्रकार – औडुव, षाडव, और संपूर्ण। (शास्त्रतः ७२ मेलों के रागों की कुलसंख्या ३४८४८ – मानी जाती है। किन्तु व्यवहार में २०० से अधिक राग नहीं हैं।

राग (प्राचीन पद्धति के छह मुख्य राग) = भैरव,

मालकौंस, हिंडोल, दीपक, श्री और मेघ। इनकी छत्तीस रागिनियाँ मानी जाती थीं।

राग दो प्रकार = जनक राग और जन्यराग। जनक राग की अपर संज्ञाए मेलकर्ता, मेल, कर्ता और संपूर्ण। जनकरागों की संख्या दाक्षिणात्य संगीत में ७२ मानी है।

राग = तीन वर्ण – शुद्ध, छायालग और संकीर्ण।

राग में आवश्यक पाँच तत्त्व = (१) मेल (या ठाठ) (२) आरोहावरोह, (३) वादी-संवादी, (४) समय, और रंजकता।

राग = (नौ प्रकार) – संपूर्ण-संपूर्ण। संपूर्ण-षाडव। संपूर्ण-औडुव। षाडव-संपूर्ण। षाडव-षाडव। षाडव-औडुव। औडुव-संपूर्ण। औडुव-षाडव। औडुव-औडुव।

९४ राग-रागनी की वर्णानुक्रम से सूची और प्रत्येक राग के प्रकार – (१) आडम्बरी कान्हडा; (२) आशा-२; (३) आसावरी-२; (४) इमन-४; (५) काफी-२; (६) ककुभबिलावल-२; (७) क्षेमकल्याण-२; (८) खट-२; (९) खमाज-२; (१०) गान्धारी तोडी-२; (११) गुणक्त-२; (१२) गोरखकल्याण-४ (१३) गौडमल्हार-२; (१४) गौरी-६; (१५) चंचल-शस्समल्हार-(२); (१६) चंद्रकौंस-२; (१७) चित्रागौरी-२; (१८) छायातोडी-२· (१९) जयजयबिलावल-२; (२०) जयन्तबिहाग-२; (२१) जयत्-४; (२२) जयत् कल्याण-२; (२३) जिलफ-२; (२४) जंगला-३; (२५) तिलक-कामोद-३; (२६) त्रिवेणी-२; (२७) दरबारी कान्हरा-२ (२८) दीपक-२; (२९) दुर्गा-२; (३०) देवगिरि बिलावल-५; (३१) देशकार-२; (३२) देशगौड-२; (३३) धनाश्री-२; (३४) धवलश्री-२; (३५) धुनिया सारंग-२; (३६) नायकी कान्हडा-६; (३७) नारायणी-२; (३८) नीलाम्बरी-२, (३९) पंचम-७ (४०) पटमंजरी-३; (४१) पलश्री-२; (४२) पहाडी-२; (४३) पीलू-२; (४४) पूर्वी-२; (४५) पूर्या-२; (४६) प्रतापलंकेश्वर-२; (४७) प्रभातभैरव-३ (४८) फिरोजखानीतोडी-२; (४९) बडहंस सारंग-४; (५०) बराटी (डी)-२; (५१) बसन्त-६; (५२) बागेश्री-२ (५३) बारोया-२; (५४) बसोयारा-२; (५५) बहादुरी तोडी-२; (५६) बिभास-४; (५७) बिहाग-२, (५८) बिहागडा-२; (५९) वृन्दावनी सारंग-२; (६०) भवशाख-२; (६१) भिन्नषड्ज-२; (६२) भीम-२; (६३) भूपाल तोडी-२; (६४) मंगलभैरव-३ (६५) मधुमाधवी सारंग-५; (६६) मांफ-२ (६७) मारू; (६८) मारु-केदार-२; (६९) मालश्री-२; (७०) मालिगौरा-३; (७१) मीयाँ सारंग-५; (७२) मेघमल्हार-२; (७३) जोगिया-२ (७४) रामकली-४; (७५) लंकादहन सारंग-४; (७६) लचारी तोडी-५; (७७) शंकरा अरुण-२; (७८) शंकरा करण-२; (७९) शंकराभरण-२; (८०) शवेरी-२; (८१) शिवमत भैरव-२; (८२) शुक्ला-बिलावल-२; (८३) शुद्धकोष-३; (८४) शुद्धमल्हार-२; (८५) शुद्धसारंग-२; (८६) श्यामकल्याण-३; (८७) सावनी-२; (८८) सामन्तसारंग-२; (८९) सुरठी कान्हडा-२; (९०) सूरदासी मल्हार-२, (९१) सोहिनी-३, (९२) हरदासी मल्हार-२; (९३) हिंडोल-२; (९४) हेम-२ **(विमलाकान्त रॉयचौधुरी कृत-भारतीय संगीत कोश से उद्धृत)**

राग-तालमालिका = कर्नाटक संगीत के रचना प्रकारों में से एक। इस में प्रत्येक चरण में राग और ताल बदलता होता है।

राग-मालिका = कर्नाटकी संगीत के सात रचना प्रकारों में से एक। इस में प्रत्येक चरण में भिन्न राग या ताल होता है। जितने राग या ताल उतने ही चरण इस रचना में होते है। (ताल मालिका में एक राग और अनेक ताल होते है।)

रागस्वर = प्रत्येक राग में वादी, संवादी, अनुवादी और विवादी इन चार प्रकार के रागस्वर होते है।

रागालाप = जिस गायन में रागों के संबंधमें ग्रह, अंश, मन्द्रतार, न्यास, अपन्यास, अल्पत्व, बहुत्व, षाडवत्व, औडुवत्व, इन दस बातों का प्रकाशन होता है।

रागिनी = चंचल गति और माधुर्य युक्त रागों की संज्ञा। प्राचीन मतानुसार छह ऋतुओं के छह राग और उन प्रत्येक की छह या पाँच पत्नियाँ, रागिनी मानी जाती थी। 'पुत्रवधु' भी रागिनी स्वरूप मानी जाती थी। राग-रागिनी विभाजन का कोई शास्त्रीय आधार नहीं मिलता।

रात्रिगेय राग = तीव्र मध्यम वाले राग अधिकतर रात्रिगेय (रात से कमय गाने योग्य) होते है।

रावण हस्त = एक क्षुद्र तंतुवाद्य। नरियल के अर्धकवच पर इस की निर्मिति होती है। अपर नाम किन्नरी।

रूपकमंजनी = संगीत के रूपकालाप का एक प्रकार। ख्याल गायकी में इसका प्रयोग होता है।

रूपकालाप = प्राचीन आलाप का एक प्रकार। यह ताल तथा शब्दसहित चीज के समान होता है। यह रागालाप की उपर की अवस्था का नाम है।

रौद्री = २२ श्रुतियों में से ८ वीं श्रुति आधुनिक मतानुसार शुद्ध गांधार स्वर का स्थान।

लक्षणगीत = राग का लक्षण बतानेवाला गीत। इसमें राग का नाम, जाति, वादी, संवादी स्वर, गान समय, आदि का उल्लेख लक्षणीय राग के स्वरों में होता है।

लक्षणगीत = कर्नाटक संगीत की रचना का एक प्रकार। इनकी रचना पुंदरदास ने की है।

लग्नदण्ड = संगीत कार्यक्रम का एक वैशिष्ट्य जिस में श्रोताओं का चित्त संगीत में अविराम डूबा रहता है। (प्राकृत संज्ञा लागडांट)

लय = गायन के काल की गति। तीन प्रकार विलंबित, मध्य और द्रुत। विलंबित के दुगुन मध्यलय और मध्य की दुगुन द्रुतलय होती है।

लयजाति = संगीतलय के वैचित्र्य के ६ प्रकार। **चतस्र** (चारमात्रा विभाग), **तिस्र** (तीन मात्रा विभाग), **मिश्र** (तीन

और चार दोनों प्रकार के मात्रा विभाग), **खण्ड** (ताल के असमान विभाग), **संकीर्ण** एवं दिव्य संकीर्ण।

वक्र स्वर= गायन में आरोह या अवरोह करते समय विशिष्ट स्वर तक जा कर फिर उससे पिछले स्वर पर वापस आते है । जिस स्वर से वापस आते हें उसे वक्र स्वर कहते है।

वज्रिका= २२ श्रुतियों में से १० वीं श्रुति । आधुनिक मतानुसार शुध्द मध्यम (म) का स्थान ।

वर्ण= गायन की प्रत्यक्ष क्रिया । वर्ण के चार प्रकार - स्थायी, आरोही, अवरोही तथा संचारी ।

वर्ण= सा रे ग म प ध नि इन सात अक्षर ध्वनि को विस्तारित करनेवाले वर्ण हें । इन्हींकि द्वारा ध्वनिरूप स्वर विस्तारित होता है ।

चार प्रकार= **१) स्थायी वर्ण** – उदा. सासासा। **आरोही वर्ण** – उदा. सारेग। **अवरोही वर्ण** –गरेसा। **संचारी वर्ण** – उदा. सागरे।

वर्णभू = दो प्रकार - तानवर्णभू और पदवर्णभू।

वर्णम् = कर्नाटक संगीत के सात रचना प्रकारों मे से एक प्रकार। अल्पशब्द युक्त स्वरप्रधान प्रतिष्ठित एवं मधुर रचना। **दो भाग** = पूर्वांग और उत्तरांग। पूर्वांग में पल्लवी अनुपल्लवी और मुक्ताबाई नामक स्वर योजना तथा उत्तरांग मे चरणम् नामक स्वर योजना।

वर्णालंकार = संचारी वर्ण के अनुसार यथाक्रम पदरचना। उदा. सारेग रेगम, गमप, मपध, पधनि, धनिसां।

वाग्गेयकार = पद्यरचना और स्वररचना करने में कुशल संगीतशास्त्री।

वाण = एक शततन्तु वीणा जो महाव्रत यज्ञ के अवसर पर काम में आती थी।

वाणी = देखिए पाट।

वाणी = प्राचीन काल में प्रचलित शुद्धा, भिन्ना, वेसरा, गौडी, साधारणी इत्यादि गान रीतियोंसे उत्पन्न गानपध्दति।

वाणी = आलापों के स्वरविस्तार का स्वरूप। चार प्रकार **(१) शुद्धा** (या गौड, गौडहार) इसमें अलंकार का आडंबर नहीं होता)। **(२) डागुर** (इस में अल्पमात्रामें अलंकार का उपयोग होता है। **(३) नौहार** (इसमें अलंकारों का प्रयोग अधिक मात्रा में होता है)। **(४) खण्डार** (इस के सभी अलंकार गमक युक्त होते है। वाणी को ही **गीति** कहा गया है।

वाणीची = ऋग्वेद (५-७५-४) में उल्लेखित एक वाद्य यंत्र।

वादी स्वर = राग के गायन में जिस स्वर का प्रयोग अधिक मात्रा में होता है। वादी स्वर से ही राग का गानसमय सूचित होता है। (इसे "राजा" की उपमा दी जाती है।

वाद्य = चार प्रकार – (१)तत (वीणा सितार आदि) (२) **सुषिर** = वंशी शंख आदि। (३) आनद्ध (या वितत) मृदंग तबला आदि। **(४) धन** = (घंटा जलतरंग आदि)

विकृतस्वर = षड्ज और पंचम के अतिरिक्त अन्य पाच स्वर विकृत हो सकते है। इनका उच्चारण २२ नादों (या श्रुतियों में से ३, ७, १२, १६ और २० वें स्थानों पर होता है। अपनी श्रुति को छोडकर अन्य श्रुतिपर अधिष्ठित होने पर वही स्वर विकृत होता है। रे, ग, म, ध और नि ये पांच स्वर विकृत होते है। इन्हें कोमल या मृदुस्वर कहते हैं। केवल शुद्ध मध्यम स्वर के विकृत स्वर को तीव्र मध्यमक कहते है।

वितत (या आनध्दवाद्य-नामावली) = खंजरी, जडझम्म, टिकारा, डम्फ (या डफ), डमरु, (या डुगडुगी), डंका (या ढाक), ढोल, ढोलक, तबला, दमामा, दुंदुभि, नगाडा (या नकाड़ा), पखावज, बायाँ, मुरज (मार्दल), मृदंग (खोल)

विदार (या विडार, विढार) = राग की स्वाभाविक धारावाहिक गति में अप्रत्याशित गति का व्यवहार। इस में राग का स्वरूप कुछ समय तक अप्रकट रहता है। किन्तु अन्य राग की छाया प्रकट नहीं होती।

विदारी = गीत के धातुओं (चार चरणों) की अपरसंज्ञा। राग का पाद। जैसे यमन में नि रे ग मा प – – – ! इसके पादान्त प को **अपन्यास** स्वर कहते है।

विनायक ताल = ७२ मात्राओं का एक ताल! इस ताल पर आधारित गीतों पर एक नृत्य प्रकार आन्ध्र में प्रचलित है।

विन्यास = देखिए अपन्यास।

विन्यास स्वर = जो अंश स्वर का विवादी न होकर, विदारी के छोटे छोटे पदों के अंत में आता है। इस स्वर में गीतखण्ड या स्वरपद का क्षुद्र अंश संपूर्ण होता है।

विप्र = अनुभूति सम्पन्न गायक। (ऋ. १-१२९-२)

विलम्बित लय = रुक रुक कर आहिस्ता गाने की गति। इससे दुगुन 'मध्य' और चौगुन 'द्रुत'लय होती है।

विलोम = देखिये अवरोह

विवादी स्वर (या वर्जित स्वर) = गायन में जिस स्वर के कारण राग की हानि होती है। इसे 'शत्रु' की उपमा दी जाती है। जिन दो स्वरों के बीच एक श्रुति होती है तब वे परस्पर विवादी स्वर होते है। जैसे सा के कोमल ऋषभ विवादी होते हैं। गंधार के कोमल गंधार और शुद्ध मध्यम विवादी होते हैं। ग्रह, न्यास, अपन्यास विन्यास और संन्यास में विवादी स्वर सदा वर्जित माना गया है।

विवादी स्वर = विषम श्रुति विशिष्ट स्वर विवादी होते हैं। जैसे द्वि श्रुतिविशिष्ट ग और नि स्वर त्रि श्रुतिविशिष्ट रे और ध के विवादी हैं। त्रिश्रुति विशिष्ट (रे और ध) स्वर के साथ चतुःश्रुतिक (सा-प) या द्विश्रुतिक (रे-ध) स्वर का अनुवादित्व या संवादित्व नहीं होता।

विस्तार आलाप = आलाप के चार प्रकारों में से एक। राग प्रकाशक स्वरविस्तार का व्यवहार इस में अनिर्बंध होता,है।

वीणा (विविध ४१ प्रकार) = आलापिनी, उदुम्बरी, एकतंत्री, कच्छपी, किन्नरी, (तीन प्रकार-बृहती मध्यमा, लघ्वी), कुब्जिका, कूर्मिका, घोषवती, सप्ततंत्री (चित्रा) जया, ज्येष्ठा,

'तुम्वरु' (तम्बोरा), त्रितंत्री, त्रिस्वरी, द्वितंत्री (नकुल), दक्षिणी, नकुलेष्ठी, नादेश्वर, नारदीय, निःशंक, परिवादिनी, पिनाकी (धनुर्यंत्र), पीन, प्रसारिणी, वल्लकी, विपंची (नवतंत्री), ब्रह्म, भरत, मत्तकोकिला (एकविंशति तंत्री), महती (प्रचलित), रंजनी, रावणहस्तक, रुद्ध (रबाब) शततंत्री (कानन?), शारदीय (सरोद), श्रुति (द्वाविशंतितंत्री), षट्कर्ण, सारंग (सारंगी), सुर (सुरशृंगार) स्वर, हस्तिका।

वैणिक संप्रदाय = कर्नाटक संगीत का एक प्रधान अंग, जिसका विकास वीणावादन की परंपरा से हुआ। इस परंपरा की संगीत-सभा के प्रारंभ में नट राग और अंत में सुरट राग गाने की प्रथा है।

शंख = एक प्राचीन रणवाद्य

शब्दालंकार = शब्द को ध्वनित करने के लिए गले का और हाथ का कौशल्य।

शिक्षाकार = गायक के पांच प्रकारों में से एक। गानकला का यथायोग्य अध्यापन करने वाला गायक।

शिल्प = गीतवाद्यादि ललितकला तथा व्यवहारोपयोगी कुशलतापूर्ण निर्मिति।

शुद्धराग = रागों के तीन वर्गों में से एक। इस में शास्त्रोक्त नियमों के अनुसार रंजकता होती है।

शुद्ध स्वर = स्वर सप्तक में सा और प।

शुद्धा वाणी = (या **गौड, गौडहार**) – देखिए वाणी यह विलम्बित लय में व्यवहृत होती है।

श्रुति = कान से स्पष्ट सुनने और पृथक् रूप से पहचानने योग्य नाद। (अपर नाम संगीतश्रुति)। कुल श्रुतियाँ २२ मानी है। इनमें से विशिष्ट स्वर पर १२ संगीत स्वरों की उत्पत्ति होती है।

श्रुति = (१) चतुःश्रुतिकस्वर – षड्ज (सा), मध्यम (म) और पंचम (प)। (२) त्रिश्रुतिक स्वर –ऋषभ (रे) और धैवत (ध)। (३) द्विश्रुतिक स्वर – गांधार, (ग) और निषाद (नि)

श्रुति = स्वरों का वादी, संवादी, अनुवादी और विवादी संबंध सूचित करने में श्रुतिसंख्या का ज्ञान उपयुक्त होता है। जैसे समश्रुतिक स्वर परस्पर के संवादी होते है। विषम श्रुतिसंख्या वाले स्वर परस्पर विवादी होते हैं। द्विश्रुतिक स्वर चतुःश्रुति स्वरों के अनुवादी होते है।

श्रुति = सप्तक स्थित स्वरों की क्रमिक उच्चता-परिमापक इकाई। इस का ज्ञान केवल श्रवणेन्द्रिय से होता है। श्रुतियाँ अनन्त होने पर भी उनमें से केवल २२ श्रुतियों का ज्ञान पृथक् रूप से होता है। श्रुतियाँ असमान नहीं होती। २२ श्रुतियों की क्रमानुसार नामावली –

	श्रुतिनाम	**प्रचलित स्वर**	**जाति**
१)	तीव्रा –	तीव्रकोमल नि –	दीक्षा
२)	कुमुद्वती –	नि –	आयता
३)	मन्दा –	तीव्र नि –	मृदु
४)	छन्दोवती –	सा/सां –	मध्या
५)	दयावती–	अतिकोमल रे–	करुणा
६)	रंजनी –	कोमल रे–	मध्या
७)	रक्तिका –	रे–	मृदु
८)	रौद्री –	तीव्र रे –	दीक्षा
९)	क्रोधा –	कोमल ग –	आयता
१०)	वज्रिका –	तीव्र कोमल ग –	दीक्षा
११)	प्रसारिणी –	ग –	आयता
१२)	प्रीति –	तीव्र ग –	मृदु
१३)	मार्जनी –	म –	मध्या
१४)	क्षिति –	–	मृदु
१५)	रक्ता –	तीव्र म–	मध्या
१६)	संदीपनी –	तीव्रतर म –	आयता
१७)	आलपिनी –	प –	करुणा
१८)	मदन्ती –	अतिकोमल ध–	करुणा
१९)	रोहिणी –	कोमल ध –	आयता
२०)	रम्या –	ध –	मध्या
२१)	उग्रा –	तीव्र ध –	दीक्षा
२२)	क्षोभिणी –	कोमल नि –	मध्या

श्रुतियाँ = दो मत = समानवादी और असमानवादी। अतिप्राचीन शास्त्रकार सभी श्रुतियाँ समप्रमाण मानते थे। १५ वी शती से आगे वे असमान मानी जाती है।

श्वास = वाद्य की अनुरणनशक्ति।

षड्ज = षट् (छह) स्वरों को जन्म देनेवाला स्वरसप्तक का आदि स्वर। यह तीव्रा, कुमुद्वती, मंदा और छन्दोवती इन चार श्रुतियों से संपन्न तथा चतुर्थ श्रुति पर स्थित है। इसकी विकृति नहीं होती।

षड्जग्राम = सा रे ग म प ध नि सां। अथवा सां नि ध प म ग रे सा।

षड्जग्राम – (देखिए ग्राम) =इसमें स्वरों की श्रुतियां इस प्रकार होती है – सा- ४। रे-३। ग-२। म-४। प-४। ध-३। नि-२।

षड्ज-पंचम भाव = सा और प का वादी संवादी संबंध। वादी और संवादी स्वर षड्ज पंचम भाव से ठहराए जाते है। बहुधा संवादी स्वर वादी स्वर से पांचवाँ होता है। प्रत्येक राग में एक ही स्वर वादी और एकही संवादी होता है।

षड्ज पंचम भाव = षड्ज स्वर बजने पर पंचम स्वयमेव ध्वनित होता है। इसे षड्ज-पंचम भाव कहते है। यह भाव प्रत्येक स्वर के क्षेत्र में होता है, जैसे ऋषभ बजने पर धैवत स्वतः ध्वनित होता है।

षाडव राग =६ स्वरों का राग। षाडव-षाडव रागों की संख्या ३६ हो सकती है।

संकीर्ण राग =शुद्ध और छायालग दोनों के प्राधान्य से रंजकता धारण करने वाला। रागों के तीन वर्गों में से यह

एक रागवर्ग है।
संगीत =(तीन प्रकार) गीत, वाद्य और नृत्य। (संगीत रत्नाकर अ. १)
संगीत की दो पद्धतीयाँ = नायिकी और (२) गायिकी।
संगीत संप्रदाय (चार) =शिवमत, ब्रह्ममत, पिंगलनागमत, हनुमन्मत।
संगीत संप्रदाय – (चार) = नारदमत, भरतमत, हनुमन्मत और श्रीकृष्णमत।
संगीत सभा के पांच धर्म =दक्षिणभारत में संगीत सभा को 'कच्चेरि' कहते हैं। इसमें उपस्थित पांच प्रकार के लोगों के कर्तव्य – गायकवादक धर्म। सभापति धर्म। सभाजन धर्म। यजमान धर्म। कार्यदर्शी धर्म।
संचारी वर्ण =वर्ण (गानक्रिया) के चार प्रकारों में से एक। इस में आरोही और अवरोही वर्णों का मिश्रण होता है।
सन्धिप्रकाश राग =उषा और सायंसन्ध्या के समय गाने योग्य, कोमल ऋषभ और कोमल धैवत युक्त विविध राग। ऋषभ का कोमलत्व संधिप्रकाश रागों का वैशिष्ट्य है। संधिप्रकाश का समय प्रातः तथा सायं ४ से ७ बजे तक माना जाता है।
संन्यास = देखिए अपन्यास।
संन्यास स्वर = अंश स्वर का विवादी स्वर न होकर जो विदारी संपूर्ण करता है।
संपूर्ण राग = सातों स्वरों का राग। मेल या ठाठ की संज्ञा धारण करनेवाले राग संपूर्ण होते है। संपूर्ण-संपूर्ण राग किसी भी मेल में एक ही हो सकता है।
संवादी स्वर = राग गायन में वादी स्वर से कम किन्तु अन्य स्वरों से अधिक प्रयुक्त होनेवाला स्वर। इसी **मंत्री** – की उपमा दी जाती है। वादी स्वर की श्रुति से १३ वीं या ९ वीं श्रुति पर अवस्थित स्वर संवादी होता है। उदा. षडज वादी और पंचम संवादी १३ वी श्रुति पर। तथा षड्ज वादी और मध्यम संवादी-नौवीं श्रुतिपर समश्रुति विशिष्ट स्वरद्वय परस्पर के वादी-संवादी होते हैं।
सप्तक = सात मूल स्वरों का समुदाय। चार प्रकार = अतिमन्द्र, मन्द्र, मध्य और तीव्र (तार)।
सभाजन धर्म = कर्नाटकी संगीत सभा में उपस्थित श्रोताओं के कर्तव्य।
सभापतिधर्म = कर्नाटकी संगीत की सभा में उपस्थित शास्त्रमर्मज्ञ तथा रसिक प्रमुख के कर्तव्य। संगीत का रसग्रहण तथा विवरण करना।
सरगम (मातु) = गानोपयोगी भाषाविहीन रागप्रकाशक, तालबद्ध, स्वरविन्यास। वाद्य संगीत में इसें **'गत'** कहते है। ख्याल, ठुमरी, चतुरंग, चिवट और तराना, गायन में सरगम गाया जाता है।
सहकारी (या साकारी) स्वर = कोई भी स्वर अपने पूर्ववर्ती स्वर की श्रुतियों की परवर्ती श्रुतिपर अधिष्ठित होता है, तब वह उस पूर्ववर्ती स्वर का सहकारी माना जाता है।
साधारण गांधार = देखिए गांधार।
साम = (या सामगान) वेदमंत्रों का गान जो उदात्त, अनुदात्त और स्वरित इन तीन स्वरों में गाया जाता है। कुछ लोग सामगान चार स्वरों का मानते हैं। किन्तु स्वरसप्तक युक्त सामगान भी कुछ लोग मानतें हैं।
सायंगेय राग = जिन में पूर्वांग प्रबल, तार षड्ज की अल्पता, तथा रे, ग, प स्वरों का वैचित्र्य होता है, ऐसे सायंकाल में गाने योग्य राग। इनमें कोमल म का प्रमाण बिलकुल कम होता है। तीव्र मध्यम पर ही संपूर्ण वैचित्र्य निर्भर रहता है।
सार्वकालिक राग = जिन रागों में सा, म और प वादी होते है ऐसे राग। ये तीन स्वर पूर्वांग और उत्तरांग में भी होते हैं। ऐसे राग अधिक गंभीर प्रकृति के होते है।
सुषिर वाद्य नामावली = तुंबडी, तुरी (तुरही), वंशी, मुरली, वेणु, भेरी, रामसिंगा, शंख, शहनाई, शिंगा
स्थाय = छोटे छोटे स्वर समुदाय।
स्थायभंजनी = संगीत के रूपकालाप का एक प्रकार। ख्याल गायकी में इसका प्रयोग होता है।
स्थायी (या आस्थायी) = गीत का प्रधान भाग या प्रथम चरण जिस की पुनरावृत्ति होती है।
स्थायी वर्ण = वर्ण (गानक्रिया) के चार भेदों में से एक। एक ही स्वर को चार बार कहना।
स्थायी स्वर = अंशस्वर की अपर संज्ञा। इसी पर समस्त राग निर्भर रहता है।
स्निग्धध्वनि = अनुरणनयुक्त ध्वनि। संगीत में व्यवहृत स्वरों की दृष्टि से यह स्निग्ध ध्वनि उपकारक होती है।
स्फुरित = मींड। तत वाद्यों पर व्यवहृत एक वादन कला। इसीको मूर्छना भी कहते थे।
स्वयंभू स्वर = तानपुरे का षड्ज स्वर ध्वनित होने पर उसका संवादी (प) और उसी संवादी से उसका संवादी (रे) स्वयं ध्वनित होता है। इस प्रकार सभी स्वर एक ही षडज् से उद्‌भूत होते है। इन्हें स्वयंभू स्वर कहते है।
स्वर = जो ध्वनि अन्य किसी सहकारी कारण की अपेक्षा न करते हुए स्वतः मनोरंजक होती है। कोई भी संगीतोपयोगी ध्वनि जब स्वरसप्तक के किसी एक स्थान पर अवस्थित होती है तब वह स्वर कहलाता है। दो प्रकार (१) अचल (सा और प) (२) चल विकृत – रे ग म ध नि।
स्वर = संगीतोपयोगी सात नाद जिनकी उत्पत्ति १, ५, ८, १०, १४, १८ तथा २१ क्रमांक के नाद (अर्थात श्रुति) से होती है। तीन प्रकार – ग्रह, अंश और न्यास।
स्वरकम्पन = आधुनिक वैज्ञानिक दृष्टि से षड्जादि प्रत्येक स्वर की प्रति सेकंद आन्दोलन संख्या निश्चित हुई है। यथा-

सा- २४०। रे- २७०। ग- ३००। म-३२०। प-३६०। ध-४००। नि- ४५०। सां-४८०।।

स्वरमालिका (या सरगम) = किसी राग में प्रयुक्त स्वरों की तालबद्ध रचना। इससे राग का स्वरूप स्पष्ट होता है।

स्वरसंज्ञा = षड्ज (सा), ऋषभ (रे), गंधार (ग), मध्यम (म), पंचम (प), धैवत (ध), निषाद (नि)।

स्वराष्टक = मध्य सप्तक के सा से तार सप्तक के सां तक के आठ स्वर।

हस्तपाट = वाद्य स्वरों के बोल एवं वाणीसमूह के उच्चारण में पटु वादक। वादक के १६ गुणों में से एक।

सामगान

अभ्यास = सामगान में विशिष्ट पद का पुनः पुनः उच्चारण।

उद्गीथ = सामगान का एक अंश। इसका प्रारंभ ॐकार से होता है।

उपद्रव = सामगान का एक अंश।

निधन = सामगान के पांच भागों में से एक। इसका गायन तीन ऋत्विक् एकत्रित करते हैं।

प्रतिहार = सामगान का एक भाग। इसका अंत ॐकार से होता है।

प्रस्ताव = सामगान का आरंभिक अंश। इसका प्रारंभ हुंकार से होता है।

यम = सामगान का स्वरसप्तक। सामगान एक ही सप्तक में होता है।

सामगान के सप्तस्वर = (आधुनिक मध्यम से मन्द्र पंचम तक) क्रुष्ट (म), प्रथम (ग), द्वितीय (रे), तृतीय (सा)। चतुर्थ (नि), मन्द्र (ध), अतिस्वार्थ (प)।

सामगान के चार प्रकार = (१) ग्रामगेय गान, (या प्रकृतिगान), (२) आरण्यकगानं, (३) ऊहगान और (४) ऊह्यगान।

सामगान के पांच भाग = हिंकार, प्रस्ताव, उद्‌गीथ, प्रतिहार, और निधन। इनके अतिरिक्त ओम् और उपद्रव नामक दो भाग माने जाते हैं।

सामयोनि = विशिष्ट मंत्र, जिन पर साम गान आधारित होता है।

सामिक = ग रे सा इन तीन स्वरोंमें ऋचाओं का गायन (आगे चलकर क्रमशः सात स्वरों के साम गाये जाने लगे।)

स्तोम = सामगान में औ, ओवा, हा, उ इत्यादि गानानुकूल उद्गारों का उच्चारण।

स्तोम = एक ऋचा जिसकी सामगान में वारंवार आवृत्ति होती है। आवृत्ति की संख्या के अनुसार स्तोम के **नौ प्रकार** ताण्ड्य, ब्राह्मण में कहे हैं, जैसे – त्रिवृत् पंचदश, सप्तदश, एकविंश, त्रिणव, त्रयस्त्रिंश, चतुस्त्रिंश, चतुश्चत्वारिंश और अष्टचत्वारिंश।

★★★

वर्ग - ३ - (अ) – (परिशिष्ट)

संगीतशास्त्र राग-परिचय

रागों के वाचक शब्दों का अपना एक परिभाषिक अर्थ होता है। प्रस्तुत चयन में श्री. विष्णु नारायण भातखंडे कृत हिंदुस्थानी संगीत पद्धति ग्रन्थमाला में तथा श्री. म. दे. पत्की कृत 'अप्रकाशित राग' पुस्तकों (२ भाग) में अन्तर्भूत सभी रागों का स्पष्टीकरण या विवरण मूल ग्रंथकारों के अनुसार किंचित् संक्षेप में दिया है। हम मूल ग्रंथकारों का ऋणनिर्देश नम्रतापूर्वक करते हैं। अकारादि वर्णानुक्रम से रागों का चयन यहां होने से जिज्ञासुओं को लक्षण की खोज सुकर हुई है। इस प्रकार प्राचीन तथा अर्वाचीन समस्त रागों का अनुक्रमानुसार चयन अन्यत्र कहीं नहीं हुआ हैं।

–संपादक

अडाणा

आसावरी **ठाठ** उत्पन्न। तीव्र धैवत लगाकर कोई काफी ठाठ का मानते हैं, किंतु कोमल धैवत मानने का रिवाज है अतः आसावरी ठाठ ही उचित। **वादी** तार-षड्ज, **संवादी** पंचम। रात्रि का तिसरा प्रहर। कानडा प्रकार मानते हैं। आरोह सारंग अंग से लेते। गांधार नहीं लेते परंतु आरोह में गांधार वर्जित है ऐसा अर्थ नहीं। अवरोह में केवल धैवत वर्जित। अवरोह में गांधार वक्र होता है। अर्थात् '**ग** म रे सा' बार बार आता है। गांधार वर्जित आरोह में और अवरोह में धैवत वर्जित मानने से जाति षाडव षाडव। (आरोह में '**नि** सा **ग** म' गांधार लेते हैं। **ग**, रे रे, सा' कानडा स्पष्ट करने वाला अंग इसमें नहीं है। चलन मुख्यतः सारंग अंग होने से गांधार व धैवत दुर्बल। ये स्वर हिलते रहते है। 'सां **ध** नि सां, **नि** प, म प, **ग** म रे सा' अवरोह जोरदार मधुर कहने से राग स्पष्ट होता है। मध्यम तार में विस्तार अधिक व कानडा विस्तार मन्द्र व मध्य में अधिक। **आरोहवरोह स्वरूप** – सा रे म प, **ध** नि सां, सां **ध** नि प मप, ग म रे सा। **पकड** – सां **ध** नि सां, **ध**, **नि** प म प, **ग** म रे सा,

अल्हैया बिलाबल

बिलाबल ठाठ से उत्पन्न। जाति संपूर्ण है। सभी स्वर शुद्ध लगते हैं। **वादी** धैवत और **संवादी** गांधार है। गायन **समय** – प्रातःकाल का प्रथम प्रहर है। यह राग कल्याण सरीखा ही दिखता है, अतः कभी कभी इसे प्रातः का कल्याण भी कहते है। इस राग में निषाद व गांधार स्वर वक्र गति से प्रयुक्त होते है। इसके आरोह में जब मध्यम वर्जित किया जाता है और अवरोह में किंचित् कोमल निषाद लेते हैं, तब गुणीजन इसे अल्हैया बिलावल नाम देते है। प्रचार में अल्हैया बिलाबल अधिकतर सुनाई देता है।

अहीरभैरव

भैरव प्रकार। जाति – संपूर्ण। पूर्वांग में भैरव, उत्तरांग में काफी मिश्रित। अर्थात् उत्तरांग में शुद्ध 'ध', कोमल 'नि' प्रयोग। भैरव अंग प्रधान, अतः भैरव ठाठ में सम्मिलित। **वादी** मध्यम। **संवादी** षड्ज। **समय** – प्रातःकाल। भिन्न अंग के भैरव और काफी मिश्रण होने से बड़ा वैचित्र्य आता है। आरोह में क्वचित् तीव्र ऋषभ पाया जाता है। मध्यम पर विश्रांति बड़ी शोभनीय। 'रागलक्षण' में अहीर भैरव ठाठ की रागिनी बताई, वह इस राग से बहुत भिन्न।

आनन्दभैरव

भैरव ठाठ से उत्पन्न। धैवत तीव्र। पूर्वांग में भैरव, उत्तरांग में बिलावल संयोग से उत्पन्न। **वादी** मध्यम। **संवादी** षड्ज। **समय** – प्रातः काल। कोई आरोह में कोमल धैवत, अवरोह में तीव्र धैवत मानते है किंतु बहु प्रचलित ग्रहण उचित है। भैरव – अंग प्रधान, भैरव के अनुसार ऋषभ पर आंदोलन। मध्यम स्वर पर विश्रांति अच्छी लगती है। 'आनन्द भैरवी' नामक अन्य एक प्रकार है। किन्तु इससे बिलकुल भिन्न। वह आसावरी ठाठ का है, क्योंकि उस में गांधार और निषाद कोमल लगते है।

आभोगी

दक्षिणात्य कान्हरा प्रकार। काफी ठाठ से उत्पन्न। औडुव **जाति**, पंचम, निषाद वर्ज्य। गांधार कोमल। पूर्वांग में बागेश्री, उत्तरांग में दुर्गा का भास। कोई 'म, **ग**, रे, सा' ऐसा सरल अवरोह लेता हैं। कोई बागेश्री छाया नष्ट करने के लिए '**ग** मरे सा' वक्र गांधार पसंत करते हैं। कानडा प्रकार होने से दूसरे प्रकार से भी राग-हानि नहीं हो सकती। गांधार का आंदोलन मध्यम का कण आवश्यक। 'धग' संगति अत्यंत शक्तिदायक। मध्यम वादी, षड्ज संवादी। समय – मध्यरात्रि।

आसावरी

आसावरी ठाठ से उत्पन्न लोकप्रिय राग। गांधार, धैवत, निषाद स्वर कोमल, शेष शुद्ध स्वर। **वादी** – धैवत, **संवादी** – गांधार। **समय** – दिन का दूसरा प्रहर। आरोह में गांधार निषाद वर्ज्य व अवरोह संपूर्ण, अतः जाति औडुव संपूर्ण। जौनपुरी, गांधारी मिलते जुलते राग। उत्तर में कोमल ऋषभ लेने की प्रथा हैं। दक्षिण में ख्याल गायक तीव्र (शुद्ध) ऋषभ लेते हैं। जलद तानों में कोमल ऋषभ लगाने में गायकों को असुविधा, अतः तीव्र ऋषभ का व्यवहार प्रचलित। राग विशेषता गांधार, पंचम व धैवत पर अवलंबित है। अवरोह में राग स्पष्ट।

उत्तरी गुणकली

उत्तर के गायकों का भैरवी ठाठ का अप्रसिद्ध राग। आसावरी भैरवी मिश्रण। 'धुम, पग व सांधु' आसावरी सूचक स्वर संगतियां। शेष निर्माण भैरवी जैसा।

काफी

काफी ठाठ से उत्पन्न लोकप्रिय यावनिक राग। गांधार निषाद कोमल। शेष सब शुद्ध। **वादी** – पंचम। **संवादी** – षड्ज। कोई गुणी गांधार और निषाद का संवाद मानते हैं। **जाति** – संपूर्ण संपूर्ण। मध्य रात्रि गान **समय**। कोई सायंगेय मानते है। आरोह में तीव्र गांधार और तीव्र निषाद अनेक बार लगाते हैं। इनके उचित प्रयोग से राग – वैचित्र्य बढ़ता है। तीव्र ग, तीव्र नि, इस राग के नियमित नहीं हैं। कोमल धैवत लेकर चतुर गायक राग हानि नहीं करते।

कामोद

कल्याण ठाठ से उत्पन्न। दोनों मध्यमों का प्रयोग। तीव्र मध्यम का प्रयोग छायानट की तरह केवल आरोह में कर सकते है। इस राग का वादी पंचम और संवादी ऋषभ है। **समय** – रात्रि का प्रथम प्रहर माना गया है। जाति – सम्पूर्ण-सम्पूर्ण है। गाते समय गायक जिस समय ऋषभ से एकदम पंचम पर जाता है, तो श्रोताओं को तत्काल ही कामोद का आभास होने लगता है। हमीर, केदार व छायानट के समान इस राग में गांधार व निषाद स्वरों को वक्रत्व प्राप्त होता है। इस वक्रत्व के कारण गायकों को कुछ कठिनाई भी होती है। वहां राग का कुछ तिरोभाव भी होता है। किन्तु आविर्भाव करते समय नियम को ठीक संभाल लेने पर श्रोताओं को विसंगति दिखाई नहीं देती। कामोद में गांधार और निषाद स्वर दुर्बल रहते हैं, निषाद को अत्यंत अल्पत्व प्राप्त है। अवरोह में कभी कभी कोमल निषाद विवादी स्वर के नाते लिया जा सकता है।

कालिंगडा

भैरव ठाठ से उत्पन्न। स्वरूप बिलकुल सरल व संपूर्ण। **वादी** – धैवत। **संवादी** – गांधार मानने का व्यवहार दिखता हैं। किंतु वादी पंचम और संवादी षड्ज मानना अधिक युक्ति संगत। **समय** – रात्रि का अन्तिम प्रहर। कोई गाते समय परज राग से बडी सुंदरता मिलाते है, यह मिश्रण बडा प्रिय मालूम होता कारण दोनों ही समप्रकृतिक राग हैं। ऋषभ और धैवत स्वरों पर अधिक आंदोलन देने से भैरव का स्वरूप उत्पन्न होने की संभावना।

कुकुभ

बिलावल ठाठ से उत्पन्न। **समय** – प्रभात काल। वादी – मध्यम और **संवादी** – षड्ज। बिलावल के समान इसमें संपूर्ण अवरोह और दोनों निषादों का प्रयोग। इसमें 'सा-प' और 'सा-म' स्वर-संगति महत्त्वपूर्ण। कुछ अल्हैया और झिंझोटी का योग कर इस राग को गाते है और कुछ जैजैवन्ती अल्हैया के मिश्रण से इसे गाते है।

केदार

कल्याण ठाठ से उत्पन्न। हमीर राग की तरह इसमें भी दोनों मध्यमों का प्रयोग होता है। तीव्र मध्यम आरोह में लेते है, तथापि इस राग की विशेषता ऐसी है कि कभी-कभी अवरोह में दोनों मध्यम एक के बाद एक लिए जाते है। **वादी** – शुद्ध मध्यम व **संवादी** – षड्ज है। आरोह करते समय षड्ज से एकदम मध्यम पर जाना होता है। अवरोह में कोमल निषाद का अल्प प्रयोग धैवत की संगति से कभी-कभी करते हं। उस समय कोमल निषाद विवादी के रूप में प्रयुक्त होता है। हमीर राग वर्णन में दोनों मध्यम लगने वाले रागों के विषय का जो साधारण नियम दिखाई देता है, वह इस राग पर भी लागू होता है। इस राग का आरोह करते समय ऋषभ व गांधार स्वर वर्जित करते है और अवरोह में गांधार वक्र व दुर्बल रखा जाता है। इसलिए इस राग की **जाति** औडुव षाडव समझी जाती है।

केदार राग में गांधार स्वर का प्रयोग करके रागांग संभालने में बड़ी सावधानी रखनी पड़ती है। वहां 'गमपगमरेसा' ऐसा स्पष्ट प्रयोग होने से कामोदादि राग दिखाई देने लगते है तथा 'मगरेसा' ऐसे प्रयोग से बिलाबल आदि रागों की छाया दिखाई देनी संभव है। इसी लिए केदार में गांधार गुप्त है, ऐसा गायक लोग कहते हैं। यह स्वर शुद्ध मध्यम के तेज से हमेशा ढँका हुआ रहता है। **समय** – रात्रि का प्रथम प्रहर है। प्रचार में केदार के **चार प्रकार** – प्रसिद्ध है, जैसे – **शुद्ध केदार, चाँदनी केदार, जलधर-केदार और मलुहा केदार।**

कौशिक कानडा अथवा कौंसी

काफी मेलजन्य तथा आसावरी मेलजन्य दो प्रकार। काफी ठाठजन्य में बागेश्री अंग। आसावरी जन्य से कानडा व मालकंस अंग। आरोह में ऋषभ पंचम दुर्बल। दोनों में **वादी** – मध्यम। **संवादी** – षड्ज। **समय** – मध्य रात्रि।

खट

आसावरी ठाठ से उत्पन्न। आरोह अवरोह में संपूर्ण। वादी – धैवत। **संवादी** – गांधार। **समय** – दिन का दूसरा प्रहर। कोई पंचम वादी मानते हैं। गांधार से उठाव, पंचम पर मुकाम। चपल प्रकृति तथा गमक से युक्त। कोई भैरव ठाठ में लेते हैं। इसमें दोनों ऋषभ, दोनों गांधार, दोनों धैवत लगते हैं। खट में धैवत, गांधार आंदोलित रहते हैं।

खंबायती

खमाज ठाठ से उत्पन्न। खमाज के नियमों में किंचित् परिवर्तन करने से उत्पन्न। राग स्वरूप प्रायः खमाज जैसा ही। 'मसा' स्वर संगति विशेष रंजकता उत्पादक होती है। आरोह

में ऋषभ वर्ज्य। वही स्वर इस राग के आरोह में शक्तिवर्धक होता है। **वादी** – गांधार और **संवादी** – धैवत है। **समय** – रात्रि का द्वितीय प्रहर। खमाज और मांड राग के संयोग से यह राग उत्पन्न होता है। उत्तरांग में कुछ बागेश्री का आभास। परंतु कोमल गांधार नहीं होने से वह राग भिन्न होता है।

खमाज

खमाज ठाठ से उत्पन्न। निषाद कोमल तथा शेष स्वर शुद्ध लगते है। **वादी** – गांधार। **संवादी** – निषाद। आरोह में ऋषभ स्वर वर्जित किया जाता हैं। अर्थात **जाति** – षाडव-सम्पूर्ण है। **समय** – रात्रि का दूसरा प्रहर। आरोह में धैवत स्वर का विशेष महत्त्व नहीं तथा अवरोह में अनेक बार पंचम वक्र करके लगाया जाता है। आरोह में तीव्र निषाद ले सकते हैं। इस राग का वैचित्र्य ग, म, प, नि इन स्वरों पर अवलंबित है एवं इन्हीं स्वरों पर अनेक ताने समाप्त होती हैं।

खमाज भटियार

खमाज मेल का क्षुद्र पर अत्यंत मधुर राग। पं. वझे बुवा ने प्रचलित किया। आरोह में गांधार वर्ज्य होने से सिंधुरा का आभास किंतु अवरोह में शुद्ध गांधार से सिंधुरा छाया नष्ट। व पधसारें गरेंसां, रेंसां, निधप, स्वरों से खंबायती की छाया। अवरोह में धपमगरेसा सरल होने से राग अलग। मधऽऽप, धपमगरेसा, निधसा, निरेऽऽसा स्वर बार बार अतः झिंझोटी का महत्वपूर्ण अंग होने से झिंझोटी से अलग। मारवा भटियार, खमाजी भटियार से बिलकुल भिन्न। **वादी** – पंचम। **संवादी** – षड्ज्। **प्रातःकाल** – गेय। कोई **मध्यरात्रि** समझते हैं।

खोकर

पं. वझे बुवा ने यह वैचित्र्यपूर्ण राग प्रचलित किया। चलन अत्यंत वैचित्र्यपूर्ण। गांधार दो, निषाद केवल कोमल। शुद्ध गांधार सरलरूप में आरोहावरोह में लिया जाता हैं। निषाद आरोह में दुर्बल, अवरोह में सरल अथवा धनिप, निप प्रकार से वक्र रूप में। कोमल गांधार जैजैवन्ती पद्धति से रेगरेसा प्रायः दो ऋषभ के बीच में। ऋषभ मधुर न्यासस्वर। धनिरे, परे, रेगरेसाऽ, निधप तथा पम, मग, गरे स्वरों में जयजयवंती की छाया। आरोह में गांधार, निषाद दुर्बल होने से अवरोह में गरेगसा प्रकार रिखब और धनिप प्रकार से निषाद वक्र करने से जैजैवंती राग अलग। अंतरे का उठाव मपधसां, सांधसा, प्रकार की निषाद, दुर्बल रखकर। आरोह में मध्यम अत्यंत मधुर विश्रांतिस्थान। निप, म, मग, गरे, गसा, रेगरेसा, निधप रे प्रकार की वैचित्र्यपूर्ण संगति बार बार। वादी-ऋषभ संवादी पंचम।

समय – प्रातःकाल का दूसरा प्रहर।

राग गांधारी

आसावरी ठाठ। आरोह में गांधारवर्ज्य। अवरोह संपूर्ण। **वादी** – धैवत। **संवादी** – गांधार। **समय** – दिन का दूसरा प्रहर। दोनों ऋषभ लगते। साधारण चलन आसावरी अंग का। गरेमप, स्वर विन्यास राग का स्वतंत्र अंग।

गारा

खमाज ठाठ से उत्पन्न क्षुद्र प्रकृति राग। दोनों गांधार, दोनों निषाद प्रयुक्त होते। अवरोह में कोमल गांधार लगता है। ढाँचा खमाज के अंग होने से खमाज ठाठ में सम्मिलित करना होगा। **वादी** – गांधार। **संवादी** – धैवत अथवा निषाद माना जाता। **समय** – रात्रि का दूसरा प्रहर। विस्तार मन्द्र - मध्यम सप्तक में विशेष रूप से। अनेक मर्मज्ञों का मत मन्द्र मध्यम को षडज मानकर उस पर खमाज राग गाने से गारा उत्पन्न होता है। कोई इसमें 'साप' का संवाद मानते है। ठुमरी जैसे गीतों को योग्य। ऐसे रागों का एक नाम 'धुन' भी प्रचलित है।

गुर्जरी तोडी

गुर्जरी (या गुजरी) तोडी ठाठ उत्पन्न षाडव राग। पंचम वर्ज्य **वादी** – धैवत व **संवादी** – ऋषभ अथवा गांधार। **समय** – दिन का दूसरा प्रहर। प्राचीन ग्रंथों में भैरव ठाठ के अन्तर्गत मिलता है।

गुणकरी या गुणक्री

भैरव ठाठ से उत्पन्न औडुव राग। गांधार निषाद वर्ज्य। **वादी** – धैवत, **संवादी** – ऋषभ। यह भैरव अंग का विलंबित में अच्छा गाया जा सकता। प्रकृति शांत और गंभीर। **समय** – प्रातःकाल प्रथम प्रहर। जोगिया से कुछ साम्य। किंतु जोगिया में निषाद प्रयुक्त और भैरवांग न होने से 'गुणक्री' भिन्न। भैरव की म-रे, भींड, इस में भी। कोई कोमल धैवत का उच्चार कोमल के स्पर्श के साथ करते हैं। बिलावल ठाठ का 'गुणकली' इससे बिलकुल भिन्न है।

गुणकली

बिलावल ठाठ से उत्पन्न संपूर्ण जाति। **वादी** – षड्ज और **संवादी** – पंचम। बिलावल अंग से गाया जाता है। **समय** – दिवस का प्रथम प्रहर। कुछ लोगों के मत से यह कल्याण अंग का है। **वादी** – गांधार है। यह स्पष्ट कि यह स्वरूप पूर्वोक्त स्वरूप से भिन्न ही होगा। प्राचीन ग्रन्थों में 'गुणकरी' अथवा 'गुणकी' नामक 'गौरी' (वर्तमान भैरव) ठाठ से उत्पन्न होने वाले राग का वर्णन किया गया है। और कुछ जगह यह स्वरूप प्रचलित भी है।

गोपिकावसंत (गोपीवसंत)

आसावरी ठाठ का षाडव प्रकार। ऋषभवर्ज्य तथा वक्र स्वरूप। **वादी** – षड्ज। प्रातःकालीन। दक्षिण का राग।

गोरख कल्याण

खमाज मेलोत्पन्न दाक्षिणात्य राग। गांधार वर्ज्य, निषाद कोमल, अन्य शुद्ध स्वर। **जाति** – षाडव। आरोह में पंचम, निषाद दुर्बल। पूर्वांग में केदार, दुर्गा, उत्तरांग में बागेश्री भास। कोमल गांधार न होने से बागेश्री, मंद्र निषाद आवश्यक और

वैचित्र्यपूर्ण न्यास स्वर होने से केदार, दुर्गा गोरखकल्याण से अलग। अत्यंत धीरगंभीर राग, गमक, और मींड, प्रधान। **वादी** – मध्यम। **संवादी** – षड्ज। **समय** – मध्यरात्रि।

गौड

काफी ठाठ का अप्रसिद्ध राग। पूर्वांग में कानडा, उत्तरांग में मल्लार के संयोग से राग स्वरूप बनता है। **जाति** – संपूर्ण।

गौडमल्लार

एक मत से काफी ठाठ से और दूसरे से खमाज ठाठ उत्पन्न। दोनों निषादों का प्रयोग सर्वमान्य, मतभेद, गांधार के संबंध में सत्य है दोनों अपनी अपनी जगह रंजक ,अतः दोनों मत स्वीकारने योग्य। ख्याल गायक तीव्र गांधार प्रयोग और ध्रुवपद गायक कोमल गांधार प्रयोग करते हैं। कभी दोनों गांधार लेने वाले ध्रुवपद गायक भी हैं। तीव्र गांधार प्रयोग से मियाँमल्हार, मेघ-मल्हार सहज अलग होते हैं। **जाति**-संपूर्ण। **वादी** – मध्यम, **संवादी** – षडज। आरोह में निषाद अल्पत्व। मोसमी राग। प्रायः वर्षाऋतु वर्णन में प्रयुक्त।

गौडसारंग

कल्याण ठाठ से उत्पन्न। **जाति** – संपूर्ण सम्पूर्ण। स्वरूप कुछ वक्र दोनों मध्यमों का प्रयोग इस राग में सर्व सम्मत है। कल्याण ठाठ के दोनों मध्यम लगने वाले राग हमीर, केदार आदि रागों के समान इस राग में भी गांधार तथा निषाद को वक्रत्व प्राप्त होता है। किन्तु इस राग का मुख्य अंग 'गरे मग' इस स्वर समुदाय पर अवलम्बित है, इस कारण वक्रत्व नियम अनेक बार ढँका जाता है। फिर भी राग की चाल में यह नियम समझदार श्रोताओं को स्पष्ट दिखाई देता है।

गौरांजनी

पूर्वी ठाठ से उत्पन्न यह राग मुलतानी ढंग से गाया जाता है। ऋषभ धैवत कोमल तथा मध्यम तीव्र है। आरोह में ऋषभ धैवत बिलकुल वर्ज्य। अवरोह संपूर्ण। **जाति** – औडुव – संपूर्ण। आरोह में 'निसांमगऽ', निसांऽमगऽपमऽधप, मपगमपनिऽऽ और अवरोह में सांनिधपऽमग, मग, रेसा। अवरोह में गऽमग मग स्वरों की बार बार आवृत्ति पूरिया-धनाश्री वसंत बिलकुल अलग। कोई 'जेतश्री' की रेनिधप और मधमग को गौरांजनी में भी दिखाते हैं। तथापि वादी-संवादी भेद तथा 'सागपऽ संगति अभाव है। **वादी** – पंचम, **संवादी** – षडज, **समय** – समय।

गौरी

पूर्वी ठाठ से उत्पन्न। आरोह में गांधार निषाद वर्ज्य। **वादी** – ऋषभ, **संवादी** – पंचम। **समय** – संध्याकाल। आरोह में स्वल्प धैवत ग्रहण करने से श्रीराग मे स्वतंत्र। कोई वादी पंचम बनाकर राग भिन्नता रखते है। इसके कुछ गीत दोनों मध्यम लगने वाले प्राप्त होते है।

शुद्ध धैवत व दोनों मध्यम – ग्रहण वाला "**ललितागौरी**" प्रकार मारवा ठाठ से आया है।

आरोह में धैवत लेकर श्रीराग का विस्तार मध्य और सप्तक में करने वाला और भी एक गौरी प्रकार है।

गौरी (भैरव ठाठ)

प्रकार का भैरव ठाठ से उत्पन्न होने वाला एक भेद। आरोह में गांधार और धैवत स्वर वर्ज्य। अवरोह सम्पूर्ण। **जाति** – औडव सम्पूर्ण। **वादी** – ऋषभ **संवादी** – पंचम। **समय** – सायंगेय राग।

कोई मध्यम प्रयुक्त करते हैं। इस गौरी भेद से कलिंगडा और श्री का मिश्रण। इसमें मन्द्र-सप्तक का निषाद विशेष रीति से और इसी पर विश्रांति। इसी से गौरी का एक चिह्न पहचाना जाता है।

चक्रधर

दाक्षिणात्य। पंचम वर्ज्य, अन्य शुद्ध। **जाति** – षाडव। **थाट** – बिलाबल। साऽरेगम, सारेगम, सारे-रेग-गम, मगरेसाऽ रेगमऽऽ बारबार आवृत्ति से पूर्वांग-में गौड छाया। उत्तरांग में मधनिसांनिधऽम इस भिन्नषड्ज स्वरमाला से राग भिन्नता। धैवत पर निषाद का अल्पप्रमाण कण लगाते हैं। **वादी** – मध्यम। **संवादी** – षड्ज। **समय** – मध्यरात्रि।

चन्द्रकान्त

कल्याण ठाठ से उत्पन्न। इसके आरोह में मध्यम स्वर वर्ज्य होता है। जाति षाडव सम्पूर्ण। **वादी** – गांधार और **संवादी** -निषाद। **समय** – रात्रि का प्रथम प्रहर है। इसका विस्तार प्रायः मन्द्र और मध्य-सप्तकों में ही होता है। किंचित् रूप से यह राग शुद्ध कल्याण जैसा दिखाई पडता है, किन्तु शुद्ध कल्याण के आरोह में म और नि, दोनों स्वर वर्ज्य होने से भेद स्पष्ट हो जाता है। इस राग के निकट आ पहुँचने वाले अन्य राग भूप और जैतकल्याण है, परन्तु इन दोनों रागों में म और नि स्वर बिलकुल वर्ज्य होते है। इसके सिवाय जैतकल्याण राग का वादी स्वर पंचम है। सारांश में, यह कहने की आवश्यकता नहीं है कि ऊपर बताए हुए तीनों रागों से 'चन्द्रकान्त' स्वतंत्र राग है।

चंद्रकौंस

मालकौंस का निषाद शुद्ध कर देने से चन्द्रकौंस की रचना होती है। गांधार, धैवत, कोमल, व पंचम ऋषभ वर्ज्य। अन्य स्वर शुद्ध। शुद्ध निषाद पर बार बार न्यास करने से मालकौंस की छाया नष्ट होकर मधुरता बढती है। कोई बागेश्री का **ऋषभ** वर्ज्य करके चन्द्रकौंस गाते किंतु वह इतना रंजक नहीं होता। **वादी** – मध्यम **संवादी** – षड्ज, **समय** – मध्यरात्रि। **जाति** – औडुव।

चन्द्रिका

बिलावल मेल का औडव राग। गांधार वर्ज्य बाकी सब शुद्ध। आरोह में धैवत तथा अवरोह में निषाद दुर्बल। निसा

रे, मग, निसां में सारेग, सांऽधपमरे, रेमपधपरे, रेमपधपरे, मपधपमरे, से दुर्गा; मरेऽ निसा स्वरों से श्याम कल्याण, पनिसां निसां, धप, स्वरों से पटदीप छाया व्यक्त होती हैं।
वादी – पंचम। **संवादी** – षड्ज। **समय** – मध्यरात्रि। वर्षा ऋतु में समयबंधन नहीं हैं।

चम्पक

पं. ओंकारनाथ ठाकुर द्वारा प्रचलित। खमाज मेल से उत्पन्न अतः निषाद कोमल अन्य शुद्ध स्वर। आरोह में गांधार, निषाद वर्ज्य। आरोह चलन बहुत् ही वक्र। सारे नि, सांध, निप, धऽम, पऽग, सा- प्रकार से अवरोह में ऋषभ वर्ज्य होने से गऽऽसा संगति। खम्बावती से मिलता है। किन्तु शुद्ध निषाद का अभाव, निऽऽप तथा पऽगऽऽसा स्वर संमति से चम्पक, खंबावती से अलग होता है। गमऽऽसा खंबावती की जीवभूत मींड चंपक में नहीं हैं। **वादी** – मध्यम। **संवादी** – षड्ज। **समय** – रात दूसरा प्रहर।

छाया

छायानट राग, छाया और नट, इन दो रागों के मिश्रण से बना है ऐसा कुछ गायकों के मत है। किंतु केवल 'छाया' के स्वतंत्र रूप का वर्णन नहीं मिलता। प्राप्त गीत में छाया नट की तरह तीव्र मध्यम व नट का अंग नहीं है। छायानट के आरोह में निषाद का और अवरोह में गांधार का वक्रत्व है।

छाया तिलक

'छायानट' और तिलकक्कामोद के संयोग से मिश्रराग। इस राग में 'रेग, रेगमप, म, पग, मरे' छायानट का भाग और 'रेप, मग, गरेग, सा' तिलक कामोद का भाग आता है। साधारण स्वरूप सा, रे, ग, गसा, सां. पधम, गरेग, सा। मप, नि, निसां, रेपंमंगं, सरिंगंसां, सरिंसां, धनिप सां प, धम, गरेग, सा।

छायानट

कल्याण ठाठ से उत्पन्न। इसमें दोनों मध्यमों का प्रयोग व्यवहार में लाया हुआ दिखाई देता है। तीव्र मध्यम केवल आरोह में लेते है। शुद्ध मध्यम आरोहावरोह दोनों में ही लेते हैं। **वादी** – पंचम। **संवादी** – ऋषभ है। इसके आरोहावरोह में सातों स्वरों का प्रयोग होने के कारण इसकी **जाति** – संपूर्ण-सम्पूर्ण।
समय – रात्रि का प्रथम प्रहर है। इस राग में पंचम और ऋषभ की संगति बडी मधुर मालूम होती है। हमीर और केदार के समान इस राग में गांधार और निषाद स्वर क्रमशः अवरोह व आरोह में वक्र होकर लगते है। इस नियम से जलद तान लेने में गायकों को कुछ असुविधा होती है। अवरोह में क्वचित् कोमल निषाद का प्रयोग विवादी के नाते किया हुआ दिखाई देता है।

जंगला

धुन प्रधान राग। ठुमरी, टप्पा, गजल आदि में बहुत प्रचलित दोनों धैवत लगते हैं।

जंगूला

भैरव ठाठ से उत्पन्न अप्रसिद्ध राग। दोनों धैवत लगते हैं। किन्तु शुद्ध धैवत कम प्रमाण में। धनिप स्वर-समुदाय लेकर बिलाबल छाया दिखती है परंतु राग में मुख्य अंग भैरव का ही है। यद्यपि दोनों धैवत और बिलाबल छाया दिखाने के लिये कोमल निषाद प्रयोग होता है किन्तु कोमल निषाद के बाद कभी भी कोमल धैवत नहीं लिया जाता। इससे आसावरी ठाठ के जंगूला 'राग से सहज भिन्न। आनन्द भैरव के बिलकुल निकट। उसमें **वादी** – मध्यम और उसका प्रयोग मुक्त रूप से, इस राग में ऐसा नहीं होता.

जयजयवन्ती

खमाज ठाठ जन्य। **जाति** – सम्पूर्ण। **वादी** – ऋषभ। **संवादी** – पंचम।
समय – रात्रि के दूसरे प्रहर का अन्तिम चरण। दोनों गांधार और दोनों निषादों का प्रयोग। आरोह में तीव्र ग-नि तथा अवरोह में कोमल ग-नि लेते है। तथापि अवरोह करने में तीव्र गांधार भी ले सकते हैं। कोमल गांधार केवल अवरोह में लेते किन्तु वह प्रायः दोनों ऋषभों में जकड़ा हुआ रहता है। प्रचार में सोरठ अंग का राग मानते हैं। यह मिश्र राग है। गौड, बिलाबल और सोरठ, तीन रागों का मिश्रण इसमें पाया जाता है। मन्द्र पंचम और मध्य ऋषभ की संगति सुंदर लगती है। कोमल गांधार के कारण इसे 'परमेलप्रवेशक राग' संज्ञा देते हैं। **परमेल प्रवेशक** – अगले ठाठ में ले जाने वाला राग तीव्र रे, ध तथा तीव्र ग लगने वाला राग गाने के पश्चात् कोमल गांधार व कोमल निषाद लगने वाले रागों का वर्ग आता है। उसमें प्रवेश करने वाला यह राग ऐसा समझा जाता है। खमाज ठाठ के राग समाप्त करके काफी ठाठ के राग आरम्भ होने की सूचना यह राग देता है।

जयराज

बिलाबल मेलोत्पन्न; राग केदार, दुर्गा, रागेश्री, भटियार, नंद रागों की छाया। जगन्नाथपुरी के गायक पं. जयराज ने प्रचलित किया। गांधार वर्जित अन्य शुद्ध स्वर। आरोह में ऋषभ पंचम दुर्बल, अवरोह में निषाद वर्जित, धैवत मध्यम लुप्त। सा, म प मऽगरेसा, मरे रे म स्वरों में केदार दुर्गा, मधऽऽप निधपम, स्वरों में भटियार, मधनिसांऽ रे सां में रागेश्री दिखाई देता है। अवरोह मे रें सांऽ धपऽ मींड इस राग की विशेषता। धपरेऽसा अथवा धपम, परेऽसा स्वरों में नंद की छाया। मींड़ प्रधान अतः तानबाजी बहुत कम। **वादी** – मध्यम। **संवादी** – षड्ज। **समय** – मध्यरात्रि।

जलधर अथवा जलधर केदार

केदार राग का एक भेद। बिलाबल ठाठ से उत्पन्न औडव राग। इसमें गांधार और निषाद स्वर वर्ज्य, केदार और मल्हार

का संयोग। **वादी** – मध्यम। **संवादी** – षड्ज। स्थूल रूप में केदार का प्रस्तार कर बीच बीच में 'रे-प' और 'म-रे' स्वर संगति तथा मध्यम पर न्यास करने पर इसका स्वरूप अच्छा स्पष्ट होता है। **समय** – रात्रि का दूसरा प्रहर।

जेत (अथवा जैत)

इसके दो-तीन स्वरूप प्रचार में हैं। **एक** – औडुव औडुव-मध्यम व निषाद बिलकुल वर्ज्य। **दूसरा** – तीव्र मध्यम थोडा लिया जाता। **तीसरा** – दोनों धैवत आते हैं। सभी प्रकार मारवा ठाठ के। **वादी** – पंचम, **संवादी** – षड्ज। **समय** – संध्याकालीन 'पधग' स्वर विन्यास राग वाचक। वैसे ही 'साग' व 'साप' स्वर संगतियाँ महत्वपूर्ण। जेत कल्याण राग 'जेत' से अलग क्यों कि वह कल्याण ठाठ का और यह मारवा का है।

मध्यम लगने वाला जेत प्रकार उठाव – सा, गप, ग, रेसा, ग, पग, रेग, मधमग, रेसा।

दोनों ऋषभ दोनों धैवत लगने वाला जेत प्रकार गपग, साग, पम, धपग, पमंग, गसा, रेसा, सा रेसा पधप, गपसां, सां, सरिंसा, (प) ग, ग, रेसा, पगप, मध, प, पग, साग, पमधप, ग, गरेसा।

जेताश्री या जेतश्री

पूर्वी ठाठ उत्पन्न। **जाति** – औडुव संपूर्ण। **आरोह** – में ऋषभ व धैवत वर्ज्य। **वादी** – गांधार। **संवादी** – निषाद। कोई 'पसा' संवाद मानते हैं। सायंगेय। 'मंगमं' ग स्वर संगति रक्तिदायक। कोई मारवा ठाठ का मानते हैं। 'संगीतपारिजात' 'रागविबोध' में ठाठ में ऋषभ और धैवत दुर्बल वाला बताते हैं। 'हृदय कौतुक' में भैरव ठाठ उत्पन्न मानते हैं।

जैतकल्याण

कल्याण ठाठ से उत्पन्न होने वाला कल्याण का एक भेद। इसमें मध्यम और निषाद स्वर वर्ज्य होते है, अर्थात् इसकी **जाति** – औडुव - षाडव है। **वादी** – पंचम है। इसके आरोह में 'ग-प' और अवरोह में 'ध-प' स्वरों की संगति रंजकता उत्पादक और रागवाचक होती है। जानकार का यह भी मत है कि आरोह में ऋषभ और धैवत स्वर इस राग में स्वल्प प्रमाण में लिये जाएँ। वादी स्वर के भेद से यह राग भूपाली से अलग रखा जा सकता है। प्रचार में 'जैत' नामक एक राग और है, वह इस राग से भिन्न है।

जोग

काफीमेलोत्पन्न नवीन मधुर संशोधन। बदायूँ के निसारहुसैन खां साहब द्वारा प्रचलित। दो गांधार, निषाद कोमल, धैवत-ऋषभ वर्जित तथा अन्य शुद्ध स्वर। जाति औडुव। शुद्ध गांधार आरोह में, कोमल गांधार अवरोह में। नि नि सा ग, ग म, प ग स्वरों से हंसकंकणी तथा पीलू भास। किन्तु आगे म प गऽसा प्रकार से ऋषभ वर्जित मींड से हंसकंकणी छाया लुप्त। हंसकंकणी के अवरोह में ऋषभ-धैवत स्पष्ट रूप में, किंतु जोग में ये स्वर बिलकुल वर्जित। अतः दो अलग आरोह में प सानि सां स्वरों से भीमपलासी छाया तथा अवरोह में नि प म ग, प नि प म ग स्वरों में तिलंग का तिरोभाव। इससे राग रंग अधिक बढता जाता। अवरोह में गांधार को षड्ज का तथा पंचम को निषाद का कण लगाने से राग में और वैचित्र्य जैसे सागसा। म नि प, गऽ।

जोगिया

भैरव ठाठ से उत्पन्न। गांधार बिलकुल वर्ज्य, आरोह में निषाद वर्ज्य। **वादी** – मध्यम। **संवादी** – षड्ज। **समय** – प्रातःकाल। वादी तारषड्ज और मध्यम को संवादी। 'रेम' 'धम' स्वर संगति से रंजकता बहुत। मध्यम स्वर मुक्त रखने से विशेष अच्छा। दाक्षिणात्य ग्रंथों का 'सावेरी' जोगिया से मिलता जुलता हैं। केवल सावेरी के अवरोह में गांधार लिया जाता हैं। मर्मज्ञों का मत है कि जोगिया राग भैरव और सावेरी संयोग से बना हैं। अवरोह में क्वचित् स्थलोंपर कोमल लेकर कोमल धैवत पर आते है।

जौनपुरी

आसावरी ठाठ। आरोह में गांधार वर्ज्य, अवरोह में सातों स्वर। अतः षाड्व- पूर्ण जाति। **वादी** – धैवत। **संवादी** – गांधार। **समय** – दिन का दूसरा प्रहर। आसावरीसमान साधारण स्वरूप। प्रचार में दोनों ही निषादों का प्रयोग दिखता है। आसावरी में कोमल ऋषभ मानने से पहचाना जाता हैं। कोई ख्याल गायक ध्रुवपद गायक आसावरी की ऋषभ तीव्र से गाते। आसावरी निषाद वर्जित, जौनपुरी में निषाद लेते है। अतः राग भेद स्पष्ट। प्राचीन **गांधारी** राग समान स्वरूप। दोनों ऋषभों का प्रयोग गांधारी में। इसमें एक तीव्र ऋषभ है ध्यान योग्य।

झिंझोटी

खमाज ठाठ से उत्पन्न। क्षुद्रं राग। आरोह अवरोह में संपूर्ण जाति। **वादी** – गांधार। **संवादी** – निषाद। **समय** – रात्रि का दूसरा प्रहर। इसे खमाज ठाठ का आश्रय राग कहते हैं। स्वरूप सीधा और सरल। विस्तार प्रायः मन्द्र और मध्य- सप्तक में विशेष रूप से। आरोह में ऋषभ ग्रहण करने से इससे खमाज भिन्न हो जाता है। इसके सिवाय सरल आरोह भी इसे अन्य रागों से स्वतंत्र बनाए रखता है। 'धसा, रे मग' यह स्वर समुदाय राग वाचक है।

झीलफ

यावनिक राग। हजरत अमीर खुसरो द्वारा प्रचलित। दो प्रकार। आसावरी ठाठ से उत्पन्न एक, संपूर्ण जाति का झीलफ। दूसरा – भैरव ठाठ का झीलफ। इस में ऋषभ निषाद दुर्बल। आसावरी ठाठ की झीलफ, जौनपुरी और खट से उत्पन्न। दोनों झीलफ का वादी स्वर धैवत। दोनों प्रातः काल गाने के राग हैं।

टंकी अथवा श्रीटंक

पूर्वी ठाठ से उत्पन्न। संपूर्ण जाति। **वादी** – पंचम। **संवादी** – ऋषभ। **सायंगेय राग**। यह भी श्रीराग से ही गाया जाता है। कोई इसमें मध्यम वर्ज्य करते हैं। इससे त्रिवेणी में गड़बड़ी संभव परंतु इसमें **वादी** – पंचम, त्रिवेणी में वादी ऋषभ। वादी के अंतर से यह स्वतंत्र। टंकी में मध्यम लगाया तो भी वह गौण ही रखना पडता है। त्रिवेणी समान प्राचीन राग।

तिलककामोद

खमाज ठाठ से उत्पन्न। आरोह में धैवत वर्ज्य होने से षाडव- संपूर्ण। **वादी** – ऋषभ। **संवादी** – पंचम। **समय**- रात्रि का दूसरा प्रहर। कई स्थानों पर देस व सोरठ के समान स्वरूप। उत्तर भारत में इस राग में कोमल निषाद बिलकुल वर्ज्य करने के व्यवहार से देस व सोरठ अलग होते है। राग स्वरूप क्षुद्र। चलन वक्र होने से विशेष विचित्रता। इसमें कोमल निषाद सम्मिलित करने से 'बिहारी' राग बनता है ऐसा एक मत। किन्तु महाराष्ट्र में इसमें दोनो निषादों का प्रयोग दिखाई देता है। इस में 'सां नि ध प' ऐसा सरल अवरोह नहीं करते।

तोडी

तोडी ठाठ से उत्पन्न। मध्यम तीव्र, निषाद शुद्ध, शेष स्वर रे, ग, ध कोमल। **वादी** – धैवत। **संवादी** – गांधार। संपूर्ण जाति। **समय** – दिन का दूसरा प्रहर। पंचम स्वर प्रयोग कमी के स्थान पर उचित स्थान पर। विकृत स्वर लेना नये विद्यार्थियों को कठिण। इसी ठाठ के मुलतानी में भी ऐसी अड़चन। राग की सारी खूबी रे, ग, ध स्वरावलंबित। जब कि मुलतानी में ग, प, नि, स्वर विशेषता रखते हैं।

तोडी के कुछ अप्रसिद्ध प्रकार

लाचारी तोडी – ऋषभ शुद्ध, दोनों गांधार, दोनों धैवत, दोनों निषाद।

लक्ष्मी तोडी – दोनों ऋषभ, दोनों गांधार, दोनों धैवत, दोनों निषाद लेकर गाते हैं।

बहादुरी तोडी – लक्षण अनुपलब्ध। सब स्वर तोडी के। केवल पंचम थोड़ा गौण (अप्रधान)। कोई दोनों ऋषभ लेते हैं।

अंजनी तोडी – अंजनी तोडी संपूर्ण लेकर उसमें दोनों धैवत, दोनों निषाद, कोमल गांधार, बाकी सब शुद्ध स्वर। पूर्वांग में देसी, उत्तरांग में काफी व आसावरी का संमिश्रण दिखता हैं।

त्रिवेणी

पूर्वी ठाठ से उत्पन्न। मध्यम वर्ज्य। **जाति** षाडव। **वादी** – ऋषभ। **संवादी** – पंचम। श्रीराग अंग। मध्यम अभाव से 'ग-प' स्वर संगति आगे आती है। अवरोह वर्ण से गाने से अच्छा शोभित। **समय** – सायंकाल। प्राचीन राग। पूर्व कालीन स्वरूप प्राचीन ग्रंथों में उपलब्ध है।

दरबारी कानडा

आसावरी ठाठ से उत्पन्न। **वादी** – ऋषभ। **संवादी** – पंचम। **जाति** – संपूर्ण षाडव। **समय** – मध्यरात्रि। प्रकृति गंभीर। मुख्य चलन मन्द्र व मध्य स्थानों में। आरोह में गांधार दुर्बल। जलद व सरल तानों में इस स्वर को बिलकुल छोड़ देते हैं। गांधार पर आंदोलन। अवरोह में धैवत वर्ज्य। निषाद पंचम संगति सुंदर।

दीपक

बहुत प्राचीन राग। स्वरूप में मतभेद। २-३ स्वरूप प्रकार परंतु अप्रसिद्ध। आरोह में ऋषभ, अवरोह में निषाद वर्ज्य। **वादी** – षड्ज। **संवादी** – पंचम। कोई वादी षड्ज संवादी पंचम मानते हैं। **सायंगेय** – इसे संपूर्ण संपूर्ण मानने वाले भी हैं।

दूसरा स्वरूप – कल्याण ठाठ से उत्पन्न, निषाद वर्जित, तीसरा बिलावल ठाठ से उत्पन्न दोनों निषाद वाला राग।

दुर्गा

बिलावल ठाठ से उत्पन्न दुर्गा राग। गान्धार और निषाद वर्ज्य। अर्थात् इसकी जाति औडव औडव। **वादी** – मध्यम। **संवादी** – षड्ज। **समय** – रात्रि का दूसरा प्रहर। इसमें मध्यम पर विश्रांति लेना अच्छा मालूम होता है। 'धम,' 'रेप' और 'रेध' स्वर संगतिया रागवाचक। अवरोह वक्र। राग पर किंचित् शुद्ध मल्हार और सोरठ की छाया पड़ती है, परंतु उपर्युक्त स्वर-संगति के कारण सोरठ से भिन्न हो जाता है। दाक्षिणात्य संगीत ग्रंथों में 'शुद्ध सावेरी' नामक राग। ऐसा जान पडता है उसी को इधर के विद्वानों ने 'दुर्गा' नाम से प्रचलित किया है। **खमाज ठाठ** में खमाज अंग का 'दुर्गा' नाम अलग राग है।

देवगांधार

आसावरी ठाठ के दो प्रकार। एक के आरोह में ऋषभ धैवत वर्ज्य। **वादी** – धैवत। **संवादी** – गांधार। प्रातःकालीन। पूर्वांग में धनाश्री, उत्तरांग में जौनपुरी। दूसरे प्रकार में दोनों गांधार। **वादी स्वर** – धैवत। आरोह में शुद्ध गांधार 'सारेग, म' इस प्रकार से लिया जाता। बाकी जौनपुरी की तरह। ग्रंथाधार संस्कृत में प्राप्त नहीं किन्तु प्रचार अधिक।

देवगिरी

बिलाबल ठाठ का सभी शुद्ध स्वरों का राग। रचना बिलावल में कल्याण, शुद्ध कल्याण अंग दिखाने से। तीव्र मध्यम बिलकुल न होने से कल्याण पृथक्। कोमल निषाद प्रायः वर्ज्य।

वादी – षड्ज। **संवादी** – पंचम। दिन का प्रथम प्रहर- समय।

देवगिरी बिलावल

बिलावल ठाठ से उत्पन्न, बिलावल का भेद। इस राग में भी कल्याण का अंग है। **वादी** – षड्ज। कोई धैवत को वादी मानते हैं। अवरोह में ध और ग दुर्बल स्वर हैं।

बिलावल के सभी भेदों के रागांग अवरोह में व्यक्त होते है। ऐसा होना उचित भी है, क्योंकि **बिलावल के समस्त भेद दिनगेय हैं। रात्रिगेय रागों का अंग आरोह में व्यक्त होता है।** उसी तरह दिनगेय राग अवरोह में स्पष्टता प्राप्त करते हैं। कहीं पर देवगिरी को सम्पूर्ण मानकर गाने का प्रचार भी है। कई जगह म नि वर्जित, औडुव देवगिरी नामक एक भेद भी प्रचलित है। इसका विस्तार मन्द्र और मध्य स्थानों में बड़ी सुन्दरता से होता है। कुछ लोग इस राग में क्वचित् तीव्र मध्यम का स्वल्प प्रयोग भी करते है। ऐसा प्रयोग करने पर 'यमनी' राग आगे आता है। देवगिरी राग बिलाबल का ही एक भेद है, अतः इसके अवरोह में धैवत की संगति में कोमल नि का स्पर्श अच्छा दिखाई पड़ता है।

देवरंजनी

'देवरंजी' अथवा देवरंजनी दाक्षिणात्य राग यहाँ के विद्वानों में प्रचिलत। भैरव ठाठ का ओड़व राग। ऋषभ गांधार स्वर वर्ज्य हैं। **वादी** – षड्ज। **संवादी** – मध्यम। उठाव षड्ज से, इसी पर विश्रांति। उत्तरांग प्रबल होने से **प्रातःगेय।** अवरोह में किंचित कोमल 'नि' का स्पर्श क्षम्य।

देशाख्य (देवसाख)

देशाख्य, देवसाख, देवसाग, देशाख कहते हैं। काफी मेल से उत्पन्न कानडा प्रकार। **वादी** – पंचम। **संवादी** – षड्ज। 'सा-म' संवाद ऐसा मत। 'धैवत वर्ज्य', कुछ धैवत गांधार दुर्बल रखकर गाते है। कानडा प्रकार से गांधार आंदोलन आवश्यक। मध्यम पर न्यास शोभादायक। 'ग-प' रागवाचक। **समय** – दोपहर। दोनों गांधार, दोनों निषाद लेने वाला। ऋषभ वर्जित। देवसाख में दो गांधार लेने वाले हाल में ही उपलब्ध।

देस

खमाज ठाठ के जन्यरागों में एक सम्पूर्ण राग माना गया हैं। **वादी स्वर** – ऋषभ, **संवादी** – पंचम है। कोई उलटकर वादी पंचम, संवादी ऋषभ मानते हैं। पहला प्रकार अधिक मान्य। **समय** – रात्रि का दूसरा प्रहर। राग स्वरूप प्रसिद्ध सोरठ राग समान। प्रायः देस और सोरठ बिलकुल समप्राकृतिक के कारण परस्पर मिले हुए दिखाई पडते है। अतः दोनों एक के बाद एक गाने में गायकों को कठिन। गांधार स्पष्ट रूप से लिया जाता है, वही स्वर सोरठ में असत्प्राय अथवा ढका हुआ रहता है। आरोह में गांधार व धैवत प्रायः नहीं लेते। अवरोह में ऋषभ वक्र। अत्यंत लोकप्रिय राग।

देसी

आसावरी ठाठ का गायकप्रिय तोडी प्रकार। 'आरोह में गांधार धैवत वर्ज्य। अवरोह संपूर्ण। **जाति** – औडुव संपूर्ण। **वादी** – पंचम। **संवादी** – ऋषभ। **समय** – दिन में दूसरा प्रहर। तीव्र धैवत। कभी कभी पूर्वांग सारंग, उत्तरांग आसावरी मिलकर। 'रागलक्षण' का आंध्र मत देशी रूप, आज के देसी से अच्छा मिलता। प्राचीन ग्रंथ में वर्णित। उत्तर में 'कोमल देसी एक प्रकार का गाते हैं। उसके अवरोह में कोमल ऋषभ प्रयोग' कोमल बागेश्री, कोमल बहार, कोमल वसंत, उत्तर में प्रचलित। प्रमुख स्वर विकृत कर, ये प्रकार होते हैं।

धनाश्री

काफी ठाठ का। ऋषभ धैवत आरोह में वर्ज्य। काफी ठाठ के विशिष्टांग पांच रागों में धनाश्री। दूसरा अंग काफी सारंग, कानडा व मल्हार। प्रस्तुत धनाश्री में ऋषभ और धैवत का दौर्बल्य। षड्ज पंचम क्वचित् मध्यम प्राबल्य। 'पग' स्वर संगति। **वादी** – पंचम। **संवादी** – षड्ज्। **समय** – दिन का तीसरा प्रहर। साधारण निषाद से उठाव। पंचम पर न्यास। अवरोह में 'पग' श्रुतिमधुर। तीसरे प्रहर रागों में ऋषभ धैवत दौर्बल्य, सा, म, प, प्राबल्य से विशेष पहचान। भीमपलासी अधिक तर धनाश्री जैसा है पर भीमपलासी में मध्यम वादी धनश्री में पंचम वादी। यह प्राचीन ग्रंथों में मिलता है। एक प्रकार भैरवी ठाठ का। धनाश्री में ऋषभ धैवत कोमल करने से ये प्रकार होता है।

धन्यधैवत

जेत राग का प्रातः गेय जवाब। ऋषभ कोमल, मध्यम निषाद वर्ज्य तथा अन्य स्वर शुद्ध हैं। शुद्ध धैवत वादी होने से उत्तरांग में देसकार से भिन्नता। **वादी** – धैवत। **संवादी** – कोमल ऋषभ। ठाठ मारवा। **समय** – प्रातःकाल।

धानी

काफी ठाठ से उत्पन्न। ऋषभ धैवत वर्जित। गांधार- **वादी** – निषाद **संवादी** – सार्वकालिक, क्षुद्रगतिक राग। कुछ अवरोह में थोड़ा सा ऋषभ लगाते हैं। प्राचीन ग्रंथोल्लिखित। संगीत पारिजात में ऋषभ वर्जित और ऋषभ धैवत वर्जित – दो प्रकार। 'रागतत्त्व विबोध में शुद्ध धन्नासी – वर्तमान धानी। षड्ज, पंचम मध्यम गौणत्व, तथा ऋषभ धैवत असत्प्राय प्रभावहीन होने से इसमें गंभीरता बिलकुल नहीं हैं।

नट (अथवा नाट)

बिलावल ठाठ से उत्पन्न। इसके अवरोह में धैवत और गांधार स्वर वक्र होते हैं। आरोह सम्पूर्ण होता है। अवरोह में कहीं-कहीं कोमल निषाद का प्रयोग। **वादी** – मध्यम और **संवादी** – षड्ज। **समय** – रात्रि का द्वितीय प्रहर। इस राग में मध्यम स्वर गांधार की संगति में खुलकर जोरदार लगता है।

'नट' एक स्वतंत्र रागस्वरूप है। इसका अन्य कितने ही रागों से सहज सुंदर योग होकर और उन रागों के मिश्रित रूप निश्चित होकर प्रचार में रूढ हो गए है। उदाहरणार्थ –

नटबिहाग, कामोद नट, केदार नट

'नटनारायण – नट का भेद और है। उसमें अवरोह में धैवत स्पष्ट रूप से नहीं लिया जाता और मध्यम पर नट जैसा न्यास नहीं किया जाता। आरोह में निषाद दुर्बल बाकी

सब नट-जैसा ही है।

नट बिलावल

नट और बिलावल दोनों रागों के संयोग से उत्पन्न होने वाला मिश्र राग। पूर्वांग में नट का अंग और उत्तरांग में बिलावल का अंग। **वादी** – मध्यम और **संवादी** – षड्ज है। **समय** – दिवस का दूसरा प्रहर। इसमें भी मध्यम स्वर खुला लगाने से राग को शोभा प्राप्त होती है।

नटमल्हार

काफी ठाठ जन्य संपूर्ण। मध्यम **वादी**, षड्ज **संवादी**। एक प्रकार वर्षाकालगेय। नट व मल्लार संयोगसे बना। पूर्वांग में नट, उत्तरांग में मल्हार। 'मरे' व 'रेप' आनंददायी स्वर संगति। तीव्र गांधार भी कभी लेते हैं। कोई गीत केवल, तीव्र गांधार लिए हुए मिलते हैं, वे बिलावल ठाठ के माने जाते हैं।

नंद (अथवा आनंदकल्याण)

दो मध्यम, अन्य स्वर शुद्ध। हमीर, बिहाग, कामोद, गौड़ सारंग रागों का मधुर मिश्रण। आरोह में ऋषभ वर्ज्य। शुद्ध मध्यम आरोहावरोह में सरल रूप में। तीव्र मध्यम पंचम के साथ अवरोह में। **वादी** – षड्ज। **संवादी** – पंचम। शुद्ध मध्यम का महत्व विश्रांति स्थान। **मुख्यांग** – गम, धप, रेमऽसा, गऽमऽ। रात्रि का दूसरा प्रहर – **समय**। **जाति** – वक्रसंपूर्ण।

नागस्वरावली

खमाज मेलोत्पन्न 'नागस्वरावली' नागस्वरी' या 'नागेश्वरी' दाक्षिणात्य राग है। सभी शुद्ध स्वर। ऋषभ, निषाद संपूर्णतया वर्ज्य। जाति औडुव। **वादी** – मध्यम। **संवादी** – षड्ज। आरोह में पंचम दुर्बल। मांड राग से मिलता किंतु मांड से बहुत गंभीर तथा रंजक। **समय** – मध्यमरात्रि। **मुख्यांग** – मधसां, धपमऽपगऽ, मगऽसा।

नाटकुरंजिका

गांधारी हनगल द्वारा प्रचारित दाक्षिणात्य राग। रागेश्री से मिलता। शुद्ध निषाद बिलकुल न होने से अवरोह गमरेसा वक्र होने से रागेश्री अलग। निषाद – कोमल अन्य स्वर शुद्ध। थाट खमाज। उत्तरांग में बागेश्री आभास जादा। किन्तु शुद्ध गांधार का अस्तित्व बागेश्री को अलग करता है। पंचम वर्जित **जाति** षाडव। **समय** – रात। **वादी** – षड्ज, **संवादी** – मध्यम। गांधार, निषाद मधुर विश्रांति स्थान।

नायकी कानडा

काफी ठाठ उत्पन्न। धैवत वर्ज्य। मध्यम **वादी**, षड्ज **संवादी**। **समय** – मध्यरात्रि। पूर्वांग सूहा, उत्तरांग सारंग मिलकर। 'रिप' संगति रागवाचक। कभी कोमल धैवत लेते हैं पर निषाद की संगति में लगता हैं। कानडा के देवसाख, नायकी, सूहा, सुघराई सारंगांग होने से सब में धैवत व गांधार का अल्पत्व। कोई नायकी कानडा में धैवत कोमल लेते हैं, उसको संपूर्ण करके गाते हैं। दरबारी कानडा, कौशिक कानडा व बागेश्री मिलकर। अनूपविलास में भावभट्ट ने नायकी कानडा में मल्हार व कानडा योग बताया हैं। कानडा प्रकार कारण से अवरोह में गांधार वक्रत्व, उस पर आंदोलन।

नारायणी

दक्षिण पद्धति के ग्रंथों में वर्णित और उत्तर के विद्वानों द्वारा प्रचलित किया हुआ राग। खमाज ठाठ से उत्पन्न। इसमें गांधार वर्ज्य, आरोह में निषाद वर्ज्य। इससे राग सारंग का आभास। परंतु निषाद वर्ज्य होने से और धैवत ग्रहण करने से सारंग से सहज भिन्न हो गया हैं। जाति औडुव षाडव है। **वादी** – ऋषभ। **संवादी** – पंचम है। **समय** – रात्रिका दूसरा प्रहर।

नीलांबरी (या लीलांबरी)

काफी थाट का दाक्षिणात्य राग पं. ओंकारनाथजी द्वारा प्रचलित। अवरोह में लगातार दो गांधार इसकी विशेषता है। कोमल गांधार, कोमल निषाद सरल रूप से आरोहावरोह में तथा शुद्ध निषाद क्वचित् षड्ज साथ लिया जाता है। आरोह में गंधार, निषाद वर्ज्य। जयजयवन्ती का आभास किन्तु गांधार प्रमुख। जजयवन्ती और नीलांबरी में कोमल गांधार प्रमुख। जयजयवन्ती के ऋषभ को शुद्ध गांधार कण लगाया जाता है। नीलांबरी के ऋषभ पर कोमल गांधार आघात। अर्थात् इसमें दो गांधार दो निषाद। अवरोह में पंचम दुर्बल। जाति औडुव संपूर्ण। **वादी** – पंचम **संवादी** – ऋषभ।

पंचम

मारवा ठाठ से उत्पन्न। दो प्रकार – पंचम वर्जित षाडव तथा दूसरा संपूर्ण। दोनों प्रकार ललितांग। दोनों मध्यम का प्रयोग दोनों ही में। दोनों में **वादी** – शुद्ध मध्यम और **संवादी** – षड्ज। दोनों उत्तरराग, उत्तर रात्रि के **समय** से षाडव प्रकार में हिंदोलांग। कोई ऋषभ का दुर्बलत्व भी मानते हैं। प्रचीन ग्रंथों में भैरव ठाठ से उत्पन्न माना है।

पटमंजरी

काफी ठाठ का संपूर्ण राग। आरोह में धैवत व गांधार दुर्बल अतः सारंग अंग का आभास। **वादी** – षड्ज़ **संवादी** – पंचम। सारंग के बाद गाते हैं। धैवत गांधार के योग्य प्रयोग से इसका तिरोभाव। अप्रसिद्ध रूप होने से मतभेद है।

पटमंजरी

कोई शुद्ध स्वर-ठाठ के अन्तर्गत रागों में मानते हैं। स्वरूप के संबंध में अनेक विवाद। प्रस्तुत भेद में बिलावल के स्वर, कहीं कहीं जयजयवन्ती जैसा भाग। गाते हुए पंचम से ऋषभ पर आते है तब जयजयवन्ती का आभास। परंतु जयजयवन्ती में दोनों गांधार और निषाद का प्रयोग होता है वैसा पटमंजरी में नहीं। इस तरह राग स्वरूप सहज भिन्न होता है। कोई इस राग भेद को 'बंगाल बिलावल' भी कहते हैं।

परज

पूर्वी ठाठ से उत्पन्न संपूर्ण राग। दोनों मध्यमों का प्रयोग स्पष्ट रूप से। **वादी** – षड्ज़। **संवादी** – पंचम। **समय**- रात्री का अन्तिम प्रहर। उत्तरांग प्रधान अतः बहुत वैचित्र्यदायक। गति कुछ चपलता लिए होने से वसंत से अलग पहचानना आसान। कुछ गायक कुछ तान जानबूझकर निषाद में समाप्त करते हैं।

पीलू

काफी ठाठ से उत्पन्न। 'धुन' जैसा आबालवृद्ध प्रिय क्षुद्र राग। भैरवी, भीमपलासी, गौरी मिश्रण से ग्रंथकार मिश्र राग कहते हैं। सप्तक के पूरे बारह स्वर युक्ति पूर्वक प्रयुक्त होते हैं। तीव्र स्वर प्रयोग आरोह में अधिक। अवरोह में प्रयोग अशुद्ध नहीं। **वादी** – कोमल गांधार। **संवादी** – तीव्र निषाद **समय** – दिन का तीसरा प्रहर।

दक्षिण ग्रंथों में 'धेनुका' नाम। चतुर्दंडीकार वेंकटमखी इस ठाठ को भिन्न षड्ज़ मानते हैं। रामपुर प्रकार शुद्ध और रंजक किन्तु वर्तमान में विशेष प्रचार नहीं। मिश्र स्वरूप ही प्रचार में है।

पूरिया

मारवा ठाठ से उत्पन्न। स्वर पंक्ति मारवा राग से उत्पन्न। पंचम वर्जित। जाति षाडव। **वादी** – गांधार। **संवादी** – निषाद। मुख्य चलन मन्द्र व मध्य में रहने से उत्तरांगप्रधान सोहनी राग से सहज अलग। ऋषभ कोमल, ग, नि तीव्र अंतः **गानसमय** – संधिप्रकाश स्पष्ट। निषाद व मध्यम की संगति वैचित्र्यदायक।

पूरियाधनाश्री

पूर्वी ठाठ से उत्पन्न। पूर्वी में दोनों मध्यम का प्रयोग किन्तु इसमें केवल तीव्र मध्यम होने से रागभेद स्पष्ट। **वादी स्वर** – पंचम। **संवादी** – ऋषभ, पूर्वी में वादी गांधार, संवादी निषाद। जाति सम्पूर्ण। **समय** – संध्याकाल।

पूर्वी

पूर्वी ठाठ से उत्पन्न। ऋषभ धैवत कोमल, मध्यम दो प्रकार के, शेष स्वर शुद्ध। जाति संपूर्ण। **वादी** – गांधार **संवादी** – निषाद। **गानसमय**। दिन का अन्तिम प्रहर। प्रकृति गंभीर। उत्तर भारत में तीव्र धैवत का प्रयोग कहीं कहीं होता है। कोई गायक दोनों धैवत भी लगाते हैं।

आरोहावरोह – सा, रे ग, म प, ध, नि सां। सां नि ध प, मं, ग, रे, सा।

पकड – नि, सा रे ग, म ग, म, ग, रे ग, रे सा।

पूर्वकल्याण

मारवा ठाठ से उत्पन्न संपूर्ण राग। **वादी** – ऋषभ। **संवादी** – धैवत। अवरोह में पंचम दुर्बल। **समय** – संध्याकाल।

पूर्व्या (अथवा पूरबा)

मारवा ठाठ से उत्पन्न। पूर्वी, पूरिया व मारवा तीनों का संयोग। पंचमवर्ज्य, दोनों धैवत। संध्याकालीन राग। विस्तार मंद्र व मध्य सप्तक में।

प्रदीपकी (अथवा पटदीपकी)

काफी मेल से उत्पन्न। आरोह में ऋषभ धैवत वर्जित। भीमपलासी अंग से गाते हैं। **वादी** – षड्ज। **संवादी** – मध्यम। कोई मध्यम वादी मानते हैं। दोनों गांधार लगते हैं। तीव्र गांधार बहुधा आरोह में। मन्द्र, मध्य सप्तक में विस्तार अधिकतर। अवरोह में ऋषभ अति दुर्बल। ऋषभ, धैवत तीव्र से नीचे लगाना ऐसा भी नियम है। तीव्र गांधार प्रयोग कुशलता से। मध्यम पर विश्रांति से हंसकंकणी से भिन्न।

प्रभात (या प्रभातभैरव)

भैरवठाठ से उत्पन्न। संपूर्ण जाति का राग। **वादी** – मध्यम। **संवादी** – षड्ज। **समय** – प्रातःकाल। किंचित् रूप से तीव्र मध्यम, वह भी आरोह में शुद्ध मध्यम की संगति में। इससे राग में थोडा 'ललितांग' रहता हैं। जो बडा सुंदर मालूम होता है। शुद्ध मध्यम पर विश्रांति शोभनीय। भैरव अंग, अतः भैरव जैसे ही ऋषभ और धैवत प्रयुक्त। मध्यम खुला रखने से और ललितांग आ जाने से भैरव से अलग।

बंगाल भैरव

भैरव ठाठ जन्य भैरव का भेद। निषाद बिलकुल वर्ज्य। **जाति** – षाडव-षाडव। **वादी** – धैवत। **संवादी** ,– ऋषभ। आरोह में गांधार वक्र। **समय** – प्रातःकाल। प्रचार में 'बंगाली' और भी राग है, किन्तु वह बंगाल भैरव से बिलकुल अलग। भैरव प्रकार होने से भैरव अंग प्रधान।

बड़हंस- सारंग

काफी ठाठ। किन्तु कोई बिलावल ठाठ मानते है। **वादी** – **ऋषभ**। **संवादी** – पंचम। दोपहर गेय। सारंग भेद अतः गांधार वर्जित। गांधार धैवत वर्जित। मध्यम मुक्त से निषाद पर कुछ तानों में समाप्ति। 'हृदयप्रकाश' में तीव्र मध्यम प्रयोग किंतु प्रचार नहीं। किंचित् तीव्र धैवत अवरोह में प्रचलित। कुछ में तीव्र गांधार भी।

बरवा

काफी ठाठ का क्षुद्रगीतिक राग। **वादी** – ऋषभ। **संवादी** – पंचम। कोई दोनों गांधार, दोनों धैवत, दोनों निषाद मानते है। धुनप्रधान, अतः विशेष स्वर प्रयोग से हानि नहीं। रचना काफी ठाठ की। पूर्वांग थोड़ा देसी भाग, बाकी स्वर व चलन भिन्न होने से देसी से भिन्न।

बहार

आधुनिक यावनिक राग। काफी ठाठ। **वादी** – मध्यम। **संवादी** – षड्ज। आरोह में शुद्ध निषाद। **मध्यरात्रि गेय**। वसंत ऋतु में कभी भी गेय। आरोह ऋषभ वर्जित। अवरोह में धैवत वर्ज्य। अतः षाडव- षाडव जाति। गायक जलद तान में नियम तोडते हैं, कहीं खयालों में दोनों धैवत दोनों

गांधार लगाते हैं।

अन्य राग संयोग से वसंतबहार, हिंडोल बहार, मालकंस बहार, अडाणा बहार आदि मिश्र नाम प्रचलित

बागेश्री

काफी ठाठ से उत्पन्न। गांधार मध्यम व निषाद, ये स्वर कोमल शेष सब तीव्र। **वादी** – मध्यम। **संवादी** – षड्ज। **मध्यरात्रि** गेय। मध्यम, धैवत व निषाद स्वर संगति से वैचित्र्य। आरोह में प्रायः ऋषभ नहीं लगता। पंचम स्वर प्रयोग में मतभेद। कोई पंचम बिलकुल वर्ज्य, कोई अवरोह में और कोई आरोह अवरोह दोनों में लेते दिखाई देते हैं। इसी पर राग जाति षाडव षाडव, षाडव संपूर्ण, तथा संपूर्ण संपूर्ण। पहले दो नियम अच्छे। कोमल गांधार, कोमल निषाद, लगने वाले रागों के आरोह में तीव्र निषाद लेने की आज्ञा है।

बिंद्रावनी सारंग

काफी ठाठ। आरोह अवरोह में गांधार वर्ज्य। औडुव औडुव जाति। अवरोह में क्वचित धैवत प्रयोग राग हानि नहीं करता। **वादी** – ऋषभ। **संवादी** – पंचम। **समय** – मध्याह्न। दोनों निषादों का प्रयोग। मतभेद प्रकार – (१) आरोह अवरोह में ग, ध, वर्ज्य करके दोनों निषाद लेने से कोमल निषाद लगने वाला मध्यमादि अथव मधमाद- सारंग स्पष्टतः अलग होता। किंतु प्रचार में मधमाद गायक वादक दोनों निषाद लेने वाले दिखते हैं।

(२) दूसरा मत – ग, ध वर्ज्य होने से तीव्र निषाद लिया जाता है। यह युक्तिसंगत तथापि दोनों निषाद लगने वाले स्वरूप अधिक दिखाई देते हैं। दिल्ली संगीत परिषद में (१९१८) कलावंतों की संमति हुई कि आरोह अवरोह में गांधार धैवत वर्ज्य करके आरोह में तीव्र व अवरोह में कोमल निषाद लेकर अवरोह में क्वचित् धैवत कुशलता से लिया जाये तो क्षम्य।

आरोहावरोह – नि सा, रे, म प, नि सां। सां, नि प, म रे सा।

पकड – नि सारे, मरे, पमरे, सा।

बिलासखानी तोड़ी

भैरवी ठाठ। तानसेन पुत्र बिलासखाँ ने आविष्कृत किया। **वादी** – धैवत। **संवादी** – गांधार। **जाति** – संपूर्ण। प्रातः कालीन।

आसावरी तोड़ी सुंदर योग। आरोह में मध्यम, निषाद दुर्बल उपयोग बहुत चतुरता व कुशलपूर्वक करने से भैरवी से सहज बचता है।

बिहाग

बिलावल ठाठ के रात्रिगेय रागों में से एक है। इसके आरोह में ऋषभ और धैवत वर्जित हैं तथा अवरोह सम्पूर्ण है। अतः इस राग की जाति औडुव - संपूर्ण मानी जाती है। **वादी** – गांधार। **संवादी** – निषाद। **समय** – रात्रि का दूसरा प्रहर। कभी कभी विवादी स्वर के नाते गुणीजन इस राग में तीव्र मध्यम का अल्प प्रयोग करते हुए दिखाई देते है। रात्रि का राग होने के कारण यह प्रयोग बहुत सुंदर प्रतीत होता है। अवरोह में रे ध, ये स्वर दुर्बल रहते हैं।

बिहागडा व नटबिहाग

दोनों बिहाग के उपांग। दोनों में आरोह में कोमल नि का प्रयोग। आरोह में ऋषभ किंचित् प्रमाण में लिया जाता है। 'बिहागडा' में मध्यम स्वर को कुछ अधिक महत्त्व है। इसी तरह धैवत भी सरल लिया जाता है। कोमल नि का प्रयोग अवरोह में सरल रूप से 'सां, नि ध' इस प्रकार किया जाता है। 'नट बिहाग में ऐसा नहीं होता। नट बिहाग और 'बिहागडा' की अपेक्षा बिहाग का अंग अधिक प्रमाण में होता है। कोई कोई तो यही कहा करते है— 'शुद्ध बिहाग' में उपर्युक्त रूप से नि का प्रयोग करने और आरोह में थोडा ऋषभ ग्रहण करने से 'नटबिहाग' हो जाता है।

भंखार (या भरख्खार)

मारवा ठाठ। कुछ इसे आधुनिक राग मानते हैं। **जाति** – संपूर्ण। **वादी** – पंचम। उत्तरांग प्रधान राग। **समय** – रात्रि का अंतिम प्रहर। दोनों मध्यमों का प्रयोग, अतः अपने समप्राकृतिक विभास से भिन्न। मुक्त मध्यम न होने से भटियार भी इससे अलग। 'पग' व 'मध' स्वर संगतियाँ महत्त्वपूर्ण।

भटियार

(अन्य नाम – भट्टियारी, भटियाली, भटिहारी, भट्टियार) मिश्र मेल का नमूना। नाम से ही चलन बिलकुल वैचित्र्यपूर्ण तथा अत्यंत प्रभावशाली। ऋषभ कोमल, मध्यम दोनों, अन्य शुद्ध स्वर। जाति संपूर्ण। आरोहावरोह में चलन अत्यंत वक्र। तीव्र मध्यम। 'मधसां' आरोह में मारवा अंग दिखाता है। शुद्ध मध्यम प्रायः अवरोह में ही अतः मारवा से मेल। कोई सूर्यकांत मानते हैं। प्रातः समय में राग का मुक्त मध्यम बहुत आकर्षक। राजा भर्तृहरि रचित राग ऐसी किंवदन्ती है।

भटिहार (या भटियार)

मारवा मेल से उत्पन्न। दोनों मध्यम लगते हैं। **वादी** – शुद्ध मध्यम। **संवादी** – षड्ज। रात्रि के अंतिम प्रहर में गेय। शुद्ध मध्यम पर ठहरा जाता है। तीव्र मध्यम से रात्रि गेयत्व। पग व 'धमं' स्वर संगतियां से मधुरता। निषाद आरोह में दुर्बल, अवरोह में वक्र। प्राचीन ग्रंथ में वर्णित परंतु वर्तमान में प्रचलित भटिहार स्वरूप प्राचीन ग्रंथ वर्णन से भिन्न। प्रचार में खमाज ठाठ में भटिहार गाते हैं किन्तु बहुत ही अप्रसिद्ध।

भवानी

चतुस्वरी जाति की रागिनी। गांधार, पंचम, निषाद वर्ज्य। अन्य शुद्ध स्वर। सा रे, म, ध, चार ही स्वरों में गाया जाता हैं। स्वर- साम्य से दुर्गा से बहुत मिलता-जुलता। पंचम वर्ज्य। किन्तु धैवत प्राधान्य से कुछ और वैचित्य। **वादी** – मध्यम।

संवादी — षड्ज। समय — मध्यरात्रि।

भीमपलासी

काफी ठाठ। आरोह में ऋषभ धैवत वर्ज्य। अवरोह संपूर्ण- अतः जाति औडुव- संपूर्ण। वादी — मध्यम। संवादी — षड्ज। समय — दिन का तीसरा प्रहर। आरोह में ऋषभ धैवत अभाव अथवा दौर्बल्य एवं षड्ज, मध्यम व पंचम स्वरों का प्राबल्य दिन के तीसरे प्रहर की झलक देता है। भैरवी, तोडी, गांधारी, जौनपुरी, आसावरी आदि में धैवत की यथेष्ट समृद्धि बाद माध्याह वेला सारंग में वह अदृश्य होता है यह सहज समझने योग्य। समप्रकृति राग धनाश्री मानते हैं — जो काफी ठाठ से उत्पन्न। इसका वादी पंचम मानते हैं। ऐसे दोनों रागों में केवल वादी स्वर काही अंतर है।

भूपाल तोडी

भैरवी ठाठ। मध्यम निषाद वर्ज्य। वादी — धैवत। गांधार संवादी। प्रातःकालीन।

भूपाली

कल्याण ठाठ से उत्पन्न। मध्यम और निषाद दोनों ही स्वर वर्जित। इसलिए इस राग की जाति औडुव- औडुव मानी जाती है। वादी — गांधार। संवादी — धैवत। समय — रात्रि का प्रथम प्रहर। इस राग को शुद्ध कल्याण, जेतकल्याण तथा देशकार रागों से बचाने में सावधानी रखनी पड़ती है। अपने स्वतंत्र नियमों के कारण यह राग उनसे भिन्न है।

भैरव

भैरव ठाठ से उत्पन्न। जाति संपूर्ण। ऋषभ तथा धैवत स्वर कोमल। शेष स्वर शुद्ध। वादी — धैवत। संवादी — ऋषभ। समय — प्रातःकाल। कभी अवरोह में कोमल निषाद का प्रयोग गायक कुशलतापूर्वक करते हैं। आरोह में ऋषभ का अल्पत्व। मध्यम से ऋषभ की मींड़ बहुत सुंदर दिखती है।

भैरवी

भैरवी ठाठ से उत्पन्न संपूर्ण राग मध्य शुद्ध (कोमल) तथा शेष सब कोमल। वादी — मध्यम, संवादी — षड्ज। कोई धैवत वादी गांधार संवादी मानते है। दोनों मतों का प्रचार है। समय — प्रातःकाल। कोई सार्वकालिक मानते हैं। आरोह में तीव्र ऋषभ प्रयोग किंतु वह राग का नियमित स्वर नहीं है। प्राचीन ग्रंथों में तीव्र ऋषभ लेने का उल्लेख मिलता है। उसका प्रचार दक्षिण में आज भी है। गजल ठुमरी टप्पा में अधिकतर गीत। विशेष सुंदरता सा, ग, प, ध स्वरों पर निर्भर। मध्यम को प्रधानता (वादित्व) दे कर मध्यम के अधिक प्रयोग से गांधार का महत्व घटा देते हैं।

मधुवन्ती (अर्थात् अम्बिका)

'मधुवन्ती' 'मधुमंती' मधुमालती मुलतानी ढंग का एक मधुर राग। प्रसिद्ध सितार वादक उस्ताद विलायतखां ने जन्मदात्री के नाम पर 'अम्बिका' नाम दिया जिसे कोल्हापुर के प्रसिद्ध गायनाचार्य श्री. पाध्येबुवा ने प्रचलित किया। गांधार कोमल, मध्यम तीव्र तथा निषाद शुद्ध। आरोह में ऋषभ धैवत वर्ज्य। अवरोह सरल संपूर्ण।

कोमल गांधार से कल्याण लुप्त। संक्षेप से कल्याण, पीलू, मुलतानी, पटदीप आदि रागों का मधुर तिरोभाव बार बार दिखने से यह राग बहुत मधुर बना है। वादी — पंचम। संवादी — षड्ज। समय — रात्रि का तीसरा प्रहर।

मध्यमादि (अथवा मध्यमाद) सारंग

काफी ठाठ से उत्पन्न सारंग प्रकार। सारंग अंग में 'धग' दौर्बल्य के कारण ये स्वर बिलकुल वर्जित। ऋषभ- वादी। पंचम- संवादी। दोपहर गेय। पूर्वांग के 'परे', उत्तरांग के 'निप' रागवाचक स्वर संगति। शुद्ध निषाद प्रयोग बहुमत से निषिद्ध।

मनोहर

पूर्वी ठाठ से उत्पन्न अप्रसिद्ध राग। एक ही गीत उपलब्ध। आधुनिक स्वरूप के लिये ग्रंथाधार नहीं है। वादी — गांधार। संवादी — धैवत। आरोह में पंचम वर्ज्य।

मलुहा

अपरनाम — 'मल्लरुह', 'मालव', मलुहा केदार। बिलावल थाट। केदार में कामोद और स्यामकल्याण का अंग दिखाने से मलुहा केदार की रचना। वादी — पंचम। संवादी — षड्ज। समय — रात का दूसरा प्रहर।

आरोहावरोह — सा, मग, प, धमप, सां।

मालवकेदार अत्यंत गंभीर होने से। तानबाजी बहुत कम। आलाप के स्वर अत्यंत गंभीरता से ही लेने चाहिये।

अप्रसिद्ध मल्हार प्रकार

१) मीरा मल्हार २) चरजू मल्हार ३) चंचलसस मल्हार ४) धुलिया मल्हार

ये राग प्रचलित हैं पर इनके लक्षण उपलब्ध नहीं हैं। कारण बहुत थोडे गायक गाते हैं। गीत से ही लक्षण निश्चित।

मारवा (मारुव)

मारवा ठाठ से उत्पन्न। ऋषभ कोमल, मध्यम तीव्र, शेष शुद्ध। पंचम वर्जित। जाति — षाडव षाडव। आरोह में निषाद अनेक बार वक्र। वादी — ऋषभ। संवादी — धैवत। दिन का अंतिम प्रहर। पश्चात् कल्याण ठाठ के राग समय- में प्रवेश सहज साध्य, अतः 'परमेल प्रवेशक' राग कहते हैं।

मारुबिहाग

कल्याण ठाठ से उत्पन्न। बिहाग अंग से गाया जाता है। आरोह में ऋषभ धैवत वर्ज्य। अवरोह सरल संपूर्ण। तीव्र मध्यम आरोह अवरोह में सरल अतः शुद्ध बिहाग से बिलकुल अलग। दो मध्यम भी अवरोह में दिखाए जाते हैं। उस्ताद अल्लादिया खाँ ने राग रचाया ऐसी किंवदन्ती है। मारवा या मारु से कुछ संबंध नहीं है। मारु बिलावल मलज राग है।

वादी – गांधार। **संवादी** – निषाद। **समय** – सायंकाल। औडुव संपूर्ण **जाति** ।

राग मालकौंस

भैरवी या आसावरी ठाठ। अवरोह में ऋषभ पंचम वर्ज्य। अतः औडुव-औडुव **जाति**। **वादी** – मध्यम। **संवादी** – षड्ज़। **समय** – रात्रि का तीसरा प्रहर। प्रकृति गंभीर अतिलोकप्रिय। ऋषभ का किंचित् प्रयोग विवादी के नाते अनुचित नहीं। प्रचार के अनुसार इसे भैरवी ठाठ का मानते हैं।

मालगुंजी

(मालगुंज, मालगुंजी, मालगुंजरी) काफी मेलोत्पन्न पं. नारायणरावजी व्यास प्रणीत मधुर राग। बागेश्री अंग से गाते हैं। बागेश्री आरोह में शुद्ध गांधार, शुद्ध निषाद लेने से रचना होती है। आरोह में ऋषभ दुर्बल पंचम वर्जित। अवरोह में निषाद कोमल तथा पमगमगरेसा अथवा पमगगरेसा वक्र या लगातार पद्धति से दोनों गांधार लिये जाते हैं।
वादी – मध्यम। **संवादी** – षड्ज। रात्रि **समय** ।

मालवी

पूर्वी ठाठ से उत्पन्न। आरोह में 'नि' दुर्बल, अवरोह में 'ध' दुर्बल। **वादी** – ऋषभ। **संवादी** – पंचम। **सांयगेय** श्री अंग से गाया जाता है। स्वतंत्र, अप्रसिद्ध राग स्वरूप फिर भी बहुत रंजक। प्राचीन ग्रंथों में उल्लेख है किन्तु स्वरूप में भेद है।

मालश्री

कल्याण ठाठ से उत्पन्न। इसमें रे और ध स्वर वर्ज्य होते हैं। **जाति** – औडुव-औडुव है। **वादी** – पंचम। **संवादी** – षड्ज। **समय** – सन्ध्याकाल। कुछ लोगों का कथन है कि सा, ग और प इन तीनों स्वरों से ही यह राग गाना चाहिए। परन्तु राग के लिए कम से कम पाँच स्वर होने चाहिए, इसलिए यह कथन मान्य नहीं किया जा सकता। फिर भी यह निर्विवाद है कि इस राग में म और नि स्वर अत्यंत गौण रूप से और केवल स्वर-संख्या पूर्ति करने के लिए ही ग्रहण किए जाते हैं। इस राग में जगह जगह ग और प स्वरों की संगति दृष्टिगोचर होती है। इस राग में तार-षड्ज़ से पंचम पर उतरने की स्वर रचना बहुत ही मधुर और रंजक होती है।

मालारानी

कल्याण ठाठ। मध्यम तीव्र अन्य स्वर शुद्ध। आरोह में गांधार-धैवत तथा अवरोह में निषाद मध्यम वर्ज्य हैं। औडव जाति। ऋषभ पर न्यास अत्यावश्यक। केदारभास किन्तु शुद्ध मध्यम बिलकुल नहीं। कामोद का कुछ आभास किन्तु रेप अथवा गमपगमरेसा कामोद का अत्यावश्यक अंग न होने से अलग।
वादी – पंचम। **संवादी** – ऋषभ। **समय** – रात्रि प्रथम प्रहर।

मालिन (या मालिनी)

मारवा मेलोत्पन्न। इसे 'अरुणशंकरा' भी कहते हैं। मध्यम पूर्णतः वर्ज्य, ऋषभ कोमल और अन्य स्वर शुद्ध। आरोह में ऋषभ वर्ज्य। निषाद अत्यंत मधुर विश्रांति स्थान। शंकरा का भास, किन्तु कोमल ऋषभ से शंकरा नष्ट। **वादी** – ग, **संवादी** – नि, **समय** – शाम।

मालीगौरा

मारवा ठाठ से उत्पन्न संपूर्ण राग। **वादी** – ऋषभ। **संवादी** – पंचम। **संध्याकालीन**। श्री- पूरिया मिश्रण। विस्तार विशेषकर मन्द्र व मध्य सप्तक में ही। पूरिया में पंचम स्वर लेनेसे मालीगौरा कुछ जानकार मानते हैं। गायक बहुधा दोनों धैवत लगाते हैं। अप्रसिद्ध रागों में एक।

मियाँमल्हार

काफी ठाठ से उत्पन्न। वादी – सा। **संवादी** – प। कोई **वादी – म संवादी** – सा मानते है। अवरोह में धैवत वर्ज्य अतः जाति **संपूर्ण षाडव**। मोसमी (वर्षाऋतु) राग। **शास्त्र दृष्ट्या गान समय** – मध्य रात्रि। कानडा और मल्हार दोनों का सुंदर योग। मियाँ तानसेन इस राग के प्रथम प्रवर्तक।

मियाँकी सारंग

काफी ठाठ से उत्पन्न यावनिक राग। गांधार बिलकुल वर्ज्य। **वादी** – ऋषभ। **संवादी** – पंचम। **समय** – दोपहर। 'सा, निृध, निृध, सा' स्वरविन्यास रागदर्शक। तानसेन द्वारा प्रचलित मानते हैं।

मुलतानी

तोड़ी ठाठ। रे, ध, ग, कोमल व म, नि, तीव्र लगते हैं।
वादी – पंचम। **संवादी** – षड्ज। आरोह में रे ध वर्जित अतः औडुव **संपूर्ण** जाति. **समय** – दिन का चौथा प्रहर। **'परमेलप्रवेशक' राग। काफी ठाठ से संधिप्रकाश रागों में प्रवेश करने के लिये मुलतानी सुविधा दायक। कुछ संस्कृत ग्रंथों में मुलतानी में तीव्र गांधार है। किंतु प्रचलित हिंदुस्थानी ग्रंथों में कोमल गांधार ही माना जाता है।**

मेघमल्हार

काफी ठाठ। धैवत गांधार वर्ज्य। जाति – औडुव-औडुव। **वादी – षड्ज। संवादी** – पंचम। कोई मध्यम संवादी मानते है। **वर्षा मोसमी राग। धैवत लगने वाली इसकी कुछ चीजे उपलब्ध हैं।**
उठाव – रेम, रेसा, निप, निसा, रे, मरे, प, रेम, रे, सा।

मेघरंजनी

भैरव ठाठ। पंचम और धैवत बिलकुल वर्ज्य। वादी – **मध्यम। संवादी** – षड्ज़। **समय** – रात्रि का चौथा प्रहर। **मध्यम पर विश्रांति। इससे राग पर किंचित् ललितांग की छाया पड़ती है। परन्तु धैवत वर्ज्य होने से ललित से अलग।**

मेवाडा

बिलावल ठाठ। मांड का एक भेद। नाम से ज्ञात होता

है कि राजस्थान के ग्राम गीतों में से यह एक है। तार सप्तक में विशेष विस्तार नहीं होता। गुजरात प्रांत के रास (गरबा) आदि गीत प्रायः इसी राग में सुनने मिलते हैं।

मोटकी

मिश्र मेलोत्पन्न। दोनों धैवत, दोनो' ऋषभ, दोनों भैरव लेते है। **साधारण चलन**

यमन

कल्याण ठाठ। जाति संपूर्ण है। मध्यम स्वर तीव्र तथा अन्य स्वर शुद्ध। **वादी** – गांधार और **संवादी** – निषाद है। **समय** – रात्रि का प्रथम प्रहर। यमन राग में जब कभी अल्प प्रमाण में कोमल मध्यम का प्रयोग करते है, तब इसे **यमन कल्याण** ऐसा संयुक्त नाम देते है। यह राग सरल व सीधा है। यमन राग को कल्याण का **आश्रय राग** कहते हैं।

यमनीबिलाबल

बिलावल ठाठ से उत्पन्न बिलावल का एक भेद। यह यमन और बिलावल, इन दोनों रागों के मिश्रण से उत्पन्न हुआ है। **समय** – प्रातः काल। दोनों मध्यमों का प्रयोग होता है। **वादी** – षड्ज **संवादी** – पंचम। आरोह में तीव्र मध्यम कर प्रयोग का यमन का अंग दिखाया जाता है और स्पष्ट रूप से शुद्ध मध्यम लगाकर उसका निवारण किया जाता है। इसका साधारण चलन बिलावल जैसा ही है।

रसचन्द्र

आधुनिक संशोधित विचित्र प्रकार। दोनों मध्यम लगातार ललितांग पद्धति से अलग। शुद्ध ऋषभ से ललित राग से बिलकुल अलग। निषाद पंचम वर्ज्य बाकी शुद्ध स्वर। आरोह में ऋषभ दुर्बल। अवरोह में गांधार वर्ज्य करके या वक्र रूप से लिया जाता है। पूर्वांग में स्वर संगति से बिलावल भास। प्रमुख स्वर शुद्ध मध्यम। गांधार महत्वपूर्ण विश्रांति-स्थान। चलन मींड़ प्रधान। **वादी** – मध्यम। **संवादी** – षड्ज। **समय** – प्रभात।

रसरंजनी

बिलावल ठाठ। गांधार पंचम वर्ज्य। अर्थात् जाति औडुव। पूर्वांग में 'रेम' संगति से दुर्गा छाया; किन्तु पंचम का अभाव तथा शुद्ध निषाद का प्राबल्य राग को दुर्गा के अलग रखता है। तारषड्ज प्रमुख विश्रांति-स्थान। **वादी** – मध्यम। **संवादी** – षड्ज़। **समय** – मध्यरात्रि।

रागेश्वरी

खमाज ठाठ। पंचम स्वर बिलकुल वर्ज्य, आरोह में ऋषभ वर्ज्य। **जाति** – औडुव-षाडव। **वादी** – गांधार। **संवादी** – निषाद। अन्य मत से 'सा-प' का संवाद होता है। **समय** – रात्रि का दूसरा प्रहर। उत्तरांग में बागेश्री का आभास। परंतु पूर्वांग के तीव्र गांधार से यह बागेश्री से अलग हो जाता है। ऋषभ प्रयोग दुर्गा राग को अलग कर देता है। कर्नाटकी पद्धति के 'राग-लक्षण' ग्रंथ में 'नाटकुरंजिका' नामक रागिनी का वर्णन आता है। वह रागेश्वरी जैसी ही है।

रामकली

भैरव ठाठ। भैरव के समान स्वरूप। प्रातःकाल **समय**। एक प्रकार में मध्यम निषाद आरोह में नहीं लगाते। शास्त्राधार है पर कम दिखाई देता है। दूसरे में आरोह-अवरोह संपूर्ण किन्तु भैरव जैसे आरोहावरोह अतः संदेहास्पद। मुख्य फरक भैरव विस्तार मन्द्र व मध्य स्थानों में, रामकली का मध्य और तार स्थान में। तीसरे प्रकार में दोनों मध्यम, दोनों निषाद प्रयोग जो लोकप्रिय है।

वादी – धैवत, या पंचम। **संवादी** – ऋषभ। दोनों मध्यम, दोनों निषाद प्रकार में वादी पंचम अनुचित नहीं। धैवत ऋषभ आंदोलित होते हैं। किन्तु भैरव में ऋषभ पर अधिक आंदोलन।

रामदासी मल्हार

काफी ठाठ। रामदास नायक इसके रचयिता। **वादी** – मध्यम। **संवादी** – षड्ज। वर्षाकालीन। दोनों गांधार लगते हैं। आरोह में तीव्र, अवरोह में कोमल गांधार। कोई केवल कोमल गांधार से गाते हैं।

रूपमंजरी मल्हार

काफी ठाठ जन्य मल्हार का प्रकार। दोनों गांधार लगते हैं। कोमल गांधार बहुत गौण। उत्तरांग में देस अंग।

रेवती (या रेवती कानडा)

काफी ठाठ का प्रातःगेय 'कान्हरा' प्रकार। गांधार, निषाद कोमल। अन्य स्वर शुद्ध। **जाति** – संपूर्ण। गांधार आंदोलित।

शुद्ध धैवत का प्रयोग तथा देसी अंग का आरोह नायकी, सूहा से इसको बिलकुल अलग रखता है। चलन बहुत ही गमकयुक्त है। **वादी**– पंचम। **संवादी** – षड्ज।

रेवा (या 'रेवगुप्ति' 'रेवागुप्ति')

'रेवा' अप्रसिद्ध किन्तु अत्यंत रंजक राग। पूर्वी ठाठ से उत्पन्न पर मध्यम और निषाद बिलकुल वर्ज्य। औडुव **जाति**। पूर्वांग प्रबल होनेसे विभास से बिलकुल अलग।
वादी – गांधार। संवादी – धैवत। **समय** – श्याम।

लंकदहन-सारंग

दोनों निषाद, अवरोह में थोडा शुद्ध धैवत, कोमल गांधार (वक्र)। कोमल गांधार से सारंग से भिन्न। बाकी सारंग जैसे स्वर। साधारण। इसके गीत दुर्लभ हैं।

लच्छासाख

बिलावल ठाठ। बिलावल अंग होने से प्रातःगेय। राग सम्पूर्ण है और इसमें दोनों निषादों का प्रयोग होता है। इसका **वादी** – धैवत। **संवादी** – गांधार है। बिलावल अंग अवरोह में व्यक्त। इस राग में झिंझोटी का अंश होता है यह बात मार्मिक श्रोताओं के ध्यान में तत्काल आ जाती है। गांधार के विशिष्ट प्रयोग के कारण गौड़सारंग की छाया इस राग पर

है, परन्तु इन दोनों रागों में बिलावल अंग बिलकुल ही नहीं होता। लच्छासारव के लिए यह अंग अत्यावश्यक है। बिलावल के सब भेद एक दूसरे से अलग करना बहुत कठिण होता है।

लक्ष्मीकल्याण

कल्याण थाट का वक्र संपूर्ण राग। दोनों मध्यम, अन्य स्वर शुद्ध। **वादी** – ऋषभ। **संवादी** – पंचम। श्याम **समय**।

लाजवंती

संपूर्ण जाति का मधुर वक्र स्वरूप। सभी शुद्ध स्वर। आरोह कें 'निसा, गरे, मग' उठाव से गौड आभास। पर आगे 'पऽधमपसां' स्वरमाला से गौड सारंग नष्ट। आरोह के 'सांऽऽप, धऽम, पऽग, वक्र स्वर रचना से तिलक कामोद व खंबायती की छाया दिखती है परंतु अंत के 'गमप रेऽसा' वक्र आरोह इनको अलग करता है। तानबाजी में 'रेगमप' 'मपनिसां' तथा अवरोह में 'सांनिधपऽमऽ' प्रकार की सरल रचना से 'गौडमल्हार' का तिरोभाव। किन्तु आगे 'गऽमप रेऽसा' अथवा सांऽप, धऽम, मऽग, मपरेऽसा' लाजवंती स्वरमाला आते ही गौडमल्हार लुप्त। **वादी** – पंचम। **संवादी**– षड्ज। रात का दूसरा प्रहर **समय-**।

ललित

मारवा ठाठ। पंचम वर्ज्य अतः **जाति** – षाडव। **वादी** – शुद्ध मध्यम। **संवादी** – षड्ज। उत्तरांग प्रधान। अतः गान **समय** – रात्रि का अंतिम प्रहर। दोनों मध्यमों का प्रयोग। प्रातःकाल में बिलकुल स्वतंत्र रूप। कहीं ग्रंथों में राग कोमल धैवत युक्त मिलता है।

ललितपंचम (अथवा ललतपंचम)

भैरव ठाठ से उत्पन्न मिश्र राग। दोनों मध्यमों का प्रयोग। आरोह में पंचम वर्ज्य, अवरोह पूर्ण और वक्र। **वादी** – शुद्ध मध्यम। **संवादी** – षड्ज। **समय** – रात्रि का अंतिम प्रहर। मुक्त मध्यम प्रयोग से ललितांग उत्पन्न किंतु पंचम लगाने से ललित से भिन्न। मारवा ठाठ में 'पंचम' एक राग है, जिसमें धैवत शुद्ध लगता अतः वह भी इससे भिन्न।

ललिता गौरी

पूर्वी ठाठ। इसकी एक ही चीज उपलब्ध है। दोनों मध्यम दोनों धैवत का प्रयोग। कोमल धैवत नाममात्र होने से इसकी चीज मारवा ठाठ के चीजों में समाविष्ट होती है। भटियारी जैसी दिखती है।

राग वराटी (अथवा बरारी)

मारवा ठाठ से उत्पन्न। संपूर्ण। **वादी** – गांधार। **संवादी** – धैवत। **सायंगेय**। मारवा के अंग से गाते है। परंतु पंचम स्वर लगने से मारवा से स्वतंत्र। मध्यम गौण रखना उचित। कोई कोमल धैवत लेकर इसे पूर्वी ठाठ का मानते हैं। वराटी के बहुत प्रकार प्राचीन ग्रंथों में वर्णित हैं।

वसंत

पूर्वी ठाठ। एक प्रकार- दोनों मध्यम, धैवत तीव्र लगाकर पंचम वर्ज्य। दूसरे में राग संपूर्ण। **वादी**– तार षड्ज़। **संवादी** – पंचम। पूर्वी ठाठ जन्य प्रकार अधिक लोकप्रिय। वसंतवर्णन से वसंत ऋतु का मोसमी राग। **समय** – रात्रि का अन्तिम प्रहर। **दोनों मध्यम प्रयोग**। उत्तरांग प्रधान, तार षड्ज पर विशेष जोर। कोमल गांधार लगने वाला प्रकार अप्रसिद्ध।

विभास (भैरव ठाठ)

विभास का एक भाग भैरव ठाठ से उत्पन्न। मध्यम और निषाद वर्ज्य। औडुव **जाति**। **वादी** – धैवत। **संवादी** – गांधार। कोई ऋषभ संवादी मानते हैं। उत्तरांग प्रधान। **समय-** प्रातः काल। प्रकृति शांत गंभीर।

सायंकाल में पूर्वी ठाठ से निकलने वाला 'रेवा' राग, उसमें भी वर्ज्यावर्ज्य स्वर विभास के समान। रेवा राग पूर्वांग प्रबल और विभास उत्तरांग प्रबल है; इतना सी अंतर। विभास पूर्वी ठाठ से।

राग विभास (मारवा मेलजन्य)

संपूर्ण। **वादी** – धैवत। **संवादी** – गांधार। प्रातःकालीन। 'गप' व 'मध' स्वर संगति रक्तिदायक। पंचम पर ठहरने से राग की गंभीरता। देशकार गौरी संयोग – कुछ लोगों का मत।

राग विभास (पूर्वी ठाठ)

बिलकुल अप्रचलित संपूर्ण जाति का राग। मध्यम व निषाद दुर्बल। उत्तरांग प्रधान। अवरोह में तीव्र मध्यम। निषाद अवरोह में। **वादी** – धैवत। **संवादी** – ऋषभ। पंचम पर विश्रांति से राग स्पष्ट।

वैजयंती

कल्याण ठाठ। मध्यम तीव्र, बाकी शुद्ध स्वर। गांधार धैवत बिलकुल वर्ज्य। गुणी गायक धैवत स्वर मींड़ रूप से अवरोह में स्पर्श-रूप से लेते हैं। पूर्वांग श्याम कल्याण, उत्तरांग में बिहाग भास। किन्तु दोनों रागों में मध्यम का प्रयोग। वैजयंती में शुद्ध मध्यम बिलकुल ही नहीं हैं। निषाद मधुर विश्रांति-स्थान। **वादी** – पंचम। **संवादी** – - ऋषभ। **जाति** – औडुव। **समय** – सायंकाल।

शंकरा

बिलावल ठाठ। **समय** – रात्रि का दूसरा प्रहर। **वादी** – गांधार। **संवादी** – निषाद। इस राग में षड्ज-पंचम का संवाद मानते है मध्यरात्रि इसका **समय**। **दो प्रकार**। एक प्रकार में ऋषभ और मध्यम वर्जित और दूसरे प्रकार में केवल मध्यम वर्जित करते हैं। आरोह में ऋषभ अल्पमात्रा में लगता है। तिरोभाव करते समय गायक ऋषभ व धैवत स्वर का अधिक उपयोग करते हैं। श्रोताओं को कुछ क्षणों के लिए कल्याण राग का भास होने लगता है; किन्तु 'पनिध, सांनि' इस स्वर समुदाय का प्रयोग और मध्यम का लोप इन

दोनों लक्षणों से शंकरा सहज से ही दिखाई देने लगता है। शंकरा का स्वरूप थोडा-बहुत बिहाग राग के समान है; किन्तु बिहाग में मध्यम स्पष्ट है, इसलिए राग-भेद सहज ही ध्यान में आ जाता है

शहाना

शहाना कानडा काफी ठाठ का राग है। आधुनिक संपूर्ण राग आरोह में धैवत वर्ज्य करके कोई गाते है। **वादी** – पंचम। **संवादी** – षड्ज। **समय** – रात्रि का तीसरा प्रहर। कानडा अंग-आरोह वक्र, आंदोलित गांधार 'निप' संगति शहाना की पहचान। तीसरे धैवत से अडाना अलग। धैवत गांधार स्वर प्रयोग से सारंग अलग। कानडा अंग से धैवत, गांधार प्रयोग मधुर। यह राग अडाना, दरबारी, मल्हार के सम्मिश्रण से माना जाता है।

शिवभैरव (या शिवमतभैरव)

मिश्र मेलोत्पन्न भैरव का भेद। दोनों गांधार दोनों निषाद तथा बाकी सभी स्वर भैरव ठाठ के लगते हैं। विस्तार प्रायः भैरव अंग से। अतः भैरव ठाठ में मानना उचित। **वादी** – धैवत। **संवादी** – ऋषभ। **समय** – प्रातःकाल। अप्रसिद्ध राग अतः स्वरूप में मतभेद। आरोह में तीव्र गांधार, निषाद, भैरव अंग। अवरोह में कोमल गांधार से तोडी का किंचित् आभास। यही पूर्व कालीन शुद्ध भैरव कहा जाता है। कुछ स्थलों में तीव्र धैवत प्रयोग। कोमल गांधार कोमल निषाद सरल अवरोह रूपमें नहीं लगाए जाते।

शिवरंजनी

काफी मेलोत्पन्न उत्तर भारत का एक मधुर धुन स्वरूप राग। निषाद, मध्यम वर्ज्य, गांधार कोमल अन्य स्वर शुद्ध। औडुव जाति 'परे' और 'धग' स्वर संगति अत्यंत मधुर। **वादी**– पंचम। **संवादी** – षड्ज़। **समय** – मध्यरात्रि।

शिवराज

पीलू प्रधान राग। मध्यम तीव्र, गांधार धैवत कोमल तथा अन्य स्वर शुद्ध। आरोह में ऋषभ-धैवत वर्ज्य। अतः औडुव संपूर्ण। मुलतानी का ऋषभ कोमल, शिवराज का शुद्ध। सिंहेन्द्रमध्यमा के भी यही स्वर हैं किन्तु सिंहेन्द्रमध्यमा उत्तरांग प्रधान होने से सोहनी का समप्रकृतिक प्रकार। अवरोह में ऋषभ न्यास अत्यंत रक्तिदायक। **वादी** – पंचम। **संवादी** – षड्ज। **समय** – शाम के पहले।

शुक्लबिलावल

बिलावल का एक भेद। **समय** – प्रातः काल। **वादी** – मध्यम। **संवादी** – षड्ज। आरोह में ऋषभ दुर्बल। मध्यम पर न्यास। 'रे-प' की स्वर संगति राग-वाचक है। उत्तरांगप्रधान। मध्यम पर न्यास। बिलावल और केदार के मिश्रण से यह राग उत्पन्न होता है।

शुद्ध कल्याण

कल्याण ठाठ। आरोह में मध्यम व निषाद स्वर वर्ज्य माने जाते हैं। **जाति** – औडुव- संपूर्ण। **वादी** – गांधार। **संवादी** – धैवत है। इसकी साधारण प्रकृति भूपाली राग के समान दिखाई देती है। **समय** – रात्रि का प्रथम प्रहर मानते हैं। प्रत्यक्ष व्यवहार में मध्यम व निषाद आरोह अवरोह दोनों में कई बार छोड़े हुए दिखाई देते है। ऐसा करने के लिए ग्रंथाधार भी है। इसे राग में मन्द्र-स्थान का प्रयोग भूपाली की अपेक्षा अधिक किया जाता है। इस राग के अवरोह में यद्यपि तीव्र मध्यम लेने की अनुमति है, फिर भी कुशल गायक वह स्वर, पंचम से गांधार की ओर जाते समय प्रायः मींड़ द्वारा दिखाते हैं। जलद-तानों में तो यह स्वर वे एकदम छोड़ देते हैं; केवल निषाद अवरोह में अनेक बार लिया हुआ दिखाई देता है और इसलिए भूपाली राग की भिन्नता स्पष्ट होती है। इस राग में पंचम व ऋषभ की संगति अत्यंत सुंदर दिखाई देती है। जानबूझकर विवादी स्वर का प्रयोग करने के लिए 'प्रच्छादनीयः' 'तानक्रियात्मकः' इत्यादि आधार शास्त्रों में हैं ही। इस राग में धैवत का प्रमाण भूपाली के धैवत से कम रखने का ध्यान रखना पडता है।

शुद्ध सारंग

काफी ठाठ। गांधार वर्ज्य **वादी** – ऋषभ। **संवादी** – पंचम। **समय** – दूसरा प्रहर। दोनों मध्यम, दोनों निषाद लगते हैं, अतः शुद्ध सारंग अपने अंग में स्वतंत्र। 'नूरसारंग' समप्राकृतिक राग।

शोभावरी

आसावरी मेल। दाक्षिणात्य प्रकार। आसावरी के सुर किंतु गांधार, निषाद बिलकुल वर्ज्य। 'म रे' संगति से पूर्वांग में सारंग भास बहुत रक्तिदायक। **वादी** – धैवत। **संवादी** – ऋषभ। **समय** – प्रातःकाल।

रागश्री

पूर्वी ठाठ। आरोह मे गांधार व धैवत वर्ज्य, अवरोह संपूर्ण अर्थात जाति औडुव संपूर्ण।
वादी – ऋषभ। **संवादी** – पंचम। **समय** – सूर्यास्त।

श्रीरंजनी

काफी ठाठ का षाडव प्रकार। दाक्षिण राग। पंचम वर्ज्य। बागेश्री में पंचम लगता है। इसमें बिलकुल वर्ज्य। इससे बागेश्री से अलग।

श्याम कल्याण (या श्याम)

कल्याण ठाठ। यह कल्याण का ही एक प्रकार माना जाता है। दोनों मध्यमों का प्रयोग होता है। आरोह में धैवत वर्ज्य होता है। **वादी** – ऋषभ या षड्ज। **संवादी** – मध्यम। उठाव में कामोद का अंग स्पष्ट दिखाई देता है, परन्तु इस में निषाद स्वर स्पष्ट रूप से, जोरदार ढंग से लगता है। कई

लोगों का मत है कि इस राग की उत्पत्ति हमीर, गौडसारंग और केदार रागों के मिश्रण से होती है।

श्याम केदार

ग्वालियर दरबार गायक श्री कृष्णराव पंडित के नासिक निवासी शिष्य गायनाचार्य प्रो. भास्करराव घोडके संगीत रत्न ने इस मधुर राग की रचना की है। गांधार वर्जित दो निषाद, दो मध्यम लिये जाते हैं। आरोह में तीव्र मध्यम अवरोह में शुद्ध मध्यम। आरोहावरोह में शुद्ध निषाद सरल। वक्र रूप से कोमल निषाद।

वादी – मध्यम। **संवादी** – षड्ज। रात्रि का दूसरा प्रहर – **समय**।

आरोहावरोह – सारेसाम, रेम, प, धनिसां, सांनिधप, धनिधप, मप, मपधप, मऽरेसा।

सरपरदा

एक यावनिक राग। ऐसा माना जाता है कि यह हजरत खुशरो द्वारा प्रचार में लाए हुए रागों में से एक है। इसे एक बिलावल का ही भेद माना जाता है। यह राग अल्हैया बिलावल के साथ यमन, गौड और बिहाग के मिश्रण से उत्पन्न होता है। इसमें षड्ज और पंचम का संवाद है। **समय** – दिवस का प्रथम प्रहर। इस में गांधार और धैवत स्वर भी महत्त्व के होते है।

सरस्वती

ग्वालियर दरबार गायक श्री. उमडेकर बोवा द्वारा प्रचलित दाक्षिणात्य राग। मध्यम तीव्र, निषाद कोमल, गांधार वर्जित अन्य शुद्ध स्वर। षाडव जाति वाचस्पति मेल से उत्पन्न। आरोह में निषाद वक्र।

समय – मध्यरात्रि। **वादी** – पंचम। **संवादी** – ऋषभ।

साजगिरी

मारवा मेल से उत्पन्न एक आधुनिक संपूर्ण राग। गांधार वादी। दोनों धैवत, दोनों मध्यम। निषाद व मध्यम संगति। सायंगेय। पूरिया व पूर्वी संयोग से उत्पत्ति मानी जाती है। गान अधिकतर मन्द्र व मध्य सप्तक में ही शोभा देता है। शुद्ध मध्यम पर विश्रांति।

सामंतसारंग

काफी ठाठ। गांधार बिलकुल वर्ज्य। **वादी** – ऋषभ। **संवादी** – पंचम। (सारंग प्रकार होने से) दोपहर गेय। अवरोह में थोडा धैवत स्पर्श। देस सारंग मिश्रित।

सावनीकल्याण

इसके सम्पूर्ण नियम उपलब्ध नहीं हैं। गीतों के अनुसार कल्याण ठाठ से उत्पन्न होता है। इसमें शुद्ध कल्याण का अंग आता है। विस्तार प्रायः मन्द्र और मध्य सप्तक में होता है। **वादी** – षड्ज। **समय** – रात्रि का प्रथम प्रहर। आरोह में मध्यम और निषाद स्वर दुर्बल रहते है। मन्द्र धैवत पर न्यास होता है।

सिंध

काफी ठाठ का क्षुद्र गीतिक अप्रचलित राग। दोनों गांधार, ऋषभ प्रबल।

सिंध भैरवी

आसावरी ठाठ का आधुनिक राग। संपूर्ण जाति। **वादी** – धैवत। कोई मध्यम वादी मानते हैं। **समय** – दिन का दूसरा प्रहर। दोनों ऋषभ लगते हैं। कोई पंचम से षड्ज लेकर भैरवी गाकर सिंध भैरवी कहते हैं। विस्तार मन्द्र व मध्य सप्तक में अधिकतर।

सुघराई

काफी ठाठ से उत्पन्न कानडा। आरोह में धैवत वर्ज्य। 'निप'संगति कई बार। अतः कानडा सूचक। आरोह में गांधार वक्र आंदोलित। **समय** – दिन का दूसरा प्रहर। **वादी** – पंचम। **संवादी** – षड्ज। किंचित सारंग अंग। अडाना, वृंदावनी राग मिश्रण से मानते हैं। गांधार धैवत दोनों स्पष्ट स्वर लगते हैं।

सूरमल्हार

काफी ठाठ जन्य मल्हार प्रकार। भक्त सूरदास निर्मित मानते हैं। धैवत गांधार बिलकुल वर्ज्य। **वादी** – मध्यम। **संवादी** – षड्ज। (कोई षड्जवादी, मध्यम संवादी मानते हैं।) मध्यम पर न्यास। मोसमी वर्षा राग। मध्यमादि (मधमाद) सारंग व मल्हार मिश्रण से सूरमल्हार मानते हैं।

सूहा

काफी ठाठ से उत्पन्न कानडा प्रकार। कानडा जैसे गांधार पर आंदोलन। धैवत वर्ज्य। कोमल धैवत लगाने वाला दूसरा प्रकार। **वादी** – मध्यम। **संवादी** – षड्ज। दोपहर गेय। आरोह में ऋषभ दुर्बल, अवरोह में गांधार वक्र। दरबारी कानडा व मेघमल्हार संयोग से यह बनता है। सारंग प्रकार में गांधार वर्ज्य किन्तु कानडा में वह लगता है यही दोनों में अंतर।

सैंधवी (अथवा सिंदूरा)

काफी ठाठ से उत्पन्न। औडुव संपूर्ण आरोह में गांधार व निषाद वर्ज्य। **वादी** – षड्ज। **संवादी** – पंचम। सार्वकालिक राग। निषाद वर्जित में मतभेद। प्रातः काफी मिश्रित गाते हैं। राग बोध में सिंधोडा नाम।

सोरठ

खमाज ठाठ से उत्पन्न एक औडुव- सम्पूर्ण राग। खमाज रागों के दो मुख्य वर्ग- १) गांधार प्रबल राग, २) ऋषभ प्रबल राग। सोरठ के आरोह में गांधार धैवत वर्ज्य। अवरोह में भी गांधार स्वर दुर्बल ही रहता है। सोरठ का **वादी** ऋषभ और **संवादी** धैवत। **समय**- रात्रि का दूसरा प्रहर।

सोहनी

मारवा ठाठ से उत्पन्न। पंचम वर्जित, अतः षाडव- षाडव जाति। **वादी** – धैवत। **संवादी** – गांधार। रात्रि का अन्तिम

प्रहर गान समय। कहीं कोमल मध्यम प्रयोग बडी कुशलता से। उत्तरांगवादी राग। तारषड्ज विशेष चमकता रहने से रंजकता बढ़ती हैं। आरोह में ऋषभ दुर्बल। पूरिया सायंगेय राग समान प्रकृति, किंतु पूरिया पूर्वांगवादी अतः उसका अधिक रंजक भाग मन्द्र सप्तक में दिखता है। (सोहनी. को सुबह का पूरिया कहते है)।

सौराष्ट्रभैरव (या सौराष्ट्रटंक)

भैरव ठाठ से उत्पन्न। कोई भैरव का भेद मानते हैं। मुख्य अंग भैरव अतः भैरव ठाठ का माना जाता हैं। **वादी** – मध्यम। **संवादी** – षड्ज। **समय** – प्रातःकाल। दोनों धैवत लगते हैं। प्राचीन ग्रन्थों में वर्णित किंतु आजकल बिलकुल अप्रसिद्ध, अतः स्वरूप के संबंध में मतभेद है।

हमीर

कल्याण ठाठ। **जाति** – संपूर्ण- संपूर्ण है। **वादी** – धैवत। **संवादी** – गांधार। रात्रि का व पूर्वांगवादी होने के कारण इस राग में पंचम को वादित्व होना उचित प्रतीत होता है। **समय** – रात्रि का पहला प्रहर। इसमें दोनों मध्यमों का प्रयोग होता है। संस्कृत- ग्रन्थकार हमीर, केदार, कामोद, छायानट आदि रागों में तीव्र मध्यम लेने की आज्ञा नहीं देते और वे इन रागों को बिलावल ठाठ के अन्तर्गत मानते हैं। किन्तु प्रस्तुत हिन्दुस्थानी पद्धति में इन सभी रागों में **दोनों मध्यमों** का प्रयोग स्पष्ट दिखाई देता है। और इसी लिए यह कल्याण ठाठ के राग माने जाते हैं।

दोनों मध्यम लगनेवाले रागों के विषय में एक स्थूल नियम ऐसा दिखाई पडता है कि उनके आरोह में निषाद वक्र तथा अवरोह में गांधार वक्र होता है। तथापि जलद तान देते समय सुविधा के लिए आरोह में निषाद स्वर क्वचित् दिखाई देता है। यह कृत्य 'मनाक् स्पर्श' के नाते क्षम्य समझा जाता है। प्रचार में हमीर कल्याण का एक प्रकार समझा जाता है।

हंसकंकणी

काफी ठाठ से उत्पन्न। अप्रसिद्ध राग। आरोह में ऋषभ धैवत वर्ज्य। औडुव- संपूर्ण जाति। **समय** – दिन का तीसरा प्रहर। धनाश्री अंग का राग। दोनों गांधार का प्रयोग होने से राग में अद्‌भुत विचित्रता। आरोह में तीव्र गांधार अवरोह में कोमल गांधार। पंचम **वादी**, षड्ज **संवादी**।

हंसध्वनि

कर्नाटकी पद्धति का बिलावट थाट से उत्पन्न राग। मध्यम धैवत वर्ज्य अन्य शुद्ध स्वर। शंकरा से मिलता है। शंकरा गंभीर मींड़ प्रधान पर हंसध्वनि चंचल प्रकृति, सरल। शंकरा में ऋषभ प्राधान्य नहीं, हंसध्वनि में ऋषभ अत्यंत महत्त्व का न्यास- स्वर। हंसध्वनि का चलन उत्तरांग प्रधान अंतः **वादी** – तार षड्ज। **संवादी** – पंचम। **समय** – रात का पहला प्रहर।

हंसनारायणी

पूर्वी ठाठ से उत्पन्न। दक्षिण संगीत पद्धति का, षाडव जाति का राग। धैवत वर्ज्य। कोई मारवा ठाठ के अंतर्गत मानते है। सायंगेय रागों जैसा स्वरूप।

हंसमंजरी

काफी मेलोत्पन्न राग। गांधार वर्जित, निषाद केवल कोमल तथा अन्य स्वर शुद्ध। निषाद पर षड्ज आन्दोलन अत्यंत शक्तिदायक। मंद्र गांधार महत्त्वपूर्ण न्यास स्वर। गोरख के भी यही स्वर हैं। किंतु वादी भेद से गोरख से बिलकुल भिन्न। **वादी** – पंचम, **संवादी** – ऋषभ। **समय** – दिन का तीसरा प्रहर गान समय।

हिंदोल

कल्याण ठाठ से उत्पन्न। ऋषभ और पंचम स्वर वर्जित। इसलिए इसकी जाति औडुव औडुव है। **वादी** – धैवत। **संवादी** – गांधार है। उत्तरांगप्रधान। **समय** – दिन का प्रथम प्रहर। इसके आरोह में निषाद वक्र है। निषाद का प्रयोग इस राग में जितना कम होगा, उतना ही यह राग स्पष्ट दिखाई देता हैं। इसकी प्रकृति गम्भीर है।

हंसश्री

खमाज मेलोत्पन्न औडुव जाति की वक्र रागिनी। ऋषभ धैवत वर्ज्य, दो निषाद अन्य शुद्ध स्वर। शुद्ध निषाद आरोह में कोमल निषाद अवरोह में। निप, मपनिऽसा। संगति बार बार इससे सारंगांग प्रतीत। **वादी** – पंचम। **संवादी** – षड्ज। **समय** – रात दूसरा प्रहर।

हेमकल्याण

बिलावल ठाठ। आरोह में धैवत और निषाद स्वर दुर्बल होते हैं। कुछ लोगों का मत निषाद को बिलकुल वर्ज्य मानने का भी है। **वादी** – षड्ज। **संवादी** – राग का विस्तार मन्द्र और मध्य-सप्तक में होता है। जानकारों का मत है कि शुद्धकल्याण और कामोद के संयोग से यह राग उत्पन्न होता है। रात्रि के द्वितीय प्रहर में इसे गाया जाता है। कहीं-कहीं इस राग की जोड़ी का एक 'खेम' नामक राग भी सुनाई देता है; परन्तु वह अप्रसिद्ध है। और उसके लक्षणों के सम्बन्ध में भी एक मत प्राप्त नहीं होता।

* * *

परिशिष्ट

दाक्षिणात्य (कर्नाटकी) संगीत के ७२ रागों की नामावली

(१) कनकांगी	(२) रत्नांगी
(३) गणमूर्ति	(४) वनस्पति
(५) मानवती	(६) तानरूपी
(७) सेनापति	(८) हनुमत् तोडी
(९) धेनुक	(१०) नाटकप्रिया
(११) कोकिलप्रिया	(१२) रूपवती
(१३) गायकप्रिया	(१४) बकुलाभरणम्
(१५) मायामालवगौल	(१६) चक्रवाकम्
(१७) सूर्यकान्तम्	(१८) हाटकांबरी
(१९) झंकारध्वनि	(२०) नटभैरवी
(२१) कीरवाणी	(२२) खरहरप्रिय
(२३) गौरी मनोहरी	(२४) वरुणप्रिया
(२५) माररंजनी	(२६) चारुकेशी
(२७) सरसांगी	(२८) हरिकांभोजी
(२९) धीरशंकराभरणम्	(३०) नागनन्दिनी
(३१) यागप्रिया	(३२) रागवर्धिनी
(३३) गांगेयभूषणी	(३४) वागधीश्वरी
(३५) शूलिनी	(३६) चलन्त
(३७) सलगम	(३८) जलार्णवम्
(३९) झालवराली	(४०) नवनीतम्
(४१) पावनी	(४२) रघुप्रिया
(४३) गवांभोधि	(४४) भवप्रिया
(४५) शुभपंतुवराली	(४६) षड्विधमार्गिनी
(४७) सुवर्णांगी	(४८) दिव्यमणि
(४९) धवलांबरी	(५०) नमोनारायणी
(५१) कामवर्धिनी	(५२) रामप्रिया
(५३) गमनश्रमा	(५४) विश्वंभरी
(५५) श्यामलांगी	(५६) षण्मुखप्रिया
(५७) सिंहेन्द्रमध्यमा	(५८) हेमवती
(५९) धर्मवती	(६०) नीतिमती
(६१) कंठमणि	(६२) रिषभप्रिया
(६३) लतांगी	(६४) वाचस्पति
(६५) मेचकल्याणी	(६६) चित्रांबरी
(६७) सुचरित्रा	(६८) ज्योतिःस्वरूपिणी
(६९) धातुवर्धिनी	(७०) नासिकाभूषणी
(७१) कोसलम्	(७२) रसिकप्रिया

[आर्ट ॲण्ड सायन्स ऑफ् म्युझिक (लेखिका- श्रीमती विद्याशंकर) से उद्धृत]।

★ ★ ★

वर्ग - ३ - (आ) – (परिशिष्ट)

संगीतशास्त्र ताल परिचय

अणिमा = इस ताल की १३ मात्राएँ – धी त्रक। धी ना क ता त्रक। ता त्रक। धी ना । धी ना ।

अर्जुन = इस ताल में २० मात्राएँ होती हैं – धाऽधि न ।नक ।धेऽधिन ।नक ।धेऽ।धाऽधिन ।नक ।

अर्ध्य = इस ताल में २७ मात्राएँ होती हैं। – धा गे ता धा । दिं ऽ । दिं ऽ । ता धा दिं ता तिट । कत गदि गिन ।धाऽताऽता ।धा ।दिं ।ता ।धा ।गदि ।गिन ।

अभिनन्दन = इस ताल में २० मात्राएँ होती हैं। – धा ऽधिन ।नक ।धेऽधिन।नक ।धेऽ ।धाधिन ।नक ।

अभिराम = इस ताल में २४ मात्राएँ होती हैं। – धा त्रक धिन धिन तक धिन । तिर किट धिन । ता गे तागे केटे । धा गदि गिन तुं ना । ता तिन धिन धिन त्रक धिन ।

अष्टमंगल = इस ताल में २२ मात्राएँ होती हैं। – धा ऽ कि ऽ ट । त क । धु म कि ट । त क । धे ऽ त्ता ऽ । त क ध दि । गि न ।

अर्ध्युन = इस ताल में २४ मात्राएँ होती हैं। – धि त्रा । धिं त्रक धि त्रा। ती ना । ती त्रक ती ना। तिट कत । गदि गिन धा त्रक । धिं ना तिट कत । तु त्रा ।

आडापन्न = इस ताल में १५ मात्राएँ होती हैं। – धिन् तिरकिट । धि त्रा । धिं धिं । धा धा तुं त्रा। कत्त ती धिंधी । ना धी धीना ।

आर्या = इस ताल में १६ मात्राएँ होती हैं। – धागे तिट । धुम किट तक तक । धुम किट तक धुम किट तक । धुम किट तक। तिट कत गदि गिन ।

इकताली = इस ताल में ११ मात्राएँ होती हैं। – धा धि ट धि । ट धा । ध दि ग न ता ।

इन्द्र = इस ताल में १५ मात्राएँ होती हैं। – धागे तिट धुम किट । धदि गन धिन नक । तिट कत । गदि गिन । किट तक ता ।

इन्द्रनील या ध्रुव = इस ताल में ११ मात्राएँ होती हैं। –धा ।दिन् ता ।धेत् ता ।दिन् तिट किट ।धा क द्धा ।

इन्द्रनील = इस ताल में १७ मात्राएँ होती हैं। – धा धा धा । क द्धा ता तिट । किट धा कत किट तिट । कत दिन् ता । तिट धा ।

उदय = इस ताल में १२ मात्राएँ होती हैं। – धा कि ट धी ना । त क । ता कि ट धी ना ।

उदीर्ण = इस ताल में १६ मात्राएँ होती है – धा ऽ कि ट कि ट धिं । ति । ताऽ कि ट त क तिं ।

उक्षव = इस ताल में १० मात्राएँ होती हैं। – धागे तिट । तागे तिट । धा त्रक । क त्ता । गदि गिन ।

ऊषाकिरण = इस ताल में १६ मात्राएँ होती हैं। – धा त्रक धीं त्रक धीं धीं । धागे त्रक तिं तिं । तागे त्रक धिं धागे नधा त्रक।

एक या सदानन्द = इस ताल में ३ मात्राएँ होती हैं। – धा दि ता

एकताल = इस ताल में ४ मात्राएँ होती हैं। – धा किट धा दिन्

एकताल = इस ताल में ५ मात्राएँ होती हैं। – धा धेत् । ता तिड़ किट ।

एकताल = इस ताल में ७ मात्राएँ होती हैं। – धा तिट धा दिं। ता किट कत।

एकताल = इस ताल में ९ मात्राएँ होती हैं। – धा तिट धा दिं । ता ता गे धा दिन

अंक = इस ताल में ९ मात्राएँ होती है – धा ऽ । धि न न क । धे ऽ त्ता ।

अन्तर क्रीड़ा = इस ताल में ७ मात्राएँ होती हैं। –धा गे । धा गे । तिट गदि गिन ।

कपालभृत = इस ताल में १० मात्राएँ होती हैं। – धा ।किट किटतक ।धा धा ।तिटकत।धा धा तिटकत गदिगिन ।

कन्दर्प = इस ताल में २४ मात्राएँ होती हैं। – धा ऽ । धा ऽ । ति ट क ता । गि दि क त । ता दी धु त्रा । ति ट क त । ग दि गि न ।

कराल मंच = इस ताल में १० मात्राएँ होती हैं। – धा तिट । किट तक दिन् ता। किट कत । गदि गिन ।

कराल मंच = इस ताल में १० मात्राएँ होती हैं। – धा तिट । किट तक दिन् ता । किट कत। गदि गिन ।

कलानिधि = इस ताल में २५ मात्राएँ होती हैं। - धी धी नक धागे तिर किट धीना । त्रक धागे तिट धुम किट धा ति ना ता तिर ।क त्ता धिं धिं तिट धा त्रक ।तिटकत्

कृष्ण = इस ताल में २० मात्राएँ होती हैं। – धा । ऽ । धा । ऽ । कि ट त क । धु । मु । कि । ट त क द्धे । ऽ । ध । दि ग न ।

कुम्भ = इस ताल में ११ मात्राएँ होती हैं। – धा । धिं ।तिट ।कत ।धा ।धिन ।नक ।तिट ।कत ।गदि ।गिन ।

कुम्भ = इस ताल में ११ मात्राएँ होती हैं। (द्वितीय मत) – धा । धिन । तक । तिट । धा। धिड़ । नक । तिट । कत । गदि । गिन ।

कुसुमाकर = इस ताल में २७ मात्राएँ हैं। – धिं धिं ना । धा धा त्रक धिन तक थुंना । तिं ति ट । धिन तक धुम किट तक धित् तक गदि गिन ।तु त्रा कत गदि गिन ।

कैदफरोदस्त = इस ताल में १६ मात्राएँ होती हैं। – धि ता कत । ति ता तिरकिट । धिन् ता । क त्ता । तिरकिट तूना । धीधी नग धीधी । नग धी धिन्ता कत ।

कोकिला = इस ताल में ७ मात्राएँ, त्रिपुट होती हैं। धां

दि ता । तिट कत। गदि गिन ।

कोकिला = इस ताल में १७ मात्राएँ त्रिपुट होती हैं। धा धिने । नग धे । धेने नग । धेन नग । तेंने नग । तिट किट । तक गदि । गिन् धा दिन् ।

कौशिक = इस ताल में १८ मात्राएँ होती हैं। (धाऽ त क् धु म कि ट। धे ऽ ता ऽ ध दि ग न धदि गन।

खण्डपूर्ण = इस ताल में १६ मात्राएँ होती- धिन तक धेत् । धेत् धिन नक । तिट कत । धागे तिट । कत तिट तिट । कत गदि गिन ।

खेमटा = इस ताल में ६ मात्राएँ। यह दादरे का ही एक प्रकार है।- धा धिं तक । ता तिं तक अथवा धागे धिन गिन । तागे तिन किन ।

गजझम्पा = इस ताल में १५ मात्राएँ होती हैं। धा धिन नक तक । धा धिन नक तक । तिन नक तक । तिट कत गदि गिन ।

गजलील = इस ताल में १७ मात्राएँ होती- धा किट धेत्ता । ता तिट धिन नक। गदि कत तिट कत । धुम किट तक धदि गिन ।

गजलील = इस ताल में १८ मात्राएँ (अन्य प्रकार)- धा किट धेत्ता । ता तिट धिन नग । गिदि कत धेधे तिट । धुम किट गदि गिन । तिट कत ।

गजारिश्र = इस ताल में २० मात्राएँ होती है- धा धा । ता धेत् तक । धा दि ता धा । धा दिं ता दिं दि ता त्रक । तिट कत गदि गिन ।

गणेश = इस ताल में १८ मात्राएँ होतीं- धा ऽ धि ट । धि ट धा ऽ । धा ऽ कि ट । त क । ध दि गि न ।

गणेश = इस ताल में २० मात्राएँ होती- धा दिन । ता ता । धेत् धेत् । धने नग । धेत् था । किट तग । किट धा किट तक । तिट कत । गदि । गिन ।

गणेश = इस ताल में २१ मात्राएँ होती- धा ऽ कि ट । त । धाऽ कि ट । त । क ।ध दि ग न । धिं । धा । त । का धा ता ।

गंडकी = इस ताल में १७ मात्राएँ होती हैं। देत् देत् । थुं थुं । धाकत दिंता । किट तक । देत् देत् । थुं थुं । धाकत दिंता। वडान् धा । तिरकिट तका । थुंगा। गदिगिन । नंगदेत् । तिटकत् ।

ग्रह = इस ताल में ६ मात्राएँ होती है- धा दि दि । ता तिटकत । गंदिगिन। तकाथुंगा धा । तिटकत । गदिगिन ।

ग्रह = ६ मात्राएँ का अन्य प्रकार का ताल- धी ऽ न । ता गि न ति ट कि ट ।

ग्रहाग्रह = इस ताल में २० मात्राएँ होती है- धा कि । ट त क धा । धा धा कि । ट धा कि । ट त क धा । तिट कत गदि गिन

गारुगी = इस ताल में ६ मात्राएँ होती हैं- धा ऽ । धिड़ नक । धिड़ नक । धे ऽ त्ता।

गारुकी पंचक = इस ताल में १५ मात्राएँ- धी धी ना तु त्रा क त्ता । धुम किट तिट कत । धा त्रक । धदि गिन ।

घट = इस ताल में ८ मात्राएँ होती- धा । ऽ ति ट । क । त । धे । त्ता ।

चट = इस ताल में १२ मात्राएँ होती हैं! - धा । कि । ट ध । दि । ग । न ता । त । क। धदि गन ।

चक्र = इस ताल में ५ मात्राएँ होती हैं। - धा ऽ कि ट त क धु म । कि ट त क । धा गे ते टे क त त क ता ऽ । ध दि ग न धि न न क ।

चतुर = इस ताल में १५ मात्राएँ होती हैं। - धी ना । धी धी ना । तो ना । क त्ता । धी धी ना धी धी ना ।

चतुर्पुट = इस ताल में ९ मात्राएँ होती हैं।- धा धिन तिट । तक किडधा । केटे धागे । तिद किट

चतुस्ताल = इस ताल में १० मात्राएँ होती हैं। - धा धे ट धे । ट ग । दि न । दि न ।

चन्द्र = इस ताल में १८ मात्राएँ होती हैं। - ता ऽ धेत् धिन । धा ऽ । धा ऽ । तिट कत । धेत् धिन नक धेत् । धा गे तिटकत गदिगिन ।

चन्द्रकला = इस ताल में १५ मात्राएँ होती हैं। - धा दि । ता देत् । देत् तिट । कता थुं थुं । थुं वडा ऽ न । तिट गदि गिन ।

चन्द्रक्रीडा = इस ताल में ६ मात्राएँ होती हैं। - धि त्रा । तिट कत । कत ति त्रा । तिट कत

चन्द्रचौताला = इस ताल में १३ मात्राएँ होती हैं। - धा ऽ धा तिट । कत् धा तिट कत् । धागे दिं ता । गदि गिन ।

चन्द्रमणि = इस ताल में ११ मात्राएँ होती हैं। - धिं ना । तिं ना तिट । धी धी त्रक तूना किटतक । धा ।

चन्द्राबल = इस ताल में १८ मात्राएँ होती हैं। - त देत् थुं ना कत । तु त्रा गदि गिन तु त्रा । धा गदि गिन त दित थुं ना

चित्र = इस ताल में २ मात्राएँ- धा । तिटकत ।

चित्र = १५ मात्राओं का अन्य ताल प्रकार- धिं ना। धिं धिं ना । तू ना क त्ता । त्रक धी ना धी । धी ना ।

चूडामणि = इस ताल में १७ मात्राएँ होती हैं। - धा क त । तु त्रा । धी धी ना त्रक । ना धी धी ना । धी त्रक धी ना ।

चूडामणि = इस ताल में ३२ मात्राएँ होती हैं। धा गे । धा गे दि ता । धा गे धि न न । क दि ऽ ता ऽ । धा गे । ध दि ग न । धि न न धि न । न त का ता ऽ ।

चंग = ८ मात्राएँ। इस को खयाल का ठेका भी कहते है। ता धिन । नग । धिन । ता तिन । ऽ धिन

चम्पक = इसी ताल का नाम आडाचारताल है। इस में १४ मात्राएँ होती- धिं धिं । धा त्रक त् ना । कत्ता धीं धीं । धा धीं धीं धा ।

छपका = इस ताल में ८ मात्राएँ हैं। - धिन् तधिन् । ऽ तिन् नग । नग ततिन् । ऽ ति तक

छोटी सवारी = इस ताल में १५ मात्राएँ होती हैं। - धा ऽ ध दि । ग न धु म । कि ट त क । धि न ता ।

जगझम्प = इस ताल में १५ मात्राएँ होती हैं। - धा ऽ धा गे ध दि ग न । धु म । कि ट । दि ग न

जगदम्बा = इस ताल में १६ मात्राएँ होती हैं। - धि त्ता तिट तिट कत । कत गदि गिन । न क । धिं धिं धागे त्रक। धा धुम किट धुम किट

जगपाल = इस ताल में ११ मात्राएँ होती हैं। - धा धिन नक थुं ना । धुम किट । किट कत ग़दि गिन ।

जयमंगल = इस ताल में १३ मात्रएँ होती हैं। - धा धा । किड धा । तिट कत । गेना । गेता ।गेन किड़ । धा । दिन । ता

जयमंगल = (अन्य प्रकारके इस ताल में १४ मात्राएँ)- धि त्ता तिट कत । त दित् थु न्ना । किट तक । तु न्ना गदि गिन।

झम्पक = इस ताल में ११ मात्राएँ होती हैं।

झम्पा = इस ताल में ६ मात्राएँ होती हैं। - धा किट । गेन । किट । तक ता । इसे सीर भी कहते।

झम्पा = इस ताल में ७ मात्राएँ होती हैं। - धा । गेन । ता तिट । किट तक ।

झम्पा = इस ताल में ८ मात्राएँ होती हैं। - धा ता किट । तक गदि । गन । ता किट ।

झम्पा = इस ताल में १० मात्राएँ होती हैं। - धा ऽ दिन ता ऽ । तिट धा । तिट । कत गदि ।

झम्पा = इस ताल में १२ मात्राएँ होती हैं। - धा धा तिट धा दिन् ता तिट कत गेन । तिट कत गदि ।

टप्पा = यह तीन ताल का ही प्रकार १६ मात्राएँ- वड़धिं ऽ धा ऽ ऽ ग । धा धिं ता ऽ । वडतिं ऽ ता ऽ क । धा धिं धा ऽ ।

ठुमरी = प्रायः दीपचन्दी तथा तीन ताल में अधिक ग..ऽ जाती। फिर भी निम्न लिखित ठेके में निराली सुन्दरता मिलती। धा धा । गे तिं । ता धा । गे धिं ।

ताम्रकर्णी = इस ताल में ६ मात्राएँ मिलती हैं। - ँ कत । धीं ता ता । धा । धिं ता तिट ।

तिमिर = इस ताल में १४ मात्राएँ होती हैं धा धेत् । धा कत थुं थुं । ना ना । धे । धे तिट ता तिट कत् ।

तिलवाडा = इस ताल की १६ मात्राएँ होती हैं। - धा तिरकिट धिं धिं । धा धा तिं तिं । ता तिरकिट धिं धिं । धा धा धिं धिं ।

तुरंगलीला = इस ताल में १० मात्राएँ होती हैं। - धा दि ता । धिं धिं ता । तिट कत । गदि गिन ।

दादरा = इस के दो भेद- खेमटा और भडौआ। खेमटा 'ख' भडौआ 'भ' प्रारम्भ होनेवाली तालों में देखिए। इसे प्रचलित ठेकों के अन्तर्गत देखिये।

दामोदर = इस ताल में ६ मात्राएँ। धि। तिर किट धिं धिं। धिं त्रक। धी धी ना।

दाक्षायण = इस ताल में २१ मात्राएँ होती हैं। धा ग धाग दी कत। धा धी दीं ता। धग तिट। कत धग। धागे धा धा दीं। ता तिट कत
गदि गिन।

देवगांधार = इस ताल की २३ मात्राएँ होती हैं। धा दि ता धा। दि ता किट। धा धा दि ता धा। ति ट कत धा। धां गे दीं ता किट। धा दि ता।

देवध्वनि = इस ताल के १७ मात्राएँ होती हैं। धी धी तृक तूना किड़ नक धा। कत गदि गिन। तिट गदि गिन। धुम किट तक गदि गिना।

देवगुना = इस ताल की १२ मात्राएँ होती हैं। धा धिं नाना। कत ता बत। ता। धा तिट। कता गदि गिन

दोबहार = इस ताल की १३ मात्राएँ होती हैं। धादिन। धाकिट। किटतक। थुंथुं। गदिगिन। तादेत्। कद्धा। दिता। तिटकत। गदिगिन। धाती। द्धा। दिन्ता।

धमार पंजाबी = इस ताल के १४ मात्राएँ। ता धिंऽ कड़। धिं धिं धागे तिरकिट। धिनाऽत ऽक। ता तिरकिट ता तिरकिट।

धुमाली = इस ताल की ७ मात्राएँ होती हैं। धा। धिं। नत। क धि न।

ध्रुव = इस ताल में १४ मात्राएँ होती हैं। धा तिट। धा दिन्। ता धा। तिट किट। दिं ता। धत् तिट गदि गिन।

ध्रुव = २१ मात्राओं का अन्य प्रकार। धा। ऽतिट। कतग। दि। ग न धु। मतिट। क। त ग दि। ग न ता।

ध्रुव = २३ मात्राओं का अन्य प्रकार- धा किट धादिं। ता क द्धा। दिं ता। तिट कत गदि गिन। दिं ता तिट। कत किट तागे नागे। तिट दि ता।

ध्रुव = २६ मात्राओं का ताल। धा तिद्धा धा दि तिट धा किट। तक दि ता। तिट। धागे नागे दिग तागे तिट कत। गेन तिट ता। धा गे तिट ता गे तिट। दिं तागे धागे।

नट = इस ताल में चार मात्राएँ होती हैं। धा। तिट। कत। गदिगिन।

नन्दी = २४ मात्राओं का ताल। धाऽ कत्त। ते टे। दिं ग। गि दी क त। धी धी ना त्रक ताऽ तु न्ना त्रक धी धी ना।

नक्षत्र = इस ताल में 27 मात्राएँ होती। धा धिं नक। तक धिं नग। धा किट तक धुम किट तक। नगधिं नग तग धिं ना। कुडधा तक नग। ताकि टध किट। वडाऽ नवडा ऽ न।

नान्दी = 32 मात्राओं का ताल।- ता धिन नक धिन। नक धेत्। धेत् धिने। नक तक धिग नक। किट तक धिन नक। तक धेत् धागे धिन नक धेत् धाऽ। दीं ऽ ताऽ तिट कत गदि गिन।

निर्दोष = (देखों रूपक ५ मात्राएँ)

निशोरुक = ६ मात्राओं का ताल। धि न्ना किट तक। धुम किट ताकि टत। का।

निसारु = इस ताल में दस मात्राएँ होती हैं। धा धि ट धिंट। धा ति ट ति ट।

नीलकुसुम = इस ताल में १५ मात्राएँ होती। देत् देत् थुं। थं तिट कत। धा दित् थुं ना ना तिट धागे नाधा तिटकत गदिगिन।

नीलाम्बुज = इस ताल में १३ मात्राएँ होती हैं।- धा तेत्। धा तिट। धा। धा थुं थुं तिट तिट। कत गदि गिन।

पंचम = इस ताल में १६ मात्राएँ होती हैं। धा धिं ना त्र क। घी ना कत्ता। त्रक धिन ना धिं ना। तिं ना तिर किट। तक गदि गिन। थुं ना।

पंचसवारी = १५ मात्राओं का ताल। धिंऽ तिर किटाधिंऽ ना ता।धी धी नाधी धीना। तीन तीना त्रकतूना किड्नग। कता धी धी नाधी धी ना।

पट =, २ मात्राएँ का ताल। धातिट। तकिट।

पर्ण = इस ताल में १२ मात्राएँ होती हैं। आजकल चार ताल कहते। (चार ताल के बोल देखिये)

प्रतापशिखिर = इस ताल में १३ मात्राएँ होती हैं। धा किट तक धुम किट तक धेत्। ता। धा तिट कत गदि गिन।

प्रतापशिखिर = १७ मात्राओं का अन्य प्रकार - धा धिन नक धेत् धिन नक धेत् धिन नक धेत् धेत् धिन। नक तिट। कत गदि गिन।

प्रति = इस ताल में ८ मात्राएँ होती हैं। धा किट तक धुम। किट तक। गदि गिन।

प्रभातकिरण = इस ताल में ११ मात्राएँ होती हैं। धा। धी ना। धी ना त्रक ती ना। धी। धी ना।

प्रमाण = इस ताल में १७ मात्राएँ होती। धाऽ न धा कि ट। किड़। ता कि ट त । धी ना धी ना त्रक।

पहतो = (रुपक समान ही) ७ मात्राओं का ताल। तिंऽ नक। धिं ऽ। धा गे।

पशुपति = इस ताल में २६ मात्राएँ होती। धा कि ट तक। धा कि ट त क धेऽ। त्ता कि ट तक धि न धे त्ता। धा ध दि गि न।

पुराण = इस ताल में १८ मात्राएँ होती। धा ऽ धि न। न क। धेऽ धि न। न क। धा गे। ध दि गि न।

पूर्ण = १६ मात्राओं का ताल। धा ऽ धा कि ट कि ड़। धि ट। ता धेऽ त्ताऽ। त कि ट ताऽ।

फरदोस्त = इस ताल में १४ मात्राएँ होती। धिं धिं। धागे तिरकिट। तू ना। क त्ता। धि न कधा। तिरकिट धिन। कधा तिरकिट।

वसंत = १८ मात्राओं का अन्य प्रकार। धु म। कि ट। धु म। कि ट त क। धु म कि ट। त क धा ता।

वसंत शिखिर = इस ताल में २६ मात्राएँ होती। धा त्रक धिन नक। थुं गा धिन नक तिट कत। धा। धग तिट। कत गदि गिन। धग तिट। कत गदि गिन। धग तिट। कत गदि गिन।

ब्रह्म = इस ताल में १४ मात्राएँ होती। धा। तत् धेत्। धिन नक । धेत्। धेत्। धिन। नक। धागे। तिट। कत। गदि। गिन।

ब्रह्म = २८ मात्राएँ का अन्य प्रकार। धा धिं। धिं धा। त्रक धिं। धिं धा। त्र क धिं। धिं धा। ती ती। ता ती। ती ना। तू ना। क ता। धागे नधा। त्रक धिन। गदि गिन।

ब्रह्मयोग = १५ मात्राएँ का ताल। धा धा। धे। ढे तिट। धा। धिट। धा तिट। कत। गदि। गन। धित नक ता।

ब्रह्मयोग = १८ मात्राओं का प्रकार- धा धित् ताधित्। धा धा। धेड़नग तिटकटि। थुं थुं गदिगिन कत्तकिट। ताधा। थुं। धुमकिट वडा ऽ न। धाकत गदिगन। धेनान ताकत। धाकत। कताकत।

भग्न = २३ मात्रओं का ताल।- धा ऽ। ति ट। क त। धु म। ति ट क त ग। दि ग न धु म। धिन न क ता।

भडौआ दादरा = इस ताल में ६ मात्राएँ।- तक धिन नक। तक तिन नक।

भृङ्ग = इस ताल में १८ मात्राएँ होती।- धीं त्रक। धी धी ना तू ना। कत गदि गिन। धागे तिटि किट धी ना।

भानुमती = इस ताल में ११ मात्रांएँ होती।- धा तिट धिन नक। धिट धिट धागे। तिन गदि गिन।

भार्गवी = २२ मात्राएँ का ताल।- धा ऽ दि। धा किट तक। धुम किट तक तकि टत। का किट धुम। धुम किट तिट कत। धागे नधा तिट किट।

भैरव = २२ मात्राएँ का ताल।- धा ऽ धि न। न क धे ऽ। धि न। न क धि न। न क। तक। ध दि गि न।

मकरन्दकीर्ति = इस ताल में १७ मात्राएँ होती।- दिं दि ता धा। दि दिं ता। धा धा। दिं ता। दि ता तिट कत गदि गिन।

मगध = २३ मात्राओं का ताल।- धा ऽ धि न। न क धे ऽ धि न न क। धेऽ धेऽ। धि न धा। त क। धा ऽ।

मंठ्य = ८ मात्राओं का ताल। इसे **महाव्रज** भी कहते है। धा दिं ता। तिट कत। तिट तक दिन।

मंठ्य = १० मात्राओं का अन्य ताल प्रकार।- धा किट धा गे। दिन ता। तिट कत गदि गिन।

मठ्य = १६ मात्राओं का अन्य ताल प्रकार। धा तिट तिट कत। गेन धागे तिट। किट धिट। तागे तक किट तक। दिन ता तिट।

मणि = ११ मात्राओं का ताल।- धा धि ट। कि ट। ध कि ट। त कि ट।

मत्त = ६ मात्राओं का ताल।- धा तिट। नागे। तिट कत। किट। तिट। कत केन।

मत्त = १८ मात्राओं का अन्य ताल प्रकार।- धी ऽ ना ऽ। धी तिरकिट। धी ना तू ना। क त्ता। तिरकिट धिं। ना धी धी ना।

मत्तविजय = १३ मात्राओं का ताल।- धा धिन् धेत्। धिन नक ता। धा कत। धा तिट तक गदि गिन।

मदन = ३ मात्राओं का ताल।- धा । तिट । कत।

मदन = १२ मात्राओं का ताल प्रकार।- धा ऽ। धि दि।

ग न धु म कि ट त क।

मधुमालती = इस ताल में १६ मात्राएँ होती।- धीं धीं नक धागे तिर किट धीना। धा गे तिट कता। धी धी ना। धी ना।

मन्मथ = २० मात्राओं का ताल।- धा ऽ धेके नक धिन। धाऽ धेधे नक धिन। धा ऽऽ धेधे नक धिन। धा ऽ धे ऽ त्ता।

मनसिज = इस ताल में २१ मात्राएँ होती।- ती ती नक धागे तिर किट धीना। न देत् थुं ना कत। किट तक धि त्ता। धुम किट तक ति त्रा।

मयूर = इस ताल में १७ मात्राएँ होती।- धा धा। धिन नक धे धे। धिन नक कि ट त क। ग दि ग न ता।

मरीची = इस ताल में २६ मात्राएँ होती।- धा ऽ धिं ना धि न। धुम किट गदि गन तक। तु न्ना क त्ता। धुम किट। तिट किट धा गदि गिन। धुम किट तक। ता।

मल्ल = २१ मात्राएँ का ताल।- धा ऽ दिं ता। धिं धिं ता ऽ। धा-ऽ दि ता। धिं धिं ता धि धिं ता। तिट गदि गिन।

मल्लिकटमोद = १६ मात्राओं का ताल।-

महानट = इस ताल में १४ मात्राएँ होती है।- धा वडा ऽ न। धा वडा ऽ न। धा। धा कृधा तिट तिट वत गदि गिन।

महानट = १६ मात्राओं का ताल।- धा धेत् धेत् धा। धा धेत् धेत्।

महाव्रज = 12 मात्राओं का ताल।- धा धा दि दिं ता। ऽ तिट। कत गेन तिट किट तक।

महाव्रज = २० मात्राओं का ताल।- धा ऽ ति ट धा दिं ता तिट कत दिग। नागे तागे। धागे नागे किट ता तिट गेन धिट किट तक।

महासेन २० मात्राओं का ताल।- धात्र कधि नक धात्र कधि नक। दी ना क त्ता त्रक। धी ना। धी धी ना तिट कत गदि गिन।

महेश = ६ मात्राओं का ताल।- धा तिट तिट धा। तिट कत। गदि गन ता।

मिथिलेश = २० मात्राओं का ताल।- धा धिं तक तक। धा धिं तक धा क त्ता। धिन तक तक किट क त्ता धी। धी धी ना।

मोहन = १२ मात्राओं का ताल। – धा। धा तागे। तिट तत् ता। तिट कत। गदि गन। तग धेत्।

मोहनी = १३ मात्राओं का ताल।- धागे। तिटकत। गदिगिन।

मंठिका = १३ मात्राओं का द्वितीय ताल। धा धि ट धि। ट धु म कि। ट ध दि। ग न।

यतिलग्न = ६ मात्राओं का ताल।- धा तिट। धा तिट कत गदिगिन।

यतिशेखर = १५ मात्राओं का ताल।- धा। तत् धिं। त्रा त्रक। धिं। धिं। ना तत्। धागे। नधा। त्रक। धिना गदि गिन।

रविनन्दनी = १४ मात्राओं का ताल।- किट तक धुम किट तक। किट तक थुं ना। कत गदि गिन। ति त्रा।

राजमण्डित = १४ मात्राओं का ताल।- धा धिट तक तक धुम किट तक। धदि गिन तिट कत गदि गिन।

राजनारायण = २८ मात्राओं का ताल।- धा ऽ। धि न। न क धे ऽ। धि न न धि न न त क। ध दि ग न। धि न न धि न न त क।

राजसिंह = ४० मात्राओं का ताल।- धा ऽ धि न न क। धो ऽ। धा गे। धि न क ता। धा गे। धा। धे त्ता ऽ। धि न न क ता ऽ। धि न न क त क ति ट। क त ग दि गि न।

रायबंक = इस ताल में २४ मात्राएँ होती।- धा ऽ कि ट धु म कि ट। धि न धा ऽ। धुम कि ट त क धा ऽ। ध दि। ग न।

रास = १३ मात्राओं का ताल।- धा दिं। ता। किट तां। धा। दित्। धा किट। तक तिट। तक दिन।

रुद्र = ११ मात्राओं का ताल।- धा तत्। धा। तिरकटि। धी ना। तिरकिट। तू। ना। क त्ता।

रुद्र = १५ मात्राओं का ताल।- धा दिं। ता। तिट कत। गदि। गन। धा धा। दिं। ता। तिट। किट। तिट गदि।

रुद्र = १६ मात्राओं का ताल प्रकार।- धा ऽ। कि ट। त। क् धु। म। कि। ट त। क। त। क धा। ता।

रुद्र = १७ मात्राओं का ताल प्रकार।- धा धिड़। नक। धिड़ नक। धुम। धिड़ नक। तक। धुम। किट। तक धुम। किट गदि गिन।

रूपक या निर्दोष = ५ मात्राओं का ताल।- धा किट। ता तिट ता।

रूपक = ६ मात्राओं का ताल।- धा तिट। धा दि ता तिट।

रूपक = ६ मात्राओं का ताल।- धा तक। धा तिट धा किट तक धा दिं।

रूपक = ११ मात्राओं का ताल प्रकार।- धा कत। किट तक दिं ता तिट किट कत् किट ता।

लघुशेखर = ५ मात्राओं का ताल।- धा गे धिट कता। कत।

लघुशेखर = ७ मात्राओं का ताल।- धा धिं ट धु। म कि ट।

लक्ष्मी = १८ मात्राओं का ताल।- धिंना। धिंधा। तिरकिट धिना। धिंधा। तिरकिट। धाधा तिरकिट। धाधा। तिरकिट। धिंना। धिंधा। तिरकिट। तूना किड़नग। तागे ता तिरकिट।

लक्ष्मी = ३६ मात्राओं का अन्य ताल प्रकार।- धा ऽ कि ट। त क। धु म। कि ट त क। धे। ऽ। त्ता ऽ। कि ट त क। धि न। न क। धे। ऽ। त्ता ऽ। कि। ट। त क। ध दि। गि न।

लावनी = ८ मात्राओं का ताल।- धींधीं नाधी। नाति नातिरकिट। तिंति नाधी। नाति नागेतिरकिट।

लीलावती = १३ मात्राओं का ताल।- धिं धिं धा त्र क। धिं ऽ तिं तिं। ता त्रक धिं। धिं ऽ।

लोकमाता = १६ मात्राओं का ताल। धा कि ट धा। धा कि ट वड़। धा कि ट ति। ट क त ग। दि गि नौ।

वर्धन = १६ मात्राओं का ताल।- धा ऽ ग। धा गे। तिट. ताऽ ग ता। गे तिट धा गे तिट कत गदि गिन नग द्दे

वर्ण = ८ मात्राओं का ताल।- धा गे। तिट कतर दि।

ता गदि गिन।

वर्णभिन्न = १६ मात्राओं का ताल।- धा धिट। धिट धा। धा तिट कत धा। तिट कत गदि गिन धाऽ गदि गिन।

वर्णभिन्न = ८ मात्राओं का ताल प्रकार।- धा गे। धा गे। धि न न क।

वर्णमंठिका = २० मात्राओं का ताल।- धाऽ धाऽ। ति ट कत। ग दि। क त। ति ट क त। ग दि। ग न।

विजय = २० मात्राओं का ताल।- धा ऽ धि न न क धे ऽ। धि न। न क। थे ऽ त्ता ऽ ध दि ग न।

विमोही = १३ मात्राओं का ताल। धि ना तिट किट। धी धी ना। नग तिर किट तक तेटे कत।

विष्णु = १७ मात्राओं का ताल। धा ऽ कि ट। त क। धु म कि ट। त क। धे ऽ। धि न ता।

विष्णु = ३६ मात्राओं का अन्य ताल प्रकार।- धा धि ट। धि ट धाऽ ता ऽ धि ट। धि ट। धा ऽ दि न। धि ट धि ट। धा ऽ। कि ट। त क। ध दि। ग न। धा ऽ दिन।

विषम = १८ मात्राओं का ताल। धा ऽ। दि ता। किट धा। धिं ताऽ। किट तक। गदि गिन। धुम किट। तक धदि गन।

विश्व = १३ मात्राओं का ताल।- धा ऽ। धि न। न। क। धे ऽ। धि। न। न। क ता

वीरपंच = २० मात्राओं का ताल।- धा ऽ। दि ता। तिट धा तिट कत। गदि गिन। दिन ता। किट तक धिट तिट। गेन किट। तक दिन।

सम्मदर्शन = २४ मात्राओं का ताल।- धाऽ धि ट। धा धा धि ट ता ऽ ति ट ता ऽ ति ट। के तिट के धि ट त।

सवारी = १४ मात्राओं का ताल।- धि न्ना धिं धिं। धा धा ति न्ना। क त्ता दिन्ना क त्ता। किटतक तिरकिट।

सवारी = १५ मात्राओं का ताल।- धेऽनाऽवड़धे ऽ नाऽवड़। धे नात धीना धेना। तीवड़ तूना तिरकिटतूना किड़नग। क त्ता धीधी नाधी धीना।

सवारी = १५ मात्राओं का अन्य ताल प्रकार।- धी ना धी धी। कत धीधी नाधी धीना। तीवड़ तूना तिरकिट तूना। कत्ता धीधी नाधी धीना।

सवारी = ३० मात्राओं का अन्य ताल प्रकार।- धीं ता क धी ना क धीं धीं। ता क धीं धीं ता क ती ना। ती ना त्रि किटधी ना धी धी ना धी धी ना धी ना।

सवारी = ३२ मात्राओं का अन्य ताल प्रकार।- धी ऽ नाऽ धीऽ धी। ऽनाऽधी धी ना धी धी ना। तिन तिरकिट तिनि तिन ना ना तू। ना कत् ता तिरकिट धी ना धी धी ना।

सवारी छोटी = (देखो सवारी पंचम)

सवारी पंचम = १५ मात्राओं का ताल।- धा ऽ ध दि। ग न धु म। कि ट त क। धि न ता।

सवारी बडी = १६ मात्राओं की ताल।- धी ना। धी ना। धीधी धीना। धीधी धीना। ताऽ त्रक तूना। ताऽत्रक तूना। कत्ता त्रकधिन गिनधागे नधा तिरकिट।

सवारी बडी = १६ मात्राओं, ध्रुवपद का ताल।- धाऽ कि ट। धु म कि ट। त कि ट त। का ऽ। कि ट

सरस्वती = १८ मात्राओं का ताल।- धाऽ धि न्ना। धे न। कि ट धे न। धा गे ति ट। धा गे तु न्ना।

सरोज = १२ मात्राओं का ताल।- त किट तक किट। तिट गदि गिन किड़ नग। तक थुं ना।

सागर = १७ मात्राओं का ताल।- धा धु म धे ता त क धु म क। धा क तिट कत गदि गिन ता।

सार = ८ मात्राओं का ताल।- धा कि ट। तक। धा कि ट।

सालवराठ = २६ मात्राओं का ताल।- धा ऽ गे ऽ। धा ऽ गे ऽ। धि न न क। धे ऽ। ता ऽ धिन। न क त क। धा ऽ। धि न।

सिंहनाद = ४० मात्राओं का ताल।- धा ऽ कि ट। धु म कि ट त कि ट त। का ऽ किट धु म कि ट। धा गे धे ट त क धा ऽ। धि न न क। धा गे ते टे ध धी गि न।

सुदर्शन = २० मात्राओं का ताल।- धा ऽ। कि ट। त क। धु म। कि ट। त क। धे ऽ त्ता ऽ ध दि गि न

संगविक्रम = ६४ मात्राओं का ताल।- धी त्रक धी ना। धी धी ना कत। ति ट क ता। ग दि गिन। ता दि थुं ना। धा गे ति ट। ग दि गि न। धे दा न कि ट त क। ता ड़ी थुंथुं। कि ट त ग। दि ऽ ग ड। धु म कि ट। धु म कि ट ग दि गि न। ता गे ते टे।

संघलीला = १४ मात्राओं का ताल।- धी त्रक धीं ना। तु न्ना। धी धी। ना धी। धी ना क त्ता।

शक्ति = १० मात्राओं का ताल।- धा धा। दिं। कत किट। तक। तिट। किट थुंथुं।

शरजन्मा = १५ मात्राओं का ताल।- धा धुम किट। धेत् धुम किट तक। धे त्ता तिट कत तिट तक गदि गिन।

शरभक्रीड़ = १६ मात्राओं का ताल।- धा त्रक थुं ना ना। क ता। धिन नक धेत धिन नक तिट। धागे नधा। धिट। कत। गदि गिन।

शरभलीला = २१ मात्राओं का ताल।- धा गे धिं ता ता किट। धागे दिं ता दि दि ता तिट। कत गिन धग तक दीं। ता गदि गिन।

शम्भु = १६ मात्राओं का ताल।- धा त्रक धिं न्ना।। धा गदि गिन। किट तक धा क त। तिट कत ति ना।

शर्वाणी = ७ मात्राओं का ताल।- धा धा। धा देत ता तिट कत।

शिखिर = १७ मात्राओं का ताल।- धा त्रक धिन नक। थुं गा धिन नक। धुम् किट तक। धेत् धा। तिट कत गदि गिन।

शिखिरवाहन = १२ मात्राओं का ताल।- धा दि ता। धा दि ता क त्ता तिट कत गदि धिन।

शेष = १६ मात्राओं का ताल।- धाऽ कि ट। त क धु म। कि ट। त क। धाऽ ताऽ। धा। गे ता।

शोभाधाम =२२ मात्राओं का ताल।- धा त्रक धी ना। धा

किट तक धुमतक। तिट कित धदि गिन गिन गिन। किट तक धुम किट तक। थुं गा।

शंकर = ११ मात्राओं का ताल।- धा। धिन। धिन धा तिट कत। गदि। गिन धेट ता।

शंख = १३ मात्राओं का ताल।- धी त्रक धीं ना। ता तु त्रा किट। धा गदि गिन तु त्रा।

श्रवणनील = २१ मात्राओं का ताल। धा वड़धाऽन। धे त्ता त्ता। ध दि गि न। वड़धा ऽ न तिट कत तक ताऽ तिट कत। गदि गिन।

श्रुति = २२ मात्राओं का ताल।- धा ऽ धि न। न क। धे ऽ। धि न न क। धे ऽ। धि ऽ। धि न। न क ता ऽ।

षडताल = १२ मात्राओं का ताल।- धा गे। धां गे। धिन नक। धेत् धिन। नक धेत् धिन नक।

हनुमान् = २२ मात्राओं का ताल।- धाऽ कि ट। त क धु म। कि ट। त क धे ऽ। त्ता ऽ। त क। धे ऽ। त्ता ऽ।

हिमांशु = १५ मात्राओं का ताल।- धागे किट धुम किट धा। तिर किट धिं धिं। तिर किट तिं। तिं ना थुं।

हेमवती = २१ मात्राओं का ताल।- धा गे। धा गे धाऽ धिट। धा कत धिन ता। धा गे धि न ता क। त्ता तिट कत गदि गिन।

हंसलोल = ५ मात्राओं का ताल।- धा धि। ट धि ट।

त्रिपुट = ८ मात्राओं का ताल।- धा तिट ता किट। तिट कत। गदि गिन।

त्रिपुट = ६ मात्राओं का ताल।- धा तिट किट। तक दिन्। ता किट। किट तक।

त्रिपुट = ११ मात्राओं का ताल।- धा गेन तिट कत। गेन किट तक। धा तिं। धा तिट।

त्रिपुट = १३ मात्राओं का अन्य ताल।- धा धेत ता धेत् ता किट। तिट कत धेत् ता किट तक ता।

त्रिवेणी = १६ मात्राओं का ताल।- धा। धा। धि। ट। धि। ट धु। म कि। ट त। क। धा। ति ट क। त। धे त्ता।

कुछ विचित्र ताल = प्रत्येक कला में आजकल नवीन प्रयोग होते हैं। बम्बई रेडिओ स्टेशन से श्री बाबुराव कुलकर्णी ने ६।। मात्राओं में सितार पर गतें बजाई थीं। उन्हें सुनकर अनुभव हुआ की ६।।, १०।। या ११।। आदि मात्राओं अतिरिक्त ६।।।, १०।।। या ११।।। मात्राओं की तालें भी सुनाई दे सकते हैं। इसे ध्यान से रखते हुए कुछ ताल इन्हीं मात्राओं के लिख रहे हैं।

कलावती = ६१/२ मात्राओं। इसे विष्णु दिगम्बर पद्धति से पढना। धी ना। धी धी ना। ती ना। धी ना। धिं ति ति र कि ट धा

रमणीक = १० मात्राओं का ताल।- धी ना। धी धी ना। ती ना। धी धीना धिंतिर किट। धी।

अश्विनी = ११।। मात्राओं का ताल। – धी धी। ना त्रक। तू ना। क त्ता। धी धी ना। धिंतिर किट। धी।

अजय = ६।।। मात्राओं का ताल।- धाऽ धुम किटतक। तकिटत का ऽ किट। धुमकिट गदिगिन। धः ऽ ति, द्धा।

बिलहैरी = ६। मात्राओं का ताल।- (६१/४) धी ना। धी धी ना। ती ना। धी ऽ ना ऽ धिं ऽ तकि ट।

नारायणी = ६३/४ मात्राएँ का ताल।- धा ऽ कि ट। धु म कि ट। धि त्ता वडान्। धुमकिटत तकिट। का धुमकिट। गदिगिन धा ऽ तिद्धा।

इसी आधार से आवश्यकतानुसार नवीन ताल निर्मित कीए जा सकते है।

* * *

ताल परिशिष्ट
कुछ प्रचलित ताल

अद्धा = इस ताल में- धा धिं ऽ धा। धा धिं ऽ धा। धा तिं ऽ ता। ता धिं ऽ धा। इसे सितारखानी भी कहते है।

आड़ा चारताल = इस ताल में १४ मात्राएँ, ७ विभाग, चार ताली तथा दो खाली- धिं तिरकिट। धी ना। तू ना। कत्ता। तिरकिट धी। ना धी धी ना।

इकबाई = यह ताल ठीक तीन ताल की भांति है। ता ऽ धे धे। ता ऽ धे धे। ता ऽ के के। ता ऽ धे धे।

एकताल = इस ताल में बाराह मात्राएँ, छह विभाग, चार ताली दो खाली है। धीं धीं। धागे तिरकिट। तू ना। क त्ता। धागे तिरकिट। धी ना।

कव्वाली = यह कहरवे की भांति बजता है। धा धिं धाधा ति। ता तिं धाधा धिं।

कहरवा = इस ताल में आठ मात्राएँ, दो विभाग, दो तालियाँ है। धा गे ना ती। न क धि न्। × ०

चाँचर = (दीपचन्दी देखिये) दीपचन्दी को ही चाचर कहते हैं।)

चार ताल = यह ताल ठीक एकताल की भांति है, परन्तु इसमें खुले बोल बजते है- धा धा। दिं ता। किट धा। दिं ता। तिट कत। गदि गिन।

जत = इस ताल में आठ मात्राएँ होती हैं और तीन ताल की भांति लगाई जाती हैं।- ताक धिं। धाग धि। ताक तिं। धाग धिं।

झपताल = इस ताल में दस मात्राएँ तथा चार विभाग होते है। विभागों में दो तथा तीन मात्राओं का क्रम रहता है। तीन ताली तथा एक खाली होती हैं ।- धी ना। धी धी ना। ती ना। धी धी ना।

झूमरा = इस ताल में १४ मात्राएँ तथा चार विभाग होते है। कुल तीन ताली तथा एक खाली होती है। धिं धा तिरकिट। धिं धिं धागे तिरकिट। तिं ता तिरकिट। धिं धिं धागे तिरकिट।

कुछ लोग पहली मात्रा को ११/२में और दूसरी को आधी मात्रा में भी बजाते है। धिं ऽधा। तिरकिट। धिं धिं धागे तिरकिट। तिं ऽ ता तिरकिट। धिं धि धागे तिरकिट।

टप्पा = यह तीन ताल का ही एक रूप है। धीं ऽ त धीं ता। धीं ऽ त धीं ता। क ऽ त्त कत् ता। धीं त धीं ता।

ठुमरी = ठुमरी किसी भी ताल में गाई जा सकती हैं। लेकिन निम्न प्रकार में विशेष उत्तम लगती हैं। यह तीन ताल का ही एक रूप है। धा धिं ऽ कृ धिं। धा धिं ऽकृ धिं। धा तिं ऽ कृ तिं। ता धिं ऽकृ धिं।

तिवरा = इस ताल में सात मात्राएँ। तीन विभाग तीन खाली- धा दि ता। तिट कत। गदि गिन।

तिलवाडा = यह तीनताल का विलम्बित रूप है। मात्राएँ सोलह तथा चार विभाग। तालियाँ तीनताल की तरह ही लगाई जाती हैं। धा त्रक धिं धिं। धा धा धिं धिं। ता त्रक तिं तिं। धा धा धिं धिं।

तीनताल = इस ताल में सोलह मात्राएँ तथा चार विभाग होते हैं। कुल तीन तालियाँ तथा एक खाली। **इसे प्रायः ८०% गाया-बजाया जाता है।** - धा धिं धिं धा। धा धिं धिं धा। धा तिं तिं ता। ता धिं धिं धा।

दादरा = इस ताल में छह मात्राएँ तथा दो विभाग। एक भरी और एक खाली।- धा धी ना। धा तू ना।

दीपचन्दी = इसे चाँचर भी कहते हैं। ठुमरी गायन और होली गायन में इस ताल का ७५% प्रयोग होता हैं। चौदह मात्राएँ, तीन तालियाँ तथा एक खाली। विभागों में तीन तथा चार मात्राएँ होती हैं। धा धीं ऽ। धा धा तीं ध। ता तीं ऽ। धा धा धीं ऽ

धमार = इस ताल में चौदा मात्राएँ तथा चार विभाग। विभागों में मात्राओं का क्रम ५, २, ३, और ४ का होता। तीन तालियाँ तथा एक खाली ताल है।- क धि ट धि ट। धा ऽ। ग ति ट। ति ट ता ऽ।

धुमाली = यह ताल कव्वाली का ही रूप। केवल, बोल बदल दिए गए है।- धा धिं। धा तिं। तक धिं। धागे तिरकिट।

पंजाबी = यह तीन ताल का ही रूप है जिसमें बोलों की चाल को बदल दिया गया है।- धा ऽधीं ऽ न धा। धा ऽ धींऽ न ता। ता ऽ तीं ऽ न धा। धा ऽ धीं ऽ न धा।

रूपक = इस ताल में सात मात्राएँ, तीन विभाग, दो ताली तथा एक खाली होती हैं। यह एक ऐसा ताल है, जिसमें मात्रा के स्थान पर सम माना जाता है।- धिं ऽ। धा गे। तिं ऽ त्रक। कुछ लोग इसके बोल ती ना। धी ना। धी ना भी बजाते है। 1 2 ० ० 1 2

सितारखानी = इसका दूसरा नाम अद्धा ताल है इस लिये ताल अद्धा।

सूल = इस ताल को सूलफाक्ता भी कहते हैं। इस ताल में दस मात्राएँ, पांच विभाग, तीन ताली तथा दो खाली होती है।- धा धा। दिं ता। तिट धा। तिट कत्। गदि दिन।

अप्रचलित ठेके

अट या आवर्त = (दस मात्राओं का ताल- धा धेत् ता। तिट गेन ता। किट धिट। तिट कत।

अट = इस ताल में बारह मात्राएँ होती हैं। इसे चार ताल भी कहते है। धा धा। दिं ता। किट धा। दिं ता। तिट कत। गदि गिन।

अट = (१४ मात्राओं का)- धा ऽ द्धा। गे दिं। ता तिट धा। दिं ता। किट तक। गदि गिन।

अट = (१८ मात्राओं का ताल)- धा धा तिट धा। तिट कत धेत्। ता किट तक गदि गिन तिट ता। गेन तिट। धिट ता।

अट = (२२ मात्राओं का ताल)- धा धा गे तिट ता धा। गे तिट किट। तक धिट तिट किट तक। धेत् ता। तिट कत गदि गिन।

अट = (२४ मात्राओं का ताल)- धा ऽ। कि ऽ। ऽ न धुम। कि ट। त क धे ऽ। त्ता ऽ कि ट। त क। ध दिगि न।

(भगवतशरण शर्मा कृत तालप्रकाश से संगृहीत)

★★★

वर्ग - ३ - (इ) – (परिशिष्ट)
भारतीय वाद्य संज्ञाएँ

आलापिनी = वीणा का एक प्रकार।

एकतंत्री = वीणा का एक प्रकार। अन्य वीणाओं की यह जननी मानी गयी है।

कच्छपी (या काश्यपी) = वीणा का एक प्रकार। इसी को कछवा या सुख्यहार भी कहते हैं।

कमचा = सारंगी के समान एक राजस्थानी तंतुवाद्य।

कोणाघात = सैकड़ों आनद्ध रणवाद्यों का समेकित ध्वनि।

गोविषाणिका = महाभारत भीष्मपर्व (४४-४) में उल्लिखित एक रणवाद्य।

तंजावर वीणा = रुद्रवीणा की अपर संज्ञा।

तरापी = महाराष्ट्र का एक ग्रामीण वाद्य।

तुम = मध्यप्रदेश की भीमजातीय वनवासियों का एक तत वाद्य।

दुंदुभि = एक प्राचीन रणवाद्य। यह चर्मवाद्य है। **भूमिदुंदुभि**- भूमि में खड्डा बना कर उसे चर्माच्छादित कर बनाया जाता था। इसका उपयोग मकर संक्रमण के निमित्त होता था।

धांगळी = महाराष्ट्र के वनवासी वारली जाति में प्रचलित एक तंतुवाद्य

नल्लतरंग = उन्नीस नलियों का एक सुषिर वाद्य।

नसतरंग = उत्तर प्रदेश का ग्रामीण सुषिर वाद्य।।

नागस्वर = काष्ठ या धातु का एक सुषिर वाद्य। इसमें १२ छिद्र होते हैं। दक्षिण भारत में इसका विशेष प्रचार है।

नादस्वरम् = १२ छिद्रों वाला एक दाक्षिणात्य लोकप्रिय सुषिरवाद्य।

नारदीय वीणा = उत्तर भारत में प्रचलित विविध वीणा-प्रकारों की जाति। दक्षिण भारतीय वीणाओं की जाति को **सरस्वती** वीणा कहते हैं।

पक्षवाद्य या पक्षतोद्य = पखावज। इसीको **पुष्करवाद्य** कहा है। तीन प्रकार – हरितकी, जवाकृति, और गोपुच्छाकृति।

पंचवेणु = एक सुषिरवाद्य। अपरसंज्ञा - नोस्वुग।

पंच महाशब्द = पटह, नान्दी (झांझ), कुंज, काहल, और शंख जैसे पांच वाद्यों का एकत्रित ध्वनि।

पणव = एक प्राचीन आनध्द रणवाद्य।

पिछोरा = एक प्राचीन वाद्य।

पिनाकी = एक धनुष के आकार का तंतुवाद्य।

पोंगी = एक दाक्षिणात्य सुषिर वाद्य।

बेला = उत्तरप्रदेश का एक तत लोकवाद्य।

मटकी तरंग = चर्माच्छादित १४ मटकियों का एक वाद्य।

मत्तकोकिला = २२ तारोंवाली एक श्रेष्ठ वीणा।

मरुद्वीणा = देखिए वाण।

मृदंग = एक लोकप्रिय वितत चर्मवाद्य। इसका अंग मृद् अर्थात् मिट्टी से बनाया जाता था। आजकल वह काष्ठमय होता है। तीन प्रकार (१) अंक्य, (२) आलिंग्य (३) ऊर्ध्वक।

म्हौचंग = व्रजमंडल का एक सुषिर वाद्य।

बकुर = एक प्राचीन सुषिर रणवाद्य।

बालसरस्वती = (अपरसंज्ञा- मयूरसितार या मयूर। ताऊस = मयूर) सारंगी के समान एक दाक्षिणात्य मयूराकृति तंतुवाद्य।

ब्रह्मवीणा = तानपुरा तथा बीन के समान एक श्रेष्ठ तंतुवाद्य।

भूदुंदभि = देखिए दुंदुभि।

रब्बाब = सारंगी के समान एक मधुर तंतुवाद्य। पंजाब तथा अफगानिस्तान में प्रचलित।

रवाज = राजस्थान में प्रचलित एकं ततवाद्य।

रुंजा = एक प्राचीन आनध्द रणवाद्य। आंध्र में इसका प्रचार था।

रुद्रवीणा = दक्षिण भारत में प्रचलित सितार या तानपुरा के समान एक ततवाद्य। इसमें २४ तार होते हैं जिनमें चारों पर स्वरविलास होता है।

वल्लकी = नारद की पुराणप्रसिद्ध वीणा की संज्ञा।

वाण = वेदकालीन एक तंतुवाद्य। इस में १०० तार होते थे। सायणाचार्य ने इसीको मरुद्वीणा कहा है। इस के एक सौ तार मुंज नामक घास से बनाए जाते थे। छान्दोग्य उपनिषद् के अष्टम खण्ड में गोधा, काण्डमयी, पिच्छोरा, वक्रा, कपिशीर्ष्णी, पिशील, अलाबू इत्यादि वीणा के प्राचीन प्रकारों का उल्लेख है। इनके अतिरिक्त वल्लकी, रुद्रवीणा, सरस्वती वीणा, चित्रा विपंची (सात या नौ तारोंवाली, घोषा, कच्छपी, मत्तकोकिला, विचित्रवीणा, सुरवीणा, किन्नरीवीणा, आलापिनी, पिनाकी, एकतंत्री इत्यादी वीणा के प्रकार प्राचीन ग्रंथों में उल्लिखित हैं।

वाद्य = (विविध प्राचीन प्रकार) वीणा, शंख, आघाटी, कर्करी, गर्गर, गोधा, तुणव, वेणु, नाडी, नालिका, वकुर, भेरी, दुंदुभि, कांस्यताल, काष्ठताल, पणव, मृदंग, झल्लरी, तुर्य, पटह, डिंडिम, वंश, विपंची, आडंबर, मुरज, दुर्दर, डमरु, मृदंग, वंशी, जयघंटा, श्रुतिका, घर्घरा, झंझा, तालमंजीरा, अलाबू, पिनाकीवीणा, मत्तकोकिला, (स्वरमंडल), मधुकरी, नागस्वरम्, गोटुवाद्यम्, आलापिनी, परिवर्धिनी, कच्छपी, पुष्कर (मृदंग),

विचित्रवीणा = वीणा का एक प्रकार। इस में ४ तार और २४ पडदे हैं।

विचित्र वीणा = वीणा का एक प्रकार। इसमें ५ या ६ प्रमुख तार तथा अनुध्वनि के लिए १३ तार होते हैं।

शहनाई = एक लोकप्रिय मधुर सुषिरवाद्य।

सतारा = राजस्थान में प्रचलित दो बासुरियों वाला एक सुषिरवाद्य।

सन्तूर = एक सौ तारों का स्वरमंडल के समान एक काश्मीरी तंतुवाद्य। मूल संज्ञा- शततंत्री।

संबल = महाराष्ट्र में प्रचलित एक अवनध्द वाद्य। प्राचीन

संज्ञा – संबर या स्तंबल।
सरस्वती वीणा = देखिए नारदीय वीणा। दक्षिण भारतीय वीणाओं की जाति की संज्ञा।
सितार (या सतार) = सप्ततार का अपभ्रंश। = एक लोकप्रिय ततवाद्य। दो प्रकार (१) चल थाट इसमें १९ पड़दे होते हैं। (२) अचल थाट – इसमें २१ पड़दे होते हैं।
सुरसोटा = तानपुरों के समान एक तत वाद्य।
स्वरमंडल (या सारमंडल) = तानपुरे के समान एक स्वरपूरक तंतुवाद्य। इस में ३६ तार होते है और आकार चतुष्कोण पेटिका के समान होता है।
स्वरोदय (या सरोद) = एक लोकप्रिय तंतुवाद्य। अपर संज्ञा – स्वरोदर, स्वरावर्त, सरावत।
हुडुक्का = दक्षिण भारत का एक प्राचीन चर्मवाद्य।
हलगी = महाराष्ट्र का एक आनद्ध वाद्य। लोकसंगीत में गायक इसके ताल में गाता है।

* * *

वर्ग - ४

शिल्पशास्त्र-परिभाषा

अक्षकर्ण = समद्विभुज त्रिकोण में सामने की रेखा।

अंगदूषण = वास्तु की रचना में उसके अवयवों में न्यूनाधिकता (मानसार)।

अंगुलि = अंगुलभर का एक नाप जो ८ जौ के बराबर होता है। १२ अंगुलि – १ वितस्ति (या बालिस्त)। २४ अंगुलि – १ हाथ (कोहनी से कनिष्ठिका तक)।

अग्रशाला = देवालय के पास की धर्मशाला। यह देवालय के उत्सव के समय उपयोग में आती है।

अट्टाल (या अट्टलक) = (१) भवन। (२) भवन का चौबारा, या बालाखाना।

अट्टालक = भवन प्राकार पर निर्मित गुंबज। नगर या दुर्ग की सुरक्षा के लिए प्राकार मंडप पर निर्मित उच्च शिखर। प्रवेशद्वार पर निर्मित अट्टालक को गोपुर कहते हैं। इस पर सुंदर मूर्तिकाम होता है।

अट्टालिका = प्रशस्त चौकोनी वास्तु। दो-तीन मंजिल वाला विशाल भवन।

अधिकारनन्दी = मानवरूप धारी शिव के सेवकभाव में नंदी की प्रतिभा। अधिकारनन्दी की मूर्ति शिवमूर्ति के समान, किंतु हाथ नमस्कार मुद्रा में होते है।

अधिरोहिणी = सीढी, जीने की पौड़ी।

अध्यर्धा = राजसूय के चयन में उपयुक्त १८ × १२ अंगुल की इष्टका।

अनन्तशयन = शेषनाग पर शयन करने वाली विष्णुमूर्ति। दक्षिणभारत में अनेक स्थानों में यह मूर्ति मंदिरों में दीखती है। इसी मूर्ति को रंगनाथ या रंगस्वामी भी कहते हैं।

अनुग्रह शिवमूर्ति = भक्तों पर अनुग्रह (कृपा) करने वाली शिव भगवान की मूर्ति।

अन्तःपुर = (अपर नाम शुद्धान्त और अवरोध) राजप्रासाद में राजस्त्रियों के निवास का विभाग। इसमें पर पुरुष का प्रवेश निषिद्ध होता था।

अंतराल या अंतरालक (या अंतरालय) = मंदिर का गर्भगृह और विमान (सभामंडप) के बीच का प्रदक्षिणा मार्ग।

अन्तर्घण = घर के अन्दर की खुली जगह।

अपद्वार = मुख्य दरवाजे के अतिरिक्त दूसरा प्रवेश द्वार।

अपवरक = शयन का कमरा या भीतर का कमरा।

अपसंचित = वास्तु का एक प्रकार, जिसमें नींव की चौड़ाई के अनुसार वास्तु का प्रमाण लिया जाता है। (२) एक मंदिर, जिसमें स्थापित मूर्ति शयनावस्था में होती है।

अभयमुद्रा = देवमूर्तियों की एक हस्तमुद्रा।

अरत्नि = लंबाई का नाप, कोहनी से कनिष्ठिका (पांचवी अंगुली तक का अंतर)।

अर्धचन्द्र = देवमूर्ति की पीठिका का एक प्रकार। (मत्स्य पु. २६१-१३)।

अर्धपद्या = राजसूय के चयन में उपयुक्त १२ × ७ अंगुल की इष्टका (ईंट)।

अर्धपर्यंक = मूर्तिकला में प्रदर्शित एक आसन की अवस्था।

अर्धपाद्भागा = राजसूय यज्ञ के चयन में उपयुक्त ७ × ३ अंगुल की इष्टका (ईंट)।

अर्धबृहती = राजसूय यज्ञ के चयन में उपयुक्त २४ × १२ अंगुल की इष्टका (ईंट)।

अर्धमाणव (मानवक) = १२ लड़ियों का हार। (माणवक २४ लड़ियों का होता है)।

अर्धशाला = विशाल सभालय के दोनों ओर के छोटे कमरे।

अर्धहार = ६४ लडियों का हार।

अर्धोत्सेधा अर्धपद्या = राजसूय यज्ञ के चयन में उपयुक्त १२ × १२ × ३ (या २) अंगुल की इष्टका। (ईंट का उत्सेध (उंचाई) ६ या ४ अंगुल नाप होता था।)

अलंकार = (आभरण, भूषण) के चार प्रकर – **अवेध्य** किरीट कुंडल इ.), **बंधनीय** – (पुष्पमाला इ.), क्षेप्य – (नूपुर, वलय आदि), आरोप्य – (मुक्ता, मणि आदि की माला)।

अलंकार (विविध प्रकार) – शिखापाश, शिखाजाल, खंडपत्र, चूडामणि, मकरिका, मुक्ताजाल, कुंडल, खड्गपत्र, वेणीगुच्छ, दारक, ललाटतिलक, भूर, कर्णवलय, दंतपत्र, कर्णपूर इत्यादि। बालपाश्या, पारितथ्या (सिंथि), हंसतिलक, ललामक, चूडामंडन, चूडिका, पत्रपाश्या, ललाटिका, मुकुट, किरीट, सुवर्णपट्ट, प्रवेणी। कुंडल, कर्णिका, तालपत्र, ताटक, मृष्टकुण्डल, मकरकुण्डल, कनककमल, मुक्ताकंटक, द्विराजिक, त्रिराजिक, शृंखल, कर्णपूर, कर्णेन्दु, ग्रैवेयक, प्रालंबिका, ललंतिका, वैजयन्ती, उरःसूत्रिका, यष्टिलता (यष्टिका), मणिसोपान (रत्नावली), हार, देवच्छंद, गुच्छ, गुच्छार्ध, गोस्तन, अर्धहार, माणवक, एकावली, नक्षत्रमाला, भ्रामर, नीललवनिका, वर्णसर, सारिका, वज्रसंकलिका, वैकक्षक, देवंदक (शतेश्वरी), इन्दुच्छंद, विजयच्छंद, रश्मिकलाप, मंदर, फलकहार, शीर्षक, उपशीर्षक, प्रकांडक, अवघटक, तरलप्रतिबंध।

अंगुलीय (ऊर्मिका, अंगुरीय) = अंगुलिमुद्रा, द्विहीरक, त्रिहीरक, वज्र, रविमंडल, नंद्यावर्त, वज्रवेष्टक, सूक्तिमुद्रिका, अंगद, केयूर, पंचका, कटक, आवापक, पारिहार्य, वलय, फलकवल्लय, कंकण, चूड, अर्धचूड, कांची, मेखला, रशना, कलाप, कांचीदा, शृंखला, सारसन, पादचूड, पादकंटक, पादपद्म, किंकिणी, नूपुर, मंजीर, सौभाग्यमणि।

अलंकार (वैदिक वाङ्मय में उल्लिखित) = तैत्तिरीय संहिता – पुण्डरीकस्त्रज्, पुष्कर, प्रवर्त, प्रकाशभोग, मणि, रत्न, स्त्रज् इत्यादि। **अथर्ववेद में उल्लिखित** – अजि, ओपश,

कुंब, कुरीर, कृशन, जीवभोजन (अंजन), देवांजन, नलंद, निष्कग्रीव, पुण्डरीक, रुक्म, प्रसाधन, मधूलक, रुक्मन, ललाल, ललामगु, ललाम्य, सीमन, सुरुक्म, स्रुज, स्रज, स्वेदांजि, हरित्स्रज, हिरण्यज, हिरण्यस्रक्, हैरण्य इत्यादि।

अलंकार = (वैदिक वाङ्मय में उल्लिखित) **ऋग्वेद में** – अंज, अंजि, अरंकृत्त, अरंकृति, आनूक, औपक्ष, कर्णशोभन, कुरीर, कृशन, कृशनिन्, स्वादि, निष्क, व्योचनी या न्योचती या योचनी पुंडरीक, पुष्कर, प्रभषण, बर्हन, भूपन, मणि, रत्न, रुक्म, रुक्मिन्, ललामी, वरिमत्, व्यंजन, विभूषन, शतपत्र, शिंबल, सुनिष्क, स्तुका, स्रज्, हिरण्मयी, हिरण्यशिप्र, हिदिमत् इत्यादि।

अलंकार = (संहितेतर वैदिक वाङ्मय में उल्लिखित) – प्राकाश, फण, लोहमणि, निमुक्ता, स्थागर, इत्यादि।

अलंकारमंडप = देवालय में उत्सवमूर्ति पर अलंकार चढ़ाने का कमरा।

अलिंद = घर के दरवाजे के सामने का चबूतरा। दरवाजे पर बनी चौकोनी चतुराकार जगह। "बर्हिद्वार संलग्न चतुरस्र कृत्रिम भूमिः" अर्थात् घर के प्रवेश द्वार से संलग्न बरामदा।

अवलोकनक = प्रासाद के उपरिभाग में रचित एक छोटा मंडप, जहां से दूर तक का दृश्य दीखता है। एक प्रकार का झरोखा।

अष्ट-आय (शिल्प शास्त्र के अनुसार) = ध्वज, धूम, सिंह, श्वान, वृषभ, खर, गज, और उष्ट्र। (पाशुपत तंत्र समुच्चय) भवन के निर्माण में इनका उपयोग होता है।

अष्ट आय = शिल्पशास्त्र के अनुसार गृहनिर्माण में, ध्वज, सिंह, वृषभ, गज, धूम्र, श्वान, खर, ध्वाक्ष (कौवा), नामक आठ आयों का विचार होता है।

अष्टधातु = सुवर्ण, रूप्य (चांदी), ताम्र, कथिल, सीस, पीतल, लोह, पारद।

अष्टलोही = तमिलनाडु में रहने वाले धातु के मूर्तिकार, या शिल्पकार। अष्टधातुओं के विभिन्न मूर्तिकारों को अष्टलोही कहते हैं। ये लोग उड़ीसा के मूल निवासी हैं।

अष्टवर्ग = स्थापत्यशास्त्र के अनुसार भवन के आठ विभाग- अधिष्ठान (तहखाना), अंध्रि (छोटा खंभा), प्रस्तर (खंभे पर रखा हुआ आधार का पत्थर), ग्रीवशिखर, स्तूप (गुंबज), ग्रीवमंच और वेदिका (मानसार १९-८०-८५)।

असुराह्व = तांबे और कथिल की मिश्रित धातु।

आखुपाषाण = चुम्बक पत्थर।

आंध्रि = बड़े खंभे पर रखा हुआ छोटा खंभा। मीनार या शिरोगृह।

आतर्पण = भवन के दीवारों की सफेदी करना।

आपूषम् = एक प्रकार की धातु (संभवतः टिन या कथिल)।

आभंग = किंचित् वक्र अवस्था में खड़ी मूर्ति (**मानसार** ६७-९५-९६)।

आभास = (१) मकान, मंडप या दरवाजा का एक प्रकार। (२) मूर्ति निर्माण करने का मृत्तिका आदि द्रव्य। (३) रंगीन या आलिखित चित्र।

आमलक = भवन, मंदिर या स्तंभ के शिखर पर रचित आंवले के समान पाषाण की आकृति।

आयतन = भवन बनाने का स्थान। भूखंड।

आरकूटम् = पीतल।

आयतन = यज्ञस्थान, देवस्थान, चैत्य।

पंचायतन = पूजा में पांच देवताओं का स्थापित समूह।

आराम = (१) उद्यान में निर्मित भवन। (२) भिक्षुओं का निवास स्थान। विहार।

आलीढमुद्रा = धनुष से बाण छोडते समय की वीर की खड़े रहने की एक विशिष्ट स्थिति।

आवसथ (या आवसथ्य) = छात्रावास या संन्यासी का आश्रम।

आवेशन = कारखाना। निर्माणी (मनु. ९-२६५)।

आस्थानगृह (निकेतन, मंडप) = सभालय।

इन्द्रकम् = बड़ा कमरा। सभाभवन।

इन्द्रकान्त = दाक्षिणात्य गोपुर के दस वर्गों में एक।

इन्द्रकोश (ष) = चबूतरा। कोच। सोफा।

इष्टका (ईंट) के १४ प्रकार = पद्या (चारों ओर १२ अंगुल नामवाली), अर्धपद्या (१२×६), पादोनपद्या (१२×१२ किन्तु एक कोने में टूटी हुई), जंघामात्री (१८×१८), अध्यर्धा (१८×१२), अर्धोत्सेधा अर्धपद्या (१२×१२×२), पादभाग (६×६), त्रिग्राहिणी (२४×१२), अर्धपादभाग (६×३), बृहती (२४×२४), अर्धबृहती (२४×१२), चतुर्भागा (३×३)। (सभी प्रकार की ईंटें प्रायः छह या चार अंगुल उंची होती थीं। अर्धोत्सेध पद्या और अर्धपद्या दो या तीन अंगुल ऊंची होती थीं। (अषाढा और विश्वज्योतिः नामक ईष्टका राजसूय के यजमान पति-पत्नी पकाते थे।

इष्टक = ईंट। विविध प्रकार – षोडशी, अर्धेष्टका, पादेष्टका, पक्षेष्टका, पक्षमध्यीया, पक्षाग्रीया। ईंटों के आकार के अनुसार ये प्रकार थे। यज्ञवेदी की रचना में इन प्रकारों का उपयोग होता था।

ईषीका = रंगसाज की कूंची।

उग्रपीठ = भवन निर्माण करने के पूर्व निर्माण भूमि के ३६ समान चौकोनी विभाग किये जाते है। उसी आकृति की संज्ञा उग्रपीठ है।

उत्तरबोधि = एक पूर्णता सूचक हस्तमुद्रा।

उदरबंध = पुरुषों का एक प्राचीन आभरण, जो यज्ञोपवीत के समान धारण किया जाता था।

उपपीठ = किसी स्तंभ, सिंहासन या मूर्ति का आधार या चबूतरा।

उपाधि = शिल्पशास्त्र में भवन की नींव (प्लिन्थ)।

एकपाद मूर्ति = शिवमूर्ति का एक प्रकार। इसमें शिव एक पांव पर खड़े होते है और उनकी दोनों कुक्षियों में ब्रह्मा तथा विष्णु प्रकट होते हैं।

एकशालक (शालिक) = नगर के बाहर एक व्यक्ति के

निवास का स्थान।

एकहार = स्तंभशीर्ष के नीचे शृंखला के समान नक्षीकाम।

कटिबंध = कमरपट्टा। चार प्रकार। – कांची - १ यष्टियुक्त। मेखला- ८ यष्टियुक्त। रशना- १६ यष्टियुक्त। कलाप- २५ यष्टियुक्त कटिबंध होता है।

कटिभूषण = कांची (कांची गुण), मेखला, रशना (रसना), कलाप, कांचीदाम, कटिबंध, शृंखला, सारसन।

कटिसूत्र = वास्तुशास्त्र के अनुसार वास्तु के मध्यभाग में बनाया २७ अंगुल चौड़ा पट्टा।

कपोतपालिका = कबूतर के समान दिखने वाला भवन के उपर का एक भाग।

कर्णिका = भवन के शिखर का एक भाग (मानसार- ३२)।

कलशवास्तुचक्र = गृहप्रवेश के मुहूर्त पर वास्तुरूप कलश की सभी दिशाओं तथा कलश के ऊर्ध्व, मध्य, अधोभाग में स्थित नक्षत्रों का विचार। इससे भावी शुभ अशुभ का ज्ञान होता है।

कल्पवृक्ष = इच्छित कामना तत्काल पूर्ण करने वाला एक दिव्य वृक्ष। शिल्पकला के अनुसार इसकी आकृति देवमूर्ति तथा राजसिंहासन पर अंकित की जाती है।

कल्याणसुन्दर = शिव-पार्वती विवाह की कलात्मक मूर्ति का एक प्रकार। इस मूर्ति में ब्रह्मा, इन्द्र, विष्णु नवग्रह, शिवगण आदि के विग्रह भी होते हैं।

कामान्तक = भगवान् शिव की कलात्मक मूर्ति का एक प्रकार।

कायोत्सर्गमुद्रा = तीर्थंकर मूर्ति की एक विशिष्ट अवस्था। इस अवस्था में मूर्ति स्तंभवत् खड़ी होती है। उसके दोनों हाथ भी सरल शरीर से चिपके होते हैं।

कार्मुक (या कार्मुक ग्राम) = धनुष्याकार ग्रामरचना का एक प्रकार। प्राचीन ग्रामरचना के आठ प्रकारों में से एक। यह ग्रामरचना व्यापार की सुविधा के अनुसार होती है। (मानसार)।

किरीट और मुकुट = (किरीटं त्रिकोण पत्रावलीरूपम्। मुकुटं तं समस्तकचावरकम् इति भेदः) – त्रिकोण पत्रावलीरूप शिरोभूषण को किरीट कहते हैं। इससे सारे केश ढके नहीं जाते। मुकुट से सारे केश ढके जाते हैं। (जीव गोस्वामीकृत भागवत टीका)।

कीर्तिमुख = मंदिर के द्वार शिखर आदि प्रमुख स्थानों पर अंकित सिंह या पशुपक्षी आदि का कराल मुख।

कुण्डल = एक लोकप्रिय **कर्णभूषण**। प्रकार – पत्रकुण्डल, मकर (नक्र) कुण्डल, शंखकुंडल, रत्नकुण्डल, सर्पकुण्डल, मृष्टकुण्डल, प्राकारवप्रकुण्डल।

कुण्डिका = देवता आदि की मूर्ति या चित्र के हाथ में अंकित जलपात्र की शिल्पशास्त्रीय संज्ञा।

कुब्जक = शिल्पशास्त्रोक्त राजधानी के नौ प्रकारों में एक। (उदा. – कान्यकुब्जक नगर)।

कुमारभवन = मुख्य राजप्रासाद के समीप निर्मित वास्तु जिसमें प्रायः राजकुमार का निवास होता था।

कुटीर = वैदिक स्त्रियों का एक शिरोभूषण जो विवाह के समय धारण किया जाता था।

कूटशाला (या कूटागार) = भवन के उच्चतम भाग में निर्मित एक कमरा।

कूटागार = अन्तःपुर के अन्तर्गत स्त्रियों के लिये निर्मित क्रीडागृह। (वाल्मीकि रामायण रामभट्ट की टीका)।

कूर्मशिला = (१) देवालय के सभामंडप में स्थापित कूर्माकृति युक्त शिला। (२) देवालयस्थ मूर्ति की आधारशिला।

केयूर = स्त्री-पुरुषों का एक सुवर्णमय बाहुभूषण।

क्षणिका = मृत्तिकामूर्ति। इस शब्द का प्रयोग बंगाल में होता है।

गोपुर = दाक्षिणात्य मंदिरों के प्रवेश द्वार पर विरचित ऊंचा शिखर।

गोमेद = एक लाभदायक एवं राहुपीडा निवारक रत्न।

खट्वांग = मनुष्य मस्तक सहित खट्वा की टांग या गदा। शिवमूर्ति खट्वांगयुक्त होती है।

खड्गासन = खड़ी मूर्ति की एक विशिष्ट अवस्था जिसमें हाथों का शरीर को स्पर्श नहीं होता और पैरों में दो अंगुल का अंतर होता है।

खादि = एक वेदोक्त सुवर्णलंकार।

खेट-खर्वट = दुर्गयुक्त ग्राम।

खेट = धनुषाकार ग्राम रचना।

गरुडध्वज (या गरुडस्तंभ) = मंदिरों में प्रवेशद्वार के पास स्थापित गरुडाकृतियुक्त स्तंभ।

गर्गविद्या = अग्निपुराण (६५-७) के अनुसार गृहनिर्माण की कला। (१८ वास्तुशास्त्रज्ञों में गर्ग की गणना होती है)।

गर्भगृह (या गर्भागार) = मंदिर में प्रमुख मूर्ति की स्थापना का सुरक्षित कक्ष। मंदिर निर्माण में इसी स्थान पर "गर्भविन्यासविधि" होता है। इसी कक्ष को **देवगृह ब्रह्मस्थान** आदि अन्य नाम है। प्राचीन स्थापत्य शास्त्र में गर्भगृह के नौ प्रकार कहे गए है।

गवाक्ष = गाय की आँख जैसी खिड़की (वातायन)। दो प्रकार – जालगवाक्ष (नक्षीकामयुक्त) और शलाकागवाक्ष (शलाकायुक्त)।

गवाक्ष (या वातायन) = खिड़की। विविध प्रकार – नागबन्ध, वल्ली, गवाक्ष, कुंजराक्ष, स्वस्तिक, सर्वतोभद्र और पुष्पबन्ध।

ग्रास (ग्रासपति या ग्रासद) = केयूर आदि अलंकारों में टंकित कीर्तिमुख (सिंह, मकर आदि का मुख)। यह शब्द गुजरात में रूढ है।

चक्रध्वज = चक्रयुक्त स्तंभ। (सारनाथ का अशोक स्तंभ चक्रध्वज ही है)।

चक्रपुरुष = चक्र के मध्यभाग में उट्टंकित जिस मूर्ति के अवयव चक्र के परिघ को स्पर्श करते है, उस मूर्ति की शिल्पशास्त्रीय संज्ञा।

चतुर्भागा = राजसूय यज्ञ के चयन में उपयुक्त ३×३ अंगुल की इष्टका (ईंट)।

चतुर्मुख ग्राम = प्राचीन ग्राम रचना के आठ प्रकारों में एक।

चतुष्पक्ष = घर के छत का एक प्रकार।

चाटुकार = रत्नावली नामक कंठाभरण का मध्यमणि।

चित्रतोरण = पशु-पक्षी आदि के चित्रों से युक्त प्राचीन मंदिर का तोरण द्वार (प्रवेशद्वार)।

चित्र प्रकार = पटचित्र, फलकचित्र, भित्तिचित्र, लेप्यचित्र।

चित्रांकन = चित्र खेंचना। इसके तीन प्रकार – भौमचित्रांकन - (भूमि पर चित्रांकन), कुड्यक (भित्ति पर चित्रांकन), और ऊर्ध्वक (छत के अन्तर्भाग पर चित्रांकन)।

चैत्य = मृत व्यक्ति का स्मारक जो अंतिम अग्निसंस्कार की चिता के स्थान पर बनाया जाता था।

जंघामात्री = राजसूय के चयन में उपयुक्त १८×१८ अंगुल की इष्टका (ईंट)।

ताल = मूर्ति के मुखमंडल का मान। पुरुषमूर्ति अष्टताल, स्त्री सप्तताल, बालक पंचताल होते हैं। अष्टताल मान से कम होने पर 'वामनमूर्ति' होती है।

ताल = (शिल्पशास्त्र के अनुसार १२ अंगुलियों का परिमाण। मूर्तिनिर्माण में यह परिमाण माना जाता है। (२) अंगुष्ठ और मध्यमा तानने पर होनेवाला अंतर। चार प्रकार – **(१) उत्तमदशताल** – (ब्रह्मा, विष्णु, महेश आदि देवों की मूर्तियों का प्रमाण), **(२) मध्यमदशताल** – (लक्ष्मी, सरस्वती, पार्वती आदि देवियों की मूर्तियों का प्रमाण), **(३) अधमदशताल** – (सूर्य, चंद्र, इंद्र आदि की मूर्तियों का प्रमाण, **(४) नवताल, अष्टताल, सप्तताल** – यह मानवों की मूर्ति का प्रमाण है।

तोरण = भवन में प्रवेश करने का स्थान, जिस पर नक्षीकाम किया जाता है।

तोरण = भवन के बाहर का द्वार। प्रकार – सर्वप्रकारक, जालतोरण, पत्रतोरण, पुष्पतोरण, रत्नतोरण, चित्रतोरण।

तोरण = (कमान) विविध प्रकार – पत्रतोरण, मत्स्यतोरण, रत्नतोरण इ.।

त्रिगाहिणी = राजसूय यज्ञ के चयन में उपयुक्त २४ × १२ अंगुल की इष्टका (ईंट)।

दण्डकग्राम = प्राचीन ग्रामरचना के आठ प्रकारों में एक। इस ग्राम की रचना दीर्घ चतुष्कोणी होती है। (मानसार)।

दंतकार = हस्तीदंत पर कलाकृति करने वाला शिल्पी।

दशताल = ताल याने १२ अंगुलों का अंतर। मूर्ति के मुख से दस गुना ऊंचाई को दशताल कहते हैं।

दीर्घिका = दीर्घाकार तालाब जो अन्तःपुर की वृक्षवाटिका में होता था।

देही = शत्रु से सुरक्षा पाने के लिए पुरों के चारों ओर बनाए हुए मिट्टी की दीवारों का घेर।(ऋ. ६-४७-२)।

द्वारप्रासाद = दाक्षिणात्य मंदिरों के पांच गोपुरों में एक।

द्रोणीमुख (या द्रोणमुख, द्रोणान्तर) = नदी-सागर-संगम पर बसाया हुआ नगर।

द्वारशाला = दाक्षिणात्य मंदिरों के पांच गोपुरों में एक। अन्य गोपुर – द्वारशोभा, द्वारप्रासाद, द्वारहर्म्य, और महागोपुर।

द्वारशोभा = दाक्षिणात्य मंदिर के पाच गोपुरों में एक।

द्वारहर्म्य = दाक्षिणात्य मंदिरों के पांच गोपुरों में एक।

धातुवद (या वाद) = कच्ची धातु को पक्की करना या मिश्रित धातुओं को अलग करना। ६४ कलाओं में उल्लिखित एक कला।

नगर = विविध प्रकार – दंडक, सर्वतोभद्र, स्वस्तिक, पद्मक, नन्द्यावर्त इत्यादि।

नन्द्यावर्तग्राम = प्राचीन ग्रामरचना के आठ प्रकारों में से एक गोलाकार रचना।(मानसार)।

निष्क = वेदकालीन सुवर्णनाणक, तथा एक अलंकार।

पंचधातु = सुवर्ण, रजत, लोह, ताम्र, और त्रपु। (प्रायः इन पांच धातुओं के मिश्रण से मूर्तियां बनायी जाती हैं।)

पंच प्रासाद = भवन का एक प्रकार – जिसमें मध्यस्थान में बड़ा कलश और चारों ओर चार कलश स्थापित किए जाते हैं।

पंचवक्त्र = मध्ययुगीन देवालयों के प्रवेश द्वार पर अंकित विकराल सिंहमुख (या कीर्तिमुख)।

पदभूषण = पादचूड, पादकंटक, पादपद्म, किंकिणी, नूपुर, मंजीर, तुलाकोटी, पासुली (पादांगुलीयक)।

पद्मकग्राम = प्राचीन ग्राम रचना के आठ प्रकारों में एक। पद्माकार रचना। (मानसार)।

पद्मा = राजसूय के चयन में उपयुक्त १२×१२ अंगुल नाप वाली इष्टका (ईंट)।

पादभाग = राजसूय यज्ञ के चयन में उपयुक्त ६×६ अंगुल की इष्टका।

पादोनपद्मा = राजसूय के चयन में उपयुक्त १२×१२ अंगुल की एक कोने में टूटी हुई इष्टका (ईंट)।

प्रज्ञाखड्ग = बौद्ध मंजुश्री की मूर्ति के हाथ की खड्गाकृति।

प्रस्तरग्राम = प्राचीन ग्रामरचना के आठ प्रकारों में एक। **इसमें गांव के संभाव्य विस्तार की सुविधा होती है।**(मानसार)।

प्रासाद = **सात या अधिक मंजिलों** का निवासस्थान।

बृहती = राजसूय यज्ञ के चयन में उपयुक्त २४×२४ अंगुल की इष्टका (ईंट)।

ब्रह्माक्रान्त = दाक्षिणात्य गोपुर में स्थित दस वर्गों में से एक।

भूषण = (चार प्रकार) – कचधार्य, देहधार्य, परिधेय (प्रावरण), और विलेपन।

शिरोभूषण के विविध प्रकार = बालपाश्या, पारितथ्या, हंसतिलक, ललामक, चूडामंडल, चूडिका पत्रपाट्या, और ललाटका (२) ललाट प्रदेश के भूषण – मुकुट, किरीट, स्वर्णपट्ट, चूडामणि, मकरिका,प्रवेणी।

कर्णभूषण के विविध प्रकार = कर्णिका (तालपत्र, ताटंक, दंतपत्र), कुंडल, मृष्टकुंडल, मकरकुण्डल, कनककमल, मुक्ताकटक, द्विराजिक, त्रिराजिक, कर्णपूर, शृंखल, कर्णेन्दु, चक्रवाडी (कानबाला)।

कंठभूषण के प्रकार = ग्रैवेयक, प्रालंबिका, उरःसूत्रिका, पुष्पमाला, सुवर्णमाला, यष्टिलता (यष्टिका), रत्नावली (मणिसोपान), हार। **हार के प्रकार** – देवच्छंद, गुच्छ, गुच्छार्ध, गोस्तन, अर्धहार, माणवक, एकावली, नक्षत्रमाला, भ्रामर, नीललबनिका, वर्णसर, सारिका, वज्रसंकलिका, वैकक्षक, देवंदक, इंदुच्छंद, विजयछंद, रश्मिकलाप, मंदर, फलकहार, शीर्षक, उपशीर्षक, प्रकांडक, अवघटक, तरलप्रतिबंध, वैजयंती (विष्णु की आपादलंबिनी माला), ललंतिका।

बाहुभूषण के प्रकार = अंगद, केयूर, पंचका, कटक, आवापक, वलय, फलकवलय, कंकण, चूड, अर्धचूड।

अंगुलिभूषण के प्रकार = अंगुलीय (अंगुरीय, ऊर्मिका), अंगुलिमुद्रा, पवित्रक, (यह दर्भ का भी होता है), वज्रवेष्टक, द्विहीरक, त्रिहीरक, वज्र, रविमंडल, नन्द्यावर्त, सूक्तिमुद्रिका।

मकरतोरण = मकरमुख के चिह्न (कीर्तिमुख) से युक्त प्राचीन मंदिर का प्रवेशद्वार (तोरणद्वार)।

मणिकार = रत्नों के अलंकार बनाने वाला।

महागोपुर = दाक्षिणात्य मंदिरों के पांच प्रकार के गोपुरों में एक।

मायूरक = मोर के पंखों से कलाकृति करने वाला शिल्पकार।

मूर्ति के प्रकार = (१) चल (छोटी और हलकी मूर्ति। इसे उत्सवमूर्ति भी कहते है। (२) अचल- मंदिर में विधिपूर्वक प्रतिष्ठापित मूर्ति। (३) चलाचल, (४) चलाचल-सारे अवयव संपूर्ण होने वाली। (५) चित्रार्ध-भित्ति में या स्तम्भ, छत आदि स्थानों में अर्धदृश्य मूर्ति, इसका आधा अंश नहीं होता। (६) चित्राभास- कपड़े पर चित्रित मूर्ति। (७) योगारूढ- ध्यानमग्न मुद्रावाली। (८) राजस- आयुधादि सहित हावभाव युक्त मूर्ति। (९) तामस- काली, नरसिंह भैरव आदि स्वरूप। (१०) अभिचारक- शत्रुनाश के निमित्त बनायी क्षुद्र देवता की मूर्ति।

मूर्ति के पंचविध मान = (१) मान – (अष्टताल, नवताल आदि), (२) प्रमाण- (चौड़ाई), (३) उन्मान- (ऊंचाई), (४) परिमाण- (अवयवों का आकारमान), (५) उपमान- (अन्यान्य अवयवों का सापेक्ष मान)।

मूर्ति के आसन = अर्धपर्यंक, आलीढ, उत्कुटित, कूर्म, पद्म, पर्यंक, प्रत्यालीढ, भद्र, योग, ललित, वज्र, सिंह, सुख, सोपाश्रय, स्वस्तिक, इत्यादि।

मूर्ति की मुद्राएँ = मुद्रा, ध्यान, वरद, अंजलि, अभय, आश्चर्य, कटकसिंहकर्ण, कटकवलंबित, कर्णसिंहमुख, कर्तरीहस्त, गजहस्त, सूची, अर्धचंद्रहस्त, तर्जनी, ज्ञान – तर्पण, धर्मचक्र, भूस्पर्श, व्याख्यान।(हस्त और अंगुलि द्वारा भाव का प्रकटन) नमस्कार।

मुद्राएं = हृदय, संपुट, कमल, उत्तानज, आधार, प्रणाम, विपरीत, बिपर्यस्त, वज्रांजलि इत्यादि।

मूर्तिकार = चार प्रकार – स्थपति, सूत्रग्राही, वर्धकी और तक्षक (बृहत्संहिता)।

मूर्तिभंग के प्रकार = (१) समभंग, (२) आभंग, (३) त्रिभंग, (४) अतिभंग। (भंग याने अवस्था या वक्रता)। अतिभंग मूर्ति में वक्रता का प्रमाण अधिक होता है।

यक्षी = भारतीय शिल्प में उट्टंकित सौंदर्य पूर्ण स्त्री प्रतिमा।

रथिकाबिंब = मंदिर के गर्भगृह की तीन ओर की भित्तियों पर बाहर के अंग में स्थापित तीन देवतामूर्तियां। प्रदक्षिणा करते समय इन्हें स्पर्शपूर्वक नमस्कार करते हैं।

रुक्म = वेदोक्त सुवर्णालंकार (सुवर्णपदक)।

रोचक = कांच के पदार्थ बनाने वाला शिल्पकार।

ललाटबिंब = मंदिरनिर्माण में गर्भगृह के प्रवेशद्वार पर स्थापित मुख्य देवता से संबंधित देवमूर्ति।

वक्त्रतोरण = सिंहमुख (या कीर्तिमुख) के चिह्न से युक्त मंदिर का प्रवेश द्वार।

वज्र = दोनों ओर त्रिशूल वाला दण्ड। यह देवता की मूर्ति का आयुध है।

वधूनाटकसंघ = अन्तःपुर के अन्तर्गत वधूजनों के लिये निर्मित नाटकशाला। (वा. रामायण- रामभट्ट की टीका)।

वातायन = वायु के आवागमन का मार्ग। (खिड़की) तीन प्रकार – वेदिका वातायन, जालवातायन, और शलाका वातायन। (देखीए- गवाक्ष)।

वामनमूर्ति = देखिए ताल। अष्टताल मान से न्यून मूर्ति।

वास्तु = निवासस्थान। विविध प्रकार – हर्म्य, आयसी पुरी (किला), प्रासाद, भवन, सदन, सद्म, गृह, कुटी, कुटीर, आलय, मंदिर।

वास्तुयज्ञ = नया भवन, मंडप, मंदिर आदि निर्माण करते समय भूमिलेखन, प्रथम स्तम्भ, प्रथम द्वार, गृहप्रवेश, वास्तु शांति, इन – पांच अवसरों पर यह यज्ञविधि की जाती है।

वास्तुविद्या = शिल्पशास्त्र की अपर संज्ञा। ३ प्रकार – (१) द्रविड और (२) नागर (उत्तर भारतीय) और (३) वेसर (मिश्र)।

वास्तुविद्या के विविध विषय = प्रासादरचना, मंडपरचना, भूमिपरीक्षा, दारु आहरण, पादविन्यास, वज्रलेप (गिलावा), महानगररचना, स्वर्णशाला, रथनिर्मिति, चित्रकर्म (नक्शीकाम), दुर्गनिवेश, पुरनिवेश, शिखररचना, प्राकार, गोपुर, तटाकरचना, सोपानरचना, सभागृह, कारागृह, पुत्तलिका, गवाक्ष, नाट्यगृह, तोरण (कमान) मार्गविधान।

वास्तोष्पति (या वास्तुपुरुष) = यज्ञवेदी तथा भवन, मंदिर आदि वास्तुयों की अभिमानिनी देवता। इसे यज्ञीय कर्मों का संरक्षक भी माना है।

विमान = शिखरयुक्त प्रासाद (प्रासाद = सात या अधिक

मंज़िलों का भवन)।

विमानगृह = सात मंजिली राजप्रासाद।

विष्णुकान्त = दाक्षिणात्य मंदिर के गोपुर के दस वर्गों में एक।

वृत्रशङ्कु = पाषाण का स्तम्भ। (शत. ब्रा. ४-२-५-१५)।

शालभंजिका = अन्तःपुर के स्तम्भों पर अंकित सौभाग्य सूचक स्त्रीमूर्ति। विविध अलंकारयुक्त यक्षी की मूर्ति। शुंगकाल और कुशाणकाल में इस प्रकार की मूर्तियाँ बनने लगी थीं।

शिरोगृह = भवन के उपर की मीनार।

शिल्प = कलाकृति। दो प्रकार – (१) **देवशिल्प** – (देवों को संतुष्ट करनेवाले यज्ञीय स्तोत्र), (२) **मानुषशिल्प** – (वास्तु, मूर्ति और चित्र)।

शिल्प = कौटिलीय **अर्थशात्र** के अनुसार संगीत, नृत्य आदि चित्ताकर्षक ललित कलाएं।

शिल्पकला = **वास्तुकला, मूर्तिकला** और **चित्रकला** – इन तीन कलाओं की संज्ञा। कलाकौशल्य।

शिल्प और कला = धातु, काष्ठ, मृत्तिका आदि प्राकृतिक पदार्थों से निर्मित सुंदर आकृति को 'शिल्प' और अंगगत कौशल्य से सौंदर्य की प्रतीति दूसरों को देने की शक्ति को 'कला' कहते हैं। उदा.- वाद्य का निर्माण एक शिल्प है और उसका वादन एक कला है।

शिल्पकारिका = कलाकुशल स्त्री। (नाट्यशास्त्र १७-३७)।

शिल्पी = कारीगर। नौ प्रकार- मालाकार, कर्मकार, शंखकार, कुविन्दक, कुंभकार, कांस्यकार, सूत्रधार, चित्रकार, और स्वर्णकार। (ब्रह्मवैवर्त पुराण- १०-२०-२१)।

शैलगृह = पर्वत में खुदा हुआ भवन। गुफा। उदा. – अजंता, एलोरा, उदयगिरि, खंडगिरि इत्यादि स्थानोंमें विद्यमान गुफाएं।

श्रीफल = बिल्वफल, या नारियल।

श्रीभोग = दाक्षिणात्य मंदिर के गोपुर के दस वर्गों में एक।

श्रीमंडप = कुमारभवन का मध्यम विभाग। कुमारभवन (देखिए)।

संथागार = सभाभवन।

सर्वतोभद्र ग्राम = प्राचीन ग्राम रचना के आठ प्रकारों में एक। इस में ग्राम की चारों दिशाओं में महाद्वार होते हैं। (मानसार)।

सिंहललाट (या सिंहमुख) = दक्षिण भारत में केयूर आदि बाहुभूषणों में टंकित कीर्तिमुख की संज्ञा। (देखिए- कीर्तिमुख)।

सूत्रकर्म = कपडों पर सूत से चित्राकृतियों का निर्माण। ६४ कलाओं में उल्लिखित एक कला।

स्कन्दकान्त = दाक्षिणात्य मंदिर के गोपुर में स्थित दस वर्गों में एक।

स्तम्भ = पांच प्रकार – रुचक, वज्र, द्विवज्र, प्रलीनक, और वृत्त।

स्तूप = मृत व्यक्ति का स्मारक।

स्थपति = वास्तुरचना करने वाला मुख्य कारीगर।

स्वस्तिक ग्राम = प्राचीन ग्रामरचना के आठ प्रकारों में एक। (मानसार)।

★ ★ ★

वर्ग - ४ - (अ) – (परिशिष्ट)
शिल्पशास्त्रीय परिभाषा

अपस्मार = ताण्डवनृत्य करने वाले नटराज शिव की मूर्ति के चरणतल के नीचे दबा हुआ सर्पधारी दैत्य।

अ-विद्धचित्र = चित्र के चार प्रकारों में एक। इसमें चित्रकार के हृदयस्थ भाव व्यक्त होते हैं।

आयुध पुरुष = धनुर्धारी पुरुष या देवता की मूर्ति।

उपधातु = माक्षिक (शहद), नीलाथोथा, अभ्रक, नील, काजल, शिलाजतु और पारद।

उपानय = वेसर शैली की विजयनगर पद्धति के मंदिर के शिखर का मूलभाग। इस पर लतापल्लवों का अलंकरण टंकित होता है। शिखर के मध्य भाग की **कुमुद** और उपर के भाग-की **कंठ** संज्ञा है।

खर्वट = मण्डलाकार ग्रामरचना।

गन्ध = (दो प्रकार) – सुरभि और असुरभि। इनके अवान्तर प्रकार – पाकज, अनित्य, औपाधिक (उदा. जल में प्रतीत होने वाला)। उत्कट (कस्तूरी लहसुन आदि में प्रतीत); अनुत्कट (ईट, पत्थर आदि में प्रतीत)।

गन्ध के दस प्रकार = इष्ट (केसर, कस्तुरी), अनिष्ट (गोमयादि), मधुर (पुष्प) अम्ल (इमली आदि), कटु, मिरची निर्हारी (हींग का गंध); संहत (अनेक पदार्थों का एकत्रित गंध); स्निग्ध (ताजे घी का) रूक्ष,(सरसों के तेल का गंध)। विशद (उत्तम जाति के चांवल का)

गर्भगृह = देवमंदिर का मुख्य भाग जहाँ मुख्य देवता की प्रतिमा प्रतिष्ठापित होती है। अन्य प्रमुख भाग – **अन्तराल** = गर्भगृह और मंडप के आगे वाला भाग। **अर्धमण्डप** = अन्तराल के आगे का भाग जहां से मुख्य मंडप में प्रवेश होता है।

गोपुर = द्रविड शैलीं के मंदिरों के प्रवेशद्वार पर निर्मित उत्तुंग शिखर। इसका आकार शृंगयुक्त गोमस्तक के समान होता है।

चित्र (प्रकार) = विद्धचित्र, अविद्धचित्र, रसचित्र, धूलिचित्र।

चित्र = (विष्णुधर्मोत्तर पुराण के अनुसार प्रकार) = (१) सत्य, (२) वैणिक, (३) नागर, (४) मिश्र।

चित्र के तीन गुण = वर्णाढ्यता, भावोपपन्नता, और युक्तलेखता।

चित्रकला (छह अंग) = रूपभेद, प्रमाण, भाव, लावण्य योजना, सादृश्य, और वर्णिकाभंग (वर्णिका = कूची)।

चीनांशुक = चीन देश मे निर्मित मलमल के समान तलम रेशमी कपड़ा। यह कीटजवस्त्र है। कीटज वस्त्र के पांच प्रकार – अनुयोगद्वार सूत्र नामक जैन ग्रंथ में कहे गये हैं।

तोयशय्या = (तोय = जल) जल से भरी हुई चमडे के पोतड़ी की शय्या। यह अष्ट भोगों में एक माना है।

दीपलक्ष्मी = दीपक का एक कलात्मक प्रकार। हाथी, सिंह, या मयूरादि पक्षी पर आरूढ देवी की प्रतिमा जिसके हाथों में दीपपात्र होता है।

देवालय के तीन प्रकार = (१) नागर (चतुष्कोणी) (२) द्राविड (अष्टकोनी) और (३) वेसर (वर्तुलाकार)

ध्यानमुद्रा = शिल्पकला में शिव, बुद्ध और पार्श्वनाथ की मूर्तियाँ प्रायः इस विशिष्ट मुद्रा में होती हैं। पद्मासन में बैठी मूर्ति के दोन हाथ घुटनों पर खुले रखना।

ध्रुवबेर = अचल मूर्ति। बेर = शरीर या मूर्ति। शिल्प शास्त्र में विष्णु की अचलमूर्ति की संज्ञा। मूर्ति के मुख्य चार प्रकार = योगमूर्ति, भोग. वीर.आभिचारिक.। प्रत्येक के तीन प्रकार – (स्थानक (खड़ी मूर्ति), आसन० (बैठी मूर्ति), शयन०।

नन्दीप्रकोष्ट = वेसर पद्धति के मंदिर मे मंडप के संमुख की एक रचना।

नागरचित्र = वर्तुलाकार, दृढ और पुष्ट अंगयुक्त, अल्प पुष्पमालायुक्त चित्र

नौका = (तीन प्रकार) (१) सर्वमंदिर (यह राजप्रासाद के समान सभी सुविधाओं से परिपूर्ण होती है। (२) मध्य-मंदिर (जलक्रीडा की नौका, इसके मध्यभाग में निवासकक्ष होते है। (३) अग्रमंदिर – (इसके अग्रभाग में कक्ष होता है।)

पंचबाण = (मदन के पांच पुष्परूप बाण) = अरविंद (लाल कमल), अशोक, आम्रमंजरी, नवमल्लिका, नीलकमल।

पत्रलता = व्यक्तिचित्र का सौंदर्यवर्धन करने वाली फूलपत्तों की चित्राकृति।

पत्रलेखा = विलासिनी के स्तनों तथा कपोल पर आलिखित कस्तूरी की चित्राकृति।

पीठिका = देवमूर्ति या शिवलिंग की स्थापना करने का विशिष्ट स्थान। नागर, द्राविड और वेसर शिल्पकारों के अनुसार पीठिका मुख्यतः तीन प्रकार की होती है। पीठिका में तलपट्ट, पद्म, क्षेपण, कंधर, कंप, ऊर्ध्वपद्म, वाजन, धृतवारी नामक ७ भाग होते हैं। **दस प्रकार** = स्थण्डिल, वापी, वेदी, यक्षी, मण्डला, पूर्णचन्द्रा, वज्रा, पद्मा, अर्धचन्द्रा और त्रिकोणा।

प्रचायिका = भूमि पर पड़े हुए पुष्पों का चयन करना। पुष्पावचय क्रीडा का एक प्रकार। अन्य प्रकार – भंजिका, शालभंजिका, तालभंजिका, जीवतुत्रप्रचायिका आदि।

प्रसाधन पांच प्रकार = कचधार्य, देहधार्य, परिधेय, भूषण और देशोचित शृंगार।

बेर = देवप्रतिमा, पाच प्रकार – वैखानसानुसार – ध्रुव, कौतुक, औत्सव, स्नपन, और कलि।

भवन (विविध प्रकार) = प्रासाद, सभा, विमान, सौध, हर्म्य, मंदिर, शाला।

भिक्षाटन मूर्ति = शिवमूर्ति का एक विशिष्ट प्रकार। यह मूर्ति नग्न होती है।

मण्डप के १६ प्रकार = मेरुज = मण्डप, (विश्रांतिस्थान), विजय. (यज्ञस्थान), सिद्ध. (राज्याभिषेकस्थान), पद्मक. (नृत्यस्थान), भद्रक. (विवाहस्थान), शिव. (राजाओं की भेंट का स्थान), वेद. (उपनयन या व्रतबंध का स्थान) अलंकृत. (प्रदर्शनी का स्थान, दर्भ. (मल्लयुद्ध का स्थान), कौशिक (पंचायतस्थान), कुलधारी. (तीर्थक्षेत्र में क्षौर का स्थान), सुखांग (भोजन मंडप), सौख्यक. (कारखाने का स्थान), गर्भ. (नाट्यस्थान), मान्य. (आदरसम्मान का स्थान), माल्याद्भुत (प्रतिनिधि के चुनाव का स्थान)।

मंदिरसंकुल = वेसरशैली के मंदिर में मध्यमण्डप से जुडे हुए दो या चार मंदिरों की रचना

मदनिका = वेसर शैली की होयसल पद्धति के मंदिर में चित्राकृतियों में रचित सौंदर्यपूर्ण नारी की आकृति।

माणिक्य = इस रत्न के प्रकार – पद्मराग, नीलगंधी, कुरुविन्द, सौगन्धिक, और मांसखण्ड।

मिश्रचित्र = सत्य, वैणिक, और नागर इन तीनों चित्रप्रकारों के मिश्रण से युक्त चित्र।

मुकुट = (चार प्रकार) = जटामुकुट, किरीटमुकुट, करंडमुकुट, त्रिशिरस्क।

मुद्रा = देवतामूर्ति की अवस्था। चार प्रकार – हस्तमुद्रा, मुख. पाद. शरीर.।

मूर्तिकार = (चार प्रकार) – स्थपति, सूत्रग्राही, वर्धकी और तक्षक।

लिंगोद्भवमूर्ति = दक्षिणभारत में विद्यमान विशिष्ट शिवमूर्ति का प्रकार। इसमें शिवलिंग में शिवमूर्ति होती है।

लोहत्रय = १० भाग सुवर्ण, १६ भाग रजत और १२ भाग ताम्र के मिश्रण से बनी हुई मिश्रधातु।

रथ = एकसंध महापाषाण में खुदा हुआ द्राविड पद्धति के गुहा मंदिर का यह एक प्रकार है। **रथ के ६ प्रकार** – देवरथ (देवता की शोभायात्रा का रथ), पुष्परथ (राजा की शोभायात्रा का रथ), क्रीडारथ, कर्णीरथ, (वस्त्राच्छादित स्त्री रथ, वैनयिक (शिक्षा के लिए उपयुक्त) और सांग्रामिक।

रसचित्र = चित्र के चार प्रकारों में एक। राग-रागिनियों तथा नायिकाभेदों के चित्र इसके उदाहरण हैं।

वरदमुद्रा = वरदान सूचक हस्तमुद्रा। प्राय देवतामूर्ति इस मुद्रा में होती है।

वराहमूर्ति = (दो प्रकार) - (१) यज्ञवराह (श्रीदेवी और भूदेवी सहित)। (२) प्रलयवराह (केवल भूदेवीसहित)।

वातायन = खिड़की। विविध प्रकार – नागबन्ध, वल्ली, कुंजराक्ष, स्वस्तिक, सर्वतोभद्र, नन्द्यावर्त, पुष्पबन्ध इत्यादि।

विद्धचित्र = दर्पणस्थित प्रतिबिम्ब के समान चित्र। चित्र के चार प्रकारों में एक। इसको **प्रतिच्छंदक** चित्र भी कहते हैं।

विमान = उत्साह समारोह में राजा या तत्सम श्रेष्ठ पुरुष के आसन का उच्च स्थान।

विमान = द्राविड शैली के मंदिर का वह भाग जहाँ प्रमुख देवमूर्ति स्थापित होती है। विमान पर ही देवालय का शिखर होता है।

विमान = (१) पक्षी के समान आकाशयान। (२) देवालय का एक प्रकार (३) रथ का एक प्रकार (४) मंदिर के गर्भगृह पर रचित शिल्प। (५) विशाल भवन का एक प्रकार।

विष्णुपट्ट = विष्णु के दशावतारों की टंकित मूर्तियों से युक्त शिलापट्ट।

विष्णुमूर्ति = चार प्रकार – योग, भोग, वीर, और आभिचारिक।

वृषवास्तुचक्र (या वास्तुवृषचक्र) = गृह, मंदिर, ग्राम आदि की रचना के मुहूर्त पर, सूर्य जिस नक्षत्र पर होता है, उस नक्षत्र से सात नक्षत्र अशुभ, उनके बाद के ११ नक्षत्र शुभ और उनके बाद के १० नक्षत्र हानिकारक होते हैं। वास्तुरचना का मुहूर्त 'वृषवास्तुचक्र' देखकर निश्चित किया जाता है। (वास्तु पर वृष (बैल) की प्रतिमा का आरोप इस चक्र की कल्पना में किया है।)

वैणिक चित्र = प्रमाणबद्ध, दीर्घांग, चतुरस्र चित्र।

शिल्पकल्प = मूर्तिकला, वास्तुकला और चित्रकला – इन तीन कलाओं की संज्ञा। कौटिल्य के अनुसार गीत, नृत्य आदि ललितकलाएं।

शिवधातु = क्षीरस्फटिक जाति के तेजस्वी पाषाण की संज्ञा।

सत्यचित्र = वास्तव पदार्थ के समान चित्र।

सुखासन शिवमूर्ति = आलिंगन युक्त शिव-पार्वती की प्रतिमा।

स्फटिक = भूगर्भ से प्राप्त तेजस्वी तथा पारदर्शक पाषाण खण्ड। तीन प्रकार (१) आकाशस्फटिक, (इसके सूर्यकान्त और चंद्रकांत नामक दोन प्रकार भी माने जाते है।) (२) तैलस्फटिक और (३) क्षीरस्फटिक।

हंसजा शय्या = हंस पक्षी के पंखों से बनायी गयी शय्या। यह राजा के अष्ट भोगों मे (देखिये) एक भोग है।

* * *

वर्ग - ५

कामशास्त्र परिभाषा

अक्षक्रीडा की परिभाषा = देवन = पाश (अक्ष या पासे) फेकने का **स्थान। लक्ष (या ग्लह) =** द्यूत का पुरस्कार द्रव्य। कृत = पांचों अक्षों की समान स्थिति। **अक्षपरि =** पांच अक्षों में एक उलटा पड़ना। **द्विपरि, त्रिपरि, चतुष्परि =** दो, तीन, या चार अक्ष उलटे पडना।

अक्षरमुष्टिका कथन = करपल्लवी (देखिए)। ६४ कलाओं में उल्लिखित एक कला।

अग्रू = अविवाहित कुमारिका का पुत्र। (ऋग्वेद)

अंगराग = हलदी, केसर, कपूर, श्वेतअगरु, गोरोचन, अरगजा इत्यादि द्रव्यों से निमित्त सुगंधि लेपन द्रव्य। गंधसार ग्रंथ के अनुसार अंगराग की ६-विधियां = भावन, पाचन, बोधन, वेधन, धूपन, और वासन। इन छह क्रियाओं से अंगराज गुणकारी होता है।

अंगुलिताडितिका = एक प्राचीन क्रीदा। इसमें एक खिलाड़ी की आँखे बंद करने पर बाकी उसके मस्तक को अंगुलि से स्पर्श करते हैं। स्पर्श से पहचाने गये खिलाड़ी की आँखे बंद कर, दूसरा दाव शुरू होता है।

अंधिका = एक प्रकार का खेल। आँखमिचौनी।

अतिष्कद्दरी = गर्भपात करने वाली स्त्री (पुरुषमेध के बलिप्राणियों में उल्लिखित)

अनर्थत्रिवर्ग = अनर्थ, अधर्म और द्वेष। यह सुख विघातक होता है।

अनुबन्ध = एक लक्ष्य को सिद्ध करने के प्रयत्न में दूसरे प्रकार के लक्ष्य की उत्पत्ति होना।

अनुबन्ध = दो प्रकार – **(१) अर्थानुबन्ध** उत्तम नायक को अपनाने पर नायिका को सम्मान, प्रसिद्धि, उपादेयता, महाजनों का परिचय आदि की अनायास प्राप्ति होना। **(२) निरनुबन्ध** – अर्थ की कामना से किसी नायक को अपनाने पर नायिका को केवल धर्म की ही प्राप्ति होना। **(३) अनर्थानुबन्ध** – चोरी के धन से नायिका को प्राप्त करने वाले नायक को अपनाने के कारण नायिका के धन की हानि और मानहानि होना। **(४) अनर्थानुबन्धअनर्थ** –अपने धन का व्यय करते हुए श्रेष्ठ पुरुष से सबन्ध जोड़ने वाली नायिका के सम्भाव्य अनर्थों का परिहार होना तथा प्रतिष्ठा प्राप्त होना। **(५) अनर्थानुबन्ध अनर्थ** –क्रूर स्वभावी राजपुरुष को अपने धनव्यय से अपनाने वाली नायिका को अर्थहानि और मनस्ताप का अनुभव। **(६) निरनुबन्ध अनर्थ** – कृपण, कुरूप और कृतघ्न पुरुष की प्राप्ति के लिए धनलाभ के कारण अपने धन का व्यय करने वाली नायिका को होने वाले पश्चाताप का अनुभव। **धर्मानुबन्धन** – के लिये वेश्या निषिद्ध होती है किंतु उस वेश्या की प्राप्ति के लिये सदाचारी विद्वान् ब्राह्मण यदि वह आत्महत्या करने प्रवृत्त हो तो प्राणरक्षा के लिए उससे सबन्ध करना। **निरनुबंध धर्म** – केवल कामतृप्ति के लिये वेश्या द्वारा विद्वान ब्राह्मण से सम्बद्ध स्थापित होना। **(८) अनुबन्ध- अधर्मानुबन्ध धर्म** – किसी वृद्ध ब्राह्मण को निर्धन और विकल अवस्था में सहाय करने हेतु वेश्या द्वारा संबन्ध स्थापित होना। **(९) कामानुबन्ध** – कामान्ध धनवान से रतिसुख और धनप्राप्ति के लिए सम्भोग। **(१०) निरनुबन्ध काम** – केवल वासनातृप्ति के लिए कामान्ध धनी से सम्बन्ध **(११) द्वेषानुबन्ध काम** – कृत्रिम प्रेम दशनि वाले चंचल पुरुष से संबन्ध। वेश्या के सम्बन्ध में अनुबन्धों की कुलसंख्या २४ मानी गयी है। परपुरुष से सम्बन्ध स्थापित करने के पूर्व वेश्या इन अनुबन्धों का विचार करे यही कामशास्त्र की अपेक्षा है।

अनुराग (स्त्री-पुरुष प्रीति) के सात प्रकार = रागवत् (प्रथमदर्शन से उत्पन्न अनुराग), आहार्यराग (यथाक्रम बढा हुआ प्रेमसंबंध), कृत्रिम राग (भोगपूर्ति के निमित्त अनुराग), व्यवहित राग (एक नायिका के सहवास में दूसरी का चिन्तन (करना)। **पोटारत** – (क्षुद्र स्त्रियों के सम्भोग की इच्छा से प्रेम करना)।

खलरत = देहाती स्त्री या पुरुष का शहरी पुरुष या स्त्री से प्रेम संबंध।

अयंत्रितरत (आत्यंतिक प्रेम मूलक संबंध)

अनेक परिग्रहा = देखिये वेश्या।

अपरिग्रहा = देखिये वेश्या।

अपहस्तक = प्रहणनात्मक बाह्य रतिक्रीडा को चार प्रकारों में एक।

अर्थ = विद्या, भूमि, सुवर्ण, पशु, धान्य, भाण्ड, वस्त्र, आभूषण, उपस्कर, और मित्र आदि की प्रप्ति और अभिवृद्धि इत्यादि। पदार्थों की सामान्य संज्ञा।

अर्थत्रिवर्ग = धर्म, अर्थ, और काम। यह सुख-दायक होता है।

अर्थानुबन्ध = देखिये अनुबन्ध।

अवपीडितक = चुंबन का एक प्रकार

अवमर्दन = आभ्यन्तर सुरतक्रिया के दस प्रकारों में एक।

अवरोध = रतिवास, अन्तःपुर। राजा की रानियों का समूह।

अशोकोत्तंसिका = एक प्राचीन क्रीडा जिसमें अशोक पुष्पों के आभूषणों का महत्त्व होता है। (उत्तंस या उत्तंसिका = एक अलंकार)

अश्रीतपिबता = दावत, जिसमें खाने पीने के लिए लोग निमंत्रित किए जाते हैं।

अश्व = कामसूत्र के अनुसार दीर्घ लिंग के कारण सम्भोग में उत्तम श्रेणी का पुरुष। वृष और शश क्रमशः मध्यम और

नीच माने जाते हैं।

अष्टभोग = सुगंध, स्त्री, वस्त्र, संगीत, तांबूल, शय्या, भोजन और पुष्प।

अष्टांग = पोंसा खेलने के काम में आनेवाला आठ खानों का कपड़ा या फलक। बाजी।

अष्टांगवती नायिका = स्वीया (या स्वकीया) नायिका की अपर संज्ञा। इसमें यौवन, रूप, गुण, शील, प्रेम, कुल, वैभव, भूषण ये आठ गुण होने के कारण प्रस्तुत संज्ञा दी जाती है।

आच्छुरितक = बाह्य रतिक्रीडात्मक नखक्षत के ९ प्रकारों में एक। चुटकी काटना।

आणक = संभोगासन का एक प्रकार।

आहनस्या = व्यभिचारिणी।

आभिमानिकी रति = चुम्बन आलिंगन आदि बाह्य सम्भोग से उत्पन्न नायक नायिका की प्रीति।

आभ्यासिकी रति = बाह्य कारणों से नायक-नायिका में उत्पन्न प्रीति।

आमलकमुष्टि = एक प्राचीन क्रीडा जिसमें मुठ्ठी में रखे हुए आंवलों की संख्या पूछी जाती थी। वह ठीक न होने पर दुगने आंवले देना पड़ता है।

आलिंगन = कामशास्त्र के अनुसार आठ प्रकार – वृक्षाधिरूढ, तिलतंडुल, लालाटिक, जांघन, विद्धक, उरूपगूढ, क्षीरनीर और वल्लरीवेष्टित (अनंगरंग)।

आलिंगन (विविध प्रकार) = (अ) स्पृष्टक (स्पर्श), विद्धक (स्तन पीडन), उद्घृष्टक (शरीर संघर्षण), पीडितक (पारस्पारिक शरीर पीडन), (आ) लतावेष्टितक, वृक्षाधिरूढक, तिलतण्डुलक, क्षीरजलक। (इ) ऊरूपगूहन, जघनोपगूहन, स्तनालिंगन, और ललाटिका।

आवलम्बितक = स्थिररत संभोगासन का एक प्रकार।

इन्द्राणिक = उच्चरत संभोगासन का एक प्रकार

ईक्षणिका = नटी (कामसूत्र के अनुसार)

उच्चरत = सम्भोगासन का एक प्रमुख प्रकार। इसके तीन उपप्रकार – उत्फुल्लक, विजृम्भितक, और इन्द्राणिक।

उच्छूनक = बाह्य रतात्मक दन्तक्षत के आठ प्रकारों में एक।

उत्पलपत्रक = बाह्य रतिक्रीडात्मक नखक्षत के ९ प्रकारों में एक।

उत्पीडितक = नीचरत संभोगासन का एक प्रकार।

उत्पल्लक = उच्चरत सुरतासन का एक प्रकार।

उदकक्ष्वेदिका = कामसूत्र में कथित २० प्रकार की संम्भूय क्रीडाओं में एक। रंगोत्सव।

उद्घृष्टक = आलिंगन के १२ प्रकारों में से एक। शरीरसंघर्षणात्मक आलिंगन।

उद्दीपक = चुंबन का एक प्रकार। निद्रित नायक का नायिका द्वारा चुंबन।

उन्नामितक = निःशब्द चुंबन के सात प्रकारों में से एक।

उपसृप्तक = आभ्यन्तर सुरत क्रिया के दस प्रकारों में से एक।

उभयतो योग = देखिये योग।

उरूपगूहन = शृंगारिक आलिंगन के १२ प्रकारों में से एक।

एकपरिग्रहा = देखिए वेश्या।

कनीनक = कन्या की अभिलाषा रखने वाला। (कना, कनी, कन्यला = कन्या)

कपर्द = केशरचना का एक प्रकार।

कबरीबंध = स्त्रियों की केशरचना का एक प्रकार।

करपल्लवी भाषा = उंगलियों के संकेत मात्र से बोलना। यह एक क्रीडा है। (गुप्तचर इस भाषा से व्यवहार करते हैं।)

कलाप = २५ लड़ियों या यष्टियों से युक्त कटिबंध नामक अलंकार। (कमरपट्टा)

कामकला (या कामविद्या) के गुण = नन्दिनी, सुभगा, (कल्याणकारिणी); सिद्धा (फलदायिनी); सुभगंकारिणी (सौंदर्यवर्धिनी); और नारीप्रिया।

कामदशा = अभिलाष, चिन्तन, अनुस्मृति, गुण, उद्वेग, विलाप, उन्माद, व्याधि, जडता और मरण। (कुल १०)

कामानुबन्ध = देखिए अनुबन्ध।

कामावतंस = केशकर्षणात्मक बाह्य रत का एक प्रकार। नायक और नायिका दोनों के द्वारा एक दूसरे के बाल खींचना।

कार्कटक = नीचरत संभोगासनका एक प्रकार। अपर संज्ञा-कूर्मासन।

कांची = एक लड़ि या यष्टिका (कटिबंध) अर्थात् कमरपट्टा।

कुंकुमक्रीडा = प्राचीन काल की एक मनोरंजक क्रीडा।

कुट्टिनी = तरुण वेश्याओं को कामक्रीडा सिखाने वाली बूढ़ी वेश्या।

कुम्भदासी = नौ प्रकार की वेश्याओं में से एक। घर में पानी भरना या बर्तन मांजना आदि सेवा करते हुए अधिक द्रव्य लेकर व्यभिचार करने वाली।

कुरीर = स्त्रियों का एक केशालंकार।
(अन्य अलंकार हैं ओपश और कुम्ब)

कुलटा = नौ प्रकार की वेश्याओं में एक। पति की अनुपस्थिति में परपुरुष के घर जाकर सम्बन्ध रखनें वाली।

कूलित = सशब्द चुंबन के सात प्रकारों में एक।

केशकर्षण = स्त्री के कामोद्दीपन में उपयुक्त उपचार। चार प्रकार (१) **समहस्तक** – (दोनों हाथों से केशकर्षण) (२) **तरंगरंग** – (एक हाथ से केशकर्षण), (३) **भुजंगवल्ली** –नायकद्वारा हाथ में लपेटकर केश खींचना, (४) **कामावतंस** – (नायक नायिका दोनों के द्वारा परस्पर केशाकर्षण)।

केशपाश = स्त्रियों की केशरचना का एक प्रकार।

कोल्हाटिक (कोल्हाटी) = रज्जुपर चलने वाला, छुरिका झेलने वाला, तथा शस्त्रों से खेलने की कुशलता व्यक्त करने वाला एक क्रीडापटु। (संगीत रत्नाकर)

कौचुमार योग = कुरुप को सुरूप बनाना। ६४ कलाओं में एक।

खण्डाभ्रक = बाह्य रतात्मक दन्तक्षत के आठ प्रकारों में एक।

क्षीरनीरक या क्षीरजलक = आलिंगन के १२ प्रकारों में से एक प्रकार ।

गणिका = ९ प्रकार की वेश्याओं में एक। नृत्य-गीतादि कामकलाओं में निपुण, रूपवती स्त्री। उदा. मृच्छकटिक नाटक की नायिका वसंतसेना।

गणिका = नायक के धन से परोपकारार्थ मन्दिर, तालाब, उद्यान आदि बनवाने वाली उत्तम वेश्या।

गूढक = बाह्य रतात्मक दन्तक्षत के आठ प्रकारों में एक।

गोयूथक = स्थिररत संभोगासन का एक प्रकार।

गोष्ठीपरिग्रह = अनेक विट नायकों द्वारा एक ही वेश्या से अभिगमन करने के लिए, अपनी पारी का आपस में निश्चय करना।

ग्लह (या ग्राभ) = द्यूत में अक्ष फैंकने की क्रिया।

घट्टितक = कन्याचुंबन का एक प्रकार। प्रियकर की तथा अपनी भी आंखे बंद करते हुए कन्या अपने मुख से नायक का अधर दबाती है और उसके मुख में अपनी जीभ उसके मुंह में घुमाती है।

चटकविलसित = आभ्यंतर सुरत क्रिया के दस प्रकारों में एक।

चण्डवेग (चिरगामी) = उत्तम सम्भोग शक्ति वाला नायक।

चक्रक = बाह्य रतिक्रीडात्मक नखक्षत के ९ प्रकारों में एक। अपर संज्ञा – मंडलक।

चलितक = चुंबन का एक प्रकार। रोष के कारण संभोग से पराङ्मुख नायक का नायिका द्वारा चुंबन।

नाक्षुणी विद्या = गन्धर्वों की एक दिव्य विद्या।

चित्रयोग = ६४ कलाओं में उल्लिखित एक कला जिससे वृद्ध को तारुण्य प्राप्त होता है।

चित्रिणी = चार प्रकार की नायिकाओं में से द्वितीय श्रेणी की नायिका

चुम्बन (तीन प्रमुख प्रकार) = निमित्तक, स्फुरितक, और घटितक। इनके अतिरिक्त पांच प्रकार – सम, तिर्यक्, उद्भ्रान्त, अवपीडितक और अपीडितक।। **जिह्वायुद्ध** नामक चुम्बन के चार प्रकार – (१) अन्तर्मुख चुम्बन, (२) दशनचुम्बन, (३) जिह्वाचुम्बन और (४) तालुचुम्बन।।

चुम्बन (विविध प्रकार) = सम, पीडित, अंचित, मृदु। उद्दीपक, चलितक, प्रतिबोधिक, छायाचुम्बन (या संक्रान्त चुम्बन)। समौष्ठ, सशब्द, निःशब्द, इत्यादि।

सशब्द चुम्बन के सात प्रकार – = स्तनित, कूलित, श्वसित, सीत्कार, फूत्कार, हिंकृत और दूत्कृत।

निःशब्दचुम्बन के सात प्रकार = निपीडित, भ्रामित, उन्नामितक, स्फुरित, संहतौष्ठ, वैकृतक और नतगण्ड।

चुम्बन के आठ स्थल = ललाट, अलक (बाल), कपोल (गाल), नयन, वक्ष,स्तन, अधर-ओष्ठ, और मुख।

छितल = स्थिररत संभोगासन का एक प्रकार।

जघनोपगूहन = शृंगारिक आलिंगन के १२ प्रकारों में एक।

जानुकूर्पर = स्थिररत संभोगासम का एक प्रकार।

जिह्वायुद्ध = चुम्बन का विशिष्ट प्रकार। इस के चार अंग होते हैं।

जृम्भितक = नीचरत सुरतासन का एक प्रकार।

तरंगरंग = केशकर्षणात्मक बाह्यरतोपचार का एक प्रकार। एक हाथ से नायिका के बाल खींचना।

तिलतंडुलक = शृंगारिक आलिंगनों के १२ प्रकार में एक।

तृतीय प्रकृती = नंपुसक व्यक्ति। दो प्रकार (१) स्त्रीरूपिणी, (२) पुरुषरूपिणी।

दन्तक्षत (या दन्तकर्म) = रतिक्रीडा के बाह्योपचार का एक प्रकार – गूढक (गुप्त दन्तकर्म); उच्छूनक (सूजन उभारने वाला दन्तक्षत); बिन्दुदशन, बिन्दुमाला, प्रवालमणि; मणिमाला; खण्डाभ्रक (या मेघखण्ड); वराहचर्वितक।

दूती = शृंगारिक व्यवहार में नायक और नायिका के बीच माध्यम होने वाली स्त्री। आठ प्रकार – **निसृष्टार्था, परिमितार्था, पत्रहारी, स्वयंदूती,** (नायिका के प्रेमी पर स्वयम् आसक्त होकर नायिका बनने वाली दूती), **मूढदूती, भार्यादूती** (पति के प्रेयसी का दौत्य करने वाली पत्नी); **मूकदूती** (दौत्यकर्म में प्रयुक्त अल्पवयस्क बालिका); **वातदूती** (नायक द्वारा सांकेतिक या श्लिष्ट शब्दों में नायिका के प्रति भेजे हुए संदेश का रहस्य न जानते हुए कथन करने वाली)। इनके अतिरिक्त दासी, भिक्षुकी, मालिन, दर्जिन, पनिहारिन आदि स्त्रियां भी शृंगारिक व्यवहार में दूती होती हैं।

धम्मिल्ल = स्त्रियों के केशरचना का एक प्रकार।

धारणमातृका = स्मरणशक्ति में वृद्धि करना। ६४ कला ओं में उल्लिखित एक कला।

धेनुक = स्थिररत संभोगासन का एक प्रकार

नखक्षत = रतिक्रिया का एक बाह्योपचार। **नौ प्रकार** – आच्छुरितक (चुटकी काटना), अर्धचन्द्रक, **मण्डलक** (या चक्रक); **रेखाकार, व्याघ्रनखक** (स्तनमुखपर नखक्षत,) **मयूरपदक** (पांचो नखों से स्तन पर नखक्षत), शशप्लुतक, उत्पलपत्रक,स्मारणीयक; (प्रवास के समय स्मरण के लिए नखक्षत)।

नटी = नृत्यगायन आदि कला प्रदर्शन के साथ व्यभिचार करने वाली स्त्री। नौ प्रकार की वेश्याओं में एक।

नतगण्ड = निःशब्द चुम्बन के सात प्रकारों में एक।

नर्मसचिव = नायक-नायिका के प्रेमसंबंध में सहायक। चार प्रकार – पीठमर्द (कुपित नायिका को प्रसन्न करने वाला); विट (कामतंत्र का विशेषज्ञ); विदूषक और चेट (नायक-नायिका की भेंट कराने वाला)।

नागरक = चतुर कलाकार, रसिक एवं धूर्त पुरुष।

नागरक के कर्तव्य = (१) घटानिबन्धन (त्योहारों एवं समारोहों में सहभागी होना); (२) गोष्ठी समवायक (सामाजिक तथा साहित्यिक गोष्ठियों का आयोजन; समापानकम् (उत्तम पेयों की दावत); उद्यानगमनम्; समस्याक्रीडा (मनोरंजक स्पर्धात्मक खेल) जलक्रीडा; संभूयक्रीडा (सामूहिक क्रीडा) इ.।

नागरक के सहचर = **पीठमर्द** (गणिकाओं को शिष्टाचार सिखाने वाला); **विट** (गणिकाओं की सेवा शुश्रूषा करने वाला); **विदूषक** (या वैहासिक – हास्य चेष्टाओं में कुशल); और **कुट्टिनी** (बूढ़ी वेश्या जो तरुण वेश्या को कामचेष्टाए सिखाती है)।

नायक = (कामशक्ति के अनुसार तीन प्रकार) – (१) मन्दवेग, (२) मध्यवेग, और (३) चण्डवेग। इन्हीं को क्रमशः शीघ्रगामी, मध्यगामी और चिरगामी कहते हैं।

नायिका (वयोभेद के अनुसार चार प्रकार) = **बाला** (१२ से १६ वर्ष तक); तरुणी (१७ से ३० वर्ष तक); प्रौढा ३१ से ५० वर्ष तक); वृद्धा (५० से अधिक उम्र वाली)।

नायिका = वात्स्यायन कामसूत्र के अनुसार चार प्रकार – कन्या, पुनर्भू, (पुनर्विवाहिता विधवा), वेश्या और परदारा। (इन्हीं में विधवा, संन्यासिनी, वेश्यापुत्री, वेश्यादासी और कुल युवति का अन्तर्भाव होता है।)

नायिका (अगम्या या अभोग्या) = कोढी, पागल, पतित, रहस्यवादिनी, संभोगयाचिनी, गतयौवना, दुर्गन्धवती, भार्यासखी, संबंधिनी, संन्यासिनी, मित्रपत्नी, ब्राह्मणी, गुरुपत्नी और राजमहिषी।

नायिका –(रूपशील, स्वभाव के अनुसार चार भेद) = **पद्मिनी, चित्रिणी, शंखिनी और हस्तिनी।** (इनमें पद्मिनी सर्वश्रेष्ठ और अन्य तीन नायिकाएँ क्रमशः निकृष्ट मानी जाती है।

निपीडित = निःशब्द चुंबन के सात प्रकारों में एक।

निमित्तक = कन्याचुंबन का एक प्रकार। नायक के अनुनय से कन्या, सलज्ज होकर जब चुंबन को अनुकूल होती है उस समय का प्रथम चुंबन।

निर्घात = आभ्यन्तर सुरतक्रिया के दस प्रकारों में एक।

निसृष्टार्था = आठ प्रकार की शृंगार दूतियों में एक।

पंचबाण = (१) श्वेतकमल, अशोकपुष्प, आम्रमंजरी, नवमल्लिका और नीलकमल – इन पांचों को कामदेव के बाण कहा है। (२) उन्मादक, तापन, शोषण, स्तंभन और संमोहन – कामपीडितों की इन पांचों अवस्थाओं की संज्ञा (३) मदन या कामदेव का नाम।

पंचिकाद्यूत = पांच अक्ष (फांसे) वाली द्यूतक्रीडा की संज्ञा। पांच अक्षों के नाम = अक्षराज, कृत, त्रेता, द्वापर, और कलि।

पद्मासन = नीचरत संभोगासन का एक प्रकार।

पद्मिनी = चार नायिकाओं में सर्वश्रेष्ठ प्रकार की नायिका।

परिचारिका = नौ प्रकार की वेश्याओं में एक। किसी गृहस्थ के साथ चौर्यरत करने वाली नौकरानी।

परिमितार्था = आठ प्रकार की शृंगार दूतियों में एक।

परावृत्त = अवैध सन्तान।

परावृत्तक = नीचरत संभोगासन का एक प्रकार।

पांचालानुयान = कामसूत्र के कथित २० प्रकार की सम्भूय क्रीडाओं में एक। स्वांग रचना के साथ **शोभायात्रा**।

पानभूमि = मदिरापान के विशिष्ट सार्वजनिक भवन का स्थान।

पीठमर्द = गणिकाओं को कला-आचार सिखाने वाला। नागरक के चार सहचरों में एक।

पीडितक = आलिंगन के १२ प्रकारों में एक। परस्पर शरीरपीडा देते हुए आलिंगन।

पीडितक = आभ्यंतर सुरतक्रिया के दस प्रकारों में एक।

पीडितक = नीचरत संभोगासन का एक प्रकार।

पूनर्भू = कामसूत्र के अनुसार चार प्रकार की नायिकाओं में एक। पुनर्विवाहिता विधवा।

पूनर्भू = (१) विवाह संस्कार के बिना धनवान पुरुष का वरण करने वाली विधवा स्त्री। (२) वर्तमान पति को त्याग कर दूसरे पुरुष को अपनाने वाली।

पुरुष = (तीन प्रकार) लिंगेद्रिय के अनुसार) = (१) शश, (२) वृष, (३) अश्व। इनमें अश्व जाति का **पुरुष** (दीर्घलिंग के कारण) **उत्तम।** वृष **मध्यम** और शश **नीच** प्रकार का माना जाता है।

पुरुषायित (या पुरुषायितक) = बाह्य सुरतक्रीडा के दस प्रमुख प्रकारों में से एक। सुरतसुख के लिए स्त्री ने पुरुष का स्थान लेना

पुष्पशकटिका-निमित्तज्ञान = प्राकृतिक लक्षणों को देखकर भविष्य कथन। ६४ कलाओं में उल्लिखित एक कला।

प्रकाशविनष्टा = नौ प्रकार की वेश्याओं में एक। पति की उपस्थिति या अनुपस्थिति में परपुरुष से खुले आम कामसंबंध रखने वाली स्त्री।

प्रवालमणि = बाह्य रतात्मक दन्तकर्म के आठ प्रकारों में एक।

प्रवेणी = स्त्रियों की केशरचना का एक प्रकार।

प्रसृतक = प्रहणात्मक बाह्य रतिक्रीडा के चार प्रकारों में एक।

प्रहणन = रतिक्रीडा में नायक द्वारा नायिका के स्कन्ध, सिर आदि ११ अंगों पर किए जाने वाले प्रेमप्रहार। चार प्रकार – अपहस्तक, प्रसृतक, मुष्टिक और समतलक।

प्रतिबोधिक = शयनागार में विलम्ब से आये हुए नायक पर कुपित होकर निद्रा का स्वांग करने वाली नायिका का नायक द्वारा चुंबन।

प्रीति (या रति) के चार प्रकार = (१) आभ्यासिकी (बाह्य कारणों से उत्पन्न प्रीति); (२) आभिमानिकी (चुंबनादि बाह्य सम्भोग के कारण उत्पन्न प्रीति); (३) सम्प्रयात्मिकी (अपरिचित व्यक्ति के दर्शन से परिचित व्यक्ति का स्मरण होने से उत्पन्न प्रीति) और (४) विषयात्मिकी (इंद्रियों के प्रत्यक्ष दर्शन के कारण उत्पन्न प्रीति)।

प्रीतिवर्धक साधन = माल्यार्पण, चुम्बन, सुवस्त्रधारण, स्वादुभोजन, आदि उपचार

प्रेंखोलित = आभ्यन्तर सुरतक्रिया का एक प्रकार।

बाह्यरत के उपचार = आलिंगन, चुंबन, नखक्षत, दन्तक्षत, आसन (या संवेशन), प्रहणन, सीत्कार, पुरुषायित (विपरीतरति) औपरिष्टिक (मुखमैथुन) और उपसृप्तक इनके अतिरिक्त

केशकर्षण, अक्षिचुंबन, आदि उपचार भी माने गये हैं।

बिन्दुदशन = बाह्य रतात्मक दन्तकर्म के आठ प्रकारों में एक।

भ्रमरक = आभ्यन्तर सुरतक्रिया का एक प्रकार।

भ्रमित = निःशब्द चुंबन के सात प्रकारों में एक।

भार्यादूती = आठ प्रकार की शृंगार दूतियों में एक। नायक की भार्या होते हुए भी उसकी प्रेयसी का दौत्य करने वाली।

भुग्नक = नीचरत सुरतासन का एक प्रकार।

भुजंगवल्ली = केशकर्षणात्मक बाह्य रतोपचार का एक प्रकार। नायिका के केशपाश को हाथ में लपेटकर खींचना।

भुजिष्या = दासी का एक प्रकार। यह अपने स्वामी तथा उसके मित्र परिवार की भी उपभोग्य स्त्री होती है।

भूषणभोजन = ६४ कलाओं में उल्लिखित एक कला। अलंकार धारण करने की कला।

मणिमाला = बाह्य रतात्मक दन्तकर्म के आठ प्रकारों में एक।

मण्डलक (या चक्रक) = रतिक्रीडात्मक नखक्षत के ९ प्रकारों में एक।

मदनोत्सव = कामसूत्र में कथित २० सम्भूयक्रीडाओं में एक। चैत्र शुक्ला चतुर्दशी को कामदेव की मूर्ति की पूजा।

मद्य के प्रकार = कृतसुरा, मैरेय, सीधू, सौवीरक, वारुणी।

मध्यवेग (या मध्यगामी) = सामान्य कामशक्ति वाला नायक।

मन्थन = आभ्यन्तर सुरत क्रिया के दस प्रकारों में एक।

मन्दवेग (या शीघ्रगामी) = क्षीण काम शक्तिवाला नायक।

मयूरपदक = बाह्य रतिक्रीडात्मक नखक्षत के ९ प्रकारों में एक।

महत्तरिका = अन्तपुर की प्रतिहारी आदि दासियों की प्रमुख महिला।

मुष्टिक = प्रहणात्मक बाह्यरति क्रीडा के चार प्रकारों में एक।

मूकदूती = नायक-नायिका के बीच दौत्य करने वाली बालिका।

मृगी = कामसूत्र के अनुसार लघुयोनि के कारण उत्तम श्रेणी की भोग्या स्त्री।

मेखला = आठ लड़ियों का या यष्टियों का बना हुआ कटिबंध नामक अलंकार (कमरपट्टा)

मैथुन के चार प्रयोजन = कामसुख, आत्मानंद, आयुर्वृद्धि और वंशवृद्धि।

यक्षरात्रि = कामसूत्र में कथित २० प्रकार की सम्भूय क्रीडाओं में एक (अपर संज्ञा दीपोत्सव।

योग (दो प्रकार) = **(१) उभयतो योग** – एक कार्य के सिद्ध करने पर दूसरा कार्य स्वतः सिद्ध होना। (योगसाधना सिद्ध होने पर अणिमादि सिद्धियों की प्राप्ति इसका उदाहरण है) (२) **समन्ततो योग** – एक कार्य को सिद्ध करने के प्रयत्न से अनेक कार्यों की स्वतःसिद्धि होना। उदा. योगसाधना सिद्ध होने पर सिद्धियाँ, लोकसम्मान, गुरुपद, आदि अनेक बातों की प्राप्ति।

रतिमंडल = कुक्कुट युद्ध के लिए निर्मित युद्धक्षेत्र। इसकी सीमा चावल या शंख के पिष्ट से आलिखित होती है।

रशना (या रसना) = १६ लड़ियों या यष्टिओं का बना हुआ कटिबंध नामक अलंकार (कमरपट्टा)।

रूपाजीवा = ९ प्रकार की वेश्याओं में से एक। कामकला में अनभिज्ञ किन्तु केवल रूप सौंदर्य के कारण शरीर विक्रय करने वाली तरुणी। नायक के धन से अपने उपभोग के साधन (वस्त्र, अलंकार, गृह आदि) जुटाने वाली मध्यम श्रेणी की वेश्या।

रेखाकार = बाह्य रतिक्रीडात्मक नखक्षत के नौ प्रकारों में एक।

लतावेष्टितक = शृंगारिक आलिंगन के १२ प्रकारों में एक।

ललाटिक = शृंगारिक आलिंगन के १२ प्रकारों में से एक।

वडवा = कामसूत्र के अनुसार मध्यम श्रेणी की भोग्या स्त्री। (वडवा = घोड़ी)

वध्रिमती = (वध्रि = नपुंसक) से विवाहिता स्त्री।

वराहघात = आभ्यंतर सुरतक्रिया के दस प्रकारों में से एक।

वाजीकरण = पुरुष की सम्भोगशक्ति बढाने के अथर्ववेद, आयुर्वेद तंत्रशास्त्र, आदि ग्रंथों में कथित औषधोपचार।

वाडवक = नीचरत सुरतासन का एक प्रकार।

वातदूती = आठ प्रकार की शृंगार दूतियों में एक। देखिए दूती।

वारिक्रीडितक = स्थिररत सम्भोगासन का एक प्रकार।

वासकसज्जा = पति के आगमन के समय उसके सत्कार के प्रीत्यर्थ सिंगार करने वाली अष्टनायिकाओं में एक नायिका।

विजृम्भितक = उच्चरत संभोगासन का एक प्रकार

विट = गणिका (उत्तम श्रेणी की वेश्या) की सेवा शुश्रूषा करने वाला। यह नागरक का सहचर होता है।

विद्धक = आलिंगन के १२ प्रकारों में एक, स्तन-पीडन।

विप्रलब्धा = अष्टनायिकाओं में से एक। संकेत स्थान पर प्रियकर न मिलने के कारण व्यथित नायिका।

विरुत = देखिए सीत्कार।

विषयात्मिकी रति = स्तन, जघनादि इन्द्रियों के प्रत्यक्ष दर्शन के कारण उत्पन्न नायक-नायिका की प्रीति।

वृक्षाधिरूढक = आलिंगन के १२ प्रकारों में एक।

वृष = कामसूत्र के अनुसार सम्भोगक्षमता में मध्यम श्रेणी का पुरुष।

वृषाघात = आभ्यंतर सुरतक्रिया के दस प्रकारों में एक।

वेणीबंध = केशरचना। विविध प्रकार – कपर्द, प्रवेणी, केशपाश, धम्मिल्ल कबरीबंध, चूडापाश, मधुपटल, (या क्षौद्र पटल), मौलिविन्यास, शृंगारक।

वेधक = मोतियों की मालाएँ बनाने वाला शिल्पकार।

वेश्या = के तीन प्रकार – **एकपरिग्रहा** (एक ही पुरुष से संबंध रखने वाली); **अनेकपरिग्रहा** (अनेक पुरुषों से संबंध रखने वाली); **अपरिग्रहा** (निश्चित मूल्य लेकर समागन करने वाली। दूसरी पद्धति के अनुसार **(१) गणिका** (नायक के धन से पूर्तकर्म (मन्दिर, तालाब, उद्यान (आदि) बनवाने वाली); **(२) रूपाजीवा** नायक के धन से अपने निजी

उपभोग के वस्त्र, अलंकार, भवन आदि बनवाने वाली), और (३) **कुम्भदासी** (नायक के धन पर गुजारा करने वाली क्षुद्र वेश्या)। इनके अतिरिक्त – परिचारिका, स्वैरिणी, कुलटा, नटी, शिल्पकारिका, प्रकाशविनिष्टा, अवरुद्धा, भुजष्या, वारस्त्री, कुट्टिनी, देवदासी, पण्यांगना इत्यादि प्रकार उल्लिखित हैं।

वेष्टितक = नीचरत सम्भोगासन का एका प्रकार।

वैकृतक = निःशब्द चुंबन के सात प्रकारों में एक।

वैहासिक = रसिक नागरक के चार सहचरों में एक। अपरसंज्ञा विदूषक। यह हास्यास्पद चेष्टाओं में कुशल होता है।

व्याघ्रनखक = बाह्य रतिक्रीडात्मक नखक्षत के नौ प्रकारों में एक।

व्यायत सम्मुख = स्थिररत संभोगासन का एक प्रकार।

शंखिनी = कामसूत्र के अनुसार चार प्रकार की नायिकाओं में तृतीय श्रेणी की नायिका।

शश = कामसूत्र के अनुसार सम्भोग में नीच श्रेणी का पुरुष।

शशप्लुतक = बाह्य रतिक्रीडात्मक नखक्षत के ९ प्रकारों में एक।

शिल्पकारिका = सीने-पिरोने के व्यवसाय के साथ व्यभिचार से धन कमाने वाली। नौ प्रकार की वेश्याओं में एक।

श्वसित = सशब्दचुंबन के सात प्रकारों में एक।

षोडश शृंगार = स्नान, वेणीबंध, पुष्पधारण, तांबूलभक्षण, नेत्रांजन आदि सोलह शृंगारोत्तेजक अलंकरणों की संज्ञा।

संघाटक = स्थिररत संभोगासन का एक प्रकार।

सन्दंश = आभ्यन्तर सुरतक्रिया का एक प्रकार।

संपाठ्य = दूसरे का भाषण गीत आदि यथास्थित कहना। ६४ कलाओं में उल्लिखित एक कला।

सम्पुट = आभ्यन्तर सुरतक्रिया के दस प्रकारों में एक।

संपुटक = नीचरत सुरतासन का एक प्रकार। इसके दो उपप्रकार हैं। पार्श्व संपुटक और उत्तान संपुटक।

सम्प्रत्ययात्मिकी रति = किसी अपरिचित व्यक्ति के दर्शन से पूर्वपरिचित व्यक्ति का स्मरण होने के कारण उत्पन्न नायक नायिका की प्रीति।

सम्भूय क्रीडा = कामसूत्र में कथित नागरकों के सामूहिक खेल। २० प्रकार – यक्षरात्रि (दीपोत्सव), कौमुदीजागर (शरद् पौर्णिमा का उत्सव), सुवसन्तक (वसन्तोत्सव); सहकार भंजिका (आम्रमंजरी उत्सव), अभ्यूषखादिका (कच्चे चनों को भूनकर खाना); बिसखादिका (कमल के डंठल खाना); नवपत्रिका (नये कोपलों को खाना); उदकक्ष्वेदिका (रंगोत्सव), पांचालानुयान (स्वांगरचना के साथ शोभायात्रा), एकशाल्मली (सेमलवृक्ष के फूलों की क्रीडा), यवचतुर्थी (वैशाख शुक्ल चतुर्थी को शरीर में यव (जौ) के आटे का लेप लगाना); मदनोत्सव (चैत्र शुक्ला चर्तुदशी को दमनक (कदंब के फूलों से ताडन); होलिका (होलिकोत्सव); अशोकोत्तंसिका (अशोक-पुष्पों के अलंकार धारण करना); चूतलतिका, इक्षुभंजिका, और कदंब युद्ध।

संवाहन = तेल से शरीर का मर्दन। प्रकार – शिरःपूरण, नासापूरण, कर्णतर्पण, अवपीडन, प्रतिसारण और उत्सादन या उद्वर्तन (पैरों से किया गया मर्दन)।

संशय = शुद्धसंशय – ६ प्रकार = अर्थसंशय, धर्मसंशय, कामसंशय, अनर्थसंशय, अधर्मसंशय और द्वेषसंशय।।

संकीर्ण संशय = ३ प्रकार – अर्थानर्थसंशय, धर्माधर्मसंशय, कामद्वेषसंशय या कामाकामसंशय

उभयतः संशय = प्रकार (१) उभयतः अर्थ, (२) उभयतः अनर्थ।

संहतौष्ठ = निःशब्द चुंबन के सात प्रकारों में एक।

समतलक = प्रहणात्मक बाह्य रतिक्रीडा के चार प्रकारों में एक।

समन्ततोयोग = एक वेश्या से अनेक विटों का अधिकाधिक धन देने की स्पर्धा से संबंध होना। (इसके छह प्रकार माने जाते हैं। जिन में अर्थ और अनर्थ का संभव होता है।)

समरत = शश जाति का नायक और मृगी जाति की नायिका का सम्भोग। इसी प्रकार वृष नायक और वडवा नायिका एवं अश्व नायक और हस्तिनी नायिका का सम्भोग भी 'समरत' कहलाता है। सुरत क्रीडा के चार प्रकारों में यह सर्वोत्तम माना जाता है।

समहस्तक = केशकर्षणात्मक बाह्यरतोपचार का एक प्रकार। दोनों हाथों से नायिका के बाल खींचना।

सहकारभंजिका = कामसूत्र में कथित २० प्रकार की सम्भूय क्रीडाओं में एक। आम्रमंजरी का उत्सव।

सीत्कार (या विरुत) = सम्भोग काल में नायिका के मुख से निकलने वाली मन्द ध्वनियाँ। सात प्रकार – हिंकार, स्तनित, कूजित, रुदित, सूत्कृत, दूत्कृत और फूत्कृत। ये ध्वनियाँ सुखद्योतक होती है।

सुरत (संभोग) के प्रकार = समरत, विषमरत, उच्चरत, नीचरत। इन में समरत (शश-मृगी, वृष-वडवा और अश्व-हस्तिनी संभोग) सर्वोत्तम माना जाता है।

सुरतक्रिया (आभ्यन्तर) के दस प्रकार = उपसृप्तक, मन्थन, हुल, अवमर्दन, पीडितक, निर्घात, वराहघात, वृषाघात, चटकविलसित, और सम्पुट। इनके अतिरिक्त संदंश, भ्रमरक, और प्रेंखोलित नामक तीन प्रकार माने जाते है।

सुरतासन (या सम्भोगासन) के विविध प्रकार = इनमें **उच्चरत आसन के तीन प्रकार** (१) उत्फुल्लक, (२) विजृम्भितक और (३) इन्द्राणिक।

नीचरत आसन के प्रकार = (१) संपुषट (इसके दो प्रकार – पार्श्व संपुटक और उत्तान संपुटक) (२) पीडितक, (३) वेष्टितक, (४) वाडवक (५) भुग्नक, (६) जृम्भितक, (७) उत्पीडितक, (८) अर्धपीडितक; (९) वेणुदारितक, (१०) शूलाचित्तक, (११) कार्कटक (या कूर्मासन) (१२) पद्मासन (१३) परावृत्तक; (१४) **स्थिररत** तीन प्रकार – व्यायत सम्मुख, छितल, जानुकूर्पर) (१५) आवलम्बितक, (१६) हिण्डोलासन; (१७) धेनुक, (१८) संघाटक, (१९)

गोयूथक; वरिक्रीडितक

स्तनित = सशब्द चुम्बन के सात प्रकारों में एक।

स्तनालिंगन = शृंगारिक आलिंगन के १२ प्रकारों में एक।

स्त्री (जननेन्द्रिय के अनुसार तीन प्रकार) = (१) मृगी, (२) वडवा (घोड़ी) (३) हस्तिनी। (इनमें मृगी सर्वश्रेष्ठ और अन्य दो क्रमशः निकृष्ट मानी जाती है।) लघुयोनि वाली स्त्री को 'मृगी' कहते हैं।

स्पृष्टक = आलिंगन के १२ प्रकारों में एक। केवल स्पर्श।

स्फुरित (या स्फुरितक) = निःशब्द चुंबन के सात प्रकारों में एक। कन्या चुंबन में नायक-नायिका का अधर अपने अधर-ओष्ठ से जब दबाता है तब दोनों के शरीर में स्फुरण सा निर्माण होता है।

स्मारणीयक = बाह्य रतात्मक नखक्षत के ९ प्रकारों में एक। प्रवास के समय स्मरण के हेतु किया हुआ नखक्षत।

स्वयंदूती = शृंगार दूती के आठ प्रकारों में एक। नायिका का दौत्य करते हुए नायक पर स्वयं आसक्त होकर शृंगार करने वाली।

स्वैरिणी = नौ प्रकार की वेश्याओं में एक। पति की उपेक्षा करते हुए परगृह या स्वगृह में व्यभिचार करने वाली।

हस्तिनी = कामसूत्र के अनुसार चार प्रकार की नायिकाओं में चतुर्थ श्रेणी की नायिका। भोग्या स्त्रियों में यह निकृष्ट श्रेणी की मानी जाती है।

हिंकृत = सशब्द चुंबन के सात प्रकारों में एक प्रकार।

हिंडोलासन = स्थिररत संभोगासन का एक प्रकार।

हुल = आभ्यन्तर सुरतक्रिया के दस प्रकारों में एक।

***

वर्ग - ६ आयुर्वेद परिभाषा

अक्षिपाक = एक नेत्ररोग। तीन प्रकार – शुष्क, अल्पशोक और सशोक।

अगद = विषबाधा निवारक औषध। प्रकार – पद्मक, चंपकागद, मंदर, गन्धमादन।

अगदतंत्र= सर्प, कीट, वृश्चिक (बिच्छू) आदि के दंश की तथा बचनाग आदि विषों की चिकित्सा का शास्त्र।

अगदंकार = (गद = रोग) रोगी को रोगमुक्त करने वाला अर्थात् उत्तम वैद्य।

अग्निदोष = मंदाग्नि, तीक्ष्णाग्नि इत्यादि जठराग्नि के विकार।

अग्नि-सोमीय सिद्धान्त = जल और अग्नि को समस्त जीवजगत् के विकास के मुख्य तत्त्व मानने वाला आयुर्वेदीय सिद्धान्त।

अगद = विषदोष का निवारण करने वाली औषधि।

अंशुमती = अनेक डंठल वाली वनस्पति।

अजीर्ण = (तीन प्रकार) १) आमजीर्ण (कफमूलक) २) विदग्धाजीर्ण (पित्तमूलक); ३) विष्ठब्धाजीर्ण (वातमूलक)

अतियोग = शब्दादि इन्द्रियार्थों का अतिमात्र सेवन। यह रोगोत्पत्ति का प्रमुख कारण है। (उसी प्रकार विपरीत सेवन और अल्पसेवन भी रोग के कारण होते हैं।)

अतिसार = एक रोग जिस में बारबार मल विसर्जन होता है। (दो प्रकार) – (१) सासृक् (रक्तसहित) (२) निरस्र (रक्तहीन)। अथवा (१) साम और (२) निराम।

अद्यश्वीना = वह स्त्री जिसकी प्रसूति आज या कल संभाव्य है। आसन्नप्रसवा।

अद्रव्यभूत चिकित्सा = आश्वासन, सूचना, मंत्र, मर्दन, पीडन, लंघन, भय आदि के द्वारा चिकित्सा। (देखिये - द्रव्यभूत चिकित्सा)

अधिजिह्विका = जिह्वा की सूजन का रोग।

अधिदन्त = दांत के ऊपर निकलने वाला दूसरा दांत।

अधोवायु = अपान वायु। अफारा।

अध्यस्थि = अस्थि पर आई हुई अस्थिमय सूजन।

अध्यात्मद्वय गुण संग्रह = मन, मन का विषय, बुद्धि और आत्मा।

अनग्नि = अग्निमांद्य रोग से ग्रस्त।

अनुपशय = देखिये उपशय।

अनुपान = औषधि के साथ या पश्चात् पीने योग्य जल, दूध आदि।

अनुवासन (या अनुवासन बस्ति) = स्नेहयुक्त पिचकारी जिसका प्रयोग गुदद्वार में होता है।

अंतराग्नि = पाचनशक्ति को उत्तेजित करने वाली जठरस्थ अग्नि। पित्त की अपर संज्ञा।

अन्तरवयव = यकृत्, प्लीहा, फुफ्फुस, उन्दुक, रक्ताशय, आमाशय, अन्त्रि, स्थूलान्त्र, वृक्क, जाल, अस्थिसंघात, अस्थिसन्धि, अस्थि, स्नायु, पेशी, मर्म, सिरा, धमनी, स्रोतस् क्लोम, वपावहन।

अन्त्रवृद्धि = एक रोग जिस में आंत उतरती है। हरनिया। (२) अंडकोश बढने का रोग।

अन्न के सात प्रकार = भोज्य, पेय, चोष्य, लेह्य, खाद्य, चर्व्य और भक्ष्य।

अन्नगंधि = पेचिश, दस्तों की बीमारी।

अन्नरस (छह प्रकार) = मधुर, अम्ल, क्षार, कटु, तुवर (कषाय), तिक्त।

अन्येद्युज्वर = २४ घंटो में एक बार आने वाला ज्वर।

अन्येद्युष्क = प्रतिदिन आने वाला शीतज्वर।

अपतानक = एक प्रकार का रोग, जिस में अकस्मात् मूर्च्छा आती है, दौरे पड़ते हैं तथा पेशियों में सिकुड़न होती है।

अपराजित = ज्वरविकारों में गुग्गुल, निंब, अर्क, अगरु, देवदारु आदि औषधिद्रव्यों के धूप का प्रयोग।

अपीनस = नाक की एक बीमारी। नाक की शुष्कता, जुकाम।

अप्रतिसार = तिमिर नामक नेत्ररोग की एक औषधि।

अपस्तंभ = उरोभाग में विद्यमान एक प्रमुख शिरा। (इस स्थान में ४० शिराएँ होती हैं।) (अपरसंज्ञा – अपलापा)

अपस्मार = मिरगीरोग, जिसमें रोगी मूर्च्छा के कारण स्मृतिहीन सा होता है।

अमलवेतस = (हिन्दी अमलवेत) = अम्ल, भीम, रसाम्ल, वरवेतस, रक्तस्रावी, वेतसाम्ल, रातवेधी और भेदक।

अरिष्ट = औषधियुक्त मद्य।

अरिष्टशय्या = प्रसूता स्त्री का पलंग।

अर्दितवायु = एक वातविकार जिससे चेहरा टेढ़ा होता है।

अर्धा व भेदक = एक रोग जिसमें सिर के आधे भाग में दुःखवेदना होती है।

अर्बुद = यह ग्रन्थि का बडा स्वरूप है। इसके छह प्रकार होते हैं। (वात-पित्त- कफ- रक्त- मांस- मेदस् से उत्पन्न) रक्तज और मांसज अर्बुद असाध्य होते हैं।

अर्म = आंख के शुभ्र अंश पर होने वाला एक रोग। इस के शुक्लार्म, रक्तार्म, पिष्टार्म, स्नावार्म, पिष्टार्यर्म, अधिमांसार्म, आदि ६ प्रकार होते हैं।

अर्श = मूलव्याधि या बवासीर। दो प्रकार – सहज और उत्तरस्थान। इसके दो भेद – (१) शुष्क और (२) स्रावी (स्रावयुक्त)।

अलसक = खाया हुआ अन्न आमाशय में स्तब्ध रहना। सारे शरीर में पीड़ा उत्पन्न करने वाला यह एक रोग है। **दण्डालसक** (संपूर्ण शरीर दण्ड के समान करने वाला रोग) इसी का एक प्रकार है।

अलिजिव्हा (जिह्विका = गले के भीतर का कौवा। कोमल तालु।

अवगण्ड = फोड़ा, फुंसी जो गाल पर होती है।

अवपीडक = मूत्ररोध के कारण उत्पन्न रोगों के प्रशमन हेतु भोजन के पूर्व और अन्न पचन होने पर यथाशक्ति घृत का सेवन।

अवलेह = अनेक द्रव्यों की मधुमिश्रित चाटने योग्य औषधि।

अवस्था चतुष्टय = बाल्य, पौगण्ड, तारुण्य (यौवन) और वृद्धत्व (या जरा)।

अवस्थात्रय = संसार के सभी दृष्ट पदार्थ तीन अवस्थाओं में से किसी एक अवस्था में रहते हैं। ३ अवस्थाएं = घन, द्रव और बाष्प (या वायु)।

अश्मरी = एक रोग का नाम। पथरी रोग जिसमें मूत्रक्रिया में व्यथा होती है।

अष्ट उपरस = गंध, गेरु, हिराकस, फिटकरी, मनसील, अंजन और कुकुष्ट (रसरत्नसमुच्चय)। अथवा – हिराकस, गेरु, शिलाजीत, सुर्मा, गंधक, हरताल, फिटकरी, और रसकपूर। (रसायनसार)।

अष्टमधु = माक्षिक, भ्रामर, रौद्र, पौतिक, छात्र, आर्घ्य, औद्दालक और दाल। (सुश्रुत)।

अष्ट महारोग = वातव्याधि, प्रमेह, कुष्ट, अर्श, भगंदर, अश्मरी, मूढगर्भ, और उदररोग। (इन रोगों का निदान और चिकित्सा असंभव होते हैं।)

अष्टव्यूह (शरीरस्थ) = अस्थिव्यूह, स्नायु०, पचनेन्द्रिय०, अभिसरण०, श्वासेन्द्रिय०, उत्सर्जकव्यूह०, शोषण०, मज्जा०।

अष्टांग चिकित्सा = निदान, पूर्वलिंग, रूप, उपशम, संप्राप्ति, औषधि, रोगी और परिचारिका।

अष्टांग वैद्यक (आयुर्वेद) = द्रव्याभिधान, गदनिश्चय, कामसौख्य, शल्यादि, भूतनिग्रह, विषनिग्रह, बालवैद्यक और रसायन। अथवा कायचिकित्सा, बालचिकित्सा, ग्रहचिकित्सा, ऊर्ध्वांगचिकित्सा, शल्यतंत्र, विषचिकित्सा, रसायन और वाजीकरण। (वाग्भट अ. १)

असात्म- इंद्रियार्थ सेवन = रोगोत्पत्ति के कारणों में से एक।

अस्त्रचिकित्सा = चीरफाड या शल्यक्रिया।

आतुरशाला = रुग्णालय, अस्पताल।

आगन्तुक ज्वर = अभिपात (शस्त्रादि आघात), अभिषंग (पिशाचादिबाधा), शाप और अभिचार - इन चार कारणों से ये चार प्रकार होते हैं।

आटोप = पेट में गड़गड़ाहट होना।

आढ्योग = वातशोणित मूलक एक पादरोग। (अपरसंज्ञा – वातरक्त, वातबलास, खुड)।

आद्य भिषग् = इन्द्रशिष्य निमि की उपाधि। इसी ने शालाक्य तंत्र का प्रथमोपदेश दिया था।

व्याधि = शारीरिक पीड़ा।

आधि = मानसिक व्यथा।

आनाह = मलावरोध की बीमारी।

आमज्वर = एक प्रकार का बुखार जिस में पसीना अधिक आता है।

आमयावी = अग्निमांद्य रोग से ग्रस्त।

आमशूल = अजीर्ण की व्यथा। गुर्दे का दर्द।

आमाशय = अनपचे भोजन का पेट में स्थान। उदर का उपरि भाग।

आमिक्षा = जमा हुआ दूध व छाछ। उबले और फटे दूध का मिश्रण। छेना।

आयुर्वेद = (१) आयुष्य को हितकर तथा अहितकर द्रव्यों, गुणों और कर्मों का मनुष्य को बोध करानेवाला शास्त्र। यह अथर्ववेद का उपवेद माना जाता है। (आयुर्वर्धक वेद)

(२) चरक-सुश्रुत- आदि ऋषियों द्वारा प्रवर्तित शरीरस्वास्थ्य तथा औषधियों का विज्ञान।

(३) चरक के अनुसार लक्षणहितायु, अहितायु, दुःखायु और सुखायु इन चार प्रकार की आयु के हित, अहित और प्रमाण कथन करने वाला ज्ञान।

आयुर्वेद के अष्टांग = कायचिकित्सा, बालरोग, भूत. शालाक्य., शल्यतंत्र, विष., रसायनतंत्र, और वाजीकरण।

आयुर्वेद के त्रिस्कंध = स्वास्थ्य के (१)हेतु, (२) लक्षण और (३) औषधिविज्ञान। (त्रिस्कन्ध आयुर्वेद)।

आयुर्वेद त्रयी = (१) चरक संहिता, (२) सुश्रुत संहिता और (३) अष्टांगसंग्रह।

आरोग्य (या स्वास्थ्य) = शरीर की समधातुमय अवस्था तथा मन की प्रसन्नता।

आरोग्य = पाटव, लाघव, वार्त और अनामय।

आर्तव = (१) स्त्रियों का मासिक स्राव। (२) मासिक स्राव के पश्चात् गर्भाधान की लिये उपयुक्त दिन।

आशय = शरीरस्थ रक्त, अन्न आदि के आश्रय कोश।

आशय सप्तक = रक्ताशय, कफाशय, आमाशय, पित्ताशय, पक्वाशय, वाताशय और मूत्राशय। गर्भाशय केवल स्त्रीदेह में होता है।

आश्चोत्तन विधि = नेत्र में औषधिबिन्दु डालना या अंजन लगाना।

आसुति = अर्क, काढा, कषाय।

आसुरी = शल्यचिकित्सा।

आस्थापन = मलापहार करनेवाली पिचकारी। निरूह बस्ति।

आवर्तकी = मोतीबिंदु के कारण होने वाला एक दृष्टिदोष।

इन्द्रबस्ति = चरणस्थ एक मर्मस्थान।

इन्द्रभेषज = सौंठ।

उदरदार = उदररोग, शूल या अतिसार।

उदररोग = अजीर्णमूलक एक रोग। आठ भेद – वातोदर, पित्तोदर, कफोदर, सन्निपातोदर, प्लीहोदर; बद्धोदर, क्षतोदर (या छिद्रोदर) और जलोदर। (इनमें जलोदर कष्टसाध्य होता है।)

उन्दुक = मलाशय।

उपवाहन = पोटीस का एक प्रकार।

उपविष्टक = विशिष्ट अवस्था में गर्भ की वृद्धि कुण्ठित होना।

उपशय (या व्याधिसात्म्य) = व्याधि और व्याधिहेतु का प्रतिकार करने वाले आहार, विहार तथा औषधि का सुखकारक उपयोग। इन्हीके दुःखदायक उपयोग को 'अनुपशय' या 'व्याध्यसात्म्य' कहते हैं।

उपसर्ग = प्राणहारक रोग का सर्वत्र प्रसार।

उपविष = (पांच प्रकार) – अर्कक्षीर, स्नुहीक्षीर, कलिहारिका, धत्तूर और करवीर। ये वनस्पतियां विषैली होती हैं।

उभयघ्न = एक प्रकार का ज्वर।

एकशृंगा = एक कोश वाली वनस्पति।

ओजस् = शरीरान्तर्गत रस, रक्त आदि धातुओं का सारभूत अंश। हृदय इसका आश्रयस्थान माना जाता है। यह बल तथा पुष्टि का कारण है। इसकी निर्मिति शुक्र धातु से होती है।

ओष्ठरोग = खण्डौष्ठ, ओष्ठकोप, जलार्बुद, गण्डालजी।

औषध –(पर्याय शब्द) = चिकित्सित, हित, पथ्य, प्रायश्चित्त भिषग्जित, भेषज, शमन, शस्त।

औषध (दो प्रकार) = (१)शोधन, (शरीरस्थ दोषों को बाहर निकालने वाला) और (२) शमन (दोष को उसी स्थान में नष्ट करने वाला)।

औषधि = अनेक गुणधर्मयुक्त वनस्पति। गुणधर्मों पर आधारित औषधियों के १०७ वर्ग वैद्यक शास्त्र में माने जाते हैं।

औषधि = (चार प्रकार) = वनस्पति (पुष्पों के बिना फलित होने वाली), वृक्ष (पुष्पों के बाद फल देने वाली), वीरुध (लता, वल्लरी), और ओषधि (पक्व होने तक फल धारण करने वाली)।

औषधि के पंच अंग = त्वचा, पत्र, पुष्प, मूल और फल। औषधि के लिए एक ही वृक्ष के ये पांच अंग प्रशस्त माने जाते हैं।

औषिधि के पांच तत्त्व = द्रव्य, रस, वीर्य, विपाक और प्रभाव।

औषध प्रकार = अर्क, अरिष्ट, अष्टक, आसव, कल्क, अवलेह, क्वाथ, गुटिका, चूर्ण, तैल, घृत, क्षार, रस, पुटपाक, वटी, भस्म, नस्य, कषाय, लेप, पानक, निर्यास (या वनस्पतिस्राव) क्षारपाक।

कण्ठरोग (विविध प्रकार) = रोहिणी, शालूक, वृन्द, तुंडिकेरिका, गलौघ, वलय, गिलायुक, शतघ्नी, गलविद्रधि, गलार्बुद और स्वरघ्न।

कफजन्य कृमि (७ प्रकार) = अंत्राद, उदरविष्ट, हृदयाद, महाकुह, कुरु, दर्भकुसुम और सुगन्ध।

रक्तजन्यकृमि (६ प्रकार) = केशाद, लोमविध्वंस, लोमद्वीप, उदुंबर, सौरस और मातृक। पुरीषजन्य (५ प्रकार), ककेरुक, मकेरुक, सौसुराद, सलून और लेलिह।

कर्णरोग (विविध प्रकार) = कर्णनाद, प्रतीनाह, कर्णशाफ, पूतिकर्ण, कृमिकर्ण, कर्णविद्रधि, कर्णार्श, कर्णार्बुद, कूचिकर्णक, पिप्पली, विदारिका, पालीशोष, तंत्रिका, परिपोट, उत्पाद, उन्मन्थ (या गल्लिर), दुःखवर्धन, लेहिका इत्यादि।

कर्णिका = व्रण या फोडे के साथ आने वाली सूजन।

कर्मचतुष्टय = स्नेहन, रूक्षण, स्वेदन, और स्तंभन। रोगी के बाह्य उपचारों में इनका प्रयोग होता है।

कलल = शुक्र और रज के मिश्रण से निर्मित गर्भ की आद्य अवस्था।

कला = रक्त, मांस, मेद, इत्यादि धातुओं की उत्पत्ति का कारणीभूत एक कल्पित तत्त्व (सुश्रुत मत)। इनका अस्तित्व केवल अनुमान से माना जाता है।

कल्क = औषधिद्रव्यों को जलसहित या जलरहित पीस कर बनाया गया संमिश्र द्रव्य।

कल्प = रोगोपचार करने वाली औषधियाँ। विविध प्रकार – स्वरस, हिम, फांट, कषाय, आसव, घृत, तैल, क्षार, सत्त्व, भस्म, गुटिका, वटिका, सिद्धरसायन आदि।

काच = एक नेत्रविकार।

कामला = देखिये पाण्डुरोग।

कायचिकित्सा = औषधोपचार से रोगनिवारण करने की भिषक्तंत्र की एक पद्धति। दूसरी पद्धति को **'शल्यतंत्र'** कहते हैं। शल्यतंत्र में औषध और शस्त्रक्रिया इन दोनों उपचारों से रोगनिवारण प्रशस्त माना जाता है।

कालकृत द्रव्य = प्रवात, निवात, आतप, छाया, ज्योत्स्ना, तमस्, शीत, उष्ण, वर्षा, अहोरात्र, पक्ष, मास, ऋतु, अयन, संवत्सर (इनके कारण त्रिदोषों का संचय, प्रकोप, प्रशम और प्रतिकार होता है)।

कालचक्र = निमेष से युग = (पांच संवत्सर) तक का काल, चक्रगति के समान पुनःपुनः आता है। अतः इसे कालचक्र कहते हैं।

कास (खांसी) = पांच प्रकार – वातकास, पित्तकास, कफ, क्षत और क्षयकास।

किटिभ = कुष्ट रोग का एक प्रकार।

किलास = श्वेत कुष्ठ।

कुटीप्रावेशिक = रसायन के सेवन का एक प्रकार

कुष्ठ = इस रोग में दुष्ट मल, धमनियों में प्रविष्ट होकर लसीका (लस), रक्त, मांस और त्वचा द्वारा बाहर आकर त्वचा में वर्णविकृति होती है। उपेक्षा होने पर यह संपूर्ण शरीर को खा जाता है। (श्वित्र इसी का सौम्य प्रकार है।)

कुष्ठ (विविध प्रकार) = **वातज** – कापाल, **पित्तज** = औदुम्बर; **कफज्त** = मंडल। **वातपित्तज** = ऋक्षजिह्व, **वातकफज** = चर्म, एककुष्ठ, किटिभ, सिध्म, अलस और विपादिका। **कफपित्तज** = दद्रु, शतारु, पुण्डरीक, विस्फोट, पामा (खुजली) और चर्मदल। **त्रिदोषज** = काकण।

कूर्चा = हाथ, पैर, शिश्न और कण्ठ में विद्यमान मांसपिण्ड।

कूर्चिका = दही या छाछ के साथ दूध तपाने पर उत्पन्न

होने वाला पदार्थ।

कृत्या = मंत्रसामर्थ्य से उत्पन्न एक रोगोत्पादक राक्षसी।

कृत्रिम विष = अनेक प्रकार के औषधों के संयोग से बनाया गया विष।

कृमि = चार प्रकार – बाह्य मलजन्य, कफज, रक्तज, विट्ज (विष्ठा से उत्पन्न)। दो प्रकार – बाह्य कृमि और आभ्यन्तर।

कोष्ठ (११ विभाग) = हृदय, क्लोम, फुफ्फुस, यकृत्, प्लीहा, उंदुक, वृक्क (२) नाभि, डिम्ब, अंत्र और बस्ति।

क्रिया = वैद्यक शास्त्र के अनुसार रोगचिकित्सा।

क्लोम = दाहिना फुफ्फुस।

क्षयरोग = (अपर संज्ञाएँ) राजयक्ष्मा, रोगराज, और शोष।

क्षार (दो प्रकार) = (१) प्रतिसारणीय (लेप करने में उपयोगी (२) पानीय।

क्षारतैल = पूतिकर्ण, कर्णशूल, कर्णकृमि जैसे कर्णरोगों को हटाने वाला एक विशिष्ट तेल।

क्षारत्रय = सज्जीखार, यवक्षर और टंकणक्षार का मिश्रण। अपरसंज्ञा – त्रिक्षार।

क्षारपंचक = पलाशक्षार, तिलक्षार, मुष्ककक्षार, सर्जिक्षार (सज्जीखार) औरु यवक्षार इनका समभाग मिश्रण।

क्षारषट्क = कृष्णतिलक्षार, पलाशक्षार, वचाक्षार, अपामार्गक्षार, कुटजक्षार और मुष्कक' क्षार।

क्षाराष्टक = अपामार्ग, पलाश, अर्क (मंदार), तिल, मुष्कक, यव, सर्जिका, और टंकण इनके क्षारों का संमिश्रण।

क्षीरालसक = एक भयंकर शिशुरोग। यह त्रिदोषों से दूषित स्तन्य पीने से होता है।

क्षुद्रकुष्ठ = देखिए महाकुष्ठ।

क्षुद्र रोग = शरीर में अन्यान्य स्थानों पर होने वाले स्फोट, (फुंसियां)। इनकी कुल संख्या ३६ है। विविध प्रकार – अजगल्लिका, यवप्रख्या, कच्छपी, पनसिका, पाषाणगर्दभ, मुखदूलिका, पद्मकंटक, विवृत्ता, मसूरिका, विस्फोट (चेचक), विद्धा, गर्दभी, कक्षा, लाजकक्षा, गंधनामा, राजिका (अंधोरी), जालगर्दभ, अग्निरोहिणी, विदारी, शर्करार्बुद, वल्मीक, कदर, रुद्धगुद, उपनख, अलस, तिलकालक, मष, चर्मकील, जतुमणि, लांछन, वांग, नीलिका, प्रसुप्ति और कोठ।

गण्डमाला (या अपची) = कंठ आदि स्थान में उत्पन्न होने वाली रोगग्रंथियाँ।

गण्डूषविधि (चार प्रकार) = स्निग्ध, शमन, शोधन और रोषण। औषधिरस के भेदानुसार ये प्रकार होते हैं।

गति (या नाडी) = व्रण या शोफ की उपेक्षा होने के कारण प्रदूषित रक्त आदि का नाडी द्रारा शरीर में फैलना। इसीका परिणाम 'नाडीव्रणों' में होता है।

गर = कृत्रिम विष। यह अनेक प्राणियों के अवयव, मल, विरुद्ध औषधियों, भस्म और अल्पवीर्य विषों के मिश्रण से बनाया जाता है। इस विष का प्रयोग भोजन में मिलाकर शत्रु पर किया जाता था।

गवीनी = मूत्राशय के मार्ग में दोनों पार्श्वों की नाड़ियां।

गुद = स्थूल आन्त्र का अंतिम चार अंगुल भाग। इसमें तीन वलियां होती हैं – (१) प्रवाहिणी (२) विसर्जिनी और (३) संवरणी

गुदकुंद = एक शिशुरोग। अपर संज्ञाएँ - मातृकदोष अहिपूतन, प्रष्टारु (या अनामिक)।

गुल्म = बस्ति, नाभि, हृदय और कोष्ठ में बढ़ने वाला वात विकार। विविध प्रकार – विद्रधि, बाह्यगुल्म, अन्तर्गुल्म, आनाह, अष्ठीला, प्रत्यष्ठीला, तूनी और प्रतूनी।

गुह्यरोग = अगम्यागमन आदि कुकर्मों के कारण उत्पन्न होने वाले लैंगिक रोग – उपदंश (कफ, पित्त, वात, रक्त और सन्निपात के कारण पांच प्रकार)। सार्प्रपिका, अवमंथ, कुंभिका, अलजी, उत्तमा, पुष्करिका, संव्यूढपिटिका, मृदित, अष्ठीलिका, परिवर्तिका (या निवृत्त), अवपाटिका, निरुद्धमणि, ग्रथित, स्पर्शहानि, शतपोनक, त्वक्पाक, मांसपाक, रक्तार्बुद, विद्रधि और तिलकालक (ये अंतिम चार असाध्य रोग हैं।)

गोधेर = सर्पों की एक जाति। ये गोधा के समान चतुष्पाद होते हैं। अन्यसंज्ञा = गोधासुत।

ग्रन्थि (९ प्रकार) = वातज, पित्तज, कफज, रक्तज, मांसज, मेदोज, अस्थिज, शिराजन्य, और व्रणज।

ग्रह = बालकों को पीड़ा करने वाले नवग्रह = स्कन्द, स्कन्दापस्मार, शकुनि, रेवती, पूतना, अन्धपूतना, शीतपूतना, मुखमण्डिका, नैगमेय (या पितृग्रह)। (सुश्रुत)।
(२ ज्योतिःशास्त्र में सूर्य, चंद्र आदि ९ ग्रह माने हैं।)

ग्रहणी = एक रोग जो अतिसार में अग्निमांद्य करने वाले पदार्थों का अतिसेवन करने से उत्पन्न होता है। इसमें अकस्मात् बारंबार शिथिल मल का विसर्जन होता है।

ग्रहधातु = सूर्य आदि नवग्रहों से संबंधित नौ प्रकार के धातु – चांदी, तांबा, पीतल, नाग, (शीशा) सोना, वंग, (रांगा), तीक्ष्ण, लोह और किट्टलोह (मण्डूर)।

घृत = विविध प्रकार – कल्याणक घृत, पंचगव्य. तिक्तघृत, वृषघृत, षट्पल, धान्वन्तर घृत, वृषघृत, दाधिक घृत, हपुषादिघृत, त्र्यूषण, जीवत्रीय, महातिक्त घृत, शतावरी घृत, ब्राह्मीघृत, महाकल्याणक, महापैशाचिक, महात्रैफल घृत, त्रायमाण घृत, तिल्लकघृत, भल्लातक घृत, महातिक्त घृत, महावज्रक, अष्टांग घृत, सारस्वत घृत।

चतुःकुवलय = नीलकमल के कन्द, नाल, दल, केसर, इन चारों का कल्क सुवर्ण और घृत के साथ सिद्ध करने पर होने वाला रसायन। (यह बुद्धि शक्ति की अभिवृद्धि करता है)।

चतुर्थक ज्वर = एक दिन के बाद दो दिनों तक आने वाला ज्वर।

चन्द्रोदय = सभी प्रकार के विषदोष हरण करने वाली एक प्रभावी औषधि।

चतुर्व्यूह = रोग, आरोग्य, निदान और भैषज्य।

चतुर्विध अन्न = भक्ष्य, भोज्य, लेह्य (या चोष्य) और पेय।

चरकसिद्धान्त = कफ, वात, पित्त, (त्रिदोष), और धमनी (ध्मानात् धमन्य), स्रोतस् (स्रवणात् स्रोतांसि), शिरा (सरणात् शिरा), इन छह तत्त्वों पर आधारित वैद्यक शास्त्र।

चर्मदल = कुष्ठ का एक प्रकार।

चिकित्सा = शरीर में कफादि धातुओं का साम्य स्थापित करने की क्रिया। यही वैद्यों का कर्तव्य है। (चरक सू. १६-३४)

चिकित्सा के दोन प्रकार = (१) संतर्पण (बृंहणात्मक) शरीर को पुष्टता देने वाली) (३) अपतर्पण (लंघनात्मक) शरीर में लघुत्व लाने वाली)।

चिकित्सात्रय = (१) दैवी चिकित्सा (अर्थात् रसचिकित्सा; (२) मानुषी चिकित्सा (कषायादि उपचारों से रोगनिवारण); (३) आसुरी चिकित्सा (अधम चिकित्सा) – (शस्त्र-क्षार आदि उपचारों से रोगनिवारण) (रसपद्धति)।

जंगम विष = सर्प, लूता आदि की दंष्ट्रा में विद्यमान विष।

जठराग्नि = (१) पाचक पित्त (धन्वन्तरि के मतानुसार)। (२) त्रिदोष, सप्तधातु और मल इनकी उष्णता. (आत्रेय के मतानुसार)।

जलाष = ऋग्वेद में उल्लिखित एक औषध। यह अखिल रोगों का विनाशक औषध रुद्र देवता के अधीन माना है।

जलौका = दो प्रकार – सविष (इसकी छह जातियाँ होती हैं। (२) निर्विष (इसकी भी छह जातियां होती हैं।)

जालंधरा = हाथ-पाँव में विद्यमान एक प्रमुख शिरा।

जिह्वारोग = अलस, अधिजिह्वा, उपजिह्वक।

जीवधाम (या जीवस्थान) = शिरोबंधन, जिह्वाबंधन, कण्ठ, रुधिर, हृदय, नाभि, बस्ति, शुक्र, ओज और गुद। (कुलसंख्या १०) (इनके अतिरिक्त १६ जाल और १६ कडर भी जीवस्थान माने जाते हैं।

जीवादान = एक औषध जो वमन या विरेचन के लिए दिया जाने पर जीवशोणित (रक्त) को बाहर निकालता है। यह औधक प्राणघातक सिद्ध होता है।

डिम्ब = मलाशय का निचला भाग।

तण्डुल = दो प्रकार – (१) शालि (५-६- महीनों में उत्पन्न होने वाली तण्डुल)। (२) व्रीहि २-३ महीनों में उत्पन्न होनेवाला)। इन दोनों के अनेक प्रकार होते हैं।

तरुणास्थि = नाक, कान, कंठ, और अपांगस्थान की अस्थियाँ।

तालुकंटक = एक शिशुरोग। इसमें शिशु के तालुस्थान में मस्तक पर गड्ढा उत्पन्न होता है।

तालुरोग = तालुपिटिका, गलशुण्डिका, तालुसंहति, अर्बुद, पुप्पुट, तालुपाक, तालुशोष।

तृतीयक ज्वर = एक दिन के बाद एक बार आने वाला ज्वर। तेड्या ज्वर।

त्रिकटु = पिप्पली, मरिच और सौंठ - इन तीनों का मिश्रण। (अपर संज्ञा – त्र्यूषण, त्र्योष तथा कटुत्रय।)

त्रिकार्षिक = शुण्ठी, अतिविषा और मुस्ता इन तीनों का समूह।

त्रिदोष = कफ, वात और पित्त इन तीन धातुओं की विषम अवस्था।

त्रिदोषवाद = आयुर्वेद का एक महत्त्वपूर्ण सिद्धान्त। इस सिद्धान्त के अनुसार शरीरस्थ सभी व्यापारों के मूलकारण कफ, वात और पित्त नामक तीन दोष हैं। (बाह्य सृष्टि में होने वाले सभी व्यापारों के कारण हैं – वायु, सूर्य और चन्द्र)। कफ वात पित्त के प्रत्येकशः पांच पांच प्रकार माने गये हैं। शरीरजन्य रोगों का वर्गीकरण करने की दृष्टि से यह वाद प्राचीन आयुर्वेदाचार्यों ने प्रतिपादन किया है। कुछ विद्वान् इसे काल्पनिक मानते है।

त्रिधातु = कफ, वात और पित्त जो अन्न से उत्पन्न सजीव कणों से बनते हैं। (धातु = दधाति इति धातुः। धारणाद् धातवः) इन्हीको त्रिदोष भी कहते हैं।

त्रिफला = हरीतकी, आँवला और बहेडा इन फलों का समूह। अपर संज्ञाएँ वरा, श्रेष्ठतमा और फलत्रिक।

त्रिमधुर = (मधुर त्रिक, मधुरत्रय) = घृत, मधु और शक्कर का मिश्रण।

त्रिजातक = दालचिनी, इलायची और तेजपात का मिश्रण।

त्रिलवण = सैंधव लवण, सौवर्चल लवण और विड्लवण का संमिश्रण।

दण्डालसक = देखिए अलसक।

दन्तरोग = दन्तहर्ष, दन्तभेद, दन्तचाल, कराल, अधिदंत, (वर्धन), शर्करा, कपालिका, श्यावदन्त, शीतदन्त, कृमिदन्तक, शीताद, उपकुश, दंतपुप्पुट, दन्तविद्रधि, सुषिर, महासुषिर, अधिमांस, विदर्भ।

दन्तवर्ति = हाथी, घोड़ा, सूकर, ऊंट, बैल (या गाय) बकरा और गधा इनके दांत तथा शंख, मोती आदि द्रव्यों से बनायी गयी वर्ति। इसका प्रयोग नेत्ररोग में होता है।

दर्वीकर = चक्र, लाङ्गल (हल), छत्र, स्वस्तिक और अंकुश इन चिन्हों से युक्त तथा तीव्र गतिमान् सर्पजाति।

दूषीका = आंखों का एक रोग।

दूषीविष = एक विषदोष। अपथ्यसेवन के कारण शरीरस्थ धातु दूषित होने पर यह विकार होता है।

दूष्य = रस-रक्तादि सप्त धातुओं तथा मूत्रादि मलों की संज्ञा।

दृष्टिरोग = काच, तिमिर, लिंगनाश (मोतीबिन्दु), गंभीरदृष्टि, नकुलान्ध्य, दोषान्ध, (रात्र्यन्ध), उष्णविदग्धदृष्टि, अम्लविदग्धदृष्टि, धूमर, औपसर्गिक लिंगनाश, (कुल प्रकार २७)।

देश के तीन प्रकार = (१) जांगल, जहां जल, वृक्ष, पर्वत और रोग अल्प प्रमाण में होते है।
(२) आनूप = (जांगल के विपरीत देश); (३) साधारण (जांगल और आनूप दोनो के गुणों से युक्त भूभाग)

देहमूल = ३ दोष, ७ धातु और ३ मल। ये १३, देह के सार्वकालिक घटक होते हैं।

देहशुद्धि = (चार प्रकार से) वमन, विरेचन, निरूह और नस्य।

दोषचय = कफादि की विशिष्ट स्थान में वृद्धि होना।

दोष प्रकोप = वात-पित्त-कफ का स्वस्थान छोड़कर अन्यत्र संचार।

दोषत्रय = वात, पित्त, और कफ। तीनों एक साथ प्रकुपित होने की अवस्था को त्रिदोष कहते हैं।

दोष-प्रत्यनीक चिकित्सा = कफ-वातादि दोषों को जान कर औषधोपचार करना। आयुर्वेद में यही चिकित्सा "योग्य" मानी है।

दोषशम = कफादि का स्वस्थानों में समस्थिति में होना।

द्रव्य = वैशेषिक दर्शन के अनुसार 'गुणाश्रयो द्रव्यम्' (शब्दादि गुणों का आश्रय ही द्रव्य) यह द्रव्य का लक्षण होता है। उस दर्शन में पंचमहाभूत और काल, दिशा, आत्मा और मन कुल ९ द्रव्य होते हैं। आयुर्वेद में रस, वीर्य, और विपाक के पंचभूतात्मक आधार को 'द्रव्य' संज्ञा होती है। (इह हि द्रव्यं पंचभूतात्मकम्) पृथ्वी तत्त्व-द्रव्य का मुख्य आधार है। द्रव्य अनेक रसात्मक होता है। द्रव्यप्रकार – पार्थिव, आप्य, आग्नेय, वायव्य, और नाभस।

द्रव्यभूत चिकित्सा = औषधियां, आहार, बस्ती, शस्त्र, यंत्र आदि की सहायता से की गई चिकित्सा। देखिए अद्रव्यभूत चिकित्सा)

धन्वन्तरि = (१) धनोः तन्निमित्तं लक्ष्यस्य अन्तं (पारम्) ऋच्छति (गच्छति)। = धनु अथवा उसके निमित्त के लिए लक्ष्य के अन्त तक पहुंचने वाला।

(२) धनुरुउपलक्षणत्वात् शल्यादि चिकित्साशास्त्रं, तस्य अन्तम् ऋच्छति इति = धनु शब्द का अर्थ उपलक्षणा से शल्यादि चिकित्साशास्त्र होता है, उस के अन्तिम मर्म को जानने वाला। (३) धनुर्वेद में पारंगत।

धातु = कफ, वात, पित्त, जब यथास्थित रहकर शरीर का धारण करते हैं तब उन्हें 'धातु' (धारण करने वाले) कहते हैं। विकृत होने पर उन्हे 'दोष' कहते हैं।

धातु = (सात प्रकार) रस, रक्त, मांस, मेद, अस्थि, मज्जा और शुक्र। इन्हें सप्तधातु या 'सप्तदूष्य' कहते हैं।

धातुवाद = आयुर्वेदीय रसचिकित्सा की अपर संज्ञा। इसी को किमया अर्थात् केमी अथवा केमिया देश की विद्या कहते हैं। (केमी – इजिप्त मिसर देश का प्राचीन नाम)

धातुसाम्यकर वैद्यक = भारतीय आयुर्विज्ञान का एक विशेषण।

धान्वन्तरीय = शस्त्रवैद्य। धन्वन्तरि को शस्त्रक्रिया का प्रवर्तक मानने की परम्परा है।

धूम्रपान विधि = तीन बार धूम खींचना और तीन बार छोड़ना यह एक धूम्रपान माना जाता है। तीन प्रकार – मृदु, मध्यक और तीक्ष्ण। (औषधिभेद के अनुसार ये तीन प्रकार होते हैं)।

ध्वंसक = अति मद्यपान से होने वाला एक ग्लानिकारक रोग। दूसरे रोग का नाम है 'विक्षय'।

नकुलान्ध्य = एक दृष्टिरोग। इसमें दिन में चित्रविचित्र दीखता है। और रात में कुछ भी दीखता नहीं।

नयनामृत = पारा, सीसा, सुरमा और कपूर इनका मिश्रण। यह एक नेत्रौषध है।

नवज्वर = जिस ज्वर में दोषों का पाक नहीं होता ऐसे ज्वर की संज्ञा। (सामान्यतः नवज्वर शब्द का अर्थ, नौ दिनों तक सतत आने वाला ज्वर, ऐसा माना जाता है।)।

नस्यविधि (प्रकार) = विरेचन नस्य, बृंहणनस्य, शमन नस्य, मर्श० प्रतिमर्श०।

नागोदर = गर्भ का कृश होना या सूखना।

नाडीत्रय = वात, कफ और पित्त।

नाडीविज्ञान = आयुर्वेद की चिकित्साओं का एक विशिष्ट प्रकार। मनुष्य की नाडी का स्पंदन जान कर रोग का निदान करना इस विज्ञान का स्वरूप है।

नाडीव्रण = देखिये गति।

नासारोग = प्रतिश्याय, नासिकाशोष, नासानाह, घ्राणपाक, पीनस, दीप्ति, पूतिनास, पूयरक्त, पुटक, नासार्श, नासार्बुद।

निदान = रोग के हेतु और लक्षण का प्रतिपादन करने वाला वैद्यक शास्त्र का एक अंग। (२) रोग आदि का मूलकारण

निरूहबस्ति = मल और दोष को निकालने के लिये गुदद्वार में दी गयी पिचकारी।

नीला = कंठभाग में स्थित दो प्रमुख शिराएँ।

नीला (या कलिका) = केवल अशुद्ध रक्त का अभिसरण करने वाली नलिका।

नीलिका (या लिंगनाश) = एक नेत्रविकार (मोतीबिंदु)। प्रकार – आवर्तकी, शर्करा, राजीमती, छिन्नांशुका, चन्द्रकी, छत्रकी।

नेत्रसन्धि रोग = आंख के शुभ्र और कृष्ण अंशों में होने वाले रोग : जलस्राव, कफस्राव, उपनाह, रक्तस्राव, पर्वणी, पूयास्राव, पूयालस, अलजी, कृमिग्रंथि, शुक्तिका, शुक्लार्म, बलासग्रथित, पिष्टार्म, शिरोत्पात, शिराहर्ष, शिराजाल, रक्तार्म, अर्जुन, प्रस्तार्यर्म, स्नावार्म अधिमांसार्म, शिराजपिटिका, शुद्धशुक्र, अजका, शिराशुक्र, पाकात्ययशुक्र।

पंचकर्म (आयुर्वेदिक) = शरीर शुद्धि के लिए शास्त्र विहित पांच क्रियाए – स्नेहन, स्वेदन, वमन, विरेचन और आस्थापन।

पंच भद्र = वैद्यकशास्त्र के अनुसार पांच औषधिगुणयुक्त वनस्पतियां।

पंच मूत्र = गाय; बकरी, भैंस, मेषी, और रासभी इन पांच प्राणियों का मूत्र आयुर्वेद उपचार में चेतनावर्धक माना है।

पंच मृत्तिका = ईंट, गेरु, लोण, भस्म और बामी (वल्मीक)। वैद्यकीय उपचारों में इनका प्रयोग होता है।

पंच मूल = (१) बिल्व, अग्निमंथ, श्योनाक, गम्भारी और पाटला इनके मूलतत्त्व का संमिश्रण। इसे **"बृहत्पंचमूल"** कहते हैं।

(२) बला, पुनर्नवा, एरंड, मुंद्पर्णी, और माषपर्णी का संमिश्रण। इसे **''मध्यम पंचमूल''** कहते हैं।

(३) जीवन, ऋषभक, मेदा, जीवन्ती और शतावरी इनका मिश्रण। इसे **''जीवनपंचमूल''** कहते है।

(४) शर, इक्षु, दर्भ, काश और शालि इनके मूल का संयोग। इसे **'तृण पंचमूल'** कहते हैं।

(५) हिंस्रा (गृघ्रनखी), शतावरी, गोक्षुर, सैरेयक और करमर्द का संमिश्रण। इसे **कण्टक पंचमूल** कहते है।

(६) शालपर्णी, पृश्निपर्णी, बृहती, कण्टकारी और गोक्षुर इनका मिश्रण। इसे **'लघुपंचक'** कहते है।

पंचरसा = आमलकी (आंवले) में पांच रसों के गुण होने के कारण उसे यह संज्ञा है।

पंचकोल = पिप्पली, पिप्पली मूल, चव्य, चित्रक और शुण्ठी इनका मिश्रण।

पंचगण = विदारिगन्धा, बृहती, पृश्निवर्णी, कण्टकारी और गोक्षुर इनका मिश्रण।

पंचगव्य = गोमूत्र, गोबर, गोदुग्ध, गोदधि और गोघृत इनका समभाग मिश्रण।

पंच निम्ब = नीम के पत्र, छाल, फूल, फल और मूल इनका मिश्रण। (यह कुष्ठरोग नाशक होता है।)

पंचभृंग = देवदाली, शमी, भृंगराज, निर्गुण्डी और शणपुष्पी इन पांचों का मिश्रण। (रोगान्ते स्नानपानार्थ पंचभृगमिति स्मृतम्।)

पंच वल्कल = वट, गूलर, पीपल, पाकड और वेतस इन पांचों के छाल का संमिश्रण।

पंच महाव्याधि = अर्श (मूल्यव्याधि) यक्ष्मा (क्षय), कुष्ट, प्रमेह, और उन्माद। मृत्यु से ही इन रोगों से मुक्तता होती है।

पंच शैरीष = शिरीष का पत्र, छाल, फूल, फल, और मूल। इसीको **पंच सार्पक** भी कहते हैं।

पंचसार = मधु, शर्करा, मुनक्का, खजूर और फालसा - इन पांचों का शरबत।

पंच सिद्धौषधि = तैलकन्द, सुधाकन्द, क्रोडकंद, रुदन्ती, तथा सर्पाक्षी इनका संमिश्रण।

पंच सुगन्धिक = कंक्कोल, सुपारी, लवंगफूल, जायफल, और कर्पूर का संमिश्रण।

पंच सूरण = अत्यम्लपर्णी, काण्डीर, मालकन्द, ग्राम्यसूरण और वन्यसूरण - इनका मिश्रण।

पंचांग = किसी एक वृक्ष की छाल, पत्र, फूल, फल और वन्यसूरण का संमिश्रण।

पंचामृत = गौ का घृत, दही, दूध, मधु और शर्करा का मिश्रण।

पंचाम्लक = १) नींबू, जम्बीर, नारंग, अम्लवेतस और इमली - इन पांच फलों का समूह।

२) बेर, अनार, वृक्षाम्ल, चुक्रिका और अम्लवेतस - इनका मिश्रण।

पंचारविन्द = कमल के मृणाल, बिस, केसर, पत्र और बीज इन पांचों का कल्क, दूध और सोने के वर्ख (हेमशकल) में मिलाकर बनाया हुआ एक घृतात्मक रसायन। (इसके सेवन से नष्ट शक्ति, पौरुष और ज्ञान पुनः प्राप्त होते हैं।)

परार्ध = चन्दन और पुष्प का समभाग मिश्रण।

परिणाम = कफ, वात और पित्त में ऋतुमान, दिन, रात, आदि के प्रभाव से वैषम्य। (वैषम्य के तीन प्रकार = चय (वृद्धि) प्रकोप, और प्रशम।)

पर्वणी = एक नेत्ररोग। आंख के शुभ्र अंग पर होने वाली एक दाहक फुंसी।

पाक = विविध प्रकार = घृतपाक, तैलपाक; इनके तीन भेद मद, चिक्कण और खरचिक्कण।

पाण्डुरोग = जब पित्त में प्रकोप होने पर वह हृदय स्थान से मांस और त्वचा तक शरीर में फैलता है तब शरीर पर पाण्डु (पाण्डुर) वर्ण दिखने के कारण यह संज्ञा प्रचलित हुई। यह रोग मिट्टी खाने के कारण कफादि मलों में विकृति उत्पन्न होने के कारण होता है। इसीका प्रकोप होने पर **कामला** रोग उत्पन्न होता है। पाण्डुरोग के विविध प्रकार – कुम्भकामला, लोढर, हलीमक, तथा अलस

पानात्यय = अतिमद्यपान तथा उसके कारण होनेवाला रोग।

पाशुपत योग = अभिष्यन्द नामक नेत्ररोग का एक प्रभावी उपचार।

पिटिका = (फोडा या फुंसी) = दस प्रकार – शराविका, कच्छपिका, जालिनी, विनता, अलजी, मसूरिका, सर्षपिका, पुत्रिणी, विदारिका, विद्रधि।

पिण्डस्वेद = पोटीस (या पोलटीस)।

पित्त = (पांच प्रकार) – १) पाचक (पक्वाशय तथा आमाशय में स्थित) (२) रंजक (आमाशयस्थ), ३) साधक (हृदयस्थ), ४) आलोचक, (नेत्रस्थ), ५) भ्राजक (त्वचास्थित)।

पिल्ल = उत्क्लिष्ट, अभिष्यन्द, अधिमंथ, अक्षिपाक आदि १८ प्रकार के नेत्ररोग दीर्घकाल तक उपेक्षित रहने पर उन्हें 'पिल्ल' कहते हैं। पिल्लत्व आने पर विशिष्ट उपचारों की आवश्यकता होती है।

पुटपाक = आर्द्र औषधि को पत्तों में बांधकर मिट्टी का लिंपन करते हुए भट्टी के तले रखकर पकाना।

पुटपाक = पीडित नेत्र पर 'तर्पण' उपचार के पश्चात् विशिष्ट पशुपक्षियों के यकृत, वसा, मज्जा आदि के साथ बनाया हुआ स्निग्ध लेप। तीन प्रकार – स्नेहन, लेखन, और प्रसादन।

पुष्यानुग = कृमिरोग, योनिरोग, आदि रोगों पर उपचार करने वाला उत्तम चूर्ण। आत्रेय ऋषि ने इस चूर्ण की प्रशंसा की है।

पुंसवन = पुरुष संतति करने वाली विधि या औषधि।

पुंसवन स्नेह = पुरुष के लिए मधुर औषधियों से सिद्ध घृतमिश्रित दुग्ध और स्त्री के लिए तेल, उड़द और पित्तकर पदार्थों का मिश्रण।

पेया = ज्वरविकार में लंघन (उपवास) के कारण जठराग्नि क्षीण होती है। ऐसी अवस्था में दिया जाने वाला औषधियुक्त मण्ड आदि पेय पदार्थ।
प्रकृति = कफ, वात, पित्त इन तीन धातुओं की साम्यावस्था के कारण शरीर की सुस्थिति।
प्रज्ञापराध = रोगोत्पत्ति का एक कारण नैसर्गिक मनोभाव के विरुद्ध जानबूझ कर व्यवहार करना। उदा. अतिसंभोग साहस आदि।
प्रतिवाप = घृतादि द्रव सिद्ध होते हुए उसमें विशिष्ट चूर्ण आदि डालना।
प्रधमन = औषधि-चूर्ण को नली से नाक में फूंकना।
प्रमथ्या = कषाय (काढा) का एक प्रकार। इसमें औषधि द्रव्य को पीस कर कषाय के लिए उबाला जाता है।
प्रमेह = मधुमेह आदि २० प्रकार के मूत्ररोगों की संज्ञा।
प्रलेपक = जीर्णज्वर का एक प्रकार।
प्रवाहिका = अतिसार का एक प्रकार।
प्रवाल पंचामृत = प्रवाल, मोती, शंख, कौडी और शुक्तिका (सींप)।
प्राकृत ज्वर = वर्षाऋतु में वायु से, शरद् ऋतु में पित्त से और वसंतकाल में कफ से होने वाला ज्वर। अन्य सारे ज्वर **'वैकृत'** होते हैं।
फलत्रिक = देखिये त्रिफला।
फलसर्पिस् = गर्भधारणा में सहायक एक घृतस्वरूप औषध।
फांट = जल, दूध आदि द्रव पदार्थ में घुल मिलाकर छाना गया औषध। इस द्रव पदार्थयुक्त औषध से चार गुना परिणाम होता है।
बद्धगुदोदर = अर्श (मूलव्याधि) के प्रकोप से उत्पन्न होने वाला असाध्य रोग।
बस्तिकर्म = मलशोधन के लिए पिचकारी का प्रयोग।
बस्ति = (तीन प्रकार) = निरूह, अनुवासन और उत्तर। इन तीनों की विशिष्ट संख्या के अनुसार उन्हें कर्मबस्ति, बालबस्ति और योगबस्ति कहते हैं।
बहिर्मुख स्रोतस् = मुख, नासा, कर्ण, गुद, शिश्न।
बालग्रह = बालकों को पीड़ा देने वाले १२ पुराणोक्त ग्रह - स्कन्द, विशाख, मेष, धान, पित्तर, तथा, शकुनि, पूतना, शीत पूतना, दृष्टिपूतना, मुखमण्डलिका, रेवती और शुष्करेवती। इनकी बाधा से बालकों को अनेक प्रकार की पीडा होती है।
बिन्दु = तर्जनी के दो काण्ड, जल या तेल में डुबाकर निकालने पर जितना तेल टपकता है वही 'बिंदु' परिमाण है।
ब्राह्म रसायन = हरीतकी के अवलेह का एक विशिष्ट प्रकार।
ब्राह्मी घृत = हरीतकी के अवलेह का एक विशिष्ट प्रकार।
ब्राह्मी घृत = घृतकल्प का एक प्रकार। यह वाणी, स्वर, स्मृति और मेधा की अभिवृद्धि करता है।
भगंदर = गुदस्थान के अंदर या बाहर होने वाला आर्द्रव्रण। इसके त्रिदोषजन्य ७ और १ आगन्तुक (कुल ८) प्रकार होते हैं।
भिषक्क्रिया = शल्यतंत्र नामक आयुर्वेद के अष्टांगों में से एक।
भिषक्तंत्र = दो शाखाएँ (१) कायचिकित्सा और (२) शल्यतंत्र।
भिषग्विद्या = कायचिकित्सा नामक आयुर्वेद के अष्टागों में से एक।
भिषग्विद्या प्रवर्तक = पुनर्वसु आत्रेय की सम्मानोपाधि। अष्टांग आयुर्वेद के अन्तर्गत 'कायचिकित्सा' नामक अंग का इसी ने प्रथम पुरस्कार किया था।
भूतग्रह = भूत बाधा। ग्रह प्रकार - देवग्रह, दानवग्रह, गन्धर्व ग्रह, सर्पग्रह, ब्रह्मराक्षस, राक्षस, पिशाच, प्रेतग्रह, कूष्माण्ड, निषाद, औकिरण, वेताल, पितृ आदि। (इनकी प्रत्येकशः बाधा विशिष्ट तिथि को संध्याकाल में होती है)।
भूतविद्या = आयुर्वेद के अष्टांगों में से एक। भूत का अर्थ है सूक्ष्मरूप पंच तन्मात्रा।
मकल्ल = प्रसूति के समय मस्तक, बस्ति (उदर का अधोभाग) और कोष्ठस्थान में होने वाली व्यथा।
मतस्ना = पित्ताधार या वृक्या।
मनोवह स्रोत = मनोव्यापार का नियमन या संचालन करने वाली नाड़ियाँ।
मन्थ = सत्तू, घृत और शीतजल का मिश्रण। यह अधिक गाढा या पतला नहीं होना चाहिए।
मन्या = कंठभाग में स्थित दो प्रमुख शिराएँ।
मर्म = शरीर का जो स्थान दबाने पर अधिक स्पंदन करता है तथा दुखता है वही मर्म कहलाता है। मर्मस्थान पर आघात होने से प्राणी तुरंत मर जाता है।
मर्मस्थान = मानव शरीर में कुल १०७ मर्मस्थान होते हैं। (प्रत्येक पैर और भुजा में ११, कोष्ठ में ३, उरोभाग में ९, पृष्ठभाग में १४, जत्रु के उपरिभाग में ३७)। मर्मों के नाम (संपूर्ण चरण में चरण के मध्य भाग से अंडसंधितक = तलहृत्, क्षिप्र, कूर्चमर्म, कूर्चशिरस्, गुल्फमर्म, इन्द्रबस्ति, जानु, आणी, उर्वी, लोहित और विटप) बाहु में इन्हीं नामों के अतिरिक्त कक्षाधृक नामक मर्मस्थान बगल में होता है। गुद, बस्ति, नाभि, हृदय, स्तनमूल, अपस्तंभ, अपालाप, कटीकतरुण, कुकुंदर, नितम्ब, पार्श्वसन्धि, बृहती, अंसफलक, अंस, नीला, तथा मन्या, मातृका- नामक १२ शिराएं, कृकाटिका, विधुर, फण, अपांग, आवर्त, शंख, उत्क्षेप, स्थपनी, शृंगाटक, सीमंत और अधिपति।
मर्मस्थानों के प्रकार १० = मांसज मर्म = इन्द्रबस्तिल, तलहृत् ४ और स्तनरोहित २। ८ अस्थिमर्म = २ शंख, २ कटीकतरुण,२ नितंब,और २ असफलक।।
२३ स्नायुमर्म = २ आणी, ४ कूर्च, ४ कूर्चशिरस, २ अपांग, ४ क्षिप्र, ४ उत्क्षेप, २ अंस, १ बस्ति।
९ धमनी मर्म = गुद, २ उपस्तम्भ, २ विधुर, और ४ शृंगारक।।

३७ शिरामर्म = २ बृहती, ८ मातृका, २ नीला, २ मन्या, २ कक्षाधृक्, २ फण, २ विटप, हृदय, नाभि, २ पार्श्वसंधि, २ स्तनमूल, २ अपालाप, स्थपनी, ४ उर्वी, ४ लोहित।

२० सन्धिमर्म = २ आवर्त, २ मणिबंध, २ कुकुंदर, ५ सीमंत, २ कूर्पर, २ गुल्म (धोय), २ कृकाटिका, २ जानु, १ अधिपति।

मल = (१) त्रिधातु (या त्रिदोष) के प्रकोप के कारण शरीर में उत्पन्न निरुपयोगी द्रव्य।

(२) मूत्र, पुरीष, स्वेद, आदि की संज्ञा

(३) वसा शुक्रम्, असृक्, मज्जा, मूत्र, विष्ठा, घ्राण, और कर्ण का मल, श्लेष्मा, अश्रुदूषिका, स्वेद, इन १२ शरीरोत्पन्न द्रव्यों को मल कहते है। (मनुस्मृति ५.१३५)

महाकुष्ठ = सात प्रकार – कापाल, औंदुबर, मण्डल, दद्रु. काकण, पुण्डरीक और ऋक्षजिव्हा। (इसीको पापरोग तथा रक्तपीती और वातरक्त भी कहते हैं।)

महाकुष्ठ = चरकमतानुसार अठारह प्रकार के कुष्ठरोग में सात महाकुष्ठ माने है। अन्य ११ क्षुद्र कुष्ठ कहे जाते हैं।

महाभूतराव = सभी प्रकार की ग्रहबाधाओं का निवारण करने का एक उपाय।

महारोगाष्टक = (या अष्ट महारोग) = वा–याधि, अश्मरी, कुष्ठ, मेह, उदर (जलोदर), भगंदर और अर्श (मूलव्याधी या बवासीर)।

महास्नेह = देखिए स्नेहमय।

महास्रोत = मुख से गुदद्वार तक पहुंचने वाली नलिका। (एलिमेंटरी कनाल)

मातृका = कण्ठ देश में स्थित ८ प्रमुख शिराओं की संज्ञा।

मानसिक रोग = (विविध प्रकार) = ग्रहबाधा, उन्माद, अपस्मार इत्यादि।

मायूरी महाविद्या = पिशाचादि ग्रहपीडा का निवारण करने वाला एक दैवी उपाय।

मुखरोग = मुखपाक, ऊर्ध्वगद, पूतिमुख, (पूत्यास्य) मुखरोगों की कुलसंख्या ७५ है। इनमे ११ ओष्ठ रोग, १ गंड रोग, १० दन्त रोग, १३ दन्तमूलरोग, ६ जिव्हा रोग, ८ तालु रोग, १८ गलरोग और ८ सर्वगत रोग अन्तर्भूत होते हैं।

मुखलेपविधि = तीन प्रकार = दोषघ्न, विषघ्न, और वर्णवृत्। प्रत्येक ऋतु में मुखलेप की औषधियाँ भिन्न प्रकार की होती हैं।

मूढगर्भ = १) गर्भावस्था में मृत गर्भ। २) योनिद्वार में अस्वाभाविक रीति से रुका हुआ गर्भ।

मूत्ररोग = मूत्रकृच्छ्र, अश्मरी, वाताष्ठीला, वातकुंडलिका, मूत्रातीत, मूत्रोदर, मूत्रोत्संग, मूत्रग्रन्थि, मूत्रशुक्र, विड्विघात, उष्णवात, मूत्रक्षय, मूत्रसाद, (इनके भी प्रत्येकशः विभिन्न प्रकार होते हैं।

मूत्राष्टक = गाय, बकरी, भेड, भैस, हाथी, घोडा, ऊंट, एवं गदहा-इनके मूत्रों का मिश्रण।

मूर्धतैलविधि = (मस्तक पर तेल लगाना) चार प्रकार – अभ्यंग, सेक, पिचु, (तेल से भीगा हुआ वस्त्र मस्तक पर रखना) और शिरोबस्ति।

मूर्धविरेचन (या अवपीड) = तीक्ष्ण- कल्क आदि की नस्यविधि (नाक में औषधि डालना)

मेह = एक रोग जिस में मूत्रोत्सर्ग की प्रवृत्ति अधिक होती है। **प्रकार** – कफमूलक-१०, पित्तमूलक - ६, वातमूलक-४। उदकमेह, इक्षुमेह, सान्द्रमेह, सुरामेह पिष्टमेह, शुक्रमेह, सिकतामेह, शीतमेह, लालामेह, क्षारमेह, नीलमेह, कालमेह, हरिद्रमेह, मंजिष्ठमेह, रक्तमेह, वसामेह, मज्जामेह, हस्तिमेह, मधुमेह, (दो प्रकार :– धातुक्षयजन्य और वायुप्रकोपमूलक) सभी मेह प्रकारों का पर्यवसान मधुमेह में होता है। **मधुमेह**-यह मेह रोगों की सामान्य संज्ञा है।

यंत्र (या शस्त्र) = शरीरस्थ शल्य निकालना, अन्तःस्थ, रोग देखना, नस्य, बस्ति आदि प्रयोग करना इत्यादि कामों में उपयुक्त विविध साधनों की संज्ञा। विविध प्रकार :– संदंश (सांडस) करपत्र, नाडीयंत्र, गर्भशंकु, शरपुंखमुख, सर्पफणा, शंकु (आकडा), तालयंत्र, (एकतालफलक, द्वितालक), सिंहमुख, तरक्षुमुख स्वस्तिकयंत्र, कंकमुख, सूची, अर्धचन्द्रमुखशलाका, मंडलाग्र, सनिग्रह, संदंश, मुचुंडी, एषिणी, अर्शोयंत्र, (दो प्रकार) – रोगनिरीक्षक, शस्त्रक्षारादि-क्रियोपयोगी), योनिव्रणेक्षण, शरारिमुख, दंतलेखनक वृद्धिपत्र, वेतसपत्र, आटिपु, त्रिकूर्चल, उत्पलपत्र, अध्यर्धधार, कुठारी, व्रीहिमुख, शलाका, बडिश इत्यादि। इनके अतिरिक्त अयस्कान्त (लोहचुंबक) रज्जू, केश, जलूका, नख, दांत आदि अनुयंत्र (या उपयंत्र) शल्यक्रिया में उपयोग में आते थे।

यंत्रदोष = (१२ प्रकार) – अतिस्थूल, असार, अतिदीर्घ, अतिन्हस्व, अग्राहि, विषमग्रहि, वक्र, शिथिल, अत्युन्नत, मृदुमुख, मृदुपाश। इन दोषों से युक्त यंत्र से रोगी पर शस्त्रक्रिया निषिध्द है।

यापन = असाध्य रोग को औषधिद्वारा दबा कर रखना।

याप्य रोग = औषधोपचार के काल में मंद होने वाला रोग। उपचार बंद होते ही यह पूर्ववत होता है।

युक्तरथ = बस्ति का एक प्रकार। इस प्रकार का बस्तिप्रयोग होने पर रथ, हाथी, आदि पर संचार निषिद्ध नहीं होता।

योग = अनेक औषधों का मिश्रण; जैसे त्रिफला, नारायणतेल, शठ्यादिकषाय इत्यादि।

योगत्रय = १) हीनयोग, (२) अतियोग और (३) मिथ्यायोग। शीतोष्णादि काल, बीभत्सादि अर्थ और व्यायामादि कर्म इनमें प्रस्तुत तीन योगों के कारण आरोग्य नष्ट होता है।

योग = आयुर्वेद के अन्तर्गत, चंद्रप्रभावटी, ब्राह्मीतेल, ब्राह्म रसायन, हरीतक्यवलेह आदि १६ योग माने जाते हैं।

योनिरोग = अतिचरणा, प्राक्चरणा, उदावृत्ता, जातघ्नी, अन्तर्मुखी, सूचीमुखी, शुष्का, वामिनी, षंढयोनि, महायोनि, योनिव्यापत, योनिव्यापत्ति, परिप्लुता, उपप्लुता, विप्लुता, कर्णिनी, सान्निपातिकी,

योनिव्यापत्ति।

रक्तपित्त (तीन प्रकार) = ऊर्ध्वगामी, अधोगामी और उभयगामी।

रस = १) मधुर, अम्ल, लवण, कटु, तिक्त और कषाय। इन षड्रसों के परस्पर संयोग से ६३ प्रकार होते हैं। (पंचरसात्मक ६, द्विक और चतुष्क संयोग से प्रत्येकशः १५, त्र्यात्मक २०, षड्रसात्मक १, पृथक् ६)

२) अन्न खाने पर शरीर में उत्पन्न होने वाला जलतत्त्वप्रधान प्रथम पदार्थ। (रसति सर्वत्र देहे सरति इति रसः)। इसीसे एक मास के बाद पुरुष शरीर में शुक्र और स्त्री शरीर में रजस् उत्पन्न होता है।

३) दिव्य द्रव्यों के मिश्रण का पारद के संयोग से निर्मित औषध।

रसक्रिया के दो भाग = (१) देहसिद्धि (पारदप्रयोग से देह अजरामर करना) (२) लोहसिद्धि (ताम्रादि हीन धातुओं से सुवर्ण निर्माण करना)

रसयोग = रसेश्वर दर्शन के अनुसार रस (पारद) ही जीवन्मुक्ति का साधन माना जाता है। पिण्डस्थैर्य अर्थात् देह की अजरामर स्थिति जीवन्मुक्ति के लिए आवश्यक है किन्तु रस के बिना पिण्डस्थैर्य असंभव होने कारण रसप्रयोग से शरीर को अजरामर करने की साधना ही 'रसयोग' कहलाती है।

रसशास्त्र (रसक्रिया या रसतंत्र) = (रस = पारद, पारा)। आर्षवैद्यक से स्वतंत्र, आयुर्वेद का एक विभाग। इसमें प्रत्येक रोगोपचार में 'रस' का उपयोग महत्त्वपूर्ण माना जाता है।

रसायन = शरीरस्थ रसादि धातुओं को उत्तम तथा प्रबल करने वाले विशिष्ट औषध। (लाभोपायो हि शस्तानां रसादीनां (रसायनम्। वाग्भट्)

रसायन तंत्र = रोगापहारक तथा बुद्धि, वल तथा आयु की वृद्धि तथा पुनः तारुण्य प्राप्त करने के उपाय बताने वाला आयुर्वेदीय तंत्र।

रसायन विधि = दो प्रकार – १) कुटि प्रावेशिक (कुटी में रहकर रसायन सेवन) (२) वातातपिक।

रिष्ट = संभाव्य मृत्यु का चिन्ह। दो प्रकार – (१) स्थायि (निश्चित मृत्यु का चिन्ह) (२) अस्थायि। रिष्ट का दर्शन रूप, इन्द्रिय, स्वर, वर्ण प्रतिच्छाया इत्यादि स्थानों में होता है।

रोग (पर्याय शब्द) = पाप्मा, ज्वर, व्याधि, विकार, दुःख, आमय, यक्ष्मा, आतंक, गद, और आबाध।

रोग = (१) कफ, वात और पित्त इन धातुओं में विषमता। (रोगस्तु दोषवैषम्यम्)।

(२) सप्त धातुओं (या सप्त दूष्यों) में जंतुओं की निर्मिति।

रोग = (दो प्रकार) १) निज (अर्थात् वातादि दोषों के प्रकोप से उत्पन्न) और (२) आगन्तुक (अतियोगादि बाह्य कारणों से दोषप्रकोप होने से उत्पन्न)

रोग = (दो प्रकार) १) साम २) निराम

रोग के प्रकार = वात मूलक ८०, पित्तमूलक ४० और कफमूलक २०।

रोगचिकित्सा = देश, काल, दोष, औषध, शरीर, वय, सात्म्य, बल, अग्नि, रोग का कारण, लक्षण, तथा साध्यासाध्यता इन १२ तत्त्वों का सम्यक् विचार।

रोगज्ञान (के पांच उपाय) = निदान, पूर्वरूप, रूप उपशय और संप्राप्ति।

रोगनिदान (पर्याय शब्द) = निमित्त, हेतु, आयतन, प्रत्यय, उत्थान और कारण।

रोगपरीक्षा के उपाय = १) दर्शन, स्पर्शन और प्रश्न। (२) निदान, पूर्वरूप, रूप (रोग लक्षणों की अभिव्यक्ति), उपशय और संप्राप्ति (कुपित दोष विशिष्ट स्थान में प्रकट होना)

रोगपरीक्षा (आठ प्रकार से) = नाडी, मूल, मल, जिव्हा, शब्द, स्पर्श, नेत्र और चर्या (या रूप)। (निघंटु रत्नाकर)

रोगमार्ग = (३ प्रकार) = **(१) बाह्य** – (शाखा) रक्तादि धातु और त्वचा), (२) **आभ्यन्तर** = महास्रोत या कोष्ठ) **(३) मध्यम** = (शिर, हृदय, बस्ति, अस्थि, संधि और तदाश्रित शिरा, स्नायु, कण्डरा आदि)

रोगरूप = रोगज्ञान का एक उपाय। (पर्याय शब्द) संस्थान, व्यंजन, लिंग, चिन्ह और आकृति

रोगी (पर्याय) = व्याधित, विकृत, ग्लास्नु, ग्लान, मन्द, आतुर, अभ्यान्त, अभ्यमित, रुग्ण, आमयावी, और दुःसह।

रोगी (दो प्रकार) = १) बृंहणार्ह (अतिकृश) २) लंघनार्ह (अतिस्थूल)।

रोहिणी = (या लोहितिका) = केवल शुद्ध लाल, रक्त का अभिसरण करनेवाली नलिका।

लंघन (दो प्रकार) = १) शोधन (दोषों का निःसारण) २) शमन (विषम दोषों को समस्थिति में लाना)

लवण-पंचक = सैन्धव,, औद्भिद, सामुद्र, विड्लवण और सौवर्चल-इन पांचों का मिश्रण। (इसमें पांशुज लवण मिलाकर) 'लवणषट्क' माना जाता है।

लीन गर्भ = स्फुरणहीन गर्भ

वमन (वान्ति) = विविध प्रकार – दोषजन्य, द्विष्टार्थ योगजन्य, कृमिजन्य, तृष्णाजन्य, आमजन्य, और दौर्हृदजन्य। (दौर्हृद = गर्भ के दोहद)

वनस्पति दो विभाग = (१) औषधि (इसमें रोगोपचार के गुणधर्म होते हैं। (२) वीरुध्।

वयःस्थापन = तारुण्य स्थिर रखना।

वर्ति = एक नेत्रोपचार। प्रकार – विमला, कोकिला, इत्यादि।

वर्त्मरोग = आंखों की पंखुडियों के रोग :– कृच्छ्रोन्मीलन, वातहत, कुंभिका, पित्तोत्क्लिष्ट, पक्ष्मशांत, कफोत्क्लिष्ट, उत्संगा, रक्तोत्क्लिष्ट, अर्श, अंजना, बिसवर्त्म, उत्क्लिष्टवर्त्म, श्यामवर्त्म, सिकतावर्त्म, कर्दमवर्त्म, कुकूणक, पक्ष्मोपरोध, अलजी, अर्बुद।

वाजीकरण = वीर्यवृद्धि और कामोत्तेजना करने वाले औषधोपचार। वीर्यहीन पुरुष में प्रजोत्पत्ति का बल निर्माण करने के लिए यह प्रयोग किया जाता है।

वाद्यपुष्पक = एक भाग चन्दन और तीन भाग पुष्प का संमिश्रण।

वात (पांच प्रकार) = १) प्राण (मूर्धस्थ) २) उदान (उरःस्थ), ३) व्यान (हृदयस्थ), (४) समान (पाचकाग्निसमीपस्थ); (५) अपान (गुदस्थ)।

वातमूलक विकार = (१) शाखागत (२) कोष्ठगत, (३) मर्मगत, (४) ऊर्ध्वजत्रुगत और (५) सर्वांगव्यापक, (इनका प्रशमन मुख्यतः बस्तिप्रयोग से होता है। इसी कारण बस्ति को चिकित्सार्थ अथवा **'कृत्स्ना चिकित्सा' कहते हैं।**

वातरक्त = (१) महाकुष्ठ की अपर संज्ञा।
(२) पैरों में होने वाला संधिवात के समान एक रोग।

वातविकार = शरीरस्थ वायु के प्रकोप के कारण होने वाले रोग। इनकी कुलसंख्या ८० मानी गयी है। इसी प्रकार पित्त विकार के ४० प्रकार और कफ विकार के २० प्रकार आयुर्वेद में माने जाते हैं। (चरकसूत्र अ. २०)

वातव्याधि = विविध प्रकार – आक्षेपक, अपतंत्रक, (अपतानक) अंतरायाम, बाह्यायाम = (धनुष्कंभ, वेणी, धनुर्वात,)। व्रणायाम, हनुस्तम्भ, जिव्हास्तम्भ, एकायाम, सिराग्रह, पक्षवध, पक्षाघात या एकांगरोग, सर्वांग रोग, दण्डक, अवबाहुक, विश्वाची, कलायखंज, आढ्यवात (या उरुस्तम्भ), क्रोष्टुकशीर्ष, गृध्रसी, खल्ली, (तीव्र वेदना युक्त गृध्रसी और विश्वाची, पादहर्ष और पाददाह।

वातानुलोमन = शरीरस्थ वायु को निजी मार्ग में प्रवृत्त करना या प्रवृत्त करने वाला औषध।

वातावरण = शरीरस्थ प्राणादिवायु का मलधातुद्वारा, तथा एक वायु का दूसरे वायु द्वारा आवरण (आवृति)।

वातावरण के प्रकार = मलधातुज २२ + अन्य वातज २० = ४२।

वारुणी = श्वेतसुरा या ताडी।

विकल्पसंप्राप्ति = रोगज्ञान का एक उपाय। सान्निपातिक विकार में दोषत्रय का अंशतः विचार करना।

विक्षय = अतिमद्यपान से दुर्बल मनुष्य को होने वाला एक रोग। दूसरा रोग है 'ध्वंसक'।

विदाही = पेट में अधिक समय तक रहने पर भी पचन न होने के कारण खट्टी डकार उत्पन्न करने वाला पदार्थ।

विद्रधि = अत्यंत दाह उत्पन्न करनेवाला गुल्मविकार। (शीघ्र विदाहित्वाद् विद्रधिः)।

विधुरा = कंठभाग में स्थित दो प्रमुख शिराएँ।

विपाक = जठराग्नि के कारण आहारात्मक द्रव्यों का पचन होने पर उत्पन्न होने वाला अन्य रस। यह रस विपाक, स्वादु और कटु तीन – प्रकार का होता है।

विलेपी = पतला भात।

विशाखा = (१) शाखाओं वाली वनस्पति (२) रोगी का कमरा। रुग्णालय।

विष दो प्रकार = (१) स्थावर (वनस्पतियों से उत्पन्न) (२) जंगम (प्राणियों से उत्पन्न) इनमें स्थावर विष के दस और जंगम विष के सोलह अधिष्ठान होते हैं।

विषमज्वर = इसका उत्पत्तिस्थान, काल, और क्रिया अनियमित होती है और यह अनेक दिनों तक नहीं हटता।

विषमान्न = अकाल भोजन या विषम भोजन।

विषसंकट = विष प्रकृति (पित्त प्रकृति), विषकाल (वर्षाकाल), विषान्न (राई), विषदोष, (पित्त) और विषदूष्य इत्यादि का एकत्र योग। विषसंकट निश्चित प्राणहरण करता है।

विषमाग्नि = अनियमित अन्नपचन करने वाली जठराग्नि।

विषूचिका = महामारी, पटकी, (कॉलरा)।

विसर्प = शरीरपर शोफ (सूजन) आने पर होने वाला एक व्याधि। प्रकार – अग्निविसर्प, ग्रन्थिविसर्प, कर्दमविसर्प, और **क्षतविसर्प** – यह असाध्य होता है।

वीर्य = औषधि द्रव्यों में शीतता या उष्णता निर्माण करनेवाला एक तत्त्व। द्रव्य में विशिष्ट संस्कार होने पर उसके वीर्य में परिवर्तन होता है।

वीर्य = औषधिस्वरूप द्रव्य की क्रिया का साधन। आठ प्रकार – गुरु, लघु, स्निग्ध, रुक्ष, शीत, उष्ण, मृदु और तीक्ष्ण। अन्य मतानुसार दो प्रकार – शीत और उष्ण।

वृष्य = मधुर, स्निग्ध, धातुवृद्धिकर, बलवर्धक, और मन को हर्षदायक औषधिद्रव्य का वैशिष्ट्य सूचित करने वाली संज्ञा।

वृद्धजीवकीय तंत्र = आयुर्वेद विषयक कश्यप संहिता की संज्ञा।

वेग = मूत्र, मल आदि का विसर्जन करने की प्रवृत्ति। वेग का निरोध रोग उत्पन्न होने का एक कारण है।

वैकृतज्वर = देखिये प्राकृत ज्वर।

वैद्य (पर्याय शब्द) = श्रेष्ठ, अगदंकारी, रोगहारी, विषविद्, रोगघ्न, जीवन, विद्वान, आयुर्वेद और चिकित्सक।

वैद्यक के दो प्रकार = १) शुद्ध या आर्षवैद्यक (इसका विकास रसक्रिया के पूर्वकाल में हुआ) (२) मिश्रवैद्यक (इसका विकास रसक्रिया के पश्चात् हुआ।)

व्याधिप्रत्यनीक चिकित्सा = व्याधि का निश्तिच ज्ञान होने पर उसके प्रतिकार के उपचार करना। (व्याधि = शारीरिक व्यथा)

व्रण (दो प्रकार) = १ निज और २) आगन्तुक। अथवा (१) शुद्ध और २) दुष्ट

व्रण ८ प्रकार = धृष्ट, अकृत, विच्छिन्न, प्रविलंबित, पातित, विद्ध, भिन्न और विदलित

व्रणस्थान = त्वचा, मांस, शिरा, स्नायु, संधि, अस्थि, कोष्ठ और मर्म (कुल ८)। (ये यथानुक्रम दुःसाध्य होते हैं।) इनके अतिरिक्त नेत्र, दन्त, नासिका, अपांग, नाभि, सेवनी, जठर, श्रोत्र, पार्श्व, कक्षा, स्तन, तथा स्फिक् (कुल्हे), गुद, शिश्न, ओष्ठ, पृष्ठ, आस्य (अन्तर्मुख) और गण्ड (गाल)।

व्यवायी = प्रशमन न होने वाला और संपूर्ण शरीर में प्रसृत होने वाला रोग।

व्याधि (प्रकार) = १) साध्य, २) असाध्य। साध्यव्याधि के पांच प्रकार – १) सुखसाध्य और २) कृच्छ्रसाध्य, ३) याप्य, (पथ्य से नष्ट होने वाला) ४) अनुपक्रम (अर्थात् अप्रतिकार्य) ५) उपद्रव एक रोग का दूसरे रोग से संकर।

व्याधि = (३ प्रकार) १) दृष्टापचारज (या दोषज) प्रत्यक्ष अपराध से उत्पन्न), २) पूर्वापराधज या कर्मज और ३) दोषकर्मज। अन्य दो प्रकार – **स्वतंत्र** = (शास्त्रोक्त कारणों से उत्पन्न होने वाला) २) **परतंत्र** शास्त्रोक्त कारणों से अन्य कारणों से उत्पन्न।

शतघृत = सौ बार धोया हुआ घृत।

शमन = (लंघन का एक प्रकार) के सात प्रकार - पाचन, दीपन, अनशन, अ-जलपान, व्यायाम, आतपसेवन, वायुसेवन।

शरीर = (१) धातु, दोष, मल, से घटित द्रव्य। २) चेतन तत्व का पंचभूत। विकासात्मक अधिष्ठान, (चरक) भूतविकारात्मक स्थूल शरीर और चेतनाधिष्ठान सूक्ष्म शरीर)।

शरीर के कुल अवयव = (अथर्व वेद १०-२ एवं चरक और सुश्रुत के अनुसार) – पार्ष्णी (एडियां) मांस, गुल्फ, (चरण ग्रंथि अस्थि), अंगुलि, उच्छलकौ (दो पब्बे) प्रतिष्ठा, अष्ठीवन्तौ, जंघे (टांगे), जानुसंधी, शिथिरकबन्ध, (नमीश धड), श्रोणी, ऊरु, कुसन्धि (शरीर का ढांचा), उरस्, ग्रीवा, स्तन, कफोड, (कंधे के दो सिरे), स्कन्ध, पृष्टि (मेरुदण्ड) अंसौ, बाहू, मुख, कर्ण, नासिका, चक्षणी (नेत्र), मुख, हनु, जिव्हा, मस्तिष्क, ललाट, ककाटिका (मुख की अस्थि), कपाल, हनुचित्या (जबडों का गठन)।

शरीरबल = (३ प्रकार) १) सहज (त्रिगुणोत्पन्न) २) कालज (आयु की वृद्धि के कारण उत्पन्न) ३) युक्तिजन्य (आहार, व्यायाम आदि द्वारा उत्पन्न।)

शरीरस्थान = ७ त्वचा, ७ आशय, १२ कोष्टांग, १२ जीवितधाम (या स्थान); १६ जाल, १६ कंडरा, ६ कूर्चा, ७ सीवनी, ४ मांसरज्जू, १८ सीमन्त, ३६० अस्थियाँ (इनमें दांत और नखों की गणना होती है)। (धन्वन्तरि के मतानुसार अस्थिसंख्या ३००) और आत्रेय के मतानुसार एक सहस्र)। ९०० स्नायु, ५०० पेशियाँ, (स्त्रीशरीर में योनि तथा स्तन में २० पेशियाँ अधिक होती हैं।) १० हृदयस्थ प्रमुख शिराएँ, ७०० विभागों में इनका विस्तार होता है। इनमें से ९८ शिराएँ शल्यकर्म में अवेध्य मानी गयी हैं।) २४ धमनियाँ, ९ स्रोतस्, नाक (२) कान (२), नेत्र (२), मुख, गुद, मूत्रद्वार। (स्त्री शरीर में २ स्तन और १ योनि - ३ स्रोतस् अधिक होते हैं।) १३ अन्तःस्रोतस् (प्राणवह, रस, रक्त, मांस, मेदस्, अस्थि, मज्जा, शुक्र, शकृद्, मूत्र, स्वेद, उदक, और अन्नवह)। (इसे ग्रहणी या पित्तधरा कहते हैं)। किट्ट (दो प्रकार – मल और मूत्र)। ७ रसधातु, ७ रसधातुमल, ७ धातु, ७ धातुमल, दोष त्रय, श्लेष्मा, स्वेद, नख, केश, विष्ठा, ओजस्) ५, भौतिक अग्नि, ७ धात्वाग्नि, ७ प्रकृति (वातिक, पैत्तिक, श्लेष्मिक, ३ द्वंद्वज और सान्निपातिक)

शरीराधार = (तीन) युक्त आहार, निद्रा और ब्रह्मचर्य। इन्हीं पर शरीर के बल, वर्ण और आयुष्य निर्भर होते हैं। (चरक सूत्रस्थान अ ११)

शल्य = शरीर में व्यथा उत्पन्न करने वाला, बाह्य या आंतरिक पदार्थ।

शल्यतंत्र की चार संहिताएँ = औषधेनव, औरभ्र, पौष्कलावर्त और सौश्रुत। इनमें अंतिम संहिता सर्वश्रेष्ठ मानी जाती है। एकमात्र यही आज उपलब्ध है।

शल्यतंत्र = देखिए कायचिकित्सा।

शल्यतंत्रकर्ता = कपिलबल नामक आयुर्वेद के आचार्य की उपाधि।

शवगन्धि = आठ प्रकार के कुष्ठ रोगों में से एक।

शस्त्रक्रिया = (आठ प्रकार) = छेद्य, भेद्य, लेख्य, वेध्य, एष्य (व्रण में सलाई घुसाना), आहार्य, विश्राव्य, और सीव्य।

शस्त्रच्छेद = (४ प्रकार) = गोतीर्थक, सर्वतोभद्र, अर्धलांगल और लांगल। भगंदर जैसे व्रण में इस प्रकार के शस्त्रच्छेद आवश्यक होते हैं।

शारीर = शरीर रचना का शास्त्र (अॅनाटॉमी)।

शारीर परिभाषा = (वेदों में उल्लिखित) = उष्णिह (या कृकाटिका) = गर्दन का भाग। मस्तिष्क = अमूप (मेरुदण्ड), अनूक्य = (मेरुदण्ड में स्थित मज्जारज्जु); यकृत् प्लीहा, क्लोम = (स्वादुपिण्ड) आन्त्र, अल्ब आदि।

शालाक्य = आयुर्वेद के अष्टांगों में से एक। नाक, कान आदि ऊर्ध्वजत्रुगत रोगों की चिकित्सा में शलाका का उपयोग होने के कारण यह संज्ञा रूढ हुई।

शालाक्यतंत्र = शल्यचिकित्सा का एक प्रकार। इसमें कंठ के उपर के नेत्रादि अवयवों के रोगों की चिकित्सा का विचार होता है।

शालिहोत्र = पशुओं की विशेषतः अश्वों की चिकित्सा का शास्त्र।

शिखरिणी = दही, दालचिनी, इलायची, मधु, घृत, मरिच, खांड (शक्कर), इनका चूर्ण कर्पूरगन्धयुक्त बरतन में रखकर यह द्रव्य सिद्ध होता है। इसमें प्रत्येक पदार्थ का प्रमाण निर्धारित है।

शिरा = चार प्रकार सुश्रुत मतानुसार) = वायुशिरा, (अरुणशिरा), कफशिरा (श्वेतशिरा), पित्तशिरा (नीलाशिरा), और रक्तशिरा।

शिरोरोग = अर्धावभेदक, शिरोभिताप, दारुणक, सूर्यावर्त, उपशीर्षक, उरूंषिका, इन्द्रलुप्त (चाचा), खलति (गंजापन), पलित।

शिलाजतु = ग्रीष्मऋतु में तप्त पर्वतों से निकलने वाला लाख के समान एक धातुरस। इसमें सुवर्णादि छह धातुओं का रस होता है।

शुक्तिका = एक नेत्ररोग। इसमें आंख के शुभ्र अंश पर रंगबिरंगे बिंदु दिखाई देते हैं।

शुक्र (वीर्य) के नौ प्रकार = वातशुक्र, पित्तशुक्र, कफ० कुणप०, ग्रन्थि०, पूय०, क्षीण०, मूत्र० और पुरीष०। इसी क्रम से स्त्री शरीर में रज भी नौ प्रकार का होता है। इन नौ प्रकारों में शुक्र और आर्तव (रज) गर्भोत्पत्ति करने में असमर्थ होते हैं।

शुक्र = नेत्र के रोग। इस के शिराशुक्र, पाकात्यय शुक्र, शुद्ध शुक्र, आदि प्रकार होते हैं।

शोधन = (लंघन का एक प्रकार) = पांच प्रकार – बस्ति, वमन, विरेचन, मूर्धविरेचन और रक्तमोक्ष।

शोफ (सूजन) = नौ प्रकार – त्रिदोष जन्य ७, अभिघात जन्य और विषजन्य।

श्लोपद = पैरों में बढ़ा हुआ शोफ विकार (सूजन)।

श्लेष्मा (कफ) पांच प्रकार = १) अवलंबक, (उरःस्थ); (२) क्लेदक, (आमाशयस्थ), ३) बोधक (जिव्हास्थित) ४) तर्पक (शिरःस्थ); ५) श्लेषक (सन्धिस्थ)।

श्वासविकार = (दमा)। प्रकार = तमक, प्रतमक, छिन्न, महाश्वास, ऊर्ध्व।

श्वित्र = कुष्ठ रोग के समान एक रोग। कुष्ट और श्वित्र होने के कारण, समान होते हैं। अपर संज्ञा – किलास और दारुण।

षड्भिषक् संहिता = अग्निवेश, भेड, जातूकर्ण, पराशर, हारित और क्षारपाणि इन छह आत्रेयशिष्यों की आयुर्वेद विषयक संहिताएँ। इनमें से केवल अग्निवेशतंत्र या संहिता विद्यमान तथा प्रमाणभूत मानी जाती हैं। अन्य संहिताएं लुप्त हैं।

षड्रस = कटु, तिक्त, कषाय, लवण, अम्ल, मधुर।

संकीर्णाशन = पथ्य और अपथ्य पदार्थों का आहार।

संचारी रोग = स्पर्श, एकाहार (एक थाली में सहभोजन) एक शय्या, आदि कारणों से रोगी का संसर्ग होने से निरोगी को होने वाले रोग. (प्रायः सभी रोग संचारी होते हैं। उनमें नेत्र और त्वचा के रोग विशेष संचारी होते हैं। (सर्वे संचारिणो नेत्र, त्वग्, विकारा विशेषतः) (वाग्भट)।

सन्तर्पण = द्राक्षा, अनार, खजूर, जल, शर्करा, लाजाचूर्ण, मधु और घी का मिश्रण।

संधाव = तीव्र द्रव्य से युक्त एक नेत्रौषध।

सन्धि (दो प्रकार) = १) शरीरसंधि, २) अस्थिसन्धि।

सन्निपात = त्रिदोष (कफ, वात और पित्त) का एकसाथ क्षय या प्रकोप होना।

सन्निपात (१३ प्रकार) = एकदोषाधिक्य से ३; दो दोषों के आधिक्य से ३, तीन दोषों की समान वृद्धि से १, तीन दोषों के यथा क्रम वृद्धि से ६।

संन्यास = सन्निपातजन्य मूर्च्छा का एक प्रकार। यह मूर्च्छा औषधोपचार के बिना नहीं हटती। (अन्य मूर्च्छाएँ दोषों का प्रमाद समाप्त होने पर अनायास हटती हैं।

संप्राप्ति = रोगज्ञान का एक उपाय। कफादि दोषत्रय के दुष्ट संचार के कारण रोग की उत्पत्ति। पांच प्रकार – संख्या – संप्राप्ति; विकल्प; प्राधान्य; बल और काल।

संशोधन = वमन, शोधन, आदि प्रयोगों से शरीरस्थ दोषों का निस्सारण करने वाली औषधि।

सतत ज्वर = यह रक्ताश्रित दोष से उत्पन्न होता है और २४ घंटों में दो बार उद्दीपित होता है। (संतत ज्वर विषम ज्वर के समान होता है।)

सर्पदंश के पांच प्रकार = १) तुण्डाहत (इसमें दांत का स्पर्श नहीं होता), २) **व्यालीढ** = (एक दांत का रक्तहीन स्पर्श) **व्यालुप्त** = दो दांतों का रक्तयुक्त स्पर्श), ४) **दंष्ट्रक** = तीन दांतों का मांसच्छेद तथा रक्तप्रवाह युक्त दंश) **(५) दृष्टनिपीडित** = चार दांतों से गहरा दंश)। **अन्य प्रकार** = **सर्पांगाभिहत** = केवल सर्प के शरीर का स्पर्श), **शंकाविष** = अन्य किसी प्राणी का दंश होने पर सर्पदंश की आशंका से ग्लानि आना)

सर्वाक्षिरोग = संपूर्ण नेत्र के रोग। **प्रकार** = अभिष्यन्द, अधिमंथ (चार प्रकार- वाताधिमंथ, पित्ता०, कफा०, और रक्ताधि०, हताधिमंथ, शुष्काक्षिपाक, सशोफाक्षिपाक, अक्षिपाकात्यय, अम्लोषित।

सर्वौषधि = सूंठ, जटामांसी, हरिद्रा, दारुहरिद्रा, मुरा, शैलेय, चम्पक, वच, कर्पूर, और मुस्ता - इन द्रव्यों का मिश्रण। (इसमें शुष्क आमलकी की त्वचा मिलाने पर '**सुगन्ध्यामलक** नामक औषधिद्रव्य होता है।)

सामुद्ग-रीति = औषधसेवन के दस कालों का नियम बताने वाली रीति। इसके अनुसार (१) भोजन के पूर्व पचन योग्य काल)१) भोजनारम्भ में (३) भोजन के बीच, (४) भोजनोत्तर, (५) प्रत्येक ग्रास के बाद, (६) अन्नग्रास से मिश्रित, (७) बारंबार (८) भोजन के साथ साथ, (९) भोजनपूर्व और भोजनोत्तर, १० निद्रा के समय। औषध का सेवन करना योग्य है।

सीधु = इक्षुरस से बनाया हुआ मद्य।

सुरा = चांवल के पिष्ट से निर्मित मदिरा।

सुगन्धि त्रिफला = जायफल, इलायची और लवंग इन तीन फलों का समूह।

सुगन्ध्यामलक = देखिये सर्वौषधि।

सोम = वेदों में वर्णित एक सर्वोत्तम वनस्पति। आधुनिक विद्वान् काश्मीर, अफगानिस्तान आदि हिमालयीन विभाग में प्राप्त होनेवाली 'हुम' नामक वनस्पति को ही सोम मानते हैं।

स्कन्दापस्मार = आयुर्वेद में उल्लिखित एक दुष्ट ग्रह।

स्तंम्भक = मल, मूत्रादि का निरोध करने वाला औषध आदि।

स्थपनी = भ्रुकुटीमध्य में स्थित मर्मस्थान।

स्थावर विष के नौ प्रकार = कालकूट, वत्सनाभ, शृंगिक, प्रदीपन, हालाहल, ब्रह्मपुत्र, हारिद्र, सक्तुक और सौराष्ट्रिक।

स्नेहत्रय = घृत, तैल और वसा। इसमें मज्जा मिलाने पर 'महास्नेह' कहते हैं।

स्नेहपाक = औषधियुक्त घृत, तैल आदि स्निग्ध पदार्थ।

स्पर्शहानि = एक लैंगिक रोग।

स्वप्न (सात प्रकार) = दृष्ट, श्रुत, अनुभूत, प्रार्थित, कल्पित, भाविक और दोषज। (इनमें भवितव्यता को सूचित करने वाले स्वप्न 'भाविक' होते हैं। अन्य सभी निष्फल होते हैं।

स्वरस (या अंगरस) = आर्द्र वनस्पति को कूटकर निकाला गया रस।

स्वादु त्रिफला = मुनक्का, खजूर और गम्भारी इन तीन फलों का समूह।

हिध्मा (हिचकी) (पांच प्रकार) = भक्तोद्भवा, (या अन्नजा) क्षुद्रा, यमला, गंभीरा और महली = (अपर संज्ञाएं – महामूला महाशब्दा, महावेगा, और महाबला)

हीनयोग = रेचक आदि औषधों का अल्पमात्रा में गुण आना।

हिम = औषधि को रातभर पानी में रखकर दूसरे दिन प्रातः लिया गया जलांश।

★ ★ ★

वर्ग - ७

औषधोपयोगी वनस्पती तथा धातु, रत्न, पशु आदि के पर्याय शब्द

१ **अक्षोडक** (हिंदी-अखरोट) = पर्वतीय, फलस्नेह, गुडाशय, कीरेष्ट, कर्पराल, स्वादुमज्जा और पृथुच्छद।

२ **अगुरु** (हिंदी- अगर) = प्रवर, लोट, कृमिजग्ध, अनार्यक, कृष्णागरु, स्वाद्वगरु, योगज और विश्वरूपक।

३ **अग्निमंथ** (हिंदी- अरणी, टेकार) = तकीरी, विजयन्तिका, वह्निमन्थ, अरणी, केतु, श्रीपर्णी, जया, नादेयी और वह्निमथन।

४ **अंकोट** (हिंदी- अंकोल, ढेरा) = अंकोलक, रेघी, दीर्घकीलक, पीतसार, ताम्रफल, गन्धपुष्प और निकोचक।

५ **अंगारवल्लरी** = गुंजा या घुंघची की संज्ञा।

६ **अंजन** (हिंदी- सुरमा) = मेचक, कृष्णा, सौवीर, सुवीरज, कपोत, यामुनेय, स्रोतोज और सारित।

७ **अंबिका** (हिंदी- झाब) = माचिका, अम्बष्ण, अंबा, अंबालिका, अंबष्ठका, कषाया और मुखवाचिका।

८ **अजगन्धा** (हिंदी- हुलहुल) = बस्तगन्धा, खरपुष्पा, विगन्धिका, कारवी, बर्बरा, गन्धा, तुंगी और मूतिमयूरिका।

९ **अजमोदा** = पस्तमोदा, दीप्यक, लोचकर्कट, खराह्वा, कारवी, वल्ली, मोदी और हस्तिमयूरक।

१० **अजशृंगी** (हिंदी- मेढासिंगी, गुडभार) = मेषशृंगी, सर्पदंष्ट्रा, वर्तिका, दक्षिणावर्ता, वृश्चिकाली, विषाणिका।

११ **अतिमुक्त** (हिंदी- माधवीलता) = कार्मुक, मण्डन, भ्रमरोत्सव, अविमुक्त, माधवी, सुवसन्त और पराश्रय।

१२ **अतिविषा** (हिंदी- अतीस) = शुक्लकन्दा, विश्वा, भंगुरा, श्यामकन्दा, प्रतिविषा, शृङ्गी, विषा, उपविषा, प्रतिविषा, अतिसारघ्नी, आर्द्रा, श्वेता, विरूपा, विषदा, पित्रवल्लभा, घुणप्रिया और बालरोगनाशिनी।

१३ **अपामार्ग** (हिंदी- चिडचिड़ी, चिचड़ा लटजीरा) = शिखरी, प्रत्युक्पुष्पी, मयूरक, अधःशल्य, किणिही, दुर्ग्रह, खरमंजरी, शैखरिक, मर्कटी, दुरभिग्रह, परावपुष्पी, वशीर, कष्टी और मर्कट-पिप्पली।

१४ **अरणी** (हिंदी- दन्ती का एक प्रकार) = वराङ्गी, जयावहा, आवर्तकी, केशरुहा और विषभद्रिका।

१५ **अर्क** (हिंदी- सफेद मदार) = सूर्याह्वय, पुष्पी, विक्षीर, विकिरण, जम्भल, क्षीरपर्णी, आस्फोट, भास्कर और रवि।

१६ **अर्जुन** (हिंदी- काहू) = ककुभ, पार्थ, चित्रयोधी, धनंजय, वीरान्तक, किरीटी।

१७ **अशोक** = शोकनाथ, विचित्र, कर्णपूरक, विशोक, रक्तक, रागी, चित्र और षट्पदमंजरी।

१८ **अश्मन्तक** (हिंदी- कचनार) = चन्द्रक, कुद्दाली, अम्लपत्रक, श्लक्ष्णात्वक्, मालुकापर्ण और यमलपत्रक।

१९ **अश्वखुरा** दो प्रकार = १) श्वेतपुष्पी = श्वेतखुरा गिरिकर्णिका, कटभी, श्वेतस्यन्दा, श्वेतनामा और अपरजिता। २) नीलपुष्पी = महाश्वेता, गिरिकर्णी, गवादनी, वल्ली, अत्युग्रगन्धा, नीलस्यन्दा।

२० **अश्वगन्धा** (हिंदी- असगन्ध) = वाजिगन्धा, कंचुका, अश्वारोहक, वाराहकर्णी, तुरगी, बल्या और वाजिकरी।

२१ **अश्वत्थ** (हिंदी- पीपल) = पिप्पल, केशवावास, चलपत्र, पवित्रक, मंगल्य, श्यामल, बोधिवृक्ष, गजानन, श्रीमान्, विप्र, शुभदा, श्यामलच्छद, गुह्यपत्र, सेव्य, सत्य, शुचिद्रुम, चैत्यद्रुम, धर्मवृक्ष और चन्द्रकर।

२२ **असन** (हिंदी- विजयसार) = सौरि, बन्धूक, पुष्पक, प्रियक, बीजक, श्याम, सुनील, और प्रियशालक।

२३ **आम्र** (हिंदी- आम) = चूत, रसाल, कीरेष्ट, मदिरासख, कामांग, सहकार, परपुष्ट और मदोद्भव।

२४ **आम्र** (विविध प्रकार) = क्षुद्राम्र, राजाम्र, नीलकपित्थ, और टंक।

२५ **आम्रातक** (हिंदी- आंवला) = पीतनक, कपिचूत, अम्लवाटक, शृंगी, कपि, रसाढ्या, तनुक्षीर और कपिक्षीर।

२६ **अम्लिका** (हिंदी- इमली) = चुक्रिका, चुक्रा, अम्ला, शुक्ता, शुक्तिका, चिंचिका, चिंचा, तिन्तिडिका, और सुतिन्तिडी। अन्य प्रकार- **क्षुद्राम्लिका** = चांगेरी, लोणिका, अम्ललोणिका, लोला, लोणा, चतुष्पर्णी, दन्तशठा।

२७ **आरग्वध** (हिंदी- अमलतास, सोनहाली) = दीर्घफल व्याधिहा, चतुरंगुल, आरेवत, कर्णी, कर्णिकार और रेचन।

२८ **आरुक** (हिंदी- आडू) = वीर, वीरारुक, वीरसेन।

२९ **आवर्तकी** (हिंदी- तरवर) = तिन्दुकिनी, विभाण्डी, पीतकीलका, चमरंगा, पीतपुष्पा, विषीणका और महावाली।

३० **आसुरी** (हिंदी- राई) = राजिका, राजी, कृष्णका, सक्तसर्षप, तीक्ष्णगन्धा, अतितीक्ष्णा, क्षुतक, क्षवक और क्षव।

३१ **आहार** = अन्न, जीवन, कूर, कशिपु, ओदन, अन्धस्, भिस्सा, अदन, भोज्य।

३२ **इक्षु** (हिंदी- ईख, गन्ना) = कर्कोटक, वंश, कान्तार, वेणुनिस्वन। अन्य प्रकार- १) पोण्ड्रक =रसाल, सुकुमारक। (२) इक्षुयोनि, = इक्षुबालिका, खरकशाली। (३) इक्षुर, इक्षुगन्ध, कोकिलाक्ष।

३३ **इन्द्रयव** (कुटज के फल) = शक्राह्व, कलिंगक, वत्सकबीज और भद्रयव = (कुटज के बीज)

३४ **इरिमेद** (हिंदी- विट्खदिर, गुहियाखैर) = अरिमेद, गोधारस्कन्ध, अहिमेद, पूतिमेद और अहिमारक।

३५ **उत्तरपथिका** (देखिये पथिका)

३६ **उदुम्बर** (हिंदी- गूलर) = क्षीरवृक्ष, हेमदुग्ध, सदापुष्प, अपुष्पफलसम्बन्ध और शीतवल्लक।

३७ **उपकुंची** (हिंदी- मंगरैल, कलौंजी) = उपकुंचा, कालिका,

उपकालिका, सुषवी, कुंचिका, पृथ्वीका, और स्थूलजीरक।

३८ उपधातु (हिंदी-) = देखिए सप्तक।

३९ उपरत्न = काच, कर्पूराश्म (कर्पूरनिया), मुक्ताशुक्ति (सीप) और शंख। इनके अतिरिक्त अनेक प्रकार के उपरत्न माने जाते हैं।

४० उर्वारु (ककडी) = कर्कटी, व्यालपत्रा, लोमशा, स्थूला, तोयफला, हस्तिदन्तफला और मुनि।

४१ उशीर (हिंदी- खस) = अमृणाल, अभय, समगन्धिक, रणप्रिय, वीरतर, वीर और वीरणमूलक।

४२ ऋद्धि (हिंदी- वृद्धि) = सुख, सिद्धि, रथांग, मंगल, वसु, ऋषिसृष्टा, युग, योग्य, लक्ष्मी, और सर्वजना प्रिया।

४३ एरण्ड (हिंदी- रेड़ी) = तरुण, शुक्ल, चित्र, गन्धर्वहस्तक, पंचागुल, वर्धमान, आभण्ड, और दीर्घदण्डक। प्रकार २ - व्याघ्र, व्याघ्रदल, रुब, रुबुक, हस्तिकर्णी, चंचुक, और उत्तानपत्रक (यह लाल रंग का होता हैं)

४४ एलवालुक (हिंदी- आडू, आलुवालु) = आलुक, वालूक, हरिवालुक, एल्वालुक, कणित्थ, दुर्वर्ण, प्रसर और दृढ।

४५ ऐन्द्री (हिंदी- इन्द्रायण) = इन्द्रवारुणी, इन्द्रा, इन्द्रवारु, मृगादनी, गवादनी, क्षुद्रफला, वृषभाक्षी और गवाक्षी।

४६ औद्‌भिद लवण (हिंदी- खारानोन, खारिया, नमक) = पाशुलवण, रोमक, वसु, ऊषर, पांसवक्षार, और्ण और सार्वगुण।

४७ औषध = भैषज्य, भेषज, अगद, जायु, आयुर्योग, गदाराति और अमृत।

४८ कङ्कुष्ठ = कालकुष्ठ, विरंग, रंगनायक, रेचक, पुलक, ऱ्हास, शोधन और कालपालक।

४९ कंकोलक (हिंदी- शीतली चीनी) = कृतफल, कोलक, कटुकफल, चूर्ण, कन्दफल, द्वीपमरिच, और माधवोचित।

५० कटुका (हिंदी- कुटकी) = कटुका, मत्स्यशकला, मत्स्यपित्ता, रोहिणी, कृष्णभेदा, काण्डरुहा, कटुकरोहिणी, अशोक रोहिणी, तिक्ता, चक्रांगी, शकुलादनी, कटुरोहिणी, अरिष्टा, तिक्तक रोहिणी, आमघ्नी, शतपर्वा, विप्राङ्गी, जननी और जना।

५१ कटुकअलाम्बुनी (हिंदी- तितलौकी) = तुम्बी, लम्बा, पिण्डफला, इक्ष्वाकु, क्षत्रियवरा, तिक्तबीजा, महाफला

५२ कट्फल (हिंदी- कायफल) = सोमवल्क, श्रीपर्णी, कुमुदा, महाकुम्भा, कुम्भिका, भद्रा, भद्रवती।

५३ कण्टकारी (हिंदी- भटकटैया) = दुःस्पर्शा, क्षुद्रा, व्याघ्री, निदिग्धिका, कण्टलिका, कण्टकिनी, धावनी और दुष्प्रधर्षिणी।

५४ कतक (हिंदी- निर्मली) = कतफल, छेदनीय, अम्बुप्रसादन फल, श्लक्ष्ण और नेत्रविकारजितू।

५५ कत्तृण (हिंदी- रुषाघास, मिरचागंध) = सकल, भूति, भूत्दि, रोहिष, तृण, ध्यामक, श्यामक, पौर, पाटल और देवदंशक।

५६ कदम्ब (हिंदी- कदम) = वृत्तपुष्प, सुरभि, ललनाप्रिय, कादम्बर्य, सिन्धुपुष्प, मदाढ्य और कर्णपूरक। अन्य प्रकार (१) **धाराकदम्ब** = हरिप्रिय और कादम्बर्य। २) **धूलिकदम्ब** = नीप, सुवास, वृत्तपुष्पक।

५७ कदली (हिंदी- केला) = सुकुमारा, रम्भा, स्वादुफला। दीर्घपत्रा, निस्सारा, मोचा और हस्तिविषाणिका।

५८ कपट (हिंदी- गुलाब) = (यह कत्तृण का एक विशेष प्रकार है।) सुमंगल्य, चिडा, गन्धवधू, तारा, तरुण, तरुणी। (तरुणी को कर्णिका या शतपत्री भी कहते है।

५९ कपिकच्छू (हिंदी- केवांच) = आत्मगुक्षा, स्वयंगुप्ता, महर्षभी, लाङ्गूली, कण्डुला, चण्डा, मर्कटी, दुरभिग्रहा।

६० कपित्थ (हिंदी- कैथ) = दधित्थ, गन्धफल, ग्राही, अक्षसस्य, दधिफल, चिरपाकी और कपिप्रिय.

६१ कम्पिल्लक (हिंदी- कवीला) = रक्तांग, रेची, रेचनक, रंजन, लोहितांग, और रक्तचूर्णक।

६२ करमर्दक (हिंदी- करोंदा) = करमर्द, आविग्न, सुषेण, पाणिमर्दक, कराम्ल और कृष्णपाकफल।

६३ करवीर (हिंदी- कनेर, कनैल) = अश्वहा, अश्वघ्न, हयमार, अश्वमारक, श्वेतकुन्द, श्वेतपुष्प, प्रतिहास और अश्वमोहक। प्रकार २ - रक्तपुष्प, चण्डक, लगुड, चण्डातक, गुल्मक, प्रचण्ड और करवीरक

६४ करंज (हिंदी- ठिठौरी, करु, अठूनी) = नलमाल, पूतिक, चिरबिल्व। अन्य प्रकार - १) धृतपर्ण = प्रकीर्य और गौर। २) उदकीर्य = षड्‌ग्रन्थ, हस्तिचारिणी, मदहस्तिनिका, रोही, हस्तिरोहण और प्रिय। २) अंगारवल्लिका = अंबष्ठ, काकघ्नी, काकभण्डिका, वायव्या, काल्मिका, भेदा और काकवल्ली।

६५ करीर (हिंदी- करील) = गूढपत्र, शाकपुष्प, मृदुफल, ग्रन्थिल, तीक्ष्णसार, क्रकच, और तीक्ष्णकंटक।

६६ कर्चूर (हिंदी- कचूर) = गन्धमूल, द्राविड, कार्श वेधमुख्य और दुर्लभ।

६७ कर्णिकार (आरग्वध का एक प्रकार) = राजवृक्ष, प्रग्रह, कृतमालक, आरोग्यशिम्बी, शम्पाक, व्याधिवात, व्यथान्तक।

६८ कर्पूर (हिंदी- कपूर) = शीतलरज, शीताभ्र, स्फटिक, हिम, चन्द्र, तुषार, तुहिन, शशी, इन्दु और हिमवालुक। दो प्रकार- पक्व और अपक्व।

६९ कस्तूरी = मृगमद, मृगनाभि, मृगाण्डजा, मार्जारी, मेधमुख्या, मदनी और गन्धचेली।

७० काकजंघा (काकमाची का एक प्रकार) = ध्वांक्षजंघा, काकपादा, लोमशा, पारावतपदी, दासी, नदीक्रान्ता और प्रचीबला।

७१ काकनासा (काकमाची का एक प्रकार) = ध्वांक्षनासा, काकतुण्डी, सुरंगी, तस्करस्नायु, और ध्वांक्षतुण्डफला। (ध्वांक्ष = काक, कौवा)

७२ काकमाची (हिंदी- मकोय) = ध्वांक्षमाची, काकाट्वा, वायसी, कट्वी, कटुफला, और रसायनवरा।

७३ काकमाची (हिंदी- मकोय) = प्रकार - काकजंघा, काकनासा, काकादनी, चूडामणि, श्वेतकाम्भोजी, (प्रत्येक प्रकार

के पर्याय यथास्थान देखिये)।

७४ काकादनी (काकमाची का एक प्रकार) = काकपीलु काकणन्ती, रक्तिका, वक्त्रशल्या, ध्वांक्षनखी

७५ काकोदुम्बरिका (हिंदी- कंठगूलर) = फल्गु, राजिफल्गु, शिवाटिका, फल्गुनी, फलसंभारी, मलयू और श्वित्रभेषज।

७६ काकोली (हिंदी- काकोली) = मधुरा, शुक्ला, क्षीरा, ध्वांक्षोलिका, वयस्था, स्वादुमांसी, वायसोली और कर्णिका। इसीका प्रकार है क्षीरकाकोली- क्षीरशुक्ला, पयस्विनी, क्षीरमधुरा, वीरा और क्षीरविषाणिका।

७७ काण्डीर (हिंदी- जलधनिया, देवकाण्डर) = काण्डकटुक, नासासंवेदन, पटु, उग्रकाण्ड, तोयवल्ली, कारवल्ली और सुकाण्डक।

७८ कालकेय (अगरु का एक अधिक गुणयुक्त प्रकार) = ससार, पीतवर्ण, वर्णप्रसादन और लघुचन्दन।

७९ कालीयक (हिंदी- पीला चन्दन) = पीत, नारायणप्रिय, मलयोत्थ, पीतकाष्ठ और हरिचन्दन (चन्दन का एक प्रकार)।

८० काश (हिंदी- कास) = काण्डेक्षु, काकेक्षु वायसेक्षुक, इक्ष्वारि, इक्षुकाण्ड, इसुरक, श्वेतचामरपुष्प और इक्षुकुसुम।

८१ काश्मर्य (हिंदी- गंभार) = काश्मरी, हीरा, मधुपर्णी, श्रीपर्णी, सर्वतोभद्रा, गम्भारी और कृष्णवृन्तका।

८२ काष्ठकदली (कदली का एक प्रकार) = श्वेता, अरण्यकदली, विषघ्नकदली और पाषाणकदली।

८३ काष्ठपाटला (पाटला का एक प्रकार) = श्वेता, श्वेतकुम्भिका, कुबेराक्षी और फलेरुहा।

८४ कासघ्नी (बृहती का विशेष प्रकार) = क्षुद्रमाता, वार्ताकिनी, आख्या, कपटा, कपटेश्वरी, मलिना, मलिनांगी, कटुवार्ताकिनी, गर्दभी, बहुवाहा, चन्द्रपुष्पा, प्रियंकरी।

८५ कासमर्द (हिंदी- कसौटी) = अरिमर्द, कासारि, कर्कश, और कालकतक।

८६ कासीमस (हिंदी- काशीश) = धातुकासीस, केसर, और तप्तलोमश।

८७ किंकिरात = किंकिराट, पीतभद्रक, हेमगौर, विप्रलम्भी और षट्पदानन्दवर्धन।

८८ किरात-तिक्त (हिंदी- चिरायता) = हेम, काण्डतिक्त, किरातक, भूनिम्ब, अनार्यतिक्त, किरात, रामसेनक, कैडर्य, पिचुमन्द, निम्ब, अरिष्ट, वरत्वच, छिर्दिघ्न, हिंगुनिर्यास, प्रियशाल और पार्वत। (नेपाली जाति का किराततिक्त = ज्वरान्तक महातिक्त, तिक्त, निद्रारि और सन्निपातहा।

८९ किशुंक (हिंदी- ढाक) = पलाश, ब्रह्मवृक्षक, वातपोय, रक्तपुष्प, याज्ञिक, त्रिपर्ण, पूतद्रु, क्षारश्रेष्ठ, बीजस्नेह, और समीद्दर।

९० कुंकुम (हिंदी- केशर) = आस्रक्, अस्र, रुधिरक्त, पीतक, काश्मीर, चारु, बाह्लीक, संकोच, पिंशुन और वर।

९१ कुचन्दन (हिंदी- पतंग) = रक्तकाष्ठ, सुरंगक, पत्रांग, पतंग, पट्टराग और पट्टरंजन। (चंदन का एक प्रकार)

९१ कुटज (हिंदी- कुडा, कुरैया, कौरैया) = कौट, कौटज, वत्सक, गिरिमल्लिका, कलिगमल्लिका पुष्प, इन्द्रवृक्ष और वृक्षक। (देखिये- इन्द्रयव)।

९२ कुठेरक = वैकुण्ठ, क्षुद्रपर्ण, और अर्जक। अन्य प्रकार, (१) वटपत्र = पर्णास और बिल्वपत्रक। (२) शालुक = कृष्णशालुक, कृष्णार्जक, कालमाल, कराल और कृष्ण-मल्लिका।

९३ कुन्द = सुमकरन्द, सदापुष्प, मनोहर, अट्टहास, भृंगसुहृदय, शुक्ल और शाल्योदनोपम।

९४ कुन्दुरु (हिंदी- सलई गूगल) = कुन्दरुक, शिखरी, कुन्द्रगोपुर, सुकुन्द्र, तीक्ष्णगन्ध, पालिन्द, भीषण और बली। (यह शल्लकी औषधि का निर्यास (गोंद) है।

९५ कुब्जक (हिंदी- कूजा) = भद्रतरुणी, बृहत्पुष्पा, अतिकेशरा, महासहा, कण्टकाढ्या, नीला और अलिकुलसंकुष्ठा।

९६ कुमुद (हिंदी- कमोदनी) = श्वेतपद्म का एक प्रकार) अरविन्द, कल्हार, कुशेशय, जलज, पंकज।

९७ कुष्ठ (एक औषधि) (हिंदी- कूठ) = रोग, अगद, व्याधि, उत्पल, पाकल, रुजा, वाप्य, वानीरज, राम, कौबेर, और परिभद्रक।

९८ कृष्णमूली सारिवा (हिंदी- अनन्तमूल) = का एक प्रकार - कृष्णा, चन्दनसारिवा, भद्रा, चन्दनगोपा, चन्दना और कृष्णवल्ली।

९९ कोविदार = कुद्दाल, कुम्भार, कुण्डली, कुली, ताम्रपुष्प, चर्मारक और महायमल पत्रक।

१०० कोशातकी (धामार्गव अर्थात् नेनुआ का एक प्रकार) = कृतच्छिद्रा, जालिनी, कृत-वेधनी, क्ष्वेद्रा, सुतिक्ता, घण्टाली और मृदंगफलिका।

१०१ क्रमुक (हिंदी- पठानी लोध) = पट्टिका रोध्र, वल्कल, स्थूलवल्कल, जीर्णपर्ण, बृहत्पर्ण, पट्ट और लाक्षा-प्रसाधन।

१०२ क्रूर = पुनर्नवा (हिंदी- गदहपुरना) का एक प्रकार। सद्योमण्डलपत्रक, श्वेतमूल, वर्षकेतु और महावर्षाभू।

१०३ क्षीरविदारी = देखिये विदारिका।

१०४ क्षीरिणी (हिंदी- सत्यानाशी, भडभाड, चोक) = कांचनक्षीरी, कटुपर्णी, घर्षिणी, तिक्तदुग्धा, हेमवती, हेमदुग्धा, हिमावती।

१०५ क्षुद्राम्र (हिंदी- कुसुमकोसम) = कृतितरु, लाक्षावृक्ष, जतुद्रुम, सुकोशक, घनस्कन्ध, कोशाम्र, और सुरक्तक।

१०६ क्षुद्राम्लिका = देखिये अम्लिका।

१०७ खदिर (हिंदी- खैर) = रक्तसार, गायत्री, दन्तधावन, कण्टकी, बालपत्र, जिह्वाशल्य और क्षतक्षम।

१०८ खर्जूरी (हिंदी- खजूर) = खरस्कन्धा, कषाया, मधुराग्रजा, दुष्प्रधर्षा, दुरारोहा, निःश्रेणी और स्वादुमस्तका। अन्य प्रकार- पिण्डखर्जूरी, दीप्या, स्थलपिण्डा, मधुस्रवा, फलपुष्पा, स्वादुपिण्डा, और हयभक्षा।

(पिण्डखर्जूरी के सूखे फल को ही छूहाडा कहते हैं)

१०९ गजपिप्पली (हिंदी- गजपीपर) = चविका, काफल।

११० गण्डदूर्वा = गण्डाली, तीव्रा, बाह्ली, मत्स्याक्षिका, नाडीकलाय, वारुणी, और शकुलाक्षिका

१११ गन्धक = गन्धपाषाण, लेलीतक, गन्धमादन, पूतिगन्ध, बलिवत्सा, धातुहा और बली।

११२ गन्ध-नाकुली (हिंदी- सरहटी) = महासुगन्धा, सुवहा, सर्पाक्षी, नकुलेष्टा, छत्राकी और विषमर्दिनी।

११३ गन्धमांसी (मांसी का एक प्रकार) = भूतजटा, पिशाची, पूतना, केशी, भूतकेशी और लोमशा।

११४ गांगेरुकी (हिंदी- गंगेरन) = नागबला, खरगन्धिनिका, झषा , विश्वदेवा, अरिष्टा, खण्डा, ह्रस्वगवेधुका। (यह बला का एक प्रकार है।)

११५ गुग्गुलु (हिंदी- गूगल) = कालनिर्यास, जटायु, कौशिक, पुर, नक्तंचर, शिव, दुर्गा, महिषाक्ष, पलंकष।

११६ गुडूची (हिंदी- गुडच, गुरुच, गिलोय) = अमृतवल्ली, छिन्ना, छिन्नरुहा, अमृता, छिन्नोद्भवा, अमृतलता, धारा, वत्सादनी, सोमवल्ली, कुण्डली, चक्रलक्षणा, नागकुमारी, छिन्नांगी, ज्वरनाशिनी, जीवन्ती, मधुपर्णी, तन्त्रिका, देवनिर्मिता, वयस्या, मण्डली, सौम्या, विशल्या अमृतसंभवा, पिण्डामृता, बहुच्छिन्ना, कन्दरोहिणी, रसायनी, मृत्तिका, चन्द्रहासा और भिषगूजिता। (कन्दगुडूची= कन्दा, अमृतकन्दा, गुडूचिका)।

११७ गुण्ठ (हिंदी- गोंद पटेर) = यह कत्तृण का एक प्रकार है। वृत्तगुण, शुण्ठ, शृंगभेदी, भमूलक, कुण्ठ, तृणशुण्ठ, वर्तुल और पृथुकन्दक।

११८ गूंजन (हिंदी- गाजर) = पिंगलमूल, पीतरमूल, स्वादुमूल, सुपीतRs नागर और पीतमूलक।

११८ गृष्टि (हिंदी- वाराही कन्द) = विष्वक्सेनकान्ता, वाराही, गृष्टिका, सौकरी, कान्ताक्रान्ति और वनमालिनी।

११९ गैरिक (हिंदी- गेरु) = रक्तधातु, ताम्रधातु, और गवेधुक। दो प्रकार = (१) पाषाणगैरिक और (२) स्वर्णगैरिक।

१२० गोक्षुर (हिंदी- गोखरु) = भक्षक, स्वादुकण्टक, गोकण्टक, भक्षटक, षडंग और कंटकत्रिक। गोकष्ट, भक्षुर, कण्टी, क्षुरक, त्रिकण्टक, कण्टफल, श्वदंष्ट्रा और व्यालदंष्ट्रक।

१२१ गोरोचना (हिंदी- गोलोचन) = पिंगला, पिंगा, मेध्या, गौरी, गोमती, मांगल्या, वन्दनीया, अग्न्या, पावनी, रुचिरा औग रुचि।

१२२ ग्रैष्मी (हिंदी- नेवारी) = सुरभि, कान्ता, सुगन्धा, वनमालिनी, वनमालिका, नेपाली, सुकुमारा और शिखरिणी।

१२३ चक्रमर्द (हिंदी- चकवड, पवाड) = एडगज, मेषाक्षिकुसुम, प्रपुन्नाट, तरवट, चक्राह्व और चक्रिक।

१२४ चक्षुष्या (हिंदी- चाकसू, वनकुलथी)) = दृक्प्रसादा, कुलत्थिका, कुलाती, लोचनहिता, कुम्भकारी और मलापहा।

१२५ चन्दन = गन्धसार, महार्ह, श्वेतचन्दन, भद्रश्रिय, मलयज, गोशीर्ष, तिलपर्णक, और श्रीखंड। (देखिये, रक्तचन्दन, कुचन्दन, कालीयक, बर्वरिक)

१२६ चम्पक (हिंदी- चम्पा) = सुकुमार, सुरभि, शीतल, चाम्पेय, हेमपुष्प, कान्ता और षट्पदातिथि।

१२७ चविका (हिंदी- चाभ) = कोलवल्ली, चव्य और चविक।

१२८ चाणक्यमूलक (मूली का एक प्रकार) = शालामर्कटक, मिश्र और विष्णुगुप्त।

१२९ चातुर्भद्र (हिंदी-) = १) शुण्ठी, अतिविषा, मुस्ता और गुडूची - इन चारों का मिश्रण।
२) इलाइची, दालचिनी, तेजपात और मरिच या नागकेशर का समभाग मिश्रण। (अपर संज्ञा- कटुचातुर्भद्र)

१३० चित्रक (हिंदी- चीता) = दहन, व्याल, पणिन, दारुण, अग्निक, ज्योतिष्क, वल्लरी, वह्नि, पाली, पणि, कटु, शिखी, कृष्णारुण, अनल, द्वीपी, चित्रभानु और पावक।

१३१ चूडामणि (काकमाची का एक प्रकार) = शीतपाकी शिखण्डी, कृष्णला, उच्चटा, ताम्रिका, गुंजा, चटकी, काकसाह्वया।

१३२ चोरक (हिंदी- भटेडर) = शकित, चूडा, दुष्पत्र, क्षेमक, रिपु, गणहास, कोपनक, किनव और फलचोरक।

१३३ चौहार (हिंदी- किरमानी अजवाईन) = यह यवानी का एक प्रकार है।

१३४ जन्तुकारी = जन्तुकृष्णा, जतुका, रंजनी, जननी, संहर्षा, जन्तुका और चक्रवर्तिनी।

१३५ जम्बू (हिंदी- जामुन) = सुरभिपत्रा, राजजम्बू, महाफला, सुरभि, महाजम्बू और महास्कन्धा। अन्य प्रकार

१३६ (१) काकजम्बू = वेतसी, नादेयी, शीतवल्लभा, भ्रमरेष्टा, नीलवर्णा। (२) क्षुद्रजम्बू।

१३७ जम्बीर (हिंदी- बड़ा नीबू, जमीरी नीवू) = खरपत्र, फणी, फणिज्जक, मरुत्तक, मरुवक, और मरु।

१३८ जम्बीर (हिंदी- जम्बीरी नीबू) = जम्भल, जम्भ, दन्तशठ, जम्भीर, वक्त्रशोधी, रोचन और दन्तहर्षण। **अन्य प्रकार** – मधुजम्बीर = शंखद्रावी, शर्करक और पित्तद्रावी।

१३९ जलपिप्पली (हिंदी- जलपीपल) = शारदी, तोयपिप्पली, मत्स्यादनी, मत्स्यगन्धा, लांगली और शकुलादनी।

१४० जलमुस्त (हिंदी- जलमोथा, केवटी मोथा) = दाशपुर, वानेय, परिपेलव, कैवर्तिमुक्त, शैवाल, जलज जाविसाह्वय और क्षुद्रमुक्ता

१४१ जलवेतस (हिंदी- वेत) = नादेयी, मेघ्रपुष्प, जलकाम, निकुंजक, जलौक, संवृत और विदुल।

१४२ जातिपत्री (हिंदी- जावित्री) = जातिकोशा, सुमनपत्रिका, मालतीपत्रिका और मलनाशिनी।

१४३ जाती (हिंदी- चमेली) = मनोज्ञा, सुमता, राजपुत्री, प्रियंवदा, मालती, हृद्यगन्धा, चेतिका और तैलभाविनी।

१४४ जातीफल (हिंदी- जायफल) = जातिसस्य, शालूक, मालतीफल, मदशौण्ड, जातिशृंग, पुट और सौमनसफल.

१४५ जीमूतक (हिंदी- घघरवेल) = देवताड, वृत्तकोश, गरागरी, आखुविषहा, वेणी, देवदाली, और ताडका।

१४६ जीरक (हिंदी- जीरा) = दीर्घक, हृद्य, अजाजी, दीप्य, मागध मनोज्ञ, वरुण, रुच्य, पीताभ और पूज्यमानक।

१४७ नीवक (हिंदी- जीवक) = शृंगक, दक्ष्वेड, दीर्घायु, कूर्चशीर्षक, ऱ्हस्वांग, मधुर, स्वादु, प्राणद, और चिरजीवी।

१४८ जीवन्ती (हिंदी- डोडीशाक) = जीवनीया जीवनी, जीववर्धनी, शाकश्रेष्ठा, और यशस्करी। इसे 'मांगल्यनामधेया' कहते हैं क्यों कि सभी मंगलवाचक शब्द इसके पर्याय होते हैं।

१४९ ज्योतिष्मती (हिंदी- मालकांगुनी) = कटभी, सुवर्णलतिका, ज्योतिष्काथा, अग्निभाषा, लवणा और दुर्जरा।

१५० टंकणक्षार (हिंदी- सुहागा) = मालतीरससंभव, द्रावी, द्रावणक, लोहांना शुद्धिकारकः।

१५१ तगर (हिंदी- सुगन्धबाला) = कुटिल, वक्र, दीन, जिह्म, नत, शठ, कालानुसार्य, अनृजु, कुंचित, नहुष और नृप।

१५२ तण्डुलीय (हिंदी- चौलाई) = तण्डुल, तण्डुलीयक, भण्डीर, तण्डुलीबीज, मेघनाद और घनस्वन।

१५३ तमालपत्र (हिंदी- तेजपात, तेजपत्ता) = पत्र, पलाश, छदन, दल, राम, तापसज, वास, गोपन, वस्त्र और अंशुक।

१५४ तरुणी (हिंदी- गुलाब) = कुमारी, रामतरुणी, कर्णिका, चारुकेशरा, सहा, गन्धाढ्या, और द्विरेफगणसम्मता।

१५५ तामलकी (हिंदी- भुई आमला) = अजटा, ताली, तमाली, तमालिनी, वितुला, भूग्यामलकी, भूधात्री, भ्वामलकी।

१५६ ताल (हिंदी- ताड) = ध्वजद्रुम, प्रांशु, दीर्घस्कन्ध, दुरारोह, तृणराज, दीर्घतरु, लेख्यपत्र, और द्रुमेश्वर। अन्य प्रकार - माड = दीर्घ, ध्वजवृक्ष, विषानक, मद्यद्रुम, मोहकारी, मदंद्रु और ऋजु।

१५७ तालीस (हिंदी- तालीशपत्र) = नील, आमलकीपत्र, पत्राढ्य और शुकोदर।

१५८ तिन्दुक (हिंदी- गाभ, तेन्दु) = नीलसार, कालस्कन्ध, अविमुक्तक, स्फूर्जक, तुष्ट, स्पन्दन, रावण और रव। अन्य प्रकार (१) काकतिन्दुक और (२) मर्कटतिन्दुक = काकेन्दुक, कुपीलु और काकतिन्दुक।

१५९ तिलक (हिंदी- तिलई) = पूर्णक, क्षुरक, श्रीमान्, छत्रपुष्पक, मुखमण्डनक, रेची पुंड्र, चित्र और विशेषक।

१६० तुत्थ (हिंदी- तूतिया) = कर्परिकातुत्थ, अमृतासंग, (प्रकार २) मयूरग्रीवक, शितिकण्ठ,

१६१ तूद (हिंदी- शहतूत) = तूल, यूप, क्रमुक, ब्रह्माष्टक, ब्रह्मदारु।

१६२ तुम्बुरु (हिंदी- तेजबल) = सौरभ, सौर, वनज, सानुज, द्विज, तीक्ष्णवल्क, तीक्ष्णप और महामुनि।

१६३ तुरुष्क (हिंदी- शिलारस) = यावन, कल्क, पिण्यार्क, पिण्डित, कपि, कपिज, कृत्रिम, धूम्र, धूम्रवर्ण, सिल्हक, सुगन्धि, कृतक, युक्तियुक्त, पिण्डक, कपितैल और पिङ्गल।

१६४ तूणि (हिंदी- तून) = तूणीकण, पीततूणिक, कनक कुठेरक, कान्तलक, नन्दीवृक्ष और नन्दिक।

१६५ तेजस्विनी (हिंदी- तेजबल) = तेजवती, तेजनी तेजोह्व अश्वघ्नी, वल्कला शीता, पारिजाता, महोजसी।

१६६ त्रपुस (हिंदी- खीरा) = कटुक, तिक्त, विपाण्डु, हस्तिपर्णिनी, दीर्घपर्णी, मूत्रफला, लता, कर्कटिका.

त्रपुस के प्रकार = १) उर्वारु, २) वालुक (काण्डक या वालु) ३) शीर्णवृत्त (चित्रफल, विचित्र, पीतवर्णक)। ४) चिर्भट (धेनुदुग्ध, गोरक्षकर्कटी)। ५) डंगरी या डांगरी (दीर्घेवसि, डांगारी, नागशुण्डी, गजदन्तफला, और मुनि) ५) कूष्माण्डिका, (कुम्भफला, स्थिरफला, कूष्माण्डी, सोमसृष्टा, पीतिका और बृहत्फला)। (६) वन्ध्य कर्कोटकी (देवी, मनोज्ञा, कुमारिका, नागारि, सर्पदमनी, विषकगृकिनी, सर्वभूतप्रमर्दिनी, नागदमनी, व्याघ्रपादप्रजा, और योगेश्वरी, (७) कर्कोटकी (हिन्दी – खेखसा, ककोडा। स्वादुफला, मनोज्ञा, कुमारिका, अवन्ध्या, देवी और विषप्रशमनी।

१६७ त्रायमाणा (हिंदी- कडू, तीता) = कृतत्राणा, त्रायन्ती, बलद्रेवा, बलभद्रा, वार्षिकी, और गिरिजानुजा।

१६८ त्वक् (हिंदी- तज) = वरांग, भृंग, चोच, शकल, उत्कट, सैहल, लाटपर्ण, मुखशोध्य, और वनप्रिय।

१६९ दधिपुष्पी (हिंदी- केवांच) (यह कपिकच्छू नामक वनस्पति का एक विशिष्ट प्रकार है) = खट्वा, खट्वांगी, पर्यंकपादिका, वृषभी, काकांडी, सूकरपादिका।

१७० दन्ती (हिंदी- ताम्बा, छोटीदन्ती) = शीघ्रा, निकुम्भा, उपचित्रा, मकूलक, उदुम्बरपर्णी, विशल्या और घ्रुणप्रिया।

१७१ दमन (हिंदी- दवना) = पाण्डुराग, दान्त, गन्धोत्कट, पुण्डरीक, ब्रह्मजट, तपस्वी और ऋषिपुत्रक। प्रकार २ – दम, शान्त, ऋषि, दमनशान्वित, क्षमाशान्तिपर, साधु, साधुक, साधु-गन्धिक।

१७२ दर्भ (हिंदी- दाभ, डाभ) = कुश, बर्हि, शुचिचीर और सुवृत्तक। अन्यप्रकार – खरदर्भ = पृथुल, शीरी, गुन्द्रा, और नीरज।

१७३ दाडिम (हिंदी- अनार) = दाडिमीसार, कुट्टिम, फलषाडव, स्वाद्वम्ल, रक्तबीज, करक, और शुकवल्लभ।

१७४ दारुहरिद्रा (हिंदी- दारुहलदी) = पीत, पीतद्रु, चन्दन, काष्ठरंजनी, कालेयक, कालीयक, दारुनिशा, दर्वी, पीताह्व, पीतक, कटंकटेरी, पर्जन्या, पीतदारु, पंचपंचा, हेमवर्णवती, पीता, हेमकान्ता और कुसुम्भका।

१७५ दूर्वा, नीलदूर्वा (हिंदी- दूब) = शष्प, शाद्वल, हरित, शतपर्वा शतवीर्या, शतवल्ली और शीतला। अन्य प्रकार = श्वेतदूर्वा, नीलदूर्वा, गण्डदूर्वा

१७६ देवदारु (हिंदी- देवदार) = दारु, सुराह्व, किलिम, स्नेहविद्ध, महादारु, भद्रदारु, इन्द्रदारु, देवकाष्ठ, भद्रकाष्ठ, सुदारु, सुरदारु, इन्द्रवृक्ष और अमरदारु।

१७७ द्रवन्ती (हिंदी- जमालगोटा) = चित्रा, न्यग्रोधा, मूलिका, प्रत्यक् श्रेणी, विषा, चण्डा, पुत्रश्रेणी, और आखुपर्णिका।

१७८ द्राक्षा (हिंदी- मुनक्का) = चारुफला, कृष्णा, प्रियाला, तापसप्रिया, काश्मीरिका, रसाला, और करमर्दिका। अन्य प्रकार – **उत्तर पथिका,** कपिला, फलोत्तमा, स्वादुपाका, मधुरसा, मृद्वीका और गोस्तनी।

१७९ धत्तूर (हिंदी- धतूर, धतूरा) = कनक, धूर्त, देवता, कितव, शठ, उन्मत्तक, मदनक, कालि और हरवल्लभ।

१८० धन्वयासं (हिंदी-धमास) = दुरालभा, ताम्रमूली, कचछुरा, दुरालभा, दुःस्पर्शा, और धन्वयासक।

१८१ धातकी (हिंदी- धाय) = ताम्रपुष्पी, कुंजरा, मद्यवासिनी, पार्वतीया, सुभिक्षा, और वह्निपुष्पा।

१८२ धातुसप्तक, = सोना, चांदी, तांबा, रांगा, जस्ता, शीशा और लोह। (इनकी उत्पत्ति पर्वतों में होती है। इनके अतिरिक्त- स्वर्णमाक्षिक (सोनामाखी), तुत्य (तूतिया) रीति (पीतल) तारमाक्षिक (रजतमाक्षिक), कांस्य, (कांसा), सिन्दूर और शिलाजतु (शिलाजिस) ये सात **उपधातु** माने जाते हैं।

१८३ धान्यक (हिंदी- धनिया) = धान्यका, धान्या, धानी, धानेयक, कुस्तुम्बुरू, अल्लका, छत्रधान्य, और वितुन्नक।

१८३ धामार्गव (हिंदी- नेनुआ) = कोशफला, राज-कोषातकी कर्कोटकी पीतपुष्पा, महाजाली। (महाकोषातकी = हस्तिघोषा, महाफला)

१८४ नख (औषधि) (हिंदी- नखी) = कररुह, करज, शिल्पी, खुर, शफ, शुक्ति, शंख, चल, कोशी, हनु और नागहनु।

१८५ नल (हिंदी- नरकट) = नड, नट, पोटगल, धमन, नर्तक, रन्ध्री, शून्यमध्य और विभीषण।

१८६ नलिका = विद्रुमलता, कपोतचरणा, नली, सुषिरा, धमनी, शून्या, निर्मथ्या, नर्तकी और नटी।

१८७ नाकुली (हिंदी- धवलबरुआ) = सर्पगन्धा, सुगन्धा, भोगिगन्धिका, चीरितपत्रिका।

१८८ नागकेशर (हिंदी- नागेसर) = नागपुष्प, नाग, चाम्पेय, नागकिजल्क, कनक, हेम और कांचन।

१८९ नाडीहिङ्गु (हिंदी- डिकामाली, रेजिन) = पलाशाख्या, जन्तुका, रामठी, वंशपत्री, वेणुपत्री, पिण्डा और हिंगुशिवाटिका।

१९० निम्ब (हिंदी- नीम) = नियमन, नेता, पिचुमन्द सुतिक्तक, सर्वतोभद्र, प्रभद्र और पारिभद्रक।

१९१ नीलिनी (हिंदी- नोली, नीलीवृक्ष) = काला, ग्राम्या, तूणी, विशोधनी, तुत्था, मोथा, श्रीफलिका, भारवाही, रंजनी, उपभूत, केशरुह, सहदेव, अग्रपत्रक, कीर्तनी, विजया, राज्ञी और जयावहा।

१९२ नारंग (हिंदी- नारंगी) = त्वक्सुगंध, मुखप्रिय, ऐरावत, योगी, और वक्त्राधिवासन

१९३ पटोल (हिंदी- परवल) = कुलक, पाण्डक, कर्कशच्छद, राजीफल, पाण्डुफल, राजनामा, अमृतफल, वीर्यगर्भ, प्रतान, कुष्ठहा और कासमुक्तिद। स्वादुपत्रफला (एक विशिष्ट परवल)।

१९४ पद्मक (हिंदी- पदुमकाठ) = मलय, चारु, पीतरक्त, सुरोद्भव, सप्रभ, शीतवर्ण और पाटलापुष्पवर्णक।

१९५ पद्मकेशर = आपीत, किजल्क, किंज, मकरन्द, तुङ्ग, गौर और कांचनक।

१९६ पद्मचारिणी = अनिचरा, पद्मा, पद्मवती, चारष्टी, गन्धमूला, लक्ष्मी, श्रेष्ठा और सुपुष्पकरा।

१९७ पद्मबीज = पद्माक्ष, गालोड्य, पद्मकर्कटी, भेड, क्रौंचादन, क्रौंच, और पद्मक।

१९८ पद्ममूल = शालूक, सकाल, करहाटक, शालीन, पद्मकन्द और जलालुक।

१९९ पद्मिनी (कमललतिका) = पुटकिनी, नलिनी, कुमुद्वती, पलाशिनी, पद्मवती, वनखण्डा और सरोरुहा।

२०० परिप्लव (हिंदी- केवटी मोथा) = प्लव, वन्य, गोपुट, कुटन्नक, सितपुष्प, दाशपुर, गोनर्द, जीर्णपुष्प।

२०१ परूषक (हिंदी- फालसा) = परू, नीलवर्ण, परावर, परिमण्डल, अल्पास्थि और परुष।

२०३ पर्पट (हिंदी- पित्तपापडा) = वरतिक्त, सुतिक्तक, रजस्, रेणु, पांशु, कवच, वर्मकण्टक।

२०४ पलाण्डु (हिंदी- प्याज) = यवनेत्र, सुकन्द, मुखदूषक। प्रकार - क्षीरपलाण्डु और हरितपलाण्डु।

२०५ पाटलो या पाटली (हिंदी- पाढ़ल) = कुम्भिका, ताम्रपुष्पा, अम्बुवासिनी, स्थाली, वसन्तदूती, अमोघा, और कालवृन्तिका।

२०६ पाठा (हिंदी- पाठा) = अंबष्ठा, अंबष्ठकी, प्रचीना, पापचेलिका, वरतिक्ता, बृहत्तिका, पाठिका, स्थापनी, वृकी, मालती, वरा, देवी और त्रिवृता।

२०७ पालेवत = रैवतक, पारेवत। अन्य प्रकार, (१) महापारेवत (रक्तपालेवत) (२) माणवक।

२०८ पाषाणभेदक (हिंदी- पत्थरचूर) = अश्मघ्न, शिलाभेदक, उपलभेदक, नागभिद्, दृषद् और अश्मजित्। (हिमालय के अत्युच्च शिखरों पर इसकी उत्पत्ति होती है।

२०९ पिप्पली (हिंदी- पीपल, पीपर) = मागधी, कृष्णा, चपला, तीक्ष्णतण्डुला, उपकुल्या, कणा, श्यामा, कोला, शौण्डी और उषणा।

२१० पिप्पलीमूल = मूल, ग्रन्थिका चविकाशिर, कोलमूल, कटुग्रन्थि, सर्वग्रन्थिक और उषण।

२११ पीलु = शीत, सहस्रांशी, गुडफल, विरचनफल, शाखी, श्याम और करभवल्लभ।

२१२ पुण्डरीक (हिंदी- पुरइन) = सिताब्ज, हरिनेत्र, शरत्पद्म, शारद और शम्भुवल्लभ,

२१३ पुनर्नवा (हिंदी- गदहपुरना) = विशाख, कठिल्ल, शशिवाटिका, वृश्चीर, क्षुद्रवर्षाभ, दीर्घपत्र और कठल्लिक।

२१४ पुष्करमूल (हिंदी- पोहकर मूल) = मूल, पौष्कर,

पुष्कराह्वय, काश्मीर, पुष्करजटा।

२१५ **पुष्प-कासीस** (यह कासीस का एक प्रकार है) = वत्सक, मलीमस, ऱ्हस्व, नेत्रौषध, विषद, और नीलमृत्तिका।

२१६ **पुष्पांजन** (जस्ते का फूल) = पुष्पकेतु, कौसुम, कुसुमांजन, रीतिज, रीतिकुसुम, रीतिपुष्प, और पौष्पिक।

२१७ **पूग** (हिंदी- सुपारी) = उद्वेग, स्रंसि, घोण्टाफल, चिक्कण, चिक्कणा, चिक्का, गुवाक और खपुर।

२१८ **पृश्निपर्णी** (पृष्टिपर्णी) (हिंदी- पीठवन) = पृथक्पर्णी, कलशी, धावनी, गुहा, शृगाल-विन्ना, अंघ्रिबलापर्णी, क्रोष्टुकपुच्छिका। प्रकार २ – सर्वानुकारिणी, तन्वी, दीर्घपर्णी, पर्णिका, कुमुदा, अतिगुहा और विषघ्नी।

२१९ **प्रपौण्डरीक** (हिंदी- पुण्डरिया) = चक्षुष्य, पुण्डर्य, पुण्डरीयक, सितपुष्प, सुपुष्प, श्रीपुष्प और सानुजानुज।

२२० **प्रसारणी** (हिंदी- फरीद बूटी) = सरणी, सारणी, सुप्रसरा, चारुपर्णी, राजबला, भद्रपर्णी और प्रतानिका।

२२१ **प्राचीनामलक** = प्राचीनारंग, रक्तक।

२२२ **प्रियङ्गु** (हिंदी- उइया) = प्रियवल्ली, फलिनी, कंगुनी, प्रिया, वृत्ता, गोवन्दनी, श्यामा, कारम्भा और वर्णभेदनी। गन्धप्रियङ्गु, इसीका एक प्रकार है। इसकी फल मज्जा सुगन्धयुक्त होती है।

२२३ **प्रियाल** (हिंदी- चिरौंजी) = खरस्कन्ध, चार, बहुवल्कल, स्नेहबीज, अवपुट, ललना और तापसप्रिय।

२२४ **प्लक्ष** (हिंदी- पाकड) = कपीतन, शृंगी, सुपार्श्व, चारुदर्शन, प्लवक, गर्दभाण्ड, कमण्डलु और वटप्लक्ष

२२५ **बकुल** (हिंदी- मौलसिरी) = सीधुगन्ध, मद्यगन्ध, विशारद, मधुगन्ध और शीर्षकेशर।

२२६ **बदर** (हिंदी- बेर) = कोलक, कोल, सौवीर, फेनिल कुह, कर्कन्धु बालेष्ट और फलशैशिर। अन्य प्रकार – (१) राजबदर, राजकोल, सौवीर, (२) कोल और बदर (३) क्षुद्रबदर, कर्कन्धू और बदरी।

२२७ **बला** = (हिंदी- बरियार, खिरैटी) = भद्रौदनी, वाटी, समंगा, खरयष्टिका, महासमंग, औदनिका, शीतपाकी, ओदनाह्वया।

(**बलापंचक** = बला, अतिबला, महाबलबला, गांगेरुकी और राजबला)

२२८ **बलिका** (हिंदी- कधी, ककही) = अतिबला, वाट्यपुष्पी, कंकता, वृष्या, वृष्यगन्धा और भूरिबला। (यह बला का एक प्रकार है)

२२९ **बाकुची** (हिंदी- बावची) = सोमराजी, सोमवल्की, सुवल्ली, अवल्गुजा, कृष्णफला, पूतिफला, चन्द्रलेखा (इन्दुलेखा, शशिलिखा), पूतिकर्णी, कालमेषी, दुर्गन्धा और कुष्टनाशिनी।

२३० **बालक** (हिंदी- सुगन्धबाला) = वारि, तोय, ह्रीबेर, जल, अम्बु, केश्य, वज्र, उदीच्य, पिङ्ग, आचमन, कच।

२३१ **बिम्बी** (हिंदी- कुन्दुरु, कन्दूरी) = रक्तफल, तुण्डी, तुण्डिकेरफला, ओष्ठोपमफला, गोल्हा, पीलुपर्णी और तुण्डिका।

२३२ **बिल्व** (हिंदी- बेल) = शलाडु, शाण्डिल्य, हृद्यगन्ध, महाफल, शैलूष, श्रीफल, कर्कट, पूतिमारुत, लक्ष्मीफल, गन्धगर्भ, सत्यकर्मा, वरारुह, वातसार, अरिभेट, कण्टक और असितानमन।

२३३ **बीजपूर** (हिंदी- बिजौरा नीबू) = बीजपूर्ण, केशर, फलपूरक, केशराम्ल, मातुलुंग, सुपूरक, वराम्ल, बीजक, लुंग, रुचक, मध्यकेशर, कृमिघ्न, गन्धकुसुम, केशरी, और सिन्धुपादप। अन्य प्रकार = मधुकर्कटी।

२३४ **बुक** (बक) = वसुक, शिवाह्व, शिवशेखर, महापाशुपत, सुव्रत और शिवमल्लिका।

२३५ **बृहत्पाली** = सूक्ष्मपत्रा, वन्यजीरक और कणा (यह जीरक का एक प्रकार है।)

२३६ **बोल** (हिंदी- हीराबोल) = पिण्ड, निर्लोह, बर्बर, रस, गोपक, नालिक, पौर, विष और गन्धरस)

२३७ **ब्राह्मी** = सौम्या, दिव्यतेजा, महौषधि, कपोतवेगा, त्वष्टा और ब्रह्मसुवर्चला (सुवर्चला का एक प्रकार)।

२३८ **भद्रैला** (हिंदी- बडी इलायची, लाल इलायची) = बृहदेला, त्रिपुटा, त्रिदिवोद्भवा, स्थूलैला, त्वक्सुगन्धा, पृथ्वीका, कन्यका, और पुटा।

२३९ **भल्लातक** (हिंदी- भिलावा) = अरुष्क, दहन, तपन, अमृत, अरुष्कर, वीरतरु, अग्निमुख और धनु।

२४० **भव्य** (हिंदी- चालता) = भव, भविष्य, भावन, वक्त्रशोधन, पिच्छिलबीज, और रोमफल।

२४१ **भूस्तृण** = रोतिष, भूति, भूतिक, कुटुम्बक, मालातृण, प्रलम्बच्छत्र, और अतिच्छत्र।

२४२ **भृंगराज** (हिंदी- भांगरा, भंगरैया) = भृंग, भृंगरज, भृंगारक, भार्कव, भृंगरेणु, भृंगार और केशरंजन।

२४३ **मंजिष्ठा** (हिंदी- मंजीष्ठ) = कालमेषी, समंगा, विकसा, मंजुका, रक्तयष्टि, भाण्डी, योजनवल्ली, क्षेत्रिणी, विजया, रक्ता, रक्तांगी, वस्त्रभूषण, जिंगी, भंडी, काला, गण्डाली और कालमेषिका।

२४४ **मदनफल** (हिंदी- मैनफल) = शल्यक, राठ, पिण्डी, पिण्डीतक, फल, तगर, करहाट, छर्दन और विषपुष्पक।

२४५ **मधुकर्कटी** (हिंदी- चकोतरा) = मधुवल्ली, वर्धमाना और महाफला।

२४६ **मधुयष्टि** (हिंदी- मुलेठी) = यष्टी, यष्टीमधु, मधुप। विशिष्ट मधुयष्टी के – क्लीतनक, क्लीतिका, स्थलजा, मधुपर्णी, मधूलिका, और जलजा- पर्याय हैं।

२४७ **मधुशर्करा** = मधुभवा, माधवी, मीक्षक शर्करा और मदनोद्भवा। यह शर्करा का एक प्रकार है।

२४८ **मधूक** (हिंदी- महुआ) = मधुवृक्ष, मधुष्ठील, मधुस्रव, गुडपुष्प, लोध्रपुष्प, वानप्रस्थ और माधव। अन्य प्रकार- जालंज = गौडिक और मधूलिका।

२४९ **मनःशिला** (हिंदी- मैनसिल) = मनोगुप्ता, मनोह्वा, कुनटी, शिला, मनोज्ञा, नागजिह्वा,गोला, नेपालिका और कला।

२५० **मरिच** (हिंदी- गोलमिर्च, काली मिर्च) = पलित, श्याम, वल्लीज, कृष्ण, ऊषण, यवनेष्ट, शिवोवृत्त, कोलक और धर्मपत्तन।

२५१ **मल्लिका** (हिंदी- बेला) = मल्लिका, शीतभीरु, मदयन्ती, प्रमोदनी, मदनीया, गवाक्षी, भूपदी और अष्टपदी। अन्य प्रकार (१) वार्षिकी = सुपुटा, त्यस्त्रा, सुरूपा, सुभगा, प्रिया, श्रीमती, षट्पदानन्दा, सुवर्षा और मुक्तबन्धना। (२) वासन्ती। (३) ग्रैष्मी।

२५२ **महानल** (नल का एक प्रकार) = देवनाल, नलोत्तम, वन्य स्थूलनाल, स्थूलदण्ड, सुरनाल और सुरद्रुम।

२५३ **महानिंब** (हिंदी- वकायन) = उद्रेकी, कार्मुक, विषमुष्टिक, केशमुष्टि, निम्बरक, रम्यक और अक्षीर।

२५४ **महाबला** (हिंदी- पीला बरियार) = वर्षपुष्पी, वाट्यायनी, सहदेवा, देवसहा, पीतपुष्पी और बृहत्फला।

२५५ **महारत्न** = मोती, हीरा, वैद्य (लहसुनिया), पद्मराग (माणिक्य), पुष्पराग (पुखराज), गोमेद, नील, गारुत्मत (पन्ना), प्रवाल (मूंगा) इन नौ रत्नों की संज्ञा।

२५६ **महासुगन्ध** = कुंकुम, अगरु, कर्पूर, कस्तूरी और चन्दन का संमिश्रण। अपर संज्ञा – यक्षकर्दम।

२५७ **भार्गी (भाङ्गी)** = गर्दभशाक, पद्मा, ब्राह्मणयष्टिका, अंगारवल्ली, फंजी, ब्रह्मसुवर्चसा, शक्रमाता, कालक्षघ्नी, भृंगजा, और भार्गवा।

२५८ **माषपर्णी** (हिंदी- बनउडद) = काम्बोजी, कृष्णवृन्ता, महासहा, आर्द्रमाषा, सिंहविन्त्रा, मांसमाषा और अश्वपुच्छिका।

२५९ **मांसरोहिणी** (हिंदी- रोहण) = अतिरुहा, वृत्ता, चर्मकसा, विकसा, मांसरोहा, और सक्ता।

२६० **मांसी** (हिंदी- जटामांसी) = कृष्णजटा, हिंस्त्रा, नलदा, जटिला, मिशी, जटा, पिशिता, पेशी, क्रव्यादी और तपस्विनी।

२६१ **मिश्रेया** (हिंदी- सौंफ, बड़ी सौंफ) = तालपर्णी, तालपत्री, मिशि, शालेय, शालीन, और शीतशिव।

२६२ **मुंज** (हिंदी- मूंज) = क्षुर, स्थूलदर्भ, बाणाह्व, ब्रह्ममेखल।

२६३ **मुद्गपर्णी** (हिंदी- मुंगवन) = क्षुद्रसहा, शिंबी मार्जारगन्धिका, वनजा, रिंगिणी और ह्रस्वा।

२६४ **मुरा** (हिंदी- मुरामांसी) = गन्धवती, दैत्या, गन्धाढ्या, गन्धमालिनी, सुरभि, भूरिगन्धा, कुटी और गन्धकुटी।

२६५ **मुष्कक** (हिंदी- मोरवा, एकवीरा) = मुष्टि, मोक्षक, मूषक, मुंचक, क्षारक्षेष्ठ और, गोलक। दो प्रकार- (१) कृष्ण (२) श्वेत।

२६६ **मस्ता** (हिंदी- नागरमोथा, मोथा) = अम्बुधर, मेघ, घन, राजकसेरुक, भद्रमुक्ता, वराह, अब्द, गांगेय, कुरुविन्दक, जीमूत, वृषध्वांक्षी, जलद, जलावह और नादेय। (नागरमुस्तक या पिण्डमुस्तक- इसीका एक प्रकार है।)

२६७ **मूर्वा** (हिंदी- मूर्वा) = मधुरसा, देव, पृथक्पर्णी, त्रिपर्णी, देवश्रेणी, स्वादुरसा, स्निग्धपर्णी और मोरटा।

२६८ **मूलक** (हिंदी- मूली) = हरिपर्ण, मृत्तिकाक्षार, नीलकंद. महाकन्द, रुचिष्य और हस्तिदन्तक। अन्य प्रकार – चाणक्यमूलक और गृंजन (गाजर)

२६९ **मृणाल** (हिंदी- कमलनाल) = बिस. बिसिनी, मृणाली. मृणालिका, मृणालक, पद्मनाल, तण्डुल और नलिनीरुह।

२७० **मेदा** (हिंदी- मेदा) = मणिच्छिद्रा, शल्यपर्णी, और धरा। महामेदा के पर्याय हैं देवमणि और वसुच्छिद्रा।

२७१ **मोरट** (हिंदी- मूर्वा) = कीर्णपुष्प, पीलुपुष्प, मधुस्त्रव, तेजनी, दीर्घमूला, पुरुष और क्षीरमोरट।

२७२ **यक्षकर्दम** = देखिये महासुगन्ध।

२७३ **जवक्षार** (हिंदी- जवाखा) = जवज, यवशूकज, शूकज, यव्य, यवाह्व, यावशूक, यवाग्रज और पाक्य।

२७४ **यवतिक्ता** (हिंदी- कालमेघ, कल्पनाथ) = शंखिनी, दृढपादा, विसर्पिणी, नाकुली, अक्षपीडा, नेत्रमीला और यशस्करी।

२७५ **यवानी** (हिंदी- अजवाइन, जवाइन) = दीप्य, दीप्यक. यवासाह्व, यवाग्रज, यवानिक, उग्रगन्धा, दीपनीया और दीपनी।

२७६ **यवासशर्करा** (यासशर्करा) = शर्करा का एक प्रकार।

२७७ **यावनी** (हिंदी- खुरासानी, अजवाइन) = तीव्रा, तुरुष्क और मदकारिणी। (यह यवानी का एक प्रकार है।)

२७८ **यास** (हिंदी- जवासा) = यवासक, अनन्त, बालपत्र, अधिकण्टक, दूरमूल, समुद्रान्त, दीर्घमूल और मरुद्भव।

२८० **रक्तचन्दन** = हरिचन्दन, रक्तसार, ताम्रसार और क्षुद्रचन्दन। (चन्दन का एक प्रकार)

२८१ **रक्तपादी** (हिंदी - छुइमुई, लजौगी) = लज्जालु, शमीपत्रा, समंगा, अंजलिकारिका, नमस्कारी, गन्धकारी, स्पर्श,- संकोचपर्णिका।

२८२ **रक्तपुष्प** (हिंदी - लाल चिरचिरा) = वशीर, कपिपिप्पली।

२८३ **रक्तवर्ग** = अनार, पलाश, लाक्षा, बन्धूक, हलदी और मंजिष्ठा।

२८४ **रक्तोत्पल** = रक्तपद्म, नलिन, पुष्कर, कमल, नल, राजीव, कोकनद, शतपत्र तथा सरोरुह

२८५ **रसांजन** (हिंदी - रसौत) = तार्क्ष्यशैल, रसजात, रसोद्भव, रसगर्भ और रसाग्न्य। (दारुहरिद्रा के क्वाथ से यह तैयार किया जाता है।

२८६ **रसोन** (हिंदी - लशुन, लहसुन, गन्दन) = लसुन, अरिष्ट, म्लेच्छकन्द और महाकन्द (गृंजन और दीर्घपत्रक- महाकन्द के पर्याय हैं।

२८७ **राजादन** (हिंदी- खिरनी) = क्षीरी, राजन्य, क्षीरशुक्लक, नृप, राजादन, दृढस्कन्ध, कपीष्ट और प्रियदर्शन।

२८८ **राजार्क** (अर्क का एक प्रकार) = (हिंदी- लाल मदार) = वसुक, अध्यर्क, मन्दार, गणरूपक, एकाष्ठील, सदापुष्पी, अलर्क और प्रतापन।

२८९ **राजाम्र** = आम्रान्त, मन्थनोद्भव। अन्य प्रकार - नीलकपित्थ और टंक (इन्हें राजपुत्र और नृपात्मज भी कहते हैं।

२९० **राल** (हिंदी- राल- धूना) = सर्जरस, शाल, क्षण, कलकलोद्भव, ल्लन, शालनिर्यास, यक्षधूप और अग्निवल्लभ।

२९१ **रास्ना (राष्णा)** (हिंदी- राथसन) = युक्तरसा, रस्या, ज़्रेयसी, रसना, रसा, सुगन्धमूला, अतिरसा, पूतिरसा।

२९२ **रेचक** (हिंदी- जमालगोटा) = जयपाल, सारक, तिन्तिडीफल, दन्तीबीज, मलद्रावी, निकुम्भ, बीजरेचक, कुम्भीबीज, निकुम्भावीज और कुम्भिनीफल।

२९३ **रेणुका** (हिंदी- सम्भालु का बीज) = द्विजा, राजपुत्री, नन्दिनी, कपिला, कपिलोला, पाण्डुपुत्री, कौन्ती और हरेणुका।

२९४ **लक्ष्मणा** (श्वेतकण्टकारी) = क्षेत्रदूती, सितासिंही, कुभर्तिका, सुश्वेता, कण्टकारी, दुर्लभा और महौषधि। यह बृहती का विशेष प्रकार है।

२९५ **लवङ्ग** (हिंदी- लौंग) = देवकुसुम, भृंगार, शिखर, लव, दिव्य, चन्दनपुष्प, श्रीपुष्प, और वारिसंभव।

२९६ **लाक्षा** (हिंदी- लाखलाही) = पलंकषा, रक्ता, दीप्ति, कृमिजा, जतु, क्षतघ्नी, रंगमाता, द्रुमव्याधि और अलक्तक।

२९७ **लाङ्गली** (हिंदी- कलिहारी) = कलिहारी, हलिनी, विशल्या, गर्भपातनी, अग्निमुखी, सीरी, दीप्ता और नक्तेन्दु पुष्पिका।

२९८ **लामज्जक** (हिंदी- लखवी, करनकुश) = सुनाल, अमृणाल, लव, लघु, इष्टकापथक, शीघ्र, दीर्घमूल और जलाश्रय।

२९९ **लोध्र** (हिंदी- लोध) = रोध्र, शाबरक, तिल्वक, तिलक, तिरीटक, काण्डहीन, भिल्ली और शबरपादप।

३०० **वंश** (हिंदी- बांस) = वेणु, यवफल, कार्मुक, तृणकेतुक, त्वक्सार, शतपर्वा, मस्कर और कीचक।

३०१ **वंशरोचना** (हिंदी- वंशलोचन) = वांशी, तुगाक्षीरी, तुगा, शुभा, त्वक्क्षीरी वंशजा, शुभ्रा, वंशक्षीरी और वैणवी। पलाशगन्धा या तवक्षीरी- वंशरोचना का एक प्रकार।

३०२ **वचा** (हिंदी- वच) = उग्रगन्धा, गोलोमी, जटिला, उग्रा और लोमशा। अन्य प्रकार – श्वेतवचा = मेध्या, षड्ग्रन्था और हैमवती।

३०३ **वट** (हिंदी- बरगद) = रक्तफल, शृंगी, न्यग्रोध, स्कन्धज, ध्रुव, क्षीरी, वैश्रवणावास, बहुपाद और वनस्पति।

३०४ **वटसौगन्धिक** (गन्धक का एक प्रकार) = गन्ध, गन्धक, गन्धमादन, लेलीन, गन्धपाषाण, लेलीत और निकृन्तन।

३०५ **वन्दाक** (हिंदी- बांदा) = वृक्षरुहा, शेखरी, कामरूपका, वृक्षादनी, तरुरुहा, कामिनी और पद्मरूपिणी।

३०६ **वयस्था** (हिंदी- आवंला) = आमलक, वृष्य, जातीफल रस, शिव, धात्रीफल, श्रीफल। भरणी और अमृतफल, इसीके प्रकार हैं।

३०७ **वरुण** (हिंदी- वरुन, वरुना) = श्वेतपुष्प, तिक्तशाक, कुमारक, श्वेतद्रुम, गन्धवृक्ष, तमाल और मारुतापह।

३०८ **वासक** (हिंदी- अडूसा, बाकस) = सिंहपर्णी, वृष,-वासा, सिंहिका, सिंहमुखी, भिषङ्माता, आटरूप और आटरूक।

३०९ **वासन्ती** (हिंदी) = प्रहसन्ती, सुवसन्ती, वसन्तजा, शोभना, शीतसंवासा, सेव्या और भ्रमरबान्धवा। (मल्लिका का एक प्रकार)

३१० **विकंकत** (हिंदी- कंटाई) = मृदुफल, ग्रन्थिल, स्वादुकण्टक, गोपकण्ट, काकपाद, व्याघ्रपाद और किंकिणी।

३११ **विजया** (हिंदी- भांग) = यह मेदा वनस्पति का एक प्रकार है। रंजिका, भङ्गी, तन्द्राकृत, बहुवादिनी, मादिनी, मादिका, मादु और गंजाकिनी।

३१२ **विडंगम** (हिंदी- भाभीरंग, वायविंडग) = जन्तुदन्ती, कृमिघ्नी, चित्रतण्डला, तण्डुली, कृमिहा, अमोघा, कैरली और मृगगामिनी।

३१३ **विड्लवण** (हिंदी- नौसादर) = कृत्रिमक, धूर्त, क्षार, द्राविड, आसुर, सुपाक्य, खण्डलवण, और कृतक। (यह पशुओं की विष्ठा, मूत्र से निर्मित किया जाता है। (विड् = विष्ठा)

३१४ **विदारिका** (हिंदी - विदारीकन्द) = शुक्ला, स्वादुकन्दा, शृगालिका, वृष्यकन्दा, वृष्यवल्ली और विडालिका। इसीका एक प्रकार है **क्षीरविदारी** (हिंदी- कुम्हड़ा) जिसके पर्याय हैं इक्षुगन्धा, इक्षुवल्ली, क्षीरवल्ली, क्षीरकन्दा, क्षीरशुक्ला और पयस्विनी। (क्षीरविदारी के कन्द में क्षीर पाया जाता है।

३१५ **वीभीतक** (हिंदी- बहेड़ा, बहेरा) = कर्षफल, वासन्त अक्ष, कलिद्रुम, संवर्तक, भूतवास, कल्किहार्य और बहेडक।

३१६ **विशाला** (हिंदी- लाल इन्द्रायण) = महाफला, आत्मरक्षा, चित्रफला, त्रपुसी, (त्रपुसा) (यह इन्द्रवारुणी का एक प्रकार है)।

३१७ **विश्वग्रन्थि** (हिंदी- हंसराज) = हंसपदी, रक्तपादी, त्रिपादी, और घृतमंडलिका

३१८ **विष्णुक्रान्ता** (शंखपुष्पी का एक प्रकार) = नीलपुष्पी, भूमिलग्ना; न्हस्वा, इसीका एक प्रकार है सर्पाक्षी = सूक्ष्मपत्रा, रक्तपुष्पिका।

३१९ **वृक्षाम्ल** (हिंदी- कोकम) = तिन्तिडीक, शाखाम्ल, रक्तपूरक, अम्लवृक्ष और अम्लशाख।

३२० **वृन्ताकी** (हिंदी - बैंगन) = वर्तिका, वृन्ता, भण्टाकी और भण्टिका।

३२१ **वृद्धदारु** (हिंदी- घावपत्ता, विधारा) = आवेगी, जुंगक, दीर्घवालुक, वृद्ध, कोटरपुष्पी, अजान्त्री, और छगलान्त्री

३२२ **वृषभ** (हिंदी- ऋषभक) = दुर्धर, धीर, मातृक, वृष, विषाणी, ककुद, इन्द्राक्ष, बन्धुर और गोपति। यह एक वनस्पति की संज्ञा है। उत्पत्तिस्थान है हिमालय के शिखर।

३२३ **वृषभ** (हिंदी- ऋषभक) = दुर्धर, धीर, मातृक, वृष, विषाणी, ककुद, इन्द्राक्ष, बन्धुर और गोपति। (यह एक वनस्पति की संज्ञा है। उत्पत्तिस्थान है हिमालय के शिखर।

३२४ **वृषमेधा** (हिंदी- दोपाती लता) = मेधान्त्रि, बस्तान्त्रि, छगलान्त्रिका।

३२४ वेतस (हिंदी- वेदमुश्क) = वेतस, निचुल, वंजुल, दीर्घपत्रक, कलन, मंजरीनम्र, सुषेण और गन्धपुष्पक।

३२५ वेशवार = सोंठ, मरिच, पीपर, धनियां, जीरा, अनार और पिप्पली मूल का संमिश्रण। (इसमें कासमर्द का चूर्ण मिलाकर **'संभार'** सिद्ध होता है।

३२६ व्याघ्रनख = पुट, व्याघ्रायुध, अस्त, व्याघ्रतल, पाद, कूटस्थ और वज्रकण्टक। (एक सुगंधी वनस्पति)

३२७ शंख = वारिभव, कम्बु, जलज, दीर्घनिस्वन, सुस्वर, दीर्घनाद, धवल और श्रीविभूषण। (यह समुद्री प्राणी का बाह्य कोष है)।

३२८ शंखपुष्पी (हिंदी- शंखाहुली) = कम्बुपुष्पी, शंखाह्वा, कम्बुमालिनी, तिलकी, शंख-कुसुमा, मेघ्या और वनविलासिनी। देखिए विष्णुक्रान्ता।

३२९ शटी (शठी) (हिंदी- कपूरकचरी) = सठी, पलाश, पृथुपलाशिका, सुगन्धमूला, गन्धाली, षड्ग्रन्था सुव्रता, वधू, चन्द्राणी, चन्द्रगन्धा और दुर्विधेया गन्धपलाश (शटीविशेष)

३३० शणपुष्पी (हिंदी- सनई, पटसन, झुनझुनिया) = बृहत्पुष्पी, षणघण्टिका, महाझण, माल्यपुष्पी, वमनी, कटुतिक्तका।

३३१ शतपत्री = सुमना, सुशीता, शिववल्लभा, सौम्यगन्धा, शतदला, सुवृत्ता और शतपत्रिका।

३३२ शतपुष्पा (हिंदी- सोया, सोवा) = मिशि, घोषा, पीतिका, माधवी, शिफा, अतिच्छत्रा, अवाक्पुष्पी, शताह्वा और कारवी।

३३३ शतावरी (हिंदी- सतावर, सतमूली) = वरी, पीवरी, इन्दीवरी, शतपदी, ऋष्यप्रोक्ता, द्वीपिशत्रु, द्वीपिक और ऊर्ध्वकण्टका। (देखिये सहस्रवीर्या)।

३३४ शमी (हिंदी- छोंकर) = शंकुफला, तुंगा, क्लेशहन्त्री, शिवाफल, ईशानी, शंकरी, लक्ष्मी, मंगल्या, पापनाशिनी।

३३५ शर (हिंदी- सरपत, कण्डा) = बाण, इषु, काण्ड, उत्कट, सायक और क्षुर। अन्य प्रकार - स्थूल शर = इक्षुक, इक्षुरक।

३३६ शर्करा (हिंदी- चीनी) = मीनाण्डी, श्वेता, मत्स्यण्डिका, सिता, अहिच्छत्रा, सिकता, शुद्धा, शुभ्रा और सितोपला।

३३७ शल्लकी (हिंदी- सलई) = वल्लकी, ह्लादा, सुरभि, सुस्रवा, अश्वमूत्री, कुन्दुरुकी, गजभक्ष्या, और महेरणा।

३३८ शालिपर्णी (हिंदी- सरिवन) = स्थिरा, सौम्या, त्रिपर्णी, अतिगुहा, ध्रुवा, विदारिगन्धा, अंशुमती, दीर्घमूला, और अंशुपत्रिका। इनके अतिरिक्त विशेष शालिपर्णी के पर्याय हैं, आलक, पालक, दग्ध, सवल, भूमि - गन्धिक, ज्वलनाभ, विशुद्ध, गन्ध, वोट और कुसुम्भक।

३३९ शाल्मली (हिंदी- सेमल) = रक्तपुष्पा, कुक्कुटी, चिरजीविका, पिच्छिला, चूलिनी, मोचा, कण्टकाढ्या और सुपूरणी। अन्य प्रकार – रोहितक = रोही, दाडिमीपुष्पक, कुशाल्मलि, शाल्मलिक, रोचन और कूटशाल्मली।

३४० शिग्रु (हिंदी- सहिजन, मुनगा) = हरितशाक, दीर्घक, लघुपत्रक, अवदंशक्षम, दंश, मूलकपर्णी, शोभाजन, तीक्ष्णगन्ध, मुखभंग, और शिग्रुक (दो प्रकार (१) श्वेतशिग्रु (श्वेतमरिच) २) रक्तशिग्रु (मधुशिग्रु)।

३४१ शिरीष (हिंदी- सिरिस) = मृदुपुष्प, भण्डिक, शंखिनीफल, कपीतन, शुकतरु, श्यामवर्ण और शुकप्रिय।

३४२ शितिवार (हिंदी- सफेद मुर्गा, सुर्वाली) = सूचिपत्र, सूच्याह्व, सुनिषण्णक, श्रीवारक, शितिवर, स्वस्तिक, कुक्कुट और शिखी।

३४३ शिलाजतु (हिंदी- शिलाजीत) = अतिथि, शैल्य, गिरिज, अश्मज, अश्मजतु, धातुज और अद्रिज। (यह ग्रीष्मकाल में प्रतप्त पर्वतशिलाओं से उत्पन्न होने वाला स्राव है) (शिला = पत्थर। जतु = लाख)

३४४ शिंशपा (हिंदी- शीशम, शीशो) = महाश्यामा, कृष्णसारा, अगुरु। अन्य प्रकार – **कुशिंशपा** = कपिला, भस्मभर्मा और वसादनी।

३४५ शुक्रभाण्डी (श्यामा का एक प्रकार) = त्रिभाण्डी, काकाक्षी, सरला, त्रिवृत्त, सर्वानुभूति, त्रिपुटा, त्र्यस्रा और कुमुदगन्धिनी।

३४६ शुण्ठी (हिंदी- सोंठ) = महौषध, विश्व, नागर, विश्वभेषज, विश्वौषध, शृंगवेर, कटुभद्र और आर्द्रक। (आर्द्रक को उबाल कर सुखाने पर सोंठ होती है)

३४७ शृंगी (हिंदी- काकडासिंगी) = कर्कटशृंगी, कुलीरा, कर्कटाह्वया, कुलीरभृंगी, चक्रा, महाघोषा, नवांगिनी, चन्द्रास्पदा, विषाणी, शृंगी और वनमूर्धजा।

३४८ शेफालिका (दो प्रकार) = (१) श्वेतपुष्पा = श्वेतसुरसा और भूतकेशी। (२) नीलमंजरी = कृष्णसंज्ञ, विषघ्न, पवित्र और गिरिसिन्दुक।

३४९ शैलेय (हिंदी- छडीला) = पलित, वृद्ध, जीर्ण, कालानुसार्यक। स्थविर, शिला-दद्रु, शिलापुष्प, शिलोद्भव।

३५० श्यामा (हिंदी-निशोथ, पीतोहरी) = त्रिवृत् मालविका, मसूरविदला, काला, अर्धचन्द्रा, कालिन्दी, सुषेणी और कालमेषी।

३५१ श्योनक (हिंदी- सोनपाठा) = शुकनास, कट्वंग, कटंभर, मयूरजंघा, अरलुक, प्रियजीव, कुटंनट, पृथुशिम्ब, टुण्टुक, दीर्घवृन्तक, भल्लूक, शिल्लक, फल्गुवृन्तक और जम्बुक।

३५२ श्रावणी (हिंदी- गोरखमुण्डी) = मुण्डिनिका, भिक्षु, श्रवणशीर्षिका, प्रव्रजिता,परिव्राजी और तपोजना। इसका एक प्रकार है **महाश्रावणिका** = मुण्डी, लोभनीया, कदम्बपुष्पिका और छिन्न ग्रंथिका।

३५३ श्रीवेष्टक (हिंदी- गन्धविरोजा) = धूपवृक्ष, क्षीरशीर्ष, खरद्रुम, श्रीवास, पायस, क्षीरस्राव और दधि। (यह सरल वृक्ष का निर्यास है)

३५४ श्वासारि (पाठा का विशेष प्रकार) = पद्म, पद्मतीर्थ, पुष्परसागम।

३५५ श्वेतकाम्भोजी (काकमाची का एक प्रकार) = श्वेतगुंजा, भिराटिका, काकादली, काकपीलु, वक्त्रशल्या, सितोच्चटा।

३५६ श्वेतदूर्वा = गोलोमी, श्वेतदण्डा, सिता, लता, सहस्त्रवीर्या, अनन्ता, दुर्भरा, भार्गवी और रुहा।

३५७ श्वेतुस्पी = मृगाक्षी, मृगेर्वारु, मृगादनी, हस्तदन्ती, नागदन्ती, वारुणी और गजचिर्भटा।

३५८ श्वेतमरिच = शिग्रुबीज, शिग्रुज।

३५९ श्लेष्मातक (हिंदी- लिसोडा) = कर्बुदार, पिच्छिल, लेखसारक, शेलु, शैलु, बहुवार, शापित, और द्विजकुत्सित।

३६० शुक्लजीरक = शुक्लाजाजी, कणा, दीर्घक, कणजीरक, स्तन्य, दीर्घकणा, गौरजरीक। (देखीये - जीरक)

३६१ सप्तपर्ण (हिंदी- छितवन, सतौना) = शुक्तिपर्ण, छत्रपर्ण, सुपर्णक, सप्तच्छद, गूढपुष्प, और शाल्मलीपत्रक।

३६२ समुद्रफेन = फेन, शुष्काशुष्क, पयोधिज, उदधिफेन, सागरज और मल्ल। यह समुद्र में रहने वाले एक जीव का अस्थिविशेष है। समुद्र की लहरों पर यह फेन के समान तैरता रहता है।

३६३ सरल (हिंदी- चीड़, धूपसरल) = पूतिकाष्ठ, चीडा, पूतिद्रुम, दीपवृक्ष, स्निग्धदारु और मारीचपत्रक।

३६४ सर्जक (हिंदी- अजकर्ण) = बस्तकर्ण, कषाय, चीरपत्रक, सस्यसंवरक और शूर। अन्य प्रकार- शाल।

३६५ सर्षप (हिंदी- सरसों) = भूतनाशन, कटुस्नेह, ग्रहघ्न, कटुक और राजिका फल। अन्य प्रकार –कृष्णसर्षप को राजरक्षक, राजिका, क्षुताभिजनक और राजसर्षप कहते हैं। शुभ्रगौर को सिद्धार्थ कहते हैं।

३६६ सहस्त्रवीर्या (शतावरी का एक प्रकार) = भीरु, रंगिणी, बहुपत्रिका, महापुरुषदन्ता, शतावरी, वरी और ऊर्ध्वकण्टिका।

३६७ सातला (हिंदी- अंगुलि या थूहर, छिमिया सेहुण्ड) = सारी, विमला, विदुला अमला, बहुफेना, फेना, दीक्षा, चर्मकशा और मरालिका।

३६८ सामुद्रलवण (हिंदी- पांगानमक) = क्षार, शिशिर, सागरज।

३६९ सारिवा (हिंदी- अनन्तमूल) = शारदा, गोपा, गोपवल्ली, प्रतानिका, गोपकन्या, लता, आस्फोता, श्वेता और काष्ठसारिवा।

३७० सिक्थक (हिंदी- मोम) = मधुक, सिक्थ, मधूच्छिष्ट, मधूत्थित, मधुशेष, मदनक, मधुज और मक्षिकाश्रय।

३७१ सिन्दुवार (हिंदी- सम्हालू, मेउडी) = दो प्रकार १) **श्वेतपुष्प,** = सिन्दुक, २) **नीलपुष्प** = निर्गुण्डी, शीतसह और नीलासिन्दुक।

३७२ सिन्दूर (हिंदी- सेन्दुर, सेनुर) = रक्तरेणु, नागगर्भ, नागज, शृंगारभूषण, श्रीमद, वसन्तोत्सवमण्डन। अन्य प्रकार- गिरिसिन्दूर।

३७३ सूक्ष्मैला (हिंदी- छोटी इलायची) = द्राविडी, तुत्था, कोरङ्गी, बहुला, त्रुटी, एला, कपोतवर्णा, चन्द्रबाला और निष्कुटी।

३७४ सुमुख = सुप्रशस्त, गरघ्न, कटुपत्रक, दोषोत्क्लेशी, सुवक्र, स्वास्य और सुवदन।

३७५ सुरसा (हिंदी- तुलसी) = तुलसी, ग्राम्या, बहुमंजरी, अपेतराक्षसी, गौरी, भूतघ्नी, और देवदुंदुभि।

३७६ सुवर्चला = आदित्यकान्ता, सूर्यभक्ता, सुखोद्भवा, मण्डूकपर्णी, मण्डूकी, वरदा और आदित्यवल्ली।

३७७ सैन्धव (हिंदी- लाहौरी नमक, सेंधा नमक) = सिन्धु, सिन्धूत्य, नादेय, और शिव। प्रकार २ – शुद्ध, शीतशिव, मणिमन्थ और शिलात्मक।

३७८ सैरेयक (हिंदी- कटसरैया, पियाबासा) = सहचर, सहाचर, कुरण्टक (पीत पुष्पों वाला), कुरबक (लाल पुष्पों वाला)।

३७९ सोमवल्क (हिंदी- सफेदखैर) = पथिद्रुम, श्यामसार, नेमिवृक्ष, कार्मुक, कुब्जकण्टक।

३८० सौगन्धिक = नीलपद्म, भद्र, कुवलय, कुज, इन्दीवर, तामरस, कुवल और कड्मल।

३८१ सौराष्ट्री मृत्तिका (हिंदी- मुल्तानी मिट्टी) = अमृतसंगा कांक्षी, सुराष्ट्रजा, अजिता, तुवरी, स्तुत्या, मृत्सा, मृत्स्ना, मृतालक।

३८२ सौवर्चल (हिंदी- काला नमक, सोंचर नमक) = अक्ष, रुचक, हृद्यगन्ध, तिलक, कृष्णलवण, और काललवण।

३८३ स्थौणेयक (हिंदी- तालीस पत्र, थुनेर) = बर्हिचूड, शुकपुष्प, शुकच्छद, विकर्ण, शुकबर्ह, हरित, और शीर्णरोमक.

३८४ स्नुक् (हिंदी- थूहर, सेंहुड, सेंहुर) = गुडा, महावृक्ष, निस्त्रिंशपत्रक, समन्तदुधा, गण्डीर, सेहुण्ड और वज्रकण्टक।

३८५ स्पृक्का (हिंदी- असबरग) = असृग्, ब्राह्मणी, देवी, मालालि, कोटिका, पंचमुष्टि, देवपत्री, निर्माल्या, पिशुना और वधू।

३८६ स्वर्जिकाक्षार (हिंदी- सब्जीखार) = स्वर्जिका, सुवर्चिका, सुवर्च, सुवर्चिक और सुखवर्च।

३८७ स्वर्णक्षीरी (हिंदी-) = स्वर्णदुग्धा, सुवर्णक्षीरिका, हेमाह्वा, कनकक्षीरी, हेमक्षीरी, और कांचनी।

३८८ हपुषा (हिंदी- हाऊवेर) = विस्त्रा, विस्त्रगन्धा, अतिगन्धिका, विपुषा।

३८९ हिरतपलाण्ड (प्याज का एक प्रकार) = लतार्क, दुर्द्रम।

३९० हरिताल (हिंदी - हरताल) = गोद, पीतक, नरमंडन, आल, विडाल, पिंजर, चित्रगन्ध।

३९१ हरिद्रा (हिंदी- हलदी, हरदी) = पीतिका, पिंगा, रजनी, रंजिनी, निशा, गौरी, वर्णवती, पीता, हरिता, वरवर्णिनी, हलदीका, भद्रलता, वर्णविलासिनी, विषघ्नी, जयन्ती, दीर्घरंगा।

३९२ हरीतकी (हिंदी- हर्रा, हरड) = अभया, पथ्या, प्रपथ्या, पूतना, अमृता, जया, अव्यथा, हेहवती, वयस्था, चेतकी, शिवा, प्राणदा, नन्दिनी, रोहिणी और विजया।

३९३ हिंगु (हिंदी- हींग) = रामठ, अत्युग्र, जन्तुघ्न, भूतनाशन, अगूढगन्ध, बाह्लीक) जरण और सूपधूपन।

३९४ हिंगुपत्री = कबरी, पृथ्वीका, पृथुला, पृथु बाष्पिका दीर्घिका, तन्वी, बिल्विका और दारुपत्रिका

३९५ हेममाक्षिका (हिन्दी - सोनामाखी) = आवर्त, तापीज, धातुमाक्षिक, ताप्य, माक्षिकधातु और मधुधातु।

४०८ हिंगुल (पारद चूर्ण) = दरद, म्लेच्छ, हिंगूल, चूर्णपारद, मांणरागकर और चर्मानुरंजन

४०९ हीरक (हिंदी- हीरा) = भिदुर, वज्र, सद्रत्न, अशनि, पवि, सूचिवक्त्र, वराह, कुलिश, और भार्गव। **अन्य प्रकार** – राजावर्त = राजा, नीलाश्मा, नृपोपल, सुवर्णधातु, राजाद्रि, और राजप्रस्तर।

★ ★ ★

वर्ग - ७ - (अ) – (परिशिष्ट)
आयुर्वेदिक वनस्पतीयों की हिंदी नामावली

प्रस्तावना

वैद्यक शास्त्र में उल्लिखित अनेक वनस्पतियों के नाम मात्र ज्ञात हैं। पाश्चात्य विद्वानों ने जिस प्रकार वनस्पति शास्त्र के आधार पर वनस्पतियों के वर्णन दिये हैं उस प्रकार हमारे प्राचीन ग्रंथकारों ने नहीं दिये। इस कारण उल्लिखित वनस्पति को ठीक पहचानना असंभव सा है। तीस शतकों के पूर्व जिनका प्रचार वैद्यकीय व्यवहार में था किन्तु दस शताब्दियों से जो लुप्तप्राय हो गयीं, ऐसी वनस्पतियों के प्रादेशिक पर्यायवाचक शब्द निर्धारित करना, आयुर्वेद के शास्त्रीय ग्रंथों के अनुवाद करने वाले विद्वानों के लिए बड़ी कठिन समस्या थी। इस त्रुटि का निराकरण करने के प्रयत्न गत शताब्दी में कुछ स्वनामधन्य अनुवादकों ने किये हैं।

उन्हीं के प्रयासों के कारण बहुसंख्य वनस्पतियों के देशी पर्याय अब निर्धारित हो चुके हैं। चरकाचार्य ने कहा है कि "वनस्पतियों की ठीक जानकारी वनचर, गोपाल या मेषपाल लोगों से ही प्राप्त हो सकती है।" तदनुसार आज भी ग्रन्थनिर्दिष्ट वनस्पतियों के ज्ञान की निश्चिति उन्हीं वनवासी, गिरिचर लोगों से करनी चाहिये। प्रस्तुत कोश में वनस्पतियों के प्रत्येकशः अनेक संस्कृत पर्यायों का चयन महेन्द्र भोगिक कृत धन्वन्तरि निघण्टु (संपादक) डॉ. झारखण्डे ओझा और डॉ. उमापति मिश्र - प्रकाशक (आदर्श विद्यानिकेतन वाराणसी-५) के अनुसार किया है। उसमें निर्दिष्ट हिंदी पर्याय प्रथम संस्कृत संज्ञा के साथ (वर्ग ११) में दिये हैं। हिंदी भाषी प्रदेश के लौकिक व्यवहार में संस्कृत पर्यायों की अपेक्षा हिंदी शब्द अधिक होने के कारण संस्कृत शब्दावली के परिशिष्ट के रूप में हिंदी नामावली का अकारादि क्रम से चयन किया है। इस हिंदी नामावली में जो क्रमांक दिये हैं वे संस्कृत नामावली से संबंधित हैं। उस क्रमांक पर हिंदी शब्द के संस्कृत पर्याय देखे जा सकते हैं।

संस्कृत नामों की यह विशेषता है कि वे प्रस्तुत वनस्पति के पत्र, पुष्प, फल त्वचा आदि के रंग, आकार आदि की विशेषता का ज्ञान देते हैं। हिंदी या अन्य देशी नामों में संस्कृत शब्दों का यह गुण नहीं है।, अतः वनस्पति के देशी नाम जानने पर भी संस्कृत नामावली का ज्ञान, ज्ञेय वनस्पति की विशेषताओं का परिचय होने के लिए अत्यावश्यक है।

उदाहरणार्थ – (१) ताड़ नामक वृक्ष के केवल एक मात्र हिंदी नाम से उस वृक्ष की विशेषताओं का बोध नहीं होता किन्तु संस्कृत भाषा के तद्‌वाचक ध्वजद्रुम, प्रांशु, दीर्घस्कन्ध, दुरारोह, तृणराज, दीर्घतरु, लेख्यपत्र, द्रुमेश्वर इन शब्दों के विग्रह आदि से ताड़ वृक्ष की अन्यान्य विशेषताओं का बोध होता है।

(२) बांस के संस्कृत पर्याय वेणु, यवफल, कार्मुक, तृणकेतुक, त्वक्सार शतपर्वा, मस्कर और कीचक जैसे शब्द बांस की विशेषताओं का बोध करते हैं। संस्कृत शब्दों की व्युत्पत्ति का ज्ञान रखने वाले वैयाकरणों को यह ज्ञान अधिक मात्रा में अनायास होता है।

अगर – २

अखरोट – १

अंकोल – (या ढेरा) - ४

अंगुलि या थूहर – ३६७

अजकर्ण – ३६४

अजमोदा – ९

अजवाइन – (जवाइन) २७५

अड़ूसा – (बाकस) ३०८

अतीस – १२

अनन्तमूल – ९८, ३६९

अनार – १७३

अफीम – ४१४

अमलतास – (सोनहाली) - २७

अम्ल – ४५१

अरणी – (या टेकार) - ३, १४

अरहर – ४१५

अशोक – १७

अश्वखुरा – १९

असगन्ध – २०

असबरग – ३८५

आड़ू – २८

आडु – (आलुवालु) - ४४

आम – २३

आमडा – २५

आलुवालु – ४४

आंवला – ३०६

इन्द्रायण – ४५

इमली – २६

ईख – (गन्ना, ऊख) - ३२

उड़या – २२२

उत्तरपथिका – ३५

उडद – ४३३

उपधातु – ३८

उपरत्न – ३९

ऊख – (ईख-गन्ना)- ३२

***

अवशिष्ट - आयुर्वेद-परिभाषा

अग्रवक्त्र = शल्यकर्म के लिए उपयुक्त उपकरण।

अमृतक्षार = नौसागर।

अश्वगंधा = एक वनस्पति। काकवंध्या (देखिये) स्त्री को, रविवार को पुष्यनक्षत्र होने पर, इसकी मूली का अंश भैंस के दूध में मिलाकर दिया जाता है, जिससे उसका वंध्यत्व नष्ट होता है।

आढ्य रोग = सन्धिवात। गाठिया या जोड़ों का रोग।

उपधातु = (१) शरीर के अप्रधान छहः स्राव। दूध, रज, चर्बी, पसीना, दांत, केश, और ओज।

(२) सोनामाखी, रूपामाखी, मूतियां, कांसा मुर्दाशंख, सिन्दूर और शिलाजतु।

ओष्ठपाक = सरदी के कारण होठों का फटना।

औपशायिक दोष = शारीरिक दोष।

कज्जलिका = पारदचूर्ण

कुल्माष = एक प्रकार का रोग।

कुष्ठ = कोढ। इस के १८ प्रकार माने जाते हैं।

कौमारभृत्यतंत्र = जीवक (ई. ६ शती) द्वारा निर्मित बालचिकित्सा का शास्त्र। (जीवक का भरण-पोषण किसी कुमार अभय द्वारा होने के कारण उसे 'कुमारभृत्य' कहते थे।

क्रियात्रय = त्रिफला, त्रिकटु और त्रिभेद की संमिश्रणात्मक औषधि।

क्रूरकोष्ठ = कडे कोठे वाला, जिस पर मृदु विरेचन का असर नहीं होता।

क्षुद्र रोग = सामान्य रोग। सुश्रुत में इनकी संख्या ४४ कही है।

गण्डमाला = या गलगण्ड = एक कंठ रोग। इसमें कंठ में गाँठ सी निकल आती है

गर्भव्याकरण = आयुर्वेद का एक अंग। गर्भ के विकास का शास्त्र।

गर्भशंकु = गर्भाशय में मृत बच्चे को पेट से बाहर निकालने का औजार।

चतुर्थक , चातुर्थिक, चातुरिक, चातुर्यक) = हर चार दिनों के बाद आने वाला ज्वर।

छिन्नश्वास = एक प्रकार का दमा (या श्वास विकार)।

जठराग्नि = आमाशय में स्थित पाचक रस।

तरुणज्वर = एक सप्ताह तक रहने वाला ज्वर।

तालनवमी = भाद्रपद शुक्ल नवमी।

दर्द्रु (द्रू) = एक प्रकार का चर्मरोग।

दहननक्षत्र (या दहनर्क्ष) = कृत्तिका नक्षत्रपुंज की संज्ञा।

दौरुधरी योग = गुरु और शुक्र ग्रहों का चन्द्र के साथ संयोग। यह अत्यंत मंगल योग माना जाता है।

धन्वन्तरि = शल्यशास्त्र में पारंगत।

पद्मिनी कण्टक = एक प्रकार का कोढ।

परिपोट = एक प्रकार का कर्ण रोग। इसमें कान की खाल गलने लगती है।

पंचकोल = पांच मसालों का औषधिचूर्ण।

पामन् (पामा) = खुजली। एक चर्मरोग।

पित्तरक्त (या रक्तपित्त) = पित्तप्रकोप के कारण पेट में वायु उत्पन्न होना।

पिष्टमेह = मधुमेह का एक प्रकार।

पीनस = नाक में पीड़ा देने वाला रोग। जुकाम खांसी।

पुटपाक = औषधियों को अग्निताप से पक्व करने की विशिष्ट पद्धति।

पूयरक्त = नाक का एक विशेष रोग। इसमें पीप से युक्त रक्त या मवाद नाक से बहता है।

प्रतिविष = विषबाधा दूर करने वाला दूसरा विष।

प्रमेह = एक प्रकार का मूत्ररोग। इसमें मूत्र के साथ शक्कर या धातु गलती है।

प्रशाख = गर्भवासी की पाँचवीं अवस्था। इसमें गर्भ के हाथ पैर बनते हैं।

प्रसुप्ति = लकवे का रोग।

प्रसूति वायु = प्रसूति के समय गर्भाशय में उत्पन्न होने वाली वायु।

भगन्दर = एक रोग जो गुदद्वार में व्रण के रूप में होता है।

भस्मक = एक रोग। इसमें भक्षित अन्न का पचन न होने पर भी पचन का आभास होकर भूख लगती रहती है।

बस्ति = नाभि और लिंग का मध्य भाग।

मण्डूरभस्म = लोहे की जंग से बनायी गई एक पौष्टिक औषधि।

मधुशर्करा = शहद से बनाई हुई शक्कर।

मल = शरीर से निकलनेवाले १२ प्रकार के स्राव। १२ प्रकार = शुक्र, वसा, (चरबी) रुधिर, मज्जा, मूत्र, विष्ठा, घ्राणविष्ठा, कर्णविष्ठा, श्लेष्मा, अश्रु, दूषिका (आंखों का कीचड़) और स्वेद।

योगसार = अनेक रोगों की एकमात्र औषधि।

रक्षागृह = प्रसूतिगृह। सूतिकागृह।

रूक्षण = शरीर की मेदोवृद्धि (मुटापा) घटाने का उपचार)

वसामेह = मधुमेह रोग का एक प्रकार।

वातकुण्डलिका = एक मूत्ररोग जिसमें मूत्र बिंदुशः टपकता है।

वातबस्ति = मूत्र का अवरोध।

सन्धिक = एक प्रकार का ज्वर।

सान्निपातिक = वह विकार जिसमें कफ, पित्त, वात - तीनों दोष प्रबल होते हैं।

स्थावरविष = कालकूट, इन्द्रायुध, वत्सनाभ, शृंगी, और हालाहल आदि नामों के प्रसिद्ध विष। यह प्रायः कन्द में रहता है।

स्नेहबस्ति = गुदद्वार में पिचकारी द्वारा स्नेह (तेल) डालने की क्रिया । तेल का एनिमा।

* * *

वर्ग - ८

आयुर्वेदीय शारीर शब्द संग्रह

('श्री बैद्यनाथ आयुर्वेद भवन' नामक महाप्रतिष्ठान द्वारा आयोजित तृतीय शास्त्रचर्चा परिषद की उपसमिति में एवं महाधिवेशन में उपस्थित प्रस्तुत शब्द संग्रह हिन्दी विवरण तथा अंग्रेजी अनुवाद के साथ पंडित रामनारायण अभिनन्दन ग्रंथ (प्राप्तिस्थान श्री बैद्यनाथ आयुर्वेद भवन लि. ग्रेट नाग रोड, नागपुर मूल्य २०० रु.) के अंत में प्रकाशित हुआ है। इस कार्य में संपादक श्री रघुवीरप्रसाद द्विवेदी को श्री चंद्रभानुशास्त्री और गोपालशास्त्री गोडबोले का भूरिमात्रा में सहाय मिला। उसी ग्रंथ से प्रस्तुत संकलन साभार लिया गया है।)

संपादक

१. अंसः	सु.शा.६-२६। सु.सू. १८-१८ का.। च.वि. ८ (प्रमाणम्)	Acromial region, Shoulder.	बाहु का शिरोभाग, असंकूटप्रदेश, कन्धा भुजशिखर।
२. अंसकूटः	सु.शा.६-२५। वा.शा.४-१६।	Acromion	अंसफलक अस्थि का अंसकूट नामक प्रवर्धन।
३. अंसदेशः	सु.नि.१-८२।	Shoulder.	कन्धा।
४. अंसपिण्डः	सु.शा.५-११।	Deltoid Prominence.	अंसच्छदा पेशी से बना बाहुशिर का उभार।
५. अंसपिण्डिका	सु.चि.१५-१८।	Deltoid Prominence.	
६. अंसपीठः	सु.सू.३५-१२। सु.शा.५-२७	Acromial region, top of the shoulder (Glenoid Cavity	असं का ऊपरी भाग, अंसकूट प्रदेश। गणनाथः
७. अंसफलकः	सु.शा.५-२०।	Scapula	पंखा नाम से प्रसिद्ध कन्धे की हड्डी।
८. अंसबन्धनम्	सु.नि.१-८२।	Muscles and ligaments of the shoulder	स्कन्ध (सन्धि) की पेशियां तथा स्नायु।
९. अंसमूलम्	वा.नि. 15-43।	Apex of the axilla	कक्षादरी का शिखर भाग।
१०. अंससन्धिः	सु.चि.३-३१	Shoulder Joint	स्कन्ध सन्धि, कन्धे का जोड़।
११. अंक्षः	सु.सू.३५-७।	Clavicle	अक्षकास्थि, हँसली।
१२. अक्षकः	च.शा.७-६। का.पृ.५०। सु. चि. 3-36, 50।	Clavicle.	अक्षकास्थि, हंसली।
१३. अक्षकसन्धिः	सु. नि. ११-१०	Sterno-clavicular joint.	अक्षकेरः सन्धि। हँसली और छाती का जोड़।
14. अक्षाणि (इन्द्रियाणि)	वा. शा. ३-५।	Special senses. Perceptive faculties, Receptors	ज्ञानेन्द्रियां।
15. अक्षि	च. वि. ८ प्रमाणे	Eye.	नेत्र (आँख)
१६. अक्षिकनीनिका	च. शा. ७-११।	Inner Canthus, Medial angle of the eye.	नेत्र का भीतरी कोया।
१७. अक्षिकूटः (प्रेक्षणकूट)	च.शा. ७-११। सु.चि. १५-१२। का.२३,२८७। डल्हणः सू-१२-९	(1) Oribital or Ocular Marfin. (2) Eye ball or oculus. (3) Superciliary riedge.	(१) नेत्र कोटर के उभरे किनारे (डोले), (२) नेत्रगोलक, (३) नेत्रकोटर का ऊपरी उभरा किनारा।
१८. (अक्षि) कोटरम्	मधुकोशः (नि. ६-२३)।	Orbital Cavity.	नेत्रकोटर या नेत्रगुहा, आंख का गढ़ा।
१९. अक्षिकोषः	सु. शा. ५-२०।	Eye-lid.	पलक।
२०. अक्षिगोलकम् (कः)	चक्रपाणिः (शा.७-११) मधुकोशः (नि.६-२३) डल्हणः उ.१-१०।	Eye-ball.	नेत्रगोलक नेत्रपिण्ड, आंख का गोला।
२१. अक्षिगोलकत्वक्	डल्हणः (सु. उ. १८-५२)।	Conjunctiva.	नेत्रगोलक की झिल्ली।
२२. अक्षितारका	का. पृ. ५०।	Iris.	आंख का काला परदा (पुतली

२३. अक्षिपक्ष्माणि	सु.शा.३-१४। सु.सू.३१-१०।	Eye-lashes.	पलक के बाल, बरौनी।
२४. अक्षिपञ्चकम्	राजनिघण्टु।	Special Senses.	पांच ज्ञानेन्द्रियां।
२५. अक्षिपुटः	सु. सू. ५।१३	Eye-lid.	पलक।
२६. अक्षिबन्धानि	का. पृ. ५०,५६।	Eye-lids.	पलके
२७. अक्षिराज्यः	माधव ५९-२०।	Conjunctival Vessels.	आंख के डोरे।
२८. अक्षिवर्त्म	च. शा. ७।११।	Eye-lid.	पलक।
२९. अक्षिवर्त्मकोषः		Eye-lid.	पलक
३०. अग्निस्थानम्	सु. चि. २-१२।	Place of Complete digestion, Small intestine.	पाचकाग्नि के स्थान, विशेषकर छोटी आँत।
३१. अग्न्याधिष्ठानम्	च.वि.६-१३। च.चि.१५-५६।	Gastro-intestinal place of digestion.	पाचकाग्नि के स्थान, आमाशय व आँत।
३२. अग्न्याशयः (दहनाशय)	शार्ङ्गधर संहिता।	(1) Small intestine. (2) Pancreas. सेनवारियरौ नामक ग्रन्थि।	(१) छोटी आँत (२) कुछ के मत में पेंक्रियाज
३३. अग्रनासिका	वा. सू. ३०-३०।	Tip of the Nose.	नाक की नोंक।
३४. अग्रपर्व प्रदेश	सु. सू. ८-७।	Distal part of the finger.	उंगली का अगला पोर
३५. अग्रमांसम्		Liver.	यकृत या जिगर।
३६. अङ्गम्	सु. सू. ३५-१२। सु.नि. १-६४ वृ. वा. । सु. शा. ५-३।	(1) Body. (2) Part of the Body (3) Organ	शरीर, शरीर का कोई भाग या अवयव।
३७. अङ्गजम्	माधव २१-५।	Hair.	बाल, रोएँ, केश।
३८. अङ्ग प्रदेशः	सु. नि. ५-४।	Different spots or areas of the body.	शरीर के स्थल विशेष।
३९. अंगुलयः	च. शा. ८-५०।	Fingers. Toes (Digits)	उंगलियां।
४०. अंगुलास्थि	का. पृ. ४९।	Phalanx.	उंगलियों की हड्डी।
४१. अंगुलिग्रन्थयः	डल्हणः (सु. सू. ३५-४)	Digital nodes or joints. Knuckles.	उंगलियों की गांठे या जोड़। टोले।
४२. अंगुलिपर्वाणि	सु.सू.३५-४। सु. सू. १८-१८।	(1) Digital nodes, (2) Internodal Lengths of the digits.	उंगलियों के जोड़ या पोर।
४३. अंगुल्यग्रम्	सु.सू. १८-१८।	Tip of the finger.	उंगली का सिरा या नोक।
४४. अंगुल्यन्तरम्	सु.नि. १३-३२।	Interdigital cleft. Web.	उंगलियों के बीच की घाई।
४५. अंगुष्ठः	सु. सू. ३५-१२.।	Thumb. First Toe.	अंगूठा।
४६. अंगुष्ठमूलम्	कणाद नाडीविज्ञान श्लोक ११,१४। सु. सू. ३५-१२।	Root of the thumb. Outer end of the wrist in front.	अंगूठे की जड़, जहां नाड़ी देखते हैं।
४७. अंगुष्ठोदरम्	सु. शा. ४-४।	Length of the Thumb, above the distal crease.	अंगूठे के अगले पोर की लम्बाई।
४८. अङ्घ्रिः		Foot.	पाँव।
४९. अण्डकोषः (शः)	डल्हणः (सु. सू. २३-५)	Scrotum.	फोता।
५०. अण्वस्थीनि	सु. सू. ४-१२।	Short bones.	छोटे-छोटे अस्थिखण्ड।
५१. अधःकायः	वा.सू. २-१६। सु.नि. १-३८।	(1) Part of body below the waist. (2) Part of body below the head.	शरीर के सिर या कमर से नीचे का भाग।
५२. अधःस्रोतः	सु. उ. ५८-१४।	Anal or urethral passage.	मलमार्ग या मूत्रमार्ग।

५३. अधरः	वा. शा. ५-९।	(1) Lower lip. (2) Lower or Inferior in Postion.	निचला ओठ (या नीचा)।
५४. अधरकायः (अधःकाय.)	का. पृ. १००।	See अधःकायः	शरीर का निचला भाग।
५५. अधरगुदम्	च. शा. ७-१०।	(1) Lower Part of the rectum. (2) Anus- इत्येके	गुदनलिका का निचला भाग।
५६. अधरमार्गः (अधःस्रोत)	च. वि. 2-7।	See अधःस्रोतः	मलमार्ग या मूत्रमार्ग।
५७. अधिजिह्विवा	का.पृ.२१। चि.चि. १२-७४	(1) Pharyngeal tonsil (Adenoids) 2) Epiglottis	(१) बालकों के गले की छत में पाई जाने वाली एक ग्रन्थिविशेष। (२) स्वरयन्त्र ढँकने वाला जिह्वा सदृश अवयव।
५८. अधोभाग	का.65, 58।	Lower abdomen.	पेट का निचला भाग (अधरोदर)।
५९. अधोमार्गः (अधास्रोत)	वा.नि.७-२१।	See. अधःस्रोतः	मलमार्ग व मूत्रमार्ग।
अनामिका	सु.सू. ३५-१२।	4th or Ring finger. Annularis	चौथी उंगली, (जिसमें अंगूठी या पवित्री पहिनी जाती है।)
६१. अनिलायानि	सु.नि. १६-६१।	Air passages.	श्वासमार्ग और उसकी प्रणालिकाएँ।
६२. अन्तःकुक्षिः	च.शा. ६-२२।	Abdominal or Uterine cavity	उदरगुहा या गर्भाशयगुहा, कोख।
६३. अन्तःकोष्ठः	सु.शा. ४-१६।	Abdomen.	उदरगुहा या पेट।
६४. अन्तःपुष्पम्	कश्यपः	Ovum	भीतरी आर्त्तव या स्त्रीबीज।
६५. अन्तर्गलः	सु.नि.१६-६३। च.सू.१८-२८ वा.शा. ४-३०।	Throat	गला (भीतर का)।
६६. अन्तर्गतं फलम्	सु.शा. ५-५१	Ovary.	स्त्रियों की बीजग्रन्थि।
६७. अन्तर्मुखस्त्रोतांसि	डल्हणः (सु.शा. ५-१०)	Internal tracts, Channels Tubes, ducts.	शरीर के भीतर की विविध प्रणालियां
६७.(क) अन्तर्बहिर्विभागः	च.इ. १-१०।	Medial (Internal) lateral (Inward or external)	शरीर का भीतर और बाहर की दृष्टि से विभाग।
६८. अन्तराग्निः (जठराग्नि)	सु.सू.१०-५।	Internal (Abdominal) fire, in the form of digestive secretions.	भीतर की पाचकाग्नि।
६९. अन्तराधिः	सु.सू.३५-१२। वा.शा.३-१।	Trunk.	धड़ (हाथ, पैर, सिर और गर्दन को छोड़, शरीर का अवशिष्ट बीच का भाग।
७०. अन्ताः	सु.उ. ४४-३९।	Endings, as hands, feet, face.	धड से अतिरिक्त अन्डों के आखिरी हिस्से, यथा हाथ-पांव और मुखमण्डल।
७१. अन्तौ	सु.उ. १८-६६।	Canthi, outer and inner angles of the eye	आंख के दोनों कोये।
७२. अन्त्राणि	का.पृ.४८। सु.शा. ५-९।	Intestine. Bowel.	आँत।
७३. अन्त्राशयः	सु.चि. २-१९।	Lumen of Intestine.	आँत के भीतर की खाली जगह या पोल।
७४. अन्नमार्गः	वा.नि.४-२६। च.चि.१७-२२	Gullet, Oesophagus.	अन्नप्रणाली।
७५. अन्नवहस्त्रोतः	च.वि.5-11। सु.शा.9-12।	Oesophagus & Small intestine, Connected with the stomach.	अन्नप्रणाली और क्षुद्रान्त्र, जो आमाशय से सम्बन्ध हैं।
७६. अन्नसम्पुटः	भेल पृ. २०३।	Stomach	आमाशय, पेट की थैली, मेदा।
७७. अन्नाशयः	च.क. 12-50	Gastro-intestinal tract.	आमाशय तथा छोटी आँत।

७८. अपत्यपथः, अपत्यमार्गः	सु.शा.५-३९ । सु.नि. ८-३ । च.सि. ९-६६ । सु.चि.३७-१०४ वा.सू. १९-७९	Vagina. Genital passage	योनि या जननमार्ग ।
७९. अपरा, अमरा	सु.चि.१५-१७ । सु.चि.३७-125 । च.शा.8-41 । गङ्गाधरः	Placenta or Placenta with membrane.	खेडी, जेर आंवल ।
८०. अपरामुखम्	का.पृ. 57	External os.	गर्भाशय का मुंह ।
८१. अपाङ्गः	सु.सू. २३-६ । सु.सू. १८-१८ । सु.उ. १-१६ ।	Outer Canthus.	नेत्र का बाहरी कोया या कोना, कनखी ।
८२. अपाङ्गदेशः	सु.सू. १६-२३ ।	Outer canthal region.	कनखी के पास का भाग
८३. अपाङ्गपुत्रिका	डल्हणः (सु.सू. १६-२३)	Tragus.	कान का कोकरू ।
८४. अपाङ्गसन्धिः	सु.उ. १-१६ ।	Outer junction of the eye lids.	नेत्र की बाहरी कोर पर पलकों का मिलना ।
८५. अपाङ्ग्या सिरा	सु.शा. ८-१७ ।	Superficial Temporal Vein.	अंशुखा उत्ताना सिरा ।
८६. अपानम्		Anus. Rectum.	गुदा ।
८७. अब्धातुः अम्बु	च.चि. २२-९ । सु.शा. २-३५ ।	Body-fluid.	शरीर का जलांश या तरल धातु ।
८८. अम्बुमार्गाः अम्बुवाहीनि स्रोतांसि	वा. नि. 12-37 । सु. उ. ४८-५	Pahts of circulating fluid. Tubes for fluid circulation.	तरलधातु के वहनमार्ग ।
८९. अरत्निः	च. शा. ७-६	Fore-arm, Anti-brachium.	प्रकोष्ठ (कोहनी से कलाई तक का भाग) ।
९०. अरुणाः सिराः (श्यावारुणाः)	सु. शा. ७-१८ । वृ.वा. । वा. शा. ३-३६ ।	(Small) arterial branches.	वातयुक्त रक्त को वहन करने वाली धमनी प्रशाखाएँ ।
९१. अर्धकायः अर्धाङ्गम्	वा.नि. १५-३९ । मधुकोशः (नि. २२-४०)	Longitudinal half of the body	शरीर का वाम या दक्षिण अर्ध ।
९२. अर्थः	च. सू. ३०-६	(1) Heart (2) Brain.	(इस प्रकरण की दृष्टि से) हृदय या मस्तिष्क
९३. अलिकं	डल्हणः (सु. शा. ५-३७)	Fore-head.	ललाट, माथा ।
९४. अवटुः (घाटा)	सु.चि. ३-३७ । सु.उ. ६-२७ ।	Nape of the neck.	गरदन का पिछला भाग, गुद्दी ।
९५. अवयवः	सु.सू. १४-३ । सु.सू. ३५-१२ ।	Part or organ of the body	शरीर का कोई भाग या अङ्ग-प्रत्यङ्ग ।
९६. अवरोधः	सु.सू. २९-१० ।	Shoulder.	कन्धा
९८. अश्रुमार्गः	सु. उ. 2-5 । सु. उ. 1-12 ।	Lacrimal apparatus.	अश्रुवहन के विविध मार्ग ।
९८. अश्रुवाहिण्यौ	सु. शा. 9-5 ।	Lacrimal Canaliculi.	अशुप्रपिकाएँ (पोलकों के अन्तःकोणों में छिपी और अश्रु कोष को जाने वाली दो सूक्ष्म नलिकाएँ) ।
९९. असृग्वहाः	सु. शा. 5-19 ।	Blood Vessels.	रक्त को वहन करने वाली नलिकाएँ ।
१००. अस्थिजालम्	सु. शा. 5-12 ।	Group of bones (carpal, Tarsal) Bony Retiform	मणिबन्ध और गुल्फदेश में अनेक अस्थि खण्डों के मेल से बना जाल ।
१०१. अस्थिपञ्जरः	का. पृ. 100 ।	Bony skeleton.	कंकाल या ठठरी, हड्डियों का बना ढांचा ।
१०२. अस्थिपर्वाणि	च.चि.१५-५१ । च.चि. २८-३० । सु.नि. १-३९ ।	Bony Nodes, joints.	हड्डियों की गांठे या जोड़ ।
१०३. अस्थिविवरम्	सु. सू. 26-10 ।	Medullary canal.	हड्डियों के भीतर की पोली नली, जिसमें मज्जा रहती है ।
१०४. अस्थिसङ्घाताः	सु.शा. ५-१६ । वा.शा. ३-१५ ।	Clumps of the bones.	हड्डियों का जमघट ।
१०५. अस्थिसन्धयः	सु. शा. ५-२८ ।	Articulations, joints.	हड्डियों के जोड़ ।
१०६. अस्थिस्नेहः	माधव नि. ६१-४ ।	Bone-Marrow.	मज्जा ।

१०७. अस्थिसारम्	राजनिघण्टु	Bone-Marrow.	मज्जा।
१०८. आधाराः (आशयाः)	वा. शा. ३-१०।	Some Particular organs, or group of organs which are containers of something	शरीर के कुछ भीतरी अंग या अंगसमूह जिनमें दोष, धातु या मल रहते हों।
१०९. आभ्यन्तर कण्डराः	डल्हणः (सु.नि. १-७५)	Flexor tendons or nerves of the hand	हाथ की संकोचक कण्डराएँ या नाड़ियाँ।
११०. आमपक्वाशयः	च.सू.११-४८	Alimentary canal, Gastrointestinal Tract	महास्रोत, पांचन-प्रणाली।
१११. आमाशयः	च.वि.२-२३, २४। सु.नि.१-८९। सु.सू. २१-११	(1) Stomach, (2) Stomach and Jejunum	(१) अन्न की थैली, (२) थैली व क्षुद्रान्त्र का ऊपरी भाग।
११२. आर्त्तवम्, आर्तव शोणितम्	सु.सू. १४-१४। सु.शा.२-१७ अरुणः वा.सू. १-९।	1) Menstrual discharge (2) Ovum (periodic discharge)	(१) बाह्य ऋतुस्राव या मासिक स्राव (२) आभ्यन्तर ऋतुस्राव या स्त्री-बीजक्षरण।
११३. आर्तवह स्रोतसी	सु.शा. ९-१२।	Fallopian or Uterine: tubes. Oviducts.	स्त्री-बीज को गर्भाशय में पहुँचाने वाली नलियां।
११४. आर्तववहानि स्रोतांसि	सु.शा.४-२४।	Uterine Vessels.	अनुगर्भाशया धमनियों की शाखाएँ।
११५. आर्तववह स्रोतः	डल्हणः (सु.शा.५-१०)	See रक्तवहंस्रोतः (Vaginal orifice)	योनिद्वार।
११६. आर्त्तववाहिन्यो धमन्यः	सु. शा. ९-१२।	Ovarian & Uterine Arteries.	अनुबीज कोषिका व अनुगर्भाशया धमनियां (बीजग्रन्थि और गर्भाशय की धमनियां)।
११७. आस्यम् (आननम्)	च.वि.८-(१४-७-१४) वा.उ. 21-42।	(1) Mouth (2) Face. (3) Interlobial aperture.	(1) मुंह, (2) चेहरा, (3) मुखद्वार।
११८. इन्द्रियप्राणवहानि स्रोतांसि	च.सि. ९-४।	(1) Cranial Nerves. (2) Cerebro-spinal Nerves	शीर्षण्य तथा मस्तिष्क सौषुम्निक नाड़ियां।
११९. इन्द्रियसारथिः	अरुणः (वा.शा. ३-५)	Mind or psyche.	मन।
१२०. इन्द्रियम्	सु.उ. ५५-४।	Here means, Semen. (क्वचिल्लिङ्गर्थेऽपि)	यहां शुक्रवाचक है (कहीं-कहीं लिङ्गवाचक भी होता है)
१२१. इन्द्रियाधिष्ठानानि, इन्द्रियायतनानि	च. सू. ८-३। च.नि. ८-४।	Special Sensory organs.	इन्द्रियों के निवासगृह, जो प्रायः उन्हीं नामों से प्रसिद्ध हैं तथा दृश्य हैं।
१२२. इन्द्रियार्थाः	च.नि. ८-४।	Objects of the special Senses	इन्द्रियों के ग्राह्य विषय।
१२३. उरवा	च. शा. ७-११।	(1)Infra-clavicular Fossa. (2)Hollow on the side of the hip.	(१)ऊर्ध्वशाखा की दृष्टि से अक्षकाधर-खात. (2) अधःशाखा की दृष्टि से नितम्बपार्श्वखात।
१२४. उण्डुकः	सु. शा. ४-१७, २५।	Colon (Caecum, सेनः Sigmoid colon. इति बनर्जी)	गुदव्यतिरिक्त स्थूलान्त्र या बृहदन्त्र। (कुछ के मत में बृहदन्त्र का आरम्भिक पोटली-नुमा भाग या कुण्डलिकानुमा चरम भाग।
१२५. उत्तरगुदम्	च.शा. ७-१०।	(1) Upper part of the rectum (2) Rectum.	गुदनलिका का ऊपरी भाग।
१२६. उत्तरदन्तः	सु.चि. २२-२९, ३१ का.पृ.9	Tooth of the upper Jaw	ऊपर का दांत।
१२७. उत्तरपादः	का. ३२	Dorsum of the foot.	पादपृष्ठ (पादतल से विपरीत भाग)।
१२७ क. उत्तराधर विभागः	च.इ. 1-10।	Superior (Proximal) and Inferior (Distal)	शरीर का ऊपर और नीचे की दृष्टि से विभाजन।

१२८. उदकवह अम्बुवाहीनि स्रोतांसि (स्रोतसी वा)	च.वि. ५-१० । सु.शा.९-१२ ।		तरल धातु के वहनमार्ग ।
१२९. उदरपार्श्वम्	सु.सू. १५-१६	Side of Abdomen-Flank.	उदर का पार्श्वभाग ।
१३०. उदरफलकम्	डल्हणः (सु.शा.५-३७)	Abdominal Wall. (Antero lateral Part)	उदर की पूर्वभित्ति, जो केवल मांसमय है ।
१३१. उदरोरः सन्धानम्	डल्हणः (सु.शा.५-१७)	Abdominothoracic arch or Boundary in front. (Costal arch)	पेट और छाती की पूर्व सीमारेखा, जो पर्शुकातोरण से लक्षित होती है ।
१३२. उन्मेषण्यः सिराः	मधुकोशतः (नि.५९-९२)	Nerves to the Livator Palpebrae superioris (From oculomotor)	नेत्रोन्मीलनी पेशी की प्रचेष्टनी नाड़ी-शाखाएं, जो नेत्रचेष्टनी नाड़ी की प्रशाखाएं हैं ।
१३३. उपजिह्विके	च.शा.७-११ ।	Palatine Tonsils.	टोन्सिल नामक गले की ग्रन्थियां (रोडियां
१३४. उपधातवः	च.चि.१५-१५ । (स्तन्यात्तर्व कण्डराशिरावसात्वक्स्नायवः)	Some counted structures and secretions, secondary in origin.	सप्त धातुओं से उत्पन्न शरीर की सात गौण धातुएं- यथा दुग्ध, रज, कण्डरा, शिरा, वसा त्वचा व स्नायु ।
१३५. उपनखम्	सु.सू. २३-६ ।	Nail fold.	नखमूल को ढंके रखने वाली त्वचा ।
१३६. उपनासिका सिरा	सु.शा. ८-१७ ।	Anterior facial Vein, near the nose	नासामूलिका नामक नासापार्श्व की सिरा ।
१३७. उपस्थः	सु.सू.15-16 ।	Male or Female External genital organs.	पुरुष या स्त्री की बाह्य जननेन्द्रियां (गुह्य प्रदेश) ।
१३८. उपाङ्गम्	सु.सू. १-६ ।	Subdivison. Secondary or smaller division.	प्रत्यङ्ग, शरीर के उपविभाग ।
१३९. उरःकोष्ठः	वा.शा.४-१३ ।	Thoracic Cavity.	उरोगुहा, छाती के भीतर का गह्वर ।
१४०. उरोग्रीवम्	सु.सू.४६-१३३	Thorax and neck.	छाती और गरदन ।
१४१. उलखूलः	सु.शा.5-27	Socket (Ball and Socket joint. Peg and Socket Joint)	ओखली जैसे हड्डियों के गढ़े, तथा उनके मेल से बनने वाली सन्धियों का एक विशेष प्रकार ।
१४२. उल्वः	सु.शा.10-21 । डल्हणः सु.चि. ३७ १२५)	(1) Placenta (2) Foetal Membrane (3) Vernix Caseosa including placenta	(१) आँवल या खेडी (२) जेट (३) गर्भत्वचा पर की मलाई ।
१४३. ऊरुः	सु.सू.३५-१२ ।	Thigh (Femur)	ऊर्ध्वजङ्घा, रान, सांथल ।
१४३. ऊरुनलकः	च.शा.७-६ । का.पृ. ४९	Femur.	ऊर्ध्वजङ्घा या रान का अस्थिदण्ड ।
१४४. ऊरुपिण्डिका	च.शा. 7-11 । का.पृ. 50 ।	Quadricipital Prominence of the Thigh.	चतुःशिरस्कापेशी से बना ऊर्ध्वजंघा का सामने वाला उभार ।
१४५. ऊरुमूलम् उरुसन्धिः गुण्डक	भेल.पृ.२३ । सु.शा.८-१७ ।	Groin, Inguinal region. Inguen.	सामने की ओर ऊर्ध्वजंघा तथा उदर की सन्धि-सीमा या क़मर का पूर्व भाग ।
१४६. ऊर्ध्वकफाशयः	का.पृ. ९२ ।	Head.	सिर, जो कफाशयों में ऊंचा कफाशय है ।
१४७. ऊर्ध्वकायः	सु. चि. 3-54 ।	Upper part of the body or head	(१) शरीर का ऊपरी भाग, (२) प्रकरण विशेष की दृष्टि से सिर ।
१४८. ऊर्ध्वकोष्ठः	तन्त्रान्तरवचसि (च.चि.१५-९)	Part of the alimentary canal upto the stomach.	महास्रोत का ऊर्ध्वभाग जो मुंह से आमाशय तक फैला है ।
१४९. ऊर्ध्वजत्रु	सु.सू. १-८ (२) ।	Head & Neck. Part above the sternum.	शिरोग्रीव, ग्रीवामूल से ऊपर का भाग ।
१५०. ऊर्ध्वदन्तपङ्क्तिः	डल्हणः (सु.चि. २२-२७)	Upper row of the teeth.	ऊर्ध्व... [illegible]

१५१. ऊर्ध्वदेहः	मधुकोशतः (मा.नि. ३६-१५)	Upper half of the body	शरीर का उत्तरार्ध (ऊपर का आधा भाग)।
१५२. ऊर्ध्वनाभि	वा.चि.१४-४। च.चि.५-२।	Epigastric region or Epigastrium.	नाभि से ऊपर, उदर का हृदयाधारिक प्रदेश।
१५३. ऊर्ध्वभागः	सु.चि. ३४-६।	Upper abdomen.	पेट का ऊपरी भाग (उत्तरोदर)।
१५४. ऊर्ध्वहृदयम्	भेल पृ. ३३।	Brain. (केषाञ्चिन्मते तु Heart एव)	(१) मस्तिष्क, (२) कुछ के मत में हृदय ही शिरोग्रीव भाग।
१५५. ऊर्ध्वस्थि	सु.चि. ३-२७	Femur.	ऊर्ध्वजंघा या रान की हड्डी।
१५६. उर्वीसंज्ञे सिरे	सु.शा. ७-२२	Profunda femoris. Femoral Vessels.	गम्भीरोरुका तथा और्वी नामक रक्तवाहिनियां।
१५७. एकाङ्गम्	माधव नि. २२-४१	One half of the body	शरीर का वाम या दक्षिण पक्ष (अर्धभाग)।
१५८. ओष्ठप्रान्तौ	डल्हणः (सु.उ. ६०-१३)	Angles of the mouth.	मुख के कोण, जहां दोनों होंठ परस्पर मिलते हैं।
१५९. ओजः	सु.सू. १५-२१। च.सू. १७-७४,७५ का.पृ. २८।	Stamen (pl. Stamina), Vigor.	बल, तेज, अन्दरूनी ताकत, सर्वधातुनुसार।
१६०. ओजः स्थानानि (तेजःस्थानानि)	भेल. पृ. ८५	12 things on which stamen depends-Bloods, Muscles, Fat, Bones, Marrow, Internal secretions, Pitta, Kapha, Sweat, Urine, Faeces.	वे शास्त्रपरिगणितभाव, जिन पर बल निर्भर करता है या जिनमें रहता है।
१६१. औपनासिक्यः सिराः औपनासिका सिरा	सु.शा. ७-२२। डल्हणः (सु.उ. १२-३८)	Anterior facial Vein with their nasal tributaries.	नासामूलिका सिरा और उसकी पूरक शाखाएँ।
१६२क. औदर्याग्निः (अन्तराग्नि)	वा.शा. ३-५६		पेट के भीतर की पाचकाग्नि
१६३. कक्षा भागाः	सु.नि. १३-१९।	(1) Different areas of the axilla. (2) Axillae and Groins.	(१) काँख के प्रदेश विशेष, (२) कांख तथा कांख जैसे सन्धिभाग, यथा ऊरुमूल।
१६४. कङ्कालः		Bony skeleton.	शरीर का अस्थिपञ्जर या ठठरी।
१६५. कचान्तः (केशान्त)	वा.शा. ३-११		बालों की सीमा या हद, जिससे आगे वे नहीं बढ़ते।
१६६. कटिः कटि वा	सु.सू. ३५-१२। च.वि. ८।	(1) Loin, Lumbus. (2) Pelvis. (3) Waist.	कड़, कमर या श्रोणि
१६७. कटि कपालः	सु.नि. ४-४। सु.शा. ५-२७	Hip bone.	श्रोणिफलक।
१६८ कटिप्रदेशः:	डल्हणः (सु.चि. ३८-३)	Pelvic Region.	श्रोणिप्रदेश।
१६९. कटि प्रोथः, पोदौ	डल्हणः (सु.सू. १५-११)	Natis. Buttock. Gluteal Prominence. Haunche.	नितम्बपिण्ड, चूतड़।
१७०. कटिवृषणौ	वा.नि. 9-1 (सू.नि. 3-18)	Seminal Vesicles.	दोनों शुक्राशय, शुक्र की थैलियां।
१७१. कटिसन्धिः	डल्हणः (सु.सू. 35-12)	Hip joint.	कूल्हे का जोड़।
१७२. कट्यन्त्रम्	डल्हणः (सु.नि. २-५)	large intestine.	बड़ी आँत या बृहदन्त्र।
१७३. कण्ठः कण्ठं वा	च.इ. ९-११	(1) Larynx. (2) Front of the neck. (3) Throt (4) tharyuss.	(१) गला, ग्रसनिका, स्वरयन्त्र, (२) ग्रीवा के सामने का भाग।
१७४. कण्ठनाड़ी	सु.शा.५-१९। सु.शा.६-२७। (अरुणः वा. शा. ३-५१)	(1) Wind pipe. Trachea Cervical (2) Oesophagus.	(१) श्वासनलिका, (२) अन्ननलिका।

१७५. कण्ठशालूकं	सु.नि. 16-51	Tonsil. रोगप्रसंगे (Enlarged Tonsil)	टोंसिल नामक ग्रन्थि (रोग-दशा में बढ़ी हुई टोंसिल)।
१७६. कण्ठशुण्डी		Uvula.	गले का कौआ।
१७७. कण्ठसिराः	सु.शा. ६-९।	See मातृकाख्य मर्म	कण्ठपार्श्व की प्रमुख सिरा धमनियां।
१७८. कण्ठस्रोतः	वा.सू. २८-३५। वा.सू.१०-६	Throat, Pharygeal or laryngeal Passage.	गला, अन्ननलिका या श्वासनलिका का मार्ग।
१७९. कण्डरा	सु.शा. ५-११। सु.नि. १-७४	(1) Tendon (2) Nerve (cord like)	स्नायु रूप की नस, यथा (१) पेशियों के दृढ़ शुभ्र प्रान्त भाग व (२) बढ़ी-बढ़ी नाड़ियां।
१८०. कनिष्ठा कनिष्ठिका वा	सु.सू. ३५-१२।	Little finger or toe.	कानी या छोटी उंगली
१८१. कनीनः कनीनको वा कनीन सन्धिः कनीनिका कनीनी वा	सु.सू. २-५। सु.उ. १५-८,९। सु.उ. १-१६। वा.उ. १०-७ डल्हणः (सु.उ. १८-६४)	Inner canthus. Medial angle of the eye.	नेत्र का भीतरी कोण या कोया।
१८२. कन्धरा		Neck.	ग्रीवा, गरदन।
१८३. कपालः कपालं वा	सु.सू. २९-१२। सु.शा. ५-२०.	(1) Cranial bone. (2) Flat bone.	(१) खोपड़ी की हड्डियां, (२) खपड़ा या खप्पर जैसी चौड़ी, चपटी या गहरी हड्डियां।
१८४. कपोलः	थ.,. १०-४.	Cheek	गाल।
१८५. कफवाहिन्यः सिराः	सु.शा. ७-६। (सु.शा. ९-५)	Vessels and Nerves related to the. कणस्थानानि	कफस्थानों से सम्बद्ध सिरा, धमनी या नाड़ियां।
१८६. कफस्थानानि	सु.उ.३९-५५। सु.सू.२१-७ १२,१३,१४। वा.सू. १२-३	Seats of the कफ as described in the text,	शास्त्र में परिगणित कफ के स्थान।
१८७. कफाशयः (श्लेष्माशय)	का.पृ.। वा.शा. ३-११।	See श्लैष्माशयः	कफस्थान।
१८८. कफोणिः	डल्हणः (सु.शा. ६-२४)	Elbow.	कुहनी या कोहनी।
१८९. करजाः	च.शा. ८-५१।	Nails.	नख या नाखून।
१९०. करणानि	च.शा. १-५४।	Intellectual, sensory and some functioning organs or Faculties.	ज्ञान और चेष्टा के साधन--यथा मन, बुद्धि, ज्ञानेन्द्रिय और कर्मेन्द्रिय।
१९१. करणायतनानि	सु.उ. ४६-४।	See Text.	उक्त करणों के अधिष्ठान।
१९२. करणायतनानि आभ्यन्तराणि	सु.उ. ४६-४	different centres or areas of the brain.	करणों के भीतरी (मस्तिष्कगत) केन्द्र-प्रदेश या अधिष्ठान।
१९३. करणायतनानि बाह्यानि	,,	Organs of Perception and action.	करणविशेषों के अधिष्ठानभूत बाह्य अवयव।
१९४. करमूलम्	वा.चि. 28-57	Wrist.	मणिबन्ध या कलाई।
१९५. कराग्रम्	वा.चि. 1-103।	Anterior part of the hand (Fore-hand)	हाथ का अग्र भाग, पंजा।
१९६. करोटिः करोटी वा		Cranium.	खोपडी, शिरःसम्पुट।
१९७. कर्णनाडी, कर्णपथ	सु.सू. ७-१२।	External auditory canal.	कर्णकुहर या कान की नली।
१९८. कर्णपालिः (कर्णपाली वा)	सु.सू.१६-१४ ।सु.चि. २५-४ वा. उ. १-३१।	Lobure of the ear.	कान की लोर या ललरी।
१९९. कर्णपीठम्	सु.सू.१६-११। वा.उ.१-३१।	(1) Bottom of the conche (2) Lobule of the ear.	(१) कान की लोर (विशेष कर उसका ऊपरी मूल भाग) (२) कर्णखात का तलदेश।
२००. कर्णपुत्रकः	च.शा.७-११। का.पृ.५०। च. शा. ८-५०।	Tragus.	कर्णकूट या कान का कोकरू (बड़ा)।
२०१. कर्णपुत्रिका	डल्हणः (सु.सू. १६-१०)	Antitragus (Tragus इति सेनः)	,, ,, (छोटा)

२०२. कर्णपृष्ठम्	सु.शा. ६-२७।	Mastoid region.	कान के पीछे का अस्थिमय प्रदेश।
२०३. कर्णमूलम्	सु.सू.३५-१२। वा.सू.२२-३१।	Parotid region (Parotid mould or bed.)	कान की जड़ के पास का करीब दो अंगुल प्रदेश जिस में कर्णमूल लालाग्रन्थि का भाग रहता है।
२०४. कर्णलतिका	डल्हणः (सु.सू. १६-१०)	Lobule of the ear.	कान की लोर।
२०५. कर्णशष्कुलिका	च.शा.७-११। (सु.सू.१६-१०)	Pinna. Auricle.	बाह्यकर्ण, कान का दोना, डोबला।
२०६. कर्णस्रोतः	सु.उ. २०-११।	External auditory meatus.	कर्णरन्ध्र या कान की नली।
२०७. कर्णावटुः	सु.सू. ३५-१२।	Cavum, Canche of the ear.	कर्णखात।
२०८. कर्णास्थि	सु.शा. ५-१९।	Temporal bone, excluding squama.	शङ्खास्थि, फलक भाग को छोड़कर।
२०९. कर्पराणि	डल्हणः (सु.नि. १५-१६)	Cranial bones.	खोपड़ी की (खपरे जैसी) हड्डियां।
२१०. कला	(१) सु.शा.४-५,७। वा.शा. ३-९। (२) सु.उ. ६६-७। (३,च.सू. १२-१।)	(1)Membrane Firbrous, serous, Mucous M. (2) Constituents or parts of the body. (3) Qualities.	(१) झिल्ली, (२) शरीर के विविध घटक (३) गुण।
२११. कलाविका	डल्हणः (सु.सू. ३५-१२)	Distal Third of the forearm.	
२१२. कलेवरम्		Body.	शरीर
२१३. कशेरुका	अमरकोषतः	Vertebra.	त्रिक और अनुत्रिक को छोड़कर, पृष्ठवंश की शेष वलयाकार अस्थियां।
२१४. काकलं (काकलकं वा)	च.सू. १८-२६। सु.शा. ५-२६।	Uvula.	गले का कौआ।
२१५. काण्डं (काण्डो वा)	माधवः नि. ४४-१। (काण्डमस्थिकाण्डः- मधुकोशे)	Bone,, especially shaft of the bone.	हड्डि, विशेष कर नलकास्थि।
२१६. कामसिरः	डल्हणः (सु.शा. ५-१०)	Nerves & Vessels of erection (Dorsal nerves and vessels of Penis or clitoris) (From pudendal)	जननेन्द्रियों की हर्षदा नाड़ियां।
२१७. कायच्छिद्राणि	च. न. ४-४६।	Apertures of the body.	शरीर के विभिन्न छिद्र
२१८. कायद्वारम्	वृ.वा.पृ. १५९। इन्दु।	Entrance of the alimentary canal	महास्रोत का प्रवेशद्वार (मुख)
२१९. कायः	सु.सू. १-८ (३)। डल्हणः सु.उ. ३९-१। इन्दुः पृ. १५९	(1) Body. (2) In restricted sense digestive system or digestive tube.	(१) शरीर, (२) पाचकाग्नि।
२२०. कायाग्निः (अन्तराग्नि)	अरुणः (वा.शा. १-५६)	See अन्तराग्नि	शरीर की पाचकाग्नि।
२२१. कालकः	सु.उ. १-१९।	(1) Iris. (2) Fibrocartilaginous puley of the superior oblique.	(१) नेत्र की काली पुतली (कृष्णमण्डल), (२) वक्रोर्ध्वदर्शनी की तरुणास्थिमय आकर्षिका।
२२२. कालखण्डम्	डल्हणः (सु.शा. ४-२५)	Liver.	यकृत या जिगर।
२२३. कालिका	सु.सू. १६-७३।	Vein.	शिरा (जो प्रायः अशुद्ध रक्त का वहन करती है, और काली या नीली दिखाई देती है)
२२४. कालीयकं कालेयकं वा	डल्हणः (सु.शा.४-२५) वृ.वा.। सु.सू. ४६-१३०।	Pancreas.	पेंक्रियाज नामक ग्रन्थि, जो अग्न्याशय नाम से प्रसिद्ध है।
२२५. किट्टम्	च.सू. २८-३।	Waste.	मल, शरीर के बहिष्करणीय त्याज्य भाव।

२२५ क. कीलकौ	चक्रपाणिः (च.शा. ७-६)	Clavicles.	दोनों अक्षकास्थियां, (हंसली)।
२२६. कुकुन्दरौ	च.शा.७-११। का.पृ.३०, ५०	1. Highest curve of the iliac crest, on both sides 2. Ischial tuberosities. (See मर्म also)	(१) जघन धारा का उच्चतम उन्नत भाग। (२) कुकुन्दरपिण्ड नामक श्रोणिफलक के अस्थि भाग।
२२७. कुक्षिः	सु.सू.५-१३। च.चि.१३-३५।	1. Abdomen. 2. Flank.	(१) उदर (२) कोख।
२२८. कुक्षिगोलकौ	डल्हणः (सु.शा. ४-३१)	Kidneys. Renes.	वृक्क या गुर्दे।
२२९. कुचौ	वृ.वा. १६५	Breasts, Mammary glands	स्तन (विशेष कर स्त्रियों के)।
२३०. कुटकास्थि	सु.सू. २६-६	Coccyx or Sacrum Coccyx	अनुत्रिकास्थि, त्रिकास्थि, या दोनों।
२३१. कुटिला सिरा	डल्हणः (सु.नि. १-२७)	Varicose Vein.	टेढ़ी-मेढ़ी और गांठदार सिरा।
२३२. कुण्डलानि	का.पृ.४९।	Coils or loops of the intestine.	आंतों की रोंडलियां।
२३३. कुहणिका (कूर्परः)	डल्हणः (सु.सू. ३५-१२)	Elbow.	कोहनी।
२३४. कूयंक (रोमकूपाजि	का.पृ.५१।	See रोमकूपानि	त्वचा के रोमच्छिद्र।
२३५. कूर्चाः	(१) सु.शा. ५-१३। (२) का.पृ. ४९। (३) सु.शा. ५-१९।	(1) Brush like fibrous or membranous structures. Palmer and Planter aponeuroses. Liganemtum nuchae, Fundiform or suspensory ligament of penis. (2) Navicular & Talus bones. (3) Three cunciforms, cuboid & Navicular See मर्म also.	(१) सौत्रिक धातु की बनी कूंची जैसी रचनाएं, यथा - करतलिका स्नायु, पादतलिका स्नायु, ग्रीवाधरास्नायु, शिश्न की की प्रतोलिका या उत्तोलिका स्नायु। (२) नौनिभ और कूर्चशिर नामक अस्थि (३) (तीनों) कोणक, धन और नौनिभ नाम की अस्थियां। (४) मर्म विशेष।
२३६. कूर्परास्थि	सु.शा. ५।	Olecranon process.	अन्तः प्रकोष्ठास्थि का कर्पूरकूट प्रवर्धन।
२३७. कृकाटिका	सु.चि. २-३२। च.वि. ८-१०५ (मांस सारलक्षणे	Laryngeal prominence (Adam's apple)	घेंटी, टेंटुआ।
२३८. कृष्णतारका	डल्हणः (सु.उ. १७-५८)	Iris.	आँख की काली पुतली।
२३९. कृष्णदृष्टिगतः सन्धिः	सु.उ. १-१६।	(1) Pupillary border. (2) Contact of the iris with lens.	(१)पुतली और दृष्टिविवर की सीमासन्धि (२) पुतली और दृष्टिमणि का सम्पर्क
२४०. कृष्णमडलम्	सु.उ. १-११, १३, १५।	Iris.	मण्डलाकार काली पुतली।
२४१. केशाग्राणि	का.	Ends of the hairs	बालों के अग्रभाग, सिरे या नोक।
२४२. केशान्तः	सु.सू.२०-१२। सु.शा.६-२७।	Boundary, where the hairs end.	बालों की क्षेत्रमर्यादा, जिसके आगे वे नहीं ऊगते।
२४३. केशभूमिः	च.सू. २०-२१। सु.नि. १३-३५। का.पृ. २८,३५।	Field of the hairs.	बालों का उत्पत्ति क्षेत्र।
२४४. कोटरः (रं)	मधुकोशतः (मा. नि. ६-२३)	Orbit or orbital cavity.	गहरा खोलता स्थान, तथा नेत्रकोटर।
२४५. कोरसन्धयः	सु.शा. ५-२७	Condyloid & Hinge joints.	खल्लकोर तथा सन्दंशकोकर नामक सन्धि प्रकार
२४६. कोषः (शः)	सु.चि. १९-२२। माधव नि. ४७-७ सु.नि. १३-४८।	(1); Sac. (2) Scrotum. (3) Perpuce.	(१) थैली या थैलीनुमा आवरण (२) अण्डकोष, (३) शिश्न का अग्रचर्म।
२४७. कोष्ठः	(१) च.सू. ११-४८। (२)	(1) Thoraco-abdominal	(१) महास्रोत, वृक्ष व उदर की गुहा

	सु.चि. २-१२ (३) सु.सू. २९-६९। सु.शा. ४-१७	cavity, Alimentary canal. (2)Uisceras hollow organs (3) Abdomen.	(२) खोखले कोष्ठाङ्ग या आशय (३) उदर या कोष्ठा।
२४८. कोष्ठकं कोष्ठकास्थि वा	डल्हणः (सु.नि. ११-१०, सू. ३५-७)।	Clavicle.	अक्षकास्थि या हँसली।
२४९. कोष्ठाङ्गानि	च.शा. ७-१०। का.पृ. ४८ ५०। वा.शा. ३-१२112।	Voscera. Splanchna. Inward parts	कोष्ठ के भीतर रहने वाले अवयव।
२५०. कौर्परसन्धिः (कूर्परसन्धिर्वा)	सु.चि. ३-३३ डल्हणश्च	Elbow joint.	कोहनी का जोड़।
२५१. क्रोडः	सु.सू. ४६-१३०।	Cardiac region or cardia.	छाती या हार्दिक प्रदेश।
२५२. क्लोम	(१) सु.शा. ९-१२। वा.नि. ११-१४। च.वि. ५-१०। च.शा. ७-१०। (२) सु.शा. ४-३१। वा.शा. ३-१२	(1) Laryngopharynx. (2) Larynx, Trachea and Bronchi.	(१) गले का वह भाग जहाँ स्वरयन्त्र और ग्रसनिका दोनों खुलते हैं (२) स्वरयन्त्र, श्वासनाल और श्वासनलिकाएँ।
२५३. क्लोमनाड़ी	सु.शा. ५-२६,२७।	(1) Trachea. (2) Larynx, Trachia and Bronchi.	(१) श्वासनाल, (२) स्वरयन्त्र, श्वासनाल तथा श्वासनलिकाएँ।
२५४. क्षुद्रान्त्रम्	च.शा. ३-१२। च.शा. ७-१०।	Small intestine.	क्षुद्रान्त्र, छोटी आँत।
२५५. क्षुद्रान्त्रावयवः	वा.नि. ११-२९।	Loop of the small intestine.	छोटी आँत का भाग या हिस्सा।
२५६. खुडकः (खुलको वा)	सु.चि. १८-२६ (डल्हणश्चापि)। सु.नि. १-७९	(1) Ankle joint, (2) Heel.	(१) गुल्फसन्धि, (२) एडी।
२५७. खुडुका	मधुकोशतः (मा.नि. २२-६१)	Ankle joint.	गुल्फसन्धि, टखने का जोड़।
२५८. गण्डः	सु.चि.१५-१५। सु.शा.५-४	Zygoma. Cheek.	गाल का अस्थिमय उभार या गाल।
२५९. गन्धवहे धमन्यौ	सु.शा. ९-५।	Olfactory nerves.	दो घ्राण-नाड़ियाँ।
२६०. गर्भकोषः	सु.सू. ३३-१३।	(1) Uterus (2) Bag of foetal membrane.	(१) गर्भाशय, (२) जरायुपुटक, गर्भ की थैली।
२६१. गर्भकोष्ठः	च.नि. ३-१९।	Uterus or uterine cavity	गर्भाशय।
२६२. गर्भच्छिद्र	सु.शा. ५-३९।	(1) Os uteri. (2) Uterus घाणेकरः	गर्भाशय-मुख
२६३. गर्भनाभिनाड़ी	सु.शा. ३-३१	Umbilical cord. Funis.	गर्भ का नाभिनाल।
२६४. गर्भमार्गः	च.सि. ९-६९।	Vagina. Genital passage.	योनि या जनन-मार्ग।
२६५. गर्भशय्या गर्भाशयः	सु.शा.५-४४,३९। सु.शा.५-८ का. ४९	Uterus. Womb.	गर्भाशय, बच्चेदानी।
२६६. गर्भाशयमुखम्		(1) Cervix Uteri, (2) Os Uteri.	गर्भाशय का मुंह।
२६७. गलः	च.इ. ११-१५।	(1) Oropharynx. Throat. (2) Front of the neck.	(१) गला या गले का मुखकुहर सम्बद्ध भाग विशेष. (२) ग्रीवा का सामने का भाग।
२६८. गल नलकम्	डल्हणः (सु.शा. ५-२६)।	larynx & Trachia.	स्वरयंत्र और श्वासनाल।
२६९. गल नलकास्थि	डल्हणः (सु.शा. ५-२६)।	Hyoid bone, Thyroid & Cricoid Cartilages.	कण्ठकास्थि, चुल्लिका और कृकाटिका नामक तरुणास्थियाँ।
२७०. गलबाह्यम्	च.सू. १८-२१।	Front of the neck.	ग्रीवा के सामने का भाग।
२७१. गलमणिः (गलशुण्डिका)	डल्हणः (सु.शा. ५-२६)।	Uvula.	गले का कौआ।
२७२. गलमार्गः	वा.उ. २१-४८।	Throat-passage.	गलविवर
२७३. गलसन्धिः	च.चि. १२-७३।	Fauces	गलमार्ग और गुखकुहर की द्वारसन्धि।
२७४. गल्लः (गण्ड)	डल्हणः (सू. १८-१८)।		गाल।

२७५. गवीनी	अथर्ववेदतः	Ureter.	दो मूत्रनाड़ियाँ, जो वृक्क से वस्ति तक जाती हैं।
२७६. गात्रम्		(1) Body (2) Part of the body. (3) Hairs. (गात्रहर्षः)	(१) शरीर, (२) शरीर का कोई भाग (३) कहीं-कहीं रोम अर्थ भी, यथा गात्रहर्ष में।
२७७. गात्रपञ्चकम्	वा.शा. १-५४।	Four extermities & Head-neck.	हाथ-पैर और शिरोग्रीव।
२७८. गात्रावयवाः	च.सि. ३-२८।	Part of the body.	शरीर के भिन्न-भिन्न भाग।
२७९. गुदं गुदो वा	सु.शा. ६-२६। सु.नि. २-५।	Rectum.	गुदा, गुदनलिका।
२८०. गुदपार्श्वक्षेत्रम्	माधव नि. ४६-१।	Ischiorectal fossa.	गुदकौकुन्दर खात (गुदा के अगल-बगल स्थान)।
२८१. गुदमण्डलम्	सु.चि. ८-२४।	Circular area of the anus.	गुदचक्र (मण्डलाकार गुदक्षेत्र)।
२८२. गुदमार्गः	वा.नि. ७-१।	Rectal canal.	गुदनलिका।
२८३. गुदमुखम्	च.वि. ७-१३।	Anal orifice.	गुदद्वार।
२८४. गुदवलयः	सु.नि. २-५। च.चि. १४-६।	Horizontal Mucous folds of the rectum. (Hous-Ton's Valves.)	गुदनलिका के कपाट विशेष, या झोल।
२८५. गुदान्त्रम् (कटि+अन्त्रम्)	डल्हणः (सु.नि. २-५)।	See. कट्यन्त्रम्	स्थूलान्त्र या बड़ी आँत।
२८६. गुदास्थिविवरम्	वा.निं. ९-१। सु.नि. ३-१९।	Outlet of the pelvis.	श्रोणि का निर्गमद्वार।
२८७. गुदोपस्थ (देशः)	माधव नि. २२-६७।	Perineum.	मूलाधार।
२८८. गुदौष्ठः	सु.नि. २-६,७।	Anus.	गुदमुख के स्थूल किनारे।
२८९. गुल्फः	सु.नि.१-५४.सु.शा.५-१९.	(1) Ankle. (2) द्विवचनप्रयोगे Malleoli.	(१) टखने का जोड़, (२) टखना।
२९०. गुल्फकर्णौ (गुल्फौ वा)	सु.चि. १८-२६।	Malleoli. (External & Internal malleolus)	टखने (सन्धि के दोनों ओर के अस्थिमय उभार)।
२९१. गुल्फसन्धिः	सु.चि. ३-३३।	Ankle joint.	टखने का जोड़।
२९२. गुल्फास्थि	(१) सु.शा. ५-१९। (२) च.शा. ७-६	(1) Talus. (2) Talus & Navicular bones.	कूर्चशिर या कूर्चशिर और नौनिभ नामक अस्थि।
२९३. गुह्यम् गुह्यदेशः गुह्यप्रदेशो वा	कामसूत्र, वात्स्यायन भाष्यञ्च। डल्हणः (सु.सू. २३-५)। माधव निदानं ३६-१९।	Private parts as axilla, groin, Genitals, pubes, Anus.	गुप्त अङ्ग यथा-जननेन्द्रियाँ, कक्षा, वंक्षण पेडू और गुदा आदि।
२९४. गृध्रसी	सु.नि. १-७४।	(1) Sciatic Nerve.(2) Sciatica.	गृध्रसी नामक नाड़ी या रोग।
२९५. गोजिह्विका, गोजिह्वा वा	च.शा. ७-११। का.पृ. ५०।	(1) Tongue. (2) Epiglottis.	(१) जीभ, (२) स्वरयन्त्रच्छद।
२९६. गौर्यः सिराः	सु.शा.७-१८। वा.शा. -३७।	Lymphatic Vessels.	रसायनी या लसीकावाहिनियाँ।
२९७. ग्रहणी (भुक्तमार्गार्गला)	वा.शा. ३-५०। च.चि. १५-५३,५४। (सु.शा. ४-१८)। सु.उ. ४०-१६९	(1) Intestine mucosa. Small intestine. (2) Pyloric valve & Ileoceal Valve	(१) क्षुद्रान्त्र या उसकी अन्तःकला, (2) मुद्राकपाटिका और सन्दंश कपाटिका।
२९८. ग्रहणी नाड़ी	मधुकोशतः (मा.नि. ४-३)।	Intestinal Tube.	छोटी आँत, जो नाली जैसी है।
२९९. ग्रीवा	सु.शा. ५-४, १९।	Cervix or Neck.	गरदन या नाड़।
३००. ग्रीवाधः (ग्र) सन्धिः	डल्हणः (सु.नि. ११-१०)।	Sternoclavicular joint.	अक्षकोरःसन्धि (वक्ष और हँसली का जोड़)।
३०१. ग्रीवामूलम्	डल्हणः (सु.सू.१-८ (२))	Suprasternal Notch.	कण्ठकूप, ग्रीवा और वक्षोस्थितट की सन्धि।

३०२. ग्रीवावंशः	सु.शा. ५-२७। 'ग्रीवापृष्ठ-वंशयोः' इत्यनेन	Cervical spine.	पृष्ठवंश का ग्रीवागत भाग।
३०३. घण्टिका	डल्हणः (सु.शा. ५-२६)।	Uvula.	गले का कौआ, घंटी।
३०४. घुटिका घुण्टिका वा	भावप्रकाश। अमरश्च।	Malleolus.	गुल्फसन्धि के दोनों ओर के शुण्डी जैसे अस्थिमय उभार या टखने।
३०५. घृतिका	मधुकोशतः (नि. ३-१६)। डल्हणः (सू. ३५-४)।	Brain matter.	मस्तिष्क वस्तु।
३०६. घोणास्थीनि	च.शा. ७-६ (गंगाधर पाठे)।	Nasal bones.	नासास्थियाँ।
३०७. घ्राणमार्गः	सु.शा. ६-२७।	Nasal cavity.	नासागुहा।
३०८. घ्राणमूलम्	च.चि. ८-४६।	(1) Upper part of the nasal cavity. (2) Root of the nose.	(१) नासागुहा का ऊर्ध्व भाग। (२) नासा की जड़।
३०९. चर्मचेली चिपिटिका	डल्हणः (सु.सू. २३-१९)।	Scale of the skin.	त्वचा के झीने छिलके, पपड़ी।
३१०. चिबुकम्	च.शा. ७-११। सु.सू. १८ १८। सु.सू. ३५-१२।	Chin, Mentum.	ठुड्डी।
३११. चूचुकम्	सु.चि. १७-४७।	Nipple. Papilla.	स्तन का अग्रभाग, चूची, बिटकणी।
३१२. चूड़ास्थानम्	मधुकोशतः (नि. ४४-१०)।	See. मूर्धा	मस्तक (सिर का बालदार भाग)
३१३. चेतःस्थानम्	च.सू. २४-२८।	Brain.	शिरोहृदय या मस्तिष्क।
३१४. चेतोवहमार्गः	भेल. पृ. ६४।	Association fibres & Projection fibres.	मस्तिक के स्वांशयोजक और परांशयोजक नाड़ीसूत्र
३१५. चेष्टावन्तः सन्धयः	सु.शा. ५-२५।	Diarthrodial joints.	सचेष्ट या चल सन्धियाँ।
३१६. चेष्टावह स्रोतांसि	च.सू. २४-२५।	Motor nerves.	प्रचेष्टनी नाड़ियाँ।
३१७. जघनकपालिनि	सु.चि. १५-१२।	Hip bones. Innominate bones.	श्रोणिफलक, या उसका कपालकार भाग।
३१८. जघनबहिर्भागः	सु.शा. ६-२६।	Dorsal surface of the Pelvis.	श्रोणि का पश्चिम भाग या नितम्ब।
३१९. जघनम्	सु. उ. ४७-६३। सु.शा. ६-२६।	(1) Pudendum (Female) Pubes. (2) Pelvis.	(१) गुह्यदेश, पेडू (२) श्रोणि
३२०. जङ्घा, जङ्घाकाण्डं वा	सु.चि. ३-२६। सु.सू. ३५-१२। सु.शा. ५-१९। अरुणः वा. सू. ४-४।	Leg, Crus.	जांघ या नली।
३२१. जङ्घापिण्डिका	च.शा. ७-११। का.पृ. ५०।	Calf, Sura.	पिण्डी, पिण्डली।
३२२. जङ्घास्थिनी	सु.शा. 5-19। सु.सू. 23-6।	Tibia & Fibula.	अलर्जङ्घास्थि और बहिर्जङ्घास्थि।
३२३. जठरम्	सु.सू. २३-६।	Abdomen.	उदर या पेट।
३२४. जत्रु	च.शा. ७-६। सु.शा. ६-६। का.पृ. ५०	(1) Sternum. (2) Manubrium styerni.	उरःफलक या उसका ग्रैवेयक भाग।
३२५. जत्रुमूलम्	सु.उ. ५०-१२।	(1) Suprasternal Notch. (2) Xiphisternal region.	(१) कण्ठकूप (२) आमाशय कूप।
३२६. जत्रुसन्धिः	चक्रपाणिः (च.शा. ७-६)।	Sternoclavicular joints.	अक्षकोरः सन्धि (हँसली का भीतरी जोड़)।
३२७. जरायुः	(१) सु.शा. ४-७। (२) का.पृ. ४९। (३) वा. शा. १-८४।	(1) Foetal membrane or Membrane, just like the foetal membrane. (2) Peritoneum. (3) Placenta with foetal membrane.	(१) गर्भावरण या गर्भावरण जैसी झिल्ली (२) उदर्याकला (३) जेर (अपरा और गर्भावरण)
३२८. जलवाहिन्यः सिराः	वा.उ. १०-१।	Lacrimal ducts.	अश्रुग्रन्थि से निकले अश्रुवह स्रोत।

३२९. जानुकपालिका	च.शा. ७-६ । का.पृ. ४९ ।	Patella. Knee-cap or Kneepan.	घुटने की चपनी या ढकनी नामक हड्डी
३३०. जानुमण्डलम् (जानु)	वा.सू. २२-३२ । सु.शा. ५ ।		घुटना ।
३३१. जानुसन्धिः	सु.चि. ३-३३ ।	Knee joint.	घुटने का जोड़ ।
३३२. जान्वधः सन्धिः	डल्हणः (सु.सू. ३५-१२) ।	Proximal tibiofibular joint.	उत्तर जङ्घानुजङ्घिक सन्धि ।
३३३. जान्वस्थि	च.श. ७-६ । का.पृ. ४९ ।	Tibial Tuberosity.	अन्तर्जङ्घास्थि का जङ्घिककूट
३३४. जालधरा सिरा (जालन्धरा वा)	सु.शा.७-२२. । वा.शा.३-२१ ।	(1) Great saphenous (2) Cephalic or Basalic Vein.	(१) दीर्घोत्ताना सिरा (२) बहिर्बाहुका या अन्तर्बाहुका सिरा ।
३३५. जालानि	सु.शा. ५-१२ । वा.शा. ३-१४ ।	Rete, Plexus, network, interlacing or Decussation.	जालक ।
३३६. जिह्वाग्रम्	सु.नि. १६-३९,५२ । सु.शा. ८-८ ।	Tip of the tongue.	जीभ का अग्रभाग या नोक
३३७. जिह्वातलम्	सु.नि. १६-३८ ।	Under surface or under the tongue.	जिह्वा का अधरतल या उसकी तलेटी ।
३३८. जिह्वाप्रबद्धः	सु.नि. १६-५२ ।	Root of the tongue.	जिह्वा का मूल भाग, जो बँधा रहता है ।
३३९. जिह्वाबन्धनम्	वृ.वा.पृ. ३२१ (महामर्मसप्तकान्तम्)	Root of the tongue.	जिह्वा का मूल भाग, जो महामर्मों में गिना गया है ।
३४०. जिव्हामूलम	सु.नि.१६-३८ । सु.सू.२१-१४ च.सू. १८-४०, २५ ।	(1) Root of the tongue. (2) Pharyngeal part of dorsum of the tongue. Base of the tongue.	(१) जिह्वा की जड जो गले में अनेक अवयवों से जुड़ी रहती है । (२) जिह्वा के उर्ध्वतल का पश्चिम भाग ।
३४१. जिव्हासेवनी	सु.शा. ५-१५ ।	(1) Frenulum Linguae. (2) Raphe of the tongue.	() जिह्वा की कला प्रबन्धनी । (२) जिह्वा की सीवन ।
३४२. जीवरक्तम्	सु.सू. १४-८, ४४	Normal blood, most essential to life	शुद्ध रक्त, जो जीवन रूप है ।
३४३. जीवरक्ताशयः	शार्ङ्गधर संहिता ।	Thorax, Heart. Lungs.	उरोगुहा (हृदय और फुफ्फुस) ।
३४४. जीवस्थानम्, जीवितधामानि जीवितायतनानि	राजनिघण्टुः (मर्म) । वा.शा. ३-१३, वृ.वा.पृ. ३३१ ।	Vital organs.	मर्मस्थान या मर्म
३४५. ज्योतिःस्थानं	सु.शा.४-५८ ।	Liver of the foetus.	गर्भस्थ शिशु का यकृत ।
३४६. डिम्बः	वा.शा.३-१२ । (अरुणश्च)	Sigmoid colon.	बृहदन्त्र कुण्डलिका ।
३४७. तनूरूहाः	भेल.	Hairs (especially on the body)	शरीर पर के बाल, रोएँ ।
३४८. तन्त्रम्	च.सू.१२-८	(1) Body as a whole (2) Different systems of the body.	(१) समग्र शरीर (२) शरीर के भिन्न-भिन्न संस्थान ।
३४९. तरुणास्थि	सु.शा. ५	Cartilage.	(कार्टिलेज नामक) कोमल व लचकीला अस्थि धातु विशेष ।
३५०. तरुणास्थिमर्म	सु.उ. २२-१३ ।	Common Sensory area of the nasal cavity.	नासागुहा का सामान्य सांवेदनिक क्षेत्र, जो तरुणास्थि भूयिष्ठ होता है ।
३५१. तर्जनी	वा.सू. २६-३१ ।	Index finger. Forefinger.	दूसरी या अंगूठे के पास की ऊंगली ।
३५२. तलम्	(१) सु.शा. ५-१९ । (२) मधुकोशः (नि. २२-५७) ।	1) Palm or sole 2) Surface	(१) हथेली, पगथली । (२) सतह या तलवा ।
३५३. तालु	सु.शा. ५-१९ ।	(1) Palate. (Hard Palate) Anterior Fontanelle.	(१) मुखकुहर की छत, तलुवा । (२) शिरस्तालु

३५४. तालुके (तालुषके वा)	च.शा. ७-६। का.पृ. ५०।	Two halves of the hard palate	अस्थिमय कठिन तालु के वाम और दक्षिण खण्ड।
३५५. तालुदेश	सु.नि. १६-४२।	(1) Palate, Palatine region (2) Anterior Fontanelle.	(१) मुखतालु (२) शिरस्तालु
३५६. तालुप्रदेशः (मूर्धगः)	वा.उ.2-64।	Anterior Fontanel	(यहाँ) शिरस्तालु (बच्चों के सिर पर पाया जाने वाला कोमल गढ़ा)।
३५७. तालुमांसं	वा.उ. १-६३।	Soft palate.	मांसमय कोमल तालु।
३५८. तालुमूलम्	सु.नि. १६-४१।	Uvular region of the plate	कौए के पास का तालुस्थान।
३५९. ताल्वस्थि	सु.शा. 10-42।	Bones, surrounding the ant. fontanelle	शिरस्तालु के पास का अस्थितट
३६०. तारका	सु.सू. ३५-१२।	Iris, & Cornia.	आँख का तारा (कृष्ण पटल और स्वच्छ बाह्य पटल)
३६१. तिलम्	शार्ङ्गधर संहिता (आढमल्लश्च	Gall Bladder.	पित्तकोष
३६२. तिलकम्	डल्हणः	(1) Gall Bladder. (2) Thymus gland.	(१) पित्तकोष (२) बालग्रन्थि-वारियर।
३६३. तुन्नसेवनी	सु.सू.२५-२२ सु.शा.५-२७।	(1) Plain Continuous stitch. (2) Sutural Joint.	(१) सीधी सिलाई या सीवन (२) सीवन वाली स्थिर सन्धि।
३६४. तेजःपथः	सु.सू. ४६-५१२	Organs or ducts conveying the digestive secretions.	पाचक स्रावरूपी अग्नि के वहनमार्ग
३६५. तेजोजलम्	सु.उ.१-१८।	Aqueous humor	नेत्र के भीतर का स्वच्छ जल, जो काली पुतली के आगे और पीछे के कोष्ठ में भरा रहता है
३६६. तेजोजलाश्रितं बाह्यं पटलं	सु.उ. १-१८।	Cornia.	(कोर्निया नामक) नेत्र का पारदर्शी अक्ष, पटल जिसके पीछे तेजोजल भरा रहता है।
३६७. तैलवर्तिका	चक्रपाणिः (च.शा. ७-१०)।	Great omentum.	उदर के भीतर का मेदोधर कला स्तर, जो झालर की तरह आँतों को ढके रहता है और कभी कभी सिमट कर बत्ती जैसा बन जाता है।
३६८. तोयवहे द्वे (धमन्यौ)	सु.शा. ९-७।	Renal arteries.	अनुवृक्क धमनियाँ।
३६९. त्रिकम्	सु.शा. ५-१९, १६। वा.सू. १२-१५। सु.चि.४-१८।	Sacral region or sacrum	त्रिक प्रदेश या त्रिकास्थि (यहाँ त्रिकास्थि और दो श्रोणिफलकों के मिलने से त्रिक बन भी जाता है)।
अधरत्रिकम	डल्हणःसु.शा. ५-१६६। सु.चि. ४-१८	Sacral region or sacrum.	इसे ही अधरत्रिक कहते हैं। ऊर्ध्वत्रिक वह स्थल है, जहाँ दोनों अंसफलक सप्तम ग्रीवा कशेरुका के पास सन्निहित होते है, और एक त्रिक सा बना देते हैं।
ऊर्ध्वत्रिकम्	डल्हणःसु.शा. ५-१६। सु.चि. ४-१८।	Intrascapular region, at the level of the 7th C.V.	
३७०. त्वक्	च.शा. ७-४। का.पृ. ४५।	(1) Skin, Integument, cuits.	१) त्वचा, चर्म २) स्पर्शनिन्द्रिय
सु.शा. ४-४, वा.शा. ३		2) organ of sensation	
(१) अवभासिनीं,		Stratum Corneum	
उदकधरा वा		Stratum Lucidum	
(२) लोहिता, असृग्धरा		" Granulosum	Epidermis Scayskin
वा		Epidermis Scarfskin	
(३) श्वेता		Malpighian layer	
(४) ताम्रा			

(५) वेदिनी		Stratum papillare	True skin Derma Coreum
(६) रोहिणी		Stratum Reticulare	
(७) मासंधरा		Superficial Deep fascia	
३७१. दन्ताः	का.पृ. ९ । सु.शा. ५-१९ ।	Teeth, Dentes	दांत
(१) राजदन्तः		Medial incisor	भीतरी कर्त्तनक या छेदक
(२) वस्तौ		Lateral incisor & Canine	बाहरी कर्त्तनक या छेदक, व भेदक या रदनक
(३) दंष्ट्रे		Premolars	अग्रचर्वणक
(४) हानव्याः		Molars.	चर्वणक
३७२ दन्तत्वक्.	डह्लणः (सु.नि. १६-३३) ।	Enamel	दाँतों के ऊपर का कड़ा छिलका
३७३ दन्तपङ्कः दन्तवल्क, दन्तमलः	कामसूत्र २०३ ।		दाँतों का मैल । दन्तशर्करा
३७४ दन्तपिण्डिका	अरुणदत्तः (वा.सू.२९-२२) ।	(1) Gum. (2)Alveolar Arch (3) Denture-set of teeth	(१) मसूढ़ा (ड़ा) (२) दन्तोलूखलपंक्ति (३) दन्तपंक्ति
३७५. दन्तबन्धन	सु.चि.२२-२९ । का.पृ. १० ।	(1) Gum (2) Gingiva	(१) मसूढ़ा (२) मसूढ़ो का दाँतो से सटा किनारा ।
३७६. दन्तमांसम्	सु.नि. १६-१५, १९, २०	Gum.	मसूढ़ा ।
३७७. दन्तमूलम्	सु.चि.२२-२९ । सु.चि.२२-२२ सु.शा.५-२६ । सु.नि.१६-३	(1) Rooty of the teeth (2) Gum (3) Gingiva	(१) दाँत की जड़ (२) मसूढ़ा (३) मसूढ़े का किनारा ।
३७८. दन्तवेष्टकः	च.शा. ७-११ । का.पृ. ५० । चि. २२-१४	(1) Alveolar arch (2)Gum	(1) दन्तोलूखलपंक्ति (2) मसूढ़ा या मसूढ़े
३७९. दन्ताग्रम्	सु.सू. २-३	Cutting margin of the tooth	दाँत की नोक, किनारा या धार ।
३८०. दन्ताधारः	अरुणदत्तः (वा.सू.२९-२२)	(1) Gum (2)Alveolar arch	(1) समूढ़ा (२) दन्तोलूखलपंक्ति
३८१. दन्तोलूखलानि	च.शा. ७-६ ।	Bony sockets of the teeth	हन्वस्थियों के गढ़े, जिनमें दाँतो की जड़े धसी रहती है ।
३८२. दशनच्छदौ	वा.उ. २१-१० ।	Labia or Lips	दोनों होंठ ।
3८३. दशनाः	सु.शा. ५-२० । वा.उ. २१-१४	Teeth Dentes	दाँत ।
३८४. दंष्ट्रा	(१) का.पृ. 9 । (२) सु.क. ३-४ । वा.नि. १३-४०	(1)Premolar (2)Canine	(१) अग्रचर्वणक (अगली दाढ) (२) भेदक या रदनक (नुकीला दाँत वा दाढ़) ।
३८५. दुग्धहरिण्यो नाड्यः	सु.चि. १७-४७ ।	Lactiferous Ducts	दुग्धवह स्रोत ।
३८६. दृष्टिः	सु.उ. ७-४ । सु.सू.३५-१२ । सु.सू. २१-७ । सु.उ. १-१३ । वा.सू. २३-२५ ।	(1) Pupil (2) lens (3)Eye ball.	(१) दृष्टिच्छिद्र या पुतली (२) दृष्टिमणि (३) दृष्टिगोलक ।
३८७. दृष्टिगोलकम्	अरुणदत्तः (वा.सू. 23-25)	Eye ball.	नेत्रगोलक ।
३८८. दृष्टिमण्डलम्	सु.उ. १-१३,१५ ।	(1) Lens. (2) Pupil.	(१) दृष्टिमणि (२) दृष्टिविवर या पुतली
३८९. देहवल्कलं	राजनिघण्टुः	Superficial fascia.	उत्तान प्रावरणी (मेदोधराकला)
३९०. देहावयवसूत्रम्	का.पृ. ५२	Minute or histological structure of the body or organs.	शरीर या शरीरावयवों की सूक्ष्म रचना
३९१. देहोष्मा	वा.सू. २८-४३ ।	Body temperature.	शरीर की ''उष्णता''

३९२. दैवकृतं छिद्रम्	सु.सू. १६-३। सु.उ. १७-५९ वा.उ. १-३३।	Nonvascular, thin and Translucent point.	शरीर के रक्तहीन, पतले और पारभासक स्थल-विशेष।
३९३. द्वारम्	च.चि. ४-१५।	Aperture, opening.	छिद्र।
३९४. द्विजाः	वा.उ. २१-१२। का.पृ. १०। सु.शा. ३-७।	(1) Teeth. (2) Especially succedaneous teeth.	दाँत, विशेष कर दो बार निकलने वाले।
३९५. धमनी (निः)	सु.शा.९-१। च.शा.७-१३। च.सूं. ३०-११।	(1) Artery. (2) Nerve, (3) Vein. (4) Any channel, tube or canal.	(१) हृदय से बहिर्मुख तथा प्रायः शुद्धरक्त को वहन करने वाली प्रणाली। (२) नाड़ी (३) शिरा (४) सामान्य रूप से कोई भी नलिका।
३९६. धरा	शार्ङ्गधर संहिता।	Uterus.	गर्भाशय, जो गर्भबीजवपन की दृष्टि से जमीनतुल्य है।
३९७. धातवः	सु.सू. १४-२०।	Main constituents of the body	शरीर के मुख्य घटक रस रक्तादि धातु।
३९८. धातुव्यूहः	च.सू. १२	Different systems of the body.	शरीर का सांस्थानिक गठन।
३९९. धात्वग्निः		Metabolic agents, Tissue enzymes.	धातुओं में उपस्थित किण्व रूप की अग्नि, जो पोषक रस का पाक कर नवीन धातुओं की उत्पत्ति और शक्ति प्रदान करती है।
४००. ध्वजम्	सु.शा. २-४५।	Penis.	लिंग
४०१. नखमांसम्	सु.नि. १३-२१।	(1) Nail bed or Nail Matrix (2) Digital pulp.	((१) नख भूमि या नखशय्या (२) अंगुल्यग्र का गुदगुदा भाग.
४०२. नखसन्धिः	सु.चि. ३-२३।	(1) Nail root & Nail fold. (2) Nail groove.	(१) नखमूल और उसकी आच्छादक त्वचा का संयोग (२) या उस संयोग स्थल का परिखांकित किनारा।
४०३. नयन बुद्बुदः	सु.उ. १-१०।	Bulb of the eye. Eye ball.	नेत्र-गोलक
४०४. नलकानि	सु.शा.५-२०। सु.नि.१५-१६।	Long bones.	दण्डाकार दीर्घ अस्थियां।
४०५. नाडी	च.वि. ५-७। च.शा. ६-२३। सु.सू. ७-१८। वा.शा. ४-१५।	Vesels, cord, meatus, canal, tube, Nerve.	शरीर की कोई भी सरन्ध्र प्रणाली या नीरन्ध्र वात तन्त्री।
४०६. नाडीचक्राणि	शिवसंहितादयः। राजनिघण्टुः।	Plexuses of the autonomic nerves with different segments of the spinal cord and Brain stern.	स्वतन्त्र वात नाड़ियों के सूत्रों से बने दृश्य जाल, जो सुषुम्ना और मस्तिष्क के खण्ड विशेषों से सम्बद्ध रखते हैं।
४०७. नाभिः (पु. स्त्री.)	(१) सु.शा.५-४। (२) च. शा. ७-१०। (३) सु.शा. ७-३,८-३। (४) सु.नि.९-२० शा. ५-३७।	(1) Navel, Umbilicus. (2) (2) Deodenum. (3) Heart. (4) Diaphragm.	(१) ढोंढ़ी, सुंडी (२) छोटी आँत का आरम्भिक नाभि जैसा मोड़दार स्थिर भाग (डियोडिनम) (३) हृदय (४) महाप्राचीरा पेशी।
४०८. नाभिनाडी	सु.शा. १०-१२।	Umbilical cord.	गर्भस्थ शिशु का नाल, नाड़ा।
४०९. नाभिप्रदेशः	च.चि. २८-९४। सु.चि. ७-३०।	(1) Umbilical region. (2) Hypogastric region.	(१)) नाभि के आसपास का स्थान। (२) अधिवस्तिक प्रदेश
४१०. नाभी बन्धनम्	च.शा. ८-४४।	Umbilical end of the cord.	गर्भनाल का वह सिरा, जो नाभि से लगा रहता है।
४११. नाभिमण्डलम्	सु.सू. ५-२६	Round area of the Umbilicus	नाभि का घेरा।

४१२. ाभिमूलम्	कामसूत्र पु. ९२, १२०	Pubic or supra-pubic region.	वस्तिशीर्ष या अधिवास्तिक प्रदेश
४१३. नालम्	सु.चि.३७-११० । डल्हणः उ. ५८-१५ । वा.नि. ९-२९ ।	(1) Penis or phalus. (2) Male urethra.	(१) लिंग (२) पुरुष का मूत्रपथ ।
४१३. नासा (नासिका वा)	सु.शा. ५-४ । च.सू. ८-९ ।	Nose, Organ of smell.	नाक, गन्धग्राहक अवयव या इन्द्रिय ।
४१४. नासातरुणास्थीनि	डल्हणः (सु.सू. ३५-१२)	Nasal meatus.	नासामार्ग ।
४१५. नासानाडी नासापुटः (टम्)	सु.सू. ७-१२ ।	Nostril Anterior naris.	नासारन्ध्र, नाक का छेद, नथुना ।
४१६. नासिकापुटं वा	सु.उ. १७-६३ ।	Nostril, Anteior naris	नासारन्ध्र, नाक का छेद, नथुना ।
४१७. नासापुटबहिर्भागः	डल्हणः (सु.सू. ३५-१२) ।	Alae of the nose (Alae nasi)	नथुना ।
४१८. नासारन्ध्रम्	डल्हणः (सु.सू. ३५-१२) ।	Nostril.	नाक का छेद, नासाविवर
४१९. नासावंशः नासास्थिदण्डः	सु.सू. ३२-४ । च. इ. ८-१० । वा.सू. ३०-३७ ।	Bridge of the nose. (Bony frame work.)	नासासेतु या नासापृष्ठ (जो अस्थियों से बना है)
४२०. नासाविवरम्	डल्हणः (सु.सू. ३४-५) ।	Nostril.	नाक का छेद या द्वार ।
४२१. नासास्थीनि .	च.शा. ७	See. घोणास्थीनि	नाक की हड्डियाँ ।
४२२. नासास्त्रोतः	सु.उ.२२-२० । सु.चि.४०-६३ । वा.उ. १९-१६ ।	(1) Nostril (2) Nasal meatus.	(१) नासाविवर (२) नासामार्ग ।
४२३. नासाक्षिसन्धिः	चक्रपाणिः (च.शा. ७-११) ।	Inner Canthus.	नेत्र का भीतरी कोण या कोया ।
४२४. नासिकाग्रं नासाग्रं वा	का.पृ. २४ । च.वि. २६-५०६ ।	Tip or apex of the nose.	नासा का अग्रभाग या नोंक ।
४२५. नासिकामूलभ्	का.पृ. ९२ ।	(1) Root of the nose. (2) Upper part of the nasal cavity.	(१) नासा का मूल भाग या जड़ (२) नासा गुहा का ऊर्ध्वभाग ।
४२६. नितम्बः	सु.सू. २३-६ ।	Buttock. Glutos.	चूतड़ ।
४२७. निबन्धन्यः	सु.चि. ३-२९ ।	(1) Attached muscles. (2) Ribs.	(१) अस्थियों पर लगी पेशियां, (२) पर्शुकाएँ ।
४२८. निमेषण्यः सिराः	सु.उ. ३-२५ ।	Nerves to the orbicularis oculi. (From facial)	नेत्रनिमिलनी पेशी की प्रचेष्टनी नाड़ियाँ ।
४२९. नीलाः सिराः	सु.शा. ७-१८ । वा.शा. ३-३७ ।	Veins.	हृदय के अभिमुख तथा प्रायः अशुद्ध रक्त को वहन करने वाली नीले रंग की प्रणालियाँ ।
४३०. नीलपीता वा नीले सिरे	सु.शा. ६-२७ ।	Internal jugulaı Veins.	दो अनुमन्या सिराएं ।
४३१ नेत्रकोटरः (रम्)		See. कोटरः	नेत्रकुण्ड, नेत्रगोलक को धारण करने वाला गढ़ा ।
४३२. नेत्रकोशः नेत्रच्छादनम्	सु.उ. १८-७ । वा.सू. २४-४ ।	Palpebrae. Lids. Palpebral cover.	नेत्रच्छद, पलक ।
४३४. नेत्रनाडी	सु.शा. ५-२७ ।	Nasolacrimal duct.	नासाश्रु प्रणालिका (वह नली जो अश्रु कोष से नासामार्ग तक जाती है ।)
४३५. नेत्रपुटम्	वृ.वा. (इन्दुश्च) ।	Eye lid.	नेत्रों के पलक ।
४३६. नेत्रान्तप्रदेशः (अपांग)	डल्हणः (सू. १८-१८) ।	See. अपांगः	अपाङ्ग देश (नेत्र का बाहरी कोना)
४३७. पक्तिमार्गः । पक्तिस्थानम्	भेल.पृ. ७० । च.नि. १-१७ । सु.उ. ३९-१८ । वा.नि. २-४ ।	Gastro-intestinal tract.	महास्त्रोत का वह भाग जहाँ मुख्य रूप से आहार का पाचन हुआ करता है, यथा आमाशय और क्षुद्रान्त्र ।
४३८. पक्वस्थानम् । पक्वाधानम्	सु.नि.२-१२ । सु.चि.१-१९ । सु.चि. ३६-२४ ।	Large intestine or colon.	बृहदन्त्र ।

४३९. पक्वामाशयमध्यम् (आमपक्वाशयान्तरं वा)	सु.सू. २१-६। (सु.शा. ९-७)।	Small intestine.	क्षुद्रान्त्र (ग्रहणी, पच्यमानाशय)।
४४०. पक्वाशयः	(१) सु.सू. २१-६। सु.चि. ३६-२८। (२) च.शा. ३-१२।	(1) Large intestine or colon. (2) Caecum.	(१) बृहदन्त्र (२) बृहदन्त्र का आरम्भिक भाग-पोट्टलक।
४४१. पक्वाशयद्वारम्	वा.शा. ३-५१।	Ileocolic orifice.	पोट्टलक द्वार (जिसके माध्यम से क्षुद्रान्त्र बृहदन्त्र के मिलता है।)
४४२. पक्षः	सु.सू. ३२-४।	One side of the body. Right or left half of the body.	शरीर का वामार्ध या दक्षिणार्ध।
४४३. पक्ष्ममण्डलम्	सु.उ. १-१५।	Eye lashes. Cilia. (Ciliary circle.	बरौनी या पलक के बालों का घेरा।
४४४. पक्ष्ममूलम्	मधुकोशषतः (नि. ५९-९९)।	Root of the eye lashes.	बरौनियों की जड़।
४४५. पक्ष्मवर्त्मसन्धिः	सु.उ. १-१६।	Point of junction of the cilia with the lid margin.	बरौनी जहाँ पलकों के किनारों से लगी रहती है।
४४६. पक्ष्माग्राणि	सु.सू. २४-६।	Free ends of the eye lashes.	बरौनियों का अग्रभाग या नोक।
४४७. पक्ष्माणि	सु.उ. १६-१। सु.उ. ३-२९।	Eye lashes or cilia.	बरौनी।
४४८. पक्ष्माशयः	सु.उ. ३-२९। मधुकोशः (नि. ५९-९७,९९)	(1) Lid. (2) Root of eye lashes.	(१) पलक (२) बरौनियों की जड़
४४९. पच्यमानाशयः	मधुकोशतः (नि. ४३-५)।	Small intestine.	क्षुद्रान्त्र या ग्रहणी
४५०. पञ्जरास्थीनि		Ribs.	पर्षुकाएँ, जो वक्ष का पंजर बनाती हैं।
४५१. पटलानि	सु.उ. १-१४,१७,१८। वा.उ. 10।	Different layers or covering of the eye or eye ball.	नेत्र के विभिन्न पर्त्त या आवरण।
४५२. परमाणवः	च.शा. 7-15।	Cells of the body.	शरीर के कोषाणु।
४५३. पर्वाणि	का.पृ. ३२। सु.सू. १५-११। सु.चि. ४०-२८।	Nodes or joints.	गाँठ या जोड़
४५४. पर्शुकाः	च.इ. ३-६।	Ribs or Costae.	पसलियाँ।
४५५. पर्शुकाग्राणि	वा.शा. ५-१०८। च.इ. १०-९।	Anterior ends of the ribs.	पसलियों के अंग्रभाग।
५५६. पवित्रांगुलिः (अनामिका)	डल्हणः (सू. २९-१०)।	Ring finger.	अंगूठे से चौथी उंगली।
४५७. पश्चादर्धः	सु.चि. १५-९।	Lower half of the body.	शरीर का निचला अर्धभाग।
४५८. पश्चिमहानव्यदन्तः	सु.नि. १६-२५।	Last molar tooth. Wisdom tooth.	आखिरी चर्वणक या अक्ल की दाढ़।
४५९. पाणितलम्	वृ.वा.पृ. ३३७। सु.शा.६-२९।	Palm.	हथेली।
४६०. पाणिपादम्	वा.उ. ३-१२। च.चि. २८-४८।	Hands & feet.	हाथ और पैर।
४६१. पाणिपादशलाकाः	का. ४९।	Metacarpals & Metatarsals.	हाथ व पैर की शलाकास्थियाँ।
४६२. पाणिपादहृदयानि	च.शा. ७-११।	Palms. Soles.	हथेलियाँ और पगथलियाँ (तलुवा)।
४६३. पाणिपादांगुलास्थीनि	का.पृ. ४९।	Digital bones or Phalanges of the hand & foot.	हाथ-पैर के उँगलियों की हड्डियाँ।
४६४. पाणिमूलम्	डल्हणः (सु.शा. ६-२४) (सु.सू. ३५-१२)	Wrist.	मणिबंध या कलाई।
४६५. पाणिशलाकाधिष्ठानम्	का.पृ. ४९।	Distal row of the carpal bones.	मणिबन्धास्थियों की अधर पंक्ति।
४६६. पादकूर्चास्थीनि	(१) सु.शा. ५-१९। (२) का.पृ. ४९।	(1) Tarsal bones, excluding talus Calcaneum. (2) Talus & Navicular.	(१) कूर्चशिर और पार्ष्णि को छोड़ कर पैर की शेष पाँचों कूर्च्चास्थियाँ। (२) कूर्चशिर और नौनिभ नामक अस्थि
४६७. पादतलम्। पादमध्यम्	सु.सू. ३५-१२। सु.शा. ६-२४।	Sole.	पगथली या तलुवा।

४६८. पादशलाकाधिष्ठानम्	का.पृ. ४९।	Second row of the tarsal bones, Cuboid & Three cunciform bones.	पादकूर्चास्थियों की द्वितीय पंक्ति-घन और तीनों कोणक अस्थियाँ।
४६९. पायुः	सु.सू. २३-५।	(1) Rectum. (2) Anus.	गुदा।
४७०. पायुवलयः	वा.शा. ५-८३।	See. गुदवलयः	देखें गुदवलयः।
४७१. पायुमेढ्रान्तरम्	सु.चि. ७-३०।	Perineum;	मूलाधार देश।
४७२. पाय्वन्तदेशः	सु.नि. ४-१०।	Anal area.	गुददेश (गुदसमीपस्थ भाग)।
४७३. पार्श्वम्	सु.शा. ५-४। च.शा. ७-६।	Side of the thorax	छाती का पार्श्व भाग, बगल, पांसू।
४७४. पार्श्वकम्	राजनिघण्टु	Rib.	पसली।
४७५. पार्श्वजघनम्	सु.शा. ६-२६।	Side of the pelvis. Buttock.	श्रोणि का पार्श्व भाग (या नितम्ब)।
४७६. पार्श्वास्थि	राजनिघण्टु	Rib.	पसली।
४७७. पार्ष्णिः	सु.शा. ५-१९।	Heel.	एड़ी।
४७८. पार्ष्ण्यस्थि	का.पृ. ४९।	Calcaneus.	एड़ी की हड्डी।
४७९. पालिः	सु.सू. १६-१०।	Lobule.	कान की लोर या ललरी।
४८०. पिच्छा	च.शा. ७-१७। च.सू. २८-३। वा.नि. १२-४२।	Serous fluid or effusion, SErum.	रक्तरस या रक्तरस सदृश तरल।
४८१. पिण्डिका	वा.सू.४-४। सु.सू. १५-११।	Calf.	पिण्डली, जंघा का मांसपिण्ड।
४८२. पित्तधरा कला	वा.शा. ३-५०। सु.शा. ४-१८।	Intestine or Gastro-intestinal mucosa.	आमाशय तथा क्षुद्रान्त्र की अन्तःकला। (विशेषकर क्षुद्रान्त्र की)।
४८३. पित्तवाहिन्यः सिराः	सु.शा. ७-६। (सु.शा. ९-५)।	Vessels & Nerves, related to the पित्तस्थानानि	पित्तस्थानों से सम्बद्ध रक्तवाहिनियाँ व नाड़ियाँ।
४८४. पित्तशोणितम्	वा.शा. ३-३७।	Venous blood.	पित्तसंसृष्ट रक्त, जो प्रायः शिराओं में बहा करता है।
४८५. पित्तस्थानानि	सु.सू. २१-७,१०। वा.सू. १२-२।	Seats of the पित्त as descibed in the Text.	पित्त के शास्त्रनिर्दिष्ट विभिन्न स्थान।
४८६. पित्ताशयः	सु.शा. ५-८,३९।	(1) Digestive tube with its appandages. (2) Small intestine.	महास्रोत के स्थलविशेष (मुख्यतः आमाशय और ग्रहणी) और उनसे सम्बद्ध ग्रन्थियाँ, जो पाचक पित्त की क्रियाभूमि और जन्मभूमि हैं।
४८७. पिप्पलकी	च.शा. ८-५३।	Nipples.	स्तनाग्र, चूची या बिटकनी, जो देखने में पीपल के फल जैसी होती है।
४८८. पिशिताश्रितं पटलम्	सु.उ. १-१८।	(1) Iris. (2) Uvea.	नेत्र की काली पुतली
४८९. पुत्रिका		Antitragus.	कान का कोकरू।
४९०. पुरीतत्	राजनिघण्टु	(1) Intestine. (2) Deodenum. (3) spinal cord.	(१) क्षुद्रान्त्र, (२) अन्तर्नाभि (डियोडिनम), (३) सुषुम्ना।
४९१. पुरीषम्		Faeces. Faecal matter.	विष्ठा, मल।
४९२. पुरीषधरा कला	सु.शा. ४-१६।	Mucosa of the colon & Rectum.	बृहदन्त्र की अन्तःकला।
४९३. पुरीषधारणम्	का.पृ. ४८।	(1) Sigmoid colon (2) Colon.	(१) बृहदन्त्र कुण्डलिका, (२) बृहदन्त्र
४९४. पुरीषवह स्रोतः	सु.शा. ९-१२। च.वि. ५-१५।	Small & large intestine.	दोनों आँत, विशेषकर स्थूलान्त्र।
४९५. पुरीषाधानम् पुरीषाधारः पुरीषायतनम्	भेल.। च.शा. ३-१२ ।च.शा. ७-१० मधुकोशतः (नि.३५-२०)	See. पुरीषधारणम्	(१) बृहदन्त्र कुण्डलिका (२) बृहदन्त्र।
४९६. पुरीषाशयः	च.वि. १९।	Small & Large intestine.	क्षुद्रान्त्र और स्थूलान्त्र (विशेषकर स्थूलान्त्र)।
४९७. पुष्पम्	सु.शा. ३-१२।	See. आर्तवम्	(देखें, आर्तवम्)

४९८.	पूर्णचन्द्रा नाडिका	भावप्रकाशतः, अनङ्गरङ्गतश्च ।	External os of the uterus.	गर्भाशयमुख, जो देखने में पूर्णचन्द्र जैसा होता है ।
४९९.	पूर्वकायः पूर्वभागः पूर्वार्धः	वा.चि. ८-३ । सु.सू. ४६-१३२ । सु.चि. १५-९ ।	Upper half of the body.	शरीर का उत्तरार्ध ।
५००.	पूर्वपश्चिम विभागः	च.इ. १-१० ।	Anterior (Ventral) & Posterior (Dorsal)	शरीर का आगे व पीछे की दृष्टि से विभाग ।
५०१.	पृथुला स्नायुः (पृथ्वी वा)	सु.शा. ५-३२,३० ।	Fibrous or membranous sheet. Aponeurosis.	चौड़ी और चपटी कला जैसी स्नायु ।
५०२.	पृष्ठम्	सु.शा. ५-४,११ । का. ३४ ।	(1) Back. Dorsum (2) Posterior part of the trunk.	पिछला भाग या पीठ ।
५०३.	पृष्ठवंशः पृष्ठेषी (षि) का	सु.शा. ५-२७ । सु.शा. ६-२६ । वा.शा. ४-१९ । च.इ. ३-५ ।	Backbone. spine, Vertebral column.	रीढ़ की हड्डी, मेरुदण्ड ।
५०४.	पृष्ठ्यास्थि	का.पृ. 50 ।	Vertebra.	कशेरुका ।
५०५.	पेशी	सु.शा. ५-३७ । का.पृ. ४५ ।	Muscle.	मांसपेशी ।
५०६.	पोट्टलकः	डल्हणः (सु.शा. ४-१७) ।	Caecum.	बृहदन्त्र का पोटलीनुमा आरम्भिक भाग ।
५०७.	पोदौ	डल्हणः (सु.सू. २३-५) ।	See. कटिप्रोथौ	देखें, कटिप्रोथौ ।
५०८.	पौरुषम्	सु.सू. ५-२९ । सु.नि. ३-१९ । राजनिघण्टु	(1) Penis. (2) Prostate. (3) A measure. Full length of a man with hands up.	(१) लिंग, (२) प्रोस्टेट या अष्ठीला नामक ग्रन्थि, (३) ऊँचाई या गहराई का एक नाप जो पुर्सा कहलाता है ।
५०८.	प्रकृतयः	सु.शा. ४-६३ से ९९ तक ।	Different personalities. (Physical & Mental qualities peculiar to the individual)	विविध प्रकार का व्यक्तित्व ।
५०९.	प्रकोष्ठः	(१) भावप्रकाशादयः (२) सु.सू. ३५-१२ (डल्हणश्च) ।	(1) Forearm. Antibrachium, (2) Distal third of the forearm.	(१) अग्रबाहु (कोहनी से कलाई तक का भाग), (२) पहुँचा ।
५१०.	प्रगण्डः	भावप्रकाशः	Arm. Brachium.	बाहु या बाँह (कोहनी से कन्धे तक का भाग) ।
५११.	प्रजङ्घा	का.पु. 32 ।	Distal third of the leg. (Part below the calf.)	पिण्डली से नीचे का जंघा भाग ।
५१२.	प्रजननम्	का.पृ. ३२ । सु.सू. २३-५ ।	Genitals.	जननेन्द्रियाँ, उपस्थ ।
५१३.	प्रतरसन्धिः	सु.शा. ५-२७ ।	Arthrodial joint.	सन्धियों का एक प्रकार, जहाँ फिसलन जैसी गति देखी जाती है ।
५१४.	प्रतानवत्यः स्नायवः	सु.शा. ५-३१ ।	Articular ligaments.	(शाखा) सन्धियों की स्नायु ।
५१५.	प्रतिजिह्वा	राजनिघण्टुः ।	Epiglottis.	स्वरयन्त्रच्छद या अधिजिह्विका ।
५१६.	प्रतिबालाः	डल्हणः (सु.उ. ३-२९) ।	Eye lashes.	(१) बरौनी (२) परवाल ।
५१७.	प्रत्यङ्गानि	सु.सू. ३५-१२ । सु.सू.१-३८ । सु.शा. ३-१८ ।	Subdivisions of the body.	उपाङ्ग, शरीर के उपविभाग । (Smaller or secondary divisions)
५१८.	प्रदेशिनी	सु.सू. ३५-१२ ।	Index finger.	तर्जनी उँगली, अगूठे के पास की उँगली ।
५१९.	प्रपदम्	सु.सू. ३५-१२ ।	Fore foot.	पादाग्र या पंजा ।
५२०.	प्रपाणिकः (णिः)	च.इ. ८-२६ । वा.शा. ५-५६ । च.वि. ८-१११ ।	Fore arm. Antibrachium.	प्रकोष्ठ या अग्रबाहु ।

५२१. प्रबाहुः	च.वि. ८-१११ (के अनुसार)	Arm, Brachium.	प्रगण्ड, बाहु या बाँह।
५२२. प्रवाहणी	सु.नि. २-५।	First Houston's fold or valve (Pelvirectal fold.)	गुदा की ऊर्ध्व गुदवलि (नीचे से तीसरी)।
५२३. प्रशाखाः	सु.चि. ३-५४।	(1) Limb or extremities. (2) Branches.	(१) हाथ व पैर के रूप में शरीर की शाखा (२) शिरा धमनी और नाड़ी के शाखाप्रतान।
५२४. प्राणः प्राण आभ्यन्तरः	सु.सू. २८-२०।	(1) Vitality. (2) Immunity. (3) Stamen. (4) Air. (Oxygen)	(१) जीवनशक्ति, (२) रोगप्रतिकार, (३) ओज, (४) प्राणवायु।
५२५. प्राणो बाह्यः	सु.सू. १७-१४।	(1) Nutrition (2) Nutritious food.	(१) शरीर के तर्पक-वर्धक- धारक और यापक बाह्य भाव, (२) पोषक आहार।
५२६. प्राणाः	सु.शा. ४-३।	Some counted internal things, on which life depends.	कुछ परिगणित भीतरी भाव, जिन पर जीवन निर्भर करता है। देखें प्रकरण।
५२७. प्राणपवनः	शार्ङ्गधर संहिता।	Breathing Air, Expired or inspired.	प्राणवायु या श्वासोच्छ्वास की वायु।
५२८. प्राणवहा धमन्यः	सु.शा. 4-31।	Arteries, conveying oxygen & Nutrition.	प्राणवायु और पोषक आहार रस रूप प्राण को वहन करने वाली सिरा धमनियाँ।
५२९. प्राणवहानि स्रोतांसि	च.वि. ५-९।	Respiratory tract.	श्वसन संस्थान के स्रोत।
५३०. प्राणायतनानि	च.सू. २९-३। का.पृ. ५०।	Organs essential to the life. Vitals.	जीवन की दृष्टि से अत्यावश्यक कोष्ठांग या मर्मावयव।
५३१. प्रेक्षणकूटः	माधव नि. ८-३।	(1) Orbital or ocular margin. (2) Eye-ball or oculus.	देखें, अक्षिकूट (नेत्रकोटर के उभरे किनारे या नेत्रगोलक)।
५३२. प्रोथः	भावप्रकाशतः।	Buttock or Gluteal Prominence.	चूतड़ या नितम्बपिण्ड (ढूंगा)।
५३३. प्लीहा	सु.सू. २१-७।	Spleen.	तिल्ली।
५३४. फल, फले वा	सु.शा. ५-४१। सु.सू. ११-२८। सु.चि. ७-३८।	(1) Testes or ovaries (2) Uterus.	(१) अण्डग्रन्थि या बीजग्रन्थि, (२) गर्भाशय।
५३५. फलकोशः (षः)	सु.सू. २३-५। सु.नि. १२-५।	Scrotum.	अण्डकोश।
५३६. फलकोशौ	वा.नि. ११-२२, २७।	(1) Two scrotal chambers (2) Two lateral halves of the scrotum.	(१) अण्डकोश के वाम दक्षिण अर्धविभाग, (२) अण्डकोश के भीतर की दो स्वतन्त्र थैलियाँ।
५३७. फलकोशाभिवाहिन्यो धमन्यः	सु.नि. १२-४। वा.नि. ११-२२।	(1) Scrotal vessels or Lymphatics. (2) (3) Inguinoscrotal passage.	(१) अण्डकोशानुगा धमनियाँ, सिराएँ और रसायनियाँ। (२) अण्डग्रन्थिगा धमनियाँ, सिराएँ व रसायनियाँ।
५३८. फलयोनिः	सु.सू. ११-२८। डल्हणश्च।	Uterus.	गर्भाशय।
५३९. फलसेवनी	वा.चि. १३-३६।	Scrotal raphe.	अण्डकोश की सीवन।
५४०. फलस्रोतसी	सु.चि. ७-३८।	(1) Oviducts. Fallopian tubes. (2) Spermatic cords.	(१) स्त्रियों की बीजवाहिनियाँ। (२) पुरुषों की शुक्रवाहिनियाँ।

५४१. फुफ्फुसः (सम्)	सु.शा. ४-२५ । सु.शा. ५-५ ।	Lung.	फेफड़ा ।
५४२. बन्धनम्	सु.चि. २२-२९ ।		देखेंदन्त बन्धनम् ।
५४३. बलम्	सु.सू. १५-२१ । च.सू. ११-३६ ।	Stamen, Vigor, Immunity.	देखें, ओज या प्राण आभ्यन्तर ।
५४४. बस्तिः	(१) सु.शा.५-४ । का.पृ.२२ (२) सु.नि. ३-१८ । वा.नि. ९-१ । का. ४९ ।	(1) Supra pubic region. Pubic region. (2) Urinary Bladder. Vesicle.	(१) अधिबस्ति देश या पेडू । (२) मूत्राशय ।
५४५. बस्तिकुक्षिः	सु.उ. ५८-१० ।	(1) Cavity of the urinary bladder. (2) Pelvic cavity or true Pelvis.	(१) मूत्राशय की गुहा या अन्तराकाश । (२) श्रोणिगुहा (लघुश्रोणिगुहा) ।
५४६. बस्तिदेशः	च.चि. ११-७५ ।	(1) Suprapubic (2) Pelvis (True) region.	(१) अधिबस्तिदेश या पेडू । (२) श्रोणिगुहा (लघु)) ।
५४७. बस्तिद्वारम्	वा.शा. २-५३ । सु.शा. ४-२२ ।	(1) Brim or outlet of the pelvis. (2)) Outlet of the bladder.	(१) श्रोणिगुहा प्रवेशद्वार या निर्गमद्वार (२) मूत्राशयद्वार ।
५४८. बस्तिपुटम्	मधुकोशतः (नि. ३१-२१) ।	Urinary bladder. Vesicle.	मूत्राशय ।
५४९. बस्तिमुखम्	वा.नि. ६-२० । सु.नि. ९-१७ ।	Outlet of the bladder or Internal Urethroal orifice.	मूत्राशयद्वार ।
५५०. बस्तिमूर्धा	सु.चि. ३७-११० । माधव नि. 32-4 ।	Hypogastrium. suprapubic region.	अधिबस्तिदेश या पेडू ।
५५१. बस्तिसिरः	(१) च.वि.८-प्रमाण प्रसंगे । सु.शा. ५-३७ । (२) सु.नि. ३-१८ ।	(1) Supra-pubic region. (2) Prostate.	(१) अधिबस्तिदेश या पेडू, (२) प्रोस्टेट नामक ग्रन्थि (अष्ठीला) ।
५५२. बस्तिशीर्षम्	च.शा. ७-११ । वा.शा. ५-१५ ।	Hypogastric region.	अधिबस्तिदेश या पेडू ।
५५३. बहिःसिराः	माधव नि. ३६-१ ।	Suuperficial Veins.	उत्तान सिराएँ ।
५५४. बहिर्मार्गाः बहिर्मुखानि स्रोतांसि बाह्यान्भ्राणि	सु.नि. १-९० ।सु.शा. ५-१०	External or Excretory orifices.	शरीर के बाहरी दृश्य छिद्र, विशेषकर मलद्वार और मूत्रद्वार ।
५५५. बाहुनलकः	का.पृ. ५० । च.शा. ७-६ ।	Humerus.	प्रगण्डास्थि, बाँह की हड्डी ।
५५६. बाहुपिण्डिका	का.पृ. ५० । च.शा. ७-११ ।	Bicipital prominence. (Fleshy bulging mass on the front of the arm.	द्विशिरस्का पेशी के उभार से बना बाँह के सामने का मांसपिण्ड ।
५५७. बाहुपृष्ठम्	सु.नि. १-७५ ।	Dorsumn of the upper limb.	ऊर्ध्वशाखा या पूरे हाथ का पश्चिम भाग
५५८. बाहुमध्यम्	सु.शा. ८-१७ ।	Front of the elbow.	कोहनी, या कोहनी के सामने का भाग ।
५५९. बाहुमूलम्	डल्हणः (सू, ५-१३) ।	Axilla. Armpit.	कक्षा या काँख, बाँह का गढा ।
५६०. बाहुशिरः बाहुशीर्षम्	डल्हणः (चि. १८-१८) । च. चि. २८-९५ ।	See. अंसः	देखें, अंसः ।
५६१. बाहुशिरःसन्धिः	डल्हणः (चि. ३-३१) ।		देखें, अंससन्धिः ।
५६२. बाहुसन्धिः	सु.नि. ११-१० ।	Elbow joint.	कोहनी का जोड़ ।
५६३. बाह्यकण्डराः	डल्हणः (नि. १-७५) ।	Extensor tendons or dorsal nerves of the upper limb.	हाथ की प्रसारक कण्डराएँ या नाड़ियाँ, जो बाहुपृष्ठ की ओर होती हैं ।
५६४. बाह्यपटलम्	सु.उ. ७-४ ।	Cornia.	कॉर्निया नामक नेत्र का अच्छपटल, शुक्लतारका
५६५. बाह्ययोनिः	भेल. ७२,८३ ।	Vulva.	बहिर्भग ।

५६६. बाह्यस्नायवः	सु.नि. १-५७।	Tendons or nerves on the dorsal side of the body.	शरीर के पृष्ठ भाग की कण्डराएँ या नाड़ियाँ।
५६७. बिलम	माधव नि. ३१-२४।	Canal. Meatus. Orifice.	नलिका, प्रणाली सुरंग या छिद्र।
५६८. बीजम्	(१) च.शा.३-२५। सु.शा.२-३३। (२) राजनिघण्टुः।	(1) Germ cell (a seed) or ovum. (2) Marrow.	(१) गर्भबीज-शुक्रकीट, स्त्रीबीज या दोनों (२) अस्थिमज्जा।
५६९. बीजभागः	च.शा. ३-२५।	A part of the बीज (Chromesomes)	गर्भबीज के अंशविशेष (क्रोमोसोम्स)
५७०. बीजभागावयवः	च.शा. ४-३१।	Part of the बीज़भाग (gene)	(गर्भ) बीजभागों के अंशविशेष, या गर्भबीज के अंशांश (जेन्स)।
५७१. बीजरक्तम्	विश्वामित्र वचनतः (शिवदास व्याख्यासुश्रुत पृष्ठ संख्या ६०)	Ovum.	स्त्रियों का बीजभूत अन्तःपुष्प, स्त्रीबीज या आर्त्तव।
५७२. बीजरक्तवहाः सिराः	विश्वामित्र वचनतः (शिवदास व्याख्यासुश्रुत पृष्ठ संख्या ६०)	Ovarian & Uterine Vessels.	अनुबीज कोषिका और अनुगर्भाशया धमनियाँ।
५७३. बुक्कौ	च.शा. ७-१०।	Kidneys.	वृक्क या गुर्दे।
५७४. बुध्नः, ब्रध्नः	मधुकोशतः (नि. ३-७) च.सू. १४-१७। च.नि. ३-७। च.इ. ११-५।	Rectum.	गुदा।
५७५. बुद्‌बुदाभ	गर्भोपनिषद्। हारीत संहिता	Blastocyst. Blastula.	गर्भविकास की बुद्‌बुदाकार अवस्था।
५७६. ब्रह्मरन्ध्रम्	शार्ङ्गधर संहितायामाढमल्लः।		मस्तक का उपरि मध्य भाग
५७७. भक्तमार्गः या भुक्तमार्ग	भेल. ७०। वा.शा. ३-५१	Alimentary cannal.	महास्रोत, समग्र अन्नवह स्रोत।
५७८. भक्तायनानि	सु.उ. ५७-३।	Different parts of the alimentary canal.	महास्रोत के विविध भाग।
५७९. भक्ष्यमार्गनालः	शारीर विवेकः।	Oesophagus.	अन्ननलिका, अन्ननाडी।
५७९. अ भगः, भगं वा	(१) सु.सू. ३५-१२। च.वि.८ (प्रमाणं) (२) वैतरणः (सु. चि.७-३३)। (३) सु.नि. ४-३	(1) Vulva or Vagina. (2) Pubes. (3) Perineum.	(१) योनि। (२) भगपीठ। (३) स्त्रियों का मूलाधार।
५८०. भगद्वारम्	भावप्रकाशतः।	Vaginal orifice.	योनिमुख।
५८१. (भग) नासिका	अनङ्गरङ्गः।	Clitoris.	भगशिश्निका, टना, नकू, चिंकु
५८२. भगवस्तु	डल्हणः (सु.चि. ७-३३)।	Vaginal Wall	योनि प्राचीर, योनि की दीवार।
५८३. भगास्थि	का.पृ.५०। सु.शा.५। च.शा.७	(1) Intrapubic Cartilage. (2) Body of the pubic bones.	(१) भगसन्धानिका के बीच की तरुणास्थि। (२) भगास्थियों के गात्र भाग जो भगपीठस्थल पर संहित हो जाते है
५८४. भुजमध्यम्	डल्हणः (सु.सू. ३५-१२)।	Elbow.	कोहनी।
५८५. भुजशिखरम्	डल्हणः (सु.शा.६-२६)।		देखें, अंसः।
५८६. भूताग्निः		Intra cellular Enzymes.	कोषाणुओं के भीतर उपस्थित किण्वरूप अग्नि।
५८७. भ्रूः	सु.शा. ५-४०। च.शा. ७-११। सु. सू १२-९	Eyebrow.	भौं।
५८८. मज्जा		Bone marrow.	अस्थि के भीतर भरी रहने वाली एक प्रकार की चर्बी।
५८९. मज्जपेशीका	च.सि. २-२१। राजनघिण्टु	(1) Meninx (2) Brain.	(१) मस्तिष्कावरण, (२) मस्तिष्क।
५९०. मज्जवह स्रोतांसि	च.वि. ५-१२।	Medullary canals. Marrow spaces.	अस्थियों के विवर या स्थान जिनमें मज्जा भरी रहती है।
५९१. मणिः	सु.नि. १३-४८। सु.उ. ५८-१५।	Glans penis.	लिंग का मुण्डाकार अग्रभाग।

५९२. मणिकः (कम्)	च.शा. ७ । च.इ. ३-५ ।	Upper row of the carpal bones.	मणिबन्ध के सूर्चास्थियों की ऊर्ध्वपंक्ति ।
५९३. मणिकन्दः (म्)	अरुणः (वा.नि. ९-२९)	Penis.	लिंग ।
५९४. मणिबन्धः (मणिबन्ध्वं वा)	सु.सू. ३५-१२ । का.पृ. ३४ ।	Wrist. Carpus.	कलाई ।
५९५. मणिबन्धसन्धिः	सु.चि. ३-३३ ।	Wrist joint.	कलाई का जोड़ ।
५९६. मण्डलसन्धयः	सु.शा. ५-२७ ।	Unions or joints, where ring like curved cartilages take parts; as in trachea.	वलयाकार तरुणास्थियों का संहित होना, यथा श्वासनाडी में ।
५९७. मण्डलानि	सु.उ. १-१५ ।	Different circular or circle forming structures of the eye.	नेत्र की भिन्न-भिन्न मण्डलाकार रचनाएँ ।
५९८. मदनदोला	रतिरहस्यम् ।	Clitoris	भगशिश्निका या भगनासा ।
५९९. मदनसदनम्	—''—	Vagina.	योनि ।
६००. मदनसदनरन्ध्रम्	—''—	Vaginal orfice.	योनिद्वार ।
६०१. मदनातपत्रम् मदनातपवारणम् मन्मथच्छत्र	डल्हणः (सु.शा. ३-१०) । डह्लणः (शा. ५-१०) ।	Clitoris with nymphae.	भगशिश्निका और लघुभगोष्ठों के मेल से बनी छत्राकार रचना ।
६०२. मदसिराः	अनङ्गरङगतः ।	Nerves & vessels of sexual excitement.	कामोत्तेजना में प्रहर्षण करने वाली नाडियाँ और रक्त-वाहिनियाँ ।
६०३. मध्यम् मध्यकायः	सु.शा. ५-३ ।	Trunk.	धड़ ।
६०४. मध्यमा,	सु.सू. 35-12 । (मध्यामिका वा)	Digitus medius. middle finger.	तीसरी या बीच की ऊँगली ।
६०५. मनोवह धमन्यः	मधुकोशतः (नि. २०-१)	Pathways, through which mind operates. Associated fibres. Psychocortical routes.	देखें, चेतोवह मार्ग ।
६०६. मनोवह स्त्रोतांसि	च.इ. ५-४० ।	Pathways, through which mind operates. Associated fibres.	देखें चेतोवह मार्ग
६०७. मन्मथच्छत्रम्	रतिरहस्यम् ।	psychocortical routes.	देखें, मदनातपत्रम् ।
६०८. मन्या	(१) च.चि. २८-४४ । (२) च.इ. ४.९ । सु.शा. ६-२७ ।	(1) Side of the neck. (Sterno Mastoid.) (2) Great vessels at the side of the neck. carotid arteries (3) Neck.	(१) ग्रीवा का पार्श्व भाग, जहाँ उरःकर्णमूलिका पेशी पाई जाती है । (२) ग्रीवा पार्श्व की बड़ी-बड़ी धमनियाँ, यथा मातृकादि । (३) ग्रीवा या गरदन ।
६०९. मयूरास्थि	डल्हणः (सु.सू. २३-६) ।		त्रिकास्थि व अनुत्रिकास्थि ।
६१०. मर्माणि	सु.शा. ६ । च.सि. ९ ।	Sacrum & Coccyx.	मर्मस्थान ।
६११. मर्मरिकाः	सु.सू. १६ ।	Vital organs or vitals.	(वात) नाड़ियाँ ।
६१२. मलधरा कला	सु.शा. ४-१७ ।	Nerves.	स्थूलान्त्र की अन्तःकला ।
६१३. मलाः	च.शा. ६-१७ । वा.शा. ३-६३ ।	Mucosa of the colon. Excreta. Waste products. (Visciated त्रिदोष Also)	किट्ट या शरीर से बहिष्करणीय त्याज्य पदार्थ ।

६१४. मलाधारः	सु.नि. ३-२०।	Urinary bladder (here) or colon.	(यहाँ) (१) मूत्राशय, (२) स्थूलान्त्र।
६१५. मलायनानि	च.शू. ७। वा.सू. ११-३६।	Excretory organs or apertures.	विविध प्रकार के मलों को शरीर से बाहर निकालने वाले अवयव या छिद्र (शरीर के नवद्वार)।
६१६. मलाशयः	शार्ङ्गधर संहिता।	Colon. or Rectum.	स्थूलान्त्र या गुदा।
६१७. मस्तकमज्जा मस्तकस्नेह	डल्हणः (शा. १०-४२)। डल्हणः (सू. ३५-४)।	Brain substance.	मस्तिष्क वस्तु, भेजा, मग्ज।
६१८. मस्तकम्	सु.शा. ५-४।	(1) Hairy part of the cranium (2) Head. (3) Cranium.	(१) खोपड़ी का केशयुक्त प्रदेश (टाट), (२) सिर, (३) खोपड़ी।
६१९. मस्तकबालाः	डह्लणः (सु.सू. २९-१०)।	Hairs on the head	सिर या टाट के बाल।
६२०. मस्तिष्कम् (ष्कः) मस्तुलुङ्गम्	वृ.वा.शा. ५। का.पृ. ५१। वृ. वा.शा. ५। सु.शा. १०-४२। सु.चि. २-७०।	Brain.	दिमाग।
६२१. महत्	च.सू. ३०-६।	Heart.	हृदय (उरोहृदय)।
६२२. महत् स्रोतः	सु.नि. १३-५५।	Rectal canal.	गुद-नलिका।
६२३. महाच्छिद्राणि, नवद्वार		Large external appertures of the body (Nine in number)	शरीर के बड़े-बड़े बाह्य छिद्र।
६२४. महानाड़ी	राजनिघण्टुः।	Great nerves or Tendons.	बड़ी-बड़ी नाडियाँ या कण्डराएँ।
६२५. महानिम्नम्	च.सू. ११1-४८।	(1) thraco-abdominal cavity. (2) Abdomen.	(१) महास्रोत (उरोगुहा व उदरगुहा) (२) उदर।
६२६. महाफलाः महामूलाः	च.सू. 30-11।	Great blood Vessels.	हृदय से निकलने वाली तथा अनेक शाखाओं में विभक्त होने वाली बड़ी-बड़ी धमनियाँ या नाड़ियाँ।
६२७. महामर्माणि	वृ.वा.पृ. ३२१।	Main vital parts of the body. seven in number.	शरीर के बड़े-बड़े मर्मस्थल, जो संख्या में सात हैं।
६२८. महास्नायुः	डल्हणः (सु.शा. ५-११)।	Big tendons or nerves.	बड़ी-बड़ी कण्डराएँ या नाडियाँ।
६२९. महास्रोतः	(१) च.सू. ११-४८। (२) च. नि. ३-७। च.चि. २०-५। (३) का.पृ. ५१।	(1) Alimentary canal. (2) Abdominal caity. (3) See महाछिद्राणि (See Text)	(१) मुस से गुद तक का अन्नवह स्रोत। (२) उदरगुहा। (३) शरीर के बड़े-बड़े बाह्य छिद्र (नवद्वार)
६३०. मांसधरा कला	सु.शा. ४-७, ८।	Deep fascia & Intramuscular septums.	गम्भीर प्रावरणी और पेश्यन्तराल फलक।
६३१. मांसरज्जवः	सु.शा. ५-१४।	Great musculotendinous bands or cords, as in back.	पृष्ठवंश की लम्बी-लम्बी मांसपेशियाँ।
६३२. मांसवर्त्तयः	डल्हणः (सु.सू. ४६-१३-७)	Muscular slips or digitations.	मांसपेशियों की पट्टिकाएँ।
६३३. मांसवहस्रोतांसि मांसवहा नाड्यः	च.वि. ५-१२। सु.शा. ९-१२। वा.नि. २-७०	Muscle fibres. (Voluntary or involuntary)	(ऐच्छिक या अनैच्छिक) मांससूत्र।
६३५. मातृकासिराः	सु.शा. ६-२७। वा.शा. ४-२८।	Carotid arteries (common External & Internal) Internal jugular vein.	प्रत्येक गलपार्श्व की चार मुख्य धमनियां व सिरा। यथा-महामातृका, बहिर्मातृका और अन्तर्मातृका, धमनियाँ एवं अनुमन्या नामक सिरा।

६३६. मार्गाः	च.वि. ५-१७।	Passages.	स्रोत, प्रणालिकाएँ।
६३७. मुखम्	सु.नि. १६-३। सु.चि. ४-२२।	(1) Mouth. (2) Face. (3) Interlobial aperture.	(१) मुंह, (२) चेहरा, (३) मुखद्वार।
६३८. मुखकुहरम्	डल्हणः (सु.उ. ४१-२१) (सू. १ (२) ८)	Mouth (Oral cavity)	मुखगुहा (मुंह का भीतरी अवकाश)।
६३९. मुखसन्धिः	डल्हणः (सू. 18-18)	Mandibular joint.	हनुसन्धि।
६४०. मुखस्रोतांसि	का.पृ. ९२।	Different openings in the mouth cavity.	मुखकुहर में खुलने वाले अनेक छिद्र।
६४१. मुखान्तरालम्	शाश्वतः।	Oral cavity.	मुखकुहर, मुखावकाश।
६४२. मुखायामः	स१.सु. ३५-१२।	Length of the face.	चेहरे की लम्बाई।
६४३. मुखार्धम्	च.चि. २८-३९।	Vertical half of the face.	चेहरे का दायाँ या बायाँ अर्धभाग।
६४४. मुष्कः	सु.सू. १८-२४ सु.नि. ३-५ सु.उ. ४१-३१।	(1) Scrotum. (2) Testis of Testicle.	(१) अण्डकोश, (२) अण्डग्रन्थि।
६४५. मुष्कस्रोत।	सु.चि. ७-३६।	Spermatic cord.	वृषण बन्धनी या अण्डधारक रज्जु।
६४६. मुष्टिः	वा.सू. २७-२८।	Clenched hand.	मुट्ठी।
६४७. मूत्रनाड़ी (युग्मं)	शारीरविवेक ग्रन्थः	Ureters.	गवीनी (दो)।
६४८. मूत्रपथः	च.चि. २६-३७।	Urethra.	मूत्रमार्ग।
६४९. मूत्रपुटम्	मधुकोशतः (नि. २२-६६)	Urinary bladder,	मूत्राशय।
६५०. मूत्रप्रसेकः	सु.चि. ७-३६	Urethra.	मूत्रमार्ग।
६५१. मूत्रबस्तिः	सु.शा. ९-७।	Urinary bladder.	मूत्राशय।
६५२. मूत्रमार्गः	सु.चि. ७-३५। च.सि. ९-३९। सु.उ. ५८-१८।	Urethra.	मूत्रनली।
६५३. मूत्रस्थानम्, मूत्राधार	सु.चि. २-१२।	Urinary bladder.	मूत्राशय।
६५४. मूत्रस्रोतः मूत्रायनम्	सु.नि. १३-५३। वा.नि. ९-३४।	Urethra.	मूत्रमार्ग।
६५५. मूत्रवह स्रोतांसि	च.वि. ५-१४। च.नि. ४-९।	Tubules or tubes of the Urinary tract.	मूत्रवह संस्थान की विभिन्न वाहक प्रणालियाँ।
६५६. मूत्रवहे धमन्यौ	सु.शा. ९-७।	Ureters.	गवीनीयाँ
६५७. मूत्रवहा नाड्यः	सु.नि. ३-२१।	Urinary tubules.	(वृक्कान्तर्गत) अन्त्र-सदृश कुण्डलीभूत सूक्ष्म मूत्र प्रणालिकाएँ।
६५८. मूत्रवहिस्रोतः मूत्रसेकः	डल्हणः (सु.उ. ५८-१८)। सु.चि. ७-३८	Urethra.	मूत्रमार्ग
६५९. मूर्धा	माधव नि. ४४-१०। सु.सू. १८-१८। सु.उ. २५-१७।		देखें, मस्तकम्।
६६०. मूर्धजानि	भेल. पृ. ७२।	Hairs on the head.	सिर या टाट के बाल।
६६१. मूर्धास्थि खण्डः	डल्हणः (सु.सू. २९-११)।	Cranial bone.	खोपड़ी की हड्डी।
६६२. मूलजिह्वा।	राजनिघण्टुः।	Epiglottis.	स्वरयन्त्रच्छद या अधिजिह्वा।
६६३. मूलसिराः	वा.शा. ३-१८।	Main blood vessels.	मुख्य-मुख्य सिरा-धमनियाँ।
६६४. मेढ्ः मेढ्ं वा	सु.शा. ९-१२।	Penis.	लिङ्ग।
६६५. मेढ्चर्म	सु.नि. १३-४७.	Prepuce. Foreskin.	मणिच्छद, शिश्नाग्रचर्म (फोलरा)।
६६६. मेढ्द्वारम्	डल्हणः (नि. १-२०)	External Urethral orifice.	मूत्रमार्ग का बहिर्द्वार।
६६७. मेढ्न्ध्रसन्धिः	मधुकोशतः (नि. ४७-७)	Area surrounding the external urethral orifice.	मेढ्द्वार के किनारे।

६६८. मेढ्रसन्धिः	मधुकोशतः (नि. ४७-७)	Corona glandis.	मणिमुण्ड की घाई या पिछला घेरा।
६६९. मेढ्रसेवनी (सेफःसेवनी)	सु.शा. ५-१५। (शेफःसेवनी)	Raphe of the penis.	लिंग के नीचे की सीवन
६७०. मेढ्राग्रम्	सु.सू. १८-१८।	Glans penis.	लिंग का मणिमुण्ड भाग।
६७१. मेढ्रान्तम्	सु.उ. ४२-१३५।	Corpus spongiosum penis.	लिंग की मूत्र प्रसेकधरा पेशी (वह पेशी जिसमें मूत्रमार्ग होता है)।
६७२. मेदः	सु.शा. ४-१२।	Fat or fat like substance.	चर्बी या चर्बी जैसे पदार्थ।
६७३. मेदःपटलम्	सु.उ. 1-18	Hyaloid membrance which contains the Vitreous body or humor.	नेत्र की सान्द्र जलधरा कला, जिसके भीतर स्वच्छ गोंद जैसा द्रव भरा रहता है।
६७४. मेदोधरा कला	सु.शा. ४-१२।	(1) Omentum. (2) Linging of the medullary canal or a marrow space. (3) Superficial fascia of the body.	(१) उदर का वपावहन, (२) अस्थियों के भीतर की मज्जधरा कला, (३) शरीर की उत्तान प्रावरणी।
६७५. मेदोनाड्यः	वा.नि. २-७०।		मेदोवह स्रोत।
६७६. मेदोवर्तिः	सु.चि. २-४५।	Omentum (Folded)	उदर का वपावहन, जो सिमट कर बत्ती जैसा भी बन जाता है।
६७७. मेदोवह स्रोतांसि	च.वि. ५-१२।		
६७८. मेध्या नाड़ी	डल्हणः (सु.पृ.१ (४) २५)।	spinal cord.	सुषुम्ना नामक महानाड़ी।
६७९. मेहनम्	(१) सु.उ.५९-४। (२) वा सू. ७-६९।	(1) Penis. (2) Vagina or Vulva.	(१) लिंग, (२) योनि या भग।
६८०. यकृत् यकृत्खण्डम् यकृतत्पिण्डः	सु.सू. २१-७। सु.उ. १७-२६। वा.नि. ७-३५। वा.शा. ५-८०। सु.उ. ६-१४।	Liver. Hepar.	लीवर या जिगर।
६८१. यकृत्प्रदेशः	सु.सू. ४६-१३७	Hepatic area.	यकृत् की क्षेत्रमर्यादा, जो बाहर से शरीर पर अंकित भी की जा सकती है।
६८२. यन्त्राणि	च.सू. १२-८।	Organs.	शरीर के भिन्न भिन्न अवयव, विशेषकर कोष्ठाङ्ग।
६८३. यवपङ्क्तयः	का.पृ. ३४।	Carpal or digital furrows or creases.	उँगलियों या मणिबन्ध आदि की 'जौ" रेखाएँ (यवाकार हस्तरेखा-विशेष)।
६८४. योगवहानि स्रोतांसि	सु.शा. ५-५।	Channels or tubes other than the blood vessels (They are usually in pairs)	धमनी और सिराओं के अतिरिक्त शरीर की अन्य नलिकाएँ, जो प्रायः जोड़े के रूप में होती हैं।
६८५. योनिः	सु.शा. ५-४३। वा.शा. १-२२।	(1) Vagina. (2) Female Genitals. (3) Uterus.	(१) योनिनलिका, (२) स्त्री-जननेन्द्रिय, (३) गर्भाशय।
६८६. योनिकर्णिका	डह्लणः (सु.शा. ५-३९)।	Labium majus.	योनि का बृहद् भगोष्ठ।
६८७. योनिकर्णिका स्रोतः	,,-,,	Vulval entrance.	दोनों बृहद् भगोष्ठों के बीच का बहिर्भगद्वार।
६८८. योनिमुखम्	सु.शा. १०-७। सु.नि. ८-४।	Vagianal orifice.	योनिद्वार।
६८९. योनिनासा (योनिलिङ्गं-वा)	रतिरहस्यम् (डल्हणः उ. ४४-३१)।	Clitoris.	भगनासा, टना।
६९०. रक्तम्	सु.सू. १४-५,६। च.चि. १५-१५।	(1) Blood. (2) Menstrual blood or ovum.	(१) खून, (२) मासिक स्राव का रक्त या स्त्री-बीज।

६९१. रक्तधरा कला	सु.शा. ४-१०।	Endothelial lining of the circulatory system.	रक्तवह संस्थान के अवयवों की अन्तःकला।
६९२. रक्तपथः	वा.शा. ३-४०।	(1) Cervical canal of the uterus. (2) External os of the uterus.	(१) गर्भाशय-मुख, (२) गर्भाशय की ग्रीवासरणि
६९३. रक्तरसः	आतङ्क दर्पणतः (नि. ३३-४)।	Fluid portion of the blood as pllasma, Interstitial fluid & Lymph.	रक्त का आप्य द्रव भाग, यथारक्तमस्तु (सीरम), धात्ववकाशीय द्रव और लसीका।
६९४. रक्तवहं स्रोतः	सु.शा. ५-१०।	External os or Vaginal orifice.	गर्भाशय-मुख, या योनि-मुख।
६९५. रक्तवाहिन्यः सिराः	सु.शा. ४-६।	Blood vessesl. (specially of portal circulation)	रक्तवहा प्रणालियाँ-सिरा और धमनी (विशेषकर यकृत संवहन के सम्बन्ध की)।
६९६. रक्तावाहिन्यो धमन्यः	सु.शा. ९-१२।		
६९७. रक्तवाहीनि स्रोतांसि	च.सू. २४-२५।	Blood vessels.	रक्त-नलिकाएँ-सिरा-धमनियाँ।
६९८. रक्ताधारः रक्ताशयः	डल्हणः (सु.शा. ४-१७)। (सु.शा. ४-१७)।	Depot, reservoir, Receptacle or container of the blood, as Liver, spleen, Heart Lungs.	रक्त के मुख्य संग्रह स्थान या संचरण स्थान, यथा-यकृत्, प्लीहा, हृदय और फुफ्फुस
६९९. रजः	सु.सू. १४-६।	(1) Menstrual blood. (2) Ovum.	मासिक स्राव, (पुष्पार्तव)। (२) स्त्री-बीज (बीजार्त्तव)।
७००. रजोवहाः सिराः	का.पृ.	Uterine & Ovarian Vessels.	अनुगर्भाशया और अनुबीजकोषिका धमनी सिराएँ।
७०१. रसः रसधातुः	सु.सू. १४-३,१३। च.चि. १५-३३। (चक्रपाणिश्च)।	Nutrient fluid which circulates through the blood.	पोषक रस जो रक्त के माध्यम से शरीर में भ्रमण करता रहता है।
७०२. रसनबन्धनम्	वा.शा. ३-१३।		देखें, जिह्वाबन्धनम्।
७०३. रसवर्त्मानि	माधव नि. १०-२। डल्हणः (उ. ४१-१०)	Nutrient Vessels and Lymphatics.	पोषक रस का वहन करने वाले स्रोत, यथा धमनी-सिराएँ और रसायनियाँ (लसिका वाहिनियाँ)।
७०४. रसवहा नाड़ी	सु.शा. ३-३१।	Placenta.	अपरा, खेड़ी।
७०५. रसवहानि स्रोतांसि रसवाहिन्यो धमन्यः	च.सू. २४-२५। सु.शा. ९-१२। च.वि. ५-१७।		देखें, रसवर्त्मानि।
७०६. रसस्थानम्	सु.शा. ९-७।	Heart.	हृदय।
७०७. रसहारिण्यः रसायन्यः	च.शा. ४-१५। च.वि. ५-१७।		देखें, रसवत्मानि।
७०८. राजदन्ताः	का.पृ. ९।	Central incisors.	ऊपर-नीचे के भीतरी कर्त्तनक या छेदक दन्त, जो संख्या में ४ हैं।
७०९. रुचकानि	सु.शा. ५-२०।	Teeth (A type of the bone)	अस्थि का एक प्रकार याने दाँत।
७१०. रुधिरस्थानम्	सु.चि. २-१२।		देखें, रक्ताधारः।
७११. रूपवहे धमन्यौ	सु.शा. ९-५।	Optic nerves.	दृष्टिनाड़ी युगल।
७१२. रेतः	वा.शा. ३-८१।	(1) Semen, (2) sperm.	शुक्र या शुक्रकीट।
७१३. रेतःस्थानम्	भेल. ५३।	(1) Testicles, (2) Seminal Vesicles.	(१) अण्डग्रन्थियाँ, (२) शुक्रबस्ति या शुक्राशय
७१४. रोमकूपाः (पाणि)	वा.उ. ९-१८। सु.शा. ४-६०। कापृ ५१	Hair follicles.	त्वचा के रोमच्छिद्र।
७१५. रोममालिका	डल्हणः (नि. २-६)।	Hairs.	रोमसमूह।

७१६. रोममूलानि	अरुणदतः (वा.उ. ९-१८) ।	Root of the hairs.	बालों की जड़ें।
७१७. रोमराजी (जिः)	वा.शा. ३-२४ । सु.शा. ३-१४ । का. पृ. ३३ । सु.शा. ७-२२ ।	Linea nigra. (Like a hairy line)	रोमपंक्ति की तरह दिखाई देने वाली श्यामवर्ण रेखा।
७१८. रोमाणि	डल्हणः अरुणः (शा. ३-१८)	Hairs on the body.	शरीर के बाल या रोएँ।
७१९. रोमान्तः	सु.सू. २३-६ । सु.नि. २-६ ।	Skin near the hairs	रोम-प्रान्त । देखें-केशान्त ।
७२०. रोमावर्त्तः	सु.शा. ६-२७ ।		बालों की भँवरी।
७२१. रोहिण्यः	सु.शा. ७-१८ ।	Main arteries or arterial trunks.	मुख्य-मुख्य धमनियाँ या धमनीकाण्ड।
७२२. लक्षणम्	सु.शा. ५-४१ ।	Penis. (2) External sex organs (Specially the male)	(१) लिंग, (२) स्त्री या पुरुष की बाह्य जननेन्द्रियाँ।
७२३. लम्बिका	राजनिघण्टुः ।	Uvula.	गले का कौआ।
७२४. ललाटम्	सु.शा. ५-४ ।	Fore-head.	सिर का रोमरहित भाग या माथा।
७२५. लसिका (लसीका वा)	च.शा. ७-१४ । डह्नणः (सू. २१-७) । मधुकोशः (नि. ३३-४) ।	(1) Serous exudate (2) Lymph or transudate.	रक्तमस्तु जैसा परिस्राव।
७२६. लाला		Saliva.	लार।
७२७. लालाट्या सिरा	सु.शा. ८-१७ । डल्हणः (सु. उ. १२-३८)	Frontal-Supra orbital Veins.	माथे की ललाटिका और अधिभ्रुवा सिराएँ।
७२८. लिङ्गम्	(१) कामसूत्रभाष्यम् पृ. ६३ । का.पृ. ३३ । च.चि. २ (१) -३२ । (२) सु.उ. ८-१६ ।	(1) Sex sign-Penis or clitoris.(2) Power of vision.	(१) शिश्न या भगशिश्निका (२) दर्शनशक्ति।
७२९. लोमानि	च.वि. ८-पित्तल ल. ।		शरीर पर के बाल या रोएँ।
७३०. लोमकूपाः	च.शा. ७-१४ ।		रोमरन्ध्र या रोमछिद्र।
७३१. लोमकूपायनानि नाभि-नाड्ययनानि	च.शा. ६-२३ ।	Chorionic Villi.	जरायु कोरक।
७३२. लोहितम्	च.शा. ६-१० ।		देखें, रक्तम्।
७३३. लोहितवहानि स्रोतांसि	च.नि. २-४ ।	Blood Vessels.	रक्तनलिकाएँ।
७३४. लोहिताक्षसिरा	सु.शा. ७-२२ ।	Femoral Vessel-before giving the branch-Profunda femoris.	और्वी धमनी व सिरा का अर्ध भाग, जो गम्भीरोरुका नामक शाखा निकलने से पूर्व तक का है।
७३५. लोहितिका	सु.सू. १६-७३ ।	Artery.	धमनी।
७३६. वक्त्रम्		(1) Mouth (2) Face.	(१) मुँह, (२) चेहरा।
७३७. वंक्षणः	(१) सु.नि. ९-१७ । सु.उ. ५५-१० (२) च.नि. २-९ । च.शा. ७-११	Groin. Inguinal region.	देखें, ऊरुमूलम्।
७३८. वंक्षणसन्धिः	सु.नि. १३-२४ । वा.नि. ११-२ ।	(1) Groin. Inguinal region. (2) Hip joint.	(१) देखें, ऊरुसन्धि, (२) कुछ के मत में कूल्हे का जोड़।
७३९. वक्षः	सु.नि. १-५७ । सु.उ. ५२-११	Chest. thorax.	छाती।
७४०. वक्षःस्थलम्	डल्हणः (सु.सू. ३५-१०) ।	Front of the chest. (Pectoral region)	सीना।
७४१. वदनम्	सु.सूः १-(२) ८ ।	(1) Mouth (2) Face.	मुंह या चेहरा।
७४२. वदनान्तरम्	सु.सू. ३५-१२ ।	Interlobial distance of the mouth.	मुखद्वार की लम्बाई-चौड़ाई।

७४३. वदनान्ते	चक्रपाणिः (च.शा. ७-११)	Angles of the mouth.	मुखकोण, जहाँ दोनों होठों के प्रान्त मिलते हैं।
७४४. वपा	च.शा. ३-१२।	(2) Abdominal fat (Extraperitoneal fat.)	उदर के भीतर की चर्बी।
७४५. वपावहनम्	च.शा. ३-१२। च.शा. ७-१०	Omentum & Appendices epiloecae.	देखें, तैलवर्त्तिका।
७४६. वराङ्गम्, उत्तमांगम्	(१) अनङ्गरङ्गम्, (२) राजनिघण्टुः	(1) Pudendum (2) Head,	(२) भग या योनि, (२) सिर।
७४७. वराङ्गरन्ध्रम्	(१) अनङ्गरङ्गम्, (२) राजनिघण्टुः	Pudendal clift.	योनिमुख या योनिनलिका।
७४८. वर्चः	सु.चि. २३-६।	Faeces.	पुरीष, विष्ठा।
७४९. वर्चःस्थानम्	सु.चि. २३-६। च.सू. १५-६।	(1) Rectum, (2) Latrine.	(१) गुदा, (२) टट्टी-घर, शौचालय।
७५०. वर्त्म	सु.सू. २२-९।	Eye lid.	पलक, नेत्रच्छद।
७५१. वर्त्मकोषः	सु.उ. १-२२।	Eye lid, as a sac or bag.	पलक, (थैली जैसे होने के कारण)।
७५२. वर्त्मपटलम्	सु.उ. १-१७।	Eye lid as a curtain.	पलक (पर्दे की तरह होने के कारण)
७५३. वर्त्ममण्डलम्	सु.उ. १-१५।	Eye lids, as a circular thing.	पलक, (मण्डलाकार होने के कारण)।
७५४. वर्त्ममण्डलम तरुणास्थि	डङ्गलणः (सु.शा. ५-२६)।	Tarsal cartilage.	पलकों में पाई जाने वाली कार्टिलेज।
७५५. वर्त्मसन्धिः	वा.उ. १०-६।	Canthus.	नेत्रकोण, जहाँ पलकों के प्रान्त परस्पर मिल जाते हैं।
७५६. वर्त्मशुक्लसन्धिः	सु.उ. १-१६। वा.उ. १०-१।	Fornix of the conjunctiva.	वर्त्मकोण, जहाँ पलकों की अन्तःकला पलट कर शुक्ल मण्डल पर अक्षिगोलकत्वक् के रूप में उतरती है या चढ़ती है।
७५७. वलयः (वलिः)	वा.सू. २९-५।	Wrinkles.	सिकुड़न, झुर्री, झोल, शिकन, सलवट।
७५८. वलयानि	सु.शा. ५-२०।	Curved, semi-circular or ring like bones as ribs & Vertebrae.	वलयाकार या अर्धवलयाकार अस्थियाँ, यथा कशेरुकाएँ और पर्शुकाएँ।
७५९. वसा	माधव नि. ६०-६।	(1) Fat, particularly of the superficial fascia.	(१) चर्बी, विशेषकर उत्तान प्रावरणी की। (२) चर्बी जैसा चिकना पदार्थ, यथामांसस्नेह।
७६०. वस्तौ	का.पृ. ९।	Lateral incisor & Canine.	बाहरी कर्त्तनक और रदनक नामक नुकीले दाँत।
७६१. वस्त्रसा	राजनिघण्टुः।	(2) Superficial fascia.	(१) देखें, बसा। (२) उत्तान प्रावरणी।
७६२. वाग्वाहिनी सिरा	माधव नि. २२-५२।	Hypoglossal Nerve.	जिव्हामूलिनी नाड़ी (१२ वीं शीर्षण्य नाड़ी)।
७६३. वातवहे नाडयौ	सु.शा. ६-२५।	Bronchi.	हृदयनाड़िका नामक श्वासनलिका की दो शाखाएँ।
७६४. वातवाहिन्यः सिराः	सु.शा. ५-६।	Vessels & nerves, related to वातस्थानानि	वातस्थानों से सम्बद्ध रक्तवाहिनियाँ और नाड़ियाँ।
७६५. वाताशयः	सु.शा. ५-८।	Colon, Lungs, Arteries.	स्थूलान्त्र फुफ्फुस और धमनियाँ।
७६६. वायसतुण्डम्		Coronoid process of the mandible.	अधोहन्वस्थि का हनुकुन्त प्रवर्धन।

७६७. वायसतुण्डसन्धिः	सु.सू. ५-२७।	Mandibular Joint. (Here the coronoid process looks like a crow's Bill).	सन्धि का एक भेद, जो केवल हनुसन्धि के लिए माना गया है। (यहाँ सन्धि के सामने हनुकुन्त प्रवर्धन कौए की चोंच की तरह दिखाई पड़ता है, इसलिए यह नाम रखा गया)।
७६८. वाहिन्यः		Vessels & nerves.	रक्तवाहिनियाँ या वातनाड़ियाँ।
७६९. विटपः सु.शा. ६-२४	डल्हणः (सु.नि. १-७४)।	(1) Medial part of the groin. (2) Pubes.	(१) वैक्षणदेश का आभ्यन्तर भाग। (२) भगपीठ या कामपीठ (पेडू का रोमयुक्त भाग)।
७७०. विडाशयः		Sigmoid or Rectum. (2) Colon.	(१) बृहदन्त्र कुण्डलिका या गुद। (२) स्थूलान्त्र।
७७१. विण्मार्गः	माधव नि. ३१-४।	Rectum or Anus.	गुदा या गुद-मुख।
७७२. विपुलं स्रोत	का.पृ. ४९।	(1) Intestine. (2) Adbominal cavity.	(१) अन्त्र या आँत। (२) उदरगुहा।
७७३. विष्णुपदामृतम्	शार्ङ्गधर संहिता	(1) Oxygen (2) Air.	(1) ओषजन, (2) वायु।
७७४. विसर्जनी (गुदवलिः)	सु.नि. २-५।	Second Houston's fold or valve.	गुदा की दूसरी याने मध्यम गुदवलि।
७७५. विशिखान्तरम्	सु.शा. १०-९।	Vagina.	योनि या योनिमार्ग।
७७६. वीर्यम्		Semen.	शुक्र।
७७७. वीर्यवाहि सिराः	शार्ङ्गधर संहिता	Seminiferous iubules & Vasdeference.	अण्डग्रन्थि के शुक्रवह स्रोत और दोनों शुक्र वाहिनियाँ।
७७८. वृक्कौ	सु.शा. ४-३१। सु.नि. ६-१८।	Kidneys.	गुर्दे।
७७९. वृत्तस्नायवः	सु.शा. ५-३१।	Tendons. Nerve cords.	वर्तुल आकार की स्नायु, कण्डरा या नाड़ियाँ।
७८०. वृत्ताङ्गानि	सु.सू. १८-१८।	Rounded or cylindrical parts of the body.	शरीर के गोल अंग या दण्डाकार अंग
७८१. वृषणवाटिका	वात्स्यायनः।	Testicle.	अण्डग्रन्थि, अण्डकोश के भीतर की गोली।
७८२. वृषणौ	(१) सु.शा. ५-४। (२) सु.शा. ९-१२। (२) सु.सू. ३५-१२। (४) सु.नि.३-१९	(1) Scrotum-scrotal sacs. (2) Testicles. (3) Seminal vesicles.	(१) अण्डकोश (वाम-दक्षिण विभाग) (२) अण्ड ग्रन्थि (दो), (३) शुक्राशय जिन्हें अन्तर्वृषण या कटीवृषण कहा जा सकता है।
७८३. वेष्टाः	सु.नि. १६-२१।	Gums.	मसूढ़े।
७८४. व्यञ्जनानि	का.प. ३३। च.शा. ४-१४।	(1) Hairs. (2) Secondary sex characters.	(१) बाल या केश, (२) जन्म के बाद आगे चलकर उत्पन्न होने वाले स्त्री-पुरुषों के भेदक चिह्न, यथा-दाढ़ी-मूँछ, स्तनविकास आदि।
७८५. शकृन्मार्गः	सु.उ. ५८-७।	(1) Rectum. (2) Anus.	मलमार्ग- गुदा या गुद-मुख।
७८६. शंख शंख को वा	सु.शा.५-४, २०। सु.सू.१८-१८। सु.नि. १-६४। का.पृ. ५०	(1) Temple of temporal region (2) Temporal, bone. (Squamous portion only)	(१) शंखप्रदेश या कनपटी। (२) शंख-फलक नामक अस्थि
७८७. शंखप्रदेशः	सु.सू. १२-९ ।	Temple or temporal region	कनपटी।

७८८. शङ्खसन्धिः	डल्हणः (सु.उ. ६२-३३)।	Outer canthus.	नेत्र का बाहरी कोण, जहाँ दोनों पलक मिलते हैं (शंख प्रदेश की ओर पड़ने से इसे शंखसन्धि कहा गया है।)
७८९. शंखावर्त	सु.शा. ५-२७।	Squamo tympanic union	
७९०. शब्दपथः शब्दवह स्रोतः	सु.उ. २०-९। सु.नि. १-८३	Ear. (External, Middle & Internal ear.)	कर्ण (कर्ण के तीनों भाग-बहिःकर्ण, मध्यकर्ण और अन्तःकर्ण)।
७९१. शब्दानुवहाः सिराः, शब्दाभिवहा नाड्यः	सु.उ. २०-८।	Filaments of the cochlear Nerve.	शम्बूकाभिगा नाडी के सूत्र प्रतान।
७९२. शरीरम्	च.शा.६-४। सु.शा. ५-१८ डल्हणश्च	(1) Body (living)- (2) Parts of the body.	(२) समग्र शरीर (विशेषकर जीवित) (२) शरीर के भाग।
७९३. शरीर क्लेदः	च.नि. ४-१०।	(1) Body fluid. (2) Exudate & Transudate of the body.	(१) शरीर का जलधातु। (२) शरीर के परिस्राव।
७९४. शरीरधात्ववकाशाः	च.वि. 5-17	(1) Interstitial spaces. (2) Different conveying apparatuses.	(१) शरीरधातुओं के मध्यावकाश। (२) शरीरधातुओं को वहन करने वाले विविध स्रोत या मार्ग।
७९५. शरीरमध्यम	डल्हणः (सू. ३५-१२)।	Trunk of the body.	धड़ (मध्यकाय, अन्तराधि)।
७९६. शरीराधर्म	डल्हणः (सू. ३२-४)।		देखें, पक्षः।
७९७. शरीरावयवाः	डल्हणः (शा. ५-१) च.शा. ७-१५।	Different parts or organs of the body	शरीर के भिन्न-भिन्न भाग या अङ्ग।
७९८. शलाकाः	का.पृ. ४-९।	Metacarpal or Metatarsal bones.	हाथ और पैरों की शलाकास्थियाँ।
७९९. शलाकाधिष्ठानानि	का.पृ. ४९।	(1) Distal rows of the carpal bones in the hands. (2) Three cuneiforms & Cuboid in the feet.	(१) हाथ में कूर्चास्थियों की अधर श्रेणी (२) पैर में कूर्चास्थियों की अधर श्रेणी याने तीनों कोणकास्थियाँ और घनास्थि।
८००. शष्कुलिः शक्षुली वा	सु.सू. १६-१०।	Pinna or Auricle.	बहिःकर्ण का दोने जैसा भाग (कानड़ा)।
८०१. शाखाः	सु.सू. १८-१८।	Limbs or Extremities	शरीर के शाखा जैसे भाग हाथ, पैर।
८०२. शाखासन्धयः	वा.नि. १६-१८।	joints of the limbs.	हाथ पैरों की सन्धियाँ या जोड़।
८०३. शिरः	सु.शा. ५-३। सु.उ. १८-४८। च.सू. १७-१२।	(1) Head & Neck 2) Skull (3) Cranium.	(१) शिरोग्रीव (शिर और ग्रीवा), (२) करोटि या केवल (ग्रीवारहित) सिर। (३) शिरः सम्पुट या खोपडी।
८०४. शिरःकपालानि	का.पृ.५०। सु.शा.५-२०।	Flat bones of the skull.	सिर या खोपडी की कपाल जैसी चौडी चपटी हड्डियाँ
८०५. शिरस्तालु	भेल	Anterior Fontanelle or Bregma.	ब्रह्मरन्ध्र या ब्रह्मतालुक (सिर का वह भाग जो छोटे बच्चों में अस्थिरहित होने से कोमल होता है।)
८०६. शिरा	का.पृ. ५१।	Vessel, Vein, Artery or Nerve.	रक्तनलिकाएँ-सिरा व धमनी। नाडियाँ।
८०७. शिरोग्रीवम्	च.शा.7-5।	Head & Neck.	शिर और ग्रीवा
८०८. शिरोधरा	च.वि. ८- (प्रमाण प्रसंगे)	Neck. Cervix.	ग्रीवा (गरदन)।
८०९. शिरोऽस्थीनि	राजनिघण्टुः।	Cranial of skull bones.	शिर या करोटि की अस्थियाँ।
८१०. शिश्नम्		Penis. Phallus.	लिंग, पुरुषेन्द्रिय।
८११. शीर्षम्		Cranium	शिर या खोपड़ी।

८१२. शुक्रम्	च.शा. २-४ ।	(1) Semen. (2) Sexual discharge. (3) Male germ cell	(१) वीर्य, (२) मैथुनकालीन स्राव, (३) शुक्रकीट ।
८१३. शुक्रधरा कला	सु.शा. ४-२० ।	Secreting membrane of the genital system.	प्रजनन संस्थान की स्रावोत्पादक या धारक कला ।
८१४. शुक्रवहः शुक्रवह- - स्रोतांसि	सु.शा. ७-३६ । च.वि. ५-२ ।	Efferent ducts, Epididymis, Vas defferens, Ejaculatory duct.	अण्डग्रन्थि से निकले सूक्ष्म स्रोत, अधिवृषणिका नामक अवयव, शुक्रहरणी नलिका, तथा शुक्रप्रसेक नलिका ।
८१५. शुक्रवहाः सिराः	सु.शा. 2-45 ।	Vessels & Nerves of the genital organs.	जननेन्द्रियों की सिरा-धमनियाँ और नाड़ियाँ ।
८१६. शुक्रवहे (प्रादुर्भावाय)	सु.शा. ९-२१ ।	Vada Defferensia.	दोनों शुक्रहरणी नलिकाएं ।
८१७. शुक्रवहे (विसर्गाय)	सु.शा. ९-२१ ।	Ejaculatory ducts.	दोनों शुक्रप्रसेक नलिकाएं ।
८१८. शुक्रवाहिनी नाड़ी शुक्रहरणी	च.सि. ९-५ । सु.चि. ७-३८ ।	Vas Defferens.	शुक्रहरणी नलिका ।
८१९. शुक्राशयः	च.चि.२६-७० । वा.चि.११-४२ ।	Seminal vesicle	शुक्र संचय की थैली, शुक्र बस्ति या कटिवृषण
८२०. शुक्लकृष्ण सन्धिः	सु.उ. १-१५ ।	Sclerocornial Junction or Limbs.	कृष्णमण्डल के किनारे-किनारे जहाँ शुक्लमण्डल बाह्य स्वच्छपटल से मिलता है ।
८२१. शुक्लतारका	डल्हणः (उ. १७-५८) ।	Cornia.	नेत्र का स्वच्छ बाह्य पटल, (जो 'कॉर्निया' कहलाता है ।
८२२. शुक्लमण्डलम्	डल्हणः (सु.उ. ४-१) ।	Sclera.	नेत्र का श्वेतमण्डल, जिसे 'स्क्लीरा' कहते हैं ।
८२३. शेफः	च.वि. ८-११७ (प्रमाणं) सु.शा. ५-१५ ।	Penis. Phallus.	लिंग ।
८२४. शेफःसेवनी	सु.शा. ५-१५ ।	Raphe of the Penis.	लिंग के नीचे की सीबन ।
८२५. शोणितम्	सु.शा. 4-63 ।		देखें, रक्तम्
८२६. शोणितस्थानानि	सु.सू. २१-१६ ।		देखें, रक्ताधार ।
८२७. श्मश्रु	च.सू. ८-१८ ।	Beard.	दाढ़ी व मूंछ ।
८२८. श्रवणम् (णः)	सु.उ. २०-१० ।	Ear, Organ of hearing.	श्रोत्रेन्द्रिय या उसका अधिष्ठान कर्ण ।
८२९. श्रवणस्रोतः	सु.उ. २१-१० ।	External auditory meatus.	कर्णकुहर, कर्णरन्ध्र कान की नली ।
८३०. श्रोणिः (णी)	सु.सू. २१-६ । सु.सू. ३५-१२ । सु.शा. ५-१९ ।	Pelvis.	कटिचक्र, जघनमण्डल ।
८३१. श्रोणिकर्णः	डल्हणः (सु.शा. ६-२६) ।	Ala of the ilium.	जघन कपाल का पक्ष सदृश भाग ।
८३२. श्रोणिकाण्डः (डं)	सु.शा. ६-२६ ।	(1) Ala of the ilium. (2) Hip bone.	(१) जघनकपाल, (२) श्रोणिफलक, (कूल्हे की अस्थि) ।
८३३. श्रोणिप्रदेशः	सु.चि. 38-3 ।		देखें, कटिप्रदेश ।
८३४. श्रोणिफलकम्	अमरः	Hip bone.	नितम्ब फलक (कूल्हे की हड्डी) ।
८३५. श्रोत्रम्		Ear.	कान ।
८३६. श्रोत्रपथः	वा.शा. ४-३० ।	Eustachian tube.	इस प्रसङ्ग में, पटहपूरणिका नलिका (वह मार्ग जो गले से मध्यकर्ण तक जाता है)
८३७. श्रोत्रशृङ्गाटकम्	सु.शा. ५-२७ ।	(1) External aduitory meatus. (2) Labyrinth or maze of the ear.	(१) कर्णकुहर, कान का छेद या नली । (२) कान के जटिल मार्ग ।
८३८. श्लेष्मधरा कला	सु.शा. 4-14 ।	Mucous, serous & Synovial membrane.	कफ या लाला जैसे स्रावों को उत्पन्न करने वाली कला ।

८३९. श्लेष्मभुवौ	च.शा. ७-११।	Two lobes of the thyroid gland.	चुल्लिका ग्रन्थि के वाम और सिर।
८४०. श्लेष्मस्थानानि	च.सू. २०-९।	Seats of the कफ।	शास्त्र में परिगणित कफ के स्थान।
८४१. श्लेष्माशयः	सु.शा. ५-८। शार्ङ्गधर संहिता।	श्लेष्मस्थानानि especially chest, stomach & head.	कफ के स्थान, विशेषकर आमाशय, छाती और सिर।
८४२. श्वसनाः श्वासवहनाड्यः	(१) वा.चि. २१-३१। (२) च.चि. १२-७३। चक्रपाणिः (च.चि. १२-७३)	Respiratory tubes nasal cavities or meatuses. Larynx, Trachia & & Bronchial tubes.	श्वाससंस्थान के विभिन्न मार्ग-विशेष, यथानासागुहा नासासुरङ्गा, स्वरयन्त्र, श्वासनाल और श्वासनलिकाएँ।
८४३. श्वेतमण्डलम्	सु.उ. १-१५।	Sclera.	'स्क्लीरा' नामक नेत्र का शुक्ल मण्डल।
८४४. संज्ञा	सु.उ. ४६-६।	Consciousness.	चेतना, ज्ञान, होश।
८४५. संज्ञावहा नाड्यः संज्ञावहानि स्रोतांसि	सु.उ. ४६-६। सु.शा. ४-३३। च.सू. २४-२५। सु.उ. ६-१८।	(1) Neurones on which conciousness depends. (2) Cerebral Vessels.	(१) नाड़ीकन्दकाणु, जिन पर चेतनाभिव्यक्ति निर्भर करती है। (२) शीर्षण्य याने मस्तिष्क की रक्त नलिकाएँ।
८४६. संवरणी (गुदवलिः)	सु.नि. २-५	Third Houston's fold or Valve (Plica Transversalis recti)	गुदा की अधर (नीचे की ओर से पहिली) गुदवलि।
८४७. संवाहिन्यः	च.शा. ४-१५।	Channels. Vessels.	शरीर की विविध नलिकाएँ।
८४८. संवृता, संवृतानि शरीरच्छिद्राणि	च.वि. ५-१७।	Internal & External apertures or passages of the body.	शरीर के आभ्यन्तर और बाह्य छिद्र या स्रोत।
८४९. सकृज्जाता दन्ताः	का.पृ. ९।	Teeth of single dentition-molars.	वे दाँत जो केवल एक ही बार निकलते हैं, जैसे चर्वणक।
८५०. सक्थि	(अ) सु.शा. ५-१९। सु.नि. १-७४, ७७ (२) सु.सू. ४६-१३१।	(1) Lower limb (2) Thigh (Femur)	(१) अधः शाखा, टाँग, पैर, (२) ऊर्ध्व जंघा या रान।
८५१. सङ्कटाङ्गम्	डल्हणः (सु.सू. १८-१८)	Narrow or Unsuitable part of the body for bandaging.	शरीर का संकीर्ण या दिक्कतवाला भाग, (पट्टी आदि बाँधने की दृष्टि से)।
८५२. सङ्घाताः	सु.शा. 5-16।		देखे अस्थिसंघाताः
८५३. सन्धयः	सु.शा. 5-24।	(2) Union.	(१) देखें, अस्थिसन्धयः, (२) संगमस्थल, संयोग।
८५४. सन्धानम्	सु.शा. ६-२४।	Joint.	सन्धि या जोड़।
८५५. सन्धि प्रबन्धनानि	सु.नि. १-७८।	Articular Ligaments.	सन्धियों के बन्धन या स्नायु।
८५६. सन्धिबन्धाः	(१) सु.नि. १-६१। (२) च.सू. २८-३	(1) Muscles which support & move the joints. (2) Ligaments, Nerves.	(१) पेशियाँ, जो सन्धियों का सन्धारण और संचालन करती हैं। (२) स्नायु या बन्धन और नाड़ियाँ।
८५७. सन्ध्यस्थि	वा.नि.१६-१०	Articular ends of the bone	अस्थियों के वे प्रान्त या सिरे, जो सन्धि-निर्माण में भाग लेते हैं।
८५८. सम्बाधः	वात्स्यायनः।	Vagina	योनि।
८५९. सम्बाधाङ्गम्	सु.सू.१८-१८।		देखें, सङ्कटाङ्गम्।
८६०. सरक्त मेदः		Sanguineous fat. Red bone marrow.	रक्तमिश्रित मेद या चर्बी। हड्डियों के भीतर की लाल मज्जा।

८६१. सर्वाङ्गम्	माधव नि. २२-४१ ।	Whole body.	संपूर्ण शरीर
८६२. सव्यदक्षिण विभागः	च.इ.१-१० ।	Division into left & right.	शरीर का वाम और दक्षिण विभाग ।
८६३. साधनम्		Penis.	लिंग (उपकरण-विशेष) ।
८६४. साधनमार्गः	कामसूत्रम् पृ. ६३ ।	Vagina.	योनि ।
८६५. सीमन्ताः	सु.शा. ५-१७ ।	Bony sutures.	अस्थियों की सीवन की तरह दिखाई देने वाली सन्धि-रेखाएँ ।
८६६. सेवन्यः (सीवन्यः)	सु.शा.५-१५ । सु.चि.७-३८ ।	Sutures & Raphe.	अस्थियों की त्वचा के और कला के जोड़ों पर बनी सीवन
८६७. सितम्	सु.उ. १-११ ।		देखें, श्वेतमण्डलम् ।
८६८. सिरा	वा.उ.१०-१६ । का.पु.७ ।	Vein, arteriy. Vessel or Nerve.	सिरा, धमनी, कोई भी नलिका या नाडी ।
८६९. सिराजालम्, सिराप्रतानः (नम्)	माधव नि. ३८-१६	Plexus of the veins, arteries of nerves.	सिरा, धमनी या नाड़ियों का जाल ।
८७०. सिरामुखम्	भेल. पृ. ८४ । सु.चि. २४-५२	Lumen or terminal ends of the (Cutaneous) vessels	रक्त नलिकाओं के छिद्रमार्ग या उनके चरम प्रान्त (विशेषकर त्वचा में) ।
८७१. सुख-देशः	माधव नि. ४२-५ ।	Safe area of the body.	शरीर के सुरक्षित या मर्मरहित प्रदेश ।
८७२. सुषिरा स्नायुः	सु.शा. 5-32 ।	Thickened muscular ring, as pyloric sphincter, Ilecolic valve & sphincter of the bladder.	आशय द्वारों पर नियन्त्रणार्थ कठिन मांसतन्तुओं से बनी बन्धनव्यवस्था यथा- मुद्रा कपाटिका. संदंश कपाटिका, बस्तिमुख मुद्रणी ।
८७३. सूक्ष्मकेशप्रतीकाशाः सिराः		Fine hairlike vessels.	महीन बालों की तरह पतली-पतली रक्त नलिकाएँ ।
८७४. सूक्ष्मजिह्वा	राजनिघण्टुः ।	Uvula.	गले की घंटी या कौवा ।
८७५. सूक्ष्मसिराजालम्	आतङ्कदर्पणः (माधव नि. ३८-१६) ।	fine network of the Veins.	सूक्ष्मसिराओं का जाल ।
८७६. सूक्ष्मस्रोतांसि	का.पृ. ५१ ।	Minute opeinings, Vessels & ducts.	सूक्ष्मछिद्र महास्रोतों के अतिरिक्त शरीर की अन्य नलिकाएँ ।
८७७. सूक्ष्माङ्गनि	वा.शा. १-५५ ।	Minute structures or organs.	शरीर की सूक्ष्म रचनाएँ या अवयव ।
८७८. सूर्यमण्डलम्	भेल. ८५ ।	Sympathetic part of the solar plexus.	सौरमण्डल (मणिपूरचक्र) या मध्यस्वतंत्र नाड़ीमण्डलीय अंश ।
८७९. सृक्कण्यौ	च.शा.७-११ । का.पृ. ५०	Angles of the mouth.	मुखकोण, जहाँ दोनों ओठों के प्रान्त मिलते हैं ।
८८०. सोममण्डलम्	भेल. पृ. ८५	Parasympathetic part of the solar plexus.	सौरमण्डल (मणिपूरचक्र) का परिस्वतंत्र- नाड़ीमण्डलीय अंश ।
८८१. स्कन्धः	सु.शा.६-२६ । सु.शा. ८-८ । का. ३४ । च.वि.८- (प्रमाण म्)	Shoulder (Scapular region)	कन्धा ।
८८२. स्तनः	सुशा.५-४ । सु.शा. १०-२६ । च.शा. ७-११, ८-५२ ।	Mamma, Breast, Mammary gland.	स्तनग्रन्थि, छाती, चूंची ।
८८३. स्तनपिण्डः	डल्हणः (शा. ५-११) ।	Rounded Breast.	उभरे हुए गोल-गोल स्तन ।
८८४. स्तनमण्डलम्	च.शा. ४-१६ ।	Mammary arcola.	स्तनों का काला या श्यामवर्ण का घेरा ।
८८५. स्तनमुखम्, स्तनाग्रः	कामसूत्रम् ।	Nipple.	स्तनों का अग्रभाग, ढेपनी, बिटकनी ।
८८६. स्तव्यवाहिन्यः स्तन्यवहाः सिराः	का.पृ.७ । वा.चि. १३-२८ ।	Lactiferous ducts.	स्तनों के दुग्धवह स्रोत ।

८८७. स्तन्यम्	च.शा. ८-५३।	Milk.	स्तनों में होने वाला दूध।
८८८. स्तन्याशयौ	शार्ङ्गधर संहिता।	Mammary glands. (Milk secreting gland)	दुग्ध के उत्पादक और धारक अंग-स्तन।
८८९. स्थानानि	सु.चि. २-१२।		देखें, आधाराः।
८९०. स्थालकानि	च.शा. ७-६। का.पृ. ५०।	Facets, here costal facets.	पर्शुका मुण्डों पर का कशेरुका पिण्डों पर स्थित वर्तुल गढ़े।
८९१. स्थालकार्बुदानि	च.शा. 7-6। का.पृ. 50।	Tubercles or heads of the ribs	पर्शुकाओं के अर्बुद या उनके मुण्ड भाग।
८९२. स्थिरसन्धयः	सु.शा. ५-२४।	Synarthrosis. Fibrous of immovable joints.	निश्चेष्ट या अचल सन्धियाँ।
८९३. स्थूल गुदः	च.वि. ५-१५।	Rectum	गुदा।
८९४. स्थूलस्नायवः	चक्रपाणिः।	Big tendons or nerves.	बड़ी मोटी कण्डराएँ या नाड़ियाँ।
८९५. स्थूलान्त्रम्	सु.नि. २-५। च.शा. ३-१२। च.शा. ७-१०।	Colon, Large intestine	बड़ी या मोटी आँत।
८९६. स्थूलास्थीनि	सु.शा. ४-१३।	Big bones.	बड़ी बड़ी हड्डियाँ।
८९७. स्नायुः	सु.सू.२५-२१, ३७। सु.शा.५-३० से ३६ का.पृ. ४५।	Hard fibrous structure as ligaments, nerves tendons	कड़े सौत्रिक धातु की बनी रचनाएँ यथा-सन्धिबन्धन, नाड़ियाँ और कण्डराएँ।
८९८. स्नायुजालानि	सु.शा. ५-१२।	A network or decussation and interlacing of the स्नायु	स्नायुसूत्रों का जाल, वेणीबन्ध या गुन्थन।
८९९. स्नायुप्रतानः (नम्)	सु.नि. १.५५, ५७। मधुकोशः (नि. २२-३४)।	Distributing branches of the nerves.	नाड़ियों की फैलने वाली शाखाएँ।
९००. स्नावा (स्नावन्)	वा.शा. ३-१७। वा.नि. १५-१४।		देखें, स्नायु।
९०१. स्पर्शनेन्द्रियम्	च.शा. 1-27।	Sense of touch.	त्वगिन्द्रिय या त्वगिन्द्रिय की अधिष्ठानभूत त्वचा।
९०२. स्फिक् (स्फिचँ)	सु.शा. ५-४। सु.सू. २३-५।		नितम्बपिण्ड या चूतड़।
९०३. स्मरमन्दिरम्	डल्हणः (सु.शा. ३५-१२)।	Valva & Vagina.	बहिर्भग और योनि।
९०४. स्मरसद्म	कामसूत्रम्।	Vagina.	योनि।
९०५. स्मरातपत्रम्	डल्हणः (सु.शा. ५-१०)	Clitoris with nymphae.	देखें, मदनातपत्रम्।
९०६. स्रोतःसृङ्गाटकम्	आतङ्कदर्पणम् (मा.नि. ५८-९)	Nasal Labyrinth.	नासागुहा के जटिल मार्ग।
९०७. स्रोतांसि	सु.शा. ५-१०, ९-१३। च.वि. ५-२। का.पृ. ५१। वा.शा. ३-४०।	Openings, Meatuses, passages, Channels, tubes, ducts, tracts.	छिद्रद्वार, सुरंगाएँ, मार्ग, नलिकाएँ, प्रणालिकाएँ, नाड़िकाएँ।
९०८. स्रोतोमार्गः	सु.शा. ६-२७।	Lumen. Meatus. Passage.	छिद्रद्वार, सुरंगाएँ, मार्ग, नलिकाएँ, प्रणालिकाएँ, नाड़िकाएँ।
९०९. स्वरवह स्रोतांसि	माधव नि. १३-१।	Laryngeal oral & nasal pasages.	स्वरोत्पत्ति और स्वरसंवहन के मार्ग, यथास्वरयन्त्र, मुख और नासा के स्रोत।
९१०. स्वेदवहस्रोतांसि	च.वि. ५-१६।	Coiled tubular sweat glands & their ducts.	कुण्डलीभूत सूक्ष्म नलिकागुच्छों की बनी स्वेदग्रन्थियाँ और उनके खुलने वाले स्रोत।
९११. षडिन्द्रियाणि	भेल. च.सू. २६-४१।	Special senses and mind.	पाँचों ज्ञानेन्द्रियाँ और मन।
९१२. हड्डः, हड्डिर्वा	डल्हणः (३५-१६)	Bone.	अस्थि या हड्डी।
९१३. हनुः	सु.सू. १८-१८।	(1) Jaw, Lower or upeer	(१) जबड़ा, ऊपर या नीचे का

	सु.शा. ५-१९।	(especially lower) (2) Chin or mentum.	(विशेषकर निचला), (२) ठुड्डी।
९१४. हन्वस्थि	सु.चि. २२-२८।	Bone of the jaw (Mandible or Maxilae)	जबड़े की हड्डी, अधोहन्वस्थि या ऊर्ध्वहन्वस्थि।
९१५. हनुमूलम्	माधव नि. २२-४९।	Condyloid process of the mandible.	अधोहन्वस्थि का हनुमुण्ड प्रवर्धन।
९१६. हनुमूलबन्ध	च.शा. ७-६। का.पू. ५।	Zygomatic processes of the temporal bone.	शंखास्थि के गण्ड प्रवर्धन जो हनुमूल के रोक का काम भी करते हैं।
९१७. हनुसन्धिः	सु.शा. ५-२६। सु.चि. ३-३९।	Mandibular joint.	हनुमूल की सन्धि (जबड़े की चलसन्धि)
९१८. हन्वस्थि	(१) च.शा. ७-६। (२) हन्वोरस्थि हन्वस्थि- डल्हणः (सु.नि. ११-१०)	Mandible (2) Mandible and Maxillae.	(१) अधोहन्वस्थि, (२) अधोहन्वस्थि और ऊर्ध्वहन्वस्थि।
९१९. हस्तः	सु.शा. ५-३।	(1) Upper limb (2) Hand. (3) A special measurement.	(१) ऊर्ध्वशाखा, पूरा हाथ, (२) केवल मणिबन्ध के आगे का भाग, (३) एक विशेष मापदण्ड।
९२०. हस्ततलम्	डल्हणः (चि. ३-३३)।	Palam.	हथेली।
९२१. हस्तमणिकः	का.पृ. ४९।	Proximal row of the bones.	मणिबन्ध के कूर्चास्थियों की ऊर्ध्व श्रेणी।
९२२. हस्तमूलम्	अरुणदत्तः (वा.शा. ३-१४, १५)	Carpus. (Wrist.)	मणिबन्ध या कलाई।
९२३. हस्ताग्रम्	वा.सू. २२-३२। डल्हणः डल्हणः (चि. ३८-५।)		देखें, कराग्रम्।
९२४. हस्तिशुण्डी	शारीरविवेक		देखें, भक्षमार्गनालः।
९२५. हानव्यदन्ताः	का.पृ. ९।	Molar teeth.	चर्वणक दन्त।
९२६. हृत्कमलान्तरम्	शार्ङ्गधर संहिता (अन्तर शब्दो भिन्नार्थकस्तेन फुफ्फुसौ ग्राह्यौ)।	Lungs.	फुफ्फुस।
९२७. हृदयम्	(१) सु.शा. ४-३१। च.सू. ३०। (२) वा.सू.४-९। च.वि. १-४०। माधव नि.६-१३। (३) सु.उ.५४-३४। च.नि. ८-४।	(1) Heart (2) Epigastrium or Stomach. (3) Brain.	(१) उरोहृदय, (२) आमाशयिक प्रदेश या आमाशय (उदर हृदय), (३) मस्तिष्क या शिरोहृदय।
९२८. हृदयनाड़िका	डल्हणः (सु.शा. ४-२५)।	Bronchus.	श्वासनाल की दोनों शाखाएँ (श्वास प्रणालिकाएँ)।
९२९. हृदयबन्धनम्	सु.शा. १०-६।	Diaphragm.	महाप्राचीरा।
९३०. हृदयस्थानम्	डल्हणः (सु.सू. ४६-१३०)।		देखें, क्रोडः।
९३१. हृदयोदरम्	का.पृ. ५८।	Upper portion of the abdomen	उदरगुहा का ऊर्ध्व भाग।
९३२. क्षीरवहाः सिराः	च.चि. ३०-२२५।		देखें, स्तन्यवहाः सिराः।
९३३. क्षीराशयः	च.चि. ३०-२२७।		देखें, स्तन्याशयः।
९३४. क्षुद्रान्त्रम्	च.शा. ३-१२। च.शा. ७-१०।	Small intestine.	छोटी या पतली आँत।

अवशिष्ट शारीर शब्द सूची

क्र.	शब्द	सन्दर्भ	English	हिन्दी
1.	अङ्कः	भावप्रकाशः (बालप्रकरणं 37 पृ. ३९)।		गोदी।
२.	अङ्गोपाङ्गानि	भावप्रकाशः (गर्भप्रकरणं ७०, पृ. १२)।	Division and subdivisions of the body.	शरीर के विभाग और उपविभाग।
३.	अण्डौ	आढमल्लः शार्ङ्गधरः १।५।४२)	Testes.	अण्डकोश के भीतर की अण्डग्रन्थियाँ।
४.	अन्तर्योनिः	इन्दुः (वृ.वा.सू. २०, पृष्ठ १४७)।	Vegina.	योनिनलिका।
५.	अन्तःशरीराःत्वच.	इन्दुः (वृ.वा.सू. २०, पृष्ठ १५१)	Dermis.	अन्तस्त्वचा (त्वचा का भीतरी स्तर)।
६.	अन्तःस्रोतांसि	वृ.वा.शा. ५, पृष्ठ ३२०।		देखें, अन्तर्मुख स्रोतांसि।
७.	अपरार्धम्	वृ.वा.शा. ४, पृष्ठ ३१२।	Lower half of the body.	शरीर का निचला अर्धभाग।
८.	अपनानि	वृ.वा.सू. ११, पृष्ठ १०१।		देखें, स्रोतांसि।
९.	उपनस्या सिरा	वृ.वा.सू. ३६, पृष्ठ २५२।		देखें, औपनासिकी सिरा।
१०.	उपस्थगर्भः	भावप्रकाशः (गर्भप्रकरणम् १७, पृ. ९)।	Deepest part of the vagina.	योनि का गम्भीरतम भाग।
११.	उपस्थमार्गः	भावप्रकाशः (गर्भप्रकरणम् २११, पृ. २२।)	Urethra.	मूत्रमार्ग।
१२.	कण्ठमणिः	भावप्रकाशः (गर्भप्रकरणम् १७४, पृ. १९)।	Uvula.	गले का कौआ।
१३.	कन्दर्पगेहः	भावप्रकाशः (गर्भप्रकरणम् १७, पृ. ९)।	Vagina.	योनि।
१४.	कन्धरा	व.वा.शा. ९, पृष्ठ ३५२।		देखें, ग्रीवा।
१५.	कालीयम्	व.वा.शा. ५, पृष्ठ ३२०।		देखें, कालेयकम्
१६.	कुन्तलाः	भावप्रकाशः (गर्भप्रकरणं ७१, पृ. १२		देखें, केशाः।
१७.	कृष्णगोलः	भावप्रकाशः (गर्भप्रकरणं ७२, पृ. १२)।		देखें, कृष्णमण्डलम्
१८.	कोष्ठवह्निः	भावप्रकाशः (गर्भप्रकरण 205, पृ. ३१)		देखें, कायाग्निः।
१९.	गन्धवेदिन्यौ सिरे	वृ.वा.शा. ६, (३२८ पृष्ठ)।	Olfactory nerves.	मस्तिष्क की दोनों घ्राण-नाडियाँ।
२०.	गर्भबीजम्	भावप्रकाश : (गर्भप्रकरण २३७, पृ. २५)।	Sperm or ovum.	शुक्रकीट या स्त्री-बीज।
२१.	गर्भवर्त्म	शार्ङ्गधर १।५।३८।		देखें, अपत्यपथः
२२.	गर्भवर्त्मरन्ध्रम्	शार्ङ्गधर १।५।३६।		देखें, रक्तवह स्रोतः।
२३.	गर्भोपयोगि आर्त्तवम	भावप्रकाशः (गर्भप्रकरणं २२८, पृ. २४)।	Ovum.	स्त्री बीज।
२४.	गाढस्थानम्	वृ.वा.सू. ३८, पृष्ठ २६७।	Thick fleshy part of the body.	शरीर का मोटा मांसल भाग, यथा नितम्ब आदि।
२५.	घ्राणरन्ध्रम्	भावप्रकाशः (दिनचर्यादि प्र. ३१५, पृ. ५६)।	Nostril, Anterior naire.	नासाछिद्र, नथुना।
२६.	चेतनाधिष्ठानम्	भावप्रकाशः (गर्भप्रकरणं ८१, पृ. १३)।	Whole of the body, except some senseless	सम्पूर्ण शरीर, केवल कुछ स्पर्श-हीन और रक्तहीन रचनाओं को छोड

		and bloodless structures	कर, यथा-केश, लोम, नखाग्र।
२७. चेतनास्थानम्	भावप्रकाशः (गर्भप्रकरणं ८२, पृ. १३)।	Brain of Heart	शिरोहृदय या उरोहृदय।
२८. जठरानलम्	शार्ङ्गधरः १।५।४६।		देखें, जाठराग्निः
२९. जीवनाडी	भावप्रकाशः (मिश्रप्रकरणं ५०, पृ. पृ. ६२)।	Pulsating artery.	स्पन्दन करती हुई धमनी (चलती हुई नाड़ी)
३०. जीवसाक्षिणी नाड़ी	शार्ङ्गधरः १।३।१।	" "	" " "
३१. जीवाशयः	भावप्रकाशः (गर्भप्रकरण ८१, पृ. १३)।	Brain of Heart.	शिरोहृदय या उरोहृदय।
३२. तनुः	भावप्रकाशः (दिनचर्यादि प्र. ८७, पृ. ४५) (अंगश्चेति च पाठान्तरम्)।	Body.	शरीर।
३३. तुण्डकम् (कः)	भावप्रकाशः (गर्भप्रकरणं १७४, पृ. १९)।	Colon. (उण्डुकपर्यायः प्रतिभाति)	स्थूलान्त्र।
३४. त्वगिन्द्रियम्	भावप्रकाशः (सृष्टि प्रकरणं ११३, पृ. 7)।	Organ of the touch	स्पर्शग्राहक इन्द्रिय।
३५. दर्शनम्	वृ.वा.५, पृष्ठ ३१६।		चक्षु इन्द्रिय।
३६. दक्षिणाङ्गम्	शार्ङ्गधरः १।५।३९।	Right half of the body	शरीर का दक्षिणार्थ।
३७. दृक्	वृ.वा.सू. ३, पृष्ठ १८।		देखें, चक्षुः।
३८. द्रवसमूहः	वृ.वा.शा.५, पृष्ठ ३१६।	Liquid substances of the body.	शरीर के विभिन्न तरल द्रव्य।
३९. नेत्ररन्ध्रम्	भावप्रकाशः (गर्भप्रकरणं ३१४, पृ. ३२)।	Rima palpebrarum.	पलकों के बीच का छिद्रकार अवकाश
४०. पवनाशयः	शार्ङ्गधरः १।५।८।		देखें, वाताशय।
४१. पाचकाशयः	भावप्रकाश (गर्भप्रकरणं २५६, पृ. २७)।		देखें ग्रहणी
४२. पावकः	भावप्रकाशः (दिनचर्यादि प्रकरण २२७ पृ. ५२)।		देखें, अग्नि
४३. पायुरन्ध्रम्	भावप्रकाशः (गर्भप्रकरणं ३१४, पृ. ३३)।	Anal orifice.	गुदद्वार।
४४. पीठम्	आढमल्लः १।५।४।	Back.	पृष्ठ या पीठ।
४५. पीलुः	च.सू.२६-४८ (गंगाधर संस्करणम्)	Palm.	हस्ततल या हथेली।
४६. पुस्त्ववाहीनि स्रोतांसि	वृ.वा.शा. २, पृष्ठ २९३।		देखें, शुक्रवह स्रोतांसि।
४७. पुरीषमार्गः	भावप्रकाशः।		देखें शकृन्मार्गः।
४८. पुरीषान्त्रम्	आढमल्लः १।५।५।		देखें, उण्डुकः।
४९. फुफ्फुसम्	वृ.वा.शा.५, पृष्ठ ३२०।		देखें, फुफ्फुसः।
५०. पृथुलाङ्गम्	वृ.वा.सू. ३८, पृष्ठ ३६६।	Board and large part of the body.	शरीर के बडे-चौड़े भाग, यथा-शिर आदि।
५१. प्रणाली	भावप्रकाशः (गर्भप्रकरणं २८९, पृ. ३०)।	Channel, duct, tube.	नलिका, नली, नाली।
५२. बाह्यत्वक्	वृ.वा.सू. २०, पृष्ठ १५०।	Epidermis.	बाहरी त्वचा या उपचर्म।
५३. बाह्यानि स्रोतांसि	इन्दुः (शा.६, पृष्ठ ३३१)।		देखें बहिर्मुख स्रोतांसि।
५४. बीजमूत्रायनम्	शार्ङ्गधरः १।५।४२।	Penis or Urethra.	लिंग या मूत्रमार्ग।
५५. बुद्धीन्द्रियाणि	च.शा.	Special senses.	ज्ञानेन्द्रियाँ।

५६. मनोभवागारम्	भावप्रकाशः (गर्भप्रकरणं १७, पृ. 9) ।	Vagina.	योनि ।
५७. मनोभवागारमुखम्	भावप्रकाश (गर्भप्रकरणं १७, पृ.९) ।	Vaginal canal or orifice.	योनिनलिका या योनिद्वार ।
५८. मलमार्गाः	भावप्रकाशः (दिनचर्यादि प्र. २२, पृ. 42) ।		देखें, मलायनानि
५९. मस्तकरन्ध्रम्	भावप्रकाश (गर्भप्रकरणं ३१५, पृ. ३३) ।	Anterior fontanelle or Bregma.	ब्रह्मरन्ध्र या शिरस्तालु ।
६०. महास्नायुः	भावप्रकाशः (गर्भप्रकरणं ३१२, पृ. ३२) ।		देखें, कण्डरा ।
६१. महास्नाय्वानि	वृ.वा.शा.५, पृष्ठ ३२४ ।		देखें, कण्डरा ।
६२. मांसपेश्यः	शार्ङ्गधरः १ ।५ ।४ ।	Muscles.	मांसपेशियाँ या पुट्ठे ।
६३. मांसलावकाशाः	वृ.वा.सू.३६, पृष्ठ २५४ ।	Muscular or fleshy parts	शरीर के मोटे मांसल भाग
६४. मुखरन्ध्रम्	भावप्रकाशः (गर्भप्रकरणं ३१४, पृ. ३३) ।	oral orifice.	मुखद्वार ।
६५. मेहनमार्गः	भावप्रकाशः (गर्भप्रकरणं ३०,पृ.१०) ।	Male Urethra.	पुरुषों का मूत्रमार्ग ।
६६. मेहनरन्ध्रम्	भावप्रकाश (गर्भप्रकरणं ३१४,पृ.३३) ।	External Urethra orifice in male.	पुरुषों का मूत्रद्वार ।
६७. रक्तवाहिसिराः	भावप्रकाशः (गर्भप्रकरणं ८६, पृ. १३) ।		देखें, रक्तवाहिन्यः ।
६८. रक्षः	भावप्रकाशः (दिनचर्यादि प्र. १४८, पृ. ४८)		देखें, दन्ताः ।
६९. रन्ध्राणि	भावप्रकाशः (गर्भप्रकरणं ३१५, पृ.३३	Openings, orifices. apertures.	छिद्र या छेद ।
७०. रसवाहिका धमन्यः	शार्ङ्गधरः १ ।५ ।३ ।		देखें, रसवाहिन्यः ।
७१. रसवेदिन्यौ सिरे	वृ.वा.शा. ६, पृष्ठ ३२८ ।	Lingual and Glosso-pharyngeal nerves.	रासनी तथा कण्ठरासनी नाड़ियाँ ।
७२. रसेन्द्रियम्	भावप्रकाशः (सृष्टिप्रकरणं ११५, पृ. ७) ।	Organ of the taste.	रस ग्रहण करने वाली इन्द्रिय, जो जिह्वा में होती है ।
७३. लोचनम्	भावप्रकाशः (दिनचर्यादि प्र.४९, पृ. ४३) ।	Eye.	आँख ।
७४. वंशः	वा.शा. ३,पृ. ११३ ।		देखें, पृष्ठवंशः ।
७५. वह्निः औदर्यः	वृ.वा.सू. १०, पृष्ठ ९० ।		पेट की पाचन अग्नि ।
७६. वाक्प्रवर्त्तिन्यौ सिरे	वृ.वा.शा. ६, पृषठ ३२८ ।	Hypoglossal Nerves.	जिह्वामूलिनी नाड़ियाँ ।
७६.क वागिन्द्रियम्	च.शा. १-२४ ।	Organ of Voice.	स्वरोत्पादक अंग, विशेषकर जिह्वा ।
७७. विलम्बि अङ्गम्	वृ.वा.सू. ३८, पृष्ठ २६६ ।	Hanging part of the body.	शरीर के लम्बे लटकने वाले अंग, यथा-हाथ-पैर आदि ।
७८. शब्दवाहिन्यौ सिरे	वृ.वा.शा. ६, पृष्ठ ३२८ ।	Hypoglossal Nerves.	जिह्वामूलिनी नाड़ियाँ ।
७९. शलाका प्रतिबन्धकानि	वृ.वा.शा. ५, पृष्ठ ३२२ ।		देखें, शलाकाधिष्ठानानि ।
८०. शिथिलस्थानम्	वृ.वा.सू. ३८, पृष्ठ २६७ ।	Loose part of the body.	शरीर के ढीले नरम भाग, यथा-नेत्र आदि ।
८१. शिरोद्वारम्	वृ.वा.सू. २९, पृष्ठ २२४ ।	Nose.	नासा ।
८२. शिरोभूमिः	भावप्रकाशः (दिनचर्यादि प्र. ६८, पृ. 44) ।		देखें, केशभूमिः ।

८३. शिरोरुहाः	वृ.वा.सू. ३3, पृष्ठ १९।		देखें, केशाः।
८४. श्रवणरन्ध्रम्	भावप्रकाशः (गर्भप्रकरणं ३१४,पृ.३२)।	External auditory orifice.	कर्णद्वार।
८५. श्रुतिः	भावप्रकाशः (गर्भप्रकरणं १८७,पृ.२०)।	Ear.	कर्ण।
८६. श्रोत्रेन्द्रियम्	भावप्रकाशः (सृष्टिप्रकरणं ११२, पृ. ७)।	Organ of hearing.	शब्दग्राहक इन्द्रिय, जो कानों में होती हैं।
८७. समस्थानम्	वृ.व.सू. ३८, पृष्ठ २६७।	Part which is not thick nor thin.	शरीर का वह भाग जो न मोटा हो और न पतला, यथा-हाथ-पैर।
८८. सत्त्वम्	वृ.वा.शा. ५, पृष्ठ ३१७।	See मनः	देखें, मनः।
८९. सूक्ष्मछिद्राणि	शार्ङ्गधरः १।४।१९।	Minute apertures or orifices.	शरीर के सूक्ष्म छिद्र, यथा-त्वचा के स्वेदरन्ध्र।
९०. स्तनपर्य्यन्तम्	वृ.वा.शा. ८, पृष्ठ ३५१।	Mammary areola.	स्तनों का कृष्णमण्डल।
९१. स्तनरन्ध्रम्	शार्ङ्गधरः १।५।३८।	Mouths of the lactiferous ducts.	स्तनाग्र पर पाये जाने वाले दुग्धवह स्रोतों के छिद्र।
९२. स्पर्शनम्	वृ.वा.शा. ५, पृष्ठ ३१६।	Organ of the touch.	स्पर्शग्राहक इन्द्रिय।
९३. स्पर्शनेन्द्रियम्		,, ,,	स्पर्शग्राहक इन्द्रिय।
९४. स्वल्पमांसदेशः	वृ.वा.सू. 39, 269।	Less muscular or fleshy part.	शरीर का वह भाग, जहाँ मांस कम होता है।
९५. स्वरान्तम्	भावप्रकाशः (सृष्टिप्रकरणं १२१,पृ.८)।	Mind.	मन।
९६. स्वेदः	वृ.वा.शा. ५, पृष्ठ ३२६।	Sweat.	पसीना।
९७. हस्तांगुष्ठः	वृ.वा.सू. २८, पृष्ठ २१७।	Thumb, Polax.	हाथ का अँगूठा।

संदर्भ ग्रंथ – संक्षेप स्पष्टीकरण

सु. शा = सुश्रुत शारीरस्थान
सु. नी = सुश्रुत निदानस्थान
सु. चि = सुश्रुतचिकित्सा स्थान
सु. सू = सुश्रुतसूत्रस्थान
च. शा = चक्रपाणि
वा. शा =
का. =
वा.सू. =
च. वि. =
च. इ. =
सु. उ. = सुश्रुत उत्तरस्थान
च. चि. = चमदत्त चिकित्सा संग्रह
मधुकोष
वृ. वा.

मा. नि. = माधव निदानम्
डल्हण सूठ = शा.
वैद्य परिभाषा = नारायणदास वैद्य
पर्यायार्णव (वैद्यकोश) = नीलकण्ठ मिश्र
हरीतव्यांदिनिघण्टु = भावमिश्र
राजवल्लभ पर्यायमाला = ले. राजवल्लभ
सोढल निघण्टु = सोढल
पर्याय शब्द मंजरी = शाङर्गधर
इन्दुकोष = इन्दु
वैद्यकोष = चकपाणिदत्त
निघण्टु = धन्वन्तरि
वामननिघण्टु = वामन
राजनिघंटु

★ ★ ★

संस्कृत वाङ्मय कोश

परिभाषा खण्ड (उत्तरार्ध)

अनुक्रमणिका

मोक्ष विभाग

मोक्ष विभाग कुल प्रविष्टियाँ – ३२३५

वर्ग -१
विविध दर्शनों एवं शास्त्रों में प्रयुक्त परिभाषा - (पूर्वांश)

अकुल-कुल = तंत्र शास्त्र में शिव को अकुल और शक्ति को कुल कहते हैं।

अखण्डोपाधि = क्लृप्त-सप्त पदार्थों के अतिरिक्त पदार्थ का अनिर्वचनीय धर्म, जैसे अनुयोगितात्त्व, प्रतियोगितात्त्व, विषयत्त्व इत्यादि।

अख्याति= भ्रमावस्था का प्रत्यक्षज्ञान (जैसे रज्जू पर सर्प का प्रत्यक्ष ज्ञान) और स्मृतिस्वरूप ज्ञान (गत काल में देखे हुए सर्प का ज्ञान) की पृथक्ता से प्रतीति न होना। (यह सांख्य तथा प्राभाकर मीमांसा का मत है।) शुक्ति पर "इदं रजतम्" यह जो अख्याति स्वरूप प्रतीति होती है उसमें 'इदं' अंश प्रत्यक्ष होता है किन्तु 'रजत' प्रत्यक्ष नहीं होता। वह रजत की स्मृति मात्र होती है।

अंग = मीमांसक मतानुसार 'फलवत्सन्निधौ अफलं तदंगम्' - स्वर्गादि फल देने वाले मुख्य यज्ञों में किये जाने वाले प्रयाज, अनुयाज इत्यादि निष्फल यागों को अंग कहते हैं।

अंगम् = जिससे कर्म का मुख्य फल निष्फल नहीं होता, किन्तु मुख्य फल का जनक व्यापार होता है, जैसे यज्ञ का मुख्य फल (स्वर्ग) यज्ञक्रिया से तत्काल उत्पन्न नहीं होता, किन्तु स्वर्ग का साधक अपूर्व यज्ञक्रिया के द्वारा उत्पन्न होता है अतः यज्ञ स्वर्ग का अंग है।

अंगविधिः = 'अग्निहोत्रं जुहोति' इस वाक्य से जिस हवन का बोध होता है, उसमें 'दध्ना होमं जुहोति' इस वाक्य के कारण दधिरूप गुण की विधि का ज्ञान होता है। 'दध्ना'- इत्यादि वाक्य अंगविधि के उदाहरण हैं। (मीमांसा) (न्या. को.)।

अग्निरहस्य = शतपथ ब्राह्मण का १० वां काण्ड जिसमें यज्ञ से संबंधित अग्निचयन विधि का प्रतिपादन किया है। इसीका प्रतिपादन छांदोग्य उपनिषद् में वैश्वानरविद्या और शाण्डिल्य विद्या नाम से है।

अग्निस्तंभन यंत्र = भूर्जपत्र पर आलिखित एक चतुष्कोणी तांत्रिक आकृति। पूजन के बाद यह यंत्र अग्निस्तंभन के लिये भूमि में गाड़कर रखा जाता है।

अगोचरी = हठगोगी की एक मुद्रा। इसका स्थान कर्णरन्ध्र में होता है। नासाग्र पर चित्त स्थिर करने पर यह मुद्रा सिद्ध होती है।

अक्षमाला = (१) रुद्राक्ष माला। (२) तांत्रिक मतानुसार अकार से क्ष कार तक ५१ वर्णों की जपमाला। इसमें अंतिम 'क्ष'- मेरुमणि कहा जाता है।

अक्षरब्रह्म = पुष्टिमार्ग के अनुसार जहां ब्रह्म का आनंदांश किंचित् मात्रा में न्यून होता है। परिपूर्ण आनंद स्वरूप को 'परब्रह्म' कहते हैं।

अक्षरविद्या = अक्षर = गति (रुद्र), आगति (विष्णु), और स्थिति (ब्रह्मा) की विद्या। यही उपनिषदों में प्राण-विद्या कही गयी है। अपरनाम = [illegible]विद्या।

अचित् = रामानुजाचार्य के विशिष्ट द्वैतदर्शन में कथित विशिष्ट तत्त्व। (इसके तीन भेद- (१) शुद्धसत्त्व (या नित्यविभूति), (२) मिश्रसत्त्व (माया, अविद्या या प्रकृति), (३) सत्त्वशून्य (काल)। ज्ञानशून्य तथा विकारी वस्तु को अचित् कहते हैं।

अजपा-जप = मनुष्य दिन रात में कुल २१६००० श्वासोच्छ्वास करता है। श्वास और निश्वास पर 'सोऽहं' यह मंत्रधारणा करना। नाथसंप्रदाय में इसे अधिक महत्त्व दिया गया है। (योगसूत्र – समाधिपाद- २७,२८,२९)

अजहत्स्वार्था = लक्षणाशक्ति (या वृत्ति) का एक भेद, जिसमें मुख्यार्थ पदहीनता के कारण नष्ट नहीं होता। उदा. – कुन्ताः प्रविशन्ति, - इस वाक्य में कुन्त शब्द अपना निजी अर्थ (भाला) धारण करने वाले पुरुषों का बोध करता है। (नामान्तर = उपादान लक्षणा)।

अजहत् स्वार्था (या अजहल्लक्षणा) (शक्तिः) = व्याकरण शास्त्र के अनुसार शब्द की **प्रसिद्धा** और **अप्रसिद्धा** (द्विरूपा) शक्ति मानी जाती है। इनमें प्रसिद्धा शक्ति के **रूढि, योग** और **योगरूढि** नामक ३ प्रकार माने हैं। घट, पट, मणि इत्यादि शब्द **रूढि** के; पाचक, पाठक इत्यादि **योग** के; और पंकज, राजपुरुष आदि **योगरूढि** के उदाहरण प्रसिद्ध हैं। योगरूढि शक्ति को ही वे 'अजहत्स्वार्था' वृत्ति कहते हैं। (पंकज शब्द का योग-अर्थ, पंक में उत्पन्न सभी पदार्थ होता है किन्तु योगरूढि के कारण केवल 'कमल' अर्थ प्रसिद्ध है।

अजहत्स्वार्था (लक्षणा) = 'स्वार्थ – अपरित्यागेन परार्थ लक्षण" "काकेभ्यो दधि रक्ष्यताम्" इस वाक्य में 'काक' शब्द का अर्थ, कौए और उन जैसे दही को दूषित (या नष्ट) करने वाले मार्जार आदि अन्य प्राणी - इतना व्यापक होता है। इस प्रस्तुत वाक्य का "दधिनाशकों से दधिरक्षण" यह तात्पर्य होने के कारण इस प्रकार का अर्थ करना पडता है। अजहत्स्वार्थ की व्युत्पत्ति "न जहति (पदानि) स्वार्थं यस्यां सा" अर्थात् जिसमें वाक्यस्थ पद अपना मुख्य अर्थ न छोड़ते हुए अन्य अर्थ का बोध कराता है ऐसी शब्द की एक वृत्ति।

अजहल्लिंग (या नियतलिंग) शब्द = जिस शब्द का लिंग किसी अवस्था में नहीं बदलता। उदा. – 'वेदाः प्रमाणम्' यहां प्रमाणं शब्द वेदाः (पुं. ब. व.) से संबंधित होते हुए भी नपुंसक-लिंगी ही रहता है।

अजातिवाद = गौडपादाचार्य द्वारा माण्डूक्य कारिका में प्रतिपादित एक वाद। माध्यमिक बौद्ध दर्शन में भी यह वाद कहा गया है। ब्रह्म ही सत्य तत्त्व है। दृश्यमान जगत् की उत्पत्ति नहीं होती। नाम-रूपात्मक जगत् एक अध्यास मात्र होने से मिथ्या है - यह इस वाद का प्रतिपादन है।

अज्ञातानुपलब्धिः = इस प्रकार की अनुपलब्धि में पदार्थ

के अभाव का ग्रहण, इन्द्रिय के द्वारा ही होता है। अज्ञान रूप अनुपलब्धि अभावग्रहण का सहकारी कारण मात्र है। यह प्रत्यक्ष ही मानी जाती है।

अज्ञान = प्रपंच का कारण। दो प्रकार - समष्टिरूप और व्यष्टिरूप। **अज्ञान (अविद्या)** = अनादि भावरूप, किंतु विज्ञान के उदय से नष्ट होने वाला तत्त्व (सर्व दर्शन संग्रह)। भगवद्‌गीता के अनुसार २६ लक्षणों द्वारा व्यक्त होने वाले ज्ञान का विरोधी। मानित्व, दंभित्व, हिंसा आदि अज्ञान के २६ लक्षण हैं। (भगवद्‌गीता- १३-११) अज्ञान को ही वेदांत में 'हृदयग्रंथि' कहा है।

अज्ञानम् = जो अनादि, भावस्वरूप होता है किन्तु विज्ञान से जिसका विलय होता है। इसी को 'अविद्या' कहा जाता है। (सर्वदर्शन संग्रह- वेदान्त)।

अज्ञान = जिसके कारण मनुष्य अपने को चैतन्य आत्मतत्त्व से भिन्न देहस्वरूप मानता है अथवा पांच भौतिक मिथ्या संसार को सत्य समझता है।

अज्ञान-शक्ति द्वय = (१) आवरण शक्ति और (२) विक्षेपशक्ति। रज्जु-सर्प-भाव में रज्जु को आवृत करने वाली आवरण शक्ति और उस स्थान में सर्प को उद्‌भासित करने वाली विक्षेपशक्ति कही जाती है। आवरणशक्ति के दो प्रकार - असप्वापादक और अभानापादक। विक्षपशक्ति के दो प्रकार - मलयुक्त और अमलयुक्त।

अज्ञानवाद = ज्ञान से अज्ञान की श्रेष्ठता प्रतिपादन करने वाला अतिप्राचीन मत। ज्ञान के कारण जीव में अभिमान, द्वेष, आदि दोषों की उत्पत्ति होती है, जिनसे दुःख होता है, अज्ञान में यह दोष नहीं होता, अतः वह ज्ञान से श्रेष्ठ होता है, इस प्रकार का तर्क अज्ञानवाद में अध्याहृत है।

अधिकम् = वादि-प्रतिवादियों में शास्त्रार्थ के समय एक ही हेतु और उदाहरण देने का नियम निश्चत होने पर यदि दो-तीन हेतु और उदाहरण किसी के द्वारा रखे जाते हैं तब **''अधिक''** नामक निग्रहस्थान माना जाता है। उदा. - पर्वतो वह्निमान्। धूमात्, आलोकात्। महानसवत्, चत्वरवत् (चत्वर- चौराहा। महानस= रसोई घर।)

अधिकरणम् = वाक्यस्थ कर्ता या कर्म के द्वारा क्रिया का आश्रयस्थान। संस्कृत व्याकरण के कारक संबंधी नियमानुसार अधिकरण वाचक शब्द का प्रयोग सप्तमी विभक्ति में होता है। अधिकरण के तीन प्रकार - (१) **औपश्लेषिकं** - उदा. - कटे आस्ते। गुरौ वसति। गंगायां गावः। कूपे गर्गकुलम् इ.। **वैषयिकम्** - उदा. - खे शकुनयः। मोक्षे इच्छा अस्ति। **अभिव्यापक** उदा. - तिलेषु तैलम्, दध्नि (दही में) सर्पि (घी)। इन तीन प्रकारों में अभिव्यापक ही मुख्य माना गया है।

अधिकरण = पूर्व-उत्तर मीमांसा शास्त्रों में जिस वाक्यसमुदाय के द्वारा (१) विषय, (२) संशय, (३) पूर्वपक्ष, (४) उत्तर पक्ष और (५) सिद्धान्त - इन पांच अंगों का आश्रय लेकर मत प्रतिपादन होता है। मुख्य ग्रंथ के अध्यायों में यह एक अवांतर अल्प प्रकरण होता है। इस प्रकार के अधिकरणों के स्वतंत्र नाम भी होते हैं।

अधिकरणसिद्धान्त = शास्त्रार्थ में सिद्धान्त की सिद्धि होते ही उसके साथ अनायास अवान्तर सिद्धान्त भी सिद्ध होते हैं- ऐसे आधारभूत सिद्धान्त का यह नाम है। उदा. - आकाश, वायु आदि महाभूतों के कर्ता (ईश्वर) का अस्तित्व सिद्ध होने पर, उस का सर्वज्ञत्व और सर्वशक्तिमत्त्व अनायास ही सिद्ध होता है। या वेद का प्रामाण्य सिद्ध होने पर ''स्वर्गकामो यजेत'' आदिमत सिद्ध होते हैं।

अधिकरण सिद्धान्त = वात्स्यायन (न्यायसूत्र के भाष्यकार) के मतानुसार जिस सिद्धान्त की स्थापना के पहले कुछ अवांतर विषयों का समुचित प्रतिपादन आवश्यक होता है उसे अ. सि. कहते हैं। उदा. - देहेन्द्रियों से पृथक् आत्मा के अस्तित्व का सिद्धान्त स्थापन करने के लिए इन्द्रियाँ, उनके विषय, शब्दादि गुण, उनके आश्रयभूत आकाशादि द्रव्य, इत्यादि का विवरण आवश्यक होता है।

अधिकवृत्तित्त्व = वैशेषिक मतानुसार 'द्रव्य' में पृथ्वी, आप, आदि नौ तत्त्वों का अन्तर्भाव होता है। अतः पृथ्वीत्त्व आदि तत्त्वों में मूलभूत द्रव्यत्व अन्तर्भूत होने के कारण द्रव्य में ''अधिकवृत्तित्व' माना जाता है। इसीको 'व्यापक धर्म' भी कहते हैं।

अधिकार = वस्तुओं का क्रय, विक्रय, आदान, प्रदान आदि करने की योग्यता। इसे ही स्वामित्व कहते हैं।

अधिकार = योग्यता शम, दम, तितिक्षा आदि गुण तथा सार- असार- विवेक के कारण ब्रह्मजिज्ञासा पूर्ण करने की व्यक्ति में जो पात्रता आती है। 'स्वर्गकामो यजेत' इस वेदादेश के अनुसार, स्वर्गप्राप्ति की कामना से यज्ञ करने की योग्यता। (मीमांसा)

अधिकारविधि = किसी विशेष कार्य को करने के लिये आवश्यक पात्रता का कथन।

अधिकारी = अपने उद्देश्य की प्राप्ति करने की प्रबल इच्छा रखने वाला पुरुष। **तीन प्रकार** - कर्माधिकारी, ज्ञानाधिकारी और भक्त्यधिकारी।

अधिकारी (वेदान्तबोध के) = (१) कनिष्ठ - तार्किक पद्धति से बोध को प्रवृत्त होने वाला। (२) मध्यम - बोधवाक्य बारंबार सुनने से चित्तवृत्ति का निरोध करने वाला। (३) उत्तम - सिद्धांत वाक्य सुनते ही ज्ञान संपन्न होने वाला।

अणिमा = आठ सिद्धियों में एक जिसके बल पर सिद्ध पुरुष अणुप्रमाण हो सकता है।

अणुवाद (या परमाणुवाद) = पदार्थ के अन्तिम अवयव को अणु कहते हैं। वैशेषिक मतानुसार यह नित्य निरवयव माना गया है। अणु-संयोग से व्दयणुक, त्र्यणुक, चतुरणुक, इस विकासक्रम से पृथ्वी जल आदि के स्थूल स्वरूपों की उत्पत्ति होती है।

अतद्व्यावृत्ति = वस्तु का नीलत्व, आदि स्वरूपधर्म उसमें नीलभिन्न (रक्तत्त्व, पीतत्त्व आदि (तद्भिन्न) गुणों की व्यावृत्ति (निरास, निराकरण) के कारण प्रतीत होता है। विज्ञानवादी बौद्ध इस धर्म का निर्देश 'अपोह' शब्द से करते हैं।

अतिदेश = (१) मीमांसा दर्शन के अनुसार एक वस्तु के धर्म का दूसरी वस्तु पर आरोपण उदा.– 'गोसदृशो गवयः' इस वाक्य में गाय के रूप का गवय (एक जंगली प्राणी) पर आरोप कियां है, अतः यह रूपातिदेश (या सादृश्य) का उदाहरण है।

(२) लौकिक कर्म के अनुसार तत्समान कर्मों का धर्माचार में उपदेश जिस निमित्त से होता है, उसे अतिदेश कहते हैं।

(३) 'स्तोकं पचति, मृदु पचति' इत्यादि वाक्यों में स्तोकं (अल्प) और मृदु शब्दों का 'पचति' (पकाता है) क्रिया से संबंध होने से वे व्याकरण में 'क्रियाविशेषण' कहलाते हैं। किन्तु "क्रियाविशेषणानां कर्मत्वम्" इस अनुशासन के कारण उनमें कर्मत्व मानना यहां 'अतिदेश' है। अर्थात् जो नियम एक शास्त्र में बताए गये है, (गदाधारी व्युत्पत्तिवाद, गदाधर भट्टाचार्य) उनका अन्य शास्त्र में प्रयोजनवश उपयोग करना।

अतिदेश = (४) व्याकरण शास्त्र में भव्यम् शब्द की सिद्धि में भू शब्द में 'अस्' धातु के धातुत्व का अतिदेश माना जाता है। (स्थानिवद् आदेशोऽनलविधौ- इस सूत्र के अनुसार)। वैयाकरण अतिदेश के छह प्रकार मानते है – शास्त्रातिदेश, कार्यातिदेश, निमितातिदेश, व्यपदेशातिदेश, तादात्म्यातिदेश, स्वरूपातिदेश। इनके उदाहरण शब्दकौस्तुभ में 'स्थानिवत्. . . सूत्र के व्याख्यान में दिये हैं।

अतिव्याप्ति = लक्षण के तीन दोषों में से एक, जिसके कारण लक्षणवाक्य से लक्ष्य के अतिरिक्त अन्य अनपेक्षित वस्तु का भी बोध होता है। उदा. – चतुष्पदत्वं गोत्वम् इत्यादि। "मनुष्यो ब्राह्मणः" इस लक्षण में क्षत्रियादि सभी वर्णों के लोग मनुष्य होने से लक्षण में प्रस्तुत दोष माना जाता है। इस प्रकार 'शृंगित्वम् गोत्वम्', 'पशुत्वं महिषत्वम्' इत्यादि उदाहरणों में प्रस्तुत दोष है। इसे अलक्ष्य-वृत्तित्व (लक्षणीय पदार्थ के अतिरिक्त अन्य पदार्थों में रहना) भी कहते हैं।

अतिसामान्य लक्षण = "अयं विद्या-आचार संपन्नः ब्रह्मणत्वात्" इस वाक्य में ब्राह्मण का लक्षण अतिसामान्य है। वह ब्राह्मणों और अब्राह्मणों में भी दिखाई देता है। केवल ब्राह्मण जाति में जन्म होने के कारण कोई विद्या-आचार सम्पन्न होता ही है ऐसा नियम नहीं है।

अतीन्द्रिय प्रत्यक्ष = विशिष्ट योगसिद्ध पुरुषों को ज्ञानेन्द्रियों की सहायता के बिना होने वाला ज्ञान। अर्थात् अलौकिक ज्ञान। पातंजल योगदर्शन में उसका प्रतिपादन सविस्तर किया है (अ-३)। वाचस्पति मिश्र इस ज्ञान को लौकिक प्रत्यक्ष के समान प्रमाण नहीं मानते।

अत्यन्ताभाव = अभाव के तीन प्रकारों मे से एक प्रकार उदा. :– शशशृंग - जिसका अस्तित्व ही नहीं है, जो वस्तु भूतकाल में कदापि उत्पन्न न होने के कारण वर्तमान काल में जिसका कहीं भी अस्तित्व नहीं है और भविष्य काल में भी कदापि उत्पन्न नहीं होगी इस प्रकार जो त्रैकालिक अभाव होता है उसे, "अत्यन्तम् (अवधिम् अतिक्रान्तः) नित्यम् अभावः" इस व्युत्पत्ति के अनुसार 'अत्यन्ताभाव' कहते हैं। उदा. – वायु में रूप का अत्यन्ताभाव अनुभवसिद्ध है।

अद्वैतम् = "द्विधा इतम् द्वीतम् (द्वि + इतम्)। तस्य भावः द्वैतम्। न विद्यते द्वैतं (द्विधाभावः) यत्र तत्। अर्थात् जहां द्वित्व द्विधाभाव का अभाव होता है (२) शिव और शक्ति की समरसता।

अद्वैत दर्शन = छह आस्तिक दर्शनों में अंतिम दर्शन। इसी को उत्तरमीमांसा या शांकर वेदांत कहते हैं। उपनिषदों एवं ब्रह्मसूत्रों पर यह आधारित है। "ब्रह्म सत्यं, जगन्मिथ्या, जीवो ब्रह्मैव नापरः" यह अद्वैत दर्शन का सिद्धान्त है। जीव और ब्रह्म में द्वैत (द्विधा भाव) का इस दर्शन में निषेध किया है। गौडपादाचार्य (मांडूक्यकारिकाकार) इस दर्शन के आद्य आचार्य थे।

अद्वैतवादी = जीवात्मा (शरीरस्थ चैतन्य) और परमात्मा (ब्रह्माण्डव्यापी चैतन्य) में अभेद मानने वाले। अद्वयत्व की प्राप्ति ही मोक्ष (पुनर्जन्म से निवृत्ति) है।

अदृष्टम् = जिस प्रकार मनुष्य के प्रयत्न के कारण उसे वर्तमान जन्म में भोग्य पदार्थों की प्राप्ति होती है उसी प्रकार जिसके कारण पशु-मानव आदि योनि में जन्म तथा विशिष्ट गुण – दोष जीव को प्राप्त होते है। भोग, प्रायश्चित्त तथा आत्मज्ञान से 'अदृष्ट' का क्षय होता है।

अदृष्ट कारण = निमित्त कारण का एक प्रकार। उदा. – समुद्र के तरंगों का वायु एक रूप रहित कारण है, जो अनुमान से ज्ञात हो सकता है।

अदृष्टार्थकः शब्दः = जिसका अर्थ इहलोक में नहीं मिलता ऐसा शब्द (उदा. – देव, गंधर्व, इन्द्रलोक इ.)। अथवा स्वर्ग, अपूर्व (वासना जन्य फल) आदि के अस्तित्व का प्रतिपादक शब्द। (वात्स्यायन- १-१-८)

अदृष्टार्थक शब्द प्रमाण = जिस आप्तोपदेश की प्रतीति इहलोक में या इस जन्म में नहीं आ सकती। उदा. – स्वर्गप्राप्तिकारक यज्ञादि कर्मों का उपदेश।

अद्यतन काल = गतरात्रि के उत्तरार्ध के आरंभ से आगामी रात्री के पूर्वार्ध समाप्ति तक का समय।

अद्रव्य द्रव्यम् = निरवयवी होने के कारण जिसका किसी के साथ समवाय नहीं होता ऐसा द्रव्य। उदा. – आकाश।

अधर्म = न्यायशास्त्र में वर्णित २४ गुणों में एक जो आत्मा से संबंधित होता है (धर्म और अधर्म नामक आत्मगुणों का अस्तित्व तर्क द्वारा जाना जाता है।)

अधर्मः = यह एक अनुमानगम्य विषय है। प्रत्यक्ष प्रमाण

से इसका ज्ञान नहीं होता। हिंसा, सुरापान, व्यभिचार, आदि निषिद्ध कर्मों के आचरण से उत्पन्न होने वाला यह आत्मगुण माना गया है। इस के कारण जीव को सम्यक् ज्ञान नहीं होता। इसके प्रकार –(१) **प्रकृष्ट धर्म सहित, (२) अल्प धर्मसहित।** इन दो प्रकारों के अनुरूप उच्च-नीच पुनर्जन्म एवं सुख-दुःख प्राप्ति होती है। (प्रशस्तपाद भाष्य)

अधिकृतभ्रम = पदार्थ का यथार्थ ज्ञान होने पर निवृत्त होने वाला भ्रम। दो प्रकार – (१) निश्चयरूप, (२) विकल्परूप।

अधिदैवचिन्निरोध = जिस नानात्त्व से महावाक्य के बोध तथा अहंप्रतीति का निरोध नहीं होता।

अधिदैवत = प्रत्येक महाभूत, इन्द्रियां आदि में चैतन्य निर्माण करने वाला परब्रह्म का अंश। (पुरुषश्चाधिदैवतम्। भगवद्गीता ८-४) उदा. – नेत्र के सूर्य, हाथों के इन्द्र, पैरों के विष्णु अधिदैवत माने जाते है।

अधिभूतचिन्निरोध = अधिभौतिक सृष्टि महावाक्य के बोध का निरोध करती है। इस सृष्टि में अहं प्रतीति का अभाव तथा नानात्व होता है।

अधियज्ञ = सभी यज्ञों का भोक्ता एवं अधिपति स्वरूप परमात्मा। (गीता ९-२४)

अधिष्ठान = रज्जु या शुक्ति जिस पर मिथ्या सर्प या चांदी का भ्रममूलक आरोप या भास होता है। शांकर वेदान्त में इसी भांति ब्रह्म पर जगद् का भास कहा है। अधिष्ठान का अवलंब करने से बौद्धों के शून्यवाद का निराकरण होता है। अधिष्ठान के यथार्थ ज्ञान से अध्यास का विलय होता है।

अधिष्ठान = आत्मा के उपभोग पाने का स्थान अर्थात् शरीर। (वात्स्यायन कामसूत्र १-१-९)।

अधिष्ठान = सुवर्णालंकार में सुवर्ण को अधिष्ठान (मूलाधार) और कटकादि अलंकारों को उपाधि कहते हैं। उपाधि परिवर्तनीय होती है। अधिष्ठान परिवर्तित नहीं होता।

अध्यात्मचिन्निरोध = महावाक्य के बोध को निरुद्ध करने वाला अहंप्रतीतिरूप नानात्व। आध्यात्मिक सृष्टि ही अध्यात्मचिन्निरोध है।

अध्यक्षर = रहस्यमय अक्षर अर्थात् ओम्।

अध्यवसाय = इन्द्रियों द्वारा विषय का ग्रहण होने पर बुद्धि में सत्त्वगुण का उद्रेक होता है। उसीके कारण ज्ञेय विषय का निश्चित ज्ञान होता है। सांख्य मतानुसार यह बुद्धिधर्म है किन्तु नैयायिक इसे आत्मधर्म कहते हैं।

अध्यस्तविवर्त = भ्रम या अज्ञान के कारण वस्तु का अन्यथा भान। उदा. – रज्जु पर सर्प का भान।

अध्यात्मविद्या = आत्मा या परमात्मा विषयक ज्ञान। उपनिषदों या वेदान्त का प्रतिपाद्य विषय।

अध्यारोप = (असर्पभूते रज्जौ सर्पारोपवत्) रज्जु (रस्सी) सर्प नहीं है परंतु उस पर अज्ञान के कारण सर्प का आरोप। इसी प्रकार ब्रह्म (जो जगद्रूप नहीं है) पर अविद्या के कारण जगत् का आरोप। अर्थात् वास्तव पर अवास्तव का आरोप। वेदांत शास्त्र में अध्यारोप और अपवाद की प्रक्रिया से निष्प्रपंच ब्रह्म का विवेचन है।

अध्यास (अध्यारोप) = स्वरूप पर अन्य वस्तु का आरोप। उदा.– सत्य ज्ञान और अनंत आत्मा पर असत्य, जड और दुःखमय देह इन्द्रियादि का आरोप। यही अविद्या का कार्य है। संसार के सभी व्यवहार इसी पर आधारित है। तत्त्वज्ञान से अध्यास का निरास होता है।

अध्यास = शुक्ति को देखते हुए 'इदं रजतम्' (चांदी) इस प्रकार का ज्ञान, प्रथम देखी हुई चांदी का तत्काल स्मरण होने के कारण होता है। इस अयथार्थ ज्ञान को शंकराचार्य ने यह संज्ञा दी है। सत् और असत् दोनों से विलक्षण पदार्थधर्म होने के कारण इसे अनिर्वचनीय कहते हैं। रज्जु पर प्रतीत होने वाला सर्प अज्ञान अवस्था में सद्रूप और ज्ञान का उदय होने पर असत् रूप होता है। अध्यास के चार प्रकार – निरुपाधिक, सोपाधिक, ज्ञानाध्यास और अर्थाध्यास।

अध्यास के पांच कारण = वस्तुज्ञानसंस्कार, प्रमातृदोष, प्रमाणदोष, प्रमेयदोष, और विशेषाज्ञान।

अध्यासभ्रम = जिस अनुभव की निवृत्ति अधिष्ठान के यथार्थज्ञान से होती है। उदा. – रज्जु का ज्ञान होने पर सर्प-ज्ञान की निवृत्ति होती है। दो प्रकार – (१) संशय, (२) विपर्यय।

अध्याहार = 'घटम् आनय'- यह वाक्य किसी ने उच्चारने पर उपस्थित व्यक्ति 'त्वम्' इस (अनुक्त या अश्रुत) शब्द का तर्क करता है। इस अध्याहार के दो प्रकार – (१) शब्दाध्याहार उदा. – घटम् आनय वाक्य में अनुक्तन शब्द का ग्रहण। (२) अर्थाध्याहार – ''पात्रम् आनय'' वाक्य सुनकर वक्ता की पिपासा जान कर जल सहित पात्र लाना। नैयायिक केवल शब्दाध्याहार, परंतु मीमांसक अर्थाध्याहार भी मानते हैं।

अध्वरमीमांसा = जैमिनि के पूर्वमीमांसा दर्शन की अपर संज्ञा।

अदृष्ट = नैयायिक मतानुसार अन्यथानुपपत्ति प्रमाण से यज्ञ और उसके फल स्वर्ग का संबंध माना जाता है। यज्ञ करने के बाद स्वर्गप्राप्तिरूपफल की प्राप्ति होने तक उनका संबंध अदृष्ट रूप में रहता है। यह एक अतीन्द्रिय गुण (आत्मा का) माना गया है। शुभ और अशुभ कर्म से उत्पन्न संस्कार ही अदृष्ट हैं।

अनतिरिक्ताविषयत्वम् = ''पर्वतो वह्निमान्'' इस प्रतिज्ञावाक्य में जो साध्य है, उसमें और 'धूमेन' इस साधन (हेतु) का विचार करने पर सिद्ध होने वाले अंतिम 'निगमन' वाक्य में किसी प्रकार का अधिक आशय न होना । (उसी प्रकार 'अन्यूनविषयत्व' अर्थात् अल्प आशय भी न होना) आवश्यक होता है। तर्क की निर्दोषता का यह स्वरूप है।

अनतिरिक्तवृत्तित्वम् = 'ऱ्हदो (जलाशय) वह्निअभाववान्' इस निश्चित ज्ञान में बाधा डालने वाली अर्थात् ''ऱ्हदो वह्निमान्'' इस विरुद्ध अनुमान की लेशमात्र सूचकता न होना। इसीको

'अवच्छेदकत्व' भी कहते हैं। अथवा 'पर्वतो वह्निमान्' प्रतिज्ञा के साधक 'धूमत्व' का, पर्वत के अतिरिक्त अन्यत्र न होना। (गदाधरी)।

अनद्यतन = "तण्डुलम् अपचत्" (चांवल पकाए) इस वाक्य का प्रयोग जिस दिन हुआ उसके पहले का दिन। इस काल का बोध देने के लिए 'लङ्' लकार का प्रयोग व्याकरण में कहा है।

अनध्यस्त विवर्त = ज्ञान या प्रीति के कारण वस्तु में विशेष रूप का निर्माण। उदा.- सोने का अलंकार में रूपांतर। अथवा मधुराद्वैत मतानुसार परब्रह्म का कृष्णरूप।

अनध्यवसाय = जो ज्ञान होने पर, ज्ञेय के सबंध में अधिक जिज्ञासा उत्पन्न होती है। उदा. – अपूर्व पदार्थ देखने पर उसका प्रत्यक्ष ज्ञान तो होता है किन्तु उस के विषय में "किम् इदम्" यह जिज्ञासा उत्पन्न होती है। दो प्रकार – (१) प्रत्यक्षविषये – उदा.- स्वदेश में न देखी हुई वस्तु प्रथमतः देखने पर होने वाला (या था वाहीकस्य पनसविषये)। (२) अनुमानविषये – अंधकार में चमकदार वस्तु दिखने पर होने वाला। (नारिकेलद्वीपवासिनः सास्नामात्र दर्शनात् को नु खलु अयं प्राणी स्यात् इति)।

अनध्यवसित = "पर्वतो वह्निमान्" इस प्रतिज्ञा की सिद्धि के लिए 'पर्वतत्वात्' (अर्थात् यह पर्वत पर्वतत्व के कारण वह्निमान् है) इस हेतु में प्रस्तुत दोष विद्यमान है। अथवा "कार्यम् सत् उत्पत्तेः" (अर्थात् यह घटादि कार्य उत्पन्न होने के कारण सत् (नित्य स्थायी) है। इस उदाहरण में निर्दिष्ट हेतु में प्रस्तुत दोष है। यह **हेत्त्वाभास** का एक प्रकार है। ऐसे सदोष हेतु के कारण अध्यवसित (निश्चित) अनुमान नहीं होता। (प्रशस्तपादभाष्य)

अननुभाषण = शास्त्रार्थ की परिषद में जिस वाक्य का अर्थ अन्य सदस्यों ने जानने पर और तीन बार उसका उच्चारण होने पर भी प्रतिवादी द्वारा अनाकलन के कारण उसका ठीक उच्चारण न होना। यह एक 'निग्रहस्थान' है। इसके पांच प्रकार – (१) एकदेशानुभाषण (२) विपरीतानुभाषण, (३) दूषणोच्चारण, (४) स्तब्धता, (६) सर्वनामपदेन अनुवाद (अपर पर्याय= अननुवाद या अप्रत्युच्चारण)

अनभ्यासदशापन्न ज्ञानम् = "स्थाणुः (खंभा) वा पुरुषः वा' इस प्रकार का संशात्मक ज्ञान। इस ज्ञान में यह स्थाणु है या नहीं, और पुरुष है या नहीं इस प्रकार का दोनों विषयों में संशय। यह दोनों के वैशिष्ट्यों के दर्शन न होने से उत्पन्न होता है।

अनर्थनिवृत्तिरूप मोक्ष = त्रिविध दुःखमय होने के कारण जगत् ही एक अनर्थ है। उसका तत्त्वज्ञान के द्वारा कारण सहित आत्यंतिक विलय होना।

अनवसरग्रहणम् = शास्त्रार्थ के अवसर पर उसका (वादी या प्रतिवादी द्वारा) त्याग होने के कारण पराजत होना, किन्तु अधिक कहने के लिए दूसरा उचित हेतु (स्वमतस्थापनार्थ) कहने की आवश्यकता होना। इस प्रकार का संकट अकल्पि‍त समय पर उपस्थित होना। यह तर्कदृष्ट्या एक निग्रहस्थान है।

अनवस्था = किसी कार्य का कारण कहने पर उसके कारण का कारण, इस क्रम से पूछते जाने पर कारण का अन्त न मिलना। अथवा बीजांकुर न्याय में बीज से अंकुर या अंकुर से बीज - इनमें प्रथम कौन उत्पन्न हुआ यह कहने की असंभावना भी अनवस्था मानी जाती है। तर्क में यह एक दोष है। अपरपर्याय – अनवस्थिति।

अनाकांक्षता = वाक्य में प्रयुक्त किसी अपरिचित शब्द का अर्थज्ञान कोश, आप्तवाक्य आदि के द्वारा होने पर उस शब्द का श्रवण होने पर अर्थबोध की आकांक्षा न होना।

अनादित्वम् = किसी पदार्थ का, उत्पत्ति न होने के कारण, प्राप्त विशेषण। वेदान्ती संसार को अनादि मानते हैं। वैयाकरण शब्द को अनादि कहते हैं। नैयायिक प्रागभाव को अनादि कहते है। अपरपर्याय- नित्यत्वम्। 'यद् अनादि तद् अनन्तम्' यह न्याय है।

अनादिषट्क = अद्वैत वेदान्त में, जीव, ईश्वर, विशुद्धचैतन्य, जीवेश्वरभेद, अविद्या, और अविद्या-चैतन्य योग, इन छह पदार्थों या तत्त्वों को अनादि (उत्पत्ति शून्य) मानते हैं।

अनायतिः = किसी व्यक्ति को विशिष्ट सुखप्राप्ति या दुःखप्राप्ति क्यों होती है यह ज्ञान न होने कारण, किसी अज्ञात कारण की कल्पना की जाती है। 'कारणाभावे कार्याभावः' इस न्याय से उस अज्ञात कारण (ग्रहदशा, पूर्वजन्म का कर्म, इत्यादि) की कल्पना की जाती है। (अपरशब्द- गत्यन्तराभाव)।

अनासक्ति योग = महात्मा गांधी द्वारा कथित भगवद्गीता का रहस्य। कर्मफलासक्ति के कारण मनुष्य नीति-अनीति का विवेक नहीं कर सकता, अतः निष्काम कर्मयोग का पालन करने के लिये, त्याग, सत्य, अहिंसा, और असंग की आवश्यकता का इस वाद में प्रतिपादन किया गया है। इस शब्द का प्रयोग भगवद्गीता में नहीं है।

अनाहत (ध्वनि) = किसी आघात के बिना योगी के कान में सुनाई देने वाली गूढ ध्वनि। यह संगीत शास्त्र की दृष्टि से निरुपयोगी मानी गयी है। संगीत में केवल आहत ध्वनि का विचार होता है।

अनाहतनाद = हृदयस्थ दहराकाश में उत्पन्न होनेवाली ध्वनि। यह ओंकार स्वरूप मूलतत्त्व माना जाता है। कुंडलिनी का उत्थान होने पर सुषुम्णा नाडी में प्राणवायु का संचार होने से यह उत्पन्न होता है। ग्रंथिभेद के अनुसार यह भेरी, मृदंग, वेणु, वीणा, आदि वाद्यों की ध्वनि के समान दाहिने कान में, योगी को सुनाई देता है। (आहतनाद – वाद्यों की ध्वनि।)

अनाहत चक्र = योगशास्त्र के अनुसार शरीर के हृदयस्थान में कल्पित रक्तवर्ण चक्र या पद्म। यही वायु तत्त्व का स्थान माना जाता है। इस स्थान पर अनाहत (आघातविरहित) ध्वनि उत्पन्न होती है जिसे योगी दाहिने कान में अखंड सुनते हैं।)

अनित्य = जिस की उत्पत्ति होने पर विनाश भी होता है। उदा. – मनुष्य देह। वैयाकरण जिसे नित्य मानते है उस शब्द को नैयायिक अनित्य मानते हैं। घट पट आदि पदार्थों का प्रागभाव और प्रध्वंसाभाव होने के कारण उनमें अनित्यत्व होता है। न्याय दर्शन के अनुसार जिसका नाश होता है वह अनित्य। परमाणु के अतिरिक्त सभी व्यणुकादि पदार्थ अनित्य माने जाते हैं। वेदान्त- दर्शन में परब्रह्म के अतिरिक्त सभी पदार्थ अनित्य-मिथ्या है।

अनित्यसम = अतिव्याप्ति अव्याप्ति का विचार न करते हुए केवल साधर्म्ययुक्त दृष्टान्त के बल पर स्वमत की स्थापना करने के प्रयत्न में यह दोष उत्पन्न होता है। उदा. – अनित्य घट के समान होने के कारण, शब्द अनित्य है। इस प्रतिपादन में प्रस्तुत दोष इस लिए है कि घट के अन्य धर्मों से समानता होने के कारण सभी पदार्थों में अनित्यता सिद्ध हो सकती है, जो शास्त्रार्थ में अप्रस्तुत है। न्यायशास्त्रोक्त 'जाति' का यह एक प्रकार है।

अनित्यसमास = 'राजपुरुषः गच्छति' इस सामासिक शब्द का ठीक अर्थ 'राज्ञः पुरुषः' इस वाक्य से भी व्यक्त हो सकता है। 'पूर्वकायः' समास का अर्थ भी इसी प्रकार समास के अन्तर्गत शब्द को विभक्तिमात्र जोड़ने से (पूर्वं कायस्य) मिल सकता है। नित्यसमासों में इस प्रकार समासन्तर्गत शब्दों को विभक्तिमात्र जोड़ने से अपेक्षित अर्थ नहीं मिलता। (शब्दशक्ति प्रकाशिका- जगदीश भट्टाचार्य)।

अनिरुद्ध = सात्त्वत (वैष्णव) मत के अनुसार अहंकार स्वरूप चतुर्थव्यूह। चतुर्व्यूह= वासुदेव, संकर्षण, प्रद्युम्न और अनिरुद्ध।

अनिर्वचनीय = संसार का प्रत्येक पदार्थ सत् और असत् स्वरूप होता है। किन्तु जो सत् या असत् निश्चित नहीं कहा जाता, उसे अनिर्वचनीय (अर्थात् निरूपण करने अयोग्य) कहते हैं। शांकर वेदान्त में माया को 'अनिर्वचनीय' कहते हैं। अज्ञान की अवस्था में वह सत् स्वरूप होती है किन्तु ज्ञानावस्था में वह असत् होती है। अतः वह सत्-असत्-विलक्षण है।

अनिर्वचनीय = जिस तत्त्व का सत् या असत् दोनों प्रकार का निर्वचन (वर्णन या प्रतिपादन) नहीं होता। उदा. – अद्वैत दर्शन में प्रतिपादित परब्रह्म या माया। निर्गुण निराकार तत्त्व अनिर्वचनीय और सगुण साकार तत्त्व "**निर्वचनीय**" होते है।

अनिर्वचनीय ख्याति = ख्याति के पांच प्रकारों में एक। वेदान्ती इसे मानते हैं। शुक्तिका पर चांदी की सत् और असत् रूप में प्रतीति। चांदी की प्रतीति आपाततः सत् किन्तु तत्त्वतः असत् होती है, यह मायावादियों का मत है। शुक्तिरजत की प्रतीति में रजत सद्रूप या असद्रूप भी नहीं है, उक्त मतानुसार प्रपंच की प्रतीति भी शुक्तिरजत के समान अनिर्वचनीय ही होती है।

अनिर्वचनीय ख्याति = (वेदांत मत) रज्जु पर भासित सर्प 'सत्' नहीं है क्यों कि वह रज्जुज्ञान होने पर बाधित होता है। वह 'असत्' भी नहीं, क्यों कि वंध्यापुत्रादि तत्त्वतः असत् की कभी प्रतीति नहीं होती। रज्जुसर्प की प्रतीति होती है। यही अनिर्वचनीयता है।

अनिर्वचनीय वाद = सृष्टि के मूलतत्त्व का निर्वचन करना अर्थात् शब्दों से निरूपण करना (असंभव) मानने वाले विचार।

अनिर्वाच्यम् = गहन विचार करने पर भी जिसका सत्त्व (अस्तित्व) या असत्त्व (अभाव) निश्चित कहा नहीं जा सकता उस तत्त्व को वेदान्ती अनिर्वाच्य कहते हैं। उदा.- माया, अविद्या।

अनिष्टप्रसंग = 'पर्वतो वह्निमान्' इस प्रतिज्ञा की स्थापना 'धूमात्' इस हेतु द्वारा करने पर, वादी द्वारा अप्रयोजक शंका उपस्थित होने कारण, "अगर पर्वत पर वह्नि नहीं होता तो धूम भी नहीं होता" इस प्रकार का अप्रस्तुत तर्क - इसी को "अनभिमत-अर्थापादन" याने अवांछित अर्थ का प्रतिपादन कहते है। शास्त्रार्थ में यह एक दोष है।

अनीश्वरवाद = सृष्टि की उत्पत्ति, स्थिति और लय करने वाले ईश्वरतत्त्व को न मानने वाला मत। जिस संसार में अनंत दुःख, संघर्ष, हिंसा, निर्दयता सर्वत्र भरी हुई है उसकी निर्मिति करने वाला भी उन्हीं दोषों से युक्त होना चाहिये। ऐसे दोषपूर्ण सृष्टिकर्ता को दयाघन परमपिता मानना अयोग्य है इस प्रकार का इस मत का युक्तिवाद है। प्राकृतिक नियम ही संसार की उत्पत्ति, स्थिति प्रलय करते हैं। चार्वाक, जैन, बौद्ध, सांख्य और मीमांसक दर्शन अनीश्वरवादी हैं।

अनुगम = अनेक घटों में व्यक्त होने वाला एक समान तत्त्व (अर्थात् घटत्व)।

अनुत्पत्तिसम = व्यक्त स्वरूप में घटादि की उत्पत्ति दिखाई न देने पर भी उनका (अव्यक्त रूप में) अस्तित्व होना। कुम्भकार आदि कर्ताओं के प्रयत्नों से उनका अगोचर अस्तित्व इन्द्रियों को गोचर होता है। जैसे शब्द का उच्चारण होने के पूर्व उसकी अनुत्पत्ति का कारण, उसका प्रयत्नजन्यत्व नहीं है। उससे तो उसका नित्यत्व सिद्ध होता है। अगर वह इस प्रकार नित्य माना गया तो "नित्यस्य उत्पत्तिः नास्ति" इस न्याय से उसका "अनुत्पत्या प्रत्यवस्थान (अस्तित्व)" मानना पडता है। इसी को अनुत्पत्तिसम (जाति) कहते हैं। (गौतमसूत्र भाष्य (पक्षिलस्वामी) वात्स्यायनभाष्य।)

अनुपपत्ति = वाक्यद्वारा तात्पर्यार्थ या सुसंबद्ध अर्थ समझ में न आने का कारण – तर्कहीनता। यह भाषण या लेखन का एक दोष है।

अनुपलब्धि = अतिदूरत्व, अतिसामीप्य, इंद्रियघात, मन की चंचलता, सूक्ष्मत्त्व, व्यवधान (प्रतिबंध) अभिभव और समानाभिहार (अति समान पदार्थ का संपर्क) इन कारणों से किसी पदार्थ की अप्रतीति के ज्ञान का साधन। अनुपलब्धि में ज्ञानेन्द्रियों से जहां पदार्थ के अभाव का अनुभव किसी असाधारण कारण से आता है, वहां अभावज्ञान। यह एक

विशिष्ट प्रमाण के रूप में मीमांसा शास्त्र में माना जाता है। घटादि के ज्ञान का अभाव ही घटादि के अभाव की प्रतीति का कारण होता है। यही "अनुपलब्धि" प्रमाण का स्वरूप है। इस के दो प्रकार हैं- (१) अज्ञाता, (२) ज्ञाता। मीमांसा दर्शन में यह एक प्रमाण माना गया है।

अनुपसंहारी (हेत्वाभास) = केवल अन्वयधर्म से युक्त हेतु का पक्ष में अस्तित्व होना। (पक्ष – जहां साध्य का अस्तित्व संदिग्ध होता है)। अथवा अन्यय-व्यतिरेकात्मक दोनों प्रकार के दृष्टान्तों से विरहति हेतु। "सर्वम् अनित्यं प्रमेयत्वात्" इस उदाहरण में 'सर्व' पक्ष होने के कारण पृथक् दृष्टान्त देना असंभव है। अतः प्रमेयत्व रूप हेतु अनुपसंहारी है। अथवा "घटः अभिधेयः पटत्वात्" इस में पटत्व हेतु अनुपसंहारी है।

अनुपसंहारित्व (हेतुदोष) = जहां पक्ष में हेतु का केवलान्वयी धर्म मात्र विद्यमान होता है वहां प्रस्तुत हेतुदोष माना जाता है। उदा. – सर्वम् अनित्यं प्रमेयत्वात् (वा अभिधेयत्वात्) इ.। व्यतिरेकि धर्म के अभाव के कारण यह दोष माना जाता है। इसके कारण, हेतु-हेतुमद्भाव, कारण-कार्यभाव की संगति नहीं लगती।

अनुबंध चतुष्टय = प्रतिपाद्य ग्रंथ का विषय, ग्रंथ का प्रयोजन, ग्रंथाध्ययन का अधिकारी, और अधिकारी का विषय से संबंध - इन चारों की संज्ञा। प्रायः वेदान्तशास्त्र के ग्रंथों में अनुबंध चतुष्टय प्रास्तविक के रूप में होता है। प्रत्येक शास्त्र में ये चार भाग आवश्यक होते हैं।

अनुभवः = इन्द्रियों द्वारा प्राप्त प्रत्यक्ष ज्ञान। इसमें स्मृति का अंश नहीं होता। उदा. – घट देखने पर "अयं घटः" यह ज्ञान। यह **यथार्थ** अनुभव है। अयथार्थ अनुभव याने रज्जु में सर्प का ज्ञान। इन दो प्रकारों को क्रमशः प्रमा और अप्रमा संज्ञा है। **प्रमा के चार प्रकार** – प्रत्यक्ष, अनुमान, उपमान, और शब्द। अप्रभा के दो प्रकार – भ्रम और संशय।

अनुभव = खेत में जिस आकार के विभाग बनाए होते है प्रणाली का जल उन्हीं त्रिकोणी चौकोनी आकार का हो जाता है। उसी प्रकार अन्तःकरण ज्ञानेंद्रिय द्वारा शरीर से बाहर जाकर इन्द्रियविषय का आकार ग्रहण करते हुए तद्विषयक अज्ञान का निवारण करता है। अनुभव अंतःकरण का विषय है। इन्द्रिय केवल माध्यम है। इसमें अन्तःकरणवृत्ति (क्षेत्रस्थ जलवत्) विषयानुरूप होती है।

अनुभूति = (अपर शब्द – अनुभव)। दर्शनों में इसका स्वरूप विविध प्रकार का माना जाता है। (१) प्रत्यक्षस्वरूपा (चार्वाकमत), (२) प्रत्यक्ष और अनुमान. (काणाद और बौद्ध मत), (३) प्रत्यक्ष अनुमान और उपमिति (या उपमान) – स्वरूपा (नैयायिक), (४) प्रत्यक्ष अनुमान उपमिति और अर्थापत्तिस्वरूपा (प्रभाकर मीमांसक), (५) प्रत्यक्ष अनुमान उपमिति अर्थापत्ति और अनुपलब्धि मिस्वरूपा (भाट्ट मीमांसक), (६) प्रत्यक्ष अनुमान उपमिति अर्थापत्ति अनुपलब्धि और संभवरूपा तथा ऐतिह्यरूपा (पौराणिक)। तान्त्रिक इनके साथ चेष्टा भी मानते है। अनुभूति के कारण ही वस्तु में व्यवहारानुगुणता उत्पन्न होती है।

अनुमान = (१) न्यायशास्त्र के अनुसार ज्ञानप्राप्ति के चार साधनों में से एक। (२) अनुमान प्रमाण से प्राप्त ज्ञान को भी अनुमान (या अनुमिति) कहते हैं।

अनुमानम् (प्रमाण रूप) = प्रमा (यथार्थज्ञान) का करण (साधन या असाधारण कारण)। यह व्याप्तिज्ञान से होता है। "पर्वतो वह्निमान् धूमात्" इस उदाहरण में लिंग (धूम) और लिंगी (अग्नि) के संबंध का दर्शन कराया जाता है। दो प्रकार :– जब मनुष्य अपने आकलन के लिए पर्वत पर धूम देख कर अग्नि का अनुमान करता है तब उसे **"स्वार्थानुमान"** कहते हैं। अपने इस अनुमान का ज्ञान जब दूसरों के लिए पंचावयवी वाक्यों द्वारा कराया जाता है तब उसे **'परार्थानुमान'** कहते हैं। तीन प्रकार – **(१) पूर्ववत्** – उदा. – मेघागमन देखकर भावी वृष्टि का अनुमान। **(२) शेषवत्-** उदा. – नदी की बाढ़ को देखकर भूत वृष्टि का अनुमान। **(३) सामान्यतो दृष्ट-** उदा. – इच्छादि गुणों से उनके आश्रयभूत आत्मा का ज्ञान। दो अंग – **(१) व्याप्ति** – अग्नि के अस्तित्व मात्र का ज्ञान। **(२) पक्षधर्मता** – पर्वत पर अग्नि के अस्तित्व का ज्ञान।

अनुमान तीन प्रकार – (१) केवलान्वयी, (२) केवल व्यतिरेकी, और (३) अन्वयव्यतिरेकी। सांख्य मतानुसार दो भेद – (१) वीत, (२) अवीत। मीमांसक केवलान्वयी और केवलव्यतिरेकी अनुमान नहीं मानते। वेदान्ती केवलान्वयीरूप ही मानते हैं।

अनुमिति = (अर्थात् अनुमान) - दो प्रकार – (१) सामानाधिकरण्यमात्रगाहिनी, (२) अवच्छेद्य-अवच्छेदक भावावगाहिनी। अथवा (१) लाघवज्ञानसहकृता, (२) इतरबाधग्रहसहकृता।

अनुमेयासिद्ध हेत्वाभास = उदा. – तमः पार्थिवं कृष्ण रूपत्वात्।

अनुयोगिता = विशेष प्रकार का स्वरूप संबंध। उदा. – भूतल पर जब घट का अस्तित्व होता है तब भूतल में विद्यमान संयोगसंबंध। यह अखंडित उपाधि मानी जाती है।

अनुवाद = ज्ञात, विधिविहित या प्रत्यक्षादि प्रमाण द्वारा निर्धारित विषय का पुनः निवेदन। **दो भेद** – (१) शब्दानुवाद, (२) अर्थानुवाद। **तीन प्रकार** – (१) भूतार्थानुवाद, उदा. – 'सदेव सोम्य इदम् अग्रे आसीत्' 'वज्रहस्तः पुंदरः' इ.। **(२) स्तुत्यर्थानुवाद,** उदा. – वायुर्वै क्षेपिष्ठा देवता। **(३) गुणानुवाद,** दध्ना जुहोति (इस वाक्य में अग्निहोत्रं जुहोति इस वाक्य मे विहित विधि का अनुवाद दधिप्रयोगनिमित है।)

अनुवाद = 'अग्निर्हिमस्य भेषजम्'। इत्यादि वाक्यों में प्रत्यक्ष प्रमाणसिद्ध अग्नि का वैशिष्ट्य कहा गया है। अतः इस वाक्य

में सिद्ध अर्थ का अनुवाद मात्र है। यह अर्थवाद का एक प्रकार है। (२) "अग्निहोत्रं जुहोति" कहने पर "दध्ना जुहोति" इस वाक्य में जुहोति शब्द का अनावश्यक प्रयोग अनुवाद मात्र है।

अनुवाद्य = शास्त्रोक्त प्रथम वाक्य में कथित कर्ता या विधेयांश, जिसका बाद के वाक्य में निर्देश न होने पर भी ग्रहण करते हुए वाक्य पूर्ति होती है। उसके पुनरुच्चारण की आवश्यकता नहीं होती।

अनुव्यवसाय = घट का ज्ञान होने पर "घटम् अहं जानामि" यह मनोगत ज्ञान। ज्ञान के अनु (अनन्तर) होने वाला प्रत्यक्ष ज्ञान।

अनुव्यवसाय = वेदान्त में मनोभाव या निर्णय का प्रत्यक्षीकरण।

अनुव्याय = वेदान्त के अनुसार दुष्कर्मों का वह परिणाम, जो अस्थायी मुक्ति का अनुभव कराके, फिर जीव को शरीर में प्रविष्ट कराता है।

अनेक द्रव्यत्व = परमाणु एक द्रव्य है। उससे व्दयणुक, व्दयणुकों से त्र्यणुक इस संबंध से त्र्यणुकादि के निष्पन्न सभी पदार्थों में परमाणु रूप द्रव्य का अनेकत्व ही अनेकद्रव्यत्व कहा जाता है।

अनेकाश्रितगुणत्वम् = संयोग, विभाग, द्वित्वादिसंख्या, द्विपृथक्त्व आदि गुण अनेकाश्रित होने के कारण उनमें यह वैशिष्ट्य माना जाता है।

अनैकांतिक = हेत्वाभास के पांच प्रकारों में एक। नामान्तर-सव्यभिचार। तीन प्रकार – (१) साधारण – जहां हेतु 'सपक्ष' तथा 'विपक्ष' में पाया जाता है। (२) असाधारण – जहां हेतु केवल 'पक्ष' में पाया जाता है। (३) अनुपसंहारी – जहां पक्ष में प्रत्येक ज्ञात बात सम्मिलित होती है किन्तु तर्क समाप्त नहीं होता। उदाहरण – नित्यः शब्दः 'अस्पर्शत्वात्'। प्रस्तुत हेतु बुद्धि जैसे अनित्य और आत्मा जैसे नित्य पदार्थ में भी होने के कारण अनैकान्तिक है। उदा. – "यस्माद् विषाणी तस्माद् गौः" "धूमवान् वह्नेः।"

अन्तःकरणम् = ज्ञान के सुख आदि के अनुभव का शरीरान्तर्गत साधन। चार प्रकार – मन, बुद्धि, अहंकार, और चित्त। संशय, निश्चय, गर्व और स्मरण इन चार विषयों के कारण यह **अन्तःकरण-चतुष्टय** माना जाता है।

इन्हींके द्वारा ५ ज्ञानेन्द्रियों तथा ५ कर्मेन्द्रियों का नियंत्रण होता है।

अंतःप्रपंच = व्यष्टिरूप अज्ञान के कारण निर्मित पिंड और पिंडस्थ मानसरूप प्रपंच।

अंतर्मातृकान्यास = मातृका = सभी अकारादि स्वर एवं ककारादि व्यंजन। योगशास्त्रानुसार शरीरस्थित षट् चक्रों पर इन मातृकाओं का अनुस्वारयुक्तन्यास पूजादि विधियों में किया जाता हैं, इसके अनन्तर भारती या अंबिका का ध्यान करते हैं।

अन्त्यावयवी = जिसका आरंभ होता है किन्तु जिससे किसी अन्य का आरंभ नहीं होता, ऐसा द्रव्य। उदा.- परमाणु से घट कपाल पर्यंत अवयवी द्रव्य उत्पन्न होते हैं किन्तु घट से अन्य कोई पदार्थ नहीं निर्माण होता अतः घट में अन्त्यावयवित्व माना जाता है।

अंतरंग साधन = जिज्ञासु को स्वरूप का ज्ञान देने में सहायक उपाय। तीन प्रकार – गुरूपदेश तथा शास्त्रवचनों का श्रवण, मनन और निदिध्यासन।

अन्तर्ज्ञानतो जीव-ब्रह्म ऐक्य-करणरूप महावाक्य = "अहं ब्रह्मास्मि" इस महावाक्य में शरीरस्थ अहं वृत्ति का प्रत्यय और चेतन (ब्रह्म) का एकत्व कहा है, अतः यह महावाक्य उक्त प्रकार का है।

अन्तःशब्दानुविद्ध समाधि = वेदांतशास्त्रोक्त संविद्रूप समाधि का एक प्रकार। इसमें चित्तवृत्ति के निरीक्षण में प्रतीत साक्षी और वृत्ति के भेदभाव का त्याग और स्वतः के असंगत्व का धारण होता है।

अन्नमय कोश = स्थूल शरीर या भौतिक सृष्टि। यह अन्तरात्मा का पांचवा परिधान है।

अन्यतरासिद्ध-हेत्वाभास = उदा. – शब्दः अनित्यः, कार्यत्वात्। वादी प्रतिवादी दोनों में से एक के मतानुसार यह हेतु असिद्ध है।

अन्यथाख्याति = ख्याति (ज्ञान) के पांच प्रकारों में से एक। नैयायिक इसे मानते हैं। इन्द्रिय दोष के कारण शुक्तिका पर अन्य देश और काल में ज्ञात हुई चांदी का ज्ञान।

अन्यथाख्याति = अन्य अधिष्ठान पर अन्यवस्तु का भान अथवा वस्तु का अन्य रूप में भान। (१) नेत्रदोष के कारण प्रथम कहीं देखा हुआ सर्प रज्जूपर भासित होता है। अथवा (२) नेत्रदोष के कारण रज्जु ही सर्पाकार होता है। प्रथम मत प्राचीन न्याय का और द्वितीय मत नव्यन्याय का माना जाता है।

अन्यथाख्याति = पहले किसी स्थान पर देखी हुई रजत (चांदी), नेत्र दोष या अल्पप्रकाश आदि कारणों से शुक्ति पर प्रतीत होती है। यहां शुक्ति की रजतरूप में प्रतीति होती है। "अन्यस्य अन्यरूपेण प्रतीतिः" इस ख्याति का स्वरूप होता है, यह नैयायिकों का मत है।

अन्यथानिषिद्धत्व = शास्त्रप्रतिपादित विषय सत्य है या असत्य (कल्पित) इस संशय का निराकरण करना। यह शास्त्र परिचायक अष्टक का दूसरा अंग है। उदा. गीता में भक्तियोग का सत्यत्व प्रतिपादन करने के लिए निर्गुणोपासकों के अधिकतर क्लेश का कथन (अ-१२-श्लो-५) किया है।

अन्यथाऽनुपपत्तिः = "पीनो देवदत्तो दिवा न भुंक्ते" (मोटा देवदत्त दिन में नहीं खाता) इस वाक्य से उसके 'रात्रिभोजन' का ज्ञान प्रस्तुत प्रमाण से होता है। कारण के अभाव में कार्य की निष्पत्ति देख कर अन्य किसी संभाव्य कारण की कल्पना इसका स्वरूप है। मीमांसक इसे एक प्रमाण (ज्ञान का साधन) मानते है। (अपर संज्ञा- अर्थापत्ति)।

अन्यथा सिद्ध (कारण) == घट की निर्मिति मुख्यतः मृत्तिका से ही होती है किन्तु उसके अतिरिक्त कुम्हार, उसका पिता, दण्ड, चक्र, आकाश, जल, मिट्टी ढोने वाला गधा आदि भी कारण होते हैं। उन्हें अन्यथासिद्ध कारण कहते हैं। इन अन्यथा सिद्ध कारणों का घट की उत्पत्ति में होना या न होना महत्त्व नहीं रखता। गंगेशोपाध्याय (१३ वी शती) इसके प्रवर्तक माने जाते हैं।

अन्योन्याभाव == अभाव के दो प्रकारों में से एक भेद। उदा.- घटत्व में पटत्व का अभाव।

अन्योन्याश्रय == न्यायदर्शन में १६ पदार्थ माने जाते है उनमें तर्क नामक पदार्थ का एक प्रकार। अन्योन्य संबंधी ज्ञान, उत्पत्ति या स्थिति का आश्रयभूत अनिष्टप्रसंग। अपरशब्द - इतरेतराश्रय।

अन्वय == कार्य कौर कारण का तर्कसंगत संबंध या साहचर्य। उदा.- धूम और अग्नि का संबंध।

अन्वय == कारण या साधन का अस्तित्व जिस स्थान में हो उसी स्थान में कार्य या साध्य का होना। (कारणसत्त्वे कार्यसत्त्वम्। सत्त्व = अस्तित्व) उदा.- दण्डचक्र आदि के अस्तित्व में घट का अस्तित्व। (साध्य-साधनयोः साहचर्यम्। उदा.- यत्र धूमः तत्र वह्निः)। दो भेद – (१) भेदान्वय- उदा. – 'राज्ञः पुरुषः'। यहां राजा और पुरुष दोनों शब्दों के अर्थों में भेदयुक्त अन्वय है। (२) अभेदान्वय- उदा. – 'नीलो घटः'। यहां नील घट दोनों शब्दों के अर्थ में अभेद युक्त अन्वय है।

अन्वयदृष्टान्त == जिस दृष्टान्त का साध्य से संबंध निश्चित होता है। उदा.- पर्वतो वह्निमान् धूमात्। इस अनुमान में 'महानस' (रसोई घर) अन्वय दृष्टान्त है।

अन्वयबोध == 'राजपुरुष' इस प्रयोग में राज शब्द के अर्थ का पुरुष शब्द के अर्थ के स्वस्वामिभाव संबंध के कारण अन्वयबोध होता है।

अन्वयरूप विवेचन == शरीरादि दृश्य पदार्थों में अहंरूप से प्रस्फुरण ही मेरा वास्तव स्वरूप है तथा सर्वत्र भूतमात्र में चित्स्वरूप से प्रस्फुरित होने वाला तत्त्व ही परब्रह्म परमात्मा है ऐसी अनुभूति।

अन्वय-व्यतिरेक == अन्वय- एक के अस्तित्व में दूसरे का अवश्य अस्तित्व होना। उदा. – धूम के अस्तित्व में अग्नि का अस्तित्व। व्यतिरेक== एक के अभाव स्थल में दूसरे का निश्चित अभाव। उदा. – अग्नि के अभाव में धूम का अभाव। अनुमान के हेतु के ये दो गुण माने जाते हैं।

अन्वयव्यतिरेकि == (लिंगम्) – जिस लिंग (हेतु) में सपक्ष और विपक्ष दोनों होते हैं। उदा. 'पर्वतो वह्निमान्, धूमात्' यहां धूम के सपक्ष (महानस) और विपक्ष (ह्रद) का अस्तित्व होता है। इसमें अन्वयव्याप्ति और व्यतिरेकव्याप्ति होती है।

अन्वयव्यभिचार == जहां कारण होने पर भी कार्य नहीं होता। उदा.- मंगलाचरण से ग्रंथ की निर्विघ्नता से संपूर्णता अपेक्षित है किन्तु कादम्बरी जैसे ग्रंथ की रचना ग्रन्थकार से पूर्ण नहीं हो सकी।

अन्वयि उदाहरणम् == पर्वतो वह्निमान्, धूमात्, महानसवत्। इस प्रयोग के अनन्तर 'यः यः धूमावान् सः सः वह्निमान्' यह वाक्य।

अन्वयि-उपनय == (या उपसंहार) == "पर्वतो वह्निमान् धूमात्" इसके अनन्तर अन्वयि उदाहरण के पश्चात् 'तथा च अयम्' (अथवा वह्निव्याप्य धूमावान् अयम्) यह वाक्य इसका उदाहरण है।

अन्वयि हेतु == 'पर्वतो वह्निमान् धूमात् महानसवत्' इस उदाहरण में 'धूमात्' शब्द। इस हेतु में उदाहरण (महानस) से साधर्म्य है। यह पंचावयवी अनुमान वाक्य का एक अवयव है।

अन्वाख्यानम् == विषय प्रतिपादन के अनन्तर उसके तात्पर्य का कथन।

अन्वाचय == प्रधान कार्य करते हुए अप्रधान कार्य की सूचना। उदा. – (१) भिक्षां गच्छ यदि गां पश्येः ताम् अपि आनय। (२) एधान् आहर्तुं वनं व्रज, शाकम् अपि आनेष्यसि इ.। इसमें भिन्न प्रकार की क्रियाएं एक कर्ता द्वारा अपेक्षित होती हैं।

अन्ववसर्ग == कर्ता को यथेष्ट आचरण करने की अविरोध अनुज्ञा। उदा. – अपि सिंच। अपि स्तुहि।

अन्विताभिधानवाद == 'घटम् आनय' इस वाक्य में प्रयुक्त घट शब्द के अर्थ में, उसका आनय शब्द के अर्थ से जो अन्वय (संबंध) है वह भी अन्वित (जुडा हुआ) है इस का कारण बालकों को वाक्यस्थित शब्दों का पृथक् अर्थज्ञान न होते हुए भी वाक्यार्थ का ज्ञान होता है। इसी प्रकार अनेक वाक्यों के प्रयोग में एक वाक्यार्थ दूसरे वाक्यार्थ से अन्वित होता है। यह मीमांसकों में प्राभाकर मत माना जाता है। (अभिहितान्वयवाद का अभिप्राय इस वाद के प्रतिकूल है।)

अन्वीक्षा == (अनु+इक्षा) प्रत्यक्ष और आगम इन दो प्रमाणों द्वारा श्रुत विषय का पुनः परीक्षण। यही आन्वीक्षिकी (अर्थात् न्यायविद्या) का कार्य है।

अपकर्ष == पाणिनि-सूत्रों में आगे के सूत्रों के शब्दों का पूर्ववर्ती सूत्र की अर्थपूर्ती के लिए ग्रहण करना।

अपकर्ष == काव्य या शास्त्र के वचन का अर्थ निर्धारित करते समय, बाद में आने वाले शब्दों का पूर्वविचार करना।

अपरत्व == दो प्रकार – (१) दिक्कृत। यथा समीपस्थ में 'दिक्कृत' अपरत्व होता है और (२) कालकृत, यथा कनिष्ठ व्यक्ति में कालकृत होता है।

अपराविद्या == चार वेद, छह वेदांग, पुराण, वैशेषिकादि छह दर्शन।

अपरोक्षानुभूति == परोक्ष== इन्द्रियातीत, अपरोक्ष == इन्द्रियगम्य, प्रत्यक्ष। आत्मतत्त्व की अपरोक्ष अनुभूति। यह

जाग्रत्, स्वप्न और सुषुप्ति नामक तीन अवस्थाओं के परे तुरीय (चतुर्थ) अवस्था में प्राप्त होती है।

अपवर्ग = (१) फलप्राप्ति (व्याकरण- शास्त्र के अनुसार),
(२) प्रकृति- पुरुषविवेकज्ञान से प्राप्त सर्व दुःखों की निवृत्ति, (सांख्य मतानुसार)
(३) प्रमाण- प्रमेय आदि १६ पदार्थों के तत्त्वज्ञान से प्राप्त परम कल्याण अर्थात् २१ प्रकार के दुःखों का नाश। (नैयायिक मतानुसार)।
(४) मोक्ष- (वेदान्त मतानुसार)।

अपवाद = सामान्य नियम का बाधक विशेष नियम। उदा. – ''मा हिंस्यात् सर्वा भूतानि'' इस उत्सर्ग (सामान्य नियम) का ''वायव्यं श्वेतम् आलभेत'' यह अपवाद है।

अपवाद = वेदान्त में अध्यारोप (मिथ्या आरोप) का निराकरण। ब्रह्म का विवर्त होने वाले प्रपंच की ब्रह्मरूपता सिद्ध करना।

अपान = शरीरस्थ जल अन्नादि का मूत्रमल रूप से निःसारण करने वाली वायु। इसका स्थान गुदद्वार में माना जाता है।

अपार्थकम् = न्याय शास्त्र में उल्लिखित एक निग्रहस्थान। उदा. – दश दाडिमानि, षडपूपकाः कुण्डम् अजिनम् इत्यादि। असंबंद्ध शब्दों अथवा असंबद्ध वाक्यों का उच्चारण।

अपूर्व = यज्ञादि के कारण उत्पन्न होने वाला स्वर्गादि सुखदायक विशिष्ट गुण। धर्माधर्म, पुण्य-पाप, प्रारब्धकर्म आदि शब्दों से इसका निर्देश होता है। तीन प्रकार – (१) प्रधानापूर्व (मुख्य कर्म द्वारा उत्पन्न)। (२) अंगापूर्व (अंगभूत कर्म द्वारा उत्पन्न)। (३) कलिकापूर्व (अवान्तर क्रिया द्वारा उत्पन्न)।

अपूर्वविधि = अन्य किसी प्रमाण द्वारा जिसकी प्राप्ति नहीं होती, ऐसा विधि बोधक वाक्य। उदा. – ''स्वर्गकामो यजेत''। चार प्रकार – कर्मविधि, गुणविधि, विनियोगविधि और प्रयोगविधि। (मीमांसा)।

अपूर्वावयवी वाद = नैयायिकों का एक मत, जो घटादि पदार्थों को अवयवों से भिन्न, (अवयवीरूप) मानता है।

अपौरुषेयवाद = वेदों के कर्तृत्व के संबंध में मीमांसकों का सिद्धांत। इसके अनुसार वेदों की निर्मिति किसी मनुष्य या ईश्वर द्वारा भी नहीं हुई। वे स्वयंभू और नित्य हैं। शब्द नित्य होता हैं। नित्य- शब्द - स्वरूप- वेद वसिष्ठादि ऋषियों द्वारा केवल व्यक्त हुए। वेदों जैसी भ्रम- प्रमाद आदि दोष-रहित शब्दराशि पुरुष से उत्पन्न नहीं हो सकती। नैयायिकों के मतानुसार अपौरुषेय शब्द का अर्थ 'ईश्वरकर्तृक' माना गया है। ऋषि मंत्रों के द्रष्टा हैं, कर्ता नहीं।

अप्राप्तकालम् = शास्त्रार्थ में एक निग्रहस्थान।, प्रतिज्ञा ,हेतु इत्यादि अवयव वाक्यों में विपर्यास होने से यह दोष उत्पन्न होता है। उदा. – ''शब्दत्वात् शब्दः अनित्यः'' इत्यादि वाक्य।

अप्रमा = समक्ष दिखने वाले पदार्थ में वहां पर अविद्यमान पदार्थ का भान। उदा. – शुक्तिका में रजत (चांदी) का दर्शन। तीन प्रकार – संशय, विपर्यय और तर्क। यह भ्रान्तिमूलक होती है।

अप्रमावृत्ति = अष्टविध प्रमाणों में से किसी भी प्रमाण के अभाव में होने वाली प्रतीति। दो प्रकार – (१) जीवाश्रिता – उदा. – सुख-दुःखों की प्रतीति। (२) ईश्वराश्रिता – उदा. – ईश्वर की प्रतीति।

अपलाप = वास्तवता से ज्ञात पदार्थ का अवास्तवता से कथन। दो प्रकार- (१) शब्दतः। उदा. – सत् पदार्थ को मिथ्या कहना। (२) अर्थतः। उदा. – मै नहीं जानता या तब मै वहां नहीं था इत्यादि कथन।

अभानापादक आवरण = वस्तु गोचर होने पर भी उसकी प्रतीति न होने का कारण।

अभाव = सप्त पदार्थ वादी कणाद मत के अनुसार सातवां पदार्थ या वर्ग। इसके दो भेद – (१) संसर्गाभाव (जिसके तीन उपभेद है – प्रागभाव, प्रध्वंसाभाव, और अत्यंताभाव) (२) अन्योन्याभाव। एवं सामान्याभाव, विशेषाभाव इ.।

अभिज्ञा = दिव्यश्रवण, दर्शन, पूर्वजन्म का स्मरण, परचित्तज्ञान आदि देनेवाली एक दिव्य शक्ति जो योगाभ्यास से साधक को प्राप्त होती है।

अभिधा = एक शब्दशक्ति, जिससे शब्द के मुख्य अर्थ का बोध कराया जाता है। (काव्य-प्रकाश २-८)। मुख्य अर्थ के तीन प्रकार – रूढ, यौगिक, और योगरूढ।

अभिधेय = अभिधा शक्ति से व्यक्त होनेवाला मुख्य अर्थ।

अभिधेय = पूर्व अज्ञान का निवारण तथा शुद्ध ज्ञान का उदय करने वाला निरूपण विषय। दो प्रकार – (१) सिद्धांत। (२) तात्पर्य।

अभिनिवेश = योगदर्शन के अनुसार, क्लेश का एक प्रकार, मृत्यु के भय का कारण, सांसारिक विषय वासनाओं में व्यस्त रहना और साथ ही यह भय रहना कि मृत्यु द्वारा इन सभी का वियोग होने वाला है।

अभिविधि = (या अभिव्याप्ति) = व्यापकता। दो प्रकार – उदा. **कालिक** – ''कार्तिक्याः चैत्रं यावत् शीतम्''। इस वाक्य में शीतकाल के प्रारंभ (कार्तिकी) और अंत (चैत्र) की व्याप्ति कही है। **दैशिक** ''काशीतः पाटलीपुत्रं यावद् वृष्टिः'' यहां पर्जन्य के प्रदेश की व्याप्ति कही है।

अभिहित-अन्वय वाद = उच्चारित शब्दों के अर्थों का अन्वय (संयोग) करने से वाक्यार्थ का ज्ञान होता है, यह मत। न्याय-मत के इस सिद्धांत के अनुसार शब्द स्वतंत्ररूप से अपना अर्थ रखते हैं, जो वाक्य में प्रयुक्त होने पर एक संयुक्त विचार को अभिव्यक्त करते हैं। अर्थात् वाक्यस्थ शब्दों के अर्थ का तर्कसंगत अन्वय (संबंध) ही वाक्य के योग्य अर्थ को प्रकट करता है, न कि शब्दों का अपना अपना भाव।

अभ्यनुज्ञा = वाक्यपदीयकार भर्तृहरि के मतानुसार काल की दो शक्तियों में से एक। (अन्य शक्ति है- **प्रतिबंध**)। इन

शक्तियों के कारण हीं संसार की घटनाओं में योग्य क्रम तथा व्यवस्था दिखाई देती है।

अभ्यास = स्वनिर्धारित विषय का अनुभव प्राप्त करने के लिए उचित यत्न। दो प्रकार- उपसाद और परिणय।

अभ्युपगम सिद्धान्त = अन्य शास्त्र में स्थापित सिद्धान्त का विशेष परीक्षण करते हुए मान लेना। उदा. – सांख्य दर्शन ने मन का इन्द्रियत्व माना है जो वेदान्त में अमान्य होने पर भी वाचस्पति मिश्र ने उसे विषयग्राहित्व के कारण स्वीकृत (अभ्युपगत) किया है।

अभ्यूह (ऊह) = वाक्यार्थ को ठीक समझने के लिये तर्क या आवश्यक शब्द का अध्याहार करना।

अमनस्कयोग = बाह्य विषयों से मन को परावृत्त करना।

अमरवारुणी प्राशन = तांत्रिक या कौल मतानुसार योगी के मस्तिष्क से झरने वाले अद्भुत अमृत का सेवन।

अमलयुक्तविक्षेप = ज्ञानविरोधी न होने के कारण आवरणनिवृत्ति के साथ जिसकी निवृत्ति नहीं होती।

अयुतसिद्ध = नाश के पूर्वक्षण तक जिन दो पदार्थों में से एक नष्ट न होते दूसरे के आश्रय से रहता है, उन दोनों का संबंध। उदा. – घट और घटाकार का संबंध। पांच प्रकार– अवयव-अवयविनौ, गुण-गुणिनौ, क्रिया-क्रियावन्तौ, जाति-व्यक्ति, विशेष-नित्यद्रव्ये च। इन पांचों में अयुतसिद्धता होती है।

अयोनिज शरीर = दैवी शरीर जो सत्कर्म-भावना (सत्कर्म का चिंतन) से उत्पन्न होता है।

अर्थ = (ज्ञानेन्द्रियों के) = शब्द, स्पर्श, रूप, रस और गंध।

अर्थ (या पदार्थ) = द्रव्य, गुण, कर्म, सामान्य, विशेष समवाय। (वैशेषिक मत) (२) वाच्य, लक्ष्य, व्यंग्य, और तात्पर्य (साहित्यिक मत)।

अर्थवाद = ब्राह्मण ग्रंथों के विधि, निषेध, नामधेय और अर्थवाद नामक चार भाग होते हैं। विधि के प्रयोजन की प्रशंसा करने वाले वचन को अर्थवाद कहते हैं। अर्थवाद प्रायः कथात्मक होते हैं जिनमें विधि की प्रशंसा और निषिद्ध की निंदा होती है। निंदा भी विधेय की स्तुति के निमित्त होती है।

अर्थरूप विपरीत भावना = शास्त्र द्वारा प्रतिपादित सत्य ब्रह्म को असत्य मानना तथा देह आदि असत्य को सत्य मानना तथा उसी का उपभोग उचित मानना।

अर्थवाद के प्रकार = न्यायदर्शन के अनुसार चार – स्तुति, निंदा, परकृति, पुराकल्व। तंत्र-वार्तिक के अनुसार तीन – अनुवाद, गुणवाद, भूतार्थवाद, और बालमीमांसाप्रकाश के अनुसार ३८ होते हैं।

अर्थान्तर = तार्किक विवाद में निग्रह स्थान। प्रकृतोपयुक्त अर्थ को छोड़कर असंबद्ध विषयों का विवरण करना।

अर्थापत्ति = मीमांसा दर्शन के पांच प्रमाणों में से एक प्रमाण। किसी वाक्य के अर्थ की यथोचित संगति लगाने के लिए अन्य अर्थ की कल्पना। उदा. – "पीनो देवदत्तः दिवा न भुंक्ते" (मोटा देवदत्त दिन में भोजन नहीं करता), इस वाक्य की असंगति का निराकरण, रात्रिभोजन की कल्पना से होता है। दो प्रकार – श्रुतार्थापत्ति उदा. – पीनो देवदत्तः इ.। और दृष्टार्थापत्ति उदा. – "बंद करो" वाक्य सुनने पर खुले दरवाजे की कल्पना।

अर्थाध्यास = रज्जुरूप वस्तु पर सर्परूप वस्तु का अध्यास। यह ज्ञानाध्यास (देखिये) से भिन्न होता है। प्रातिभासिक या व्यावहारिक पदार्थों का ब्रह्म पर अध्यास।

अर्धविकृत परिणाम = स्वरूप में विकार होने पर उसे पुनः स्वरूप प्राप्त होना। उदा. – सर्पशरीर कुण्डलाकृति होने पर पुनः पूर्ववत् होता है।

अर्धवैनाशिक = कणाद मत का अनुयायी तार्किक।

अवच्छिन्न = तर्कशास्त्र में, अपने विशिष्ट गुणों द्वारा दूसरी सब वस्तुओं से पृथक् की गयी वस्तु का निर्देश करने के लिये इस शब्द का प्रयोग सर्वत्र होता है। उदा. – घटत्वावच्छेदकावच्छिन्न।

अवच्छेदवाद = जीव और ईश्वर के विभेद का प्रतिपादन करने वाला एक मत। इस मत के अनुसार अविद्या से अवच्छिन्न (व्याप्त) तथा अविद्या के विषयभूत चैतन्य को ईश्वर और अन्तःकरणावच्छिन्न तथा अज्ञान के आश्रयभूत चैतन्य को जीव कहा जाता है। **वाचस्पति मिश्र** इसके प्रवर्तक माने जाते हैं।

अवच्छेद्य - अवच्छेदक भाव = दो प्रकार – (१) स्वरूप संबंध, (उदा. – इदानीं चत्वरे गौः नास्ति)। (२) व्याप्य-व्यापक भाव, (उदा.- पृथ्वी रूपवती)।

अवधान = चित्त का विषय से विशिष्ट संबंध। दो प्रकार – (१) अनुपेक्षणीयत्व, (२) विषयान्तर संचारराहित्य।

अवधि (या सीमा) = तीन प्रकार – (१) कालकृत, (२) देशकृत, (३) बुद्धिकृत, उदा. – मासात्पूर्वं घटः। (२) नद्या वनम्। (३) माथुरा पाटिलीपुत्रेभ्यः आढ्यतरा।

अवधिरूप निर्गुणोपासना = (या प्रसवोपासना) = ओंकार में ही ब्रह्म धारणा करना। सूक्ष्म पदार्थों से उत्पन्न विक्षेपों का निवारण इस उपासना से होता है।

अवधूती मार्ग = तंत्रशास्त्र में कथित प्रवृत्ति का मार्ग। वाम और दक्षिण शक्तियों की मध्यवर्ती शक्ति को अवधूती कहते हैं। वाम-दक्षिण शक्तियों की विशुद्धि होने पर अवधूती का उन्मीलन होने से महासुख की प्राप्ति होती है, जिसके लिए तांत्रिक मार्ग में विषयोपभोग की आवश्यकता मानी जाती है।

अवयव = परार्थानुमानपरकवाक्य का एक विभाग। पांच प्रकार – प्रतिज्ञा, हेतु, उदाहरण, (उपमान) उपनयन, निगमन। दस प्रकार – उक्त पांच प्रकारों के अतिरिक्त ५- जिज्ञासा, संशय, शक्यप्राप्ति, प्रयोजन और संशयव्युदास। (न्यायमत)।

अवस्था = तीन प्रकार – अनागत, अभिव्यक्त और तिरोहित (सांख्यमत)।

अवस्था = चार भेद – बाल्य, कौमार, यौवन, और वृद्धत्व। (आयुर्वेद मत)।

अवस्था = चार प्रकार – जाग्रत, स्वप्न, सुषुप्ति और तुर्या (तुरीया)। (तुर्यावस्था ही मोक्ष है।)। (वेदान्त मत)।

अवस्था = (मदनावस्था)। **कामदशा** = दस प्रकार – अभिलाष, चिंता, स्मृति, गुणकथन, उद्वेग, संलाप, उन्माद, व्याधि, जडता, मृति (मरण)। (साहित्यिक मत)

अवस्था = पदार्थ के कालकृत परिणाम। छह प्रकार – जायते, अस्ति, वर्धते, विपरिणमते, अपक्षीयते, नश्यति। (यास्क मत)।

अवांतर प्रयोजन = मुख्य इच्छा (सुखेच्छा) के अधीन इच्छा का विषय। उदा. – भोजनादि की इच्छा सुखेच्छा के अधीन होती है।

अविज्ञातार्थ = एक निग्रह स्थान। तीन कारण – (१) असाधारणतंत्रप्रसिद्धता। (२) अतिद्रुतोच्चारण। (३) श्लिष्टशब्दप्रयोग। इन तीन कारणों से भाषण में यह दोष आता है।

अविद्या = परब्रह्म परमात्मा की अचिंत्य, अनिर्वचनीय शक्ति जो अपनी आवरणशक्ति से सत्य को छिपाती है और विक्षेपशक्ति से उसी सत्य पर असत्य को प्रतिभासित करती है। इसीको वेदों में 'माया' कहा है। 'मायावाद' के आधार पर शांकर वेदान्त 'जगन्मिथ्या' सिद्धान्त का प्रतिपादन करता है।

अविद्या = अविद्यमान पदार्थ को प्रकाशित करने वाली शक्ति। इसके कार्य दो प्रकार के होते हैं – **(१) आवरण** – वास्तव स्वरूप को आच्छादित करना। **(२) विक्षेप** – सत्य स्वरूप पर असत्य स्वरूप प्रकाशित करना। उदा.- रज्जु पर सर्प प्रकाशित करना।

अविद्या = अध्यास का कारण। दो प्रकार – **(१) मूलाविद्या** – जिस भ्रमात्मक अविद्या का बोध ब्रह्मज्ञान के बिना नहीं होता। अर्थात् ब्रह्मज्ञान से ही नष्ट होने वाली अविद्या। **(२) तूलाविद्या** – लौकिक ज्ञान से नष्ट होने वाली = भ्रम या संदेह।

अविद्या = "तत् त्वमसि" महावाक्य के प्रत्येक पद का बोध होने में पांच पांच प्रतिबंध होते हैं। उन १५ + १ = कुल सोलह प्रतिबंधों का कारण। अविद्या के कारण "तत् त्वमसि" वाक्य का बोध नहीं होता।

अविद्या के पांच पर्व = तमस्, मोह, महामोह, तामिस्र और अंधतामिस्र। इन पांच पर्वों के कारण अविद्या पंचपर्वा कहलाई जाती है। (भागवत पु. ३-२०-१८)

अविनाभाव संबंध = वियुक्त न होने योग्य संबंध। उदा.- मृत्तिका और घट का संबंध।

अविवेक = आत्मा और अनात्मा पदार्थ के भेद का अज्ञान। प्रकृति- पुरुष भेद का अज्ञान। सत्य-असत्य के स्वरूप का अज्ञान। प्रतियोगी पदार्थों के भेद का आकलन न होना।

अव्यक्त = सांख्य मतानुसार प्रजननात्मक नियम का मूलतत्त्व, जिससे भौतिक संसार के सारे तत्त्व विकसित हुए हैं। महत्त् तत्त्व से पूर्व और पुरुष के अनन्तर तत्त्व (महतः परमव्यक्तम्। अव्यक्तात् पुरुषः परः। (कठोपनिषद)।

अव्याप्ति = लक्षण या परिभाषा के तीन दोषों में से एक जिसमें परिभाषा में दिये गए लक्षण के अंश लक्ष्य में घटित नहीं होते। उदा.- 'सोष्णीषत्वं पुरुषत्वम्' इस वाक्य में निर्दिष्ट पुरुषलक्षण (सोष्णीषत्व) सभी पुरुषों में नहीं होता। (उष्णीष – पगड़ी, साफा)। उदा. – कपिलत्वं गोत्वम्, शिखासूत्रवान् ब्राह्मणः, इत्यादि। इन वाक्यों में कथित लक्षण, लक्ष्य के एक भाग में होते हैं। अतः यह लक्षण दोष होता है।

अश्विनी मुद्रा = हठयोग की एक मुद्रा, जिसमें गुदद्वार का आकुंचन और प्रसारण बारंबार होता है। इस मुद्रा के अभ्यास से शक्ति और ज्ञान का लाभ होता है।

अष्ट अंग = (योग के) यम, नियम, आसन, प्राणायाम, प्रत्याहार, धारणा, ध्यान और समाधि।

अष्टधा प्रकृति = दर्शन शास्त्र के अनुसार भूमि, जल, अग्नि, वायु, आकाश, मन, बुद्धि और अहंकार। (भ. गीता. ७-४)

अष्टपाश = जीव को भवबंधन में रखने वाले आठ प्रकार के आध्यात्मिक दोष – घृणा, लज्जा, भय, शंका, जुगुप्सा, कुलाभिमान, शील, जाति का अभिमान। इन पाशों के प्रत्येकशः अनेक भेद होते हैं। भगवान् की कृपा से ही जीव इन अष्टपाशों से मुक्त हो सकता है।

अष्टमहासिद्धि = योगशास्त्र के अनुसार योगसिद्ध पुरुष को प्राप्त होने वाली, अणिमा, महिमा, गरिमा, लघिमा, प्राप्ति, प्राकाम्य, ईशित्व और वशित्व नामक सिद्धियां। योग समाधि में ये विघ्नस्वरूप मानी जाती है।

अष्टमुद्रा = सुरभि, ध्यान, शूर्प, योनि, कूर्म, पंकज, लिंग और निर्वाण नामक आठ हस्तमुद्राओं की प्रदर्शन-विधि जप समाप्ति के बाद होती है।

अष्टविध देह = स्थूल, सूक्ष्म, कारण, महाकारण, विराट्, हिरण्यगर्भ, अव्याकृत और मूलप्रकृति, (पंचदशी-तत्त्वविवेक)।

अष्टविध प्रमाण = (दर्शनों के) = प्रत्यक्ष, अनुमान, उपमान, शब्द, ऐतिह्य, अर्थापत्ति, संभव और अभाव।

अष्टविध प्राणायाम = सूर्यभेदन, उज्जायी, सीत्कारी, शीतली, भस्त्रिका, भ्रामरी, मूर्च्छा और प्लाविनी।

अष्टांग मैथुन = मैथुन (संभोग) के आठ अंग – "स्मरणं कीर्तनं केलिः प्रेक्षणं गुह्यभाषणम्। संकल्पोऽध्यवसायश्च क्रियानिष्पत्तिरेव च।।

अष्टांग योग = यम, नियम, आसन, प्राणायाम, प्रत्याहार, धारणा, ध्यान और समाधि। (इन आठ अंगों के प्रत्येकशः प्रकार और लक्षण यथास्थान देखिये।

असत् = (१) जिसका सर्वथा अभाव अथवा (२) बाध होता है।

असत्ख्याति = ख्याति के पांच प्रकारों में से एक। शुक्तिका पर रजत (चांदी) की प्रतीति में शुक्तिका और रजत का कोई भी संबंध न होते हुए भी होने वाला ज्ञान। यह शून्यवादी बौद्धों का मत है। वाचस्पति मिश्र ने भी इस असत्ख्याति का अंगीकार किया है।

असत्त्वापादक आवरण = मूल वस्तु के अभाव की प्रतीति का कारण।

असमवायिकारण = वह कारण जो समवायि कारण और कार्य से संबंधित होता है। उदा. – (१) तन्तु-संयोग पट का या तंतुरूप, पटरूप का असमवायि कारण है। दो प्रकार – (१) कार्यैकार्थ समवायतः, (२) कारणैकार्थ समवायतः।

असंप्रज्ञातः = समाधि की एक अवस्था, जिसमें ज्ञाता-ज्ञेय, और ज्ञान - इनका भेद समाप्त होता है। सर्व वृत्तियों का निरोध होने की श्रेष्ठ योगावस्था।

असंप्रज्ञात समाधि = (अपर संज्ञा-निर्विकल्प समाधि) भावनारूप समाधि के दो प्रकारों में से एक, जिसमें परवैराग्य के कारण स्वरूप में चित्त अवस्थान होता है। यही चित्तवृत्ति की निरुद्ध अवस्था है।

असंभव = एक लक्षण दोष। लक्ष्य में लक्षण का अभाव। उदा. – शुण्डावान् ब्राह्मणः। एकशफो गौः, (शफ = खुर)।

असंभावना = वस्तु और उसके अस्तित्व संबंध में बाधा डालने वाली युक्ति। उदा. – सर्प के अस्तित्व में बाधा डालने वाला नकुल या मयूर का किसी स्थान में अस्तित्व।

असाधारण = (१) अनैकान्तिक हेत्वाभास के तीन भेदों में से एक। (२) ऐसा हेतु जो अनुमान वाक्यों में सपक्ष या विपक्ष में भी विद्यमान न हो। (यस्तूभयाद् व्यावृतः स त्वसाधारणो मतः)। उदा.- 'पर्वतो वह्निमान् निर्जनत्वात्।' शब्दो नित्यः शब्दत्वात्।

असिद्ध = एक हेत्वाभास। जिसमें व्याप्ति और पक्षधर्मता नहीं होती ऐसा हेतु। उदा.- घटो द्रव्यम्, श्रावणत्वात्। **तीन प्रकार** – आश्रयासिद्ध, स्वरूपासिद्ध और व्याप्तत्वासिद्ध। चार प्रकार – उभयासिद्ध, अन्यतरासिद्ध, तद्भावासिद्ध और अनुमेयासिद्ध।

असिद्धि = (तर्क शास्त्र के अनुसार) पंचावयावी वाक्य का वह उपसंहार जो प्रतिज्ञा से संमोदित न हो।

असूया = दूसरों के गुणों को दोषरूप में देखना।

अहंकार = मैं और मेरा यह भाव। सांख्य दर्शनानुसार मूल अविकृत प्रकृति (त्रिगुणों की साम्यावस्य) से महत्तत्त्व (बुद्धि) और उससे अहंकार तत्त्व उत्पन्न होता है। तीन प्रकार – वैकृत (सात्त्विक), तैजस (राजस), भूतादि (तामस)। (अहम् शब्द के दो अर्थ – (१) वाच्यार्थ – देहेन्द्रियों से एकात्मता युक्त जीव,। (२) लक्ष्यार्थ – देहेन्द्रियतीत जीव।)

अहंकार = चित्त का एक प्रकार है। आत्मचैतन्य शुद्धचित्त में प्रतिबिंबित होने पर अल्पमात्र चित्तभाग से तादात्म्य करता है। इसीको अहंकार कहते है।

अहंग्रंथि = विषयिरूप अहंभाव को ही आत्मस्वरूप मानना। अन्तःकरण में सभी कामनाएं इसी के कारण उत्पन्न होती हैं।

अहंग्रह = आत्मचैतन्य का अहं शब्द से ग्रहण। यही अहंकार का स्वरूप चित्त का कार्य है।

अहंग्रहोपासना = अव्यक्त अचिंत्य धर्मी ब्रह्म मै हूं ऐसी भावना करना। यह निर्गुणोपासना का एक प्रकार है।

अहेतुवाद = कांटों में तीक्ष्णता जिस प्रकार अहेतुक होती है उसी भाँति संसार की उत्पत्ति अहेतुक (कार्यकारण के नियमों से रहित) मानने वाला एक दार्शनिक मत।

अहोरात्रवाद = कालतत्त्व के स्वरूप का विवेचन करने वाला दार्शनिक विचार।

आंकाक्षा = वाक्य के अर्थ की पूर्ति का अभाव। वाक्य के भाव को पूरा करने के लिए शब्दसमूह में तीन तत्त्वों की आवश्यकता होती है।- आकांक्षा, योग्यता और आसक्ति।

आकांक्षा = (दो प्रकार) – (१) अनियता और (२) नियता। (अथवा उत्थाप्या और उत्थिता)।

आकाश = (१) वेदान्त के अनुसार – परमात्मा से उत्पन्न आद्य भूत तत्त्व। (२) बौद्ध मतानुसार – प्रकृति धर्मानुसार स्वयंभू सूक्ष्म वायु या शून्य, जो सृष्टि का मूल तत्त्व है।

आकाश के गुण = संख्या, परममहत्परिमाण, एकपृथक्त्व, संयोग, विभाग, और शब्द (वैशेषिक सूत्र १-१-३१)।

आगम = तंत्रविद्या- अवैदिक प्राचीन लोगों का आचार धर्म।

आज्ञावहा नाडी = सहस्रार चक्र से आज्ञाचक्र तक जीवात्मा का संदेश पंहुचाने वाली एक सूक्ष्म नाडी।

आणव = काश्मीरीय शैव (प्रत्यभिज्ञा) दर्शन के अनुसार आत्मचैतन्य की ज्ञानप्राप्ति का एक उपाय।

आत्मख्याति = रज्जु पर भासित सर्प आदि बुद्धि में ही उत्पन्न होते है और वे नेत्रदोष के कारण दृग्गोचर होते है। क्षणिक विज्ञान के कारण होने वाला भ्रम ही आत्मख्याति का स्वरूप है। यह बौद्ध विज्ञानवादी मत है।

आत्मगुण = बुद्धि, सुख, दुःख, इच्छा, द्वेष, प्रयत्न, धर्म अधर्म। (नैयायिक मत)।

आत्मचतुष्टय = जीवात्मा, (देहस्थ आत्मा), शिवात्मा (विश्वस्थ आत्मा), परमात्मा (दिक्कालातीत आत्मतत्त्व) और निर्मलात्मा (शुद्ध चैतन्य)।

आत्मतत्त्व = काश्मीरीय शैव दर्शन के अनुसार तीन प्रधान तत्त्वों में से एक। इसमें पंच महाभूत, पंच विषय, पंच ज्ञानेन्द्रिया, पंच कर्मेन्द्रियाँ, मन, बुद्धि, अहंकार, पुरुष-प्रकृति, माया, कला, काल, विद्या, राग, काल और नियति - इन ३१ तत्त्वों की गणना होती है।

आत्मयाजी = सब प्राणियों में आत्मस्वरूप तथा आत्मस्वरूप में भूतमात्र को देखने वाला ज्ञानी महात्मा, ("सर्वभूतेषु चात्मानं सर्वभूतानि चात्मनि") इस श्रेष्ठ आध्यात्मिक अवस्था का अनुभव

करनेवाला। (मनु. १२-९१)।

आत्मसाक्षात्कार = इन्द्रियाँ, मन, और बुद्धि के परे आत्मतत्त्व का प्रत्यक्षवत् ज्ञान। द्रष्टा और दृश्य की एकता। 'अहं ब्रह्माऽस्मि' महावाक्य की अनुभूति। इसीको अपरोक्षानुभूति, अमृतानुभव, तथा सोऽहं बोध कहते हैं।

आत्मा = अप् या अत् धातु से निष्पन्न होने से इस शब्द के चार अर्थ सिद्ध होते है – (१) सर्वव्यापी तत्त्व, (२) सर्वसमावेशक तत्त्व, (३) विषयानुभव पाने वाला तत्त्व, (४) नित्य अस्तित्व होने वाला (अविनाशी) तत्त्व। आस्तिक और नास्तिक दर्शनों ने अपने अपने सिद्धान्त के अनुसार इस शब्द के लक्षण बताए है।

(१) बौद्ध मतानुसार क्षणिक विज्ञान।

(२) वैशेषिक नैयायिकों के अनुसार – नित्य और विभु द्रव्यविशेष जो अनेक है। ज्ञान, इच्छा, प्रयत्न, सुख-दुःख, धर्माधर्म और भावनारूप संस्कार आत्मा के गुण है।

(३) सांख्य योग मतानुसार – पुरुष तत्त्व जो ज्ञानस्वरूप, द्रष्टा तथा कूटस्थ है।

(४) मीमांसक मतानुसार – सुख-दुःखादि उपाधिरहित अहंप्रतीति का विषय। भाट्ट मीमांसक इसे अंशतः ज्ञानस्वरूप और अंशतः जडस्वरूप मानते है।

(५) द्वैतवादी वेदांत मतानुसार – शरीरस्थ चैतन्य, प्रत्यगात्मा, जीवात्मा। जो हृदयस्थित होता है। (परमात्मा शब्द सर्वव्यापी परब्रह्म के अर्थ में प्रयुक्त होता है।)

(६) तांत्रिक मतानुसार – कुलाम्नाय में इसे विश्वमय, विश्वोत्तीर्ण और प्रकाशात्मक कहा है।

आदित्य हृदय = सूर्योपासना का एक विशिष्ट मंत्र। संक्रातियुक्त आदित्यवार को इस मंत्र का जप करते हैं।

आधिदैविक ताप = (दो प्रकार) – **ऐहिक** – अर्थात् ग्रहपीडा आदि के कारण प्राप्त और **आमुष्मिक** – मरणोत्तर नरकादि यातनाएं।

आधिभौतिक ताप (या दुःख) = सर्प, व्याघ्र, चोर आदि कारणों से यह होता है। इसके भेद अनन्त हैं।

आध्यात्मिक = आत्मा, एवं अन्तःकरण से संबंधित विषय।

आध्यात्मिक ताप = (चार प्रकार) शारीरिक, ऐन्द्रियिक, वायवीय और मानसिक।

आनंदमय कोश = कारणशरीरस्थ सत्त्व तथा मोदादि वृत्तियों का समूह।

आंतरदृश्यानुविद्ध समाधि = वेदांत शास्त्रोक्त संविद्रूप समाधि के प्रकारों में से एक। देह- इन्द्रिय- मन प्राण- बुद्धि इ. स्थूल और सूक्ष्म व्यष्टित्व को भुला कर 'अहं ब्रह्मास्मि'- अनुभव की धारणा।

आन्वीक्षिकी = चार विद्याओं में से एक। प्रत्यक्ष और आगम के द्वारा ज्ञात विषय के पुनः ईक्षण को अन्वीक्षा कहते हैं। यही तर्कविद्या का कार्य है। अमरकोश के अनुसार दण्डनीति, तर्कविद्या और अर्थशास्त्र को आवीक्षिकी कहते हैं।

आन्वीक्षिकी = (१) तर्कविद्या, (२) अध्यात्मविद्या। (सूख-दुःख के कारणों का अन्वीक्षण करने वाली विद्या)।

आप्त = धर्म का प्रत्यक्ष ज्ञान रखने वाला (साक्षात् कृतधर्मा), यथार्थवक्ता। राग द्वेषादि विकार से असत्य भाषण न करने वाला। **आप्तवाक्य** यथार्थज्ञान का एक प्रमाण है।

आप्त = यथार्थवादी और हितकारी ज्ञानी पुरुष।

आप्तवचनम् = (१) आप्त- (विश्वासयोग्य सत्पुरुष) का वचन जो प्रमाणभूत माना जाता है। (२) शास्त्र के प्रमाणभूत ग्रंथ से उद्धृत वाक्य।

आप्तश्रुति = देखिये आप्तवचन)।

आभासवाद = दृश्यमान विश्व संविद्रूप परमेश्वर से अभिन्न है किन्तु वह घट-पटादि रूपों में भिन्न सा अवभासित होता है। वेदान्त तथा प्रत्यभिज्ञा दर्शनों का एक मत।

आभूतसंप्लव = पंच महाभूतों के अतिरिक्त सृष्टि का प्रलय।

आमर्ष = (काश्मीरीय शैव दर्शनानुसार) वेद्य पदार्थों का साधारण ज्ञान। यही परम शिव की ज्ञानशक्ति का स्वरूप है।

आरंभक कारण = उपादान कारण के तीन प्रकारों में एक। समवाय संबंध से परमाणु का व्द्यणुक आदि से संयोग करने वाला।

आरंभवाद = नैयायिक मतानुसार उत्पत्ति के पूर्व कार्य का अस्तित्व नहीं माना जाता। विविध प्रकार के कारण एकत्रित होने पर उनसे कार्य की उत्पत्ति होती है। उत्पत्ति के पूर्व कार्य का अस्तित्व (सत्कार्यवाद के अनुसार) होता तो उसके उत्पादन के प्रयत्नों की आवश्यकता नहीं होती।

आरंभवाद = आरंभवाद मृत्तिका (कारण) और घट (कार्य) का स्वतंत्र अस्तित्व मानता है। यह वैशेषिक और न्याय दर्शन का एक सिद्धान्त है।

आरूढ औपाधिक ब्रह्म = उपाधि से तादात्म्य पाया हुआ ब्रह्म। इसी को जीव कहते हैं।

आवरण = मूल वस्तु का विस्मरण। दो प्रकार – (१) असत्त्वापादक और (२) अभानापादक।

आवरण शक्ति = माया (अविद्या) की एक शक्ति जो सच्चिदानन्द स्वरूप ब्रह्म के शुद्ध स्वरूप को आच्छादित करती है। उदा. – छोटा सा मेघ विशाल, सूर्य को आच्छादित करता है, अथवा मंद प्रकाश, रज्जु के स्वरूप को आच्छादित करता है। मूल आच्छादित होने पर माया की दूसरी ''शक्ति'' उसी अधिष्ठान पर अन्य रूप को प्रतिभासित करती है। उसीको **'विक्षेप शक्ति'** कहते हैं। रज्जु पर प्रतिभासित सर्प या ब्रह्मसत्ता पर प्रतिभासित दृश्य संसार- विक्षेप शक्ति का कार्य है।

आश्रयासिद्ध हेत्वाभास = दो प्रकार (१) अन्यतरासिद्ध, (२) उभयासिद्ध।

आश्रयासिद्ध = ''गगनारविन्दं सुरभि, अरविन्दत्वात् सरोजारविन्दवत्''- इस उदाहरण में अरविन्दत्व हेतु में आश्रयासिद्धत्व है। यहां आश्रय (पक्ष) असिद्ध है। दो प्रकार

– (१) असदाश्रयासिद्ध। उदा. – गगनारविन्दम् इत्यादि उपरिनिर्दिष्ट। (२) असाधक – उदा. – क्षित्यादिकं सकर्तृकम्, कार्यत्वाद्, घटवत्।

आश्वासन = शास्त्र प्रतिपाद्य विषय के अतिरिक्त गौण विषयों का त्याग करने की सूचना देने पर, मुख्य विषय की फलप्राप्ति का आश्वासन। उदा. – गीता में "योगक्षेमं वहाम्यहम्" " न मे भक्तः प्रणश्यति" इत्यादि वचनों में भक्तियोगी के लिए आश्वासन दिए हैं। गौण विषयों में आश्वासन नहीं है। यह शास्त्रपरिचायक अष्टक में से एक अंग है।

आसक्ति = भागवत संप्रदायानुसार परमात्मा के प्रति ११ प्रकार की भक्ति। ११ प्रकार – गुणमाहात्म्यासक्ति, रूपासक्ति, पूजासक्ति, स्मरणासक्ति, दास्यासक्ति, सख्यासक्ति, कान्तासक्ति, वात्सायासक्ति, आत्मनिवेदनासक्ति, तन्मयासक्ति, परमविरहासक्ति।

आसत्ति = वाक्य के अर्थ की प्रतीति होने के लिए शब्द समूह में आवश्यक एक तत्त्व। अर्थात् कालक्षेप का अभाव या सन्निधान।

आसन = (स्थापनरूप योग का एक अंग) दिक्कालातीत ब्रह्म - तत्त्व में चित्तवृत्ति को स्थापित करना। यही सिद्धासन कहलाता है।

आहार्य ज्ञान = प्रत्यक्ष। उदा. – निर्वह्निः पर्वतो वह्निमान् इति ज्ञानम्। (२) ह्रदो वह्निमान् इति ज्ञानम्।

वाक्यार्थद्योतकता = उदा. – अत एव गविति आह। भू सत्तायामिति।

आहार्य प्रतिभा = विद्यमान जन्म के संस्कारों से प्राप्त विशिष्ट बौद्धिक शक्ति, जो नवीन कल्पनाएँ स्फुरित करती हैं।

इच्छा (प्रकार) = काम, अभिलाषा, राग, संकल्प, कारुण्य, वैराग्य, उपधा (दूसरों को ठगाने की इच्छा), भाव।

इच्छाशक्ति = शक्ति के तीन प्रकारों में से एक जो कार्यरूप और अहंता – ममता युक्त (अहंतादात्म्य विषयिणी) होती है।

इतरेतराश्रय = अन्योन्यसंबंध। तर्क में एक दोष।

इन्द्रिय = शरीर से संबद्ध ज्ञान का साधन जो अनुमानगम्य होता है। भेद – ५ कर्मेन्द्रियां, ५ ज्ञानेन्द्रियां और १ (मन) उभयेन्द्रिय। "शरीरसंयुक्तं ज्ञानकरणम् इन्द्रियम्" (तर्कभाषा)।

इन्द्रिय के विशेषण = इन्द्रलिंग, इन्द्रदृष्ट, इन्द्रसृष्ट, इन्द्रजुष्ट, इन्द्रदत्त। (अष्टाध्यायी – ५-२-९३)

इन्द्रियसन्निकर्ष = ज्ञानेन्द्रिय का विषय से संबंध। प्रत्यक्षज्ञान का कारण।

इन्द्रियसंयम = ज्ञानेन्द्रियों तथा मन को बाह्य प्रिय विषयों से अलिप्त रखना।

इन्द्रियार्थ सन्निकर्ष = इन्द्रिय का विषय से संबंध = (दो प्रकार)- लौकिक और अलौकिक। **लौकिक के छह प्रकार-** संयोग, संयुक्तसमवाय, संयुक्त समवेत समवाय, समवाय, समवेत समवाय, विशेषण – विशेष्यभाव। यही सविकल्पक ज्ञान के पश्चात् होने वाले निर्विकल्पक ज्ञान का कारण है।

अलौकिक सन्निकर्ष के तीन प्रकार – सामान्यलक्षण, ज्ञानलक्षण और योगजधर्म। यही अलौकिक प्रत्यक्ष ज्ञान का कारण है।

इष्टा निष्ठा = अन्य संप्रदायों के महात्माओं के सिद्धान्तों का स्वीकार न करते भी हुए उन्हें स्तुतियुक्त प्रणाम करना।

इष्टापत्ति = विवाद में वादी का वह वक्तव्य जो प्रतिवादी के अनुकूल होता है।

ईशित्व = आठ सिद्धियों में से एक, जिसके प्रभाव से योगी सभी पर अधिकार पाता है।

ईश्वर = मायावच्छिन्न अर्थात् सगुण, सविशेष ब्रह्म। सृष्टि का निमित्त कारण तथा उपादानकारण (वेदान्त मत)।

ईश्वर = क्लेश, कर्मविपाक, और आशय (कर्मफलानुरूप संस्कार) से अलिप्त विशिष्ट पुरुष (योगसूत्र १-२४)।

ईश्वर = मायायुक्त, सगुण ब्रह्म। सर्वज्ञ, सर्वेश्वर, सर्वकाम, सर्वनियंता, सर्वान्तर्यामी और जगत्कारण – इन विशेषणों से अद्वैतदर्शन में ईश्वर का स्वरूपलक्षण कहा जाता है। सृष्टि की उत्पत्ति, स्थिति और लय का कारण ईश्वर ही है जो ब्रह्मारूप में उत्पत्ति, विष्णुरूप में स्थिति (पालन) और महेशरूप में प्रलय करता है।

ईश्वर = सर्वज्ञ, सर्वशक्तिमान संसार की उत्पत्ति स्थिति और प्रलय करने वाला दिव्य तत्त्व जो सृष्टि का निमित्त कारण है। वेदों का निर्माता। (न्यायमत)।

ईश्वर = यज्ञपति, जो यजमान को कर्मफल देता है। (मीमांसक मत)।

ईश्वर = (या समष्टिस्वरूप जीवात्मा) के तीन भेद – विराट् (वैश्वानर), सूत्रात्मा (हिरण्यगर्भ) और ईश्वर। **वैश्वानर** = स्थूल शरीर में अन्नमयकोश के अंतर्गत जाग्रत अवस्था का अभिमानी। **सूत्रात्मा** – सूक्ष्मशरीर में मन- प्राण- विज्ञानमय कोश के अन्तर्यत स्वप्नावस्था का अभिमानी। **ईश्वर** – कारणशरीर में आनंदमय कोश के अन्तर्गत सुषुप्ति - अवस्था का अभिमानी।

ईश्वरचैतन्य = माया या अविद्या में प्रतिबिंबित चैतन्य स्वरूप परब्रह्म।

ईश्वर तत्त्व = काश्मीरीय शैव (त्रिक) दर्शनानुसार विकासोन्मुख ज्ञान की तृतीय अवस्था, जिसमें "इदम् अहम्" यह प्रतीति होती है।

ईश्वर प्रणिधान = उक्त और अनुक्त सभी क्रियाओं का, परमगुरु परमेश्वर को निष्काम बुद्धि से समर्पण। (योगदर्शन)।

ईश्वर-लीला = ईश्वर पूर्णकाम होने से सृष्टि –निर्मिति से उस का कोई प्रयोजन नहीं, और सर्वज्ञ होने के कारण वह निरुद्देश भी सृष्टिनिर्मिति नहीं करता। अतः सृष्टिनिर्मिति "ईश्वरलीला" कही जाती है। (ब्रह्मसूत्र शांकरभाष्य २-१, ३२-३३)। इस सृष्टिकार्य में ईश्वर को ही उपादान तथा निमित्त कारण, अद्वैत दर्शन में माना है।

ईश्वराद्वयवाद = काश्मीरीय शैव सिद्धांत का अपर नाम। इसके अनुसार परमशिव (परमेश्वर) ही एक मात्र तत्त्व है

और जगत् उसका स्वेच्छा से धारित स्वरूप है। वही सृष्टि, स्थिति, संहार, अनुग्रह और विलय इन पांच कृत्यों का संपादक है। परमेश्वर और जगत् का संबंध "दर्पण – प्रतिबिंबवत्" कहा गया है।

ईश्वराश्रिता अप्रमावृत्ति = अन्य सभी पदार्थों की प्रतीति अष्टविध प्रमाणों पर अवलंबित होती है। किन्तु ईश्वर की प्रतीति लौकिक प्रमाणों पर आश्रित नहीं है। वह ईश्वर की कृपा पर अवलंबित होती है।

उच्छेदवाद = आत्मा का नास्तित्व प्रतिपादन करने वाला मत। इसी को नास्तिक मत कहते है। (नास्ति आत्मा इति मतं)।

उत्कर्षसम = 'शब्दः अनित्यः कृतकत्वात् घटवत्' इस तर्क में घट कृतक (कृत्रिम) होने से रूपवान भी है अतः घटवत् शब्द भी रूपवान् मानना आवश्यक होता है। यही उत्कर्षसम जाति का स्वरूप है, जिसमें विवक्षित साध्य के विपरीत सिद्ध होता है।

उत्तरपक्ष = पूर्वपक्ष का खंडन तथा सम्यक्तया सिद्धान्त का निर्धारण। दो प्रकार – (१) जिज्ञासा-शांतिरूप और (२) विवाद – शांतिरूप।

उत्तरमीमांसा = उपनिषद् वाक्यों की समीक्षा का शास्त्र अर्थात् वेदान्तदर्शन। 'प्रस्थानत्रयी' के अन्तर्गत ब्रह्मसूत्र, दशोपनिषद् और भगवद्-गीता इस दर्शन के आधार ग्रंथ हैं।

उद्धरण = शास्त्र में प्रतिपादित सूक्ष्म तत्त्व का बुद्धि से दृढ आकलन। उदा.- गंधादि गुणों से विरहित पृथ्वी आदि द्रव्यों का आकलन।

उन्मनी = योगसाधक को प्राप्त होने वाली एक आनंदमयी अवस्था, जिसमें संकल्पविकल्पात्मक मन के व्यापार बंद रहते हैं।

उत्पत्तिविधि = कर्म के स्वरूप मात्र का बोध कराने वाली विधि। दो प्रकार- (१) द्रव्य और (२) देवता। उदा.- ज्योतिष्टोमे सोमेन यजेत।

उत्सर्ग = सामान्य शास्त्र। उदा. – "न हिंस्यात् सर्वा भूतानि।" अपवाद का विषय छोड़कर उत्सर्ग की प्रवृत्ति होती है अतः "अग्निषोमीयं पशुम् आलभेत" इस अपवाद से उत्सर्ग में बाधा नहीं आती।

उदान = पंच प्राणों में कंठदेश में स्थित वायु जो ऊर्ध्वगामी होती है और जिसके कारण भाषण, गायन आदि कर्म होते हैं। अधर, नेत्र, गात्र आदि शरीरावयवों का संचालन या स्पंदन करने वाली यह वायु शरीर के संधिस्थानों में रहती है।

उदाहरण = व्याप्तिप्रतिपादक दृष्टान्तवचन। उदा. – यो यो धूमवान् स स वह्निमान् इस व्याप्ति को प्रतिपादित करने वाला, "यथा महानसः" यह वाक्य। दो प्रकार – (१) अन्वयी और (२) व्यतिरेकी (उदा. – यथा सरः)।

उदाहरण = पदार्थानुगान के प्रसिद्ध उदाहरण में व्याप्तिसहित दृष्टांत देना। उदा. – "यो यो धूमवान् स स वह्निमान् यथा महानसः। जहां हेतु और साध्य की व्याप्ति नहीं होती वह उदाहरण नहीं होता।

उपकरण = कार्य को संपन्न करने वाले प्रधान साधनों से सहायक गौण साधन। उदा. – घट निर्मिति में कुलालचक्र के अतिरिक्त दण्ड आदि साधन।

उपक्रम = ग्रंथ के तात्पर्य का निर्णय देने वाले हेतुओं में एक। (हेतु – उपक्रम और उपसंहार, अभ्यास, अपूर्वता, फल, अर्थवाद और उपपत्ति)।

उपधा = अन्त्य स्वर या व्यंजन का पूर्ववर्ती वर्ण। उदा. – रामः में 'म्'। जगत् में 'अ'। अलोन्त्यात् पूर्व उपधा। (पाणिनि सूत्र १-१-६४)।

उपनय = पदार्थानुमान में परामर्श (देखिये) का बोध करवाना। उदा. – तथा (वह्निव्याप्य धूमवान्) च अयं पर्वतः।

उपनय = न्याय का एक अववय। उदा. – "वह्निव्याप्य धूमवान् अयं पर्वतः" अथवा "तथा च अयम्" यह वाक्य। दो प्रकार – (१) अन्वयी और (२) व्यतिरेकी।

उपनिषद् = (१) ब्रह्मविद्या का प्रतिपादन करने वाला वेदों का अंतिम भाग। (२) वेदान्त शास्त्र।

उपप्राण = (पांच वायु) – नाग, कूर्म, कृकल, देवदत्त, और धनंजय। इनके कारण, डकार, निमिषोन्मेष, छींक, जमुहाई जैसे कार्य शरीर में यथाक्रम होते हैं। धनंजय वायु मरणोत्तर कुछ समय तक ब्रह्मरंध्र में रहती है।

उपमान = समानरूपता का ज्ञान। उदा. – "गोसदृशो गवयः" इस वाक्य के द्वारा गवय का ज्ञान साधारण मनुष्य को होता है। तीन प्रकार – (१) साधर्म्योपमान, (२) वैधर्म्योपमान, (३) धर्ममात्रोपमान।

उपमिति = तुल्यस्वरूप ज्ञान का साधन। गौ आदि पदार्थ के पूर्वज्ञात गुणधर्मों का सादृश्य, अदृष्टपूर्व पदार्थ में देखने पर होने वाला समानता का ज्ञान। इस ज्ञान को उपमिति कहते हैं। प्रत्यक्ष ज्ञान को प्रमिति कहते हैं।

उपयोग = नियमपूर्वक विद्या ग्रहण करना। (अष्टाध्यायी १-४-४९-काशिका)।

उपरम = बाह्य विषयों से निवृत्त की हुई बुद्धि को पुनश्च विषयों के प्रति जाने से रोकना।

उपलक्षण = काकवत् देवदत्तगृहम्। देवदत्त के घर का यह उपलक्षण है। घर पर कौवे नित्य नहीं होते। उदा. – जटाभिः तापसः। काकेभ्यो दधि रक्ष्यताम् इत्यादि।

उपलब्धिसम = (जाति)- पर्वतो वह्निमान् धूमात् इस उदाहरण में धूम के कारण पर्वत पर वह्नि का अस्तित्व सिद्ध होता है। उसी प्रकार प्रत्यक्ष दर्शन से भी वह सिद्ध होता है। अथवा "शब्द अनित्यः प्रयत्नानुविधायित्वात् घटवत्"। इसमें शब्द की उत्पत्ति पुरुष प्रयत्न के बिना (तेज वायु से वृक्षशाखाओं के हिलने के कारण) भी हो सकती है। अतः निर्दिष्ट कारण पर्याप्त नहीं होते।

उपविघ्न = (योगाभ्यास के) – दुःख, दौर्मनस्य (मन की

अस्वस्थता), अंगमेजयत्व (शरीरकम्प), श्वास और प्रश्वास।
उपसर्ग = योगाभ्यास में उत्पन्न होने वाले विघ्न।
उपसाद = वेदांत-तत्त्व के अभ्यास का एक प्रकार। इसमें देहबाह्य स्थूल तत्त्वों का त्याग करते हुए सूक्ष्म, सूक्ष्मतर, सूक्ष्मतम तत्त्व के आकलन का प्रयत्न होता है। **चार भेद** – दृष्टांत, उद्धरण, साधन और संस्थापन।
उपादान (लक्षणा) = देखिये अजहत्स्वार्था। उदा. – 'कुन्ताः प्रविशन्ति' इस वाक्य में कुन्त शब्द कुन्त (भाला) धारण करने वाले मनुष्यों का वाचक होता है।
उपादान कारण = कारण के दो प्रकारों में एक। कार्य की उत्पत्ति, स्थिति और लय जिस पर अवलंबित रहते हैं। (तीन प्रकार) – आरंभक, परिणामी और विवर्ती।
उपाधि = दो प्रकार – (१) समष्टिरूप और (२) व्यष्टिरूप।
उपाधि = सोने का अलंकार उपाधिरूप होता है किन्तु उसका मूलाधार (अधिष्ठान) सोना वहीं रहता है। उपाधि (कुंडलादि) अन्यान्य रूपों में प्रतीत होती है।
उपाधि = (१) पदार्थ के विभाजक 7 तत्त्व- द्रव्यत्व, गुणत्व, कर्मत्व, सामान्यत्व, विशेषत्व, समवायत्व और अभावत्व। **दो प्रकार** – (१) सखण्ड – उदा. – आकाशत्वादि)। (२) अखण्डोपाधि – (उदा. – प्रमेयत्व प्रतियोगित्त्व आदि)। (२) स्फटिक में लाल रंग दिखने में जपापुष्प (एक लाल फूल) उपाधि माना जाता है। (३) अग्नि के धूमवत्त्व में आर्द्रेन्धनसंयोग उपाधि होता है। (४) मैत्री के पुत्र में श्याम वर्णत्व विशिष्ट शाकपाकादि आहार उपाधि मूलक होता है।
उपांशु जप = अत्यंत मंद स्वर में मन्त्रजप जो दूसरे को सुनाई न दे।
उपेक्षा = शास्त्र में प्रतिपादित सिद्धांत के अवलंबन से सभी प्रकार के फलों की प्राप्ति होने की संभावना होने से, अन्य मतों की उपेक्षा। यह शास्त्र परिचायक अष्टक का सप्तम अंग है।
उभयासिद्ध = हेत्वाभास का एक प्रकार। उदा. –नित्यः शब्दः सावयवत्वात्। यह हेतु, वादी और प्रतिवादी दोनों की दृष्टि से असिद्ध है।
ऊर्मिषट्क = क्षुधा, तृषा, दुःखावेग, उन्माद, ऱ्हास, और मृत्यु। इन छह ऊर्मियों को आध्यात्मिक साधना का विघ्न माना जाता है।
ऊह = संस्कारजन्य ८ सिद्धियों में से एक। केवल अपनी कल्पना से ज्ञान प्राप्त करने की शक्ति।
ऊह = (१) वाक्यार्थ के अन्वयानुसार विशिष्ट शब्द के विभक्तिवचन आदि की कल्पना। (२) अर्थानुसार विशिष्ट शब्द का परिवर्तन कर दूसरे शब्द का प्रयोग। उदा. – 'सूर्याय' के स्थान में 'अग्नये' शब्द का प्रयोग करना इ.।
ऊह = तर्क या अनुमान का एक प्रकार। उदा. – "न पिता वर्धते न माता" इस वाक्य से "अन्ये वर्धन्ते" यह ऊह होता है। (२) "अग्नये जुष्टं निर्वपामि" इस मन्त्र का सूर्य से संबंध होने पर "सूर्याय" शब्द का ऊह करते हैं।
ऋत = न्याय स्वरूप धर्म, जो विधाता के तप से सत्य के साथ उत्पन्न हुआ।
ऋतंभरा प्रज्ञा = ऋत = निर्विचार समाधि से उत्पन्न सत्य का धारण करने वाली तथा विपर्यासहीन ज्ञान देने वाली प्रज्ञा।
एकतत्त्ववाद = इस संसाार में एकमात्र सत्य तत्त्व है, चाहे वह भौतिक हो या आध्यात्मिक, इस सिद्धान्त का प्रतिपादक मत।
एकवाक्यत्व = विशिष्ट एक अर्थ का प्रतिपादन। उदा. – "देवदत्तो ग्रामं गच्छति" इस शब्द समूह में एकवाक्यत्व है। दो प्रकार – (१) पदैकवाक्य और (२) वाक्यैकवाक्य।
एव = तीन प्रकार – (१) विशेषणसंगत, उदा. – "शंखः पाण्डरः एव।" (२) विशेष्यसंगत उदा. – "पार्थ एव धनुर्धरः।" (३) क्रियासंगत – "नीलं सरोजं भवति एव।" इन तीन प्रकारों में यथाक्रम अयोगव्यवच्छेद, अन्ययोग व्यवच्छेद और अत्यन्तायोग व्यवच्छेद एवकार से व्यक्त होता है।
एकाक्षर ब्रह्म = ओंकार जो निर्गुण परब्रह्म तथा ईश्वर का वाचक शब्द है। इसीको प्रणव भी कहते है।
एकांगरूप उपासना = सगुणप्रतीकोपासना का एक प्रकार। इसमें अग्नि, आदित्य, वायु इत्यादि की उपासना होती है।
ऐषणात्रय = पुत्रैषणा, वित्तैषणा, और लोकैषणा। (एषणा = अभिलाष, कामना, आंतरिक इच्छा)।
ऐतिह्य = पौराणिकों द्वारा सम्मत प्रत्यक्ष-अनुमान आदि आठ प्रमाणों में से एक। जिनके मूल वक्ता अज्ञात होते हैं किन्तु जिनका प्रचार परंपरा से होता है ऐसे वाक्य इस प्रमाण के द्योतक होते हैं। उदा. – वटे वटे यक्षः। या इह वटे यक्षः तिष्ठति। इतिहास और पुराण एक प्रमाण माना गया है। प्रत्यक्ष अनुमान आदि ६ प्रमाणों के अतिरिक्त इस प्रमाण, का अन्तर्भाव तार्किको ने शब्द प्रमाण में किया है।
ऐन्द्रियिक ताप = आध्यात्मिक ताप का एक प्रकार, जो इन्द्रियों की अशक्तता या नाश के कारण होता है।
ऐश्वर्य = अणिमा महिमा आदि आठ सिद्धियों का स्वामित्व।
औपदेशिकी प्रतिभा = मंत्र-तंत्र आदि साधना के कारण उत्पन्न होने वाली नवोन्मेषशालिनी प्रज्ञा। (काव्यमीमांसा - राजशेखरकृत)।
औपादानिक बोध = उपपत्ति के बिना केवल शब्द मात्र से होने वाला बोध। उदा. – "स्वर्गकामो यजेत" इस वाक्य से यज्ञ स्वर्ग का साधन है, यज्ञ से स्वर्ग प्राप्ति की इच्छा पूर्ण होती है, स्वर्ग की अभिलाषा रखने वाले ने यज्ञ करना चाहिए इत्यादि प्रकार का बोध, किसी उपपत्ति पर आधारित नहीं है। अंतः उसे 'औपादानिक' कहते हैं।
औपाधिक ब्रह्म = उपाधि दृष्टि से आरोपित ब्रह्म स्वरूप, दो प्रकार – तटस्थ और आरूढ।
औलूक्य दर्शन = कणाद दर्शन का अपर नाम। शिव ने कणाद को उलूक रूप में छह पदार्थों का ज्ञान देने की कथा

के कारण यह नाम रूढ हुआ है। (२) कणाद उलूक ऋषि का वंशज होने के कारण भी यह संज्ञा प्रचलित हुई।

कथा = (१) वादी-प्रतिवादी की चर्चा। तीन प्रकार (१) वाद, (२) जल्प और (३) वितण्डा। (वात्स्यायन १-२-४२)।

कमला = दश महाविद्याओं में एक। इसीको "लक्ष्मीविद्या" कहते हैं।

कर्म = वेदान्त मतानुसार ३ प्रकार – सात्त्विक, राजस और तामस। अन्य ३ प्रकार – संचित, प्रारब्ध और क्रियमाण।

कर्म = न्याय- वैशेषिक मतानुसार पांच प्रकार – उत्क्षेपण, अपक्षेपण, आकुंचन, प्रसारण, और गमन। (भ्रमण, रेचन, स्पन्दन, ऊर्ध्वज्वलन, तिर्यग्गमन इत्यादि गमन के अनेक प्रकार माने जाते हैं।)

कर्म = योगशास्त्रानुसार ६ प्रकार – धौती, बस्ति, नेति, नौलिकी, त्राटक, और कपालभाति।

कर्मविधि = अपूर्व विधि के चार प्रकारों में से प्रथम प्रकार। उदा. – 'अग्निहोत्रं जुहोति' इत्यादि वेदवाक्य। (मीमांसा)।

कर्मजन्यगुण = (३ प्रकार) – संयोग, वियोग, और वेग।

कर्माधिकारी = अपने वर्णाश्रमादिका अभिमानी, धनवान् कुशल पुरुष। यह वेदोक्त कर्म का अधिकारी माना है।

कर्मेन्द्रिय = मुख, हस्त, पाद, गुद, जननेन्द्रिय, (योनि या शिश्न)।

कला = काश्मीरीय शैव (त्रिक्) दर्शन के अनुसार माया की पांच उपाधियों में से एक जिससे जीव की कर्तृत्वशक्ति का संकोच होता है।

काम = (१) श्रोत्रादि पांच ज्ञानेन्द्रियों की मन से तथा आत्मा से संयुक्त हो कर निजी विषय का ग्रहण करने की स्वाभाविक प्रवृत्ति। (२) स्पर्श से विशेष प्रकार के वांछित फल तथा सुख की प्राप्ति। (कामसूत्र १-२-११,१२)

कामकला = (१) तीन बीज, तीन शक्तियां, और तीन लिंग इन तत्त्वों का अविनाशी त्रिकोण। (२) शाक्त मतानुसार नाद, बिन्दु (जो सृष्टि के आदि बीज है) का स्पन्दन। (३) नाद बिन्दु और बीज (अर्थात् सत्त्व, रज, तम) या ब्रह्मा, विष्णु, रुद्र या वामा, ज्येष्ठा, रौद्री या चंद्र, सूर्य, अग्नि इन त्रितयों का त्रिकोण।

कारक = वाक्य में नामपदों का क्रियापदों से विशिष्ट संबंध। छह प्रकार – कर्ता, कर्म, करण, संप्रदान, अपादान, और अधिकारण। इनके २ विभाग – (१) उक्त कारक – (उदा. – पचति, पच्यते इ.।) (२) अनुक्त० – (उदा. – ग्रामं गच्छति, विप्राय ददाति, काष्ठैः पचति इत्यादि)।

कार्यकारण भाव संबंध = किसी कार्य के कारण में तथा कारण के कार्य में विद्यमान धर्मों में से एक विशिष्ट धर्म के कारण निर्मित संबंध।

कार्यब्रह्म = सगुण – साकार ईश्वर, जो सच्चिदानन्द स्वरूप कारण ब्रह्म या परब्रह्म का मायावच्छिन्न आविष्कार है।

कार्याध्यास = पूर्वज्ञान के संस्कार के विना होने वाली प्रत्यभिज्ञा। **प्रत्यभिज्ञा** के लिये पूर्वानुभव रूप सामग्री आवश्यक होती है। कार्याध्यास में वह सामग्री नहीं होती।

कार्योत्पत्ति = कारण से कार्य की उत्पत्ति के संबंध में मतभेद – **(१) सौगत** – (बौद्धमत) "असतः कारणात् सत् कार्यं जायते" (अविद्यमान कारण से विद्यामान कार्य की उत्पत्ति होती है।) **(२) नैयायिक** – उत्पत्ति के पूर्व अविद्यमान कार्य की उत्पत्ति, विद्यमान कारण से होता है। **(३) सांख्य** – कार्य कारण के रूप में विद्यमान रहता है, उसी की अभिव्यक्ति होती है। **(४) मायावादी** – कारण सद्रूप है, कार्य असत् मिथ्या (मायामय) होता है।

कारण = कार्य के पूर्व जिसका अस्तित्व निश्चित होता है। (कार्यनियतपूर्ववर्ति) और कार्य की निर्मिति में उसकी आवश्यकता अनिवार्य होती है। उदा. – घट का कारण मृत्तिका।

कारण = दो प्रकार (१) साधारण (उदा. – देश, काल, आदि)। (२) असाधारण उदा. – घट निर्मिति में मृत्तिका, दण्ड, चक्र आदि)।

कारण = दो प्रकार – उपादान और निमित्त। **उपादानकारण ३ प्रकार** – आरंभक, परिणामी और विवर्ती। **निमित्तकारण** – (२ प्रकार) दृष्ट और अदृष्ट। (कुल पांच प्रकार)।

कारण = दो प्रकार – (१) वैदिक (अन्वय मात्रावगम्य) (२) लौकिक (अन्वय-व्यतिरेक-गम्य)। दो प्रकार – (१) फलोपहित (उदा. – अनुमान में लिंगपरामर्श। (२) स्वरूप योग्य (उदा. – घटोत्पत्ति में दण्ड)। कार्योत्पत्ति के पूर्व जिसका अस्तित्व अवश्य होता है और जो कार्य से संबंधित होता है उसे कारण कहते है। उदा. – घट का कारण मृत्तिका आदि या पट कारण तन्तु आदि।

कारण = (दो प्रकार) – **(१) मुख्यकारण** – उदा. – घट का कारण मृत्तिका। **(२) अमुख्य** – या सहकारिकारण (उदा. – घट निर्मिति में दण्ड, चक्र आदि)

मुख्यकारण के तीन प्रकार – (१) समवायि (द्रव्य), असमवायि (गुण, कर्म), और निमित्त। ये तीनों कारण भावरूप कार्य के ही होते हैं। (ध्वंस का केवल निमित्तकारण ही होता है)।

अमुख्य कारण – केवल निमित्त होता है और वह अनेक प्रकार का होता है।

कारणपंचक = अधिष्ठान (क्षेत्र), कर्ता, करण (साधन), चेष्टा (क्रिया), और दैव (भगवद्गीता-१८-१४)। सभी कर्मों में ये पांच कारण होते हैं।

कारण शरीर (दो प्रकार) – समष्टिरूप और व्यष्टिरूप।

कारणाध्यास = ब्रह्म के सद्रूप का ज्ञान किन्तु चिदानंद रूप का अज्ञान इसका स्वरूप है।

काल = एक अमूर्त, अखंड, अनादि, अनंत एवं सर्वव्यापी तत्त्व जिसके कारण पदार्थ की वृद्धि तथा क्षय का ज्ञान होता है। सूर्य के कारण मानव को निमेष से युग तक दिन-रात्रि,

ऋतु, मांस, संवत्सर आदि कालावयवों का ज्ञान होता है। व्यवहार में अतीत (भूत) अनागत (भविष्य) और वर्तमान इन तीन विशेषणों का प्रयोग होता है। (कलयति आयुः अथवा कलयति सर्वाणि भूतानि इति कालः) इस विषय में प्रत्येक दर्शन का अलग अलग मत है।

काल = काश्मीरीय शैव (त्रिक्) दर्शन के अनुसार माया की पांच उपाधियों में से एक, जिसके कारण जीव की नित्यता का संकोच होता है और वह अनित्यता का अनुभव करता है।

काल = तत्त्वतः काल एक द्रव्य है किन्तु उपाधि के कारण अतीत (भूत), अनागत (भविष्यत्) और वर्तमान ऐसे तीन कालभेद माने जाते हैं। भूत और भविष्यत् काल के भी प्रत्येकशः अद्यतन और अनद्यतन नामक दो भेद माने जाते हैं। कार्यद्रव्यों की उत्पत्ति, स्थिति और विनाश के निमित्त काल के विविध भेद माने जाते हैं – क्षण, लव, निमेष, काष्ठा, कला, मुहूर्त, याम (या प्रहर), दिन, रात्रि, पक्ष, मास, ऋतु, अयन, संवत्सर, युग, कल्प, मन्वन्तर, प्रलय और महाप्रलय। नैयायिक काल को अतीन्द्रिय मानते हैं।

कालपरिच्छेद = आदि, मध्य तथा अंत की मर्यादा। तीन प्रकार – अतीत, वर्तमान, और अनागत।

कालात्ययापदिष्ट (या बाधित साध्यक) = एक हेत्वाभास। उदा. – "वह्निः अनुष्णः कृतकत्वात् पदार्थत्वात् वा जलवत्"। इस उदाहरण में साध्य अनुष्णत्व का अभाव प्रत्यक्ष प्रमाण से ही सिद्ध होता है। अन्य उदाहरण- घटः क्षणिकः सत्त्वात्। नित्यः शब्दः संयोगव्यङ्ग्यत्वात् रूपवत्।

काश्मीरीय शैवदर्शन = अपर नाम – प्रत्यभिज्ञादर्शन, त्रिक्दर्शन, षडर्धदर्शन, माहेश्वरदर्शन, ईश्वराद्वयवाद।

कीर्तन = सगुण भक्ति के नौ प्रकारों में एक। भगवान की चरित्र गाथाओं एवं गुणों का वर्णन करते हुए कीर्तन में सन्मार्ग का उपदेश होता है।

कुल = हठयोग में मूलाधार चक्र की संज्ञा। (कु- पृथ्वी, ल- लीन होना) अर्थात् पृथ्वी तत्त्व के लीन होने का स्थान। मूलाधार चक्र को पृथ्वी तत्त्व का निवासस्थान माना गया है।

कुल = तांत्रिक मार्ग में शक्ति की संज्ञा। (शिव को अकुल कहते हैं।)

कुल = शक्ति का उपासक एक द्वैतवादी तंत्र। अकुल तंत्र अद्वैती और शिवोपासन-परक है।

कुल = (१) तंत्र शास्त्र के अनुसार – जीव, प्रकृति, दिक्, काल, और पांच महाभूतों का समुदाय। (२) श्री चक्र के अन्तर्गत त्रिकोण (३) इसी को योनि कहते है।

कुलकुंडलिनी = (या कुण्डलिनी) तंत्र शास्त्र के अनुसार परमात्मा की दो शक्तियों में से अचित् शक्ति की संज्ञा। (दूसरी चित्-शक्ति आत्मस्वरूप ही है)। सर्प के साढ़े तीन कुण्डलों (या मंडलों) में यह शक्ति मूलाधार चक्र में अवस्थित होती है।

कूटस्थ = वेदान्त शास्त्र मे स्थूल और सूक्ष्म देह के आश्रय में और सुख-दुःखों के अनुभव में निर्विकार रहने वाले जीवात्मा का विशेषण।

कृत्यपंचक = सृष्टि, स्थिति, संहार, तिरोभाव और अनुग्रहकरण। ईश्वर के ये पांच कृत्य माने गए हैं।

कृत्रिम ज्ञानाभ्यास = देखिए स्थापनरूप योग। यही निदिध्यासन - रूप योग है। प्रकार – यम, नियम, त्याग, मौन, देश, काल, आसन, मूलबंध, देशसाम्य, दृक्स्थिति, प्राणसंयम, प्रत्याहार, धारणा, ध्यान और समाधि। (कुल १५)।

केवलव्यतिरेकि = (अनुमान या लिंग) केवल व्यतिरेक व्याप्ति पर ही आधारित अनुमान। इसमें अन्वयव्याप्ति नहीं होती। उदा. – (१) जीवत् शरीरं सात्मकं चेष्टावत्त्वात् प्राणादिमत्वात् वा। (२) पृथ्वी इतरेभ्यो भिद्यते गन्धवत्त्वात्।। (यहां गन्धवत्व केवलव्यतिरेकी हेतु है)।

केवलाद्वैत = एकमेवाद्वितीय ब्रह्म ही सत्य है। उसका ज्ञान वेदवाक्य से ही होता है। जगत् मायाकल्पित विवर्त मात्र है। मायारूढ चैतन्य ही जीव है। जीव तथा ब्रह्म के अद्वैत का ज्ञान ही मोक्ष है। इत्यादि प्रतिपादन करने वाला शांकर मत। इस मत में भागवत के अतिरिक्त प्रस्थान त्रयी प्रमाणभूत है।

केवलान्वयि = (अनुमान या लिंग) पक्षधर्मत्व, सपक्षसत्त्व, अबाधितविषयत्त्व और असत्प्रतिपक्षत्व इन चारों गुणों से युक्त अनुमान। इसमें विपक्ष का अभाव होने से 'विपक्षव्यावृत्ति' नामक पांचवा गुण नहीं होता। उदा.- "घटः अभिधेयः प्रमेयत्त्वात् यथा पटः", इस उदाहरण में "यत्र यत्र प्रमेयत्वं तत्र तत्र अभिधेयत्वम्" यह अन्वयव्याप्ति ही है। (अभिधेयत्त्व ज्ञेयत्व, प्रमेयत्व, वाच्यत्व, आदि धर्म केवलान्वयी होते हैं क्यों कि इनका अत्यन्ताभाव नहीं होता।)

कैवल्य = (१) सांख्य मतानुसार – त्रिविध दुःखों का आत्यंतिक वियोग। (२) योगमतानुसार – प्रकृति-पुरुष के पृथक्ता का ज्ञान उदित होने पर पुरुष (आत्मा) का निजरूप में अवस्थान। (३) वेदान्त मतानुसार- 'तत् त्वम् असि' इस आचार्योपदेश की स्वानुभूति अर्थात् "अहं ब्रह्मास्मि" (यह जीवात्मा ही परमात्मा है) यह अनुभूति।

क्रियायोग = तप, स्वाध्याय और ईश्वर की ध्यानधारणा (प्रणिधान)। (पातंजलयोग सूत्र-२-२) पुराणों के अनुसार मंदिरनिर्माण, मूर्तिपूजा आदि कार्य भी क्रियायोग हैं।

क्लेश = योगसूत्र के अनुसार, अविद्या, अस्मिता, राग, द्वेष, और अभिनिवेश इन पांचों की संज्ञा। ईश्वर क्लेशातीत होता है। (योगसूत्र- २-२,३)

कौलज्ञान = कुल (शक्ति) और अकुल (शिव) का सामरस्य।

खण्डप्रलय = (१) युगप्रलय, (२) मन्वन्तरप्रलय, (३) ब्राह्मदिनप्रलय। (इन्हीं को "अवान्तरप्रलय" कहते हैं।)

खेचरी मुद्रा = एक योगिक मुद्रा। जीभ उलटी करके कंठ नाल में काकजिह्वा तक पहुंचाना।

ख्यातिवाद = जगत् की उत्पत्ति की उपपत्ति का प्रतिपादन करने वाले सिद्धांत। उनकी संख्या पांच है अतः उन्हें "ख्यातिपंचक" कहते हैं।

ख्यातिपंचक = असत्ख्याति (शून्यवाद), आत्मख्याति (क्षणिकविज्ञानवाद), अन्यथाख्याति (नैयायिक मत), आख्यातिख्याति (सांख्य-प्राभाकर मत), और अनिर्वचनीय ख्याति (वेदान्त मत)। (ख्याति = प्रचीति)।

ख्याति = अन्य अधिष्ठान पर भासमान भ्रम का कथन। छह प्रकार – सत्ख्याति, असत्ख्याति, आत्मख्याति, अन्यथाख्याति, आख्याति और अनिर्वचनीयख्याति।

गांधारी = योगशास्त्रोक्त एक नाडी।

गुण = सत्त्व, रज, तम, (सांख्य मत)।

गुण = शम, दम, तितिक्षा इत्यादि (योग मत)।

गुण = (कुल २४) – रूप, रस, गन्ध, स्पर्श, संख्या, परिमाण, पृथक्त्व, संयोग, विभाग, परत्व, अपरत्व, गुरुत्व, द्रवत्व, स्नेह, शब्द, बुद्धि, सुख, दुःख, इच्छा, द्वेष, प्रयत्न, धर्म, अधर्म, संस्कार,। (वैशेषिकन्याय दर्शन)। (कणादसूत्र में १७ गुण माने गये हैं)। **इनका विभाजन** – मूर्तगुण, अमूर्तगुण, मूर्तामूर्तगुण, अनेकाश्रित, एकाश्रित, विशेष, सामान्य, एकेन्द्रियग्राह्य, द्वीन्द्रियग्राह्य, सर्वेन्द्रियग्राह्य, कारणोत्पन्न, कर्मोत्पन्न, असमवायि कारणात्मक, निमित्त - कारणात्मक, अनित्य, नित्य, नित्यानित्य, उद्भूत, अनुद्भूत, चित्र, अचित्र, पाकज, अपाकज, संयोगज, विभागज, इत्यादि प्रकारों में किया जाता है।

गुणरूप वस्तुपरिच्छेद = द्रव्य, क्रिया और इच्छा स्वरूप शक्तियों का अव्यक्तस्वरूप। सत्त्व, रजस्, और तमस् इसके तीन भेद हैं।

गुणत्रय = (सांख्य, योग शास्त्र में) सत्त्व, रजस् और तमस्।

गुणवाद = अर्थवाद का एक प्रकार। 'अग्निः पशुः'। 'यजमानो यूपः' इत्यादि वाक्यों में प्रत्यक्ष अनुमान आदि प्रमाणों से विरोध स्पष्ट है। अतः ऐसे शास्त्रवचनों में लक्षणावृत्ति द्वारा उचित अर्थ लेकर संगति लगाई जाती है। इसीको गुणवाद कहते हैं।

गुणवाद = (गुणस्य- अंगस्य वादः)। उदा. – 'आदित्यो यूपः' यहां आदित्य और यूप (यज्ञीय स्तंभ) का अभेद गुणवाद के कारण होता है। आदित्य का गुण (उज्ज्वलत्व) अर्थसिद्धि के लिए लिया जाता है। "यजमानः प्रस्तरः" (प्रस्तर-दर्भमुष्टि) यहां प्रस्तरयुक्त यजमान अर्थ लिया जाता है। (मीमांसा)।

गुणविधि = अपूर्वविधि के चार प्रकारों में दूसरी विधि। उदा. – दध्ना जुहोति इत्यादि बोधवाक्य जो अप्राप्त गुण का विधान करते हैं। (मीमांसा)।

गुणविधि = (दो प्रकार) – (१) प्राप्तस्य गुणविधिः उदा. – "अग्निहोत्रं जुहुयात्" इस वाक्य से विधि प्राप्त होने पर "दध्ना जुहोति" इस वाक्य से दधि मात्र का विधान होता है। इसी को 'गुणविधि' संज्ञा है। (२) अप्राप्तस्य गुणविधिः। उदा. – "सोमेन यजेत" इस वाक्य में विहित सोम द्रव्य और यजन विधि दोनों अन्य वाक्य से अप्राप्त होने के कारण दोनों का विधान होता है।

गुरु = श्रोत्रिय (वेदादि शास्त्रों का ज्ञानी) ब्रह्मनिष्ठ तथा अनुभवसंपन्न सत्पुरुष।

गुरु = शुद्ध-ज्ञान-संपन्न ब्रह्मोपदेशक सत्पुरुष। गुरुतत्त्व अनादि ईश्वर स्वरूप है। गुरु की उपासना से सभी देवताओं की उपासना का फल प्राप्त होता है।

गोमांसभक्षण = कौल या तांत्रिक मतानुसार – खेचरी मुद्रा (जिह्वा को उलटाकर तालु देश में प्रविष्ट करना।)

गोलोक = पुष्टिमार्ग (वल्लभाचार्य मत) के अनुसार, पूर्ण पुरुषोत्तम श्रीकृष्ण जहां अपनी आनन्दलीला में नित्य निमग्न रहते हैं वह दिव्य धाम। इसे "अक्षर-धाम" (वैकुंठ) कहते हैं।

गौणी लक्षणा = "अग्निः मानवकः"। "सिंहो माणवकः। गौः वाहीकः" इत्यादि उदाहरणों में अग्नि सिंह, गौ, आदि का माणवक आदि से गुणमूलक सादृश्य का बोध करने वाली लक्षणा वृत्ति। साहित्य दर्पणकार विश्वनाथ ने इस के १६ प्रकार कहे हैं।

ग्रंथि = तंत्र-योग-शास्त्र के अनुसार विशुद्ध चैतन्य का आवरण। बारह प्रकार – माया, पाशव, ब्रह्मा, विष्णु, रुद्र, ईश्वर, सदाशिव, और कारणदेह स्थित इंधिका, दीपिका, बिंदु, नाद, शक्ति।

ग्रंथिभेद = अतितीव्र राग, द्वेष आदि मनोविकारों के परिणाम का विदारण। ग्रंथिभेद से आत्मा को शांतिलाभ होता है।

घटक = योजक। तांत्रिक मतानुसार ६ भेद - धावक, भावक, योजक, अंशक, दूषक और स्तावक,।

[**टिप्पणी** :– प्रस्तुत वर्ग- १ का विभाजन "**पूर्णांश**" और "**उत्तरांश**" में हुआ है। वस्तुतः दोनो अंश मिलाकर ही वर्ग- १ संपूर्ण होता है। किन्तु संपादन तथा मुद्रण कार्य की निजी सुविधा के निमित्त यह विभाजन हमें करना पडा। अन्यथा प्रस्तुत विभाजन में कोई विशिष्ट प्रयोजन नही हैं।

–संपादक

विविध दर्शनों एवं शास्त्रों में प्रयुक्त परिभाषा - (उत्तरांश)

अक्रियावाद = बुद्ध-महावीर के समय का एक मत। जो जीव, अजीव, आसन, बंध, संवर, निर्जरा, पुण्य, अपुण्य और मोक्ष इन ९ तत्त्वों को मानता है। इन के अतिरिक्त कर्म क्रिया और प्रयत्न को मानता नहीं। प्रत्येक पदार्थ क्षणिक होने के कारण नित्य-अनित्य भेद नहीं माना जाता। इस मत के ८४ उपपंथ माने जाते है। बुद्ध के समय पूरण कस्सप इस मत का प्रतिपादक था।

अक्रियावाद के आठ उपप्रकार = एकवाद, अनेकवाद, मितवाद, निर्मितवाद, सातवाद, समुच्छेदवाद, नित्यवाद, नास्तिपरलोकवाद, इन आठ उप-वादों में परस्पर विरोधी मतों का प्रतिपादन है।

अक्षर = (१) परब्रह्म या मोक्ष (वेदान्त), (२) लक्ष्मीपति विष्णु (माध्व); (३) भगवान् का अंशभूत विशिष्ट धाम (वल्लभ); (४) अकारादि वर्ण और उनकी रेखाकृति।

अग्निकमल = योगशास्त्र के अनुसार भ्रुकुटीमध्य में स्थित एक शक्तिकेन्द्र। इसकी दो पंखुड़ियों पर हं और क्षं बीजाक्षर माने जाते हैं।

अग्निचतुष्टय = (प्राणाग्निहोत्रोपनिषद के अनुसार) मनुष्य शरीर में स्थित चार अग्नि – सूर्याग्नि, दर्शनाग्नि, शरीराग्नि और कोष्ठाग्नि।

अंग = (वीरशैव मतानुसार जीव) तीन प्रकार – (१) योगांग (कारणरूप प्राज्ञ), (२) भोगांग (सूक्ष्मरूप तैजस) और (३) त्यागांग (स्थूलरूप विश्व)

अंगविद्या = (१) तत्त्वज्ञान के साधनभूत व्याकरण, तर्क आदि शास्त्र। (२) ज्योतिष शास्त्र के अन्तर्गत शरीर के अवयवों या चेष्टाओं को देखकर शुभ-अशुभ जानने की विद्या। (वराहमिहिर कृत ब्रह्मसंहिता के ५१ वें अध्याय का यही विषय है।)

अंगांगीभाव = गौण और मुख्य अंगों का संबंध। (अपर संज्ञा = अनुग्राह्यनुग्राहकत्व, उपकार्य – उपकारक भाव।

अचिन्त्य भेदाभेदवाद = चैतन्य महाप्रभु द्वारा प्रवर्तित द्वैतवाद की अपर संज्ञा। माध्व मत के द्वैतवाद से चैतन्य के सिद्धान्त का भेद इस संज्ञा से सूचित होता है। इस सिद्धान्त के अनुसार श्रीकृष्ण ही परमतत्त्व है और उसकी शक्तियां अनन्त हैं। शक्तियाँ और शक्तिमान् में भेद तथा अभेद भी सिद्ध नहीं होता। उन दोनों का संबंध तर्क से भी अचिन्त्य होता है।

अणिमा = योगशास्त्रोक्त अष्ट सिद्धियों में एक सिद्धि। इस की प्राप्ति होने पर सिद्ध पुरुष अणु प्रमाण सूक्ष्म हो सकता है।

अतिभव = भव और अभव संज्ञक द्विविध संसार से अतीत शिव-शक्ति का युग्म।

अतिप्रश्न = (१) तर्कहीन प्रश्न (२) इन्द्रियातीत विषयों के संबंध में प्रश्न।

अतिप्रसंग = किसी शास्त्रीय नियम का निरर्थक अधिक विस्तार, जिससे विचार में आपत्ति उत्पन्न होती है।

अद्वैत भूमि = मस्तकस्थित सहस्रारचक्र (या सहस्रार पद्म) यह जीव और शिव के मिलन का स्थान है।

अध्वा = तंत्रशास्त्र में जगत् या सृष्टि। शुद्ध और अशुद्ध नामक अध्वा के दो भेद तंत्रशास्त्रज्ञ मानते है।

अन्नमयकोश = पंचभौतिक स्थूल शरीर की संज्ञा।

अनात्मक दुःखान्त = सभी प्रकार के दुःखों की आत्यंतिक निवृत्ति। पाशुपत मतानुसार यह मोक्ष का एक स्वरूप है। अन्य स्वरूप है सात्मक दुःखान्त।

अनाहत चक्र = शरीरस्थित षट्चक्रों में चौथा वायुतत्त्वमय द्वादशदल चक्र। स्थान-हृदय। काकिनी शक्तिसहित ईशान रुद्र का निवास स्थान। अनाहत ध्वनि का यही उत्पत्तिस्थान है।

अनिच्छा प्रारब्ध = प्रारब्ध कर्मों के तीन प्रकारों में एक। भूकम्प, महापूर आदि के कारण सर्वस्व का नाश होना।

अनीश्वरवादी दर्शन = सांख्य, पूर्वमीमांसा, वैशेषिक, जैन, बौद्ध और चार्वाक।

अनुग्रह सर्ग = पुराणोक्त वैकृत सर्ग के पांच प्रकारों में एक। चार प्रकार – विपर्यय, शक्ति, (या सिद्धि), शांति और तुष्टि।

अनुपलब्धि = भाट्ट मीमांसक तथा वेदान्ती द्वारा अभाव के ज्ञान के लिये यह एक पृथक् प्रमाण माना गया है। अग्नि के अस्तित्व का ज्ञान प्रत्यक्ष या अनुमान से होता है। किन्तु उसके अभाव का ज्ञान उन प्रमाणों से नहीं होता, अतः यह प्रमाण माना जाता है। नैयायिक और प्रभाकर मीमांसक इसे नही मानते।

अनुब्राह्मण = तैत्तिरीय ब्राह्मण, शांखायन श्रौतसूत्र इत्यादि वैदिक ग्रंथों का कुछ अंश। इसका स्वरूप ब्राह्मण ग्रंथों के समान होता है। अनुब्राह्मण के अध्येता को **अनुब्राह्मणी** कहते है। (अष्टाध्यायी ४-२-६२)

अनुशासनम् = शब्दानुशासन, योगानुशासनम् इत्यादि समासों में अर्थ है 'शास्त्र'; जहां लक्षण, भेद, उपाय, फल, का यथार्थ ज्ञान दिया जाता है। व्युत्पत्ति- अनुशिष्यते येन तत्।

अनुषंग = अविनाभाव संबंध। एक से दूसरे का अवश्यंभावी साहचर्य जिसे नान्तरीयकत्व (यर्थात् तत् सत्ता-नियतसत्ताकत्वम्) कहते हैं। उदा. विषभक्षण का मरण से अनुषंग है। पाप का नरक से अनुषंग है।

अन्तर्याग = पटल, पद्धति, वर्म, स्तोत्र, और सहस्रनाम इन पांच प्रकारों से मांत्रिक साधना। (इस साधना में धूप, दीप, चंदन आदि बाह्य साधन नहीं होते)।

अन्तर्यागमार्ग = महानुभाव मतानुसार भक्तिमार्ग की संज्ञा।

अन्तानंतिकवाद = एक प्राचीन दार्शनिक मत। लोक अन्तवान् या अनन्तवान् होते हैं यह इस मत के विवाद का विषय

था। दीघनिकाय (बौद्ध ग्रंथ) में इस वाद का उल्लेख मिलता है। (दीघनिकाय-१-१-)।

अपसिद्धान्त = एक सिध्दान्त की स्थापना करते हुए तद्विरुद्ध सिद्धान्त का प्रतिपादन।

अपंचीकृत भूत = वेदान्त दर्शन में वर्णित पंचीकरण प्रक्रिया होने पर सिद्ध महाभूत को पंचीकृत कहते हैं। पृथ्वी जल आदि शुद्ध भूत का विशेषण 'अपंचीकृत' है।

अपामार्जन = विष्णुधर्मोत्तर पुराण में अन्तर्भूत १९१ श्लोकों का विष्णुस्तोत्र। इसे 'स्तोत्रराज' कहते है। इसमें ज्वर, पीड़ा का अपहार करने वाला एक मंत्र है।

अपूर्वविधि = ब्राह्मण ग्रंथोक्त अनेक विधियों में एक प्रकार जो अत्यंत अप्राप्त (अज्ञात) वस्तु का ज्ञान कराता है। उदा. स्वर्गप्राप्ति की इच्छा रखने वाला अग्निहोत्र करें। इस वेदादेश में अग्निहोत्र अपूर्व विधि है। जिसका ज्ञान (वेदों के अतिरिक्त) अन्य प्रत्यक्षादि प्रमाणों से नहीं होता।

अपूर्व विधि के चार प्रकार = (१) कर्मविधि – उदा. 'अग्निहोत्रं' जुहोति' इस वचन में अग्निहोत्र का विधान। (२) गुणविधि – 'दध्ना जुहोति' इस वचन में दधिरूप द्रव्य का विधान। (३) विनियोगविधि – 'ऐन्द्या गार्हपत्यम् उपतिष्ठते'' इस वचन में इंद्रदैवत्य, ऋचा का विधान। (४) प्रयोगविधि = 'अधीत्य स्नायात् इस वचन में दो क्रियाओं में पौर्वापर्य का विधान।

अपौरुषेय = पौरुषेय = पुरुषद्वारा निर्मित वाङ्मय से भिन्न अर्थात् स्वयंभू या ईश्वर निर्मित। वेद मंत्रों का यह एक विशेषण है। इसका अर्थ स्पष्ट करते हुए सायणाचार्य ने कहा है कि, वेदमंत्रों के विशिष्ट कर्ता पुरुष का किसी को ज्ञान न होने से वेदों को ''अपौरुषेय'' कहना योग्य है।

अभव = गुरु, मंत्र, देवता और सिद्ध – इनके स्थान। अभव में शुद्ध विद्या से सदाशिव तत्त्व तक सारे भुवनों का अन्तर्भाव होता है।(तंत्रशास्त्र)

अभिव्यक्तिवाद = एक दार्शनिक मत। इसके अनुसार, घट-पटादि पदार्थ उत्पन्न नहीं होते अपि तु केवल अव्यक्त अवस्था से उनकी कारणवश अभिव्यक्ति होती है।

अर्थक्रियाकारित्व = प्रत्येक पदार्थ का स्वभाव। प्रत्येक पदार्थ अर्थक्रियाकारी अर्थात् सुख या दुःख का अनुभव देता है। अर्थक्रियाकारित्व ही पदार्थ के अस्तित्व का एक प्रबल प्रमाण है।

अर्थवाद = विशिष्ट व्रत अनुष्ठान आदि करने से उत्पन्न इष्ट फल का तथा न करने से उत्पन्न अनिष्ट फल का निवेदन करने वाला प्रकरण का अंश।

अर्थापति = दो प्रत्यक्ष ज्ञानों में प्रतीत होने वाली विसंगति का निराकरण करने वाला एक प्रमाण। ''पीनो देवदत्तः दिवा न भुंक्ते ' इस प्रसिद्ध उदाहरण के आधार पर प्राभाकर - मीमांसक इस प्रमाण का पृथक् अस्तित्व मानते है। इसी प्रमाण से उदाहरण में उल्लिखित देवदत्त के रात्रिभोजन का ज्ञान होता है।

अलंबुषा = नाभिस्थित मणिपूर चक्र से कर्णेन्द्रिय तक जाने वाली दो नाड़ियों में से एक। दूसरी नाडी है पूषा।

अवधूत अवस्था = सभी बाह्य उपाधियों एवं विधि – निषेधों से अतीत अवस्था। यह ब्रह्मज्ञानी पुरुष की सर्वश्रेष्ठ अवस्था परमहंस अवस्था से भी ऊंची मानी गई है।

अवस्था चतुष्टय = (१) बाल्य, कौमार, यौवन और वार्धक्य। (२) जाग्रत्, स्वप्न, सुषुप्ति और तुर्या (या तुरीया)।

अव्याकृत = सांख्यमतानुसार प्रधान या मूलप्रकृति की सृष्टि के विकास का प्रारंभ होने के पहले की अवस्था।

अशिष्ट = (सिध्दान्त) = जो किसी प्रामाणिक शास्त्रग्रंथ द्वारा प्रतिपादित न हो।

अश्वत्थ = गीता के अनुसार परमात्मा की वृक्षरूप विभूति। ऋग्वेद के अनुसार यम और पितरों का निवासवृक्ष। बौद्धों के अनुसार बुद्ध का एक प्रतीकात्मक वृक्ष। संसार का प्रतीक होने के कारण संसार को अश्वत्थ, ब्रह्मवृक्ष, ब्रह्मवन तथा विश्ववृक्ष कहते हैं।

अश्वत्थविद्या = रस और बल के तारतम्य की विद्या। रस= सृजन की इच्छा और बल उपभोग की इच्छा। इनका सम्यग् ज्ञान प्रस्तुत विद्या का स्वरूप है। अथवा रस = शांत स्थिर भूमि और बल = क्षुब्ध, चंचल अवस्था – इन दोनों का सम्यग् ज्ञान। (अश्वत्थ = अश्ववत् तिष्ठति इति)

अष्टगुण (बुद्धि के) = शुश्रूषा (श्रवणेच्छा) श्रवण, ग्रहण, धारण, चिंतन, ऊहापोह, अर्थविज्ञान और तत्त्वज्ञान।

अष्टमद = धनमद, पुत्रमद, राज्यमद, यौवनमद, स्त्रीमद, विद्यामद, स्थानमद और पानपान। अथवा = देहमद, यौवनमद, स्त्रीमद, धनमद, विद्यामद, तपोमद, सिद्धिमद, अधिकारमद।

अष्टाक्षर मंत्र = ''ॐ नमो नारायणाय'' यह वैष्णवों का मोक्षदायक मंत्र।

अहिंसा = (तीन प्रकार) = कायिक, वाचिक और मानसिक। योग शास्त्र के अनुसार एक 'शारीर तप'।

आकाशलिंग = अदृश्य शिवलिंग की संज्ञा। चिदम्बर क्षेत्र में आकाशलिंग की उपासना होती है।

आगम = (१) परम्परागत सिद्धांत। (२) वेदादि आप्तवाक्य स्वरूप एक प्रमाण। (जिसे शब्द भी कहते है।) (३) तंत्रशास्त्र की एक संज्ञा।

आगम = तंत्रशास्त्र का प्राचीन विभाग। तीन प्रकार – शैवागम (१० प्रमुख भेद), रुद्रागम – (१८ प्रमुख भेद), और भैरवागम (६८ प्रमुख तथा ६४ गौण भेद)।

आगम = सृष्टि, प्रलय, देवतार्चन, सर्वसाधन, पुरश्चरण, षट्कर्मसाधन, और ध्यानयोग – इन सात विषयों का प्रतिपादक तथा कर्म, उपासना और ज्ञान की प्राप्ति के उपायों का कथन करने वाले शास्त्रग्रंथ। निगम (वेद) से विभिन्न ग्रंथों को आगमग्रंथ कहते हैं। शैव, शाक्त और पांचरात्र आगम वेदबाह्य

किन्तु वेदानुकूल होने से वैदिक माने जाते हैं। बौद्ध जैनादि आगम इसी दृष्टि से अवैदिक कहे गए हैं।

आचारसप्तक = (शाक्त मतानुसार) **पशुभाव** में १) वेदाचार, २) वैष्णवाचार, ३) शैवाचार और ४) दक्षिणाचार। **वीरभाव** में वामाचार और ६) सिद्धान्ताचार। ७) **दिव्यभाव** में कौलाचार।

आज्ञाचक्र = योगशास्त्र में कथित द्विदल पद्म या दोनों भ्रुकुटियों का मध्यस्थान। गुरु की आज्ञा इसी स्थान में ग्रहण होती है। हाकिनी शक्तिसहित शिव का निवास स्थान।

आत्मगुणाः = (गौतमधर्म सूत्र के अनुसार) – भूतदया, क्षमा, अनसूया, द्विविध शौच, अनायास, मांगल्य, अकार्पण्य और अस्पृहा।

आदिबीज = सांख्य मतानुसार प्रधान या त्रिगुणात्मिका प्रकृति। वैशेषिक मतानुसार- परमाणु। वेदान्तमतानुसार – परब्रह्म।

आदिविद्वान् या **आदिसिद्ध** = सांख्य शास्त्र के प्रवर्तक कपिल मुनि का अपरनाम।

आनंदचतुष्टय = परमानन्द, सहजानन्द, वीरानन्द और योगानन्द। मूलाधार चक्र में स्थित चार (गुप्ता, प्रासका, कराला और विकराला) नामक चार शक्तियों के द्वारा चार आनन्दों की अनुभूति होती है।

आनन्दमय कोश = अन्तर्मुख अन्तःकरण वृत्ति (जो स्वरूपभूत आनन्द प्रतिबिंब की प्राप्ति करती है) की संज्ञा। इस पंचम कोश के परे आत्मतत्त्व होता है।

आर्थी भावना = विशिष्ट क्रिया करने में मेरा हित (या अहित) है इस स्वयं प्रेरणा से होने वाली कर्तव्योन्मुखता। सात्त्विक पुरुषों में यह आर्थी भावना प्रवल होती है। अतः वे स्वयमेव शास्त्रोक्त कर्मों में प्रवृत्त होते हैं।

आसन = 'स्थिरसुखम् आसनम्' (पातंजल योगसूत्र- साधनपाद ४६) बैठने की वह अवस्था जिस में शरीर और मन में स्थिरता तथा सुख का अनुभव आता है। हठयोग का यह प्रथम अंग है।

आसनबन्ध = दक्षिण उरु को वाम गुल्फ पर और वाम उरु को दक्षिण गुल्फ पर रखकर बैठना। इसी को उपस्थ या अंकधारणा भी कहते हैं। यह एक सामान्य आसन है।

ईश्वर = के पंचविध स्वरूप (रामानुज मतानुसार) पर, व्यूह, विभव, अन्तर्यामी और अर्चावतार।

उपासना (दो प्रकार) = सगुण और निर्गुण।

ऊति = कर्म → फल → वासना → जन्म → इस क्रम से जीवसृष्टि के जनन-मरण चक्र का अखंडित भ्रमण। (श्रीमद् भागवत के दशविषयों में यह एक है।)

ऋषिन्यास = तांत्रिक साधना के अनुसार पांच प्रकार के न्यासों में एक। इसमें मंत्रद्रष्टा ऋषि या गुरु का ध्यान करते हुए उसके भाव से तन्मयता का अनुभव करना होता है।

औपपादिक देह = इसीको आयोनिज शरीर. या बौद्ध परिभाषा में निर्माणकाय और जैन परिभाषाओं में आहारक देह कहते है।

कंचुक (या आवरण) = शाक्त दर्शन के अनुसार कला, विद्या, राग, काल और नियति नामक माया की पांच उपाधियों की संज्ञा।

कपाली = डोंबी देवता की साधना करने वाला सिध्द संप्रदायी।

करण = कार्य को निर्माण करने वाला साधन। तीन प्रकार – ज्ञानरूप (ज्ञानेंद्रियां) क्रियारूप (कर्मेन्द्रियाँ) और अंतररूप (मन, बुद्धि, चित्त, अहंकार)।

करन्यास = तांत्रिक साधना के अन्तर्गत पांच न्यासों में एक। अंगुष्ठ, तर्जनी, मध्यमा, अनामिका कनिष्ठिका तथा करमध्य में देवताओं की प्रतिष्ठापना का संकल्प।

कर्मदेव = पांच कर्मेन्द्रियों के अधिष्ठाता पांच देवता। (वाणी-अग्नि। हस्त-इन्द्र।, चरण-विष्णु, पायु (गुदद्वार)- मित्र। उपस्थ (जननेन्द्रिय) ब्रह्मा)।

कला = पाशुपत मतानुसार कार्यरूप कला के १३ प्रकार पांच ज्ञानेन्द्रियाँ, पांच कर्मेन्द्रियां और मन, बुद्धि, अहंकार, (अन्तःकरण त्रय)। कला अचेतन किन्तु चेतन के अधीन होती है। **कलानाथ** (या कलाश्लाघ्य) = किसी भी उपादानकारण या आधार के बिना सृष्टिरूपी चित्र निर्माण करने वाले परमशिव का काश्मीरीय दर्शन में विशेषण।

काकिनीमुद्रा = हठ योग की एक मुद्रा। काक चंचू के समान जिह्वा बाहर निकालकर उसीसे पूरक करना। काकी मुद्रा से सभी प्रकार के रोगों का प्रशमन होता है।

काण्डत्रय = (१) कर्मकाण्ड, (२) ज्ञानकाण्ड, (३) उपासनाकांड।

कामकला = देवता का सूक्ष्म देह। देवता का मूलमंत्र कामकला का द्योतक होता है।

कामभूमि = लिंगमूल में स्थित स्वाधिष्ठान चक्र की अपर संज्ञा।

कायकसिद्धान्त = वीरशैव मत के संस्थापक श्रीबसवेश्वर द्वारा प्रतिपादित शरीरश्रम का माहात्म्य प्रतिपादन करने वाला सिद्धान्त। प्रत्येक व्यक्ति ने अपने परिश्रम से प्राप्त धन धान्य पर ही अपनी उपजीविका करनी चाहिए यह प्रस्तुत सिद्धान्त का स्वरूप है।

कारण देह = स्थूल और सूक्ष्म देहों का कारण अनादि अविद्या। इसीको वेदांत में पंचकोशों के अन्तर्गत आनंदमय कोश कहते हैं। ब्रह्मविद्या से कारण देह का विलय होता है। यही जीवन्मुक्त अवस्था होती है।

कार्य = पाशुपत मतानुसार सभी स्वातंत्र्य-शक्तिरहित, अर्थात् परावलंबी पदार्थ। तीन प्रकार – विद्या, कला और पशु।

कुण्डलिनी = आसन, मुद्रा, प्राणायाम, आदि योगक्रियाओं से जागृत होने वाली, मूलाधार चक्र से उत्थित होकर स्वाधिष्ठान, मणिपूर आदि चक्रों का भेदन करते हुए सुषुम्ना नाडी के मार्ग से ब्रह्मरन्ध्र या सहस्त्रार चक्र तक आरोहण करने वाली एक

महाशक्तिमंय सर्पिणी। मूलाधार चक्र में कुण्डलाकार अवस्था में निद्रित रहने के कारण उसे कुण्डलिनी कहते हैं। ब्रह्मरन्ध्र में परम शिव से जागृत कुण्डलिनी का मिलन होने पर साधक को दिव्यानन्द की अनुभूति होती है। (तंत्रशास्त्र)

कुलचूडामणितंत्र = (कुल = मूलाधारचक्र) चूडामणि = सहस्रारचक्र) एक शाक्त संप्रदायी तंत्र।

कुलद्रव्य = कौलसंप्रदाय की उपासना के द्रव्य यथा- मद्य, मांस, आदि पंच मकार।

कुलनायिका = शाक्तों के उत्सवों में जिनकी पूजा होती है। नटी, कपालिका, वेश्या, नापितस्त्री, रजकी आदि इनके १२ प्रकार तंत्रशास्त्र में कहे हैं।

कुलीन = कौलमार्गी साधक। यह संज्ञा बंगाल में रूढ थी।

कृष्णभक्ति के दो प्रकार – (चैतन्य मतानुसार) = (१) वैधी (शास्त्रोक्त पद्धति के अनुसार).; (२) रागात्मिका- (विधिनिषेधातीत निष्काम भक्ति)।

केवलचित्तविकार (या शुद्ध विकार) = विवेक, बुद्धि और अहंकार। इन विकारों की आवश्यकता वेदान्ती आत्मज्ञान के लिए मानते हैं।

कौमार सर्ग = पुराणोक्त नौ सर्गों में अंतिम सर्ग। यह प्राकृत तथा वैकृत होता है। सनक, सनन्दन, सनातन, और सनत्कुमार की गणना इस सर्ग में होती है।

कौलमार्ग = तांत्रिक मार्गों का एक प्रकार। अपर संज्ञा – समयाचार।

कौलागम = तंत्रशास्त्र या आगम की एक संज्ञा। कुलार्णवतंत्र के अनुसार कौलागम एक वेदात्मक शास्त्र है।

कौलाचार = शाक्तमतानुसार दिव्यभाव के साधक का आचार। कुल (कुण्डलिनी शक्ति) और अकुल (शिव) का सामरस्य करने वाली योगसाधना। इस सामरस्य को ही पंच मकारों के अन्तर्गत मैथुन कहते है।

क्रियायोग = तप, स्वाध्याय, और ईश्वरप्राणिधान – इन तीन नियमों की संज्ञा।

क्रियाशक्ति = शक्ति के तीन प्रकारों में एक जो कार्यरूप तथा दृष्ट और चल होती है।

क्रियाशक्ति = पाशुपत मतानुसार सात्मक दुःखान्त (मोक्ष) का एक स्वरूप। मनोजन्य विश्व, कामरूपित्व, और विकरणधर्मित्व (इंद्रियों की सहायता के बिना सभी पदार्थों का ज्ञान होना) – इन तीन प्रकारों से यह व्यक्त होती है।

गति = छह प्रकार – गमन, कंपन, स्पन्दन, भ्रमण, आरोहण, अभिसर्पण। (वैशेषिक मत)

गायत्रीविद्या = ३२ अध्यात्म विद्याओं में सर्वश्रेष्ठ विद्या (विद्या = मोक्षप्राप्ति की साधना)।

गुण = प्रकृति का क्षोभ। सत्त्व, रज और तम।

गुणत्रय = (ग्रंथज्ञानी के) = (१) ग्रंथार्थ परिज्ञान, (२) तात्पर्य निरूपण, (३) विशिष्ट भाग का व्याख्यान करने की शक्ति।

ग्रन्थिभेद = पुत्रैषणा (ब्रह्मग्रंथि), वित्तैषणा (विष्णुग्रंथि) और लोकैषणा (रुद्रग्रंथि) का त्याग। (ग्रंथिभेद होने पर ही संन्यास का अधिकार प्राप्त होता है।)

चक्र = सुषुम्ना नाडी में प्रवाहित शक्ति के विशिष्ट केंद्रस्थान, कुलसंख्या ६ = मूलाधार, स्वाधिष्ठान, मणिपूर, अनाहत, विशुद्ध, और आज्ञा। इनके अतिरिक्त सहस्रार नामक चक्र (या कमल) माना गया है।

चण्डाग्नि = (ब्रह्माग्नि) सभी इन्द्रियों के द्वारों का निरोध करने की साधना से शरीर में प्रज्वलित होने वाली क्लेश, एवं वासना नष्ट करने वाली योगशक्ति।

चन्द्र-सूर्य संगम = नाथपंथीयों की एक योग साधना। इसमें मूलाधारस्थित कुण्डलिनी - रूप - सूर्य को ऊर्ध्वभाग में स्थित चन्द्ररूप शिव में विलीन करने की साधना अपेक्षित है।

चंद्रहास (या चंद्रज्ञान) आगम = २८ आगमों में एक रौद्रिक आगम।

चतुरणुक = वैशेषिक मतानुसार चार त्र्यणुकों के संयोग से उत्पन्न भौतिक घटक।

चतुर्विध प्रलय = नित्य, प्राकृत, नैमित्तिक और आत्यंतिक।

चतुर्विध भक्त = आर्त, जिज्ञासु, अर्थार्थी और ज्ञानी। (भगवद्गीता ७-१६)

चतुर्व्यूह = (चिकित्साशास्त्र के) – (१) रोग, (२) रोग हेतुः, (३) आरोग्य और (४) भैषज्य (औषधोपचार)। अध्यात्म शास्त्र के (१) संसार, (२) संसार हेतु; (३) मोक्ष और मोक्षोपाय।

चतुष्कोटिक ज्ञान = एक ही पदार्थ में यह स्थाणु है, यह पुरुष है; यह स्थाणु नहीं अपि तु पुरुष है और यह पुरुष नहीं अपि तु स्थाणु है- इस प्रकार का चतुर्विध ज्ञान। यह संशय का एक प्रकार है।

चतुष्कोटिक संशय = यह प्रमेयगत संशय के दो प्रकारों में से एक। उदा. स्थाणुर्वा ? पुरुषोवा ? स्थाणुः न वा पुरुषो वा ? पुरुषो न वा स्थाणुः वा ?

चार्वाकदर्शन = अपर नाम लोकायत. लोकायतिक. नास्तिक. बार्हस्पत्य, वैतण्डिक। इस दर्शन के प्रमुख सिद्धान्त (१) प्रत्यक्षम् एव प्रमाणम्। (२) स्वभावो जगतःकारणम्। (३) नास्ति ईश्वरः परलोकः वा। (४) कामः एव पुरुषार्थः (५) मरणम् एव अपवर्गः (मोक्षः)। (६) दण्डनीतिः एवं विद्या। (७) नास्ति पुनर्जन्म इत्यादि। इसी विचाराधारा को आजकल भोगवाद कहते हैं।

चित्त = दो प्रकार – शुद्ध और अशुद्ध। **शुद्धचित्त के** तीन प्रकार (या विकार) – विवेक, बुद्धि और अहंकार। **अशुद्ध चित्त** के काम, क्रोध आदि विकार होते है।

चित्तचतुष्टय = मन, बुद्धि, चित्त और अहंकार।

चिज्जड-ग्रंथि = चिन्मय जीव और जडात्मक देह में अविवेक के कारण एकात्मता का अवधारण। देह को ही आत्मा मानना।

चित्तभूमि = योगदर्शन के अनुसार – **क्षिप्त** (रजोगुण से

प्रभावित); **मूढ** (तमोगुण से प्रभावित), **विक्षिप्त** (क्षीण रजोगुण और प्रबल सत्त्व गुण से प्रभावित); **एकाग्र** (सत्त्व गुण के उद्रेक से प्रभावित); और **निरुद्ध** = इसी गुणातीत अवस्था को योग कहा है। "योगश्चित्तवृत्तिनिरोधः।"

चित्तपंचक = क्षिप्त, मूढ, विक्षिप्त, एकाग्र और निरुद्ध चित्त की इन पांच अवस्थाओं का नाम।

चिदानंदलाभ = काश्मीरीय शैव (त्रिक) दर्शन के अनुसार नित्य सिद्ध ज्ञानभक्ति के आवरणभंग के कारण समुन्मेष अर्थात् मोक्ष।

चिद्‌विलासवाद (अपर संज्ञा - स्फूर्तिवाद) = अज्ञान की अवस्था में रज्जु – सर्प, शुक्तिका-रजत या स्थाणु - पुरुष के समान सत्यब्रह्म पर भासमान मिथ्या जगत्, सत्य रूप में प्रतीत होता है। किन्तु सर्वं खल्विदं ब्रह्म'' इस सिद्धान्त की अनुभूति होने पर मिथ्या जगत् भी चित्तत्त्व (चैतन्यघन ब्रह्म) का विलास ही है यह प्रतीति होती है। (श्री शंकराचार्य ने शतश्लोकी में श्लोक १९ में इस सिद्धान्त का प्रतिपादन किया है।)

चिंत्य आगम = २८ आगमों में एक शैव आगम।

चिन्निरोध = चित् (अर्थात् ब्रह्म) का भान जिस कारण नहीं होता ऐसा प्रपंचस्वरूप नानात्व। तीन प्रकार – अधिभूत. अधिदैव. और अध्यात्म।

चिन्मात्र भावना = मैं सर्वव्यापी चैतन्य हूं यह भावना। इसके दो प्रकार – (१) कर्ता, कर्म और करण – इस त्रिपुटी सहित भावना। योग शास्त्र में इसको संप्रज्ञात समाधि कहा है। (२) त्रिपुटीविरहित केवल चित् तत्त्व की भावना – इसको केवलभावना तथा असंप्रज्ञात समाधि कहते हैं।

चीनागम = चीनाचार = चीन से भारत मे आया हुआ तंत्रमार्ग।

चेतन = स्वतः स्वयं को जानने वाली केवल सत्ता स्वसंवेद्य चिन्मात्र)।

चेतनत्रय = जीव, ईश्वर और ब्रह्म।

चोदना = प्रेरणा। इसके दो प्रकार। (१) शाब्दी भावना और (२) आर्थी भावना। क्रियाप्रवर्तक वाक्य।

जगन्निवृत्ति = वेदान्त मतानुसार जगत् की निवृत्ति दो प्रकार की है। (१) कारण में कार्य का विलय अथवा कार्यध्वंस में ब्रह्मज्ञान की अपेक्षा नहीं होती। (२) ब्रह्मज्ञान के कारण अविद्या सहित जगत् की निवृत्ति। इसे कल्पित निवृत्ति कहते हैं।

जड-ईश्वर-भेद = पृथ्वी आदि जड पदार्थ कार्यरूप हैं और सर्वज्ञ ईश्वर उनका निमित्त कारण (उदा. घटमे कुलाल) है। निमित्तकारण और कार्य का नित्यभेद होता है। वह युक्ति से निराकृत होता है।

जडवाद (बार्हस्पत्यमत, लोकायत मत, देहात्मवाद, भोगवाद, आदि अपर संज्ञाएं) = कर्मफल, अदृष्ट, आत्मा, ईश्वर, परलोक आदि का अस्तित्व न मानने वाला प्रत्यक्ष प्रमाणवादी प्राथमिक दर्शन। बौद्धदर्शन का उदय इसी से माना जाता है।

जड-जड भेद = पृथ्वी, जल आदि भूतों में शब्द, स्पर्श इत्यादि गुणों की न्यूनता या अधिकता के कारण विद्यमान भेद। यह गुणभेद नित्य है किन्तु युक्ति से उसका निराकरण होता है।

जप = (चार प्रकार) = रसनाजप, ओष्ठजप, श्वासजप और उपांशुजप (या मानसजप)।

जहदजहल्लक्षणा = शब्द के वाच्यार्थ का अंशतः त्याग और अन्यार्थ का अंशतः ग्रहण करते हुए वाक्यार्थ का बोध कराने वाली शब्द की शक्ति या वृत्ति।

जहल्लक्षणा = इस लक्षणावृत्ति के द्वारा सम्पूर्ण रूढार्थ या योगार्थ का त्याग करते हुए वाक्यार्थ का बोध कराने वाली शब्दशक्ति।

जागृति (जागृत अवस्था) = भोग्य पदार्थ के अनुसार देह इन्द्रियाँआदि का वर्तन होने की अवस्था।

जागृत अवस्था = जीवात्मा जब पंच ज्ञानेन्द्रियों द्वारा शब्दस्पर्श आदि पांच विषयों का ज्ञान ग्रहण करता है।

जालंधर बंध = कंठ को संकुचित करते हुए हनु से हृदय भाग को स्पर्श करने की यौगिक क्रिया।

जिज्ञासा भावना = साधन चतुष्टय सहित मोक्ष प्राप्ति के लिए साधना। तीन प्रकार – मंद, तीव्र, तीव्रतर।

जिज्ञासाशांतिरूप उत्तर पक्ष = इसमें जिज्ञासु का समाधान करने वाला प्रतिपादन होता है। इसमें पूर्वपक्षीय मतखंडन गौण या न्यून होता है। उदा. भगवद्‌गीता का प्रतिपादन।

जीव = कर्मवृत्ति के समय में इच्छा से और कर्मफल के भोगसमय में वासना से बद्ध तथा वृत्तियों से तादात्म्य पाया हुआ रुद्ध चैतन्य।

जीव = अन्तःकरण युक्त शरीरस्थ चैतन्य (अन्तःकरण = मन, बुद्धि, चित्त और अहंकार)। मायात्मक उपाधि के कारण जीव और ब्रह्म में द्वैत निर्माण होता है ऐसा अद्वैतवादी कहते है। यही शरीर और इन्द्रियों का साक्षी या अध्यक्ष है।

जीव = आरूढलक्षणाभास औपाधिक ब्रह्म। तीन प्रकार – प्राज्ञ, तैजस और विश्व।

जीव-ईश्वर-भेद = जीव अल्पज्ञ और दुःखी तथा ईश्वर सर्वज्ञ और सुखी है। यह भिन्नता नित्य होती है। इस भेद का निराकरण युक्तियुक्त आप्तवचनों से होती है।

जीवचैतन्य = शरीरस्थ अन्तःकरण में प्रतिबिंबित चैतन्यस्वरूप परब्रह्म।

जीव-जीव भिन्नता = एक के मरने से अन्य सभी नहीं मरते और एक के जन्म के साथ सभी नहीं जन्मते। यह अवस्था नित्य होने से जीवों का नानात्व माना जाता है। इस नानात्व का निराकरण युक्तियुक्त वचनों से होता है।

जीव-जडभेद = जीव को ज्ञान होता है। काष्ठपाषाणादि जड पदार्थों में उसका अभाव होता है। यह भेद नित्य होने पर भी युक्तियुक्त वचनों से इसका निराकरण होता है।

जीवत्समाधि = योगी पुरुष द्वारा योगप्रयोग से शरीर का त्याग। उदा. महाराष्ट्र में श्री ज्ञानेश्वर की समाधि।

जीवन्मुक्त = जीवित अवस्था में जिसमें मुक्ति के लक्षण होते हैं। अप्रतिबद्ध आनंदवृत्ति जीवन ही मुक्ति का स्वरूप है।

जीवन्मुक्त = राग, द्वेष, भय आदि विकारों के अनुरूप लौकिक व्यवहार करते हुए भी जिसका अन्तःकरण उन चित्तविकारों से मुक्त या अलिप्त होता है ऐसा महापुरुष। यही वेदान्त का आदर्श पुरुष है। (वराहउपनिषद्)

जीवन्मुक्ति = जीवित अवस्था में देहासक्ति का विलय, शोक-मोह आदि का अभाव, एवं कर्तृत्व-भोक्तृत्व स्वरूप अहंकार का क्षय होना। जीवन्मुक्त पुरुष प्रारब्ध कर्मों का क्षय होने तक देह धारण करता है। यह वेदान्तदर्शन के अनुसार आध्यात्मिक साधना की सर्वोच्चि अवस्था है।

जीवात्मा के तीन भेद = विश्व, तैजस और प्राज्ञ। **विश्व** = स्थूल शरीर में अन्नमय कोश के अन्तर्गत, जाग्रत अवस्था का अभिमानी व्यष्टिरूप जीव। **तैजस्** = सूक्ष्म शरीर में मनोमय, प्राणमय और विज्ञानमय कोशों के अन्तर्गत स्वप्नावस्था का अभिमानी व्यष्टिरूप जीव।। **प्राज्ञ** = कारणशरीर में आनंदमय कोश के अन्तर्गत, सुषुप्ति अवस्था का अभिमानी व्यष्टिरूप जीव

ज्ञान = श्रवण मनन और निदिध्यासन के कारण उत्पन्न सत्य-मिथ्या विवेचन स्वरूप, वस्तुतंत्र नित्य प्रकाश। इसका उदय होने पर अज्ञान की ग्रंथि निर्माण नहीं होती।

ज्ञान (दो प्रकार) = शाब्दिक और अनुभवात्मक (देवी भागवत- ६-१५-५२)।

ज्ञान (दो प्रकार) = स्वरूपज्ञान (आत्मा का ज्ञान) और वृत्तिज्ञान (घटपट आदि अनात्म वस्तुओं का ज्ञान।)।

ज्ञानकाण्ड = उपनिषदों में प्रतिपादित आध्यत्मिक तत्त्वज्ञान का नित्य श्रवण, मनन और निदिध्यासन। श्रौत सूत्र तथा धर्म सूत्र द्वारा प्रतिपादित कर्मकाण्ड से यह सर्वथा पृथक् है।

ज्ञानमार्ग = उपनिषदों के सिद्धान्तों का नित्य श्रवण, मनन (प्रमाणपूर्वक चिन्तन) और निदिध्यासन (आध्यात्मिक साधना द्वारा अनुभव)।

ज्ञानरूप करण = जिस साधन के द्वारा भोग्य रूप (शब्दादि विषयात्मक) ज्ञान उत्पन्न होता है अर्थात् श्रोत्र, त्वक्, चक्षु, जिह्वा और घ्राण नामक पांच ज्ञानेंद्रियां।

ज्ञानाधिकारी = साधन चतुष्टय सम्पन्न पुरुष।

ज्ञानाध्यास = वस्तु और वस्तुज्ञान में भिन्नता होती है। रज्जुज्ञान पर सर्पज्ञान का अध्यास। यह अर्थाध्यास से भिन्न होता है।

ज्ञानेन्द्रियां = श्रोत्र, चक्षु, त्वक्, रसना और घ्राण। अपर संज्ञा – बहिरिन्द्रिय। (अंतरिन्द्रिय = मन की संज्ञा है।

डाकिनी = आज्ञाचक्र (देखिये) में स्थित परमशिव की शक्ति का नाम।

डामर = तंत्र का एक प्रकार। छह प्रकार – योगडामर, शिवडामर, दुर्गा०, सारस्वत०, ब्रह्म०, गंधर्व०।

तज्जीवतत्शरीरवाद = म्यान से तलवार की भांति शरीर से जीव पृथक् नहीं किया जाता अतः जो जिसका शरीर है वही उसकी आत्मा मानने वाला एक मत। (यही देहात्मक कहा गया है।)

तटस्थ औपाधिक ब्रह्म = उपाधियुक्त होने पर भी उपाधि से भिन्न। उदा. राम-कृष्ण स्वरूपी ईश्वर।

तत्त्व = सृष्टि का मूलघटक। विविध दर्शनों में तत्त्वसंख्या भिन्न भिन्न मानी जाती है। **अद्वैत वेदान्ती** – सच्चिदानन्द स्वरूप ब्रह्म यही एकमेव तत्त्व मानते हैं। **शून्यवादी** बौद्ध मतानुसार शून्य ही एकमेव तत्त्व है। **जैन** मतानुसार जीव और अजीव दो तत्त्व हैं। **रामानुज** मतानुसार द्रव्य और अद्रव्य दो तत्त्व हैं। **पाशुपत** मतानुसार पशु, पति और पाश तीन तत्त्व हैं। **चार्वाक** मतानुसार पृथ्वी, जल, तेज, और वायु चार तत्त्व हैं। **शाक्त** मतानुसार मद्य, मांस, मत्स्य मुद्रा और मैथुन (इन शब्दों के परिभाषिक अर्थ उस दर्शन में प्रधान माने जाते हैं) नामक पांच तत्त्व हैं। **वैष्णव** तांत्रिक मतानुसार – गुरु, मंत्र, मन, देव, और ध्यान पांच तत्त्व हैं। **शैव** मतानुसार कला, काल, नियति, विद्या, राग, प्रकृति और गुण-सात तत्त्व हैं। **सांख्य** मतानुसार ५ महाभूत ५ शब्दादि गुण, ६ ज्ञानेन्द्रियाँ, ५ कर्मेन्द्रिया, मूल प्रकृति, महत् (बुद्धि), अहंकार और पुरुष कुल २५ तत्त्व है। **योग** दर्शनानुसार सांख्यदर्शन के २५ और ईश्वर कुल २६ तत्त्व हैं। प्रत्येक दर्शन में उक्त तत्त्वों के ज्ञान से मोक्ष प्राप्ति होती हैं इस सिद्धान्त का प्रतिपादन किया है।।

तद्भावासिद्ध हेत्वाभास = उदा. धूम के अभाव में अग्नि का अनुमान करने में इसकी संभावना होती है।

तद्विद्यसंभाषा = विशिष्ट विषयों के विशेषज्ञ विद्वानों की वादसभा। (चरक संहिता)

तन्मात्रा = आकाशादि पंच महाभूतों के शब्दादि पाँच अंपचीकृत गुणों की दार्शनिक संज्ञा।

तंत्र = सृष्टि, लय, मंत्रयंत्रनिर्णय, तीर्थ, आश्रमधर्म, कल्प, ज्योतिष, व्रत, शौच, अशौच, स्त्री-पुरुष लक्षण, राजधर्म, युगधर्म, दान, व्यवहार, अध्यात्म, स्नानविधि, भूतशुद्धि, प्राणायाम, न्यास, जप, तर्पण, पूजा, दीक्षा, अभिषेक, प्रायश्चित्त, चक्रपूजा, मुद्रा, आदि विषयों का प्रतिपादन करने वाला तंत्रशास्त्र के अन्तर्गत एक विभाग।

तंत्रप्रकार = शैव, शाक्त, वैष्णव, सौर, गाणपत्य, तारा, बुद्धकपाल, योगिनी, संचर्या, वज्र, संपुटतिलक, कृष्णयमरि, महामाया, कालचक्र, कुलाचार।

तंत्रशास्त्र = पटल, पद्धति, कवच, नामसहस्त्र और स्तोत्र – इस पंचांग पूजा का शास्त्र। **तत्त्व + मन्त्र** से युक्त शास्त्र। अपर संज्ञा-आगम। (निगम शब्द वेद का वाचक है।) तीन अंग = (१) आगम, (२) यामल (३) तंत्र।

तमोगुण = अहंप्रत्ययविरहित तत् और इदं स्वरूप की प्रतीति का कारण। (आत्मप्रतीतिशून्य जडपदार्थों की प्रतीति का कारण)।

तात्पर्य = षड्लिंग द्वारा स्थापित निर्णयात्मक वाक्य। षड्लिंग

= उपक्रम, उपसंहार, अभ्यास, अपूर्वताफल, विषयस्तुति, (या अर्थवाद), उपपत्ति। किसी भी ग्रंथ का तात्पर्य इन षड्लिंगों के आधार पर स्थापित करना आवश्यक है।

तात्पर्यार्थ = अभिहितान्वय वाद को मानने वाले नैयायिक वाक्यस्थ शब्दों के निजी अर्थों को अन्वित करने वाली तात्पर्य नामक वृत्ति मानते हैं। जिसके कारण वाक्य तथा प्रकरण ग्रंथ आदि का तात्पर्यार्थ समझ में आता है।

तादात्म्य संबंध = संबंध के तीन प्रकारों में से एक। इसमें एक स्वरूप दूसरे स्वरूप को अन्तर्बाह्य व्याप्त करता है। उदा. दुग्ध-जल संबंध।

तांत्रिक उपासना के अंग = मंत्र, यंत्र, चक्र, न्यास, मुद्रा, दीक्षा, भूतशुद्धि, प्राणप्रतिष्ठा, चर्या, क्रिया, योग, लतासाधना, चक्रसाधना, रहस्यसाधना (गुरु के सहवास में करने योग्य विशिष्ट साधना)

ताप (या दुःख) = भोक्ता को जिस विषय के प्रतिं द्वेष है उसके संबंध के कारण उत्पन्न होने वाली प्रतिकूल वेदना।

तापत्रय (या दुःखत्रय) = आधिदैविक (अतिवृष्टि, भूकम्प आदि), आधिभौतिक (चौर्य, हत्या , आदि) और आध्यात्मिक व्याधि, आधि अर्थात् शारीरिक और मानसिक दुःख)

तारकरूप = भ्रूमध्य में सच्चिदानंद तेजोरूप ब्रह्म का अवलोकन करने वाला योगी। तारकरूप योगी जन्म-मरण से मुक्त होता है। (अद्वयतारकोपनिषद्)।

तितिक्षा = शीत-उष्ण, सुख-दुःख, आदि द्वन्द्वों के आघातों को शांतवृत्ति से सहन करना।

तीव्र जिज्ञासा = साधन चतुष्टयसंपन्न होने पर निरंतर काम्यकर्मसंन्यास पूर्वक श्रवण और मनन करना।

तीव्रतर जिज्ञासा = साधन चतुष्टय तथा श्रवण-मनन और निदिध्यासन धारास्वरूप ब्रह्मचिन्तन।

तुरीया = व्यष्टिरूप विश्व, तैजस और प्राज्ञ एवं समष्टिरूप विराट् हिरण्यगर्भ, ईश्वर से अतीत चैतन्य की वेदान्ती संज्ञा। इसे अव्याकृत या शुद्धब्रह्म कहते हैं।

तुरीय (तुर्य) अवस्था = जाग्रत्, स्वप्न और सुषुप्ति इन तीन अवस्थाओं से अतीत अवस्था। यही माण्ड्क्य उपनिषद् के अनुसार आत्मा का स्वरूप है।

तेजोविद्या (या वैश्वानर विद्या) = बृहजाबालोपनिषद् में प्रतिपादित अध्यात्मविद्या की संज्ञा। शरीर में प्रतीत होने वाली उष्णता, कान बंद करने पर सुनाई देने वाली ध्वनि तथा अन्न का पचन ये शरीररस्थ अग्नितत्व के प्रमाण है। इसी अग्नि को वैश्वानर कहा है। (अहं वैश्वानरो भूत्वा प्राणिनां देहमाश्रितः गीता। १५-१४)।

तैजस = अविद्या से उत्पन्न अन्तःकरण से तादात्म्य पाया हुआ ब्रह्म।

तैजस = माण्डुक्य उपनिषद् के अनुसार स्वप्न अवस्था का अनुभव पानेवाले आत्मा की संज्ञा।

त्याग (स्थापनरूप योग का एक अंग) = चिदात्मदर्शन के कारण प्रपंच के प्रति ममत्व का त्याग।

त्याग = नित्य-नैमित्तिक सभी प्रकार के कर्मों के फल का त्याग।

त्राटक = योगिक ध्यान क्रिया का एक प्रकार। इस क्रिया का दृष्टि एकाग्र करना स्वरूप है। दो प्रकार **(१) आंतर त्राटक** – नेत्र बंद कर इष्ट देवता का स्वरूप देखना। **(२) बाह्यत्राटक** – किसी बाह्य पदार्थ या इष्ट देवता की मूर्ति को अनिमेष दृष्टि से देखना।

त्रिक दर्शन = काश्मीरीय शैव दर्शन की अपर संज्ञा।

त्रिपुटी = तीन तत्त्वों या विषयों का परस्पर संबद्ध समूह। उदा. ज्ञाता- ज्ञेय- ज्ञान। कर्ता-कर्म- करण। द्रष्टा-दृश्य- दर्शन। ब्रह्म- माया- जीव। साध्य- साधक- साधन इत्यादि।

त्रिरत्न = तांत्रिक मतानुसार शिव, शक्ति और बिंदु। (बिन्दु = कार्यात्मक शुद्ध जगत् का मूल उपादान कारण)। इसे ही संपूर्ण परिणत स्वरूप में " **शुद्ध अध्वा** " कहते हैं।

त्रिवृत्करण = तेज, जल, और पृथ्वी – इन तीन तत्त्वों का सृष्टि निर्मिति की प्रक्रिया में मिश्रण। इस में १/२ + १/४ + १/४ प्रमाण में तीन तत्त्वों का सम्मिश्रण कहा गया है। इस सिद्धान्त का प्रतिपादन छान्दोग्य उपनिषद् में प्रथम हुआ है। बाद में 'पंचीकरण' सिद्धान्त का प्रतिपादन रूढ हुआ।

त्र्यणुक = वैशेषिकों के अनुसार पृथ्वी आदि के तीन द्व्यणुकों के संयोग से निर्मित घटक।

दम = बाह्य इंद्रियों का नियंत्रण।

दर्शन = तत्त्वज्ञान का साधनीभूत शास्त्र। दो भाग – १) आस्तिक और नास्तिक। प्रतिपाद्य विषय चार – जगत्, जीव, ईश्वर और मोक्ष (या निःश्रेयस)।। त्रिविध दृष्टि – **१) लौकिक** दृष्टि-चार्वाकादि प्रत्यक्षवादी इस दृष्टि से प्रतिपाद्य का विचार करते हैं।

२) लोकान्तर दृष्टि = मरणोत्तर जीव का तथा देवतादि दिव्य सृष्टि का अस्तित्व मानकर प्रतिपाद्य का विचार करने वाले आत्मवादी दार्शनिक इस दृष्टि से प्रतिपाद्य का विचार करते हैं। **३) लोकोत्तर** दृष्टि - मोक्ष ही जीव का परम साध्य मानने वाले अध्यात्मवादी इस दृष्टि से प्रतिपाद्य का विवेचन करते हैं।

दर्शनों में प्रतिपादित ६ प्रमुख वाद = १) अद्वैतवाद- (वेदान्तद्वारा) २) द्वैतवाद - (सांख्य, योग द्वारा) ३) बहुत्ववाद- (न्याय, वैशेषिक द्वारा ४) स्याद्वाद- (जैन दर्शन द्वारा)। ५) शून्यवाद- (योगाचार- बौद्धदर्शनद्वारा)। ६) विज्ञानवाद- (माध्यमिक बौध्ददर्शन द्वारा)।

दहरविद्या = छांदोग्य उपनिषद में उलिखित एक अध्यात्मविद्या। दहर अर्थात् हृदयकमल में ब्रह्मतत्त्व का साक्षात्कार करने की साधना बताने वाली विद्या।

दहराकाश = शरीर के हृदयस्थान में शुध्द आकाश तत्त्वमय एक लघुस्थान। इसी में अनाहत नाद की उत्पत्ति होती है।

दहरोपासना = उपनिषद् में प्रतिपादित एक आध्यात्मिक साधना।

दाक्षायणी विद्या = शरीर तथा मन का सामर्थ्य बढ़ाने वाली एक अथर्ववेदोक्त विद्या।

दिक् (या दिशा) = वैशेषिक मतानुसार नौ द्रव्यों में से एक नित्य एवं विभु (व्यापक) द्रव्य, विश्व का आधार, सब कार्यों का निमित्त कारण, दूरत्व एवं समीपत्व का कारण, एक स्थितिस्वरूप शक्ति (काल गतिस्वरूप शक्ति है)। व्यवहार मे इसके आठ या दस विभाग माने जाते हैं। **दिशाओं के स्वामी –**

दिशा	**देवता**	**ग्रह**
पूर्व	इन्द्र	सूर्य
आग्नेयी	अग्नि	शुक्र
दक्षिण	यम	मंगल
नैर्ऋत्य	निर्ऋति	राहु
पश्चिम	वरुण	शनि
वायव्य	वायु	चंद्र
उत्तर	कुबेर	बुध
ईशान्य	ईश	गुरु
अधरा	अनन्तनाग	-
ऊर्ध्वा	ब्रह्माप्रजापति	-

दिव्य = कौलमार्गी साधक की तीन अवस्थाओं में उत्तम अवस्था। (अन्य अवस्थाएं - पशु और वीर)। दिव्यसाधक अद्वैत का अनुभवी होता है।

दुःखत्रय या तापत्रय = १) आधिभौतिक २) आधिदैविक और ३) आध्यात्मिक। बुध्द ने इसे आर्यसत्य कहा है तथा तृष्णा को दुःख का कारण कहा है।

दुःखान्त = पाशुपत मतानुसार परमपुरुषार्थ या मोक्ष की संज्ञा। दो प्रकार १) सात्मक दुःखान्त – (इसमे अद्भुत ज्ञानशक्ति और क्रियाशक्ति का उदय होता है।

दृक्स्थिति = (स्थापनरूप योग का एक अंग) द्रष्टा दर्शन, और दृश्य – इस त्रिपुटी के अधिष्ठान का चिंतन।

दृश्यरूप वस्तुपरिच्छेद = जिस में अहंप्रत्यय नहीं होता (अहंप्रत्ययानवाछिन्न) अपितु जो इदं रूप में साक्षिभास्य (साक्षी को प्रतीत) होता है। दो प्रकार शक्तिरूप और गुणरूप।

दृश्यानुविध्द समाधि = वेदान्त शास्त्रोक्त संविद्रूप समाधि के प्रकारों में एक। इसमें चित्तवृत्ति से नाम-रूप विवर्जित सच्चिदानंद स्वरूप स्फूर्ति की धारणा होती है। दो प्रकार – बाह्य और आंतर।

दृष्टकारण = निमित्त कारण के दो प्रकारों में एक। उदा. घटरूप कार्य की निर्मिति में कुलाल। यह कारण रूपयुक्त होने से रूपपदार्थसदृश्य अर्थात् दृष्ट माना जाता है। ।

दृष्टांत = उपसाद स्वरूप सूक्ष्मात्मक तत्त्व के ग्रहण के अभ्यास का एक प्रकार। आकलित सूक्ष्म तत्त्व का अन्य पदार्थ से गुण-साम्य की कल्पना ही दृष्टांत होता है। उदा. स्तन से दुग्धस्राव और मेघ से जलवर्षण मे गुणसाम्य देखना।

दृष्टार्थक शाब्द प्रमाण = आप्त द्वारा उपदिष्ट जिस पदार्थ की प्रतीति इह लोक में ही आती है। उदा.. वैद्यादि के शब्दों के अर्थ की प्रतिति।

दृष्टार्थापत्ति = अर्थापत्ति प्रमाण का एक प्रकार। प्रत्यक्ष दृष्ट रजतादि पदार्थ को नेदं रजतं कहने पर उसके मिथ्यात्त्व की कल्पना। दो प्रकार – १) अभिधानानुपपत्ति २) अभिहितानुपपत्ति।

देवनगर = तांत्रिकों की उपासना में त्रिकोण, चक्र, इत्यादि आकृतियों का उपयोग होता है। इन्हे यंत्र कहते हैं। यंत्रों को देवनगर भी कहते हैं।

देवलोक = भूः भुवः, स्वः, महः, जनः, तपः और सत्य – इन सप्त ऊर्ध्वस्थानों की संज्ञा।

देवीप्रणव = ह्रीं अक्षर की संज्ञा। देवी मंत्रों के जप में प्रथम इसका उच्चारण होता है।

देशपरिच्छेद = पदार्थ की बाह्यमर्यादा एवं आंतरिक मर्यादा। **तीन प्रकार** – अधिष्ठानरूप, आधाररूप, और विजनरूप।

देशान्तरावेश = देखिए परकायाप्रवेश।

देहपंचक = (या पंचदेह) स्थूल, सूक्ष्म, कारण, महाकारण, और कैवल्य ज्ञानदेह। कपिलगीता २.८

देहवासना = देह में ही अहंभाव या स्वत्व की भावना के कारण, उसके रक्षण की प्रवृत्ति।

देहसाम्य = (स्थापनरूप योग का एक अंग) दृश्यमान देह को ब्रह्ममूर्तिस्वरूप मान कर लयचिंतन करना।

दैविकी भावना = सालोक्य, सामीप्य, सारूप्य और सायुज्य नामक मुक्ति के लिए प्रयत्न।

दोष (छह प्रकार) – तत्त्व प्रतिपादन मे छह दोष संभाव्य होते हैं। सर्वप्रमाण विरोध, स्वाभ्युपगमविरोध (स्वमतविरोध), भूतार्थानुवाद, असम्भव, श्रुतहानि, और अश्रुतकल्पना। (गी. शां. भा. ४-२१)।

दौहद = अष्टपाशों में कुलाभिमान स्वरूप जीव के पाश का अपर नाम।

द्रव्य के २१ प्रकार (माध्व मतानुसार) = परमात्मा, लक्ष्मी, जीव, अव्याकृत, प्रकाश, प्रकृति, गुणत्रय, महत्तत्त्व, अहंकारतत्त्व, बुद्धि, मन, इन्द्रिय, मात्रा, भूत, ब्रह्माण्ड, अविद्या, वर्ण, अंधःकार, वासना, कला, प्रतिबिंब।

द्रव्यनाश = ईश्वर को प्रलय करने की इच्छा होने पर व्द्यणुक के दो परमाणु विभक्त होते हैं। इस कारण त्र्यणुक, चतुरणुक का नाश होने से पृथ्वी आदि द्रव्यों का नाश होता है।

द्रव्यशक्ति = शक्ति के तीन प्रकारों में एक जो दृष्ट तथा अचल होती है।

द्रष्टा = शब्दादि विषयों को प्रकाशित करने वाला, चित्तवृत्ति में प्रतिबिंबित चैतन्य का आभास (अहंकार)। (इसे दृष्टरूप वस्तुपरिच्छेद कहते हैं।)

व्द्यणुक = वैशेषिक मतानुसार दो परमाणु ईश्वर की इच्छा

से एकत्र आने से बना हुआ पदार्थ। यही स्थूल, महाभूतों के विकास की प्रारंभिक अवस्था होती है।

द्वारविधि = पाशुपत या लकुलीश दर्शन के अनुसार **क्राथन** (जागृति में निद्रालुता का प्रदर्शन), **स्पंदन** (शरीरावयव सतत हिलाना), **मंदन** (पंगुत्व का प्रदर्शन) **शृंगारण** (कामुकता का प्रदर्शन), **अवितत्करण** (निषिद्ध आचरण का प्रदर्शन), **अवितद्भाषण** (निरर्थक बकवास करना) – इन छह विधियों से मुक्ति प्राप्त होती है ऐसा लकुलीशमत मानता है।

द्विकोटिक ज्ञान = एक ही पदार्थ में यह स्थाणु है अथवा पुरुष है, इस प्रकार की द्विविध प्रतीति। यही संशय का एक प्रकार है।

द्विकोटिक संशय = भ्रम के कारण एक ही वस्तु में दो प्रकार का ज्ञान। उदा. स्थाणुर्वा पुरुषो वा। यह प्रमेयगत संशय का एक प्रकार है।

द्वितत्त्ववाद = परस्पर विरोधी दो तत्त्वों से सृष्टि की उत्पत्ति मानने वाला तथा संसार की उपपत्ति प्रतिपादन करने वाला मत।

द्वैतदर्शन = इसे माध्वमत, ब्रह्मसंप्रदाय, पूर्णप्रज्ञदर्शन, भी कहते हैं। मध्वाचार्य संस्थापक तथा जयतीर्थ, व्यासतीर्थ, रघूत्तमतीर्थ इस दर्शन के प्रवर्तक माने जाते हैं। इस मत में विष्णु सर्वश्रेष्ठ, जगत् सत्य, जीव परस्पर भिन्न तथा विष्णुभक्ति ही मुक्ति का मुख्य साधन और सायुज्य मुक्ति (भगवत्स्वरूप में लीन होकर उस शरीर द्वारा परमानंद की अनुभूति) परम प्राप्तव्य माने हैं।

द्वैतमत = जीव और ईश्वर में नित्य भेद का प्रतिपादन करने वाला पूर्णप्रज्ञाचार्य (मध्वाचार्य) द्वारा प्रस्थापित वेदान्त-सिध्दान्त।

द्वैतवाद = ब्रह्म और जगत्, ब्रह्म और ईश्वर, एवं जीव और ईश्वर की भिन्नता प्रतिपादन करने वाला मत।

द्वैताद्वैत दर्शन = (या हंसमत) = निंबार्कदर्शन की अपर संज्ञा। इस मत के प्रमुख आचार्य – निंबार्क, श्रीनिवासाचार्य, केशव काश्मीरी, पुरुषोत्तमाचार्य इत्यादि। इस दर्शन में परमात्मा, जीवात्मा और प्रकृति तीन तत्त्व माने हैं। परमात्मा और जीवात्मा का संबंध भेदाभेदरूप (या द्वैताद्वैतरूप) माना है। अर्थात् अवस्था भेद के अनुसार जीव तत्त्व ब्रह्मतत्त्व से भिन्न और अभिन्न भी होता है।

धारणा = (स्थापनारूप योग का अंग) = मन, जिस विषय का ग्रहण करता है, उसी को ब्रह्म मानना।

धौती = हठयोग के षट्कर्मों में से एक शरीर शोधन का कर्म। शरीरस्थ कफ, पित्त आदि दोष इस कर्म से मुखद्वारा बाहर निकाले जाते हैं। ३ प्रकार – जलधौति, वस्त्रधौति, दण्डधौति। इनके अतिरिक्त अन्तर्धौति, दन्तधौति, हृदयधौति, मूलशोधन धौति- नामक चार प्रकारों की धौति कही गयी है।

ध्यान = अष्टांग योग का सातवा अंग। चित्त की धारणा जहां की हो उसीका संतत अनुभव पाना। (तत्र प्रत्ययैकतानता ध्यानम्। पातंजल सूत्र ३.२)। सगुण ध्यान और निर्गुणध्यान नामक ध्यान के २ प्रमुख प्रकार कहे गए हैं। घेरण्ड संहिता में कथित ३ प्रकार – स्थूल, ज्योतिस् और सूक्ष्म ध्यान।

ध्यान = (स्थापनरूप योग का अंग) = अहं ब्रह्मास्मि – ''इस वृत्ति की अखंड भावना तथा देहादि का विस्मरण और यदृच्छालाभसंतोष।

ध्वंस = अभाव जिसको आरंभ है किन्तु अन्त नहीं है।

नकुलीश (या लकुलीश) = पाशुपत संप्रदाय का सुधारित संप्रदाय। ई. २ शती में गुजरात के नकुलीश (या लकुलीश) नामक सत्पुरुष ने यह संप्रदाय प्रवर्तित किया। भगवान शिव के १८ अवतारों में से लकुलीश को आद्य अवतार कहा जाता है।

नव्य उपनिषद = बौद्ध काल के प्रभाव के कारण निर्मित अथर्ववेदीय उपनिषद् ग्रंथ। इनके शैव २७, वैष्णव ३४, सौर ५, गाणपत्य ४ और शाक्त २७, योग २२, संन्यास २०, वेदान्त ४१, विभाग माने जाते हैं। इनकी संख्या १८० तक मानी जाती है।

नाडीत्रय = इडा, पिंगला और सुषुम्णा। (योगशास्त्र)

नामरूपात्मक = संपूर्ण दृश्य सृष्टि का निर्देश इस विशेषण से होता है।

निगमन = परार्थानुमान में लिंग-संबंध से युक्त निश्चित साध्य का प्रतिपादन। उदा. तस्मात् (धूमवत्त्वात्) तथा (वह्निमान्)।

नित्य प्रलय = चतुर्विध प्रलयों में एक। उत्पन्न प्राणियों का विनाश नदी प्रवाह की भांति निरंतर चालू रहता है।

नित्यविभूति = रामानुजदर्शन में कथित शुद्धसत्त्व स्वरूप अचित् (ज्ञानशून्य विकारी वस्तु) तत्त्व का नाम।

निदिध्यासन = आत्मज्ञान के तीन साधनों में एक। विजातीय वृत्तियों का तिरस्कार करते हुए सजातीय वृत्तियों का प्रवाह अखण्डित रखना यही साधना निदिध्यासन कहलाती है।

निदिध्यासन = बार बार ध्यान करना। ध्यान करने की इच्छा। (बृह. उप. २-४-४)

निदिध्यासन = श्रवण तथा मनन द्वारा निश्चित अर्थ में विपरीत भावना की निवृत्ति करते हुए) वृत्ति को तैलधारावत् अखंडित रखना।

निमित्तकारण = कारण के दो प्रकारों में एक। घटादि कार्य में मृदादि, कारण से भिन्न किन्तु कार्योत्पत्तिके लिए जो अत्यावश्यक होता है। मृत्तिका, सुवर्ण आदि पदार्थों को घट, कुण्डल आदि आकार देने वाला कुम्हार या स्वर्णकार, जो उपादान कारण को कार्य का स्वरूप देता है।

नियम = योग के आठ अंगों में दूसरा अंग। **पांच प्रकार** – शौच, संतोष, तप, स्वाध्याय और ईश्वरप्रणिधान। हठयोग प्रदीपिका के अनुसार **दस** – तप, संतोष, आस्तिक्य, दान, ईश्वरपूजा, सिद्धान्तवाक्य – श्रवण, लज्जा, मति, जप, होम।

नियम = (स्थापनरूप योग का एक अंग) = आत्मसाक्षात्कार के अनुरूप वृत्ति को प्रवाहित करना और देहादिबाह्य वृत्ति का तिरस्कार करना।

नियमविधि = प्रत्यक्षादि प्रमाणों से प्राप्त होने वाले अर्थ की विशिष्ट साधन से ही प्राप्ति करने का आदेश देने वाले नियम।

निराकार ब्रह्म = व्यतिरेक द्वारा संवित् या चैतन्य की दृश्य जगत् से भिन्न अवस्था।

निरुपाधिक अध्यास = अज्ञान के कारण निरुपाधिक तथा चिद्रूप आत्मा में अहंकार का अध्यास। यह आत्मा के तत्त्वज्ञान से बाधित होता है।

निरोधरूप योग = हठ प्रदीपिकादि ग्रंथों में प्रतिपादित, यम, नियम, आसन, प्राणायाम, प्रत्याहार, धारणा, ध्यान और समाधि-रूप अष्टांग योग। इसमें अभ्यास और वैराग्य से क्षिप्त-विक्षिप्त चित्त वृत्ति को एकाग्र और निरुद्ध किया जाता है।

निर्गुण अवस्था = ब्रह्मशक्तियों की अव्यक्त या अप्रकट अवस्था। वे शक्तियाँ जब कार्यरत होती हैं तब उस अवस्था को **'सगुण अवस्था'** कहते है।

निर्गुणोपासना = अदृश्य, अव्यक्त, अचिंत्य इत्यादि ब्रह्मधर्मों की भावना। दो प्रकार – (१) अहंग्रहरूप और (२) अवधिरूप

निर्वचन = (सर्वशब्दस्य अवयवशः निकृष्टस्य वचनम्-निर्वचनम्) = संपूर्ण शब्द का विभाजन करने पर शब्दावयवों के अर्थ को मिलाकर अर्थ सिद्ध करना।

निर्वचनीयवाद (लक्षणवाद) = संसार की प्रत्येक वस्तुमात्र का लक्षण करना शक्य तथा वास्तव मानने वाला विचार।

निर्वाण के दो स्वरूप = (१) **सोपधिशेष** (विद्यमान देह में राग द्वेषादि विकारों के प्रशमन से आने वाली अनुभूति)। (२) **अनुपधिशेष** – प्रथम निर्वाण के बाद आने वाली परम शांतिमय स्थिति का अनुभव।

निर्वेद = शब्दादि विषयों तथा ऐहिक पारलौकिक सुखों के प्रति निरिच्छता, वैराग्य।

निश्चयरूप भ्रम = अधिकृत भ्रम का एक प्रकार। भ्रमज्ञान के कारण भ्रमात्मक ज्ञान को ही यथार्थ मानना।

निःश्रेयस = मानव जीवन का आत्यंतिक प्राप्तव्य। इसकी प्राप्ति होने पर अन्य किसी प्राप्ति की अपेक्षा नहीं होती। मोक्ष, कैवल्य, अमृतत्त्व इत्यादि अपर पर्याय।

नेती = हठयोग के षट् कर्मों में एक। दो प्रकार – (१) सूत्रनेती– (नाक मे सूत्र डाल कर मुंह से निकालना)। (२) जलनेती– एक नासाछिद्र से पानी पीकर दूसरे छिद्र से बाहर निकालना।

न्यायप्रस्थान = वेदान्त दर्शन की प्रस्थानत्रयी में अन्तर्भूत ब्रह्मसूत्र या शारीरक सूत्र की अपरसंज्ञा।

न्यायसूत्र के पांच विषय = प्रमाण, प्रमेय, वाद, अवयव और अन्यमतपरीक्षा।

न्यास = तांत्रिक साधना की नित्य विधि में 'भूतशुद्धि' (काय-मनःशुद्धि का संकल्प) के बाद यह विधि होती है। इसमें शरीर के विविध अंगों में उस स्थान की देवता की प्रतिष्ठापना का संकल्प होता है। **पांच प्रकार** – अंगन्यास, करन्यास, मातृकान्यास, ऋषिन्यास और व्यापकन्यास।

न्यूनताग्रहण = शास्त्र परिचायक अष्टक का एक अंग। शास्त्र के मुख्य प्रतिपाद्य विषय की तुलना में अन्य विषयों का न्यूनत्व प्रतिपादन करना। उदा. गीता में भक्ति की तुलना में कर्म, सांख्य योग, ज्ञान आदि अन्यसापेक्षता के कारण गौण सिद्ध किए हैं। अन्यनिरपेक्षता के कारण भक्ति की श्रेष्ठता 'मां हि पार्थ.' श्लोकद्वारा कही है।

पक्ष = अनुमान की प्रक्रिया में जिस स्थान पर हेतु (या लिंग) का प्रत्यक्ष ज्ञान होता है।) उदा. अग्नि के अनुमान में हेतुरूप धूम का प्रत्यक्ष ज्ञान पर्वत पर होता है। अतः प्रस्तुत उदाहरण में पर्वत पक्ष है।

पक्षधर्मता = अनुमान की प्रक्रिया में पक्ष (पर्वत) पर हेतु (धूम) का अस्तित्व।

पंचअंग = (अनुमानके) = प्रतिज्ञा, हेतु, दृष्टान्त, उपनय और निगमन।

पंच-अवयव = पदार्थानुमान में उपयुक्त पांच प्रकार के वाक्य। (१) प्रतिज्ञा, (२) हेतु, (३) उदाहरण, (४) उपनय और निगमन (स्पष्टीकरण यथास्थान देखिए।)

पंच अवस्था = जागृति, स्वप्न, सुषुप्ति, तुर्या और उन्मनी (कपिल गीता)।

पंच आकाश = घटाकाश, मठाकाश, महदाकाश, चिदाकाश, निराकाश, (कपिलगीता २-२४)।

पंचाकाश = आकाश, महाकाश, पराकाश, तत्त्वाकाश, सूर्याकाश।

पंच-आनन्द = विषयानन्द, योगानन्द, अद्वैतानन्द, विदेहानन्द और ब्रह्मानन्द। (कपिल गीता)

पंचकोश = उपनिषदों में कथित आत्मतत्त्व के पांच आवरणों [(१) अन्नमय, (२) प्राणमय, (३) मनोमय, (४) विज्ञानमय और (५) आनन्दमय] की संज्ञा। इन पंचकोशों के परे आत्मतत्त्व होता है।

पंचक्लेश = अविद्या, अस्मिता, राग, द्वेष और अभिनिवेश। इन पांच क्लेशों से स्थूल वृत्तियां उत्पन्न होती है। वृत्तियों का निरोध ही योग का स्वरूपलक्षण है।

पंचतन्मात्रा = शब्द, स्पर्श, रूप, रस और गन्ध। (पंच महाभूतों से पृथक् सूक्ष्म पांच गुण या विषय)।

पंचपर्वा अविद्या = (देखिये अविद्या)।

पंचपर्वा विद्या = वल्लभ संप्रदाय के अनुसार-वैराग्य, विचार, योग, तप और ईशभक्ति – ये पांच विद्या के प्रकार माने जाते हैं।

पंचपवित्र = कौलज्ञान निर्णय के अनुसार विष्ठा, धारामृत (मूत्र), शुक्र, रक्त और मज्जा – इन पांचों की संज्ञा।

पंचब्रह्म = वीर शैव मतानुसार ईशान, तत्पुरुष, अघोर, वामदेव, और सद्योजात – इन पांच (क्षेत्रज्ञ, प्रकृति, बुद्धि, अहंकार और मन-स्वरूप) शिवमूर्तियों की संज्ञा।

पंचम पुरुषार्थ = चैतन्य मतानुसार भक्ति की संज्ञा। कृष्ण

भगवान की संवित् और ह्लादिनी शक्तियों से युक्त होने के कारण भक्ति ही भगवत्स्वरूपिणी है।

पंचमहाभूत = पृथ्वी, आप, तेज, वायु और आकाश।

पंचवायुस्थान = गुद (अपानवायु), नाभि (समान), हृदय (प्राण), कंठ (उदान), शरीर (व्यान)।

पंचविध न्याय = (या दृष्टान्त) (मायावाद प्रतिपादक) = शुक्ति-रजत, रज्जु-सर्प, स्थाणु-चौर, खपुष्प, मृगजल,। इन पांच दृष्टान्तों से अद्वैतवादी जगन्मिथ्यात्व का प्रतिपादन करते है।

पंचविषय = गंध, रस, रूप, स्पर्श और शब्द। इनका ज्ञान क्रमशः घ्राण, रसना, नेत्र, त्वचा और श्रोत्र – इन पांच ज्ञानेन्द्रियों से ही होता है।

पंचशौच = मनःशौच, कर्मशौच, कुलशौच, शरीरशौच, और वाक्शौच।

पंच सगुण ब्रह्म = शिव, विष्णु, देवी, सूर्य और गणपति।

पंचसिद्धि = जन्मसिद्धि, औषधि, मंत्र, तप, और समाधिसिद्धि। (पातंजल योगसूत्र)।

पंचार्थशास्त्र = नकुलीश पाशुपत संप्रदाय का अपर नाम। इस संप्रदाय में माने हुए पांच पदार्थों में काल रूप पदार्थ नहीं मानते। वे ईश्वर को ही काल मानते है।

पति = शैवागम या पाशुपत मतानुसार अनन्त ऐश्वर्य सम्पन्न, जगत्कारणस्वरूप परमात्मेश्वर की संज्ञा। वही सभी पशुओं (जीवों) का अधिपति है।

पदार्थ दशक = (माध्वमतानुसार) – द्रव्य, गुण, कर्म, सामान्य, विशेष, विशिष्ट, अंशी, शक्ति, सादृश्य, और अभाव।

पदार्थषट्क = (शैवमतानुसार) – पति, शक्ति, त्रिपर्वा, पशु, बोध और मंत्र।

परकाय प्रवेश = (या प्राणसंजीवन विद्या) = प्रकृति-पुरुष भेद का यथार्थ ज्ञान होने पर तथा खेचरी मुद्रा सिद्ध होने पर प्राप्त होने वाली एक सिद्धि। इसके बल पर योगी दूसरे व्यक्ति के मृत या जीवित शरीर में संचार कर सकता है। (श्री शंकराचार्य द्वारा अमरुक राजा के मृतदेह में प्रवेश करने की कथा प्रसिद्ध है।)

परब्रह्म = पुष्टिमार्ग के अनुसार ब्रह्म का आनंदपरिपूर्ण स्वरूप। आनंदांश कुछ मात्रा में न्यून होने पर 'अक्षर ब्रह्म' कहते है।

परमपुरुषार्थ = धर्म, अर्थ, काम और मोक्ष – इन चार पुरुषार्थों में चतुर्थ (मोक्ष) पुरुषार्थ की संज्ञा। अपर संज्ञाएँ – अपवर्ग, कैवल्य, अमृतत्त्व निःश्रेयस, श्रेयस्, निर्वाण।

परमाणुवाद = वैशेषिक दर्शनद्वारा प्रतिपादित सिद्धांत। इस के अनुसार प्रत्येक पदार्थ परमाणु से निर्मित माना जाता है। परमाणु ही संसार का मूलकरण है।

परमात्मा = द्वैतवादी वेदान्त मतानुसार जगत् का आदिकारण परब्रह्म जो अनादि अनन्त चैतन्य स्वरूप है।

परमानंद प्राप्तिरूप मोक्ष = प्रपंच के भान की सर्वथा निवृत्ति होने पर सच्चिदानन्द स्वरूप ब्रह्मरस के अतिरिक्त अन्य किसी की प्रतीति न होना। यह मोक्षावस्था हरिभक्ति से तथा गुरूकृपा से ही प्राप्त होती है। अनर्थनिवृत्तिरूप मोक्ष केवल तत्त्वज्ञान से ही प्राप्त होता है।

परमावस्था = (१) योग तथा वेदान्त में = निर्विकल्प समाधि, (२) बौद्धदर्शन मे - शून्यता, (३) जैनदर्शन में - केवलावस्था। (४) वैष्णव मत में सायुज्यता। (५) शाक्त मत में समरसता।

परमशिव की पाँच शक्तियाँ = काश्मीरीय शैव दर्शनानुसार – चित्, आनंद, इच्छा, ज्ञान, और क्रिया।

परवैराग्य = सत्व, रज और तम – तीनों गुणों के प्रति तृष्णा का अभाव जो अंतकरण आत्मस्वरूप के ज्ञान से में उत्पन्न होता है।

परामर्श = अनुमान की प्रक्रिया में पक्षधर्मता का ज्ञान और व्याप्ति का स्मरण एक साथ होना। "साध्य (अग्नि) व्याप्त हेतुमान् (धूमवान्) पक्षः (पर्वतः)" इस प्रकार परामर्श का स्वरूप होता है। लिंगपरामर्श (पर्वत पर धूम का प्रत्यक्ष ज्ञान और महानसस्थित धूम का स्मरण – दोनों एक साथ होना) को ही अनुमान कहते है।

पराविद्या = अध्यात्मविद्या या ब्रह्मविद्या जो सर्व श्रेष्ठ मानी गयी है।

पदार्थानुमान = स्वार्थानुमान द्वारा प्राप्त पर्वतस्थअग्नि इत्यादि प्रकार के ज्ञान का प्रतिज्ञा, हेतु उदाहरण, उपनय और निगमन – इन पांच अवयवों से युक्त वाक्यों द्वारा दूसरे अनभिज्ञ व्यक्ति को कथन करना। दार्शनिकों के वाद-विवाद या शास्त्रार्थ में पदार्थानुमान का प्रयोग होता है।

परिच्छेद = चिन्निरोध अर्थात् ब्रह्मतत्त्व में प्रतीत नानात्व की मर्यादा। तीन प्रकार – देश परिच्छेद, काल०, वस्तु०। इनके कुल १३ प्रकार होते हैं।

परिणाय अभ्यास = पृथ्वी आदि अनित्य द्रव्य गुणयुक्त होते है और नित्य आत्मतत्त्व निर्गुण होता है। नित्य में अनित्य के गुण की कल्पना न आने देने का प्रयत्न ही परिणाय अभ्यास का स्वरूप है। दो प्रकार – (१) वृत्तिनिरोधरूप और (२) सदनुभवानंदरूप।

परिणाम = उपादान कारण का स्वयं अवस्थान्तर। उदा. बीज का वृक्ष होना।

परिणामवाद = कारण-कार्य संबंध के विषय में सांख्य और योगदर्शन का सिद्धान्त। इसके अनुसार घट (कार्य) का मृत्तिका (कारण) में अव्यक्त रूप में अस्तित्व होता है। कार्य और कारण दो स्वतंत्र पदार्थ नहीं होते। कारण ही कार्य रूप में परिणत होता है। दूध से दही की उत्पत्ति के समान कारण से कार्य की वास्तविक उत्पत्ति मानने वाला मत। सत्कार्यवादी सांख्यदर्शन परिणाम वाद को मानते हैं। यह वाद उनके सत्कार्यवाद का ही एक प्रकार है। दूसरा प्रकार है **विवर्तवाद** जिसका प्रतिपादन वेदान्ती करते है।

परिसंख्याविधि = "सौत्रामणि यज्ञ में सुरापान कीजिये" इस वचन में सर्वत्र संभाव्य सुरापान का निषेध और सौत्रामणि यज्ञ में विशिष्ट काल में ही उसका विधान है। इस प्रकार के अनियत निषेधपूर्वक सकालतात्पर्य-परक वचन को परिसंख्या विधि कहते हैं।

परिस्पन्द = परमाणु की गति।

परोक्षानुभूति = इन्द्रियों द्वारा अज्ञेय वस्तु (ब्रह्म, आत्मा) का उपनिषदादि शब्दप्रमाण के द्वारा प्राप्त ज्ञान। इसकी प्रत्यक्षानुभूति में आत्मतत्त्व से एक रूपता प्राप्त होने पर प्राप्त अनुभव के स्वरूप में ज्ञान होता है।

परेच्छा प्रारब्ध = प्रारब्ध कर्मों के तीन प्रकारों में एक। दूसरे किसी प्रवल व्यक्ति के क्रोध आदि के कारण आपत्ति का आघात। उदा. विश्वामित्र के कारण नल राजा का वनवास। सीता का त्याग।

पर्यंकविद्या = ३२ विद्याओं में एक आध्यात्मिक विद्या। इसका प्रतिपादन कौषीतकी ब्राह्मण १/६ में है।

पशु = पाशुपतमतानुसार कार्यकारणरूप कला से बद्ध तथा नित्य विषयाधीन जीव की संज्ञा। दो प्रकार (१) सांजन। (२) निरंजन।

पशु = कौलमार्गी साधक की तीन अवस्थाओं में निकृष्ट अवस्था (अन्य अवस्थाएँ- वीर और दिव्य)। साधक जब सांसारिक मायाजाल में फंसा होता है। पशुपति (ईश्वर) की संज्ञा में पशु का यही अर्थ है। (पशु = सामान्य मोहमग्न जीव)।

पांचरात्र = (१) चार वेद और सांख्य-योग दर्शन - इन पांचों का समावेश करने वाला प्राचीन (महाभारत कालीन) कृष्णभक्तिपर तांत्रिक संप्रदाय। अपर संज्ञा - भागवत तंत्र तथा सात्वत तंत्र। इस संप्रदाय में चतुर्व्यूह का सिद्धान्त महत्त्वपूर्ण है। (२) भक्तिमार्गी व प्राचीन वैष्णव संप्रदाय जो परमात्मा के पांच उपास्य रूप मानता है। - वासुदेव, व्यूह, विभव अन्तर्यामी और अर्च। (अर्च = शुभाश्रय का सत्संग)। ब्रह्म, मुक्ति, भोग, योग और संसार - इन पांच तत्त्वों का विचार करने वाला मत।

पारमैश्वर्यमुक्ति = लकुलीश शैव दर्शन के अनुसार दृक्शक्ति और क्रियाशक्ति की प्राप्ति।

पाश = शैवागमों के अनुसार मल, कर्म, माया, (अर्थात् रोधशक्ति)।

पाशव = पाशबद्ध जीव की बाल्यावस्था। तंत्रयोग के अनुसार १२ ग्रंथियों में एक।

पाशाष्टक = लज्जा, घृणा, भय, कुल, जाति, शक्ति, मान, अभिमान।

पाशुमत मत = पशुपति (अर्थात यजुर्वेद के रुद्राध्याय में वर्णित रुद्र) देवता की उपासना करने वाले एक प्राचीन शैव संप्रदाय का मत। इस मत में पशु (जीव), पाश और पति (शिव) यह मूलभूत त्रिक माना जाता है। कार्य, कारण, योग, विधि और दुःखान्त (अर्थात मोक्ष) - इन पांच पदार्थों के अनुसार पशु, पाश और पति- इस त्रिक का विवेचन इस मत में होता है। दक्षिण भारत में कापलिक, कालामुख, भैरव, वीरशैव रसेश्वर इत्यादि सम्प्रदाय पाशुपत मत का अनुसरण करते हैं। सर्वदर्शन संग्रह में इस मत का कथन नकुलीश दर्शन नाम से हुआ है। नकुलीश शैवों को अश्रौत (अवैदिक) पाशुपात माना जाता है।

पिण्डषट्क = सिद्धयोग मत के अनुसार सृष्टि का विकास ६ पिण्डों के अनुक्रम से होता है। छह पिंड - आदि, साकार, महासाकार, प्राकृत, अवलोकन और गर्भ।

पितृयाण = दक्षिणायन की अपरसंज्ञा। दक्षिणायन में मृत्यु होने पर जीव पितृलोक में प्रयाण करता है। अर्थात् पितृयाण मोक्षप्रद नहीं है। इसीको धूमादि मार्ग कहते हैं।

पुटी = पदार्थों की परस्परसापेक्ष मर्यादा। तीन प्रकार - ज्ञाता, ज्ञेय, और ज्ञान। इसीको त्रिपुटी कहते हैं।

पुरत्रय (या त्रिपुर) = जागृति, स्वप्न और सुषुप्ति - इन तीन अवस्थाओं की संज्ञा। जीवात्मा की इन तीन स्वाभाविक अवस्थाओं का विलय, शिवस्वरूप परमात्मा के अनुग्रह से होता है। अतः उसे त्रिपुरारि (पुरारि) या त्रिपुरान्तक कहते हैं।

पुरश्चरण = मंत्रजप की विशिष्ट संख्या का संकल्प करने पर उसकी पूर्णता करना।

पुरुष = सृष्टि का मूल कारण जो तथा सहस्त्रशीर्ष, सहस्त्राक्ष, सहस्त्रपात् एवं सर्वव्यापी होकर दशांगुल अवशिष्ट है (ऋग्वेद १०-९०-१)।

पुरुष = सांख्य दर्शन में जड प्रकृति के २४ तत्त्वों के अतिरिक्त २५ वां चैतन्यमय तत्त्व जिसे व्यवहार में जीव या जीवात्मा कहते हैं।

पूर्णाभिषेक = तंत्रमार्ग में गुरुमंत्र का पुरश्चरण समाप्त होने पर इस अभिषेक से कठोर साधना का प्रारंभ होता है।

पुष्टिमार्ग = वल्लभमत के वैष्णवमार्ग की संज्ञा। **पुष्टि** = पोषण अर्थात् भगवान् का अनुग्रह। इस अनुग्रह से काल, कर्म तथा स्वभाव की शक्तियां बाधित होती हैं। अतः पुष्टि ही चारों पुरुषार्थों की सिद्धि करती है। कर्म, योग, ज्ञान आदि पुष्टि की प्राप्ति के उपाय मात्र हैं। पुष्टिमार्ग में किसी प्रकार का जाति, वर्ण, लिंग आदि भेद नहीं माना जाता। पुष्टिस्वरूप अनुग्रह कृष्ण भगवान् की लीलामात्र है। इसके लिए प्रपत्ति याने अनन्य शरणागति यही एकमात्र साधन है।

पूर्वपक्ष = प्रतिपाद्य विषय के उपयोगी मुख्य पदार्थों के मुख्यत्व के अभाव का निश्चय। दो प्रकार - (१) वेदैक-देशरूप और (२) वेदबाह्य रूप।

पूषा = नाभिस्थित मणिपुर चक्र से कर्णेन्द्रिय तक जाने वाली दो नाडियों में से एक। दूसरी नाडी की संज्ञा है अलंबुषा।

प्रकृति = सांख्य मतानुसार सत्व, रज और तम - इन त्रिगुणों की साम्यावस्था। अपर संज्ञा- अव्यक्त, प्रधान। वेदान्त

के अनुसार माया। (मायां तु प्रकृतिं विद्यात्)

प्रकृति-पुरुषवाद = सृष्टि में मूलतः त्रिगुणमयी जड प्रकृति और चेतन स्वरूप अनेक पुरुष ये ही दो तत्त्व हैं। इस मत का प्रतिपादन सांख्य दर्शन का मूल सिद्धान्त है।

प्रच्छन्नबौद्ध = श्री शंकराचार्य के विचारों में बौद्धों के योगाचार मत से अधिक साम्य होने के कारण उनके विरोधकों ने इस उपहासव्यंजक उपाधि का प्रयोग किया है।

प्रजापति विद्या = ब्रह्मविद्या की अपर संज्ञा।

प्रज्ञा = सामान्य का विशेष रूप से ग्रहण करनेवाली बुद्धिवृत्ति। **दो प्रकार** – (१) स्थित और (२) अस्थित.।

प्रज्ञावधारण = निर्धारणरूप शास्त्रचिंतन का प्रकार। शास्त्र के शब्दार्थों का ज्ञान पाने पर उसी अर्थ को सत्य मानने का निश्चय इसका स्वरूप है।

प्रणव बीज = ओंकार की संज्ञा। यह सभी मंत्रबीजों का मूल है।

प्रणवोपासना = ओंकार स्वरूप में निर्गुण ब्रह्म की धारणा करना। देखिए – अवधिरूप निर्गुणोपासना।

प्रतदर्शन विद्या = कौषीतकी उपनिषद में प्रतिपादित प्राणविद्या की संज्ञा। (इन्द्र द्वारा प्रतर्दन ऋषि को समर्पित विद्या।

प्रतिज्ञा = पदार्थानुमान में वह पर्वत वह्निमान् है। इस प्रकार पक्ष (पर्वत) पर साध्य (वह्नि) के अस्तित्व का कथन।

प्रतितंत्र सिद्धान्त = शास्त्र में स्वीकृत किन्तु अन्यशास्त्र में अस्वीकृत सिद्धान्त। उदा. आस्तिक मतानुसार वेद प्रमाण है। नास्तिक मतानुसार नहीं है।

पतिबंध = काल की दो शक्तियों में एक। देखिए – अभ्यनुज्ञा।

प्रतिबंध = श्रवण-मननादि साधना में प्रतिकूलता (चार प्रकार) = भूत प्रतिबन्ध, वर्तमान प्रतिबंध, भावी प्रतिबंध और प्रवृत्तिप्रतिबंध।

प्रतिबिंबवाद = वेदान्तदर्शन में विद्यारण्य, मधुसूदन सरस्वती जैसे दार्शनिकों ने प्रतिपादन किया हुआ एक सिद्धान्त। इसके अनुसार अज्ञानोपाधियुक्त चैतन्य (ईश्वर) बिंब और बुद्धितत्त्व की उपाधि से युक्त चैतन्य (जीव) उसका प्रतिबिंब है। इस वाद के आधार पर जीवों की अनेकता तथा 'तत्त्वमसि' महावाक्य में जहदजहल्लक्षणा सिद्ध होती है।

प्रवृत्ति प्रतिबन्ध = वेदान्तादि अध्यात्म शास्त्रों का श्रवण करने पर भी स्वर्गसुखों की अभिलाषा स्थिर रहना।

प्रतीकोपासना = सगुणोपासना का एक प्रकार। आदित्य, अग्नि, शालिग्राम, पंचायतन या प्रतिमा आदि स्वरूप में ईश्वर की पूजा। सभी पुराणों में यह उपासना प्रतिपादन की है। **तीन प्रकार** – एकांगरूप, सर्वांगरूप और बिंदुरूप।

प्रतीति = तत्त्व की अनुभूति। इसके दो प्रकार – (१) अभेदगामिनी, (२) भेदगामिनी। अभेदगामिनी में अनेकता में एकता की अनुभूति होती है और भेदगामिनी में एकता में अनेकता देखी जाती है।

प्रत्यक्ष प्रमाण = श्रोत्रादि इन्द्रियां और उनके विषयों का सन्निकर्ष (योग्य संबंध)। **छह प्रकार** – श्रोत्र, चक्षु, त्वचा, जिह्वा, घ्राण, और मन। प्रत्यक्ष पर ही अनुमान आधारित होता है।

प्रत्यक्षमार्ग = धर्म के निश्चित स्वरूप का प्रमाणभूत शब्दसमूह अर्थात् आप्तवचनात्मक ग्रंथ। इसे जैमिनि ने "**चोदनालक्षण**" धर्म कहा है।

प्रत्यभिचार = मंत्र, तंत्र द्वारा अभिचार प्रयोग करने वाले पर उसका ही प्रयोग उलटाना।

प्रत्यभिज्ञा = पूर्वानुभूत पदार्थ का पुनः ज्ञान।

प्रत्यभिज्ञादर्शन = काश्मीरीय शैव या त्रिक दर्शन की अपरसंज्ञा। प्रत्यभिज्ञा = ज्ञात वस्तु का पुनःज्ञान। उदा. सोऽयं देवदत्तः।

प्रत्याहार = (स्थापनरूप योग का अंग) = मन से ही जडविषयों में चिन्मयता की भावना रखना।

प्रपत्ति = रामानुज मतानुसार भगवान् के प्रति भक्त की संपूर्ण शरणागति। प्रपत्ति के दो प्रकार – (१) कपिकिशोरवत् (रामानुजीय वडकलैसंप्रदाय)। और (२) मार्जारकिशोरवत् (रामानुजीय तेनकलै सम्प्रदाय)।

प्रमा = त्रिविध वृत्ति का एक प्रकार। प्रमाता ने प्रमाणद्वारा प्रणेय का ग्रहण करने पर होने वाले चैतन्य का स्फुरण।

प्रमाण = यथार्थ ज्ञान का उपयुक्त साधन। ८ प्रमाण – प्रत्यक्ष, अनुमान, उपमान, शब्द, (आप्तोपदेश), अर्थापत्ति, (प्राभाकर मतानुसार), अनुपलब्धि (कुमारिल मतानुसार) युक्ति) (चरक मतानुसार) और ऐतिह्य (पुराण मतानुसार)।

प्रमाण असंभावना = न्याय सांख्य आदि दर्शनों के अनुसार जगत्कारण ब्रह्म का प्रत्यक्षादि प्रमाणों से आकलन होता है। अतः ब्रह्मप्रतिपादन श्रुति का फल या प्रयोजन नहीं है, इस प्रकार की निश्चयवृत्ति।

प्रमाणगत संशय = सिद्धान्तवाक्य भ्रान्तिमूलक है या प्रमाणमूलक है इस प्रकार का विकल्प।

प्रमाण दोष = ज्ञानेंद्रियों की असमर्थता। यह अध्यास के पांच कारणों में से एक है।

प्रमाता = दो प्रकार – **क्रमभाव ग्राहक** = इन्द्रियों के द्वारा यथाक्रम विषयों का ग्रहण करने वाला अहंप्रत्यय। (२)**युगपद्भाव ग्राहक** = एकसाथ सभी विषयों का ग्रहण करने में समर्थ अहंप्रत्यय।

प्रमातृचेतन के दो प्रकार = आरूढ चेतन = कर्तृत्व भोक्तृत्व आदि वृत्तियों के प्रति अहंभाव। (२) **कूटस्थ चेतन** = साक्षी रूप चेतन।

प्रमातृदोष = लोभ, भय आदि। यह अध्यास के पांच कारणों में एक है।

प्रमाणान्तर = शास्त्रपरिचायक अष्टक का अंतिम अंग। शास्त्र प्रतिपाद्य विषय के अनुकूल वचनों का श्रेष्ठ ग्रंथों से चयन।

प्रमेयगत संशय = प्रमेय के संबंध में द्विकोटिक अथवा चतुष्कोटिक ज्ञान।

प्रमेय-असंभावना = चेतन ब्रह्म और अचेतन जगत् परस्पर विलक्षण या विरुद्ध होने के कारण, ब्रह्म जगत् का कारण नहीं हो सकता, इस प्रकार की निश्चयवृत्ति।

प्रमेयदोष = मूल पदार्थ और अध्यासित पदार्थ में अत्यधिक साम्य। यह अध्यास के पांच कारणों में से एक है।

प्रयोगविधि = अपूर्वविधि के चार प्रकारों में चतुर्थ विधि। उदा. 'अधीत्य स्नायात्। ''अथवा उपसद्भिश्चरित्वा मासमेकम्'' ''अग्निहोत्रं जुहोति'' इत्यादि वेदवाक्य।

प्रयोजन = शास्त्राध्यन आदि कार्यों में मनुष्य की प्रवृत्ति का उद्देश्य। दो प्रकार – (१) मनुष्य और (२) अवांतर।

प्रलय = चार प्रकार (१) नित्य प्रलय (पदार्थों में प्रतिलक्षण होने वाला परिवर्तन। (२) नैमित्तिक प्रलय (ब्रह्मा की रात्रि का प्रारंभ)। (३) प्राकृत प्रलय (या महाप्रलय) ब्रह्मा की आयु (२ सहस्रयुग) समाप्त होने पर कार्यरूप सृष्टि का मूलकारण अर्थात् प्रकृति में विलय। (४) आत्यंतिक प्रलय (अहं ब्रह्मास्मि इस अनुभूति के कारण जीव-ब्रह्म की एकरूपता।

प्रलय = (या महाप्रलय) = समस्त जीवों की सुषुप्ति अवस्था। इसीको 'स्वप्रसमष्टि'' कहते हैं।

प्रस्थानचतुष्टयी = प्रस्थान त्रयी (१० उपनिषद, ब्रह्मसूत्र और भगवद्गीता) तथा श्रीमद्भागवत पुराण (वल्लभ संप्रदाय में इन्हें परम प्रमाण माना है।

प्रस्थानत्रयी = (वेदान्त दर्शन की) = (१) दश उपनिषद, (२) ब्रह्मसूत्र (या शारीरक सूत्र), (३) भगवद्गीता।

प्रस्थानत्रयी = श्रुतिप्रस्थान (उपनिषद्), स्मृतिप्रस्थान (भगवद्गीता सनत्सुजातसंहिता) और न्यायप्रस्थान (ब्रह्मसूत्र)।

प्राकृत सर्ग = पुराणों के पंच लक्षणों में एक लक्षण है सर्ग जिसके नौ प्रकार के होते हैं। उनमें प्राकृत सर्ग स्वभावः उत्पन्न होता है।

प्राकृत सर्ग के तीन प्रकार – (१) ब्रह्मसर्ग (महत् तत्त्व या बुद्धि)। (२) भूतसर्ग – (पंच तन्मात्रा), अर्थात् पंच महाभूतों की सूक्ष्म अवस्था) (३) वैकारिक सर्ग (११ इन्द्रियाँ)।

प्राज्ञ = समष्टिरूप कारण शरीर पर आरूढ आत्मा की संज्ञा। माण्डूक्य उपनिषद के अनुसार सुषुप्ति अवस्था का अनुभव पाने वाले आत्मा की संज्ञा।

प्राणमय कोश = सूक्ष्म शरीर के अन्तर्गत कर्मेन्द्रियों सहित राजस प्राणों का समूह (वेदान्तानुसार)।

प्राणसंजीवन विद्या = देखिए परकाया प्रवेश।

प्राणायाम = (चार अंग) = पूरक (श्वास खींचना), कुंभक (श्वास रोकना), रेचक, (श्वास छोड़ना) और शून्यक (श्वास न खीचना, न छोड़ना)।

प्राणायाम = (स्थापनरूप योग का एक अंग) = तीन अंग = (१) रेचक = प्रपंच का निषेध। (२) पूरक = 'अहं ब्रह्मास्मि' भावना। (३) कुंभक = अहं ब्रह्मास्मि भावना को निश्चल रखना।

प्राणायाम = दो प्रकार – (१) सगर्भ (मंत्रयुक्त) (२) अगर्भ (मंत्ररहित)।

प्रातिभासिक पदार्थ = जो पदार्थ आत्मज्ञान होने के पहले ही बाधित होते हैं।

प्रातिभासिक सत्य = नाम-रूपात्मक दृश्य जगत्। ब्रह्मज्ञान से यह बाधित होता है।

प्रामाण्यविद्या = न्यायदर्शन की अपरसंज्ञा।

प्रारब्ध = कर्मसिद्धान्त के अनुसार मनुष्य का प्रत्येक कर्म फलप्रद होता है। अतः फलोपभोग तक वह संचित अवस्था में होता है। संचित कर्मों में से जिन के फलोपभोग का प्रारंभ होता है उन्हें प्रारब्ध कर्म कहते है। ''प्रारब्धकर्मणां भोगाद् एव क्षयः'' (प्रारब्ध कर्मों का क्षय उनके फल भोगने पर ही होता है।) इस न्याय के अनुसार महात्मा को भी अपने प्रारब्ध कर्म का फल भोगना ही पड़ता है। पंचदशी के अनुसार तीन प्रकार (१) स्वेच्छाप्रारब्ध (२) परेच्छाप्रारब्ध (३) अनिच्छाप्रारब्ध।

प्रारब्ध कर्म के तीन प्रकार – (१) शुक्ल (स्वाध्यायादि हिंसाविरहित कर्म) (२) कृष्ण (ब्रह्महत्या इत्यादि शास्त्रनिषिद्ध पापप्रद कर्म), (३) कृष्ण-शुक्ल (वेदविहित पशुयाग आदि कर्म, जो पाप और पुण्य दोनों का कारण होता है।)

प्रेयस् = इन्द्रियजन्य वैषयिक सुख, जो अंत में दुःखदायक होता है। इसके विपरीत श्रेयस् होता है जो आत्मबुद्धि- प्रसाद-जन्य तथा अंत तक आनंद ही देता है।

फलव्याप्ति = फल अर्थात् चित्तवृत्ति में प्रतिबिंबित चैतन्य की, विषयों में व्याप्ति।

बंध = योगशास्त्र के अनुसार प्राणायाम की क्रिया में वायु को शरीर के विशिष्ट भाग में स्थिर रखना। हठयोगी बंध के योगबंध, महाबंध, महावेध, उड्डियान, मूल, जालंधर, इत्यादि प्रकार करते हैं।

बंधत्रय = (योगशास्त्र में) (१) मूलबंध (२) उड्डियानबंध (३) जालंधरबंध।

बंध = तीन प्रकार – प्राकृत, वैकारिक और दक्षिण (वायुपुराण)।

बलपंचक = मनोबल, तपोबल, बाहुबल, धनबल और श्रद्धाबल।

बहिर्याग = जप, होम, तर्पण, मार्जन, और ब्राह्मणभोजन। शाक्त मतानुसार यही प्रारंभिक साधना है। इसके बाद 'अन्तर्याग' (देखिए) नामक साधना होती है।

बहिर्यागमार्ग = महानुभाव मतानुसार ज्ञानमार्ग की संज्ञा।

बाधवृत्ति = अहं ब्रह्मास्मि' धारणा का तिरोधान करने वाली प्रवृत्ति। तीन प्रकार – संशय, असंभावना और विपरीत भावना।

बाह्य दृश्यानुविध्द समाधि = वेदांत शास्त्रोक्त समाधि का एक प्रकार। इसमें भौतिक पदार्थ के एकरूप का विस्मरण तथा अस्ति-भाति- प्रियरूप से ब्रह्मधारणा होती है।

बाह्यप्रपंच = समष्टिरूप अज्ञान के कारण निर्मित ब्रह्माण्डरूप

प्रपंच।

बाह्य शब्दानुविद्ध समाधि = वेदांत शास्त्रोक्त संविदूरूप समाधि का एक प्रकार। इसमें तत् त्वमसि' महावाक्यस्थ तत् और त्वं पद के वाच्यार्थ (जीव और ईश्वर) का त्याग और असिपद में उनका लक्षणा से ऐक्यग्रहण होता है।

बिन्दु = (१) तांत्रिक मतानुसार त्रिरत्नों में एक। कार्यात्मक शुद्ध जगत् का मूल उपादान कारण। यह शिव और शक्ति के प्रभाव से क्षुब्ध होकर देह, इन्द्रिय, भोग और भुवन के रूप में परिणत होता है। (२) शब्दरूप बिन्दु की (१) स्थूल (२) सूक्ष्म (चिंतामय) और (३) पर (चिन्तनरहित) – तीन अवस्थाएँ तंत्रशास्त्र में मानी जाती हैं।

बिन्दु = शिवांश और शक्त्यंश (अथवा प्रकाश और विमर्श) का समभाव। (मूलबिन्दु = परावाक्, परमात्मा या सदाशिव (तांत्रिक मत)।

बिंदु (या महामाया) = तंत्रशास्त्र में परमात्मा की अचित् शक्ति की संज्ञा। शुद्ध बिंदु संसार का उपादान कारण माना जाता है।

बिंदुरूप उपासना = सगुणप्रतीकोपासना का एक प्रकार। = शालिग्राम, शिवलिंग, पंचायतन उपासना इसी का स्वरूप है।

बिन्दुव्यापार = पराशक्ति और उसके कार्य की अविभक्तता। (तांत्रिक मत)

बिंन्दुव्यापार = योगमतानुसार शरीर में भ्रूमध्यस्थित आज्ञाचक्र के ऊपर का स्थान। यही तृतीय नेत्र या ज्ञानचक्षु माना जाता है।

बीजमंत्र = मंत्रशास्त्र के अनुसार अं, यं, रं, लं वं. इत्यादि स्वरवर्णों तथा ऱ्हां ऱ्हीं, क्लीं इत्यादि एकाक्षर शब्दों की संज्ञा। बीजाक्षरों में ही मंत्रों की शक्ति मानी जाती है। मंत्र की देवता का जागरण बीजाक्षरों के उच्चारण से होता है। ओंकार को 'प्रणवबीज' अर्थात सभी बीजाक्षरों की उत्पति का मूल माना जाता है।

बीजाक्षर = जपनीय मूल मंत्र के पूर्व ॐ, ह्रीं, श्रीं, क्लीं इत्यादि अक्षरों का उच्चारण करते हैं। उन्हें बीजाक्षर कहते हैं। बीजाक्षरों से मंत्र संपुटित होता है। मंत्र के अन्त में उलटे क्रम से भी बीजाक्षरों का प्रयोग होता है।

बुद्धि = मिश्र अथवा पृथक् आकृति का अवधारण (निश्चय) करने वाली अहंभावयुक्त वृत्ति। यह शुद्ध चित्त का एक प्रकार है।

ब्रह्म = सत्य, ज्ञान, अनंत, निर्विकल्प, निरुपाधिक, निर्विकार, निर्गुण, सच्चिदानंद, इत्यादि विशेषणों से उपनिषदों में प्रतिपादित चैतन्य स्वरूप विश्व का आदिकारण। अद्वैत-दर्शन में जीव और ब्रह्म का अभेद भाना है। (जीवो ब्रह्मैव नापरः)।

ब्रह्म = गुरूपदेश के कारण सर्वत्र प्रतीयमान एक मात्र चित् तत्त्व।

ब्रह्म = विश्व की नियामक शक्ति का वैदिक स्तोत्र।

ब्रह्म = तीन प्रकार – निराकार, साकार और औपाधिक।

ब्रह्मग्रन्थि = षट्चक्रों में से मणिपूर (नाभिस्थित) चक्र की अपर संज्ञा

ब्रह्ममुद्रा = एक यौगिक मुद्रा। आसनस्थ होकर मुख बायी और से दाहिनी और घुमाने की क्रिया।

ब्रह्मवृक्ष = (विश्ववृक्ष, ब्रह्मवन,) = संसार का प्रतीकात्मक नाम। यह संसार अश्वत्थ (पीपल) वृक्ष के रूप में उपनिषदों में वर्णित है। (कठ-उपनिषद् ६-१)।

ब्रह्मवादी = ब्रह्म अर्थात् वेद की व्याख्या करने वाला। अध्यात्मवादी, वेदान्ती।

ब्रह्मसर्ग = पुराणोक्त प्राकृत सर्ग के तीन प्रकारों में एक। यही प्रथमसर्ग है। ब्रह्म अर्थात् महत्तत्त्व (या बुद्धितत्त्व जो सांख्य मतानुसार प्रकृति – पुरुष संयोग से प्रथम उत्पन्न होता है) से उत्पन्न अहंकार।

ब्रह्मानन्द = विषयानंद, वासनानंद से अतिश्रेष्ठ आनंद, जो नित्य, स्थिर, निरतिशय तथा आत्माश्रित, सुखस्वरूप होता है। सामान्य मानव को सुषुप्ति में और योगी पुरुष को समाधि में ब्रह्मानंद का अनुभव आता है।

ब्रह्मोद्य = कौषीतकी और शतपथ ब्राह्मण में उल्लिखित प्रजापति के विभूतिमत्त्व के संबंध में कूटप्रश्न।

ब्रह्मोपनिषद् = ब्रह्म का रहस्यज्ञान।

भक्ति = दो प्रकार – **(१) वैधी** (इसमें बाह्य आचारविधि तथा प्रतिमापूजन का महत्त्व होता है। **(२) रागानुराग** यह प्रेममूलक भक्ति श्रेष्ठतम मानी जाती है। (विष्णुपुराण)

भक्ति के पांच प्रकार = चैतन्य मतानुसार भगवान के नरतनु की भक्ति – शांत, दास्य, सख्य, वात्सल्य, और माधुर्य – इन पांच प्रकारों से होती है। माधुर्य भक्ति के **तीन प्रकार** – साधारणी, समंजस्या और समर्था। भागवत में कुब्जा साधारणी का, रुक्मिणी आदि समंजसा का और व्रजगोपिका समर्था (माधुर्यभक्ति) के उदाहरण हैं।

भक्त्यधिकारी = परमेश्वर ही एकमात्र सेव्य है इस प्रकार की श्रध्दा धारण करने वाला।

भव = ३६ मूल तत्त्वों से उत्पन्न मायामय संसार। इसीके शुद्धस्वरूप को **अभव** कहते हैं। (तंत्रशास्त्र)।

भार्गवीविद्या (या वारुणीविद्या) = तैत्तिरीय उपनिषद् की भृगुवल्ली में प्रतिपादित ब्रह्मविद्या। ''आनन्द ही ब्रह्म है यह इस विद्या का सिद्धान्त है।

भावत्रय = तंत्रशास्त्र के अनुसार साधक की तीन अवस्थाएँ – (१) पशुभाव, (२) वीरभाव (३) दिव्यभाव। (ये क्रमशः अधम, मध्यम और उत्तम आध्यात्मिक अवस्था के सूचक है।

भावना = अन्तःस्थित वासना की, क्रिया में अभिव्यक्ति। तीन प्रकार – लौकिकीभावना, दैविकी० और जिज्ञासा०।

भावनारूप समाधि = पातंजल योग शास्त्र में कथित समाधि। (दो प्रकार) – **संप्रज्ञात** और **असंप्रज्ञात।**

भावी प्रतिबन्ध = आध्यात्मिक साधना में शरीरादि साधनों की प्रतिकूलता।

भुवर्लोक = यक्ष गंधर्वादि देव योनियों का स्थान तथा मनुष्य शरीरांतर्गत अनाहत विशुद्धि चक्र का स्थान।

भूचरी मुद्रा = एक यौगिक मुद्रा। नासिकाग्र के आगे चार अंगुलि पर दृष्टि एकाग्र करना

भूतचैतन्यवाद = जीवविषयक प्राचीन सिद्धान्त। इसके अनुसार आकाश व्यतिरिक्त चार महाभूतों के संयोग से शरीर की उत्पत्ति होती है। यही आत्मा या जीव है। इस मत का खण्डन हुआ है।

भूतप्रतिबन्ध = वेदान्तादि अध्यात्म ज्ञान के श्रवण में पूर्वानुभूत विषयों की स्मृति उद्‌बुद्ध होना।

भूतसर्ग = पृथ्वी आदि पंच महाभूतों की सूक्ष्म अवस्था। इसी को तन्मात्रा कहते हैं। गीता में दैव और आसुर दो प्रकार के भूतसर्ग कहे हैं।

भूतार्थवाद = प्रत्यक्षादि प्रमाणों से सिद्ध किन्तु अज्ञात, विषय का बोध जिन कथाओं द्वारा कराया जाता है वे 'भूतार्थवाद' स्वरूप होती हैं। यह अर्थवाद का एक प्रकार है। (बालमीमांसा प्रकाश में अर्थवाद के ३८ भेद कहे हैं।)

भूमविद्या = छान्दोग्य उपनिषदके अनुसार (७-२३-१) ७-२४-१) ब्रह्मविद्या की अपरसंज्ञा। (भूम = ब्रह्म)।

भूमा = छांदोग्य उपनिषद् में प्रयुक्त ब्रह्म का पर्याय शब्द।

भूमिसप्तक = ज्ञानभूमि, विचारणा, तनुमानसी, सत्त्वापत्ति, असंसक्ति, पदार्थभावना और तुर्यगा।

(१) **भूर्लोक** = सप्तपाताल आदि सहित स्थूल सृष्टि (२) स्थूल मानव शरीर का अन्तर्गत आधार और मणिपूर चक्र का स्थान।

भृगुविद्या (या वारुणीविद्या) = वरुण द्वारा भृगु नामक पुत्र को दी गयी अध्यात्मविद्या। ब्रह्मविद्या की अपर संज्ञा (तैत्तिरीय उपनिषद- ३-६)। इसी को **भार्गवी वारुणी विद्या** कहते हैं।

भेद = पदार्थ के प्रकारों का तथा उन प्रकारों के नियत साहचर्य का साधार कथन।

भेद = जाति, गुण या क्रिया के कारण पदार्थों में नित्य रहने वाली अनेकता।

भेदपंचक = (१) जीव-जीव भेद, (२) जड-जीव भेद, (३) जड-जड भेद, (४) जड-ईश्वर भेद और (५) जीव-ईश्वर भेद (सर्वेश्वरवादी इन पांचों भेदों का निराकरण करते हैं)। इन पांच प्रकारों का भेदज्ञान मुक्ति का साधन माना गया है।

भेदाभेदवाद = ब्रह्मसूत्र के भास्कर भाष्य में आचार्य भास्कर द्वारा प्रतिपादित एक सिद्धान्त। तरंग कल्लोल बुद्‌बुद आदि रूपों में जलाशय का जल – भिन्न भिन्न स्वरूप में भासमान होते हुए भी वह जलाशय के रूप में अभिन्नस्वरूप ही होता है। उसी प्रकार ब्रह्मतत्त्व कार्यरूप में विभिन्न किन्तु कारण रूप में अभिन्न होता है यही प्रस्तुत वाद का मथितार्थ है।

भोग = (तीन प्रकार) – दुःखरूप, सुखरूप और मिश्ररूप। जीवन में सुख-दुःख आदि संवेदनाओं का अनुभव ही भोग कहलाता है।

भ्रम = एक अनुभव जिसका यथार्थ ज्ञान से बाध होता है। दो प्रकार – (१) अध्यास (२) अधिकृत।

भ्रम = (चार प्रकार) – (१) संशय, (२) विपर्यय, (३) निश्चय और (४) विकल्प।

मणिपूरचक्र = नाभीचक्र के पीछे मेरुदण्ड में एक विशिष्ट स्थान। पूषा और अलंबुषा नाडियां यहीं से कर्णेन्द्रिय तक जाती हैं। शुक्ला नाडी भ्रूमध्य तक जाती है और शंखिनी नाडी मस्तक तक जाती है। शरीरस्थित षट्चक्रों में तीसरा तेजोमय दशदल चक्र। लाकिनी शक्तिसहित रुद्र का निवास स्थान।

मति और बुद्धि = भविष्यत् काल से संबंधित ज्ञान देने वाली शक्ति को मति और तात्कालिक ज्ञान देने वाली बुद्धि कही जाती है।

मधुविद्या = उपनिषदों की ब्रह्मविद्या की एक संज्ञा। (मधु = ब्रह्म)। इन्द्रद्वारा दधीचि ऋषि को दी गयी गूढ विद्या। यही विद्या अश्विनी कुमारों ने दधीचि से युक्ति प्रयोग से प्राप्त की थी।

मधुमती विद्या = तांत्रिकों के विशिष्ट मंत्र की संज्ञा। इस मंत्र का प्रारंभ 'श्री मधुमति' शब्द से होता है।

मधुराभक्ति (उज्ज्वला भक्ति) = चैतन्य महाप्रभु द्वारा प्रवर्तित भक्तियोग का एक प्रकार। इसमें कृष्ण को पति मानकर भक्त उसकी प्रेयसी होता है। सहजिय वैष्णव सम्प्रदाय में इसी भक्ति का महत्त्व सर्वाधिक माना है।

मधुराद्वैत मत = शांकर मत (केवलाद्वैत) और मधुराभक्ति के समन्वय का प्रतिपादन करने वाला तथा पुराणों को वेदतुल्य ईश्वर प्रणीत मानने वाला प्रज्ञाचक्षु गुलाबराव महाराज द्वारा प्रतिपादित नवीन मत। यह मत जीवन्मुक्त अवस्था में भक्ति की आवश्यकता मानता है।

मनन = श्रुतिवचनों का समन्वय करने वाले साधक प्रमाण तथा तद्‌विरुद्ध अर्थ के बाधक प्रमाण द्वारा, असंभावना की निवृत्ति करते हुए, श्रुतार्थ (गुरुवचन तथा शास्त्रवचन) की स्थापना करना।

मनोमय कोश = सात्त्विक ज्ञानेन्द्रियों सहित मन

मनोमय कोश = देहादि के प्रति अहंता और गृहादि के प्रति ममता रखने वाले अन्तःकरण की संज्ञा।

मंत्रचैतन्य = मंत्राक्षर, मंत्रार्थ, और मंत्रदेवता का एकीकरण।

मंत्रयान = एक बौद्ध संप्रदाय। इसमें मंत्र-तंत्रों की साधना का विशेष महत्त्व माना जाता है। भगवान् बुद्ध ऐसे लोगों को 'मिथ्याजीव' कहते हैं।

मंत्रार्थ = मंत्र का जाप करते समय मंत्र के अर्थ का संपूर्ण शरीर में न्यास या संचार करना।

मंदजिज्ञासा = साधनचतुष्टय संपन्न होने पर भी श्रौत-स्मार्त कर्मों में प्रवृत्ति होना।

मंथविद्या = आध्यात्मिक साधकावस्था में धन का अभाव दूर करने वाली एक उपासना।

मलपंचक = पाशुपत मतानुसार – मिथ्याज्ञान, अधर्म, शक्तिहेतु, च्युति और पशुत्व। इसका नाश होने पर दुःखान्तरूप मोक्ष सिद्ध होता है।

मलयुक्तविक्षेप = जिस विक्षेप की निवृत्ति आवरण की निवृत्ति के साथ ही होती है। उदा. दीपप्रकाश आते ही रज्जु-अज्ञान का आवरण दूर होता है।

महाकामेश्वर = तांत्रिक मतानुसार उपाधिरहित शुद्ध आत्मा की संज्ञा।

महाप्रलय = भागवत पुराणोक्त प्राकृत प्रलय की अपर संज्ञा।

महायोग (कुण्डलिनी योग) = (१) मंत्रयोग, लययोग, हठयोग और राजयोग – इन चार योगों का समुच्चय (शिवशिखोपनिषद के अनुसार)। (२) नाथ संप्रदाय के अनुसार – शिव और शक्ति के मिलन के कारण होने वाला सामरस्य।

महावाक्य = ब्रह्मतत्त्व का अपरोक्ष प्रत्यक्ष (अनुभवपूर्ण बोध देने वाले उपनिषदों के चार वाक्य। लक्षणावृत्ति से परोक्ष ब्रह्मज्ञान देने वाला वेदवाक्य। (१) जीव-ब्रह्मैक्यबोधक और (२) ईश्वर- ब्रह्म- ऐक्यबोधक।

महावाक्य = (१) प्रज्ञानं ब्रह्म (ऋग्वेद-ऐतरेय आरण्यक से), (२) अहं ब्रह्माऽस्मि (यजुर्वेद – बृहदारण्यक- उपनिषद् से); (३) तत्त्वमसि (सामवेद-छान्दोग्य उपनिषद से), और (४) अयमात्मा ब्रह्म (अथर्ववेद – माण्डूक्य उपनिषद से) संन्यास दीक्षा में किसी एक महावाक्य का उपदेश दिया जाता है।

बाह्यज्ञानतो जीव ब्रह्मैक्य करणरूप **(महावाक्य)** = 'प्रज्ञानं ब्रह्म'' इस महावाक्य में इन्द्रियों द्वारा ज्ञान पाने वाला (प्रज्ञान) और सर्वचेतन (ब्रह्म) का एकत्व प्रतिपादित होने से 'प्रज्ञानं ब्रह्म' २ उक्त प्रकार का महावाक्य है।

महावाक्यचतुष्टय (भक्तिमार्गीय) = (१) कृष्णस्तुप भगवान् स्वयम्। (२) मत्तः परतरं नान्यत्। (३) ब्रह्मणो हि प्रतिष्ठाऽहम् और (४) मामेकं शरणं व्रज।

महावाक्याश्रित वृत्ति = ३ प्रकार – शक्ति, लक्षणा और गौणी।

महाव्रत = जिनका पालन सर्वत्र सर्वदा सार्वजनीन होता है ऐसे अहिंसा, सत्य, अस्तेय आदि आध्यात्मिक व्रत।

महाश्वेता मंत्र = सूर्योपासना का एक विशिष्ट मंत्र। सूर्यग्रहणयुक्त आदित्यवार को इस मंत्र का जप करते हैं। रोहिणी या हस्तनक्षत्रयुक्त आदित्यवार को भी इस मंत्र का जप करते हैं।

मातृका = मंत्रों में रहने वाली भगवती की दिव्यशक्ति।

मातृकान्यास = दो प्रकार – (१) अन्तर्मातृका न्यास – (इसमें शरीरस्थ षट्चक्रों में मातृकाओंका ध्यान होता है। (२) बहिर्मातृकान्यास – (इसमें करांगुलियों से शरीर के विविध अवयवों को नामनिर्देश सहित स्पर्श होता है।

मानसचक्र = भ्रूमध्य स्थित आज्ञाचक्र के अन्तर्गत अवस्थित सूक्ष्मरूप मन।

मानसतप = (पांच प्रकार = मनःप्रसाद, सौम्यत्व, मौन, मनोनिग्रह, और भावशुद्धि।

मानुषानन्द = आरोग्य, धन, सामर्थ्य, सौभाग्य इत्यादि की प्राप्ति से होने वाला अल्पकालीन आनंद।

माया = (१) मूलप्रकृति का शुद्धसत्वप्रधान स्वरूप। (मलिन सत्त्वप्रधान प्रकृति को **अविद्या** कहते हैं) (पंचदशी-१-१६) (२) परमात्मा की सद्-असद्विलक्षण तथा अनिर्वचनीय शक्ति।

माया = रामानुज मतानुसार संसार निर्माण करने की परमात्मा की महाशक्ति। इसी शक्ति के कारण ब्रह्म में अवस्थित अचित् तत्त्व में विकार उत्पन्न होने पर सृष्टि की उत्पत्ति होती है। (इसी कारण रामानुजदर्शन में संसार को सत्यस्वरूप माना जाता है।)

मायाकंचुक = काश्मीरी शैवदर्शनानुसार कला, विद्या, राग, काल और नियति – इन पांच तत्त्वों की संज्ञा। इस मायाकचुंक का ज्ञान होने पर साधक माया के बंधन से मुक्त होता है।

मायाग्रंथि = तांत्रिक योग के अनुसार १२ ग्रंथियों में एक। देहोत्पत्ति का कारणभूत आनन्देन्द्रिय इसका स्वरूप है।

मिथ्याजीव = मंत्रतंत्र आदि की साधना करने वाले लोगों की संज्ञा। यह संज्ञा भगवान् बुद्ध ने दी है।

मीमांसा (पांच अंग) = विषय, संशय (या विशय), पूर्वपक्ष, उत्तरपक्ष और सिद्धान्त – इन पांच अंगों से युक्त ग्रंथ विभाग को **'अधिकरण'** कहते हैं।

मुक्ति = सभी प्रकार के बन्धनों से निवृत्ति। (छह प्रकार) सलोकता, समीपता, सरूपता, सायुज्यता, विदेहमुक्ति, जीवन्मुक्ति

मुक्तिमार्ग (२ प्रकार) = विहंगम और पिपीलिका. (शुको विहंगमः प्रोक्तो वामदेवः पिपीलिका- वराहोपनिषद्)

मुख्य प्रयोजन = किसी कार्य की स्वयंभू इच्छा ही उसका मुख्य प्रयोजन होता है। ऐसी इच्छा दूसरी किसी इच्छा के अधीन नहीं होती। उदा. सुख की इच्छा। सभी कार्यों का मुख्य प्रयोजन सुखेच्छा होती है।

मुमुक्षा = जन्म-मृत्यु के चक्र से छुटकारा पाने की निरंतर तीव्र इच्छा।

मूलकंद = लिंग और नाभि के बीच का एक केंद्रस्थान। मूलकंद से ७२ हजार नाडियों की उत्पत्ति होती है, जिनमें १० नाडियां सर्वश्रेष्ठ मानी जाती हैं। सुषुम्णा नाडी इनमें सर्वश्रेष्ठ मानी गयी है।

मूलबंध = एक यौगिक बन्ध। एडी से गुदद्वार को दबाकर अपान वायु ऊपर खीचने की क्रिया।

मूलाधार चक्र = मनुष्य शरीर में लिंग के अधोभाग का शक्ति केंद्र। षड्चक्रों में प्रथमचक्र। यह पृथ्वीतत्त्वमय तथा डाकिनी सहित, ब्रह्मा (या सद्योजात) का निवासस्थान माना जाता है। यह चक्र चतुर्दल है।

मेध्या = शारीरस्थ एक विशिष्ट नाडी। इसका मन से संयोग होने पर सुषुप्ति (निद्रा) अवस्था प्राप्त होती है। इसी नाडी को **पुरीतत** भी कहते हैं।

मैत्री = एक योगसाधना। सर्वत्र ऋतुजा (सरल व्यवहार) (मैत्री = सर्वत्र चार्जवम्) यह चित्त प्रसादन के चार उपायों में से एक उपाय है। चार उपाय – मैत्री, करुणा, मुदिता, उपेक्षा।

मैथुन = कौलमतानुसार कुल (शक्ति) और अकुल (शिव) के सामरस्य का पंच मकारों के अन्तर्गत सर्वश्रेष्ठ साधन।

मोक्ष = त्रिविध दुःखों की आत्यंतिक निवृत्ति तथा निरतिशय आनंद की नित्यप्राप्ति। (मुक्ति, कैवल्य, निर्वाण, नि-श्रेयस, अमृत इ. अन्य पर्याय शब्द इसी अर्थ में प्रयुक्त होते है।

मोक्ष = सभी प्रकार के बन्धनों से निवृत्ति। दो प्रकार - (१) अनर्थनिवृत्तिरूप, (२) परमानंदप्राप्तिरूप।

मोक्ष = अविद्या के कारण कल्पित अन्यथा स्वरूप से जीव का छुटकारा। यह तत्त्व-ज्ञान से ही होता है। दुःखनिवृत्ति और आनंदमय निजरूप की प्राप्ति यही मोक्ष का स्वरूप है। अध्यात्म विद्या के संतत श्रवन, मनन और निदिध्यासन से आत्मज्ञान का उदय मोक्षप्राप्ति का निश्चित साधन है। (शांकरमत)।

मोक्ष (या मुक्ति) = के विविध प्रकार - क्रममुक्ति, सद्योमुक्ति, सदेहमुक्ति, विदेहमुक्ति, सलोकता, समीपता, सरूपता, सायुज्यता। जैन मतानुसार - भावमोक्ष, द्रव्यमोक्ष, दुःखात्यन्तवियोग, प्रकृति-पुरुषवियोग, गुणातीतता, स्थितप्रज्ञता, ब्रह्मभावापत्ति, स्वरूपावस्थिति, वासनाक्षय।

मोक्षमार्ग = तीन प्रकार - निष्काम कर्म, आत्मज्ञान और ईश्वरभक्ति (या उपासना)।

मोक्ष = के चार प्रकार (माध्वमतानुसार) - (१) कर्मक्षय, (२) उत्क्रान्ति, (३) आर्चिरादिमार्ग और (४) भोग। भोग के चार प्रकार - सालोक्य, सामीप्य, सारूप्य, सायुज्य।

मोहसप्तक = बीजजाग्रत्, जाग्रत्, महाजाग्रत्, जाग्रत्स्वप्न, स्वप्न, स्वप्नजाग्रत् और सुषुप्ति। (महोपनिषद -- अध्याय ५)।

मौन = ब्रह्म और माया को अनिर्वाच्य (अवर्णनीय) जान कर उस विषय में शब्दप्रयोग न करना। यह स्थापनरूप योग का एक अंग है।

यंत्र = तांत्रिकों की उपासना में उपयुक्त त्रिकोण, चक्र आदि आकृतियां। इन्हें **देवनगर** भी कहते है।

यम = योग के आठ अंगों में से प्रथम अंग। (पांच प्रकार) – अहिंसा, सत्य, अस्तेय, ब्रह्मचर्य और अपरिग्रह। इसे बौद्ध परिभाषा में **पंचशील** कहते हैं। स्थापनरूप योग का यह एक अंग है। 'सर्वं खल्विदं ब्रह्म' तथ्य को जानकर इन्द्रियों का संयमन यही इसका स्वरूप है।

यामल = तंत्रशास्त्र का आगमोत्तर विभाग। यामलतंत्र में जाति-वर्ण आदि भेद नहीं माना जाता। यामल तंत्र के अन्तर्गत, सृष्टितत्त्व, ज्योतिष, नित्यकृत्य, क्रम, सूत्र, वर्ण, भेद और युगधर्म का प्रतिपादन होता है।

युक्तिनिराकृत भेद = जिस भेद का निराकरण अद्वैत साधक और द्वैतबाधक वचनों के आधार पर होता है। पांच प्रकार – जीवईश्वरभेद, जीव-जीवभेद, जीव-जडभेद, जड-ईश्वरभेद, जड-जडभेद।

योग = पाशुपतमतानुसार – चित्त के द्वारा आत्मा और ईश्वर का संयोग। दो प्रकार (१) क्रियालक्षण (जप ध्यान इ.) साधना (२) क्रियोत्तर लक्षण (ज्ञाननिष्ठा)।

योग के १५ अंग = (तेजोबिन्दूपनिषद् के अनुसार) यम, नियम, त्याग, मौन, देश, काल, आसन, मूलबन्ध, देहसाम्य, दृक्स्थिति, प्राणायाम, प्रत्याहार, धारणा, आत्मध्यान और समाधि।

योग (दो प्रकार) = (१) निरोधरूप (यम – नियमादि अष्टांग योग)। (२) स्थापनरूप – कृत्रिम ज्ञानाभ्यास अर्थात् निदिध्यासन)।

योगचतुष्टय = मंत्रयोग, हठयोग, लययोग और राजयोग। शिवसंहिता (५-१५)।

योगदीक्षाभिषेक = तांत्रिक मार्ग में दीक्षा के बाद के अभिषेकों में छठा अभिषेक। इस अभिषेक से साधक की पंचांग योग साधना (प्राणायाम, प्रत्याहार, धारणा, ध्यान, समाधि) का प्रारंभ होता है।

योगनिद्रा = (१) योगाभ्यास का एक प्रकार। (२) कल्पान्त से कल्पारंभ तक भगवान् विष्णु की क्षीरसागर में योगमग्नअवस्था।

योग पंचक = (१) क्रियायोग, मंत्र०, हठ०, नाद०, और राजयोग। (२) मंत्रयोग, स्पर्श०, भाव०, अभाव० और महायोग। (लिंगपुराण अ. ५५)।

योगमुद्रा (चार प्रकार) = खेचरी, भूचरी, चाचरी और अगोचरी।

योगमुद्रा – (घेरंड संहिता के अनुसार कुल २५) = महामुद्रा, नभोमुद्रा, उड्डियान, जलंधर, मूलबंध, महाबंध, महामेध, खेचरी, विपरीतकरणी, योनि, वज्रोली, शक्तिचालिनी ताडगी, मांडवी, शांभवी, अधोधारणा, आंभसी-धारणा, वैश्वानरी धारणा, वायवीधारणा, नभोधारणा, अश्विनी, पाशिनी, काकी, मातंगी, भुजंगिनी।

योगसमाधि = दो प्रकार – (१) संप्रज्ञात और असम्प्रज्ञात। **सम्प्रज्ञात** समाधि के **चार प्रकार** --सवितर्क, सविचार, सानन्द, और सास्मित। **असम्प्रज्ञात समाधि के दो प्रकार**(१) उपाय – प्रत्यय और (२) भवप्रत्यय। समाधि के प्रकार **सविकल्प** और **निर्विकल्प**। सविकल्प समाधि में ध्याता, ध्येय और ध्यान इस त्रिपुटी का भान होता है। निर्विकल्प में केवल ध्याता का ही भान होता है।

बौद्ध मतानुसार (१) उपचार और **अपर्णा** नामक समाधि के दो प्रकार कहे जाते हैं।

योगाचार्य = शैवमत के प्रचारक २८ आचार्यों की संज्ञा। इनमें श्वेताचार्य प्रथम और लकुलीश अंतिम थे। लकुलीश द्वारा प्रतिपादित शैवदर्शन को पाशुपतदर्शन, लाकुलागम या लकुलीश्वर दर्शन कहते हैं।

योगारूढ = सभी संकल्पों का संन्यास करने वाला शब्दादि विषयानुकूल कर्म न करने वाला।

योगासन = (सर्वश्रेष्ठ चार आसन) = सिद्धासन, पद्मासन, सिंहासन और भद्रासन। अष्टांग योग का तृतीय अंग।

योगी की पाँच अवस्थाएं = शुभेच्छा, विचारणा, तनुमानसा, सत्त्वापत्ति और असंसक्ति।

योनिचतुष्टय = जरायुज (जरायु = मातृगर्भस्थ एक त्वचा), अण्डज, उद्भिज्ज, संशोकज (कीटकादि)। (योनि = कारण या उत्पत्ति स्थान)।

योनिज शरीर = व्यष्टिरूप स्थूल शरीर।

योनिमुद्रा = हठयोग की एक क्रिया। इसमें मूलाधार चक्र में स्थित कुंडलिनी शक्ति का सुषुम्णा नाडी द्वारा ब्रह्मरन्ध्र तक प्राण शक्ति से आरोहण तथा ब्रह्मरन्ध्र से मूलाधार (या ब्रह्मयोनि) तक अवरोहण की क्रिया होती है।

रहस्यत्रय = विशिष्टाद्वैत शाखा के तीन मुख्य सिद्धान्त (ईश्वर, चित् और अचित्।

राग = काश्मीरीय शैव (त्रिक) दर्शन के अनुसार माया की पांच उपाधियों में एक, जिसके कारण जीव की नित्यतृप्तता संकुचित होकर बह बाह्य विषयों की आसक्ति रखता है।

राजविद्या = योगवासिष्ठ के अनुसार ब्रह्मविद्या की अपर संज्ञा। इसीको राजगुह्य भी कहा है।

रामानुजमत = चित्, अचित् और ईश्वर नामक तीन तत्त्वों को मानने वाला वेदान्त दर्शन का एक मत। श्री रामानुजाचार्य इस मत के प्रवर्तक हैं।

रुद्रग्रंथि = इसका स्थान भ्रूमध्य में माना है। हृदयस्थ विष्णु ग्रंथि का भेद करने पर कुण्डलिनी इस ग्रंथि का भेद करती है। शरीर स्थित षट्चक्रों में से भ्रूमध्यस्थित आज्ञा चक्र की अपरसंज्ञा।

रोदसी = (१) द्युलोक और पृथ्वी लोक का मध्यान्तर।

लघिमा = अष्टसिद्धियों में से एक। योगी को इस सिद्धि से शरीर अत्यंत हलका तथा दीर्घ बनाना संभव होता है।

लययोग = नादानुसंधान, प्रकाशानुसंधान, और प्रणव जप से मनोलय करना। शांभवी, खेचरी आदि मुद्राओं की साधना से लययोग सिद्ध होता है। ध्यानयोग से भी लययोग अधिक श्रेष्ठ है और उसके अनेक प्रकार हैं। श्रीशंकराचार्य ने इसी योग का पुरस्कार किया है।

लिंग = (देखिए हेतु) ''लीनम् अर्थम् गमबति इति लिंगम्' अर्थात् अप्रत्यक्ष पदार्थ का ज्ञान करने वाला प्रत्यक्ष पदार्थ। उदा. धूम अग्नि का लिंग है।

लिंगशरीर = प्रत्येक व्यक्ति का व्यष्टिरूप सूक्ष्मशरीर। प्राणमय, मनोमय, और विज्ञानमय नामक तीन आत्मकोशों का समूह।

लीलाभूमि = भ्रूमध्य स्थित आज्ञाचक्र की अपर संज्ञा। यह स्थान ईश्वर की लीलाभूमि माना जाता है।

लोकत्रय = (१) मनुष्य लोक, पितृलोक, देवलोक (शतपथ ब्रा)। (२) स्वर्ग, मृत्यु, पाताल। (३) भूमि, अंतरिक्ष और द्यौः (द्युलोक)।

लोकवासना = भोग्य पदार्थों के प्रति ममत्व की भावना के कारण उनके उपभोग का सुख पाने की प्रवृत्ति।

लौकिकी भावना = विषयभोग – चिन्तन रूप वासना की क्रियात्मक अभिव्यक्ति। दो प्रकार – (१) निकृष्टा = ऐहिक भोग के लिये प्रयत्नशीलता। (२) श्रोत्रिया = पारलौकिक भोगों के लिए यज्ञादि क्रिया।

वज्रोली = हठयोग प्रदीपिका में वर्णित दस मुद्राओं में से एक। वीर्यस्खलन रोकने के हेतु इसकी साधना होती है।

वर्णतत्त्व = (माध्वमतानुसार) अकारादि ५१ वर्ण जो व्यापक, अनादि और नित्य हैं।

वर्तमान प्रतिबंध = वेदान्तादि के श्रवण में बुद्धिमांद्य, भाषा का अज्ञान आदि।

वस्तुज्ञान संस्कार = जिस वस्तु का अध्यास होता है उस के पूर्वज्ञान का संस्कार। यह अध्यास के पांच कारणों में से एक है।

वस्तुपरिच्छेद = जो ब्रह्म का विवर्त, जो मायाकल्पित तथा शब्द- स्पर्शादि सूक्ष्म विषयों से मर्यादित एवं प्रमाता के द्वारा ज्ञात होता है।

वस्त्ववधारण = शास्त्रपरिचायक छह तत्त्वों के द्वारा शास्त्रोक्त मुख्य विषय के सत्यत्व में दृढ निश्चय। **शास्त्रपरिचायक अष्टक** = स्वरूपविधेयत्व, अन्यथानिषिद्धत्व, सहायकत्व, न्यूनताग्रहण, आश्वासन, सर्वकार्यकारित्व, उपेक्षा और प्रमाणान्तर।

वाकोवाक्य = इतिहास, पुराण आदि धार्मिक विषयों पर वार्तालाप। इसीको 'ब्रह्मोद्य' कहते हैं।

वाक्चतुष्टय = परा, पश्यन्ती, मध्यमा और वैखरी।

वाचकगत संशय = वेदार्थ का प्रतिपादन करने वाले पूर्व और उत्तर मीमांसा के मतभेद के कारण, वेद, कर्म-प्रतिपादक है या ब्रह्मप्रतिपादक है इस प्रकार का संशय।

वाच्यगत संशय = कापिल सांख्य में प्रधान को जगत्कारण कहा है और वेदान्तदर्शन में ब्रह्म जगत्कारण कहा है। इस मतभेद के कारण जिज्ञासु में उत्पन्न संशय।

वाचारंभण = यह शब्द छान्दोग्य उपनिषद में वस्तुतः असत् रूप पदार्थ का शब्दों से निर्देश करना (जैसे मृत्तिका को घट कहना) इस अर्थ में प्रयुक्त हुआ है। (छांदोग्य - ६-१-४)

वाद = दार्शनिकों की ज्ञानमीमांसा की पद्धति।

वाद = तत्त्वबोध के हेतु पक्ष। प्रतिपक्ष की प्रामाणिक चर्चा। इसके अन्य प्रकार हैं (१) जल्प = बौद्धिक विषय की आकांक्षा से चर्चा। (२) वितण्डा = प्रतिपक्ष का केवल खंडन करने के लिए चर्चा।

वाद = विश्व की निर्मिति के विषय में आचार्यो द्वारा प्रतिपादित उपपत्तियुक्तमत। प्रकार – अध्यासवाद, प्रतिबिंबवाद, आभासवाद, अवच्छेदवाद, मायावाद, अजातवाद, चिद्विलासवाद, सत्कार्यवाद, परिणामवाद।

वादचतुष्टय = (१) आरंभवाद (मृत्तिका से घट की उत्पत्ति। (२) परिणामवाद (दूध का दही होना) (३) विवर्तवाद (रज्जुपर सर्प का भास होना) और संघातवाद जो बौद्धदर्शन ने माना है।) **वादचतुष्टय** = आरंभवाद (वैशेषिक, न्याय, मीमांसा- संमत); संघातवाद (बौद्धसंमत); परिणामवाद (सांख्य-योगसंमत और विवर्तवाद (अद्वैतवेदान्त संमत)।

वायवीय ताप = आध्यात्मिक ताप का एक प्रकार जो क्षुधा, तृषा आदि के प्रादुर्भाव से होता है।

वासना = स्थूल, सूक्ष्म और कारण रूप प्रपंच में संस्कारानुरूप बाह्य वृत्तियों की प्रवृत्ति। तीन प्रकार - देहवासना, लोक वासना और शास्त्रवासना। वासना के कारण जीव को सत्यज्ञान नहीं होता।

वासनानन्द = सुख और दुःख से अतीत मन की अवस्था

वासोधौती (या वस्त्रधौती) = योग के षट्कर्मों में से एक। महीन वस्त्र की पट्टी पानी के साथ निगलना और हलके से बाहर निकालना।

विकल्पभ्रम = अधिकृत भ्रम का एक प्रकार। वन्ध्यापुत्र, शशशृंग आदि वस्तुशून्य शब्दमात्र का ज्ञान।

विकार = पदार्थ का तात्त्विक परिवर्तन। उदा. दूध से दही होना। (सतत्त्वोऽन्यथा प्रथा विकार इत्युदाहृतः)

विक्षेपशक्ति = अविद्या (अज्ञान या माया की एक शक्ति जो सत्य वस्तु का आवरणशक्ति से आच्छादन होने पर उसी को असत्य रूप में प्रकाशित करती है।

विजातीय भेद = पाषाण और काष्ठ आदि में विद्यमान भेद। यह भेद उनकी विजातीयता के कारण है। (अन्य भेदप्रकार - सजातीय और स्वगत।)

विज्ञानमय कोश = सात्त्विक ज्ञानेन्द्रियों सहित निश्चयात्मक बुद्धि।

विज्ञानमय कोश = चैतन्याभासयुक्त तथा संपूर्ण शरीरव्यापिनी बुद्धि की संज्ञा।

विज्ञानशक्ति = पाशुपत मतानुसार अद्‌भुत ज्ञानशक्ति के पांच प्रकारों में से एक। समस्त शास्त्रों का ग्रंथतः और अर्थतः परिज्ञान इसका स्वरूप है। (ज्ञानशक्ति के अन्य प्रकार - दर्शनशक्ति, श्रवणशक्ति, मननशक्ति)।

विद्या = ऋगादि चार वेद, शिक्षादि छह वेदांग; इन दस विषयों के अतिरिक्त पुराण, धर्मशास्त्र, अर्थशास्त्र, न्याय, मीमांसा, आयुर्वेद, धनुर्वेद, गांधर्ववेद इन आठ विषयों सहित १८ विषयों की 'विद्या' संज्ञा है। उपनिषदों के अनुसार इनको अविद्या और ब्रह्मज्ञान को 'विद्या' कहा गया है। विद्या (तीन प्रकार) (१) परा (अध्यात्मविद्या) और अपरा। (२) शस्त्र और शास्त्र (३) बला और अतिबला।

विद्या = काश्मीरीय शैव(त्रिक) दर्शन के अनुसार माया, की पांच उपाधियों में एक, जिसके कारण जीव की सर्वज्ञता का संकोच होता है।

विद्या = पाशुपत मतानुसार दो प्रकार - (१) बोधस्वभावा और (२) अबोधस्वभावा। बोधस्वभावा विद्या के दो प्रकार - विवेकप्रवृत्ति और अविवेकप्रवृत्ति।

विद्या = (देखिए पंचपर्वा विद्या।)

विद्या (या अध्यात्मविद्या) = उपनिषदों में यत्र तत्र उल्लिखित ३२ विद्याएँ - ईश्वर, परपुरुष, सद्‌विद्या, आनन्दमयी. परंज्योति, शाण्डिल्य, पर्यंक, उद्दालक, क्षराक्षर, भूम, गार्गी अक्षर, सत्यकाम, दहर, अंगुष्ठमात्र. ज्योतिष्य ज्योतिः, मैत्रेयी, गायत्री, उषास्ति, कोहाल, अंतरादित्य, अकोशल. मधु, बलाकी, आकाश, प्राण, प्रातर्दन, नचिकेत, वैश्वानर, संवर्ग, पंचाग्नि, अक्षि, भृगुवारुणी और श्रीमन्यास। इनके अतिरिक्त उद्‌गीथ और पुरुष।

विद्यातत्त्व = काश्मीर त्रिकदर्शन के तीन तत्त्वों में एक। (इसमें सदाशिव, ईश्वर और शुद्धविद्या का अन्तर्भाव होता है।) अन्य दो तत्त्व हैं शिवतत्त्व और आत्मतत्त्व।

विद्यात्रयी = ऋग्वेद, यजुर्वेद और सामवेद। इसीको 'त्रयी' या 'वेदत्रयी' भी कहते हैं।

विनियोगविधि = अपूर्वविधि के चार प्रकारों में तीसरी विधि। उदा. ऐन्द्या गार्हपत्यम् उपतिष्ठते इत्यादि मंत्रविनियोग के बोधक वेदवाक्य।

विपक्ष = "पर्वतो वह्निमान् धूमात्" इस अनुमान की प्रक्रिया में जलाशय विपक्ष का उदाहरण माना है, जहां साध्य (वह्नि) का अभाव निश्चित होने से हेतु (धूम) का भी अभाव निश्चित होता है।

विपरीतभावना = वास्तवता से अन्य प्रकार की भावना। दो प्रकार - शब्दरूप और अर्थरूप।

विपर्ययरूप अध्यास = पदार्थ के विशेष रूप के अज्ञान के कारण उत्पन्न हुआ मिथ्याज्ञान। उदा. रज्जु का दीर्घत्व यह एक गुण जानने पर अन्य विशेष गुणों के अज्ञान के कारण सर्प का आभास। रज्जुसर्प दृष्टान्त में विपर्यय रूप अध्यास है।

विभुद्रव्य = आकाश, दिक्, काल और आत्मा। (वैशेषिक)

विमर्श = काश्मीरीय त्रिक (शैव) दर्शनानुसार, परमशिव का सृष्टिकालीन शक्तिमय रूप। परमेश्वर का अहंभावात्मक स्फुरण। इस स्फुरण से ही विश्व के उत्पत्ति, स्थिति और संहार होते हैं। इसीकी चित्, चैतन्य, स्वातंत्र्य, कर्तृत्व, स्फुरता, सार, हृदयस्पंद आदि अन्य संज्ञाएँ शास्त्र में उल्लिखित हैं।

विराट् = चरा और अचरा सृष्टि।

विराट् शरीर = संपूर्ण ब्रह्माण्ड का समष्टिरूप स्थूल शरीर।

विलयपद = संपूर्ण विश्व जिसमें सूक्ष्मरूप में विलीन होता है। अपरसंज्ञा = माया जो सूक्ष्म, विभु और गहन होती है। (तंत्रशास्त्र)

विवादशांतिरूप उत्तर पक्ष = जिस प्रतिपादन में पूर्वपक्ष का खंडन ही अधिक होता है और समाधान का अंश गौण होता है। उदा. भाष्यकारों का प्रतिपादन।

विवर्त = पदार्थ का अतात्त्विक परिवर्तन। उदा. रज्जु पर सर्व का आभास (अतत्त्वोऽन्यथा प्रथा विवर्त इत्युदीरितः)

विवर्त = पदार्थ के वास्तव स्वरूप में विकार न होते हुए उसमें अपर रूप व्यक्त होना। (दो प्रकार = (१) अध्यस्त विवर्त और (२) अनध्यस्त विवर्त)।

विवर्तवाद = वास्तव पदार्थ में अवास्तव परिवर्तन (अतत्त्वतोऽन्यथाभावः) को 'विवर्त' कहते हैं जैसे रज्जु का

अज्ञानवश सर्प में परिवर्तन। ज्ञान से विवर्त का विलय होता है। अद्वैतवेदान्ती इस नामरूपात्मक संसार को विवर्तस्वरूप मानते हैं। यह विवर्तवाद ही अद्वैत वेदान्त के मायावाद या जगन्मिथ्यात्ववाद का आधार है। इसके अनुसार कार्य-कारण भेद तात्त्विक नहीं होता, वह औपचारिक तथा भ्रममूलक होता है।

विवेक = (१) संमिश्रित दो वृत्तियों या पदार्थों का चिन्तनद्वारा पृथक्करण। यह शुद्ध चित्त का कार्य है। (२) चेतन ब्रह्म सत्य और जड जगत् मिथ्या है इस प्रकार का निश्चय। (३) दो धर्मीयों का (उदा. रज्जु-सर्प का) तादात्म्य न मानना और दो धर्मों का उदा. शुक्ति और चांदी की चमक का संमिश्रण न करना। विवेक के अभाव के कारण अध्यास (रज्जु पर सर्प का आभास) होता है। इस आभास को श्रीशंकराचार्य सत्यानृत का मिथुनीकरण कहते हैं।

विवेचन = साधक और बाधक प्रमाणों द्वारा वास्तवतत्त्व का सम्यक् चिन्तन।

विशिष्टाद्वैतवाद = विज्ञानात्मा और परमात्मा में भेदाभेद मानने वाला वेदांती मत। इस मत के शंकराचार्य के पूर्ववर्ती आचार्य आश्मरथ्य थे।

विशिष्टाद्वैत = रामानुजीय वेदान्त दर्शन की संज्ञा। सूक्ष्म, चित् और अचित्-स्वरूप शरीर से विशिष्ट कारणरूप परमात्मा का स्थूल, चित् और अचित् स्वरूप शरीर से विशिष्ट कार्यरूप परमात्मा से ऐक्य प्रतिपादन करने वाला मत। **इसके अनुसार** – जीव, ईश्वर और विश्वसृष्टि में शक्तिदृष्टि से भेद और तत्त्वदृष्टि से अभेद होता है। तथा इस मत में ईश्वर को सर्वशक्तिमान् और जीव तथा सृष्टि को अल्पशक्तिमान् कहा है।

विशुद्धचक्र = शरीरस्थ छह चक्रों में से आकाशतत्त्वमय षोडशदल का चक्र। स्थान कंठ। शाकिनी शक्तिसहित सदाशिव का निवासस्थान। उदानवायु तथा मध्यमा वाणी का यही स्थान है।

विशेष = वैशेषिक मतानुसार पृथ्वी आदि भिन्न भिन्न द्रव्यों का व्यावर्तक (पृथक्कारी) गुण।

विशेषगामिनी दृष्टि = विश्व में सर्वत्र भिन्नता का प्रतिपादन करने वाली विचार प्रणाली। इससे एकता में अनेकता की प्रतीति होती है। (देखिए सामान्य गामिनी दृष्टि)। इसी को विश्लेषण कहते हैं।

विशेष चैतन्य = चित्शक्ति के निरोध से प्रतीयमान होने वाला। दो प्रकार – **प्रमातृ चेतन** = प्रमा का आश्रय और **(२) विषय चेतन** = इदं प्रत्ययगोचर ब्रह्म का विवर्तरूप नानात्व।

विशेषाज्ञान = अधिष्ठान के विशेष स्वरूप का अज्ञान। यह अध्यास के पांच कारणों में एक है।

विश्व = माण्डूक्य उपनिषद् के अनुसार जाग्रत् अवस्था का अनुभव पाने वाले आत्मा की संज्ञा।

विश्व = महावाक्यबोधरहित अन्तःकरण से युक्त, स्थूल शरीर से तादात्म्य पाया हुआ ब्रह्म।

विश्लेषणवाद = एकता में अनेकता देखना। जैन दर्शन में इसी को एकान्तवाद कहते हैं।

विश्वमातृका = मूलबिंदु (परावाक्) सहित पश्यंती, मध्यमा, और वैखरीरूप तीन बिंदुओं का त्रिकोण। अपर संज्ञा योनिस्वरूप (तांत्रिकमत)

विश्ववृक्ष = (देखिये ब्रह्मवृक्ष या अश्वत्थ)

विश्वात्मक = काश्मीरीय शैव दर्शन के अनुसार परमशिव (या परमेश्वर, परा संवित्) के दो भावों में से एक। इसी भाव से परमशिव सभी पदार्थों में व्याप्त रहता है।

विश्वोत्तीर्ण = काश्मीरीय शैवदर्शन के अनुसार परमशिव विश्वात्मक भाव में सर्वव्याप्त होने पर अवशिष्ट भाव।

विषय = (१) शास्त्र का प्रतिपाद्य सिद्धान्त। (२) शब्द, स्पर्श, रूप रस और गन्ध – इन पंच महाभूतों के पांच गुण।

विषयस्थानापन्न संस्कार = इन्द्रियद्वारा गृहीत विषयों का सूक्ष्म में मनोरूप होना।

विषयानन्द = अनुकूल शब्द, स्पर्श आदि विषयों की इच्छा होने से उत्पन्न अतिशय सुख। यह ब्रह्मानंद का अन्तःकरण में निर्मित प्रतिबिंब सा होता है।

विष्णुग्रन्थि = शरीरस्थ षट्चक्रों में अनाहतचक्र की अपर संज्ञा। हृदयस्थान में इस ग्रंथि का स्थान होता है। उत्थित कुण्डलिनी इसका भेद करती है।

विष्णुव्यूह = वासुदेव, संकर्षण, नारायण, वामन।

विसर्गक्रिया = पराशक्ति की परमशिव का स्फुरण देखने की इच्छा के कारण सृष्टि का उदय। (तांत्रिक मत)

वीर = कौलमार्गी साधक की तीन अवस्थाओं में एक। (अन्य अवस्थाएँ – पशु और दिव्य)। वीर साधक अद्वैत के आभासात्मक ज्ञान से साधना में प्रोत्साहित होता है।

वृत्तिनिरोधरूप अभ्यास = परिणयात्मक अभ्यास का एक प्रकार। पातंजल योगशास्त्र में इस अभ्यास का प्रतिपादन हुआ है।

वृत्तिपंचक = क्षिप्त, मूढ, विक्षिप्त, एकाग्र और निरुद्ध (योगसूत्र व्यासभाष्य)।

वेदबाह्य पूर्वपक्ष = पूर्वपक्ष के दो प्रकारों में एक। चार्वाकादि वेद- विरोधी तार्किकों द्वारा स्थापित मत। इसका निराकरण केवल तर्क से ही करना चाहिए।

वेदान्त मत = उपनिषद्, ब्रह्मसूत्र भगवद्गीता और भागवतपुराण (प्रस्थान चतुष्टयी) पर आधारित चार मत – केवलाद्वैत, शुद्धाद्वैत, विशिष्टाद्वैत और द्वैत।

वेदैकदेश पूर्वपक्ष = वेदोंका किंचित् अंश प्रमाण मान कर कपिलादि आचार्यों द्वारा अद्वैतसिद्धान्त के विरुद्ध स्थापित मत। इसका निराकरण श्रुतिवचनों का समन्वय करने से होता है।

वैकारिक सर्ग = प्राकृत सर्ग के तीन प्रकारों में एक। इसमें अहंकार के सात्त्विक अंश से उत्पन्न ११ इन्द्रियों की गणना होती है।

वैकृतसर्ग = पुराण के पंच लक्षणों में सर्ग नामक लक्षण

के ९ प्रकारों में एक। वैकृत सर्ग के पांच प्रकार माने जाते हैं। - **मुख्य सर्ग** (पर्वतादि जड द्रव्य); **तिर्यक्सर्ग** (पशुपक्षी); **देवसर्ग** (ऊर्ध्व लोक के निवासी सात्त्विक प्राणी); मानुषसर्ग; **अनुग्रह सर्ग** (प्रकृति के अनुग्रह से उत्पन्न समरूप प्राकृत सर्ग)।

प्राकृतवैकृत सर्ग = कौमार सर्ग (सनत्कुमार)।

वैराग्य = ऐहिक तथा पारलौकिक भोग्य विषयों के प्रति आसक्ति का अभाव या तिरस्कार। यह विषयों में दोषदर्शन के कारण उदित होता है। वैराग्य ही मुक्ति का साहाय्य रूप हेतु है। वैराग्य आने पर पुनः भोगासक्ति नहीं होती।

वैराग्य = (दो प्रकार) (१) ज्ञानमूलक (२) निर्वेदमूलक।

वैराग्य (पांच प्रकार) = त्रासजन्य, श्मशानजन्य, प्रसूतिजन्य, मैथुनजन्य, और ज्ञानजन्य। इसमें ज्ञानजन्य वैराग्य ही वास्तव है।

वैराजोपासना = सगुण उपासना का एक प्रकार। "सहस्रशीर्षा पुरुषः" (पुरुषसूक्त या भागवत २ स्कंध) इत्यादि सर्वव्यापी स्वरूप में ईश्वर की धारणा।

वैशेषिक = (अपर संज्ञा = काणाददर्शन)। विशेष याने पदार्थ के मूलभूत वैशिष्ट्य उसी को प्राधान्य देने वाला तत्त्वज्ञान।

वैश्वानर = विश्वसंज्ञक आत्मा का समष्टिरूप। अर्थात् समष्टिरूप अन्तःकरण से उत्पन्न समष्टिरूप स्थूल शरीर से तादात्म्य पाया हुआ ब्रह्म।

वैश्वानर = देह में स्थित अग्नि, (जठराग्नि) जो खाये गये अन्न का पचन करता है। इसी निमित्त भोजन को 'यज्ञ' कहते हैं। (गीता १५-१४)

वैश्वानर विद्या = छान्दोग्य उपनिषद में कथित आत्मविद्या। इसमें विश्वव्यापी परमात्मा का वैश्वानर (अर्थात् अग्नि) के रूप में प्रतिपादन हुआ है।

व्रतविधि = (पाशुपत मतानुसार) - **भस्मस्नान, भस्मशयन,** जप, प्रदक्षिणा और षडंगोपहार अर्थात् शिवभक्ति से हंसना, गाना, नाचना आदि छह चेष्टाएँ।

व्यतिरेकरूप विवेचन = चिन्मय आत्मतत्त्व का शरीरादि जड तत्त्वों से पृथक्त्व का अनुभव पाना।

व्यष्टि अज्ञान =पशु मनुष्य आदि प्राणियों को पशुत्व मनुष्यत्व भावना के कारण आत्मस्वरूप का विस्मरण।

व्यष्टिरूप कारणशरीर = पिण्ड की मूला अविद्या।

व्यसनाष्टक = क्रोधविकार के कारण उत्पन्न होने वाले आठ अनर्थ - पैशुन्य (परदोषों का प्रकटीकरण), साहस, द्रोह, ईर्ष्या (दूसरे के गुणों के प्रति असहिष्णुता), असूया (दूसरे के गुणों में दोष दर्शन), अर्थहरण, वाक्पारुष्य और दण्डपारुष्य। (मनु ४-४८)

व्याख्यान = विषय का प्रतिपादन करते हुए, उदाहरण, प्रत्युदाहरण, वाक्याध्याहार इन तीनों का उपयोग करते हुए विषय सुस्पष्ट करना।

व्यापकन्यास = तांत्रिक साधना के अन्तर्गत पांच प्रकार के न्यासों में एक। इसमें संपूर्ण विश्व को ही परमात्मस्वरूप माना जाता है।

व्याप्ति = अनुमान की प्रक्रिया में हेतु और साध्य (उदा. धूम और अग्नि) के नित्य साहचर्य का नियम।

व्यावहारिक पदार्थ = वे पदार्थ जिनका अस्तित्व तत्त्वज्ञान होने के कारण असत्य माना जाता है।

व्यूहवाद (चतुर्व्यूहवाद) = वासुदेव स्वरूप परमात्मा, कल्पारंभ में संकर्षण स्वरूप जीव तथा प्रकृति को उत्पन्न करते है। प्रकृति और संकर्षण के संयोग से प्रद्युम्नस्वरूप मन उत्पन्न होता है। प्रद्युम्न से अनिरुद्ध स्वरूप अहंकार और उसीसे आकाशादि पंचमहाभूत और शब्दादि गुण तथा विधाता (ब्रह्मा) की उत्पत्ति होने पर, ब्रह्मा भौतिक सृष्टि की उत्पत्ति करते हैं। इस मत में वासुदेव के सृष्टिकारक गुणों का प्राधान्य माना जाता है।

शक्ति = वस्तु की उत्पत्ति, स्थिति और लय का कारण। तीन प्रकार - द्रव्य, क्रिया, और इच्छा।

शक्ति = महावाक्यश्रित वृत्ति का एक प्रकार, जिसके कारण वाक्य से अर्थ का बोध होता है। दो प्रकार - (१) रूढि (संकेत द्वारा स्थापित अर्थ का बोध कराने वाली शब्दशक्ति।) (२) लक्षणा। **शक्ति** = वीरशैव मतानुसार दो प्रकार - (१) स्थूल चिदचिद्विशिष्ट और (२) सूक्ष्म चिदचिद्विशिष्ट। प्रथम शक्ति से जीव का तथा द्वितीय शक्ति से परमशिव का बोध होता है।

शक्ति = (माध्वमतानुसार) चार प्रकार - (१) अचिन्त्य (विष्णुतत्त्व में निवास करने वाली) **(२) आधेय** - (विधियुक्त प्रतिष्ठापना के कारण देवतामूर्ति में उत्पन्न होने वाली) **(३) सहज** कार्यमात्र के लिए अनुकूल कारणद्रव्य में स्थित शक्ति); (४) **पदशक्ति** (शब्द और अर्थ में वाचक वाच्य संबंध स्थापन करने वाली)

शक्ति (श्रीकृष्ण परमात्मा की ३ प्रधान शक्तियाँ) = (चैतन्य मतानुसार) - **(१) चिच्छक्ति** (अपर संज्ञा - अंतरंग शक्ति या स्वरूपशक्ति) इसी शक्ति के सन्धिनी, संवित् और ह्लादिनी नामक तीन भेद माने जाते है।

(२) तटस्थशक्ति = यही जीवशक्ति है। अंतरंग और बहिरंग शक्ति की मध्यस्थ शक्ति होने से तटस्थ कहलाती है।

(३) बहिरंग शक्ति = (या मायाशक्ति) = इसीसे सृष्टि की उत्पत्ति होती है और जीव अविद्या से ग्रस्त होता है।

शक्तिचालन मुद्रा = अपान वायु का निरोध करते हुए मूलाधारचक्र में स्थित कुण्डलिनी को जाग्रत करने की योगक्रिया।

शक्तित्रय = ज्ञानशक्ति, क्रियाशक्ति, और अर्थशक्ति।

शक्तिद्वय = क्रियाशक्ति और भूतशक्ति। इनके द्वारा ही परमात्मा शुद्ध और शुद्धेतर सृष्टि का निर्माण करता है।

शक्तिपात = दर्शन, स्पर्शन, या उच्चारण के माध्यम से गुरु द्वारा अपनी क्रियाशक्ति, ज्ञानशक्ति आदि समस्त दिव्य शक्तियों का शिष्य के व्यक्तित्व में समर्पण। अपरसंज्ञा - महायोग,

सिद्धयोग या शक्तिसंचार।

शक्तिविशिष्टाद्वैत वाद = वीरशैव संप्रदाय के प्रमुख तात्त्विक सिद्धान्त की संज्ञा। इस मत में निष्काम कर्मयोग का प्राधान्य माना जाता है। शक्तिविशिष्ट जीव और शक्तिविशिष्ट शिव इन दोनों का सामरस्य इस वाद का मूलतत्त्व है।

शकलचैतन्य = पंचमहाभूतों के विवेक के बोध में पंचीकरण प्रक्रिया में मंदबुद्धि जिज्ञासुओं के निमित्त कल्पित चैतन्य।

शब्द = स्वर व्यंजनरूप वर्णों का समूह। इसीके द्वारा अर्थ की प्रतीति होती है।

शब्दाद्वैत = वाक्यपदीयकार भर्तृहरि (ई. छठी शती) द्वारा प्रतिपादित एक सिद्धान्त। इसके अनुसार स्फोट (अर्थात् उच्चारित शब्द से अर्थ की प्रतीति देने वाला गूढ तत्त्व) रूप परमतत्त्व का विवर्त ही यह दृश्य जगत् माना जाता है।

शब्दानुविद्ध समाधि = वेदांत शास्त्रोक्त संविद्रूप समाधि के प्रकारों में एक। इसमें श्रुत वाक्यार्थ का अलिप्तता से ग्रहण होता है।

शरणागति = सर्वस्व समर्पणपूर्वक आत्मकल्याण के लिए अनन्य भाव से उपास्य देवता की प्रार्थना।

शरीर = (दो भेद) = सूक्ष्म और स्थूल।

सूक्ष्म शरीर = (दो प्रकार) = हिरण्यगर्भ और लिंग शरीर।। **स्थूल शरीर** (दो प्रकार) = विराट् शरीर और योनिज।

शरीर (तीन प्रकार) = योनिज, अयोनिज और स्वयम् उत्पन्न।

शरीरत्रय = (१) भौतिक शरीर (२) सूक्ष्मशरीर (इसमें पंचकर्मेन्द्रियां, पंचप्राण, मन, बुद्धि और अहंकार इन १३ तत्त्वों की गणना होती है)। (३) कारण शरीर। इन तीन शरीरों से आत्मा भिन्न है।

शरीरावस्था = (तीन प्रकार) = जागत्, स्वप्न और सुषुप्ति।

शव = तंत्रशास्त्रानुसार निराकार ब्रह्मतत्त्व का प्रथम साकार रूप। शव में शक्ति का स्पंदन होने पर वही शिव कहलाता है।

शाक्त = काश्मीरीय त्रिक (प्रत्यभिज्ञा) दर्शन के अनुसार, आत्मचैतन्य की ज्ञानप्राप्ति का एक उपाय।

शाक्तमत = शक्तिस्वरूप भगवती को ही परमतत्त्व या परम उपास्य मानने वाला हिंदुसमाज का एक सम्प्रदाय। इसका दार्शनिक सिद्धान्त शक्तिविशिष्टाद्वैत कहलाता है। शाक्त दर्शन में ३६ तत्त्व माने जाते हैं जिनका वर्गीकरण, शिवतत्त्व, विद्यातत्त्व और आत्मतत्त्व इन तीन वर्गों में किया जाता है।

शाक्ताभिषेक = तांत्रिक दीक्षा के अन्तर्गत आठ अभिषेकों में प्रथम अभिषेक। अन्तरंग की दुष्ट शक्तियों का दमन करने वाली आध्यात्मिक शक्तियाँ, इससे साधक को प्राप्त होती हैं।

शाण्डिल्यविद्या = शाण्डिल्य ऋषिद्वारा प्रतिपादित अग्निचयन की प्रक्रिया। यह छांदोग्य उपनिषद् (३-१४) के अन्तर्गत आयी है। यह उपनिषदों की आत्मविद्या है।

शाब्द प्रमाण = आप्तद्वारा किया हुआ तत्त्वोपदेश। दो प्रकार (१) दृष्टार्थक और (२) अदृष्टार्थक।

शाब्दी भावना = शब्द को आज्ञास्वरूप देने वाली दैवी शक्ति। यह शक्ति इष्टप्राप्ति तथा अनिष्टनिवृत्ति का अभिवचन शब्दों द्वारा देती है। इसीको आप्तवचन की चोदनाशक्ति कहते हैं।

शांभव = काश्मीरीय शैव (त्रिक) दर्शन के अनुसार आत्मचैतन्य की ज्ञानप्राप्ति का एक उपाय।

शांभवी = तांत्रिक मत में शक्ति की एक संज्ञा।

शाम्भवी मुद्रा = अर्धोन्मीलित दृष्टि को भ्रूमध्य में स्थिर रखने की योगमुद्रा।

शारीरिक ताप = आध्यात्मिक ताप का एक प्रकार जो कफ, वात, पित्त के क्षोभ से या रुधिरादि सप्त धातुओं की विकृति से उत्पन्न होता है।

शाश्वतवाद = नित्य, कूटस्थ, चिरंतन, एकरूप आत्मतत्त्व की पारमार्थिक सत्ता मानना। वेदान्ती इस मत का प्रतिपादन करते हैं।

शास्त्र = स्वमतानुकूल प्रमाणभूत ग्रंथ। अद्वैतवादी प्रस्थानत्रयी को, विशिष्टाद्वैती प्रस्थानत्रयी और विष्णुपुराण को, शुद्धाद्वैती प्र. त्र. और भागवत को, और द्वैतवादी वेद, महाभारत, पंचरात्रागम, रामायण तथा एतदनुकूल ग्रंथों को शास्त्र कहते हैं।

शास्त्रचिन्तन = ग्रंथस्थित वाक्यों में प्रतीत होने वाले विरोध का परिहार करते हुए सिद्धान्त का ग्रहण करना। शास्त्र के पारिभाषिक शब्दों का सम्यक् ज्ञान रखने वाला अध्येता ही इस प्रकार शास्त्रचिन्तन कर सकता है।

शास्त्रचिन्तन (दो प्रकार) = (१) निर्धारण रूप (शास्त्रीय शब्दार्थों का सम्यक् ज्ञान से युक्त और (२) अभ्यासरूप = निर्धारित विषय को प्रत्यक्ष जानने का प्रयत्न।

शास्त्रवासना = मोक्ष की ओर प्रवृत्ति जो अध्यात्म शास्त्र के श्रवण मनन के कारण उत्पन्न होती है।

शास्त्रार्थ = पूर्वपक्ष और उत्तरपक्ष नामक दो मतों की खण्डन-मण्डनात्मक तार्किक चर्चा। शास्त्रार्थ के तीन प्रकार – **(१) वाद** (तत्त्वजिज्ञासा की पूर्ति के लिए विचार विनिमय।) **(२) जल्प** (स्वमत स्थापना के लिए खण्डन मात्र करने के उद्देश्य से प्रतिपादन स्वरूप) **(३) वितण्डा** = (अपना कोई विशिष्ट मत न होने पर भी केवल अन्यमत का युक्तिवादों से खण्डन।

शिवतत्त्व = काश्मीरीय शैव त्रिक दर्शन के अनुसार विकासोन्मुख ज्ञानी की प्रथम अवस्था, जिसमें अकृत्रिम अहं की स्फूर्ति होती है। त्रिक दर्शन के तीन प्रधान तत्त्वों में से एक। (इस में शिव और शक्ति का अन्तर्भाव होता है।) अन्य दो तत्त्व हैं – विद्यातत्त्व और आत्मतत्त्व।

शिवनेत्र = भ्रूमध्यस्थित दिव्य नेत्र की संज्ञा। इसीसे स्वप्नावस्था में रूपदर्शन होता है।

शिवशक्ति-सामरस्य = पुरुष से प्रकृति और प्रकृति से पुरुष सर्वथा अपृथक् हैं और सदैव रहेंगे। भेद और अभेद एक तत्त्व के ही दो प्रकार हैं। इस काश्मीरीय शैव सिद्धान्त की संज्ञा।

शिष्ट = निरहंकार, निर्मत्सर, लोभमोहादि मनोविकार विरहित

तथा वेदादि शास्त्रों को ठीक समझने वाले सदाचारी लाग। इन का आचरण धर्म में प्रमाणभूत माना जाता है।

शिष्य = सद्गुरु की सेवा करते हुए उनसे ज्ञान ग्रहण करने योग्य जिज्ञासु। तीन प्रकार - (१) अपरोक्षोत्साही, (२) परोक्षोत्साही और (३) तर्कोत्साही। साधनचतुष्टय-संपन्नता शिष्य का आवश्यक गुण है।

शुचिता (शौच) = चार प्रकार = द्रव्यशौच, मनःशौच, वाक्शौच और कामशौच।

शुद्ध अध्वा = तंत्रशास्त्र के अनुसार महामायारूप उपादान कारण से उत्पन्न सात्विक जगत्।

शुध्दचैतन्य = संसार के नानात्व में प्रतीत होने वाला एकत्व।

शुध्दबिन्दु = तंत्रशास्त्र के अनुसार सृष्टि का उपादान कारण।

शुद्धसत्त्व = वैष्णव मतानुसार परमात्मा की अचित् शक्ति (जो संसार का उपादान कारण मानी जाती है।)

शुध्दाद्वैतमत = जगत्, जीव और कृष्णरूपब्रह्म इन तीनों का आकृति सहित ऐक्य प्रतिपादन करने वाला विष्णुस्वामी संप्रदायानुसारी वल्लभाचार्य का मत। इस मत में ब्रह्म ही जड-जीव-ईश्वर रूप माना है। तथा श्रीकृष्ण ही परब्रह्म है। माया की उपाधि से अलिप्त एकमेवाद्वितीय ब्रह्म ही संसार का मूल कारण मानने वाला वेदान्त मत।

शुभागमपंचक = समयाचार या कौलमार्ग के अन्तर्गत पांच संहिताओं की संज्ञा। (१) वसिष्ठ संहिता (२) सनक संहिता (३) सनन्दन संहिता (४) शुकसंहिता और (५) सनतकुमार संहिता।

शून्य = (१) वेदान्तमत के सभी प्रकार के विशेषणों से अलिप्त परमतत्त्व। (२) वज्रयानी मत के अनुसार चार प्रकार : - शून्य (प्रज्ञा), अतिशून्य (वज्र), महाशून्य (प्रज्ञोपाय युगनद्ध) और सर्वशून्य।

शून्यवाद = माध्यमिक बौद्ध सम्प्रदाय का सिद्धान्त। इस मत के अनुसार शून्य ही निर्वाणोत्तर अवस्था है जिसमें अस्तित्व नास्तित्व आदि का अभाव होता है।

शेषवत् अनुमान = त्रिविध अनुमान का एक प्रकार। समुद्रजल से उत्पन्न नमक को देखकर, संपूर्ण समुद्र में स्थित नमक का अनुमान। नदी का पूर देखकर उद्गमस्थान में वृष्टिका अनुमान। उसी प्रकार कार्य के ज्ञान से कारण का ज्ञान। वैद्य लोग रोग का ज्ञान इसी प्रक्रिया से पाते है।

शौच = आंतरिक और बाह्य शुद्धता। पांच प्रकार - मनःशौच, कर्मशौच, कुलशौच, वाक्शौच और आभ्यन्तर शौच। (वृद्धगौतम स्मृति)।

श्रद्धा = देवता, परलोक आदि अदृष्टविषयों के अस्तित्व पर शास्त्रवचन या गुरुवचन का प्रामाण्य मान कर अविचल विश्वास। (श्रत् = सत्यं। तत् अस्यां धीयते सा श्रद्धा। - दुर्गाचार्य)। गीता के अनुसार आत्मज्ञान के उदय का कारण - (श्रद्धावान् लभते ज्ञानम्)। श्रद्धा के तीन प्रकार - सात्विकी, राजसी और तामसी।

श्रीयंत्र = इस तांत्रिक यंत्र का नाप ९६ इकाइयों पर रखा है। मध्य बिंदु बीजशक्ति स्वरूप है। प्रथम केंन्द्रिय त्रिकोण, शम्भु का स्थान है। अष्टकोण वसुगण का स्थान है। आन्तर और दश-दश त्रिकोण दस प्राणों के द्योतक है। षोडश दश चंद्रमा की विशुंद्ध १६ कलाएँ हैं। तथा आठ दलों में १६ कलाओं का समावेश है। तीन बाह्य रेखाएँ त्रैलोक्य, चार द्वार ऋद्धिसिध्दियों के प्रवेशद्वार, इस यंत्र में चार सीधे और पांच उलटे त्रिकोणों से मिलकर ४३ त्रिकोणों की सृष्टि होती है। इस की आराधना का जपमंत्र "ॐ श्री, क्लीं र्‍हीं श्रीं महालक्ष्म्यै नमः।"

श्रीविद्या = (१) तंत्रशास्त्रानुसार ब्रह्मविद्या की संज्ञा। (२) महात्रिपुरसुंदरी का तत्त्व प्रतिपादन करने वाली विद्या। महात्रिपुर = (१) इडा, पिंगला, और सुषुम्णा। (२) इच्छाशक्ति, ज्ञान शक्ति और क्रियाशक्ति। (३) ब्रह्मा, विष्णु और महेश। (४) ऋग् यजुः, साम। (५) भू : भुवः और स्वर्, नामक तीन लोक।

श्रुतार्थापत्ति = देखिए अर्थापत्ति।

श्रुतिप्रस्थान = प्रस्थानत्रयी में अन्तर्भूत १२ उपनिषदों की अपर संज्ञा। (१२ उपनिषद = ऋग्वेद के - ऐतरेय, कौषीतकी। सामवेद - केन, छांदोग्य। शुक्ल यजुर्वेद - ईश., बृहदारण्यक। कृष्ण युजर्वेद - कठ, तैत्तिरीय और श्वेताश्वर। अथर्ववेद - प्रश्न, मुण्डक, माण्डूक्य।

श्रुतिवाक्य = श्रवणादि साधन के योग्य वाक्य। दो प्रकार - (१) परोक्षब्रह्म बोधक. (अहं ब्रह्मास्मि - अनुभव के बिना ब्रह्मबोधकारक वाक्य को **अवांतर वाक्य** कहते हैं। और (२) परोक्षबोधक वाक्यों को **महावाक्य** कहते हैं।

श्रेयस् = (या निश्श्रेयस) = आत्यंतिक आत्मकल्याण। देखिए प्रेयस्।

षट्चक्रभेदन = हठयोग की एक श्रेष्ठ प्रक्रिया। मूलाधार, स्वाधिष्ठान, मणिपूर, अनाहत, विशुद्ध आज्ञा - इन छह चक्रों के द्वारा मूलबंध, उड्डीयानबंध तथा जालंधर बंध की क्रिया से कुण्डलिनी नामक प्राणशक्ति का सुषुम्णा नाडी से मस्तकस्थित सहस्रार चक्र तक संक्रमण होने की प्रक्रिया को षट्चक्रभेदन कहते हैं।

षट्स्थल = वीरशैव मतानुसार 'स्थल' शब्द का अर्थ विश्व की उत्पत्ति तथा लय का अधिकरण अर्थात् ब्रह्म। दो प्रकार - (१) लिंगस्थल (शिव) और (२) अंगस्थल = (जीव)। अंगस्थल और लिंगस्थल का सामरस्य जिन षट्स्थलों के क्रम से होता है वे हैं - भक्तस्थल, माहेश्वर या महेश्वरस्थल, प्रसादि स्थल, प्राणलिंगी स्थल, शरणस्थल और ऐक्यस्थल।

षट्स्थल = वीरशैव सम्प्रदाय के संस्थापक बसवेश्वर द्वारा प्रतिपादित भक्तिमार्ग की संज्ञा। इस मार्ग में साधक की छह अवस्थाएँ प्रतिपादन की है। - (१) भक्तस्थल, (२)

महेश्वरस्थल, (३) प्रसादिस्थल, (४) प्राणलिंगिस्थल, (५) शरणस्थल और (६) ऐक्यस्थल। आचार्य चेन्नबसव (इ. १२ वीं शती) षट्स्थल सिद्धान्त के प्रवर्तक माने जाते है। ''षट्स्थल चक्रवर्ती'' चेन्नबसव की उपाधि है।

षड्ऊर्मि = क्षुधा, तृषा, लोभ, मोह, शीत, उष्ण।

षण्मुखी मुद्रा = एक यौगिक मुद्रा। इसमें कर्ण, नेत्र,घ्राण और मुख भी अंगुष्ठ, तर्जनी, मध्यमा आदि अंगुलियों से बंद किया जाता है।

षोडशपदार्थवाद = न्यायसूत्रकार अक्षपाद (या गौतम) का मत। प्रमाण, प्रमेय आदि १६ पदार्थों के तत्त्वज्ञान से निःश्रेयस की प्राप्ति प्रतिपादन करने वाला मत।

संकेत = विशिष्ट शब्द से विशिष्ट अर्थ का ग्रहण करना चाहिये, इस प्रकार का समाज का नियम।

संग्रहश्लोक = गद्यात्मक रीति से प्रतिपादित शास्त्रीय सिद्धान्त का संक्षेप में कथन करने वाले श्लोक। अन्य संज्ञा – अंतरश्लोक।

संप्रज्ञात समाधि = ध्येय विषय से चित्तवृत्ति की एकाग्रता। चार प्रकार – सवितर्क, सविचार, सानन्द और सास्मित।

संबंध = दो पदार्थों का अन्योन्य आश्रितत्त्व। प्रकार = प्राप्य – प्रापक संबंध। उदा. अधिकारी और मोक्ष का संबंध (२) जन्य-जनक संबंध। उदा. ग्रंथ और ज्ञान का संबंध। और भी अनेक प्रकार के संबंध होते हैं।

संबंध = (तीन प्रकार) = संयोग, समवाय और तादात्य।

संयम = धारणा, ध्यान और समाधि तीनों का समागम। संयम के कारण सिद्धियां प्राप्त होती हैं। आठ सिद्धियां = अणिमा, महिमा, लघिमा, गरिमा, प्राप्ति, प्राकाम्य, ईशित्व और वशित्व।

संयोगसंबंध = तीन प्रकार के संबंधों में एक, जिसमें एक वस्तु का एक भाग दूसरी वस्तु के किसी भाग से एक स्थान में एकत्रित आता है।

संवर्गविद्या = छांदोग्य उपनिषद् में रैक्व नामक ज्ञानी ने ज्ञानश्रुति पौत्रायण नामक राजा को बतायी हुई अध्यात्मविद्या की संज्ञा। इसमें परब्रह्म तत्त्व में सभी महाभूत, इन्द्रियाँ, आदि का विलय होता है, इस सिद्धान्त का प्रतिपादन हुआ है।

संशय = शास्त्रार्थ या विवाद में पूर्वपक्षी और उत्तरपक्षी विद्वानों के प्रतिपादन का मूलभूत कारण।

संशय = शास्त्रप्रतिपाद्य सिद्धान्त के प्रतिकूल युक्तिवाद का स्फुरण। दो प्रकार (१) वाचक (शास्त्र वचन)- गत और (२) वाच्य (शास्त्रार्थ) गत।

संशयग्रंथि = मैं मन हूं यह अनुभव तथा मैं चिदात्मा हूं इस शास्त्रसिद्धान्त का श्रवण, इनका निर्णय न होने का कारण मुमुक्षु की द्विधा अवस्था।

संशयरूप अध्यास = एक ही पदार्थ के वास्तव ज्ञान के अतिरिक्त अन्य प्रकार का युगपत् ज्ञान। ''स्थाणुर्वा पुरुषो वा'' यह संशयरूप अध्यास है।

संस्कार = ज्ञेयरूप पदार्थ का ज्ञानरूप होना। अर्थात् अन्तःकरण से बाह्य पदार्थ अन्तःकरणरूप होना। दो प्रकार – साक्षिस्थानापन्न और विषयस्थानापन्न।

संस्कारजन्यसिद्धि = ऋतंभरा प्रज्ञा के कारण उत्पन्न सिध्दि का एक प्रकार (दूसरा प्रकार संशयजन्य अष्टसिद्धियाँ)। इस सिद्धि के भी शब्दज्ञान, ऊह, शास्त्रज्ञान, सुहृत्प्रतिपादन और त्रिविध तापस सहन शक्ति इ. ८ प्रकार हैं।

संहार = देहादि जन्य पदार्थों का अपने मूल कारण में विलय (तंत्रशास्त्र)।

सगुणध्यान = ध्यानयोग की साधना में चित्त को एकाग्र करने हेतु पांच प्रकार का सगुणध्यान कहा गया है। – मणिपुर चक्र में **विष्णुध्यान,** हृदयकमल में त्रिशिखामय **अग्नि का ध्यान,** हृदयस्थान में **सूर्यध्यान,** भ्रूमध्य में **प्रकाशबिंदु** का ध्यान; और सहस्रार में **पुरुषध्यान।**

सगुणोपासना = षड्गुणैश्वर्य – सम्पन्न ईश्वर की विशिष्ट 'स्वरूप' में उपासना। इससे निर्गुणोपासना अधिक महत्त्वपूर्ण मानी जाती है किंतु वह अधिक क्लेशप्रद होती है।

सगुणोपासना = व्यक्त धर्मयुक्त ईश्वर की भावना करना। दो प्रकार – (१) वैराज, (२) प्रतीक।

सजातीय भेद = आम्र और निंब दोनों सजातीय (वृक्ष) होते हुए भी उनमें दिखने वाला भेद।

सत् = कालत्रय में बाधित न होने वाला तत्त्व।

सत्-अद्वैत = पदार्थ की सर्वग्राही सत्ता का विचार करना। परस्पर व्यावर्तक भेद का विचार न करना। उदा. समुद्र को देखते समय स्थान, समय, रंग, रस, परिणाम आदि विभाजक तत्त्वों का विचार न करना। इसके विपरीत विचार करना ही सद्द्वैत है।

सत्कार्यवाद = सांख्य दर्शन का एक महत्त्वपूर्ण सिद्धान्त। इसके अनुसार घटादि कार्य उत्पत्ति के पूर्व मृत्तिकादि उपादान कारण में अव्यक्त अवस्था में विद्यमान (सत्) होता है। असत् वस्तु सत् अवस्था में आ नहीं सकती। विशिष्ट कार्य के लिए विशिष्ट कारण की ही आवश्यकता होती है इत्यादि कारणों से सत्कार्य की स्थापना की गयी है। इस मत का विरोधी सिद्धान्त है –

असत्कार्यवाद = जिसका प्रतिपादन नैयायिक करते हैं। वे कारण में असत् (अविद्यमान) कार्य की उत्पत्ति मानते हैं। सांख्यदर्शन कारण में अव्यक्त अवस्था में होने वाले कार्य की अभिव्यक्ति मानता है।

सत्ख्याति = सुप्रसिद्ध ख्यातिपंचक के अतिरिक्त रामानुजमत में यह सत्ख्याति मानी जाती है। इस मत में ज्ञान का विषय सत्य माना जाता है। पंचीकरण प्रक्रिया के अनुसार प्रत्येक भौतिक पदार्थ में पंचमहाभूतों का अंशतः अस्तित्व होता ही है। अतः शुक्तिका में जब रजत की प्रतीति होती है तब वहां रजत का कुछ ना कुछ अंश मानना ही चाहिए। नेत्रदोष के कारण शुक्ति के स्थान पर रजत आच्छादित होती है और

उसी अधिष्ठान पर रजत का प्रत्यक्ष ज्ञान (या भास होता है।) शुक्तिज्ञान होने पर रजत उसीमें विलीन होता है।

सत्ता के तीन प्रकार = (१) प्रतिभासिकी, (२) व्यावहारिकी, (३) पारमार्थिकी। उदा. (१) रज्जु-सर्प, शुक्ति-रजत। (२) संसार के सभी भौतिक नामरूपात्मक पदार्थ। (३) वस्तु का अव्यभिचारी अपरिवर्तित सत्य स्वरूप, जिसकी प्रतीति तत्त्वज्ञानी पुरुष को ही होती है।

सत्य = वस्तु का जो निश्चित रूप होता है वही उसका रूप यदि सतत समभाव से रहता है तो वह सत्य होता है। जिसमें नित्य परिवर्तन और परिणाम होता है वह असत्य मानना चाहिये। सत्य का उदाहरण है विश्व का आदि- कारण- स्वरूप ब्रह्म और असत्य का उदाहरण है दृश्यमान जगत् (शंकराचार्य- यद्रूपेण यद् निश्चितं, तद्रूपं न व्यभिचरति तत्सत्यम्)

सत्त्वगुण = शब्दादि विषयों से विरहित, केवल सत्ता से अभिन्न (भावतादात्म्य युक्त) वृत्ति के स्फुरण का अव्यक्त हेतु।

सदनुभवानंदरूप अभ्यास = परिणय स्वरूप अभ्यास का एक प्रकार। भक्तिसूत्रादि भक्तियोग परक ग्रंथों में इस अभ्यास का प्रतिपादन है। **पांच प्रकार** = पिपीलिकामार्ग, कपि०, शेष०, विहंगम०,, और मीन०।

सदाशिव = अनादि और अनन्त उन्मेष- निमेषों के द्वारा अभिव्यक्त होने वाला तत्त्व (काश्मीरीय शैव दर्शन का मत)।

सदाशिवतत्त्व = काश्मीरीय शैव (त्रिक) दर्शन के अनुसार विकासोन्मुख ज्ञान की द्वितीय अवस्था जिसमें "अहम् इदम्" यह स्फुरण या विमर्श होता है।

सपक्ष = अनुमान प्रक्रिया में जिस स्थान पर हेतु (लिंग) और साध्य का साहचर्य वारंवार प्रत्यक्ष देखा जाता है वह स्थान। उदा. धूम (लिंग) और अग्नि का साहचर्य महानस (रसोईघर) में प्रत्यक्ष देखा जाता है।

सप्तपदार्थ = द्रव्य, गुण, कर्म, सामान्य, विशेष, समवाय, संबंध और अभाव। (वैशेषिक मत)

समन्वयवाद = अनेकता में एकता सिद्ध करना। जैनदर्शन में इसीको अनेकान्तवाद कहते हैं।

समयाचार = तंत्रमार्ग का एक प्रकार। अपर संज्ञा कौल मार्ग। तांत्रिक श्रीचक्र की मानसपूजा या ध्यानात्मक उपासना।

समवाय संबंध = संबंध के तीन प्रकारों में एक। कारण और कार्य का नित्य संबंध। उदा. मृत्तिका और घट का अथवा तंतु और पट का संबंध।

समष्टि = प्रत्येक पदार्थ की पृथक् वाच्यता होने पर भी एकात्मता होना। समष्टिरूप उपाधि है। उदा. वन शब्द। वन में प्रत्येक वृक्ष अलग होते हुए भी वन शब्द से सभी का एकात्मता से ग्रहण होता है।

समष्टि अज्ञान = मूला अविद्या के कारण ब्रह्मा से पिपीलिका तक सभी प्राणिमात्र को स्वरूप का विस्मरण।

समष्टिरूप कारणशरीर = संपूर्ण ब्रह्माण्ड की मूलाअविद्या।

समाधि = स्वत्त्व का विस्मरण तथा ध्येयभावना से तद्रूपता; अर्थात् ध्याता का ध्येयस्वरूप होना। यही योगशास्त्र का प्राप्तव्य है। चिंतन की साक्षात्काररूप परिपक्व अवस्था। (दो प्रकार) = **भावनारूप** = (योगशास्त्रोक्त) और **संविद्रूप** (वेदान्तशास्त्रोक्त)।

समाधि = 'अहं ब्रह्मास्मि' इस ध्यान का विस्मरण या विलय।

समाधि = जल और नमक के ऐक्य के समान मन और आत्मा के ऐक्य की अवस्था (वराह उपनिषद्)।

समाधि = (वेदान्त मतानुसार) = विवेचन की परिपक्व दशा में अखंड-एकरसता से संवित् (बुद्धि) का प्रस्फुरण। दो प्रकार = (१) दृश्यानुविद्ध और (२) शब्दानुविद्ध।

सर्ग (के नौ प्रकार) = प्राकृतसर्ग तीन, वैकृत सर्ग पांच और प्राकृत-वैकृत सर्ग एक = ९।

सर्वकारित्व = शास्त्र में प्रतिपादित विषय के अवलंबन से ही सभी प्रकार के लाभ होते हैं यह प्रतिपादन। शास्त्र परिचायक – अष्टक में यह एक अंग है। उदा. गीता में भक्ति के अवलंबन से ही सभी मार्गों से प्राप्य फल मिलते हैं, यह तत्त्व अनेक वाक्यों द्वारा कहा गया है।

सर्वतंत्रसिद्धान्त = सभी प्रकार के शास्त्रों में अविरोध अंगीकृत सिद्धान्त। उदा. पाषाणादि की जडता या मनुष्यादि प्राणियों की मर्त्यता।

सर्वविकृत परिणाम = कार्य की उत्पत्ति होने पर पुनः कारण स्वरूप न होना। उदा. दूध का दधि होने पर वह पुनः दुग्धरूप नहीं होता।

सर्वांगरूप उपासना = सगुण प्रतीकोपासना का एक प्रकार। यही प्रतिमा या मूर्ति की उपासना है।

सर्वेश्वरवाद = जगत् और ईश्वर में अभेद मानने वाला मत। इसी मत को गौडपादाचार्य ने अजातिवाद कहा है।

सविकल्प समाधि = देखिए सास्मित और संप्रज्ञात समाधि।

सविचार समाधि = योगशास्त्र में कथित संप्रज्ञात समाधि के चार प्रकारों में एक, जिसमें शब्दस्पर्शादि सूक्ष्म विषयों से ही चित्तवृत्ति की एकाग्रता होती है।

सवितर्क समाधि = योगशास्त्रोक्त संप्रज्ञात समाधि के चार प्रकारों में एक प्रकार, जिसमें स्थूलभूतस्वरूप ध्येय विषय से चित्तवृत्ति की एकाग्रता होती है।

सहज प्रतिभा = पूर्वजन्मों के संस्कारों के कारण प्राप्त बौद्धिक शक्ति, जिससे नवीन कल्पनाएँ स्फुरित होती हैं।

सहज मलसप्तक = (शैवमतानुसार) = मोह, मद, राग, विषाद, शोष, वैचित्त और हर्ष।

सहस्रार चक्र (या सहस्रदल पद्म) = योगशास्त्रोक्त षट्चक्रों में एक। यह मस्तक में शंखिनी नामक नाडी के उपर होता है। कुण्डलिनी का उत्थान होने पर वह इसी चक्र में स्थिर होती है। यही जीव और शिव के ऐक्य का स्थान माना गया है। मस्तकस्थित अधोमुखी चक्र (या पद्म)। पुरुषोत्तम की

अधिष्ठान भूमि। जीव-शिव के सामरस्य का स्थान। अतः इसे अद्वैतभूमि भी कहते हैं।

सहायकत्व = प्रतिपाद्य विषय की तुलना में अन्य विषयों का गौणत्व प्रतिपादन। उदा. भक्ति का श्रेष्ठत्व प्रतिपादन करने में गीता ने कर्म तथा ज्ञान को भक्ति का सहायक कहा है। उदा. यत्करोषि। चतुर्विधा भजन्ते. इत्यादि श्लोक। यह शास्त्रपरिचायक अष्टक का एक अंग है।

साकार ब्रह्म = अन्वयद्वारा संवित् या चैतन्य का जगद्रूप से प्रस्फुरण। दो प्रकार – **(१) संकोचप्रधान** उदा. दृश्य जगत्। **(२) स्थितिप्रधान** उदा. राम कृष्ण आदि, अनध्यस्त विवर्त में लयरूप संकोच नहीं होता। वे भक्तों को नित्य दर्शन देते है। अतः वे स्थितिप्रधान कहलाते है।

साक्षात्कार = इन्द्रियों द्वारा अगोचर आत्मतत्त्व का प्रतिभा शक्ति से प्राप्त ज्ञान, अर्थात् आत्मा का अनुभव। परमसत्य का रसमय आस्वाद। अध्यात्मप्रवण साहित्य इसी सिद्धान्त पर अधिष्ठित होता है।

साक्षिस्थानापन्न संस्कार= अविद्या के संबंध के कारण, आत्मा का अन्तःकरण में निरुद्ध होना। इस संस्कार की प्रतीति अन्तः करण से तादात्म्य पाए हुए आत्मा को अहंकार रूप से होती है।

सांख्य = (संख्या = विवेकज्ञान)। प्रकृति और पुरुष तत्त्वों के विवेक का दर्शन।

साधक चतुष्टय = कर्मी, भक्त, ज्ञानी और योगी (रामगीता)। परमार्थी लोगों में इन चार प्रकारों के साधक होते है। अतः साधनारूप योग के चार प्रकार होते हैं।

साधन = बुद्धिद्वारा गृहीत स्थूल और सूक्ष्म पदार्थों के विवेक का अनुभव प्राप्त करना।

साधन चतुष्टय = नित्यानित्यविवेक; इह-परत्र फलभोग – वैराग्य, शमादि साधनषट्क, और मुमुक्षा। इन चारों से वेदान्त के ज्ञान का जिज्ञासु को अधिकार प्राप्त होता है।

साधनत्रय = गुरु - शास्त्रवचनों का **श्रवण,** उनके समन्वयात्मक अर्थ का साधक-बाधक प्रमाणों द्वारा **मनन** और फिर निश्चित अर्थ में वृत्ति की अखंडितता अर्थात् निदिध्यासन (या निदिध्यास)।

साधनरूप विवेचन = (चार अंग) = विवेक, वैराग्य, शमदमादिषट्क और मुमुक्षा।

साध्य = अनुमान की प्रक्रिया में हेतु या लिंग के प्रत्यक्षज्ञान से जिस अप्रत्यक्ष पदार्थ का ज्ञान होता है। उदा. धूम के प्रत्यक्ष ज्ञान से ज्ञात होने वाली अप्रत्यक्ष अग्नि।

साध्यरूप विवेचन= (दो प्रकार)= अन्वयरूप और व्यतिरेकरूप।

साध्यसम हेतु= देखिये असिध्द हेतु।

सानंद समाधि = योगशास्त्रोक्त संप्रज्ञात समाधि के चार प्रकारों में एक, जिसमें आनंद (या आल्हाद) रूप ध्येय से चित्तवृत्ति की एकाग्रता होती है।

सामरस्य की पांच अवस्थाएँ = श्रद्धा, निष्ठा, अवधान अनुमान और आनंद। जीव और जीवशक्ति इन पांच अवस्थाओं में क्रमशः होती है। (तंत्रशास्त्र)

सामान्यगामिनी दृष्टि = विश्व में समानता देखने वाली विचारप्रणाली। इस दृष्टि से अनेकता में एकता की प्रतीति होती है। (देखिये विशेषगामिनी दृष्टि) इसी कों 'समन्वय' कहते है।

सामान्य चैतन्य (चित्) = अनेकत्र विद्यमान चैतन्य। दो प्रकार = तटस्थ. = मायाश्रय ईश्वरचैतन्य। (२) **परम** = सर्वव्यापक ईश्वर चैतन्य।

सामान्यतोदृष्ट अनुमान = त्रिविध अनुमान का एक प्रकार पूर्ववत् और शेषवत् अनुमान से भिन्न प्रकार का अनुमान। उदा. सूर्य के पूर्व-पश्चिम प्रयाण से पृथ्वी के भ्रमण का अनुमान। एक आम्रवृक्ष में लगे फल देखकर अन्य सभी वृक्षों के फलों का अनुमान।

सायुज्यमुक्त = चतुर्विध मुक्तियों में सर्वश्रेष्ठ अवस्था, जिसमें अहंभाव का पृथक् अनुभूति नहीं रहती। जीवात्मा और परमात्मा की संपूर्ण तन्मयता। अद्वैतानुभूति।

सावित्राग्निविद्या = संपूर्ण वेदज्ञान प्राप्त करने की शक्ति देने वाली एक साधना। पुराण कथा के अनुसार तीन जन्म वेदाध्ययन करने वाले भरद्वाज को इन्द्र ने यह विद्या दी थी।

सास्मित समाधि = योगशास्त्रोक्त संप्रज्ञात समाधि के चार प्रकारों में से एक, जिसमें ध्याता ही ध्येय होता है।

संप्रज्ञात समाधि = सास्मित समाधि की अपर संज्ञा। इस में ध्याता और ध्येय की एकरूपता होती है। अर्थात् योगी स्वरूप का ही ध्यान करता है। इसे सविकल्पसमाधि भी कहते है।

सिद्ध = योगसिद्धि प्राप्त सत्पुरुष। भारत में इनकी संख्या ८४ मानी जाती है।

सिद्धादेश (चार) = पुराण, मानवधर्म, सांगवेद, और वैद्यक। इन चारों में हेतुवाद के द्वारा परीक्षण उचित नहीं माना जाता।

सिद्धान्त = त्रिकालाबाधित तथा सार्वभौम निश्चयरूप ज्ञान। चार प्रकार – सर्वतंत्र, प्रतितंत्र, अधिकरण, अभ्युपगम।

सिद्धि = इच्छा के अनुसार भोग्य वस्तु की प्राप्ति करने की शक्ति। दो प्रकार – (१) संयमजन्यसिद्धि और (२) संस्कारजन्य।

सुषुप्ति = भोग्य पदार्थों के अभाव से उत्पन्न सुख के अनुसार बुद्धि का संस्कार या प्रज्ञासंस्कार।

सुषुप्ति अवस्था = जाग्रत् और स्वप्न दोनों अवस्थाओं में आने वाले अनुभवों के अभाव की अवस्था अर्थात् गाढ निद्रा। दो भेद – अर्धलय और समग्रलय।

सुषम्रा (या सुषुम्णा) = मनुष्य देह की १४ प्रमुख नाडियों में प्रमुख नाडी। यह मूलाधार चक्र से ब्रह्मरन्ध्र तक होती है। इसके अन्तर्गत चित्रा नाडी और चित्रा के अन्तर्गत ब्रह्मनाडी होती है। इसकी बांयी ओर इडा और दाहिनी और पिंगला नामक नाडी होती है। इडा को **गंगा,** पिंगला को **यमुना** और सुषुम्रा को **सरस्वती** कहते हैं। इन तीन नाडियों का

संगम आज्ञाचक्र (भ्रूमध्य स्थान में होता है। अन्तः उसे **त्रिवेणी** कहते है। सुषुम्ना के छह केन्द्रस्थानों को 'षट्चक्र' कहते हैं। (तंत्रशास्त्र)

सुपर्ण विद्या = वेदोक्त अध्यात्मविद्या की एक संज्ञा। सुपर्ण पक्षी के रूपक द्वारा जीवात्मा और परमात्मा का स्वरूप प्रतिपादन करने के कारण यह संज्ञा प्रचलित हुई।

सूक्ष्मदेह = ५ कर्मेन्द्रियाँ, ५ ज्ञानेन्द्रियाँ, ५ प्राण, मन और बुद्धि इन सत्रह तत्त्वों का समवाय। वेदान्त के अनुसार पंचकोशों के प्राणमय, मनोमय और विज्ञानमय - इन तीन कोशों का अन्तर्भाव सूक्ष्म देह में होता है। इसे '' **लिंग शरीर** '' भी कहते हैं।

सोपाधिक अभ्यास = अविद्या के कारण मायोपाधिक ब्रह्म तत्त्व में जीव तथा ईश्वर की प्रतीति होना। मायास्वरूप की उपाधि का निरास होने पर यह अध्यास विलीन होता है।

स्कन्ध (पांच प्रकार) = (१) रूप स्कन्ध (रूपादि ५ विषय और नेत्रादि पंच ज्ञानेन्द्रियाँ। (२) संज्ञास्कन्ध (सविकल्पक ज्ञान)। (३) संस्कार स्कन्ध (राग-द्वेष, अभिनिवेश), (४) वेदनास्कन्ध (सुख-दुःख), (५) ज्ञानस्कन्ध (निर्विकल्पक ज्ञान)। (बौद्धमत)

स्कम्भ = द्यावा-पृथिवी का नियंत्रक तत्त्व अर्थात् ब्रह्म।

स्थापनरूप योग = आत्मस्वरूप की प्रतीति होने पर उस स्वानुभूति को सुस्थिर करने के लिए बहिर्गत चित्त को स्वानुभूति में स्थापित करने का प्रयत्न। इसे कृत्रिम ज्ञानाभ्यास कहते हैं।

स्थितप्रज्ञा = कामनारहित शुद्ध समाधान एवं शुद्ध निश्चय युक्त बुद्धिवृत्ति, जो सामान्य का विशेष रूप से ग्रहण करती है।

स्थूलदेह = इसीको अन्नमय कोश, भोगायतन, कर्मदेह, भोगदेह कहते हैं।

स्फूर्तिवाद = देखिए चिद्विलासवाद।

स्मृति = अनुभव से अन्य प्रकार का ज्ञान, जिसमें नेत्रादि इन्द्रियों का रूपादि विषयों से संनिकर्ष (दृढ संपर्क) न होने के कारण चित्तवृत्ति (अनुभव के समान) विषयाकार नहीं मानी जाती। (योग)

स्मृतिप्रस्थान = वेदान्तदर्शन की प्रस्थानत्रयी के अन्तर्गत भगवद्गीता, सनत्सुजातसंहिता आदि ग्रंथ।

स्वगत भेद = एक वृक्ष की शाखाओं एवं फलों में आकार आदि के कारण दृश्यमान भेद।

स्वतंत्रास्वतंत्रवाद = मध्वाचार्यद्वारा स्थापित द्वैतवादी वैष्णव संप्रदाय के सिद्धान्त की संज्ञा।

स्वप्न अवस्था = निद्रा के कारण अन्तःकरण में उत्पन्न भोग्य पदार्थों के अनुसार वासना का वर्तन। जाग्रत् अवस्था में प्राप्त अनुभवों के संस्कारों के अन्तःकरण द्वारा स्मृतिरूप - अनुभव की अवस्था।

स्वयम् उत्पन्न शरीर = राम, कृष्ण, आदि का शरीर जो केवल चैतन्यमय होता है।

स्वर्लोक = ब्रह्मादि देवताओं का स्थान, तथा मनुष्य शरीर के अन्तर्गत आज्ञाचक्र और सहस्रार चक्र का स्थान।

स्वरूपलक्षण = पदार्थ के सत्य स्वरूप का परिचय देने वाला, तथा अन्य पदार्थों से उसकी भिन्नता दर्शाने वाला लक्षण। 'सत्यं ज्ञानम् अनन्तं ब्रह्म' या विज्ञानम् आनन्दं ब्रह्म इत्यादि ब्रह्म के स्वरूपलक्षण हैं।

स्वरूपविधेयत्व = शास्त्रपरिचायक अष्टक का एक अंग। इसमें शास्त्र के विशिष्ट विषय में अध्येता को प्रवृत्त करने का विधान होता है। उदा. गीताशास्त्र में अध्याय १२-श्लोक २ में भक्ति का विशेष महत्त्व प्रतिपादन तथा भक्ति में प्रवृत्त होने का विधान है।

स्वरूप = (चैतन्य मतानुसार) श्रीकृष्ण परमात्मा के तीन स्वरूप = **(१) स्वयंरूप** (यह अनादि तथा सभी कारणों का कारण है। इसे अन्य किसी की भी अपेक्षा नहीं होती। **(२) तदेकात्मकरूप** = स्वयंरूप से अभिन्न किन्तु आकृति, अंग, सनिवेश और चरित्र में भिन्नता होती है। इसके तदेकात्मरूप के विलास और स्वांश नामक दो प्रकार होते है। **(३) आवेशरूप** = जब किसी महापुरुष में ज्ञान, शक्ति, इत्यादि की अधिकता प्रतीत होती है तब उसे आवेशरूप कहते हैं।

स्रोतापन्न = मूलाधार से सहस्रारचक्र तक प्रवाहित शक्तिस्रोत का अनुभव पाने वाला योगसाधक।

स्वाधिष्ठान चक्र = योगशास्त्र में निर्दिष्ट, द्वितीय ज्ञानचक्र। इसका स्थान शरीर में मेरुदण्ड के आरंभ स्थान तथा लिंग के उपरि भाग में होता है। अपान तथा धनंजय वायु इसी चक्र के स्थान में होता है। डाकिनी शक्ति सहित श्रीनारायण का स्थान। यह चक्र छह दलों का माना जाता है।

स्वाप्नमंत्र = स्वप्नावस्था में प्रकट हुए किसी सिद्ध योगी द्वारा प्राप्त हुआ पवित्र मंत्र। यह मंत्र अत्यंत फलप्रद माना जाता है।

स्वार्थानुमान = महानस में धूम-वह्नि की व्याप्ति का निश्चय होने पर, पर्वत पर धूम देखने से वह्नि के अस्तित्व का स्वयं अपने को ज्ञान होता। इसी ज्ञान का दूसरे व्यक्ति को 'पंचावयवी वाक्य (देखिये) द्वारा प्रतिपादन करना 'पदार्थानुमान कहा जाता है।

स्वेच्छाप्रारब्ध = प्रारब्ध कर्मों (दैव) के तीन प्रकारों में एक। कुपथ्य सेवन घातक है यह जानने पर भी स्वेच्छा से कुपथ्य सेवन कर आत्मनाश करना। उदाहरण - पंडु राजा का माद्री से संभोग।

हंसविद्या = 'सोऽहं, हंसः, इस मंत्र का श्वास उच्छ्वास के साथ जप या मनन करते हुए आत्मानुभव पाने की साधना।

हिरणमय पुरुष = उपनिषदों में प्रतिपादित परमात्मा।

हिरण्यगर्भ = संपूर्ण ब्रह्माण्ड का समष्टिरूप सूक्ष्मशरीर या समष्टिरूप अविद्या से उत्पन्न अन्तःकरण से तादात्म्य पाया हुआ ब्रह्म।

हृदयग्रंथि = अविवेक के कारण देह-आत्मा, मन- चिदात्मा, आदि में अभेद का अवधारण। तीन प्रकार - चिज्जड ग्रंथि,

संशयरूप और अहंग्रंथि। गुरुकृपा या महावाक्य की अनुभूति से ही हृदयग्रंथि का भेद होता है।

हृदयविद्या = प्रत्येक जीवित वस्तु में हृदयस्थान होता है। और उसी हृदयस्थान में प्राणतत्त्व का निवास होता है। इस सिद्धान्तपर आधारित अध्यात्म विद्या। (अपरनाम – अक्षर विद्या।)

हेतु (या लिंग) = अनुमान की प्रक्रिया में जिसके प्रत्यक्ष ज्ञान से अप्रत्यक्ष पदार्थ के अस्तित्व का ज्ञान होता है। उदा. धूम, जिसके प्रत्यक्ष ज्ञान से अप्रत्यक्ष अग्नि का ज्ञान होता है।

✶ ✶ ✶

परिशिष्ट

अज्ञातवस्तुशास्त्र = पाखण्ड प्रतिपादक शास्त्र।

अधिगम = विद्वानों के व्याख्यान आदि श्रवण करने से प्राप्त ज्ञान। (सर्वदर्शन संग्रह)

अर्चिरादि मार्ग = उत्तरायण का समय मोक्षमार्ग माना जाता है। उत्तरायण में मृत्यु होने पर जीव अर्चिरादि मार्ग से मोक्ष पाता है।

आन्वीक्षिकी = सभी विषयों के सिद्धान्तों की, प्रमाणों के आधार पर परीक्षा करने वाली विद्या। न्यायदर्शन की अपर संज्ञा।

उत्तरपक्ष = किसी विषय की स्थापना होने पर उसके खण्डन में प्रस्तुत तर्क। इसीको **सिद्धान्तपक्ष** भी कहते हैं।

उत्पत्तिविधि (उत्पत्तिश्रुति) = वेदवचनों पर आधारित आदेश।

उपपत्तिसम = युक्तियुक्त वचनों का विरोध।

उपलब्धिसम = परस्पर विरोधी आप्तवचनों के कारण तर्क में कुतर्क का दर्शन।

ऋत = विश्व की नियामक शक्ति, जिसके प्रभाव से सूर्यचंद्र आदि सृष्टि के समस्त घटक अपने कर्तव्यों का सतत पालन करते हैं। (ऋतेनादित्याः तिष्ठन्ति दिवि। अथर्ववेद १४-१-१)

एकवाक्यता = ग्रन्थ या ग्रन्थों के अनेक वाक्यों के अर्थो में सामंजस्य। भाष्यकार आचार्य यह कार्य करते हैं।

एकजीववाद = केवल जीवात्मा का अन्तिम प्रतिपादन करने वाला दार्शनिक मत।

एकव्यावहारिक = बौद्धो की एक शाखा।

एकाक्षर = ओंकार की संज्ञा।

एकेश्वरवाद = (१) अनेक देवताओं के स्वरूप में एक ही परमात्मा की अभिव्यक्ति मानना। (२) ईश्वर के अतिरिक्त अन्य देवता का अस्तित्व नकारना।

करण = सांख्य मतानुसार १३ प्रकार – ५ ज्ञानेन्द्रियाँ, ५ कर्मेन्द्रियाँ, मन, बुद्धि और अहंकार। १३ करणों के ३ विभाग = **आहारक करण** ११ इन्द्रियाँ, **प्रकाशक करण** बुद्धि और धारक करण अहंकार।

कर्मसंन्यासी = कर्मफल की इच्छा न रखते हुए प्राप्त कर्म करने वाला।

कुटीचर = अपने परिवार को पुत्र के हाथ सौंपकर, संन्यास लेते हुए धर्मानुष्ठान एवं तपश्चर्या करने वाला।

खण्डप्रलय = विश्व का आंशिक प्रलय, जिसमें स्वर्ग से नीचे के सब लोगों का नाश हो जाता है।

खेचरी = आकाश में संचार करने की योग-सिद्धि।

गन्धर्व = मृत्यु के बाद तथा पुनर्जन्म से पूर्व जीव की अवस्था।

गुणवाद = अन्य तर्कों का विरोध करने वाले प्रबल बचन।

गुणसंख्यान = योगसहित सांख्यदर्शन की संज्ञा।

चतुर्भद्र = चारों पुरुषार्थों को एकसाथ सिद्ध करने का उपाय।

तत्त्वसंख्यान = सांख्यदर्शन का विशेषण।

निगमनसूत्र = अनुमान के वाक्यों का उपसंहार करने वाला अंतिम वाक्य।

नियति = काश्मीरीय शैव(त्रिक) दर्शन के अनुसार माया की पांच उपाधियों में से एक, जिसके कारण जीव की स्वातंत्र्यशक्ति नियंत्रित होती है और वह नियमित कार्यों में प्रवृत्त होता है।

न्यायपथ = मीमांसा शास्त्र की अपरसंज्ञा।

परिणामवाद = सांख्यदर्शन का सिद्धान्त। अपरसंज्ञा – विकासवाद।

परिसंख्या = (१) मीमांसा शास्त्र के अनुसार शब्दार्थ की वह सीमा, जिसमे विहित वस्तुओं से भिन्न सभी वस्तुओं का निषेध होता है। पंच पंचनखाः भक्ष्याः यह परिसंख्या का उदाहरण सर्वत्र प्रसिद्ध है। (२) इसी तत्त्व पर आधारित एक अर्थालंकार की संज्ञा।

पशुमत = मिथ्यासिद्धान्त। अपसिद्धान्त।

पांचरात्र = जीव, परमात्मा, सांख्य, योग, और वेदारण्यक (अर्थात् महावाक्य का बोध) – इन पांच अंगों का परस्पर संबंध दिखाने वाला मत।

पुरुषसत्व (या पुरुष प्रकृति) = भूमि, प्रकृति, अग्नि०, वायु०, आकाश०, सुर०, मनुष्य०, राक्षस०, पिशाच०, तिर्यक्०.

पृथगधर्मी = द्वैत सिद्धान्त को मानने वाला

प्रच्छन्न बौद्ध = वेदान्त की परिभाषा में बौद्धमत का प्रतिपादन करने वाला। (शंकराचार्य के प्रति अविश्वास व्यक्त करने वाला हेतुप्रयुक्त विशेषण।

प्रतिज्ञासंन्यास = विवाद में मूल प्रस्ताव का त्याग करना। (अपरसंज्ञा = प्रतिज्ञाहानि)

प्रतितन्त्रसिद्धान्त = एक ही पक्ष द्वारा माना गया सिद्धान्त।

प्रतिसंवित् = बौद्ध न्याय में प्रमेय का पृथक्करण धर्म, अर्थ, निरुक्ति और प्रतिभान – इन चार विभागों में होता है। वज्रयानी बौद्धों ने इन चारों तत्त्वों की मूर्तियाँ मानी है। उन मूर्तियों को धर्म – प्रतिसंवित् इत्यादि संज्ञा होती है।

प्रत्यवेक्षणा = बौद्ध मतानुसार पांच प्रकार के ज्ञानों में से एक।

प्रत्याम्नाय = नैयायिकों की अनुमान प्रक्रिया का पाँचवां अंग अर्थात् निगमन। (प्रतिज्ञावचन की पुनरुक्ति)

बर्हिन्याय = गौण अर्थ की अपेक्षा प्राथमिक वाच्य अर्थ को प्रधानता देने का मीमांसा शास्त्र का नियम।

ब्रह्मभूयम् = परब्रह्म से सायुज्यता (एकरूपता)।

ब्रह्मरन्ध्र = मस्तक के ऊर्ध्व भाग में स्थित एक ऐसा स्थान जहां से योगी प्राणोत्क्रमण करता है।

ब्रह्माक्षर = प्रणव या ओंकार की अपर संज्ञा।

योगतंत्र = बौद्धों के वज्रयान के चार तंत्रों में से एक। (अन्य तंत्र हैं क्रिया चर्या और अनुत्तरण।

योनिसंकट = पुनर्जन्म।

वज्रमुख = एक प्रकार की समाधि।

विज्ञानवाद = बौद्ध दर्शन का एक सिद्धान्त।

विज्ञानस्कंद = बौद्ध दर्शन के पांच स्कन्धों में से एक।

विवर्तवाद = वेदान्त शास्त्र का एक सिद्धान्त। इसके अनुसार यह दृश्य संसार समुद्र की तरंगों के समान मिथ्या विकार मात्र है। सत्य है समुद्र के समान शाश्वत परब्रह्म।

विशेषक = तीन श्लोकों का समूह जो एक ही आशय का कथन पूर्णतया करता है।

वेदारण्यक = तत्त्वमसि आदि महावाक्यों द्वारा प्राप्त होने वाला ज्ञान।

शृंगग्राहिका = शास्त्रार्थ में एक पक्ष लेना।

सत्य = (१) भूत, वर्तमान और भविष्य तीनों कालों में अबाधित एवं अविकृत रहने वाला शाश्वत तत्त्व। (२) एक सार्वभौम महाव्रत जो सभी धर्मों में माना जाता है।

सन्देह (दो प्रकार) = (१) शुद्ध संदेह - लक्ष्यसिद्धि के प्रयत्न में फलोत्पत्ति के विषय में उत्पन्न। (२) संकीर्णसन्देह = फलोत्पत्ति की निश्चिति होने पर सुपरिणाम या कुपरिणाम के विषय में सन्देह।

समवाय = (१) वैशेषिक दर्शन के सात पदार्थों में से एक। (२) गुण और गुणी या अंग और अंगी का अन्योन्त्र संबंध। यह संबंध अविच्छेद्य होता है।

सव्यभिचार = तर्कशास्त्र में कथित पांच प्रकार के हेत्वाभासों में एक।

संयोगविधि = जीव और ईश्वर का संयोग या एकता कहने वाला वेदान्त का वचन।

सार्ष्टिता = चार मुक्तियों में से अंतिम मुक्ति। सायुज्यता।

स्थूल प्रपंच = भौतिक सृष्टि। दृश्य जगत्।

स्वभाव (या स्वाभाविक वाद) = एक बौद्ध मत। यह स्वभाव या प्राकृतिक नियम को मानता है।

स्फोट = (१) मीमांसक मतानुसार नित्य शब्द की संज्ञा। (२) वैयाकरण मतानुसार शब्द सुनने पर मन में उत्पन्न होने वाला भावपूर्ण अर्थ या व्यंग्य अर्थ।

हिरण्यगर्भ = सुषुम्णा नाडी में स्थित अक्षरतत्त्व अर्थात् ओंकार (एकाक्षरोपनिषद्)।

★★★

वर्ग - २

व्याकरण शास्त्र की परिभाषा

अ (नञ्) = इस के छह अर्थ – सादृश्य, (उदा. अ-पटः), अल्पता (उदा. अनुदरा कन्या), अप्राशस्त्य = या अयोग्यता (उदा. अकाल), विरोध (उदा. अनीति) तत्सादृश्यमभावश्च .तदन्यत्वं तदल्पता।

अप्राशस्त्यं विरोधश्च नञर्थाः षट् प्रकीर्तिताः।।)

अकर्मक (धातु) = जिस की क्रिया या फल, उसके कर्ता में ही होता है ऐसी धातु, जैसे 'वृक्षात् फलं पतति।' इस वाक्य में पतन क्रिया का फल उसके कर्ता (फल) में ही है।
(व्यापार – समानधिकरण फलवाचकः धातुः) (लघुमंजूषा। नागेश भट्ट)

अंग = जो प्रत्यय जिससे किया जाय, उस प्रत्यय के परे रहते तदादि (प्रत्यय से पूर्व) शब्दरूप की संज्ञा। अंगस्थ (६-४-१) सूत्र से सप्तमाध्याय के अन्त तक 'अंगाधिकार' कहा जाता है। इस अधिकार के अन्तर्गत सूत्रों को 'अंगाधिकारीय' कहते हैं।

अंगाधिकार = अष्टाध्यायी के सातवें अध्याय की संज्ञा। इसमें सुबन्त और तिडन्त का प्रतिपादन हुआ है। इसमें प्रत्यय के कारण मूलशब्द में तथा शब्द के कारण प्रत्यय में होने वाले परिवर्तन का विवरण है।

अच्सन्धि = दो स्वरों का समागम होने के कारण होने वाला आत्यंतिक सान्निध्य। प्रकार – दीर्घविधि, गुणविधि, वृद्धि, यण्विधि, पूर्वरूप एकादेश, पररूप एकादेश और प्रकृतिभाव।

अतद्गुणसंविज्ञान बहुव्रीहि = व्याकरण शास्त्र में बहुव्रीहि समास के भेद **(१) समानाधिकरण** = (उदा. आरूढवानरो वृक्षः); **(२) व्यधिकरण** = (उदा. चक्रपाणिः। **(३) तद्गुणसंविज्ञान** = (उदा. लंबकर्णः)। **(४) अतद्गुणसंविज्ञानः** = (उदा. चित्रगुः' दृष्टसागरः।) इस प्रकार प्रधानतया बताए हैं। प्रस्तुत चतुर्थ प्रकार में समास के घटक शब्दों के पृथक् अर्थ का सामासिक अर्थ से साक्षात् संबंध नहीं होता, वह उपलक्षणता से माना जाता है।

अतिदेश = सादृश्य के कारण अन्यत्र लागू होने वाली व्याकरण की प्रक्रिया, अर्थात् अन्यतुल्यत्व का विधान।

अतिदेशशास्त्र = स्थानी वर्ण निवृत्त होकर आदेश आता है तब उस अन्यरूप आदेश में स्थानी वर्ण के धर्मों का आरोप करने वाला शास्त्र। स्थानिवदादेशोऽनल्विधौ'' (१-१-५) यह सूत्र अतिदेशशास्त्र कहा जाता है।

अतिदेशसूत्र = व्यवहार तथा शास्त्र आदि में लागू होने वाले सामान्य नियम बताने वाला सूत्र। उदा. आद्यन्तवेदकस्मिन्' (१-१-२१) यह अतिदेश सूत्र है। अतिदेश के अपवाद नहीं होते, जब कि उत्सर्ग के अपवाद होते हैं।

अतिस्पर्श = व्याकरण के अनुसार स्पर्श = क से म तक २५ व्यंजन स्पर्श कहलाते हैं, उनके अतिरिक्त स्वर या अर्धस्वर।

अदर्शन = पाणिनीय व्याकरण में प्राप्त स्वर, व्यंजन आदि का लोप। 'अदर्शनं लोपः'' (१-१-६०)।

अधिकरण = कर्ता और कर्म के द्वारा क्रिया के आधार की संज्ञा। वाक्य में सप्तमी विभक्ति में अधिकरण संज्ञक शब्दों का प्रयोग होता है। आधार के तीन प्रकार (१) औपश्लेषिक (उदा. कटे आस्ते, स्थाल्यां पचति। (२) वैषयिक (उदा. मोक्षे इच्छा अस्ति)। (३) अभिव्यापक (उदा. सर्वस्मिन् आत्मा अस्ति)। इन तीनों प्रकार के आधार की अधिकरण संज्ञा होती है। व्याकरणदृष्ट्या लिंग, वचन, कारक और पुरुष की समानता। कारकचिन्हों का इतर शब्दों से संबंध।

अधिकार = एक स्थान पर लिखित सूत्र का आगे आने वाले सूत्रों में संचार। उदा. कारके। प्रत्ययः इत्यादि सूत्रों का संचार आगे के सूत्रों में अर्थपूर्ति के निमित्त होता है। यह अधिकार तीन प्रकार से चलता है। (१) सिंहावलोकित (२) मण्डूकप्लुति और गंगाप्रवाहवत्।

अधिकारसूत्र = पाणिनि के कुछ सूत्र ऐसे हैं कि जिनमें लक्ष्य (शब्द) में कोई संस्कार करने की सूचना नहीं होती, किन्तु इनकी विधिसूत्रों से एकवाक्यता मात्र होती है। (इस एकवाक्यता के कारण विधिसूत्रों के अनुसार लक्ष्य में संस्कार होते हैं।

अनद्यतन काल = अद्यतन आज अर्थात् चालू दिन से संबंध न रखने वाला भूतकाल। व्याकरण शास्त्र के अनुसार इस काल का निर्देश लङ् और लुट् लकार के प्रत्ययों से होता है।

अद्यतन = आगामिनी रात्रि के पूर्वार्ध तक का समय।

अनियतयोगा षष्ठी = देखिए षष्ठ्यर्थ।

अनुतंत्र = सूत्रों द्वारा प्रतिपादित व्याकरण आदि शास्त्र का सविस्तर प्रतिपादन करनेवाला (प्रायः) पद्यात्मक ग्रंथ। उदा. पाणिनीय सूत्रों पर कात्यायन के वार्तिक ये सूत्र शैली में है किन्तु काव्यप्रकाश में प्रतिपादित साहित्यशास्त्र पद्यात्मक वार्तिकों में प्रतिपादित है।

अनुदेश = पूर्व नियम की ओर संकेत करने वाले व्याकरण (तथा अन्य) शास्त्र का निर्देश। (यथासंख्यम् अनुदेशः समानाम्। (अष्टाध्यायी -१-३-१०)

अनुनासिक = मुखसहित नासिका से उच्चारित स्वरों तथा ङ्, ञ्, ण्, न्, म्, इन व्यंजनों की संज्ञा।
(अनुस्वार का स्थान केवल नासिका होने से उसे अनुनासिक संज्ञा नहीं होती)

अनुबंध = व्याकरण शास्त्र में प्रयुक्त शब्दों से जुड़ा हुआ विशिष्ट सांकेतिक अक्षर, जो उस शब्द की कुछ विशेषता की ओर संकेत करता है। उदा. 'डुकृञ् करणे' इसमें डु और ञ्

अनुबंध हैं। शब्द के प्रकृति, प्रत्यय, आगम और आदेश नामक घटकावयवों में विकरण, गुण, वृद्धि, आदि विशेष कार्य की सूचना देने के निमित्त इन वर्णों की योजना व्याकरण शास्त्रकार द्वारा की जाती है। उन्हें इत् संज्ञा होकर उनका लोप होने के कारण साधित शब्दों में उनका अस्तित्व प्रतीत नहीं होता। अर्थात ये नश्वर से हैं।

अनुवृत्ति = पाणिनीय सूत्रों में समग्र अर्थ के पूर्ति के लिए कुछ शब्दों की आवश्यकता होती है। जहां ऐसी आवश्यकता होती है वहां पूर्ववर्ती निकटस्थ सूत्रों के अन्तर्गत यथोचित शब्दों का ग्रहण करने की पद्धति है। इसीको अनुवृत्ति कहते हैं। उदा. तपरस्तत्कालस्य (१-१-७०) इस सूत्र की अर्थपूर्ति; अनुदित्, सवर्णस्य (१-१-६९) सूत्र से 'सवर्णस्य' शब्द का तथा स्वं रूपं शब्दस्याशब्दसंज्ञा (१-१-६८) सूत्र से 'स्वं रूपं' शब्दों की अनुवृत्ति से की जाती हैं। अनुवृत्ति की योजना पाणिनीय व्याकरण के लाघव में सहायक हुई है। संस्कृत के संपूर्ण सूत्रवाङ्मय में 'अनुवृति' की पद्धति का अवलंब हुआ है। 'इको यण् अचि' इस पाणिनिसूत्र के 'अचि' (स्वरे परतः होने पर) शब्द का सुदूरस्थित "आद्‌गुणः" इस सूत्र में आकांक्षापूर्ति के निमित्त अनुसंधान किया जाता है। सूत्रों में जिस शब्द के अभाव की प्रतीति होती है' उस शब्द का ग्रहण पूर्ववर्ती सूत्र से सर्वत्र करना चाहिये। सूत्रेषु अदृष्टं पदं सूत्रान्तरात् अनुवर्तनीयं सर्वत्र, इस आदेश के कारण पाणिनीय व्याकरण में अनेक सूत्रों में 'अनुवृत्ति' होती है। (तीन प्रकार (१) सिंहावलोकितवत् (२) मण्डूकप्लुतिवत् (३) गंगास्रोतोवत्। (दिनकरी ४-१८८)

अनुस्वार = नासिक्य ध्वनि, जो पूर्ववर्ती स्वर से संबद्ध और परवर्ती स्पर्श वर्ण (क से म तक के व्यंजन) के वर्ग की अनुनासिक ध्वनि के समान उच्चारित होता है। लेखन में वर्ण के उपर एक बिंदु लगाकर यह व्यक्त किया जाता है। उदा. शंख।

अन्तरङ्गविधि = जिस रूपसिद्धि की विधि में कम हेतु होते है अर्थात् कम सूत्रों की आवश्यकता होती है, उसे अन्तरंग विधि कहा जाता है। इसके अतिरिक्त अनेक सूत्रों की अपेक्षा होने पर उसे बहिरंग विधि कहा जाता है। अन्तरंग की अपेक्षा बहिरंग असिद्ध अविद्यमान माना जाता है। (असिद्धं बहिरंगम् अन्तरङ्गे (परिभाषा)।

अन्तःस्थ = अर्धस्वर स्वरूप य, व, र, ल की संज्ञा।

अन्यतरस्याम् = विकल्पवाचक एक संज्ञा।

अन्यलिंगक (शब्द) = दूसरे संबंधित शब्द के लिंग से प्रयुक्त होने वाला विशेषण वाक्य में अन्य लिंगक होता है।

अन्वय = पद्यात्मक वाक्य में शब्दों का यथोचित अनुक्रम ।

अन्वर्थसंज्ञा = ऐसा शब्द जिसकी व्युत्पत्ति के द्वारा ही उसका पारिभाषिक अर्थ स्पष्ट होता हैं। उदा. अतिशयोक्ति, अर्थान्तरन्यास इत्यादि।

अन्ववसर्ग = (१) इच्छा के अनुसार व्यवहार करने की अनुज्ञा देना। (२) गात्रों की शिथिलता।

अन्वाचय = मुख्य कार्य के साथ गौणकार्य को जोड़ना। 'च' निपात का यह एक अर्थ है। उदा. भिक्षाम् अट, गां च आनय।

अन्वादेश = उक्त का पुनः उपादान। अर्थात् किसी के सम्बन्ध में पहले कही गई बात को अन्य वार्ता के प्रसंग में फिर कहना। आदेश वाक्य के विषय में पुनः कुछ कहना। अन्वादेश में इदम्, एतद् आदि सर्वनाम के विशिष्ट प्रयोग होते हैं। जैसे (अनेन व्याकरणम् अधीतम् **एनं** छन्दोऽध्यापय" इ. यहां इमं प्रयोग न होते, **एनं** प्रयोग अन्वादेश के कारण हुआ है।

अपभ्रंश = गडंरियों आदि के द्वारा प्रयुक्त संस्कृत भाषा से परिवर्तित बोली। शास्त्रीय व्यवहार में इस प्रकार की भाषाओं का उपयोग नहीं होता था।

अपवाद =उत्सर्ग = सामान्य नियम, को बाधित करनेवाला विशेष नियम।

अपवाद = "निरवकाशो विधिः अपवादः" अर्थात् जिस विशिष्ट विधि को अन्यत्र स्थान न मिलने के कारण व्यर्थता आने की संभावना होती है, ऐसी विधि की संज्ञा। उदा. रामैः रूप की सिद्धि में 'भिस्' प्रत्यय का 'अतोभिस् ऐस्' तथा 'बहुवचने झ ल्येत्" इन दो प्राप्त सूत्रों में से बहुवचने सूत्र "विप्रतिषेधे परं कार्यम्" न्याय के अनुसार बलवत्तर होने से प्राप्त हो कर 'रामे' इस विपरीत रूप की सिद्धि होना संभव था। किन्तु 'अतो भिस् ऐस्' अपवाद होने के कारण उसी को बलवत्तर मान कर 'रामैः' रूप की सिद्धि होती है। 'अतो भिस् ऐस्' सूत्र को इस स्थान के अतिरिक्त प्रवेश ही न होने के कारण वह अपवाद है। उत्सर्ग (सामान्य नियम) से अपवाद बलवत्तर होता है।

अपशब्द = शक्तिवैकल्य, प्रमाद, आलस्य, आदि कारणों से अशुद्धतासे उच्चारित शब्द। उदा. गौ के गावि, गोणी, गोता इत्यादि अपशब्द हैं।

अपादान = दो वस्तुओं के अलग होने पर (अपाय) जो वस्तु ध्रुव अर्थात् अपने स्थान पर स्थिर रहती है, उस कारक की संज्ञा। उदा. ग्रामात् आयाति। यहां ग्राम ध्रुव होने से 'अपादान' है। भी, त्रै, पराजि, जनू, भू, आदि धातुओं के प्रयोग में विशिष्ट शब्दों को यह संज्ञा होती है। वृक्षात् पत्रं पतति" इस वाक्य में पतन की क्रिया करने वाले पत्र का आश्रयस्थान व्याकरण में अपादान कहा जाता है। ३ प्रकार – (१) 'अश्वात् पतति' यह **निर्दिष्ट विषय** का उदाहरण है। यहां क्रियावाचक से विभाजनक्रिया साक्षात् निर्दिष्ट है। (२) **उपात्तविषयम्** उदा. मेघात् विद्योतते विद्युत् - यहां निसृत्य पद का ग्रहण करना पड़ता है। (३) **अपेक्षितक्रियम्।** उदा. कुतो भवान्? इस प्रश्न के उत्तर में कहा गया 'पाटलीपुत्रात्' शब्द। इसको आगतः इस क्रियावाचक की अपेक्षा होती है।

अपृक्त = वर्णात्मक प्रत्यय की संज्ञा। उदा. सखिन् + स् इस स्थिति में 'स' प्रत्यय अपृक्त संज्ञक है।

अप्रत्यय = नित्य लुप्त होने वाला प्रत्यय। उदा. क्विप्, क्विन्, आदि। इसीको अविद्यमान प्रत्यय भी कहते हैं। 'अविद्यमानः' प्रत्ययः यस्मात् इस विग्रह के अनुसार लुप्त प्रत्यायन्त शब्दों को भी 'अप्रत्यय' कहते हैं।

अभाषितपुंस्क = नित्य स्त्री लिङ्गवाची शब्दों की संज्ञा। (न भाषितः पुमान् येन)

अभिनिष्टान = वर्णमाला का अक्षर।

अभिविधि = आरंभ की सीमा, जिस का निर्देश 'आङ्' (आ) से होता है। उदा. आबाल्यात्; आ जन्मनः इ.। (आ शब्द से अंतिम मर्यादा भी सूचित होती है। उदा. आमरणम्)

अभूततद्भाव = जो पहले विद्यमान न हो उसका होना या बनना। उदा. कृष्णीकृत, शुक्लीकृत इत्यादि शब्द।

अभ्यस्त = अष्टाध्यायी के छठे अध्याय में प्रथम पाद के पहले १२ सूत्र द्वित्व विधायक हैं। तद्नुसार विहित दोनों रूपों की 'अभ्यस्त' संज्ञा होती है। (२) जक्षि, जागृ, दारिद्रा, शास्, दीधीङ्, वेवीङ्, और चकास इन सात धातुओं की भी 'अभस्त' संज्ञा होती हैं।

अभ्यास = द्वित्व हुए अक्षर या शब्द का प्रथम अंश। उदा. लिख लिख, पठ पठ, इत्यादि।

अम्बार्थ = अम्बा (माता) अर्थ के शब्द – अम्बा, अक्का, अल्ला, अम्बाडा, अम्बाला, अम्बिका।

अयोगवाह = अनुस्वार की अपरसंज्ञा।

अयौगिक = व्याकरण के नियमानुसार जिसकी व्युत्पत्ति नहीं होती ऐसा शब्द।

अर्धविसर्जनीय = क, ख, तथा प, फ के पूर्व विसर्ग की ध्वनि। (क ख के पूर्व विसर्ग ध्वनि को जिह्वामूलीय और प फ के पूर्व को उपध्मानीय कहते हैं।

अर्धस्वर = लघुस्वर से आधी मात्रा से उच्चारित स्वर।

अलुक् समास = प्रायः समास तभी होता है जब दो शब्दों में से प्रथम शब्द की विभक्ति का लोप होता है। किन्तु संस्कृत भाषा में युधिष्ठिर, कण्ठेकाल, पङ्केरुह, सरसिज जैसे अनेक सामासिक शब्द प्रचलित हैं जिनमें प्रथम पद की विभक्ति का लोप नहीं होता। ऐसे समासों की संज्ञा है अलुक् समास। (लुक् = लोप न होना इसकी विशेषता है।)

अल्पप्राण = कादि पाच वर्गों के प्रथम, तृतीय पंचम वर्ण, उनके यम (देखिये) और य, र, ल, व, (अन्तःस्थ) वर्णों की बाह्यप्रयत्नमूलक संज्ञा।

अवग्रह = (१) सन्धि या समास के पद से, घटक शब्दों को अलग अलग करना। (२) एक चिह्न (ऽ) जो प्रायः ए और ओ से परे 'अ' की पूर्वरूप संधि होने के कारण लोप को सूचित करने के लिये लिखा जाता है। (२) किसी कारण स्वर-व्यंजन की संधि न होना।

अवसान = उच्चार्यमाण शब्द का अन्तिम वर्ण, जहां शब्द की विश्रान्ति या समाप्ति होती है।

अव्यय = जिसमें लिंग, वचन, विभक्ति इत्यादि प्रकार के विकार नहीं होते ऐसे शब्द। उदा. समया, निकषा, विना, अन्तरा, उपरे, नीचैः उच्चैः इत्यादि।

सदृशं त्रिषु लिङ्गेषु सर्वासु च विभक्तिषु।
वचनेषु च सर्वेषु यन्न व्येति तदव्ययम्।।

अव्ययीभाव = समास का एक प्रकार। जो शब्द समास होने के पूर्व अव्यय नहीं होते किन्तु समासरूप में अव्यय होते हैं, ऐसे सामासिक शब्दों की संज्ञा। इसमें पूर्वपद प्रधान होता है। उदा. यथाशक्ति उपकृष्णम् इ.। संस्कृत भाषा के, द्वन्द्व, तत्पुरुष, बहुव्रीहि और अव्ययीभाव इन चार मुख्य समासों में से यह एक है। अव्यय, क्रियाविशेषण तथा संज्ञा के संयोग से यह समास होता है। इस समास में शब्द मूलतः अव्यय न होते हुए भी अव्यय रूप होते है। उदा. उन्मत्तगंगम्, अर्धपिप्पलि, इत्यादि। अव्ययीभाव समास-विभक्ति, समीप, समृद्धि आदि १६ अर्थों में वर्तमान-अव्यय संज्ञक शब्दों का समर्थ सुबन्त के साथ समागम होने से बनता है।

अव्युत्पन्न = (१) ऐसे शब्द जिनकी निरुक्त या व्याकरण के आधार पर कोई उपपत्ति नहीं होती। उदा. डित्थ, डवित्थ आदि यदृच्छाशब्द। (२) व्याकरण, मीमांसा, न्याय जैसे पद, वाक्य और प्रमाणों का विवेचन करने वाले शास्त्र न जानने वाला व्यक्ति। (ऐसे लोग शास्त्रार्थ के अनधिकारी माने जाते हैं।)

अष्टकः = पाणिनिकृत अष्टाध्यायी का अध्येता या ज्ञानी।

अष्टाध्यायी = पाणीनिकृत आठ अध्यायों का सूत्रमय ग्रंथ। इस विशिष्ट अर्थ में इस शब्द का प्रयोग होता है। आठ अध्याय वाले अन्य ग्रन्थों को यह संज्ञा प्राप्त नहीं होती। इसके प्रत्येक अध्याय में चार पाद और पादों के अन्तर्गत विषयानुसार सूत्रों का ग्रथन हुआ है। इसी को **'शब्दानु शासन'** कहते हैं। व्याकरणशास्त्र की परिभाषा तथा संज्ञाओं का संकलन अष्टाध्यायी के प्रथम अध्याय में मुख्यतः हुआ है।

अष्टाध्यायी के परिशिष्ट = धातुपाठ, गणपाठ, उणादिसूत्र, लिंगानुशासन, तथा शिक्षासूत्र इन की रचनाएं पाणिनिकृत मानी जाती हैं। और ये सभी पाणिनीय व्याकरण के अध्ययन अध्यापन में अष्टाध्यायी के पूरक या परिशिष्ट माने जाते हैं। इन्ही के कारण अष्टाध्यायी में लाघव गुण उत्पन्न हो सका हैं।

असिद्ध = प्रवृत्त न होना अथवा निष्पन्न न होना। व्याकरण शास्त्र में सपाद-सप्ताध्यायी की अपेक्षा त्रिपादी 'असिद्ध' हैं अर्थात् शास्त्रतः वहां के सूत्र शब्दसिद्धि में प्रवृत्त नहीं होते। इसी को **शास्त्रासिद्ध'** कहते हैं। असिद्ध का दूसरा प्रकार है **'कार्यासिद्ध'**।

आकांक्षा = गौः, अश्वः, पुरुष, हस्ती, आदि शब्दसमूहों से कोई अन्वयबोध नहीं होता क्यों कि यहा आकांक्षा का अभाव है। घटम् आनय – इस वाक्य में क्रियापद और कारकपद में आकांक्षा होने से अन्वयबोध होता है। दो प्रकार – उत्थाप्याकांक्षा और उत्थिताकांक्षा।

आकृतिगण = पाणिनीय गणपाठों में कुछ गणों का उल्लेख इस शब्द से किया जाता है। गणपाठ में पठित शब्दों के अतिरिक्त जहां तत्सम अन्य शब्दों का भी परिगणन हो सकता है ऐसे गणों की यह संज्ञा है। उदा. कस्कादि शकन्ध्वादि -प्रभृति गण को आकृतिगण कहते हैं। ऐसे गण में लोकप्रयोग को ध्यान में लेकर अन्य शब्द प्रविष्ट हो सकते हैं।

आख्यात = (१)तिङ् प्रत्यय; अर्थात् क्रियावाचक शब्दों को लगने वाले तिप्, तस्, झि, इत्यादि अठारह प्रत्यय। (२) तिङन्त पद (उदा. गच्छति, जहाति आदि क्रियापद)। शब्द के चार प्रकारों में से एक। – नाम, आख्यात, उपसर्ग और निपात

आगम = व्याकरणशास्त्रोक्त प्रत्यय तथा आदेश से भिन्न वर्णसमुच्चय। उदा. अट्, इट्, कुक्, टुक् इत्यादि।

आत्मनेपद = तङ् प्रत्याहार के अन्तर्गत (त से महिङ् तक) प्रत्ययों तथा शानच् और कानच् प्रत्ययों की संज्ञा। धातु की क्रिया का फल जहां कर्ता से संबंधित होता है। उदा. यजन्ते याजका। किन्तु 'यजन्ति याजकाः 'इस वाक्य में यजन क्रिया का फल कर्तृनिष्ठ नहीं होता, अतः परस्मैपदी प्रयोग हुआ है।

आदेश = व्याकरण के अनुसार मूल धातु या प्रत्यय के स्थान पर आने वाला अन्य शब्द। उदा. गम-गच्छ्, दा-यच्छ्। (पच् + क्त (व) पक्व।

आनुमानिक परिभाषा = किसी सूत्र के द्वारा ज्ञापित परिभाषा। उदा. 'असिद्धं बहिरंगम् अन्तरङ्गे' यह प्ररिभाषा 'वाह ऊठ' (६-४-१३२) सूत्र से ज्ञापित होने के कारण आनुमानिक है। ऐसी परिभाषाओं को गौण माना जाता है।

आप् = स्त्री प्रत्यय 'आ' का द्योतक शब्द। तीन प्रकार टाप्, डाप्, चाप्।

आभ्यन्तर प्रयत्न = वर्णों के उच्चारणस्थानों में आवश्यक क्रिया। पांच प्रकार (१) **स्पृष्ट प्रयत्न** (स्पर्श वर्णों के उच्चारण में आवश्यक) (२) **ईषत् स्पृष्ट** (यण् प्रत्याहारस्थ (अन्तस्थ) वर्णों के उच्चारण में आवश्यक) (३) **विवृत** (स्वरों के उच्चारण में आवश्यक) (४) **ईषद् विवृत** शल् प्रत्याहारस्थ (ऊष्मन्) वर्णों के तथा अकार की प्रक्रिया दशा में उच्चारण में आवश्यक। (५) **संवृत** ऱ्हस्व अकार के उच्चारण में आवश्यक।

आमन्त्रण = जिस आदेश का पालन या निषेध ऐच्छिक होता है। उदा. पुत्रोत्सवे भवान् भुंजीत।

आमन्त्रित = सम्बोधन में प्रथमान्त शब्दरूप की संज्ञा।

आम्रेडित = किसी शब्द का दो बार उच्चारण होता है तब 'दूसरी' बार उच्चारित वर्ण को आम्रेडित कहते हैं।

आर्धधातुक = 'तिङ्' प्रत्यय तथा शित् प्रत्यय (अर्थात् सार्वधातुक प्रत्यय) के अतिरिक्त धातुको लगने वाले सभी प्रत्ययों की संज्ञा।

आर्ष (शब्द) प्रयोग = ऋषि द्वारा प्रयुक्त शब्द जो पाणिनीय व्याकरण की दृष्टि से असाधु होते हुए भी साधु माना जाता है।

आवंती भाषा = शौरसनी और महाराष्ट्री प्राकृत भाषाओं के संकर से उत्पन्न एक प्राचीन प्रादेशिक भाषा

आश्रयलिंग = अपने विशेष्य के अनुसार लिंग रखने वाला शब्द अर्थात् विशेषण। यह विशेषण का एक लक्षण ही है।

इतरेतर = द्वन्द्व समास का एक प्रकार जहां प्रत्येक अंग प्रथम रूप से देखा जाता है। उदा. धवखदिरौ।

इति = स्वरूपार्थद्योतक अव्यय। स्वरूपार्थद्योतकता के दो प्रकार = (१) शब्दस्वरूप-द्योतकता। उदा. कृष्णेति मंगलं नाम। (२) प्रतिपदिकार्थ- द्योतकता। उदा. शरीरमिति ,पुमान् इति, नारद इति। (यहां प्रथमा विभक्ति का प्रयोग है)।

इत्संज्ञा = माहेश्वर सूत्रों में कथित अन्तिम व्यंजनों की यह संज्ञा होती है। सर्वत्र इत् संज्ञकों का लोप (अर्थात् अदर्शन या अश्रवण) माना जाता है। इत् संज्ञकों का अन्तर्भाव प्रत्याहारों में नहीं होता। सूत्रस्थ सानुनासिक अच् (स्वर) को भी इत् संज्ञा होती है। (उपदेशेऽजनुनासिक इत् १-३२)

ईषद्विवृत् = ऊष्मन् (श, ष, स, और ह) वर्णों के उच्चारण में आवश्यक एक आभ्यन्तर प्रयत्न।

ईषत्स्पृष्ट (अन्तःस्थ) = य, व, र, ल इन चार वर्णों के उच्चारण में आवश्यक पांच में से एक आभ्यन्तर प्रयत्न।

उत्तरपद = समासिक का शब्द का अन्तिम भाग। इसीके प्रथम भाग को 'पूर्वपद' कहते हैं।

उत्तरपदद्विगु (समास) = पंच गावो धनम् अस्य इति पंचगव- धनः पुरुषः इस उदाहरण में 'पंचगो (धनः)' समास न होते हुए 'पंचगव' समास ब्रहुव्रीहि के अन्तर्गत हुआ है।

उत्तरपदलोपी बहुव्रीहि = जिस समास में उत्तरपद का लोप होता है। विग्रहवाक्य में उस लुप्त शब्द का निर्देश होता है। उदा. ''तपरस्तत्कालस्य' (१-१-७७) इस पाणिनिसूत्र में 'तत्कालस्य' का विग्रह, तत्कालः इव, कालः यस्य सः' इस प्रकार मान उच्चार्यमाण काल (ऱ्हस्वदीर्घ आदि) के समान कालवाला स्वर।

उदात्त = कण्ठ, तालु आदि उच्चारणस्थानों के उपरि स्थान से उच्चारित स्वर का वैशिष्ट्य। अधोभाग से उच्चारित स्वर **'अनुदात्त'**होता है।

उदात्त = प्रत्येक वैदिक पद में एक स्वर उदात्त और अन्य सारे अनुदात्त होते हैं। ऋग्वेद में उदात्त स्वर का कोई चिह्न नहीं होता। अनुदात्त स्वर नीचे दी गई रेखा से सूचित किया जाता है। ऋग्वेद में स्वरित वर्ण के ऊपर एक खड़ी रेखा से सूचित किया जाता है। (उदात्त, अनुदात्त और स्वरित्, ११ बाह्य प्रयत्नों में से तीन के नाम हैं।)

उपदेश = पाणिनि आदि तीन आचार्यों का व्याकरण विषयक प्रथम उच्चारण। इसमें व्याकरण शास्त्र के विशिष्ट सांकेतिक शब्दों का महत्त्व होता है। सूत्रपाठ तथा **''खिलपाठ''** –(धातुपाठ, गणपाठ, उणादिसूत्र लिंगानुशासन, आगम, प्रत्यय, और आदेश) को 'उपदेश' माना जाता है।

उपध्मानीय = प, फ, के पूर्व विसर्ग के अर्धविसर्गवत् उच्चारण की संज्ञा।

उपपद = धातु के अधिकार में, सप्तमी विभक्ति से निर्दिष्ट पद की संज्ञा। उदा. कर्मणि अण्'' (३-२-१) सूत्र में कर्मणि पद सप्तमी विभक्तिं में है; अतः कर्मसंज्ञक शब्द की उपपद संज्ञा होती है। 'कुम्भकार' शब्द में कुम्भ की कर्म संज्ञा होने से वह उपपद संज्ञक होता है। उपपद का समर्थ सुबन्त से नित्य समास होता है और उसे 'उपपद तत्पुरुष समास' कहते हैं।

उपपदविभक्ति = जब किसी शब्द का क्रिया के साथ साक्षात् सम्बन्ध नहीं होता, तथा वाक्य में उसका अन्वय बताने के लिये किसी अन्य पद का प्रयोग करने पर जिस विभक्ति का प्रयोग होता है उसकी संज्ञा। उदा. देवाय नमः। अक्ष्णा काणः इत्यादि।

उपपद समास = कुम्भकार, क्षीरपायी, ब्रह्मभूयम्, असूर्यंपश्या इत्यादि इसके उदाहरणों में कृदन्त शब्द समास के उत्तरपद हैं। इसके प्रधानतः ६ प्रकार माने जाते हैं।

उपयोग = नियमपूर्वक अध्ययन करना।

उपसर्ग = प्र, परा, अप, सम्, अनु, अव, निस्, निर्, दुस्, दुर्, वि, आङ्, नि, अधि, अपि, अति, सु, उत्, अभि, प्रति, परि, उप, – इन २२ शब्दों को, क्रियापदों से संबंध आने पर, उपसर्ग (या गति) संज्ञा होती है। अन्यथा प्र से आरंभ होने के कारण 'प्रादि' कहते है। उपसर्गों के तीन प्रकार – (१) धातु के मूल अर्थ को बाधित करने वाला (२) धातु के अर्थ को ही व्यक्त करने वाले और (३) धातु के अर्थ में विशेषता लाने वाले। (धात्वर्थं बाधते क्वश्चित् कश्चित् तमनुवर्तते। तमेव विशिनष्ट्यन्यः उपसर्गगतिस्त्रिधा।।)

उपसर्ग = उपसर्ग या उपसर्गों के योग से धातु के मूल अर्थ में परिवर्तन होता है। उदा. प्रहार, आहार, संहार, विहार, परिहार, अपहार, अध्याहार, उपहार, उपाहार। उपसर्ग, गति, तथा निपात, संज्ञा वाले शब्द 'अव्यय' स्वरूप होते हैं। प्रादि उपसर्गों के अपने निजी अर्थ होते हैं। किन्तु उन अर्थों में उनका, भाषाव्यवहार में उपयोग नहीं होता। वे अर्थ के वाचक नहीं अपितु द्योतक होते हैं। वैदिक भाषा में उपसर्ग, शब्दों के बीच तथा बाद में भी लगते हैं। (छन्दसि परेऽपि व्यवहिताश्च।

उपसर्जन = समासविधायक सूत्र में जिस शब्द का प्रयोग प्रथमा विभक्ति में होता है उस शब्द के अर्थ के वाचक शब्द की संज्ञा। उदा. 'षष्ठी'सूत्र में षष्ठी शब्द प्रथमान्त है अतः समास में षष्ठ्यन्त शब्द की 'उपसर्जन' संज्ञा होती है। उपसर्जन - संज्ञक शब्द समास में प्रथम रहता है। (उपसर्जनं पूर्वम् (२-२-३०)

उपसर्जन = वह शब्द, जिसका मूल स्वतंत्र स्वरूप व्युत्पत्ति के कारण या रचना में प्रयुक्त होने के कारण बदलता है और वह दूसरे अर्थ का भी निर्धारण करता है। बहुव्रीहि समास में अन्य पदार्थ की प्रधानता के कारण यह स्थिति दिखाई देती है। उदा. कुरुचर, शब्द का स्त्रीलिङ्ग कुरुचरी' होता है किन्तु **'बहुकुरुचरा'** समास में कुरुचर शब्द के उपसर्जनत्व के कारण 'ङीप्' प्रत्यय नहीं लगता।

उपोत्तम = प्रत्यय के अन्त को उत्तम कहते हैं, अतः उत्तम के समीपवर्ती उपोत्तम होता है।

ऊष्मन् वर्ण = श, ष, स, ह की संज्ञा।

एकशेष = द्वन्द्व समास का एक प्रकार। इसमें समास के दो शब्दों में से एक ही अवशिष्ट रहता है और उसके द्विवचनी प्रयोग से तत्सबन्धी अन्य शब्द का भी ब्रोध होता है। पितामात्रा (अष्टाध्यायी १-२-७०), श्वशुरः श्वश्वा (१-२-७१); इत्यादि सूत्रों द्वारा पाणिनि ने इस समास का विधान किया है। उदा. पितरौ (माता च पिता च), श्वशुरौ (श्वश्रूःच श्वशुरश्च) इत्यादि.।

एकशेष = **द्वन्द्व** का अपवाद स्वरूप यह एक समास प्रकार माना जाता है। किन्तु द्वन्द्व समास का अंतिम स्वर उदात्त होने से और एकशेष वृत्ति में अंतिम स्वर उदात्त न होने से इसे द्वन्द्व का भेद नहीं माना जाता। परंतु एकशेष के विग्रह में द्वन्द्व के समान च का प्रयोग किया जाता है। इसमें समान रूप या समान अर्थ वाला केवल एक शब्द शेष रहता है और वह अन्य लुप्त शब्दों का भी अर्थ व्यक्त करता है। उदा. **गार्ग्यौ** (विग्रह- गार्ग्यश्च गार्ग्यायणश्च)। **गर्गाः** (विग्रह गार्गी च गार्ग्यायणौ च)। हंसौ (विग्रह - हंसीच हंसश्च) पितरौ (विग्रह- माता च पिता च)। इ.

एकादेश शास्त्र = दो वर्णों के स्थान पर एक वर्ण का विधान करने वाला सूत्र। उदा. 'ऋत उत्' (६-१-१११) सूत्र मातुःकृपा जैसे सन्धिकार्य में रेफ (उर् का अवयव र) को मानकर हुई है। यहां 'ऋत् उत् सूत्र रेफ की उत्पत्ति द्वारा आगे होने वाले विसर्ग में परम्परा से निमित्त होता है। इसी कारण यहां विसर्ग के स्थान में 'षत्व' नहीं होता।

औङ् = पाणिनीय पूर्व व्याकरण शास्त्र में औकार विभक्ति (औ तथा औट् प्रत्ययों) की संज्ञा।

करण = क्रिया की सिद्धि में कर्ता को जो सबसे अधिक सहायक या उपकारक होता है, उस पदार्थ की संज्ञा। करणसंज्ञकों की वाक्य में तृतीया विभक्ति होती है।

कर्ता = क्रिया की निष्पत्ति में कर्म, करण आदि सभी कारकों का योग होता है। तथापि क्रिया के द्वारा जिसका व्यापार (हलचल) प्रमुख रूप में व्यक्त होता है वह स्वतंत्र अर्थात् स्वतःप्रधान होता है। ऐसे स्वतंत्र कारक की संज्ञा।

कर्ता = (१) वाक्य में जिसके व्यापार का कथन क्रियावाचक शब्द से होता है अर्थात् क्रिया के अनुकूल व्यापार करने वाला। **तीन प्रकार** – (१) शुद्ध - (उदा. मया हरिःसेव्यते) (२) प्रयोजक हेतु (उदा. कार्यते हरिणा।) (३) कर्मकर्ता (उदा. गमयति कृष्णं गोकुलं गोपः)। **घातकर्ता** = (६ प्रकार) – अनुमन्ता, विशसिता, नियन्ता, क्रयविक्रयी, संस्कर्ता और उपकर्ता, (मनु.)। कर्तृत्व के दो प्रकार – (१) मुख्य

(उदा. चैत्रो गच्छति) (२) गौण (उदा. घटो नश्यति)।

कर्म = ''कर्तुरीप्सिततमं कर्म'' (१-४-९९ पाणीनिसूत्र) अर्थात् कर्ता क्रिया के द्वारा जिसे प्राप्त करने की अत्यंत इच्छा रखता है वही वाक्य में कर्म माना जाता है। उदा. देवदत्तः ग्रामं गच्छति, इस वाक्य में ग्राम। दो प्रकार – प्रधान और गौण (या अप्रधान) तण्डुलान् ओदनं पचति इत्यादि द्विकर्मक वाक्यों में तण्डुल गौण और ओदन प्रधान कर्म है।)

कर्म = (१) कर्ता अपनी क्रिया के द्वारा जिसे सर्वाधिक प्राप्त करने की इच्छा करता है उस 'कारक' की संज्ञा। (२) कर्ता का अनीप्सित (अनिच्छित) भी यदि क्रिया से संबंधित हो तो उसे भी कर्मसंज्ञा होती है। ऐसे कर्म को अनीप्सित (उदासीन और द्वेष्य) कर्म कहते हैं। उदा. **उदासीन कर्म** – ग्रामं गच्छन् तृणं स्पृशति। द्वेष्य कर्म ओदनं भुंजानो विषं भुंक्ते। (३) दुह्, याच् पच्, दण्ड्, इत्यादि १६ धातुओं के प्रधान कर्म से संबन्धित पदार्थ को **'अकथित'** (अपादान संप्रदान आदि विशिष्ट संबंध न कहने के कारण अकथित) कर्म कहते हैं। (४) गति, बुद्धि आदि धातुओं के संबंध में जो कर्ता होता है उसकी प्रेरणार्थ अवस्था (ण्यन्त प्रयोग) में कर्म संज्ञा होती है। (५) कहीं कही आधारवाचक की भी कर्म संज्ञा होती है।

कर्म = व्याकरण मतानुसार ७ प्रकार – (१) निर्वर्त्य (उदा. - घटं करोति) (२) विकार्य (उदा.- सोमं सुनोति); (३) प्राप्य (ग्रामं गच्छति) (४) उदासीन- (ग्रामं गच्छन् तृणं स्पृशति)। (५) द्वेष्य - (विषं भुक्ते। चोरान् पश्यति, (६) संज्ञान्तरैःअनाख्यातम् (गां दोग्धि); (७) अन्यपूर्वक (क्रूरम् अभिक्रुध्यति)।

(इनमें विकार्य कर्म के दोन प्रकार = (१) प्रकृत्युच्छेद मात्रा (उदा. काष्ठं भस्म करोति); (२) गुणान्तरोत्पत्तिमात्रम् – (उदा. सुवर्णकुण्डलं करोति);

कर्मधारय = विशेषण और विशेष्य वाचक शब्दों का समास। यह तत्पुरुष समास का एक प्रकार है। इसे 'प्रथमातत्पुरुष' कह सकते हैं।

कर्मधारय = ''तत्पुरुषः समानाधिकरणः कर्मधारयः (१-२-४२ पाणिनिसूत्र)। नीलोत्पलम् – इस समास में उत्पल (कमल) शब्द के अर्थ के साथ नील शब्द के अर्थ का तादात्म्य से संबंध है। इस प्रकार जहां दो शब्दों का संबंध होता है वहां प्रस्तुत समास माना जाता हैं। पुरुषसिंह, (उपमानानि सामान्यवचनैः (२-३-५५ पा.सू.) इस सूत्र के अनुसार उपमेय- उपमान संबंध के कारण कर्मधारय होता है।

कर्मप्रवचनीय = (कर्म (क्रियां) प्रोक्तवन्तः) = जिनके साथ क्रियाजनित संबंध की प्रतीति होती है ऐसे प्रादि-उपसर्ग या निपात के तुल्य शब्द। वे हैं – अनु, उप, अप, परि, आङ्, प्रति, अभि, अधि, सु. अति और अपि। इन शब्दों की सहार्थ, हीनता, वर्जन, भाग, वीप्सा, गर्हा आदि २२ प्रकार के अर्थों में कर्मप्रवचनीय संज्ञा होती है। यह संज्ञा अनु आदि निपातों की गति तथा उपसर्ग का अपवाद है। कर्मप्रवचनीय से संबंधित शब्द की द्वितीया विभक्ति होती।

कर्मप्रवचनीयों की कुलसंख्या ११ = अनु, उप, अप, परि, आङ्, प्रति, अभि, अधि, सु, अति, अपि, ये ११ शब्द क्रियाओं के साथ उपसर्गों के समान संबन्ध होकर केवल संज्ञाओं का शासन करते हैं। उदा. आ मुक्तेः संसारः। जपम् अनु प्रावर्षत्; वृक्ष प्रति सिंचति (प्रति उपसर्ग न होने के कारण सिंचति का षिंचतिरूप नहीं हुआ)। मातरं प्रति साधुः अनु अर्जुनं योद्धारः।

कातंत्र = पाणिनिपूर्व एक व्याकरण संप्रदाय। गुप्तकालीन बौद्ध समाज में इसका विशेष प्रचार था।

कारक = क्रिया को सम्पन्न करनेवाला। वाक्य में कर्ता, कर्म, करण, सम्प्रदान, अपादान, तथा अधिकरण क्रियावाचक पद के साथ अन्वित होते हैं। अतः इन छह घटकों को कारक कहते हैं।

कारक विभक्ति = जब किसी वस्तु का क्रिया से साक्षात् अन्वय सूचित करने के लिए प्रथमा आदि विभक्ति का प्रयोग होता है तब उसे 'कारक विभक्ति' कहते है। उदा. नमस्करोति देवान्। (यहां नमः के कारण चतुर्थी 'उपपद विभक्ति' और करोति के कारण कर्मत्व बोधक द्वितीया 'कारक विभक्ति' प्राप्त होती है। ऐसी अवस्था में ''उपपदविभक्ति से कारक विभक्ति बलवत्तर होती है; इस न्याय (परिभाषा) के कारण द्वितीया (कारक) विभक्ति हुई है।

कारक षष्ठी = कर्ता और कर्म में विहित षष्ठी। अन्यत्र शेष षष्ठी होती है।

कार्यकाल पक्ष = देखिए यथोद्देश पक्ष।

कृदन्त = धातु को 'कृत्-संज्ञक' प्रत्यय लगने पर निष्पन्न होने वाला शब्द। यह शब्द नाम स्वरूप होने से सुप् प्रत्यय लगाकर इसका वाक्य में प्रयोग होता है। उदा. पाचक, पठ्यमान, कर्तव्य इत्यादि।

केवल समास = अव्ययीभाव, तत्पुरुष आदि छह प्रकार के समासों के अतिरिक्त समास। उदा. पूर्वं भूतः भूतपूर्वः।

क्रिया = भू आदि धातु का अर्थ। दो प्रकार – (१) साध्या (या असत्त्व रूपा) उदा. पचति, करोति इत्यादि धातुवाच्या (२) सिद्धा; उदा. पाकः। साध्या क्रिया में अन्य क्रियापद की आकांक्षा नहीं होती; किन्तु सिद्ध क्रिया में वह होती है। पाकः शब्द भवति क्रियते इत्यादि क्रियापद की अपेक्षा रखता है।

क्रियाविशेषण = स्तोकं पचति, मृदु पचति, द्रुतं गच्छति, इत्यादि वाक्यों में स्तोक आदि शब्द क्रियावाचक शब्द के विशेषण होते हैं। ''क्रियाविशेषणानां कर्मत्वम्'' इस न्याय या अनुशासन के अनुसार उनकी द्वितीया विभक्ति मानी जाती है।

क्रियासमभिहार = एक ही क्रिया बारंबार या अधिक मात्रा में करना। 'यङ्' प्रत्यय द्वारा धातु से यह अर्थ सूचित होता

है। बोभूयते, सोसूच्यते, देदीयते, पेपीयते इत्यादि क्रियासमभिहार के उदाहरण हैं।

क्षैप्र = प्रतिशाख्य के अनुसार उदात्त और अनुदात्त की एक विशेष संधि। (ऋक्प्रातिशाख्य- २०८)

खिलपाठ = धातुपाठ, गणपाठ, उणादिसूत्र, लिंगानुशासन, आगम, प्रत्यय और आदेश। इन खिल पाठों का 'उपदेश' (देखिए) में अन्तर्भाव होता है।

गति = प्र, परा, आदि निपातों की पाणिनिसूत्र के अनुसार यह संज्ञा होती है।

गति = (१) क्रियावाचकों से योग होने पर ऊरी, उररी आदि शब्द, च्विप्रत्ययान्त और डाच् प्रत्ययान्त शब्दों की (२) विशेष अवस्था में अनुकरणवाची शब्दों की (३) सत् और असत् शब्द की क्रमशः आदर और अनादर के अर्थ में (४) भूषण अर्थ में अलम् शब्द की, (५) अपरिग्रह अर्थ में अन्तर अव्यय की, अभिलाषातिरेक के अर्थ में कणे तथा मनस् शब्द की एवं पुरस्, अस्तं, तिरस्, साक्षात्, इत्यादि शब्दों की विशिष्ट अर्थ में गति तथा निपात संज्ञा होती है। गति संज्ञकों से होने वाले समास को गतिसमास कहते हैं –

गतिसमास के उदाहरण = ऊरीकृत्य, शुक्लीकृत्य, खाट्कृत्य, अलंकृत्य, कणेहत्य, अस्तंगत्य, तिरस्कृत्य इत्यादि।

गुण = अ (ह्रस्व) और एङ् प्रत्याहार के अन्तर्गत स्वरों (ए-ओ) की संज्ञा।

गुरु = दीर्घस्वर तथा संयुक्ताक्षर के पूर्ववर्ती ह्रस्वस्वर की संज्ञा।

गोत्र = (गोत्रापत्य) कोश के अनुसार 'गोत्र' शब्द संतति का वाचक है। अतः पुत्र भी गोत्र कहे जा सकते हैं। व्याकरण के अनुसार पौत्र, प्रपौत्र (तीसरी और चौथी पीढ़ी की संतान) की संज्ञा। **'अपत्य'** शब्द की व्युत्पत्ति (न पतन्ति पितरो नरके येन) के अनुसार पुत्र, पौत्र, प्रपौत्र सभी अपत्य संज्ञक होते हैं। इनमें भेद व्यक्त करने के लिए साक्षात् पुत्र आदि को 'अपत्य' और पौत्र प्रपौत्र आदि की **गोत्रापत्य** संज्ञा होती है।

ग्रहणकशास्त्र = अष्टाध्यायी में "स्वं रूपं शब्दस्य शब्द संज्ञा" (१-१-६८) इस सूत्र से शास्त्रोक्त शब्द के स्वरूप का ही ग्रहण व्याकरण शास्त्र में प्राप्त होता है। उसके सवर्णों का ग्रहण नहीं होता। किन्तु इसके बाद के सूत्र 'अणुदित् सवर्णस्य चाप्रत्ययः" (१-१-६९) से सवर्णों का ग्रहण सूचित किया जाता है। अतः अणुदित् सूत्र को 'ग्रहणकशास्त्र' कहते हैं। ग्रहणक शास्त्र के प्रभाव से य्, व्, ल् ये तीनों वर्ण सानुनासिक और निरनुनासिक दोनों रूपों में सर्वत्र ग्रहण किए जाते हैं।

घि = 'सखि' शब्द के अतिरिक्त, ह्रस्व इकारान्त तथा उकारान्त, (नदीसंज्ञा विरहित) शब्दों की संज्ञा। उदा. हरि, साधु इत्यादि शब्द। पति शब्द की समास में ही 'घि' संज्ञा होती है।

उपधा = शब्दात्मक वर्णसमुदाय के अंतिम वर्ण से पूर्व वर्ण की संज्ञा। उदा. सखन् शब्द मे न् का पूर्ववर्ती 'अ' उपधासंज्ञक है। (टि संज्ञा इससे भिन्न है)।

ङी = दीर्घ ई स्त्रीप्रत्यय का द्योतक शब्द। तीन प्रकार ङीप्, ङीष् और ङीन्।

चतुर्थी = संप्रदान संज्ञा प्राप्त कारक की विभक्ति।

चतुर्थी = विभक्ति के पांच अर्थ (१) संप्रदान उदा. विप्राय गां ददाति। राज्ञे दण्डं ददाति। (अपना स्वामित्व छोड़कर दूसरे का स्वामित्व स्थापन करना **संप्रदान** शब्द का अर्थ है।) (२) उद्देश्यत्व (उदा. एषोऽर्घ्यःशिवाय नमः)। (३) तादर्थ्य (उदा. यूपाय दारु। रन्धनाय स्थाली. (४ संबन्ध (नारदाय रोचते कलहः। वैश्याय शतं धारयति। (५) विषयित्व (उदा. पुष्पेभ्यः स्पृहयति, पुत्राय क्रुध्यति)।

चातुरर्थिक = तद्धित प्रकरण के अन्तर्गत एक उपप्रकरण की संज्ञा। व्युत्पत्ति के अनुसार इस संज्ञा का अर्थ है – (१) चतुर्णाम् सूत्राणाम् अर्थाः चतुरर्थाः। तत्र भवः चातुरर्थिकः अर्थात् "तदस्मिन्नस्तीति देशे तन्नाम्नि' (४-२-६७), तेन निर्वृत्तम् (४-२-६८) तस्य निवासः (४-२-६९), और अदूरभवश्च (४-२-७०) इन चार सूत्रों में कथित अर्थों में आने वाले प्रत्ययों का विधान करने वाला प्रकरण। (२) चतुर्णाम् अर्थानां समाहारः चतुरर्थी। तत्र भवः चातुरर्थिकः। कुल ३२ सूत्रों में इन चार अर्थों में विहित प्रत्ययों का विचार अष्टाध्यायी में हुआ है।

चादि = किसी पदार्थ का बोध न कराने वाले चादि गण में पठित, च, ह वा इत्यादि ७२ शब्द। इन्हें 'निपात' संज्ञा होती है। देखिये निपात।

चार्थ = 'च' निपात के अर्थ। (१) **समुच्चय** परस्परनिरपेक्ष अनेक पदार्थों का एक क्रिया में पृथक् अन्वय करना। उदा. ईश्वरं गुरुं च भजस्व। समुच्चयार्थ में द्वन्द्व समास नहीं होता। (२) **अन्वाचय** जिस का समुच्चय अभीष्ट है ऐसे पदार्थों में एक का अप्रधान रूप से अन्वय होता। उदा. भिक्षाम् अट गां च आनय" इसमें 'गाम् आनय' गौण है। अन्वाचय अर्थ में द्वन्द्व समास नहीं होता। (३) **इतरेतर योग** – जहां पदों के अर्थ मिलकर आगे अन्वित होते हैं। यहां सामर्थ्य होने के कारण समास होता हैं। उदा. धव-खदिरौ छिन्धि। इस प्रकार के द्वन्द्व समास को इतरेतरद्वन्द्व कहते हैं। (४)**समाहार** – समस्त पदों के अर्थ का समूह सूचित होना। उदा. पाणिपादम् युकालिक्षम् इ.। समाहारद्वन्द्व समास एकवचनी नपुंसकलिंगी होता है।

जाति = (१) आकृतिग्रहणा जातिः। अर्थात् आकार से जो व्यंजित होती है। (एक व्यक्ति का परिचय कराने पर उसके समान दूसरे व्यक्ति का अनायास बोध जहां होता है)। (२) सकृदाख्यातनिर्ग्राह्या। अर्थात् एक बार बताने से जिस का ज्ञान अन्यत्र भी होता है। उदा. किसी व्यक्ति को ब्राह्मण, वृषल आदि कहने पर उसके पिता पुत्र आदि के विषय में ब्राह्मणत्व जाति का ज्ञान होता है। (३) गोत्रप्रत्ययान्त एवं शाखाध्येतृवाचक शब्दों का भी जाति में समावेश किया जाता है। उदा. कठ,

कलाप, बह्वृच इ.।

जिह्वामूलीय = क ख के पूर्व विसर्ग के अर्धविसर्गवत् उच्चारण की संज्ञा (क/ ख)

ज्ञापक = पणिनीय शास्त्र में जहां शब्द की व्युत्पत्ति के संबंध में ऐसा सन्देह उत्पन्न होता है कि जिसका निराकरण अन्य प्रमाणों से नहीं हो सकता, तब स्वयं पाणिनि मुनि ने अपने सूत्रों में उस विषय में जो भी शब्दप्रयोग किया होता उस को निरपवाद प्रमाणस्वरूप माना जाता है। ऐसे सूत्रों या सूत्रस्थ प्रयोगों को 'ज्ञापक' अर्थात् पाणिनिके अभिप्राय को सूचित करने वाले सूत्र माना गया हैं। अष्टाध्यायी में ज्ञापकसूत्रों की संख्या भरपूर है। (पुरुषोत्तम देव ई. १२ वी शती) कृत' ज्ञापकसमुच्चय' में प्रायः सभी ज्ञापक सूत्रों का विवेचन हुआ है। गणपाठ के प्रयोग भी ज्ञापक माने जाते है।

टि = शब्दान्तर्गत अच् (स्वरों) में अन्तिम स्वर जिसके आदि में होता है, ऐसा वर्णसमुदाय 'टि' संज्ञक होता है। उदा. 'मनस्' शब्द में अस् की 'टि' संज्ञा होती है। अन्तिम किसी वर्ण के अभाव में अन्त्य स्वर ही टि - संज्ञक होता है। उदा. 'शक' शब्द में अन्त्य अ (श + अ, क् + अ)

तत्पुरुष = समास का एक प्रकार। इसमें दो शब्दों का सम्बन्ध द्वितीया आदि विभक्तियों द्वारा होता है और तदनुसार समास को द्वितीया तत्पुरुष, तृतीया० आदि नाम दिया जाता है। प्रथमा तत्पुरुष में विशेषण-विशेष्य संबंध होता है। उसे कर्मधारय समास कहते हैं। तत्पुरुष समासों में उत्तरपद प्रधान होता है। **प्रकार = (१) सामान्य तत्पुरुष** (इसमें समस्त पदों के मध्यगत विभक्ति का लोप होता है। **(२) नञ्तत्पुरुष** – (निषेधार्थक नञ् शब्द का दूसरे शब्द से समास)। (३) **कर्मधारय (समानाधिकरण तत्पुरुष)** विशेषण विशेष्यवाचक पदों के समास की संज्ञा। (४) **द्विगु** (कर्मधारय का एक प्रकार। इसमें विशेषण संख्यावाचक होता है। (५) प्रादि तत्पुरुष- प्र परा आदि निपातों से सुबन्तो का समास (६) गतितत्पुरुष – (गतिसंज्ञक शब्दों से सुबन्तों का समास)। (७) उपपदतत्पुरुष (उपपद संज्ञक विशेषण या क्रियाविशेषण का समर्थ सुबन्त से समास)।

तद्गुण-संविज्ञान बहुव्रीहि = पीतांबर, चक्रपाणि आदि समास अन्यपदार्थप्रधान होता है। अतः बहुव्रीहि समास में अन्तर्गत शब्दों का महत्व नहीं होता। प्रस्तुत बहुव्रीहि प्रकार में अन्य पदार्थ के गुणों (विशेषणों) का संविज्ञान (संयोग या समवाय) संबंध के द्वारा होता है। अर्थात् इसमें अन्य पदार्थ और समासवर्ती पदार्थ का अन्वय होता है। उदा. 'सर्वादीनि सर्वनामानि' (१-१-१७) इस सूत्र में प्रयुक्त 'सर्वादीनि' शब्द बहुव्रीहि समास है। 'सर्वः आदिः येषां तानि' (शब्दरूपाणि) इस प्रकार विग्रह में सर्व शब्द का भी अन्तर्भाव होता है। अन्यथा उसका अन्तर्भाव नहीं होता।

तद्धित = 'तस्मै हिताः' तद्धिताः। अर्थात् प्रकृत्यर्थ के लिये उपकारक प्रत्ययों की संज्ञा। तद्धित रूपों की निष्पत्ति सुबन्तों तथा क्वचित् प्रातिपदिक से भी होती है। तद्धित प्रत्यय विधायक शास्त्र निरवकाश होने के कारण, समासविधायक शास्त्र का बाधक है। अतः जहां समास इष्ट होता है वहां भी तद्धित रूप होते हैं। पाणिनि की अष्टाध्यायी में तद्धित प्रत्यय का भाग सबसे बडा है। अष्टाध्यायी के चौथे तथा पांचवे अध्यायों में विविध अर्थों के तद्धित प्रत्ययों का कथन हुआ है। एक ही प्रातिपदिक को यथाक्रम तद्धितप्रत्यय लगने से उस के मूल अर्थ में वृद्धि होती है। उदा. कतस्य गोत्रापत्यं कात्यः (कत + यञ्)। कात्यस्यु युवापत्यं कात्यायनः, (कात्य + फक् (आयन)। कात्यायनस्य छात्राः कात्यायनीयाः, (कात्यायन + छ (ईय) तथा आयन प्रत्यय का लोप करने पर कातीयाः रूप भी होता है। इसी प्रकार यस्क (एक ऋषिनाम) शब्द से यास्क, यास्कायनि, यास्कायनीय, यास्कीय, इत्यादि रूप होते हैं। इन रूपों में प्रातिदिकस्थ मूल अर्थ की प्रत्ययों के अनुसार यथाक्रम वृद्धि होती हैं। संज्ञावाची एवं विशेषणवाची शब्दों की सिद्धि में तद्धित प्रत्यय उपकारक होते हैं।

तद्राज = तद्धित प्रकरण के अपत्याधिकार में 'जनपद शब्दात् क्षत्रियादञ्' (४=१-१६६) सूत्र से लेकर ४-१-१७१ सूत्रों में कथित (अञ्, अण, ञ्ङ्, छ, आदि) तद्धितप्रत्ययों की संज्ञा। तद्राज प्रत्ययों का बहुवचनी प्रयोग में लोप होता है। उदा. पांचाल, पांचालौ, पंचालाः। इसी प्रकार ५-३-११२ से ५-३-११८ सूत्रों में विहित (ञ्य, च्फञ्, ञ्युट्, टेण्यण्, छ, अण्, अञ्, यञ्, इत्यादि)

तिङ् प्रत्यय के विभाग = (१) प्रथम, मध्यम, उत्तम। (२) एकवचन, द्विवचन, बहुवचन।

तज्वद्भाव = क्रोष्ट आदि शब्दों के कुछ विभक्तिरूप उकारान्त तथा ऋकारान्त मानकर प्रयुक्त होते हैं। ऋकारान्त पद्धति के उनके अनुसार प्रयोग तृज्वत्-भाव से होते हैं। अर्थात् उन्हें तृच् प्रत्ययान्त मानकर होते है। इसी को 'तृज्वद्भाव' कहते है।

तृतीया = 'करण' संज्ञा प्राप्त कारक की विभक्ति।

त्रिपादी = अष्टाध्यायी के आठवें अध्याय के अंतिम तीन पादों की संज्ञा। त्रिपादी के सूत्र 'सपाद-सप्ताध्यायी' (ग्रंथ का प्रथम भाग) की अपेक्षा असिद्ध माने जाते हैं। त्रिपादी में भी पूर्व सूत्र की अपेक्षा पर क्रमांक का सूत्र असिद्ध माना जाता है। 'पूर्वत्रासिद्धम्' (८-२-१) इस त्रिपादी के प्रारंभिक अधिकार सूत्र में पाणिनि ने यह नियम बताया है।

त्रिमुनि व्याकरण = सूत्रकार पाणिनि, वार्तिककार कात्यायन और महाभाष्यकार पतंजलि इन तीन मुनियों द्वारा प्रस्थापित लौकिक तथा वैदिक शब्दों का विवरण तथा विवेचन करने वाला व्याकरणशास्त्र।

द्वन्द्व = एक समास की संज्ञा। इस में च (और) के अर्थ में विद्यमान दो या अधिक सुबन्तों का संयोग होता है। उदा.

रामलक्ष्मणौ। सीतारामलक्ष्मणा इत्यादि। **दो प्रकार** = इतरेतर द्वन्द्व और समाहार द्वन्द्व; समाहार० नपुंसकलिंगी एकवचनी होता है।

द्विगुसमास = कर्मधारय समास में पहला विशेषण संख्यावाचक होने पर यह समास होता है।

द्वितीया = कर्मसंज्ञक कारक की विभक्ति।

दुःस्पृष्ट = वैदिक लकार की संज्ञा।

धातु = भू, वा इत्यादि शब्द क्रियावाचक होने पर उन्हें धातु संज्ञा होती है। अर्थात् भू = भूमि वा विकल्प। इन अर्थों में उन शब्दों की धातुसंज्ञा नहीं होती। धातुपाठ में भू वा आदि धातु संज्ञक शब्दों का परिगणित संकलन हुआ है।

धातु = सन्, क्यच्, क्यङ् इत्यादि १२ प्रत्ययों से युक्त शब्दों की संज्ञा।

धातु प्रकार (पाणिनीय धातुपाठ के अनुसार)

गण	धातु	विकरण	संख्या
१) भ्वादि	(भू,एध्, स्पर्ध्,इ.)	शप्(अ)	१०३५
२) अदादि	(अद्, हन्, द्विष् इ.)	लुग् (लुप्त)	७२
३) जुहोत्यादि	(हु, ही, पृ,इ.)	श्लु (लुप्त)	२४
४) दिवादि	(दिवु, षिवु, स्त्रिवु इ.)	श्यन् (य)	१३९
५) स्वादि	(षुञ्, षिञ्, शिञ् इ.)	श्नु (नु)	३५
६) तुदादि	(तुद्, णुद्, दिश इ.)	श (अ)	१५७
७) रुधादि	(रुधिर्, भिदिर्, छिदिर् इ.)	श्नम् (न)	२५
८) तनादि	(तनु, षणु, क्षणु इ.)	उ.	१०
९) क्र्यादि	(डुक्रीञ्, व्रीञ्, श्रीञ् इ.)	श्ना (ना)	६०
१०) चुरादि	(चुर्, चिति, यत्रि इ.)	णिच् (अय्)	४११
		कुल धातु	१९६८

नञ् = (नञ्तत्पुरुष) समास = तत्पुरुष समास का प्रथम पद निषेधार्थक (नञ्) होने पर यह समास होता है।

नदी = दीर्घ ईकारान्त एवं दीर्घ ऊकारान्त नित्य स्त्रीलिङ्गी शब्दों की संज्ञा। यह संज्ञा उन शब्दों को भी होती है, जो पहले स्त्रीलिंगी होने पर भी उपसर्जनवश अन्य लिङ्ग में जाते है। बहुश्रेयसी = (बह्व्यः श्रेयस्यः (श्रेष्ठ स्त्रियाँ) यस्य सः बहुश्रेयसी। यह सामासिक शब्द पुलिंगी होने पर भी श्रेयसी शब्द मूल में स्त्रीलिंगी होने के कारण उसे नदीसंज्ञक माना जाता है।

नदी = (१) स्त्री शब्द के अतिरिक्त जिनके स्थान पर आदेश होते हैं ऐसे दीर्घ ई और ऊ को नदी संज्ञा नहीं होती। (अपवाद सूत्र – न इयङ्उवङौ स्थानावस्त्री (१-४-४) (२) आम् विभक्ति रहने पर स्त्री शब्द के अतिरिक्त इयङ् उवङ् स्थानिक नित्यस्त्रीलिंगी ईकार एवं ऊकार को विकल्प से नदी संज्ञा होती है (वाऽऽमि-१-४-५)

नदी = इयङ् उवङ् स्थानिक स्त्रीलिंगवाची ह्रस्व इकारान्त एवम् उकारान्त शब्द, ङित् विभक्तियों में स्त्रीलिंग में विकल्प से नदीसंज्ञक होते हैं। तथा स्त्री शब्द के अतिरिक्त इयङ् उवङ् स्थानिक नित्य स्त्रीलिंगी दीर्घ ई- ऊकारान्त ङित् प्रत्ययों के होने पर विकल्प से नदी संज्ञक होते हैं।

नामधातु = नामवाचक शब्दों का क्यच्, क्यङ् आदि प्रत्ययों के योग से क्रियावाचक में रूपान्तर होने पर उन्हें नामधातु कहते हैं। उदा. पुत्रीयति, श्यामायते, लोहितायते, वेदापयति इ.।

नाम प्रकृतिक प्रत्यय = क्यच् (पुत्रीयति) क्यङ्, (श्येनायते), णमुल् आदि प्रत्यय। ये प्रत्यय नाम को लगते हैं तब उनके कारण नाम क्रियापद होता है।

निघंटु = वैदिक शब्दों का स्पष्टीकरण करने वाले प्राचीनतम शब्द कोश का नाम। इस पर यास्काचार्य का निरुक्त नामक भाष्य प्रसिद्ध है।

नित्यसमास = सामासिक पद के प्रत्येक शब्द का परस्पर संबंध समासगत शब्दों को विभक्तिप्रत्यय लगाकर दिखाया जाता है। इसी को 'विग्रह वाक्य' कहते हैं। जिन समासों में विग्रह वाक्य देना संभव नहीं होता अथवा जिनके विग्रह में समासबाह्य शब्द का प्रयोग होता है ऐसे समासों को नित्यसमास कहते हैं।

नित्य स्त्रीलिंग = १) ऐसा शब्द जो स्त्री लिंग के अतिरिक्त दूसरे लिंग का वाचक नहीं होता। (कैयटमत)। (२) किसी दूसरे पद के न रहने पर भी स्त्रीलिंग में रहने वाले शब्द। उदा. लक्ष्मी, प्रधी (हरदत्त मत)।

निपात = अष्टाध्यायी में प्राग्रीश्वरान्निपाताः (१-४-५६) से अधिरीश्वरे (१-४-९७) तक ४१ सूत्रों में च, वा, ह आदि 'निपात' संज्ञक शब्दों का निर्देश हुआ है। निपातों को **'अव्यय'** संज्ञा होती है। (स्वरादिनिपातम् अव्ययम् १-१-३६)। चादिगण में ७२ शब्द अव्ययों में गिने जाते हैं। प्रादि निपातों की संख्या २२ है। निपात का वाक्य में पादपूरणार्थ प्रयोग होता है। (निपातः पादपूरणः)।

निपातन = जिन शब्दों की प्रक्रिया सिद्ध हो चुकी है ऐसे शब्दों का विशिष्ट निर्देश करना। निपातन के कारण शास्त्रतः 'यूति' शब्द का यु शास्त्रतः ह्रस्व होने पर भी दीर्घ ही माना जाता है। निपातन सिद्ध होने पर उनमें प्रकृति-प्रत्यय आदि का विचार अर्थ के अनुसार कल्पना से किया जाता है।

नियमसूत्र = विधिसूत्र के कारण प्राप्त विधि का नियमन करने वाले सूत्र। उदा. न लोपः सुपस्वरसंज्ञातुग्विधिषु। कृत्तद्धितसमासाश्च इत्यादि।

नियमसूत्र = अपत्याधिकार प्रकरण में पौत्र से लेकर आगे की चौथी, पांचवी, आदि विभिन्न पीढियों को सूचित करने के लिये एक ही शब्द को भिन्न भिन्न प्रत्ययों की आवश्यकता होती है। इस क्रम के अनुसार १०० वें पुरुष तक अण् इञ् फक् जैसे ९९ प्रत्यय लगेंगे। उस आपत्ति का निवारण करने हेतु "एको गोत्रे" (४-१-९३) इस सूत्र के अनुसार 'गोत्र'

में एक ही अपत्य-प्रत्यय होता है। अतः इसे नियमसूत्र कहते हैं।

निरुक्त = वैदिक शब्दों की व्युत्पत्ति (या निरुक्ति) के संबंध में प्रक्रिया का प्रतिपादन करने वाला एक वेदांग। व्याकरण से इस वेदांग का संबंध है। यास्काचार्य (इ. पू. ८ वीं शती) इस वेदांग के आद्य प्रवक्ता थे।

निरुक्त = निघंटु नामक आद्य वैदिक कोश पर यास्काचार्य द्वारा लिखित भाष्य का नाम। छह वेदांगों में निरुक्त की गणना होती है।

निर्धारण = जाति, गुण, क्रिया, तथा संज्ञा की विशेषता के आधार पर किसी एक को अपने समुदाय से पृथक् करना। (निर्धारण जिसमें होता है उस समुदाय वाचक का निर्देश षष्ठी तथा सप्तमी विभक्ति में होता है।

पंचमी = अपादानसंज्ञा प्राप्त कारक की विभक्ति।

पद = 'सु-औ-जस्' इत्यादि प्रातिपदिक नामों के २१ विभक्ति प्रत्ययों से युक्त तथा 'तिप् तस् झि' इत्यादि १८ (९ आत्मनेपदी तथा ९ परस्मैपदी) धातु से विहित विभक्ति प्रत्ययों से युक्त शब्दस्वरूप की संज्ञा। वाक्य में ऐसे सुबन्तों और तिङन्तों का ही प्रयोग होता है (नापदं वाक्ये प्रयुंजीत, यह न्याय है।)

पद = 'सुट्' प्रत्याहार के अन्तर्गत पांच (सु औ-जस्। अम् औट्) प्रत्ययों को **सर्वनामस्थान** संज्ञा होती है। इन प्रत्ययों का अन्तर्भाव 'स्वादि') स्वौजसमौट् (४-१-२) से उरः प्रभृतिभ्यः कप्'' (५-४-१५०) सूत्र तक निर्दिष्ट प्रत्ययों के अन्तर्गत होता है। अर्थात् 'सुट्' प्रत्ययों के अतिरिक्त अन्य सभी 'स्वादि' प्रत्ययों का योग होने पर पूर्व समुदाय की 'पद' संज्ञा होती है। इस संज्ञा की बाधा भ - संज्ञा से होती है।

पद = व्याकरण शास्त्र के अनुसार धातु (क्रियावाचक शब्द) के तीन भेद - आत्मनेपद, परस्मैपद और उभयपद।

पदविधि = पदसम्बन्धी विधान। पतंजलि के मतानुसार तीन प्रकार (१) समास विधि - इसमें दोनों पद समर्थ (सम्बद्ध) होते है उदा. राजपुरुषः। (२) विभक्तिविधि - इसमें शब्द से संबंधित विभक्तियों का सूत्रों द्वारा नियमन होता हैं अर्थात् विशिष्ट विभक्ति प्रत्यय ही लगता है। (३) पराङ्गवद्भाव = तादात्म्य का अतिदेश

पदशय्या = वैदिक शब्दों की स्वरयोजना। नौ प्रकार – अन्तोदात्त, मध्योदात्त, आद्युदात्त, उदात्त, द्विउदात्त, त्र्युदात्त। अनुदात्त, स्वरित और नीचस्वरित।

पदसंस्कार पक्ष = वाक्यपदीयकार भर्तृहरि द्वारा उल्लिखित एक मत। इस मत के अनुसार प्रत्येक शब्द स्वतंत्र या अन्य निरपेक्ष होता है और उसका प्रयोग वाक्य में अपेक्षा के अनुसार होता है। व्याकरण शास्त्र मे यह पक्ष विशेष उपादेय माना जाता है। दूसरा पक्ष है **वाक्यसंस्कार पक्ष**। इसके अनुसार प्रत्येक पद का संस्कार, वाक्य में उसका प्रयोग करने के समय किया जाता है। संग्रहकार व्याडी ने इस मत को ग्राह्य माना है।

पररूप = पूर्वस्वर का परवर्ती स्वर में विलय होना। पररूप सन्धि का उदा. प्र + एजते = प्रेजते। उप + ओषति = उपोषति। इसमें पूर्व अकार एकार तथा ओकार में विलीन होता है।

परशास्त्र = अष्टाध्यायी की अंतिम 'त्रिपादी' (जो सपाद सप्ताध्यायी की अपेक्षा असिद्ध है) की संज्ञा। अर्थात् सपाद सप्ताध्यायी की **'पूर्वशास्त्र'** संज्ञा होती है।)

परिभाषा सूत्र = (परितः सर्वतो भाष्यन्ते नियमा याभिः) = जिनसे सब तरह के नियमों की स्थिरता की जाती है। ऐसे नियमों के अभाव में नियम (व्यवस्था) करने वाले पाणिनिय सूत्र परिभाषासूत्र विधि या निषेध परक सूत्रों के अंग बनते है।

परिभाषा सूत्र = पाणिनीय सूत्रों का अर्थनिर्धारण करने में सहायक सूत्र। ऐसे सूत्रों के कारण सूत्रार्थ में सन्देह नहीं रहता। उदा. ''संयोगान्तस्य लोपः'' सूत्र का सरल अर्थ, संयोगान्त पद का लोप होता है इतना ही होता है। किन्तु ''अलोन्त्यस्य'' इस परिभाषा सूत्र के कारण, संयोगान्त पद के अन्य वर्ण का ही लोप होता है। इसी प्रकार ''तस्मिन्निति निर्दिष्टे पूर्वस्य'' 'तस्मादित्युत्तरस्य। आदेः परस्य' आदि परिभाषा सूत्रों के कारण रूपसिद्धि में अनर्थ का नियंत्रण होता है। परिभाषेन्दुशेखर आदि परिभाषाशास्त्र में कथित परिभाषाएँ पाणिनीय शास्त्र के अर्थों का नियंत्रण करती हैं।

पुरुष = तिङ् प्रत्ययों द्वारा सूचित कर्ता। तीन प्रकार - उत्तम पुरुष, मध्यम पुरुष और प्रथम पुरुष। (आज कल अंग्रेजी व्याकरण से प्रभावित लोक इनका निर्देश प्रथम, द्वितीय और तृतीय शब्दों से करते हैं।)

पुंवद्भाव = नंपुसकलिंगी तथा स्त्रीलिंगी शब्दों को पुंलिंगी मानना। जहां तीनों लिंगों में रूपभेद नहीं होता वहां ही पुंवद्भाव होता है। रूपभेद होने पर पुंवद्भाव नहीं होता – उदा. प्रद्यो पुं, प्रद्यु नंपु.

पूर्वपदप्रकृतिस्वर = आद्युदात्त (आदि स्वर का उदात्त उच्चारण)। बहुव्रीहि समास की यह विशेषता है।

पूर्वरूप = स्वरसन्धि में परवर्ती स्वर का पूर्ववर्ती स्वर में विलय होकर एकरूप होना। (उदा. हरेऽव; विष्णोऽव)

प्रकृति = शब्द का वह भाग जिसे 'सुप्' तथा 'तिङ्' प्रत्यय लगने पर 'पद' की निष्पत्ति होती है। दो प्रकार (१) प्रातिपदिक (जिसे सुप् प्रत्यय लगते हैं) और २) धातु (जिसे तिङ् प्रत्यय लगते हैं)।

प्रकृतिभाव = सामान्य सन्धिनियमों के अनुसार जहां सन्धि हो सकता है, वहां सन्धिनिषेधसूत्र के कारण सन्धि न होना। उदा. सप्त + ऋषिः = सप्तऋषिः।

प्रकृतिभाव = सन्धिकार्य की संभावना होने पर भी उसका न होना। प्लुत और प्रगृह्य संज्ञक स्वरों का ''प्रकृतिभाव'' शाश्वतः होता है।

प्रक्रियादशा = व्याकरण की रीति से शब्दसाधन की स्थिति।

प्रक्रिया = (तिङन्त विषयक विविध प्रक्रियाएं – ण्यन्तप्रक्रिया०, सन्नन्त०, यङन्त०, यङ्लुगन्त०, नामधातु०, आत्मनेपद०, भावकर्म०, कर्मकर्तृ०, लकारार्थ०। मूलधातुओं से विविध प्रकार के अर्थों की अभिव्यक्ति इन प्रक्रियाओं द्वारा होती है।

प्रचय = जिस प्रकार दूध और पानी मिलने पर एकरूप होते हैं उसी प्रकार उदात्त अनुदात्त की एकरूपता या अभिन्नता को एकश्रुति कहते हैं। इसी को वैदिक विद्वान् प्रचय कहते हैं। स्वरित में उदात्त अनुदात्त अंश होते हैं। जब स्वरित के संमुख अनुदात्त आता है तब स्वरितस्थ अनुदात्त अंश का पृथक् श्रवण नहीं होता। वह उदात्त में विलीन होता है। प्रचय स्वर अचिह्नित होते हैं। स्वरित वर्ण के बाद अचिह्नित वर्ण 'प्रचय' समझे जाते हैं। (अनुदात्त के बाद अचिह्नित वर्ण उदात्त होते हैं।)

प्रतिप्रसव = निषेधपर सूत्र या वार्तिक का बाधक सूत्र तथा वार्तिक। उदा. ''तृजकाभ्यां कर्तरि' (२-२-१५) सूत्र से अक् प्रत्ययान्त शब्दों का षष्ठीतत्पुरुष समास निषिद्ध माना है। इस निषेध का बाधक होने के कारण 'याजकादिभिश्च (२-२-९) सूत्र को 'प्रतिप्रसव' कहते हैं।

प्रत्यय = शास्त्रादेश के अनुसार विधान किये जाने वाले विशिष्ट अर्थों के द्योतक वर्ण या वर्णसमूह। केवल प्रत्यय किसी अर्थ का बोध नहीं करते किन्तु धातु, प्रातिपादिक आदि से संबंधित होने पर वे उनके अर्थ में वृद्धि करते हैं।

प्रत्यय = प्रत्याययति, प्रत्याय्यते वा इति प्रत्ययः। (महाभाष्य) इस व्युत्पत्ति के अनुसार यह एक अन्वर्थक संज्ञा होने से इसे ''**महासंज्ञा**'' कहते हैं। सुप्, तिङ्, कृत्, तध्दित आदि प्रत्ययों के प्रकार होते हैं। सभी प्रकार के प्रत्यय अपने प्रकृतिवाचकों के अर्थ में वृद्धि या परिवर्तन करने में कारणीभूत होते हैं। प्रकृति + प्रत्यय के समुचित ज्ञान से शब्दार्थ की प्रतीति में लाघव तथा निश्चितता आती है। सभी व्युत्पन्न प्रातिपादिक प्रकृति-प्रत्यय के संयोग से उत्पन्न होते हैं। **अष्टाध्यायी** के प्रत्ययः (३-१-१) सूत्र से ५ वें अध्याय के अन्त तक अनेक प्रत्यय आते हैं। वे सब प्रत्यय, प्रकृति के पर अंग में लगते हैं। केवल प्रकृति (मूलशब्द) या केवल प्रत्यय का वाक्य में प्रयोग निषिद्ध है। (न केवला प्रकृतिः प्रयोक्तव्या नापि केवलः प्रत्ययः)

प्रत्ययलोप = तीन प्रकार – (१) लुक्संज्ञा भावित। उदा. आमलकम्। आमलक्याः फलम्)। (२) श्लुसंज्ञाभावित। उदा. ''जुहोत्यादिभ्यः श्लुः (२-४-७५)। (३) लुप्संज्ञाभावित (उदा. जनपदे लुप् (४-२-८१) पञ्चालाः वंगाः कलिंगा इ. (इन तीनों संज्ञाओं का फललोप होने पर भी प्रक्रियाभेद के कारण इन संज्ञाओं में संकर नहीं होता।

प्रत्याहार = संक्षेप में कथन। अच् हल् यण्, खर् आदि प्रत्याहारों द्वारा पाणिनि ने अनेक वर्णों का संक्षेप में कथन अपने शब्दानुशासन में किया है। माहेश्वर सूत्रों को प्रत्याहार सूत्र भी कहते हैं। क्यों कि उनके सहारे ही प्रत्याहारों की निर्मिति होती है। प्रत्याहारों की कुल संख्या ४४ (र प्रत्याहार सहित) होती है।

सूत्र = अल्पाक्षर, असंदिग्ध, सारवत्, विश्वतोमुख, अस्तोभ और अनवद्य इन विशिष्ट गुणों से युक्त शब्द या शब्द समुच्चय। पाणिनि के सूत्रों में अनावश्यक मात्रा का भी प्रयोग नहीं है।

सूत्र के विभाग = **(१) संज्ञा** (नामकरण) (२) **परिभाषा** (अनियमे नियमकारिणी); (३) **विधि.** (कर्तव्य उपदेश); (४) **नियम** जिस की प्राप्ति अनेक स्थानों में होती है उसका संकोच करने वाला सूत्र); **(५) अतिदेश** (एक स्थान में उपयुक्त नियम की तत्सम अन्य स्थानों में प्राप्ति) **(६) अधिकार** (उत्तरवर्ती सूत्रों में प्राप्त सूत्र।

प्रत्याहार सूत्र = अइउण्। ऋलृक्। एओङ्। आदि पाणिनिय व्याकरण के आधारभूत स्वरों और व्यंजनों के विभाजक सूत्र। इन्हें वर्णसमाम्नाय (देखिये) भी कहते हैं।।

प्रत्युदाहरण = शास्त्र में कथित सिद्धान्त का स्पष्टीकरण उदाहरण देकर होता है किन्तु सिद्धान्त के प्रतिकूल स्थानों में सिद्धान्त की प्रवृत्ति नहीं होती; इस तथ्य का स्पष्टीकरण करने के लिए प्रस्तुत होने वाले उदाहरण को 'प्रत्युदाहरण' कहते हैं। प्रत्युदाहरण से सिद्धान्त तथा उदाहरण का सम्यक् आकलन होता है। सिद्धान्तकौमुदी में सर्वत्र उदाहरणों के साथ प्रत्युदाहरण प्रस्तुत किए हैं।

प्रथमा = 'कर्ता' संज्ञाप्राप्त कारक की विभक्ति। प्रातिपदिकार्थ, लिंग, परिमाण वचन और सम्बोधन इन अर्थों को यथास्थान प्रतीत कराने वाली विभक्ति। कर्तरि प्रयोग में कर्ता और कर्मणि प्रयोग में कर्म की प्रथमा विभक्ति होती है।

प्रयत्न = वर्णों के उच्चारणस्थानों में आवश्यक क्रिया। दो प्रकार (१) आभ्यन्तर और बाह्य।

प्रयोजन = (व्याकरण का अध्ययन करने के) = रक्षा (वेदरक्षा) ऊह, आगम (शास्त्रादेश), लघु (लाघव = अल्पयत्न से अधिकतम शब्दों का ज्ञान) और असन्देह

प्रश्लेष = 'नाज्झलौ' (न + अच् + हलौ) (१-१-१०) इस पाणिनिसूत्र में विशिष्ट प्रयोजन से न + आ + अच् + हलौ इस प्रकार का विग्रह किया है। यहां जो 'आ' का प्रवेश हुआ है उसे प्रश्लेष कहते हैं।

प्रातिपदिक = (१) धातु (क्रियावाचक), सभी प्रकार के प्रत्ययरूप तथा विभक्तिप्रत्ययान्त शब्दों के व्यतिरिक्त अर्थयुक्त शब्दों की संज्ञा। (२) कृत्प्रत्ययान्त, तद्धित प्रत्ययान्त तथा समास (जिसके पूर्व तथा उत्तरभाग स्वतंत्र रूप से प्रयोग योग्य होते हैं, ऐसे ही समास)। प्रातिपदिक संज्ञा के योग्य शब्दों को ही सुप् (विभक्ति) प्रत्यय लगते हैं। केवल प्रातिपदिकों का वाक्य में प्रयोग नहीं होता। **दो प्रकार** = व्युत्पन्न प्रातिपादिक- व्युत्पत्ति के द्वारा जिसका स्वरूप निर्धारण

होता है। (२) रूढि के अनुसार जिसका स्वरूप माना जाता है। कुछ शब्दों का विचार दोनों प्रकार से होता है।

प्रातिपादिकार्थ = शब्दोच्चारण के साथ निश्चित रूप से बुद्धि में उपस्थित होने वाली वस्तु। घट शब्द का उच्चारण होते ही जो विशिष्ट पदार्थ अन्तःकरण को प्रतीत होता है वही घट प्रातिपदिक का अर्थ है।

प्रातिशाख्य = वेदों की विभिन्न शाखाओं से संबंधित व्याकरण। प्रातिशाख्य में वैदिक शब्दों के उच्चारण, संहिता का पदपाठ में परिवर्तन, पदपाठ का संहिता में परिवर्तन, सन्धि विज्ञान, स्वरविधान, पदों का विभाजन, स्वरसंचार आदि विषयों की चर्चा होती हैं। प्रातिशाख्य के ऋक्प्रातिशाख्य, वाजसनेय. साम. तैत्तिरीय, मैत्रायणीय, अथर्व आदि प्रकार या विभाग हैं।

प्रादि = प्र, परा, अप, सम्, अनु, अव, निस्, निर्, दुस्, दुर्, वि, आङ्, नि, अधि, अपि, अति, सु, उत्, अभि, प्रति, परि, उप। इन २२ अद्रव्यार्थक शब्दों की संज्ञा (**द्रव्य** = लिंगसंख्यान्वितं द्रव्यम्) अर्थात् जिसका बोध लिंग तथा संख्या सहित होता है ऐसा पदार्थ। प्रादि गण के शब्दों की निपात, उपसर्ग तथा गति संज्ञाए निमित्तवश होती हैं।

फिट् = पाणिनिपूर्वकालीन व्याकरणकार शान्तनवाचार्य के मतानुसार प्रातिपादिक की संज्ञा।

फिट्सूत्र = शान्तन्वाचार्यकृत व्याकरणसूत्रों की संज्ञा। पाणिनि संप्रदाय के वैयाकरण उदात्तादि स्वरविवेक में फिट्सूत्रों का प्रामाण्य मानते हैं।

बहुल (बाहुलक) = "बहून् अर्थान् लाति इति बहुलम्- इस व्युत्पत्ति के अनुसार 'बहुल' शब्द अनेक अर्थों का वाचक होता है। पारिभाषिक दृष्टि से चार प्रकार से बहुल शब्द का अर्थ माना जाता है। (१) कार्य का कहीं प्रवृत्त होना, (२) कहीं न होना, (३) कहीं विकल्प से होना और (४) कहीं दूसरा ही कुछ हो जाना। शिष्टप्रयोग शास्त्रसम्मत होते हैं। उनके अनुसार वहुल - शब्दोक्त विकल्प माना जाता है।

बहुव्रीहि = इस समास में प्रयुक्त शब्दों के विशेषण-विशेष्य आदि उपमान-उपमेय आदि संबंध यथावत् रहते हुए भी, सामासिक शब्द अन्य किसी पदार्थ का विशेषण होने से वे गौण होते हैं, तथा समास के लिङ्ग-वचन-विभक्ति विशेष्य के समान होते हैं। पीताम्बरः या पीताम्बरा आदि शब्द इस समास के उदाहरण हैं।

बहुव्रीहि = यह विशेषण-विशेष्य वाचक शब्दों का समास है किन्तु यह अन्यपदार्थप्रधान होने के कारण कर्मधारय समास से पृथक् होता है। बहुव्रीहि समास संस्कृत भाषा की अनोखी विशेषता है।

बहुव्रीहि के प्रकार = (१) समानाधिकरण बहुव्रीहि – (इस में दोनों पद समानविभक्ति में होते हैं। उदा. पीताम्बरः (विष्णुः) आदि। **(२) व्यधिकरण** – इसमें दोनों पदों की विभक्तियाँ विभिन्न होती हैं। उदा. चापपाणिः (चापः पाणौ यस्य सः) रामः इत्यादि। **(३) तुल्ययोग** – तुल्ययोग सूचक 'सह' शब्द का अन्य तृतीयान्त शब्द के साथ यह 'सह' समास होता है। इसे 'सहबहुव्रीहि' भी कहते हैं। **(४) व्यतिहार** –दो व्यक्तियों में समान क्रिया के आदान-प्रदान को कर्मव्यतिहार कहते है। (उदा. केशाकेशि, दण्डादण्डि (युद्धम्)। विग्रह = केशेषु केशेषु गृहीत्वा प्रवृत्तम्। दण्डैश्च प्रहृत्य इदं युद्धं प्रवृत्तम्)। **(५)तद्गुणसंविज्ञान** –जहां अन्यपदार्थ के गुणों की कार्य में योग्यता के होने से संविज्ञान होता है उस बहुव्रीहि समास की संज्ञा। उदा. 'चित्रवाससम् (आनय) इस समास में किसी मनुष्य को तभी लाया जाता है जब वह चितकबरे वस्त्रों से युक्त होता है। इसी प्रकार "लोहितोष्णीशाः ऋत्विजः प्रचरन्ति" उदाहरण में ऋत्विक्गण लाल रंग की पगडियाँ धारण कर संचार करते हैं यह भाव है। (६) **अतद्गुण संविज्ञान** = इसमें विशेष विशेष्य में केवल स्वस्वामि-भाव की प्रतीति होती है। उदा. चित्रगुम् आनय।

बाह्य प्रयत्न = वर्णों के उच्चारण स्थान के बाहर होने वाले प्रयत्न- विवार, संवार, श्वास, नाद, घोष, अघोष, अल्पप्राण, महाप्राण, उदात्त, अनुदात्त और स्वरित।

'भ' = सर्वनामस्थान ('सुट्' प्रत्यय) से भिन्न यकारादि और अजादि, स्वादि (सुऔजस्) से कप् प्रत्यय तक (४-१-२ से ५-१-१५० सूत्रों के अन्तर्गत) प्रत्यय सम्मुख होने पर पूर्वसमुदाय की 'भ' संज्ञा होती है। यह संज्ञा 'स्वादिष्वसर्वनामस्थाने' (१-४-१०) सूत्र से प्राप्त 'पद' संज्ञा को बाधित करती है।

भाषा = वैदिक संस्कृत के अतिरिक्त लौकिक व्यवहार में प्रयुक्त संस्कृत भाषा।

भाषितपुंस्क (या युक्तपुंस्क) = मूलतः नपुंसकलिंगी या स्त्रीलिङ्गी होने पर भी जिस शब्द का प्रयोग उसी अर्थ में किसी हेतु पुंलिग में होता है उसे ("भाषितः पुमान् यस्मिन् अर्थे तद्" इस विग्रह के अनुसार) प्रस्तुत संज्ञा होती है। उदा. "अनादि" शब्द का तीनों लिंगों में प्रयोग होता है। उसके नंपुसकलिंगी रूपों की सिद्धी में तृतीयादि विभक्ती से लेकर अजादि प्रत्यय लगने पर उसके रूप पुंलिंगी भी होते है। (यह गालव का मत है।) जिस शब्द के प्रयोग का कारण पुंलिंग और स्त्रीलिंग में समान हो और जो शब्द स्त्रीलिंगी और पुंलिंग दोनों में प्रयुक्त होता हो, ऐसे स्त्रीवाचक शब्द का पुंवाचक के समान रूप होने पर यह संज्ञा होती है। उदा. (१) चित्रगुः (चित्रा गावो यस्य सः) (२) रूपवद्भार्यः (रूपवती भार्या यस्य सः)

मण्डूकप्लुति = सूत्र का यथोचित अर्थ पूर्ण करने के लिए अन्य पूर्ववर्ती समीपस्थ सूत्रों से आवश्यक शब्दों का ग्रहण करने की पाणिनीय व्याकरण की पद्धति में 'अनुवृत्ति' के [illegible] 'मण्डूकप्लुति' (मेंढक का कूदना) की प्रक्रिया मानी जाती है। उदा. पृथग्विनानानाभिस्तृतीयान्यतरस्याम् (२-३-३२) इस सूत्र में एनपा द्वितीया (८-३-३१) सूत्र से 'द्वितीया' की अनुवृत्ति

होती है किन्तु अपेक्षित 'पंचमी' शब्द का ग्रहण 'अपादाने पंचमी' (२-३-२८) सूत्र से (जो किंचित् दूर है) 'मण्डूकप्लुति' द्वारा किया जाता है।

महाप्राण = कादि पांच वर्गों के द्वितीय, चतुर्थ वर्ण और श, ष, स, ह (ऊष्मन्) वर्णों की बाह्य प्रयत्नमूलक संज्ञा।

मात्राप्रमाण = एकमात्रा (चाषपक्षी का स्वर)। द्विमात्रा (कौवा.)। त्रिमात्रा (मयूर)। अर्धमात्रा (नकुल = नेवला)।

माहेश्वर सूत्र = अइउण्। ऋलृक्। एओङ्। ऐऔच्। हयवरट्। लण्, ञमङणनम्। झभञ्। घढ्धष्। जबगडदश्। खफछठथचटतव्। कपय्। शषसर्। हल्। इन १४ सूत्रों को **'वर्णसम्नाय'** भी कहते हैं क्यों की इस में संस्कृत भाषा में प्रयुक्त सभी स्वर (अच्) और व्यंजन (हल्) यथा क्रम कहे गये हैं। इन सूत्रों पर आधारित प्रत्याहारों का निर्देश पाणिनीय अष्टाध्यायी में यत्र, तत्र सर्वत्र हुआ है। अष्टाध्यायी में कुल ४४ प्रत्याहारों का (अक् एच्, यण् ङम् इत्यादि) यथास्थान हुआ है। पाणिनीय व्याकरण की संक्षिप्तता का रहस्य इन सूत्रों तथा तन्मूलक प्रत्याहारों मे है। माहेश्वरश्वर सूत्रों को प्रत्याहार सूत्र भी कहते हैं। इनका अन्तर्भाव संज्ञासूत्रों में होता है।

यण्विधि = इ, उ, ऋ, लृ के स्थान में यथाक्रम य्, व्, र्, ल् आदेश होना। इसके विपरीत संप्रसारण होता है।

यथोद्देश पक्ष = व्याकरण शास्त्र में कथित संज्ञाओं तथा परिभाषाओं के सूत्रों के अर्थों को यथास्थान ज्ञात करने पर विधिप्रदेशों में उनकी एकवाक्यता करना। इस पद्धति को 'यथोद्देश पक्ष' कहते है। जिन छात्रों की विद्या के प्रति अपेक्षा बुध्दि होती है वे यथोद्देशपक्ष वाले कहे जाते हैं। इसके विपरीत **'कार्यकाल पक्ष''** होता है। जो छात्र अध्ययन काल में उपेक्षा बुद्धि रखने के कारण, संज्ञा तथा परिभाषा के सूत्रों के अर्थ की ओर ठीक ध्यान नहीं देते किन्तु रूपसिद्धि के समय विधि-निषेध आदि की प्राप्ति होने पर सूत्रों की समुचित व्याप्ति समझने के लिए पुनश्च संज्ञा- परिभाषा सूत्रों की जिज्ञासा उपस्थित करते है; उन्हे **'कार्यकाल पक्ष'** वाले माना जाता है।

यम = क वर्गादि वर्गों के पहले चार वर्णों के आगे पांचवा (अनुनासिक) वर्ण आने पर बीच में पूर्व वर्ण के समान वर्ण आता है। इसी को वैदिक व्याकरण में 'यम' (जुडवा) कहते हैं। उदा. चख्ख्नतुः अग्ग्नि घ्घ्नन्ति आदि।

युव = पिता जीवित होने पर पौत्र आदि चतुर्थ अपत्य की संज्ञा। 'युव' एक विशिष्ट प्रत्यय की भी संज्ञा है जो गोत्रप्रत्ययान्त तथा अपत्यप्रत्ययान्त शब्द को लगता है।

युवा (युवापत्य) = वंश के प्रवर्तक पिता, पितृव्य (चाचा) आदि के वंश्य जीवित रहते हुए पौत्र आदि की सन्तान (प्रपौत्र आदि) की संज्ञा। (इस संज्ञा से 'युव' संज्ञा बाधित होती है। (२) पिता (वंश्य) की मृत्यु के पश्चात् बड़े भाई के जीवित रहने पर छोटे भाई की भी 'युवा' संज्ञा होती है। (३) वंश्य (पिता) की मृत्यु के पश्चात अन्य कोई ज्येष्ठ सपिण्ड (पितृव्य, ज्येष्ठ भ्राता, मातामह) जीवित हो, तो पौत्रादि की जीवित सन्तति को विकल्प से 'युवा' संज्ञा होती है। पक्ष में गोत्रसंज्ञा होती है।

योगविभाग = अनुवृत्ति, मण्डूकप्लुप्ति आदि प्रक्रिया के कारण सूत्रों में उल्लिखित विशिष्ट शब्द की आवश्यकता नहीं रहती। ऐसी अवस्था में पाणिनिद्वारा उल्लिखित उस अनावश्यक शब्द का योगविभाग 'किया जाता है अर्थात् उसका संबंध अग्रिम सूत्र के साथ जोड़ा जाता है। उदा. 'प्लुतप्रगृह्या अचि नित्यम् (६-१-१२५) सूत्र में कथित 'नित्यं' शब्द का योग विभाग होता है।

र प्रत्याहार = ह य व र ट्। लण्- इन माहेश्वर सूत्रों में निर्दिष्ट 'र' में स्थित अकार का अनुनासिकत्व के कारण इत् संज्ञासे लोप होता है और लकार में स्थित अकार से योग होकर, र-प्रत्याहार सिद्ध किया जाता है। यह रप्रत्याहार र और ल् दोनों का बोध करता है।

लकार = क्रियापद के वर्तमान, भूत, भविष्य आदि कालविशेष के वाचक लट् लिट्, लुट्, लृट्, लेट्, लोट्, लङ्, लिङ्, लुङ्, लृङ्। इन में ६ टित् और ४ ङित् हैं।

लघुप्रयत्नतर = जिसके उच्चारण में जीभ के अग्र उपाग्र, मध्य तथा मूल की शिथिलता तथा शीघ्रस्पर्श होता है ऐसा उच्चारण। य और व का उच्चारण दो प्रकार से होता है। (१) सामान्य (ईषद्विवृत्त) प्रयत्न और (२) लघुप्रयत्नतर (उदा. भोयच्युत।)

लादेश = लट्, लिट्, लुट्, इत्यादि १० लकारों के स्थान पर होने वाले २८ आदेश। वे हैं I- तिप्, तस् झि। सिप्, स्थस्, स्थ। मिप्, वस्, मस्।
II - त, आताम् झ। था आथां ध्वम्। मिड्, वहि, महिङ्। इन लादेशों की परस्मैपद संज्ञा होती है। (आत्मनेपद इस का अपवाद है।) परस्मैपद = देखिये लादेश।

लिट् = क्रिया में अनद्यतन और परोक्ष भूत काल का अर्थ व्यक्त करने वाला एक लादेश।

लुक् = प्रत्यय के विषय में किया जाने वाला लोप (अदर्शन)। इसी प्रकार प्रत्यय से संबंधित लोप का निर्देश श्लु, लुप् शब्दों से सूत्र में होता है। लुक्, श्लु, लुप्, इन लुकार युक्त संज्ञाओं का निर्देश लुमत् (लुमान्, लुमन्तः) शब्द से होता है।

लुप् = देखिये लुक्।

लुमत् = देखिये लुक्।

लोप = शब्द में विद्यमान स्वर – व्यंजन आदि का प्रयोजनवश दर्शन या श्रवण न होना। पाणिनीय व्याकरण में अनेक कारणों से वर्णों के लोप किए जाते हैं। इत् संज्ञक सभी वर्णों के लोप होते हैं।

लौकिक विग्रह = जिस विग्रह स्वरूप वाक्य का लौकिक

व्यवहार की भाषा में प्रयोग हो सकता है। उदा. राज्ञः पुत्रः (राजपुत्रः)। किन्तु जिस विग्रहवाक्य का केवल शास्त्र में ही प्रयोग होता है उसे अलौकिक विग्रह कहते हैं। उदा. राजन् + ङस् + पुत्र + सु

वचन = एकत्व, द्वित्व और बहुत्व की द्योतक संज्ञा। विभक्ति प्रत्ययों द्वारा 'वचन' का बोध होता है।

वन्नन्त = वन् (ङ्वनिप्, क्वनिप्, वनिप्) प्रत्ययान्त शब्द।

वर्ण = प्रकार – स्वर २१, स्पर्श २५, यादि (य व र ल- श ष स ह)- ८, यम ४; = ५८। इनके अतिरिक्त अनुस्वार, विसर्ग, जिव्हामूलीय, उपध्मानीय, और दुःस्पृष्ट। कुलसंख्या ६३। (इनके अतिरिक्त वैदिक 'ळ' कार सहित वर्णों की कुलसंख्या ६४ मानी जाती है।

वर्णधर्म = उदात्त, अनुदात्त, स्वरित स्वरों की संज्ञा

वर्णविपर्यय = शब्द की सिद्धि में मूल धातु के वर्णानुक्रम में परिवर्तन। उदा. हिंस्- सिंह। लत् - तालु

वर्णविभाग = पांच प्रकार – **स्वरतः** (उदात्त, अनुदात्त, स्वरित), **कालतः** (न्हस्व, दीर्घ, प्लुत)। **(स्थानतः** (उरस्, कण्ठ, शिरस्, जिह्वामूल, दन्त, नासिका, ओष्ठद्वय और तालु (कुल ८) **यत्नतः** (आभ्यन्तर ५; बाह्य -११) और अनुप्रदानतः।

वर्णसमाम्नाय = पाणिनि के अष्टाध्यायी ग्रंथ के प्रारंभ में दिये गये 'अ इ उ ण्' इत्यादि १४ सूत्र। इन्हें प्रत्याहार सूत्र भी कहते हैं।

वर्णसमाम्नायिक = वर्णसमाम्नाय (माहेश्वर सूत्र) में उच्चारित स्वर और व्यंजन। वर्णसमाम्नाय में केवल न्हस्व स्वरों का निर्देश है। अतः तदितर दीर्घ ई ऊ आदि उनसे अलग माने जाते हैं।

वाक्यसंस्कार पक्ष = देखिये पदसंस्कार पक्ष।

वार्तिक = पाणिनीय सूत्रों में उक्त, अनुक्त और दुरुक्त का निर्देश करने वाले कात्यायन (त्रिमुनि में से एक) द्वारा रचित लघु वाक्य। कात्यायन के वार्तिकों का विमर्श पातंजल महाभाष्य में हुआ है। भाष्यकार ने अत्यंत मार्मिकता से वार्तिककार के आक्षेपों का खण्डन तथा 'भगवान्' सूत्रकार के कथन का समर्थन किया है।

वार्तिक = उदा. यणः प्रतिषेधो वाच्यः। छत्वममीति वाच्यम्। शकन्ध्वादिषु पररूपं वाच्यम् इत्यादि। अष्टाध्यायी के १ सहस्र से अधिक सूत्रों पर वार्तिक लिखे गये हैं।

विग्रह = सामासिक शब्द का विश्लेषण। इसमें समासगत प्रत्येक शब्द को विभक्ति प्रत्यय लगाकर शब्दों का संबंध दिखाया जाता है। (वृत्त्यर्थावबोधकं वाक्यं विग्रहः।) दो प्रकार (१) लौकिक। (२) शास्त्रीय (अलौकिक)।

विधि (चार प्रकार) = (१) पर (परसूत्र से विहित) (२) नित्य (परसूत्र से बाध आने पर भी होने वाला)। (३) अन्तरङ्ग और (४) अपवाद । इनमें उत्तरोत्तर विधि बलवत्तर होते हैं। अपवाद विधि सबसे अधिक बलवान् होता है।

विधिसूत्र = आदेश, आगम, न्हस्व, दीर्घ आदि का कथन करने वाले सूत्र। निषेध का कथन करने वाले सूत्रों का अन्तर्भाव विधिसूत्रों में ही होता है। (उदा. इको यणचि। एचोऽयवायावः। न पदान्ताट्टोरनाम् इत्यादि

विपरिणाम = शास्त्र में शब्द का निर्देश सभी लिंग वचन, विभक्तियों में नहीं हो सकता। वह एक मात्र विशिष्ट लिंग वचन विभक्ति में हो सकता है। ऐसे शब्दों को लिंग आदि में आवश्यकतानुसार परिवर्तन करते हुए अर्थ की संगति लगाई जाती है। 'अभ्यासे चर्च (८-४-५४) सूत्रस्थ चर् का वचनविपरिणाम से बहुवचन होता है।

विभक्ति = सुप् (सु औ जस् आदि २१) प्रत्ययों तथा तिङ् (तिप् तस् झि आदि १८) प्रत्ययों की संज्ञा।

विभक्ति-दो प्रकार = (१) **उपपदविभक्ति** – (किसी विशिष्ट पद के सान्निध्य के कारण शास्त्रादेश के अनुसार विहित विभक्ति। उदा. नमः स्वस्ति आदि शब्दों के सान्निध्य में उपपद याने तत्समीपस्थ शब्द राम कृष्ण आदि की चतुर्थी विभक्ति होती है। (२) **कारकविभक्ति** - क्रिया के साथ कारक (कर्ता, कर्म, आदि) का साक्षात् सम्बन्ध होने के कारण प्राप्त विभक्ति।

विभाषा = व्याकरण सूत्रों में प्रयुक्त हुए इस शब्द का अर्थ निषेध तथा विकल्प होता है। विकल्प के अर्थ में वा, अन्यतरस्याम्, बहुलम् आदि शब्द मिलते हैं। विभाषा के तीन प्रकार - प्राप्तविभाषा, अप्राप्तविभाषा और उभयत्र विभाषा।

विभाषा = प्राकृत शब्दों का यथोचित उच्चारण करने से उत्पन्न अपभ्रष्ट शब्दमयी भाषा। उदा. शाबरी, आभीर, इ.

विवृत = अकारादि स्वरों का उच्चारण करने में आवश्यक एक आभ्यन्तर प्रयत्न।

विसर्गसन्धि = पदान्तस्थ विसर्ग का विशिष्ट स्वरों तथा व्यंजनों से योग होने पर होने वाला सन्धिकार्य। इसमें विसर्ग का लोप, उत्व, र, ष, स , जिव्हामूलीय (क ख); उपध्मानीय (प फ) आदि होते हैं।

वृत्ति = पदों के एकार्थीभाव सामर्थ्य के कारण जो पदसंबंधी विधि (विधान) होते हैं उनकी संज्ञा। पांच प्रकार – कृदन्तवृत्ति, (धातुओं को 'कृत्' प्रत्यय लगना), तद्धितवृति (प्रादिपादिकों को तद्धित प्रत्यय लगना); धातुवृत्ति; (धातुओं को 'सन्' आदि अन्यार्थक प्रत्यय लगना); समासवृत्ति (दो या अधिक समर्थ पदों का संयोग होना) और एकशेषवृत्ति (समान रूप के अर्थ वाले अनेक शब्दों में से एक शब्द अविशिष्ट रहकर उसके द्वारा सभी शब्दों का अर्थ प्रकट होना। इन वृत्तियों द्वारा परार्थ की अभिव्यक्ति होती है।

वृत्ति = शब्द के मूलार्थ में विचार करने वाले व्याकरण के विषय। पांच प्रकार - कृत्, तद्धित, समास, सनाद्यन्त, धातु तथा एकशेष।

वृत्ति = व्याकरण मतानुसार शब्द की यह स्वयंभू एक शक्ति है जिसके दो भेद होते है। (१) शक्ति (२) **व्यंजना।**

शक्ति के दो प्रकार (१) प्रसिद्धा (२) अप्रसिद्धा। (**प्रसिद्धा** के ३ भेद — रूढि, योग, योगरूढि। **प्रसिद्धा** = लक्षणा)। व्यंजनावृत्ति के दो प्रकार — (१) गूढ व्यंग्या, (२) अगूढव्यंग्या।

वृद्ध = (१) आ, ऐ, औ (वृद्धि संज्ञक स्वर) से प्रारंभ होने वाले शब्दों की तथा (२) त्यदादिगण में पठित शब्दों की संज्ञा।

वृद्धि = आ (दीर्घ आकार) और ऐच् प्रत्याहार के अन्तर्गत स्वरों (ऐ, औ) की संज्ञा।

व्यपदेशिवद्भाव = (व्यपदेशी = मुख्य) = व्याकरण में एक (असहाय) वर्ण के विषय में किया जाने वाला कार्य आदि और अन्त की तरह होता है। जैसे किसी व्यक्ति के एक ही पुत्र होने पर वही ज्येष्ठ, मध्यम और कनिष्ठ माना जाता है। तीनों के संबंध में होने वाले उपचार या व्यवहार उस अकेले में ही होते हैं।

व्यपेक्षारूप सामर्थ्य (या व्यपेक्षावाद) = वाक्यस्थ शब्दों का अपना अपना अर्थ व्यक्त करते हुह आकांक्षा, योग्यता और आसत्ति द्वारा परस्पर संबन्ध की अपेक्षा रखना।

व्यवस्थित विभाषा = शास्त्र में विभाषा (याने विकल्प के निर्देश में दो प्रकार की रूपसिद्धि होती है। उदा. = गो अग्रम्, गोऽग्रम्। इसके अतिरिक्त कुछ स्थानों में विकल्प भावात्मक होता है। ऐसे स्थानों में दूसरे प्रकार की रूपसिद्धि नहीं होती उदा. गवाक्ष सन्धि में गोऽक्ष, गो अक्ष जैसे वैकल्पिक रूप व्यवस्थित विभाषा के कारण नहीं होते। 'लक्ष्यानुसारेण व्यवस्था (प्रवृत्ता) विभाषा'' अर्थात् लक्ष्य के स्वरूप के अनुसार प्रवृत्त होने वाला विकल्प।

व्याकरण = वेदों के शिक्षा, कल्प आदि अंगों में से एक। छह अंगों में से शिक्षा और निरुक्त व्याकरण के पूरक अंग माने जाते हैं। भर्तृहरि तथा पतंजलि आदि विद्वानों के मतानुसार (मुखं व्याकरणं स्मृतम्।'' ''प्रथमं छन्दसामङ्गं प्राहुर्व्याकरणं बुधाः''। ''व्याकरण मूलत्वात् सर्वविद्यानाम्'' इ.) व्याकरण वेद का प्रमुख अंग है।

व्याख्यान = सूत्रादि दुर्बोध वाक्यों का स्पष्टीकरण। इसमें पदों का विभाजन (पदच्छेद), प्रत्येक पद के अर्थों का कथन, समासादि का विग्रह, तत्पश्चात् विच्छेदित पदों की वाक्ययोजना, सूत्रोक्त पदों के संबंध में आक्षेप उत्थापित करते हुए उनका समाधान उदाहण – प्रत्युदाहरण द्वारा देना। अंत में व्याख्यानकार अपना अभिप्राय संक्षेप में कहता है। संस्कृत के वाङ्मय क्षेत्र में प्रायः सभी श्रेष्ठ मंत्र-सूत्र-कारिका स्वरूप शास्त्रीय ग्रंथों पर तथा श्रेष्ठ ललित ग्रन्थों पर उत्कृष्ट व्याख्यानों की रचना हुई है। उन्हीं के कारण प्राचीन मनीषियों का अगाध ज्ञान जिज्ञासुओं के लिए सुबोध हुआ है।

शब्द = अर्थ का बोध कराने वाला वर्णसमुदाय। लौकिक व्यवहार में अर्थ की प्रधानता के कारण यह विशेष्य होता है और शब्द उस अर्थ का विशेषण होता है किन्तु व्याकरण शास्त्र में प्रधानभूत शब्द विशेष और अर्थ विशेषण होता है।

शब्द = दो प्रकार (१) ध्वन्यात्मक (मृदंग आदि से उत्पन्न); (२) वर्णात्मक (स्वर- व्यंजनात्मक) मानवी वाणी से उच्चारित।

शब्दजाति (आठ प्रकार) = नाम, सर्वनाम, विशेषण, क्रियापद, क्रियाविशेषण, अव्यय, उभयान्वयीअव्यय, केवल प्रयोगी अव्यय और शब्दयोगी अव्यय।

शब्दवृत्ति = शब्द में अर्थ का अस्तित्व। **चार प्रकार** = अभिधा, लक्षणा, व्यंजना, और तात्पर्य।

शब्दसामर्थ्य = विविध प्रकार के अर्थों को व्यक्त करने की शब्दों की शक्ति। दो प्रकार – (१) एकार्थीभावरूप (इसी के कारण कृदन्त आदि पांच प्रकार की वृत्तियाँ सम्पन्न होती हैं। (२) व्यपेक्षारूप (इसी के कारण वाक्यार्थ का बोध होता है।)

शेष = वाक्यस्थ शब्दों में प्रातिपदिकार्थ तथा कर्म करण आदि कारक संबंध प्रायः सूत्रादेश के अनुसार होता है। शब्दों में इन शास्त्रोक्त संबंधों के अतिरिक्त स्व-स्वामिभाव आदि संबंधों को 'शेष' कहते हैं। इस संबंध का निर्देश 'षष्ठी' विभक्तिद्वारा होता हैं। उसी प्रकार जब कारकसंबंध की, प्राधान्य से विवक्षा नहीं होती, तब भी कर्ता कर्म करण आदि संज्ञक शब्दों की षष्ठी विभक्ति होती है।

श्लु = देखिए लुक्।

षट् = षकारान्त (षष् आदि) और नकारान्त (पञ्चन्, सप्तन् अष्टन् आदि) संख्यावाचक शब्दों की संज्ञा।

षट् = डति - प्रत्ययान्त शब्दों की संज्ञा। 'बहुगणवतुडति संख्या (१-१-२३) सूत्र के अनुसार डति प्रत्ययान्त शब्दों की 'संख्या' संज्ञा भी होती है। षट्संज्ञक शब्द तीनों लिंगो में समान होते हैं।

षष्ठी = कर्ता, कर्म आदि छहों कारकों से भिन्न स्व-स्वामिभाव आदि संबंधों के सूचित करने हेतु प्रयुक्त विभक्ति।

षष्ठी विभक्ति के चार प्रकार = (१) शेषषष्ठी = सामान्य सम्बन्ध द्योतक)। (२) कारक - शेष षष्ठी। (३) कारक षष्ठी। (४) उपपद षष्ठी (तुल्यादि शब्दों के योग में)।

षष्ठ्यर्थ = भाष्यकार के मतानुसार षष्ठी विभक्ति के एक सौ अर्थ होते हैं। (एकशतं षष्ठ्यर्थाः)। इन में सामीप्य, आनन्तर्य, अवयव, विकार, स्वस्वामिभाव इत्यादि अर्थों का षष्ठी से नियत संबंध होता है। किन्तु जब षष्ठी के द्वारा कोई विशिष्ट अर्थ व्यक्त नहीं होता तब उसे **अनियतयोगा** षष्ठी कहते हैं।

संख्या = बहु, गण, तथा वतु प्रत्ययान्त और डति प्रत्ययान्त शब्दों की संज्ञा। (इन में डति-प्रत्ययान्त शब्दों की 'षट्' संज्ञा होती है जैसे कति शब्द डति प्रत्ययान्त होने से 'षट्' संज्ञक हैं।

संज्ञासूत्र = संज्ञा और संज्ञी, दोनों के निर्देश से युक्त सूत्र। उदा. वृद्धिरादैच्। अदेङ् गुणः। शेषो घ्यसखि इत्यादि।

संप्रदान = व्युत्पत्ति के अनुसार यह अन्वयार्थ संज्ञा है। (व्युत्पत्ति = सम्यक् प्रदीयते अस्मै तत् सम्प्रदानम्) दान क्रिया के कर्मद्वारा जिसका अभिप्राय सिद्ध किया जाता है

अर्थात् कर्ता के द्वारा देय वस्तु का दान जिसे दिया जाता है उसकी संज्ञा। सम्प्रदानसंज्ञक की वाक्य में चतुर्थी विभक्ति होती है। रुच्, श्लाघ्, धृ, स्पृह्, क्रुध्, द्रुह्, राध्, आदि धातुओं के प्रयोगों में विशिष्ट शब्दों की संप्रदान संज्ञा होती है।

सम्प्रसारण = 'यण्' प्रत्याहार (य, व, र्, ल्) के स्थान में होने वाला 'इक्' प्रत्याहार (इ, उ, ऋ, ऌ) का यथाक्रम आदेश।

सम्बुद्धि = प्रथमा विभक्ति के एकवचन की संज्ञा।

संयोग = विजातीय स्वरवर्णों का व्यवधान न रहने के कारण व्यंजनों का अतिसान्निध्य। उदा. अग्नि। ग्नि- दो व्यंजनों का संयोग। इन्द्र 'न्द्र' तीन व्यंजनों का संयोग। इस प्रकार पांच, छह, व्यंजनों का भी संयोग हो सकता है। उदा. **तिलान्स्त्य्व**पति या तिला**न्स्त्र्या**वपति)।

संहिता = उच्चारित वर्णों की अत्याधिक समीपता। इसी को 'संधि' कहते हैं।

सत् = वर्तमानकालवाचक शतृ और शानच् प्रत्ययों की संज्ञा।

सनादि प्रत्यय = सन्, क्यच्, काम्यच्, क्यङ्, क्यष, क्विप्, णिच्, यङ्, इत्यादि १२ प्रत्ययों की संज्ञा। सनादि प्रत्ययान्तों की 'धातु' संज्ञा होती है।

सप्तमी = अधिकरण (आधार) संज्ञा प्राप्त कारक की विभक्ति।

समर्थ = समास होने के तथा तद्धित प्रत्यय का योग होने के पूर्व सन्धिकार्य आदि से युक्त शब्द का विशेषण।

समास = परस्पर संबंधित समर्थ (परिनिष्ठित) सुबन्त शब्दों का एकत्र समायोजन। यह संस्कृतभाषीय शब्दों का एक वैशिष्ट्य है। विविध प्रकार – अव्ययीभाव, तत्पुरुष, बहुव्रीहि, द्वन्द्व, द्विगु, कर्मधारय (तत्पुरुष का एक भेद)। समास में एकार्थीभावरूप पृथक् शक्ति होती है जो 'राजपुरुष' जैसे समासों में व्यक्त होती है। सुबन्तशब्दों का सुबन्त शब्दों से ही समास होता है किन्तु वेद में सुबन्त के साथ तिङन्त का भी समास होता है।

समास = (छह प्रकार) – (१) सुबन्त का सुबन्त से। उदा. राजपुरुषः। (२) सुबन्त का तिङन्त से । उदा. पर्यभूषयत्। (३) सुबन्त का प्रातिपदिक (या नाम) से उदा. कुम्भकारः। (४) सुबन्त का धातु से उदा. कटप्रू, अजस्र। (५) तिङन्त का तिङन्त से उदा. पिबतखादता। (६) तिङन्त का सुबन्त से। उदा. कृन्तविचक्षणा (यहां कृन्त पद तिङन्त है। (मयूरव्यंसकादि गण में ५ और ६ के उदाहरण पठित हैं।

समासान्त = सामासिक शब्द के अन्त में लगने वाले प्रत्यय। ये प्रत्यय समास के अन्तावयव होते हैं। उदा. उपराजम् समास के अन्त में लगे अ (टच्) प्रत्यय सहित 'उपराज' शब्द अव्ययीभाव कहलाता है।

समासाश्रयविधि = इन विधियों के द्वारा सामासिक पदों के वर्ण तथा पद में निपातन होता है। उदा. ब्राह्मणिब्रुवा (यहां ई ह्रस्व हुआ है); हृद्य (हृदय का हृद् हुआ है।) विष्किर (सुट् आगम का निपातन हुआ है)। एवं तस्कर, बृहस्पति, वनस्पति इत्यादि।

समाहार द्वन्द्व = देखिये चार्थ।

सर्वनामस्थान = 'सुट्' प्रत्यहार (सु औ जस्। अम् औट्) के अन्तर्गत पांच विभक्ति प्रत्ययों के स्त्रीलिंगी और पुलिंगी शब्दों की सिद्धि में यह संज्ञा होती है।

सर्वनामस्थान = नंपुसक अंग से परे जस् और शस् विभक्ति प्रत्ययों को 'शि' आदेश होता है। उस 'शि' की सर्वनामस्थान संज्ञा होती है। (सूत्र-शि सर्वनामस्थानम्-१-१-४२)

सर्वनाम = व्याकरण शास्त्र में सर्वादि गण में पठित ३५ शब्दों का निर्देश इस संज्ञा से होता है। सर्वादिगण में पठित शब्दों के अतिरिक्त उन्हीं अर्थ के अन्य शब्दों की यह संज्ञा नहीं होती। 'सर्वेषां नामानि इति सर्वनामानि' इस विग्रह के अनुसार यह अन्वर्थक संज्ञा होने से 'महासंज्ञा' मानी जाती है। (देखिए सर्वादि गण)

सर्ववेदपरिषद्शास्त्र = पाणिनीय व्याकरण की प्रशंसात्मक उपाधि।

सवर्ण = कण्ठ तालु आदि उच्चारणस्थान तथा स्पृष्ट ईषत्स्पृष्ट आदि उच्चारण प्रयत्न, ये दोनों जिन वर्णों के समान होते हैं उनकी संज्ञा।

सामर्थ्य = शब्द में स्थित अर्थ अभिव्यक्त करने की तथा एकार्थीभाव प्राप्त करने की परिनिष्ठित शब्द की योग्यता। इसी सामर्थ्य के कारण समास तथा तद्धित शब्द संपन्न होते हैं।

सामर्थ्य = शब्द की रूपसिद्धि में आवश्यक निमित्त। दो प्रकार (१) **व्यपेक्षासामर्थ्य** = (अन्वयबोध होने में शब्दविशेष की अपेक्षा होना)। 'तिष्ठतु सर्पिः पिब त्वम्, उदकम्' इस उदाहरण में विसर्ग का प से योग होने पर भी 'षत्व' नहीं होता क्यों कि सर्पिः शब्द का अन्वय तिष्ठतु से है, पिब से नहीं। (२) **एकार्थी भावसामर्थ्य** = विशेषण-विशेष्य भावसहित समुदायार्थ की प्रतीति देने वाला सामर्थ्य।

सार्वधातुक = तिङ् प्रत्यय तथा शित् प्रत्ययों की संज्ञा।

सूत्र = अल्पाक्षर, असंदिग्ध, सारभूत, **अर्थ से पूर्ण**, **विश्वतोमुख**, (जिसका उपयोग शास्त्र में सर्वत्र होता है।) अनावश्यक विस्तार से मुक्त (अस्तोभ) शब्दों का समूह। सूत्रवाङ्मय में पाणिनि की अष्टाध्यायी के सूत्र आदर्श माने जाते हैं।)

सूत्र (पांच प्रकार) = पाणिनि की अष्टाध्यायी के सूत्र पांच प्रकार के होते हैं। – संज्ञासूत्र, परिभाषा, विधि, नियम और अतिदेश।

स्त्रीप्रत्यय = शब्द के स्त्रीलिंगत्व का बोध कराने वाले प्रत्यय – ङीप्, ङीष्, ङीन् (ई)। टाप्, डाप्, चाप् (आ)। ऊङ् तथा ति।

स्थानिवद्भाव = जिस वर्ण के स्थान में अन्य वर्ण प्राप्त होता है, उसे **स्थानी** कहते हैं और जिस वर्ण से स्थानी की निवृत्ति होती है, उसे **आदेश** कहते हैं। व्याकरण प्रक्रिया में आदेश को स्थानी को समान (तुल्यधर्म) माना जाता है।, यथा गुरु के स्थानपर आरूढ होने वाले गुरुपुत्र को गुरुवत् माना जाता है।

स्पर्श = उच्चारण स्थानों में जिह्वा के स्पर्श; से उत्पन्न वर्ण। क वर्ग से पवर्गीय म तक के २५ व्यंजन।

स्पृष्ट प्रयत्न = स्पर्श (क से म तक २५) वर्णों के उच्चारण में आवश्यक एक आभ्यन्तर प्रयत्न।

स्फोटवाद = पतंजलिद्वारा प्रवर्तित एक शब्दब्रह्म विषयक सिद्धान्त। भगवान् उपवर्ष ने इसका खंडन किया है।

स्वर = अच् प्रत्याहार में अन्तर्भूत अकारादि वर्ण। इनके ऱ्हस्व, दीर्घ, प्लुत भेदों के कारण स्वरों की पूर्ण संख्या २१ मानी जाती है।

स्वरमात्रा = ऱ्हस्व (१ मात्रा) दीर्घ (दो मात्राएं) प्लुत (तीन मात्राएँ)। उदा. उ, ऊ, ऊ ३। सूत्र में इसका निर्देश 'ऊकाल' शब्द से हुआ है।

स्वर = उदात्त (उच्च) निषाद और गन्धार। अनुदात्त (नीच) ऋषभ और धैवत। स्वरित (उच्च-नीच समाहार) - षड्ज मध्यम और पंचम।

स्वरस्थान = (१) हृदय (अनुदात्त का स्थान), (२) मूर्धा (उदात्त), (३) कण्ठमूल (स्वरित.) (४) सर्वास्य (प्रचय.)।

स्वरित = स्वर में उदात्त और अनुदात्त इन दोनों वर्णधर्मों का समन्वय। स्वरित स्वर का प्रथमार्थ उदात्त और उत्तरार्ध अनुदात्त होता है।

स्वस्रादि = स्वसृ (बहन), तिसृ (तीन स्त्रियाँ), चतसृ (चार स्त्रियाँ), ननान्दृ, दुहितृ यातृ, (पति के भाई की पत्नी) और मातृ इन सात ऋकारान्त शब्दों की संज्ञा।

स्वादि सन्धि = प्रातिपदिक (नाम) शब्दों से प्रथमादि विभक्तियों के निमित्त सुप् (सु औ जस् से सुप् तक) प्रत्यय लगते हैं। उनके कारण विशिष्ट सन्धिरूप परिवर्तन होते हैं। इन विभक्तिप्रत्ययों का प्रारंभ 'सु' से होता है, अतः उन्हें स्वादि कहते हैं।

स्वार्थप्रत्यय = शब्द के प्राकृत अर्थ का ही विशेषता से प्रतिपादन करने वाले प्रत्यय उदा. सुख-सौख्य, वैयाकरणः वैयाकरणरूपः (रूपप् प्रत्यय)। चातुवर्ण्यम्।

हल् सन्धि = व्यंजनों के संमुख विशिष्ट व्यंजन आने पर होने वाले सन्धिप्रयोग। इन में श्चुत्व, ष्टुत्व, जश्त्व, अनुनासिक अनुस्वार, लत्व, पूर्वसवर्ण, परसवर्ण चर्त्व, आगम (कुक्, टुक्, धुट्, तुक् आदि) इत्यादि वर्णविकार होते हैं।

हेतु = कर्ता को प्रेरित करने वाला कर्ता। इसे हेतुकर्ता कहते हैं।

हेतु (प्रकार) = (१) सव्यापारं निर्व्यापारं वा यद् द्रव्योत्पादकं (२) सव्यापारं निर्व्यापारं वा यद् गुणोत्पादकम्। (३) निर्व्यापारं क्रियोत्पादकं यत्। किन्तु (४) सव्यापारं क्रियोत्पादकं यत् तद् **करणम्** उच्यते। करण = क्रिया की सिद्धि में जिसका उपयोग अत्यन्त आवश्यक होता है ऐसा साधन। उदा. 'रामेण बाणेन हतो' वाली। यहां 'बाण' करण है।

ऱ्हस्वादेश = दीर्घ को ऱ्हस्व करने का आदेश। एच् प्रत्याहार का ऱ्हस्वादेश होने पर एकारादि के ऱ्हस्वरूप न होने के कारण 'इक्' प्रत्याहारात्मक ऱ्हस्वादेश होता है। (ए ऐ = इ; ओ औ = उ)

★★★

वर्ग - २ - (अ) – परिशिष्ट
पाणिनीय गणपाठ

भगवान पाणिनि ने अपनी अष्टाध्यायी में शब्दसिद्धि के लिये आवश्यक विधि-निषेधों का कथन करने में लाघव निर्माण करने हेतु २५६ गणों का निर्देश चादय, प्रादयः सर्वादीनि, याजकादि, पैपलादि आदि प्रकारों के शब्दों से आठों अध्यायों में किया हैं। ये आदि से युक्त शब्द 'गण' के निर्देशक होते हैं। प्रत्येक गण में अनेक शब्दों का अन्तर्भाव होता है। पाणिनि मुनिप्रणीत गणपाठ नामक आठ अध्यायों के लघुग्रन्थ में सारे गणों का समेकन हुआ है। गणवाचक शब्दों की पारिभाषिकता ध्यान में रखते हुए हमने यहां सभी गणों की अकारादि क्रम से व्यवस्था सूत्रक्रमांक से साथ लगाई है। किन्तु संक्षेप की दृष्टि से गणपाठ में पठित उन्हीं शब्दों का चयन किया है। जिनका प्रयोग संस्कृत वाङ्मय में यत्र तत्र दिखाई देता है। गणान्तर्गत संपूर्ण शब्दावली की जिज्ञासा रखने वाले महानुभाव कृपया मूल गणपाठ का अवगाहन करें।

सूचना – यहां गणवाचक शब्द का निर्देश गण की शब्दावली में नहीं है। गणसंज्ञा से ही उस शब्द का बोध होता है।

अंगुल्यादि ५-३-१०८) = बभ्रु, वल्गु, मण्डल, हरि, कपि, मुनि, खल, गोणी, उरस् इ.।

अक्षद्यूतादि (४-४-१९) = कण्टकमर्दन, गतानुगत, गतागत इ.।

अजादि (४-१-४) = एडका, कोकिला, अश्वा, वाला, वत्सा, ज्येष्टा, कनिष्टा, मध्यमा, दंष्ट्रा इ.।

अजिरादि (६-३-११९) = खदिर, पुलिन, हंस, चक्रवाक इ.।

अध्यात्मादि (४-३-६०) = अधिदेव, अधिभूत, इहलोक, परलोक।

अनुप्रवचनादि (५-१-१११) = उत्थापन, प्रवेशन, अनुवाचन, प्रारंभण, आरोहण इ.

अनुशतिकादि (७-३-२०) = अनुसंवत्सर, कुरुपंचाल, इहलोक, परलोक, सर्वलोक, प्रयोग, परस्त्री, इ. आकृतिगण।

अपूपादि (५-१-४) = तण्डुल, पृथुक, ओदन, सूप, मुसल, कण्टक, यूप, दीप, अश्व, पत्र इ.।

अरीहणादि (४-२०-८०) = द्रुघण, किरण, मैत्रायण, रायस्पोष, विपथ, उद्दण्ड, काशकृत्स्न, बिल्व, शिरीष, बधिर, यज्ञदत्त।

अर्धचादि (२-४-३१) = गोमय, कषाय,, कपाट, शंख, ध्वज, पद्म, गृह, दिवस, अंधकार, धर्म, कर्म, घृत, औषध, सुवर्ण, वर्ण, आकाश, मंगल, विमान, कुसुम, कुण्डल, भूषण, वसन्त, तडाक, फलक, स्थाणु, मृणाल, हस्त, मण्डप, शरीर, राष्ट्र, पंचक, वर्ष, उद्यान, उद्योग, संगम, मालक (पालक) भवन, अरण्य, आसन, तीर्थ, लोह, शपथ, सहस्त्र, तण्डुल इ.।

अर्श-आदि (५-२-१२७) = उरस्, तुन्द, चतुर, जटा, अभ्र, कर्दम, अम्ल, लवण, (अवान्तरदीक्षादि) (५-१-९४) तिलव्रत, देवव्रत।

अश्मादि (४-२-८०) = यूथ, मीन, नद, दर्भ, नग, शिखा, गुड, कुण्डल, पीन इ.।

अश्वपत्यादि (४-१-८४) = धनपति, गणपति, राष्ट्रपति, कुलपति, गृहपति, सभापति, क्षेत्रपति इ.।

अश्वादि (४-१-११०) = शूद्रक, खर्जूर, पवित्र, श्याम, धूम, धूम्र, वाग्मिन्, ग्रीष्म, विशाल, प्राच्य, अर्जुन, सुमनस्, शिव, कितव इ.।

अश्वादि (५-१-३९) = अश्मन्, गण, ऊर्जा, उमा, क्षण, वर्षा, वसु इ.

अश्वादि (६-२-१९३) = अंशु, जन, राजन्, उष्ट्र, खेटक, आर्द्रा, श्रवण, कृत्तिका।

अहरादि (८-२-७०) = गीर् धुर्

आकर्षादि = (५-२-६४) पिशाच, अश्मन्, जय, चय, नय, पाद, दीप, गद्गद इ.

आकृतिगण = (१) स्वरादिगण, साक्षात्प्रभृति, (२) पात्रेसमितादि, व्याघ्रादि, कृतादि, शाकपार्थिवादि, मयूरव्यंसकादि, आहिताग्न्यादि, पैप्पलादि। (३) लोहितादि, कण्ड्वादि, पंचादि, मूलविभुजादि, भीमादि। (४) बह्वादि, शिवादि, शुभ्रादि, खलादि, राजन्यादि, गहादि, अध्यात्मादि, (५) ब्राह्मणादि, तारकादि, अर्शादि, देवपथादि, आद्यादि, (६) वृषादि, दासीभारादि, युक्तारोह्यादि, मालादि, प्रवृद्धादि, गुणादि, निरुदकादि, त्रिचक्रादि, पृषोदरादि, (७) स्नात्यादि, अनुशतिकादि, क्षिपकादि, (८) यवादि, कस्कादि, सुषामादि, इरिकादि, गिरिनद्यादि, क्षुभ्नादि। (क्रमांक अष्टाध्यायी के अध्यायों के द्योतक हैं।)

आचितादि (६-२-१४६) = पर्याचित, आस्थापित, निरुक्त, उपहित, उपस्थित इ.

आद्यादि (५-४-४४) = आदि, मध्य, अन्त, पृष्ठ, पार्श्व, (आकृतिगण)

आहिताग्न्यादि (२-२-३७) = जातपुत्र, तैलपीत, घृतपीत, गतार्थ, दण्डपाणि इत्यादि। आकृतिगण।

द्रष्टादि (५-२-८८) = पूर्त, निगदित, संकलित, संरक्षित, अर्चित, गणित, आयुक्त, अधीत, अवधान, निराकृत इ.।

ईरिकादि (८-५-६) = मिरिका, तिमिरा इ.। आकृतिगण।

उक्थादि (४-२-६०) = लोकायत, न्यास, न्याय, निरुक्त, ज्योतिष, यज्ञ, धर्म, चर्चा, संहिता, पदक्रम, परिषद्, आयुर्वेद इ.।

उञ्छादि (६-१-१६०) = म्लेच्छ, जप, वध, युग, उत्तम, शश्वत्तम.

उत्करादि (४-२-९०) = शफर, पिप्पल, अश्मन्, सुवर्ण, अश्वत्थ, क्षुद्र, भस्त्रा, चर्मन्, खदिर, तृण, वृक्ष, शाक, विजिगीषा,

अग्नि, शंकर, विशाल, वेग, अरोहण।

उत्संगादि (४-४-१५) = उडुप, उत्पन्न, पिटक इ.।

उत्सादि (४-१-८६) = उदपान, महानद, महानस, महाप्राण, तरु, त्रिष्टुप्, अनुष्टुप्, जनपद, भरत, ग्रीष्म, बृहत्, महत्, सुवर्ण, देव इ.।

उद्गात्रादि (५-१-१२९) = उन्नेतृ, प्रतिहर्तृ, प्रशास्तृ, होतृ, अध्वर्यु, वधू, मंत्र इ.।

उपकादि (२-४-६९) = कृष्णाजिन, कृष्णसुन्दर, पतंजल, काशकृत्स्न, निदाघ, अनुलोम, प्रतिलोम, दामकाष्ठ, इ.।

उपवस्तृ आदि, (५-१-१०५) = प्राशितृ, चूडा, श्रद्धा।

उरःप्रभृति (५-४-१५१) = सर्पिस्, उपानह, पुमान्, अनड्वान्, पयः नौः, लक्ष्मीः, दधि, मधु इ.।

उर्यादि (१-४-६१) = उररी, वषट् स्वाहा, स्वधा, प्रादुस्, आविस् इत्यादि।

ऋगयनादि (४-३-७३) = पदव्याख्यान, छन्दोविचिति, न्याय, निरुक्त, व्याकरण, निगम, वास्तुविद्या, क्षत्रविद्या, अंगविद्या, विद्या, संवत्सर, मुहूर्त, उपनिषद्, शिक्षा, भिक्षा इ.।

ऋश्यादि (४-२-८०) = न्यग्रोध, शर, निधान, सित, वेश्मन्, अश्मन्, स्थूल, बाहु, शर्करा, वेणु, खण्ड, दण्ड, कर्दम, अंशु इ.।

ऐषुकार्यादि (४-२-५४) = चान्द्रायण, दाक्षायण, सौवीर, शौण्ड, विश्वदेव इ.।

कच्छादि (४-२-१३३) = सिन्धु, गन्धार, कम्बोज, कश्मीर, कुरु, अनूप इ.।

कडारादि (२-२-३८) = खंज, काण, खलति, गौर, वृद्ध, भिक्षुक, बधिर, बर्बर इ.।

कणादि (७-४-३) = रण, भण, वाणि इ.।

कण्ड्वादि (३-१-२७) = वल्गु, असु, मगध, सुख, दुःख, भिषज्, गद्‌गद, रखा, तिरस्, अगद, पयस् इ.। आकृतिगण।

कत्र्यादि (४-२-९५) = पुष्कर, पुष्कल, नगरी, माहिष्मती, ग्राम इ.

कथादि (४-४-१०२) = विश्वकथा, जनवाद, वृति, संग्रह, आयुर्वेद इ.।

कम्बोजादि (४-१-१७५) = चोल, केरल, शक, यवन।

कर्क्यादि (६-२-८७) = मकरी, कर्कन्धु, शमी, कन्दुक, बदरी इ.।

कर्णादि (४-२-८०) = वसिष्ठ, द्रुपद, पांचजन्य, कुन्ती, कुलिश इ.।

कर्णादि (५-२-२४) = अक्षि, मुख, केश, पाद, दन्त, ओष्ठ, पृष्ठ इ.।

कल्याण्यादि (४-१-१२६) = सुभगा, जरती, ज्येष्ठा, कनिष्ठा, मध्यमा, परस्त्री इ.।

कस्कादि (८-३-४८) = कौतुस्कुतः, भ्रातुष्पुत्र, शुनस्कर्ण, कांस्कान्, अयस्कान्त, तमस्काण्ड, भास्कर, अहस्कर इ.। आकृतिगण।

कार्तकौजपादि (६-२-३७) = कुन्ति-सुराष्ट्राः, अविमत्त-कामविद्धाः, कठकालापाः जरामृत्यू, याज्यानुवाक्ये इ.।

काशादि (४-२-८०) = पाश, अश्वत्थ, पलाश, वन, कर्दम, बिस, तृण,, कर्पूर, मधुर, कपित्थ इ.।

काश्यादि (४-२-११६) = चेदि, अच्युत, मोदमान, अरिदम, देवदत्त, युवराज, इ.।

काष्ठादि (८-१-६७) = दारुण, वेश, अनुज्ञात, अपुत्र, अद्‌भुत, अनुक्त, घोर, सुख, परम इ.।

किंशुकादि (६-३-११७) = अंजन, भंजन, लोहित, कुक्कुट इ.।

किसरादि (४-४-५३) = नलद, तगर, गुग्गुल, हरिद्रा इ.।

कुक्कुट्यादि (६-३-४२) = मृगी, काकी, अण्ड, पद, इ.।

कुञ्जादि (४-१-९८) = शंख, भस्मन्, गण, शाक, शुभ।

कुमुदादि (४-२-८०) = रथकार, अश्वत्थ, शाल्मलि, कुण्डल, कूट इ.।

कुमुदादि (४-२-८०) = शर्करा, न्यग्रोध, संकट, गर्त, बीज, शकट, मधु, शिरीष, अश्वत्थ, कूप इ.।

कुम्भपद्यादि (५-४-१३९) = एकपदी, द्विपदी, त्रिपदी, षट्पदी, विष्णुपदी, द्रुपदी इ.।

कुर्वादि (४-१-१५१) = रथकार, वावदूक, कवि, मति, शलाका, शुभ्र, दर्भ, मूढ।

कुलालादि (४-३-११८) = चाण्डाल, निषाद, सेना, सैरिन्ध्र, परिषत् वधू, मधु रुद्र, श्वपाक इ.।

कृतादि (२-१-५९) = मित, भूत, उक्त, समाम्नात, समाख्यात, निराकृत, उपकृत इत्यादि। (आकृतिगण)।

कृशाश्वादि (४-२-८०) = अरिष्ट, वेश्मन्, विशाल, रोमश, सुकर, सूकर, सदृश, मुख, धूम, अजिन, विमत, अयस् इ.।

कोटरादि (६-३-११७) = मिश्रक, पुरग इ.।

क्रत्वादि (६-२-११८) = प्रतीक, हव्य, भव्य इ.।

क्रमादि (४-२-६१) = पद, शिक्षा, मीमांसा, सामन्।

क्रौड्यादि (४-१-८०) = व्याडि, आपिशालि इ.।

क्षिपकादि (७-३-४५) = चरका, सेवका, [illegible]का, चटका, अलका, कन्यका, एडका इ.। आकृतिगण।

क्षुभ्नादि (८-४-३९) = हरि-नंन्दन गिरि, परिनर्तन, पारि-गहन, शार-निवेश (इत्यादि उत्तरपद)। निवेश, निवास, अग्नि, अनूप इ.। (आकृतिगण)।

खण्डिकादि (४-२-४५) = वडवा,भिक्षुक, शुक, उलूक।

खलादि (४-२-५१) = डाक, कुटुम्ब, शाक, कुण्डलिनी। आकृतिगण।

गम्यादि (३-३-३) = भावी, प्रतिरोधी, प्रतिबोधी, प्रतियायी, प्रतियोगी।

गर्गादि (४-१-१०५) = वत्स, अगस्त्य, यज्ञवल्क, शण्डिल, जमदग्नि, पराशर, जतूकर्ण इ.। (इस गण में अनेक ऋषियों

की नामावली है।

गवादि (५-१-२) = हविस्, अक्षर, विष, युग, मेधा, कूप, असुर, अध्वन्, क्षर, वेद, बीज इ.।

गवाश्वादि (२-४-११) = अजाविकम्, कुब्जवामनम्, पुत्रपौत्रम्, श्वचण्डालम्, दासीमाणवकम्, शाटीप्रच्छदम्, मूत्रपुरीषम्, मांसशोणितम्, तृणोपलम्, दासीदासम् इ.।

गहादि (४-२-१३८) = अन्तस्थ, सम, विषम, मध्य, अंग, वंग, मगध, पूर्वपक्ष, अपरपक्ष, सौमित्रि, धौति, व्याडि, वाल्मीकि, हंस, उत्तर, अन्तर इ.।

गिरिनद्यादि (८-४-१०) = गिरिनख, चक्रनदी इ.। आकृतिगण।

गुडादि (४-४-१०३) = कुल्माष, सक्तु, अपूप, मांसोदन, प्रवास, निवास, उपवास।

गुणादि (६-२-१७६) = अक्षर, अध्याय, सूक्त इ.। आकृतिगण।

गृष्ट्यादि (४-१-१३६) = हृष्टि, बलि इ.।

गोत्रादि (८-१-२७) = प्रवचन, प्रहसन, प्रपंच, न्याय, विचक्षण, स्वाध्याय इ.।

गोपवनादि (२-४-६७) = बिन्दु, श्यामक, श्यापर्ण इ.।

गोषदादि (५-१-६२) = इषेत्वा, देवस्यत्वा, देवीरापः, युंजान, अंजन, कृशानु।

गौरादि (४-१-४१) = मनुष्य, हरिण, आमलक, बदर, आनन्द, घातक, मालक, वृक्ष, देह, यान, मेघ, अधिकार, सुन्दर, मण्डल, मङ्गल, तरुण, विकल, पुष्कल, शमी, पृथिवी, मातामह, पितामह इ.।

गौरादि (६-२-१९४) = तैल, जिह्वा, कृष्ण, कन्या, कल्प, पाद इ.।

ग्रहादि (३-१-१३४) = उत्साही, स्थायी, मन्त्री, विषयी, अपराधी, उपरोधी, परिभवी, परिभावी इ.।

घोषादि (६-२-८५) = घट, वल्लभ, ह्रद, बदरी, माता, रक्षा, शाला, अश्वत्थ, शिल्पी, मुनि इ.।

चतुर्वेदादि (५-१-१२४) = चतुर्वर्ण, चतुराश्रम, त्रिलोक, सेना, समीप, उपमा, सुख इ.।

चादि (१-४-५७) = वा, ह, एव, एवम्, नूनम्, शश्वत्, युगपत्, भूयस्, क्वचित्, यत्र, तत्र, तावत्, यावत्, स्वाहा, ओम्, तथा, तथाहि, खलु, किल, अथ, सुष्ठु, स्म, यत्, तत्, किम्, पुरा, धिक्, अहो, ननु, मन्ये, मिथ्या, इति, इव, सत्यम्, ऋतम्, नोचेत्, नहि, जातु, कथम्, कुतः, कुत्र, दिष्ट्या, इत्यादि। यह 'आकृतिगण' है। ये सभी शब्द निपात संज्ञक होते हैं।

चार्वादि (६-२-१६०) = साधु, वदान्य, अकस्मात्, गृहपति इ.।

चिह्णादि (६-२-१२५) = कुक्कुट, चिक्कण, इ.।

चूर्णादि (६-२-१३४) = करीष, द्राक्षा, चमसी इ.।

छत्रादि (४-४-६२) = शिक्षा, प्ररोह, बुभुक्षा, तितिक्षा, कृषि, कर्मन्, तपस्, सत्य, अनृत, उदस्थान, मन्द्र इ.।

छात्र्यादि (६-२-८६) = पेलि, भाण्डि, व्यादि इ.।

छेदादि (५-१-६४) = भेद, द्रोह, तीर्थ, संप्रयोग, विप्रकर्ष, प्रकर्ष, विराग इ.।

ज्योत्स्नादि (५-२-१०३) = तमिस्रा, कुण्डल, इ.।

तक्षशिलादि (४-३-९३) = ग्रामणी, किंनर, पर्वत, बर्बर, कंस इ.।

तसिलादि (६-३-३५) = तरप्, तमप्, चरट्, जातीयर्, थाल् इ.।

तारकादि (५-२-३६) = पुष्प, मंजरी, सूत्र, मूत्र, उच्चार, विचार, कण्टक, मुसल, कुसुम, कुतूहल, स्तबक, पल्लव, निद्रा, मुद्रा, बुभुक्षा, पिपासा, श्रद्धा, द्रोह, उत्कण्ठा, शास्त्र, तिलक, हर्ष, ज्वर, रोग, कल्लोल, शृंगार, अंकुर, कलंक, कर्दम, प्रत्यय दीक्षा इ. (आकृतिगण)।

तालादि (४-३-१५२) = इन्द्रायुध, श्यामाक इ.।

तिककितवादि (२-४-६८) = उपकलमकाः, उब्जककुभाः इ.।

तिकादि (४-१-१५४) = कितव, संज्ञा, बाला, शिखा, उरस्, ग्राम्य, नील, कुरु, औरस, चन्द्रमस्, शुभ, गंगा इ.।

तिष्ठद्गुप्रभृति (२-१-१७) = लूनयव, पूतयव, संहतबुस, विषम, प्रदक्षिणम्, संप्रति, असंप्रति।

तुन्दादि (५-२-११७) = उदर, यव, व्रीहि।

तृणादि (४-२-८०) = मूल, वन, पर्ण, वर्ण, फल, अर्जुन, सुवर्ण, बलचरण इ.।

तौल्वल्यादि (२-४-६१) = धारणि, दैलीपि, दैवमित्रि, पौष्करसादि, आसुरि इ.।

त्रिचक्रादि (६-२-१९९) = त्रिवृत्, त्रिवंकर, (आकृतिगण)

दण्डादि (५-१-६६) = मुसल, मधुपर्क, मेध, मेधा, सुवर्ण, उदक, युग, भाग, भंग इ.।

दधिपय आदि (२-४-१४) = मधुसर्पिषी, शुक्लकृष्णौ, दीक्षातपसी, आद्यवसाने, श्रद्धामेधे, ऋक्सामे, वाङ्मनसे। इ.

दामन्यादि (५-३-११६) = औलापि, औदकि, शाकुन्तकि, बैन्दवि इ.।

दासीभारादि (६-२-४२) = देवहूति, औषधि, चन्द्रमा इ.। (आकृतिगण)

दिगादि (४-३-५४) = वर्ण, गण, पक्ष, मित्र, मेधा, आदि, अन्त, मुख, जघन, मेघ, यूथ, न्याय, वंश, आकाश इ.।

दृढादि (५-१-१२३) = परिवृढ, भृश, शुक्र, आम्र, ताम्र, शीत, उष्ण, जड, बधिर, पण्डित, मधुर, मूर्ख, मूक, स्थिर इ.।

देवपथादि (५-३-१००) = हंसपथ, वारिपथ, रथपथ, राजपथ, शतपथ, हस्त, इन्द्र, दण्ड, पुष्प, मत्स्य इ.।

द्वारादि (७-३-४) = स्वर, स्वाध्याय, स्वस्ति, स्वादु, श्वस्, श्वन् इ.।

द्विदण्ड्यादि (५-४-१२८) = द्विमुसली, उभयादन्ति,

उभाहस्ति, एकपदी, प्रोष्ठपदी, सपत्नी, अन्तेवासि इ.।

धूमादि (४-२-१२७) = विदेह, राजगृह, बर्बर, वर्ज्य, गर्त, घोष, पल्ली, तीर्थ, दक्षिणपथ, साकेत इ.।

नडादि (४-१-९९) = बक, प्राण, नर, सायक, दास, मित्र, क्रोष्टु, लोह, दुर्ग, स्तम्भ, तृण, अध्वर, युगंधर, ब्राह्मण, चटक, कामुक, इ.।

नडादि (४-२-९१) = बिल्व, वेणु, वेत्र, इक्षु, काष्ठ, कपोत, तृण।

नद्यादि (४-२-९६) = मही, वाराणसी, श्रावस्ती, कौशाम्बी, माया इ.

नन्द्यादि (३-१-१३४) = मदन, दूषण, वर्धन, शोभन, तपन, दमन, रमण, दर्पण, संकर्षण, जनार्दन, यवन, मधुसूदन, विभीषण।

नावादि = काक, अन्न, शुक, शृगाल।

निरुदकादि (६-२-१८४) = निर्मक्षिक, निष्कालिक इ.। आकृतिगण।

निष्कादि (५-१-२०) = पण, पाद, माष, द्रोण, षष्टि इ.।

न्यङ्क्वादि (७-३-५३) = भृगु, तक्र, वक्र, चक्र, उपसर्ग, श्वपाक, मांसपाक इ.।

पक्षादि (४-२-८०) = कुण्ड, अण्ड, चित्र, अस्ति, कुम्भ, सकल, सरस, लोमन्, हस्तिन्, मकर, पाक, अंकुश, हिंसक, हस्त, कला इ.।

पत्यादि (८-२-७०) = पति, गण, पुत्र।

पचादि (३-१-१३४) = वद, चल, क्षम, सेव, कोप, नर्त, व्रण, सर्प, श्वपच। आकृतिगण।

परदारादि (४-४-१) = गुरुतल्प।

परिमुखादि (४-३-५९) = परिहनु, पर्योष्ठ, अनुवंश, प्रतिशाख, इ.।

पर्वादि (४-४-१०) = अश्व, अश्वत्थ, रथ, न्यास, जाल, व्याल, इ.।

पर्श्वादि (५-३-११७) = असुर, रक्षस्, मरुत्, पिशाच इ.।

पलद्यादि (४-२-११०) = कमलकीट, कमलशकीर, शूरसेन, गोमती, पटच्चर, उदपान इ.।

पलाशादि (४-३-१४१) = खदिर, करीर, शिरीष, इ.।

पात्रेसमितादि (२-१-४८) = उदुंबरकृमि, कूपकच्छप, कूपमण्डूक, नगरकाक, मातरिपुरुष, गेहेशूर, गोष्ठेपंडितः गेहेदृप्तः, कर्णेचुरुचुरा। (आकृतिगण)

पामादि (५-२-१००) = हेमन्, श्लेष्मन् सामन्, उष्मन्, कृमि, इ.।

पारस्करादि (६-१-१५७) = रथस्या (नदी), किष्किन्धा (गुहा) इ.।

पार्श्वादि (३-२-१५) = उदर, पृष्ठ, उत्तान, अवमूर्ध।

पाशादि (४-२-४९) = तृण, धूम, वात, अंगार, शकट, नट, वन इ.।

पिच्छादि (५-२-१००) = उरस्, वर्ण, उदक, पाक, प्रज्ञा इ.।

पील्वादि (५-२-२४) = कर्कन्धू, शमी, करीर, बदर, अश्वस्थ, खदिर, इ.।

पील्वादि (६-३-१२१) = दारु, रुचि, चारु इ.।

पुण्याहवाचनादि (५-१-१११) = स्वस्तिवाचन, शान्तिवाचन।

पुरोहितादि (५-१-१२८) = ग्रामिक, सुहित, दण्डिक, कर्मिक, तिलक, ऋषिक, पथिक, सूचक, नास्तिक, नागर इ.।

पुष्करादि (५-२-१३५) = पद्म, तमाल, कुमुद, कपित्थ, मृणाल, शिरीष, हिरण्य, तरंग, पंकज, राजीव, अरविन्द, कमल, पयस् इ.।

पृथ्वादि (५-१-१२२) = मृदु, महत्, पटु, तनु, लघु, बहु, साधु, गुरु, दण्ड, चण्ड, अकिंचन, बाल, पाक, ह्रस्व, दीर्घ, प्रिय इ.।

पृषोदरादि (६-३-१०९) = बलाहक, जीमूत, श्मशान, उल,खल, पिशाच, मयूर इ.। आकृतिगण।

पैलादि (२-४-५९) = सात्यकि, रावणि, दैवस्थानि,। आकृतिगण।

प्रकृत्यादि = प्राय, समत, विषम, पंचक, इत्यादि।

प्रगद्यादि (४-२-८०) = खण्डित, गदित, मन्दार, कोविदार, इ.

प्रज्ञादि (५-४-३८) = प्रज्ञ, वणिज्, प्रत्यक्ष, विद्वस्, विद्या, मनस्, चोर, शत्रु, योध, वयस्, असुर, रक्षस्, पिशाच, देवता, बन्धु इ.।

प्रतिजनादि (४-४-९९) = संयुग, परकुल, सर्वजन, विश्वजन, महाजन, पंचजन इ.।

प्रभूतादि (४-४-१) = पर्याप्त।

प्रवृद्धादि (६-२-१४७) = खट्वारूढ, कविशस्त, इ.। आकृतिगण)

प्रादि (१-४-५४) = परा, अप, सम्, अनु, अव, निस्, निर, दुस्, दुर्, वि, आङ्, नि, अधि, अपि, अति, सु, उत्, अभि, प्रति, परि, उप। धातु से संयोग होने पर इन्हें **'उपसर्ग'** कहते हैं।

प्रियादि (६-३-३४) = मनोज्ञा, कल्याणी, सुभगा, दुर्भगा, भक्ति, कान्ता, समा, चपला, दुहिता, अबला, तनया इ.।

प्लक्षादि (४-३-१६४) = न्यग्रोध, अश्वत्थ, इंगुदी इ.।

बलादि (४-२-८०) = नल, मूल, वन, कुल इ.।

बलादि (५-२-१३६) = उत्साह, उद्भास, कुल, कूल, व्यायाम, आरोह, युद्ध, इ.।

बह्वादि (४-१-४५) = पद्धति, शक्ति, वारि, कपि, यष्टि, मुनि, चण्ड, कृपण, कमल, विशाल, ध्वज, कल्याण, उदार, पुराण, नख, बाल। आकृतिगण।

बाह्वादि (४-१-९६) = बलाका, मूषिका, सुमित्रा, पञ्चन्, सप्तन् अष्टन्, कृष्ण, युधिष्ठिर, अर्जुन, राम इ.। आकृतिगण।

बिदादि (४-१-१०४) = कश्यप, भरद्वाज, कन्दर्प, धेनु, गोपवन, भाजन, विष्णुवृद्ध, निषाद, पुत्र, दुहित, ननान्दृ इ.।

बिल्वकादि (६-४-१५३) = बिल्वकीय, वेत्रकीय इ.।

बिल्वादि (४-३-१३६) = व्रीहि, मसूर, गोधूम, इक्षु, कर्कन्धू, कुटीर इ.

ब्राह्मणादि (५-१-१२४) = चोर, धूर्त, आराध्य, अन्यभाव, संभाषिन्, बहुभाषिन्, कुशल, चपल, निपुण, बालिश, कापुरुष, राजन्, गणपति, अधिपति, इ.। आकृतिगण।

भर्गादि (४-१-१७८) = केकय, कश्मीर, उरस्, कौरव्य इ.।

भवदादि (५-३-१४) = दीर्घायु, देवानांप्रियः, आयुष्मान् इ.।

भस्त्रादि (४-४-१६) = मरण, शीर्षभार, इ.।

भिक्षादि (४-२-३८) = गर्भिणी, क्षेत्र, अंगार, सहस्र, युवति, पदाति, पद्धति, अथर्वन्, दक्षिणा, भरत, विषय, श्रोत्र इ.।

भिदादि (३-३-१०४) = छिदा, गुहा, श्रद्धा, मेधा, कारा, तारा, धारा, रेखा, पीडा, इ.।

भीमादि (३-४-७४) = भीष्म, भयानक, समुद्र, वृष्टि, मूर्ख, खलति।

भृशादि (३-१-१२) = शीघ्र, चपल, मन्द, पण्डित, उत्सुक, सुमनस्, शश्वत्, वर्चस्, ओजस्, इ.।

भौरिक्यादि (४-२-५४) = सैकयत, वाणिकाज्य इ.।

मध्वादि (४-२-८६) = बिस, स्थाणु, वेणु, शमी, हिम, आसन्दी, शलाका, तक्षशिला, वट इ.।

मनोज्ञादि (५-१-१३०) = अभिरूप, कल्याण, मेधाविन्, छात्र, श्रोत्रिय, चोर, धूर्त, सुकुमार, शतपुत्र इ.।

मयूरव्यंसकादि (२-१-७२) = छात्रव्यंसक, एहिस्वागता, आहरवसना, आहरवनिता, उच्चावचम्, उच्चनीचम्, निश्चप्रचम्, अकिंचन, अश्नीतपिबता, खादतमोदता, अकुतोभय, अहमहमिका, यदृच्छा। (आकृतिगण)।

महानाम्न्यादि (५-१-९४) = आदित्यव्रत, गोदान।

महिष्यादि (४-४-४८) = प्रजापति, पुरोहित, होतृ, यजमान इ.।

मालादि (६-२-८८) = माला, शाला, द्राक्षा, एक, काम इ.। आकृतिगण।

माशब्दादि (४-४-१) = नित्यशब्द, कार्यशब्द,

मूलविभुजादि (३-२-५) = नखमुंच, कुमुद, महीध्र,। आकृतिगण।

यवादि (८-२-९) = भूमि, कृमि, द्राक्षा, हरित्, मरुत्, गरुत्, इक्षु, मधु, इ. आकृतिगण।

यस्कादि (२-४-६३) = सदामत, कम्बलहार, क्रोष्टुपाद, शीर्षमाय, भण्डित, इत्यादि।

याजकादि (२-२-९) = पूजक, परिचारक, अध्यापक, इत्यादि।

यावादि (५-४-२९) = मणि, अस्थि, तालु, जानु, ज्ञात, अज्ञात, कुमारीक्रीडनकानि।

युक्तारोह्यादि (६-२-८१) = आगतरोही, आगतनन्दी, भगिनीभर्ता, गणपाद, पात्रेसमित इ.। आकृतिगण।

युवादि (५-१-१३०) = स्थविर, होतृ, यजमान, श्रमण, कमण्डलु, सुहृद्, परिव्राजक, कुशल, चपल, निपुण, पिशुन इ.।

यौधेयदि (४-१-१७८) = शौक्रेय, त्रिगर्त, भरत इ.।

यौधेयादि (५-३-१५४) = कौशेय, त्रिगर्त, भरत इ.

रजतादि (४-३-१५४) = सीस, लोह, उदुम्बर, दारु, बिभीतक इ.।

रसादि (५-२-९५) = रूप, वर्ण, गन्ध, स्पर्श, शब्द, स्नेह, भाव।

राजदन्तादि (२-२-३१) = दृषदुपलम् अक्षिभ्रुवम्, दारगवम्, शब्दार्थौ, धर्मार्थौ, अर्थकामौ, चित्रास्वाती, भार्यापती, दम्पती, जंपती, जायापती, पुत्रपशु, केशश्मश्रू इत्यादि।

राजन्यादि (४-२-५३) = बाभ्रव्य, शालंकायन, जालंधरायण, शैलूष, उदुम्बर, इ.।

रैवतिकादि (४-३-१३१) = क्षैमवृद्धि इ.।

रेवत्यादि (४-१-१४६) = अश्वपाली, मणिपाली, द्वारपाली, चामरग्राह इ.।

लोमादि (५-२-१००) = रोमन्, हरि, गिरि, कपि, मुनि, तरु, इ.।

लोहितादि (३-१-१३) = चरित, नील, फेन, हरित, दास, मन्द, इ.

वनस्पत्यादि (६-२-१४०) = बृहस्पति, शचीपति, शुनःशेप, शण्डामर्कौ इ.।

वरणादि (४-२-८२) = शृङ्गी, ताम्रपर्णी, चम्पा, पम्पा, उज्जयिनी, गया, मथुरा, तक्षशिला, गोमतीवलभी इ.।

वराहादि (४-२-८०) = पलाश, शिरीष, पिनद्ध, निबद्ध, स्थूल, विदग्ध, बाहु, खदिर, शर्करा, इ.।

वंशादि (५-१-५०) = कुटज्, मूल, स्थूणा, अक्ष, अश्मन्, अश्व, इक्षु खट्वा, इ.।

वसन्तादि (४-२-६३) = ग्रीष्म, वर्षा, शरद्, शरत्, हेमन्त, शिशिर, प्रथम, चरम, अथर्वन्, आथर्वण इ.।

वाकिनादि (४-१-१५८) = गौधेर, काक, लंका।

विनयादि (५-४-३४) = संप्रप्ति, संगति, कथंचित्, अकस्मात्, समाचार, व्यवहार, संप्रदान, समुत्कर्ष, समूह इ.।

विमुक्तादि (५-२-६१) = देवासुर, सुवर्ण, सदसत्, मरुत्, वयस्, पतत्रिन्, उर्वशी, वृत्रहन् इ.

विस्पष्टादि (६-२-२४) = विचित्र, व्यक्त, सम्पन्न, पटु, पण्डित, कुशल, चपल, निपुण इ.।

वृषादि (६-१-२०३) = जन, ज्वर, ग्रह, हय, चय, वेद, सूद, अंश, गुहा, मन्त्र, शान्ति, धारा, कारा इ. (आकृतिगण)।

वेतनादि (४-४-१२) = सिंह, ऋक्ष, ऋषभ, चन्दन, वृक्, वृष, वराह, हस्तिन्, तरु, कुंजर, पुण्डरीक, पलाश, कितव, इत्यादि। (आकृतिगण)

व्युष्टादि (५-१-९७) = नित्य, निष्क्रमण, तीर्थ, आस्तरण, संग्राम, संघात, प्रवास, उपवास इ.।

व्रीह्यादि (५-२-११६) = माथा, शाला, शिखा, माला,

पताका, चर्मन्, कर्मन्, कुमारी, नौ, वीणा, वलका, इ.।

शकन्ध्वादि (६-१-९४) = कुलटा, सीमन्त, मनीषा, पतंजलि, इ.।

शरदादि (५-४-१०७) = मनस्, उपानह्, हिमवत्, चतुर्, तद्, यद्, कियत्, इ.।

शरादि (४-३-१४४) = दर्भ मृद् कुटी, तृण, इ.

शरादि (६-३-१२०) = वंश, धूम, कपि, मणि, मुनि, शुचि, हनु, इ.।

शर्करादि (५-३-१०७) = कपाटिका, कनिष्ठिका, पुण्डरीक, शतपत्र, गोपुच्छ, नकुल, सिकता, इ.।

शाखा (५-३-१०३) = मुख, मेघ, अभ्र, चरण, स्कन्ध, उरस्, शिरस् इ.।

शाण्डिकादि (४-३-९२) = शक, शंख, बोध इ.।

शाङ्गर्रवादि (४-१-७३) = ब्राह्मण, गौतम, वात्स्यायन, चण्डाल।

शाकपार्थिवादि (२-१-६०) = कृतापकृत, भुक्तविमुक्त, यातानुयात, क्रयाक्रयिका इत्यादि।

शिवादि (४-१-११२) = चण्ड, दण्ड, कुठार, मुख, संधि, गोपिका, लेख, गंगा, भूमि, सपत्नी, त्रिवेणी इ.। (आकृतिगण)।

शुण्डिकादि (४-३-७६) = कृष्ण, उदपान, तीर्थ, भूमि, तृण, पर्ण इ.।

शुभ्र (४-१-१२३) = पुर, रोहिणी, विमातृ, विधवा, शुक, शुक्र, अतिथि, भरत, कर्पूर, इतर अन्यतर, कुमारिका, अम्बिका, जीव, अश्मन्, अश्व, अजिर इ.। आकृतिगण।

शौण्डादि (२-१-४०) = धूर्त, कितव, प्रवीण, अन्तर, पटु, पण्डित, कुशल, चपल, निपुण।

शौनकादि (४-३-१०६) = वाजसनेय, शाङ्गर्रव स्तम्भ, स्कन्ध, कषाय, तल इ.।

श्रमणादि (२-१-७०) = प्रव्रजिता, कुलटा, गर्भिणी, तापसी, दासी, अध्यापक, पण्डित, पटु, कुशल, चपल, निपुण इत्यादि।

श्रेण्यादि (२-१-५९) = एक, पूग, विषय, देव, भूत, श्रमण, अध्यापक, ब्राह्मण, क्षत्रिय, पटु, पंडित, कुशल, चपल, निपुण, चपल इत्यादि

सख्यादि (४-२-८०) = अग्निदत्त, चक्रवाक, अशोक, करवीर, वीर, वज्र, समर, तमाल, इ.।

समानादि (४-१-३५) = एक, वीर, पिण्ड, भ्रातृ, भद्र, पुत्र, दास।

सकलादि (४-२-७५) = पुष्कल, उत्तम, उडुप, कुम्भ, निधान, सुनत्र, पलाश, गम्भीर, इतर, अहन्, ब्रहुल, मल्ल, इ.।

संकाशादि (४-२-८०) = कश्मीर, यूप, अंश, अंग, नासा, अश्मन्, मलिन, कुम्भ, शीर्ष, पंजर, लोमन्, तीर्थ, अगस्ति इ.

संतापादि (५-१-१०१) = संग्राम, संयोग, निसर्ग, उपसर्ग, प्रवास, उपवास, संघात, सक्तु इ.।

संधिवेलादि (४-२-१६) = संध्या, अमावस्या, त्रयोदशी, चतुर्दशी, पंचदशी, पौर्णिमासी, प्रतिपत्,

संपदादि (३-३-९४) = विपद्, प्रतिपद्, परिषद् इ.।

सर्वादिगण (१-१-२७) = सर्व, विश्व, उभ, उभय, अन्य, अन्यतर, इतर, त्वत्, तद्, यद्, (एतद) इदम्, अदस्, एक द्वि, युष्मद्, अस्मत्, भवतु, किम्। (ये सब सर्वनाम हैं।)

सवनादि (८-३-११०) = सवने सवने, सोमे सोमे, किंसं किसम्, मुसलं मुसलम्, इ.।

साक्षात्प्रभृति (१-४-७४) = मिथ्या, चिन्ता, आस्था, अद्धा, अर्थे, लवणम्, उष्णम्, शीतम्, उदकम्, आर्द्रम्, प्रादुस्, नमस। (यह आकृतिगण है।)

सिध्मादि (५-२-९७) = मणि, वीणा, कृष्ण, सक्तु, मांस, पर्ण, उदक, प्रज्ञा, कर्ण, स्नेह, शीत, श्याम, पित्त, मृदु, पत्र, गन्थि, श्री, धारा इ.।

सिन्ध्वादि (४-३-९३) = कम्बोज, कश्मीर, गन्धार, किष्किन्धा, इ.।

सुखादि (३-१-१८) = दुःख, तृप्त, कृच्छ्र, करुण, कृपण इ.।

सुखादि (५-२-१३१) = दुःख, तृप्त, कठिन, शील, हल, माला इ.।

सुतंगमादि (४-२-८०) = विप्रचित्त, श्वेत, शुक्र, अर्जुन, श्वन, जीव, कर्ण, विग्रह, इ.।

सुवस्त्वादि (४-२-७७) = वर्ण, शिखण्डिन्, गर्त, कर्कश, इ.।

सुषमादि (८-३-९८) = निषेध, सुष्ठु, दुष्ठु, हरिषेण, इ.। आकृतिगण।

सुस्नातादि (४-४-१) = सुखरात्रि, सुखशयन।

स्थूलादि (५-४-३) = अणु, कृष्ण, गोमूत्र, पत्रमूल, कुमारीपुत्र इ.।

स्नात्व्यादि (७-१-४९) = पीत्वी। आकृतिगण।

स्वरादि (१-१-३७) = स्वर्, अन्तर, पुनर्, उच्चैस्, नीचैस्, शनैस्, ऋते, युगपत्, आरात्, पृथक्, ह्यस्, श्वस्, दिवा, रात्रौ, सायम्, चिरम्, मनाक्, ईषत्, जोषम्, तूष्णीम्, बहिस्, मृषा, नक्तम्, सना, तिरस्, अन्तरा, अन्तरंण, सहसा, अलम्, विना, स्वस्ति, अन्यत्, अस्ति, दिष्ट्या, वृथा, मिथ्या, पुरा, मिथस्, प्रायस्, मुहुस्, अभीक्ष्णम्, साकम्, सार्धम्। कायम्, प्रकायम्, भूयस्, परम, सत्यम्, अवश्यम्, सपदि, प्रादुस्, अनिशम्, नित्यम्, सदा, संततम्, च्रिराय्, चिरम्, चिरेण, स्थाने, वरम्, बलात्, शुदि, वदि, इत्यादि। ये सभी अव्यय हैं।

स्वर्गादि (५-१-१११) = स्वर्ग, आयुस्, यशस्, काम, धन।

स्वस्रादि (४-१-१०) = दुहितृ, ननान्दृ, यातृ, मातृ, तिसृ चतसृ।

स्वागतादि (७-३-७) = स्वंग, व्यंग, व्यवहार, स्वपति, इ.।

हरीतक्यादि (४-३-१६७) **द्राक्षा, पिप्पली, इ,**

हस्त्यादि, (५-४-१३८) = अश्व, अज, कपोत, महिला, दासी, गणिका इ.

★ ★ ★

वर्ग - २ - (आ) परिशिष्ट
तद्धित प्रत्यय

तद्धित प्रयोगों की निष्पत्ति में एक ही प्रत्यय अनेक अर्थों में विविध प्रकार के शब्दों को विशिष्ट निमित्तों से लगता है। इस कारण एक ही प्रत्यय से अनेक अर्थों में निष्पन्न शब्दों की संख्या संस्कृत भाषा में भरपूर मात्रा में मिलती है। सिद्धान्त कौमुदी में केवल उदाहरण के रूप में इस प्रकार के भरपूर शब्द उद्धृत किए हैं।

प्रस्तुत कोष में चयन किए गए पारिभाषिक शब्दों की निष्पत्ति में संस्कृत व्याकरण के प्रत्ययों का उपयोग भरपूर मात्रा में हुआ है। पारिभाषिक शब्दों का संक्षिप्त विवरण देते समय हमने उन शब्दों के प्रकृति प्रत्यय आदि का निर्देश कही भी नहीं किया है। जिज्ञासु के लिए शब्दसिद्धि में उपयुक्त प्रत्ययों का परिचय देना आवश्यक होने के कारण व्याकरण परिभाषा के साथ विशिष्ट प्रत्ययों का चयन किया है। प्रत्येक प्रत्यय के साथ केवल परिमित उदाहरण स्पष्टीकरणार्थ उद्धृत किए हैं।

प्रत्ययों का प्रस्तुत चयन स्व. श्री. गुंडेराव हरकारे द्वारा संपादित तथा उस्मानिया विश्वविद्यालय (हैदराबाद-आंध्र) के भूतपूर्व संस्कृत विभागाध्यक्ष डॉ. प्र. ग. लाले द्वारा संपादित (प्रकाशन वर्ष १९८३) प्रत्ययकोश के आधार पर किया है।

प्रत्ययकोश में एक ही प्रत्यय कृत्, तद्धित, समासान्त, आदेश, आगम, स्त्री प्रत्यय, इत्यादि निमित्त जितने स्थानों में प्रयुक्त किया है उन सभी प्रत्ययस्थानों तथा प्रत्ययनिमित्तों का निर्देश एकत्र किया है। प्रस्तुत कोश मे तद्धित और कृदन्त रूपों की सिद्धि में उपयुक्त महत्त्वपूर्ण प्रत्ययों का चयन किया गया है।

इस विषय में अत्यधिक जिज्ञासा रखने वाले विद्वान् सिद्धान्त कौमुदी तथा प्रत्ययकोश का अवगाहन करें।

प्रत्यय **उदाहरण**

अ – मध्य, अमावास्य, बह्वृच, रामपुर, राजधुरा आदि।
अक – क्रमक, उपक, इ.।
अकच् – उच्चैकः सर्वक, इ.।
अच् – पुष्पराक्ष, गवाक्ष, पंचनद, ब्रह्मवर्चस, नवरात्र, इ.।
अञ् – मानुप, हारिद्र, काठक, आपरमद्र, शैवपुर, सैन्धव, पालाश, पार्थिव।
अठच् – कर्मठ।
अण् – शैव, द्वैमातुर, कानीन, मागध, काम्बल, स्थाण्डिल, ऐन्द्र, भैक्ष, यावन, भारत, वैयाकरण, गायत्र, सौभद्र, इ.। (अण् प्रत्यय से निष्पन्न तद्धित प्रयोगों की संख्या बहुत है।)
अत् – क्व।
अतसुच् – उत्तरतः, दक्षिणतः।
अन् – द्वितीय, पंचम, द्वादश, इ.।
अनङ् – घटोध्नी, अधिज्यधन्वा इ.।
अप् – कल्याणीपंचमा, अन्तर्लोम, बहिर्लोम इ.।
असिच् – अमेधाः, बहुप्रजाः।
अस्ताति – पुरस्तात्, अधस्तात्
आकिनिच् – एकाकी।
आच् – दक्षिणा।
आटच् – वाचाट।
आति – पश्चात्, उत्तरपश्चात्, दक्षिणपश्चात्। उत्तरात्।
आमिनिच् – स्वामिन्।
आरक् – गौधार, गोधेर।
आरि – परारि (पूर्वतरस्मिन् संवत्सरे)
आलच् – वाचाल।
आलुच् – शीतालु, उष्णालु।
आहज् – औत्तराह।
आहि – दक्षिणाहि।
इञ् – सौतङ्गमि।
इत् – पूतिगन्धि, सूपगन्धि, पद्मगन्धि इ.।
इकर् – एकागारिक।
इञ् – दाक्षि, प्लाक्षि, तान्तुवायि।
इतच् – तारकित।
इनच् – चिकिन।
इनि – पाण्डुकम्बली, खलिनी, अनुब्राह्मणी, श्राद्धी, दण्डी, पद्मिनी, होमिनी, इ.।
इमन् – प्रथिमा, म्रदिमा।
इमप् – पाकिम, त्यागिम।
इय – देविय।
इरच् – रथिर।
इरन् – रथिर, मेधिर।
इल – काशिल।
इलच् – फेनिल, पिच्छिल, देविल, तुन्दिल, इ.।
इलु – हिमेलु
इष्ठन् – पटिष्ठ।
ईत् – सुमंगली।
ईकक् – शाक्तीक, याष्टीक, लौहितीक, कार्कीक।
ईकञ् – वाहीक।
ईकन् – द्विखारीक।
ईमसच् – मलीमस।
ईय – काकतालीय।
ईयसुन् – पटीयान्, कनीयान्।
ईरच् – आण्डीर।
ईरन् – काण्डीर।

उकञ् – कार्मुक (कर्मणे प्रभवति इति)।
उत् – परुत्।
उरच् – दन्तुर।
ऊलच् – वातूल (वातं न सहते)।
एण्य –प्रावृषेण्य।
एद्यवि –परेद्यवि (परस्मिन् अहनि)
एद्युसच् –पूर्वेद्युः, परेद्युः।
एधा –द्वेधा, त्रेधा।
ऐलु – हिमेलु (हिमं न सहते)।
ऐरक् –चाटकैर (चटकाया अपत्यं पुमान्)।
क – न्यग्रोधक, अश्वक।
कन् – मद्रक, वृजिक।
कक् – वराहक।
कञ् – तादृश, यादृश, अन्यादृश।
कटच् – प्रकट, विकट, उत्कट, इ.।
कट्यच् – रथकट्या (रथानां समूहः)।
कण् – ललाटिका, वहुक, पंचक, त्सरुक, धनक, केशक, सस्यक, अंशक, (इस प्रत्यय से अनेकविध तद्धित प्रयोग सिद्ध होते हैं)।
कप् – व्यूढोरस्क, वहुदण्डिक, बहुकुमारीक, बहुतन्त्रीक इ.।
कल्प-कल्पप् – मृदुकल्प।
काण्ड – कर्मकाण्ड, पूर्वकाण्ड।
कुटारच् –अवकुटार।
कुणप् –पीलुकुण, कर्कन्धुकुण।
कृत्वसुच् –पंचकृत्वः।
ख –कुलीन, पारीण, वासुदेववर्गीण, सर्वधुरीण, एकधुरीण, द्वयाढकीन, संवत्सरीण, संमुखीन, आप्रपदीन इ. (ईन आदेशः)।
खञ् –ग्रामीण, आर्त्विजीन, मासीन, शालीन, हैयंगवीन इ.।
खण्डच् –कमलखण्ड, वृक्षखण्ड, (समूहार्थे)।
खिष्णुच् –आढ्यंभविष्णु।
खुकञ् –आढ्यंभावुक, स्थूलंकरण, अन्धंकरण।
ख्युन् –आढ्यंकरणी।
गोष्ठम् – गोगोष्ठम्, महिषीगोष्ठम्।
ग्रामच् – गुणग्राम।
ग्मिनि – वाग्मी
घ – क्षत्रिय, (अपत्यार्थ) अपोनप्त्रिय, अपांनाप्त्रिय (देवतार्थे), राष्ट्रिय, अभ्रिय, (घादिप्रत्ययस्य इय आदेशः)।
घन् – शुक्रिय, तुग्रिय, (देवतार्थे), पात्रिय, (अर्हत्यर्थे)।
घस् – निऋत्विय (तदस्य प्राप्तम् इत्यर्थे)।
चणप् – विद्याचण, (विद्या के कारण प्रख्यात)।
चरट् – आढ्यचर (भूतपूर्वे अर्थे)
चालु-हृदयालु – (हृदयवान् इत्यर्थः)।
चुञ्चुप् – विद्याचुञ्चु।
च्वि – शुक्लीभवति, शुक्लीस्यात्, शुक्लीकरोति। उन्मनीकरोति इ.।
छ –(ईय आदेश) – भ्रात्रीय, महेन्द्रिय, अश्वीय, (समूहार्थे), पर्वतीय, जिह्वामूलीय, आयुधीय (जीवत्यर्थे)। वत्सीय, (तस्मै हितम् इत्यर्थे), इ.।
छण् – पितृष्वस्त्रीय, (अपत्यार्थे), तैत्तिरीय (तेन प्रोक्तम् इत्यर्थे)।
जातीयर् – पटुजातीय (प्रकारवचने)।
जाहच् – कर्णजाहम् (तस्यमूलम् इत्यर्थे)।
ज्ञु – प्रज्ञु, संज्ञु, ऊर्ध्वज्ञु।
ञ – माधव (मधु अस्मिन् अस्ति इत्यर्थे)।
ञिठ् – आपत्कालिका, तात्कालिका।
ञ्य – बाह्य, पांचजन्य, वैदूर्य, नाट्य, गार्हपत्य, छान्दोग्य इ.।
ञ्यङ् – कौसल्य (अपत्यार्थे)।
ञ्यट् – क्षौद्रक्य।
टच् – महानस, लोहितायस, मण्डूकसरस, उत्तरसक्थ, द्विनाव, द्व्यञ्जल, उपराज, अध्यात्म इ.।
टिठन् – मांसौदनिक, कार्षापणिक इ.।
टीटच् – अवटीट (नतनासिक)।
टेण्यण् – वार्केण्य।
ट्यण् – सौम्य (सोमो देवता अस्य)।
ट्यु/ट्युल् – सायंतन, चिरन्तन, दिवातन इ.।
टलच् – शामील (शम्याः विकारः)।
ठक् (इक आदेश) – रैवतिक, लाक्षिक, (तेन रक्तं), दाधिक, (तेन संस्कृतम् इत्यर्थे), आग्रहायणिक, फाल्गुनिक। हास्तिक, (समूहार्थ)। वार्षिक, इ.।
इस प्रत्यय से अनेक अर्थों में तध्दितरूप सिद्ध होते हैं।
ठच् – कुमुदिक, देविक, एकशालिक।
ठञ् – माहाराजिक, प्रौष्ठपदिक, शारदिक, वासन्तिक, आग्रहायणिक, पैतृक, दाण्डाजनिक इ.। (इस प्रत्यय से अनेक तद्धितरूप निष्पन्न होते हैं।
ठन् – नाविक (तेन तरति)। आयुधिक (तेन जीवति)। देवागरिक (तत्र नियुक्तः)।, शतिक (तेन क्रीतः)।, षाण्मासिक, श्राद्धिक,। प्रावृषिक (तत्र जातः)। इ.।
डच् – उपदश।
डच् – एकादश, एकादशी।
डतमच् – कतम, एकतम।
डति – कति, विंशति।
डाच् – पटपटा करोति, द्विगुणाकरोति, सपत्राकरोति, सुखाकरोति, दुःखाकरोति।
डामहच् – पितामह, मातामह।
डिनि – तिलव्रती।
डिमच् – अग्रिम, पश्चिम, अन्तिम।
डियाच् – सुक्षेत्रिया।
डुपच् – कुतुप।
डुलच् – मातुल।

ड्मतुप् – कुमुद्वान्, नड्वान्,वेतस्वान्।

ड्य-ड्यत् – वामदेव्य (दृष्टं साम इत्यर्थे)।

ड्यण् – पाथ्य

ड्या – उर्विया, दर्विया।

ड्वलच् – नड्वल, शाद्वल।

ड्वुन् – विंशक, त्रिंशक।

ढ (एय आदेश) – सभेय, (तत्र साधुः इत्यर्थे)। शिलेय (इवार्थे)।

ढक् – माण्डूकेय (अपत्यार्थे)। सौपर्णेय, पितृष्वस्रेय, दौष्कुलेय, वाराणसेय, धौरेय, (तद्वहति इत्यर्थे), शालेय इ.।

ढकञ् – कौलेयक (अपत्यार्थे), ग्रैवेयक, कौक्षेयक।

ढञ् – कामण्डलेय, कौशेय (संभूते अर्थे) ग्रैवेय, ऐणेय, (तस्य विकारः इत्यर्थे)। पौरुषेय (तस्मै हितम् इत्यर्थे)। पाथेय (तत्र साधुः इत्यर्थे)।

ढ्रक – गौधेर, (अपत्यार्थे)।

ण – छात्र (तदस्य शीलम्)। हास्त (हस्तेन दीयते कार्यं वा)। प्राज्ञ, श्राद्ध, आरण्य।

णमुल् – यावज्जीवम्, उदरपूरम्।

णस् – पार्शव (समूहार्थे)।

णिनि – कौशिकिन, भाल्लविन, शौनकीन, पाराशरीण, शैलालिन इ.।

ण्य – दैत्य, आदित्य, गार्ग्य, कौरव्य, पारिषद्य, सैन्य इ.।

ण्यत् – पारिषद्य, षाण्मास्य।

तमट् – विंशतितम, मासतम, षष्टितम इ. (पूरणार्थक (डट् प्रत्यय का आगम)।

तमप् – दर्शनीयतम।

तयप् – पंचतय, द्वितय, त्रितय।

तल् – ग्रामता, जनता, (समूहार्थे)।

तसि – वाराणसीतः उरस्तः, चोरतः (पंचम्यर्थे)।

तसिल् – कुतः, परितः।

तातिल् – शिवताति (स्वार्थे), ज्येष्ठताति (प्रशंसार्थे)।

ति – युवति, पंक्ति, षष्टि, पक्षति, (तस्य मूले इत्यर्थे)।

तिथुक् – बहुतिथ।

तिल् – वृकति, (प्रशंसा विशिष्टार्थे)

तीय – द्वितीय, तृतीय।

तु – कन्तु, शन्तु।

तैलच् – तिलतैलम्, सर्षपतैलम्।

त्न – चिरत्न, परुत्न, परारित्न।

त्नप् – नूत्न।

तनप् – नूतन।

त्यक् – दाक्षिणात्य।

त्यकन् – उपत्यका, अधित्यका।

त्यप् – अमात्य, इहत्य, तत्रत्य, क्वत्य। स्त्य, श्वस्त्य।

त्र – गोत्र (समूहार्थे)।

त्रल् – कुत्र,तत्र, बहुत्र।

त्रा – ब्राह्मणत्रा करोति, ब्राह्मणत्रा स्यात् ब्राह्मणत्रा भवति (तदधीनार्थे)।

त्व – ब्रह्मत्व, पटुत्व।

थमु – इत्थम्, कथम्, (प्रकारवचने)।

थाल् – यथा, तथा, (प्रकारवचने)। प्रत्नथा (इवार्थे)।

दघ्नच् – हस्तिदघ्नम्, ऊरूदघ्नी, (प्रमाणे अर्थे)।

दा – यदा, कदा।

दानीम् – इदानीम् (पक्षे इदा) तदानीम्।

देशीयर – पटुदेशीय, पचतिदेशीय।

देश्य – पटुदेश्य।

द्य – अद्य।

द्यस् – सद्यः।

द्वयसच् – उरुद्वयसम् (प्रमाणे अर्थ) पुरुषद्वयसम्, हस्तिद्वयसम्।

धमुञ् – द्वैधम्, त्रैधम् (प्रकारार्थे)।

धा – द्विधा, पंचधा, बहुधा।

धुना – अधुना।

धेय – नामधेय, रूपधेय।

ध्यम् – (ध्यमुन्) - ऐकध्यं कुरु।

नञ् – स्त्रैणम्

ना – विना, नाना।

नाटच् – अवनाट् (नतनासिकः)।

निङ् – जानकीजानिः(जानकी जाया यस्य सः)।

पटच् – अविपटम्।

पाशप् – वैयाकरणपाशः (निन्दायाम्)।

फक् – (आयन आदेश) - नाडायन, पाक्षायण।

फञ् – आश्वायन (गोत्रापत्यार्थे), भार्गायण।

फिञ् – फांटायनि, तैकायनि।

फिन् – ग्लौचुकायिन।

ब – शम्ब, कम्ब (मत्वर्थे)।

बहुच् – बहुपटु। (यही प्रत्यय प्रारंभ में लगता है)।

बिडच् – निबिडम्।

बिरीसच् – निबिरीसम्।

भ – कम्भ, शम्भ, (मत्वर्थे), तुन्दिभ।

भस्तल् – ऐषुकारिभस्त।

भ्रटच् – अवभ्रट (नतनासः)।

मट् – पंचम, सप्तम।

मण् – माध्यम (तत्र भवः इत्यर्थे)।

मतुप् – मधुमान् गोमान्। वर्चस्वान्, बलवान्, धनवान् (वकारादेशः)।

मम् – पक्त्रिम, उप्त्रिम।

मयट् – लोहमय, आम्रमय, गोमय, अन्नमय।

मरीसच् – अविमरीसम् (अविदुग्धम्)

मात्रच् – ऊरुमात्रम्, हस्तिमात्रम्।

मिन् – गोमिन्।
मीय – मध्यमीयम्।
मुम् – रात्रिचर, रात्रिमन्यः।
य – पाश्या, तृण्या, रथ्या, गव्या, खाव्या। (समूहार्थे)। बल्य, कुल्य। ग्राम्य, सोम्य, सौम्य, दौत्य, सख्य।
यक् – राज्य, पौरोहित्य, सैनापत्य।
यञ् – गार्ग्य, वात्स्य, (गोत्रापार्थे)। माधव्य, बाभ्रव्य। कैदार्य, गाणिक्य, कैश्य, (समूहार्थे)। कांस्य। (विकारार्थे)
यत् – पित्र्य, दिव्य, छन्दस्य, रथ्य, गव्य, पयस्य, धुर्य, नाव्य, वयस्य, धर्म्य, पथ्य, अर्घ्य, हृद्य इ.। (यत् प्रत्ययान्त तद्धित रूपों के विविध प्रकार होते हैं।)
यप् – द्विमास्य, षाण्मास्य, रुप्य, प्रशस्य।
यल् – भग्य।
यस् – कंसः (कम् अस्यास्ति इति)।
युस् – ऊर्णायु, (तदस्य अस्ति इत्यर्थे) अहंयु, शुभंयु।
र – अश्मर, ऊषर, सुषिर, मधुर, कुटीर, शमीर, शुण्डार।
रण् – आग्नीध्र।
रिल् – उपरि (ऊर्ध्वस्य उप इति निपातः)
रूपप् – वैयाकरणरूपः (प्रशस्तो वैयाकरणः)।
रूप्य – समरूप्य, विषमरूप्य, देवदत्तरूप्य इ.।
र्हिल् – एतर्हि (इदं का रूप)। कर्हि (कदा), यर्हि (यदा), तर्हि (तदा)।
ल – चिल्ल, पिल्ल, चुल्ल। (अस्य चक्षुषी इत्यर्थे।
लच् – चूडाल, सिध्मल, अंसल।
व – केशव, गाण्डीव, अजगव।
वति – राजवत् अनुशास्ति। ब्राह्मणवत् अधीते (तुल्यक्रियार्थे)
वतुप् – यावत्, तावत्, एतावत् (परिमाणार्थे)।
वय – द्रुवयम् (फलविशेष)।
वलच् – शिखावल, रजस्वला, कृषीवल, दन्तावल।
विधल् – भौरिकिविध।
विनि – तपस्वी, उर्जस्वी, मायावी, मेधावी।
वुञ् – (अक आदेश) – औपगवकम् (गोत्रापत्यार्थे), औक्षकम् (समूहार्थे), वार्धकम् (वृद्धानां समूहः) नागरक, आरण्यक, ग्रैष्मक, (ग्रीष्मेन देयं ऋणम्)। वुञ् प्रत्ययान्त तद्धितों के अनेक प्रकार के अर्थ होते हैं।
वुन् – क्रमक (तदधीते तद्वेद इत्यर्थे)। पन्थक, कल्लापक, आश्वकम्।
व्यत् – भ्रातृव्य।
व्यन् – भ्रातृव्य (शत्रु अर्थ में)।
श – लोमश।
शकटच् – विशंकट।
शत् – त्रिंशत्, चत्वारिंशत्, पंचाशत्।
शति – विंशतिः।
शस् – बहुशः।
शाकट्, शाकिन् – इक्षुशाकटम् (क्षेत्रे अर्थे) इक्षुशाकिनम्।
षड्गवच् – अश्वषड्गवम्।
षिकन् – शतपथिक, शतपथिकी, षष्टिपथिका। (तद्धीते तद्वेद इत्यर्थे)।
षेण्यत् – सामिधेन्यः मंत्र।
ष्कन् – पथिक, पथिकी (गच्छत्यर्थे)।
ष्ठच् – कुसीदिक। (ठस्येक आदेशः)।
ष्ठन् – पौरोडाशिक (तस्य व्याख्यानम् इत्यर्थे)। भस्त्रिक (भस्त्रया हरति) पौरोडाशिकः (पुरोडाशसंस्कारक मंत्र)।
ष्ठरच् – कासूतरी।
ष्ठल् – आकर्षिकः (आवसथिकः)।
ष्फ – कात्यायनी, लोहितायनी।
ष्फक् – कापिश्यायन, कापिश्यायनी।
ष्यङ् – कौड्या, लाड्या, देवयज्ञी।
ष्यञ् – शौक्ल्यम् दार्ढ्यम्। काव्य (कविकर्म), ब्राह्मण्य (ब्राह्मणकर्म)।
स – तृणस, नडस।
समसण् – ऐषमः (अस्मिन् संवत्सरे)।
साति – राजसात् सम्पद्यते। विप्रसात् करोति।
सुच् – द्विः त्रिः जुहोति (क्रियाभ्यावृत्तिगणने)
स्कन्धच् – (समूहार्थे) नरस्कन्धः, करिस्कन्धः, तुरगस्कन्धः।
त्स्ना – मृत्स्ना (प्रशस्ता मृद्)
स्नञ् – पौंस्नम्।
ह – इह, कुह। (अत्र, कुत्र)।

★★★

वर्ग - २ - (इ) परिशिष्ट
कृत्प्रत्यय, प्रत्याहार और आगम

'कृत्' संज्ञक प्रत्ययों का समूह संस्कृत भाषा के गठन में विशेष महत्त्व रखता है। शाकटायन जैसे प्राचीन वैयाकरणों का यह सिद्धान्त है कि प्रत्येक नाम 'धातुज' है अर्थात् धातु को प्रत्यय लगने से सिद्ध होता है। 'कृत्' संज्ञक प्रत्ययों का इसी सिद्धान्त के अनुसार विशेष महत्त्व है। कृत्-प्रत्यय समूह के अन्तर्गत विविध प्रत्ययों के योग से धातुओं अर्थात् क्रियावाचक शब्दों से संज्ञा, विशेषण आदि नामशब्दों की निष्पत्ति होती है

इन प्रत्ययों में कर्मवाच्य संभावनार्थक प्रत्ययों (तव्य, अनीय, य और एलिम) को 'कृत्य' कहते हैं। इनके अतिरिक्त 'उणादि' प्रत्यय भी कृत् प्रत्ययों के ही भाग हैं।

संज्ञासु धातुरूपाणि प्रत्ययाश्च ततःपरे।
कार्याद् विद्यादनूबन्धम् एतच्छास्त्रम् उणादिषु।।'

इस कारिका में 'उणादि' प्रत्ययों की निर्मिति का सामान्य नियम बताया गया है। संस्कृत भाषा में जो संज्ञा-विशेषणात्मक नाम-शब्द मिलते हैं उनमें अनेक शब्द शास्त्रोक्त कृत् प्रत्ययों के आधार पर सिद्ध नहीं हो पाते। ऐसी अवस्था में उन शब्दों की सिद्धि जिन कल्पित प्रत्ययों के आधार पर वैयाकरण करते हैं, उन्हें 'उणादि' प्रत्यय कहते हैं। इन प्रत्ययों को उपर्युक्त कारिका में कथित नियम के अनुसार सिद्ध किया जाता है। सिद्ध संज्ञा में भासमान धातु को विभक्त करने पर जो प्रत्ययांश दिखाई देता है उसको सिद्ध शब्द में व्यक्त गुण, वृद्धि, लोप, आगम, आदेश आदि को देखकर क् ङ् ण् ञ् प् ट् आदि अनुबन्धों को आरोपित करते हुए यथोचित 'उणादि' प्रत्ययों की निर्मिति होती है।

उदाहरण – किरीट = कृ + कीटन्।
पुरुष = पुर् + कुषन्। चमू = चम् + ऊ। इन = इ + नक् (सूर्य)। उच्चैः = उदिच् + डैसि।
शंख = शम् + ख। मुद्ग = मुद् + गक्।
यवन = यु + युच् (अन)। स्थाणु = स्था + णु।
अक्षि = अश् + क्सन्। मदिरा = मद् + किरच्।
विशाल = विश् + कालच्। इत्यादि ।

पणिनि की अष्टाध्यायी में धातोः (३-१-९१) इस अधिकार में तृतीयाध्याय की समाप्ति तक जितने तिङ्भिन्न प्रत्ययों का उपदेश हुआ है, उन सारे प्रत्ययों की संज्ञा 'कृत्' है। वस्तुतः 'धातोरेकाचो हलादेः (३-१-२२) सूत्र से भी तृतीयाध्याय के अन्त तक धातु अधिकार का प्रारंभ होता है। इस अवस्था में ३-१-९१ सूत्र में पुनः 'धातु' शब्द का निर्देश कृत् प्रत्यय संज्ञा तथा उपपद संज्ञा के निमित्त ही किया गया है। अर्थात् तृतीय अध्याय में ३-१-९० सूत्र तक 'कृत्' प्रत्यय नहीं है। उनका आरंभ अगले सूत्र से अष्टाध्यायी में होता है।

ये सारे कृत् प्रत्य वस्तुतः सम्प्रदान, अपादान, करण, अधिकरण, इत्यादि कारकों के अर्थ में प्रयुक्त होते हैं। 'कर्तरि कृत्' (६-४-६७) सूत्र में उनका कर्त्रर्थ सामान्यतः किया है। इस का अर्थ यही होता है कि जहां प्रत्यय का साक्षात् अर्थनिर्देश नहीं हुआ है, वहां उसे कर्तरि अर्थ में मानना चाहिए।

उपरिनिर्दिष्ट 'कृत्य' प्रत्ययों का क्षेत्र (३-१-९५ से ३-१-१३३) सूत्र तक सीमित है।

प्रत्यय **उदाहरण** :-

अ – जिज्ञासा, चिकीर्षा।
अङ् – चिन्ता, प्रथा, श्रद्धा, उपधा, अन्तर्धा इ.।
अच् – पच, वद, अंशहर, भागहर, शक्तिग्रह, चय, जय, भय, इ.।
अण् – कुम्भकार, अश्वदाय।
अतृन् – जरिता।
अथुच् – वेपथु।
अनीयर् – एधनीय, करणीय, दानीय इ.।
अप् – कर, गर (विष), टर।
आम् – आसांचक्रे, लोलयांचकार।
आरु – वन्दारु।
आलुच् – निद्रालु।
इक – आखनिक।
इकवक – आखनिकवक।
इञ्, इण् – आजि, वापि, वासि,
इत्र – अरित्र, खनित्र, पवित्र इ.।
इन् – शकृत्करि, दृतिहरि, फलेग्रहि।
इनि – सोमविक्रयी, प्रजवी।
इनुण् – कूटिन् संकूटिन्।
इष्णु, इष्णुच् – पारयिष्णु भविष्णु।
इष्यै (तुमर्थे) – प्रयै, रोहिष्यै, अव्यथिष्यै
उ – चिकीर्षु, जिगीषु आशंसु, भिक्षु।
उकञ् – पातुक, धातुक, इ.।
क – बुध, ज्ञ, प्रिय, गृह, गोद, समस्थ इ.।
कध्यै – (तुमर्थे छंदसि) आहुवध्यै।
कध्यैन् – श्रियध्यै।
कञ् – त्यादृश, तादृश, यादृश, अन्यादृश।
कप् – कामदुघा।
कमुल, णमुल् – (छन्दसि तुमर्थे) अपलुपम्, (अपलोप्तुम्)।
कसुन् – (तुमर्थे छन्दसि) विलिख।
कसेन् – (तुमर्थे छंदसि) श्रियसे।
कि – विधि, निधि।
किन् – पपिः सोमम्। ददिः गाः। जघ्निः वृत्रम्। (छन्दसि लिडर्थे)।

कुरुच -- भिदुर।

केन् – (छन्दसि कृत्यार्थे) – नावगाहे (अर्थ- अवगाहितव्यम्)।

केन्य – (छन्दसि कृत्यार्थे) – विदृक्षेण्य (द्रष्टव्य)।

केलिमर -- (वार्तिकोक्त प्रत्यय) पचेलिम (पक्तव्य)।

कै – (छन्दसि तुमर्थे) – प्रयै (प्रयातुम्) सहिष्यै (सोढुम्)।

क्त – भुक्त, हसित, जल्पित।

क्तवतु -- कृतवती, भुक्तवान्। (केवल कर्तरि प्रत्यय)।

क्विच् – स्नातिः, नातिः, भूतिः।

क्तिन् -- मतिः कृतिः संगीतिः, संपीतिः, वृष्टिः।

क्त्रि – कृत्रिमम्, पक्त्रिमम्। (क्त्रेर्मम् नित्यम्) ३-१-८८) अर्थात् क्त्रि प्रत्यय के साथ मम् नित्य होता है। अतः यह प्रत्यय 'क्त्रिम' के रूप में सर्वत्र दिखाई देता है।

क्त्वा – स्नात्वा, भुक्त्वा, पीत्वा, व्रजति।

कची – स्नात्वी (छांदस प्रयोग)।

क्नु – त्रस्नु गृध्नु।

क्मरच् – सृमर, घस्मर, अद्मर।

क्यप् -- व्रह्मोद्य -- ब्रह्म - वद् + क्यप्)।

(अथवा ब्रह्मवद्य । यत् प्रत्यय) व्रज्या, इज्या, ब्रह्मभूयं, गतः। स्तुत्य, भृत्य, पुष्य (पुष्यन्ति कार्याणि अस्मिन्)। कृत्य, शय्या।

क्रु – भीरु।

क्रुसन् - भीरुक (वार्तिकोक्त प्रत्यय)।

क्वनिप् – पारदृश्वा, गजयुध्वा, सहकृत्वा। प्रातरित्वा

क्वरप् – इत्वर, इत्वरी, गत्वरी, नश्वर।

क्विन् -- घृतस्पृक्, मन्त्रस्पृक्। शुचिपत्, उखास्रत्, पर्णध्वत्, मातृहा, पापकृत्, मन्त्रकृत्

ख – अरुंतुद, द्विपन्तप। हरिणिंमन्या, दिवामन्या, स्त्रींमन्यः।

खच् – वशंवद, मितंगम, विहंगम, परन्तप, पुरन्दर, सर्वंकप, भयंकर, मेघंकर, पतिंवरा, कन्या, युगंधरः।

खमुञ् – चोरंकारम् आक्रोशति।

खल् – ईषत्, सुकर, दुर्भोज।

खश् – जनमेजय, स्तनन्धय, विधुन्तुद, अरुन्तुद, ललाटंतप, पाणिन्धमः। पण्डितम्मन्यः।

ग्स्नु – स्थास्नु, जिष्णु, भूष्णु।

घ – आखान (करणे अधिकरणे च अर्थे)

घञ् – पाद, रोग, वेश, स्पर्श, सार, त्याग, राग, विवाह, अध्याय, भाव, प्रस्ताव, उद्गार, विस्तार, न्याय, वेद, अवतार। (इस प्रत्यय से साधित शब्दों के अनेक प्रकार भाषा में मिलते हैं।

घिनुण् – शामी, दमी, संपर्की, विलासी, प्रलापी।

ड्वनिप् – सुत्वी, (सुतवान्)।

चानश् – भोगं भुजानः। कवचं बिभ्राणः।

शत्रुं निघ्नानः (वर्तमान द्योतक प्रत्यय)।

ञ्युट् – कव्यवाहन, पुरीपवाहन (यु को अन आदेश होता है।)

ट – कुरुचर, मद्रचर, भिक्षाचर, अग्रेसर, यशस्कर, वचनकर, कर्मकर।

टक् – शक्रघ्नः, सुरापः, जायादानः।

ड – आख, आखन, आखान, (अर्थात् खनित्र)। शत्रुह, क्लेशापह, तमोपह, रण्डा, कुण्ड, गुण्ड, धुण्ड।

डु – विभु, प्रभु, संभु।

णच् – व्यावक्रोशी, व्यावहासी, (परस्परनिन्दक और परस्पर हंसने वाले। इस प्रकार के क्रियाविनिमय को 'कर्मव्यतिहार' कहते हैं।

णमुल् – भोजं भोजं व्रजति। स्वादुंकारं भुंक्ते। लवणंकारं भुंक्ते। एवंकारं भुंक्ते। उदरपूरं भुंक्ते। यावज्जीवम् अधीते। (इस प्रत्यय का विविध प्रकार से प्रयोग होता है। णमुल् प्रत्ययान्त शब्द अव्यय होता है।)

णिनि – ग्राही, स्थायी, मन्त्री, सुरूपमानी, कुमारघाती, क्षीरपायी सोमयाजी इ.।

ण्यत् – कार्य, स्मार्य, पाक्य।

ण्युट् – गायनः, हायनः।

ण्वि – अंशभाक्, तुराषाट्।

ण्विन् – श्वेतवाः (इन्द्र)।

ण्वुच् – इक्षुभक्षिका, शायिका।

ण्वुल् – भोजकः कारकः, प्रच्छर्दिका, कारिका।

तवे – सूतवे (तुमर्थे छान्दसः प्रत्ययः)।

तवेत् – गन्तवे (तुमर्थे छान्दसः प्रत्ययः)

तवै – सोममिन्द्राय पातवै (तुमर्थे छान्दसः) अन्वेतव्यै (तव्यार्थे छान्दसः)।

तव्यत्, तव्य – कर्तव्य।

तुमुन् – भोक्तुम्।

तृच – कर्ता, पठिता।

तृन् – क्षत्ता, हन्ता, नप्ता।

त्र – धात्री, दात्रम्, पोत्रम्, गोत्रम्।

थकन् – गाथक।

नङ् – यज्ञ, यत्न, प्रश्न, विश्न।

नजिङ् – धृष्णुक।

मान – पचमान, वर्तमान, वर्धमान, (आने परे मुक्)।

यत् – वह्यम्, वाह्यम्, अर्घ्य, उपसर्या, वडवा, (गर्भग्रहणाय उपयुक्त कालवती।

ल्युच् – चलन, शब्दन, ईषत्पानः, सुपानः।

ल्यप् – (त्वा का आदेश) निर्गत्य, स्वीकृत्य, विभज्य।

वनिप् – भूरिदावा, घृतपावा, अग्रेगावा।

वरच् – स्थावर, ईश्वर, भास्वर, विकस्वर, यायावर।

विच् – कीलालपाः शुभयाः, सुगण्।

विट् – (छन्दसि) अब्जाः कूपरवाः, दधिक्रा, अग्रेगाः।

वुन् – सरक, लवक, जीवक।

श – पिब, लिम्प, विन्द, (निलिम्प, गोविन्द) इच्छा, परिचर्या परिसर्या (यक् आदेशः)।

शतृ – अधीयन्, द्विपद्, सुन्वन्, अर्हन्।
शानन् – पवमान, यजमान।
शालच् – विशाल।
षाकन् – जल्पाक, भिक्षाक, लुण्टाक, वराक।
ष्ट्रन् – धात्री, दात्रम्, पोत्रम्।
ष्वुन् – खनक।
सु – इक्षु।

× × ×

(पाणिनीय सूत्रों में निर्दिष्ट)

प्रत्याहार

१) अक् – अकः सवर्णे दीर्घः (६-१-१०१)। (७-४-२)। (७-४-९३)

२) अच् – अचोऽन्त्यादि टि।

३) अट् – अट्कुप्वाङ्नुम्व्यवायेऽपि (८-४-२)

४) अण् – अणोऽप्रगृह्यस्यानुनासिकः (८-४-५७) (यहां माहेश्वरसूत्रस्थ प्रथम ण् से संबंध है)। अणुदित् सवर्णस्याप्रत्ययः (१-१-६९) (केवल इसी सूत्र में 'लण' सूत्रस्थ णकार से संबंध है)।

५) अम् अल् इक् – इको यणचि (७-१-७७)।

६) इञ् – इञ्देशश्च (३-१-३६) (४-१-४)।

७) इण् – इणः षः (७-३-३९)। इण्कोः (८-३-५७)।

८) उक् – उगिदचां सर्वनामस्थाने धातोः (७-१-७०)। श्र्युकः किति (७-२-११) उगितश्च (६-३-४५)।

९) उञ – उञि च पदे (८-३-२१)।

१०) एच् – एच इग् ह्स्वादेशे। १-१-४८।

११) ऐच् – वृद्धिरादैच् (१-१-१)। न य्वाभ्यां ऐच् (८-३-३)।

१२) ङम् – "ङमो ह्रस्वादचि ङमुण्नित्यम्" (८-३-३२)।

१३) चय् – "चयोद्वितीयाः शरि पौष्करसादेरिति वाच्यम्" (वार्तिक)।

१४) छव् – नशछव्यप्रशान् (८-३-७)।

१५) जश् – झलां जश् झशि (८-४-५३)।

१६) झय् – झयो होऽन्यतरस्याम् (८-४-६२)।

१७) झर् – झरो झरि सवर्णे (८-४-६५)।

१८) झल् – इको झल् (१-२-९)। झलां जशोऽन्ते (८-२-३९)। झलां जश् झशि (८-४-५३) अनुनासिकस्य क्विझलौ क्ङिति) (६-४-१५)।

१९) ञम्, झश्, बश्, नश् – एकाचो बशो भष् झषन्तस्य स्ध्वोः (८-२-३७)। ञम्, झश्, बश्, नश्।

२०) मय् – मय उञो वो वा (८-३-३३)।

२१) यञ् – (७-३-११)।

२२) यण् – इको यण् अचि (६-१-७७)।

२३) यम् – हलो यमां यमि लोपः (८-४-६४)।

२४) यय् – अनुस्वारस्य ययि परसवर्णः (८-४-५८)।

२५) यर् – यरोऽनुनासिकेऽनुनासिको वा (८-४-५४) अचोरहाभ्यां द्वे (८-४-४६)। अनचि च (८-४-४७)।

२६) रल् – रलो व्युपधाद् हलादेः संश्च (१-२-२६)।

२७) वल् – लोपो व्योर्वलि (६-१-६६) आर्धधातुकस्येड् वलादेः (७-२-३५)।

२८) वश् शर् – (८-३-५८) नुम् विसर्जनीय)।

२९) शल् – शल इगुपधादनिट् क्सः (३-१-४५)।

३०) हल् – हलोऽनन्तराः संयोगः (१-१-७) नाज्झलौ (१-१-१०)।

३१) हश् – हशि च (५-१-११४)।

× × ×

आगम

संस्कृत शब्दों की सिद्धि में उपसर्गों, प्रत्ययों तथा आदेशों के समान आगमों का भी विशिष्ट स्थान है। वे धातु प्रत्ययों के समागम में मित्र के समान मिलजुल जाते हैं। इसी लिए आगम को मित्र की (आगमः मित्रवत्)। एवं आदेश को शत्रु की उपमा (आदेशः शत्रुवत्) दी गयी है। आदेश मूल शब्द या शब्दांश को शत्रु के समान नष्ट कर देता है; (उदा. गम् को गच्छ; पा को पिब, या टा प्रत्यय को एन शत्रुवत् नष्ट करते हैं। पाणिनीय व्याकरण में कुल ३४ आगमों का निर्देश है।

आगम — **उदाहरण**

अट् – (तिङ् आगम) अभूत्, अभवत् अभविष्यत्।
असुक् (वैदिक) – (तिङ् आगम) – अश्वस्यति। सौम्यासः इ.।
आक – चराचर, वदावद, इ.।
आट् – बहुश्रेयस्यै (बहुश्रेयस् + अट् ङे)।
इथुक् – यावतिथ, तावतिथ।
ईत् – रथीतर।
उट् और ऊट् – तृ = तरुतारम्। वृ = वरुतारम्।
औश् – दौवारिक।
कुक् – नडकीयम्।
ङुट् – प्रत्यङ्ङस्ते।
युक् – वाययति (ओवै इति धातोः विधूनने अर्थे) अन्यत्रार्थे वापयति = सुगन्धीकरोति (केशान्)।
टुक् – सुगण्ट्षष्ठः।
णुट् – सुगण्णीशः।
तुक् – प्रकृत्य, म्लेच्छति, लक्ष्मीच्छाया।
तुट् – सायन्तन, अपराह्णेतन, श्वस्तन। चिरन्तन, इ.।
थुक् – चतुर्थः।
दुञ् – अन्यद् (अन्यदास्था)।
धुट् – मधुलिटत्साये, षट्त्सन्तः।
नीक् – वनीवच्यते/वनीवञ्चीति/पनीपद्यते/पनीपदीति।
नुक् – धूनयति, प्रीणयति। विलीनयति विलीययति।

जङ्गम्यते, जङ्गमीति।

गम्यते/गंगमीति

जञ्जप्यते/जञ्जपीति।

नुट् – अनश्वः। ग्रामाणाम्, नदीनाम्।

पुक् – ऋ = अर्पयति। ह्रेपयति, क्ष्मापयति।

मुम् – अरुन्तुद, द्विपन्तप, कालिम्मन्या, तिमिङ्गिल, भद्रकरणम्।

यक् – (वैदिक) कृत्वाय।

यिट् – भूयिष्ठ (बहुर्यिट् · इष्ठ)।

युक् – दायक, धायक।

रम् – बभर्ज, बभर्जतुः।

रिक् – वरीवृतीति, चरीकर्ति।

रीक् – सरीसृपत्, वरीवृजत्।

रुक् – वर्वर्ति, चर्कर्ति। मर्मृज्य।

लुक् – द्यूतं विलीनयति, विलाययति, विलालयति, विलापयति।

विक् – दविधुतत्।

सुट् – कृषीष्ट।

★ ★ ★

वर्ग २ - उ अवशिष्ट – व्याकरण परिभाषा

अक्षरसमाम्नाय = अइउण्, ऋलृक् आदि १४ माहेश्वर सूत्रों की अपर संज्ञा।

अन्वध्यायम् = वैदिकभाषा की निरुक्त में कथित संज्ञा। पाणिनि इसी को 'छंदस्' कहते हैं।

अनुनासिक = क च आदि पांच वर्गों के अन्तिम वर्ण = ञ, म, ङ, ण, न। इनका उच्चारण मुख तथा नासिका दोनों स्थानों से होता है।

अपादान = जिससे अन्य पदार्थ दूर जाता है ऐसा स्थिर पदार्थ। उदा. वृक्षात् पतति। यहां वृक्ष की अपादान संज्ञा होती है। अपादान का निर्देश पंचमी विभक्ति से होता है। (अष्टाध्यायी १-४-२४)

उक्तपुंस्क (या भाषित पुंस्क) = ऐसा शब्द (स्त्री. या नपुं.) जो पुलिंगी भी हो और जिसका पुलिंग से भिन्न अर्थ लिंग की भावना से ही प्रकट हो।

उपचार = विसर्ग के स्थान में स् या ष् होना।

उपपद = क्रियापद या कृदन्त शब्दों से पूर्व लगाया जानेवाला उपसर्ग निपात आदि शब्द।

एकादेश = दो (या अधिक अक्षरों में से एक का लोप करके या दोनों को मिलाकर होने वाला दीर्घ, गुण, वृद्धि आदि स्वरूप आदेश।

कठोर व्यंजन = क, च, ट, त, प, । ख, छ, ठ, थ, फ।

कालाप = कलाप नामक व्याकरण का ज्ञानी या विद्यार्थी।

कालापक (या कातंत्र) = शर्ववर्मा कृत व्याकरण की संज्ञा।

क्षिप्रसन्धि = स्वरसन्धि का एक प्रकार। इसमें दो सहवर्ती स्वरों में से पहले स्वर का अर्धस्वर में बदल होता है।

चातुरर्थिक = चार भिन्न अर्थों को प्रकट करने के लिए शब्द में लगने वाला तद्धित प्रत्यय।

पदार्थ = पद = सुबन्त तथा तिङन्त शब्द की संज्ञा। पद का अर्थ पदार्थ। पदार्थ के चार प्रकार = जाति, गुण, क्रिया और द्रव्य।

(गौः शुक्लः चलो डित्थः इस उदाहरण में चारों के उदाहरण क्रमशः मिलते हैं।

परिभाषा = व्याकरण शास्त्र में पाणिनीय सूत्रों द्वारा ज्ञापित अर्थ पर आधारित सिद्धान्तवचन। परिभाषा स्वरूप सिद्धान्त वाक्यों की संख्या ८६ से ११८ तक मानी गयी है।

परिभाषासूत्र = पाणिनीय व्याकरण में सूत्रों के प्रयोग की रीति बताने वाला सूत्र। (परिभाषा = सर्वत्र लागू होने वाला नियम।)

पाठकाधम = गीती, शीघ्री, शिरःकम्पी, लिखितपाठक, अनर्थज्ञ (अर्थ न जानने वाला) और अल्पकण्ठ, इस प्रकार वेद मंत्र तथा संस्कृत पद्यों का पठन करने वाले।

पार्षद = वैयाकरणों का एक विशेष प्रकार।

पुरुष = व्याकरण शास्त्र में क्रिया का पुरुष (१) उत्तम (२) मध्यम और प्रथम। (आधुनिक व्याकरण में इन्हीं को क्रमशः प्रथम, द्वितीय और तृतीय पुरुष कहते हैं।

(२) पुरुष – वक्ता अपनी क्रिया का निर्देश उत्तम पुरुषी क्रियापद से (उदा. गच्छामि); जिससे भाषण करता है उसकी क्रिया का मध्यमपुरुषी क्रियापद से (उदा. गच्छसि), और दूरस्थ व्यक्ति की क्रिया का निर्देश प्रथम पुरुषी क्रियापद से करता (उदा. गच्छति) करता है।

पूर्वनिपात = सामासिक शब्द में अनियमितता से प्रथम आने वाला शब्द। (अन्य शब्द है परनिपात)

पृथग् योगकरण = एक व्याकरण नियम को दो भागों में विभाजित करना।

प्रवृत्तिनिमित्त = शब्द का विशिष्ट अर्थ में प्रयोग करने का कारण।

फिट्सूत्र = फिट् = प्रतिपादिक के स्वाभाविक उदात्त; अनुदात्त और स्वरित स्वरों का प्रतिपादन करने वाले शंतनुकृत व्याकरण सूत्र। फिट्सूत्र के अनुसार लौकिक शब्द में भी उदात्तादि स्वरों का अर्थदृष्टि से विचार होता है।

मुनित्रय = पाणिनि, कात्यायन और पतंजलि - इन तीन व्याकरणाचार्यों की संज्ञा।

मूर्धन्य व्यंजन = ट, ठ, ड, ढ, ण, र, ष। मूर्धन्यस्वर ऋ।

मृदु व्यंजन = ग, ज, ड, द, ब, आदि प्रत्येक वर्ग के ३, ४, ५ वर्णों की तथा ह, य, व, र, ल की संज्ञा।

योगरूढ अर्थ = यौगिक अर्थ से संबंधित रूढ अर्थ। उदा. जलज शब्द का यौगिक अर्थजल में उत्पन्न किन्तु यह शब्द कमल रूप जलोत्पन्न पुष्प के अर्थ में रूढ हुआ है।

योगवृत्ति = शब्दशक्ति का एक प्रकार, जिसके कारण प्रकृति-प्रत्यय योजना के द्वारा शब्दार्थ की प्रतीति होती है।

यौगिक अर्थ = जो शब्द के प्रकृति प्रत्यय आदि अवयवों के वाच्यार्थ का ज्ञान होने से मिलते हैं। उदा. दिनकर, कुम्भकार इ.। यौगिक अर्थ का बोध कराने वाले शब्द भी 'यौगिक' कहे जाते हैं।

रूढ (अर्थ) = घट, पट, इत्यादि शब्दों के लोकव्यवहार में प्रचलित अर्थ जो रूढि के कारण प्रचलित हुए हैं। ये अर्थ शब्द के अवयवों से नहीं मिलते।

लक्षणावृत्ति = शब्द की शक्तिवृत्ति (रूढि या योग) द्वारा प्रतीत शक्यार्थ (या वाच्यार्थ) से संबंधित अर्थ का बोध कराने वाली वाक्यवृत्ति। चार प्रकार – जहल्लक्षणा, अजहल्लक्षणा, जहदजहल्लक्षणा और लक्षितलक्षणा।

लक्षित लक्षणा = शब्द के अवांतर वाच्यार्थों का त्याग

कर शक्य संबंधी अर्थ का ग्रहण करने पर अर्थबोध कराने वाली शब्द की शक्ति या वृत्ति। उदा. कमले द्विरेफः' इस वाक्य में द्विरेफ शब्द का अर्थ भ्रमर ही अर्थ होना।

वर्ण = भाषा का मूल घटक। दो प्रकार – स्वर और व्यंजन। कुलसंख्या संस्कृतभाषा में ६३ (२१ स्वर + २५ व्यंजन - ४ अन्तस्थ + ४ ऊष्मन् + ४ यम + अनुस्वार, विसर्ग, दुःस्पृष्ट, ऌ और प्लुत। (वर्णाक्षरों की संख्या अ से ह तक ५० है)।

वाक्य = पूर्णार्थक, सांकेतिक, तथा कार्यबोधक शब्दों का समुच्चय, जिसमें योग्यता, आकांक्षा और आसत्ति (समीपता) ये तीन गुण होते हैं।

वाणी (चार प्रकार) = (१) परा – शरीर में यह नाभिस्थान में अव्यक्त अवस्था में होती है। (२) पश्यन्ती – मूलाधार से मणिपूर चक्र तक इसका स्थान माना जाता है। यह केवल स्पंदन स्वरूप होती है। (३) मध्यमा – यह कंठ स्थान में अस्फुट वर्णों की अवस्था में होती है। (४) वैखरी - इसी रूप में मूलवाणी वर्ण, पद, वाक्य, रूप से व्यक्त होती है। इसका ग्रहण श्रोता कर्णेन्द्रिय से कर सकता है।

वार्तिक = वररुचि द्वारा पाणिनि के सूत्रों के उक्त, अनुक्त और दुरुक्त शब्दों का निवेदन करने वाले सूत्रप्राय पूरक वाक्य। इनकी कुलसंख्या पातंजल महाभाष्य के अनुसार ५०३२ है। कैयट ने ३४ वार्तिक अधिक बनाए हैं।

विकरण = क्रियावाचक (धातु) के गण का द्योतक चिन्ह। यह धातु और प्रत्यय के बीच में रहता है।

विग्रह = सामासिक शब्द के घटक पदों को विलग करना।

वृत्ति = कृत्, तद्धित, समास, एकशेष और सनाद्यन्त इन - पांचों की संज्ञा।

व्यष्टि (या व्यष्टिरूप उपाधि) = एक शब्द का एक वाच्यार्थ जिसमें सर्वत्र अर्थवत्ता होती है। उदा. वृक्ष शब्द वन के प्रत्येक वृक्ष का पृथकतया वाचक होता है।

व्याकरण = छह वेदांगों में से एक। अशुद्ध शब्दों से शुद्ध शब्दों का पृथक् स्वरूप बताने वाला शास्त्र। अपरसंज्ञा – शब्दानुशासन। यह वेदपुरुष का मुख माना जाता है।

व्याकरण के संप्रदाय = ऐन्द्र, कौमार, चान्द्र, कातंत्र, कालाप, जैनेन्द्र, शाकटयान, भोज, हेमचन्द्र, सारस्वत.

व्याकरण के अन्तर्गत विषय = धातु, प्रतिपदिक, नाम, आख्यात, लिंग, वचन, विभक्ति, प्रत्यय, स्वर, उपसर्ग, निपात, मात्रा, वर्ण, अक्षर, पदसंयोग, स्थानानुप्रदान, प्रत्याहार, १४ माहेश्वर सूत्र, संधि, समास तद्धित, कारक, कृदन्त, तिङन्त।

शब्द = अर्थबोध कराने वाली मुख से उच्चारित ध्वनि। दो प्रकार – उत्पाद्य और नित्य। नित्य शब्द को ही व्याकरण शास्त्रज्ञ स्फोट कहते हैं। स्फोट की उत्पत्ति तथा नाश का संभव नहीं है।

शब्द के तीन प्रकार = (१) रूढ, योगरूढ और यौगिक। (२) वाचक, लाक्षणिक और व्यंग्य। शब्द के चार वर्ग = नाम, आख्यात, (धातु) उपसर्ग और निपात (अव्यय)।

संज्ञासूत्र = वह सूत्र जिसके अनुसार पारिभाषिक संज्ञा बनाई जाती है।

सार्वविभक्तिक = सभी विभक्तियों से संबंधित (प्रत्यय आदि)।

सूत्र = अल्पाक्षर, असंदिग्ध, साररूप और विश्वतोमुख (व्यापक अर्थ व्यक्त करने वाले) सूचक वाक्य । संस्कृत वाङ्मय में अनेक शास्त्र सूत्रबद्ध हैं।

स्पर्श वर्ण = क से म तक २५ व्यंजनों की संज्ञा।

स्फोट = व्याकरण शास्त्र के अनुसार जिन वर्णों के समूह के श्रवण से अर्थज्ञान होता है वे अनित्य या क्षणिक होने के कारण तत्काल नष्ट होते हैं। अतः वे स्वयं अर्थ ज्ञान देने में असमर्थ होते हैं। इसका अर्थ यही होता है कि शब्द - (वाक्य स्थित वर्ण) का सूक्ष्म अंश स्थिर रहता है। उसीके कारण क्षणभंगी शब्दों के नष्ट होने पर भी अर्थ का ज्ञान होता है। स्थूल और अनित्य शब्द के इस सूक्ष्म एवं नित्य अंश को ही व्याकरण शास्त्र में 'स्फोट' संज्ञा दी गयी है। यही 'शब्दब्रह्म' है। अव्यक्त स्फोट को व्यक्त करने वाले वर्णों को वैयाकरण 'ध्वनि' कहते हैं। यही 'ध्वनि' शब्द साहित्य शास्त्र में रसभावप्रधान उत्तम काव्य का बोधक है।

स्फोट = तीन प्रकार – वर्णस्फोट, पदस्फोट, वाक्यस्फोट।

स्वर (अक्षर) = के तीन भेद = ऱ्हस्व, दीर्घ और प्लुत। इनकी मात्रा का प्रमाण १-२-३ माना जाता है। (नाट्यशास्त्र १७-११६)

स्वरभक्ति = र् और ल के किसी मूर्धन्य (या अन्य) व्यंजन से होने वाले संयोग की विभक्ति करने वाला स्वरोच्चार। (उदा. वर्ष का वरिष, स्वर्ण का सुवर्ण। इ.)

★ ★ ★

वर्ग - ३

छन्दःशास्त्र की परिभाषा

अंशुमती = एक वैदिक छंद। इसमें एक पाद पंचाक्षर और तीन पाद षडक्षर होते हैं। सभी वैदिक छंदो में एक पाद पंचाक्षर होने पर उस प्रकार को अंशुमती कहते हैं।

अचलधृति = एक मात्रासम छन्द। इसमें प्रत्येक पाद में १६ लघु वर्ण होते हैं।

अतिरुचिरा = जाति-अतिजगती (अक्षर-१३)। गण- ज- भ- स- ज- ग। यति ४/९।

अतिरुचिरा (या चूलिका) = एक मात्रासम छंद। प्रथमार्ध में २९ तथा उत्तरार्ध में ३१ मात्रा। अन्त में गुरु।

अतिल्लिह = गाथा का एक प्रकार। प्रत्येक पाद में १६ मात्रा। अंतिम दो लघुमात्रा। ज-गण का अभाव।

अतिशायिनी = जाति-अत्यष्टि (अक्षर-१७) गण- स- स- ज- भ- ज- ग- ग। यति १०/७।

अनंगक्रीडा = एक मात्रासम छंद। इसके प्रथम दल में १६ गुरु और द्वितीय दल में ३२ लघु अक्षर होते हैं। अपर संज्ञा-सौम्या। यही लघु- गुरु क्रम उलटा होने पर उस छंद की 'ज्योतिस्' संज्ञा होती है।

अनंगशेखर = दण्डकवृत् एक प्रकार। इसमें लघु- गुरु वर्णो की रचना कविजन स्वेच्छा के अनुसार करते हैं।

अनवासिता = जाति-त्रिष्टुभ (अक्षर- ११) गण- न- य- भ- ग- ग।

अनुगीति = आर्या या गीति का एक प्रकार। इसमें सुगीति के अर्ध भाग का व्यतास होता है।

अनुष्टुप = एक वैदिक छन्द। इसमें आठ-आठ अक्षरों के चार पाद होते है। ३२ अक्षरों का छन्द। ग्रन्थों के विस्तार की गणना अनुष्टुप् छन्द की संख्या के अनुसार करने की प्रथा थी।

अनुष्टुप् = इस छन्दोजाति के अन्तर्गत वर्णवृत्त मानते है।

चित्रपदा = (भ- भ- ग- ग-)।

विद्युन्माला = (म- म- ग- ग-)।

माणवक = (भ- त- ल- ग) (अन्य संज्ञा माणवकक्रीडित)।

हंसरुत = (म- न- ग- ग-)

समानिका = (र- ज- ग- ल-)

प्रमाणिका = (ज- र- ल- ग-)।

वितान = (ग- ग- ल- ल-। ल- ल- ग- ग-) यह एक अनियमित वर्णवृत्त है।

नाराचिका = (त- र- ल- ग)।

सिंहलेखा = (र- ज- ज- ग।

कुमारललिता = ज- स- ग- ग-।

बृहती = एक छन्दोजाति। इसके अन्तर्गत वर्णवृत्त **हलमुखी** = (र- न- स)।

भुजगशिशुभृता = न- न- म।

भद्रिका = र- न- र।

अपरवक्त्र = एक अर्धसमवृत्त। विषमपादों में गण न- न- र- ल- ग। समपादों में - न- ज- ज- र। (वैतालीय का एक प्रकार)।

अपराजिता = जाति-शक्वरी। (अक्षर १४)। गण- न- न- र- स- ल- ग। यति ७/७।

अपरान्तिका = वैतालीय छंद का एक भेद। इसके चारों पादों में १६ मात्राएं होती हैं जिनमें चतुर्थ पंचम मात्राओं के स्थान पर गुरुवर्ण आता है।

अपवाह = जाति उत्कृति (अक्षर- २६)। म- न- न- न- न- न- न- स- ग- ग। यति- ९/६/६/५ ।

अभिनव-तामरस = जाति - जगती (अक्षर - १२)। गण- न- ज- य। यति- पादे।

अमृतधारा = एक विषम वृत्त। चरणों की अक्षरसंख्या क्रमशः १२-१६-२०-८। अन्त में दो गुरु वर्ण।

अर्णदण्डक = एक समवृत्त। गण न- न- +र गणाष्टक।

अर्णवदण्डक = एक समवृत्त। गण- न-न- + र गणनवक।

अर्धसमवृत्त = - गणवृत्त का एक प्रकार। इसमें सम पादों तथा विषमपादों में गण अलग अलग होते हैं। (प्रकार) – उपबचित्र, द्रुतमध्या, वेगवती, भद्रविराट्, केतुमती, आख्यातिकी (या आख्यानकी) विपरीतपूर्वा, हरिणप्लुता, अपरवक्त्र, (वैतालीय), पुष्पिताग्रा, (अपरसंज्ञा- औपच्छन्दसिक) यवानी (मृगी), कौमुदी, मंजुसौरभ, शिखान्ता (खंजा)।

अलसा = जाति धृति (अक्षर-१८)। गण- न- न- र- र- र- र। यति १०/८। देखिये – तारका

अलोला = जाति शक्वरी (अक्षर- १४)। गण म- स- म- भ- ग- ग। यति ७/७।

अर्धपातलिका = वैतालीय छंद का एक प्रकार। इसमें विषम पाद आपातलिका के और समपाद प्राच्यवृत्ति छंद के समान होते हैं।

अशोकमंजरी = दण्डक का एक प्रकार। इसमें २ न- गणों के बाद क्रमशः र- गण और ज गण की रचना होती हैं।

अश्वगति = जाति- अष्टि (अक्षर- १६)। गण- भ- भ- भ- भ- भ- ग। यति १०/६।

अश्वगति = जाति- धृति (अक्षर- १६)। गण -- भ- भ- भ- भ- भ- स । यति १०/८।

अश्वललित = जाति विकृति (अक्षर २३)। गण- न- ज- भ- ज- भ- ज- भ- ल- ग। यति – ११/१२

असंबाधा = जाति शक्वरी (अक्षर १४)। गण- म- त-

न- स- ग- ग। यति ५/९।

आख्यानकी (आख्यातिकी) = एक अर्धसम वृत्त।। विषमपाद में गण- त- त- ज- ग- ग। समपादों में ज- त- ज- ग- ग।

आपातलिका = वैतालीय छंद का एक प्रकार। छह तथा आठ मात्राओं के बाद भ -गण + ग ग, अन्य सब लक्षण वैतालीय के समान।

आपीड = एक विषम वृत्त। इसके चरणों में ऊर्ध्ववृत्त के समान अक्षरसंख्या क्रमशः ८-१२- १६- २० होती है। किन्तु प्रत्येक के अन्त में दो गुरु वर्ण होते हैं। ऊर्ध्ववृत्त के समान इसके भी परस्पर संकर के कारण २४ प्रकार होते हैं।

आभीर = गाथा का एक प्रकार। प्रत्येक पाद में ११ मात्रा। अन्त में ज गण।

आर्या = एक मात्रावृत्त। चार मात्रा के ७ गण + गु। विषम पादों में ज- गण निषिध्द। छठे गणस्थान में चार लघु। समपादों में ज गण का निषेध नहीं हैं। प्रमुख भेद ८० माने जाते हैं।

आर्या = (प्रकार) = पथ्या, विपुला, चपला, मुखचपला, जघनचपला, महाचपला। गीति, उपगीति, उद्‌गीति, आर्यागीति, शुद्ध आर्या और चतुर्विध गीति के कुल मिलाकर २५६ प्रकार माने जाते हैं।

आर्या गीति = आर्या या गीति का एक प्रकार। इसमें दोनों पादों में पूर्ण आठ गण होते हैं। अंत में द्विगुरु गण (य गण या त गण) होता है। (अपरसंज्ञा संगीति या स्कन्धक)।

इन्दुवदना = जाति- शक्वरी (अक्षर- १४)। गण- भ- ज- स- न- ग- ग।

इन्द्रवज्रा = जाति- त्रिष्टुभ्: (११ अक्षर)। गण- त- त- ज- ग- ग-, यति पादान्त में।

इन्द्रवंशा = जाति जगती (अक्षर १२)। गण- त- त- ज- र। यति – पादे।

उज्ज्वला = जाति- जगती (अक्षर- १२)। गण- न- न- भ- भ। यति – पादे।

उत्कष्टा = गाथा का एक प्रकार। ११ मात्राओं के छह पाद इसमें होते हैं। सभी अक्षर लघु होने पर **लोहांगिनी'** नामक उत्कष्टा गाथा होती है। इसमें ४-४ गुरु वर्णों की वृद्धि तथा ८- ८ लघु वर्णो का ऱ्हस्व होने पर आठ प्रकार होते हैं। (८ प्रकार - लौहांगिनी (६६ लघु), हंसी (४ गुरु + ५८ लघु); रेखा (८ गुरु + ५० लघु); तालंकी (१२ गुरु + ४२ लघु)व कम्पी (१६ ल + ३४ गुरु); गम्भीरा (२० गुरु + २६ लघु); काली (२४ गुरु + १८ लघु); कालरुद्राणी (२८ गुरु + १० लघु)।

उत्कृति = एक वैदिक छन्द। इसमें अक्षर- संख्या १०४ होती है। प्रकार- उक्त अक्षर संख्या से चार चार अक्षर न्यून होने पर उत्कृति छंद के प्रकार होते है। १) **अभिकृति** १०० (अक्षर); २) **संस्कृति** = (९६ अक्षर); ३) **विकृति** = (९२ अक्षर); ४) **आकृति** = (८८ अक्षर) ५) **प्रकृति** = (८४ अक्षर); ६) **कृति** = (८० अक्षर), ७ **अतिधृति** = (७६-); ८) **धृति** = (७२-); ९) **अत्यष्टि (६८-);** १०) **अष्टि** = ६४-); ११) **अतिशक्वरी** = (६०); १२) **शक्वरी** = (५६); **अतिजगती** = (५२) १४) **जगती** = (४८)।

उत्तरकामबाण = दण्डक का एक प्रकार।

उत्तरान्तिका = वैतालीय छंद के विषम पादों कें समान चारों पाद वाला छंद। वैतालीय छंद का एक प्रकार।

उदीच्यवृत्ति = वैतालीय छंद का एक प्रकार।

उद्‌गाथ = गाथा का एक प्रकार (संस्कृत संज्ञा - ललिता गीति)।

उद्‌गीति = आर्या या गीति का एक प्रकार। इसमें आर्या के पूर्वार्थ और उत्तरार्ध का व्यत्यास होता है।

उद्दामदण्डक = एक समवृत्त। गण- न- न + र गण त्रयोदशक।

उपगीति = आर्या गीति का एक प्रकार। इसमें आर्या के द्वितीयार्ध का लक्षण दोनों दलों में होता है।

उपचित्र = जाति- त्रिष्टुभ् (अक्षर- ११)। गण- स- स- स- ल- ग।

उपचित्र = एक अर्धसमवृत्त। इसकें विषम पादों में गण - स- त- ल- ग। समपादों में गण – भ- भ- भ- ग- ग।

उपचित्रा = एक मात्रासम छंद। आठ कलाओं के बाद ग- ल- य- गण।

उपजाति = जाति - त्रिष्टुभ् (११ अक्षर)। त- त- ज- ग- ग। ज- त- ज- ग- ग। इन्द्रवज्रा तथा उपेन्द्रवज्रा के गणों की संमिश्रता इसमें होती है। इस संमिश्रण से इसके १४ प्रकार होते हैं। अन्य जातियों के छन्दों में सम्मिश्रण से उपजातियाँ होती हैं। उनके भी प्रत्येकशः १४ भेद होते हैं।

उपस्थित = जाति- अतिजगती (अक्षर १३)। गण- ज- स- त- स- ग। (यति- ६-७।)

उपमालिनी = जाति – अतिशक्वरी (अक्षर- १५)। गण- न- न- त- भ- र। यति ८/७।

उपस्थित प्रचुपित = एक विषम वृत्त। पादक्रमानुसार गणव्यवस्था- पाद (१) म- स- ज- भ- ग- ग। २) स- न- ज- र- ग। ३) न- न- स-। ४) न- न- न- ज- य। इसमें प्रथम पाद का पृथक् पाठ और अन्य तीन चरणों का एकीकृत पाठ होता है।

उपस्थिता = जाति- पंक्ति (१० अक्षर)। गण- त- ज- ज- ग। यति- पादान्त में।

उपेन्द्रवज्रा = जाति त्रिष्टुभ् (११ अक्षर) । गण- ज- त- ग- ग।

उल्लाल = षट्पद- छंद के अंतिम पादत्रय की संज्ञा। इसके प्रत्येक पाद में २८ मात्राएँ होती है। १८/१३- मात्राओं पर यति। प्रथम पाद चतुष्टय को 'काव्य' कहते हैं।

उष्णिक् = एक त्रिपाद वैदिक छंद। पादसंख्या ३। पाद- १-२ में अक्षरसंख्या ८। पाद - ३ में अक्षर संख्या १२)।

उष्णिक् = एक वैदिक छंद। इसमें ७ अक्षरों के चार पाद होते हैं। उष्णिक् प्रकार - देखिये ककुभ्।

उष्णिक् = एक छन्दोजाति। इसके अन्तर्गत वर्णवृत्त- मदलेखा, हंसमाला, मधुमती, कुमारललिता, और चूडामणि।

ऊर्ध्व = एक विषम वृत्त। प्रथम पाद में ८ वर्ण, द्वितीय में १२, तृतीय में १६, और चतुर्थ में २० वर्ण। पादों के परस्पर संकर से ऊर्ध्व वृत्त के २४ प्रकार हो सकते हैं।

एला = जाति- अतिशक्वरी (अक्षर- १५)। गण- स- ज- न- न- य। यति ५/१०।

औपच्छन्दसिक = वैतालीय छंद का एक भेद। वैतालीय के प्रत्येक चरण में एक गुरु का आधिक्य इसका लक्षण है। विषम पादों में १६ और सम पादों में १८ मात्राएं।

कन्या = प्रतिष्ठा जाति का वर्णवृत्त। इसमें चार गुरुवर्णों का एक ही पाद होता है।

ककुभ् = एक त्रिपाद वैदिक छंद। पाद-१/३ - अक्षर संख्या ८। पाद २- अक्षर- १२। यह उष्णिक् छंद का एक प्रकार है। अन्य प्रकार **पुरउष्णिक** = (पाद १ अक्षर १२, पाद २/३ अक्षर ८)। **परोष्णिक्** = (पाद १-२, अक्षर ८। पाद २ अक्षर १२)

ककुम्मती = वैदिक छंदों में जब एक पाद षडक्षर और अन्य लक्षणानुसार होते हैं तब उस प्रकार की यह संज्ञा होती है।

कुटिलमति = जाति- शक्वरी (अक्षर- १४। गण- स- त- न- य- ग- ग। यति- ७/७।

कान्ता = जाति- अत्यष्टि (अक्षर- १७)। गण- य- भ- न- र- स- ल- ग। यति ४-६-७।

कान्तोपीडा = देखिए जलधरमाला।

कलिका = एक विषम वृत्त। १२-८-१६-२० इस क्रम से अक्षरसंख्या इसमें होती है। (अपरसंज्ञा- मंजरी)।

काहलि = गाथा का एक प्रकार। स- भ + चतुर्लघु गण + ग। ११ अक्षर। मात्रा १४।

कामक्रीडा = जाति अतिशक्वरी (अक्षर १५)। गण- म- म- म- म- भ- । यति ७/८

काव्य = षट्पदच्छंद के प्रथम पाद चतुष्टय की संज्ञा। अंतिम पादद्वय को **उल्लाल** कहते हैं। काव्यपाद में कुल २४ मात्राएँ होती हैं। (२३ + ४ मात्रा के पांच गण + २ मात्राएं)। 'काव्य' नागक एक स्वतंत्र छंद होता है। उसके ४५ प्रकार माने गए हैं।

कुण्डलिका = दोहा स्वरूप गाथा का एक प्रकार। इसके पादों में १४४ मात्राएं तथा यमक अनुप्रास की योजना होती है। यह षट्पदा या अष्टपदा मानी जाती है। इस छंद के पठन में विराम नहीं होता।

कुपुरुषजनिता = जाति- त्रिष्टुभ् (अक्षर ११)। गण- न- न- र- ग- ग।

कुमारललिता = जाति अनुष्टुप् (८ अक्षर)। गण- ज- स- ग- ग- ।

कुमारललिता = जाति - उष्णिक् (७ अक्षर)। गण- ज- स- ग। यति २/५।

कुमारी = जाति शक्वरी (अक्षर- १४)। गण- न- ज- भ- ज- ग- ग। यति ८/६।

कुसुमविचित्रा = जाति जगती (अक्षर - १२)। गण- न- य- न- य। यति पादे।

कुसुमस्तबक = दण्डक वृत्त का एक प्रकार। इसमें केवल स- गण के वर्णों की रचना होती है।

कुसुमस्तरण = दण्डक का एक प्रकार।

कुसुमितलता = जाति- धृति (अक्षर- १८)। गण- म- त- न- य- य- य-। यति ५/६/७।

केतुमती = एक अर्धसमवृत्त। विषम पादों में गण। स- ज- स- ग। समपादों में भ- र- न- ग।

केशर = जाति- धृति (अक्षर- १८)। गण - म- भ- न- य- र- र। यति ४/७/७।

कोकिलक = जाति – अत्यष्टि (अक्षर- १७)। गण- न- ज- भ- ज- ज- ल- ग। (यति- ७/६/४।

कौमुदी = एक अर्धसमवृत्त। विषमपादों में गण- न- न- भ- भ-। समपादों में न- न- र- र।

क्रौंचपदा = जाति – आकृति (अक्षर- २५)। गण- भ- म- स- भ- न- न- न- न- ग। यति ५/५/८/७

क्षमा = जाति- अतिजगती (अक्षर- १३)। गण- न- न- त- त- ग। यति- ७/६।

ख = चार लघुमात्राओं वाले गण की संज्ञा।

खंजा = एक अर्धसमवृत्त। विषमपादों में ३१ लघु + १ गुरु और समपादों में २८ लघु + १ गुरु। विपरीत रचना की संज्ञा शिखान्ता।

खंजा = शिखानामक मात्रा सम छंद का एक प्रकार। इसमें शिखा के लक्षण का व्यत्यास (उलट-पलट) होता है। अर्थात् पूर्वार्ध में ३१ तथा उत्तरार्ध में २९ मात्राओं की योजना होती है जिनमें अंतिम गुरु वर्ण होता है।

खंजा = गाथा का एक प्रकार। चार लघु मात्राओं के ९ गण + १ गण = १० गण। ३९ अक्षर, ४१ मात्रा- इस प्रकार के दो पादों की गाथा।

गणचिह्न = म = SSS; **य** = ISS; **र** = SIS; **स** = IIS; **त** = SSI; **ज** = ISI; **भ** = SII; **न** = III;। **विवरण** = म = त्रिगुरु; **न** = त्रिलघु, भ = आदिगुरु, **य** = आदि लघु; **ज** = मध्यगुरु; र = मध्य लघु; **स** = अन्त्य गुरु; **त** = अन्त्यलघु। मित्रगण = म, न। **भृत्यगण** = भ, य। **उदासीन गण** = ज, र। **अरिगण** (या नीच गण) = त, स,।

गणाष्टक = मगण, यगण, रगण, सगण, तगण, जगण, भगण, और नगण – इन आठ गणों की संज्ञा। वर्णों की

लघु, गुरु मात्राओं के अनुसार तीन तीन वर्णों का एक एक गण माना जाता है। लघु एवं गुरु मात्रा का निर्देश - (।) तथा (ऽ) इन चिन्हों से करने की प्रथा है। कहीं कहीं (–) तथा (˘।) इन चिन्हों से लघु एवं गुरु मात्रा का निर्देश होता है एवं उनका निर्देश 'ल' तथा 'ग' अक्षरों से होता है।

गन्धा = गाथा का एक प्रकार। चार पाद। प्रथम पाद में १७ और द्वितीय में १८ वर्ण। मात्रा का कोई नियम इसमें नहीं होता।

गजविलसित = जाति – अष्टि- (अक्षर- १६)। गण- भ- र- न- न- न- ग। यति ७/९

गाथा = तीन, छह, या दस पादों तथा अनिश्चित लघु गुरु अक्षरों के छन्दों की संज्ञा।

गाथा = (अपरसंज्ञा आर्या) विषम अक्षर तथा विषम पाद, लघु गुरु अक्षर के विशिष्ट नियमों का अभाव, इस प्रकार की गाथाओं के विविध प्रकार। **त्रिष्टुभ् जाति में** = कुड्मलदन्ती । **जगती जाति में** = वरतनु, जलधरमाला, गौरी, गाथा, ललना।

अतिजगती में = कनकप्रभा, कुटिलगति। **शक्वरी में** = वरसुन्दरी, कुटिल, शैलशिखा, वरयुवाति। **अत्यष्टि में** = अतिशायिनी, अवितथ, कोकिलक। **धृति में** = विबुधप्रिय। **अतिधृति में** = विस्मिता।

प्राकृत भाषीय काव्यों में गाथा (इसीको संस्कृत कविता के क्षेत्र में आर्या कहते हैं) के विविध प्रकार उपलब्ध होते हैं जो उपजाति, वसन्ततिलका, मालिनी, आदि वृत्तों पर आधारित होते हैं। वृत्तरत्नाकर के व्याख्याकार भट्टरामेश्वर पुत्र श्री नारायण भट्ट ने अपनी व्याख्या में इन गाथाओं के उदाहरण दिए हैं।

गाथा के विविध प्रकार = गाथ (५४ मात्राएं); गाथा (५० मात्राएं; विगाथ; उद्गाथ, (६० मात्राएं)व गाहिनी (६४ मात्राएं); सिंहिनी, स्कन्दक (६२/६४ मात्राएं); गाह –(संस्कृत काव्य में इसी को उपगीति कहते हैं। **लक्ष्मी** (२७ गुरु + ३ लघु = ३० अक्षर); **ऋद्धि** (२६ गुरु + ५ लघु); इस प्रकार गुरु लघु अक्षरों के वृद्धि-क्षय के अनुसार गाथा के २७ प्रकार माने जाते हैं।

गाथा के विविध प्रकार = लक्ष्मी, ऋद्धि, बुद्धि, लज्जा, विद्या, क्षमां, गौरी, देही, रात्रि, पूर्णा, छाया, कान्ति, महामाया, कीर्ति, सिद्धा, मानी, रामा, गाहिनी, विश्वा, वासिता, शोभा, हरिणी, चक्री, कुररी, सारसी, सिंही, हंसी।

गाथा जाति = **विप्रा** (१३ तक लघु अक्षर युक्त गाथा), २) **क्षत्रिया** (१४ से २१ तक लघु अक्षर) **वैश्या)** २२ से २७ तक लघु अक्षर) ४) **शूद्रा** (२७ से अधिक लघु अक्षर)।

गाथा जाति (अन्य प्रकार) = १) **कुलीना**, एक ज गण से युक्त) व २) **कुलटा** (दो ज गणों से युक्त) ३ **वेश्या** (अनेक ज गणों से युक्त) ४) **ज गण** विरहित)। इनमें प्रथम तृतीय आदि विषम मात्रा स्थानों पर ज- गण होने पर गाथा की गुर्विणी संज्ञा होती है।

गाथा पाठ के प्रकार = प्रथम पाद मन्थर (हंसीवत्); द्वितीय- उद्धत, (सिंहविक्रमवत्); तृतीय- ललित (गजगति वत्); चतुर्थ- चंचल (सर्पगतिवत्)

गायत्री = इस वैदिक छंद में मुख्यतः तीन पाद होते हैं। संपूर्ण अक्षर संख्या २४। प्रकार **पादनिचृत्** = (७ अक्षरों के तीन पाद); **अतिपादनिचृत** = (प्रथमपाद -६ अंक्षर, द्वितीय ८, तृतीय ७) **नागी०** = (१-२ पाद नौ अक्षर, ३ पाद छह अक्षर); **वाराही०** = (प्रथम पाद ६ अक्षर, पाद २-३ में नौ अक्षर, २ - सात, ३ - आठ)।

प्रतिष्ठा = पाद १ आठ अक्षर, २ - सात अक्षर, ३ - ६ अक्षर); **द्विपाद् विराट्** = (पाद-१ अक्षर १२। पाद- २) अक्षर ८)। **त्रिपाद विराट्** = (प्रत्येक पाद में अक्षरसंख्या- ११)।

गायत्री। (प्रकार) = दैवी (एकक्षरा)। आसुरी, (१५ अक्षर)। प्राजापत्या (८ अक्षर) याजुषी (६ अक्षर)। साम्नी (१२ अक्षर)। आर्षी (१८ अक्षर)। ब्राह्मी (३६ अक्षर)।

गायत्री = इस छन्दोजाति के अन्तर्गत ४ वर्णवृत्त = तनुमध्या, शशिवदना, विद्युल्लेखा, और वसुमती।

गाहिनी = प्राकृत गाथा का एक प्रकार। संस्कृत संज्ञा- वल्गुगीति।

गीति = आर्या का एक प्रकार। इसमें आर्या के प्रथम दल का लक्षण दोनों दलों में होता है। इसमें पथ्या - १, विपुला - ३, चपला- १२, इस प्रकार १६ भेद होते हैं। गीति के प्रकार – उपगीति, उद्गीति, आर्यागीति, संगीति, सुगीति, प्रगीति, अनुगीति, मंजुगीति, विगीति, चारुगीति, वल्गुगीति, ललिता, चन्द्रिका, इत्यादि।

गुरुवर्ण = सानुस्वार (अं कं इत्यादि), विसर्गान्त (अः कः इत्यादि) दीर्घ और प्लुत, संयुक्ताक्षर - पर (विष्णु शब्द में वि) क्वचित पादान्त लघु (ह्रस्व)।

गौरी = जाति-जगती (अक्षर- १२)। गण- न- न- र- र।

घाता = ४ मात्राओं के सात गण + तीन लघु अक्षरों का एक पाद। इस प्रकार प्रत्येकशः ३१ मात्राओं के चार पाद। इसमें १०, ८, १३ मात्राओं पर यथाक्रम विराम। इस रीति से यह गाथा का प्रकार होता है।

चंचरीकावली = जाति- अतिजगती (अक्षर- १३)। गण- य- म- र- र- ग। यति ६/७।

चण्डवृष्टिप्रपात-दण्डक = एक समवृत्त। गण - न- न- र- र- र- र- र- र- र- ।

चतुष्पदा = १२० मात्राओं के चार पाद। प्रत्येक में ३० मात्राएं। चार पादों का एक पाद होने के कारण ४८० मात्राओं का यह गाथाप्रकार होता है। चतुष्पदा के अनन्त भेद माने जाते हैं।

चन्द्रवर्त्म = जाति-जगती (अक्षर-१२)। गण- र- न- भ- स। यति ४/८।

चन्द्रलेखा = जाति – अतिशक्वरी (अक्षर १५)। गण-

म- र- म- य- य। यति ७-८।

चन्द्रलेखा = जाति- अतिजगती (अक्षर- १३)। गण- न- स- र- ग- ग। यति - ६/७।

चन्द्रावर्ता = देखिये शशिकला।

चन्द्रिका = आर्या या गीति का एक प्रकार। इसमें आर्यागीति के उत्तरार्ध में एक गुरु की अधिकता होती है।

चुन्द्रिका = देखिए क्षमा। **गणव्यवस्था** = ऽऽ, ।।ऽ, ।ऽ।, ऽऽ, ।ऽ।, ऽ।।, ऽऽ, ऽ।, ।।।, ऽऽ, ऽ।।, ।।ऽ —

प्रकार = **मुखचपला** = (इसके पूर्वार्ध में चपला तथा उत्तरार्ध में सामान्य आर्या का लक्षण होता है), **जघनचपला** = (इसके पूर्वार्ध में सामान्य आर्या का तथा उत्तरार्ध में चपला का लक्षण होता है); **महाचपला** = (दोनो पादों में चपला के लक्षण होते हैं)।

चपलावक्त्र = अनुष्टुप् जाति का अष्टाक्षर छंद। विषम पादों में चतुर्थाक्षर के बाद न- गण। समपादों में य- गण।

चल = जाति- धृति (अक्षर- १८)। गण - म- भ- न- ज- भ- र-। यति- ४/७/७।

चारुगीति = आर्या या गीति का एक प्रकार। इसमें उद्गीति के दोनों भागों में गुरु वर्ण अधिक होता है।

चारुहासिनी = वैतालीय छंद का एक प्रकार। चारों पादों में १४ मात्राएं। द्वितीय- तृतीय मात्रास्थान में इसमें गुरुवर्ण होता है।

चित्र = जाति – अष्टि (अक्षर- १६)। गण- र- ज- र- ज- र- ग। यति ७/९।

चित्रपदा = जाति – अनुष्टुप् (८ अक्षर)। गण- भ- भ- ग- ग। यति पादान्त में।

चित्रलेखा = जाति – अत्यष्टि (अक्षर- १७)। गण- स- स- ज- भ- ज- ग- ग। यति १०/७।

चित्रलेखा = जाति-धृति। (अक्षर- १८)। गण- म- न- न- त- त- म। यति ३/७/८

चित्रा = एक मात्रासम छंद। ५, ८ और ९ वां अक्षर लघु होता है।

चूडामणि = ५८ उष्णिक् (७ अक्षर)। गण- त- भ- ग। यति २/५।

चूलिका = ५८ मात्राओं का दोहा। सामान्य दोहा में ४८ मात्राएं होती हैं।) अतः ४८ + ल, ग, म। इसी प्रकार उत्तरार्ध)।

छन्द = प्रकार (१) **वैदिक** -वेदसंहिताओं में प्रयुक्त गायत्र्यादि से जगती तक (पिंगल छन्द सूत्रों में कथित छंद।) वैदिक छन्दों के अग्नि आदि देवता, षड्जादि स्वर, श्वेतादिवर्ण, अग्निवेश्यादि गोत्र होते हैं। २) **लौकिक** - काव्य ग्रन्थ में प्रयुक्त आर्या से दण्डक (२६ से अधिक अक्षर वाले) तक सभी गण छंद। (३) **वैदिक-लौकिक** = समानी से उत्कृति तक अक्षर छन्दों का अन्तर्भाव इस प्रकार में होता है। उसी प्रकार गायत्री (२४ अक्षर) उष्णिक् (२८ अक्षर); अनुष्टुप् (३२ अक्षर), बृहती ३२ अक्षर) पंक्ति ४०-; त्रिष्टुप् (४४ अक्षर)। इन 'आर्ष' छन्दों' का भी अन्तर्भाव वैदिक लौकिक छन्दों में होता है।

लौकिक छन्दस् = (पद्यबन्ध) तीन प्रकार — १) गणच्छन्द, (उदा. आर्या आदि), २) सममात्राच्छन्द (उदा. वैतालीय आदि), ३) अक्षरच्छन्द (सामान्य पद्यरचना)।

छन्दोजाति (२६ प्रकार) = उक्ता (चतुरक्षरा), अत्युक्ता (अष्टाक्षरा), मध्या, प्रतिष्ठा, सुप्रतिष्ठा, गायत्री, उष्णिक्, अनुष्टुप्, बृहती, पंक्ति, त्रिष्टुप्, जगती, अतिजगती,शक्वरी, अतिशक्वरी, अष्टि, अत्यष्टि, धृति, अतिधृति, कृति, आकृति, विकृति, संस्कृति, अतिकृति, उत्कृति।

छन्दोजाति = इसके २६ प्रकारों में क्रमशः प्रत्येक जाति में प्रत्येक पाद में एक एक अक्षर की वृद्धि होती है। जैसे उक्ता जाति एकाक्षरा होने से उसके चार पादों में ४ अक्षर होते हैं। और अंत में २६ वीं आकृति जाति में २६ × ४ = १०४ अक्षर संख्या होती है।

छन्दोविचिती = छन्दःशास्त्र की अपर संज्ञा।

छाया = जाति – अतिधृति (अक्षर - १९)। गण- य- म- न- स- भ- त- ग। यति - ६/६/७।

जलधरमाला = जाति- जगती (अक्षर- १२)। गण - म- भ- स- म। यति ४/८। (अपरसंज्ञा – कान्तोत्पीडा।)

जलोद्धतगति = जाति- जगती (अक्षर- १२)। गण- ज- स- ज- स। यति- ६/६ ।

जाति = निश्चित मात्राओं की पद्यरचना।

जीमूतदण्डक = एक समवृत्त। गण- न- न- + र गण- एकादशक।

ज्योतिस् = देखिये अनंगक्रीडा।

तनुमध्या = जाति-गायत्री। (६ अक्षर)। त- य- गण।

तन्वी = जाति- संस्कृति (अक्षर- २४)। गण- भ- त- न- स- भ- भ- न- य। यति। ५/७/१२।

तामरस = जाति- जगती (अक्षर-१२)। गण- ज- ज- ज- य।

तारका = जाति - धृति (अक्षर- १८)। गण न- न- र- र- र- र-। यति १०/८। देखिए अलसा।

तोटक = जाति जगती, (अक्षर १२)। गण- स- स- स- स-। यति पादे।

त्रिष्टुप् = एक वैदिक छंद। प्रकार- ज्योतिष्पती, पुरस्तात् ज्योतिस्, मध्येज्योतिस्, उपरिष्टात्ज्योतिस, (इसमें प्रथम ४ पादों में गायत्री, अंतिम पाद में त्रिष्टुप् छंद होता है।

त्रिपाद अनुष्टुप् = वैदिक अनुष्टुप् छंद का एक प्रकार। इस में प्रथम पाद ८ अक्षर। अन्य दो पाद १२ अक्षर।

त्रिष्टुप् = एक छन्दोजाति। इसके अन्तर्गत वर्णवृत्त है **(१) इन्द्रवज्रा** = त- त- ज- ग- ग। (२) **उपेन्द्रवज्रा** = ज- त- ज- ग- ग- और (३) **उपजाति** = इन्द्रवज्रा और उपेन्द्रवज्रा के पादों के संमिश्रण से यह वर्णवृत्त होता है। इसके कुल प्रकार १४ माने जाते हैं। इसी प्रकार जगती

आदि जाति के अन्तर्गत समान यति के छन्दों के संमिश्रण से 'उपजाति' वृत्त माना जाता है। महाकाव्यों में इस वृत्त का उपयोग अधिक मात्रा में दिखाई देता है।

सुमुखी = न- ज- ज- ल- ग।

दक्षिणान्तिका = वैतालीय छंद का एक प्रकार। इसमें चारों पाद वैतालीय के समपाद के समान होते हैं।

दण्डक = २७ से अधिक अक्षरों के वृत्त।

दण्डक = एक समवृत्त। इसके प्रारंभ में दो न - गण होने पर र गण यथाक्रम ७ से ३३१ तक होते हैं। सात र - गण वाले दण्डक को चण्डवृष्टिप्रपात कहते हैं। बाद में आठ-नौ आदि र गण होने पर अर्ण, अर्णव्याल, जीमूत, लीलाकर, उद्दाम, शंख, रोम, संग्राम, सुराम, वैकुण्ठ, सोत्कष्ठ, सार, कासार, विस्तार, संहार, नीहार, मन्दार, केदार, साधार, सत्कार, संस्कार, माकन्द, गोविन्द, सानन्द, सन्दोह, नन्द आदि संज्ञाएँ दी जाती हैं।

इस प्रकार न - गणद्वय के बाद य- न- गण की यथाक्रम ७ से अधिक प्रमाण में योजना होने पर दण्डक के अगणित प्रकार होते हैं। भोगावली, बिरुदावली अर्थात् देवस्तुति, राजस्तुति जैसे विषयों के लिए दण्डक की रचना उचित मानी जाती है।

दण्डकाहल = प्रत्येक पाद में ३२ मात्राएं। ४ मात्राओं के चार गण + छह मात्राओं का १ गण + चतुमार्त्राओं के २ गण + ग। सम्पूर्ण मात्रा- संख्या १२८। गाथा का एक प्रकार।

दीपक = प्रत्येक पाद में स- य, ल। गाथा का एक प्रकार।

देवरवरतनु = जाति – शक्वरी (अक्षर १४), गण- भ- न- न- ल- ग। ७/७

दैवीगायत्री = यह गायत्री छंद के ८ प्रकारों में से एक है। यह एकाक्षर छंद है। उदाहरण – ओम्।

दोधक = जाति – त्रिष्टुप् (११ अक्षर)। गण भ- भ- भ- गण ग-। यति – पादान्त में।

दोहा = गाथा का एक प्रकार। प्रथम तृतीय पाद में १३ मात्राएं; द्वितीय; चतुर्थ पाद में ११ मात्राएं। कुल मात्रासंख्या ४८। विविध प्रकार – भ्रमर (२२ गुरु + ४ लघु); इसमें क्रमशः एक गुरु का ऱ्हास और दो दो लघु स्वरों की वृद्धि होने पर २३ प्रकार होते हैं। भ्रमर, भ्रामर, शरभ, श्येन, मण्डूक, मर्कट, करभ, नर, मराल, मधुकल, पयोधर, बलवानर, त्रिकल, कच्छप, मत्स्य, शार्दूल, व्याघ्र, बिडाल श्व, उन्दुर, और सर्प।

दोहा (चार जातियाँ) = विप्रा (१२ तक लघु मात्राएं); क्षत्रिया (१३ से २२ तक लघु मात्राएं); वैश्या (२३ से ३२ तक लघु मात्राएं), शूद्रा ३३ से ४८ तक लघुमात्राएं)

दुष्टदोहा = प्रत्येक पाद में प्रथम तथा तृतीय स्थान में ज-गण युक्त दोहा।

द्रुतपद = जाति- जगती। अक्षर १२। (गण- न- भ- न- य।)

द्रुतमध्या = एक अर्धसमवृत्त। इस के विषमपादों में गण - भ- भ- भ- ग- ग। समपादों में ज- य- न- ज।

द्रुतविलंबित = जाति- जगती (अक्षर- १२)। गण- न- भ- भ- र। यति - पादे।

द्विपदी = गाथा का एक प्रकार। आदि तथा अन्त में ६ मात्राओं का गण । मध्य में ४ मात्राओं के चार गण।

धीरललिता = जाति- अष्टि। (अक्षर- १६) गण - भ- र- न- र- न- ग। यति १०/६।

धृति = जाति- शक्वरी (अक्षर- १४)। गण - न- ज- भ- ज- ल- ग। यति- ७/७।

नदी = जाति - शक्वरी (अक्षर १४)। गण- न- न- त- ज- ग- ग। यति ७/७।

नन्द = प्राकृत गाथा का एक प्रकार। (२८ गुरु + ८ लघु अक्षर)। गुरु तथा लघु अक्षरों में एक एक गुरु वर्ण का ऱ्हास और दो दो लघुवर्णों की क्रमशः वृद्धि से इसके २८ प्रकार होते हैं। – नन्द, भद्र, शेष, सारंग, शिव, ब्रह्म, चारण, वरुण, नील, मदन, तालंक, शेखर, शर, गगन, शरभ, विमति, क्षीर, नगर, नर, स्निग्ध, स्नेह्न, मदकल, लोभ, शुद्ध, सरित्, कुम्भ, कलश, शशधर।

नवमालिका = जाति- जगती (अक्षर १२)। गण- न- ज- भ- य। यति ८-४।

नर्कुटक = जाति – अत्यष्टि (अक्षर १७)। गण- न- ज- भ- ज- ल-। यति- ७/१०। (अपरसंज्ञा - नर्दटक)

नारी = मध्या जाति का एक वर्णवृत्त, जिसमें म गण (तीन गुरु) का एक मात्र पाद होता है।

निचृद् = निश्चित् अक्षर संख्या से एक अक्षर न्यून होने पर वैदिक छंदों की यह संज्ञा होती है। उदा. निचृद्गायत्री इ.। अधिक एक अक्षर होने पर 'भूरिक्' कहते हैं।

निर्णयनिमित्त = वैदिक छन्दों में कहीं कहीं अक्षर संज्ञा की समानता के कारण छन्द की संज्ञा के विषय में सन्देह उत्पन्न होता हैं। जैसे अक्षर संख्या २६ होने के कारण मंत्र का छंद क्या 'गायत्री स्वर' है या 'उष्णिक विराट् है ऐसा संदेह उत्पन्न होता है। ऐसी सन्देहावस्था में छन्द स्वरूप का निर्णय जिन कारणों से हो सकता हैं उन्हें निर्णयनिमित्त कहते हैं। वे निमित्त हैं। (१) **आदिपाद** = अर्थात् संदिग्ध मंत्र का आदि पाद जिस छन्द का होगा वही उस मंत्र का छंद माना जाता है। २) **देवता** = गायत्री, उष्णिक्, अनुष्टुप्, बृहती, पंक्ति, त्रिष्टुप्, और जगती इन सात छंदों के देवता क्रमशः अग्नि, सविता, सोम, बृहस्पति, मित्रावरुण, इन्द्र और विश्वेदेव होते हैं। छन्द की संज्ञा के संबंध में सन्देह आने पर छन्दोदेवता के अनुसार निर्णय होता है जैसे अग्निदेवता विषयक मंत्र होगा तब गायत्री छंद, एवं सविता देवता होने पर उष्णिक्। विश्वेदेव संबंधी मंत्र का छंद जगती माना जाता है। ३) **स्वर** = गायत्री आदि छंदों के षड्ज, ऋषभ, गांधार, मध्यम, पंचम, धैवत और निषाद, (अर्थात् सा रे ग म प

ध नि) स्वर क्रमशः होते हैं। (४) **वर्ण** = सित (श्वेत), सारंग, पिशंग, कृष्ण, नील, लोहित और गौर- इन सात वर्णों का भी छन्दोनिर्णय में विचार होता है। (५) **गोत्र** – अग्निवेश्य (अग्निवेष्म), काश्यप, गौतम, आंगिरस्, भार्गव, कौशिक, और वशिष्ठ। वेदसंहिता के अध्येता के लिये इन निर्णय निमित्तों का ज्ञान अत्यावश्यक माना जाता है।

पंक्ति = सुप्रतिष्ठा जाति का वर्णवृत्त। इसमें भगण (आदि गुरु) तथा दो गुरु वर्णों का एक पाद होता है।

पंक्ति = एक छन्दोजाति। इस के अन्तर्गत वर्णवृत्त है- **शुद्धविराट्** = म स ज ग। **पणव** = म - न- ज- ग। **मयूरसारिणी** = र- ज- र- ग-। **रुक्मवती** – भ- म- स- ग (अपरसंज्ञा – पंचकमाला या चम्पकमाला) **मत्ता** = म- भ- स- ग, **दीपकमाला** = भ- म- ज- ग। **हंसी** = भ- म- ग- ग। **मनोरमा** = न- र- ज- ग- ग। **उपस्थिता** = त- ज- ज- ग।

पङ्क्ति = ४० अक्षरों का एक वैदिक छंद। इसमें दो पादों में अक्षर संख्या १२ और अन्य दो पादों में ८ होती हैं। **प्रकार** = सतःपंक्ति, आस्तारपंक्ति, प्रस्तारपंक्ति, विस्तारपंक्ति, = संस्तारपंक्ति , अक्षरपंक्ति। (इस में पांच अक्षरों के चार पाद होते हैं) अल्पशःपंक्ति, पदपंक्ति, पंचपदा- पदपंक्ति, पथ्या. (अष्टक्षरा- पंचपादा); जागती. (अष्टाक्षर, षट्पादा)।

पंचचामर = जाति - अतिधृति (अक्षर- १९), गण- न- न- स- ज- भ- ज- ग। यति ११/८।

पंचचामर = जाति- अष्टि (अक्षर- १६), गण- ज- र- ज- र- ज- ग। यति ९/७।

पंचचामर = जाति- जगती (अक्षर- १२)। गण- ज- भ- ज- र। यति पादे।

पज्झटिका = गाथा का एक प्रकार। चार पाद। प्रत्येक में ४ मात्राओं के चार गण, अंतिम ज- गण।

पणव = जाति – पंक्ति (१० अक्षर)। गण- म- न- ज- ग। यति ५/५

पथ्या = आर्या का एक प्रकार। इसमें आद्य तीन पादों में ४ मात्राओं के तीन गण होते है।

पदवक्त्र = द्वितीय- चतुर्थ चरण में चतुर्थ अक्षर के बाद जगण। विषम पादों में य गण। यह अनुष्टुप् जाति का अष्टाक्षर छंद है।

पद्य = पदैः घटितम् पद्यम्'। अर्थात पदबद्ध रचना। दो प्रकार – जाति और वृत्त।

पद्मावती = गाथा का एक प्रकार। यथासंभव आठों गणों के पादों से युक्त छंद। इस में ज-गण को चण्डाल या अशुभ कहा है।

पाद = (वैदिक छंदों के) गायत्री (८ अक्षर)। जगती (१२ अक्षर), विराट (१० अक्षर) त्रिष्टुम् (११ अक्षर)।

पादाकुलक = एक मात्रासम छंद। प्रत्येक पाद में १६ मात्राएं आवश्यक। मात्रासम छंद के पांचों प्रकार के लक्षण इसके पादों में सम्मिलित होते हैं। अर्थात् पादरचना में निश्चित वृत्तयोजना नहीं होती।

पादाकुलक = प्रथम- तृतीय- पंचमपाद में १५ मात्राएं। द्वितीय पाद- १२ मात्राएं। चतुर्थ- ११ मात्राएं = कुल ६८ मात्राएं। पांच पादों के अन्त में समग्र दोहा छन्द- इस प्रकार का पादाकुलक रडंढा कहलाता है। (पांचो पादों की मात्राएँ विशिष्ट गणक्रमानुसार होती हैं। सात प्रकार – **१) कलभी** = विषम पादों में १४ मात्राएं (२) नन्दा- सम पादों में ११ मात्राएं (३) मोहिनी - विषम पादों में १९ मात्राएं, सम पादों में ११ मात्राएं); (४) चारुसेनी (विषम पादों में १५, सम में ११); (५) भद्रा (विषम पादों में १५ सम में १२) (६) राजसेन (विषम पादों में १५; द्वितीय में १२, चतुर्यूथ में ११ मात्राएं (७) तालंकिनी (विषमपादों में १६, सम में ११ या १२ मात्राएं)।

पिपीलिकामध्या = वैदिक छंदों में जहां मध्यम पाद अल्पाक्षर होता है, तब उसे यह संज्ञा होती है।

पुष्पदाम = जाति – अतिधृति (अक्षर १९)। गण- म- त- न- स- र- र- ग। यति ५/७/७

पुष्पिताग्रा = एक अर्धसम वृत्त। विषमपादों में गण न- न- र- य। समपादों में न- ज- ज- र- ग। अपर संज्ञा – औपच्छन्दसिक।

पृथ्वी = जाति – अत्यष्टि (अक्षर- १७)। गण- ज- स- ज- स- य- ल- ल। यति ८/९।

प्रगीति = आर्या या गीति का एक प्रकार। आर्या के उत्तरार्ध में एक एक गुरु होता है।

प्रत्यय (छह प्रकार) = प्रस्तार, नष्ट, उद्दिष्ट, ल, ग, क्रि, संख्या, (संख्यान) अध्वयोग।

प्रभद्रक = जाति = अतिशक्वरी। (अक्षर- १५)। **गण** = न- ज- भ- ज- र । यति- ७/८।

प्रभा = जाति – जगती (अक्षर- १२)। गण- न- न- र- र। यति ७/५।

प्रमदा = जाति – शक्वरी (अक्षर- १४)। गण - न- न- भ- ज- ल- ग। यति ७/७।

प्रमाणिका = जाति – अनुष्टुप् (८ अक्षर)। गण- ज- र- ल- ग।

प्रमिताक्षरा = जाति- जगती (अक्षर- १२)। गण- स- ज- स- स। यति पादे।

प्रमुदितवदना = जाति- जगति (अक्षर- १२)। गम- न- न- र- र। यति ७/५।

प्रवृत्तक = वैतालीय छन्द का एक प्रकार। इसके विषम पादों में द्वितीय- तृतीय मात्राओं का तथा समपादों में चतुर्थ- पंचम मात्राओं का योग (गुरुवर्ण से ग्रहण) होता है।

प्रहरणकलिता = जाति – शक्वरी (अक्षर १४)। गण -

न- न- भ- न- ल- ग। यति ७/७।

प्रहर्षिणी = जाति - अतिजगती- (अक्षर- १३)। गण- म- न- ज- र- ग। यति ३/१०।

प्राच्यवृत्ति = वैतालीय छंद का एक प्रकार। इसके युग्मपादों में चतुर्थ पंचम मात्राओं के स्थान में एक गुरु वर्ण आता है।

प्रियवंदा = जाति – जगती (अक्षर १२)। गण- न- भ- ज- र। यति पादे।

भद्रक = जाति – आकृति (अक्षर- २२)। गण- भ- र- न- र- न- र- न- ग। यति १०/१२।

भूरिक् = वैदिक छंदों में एक अक्षर अधिक होने पर यह संज्ञा होती है। उदा. भूरिक् उष्णिक् इत्यादि।

बिम्ब = जाति – अतिधृति (अक्षर- १९)। गण म- त- न- स- त- त- ग। यति ५/७/७।

बृहती = एक वैदिक छंद। पाद- १ अक्षर- १२। अन्य तीन पाद - अक्षर ८। (प्रकार) **पथ्या** = (पाद १-३- अक्षर १२, पाद २-४ अक्षर ८)। **न्यंकुसारिणी** = (पाद १- अक्षर ८, पाद २- अक्षर १२; पाद ३-४, अक्षर ८), इसीको **स्कन्धोग्रीवी तथा उरोबृहती कहते हैं। उपरिष्टाद्बृहती** - (प्रथम तीन पाद अक्षर- १२, पाद अक्षर ८)। **पुरस्ताद् बृहती** (प्रथम पाद अक्षर १२, अन्य तीन पाद- अक्षर ८) **नवाक्षरा** = (इसमें चारों पादों में अक्षरसंख्या ९ होती है।) **महाबृहती** = (पादसंख्या ३ अक्षरसंख्या १०)। इसी को (सतोबृहती कहते हैं।)

भद्रविराट् = एक अर्धसमवृत्त। इस के विषम पादों में गण - त- न- र- ग। सम पादों में म- स- ज- ग- ग।

भद्रिका = जाति – बृहती (९ अक्षर) गण- र- न- र।

भद्रिका = जाति- त्रिष्टुभ् (अक्षर- ११)। गण- न- न- र- ल- ग। (यति - पादे।)

भुजंगशिशुभृता = जाति – बृहती (९ अक्षर)। गण- न- न- म। यति ७/२/

भुजंगविजृम्भित = जाति- उत्कृति (अक्षर २६)। गण- म- म- त- म- न- न- र- र- स- ल- ग। यति ८/११/७

भुजंगप्रयात = जाति-जगती (अक्षर- १२)। गण य- य- य- य। यति पादे।

भ्रमरपदक = जाति - धृति (अक्षर १८)। गण भ- र- न- न- न- स। यति ६/१२

भ्रमरविलसित = जाति- त्रिष्टुभ् (अक्षर- ११)। गण- म- भ- न- ल- ग। यति ४/७।

मकरन्दिका = जाति – अतिधृति (अक्षर- १९)। गण - य- म- न- स- ज- ज- ग। ६/६/७।

मंजरी = जाति - शक्वरी (अक्षर- १४)। गण- स- ज- स- य- ल- ग। यति- ५-९।

मंजरी = देखिये कलिका (विषमवृत्त)।

मंजुगीति = आर्या गीति का एक प्रकार। इसमें प्रगीति का व्यत्यास होता है।

मंजुभाषिणी = जाति- अतिजगती (अक्षर-१३) गण- स- ज- स- ज- ग। यति ५/८।

मंजुसौरभ = एक अर्धसमवृत्त। विषमपादों में गण- न- ज- ज- र। समपादों में स- ज- य- ज- ग।

मणिकल्पलता = जाति- अष्टि (अक्षर १६)। गण- न - ज- र- भ- भ- ग। यति- १०/६।

मणिगुणनिकर = जाति - अतिशक्वरी (अक्षर- १५)। गण- न- न- न- न- स/ यति ८/७।

मणिमंजरी = जाति- अतिधृति (अक्षर- १९)। गण- य- भ- न- य- ज- ज- ग। यति ४/७/८

मणिमाला = जाति- जगती (अक्षर- १२)। गण- त- य- त- य-। यति- ६/६।

मत्तमयूर = जाति- अतिजगती। (अक्षर- १३)। गण- म- त- य- स- ग-। यति ४/९।

मत्तमातंगलीलाकर = दण्डक वृत्त का एक प्रकार। इसमें दो न-गण और र-गण पाठसौकर्य के अनुसार ७ से अधिक होते हैं।

मत्ता = जाति- पंक्ति। (१० अक्षर)। गण- म- भ- स- ग। यति ४/६।

मत्ताक्रीडा (क्रीडं) = जाति- विकृति (अक्षर- २३)। गण- म- म- त- न- न- न- न- ल- ग। यति ८/५/१०/ (अपरसंज्ञा – वाजिवाहन)।

मदनान्तक = गाथा का एक प्रकार। प्रत्येक पाद में २० अक्षर। मात्रा २५। प्रथम चार मात्राओं का गण और अंत में एक गुरु आवश्यक। मध्य अक्षरों में गण निश्चित नहीं होता।

मदलेखा = मात्रावृत्त; इसमें म- गण, स गण और गुरु वर्ण का पाद होता है।

मदिरा = जाति- आकृति (अक्षर- २२)। गण- भ- भ- भ- भ- भ- भ- ग। यति १०/१२।

मदलेखा = जाति – उष्णिक् (७ अक्षर)। गण- म- स- ग। यति २-५।

मधुभारत = गाथा का एक प्रकार। इसके प्रत्येक पाद के अन्त में ज गण तथा चतुर्मात्रा के दो गण होते हैं।

मधुमती = जाति- उष्णिक्। ७ अक्षर, गण न- न- ग। यति २/५

मधुमाधवी = देखिए – वसन्ततिलका।

मध्यक्षामा = जाति – शक्वरी (अक्षर १४)। गण- म- भ- न- य- ग- ग-। यति ४/१०

मध्या = एक छन्दोजाति। वर्णवृत्त प्रकार - नारी, मृगी।

मनोरमा = जाति पंक्ति। गण- न- र- ज- ग। यति – पादान्त में।

मन्थरा = एक विषम वृत्त। पादक्रमानुसार गणव्यवस्था - (१) र- न- भ- ग। (२) न- स- ज- ग। (३) स- ज- स- ल। (४) स- ज- स- ज- ग।

मन्दाकिनी - = जाति- जगती (अक्षर- १२)। गण- न- न- र- र-।

मंदाक्रान्ता = जाति – अत्यष्टि (अक्षर- १७)। गण- म- भ- न- त- त- ग- ग। यति ४/६/७।

मयूरसारिणी = जाति- पंक्ति (१० अक्षर)। गण- र- ज- र- ग। यति- पादान्त में।

मर्कटक = जाति- अत्यष्टि (अक्षर- १७)। गण- भ- ज- ज- ल- ग। यति- ७/६/४।

महामालिका = जाति- धृति (अक्षर- १८)। गण- न- न- र- र- र- र-। यति- ७/६/५/।

माणवक = जाति- अनुष्टुप् (८ अक्षर)। गण- भ- त- ल- ग। यति ४/४।

मात्रासमक = एक मात्रासम छन्द। इसके प्रत्येक पाद में नवम अक्षर लघु और अन्त में गुरु होता है। अन्य कोई नियम नहीं होता।

मात्रासम = १६ मात्राओं का एक वर्णछन्द। प्रकार – अचलधृति, मात्रा-समक, विश्लोक, वानवासिका, चित्रा, उपचित्रा।

पादाकुलक = मात्रासमवृत्तों के संकर से होने वाला वृत्त। इन सभी प्रकारों में प्रत्येक पद में १६ मात्राएँ होती हैं।

मालती = जाति- जगती (अक्षर १२)। गण- न- ज- ज- र। यति- ५/७।

माला = गाथा का एक प्रकार। आद्यार्ध में चतुर्लघुमात्राओं के ९ गण + र गण + २ गुरु = ४५ मात्रा। उत्तरार्ध में द्वितीय अर्धभाग होता है।

मालिनी = जाति- अतिशक्वरी । (अक्षर १५)। गण- न- न- म- य- य। यति ८/७।

मृगी = मध्य जाति का वर्णवृत्त जिसमें र गण, (मध्य लघु) का एक मात्र पाद होता है।

मेघमाला = दण्डक वृत्त का एक प्रकार।

मेघविस्फूर्जिता = जाति – अतिधृति (अक्षर १९)। गण- य- म- न- स- र- र- ग। यति ६/६/७।

मौक्तिकदाम = जाति- जगती (अक्षर- १३)। गण- ज- ज- ज- ज। यति – पादे।

मौक्तिकमाला = जाति- त्रिष्टुभ् (अक्षर- ११)। गण- भ- त- न- ग- ग। यति ५/६।

यति = वृत्तबद्ध रचना में पंक्ति के अन्तर्गत विरामस्थान। कुछ छन्दःशास्त्रकार केवल पादान्त यति ही मानते हैं तथा कुछ विद्वान यति की आवश्यकता ही नहीं मानते। वृत्तलक्षणों में प्रायः यति का निर्देश किया जाता है।

यवमती = एक अर्धसमवृत्त। विषमपादों में गण- र- ज- र- य। समपादों में ज- र- ज- र- ग।

यवमध्या = वैदिक छंद में जहां आदि- और अन्त्य पाद अल्पाक्षर होतें हैं, तब उसे यह संज्ञा होती है।

यवानी = एक अर्धसमवृत्त। विषमपादों में गण- र- ज- र- ज। समपादों में त- र- ज- र- ग।

युक् = अयुक् स्थान = श्लोक की चार पंक्तियों में क्रमशः द्वितीय चतुर्थ (युक्) और प्रथम तृतीय पंक्ति की संज्ञा।

युग्मविपुला = अनुष्टुप् जाति का अष्टाक्षर छंद। समपादों में सप्तम वर्ण लघु। यह लघुत्व न- ज- भ- य, त गण के प्रयोग से होता है। (सैतव आचार्य के मतानुसार चारों पादों में सप्तम वर्ण लघु होता है।

रचना = जाति- अतिधृति (अक्षर- १९)। गण- न- ज- भ- य- स- ज- ग। यति ७/५/६।

रथोद्गता = एक विषमवृत्त। पादक्रम के अनुसार इसमें गणव्यवस्था – पाद (१) स- ज- स- ल। (२) न- स- ज- ग। (३) भ- न- ज- ल- ग। (४) स- ज- स- ज- ग

रथोद्धता = जाति – त्रिष्टुभ् (अक्षर- ११)। गण- र- न- र- ल- ग। (यति- पाद में।

रमणीयक- = जाति- अतिशक्वरी (अक्षर- १५)। गण- र- न- भ- भ- य। यति ८/७।

रुक्मवती = जाति- पंक्ति (१० अक्षर)। गण - भ- म- स- ग। यति – पादान्त में।

रोला = गाथा का एक प्रकार। ४ चरण एवं प्रत्येक चरण में २४ मात्राएं। शुद्धा रोला के पाद में ११ गुरु + २ लघु वर्ण होते हैं। प्रत्येक पाद में १ गुरु का ऱ्हास और दो लघु की वृद्धि होने पर १२ प्रकार – कुन्द, करताल, मेघ, तालंक, काल, रुद्र, कोकिल, कमल, इन्द्र, शम्भु, चामर, गणेश्वर।

लक्ष्मी = जाति- शक्वरी (अक्षर १४)। गण- म- स- त- भ- ग- ग। यति- अन्त में।

ललना = जाति - जगती (अक्षर- १२)। गण- म- भ- स- स-। यति ५/७।

ललिता = एक अर्धसमवृत्त। विषमपादों में गण- र- स- ल- ग। समपादों में स- ज- ज- ग। अपरसंज्ञा **षट्पदा।**

ललित = एक विषमवृत्त। पादक्रम के अनुसार इसमें गण व्यवस्था – पाद (१) स- ज- स- ल। (२) न- स- ज- ग। (३) न- न- स- स।

ललित = जाति- जगती (अक्षर १२)। गण- न- न- म- र। यति – पादे।

ललिता = जाति- जगती (अक्षर १२)। गण- त- भ- ज- र। यति पादे।

ललिता = आर्या या गीति का एक प्रकार। इसमें आर्या गीति के पूर्वार्ध में एक एक गुरु वर्ण की हीनता होती है।

लवली = एक विषम वृत्त। पादों की अक्षरसंख्या क्रमशः १२- १६- ८- २०। अन्त में दो गुरु वर्ण।

लीलाकर दण्डक = एक समवृत्त। गण- न- न- र- गण। द्वादशक।

वक्त्र = एक अष्टाक्षर मात्रा वृत्त। इस में लघु गुरु मात्रा का विशिष्ट नियम नहीं होता। प्रकार – पथ्या-वक्त्र, विपरीत पथ्या-व्रक्त्र, चपलावक्त्र, युग्मविपुला, विपुला, न-विपुला, भ-विपुला, त-विपुला, स-विपुला, य-विपुला, ज- विपुला, सभी

विपुला- प्रकारों में चतुर्थवर्ण गुरु होता है। वक्त्र के प्रकारों का अनुष्टुप् जाति में अन्तर्भाव होता है।

× × ×

वर्णवृत्त

जातियों के अनुसार विविध प्रकार – (यहां जाति के प्रारंभ में निर्दिष्ट १,२ आदि संख्यावृत्त की अक्षरसंख्या सूचित करती हैं)।

१) उक्ता जाति – श्री।

२) अत्युक्ता जाति – स्त्री

३) मध्या। जाति – नारी और मृगी।

४) प्रतिष्ठा जाति – कन्या।

५) सुप्रतिष्ठा जाति – पंक्ति।

६) गायत्री जाति – तनुमध्या, शशिवदना, विद्युल्लेखा, वसुमती।

७) उष्णिक् जाति – मदलेखा, हंसमाला, मधुमती, कुमारललिता, चूडामणि।

८) अनुष्टुप् जाति – चित्रपदा, विद्युन्माला, माणवक। हंसरुत, समानिका, प्रमाणिका, नाराचिका, वितान।

९) बृहती जाति – हलमुखी, भुजगशशिभृता, भद्रिका।

१०) पंक्ति जाति – शुद्धविराट्, पणव, मयूरसारिणी, रुक्मवती, मत्ता, मनोरमा, उपस्थिता

११) त्रिष्टुप् जाति – इन्द्रवज्रा, उपेन्द्रवज्रा, उपजाति, सुमुखी, दोधक, शालिनी, वातोर्मि, श्री, भ्रमरविलसित, रथोद्धता, स्वागता, वृत्ता, भद्रिका, श्येनिका, मौक्तिकमाला, उपस्थित, कुपुरुषजनिता, अनवसिता।

१२) जगती जाति – चन्द्रवर्त्म, वंशस्थ, इन्द्रवंशा, तोटक, द्रुतविलम्बित, प्रमुदितवदना, कुसुमविचित्रा, जलोद्धतगति, मौक्तिकदाम, भुजंगप्रयात, स्रग्विणी, प्रियंवदा, मणिमाला, ललिता, प्रतिक्षरा, उज्ज्वला, **वैश्वदेवी, नवमालिका**, प्रभा, मालती, पंचचामर, अभिनवतामरस, (ललितपद); **गौरी**, ललना, ललिता, द्रुतपद। **गौरी**, ललना, क्षम।

१३) अतिजगती – **प्रहर्षिणी**, अतिरुचिरा, मत्तमयूर, उपस्थिता, मंजुभाषिणी, चन्द्रिका, **चंचरीकावली**, अतिरुचिरा, चन्द्रलेखा, विद्युत् मंजुहासिनी, नवनन्दिनी, **कुटिलगति**।

१४) शक्वरी जाति। –**असंबाधा**, अपराजिता, प्रहरणकलिता, वसन्ततिलका, (या सिंहोन्नता, **उद्धर्षिणी**), इन्दुवदना, अलोला, नदी, लक्ष्मी, सुपवित्र, मध्यक्षामा (या कुटिल), प्रमदा, मंजरी, कुमारी, सुकेशर।

१५) अतिशक्वरी जाति – शशिकला, स्रग्, माणिगुण - निकर, मालिनी, प्रभद्रक, एला, चन्द्रलेखा, कामक्रीडा, सुकेसर, (या सुखेलक), चन्द्रलेखा, उपमालिनी।

१६) अष्टि जाति –गजविलसित, रमणीयक, वाणिनी, **माणिकल्पलता**, पंचचामर, **धीरललिता, अश्वगति**,।

१७) अत्यष्टि जाति – **शिखरिणी**, पृथ्वी, वंशपत्रपतित, हरिणी, मन्दाक्रान्ता, **नर्कुटक, (मर्कटक)**, कोकिलक, हरि, कान्ता, चित्रलेखा। **अतिशायिनी, अलसा, तारका**, सिंहविस्फूर्जित, हरनर्तन।

१८) धृतिजाति जाति – कुसुमितलतावेल्लिता, हरिणप्लुत, महामालिका,अन्तसंरचिता, सुधा, चित्रलेखा, भ्रमरपदक, शार्दूल-केशर, चल।

१९) अतिधृति जाति – शार्दूलविक्रीडित, पंचचामर, मेघविस्फूर्तिता, पुष्पदाम, बिंबछाया, मकरन्दिका, मणिमंजरी, समुद्रलता।

२०) कृति जाति – सुवदना, वृत्त, शोभा, सुवंशा।

२१) प्रकृति जाति – स्रग्धरा, सलिलनिधि (सिद्धक)।

२२) आकृति जाति – भद्रक, मदिरा, महास्रग्धरा, लालित्य।

२३) विकृति जाति – अश्वललित, मत्ताक्रीड।

२४) संकृति जाति –तन्वी।

२५) अभिकृतिजाति – क्रौंचपदा।

२६) उत्कृतिजाति – भुजंगविजृम्भित, अपवाह।

२७) दण्डक (प्रकार) – चण्डवृष्टिप्रपात. अर्ण, अर्णव, व्याल, जीमूत, लीलाकर, उद्दाम, शंख, आराम, संग्राम, सुराम, वैकुण्ठ, सोत्कष्ठ।

दण्डक = सार, कासार, विस्तार, संहार, नीहार, मंदार, केदार, साधार, सत्कार, माकन्द, गोविन्द, सानन्द, सन्दोह, नन्द। प्रचितकदण्डक, सिंहविक्रान्त, मत्तमातंगलीलाकर, अनङ्गशेखर, **अशोकमंजरी**, कुसुमस्तबक, **सिंहविक्रीड, मेघमाला, कुसुमास्तरण**, उत्तरकामबाण।

× × ×

वर्धमान = एक विषमवृत्त। पादक्रमानुसार गणव्यवस्था : – पाद (१) म- स- ज- भ- ग- ग। (२) स- न- ज- र- ग। (३) न- न- स- न- न- न- । (४) न- न- न- ज- य।

वल्गुगीति = आर्यागीति के उत्तरार्ध में एक गुरु न होने पर यह गीतिप्रकार होता हैं।

वंशपत्रपति = जाति- अत्यष्टि, (अक्षर १७)। गण- भ- र- न- भ- ल- ग। यति १०/७।

वंशस्थ = जाति- जगती (अक्षर- १२)। गण- ज- त- ज- र। यति- पादे।

वसन्त = जाति- शक्वरी (अक्षर- १४)। गण- न- न- त- त- ग- ग। यति ७/७।

वसन्ततिलका = जाति- शक्वरी। (अक्षर- १४) । गण- त- भ- ज- ज- ग- ग। यति ८/६। (अपरसंज्ञा- सिंहोन्नता, मधुमाधवी, उदर्सिणी)

वसुमती – एक वर्णवृत्त = जाति गायत्री (६ अक्षर)। गण- त- स।

वाजिवाहन = देखिये मत्ताक्रीडम्।

वाणिनी = जाति- अष्टि (अक्षर- १६)। गण- न- ज- भ- ज- र- ग। यति ७/९।

वातोर्मि = जाति- त्रिष्टुभ् (अक्षर- ११) + गण - म - म- त- ग- ग। यति ४/७।

वानवासिका = एक मात्रास म छंद। आठ मात्राओं के

बाद ज- न- ल- गण।

वासन्ती = जाति- शक्वरी। (अक्षर- १४)। गण- म- स- त- न- ग- ग। यति- ७/७

विगाथ = संस्कृत संज्ञा – उद्गीति) = गाथा के अर्धभागों में परिवर्तन (अर्थात् प्रथम के स्थान पर द्वितीय और द्वितीय के स्थान पर प्रथम) होने पर यह संज्ञा होती है।

विगीति = आर्या या गीति का एक प्रकार। इसमें आर्या के उत्तरार्ध के दो दलों में, एक एक गण अधिक होता है।

वितान = जाति- अनुष्टुप् (८ अक्षर)। ग- ग- ल- ल। अथवा ल- ल- ग- ग। अथवा- ग- ग- ल- ग। अथवा- ल- ल- ग- ल। (यह अनेक मात्राओं का विशिष्ट नियमों से रहित छंद है।)

विद्युत् = जाति- अतिजगती (अक्षर १३) गण- न- न- त- न- ग। यति - ६/७।

विद्युन्माला = जाति – अनुष्टुप् (८ अक्षर)। गण- म- म- ग- ग-। यति ४/४।

विद्युल्लेखा = गायत्री जाति का वर्णवृत्त। इसमें दो म-गणों का पाद होता है।

विपरीताख्यानकी = एक अर्धसमवृत्त। विषमपादों में गण- ज- त- ग- ग। समपादों में त- त- ज- ग- ग।

विराट् स्वराट् = वैदिक छंदों में दो अक्षर न्यून होने पर उसे विराट् और दो अक्षर अधिक होने पर स्वराट् कहते हैं।

विपरीत पथ्यावक्त्र = अनुष्टुप् जाति का अष्टाक्षर छंद, विषमपादों में चतुर्थाक्षर के बाद ज- गण। समपादों में य- गण।

विपुला = आर्या का एक प्रकार। तीन प्रकार – मुखविपुला, जघनविपुला, उभयविपुला (या महाविपुला)। इसमें तीन गण समाप्त होने पर यति (विराम) होती है।

विपुला = अनुष्टुप् जाति का अष्टाक्षर छंद। चारों पादों में चार अक्षरों के बाद भ-गण का प्रयोग इसमें होता है। अतः इसे 'भ- विपुला' कहते हैं। इसी प्रकार य, र, न, त, स, ज- गणों के प्रयोग से य - विपुला, र - विपुला आदि संज्ञाएँ होती हैं।

विश्लोक = एक मात्रासम छंद। इसमें पंचम तथा अष्टम मात्रा लघु होती है। अथवा चार मात्राओं के बाद ज-गण या चार लघु अक्षर होते हैं।

विषमवृत्त = **पदचतुरूर्ध्व** (प्रकार) – आपीड, कलिका (या मंजरी), लवली, अमृतधारा। **उद्गता** – (प्रकार) – सौरभक, ललित। **उपस्थित** – प्रचुपित (प्रकार) – वर्धमान, शुद्धविराडार्षभ।

वृत्त = गुरु, लघु अक्षरों के निश्चित गणों की पद्यरचना। तीन प्रकार - सम, अर्धसम और विषम। **समवृत्त** = समान लक्षणों से युक्त चार पादों का वृत्त। **अर्धसमवृत्त** = द्वितीय और चतुर्थ चरणों तथा प्रथम और तृतीय चरणों समान लक्षण वाला वृत्त। विषम = चारों चरणो में भिन्न लक्षणवाला वृत्त।

वृत्त = जाति - कृति (अक्षर २०)। गण र- र- र- ज- ज- ज- ग- ल। यति – पदान्ते।

वृत्ता = जाति - त्रिष्टुप् (अक्षर- ११)। गण न- न- स- ग- ग। यति ४/७।

वेगवती = एक अर्धसमवृत्त। इसके विषमपादों में गण स- स- स- ग। सम-पादों में भ- भ- भ- ग- ग। अपरसंज्ञा आपातलिका।

वैतालीय = विषम पाद में १४, समपाद में १६ मात्राएं, (अर्थात् पाद १ और ३ में ६ तथा २ और ४ में ८ मात्राएं। इनके अन्त में र- ल- ग।

वैतालीय = (प्रकार) औपच्छंदसिक, आपातलिका, दक्षिणान्तिका, उदीच्यवृत्ति प्राच्यवृत्ति, प्रवृतक, अपरान्तिका, चारुहासिनी। कुलभेद- ३७।

वैश्वदेवी = जाति- जगती (अक्षर - १२)। गण- म- म- य- य। यति ५/७।

व्यालदण्डक = एक समवृत्त। गण- न- न- + र गण दशक।

शंखदण्डक = एक समवृत्त। गण- न- न- + र गण चतुर्दशक।

शशिकला = जाति- अतिशक्वरी (अक्षर- १५)। गण- न- न- न- न- स। यति ७/८ (अपरसंज्ञा - चन्द्रावर्ता।)

शशिवदना (एक वर्णवृत्त) = जाति-गायत्री (६ अक्षर)। गण- न- य।

शक्र = गाथा के अन्तर्गत काव्य नामक षट्पद छंद का एक प्रकार। इसके पाद में ९६ लघु वर्ण होते हैं। इसमें एक एक गुरु की वृद्धि और दो दो लघु का ह्रास होने पर ४५ प्रकार होते हैं – शक्र, शंभु, शूर, गण्ड, स्कन्द, विजय, दर्प, तारांक, समर, सिंह, शीर्ष, उत्तेज, फणी, रक्षस्, प्रतिधर्म मराल, मृगेन्द्र, दण्ड, मर्कट, अनुबंध, वासण्ठ, कठ, मयूर, बध, भ्रमर, भित्र, महाराष्ट्र, बलभद्र, राज, वलित, मयूख, मन्थान, बलिमोह, सहस्राक्ष, वाल, दर्पित, सरभ, दम्भ, उद्दम्भल, वलितांग, तुरग, हार, हरिण, अन्ध, भृंग।

शार्दूल = जाति- धृति (अक्षर- १८)। गण- म- स- ज- स- र म। यति- १२/६।

शार्दूलविक्रीडित = जाति-अतिधृति (अक्षर-१९)। गण- म- स- ज- स- त- त- ग-। यति १२/७।

शालिनी = जाति – त्रिष्टुप् (११ अक्षर)। गण- म- त- त- ग- ग। यति ४/७।

शिखरिणी = जाति - अत्यष्टि (अक्षर- १७)। गण- य- म- न- स- भ- ल- ग। यति ९/८।

शिखा = गाथा का एक प्रकार। प्रथमार्ध में ४ लघुमात्राओं के छह गण, द्वितीय में वैसे ही ७ गण; दोनों के अन्त में ज-गण।

शिखा = पूर्वार्ध में २८ लघुमात्राएं तथा अन्तिम गुरु एवं २९ अक्षरों तथा उत्तरार्ध में ३० लघु और अंतिम गुरु एवं ३१ अक्षरों से युक्त एक मात्रा वृत्त। प्रकार - खंजा, अनंगक्रीडा (या सौम्या), ज्योतिः, अतिरुचिरा, (या चूलिका)।

शिखान्ता = एक अर्धसमवृत्त। विषमपादों में २८ लघु + १ गुरु। समपादों मे ३१ लघु + १ गुरु। इसकी विपरीत रचना कों खंजा कहते हैं।

शुद्धविराट् = जाति- पंक्ति (१० अक्षर)। गण- म- स ज- ग। यति- पादान्त में।

शुद्ध विराडार्षभ = एक विषमवृत्त। पादक्रमानुसार गण व्यवस्था- पाद (१)- म- स- ज- भ- ग- ग। (२) स- न- ज- र- ग। (३) त- ज- र-। (४) न- न- न- ज- य। (इसके प्रथम पाद में यति होने पर 'आर्षभ' और प्रत्येक पाद में यति होने पर 'शुद्धविराट्' कहते हैं।)

श्येनिका = जाति - त्रिष्टुप्। (अक्षर- ११)। गण- र- ज- र- ल- ग। यति- पादे।

श्री = उक्ता जाति का एक वर्णवृत्त जिस में एक गुरु वर्ण का एक मात्र पाद होता है। यह वृत्त प्रचार में नहीं।

श्री = जाति- त्रिष्टुप् (अक्षर- ११) गण- भ- त- न- ग- ग-। यति ५/६।

षट्पद = (जातिभेद)- विप्र (३२ तक लघु वर्ण)। क्षत्रिय (३३ से ४० लघु)। वैश्य - (४१ से ४८ लघु)। शूद्र - ४९ से ९६ तक लघु)।

षट्पद = गाथा का एक प्रकार। इसमें छह पाद होते हैं। प्रथम चार पदों में २ + ४ मात्राओं के पांच गण + २ मात्राएं = २४ मात्राएं। ११-१३ मात्राओं पर यति। अंतिम दो मात्राओं को **उल्लाल** कहते हैं। १५२ मात्राओं की एक अन्य षट्पदगाथा होती हैं।

षट्पद के प्रकार = (१) अजय (८२ अक्षरों में ७० गुरु + १२ लघु)। इसमें एक एक गुरु का ऱ्हास और दो दो लघु की वृद्धि इत्यादि क्रम से ७१ **प्रकार होते हैं। इसके शब्द** नामक अंतिम प्रकार में १५२ लघु वर्ण होते हैं।

७१ प्रकार = अजय, विजय, वलि, वर्ण, वीर, वेताल, वृहन्नल, मर्कट, हरि, हर, ब्रह्म, इन्दु, चन्दन, शुभंकर, शाल, सिंह, शार्दूल, कूर्म, कोकिल, खर, कुंजर, मदन, मत्स्य, सारंग, शेष, सारस, पयोधर, कुन्द, कमल, कारण, शरभ, जंगम, शर, सुशर, समरसारस, सरस, मेरु, सकल, मृग, सिद्ध, बुद्धि, कलकल, कमलाकर, धवल, मृतक, ध्रुव, वलय, किंनर, शक, जन, मेघाकर, ग्रीष्म, गरुड, शशिसूर्य, शल्य, नर, तुरग, मनोहर, गगन, रत्न, नव, हीर, भ्रमर, शेखर, कुसुमाकर, दीप, शंख, वसु, शब्द।

संगीति या संगिती = दोनों पादों में एक एक गुरु अधिक होने वाली आर्या।

समवृत्त = देखिये वृत्त। एक अक्षर से २६ अक्षरों तक समवृत्त के प्रकार होते हैं।

समानिका = जाति- अनुष्टुप् (८ अक्षर)। गण- र- ज- ग- ल।

समुद्रतता = जाति- अतिधृति (अक्षर- १९)। गण- ज- स- ज- स- त- भ- ग। यति ८/४/७।

सलिलनिधि = जाति - प्रकृति (अक्षर- २१)। गण- न- ज- भ- ज- ज- ज- र। अपर संज्ञा – सिद्धक)।

सिद्धक = देखिये – सलिलनिधि।

सिद्धि = जाति – प्रकृति (अक्षर- २१)। गण न- ज- भ- ज- ज- ज- र। १०/१०।

सिंहलेखा = जाति- अनुष्टुप् (८ अक्षर)। गण- र- ज- ज- ग।

सिंहविक्रान्त = दण्डकवृत्त का एक प्रकार। इसमें दो न गण और शेष य गण (७ से अधिक) होते हैं।

सिंहविक्रीड (या विक्रान्त) = दण्डक वृत्त का एक प्रकार। इसमें केवल य गणों की रचना होती है।

सिंहोन्नता = देखिए वसन्ततिलका।

सुकेशर = जाति – शक्वरी (अक्षर- १४)। गण- न- र- न- र- ल- ग। यति - ६/८।

सुकेसर (या सुखेलक) = जाति- अतिशक्वरी। गण- न- ज- भ- ज- र। गण १०/४।

सुगीति = आर्या या गीति का एक प्रकार। इसमें पूर्वार्ध के दो दलों में एक एक गुरु होता हैं।

सुधा = जाति- धृति। (अक्षर- १८)। गण- य- म- न- स- त- स-। यति ६/६/६।

सुपवित्र = जाति- शक्वरी (अक्षर- १४)। गण- न- न- न- ग- ग।

सुमुखी = जाति – त्रिष्टुप्। ११ अक्षर। गण- न- ज- ज- ल- ग। यति ५/६।

सुवदना = जाति- कृति। अक्षर २०। गण- म- र- भ- न- य- भ- ल- ग। यति ७/ ७/६।

सुवंशा = जाति- कृति (अक्षर- २०)। गण- भ- र- भ- न- त- त- ग- ग। यति ७/६/७।

सोमकुल = म- स गणों का वर्णवृत्त।

सौवराजि = य- य- गणों का मात्रावृत्त।

सौरभक = एक विषम वृत्त। पादक्रम के अनुसार इसमें गणव्यवस्था- पाद (१) स- ज- स- ल।
(२) न- स- ज- ग। (३) र- न- भ- ग। (४) स- ज- स- ज- ग।

सौराष्ट्रा = दोहा का एक प्रकार। व्यत्यस्त दोहा की संज्ञा।

सिंहावलोक = गाथा का एक प्रकार। प्रत्येक पाद में १६ मात्राएं। ४ मात्राएं + स- गण + ६ मात्राएं + गुरु।

स्कन्धक = प्राकृत गाथा का एक प्रकार। संस्कृत संज्ञा - आर्यागीति।

स्त्री = अत्युक्ता जाति का वर्णवृत्त। इसके एक पाद में दो गुरु वर्ण होते हैं।

स्त्रग् = जाति- अतिशक्वरी (अक्षर- १५)।

स्त्रग्धरा = जाति- प्रकृति (अक्षर- २१)। गण- म- र- भ- न- य- य- य। ७/७/७।

स्त्रग्विणी = जाति- जगती (अक्षर- १२) गण- र- र- र-

र-। यति- पादे।

स्वागता = जाति- त्रिष्टुप् (अक्षर- ११)। गण- र- न- भ- ग- ग-। यति- पादे।

हरि = जाति - अत्यष्टि (अक्षर- १७)। गण- न- न- म- र- स- ल- ग। यति ६/४/७।

हरिणीप्लुत = जाति- धृति (अक्षर- १८)। गण- म- स- ज- ज- भ- र। यति ८/५/५।

हरिणप्लुता = एक अर्धसम वृत्त। विषमपादों में गण- स- स- स- ल- ग। समपादों में न- भ- भ- र।

हरिणी = जाति – अत्यष्टि (अक्षर- १७)। गण- न- स- म- र- स- ल- ग। यति ६/४/७।

हलमुखी = जाति- बृहती (९ अक्षर)। गण- र- न- स। यति ३/६।

हंसमाला = एक मात्रावृत्त। जाति- उष्णिक्। अक्षर- ७। गण- स- र- ग। यति- २/५।

हंसरूत = जाति- अनुष्टुम् (८ अक्षर)। गण- म- न- ग- ग।

हंसश्येनी = जाति- शक्वरी (अक्षर- १४)। गण- म- भ- न- य- ग- ग। यति ४/१०।

★★★

वर्ग - ४ अवशिष्ट संकीर्ण परिभाषा

अत्रभवान् = वक्ता के पास उपस्थित आदरणीय व्यक्ति का सम्मान सूचक विशेषण (अत्रभवती = स्त्री का विशेषण)।

अधिष्ठाता = अध्यक्ष या नियन्ता। उदा. देहस्थ आत्मा सभी इन्द्रियों का अधिष्ठाता है।

अनवकाशिक = एक पैर पर खड़े रहकर तपस्या करने वाला।

अनामिका = हाथ की छोडी अंगुलि के पास वाली अंगुली।

अनुरणन = (१) घंटा, आदि से उत्पन्न ध्वनि का अखंडित निनाद। व्यंजना शक्ति के कारण किसी वाक्य में प्रयुक्त शब्दों द्वारा सूचित या व्यंजित अर्थ को अनुरणन की उपमा दी जाती है।

अनुशासन = किसी विषय के विधि और निषेध के नियमों का शास्त्र। उदा. शब्दानुशासन, योगानुशासन।

अन्तर्वेदि = गंगा-यमुना प्रवाह के बीच हरिद्वार से प्रयाग तक का प्रदेश। इसमें उशीनर, पंचाल और वत्स देशों का अन्तर्भाव होता था। (स्कन्द पु. १-१-१७)

अप्सरा = (अप् + सरस् = जल में संचार करने वाली) = स्वर्गस्थ गीतनृत्य - कुशल विलासिनी स्त्रियां। वायुपुराण में उनकी संख्या ३४ कही है। (६-४)। भागवत के अनुसार समुद्रमंथन से उनकी उत्पत्ति हुई (८-८-७)। इनके १४ गुण हैं जिनके दैविक और लौकिक दो भेद माने जाते हैं।

अभ्युदाहरण = (या प्रत्युदाहरण) = विषय को स्पष्ट करने प्रतिकूल स्वरूप का उदाहरण।

अभ्रनाग = धरती को धारण करने वाला दिव्य हाथी। ऐरावत का नाम।

अमृत = (१) पुराणों के अनुसार मृत्यु से संरक्षण करने वाला एक दिव्य पेय। (२) सोमरस (३) चंद्रमंडल से स्रवित होने वाला दिव्य रस। (४) आत्यंतिक सुख। (५) संपूर्ण आयु। (६) शरीरस्थ सहस्र- दल- कमल से कुंडलिनी के मुख में टपकने वाला एक दिव्य रस।

अम्बूकृत = होठों को बंद रखकर अस्पष्ट रूप से शब्दों का उच्चारण।

अर्पिस् = हृदय या हृदय का मांस।

अवतरणिका = संक्षिप्त विवरण या विवेचन।

अवारपारीण = समुद्र को पार करने वाला।

अशोक लिपि = एक सांकेतिक लिपि।

अष्ट कुलाचल = नील, निषध, विंध्य, माल्यवान्, मलय, गंधमादन, हेमकूट और हिमालय।

अष्टछाप कवि = वल्लभ संप्रदाय के अनुयायी आठ श्रेष्ठ हिंदी कवि – कुंभनदास, सूरदास, परमानन्ददास, कृष्णदास, गोविंदस्वामी, नन्ददास, छीतदास और चतुर्भुजदास। इन्होंने अपनी कवित्व शक्ति, कृष्णलीला- विषयक काव्य- रचना में चरितार्थ की।

आकरग्रन्थ = मूलग्रन्थ, सभी अंगोपांगों का परामर्श लेने वाला ग्रंथ।

आखु = वैभव होने पर भी दान एवं उपभोग न करने वाली स्त्री। (लौकिक अर्थ है मूषिका)

आभीरोक्ति = अपभ्रंश भाषा।

आभोग्य = नाग का विस्तारित फण।

आमुष्यायण = विख्यात कुल के श्रेष्ठ पुरुष से उत्पन्न।

आरक्ष = हाथी की कुंभ संधि अर्थात् गंडस्थल का मध्य भाग।

आवर्तक = मेघ का एक प्रकार।

आवृत्ति = पाठ को दोहराना।

आश्रमपरिग्रह = आश्रम में - विशेषतः संन्यास आश्रम में - प्रवेश।

आस्फोटित = छाती पर एक भुजा रख कर दूसरे हाथ से ताड़न का शब्द।

आहोपुरुषिका = अत्यधिक अहंकार। अपने पराक्रम की डींग मारना।

इतिहास = प्राचीन वृत्तान्त का कथन जिसके उपदेश से चतुर्विध पुरुषार्थ का सम्यक् ज्ञान होता है। उदा. रामायण और महाभारत।

ईहाशिल = ब्रह्मा की जंघा से उत्पन्न तामस और राजस तत्त्व। इसीके प्रभाव से स्त्री-पुरुष समागम माना जाता है। (वायु. पु. ८-३९-४८)

उग्रदेश = केरल स्थित मलबार प्रदेश की संज्ञा।

उच्चैःश्रवा = समुद्रमंथन से उत्पन्न एक श्रेष्ठ अश्व जो इन्द्र का वाहन है। (वाच्यार्थ है ऊंचे कानों वाला)

उत्तरकाण्ड = रामायण का सातवाँ खण्ड।

उत्सर्ग = सामान्य शास्त्रीय नियम जो अपवाद (विशिष्ट नियम) से सीमित होता है।

उत्सर्गसमिति = मलमूत्र का विसर्जन करते समय हिंसा टालने की दक्षता।

उत्सूत्र = शास्त्रीय सूत्रोक्त नियमों के विपरीत।

उदयाचल = एक काल्पनिक पर्वत, जिसके पीछे से सूर्य तथा चन्द्र का उदय माना जाता है।

उद्दालक = चांवल की एक जाति।

उद्देशक = गणित शास्त्र का प्रश्न।

उद्भासिविद्या = वनस्पति विज्ञान।

उपज्ञा = अन्तःकरण में अपने आप प्रकट हुआ ज्ञान। उदा. पाणिनि का व्याकरण-सूत्र ज्ञान।

उपदेश (तीन प्रकार) = (१) प्रभुसंमित (२) मित्रसंमित और (३) कान्तासंमित। (वेदोपदेश प्रभुसंमित, पुराणेतिहास का उपदेश मित्रसंमित और काव्योपदेश कांतासंमित माना जाता है।)

उपलक्षण = समस्त वस्तु के लिए उसके किसी एक भाग का कथन अथवा समस्त जाति का निर्देश करने के लिए

तत्रत्य किसी एक व्यक्ति का निर्देश। उदा. काव्य शब्द के निर्देश से नाटक का भी ग्रहण होता है।

उपविद्या = सांसारिक व्यवहार की विद्या।

उपशास्त्र = मुख्य शास्त्र का सहायक शास्त्र।

उपसर्ग चतुष्टय = **आधि.** (मनोव्यथा) **व्याधि** (शरीर व्यथा), **उपाधि और समाधि।** किसी भी कार्य में इन चार कारणों से बाधा आ सकती है।

उपाधि = विभेदक गुण या वैशिष्ट्य। चार प्रकार = जाति, गुण, क्रिया और द्रव्य (या संज्ञा)

एण = काला बारासिंघा हरिन। हरिनों के अन्य प्रकार = **माणव, रुरु, (गौरमुख) और शंबर** शोण (लाल) वर्ण; एत (रंग बिरंगा)।

ऐतशप्रलाप = अथर्ववेद का वह भाग जिसके द्रष्टा थे ऐतश ऋषि।

ओदन = दलिया बनाकर दूध में पकाया हुआ अन्न।

औम् = ओम् का उच्चारण शूद्रों के लिए वर्जित होने के कारण, प्रस्तुत वर्ण उनके लिए पवित्र माना जाता है। व्याकरण दृष्ट्या यह एक अव्यय है।

औषधि = प्रतिवर्ष पतझड़ होने वाला पौधा।

कनखल = हरद्वार (या हरिद्वार) क्षेत्र की अपर संज्ञा।

कन्या (कन्यका) = दस वर्ष आयु की लडकी। अन्य प्रकार- **गौरी** = अष्टवर्षा। **रोहिणी** = नववर्षा। **रजस्वला** = १० से अधिक वर्षों की आयु वाली।

कन्यास = सबसे छोटा भाई।

करपत्रिका = जलक्रीडा में हाथों से पानी उछालना।

कर्मसाक्षी = पंच महाभूत और सूर्य, चंद्र, यम तथा काल – इन नौ देवताओं की संज्ञा। प्राणिमात्र के प्रत्येक कर्म के ये साक्षी होते हैं।

कल्कि = श्रीविष्णु भगवान् का १० वां (या २१ वा अवतार। म्लेच्छ संहारक, शूद्रों का उद्धारक, वैदिक धर्म का तथा सत्ययुग के प्रवर्तक वीर पुरुष के रूप में इस भावी अवतार का वर्णन पुराणों में है।

काकपद = हस्तलिखित पुस्तकों में छूटे हुए भाग का सूचक चिन्ह।

कात्यायनी = लालवस्त्र परिधान करने वाली प्रौढा विधवा।

कादम्बिनी = मेघमाला।

कामरूप = असम प्रदेश की प्राचीन संज्ञा।

कारिका = शास्त्रीय नियमों का प्रतिपादन करने वाला पद्य।

कार्पटिक = तीर्थों के जलों को ढोकर अपनी आजीविका कमाने वाला। तीर्थयात्री।

कालाग्निभुवन = परमेश्वर की संहारक शक्ति का अधिष्ठान। इसी में स्थित अग्निमय रुद्र, सृष्टि का संहार करते हैं। इस के उपर १४० नरक (जिनमें ३२ प्रमुख है) होते हैं। (तंत्रशास्त्र)

किशोर = १५ वर्ष से कम आयु का बालक।

कुटिललिपि = ब्राह्मी लिपि की पूर्व अवस्था की लिपि की संज्ञा। गुप्तकालीन ब्राह्मी लिपि से इसका विकास हुआ। इसी से बंगला, असमिया, कैथी, राजस्थानी, गुजराती, मैथिली, मेवाड़ी, उड़िया, इत्यादि भारतीय लिपियां उत्पन्न हुयी।

कुकूलाग्नि = भूसे या बुरादे से निर्मित लौकिक अग्नि।

कुब्जिका = आठ वर्ष की अविवाहित लडकी।

कुमारी = १० से १२ वर्ष की अविवाहित लड़की।

कुमारीश्वशुर = विवाह से पूर्व दूषित लड़की का श्वसुर।

कुमुद = रात्रि विकासी कमलपुष्प। (इसीसे कौमोदकी नामक विष्णु भगवान की गदा का नाम प्रचलित हुआ।

कुम्भीपाक = एक घोर नरक लोक जहां पांपी जीव कुम्भ की भांति पकाये जाते हैं।

कुलनायिका = वाममार्गी तान्त्रिकों के उत्सव में पूजा की जाने वाली लडकी।

कृत = ग्रंथ का एक प्रकार, जिसका नाम लेखक या विषय को सूचित करता है। उदा. पाणिनि द्वारा उल्लिखित शिशुक्रन्दीय, इन्द्रजननीय, और यमसमीय।

कृशातिथि = अतिथियों का भूखा रखने वाला (इसी प्रकार कृशगव, कृशभृत्य इत्यादि)

केशलुंचक = जैन साधु की संज्ञा।

कोजागर = आश्विन पौणिमा की रात में मनाया जाने वाला एक आनन्दोत्सव।

कोटिर (कोटीर) = संन्यासियों द्वारा मस्तक पर बांधी हुई सींग के समान चोटी।

कैथी = नागरी से विकसित प्राचीन बिहार में प्रचलित एक लिपि। हस्तलिखित व्यवहार में इसका उपयोग होता है।

कौतुकमंगल = विवाह समारोह।

कौमारिक = केवल लड़कियों का पिता।

क्रतूत्तम = राजसूय यज्ञ का विशेषण।

क्षणान्ध्य = रात्रि में अन्धापन। रतौन्धी।

धात्री = दूध पिलाने वाली। धाय।

क्षौर = पानी लगाकर केश का मुंडन। (देखिए वपन)

खञ्ज = पङ्गु = एक पांव से विकल खंज और दोनों पावों से विकल **पङ्गु** कहलाता है।

खरोष्ठी = उर्दू के समान दक्षिण - वामक्रम से लिखी जाने वाली एक प्राचीन भारतीय लिपि। खरोष्ठ नामक पंडित इसका निर्माता माना जाता है। इस लिपि में न्हस्व दीर्घ भेद तथा संयुक्ताक्षर नहीं हैं। 'अ' स्वर से ही अन्य स्वराक्षर चिन्हभेद से निर्माण होते हैं।

खार्वा = त्रेतायुग की एक संज्ञा।

खेटक = दुर्गादेवी के दण्ड के समान एक शस्त्र।

गन्धर्व = (सायण मतानुसार) १) गान् = उदकं धारयति इति अर्थात् जलधारण करने वाला मेघ। (२) गवां रश्मीनां धर्ता अर्थात् किरण धारण करने वाला सूर्य।

गंधर्वनगर = आकाश में आभासित नगर जो उत्पात सूचक माना गया है।

गरुडविद्या (अपर नाम) = विषविद्या, सर्पविद्या, या गारुडविद्या) = सांपों को वश करने की एक मंत्रविद्या।

गरुडशिला = सर्पविष का निवारण करने वाला एक पाषाण जिसका उल्लेख स्कंद पुराण में है। गंगालहरी काव्य में इसका निर्देश 'गारुत्मतग्राव' शब्द से हुआ है।

गर्भक = दो रातों और उनके बीच के दिन का समय।

गवेधुक = जलाशय के पास की वनस्पति।

गांधारी विद्या = एक प्राचीन मंत्रविद्या।

गुप्तलिपि = गुप्तसाम्राज्य काल में (४ थी शती) प्रचलित ब्राह्मी लिपि का एक स्वरूप।

गृष्टि = एक ही बार प्रसूता गौ।

गृहप्रवेश = नए घर में निवास करने का प्रारंभ करने हेतु एक विशिष्ट धार्मिक विधि।

गौरी = आठ वर्ष आयु की कन्या।

ग्राम्यधर्म = ग्रामवासियों के कर्तव्य। (२) स्त्रीसंभोग।

चन्द्रबिन्दु = अनुस्वार का चिन्ह (ँ)।

चातुर्दशिक = शुक्ल चतुर्दशी एक अनध्याय की तिथि मानी गई है। इस निषिद्ध तिथि को अध्ययन करने वाले छात्र का निंदाव्यंजक विशेषण।

चारित्र = निन्द्य दोषों का त्याग।

चिता = मृत शरीर को जलाने के लिए रचित काष्ठशय्या।

चीवर = जैन या बौद्ध भिक्षु के जीर्णप्राय वस्त्र।

झंझावात (झंझानिल) = भारी जलवर्षण के सहित तीव्र वायुप्रवाह।

जांगल = ऐसा वन प्रदेश जहां वृक्ष और जानवर अल्प होते हैं।

जलवैकृत = जलाशय से ज्वाला या धूम निकलना, कुएं में जल उबालना, खोदे बिना पानी जमीन से निकल आना, जलाशय में दुर्गंध आना आदि.

जैनमहाराष्ट्री = जैन मत के धर्मशास्त्र के व्यतिरिक्त अन्य चरित्र, कथा, कोश आदि विषयों के ग्रंथों की प्राकृत भाषा। महाराष्ट्री भाषा से इसमें कुछ मात्रा में भेद है।

ज्येष्ठा रेषा = तंत्रशास्त्र के अनुसार ककार आदि १६ वर्णों की वर्णरेखात्मक त्रिकोण की एक रेखा।

टादि नव = क-ट-प-यादि संख्यापद्धति में ट से ध तक नौ वर्णों का यथाक्रम एक से ९ तक संकेत।

टिप्पनी (णी) = ग्रंथ के गूढार्थ का स्पष्टीकरणात्मक लेख।

तप्तकृच्छ्र = एक प्रकार की कठोर साधना।

तरुणदधि = पांच दिन का जमाया हुआ दूध।

तर्कमुद्रा = ज्ञानमुद्रादि के समान हाथ की विशेष आकृति।

तर्कविद्या = न्यायशास्त्र की अपर संज्ञा।

तिष्ठद्गु = सायंकाल में गौओं के दोहन का समय।

तीर्थ = संन्यासियों के नामों को जोड़ी जाने वाली सम्मानसूचक उपाधि।

त्रिपथगा = स्वर्ग, मृत्यु और पाताल – तीन लोकों में प्रवाहित होने के कारण गंगा की एक संज्ञा।

त्रिमूर्ति = ब्रह्मा, विष्णु और शिव की एकत्रित मूर्ति।

त्रिवत्स = तीन वर्ष का पशु।

त्रिस्थली = काशी, प्रयाग और गया।

दधिद्रप्स = दही जिससे संपूर्ण पानी निचोड़ा जा चुका हैं।

दन्तोखलिक = संन्यासियों का एक प्रकार। (ये लोग ओखली में कूटा हुआ धान्य नहीं खाते।)

दशमी = ९० से १०० तक की आयु का काल।

दीर्घसत्र = दीर्घकाल तक चलने वाला यज्ञ (सोमयाग आदि)

देवनदी = सरस्वती और दृषद्वती नामक वेदनिर्दिष्ट नदियों की अपरसंज्ञा।

देवनागरी = संस्कृत, हिंदी और मराठी भाषाओं की वर्तमान लिपि।

देवब्राह्मण = देवमन्दिर की आय से उपजीविका करने वाला ब्राह्मण।

देवानांप्रिय = मूर्ख। देवप्रियः = देवों का प्रिय।

देशिक = आध्यात्मिक गुरु। धर्मगुरु।

द्रप्स = बड़ी बूंद। सोम की बड़ी बूंद (ऋ. ९-७८-४)

द्विहृदया = गर्भवती।

धरुण = दूध पीने वाला बछड़ा।

धर्मसभा = न्यायालय।

धर्मसंहिता = धर्मशास्त्र विषयक प्रमुख सूत्रग्रंथ तथा स्मृतिग्रंथ।

धेनु = दूध देने वाली गाय।

धेनुष्टरी = दूध न देने वाली अर्थात सूखी गाय।

नदीमुख = नदी का उद्‌गमस्थान।

नन्दीनागरी = कर्नाटक में प्रचलित एक मध्ययुगीन लिपि। ब्राह्मी (देवनागरी) तेलुगु, कानडी लिपियों के संमिश्रण से इसकी उत्पत्ति मानी जाती है।

नरक लोक = मरणोत्तर पापी जीवात्मा का निवासस्थान। उसके ११ प्रकार = तामिस्र, अंधतामिस्र, रौरव, महारौरव, संदंश, कुंभीपाक, कालसूत्र, सप्तसूर्मि, वैतरणी, वज्रकंटक, असिपत्र। मनुस्मृति में २१, ब्रह्मसूत्र शांकरभाष्य में ७, तंत्रग्रंथों में १४०, नरकों के नाम कहे हैं।

नारिकेल (हिंदी नारियल) = रसफल, सुतुंग, कूर्चशेखर, तालवृक्ष, दृढफल, लांगली और दाक्षिणात्यक।

निरूढलक्षणा = लक्षणा (एक शब्द शक्ति) का एक प्रकार। शब्द का लाक्षणिक अर्थ रूढार्थ के समान मानने की पद्धति।

निवान्यवत्सा (या निवान्या) = ऐसी गौ जिसके बछड़े के मर जाने पर उसके स्थान पर दूसरा बछड़ा दोहन के समय सामने खडा किया जाता है। (अन्य पर्याय अभिवान्या या अभिवान्यवत्सा)

नवद्वीप = पश्चिम वंग या नदिया नगर। नवद्वीपों के नाम-

अन्तर्द्वीप, सीमन्तद्वीप, गोद्रुमद्वीप, मध्यद्वीप, कोलदीप, ऋतुद्वीप, जह्नुद्वीप, मोहद्रुमद्वीप और रुद्रद्वीप।

नैगम = वेदों के व्याख्याता या वेदों से संबंधित।

पंक्तिपावन = अपनी उपस्थिति से भोजन की पंक्ति को पवित्र करने वाला वैदिक विद्वान्।

पंच अंगुलि = अंगुष्ठ, तर्जनी, मध्यमा, अनामिका और कनिष्ठिका।

पंचकन्या = अहल्या, द्रौपदी, सीता, तारा और मंदोदरी। प्रातःकाल में इनका स्मरण पापनाशक माना जाता हैं।

पंचजन = (१) देव, मनुष्य, गन्धर्व-अप्सरा, सर्प और पितर। (ऐतरेय ब्राह्मण ३.३१) (२) गंधर्व, पितर, देव, असुर और राक्षस (निरुक्त ३-८)।

पंचदीर्घ = शरीर के बाहू (नाक, इत्यादि) पांच दीर्घ अवयव।

पंचप्रयाग = गंगासंगम के पांच तीर्थक्षेत्र – विष्णुप्रयाग (लेटी-अलकनंदा संगम), कर्ण प्रयाग (पिंडार- अलकनंदा संगम), रुद्रप्रयाग (मंदाकिनी-अलकनंदा संगम), भूतप्रयाग (यमुना-गंगा संगम).

पंचबदरी = बदरीनाथ तीर्थ के परिसर में पांच स्थान - विशालबदरी (बदरीनाथ), योगबदरी, भविष्यबदरी, वृद्धबदरी (भक्ति मठ) और ध्यानबदरी।

पंचवटी = वह पवित्र स्थान जहां, अश्वत्थ, बिल्व, वट, धात्री (अमलक) और अशोक – ये पांच वृश्र एकत्र दिखाई देते हैं।

पंचवल्कल = अश्वत्थ, न्यग्रोध (बरगद) उदुंबर, पिंपरी और वेतस्। (इन ५ की छाल को पंचवल्कल कहते हैं।)

पंचव्यास = बृहद्व्यास, देवव्यास, मानवव्यास, द्वैपायन व्यास और वेदव्यास।

पण्डितोष्णीष = किसी महापण्डित को सम्मान निमित्त या वाद-विवाद निमित्त समर्पित पगड़ी आदि शिरोभूषण।

परमाक्षर = ओंकार की संज्ञा।

परिस्तोम = रंगीन कपड़ा जो हाथी पर चढ़ाया जाता है। हाथी की झूल।

पर्यंकबन्ध = एक योगासन। वीरासन।

पर्युषितवाक्य = भग्न प्रतिज्ञा।
(पर्युषित = बासा, रात का रखा हुआ)

पल्लवलिपि = ७ वीं शती में दक्षिण भारत में प्रचलित एक प्राचीन लिपि। इसीसे दक्षिणीनागरी लिपि का उद्‌गम हुआ। महाराष्ट्र में इसे बालबोध लिपि कहते थे।

पाजस्य = जानवर का पेट या पार्श्वभाग।

पारिमाण्डल्य = सूर्य की किरण में चमकने वाले रजःकण।

पालकाप्य = हस्तिविज्ञान की संज्ञा1 इस विज्ञान के आद्य प्रवक्ता ऋषि थे पालकाप्य।

पालिका = मक्खन आदि काटने की छुरी।

पाशुपतास्त्र = एक विश्वसंहारक दिव्य अस्त्र जो महाभारत के अर्जुन को ही शिवोपासना से प्राप्त हुआ था। (महाभारत वनपर्व २८-२९)

पाशुपतास्त्र = भगवान् शिव के त्रिशूल की अपरसंज्ञा। आग्नेय, वारुण, नारायण, ऐन्द्र, ब्राह्म जैसे दिव्यास्त्रों से अधिक प्रभावी अस्त्र।

पितृतीर्थ = गया तीर्थ की संज्ञा। गया क्षेत्र में श्राद्धकृत्य प्रशस्त माना जाता है।

पितृत्रय = पिता, पितामह और प्रपितामह।

पीयूष = (१) सद्यः प्रसूता गौ का प्रारंभिक दूध। (२) सोमरस।

पुराणविद् = चतुर्दश भुवन (७ स्वर्ग + ७ पाताल) स्वरूप संपूर्ण ब्रह्माण्ड के अन्तर्गत विद्यमान सृष्टि का ज्ञानी।

पुस्तकमुद्रा = एक प्रकार की तान्त्रिक हस्तमुद्रा।

पुष्पिका = ग्रंथ की अध्याय समाप्ति की सूचक वाक्यपंक्ति। इति श्री...इत्यादि वाक्य।

पूत्तिका = दो कोषोंवाला शंख।

पूर्वपीठिका तथा उत्तरपीठिका = ग्रंथ का पूर्वभाग तथा उत्तर भाग।

पृषदाज्य = दही में मिलाया हुआ घी। अपरसंज्ञा - पृषातक)

पैशुन्य = दूसरों के दोष ही देखना और उनका प्रचार करना।

पौगण्डावस्था = ५ से १६ वर्ष तक की बालक की अवस्था।

पौरुष = मनुष्य की दोनों हाथ उपर उठाने पर होने वाली पूरी ऊँचाई।

प्रतिदुह = धारोष्ण दुग्ध।

प्रतिशयित = अभीष्ट विषय की प्राप्ति के लिए देवता के सामने अनशन करते हुए धरना देना। (अन्नसत्याग्रह)

प्रतिषेधोपमा = दण्डीद्वारा स्वीकृत एक उपमा प्रकार (काव्यादर्श २-३४)

प्रतिश्रय = मठ या आश्रम जहां नित्य भोजन मिलता है। (सदाव्रत या सदावर्त)

प्रत्युद्‌गमन (या प्रत्युत्थान) = अतिथि के सत्कार निमित्त आसन से उठना या उसके सम्मुख जाना।

प्रपाठक = किसी अध्याय का भाग।

प्रबन्ध = दो नदियों के संगम का स्थान।

प्रयाग = मंदाकिनी और अलकनंदा इन नदियों से जिन स्थानों पर अन्य किसी नदी का संगम हुआ ऐसे प्रत्येक तीर्थस्थान को प्रयाग कहते हैं। (इन स्थानों में गंगा-यमुना संगम स्थान को 'प्रयागराज' कहते हैं।

प्रशमन = सत्पात्र व्यक्ति को उपयुक्त वस्तु का प्रदान।

प्रशंसोपमा = दण्डीद्वारा कथित उपमा का एक प्रकार। काव्यादर्श (२-३१)

प्रशिष्य = शिष्य का शिष्य।

प्रसूवरी = खिले फूल वाली वनस्पति।

प्रसेवक = वीणा में लगाया जाने वाला एक छोटा सा काष्ठखण्ड।

प्रस्तृणती = फैली हुई वनस्पति।

प्राकृत = संस्कृत से उत्पन्न अपभ्रंशात्मक भाषा। प्राकृत शब्दों के तीन प्रकार : – तत्सम, तद्भव (विभ्रष्ट) और देशी। शब्द का अस्पष्ट उच्चारण करने से प्राकृत शब्दों की उत्पत्ति होती है। प्राकृत के अपभ्रंश से विभाषा की उत्पत्ति होती है। जैनों के धार्मिक ग्रंथों का माध्यम।

प्राचार्य = अध्यापक का अध्यापक। सेवानिवृत्त आचार्य।

प्राणिद्यूत = कुक्कुट, मेष, आदि प्राणियों का द्वद्वयुद्ध।

प्रायोपवेशन = आमरण अनशन का व्रत।

फक्किका = सिद्धान्त स्वरूप वाक्य।

बद्व = शत कोटी की संख्या।

बला-अतिबला = रामायण में उल्लिखित तांत्रिक विद्या।

बष्कयिनी (णी) = अनेक बछड़ो वाली गाय।

बहूदक = संन्यासी का एक प्रकार, यह संन्यासी अज्ञात स्थल में निवास करते हुए केवल भिक्षान्न से अपना निर्वाह करता है।

बालबोध लिपि = देखिए पल्लव लिपि।

बाल्य = छह से सोलह वर्ष तक की मनुष्य की अवस्था।

बाल्यावस्था के (तीन प्रकार) = (१) कौमार (१ से ५ वर्षों तक) (२) पौगण्ड (६ से १० वें वर्ष तक) (३) किशोर (११ से १५ वें वर्ष तक। (१६ वें वर्ष से यौवन का आरंभ माना जाता है।

बिरुद = श्रेष्ठता सूचक उपाधि या पदक।

ब्रह्मबन्धु = ब्राह्मण जाति में जन्म होने पर ब्राह्मणों के वर्णधर्म का पालन न करने वाला। इसी प्रकार 'बन्धु' शब्द के योग से क्षत्रबन्धु इत्यादि तिरस्कारव्यंजक शब्द प्रयोग में आते हैं।

ब्रह्मबिन्दु = वेदपाठ के समय मुख से निकला थूंक का बिन्दु।

ब्रह्मबीज = वेदों का मूल होने के कारण ओंकार की संज्ञा।

ब्रह्मलेख = विधाता के द्वारा ललाटपर लिखे गए वे अक्षर, जिनमें जीव का अटल भाग्य लिखा हुआ माना जाता है।

ब्रह्मसमंध = धनलोभी ब्राह्मण का भूत।

ब्रह्मस्तेय = अवैध पद्धति से वेदशास्त्र का अध्ययन करना।

ब्राह्मी = ब्राह्मविधि के अनुसार विवाहिता स्त्री।

ब्राह्मी = भारत की सर्वश्रेष्ठ तथा प्राचीनतम लिपि, इसीसे गुप्तलिपि (ई. ४ थी शती), कुटिललिपि, शारदा और पल्लवी नामक प्रमुख उत्तरी तथा दक्षिणी लिपियों का उदय हुआ जिनसे भारत की अवान्तर प्रादेशिक लिपियां प्रचलित हुई।

भट्टाचार्य = अतिश्रेष्ठ विद्वान की एक सम्मान सूचक उपाधि।

भद्राकरण = संपूर्ण मस्तक का मुण्डन।

भयब्राह्मण = ब्राह्मण को अवध्य माना जाने के कारण अपने प्राण बचाने के निमित्त झूठमूठ ब्राह्मण कहने वाला अब्राह्मण।

भविष्यबदरी = हिमालय में पंचबदरी में से एक तीर्थस्थान।

भाषासमिति = वाणी का नियंत्रण। एक जैन व्रत।

भाष्य = किसी शास्त्रीय सूत्र का अर्थ, सूत्रानुसार वाक्यों द्वारा किया जाता है तथा भाष्यकार अपने द्वारा प्रयुक्त शब्दों का भी जहां स्पष्टीकरण देता है ऐसी विवरणात्मक ग्रंथरचना। भाष्य के विवेचन में विषय, संशय, पूर्वपक्ष, उत्तरपक्ष और अंत में सिद्धान्त की स्थापना होती है।

भृगुपतन = केदार क्षेत्र में एक ऊंचा शिखर जहां से लोग देहपात कर जीवन समाप्ति करना पुण्यप्रद मानते थे।

भूतप्रयाग = यमुना-गंगा-संगम का तीर्थस्थान। इसे तीर्थराज' कहते है। पंचप्रयागों में यह सर्वश्रेष्ठ है।

भ्रातृश्वशुर = पति का ज्येष्ठ भाई।

मड्डु (मड्डुक) = एक प्रकार का चर्मवाद्य।

मणिकांचन योग = दो सर्वोत्तम पदार्थों या व्यक्तियों आदि का समागम।

मण्डली = शरीर पर मंडलाकृति चिन्ह वाले तथा तीव्र गमन करने वाले लंबे सर्प।

मत्स्यण्डिका = बिना साफ की हुई मोटी चीनी।

मधुपर्क = दधि, घृत, जल, शक्कर और मधु – इन पांच पदार्थों के संमिश्रण से बनाया हुआ एक पेय। यह विशिष्ट अतिथि को दिया जाता है।

मध्यदेश = हिमालय, विन्ध्य, प्रयाग और विनशक्षेत्र इन चार सीमाओं से सीमित आधुनिक उत्तर प्रदेश का विशिष्ट भूभाग। (मनुस्मृति- २-२१)

मध्यमिका = विवाह योग्य आयु की कन्या।

मध्ययुग = ई. छठी शताब्दी में गुप्तयुग का अस्त होने पर ६ सौ वर्षों का काल खंड। यह अर्वाचीन संज्ञा है।

मल्लक = नारियल के कवच से बनाया हुआ प्याला।

महाजनपद युग = ईसापूर्व ७-८ वीं शती से मौर्यकाल के प्रारंभ तक के कालखंड की आधुनिक संज्ञा।

महाजनी = नागरी से विकसित एक लिपी।

महाश्मशान = वाराणसी का एक विशेषण। कल्पान्त होने पर सभी भूतमात्र प्रस्तुत क्षेत्र में रहते है इस पुराणमत के अनुसार यह संज्ञा उत्पन्न हुई।

मातृका = तांत्रिकों के रेखाचित्र।

मात्रा = देवनागरी अक्षरों के उपर आरेखित रेखाचित्र। उदा. के कै।

मानसपुत्र = मरीचि, अत्रि, अंगिरा, पुलस्त्य, पुलह, क्रतु, भृगु, वसिष्ठ, दक्ष और नारद – ये ब्रह्मा के दस 'मानसपुत्र' (मनःसंकल्प से उत्पन्न पुत्र) पुराणों में कहे गए हैं।

माया = असुर विद्या। (ऋ. १-११-७)

माल = उन्नत भूतल।

मिताक्षरी = एक प्राचीन सांकेतिक भाषा तथा लिपि। इसमें अ के स्थान में क, क के स्थान में अ, ख के स्थान में ग, घ के स्थान में ङ तथा च वर्ग ट वर्ग, त वर्ग, प वर्ग, में इस प्रकार वर्णव्यत्यास होने से गूढ संकेत भेजना संभव होता था।

मिथिलाक्षर = बिहार की मैथिली भाषा की लिपि। नामान्तर तिरहुता।

मिश्र = अत्यंत पूज्य व्यक्तियों के नामों से जुड़ने वाला एक

आदर सूचक शब्द। (उदा. मण्डनमिश्राः, वसिष्ठमिश्राः) इसका बहुवचनी प्रयोग ही प्रशस्त माना जाता है।

मूषक (मूषिका) (चूहा) = १८ प्रकार - लालन, चपल, पुत्र, हसिर, चिक्किर, अजिर, कषायदन्त, कुलक, कोकिल, कपिल, असित, अरुण, शवल, श्वेत, कपोत, पलितोन्दुर, छच्छुन्दर, और रसाल।

मेरुमणि = रुद्राक्षादि की जपमाला का अंतिम मणि।

मैथिली = बिहारी ब्राह्मणों के व्यवहार में प्रचलित एक लिपि।

मोहरात्रि = विश्व प्रलय की रात।

म्लिष्ट = अस्पष्ट तथा असंस्कृत भाषण।

म्लेच्छ = (१) गोमांस खाने वाले, आचारहीन और धर्मकर्मों का विरोध करने वाले लोगों की निन्दाव्यंजक संज्ञा। (२) अस्पष्ट या अशुद्ध शब्दोच्चार करने वाला।

यक्षप्रश्न = महाभारत में वनपर्व के अंत में यक्ष-युधिष्ठिर संवाद में यक्ष द्वारा पूछे गये महत्वपूर्ण कूट प्रश्न। व्यवहार में कूटप्रश्नों को इसी कारण यक्षप्रश्न कहते है।

यजमानशिष्य = स्वयं यज्ञ करने वाले वैदिक ब्राह्मण का शिष्य।

यज्ञवराह = वराह अवतारी विष्णु की संज्ञा।

यमेरुका = प्रहर की सूचक घंटा।

यादि-अष्ट = कटपयादि संख्या पद्धति में य से ह तक आठ अक्षरों का यथाक्रम एक से आठ संख्या का संकेत।

यायजूक = वारंवार यज्ञ करने वाला।

युग = अश्मयुग, ताम्रयुग, लोहयुग आदि परिभाषा अर्वाचीन अन्वेषकों द्वारा विशिष्ट कालखंड का निर्देश करने के हेतु रूढ की गई है।

योगबदरी = हिमालय में पंच बदरी में से एक तीर्थस्थान।

रक्षाप्रदीप = भूत-प्रेत आदि की बाधा को निवारण करने हेतु जलाया जाने वाला दीपक।

रक्षासूत्र = दीर्घायुष के लिये हाथ में बांधने का सूत्र।

रण्डाश्रमी = पैंतीस वर्ष के बाद विधुरावस्था में जीवन बिताने वाला।

रत्नसागर = नालंदा विद्यापीठ के तीन ग्रन्थालयों में से एक का नाम। अन्य ग्रंथालय **रत्नोदधि** और **रत्नरंजक।**

रथयात्रा = देवालय का एक महोत्सव जिसमें देवमूर्ति की रथ में स्थापना होने पर मनुष्य ही रथ को खीचते हैं।

रसराज (श्रेष्ठ धातु) = पारा। साहित्यिक शृंगार को 'रसराज' (श्रेष्ठ रस) मानते है।

रुद्रप्रयाग = मंदाकिनी और अलकनंदा का संगमस्थान। पंच प्रयागों में से एक।

रौद्री रेखा = तंत्रशास्त्र के अनुसार थकार आदि १६ वर्णो की, अकथादि त्रिरेखात्मक त्रिकोण की एक रेखा।

रौरव = पुराणोक्त २८ नरकों में से एक। असत्यवादी, भ्रूणघातक जैसे महापातकी इस घोर नरक के धनी होते हैं।

राजीमंत = चित्रविचित्र रेखाकृतियुक्त तथा स्निग्ध शरीर वाले सर्प।

लक्षार्चन = एक लक्ष फूलों से या अन्य पूजाद्रव्यों से पूजा करना।

लाटिका = एक प्राचीन प्राकृत भाषा।

लिपि = वर्णलेखन की पद्धति। विविध प्रकार – ब्राह्मी, गुप्त, सिद्धमातृका, या कुटिलाक्षरा, पल्लव, बालबोध, कैथी, महाजनी, राजस्थानी, गुजराती, बंगला, मैथिली, उड़िया, कुटिल, शारदा, तथा खरोष्ट्री।

लिपि = प्रसिद्ध बौद्ध ग्रंथ ललितविस्तर में उल्लिखित ६४ लिपियों की नामावली। इस ग्रंथ में भगवान् बुद्ध ने जिनका ज्ञान पाया था ऐसे ६४ वर्णकों (अर्थात् लिपियों का उल्लेख आया है। – ब्राह्मी, खरोष्ठी, पुष्करसारी (अंगलिपि), वंगलिपि, मगध, मांगल्य, अंगुलीया, शकारि, ब्रह्मवल्ली, पारुष्य, द्राविड, किरात, (या कनारि), दाक्षिण्य, (या दक्षिण), उग्र. संख्या, अनुलोम, अवमूर्ध (या ऊर्ध्वधनु), दरद, खास्क (या खास्य), चीन, हूण, लून, मध्याक्षर, विस्तर, पुष्प, देव, नाग, यक्ष, गन्धर्व, किन्नर, महोरग, असुर, गरुड, मृग, वायुमरु, (या मरु), भौमदेव., अन्तरिक्षदेव., उत्तरकुरुदीप., असर, गोडादि., पूर्वविदेहक., उत्क्षेप., निक्षेप, विक्षेप, प्रक्षेप, सागर. वज्र., लेख, प्रतिलेप, अनुद्रुत, शास्त्रावर्त, गणणावर्त, उत्क्षेपावर्त, विक्षेपावर्त, पादलिखितं, द्विसत्तरसन्धि. दशोत्तरपद, अध्याहारिणी. सर्वरुत्संग्रहणी,विद्यानुलोम, विमिश्रित. ऋषितपरुप्त, धरणीप्रेक्षण. गगनप्रेक्षिणी. सर्वोषधिनिष्यन्द. धरणीप्रेक्षण. गगनप्रेक्षिणी. सर्वोषधिनिष्यन्द. सर्वसारसंग्रहणी. सर्वभूत रुद्रग्रहणी। (इन लिपियों की सूची चीन के ७ वीं शताब्दी के सुप्रसिद्ध ज्ञानकोश फा युवन-चुलिन में भी संगृहीत हैं।

ललित विस्तर में निर्दिष्ट ६४ लिपियों के नामों के अतिरिक्त अवान्तर प्राचीन लिपियों के नाम यत्र तत्र मिलते हैं। जैसे – यवनानी (अष्टाध्यायी ३-३-२१), आथरगोडानी, अध्यामातृका, नागरी, अर्धनागरी, मालवारी, सैन्धवी, कर्णाट, मूलदेवी, औषधपल्लवी, दातासी, आरामा (अरमाइक)– ।

लैङ्गधूम = अज्ञानी पुरोहित।

लोकपृष्ठ = एक नरक लोक। अपरसंज्ञा- तम।

लोकमर्यादा = समाज में रूढ शिष्टाचार की पद्धति।

लोकयात्रा = लौकिक आचार, प्रथा।

वज्रवारक = (पांच नाम) सुमन्तु, वैशंपायन, पुलस्त्य, पुलह और जैमिनि। इन पांच नामों के प्रभाव से वज्रनिवारण होता है। (वज्र = विद्युत्पात)

वनस्पति (प्रकार) = (१) वनस्पति (पुष्प के बिना फल धारण करने वाले वृक्ष)। (२) वानस्पत्य या (द्रुम) पुष्प के बाद फलोत्पत्ति होने वाले वृक्ष)। (३) औषधि (फलोत्पत्ति होने पर सूखने वाले वृक्ष) (४) वीरुध् (विस्तार पाने वाली तथा आश्रय की अपेक्षा होने वाली लताएँ) (५) त्वक्सार (त्वचा में बल होने वाले। उदा. बांस)।

वप्रक्रीडा = हाथी या सांड का किसी पदार्थ पर टक्कर मारना।

वरदान = सिद्धपुरुष या देवता द्वारा उच्चारित आशीर्वाद।

वाकोवाक्य = प्रश्नोत्तररूप भाषण।

वाजिक्रम = लेखन की विशिष्टपद्धति। जिस अनुलोम क्रम से मंत्राक्षरों या बीजाक्षरों का लेखन किसी यंत्रस्वरूप आकृति में किया जाता है वही अक्षर प्रतिलोम अर्थात् उलेट क्रमसे करना। द्यूतविजयकयंत्र में वजिक्रम से बीजाक्षरों का लेखन होता है।

वामारेखा = तंत्रशास्त्र के अनुसार अकार आदि १६ वर्णो की अकथादि वर्णरेखात्मक त्रिकोण की एक रेखा।

वालखिल्य = कदर्म प्रजापति की कन्या क्रिया और ब्रह्मा का करोत्पन्न पुत्र क्रतु के ६० हजार पुत्रों की संज्ञा। ये ऋषि अंगष्ठाकार कहे गए है।

वाश्रा = नवप्रसूता गौ।

वास्तुक = यज्ञभूमि पर अवशिष्ट रही सामग्री।

विचारणा = शास्त्रीय पद्धति से विचार करने की पद्धति।

विद्यावंश = अध्यापकों की यथानुक्रम परम्परा।

विनायकी लिपि = एक सांकेतिक लिपि। इसके स्वर देवनागरी के समान होते हैं।

विप्रतिषेध = समान महत्त्व के दो नियमों का एक ही विषय में विरोध।

विशालबदरी = बदरीनाथ क्षेत्र का अपरनाम। पंचबदरी में से एक।

विष के नौ प्रकार = कालकूट, हालाहल, सौराष्ट्रिक, ब्रह्मपुत्र, प्रदीपन, शृंगक (काकोल), वत्सनाभ (बचनाग), शौक्तिकेय और दारद (हरित्र)।

विष्णुप्रयाग = लेटी और अलकनंदा का संगमस्थान। पंचप्रयागों में से एक।

वीरव्रत = अपनी प्रतिज्ञा का निरपवाद पालन करने वाला।

वृद्धबदरी = हिमालय में एक तीर्थस्थान। इसे अत्रिमठ कहते हैं।

वेताल = मन्त्रद्वारा उज्जीवित किया हुआ मृत पुरुष।

वैकक्ष = (वैकक्षिक) यज्ञोपवीत के समान धारणा की गई माला।

वैष्णव पुराण = व्यास कृत १८ पुराणों में विष्णु, भागवत, नारद और गरुड – इन चार पुराणों को वैष्णव पुराण कहते हैं।

व्यंतर सर्प = दर्वीकर, मण्डली, और राजीमन्त – इन तीन जातियों के सर्पो की संकरजन्य प्रजा। ये सर्प अतिदुष्ट होते हैं।

व्यसनब्रह्मचारी = संकटों में साथ देने वाला।

व्यासचतुष्टय = वृद्धव्यास, बृहद्व्यास, वेदव्यास और मानवव्यास।

व्यासचर्या = भगवान् व्यास द्वारा विरचित एवं संपादित ग्रन्थराशि की संज्ञा।

व्युत्पत्ति = (१) व्याकरण या निरुक्त शास्त्र के अनुसार शब्द की सिद्धि। (२) मौलिक शास्त्रज्ञानसहित विद्वत्ता।

शंखक्षेत्र = जगन्नाथपुरी की अपर संज्ञा। इसीको श्रीक्षेत्र तथा पुरुषोत्तम क्षेत्र भी कहते हैं।

शस्त्रपूत = शस्त्राघात के कारण पवित्र। उदा. शस्त्रपूतं मरणम्।

शारदा = ब्राह्मी की पूर्वावस्था की कुटिल नामक लिपि से उत्पन्न एक लिपि। इसी शारदा लिपि से काश्मीरी, टाकरी और गुरुमुखी लिपि उत्पन्न हुई हैं।

शास्त्र = मानवों की प्रवृत्ति और निवृत्ति के धर्म या नियम का प्रतिपादन।

शास्त्रगण्ड = स्वल्पमात्र शास्त्राध्ययन करने वाला।

शास्त्रशिल्पी = काश्मीर प्रदेश की एक संज्ञा।

शैव पुराण = व्यास विरचित १८ पुराणों में शिव. भविष्य, मार्कण्डेय, लिंग, वराह, स्कन्ध, मत्स्य, कूर्म, और ब्रह्माण्ड – इन दस पुराणों को शैव पुराण मानते हैं।

श्मशानवैराग्य = श्मशान भूमि में उत्पन्न होने वाला तात्कालिक वैराग्य।

षट्कुल = कान्यकुब्जी ब्राह्मणों के छह प्रमुख कुल। – कात्यायन-गोत्री, कश्यप-गोत्री, शाण्डिल्य-गोत्री, संस्कृत, उपमन्यु, और भारद्वाज-गोत्री) इन का संक्षेपतः निर्देश ''काकसासउभा'' इस संकेत से होता है।

षट्प्रज्ञ = धर्म, अर्थ, काम, मोक्ष, लोकप्रवृत्ति और ब्रह्म-प्रकृति – इन छह विषयों का ज्ञानी।

सकळ लिपि = विदर्भ के महानुभाव नामक वैष्णव संप्रदाय में प्रचलित एक गूढ लिपि।

सतीर्थ (सतीर्थ्य) = समान गुरु के छात्र।

सप्तगीता = गुरुगीता, देवगीता, भक्तिगीता, ज्ञानगीता, कर्मगीता, शिवगीता और वेदगीता। (मणिरत्न रामायण नामक ग्रंथ में इनका अन्तर्भाव हुआ है।

सप्तशती = सात सौ पद्यों का संग्रह।

सब्रह्मचारी = समान वेदभाग का अध्ययन करने वाले। सहाध्यायी।

समंध = पिशाच अवस्था में पडा हुआ पुत्रहीन तथा संस्कारहीन मृतात्मा

समाम्नाय = वैदिक शब्दों के कोश की संज्ञा। अपर संज्ञा - निघंटु।

समाधान = पूर्वपक्ष के आक्षेप का युक्तियुक्त उत्तर।

समीक्षा = किसी ग्रंथ या सिद्धान्त का सम्यक् परीक्षण।

सरोवर पंचक = मानस, पुष्कर, बिन्दु, नारायण, और पंपा।

सर्प (तीन प्रकार) = दर्वीकर, मण्डली और राजीमन्त।

सर्वभूतरूत विद्या = पुराणों में उल्लिखित एक अद्भुत विद्या। इस के बल पर पशु पक्षियों के उद्गारों का ज्ञान होता है।

सहल्लेखन = दूषित अन्न।

संकेत (दो प्रकार) = शास्त्रप्रधान, (शास्त्र पर आधारित) और कल्पनाप्रधान (कवि प्रतिभाजनित)

संगविनी = दो पहर की गर्मी में गायों की विश्रांति का स्थान।

संघम् = एक अति प्राचीन तमिळ साहित्यिक संस्था। (इसका

प्रारंभ ई.पू. छठी शती में माना जाता है।

संचित कर्म = जीव ने पूर्व जन्मों में किया हुआ किन्तु फलोन्मुख न हुआ कर्म, जिसकी स्मृति केवल विधाता को ही होती है।

संजीविनी-विद्या = पौराणिक निर्देशों के अनुसार मृत व्यक्ति को जीवित करने वाली एक गूढ मंत्रविद्या।

संशितव्रत = कठोरता से व्रतपालन करने वाला।

संस्कृतात्मा = धर्मकृत्यों से अपने जीवन में पवित्रता निर्माण करने वाला।

सत् कर्म = गुरु-शास्त्र जैसे आप्तद्वारा प्रदर्शित नीतिनियमों के अनुसार सद्भावना से किया हुआ कर्म।

सत्याग्रह = अहिंसक वृत्ति से अन्याय का प्रतिकार। महात्मा गांधी द्वारा इसका प्रचार हुआ है।

सात्वत = पांचरात्र नामक वैष्णव संप्रदाय से संबंधित आचार इत्यादि।

साधुवाद = साधु साधु शब्द से अभिनन्दन करना। धन्यवाद।

साम्पराय = परलोक की प्राप्ति के उपाय। मरणोत्तर जीवन के संबंध में जिज्ञासा।

सिद्धमातृका = उत्तर भारत में प्रचलित एक लिपि। इसी को कुटिलाक्षरा भी कहते हैं। यह ब्राह्मी लिपि का ही एक प्रकार है।

सिद्ध लिपि = मंत्रों के बीजाक्षर लिखने की विशिष्ट लिपि।

सिद्धवट = उज्जयिनी क्षेत्र का एक पवित्र वटवृक्ष।

सिद्धिग्रन्थ चतुष्टय = 'सिद्धि' शब्द से अंकित वेदान्त विषयक चार प्रख्यात ग्रंथ। (१) ब्रह्मसिद्धि – ले. मंडन मिश्र, (२) नैष्कर्म्यसिद्धि – ले. सुरेश्वराचार्य, (३) इष्टसिद्धि – ले. विमुक्तात्मा, और (४) नैष्कर्म्यसिद्धि – ले. मधुसूदन सरस्वती।

सिंधुसंस्कृति = आधुनिक संशोधकों द्वारा कल्पित वेदपूर्वकालीन संस्कृति की संज्ञा।

सिंह = छह प्रकार – मृगेन्द्र, पंचास्य, हर्यक्ष, केसरी, हरि और सिंह (हंसदेव कृत मृगपक्षिशास्त्र)।

सुंदरी = महाराष्ट्र में प्रचलित एक प्राचीन गुप्त लिपि। महानुभाव संप्रदाय का प्राचीनतम साहित्य इसी लिपि में लिखा है। (अन्य नाम - सकळ लिपि)।

सुवर्णयुग = प्राचीन गुप्त साम्राज्य के कालखंड का निर्देश इस शब्द से होता है।

सूत्र = शास्त्रीय वाक्यरचना का एक प्रकार। यह सूत्रवाक्य, अल्पाक्षर, असंदिग्ध, सारयुक्त, विश्वतोमुख (जिसका अर्थ विविध प्रकार से हो सकता है), स्तोभ रहित (याने प्रक्षेपरहित) तथा निर्दोष होता है। (पाणिनि के सूत्र आदर्शभूत हैं)

सूत्रपात = कार्य का आरम्भ।

सूनृत = सत्य तथा प्रिय भाषण।

स्तूप = पवित्र शरीर आदि के अवशेष स्थापन करने हेतु रचित भव्य स्तम्भ या भवन। बौद्धों का स्मारक।

स्थली = अकृत्रिमा भूमि। कृत्रिम भूमि को कहते हैं 'स्थला'।

हिमयुग = अर्वाचीन वैज्ञानिकों द्वारा कल्पित एक प्राचीनतम कालखंड।

हेतुवाद = तर्कवितर्क, शास्त्रार्थ।

हिंसालुक = उपद्रवी या जंगली कुत्ता।

होलाका = होलिकोत्सव की अपर संज्ञा।

★ ★ ★

वर्ग - ५ योगासन परिचय

अर्धमत्स्येन्द्रासन – स्थिति – बैठकर - (१) दाहिने पांव की एड़ी बांयी तरफ के पुट्ठे को लगाकर बैठो। (२) बायां पांव दाहिने घुटने की दाहिने तरफ रखो। (३) बायां घुटना दाहिने बगल में दबाकर दाहिने हाथ से बांये पांव का अंगूठा पकड़ो। (दाहिनी भुजा घुटने की बांयी तरफ से लेकर हाथ अंगूठे के उपर औंधा रहे।) (४) बायां हाथ पीछे से लेकर दाहिनी जंघा पर औंधा रखो। बांयी तरफ सिर घुमाकर पीछे देखो। पूर्णस्थिति (५) बांया हाथ निकालो। (६) दाहिना हाथ निकालो। (७) पांव निकालो। (८) पूर्वास्थिति (इसी तरह दूसरी तरफ से करो।) समय – ३ मिनिट।

लाभ – हाथ, पांव, पेट, कमर, रीढ़, पसलियां, यकृत, प्लीहा इत्यादि को लाभ पहुंचाता है। मूत्रविकार और मधुमेह में लाभ पहुंचाता है, कब्जियत नष्ट होती है।

अर्धशीर्षासन – स्थिति – बैठकर। क्रम –(१) दो अंगुल मोटी देढ़ हात वर्गाकार गद्दी या कपड़ों की तह सामने लेकर घुटनों के बल बैठो। (२) हाथों के साथ कोहनियों का त्रिकोण बनाकर गद्दी पर टिकाओ। (३) पुठ्ठा ऊंचा करके ठुड्डी गले से लगाकर सिर हाथों के पास टिकाओ। (४) ठुड्डी न छोड़ते हुए रीढ़ सीधी होने तक पुठ्ठा पीछे ढकेलते हुए पांव उठाकर एड़ियां कुल्हें से लगाकर घुटनों का त्रिकोण बनाओ। पूर्णस्थिति। (५) पैर जमीन पर टिकाओं। (६) घुटनों के बल बैठो। (७) हाथ निकालो। (८) पूर्वस्थिति समय – ३ मि.।

लाभ – मज्जातंतुओं की दुर्बलता, बद्धकोष्ठ, मन्दाग्नि, दमा, अंडवृद्धि, गठियावात, यकृत, प्लीहा, आंत इ. के विकार नष्ट होते हैं। दृष्टि तेज होती है। बाल सफेद नहीं होते, यदि सफेद हुये हो तो भी काले होते हैं। बालों का झड़ना बंद होता है। सिर का दर्द मिटता है।

आकर्ण धनुरासन – स्थिति बैठकर। (१) गर्दन न झुकाते हुए दाहिने हाथ से बांये पैर का अंगूठा पकड़ो। बांया पैर दाहिने कान के समीप लाओ। (२) बायें हाथ से दाहिना अंगूठा पकंड़ो पूर्ण स्थिति। (३) पाव जमीनपर टिकावो। (४) पूर्वस्थिति - (इसी प्रकार दूसरी बाजू से करना चाहिये।) समय – ३ मिनिट।

लाभ – सब जोड़ों को व्यायाम मिलकर जोड़ ढीले होते है। पैर, कमर, पेट, घुटनों और जांघो के स्नायु बलिष्ठ होते हैं।

उग्रासन – स्थिति-बैठकर। क्रम – (१) पैर दोनो बाजू में जहां तक हो सके फैलाओ। १६० से १८० अंश तक फैलाए जा सकते हैं। (२) हाथ ऊपर तानो। (३) नीचे झुक कर पैर के अंगूठ पकड़ो या सामने जमीन पर हाथ रखो। (४) सिर आगे जमीन पर टिकाओ। पूर्णस्थिति - (५) सिर ऊपर करो। (६) अंगूठे छोड़कर हाथ ऊपर तानो। (७) हाथ नीचे लेकर पूर्व स्थान पर टिकाओ। (८) पूर्व स्थिति - समय – २ मिनिट।

लाभ – कमर, पीठ, पेट, पैर के विकार दूर होकर स्नायु बलिष्ठ होते हैं। मलशुद्धि ठीक होकर पेट पतला होता है। सायटिका (जांघ की नसों का विकार दूर होता हैं।

उत्कटासन – स्थिति बैठकर। क्रम – (१) घुटनों के बल बैठो। (२) खड़े हो। (३) कमर पर हाथ रखो। (४) शरीर सीधी रेखा में रख कर घुटनों में समकोन बनाओं और एड़ियां उठाओ। पूर्णस्थिति। (५) सीधे खडे रहो। (६) हाथ निकाल लो। (७) घुटनों के बल। (८) पूर्वस्थिति। समय – २ मिनिट। यह आसन खडे से ४ क्रमांक में भी कर सकते हैं।

लाभ – पचनेंद्रिय और उत्सर्जक इन्द्रिया सुधरती हैं। पहुचे, पैरों के अंगूठों, पिंड़लियों, जांघों के दोष दूर होकर स्नायु बलवान होते हैं। हाथ पैर के विकार दूर होते हैं।

उत्थित पद्मासन व दोलासन – स्थिति बैठकर। (१) दाहिना पैर बांई जांघ पर पेट को एड़ी चिपका कर रखो। (२) वैसे ही बांया पैर दाहिनी जांघ पर रखो। (३) हाथ दोनों ओर जमीन पर टिकाओ। (४) हाथों पर वजन डाल कर आसन उठाकर सीधे स्थिर रहो। पूर्ण स्थिति। (५) दोलासन में आगे पीछे झूलो। जमीन पर टिकाओ। (६) ऊपर का पैर फैलाओ। (७) पूर्व स्थिति। पैर बदलकर भी करो। समय – २ मिनिट।

लाभ – सीने के ओर पहुचों के स्नायु बाहु के द्विशिरस्क स्नायु, हाथों के आकुंचन प्रसारक स्नायु व पेट की आंते बलवान होकर उनकी कार्यक्षमता बढ़ती है। पचनक्रिया व मलशुद्धि ठीक होती है। पेट पतला होता है। नौली क्रिया शीघ्र सधती है।

उत्थित विवेकासन – स्थिति – खड़े होकर। क्रम – (१) सीने पर हाथ जोडो। (२) सिर झुकाकर नम्र हो। पूर्णस्थिति। (३) सिर सीधा करो। (४) पूर्वस्थिति। समय – कम से कम एक मिनिट।

लाभ – विचारतरंग शांत होकर चित्त एकाग्र होता है। संशयीवृत्ती दूर होकर निश्चय होता है। अन्तःकरण शान्त, उदात्त और गुणग्राहि होता है।

उपधानासन – स्थिति बैठकर। क्रम – (१) चीत सोओ। (२) दाहिना पैर दाहिने कंधे के पीछे से गर्दन पर रखो। (३) दाहिने अंग से सोकर कोहनी जमीन पर टिकाओ। (४) दाहिना तलुवा बांई कोहनी में दबा कर दोनों हाथों की कैंची कर बांया पैर तानो। पूर्णस्थिति। (५) बांया हाथ निकालो। (६) सीधे रहो। (७) गर्दन पर से पैर निकाल कर जमीन पर रखो। (८) पूर्वस्थिति। पैर बदल कर भी करो। समय – २ मिनिट।

लाभ – हाथ, पैर, कमर, गर्दन, पसलियां और जांघों के विकार दूर होते हैं। वीर्यदोष नष्ट होते हैं। मलशुद्धि होकर पाचन सुधरता है।

उष्ट्रासन – स्थिति – बैठकर। क्रम – (१) एड़ियां पुठ्ठों के नीचे दबाकर बैठो। (२) घुटनों पर खड़े हो। (३) पीछे झुक कर हाथ एड़ियों पर अथवा जमीन पर रखो। (४) कमर उठाकर सिर पीछे झुकाओ। पूर्णस्थिति। (५) सिर सीधा करो। (६) हाथ उठाकर घुटनो पर खड़े रहो। (७) एड़िया पर पुठ्ठ टिकाओं। (८) पूर्वस्थिति समय – २ मिनिट।

लाभ – मंदाग्नि. बद्धकोष्ट, यकृत और प्लीहा के विकार नष्ट होते हैं। सीना, पेट, हाथ, पैर, जंघा, पिंडरियों के स्नायु बलिष्ट होते हैं। शरीर की फालतू चर्बी, संधिवात, बवासिर आदि विकार दूर होते हैं। गर्भासन व उष्ट्रासन स्त्रियों के लिये विशेष उपयुक्त हैं।

ऊर्ध्वपद्मासन – स्थिति – घुटनों के बल बैठो। क्रम – (१-२-३) क्रियायें शीर्षासन से समान। (४) पैर उठाकर पद्मासन करो। (५) पैर छोड़ो। (६-७-८) शीर्षासन जैसे समय –३ मिनिट।

यह आसन पहले पद्मासन करके घुटने टिका कर फिर उठाकर भी किया जाता है और उसी प्रकार नीचे लाया जाता है। परन्तु पहले उपर बताये अनुसार करना चाहिये जिससे करने में सरलता होती है।

लाभ – पद्मासन और शीर्षासन के समान।

एकपाद कंधरासन – स्थिति – बैठकर। (१) दाहिना पैर मोड़कर बैठो। (२) बांया पैर बायें हाथ के पीछे से लेकर गर्दन पर रखो। (हाथ सीने पर जोड़ो) पूर्णस्थिति। (३) हाथ छोड़कर पैर लंबा करो। (४) दाहिना पैर लंबा करो। इसी तरह दूसरी बगल से भी करो। समय – २ मिनिट।

लाभ – स्कंधपादासन के समान।

कर्णपीडनासन – स्थिति – सीधे सोकर। क्रम – (१) दोनों पैर उठाकर दिखने तक उपर लाओ। घुटने न झुके। (२) पैर सीधे उँचे करके समकोन बनाओ। (३) हाथ से कमर उठा कर १३५ अंश का कोन बनाओ। (सिर की ओर एक हाथ उँचाई पर पैर हो।) (४) घुटनों को कान के पास जमीन पर टिकाओ। तलुओं का ऊपरी भाग जमीन पर हो। हाथ जमीन पर टिके हों। पूर्णस्थिति। (५) पैर उठा कर एक हाथ उचाई पर लाओ। (६) जमीन पर कमर टिका कर पैर पर खड़े रहो। (७) पैर एक हाथ उँचाई तक नीचे लाओ। (८) पूर्वस्थिति। समय – २ मिनिट।

लाभ – गर्दन, पीठ, कमर, जांघों, पिंडलियों के स्नायु मजबूत होते हैं। पेट की आंते शुद्ध एवं कार्यक्षम होती हैं। पचनक्रिया बढ़ती हैं। मज्जातंतु, उदरस्थ स्नायु, गलग्रंथी, उप-गलग्रंथी, यकृत, प्लीहा फेफड़ों के दोष दूर होकर वे बलवान एवं कार्यक्षम होते हैं।

कागासन – स्थिति बैठकर। क्रम – (१) घटनों के बल बैठो। (२) दोनो हाथ पैरों के सामने रखो। (३) घुटने पीछे से बगल में लाओ। (४) हाथों पर भार संभालकर सिर आगे तानते हुए दोनों पैर उठाकर पिछला भाग सिर की उँचाई तक लाओ। (आसन ठीक सधने पर जमीन को मुंह लगाकर ऊपर आओ, इसे अपनी शक्ति के अनुसार बार बार करो।) पूर्णस्थिति। (५) पैर जमीन पर टिकाकर बैठो। (६) हाथ बगल में रखो। (७) दाहिना पैर फैलाओ। (८) पूर्वस्थिति। समय – ३ मिनिट।

लाभ – छाती चौड़ी होती है। पेट पतला होता है। पचन क्रिया ठीक होती। मलशुद्धि होती है। पहुँचे और कोहनियों में शक्ति आती है। बाहु पेशियाँ और स्नायु पुष्ट होते हैं।

कुक्कुटासन – स्थिति बैठकर। क्रम – (१) दाहिना पैर बांई जांघ पर रखो। (२) बांया पैर दाहिनी जांघ पर रखो। (३) दोनो हाथ जांघों और पिडलियों के मध्य से जमीन पर रखो। (उंगलियाँ सामने हों)। (४) हाथ पर भार संभालकर शरीर कोहनी तक ले आओ। दृष्टी सामने हो। पूर्णस्थिति। (५) आसन जमीन पर उतारो। (६) हाथ निकालो। (७) ऊपर का पैर फैलाओ। (८) पूर्वस्थिति। समय – ३ मिनिट। यह आसन पैर बदल कर भी करो।

लाभ – सीना, बाहू, कंधों, जांघों, पिंडलियों के स्नायु बलिष्ठ होते हैं। पहुंचों में शक्ति आती है। बद्धकोष्ठ दूर होकर पाचन सुधरता है।

कोकिलासन – स्थिति बैठकर। क्रम – दाहिना पैर बांई जांघ पर रखो। (२) बांया पैर दाहिनी जांघ पर रखो। (३) दाहिने हाथ से दाहिने पैर का अंगूठा और बांये हाथ से बांये पैर का अंगूठा सामने से पकड़ो। (४) कोहनियाँ जमीन पर रखकर कमर से सामने झुको। सिर जमीन से एक बालिश्त ऊपर हो। पूर्णस्थिति। (५) सीधे हो। (६) पैर के अंगूठे छोडकर जमीन पर हाथ रखो। (७) ऊपर का पैर फैलाओ। (८) दूसरा पैर फैलाओ। पूर्वस्थिति। समय – ५ मिनिट। इस आसन को पैर बदलकर भी करो।

लाभ – थकावट दूर होती हैं। विचार शुद्ध होते हैं। कमर, जांघों, पिडलियों के विकार दूर होते हैं।

कोनासन – स्थिति – दोनों पैरों में करीब करीब दो हाथों का अंतर रखकर खड़े हो जाओ। (१) कान पर भुजदंड दबाकर हाथ सीधा उपर तानो। (२) दाहिने घुटने पर झुककर हाथ दाहिने पैर पर रखो। (बायें हाथ से पैर तक सीधा उतार होना चाहिए।) (३) खड़े हो जावों। (४) पूर्णस्थिति। इसी प्रकार दूसरी बाजू से भी करो। समय – ३ मिनिट।

लाभ – कमर, घुटनों, हाथ, पसलियों, जांघों और पिण्डलियों के स्नायु तथा जांघों में से जाने वाली नसों (सायटिका) में होने वाले विकार दूर होते हैं।

गरुडासन – स्थिति - घुटने कुछ झुकाकर खडे रहो। (१)

दाहिना पाव उठाकर बांये पाव को आगे से लपेटकर बाये पांव पर अंगूठा रखो। (२) दाहिना हाथ बाये हाथ को लपेटकर हाथ सीने पर जोड़ो। पूर्णस्थिति। (३) हात छोडो। (४) पूर्वस्थिति। इसी प्रकार दूसरी बाजू करो। यह आसन कुर्सी पर बैठकर या सोकर भी कर सकते हैं। पांव लपेटने से पहिले अंड को उपर उठाना चाहिये। सर्वांगासन में भी ऐसे पांव लपेटने से ज्यादा फायदा होता है।

लाभ – अण्डवृद्धि, अंत्रवृद्धि को फायदा होता हैं। पैरों में शक्ति आती हैं। घुटने अच्छे होते हैं। समय – २ मिनिट।

गर्भासन – स्थिति – बैठकर। क्रम – (१) दाहिना पैर बाई जांघ पर रखो। (२) बांया पैर दाहिनी जांघ पर रखो। (३) हाथ जांघों और पिंडलियों के बीच से कोहनी तक बाहर निकालो। (४) हाथों से कान पकड़ो। पूर्णस्थिति। (५) हाथ जमीन पर रखो। (६) हाथ निकालो। (७) उपर का पैर फैलाओ। (८) पूर्वस्थिति। समय – ३ मिनिट।

लाभ – पचन सुधरता है। आंतों के विकार नष्ट होकर बद्धकोष्ठ दूर होता है। पेट पतला होता है। हाथों के और पैरों के स्नायु बलिष्ठ होते हैं।

गोमुखासन – स्थिति – बैठकर (१) दाहिना पैर मोड़कर एडी बांये कूल्हे को लगाकर घुटना जमीन पर रखो। (२) बायां पैर दाहिने कुल्हे को लगावो घुटने पर घुटना रखो। (३) दाहिना हाथ नीचे से रीढ़ पर रखो। (४) बायां हाथ ऊपर से लेकर दाहिने हाथ को मिलाओ। गर्दन सीधी रखो। पूर्णस्थिति (५) ऊपर का हाथ छोड़ो। (६) दूसरा हाथ निकालो। (७) बांया पैर लंबा करो। (८) पूर्वस्थिति। यह आसन हाथ पैर पलटकर भी करना चाहिये। अंडविकृतिवाले लोग अंड को उठाकर उपर का पांव नीचे रखें। ताकि अण्ड पर दबाव न आवे। समय – ५ मिनिट।

लाभ – पद्मासन के समान। विशेषकर गर्दन का टेढ़ापन अण्डवृद्धि, अन्त्रवृद्धि दूर होती है। इस आसन को बहुत देर तक करना लाभदायक है। ज्यादा देरतक आसन करना हो तो हाथों से दूसरा काम भी कर सकते हो।

गोरक्षासन – स्थिति –बैठकर। क्रम – (१) दोनों पैर इंद्रिय के पास लाकर तलवे जोडो। (२) एड़ियां ऊंची करो। (३) हाथ पर वजन संभाल कर एड़ियां सामने की ओर, तथा उंगलिया कूल्हों के नीचे आवें इस प्रकार पैर उलटाओ। (४) घुटनों पर या पैरों के अंगूठो पर हाथ रखकर शरीर तानो। पूर्णस्थिति। हाथ जोड़ कर सिर पर तानकर भी रखे जाते हैं। (५) हाथ सामने जमीन पर रखो। (६) हाथ पर वजन संभालकर पैर निकाल लो। (७) बायां पैर आगे करो। (८) पूर्वस्थिति समय – ३ मिनिट।

लाभ – वीर्य रक्षा होती है। अपानवायु शुद्ध होती है, घुटनों, पिंडलियों, जांघों के विकार दूर होकर स्नायु बलिष्ठ होते है, पेट पतला होता है। सीना उठा हुआ होता है।

चक्रासन – स्थिति – चीत लेटकर। (१) घुटने ऊंचे करके पांव पुट्ठे के नजदिक लाकर, हात कान के पास जमीन पर औंधे रखो। (२) कमर उठाओ। दृष्टि हात की तरफ करो। (धीरे धीरे हाथ और पांव नजिक करना)। पूर्णस्थिति। (३) शरीर जमीन पर टिकावो। (४) पूर्वस्थिति समय – २ मिनिट।

लाभ – रीढ़, कमर, हाथ, पांव, छाती, गला, पेट, गर्दन विकार दूर होते हैं। हाजमा ठीक होता है। स्नायु और ग्रंथिया बलवान और कार्यक्षम होती हैं। आंखों को लाभ होता है।

चतुष्कोनासन – स्थिति – बैठकर। क्रम – (१) दाहिना पैर मोडकर बैठो। (२) बांया पैर मोड़कर हाथों से एक बालिश्त ऊपर उठाओ। (३) बांये पैर का तलुआ बांयी बाहु पर रखकर कोहनी में दबाओ। (४) गर्दन पर दोनो हाथों की कैंची बांधो। (दृष्टि सन्मुख रखो।) कोहनियां जमीन से समान्तर रहें। पूर्णस्थिति। (५) हाथ निकालो। (६) पैर निकालकर आधे नीचे पर लाओ। (७) पैर जमीन पर रखो। (८) पूर्वस्थिति। पैर बदलकर भी करो। समय – २ मिनिट।

लाभ – हाथ, पैर, जांघों, पिंडलियों के स्नायु बलिष्ठ होकर विकार दूर होते हैं। पचनक्रिया सुधरती है। वीर्यदोष दूर होते है।

जानुशिरासन – स्थिति – बैठकर। क्रम – (१) दाहिना पैर बाई जांघ पर पेट से एडी लगा कर रखो। (२) दोनों ओर से हाथ उपर लाओ। (३) दोनों हाथों से बांये पैर का अंगूठा पकड़ो। (४) घुटने को सिर लगाओ। पूर्णस्थिति। (५) सिर ऊपर करो। (६) पैर छोड़ कर हाथ ऊपर तानो। (७) हाथ स्थान पर रखो। (8) पूर्वस्थिति। पैर बदल कर भी करो। समय – ३ मिनिट।

लाभ – पश्चिमोत्तानासन से कुछ कम लाभ होते हैं। अंडवृद्धि, अंतर्गल व नसों के विकार को विशेष लाभ मिलता है।

ताडासन – स्थिति – दो पांवों में एक बालिस्त अन्तर छोड़कर खड़े रहो। (१) हाथों की उंगलियां फैलाकर हाथ कंधे की सीध में फैलाओ। (२) दोनो हाथ सीर के उपर उठाओ। (३) एड़ियाँ उठाओ। (४) हाथ आगे पीछे हिलाओ। (५) एक एक पांव उठाकर दोनों हाथ एकसाथ दाहिने बांये हिलाओ। (६) एड़ियां जमीन पर रखो। (७) हाथ कंधे की सीध में रखो। (८) पूर्णस्थिति।

लाभ – उंचाई बढ़ती है। शरीर सुडौल बनता है। बुढ़ापे में होने वाला कमर या घुंटनों का झुकाव और दर्द नष्ट होता है। समय – ३ मिनिट।

तोलासन – स्थिति – बैठकर। क्रम – (१) हाथ कुछ आगे रखकर उन पर वजन डालो। (२) पैर घुटने से सीधे रख कर शरीर थोड़ा पीछे खीचों और पैर व पुठ्ठा एक साथ उठा कर जमीन से समान्तर रखो। पूर्णस्थिति। (३) नीचे टिकाओ। (४) पूर्वस्थिति। समय – १ मिनिट।

लाभ – कमर, पेट, पीठ, हाथों, घुटनों के विकार दूर

होते है। हाथों में शक्ति आती है। मलक्रिया साफ होकर पाचन सुधरता है।

तोलांगुलासन – स्थिति – चित सोकर। (१) दाहिना पैर बांयी जांघ पर पद्मासन के समान रखो। (२) बायां पैर दाहिने जांघ पर रखो। (३) दोनों मुठ्ठियां बांधो और घुटने उठाकर पुठ्ठे के नीचे खड़े रखो। (४) सिर उठाकर घुटनो की सीध में सिर ले आवो। शरीर का बोझ मुठ्ठियों पर हो रहे। (५) सिर और घुटने जमीन पर टिकाओ। (६) हाथ निकालो। (७) बायां पैर निकालो। (८) पूर्वस्थिति। समय – ३ मिनिट।

लाभ – पेट, आंतों पर दबाव आने से मलशुद्धि होती है। पेट के अन्दर रूकी हुई हवा निकल जाती है। कमर, रीढ़, जांघे, पिंडलियां, कलाई को व्यायाम मिलने से विकार दूर होते हैं

त्रिकोणासन – स्थिति – खड़े होकर दो पावों में १ हाथ अंतर हो। क्रम- (१) दोनों हाथ दोनों ओर से कन्धों के ऊंचाई में फैलाओ। (२) कमर में दाहिनी ओर झुक कर दाहिना हाथ दाहिने टखने पर लाओ। सिर दोनों पैरों के सीधी रेखा में हो, दृष्टि ऊपर के हाथ पर रहे। पूर्णस्थिति। (३) सीधे खडे होकर हाथ कंधों की सीध में फैलाओ। (४) पूर्वस्थिति। समय – २ मिनिट। यह आसन बांई ओर झुककर भी करो।

लाभ – कमर, गर्दन, घुटनों, कंधों, हाथों, पैरों के स्नायु बलवान होकर जोड़ निर्दोष होते है।

द्रोणासन – स्थिति – सीधे सोकर। क्रम – (१) दोनों पैर दिखने तक ऊपर उठाओ। (२) उनको सीधे खड़े करो। (३) कमर उठाकर पैर सिर की ओर एक हाथ ऊंचाई तक ले जाओ। (४) हाथों के पीछे से दोनों पैर गर्दन पर रखकर दोनों हाथ जोड़कर गुदा के पास रखो। (घुटने जमीन को न टिकाते हुए सिर और हाथ एक रेखा में रखो) पूर्णस्थिति। (५) हाथ निकाल कर पैर जमीन से एक हाथ उंचाई पर लाओ। (६) कमर जमीन पर रख कर पैर खड़े रखो। (७) एड़ी न दिखने तक पैर नीचे लाओ। (८) पूर्वस्थिति। समय – २ मिनिट।

लाभ – जांघे, पिंडलियां, गर्दन, पीठ, कमर इनके स्नायु बलिष्ठ होकर विकार दूर होते हैं। पेट की आंते शुद्ध होकर कार्यक्षम बनती हैं।

द्विपादकंधरासन – स्थिति – बैठकर। क्रम – (१) दाहिना पैर हाथ के पीछे से गर्दन पर रखो। (२) उसी प्रकार दूसरा पैर भी रखो। (३) हाथ सीने पर जोड़ो। (४) शरीर तानो, दृष्टि सन्मुख हो। पूर्णस्थिति। (५) शरीर ढीला छोड़ो। (६) हाथ जमीन पर रखो। (७) बांया पैर निकालो। (८) पुर्वस्थिति। समय – २ मिनिट।

लाभ – पैरों और जांघो की नाड़ियां तन जाने से शरीर की शक्ति बढकर वीर्यदोष आदि विकार नष्ट होते हैं। पाचन सुधरता है।

धनुरासन – स्थिति - सिर के आगे हाथ फैलाकर औंधे लेटो। (१) पांव पुठ्ठे पर लाकर हाथों से पकड़ो। (२) पांव न छोड़ते हुये पीछे तानो। पूर्णस्थिति। (३) पांव पुठ्ठे पर रखो। वजन नाभि पर हो रहे। (४) पूर्वस्थिति। समय – २ मिनिट। स्त्रियों के लिए यह आसन विशेष लाभदायक है।

लाभ – रीढ़ की हड्डियां, स्नायु, कमर, हाथ पांव, सीना, पेट, अमाशय, आंतें। इनकी बीमारियां दूर होती हैं। प्रदर में लाभ होता है। पचन शक्ति बढ़ती है। चर्बी कम होती है। नाभि ठिकाने पर आती है।

नौकासन – स्थिति औंधे सोकर। (१) दोनों पैर पीछे खींच कर आगे हाथ फैलाकर उठाओ। (हात, पांव जमीन से समान्तर रहे) जरा हिलते रहो। पूर्णस्थिति। (२) हात पांव नीचे उतारो। पूर्वस्थिति। समय – ३ मिनिट। (यह आसन चित् सोकर भी करने से पचन क्रिया सुधरती है।

लाभ – पेट, पैर, रीढ़, खींच जाने से ऊंचाई बढ़ती है। पेट पतला होता है। जांघे, घुटने, पेट आदि अवयवों के विकार दूर होते हैं। पचन ठीक होता है।

पद्मासन – स्थिति – (१) दाहिना पैर बांई जांघ पर रखो। (२) बायां पैर मोडकर दाहिनी जांघ पर रखो। (३) अंगूठा तर्जनी को लगाकर दोनों हाथ जंघाओ पर सीधे रखो। (४) सीर सामने झुकाकर ठुड्डी गले के नीचे लगाओ। चित्त स्थिर रखकर दीर्घ श्वसन (लंबी सांस लेना छोड़ना) करो। पूर्णस्थिति। (५) सिर उपर उठाओ। (६) हाथ हटाओ। (७) दाहिना पैर लंबा फैलाओ। (८) पूर्वस्थिति। इस प्रकार पैर बदलकर करो। समय – १० से १५ मि.।

लाभ – बुद्धि बढ़ती है और सात्विक भी होती है। चित्त स्थिर शुद्ध और शान्त होता है। स्मरणशक्ति और विचार शक्ति बढ़ती है। रीढ़ लचीली और सीना उठावदार होता है। पचन ठीक होता है। शरीर पुष्ट होता है। वीर्यवृद्धि होती है। संधिवात नष्ट होता है।

पर्वतासन – स्थिति – बैठकर। क्रम – (१)-(२) की क्रियाएं पद्मासन के समान। (३) हाथ कंधों की ऊंचाई तक बाजू में फैलाओ। (४) सिर के ऊपर हाथ तानकर जोड़ो। दृष्टि सन्मुख हो और पेट अंदर खिंचा हुआ हो। पूर्णस्थिति। (५) हाथ कंधे की उंचाई तक नीचे लाओ। (६) हाथ जमीन पर रखो। (७) बांया पैर सीधा करो। इसे घुटनो पर होकर भी कर सकते है। समय – ३ मिनिट।

सूचना – हाथ न जोड़कर ऊपर तानने से भयंकरासन होता है।

लाभ – रीढ की स्थिति सुधरती है। सीना उठा हुआ होता है। कंधों के जोडों का सुधार होता है। पेट पतला होता है। गलग्रंथियों को लाभ होता है। पचन सुधरता है।

पवनमुक्तासन – क्रिया १ – स्थिति-चित सोकर। दोनों हाथ

सिर की ओर फैलाओ। (१) दाहिना पैर एड़ी दिखने तक उठाओ। (२) उसे खड़ा करो। (३) वही पैर घुटने में मोड़कर घुटना दोनों हाथों से पेट पर दबाओ। (४) घुटने को ठुड्ढी मे लगाकर बायां पैर उल्टा सीधा दो चार बार अन्डाकृति घुमाओ। (५) सिर और बायां पैर जमीन पर रखो। (६) दाहिना पैर छोड़कर सीधा खड़ा करो। हाथ सिर की ओर फैलाओ। (७) दाहिना पैर आधा नीचे उतारो। (८) पूर्वस्थिति।

क्रिया २ – इसी प्रकार दूसरी ओर से करो। **क्रिया ३** – (१) चित सोकर दोनों पैर एडी दिखने तक उठाओ। (२) उनको खडे करो। (३) दोनों घुटनों में मोडकर हाथों से सीने पर दबाओ। (४) दो तीन बार दाहिने बाँये लुढ़को। (५) तीन चार बार उपर नीचे हो जावो। (६) दोनों पैर खड़े करो। (७) पैर आधे पर नीचे उतारो। पूर्वस्थिति। समय – दो से पांच मिनट तक। यह आसन टट्टी के पहले ही करना चाहिये।

लाभ – टट्टी साफ होती है। पीठ चौड़ी और रीढ़ मजबूत होती है। कमर, पेट, हाथ, पैर, पसलियों के और सिर के विकार नष्ट होते हैं। पेट पतला होकर भूक बढ़ती है। अपानवायु शुद्ध होती है।

पश्चिमोत्तानासन – स्थिति – बैठे आसन को। (१) दोनों हाथ उंचे उठाओ। (२) सामने झुककर पैर के अंगूठे पकड़कर घुटनों पर सिर लगाओ और पैर के अंगूठे पकड़ कर कोहनियां जमीन पर टिकाओ। पूर्णस्थिति। (३) अंगूठे छोड़कर हाथ सीधें ऊपर उठाकर बैठो। (४) धीरे पीछे सो जाओ। (५) फिर उठो। (६) पैर के अंगूठे पकड़कर सिर घुटनों पर रखो। (७) फिर बैठो। (8) पूर्वस्थिति।

लाभ – पेट, पीठ, और कमर के विकार दूर होते हैं। टट्टी साफ होती है। बवासीर को लाभ होता है। समय – तीन मिनिट।

पादहस्तासन – स्थिति – खड़े होकर (दोनों पैरों की एड़ियां जोड़कर पैरों के अंगूठों में एक बालिश्त अंतर रखकर खडे होना चाहिए।) (१) छाती फुलाकर सांस लो; हाथों की उंगलियां फैलाकर दोनों हाथ दोनों ओर कंधों के सीध में लाओ। भुजा कानों पर दबाकर हाथ ऊपर तानों। (३) वैसे ही हाथ रखकर सामने झुककर समकोन में रहो। (४) हाथों के तलवे पैरों से टिकाकर घुटनों को सिर लगाओ। पूर्णस्थिति। (५) तीन के अनुसार। (६) दो के अनुसार। (७) एक के अनुसार। (८) पूर्वस्थिति। समय – चार मिनट।

लाभ – रीढ़, कमर, पेट तथा घुटने जांघे और पिडलियों के पीछे के स्नायु बलिष्ठ होते हैं। पेट की आंते खीचने से मलशुद्धि होकर पेट पतला होता है।

प्राणासन – स्थिति बैठकर। क्रम – (१) दाहिना पैर बांई जांघ पर रखो। (२) बांया पैर का घुटना मोड़कर बांये कंधे पर रखो। (३) दाहिना हाथ दाहिने घुटने के पास सामने जमीन पर टिकाओ। (४) बांये पैर की उंगलियां और बांया हाथ सामने जमीन पर टिकाकर शरीर सीधा रखो। पूर्णस्थिति। (५) बांया पैर ऊंचा उठाओ। (६) पैर कंधे से उतारकर फैलाओ। (७) हाथ पूर्वस्थान पर टिकाओ। (८) पूर्वस्थिति। पैर बदलकर भी करो। समय – २ मिनिट।

लाभ – बद्धकोष्ठ दूर होता है। बाहु, पैर, आदि के स्नायु बलवान होते हैं। अपानवायु शुद्ध होकर वात विकार कम होते हैं। प्राणशक्ति की वृद्धि होती हैं। फेफड़े बलवान होकर श्वासोच्छवास की गति सुधरती है।

प्रार्थनासन – स्थिति – खड़े होकर। (१) घुटने टेको। (२) सीने के पास हाथ जोड़ो। (उंगलियों के पोरे उपर हों।) पूर्णस्थिति। (३) हात छोड़ो। (४) पूर्वस्थिति।

लाभ – घुटनों के विकार दूर होते हैं। चित्त स्थिर और सात्विक बनता हैं। मानसिक उत्साह भी बढ़ता है। इस आसन पर रोजाना प्रार्थना करनी चाहिये।

बकासन – स्थिति – बैठकर। क्रम – (१) दाहिना पैर बांई जांघ पर रखो। (२) बांया पैर दाहिनी जांघ पर रखो। (३) घुटनों पर खडे होकर हाथ आगे की ओर उंगलियां सामने कर जमीन पर औंधे टिकाओ। (४) हाथ पर वजन संभाल कर घुटने उठाकर बाहुओं पर रखो। पूर्णस्थिति। (५) घुटने उतारकर जमीन पर टिकाओ। (६) पुठ्ठा टिका कर बैठो। (७) ऊपर का पैर फैलाओ। (८) पूर्वस्थिति। समय – २ मिनिट।

लाभ – पहुंचे, बाहु, जांघो, पिडलियों के स्नायु और पेट की आतें बलवान होकर पेट पतला होता है। मलशुद्धि होती है। सीना चौड़ा होता है। पाचन सुधरता है।

बद्धपद्मासन – स्थिति – (१) दाहिना पैर बांई जांघपर पेट के नजदिक रखो। (२) बाया पैर दाहिने जांघ पर वैसा ही रखो। (३) दाहिना हाथ पीछे से लेकर दाहिने पांव का अंगूठा पकड़ो। (४) बांये हाथ से वैसा हि बाया अगूंठा पकड़ो। पूर्णस्थिति। (दृष्टि क्रमशः पैर के पास जमीन पर मूत्रेंद्रिय, नाभी, हृदय, कंठ, नासिकाग्र तथा दोनों भौओं के बीच में रखो। ऐसा कुछ दिन तक अभ्यास करने से तकलीफ नहीं होती।) (५) पैर के अंगुठे छोड़ो। (६) हाथ पूर्वस्थान पर रखो। (७) बायां पैर फैलाओ। पूर्वस्थिति। समय – २ से १५ मिनिट तक।

लाभ – पद्मासन आदि ध्यान लायक आसनों में बैठकर इसी प्रकार दृष्टि स्थिर करके, ईश्वर स्मरण और चिन्तन करने से आपत्तियां दूर होती है। कमर, हाथ, पैर, सीना, पीठ, रीढ़, के स्नायु और मांसपेशियों को लाभ पहुंचता है। स्मरणशक्ति विचारशक्ति और सद्भावना बढ़ती हैं।

भद्रासन – बैठकर। क्रम – (१) दोनों पैर इन्द्रिय के पास लाओ। (२) घुटने दोनों ओर फैलाकर जमीन पर टिकाओ। तलुए मिलाकर बैठो। (३) हाथ पर वजन डालकर पुठ्ठा

उठाकर एड़ी पर रखो। (४) हाथ औंधे पैरों के अंगूठों पर रखकर शरीर सीधा करो। दृष्टि सामने रखो। पूर्णस्थिति। (५) हाथ निकाल कर शरीर ढीला छोड़ो। (६) पुट्ठा जमीन पर टिकाओ। (७) घुटने ऊँचे करो। (८) पूर्वस्थिति। समय – ३ मिनिट।

लाभ – अपानवायु शुद्ध होती है। मलशुद्धि होती हैं। पचनक्रिया ठीक होती है। कमर, रीढ़, जांघे, पिंडलियां, पिड्डु इनके विकार दूर होकर स्नायु व आतें बलवान होती हैं। मानसिक शांति के लिये यह आसन उत्तम है। पांव के जोड़ ढीले रहते हैं।

भ्रमरासन – स्थिति-बैठकर। क्रम – (१-२) पद्मासन के समान। (३) अंगूठे बगल में और उंगलियाँ सीने पर रखो। (४) कोहनियां दोनों ओर से सीधी रेखा में रखो। सीना तानकर शरीर बांये दाहिने घुमाओ। पूर्णस्थिति। (५) शरीर ढीला छोड़कर कोहनियां नीचे करो। (६) हाथ निकालो। (७) बांया पैर निकालो। (८) पूर्वस्थिति। पैर बदल कर भी करो। समय – ३ मिनिट।

लाभ – पेट, कमर, सीना, पीठ, कंधो, पसलियों के विकार दूर होते हैं। और स्नायु बलिष्ठ होकर पचन सुधरता है।

मत्स्यासन – स्थिति-चित सो जाओ। (१) दाहिनी जंघा पर बांया पांव रखो। (२) बांई जंघा पर दाहिना पांव रखो। (३) दोनों हथेलियां कानों के पास जमीन पर रखो। हात की उंगलियां कंधों के पास रहें। (४) पीठ की कमान बनाकर सिर, कमर की तरफ ले जाओ और पांव के अंगूठे पकडकर कोहनी जमीन पर रखो। पूर्णस्थिति। (५) सिर सीधा करो। (६) हाथ सिर की ओर फैलाओ। (७) ऊपर का पाव लम्बा करो। (८) पूर्वस्थिति। समय – ३ मिनिट।

लाभ – दमा, मलवद्धता, रीढ़ का झुकाव, कमर, गला और पेट के विकार नष्ट होते हैं। हाजमा ठीक होता है। सीना चौड़ा होता है।

मत्स्येंद्रासन – स्थिति – बैठकर। क्रम – (१) दाहिना पैर बांई जांघ पर रखो। (२) बांया घुटना ऊंचा करके तलुवा दाहिने घुटने की दाहिने बाजू में जमीन पर रखो। (३) बांया घुटना दाहिनी बगल में दबाकर दाहिना हाथ घुटने के बाई बाजू से लेकर बांये पैर का अंगूठा पकड़ो, हाथ औंधा हो। (४) बांया हाथ पीछे से लेकर दाहिनी जांघ पर औंधा रखो। गर्दन घुमा कर ठुड्डी बांये कन्धे से लागओ। पूर्णस्थिति। (५) गर्दन सीधी करके पीछे का हाथ निकालो। (६) दाहिना हाथ निकालो। (७) बांया पैर फैलाओ। (८) पूर्वस्थिति। समय – २ मिनिट। इसे हाथ पैर बदल कर करो।

लाभ – पीठ, पेट, गर्दन, गला, बाहु, कमर, पिडू, घुटनों, जांघो के विकार दूर होकर स्नायु बलिष्ठ होते हैं। पाचन सुधरता है। खून शुद्ध होता है। पेट पतला होता है। मेरुदंड लचीला होकर विकार नष्ट होते है। अपानवायु शुद्ध होती है। फेफड़े बलिष्ठ होते हैं। परिणाम शूल, गठिया वात, अन्त्रपुच्छ आदि पेट के विकार नष्ट होते हैं। कुण्डलिनी जागृत होती है।

मयूरासन – स्थिति – बैठकर। क्रम – १, २, ३ क्रियायें हंसासन के समान। दोनों पैर पीछे तानकर सिर आगे की ओर तान कर घुटने सीधे करो, फिर हाथ पर वजन संभाल कर पैर उठाओ। (शुरु में एक ही पैर उठाकर वजन संभालते आने पर दोनों पैर उठाओ।) पूर्णस्थिति। (५) पैर जमीन पर टिकाओ। ६,७,८, क्रियायें हंसासन जैसी करो। समय – १ मिनिट।

लाभ – पचनेंद्रिया और उत्सर्जक इन्द्रिया सुधर कर भूख अच्छी लगती है। पाचन ठीक होता है। मूत्राशय, यकृत, प्लीहा संबंधी पीड़ा दूर होती हैं। फेफड़े बलिष्ठ होकर उनकी आकुंचन प्रसरण शक्ति बढ़ती है। मधुमेह का प्रतिबंध होता है। हाथों पैरों के स्नायु बलिष्ठ होते है। रक्त और शक्ति की बाढ होती है। सामान्य विषबाधा दूर होती है।

महामुद्रा – स्थिति – बैठकर। (१) बायां पैर घुटने में मोड़कर एड़ी अंड की नीची नस पर लगाओ। बाया तलुवा दाहिनी जांघ को चिपका रहे। (२) हाथ उपर तानकर सांस लेकर दाहिने घुटने को माथा लगाकर हाथो से पैर पकड़ो। पूर्णस्थिति। (३) सांस छोड़कर सीधे उठो। (४) पूर्वस्थिति। यह आसन दूसरी ओर से भी करो। समय – ४ मिनिट।

लाभ – दमा, सांस, क्षय, कुष्ट, बवासीर, कड निकलना और धातु विकार दूर होते हैं। पेट पतला होता है। जांघे, पिण्डलियां, रीढ़, कमर, कंधे इनके स्नायु और फेफड़े बलवान होते हैं। सुषुम्ना नाडी ठीक चलती है। कुण्डलिनी जागृत होती है।

योगमुद्रा – स्थिति-बैठकर। (१) दाहिना पैर बांई जांघ पर रखो। (२) ब्रांया पैर दाहिनी जांघ पर रखो। (३) कमर के पीछे हाथों की कैची बांधो। (४) सांस लेकर सिर आगे जमीन पर टिकाओ। पूर्णस्थिति। (५) सांस छोड़कर सीधा हो जावो। (६) हाथ छोड़ दो। (७) उपर का पैर लम्बा करो। (८) दूसरा पैर लम्बा करो। ऐसा ६ या ७ बार करना।

लाभ – हाथ, पैर, पेट, कमर, रीढ़ के विकार नष्ट होते हैं। सीना, फेफड़े बलवान होते हैं। पेट पतला होता है। बुद्धि का विकास होता है। चित्त शुद्ध होकर एकाग्र तथा सात्विक होता है। इससे कुण्डलिनी जागृत होती है।

योन्यासन – स्थिति – बैठकर। क्रम – (१) पैर इन्द्रिय के पास लाकर तलुवे जोड़ो। (२) हाथों से पैर उठाकर एडियाँ नाभि की ओर ले जाओ, सीने पर हाथ जोड़ो, शरीर झुकने न पाये। पूर्णस्थिति। समय – ३ मिनिट।

लाभ – जांघों, घुटनो के विकार दूर होते हैं। मलशुद्धि होती है। चित्त स्थिर होता हैं।

लोलासन – स्थिति – बैठकर। क्रम – (१) घुटनों के बल बैठकर दोनों हाथ घुडनों के बीच में से जमीन पर रखो। (२) शरीर उठाकर हाथों से बीच में पैर लाओ। पूर्णस्थिति।

(३) पैर जमीन पर रखो। (४) पूर्वस्थिति।

लाभ – हाथों के स्नायु बलवान होते हैं। सीना चौड़ा और पुष्ट होता है। पचनक्रिया सुधरती है। आंते सुधर कर मलशुद्धि होती है।

वज्रासन और सुप्त वज्रासन – स्थिति – बैठकर। दोनों पैरों के अंगूठे और एड़ियां जोड़कर एड़ियों पर बैठों। (१) दोनों हाथों के तलवे घुटनों पर रखों। (२) पीछे जमीन पर हाथ रखकर सो जाओं। (हाथ घुटनों पर अथवा सिर के नीचे रखना चाहिये।) पूर्णस्थिति। (३) बैठ जावो। (४) पैर लम्बे करो। समय – दो मिनिट।

लाभ – जांघों, पिण्डलियां, रीढ, कमर, पेट के विकार दूर होते हैं और मलशुद्धि होती है। प्राथमिक स्थिति वज्रासन की है। भोजन के बाद वज्रासन करने से हाजना ठीक होता है। सुबह उठते ही करने से सुस्ती उड़ जाती है। यह आसन पादांगुष्ठासन के समान एड़ियों पर बैठकर भी किया जाता है।

वातायनासन – स्थिति – बैठकर। क्रम – (१) घुटनों के बल बैठो। (२) खड़े रहो। (३) दाहिने पैर बांई जांघ के मूल पर रखो। (४) घुटने झुक कर दाहिना घुटना बांई एड़ी पर लाओ हाथ सीने के पास जुड़ा हो। दृष्टि सन्मुख हो। पूर्णस्थिति। (५) बांया घुटना सीधा कर के खड़े हो। (६) हाथ निकाल कर दाहिना पैर जमीन पर टिकाओ। (७) घुटनों के बल बैठो। (८) पूर्वस्थिति। पैर बदल कर करो। समय – २ मिनिट।

लाभ – घुटनों जांघो के जोड़, पिंडलियां, पचनेंद्रियां, उत्सर्जक इन्द्रियाँ और फेफड़े सुधर कर उनके स्नायु बलिष्ठ होते हैं।

वीरासन – स्थिति – (१) दाहिने पाव का घुटना उठाकर पांव जमीनं पर रखो। (२) बांये पाव की उंगलियां जमीन पर टिकाकर एड़ी उंची करके उस पर गुदा रखकर बैठो, घुटना आड़ा रखो। (३) मुठ्ठी बांधकर हाथ घुटनों पर सीधे रखो। (४) सीना उठाकर सामने देखो। (पूर्णस्थिति)। (५) हाथ जमीन पर रखो। (६) बांया हाथ लंबा करो। (७) दाहिना पांव लंबा करो। (८) पूर्वस्थिति। इस तरह दूसरी तरफ से करो।

लाभ – छांती, पाव, कमर को लाभ होता है, धैर्य, बढ़ता है। वीर्य स्थिर होता है।

वृक्षासन – स्थिति – घुटनों के बल बैठकर। क्रम – (१) दोनों हाथों के तलुवे आगे जमीन पर रखो। (२) कमर ऊंची करके हाथों पर वजन डालो। (३) सिर आगे तानकर पैर उठाकर आधे पर लाओ। (४) वजन संभालकर पैर सीधे ऊंचे करो। (५) पैर आधे नीचे लाओ। (६) पैर जमीन पर रखो। (७) कमर नीचे लाओ। (८) पूर्वस्थिति। समय – १ मिनिट।

लाभ – हाथों में शक्ति आती है। पाचन सुधरता है और फेफड़े मजबूत होते हैं। पैर की ओर का रक्त, हृदय की ओर आकर शुद्ध होता है। सिर की ओर रक्त जाने से मस्तिष्क की वृद्धि होती है।

वृश्चिकासन – स्थिति – घुटनों के बल बैठकर। क्रम – (१) कोहनी तक हाथ जमीन पर औंधे रखो। हाथों में एक बालिस्त अंतर हो। (२) कमर ऊंची करो। (३) पैर उठाकर आधे पर लाओ। (४) पैर पीछे मोड़कर सिर पर टिकाओ, सिर जहाँ तक हो सके उंचा उठाओ। पूर्णस्थिति। (५) पैर निकाल कर आधे में लाओ। (६) पैर जमीन पर टिकाओ। (७) कमर नीचे.लाओ। (८) पूर्वस्थिति। समय – १ मिनिट।

लाभ – हाथ, सीना, गर्दन, रीढ, पेट, जांघों के विकार दूर होकर स्नायु बलिष्ठ होते हैं, सिर की ओर रक्त जाकर बुद्धि का विकास होता है, मस्तिष्क के विकार दूर होते हैं दृष्टि सुधरती है, पाचन सुधरता है।

व्याघ्रासन – स्थिति – बैठकर। क्रम – (१) दाहिना पैर बांई जांघ पर रखो। (२) बांया पैर दाहिनी जांघ पर रखो। (३) घुटनों के बाजू में हाथ जमीन पर टिकाओ। (४) मुंह खोल कर सीना तानो। जिव्हा अंदर खींचो। पूर्णस्थिति। (५) मुंह बन्द कर शरीर ढीला छोडो। (६) हाथ निकालो। (७) ऊपर का पैर फैलाओ। (८) पूर्वस्थिति। समय – ३ मिनिट।

लाभ – प्रायः सिंहासन जैसे। त्रिकोणासन, व्याघ्रासन, व सिंहासन से (टान्सिल) गलग्रंथियों पर सुपरिणाम होकर विकार नष्ट होते हैं।

शलभासन – स्थिति – औंधे आसनों की स्थिति। हाथ सिर के आगे फैलाकर लेटो। (१) दाहिना पैर सीधा ऊपर उठाओ। पैर जमीन पर रखो। (३) बाया पैर उठाओ। (४) पैर जमीन पर रखो। (५) दोनो हाथ, मुठ्ठियां बांधकर अंगुठे जमीन के तरफ करते हुए जंघा के या पेट के नीचे रखो। दोनों जांघे और पैर उठाओ। (७) जमीनपर पैर रखो। (८) पूर्वस्थिति।

लाभ – पेट पतला होता है। मंदाग्नि बद्धकोष्ट यकृत, प्लीहा, कमर, मलमूत्रेंद्रिय के विकार तथा स्त्रियों के मासिकधर्मसंबंधी विकार नष्ट होते हैं। भूख ठीक लगती है। रीढ़ और स्नायु बलवान होते हैं।

शवासन -- यह आसन अन्त में नित्य करना चाहिये। (१) सिधे लेटो। (२) हथेलियां उपर करके दोनों हाथ जंघाओं के पास सीधे रखो। (३) सारा शरीर ढीला छोडो। (मन में ईश्वर को स्मरण करों।)

चैतन्य शक्ति सिर की ओर जा रही है ऐसी भावना करो। व्यायाम के पहिले जैसी सांस चलती थी वैसी ही चलने तक यह आसन करों। (नींद न आवे) समय – पांच मिनिट के ऊपर।

लाभ – सब नसों में खून और बिजली का प्रवाह ठीक होता है। शरीर पुष्ट होता है। बुद्धि का विकास होता है। मानसिक सात्विकता बढ़ती है। थकावट दूर होती है।

शीर्षासन – स्थिति – पूर्ववत् बैठकर। क्रम – (१) दोनों

हाथों से गद्दी पर त्रिकोण बनाओ। (२) कमर ऊंची करके ठुड्डी गले से लगाकर सिर हाथ के पास टिकाओ। (३) कमर पीछे ढकेलते हुये पैर उठाकर घुटनों का सम त्रिकोण करो। (४) पैरों की ओर देखते हुए पैर ऊंचे करके पैरों के अंगूठे दिखे न दिखे इस स्थिति में पैर रखकर पेट अंदर खींचो। पूर्णस्थिति। (५) पैर आधे में नीचे लाओ। एड़ियाँ कुल्हो से लगी हों। (६) पैर जमीन पर रखो। (७) घुटनों के बल बैठो। (८) पूर्वस्थिति।

(यह आसन कठिन होने के कारण धीरे धीरे सधने पर शुरु में आधा पाव मिनिट करो। अच्छा सधने पर पैर आगे पीछे व गोलाई में घुमाओ। सामान्य व्यक्ति ने १०-१२ मिनिट तक करना चाहिये। कमजोर व्यक्ति ने पांच मिनिट तक करना चाहिये।)

लाभ – अर्ध शीर्षासन विशेष रूप में परिणामकारक होते हैं। सिवाय वीर्यदोष स्वप्नावस्था बन्द होती है, पैरों की ओर का रक्त उलटी गति से हृदय की ओर आकर शुद्ध होता है और सिर की ओर जाता है। स्मरण विचार शक्ति बढ़ती है।

समानासन – स्थिति – बैठकर। क्रम – (१) दाहिने पैर की एड़ी सीवनी को लगाकर रखो। (२)) बांया पैर दाहिने पैर पर नाभि की ओर एड़ी कर के रखो। (३) दोनों नथुनों से श्वास लेकर पेट फुलाओ। (४) दोनों हाथ के अंगूठे पसलियों के नीचे पीछे से और उंगलियां नाभि के नीचे रखकर पेट दबाओ। पूर्णस्थिति। (५) पेट ढीला छोडो। (६) हाथ निकालो। (७) ऊपर का पैर फैलाओ। (८) पूर्वस्थिति। समय – ३ मिनिट।

लाभ – समानवायु शुद्ध होती है। पेट पतला और नरम होता है।

सर्पासन – स्थिति – (१) दोनों हाथ नाभि के दो बगल में दोनो ओर जमीन पर औंधे रखो। उंगलियां सामने रहें। (२) सिर से नाभी तक का सामने का शरीर सर्प के समान ऊपर उठाओ। पूर्णस्थिति। (३) नीचे दबो। (४) हाथ आगे फैलाओ।

प्रकार (२) - (५) दोनों हाथ पुठ्ठों पर मिलाओ। (६) सिर से नाभि तक शरीर उपर उठाओ। पूर्णस्थिति। (७) नीचे दबो। (८) पूर्वस्थिति।

लाभ – सीना, कमर, पेट, रीढ़ की हड्डियां, अमाशय, मलाशय, मूत्राशय, अण्डकोष और पेट संबंधी विकार नष्ट होते हैं। भूख लगती है। दमा और कफ विकार दूर होते हैं। स्त्रियों के गर्भाशय और मासिकधर्म संबंधी विकार दूर होते हैं। समय – २ मिनिट।

ये दोनो आसन स्त्रियों के लिये विशेष लाभदायक है।

सर्वांगासन – स्थित – जमीन पर चीत लेटो। (१) दोनों पांव एड़िया दिखते तक उठाओ। (२) आगे बढ़ाकर खडे करो। (३) हाथ के सहारे से कमर उठाकर दोनों पैर सिर के उपर जमीन से एक हाथ उंचाई पर रखो। (४) पाव कडे करो। पूर्णस्थिति। (५) तीन की अवस्था में लाओ। (६) दों की अवस्था में लाओ। (७) एक की अवस्था में लाओ। (८) पूर्वस्थिति समय – तीन मिनिट।

लाभ – खून की और पाचनशक्ति की वृद्धि होती है। शरीर पुष्ट होता है। मस्तिष्क के विकार, आखों में जलन या पानी निकलना, दृष्टि कम होना और लकवा इ. विकार नष्ट होते हैं। स्थूलता, हृदय, यकृत, प्लीहा और कंठ संबंधी विकार नष्ट होते हैं। स्नायुसंस्था और रीढ़ ठीक होती है। स्वप्नदोष भी बंद होता है।

सिद्धासन – स्थिति – क्रम – (१) दाहिना पैर मोड़कर एड़ी सिवनी से सटाकर रखो। पांव की उंगलियां सामने रखो। (२) बांये पैर की एड़ी नाभि की सीधी रेखा में इंद्रिय पर रखो। (३) एड़ी के ऊपर हाथ पर हाथ रखो। (तलुवे ऊपर हों)। (४) सिर सीधा तानकर दृष्टि सीने पर या नाक पर रखो। पूर्णस्थिति। (५) शरीर ढ़ीला छोड़ो। (६) हाथ पूर्वस्थान पर रखो। (७) ऊपर का पैर फैलाओ। (८) पूर्वस्थिति। पैर बदलकर करो। समय – ५ मिनिट।

इंद्रिय के सम्मुख एक एड़ी पर दूसरी एड़ी ऊंची रखकर इतर क्रियाएं सिद्धासन जैसी करने पर गुप्तासन या वज्रासन होता है।

हृदय और श्वासोच्छ्वास की गति स्थिर होती है। मन का चांचल्य नष्ट होता है। बद्धकोष्ठ, वीर्यदोष नष्ट होते है। जठराग्नि प्रदीप्त होती है। बुद्धि का विकास होता है। सुप्तशक्तियां जागृत होती हैं।

गृहस्थाश्रमी इस आसन को एक घंटे से अधिक समय तक न करें।

सिंहासन – स्थिति – बैठकर। क्रम – (१) पालथी मारो। (२) हाथों पर वजन देकर पुठ्ठा उठाकर एडियों पर बैठो और घुटने नजदीक करो। (३)) घुटनों पर हाथ औंधे रख कर उंगलियां फैलाओ। (४) मुंह फाड़कर जीभ जहां तक निकल सके बाहर निकालो। दृष्टि भौंवों में हो। ठुड्डी गले पर दबा कर लार टपकनें दो। पूर्णस्थिति। (५) गर्दन सीधी करो। (६) हाथ निकालो। (७) जमीन पर बैठो। (८) पूर्वस्थिति। समय – ३ मिनिट।

लाभ – गले की ग्रंथियां (टान्सिल्स) निर्दोष होकर सीना चौड़ा होता है। कमर का विकार दूर होता है। धैर्य बढ़ता है। रीढ़, यकृत, हृदय, पसलियां, फेफड़ों और आंतो के विकार दूर हो कर वे सुधरते है।

स्कंधपादासन – स्थिति – बैठकर। (१) दाहिने पैर की एड़ी अण्ड के नीचे नस पर दबाकर बैठो। (२) बायां पैर हाथों से उठा कर मोड लो। (३) बाये कंधे पर रखो। (४) गर्दन पर हाथों की कैंची बांधो। पूर्णस्थिति। (५) हाथ की कैंची छोड़ दो। (६) बायां पैर नीचे उतारो। (७) वह जमीन पर लंबा करो। (८) दाहिना पैर लंबा करो। इस तरह

दूसरी तरफ से भी करो। समय – ४ मिनिट।

लाभ – जांघों, घुटनों का विकार और वीर्यदोष नष्ट होते हैं। गर्दन, गला, जांघे और भुजा इनकी स्नायु विशेष कार्यक्षम होती हैं।

स्वस्तिकासन :- (१) बायाँ पैर दाहिने पैर की जंघा और पिंडली के बीच में दबाकर बैठो। (२) दाहिना पैर दूसरी तरफ वैसाही दबाओ। (३) पैरों पर दोनों हाथ सीधे रखो। (४) सीना उठाकर टुड्ढी गले के नीचे लगाओ। पूर्णस्थिति। (५) गर्दन सीधी करो। (६) हाथ हटाकर कंधे के नीचे जमीन पर रखो। (७) दाहिना पैर लंबा करो। (८) पूर्वस्थिति।

लाभ – चित्त स्थिर होता है, बुद्धि शुद्ध होती है। स्मरण शक्ति तथा शारीरिक ताकत बढ़ती है। कमर और पीठ के विकार दूर होते हैं। समय – १० से १५ मिनिट।

स्वांकशयनासन – स्थिति बैठकर। क्रम – (१) दाहिना पैर बांई जांघ पर रखो। (२) बांया पैर दाहिनी जांघ पर रखो। (३) बांया हाथ पीछे से लेकर बांये पैर का अंगूठा पकडो। (४) दाहिनें हाथ से दाहिना कान पकडकर कोहनी एड़ी पर लाओ और दाहिनें घुटने को कान लगाओ। पूर्णस्थिति। (५) सीधे बैठो। (६)) हाथ छोड़ो। (७) ऊपर का पैर फैलाओ। (८) पूर्वस्थिति। समय – ३ मिनिट। दूसरी ओर से भी करो।

लाभ – पिंडलियों, जांघों, पसलियों के विकार दूर होकर, वे अवयव बलवान होते हैं। अंडवृद्धि, हर्निया, आदि विकार दूर होते हैं। चित्त शांत होता है।

हलासन – चित आसनों की स्थिति – (१) दोनों पैर दिखने तक उठाओ। (२) पुठ्ठा उठाते हुए पैर खड़े करो। पुठ्ठा न उठे। (३) पुठ्ठा उठाकर पैर सिर की और जमीन से एक हाथ उंचाई पर ले जाओं। (४) पैर सिर की तरफ जमीन तक ले जाओ। (घुटने सीधे रहें पर जमीन पर न टिकें।) (५) पैर एक हाथ उंचे ले जाओ। (६) कमर जमीन पर रखकर पैर खडे रखो। (७) पैर आधे पर नीचे लाओ। (८) पूर्वस्थिति।

लाभ – रीढ़ लचीली होती है। आमाशय और पक्वाशय कार्यक्षम होते हैं। पेट में वायु रुकने से और नाभि सरकने से होने वाली पीड़ा दूर होती है। आमांश विकार, नलाश्रित वायु, कमर, पीठ, पैर, यकृत, प्लीहा संबंधी विकार दूर होते हैं। अंडवृद्धि में सुधार होता है। मेद घटता है। पेट पतला होता है। समय – तीन मिनिट।

हंसासन – स्थिति – बैठकर। क्रम – (१) घुटनों के बल बैठो। (२) घुटने टिकाकर घुटनों से एक बालिश्त अंतर छोड़ कर घुटनों की ओर उंगलियां करके हथेलियां जमीन पर रखो। (३) आगे झुक कर कोहनियों पर नाभि के पास का भाग टिकाओ। (४) दोनों पैर पीछे फैला कर सिर आगे तानो। (सिर से पैरों तक उतार रहे।) पूर्णस्थिति। (५) घुटने टिका कर शरीर पीछे खींचो। (६) घुटने हाथ के पास लाओ। (७) घुटनों के बल बैठो। (8) पूर्वस्थिति। समय – २ मिनिट।

लाभ – पाचन सुधरता है। गर्दन, कंधे, रीढ़, कोहनियां, पंहुचों आदि के विकार दूर होते हैं। बवासीर कम होती है। पिडू में भरी हुई दूषित वायु नष्ट होती है। मलशुद्धि होती है। पेट पतला होता है।

हस्तपादांगुष्ठासन – प्रकार १ - स्थिति चीत लेटना (१) दाहिना हाथ और बांया पांव जमीन से लगभग एक बालिश्त उठावो। (२) फिर उतना ही उठावो। (३) और एक बालिश्त उठाओ। (४) हाथ से पांव पकड़ कर कमर के ऊपर पांव सीधा खड़ा रखो। पूर्णस्थिति। (५) पांव छोड़कर तीन की अवस्था में हाथ और पांव लाओ। (६) दो की अवस्था में लाओ। (७) एक की अवस्था में लाओ। (८) पूर्वस्थिति। इस तरह हाथ पांव पलट कर करना और आखिर दोनों हाथ और पांव से भी एक साथ करना।

हस्तपादांगुष्ठासन – प्रकार २ – स्थिति – खडे होकर। (१) दाहिना हाथ और पांव उठाकर हाथ उपर तानो। (२) बांये हाथ से दाहिने पांव का अंगूठा पकड़ो। (३) बांया हाथ निकालो। (४) पूर्वस्थिति में लाओ। वही क्रिया चित्र के समान करो। समय – चार मिनिट।

लाभ – घुटने, हाथ, पैर, पेट, कमर इत्यादि में होने वाले विकार दूर होते हैं। इस आसन से पेचिश (डिसेंट्री) में फायदा होता है। स्थूलता नष्ट होती है। मलशुद्धि होकर पचनशक्ति बढ़ती है। यह आसन ८ क्रमांक में लेटकर भी करते हैं।

★★★

योगासन-चित्रावली

अनुक्रमणिका

योगासन-चित्रावली

१. अर्धमत्स्येन्द्रासन

२. अर्धशीर्षासन

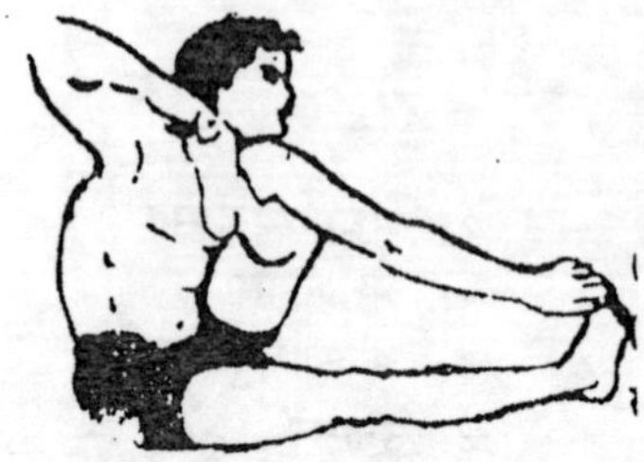

३. आकर्णधनुरासन

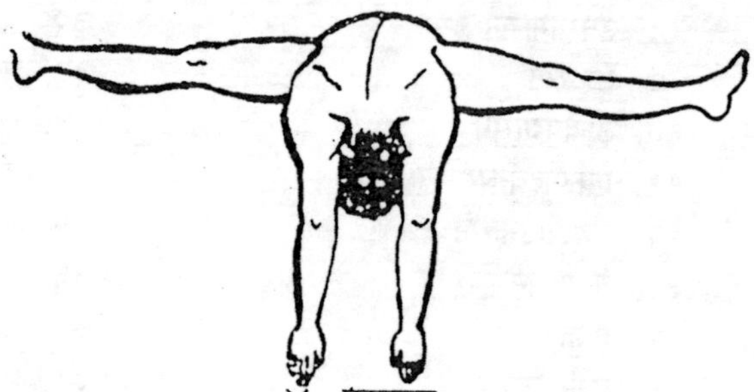

४. उग्रासन

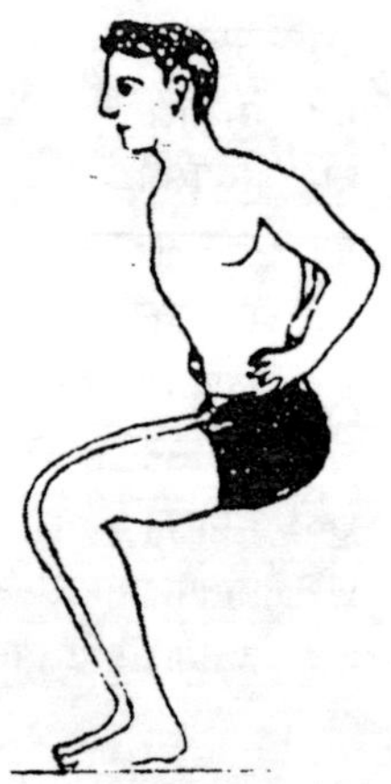

५. उत्कटासन

६. उत्थितपद्मासन

७. उत्थित विवेकासन

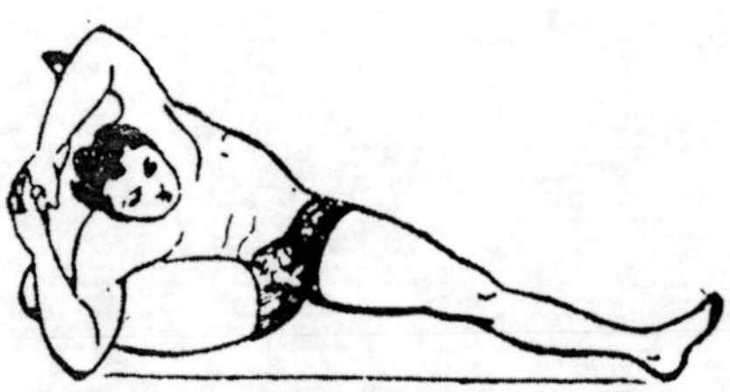

८. उपधानासन

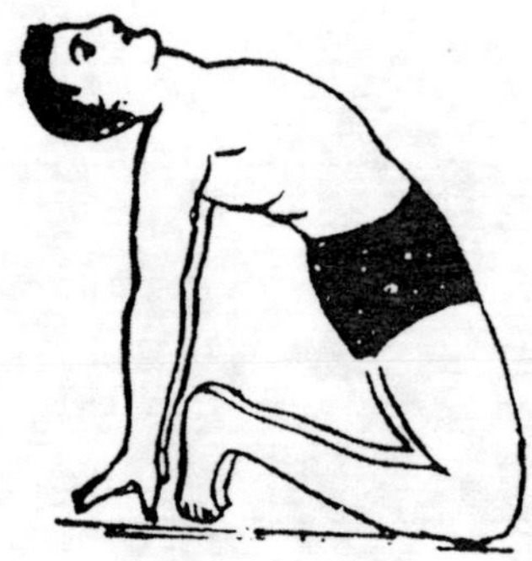

९. उष्ट्रासन

१०. उर्ध्वपद्मासन

११. एकपादकंधरासन

१२. कर्णपीडनासन

१३. कागासन

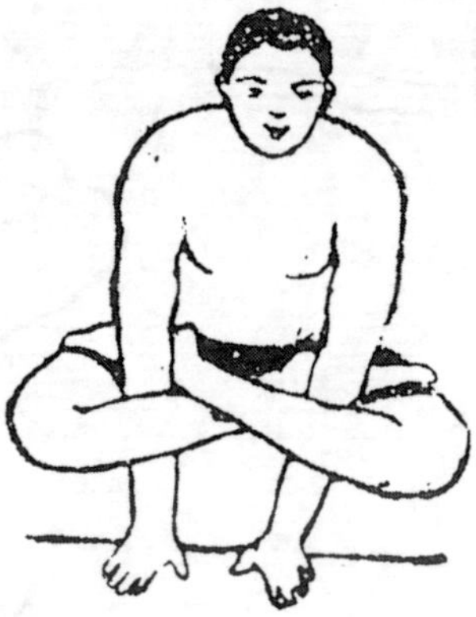

१४. कुक्कुटासन

१५. कोकिलासन

१६. कोनासन

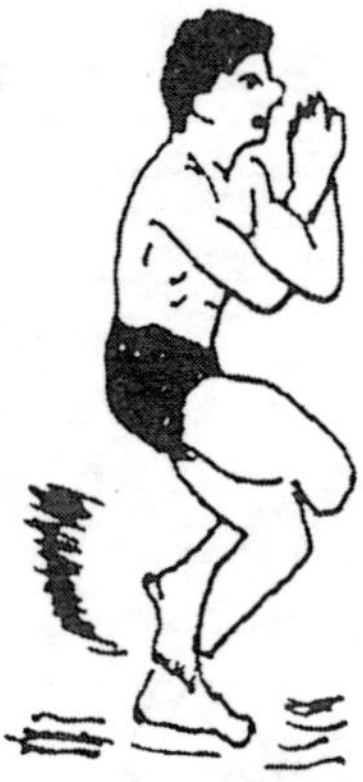

१७. गरुडासन

१८. गर्भासन

१९. गोमुखासन

२०. गोरक्षासन

२१ चक्रासन

२२. चतुष्कोनासन

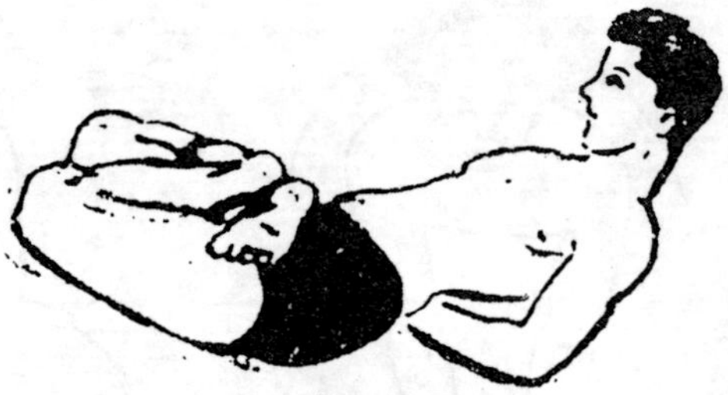
२५. तोलांगुलासन

२३. जानुशिरासन

२४. ताडासन

२८. द्रोणासन

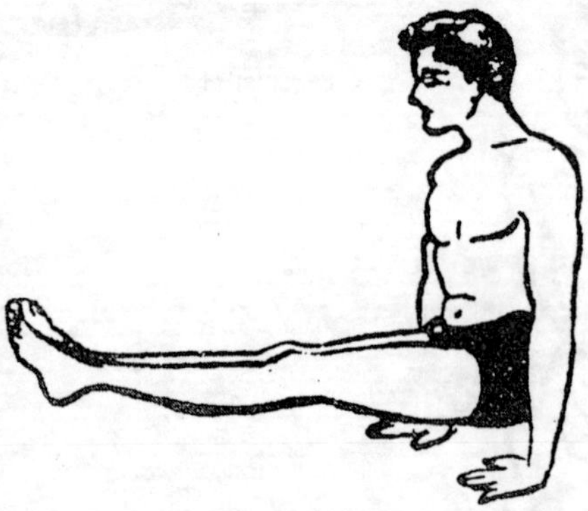
२६. तोलासन

२७. त्रिकोणासन

२९. द्विपाद कन्धरासन

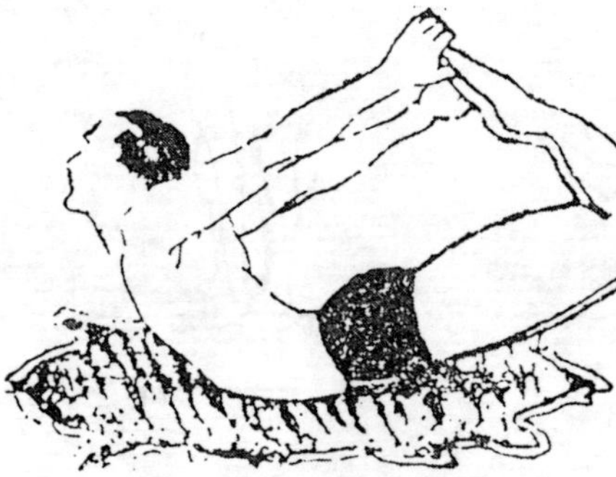

३०. धनुरासन

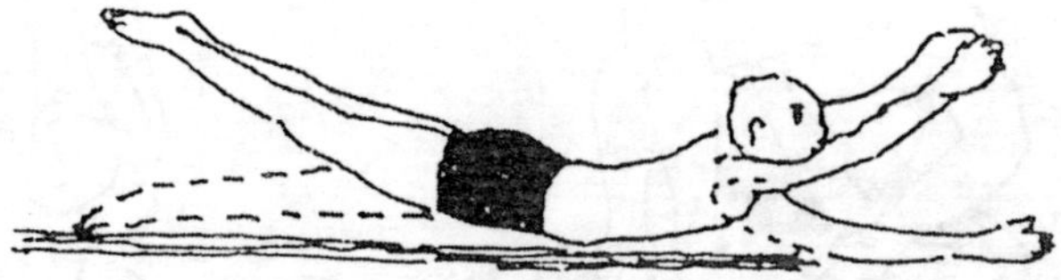

३१. नौकासन

३२. पद्मासन

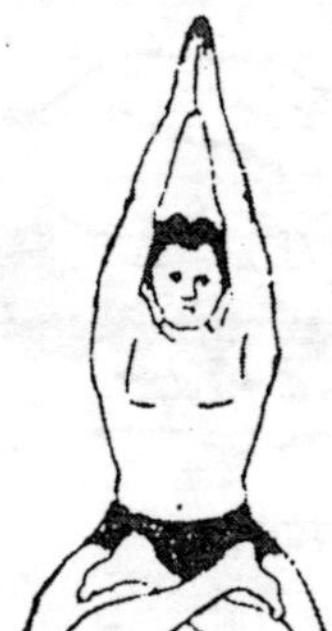

३३. पर्वतासन

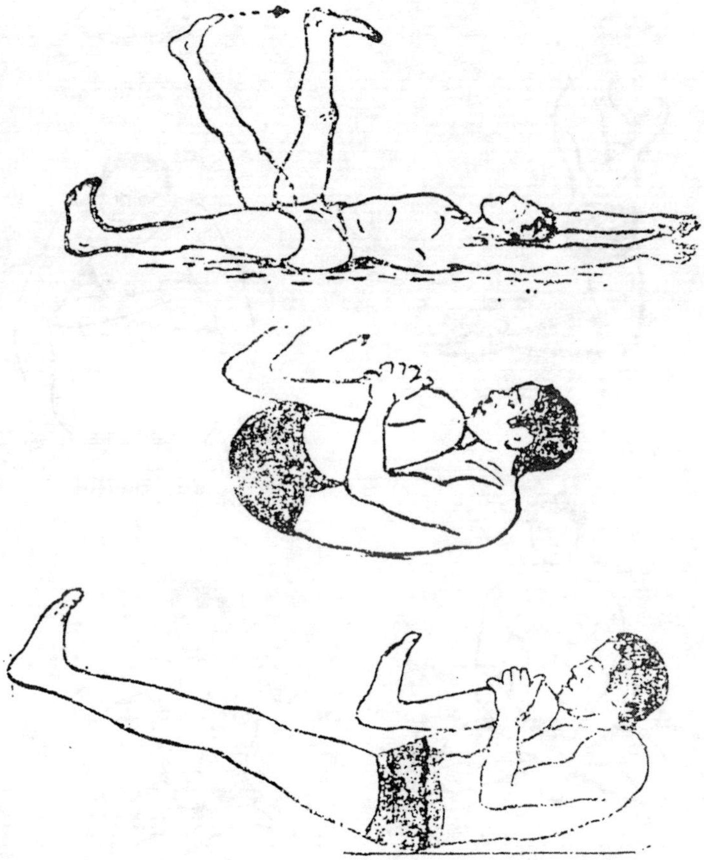

३४. पवनमुक्तासन (तीन अवस्था)

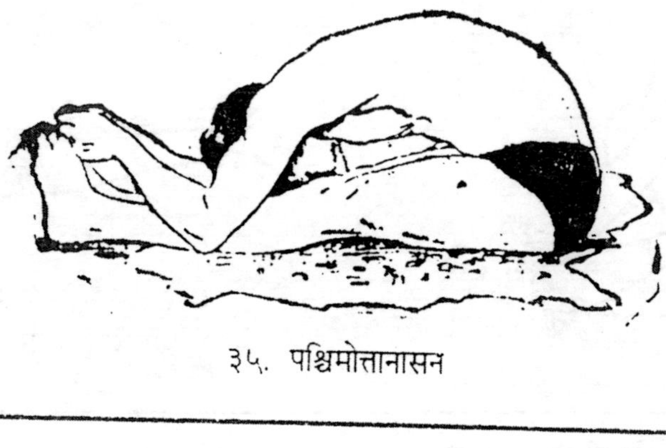

३५. पश्चिमोत्तानासन

३६. प्राणासन

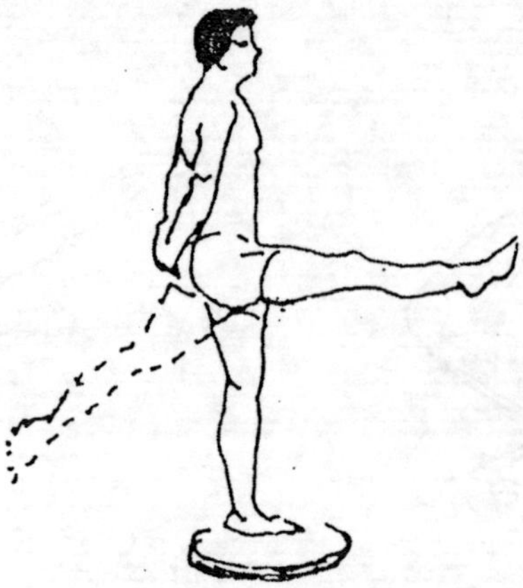

३७. पादसंचालन

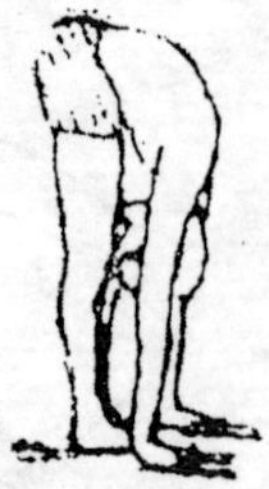

३८. पादहस्तासन

३९. प्रार्थनासन

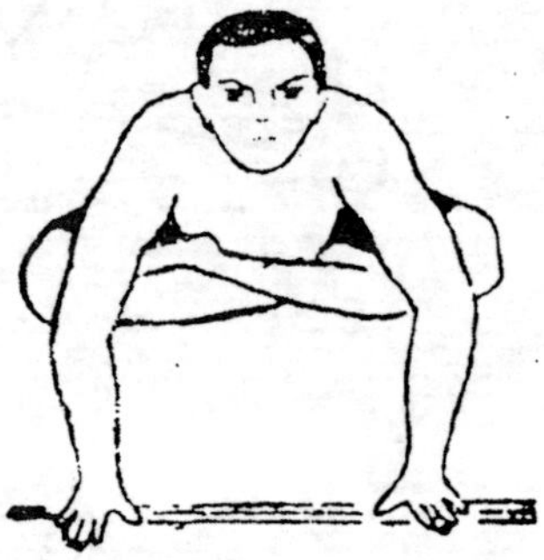

४०. बकासन

४१. बद्धपद्मासन

४२. भद्रासन

४३. भ्रमरासन

४४. मत्स्यासन

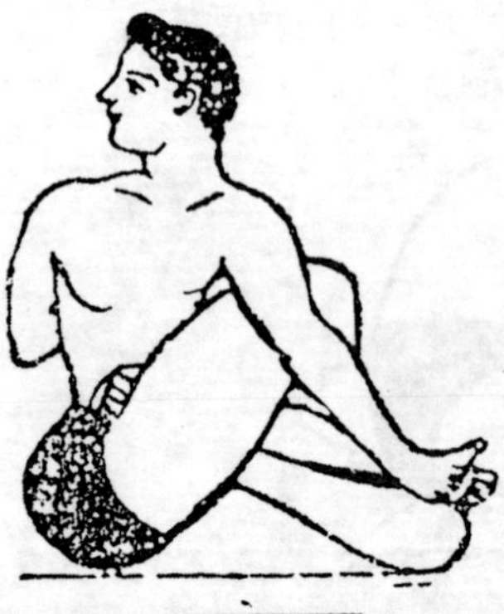

४५. मत्स्येन्द्रासन

४६. मयूरासन

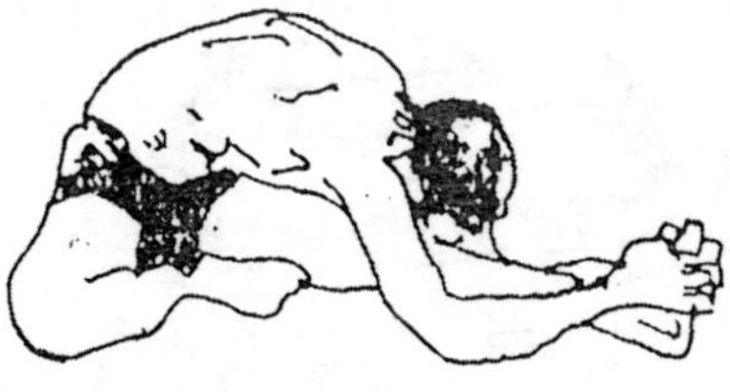

४७. महामुद्रा

४८. योगमुद्रा

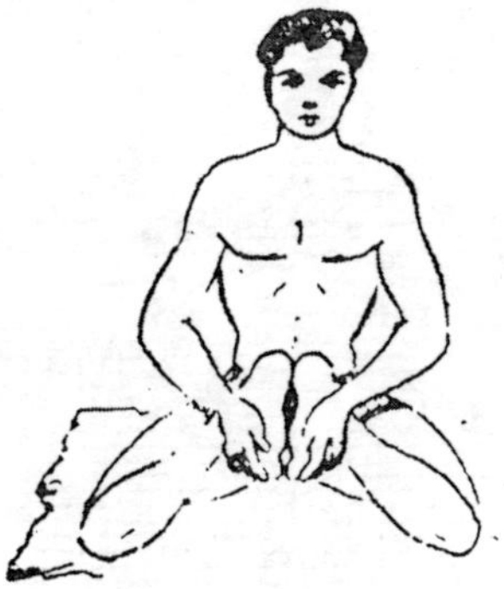

४९. योन्यासन

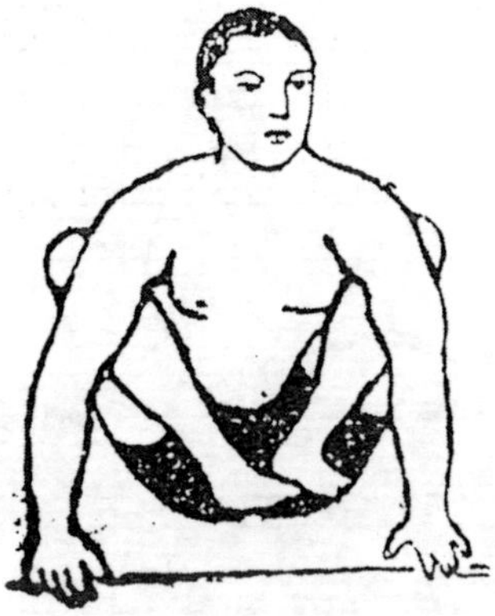

५०. लोलासन

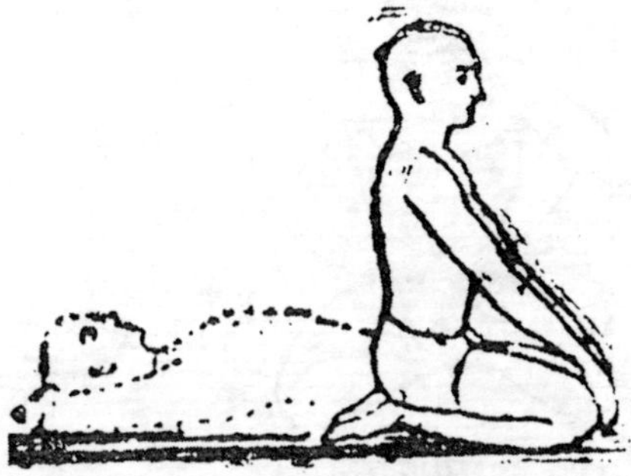

५१. वज्रासन / सुप्तवज्रासन

५२. वातायनासन

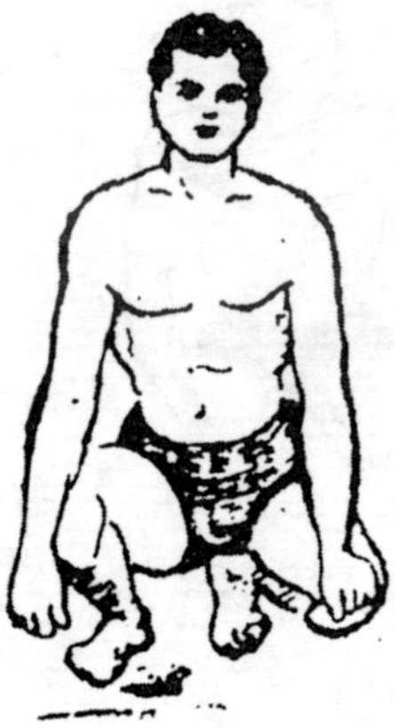

५३. वीरासन

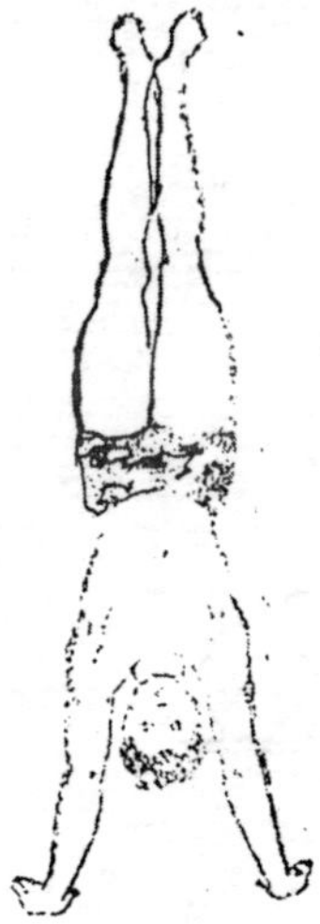

५४. वृक्षासन

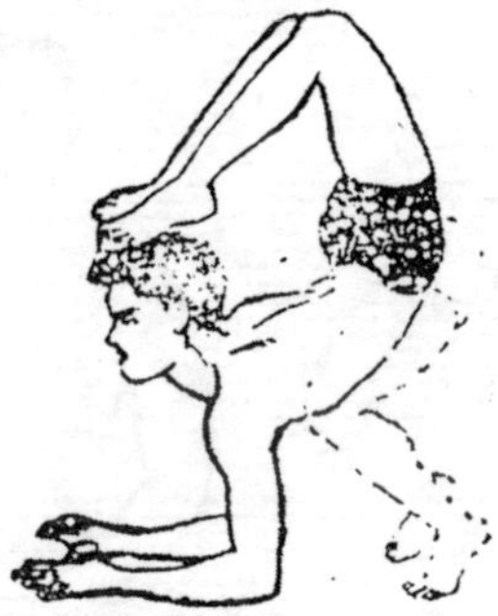

५५. वृश्चिकासन

५६. व्याघ्रासन

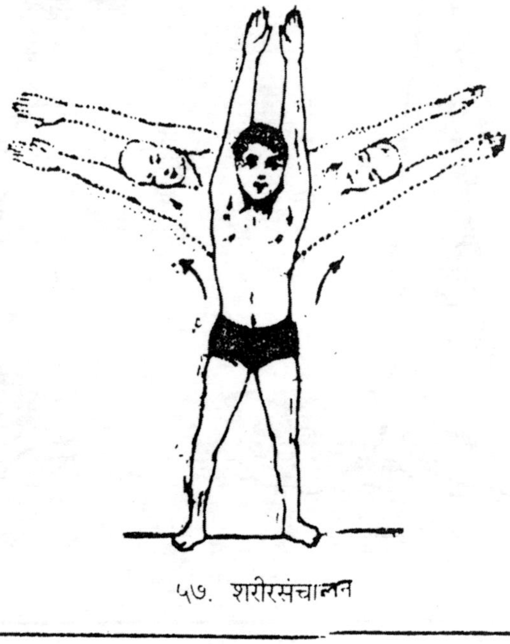

५७. शरीरसंचालन

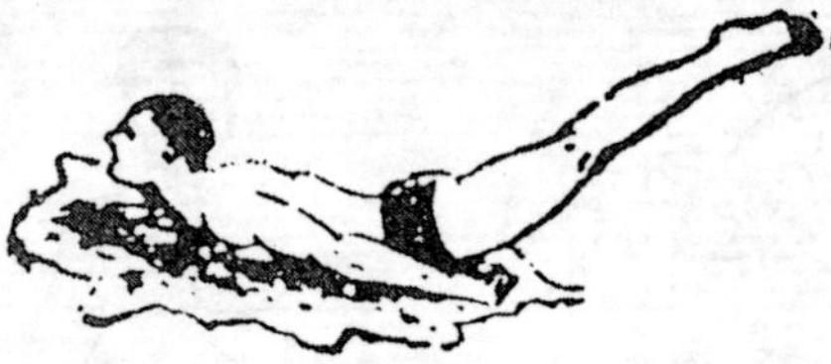

५८. शलभासन

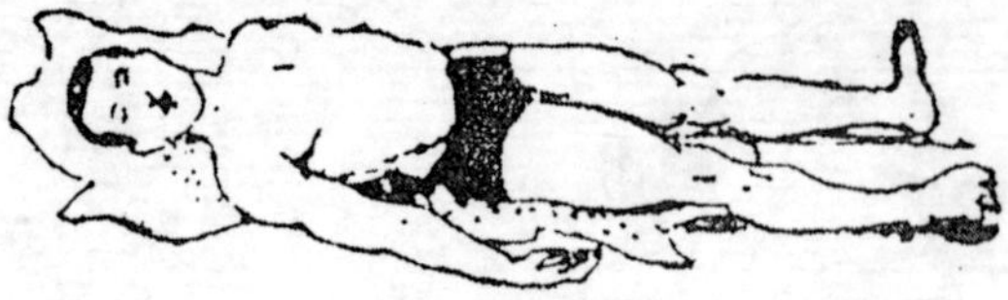

५९. शवासन

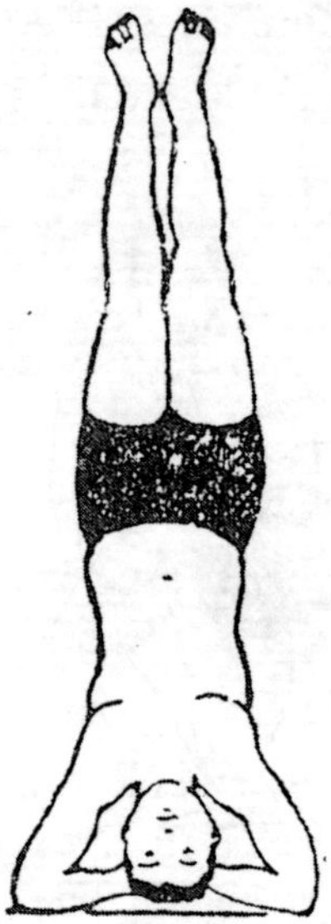

६०. शीर्षासन

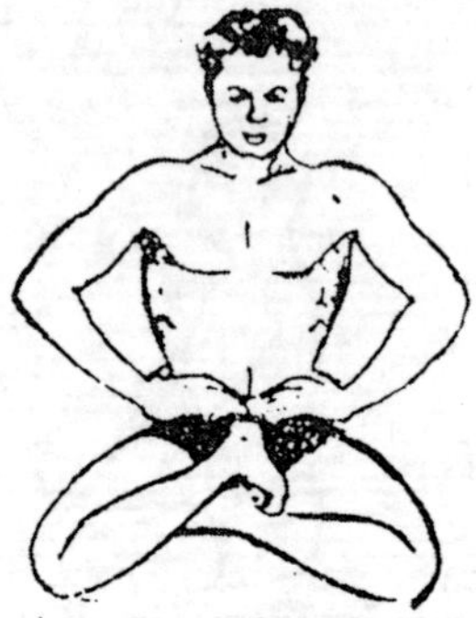

६१. समानासन

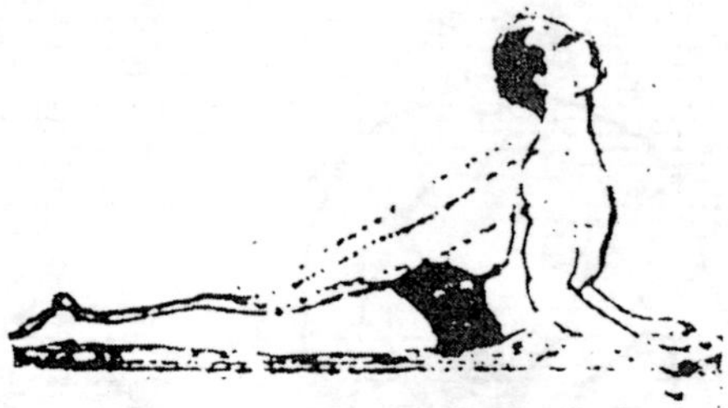

६२. सर्पासन

६४. सिद्धासन

६५. सिंहासन

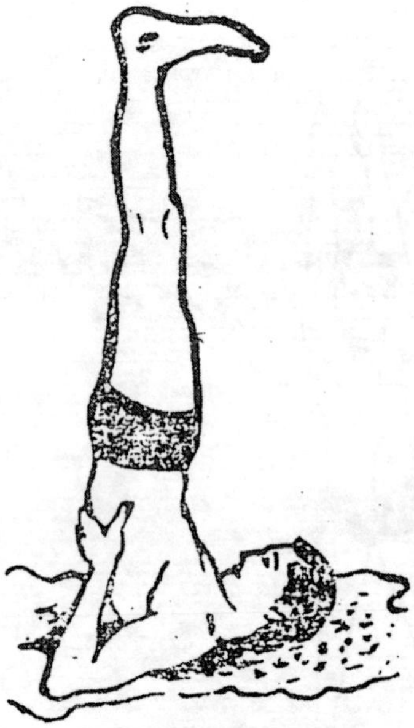

६३. सर्वांगासन

६६. स्कन्धपादासन

६७. स्वस्तिकासन

६८. स्वांकशयनासन

६९. हलासन

७०. हंसासन

७१. हस्तपादांगुष्ठासन-१

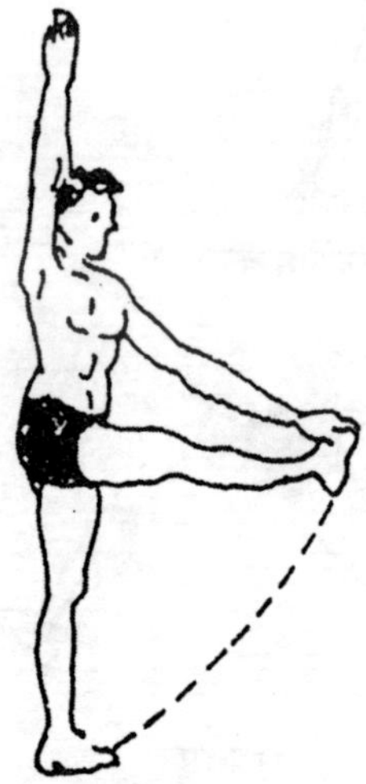

७२. हस्तपादांगुष्ठासन-२

सूर्य नमस्कार

ध्येयः सदा सवितृ मंडल मध्यवर्ती।
नारायणः सरसिजासनसंनिविष्टः।।
केयूरवान् मकरकुंडलवान् किरीटी
हारी हिरणमयवपु धृतशंखचक्रः ।।१।

न्यायवचन संग्रह विभाग

संस्कृत वाङ्मय कोश

परिभाषा खण्ड (उत्तरार्ध)

अनुक्रमणिका

न्यायवचन संग्रह विभाग

न्यायवचन संग्रह विभाग कुल प्रविष्टियाँ – ५५१

विभाग ५
न्याय वचन संग्रह
प्रस्तावना

न्याय शब्द का प्रयोग संस्कृत वाङ्मय में अतिप्राचीन काल से होता आ रहा है। तैत्तिरीय संहिता और ब्राह्मणों में न्याय शब्द का प्रयोग मिलता हैं, जो प्रायः '**धर्म**' का पर्याय वाचक है। (देखिए तैत्तिरीय संहिता २-२-८-२, ऐतरेय ब्राह्मण ६-३२, ३-४५, ७-१७, शां. ब्रा. ४-८) ऋग्वेद प्रातिशाख्य (१-१३) में इस का अर्थ भिन्न प्रकार से माना है। डॉ. सूर्यकान्त ने अथर्व प्रातिशाख्य में न्याय इस विषय पर एक टिप्पणी लिखी है। (देखिए वैदिक कोश – संपादक डॉ. सूर्यकान्त पृ. २५४)

कौटिल्य ने न्याय (नीति) के अर्थ में **नैत्र** शब्द का प्रयोग किया है। – पार्ष्णिग्राहोऽभियोक्ता वा, यातव्यो वा यदा भवेत्, । विजिगीषुस्तदा तत्र नैत्र मेतत् प्रयोजयेत् ।।" (१११) ।

न्याय शब्द अब- सर्वमान्य, सार्वकालिक अनुल्लंघनीय नियम के अर्थ में रूढ हुआ है और उसी अर्थ में संस्कृत भाषा में उसका प्रयोग होता है। अर्थात् न्याय शब्द 'प्रमाणभूत वचन' के अर्थ में रूढ है। गीता में "तस्मात् शास्त्रं प्रमाणं ते" यह सिद्धान्त कहा गया है। जीवन मे शास्त्रोक्त वचनों में विप्रतिषेध यत्र तत्र दिखाई देता है। इस अवस्था में समन्वय की आवश्यकता होती। व्यावहारिक जीवन में शास्त्रोक्त वचनों के विप्रतिषेध का परिहार करने का कार्य न्यायाधीश करते हैं। न्यायाधीशों के निर्णयात्मक वचनों को "**धर्मन्याय**" कहा गया है। कौटिल्य ने, धर्मशास्त्र और धर्मन्याय के विप्रतिषेध में 'धर्मन्याय' को ही अंतिम प्रमाण माना है।

'न्यायशब्द का व्युत्पत्ति के अनुसार अर्थ है, "नीयते (प्राप्यते) विवक्षित-अर्थसिद्धिः अनेन इति न्यायः'- अर्थात् जिसके द्वारा प्रतिपाद्य अर्थ की सिद्धि होती है (ऐसा मार्मिक वाक्य!) वात्स्यायन कृत न्यायसूत्र के अनुसार प्रत्यक्ष और आगम (आप्तवाक्य) इन दो प्रमाणोंपर आधारित अनुमान को 'न्याय' कहा गया है। न्यायसूत्रोक्त न्यायविद्या का महत्त्व, '**प्रदीपः सर्वविद्यानाम्**',**उपायः सर्वकर्मणाम्**', और '**आश्रयः सर्वधर्माणाम्**' इन शब्दों में न्यायसूत्रकार वात्स्यायन ऋषि ने कहा है। न्याय की अपेक्षा तब की जाती है जब, वक्ता एवं श्रोता दोनों के लिए अर्थप्रतिपादन में किसी कारण से संदेह उत्पन्न होता है। (संदिग्धे अर्थे न्यायः प्रवर्तते (तर्कभाषा)। मीमांसकों के न्याय में प्रतिज्ञा, हेतु और उदाहरण इन तीन अवयवों का अन्तर्भाव होता है। बौद्धों के न्याय में उदाहरण और उपनय. नामक दो अवयव होते हैं।

पूर्व और उत्तर मीमांसा दर्शनों में वेदवचनों का अर्थ निर्धारित करने हेतु जो सूत्रों के अधिकरण की व्यवस्था की है, उसे भी 'न्याय' कहते हैं। पूर्व-उत्तर मीमांसा में इन अधिकरणों में न्याय के अनेक प्रकारों की चर्चा मिलती है।

इन न्यायों मे से कुछ **लोकप्रसिद्ध** दृष्टान्त, उदाहरण या निदर्शन होते हैं, जैसे सूचीकटाहन्याय, कदम्बमुकुलन्याय, इतो व्याघ्र इतस्तटी इत्यादि।

दूसरे न्याय '**शास्त्रप्रसिद्ध**' कहे जाते हैं। क्यों कि उनका प्रयोग मुख्यतः विविध शास्त्रों में विवाद्य विषयों के निर्णय में होता है। "सविशेषणे हि वर्तमानौ विधिनिषेधौ विशेषणम् उपसंक्रामतः"। "अध्यारोपापवादन्याय, श्रुतिबलीयस्त्वन्याय"। व्यापकव्यावृत्त्या व्याप्यव्यावृत्तिः" इत्यादि वाक्य शास्त्रप्रसिद्ध न्यायों के उदाहरण है।

संस्कृत का शास्त्रीय वाङ्मय संसार का एक अतुलनीय ज्ञाननिधि है। वैसे तो संस्कृत के सभी वाङ्मय प्रकार अपने अपने असाधारण वैशिष्ट्य के कारण संसार के सभी श्रेष्ठ मनीषियों के नितांत आदर का विषय हुए हैं। किन्तु इन में जो विविध प्रकार का शास्त्रीय वाङ्मय है, उसने आदर के साथ बौद्धिक चमत्कार की प्रतीति विश्व के सभी मूर्धन्य विद्वानों के अन्तःकरण में की। पाश्चात्यों के राजनीतिक आक्रमण में विजयी होने पर उन्होंने भारत की संस्कृति का मूल्यांकन करना जब प्रारंभ किया, तब यहां के प्राचीन (विशेषतः) संस्कृत वाङ्मयराशि के बहिरंग का आलोडन और अंतरंग का अवगाहन, उन्होंने बड़ी सतर्कता से करना प्रारंभ किया। इस प्रयास में वे अपनी (पाश्चात्य) संस्कृति की तुलना में भारतीय संस्कृति की न्यूनता या हीनता खोजना चाहते थे। कई विद्वानों ने अपने गहन और व्यापक अध्ययन के फलस्वरूप उक्त दोष दिखाने का प्रयत्न अवश्य किया, इस प्रयत्न में कुछ मनगढ़ंत सिद्धान्त (जैसे आर्यों का एशिया-युरोप के सीमा प्रदेश से भारत पर आक्रमण) भी थोपने का अव्यापारेषु व्यापार कुछ विद्वानों ने किया। किन्तु उनके प्रायः सभी मनगढ़ंत वाद १९ वीं शती में ही भारतीय पंडितों ने सप्रमाण खंडित किये। १९-२० वीं शती के इतिहास का यह एक अन्वेषणीय अंश है। इन खंडित-मंडित सभी वादों का संकलनात्मक परिचय, जिज्ञासुओं की जानकारी के लिये तथा राष्ट्र के स्वाभिमान की सुप्रतिष्ठापना के लिए अत्यावश्यक कर्तव्य है; जो किसी सांस्कृतिक संस्था ने अवश्य करने योग्य है।

उक्त शास्त्रीय वाङ्मय में अनेक विवाद्य सिद्धांतों का प्रतिपादन करते हुए शास्त्रकारों ने विविध प्रकार के मार्मिक 'न्याय' कहे हैं। इन न्यायों का प्रमाण देते हुए शास्त्रार्थ में पूर्वपक्ष और उत्तरपक्ष द्वारा स्वमत प्रतिपादन या परमत खंडन किया गया है। ये सारे न्याय प्राचीन शास्त्रार्थकारों की तेजस्वी प्रज्ञा और प्रतिभा के उत्कृष्ट निदर्शन हैं। अपना मन्तव्य अमान्य करने वाले प्रतिपक्षी को निरुत्तर करने का तथा अपने मत

को दृढमूल करने का उत्कृष्ट साधन इन न्यायों के रूप में प्राचीन महामनीषियों ने अपनाया था।

दृष्टान्तस्वरूप

किसी प्रमेय का ज्ञान दूसरे व्यक्ति को कराने के लिए प्रमाण देते समय हेतु, कारण, (या साधन) के अनन्तर दृष्टान्त देने की आवश्यकता होती है, यह सभी तत्त्व प्रतिपादन करनेवालों का अनुभव है। इस प्रकार के दृष्टान्त का लक्षण, दृष्टान्त नामक अलंकार के लक्षण से भिन्न है। "येन दृष्टः प्रमेयान्तः तं दृष्टान्तं प्रचक्षते" अर्थात् जिस के कारण प्रमेय का अन्तिम स्वरूप प्रत्यक्ष गोचर सा होता है उसे 'दृष्टान्त' कहते हैं। लक्षण-रत्नाकर नाम ग्रंथ में दृष्टान्त के **छह प्रकार** कहे हैं :- (१) अंशग्राह्य (२) समग्रांश (३) अन्वय (४) अप्रत्यन्वय (५) वास्तव और (६) **योगज**।

इन छह प्रकार के दृष्टान्तों के संक्षेपतः स्वरूपलक्षण भी लक्षणरत्नाकर में बताए है। जैसे :- (१) अंशग्राह्य = अंशांद् ग्राह्यः। याने जिस दृष्टान्त का अंश मात्र दार्ष्टान्तिक की सिद्धि में ग्राह्य होता है।

(२) समग्रांश = समग्रैः अंशैः ग्राह्यः अर्थात् जिस का प्रत्येक अंश दार्ष्टान्तिक के प्रत्येक अंश की सिद्धि करने योग्य होता है।

(३) अन्वय = जिस में दार्ष्टान्तिक से अपर-पूर्व प्रकृति रूप संबंध होता है। इनमें परस्पर संबंध नहीं होता।

(४) प्रत्यन्वय = जिस में दार्ष्टान्तिक से व्यतिरेकात्मक संबंध होता है, इसे व्यतिरेक दृष्टान्त भी कह सकते हैं।

(५) वास्तव = यह स्वरूपनिष्ठ अर्थात् व्यवहार परक होता है।

(६) योगज = व्यक्त और अव्यक्त संबंध से यह ग्राह्य होता है। अर्थात् दृष्टान्त व्यक्त स्वरूप किन्तु दार्ष्टान्तिक अव्यक्त स्वरूप होता है।

इन सभी प्रकारों में प्रत्यक्ष अनुभव का आधार होने के कारण गुण, जाति, क्रिया आदि के संबंध में ये ग्राह्य होते हैं और प्रमेय को साकार सा करते हैं।

जिस प्रकार आजकल पुस्तकों में चित्र छापकर अदृष्ट और अश्रुतज्ञेय विषय जिज्ञासु के लिए ज्ञानयोग्य किया जाता है, वही कार्य इन दृष्टान्त स्वरूप न्यायों के द्वारा होता है। प्रवचन या व्याख्यान के समय तत्काल श्रोता के लिए विषय सुबोध करने में इन दृष्टान्तात्मक न्यायों का उपयोग सभी अच्छे ज्ञानी वक्ता करते हैं।

वेदों में अनेक संक्षिप्त आख्यानों द्वारा प्रमेयों को सुबोध किया हैं। उपनिषदों में भी अप्रतिम दृष्टान्तों द्वारा अव्यक्त परब्रह्म का ज्ञान दिया गया है। द्या (विद्या) द्विवेद के **वेदार्थ मंजरी** में वेदोक्त सभी दृष्टान्तों के आधार पर नीतितत्त्वों का वोध दिया गया है। उपनिषदों की कथाओं के आधार पर आज भी वेदान्त प्रवचनों में सुबोधता लायी जाती हैं। रामायण महाभारत, भागवत, के सैकड़ों आख्यान और उपाख्यान दृष्टान्त स्वरूप ही हैं। वैदिक और जैन परंपरा के पुराणग्रंथ इसी निमित्त (याने कथात्मक दृष्टान्तों के द्वारा नैतिक और आध्यात्मिक सिद्धान्त सुबोध करने के निमित्त) निर्माण हुए हैं। प्रतीकात्मक दृष्टान्तों की उद्‌बोधन शक्ति को जानकर ही पंचतंत्रकार विष्णु शर्मा ने अविनीत राजपुत्रों को छह महीनों में नीतिज्ञान देने का दायित्व स्वीकार किया था। पंचतंत्र की सभी कथाओं की यह शक्ति आज भी उतनी ही कार्यक्षम है। संसार की समस्त लक्षणिक कथाओं या जंतुकथाओं का मूल भारत के पंचतंत्र या हितोपदेश की कथाओं में माना जाता है। जैन और बौद्ध वाङ्मय में तो लौकिक दृष्टान्तात्मक कथाओं का सुसमृद्ध भण्डार पड़ा है।

सभी दृष्टान्तकार दृष्ट और अदृष्ट तत्त्व को ठीक समझकर उनमें जो सादृश्यात्मक अंग होता है, उसे बड़ी कुशलता से व्यक्त करते हैं। सतेज प्रतिभा के बिना इस सादृश्य की प्रतीति नहीं होती। कभी कभी प्रतिभाहीन विद्वान् प्रमेय का प्रतिपादन करते समय समुचित दृष्टान्त नहीं दे सकता; किन्तु प्रतिभासम्पन्न अशिक्षित ग्रामीण पुरुष या स्त्री भी उत्कृष्ट दृष्टान्त देते हुए दिखाइ देते हैं।

विविध भेद

इस सादृश्यात्मक दृष्टान्त के विविध भेदों का संक्षेपतः परिचय यहां देना उचित होगा। यह परिचय लक्षणरत्नाकर के अन्तर्गत जो बत्तीस लक्षणों का विवेचन हुआ है उस पर आधारित है।

(१) समर्थ उदाहरण - मूलवचन, उसका अर्थ, अर्थ का युक्तियुक्त समर्थन और तन्निमित्त कोई उदाहरण इन चार अंगोंसहित जो दृष्टान्त होता है उसे समर्थ उदाहरण कहते हैं। इसी का दूसरा नाम है दृष्टान्तस्थल।

(२) केवल उदाहरण - जिस में पूर्वप्रकृति (अर्थात् दृष्टान्त) और अपर प्रकृति (दार्ष्टान्तिक) का समुच्चय होता है। इनके महावाक्य, प्रकरण, और वाक्य नामक **तीन भेद**, वाक्यों की संख्या के अनुसार माने गए है। महावाक्यात्मक उदाहरण में वाक्यों की संख्या अधिक, वाक्य में अत्यल्प और प्रकरण में मध्यम संख्या होती है।

केवल उदाहरण के भेद :-

(१) **सम** उदाहरण = जिस में दृष्टान्त और दार्ष्टान्तिक दोनों में गुण क्रिया आदि का संपूर्ण सादृश्य होता है। **साजात्य** सम उदाहरण और **वैजात्य** सम उदाहरण नामक सम उदाहरण के दो भेद होते हैं। वैजात्य में दृष्टान्त पशुपक्षी रूप तो दार्ष्टान्तिक मनुष्य रूप होता है। **विषम** उदाहरण में दृष्टान्त स्थावर रूप और दार्ष्टान्तिक मानव रूप होता है।

अंशग्राह्य = साधन स्वरूप अंश का प्रतिपादन करने वाले दृष्टान्त।

समग्रांश = साधन स्वरूप जीवन का मार्गदर्शन करने वाले दृष्टान्त।

अन्वयग्राह्य = देवता का अनुग्रह आदि को सूचित करने वाले दृष्टान्त।

अप्रत्यन्वय = देवता, गुरु आदि के अनुग्रह का अभाव सूचित करने वाले दृष्टान्त। इन में दृष्टान्त-दार्ष्टान्तिक का स्थान समान नहीं होता।

वास्तव = साध्य परक या स्वरूपनिष्ठ दृष्टांत। स्वरूपनिष्ठा का उपदेश इनके द्वारा होता है।

योगज = व्यक्त-अव्यक्त संबंध पर आधारित। इस के दैवाद्य, पुरुषाद्य और दैवांत नामक तीन भेद माने जाते हैं।

उदाहरण स्वरूप दृष्टान्त में पूर्वदल (दृष्टान्त) और उत्तरदल (दार्ष्टान्तिक) ये दो भेद माने जाते हैं; जब दोनों समान होते हैं तब समदल; अन्यथा विषमदल नामक दो भेद कहे हैं। पूर्वदल के अतीत, विद्यमान और साक्षात्कार नामक तीन भेद माने गए हैं। इनका स्पष्टीकरण : –

अतीत = भूतकालीन कथा स्वरूप।

विद्यमान = स्वयं देखी हुई तथा लोगों द्वारा देखी हुई घटना।

साक्षात्कार = स्वयं देखी हुई घटना। इसे आत्मनिष्ठ दृष्टान्त भी कहते हैं।

दार्ष्टान्तिक के आधार पर दृष्टान्तों का विभाजन।

दार्ष्टान्तिक का अर्थ है – दृष्टान्त के आधार पर निर्धारित अर्थ। इस के चार भेद :– (१) प्रमेय, (२) विधायिक, (३) सपक्ष, (४) उपलक्षण।

इनमें प्रमेय और विधायिक केवल दृष्टान्त स्वरूप होते हैं। (अर्थात् उन का दार्ष्टान्तिक से संबंध जोड़ने की आवश्यकता नहीं होती। सपक्ष में **अतिदेश** और उपलक्षण में **निपात** व्यवहार होता है। अतिदेश में जैसा, जिस प्रकार, तद्वत्, इसी समान, इत्यादि सादृश्य वाचक शब्दों का प्रयोग अपेक्षित होता है।

निपात के भेद = (१) रूपक, (२) व्यधिकरण और (३) निदर्शन

प्रमेय का लक्षण = जहां दृष्टान्त और दार्ष्टान्तिक में क्वचित् साजात्य, क्वचित् वैजात्य, क्वचित् विषमत्व होते हुए भी, इन दोनों के गुण, (स्वभाव) धर्म और क्रिया इन तीनों अर्थों से साम्य प्रतिपादन होता है।

विधायिक का लक्षण = जब साजात्य, वैजात्य और विषम दृष्टान्तों के एक एक अंग का दार्ष्टान्तिकों के अंगों से (दृष्टान्त का राजा याने दार्ष्टान्तिक का आत्मा; रानी याने दार्ष्टान्तिक की बुद्धि, इस प्रकार) विधान किया जाता है, तब वह विधायिक होता है। इस के तीन भेद = (१) अन्वय (२) प्रत्यन्वय और व्यतिरेक।

अतिदेश के तीन प्रकार = (१) एकदल, (२) द्विदल, और (३) समदल।

एकदल में प्रस्तुत दृष्टान्त जैसा दूसरा नहीं यह भाव प्रधान होता यथा भर्तृहरि का वैराग्य, लक्ष्मण की रामभक्ति इ.।

द्विदल में = व्यावर्त्य और व्यावर्तक का एक ही वाक्य में समर्थन होता है। उदा. = जैसा जागृत होने पर स्वप्न का मिथ्यात्व प्रतीत होता है, वैसा ही अपरोक्ष ज्ञानी को प्रपंच का मिथ्यात्व प्रतीत होता है।

समदल = इस में तुल्य, सम, समान, यथा, वत् आदि का प्रयोग होता है।

सपक्ष में = दृष्टान्त और दार्ष्टान्तिक का एक ही वाक्य में निर्देश होता है।

निपात = यहां दृष्टान्त के साथ अपेक्षित दार्ष्टान्तिक का अभाव होता है। अथवा दार्ष्टान्तिक होते हुए अपेक्षित दृष्टान्त का अभाव होता है।

निपात के तीन भेद = (१) रूपक, (२) व्यधिकरण, और (३) निदर्शन।

रूपक = दृष्टान्त और दार्ष्टांतिक के बीच में सादृश्यवाचक (यथा, तुल्य, सम इत्यादि) शब्दों का अभाव होता है।

व्यधिकरण = दृष्टान्त में दार्ष्टान्तिक नहीं होता।

निदर्शन = दृष्टान्त और दार्ष्टान्तिक एक ही सूचक पद द्वारा निर्दिष्ट होते हैं।

उपलक्षण का लक्षण = जहां दृष्टान्त होने पर दार्ष्टान्तिक की अथवा दार्ष्टान्तिक होने पर दृष्टान्त की कल्पना मात्र की जाती है।

दृष्टान्त, न्याय और **उपमा** में भेद = उपमा में उपमेय और उपमान में गुण, धर्म, जाति, क्रिया आदि की पूर्णतः तुल्यता होती है।

दृष्टान्त में = उपमेय और उपमान के संपूर्ण गुण समान होने की अपेक्षा नहीं होती। प्रायः दृष्टान्त के गुण आदि उत्तम और दार्ष्टान्तिक गुण आदि न्यून होते हैं।

न्याय = क्वचित् 'समर्थ उपमा' को न्याय कहा जाता है, अथवा असाधारण धर्म के स्थान पर साधारण धर्म की कल्पना व्यतिरेक से की जाती है। जैसे ब्रह्मविद्या मुक्तिदायक होती है -- इसका अर्थ अन्य कोई भी विद्या नहीं होती, ऐसा अर्थबोध होना यह न्यायवचन का फल है।

न्यायों की उपयुक्तता

दृष्टान्तस्वरूप न्याय का एक महान गुण होता है। वह याने जब हमें किसी अल्पज्ञानी को कोई प्रमेय ठीक समझाना होता है तब किसी समुचित कथा, उदाहरण, निदर्शन, उपमान आदि स्वरूप न्याय का कथन करने से वह प्रमेय ठीक से उसे बुद्धिगम्य होता है। इसी कारण श्रीशंकराचार्य कहते हैं कि, "मृग-तृष्णिकादौ सद्बुद्धिः अनुवृत्ता प्रमाणनिरूपणान्ते विच्छिद्यते" (२-१८-गीताभाष्य)। अर्थात् कोई मोहवश मृगजल को सत्य मानने लगा तो उसका वह मोह या भ्रम ठीक 'प्रमाण' द्वारा नष्ट किया जा सकता है। प्राचीन साहित्य में भरे हुए न्याय-दृष्टान्त-स्वरूप प्रमाणों का यही उपयोग है।

विवाद, प्रवचन या सुखसंवाद में दृष्टान्तों के कारण अव्यक्त सा सिद्धांत व्यक्त स्वरूप में श्रोता के समक्ष प्रकट होता है।

प्रतिभासंपन्न वक्ताओं के दृष्टान्त प्रायः समय-स्फूर्त होते हैं, वे पहले से योजित नहीं होते।

. . .

घने अंधेरे में अचानक बिजली चमकने से सामने का अव्यक्त दृश्य तत्काल दृगोचर होता है, इसी भांति समयस्फूर्त दृष्टान्त, या न्याय के कारण वक्ता का अभिप्राय अतिसामान्य व्यक्ति के भी समझ में आता है।

इन दृष्टान्तों में प्रथम गुण जो आवश्यक होता है वह **समर्पकता!** इसके लिए प्रतिपाद्य सिद्धांत के अंगोपांग और दृष्टान्त के अंगोपांग में समतोल होना आवश्यक होता। श्रीमद्भागवत का पुरंजन उपाख्यान् इस का एक सुप्रसिद्ध उदाहरण है। दूसरा उतना ही महत्व का गुण है **योजकता**। जिन श्रोताओं को सिद्धान्त या प्रमेय समझाना है उन के परिचित विषयों के ही दृष्टान्त होंगे तो वे विनायास समझ सकते हैं। देहाती कृषक वर्ग के श्रोताओं को उनकी कृषि या ग्रामीण जीवन से संबंधित विषयों को छोड़कर उन्होंने कभी न देखे हुए विदेशी या महानगरीय जीवन के अत्याधुनिक यंत्रों के या व्याकरण, मीमांसा, जोतिष जैसे दुर्बोध शास्त्रों के न्याय, उदाहरण या निदर्शन प्रस्तुत करने से प्रतिपाद्य विषय उनके समझ में आना कठिन हो जाता है। बच्चों के लिए माता, पिता, शालेय जीवन, रामायण महाभारत, पंचतंत्र, इसापनीति कथा इत्यादि के दृष्टान्त अतीव उद्बोधक होते हैं। यह योजकता सर्वत्र दिखाई नहीं देती ''योजकस्तत्र दुर्लभः'' यह एक निरपवाद न्याय है।

दृष्टान्त का स्वरूप

दृष्टान्त शब्द का निरुक्ति के अनुसार अर्थ कहते हुए, 'दृष्टान्तस्थल' – ग्रंथ के लेखक विश्वनाथ व्यास ने लिखा है कि, जहां दृष्ट के अन्त में अदृष्ट छिपा रहता है उसे दृष्टान्त कहते हैं।

यहां दृष्ट शब्द का अर्थ है पांचभौतिक, त्रिगुणात्मक कार्यरूप प्रपंच। इस से संबंधित जीवों या देवताओं द्वारा जो कुछ किया जाता है वह भी 'दृष्ट' कहने योग्य होता है। इस दृष्ट के अंतरंग में अदृष्ट भाव देखने चाहिए। विश्वनाथ व्यास ने अपना दृष्टान्त विषयक आशय दर्पण के दृष्टान्त से स्पष्ट किया है। वे कहते हैं, दर्पण या आदर्श में देखने वाला अपनी मुखाकृति देखता है किन्तु वह जानता है कि आदर्श में दिखने वाली वास्तव मुखाकृति नहीं है, वह वास्तव मुख का अभावरूप प्रतिबिंब है। किन्तु इस प्रकार दृष्ट के माध्यम से जो अदृष्ट प्रतीत होता है उसे अभावरूप नहीं मानना चाहिए। जिस दृष्टान्त के द्वारा अभावरूप प्रतीति होती है, उस अभाव में भावरूप की कल्पना नहीं करने चाहिए। क्यों कि इस प्रकार कल्पना में अन्यथात्व आये तो बोध नहीं होगा।

दृष्टान्त में तत्त्वबोध देने की क्षमता के कारण उसे बोधदाता गुरु मानना चाहिए अथवा अज्ञान का रूपांतर ज्ञान में करने क्षमता होने के कारण उसे पारस के समान समझना चाहिये, जो लोहे का रूपान्तर स्पर्शमात्र से सोने में कर देता है।

एक एक दृष्टान्त पर एक एक शास्त्र खड़ा हुआ है, जैसे नर्तिका के दृष्टान्त द्वारा **सांख्यदर्शन** का प्रकृति-पुरुष संबंध का सिद्धान्त स्पष्ट हो जाता है। वह्नि-धूम, घट-मृत्तिका, या तन्तु-पट जैसे दृष्टान्तों से **न्यायशास्त्र** के अनेक तत्त्व स्पष्ट होते हैं। **वेदान्त** का मायावाद रज्जु सर्प, शुक्तिका-रजत या मृगजल, गंधर्वनगर जैसे इने गिने दृष्टान्तों से सामान्य मनुष्य भी अनायास समझ सकता है और दूसरों को समझा सकता है।

अन्य प्रकार से वर्गीकरण

न्यायों के उपरिनिर्दिष्ट वर्गीकरणों के अतिरिक्त अन्य प्रकार से भी वर्गीकरण हो सकता है। जैसे (१) लोकप्रवादात्मक, लोकव्यवहारात्मक, उदा.- ''न हि हतेऽपि उत्तमर्णे अधमर्णः ऋणमुक्तिं लभते''। (२) पशुपक्षी विषयक, (३) ग्रन्थोक्तवचनाधिष्ठित, (४) कथात्मक, (इस में भी लोककथात्मक, और पुराणकथात्मक तथा इतिहासकथात्मक इत्यादि भेद हो सकते हैं)। इन दृष्टान्तों के दार्ष्टान्तिक न्याय, व्याकरण, वेदांत, मीमांसा, साहित्य आदि शास्त्रों के सिद्धान्त होते हैं। इन के अतिरिक्त (५) शास्त्रोक्त सिद्धान्त-वाक्य भी न्यायस्वरूप (अर्थात् दृष्टान्तविरहित होते हैं। उनमें से कुछ सिद्धान्त या दृष्टान्त अनेक शास्त्रों में ग्राह्य होते हैं। उनका स्वरूप पारिभाषिक शब्दों के समान होता है – (जैसे गीता में ''गुण'' शब्द पारिभाषिक है।) किन्तु कुछ सिद्धान्त तो सर्वशास्त्रस्पर्शी होते हैं। ऐसे सिद्धान्तवचनात्मक न्याय निर्णायक होने के कारण उनमें हेतुवाचक शब्दों का प्रयोग नहीं होता, जैसे ''जातस्य हि ध्रुवो मृत्युः। संकरो नरकायैव'' 'श्रद्धावान् लभते ज्ञानम्' इत्यादि गीता के सिद्धान्तवचनों में हेतुवाचक शब्दों का प्रयोग नहीं है।

दृष्टान्त स्वरूप कुछ न्यायों का एक वैशिष्ट्य यह भी है कि उन में 'सूचित' तथ्यों पर शास्त्रों के सिद्धान्त स्थापित होते हैं। जैसे कौटिलीय अर्थशास्त्र में **''दिवा काकः कौशिकं हन्ति, रात्रौ कौशिकः काकम्''** इस दृष्टान्त के आधार पर राजनीति में काल का महत्त्व प्रतिपादन किया गया है। उसी प्रकार **''स्थलगतो हि श्वा नक्रं विकर्षति, निम्नगतो नक्रः श्वानम्''** इस दृष्टान्त के आधार पर स्थल का महत्त्व प्रतिपादन किया है। शत्रुपक्ष से व्यवहार करते समय काल **और स्थल दोनों पर ध्यान रखना आवश्यक है, यह सिद्धान्त इन दृष्टान्तों से इतना अधिक स्पष्ट होता है कि उसे अधिक विवरण की आवश्यकता नहीं होती।**

न्याय और सत्य

दृष्टान्तस्वरूप न्यायों का इतना महत्त्व होने पर भी हम इस तथ्य को भूल नहीं सकते कि यद्यपि अपने मत की सत्यता सिद्ध करने हेतु बौद्धिक क्षेत्र में उपोद्बलक प्रमाण के रूप में मार्मिक दृष्टान्त प्रस्तुत किए जाते हैं, तथापि उससे सत्य का साक्षात्कार निश्चित स्वरूप में नहीं होता। जैसे अपत्य पर वास्तव स्वामित्व किसका होता है? माता का या पिता का?

इस विवाद में माता का स्वामित्व मानने वाले शास्त्रकार ने माता को 'क्षेत्र' (खेत) का दृष्टान्त देकर कहा है कि खेत में चाहे किसी ने बीज बोया हो, फसल पर अधिकार उसी का होता है जो क्षेत्रस्वामी होता है।

इस मत का खंडन करने वाले शास्त्रकार ने माता को 'भस्रा' (बोरा) का दृष्टान्त देकर कहा है कि बोरा किसी का हो, उसमें भरे हुए धान्य पर अधिकार उसीका होता है जिसने वह धान्य अपने बीजों से उगाया है।

प्रस्तुत विवाद में दोनों दृष्टान्त यथोचित ही हैं। माता को क्षेत्र कहो या भस्त्रा कहो, सत्य का साक्षात्कार दृष्टान्त पर निर्भर नहीं अपितु प्रतिपादक की श्रद्धा पर निर्भर रहता है। तात्पर्य यही है कि दृष्टान्तस्वरूप न्यायों से हम सत्य के अतिसमीप जाते हैं। किन्तु सत्य को हस्तगत नहीं कर सकते। इसी कारण दृष्टान्त को **''एकदर्शी''** कहा है। दृष्टान्त से सत्य का एक अंग दिखता है। जितना अंग या अंश दिखता है उतना ही तथ्य या सत्य मान कर प्रतिपादक का मत ग्राह्य मानना चाहिए।

★ ★ ★

वर्ग - १
भगवद्गीता में प्रतिपादित सिद्धान्तपरक न्याय वचन

गतासून् अगतासूंश्च नानुशोचन्ति पण्डिताः। (२-११) = ज्ञानी पुरुष मृत और जीवित के निमित्त शोक नहीं करते।

देहिनः देहे यथा कौमारं यौवनं जरा तथा देहान्तरप्राप्तिः। (२-१३) = पुरुष के देह में जिस प्रकार कुमारावस्था, युवावस्था और वृद्धावस्था होती है, उसी प्रकार अन्य देह की भी प्राप्ति होती है।

मात्रास्पर्शाः हि शीतोष्णसुखदाः आगमापायिनः च। (२-१४) = श्रोत्रादि इन्द्रियां और शब्दादि विषय इन का संयोग शीत-उष्ण, सुख-दुःख आदि का अनुभव देता है, किन्तु वह उत्पत्तिविनाशशील होता है (नित्य नहीं होता)।

मात्रास्पर्शाः यं न व्यथयन्ति स हि अमृतत्वाय कल्पते। (२-१५) = इन्द्रियाँ और विषयों का संयोग जिसे विचलित नहीं करता, वह मोक्ष के लिये पात्र होता हैं।

नाऽसतो विद्यते भावः नाऽभावो विद्यते सतः। (२-१६) = असत् का अस्तित्व नहीं होता, और सत् का अभाव नहीं होता।

अन्तवन्त इमे देहा नित्यस्योक्ताः शरीरिणः। (२-१८) = नित्य आत्मा के ये दृश्यमान देह अन्तवान् होते है।

(आत्मा) न हन्यते हन्यमाने शरीरे। (२-२०) = शरीर की हत्या होने पर आत्मा की हत्या नहीं होती।

देही जीर्णानि शरीराणि वासांसि इव विहाय नवानि अपराणि गृह्णाति। (२-२२) = देही जीर्ण वस्त्रों की भाति जीर्ण शरीरों को त्याग कर नये दूसरे शरीर धारण करता है।

जातस्य हि ध्रुवो मृत्युः ध्रुवं जन्म मृतस्य च। (२-२७) = जन्म पाने वाले का मृत्यु निश्चित होता ही है और मृत का जन्म भी निश्चित होता ही है।

भूतानि अव्यक्तादिनि, व्यक्तमध्यानि अव्यक्तनिधानि च। (२-२८) = समस्त भूतमात्र का मूल अव्यक्त, मध्य व्यक्त और अंत अव्यक्त स्वरूप में होता है।

सर्वस्य देहे अयं देही नित्यम् अवध्यः। (२-३०) = सभी के देह में रहने वाला यह देही (देह का स्वामी) नित्य अवध्य होता है।

धर्म्याद् हि युद्धात् श्रेयोऽन्यत् क्षत्रियस्य न विद्यते। (२-३१) = धर्मानुसार युद्ध के अतिरिक्त क्षत्रिय के लिये दूसरा कुछ श्रेयस्कर नहीं।

संभावितस्य चाकीर्तिः मरणाद् अतिरिच्यते। (२-३४) = संभावित पुरुष के लिये अपकीर्ति मरण से अधिक शोकदायक होती है।

हतो वा प्राप्स्यसि स्वर्गं जित्वा वा भोक्ष्यसे महीम्। (२-३७) = मारा जाने से तू स्वर्ग को प्राप्त करेगा और विजय पाने पर पृथ्वी का उपभोग करेगा।

स्वल्पम् अपि योगधर्मस्य महतो भयात् त्रायते। (२-४०) = कर्मयोगरूप धर्म का अत्यल्प पालन भी महान् संसार भय से रक्षण करता हैं।

बहुशाखा ह्यनन्ताश्च बुद्धयोऽव्यवसायिनाम्। (२-४१) = विवेकहीन लोगों की बुद्धि की अनेक तथा अनन्त शाखाएँ होती हैं।

त्रैगुण्यविषया वेदाः। (२-४५) = वेद त्रैगुण्यविषयक अर्थात् त्रिगुणों के कार्यरूप संसार को प्रकाशित करने वाले है।

कर्मण्येवाधिकारस्ते मा फलेषु कदाचन। (२-४७) = तेरा कर्म में यही अधिकार है, कर्म के फलों में कदापि नहीं।

सिध्द्यसिध्द्योः समत्वं योग उच्यते। (२-४८) = सिद्धि और असिद्धि में समता को ही योग कहते हैं।

कृपणाः फलहेतवः। (२-४९) = फल के निमित्त कर्म करने वाले कृपण अर्थात् दीन होते हैं।

इन्द्रियाणि प्रमाथीनि हरन्ति प्रसभं मनः। (२-६०) = इन्द्रियाँ प्रक्षोभ से मन को विचलित करती है।

बुद्धिनाशात् प्रणश्यति। (२-६३) = बुद्धि का नाश होने से संपूर्णतया विनाश होता है।

विधेयात्मा प्रसादम् अधिगच्छति। (२-६४) = अन्तःकरण को वश में रखने वाला प्रसन्नता को प्राप्त करता है।

प्रसन्नचेतसो ह्याशु बुद्धिः पर्यवतिष्ठते। (२-६५) = जिसका अन्तःकरण प्रसन्न रहता है, उसकी बुद्धि शीघ्र ही आत्मस्वरूप में निश्चल होती है।

अशान्तस्य कुतः सुखम्। (२-६६) = अशान्त पुरुष को सुख कहां से मिलेगा?।

या निशा सर्वभूतानां तस्यां जागर्ति संयमी। (२-६९) = सर्वसामान्य लोग जिन विषयों में सोते है। (अर्थात् निवृत्त होते है) उन में संयमी पुरुष जाग्रत् रहते है। (अर्थात् प्रवृत्त होते है)।

यस्यां जाग्रति भूतानि सा निशा पश्यतो मुनेः। (२-६९) = सामान्य लोग जिन विषयों में प्रवृत्त होते है, उनसे द्रष्टा मुनि निवृत्त होता है।

न कामकामी शान्तिम् आप्नोति। (२-७०) = विषयों की कामना रखने वाला शान्ति की प्राप्ति नहीं कर सकता।

निस्पृहः निर्ममः निरहंकारः शान्तिम् अधिगच्छति। (२-७१) = अप्राप्त वस्तु की इच्छा न रखने वाला, प्राप्त वस्तु के प्रति ममता न रखने वाला, तथा देह के प्रति अहंभाव न रखने वाला, शान्ति को प्राप्त कर सकता है।

न कर्मणाम् अनारम्भात् नैष्कर्म्यं पुरुषोऽश्नुते। (३-४) = कर्म का प्रारंभ न करने मात्र से मनुष्य को नैष्कर्म्य नहीं प्राप्त होता।

न हि कश्चित् क्षणमपि जातु तिष्ठत्यकर्मकृत्। (३-५)

= कोई भी कदापि क्षणभर भी कर्म के बिना रह नहीं सकता।

कर्म ज्यायो ह्यकर्मण:। (३-८) = कर्महीनता से कर्म अधिक श्रेष्ठ है।

भुंजते ते त्वघं पापा ये पचन्त्यात्मकारणात्। (३-१३) = जो लोग केवल अपने लिए अन्न पकाते है वे पापी, पाप ही खाते है।

गहना कर्मणो गति:। (३-१७) = कर्म का यथार्थस्वरूप गहन (समझने में कठीण) होता है।

असक्तो ह्याचरन् कर्म परमाप्नोति पुरुष :। (३-१९) = असक्त वृत्ति से कर्म का आचरण करने वाला मोक्ष प्राप्त करता है।

यद् यदाचरति श्रेष्ठः तत् तदेवेतरो जन:। (३-२१) = श्रेष्ठ पुरुष जो जो आचरण करते वह ही इतर सामान्य लोग करते है।

न बुद्धिभेदं जनयेद् अज्ञानां कर्मसंगिनाम्। (३-२६) = कर्म में आसक्त रहने वाले अज्ञानी लोगों का बुद्धिभेद नहीं करना चाहिये।

अहंकारविमूढात्मा कर्ताऽहम् इति मन्यते। (३-२७) = अहंकार से मोहित पुरुष मै कर्ता हूं ऐसा मानता है।

अकृत्स्नविदो मन्दान् कृत्स्नविद् न विचालयेत्। (३-८९) = संपूर्ण ज्ञान न होने वाले को संपूर्ण ज्ञानी पुरुष ने विचलित नहीं करना चाहिये।

सदृशं चेष्टते स्वस्या: प्रकृतेर्ज्ञानवान् अपि। (३-३३) = ज्ञानवान् पुरुष भी अपनी प्रकृति (प्राक्तन संस्कार) के अनुसार ही सारी चेष्टाएँ करता है।

स्वधर्मे निधनं श्रेय: परधर्मो भयावह:। (३-३५) = स्वधर्म का पालन करते हुए मरना श्रेयस्कर है। परधर्म का पालन भयावह होता है।

श्रेयान् स्वधर्मो विगुण: परधर्मात् स्वनुष्ठितात्। (३-३५) = स्वधर्म गुणविहीन होने पर भी, सम्यक् पालन किये हुए परधर्म से अधिक श्रेयस्कर होता है।

किं कर्म किमकर्मेति कवयोऽप्यत्र मोहिता :। (४-१६) = कर्म तथा अकर्म का यथार्थ स्वरूप क्या है, इस विषय में मेधावी लोग भी मोहित होते है।

क्षिप्रं हि मानुषे लोके सिद्धिर्भवति कर्मजा। (४-१२) = मनुष्य लोक में कर्म से सिद्धि शीघ्र प्राप्त होती है।

यज्ञशिष्टामृतभुजो यान्ति ब्रह्म सनातनम्। (४-३१) = यज्ञ का अवशिष्ट ही अमृत है। उसका सेवन करने वाले परब्रह्म को प्राप्त करते है।

सर्वं ज्ञानप्लवेनैव वृजिनं संतरिष्यसि । (४-३६) = ज्ञान की नौका से सारे पापों को तुम पार करोगे।

ज्ञानाग्नि: सर्वकर्माणि भस्मसात् कुरुते। (४-३७) = ज्ञानस्वरूप अग्नि सभी कर्मों को भस्मसात् करता है।

न हि ज्ञानेन सदृशं पवित्रमिह विद्यते। (४-३८) = इस संसार में ज्ञान के समान पवित्र अर्थात् शुद्धिकारक कुछ भी नहीं।

श्रद्धावान् लभते ज्ञानम्। (४-३९)। = श्रद्धावान् को ज्ञान का लाभ होता है।

ज्ञानं लब्ध्वा परां शान्तिम् अचिरेणाधिगच्छति। (४-३९) = ज्ञान प्राप्त होने पर शीघ्र ही परम शान्ति प्राप्त होती है।

अज्ञश्चाश्रद्धानश्च संशयात्मा विनश्यति। (४-४०) = अज्ञानी, श्रद्धाहीन तथा संशयी पुरुष नष्ट होता है।

संन्यास: कर्मयोगश्च नि:श्रेयस्करावुभौ। (५-२) = संन्यास और कर्मयोग दोनों मोक्षदायक है।

सांख्ययोगौ पृथग बाला: प्रवदन्ति न पण्डिता:। (५-४) = सांख्य और योग को अज्ञानी लोग भिन्न कहते है, पंडित ऐसा नहीं कहते।

यत् सांख्यै: प्राप्यते स्थानं तद् योगैरपि गम्यते। (५-५) = सांख्यनिष्ठा वाले जिस स्थान को प्राप्त करते है, वही योगनिष्ठा वाले भी प्राप्त करते है।

अनात्मनस्तु शत्रुत्वे वर्तेतात्मैव शत्रुवत्। (५-६) = आत्मविजय न पाने पर आत्मा ही शत्रुवत् विरोध में बर्तता है।

योगयुक्तो मुनिर्ब्रह्म न चिरेणाधिगच्छति। (५-६) = योगयुक्त मुनि को शीघ्र ही ब्रह्मप्राप्ति होती है।

योगिन: कर्म कुर्वन्ति संग त्यक्त्वात्मशुद्धये। (५-११) = योगी लोग आसक्ति छोडकर, आत्मशुद्धि के हेतु कर्म करते हैं।

फले सक्तो निबध्यते। (५-१२) = कर्मफल की आसक्ति रखने वाला बद्ध होता है।

सर्वकर्माणि मनसा संन्यस्यास्ते सुखं वशी। (५-१३) = सभी कर्मों का मन से त्याग कर जितेन्द्रिय पुरुष सुख से रहता है।

अज्ञानेनावृतं ज्ञानं तेन मुह्यन्ति जन्तव: । (५-१५) = अज्ञान से ज्ञान आच्छादित होने के कारण सामान्य जीव मोह में फंसते हैं।

पण्डिता: समदर्शिन:। (५-१८) = तत्त्वज्ञानी लोग सर्वत्र समभाव से देखते हैं।

ये हि संस्पर्शजा भोगा: दु:खयोनय एव ते। (५-२२) = विषय – इन्द्रिय स्पर्श से मिलने वाले जो भी भोग है, वे दु:ख के उत्पत्तिस्थान हैं।

विगतेच्छा – भय – क्रोधो य: सदा मुक्त एव स:। (५-२८) = जिसकी इच्छा, भय और क्रोध सदा के लिए समाप्त हो गये, वह मुक्त ही होता है।

आत्मैव ह्यात्मनो बन्धु: आत्मैव रिपुरात्मन:। (६-५) = आत्माही आत्मा का बन्धु और शत्रु भी है।

न हि कल्याणकृत् कश्चिद् दुर्गतिं तात गच्छति। (६-४०) = आत्मकल्याण की साधना करने वाला कोई भी दुर्गति को नहीं जाता।

मनुष्याणां सहस्त्रेषु कश्चिद् यतति सिद्धये। (७-३) = हजारो मनुष्यों में कोई एक ही सिद्धि के लिए प्रयत्न करता है।

दैवी ह्येषा गुणमयी मम माया दुरत्यया। (७-१४)

= परमात्मा की त्रिगुणमयी माया का अतिक्रमण करना असंभव है।

बहूनां जन्मनाम् अन्ते ज्ञानवान् मां प्रपद्यते। (७-१९) = अनेक जन्मों के पश्चात् ज्ञानी पुरुष ही परमात्मा को प्राप्त करता है।

यो यच्छ्रध्दः स एव सः। (१७-३) = जिस की जैसी श्रद्धा होती है वही उसका स्वरूप है।

यज्ञो दानं तपश्चैव पावनानि मनीषिणाम्। (१८-५) = यज्ञ, दान, और तप मनीषियों ने पावन अर्थात् चित्तशुद्धिकारक माने हैं।

न हि देहभृता शक्यं त्यक्तुं कर्माण्यशेषतः। (१८-११) = देह धारण करते हुए कर्मों का त्याग संपूर्णतया नहीं हो सकता।

स्वे स्वे कर्मण्यभिरतः संसिद्धि लभते नरः। (१८-४५) = अपने स्वाभाविक कर्म में निरत रहने वाला पुरुष संसिद्धि को प्राप्त करता है।

श्रेयान् स्वधर्मो विगुणः परधर्मात् स्वनुष्ठितात्। (१८-४७) = परधर्म का उत्तम पालन करने से अपना निजी धर्म गुणहीन होने पर भी श्रेयस्कर होता है।

सर्वारम्भा हि दोषेण धूमेनाग्निरिवावृताः। (१८-४८) = जिस प्रकार अग्नि धूम से आच्छादित होता है उसी प्रकार सभी कर्म दोष से आच्छादित होते हैं।

★★★

वर्ग २

भगवद्गीता- शांकरभाष्य से उद्धृत न्यायवचन

अकर्म एव परमार्थतः सत्कर्मवद् अवभासते *मूढदृष्टेः* लोकस्य तथा कर्म एव अकर्मवत्। (४-१८) = मूढबुद्धि के लोगों को, जो अकर्म है वही सत् कर्म के समान, तथा सत्कर्म अकर्म के समान प्रतीत होता है।

***अक्षरोपासकानां* कैवल्यप्राप्तौ स्वातन्त्र्यम् इतरेषाम् ईश्वराधीनतात्मकं पारतंत्र्यम्। (१२-१२)** = अक्षर की उपासना करने वालों के लिए मोक्षप्राप्ति में स्वतंत्रता (स्वायत्तता) होती है किन्तु दूसरे क्षरोपासकों की कैवल्यप्राप्ति ईश्वर के अधीन होती है।

अजः अव्ययः भूतानाम् ईश्वरः नित्यशुद्धबुद्ध मुक्तस्वभावः *भगवान्*। (१ भूमिका) = उत्पत्तिरहित, विनाशरहित, समस्त भूतों के स्वामी, नित्यता शुद्धता, बुद्धता, मुक्तता जिनका स्वभाव है ऐसे भगवान् होते हैं।

अज्ञ-अश्रद्धधानौ यद्यपि विनश्यतः तथापि न तथा यथा संशयात्मा, *संशयात्मा* तु पापिष्ठः सर्वेषाम्। (४-४०) = अज्ञानी और अश्रद्धालु विनष्ट होते हैं, किन्तु वे उतने नष्ट नहीं होते जितना कि संशयात्मा होता है। इन तीनों में संशयात्मा सब से अधिक पाप का धनी होता है।

अज्ञानाम् एव हि *कर्मयोगः* न ज्ञानिनाम्। ज्ञानिनां तु गुणैः अचाल्यमानानां स्वतः चलनाभावात् कर्मयोगः न उपपद्यते। (३-५) = (गीताप्रोक्त) कर्मयोग का विधान अज्ञानियों के ही लिये है, ज्ञानियों के लिए नहीं। क्यों कि ब्रह्मज्ञानी सत्त्वादि गुणों से विचलित न होने के कारण उसमें कर्मका अभाव होता है। अतः ब्रह्मज्ञानी के लिएं कर्मयोग का विधान युक्तियुक्त नहीं।

अतद्धर्माध्यारोपण- निवर्तकत्वेन आत्मनि प्रमाणं *शास्त्रम्* न तु अज्ञातार्थज्ञापकत्वेन। (२-१८) = शास्त्र, आत्मा में किये हुये अनात्म पदार्थों के अध्यारोप को दूर करने मात्र के लिये प्रमाण होता है, वह अज्ञात (आत्म) वस्तु का ज्ञान करवाने के निमित्त प्रमाण नहीं माना जाता।

अत्यन्तमूढानाम् एव *विषयेषु रतिः* दृश्यते, यथा पशुप्रभृतिनाम्। (५-२२) = जैसी पशु पक्षी आदि प्राणियों की विषयों में प्रीति होती है, उसी प्रकार अत्यन्त मूढ पुरुषों की विषयों में आसक्ति देखी जाती है।

अध्यारोपापवादाभ्यां निष्प्रपंचं प्रपंच्यते। (१३-१३) = अध्यारोप और अपवाद द्वारा प्रपंचरहित (परमात्मा) की व्याख्या की जाती है।

अनन्तनिमित्तवान् हि *कामक्रोधोद्भवः वेगः* यावद् मरणं तावद् न विश्रंभणीयः। (५-२३)= काम,क्रोध आदि मानसिक विकारों के कारण उत्पन्न होने वाले वेग की उत्पत्ति के अनन्त कारण होते हैं, अतः मरने तक उसका विश्वास नहीं करना चाहिये।

अनन्यदर्शिनः न आत्मार्थं योगक्षेमम् ईहन्ते। (९-२२) = अनन्यदर्शी भक्त अपने लिए योग-क्षेम नहीं चाहते।

अनुष्ठातृणां कामोद्भवाद् अधर्मेण *धर्मः* अभिभूयते। (१ भू) = धर्म का आचरण करने वालों में काम (विकार) का उदय होने से, अधर्म का धर्म पर अतिक्रमण होता है।

अनेकजन्मसहस्रसंचितम् अपि धर्माधर्मादि समूलं कर्म क्षणमात्राद् भस्मीकरोति *ब्रह्मज्ञानम्* । (९-२) = अनेक सहस्रजन्मों में संचित किए हुये पुण्य-पाप आदि कर्मों को ब्रह्मज्ञान क्षणमात्र में भस्मसात् करता है।

अनेकेषु जन्मसु किंचित् किंचित् संस्कारजातं उपचित्य तेन उपचितेन अनेक जन्मकृतेन *संसिद्धः* भवति। (६-४५) = अनेक जन्मों में थोड़े-थोड़े संस्कारों को संचित कर उन अनेक जन्मों के सभी संस्कारों का संचय होने से साधक संसिद्ध होता है।

अन्तवत्साधनव्यापाराः *अविवेकिनः* कामिनःच। (७-२३) = अविवेकी और कामी पुरुष विनाशशील साधनों से अपना व्यवहार करते है। (अतः उनके द्वारा प्राप्त फल भी विनाशी होता है।)

अन्योन्यनाशहेतूनि *भूतानि*। (२-२१) = पंचमहाभृत एक दूसरे के नाश को कारणीभूत होते हैं।

अभ्यासेन वैराग्येण च विक्षेपरूपः प्रचारः गृह्यते चित्तस्य। (६-३५) = अभ्यास और वैराग्य के कारण चित्त के विक्षेपरूप प्रचार को रोका जाता है।

अल्पायासानां *कर्मणां* सुखसंपाद्यानाम् अल्पफलत्वं, दुष्कराणां च महाफलत्वं दृष्टम्। (९-२) = जो कर्म अल्पप्रयास से और सुख से सम्पन्न होते हैं उनका फल अल्प और जो दुष्कर होते हैं उनका फल महान् दिखाई देता है।

अविक्रियस्य व्योमवत् सर्वगतस्य, अमूर्तस्य च *आत्मनः* केनचित् संयोग-वियोगौ न उपपद्येते। (१३-२) = आत्मा निर्विकार, आकाशवत् सर्वव्यापी एवं अमूर्त होने के कारण उसका किसी से संयोग एवं वियोग नहीं होता।

अविक्रियात्मदर्शिनः विदुषः मुमुक्षोः च *सर्वकर्मसंन्यासे* एव अधिकारः। (२-२१) = आत्मा को विकाररहित जानने वाले मुमुक्षु को ही सर्वकर्मों के संन्यास का अधिकार (पात्रता) होता है।

***अविद्या* च सह कार्येण विद्यया हातव्या इति श्रुतिस्मृतिन्यायेभ्यः अवगम्यते। (१३-२)** = विद्या के द्वारा कार्यसहित अविद्या का नाश करना चाहिये यह सिद्धान्त श्रुति, स्मृति, और न्याय से ज्ञात होता है।

अविद्याध्यारोपण-निराकरणमात्रं ब्रह्मणि कर्तव्यं न तु ब्रह्मज्ञाने यत्नः। अत्यंतप्रसिद्धत्वात्। (१८-५०)= ब्रह्म में

अविद्या द्वारा जो अध्यारोप किया गया है, उसका निराकरण मात्र कर्तव्य है। ब्रह्मविषयक ज्ञान के निमित्त पृथक् प्रयत्न करना आवश्यक नहीं क्यों कि ब्रह्म तो अत्यंत प्रसिद्ध ही है। (जैसे भस्मावृत अग्नि से भस्म का निवारण करना ही अग्नि को प्रकट करने के लिये आवश्यक होता है, अग्नि तो उस स्थान पर रहती ही है।

अविहितम् अप्रतिषिद्धं च *कर्म* तत्कालफलम्, न तु शास्त्रेण चोदितं प्रतिषिद्धं वा। (१८ उप) = जो कर्म शास्त्र द्वारा विहित या प्रतिषिद्ध नहीं होता, उसका फल तत्काल प्राप्त होता है, किन्तु शास्त्रविहित कर्मों का फल तत्काल प्राप्त नहीं होता।

असकृद् अत्यन्तविपरीतदर्शन-भाविततया मोमुह्यमानो *लोकः*, श्रुतम् अपि असकृत् तत्त्वं विस्मृत्य मिथ्याप्रसंगम् अवतार्य अवतार्य चोदयति। (४-१८) = बारंबार अत्यंत विपरीत ज्ञान की भावना से अतीव मोहित होने के कारण लोग अनेक बार सुने हुए तत्त्व को भी भूलकर मिथ्या समस्या बार बार उठाकर शंकाएँ प्रस्तुत करते है।

***असंप्रदायवित्* सर्वशास्त्रविद् अपि मूर्खवद् एव उपेक्षणीयः। (१३-२)** = जो शास्त्रार्थ की परंपरा को नहीं जानता वह समस्त शास्त्रों का ज्ञाता होने पर भी मूर्ख के समान उपेक्षणीय ही है। (ऐसे पुरुष के विचारों में श्रुतहानि अर्थात् शास्त्रविहित अर्थ का त्याग और शास्त्र में अकथित अर्थ की कल्पना ये दो दोष होते हैं और ऐसे दोषयुक्त मत प्रतिपादन से वे दूसरों को मोहित करते हैं।)

असम्भाव्यं ब्रुवाणः *वेदः* अनर्थकरत्वाद् अप्रमाणं स्याद्। (३- भू) = (नित्य कर्मों के अभाव से भावरूप प्रत्यवाय – दोष की उत्पत्ति का) असम्भाव्य विचार अगर वेद भी कहता है तब तो असम्भाव्य तत्त्व का प्रतिपादन करने के कारण वह अप्रमाण होता है। (अर्थात् कभी भी किसी का भी असम्भाव्य वचन प्रमाण नहीं मानना चाहिये।)

असुराणाम् उपनिषद् देहमात्रार्थदर्शनम् एव। (९-३) = देहमात्र को ही आत्मा समझना यही असुरोंका उपनिषद् (तत्त्वज्ञान) है।

अहम् एव परंब्रह्म इति वर्तमानस्य निर्बीजं विषयविज्ञानं सम्पद्यते। (२-५९) = 'मै ही परब्रह्म हूँ' यह धारणा स्थिर रहने पर विषयों का भान निर्बीज होता है। अर्थात् उस अवस्था में विषय वासना अन्तकरण में अंकुरित ही नहीं होती।

***अहंकारः* अविद्याख्यः कष्टतमः सर्वदोषाणां मूलं सर्वानर्थ-प्रवृत्तीनां च। (१६-१८)** = अहंकार, जिसे अविद्या भी कहते हैं, बड़ा कठिन, सर्व दोषों का एवं समस्त अनर्थकारक प्रवृत्तियों का मूल कारण है।

***अहंकारः* एव हि सर्वस्य प्रवृत्तिबीजं दृष्टं लोके (७-४)** = संसार में अहंकार ही सभी की प्रवृत्तियों का बीज देखा गया है।

आत्मचैतन्यज्योतिषा इद्धानि हि आदित्यादीनि ज्योतींषि दीप्यन्ते। (१३-१७) = आत्मचैतन्य के प्रकाश से देदीप्यमान होकर ही सूर्य आदि समस्त ज्योतियाँ प्रकाशित हो रहीं है।

***आत्मनः* *अविक्रियत्वं* खलु ज्ञानिनः सर्वकर्म-असंभव-कारणविशेषः। (२-२१)** = आत्मा का अविक्रियत्व, (आत्म) ज्ञानी पुरुष में सर्व कर्मों का असम्भव सूचित करने वाला विशिष्ट कारण है।

आत्मनि एव आत्मावगतिः न कदाचित् केनचित् कथंचित् अपि बाधितुं शक्या, फलाव्यतिरेकावगतेः, यथा अग्नि उष्णः प्रकाशः च। (१८-६६) = परम आत्मतत्त्व में हुआ आत्मभाव का बोध किसी भी काल में, किसी के भी द्वारा और किसी भी प्रकार से बाधित नहीं किया जा सकता, क्यों कि वह आत्मज्ञान स्वयं हि फल है (अर्थात् आत्मज्ञान से आत्मा से अन्य किसी भी फल की प्राप्ति नहीं होती) जैसे उष्णता और प्रकाश दोनों की प्राप्ति एकमात्र अग्नि से होती है। उष्णता के लिए एक और प्रकाश के लिए दूसरी अग्नि निर्माण करने की आवश्यकता नहीं होती।

आत्मनि कर्माभावः श्रुतिस्मृतिन्यायप्रसिद्धः (४-१८) = आत्मा में कर्म का अभाव श्रुति, स्मृति और न्याय इन तीनों प्रमाणों के निर्णयानुसार प्रसिद्ध है।

***आत्मवित्*-कर्तृकयोः संन्यास-कर्मयोगयोः असम्भवः। (५-भू.)** = आत्मज्ञान संपन्न पुरुष कर्मसंन्यास तथा कर्मयोग दोनों कार्य एक साथ नहीं कर सकता।

***आत्मविदः* निवृत्तमिथ्याज्ञानत्वात्, विपर्ययज्ञानमूलकस्य कर्मयोगस्य असम्भवः। (५-भू.)** = (सम्यक्दर्शन के कारण) जिसका मिथ्याज्ञान निवृत्त हो चुका है ऐसे आत्मज्ञानी के लिए, विपर्ययज्ञानमूलक (अर्थात् मैं देह स्वरूप हूँ इस प्रकार के विपरीत ज्ञान पर आधारित) कर्मयोग का पालन करना असंभव होता है।

***आत्महा* स्वयं मूढः अन्यान् च व्यामोहयति, शास्त्रार्थसंप्रदायरहितत्वात् श्रुतहानिम् अश्रुतकल्पनां च कुर्वन्। (१३-२)** = आत्महत्यारा, शास्त्र के अर्थ की संप्रदाय परंपरा से रहित होने से, शास्त्र में श्रुत अर्थ का त्याग और अश्रुत अर्थ की कल्पना करके, स्वयं मोहित होता है और दूसरों को भी मोहित करता है।

आत्मा एव सर्वं न ततः अन्यत् किंचिद् अस्ति इति एवम् आत्मसंस्थं मनः कृत्वा न किंचिद् अपि चिन्तयेत्। एष *योगस्य* परमः विधिः। (६-२५) = आत्मा ही सब कुछ है, उस के अतिरिक्त अन्य कुछ भी नहीं है, इस धारणा से मन को आत्मा में सुस्थित करते हुए अन्य किसी वस्तु का चिन्तन न करना, यही योग की परम श्रेष्ठ विधि है।

***आत्मा* क्रियायाः न कर्ता, न च कर्म भवति, अविक्रियत्वात् (२-१९)** – आत्मा विकारहीन होने के कारण किसी भी क्रिया का कर्ता या कर्म नहीं होता।

आत्माभासा बुद्धिः बुध्याभासं मनः, तदाभासानि

इन्द्रियाणि, इन्द्रियाभासश्च देहः अतो लौकिकैः देहमात्रे एव *आत्मबुद्धिः* क्रियते। (१८-५०) – आत्मा के द्वारा बुद्धि, उस से मन, उससे इन्द्रियाँ और इन्द्रियों से देह आभासित या प्रेरित होता है। इसी कारण सामान्य लोग देह में आत्मबुद्धि रखते है (देह को ही आत्मा समझते हैं)।

आद्यन्तयोः विक्रिययोः प्रतिषेधेन, सर्वा:विक्रिया: प्रतिषिद्धाः भवन्ति। (२-२०)= आत्मतत्त्व में आदि और अन्त के विकारों (जन्म और मरण) का प्रतिषेध करने से मध्यवर्ती सभी विक्रियाओं का निषेध हो जाता है।

आद्यन्तवन्तः *अनित्याः* मध्यक्षणभावित्वात्। (५-२२)= जिन पदार्थों का आदि और अन्त होता है, वे केवल बीच के क्षण में ही प्रतीत होते है। अतः वे अनित्य होते हैं।

इन्द्रियोपसंहार-शम-दम-दया-अहिंसादिलक्षणैः धर्मैः प्रयतन्ते *महात्मानः*। (९-१४) = महात्मा लोग इन्द्रिय निग्रह, शम, दम, दया, अहिंसा आदि लक्षणयुक्त धर्मों से-परमात्मा को प्राप्त करने का - प्रयत्न करते हैं।

उत्सृज्य बाह्यां दुराचारताम् अन्तः सम्यग् व्यवसायसामर्थ्यात् शीघ्रं *धर्मचित्तः* भवति। (९-३१)= बाह्य दुराचारों को छोड़ कर यथार्थ निश्चय की आंतरिक शक्ति से, मनुष्य का चित्त शीघ्र ही धर्ममय होता है। वह धर्मात्मा होता है।

***ओंकारस्य* उपासनं कालान्तरे मुक्तिफलम्। (८-११)** = ओंकार की उपासना से कालान्तर में मुक्तिरूप फल प्राप्त होता है।

कश्चिद् एव सहस्त्रेषु देवपूजादितत्परः सत्त्वनिष्ठः भवति, बाहुल्येन तु रजोनिष्ठा तमोनिष्ठाः एव *प्राणिनः* भवन्ति। (१७-४) = श्रद्धावान् हजारो लोगों में कोई एक ही देवपूजादि परायण सत्त्वनिष्ठ होता है, अधिकांश मनुष्य तो राजसी और तामसी निष्ठा वाले ही होते हैं।

कथम् असतः सत् कारणं भवेत्, संबन्धो वा केनचित्। = असत् का कारण सत् कैसे होगा? किसी असत् पदार्थ का सत् (विद्यमान) पदार्थ से संबंध भी कैसे होगा?

करोति *भृत्यः* स्वामिकर्म, न तु आत्मनः परमा(प्रेत्य गन्तव्या) गतिः इति स्वामिनं प्रतिपद्यते। (११-१५) = सेवक स्वामी का कार्य करता है किन्तु उसीको मरणोपरान्त प्राप्तव्य गति नहीं समझता। (यही भृत्य और भक्त में भेद है। भक्त भगवान् की सेवा भी करता है और उसी को प्राप्तव्य गति समफलता है।)

'कर्ता अहम्' इति यः आत्मानं वेत्ति तस्य 'मम इदं कर्तव्यम्' इति अवश्यं भाविनी *बुद्धिः* स्यात्। (२८-२१) = जो अपने को समझता है कि मैं कर्ता हूँ, उसकी यह अवश्य बुद्धि होगी कि 'मेरा अमुक कर्तव्य है'।

कर्तृत्वाभिमानेन फलासंगेन च कर्मभिः बाध्यते मूढः कोशकारवत्। (९-९) = कर्तृत्व के अभिमान और फल की आसक्ति के कारण अज्ञानी लोग रेशम के कीड़ों की भांति बन्धन में पडते हैं।

***कर्मनिष्ठायाः* ज्ञाननिष्ठाप्राप्तिहेतुत्वेन पुरुषार्थत्वं, न स्वातन्त्रेण, *ज्ञाननिष्ठा* तु कर्मनिष्ठा-उपाय लब्धात्मिका सती स्वातन्त्रेण पुरुषार्थहेतुः अन्यानपेक्षा। (३-३)** = कर्मनिष्ठा, ज्ञाननिष्ठा की प्राप्ति में साधनरूप होने के कारण पुरुषार्थ (मोक्ष) की हेतु होती है, स्वतंत्र रूप से नहीं। किन्तु कर्मनिष्ठारूप उपाय से सिद्ध होने वाली ज्ञाननिष्ठा, अन्य किसी की अपेक्षा के बिना स्वतंत्ररूप से मोक्षरूप पुरुषार्थ की हेतु होती है। (अर्थात् दोनों निष्ठाओं में ज्ञाननिष्ठा श्रेष्ठ है।)

कर्मसंन्यासमात्राद् एव ज्ञानरहितात् *सिद्धिं* नैष्कर्म्यलक्षणां पुरुषः न अधिगच्छति। (३-४) = ज्ञान के बिना केवल कर्मसंन्यास मात्र से, निष्कर्मतारूप सिद्धि मनुष्य को प्राप्त नहीं होती।

कष्टे तपसि स्थितस्य मूर्खस्य अपि रसवर्ज्यं *विषयाः* निवर्तन्ते। (२-५९) = कष्टदायक तप करने वाले मूर्ख (अर्थात् आत्मज्ञानहीन) मनुष्य के भी विषय निवृत्त होते हैं किन्तु तद्विषयक रस (आसक्ति) निवृत्त नहीं होती। (तात्पर्य यही है कि विषयों की निवृत्ति से, विषयों की आसक्ति से निवृत्ति दुष्कर है।

कामरागविवर्जितम् *ऐश्वरं बलं* जगद् विधारणाय पृथिव्यां प्रविष्टं येन गुर्वी पृथ्वी नाधः पतति न विदीर्यते च। (१५-१३) = कामना और आसक्ति से विरहित ईश्वरीय बल जगद् का विधारण करने के लिए पृथ्वी में प्रविष्ट हुआ है, जिसके कारण भारवती पृथ्वी नीचे नहीं गिरती और फटती भी नहीं।

***कामः* प्रतिहतः केनचित् क्रोधत्वेन परिणमते, अतः क्रोधःअपि काम एव। (३-३७)** = काम विकार किसी कारण बाधित होने पर क्रोध के रूप में बदल जाता है (उसका रूपान्तर मात्र होता है। अतः क्रोध भी तत्त्वतः काम ही है।

***कामः* सर्वलोकशत्रुः यन्निमित्ता सर्व-अनर्थप्राप्तिः भवति प्राणिनाम्। (३-३७)** = कामविकार ही सब लोगों का शत्रु है जिसके कारण प्राणियों को सभी अनर्थों की प्राप्ति होती है।

***कामाः* च सर्वे श्रौतस्मार्त-सर्वकर्मणां फलानि। (१२-१२)**= सारे काम श्रौत स्मार्त समस्त कर्मों के फलस्वरूप होते हैं।

***कामेन* हि प्रेरितो जन्तुः पापं करोति। (३-३७)** = काम विकार से प्रेरित होने के कारण ही मनुष्य पापाचरण करता है।

***कामो* हि उद्भूतः रजः प्रवर्तयन् पुरुषं प्रवर्तयति। (३-३७)** = काम विकार (या विषय तृष्णा) अन्तःकरण में उत्पन्न होने पर रजोगुण को प्रवृत्त करते हैं और वह रजोगुण पुरुष को (कर्मों में) प्रवृत्त करता है।

कार्यं हि कारणस्य अन्तर्वर्ति भवति। (८-२२) = कार्य कारण के अन्तवर्ति हुआ करता है।

कीर्तिः श्रीः वाक् स्मृतिः मेधा, धृतिः क्षमा इत्येतासां नारीविभूतीनाम् आभासमात्रसंबंधेन अपि *लोकः* कृतार्थम्

आत्मानं मन्यते। (१०-३४) = कीर्ति श्री आदि सात विभूतियों के आभासमात्र संबंध से लोग अपने को कृतार्थ मानते हैं।

कृतकृत्यत्वेन *आत्मविदः* प्रयोजनान्तराभावः कर्तव्यान्तराभावः च। (५-भू.)= कृतकृत्य होने के कारण आत्मज्ञानी के लिये सभी प्रकार के प्रयोजनों का अभाव होता है, उसी प्रकार सभी प्रकार के कर्तव्यों का भी अभाव होता है। (अर्थात् जिसका कोई प्रयोजन नहीं होता उसका कोई कर्तव्य भी नहीं होता।)

केवलं परोपदेशप्रमाणाः स्वयं विवेकरहिताः अपि मृत्युम् अतितरन्ति। (१३-२५) = आचार्यों के उपदेश को ही प्रमाण मानने वाले, स्वयं विवेकहीन होने पर भी मृत्युमय संसार को पार कर जाते हैं। (अर्थात् स्वयं प्रमाण करने में समर्थ और विवेकशील पुरुष मृत्युमय संसार को पार करते हैं इस में कोई संदेह नहीं।)

क्षेत्र-क्षेत्रज्ञ-ईश्वर-याथात्म्यव्यतिरेकेण न *ज्ञानगोचरम्* अन्यद् अवशिष्टम्। (१३-२) = क्षेत्र, क्षेत्रज्ञ और ईश्वर इन के यथार्थ स्वरूप से अतिरिक्त अन्य कोई ज्ञान का विषय शेष नहीं रहता। अर्थात् संसार में ये तीन ही ज्ञातव्य हैं।

***क्षेत्रं* च मायानिर्मित हस्ति - स्वप्नदृष्टवस्तु - गन्धर्वनगरादि वद् असद् एव, सद् इव अवभासते।** (१३-२६) = यह क्षेत्र (शरीर) माया से रचे हुए हाथी, स्वप्न में देखी हुई वस्तु या गंधर्वनगर आदि की भांति वास्तव में असत् (अविद्यमान) होते हुए भी सत् की भांति प्रतीत होता है।

क्षेत्रज्ञ-ईश्वर-एकत्वं सर्वोपनिषत्-प्रसिद्धम्। (४-३५) = क्षेत्रज्ञ (जीवात्मा) और ईश्वर (परमात्मा) की एकता सभी उपदेशों में प्रसिद्ध है (अधिकृत शब्दों में प्रतिपादित की है।)

***क्षेत्रज्ञस्य* ईश्वरस्य एव सतः अविद्याकृतोपाधिभेदतः संसारित्वम् इव भवति।** (१३-२) = जो क्षेत्रज्ञ वास्तव में ईश्वर ही है, उस को अविद्या के द्वारा आरोपित उपाधि के भेद से संसारित्व प्राप्त हो जाता है।

***गीताशास्त्रं* समस्तवेदार्थसार-संग्रहभूतं दुर्विज्ञेयार्थम्।** (अ-१-भू.) = गीता एक ऐसा शास्त्र है जिसमें समस्त वेद के अर्थ का सार संगृहीत हुआ है और जिसका निश्चित अर्थ ठीक समझने की दृष्टि से कठिन है।

***गीताशास्त्रार्थे* ज्ञाते समस्तपुरुषार्थ-सिद्धिः।** (१-भू.) = गीताशास्त्र के सम्यक् अर्थ का ज्ञान होने पर चारों पुरुषार्थों की सिद्धि प्राप्त हो सकती है।

***गीतासु* केवलाद् एव तत्त्वज्ञानाद् मोक्षप्राप्तिः न कर्मसमुच्चिताद् इति निश्चितः अर्थः।** (२-११) = गीता में केवल तत्त्वज्ञान से ही मोक्ष प्राप्ति होती है, कर्मसहित तत्त्वज्ञान से वह नहीं होती, यह अर्थ निश्चित रूप से कहा है।

गुणाधिकैः हि गृहीतः अनुष्ठीयमानः च *धर्मः* प्रचयं गच्छति। (१-भू.) = अधिक गुणसम्पन्न लोग जब किसी धर्म का ग्रहण एवं आचरण द्वारा पालन करते है, तभी उस धर्म का विकास होता है।

गुणानां कर्म। नैव किंचित् करोमि इति हि ते *सांख्याः* संन्यसन्ति। (१८-३) = सारे कर्म गुणों के ही होते हैं, मैं कुछ भी नहीं करता, ऐसा समझ कर ही सांख्यवादी कर्म संन्यास करते हैं।

गुरुसंप्रदायविरहितानाम्, अश्रुतवेदान्तानाम् अत्यन्त-बहिर्विषयासक्तबुद्धीनां, सम्यक् प्रमाणेषु अकृतश्रमाणाम् दुःसाध्या *सम्यग्ज्ञाननिष्ठा*। (१८-५०) = जो गुरु परंपरारहित हैं, जिन्होंने वेदान्तों (उपनिषदों) का श्रवण किया नहीं जिनकी बुद्धि सांसारिक विषयों में अत्यन्त आसक्त है, और जिन्होंने यथार्थ ज्ञान कराने वाले प्रमाणों का ज्ञान पाने पर्याप्त परिश्रम नहीं किये, उनके लिए सम्यग् ज्ञाननिष्ठा दुःसाध्य है।

गौणसिंहाग्निभ्यां मुख्यासिंहाग्निकार्यं न शक्यते कर्तुम् (१८) = गौण (अर्थात् चित्रस्थ या नाममात्र) सिंह या अग्नि के द्वारा मुख्य सिंह और अग्नि के कार्य नहीं किये जाते।

घटादिसंस्थानं चक्षुषा निरूप्यमाणम्अपि मृद्व्यतिरेकेण अनुपलब्धेः *असत्*। (२-१६)= घटादिपदार्थ आखों से दिखते हुए भी उस स्थान पर मिट्टी को छोड़कर और कुछ भी उपलब्ध न होने से कारण असत् हैं। उसी प्रकार सभी दृश्यमान पदार्थ असत् रूप ही हैं।

जगतः स्थितिकारणं प्राणिनां साक्षाद् अभ्युदयनिःश्रेयसहेतुः यः सः *धर्मः*। (१-भू.) = जगत् की सम्यक् स्थिति का कारण और प्राणिमात्र के अभ्युदय (ऐहिक उत्कर्ष) एवं निःश्रेयस (मोक्षस्वरूप आत्यंतिक कल्याण) का भी जो कारण है वही धर्म है।

जन्म-प्रध्वंसाभ्यां प्राक् ऊर्ध्वं च अनुपलभ्यमानम् *असत्*। (२-१६) = उत्पत्ति से पूर्व और विनाश के पश्चात् जिनकी उपलब्धि नहीं होती वे (अर्थात् इन्द्रियगोचर सभी बाह्य पदार्थ) असत् स्वरूप (मायामय) हैं।

जन्मादिषु दुःखदोषानुदर्शनाद् देहेन्द्रियविषयभोगेषु *वैराग्यम्* उपजायते, ततः प्रत्यगात्मनि प्रवृत्तिः करणानाम् आत्मदर्शनाय। (१३-८) = जन्म, मृत्यु, जरा, व्याधि आदि में दुःखरूप दोष को बारंबार देखने से शरीर और इन्द्रियों के विषयभोगों में वैराग्य उत्पन्न होता है और उस कारण इन्द्रियों की आत्मसाक्षात्कार की ओर प्रवृत्ति हो जाती है।

***ज्ञानं* च उत्पद्यमानं तद्विपरीतं अज्ञानम् अवश्यं बाधते।** (२-२१) = ज्ञान का उदय होने पर वह तद्विरोधी अज्ञान को अवश्य बाधित करता है।

***ज्ञान-कर्मणोः* कर्तृत्व-अकर्तृत्व-एकत्व-अनेकत्व बुद्ध्याश्रययोः एक पुरुषाश्रयत्वासम्भवः।** (२-११ भू.) = ज्ञानयोग और कर्मयोग, कर्तृत्व और अकर्तृत्व तथा एकत्व और अनेकत्व भिन्न भिन्न बुद्धि पर आश्रित होने के कारण, वे दोनों पृथक् योग एक ही पुरुष में होना असम्भव होता है।

ज्ञानार्थसंस्कारार्जनाश्रयाणि *जन्मानि*। (७-१९) = ज्ञान

का उदय होने के लिए आवश्यक संस्कारों की प्राप्ति का आधार ही जन्म होते हैं। अर्थात् उन संस्कारों का संग्रह करना यही जन्मों का प्रयोजन है।

ज्ञानी भक्तः **तत्त्वविक्त्वाद् नित्ययुक्तः भवति, एकभक्तिःच अन्यस्य भजनीयस्य अदर्शनात्। (७-१७)** = ज्ञानी भक्त को तत्त्वज्ञान होने के कारण वह नित्य योगयुक्त होता है और भजनयोग्य अन्य किसी वस्तु का दर्शन होने से वह एकभक्ति (केवल परमात्मा में ही भक्तियुक्त रहने वाला) होता है।

ज्ञानी **स्वप्रयोजनाभावात् लोकसंग्रहार्थं पूर्ववत् कर्मणि प्रवृत्तः अपि नैव किंचित् करोति। (४-१९)** = ज्ञानी पुरुष लोकसंग्रह के लिए यथापूर्व कर्म करते ही रहता है किन्तु उसका वह कर्म, तत्त्वतः अकर्म ही होता है, क्यों कि उस कर्म में उस का अपना कुछ भी प्रयोजन (फलप्राप्ति की अभिलाषा) नहीं होता।

ज्ञाने *यत्नः* न कर्तव्यः किं तु अनात्मबुद्धिनिवृतौ एव। (१८-५०) = ज्ञान प्राप्ति के लिए यत्न करना आवश्यक नहीं होता, अपि तु अनात्म वस्तुओं में हुई अहं बुद्धि का निवारण करने की आवश्यकता होती है।

ज्ञानैश्वर्यशक्तिबलवीर्यतेजोभिः सदा सम्पन्नः *भगवान्*। (१-भू.) = संपूर्ण ज्ञान, ऐश्वर्य, शक्ति, बल, वीर्य, और तेज से भगवान् नित्य सम्पन्न होते हैं।

ज्ञेयं **ज्ञेयम् एव तथा *ज्ञाता* ज्ञाता एव, न ज्ञेयं भवति। (१३-२)** = ज्ञेय ज्ञेय ही रहेगा (वह ज्ञाता नहीं हो सकता) तथा ज्ञाता ज्ञाता ही रहेगा (वह ज्ञेय कभी नहीं हो सकता)।

ज्ञेयं **ब्रह्म अतीन्द्रियत्वेन शब्दैकप्रमाणगम्यत्त्वाद् न घटादिवद् उभयबुद्ध्यनुगत-प्रत्ययविषयम्। (१३-१२)** = ज्ञेय ब्रह्म अतीन्द्रिय होने के कारण, केवल वेदशब्दरूप प्रमाण से ही उसका ज्ञान होता है। घट आदि जड़ पदार्थों की भांति वह अस्ति-नास्ति जैसे दोनों प्रकार के ज्ञानों के प्रतीति का विषय नहीं होता।

तत्त्वज्ञानफलालोचने हि तत्साधनानुष्ठाने प्रवृत्तिः स्यात्। (१३-११) = तत्त्वज्ञान के फल की आलोचना करने से उसके साधनों का अनुष्ठान करने में प्रवृत्ति होगी।

तत्त्वविद् **न अहं करोमि इति मन्यते न च तत्फलम् अभिसन्धत्ते। (२-११)** = आत्मतत्त्वज्ञानी पुरुष मैं कर्म करता हूं ऐसा नहीं मानता और किये गये कर्म से फल की अभिलाषा नहीं रखता। (२-११ भू.)

तामसो हि प्रत्ययः **(अविद्याभिधः) आवरणात्मकत्वाद् विपरीतग्राहकः, संशयोपस्थापकः, अग्रहणात्मकः वा। (१३-२)** = अविद्या नामक तामस प्रत्यय आवरणस्वरूप होने के कारण, विपरीत ग्राहक, संशयोपस्थापक, या अग्रहणात्मक (कुछ भी ग्रहण न करने वाला) होता है।

तावद् एव हि *पुरुषः* यावत् तदीयम् अन्तःकरणं कार्याकार्यविषय-विवेकयोग्यम्। तदयोग्यत्वे नष्टः एव पुरुषः भवति। (२-६३) = मनुष्य का मनुष्यत्व तब तक ही मानना चाहिये, जब तब उसका अन्तःकरण कार्य-अकार्य विषयों का विवेक करने योग्य होता है। जब वह योग्यता नहीं होती तब तो पुरुष नष्ट ही होता है। (अर्थात् पुरुषार्थ की प्राप्ति कदापि नहीं कर सकता।)

दीप्यते हि इयम् अतिशयेन *ब्रह्मविद्या* सर्वविद्यानाम्। (९-२) = ब्रह्मविद्या सभी विद्याओं में अतिशय दीप्तिमान है।

दूरस्थानां यथा अग्निः शीतं न अपनयति समीपम् उपसर्पताम् अपनयति तथा अहं *परमात्मा* भक्तान् अनुगृह्णामि न इतरान्। (९-२९) = अग्नि अपने से दूर रहने वालों का शीत निवारण नहीं करता, पास आने वालों का ही करता है, वैसे ही भगवान् भक्तों पर अनुग्रह करते हैं, दूसरों पर नहीं।

दृशिकर्मत्वापत्तिनिमित्ता हि जगतः सर्वा *प्रवृत्तिः* (इदं भोक्ष्ये इदं पश्यामि (इत्याद्या) अवगतिनिष्ठा अवगत्यवसाना च। (९-१०) = जगत् की सारी प्रवृत्तियाँ द्रष्टा के ज्ञान के लिये ही हैं, अतः वे ज्ञान के अधीन तथा ज्ञान में विलीन होती है।

दृष्टादृष्टप्रयोजनं विधिप्रतिषेधगम्यं, शरीरवाङ्मनस निर्वर्त्यं च *कर्म*। (४-२१) = ऐहिक और पारलौकिक भोग ही जिनका प्रयोजन होता है, विधि-निषेधों का प्रतिपादन करने वाले शास्त्रद्वारा जिनका ज्ञान होता है और शरीर, वाणी तथा मन के द्वारा जो सम्पादित होते हैं; ऐसे कर्म के तीन प्रमुख प्रकार होते हैं।

देहत्यागेन *प्रयाणम्* आत्मनः न स्वरूपनाशेन। (८-१३) = देह का त्याग करके आत्मा का प्रयाण होता है। उसके स्वरूप का नाश होकर प्रयाण नहीं होता।

देहाद्याश्रयं *कर्म* आत्मनि अध्यारोप्य अहं कर्ता मम, एतत् कर्म, मया अस्य फलं भोक्तव्यम् इति मन्यते। (४-१८) = देह इन्द्रियाँ इत्यादि के द्वारा होने वाले कर्मों का आत्मा में अध्यारोप करते हुए, 'मै कर्ता हूं' "मेरा यह कर्म है" मुझे इसका फल भोगना है" इस प्रकार अज्ञ लोग मानते हैं।

देहाभिमानपरित्यागनिमित्तः अक्षरात्मनां परमार्थदर्शिनां *क्लेशः* अधिकतरः। (१२-५) = अक्षर ब्रह्म का चिन्तन करने वाले परमार्थदर्शी आधकों को देहविषयक अभिमान का त्याग करना पड़ता है, अतः उन्हें अधिकतर क्लेश उठाने पड़ते है। (भक्तों का समुद्धार स्वयं भगवान् करते हैं अतः उन्हें ऐसे क्लेश नहीं होते)।

द्रव्यमयो हि यज्ञः फलस्य आरम्भकः, *ज्ञानयज्ञः* न फलारम्भकः अतः श्रेयान्। (४-३३)
द्रव्यरूप साधन द्वारा सिद्ध होने वाला यज्ञ जन्मादि फलों का आरंभक होता है किन्तु स्वाध्यायस्वरूप ज्ञानयज्ञ फलारंभक नहीं होता, अतः वह अधिक प्रशंसनीय है।

द्वन्द्वमोहेन प्रतिबद्धप्रज्ञानानि *सर्वभूतानि* ईश्वरम् आत्मभूतं

न जानन्ति, अत एव आत्मभावेन तं न भजन्ते। (७-२७) = इच्छ-द्वेष स्वरूप द्वन्द्व के मोह से जिनका ज्ञान प्रतिबद्ध हुआ हैं ऐसे सारे प्राणी आत्मस्वरूप ईश्वर को नहीं जानते और इसी कारण वे आत्मभाव से उसकी भक्ति नहीं करते।

***द्वन्द्वातीतः* पुरुषः लोकव्यवहारसामान्यदर्शनेन, लौकिकः आरोपितकर्तृत्वे कर्मणि भिक्षाटनादौ कर्ता भवति?, स्वानुभवेन तु शास्त्रप्रमाणादिजनितेन अकर्ता एव।** (४-२३) = द्वन्द्वातीत (ज्ञानी) पुरुष सामान्य लोकव्यवहार की दृष्टि से, अज्ञानी पुरुषों द्वारा आरोपित किए हुए कर्तृत्व के कारण भिक्षाटन जैसे कर्मों का कर्ता होता है, किन्तु शास्त्रप्रमाण (अध्यात्मसाधना) आदि से उत्पन्न ब्रह्मात्मस्वरूप की अनुभूति से, वह अकर्ता ही होता है।

द्विविधं *नित्यत्वं* पृथिवीवत् आत्मवत् च। (२-१८) = नित्यत्व दो प्रकार का होता है- (१) पृथ्वी का नित्यत्व (जो प्रलय में समाप्त होता है), और (२) आत्मा का नित्यत्व जो पारमार्थिक है।

द्विविधः हि *नाशः* यथा देहो भस्मीभूत- नष्टः इति उच्यते अन्यथा परिणतः व्याध्यादियुक्तः जातः नष्टः उच्यते। (२-१८) = देह का भस्मसात् होना और रोगादि के कारण उसके वर्ण रूपादि विपरीत होना इन दोनों अवस्थाओं को नाश ही कहते हैं। अर्थात् नाश दो प्रकार का होता है। (आत्मा का दोनों प्रकार के नाश से संबंध नहीं होता, अतः वही तत्त्वतः अविनाशी है।

द्विविधो हि वैदिकः *धर्मः* प्रवृत्तिलक्षणः निवृत्तिलक्षणःच (१ भू.) = वैदिक धर्म दो प्रकार का है – (१) प्रवृत्तिरूप और (२) निवृत्तिरूप।

धर्माधर्मोपचयाद् इष्ट निष्टजन्म- सुखदुःखसंप्राप्तिलक्षणः *संसारः* अनुपरतः भवति। (२-११ भू.) = धर्म और अधर्म (अर्थात् पाप और पुण्य) का संचय होने से, अच्छे और बुरे जन्म तथा सुख और दुःख की प्राप्ति ही जिसका स्वरूप है ऐसा संसार (जन्म-मरण का चक्र) स्थगित नहीं होता।

धर्मोऽपि *मुमुक्षोः* किल्बिषम् एव, बन्धापादकत्वात्। (४-२१) = धर्म भी (पुण्यरूप) बन्धन कारक होने के कारण मुमुक्षु की दृष्टि के किल्बिष (अनिष्टपाप) रूप ही होता है।

धेनुः अपि गौः, अगौः उच्यते, क्षीराख्यं फलं न प्रयच्छति, इति (हेतोः) (४-१८)= गाय अगर दूध नहीं देती तो उस गाय को गाय नहीं कहते। दूध देना गाय का धर्म है। उसका अभाव होने पर उसकी गाय में गणना नहीं होती।

ध्यानयोगस्य फलनिरपेक्षः *कर्मयोगः* बहिरंगं साधनम्। (६-३) = फल की अपेक्षा न रखते हुए किया हुआ कर्मयोग, ध्यानयोग का बहिरंग साधन होता है।

***न अभेदे* साधर्म्यम् अपि तु सारूप्यम् एव।** (२-१४) = अभेद में समानधर्मता नहीं होती अपि तु सरूपता होती है।

न च आत्मानम् ईश्वरं प्रमाणतः बुद्ध्वा, कस्यचित् गुणभावं जिगमिषति कश्चिद्, विरोधात्। (१२-१) = प्रमाणों द्वारा आत्मा का ईश्वर स्वरूप जानने के बाद कोई भी किसी का सेवक बनना नहीं चाहता। ईश्वरत्व (स्वामित्व) और सेवकत्व परस्पर विरुद्ध होते हैं।

न च *मिथ्याज्ञानं* बोद्धव्यं भवति, तत्प्रत्युपस्थापितं वा वस्त्वाभासम्। (४-१८) = मिथ्याज्ञान या उसके द्वारा स्थापित आभास मात्र वस्तु, जानने योग्य नहीं होती।

न च विवेकिनम् अनुवर्तन्ते *मूढाः* रागादिदोषतन्त्रत्वात् प्रवृत्तेः। (१३-२) = मूढ लोगों की प्रवृत्ति राग द्वेष आदि दोषों के अधीन होने से, वे विवेकी पुरुष का अनुसरण नहीं कर सकते।

न तु *ब्रह्म* जातिमत्। अतः न सद्-आदिशब्दवाच्यं, न अपि गुणवत् येन गुणशब्देन उच्यते निर्गुणत्वाद्, न अपि क्रियाशब्दवाच्यं निष्क्रियत्वात्। न च संबंधि एकत्वाद् अद्वयत्वाद् आत्मत्वात् च केनचित् शब्देन उच्यते। (१३-१२) = ब्रह्म जाति वाला नहीं इसलिये सत् आदि जातिवाचक शब्दों द्वारा नहीं कहा जा सकता; निर्गुण होने के कारण वह गुणवान भी नहीं है, कि जिसे गुणवाचक शब्दों से कहा जाय; क्रिया रहित होने से क्रियावाचक तथा एक अद्वितीय इन्द्रियों का अविषय और आत्मरूप होने के कारण वह किसी संबंधसूचक शब्द से भी नहीं कहा जा सकता।

न अभेददर्शिनः अक्षरोपासकस्य *कर्मयोगः* उपपद्यते। (१२-१२) = अव्यक्तस्वरूप परमात्मा की उपासना करने वाले अभेददर्शी पुरुष के लिए कर्मयोग का पालन संभाव्य नहीं होता।

न असति सम्यग्दर्शने *रसस्य उच्छेदः*। तस्मात् सम्यग् दर्शनाभिधायाः प्रज्ञायाः स्थैर्यं कर्तव्यम्। (२-५९) = सम्यग् दर्शन (अहं ब्रह्मास्मि यह धारणा) हुए बिना विषयासक्ति का निर्मूलन असंभव है; अतः उसके लिए सम्यग्दर्शनात्मक प्रज्ञा की स्थिरता करना आवश्यक है।

न *क्षेत्रक्षेत्रज्ञयोः संयोगः* रज्जुघटवत्, आकाशवद् निरव्यवत्वात्। न अपि समवायलक्षणः तन्तुपटयोः इव इतरेतरकार्यकारणभावानभ्युपगमात्। (१३-२६) = क्षेत्र-क्षेत्रज्ञ का संयोग रज्जुघटवत् नहीं होता क्यों कि उसमें आकाश के समान अवयवों का अभाव होता हैं। उनमें कार्यकारणरूप परस्पर संबंध न होने से तन्तु-पट संबंध जैसा समवाय संबंध भी नहीं होता। (अर्थात् वह संबंध रज्जुसर्प शुक्तिकारजत संबंध से समान अध्यास रूप होता है।)

नग्नक्षपणकादीनाम् शरीरानुवर्ती देहपरिमाणः जीवः ईश्वरः वा पाषाणदारु-आदिमात्रः। (१८-२२) = दिगंबर जैन आदिमतों के अनुसार आत्मा शरीर में रहने वाला एवं शरीरक के परिमाण का होता है और पत्थर या काष्ठ की प्रतिमा मात्र ईश्वर है।

न जगतः सर्वस्य एव *शुक्लकृष्णे गती* संभवतः अपि

तु ज्ञानकर्मणोः अधिकृतानाम् एव। (८-२६) = सारे संसार के लिए ज्ञानप्रकाशयुक्त (शुक्ल) और तद्विरहित (कृष्ण) मार्ग नहीं होते, अपि तु जिन्हें ज्ञानमार्ग में और कर्म मार्ग में अधिकार प्राप्त हुआ है उन्हीं के लिए वे होते हैं।

नदीकूलस्थेषु वृक्षेषु गतिः प्रातिलोम्येन (प्रतीयते) = नौका में प्रवास करते समय नदी तीरस्थ वृक्षों में भ्रम से प्रतिकूल गति प्रतीत होती है, (उसी प्रकार आत्मा में अज्ञान से शरीर इन्द्रियाँ आदि के कर्म समझे जाते हैं)

अविद्यापरिकल्पितदोषेण पारमार्थिकं वस्तु न *दूष्यति*। (१३-२) = किसी पदार्थ पर अज्ञान के कारण दोषारोपण करने से वह पदार्थ दूषित नहीं होता। (अज्ञान के कारण रत्न को कांच समझने से रत्न में कांचपन नहीं आता)।

न दृष्टमिथ्याज्ञाननिमित्तस्य *अहं-प्रत्ययस्य* देहादिसंघाते गौणत्वं कल्पयितुं शक्यम्। (१८-६६) = देहादि संघात में मिथ्याज्ञान के कारण होने वाली अहंप्रतीति में गौणता की कल्पना नहीं की जा सकती।

न पृथिव्याम् अग्निः चेतव्यः न च अन्तरिक्षे। (१३-२८) = (अयुक्त निषेध का उदाहरण)- पृथ्वी पर अग्नि नहीं जलानी चाहिये (यह निषेध इस लिए अयुक्त है कि अन्यत्र अग्नि जलाई जाती ही नहीं) और अंतरिक्ष में अग्नि नहीं जलानी चाहिये (यह निषेध इसलिए अप्रस्तुत है कि वहा अग्नि जलाई जाती ही नहीं।)

न मद्व्यापारा इमे, निर्व्यापारः अहम् उदासीनः इति एव ज्ञानं *सम्यक्दर्शनम्*। (४-३२) = ये सारे कर्म मेरे द्वारा संपादित नही हैं। मै तो निष्क्रिय और उदासीन हूं इस प्रकार की प्रतीति होना ही सम्यक्दर्शन है।

न यावज्जीवं कर्तव्यत्वप्राप्तिः कस्यचिद् अपि कर्मणः। (६ भू.) = किसी भी कर्म के लिए आमरण कर्तव्यत्व प्राप्त नहीं होता। (जिस योग्यता की प्राप्ति के लिए कोई कर्म किया जाता है, उस अवस्था में आरोहण होने पर उस कर्म की आवश्यकता नहीं होती।

न षण्मासं संवत्सरं वा, किं तर्हि यावज्जीवं नैरन्तर्येण ईश्वरं स्मरेत्। (८-१४) = ईश्वर का स्मरण छः मास या वर्षभर नहीं किन्तु जीवन के अन्त तक निरन्तर करना चाहिये।

न हि अत्यन्तमूढः उन्मत्तादिः अपि जलाग्न्योः छायाप्रकाशयोः वा ऐकात्म्यं पश्यति किमुत विवेकी। (१३-२) = अत्यन्त मूढ प्राणी और उन्मत्त आदि मनुष्य जल और अग्नि की, या छाया और प्रकाश की एकता नहीं मानते फिर विवेकी की तो बात ही क्या है।

न हि अन्यविषयेण ज्ञानेन अन्यद् उपलभ्यते; यथा घटविषयेण ज्ञानेन अग्निः। (१३-१२) = एक वस्तु विषयक ज्ञान से दूसरी वस्तु नहीं जानी जाती, जैसे घटविषयक ज्ञान से अग्नि नहीं जानी जाती।

न हि अप्राप्तविषयाकांक्षा *ब्रह्मविदः* उपपद्यते। (१८-५४) = जो ब्रह्मज्ञानी है उसमें किसी अप्राप्त विषय की आकांक्षा की संभावना ही नहीं होती।

न हि अबीजं किंचित् प्ररोहति (९-१८) = बिना बीज के कुछ भी उत्पन्न नहीं होता।

न हि असंसर्गि वस्तु क्वचिद् आधेयभावेन अवस्थितं भवति। (९-४) = संसर्गहीन कोई भी वस्तु कहीं भी आधेयभाव से स्थित नहीं होती। (साकार वस्तुओं में संसर्ग होता है अतः उनमें आधार-आधेय संबंध हो सकता है। परमात्मा निराकार होने से उसमें संसर्ग की संभावना नहीं अतः महाभूत उसके आधार नहीं हो सकते)।

न हि आत्मानम् इत्थम् अहम् इति अप्रमाय, पश्चात् प्रमेयपरिच्छेदाय प्रवर्तते। (२-१८) = मैं इस प्रकार का हूं ऐसा प्रथम जाने बिना, ज्ञेय पदार्थ को जानने कोई प्रवृत्त नहीं होता। स्वरूप को जानने के पश्चात् ही अन्य पदार्थ की जिज्ञासा होती है।

न हि *आत्मा* नाम कस्यचिद् अप्रसिद्धः भवति। (२-१८) = अपना निजी अस्तित्व किसी को अज्ञात नहीं होता।

न हि *आत्मस्वरूपाधिगमे* सति पुनः प्रमाण-प्रमेय व्यवहारः सम्भवति। (२-६९) = आत्मस्वरूप का साक्षात्कार होने पर प्रमाण और प्रमेय का व्यवहार नहीं बन सकता।

न हि इच्छाद्वेषदोषवशीकृतचित्तस्य यथार्थभूतभूतविषयं *ज्ञानम्* उत्पद्यते बहिः अपि, किमु वक्तव्यं ताभ्याम् आविष्टबुद्धेः संमूढस्य प्रत्यगात्मनि बहुप्रतिबन्धे ज्ञानं न उत्पद्यते इति। (७-२७) = जिस का चित्त इच्छा और द्वेष जैसे दोषों के अधीन हुआ हो, उसको बाहरी विषयों के तत्त्व का भी यथार्थ ज्ञान नहीं होता। तो फिर बुद्धि में उन दोनों दोषों का संचार होने के कारण जो मूढ हुआ होगा, उसे अनेक प्रतिबन्ध वाला अन्तरात्मा का ज्ञान नहीं होता यह कहने की ही आवश्यकता नहीं।

न हि ईश्वरद्वयं सम्भवति, *अनेकेश्वरत्वे* व्यवहारानुपपत्तेः। (११-४३) = दो ईश्वर होने की संभावना ही नही। अनेक ईश्वरों को मानने पर व्यवहार सिद्ध नहीं हो सकता। (एक ईश्वर उत्पत्ति और उसी समय दूसरा ईश्वर संहार कर नहीं सकता)।

न हि ईश्वरस्य सर्वात्मनः दिव्यानां विभूतीनाम् इयता शक्या वक्तुं ज्ञातुं वा केनचित्। (१०-४०) = सर्वात्मरूप ईश्वर की दिव्य विभूतियाँ इतनी ही हैं, इस प्रकार किसी के भी द्वारा जाना या कहा नहीं जा सकता।

न हि उपायम् अन्तरेण उपेयप्राप्तिः अस्ति। (३-४) = उपाय के बिना उपेय (प्राप्तव्य) की प्राप्ति नहीं होती। (इस न्याय के अनुसार कर्मों के आरम्भ से हीं नैष्कर्म्य की प्राप्ति होती है।)

न हि ऊषरदेशं स्नेहेन पंकीकर्तुं शक्नोति मरीच्युदकम् (१३-२) = ऊषर देश को मृगजल अपनी आर्द्रता से पंकमय नहीं कर सकता।

न हि एकस्य मुमुक्षुत्वं फलार्थित्वं च युगपत् सम्भवति। (४-११) = एक ही मनुष्य में मुमुक्षुत्व और फलार्थित्व (परस्पर विरुद्ध होने के कारण) दोनों एक साथ नहीं हो सकते।

न हि *कामाः* हिताः कस्यचित्। (७-२२) = कामोपभोग किसी के लिए भी हितकर नहीं होते।

न हि क्वचिद् अपि लोके अविद्याध्यस्तेन धर्मेण कस्यचिद् उपकारः अपकारः वा दृष्टः। (१३-२) = लौकिक व्यवहार में किसी पदार्थ पर अविद्या (अज्ञान) द्वारा आरोपित गुण धर्म के कारण किसी का कल्याण या अकल्याण नहीं होता। कांच पर मणि का आरोप करने से कोई श्रीमान् नहीं होता या रज्जु पर सर्प का आरोप होने से सर्पदंश से कोई नहीं मरता।

न हि गोमति उपलभ्यमाने गावः कस्य इति प्रश्नः अर्थवान् भवेत्। (१३-२) = गौवाले को देख लेने पर ये गौवें किस की हैं यह प्रश्न सार्थक नहीं होता।

न हि गौणसिंहाग्निभ्यां कृतं कर्म मुख्यसिंहाग्निभ्यां कृतं स्यात्। (१८-३५) = गुण के कारण जिन्हें सिंह या अग्नि कहते हैं ऐसे व्यक्तियों द्वारा किया जाने वाला कर्म मुख्य (वास्तव) सिंह या अग्नि का नहीं माना जाता।

न हि तैमिरिकदृष्ट्या अध्यारोपितस्य द्विचन्द्रादेः तिमिराहानेः शेषः अवतिष्ठते। (१८-४८) = तिमिररोग से विकृत हुई दृष्टि के द्वारा अध्यारोपित, दो चन्द्रमा आदि कुछ भी अंश, तिमिररोग नष्ट हो जाने पर शेष नहीं रहता।

न हि देवदत्त त्वम् इदं कुरु इति कस्मिंश्चित् कर्मणि नियुक्ते, विष्णुमित्रः अहं नियुक्तः इति तत्रस्थः नियोगं शृण्वन् अपि प्रतिपद्यते। (१३-२) = देवदत्त तू अमुक कार्य कर इस प्रकार किसी कर्म में (देवदत्त के नियुक्त किये जाने पर, वहीं खड़ा हुआ विष्णुमित्र उस आदेश को सुनकर भी यह नहीं समझता कि मैं नियुक्त किया गया हूं।

न हि देह-मात्रात्मदर्शिनः गेहे इव देहे आसे इति प्रत्ययः सम्भवति। (५-१३) = देहमात्र को आत्मा मानने वाले (अज्ञानी) को, जिस भांति घर में रहता हूं उसी भांति मैं इस जड शरीर में रहता हूं (अर्थात घर से देह और देह से देही पृथक् होता है) यह अनुभव नहीं होता। किन्तु देह से देही को पृथक् जानने वाले ज्ञानी कों मै इस देह में रहता हूं (देहे आसे) यह अनुभव होता है।

न हि नित्यानां (कर्मणाम्) अकरणात् अभावात्, प्रत्यवायभावोत्पत्तिः। (४-१८) = नित्यकर्मों के न करने में कर्मों का अभाव होने के कारण, भावरूप प्रत्यवाय नामक दोष की उत्पत्ति नहीं हो सकती। (असत् से सत् की उत्पत्ति असंभव है)

न हि निरात्मकं किंचिद् भूतं व्यवहाराय अवकल्पते। (९-४) = आत्मशक्तिविरहित कोई भी पदार्थ व्यवहार के योग्य नहीं समझा जाता।

न हि पित्तप्रशमनार्थिनः वैद्येन मधुरं शीतं च भोक्तव्यम् इति उपदिष्टे तयोः अन्यतरत् पित्तप्रशमकारणं ब्रूहि इति प्रश्नः सम्भवति। (२-११ भू.) = पित्त विकार की शांति चाहने वाले को, वैद्य द्वारा शीत और मधुर पदार्थ का सेवन करना चाहिये, ऐसा उपदेश होने पर, उन दोनों में से कोई एक पित्त प्रशामक बताओ, ऐसा (रोगी का) प्रश्न संभाव्य नहीं है।

न हि पूर्वसमुद्रं जिगमिषोः प्रातिलोम्येन प्रत्यकसमुद्रं जिगमिषुणा सह समानमार्गत्वं सम्भवति। (१८-५५) = यदि पूर्व समुद्र की ओर जाने की कोई इच्छा करता है और दूसरा कोई पश्चिम समुद्र की ओर जाने की इच्छा करता है तो उनमें समानमार्गता की संभावना नहीं हो सकती।

न हि भगवत्स्वरूपाणां सतां युक्ततमत्वम् अयुक्ततमत्वं वा वाच्यम्। (१२-४) = जो भगवत्स्वरूप ही हो गये हैं ऐसे संतजनों के विषय में युक्ततम या अयुक्ततम कुछ भी नहीं कहा सकता।

न हि मृगतृष्णिकादयः अपि निरास्पदाः भवन्ति। (१३-१४) = मृगतृष्णिका जैसे मिथ्या पदार्थ भी, बिना सद्अधिष्ठान के नहीं होते।

न हि मृतमृष्णिकायाम् उदकबुद्ध्या पानाय प्रवृत्तः उदकाभावज्ञाने अपि तत्र एव पानप्रयोजनाय प्रवर्तते। (५-९) = मृगतृष्णिका में जल समझ कर उसको पीने के लिये प्रवृत्त हुआ मनुष्य, उसमें जल के अभाव का ज्ञान हो जाने पर भी वहीं जल पीने को प्रवृत्त नहीं होता।

न हि राज्यप्राप्तिफले कर्मणि व्यापृतस्य क्षेत्रप्राप्तिफले व्यापारोपपत्तिः तद्विषयकं अर्थित्वम्। (१८ उपसंहार) = जो मनुष्य राज्यप्राप्ति का फल देने वाले कर्म में लगा हुआ है, उसकी प्रवृत्ति क्षेत्र प्राप्ति ही जिसका फल है ऐसे व्यवहार में नहीं होती और उसकी अपेक्षा भी नहीं होती.

न हि लोके गवादिभ्यः अन्यः अहं, मत्तःच अन्ये गवादयः इति जानन्, तेषु अहम् इति प्रत्ययं मन्यते कश्चिद्। (१८ उपसंहार) = संसार में जो मनुष्य गाय बैल आदि से मै अलग हूं और वे मुझसे अलग हैं, यह जानता है वह उनमें अहं की भावना नहीं करता (अपने को गाय बैल नहीं समझता)।

न हि विधिप्रतिषेधशास्त्रं तावत् फलहेतुभ्याम् आत्मनः अन्यत्वदर्शिनः भवति। (१३-२) = फल और हेतु से आत्मा को भिन्न समझने वाले ज्ञानी के लिए, विधि-निषेध विषयक शास्त्र आवश्यक नहीं होता।

न हि विषयधर्माः विषयिणः भवन्ति। (१४-६) = विषय के धर्म, विषयी के कभी नहीं होते।

न हि (वैशेषिकोक्ताः) अन्त्या विशेषाः आत्मनः भेदकाः सन्ति, प्रतिशरीरं तेषां सत्त्वे प्रमाणानुपपत्तेः। (५-१९) = वैशेषिक शास्त्र में बतलाये हुए नित्य द्रव्यगत अन्त्य विशेष आत्मा में भेद उत्पन्न नहीं करते, क्यों कि प्रत्येक शरीर में

उन अन्त्य विशेषों के अस्तित्व का कोई प्रमाण सम्भव नहीं हैं।

न हि श्रुतिशतम् अपि शीतः अग्निः अप्रकाशः वा इति ब्रुवत् प्रामाण्यम् उपैति। (१८-६६) = अग्नि शीतल और प्रकाशहीन होता है ऐसा कहने वाले सैकड़ो श्रुतिवचन भी प्रमाण नहीं हो सकते।

न हि सद्आख्यं ब्रह्म स्वेन रूपेण व्येति निरवयवत्वात्, न अपि आत्मीयेन, आत्मीयाभावात्। (२-१७) = सत् नामक ब्रह्म, निरवयव होने से उसका स्व-रूपनाश नहीं होता तथा उसका कोई आत्मीय न होने के कारण किसी आत्मीय पदार्थ के नाश से भी उसका नाश नहीं होता। (किसी मनुष्य के आत्मीन धन आदि की हानि से उसकी हानि होती है।)

न हि सद्योमुक्तिभाजां सम्यगदर्शन निष्ठानां गतिः आगतिः वा क्वचिद् अस्ति। (८-२४) = जो सम्यग् ज्ञान में सुस्थिर होने के कारण सद्योमुक्ति के पात्र होते हैं, उनका कहीं जाना और आना (मृत्यु और जन्म) नहीं होता।

न हि *सर्वसंकल्पसंन्यासे* कश्चित् स्पन्दितुम् अपि शक्तः। (६-४) = सभी संकल्पों का त्याग कर देने पर कोई हलचल भी नहीं कर सकता।

***नित्यस्य कर्मणः*, वेदप्रमाणावबुद्धत्वात् फलेन भवितव्यम्, अन्यथा वेदस्य आनर्थक्यप्रसंगः। (६ भू.)** = नित्यकर्म का ज्ञान मनुष्य को वेद रूप आप्तवाक्य के प्रमाण से होता है। इसके कारण वेदोक्त अन्य कर्मों के समान नित्य कर्म का भी कोई फल अवश्य होना ही चाहिये। उसे न मानने पर वेद को ही निरर्थक मानने की आपत्ति आती है।

***नित्यं कर्म* निष्फलम् इति अभ्युपगम्य मोक्षफलाय इति ब्रुवतः स्वाभ्युपगमविरोध दोषः। (४-१८)** = नित्य कर्मों का कोई फल नहीं होता, ऐसा कहते हुए उसीसे मोक्षरूपी फल की प्राप्ति होती है ऐसा जो (कर्ममार्गी) कहते हैं, उनके प्रतिपादन में "स्वाभ्युपगमविरोध" (स्वतः के सिद्धांत का स्वतः विरोध करना) नामक दोष होता है।

निर्गमासम्भवात्, लोकसंग्रहचिकीर्षया, शिष्टविगर्हणा-परिजिहीर्षया वा *ज्ञानी* पूर्ववत् कर्मणि अभिप्रवृत्तः भवति। (४-२०) = लौकिक जीवन से निवृत्त होना असंभव होने के कारण, लोकसंग्रह करने की इच्छा के कारण, या शिष्ट पुरुषों द्वारा संभाव्य निन्दा का परिहार करने की इच्छा के कारण, कोई ज्ञानी पुरुष पहले की तरह कर्मों में प्रवृत्त होता है। (तथापि आत्मा की निष्क्रियता की प्रतीति के कारण, वह नैष्कर्म्य संपन्न ही होता है)

निश्चय-अनिर्वेदयोः योगसाधनत्वम्। (६-२३) = योगाभ्यास का निश्चय और योगविषय अनिर्वेद (अभिरुचि) भी योग का साधन है।

निःश्रेयसप्रयोजनं द्विप्रकारं वैदिकधर्मम् अभिव्यंजयति *गीता-शास्त्रम्*। (१ भू.) = गीतारूपी शास्त्र, जिसका मुख्य प्रयोजन निःश्रेयस (अर्थात् सर्वबन्धनों से निवृत्ति) है ऐसे (प्रवृत्तिपरक तथा निवृत्तिपरक) द्विविध वैदिक धर्म को व्यक्त करता है। वैदिक धर्म का यथार्थ ज्ञान गीताशास्त्र के द्वारा ही प्राप्त हो सकता है।)

परमार्थतत्त्वं न अन्यथा इति एवं निश्चितविज्ञानाः *दृढव्रताः* उच्यन्ते। (७-२८) = परमार्थ तत्त्व ठीक इसी प्रकार है दूसरे प्रकार का नहीं, ऐसे निश्चित विज्ञान वाले पुरुष दृढव्रती कहे जाते हैं।

परमार्थतत्त्वं वासुदेवाख्यं परं ब्रह्म अभिधेयभूतं *गीताशास्त्रस्य* (१ भू) = वासुदेवसंज्ञक परब्रह्म जो परम पुरुषार्थ का सारसर्वस्व है, वही गीता शास्त्र का प्रतिपाद्य है। (अर्थात् गीता ब्रह्मज्ञान का प्रतिपादन करने वाला शास्त्र है)।

परमार्थदर्शिना एवम् अदेहभृता देहात्मभावरहितेन *अशेष-कर्मसंन्यासः* शक्यते कर्तुम्। (१८-११) = जो परमार्थदर्शी देहधारणरहित अर्थात देहात्मभाव रहित पुरुष होता है, वही समस्त कर्मों का संन्यास कर सकता है। अर्थात् जिसका देहात्मभाव लुप्त नहीं हुआ है, वह संपूर्णतया कर्मसंन्यास कर ही नहीं सकता।

परस्परविरूद्धयोः अन्यतरस्य कर्तव्यत्वे प्राप्ते प्रशस्यतरं कर्तव्यं न इतरत्। (५. भू.) = जिनका आपस में परस्पर विरोध है ऐसे दो कर्तव्यों में से (जैसे कर्मयोग और कर्म संन्यास इन दोनों में से) किसी एक कर्तव्य को अपनाना होगा, तो उनमें जो अधिक प्रशस्य (हितकर) होगा वही करना चाहिये, दूसरा (अल्पहितकर) नहीं करना चाहिए।

परस्य ब्रह्मणः वाचकरूपेण, प्रतिमावत् प्रतीकरूपेण च परब्रह्मप्रतिपत्तिसाधनत्वेन मन्दमध्यमबुद्धीनां विवक्षितः *ओंकार* (८-११) = परब्रह्म का बोधक होने से एवं प्रतिमा की भांति उसका प्रतीक (चिन्ह) होने से, मन्द और मध्यम बुद्धि वाले साधकों के लिये, परब्रह्म की प्रतिपत्ति (ज्ञान एवं प्राप्ति) का साधन रूप ओंकार माना गया है।

पापकर्मक्षये योगजः *संस्कारः* स्वयम् एव कार्यम् आरभते। (६-४४) = पापकर्मों का उपभोग से क्षय होने पर, योगजन्य पूर्व संस्कार स्वयं ही अपना कार्य आरम्भ कर देते हैं।

पुण्यकर्मिणां पुण्यकर्मानुरोधेन *ज्ञानस्मृती* भवतः तथा पापकर्मिणां पापकर्मानुरूपेण स्मृतिज्ञानयोः अपगमनं भवति। (१५-१५) = पुण्य कर्म करने वालों को पुण्यकर्मों के अनुसार (आध्यात्मिक) ज्ञान और स्मृति प्राप्त होते हैं तथा पापकर्म करने वालों को उनके पाप कर्म के अनुसार (आध्यात्मिक) ज्ञान और स्मृति का लोप होता है।

पुरुषार्थसाधनं दुर्लभं *मनुष्यत्वम्* (९-३३) = धर्मादि पुरुषार्थों का साधनरूप मनुष्यत्व दुर्लभ होता है।

प्रकृतिद्वयद्वारेण सर्वज्ञः *ईश्वरः* जगतः कारणम् (६/७) = परा और अपरा इन दो प्रकृतियों द्वारा सर्वज्ञ ईश्वर ही जगत् का कारण है।

प्रणवभूते मयि सर्वे वेदाः प्रोताः (७-८) = ओंकारस्वरूप

मुझ परमात्मा में सारे वेद पिरोये हुए हैं।

प्रणवावेशित-ब्रह्मबुद्धयः *योगिनः* कालान्तरमुक्तिभाजः भवन्ति। (८-भू) = जिन्होंने ओंकार में ब्रह्मबुद्धि संपादन की हैं उन योगियों को कालान्तर में मुक्ति प्राप्त होती है।

प्राणिपातादिः तु बाह्यः अनैकान्तिकः अपि भवति, मायावित्वादिसंभवात्, न तु तत् श्रध्दालुत्वे तत्परत्वे संयतेन्द्रियत्वे च। अतः *श्रद्धालुत्वादिः* एकान्ततः ज्ञानलब्ध्युपायः (४-३९) = (ज्ञान प्राप्ति के लिये) - दण्डवत् प्रणाम आदि (उपासना के) बाह्य उपाय हैं किन्तु उनका अवलंब कपटी लोग भी कर सकते हैं, अतः वे ज्ञान-प्राप्ति के निश्चित उपाय नहीं होते. श्रद्धालुत्व, तत्परत्व और संयतेन्द्रियत्व में कपट की संभावना नहीं, अतः वे ज्ञानप्राप्ति के निश्चित उपाय हैं।

प्रतिपन्नगार्हस्थ्यस्य *अग्निहोत्रादि* फलनिरपेक्षम् अनुष्ठीयमानं ध्यानयोगारोहणसाधनत्वं सत्त्वशुद्धिद्वारेण प्रतिपद्यते। (६ भू.) = गृहस्थाश्रमी द्वारा फलनिरपेक्ष बुद्धि से अनुष्ठित अग्निहोत्रादि कर्म चित्तशुद्धि द्वारा ध्यानयोग में आरोहण करने के लिए साधनस्वरूप होते हैं।

प्रतीन्द्रियं संयमः भिद्यते। (४-२७) = प्रत्येक इन्द्रिय का संयम भिन्न भिन्न प्रकार का होता है।

प्रमाणजनित-विवेकबुद्धिनिमित्तवशाद् अनन्तभेदबुद्धयः उपरमन्ते। (२-४१) = प्रमाणों द्वारा उत्पन्न विवेकबुद्धि के कारण अनन्त भेदों वाली बुद्धि का अन्त होता है।

प्रसन्नचेतसः अवस्थितबुद्धेः *कृतकृत्यता* (२-६५) = जिस का चित्त (इन्द्रियों को स्वाधीन करने से) प्रसन्न होता है और (उसी कारण) जिसकी बुद्धि [illegible] होती है, उसे कृतार्थता प्राप्त होती है।

प्रसिद्धं हि लोके आत्मा प्रियः भवति इति, [illegible] आत्मत्वाद् वासुदेवः प्रियः भवति। (७-१७) = संसार में यह सुप्रसिद्ध है कि प्रत्येक को आत्मा ही अत्यंत प्रिय होता है। भगवान् वासुदेव ही ज्ञानी का आत्मा होने के कारण वही उसे प्रिय होता है।

बन्धुः अपि तावद् *मोक्षं* प्रति प्रतिकूल एव स्नेहादिबन्धनायतनत्वात् (६-५) = सांसारिक संबंधी लोग भी मोक्ष के प्रतिकूल ही होते है, क्यों कि वे स्नेह आदि स्वरूप बन्धन में बद्ध करते हैं।

बाह्य-विषयप्रीतेः क्षणिकायाः इन्द्रियाणि निर्वतयेत्, आत्मानि *अक्षयसुखार्थी* (५-२१)= आत्मदर्शन से प्राप्त होने वाले अक्षय सुख को चाहने वाले पुरुष को चाहिये कि वह बाह्य विषयों की क्षणिक आसक्ति से इन्द्रियों को परावृत्त करे। (इसी को योगशास्त्र में प्रत्याहार कहते हैं। आत्मानंद के लिये यही प्रथम अभ्यास होता है।

बालैः अध्यारोपितेन तलमलत्वादिना आकाशस्य न किंचिद् दूष्यति। (१३-२) = अज्ञ बालकों द्वारा अध्यारोपित तलयुक्तता मलिनता आदि दोषों से आकाश का कुछ भी नहीं बिगड़ता।

बीजभूताद् *यज्ञात्* वृष्ट्यादिक्रमेण स्थावरजंगमानि भूतानि उद्भवन्ति। (८-३) = बीजभूत (मूलभूत) यज्ञ से वृष्टि आदि क्रम से स्थावर जंगम समस्त प्राणिमात्र उत्पन्न होते हैं।

***ब्रह्म-क्षत्रे* परिपालिते जगत् पालयितुम् अलम्। (४-१)** = ज्ञान और बल का योग्य परिपालन होने पर वे दोनों सारे जगत् का पालन करने में समर्थ होते है।

ब्रह्मविद्याविधिश्रुत्या आत्मानि अवगते देहादिसंघाते अहं-प्रत्ययः बाध्यते। (१८-६६) = ब्रह्मविद्या- विधायक श्रुति द्वारा आत्मानुभूति होने पर, देहादि संघात में आत्मबुद्धि बाधित हो जाती है। अर्थात् आत्मानुभूति होने पर देह ही आत्मा है यह मिथ्याज्ञान लुप्त होता है।

***ब्रह्मैकत्वदर्शनं* सर्वसंसारविच्छेदकारणं च योगस्य फलम् (६-२९)** = ब्रह्म के साथ एकत्व का दर्शन और समस्त संसार (के बंधन) का विच्छेद करना, यही योग का फल है। (अर्थात् वही योग का प्रयोजन भी है। कार्य का प्रयोजन ही कार्य-पूर्ति होने पर फल कहा जाता है।)

***ब्राह्मणत्वस्य* हि रक्षणेन रक्षितः स्याद् वैदिकः धर्मः (१ भू.)** = ब्राह्मणत्व का रक्षण होने से ही वैदिक धर्म का रक्षण होगा।

भगवति असूयायुक्ताय समस्त गुणवते अपि न वाच्यं शास्त्रम्। गुरुशुश्रूषाभक्तिमते च वाच्यम् इति एषः *शास्त्र-सम्प्रदायविधिः*। (गी.शां.भा. २८-६७) = भगवान् के प्रति असूयाबुद्धि रखने वाला समस्त गुणों से सम्पन्न हो तो भी उसे शास्त्र नहीं सुनाना चाहिए। जो गुरुशुश्रूषा और गुरुभक्ति-युक्त तथा भक्तिमान् हो उसे सुनाना यह शास्त्र संप्रदाय की विधि है।

***भगवद्भक्तिमात्रेण* केवलेन शास्त्रसंप्रदाने पात्रं भवति। (१८-६०)** = केवल भगवद्भक्ति से ही अध्यात्म शास्त्र का प्रदान करने योग्य मनुष्य होता है।

***भगवान्* स्वमायया देहवान् इव, जातः इव, लोकानुग्रहं कुर्वन् इव लक्ष्यते। (१ भू.)** = भगवान् अपनी माया से देहवान से, जन्मे से, लोगों पर अनुग्रह करते हुए लक्षित होते हैं।

भवति हि कश्चिद् *रागी* स्त्रीचित्तः। न तु (सः) स्त्रियम् एव परत्वेन गृह्णाति, किं तर्हि राजानं महादेवं वा (१६-१४) = कोई स्त्री-प्रेमी पुरुष अपना चित्त स्त्री में व्यग्र करता है किन्तु वह स्त्री को ही सर्वश्रेष्ठ नहीं समझता। तो वह किस को सर्वश्रेष्ठ समझता है? वह व्यवहार में अपने राजा को और परमार्थ में महादेव (उपास्य दैवत) को सर्वश्रेष्ठ समझता है।

भोक्ता वैश्वानरः अग्निः, भोज्यम् अन्नं सोमः, तद् एतद् उभयम् अग्निषोमौ सर्वम् इति पश्यतः अन्नदोषलेपः न भवति। (१५-१४) = वैश्वानर स्वरूप उदरस्थ अग्नि भोक्ता

है और सारे भोज्य अन्नमय पदार्थ ही सोम स्वरूप हैं इस प्रकार (आधिदैविक दृष्टि से देखने वाला) मनुष्य अन्न के दोषों से लिप्त नहीं होता।

मतिपूर्व-अमतिपूर्वाणि *पापानि*। (१०-३) = पाप दो प्रकार के होते हैं (१) जानबूझ कर किए हुये और (२) अनजाने किये हुये।

'मत्कर्मकृत् मत्परमः' – इत्यत्र श्लोके सर्वस्य *गीताशास्त्रस्य* सारभूतः अर्थः निःश्रेयसार्थः अनुष्ठेयत्वेन उच्यते। (११-५५) = मत्कर्मकृत् उत्यादि श्लोक में संपूर्ण गीताशास्त्र का सारभूत अर्थ निःश्रेयस प्राप्ति के लिये आचरण करने योग्य दृष्टि से बताया है।

मत्-तत्वज्ञो यः सः *सर्वज्ञः* भवति। (७.२) = जो मेरे (परमात्मा को) तत्व को जानता है वह सर्वज्ञ हो जाता है।

मनुष्यलोके हि *शास्त्राधिकारः*। (४-१२) = मनुष्य लोक में शास्त्रानुसार आचरण करने का अधिकार है। अर्थात् शास्त्रोक्त वर्णाश्रम धर्म के कर्मों का अधिकार केवल मनुष्य लोक में ही हैं अन्यत्र नहीं।

मिथ्यात्वे अपि उपायस्य, उपेयसत्यतया, *कर्मविधिश्रुतेः* सत्यत्वम् एव स्याद् यथा अर्थवादानां विधिशेषाणाम्। (१८ उपसंहार) = उपाय मिथ्या होने पर भी उपेय की सत्यता से कर्मविधिविषयक श्रुतिवचन सत्य ही होते हैं, जैसे कि विधिवाक्यों के अन्त में कहे हुये अर्थवादात्मक वाक्य सत्य माने जाते हैं।

मृगतृष्णिकादौ *सद्बुद्धिः* अनुवृत्ता, प्रमाणनिरूपणान्ते विच्छिद्यते। (२-१८) = मृगजल में सद्बुद्धि उत्पन्न हुई तो वह प्रमाण निरुपण के बाद नष्ट होती है। (इसी कारण मृगजल असत् रूप है)।

***मोक्षस्य* नित्यत्वात् अनारभ्यत्वम्। (६ प्र.)** = मोक्ष नित्य होने के कारण उस का आरंभ नहीं होता. (काम्य और नित्य कर्म मोक्षप्राप्ति के लिए अपेक्षित नहीं.)

मोहवशानि एवं *सर्वभूतानि* जायमानानि जायन्ते। (७-२७) = उत्पत्तिशील सभी प्राणिमात्र मोह के वशीभूत हुए ही उत्पन्न होते हैं

यः अन्यः अपकारी बाह्यः *शत्रुः* स आत्मप्रयुक्तः एव भवति। (६-५) = जो भी अन्य बाह्य अपकारी शत्रु होता है वह भी अपना ही बनाया होता है।

यः अयं लौकिकः वैदिकः च *व्यवहारः* स अविद्याकार्यत्वात् उत्पन्नविवेकविज्ञानस्य (स्थितप्रज्ञस्य) अविद्यानिवृत्तौ निवर्तते। (२-६८) = यह जो लौकिक (वाणिज्यादि) और वैदिक (यज्ञादि) व्यवहार है वह सारा अविद्या (देहात्मधारणा का कार्य होने से, जिस पुरुष में विवेक विज्ञान (देह और आत्मा की पृथक्ता) उत्पन्न होता है, उसकी अविद्या निवृत्त होने के कारण, निवृत्त हो जाता है।

यःसर्वात्मानं प्रतिपद्यते सः *महात्मा*। न तत्समः अन्यः अस्ति अधिकः वा। (७-१९) = जो सर्वात्मस्वरूप परमात्मा को प्रत्यक्षरूप से प्राप्त होता है वही महात्मा कहने योग्य है। उसके समान या उससे अधिक योग्यता वाला दूसरा कोई नहीं होता।

यज्ञतप आदि *कर्म* असात्त्विकं विगुणम् अपि श्रद्धापूर्वकं ब्रह्मणः अभिधानत्रय प्रयोगेण सगुणं सात्त्विकं सम्पादितं भवति। (१७-२७) = यज्ञ तप आदि कर्म यदि असात्त्विक और विगुण हों तो भी श्रद्धापूर्वक 'ओं तत् सत्' इन परमात्मा के तीन नामों के प्रयोग से सगुण और सात्त्विक बना लिए जाते हैं।

यज्ञादीनि *कर्माणि* इह जन्मनि जन्मान्तरे वा अनुष्ठितानि उपात्तदुरितक्षयहेतुत्वेन सत्त्वशुद्धिकारणानि, तत्कारणत्वेन च ज्ञानोत्पत्तिद्वारेण ज्ञाननिष्ठाहेतूनि भवन्ति। (३-४) = इस जन्म में या पूर्व जन्मों में किए हुये यज्ञादि (पुण्य) कर्मों से संचित पापों का क्षय होता है। पापक्षय के कारण आत्मज्ञान की उत्पत्ति होती है और ज्ञान का उदय होने पर ज्ञाननिष्ठा प्राप्त होती है। (इस क्रम से यज्ञादि पुण्य कर्म ज्ञाननिष्ठा के मूल कारण सिद्ध होते हैं।)

यज्ञेन दानेन तपसा वा विशुद्धसत्त्वः भवति। (२-११) = यज्ञ दान और तप से अन्तःकरण की शुद्धता होती है।

***यज्ञो* हि देहनिर्वर्त्यत्वेन देहसमवायी इति देहाधिकरणः भवति। (८-४)** = यज्ञ शरीर से ही सिद्ध होता है अतः यज्ञ का शरीर से समवायस्वरूप नित्य संबंध है। इस लिये वह देह के आश्रय से रहने वाला माना जाता है।

यत्नान्तरम् आस्थाय शिष्यः कृतार्थः कर्तव्यः इति *आचार्यधर्मः*। (१८-७२) = आचार्य का यह धर्म है कि वह अन्यान्य प्रयत्न करते हुए अपने शिष्य को कृतार्थ करे।

अगस्त्येन ब्राह्मणेन समुद्रः पीतः इति इदानींतनाः अपि ब्राह्मणाः ब्राह्मणत्वसामान्यात् स्तूयन्ते। (१२-१२) = अगस्त्य ब्राह्मण ने समुद्र पी लिया था, इस कारण आजकल के ब्राह्मणों की भी ब्राह्मणत्व की समानता के कारण स्तुति होती है।

यथा आदित्यः समस्तं रूपजातम् अवभासयति तद्वत् *ज्ञानं* ज्ञेयं वस्तु सर्वम् अवभासयति। (५-१६) = जैसे सूर्य समस्त रूपमात्र को प्रकाशित कर देता है, वैसे ही ज्ञानियों का ज्ञान ज्ञेय वस्तु को (परब्रह्म को) प्रकाशित करता है।

यथा ऋत्विक्कर्म यजमानस्य तथा देहादीनां *कर्म* आत्मकृतं स्यात्, तत्फलस्य आत्मगामित्वात्। (१८-६६) = जैसे कर्मकाण्ड में ऋत्विक् द्वारा किये जाने वाले कर्म यजमानकृत माने जाते है, क्यों कि उनका फल यजमान को मिलता है; वैसे ही देहादि संघात के कर्म आत्मकृत हो सकते हैं, क्यों कि उन कर्मों के फल आत्मा को भोगने पड़ते हैं।

यथा घटादिसंस्थानं चक्षुषा निरूप्यमाणं मृद्व्यतिरेकेण असत्; तथा सर्वे विकारकारणव्यतिरेकेण अनुपलब्धेः *असत्*। (२-१६) = नेत्रद्वारा जिसका अवलोकन किया जाता है, ऐसा घटादि सारा आकार, मिट्टी के अतिरिक्त नहीं के बराबर होता है; उसी प्रकार संसार के सभी विकार उनके

कारणों के व्यतिरिक्त अन्य रूपों में उपलब्ध नहीं होते अतः वे असत् रूप ही होते हैं।

यथा जलसूर्यकः सूर्यांशः जलनिमित्तापाये सूर्यम् एव गत्वा न निवर्तते, तथा अयम् अंशः *जीवः* तेन आत्मना संगच्छति । (१५-७)= जैसे जल में प्रतीत होने वाला सूर्य का प्रतिबिंब, जलरूप निमित्त का नाश होने पर सूर्य को ही प्राप्त होकर फिर नहीं लौटता, वैसे ही उस परमात्मा का अंश (जीव) उस परमात्मा से संयुक्त होने पर फिर नहीं लौटता।

यथा पूर्वं लक्ष्यवेधाय मुक्तः इषुः, धनुषः लक्ष्यवेधोत्तरकालम् अपि आरब्धवेगक्षयात् पतनेन एव निवर्तते, एवं शरीरारम्भकं *कर्म* शरीर-स्थितिप्रयोजने निवृत्ते अपि आसंस्कारवेगक्षयात् पूर्ववद् वर्तते एव। (१३-२३) = जैसे लक्ष्यवेध के लिये धनुष से छोड़ा हुआ बाण, लक्ष्य वेध होने के उपरान्त भी आरम्भ हुए वेग का नाश होने पर गिरकर ही शान्त होता है, वैसे ही शरीर का आरंभ करने वाले कर्म भी, शरीरस्थिति का प्रयोजन समाप्त होने पर भी संस्कारों का वेग क्षीण होते तक यथापूर्व बर्तते ही रहते हैं।

यथा विषसंयुक्तम् अन्नं विषम् उच्यते, एवम् अहंकार - वासनावद् अव्यक्तं मूलकारणम् *अहंकार* इति उच्यते। (७-४) = जैसे विष से युक्त अन्न, विष कहा जाता है, वैसे ही अहंकार और वासनाओं से युक्त, अव्यक्त (मूलकारण) भी अहंकार ही कहा जाता हैं; क्यों कि संसार में अहंकार ही सब की प्रवृत्ति का बीज दिखाई देता है।

यथा वृक्षस्य रक्षणार्थं पर्णानि तथा *वेदाः* संसार-वृक्षपरिरक्षणार्थाः धर्म- अधर्म- तद्धेतु- फल- प्रकाशनार्थ-त्वात्। (१५-१) = जैसे पर्ण वृक्ष की रक्षा के लिए होते है, वैसे ही वेद, धर्म-अधर्म उनके कारण और फल को प्रकाशित करने वाले होने के कारण, संसार रूप वृक्ष की रक्षा करने वाले होते है।

यथा स्थाणौ पुरुषनिश्चयेन न पुरुषधर्माः स्थाणोः भवति स्थाणुधर्माः वा पुरुषस्य, तथा न चैतन्यधर्मः देहस्य देहधर्माः वा चैतन्यस्य। (१३-२) = स्तम्भ में पुरुष स्वरूप का निश्चय होने पर भी स्तंभ में पुरुष के धर्म या पुरुष में स्थाणु के धर्म नहीं आते, उसी प्रकार देह में चैतन्य के धर्म तथा चैतन्य में देह के धर्म नहीं आते

यथा स्वदेहस्य परिच्छेदाय न प्रमाणान्तरापेक्षा ततः अपि आत्मनः अन्तरतमत्वात् तदवगतिं प्रति न *प्रमाणान्तरापेक्षा*। (१८-५०) = जैसे अपने शरीर की व्याप्ति जानने के लिए अन्य प्रमाण की अपेक्षा नहीं होती, वैसे ही आत्मा को जानने के लिए भी नहीं होती क्यों कि वह आत्मा तो अन्तरतम है।

यदा *योगारूढः* (पुरुषः) तदा तेन आत्मा आत्मना उद्धृतः भवति संसाराद् अनर्थव्रातात्। (६-५ भू.) = जब मनुष्य योगारूढ अवस्था को प्राप्त करता है तब वह अनर्थ समूह स्वरूप इस संसार से स्वयं अपना उद्धार कर लेता है।

यदा रागद्वेषौ तत्प्रतिपक्षेण नियमयति तदा *शास्त्रदृष्टिः* एव पुरुषो भवति न प्रकृतिवशः। (३-३४) = जब मनुष्य राग- और द्वेष के प्रतिपक्ष की भावना से उन विकारों का प्रशमन करता है तब वह "शास्त्रदृष्टि" कहने योग्य होता है। कोई भी प्रकृतिवश पुरुष को 'शास्त्रदृष्टि' (अर्थात् शास्त्रनिष्ठ दृष्टिकोण रखने वाला) नहीं माना जा सकता।

यदि ब्रूयात् (श्रुतिः) शीतः अग्निः अप्रकाशः वा इति अथापि अर्थान्तरं श्रुतेः विवक्षितं कल्प्यं प्रामाण्य-अन्यथा-अनुपपत्तेः, न तु प्रमाणान्तर - विरूद्धं स्ववचन विरूद्धं वा। (१८ उपसंहार) = श्रुति अगर अग्नि को शीतल या प्रकाशहीन कहती हो तो ऐसा माने लेना चाहिए कि श्रुति को कोई विशेष अर्थ बताना है, क्यों कि अन्य प्रकार से उस विधान की प्रामाणिकता सिद्ध नहीं होती। प्रत्यक्ष-अनुमान आदि प्रमाणों के विरुद्ध या अपने निजी अर्थ के विरूद्ध श्रुति के अर्थ की कल्पना नहीं करनी चाहिये।

यद् यस्य विपरिणामः तत् तस्य कार्यं विकारः। (१३-२०) = जो जिसका परिणाम है, वह उसका विकार स्वरूप कार्य होता है।

यद् हि करणगोचरं तद् मनसा अपि चिन्त्यम्। (१२-ध) = जो वस्तु ज्ञानेन्द्रियों से जानी जाती है उसी का मन के द्वारा चिन्तन हो सकता है।

यया एकं बहुधा पश्यति सा *माया,* यया सन्तं न पश्यति सा तु *अविद्या*। (महाविद्यासूत्राणि) = जिसके कारण एक में अनेकता दिखाई देती है वह है माया और जिसके कारण विद्यमान वस्तु का दर्शन नहीं होता वह है अविद्या।

यया योगमायया समावृतं मां लोकः न अभिजानाति, न असौ *योगमाया* मदीया सती मम ईश्वरस्य मायाविनः ज्ञानं प्रतिबध्नाति, यथा अन्यस्य अपि मायाविनः माया ज्ञानं (न प्रतिबध्नाति)। (७-२६) = जैसे अन्य मायावी (बाजीगर) पुरुष की माया उसके ज्ञान को आच्छादनित नहीं करती, वैसे ही योगमाया परमात्मा के अधीन होने के कारण उसके ज्ञान को आच्छादित नहीं करती।

यस्तु वैदिकः *कर्मयोगः* स तादर्थ्याद् योगः संन्यासः इति च उपचर्यते। (५-६ भू.) = जो वैदिक कर्मयोग (वेदोक्त कर्मों का निष्काम एवं ईश्वरार्पण बुद्धि से आचरण) है, वर ज्ञानयोग की पात्रता प्राप्त करने का निमित्त होने के कारण गौण रूप से योग और संन्यास (गीताशास्त्र में) कहा जाता है। (आयुर्घृतम् इत्यादि वाक्यों में इसी न्याय से घृत को आयु कहा है क्यों कि वह आयु का साधन है।)

यस्मात् च अर्जुनस्य अत्यन्तम् एव हितैषी भगवान् तस्य सम्यग् दर्शन-अनन्वितं *कर्मयोगं* भेददृष्टिमन्तम् एव उपदिशति। (१२-१२) = भगवान् अर्जुन के अत्यन्त हितैषी हैं, अतः उनको सम्यक्ज्ञान से जो मिश्रित नहीं है ऐसे भेददृष्टि युक्त केवल कर्मयोग का ही उपदेश देते हैं।

यस्याः वशे सर्वं जगद् वर्तते, यया मोहितः सन् स्वम् आत्मानं वासुदेवं न जानाति, सा *प्रकृतिः*। (४-६) = जिसके वश में सारा जगत् रहता है, और जिसके द्वारा मोहित होने पर मुनष्य अपने आप को वासुदेव स्वरूप नहीं समझता, वही प्रकृति है।

यानि अप्रवृत्तफलानि, ज्ञानोत्पत्तेः प्राक् कृतानि, ज्ञान सहभावीनि च अतीतानेकजन्मकृतानि च तानि एव सर्वाणि *ज्ञानाग्निः* भस्मसात् कुरुते। (४-३) = जो कर्म ज्ञानोत्पत्ति के पहले, ज्ञानोत्पत्ति के साथ किये हुए, तथा अनेक पूर्व जन्मों में किये हुए होते भी अभी तक फल देने के लिए प्रवृत्त नहीं हुए, उन सभी कर्मों को ज्ञानाग्नि भस्मसात् करती है। (किन्तु फल देने प्रवृत्त हुए कर्मों को नहीं) ब्रह्मज्ञान का यह अपार सामर्थ्य है।

यानि *द्वैतदर्शनानि* असम्यग्भूतानि राजसानि तामसानि च इति न साक्षात् संसारोच्छित्तये भवन्ति। (१८-२०) = जितने भी असम्यक्भूत राजस और तामस द्वैत दर्शन हैं, वे प्रत्यक्ष संसार (जनन-मरण चक्र) का उच्छेद करने में समर्थ नहीं होते। अर्थात् वे अप्रत्यक्षरीत्या मुक्ति दे सकते हैं।

यावद् ध्यानारोहणासमर्थः तावद् गृहस्थेन अधिकृतेन कर्तव्यं *कर्म*। (७ भू.) = जब तक ध्यानयोग पर आरोहण करने में गृहस्थाश्रमी पुरुष असमर्थ हो, तब तक उसे कर्म करना चाहिये। (क्यों कि ध्यानयोग का बहिरंग साधन कर्म ही है।)

यावद् यावद् कर्मभ्यः उपरमते तावत् तावत् निरायासस्य जितेन्द्रियस्य चित्तं समाधीयते। तथा सति स झटिति *योगारूढः* भवति। (६-३) = मुमुक्षु पुरुष जितना जितना कर्मों से निवृत्त होता है, उतना उतना वह परिश्रमरहित एवं जितेन्द्रिय होने के कारण, उसका चित्त समाहित (एकाग्र एवं शांत) होता है और ऐसी अवस्था आने पर वह शीघ्र ही योगारूढ होता है।

या हि पुरुषस्य *प्रकृतिः* सा रागद्वेषपुरस्सरा एव स्वकार्ये पुरुषं प्रवर्तयति, तदा स्वधर्मत्यागः परधर्मानुष्ठानं च भवति। (३-३४) = मनुष्य की स्वाभाविक प्रवृत्ति (प्रकृति) उसे राग-द्वेषपूर्वक ही अपने अपने कार्य में प्रवर्तित करती है। तब (राग-द्वेष के कारण) स्वधर्म का त्याग और परधर्म का आचरण मनुष्य से होता रहता है।

येन *कर्मणा* शरीरम् आरब्धं तत् प्रवृत्तफलत्वात् उपभोगेन् एव क्षीयते। (४-३७) = जिस कर्म के कारण शरीर उत्पन्न होता हैं वह कर्म फल देने के लिए प्रवृत्त होने के कारण उसका क्षय उपभोग द्वारा ही होता है।

ये *सम्यग्दर्शिनः* तैः उपदिष्टं ज्ञानं कार्यक्षमं न इतरत्। (४-३४) = जो सम्यक्दर्शी ज्ञानी सत्पुरुष होते है, उनके द्वारा उपदेश किया हुआ ज्ञान ही अपने कार्य को सिद्ध कर सकता हैं, दूसरे किसी के द्वारा उपदिष्ट ज्ञान इतना समर्थ नहीं होता।

योगशास्त्रे परिपठितात् अन्नपरिमाणाद् अतिमात्रम् अश्नतः *योगः* न अस्ति। (६-१६) = योगशास्त्र में बताया हुआ जो अन्न का परिमाण है उससे अधिक खाने वाले का योग सफल नहीं होता।

योगी माम् एव आश्रयं प्रतिपद्यते हित्वा अन्यत् साधनान्तरं, मयि एव आसक्तमनाः भवति। (७-१) = योगी अन्य सभी साधनों का त्याग कर केवल मुझको (अर्थात् परमात्मा को) ही आश्रय रूप से ग्रहण करता है।

यो यस्मिन् कर्मणि अधिकृतः (तस्य) फलाय यद् अश्रुतं तत् (तस्य) *नियतं कर्म*। (३-८) = जो जिसका अधिकारी है, उसका फलविरहित (अर्थात् श्रुति में जिसका कोई फल नहीं बताया) कर्म ही, नियत कर्म होता है। (ऐसे नियत कर्म का त्याग नहीं किया जाता।

यो हि *कर्मफलतृष्णावान्* स कर्मफलम् आश्रितः भवति। (६-१) = जिसे कर्म के फल की तीव्र अभिलाषा (तृष्णा) होती है, वह कर्म के फल का आश्रय लेता है (अर्थात् उसे कर्म का फल अवश्य प्राप्त होता है।)

यो हि कश्चित् पुरुषार्थेन केनचित् *अर्थी* भवति, सः तत्साधनं कर्म अग्निहोत्रादि दानं वा किंचित् आश्रयं प्रतिपद्यते। (७-१) = जो धर्म आदि पुरुषार्थों में से किसी पुरुषार्थ का चाहने वाला होता है, वह उसके साधनरूप अग्निहोत्रादि कर्म, तप, या दान जैसे किसी एक आश्रय का ग्रहण करता है।

रविवत् सर्वक्षेत्रेषु एक *आत्मा* अलेपकःच। (१३-३३) = जिस प्रकार सूर्य सर्वत्र प्रतिबिंब स्वरूप में अनेकशः दिखने पर भी एक ही होता है और वह सर्वत्र अलिप्त रहता है, उसी प्रकार आत्मतत्त्व भी एक और अलिप्त होता है।

लब्धात्मकौ *इच्छाद्वेषौ* सर्वभूतानां प्रज्ञायाः स्ववशापादनेन मोहं जनयतः। (७-२७) = इच्छा और द्वेष यथासमय सब प्राणियों से संबंधित होकर, उनकी बुद्धि को अपने वश में कर मोह उत्पन्न करते हैं। (जो मोह परमार्थ तत्त्व विषयक ज्ञान की उत्पत्ति का प्रतिबन्ध करता है।)

लोके च वस्त्वधिगमे न प्रमाणस्य प्रवृत्तिहेतुत्त्वम्। (२-६९) = लौकिक व्यवहार में कोई वस्तु प्राप्त होने पर कोई प्रमाण (आप्तवाक्यादि) प्रवृत्ति को कारणीभूत नहीं होता।

लोके द्विविधत्वं नित्यत्वस्य नाशस्य च। (२-१८) = संसार में नित्यत्व और नाश के दो दो प्रकार होते हैं। (देह का भस्मसात् होना और व्याधि से विकृत होना इन दो प्रकारों से नाश होता है। नित्यत्व के दो प्रकार (१) पृथ्वी का नित्यत्व जो अंततः विनाशी है, (२) आत्मा का नित्यत्व जो अविनाशी है।

लोके हि तुल्ये अपि मुखसंस्थाने न काष्ठकुड्यादौ मुखम् आविर्भवति, आदर्शादौ तु स्वच्छे स्वच्छतरे च तारतम्येन आविर्भवति। (१५-१२) = संसार में यह देखा जाता है कि समान भाव से सामने स्थित होने पर काष्ठ

या भित्ति में मुख प्रतिबिंबित नहीं होता, पर दर्पण जितना अधिक स्वच्छ होता है उसमें उसी तारतम्य से स्वच्छ दिखाई देता है।

वर्णाश्रमादिलक्षणः प्राणिनाम् अभ्युदय-निःश्रेयस साधनं च *धर्मः*। (४-७) = वर्ण आश्रम आदि विभाग व्यवस्था जिसका लक्षण है और जो समस्त प्राणिमात्र के अभ्युदय तथा निःश्रयस (परम कल्याण स्वरूप मोक्ष) का साधन है वही धर्म है।

वासुदेवाख्यं परं ब्रह्म विशेषतः अभिव्यंजयति *गीताशास्त्रम्*। (१ भू.) = जिसका वासुदेव नाम है ऐसे पर ब्रह्म का स्वरूप गीताशास्त्र में विशेषतः व्यक्त हुआ है। (अर्थात् विशेष पद्धति से ब्रह्मज्ञान निरूपण भगवद्गीता में हुआ है।)

***वासुदेवे* अनीश्वर-असर्वज्ञशंका मूर्खाणाम्। (४-४)** = भगवान् वासुदेव अनीश्वर (असमर्थ) और असर्वज्ञ है यह शंका मूर्खों में ही होती है। (अर्थात् भगवान् श्रीकृष्ण को असमर्थ और अल्पज्ञ मानना मूर्खता का लक्षण है)।

***विकारः* मरीचिजालवद् मिथ्या। (२-१६)** = प्रत्येक विकार मृगजल के समान मिथ्या होता है।

***विदुषा* क्रियामाणं कर्म परमार्थतः अकर्म एव तस्य निष्क्रियात्म-दर्शनसम्पन्नत्वात्। (४-२०)** = ब्रह्मज्ञानी पुरुष के द्वारा किए जाने वाले कर्म वास्तव में अकर्म ही होते हैं, क्यों कि वह आत्मा की निष्क्रियता के ज्ञान से सम्पन्न होता है।

विद्याविषयः *श्रेयः*, *प्रेयः* तु अविद्याकार्यम्। (१३-२) = श्रेय विद्या का फल है और प्रेय (विषय भोग) अविद्या का। अर्थात् श्रेय और प्रेय अत्यंत विरुद्ध है।

विधि-प्रतिषेधशास्त्रम् अविद्वद्विषयम्। (१३-२) = विधिनिषेधरूप शास्त्र केवल अज्ञानी (आत्मसाक्षात्कारहीन) के लिए ही है।

विपरीतगृहीते एव कर्म-अकर्माणि *लौकिकैः* यथा मृगतृष्णिकायाम् उदकं, शुक्तिकायां वा रजतम्। (४-१८) = मृगजल में वास्तव जल और सीप में चांदी की प्रतीति के समान कर्म और अकर्म का विपरीत रूप में शास्त्रहीन बुद्धि के लोगों ने ग्रहण किया है।

***विरक्तस्य* संसाराद् भगवत्तत्त्वज्ञाने अधिकारः न अन्यस्य। (१५-१)** = संसार से विरक्त हुए पुरुष को ही भगवत्तत्त्व (परब्रह्म) का ज्ञान प्राप्त करने का अधिकार (योग्यत्व) होता है, अन्य अविरक्त संसारासक्त पुरुष को नहीं होता।

***शोकमोहाभ्यां* विवेकविज्ञानाभिभवात् स्वधर्मोपरतिः परधर्मप्रवृत्तिःच भवति। (२-११)** = शोक और मोह के कारण विवेक-विज्ञान दब जाने से स्वधर्म का त्याग और परधर्म की ओर प्रवृत्ति होती है।

***विवेकविज्ञानेन* आत्मसंयमयोगाग्निः उज्ज्वलभावम् आपाद्यते। (४-२७)** = विवेकात्मक विज्ञान से आत्मसंयमरूप योगाग्नि को उज्ज्वलता प्राप्त होती है।

विशिष्टजन्मप्रसूतेन ब्राह्मणेन यत् कर्तव्यं तत् सर्वं भगवत्तत्त्वे विदिते कृतं भवेत्। *(१५-२०)* = विशिष्ट कुल में जन्म पानेवाले ब्राह्मणद्वारा जो कुछ करने योग्य कर्म है वह सारा भगवत्तत्त्व का ज्ञान प्राप्त करने पर किया जाता है। अर्थात् भगवत्तत्त्व का ज्ञान सभी श्रेष्ठ कर्मों से भी श्रेष्ठ है।

विशिष्ट प्रयोजन-संबंध-अभिधेयं *गीताशास्त्रम्*। (१ भू.) = गीताशास्त्र का प्रयोजन, संबंध और प्रतिपाद्य सिद्धान्त विशिष्ट स्वरूप का है (अर्थात् वह अन्य अध्यात्मशास्त्रों से निराला है।)

विशुद्धम् *अन्तःकरणं* प्रसन्नम् आत्मालोचनक्षमं भवति। (१८-१०) = विशुद्ध और प्रसन्न अन्तःकरण आत्मतत्त्व का आलोचन (चिन्तन, ध्यान) करने से समर्थ होता है।

विशेषणविषया एवं *सद्बुद्धिः* घटे विनष्टे पटादौ सद्बुद्धिदर्शनात्। (२-१६) = सद्बुद्धि का विषय केवल विशेषण ही होता है, क्योंकि घट नष्ट होने पर पट में वह सद्बुद्धि होती है।

विषयसन्निधौ अपि यं पुरुषम् इच्छाविशेषाः न स्वात्मवशं कुर्वन्ति सः *शान्तिम्* आप्नोति ।। (१२/७०) = विषय समीप होने पर भी जिस पुरुष को कोई विशेष इच्छा आत्मवश नहीं करती, उसे शान्ति प्राप्त होती है। (अर्थात् सारी अशान्ति का कारण है इच्छा या विषय वासना)

विषयान् अनाहरतः आतुरस्य अपि *इन्द्रियाणि* कूर्मांगानि इव संह्रियन्ते न तु तद्विषयः रागः (१२-५९) = विषयों का सेवन न करने वाले रोगी मनुष्य की भी इन्द्रियां, कछुवे के अंगों के भांति आकृष्ट होती है, किन्तु उससे अन्तःकरण में विद्यमान विषयानुराग (विषय - वासना) नष्ट नहीं होता।

विषयेन्द्रिय-संस्पर्शेभ्यः जाताः *भोगाः* यथा इह लोके तथा परलोके अपि दुःखयोनयः। (५-२२) = शब्दादि विषय और श्रोत्रादि ज्ञानेन्द्रिय, इनके संबंध से उत्पन्न होने वाले भोग, जिस प्रकार इह लोक में दुःखों के कारण होते हैं उसी प्रकार परलोक में भी दुःखद होते हैं।

वेदाध्ययनैः एवं यज्ञाध्ययनस्य सिद्धत्वम्। (११-४८) = वेदों के अध्ययन से ही यज्ञों का अध्ययन सिद्ध होता है।

वेदान्त- इतिहास- पुराण स्मृतिलक्षणं सर्व निवृत्तिविधायि *शास्त्रम्*। (१८-५५) = वेदान्त इतिहास, पुराण और स्मृति ये सारे शास्त्र निवृत्ति- विधायक हैं।

***वेदार्थः* प्रवृत्तिलक्षणः निवृत्तिलक्षणः च। (४ भू)** = वेदों का तात्पर्यार्थ प्रवृत्तिधर्मस्वरूप, और निवृत्तिधर्मस्वरूप, दो प्रकार का है।

वैदिकधर्माधीनाः *वर्णाश्रमभेदाः* (१-भू) = वर्णभेद और आश्रमभेद वैदिक धर्म के अधीन है।

व्यतिरिक्तत्वे अपि सालक्षण्य प्रसंगः अस्ति। (१८-२०) = भिन्नता होने पर भी कुछ प्रकारों के लक्षण समान होने की संभावना होती है।

व्याचिख्यासितस्य हि अर्थस्य संग्रहोपन्यासः न्याय्यः।

(१३-३) = जिस अर्थ का विस्तारपूर्वक वर्णन करना हो, उसका संक्षेप से निवेदन करना उचित होता है।

शक्ति-शक्तिमतोः अनन्यत्वम् । (१४-२७) = शक्ति और शक्तिमान् में भेद नहीं होता।

शरीरेषु आत्मनः उपलब्धिः भवति इति *शरीरस्थः* उच्यते। (१३-३१) = आत्मा सर्वव्यापी है किन्तु उसकी प्रतीती शरीरों में होती है। अतः उसे शरीरस्थ कहते हैं। (चतुर्विध शरीरों के अतिरिक्त अन्यत्र आत्मतत्त्व की प्रतीति नहीं होती यद्यपि वह सर्वव्यापी कहा जाता है)।

***शास्त्रं* तु अन्त्यं प्रमाणम् (२-१९)** = प्रत्यक्ष, अनुमान और आगम इन तीन प्रमाणों में आगम अर्थात् शास्त्र अंतिम (सर्वोत्तम) प्रमाण है, क्यों कि शास्त्र द्वारा प्रतिपादित ज्ञान किसी श्रेष्ठ के द्वारा प्रत्यक्ष देखा होता है या उन्होंने अनुमान से जाना होता है।

शास्त्राचार्योपदेशैः शमदमादिभिः च संस्कृतं *मनः* आत्मदर्शने करणं भवति। (२-१९) = अध्यात्मशास्त्रों एवं आचार्यों के उपदेशों से तथा शम दम आदि साधना से संस्कारित मन आत्मदर्शन का साधन होता है।

शास्त्रार्थे प्रवृत्तः पूर्वम् एवं रागद्वेषयोः वशं न आगच्छेत्। (३-३४) = शास्त्रानुसार आचरण करने वाले मनुष्य ने प्रारंभ से ही राग द्वेष आदि विकारों के अधीन नहीं होना चाहिये। अथवा शास्त्रार्थ (शास्त्रीय चर्चा) करने वाले ने प्रारंभ से ही राग द्वेष आदि प्रोक्षभक विकारों से अलिप्त रहना चाहिए। ऐसे विकार-मूलक शास्त्रार्थ से तत्त्वबोध नहीं होता।

शोकमोहयोः सर्वकर्मसंन्यासपूर्वकात् *आत्मज्ञानाद्* अन्यतः न निवृत्तिः (२-११) = शोक और मोह की निवृत्ति सर्वकर्मसंन्यासपूर्वक आत्मज्ञान के अतिरिक्त अन्य किसी भी उपाय से नहीं होती।

***शोकमोहादिदोषैः* आविष्टचेतसां सर्वप्राणिनां स्वभावतः एवं स्वधर्मपरित्यगः प्रतिषिद्धसेवा च स्यात् (११ भू).** = शोक और मोह से जिनका चित्त आक्रमित हुआ है ऐसे सभी लोगों द्वारा स्वभावतः स्वधर्म का परित्याग और प्रतिषिद्ध धर्म का पालन होता है।

***शोकमोहाविष्टचेतसां* स्वधर्मे प्रवृत्ताम् आदि वाङ्मनः – कायादीनां प्रवृत्तिः फलभिसन्धिपूर्विका एवं साहंकारा च भवति। (२-११ भू.)** = शोक और मोह द्वारा जिनका चित्त आक्रमित होता है ऐसे लोग अपने धर्म के पालन में प्रवृत्त होते हैं तब उनकी वाणी, मन, शरीर आदि की प्रवृत्ति फलाकांक्षामूलक तथा अहंकारयुक्त होती है।

***श्रद्धालुत्वे* अपि भवति कश्चिद् मन्दप्रस्थानः (४-३९)** = कोई मनुष्य श्रद्धालु होते हुए भी प्रयत्नों में मन्द होते हैं।

***श्रद्धावान्* तत्परः अपि अजितेन्द्रियः स्यात् । (४-३९)** = श्रद्धावान् तत्पर (उद्दिष्ट सिद्धि के लिए निरंतर प्रयत्नशील) होने पर भी कोई पुरुष अजितेन्द्रिय हो सकता है।

श्रुतिस्मृति-पुराण-इतिहास-योगशास्त्रविहितं संन्यासित्वं योगित्वं च *परमार्थसंन्यासिनः* (६ भू.) = वास्तविक संन्यासी का संन्यासित्व (अर्थात् चतुर्थाश्रम प्रवेश) और योगित्व (निष्काम कर्मयोगित्व तथा ध्यानयोगित्व) वेद-स्मृति-पुराण इतिहास (रामायण और महाभारत) तथा योगशास्त्र में विहित हैं।

श्रोतारः *विषयविभागेन* सुखं शास्त्रं गृह्णन्ति। (२-३९ भू.) = श्रोतागण शास्त्रीय विषय का आकलन विषय विभाग के द्वारा सुख से कर सकते हैं।

सति हि धर्मिणि धर्मा भवन्ति। (१३-२७) = धर्मी के रहते ही धर्म रहते हैं। (अर्थात् पदार्थ का नाश होने पर कोई भी भावविकार नहीं रहता)।

सत्त्वशुद्धि-ज्ञान प्राप्तिद्वारेण *सिद्धिः*। (१२-१०) = प्रथम चित्त की शुद्धता होने के बाद ज्ञान की प्राप्ति के द्वारा सिद्धि (मुक्ति) की प्राप्ति होती है।

सत्त्वशुद्धि-ज्ञानप्राप्ति-सर्वकर्मसंन्यास-ज्ञाननिष्ठा- क्रमेण नैष्ठिकीं *शान्तिम्* आप्नोति योगी। (५-१२) = कर्मयोगी को आत्यंतिक शान्ति की प्राप्ति, अन्तःकरण की शुद्धि, तद्द्वारा ज्ञान की प्राप्ति, उसके कारण सर्व (नित्य नैमित्तिक, काम्य, निष्दिध) कर्मो का संन्यास और ज्ञाननिष्ठा इस अनुक्रम से होती है।

सद्असद्विभागः बुद्धितंत्रः (२-१६) = सत् और असत् यह विभाजन बुद्धि के अधीन है। अर्थात् जिस पदार्थ का ग्रहण करने वाली बुद्धि नष्ट नहीं होती वह 'सत्' और जिसका ग्रहण करने वाली बुद्धि नष्ट होती है वह 'असत्' होता है।

सद्-आस्पदं हि सर्वं सर्वत्र सद्बुध्यनुगमात् (१३-१४) = सर्वत्र सद्बुद्धि व्याप्त होती है अतः सत् ही सब का अधिष्ठान है।

***संन्यास-कर्मयोगयोः* भिन्नपुरुषानुष्ठेययोः विरुद्धयोः फले- अपि विरोधो युक्तः (५-४)** = कर्मसंन्यास और कर्मयोग का अनुष्ठान भिन्न पुरुषों द्वारा ही हो सकता है क्योंकि वे परस्पर विरुद्ध होते हैं। अतः उनके फलों में भी भेद होना युक्तिसंगत है।

समाने अपि आयासे परमेश्वरम् एव न भजन्ते *अज्ञानिनः*। (९-२५) = अन्य देवताओं की उपासना में और परमेश्वर की उपासना में समान ही प्रयास होते हैं किन्तु अज्ञानी परमात्मा की ही उपासना नहीं करते, अन्य देवताओं की करते हैं।

***सम्यग् ज्ञानं* साक्षाद् मोक्षप्राप्तिसाधनम् न अन्यत् (९-१)** = सम्यग् ज्ञान (अहं ब्रह्माऽस्मि यह अनुभूति) ही साक्षात् मोक्षप्राप्ति का साधन है, दूसरा कोई नहीं।

सम्यग्दर्शननिष्ठानां *संन्यासिनां* सद्योमुक्तिः *कर्मयोगिनां* च क्रममुक्तिः। (५-२६) = यथार्थ ज्ञान में स्थिर हुए संन्यासियों को तुरंत मुक्ति और कर्मयोगियों को (चित्तशुद्धि, ज्ञानप्राप्ति, सर्वकर्मसंन्यास इस क्रम से) क्रममुक्ति गीताशास्त्र में कही है। (इसी को विहंगम मार्ग और पिपोलिकामार्ग न्याय कहते हैं।)

सम्यग्दर्शनात् क्षिप्रं मोक्षो भवति इति सर्वशास्त्रन्याय - प्रसिद्धः सुनिश्चितः अर्थः। (४-३९) = यथार्थ ज्ञान से तुरंत मोक्ष हो जाता है यह सब शास्त्रों और न्यायों (युक्तियुक्त सिद्धान्तों) का सुनिश्चित तात्पर्य है।)

सर्वकामपरित्यागे च *सर्वकर्मसंन्यासः* सिद्धः भवति। (६-४) = सब कामनाओं के परित्याग से सब कर्मों का संन्यास (त्याग) सिद्ध होता है।

सर्वकामत्यागसामान्यम् अज्ञकर्मफलत्यागस्य अस्ति। (१२-१२) = अज्ञानी कर्म- फलों के त्याग में सर्व कामनाओं का ही त्याग है। (क्यों कि कर्मफल की ही काम संज्ञा होती है।)

सर्वत्र एव अध्यात्मशास्त्रे *कृतार्थलक्षणानि* यानि तानि एव साधनानि उपदिश्यन्ते यत्नसाध्यत्वात् (२-५५ भू.) = अध्यात्मशास्त्र में सभी स्थानों पर जो कृतार्थ पुरुषों के लक्षण बताए है, वे ही यत्नसाध्य होने के कारण साधन रूप में कहे गये हैं। अर्थात् सिद्धों के वे लक्षण ही सामान्य पुरुष के लिए साधनस्वरूप होते हैं।

सर्वत्र च प्रशस्तं *बोद्धव्यं* कर्तव्यम् च न निष्प्रयोजनं बोद्धव्यम् इति उच्यते। (४-१८) = सभी जगह जो बात करने योग्य होती है वही प्रशंसनीय और जानने योग्य मानी या कही जाती है। जिसका जीवन में कोई प्रयोजन ही नहीं होता ऐसी बात को कोई भी जानने योग्य नहीं कहता।

सर्वत्र द्वे बुद्धी सर्वैः उपुभ्येते समानाधिकरणे *(२-१६)* = सभी जगह समान अधिकरण (अधिष्ठान) में सब को दो बुद्धियाँ उपलब्ध होती है, जैसे सन् घटः सन् पटः, सन् हस्ती अर्थात् (१) घट, पट, हाथी और (२) उनका अस्तित्व।

सर्वत्र बुध्यादिदेहान्ते ***आत्मचैतन्याभासता* आत्मभ्रान्तिकारणम्। (१८-५०)** = बुद्धि से लेकर शरीरपर्यंत सभी जगह आत्मचैतन्य का आभास ही उनमें भ्रान्ति का कारण है।

सर्वत्र समबुद्धिः ***योगारूढानां* सर्वेषाम् उत्तमः (६-९)** = शत्रु मित्र आदि सर्वत्र समान बुद्धि वाला पुरुष सभी योगारूढ पुरुषों में उत्तम मानना चाहिये।

सर्वप्राणिनां ***शोकमोहादिदोषाविष्टचेतसां* स्वभावतः** एव स्वधर्मपरित्यागः **प्रतिषिद्धसेवा च स्यात्। (२-११ भू.)** = शोक मोह आदि दोषों से जिनका चित्त घिरा हुआ है, ऐसे सभी प्राणियों से स्वधर्म का त्याग और निषिद्ध धर्म का सेवन स्वाभाविक ही होता है।

***सर्वशास्त्रार्थज्ञानफलम्* एतद् एव यद् अज्ञानसंमोहनाशः आत्मस्मृतिलाभः च। (१८-७३)** = अज्ञानमूलक संमोह का नाश और आत्मस्वरूप का लाभ यही समस्त अध्यात्मशास्त्रों के अर्थज्ञान का फल है।

सर्वस्य आसुरसम्पत्परिवर्जनस्य श्रेय आचरणस्य च *शास्त्रं* कारणम् , शास्त्रप्रमाणाद् उभयं कर्तुं शक्यं न अन्यथा। (१६-२२) = समस्त आसुरी संपदा के त्याग का और कल्याणप्रद आचरणों का मूल शास्त्र है, शास्त्र प्रमाण से ही दोनों किए जा सकते हैं, अन्यथा नहीं।

सर्वःहि *गीताशास्त्रार्थः* पंचदशे अध्याये समासेन उक्तः न केवलम्, सर्वःच वेदार्थ इहः परिसमाप्तः। (१५-२०) = गीतास्वरूप शास्त्र का अर्थ १५ वें अध्याय में संक्षेपतः कहा गया है, इतना ही नहीं, वेदों का सारा भावार्थ या तात्पर्यार्थ इसमें समाप्त हो गया।

सर्वाः बुद्धयः अस्ति नास्ति बुध्द्यनुगता एव। (१३-१२) = सभी ज्ञान अस्ति या 'नास्ति' इन बुद्धियों में से किसी एक के अनुगत होते हैं।

सर्वेषां पावनानां शुद्धिकारणम् इदं *ब्रह्मज्ञानम्* उत्कृष्टतमम्। (९-२) = अन्यों को पवित्र करने वालों को भी पवित्र करने वाला होने के कारण यह ब्रह्मज्ञान सबसे उत्कृष्ट है।

सर्वैः हि आत्मवादिभिः अभ्युपगतः दोष न एकेन परिहर्तव्यः भवति। (१३-२) = सभी आत्मवादि विद्वानों द्वारा स्वीकार किये गये दोष का परिहार किसी एक के द्वारा (या किसी एक के लिए) नहीं हो सकता।

सर्वो हि *शब्दः* अर्थप्रकाशनाय प्रयुक्तः, श्रूयमाणःच श्रोतृभिः जाति-गुण-क्रिया-संबंध द्वारेण संकेतग्रहणसव्यपेक्षः अर्थं प्रत्यायति न अन्यथा अदृष्टत्वात्। = अर्थ को प्रकाशित करने के लिए व्यक्ति द्वारा उच्चारित तथा श्रोता द्वारा सुने जाने वाले सभी शब्द जाति, गुण क्रिया और संबंध द्वारा संकेत ग्रहण करवाकर ही अर्थ की प्रतीति करते है। अन्य प्रकार से नहीं, क्योंकि अन्य प्रकार से शब्दों के अर्थों की प्रतीति कहीं नहीं देखी।

संसार बीजभूतौ *शोकमोहौ*। (२-११ भू.) = शोक और मोह संसार (जन्म मरण) के बीज हैं।

सहजस्य कर्मणः स्वधर्माख्यस्य *परित्यागेन* परधर्मानुष्ठाने अपि दोषाद् नैव मुच्यते। (१८-४८) = स्वधर्म नामक सहज कर्म का परित्याग करते हुए परधर्म का पालन करने से दोष से छुटकारा नहीं होता।

साक्षात् परमात्माख्याद् अक्षरात् पुरुषनिःश्वासवत् समुद्भूतं ***(वेद) ब्रह्म* सर्वार्थप्रकाशकम् अपि यज्ञविधि-प्रधानत्वात् यज्ञे प्रतिष्ठितम्। (३-१५)** = वेदरूप ब्रह्म साक्षात् परमात्मानामक अक्षर से पुरुष के निःश्वास की भांति उत्पन्न हुआ है। अतः वह सभी अर्थों को प्रकाशित करता है, किंतु उसमें यज्ञविधि की प्रधानता होने के कारण वह यंज्ञ में प्रतिष्ठित है। (अर्थात् यज्ञों के विषय में वह मुख्यतः प्रमाणभूत है।)

सावयवस्य सात्मीयस्य च *विनाशः* सम्भवति यथा देहस्य धनादिस्वामिनः च। (२-१७) = देहादि के समान अवयवयुक्त तथा धनादि के प्रति स्वामित्व रखने वाला इन दोनों के विनाश की संभावना होती है। (अर्थात् निरवयव तथा आत्मीयताहीन

होने के कारण केवल ब्रह्म का ही विनाश नहीं होता अन्य सभी विनाशी हैं।)

सिद्धाः एव हि ते ये मोक्षाय यतन्ते। (७-३) = जो मोक्षप्राप्ति के लिए प्रयत्न करते है वे एक तरह से (साधक होते हुए भी) सिद्ध ही होते है।

सिद्धे हि आत्मनि प्रमातरि प्रमित्सोः प्रमाणान्वेषणा भाति। (२-१८) = प्रमातारूप आत्मा सिद्ध होने पर ही जिज्ञासु की प्रमाण विषयक खोज शुरु होती है।

सोम हि सर्वाः ओषधीः स्वात्मसानुप्रवेशेन पुष्णाति। (१५-१३) = सोम (रसात्मक ईश्वर स्वरूप) ही अपने रस का संचार कर के, समस्त वनस्पतियों का पोषण करता है।

***स्वभावनियतं कर्म* कुर्वाणः विषजात इव कृमिः किल्विषं न आप्नोति। (१८-४८)** = जैसे विष में उत्पन्न हुए कीड़े के लिए विष दोषकारक नहीं होता, उसी प्रकार स्वभाव से नियत किए हुए (गुणरहित) कर्मों को करने से मनुष्य को पाप नहीं लगता।

हीयमानविवेकविज्ञानहेतुकः *अधर्मः* (१ भू.) = विवेक और विज्ञान (अर्थात् आध्यात्मिकज्ञान) की हानि ही जिस का कारण है, वही अधर्म है।

★ ★ ★

वर्ग - ३ कौटिलीय अर्थशास्त्र में प्रयुक्त न्यायवचन।

[सूचना :- वचनों के अन्त में उल्लिखित क्रमांक कौटिलीय अर्थशास्त्र के अध्यायों के सूचक हैं।]

अनिष्टैः अद्भुतोत्पातैः परस्य उद्वेगम् आचरेत्। = अनिष्ट और अद्भुत उत्पातों के द्वारा शत्रुसमाज में उद्वेग निर्माण करना चाहिये। (१४६)

अविश्वासो हि विसंवादकः स्वेषां परेषां च भवति, प्रकृतिविरुद्धाचारश्च । = अपने वचन के विपरीत आचरण करने वाला, स्वजनों एवं परजनों के लिए अविश्वसनीय होता है, जनता की अपेक्षा के विरुद्ध आचरण करने वाला भी अविश्वसनीय होता है। (१४५)।

अपनयाद् आपदः सम्भवन्ति। अपनय = सामादि उपायों के अयोग्य प्रयोग, के कारण आपत्तियों की उत्पत्ति होती है। (१२६)

अभ्यन्तरेषु प्रतिजपत्सु साम-दाने प्रयुंजीत। बाह्येषु प्रतिजपत्सु भेददण्डैः प्रयुंजीत = स्वकीय लोग 'प्रतिजाप' करते हैं, तब साम-दान का प्रयोग और परकीय करते हैं तब भेद-दण्ड का प्रयोग करना चाहिये। (१२६)

अभ्यन्तरकोपो बाह्यकोपाद् बलीयान = अन्तर्गत प्रक्षोभ वाह्य प्रक्षोभ से बलवत्तर होता है। (१२४)

अल्पःपश्चात्कोपो गरीयान् = पिछाडी का प्रक्षोभ अल्प होने पर भी महान् समझना चाहिये। (१२४)

अहिभयन्याय= घर में घुसे हुए सांप के भय का न्याय। सांप घर में घुसने पर नित्य भय की संभावना होती है। (१२३)

उत्साह-प्रभाव-मन्त्रशक्तीनाम् उत्तरोत्तराधिकः अतिसन्धत्ते। (१२२) = उत्साहशक्ति, प्रभुशक्ति और मन्त्रशक्ति इनमें अनुक्रम से मंत्रशक्ति सर्वश्रेष्ठ है। मंत्रशक्तिसंपन्न राजा अन्य सभी को परास्त करता है।

अमात्यमूलाः सर्वारम्भाः जनपदस्य = जनता के सारे कार्यों का आरम्भ अमात्य पर निर्भर होता है। (११७)

अहीनम् अवृद्धंच मित्रं स्थापयेत् = राजनीतिक मित्र को अधिक क्षीण या अधिक प्रबल नहीं होने देना चाहिये। (११६)

अपकुर्यात् समर्थं वा नोपकुर्याद् यदापदि। उच्छिन्द्याद तव तन्मित्रम्। विश्वास्यांकम् उपस्थितम् = जो समर्थ होने पर अपकार करता है और आपत्ति में उपकार नहीं करता, ऐसे मित्र का विश्वासघात से उच्छेद करना चाहिये। (११६)

अभ्युच्चीयमानः समाधिमोक्षं कारयेत्। = संधि के पश्चात् बल में वृद्धि होने पर सन्धिभंग करने का विचार करना चाहिये। (११५)

उदधिगत-भिन्नप्लव-न्याय। = फूटी नौका सागर में कुछ समय के पश्चात डूब जाती ही है, उसी प्रकार गुप्ततापूर्वक काम न करने वाले का कार्य कुछ समय के पश्चात् नष्ट होता है। (१११)

अश्वसधर्माणो हि मनुष्या नियुक्ता कर्मसु विकुर्वते = कार्य पर नियुक्त करने पर मनुष्य का स्वभाव अश्व के समान बिगड़ जाता है। (३०)

अनास्वादयितुं न शक्यं जिव्हातलस्थं मधु वा विषं वा = जिव्हा पर रखे हुए मधु या विष का आस्वाद न लेना असंभव होता है, (उसी प्रकार अर्थविभाग के अधिकारी पैसे खाये बिना नहीं रहते।) (३०)

अन्तः सलिले चरन्तः मत्स्याः ज्ञातुं न शक्याः सलिलं पिबन्तः = जल में संचार करने वाले मत्स्य पानी कब कैसा पीते हैं यह समझना असंभव होता है (उसी प्रकार सरकारी अधिकारी पैसे कब और कैसे खाते हैं। इसका पता नहीं लग सकता।) (३०)

अनेकमुख्यं हि परोपजापं नोपैति। = एक विभाग में अनेक मुख्य नियुक्त होने पर वे शत्रु की भेदनीति में फसते नहीं। (२५)

अल्पकोशो हि राजा पौरान् जानपदान् एव ग्रसते = जिसके के कोश में अल्प धन होता है वह राजा नगरवासी और ग्रामवासी लोगों का शोषण करता है। (२२)

अर्थ एवं प्रधानः। अर्थमूलौ हि धर्मकामौ = तीनों पुरुषार्थों में अर्थ ही प्रधान है। धर्म और काम का मूल अर्थ में ही होता है। (३-७) अधि - १) अ ७)

अप्रणीतो हि दण्डः मात्स्यन्यायम् उदभावयति = दण्ड का प्रयोग सर्वथा न करने से राष्ट्र में मात्स्यन्याय उत्पन्न होता है। (४)

अग्राह्याः कर्मकालेषु कर्षकाः राजपुरुषाश्च = काम करते हुए किसान या सरकारी नौकर को पकड़ना नहीं चाहिये। (६८)

असंप्रतिपत्तौ साक्षिणः प्रमाणम् = निश्चित जानकारी जहां नहीं होती, वहां साक्षिदार ही प्रमाण होते हैं। (६८)

ऋणरिक्थयोः समो विभागः = ऋण और सम्पत्ति का विभाजन समप्रमाण होना चाहिये। (६२)

अमोक्षो धर्मविवाहानाम् = धार्मिक पद्धति से विवाह होने पर पतिपत्नी विभक्त नहीं हो सकते। उन्हें स्वतंत्रता से विवाह विच्छेद नहीं मिल सकता। (६०)

अर्थमानावक्षेपे च परित्यागः = राजा ने वेतन कम करने पर या सम्मानोपाधि हटाने पर, उस राजा का परित्याग करना चाहिये। (९५)

एवम् अर्थचरान् पूर्वं राजा दण्डेन शोधयेत् = राजाने ने प्रथम अपने अधिकारियों का दंड देकर शोधन करना चाहिये। (८६)

आत्मविक्रयिणः आर्यस्य प्रजाम् आर्यां विद्यात् = अपने आप को बेचने वाले आर्य की प्रजा, आर्य ही माननी चाहिये। (वह दास नहीं हो सकती) (७०)

अल्पशूराः बहून् अशूरान् भंजन्ति = अल्पसंख्य शूर,

बहुसंख्य दुर्बलों को नष्ट कर सकते हैं। (११०)

अनित्यस्तु शत्रुः उपकारात् अनपराधात् वा शाम्यति = अनित्य शत्रु पर उपकार करने से या अपकार न करने से शान्त होता है। (१०८)

आपद् हि सौहृदस्थैर्यम् उत्पादयति = आपत्ति मित्रता में स्थैर्य निर्माण करती है। (१०७)

उपकारलक्षणं मित्रम् = उपकार मित्र का लक्षण है। अर्थात् जो उपकार करता है (विशेषतः आपत्ति में) वही सच्चा मित्र। (१०७)

अपकारसमर्थो विक्रमेत अन्यथा सन्दध्यात् = शत्रु का विनाश करने की शक्ति हो तब पराक्रम करना चाहिये। अन्यथा सन्धि करना योग्य होगा। (१०५)

इहापकारी त्याज्यः परोपकारी संधेयः उभयापकारी तर्कयितव्यः = अपकार करने वाले का त्याग करना चाहिये। स्वजनों पर उपकार करने वाला संग्राह्य होता है। दोनों पर अपकार करने वाले के संबंध में तर्क करना चाहिये। (१०४)

असन्ध्येन अवश्यं सन्धातव्ये यतः प्रभावः ततः प्रतिविदध्यात् = सन्धि करने अयोग्य राजा से सन्धि करना अनिवार्य होने पर, उसका जिस विषय में प्रभाव अधिक होगा उसमें प्रतिकार करने की सिद्धता होनी चाहिये. (१०४)

अमित्रसिद्धौ हि यातव्यः साहाय्यं दद्यात् न अमित्रो यातव्यसिद्धौ। (१०३) = प्रबल शत्रु पर आक्रमण करते समय, दुर्बल शत्रु साहाय्य दे सकता है, किन्तु दुर्बल पर आक्रमण करते समय प्रबल शत्रु साहाय्य नहीं देता।

आमपात्रम् आमेन आहतम् उभयतः क्षयं करोति = कच्चा मटका कच्चे मटके पर पटक ने से दोनों का नाश होता है। तुल्यबल राजाओं के विग्रह का वहीं परिणाम होता है।

कृष्णसर्पः यावत् पश्यति तावद् मारयति = कृष्णसर्प जिसे देखता है उसे मारता है (अर्थात् उसकी दृष्टि के विष से वे मरते हैं। (१४६)

क्षीणनिचयं च अवाप्तम् अपि राज्यं क्षयाय एव भवति = धनधान्य नष्ट होने पर मिला हुआ राज्य नष्ट होता है। (१४४)

घातयेत् परमिश्रायां विश्वासेनामिषेण च = परमिश्रा आपत्ति (जब शत्रु और मित्र एकत्र आते हैं) में, कूट विश्वास और आमिष इन दोनों का प्रयोग करते, हुए शत्रु का घात ही करना चाहिये। (१२७)

कृच्छ्रोपजापा हि बाह्यानाम् आभ्यन्तराः, तेषाम् इतरे वा = बाह्यशत्रु अन्तःशत्रु से अथवा अभ्यंतर शत्रु बाह्य शत्रु से मिलकर कारवाई अनायास नहीं कर सकते। (१२६)

कल्याणबुद्धिस्तु सहजीव्यार्थम् उपजपति। कल्याण बुद्धिना सन्दधीत = कल्याणबुद्धि वाला नेता सहजीवन के विषय में सोचता है। अतः कल्याणबुद्धि वाले से सन्धि करना चाहिये। (१२४)

गर्भधान्यम् अवृष्टिः उपहन्ति = अवर्षण भूमि में बोये हुए धान्य को नष्ट करता है।उसी प्रकार प्रभुशक्ति के अभाव में मंत्रशक्ति नष्ट होती है।

कोशपूर्वाः सर्वारम्भाः (२९) = सारे कार्यों का आरंभ कोश (धन) से होता है।

कर्कटकसधर्माणो हि जनकभक्षाः राजपुत्राः = राजपुत्र का स्वभाव खेकड़े के समान होता है जो अपने जनक को खा जाता है। (१७)

काष्ठम् इव हि घुणजग्धं राजकुलम् अविनीतपुत्रम् अभियुक्तमात्रं भज्येत = जिस राजकुल का राजपुत्र अविनीत (असंस्कारित या उन्मत्त) होगा व राजकुल घिणद्वारा अंदर से खाये हुए काष्ठ के समान अभियोग (आक्रमण) होते ही भग्न होता है। (१७)

कृतस्वपक्षपरपक्षोपग्रहः कार्यारंभान् चिन्तयेत् = स्वपक्ष और परपक्ष का नियंत्रण करने पर ही राजा ने कार्य का आरंभ करना चाहिये। (१५)

गावो हि असगन्धं गोगणम् अतिक्रम्य सगन्धेषु एव अवतिष्ठन्ते = गाय बैल अपरिचित छोड़कर परिचित परिवार में ही रहते हैं। इस न्याय से अपरिचित लोगों को ही अमात्य पद पर लाना चाहिये। (८)

कार्यसामर्थ्याद् हि पुरुषसामर्थ्यं कल्पते = कार्य में व्यक्त हुई समर्थता से ही पुरुष के निजी सामर्थ्य या पात्रता की कल्पना आती है। (८)

क्रिया हि द्रव्यं विनयति न अद्रव्यम् = संस्कार से योग्य व्यक्ति में हि गुण उत्पन्न करते है, अयोग्य व्यक्ति में नही।

करदाः करदेषु आधानं विक्रयं वा कुर्युः = कर देने वालों ने कर देने वालों से ही गरवी या विक्री का व्यवहार करना चाहिये (६७)

कृतस्य वेतनं, न अकृतस्य अस्ति = मजदूरी, किये हुए, काम की होती है, न किये काम की नहीं होती। (७१)

कृत्रिमाः हि भूमिगुणाः = भूमि के गुण कृत्रिम अर्थात् प्रयत्न से परिवर्तनीय होते हैं। (१०९)

कृतार्थश्च शत्रुः वैगुण्यम् एति = कृतकृत्य होने पर शत्रु दोषोद्‌घाटन करता है। (१०६)

चातुर्वर्ण्यरक्षार्थम् औपनिषदिकम् अधर्मिष्ठेषु प्रयुंजीत = मंत्रतंत्रादि गूढ घातक प्रयोग चातुवर्ण्य की रक्षा के लिये अत्यंत अधार्मिक लोगों पर ही करना चाहिये। (१४६)

चञ्चूप्रवेशात् मुसलप्रवेश = जहां चंचूप्रवेश हुआ वहां मूसल का भी प्रवेश हो सकता है।

जनपदः सर्वकर्मणां योनिः ततः प्रभावः = देश और जनता (राष्ट्र) सभी कार्यों का मूल है। इसी से प्रभाव (द्रव्य और बल) प्राप्त होता है। (११२)

चण्डालोदपानः चण्डालानाम् एव उपभोग्यः न अन्येषाम् = चण्डालों का कुंआ चण्डालों के ही उपयोग में आता है, दूसरों का उसका उपयोग नहीं होता। (१४)

जातिभूमिषु पण्यानाम् अविक्रयः = माल जहां निर्माण होता है वहां उस की बिक्री नहीं होनी चाहिये। (४३)

चिराद् अल्पो महासारस्य क्रेता विद्यते। प्रभूतः सातत्याद् अल्पसारस्य (११०) = बहुमूल्य वस्तु के क्रेता अल्प तथा दीर्घ काल के बाद मिलते हैं। अल्पमूल्य के क्रेता भरपूर और सतत मिलते हैं।

चलबुद्धिः असन्धेयः = चंचल बुद्धि के व्यक्ति से सन्धि या मैत्री होना असंभव होता है। (१०४)

जायते प्लक्षबीजाशात् कपोतादिह शाल्मलिः = कपोत (कबूतर) ने प्लक्ष (वट) वृक्ष का बीज खाने पर उस से शाल्मलि (सेमल) नामक भीतिप्रद वृक्ष का जन्म होता है। उसी प्रकार शत्रु पक्ष से अपनी ओर आया हुआ भृत्य भीतिप्रद होता है।

न हि अजनो जनपदः, राज्यम् अजनपदं वा भवति = जनता के बिना जनपद नहीं सकता और जनपद के बिना राज्य नहीं होता। (१४४)

न तु एव विद्यमाने पराक्रमे अग्निम् अवसृजेत् = सैनिकों में पराक्रम होने पर शत्रु राज्य में अग्निप्रयोग नहीं करना चाहिये। (१४४)

न युध्देताप्रतिग्रहः = पिछाडी में अवशिष्ट सैन्य रखे विना युद्ध नही करना चाहिये।(१३३)

दण्डो हि महाजने क्षेप्तुम् अशक्यः = जनसमुदाय पर दण्ड का प्रयोग असंभाव्य होता है। (१२७) (क्षिप्तो वा अन्यं च अनर्थम् उत्पादयेत् = उन पर दण्ड प्रयोग करने पर भलता ही अनर्थ उत्पन्न होता है।)

दोषशुद्धौ हि दूष्या न विद्यन्ते।दूष्य शुद्धौ हि दोषः पुनर् अन्यान दूषयति। = मूल दोष का निर्मूलन करने पर दूष्य (दोष उत्पादन करने वाले) नही रहते। किन्तु केवल दूष्य लोगों का निर्मूलन करने से मूलदोष दूसरे लोगों को दूषित करता है। (१२६)

दिवा काकः कौशिकं हन्ति, रात्रौ कौशिकः काकम = दिन में कौआ उल्लू को और रात में उल्लू कौअे को मार सकता है। यह काल का माहात्म्य है। (१२२)

न विमानितम् अन्तःकोपं बलं युध्येत = अपमानित होने से अन्तः कोप धारण करने वाला सैन्य लड़ नहीं सकता। (१२१)

दुर्ग-मित्र- प्रतिस्तब्धो हि स्वेषां परेषां च पूज्यो भवति = दुर्ग और मित्र का साहाय्य होने वाला स्वकीयों और परकीयों को पूज्य होता है। (११२)

धार्मिकाभियोगी हि स्वेषां च द्वेष्यो भवति, अधार्मिकाभियोगी संप्रियः। = धार्मिक (राजा) पर आक्रमण करने वाला स्वजनों में द्वेषपात्र होता है, किन्तु अधार्मिक पर आक्रमण करने वाला सर्वत्र प्रिय होता है। (१११)

नवेन अनवं शोधयेत् = नया आने पर पुराना समाप्त करना चाहिये। (२५-३६)।

नात्मप्रियं हितं राज्ञः प्रजानां तु प्रियं हितम् = अपना प्रिय करने में राजा का हित नहीं, प्रजा का प्रिय करने में राजा का हित होता है। (१९)

नवं हि द्रव्यं येन येन अर्थजातेन उपदिह्यते तत् तत् आचूषति। = नये पदार्थ को जिस किसी द्रव्य का लेप लगाया जाता है, उसे वह चूस लेता है। उसी प्रकार अज्ञानी बालक को जो कुछ अच्छा बुरा पढ़ाया जाता है वह आत्मसात् कर लेता है। (१७)

धर्मम् अर्थं च बालस्य उपदिशेत् न अधर्मम् अनर्थं च। = बालकों को धर्म और अर्थ का ही उपदेश करना चाहिये, अधर्म और अनर्थ का नहीं। (१७)

नैकस्य मन्त्रसिद्धिः अस्ति = अकेले ने किया हुआ विचार सफल नहीं होता (इति विशालक्षमतम्)। (१५)

न दीर्घकालं मंत्रयेत् न च तेषां पक्षैःयेषाम् अपकुर्यात्। = दीर्घकाल तक मशविरा नही करनी चाहिये, और जिसका नुकसान करना निश्चित है उससे भी मशविरा नहीं करनी चाहिये। (१५)

त्रयाणाम् एकवाक्ये संप्रत्ययः। = तीन मार्गों से एक ही वार्ता मिलने पर उस पर विश्वास रखना चाहिये। (१२)

न दूषणम् अदुष्टस्य विषेणेवाम्भसश्चरेत्। = जिस प्रकार अदूषित जल में विष नहीं मिलाना, उसी प्रकार अदूषित सज्जन व्यक्ति के मन में दुष्ट विचार प्रवृत्त नहीं करने चाहिये (क्यों कि बाद में उन दुष्ट विचारों को हटाना कठिन होता है।) (१०)

दश वर्षोपेक्षितम् ऋणम् अग्राह्यम् = दश वर्षो तक उपेक्षित रहा ऋण नहीं लेना चाहिये। (६८)

धर्मेणार्थं विनिश्चयेत् = जहां रूढ़ि और धर्मशास्त्र में एवं धर्मशास्त्र और व्यवहार में मतभेद उत्पन्न होता है वहां धर्मशास्त्र के अनुसार ही निर्णय होना चाहिये। (५८)

नश्यतां सर्वधर्माणां राजधर्मः प्रवर्तकः। (५८) = नष्टप्राय हुए सभी वर्णों और आश्रमों के धर्मों का प्रवर्तन राजधर्म से होता है। (अतः राजधर्मः महत्वपूर्ण है। यहां राजधर्म शब्द का अर्थ निष्पक्षपाती न्याय है। (५८)

न च अभियुक्ते अभियोगोऽस्ति। = न्यायालय में पराभूत होने वाले पर पुनः उसी विषय में अभियोग नहीं किया जाता। (५८)

दैवमानुषं हि कर्म लोकं यापयति। = दैव तथा मानुष कर्म ही लोकव्यवहार का संचालन करता है। (९८)

न च प्राकाम्यम् अकामायां लभेत। = स्त्री की इच्छा के विरुद्ध उससे समागम करने का किसी को अधिकार नहीं मिल सकता।

प्रक्रान्ते कर्मणि न प्राकाम्यम् अपक्रमणे = काम में नियुक्त होने पर उसे स्वेच्छा से चाहे तब छोड़ना न्याय्य नहीं। (७१)

न तु एव आर्यस्य दासभावः। = आर्य जातीय व्यक्ति को क्रीतदासता कभी नही आनी चाहिये। (आर्य की दासता

दण्डनीय अपराध है। म्लेच्छ की दासता अपराध नहीं) (७०)

धान्यमूला हि दुर्गादीनां कर्मणाम् आरम्भाः। = दुर्ग आदि महान् कार्यों का मूल धान्यसंग्रह में होता है। (१०९)

नित्यश्च शत्रुः उपकृते च अपकृते च शत्रुः एव भवति।'' = नित्य शत्रु पर उपकार या अपकार करने पर भी वह शत्रु ही रहता है। (१०८)

तेजो हि संधातकारणं नातप्तं लोहं लोहेन सन्धत्ते (१०१) = तेज (सामर्थ्य) से ही सन्धि होती है। ठंडा लोहे का टुकड़ा दूसरे से नहीं जुड़ता।

परदोषान् स्वगुणैः छादयेत्। गुणान् गुणद्वैगुण्येन = शत्रु के दुर्गणों को अपने सद्‌गुणों से आच्छादित करना चाहिये और उसके गुणों को अपने द्विगुणित गुणों से आच्छादित करना चाहिये। (१४५)

प्रवर्तयेत् न चाऽधर्म्यं कृतं चान्यैः निवर्तयेत्। = धर्मविरोधी विषय को चालना नही देनी चाहिये और दूसरे किसी ने उसका आचरण किया तो निवारण करना चाहिये। (१४५)

भग्नं न पीडयेत् = युद्ध में परास्त हुए सैन्य को पीडा नही देनी चाहिये।(१३१)

बिल्वं बिल्वेन हन्यताम्। बेल का फल बेल के ही फल से फोड़ना चाहिये। (१२३)

परस्य बलसमुद्दानं विघातयेत् आत्मनः सम्पादयेत् = शत्रु की बलवृद्धि में बाधा डालनी चाहिये और अपनी बलवृद्धि करते रहना चाहिये। (१२३)

परस्परसाधका हि शक्तिदेशकाला। = शक्ति, देश और काल कार्यसिद्धि के लिये परस्पर साहायक होते हैं। किसी एक की अपनी श्रेष्ठता नहीं होती। (१२२)

बहुभावो अनुरागो वा सारो वा कार्यसाधकः। = संख्याबाहुल्य, लोकप्रियता और गुणवत्ता इन तीनों के कारण किसी भी संकट में कार्य सिद्धता होता है। (११७)

बलं हि चित्तं विकरोति = बलप्राप्त होने पर चित्त में विकार उत्पन्न होता है। (११२)

बालस्याप्यर्थवद् वाक्यम् उपयुंजीत पण्डितः। = अर्थयुक्त वाक्य किसी बालक ने भी कहा हो तो बुद्धिमान् मनुष्य ने उसका उपयोग करना चाहिये। (१७)

महादोषम् अबुद्धबोधनम्। = अज्ञानी को भलते ही विषय में प्रबुद्ध करना महादोष निर्माण करता है। (१७)

प्रत्यक्ष-परोक्ष-अनुमेया हि राजवृत्तिः। = प्रत्यक्ष, परोक्ष और अनुमेय इन तीनों के विचार से राजा के व्यवहार होते हैं। (१५)

मदान्धो हस्ती मत्तेन अधिष्ठितः यद् यद् आसादयति तत् सर्वं प्रमृद्नाति = मत्त महावत के द्वारा चलाया हुआ उन्मत्त हाथी, जो जो प्राप्त करता है उसका नाश ही करता है। (१४)

मंत्रपूर्वाः सर्वारंभाः = सभी कार्यों के आरंभ का मूल मंत्र में होता है। (१४)

पश्चान्निविष्टम् अधरतटाकं न उपरितटाकस्य केदारम् उदकेन आप्लावयेत्। = बाद में बनाये हुए नीचे वाले तालाव के पानी से उपर वाले तालाव से सिंचित क्षेत्र में सिचाई नहीं चाहिये करनी। (६६)

परपरिग्रहे बीजम् उत्सृष्टं क्षेत्रिणः भवति = दूसरे के क्षेत्र में डाला हुआ बीज क्षेत्र के स्वामी का होता है। (अर्थात् उस की फसल पर बीजस्वामी का अधिकार नहीं होता। इसी न्याय से क्षेत्रस्वरूप माता का अपत्य होता है। (६४)

माता भस्त्रा यस्य रेतः तस्य अपत्यम्। (६४) = माता भस्रा (धारण करने वाली पोटडी) के समान होती है। अतः जिस का रेत (अर्थात् बीज) उसी का पुत्र होता है। अपत्य पर पिता का अधिकार स्वयं सिद्ध होता है इस मत का यह प्रतिपादन है।

मूषिकभये मार्जार-नकुलोत्सर्गः (८०)। = चूहों का उपद्रव बढ़ने पर बिल्लो और मुंगूसो को छोड़ना चाहिये।

बहुषु हि कुण्ठेषु विनयकर्मणा शक्यं शौर्यम् आधातुम्। = बहुसंख्य (हाथी) दुर्बल होने पर भी प्रशिक्षण के द्वारा उनमें शौर्य निर्माण किया जा सकता है। (११०)

पुरुषवद् हि राज्यम् = पुरुष-संपन्नता पर ही राज्य निर्भर रहता है। (१०९)

मित्र- हिरण्ये भूमिलाभाद् भवतः। मित्रं हिरण्यलाभात् = तीन प्रकार के लाभों में भूमिलाभ श्रेष्ठ है। उस से मित्र लाभ और हिरण्यलाभ दोनों होते हैं। हिरण्यलाभ से केवल मित्र लाभ होता है। (१०७)

मध्यमः चेद् अनुगृहीतो विगुणः स्यात्, अमित्रो अतिसंधत्ते। = मध्यस्थ राजा पर अनुग्रह करने पर भी यदि वह विरोध करता है, तो शत्रु राजा ने अपने उपर मात की ऐसा समझना चाहिये।(१०६)

यतः श्रेयस्ततो व्रजेत्। = जिधर अपना कल्याण हो उधर जाना चाहिये। (१०५)

यतो लाभः ततो गच्छेद्। अलाभं परिवर्जयेत्। (३७) = जहा लाभ होगा वहीं जाना चाहिये जहां लाभ नही उसे टालना चाहिये।

यत्किंचनकारी न किंचिद् आसादयति। = अनिश्चित कार्य करने वाला कुछ भी प्राप्त नहीं करता। (१०९)

यथार्हदण्डः पूज्यः = यथोचित दण्ड देने वाला राजा पूज्य होता है।

यद् अंगम् अल्पसारम् आत्मनः तद् बहुना उपचिनुयात् = अपने सैन्य के जिस अंग में शक्ति अल्प होगी, उसकी पूर्ति अधिकतासे करनी चाहिये। (१३३)

यो मित्रं समुपेक्षेत स मृत्युम् उपगूहति। = जो राजा षड्‌गुणसंपन्न मित्र की उपेक्षा करता है, वह मृत्यु को आलिंगन देता है। (१०७)

रक्षेत् स्वदेहं न धनम्। = संकटकाल में संधि करते समय, अपने देह का रक्षण अवश्य करना ही चाहिये, धन का नहीं। (१३६)

राष्ट्रपीडाकरं भाण्डम् उच्छिन्द्याद् अफलं च यत्। = जिस माल से राष्ट्र को पीड़ा होती है अथवा जो माल फलदायक नहीं उसे नष्ट करना चाहिये। (४२)

लघु अपि व्यसनम् अभियुक्तस्य कृच्छ्रं भवति। (१०३) = लघु आक्रमण के कारण संकट कठिण हो जाता है।

लीनः सर्पो यस्माद् भयं पश्यति तत्र विषम् उत्सृजति। = भयभीत सांप को जिससे भय की आशंका होती है उसे वह विषैला दंश करता है। (१४)

विभूमिं प्राप्तं हन्यात्। = संकटमय भूमि में आते ही शत्रुपर आघात करना चाहिये। (१३१)

विरक्ताः प्रकृतयः बलवन्तम् अपि उच्छिन्दन्ति = राजा पर प्रेम न करने वाले प्रजाजन बलवान् राजा का भी नाश करते हैं (अतः विरक्तप्रकृति राजा पर प्रथम आक्रमण करना चाहिये। (१०३)

विवाहपूर्वो व्यवहारः = लौकिक व्यवहार में विवाह का स्थान सर्वप्रथम है। (५९)

वृत्तपाणिग्रहणयोः अपि दोषम् औपशायिकं दृष्ट्वा सिद्धम् उपावर्तनम्। (७१) = पाणिग्रहण के पश्चाद् शारीरिक दोष देखने पर संबंध नकारा जा सकता है।

वृद्धिश्चित्त विकारिणी (१०३) = समृद्धि के कारण चित्तवृत्ति में विकार उत्पन्न होते हैं।

शक्तिसम्पन्नो हि अमित्रम् उच्छिद्य पार्ष्णिग्राहम् उच्छिन्द्यात्। = राजा ने शक्ति सम्पन्न होने पर अमित्र का नाश करने के पश्चात् पार्ष्णिग्राह का उच्छेद करना चाहिये। (१११)

शक्त्युदये यातव्यम् अनैकान्तिकात् व्यसनानाम् = शत्रु के संकट की कोई निश्चितता न होने के कारण, अपनी शक्ति बढ़ने पर आक्रमण करना योग्य होता है। (१२२)

शम-व्यायामयोः योनिः षाड्गुण्यम् = शांतता और उद्योग का मूल षड्गुणात्मक राजनीति में होता है। (९८)

शमव्यायामौ योगक्षेमयोः योनिः = शांतता और उद्योग में संपत्ति की उत्पत्ति और उपभोग का मूल होता है। (९८)

शासनप्रधाना हि राजानः तन्मूलत्वात् सन्धिविग्रहयोः। (३१) = शासन करना राजा का प्रधान कर्तव्य है, क्यों कि सन्धि (मैत्री) और विग्रह (कलह) शासन के ही आधार पर होते है।

शास्त्रं विप्रतिपद्येत धर्मन्यायेन केनचित्। न्यायस्तत्र प्रमाणं स्यात्। = शास्त्र और न्यायालय का निर्णय इन में मतभेद होने पर न्याय को ही प्रमाण मानना चाहिये। (५८)

श्रान्तम् अश्रान्तः परम् अभिहन्यात् = श्रान्त शत्रु पर स्वयं श्रान्त न होने पर आघात करना चाहिये। (१३१)

श्रेयो हि मित्रम् अनर्थसंशये तिष्ठद् न दण्डः। दण्डो वा न कोशः = अनर्थकारक परिस्थिति में मित्र की उपेक्षा हो सकती है, किन्तु दण्ड को नहीं होनी चाहिये और दण्ड से भी कोश की उपेक्षा सर्वथा नहीं होनी चाहिये। (१२८)

श्वगणिनां धेनोः, श्वभ्यो दुग्धं, नोः न ब्राह्मणेभ्यः = पालने वालों की गाय का दूध कुत्ते के काम में आता है।, ब्राह्मण को उसका उपयोग नहीं होता। (१४)

श्व-वराहयोः कलहे चाण्डालस्य सिद्धिः। = कुत्ते और सूअर के झगडे में चाण्डाल को लाभ होता है। (१२३)

षाड्गुण्यस्य प्रकृतिमण्डलं योनिः। = छह प्रकार की राजनीति का उदय राजमंडल में होता है।(९९)

सतोऽर्थस्य विभागः नासतः = विद्यमान संपत्ति का विभाजन होता है, अविद्यमान का नहीं। (६२)

सन्धिविग्रहयोः तुल्यायां वृद्धौ, सन्धिम् उपेयात्। = सन्धि और विग्रह दोनों में समान लाभ की संभावना हो, तब सन्धि का ही अवलंब करना चाहिये। (१००)

सन्धिविश्वासेन परच्छिद्रम् आसाद्य प्रहरेत् = सन्धि पर विश्वास रखने वाले शत्रु राजा का छिद्र (दुर्बलस्थान) देखते ही उस पर प्रहार करना चाहिये। (१०४)

सन्धेयश्च शत्रुः उपकुर्वाणः न मित्रं मित्रभावाद् उत्क्रान्तम्। = उपकारी शत्रु से सन्धि हो सकती है किन्तु मित्रता से दूर हटे मित्र से सन्धि नहीं हो सकती। (१११)

सम-ज्यायोभ्यां सन्धीयेत, हीनेन विगृह्णीयात्। = समान या अधिक बलवान से सन्धि करनी चाहिये और दुर्बल से युद्ध करना चाहिये। (१०१)

सर्वत्र प्रथमेऽपराधे प्रथमः द्वितीये द्विगुणः तृतीये त्रिगुणः चतुर्थे यथाकामी स्यात्। = सभी अपराधों में प्रथम, द्वितीय और तृतीय अपराधों के लिए सामान्य, द्विगुण और त्रिगुण दण्ड करना और चौथे अपराध में यथेच्छ दण्ड करना चाहिये। (४८)

सर्वहितं ब्रुवतः एकस्य आज्ञां कुर्युः। = सार्वजनिक हित का आदेश देने वाले एक भी मनुष्य की आज्ञा का पालन करना चाहिये।(६७)

सर्वापराधेषु अपीडनीयो ब्राह्मणः।(८५) = ब्राह्मण ने किसी भी प्रकार का अपराध किया हो तो भी उसे पीड़ा नहीं देनी चाहिये।

सर्वे एव विवादाः सामन्तप्रत्ययाः = सभी विवादों के निर्णय पड़ोसी लोगों की साक्ष के अनुसार होते हैं। (६६)

सर्वेषां कर्मणा वीर्यं जवस्तेजश्च वर्धते = सभी प्राणियों का पराक्रम, वेग और तेज संस्कार से बढ़ता है। (२३)

सर्वेषां धर्मः अहिंसा, सत्यं, शौचय्, अनसूया, आनृशंस्यं क्षमा च। (३) = अहिंसा, सत्य, पावित्र्य, अमत्सर, कृपा और क्षमा सभी मानवों का धर्म है।

सर्वोपधाशुद्धान् मंत्रिणः कुर्यात्। = धर्म, अर्थ, काम, भय इत्यादि उपधियों की सत्त्वपरीक्षा में जो खरे उतरते हैं, उन्ही को मंत्रीपद देना चाहिये। (१०)

संघलाभः दण्डमित्रलाभानाम् उत्तमः।= सेना और मित्र राजा के लाभ से, किसी संघ का साहाय्य अधिक उत्तम होता है। (१३५)

संघा हि संहतत्वाद् अधृष्या परेषाम् = संगठित होने के कारण परकीय शत्रु संघों का विच्छेद नही कर पाते। (१३५)

संहतानीकं हस्तिभिर्भेदयेत् = शत्रु की सेना एकत्रित हो तब हस्तिबल से उसे तितर बितर करना चाहिये। (१३१)

सामदानाभ्यां दुर्बलान् उपनमयेत्, भेददण्डाभ्यां बलवतः (११४) = दुर्बल शत्रुओं को साम या दान के प्रयोग सें नम्र करना चाहिये और बलवानों को भेद या दण्ड से।

सामन्तं सामन्तेन संभूय यायात्। = विजिगीषुने एक सामन्त से सन्धान बांधकर दूसरे सामन्त पर आक्रमण करना चाहिये। (१०५)

सामान्या हि पथि सिद्धिःच असिद्धिःच। = उद्योग धंधे में सिद्धि और असिद्धि दोनों की संभावना समान होती है। (७१)

सुकरो हि मित्रेण सन्धिःन अमित्रेण = मित्र से सन्धि करना सहज संभव है। अमित्र से सन्धि करना दुष्कर है। (१११, १२७)

सुव्याजा हि प्रतिजपितारो भवन्ति न उपजापितारः। = प्रत्यक्ष विरोधी कारवाई करने वालों से उनके साथियों (प्रतिजपितारः) से कपट प्रयोग करना सुकर होता है। (१२६)

सुमहताऽपि क्षयव्ययेन शत्रुविनाशः अभ्युपगन्तव्यः। = चाहे जितनी मनुष्य हानि या धनहानि हुई तो भी, शत्रु का विनाश करना ही चाहिये। (१११)

सूचीमुखा हि अनर्थाः इति लोकप्रवादः। (१२४) = अनर्थो का मुख (प्रारंभ) सुई की नोंक सा अल्पमात्र होता है ऐसा लोकप्रवाद है। (अर्थात् बाद में वह बढ़ता है।

स्थलगतो हि श्वा नक्रं विकर्षति, निम्नगतो नक्रःश्वानम्। = सूखी जमीन पर कुत्ता मगर को खींच सकता है और जलमय भूमिपर मगर कुत्ते को खींच सकता है। (यह स्थान का माहात्म्य है।) (१२२)

स्वामी यच्छीलः तच्छीलाः प्रकृतयो भवन्ति। = जैसा राजा का शील वैसा ही प्रजा का शील होता है। (११७)

हस्तिनम् इव लुब्धकः प्राज्ञः शूरम् अतिसन्धत्ते। (११५) = शिकारी हाथी को परास्त करना है, वैसे ही प्रकार प्राज्ञ पुरुष शूर को परास्त कर सकता है।

हस्तिप्रधानो हि परानीकबन्धः। = शत्रु सेना का दमन हस्तिबल पर ही निर्भर होता है। (१०९)

हीनाङ्गम् अधिकांगेन घातयेत्। = शत्रु का जो हीन अंग होता है उस पर अपने अधिक अंग से आघात करना चाहिये (१३४)

* * *

वर्ग - ४

चाणक्य सूत्र में प्रयुक्त न्यायवचन

अग्निदाहाद् अपि विशिष्टं वाक्पारुष्यम्। = वाणी की कठोरता अग्नि की दाहकता से अधिक भीषण होती है।

अग्निवद् राजानम् आश्रयेत्। = अग्नि के समान राजा का आश्रय (सतर्कता से) लेना चाहिये।

अग्नौ अग्निं न निक्षिपेत्। = आग में आग नहीं डालनी चाहिये।

अजीर्णे भोजनं दुःखम्। = अजीर्ण होने पर भोजन दुःखदायक होता है।

अतिदीप्तोऽपि खद्योतो न पावकः। = जुगनू अति प्रदीप्त होने पर भी अग्नि नहीं होता।

अतिदीर्घोऽपि कर्णिकारो न मुसली। = धत्तूर वृक्ष कितना भी बड़ा होने पर उससे मुसली नहीं बनती।

अतिप्रवृद्धा अपि शाल्मली वारणस्तम्भो न भवति। = शाल्मली वृक्ष कितना भी बढ़ा तो भी वह हाथी को बांधने योग्य नही होता।

अतिशूरो दानशूरः = दानशूर ही अतिश्रेष्ठ शूर होता है।

अदातारम् अर्थवन्तम् अपि अर्थिनः त्यजन्ति। = दान न देनेवाले धनवान् का भी लोग त्याग करते हैं।

अद्रव्यप्रयत्नः वालुकाक्वथनाद् अनन्यः। = अयोग्य स्थान पर किया हुआ प्रयत्न वालुका का कषाय करने के प्रयत्न से भिन्न नही होता।

अनार्यसंगमात् वरम् आर्यशत्रुता। = अनार्यों की मैत्री से आर्यों की शत्रुता अच्छी।

अनुपायपूर्वं कार्यं कृतमपि नश्यति। = उपाययोजना के बिना किया गया कार्य पूर्ण होने पर भी नष्ट होता है।

अप्रियेण कृतं प्रियम् अपि द्वेष्यं भवति। = अप्रिय व्यक्ति ने किया हुआ प्रिय कार्य भी द्वेषास्पद होता है।

अयशोभयं भयेषु। = सभी भयों से अयश बड़ा भय है।

अर्थतोषिणं श्रीः परित्यजति। = अर्थप्राप्ति से संतुष्ट होने वाले का लक्ष्मी त्याग करती है।

अर्थेषणा न व्यसनेषु गण्यते। = अर्थप्राप्ति की अभिलाषा की गणना व्यसनों में नहीं होती।

अलोहमयनिगडं कलत्रम्। स्त्री तो बिना लोहे की बेडी ही है।

अल्पसारं श्रुतवन्तम् अपि न बहुमन्यते लोकः। = जो ज्ञानी पुरुष शक्तिहीन होता है, उसका लोग आदर नहीं करते।

अवमानेन आगतम् ऐश्वर्यम् ऐश्वर्यमेव अवमानयति = ऐश्वर्य अपमान से आया तो वह ऐश्वर्य का ही अपमान करता है।

अविनीतस्वामिलाभाद् अस्वामिलाभः श्रेयान्। = संस्कार हीन राजा मिलने से, राजा न मिलना श्रेयस्कर होता है।

असंशयविनाशात् संशयविनाशः श्रेयान्। = संशय रहित विनाश से संशय युक्त विनाश श्रेयस्कर मानना चाहिये।

आकारसंवरणं देवानाम् अपि अशक्यम्। चेहरे पर के हावभाव छिपाना देवों को भी असंभव होता है।

आज्ञाफलम् ऐश्वर्यम् = लोगों से आज्ञा का ठीक पालन करवाना यही राजा के ऐश्वर्य का स्वरूप है।

आत्मानम् एव नाशयति अनात्मवतां कोपः। = आत्मविजय न करने वाले का क्रोध स्वयं उसी का नाश करता है।

आपराह्णिकं पूर्वाह्णे एव कर्तव्यम् = दोपहर का काम प्रातःकाल में ही कर लेना चाहिये।

आयसैः आयस छेद्यम्। = लोहे से हि लोहे को छेद करना चाहिये।

ऋण-शत्रु-व्याधिषु अशेषः कर्तव्यः = ऋण, शत्रु और व्याधि का अवशेष नहीं रहने देना चाहिये।

एकांगदोषः पुरुषम् अवसादयति। = शरीर के किसी एक अंग में उत्पन्न हुआ दोष मनुष्य को विकल करता है।

एरण्डम् अवलम्ब्य कुंजरं न कोपयेत्। = एरण्ड का आश्रय लेकर हाथी को प्रक्षुब्ध नहीं करना चाहिये।

कक्षादपि औषधं गृह्यते। = घास से भी औषध निकाला जाता है।

कार्यबहुत्वे बहुफलम् आयतिकं च कुर्यात्। = अनेक कार्य उपस्थित होने पर, जिससे भावी काल का लाभ होता होने की संभावना हो ऐसा काम करना चाहिये।

कालातिक्रमात् काल एव फलं पिबति। = काल का अतिक्रमण होने से काल स्वयं कार्य का फल खा जाता है।

क्षीरार्थिनः किं करिण्या = दूध की अपेक्षा रखने वाले को हाथिनी से क्या लाभ?

क्षीरार्थी वत्सः मातुः ऊधः प्रतिहन्ति। = दूध की इच्छा होने पर बछड़ा माता के स्तन पर ही आघात करता है।

क्षीराश्रितं जलं क्षीरम् एव भवति दूध से मिलने पर पानी दूध ही हो जाता है।

क्षुधार्तोऽपि न तृणं चरति सिंहः। = भूखा होने पर भी सिंह घास नहीं खाता।

गजपादयुद्धम् इव बलवद्विग्रहः। = बलवान् से युद्ध हाथी और पदाति के युद्ध के समान होता है।

गौः दुष्करा श्वसहस्राद् एकाकिनी श्रेयसी = पीडादायक गाय अकेली भी, हजार कुत्तों से अच्छी होती है।

चन्दनादीन् अपि दावाग्निः दहति एव। = दावाग्नि भड़कने पर चन्दन जैसे अच्छे वृक्षों को भी जलाता है।

चिरपरिचितानाम् अपि अत्युपचारः शंकनीयः। = चिरपरिचित व्यक्ति से भी प्राप्त अत्यधिक शिष्टाचार पर शंका करनी चाहिये।

जीर्णभोजिनं व्याधिः न उपसर्पति। = पचन होने के बाद

भोजन करने वाले के पास व्याधि नहीं पहुंचती।

जीर्णशरीरे वर्धमानं व्याधिं नोपेक्षेत। = दुर्बल शरीर में बढती हुए व्याधि की उपेक्षा नही करनी चाहिये।

ज्ञात्वापि दोषम् एव करोति लोकः। = जानते हुए भी लोग दोषयुक्त ही आचरण करते हैं।

तपःसार इन्द्रियनिग्रहः। = इन्द्रियों का निग्रह करना यही सर्वश्रेष्ठ तपश्चर्या है।

तृष्णापरे पटुतरेऽपि सुलभम् अतिसन्धानम्। = लोभी मनुष्य कुशल होने पर भी उसे ठगना सहज संभव होता है।

तृष्णया मतिः छाद्यते। = लोभ के कारण बुद्धि आच्छादित हो जाती है।

तेजो हि संधानहेतुः तदर्थानाम्। = सन्धि की अपेक्षा तेज (सामर्थ्य) के कारण हेतु सफल होते हैं।

दया धर्मस्य जन्मभूमिः = दया धर्म की जन्मभूमि है।

दानं धर्मः । = (अर्थशास्त्र के अनुसार) दान ही धर्म है।

दारिद्र्य खलु पुरुषस्य जीवतो मरणम् = दारिद्र्य तो जीवित अवस्था में मरण ही है।

दुर्बलोऽपि राजा न अवमन्तव्यः। = दुर्बल होने पर भी राजा का अपमान नहीं करना चाहिये।

दुर्मेधसाम् असच्छास्त्रं विमोहकम् । = दुष्टबुद्धि के लोगों को असत् शास्त्र विमोहित करता है।

दैवं विना अतिप्रयत्नं करोति यत् तद् विफलम् = दैव की अनुकूलता के बिना अतिप्रयत्न करने पर भी वह विफल होता है।

द्वयोरपि ईर्ष्यतोः द्वैधीभावं कुर्वीत = ईर्षा करने वाले दोनों में भेद निर्माण करना चाहिये।

धर्माद अपि व्यवहारो गरीयान् = धर्म से व्यवहार अधिक महत्त्वपूर्ण होता है।

धेनोः शीलज्ञः क्षीरं भुङ्क्ते = गाय का स्वभाव जानने वाला ही उस का दूध पाता है।

न च स्वर्गपतनात् परं दुःखम् = स्वर्गपतन से बड़ा कोई दुःख नहीं।

न दण्डाद् अकार्याणि कुर्वन्ति = दण्ड के भय से लोग कुकर्म नहीं करते।

न परक्षेत्रे बीजं विनिक्षिपेत् = दूसरे के खेत में बीज नहीं बोना चाहिये।

न पुष्पार्थी सिंचति शुष्कं तरुम् = फूलों की इच्छा करने वाला सूखे वृक्ष पर सिंचन नहीं करता।

नमन्ती अपि तुलाकोटिः कूपोदकक्षयं करोति = पानी खींचने वाली डंडी नीचे झुकने पर भी कुंए के जल का क्षय करती है।

न वेदबाह्यो धर्मः । वेदबाह्य जो होगा वह धर्म नहीं।

न हि धान्यसमो ह्यर्थः। = धान्य के समान दूसरा कोई धन नहीं।

निंबफलानि काकैः भुज्यन्ते। = निंब के कटुफल कौए ही खा सकते हैं।

नीचस्य विद्याः पापकर्मणि योजयन्ति । = नीचों की विद्या उन्हें पाप कार्यों में नियुक्त करती है।

नातप्तलोहो लोहेन संधीयते = लोहा तप्त किये बिना दूसरे लोहे से नहीं जुडता।

नाम्भोधिः तृष्णाम् अपोहति = समुद्र किसी की प्यास नहीं दूर कर सकता। (अथवा समुद्र अपनी प्यास कभी नहीं छोड़ता। संसार की सभी नदियों का जल वहीं पी जाता है।

नाल्पदोषाद् बहुगुणाः त्यजन्ते । = अल्पमात्र दोष के निमित्त अनेक गुणसंपन्न पुरुषों का त्याग नहीं करना चाहिये।

नास्ति अग्नेः दौर्बल्यम्। = अग्नि में दुर्बलता नहीं होती।

नास्ति अर्घः पुरुषरत्नस्य । = पुरुषरूपी रत्न का मूल्य निर्धारित नहीं किया जा सकता।

नास्ति अभक्ष्यं क्षुधितस्य। = भूखे के लिये कुछ भी अभक्ष्य नहीं होता।

नास्ति रत्नम् अखण्डितम्। = रत्न कहीं भी अखण्डित नहीं होता।

नैकं चक्रं परिभ्रमति। = गाड़ी का अकेला चक्का नहीं घुमता।

पथ्यम् अपि अपथ्याजीर्णे नाश्नीयात् । = अपथ्य के कारण अजीर्ण होने पर पथ्य भी नहीं खाना चाहिये।

पुष्पहीनं सहकारम् अपि न उपासते भ्रमराः। = पुष्पहीन होने पर आम्रवृक्ष के भी पास भ्रमर नहीं जाते।

प्रच्छन्नपापानां साक्षिणो महाभूतानि। = गुप्तता से किये हुए पापों के साक्षीदार पंच महाभूत होते हैं।

प्रत्युपकारभयाद् अनार्यः शत्रुःभवति। = अनार्य मनुष्य प्रत्यपुकार के भय से शत्रु हो जाता है।

बहुजनविरुद्धम् एकम् एव न अनुवर्तेत। = बहुजनों के विरुद्ध (आचार या विचार रखने वाले) अकेले का अनुसरण नहीं करना चाहिये।

बहून् अपि गुणान् एको दोषो ग्रसति। = एकमात्र दोष अनेक गुणों को ग्रस्त करता है।

बालाद् अपि अर्थजातं शृणायात्। = बालक से भी यथार्थ बात सुननी चाहिये।

भूषणानां भूषणं सविनया विद्या। = विनययुक्त विद्या भूषणों का भी भूषण है।

मतिमत्सु मूर्ख-मित्र-गुरु-वल्लभेषु च विवादो न कर्तव्यः। = बुद्धिमानों, तथा मूर्ख, मित्र, गुरु तथा प्रिय लोगों से विवाद नहीं करना चाहिये.

महेन्द्रम् अपि अर्थहीनं न बहु मन्यते लोकः। = धनहीन होने पर इन्द्र भगवान् को भी लोग बहुमान नहीं देते।

माता अपि दुष्टा त्याज्या। = माता भी दुष्ट हो तो उसका त्याग करना चाहिये।

मातृताडितो वत्सो मातरम् एवं अनुरोदिति = माता ने ताडन करने पर बच्चा उसी माता के पास रोता रहता है।

मत्स्यार्थी इव जलम् उपयुज्य अर्थं गृहणीयात्। = मछली पकडने वाला पानी का उपयोग करने पर मछलियाँ पकडता है। उसी प्रकार स्वार्थ लाभ उठाना चाहिये।

मूर्खेषु साहसं नियतम् = मूर्ख लोगों में निश्चित ही साहस हुआ करता है।

मृत्पिण्डोऽपि पाटलीगन्धम् उत्पादयति = मिट्टी का ढेला भी गुलाब में सुगंध उत्पन्न करता है।

म्लेच्छभाषणं न शिक्षेत = म्लेच्छ भाषा में बोलने की शिक्षा नहीं लेनी चाहियें।

म्लेच्छानाम् अपि सुवृत्तं ग्राह्यम्। = सदाचारण का म्लेच्छों से भी ग्रहण करना चाहिये।

यवागूः अपि प्राणधारणं करोति काले = कठिन काल में यवागू जैसा क्षुद्रधान्य भी प्राणधारण करता है।

यः कर्तव्यं न पश्यति सोऽन्धः। = जो अपना कर्तव्य नहीं देख पाता वही अन्धा है।

यः संसदि परदोषं शंसति स स्वदोषबहुत्वं स्थापयति = जो सभा में दूसरे का दोषों का कथन करता है वह अपने ही अनेक दोष प्रकट करता है।

यादृच्छिकतया कृमिःअपि रूपान्तराणि करोति। = यदृच्छा के कारण कीटक भी अन्यान्य आकृति निर्माण करता है।

यो धर्मार्थौ न विवर्धयति स कामः। = जो धर्म और अर्थरूप पुरुषार्थ की वृद्धि नहीं होने देता वहीं काम रूप विकार है।

रजतं कनकसंगात् कनकं भवति। = सोने के संपर्क से चांदी भी सोना बन जाती है।

लुब्धसेवी पावकेच्छया खद्योतं धमति। = जो लुब्ध स्वामी की सेवा करता है वह अग्नि की इच्छा से जुगनू को फूंकते रहता है।

विद्ययाख्यापिता ख्यातिः । = विद्या से प्राप्त कीर्ति ही वास्तव में कीर्ति होती है।

विद्या धनम् अधनानाम् = विद्या ही निर्धनों का धन है।

विषं विषम् एवं सार्वकालम् = विष सदैव विष ही होता है।

विषाद् अपि अमृतं ग्राह्यम्। = विष से भी अमृत का ग्रहण करना चाहिये।

विषामृतयोः आकरी जिह्वा। = जीभ ही विष और अमृत की खदान है।

वैरूप्यम् अलंकारेण, आच्छाद्यते = कुरूपता अलंकार से आच्छादित होती है।

व्यवहारानुलोमो धर्मः। = व्यवहार के अनुसार धर्म होना चाहिये। (अर्थात् धर्म अव्यवहार्य नहीं होना चाहिये।)

शत्रुव्यसनं श्रवणसुखम्। शत्रु पर आया हुआ संकट सुनने से सुख होता है।

शास्त्रज्ञोऽपि अलोकज्ञः मूर्खतुल्यः। = लोकव्यवहार का ज्ञान न रखने वाला शास्त्रज्ञ भी मूर्ख के समान ही होता है।

शास्त्रप्रयोजनं तत्त्वदर्शनम् = तत्त्व या सिद्धान्त बताना यही शास्त्र का प्रयोजन होता है।

शास्त्राभावे शिष्टाचारम् अनुगच्छेत्। = शास्त्राधार के अभाव में शिष्टाचार को प्रमाण मान कर उसका अनुसरण करें।

शौण्डहस्तगतं पयोऽपि अवमन्येत = दारुवाले के हाथ का दूध भी स्वीकारा नहीं जाता।

श्रुतिसुखात् कोकिलालापात् तुष्यन्ति। = कोकिला के आलाप से लोग इस लिये सन्तुष्ट होते हैं कि वे सुनने वालों को सुख देते हैं।

श्वो मयूराद् अद्यकपोतो वरः। = कल मिलने वाले मोर से आज मिला हुआ कबूतर ही भला मानना चाहिये।

सत्यम् अपि अश्रद्ध्येयं न वदेत्। = जिस पर लोगों का विश्वास नहीं हो सकता ऐसे सत्य का भी कथन नहीं करना चाहिये।

सर्वज्ञता लोकज्ञता। = लोगों का यथार्थ ज्ञान ही सर्वज्ञता है।

संस्कृतः पिचुमन्दः न सहकारो भवति = नीम के वृक्ष पर संस्कार करने से वह आम्रवृक्ष नहीं होता।

साधुजनबहुलो देशः। = जहां सज्जनों की संख्या अधिक होती है वहीं वास्तव में देश होता है।

सुजीर्णोऽपि चिचुमन्दः न शंकुलायते। = नीम का वृक्ष अति जीर्ण होने पर भी चाकू या सरोते से काटने योग्य नहीं होता।

सोपचारः कैतवः। = धूर्त मनुष्य उपचार करने में तत्पर रहता है।

स्तुता देवता अपि तुष्यन्ति। = स्तुति करने पर देवता भी संतुष्ट होते हैं।

स्वजनं तर्पयित्वा यःशेषभोजी सः अमृतभोजी = स्वजनों को तृप्त करने पर अवशिष्ट अन्न का भोजन करने वाला, अमृत का ही भोजन करता है।

स्वशरीरम् अपि परशरीरं मन्यते साधुः। = अपने शरीर पर लोगों का ही अधिकार साधुपुरुष मानते है।

स्वहस्तोऽपि विषदिग्धः छेद्यः। = विषयुक्त होने पर अपना हाथ भी काटना चाहिये।

स्त्रियोऽपि स्त्रैणम् अवमन्यन्ते। = स्त्रीलम्पट पुरुष का अपमान स्त्रियां भी करती हैं।

हस्तगतम् अपि शत्रुं न विश्वसेत्। = वश में आने पर भी शत्रु पर विश्वास नही करना चाहिये।

हंसाः प्रेतवने न रमन्ते। = हंस श्मशान में रममाण नहीं होते।

हितम् अपि अधनस्य वाक्यं न गृह्यते = निर्धन मनुष्य का भाषण हितकर होने पर भी नहीं माना जाता।

× × ×

वर्ग - ५

नीतिकथाओं पर आधारित न्याय वचन

प्रास्ताविक

जागतिक नीतिकथाओं में पंचतंत्र के समान इसाप की नीतिकथाओं का प्रभूतमात्रा में प्रचार है। यद्यपि इसाप की मूलकथाएं ग्रीक भाषा में लिखी गई, तथापि आज तक संसार की प्रायः सभी भाषाओं में उनके अनुवाद होने के कारण वे अब प्रादेशिक कथाएँ रही नहीं, विश्वसाहित्य में पंचतंत्र के समान उन कथाओं की गणना हो रही है।

कथाकार इसाप के संबंध में इ.पू. ५ वीं शती में लिखे हुए हिरोडोटस के इतिहास ग्रंथ में उल्लेख मिलता है, तदनुसार इसाप का जन्म ई.पू. छठी शती में हुआ. वह मिस्र देश के अधिपति ॲमोसिस को कथाएँ सुनाता था। सेमास नामक द्वीप से उसका संबंध था। सेमियन नगर के किसी इर्डमान का वह गुलाम या अन्य संबंधी था और अंत में डेल्फी के निवासी लोगों द्वारा उसकी हत्या हुई।

इतिहास ग्रंथ के प्रस्तुत उल्लेख के अतिरिक्त इसाप के संबंध में जो जानकारी उपलब्ध है, तदनुसार उसका जन्मस्थान फ्रिजिया अगर थ्राशिया नगर था। वह अत्यंत कुरूप और तुतला था। ॲरिस्टोफेनिस के मतानुसार डेल्फी के किसी मंदिर में सोने के पात्र की चोरी करने के आरोप पर पहाड़ की चोटी से ढकेल कर उसकी हत्या हुई थी। उसकी सुप्रसिद्ध कथाएँ उसकी बुद्धिमत्ता का असाधारण प्रमाण हैं।

ई.पू. ५ वीं शती के पश्चात् अथेन्स नगर में इसाप की कथाएँ सर्वत्र सुप्रसिद्ध हुई। ॲरिस्टोफेनिस, झीनोफॉन, प्लेटो, ॲरिस्टाटल जैसे प्रख्यात लेखक इसाप की कथाओं का संदर्भ अपने लेखन में देते थे। इसाप की कथाओं जैसी नई नई कथाएँ करने की प्रवृत्ति कुछ समय तक साहित्यिकों में बढ़ी। इस कारण इसाप की कथाओं की संख्या अनिश्चित सी हो गई। फाड्रस नामक कवि ने इन कथाओं का पद्यात्मक रूपांतर यूरोप की प्राचीन विदग्ध भाषा लातिन में किया था, जिन का मूल ग्रीक भाषा में लिखित कथा में माना जाता है।

ईसा की दूसरी शती के अंत में बाब्रिअस नामक लेखक ने इसाप की १४० कथाओं का संग्रह ग्रीक भाषा में तैयार किया। इ. ५ वीं शती के अंत में इसी संग्रह पर आधारित ४२ कथाओं का पद्यात्मक संग्रह एव्हिॲनस्म् ने निर्माण किया जो अत्यंत लोकप्रिय हुआ था।

इ. १० वीं शती में फ्रान्सीसी भाषा में और १५ वीं शती में अंग्रेजी भाषा में यत्र तत्र प्रचलित कथाओं के आधार पर इसाप की नीतिकथाओं के संग्रह निर्माण हुए। इस प्रकार इन कथाओं के विविध संग्रह निर्माण होते रहे किन्तु उनमें कथाओं की निश्चित संख्या तथा निश्चित रूप समान नहीं रहा। अर्वाचीन काल में सी. हालमन ने ग्रीक भाषा में एक संग्रह प्रकाशित किया जिसमें कथाओं की संख्या ४२६ है। २० वीं शती में एमिल शाम्ब्र नामक फ्रेंच साहित्यिक ने मूल ग्रीक और फ्रेंच भाषीय अनुवाद के स्वरूप में जो कथासंग्रह प्रसिद्ध किया उसमें कथाओं की संख्या ३५८ है।

यद्यपि इसाप का समय ईसा पूर्व छठी शती निश्चित माना जाता है तथापि उसकी कुछ कथाओं के अंत में तात्पर्य दर्शन करने वाले वाक्य बाइबल के वचन स्वरूप हैं। प्रायः बहुसंख्य कथाओं का चयन ईसापूर्व हो चुका था तथापि कुछ इनी-गिनी कथाएं ई. पांचवीं शती में उनमें जोड़ीं गई ऐसा विशेषज्ञों का अनुमान है।

इन कथाओं का सारांश व्यवहार नीति का प्रतिपादन करता है। यशस्वी लौकिक जीवन का मार्गदर्शन करने की इन कथाओं की शक्ति असाधारण है। इन में साहित्य गुण अनेक कथाओं में व्यक्त होते हैं किन्तु सभी कथाओं का विशिष्ट गुण है लाघव, जिस के कारण संस्कृत साहित्य के उद्बोधक सुभाषितों के समान सारी कथाएँ श्रोता को तत्काल आह्लाद देती हैं।

भारत की सभी प्रादेशिक भाषाओं में इसाप की नीतिकथाओं के अनुवाद प्रसिद्ध हो चुके हैं। भारत में सर्वत्र घर घर में उनका प्रचार बालकों में हुआ है। इन कथाओं के अन्त में जो तात्पर्यात्मक सिद्धान्त कहे गए हैं, उनका स्वरूप लौकिक न्यायों या दृष्टान्तों की जाति का है। किन्तु केवल तात्पर्य वाक्यों में दृष्टान्तात्मक न्यायों की चमत्कृति या विचित्रता नहीं मिलती। तात्पर्यार्थ का स्पष्टीकरण कथा के बिना नहीं हो सकता। अर्थात् तात्पर्यार्थ से भी अधिक उद्बोधकता कथाओं में ही है।

प्रस्तुत कोश के दृष्टान्त-न्याय-संग्रह में इन कथाओं का कथारूप में या तात्पर्य वाक्यों के रूप में चयन करने में जो त्रुटि रह जाती उसका परिहार करने के हेतु हमने इन कथाओं का "लौकिक न्याय" स्वरूप संस्कृत वाक्यों में रूपांतर करने का प्रयास किया है। कर्नल जेकब द्वारा संपादित लौकिक न्यायांजलि में कुछ न्यायवाक्य कथागर्भित हैं और कुछ वाक्य सुभषित स्वरूप या आभाणक (कहावत) स्वरूप हैं। हमारे इस लौकिक न्यायात्मक वाक्यों का स्वरूप उसी जाति का है।

संस्कृत के परंपरागत न्यायों के कोश में यह हमारा अल्पमात्र योगदान सा है। इसाप के भांडागार से उठाए हुए स्वर्णालंकारों का संस्कृत पद्धति के अनुसार यह रूपांतर मात्र है। इसमें हमारा योगदान केवल संस्कृत वाक्यात्मक है।

प्रस्तुत रूपांतरित न्यायों में अल्पमात्र न्याय छंदोबद्ध है किंतु हमारा मुख्य प्रयत्न गद्यात्मक रचना का ही है। कुछ वाक्य नीतिबोधक सुभाषित स्वरूप है किन्तु बहुसंख्य वाक्य मूलकथा

का स्मरण करने वाले हैं। इनका अनुक्रम ''संपूर्ण इसापनीतिकथा'' नामक श्रीमती आशा जोशी द्वारा मूलकथासंग्रह के अनुवाद स्वरूप मराठी कथासंग्रह के अनुसार है। मूलानुसार सभी अधिकृत अनुवाद ग्रंथों में कथाओं का यही क्रम होगा। न्यायों का संक्षिप्त स्पष्टीकरण हिंदी में साथ में दिया है। मूल कथाओं के जिज्ञासु उसी क्रमांक की कथा मूल कथासंग्रह में देख सकते है। एक उद्बोधक कथा के देश, काल परिस्थिति के अनुसार अनेकविध तात्पर्यार्थ हो सकते है। हमारे न्यायों में ग्रंथोक्त तात्पर्यार्थ से अलगता कुछ स्थानों पर अवश्य हुई है।

(१) सिंहगुहायाम् अन्तर्गामीनि पदचिह्नानि खलु भयचिह्नानि। – जराग्रस्त सिंह को मिलने के लिए सियार गया था। वह गुहा के द्वार पर बाहर ही खड़ा रहकर स्वास्थ्य के बारे में पूछताछ करने लगा। सिंह ने उसे कृपया अंदर आने की प्रार्थना की तब सियार ने उत्तर दिया. यहा अंदर जाने वाले पदचिन्ह मुझे दीख रहे हैं किन्तु बाहर आने वाले नहीं दिखाई देते।

(२) मस्तिष्क रहितं नर-मस्तकं दर्शनीयम् अपि अप्रशस्यम्। – एक सियार किसी नाटय शाला में गया। वहां मनुष्यों के सुंदर मुखड़े देख कर वह आकर्षित हुआ। किन्तु मस्तक का मुख्य अंश मस्तिष्क उनमें नहीं था। महत्त्व बहिरंग का नहीं अंतरंग का होता है।

(३) मेषपालः करसंकेतेन स्ववचनं दूषयति। –एक सियार शिकारिओं से संरक्षण पाने किसी मेषपाल के घर का आश्रय लेता है। शिकारियों ने सियार के बारे में पूछने पर, मुंह से मैं नहीं जानता यह वाक्य कहते समय हाथ से घर की ओर संकेत करता रहा। शिकारी आगे चले गए। तब बाहर आकर सियार ने कहा, जिसके भाषण और आचरण में एकता नहीं होती वह विश्वासपात्र नहीं होता.

(४) अतृप्तजलासुकातः वरं तृप्तजलासुकाः। – एक सियार नदी प्रवाह में फंस गया। वहां सैकड़ों जूओं ने उसका खून चूसना शुरु किया। उस की शोचनीय अवस्था को देख कर दूसरे अतिभीषण प्राणी ने उसे कहा, "मै तेरे शरीरका खून चूसने वाली इन जलासिकाओं (जुओं) को दूर हटाता हूं। सियार ने कहा "ये मेरा खून चूस कर तृप्त हुई हैं। इनके चले पर दूसरी नई जूआएं मेरे शरीर को चिपक कर अतृप्त होने के कारण बचा हुआ सारा खून पी जाएंगी। अतृप्त से तृप्त दुर्जन सुसह्य होते हैं।

(५) न हि कण्टकाकीर्णं गुल्मं पततः आश्रयाय कल्पते। – एक सियार किसी घर का प्राकार लांघ कर अंदर घुस रहा था। तब गिरते समय उसने पास के कंटकमय गुल्म का आश्रय लिया। किन्तु उसमें फंसने पर उसने उस वृक्ष की निंदा की। तब वृक्ष ने कहा मेरा यही स्वभाव है कि मेरा आश्रय लेने वाले को पकड़ रखना। सियार समझ गया कि कंटकमय वृक्ष आश्रय लेने योग्य नहीं होता।

(६) न हि चैत्यस्थानि कलेवराणि असत्यखंडनाय बहिः आयान्ति। – सियार और बंदर साथ जा रहे थे। मार्ग में कब्रस्तान देख कर बंदर ने कहा, ये सारी मेरे पिता के गुलामों की कबरें है। उस पर सियार ने कहा, कबर में पड़े हुए कलेवर तेरे असत्य भाषण का खंडन करने बाहर नहीं आएंगे। तू झूठ बोल रहा है।

(७) अन्तः स्थूलीभूतः अकृशीभूय बहिःआगन्तुं न पारयति। – किसी सियार ने, वृक्ष कोटर में रखा हुआ सारा भोजन, कोटर में घुस कर खा डाला। तब उसका शरीर फूल कर मोटा होने से वह बाहर नहीं आ सका। रास्ते से जाने वाले दूसरे सियार ने उसकी वह अवस्था देख कर कहा, जो अंदर घुस कर इस प्रकार मोटा होता है, वह शरीर कृश हुए बिना बाहर नहीं आ सकता। अब तो तुझे अंदर ही रहना होगा।

(८) गर्दभवधेन शृगालः प्रबुद्धः भवति। – सिंह, गधा, और सियार इन तीनों ने शिकार की। सिंह ने गधे को उसका तीनों के लिये विभाजन करने का आदेश दिया। गधे ने तीन समप्रमाण विभाग किये। उन्हें देखकर क्रुद्ध होकर सिंह ने गधे को मार डाला। तब सियार पर वही काम सौंपा गया। उसने एक बहुत बड़ा और दूसरा बहुत छोटा विभाग किया। तब सिंह ने पूछा, तुझे यह ज्ञान कैसे प्राप्त हुआ। सियार ने कहा, "गधे का वह हाल देखने पर मुझे यह ज्ञान प्राप्त हुआ"।

(९) न हि मूर्खः मर्कटः पशूनाम् आधिपत्यम् अर्हति। – किसी बंदर ने पशुओं के सम्मेलन में आकर्षक नाच किया। उसे देख कर सभी पशुओं ने बंदर को ही अपना राजा करने का प्रस्ताव पारित किया। चतुर सियार को वह अमान्य था। वह बंदर को अपने साथ ऐसे स्थान पर ले गया जहां शिकारी ने जाल बिछाया था। सियार ने बंदर महाराज को वहा रखे हुए फल दिखाये। उन्हें देखते ही बंदर जाल पर कूद पड़ा। उसमें फंस कर जब वह बाहर आने छटपटा रहा था तब सियार ने कहा, मूर्ख बंदर कभी पशुओं का अधिपति नहीं हो सकता।

(१०) सिंह-भल्लूकयोः कलहे शृगालस्य लाभः भवति। – सिंह और भालु दोनों ने एक साथ हिरन की शिकार करने के कारण उनमें उस निमित्त युद्ध हुआ, जिसमें दोनों मृतवत् हुए। रास्ते से जाने वाला सियार जब उस शिकार को ले जाने लगा तब उन दोनों ने कहा हम दोनों के झगडे में लाभ तो सियार को ही मिला।

(११) विश्वासघाती शृगालः गदर्भात् पूर्वं हन्यते। – गधा और सियार साथ में जा रहे थे। रास्ते में सिंह सामने दिखा। दोनों घबरा गये। चतुर सियार ने सिंह के पास जा कर प्रार्थना की कि आप गधे को खाइये और मुझे जीवदान दीजिये। सिंह ने गधे को स्वाधीन कर लिया और सियार पर झड़प कर कहा तूने गधे का विश्वासघात किया इस लिए मै तुझे पहले मारूंगा।

(१२) तडागान्तः प्रवेशात् पूर्वं बहिरागमनविचारम् अकुर्वाणः तत्रैव म्रियेत। – एक सियार तालाब में गिर पड़ा। बाहर आना उसे कठिन था। उसी स्थान पर एक प्यासा बकरा आया। सियार ने पानी की प्रशंसा कर उसी तालाब में बुलाया। तब सियार उसकी पीठ पर पाव रख कर उपर चढ़ कर कहता है, तालाब के भीतर प्रवेश करने के पहले बाहर आने का विचार न करने वाला उसी तालाब में मरता है।

(१३) सिंहकृते शिल्पे मनुष्यः सिंहेन हन्यमानः दृश्येत। – सिंह और मनुष्य एक साथ जा रहे थे। रास्ते में एक शिल्प मनुष्य ने सिंह को दिखाया जिस में मनुष्य सिंह की छाती पर सवार हुआ था। उसे देखकर सिंह ने कहा, सिंह के द्वारा किए हुए शिल्प में सिंह द्वारा मनुष्य का वध दिखेगा।

(१४) एकप्रसवा अपि सिंही सिंहं प्रसूते। – एक सियारी सिंही से कहती है, प्रसूति के समय तेरा एक ही बच्चा होता है। सिंही ने कहा, हां एक ही तो है किन्तु वह सिंह होता है सियार नहीं।

(१५) नखदन्तहीनः सिंहः प्रेयसीं न लभते। – एक सिंह का किसी लड़की से प्रेम हो गया। तब उस लड़की के पिता ने कहा तुम्हारे तीव्र नाखून और दांतों से मेरी लडकी डरती है। दोनों उतार कर सिंह उस मुनष्य के पास आया तब उसे प्रेयसी की जगह डंडे की मार मिली।

(१६) गृध्रदर्शनेन युध्यमानौ सिंहसूकरौ संधिं कुरुतः। – एक तालाब के किनारे पहले पानी पीने का अपना अधिकार सिद्ध करने के लिए सिंह और सूअर लढ़ रहे थे। कुछ समय के पश्चात् उस युद्ध की समाप्ति देखने आकाश में गृध्र घूमने लगे तब, दोनों सन्धि की भाषा बोलने लगे।

(१७) छिन्नपुच्छः शृगालः अन्यान् प्रति पुच्छच्छेद-माहात्म्यं कथयति। किसी सियार की पूंछ कहीं कट गई। उससे वह लज्जित हुआ था किन्तु अन्य सियारों को पूंछ काटने के लाभों का वर्णन सुनाता था। तब एक वृद्ध सियार ने कहा तेरी अपनी पूंछ कटने कारण तू यह तत्त्वज्ञान पढ़ा रहा है।

(१८) स्वाधान-शशकत्यागी सिंहः हरिणमार्गणे शशकम् अपि न लभते। – किसी सिंह को सुप्त खरगोश दिखा। उसी समय सामने पुष्ट हिरन देख कर खरगोश को छोड़कर हिरन के पीछे दौड पड़ा। हिरन अदृश्य होने से वापस लौट कर खरगोश को खाने आया। तब उस स्थान से खरगोश भी भाग गया था।

(१९) सिंहगदर्भयोः सहकार्ये गदर्भस्य प्राणसंकटम् आपतति। – सिंह और गधा सहकार्य से शिकार करते थे। उसमें गधे ने सिंह को काफी सहकार्य दिया। अंत में मृतमांस का विभाजन तीन भागों में सिंह ने कराया। एक विभाग जो बाकी रहा था उसके संबंध में सिंह कहने लगा अगर इसके बारे में तेरी कुछ अपेक्षा होगी तो तुझ पर प्राणसंकट आ सकता है।

(२०) मतंगजस्य मशकभयात् वरं सिंहस्य कुक्कुटभयम्। – मुर्गे की आवाज से सिंह को भारी डर लगता है। इस विषय में भगवान से उसने प्रार्थना की थी। तब भगवान ने अपनी असमर्थता उसे बताई। बाद में उसे हाथी मिला जो लगातार कान फटकारता था। इस विषय में सिंह के पूछने पर हाथी बोला संसार में मच्छर से मुझे डर लगता है। अतः उससे अपनी रक्षा के लिए रात दिन कान हिलाने पड़ते हैं। तब सिंह ने मन में कहा मच्छर से मुर्गा तो बड़ा होता है। अतः हाथी की तुलना में मुझे भगवान ने अधिक निर्भय बनाया है।

(२१) वृद्धो हि सिंहः वृष-सूकरयोः शृंगदंष्ट्राघातान कथमपि सहते न तु गर्दभस्य पादप्रहारान्। – एक सिंह जराजर्जर हो गया था तब उसके अत्याचारों का प्रतिशोध सूअर ने दंष्ट्राप्रहारों से और बैल ने शृंगप्रहारों से लिया। किन्तु जब गधा उसपर पाद प्रहार करने लगा तब सिंह ने कहा यह अपमान मरण से भी असह्य है। वृद्ध अवस्था के कारण शृंगदंष्ट्रा जैसे आघात मुझे सहना पडता है किन्तु गधे का पादप्रहार असह्य हो रहा है।

(२२) क्रूरो हि सिंहः उद्धतं निष्कासयति न तु विनम्रम्। – किसी सिंह ने बैल मारा तब वहां एक डाकू आकार उद्धत स्वर में शिकार का आधा भाग मांगने लगा। सिंह ने उसे डराकर खदेड़ दिया। किन्तु जब एक गरीब मनुष्य विनम्रता से भय के कारण खड़ा रहा तब सिंह ने उसे आधा भाग दिया और उसे निर्भयता से लेने का अवसर देने, वह अपनी गुहा के भीतर जा बैठा।

(२३) शशकानां वीरगर्जनाः सिंहस्य उपहासाय भवन्ति। – पशुओं के सम्मेलन में खरगोशों ने, सभी को समान भाग मिलना चाहिए इस प्रस्ताव पर आवेशयुक्त भाषण दिए। तब एक सिंह ने धीरे से कहा इस अधिकार को प्राप्त करने तीव्र नख-दंष्ट्राओं की आवश्यकता होती है।

(२४) स्वनिन्दकं वृकं युक्त्या शृगालः घातयति। – वनराज की रुग्णावस्था में वृकराज मिलने गए और कहने लगे, महाराज हम सब लोग आप के स्वास्थ्य की पूछताछ करने आते है किन्तु शृगालराज नहीं आते। शृगालराज ने बाहर से ये शब्द सुने। अंदर आकर उन्होंने कहा कि मैं जिस वैद्यराज को आपके लिये उपचार पूछने दूर गया था। उन्होंने एक मात्र उपचार बताया है और वह है किसी अच्छे भेड़िये के शरीर की गरम गरम खाल शरीर पर ओढ़ना। तत्काल सिंह ने वृकराज के शरीर की खाल ओढ़ ली।

(२५) वृकोपदेशानुवर्तिनः कुक्कुराः वृकैः एव हन्यन्ते। – एक दिन भेड़ियों ने कुत्तों से, कहा तुम जिसके भेड़ बकरियों की रक्षा करते हो वह तुम्हें कुछ अच्छा खिलाता नहीं। अगर सारी भेड़ बकरियां हमारे अधीन करोगे तो हम तुम्हें अच्छा खिलाएंगे। आप लोग दिखने में हमारे सजातीय से हो। कुत्तों ने उनका उपदेश माना तब, भेडियों ने पहले

कुत्तों को मारा और बाद में वे भेड़ बकरियों को खाने चले गए।

(२६) वृकोपकारे अहननम् एव बकस्य पारितोषिकम्। — किसी भेडियें के गले में हड्डी अटक गयी। तब बगुले की लंबी चोंच देखकर उसने हड्डी निकालने पर पारितोषिक देने का अभिवचन दिया। हड्डी निकालने पर जब बगुला पारितोषिक मांगने लगा तब भेडिया बोला, मैने अभी तक तेरी हत्या नहीं की यही पारितोषिक समझ लो।

(२७) वृकाहते अपि मेषे अधिकारः सिंहस्य एव भवति। — किसी भेडियें ने एक भेड़ी को पकड़ लिया। सिंह ने वह शिकार छीन ली। भेड़िया अपने अधिकार की बाते करने लगा, तब सिंह ने कहा यह भेड़ी पर तू ने जिस न्याय से अधिकार स्थापित किया उसी न्याय से अब मैं स्थापन कर रहा हूं।

(२८) वृकस्य वृथारोपाणां मेषकृतं खंडनम् अपि वृथा भवति। — एक भेड़ को देखकर भेड़िया लालायित हुआ। वह जहां पानी पीता था वहां जाकर वह बोला, अरे तू मेरा पीने का पानी गंदा कर रहा है। भेड़ ने कहा आप प्रवाह के उपरी भाग में हो। तब उसने कहा तू ने गत वर्ष मेरे पिता को क्यों गालियां दी। भेड़ ने कहा मेरा जन्म अभी ८-१० मास पूर्व हुआ। तब निरुत्तर होकर भेड़िया बोला फिर भी मै तुझे प्राणदण्ड देने वाला हूं।

(२९) वृकराजस्य स्वकृतोपदेशविरुद्धः आचारः लज्जां जनयति। — किसी एक भेड़िया को सभी भेड़ियों ने मिलकर आधिपत्य समर्पण किया। तत्काल उसने यह घोषण की, कि सभी ने अपनी शिकार सार्वजनिक कोश में जमा करनी चाहिये। उसी समय एक भेड़िया निर्भयता से कहने लगा, "यह घोषणा जो कर रहे हैं उन्होंने स्वयं अपनी शिकार सार्वजनिक कोष में जमा नहीं की। वह उनके वैयक्तिक कोष में जमा हुई है।

३०) अप्राप्यानि द्राक्षाफलानि अपक्वाम्लानि उच्यन्ते। —एक सियार द्राक्षालता पर फलसमृद्धि देख कर उसे प्राप्त करने सौ बार कूदता रहा। उनकी प्राप्ति की असंभव्यता देख कर वह बोला, ये सारे द्राक्षाफल अपक्व और खट्टे भी हैं।

(३१) मेषपालस्य वृके विश्वासः मेषसंहाराय कल्पते। — अपनी भेडों के साथ शांतता से चलते हुए भेड़िये को देखकर मेषपाल को उस पर विश्वास हुआ। अपनी भेड़ों के रक्षण का दायित्व उसी पर सौंप कर वह इधर उधर चला गया। वापस आने पर उसे ध्यान में आया कि इस प्रकार भेड़िये पर विश्वास रखने से भेड़ों का नाश होता है।

(३२) सुपालिताः अपि वृकशावकाः मेषपालकाः न भवन्ति। — एक मेषपाल ने भेड़िये के बच्चे घर में रखे। वह सोचता था कि ये बडे होने पर मेरी भेड़ों का पालन करेंगे और दूसरी भेड़ें पकड कर भी लाएंगे। किन्तु भेड़े बड़े होते ही भेड़ों को सताने लगे। तब उसने कहा, भेडिये के बच्चों का कितना भी लालन पालन किया तो भी वे भेड़िये के पालक नहीं हो सकते।

(३३) न वृकः कुक्कुरायते मेषपालने। — किसी मेषपाल ने भेड़ियो के बच्चे का अपने कुत्तों के साथ पालन पोषण किया। बाहर का भेड़िया आने पर कुत्ते उसका पीछा करते थे तब यह भी उन के साथ दूर तक जाता था किन्तु अन्त में उनके साथ चुराई हुई भेड़-बकरी को खाकर वापस लौटता था। अगर बाहर के भेडिये न आए तो स्वयं किसी भेड़-बकरी को खा जाता था। तब मेषपाल के ध्यान आया कि भेड़ों के पालन करने के काम में भेडिया कुत्तों के समान विश्वासपात्र नहीं होता।

(३४) दीर्घच्छायादर्शनेन मृगाधिपंमन्यः वृकः मृगेन्द्रेण हन्यते। — एक बार भेड़िये ने अपनी दीर्घ विशाल छाया पहाड़ की चट्टान पर देखी। उससे अहंकार निर्माण होने के कारण वह अपने आप को मृगाधिपति मानने लगा। एक दिन सिंह ने उस का अहंकार, उसके शरीर के साथ समाप्त कर डाला।

(३५) मेषवेषी वृको मेषभावेन हन्यते। — किसी भेड़िये ने भेड़ का चमडा लपेट कर भेड़ों में रहना प्रारंभ किया। यह बात किसी के ध्यान में नहीं आई। एक दिन मेषपाल ने अपने भोजन के लिए उस गुप्तरूपी भेड़िया को धष्टपुष्ट देख कर उसी पर अपनी छुरी चलाई।

(३६) मण्डूकानां भयं दृष्ट्वा शशकाः धीरं लभन्ते। — खरगोशों की सभा में यह निर्णय हुआ कि इस नितांत भयग्रस्त जीवन से आत्महत्या करना अच्छा है। वे सब एक तालाब के किनारे गए। वहां उन्हें देखते ही सारे मेंढक डर के कारण तालाव में छुप गए। तब एक बुढ़े खरगोश ने कहा हम सभी से डरते तो हैं किन्तु हमें भी डरने वाले प्राणी संसार में हैं। अतः धीर रखकर जीना ही योग्य है।

(३७) आपदाघातात् पूर्वं तत्प्रतीकाराय दंष्ट्राः समुत्तेजनीयाः। — एक सूअर एकांत में अपनी दंष्ट्राए घिस घिस कर तीक्ष्ण कर रहा था। उसे सियार ने पूछा अभी तो कोई संकट नहीं दीख रहा। फिर इस प्रयास का प्रयोजन क्या? सूअर ने कहा आपत्ति जब आ पड़ेगी तब दंष्ट्राओं को उत्तेजित करने का समय नहीं मिलेगा।

(३८) मूषकाधिपत्ये शृंगभूषा नाशाय कल्पते। ,— मार्जार और मूषकों का संघर्ष सतत चल रहा था। प्रत्येक समय मूषकों का पराजय होता रहा। तब उन्होंने एक बड़े मूषक को अपना सेनापति नियुक्त किया। अपना अधिकार दिखाने के लिए सेनापति ने मस्तक पर सींग चढ़ाये। शत्रु का आक्रमण होते ही सारे मूषक बिल में छिप गए। सेनापति के मस्तक पर सींग होने के कारण वह बिल में नहीं जा सका। मार्जार ने उसे तुरंत पकड़कर मार डाला।

(३९) न खलु सूर्यविवाहे मण्डूकैः नर्तनीयम्। — सूर्य के विवाह का महोत्सव हो रहा था। तब अन्य सभी प्राणियों के साथ मेंढकर भी नाचने लगे। उन्हें एक वृद्ध मेंढक ने कहा, सूर्य के विवाह में हमें नाचना योग्य नहीं। सूर्य अकेला

है तो भी वह ग्रीष्म में सारे जलाशय सुखाकर हमें हैरान करता है। विवाह के बाद इस के पुत्र होंगे तब हमारा क्या होगा।

(४०) क्षुद्रः अपि मण्डूकः उच्चैर्गर्जति। – वर्षा के समय मेंढक की उंची गर्जना सुन कर सिंह किसी बड़े प्राणी की कल्पना करने लगा था। उसी समय मेंढक बाहर आया। उसका क्षुद्र व्यक्तित्व देखकर सिंह ने क्रोध से उसे पैरतले दबाकर कहा, तू इतना क्षुद्र और दुर्बल होने पर भी गर्जना वडी ऊंची आवाज में क्यों करता हैं।

(४१) कृतोपकारः मूषकः अपि सिंहं रक्षति। – किसी सिंह के शरीर पर चढकर एक चूहा उसे पीड़ा देता था। एक दिन सिंह ने उसे पकडा। चूहे ने मुक्तता के समय उसे यह वचन दिया कि आप की आपत्ति में अवश्य यथाशक्ति साहाय्य करूंगा। इस पर सिंह को हंसी आई। एक दिन शिकारी के जाल में फंसकर सिंह आक्रोश करने लगा। तब बिल से बाहर आकर चूहे ने अपने तीक्ष्ण दातों से जाल काट कर सिंह का भावी संकट से रक्षण किया।

(४२) मूषकस्य मृगेन्द्रकन्याभिलाषः स्वनाशाय एव भवति। – मूषक के उपकार से प्रसन्न होकर सिंह ने उसकी इच्छा पूर्ण करना मान्य किया। तब उसने सिंहकन्या की मांग की। कन्या बाहर आई तब अकस्मात मूषक पर उसका पैर पड़ने से वह मर गया।

(४३) मूषकवंचकः मण्डूकः आत्मानं घातयति – चूहे का पैर अपने पैर से बांध कर मेंढक उसे अपने साथ लेकर घूमने निकला। रास्ते में जलाशय देखते ही मेंढक उसमें कूद पडा। बेचार चूहा पानी में मर गया। आकाश में घूमते हुए गिद्ध ने उसे देखते ही उठाकर आकाश में उड्डान की। तब मेंढक को भी उसने समाप्त किया। इस प्रकार मूषक को ढगाने पर मंडूक का आत्मनाश हुआ।

(४४) दिवागानेन बद्धस्य शुकस्य रात्रिगानं निरर्थकं भवति। –एक तोता अपने पिंजड़े में बैठकर रात में गाया करता था। तब उसे उल्लू ने कहा, तुम दिन में क्यों नहीं गाते? तोते ने कहा दिन के समय गाने से में पिंजरे में फंस गया था। तब उल्लू ने कहा अब पिंजरे के बन्धन में रहने पर यह परिवर्तन निरर्थक है।

(४५) दृक्शक्तिप्रदर्शने घ्राणशक्तिहीनत्वं व्यज्यते। – (कहते हैं कि छुछुंदरी को देखने की शक्ति नहीं होती) एक छुछुंदरी अपनी मा से कहती है, अब मैं देख सकती हूं। तब मां ने एक सुंगधित टुकड़ा उसके सामने रखा। जब उसने उसे पत्थर कहा तब माता ने कहां अपनी देखने की शक्ति प्रदर्शित करते हुए तू ने घ्राणशक्ति का अभाव भी सूचित कर दिया।

(४६) मत्स्यजालविनिर्माणाद् बध्यन्ते मर्कटाः स्वतः। – वृक्ष पर बैठे हुए बंदरों ने नदी में जाल डालते हुए धीवरों को देखा। वे जब भोजन के लिए निकल गए तब नीचे उतर कर बंदर उस जाल के साथ खिलवाड़ करने लगे। तुरंत वे उसी में बांध गये।

(४७) एकाक्षस्य हरिणस्य सागरतः अपि संकटम् आपतति। – एक हिरन एक आंख से अंधा था। समुद्र के किनारे भटकते हुए समुद्र की ओर से संकट का आगमन असंभाव्य मानकर, सुरक्षा की दृष्टि से अपनी दृष्टि जमीन की ओर रखते हुए वह चल रहा था। उधर समुद्र से जो जहाज किनारे आया उसमें से उतरे हुए शिकारी ने हिरन की हत्या कर डाली।

(४८) वरं सभयात् मिष्टान्नात् निर्भयं कदन्नम्। – एक नागरी चूहा ग्रामीण चूहे के साथ भोजन करने गया था। भोजन में उसे केवल कच्चे धान्यकण मिले। तब वह अपने मित्र को शहर में भोजन के लिए साथ ले गया। जिस घर में वे भोजन के निमित्त गये वहां था तो सारा मिष्टान्न था किन्तु वहां आने जाने वालों के भय के कारण दोनों भूखे रहे। तब देहाती चूहे ने कहा, 'तुम्हारे भयग्रस्त मिष्टान्न से हमारा निर्भय कदन्न ही अच्छा है'।

(४९) गाढालिंगनपीडया वानरी स्वापत्यं हन्ति। – बंदरी प्रायः दो बच्चों को एक साथ जन्म देती है। उनमें से एक पर अधिक प्रेम के कारण उसे नित्य गले लगाती है और दूसरे की उपेक्षा करती है। जिसे वह नित्य हृदय से चिपका कर रखती है वह प्रेम के अतिरेक से मर जाता है और उपेक्षित बच्चा ठीक बढ़ता जाता है।

(५०) असमम्भवं खलु बालघातकेन सर्पेंग तत्पितुः सन्धियोगः। – किसी एक सांप के काटने से एक बालक मर गया। उसका पिता सांप के बिल के पास कुल्हाड़ी लेकर खड़ा रहा करता था। एक बार सांप का मुह बाहर दीखते ही उसने कुल्हाड़ी का प्रहार किया। सर्प तत्क्षण बिल के अंदर घुस जाने के कारण कुल्हाड़ी का प्रबल आघात पत्थर पर लगा और उसका एक मोटा टुकड़ा निकल पड़ा। बाद में सांप दीखने पर उसने संधि की बात शुरू की। तब सांप ने कहा, अब तो हमारी संधि होना असंभव है।

(५१) कृपया रक्षितः सर्पः दंशति एव स्वरक्षकम् – एक किसान ने भीषण जाड़े के कारण मरते हुए सांप को उठाकर अपने शरीर की उष्णता से जीवदान दिया। किन्तु शरीर में चेतना आते ही उसी सांप ने किसान को दंश कर गतप्राण किया।

(५२) देवोऽपि न स्वीकरोति सर्पस्य उपायनम्। – भगवान ने सभी प्राणियों को मिष्टान भोजन को निमंत्रित किया। भोजन के उपरांत सभी प्राणियों ने भगवान को अपनी अपनी भेंट दी। उनका स्वीकार हुआ। किन्तु जब सांप ने अपने मुख से गुलाब का फूल समर्पण किया तो भगवान् ने कहा, तेरे मुख से आई हुई किसी भी वस्तु का स्वीकार मैं नहीं करुंगा।

(५३) मूषकद्रोहिणोः सर्प-मार्जारयोः कलहः मूषकदर्शने विलीयते। – सांप और बिल्ला, दोनों चूहों के शत्रु, एक बार आपस में लड़ने लगे। तब निर्भय होकर चूहे बिल से

बाहर आ गये। किन्तु उन्हें देखते ही वे दोनों आपस का वैर भूल कर चूहों का नाश करने आगे बढ़े।

(५४) रक्षको राजा अपेक्ष्यते न तु भक्षकः। – मेंढकों ने भगवान से एक अच्छा राजा भेजने की प्रार्थना की। भगवान ने एक भला मोटा लकड़ा उनके जलाशय में डाल दिया। उस निष्क्रिय राजा को अमान्य कर उन्होंने दूसरा क्रियाशील राजा भेजने की प्रार्थना की। उसे मान्य कर भगवान ने एक मोटा साप पानी में छोड़ दिया। तब मेंढकों ने कहा हमें रक्षक राजा चाहिये, भक्षक नहीं।

(५५) सावेशं प्रतिकर्तव्यं रिपूणां प्रथमाक्रमे। – एक दुर्वल सांप को लोगों ने खूब सताने पर संरक्षण के लिए उसने भगवान से प्रार्थना की। तब भगवान ने कहा, पहला उपद्रव होते ही तुझे आवेश से प्रतिकार करना योग्य होता।

(५६) वरटापीडया क्रुद्धः सर्पः शकटचक्राधः शिरः क्षिपति। – वरटानामक मधुमक्षिका (बर्र) द्वारा मस्तक पर लगातार दंश होने के कारण सांप क्रुद्ध हुआ और विवेकहीन होकर उस मधुमखखी को मारने अपना मस्तक बैल गाडी के पहिये के नीचे पटक दिया जिस के कारण दोनों मर पड़े।

(५७) कपिचेष्टितम् अनुकुर्वाणः क्रमेलकः उपहास्यः भवति। – एक पशु सभा में बंदर ने नाना प्रकार की हास्योद्दीपक नाच कूद की चेष्टाएँ प्रस्तुत कीं जिस से सभी का मनोरंजन हुआ। उसके मत्सर से ऊंट खड़ा होकर नाचने लगा तब सभी ने क्रुद्ध होकर उसे पीटकर खदेड़ दिया।

(५८) नभोविहारं नाकांक्षेत् सर्वथैव हि कच्छपः। – एक कछुवे ने गरुड़ से आकाशसंचार की कला सिखाने का आग्रह किया। इस विषय में उसकी अपात्रता गरुड़ ने बताई। फिर भी कछुवे ने उसे नहीं माना। गरुड़ उसे आकाश में दूर तक ले गया और वहां उसे छोड़ दिया। भलती आकांक्षा रखने का फल कछुवे को तत्काल मिला।

(५९) मृगाधिपत्यम् आकांक्षन् मृगो मृत्युम् अवाप्नुयात्। – रोगपीडित सिंह ने सियार से एक हिरन की मांग की। सियार ने हिरन को सिंह के उत्तराधिकारी होने का प्रलोभन दिखाया। हिरन गुफा में आते ही सिंह ने उस का कान पकड़ लिया। हिरन भाग गया। सिंह की इच्छा से वह हिरन को फिर से उलटी सीधी बाते सुना कर वापस ले आया। तब सिंह ने उसे मार कर, उसका भेजा ढूंढना प्रारंभ किया। सियार ने कहा उस के शरीर में भेजा ही नही था। अगर होता तो वह फिर से यहां वापस नहीं आता।

(६०) गृहासक्तः कूर्मः पृष्ठे गृहं वहति। – भगवान ने सभी प्राणियों को स्वर्ग में भोजन का निमंत्रण दिया। सभी आये किन्तु कछुआ नहीं आया। भगवान के पूछने पर उसने कहा अपना तो घर ही स्वर्ग है। इस पर क्रुद्ध होकर भगवान ने कहा, तेरा घर अब से तेरी पीठ पर ही रहेगा।

(६१) दंदशूकः खड्गम् अपि दशति। – एक सांप लुहार के घर में गया। वहां नई बनायी तलवार पड़ी थी। इसे देखते ही वह अपने स्वभाव के अनुसार चाटने और काटने लगा। तब तलवार बोली मुझे चाटने और काटने वाले समाप्त होते हैं।

(६२) अविरतगामीः कूर्मः विरतगतिं जयति शशकमपि। – खरगोश और कछुआ दौड़ की स्पर्धा करने लगे। खरगोश तुरंत आगे चला गया और कछुवे की मंद गति देख कर विश्रांति निमित्त रास्ते में सो गया। अपनी मंद किंतु अविश्रांत गति के कारण कछुवा निश्चित स्थान पर पहले पहुंच गया।

(६३) शृंगाडम्बरतः श्रेष्ठाः खलु चरणाः हरिणस्य। – एक हिरन ने अपना प्रतिबिंब जलाशय में देखा। तब उसे अपने विशाल सींगों पर गर्व हो गया। और कुश चरणों पर लज्जा आई। उसी समय सिंह उसे पकड़ने आया तब वह तीव्र गति से दूर भाग गया। किंतु आगे चल कर लतागुल्म में उसके सुंदर और विशाल सींग अटकने के कारण वह सिंह की झड़प में आ गया।

(६४) कृतघ्नताफलं भुंक्ते नचिरात् गरुडांगना – गरुड़ी और लोमड़ी मैत्री के कारण एक वृक्ष के आश्रय से रहती थीं। वृक्ष के उपर गरुडी और तले लिोमड़ी का निवास था। एक दिन गरुड़ी ने लोमड़ी के बच्चे उसी की अनुपस्थिति में खा डाले। लोमड़ी ने उसे गालियों के साथ शाप दिये। पास में एक दिन बलिदान के निमित्त अग्नि जल रही थी। गरुडी ने वहा से एक जलता मांसखंड लोभ से अपने घोंसले में लाया। तत्काल उस आग से उस का घोंसला जल गया। लोमड़ी ने यही उसकी कृतघ्नता का फल माना और घोंसले से गिर पड़े उसके बच्चे उसी के समक्ष खा डाले।

(६५) स्वभावभीरोः हरिणस्य कुक्कुरभषणतः प्रकृत्या धैर्यच्युतिः भवति – एक समय हिरन के बच्चे ने अपने पिता से कहा, आप इतने बड़े और वेगवान होते पर भी कुत्तों के डर से क्यों भागने लगते हो। पिता ने कहा, यह तो मेरा स्वभाव है जिस के कारण कुत्ते का भोंकना सुनते ही मेरा शरीर स्वयं दौड़ पड़ता है।

(६६) उष्णीषम् अपहृत्य प्रत्युपकरोति उपकृतः गरुडः। –जाल में फंसे हुए किसी गरुड़ को देखकर, एक किसान ने उसे मृत्युसंकट से बचाया। तब से गरुड़ उस किसान के उपकार का स्मरण रखकर उसके खेत के आसपास घूमता था। एक दिन वह किसान अपने कुएं की दीवार के सहारे धूप में बैठा था। उस दीवार को कुंएं में खिसकती देखते ही तत्काल किसान के मस्तक से पगड़ी उठाकर गरुड भागने लगा। किसान भी पीछा करने लगा, तब गरुड़ ने पगडी नीचे डाल दी। वापस लोटकर किसान ने गिरी दीवार देखी।

(६७) खगेन्द्रम् अनुकुर्वाणो वायसो याति बन्धनम् = किसी गरुड ने आकाश से उतर एक भेड़ का बच्चा उठा

लिया। वह देखकर ईर्ष्या द्वेष स अंध हुए पहाडी कौए ने दूसरा बच्चा उठाया, तब उसके नख भेड के घने बालों में फंस कर वह छटपटाने लगा। तुरंत उसके पालक ने कौए को पकड़कर उसके पंख काटकर खिलौने के रूप में बच्चों के हाथ सौप कर कहा, यह है तो कौआ किंतु अपने को गरुड़ मानता है।

(६८) अपक्वफलपाकार्थं मूढः काकः प्रतीक्षते । – एक कौआ अंजीर वृक्ष पर फल खाने गया। तब वे सारे सुंदर फल पके नहीं थे। कौए को उनका इतना मोह हुआ कि वह उसी वृक्ष पर रात दिन बैठा रहा। नीचे आए हुए सियार ने उसे वहां निरंतर बैठने का कारण पूछा। तब उसने कहा, मै ये अंजीर फल पक्व होने की प्रतीक्षा में बैठा हूं और बैठा रहूंगा। सियार ने कहा केवल आशा से किसी का पेट भरता नहीं।

(६९) स्वदेहं परिबृंहयन्ती भेकी वृषाकारा न भवति – मेंढक के बच्चों ने एक बैल देखा। उसका विशाल शरीर देखते ही चकित और भयभीत होकर वे अपनी मां के पास, उसके शरीर की विशालता का वर्णन करने लगे। तब मेंढकी ने अपना शरीर पूरा फुलाया। बच्चों ने कहा इससे कई गुना अधिक मोटा उस प्राणी का शरीर था। तब ईर्ष्या से अंध सी होकर उसने शरीर अधिक फुलाने का प्रयत्न करते ही वह फट गया।

(७०) प्रायेण स्वजनत्यागी न हि स्वीक्रियते परैः। – एक पहाड़ी कौआ (द्रोण काक) अपने को जात भाइयों से श्रेष्ठ समझ कर शहर के कौओं में रहने लगा। उन्होंने जब उसकी वाणी सुनी तब उसे हीन समझकर खदेड़ दिया। तब उसके जातभाइयों ने भी उसका अपने परिवार में स्वीकार नहीं किया।

(७१) काकः सुरूपं नाप्नोति परपिच्छैरलंकृतः। –सबसे अधिक सुंदर पक्षी को सारे पक्षियों का राजपद देने के निमित्त भगवान ने निमंत्रण भेजा। सभी पक्षी अपना सौंदर्य बढ़ाने के प्रयास में रहे। धूर्त कौआ उन सभी के गिर पडे पर अपने काले शरीर में चिपकाकर यह भगवान के उस चुनाव मंडप में गया। उसका चित्र विचित्र रूप देखकर भगवान ने उसे पक्षिराज घोषित किया। तब सभी पक्षियों ने उसके कृत्रिम पर उखाड़ कर उसका निजी रूप प्रकट किया।

(७२) अज्ञानम् आविष्कुरुते मूढो ज्ञानं प्रदर्शयन्। – एक जहाज समुद्र में तूफान से डूब रहा था। तब सब खलासियों के साथ उनका पालतू बंदर भी पानी में तैरने लगा। एक महामत्स्य ने उसे अपनी पीठ पर उठाया। किनारे की ओर चलते समय उसने बंदर से पूछा, 'तू भारत का ही निवासी है? बंदर ने जी हां कहा। तू बंबई जानता है महामत्स्य ने पूछा। बंबई किसी स्त्री का नाम समझ कर बंदर बोला, वह तो मेरी मौसी ही है। उसका झूठा वाक्य सुनते ही महामत्स्य ने उसे समुद्र में फेंक दिया।

(७३) स्वल्पं हस्तगतं त्यक्त्वा नान्विष्यति महद् बुधः एक कोकिल पेड़ पर गा रहा था। एक भूखे बाज पक्षी ने उसे पकड़ लिया। कोकिल ने कहा मेरा शरीर इतना छोटा है कि उससे आप की भूख शांत नहीं होगी। आप मुझे छोडकर किसी मोटे प्राणी की शिकार कीजिए। तब बाज (श्येन) ने कहा, हाथ में आया हुआ छोटा प्राणी छोडकर मोटे का पीछा करना बुद्धिमानी नहीं है।

(७४) एकत्र कृतघ्नः सर्वत्र कृतघ्नः गण्यते। – एक बार कौआ जाल में फंस गया। उसने एक देवता को किसी दान का अभिवचन दिया। देवता ने उसे तुरंत मुक्त किया। बाद में वह अपना अभिवचन भूल गया। दूसरे बार जब वह जाल में फंसा तब दूसरे देवता को उसी प्रकार का अभिवचन देने लगा। तब प्रकट होकर देवता ने कहा, जो एकबार कृतघ्नता करता है वह सदा के लिए कृतघ्न ही माना जाता है।

(७५) यथार्थवादी क्षुद्रोऽपि सम्मानं सत्सु विन्दते। – यूरोप में मिसलटो नामक गोंद देने वाला वृक्ष उत्पन्न होते देख कर मार्टिन नामक क्षुद्र पक्षी ने सभी पक्षियों को उसके दुष्परिणाम बताये। किसी ने उसका कहा नहीं माना। तब मनुष्यों को वही प्रार्थना की। तब से वे उस वृक्ष का गोंद निकाल कर सारे पक्षियों के पकडने के लिए जाल बनाने के उपयोग में लाते है। किंतु मार्टिन पक्षी यथार्थवादी होने के कारण उसे नहीं पकडते।

(७६) शृगालेन शरावे भोजितो बकः तं तुंगपात्रे भोजयति सियार ने एक दिन बगुले को खीर खाने अपने घर बुलाया। खीर विस्तृत थाली में दी थी अतः अपनी लंबी नोंकदार चोंच से बगुला उसका आस्वाद नहीं ले पाया। वह भूखा ही वापस घर आया। दूसरे दिन उसने सियार को आमरस खाने निमंत्रित किया। वह रस ऊंची सुराई में भरकर दिया गया जिसे सियार अपनी जीभ से ठीक चाट नहीं पाया। उसे भी भूखा वापस लौटना पड़ा।

(७७) चिल्लस्य स्वरमाधुर्यम् अश्वरवानुकरणेन विलुप्तम्। – कहते हैं कि चीलपक्षी का स्वर हंस जैसा मधुर था। एक बार उसने घोड़े का हिनहिनाना सुना और ईर्ष्या से वह उसके स्वर का अनुकरण करने लगा। परिणाम यह हुआ कि चील का नैसर्गिक स्वरमाधुर्य लुप्त हो गया और घोड़े के स्वर का अनुकरण भी वह कभी नहीं कर सका।

(७८) अस्वीयस्यापि कीरस्य सुसह्यं मंजुजल्पित्तम् स्वीयस्याऽपि बिडालस्य न तु कर्कशगर्जनम्। –किसी परिवार में तोता खरीद कर लाया गया। वह घर में निर्भयता से खेलता और अपनी मधुर वाणी में खूब बोलता भी था। उस घर में ही जन्म हुए बिल्ले को उस पर गुस्सा हो गया और वह कहने लगा इसी घर का निवासी होने पर भी मुझे यहां कोई आवाज नहीं करने देते, तू तों यहां एक आगंतुक है। तोते ने कहा यह मेरी आवाज का गुण है, जिसके कारण

मेरे बोलने पर यहां मनाई नहीं है।

(७९) परावलम्बि कार्यम् अनिश्चितं भवति, नतु स्वावलंबि- – एक खेत में पक्षियों का एक परिवार घोंसले में रहता था। खेत की फसल देखकर मालिक ने कहा, यह खेत अब कटाई के योग्य हुआ है। पक्षी के बच्चों ने यह वाक्य अपने माता और पिता को बता कर भय के कारण दूसरे स्थान में जाने ने सूचना दी। तब कहा गया अभी डरने का कोई कारण नहीं। दूसरी बार आने पर मालिक ने कहा कल हम सब मिलकर इस खेत की कटाई करेंगे। बच्चों द्वारा यह वाक्य सुनते ही उन्हों ने स्थानान्तर किया।

(८०) यत् बहु प्रार्थितेन न कार्यते तत् अल्पतर्जितेन कार्यते। – हंस के मधुर स्वर की कीर्ति सुनकर एक सज्जन ने हंस खरीद कर लाया। एक दिन अतिथि भोजन के समय उसे गाने का आग्रह स्वामी ने किया किन्तु वह नहीं गाया। कहते है कि मरते समय हंस अति मधुर स्वर में गाता है। अंतिम समय पर जब वह गाने लगा तब स्वामी ने कहा उसी भोजन समारोह के दिन मैं तुझे मारने आता तो ठीक रहता। अतिथियों को तेरा गाना सुनने मिलता।

(८१) स्वघातोत्सुकां शृगालीं कुक्कुरेण योजयते चतुरः कुक्कुटः – वृक्ष की शाखा पर एक कुक्कुट और नीचे की ढोली में उसका मित्र कुत्ता रात के समय विश्रांति ले रहे थे। प्रातः पौ फटते ही कुक्कुट ने अपनी बांग दी। उसे सुनते ही एक लोमड़ी तुरंत वहां आकर उसकी आवाज की भूरिभूरि प्रशंसा करते हुए उसे नीचे उतरने का आग्रह करने लगी। तब उसका भाव जानकार कुक्कुट ने उसे नीचे का दरवाजा खोलने की प्रार्थना की। लोभवश उसने ढोली का दरवाजा खोलते ही कुत्ते ने उसे नष्ट कर डाला।

(८२) लोकप्रबोधकः कुक्कुटः चौराणां शत्रुः एव। – चोरों ने रात में एक घर खोला तब उन्हे केवल एक कुक्कुट ही मिला। वे उसे ले जाने लगे। तब उसने कहा, कि मैं लोगों को जगाने के अतिरिक्त कुछ नहीं करता। मुझे छोड़ दो। तब चोरों ने कहा इसी कारण तू हमारे लिए वध्य हैं।

(८३) तृषाकुलः हि चित्रगतम् अपि जलपात्रं तथ्यं मन्यते। – एक कबूतर ने तृषार्त अवस्था में जलपूर्ण पात्र का सुंदर चित्र देखा। उसे सत्य मानकर वह उस पर कूद पड़ा और चंचूप्रहार करने लगा। उस कारण जख्मी होकर आसन्न मरण हो गया।

(८४) मासंखंड मुखे धृत्वा मूढो गायति वायसः। – एक कौआ कहीं से मासखंड उठाकर वृक्ष पर बैठा। तब उसे देखकर सियार ने उसके अनेक गुणों की स्तुति करते हुए कहा केवल तेरी आवाज मधुर नहीं अन्यथा पक्षिराज होने तू ही योग्य है। तब अपना स्वरमाधुर्य व्यक्त करने कौए ने गाने के लिए मुंह खोलते ही मांसखंड गिर पड़ा। सियार उसे ले गया।

(८५) वेलायां भयमुत्प्रेक्ष्य सागरान्तर न संविशेत्। – एक पक्षी ने भूमि की ओर से संभाव्य संकट को टालने समुद्र में प्रविष्ट चट्टान के छेद में अपने अंडे रखे थे। दिन भर भटकने पर जब सायं वापस लौट कर देखता है तो वह चट्टान का भाग समुद्र में डूबा हुआ है।

(८६) स्वामिक्रोधभीताः कपोताः स्वजातीयान् संभाव्य संकटं न निवेदयन्ति। – एक शिकारी ने जंगली कबूतरों को पकड़ने के लिए जंगल में जाल बिछाया और उस में अपने पालतू कबूतरों को लटका रखा। उन्हें देखकर जंगली कबूतर उस जाल में फंस गए। जब उन्होंने पालतू कबूतरों की निंदा की। तब उन्होंने कहा तुम्हारे क्रोध की हमें उतनी पर्वाह नहीं जितनी हमारे स्वामी के क्रोध की होती है।

(८९) दासानां वंशविस्तारः दाससंख्याऽभिवृद्धये। – एक कबूतर अपने वंशविस्तार का वर्णन किसी कौए को सुना रहा था। उसे सुनकर कौए ने कहा, गुलामों के वंशविस्तार से मात्र गुलामों की संख्या बढ़ती है।

न हि क्षमाम् अर्हति विश्वासघातकी। – एक शिकारी के घर अतिथि आया। उस निमित्त भोजन के लिए अपने एक अच्छे पक्षी को मारने शस्त्र उठाया। पक्षी ने कहा, आप विश्वासघातकी हैं। मैने जो आज तक आपकी सहायता की उसका यह पारितोषिक अपेक्षित नहीं था। शिकारी ने कहा अपने सजातीय पक्षियों का विश्वासघात करने वाले को यही पारितोषिक देना मैं अच्छा मानता हूं।

अल्पभारनिषेधे बहुभारं वहति तुरंगमः। – गधा और घोड़ा साथ जा रहे थे। गधे को अपना भार असह्य हुआ। तब उसने अपने साथी को उसका कुछ उठाने को कहा। घोडे ने उस ओर ध्यान नहीं दिया। भार की असह्यता से गधा मर गया। तब उन के स्वामी ने वह सारा भार और गधे का प्रेत घोड़े की पीठ पर लाद दिया। घोड़े को तब अपने बर्ताव का पश्चात्ताप हुआ।

(९०) न जातु सर्पिण्या अण्डानि संपोषयेत् कुक्कुटी। –एक मुर्गी को सर्पिणी के अंडे मिले। वह उन्हें अपने अंडों के साथ उबाने लगी। दूसरी एक पक्षिणी ने यह देखकर कहा मुर्गी ने सर्पिणी के अंडे उबाने से आगे क्या होगा इसका विचार करना चाहिये।

(९१) न हि भक्षितावशिष्टाः मूषकाः विश्वसन्ति मृतकल्पे अपि मार्जारे। – एक बिल्ली ने घर के चूहे खाना शुरु किया। अनेक चूहे मारे जाने पर बचे हुए सारे बिल में छिप के रहने लगे। बिल्ली भूख से हैरान होकर घर की खूंटी पर मृतवत् लटकते, हुए चूहों की प्रतीक्षा कर रही थी, तब एक बूढा चूहा उसे देखकर कहने लगा, अब हम तुझ पर किसी अवस्था में विश्वास नहीं करेंगे।

(९२) रणांगणे न धावन्ति तुरंगा भारवाहिनः। – एक सिपाही के पास तेज घोड़ा था जिसे वह लड़ाई के काम में

लाता था। लड़ाई समाप्त होने पर उसे भारवाही बनाया गया और तदनुसार घास खाने दिया जाता था। दूसरी लड़ाई शुरु होने पर उसे वह रणांगन में ले जाने लगा। तब घोड़े ने कहा, भारवाही घोड़ा गधे जैसा होता है, वह रणांगन में दौड़ नहीं सकता।

(९३) क्षुधाकुलो बिडालः न सान्त्वयितुं शक्यते कुक्कुटेन। – किसी बिल्ले को एक मुर्गा मिल गया। उसे खाने के पहले बिल्लेने उस पर कुछ दोषारोप लगाए। मुर्गा उन आरोपों का खंडन कर उसे निरुत्तर करने लगा। तब बिल्ले ने कहा, तू भले निर्दोष होगा, किन्तु इसका यह अर्थ नहीं कि मै भूखा रहूं।

(९४) न हि रोगातुराः अपि कुक्कुटाः मार्जारस्य भैषज्यम् इच्छन्ति। – एक घर के कई मुर्गे अकस्मात् बीमार हुए। बिल्ले को जब इस का पता चला तब वह वैद्य के वेष में मुर्गीखाने के पास जाकर पूछताछ करने लगा। तत्काल मुर्गो ने कहा आपके वापस लौटते ही हमारा स्वास्थ्य अच्छा हो जायेगा।

(९५) वृषभः सिंहभीतश्चेत् सहते मेषमर्दनम्। – एक बैल सिंह के भय से भाग कर किसी गुफा में छिपने लगा। उस गुफा में कई भेड़ रहते थे। बैल को देखते ही वे उसे पीटने लगे। तब बैल ने कहा, मैं ये ताडन तम्हारे भय के कारण नही सहन कर रहा हूं। बाहर सिंह खड़ा है, उस के भय के कारण मुझे यह मर्दन सहन करना आवश्यक है।

(९६) धनभारवाही हन्यते न तु धान्यभारवाही। – दो खेचरों पर भार लदा था। एक पर सोने-चांदी का भार था, वह गर्व से चल रहा था। दूसरे पर अनाज का भार था, वह धीमी चाल से चलता था। रास्ते में डाकू आए। उन्होंने पहले खेचर को मार कर सोना-चांदी लूट लिया। अनाज वाले दूसरे की ओर उन्होंने देखा तक नहीं।

(९७) गर्दभस्य अहितोपदेष्टा अजः गर्दभस्वास्थ्याय हन्यते। – एक बकरे ने गधे को कष्टों से बचाने के लिए उपदेश किया वह किसी जगह गिर पडे और बीमार का स्वांग लेकर आराम से खाता रहे। तदनुसार गधा जहां गिर पड़ा वहां उसे काफी बड़ी चोट पहुंची। वैद्य ने आकर उपचार बताया कि बकरे का मांस उबाल कर वह पानी स्वास्थ के लिए गधे को पिलाया जाय।

(९८) उन्नतं पदमारूढः हन्यते न त्वधःस्थितः। – दो मुर्गों की लड़ाई में एक जख्मी हुआ और वह किसी घर के पीछे छिप रहा। जो विजयी था वह घर की चोटी पर चढ़कर गर्जना करने लगा। उसी समय एक गरुड़ उसे उठाकर ले गया। नीचे बैठा हुआ मुर्गा सुरक्षित रहा।

न खलु प्रथमागमने प्रभूतम् आतिथ्यं निष्कपटं मन्तव्यम्। – भेड़ों के समूह में जंगली भेड़ घुस गए। गड़रिये ने उन सभी को वापस लाकर बंद किया। खाने के समय जंगली भेडों को उसने सबसे अधिक खाना दिया। दूसरे दिन जब वह अपने सभी भेड़भेड़ियों को पहाड पर ले गया तब वे जंगली भेड़ भाग गए। गड़रिये ने उन्हें पुकारा तब उन भेड़ों ने कहा, पहले आगमन में जहां अधिक आतिथ्य होता हैं तब उस में छिपा हुआ कपट जानना चाहिए। कल तुम हम जैसे दूसरे भेड़ों को खिलाओगे और हमे भूखा रखोगे।

(१००) ऊर्णाभिलाषिणा मेषस्य चर्मच्छेदो न कार्यः। – एक गड़रिया अपनी भेड़ के शरीर से ऊन निकालते हुए उसकी चमड़ी भी काटने लगा। तब भेड ने कहा तुम्हें मेरे शरीर से ऊन काटना हो तो चमड़ी सम्हाल के निकालना चाहिये और अगर चमडी चाहिये तो मुझे पहले मार डालना ठीक रहेगा।

(१०१) अलसो हि रासभः अलसं रासभम् उपैति। – एक मनुष्य को खरीद ने से पहले गधे की परीक्षा करनी थी। वह एक गधे को घर ले आया। तब वह गधा घर में बांधे हुए गधों में सबसे आलसी और खाबू गधे के पास जा बैठा। उस की इस प्रवृत्ति को देखते ही उसने उस गधे को वापिस लौटा दिया।

(१०२) भारवाहिनः दासस्य मिष्टान्नलाभः न अभिनन्दनीयः। – एक जंगली गधे ने गांव वाले गधे का सुखी जीवन तथा अच्छा भोजन देखा और उसके भाग्य की प्रशंसा की। दूसरे दिन उसी के पीठ पर बोझा लादकर डंडे से खदेडता हुआ मालिक उसी ले जा रहा था। उस का वह दास जीवन देख कर जंगली गधे ने कहा भारवाही दास के मिष्टान्न लाभ को मै अभिनन्दनीय नहीं मानता।

(१०३) नारीभूताऽपि मार्जारी मूषकं प्रति धावति। – एक बिल्ली किसी मनुष्य के सौंदर्य से मोहित हो गई। उससे विवाह करने की इच्छा पूरी होने के लिए मानवी स्त्री रूप की प्रार्थना उसने भगवान से की। भगवान की कृपा से वह सुंदरी हुई और उस सुंदर तरुण से उसका विवाह भी हुआ। बाह्यरूप के परिवर्तन से उसका मूल स्वभाव कितना बदला यह जानने की इच्छा से भगवान ने एक चूहा उसी दम्पती के सामने छोड़ दिया। उसे देखते ही वह स्त्रीरूप मार्जारी चूहे के पीछे दौड़ पड़ी।

(१०४) सिंहचर्मावृतस्य अपि रासभस्य ध्वनिः न परिवर्तते। – सिंह का चमड़ा ओढ़ कर एक गधा जंगल में घूमने लगा। उसे सिंह मानकर सभी पशु डर के मारे दूर भागते थे। एक सियार ने उसकी आवाज सुनी तब वह बोला तेरी आवाज न सुनता तो मैं भी अन्य पशुओं के समान डर कर भाग जाता। सिंह का चमड़ा ओढ़ने से गधे की आवाज नहीं बदलती।

(१०५) सूकरसंहाराय निमंत्रितः आखेटकः निमंत्रकं तुरगं मन्दुरायां बध्नाति। – जंगली सूअर और घोड़ा एकत्र रहते थे। सूअर सारा जंगल और जलाशय गंदा करता था। उससे चिढ़कर घोडे ने शिकारी को बुलाया। शिकारी की सूचना मानकर घोडे ने उसे अपनी पीठ पर बैठने की अनुमति दी।

सुअर की हत्या का काम समाप्त होने पर शिकारी ने उसी घोड़े को अपनी घुड़शाला में बंद किया।

(१०६) देवाभिवादिनं निजाभिवादिनं मन्यते गदर्भः। – देवमूर्ति की शोभायात्रा में एक गधा था। रास्ते में लोग उस मूर्ति को प्रणाम करते थे। लोग अपने को ही प्रणाम कर रहे हैं ऐसा मान कर गधा प्रणामों का स्वीकार करने रुक गया। तब लोगों ने उसे डंडे मार कर खदेड़ दिया।

(१०७) वातापनीते सिंहचर्मणि स्वरूपम् आविर्भवति गर्दभस्य। –सिंह का चमडा ओढ़ कर गधा चल रहा था। सारे पशु उसे सिंह मानकर दूर हटते थे। अचानक तेज हवा आने से गधे का वह आच्छादन उड़ गया। तब उसका वास्तव रूप देख कर सभी ने मिलकर उसे पीटा।

(१०८) सारमेयवत् स्वलालनं न अपेक्ष्यं गर्दभेन। – एक मनुष्य ने कुत्ता और गधा पाला था। कुत्ता प्रिय होने के कारण उसका लालन पालन आत्मीयता से होता था और गधा उपेक्षित सा रहता था। इससे गधे को ईर्ष्या हुई। एक दिन वह कुत्ते के समान मालिक की गोद में बैठ कर खेलने की चेष्टा करने लगा। तब उस की लात लगने से क्रुद्ध हुए मालिक ने उसे डंडे से पीटा।

(१०९) गर्दभस्य चरणचिकित्सकः वृकः दशनविहीनो भवति। -एक गधा जंगल में घूम रहा था। उस स्थान पर एक भेड़िया अचानक आया। उससे प्राण बचाने के लिए गधा लंगडने लगा। भेड़िये के पूछने पर उसने उसे पैर में फंसा कांटा निकालने की प्रार्थना की। भेडिये ने पैर उठाते ही गधे ने उसके मुह पर जोर से लात मारी जिससे भेड़िये के सारे दांत टूट गये।

(११०) परिवर्तिते अपि स्वामिनि न परिवर्तते भाग्यं रासभस्य। – एक कुम्हार अपने गधे को साथ लेकर रहता था। एक दिन अचानक शत्रु सेना का हमला आया। तब कुम्हार ने गधे को तुरंत भागने की सूचना दी। गधा अपने स्थान से हिला नहीं। कुम्हार के पूछने पर उसने कहा मुझे अगर वे आक्रमक पकडेंगे तो आप जितना बोझा मुझ पर लादते हैं उतना ही वे लादेंगे। मालिक बदलने से मेरा भाग्य नहीं बदलेगा।

(१११) आपद्गतः क्षुधार्तो हि न करोति प्रियाप्रियविवेकम्। – एक किसान अखंड वर्षा के कारण अपने घर के बाहर नहीं जा सका। भूख लगने पर बकरा, भेड, और तीसरे दिन अपना बैल भी उसने मार डाला। यह दृश्य देखने वाले कुत्तों ने अपना भवितव्य जानकर उसी दिन वहां से पलायन करते हुए कहा, आपत्ति में फंसा हुआ भूखा मनुष्य प्रिय और अप्रिय का विवेक नहीं करता।

(११२) प्रतिबिंबाय क्रुद्धस्य शुनः मुखोद्घाटनम् अशनहानाये कल्पते। – एक कुत्ता मांस खंड मुंह में पकड़कर नदी लांघ रहा था। नीचे उसे प्रतिबिंब दिखा। उसके मुंह में पकड़ा हुआ मांस खंड छीनने के लिए अपना मांस खंड नीचे डालकर प्रवाह में कूद पडा। इससे उसका अपना मांस खंड नष्ट हो गया।

(११३) न हि सर्वम् अण्डाकारम् अण्डं भवति। – एक कुत्ते को अंडे खाने का शौक था। एक दिन उसे एक अंडाकार मत्स्य दिखा। उसे अंडा समझकर वह खा गया। उस कारण पेट में असह्य वेदना होने लगी तब उसने कहा, अंडाकार दीखने वाले सभी पदार्थ अंडे नहीं होते।

(११४) सेवकवैगुण्ये स्वामी खलु दोषास्पदं भवति। – एक मनुष्य के दो कुत्ते थे। एक शिकारी था और दूसरा गृहरक्षक। शिकारी का लाया हुआ मांस घर का कुत्ता आराम से खाता था। इस पर शिकारी कुत्ते ने रोष प्रकट करने पर घरेलू कुत्ता बोला मेरी निष्क्रियता का कारण अपना मालिक है। उसी की योजना के कारण मैं जंगल में जाकर शिकार नहीं कर सकता।

(११४) यत्र हि सकृत् प्राणसंकटम् अनुभूतं न तत्र पुनः प्रत्यायाति चतुरः। – एक कुत्ता बाहर सोता था। अचानक भेड़िया ने उसे पकड लिया। तब कुत्ते ने कहा, अभी मैं बहुत दुबला हूं अतः तू मुझे छोड दे। मालिक के घर में जब विवाह निमित्त मुझे भरपूर खाना मिलेगा तब पुष्ट होने पर मुझे खाना। भेड़िये ने उसका कहना मान लिया। बाद में निश्चित समय पर भेड़िया आकर घर के उपर बैठे हुए कुत्ते को बुलाने लगा। तब कुत्ते ने कहा जहा एक बार प्राणसंकट का अनुभव पाया वहां फिर से जाना नहीं चाहिये।

(११६) कार्यकाले निद्राति भोजनकाले लांगूलं चालयति। – एक लुहार का कुत्ता था। लुहार जब काम करता था तब वह सोता था और जब भोजन प्रारंभ करता था तब उसके सामने आकर पूंछ हिलाता था। तब लुहार उसकी ओर हड्डी का टुकड़ा फेंक कर कहता था, तू काम के समय सोता है और खाने के समय पूंछ हिलाता है।

(११७) न खलु दोषोद्घाटिनी घंटिका भूषास्पदं भवति। – एक कुत्ते को रास्ते से चलने वाले लोगों को काटने की आदत थी। उसके स्वामी ने उसके गले में एक घंटी बांध दी थी, ताकि लोगों को उसके सान्निध्य का पता चले। घंटी बांधने पर उस भूषण मानकर कुत्ता घमंडी हो गया। तब एक बूढ़ी कुत्ती ने कहा, तेरे दोष का उद्घाटन करने वाली यह घंटी, तेरा भूषण नहीं है।

(११८) तावद् एव वनसिंहम् अनुधावति ग्रामसिंहः यावत् असौ न गर्जति। – एक शिकारी कुत्ता जंगल में सिंह का पीछा करने लगा। सिंह ने उसकी आवाज सुनकर किंचित् रुकते हुए अपनी गर्जना की। उसे सुनते ही कुत्ता दूर भागने लगा। तब एक सियार ने कहा अरे कुत्ता सिंह का पीछा तब तक ही करता है जब तक वह गर्जना नहीं करता।

(११९) अस्थाने अकाले च औदार्यं संशयं जनयति। – घर की रखवाली करने वाले कुत्ते के सामने चोरों ने रोटी के टुकड़े फेंके। कुत्ता ईमानदार था। टुकड़ों को मुंह न लगाते वह तुरंत चोरों को कहने लगा, भलते स्थान पर और भलते समय पर होने वाला औदार्य संशय उत्पन्न करता है।

(१२०) न खलु तुल्यं भवति मरणभीतस्य मारणोद्यतस्य च पलायनम्। – एक कुत्ता खरगोश को मारने उसका पीछा कर रहा था। जब कुत्ता इस प्रयत्न में असफल रहा, तब एक मेषपाल ने उस का उपहास किया। उसे उत्तर देते हुए कुत्ते ने कहा मारने वाले और मरने वाले के भागने में गति समान नहीं होती। मरने के भय से भागने वाले की गति अधिक तेज होती ही है।

(१२१) घासराशिस्थतः कुक्कुरः स्वयं न भुंक्ते न वृषभं भोजयते। – घास की राशि पर बैठा हुआ कुत्ता स्वयं तो घास खाता नहीं अपितु घास खाने वालों बैल को भी खाने नहीं देता। यही दुर्जनों का स्वभाव होता है।

(१२२) द्रुतं सूतानि हि दृष्टिविकलानि भवन्ति शुनीशावकानि। – शुनी और सूकरी में शीघ्र प्रसूति के विषय में विवाद चल रहा था। शुनी ने कहा सभी प्राणियों में हमारी प्रसूति शीघ्र होती है। तब सूकरी ने कहा यह सत्य है किन्तु तुम्हारे बच्चे जन्म के समय अंधे होते है। उन्हें दृष्टिप्राप्त होने में समय लगता है।

(१२३) गर्दभच्छायार्थं कलहायेते मूर्खौ। – किसी का गधा किराये से लेकर एक मनुष्य कडी धूप में प्रवास करने लगा। उसके पीछे गधे का मालिक भी चल रहा था। विश्रांति के समय दोनों जहां एकत्र आये वहां छाया केवल उस गधे की ही थी। उस छाया में बैठने वाले किरायेदार को मालिक ने कहा मैंने अपना गधा किराये से दिया है उसकी छाया नहीं। इस विषय में वे झगडने लगे, उस समय गधा कही भाग गया था।

(१२४) उपेक्षितव्यो न हितोपदेशः सुदूरदर्शिनः। – कहते है कि उल्लू बडा दूरदर्शी पक्षी है। धरती पर जब पक्षियों को घातक वनस्पतियां उत्पन्न हुई और सिकार खेलने वाले उत्पन्न हुए तभी उसने सारे पक्षियों को भावी संकटों की सूचना दी थी, किन्तु उसका हितोपदेश किसी ने माना नहीं। बाद में उसका कहना सत्य हुआ तब से वे उसका आदर करने लगे किन्तु उसी समय से उसने हितोपदेश देना बंद किया और वह एकांत में रहने लगा।

(१२५) चौरवैद्यस्य नेत्रोपचारेण, दृष्टिलाभे अपि न दृश्यते गृहगतं वित्तम्। – किसी बुढिया की आंखें दुरुस्त करने एक चौर वैद्य के नाते आता था। आंखे दुरुस्त होने पर बुढिया ने उसे भरपूर शुल्क देने की इच्छा व्यक्त की। वह वैद्यरूपी चोर प्रतिदिन उपचार होने पर घर की मौल्यवान वस्तुएँ चुराता था। जब बुढिया को दृष्टिलाभ हुआ तब उसे घर के धन के अतिरिक्त बाकी सारे पदार्थ दिखते थे।

(१२६) न खलु सरिन्मीनस्य माध्यस्थ्यं वांछन्ति सागरे युध्यमानाः तिमिंगिलाः। – सागर में रहने वाले तिमिंगल और राघव नामक महामत्स्य आपस में लढ रहे थे। दोनों की अवस्था शोचनीय हुई। वहां की नदी में रहने वाले छोटे मत्स्य उनमें समझौता करने गए तब तिमिंगिल ने कहा तुम जैसे क्षुद्रों की मध्यस्थता मानने से युद्ध में मरना ही हम लोग उचित मानते है।

(१२७) जाले गृहीतं क्षुद्रमीनम् अपि न विमुंचति मत्स्यजीवी। – समुद्र में डाले हुए जल में धीवर को एक छोटी सी मछली मिली. मछली ने कहा मैं अभी इतनी छोटी हूं कि मेरा तुम्हें कोई उपयोग नहीं। आज मुझे समुद्र में छोड दो और बडी होने पर अपने जाल में पकडलो। तब धीवर ने कहा जाल में मिली हुई छोटी सी मछली भी हम लोग छोड नहीं देते। आगे चल कर तू फिर मिलेगी ही इस का क्या भरौसा।

(१२८) कंटाकाकीर्णे प्लवे दंदशूक एव शोभते। – एक साप नदीप्रवाह में बहने लगा। तब एक काटों की ढेर पानी में बह रही थी उसी को लपेट कर वह जाने लगा। उस दृश्य को देख कर तीरस्थित सियाल कहने लगा, काटों की नाव पर सांप ही शोभा देता है।

(१२९) न जातु अंगारजीविना सह निवसितुम् इच्छन्ति धावका। – एक धोबी किसी गाव में किराए का मकान ढूंढता था। एक कोयले वाले का मकान खाली थी, उसने धोबी को बिना किराया अपना मकान देने की उदारता बतायी। धोबी ने कहा हम तो कपडे साफ करने वाले होने के कारण कोयले वाले के घर में नहीं रह सकते।

१३०) अवांछितः प्राघुणिकः उच्चाटनम् एव लभते न उच्चासन्। – किसी सज्जन के घर में मिष्टान्न भोजन की तैयारी हो रही थी। उस घर के कुत्ते ने अपने दोस्त को तन्निमित्त बुलाया। भोजन के सारे पदार्थों के सुंगध से प्रसन्न होकर अतिथि कुत्ता अधिक पूंछ हिलाने लगा। तब उसे रसोइया ने देखा और उस अनाहूत तथा अवांछित अतिथि के उठाकर खिडकी से बाहर फेंक दिया।

(१३१) को नु खलु बिडालकः मार्जारकण्ठे घण्टां बन्धीयात्। – चूहों की सभा में प्रस्ताव पारित हुआ कि हमें नष्ट करने वाले बिल्ली के गले में घंटी बांधी जाय। तब एक बूढे चूहे ने कहा, प्रस्ताव तो ठीक ही है किन्तु हम में से यह घंटा बांधने का काम कौन करेगा।

(१३२) पर्याप्तचणकाहारम् अपेक्षते तुरंगमः नतु शरीर-संवाहनम्। – एक घोडे का सेवक उसके शरीर को तेल पानी इत्यादि बाह्य उपचार खूब करता था किंतु मालिक ने उस के लिए दिये हुए चने बाजार में बेचता था। एक दिन घोडे ने उसे कहा मेरे शरीर का मर्दन आदि कुछ दिनों तक

नहीं किया तो भी चलेगा। मुझे आवश्यकता है मेरे आहार की जो मुझे तुमसे नहीं मिलता।

(१३३) सुदर्शनबर्होऽपि मयूरः बलाकवत् गगनविहारं कर्तुं न पारयति। – एक दिन एक मोर अपनी सुंदर पूंछ तथा पंखों की प्रशंसा करते हुए बगुले के छोटे पंखों की निंदा करने लगा। तब बगुले ने विनय से कहा तुम्हारा कहना तो ठीक ही है किन्तु मैं अपने छोटे पंखों से आकाश में विहार कर सकता हूं जब कि तुम इतने बड़े और सुंदर पंखों से कचरे में ही घूम सकते हो।

(१३४) दिने दिने विभिन्नाकारः चन्द्रः नैकं वस्त्रम् अर्हति। – एक दिन चंद्र ने अपनी मां से अपने लिए कुड़ता बनाने की इच्छा व्यक्त की। तब मां ने कहा तेरा शरीर प्रतिदिन एक सा नहीं होता। मै उसे नाप नहीं सकती।

(१३५) बालकानां क्रीडा हि मण्डूकानां पीडा भवति। – कुछ बच्चे एक तालाब में पत्थर मारने का खेल कर रहे थे। उससे कई मेंढक जख्मी हुए। तब एक बूढे मेंढक ने बाहर आकर कहा, तुम्हारी इस क्रीडा से हमे असह्य पीडा हो रही है। कृपया क्रीड़ा बंद करो।

(१३६) यद् अनेके दासाः न चिरं पश्यन्ति तद् एकः स्वामी अचिरं पश्यति। – शिकारी कुत्तों के भय से भागते हुए एक हरिन गोशाला में घास के अंदर छिप गया। बैलों ने उसे छिपने दिया। नौकर आये उन्हें वह नहीं दिखा। किन्तु जब स्वयं गोशाला का स्वामी आया तब अपने गाय बैलों की देखरेख करते समय उसे वह हिरन दीख पड़ा जिसे उसने तुरंत रसोई घर में रवाना किया।

(१३७) काकस्य अपि तृषार्तस्य तृष्णा उपायं सूचयति। – एक कौए को प्यास लगी थी। जिस पात्र में उसे पानी दिखा वह ऊंचा था और उसमें पानी भी कम था। वह पानी उपर चढ़ाने की युक्ति सोचने लगा। तब उसे ध्यान में आया कि उस पात्र में कंकर डालने से पानी का स्तर चढ सकता है। इस युक्ति का प्रयोग करने पर वह पानी पी सका। उत्कटता से विचार करने पर किसी भी संकट में मार्ग निकलता ही है।

(१३८) गोपकन्या - मनोरथध्वंस न्यायः – एक दूधवाली सिर पर दूध का बर्तन लेकर रास्ते से अपने भावी उत्कर्ष के संकल्प करते चल रही थी। उन संकल्पों में आखिर यह विचार आया कि अगर कोई तरुण मुझसे विवाह की याचना करेगा तो मै उसे झटके से ना कहूंगी। इस विचार के साथ उसने मस्तक को झटका दिया। जिस दूध की बिक्री के लाभ पर उसके मन में संकल्प उछल रहे थे वह दूध ही इस झटके से मिट्टी में मिल गया और उस के सारे मनोरथ ध्वस्त हो गये।

(१३९) कृतोपकारः सिंहः क्षुधाकुलः अपि कृतघ्नो न भवति। – एक गुलाम अत्याचारों से त्रस्त होकर जंगल में भाग गया। जिस गुफा का उसने आश्रय लिया उसमें सिंह आया। किंतु वह पैर में चुभे हुए कांटे से हैरान था। गुलाम ने उसका कांटा निकाल कर पैर दुरुस्त किया। दोनों मित्रता से रहने लगे। एक दिन दोनों एक साथ पकड़े गये। गुलाम को भूखे सिंह द्वारा खाये जाने की शिक्षा हुई। यह काम उसी सिंह द्वारा होने वाला था। भूखा सिंह जब गुलाम को खाने पास आया तब वह उसके पैर चाटने लगा। उस क्षुधार्त अवस्था में भी वह गुलाम ने किया हुआ उपकार भूला नहीं था।

(१४०) न जातु पूरणीया मत्कुणस्य जिजीविषा। – एक मनुष्य को खटमल सतत पीड़ा देता था। एक दिन वह पकड़ा गया। वह मनुष्य उसे मारने की बाते करने लगा। खटमल ने कहा मुझ जैसे क्षुद्र प्राणी पर आप जैसे बड़े लोगों ने दया करनी चाहिये। तब मनुष्य ने कहा नित्य उपद्रव करने वाला कितना भी क्षुद्र हो तो भी उसे जीवित रखना नहीं चाहिए।

मृषावादिनं सम्मानयति वानरराजः न तु सत्यवादिनम्। –दो विश्वप्रवासी एक समय वानरों के राज्य में पंहुचे। उनमें से एक नित्य सत्यवादी और दूसरा नित्य असत्यवादी था। उस राज्य में वे पकड़े गए। राजसभा में वानरराज ने असत्यवादी को अपने और अपनी प्रजा के विषय में प्रश्न पूछे। असत्य वादी ने सभी की भूरि भूरि प्रशंसा की। वे ही प्रश्न सत्यवादी को पूछे गए तब उसने सत्य कथन किया। उससे वानरराज क्रुद्ध हुए और उस सत्यवादी को मृत्युदण्ड मिला।

(१४२) वसुलाभे वसुमतीं पूजयन्ति तन्नाशे तु दैवगतिं निन्दन्ति। –एक किसान को खेत में सोने का हंडा मिला। उसे वह भूमि का कृपा प्रसाद मान कर नित्य भूमि की पूजा करने लगा। उस कारण दैवगति दुःखी हुई और उसे कहने लगी तुझे जो लाभ हुआ है वह वस्तुतः मेरे कारण, किन्तु तू भूमि की पूजा कर रहा हैं। जब वह हंडा चोर ले जावेंगे तब तू मेरी निंदा करेगा।

(१४३) मृतं न स्पृशति, जीवन्तं तु हन्ति एव भल्लूकः। –कहते हैं कि भालू किसी प्राणी के प्रेत को स्पर्श नहीं करता। अपनी इस भूतदया की प्रशंसा वह वह गृध्र को सुना रहा था। उसकी आत्मश्लाधा सुनकर सियार ने कहा मेरी इच्छा है कि तेरी इस भूतदया का अनुभव जीवित प्राणियों को भी आवे, तू तो जो भी दिखे उस जीवित प्राणी को मार बिना नहीं छोड़ता।

(१४४) निजापत्यम् एव सुंदरतमं मन्यते वानरी। – भगवान ने सब से सुंदर बच्चे को पारितोषिक देने की घोषणा की। सभी प्राणी अपने अपने बच्चों को समारोह में ले गए। उन में एक बंदरी भी अपने बच्चे को ले गयी थी। उसके बच्चे की कुरूपता देख कर भगवान को हंसी आई। तब वानरी अपने बच्चे को हृदय से चिपका कर कहने लगी हे भगवान, तुम भले ही हंसो, मुझे तो मेरा बच्चा संसार के सभी बच्चों से अधिक सुंदर दीखता है।

(१४५) निर्वाणे प्रज्वालनम् अपेक्ष्यते प्रभूततैलस्यापि प्रदीपस्य न तु अल्पतेजसोऽपि नक्षत्रस्य। – किसी मंदिर में एक दीपक दीर्घकाल तक जलता था। अपने तेज का उसे गर्व हुआ। किंचित् तेज हवा चलते ही दीपक बुझ गया। देवदूत ने वहां आकर दीपक को पुनः प्रज्वलित करते हुए कहा, भरपूर तेल के बल पर तू कितना भी प्रकाश देता रहा तो भी तू क्षुद्रतम नक्षत्र की बराबरी नहीं कर सकता। तू हवा से बुझता है और तुझे पुनः प्रज्वलित करना पड़ता है। ग्रह-नक्षत्र कभी बुझते नहीं वे निरंतर प्रकाश देते ही रहते है।

(१४६) न जातु अजवत् श्मश्रुप्रवृद्ध्या तद्वत् प्रबला भवन्त अजाः। – बकरों के समान हमें भी डाढ़ी चाहिये यह अपनी मांग बकरियों ने भगवान से पूरी करवाई। बकरियों की डाढी देख कर बकरे भगवान के पास जाकर अपने अधिकारों पर हुए इस अतिक्रमण का निराकरण करने की मांग करने लगे। तब भगवान ने कहा डाढी बढने से बकरियों का बल नहीं बढ़ेगा। तुम्हें घबराने का कोई कारण नहीं।

(१४७) निष्फलोऽपि वृक्षः क्षौद्रपटलेन सफल इव भवति। –एक किसान के उद्यान में सेव का वृक्ष था किंतु उसी फल नहीं लग रहे थे। वह कुल्हाड़ी से उसे काटने लगा तब उस पर उपजीविका करने वाले कीटकों ने उसे न काटने की प्रार्थना की। किसान ने उनकी प्रार्थना नहीं मानी। एक घाव लगाने पर वृक्ष से मधुमखिखयां उडने लगीं। तब उस वृक्ष के अंदर एक भव्य क्षौद्रपटल (शहद का छाता) होने की कल्पना आई। किसान ने कहा यह वृक्ष निष्फल न होने पर भी इस शहद के छाते के कारण यह सफल ही है।

(१४८) प्रखरघर्षणैः अपि कालकायः गौरकायः न जातु भवति। – एक गोरे मनुष्य ने काला सिद्दी गुलाम खरीदा। पहले मालिक की उपेक्षा से उसकी शरीर काला हुआ होगा यह मान कर वह गोरा मालिक अन्यान्य तेज द्रव्यों से उस के शरीर को घिस घिस कर गोरा करने का प्रयत्न करने लगा। परिणाम यही हुआ कि उससे उसका कालापन तनिक भी नहीं गया किन्तु अधिक घर्षण की पीड़ा से वह मर गया।

(१४९) बलीवर्दे यानं कर्षति, कुर्कुरायते अक्षदण्डः – भारी सामान से भरी हुई गाड़ी बैल खींच रहे थे। तब गाड़ी के चक्रों के आधारदण्ड से सतत कुर्र कुर्र आवाज आती थी। उससे त्रस्त होकर बैल ने कहा अरे गाड़ी का भार तो मै खींच रहा हूं तू क्यों रो रहा है?

(१५०) बदरीफललुब्धस्य पूर्णा मुष्टिः पात्रमुखात् बहिः न आयाति। – लोटे में भरे हुए बेर चुराने के लिए एक लड़के ने उस में हाथ घुसा कर मुठी भर ली। वह मुट्ठी लोटे के मुह से बाहर निकालने के लिए वहा छटपटाता रहा। तब एक बूढ़े ने उसे कहा अपना लोभ छोड़ कर आधी मुट्ठी खाली करेगा तो तेरा हाथ लोटे के बाहर आएगा।

(१५१) फलप्रदः एव अक्षोटः फललुब्धैः प्रताड्यते। – किसी मार्ग पर अखरोट का वृक्ष था। उसे जब हजारों फल लगते थे तब आने जाने वाले उसे डंडे और पत्थर मार कर फल खाते थे। उस से त्रस्त होकर वह कहता हैं देखो लोग कितने नीच हैं, मेरे फल तो खाते हैं किन्तु उसके पहले मुझे मारते भी हैं। तब किसी ने उसे कहा, फल नहीं होते तो तुझे कोई देखता भी नहीं।

(१५२) अजकः अपि उच्चैः स्थितः वृकम् उपहसति। – एक भेड़ का बछड़ा घर के उपर बैठ कर रास्ते से जाने वालों का मजाक करता था। एक दिन एक मोटा भेड़िया उस रास्ते से जा रहा था। अपना उपहास सुन कर वह बोला, यह उपहास करने की शक्ति तेरी नहीं, तू जिस ऊंचे स्थान पर खड़ा हैं, उस स्थान की है। जरा नीचे तो उतर।

(१५३) प्रकृत्या गंभीरः अपि सागर प्रवातेन प्रक्षोभ्यते। समुद्र में जाने वाला जहाज आकस्मिक प्रक्षोभ के कारण फूट गया। प्रवासी भाग्य से तीर पर पहुंच गए। वहां नींद खुलने के बाद उन्होंने देखा कि समुद्र शांत गंभीर था। प्रवासियों ने उसके प्रक्षोभ की निंदा की तब समुद्र स्त्रीरूप में प्रकट होकर बोला, भाईयों मै स्वभावतः शांत गंभीर ही हूं किन्तु इस वायु की तेज गति की संगति कारण मुझ में प्रक्षोभ जैसा दोष निर्माण होता है।

(१५४) देवःअपि प्रार्थनाभिः अददानः आघातेन धनं वर्षति। – किसी दरिद्र के पास एक काष्ठमयी भगवान की मूर्ति थी। धनलाभ के लिए वह उस की नित्य पूजा प्रार्थना करता था किन्तु उसका दारिद्रय नहीं गया। एक दिन गुस्से में उसने मूर्ति को पत्थर पर पटक दिया। मूर्ति फूट गयी किंतु उसके अंदर से सोने की मुद्राएँ निकल पड़ी। तब उसने कहा भगवान भी केवल प्रार्थना से नहीं देता, उस पर आघात होने पर ही देता है।

(१५५) सफलयोः कलहे सकण्टकः माध्यस्थ्यं न अर्हति। – सेव और अनार के वृक्ष झगड़ रहे थे। झगड़े का विषय था दोनों में से किस के फल अधिक मधुर हैं? बात बिगड़ती गयी। दोनों आपस में लडने सिद्ध हुए देख कर, एक कंटक वृक्ष मध्यस्थता करने आया। तब उन दोनों ने कहा सफल वृक्षों के संघर्ष में निष्फल वृक्ष मध्यस्थ होने के पात्र नहीं होते।

(१५६) गरुडपिच्छपुंखः हि बाणः प्रवेगः भवति गरुडघाते। – एक गरुड़ भक्ष्य की खोज में किसी पर्वत के शिखर पर बैठा था। वहीं बैठे हुए एक शिकारी ने उसपर बाणाघात किया। मरते समय गरुड ने उस बाण के पुंख देखे। तब उसने कहा इस बाण में इतनी तीव्र गति हमारे ही पंखों के कारण आयी है। इसी का मुझे मृत्यु से अधिक दुःख होता है।

(१५७) भूयोदर्शनेन शृगालोऽपि सिंहं न बहु मन्यते। – एक सियार ने पहली बार सिंह देखा तब वह भीति के मारे

भाग गया। दूसरी बारी वही सिंह दिखा तब वह उसे दूरसे देखते रहा। तीसरी बार वह उसके पास पहुच कर वार्तालाप करने लगा।

(१५८) न खलु विश्वसनीयः स्वैरालापः मनुष्याणाम्। – एक भेड़िया भक्ष्य की खोज में किसी घर के पास पहुंचा। अंदर रोते हुए बालक को मां कह रही थी कि, तू चूप नहीं होगा तो तुझे भेड़िये को खाने फेंक दूंगी। भेड़िये का उस पर विश्वास होकर वह प्रतीक्षा में सायंकाल तक छिपा बैठा था। तब उसने उसी मां के शब्द सुने, अब अगर भेडिया आएगा तो उसे तेरे बाबा के हाथों मार डालेंगे। रात हो रही है, सो जा!! भेड़िया घबरा कर बोला – इन मनुष्यों के शब्दों पर विश्वास कभी रखना नहीं चाहिये।

(१५९) रिक्तपात्रस्य मधु सुगन्धेन खलु अनुमीयते मधुरास्वादः मदिरायाः। – किसी बुढ़िया को एक खाली पड़ा मदिरापात्र मिला। उसके मधुर गंध से प्रसन्न होकर वह सोचने लगी, जिस की केवल गंध इतनी मधुर है वह मदिरा कितनी मधुर होगी?

(१६०) निहतेषु अपि निखिलेषु सौनिकेषु न खलु शाकाहारे प्रवर्तन्ते मांसाहाराः। – कसाई हमें मारते हैं अतः हम सभी संगठित होकर एक साथ सारे कसाइयों का नाश करेंगे। यह प्रस्ताव बैलों की सभा में पारित हुआ और कसाइयों के संहार की तैयारी बैल करने लगे। तब एक वृद्ध बैल ने कहा, हमारा प्रस्ताव तो ठीक है किन्तु सभी कसाई मरने पर भी मांसाहारी लोग बैलों का मांस खाना नहीं छोड़ेंगे। दूसरे नए कसाई अधिक निर्घृणता से हमारी हत्या करेंगे।

(१६१) न खलु धातुभाण्डेन संपर्कम् अर्हति मृद्भाण्डं सरित्प्रवाहे। – नदी के प्रवाह में धातु के घडे के साथ मिट्टी का घड़ा बह रहा था। धातु के घड़े ने उसे कहा तू मेरे पास आ जा। मै तेरा रक्षण करूंगा। तब मिट्टी का घडा बोला इस महासंकट में मै उसी को टालने का प्रयत्न कर रहा हूं। तेरा धक्का लगते ही मै समाप्त हो जाउंगा।

(१६२) भक्षितांकुरा अपि द्राक्षालत्ता पुनः प्ररोहति फलोद्भवाय। – एक बकरा द्राक्षालता के अंकुर खाता था। तब उस लता ने कहा मैने तेरा कुछ भी बिगाडा नहीं तो भी तू मेरे अंकुर खा रहा है। किन्तु यह मत भूल कि थोड़े ही समय में यहां नए अंकुर और द्राक्षाफल ऊगेंगे और लोग जब तेरा मांस खाएंगे और उस समय जो मद्य वे पिएंगे वह मेरे ही द्राक्षाफलों से बना होगा।

(१६३) संहतेभ्यो भयाकुलः सिंहः असंहतान् हिनस्ति बलिनो बलीवर्दान्। – तीन बैल आत्मीयता से एकत्र रहते थे। एक सिंह उन्हें खाने की इच्छा रखता था, किन्तु उनके संगठन से वह डरता था। उनमें भेद निर्माण करने उसने एक बैल से एकांत में कानाफूसी की। उसके कारण उनका संगठन समाप्त हो गया। फिर सिंह ने एक एक को को पकड़ कर समाप्त किया।

(१६४) अभिनन्दनीयः खलु जराविकलानां यौवने विक्रमः। – एक शिकारी का कुत्ता बूढ़ा हो गया था। उसी को साथ लेकर वह जंगल में शिकार खेलने गया। कुत्ता एक सूअर का पीछा करने लगा। उसने सूवर का कान पकड लिया किन्तु उसके दांत ढीले होने से सूअर छूट गया। शिकारी ने कुत्ते को खूब गालियां दी, तब कुत्ता बोला, मेरे आज के अपराध के कारण गालियां देने के पहले अभी तक मैने आपके लिए जो पराक्रम किया उसका अभिनन्दन किया होता तो ठीक रहता।

(१६५) न हि पालनीयो हन्तव्यः; न च हन्तव्यः पालनीयः। – एक कुत्ते ने खरगोश को पकड़ लिया। वह उससे तनिक खेलता था और तनिक उसे सताता था। तब खरगोश ने उसे कहा मुझे अगर पालना हो तो सताना छोड़ दे और अगर मारना हो तो खेलना छोड़ दे।

(१६६) न क्षुद्राणां चेष्टाःभयम् जनयन्ति, अपि तु प्रक्षोभं महात्मनाम्। – एक चूहा निद्रित सिंह के शरीर पर खेलने लगा तब सिंह विचलित सा हो गया। उसकी वह अवस्था देखकर सियार ने कहा, महाराज चूहे से डरते हुए आज ही मै आपको देख रहा हूं। सिंह ने कहा- मुझे चूहे से डरने का कोई कारण नहीं है, किन्तु इसकी क्षुद्रता के कारण मुझे प्रक्षोभ अवश्य हुआ है।

(१६७) न खलु मंडूकः अन्येषां चरणदोषम् अपहर्तुम् अर्हति। – एक मेंढक वैद्य के वेष में आकर सभी के पैरों को दोष दुरुस्त करने की बाते करने लगा। सैकडों पशु उपचार के निमित्त एकत्रित हुए तब एक सियार ने उसके पैर देखते हुए कहा, दूसरों के पैर दुरुस्त करने से पहले तूने अपने टेढ़े मेढ़े पैर दुरुस्त किए होते तो अच्छा होता।

(१६८) अपराधानां कर्तृभ्यः अपि कारयिता अधिकं दण्डम् अर्हति। – एक लड़ाई में सैनिकों के साथ रणवाद्य बजाने वाला भी पकड़ा गया। न्यायाधीश को वह कहने लगा मैने किसी की हत्या नहीं की अतः मुझे क्षमा होनी चाहिये। तब न्यायाधीश ने कहा तू स्वयं लड़ा नहीं, किन्तु अपने रणवाद्य से सारे सैनिकों को हत्या करने में प्रोत्साहित करने का महान् अपराध तूने किया है। अतः तू सैनिकों से भी अधिक दण्डनीय है।

(१६९) पिशुनालापाः संशयं भयं च जनयन्ति मुग्धेषु। – एक वृक्ष के शिखर पर गरुड़ का, बीच में बिल्ली का और जड़ के पास सूअर का परिवार सुख समाधान से रहता था। एक दिन बिल्ली ने गरुड और सूअर के निवास में जा कर कानाफूसी की। इस कारण वे दोनों संशयित और भयभीत होकर घर से बाहर नहीं जाते थे। अंत में वे आहार के बिना मर गए जिससे बिल्ली की अन्न समस्या हल हो गयी।

(१७०) न विश्वसनीयम् आसन्नमरणस्य अपि वृकस्य वचसि मेषेण। – कुत्तों के आक्रमण से भेड़िया विकलांग होकर अपने घर में पड़ा था। उसे भूख लगी तभी एक भेड़ का बच्चा सामने से जा रहा था। भेड़िया बोला, बेटा मुझे प्यास, बुझाने पास की नदी से थोड़ा पानी ला दे। बाद में अपना भोजन ढूंढने बाहर जा सकूंगा। भेड़ के बच्चे ने कहा, फिर तो तुझे अन्यत्र कहीं जाने की आवश्यकता नहीं रहेगी। तू तो मुझे ही खा जाएगा।

(१७१) समानसंकटापन्नयोः भक्ष्य-भक्षकयोः भक्षकमरणं भक्ष्यस्य समाधानं जनयति। – एक बड़ा मत्स्य छोटे मत्स्य का पीछा करते समुद्र में तीव्र गति से जा रहा था। इस स्पर्धा में छोटा मत्स्य तीर पर कूद पड़ा। साथ ही बड़ा मत्स्य आ पड़ा। उस रेत में वे दोनों अगतिक हो गये थे। छोटा मत्स्य बड़े को कहने लगा अब मुझे मरने का दुख नहीं क्यों कि मैं अपने भक्षक को मरते हुए देख रहा हूं।

(१७२) आपत्प्रतीकारम् अपि स्वार्थदृष्ट्या एव सर्वे चिन्तयन्ति। – नगर के संरक्षणार्थ प्राचीर निर्माण करने निमित्त नागरिकों की सभा चल रही थी। सबसे अच्छी दीवार लकडे की ही होगी- बढ़ई ने कहा। लकड़े की दीवार जल सकती है अतः ईट-पत्थर की ही होनी चाहिए। सबसे सस्ती दीवार तो चमड़े से बन सकती है चमार ने अपना मत घोषित किया।

(१७३) न हि बिलेशयं हन्तुं प्रभवति बलाढ्योऽपि बलीवर्दः। – एक बैल के नाक को काट कर चूहा अपने बिल में भाग गया। उस पर बैल ने गुस्से से दीवार पर बार बार धड़क मारी और थक के सो गया। फिर से चूहे ने उसी प्रकार दंश किया। बैल ने फिर से दीवार पर टकराना शुरु किया। तब चूहा अपने बिल में बैठ कर कहने लगा बलवान लोग दुर्बलों को सर्वत्र पराभूत नहीं कर सकते। कभी कभी दुर्बल भी बलवानों को हैरान कर सकते है।

(१७४) न जातु दुर्बलो मन्दवेगः प्रवेगस्य बलवतः उत्तमर्णत्वं स्वीकुर्यात्। – एक हिरन ने बकरी से गेहूं मांगे और कहा कि मेरा मित्र भेड़िया इस व्यवहार में ज़मानतदार रहेगा। तब बकरी ने कहा भेड़िया अविश्वसनीय होता है और तू मुझसे अधिक वेग से भाग सकता है। इस अवस्था में यह लेन देन का व्यवहार नहीं हो सकता।

(१७५) वृकस्वस्य अनपहारे अपि अपहर्ता जम्बूकः एव। – एक भेड़िया ने सियार पर चोरी का आरोप लगाया। मामला न्यायाधीश के पास गया। न्यायाधीश था बंदर। उसने दोनों पक्षों का आवेदन सुनकर कहा इस मुकदमें में भेड़ का कुछ भी चोरी गया नहीं और यह सियार चोरी अमान्य करता तो है किन्तु चोरी इसी ने की यह मेरा निश्चित मत है।

(१७६) न खलु यानवाहः वृषभः मक्षिकाप्रकोपं गणयति। – एक बैल गाड़ी खींच रहा था। गाड़ी के चक्के पर बैठी हुए मख्खी धीरे चलने पर उसे डांटने लगी। तब बैल ने कहा। गाडीवान मुझे जिस वेग से चलाएगा उसी वेग से मै चलूंगा। इस काम में तेरा कोई संबंध नहीं है।

(१७७) क्षुधाकुलो हि कुक्कुटः अपि धान्यकणं बहु मन्यते न रत्नम्। – एक भूखा मुर्गा कचरे में धान्यकण ढूंढ रहा था। अचानक उसे रत्न मिला। तब वह उसे बोला, जिसके हाथ से तू यहां गिर पड़ा उसी को अगर तू मिल जाता तो वह प्रसन्न होता। मुझे लगी है भूख। इस लिए मेरे हिसाब में तेरा मूल्य नगण्य है।

(१७८) रणयोग्यः अपि तुरंगमः वृद्धत्वे भारवाहः भवति। – किसी सिपाही का घोड़ा, जिस पर वह लड़ाई के समय सवार होता था, बूढ़ा हो गया। तब चक्की चलाने के काम में उसकी नियुक्ति हुई। एक दिन वह अपना पूर्व वैभव मालिक को बताकर पश्चाताप व्यक्त करने लगा। तब मालिक ने कहा सभी दिन समान नहीं होते। जो भाग्य में लिखा है वही करना चाहिये।

(१७९) मक्षिका-मारणाय आहता स्वहस्तचपेटिका दण्डनीया न भवति। – किसे गंजे सिर वाले के मस्तक पर मख्खी ने दंश किया। तुरंत उसे मारने गंजे ने चपेटा प्रहार किया। मख्खी उड़ जाने के कारण वह आघात उसी को सहना पड़ा। तब मख्खी बोली, मेरे दंश के कारण तू मुझे मार रहा था, अब इस प्रहार के कारण किस को मारेगा। गंजे ने कहा दूसरों का खून चूसने वाले को मारने में मुझे इससेभी अधिक तीव्र आघात होता तो भी मैं सहन कर लेता।

(१८०) छायावृक्षस्य छायासुखं लब्ध्वा अपि निष्फलत्वं निदन्ति कृतघ्नाः। – सूर्यकिरणों से संतप्त प्रवासी लोग एक छायावृक्ष की छाया में विश्रांति लेने लगे। किसी प्रवासी ने उपर देखकर कहा यह इतना बड़ा वृक्ष निष्फल है। इसका हमें कोई उपयोग नहीं। तब वृक्ष ने कहा तुम लोग कितने कृतघ्न हो। मेरी छाया में विश्रांति सुख भोगते हुए मेरी ही निंदा कर रहे हो।

(१८१) न हि बलीवर्दवत् मनुष्यस्य करपरामर्श वांछति दंशकीटकः। – एक कीटक बैल से कहने लगा, तू इतना मोटा होकर भी मनुष्यों का दास बन कर कष्ट करते रहता है। मै तो उनका खून ही पीता हूं। बैल ने कहा मनुष्य मुझे खिलाते पिलाते और प्रेम से मेरा शरीर को स्पर्श भी करते है। तब कीटक बोला मनुष्य अगर मेरे शरीर को स्पर्श करेंगे तो मुझे जीवित नहीं रखेंगे।

(१८२) उभयाश्रयी जतकी (वातप्रभी) उभाभ्यां तिरस्क्रियते। – पशु और पक्षी के समाजों में घोर युद्ध चल रहा था। कभी पक्षी तो कभी पशु विजयी होते थे। इस में चमगादड़ का स्वरूप दोनों के समान होने से वह जिस पक्ष की विजय होती थी उसीको साथ देता था। सन्धि के समय पशुओं ने, पक्षी मान कर और पक्षियों ने पशु मान कर उसे उसका त्याग किया। इसी कारण वह एकाकी जीवन

बिताता है।

(१८३) कुक्कुटारवात् भीतं सिंहं गदर्भः अनुधावति। – कहते हैं कि सिंह मुर्गे की आवाज से अत्यंत भयाकुल होता है। एक दिन गधा और मुर्गा जहां एकत्र रहते थे वहां सिंह आया। तत्काल मुर्गे ने जोर से गर्जना की। सिंह गधे को भूल कर भागने लगा। मुर्गे की आवाज से सिंह अगर इतना डरता है तो मेरी आवाज से तो वह अधिक डरेगा, यह सोच कर जोर से गरजते हुए गधा उसका पीछा करने लगा। उसे देखते ही सिंह ने उसे समाप्त कर डाला।

(१८४) वरं वृकभक्ष्यत्वात् देवबलित्वम्। – एक भेड़िया भेड़ का पीछा कर रहा था। भेड़ अपनी रक्षा के हेतु मंदिर में घुस गया। बाहर से भेड़िया उसे बोला, 'तू अगर बाहर नहीं आएगा तो पुजारी तुझे बलि चढ़ाएंगे। तब भेड़ ने कहा भेड़िये के द्वारा मरने से मंदिर मे बलि होना बहुत अच्छा।

(१८५) न खलु कुतः अपि लोकनिन्दा परिहर्तुं शक्यते। – गधे को साथ ले जाने वाले बूढ़े और उसके तरुण पुत्र को देखकर लडकियां कहने लगी, कैसे ये मूर्ख है गधे पर सवार नहीं होते। तरुण पुत्र के सवार होने पर बूढ़ों ने कहा, तरुण के अलावा बूढ़ें ने गधे पर सवार होना चाहिये। बूढ़े के सवार होने पर, दोनों सवार हुए इस लिए उनका उपहास हुआ। अंत में गधे को उठाकर नहीं ले जाते इस कारण उपहास करने वाले मिले। अंत में वे गधे को उठाकर ले जाने लगे तब तो इतना उपहास हुआ कि, उस गड़बड़ाहट के कारण घबरा कर गधा नदी में गिर पड़ा।

(१८६) असुरक्षितम् अपि स्थानं चिरवासेन प्रियं भवति। एक मेंढक जलपूर्ण कीचड में और दूसरा रास्ते पर जमे हुए पानी में रहता था। पहले ने दूसरे को अपने निवासस्थान की सुविधा तथा सुरक्षितता बतायी। दूसरे ने कहा मुझे तो अपना ही स्थान अच्छा लगता है चाहे वह असुरक्षित ही हो। एक दिन उस रास्ते से बैलगाड़ियाँ जाने लगी। दूसरा मेंढक किसी एक के तले दब गया।

(१८७) अनाहूतागन्तुकानां सौहार्दम् अपि संकटावहम्। – एक हिरन बीमार हुआ। उसे मिलने प्रतिदिन बहुत से पशु आते थे। स्वास्थ्य की पूछताछ करते समय वे उस स्थान में बढ़ा हुआ घास खा जाते थे। अंत में खाने को घास न मिलने के कारण हिरन भूख से मर गया।

(१८८) अजं प्रति वृकस्य हितोपदेशः न खलु निःस्वार्थः भवति। – एक बकरा पर्वत की चोटी पर घास खा रहा था। किसी भेड़िये ने उसे नीचे उतरने के कुछ लाभ सुनाए। चतुर बकरे ने कहा यह आपका उपदेश मेरे मांस के लिए ही तो है ना? नीचे कब और कैसे उतरना यह मेरा प्रश्न है। आप के अनाहूत उपदेश की मुझे आवश्यकता नहीं।

(१८९) यत्नतः निवारितः अपि गर्दभः विनाशमार्गं प्रति एव याति। – एक गधा मालिक का सामान लेकर पर्वत से उतर रहा था। रास्ते में सीधा मार्ग छोड़कर वह उन्मार्ग से जाने लगा जो प्राणघातक था। तुरंत मालिक ने उसकी पूंछ पकड ली। किन्तु गधा पीछे नहीं आया। अंततः मालिक थक गया और उसकी पूंछ छोड़ कर कहने लगा, तुझे जिस मार्ग से जाना है उसी से जा, लेकिन यह मार्ग प्राणघातक है यह भूलना नहीं।

(१९०) कुठारसिद्धये वृक्षस्य दण्डप्रदानं स्वकुलनाशाय कल्पते। – एक मनुष्य ने जंगल में जाकर वृक्षों से प्रार्थना की, कि वे उसकी कुल्हाड़ी के लिए अच्छा डंडा बनाने मजबूत लकड़ी दे। यह सामान्य प्रार्थना वृक्षों ने तत्काल मान्य की। कुल्हाड़ी को डंडा लगाने पर उस मनुष्य ने उन्हीं वृक्षों की शाखाएं काटना आरंभ किया। अल्प काल में वह जंगल समाप्त हो गया।

(१९१) सुखागमे अश्वात्मजं, दुःखागमे च गर्दभात्मजम् आत्मानं मन्यते खच्चरः(?)। – एक खच्चर को भरपूर खाना और आराम का काम मिल रहा था। उस से गर्वित हो कर वह मन में कहने लगा अवश्य ही मेरा बाप कोई अच्छा खानदानी घोड़ा होगा। बाद में उसे भार ढोने का काम मिला तब वह कहने लगा, अवश्य ही मेरा बाप कोई नीच गधा होगा।

(१९२) वृष्टिं प्रार्थयते मालाकारः अवृष्टिं प्रार्थयते कुम्भकारः। – किसी मनुष्य की एक कन्या का विवाह माली के साथ हुआ था और दूसरी का कुम्हार के साथ। एक दिन दोनों कन्याओं का हालहवाल पूछने वह निकला। पहले माली के घर गया। कन्या ने अपना सौभाग्य वर्णन करने पर कहा अभी अच्छी वर्षा होगी तो हमारा भाग्य खुलेगा।

बाद में कुम्हार के घर बातचीत में कन्या ने कहा इस समय अगर वर्षा न होगी तो हमारा भाग्य खुल जाएगा। मिट्टी के सारे बर्तन अभी सूखने हैं। वह मनुष्य मन में कहने लगा, अब मैं भगवान से वर्षा के बारे में क्या प्रार्थना करूं?

(१९३) वरं मालाकारः कुम्भकारः वा स्वामी चर्मकारतः। – किसी गधे का स्वामी माली था। खाना कम और काम अधिक होने से उसने भगवान से दूसरा स्वामी देने की प्रार्थना की। दूसरा स्वामी कुम्हार मिला। वहा उससे भी अधिक कष्ट होने लगे तब उसकी प्रार्थना पर भगवान ने उसे एक चमार स्वामी दिया। उसके घर में अधिक दुःख का अनुभव आने पर खिन्न होकर वह कहने लगा, इससे तो पहले ही स्वामी अच्छे थे। मुझे मरने पर ठीक दफनाते किन्तु यह स्वामी मरने पर मेरे चमड़े से भी लाभ उठाएगा।

(१९४) असहायः वनरासभः हन्यते, न तु स्वामिसहायः ग्रामरासभः। – किसी जंगली गधे ने शहरी गधे का पराधीन भारवाही जीवन देख कर उसे अपने स्वतंत्र जीवन का भाग्य वर्णन कर सुनाया। उसी समय एक सिंह वहां आया। उसने नागर गधे के संरक्षक दंडधारी स्वामी को देखकर उसे छोड़

कर जंगली गधे को समाप्त किया। वह स्वतंत्र था किन्तु ऐसी आपत्ति में अपना रक्षण करने में असमर्थ था।

(१९५) क्लेशप्रदम् अपि स्वस्थानं निर्भयं भवति सुसमृद्धात् अन्यस्थानात्। – एक खेकड़ा अपना समुद्रतीर का निवारा छोड़ कर घासपत्ती के मोह से बंजर विभाग में रहने गया। एक दिन उसे सियार ने पकड़ लिया तब वह बोला, सुखप्रद परभूमि से क्लेशप्रद स्वदेश ही सुरक्षित होता है।

(१९६) कपटानभिज्ञाः विनश्यन्ति। – एक किसान के खेत में असंख्य पक्षी अनाज खाने आते थे। उन्हें भगाने वह अपने लड़के से गोफन मांगता था। उस शब्द को सुनते ही पक्षी भाग जाते थे। यह देख कर किसान दूसरी भाषा का शब्द प्रयोग कर गोफन मांगने लगा। उस अपरिचित शब्द प्रयोग का अर्थ ध्यान में न आने के कारण वे अनाज खाते ही रहे। पत्थरों के आघात से बहुतेरे पक्षी मर गए और बचे हुए तेजी से भागने लगे। एक बगुले के पूछने पर पक्षी कहने लगे इन कपटी मनुष्यों के शब्दों पर विश्वास मत रखो। वे एक बोलते है और उसका अर्थ दूसरा ही होता है।

(१९७) न जातु स्वसंरक्षकः विद्वेषणीयः। – एक दिन भेड़ अपने मालिक से शिकायत के रूप में कहने लगे हम आपको उन, दूध, अपने बच्चे सब कुछ देते है फिर भी हमें अपना घास ढूंढ कर खाना पड़ता है। आप के घर का सारा पक्वान्न इस कुत्ते को आप देते हो, जो कुछ काम नहीं करता। तब कुत्ते ने कहा मै अगर तुम्हारा आज तक संरक्षण नहीं करता तो भेड़ियों, चोर आदि तुम्हे यहां से उठा ले जाते। तुम्हारा यहां का अस्तित्व मेरे संरक्षण के कारण है यह मत भूलो। और मेरा द्वेष करना छोड़ दो।

(१९८) कूपात् उद्धर्तुम् आगतम् स्वामिनम् अपि दशति कुक्कुरः। – किसी माली का कुत्ता कुएं में गिर पड़ा। अन्य उपायों से वह बाहर नहीं आ पाया तब माली स्वयं कुएं में उतरा। यह मुझे पानी में डुबाकर मारने आ रहा है ऐसा मान कर कुत्ता उसे काट गया। माली उसे वहीं छोड़कर बाहर आकर कहने लगा कुत्ते का स्वभाव न जानने का योग्य दंड मुझे मिला।

(१९९) मधुचौरम् अपश्यन्त्यः क्षौद्रपटलस्वामिनम् एव दशन्ति क्षुद्राः (मधुमक्षिकाः)। – किसी किसान के खेत में एक चोर ने शहद के तख्ते से सारा शहद चुरा लिया। उस स्थान का स्वामी चोरी हो जाने पर रिक्त तख्ते की ओर देखता रहा। शाम के समय मधुमखियां वापस लौटी और खाली तख्ता देखते ही उस किसान पर ही डंख मारने लगी। तब किसान बोला, मैं जिन का पालन करता रहा वे ही आज मुझे सता रही हैं।

(२००) जालास्तरणं कुर्वतः आखेटकस्य वचसि विश्वसिति विमूढो विहंगमः। – शिकारी ने अपना जाल बिछाकर उसमें आमिष रख दिया। उसी समय एक चंडोलपक्षी उसे उस संबंध में पूछने लगा। शिकारी ने कहा यहां मैं नया नगर बसा रहा हूं। बाद में वह बाजू में छिपा रहा। पक्षी आमिष खाने जाल में उतरा और फंस गया। उसे पकडने वह सिकारी आया तब उसने कहा, यही अगर तुम्हारा नगर होगा तब तो मेरे जैसे अनेक मूढ तुम्हें अवश्य मिलते रहेंगे।

(२०१) न खलु मृगेन्द्रस्य प्रस्तावमात्रेण जातिवैरिभिः सहवास-सुखं प्राप्नुयुः हरिण-शशकाः। – वनराज सिंह ने पशुओं की एक परिषद आमंत्रित कर एक प्रस्ताव पारित किया कि हमारे राज्य में सहजीवन के जो नियम हमने निर्धारित किये हैं तदनुसार बर्ताव करते हुए सभी एकत्रित और निर्भयता से इस वन में निवास करें। प्रस्ताव पारित होते ही हिरन और खरगोश ने आपस में कहा कितना आदर्श है यह प्रस्ताव किंतु हमें आशा नहीं है कि इस अरण्य में किसी दिन इसका ठीक पालन होगा.

(२०२) न जातु धीवरस्य वेणुस्वरेण, अपि तु जालेन एवं आकृष्यन्ते मत्स्याः। – एक मछुवा बांसुरी बजाने में निपुण था। किसी दिन वह समुद्र के तीर पर अपनी कला का प्रदर्शन इस हेतु कर रहा था कि उसकी बांसुरी का मधुर स्वर सुनते ही हजारों मत्स्य तीर पर आकर नाचने लगेंगे। घंटों तक कोई आया नहीं। अंत में उसने अपना जाल समुद्र में फेंका तब सैकडो मछलियां उसमें फंस कर बाहर खीची गई और तीर पर पडते ही नाचने लगीं। तब मछुवा बोला, अरे मैं बांसुरी बजाता था तब तुम नहीं आईं और अब नाच रही हो।

(२०३) हलकर्षणश्रान्तस्य अपि गर्दभस्य अपरिहार्यं बत नियतं स्वामिवाहत्वम्। – एक दिन किसान को अपने हल के बैल के साथ गधे को ही जोतना पड़ा। दिन भर हल चलाकर दोनों थक गए। घर जाते समय किसान का बोझ कौन उठाएगा यह प्रश्न गधे ने बैल से पूछा। बैल ने कहा तू कितना भी थका होगा तो भी मालिक का बोझ पीठ पर लेना तेरा ही निजी काम है।

(२०४) भक्ष्यबुद्ध्या सविषसर्परूपं मृत्युम् उपगृह्णाति दैवहतः द्रोणकाकः। – एक पहाड़ी कौए को धूप में मूर्छित पड़ा सर्प दिखा। उत्तम भक्ष्य समझ कर उसने उसे उठाया और एकांत स्थान में खाने के लिए चंचूप्रहार किया। उससे सर्प होश में आया और कौएं को काट गया। उसके विष से मरते समय कौवा बोला मेरे दुर्भाग्य से विषैला सांप ही मुझे भक्ष्य मिला।

(२०५) वृकसख्यार्थ मेषपालस्य कुक्कुरान् निहन्तुं वृकाणां समयः न अनुमन्तव्यः मेषवृन्देन। – भेड़ियों ने भेड़ों के पास शिष्टमंडल भेजकर प्रस्ताव रखा कि गड़रिये के सारे कुत्ते अगर मारे जायें तो हम लोगों में मैत्री संबंध प्रस्थापित हो सकते हैं। कुछ मूर्ख भेड़ों ने यह प्रस्ताव मान लिया। तब एक वृद्ध भेड़ ने कहा, कुत्ते हमारा अभी तक संरक्षण करते आये। उनके मारे जाने पर तुम लोग हम पर हमला नहीं

करोगे इस पर हम विश्वास कैसे रखें?

(२०६) तिसृषु जीवनावस्थासु यथाक्रमं तुरगायन्ते वृषभायन्ते कुक्कुरायन्ते च मानवाः। – झंझावात की आपत्ति में घोडा, बैल, और कुत्ता मनुष्य के आश्रय में रहे। मनुष्य के इस उपकार के निमित्त तीनों ने अपना वैशिष्ट्य मानव जाति को समर्पण किया। अतः पूर्वायुष में मनुष्य घोडे के समान सतेज और चपल होता है। मध्य आयु में बैल के समान गंभीर और परिश्रमी होता है। और अंतिम अवस्था में कुत्ते के समान सभी पर बौखलाते रहता है। तथा जिन का आश्रय मिलता है उनसे प्रेमपूर्ण व्यवहार करता है।

(२०७) मृतसिंहस्य चर्म चर्व्यन्ति श्वानः न तु जीवत् सिंहस्य। – कुत्तों को सिंह का चमड़ा कहीं मिल गया। अपना शौर्य दिखाने वे उसी को चबाते बैठे। उन्हें देखकर एक सियार ने कहा, यही सिंह जीवित होता तो वह तुम्हारा चमड़ा बाहर खींचता।

(२०८) अप्राप्तस्य मृत्योः आगमनं प्रार्थयन्ते, प्राप्तस्य तु निर्गमनम् इच्छन्ति जीवितनिर्विण्णा : – एक बूढ़ा लकडियों को बोझा सिरपर उठाकर जंगल से जा रहा था। उस पीड़ा से उबकर वह बोला, इस अवस्था से तो मृत्यु आना ही अच्छा। तत्काल मृत्यु देवता उपस्थित हुए और स्मरण का कारण पूछने लगें। उन्हे देखते ही भयग्रस्त होकर बूढ़े ने कहा, इस बोझ को उठाने में आपकी सहायता मिले यहीं अपेक्षा है।

(२०९) आरोहणात् अवरोहणात् वा सरलं पन्थानम् अपेक्षते भाराक्रान्तः क्रमेलकः। – ऊंट की पीठ पर भरपूर बोझा लादने पर मालिक ने उसे पूछा किस रास्ते से हमें चलना ठीक रहेगा। पहाड़ पर चढ़ने वाले, या उतरने वाले या जमीन के सीधे मार्ग से? उंट ने कहा मैं तो सीधे मार्ग से ही चलना पसंद करूंगा, सीधे मार्ग में संकट बहुत कम होते हैं।

(२१०) यस्य मन्दिरे एव चौर्यं भवति स देवः कुतः अन्यत्र चौर्यं जानीयात्। – किसी किसान के औजार चुराये गये। चोरी का आरोप किसी भी नौकर ने मान्य नहीं किया। वह उन सभी को शपथ ग्रहण के लिए गांव के प्रसिद्ध मंदिर में ले गया। उसी मंदिर के महाद्वार पर घोषणा की जा रही थी, 'इस मंदिर में भारी चोरी हुई है। चोर को पकडने वाले को भरपूर पारितोषिक दिया जाएगा।' घोषणा सुनते ही किसान बोला, जिस देवता के सामान की चोरी होती है वह हमारी चोरी पकडने में क्या सहायता देगा?

(२११) वृको किं कुक्कुर-स्वामिनो भीत्या पलायते न तु कुक्कुरस्य। – एक कुत्ता भेड़िया का पीछा कर रहा था। रास्ते में उसे अपने बल पर गर्व हुआ और वह भेड़िये से अपने आप को श्रेष्ठ समझने लगा। तब पीछे मुड़कर भेड़िया बोला, मैं तुझे डरकर नहीं भाग रहा हूं। तेरे पीछे तेरा स्वामी जिस डंडे को लेकर भागता आ रहा है, उससे मुझे भय लग रहा है।

(२१२) कृत्तौ सौन्दर्यं चित्रकस्य, मतौ तु जम्बूकस्य। – सियार और चीता अपने अपने सौंदर्य के विषय में विवाद कर रहे थे। चीते ने कहा मेरी चमड़ी कितनी चित्रविचित्रता के कारण सुंदर दीखती है। सियार ने कहा इसमें तो कोई संदेह ही नहीं। किंतु मेरी बुद्धि उससे भी अधिक सुंदर है।

(२१३) यौवने सुवर्णालंकृतोऽपि अश्वो वार्धक्ये गोमयभारं वहति। – सोने के अलंकारों से सुशोभित घोडा तेजी से दौड़ रहा था। रास्ते में बोझा ढोनेवाला गधा आया तो उसे अपमानित करते हुए वह गर्व से आगे दौड़ता गया। गधे ने अपमान निगल लिया। कुछ समय के बाद वही घोडा बूढा होने पर बेचा गया। उसके मालिक ने गोबर का बोझ उसकी पीठ पर लादा था। उस अवस्था में गधे ने उसे रोक कर कहा अब तुम्हारे वे सुवर्णालंकार कहां हैं। जीवन में सभी दिन एक समान नहीं होते।

(२१४) नरमुष्टिगतस्य खगश्यावस्य जीवनं मरणं वा न देवाधीनम् अपि तु नरेच्छाधीनम्। – एक मंदिर का दैवत यथार्थ भविष्यकथन करता था। उसकी इस कीर्ति को समाप्त करने के लिए एक धूर्त अपने हाथ में छोटा सा पक्षी छिपाकर मंदिर में गया और पूछने लगा मेरे हाथ में जो वस्तु है वह जीवित है या मृत। देवता ने उत्तर दिया तू जिसे ले आया है उसका जीवित या मरण सर्वथा तेरी ही इच्छा के अधीन है देवता की इच्छा के अधीन नहीं।

(२१५) स्पर्शलेशे अपि दंदशति इव कण्टकीफलम्। – एक लड़का वृक्ष से फल तोड़ रहा था। कण्टकी लता के फल का स्पर्श होते ही वह खुजली की पीड़ा से त्रस्त हो गया। तब उसकी मां ने कहा, कण्टकी के पेड़ से सावधानी से बर्ताव न करने का यह फल है। असावधानी से स्पर्श होने पर उसके फल चुभते ही हैं।

(२१६) मृतस्य एवं भोगिनः सरलीभवति भोगः। – खेकड़ा और सांप मित्र थे। खेकड़े ने सांप को अपनी वक्रता का त्याग करने की अनेक बार प्रार्थना की किन्तु वह निष्फल हुई। अंत में चिढ़कर उस कर्कटक ने सांप को तीव्रता से दंश किया जिससे सांप मर गया। उसका मरा हुआ सरल देह देख कर कर्कटक ने कहा, मरने पर ही सांप सरल होता है।

(२१७) मधुपायिनो दंशकीटाः मधुनिमग्नतया मधुनि एवं म्रियन्ते। – दंशकीटक शहद खाने बर्तन पर आ पड़े। यथेच्छ शहद खाने पर उनके ध्यान में आया कि उनके पंख शहद की चिकनाई से हिल नहीं सकते थे। शहद के पात्र में मरते हुए वे कहते थे, अल्पमोह का परिणाम बड़ा ही घातक होता है।

(२१८) ग्रहनक्षत्रदर्शी दैवज्ञपथिकः प्रायः गर्ते निपतति। – कोई ज्योतिषी रात में रास्ते चलते समय आकाश के ग्रहनक्षत्रों की ओर ध्यान देकर चल रहा था। रास्ते के गड्ढे में वह गिर पड़ा तब दूसरे प्रवासी ने उसे कहा, हमें जिस मार्ग से चलना है उसी की ओर देखना चाहिए, इस सामान्य

नियम के उल्लंघन का यह फल है।

(२१९) मांसभक्षी ईहामृगः (वृकः) अनुच्छिष्टं चणकक्षेत्रं तुरंगमाय दातुम् अर्हति। – एक भेड़िया चने का खेत लांघ कर आगे चला गया। वहां उसे घोड़ा मिला तब उसने कहा, भाई देख यह चने का खेत तेरे लिए मैने अनुच्छिष्ट रखा है। घोड़े ने कहा तुम शाकाहारी होते तो ऐसा नहीं कहते।

(२२०) मदनग्रस्ताः वृद्धाः मरणग्रस्ताः च तरुणाः नूनं काम-यमयोः बाणविपर्ययं सूचयन्ति। – एक बार कामदेव विश्रांति निमित्त एक गुहा में पहुंचे। वह मृत्यु की गुहा थी जिसमें उसके बाण बिखरे पड़े थे। निद्रावस्था में कामदेव के कुछ बाण इन्हीं मृत्यु बाणों में मिल गए। निद्रा समाप्त होने पर हाथों में आये वे बाण अपने तूणीर में भरकर कामदेव चले गये। तब से मानवों में वृद्ध कामपीडित और तरुणमृत्यु ग्रस्त होने लगे। दोनों प्रकार के बाणों के अदल बदल का ही यह परिणाम हो सकता है।

(२२१) प्रकृत्या वक्रगामिनी कुलीरा (कर्कटका) सरलगमनम् उपदिशति स्वापत्याय। – एक कर्कटंका, जो स्वयं टेढ़ी ही चलती है, अपने बच्चों को उपदेश दे रही थी कि तुम्हें नित्य सरल ही चलना चाहिए। उसके अनेक लाभ होते हैं। तब उसके बच्चों ने कहा, माताजी आप ही स्वयं हमें सरल चलकर दिखाइये, तब हम अवश्य उस प्रकार चलेंगे।

(२२२) शृगालस्य विष्ठायां शलभपक्षं दृष्टवान् शलभः न तदीयैः स्तुतिवचनैः प्रतार्यते। – शलभ पक्षी का स्वर सुनकर सियार उसके माधुर्य की स्तुति करते हुए, उसे वृक्ष से नीचे उतरने का आग्रह कर रहा था। शलभ ने वृक्ष का एक हरा पत्ता उसके समक्ष फेंका। उसे देखते ही सियार उसे शलभ मान कर खा गया। तब शलभ ने कहा, मैने एक बार सियार की विष्ठा में शलभ के पंख देखे थे तब से मै सियार से दूर ही रहता हूं।

(२२३) गुरुगर्जनान्ते गिरिगतर्तः गिरिका निःसरति । – किसी गांव के पास वाले पहाड़ से भयंकर ध्वनि सुनाई दी। उससे भयभीत होकर संभाव्य उत्पात देखने सारे गांव वाले पहाड़ के समीप गये। थोड़ी देर के बाद उस पहाड़ के एक छेद से छोटा सा चूहा बाहर निकला, अन्य कुछ नहीं। (गिरिका = चूहा)

(२२४) न हि मेषपालः मेषवत् ऊर्णाप्राप्त्यर्थी सूकरं गृह्णाति। – किसी गड़रिये के भेड़ों के साथ एक सूअर भी रहने लगा। एक दिन गड़रिये ने उस सूअर को पकडा तब वह ज़ोर जोर से चिल्लाने लगा। सभी भेड़ों ने इस कारण उसकी निंदा की। तब सूअर बोला, गड़रिया तुम्हें पकड़ता है तो केवल उन के लिए। मुझे जो पकड़ा है वह मेरे मांस के लिए।

(२२५) न हि विदितपूर्वस्य गर्दभस्य गर्जनाभिः मेषवत् विभेति सिंहः। – सिंह और गधा भेड़ों की गुहा में उनकी शिकार करने गये। सिंह बाहर खड़ा रहा और गधा अंदर-घुसकर भीषण गर्जना करने लगा। उससे डर कर सारे भेड़ बाहर निकल पड़े और सिंह द्वारा मारे गये। गधा अपनी गर्जना का प्रभाव सिंह को सुनाने लगा तब सिंह ने कहा, गर्जना करने वाला तेरे जैसा गधा है यह पता नहीं होता, तो उन गर्जनाओं से मैं भी डरता।

(२२६) शुष्के कर्दमे स्थानान्तरं गन्तुं शक्नुवन्ति मण्डूकाः न तु कूपे। – दो मेंढक कीचड़ में रहते थे। ग्रीष्मकाल में कीचड़ सूखने लगा तब वे जलमय स्थान की खोज में एक कुंए के पास पहुंचे। एक ने कुंए में रहने का प्रस्ताव रखा तब दूसरे ने कहा, अरे अगर यह कुंआ भी निदाघ के कारण सूख गया तो हम यहां से बाहर नहीं निकल सकेंगे। इस कुंए में कूदने से पहले बाहर आने का विचार करना आवश्यक है।

(२२७) सिंहात् अपि अपराजितः मशकः लूतातन्तुजाले निबध्यते। – एक मशक ने अपने पराक्रम की तुलना सिंह के पराक्रम से की और अपना श्रेष्ठत्व सिद्ध किया। दोनों का प्रत्यक्ष युद्ध शुरू हुआ तब सिंह पराभूत हुआ। सिंह को हैरान करने पर मशक अपनी विजय घोषणा करते उड़ने लगा और मकड़ी के नाजुक जाल में अटक गया। अंत में वहीं मरते समय कहने लगा मैं सिंह का पराभव कर सका लेकिन यह मकडी का जाल तोड़ना मेरे वश में नहीं।

(२२८) न हि शृंगाग्रे उपविष्टं ततो निर्गतं वा कीटकं विजानाति बलीवर्दः। – एक कीटक दीर्घ काल तक बैल के सींग पर बैठा रहा। वहां से प्रस्थान करते समय वह बैल की अनुमति मांगने लगा, तब बैल ने कहा, अरे तू यहां कब आया इसका मुझे पता भी नहीं था। तू चला जाता तो भी मुझे पता नहीं लगता।

(२२९) न हि द्विगुणितं भोजिता कुक्कुटी प्रत्यहम् द्विगुणितानि अण्डानि प्रसूते। – एक बुढ़िया की मुर्गी प्रतिदिन दो अंडे देती थी। दुगुना खिलाने से दुगुने अंडे मिल सकेंगे यह सोच कर उसने मुर्गी का आहार दुगुना किया। उस कारण मुर्गी मोटी और सुस्त होकर अंडा देने में असमर्थ हो गयी। तब बुढियाने कहा अब मैं समझ गई प्रकृति का कार्य लौकिक गणित के अनुसार नहीं चलता।

(२३०) आम्रातकबीजानि अभक्षयन्तः पक्षिणः तद्रज्जुकृतजालेषु बध्यन्ते। – एक किसान ने अपने खेत में अमावट (या अमरेका वृक्ष) के बीज बोए। उसी समय एक वृद्ध पक्षी ने सभी पक्षियों को सूचना दी कि वे उन सभी बीजों को खा डाले। किसी ने उसका उपदेश नहीं माना। बाद में अमावट बढने पर उसीसे तागा निकाला गया। उससे जाल बनाए गये और उनमें पक्षी पकड़े गए। आपत्ति का प्रतिकार बीजावस्था में ही करना चाहिए।

(२३१) मधुहारिणः हन्तुं प्रहरन्तीनां सरघाणां शृंगाग्रम् एव विच्छिद्यते। – मनुष्य अपना संचित मधु ले जाते हैं

इस कारण क्रुद्ध हुई सरघाओं ने अपहारकों का नाश करने का सामर्थ्य अपने दंश में भगवान से मांगा। इस दुष्ट इच्छा से भगवान क्रुद्ध होकर बोले, तुम जिस जब दंश करोगी तब तुम्हारा दंश साधन ही टूट पड़ेगा।

(२३२) अपरिश्रमी गौर्गलिः बलीक्रियते न तु युगंधरो वृषभः। – एक मस्तवाल सांड खेत में धूम मचा रहा था। हल को जोते बैल के कष्टमय जीवन का उसनी उसके समक्ष उपहास किया। बैल शांत रहा। शाम के समय जब बैल खेत से घर की ओर जा रहा था तब एक मंदिर के पास उसी सांड को माला चढ़ाकर देवता पर बलि चढ़ाने लोग ले जा रहे थे। बैल ने उसे कुशल मंगल पूछा और कहा मेरी गर्दन पर हल चढ़ता है उसका दुःख तेरी गर्दन पर चढ़ाई जाने वाली छुरी के आघात से बहुत हलका है।

(२३३) न जातु नीहारमात्रसेवनेन शलभस्वरमाधुर्यं लभते गर्दभः। – एक दिन गधे ने टिड्डियों से उनके स्वरमाधुर्य का रहस्य पूछा। उन्होंने उस मूर्ख से कहा, देखो हम ओस के जलबिंदु पीकर जीते हैं अतः हमारे स्वर में माधुर्य आया है। उस दिन से गधा भी ओस के बिंदु पीता रहा। थोड़े ही दिनों में दुर्बल होकर वह मर गया।

(२३४) पिपीलिकीकृतः अपि कृषकः धान्यकणान् विचिनोति। – एक किसान धान्यलोभी था। दूसरों खेतों से भी धान्य चुराकर वह संचित करता था। इस पापाचरण के लिए भगवान ने क्रुद्ध होकर उसे चींटी का क्षुद्र रूप दिया। वह तत्काल चींटी तो बन गया किन्तु धान्यसंग्रह करने का स्वभाव उस कारण बदला नहीं। आज भी सारी चींटियां खेतों में घूमते समय धान्यसंचय करती रहती हैं।

(२३५) कुक्कुरात् भीतः हरिणः सिंहगुहाम् प्रविशति दुर्भाग्येन। – एक हिरन के पीछे शिकारी कुत्ता दौड़ पड़ा। वह प्राण बचाने किसी गुहा में घुस गया। उसमें सिंह बैठा था। हिरन कुत्ते से तो बचा किन्तु सिंह का भक्ष्य हो गया।

(२३६) चतुरो हि बालः रजतपात्र – प्रलोभनेन कूपान्तः प्रवेशयति तस्करम् तद्वस्त्राहरणाय। – एक कुंए के पास एक बालक को रोता हुआ देखकर चोर ने कारण पूछा। उस चतुर बालक ने चोर को पहचान कर कहा, माता ने दिया हुआ चांदी का लोटा कुंए में गिर पड़ा, अब मां मुझे खूब पीटेगी। चोर अपने कपड़े उतार कर कुएं में चांदी का लोटा खोजता रहा। हताश होकर जब वह बाहर आया तब वह बालक और उसके कपड़े दोनों वहां पर नहीं थे।

(२३७) वर्षापत्ति-प्रतिकारार्थ ग्रीष्मकाले एव धान्यं संचिनोति पिपीलिका। – एक चींटी ग्रीष्म ऋतु में खेतों में घूमकर धान्यकणों का संचय कर रही थी। उस के इस उद्योग का एक कीड़े ने उपहास किया। बाद में जब वर्षा आई तब वह कीड़ा धान्य की भीख मांगने चींटी के घर पहुंचा। तब चींटी ने कहा संभाव्य आपत्काल का ध्यान रखकर पहले ही धान्यसंचय न करने से तुझे भीखमंगा होना पड़ा है।

(२३८) महापूरसंकटात् कपोतेन सुपरित्राता पिपीलिका अपि आखेटकसंकटात् तं परित्रायते। – एक चीटी नदी के प्रवाह में बह रही थी। वृक्ष पर बैठे हुए कबूतर ने उसे देखा और एक लकड़ी का टुकडा उसके सामने डाल दिया। चींटी उस के आश्रय से किनारे पहुंच गयी। एक दिन शिकारी अपना जाल बिछा रहा था। वह कबूतर उस में फंसने की संभावना देखकर चीटी उस शिकारी को जोर से डंसी। उस दुःख से शिकारी ने जाल जमीन पर जोर से पटक दिया। उस आवाज से डरकर कबूतर दूर भाग गया।

(२३९) ग्रीष्मकाले पिपीलिकावत् असंगृह्णानः शलभः शिशिरकाले तद्द्वारे भिक्षाम् याचते। – शिशिर ऋतु में एक टिड्डा चींटियों के पास अनाज की भीख मांगने आया। तब चींटियों ने उससे कहा ग्रीष्म ऋतु में जब हम धान्य संचय कर रहे थे तब तू क्या करता था। टिड्डा बोला उन दिनों मैं गाने में मग्न था। चींटियों ने कहा अब इस शिशिर ऋतु में तू नाचने में मग्न हो जा। पेट पानी की व्यवस्था किये बिना दूसरे काम में मग्न नहीं होना चाहिये।

(२४०) महान्तः अपि सरलद्रुमाः कुठारदण्डभूतैः क्षुद्रबबुरैः निपात्यन्ते। – चीर और बबूल के वृक्षों में अपनी श्रेष्ठता के विषय में विवाद चल रहा था। चीर ने अपनी सारी उपयुक्तता प्रतिपादन की। उसके उत्तर में बबूल ने कहा तुझे काटने वाली कुल्हाडी की याद नहीं भूलना। उसका डंडा मेरी ही शाखा से बनता है।

(२४१) झंझावातं प्रतिकुर्वाणः सहकारः निपतति विनम्रः वेतसः तिष्ठति। – आम्रवृक्ष अपने वैभव तथा सामर्थ्य की श्लाघा बेत को सुना रहा था। झंझावात में नम्र होने की उसकी वृत्ति की वह निंदा कर रहा था। उसी समय तेज हवा चली। उसका प्रतिकार करने में आम्रवृक्ष गिर पड़ा और बेंत अपनी विनयी वृत्ति के कारण वहीं जीता रहा।

(२४२) सुरूपं गन्धाढ्यम् अपि पाटलपुष्पम् अचिरात् म्लायति किन्तु रूपगन्धहीनम् अपि कंटकीपुष्पं चिराय विराजति। – कंटकी पुष्प गुलाब के भाग्य की तथा सौंदर्य और सुगंध की प्रशंसा करने लगा। अंत में गुलाब ने कहा किंतु मुझसे तू अधिक भाग्यशाली है। मेरे फूल तोड़ते ही म्लान होने लगते है। तेरे फूल रूप गंध हीन भले ही हो किन्तु दीर्घकाल तक म्लान नहीं होते।

(२४३) उरगविवरं प्रविष्टा शल्यका उरगम् एव बहिर्गन्तुम् आदिशति। – एक सांप के बिल में, किसी चील ने आश्रय की याचना की। उसके नोंकदार पंखोंसे त्रस्त हुए सांपने उसे दूसरा घर देखने की सूचना दी। तब साही ने कहा मुझे तो यहीं रहने में आनंद आता है। तुझे अगर दुख होता हो तो तू ही दूसरे घर में चले जा।

(२४४) वसन्तस्य आगमनं, शिशिरस्य तु निर्गमनं प्रतीक्ष्यते जनेन। — शिशिर ऋतु वसन्त के गुणों को ही दूषण देते हुए अपने दोषों की गुणरूप में प्रशंसा करने लगा। तब वसंत ने कहा किन्तु लोग मेरे आगमन की प्रतीक्षा करते हैं और तेरे निर्गमन की प्रतीक्षा करते हैं यह मत भूल।

(२४५) सागरेण संगमे निषेधिताः महासरितः अन्यत्र कुत्र संगच्छेयुः। —सभी नदियों ने सागर पर आरोप लगाया कि हम अपना शुद्ध पेय जल तुझे समर्पण करती हैं किन्तु तू अपने संपर्क से उसे खारा अपेय करता है, यह ठीक नहीं। तब सागर ने हंस कर कहा, ऐसा ही अगर है तो तुम सब दूसरे किसी को अपन मधुर जल समर्पण कर सकती रहो। मुझे उसकी आवश्यकता नहीं। मै सदैव परिपूर्ण हूं।

(२४६) न खलु उदरभरणं विना पादयोः सामर्थ्यं जायते। — पेट और पैर श्रेष्ठता के विषय में विवाद कर रहे थे। पैरों ने कहा हमारे बल पर यह शरीर घूमता फिरता है। पेट ने कहा किन्तु मैं अगर तुम्हारा पोषण न करूं तो तुम कुछ नहीं कर सकोगे।

(२४७) क्रुध्दसिंहस्य मुखदुर्गन्धित्वं मिथ्या घ्राणदोष-निमित्तेन न वक्ति जम्बूकः। — सिंही ने सिंह के मुख दुर्गन्धि पर टीका करने से सिंह क्रुद्ध हुआ था। उस संबंध में भेड़ को पूछने पर उसने हां कहा, सिंह ने उसे तत्काल मार डाला। भेड़िया ने भेड़ की अवस्था देखते हुए, ना कहा। उसकी चापलूसी से क्रुद्ध होकर सिंह ने उसे भी मार डाला। अंत में सियार को पूछा। तब उसने जुकाम का कारण बता कर इस विषय में अभिप्राय देने में अपनी असमर्थ व्यक्त की, जिस से वह जीवित रहा।

(२४८) कुक्कुटं प्रति अयुद्धसन्धिप्रस्तावपवार्तां निवेदयन् शृगालः, वन्यकुक्कुरागमनवार्तां श्रुत्वा सभयं पलायते। — मुर्गे को खा जाने की इच्छा से प्रेरित होकर एक सियार पेड़ पर बैठे हुए मुर्गे को कहने लगा, जरा नीचे उतरिये, कल ही पशु सम्मेलन में अयुद्ध प्रस्ताव पारित हो चुका है। आप को डरने का कोई कारण नहीं। मुर्गा गरदन उठाकर चारो जोर देखते हुए उसे कहने लगा, तो जरा ठहरिये वे शिकारी कुत्ते आतेही मैं उतरता हूं। सियार तुरंत भागते हुए कहने लगा 'इन कुत्तों को अयुद्ध संधिकी वार्ता अभी तक मिली नहीं'।

(२४९) कपोतान् भक्षयितुम् एव गरुडः तेभ्यो राजाधिकारं प्रार्थयते। — गरुड़ के ध्यान में आया कि कबूतर, अपने ही भय के कारण सामने आने में हिचकिचाते हैं। एक दिन उसने उन्हें सुझाव दिया कि वे उसे अपना राजा करेंगे तो वह उनका संरक्षण करेगा। कबूतरों ने डर के मारे सुझाव मान कर गरुड को राजपद दिया। दूसरे ही दिन गरुड ने फर्मान निकाला कि प्रतिदिन एक कबूतर उसके भोजन के लिए उपस्थित हो।

(२५०) कुक्कुरवत् दास्यबन्धनतो लभ्यायाः मिष्टान्नपुष्टेः निराहारं स्वातन्त्र्यं बहु मन्यते मनस्वी वृकः। — एक भेडिया भूख से दुबला हो गया था। किसी धृष्टपुष्ट कुत्ते को देखकर उसने उसी के समान नौकरी करना मान्य किया। मालिक के घर जाते हुए रास्ते में भेड़िया ने कुत्ते के गले में बंधन की शृंखला देखी। उस बंधन का तिरस्कार करते हुए कहा, केवल पेट पालने के लिए मुझे यह लज्जास्पद बंधन मान्य नहीं। मै स्वतंत्र रहकर मरना पसंद करता हूं।

(२५१) सर्वं घटात् निःसृतम्, आशा केवलम् अवशिष्टा। — संसार की सभी अच्छी वस्तुएँ एक घड़े में बंद कर वह घड़ा भगवान ने मनुष्य को दिया और कहा कि इसका ढक्कन नहीं खोलना। जिज्ञासा तीव्र होने पर मनुष्य ने जिस क्षण ढक्कन खोला उसी क्षण सभी पदार्थ बाहर निकल पड़े। गड़बड़ी में मनुष्य ने ढक्कन लगाया तब उसमें केवल एक ही वस्तु रही थी — आशा। उसी को आमरण मनुष्य सम्हालते रहता है।

(२५२) न खलु मीनराजः वनराजस्य आपदि सहायकः भवितुम् अर्हति। — मत्स्यराज और वनराज में परस्पर सहकार्य के संबंध में सन्धि हुई। एक दिन वृषभराज ने वनराज से युद्ध छेड़ा। उसमें आवश्यकता पड़ने पर वनराज ने मीनराज को साहाय्य करने पुकारा। मीनराज समुद्र की तट पर आते ही हतबल हो गया। संधि करार के अनुसार साहाय्य न करने पर सिंह ने मीनराज की निर्भर्त्सना की। तब उसने कहा, "आप भी समुद्र में मुझ पर आपत्ति आने पर मेरी सहायता नहीं कर सकेंगे। उसी प्रकार मैं भी जमीन पर आपकी सहायता नहीं दे सकता। धन्यवाद।"

(२५३) सारमेयस्य अजाप्रीतिः स्वामिने न रोचते। — एक गड़रिया अपने शिकारी कुत्ते को मरी हुई बकरियां खाने देता था। किंतु वह मृत मांस से ऊब गया था। एक दिन उसे बकरियों से स्नेहपूर्ण व्यवहार करते हुए मालिक ने देखा। तुरंत उसने उसे मना करते हुए कहा, तेरे इस स्नेहपूर्ण बर्ताव का अर्थ मैं समझ गया।

(२५४) तीव्राघातिनः उत्तरवाताद् मृदुस्पर्शी सूर्यातपः बलवत्तरः। — उत्तरवात और सूर्य में सामर्थ्य का विवाद हुआ तब यह निर्णय हुआ कि जो सामने के प्रवासी के कपड़े उतारेगा वही अधिक बलवान माना जाय। उत्तरवात तेजी से अपनी गति तीव्र करने लगा वैसे ही सर्दी के कारण प्रवासी ने अधिकाधिक कपड़े लपेटना शुरु किया। बाद में सूर्य ने अपनी तेजस्वी किरणों से उसे स्पर्श किया। तत्काल प्रवासी ने अपने सारे कपड़े उतार दिए।

(२५५) घासगडंगरादि-नामावली मांसभोजिनं सारमेयं न प्रीणाति। — गधा और कुत्ता साथ में प्रवास कर रहे थे। रास्ते में एक बंद लिफाफा मिला। उसे खोलकर गधा पढ़ने लगा और कुत्ता सुनता रहा। उस पत्र में घास, सरकी, ढेंप, जैसे शाकाहारी पशु के खाद्यों की नामावली सुनकर कुत्ते ने कहा यह तो कचरा है, फेंक दे।

(२५६) अनभ्यस्तात् उपायशतात् वरम् एकः एव स्वभ्यस्तः आत्मरक्षणोपायः। – एक सियार ने बिल्ली से कहा कुत्ते अगर आक्रमण करने आ पड़े तो उनसे आत्मरक्षण करने के सैकड़ो उपायों का अवलंब कर सकता हूं। तत्काल शिकारी कुत्तों का भोंकना सुनाई दिया। बिल्ली अचानक पेड पर चढ़ कहने 'लगी, मुझे तो आत्मरक्षा का यह एक ही उपाय अवगत है। सियार अपने सैकड़ो उपाय सोचता ही रहा कि कुत्तोंने उसे समाप्त कर डाला।

(२५७) कलहप्रियाः हि यथा परैः तथा स्वकीयैः सार्धं अपि कलहायन्ते एव। – किसान को एक नया पक्षी मिला। उसे उसने मुर्गों के कमरे में बंद कर दिया। सभी मुर्गे मुर्गियो उसे अनेक प्रकार से झगड़कर सताते थे। बाद में उस पक्षी के ध्यान में आया कि वे आपस में इसी प्रकार सतत झगड़ते ही रहते है। उनका वह स्वभाव समझने से उसे उनके सताने के कष्ट नहीं होते थे।

(२५८) स्वनखक्षतैः एव विध्वस्तो भवति सरघात्रासितो भल्लूकः न तु सरघादंशैः। – एक किसान के खेत में घुस कर किसी भालू ने वहां के मधुमखियों के तख्ते से शहद खाना आरंभ किया। सभी मखियों ने उस पर हमला किया। उसका प्रतिकार करने में उसने अपने ही तीव्र नखों से अपना मुंह और आंखे जख्मी कर डालीं। तब उसने कहा छोटा शत्रु भी भयंकर होता है।

(२५९) न हीं मन्दिरतस्करः आपदि देवं प्रार्थयितुम् अर्हति। = एक पक्षी रोग से जर्जर हुआ तब उसने अपनी मां से मंदिर के भगवान को मनौती लगाने की सूचना दी। तब मां ने कहा आज तक मै ने मंदिर से अनेक पदार्थ चुराकर खाये। अब मुझे भगवान से प्रार्थना करने का धैर्य नहीं होता

(२६०) एकपिपीलिकादंशे पिपीलिककुलं संहरति मनुष्यः। – जहाज़ डूबने पर अनेक मनुष्यों की मृत्यु देखकर क्रुद्ध हुआ उसका मालिक भगवान पर दोषारोपण करते हुए कहने लगा, "किसी एक पापी मनुष्य को शासन करने के निमित्त जहाज के सभी लोगों का संहार होना भगवान का अन्याय है।" उसी समय एक चींटी ने उसे डसा। उस कारण क्रुद्ध होकर उस मनुष्य ने पूरी चीटियों की बामी (वल्मी) पैरोंतले रगड़ डाली। उसका यह क्रौर्य देखकर भगवान प्रकट होकर बोले, "कम से कम तूने तो यह अन्याय एक चींटी के अपराध के कारण नहीं करना था।"

(२६१) असत्वरं धनप्रदातारं देवम् अपि विक्रीणाति सत्वरं धनार्थी। – भगवान की मूर्ति बेचने वाला कहता था, यह मूर्ति खरीदने से भरपूर धनलाभ होगा, कृपया इसे खरीदीये। तब एक सज्जन ने कहा फिर तू इसे क्यों बेच रहा है। यह तुझे भी धन देगी। तब व्यापारी ने कहा, मूर्ति धन देती है किन्तु दीर्घ समय के बाद। मुझे तो आज ही पैसे चाहिए।

(२६२) प्रत्यहं सुवर्णाण्डप्रदां कुक्कुटीं निघ्नन् सुवर्णकोशलोभी मांसपिण्डं केवलं लभते। – भगवान ने प्रसन्न होकर किसी भक्त को सोने का अंडा प्रतिदिन देने वाली मुर्गी प्रदान की। थोड़े ही दिनों के बाद उस का लोभ बढ़ने के कारण मुर्गी के पेट से सारा सोना एकदम प्राप्त करने की कल्पना उस के मन में प्रबल हुई। तत्काल उसने मुर्गी को काट डाला। उसके फल स्वरूप केवल रक्तमांस ही उसे मिला और प्रतिदिन सोने का अंडा मिलना बंद हुआ।

(२६३) सकलशक्तिविलक्षणा विचारशक्तिः मानवाय प्रदत्ता परमेश्वरेण न तु कस्मैचित् अन्यस्मै। –प्राणीसृष्टि निर्माण होने पर भगवान् ने प्रत्येक प्राणी को कुछ ना कुछ विशेष गुण या शक्ति दी। मनुष्य ने अप्रसन्न होकर अपने लिए कुछ भी विशेपता न देने का दोष भगवान पर लगाया। तब भगवान ने कहा, मैने मनुष्य को विचारशक्ति प्रदान की है, जो अन्य किसी प्राणी को नहीं मिली। मनुष्य का कर्तव्य है कि वह उसका सदुपयोग करते हुए अपना कल्याण करे।

(२६४) धेनुरक्षार्थं मेषकम् आत्मरक्षार्थं तु वृषभं प्रदित्सति मनुष्यः। – किसी मनुष्य की गाय की चोरी हुई। उसने भगवान से कहा कि गाय अगर मिल गयी तो बकरा बलि चढ़ाऊंगा। खोज करने के दौड़धूप में उसे एक सिंह दिखा जो उसी गाय के बछड़े को खा रहा था। तत्काल भयभीत होकर उसने कहा, अब अगर सिंह के आक्रमण से मै बच गया तो बैल की बलि चढाऊंगा।

(२६५) सत्यभाषिणे कुठारत्रयं ददानः देवः असत्यभाषिणः आयसकुठारम् अपि अपहरति। – वृक्ष काटने वाले की कुल्हाड़ी नदी में गिर पडी। वह रोता रहा। तब भगवान ने उसकी कुल्हाड़ी खोजते हुए नदी से सोने की और चांदी की कुल्हाड़ी उसे दिखाई। उन दोनों का नकारने पर भगवान ने उसकी निजी लोहे की कुल्हाड़ी उसे दिखायी। उसने उसीका स्वीकार किया। इससे प्रसन्न होकर सोने और चांदी की कुल्हाड़ी भी उसी दी गयी। यह सुनकर दूसरा मनुष्य अपनी कुल्हाड़ी नदी में फेंक कर रोता रहा। भगवान ने सोने की कुल्हाड बताते ही वह उसका स्वीकार करने लगा। तब भगवान उसी के साथ अदृश्य हो गये।

(२६६) न हि नव-जातेन वयोतीतः उपदेष्टव्यः। – एक मोटा बैल छोटे दरवाजे से बाहर जाने के प्रयास में असफल रहा। तब एक बछड़ा उसे बाहर जाने का प्रात्यक्षिक दिखाने लगा। उस पर हंसकर मोटे बैल ने कहा, इसलिए तेरे उपदेश की आवश्यकता नहीं है। बचपन में यह समस्या मेरे सामने नहीं थी।

(२६७) स्वप्रमादेन विपद्ग्रस्ताः मूढाः दैवं निन्दन्ति। –कुए के किनारे पर एक थका हुआ प्रवासी सो रहा था। उसे कुंए में गिरने से रोकने के लिए, उसका दैव साक्षात् प्रकट होकर कहने लगा, तू अगर यहां डूब कर मरता तो अपनी मूर्खता को दोष न देते हुए मुझ पर दोषारोपण करता। संकट का

कारण दैव नहीं मनुष्य का मूर्खत्व होता है।

(२६८) शृंगभंगापराधः अकथितोऽपि ज्ञायते। – गड़रिया अपनी बकरियों को लेकर घर लौटता था। उसकी एक बकरी बुलाने पर भी सब के साथ चलना पसंद नहीं करती थी। तब उसे एक पत्थर मारा गया जिससे उसका सींग टूट गया। गड़रिया घबराकर बकरी से प्रार्थना करने लगा कि यह सींग मैंने तोड़ा है यह मालिक को कहना नहीं। तब बकरी ने कहा यह बात मुझे कहने की आवश्यकता नहीं। टूटा हुआ सींग ही सब बता देगा।

(२६९) लांगले निर्बद्धः शृगालः अपि क्षेत्रं कर्षति। – खेत जोंतते हुए बैल थक गये थे। वे विश्रांति ले रहे थे। उस अवसर पर एक सियार हल में बांधा हुआ चमड़े का पट्टा खाने लगा। उसी प्रयत्न में उसका सिर हल के डंडे में फंस गया। मालिक ने वापिस लौट कर देखा कि उस सियार के द्वारा खेत कसा जा रहा था क्यों कि वह हल के साथ इधर उधर भागता था।

(२७०) मेषमांसाशनाः मेषपालाः अदण्ड्याः किंतु वृकाः दण्ड्याः भवन्ति। – भेड़ियों का मांस खाने वाले गड़रियों को जब भेड़िये ने देखा तब उसने कहा, यही आहार जब मैं करता हूं तब मुझे दण्डनीय अपराधी माना जाता है। वा रे तुम्हारा न्याय।

(२७१) नगरेषु असत्यभाषिणां संख्याबाहुल्येन, मरुस्थले सीदति सत्यदेवः। – किसी प्रवासी को रेगिस्तान में एकाकी बैठा हुआ एक मनुष्य दिखा। परिचय पूछने पर उसने कहा, मैं हूं सत्यदेव। नगरों में आजकल असत्यवादियों की संख्या बढ़ने के कारण मुझे इसी मरुस्थल में एकाकी रहना होगा।

(२७२) गोणीस्थितः लवणभारः नदीजले द्रवति न तु कार्पासभारः। – नमक का बोझा लेकर जाने वाला गधा नदी में गिरने से नमक का भार हलका हो गया। भार से बचने के लिए यही युक्ति वह अनेक दिन करता रहा। उसे जानने पर मालिक ने एक दिन गधे की पीठ पर कपास लाद दिया। जब वह नदी में उतरा तब कपास का भार चौगुना बढ़ने से उसी में डूब कर मर गया।

(२७३) शृंगयाचिनां लोभेन क्रुद्धः देवः कर्णपाशम् अपहरति क्रमेलकानाम्। – ऊंटों के काम अच्छे थे किन्तु उन्हें सींग न होने के कारण भगवान से सींग की मांग उन्होंने की। तब क्रुद्ध होकर भगवान ने कहा, मैंने तुम्हें अनेक गुण दिये हैं, फिर भी तुम्हारी मांग कायम ही है। अब तुम्हें सींग तो नही मिलेंगे किन्तु तुम्हारे कान काटे जाएंगे।

(२७४) हिंसापराधी भूतले, वृक्षाग्रे, नदीजले वा शरणं न लभते। – कोई दुष्ट मनुष्य हिंसा करके अपने प्राण बचाने भागता रहा। थक जाने पर किसी नदी के किनारे विश्रांति निमित्त गया तो वहां एक सिंह खड़ा था। उससे बचने वृक्ष पर चढ़ गया तो वहां भयंकर नाग दिखा। भयभीत होकर वह नदी में कूद पड़ा तब उसे मगर ने खा डाला।

(२७५) सतताक्रोशी शलभः मधुलोभेन विमोह्य निहन्यते दिवाभीतेन। – उल्लू को दिन में सोना आवश्यक होता है। अतः एक उल्लू अपने कोटर में सोता था तो उसे एक टिड्डा दिनभर अपने गाने से हैरान करता था। उसे रोकने के सारे उपाय निष्फल होने पर उल्लू ने उसे कहा, मेरे कोटर में बहुत सा शहद भरा है। तू अंदर आकर शहद खा कर मधुर गीत मुझे सुनाते जा। इस प्रलोभन से वश होकर टिड्डा जब कोटर में आया तब उल्लू ने अपने पंख के फटकारे से उस का गाना सदा के लिए समाप्त कर दिया।

(२७६) सिंहनामा वृकः सिंहसंघे वृक एव गण्यते। – एक भेड़िया धष्ट पुष्ट होने कारण उसके जातिबांधवों ने उसका नाम सिंह रखा। इस उपाधि का गर्व होने पर वह सिंहों के समुदाय में रहने की सोचने लगा। तब एक बूढ़े भेड़िये ने उसे कहा अरे भेड़ियों में तू सिंह है किंतु सिंहों में भेड़िया ही माना जा कर तू मारा जाएगा।

(२७७) वृषहतानां स्वापत्यानां कृते शोचन्ती सिंही स्वयं निहतापत्यानां मातृणां शोकं न स्मरति। – एक शेरनी के बच्चों को जंगली बैल ने अपने नोंकदार सींगों के प्रहार से मार डाला। शेरनी वहां आकर शोक करने लगी तब शिकारी ने कहा, शेर जब दूसरे प्राणियों के बच्चों को मारता है तब उन्हें कैसा शोक होता है इसका भी तूने विचार करना चाहिए।

(२७८) सकृत् जलमज्जनेन आक्रोशतः गर्दभस्य सान्त्वनं सततं नलमग्नाःभेकाः एव कर्तुं पारयन्ति। – एक गधा बोझा ढोते हुए नदी में गिर पड़ा और जोर से आक्रोश करने लगा। तब उसी जल में रहने वाले मेंढक आकर उसका सान्त्वन करते हुए बोले, "केवल एक बार जल में डूबने से तू इतना आक्रोश करता है, तो हमारे जैसी नित्य जल में रहने की आपत्ति आती तो तू क्या करता?"

(२७९) अप्रियाणि संघशः प्रियाणि तु एकैकशः मनुष्यम् आयान्ति। – संसार के प्रिय और अप्रिय विषयों का संतुलन बिगड़ गया। अप्रिय विषयों की बहुसंख्या हुई और प्रिय विषयों का निर्वासन हो गया। तब वे निर्वासित भगवान के पास अपनी मांग ले कर गए। भगवान ने उन्हें कहा, "तुम्हें मनुष्यों के पास जाना ही होगा तो एकैकशः जाना और अकस्मात् जाना। तब तुम्हारा सत्कार होगा और तुम्हारा स्मरण रहेगा।"

(२८०) प्रायः स्वीयां भवितव्यताम् अजानानः **दैवज्ञः लोकानां भवितव्यतां निवेदयितुम् उत्सहते** – एक ज्योतिषी लोगों की भवितव्यता का कथन बाजार में कर रहा था। उस समय उसके पड़ोसी ने आकर कहा, महाराज अभी तुम्हारे घर में घुसे चोरों ने सब लूट लिया। तब सब लोग कहने लगे, आप को अपनी ही इस भवितव्यता का ज्ञान नहीं हुआ, तो हम लोगों की भवितव्यता का ज्ञान कैसे हो सकता है।

(२८१) कालोचितं कर्तव्यं परित्यज्य, वंशीवादने रममाणः आपदम् आह्वयते। – एक भेड़ का बछड़ा भेड़िये से पकड़ा गया। उस समय मृत्यु टालने के लिए उसने भेड़िये से प्रार्थना की, मरते समय आनंद में मरना चाहता हूं। आप बांसुरी बजाइये और मैं थोडा समय नाच करता हूं। बाद में आप जो चाहें सो करें। उस बासुरी और नृत्य की आवाज सुन कर शिकारी कुत्ते दौडते आये। उन्हें देखते ही भेडिया प्राणभय से भागते हुए कहने लगा, प्राप्त कर्तव्य छोड़कर मौज करने का फल मुझे मिला।

(२८२) न जातु गृहपरिसरे प्रविष्टः सिंहः निरोध्दव्यः अन्तर्भागे। –एक किसान के आवास में सिंह घुस गया। उसे पकड़ने की इच्छा से उसने आवास का फाटक बंद कर डाला। इस प्रकार निरुद्ध होने से क्रुद्ध होकर सिंह ने वहां के भेड़ और बैल मारना प्रारंभ किया। तब भयभीत होकर किसान ने फाटक खोल दिया। सिंह तुरंत भाग गया और किसान कृतकर्म का पश्चाताप करता रहा।

(२८३) न हि न्यायालये कोटरं कृत्वा न्यायं लभते चटका। – एक चिड़िया ने अपना घोंसला न्यायालय में बनाया। वहा एक दिन सांप आया और उसने उसके सारे बच्चे खा डाले। तब चिडिया शोक करते हुए कहने लगी, मैं न्यायालय में रहती हूं पर मुझे यहां न्याय नहीं मिला। मुझ पर हुए अन्याय का परिमार्जन इस न्यायालय में नहीं हो सकता।

(२८४) न हि गृध्रभीतैः कपोतैः श्येनः आरक्षणे नियोक्तव्यः। – गिद्ध के भय से त्रस्त होकर कबूतरों ने बाज पक्षी को आपने परिवार के रक्षण के लिये नियुक्त किया। उसने वह दायित्व तत्काल मान लिया। कुछ ही दिनों के बाद उन्हें यह समझ आया कि गिद्ध एक वर्ष में जितने बच्चे खाता था उतने एक हप्ते में उस आरक्षक ने समाप्त किये।

(२८५) प्रायेण एकः दीर्घसूत्री अपरस्मिंन् दीर्घसूत्रिणि दोषारोपं कुरुते। – एक मनुष्य ने प्रवास की सिद्धता करने में भरपूर समय बिताया। बाहर निकलते समय, सामने पूंछ हिलाते हुए कुत्ते को कहने लगा, "अभी तक तेरी तैयारी नहीं हुई। तेरे ही कारण मुझे विलंब हो रहा है।" तब कुत्ते ने कहा, "मैं तो आपकी तैयारी में प्रतीक्षा करते करते थक गया हूं।"

(२८६) यथा यथा प्रतोद्यते तथा तथा प्रवर्धते खलु कलहकन्दः – एक मनुष्य गली से जा रहा था। रास्ते में एक कन्द उसे दिखा। अपने डंडे से उसने उस पर हलका सा आघात किया। तत्काल वह कंद फूल गया। इससे चकित होकर वह उस पर आघात करने लगा। प्रत्येक आघात के साथ वह कंद बढ़ता ही गया। उससे रास्ता बंद हो गया। तब भगवान प्रकट होकर कहने लगे, "यह कलह का कन्द है। इसे जनता में प्रेरित करोगे उतना यह बढ़ता ही जाता है।"

(२८७) शृंगहीनः पुच्छहीनःच नेत्रहीनं दृष्ट्वा स्वदुःखं विस्मरति। – एक गधा सींग न होने पर और एप जाति का वानर पुच्छ न होने पर अपना दुःख वर्णन कर रहे थे। तब एक छिछुंदूरी आकर कहने लगी, "जो नहीं है उसके लिए शोक करने से, जो भगवान से मिला है उस पर आनंद मानो। मुझे तो भगवान ने आंखें भी नहीं दी। मेरा दुःख जानकर अपना दुःख भूल जाओ।"

(२८८) बद्धचरणो हि विहंगमः गृहात् पलयितोअपि वृक्षशाखासु निर्गृह्यते। – किसी मनुष्य ने एक पक्षी को पकडने पर उसके पैरों में डोरी बांध कर बच्चों के लिए खिलौना बना कर रखा। उससे त्रस्त होकर स्वतंत्र होने की इच्छा से वह पक्षी उड़ गया किन्तु वह बन्धन की डोरी उसके पैरों में बंधी रहने के कारण वह जिस पेड़ पर बैठा वहीं अटक गया।

(२८९) स एव खलु पंडितः यो हि बद्धवचने न विश्वसिति, हस्तगतं न विमुंचति, निर्गतं न शोचति। – किसी किसान ने एक बुलबुल पक्षी को पकड़ा। वह उसे पिंजड़े में बंद करने लगा। तब पक्षी ने कहा तुम अगर मुझे मुक्त करोगे तो मैं तुम्हें तीन महान तत्त्व बताऊंगा। किसान ने तीव्र जिज्ञासा के कारण उसे छोड़ दिया तब वृक्ष पर बैठकर उसने तीन तत्त्व बताये- (१) बंधनस्थव्यक्ति पर कभी भरोसा नहीं रखना, (२) जो हाथ में है उसे सम्हाल के रखना और (३) जो हाथ से निकल गया उस पर शोक नहीं करना।

(२९०) अजभक्षणार्थं सिंहस्य निमंत्रणं साशंकं स्वीकारणीयं वृषभेण। – एक सिंह ने बकरे के मांस का भोजन करने किसी बैल को निमंत्रित किया। बैल जब सिंह की गुफा में पहुंचा तब उसे बकरे के अलावा पशुसंहार के हथियार दिखे। तत्काल वह वापिस लौटता हुआ कहने लगा, "ये सारी सिद्धता बकरे को नहीं अपितु मुझ जैसे अतिथि के बलि देने के लिए दीख रही हैं।"

(२९१) न हि कुक्कुरशतस्य जलपानेन नदी सुप्रतरा भवति। – कई भूखे कुत्ते अन्न की खोज में नदी के किनारे जा रहे थे। नदी के प्रवाह में उन्हे खानें योग्य चमड़ा दिखा किन्तु उस गहरे प्रवाह से उसे बाहर निकालना संभव नहीं था। तब उन्होंने जल पी कर नदी का पानी कम करने का निर्णय लिया। अति जल प्राशन से पेट फूलकर वे मर गये।

(२९२) नहि सिंहसाहाय्यं विना एकलो जम्बूकः आखेटे सिद्धिं विन्दिति। – सिंह और सियार दोनों मिलकर शिकार करते थे। शिकार का अधिकांश सिंह अकेला खा जाता है, यह देखकर एक दिन सियार अकेला भेड़ियों को शिकार करने गया। उसने भेड़ को पकडते ही गड़रिये ने कुत्तों को संकेत किया। तुरंत सियार पर हमला हुआं, तब उसने कहा, "हम जैसे दुर्बलों ने प्रबलों की सहायता से रहना ठीक होता है।"

(२९३) महार्हं-मन्यस्य कुबरेस्य मूर्तिः निशुल्कं प्रदीयते। – देवों के धनपाल होने के कारण कुबेर अपने आप को सर्वश्रेष्ठ समझने लगे। बाजार में घूमते समय एक मूर्तिकार

के दुकान में उन्हें अपनी मूर्ति दिखी। लक्ष्मी, सरस्वती इत्यादि मूर्तियों का मूल्य पूछने पर उन्होंने अपनी मूर्ति का मूल्य पूछा। तब दुकानदार ने कहा, "उन दो मूर्तियों को खरीदने पर यह मूर्ति विनामूल्य मिल सकेगी।" तब उन्होंने मन में कहा, लोगों द्वारा जो महत्त्व निर्धारित होता है वही व्यक्ति की वास्तविक योग्यता होती है।

(२९४) नूनं अरबस्थानवासिभिः लुण्टितं देवशकटतः असत्यं दुष्टत्वं कपटित्वं च। – कहते हैं कि अरबस्थानी लोग बडे, झूठे, दुष्ट और कपटी होते हैं। इस का कारण – एक बार भगवान दोषों से भरी गाड़ी चलाते हुए पृथ्वी पर घूमते थे। प्रत्येक भूभाग में उस सामान का किंचित् अंश वे डाल रहे थे। किंतु अरबस्थान में उनकी गाड़ी टूट गयी। अरबों ने उस को पूरा लूट लिया। तब भगवान स्वर्ग में वापिस चले गये।

(२९५) महति शरीरे स्वल्पा बुद्धिः स्वल्पशरीरे महती बुद्धिः प्रायेण। – मनुष्यों की निर्मिति होने पर सभी को समप्रमाण बुद्धि बांटने का कार्यक्रम भगवान ने आयोजित किया। उस समय जो मोटे लोग गये उनके शरीर में बुद्धि का प्रमाण अल्प हुआ और जो पतले थे उनके लिए वह प्रमाण अधिक हो गया। शायद इसी कारण मोटे लोग अल्पबुद्धि वाले और दुवले पतले लोग अधिक वुद्धिशाली दिखाई देते है।

(२९६) पिशुनः खलु देवनिर्मितम् अपि सदोषं पश्यति। – भगवान ने बैल, मनुष्य और घर की निर्मिति की और स्वर्गस्थ एक आलोचक देवता को उनके विषय में अभिप्राय पूछा। आलोचक ने कहा बैल की आंखे सींगों के बीच में होती तो वह टक्कर मारने का पदार्थ देख सकता। मनुष्य का मन शरीर के बाहर होता तो लोग उसके दुष्टभाव देख सकते और घर के पहिये होते तो दुर्जन के पास में रहने आने पर, उसे दूर हटाना संभव होता.

(२९७) पशवः खलु केचन, नराकारं प्रापिताः देवेन। – मनुष्यों और पशुओं का निर्माण होने पर उनमें पशु बहुसंख्य दीख पड़े। दोनों का समप्रमाण करने के विचार से अनेक पशुओं को मनुष्याकार दिया गया। तब से अनेक मनुष्यों में पशुत्व दिखाई देता है, क्यों कि उनका शरीर मानवी होने पर भी अतःकरण पशु का ही रह गया।

(२९८) यो हि अपहरति न स दधाति, यश्च दधाति न असौ अपहरति। –दो लड़के दूकान में गये। एक ने दुकान की वस्तु चुरा कर दूसरे के जेब में डाल दी। दुकानदार के पूछने पर चोर ने कहा. मैं ने चोरी नहीं की और दूसरे ने कहा मैंने अपनी जेब को हाथ ही नहीं लगाया। तब दुकानदार ने कहा, "ऐसी युक्ति से मनुष्य ठगाया जाता है, किन्तु भगवान को नहीं ठगाया जा सकता।"

(२९९) देवम् अपि प्रतारयति अर्धलाभप्रदानी धूर्तः। – एक प्रवासी ने भगवान से प्रार्थना की, "हे भगवान इस प्रवास में जो भी लाभ होगा, उसका आधा भाग तुझे समर्पण करूंगा।" उसे एक थैली मिली जिसमें बादाम और खजूर थे। उसने बादाम खाकर छिलके और खजूर खाकर उसके बीज, भगवान को समर्पण करते हुए कहा, हे भगवान अपने वचन का मैं पालन कर रहा हूं। मेरा कल्याण कर।

(३००) शृगालपुच्छदहनेन स्वक्षेत्रम् एवं दहति क्रोधी कृषीवलः। – किसी सियार ने खेत की हानि करने के कारण क्रुद्ध होकर एक किसान ने उसकी पूंछ में कपड़े लपेट कर उसे जलाने का निश्चय किया। पूंछ में आग लगते ही भयभीत होकर सियार भागने लगा। उसी कारण किसान का सारा खेत भस्मसात हुआ।

(३०१) बाल्ये प्रथमचौर्ये मात्रा अदण्डितः यौवने महाचौर्येण वधस्तम्भं नीयते। – एक बालक ने पहली बार चोरी की वस्तु घर में लायी, तब माता ने उसकी प्रशंसा की। वह दिन प्रतिदिन चोरी करता रहा। एक दिन पकड़ा गया और फांसी देने के लिए सिपाही उसे ले जाने लगे। तब उसने मां के कान में गुप्त बात बताने पास बुलाया और उसका कान काट डाला। मां उसकी निंदा करने लगी तब उसने कहा, "यही निंदा पहले दिन तू करती तो आज फांसी मेरे गले नहीं लगती।"

(३०२) न खलु पयसि मज्जन्तं धनिकं महादानाभिवचनैः देवः तारयति। – समुद्रपर्यटन में एक धनिक नौका उलटने से डूबने लगा। अन्य प्रवासी यथाशक्ति तैरने का प्रयास कर रहे थे। तब वह भगवान को अनेक महादानों का अभिवचन दे रहा था। तब एक साथी ने कहा, "तेरे अभिवचनों से भगवान तुझे नहीं तारेंगे। तू तैरने का प्रयत्न करेगा तो शायद भगवान तेरी सहायता करेंगे।"

(३०३) छद्मवैद्यः परीक्ष्यमाणः स्वरूपं कथयति। – एक चमार वैद्य का स्वांग लेकर रोगों पर उपचार करता था। उसे पर्याप्त धन प्राप्ति होती थी। एक दिन राजा का प्रिय सेवक रोगपीड़ित हुआ। तब उस ढोंगी वैद्य का उपचार प्रारंभ होने से पहले राजा ने उसकी परीक्षा लेने हेतु विष कहते हुए पानी पीने दिया। तब मरणभय से उसने सत्यकथन किया कि मैं औषधों के विषय में कुछ भी नहीं जानता।

(३०४) धनलाभलोभेन क्षेत्रखननात् प्रभूतः द्राक्षाफललाभः महते धनलाभाय कल्पते। – एक किसान ने मरते समय अपने पुत्रों को कहा कि मेरी सारी धनसंपत्ति द्राक्षों के खेत में गाड़ रखी है। मेरे मरण के उपरान्त उसे आपस में बांट लेना। उन्होंने सारा खेत सभी ओर से खूब खोदा। उस में धन तो नहीं मिला किन्तु उनकी खुदाई के कारण भूमि उर्वरा होकर कई गुना अधिक द्राक्षाफल उत्पन्न हुए। उसी से उन्हें दस गुना अधिक धनलाभ हुआ।

(३०५) एकलः दण्डः विभज्यते न तु दण्ड-समूहः। – एक किसान के पुत्र आपस में नित्य कलह करते थे। उन्हें एकता का महत्त्व समझाने के लिए उसने एक दिन एकत्र बंधी हुए लकड़ियों का समूह तोडने कहा। वह किसी से नहीं टूटा। फिर एक एक लकडी तोड़ने कहा। उन्होंने सभी लकडियां तत्काल तोड़ दी। तब पिता ने कहा, "तुम विभक्त रहोगे तो परास्त होगे और एकत्र संगठित रहोगे तो अभेद्य और अजेय होगे। 'संघशक्तिः कलौ युगे'- यह तत्त्व कभी नहीं भूलना।"

(३०६) क्षुद्रमत्स्याः जालरन्ध्रतः विमुच्यन्ते, महामत्स्याः जालमध्ये निबध्यन्ते। – एक मछुवे ने अपना जाल समुद्र में डाला। तब उसमें बड़े बड़े मत्स्य अटक गये जब कि छोटी मछलियां जाल के रन्ध्रों से बाहर निकल गयी। बड़ों का जीवन असुरक्षित होता है। छोटे लोग आपत्ति से छुटकारा पा सकते हैं।

(३०७) न जातु रोगलक्षणानि अभिनन्दनीयानि। – एक वैद्य अपने रोगी की चिकित्सा करने जाता था। रोगी उसे अतिग्लानि, अतिसार, अतिदाह, अतिशीत इत्यादि जो भी लक्षण बताता था उसे वह अच्छा ही कहता था। इसी में वह आसन्नमरण हो गया और आगे चलकर मर गया।

(३०८) देवप्रकोपं प्रशमयन्ती दाम्भिकी मनुष्यप्रकोपं शमयितुं न शक्नोति। – जादूटोने के द्वारा लोगों को आपत्तियों से मुक्त करनेवाली दांभिक स्त्री किसी अपराध में फंस गयी। सिपाही उसे फांसी देने जा रहे थे। तब एक मनुष्य ने कहा, बाई तूने अपने जादूटोने से देवताओं का प्रकोप दूर किया होगा, किन्तु उससे मनुष्य का प्रकोप शान्त नहीं हो सकता।

(३०९) समाने अपि मरणसंकटे शत्रुमरणं दृष्ट्वा अनन्तरं मर्तुं वांछति दीर्घद्वेषी। – आपस में घोर शत्रुत्व करने वाले दो मनुष्य एक ही नौका में पर्यटन कर रह थे। भीषण तूफान के कारण नौका डूब रही थी। उसमें पीछे की ओर बैठे प्रवासी ने पूछा, "नौका का कौनसा भाग पहले डूबेगा।" उत्तर- सामने का। तब पीछे वाले ने कहा, "इसी में मुझे सुख है, क्यों कि अपने शत्रु को मरते देखने पर मेरी मृत्यु होगी।"

(३१०) शीतहस्तौ तापयति, उष्णक्षीरं च शीतयति फूत्कारेण एव मनुष्यः। – एक जंगली प्राणी मनुष्य के आश्रय में रहने आया तब सर्दी के कारण ठंडे हाथों पर फूंक मार कर वह उन्हें गरम कर रहा था। उस प्राणी के पूछने पर मनुष्य ने कहा, मै फूंकने से ठंडा भाग गरम करता हूं। भोजन के समय उसे गरम गरम खीर दी गई। तब वह फूंक मारने लगा। उस प्राणी ने फिर उस संबंध में पूछा तब मनुष्य ने कहा, हम फूंकने से गरम को ठंडा करते हैं। तब वह प्राणी बोला, एक ही मुंह से इस प्रकार विरोधी कर्म करने वाले पर मै विश्वास नहीं रख सकता।

(३११) न हि मिथ्या शपथेन देवदण्डात् विमुच्यते वंचकः। – अपने मित्र की धरोहर हड़प करने के निमित्त एक मनुष्य धरोहर को अमान्य कर गांव छोड़ कर जाना चाहता था। दरवाजे में उसे एक लंगड़ा मिला जिसने अपना परिचय देते हुए कहा, "'मै शपथदेवता हूं। झूठी शपथ लेने वालों को मै कठोर दंड देता हूं। मेरा दौरा ३०-४० वर्षों के बाद प्रायः होता है।" इतना सुनने पर वह बेईमान मनुष्य अपने मित्र के पास झूठी शपथ लेकर धरोहर अमान्य करने लगा। तत्काल शपथ देवता आये और कहने लगे, "कभी कभी मैं अपने कार्यवश तुरंत वापिस आ जाता हूं।"

(३१२) पानीयस्य प्रदूषणम् एव धीवरस्य लाभाय भवति। – एक मछुवे ने नदी में मछलियां पकड़ने जाल बिछाया और वह आघातों से जल में कीचड़ उछालने लगा। तब एक सज्जन ने मना करने पर वह बोला, "मेरा लाभ तो स्वच्छ जल को प्रदूषित और मलिन करने में ही है।" (समाज जीवन में अस्वस्थता निर्माण करने वाले राजनीति के व्यवसायी लोग यही करते हैं।)

(३१३) सन्मित्राणाम् अभावे लघुतमं गृहम् एव विशालं भवति। – एक तत्त्वज्ञ का मकान खड़ा हो रहा था। उसका छोटा आकार देख कर किसी ने टीका की। तब तत्त्वज्ञ ने कहा, "घर भले ही छोटा हो किंतु मेरी अपेक्षा यही है कि इसमें समाने योग्य संख्या में सन्मित्र मुझे मिलें, न मिलेंगे तो यही घर बड़ा हो जाएगा।"

(३१४) परदोषाणां पोतलिका मनुष्यस्य उरसि, स्वदोषाणां तु पृष्ठे स्थापिता इव देवेन। – भगवान ने मनुष्य निर्माण किया और उसके गले में दो पोटलियां बांध रखी, एक छाती पर और दूसरी पीठ पर। सामने की पोटली में लोगों के और पीछे की पोटली में स्वयं उसके दोष भरे। इसी कारण वह दूसरों के दोष आसानी से देखता है और अपने दोष नहीं देख सकता।

(३१५) यो हि यस्य अपहरति स एव तस्मात् बिभेति, न अपरः। – दो मनुष्य प्रवास कर रहे थे। रास्ते में पड़ी कुल्हाड़ी एक ने उठायी और आगे चलना प्रारंभ किया। अपने इस लाभ से वह प्रसन्न था। उसी समय कुल्हाड़ी का मालिक दौडते आया। तब जिसने कुल्हाड़ी ली थी वह भयभीत हुआ किन्तु दूसरा निर्भयता से बोला, "जो जिसकी चोरी करता है, वह उससे डरता है।"

(३१६) इदानीं गतम् अपि झंझासंकटं पुनः आगच्छेत् इति न विस्मर्तव्यम्। – समुद्र में नौका जा रही थी। अकस्मात् झंझावात आने पर मृत्युभय से सभी प्रवासी हैरान हुए। अकस्मात् वह तूफान शांत हुआ। सभी प्रवासी गाने नाचने लगे। तब नौका के प्रमुख अधिकारी ने कहा इस आनंद में यह नहीं भूलना कि झंझावात पुनरपि आ सकता है।

(३१७) अनुपभुज्यमानं हिरण्यं हि पाषाणतुल्यम् एव। – अपनी सारी स्थावर संपत्ति बेच कर किसी ने सोना खरीदा और वह घर में गाड़ रखा। उसका ध्यान नित्य उसी स्थान की ओर रहता था। उसके नौकर के ध्यान में यह रहस्य आ गया। एक दिन वह कंजूस अपना सोना देखने गया तब वहां कुछ नहीं था। इस कारण उसने आक्रोश करना प्रारंभ किया। उसे सुनकर एक सज्जन ने कहा, "उसी गड्ढे में तू एक बडा पत्थर रखकर उसे सोना मानते जा। गाडे हुए सोने में और पत्थर में कोई अंतर नहीं होता। दोनो निरुपयोगी होते हैं।"

(३१८) न हि कुवैद्यस्य रोगनिदानं तथ्यं भवति। -- एक रोगी को किसी ढोंगी वैद्य ने कहा कि तुम्हारा मरण कल ही संभाव्य है। रोगी स्वस्थ होकर घूमने लगा तब उस वैद्य ने उसे रास्ते में परलोक का हालहवाल पूछा। रोगी ने कहा, "यमराज लोगों की दीर्घायुषी करने वाले अपराधी वैद्यों की नामावली कर रहे थे। आपका नामोल्लेख जब हुआ तब मैने यमराज से कहा कृपया यह नाम वैद्यों की नामावली में न डालिये। यह वैद्य का नाम नहीं है। इस व्यक्ति को वैद्य कहना अपमान है।"

(३१९) देशान्तरे अप्रदर्शितं कौशल्यं बहु वर्णितम् अपि स्वग्रामे दर्शयितुं न शक्नोति आत्मश्लाघी। – एक क्रीडाकौशल्य हीन मनुष्य अपने काल्पनिक विदेश गमन का और वहां प्रदर्शित क्रीडाकौशल्य का वर्णन अपने गांव वालों को सुनाने लगा। तब एक चतुर मनुष्य ने कहा, "इसी स्थान को विदेश मानो और अपना क्रीडाकौशल्य हमें दिखा दो। वर्णन करने की आवश्यकता नहीं।"

(३२०) सिंहस्य पदचिन्हानि एव अन्विष्यति भीरुः न तु साक्षात् सिंहम्। – एक स्वभावतः भीरु आखेटक गिरिवन में सिंह के पदचिन्ह ढूंढते चल रहा था। रास्ते में वनचर मिला। उसे सिंह के पदचिन्हों के विषय में पूछा तब उसने कहा, "पदचिन्ह दिखाने से प्रत्यक्ष सिंह ही मैं आपको दिखा सकता हूं।" तब आखेटक बोला, "मुझे सिंह की आवश्यकता नहीं उसके पदचिन्हों को ही देखने की इच्छा है।"

(३२१) न हि प्रातरुत्थापनं स्थगयितुं कुक्कुटहत्या उपयुज्यते। – एक गृहस्वामिनी मुर्गे की बांग होते ही सब कामवालियों को जगा कर काम करने लगाती थी। उससे त्रस्त होकर मुर्गे को मारने पर यह पीड़ा टलेगी ऐसा सोचकर उन नौकरानियों ने रात को मुर्गा मार डाला। उसके मरने से वह मालकिन बेवक्त जाग कर, उन लोगों को काम में जुटाती थी। तब उनके समझ में आया कि केवल मुर्गा मारने से सबेरे का जागना नहीं टल सकता।

(३२२) न हि भल्लूकागमने वृक्षारोही मित्रं विश्वासपात्रं भवति। – दो मित्र प्रवास में थे। रास्ते मे भालू सामने आया। एक तुरंत वृक्ष पर चढ़ गया। दूसरे को यह मालूम था कि भालू मृत शरीर को स्पर्श नहीं करता। वह मृतवत् पड़ा रहा। उसका श्वासोच्छ्वास बंद देखकर भालू आगे चला गया। वृक्ष पर बैठे हुए मित्र ने पूछा, भालू ने तेरे कान में क्या मंत्र दिया। उसने कहा, "यही मंत्र दिया कि संकट के समय भागने वाले को मित्र नहीं समझना।"

(३२३) अन्यथा अनुत्सुकाः श्रोतारः कथार्थम् उत्सुकाः भवन्ति। – एक विद्वान् वक्ता का तात्विक विवेचन लोग नहीं सुनना चाहते थे। तब उसने कहा, इसाप की एक कथा सुनाता हूं, सुनो। – एक सांप और चिड़िया को साथ लेकर भगवान प्रवास कर रहे थे। नदी के किनारे पहुंचते ही चिड़िया उड़कर पार चली गई और सांप पानी में तैर कर चला गया। लोगों ने पूछा फिर भगवान का क्या हुआ। वक्ता ने कहा, भगवान? वे तो तुम पर क्रुद्ध हुए, क्यों कि तुम लोग केवल कथा सुनते, हो तत्त्वज्ञान नहीं।

(३२४) जले निमज्जन् हितोपदेशं न शुश्रूषति। – एक लड़का नदी में नहाते समय डूब रहा था। तीर पर खड़ा हुआ विद्वान उसे साहस न करने के संबंध में अपने विचार सुनाने लगा। तब डूबते हुए लड़के ने कहा, पहले मेरे प्राण बचाओ, बाद में मुझे अपने विचार सुनाना

(३२५) संततघ्राणेन चर्मगन्धः नैव उद्वेजयति। – एक सज्जन किसी चमार के घर में किराये से रहने गया। वहां चमड़े के दुर्गन्धि से उबकर वह चमार को अपना कारखाना दूर कहीं चलाने कहा। चमार ने उसकी सूचना मान्य नहीं की। कई दिन बीत जाने पर वह सज्जन चमड़े के दुर्गन्ध से अभ्यस्त हो गया और शिकायत करना बंद हो गया।

(३२६) मिथ्याक्रोशिणः सत्याक्रोशः न विश्वासं जनयति। – एक लड़का अपने भेड़ों को चराते समय लोगों का मजाक उड़ाने हेतु 'भेड़िया आया रे',- चिल्लाता था। अनेक बार उसके चिल्लाने से गांव वाले ठगते रहे। आगे चलकर उसके चिल्लाने की ओर कोई ध्यान नहीं देता था। एक दिन सचमुच भेड़ियों का हमला आने पर वह चिल्लाने लगा तो भी उसे झूठ मानकर कोई भी सहायता के लिए नहीं दौड़ पड़ा। इस कारण उसके जानवर मारे गये।

(३२७) सिंहाघातात् रक्षितस्य मरणं चित्रसिंहप्रहारेण भवति। – किसी बूढ़े का इकलौता लड़का शिकारी था। बूढ़े ने एक दिन स्वप्न में सिंह द्वारा अपने पुत्र की मृत्यु देखी। तब से उसके संरक्षण की सारी व्यवस्था घर में की गई। एक दिन इस संरक्षण से उब कर लड़के ने चित्र के सिंह को गालियां देते हुए उस चित्र पर मुष्टि प्रहार किया। उस कारण हुई जख्म न सुधरने के कारण लड़के की मृत्यु हुई। भवितव्यता अटल होती है। कितना भी संरक्षण करने पर उससे कोई नहीं बच सकता।

(३२८) कुजनसहचारी स्वर्गे अपि तिरस्कर्तव्यः। – किसी वीर को स्वर्ग में बहुमान दिया गया। उस निमित्त सभी देवताओं को भोजनार्थ निमंत्रित किया था। वीर सभी देवताओं

का आदर कर रहा था। किन्तु जब धन के देवता वहां पहुंचे तब वीर वहां से दूर निकल गया। इस का कारण पूछा जाने पर वीर ने कहा, "मै जब धरती पर इसे देखता था तब यह सदा नीच अधर्मी लोगों की संगति में दीखता था। ऐसे देवता का सहवास स्वर्ग में भी मै नहीं चाहता।"

(३२९) वृद्धा भार्या भर्तुः श्वेतकेशान् लुंचति, तरुणी च कृष्णकेशान्। – एक प्रौढ़ सज्जन की दो स्त्रियां थी। एक वृद्धा और दूसरी तरुणी। उसके सिर के सफेद बालों को तरुण स्त्री उखाडती थी और काले बालों को वृद्धा उखाड़ती थी। इस कारण वह गंजा हो गया।

(३३०) मिष्टान्नानि पृष्ठे वहन् अपि वृक्षपर्णान् एव आस्वादयति गर्दभः। – खेत के मजदूरों का सारा अन्न गधे की पीठ पर लदा था। वह गधा खेत जाते समय आजूबाजू के पेडों के पत्ते खाता था। तब उसके मन में विचार आया कि, मेरी पीठ पर चाहे कितना भी अच्छा अन्न हो मेरे लिये तो ये पेड़ के पत्ते ही मिष्टान्न हैं।

(३३१) लुण्टाकागमने पलायमानस्य सैनिकस्य युद्धान्ते वीरभाषणं उपहासं जनयति युध्यमानस्य। – दो सैनिक एक साथ प्रवास कर रहे थे। रास्ते में डाकुओं ने उन पर हमला किया। तब एक सैनिक भाग गया, दूसरे ने डाकुओं को परास्त करने पर वह दौड़ते आकर वीरता की बातें करने लगा। तब विजयी सैनिक ने उसे कहा, "इस भाषण की और आवेश की आवश्यकता तब थी जब मै अकेला लड़ रहा था। तेरी वीरता का परिचय तू भाग गया तब हो गया।"

(३३२) नैसर्गिकं निन्दन्ति कृत्रिमं तु श्लाघयन्ति सूकराराव लोकाः। – एक मनोरंजक कार्यक्रम ने किसी विदूषक ने सूअर की आवाज निकालने में अद्‌भुत नैपुण्य दिखाया। उस पर लोगों का हर्ष देखकर एक अनाड़ी मनुष्य ने इससे भी बढ़िया सूअर की आवाज करने का कार्यक्रम दूसरे दिन किया। लोगों ने उस पर विरोध प्रकट करते हुए उसे रंगमंच से खींचा तब सूअर का बच्चा दिखाकर उसने कहा, "मै तो प्रत्यक्ष सूअर की नैसर्गिक आवाज सुना रहा था किंतु आपको कृत्रिम ही प्रिय है।"

(३३३) महाकायम् अपि अतेजस्विनम् उष्ट्रम् अवहेलयन्ति मनुष्याः। – मानव ने जब प्रथम बार ऊंट देखा तो उसका विशाल शरीर देखकर वे भयभीत हुए। धीरे धीरे अतिपरिचय के कारण भीति जाकर तुच्छता का भाव निर्माण हुआ। और बाद में तो मानव के बालबच्चे भी ऊंट पर सवार होने लगे।

(३३४) स्वरूपम् अजानानः अपि अन्धः स्पर्शमात्रेण स्वभावं जानाति वृकशावकस्य। – एक अंधा स्पर्श मात्र से किसी भी प्राणी को पहचानता था। उसकी परीक्षा लेने वालों ने एक भेड़ का बच्चा उसके हाथ में दिया। उसे स्पर्श करते हुए उसने कहा, "यह सियार है या भेड़िया है यह मैं निश्चित नहीं कह सकता। लेकिन इतना निश्चित कहता हूं कि भेड़ों के समुदाय में रखने लायक यह प्राणी नहीं है।"

(३३५) आत्मानं विना कोऽन्यः स्तुवीत कुकवेः काव्यकलाम्। – किसी क्षुद्र कवि ने किसी काव्यमर्मज्ञ को अपनी कविता सुनाई और कहा, अपने कवित्व के विषय में मेरा आत्मविश्वास यथार्थ है ना? मर्मज्ञ ने कहा, "आपकी कविता की प्रशंसा आप स्वयं नहीं करेंगे तो दूसरा कौन करेगा?"

(३३६) बहुमित्रोऽपि शशकः आपत्काले एकाकित्वम् अनुभवति। – किसी खरगोश की सभी प्रकार के प्राणियों से मित्रता बढ़ी थी। उस मित्र परिवार का उसे बड़ा गर्व था। एक दिन शिकारी कुत्तों की आवाज उसने सुनी। आत्मरक्षा के लिए घोड़ा, बैल, बकरा, भेड़ आदि सभी की सहायता मांगने वह दौड़धूप करने लगा। सभी ने अपना अपना बहाना बताकर कोई सहायता नहीं दी। अंत में अपने धैर्य को समेट कर दूर भागते हुए उसने कहा, "आपत्काल में कोई किसी का मित्र नहीं होता।"

(३३७) आत्मरंजकं गाननैपुण्यं लोकरंजकं न भवति। – एक मनुष्य अपने बंद कमरे में नित्य गाता रहता था। उससे उसे यह भ्रम हो गया कि वह सार्वजनिक गायन का कार्यक्रम भी दे सकता है। उसके कहने पर कार्यक्रम आयोजित हुआ। गायन के प्रारंभ में ही लोग उसकी योग्यता समझ गये और उसका अपमान करने लगे।

(३३८) जलार्थं युद्धोद्यतौ अज-सिंहौ उपरि गृध्रवृन्दं दृष्ट्वा सन्धिं कुरुतः। – निदाघ काल में बकरा और सिंह तृषाकुल होकर एक जलाशय पर पानी पीने आये। पहले पानी पीने के अधिकार पर उनमें कलह शुरु हुआ। शीघ्र ही वे आपस में लड़ने को सिद्ध हुए। तत्काल कुछ गीद्ध आकाश में चक्कर काटने लगे। उन्हें देखते ही भवितव्य समझ कर वे संघर्ष से निवृत्त हुए और उनमें तत्काल संधि हो गई।

(३३९) मत्स्यजाले भूयः पाषाणखण्डान् प्राप्य अपि पुनः प्रयत्नः न त्याज्यः धीवरैः। – कुछ मछुओं ने समुद्र में अपना जाल फैलाया। उसे बोझिल हुआ देख कर वह बाहर खींचा गया तब अंदर मछलियों से कई गुना अधिक पत्थर ही आये। उसकी खिन्नता देख कर एक वृद्ध ने कहा, "असफल होने पर भी प्रयत्न नहीं छोड़ना चाहिए। सफलता के लिए फिर के अपना जाल समुद्र में फैलाओ।"

(३४०) प्रशान्तभूतोऽपि सागरः अकाले प्रक्षुभ्यति खर्जूरभक्षणार्थम्। – किसी गड़रिया ने अपने सारे भेड़ बेचकर अनाज खरीदा। और विदेश में खजूर बेचने वह निकल पडा। समुद्र क्षुब्ध होने पर जहाज का बोझा हलका करने के लिए उसे सारा खजूर फेंकना पड़ा। जहाज किनारे लग गया। कई दिनों के बाद शांत समुद्र की ओर देख कर किसी ने फिर से जहाज चलाने की सूचना दी तब उसने कहा, समुद्र को खजूर की भूख लगती है तब वह ऐसा ही शांत रहता है।

(३४१) नर्तकाभिनये कुशलाः अपि मर्कटाः चणकान् दृष्ट्वा नर्तनं विस्मरन्ति। – एक राजा के संग्रहालय में कुछ बंदर बड़े नृत्यकुशल थे। उनके नृत्य के अनेक कार्यक्रम यशस्वी हुए थे। एक दिन किसी सरदार नें कार्यक्रम के बीच रंगमंच पर चने फेंके। उन्हें देखते ही बंदर नाचना भूल गए और चने खाने लगे।

(३४२) मेषपृष्ठारोही वायसः श्वपृष्ठम् आरोढुं नैव उत्सहते। – एक कौआ भेड़ की पीठ पर बैठा। दिन भर वहीं बैठ कर वह इधर उधर भटकने का आनंद ले रहा था। इससे रुष्ट होकर भेड़ ने कहा, अब थोड़ा समय तू कुत्ते की पीठ पर बैठ जा। मुझे थोड़ी विश्रांति मिलेगी। कौओ ने कहा, किस की पीठ पर बैठना और ना बैठना मैं ठीक जानता हूं। इसीलिए तो दीर्घकाल जीता हूं।

(३४३) हननावसरे सुस्वरालापं गायन्तं हंसं न हिनस्ति सूदः। – किसी धनिक ने खाने के लिए बगला और गाने के लिए हंस खरीदा। रात की दावत में हंस गाने वाला था। रसोईया ने अंधेरे में हंस को ही बगुला समझ कर शस्त्र उठाया। कहते है कि मरते समय हंस मधुर गाता है। उसका मधुर स्वर सुनते ही रसोइये को अपनी भूल समझ गई। उसने कहा, मरते समय यह मौन रहता तो निश्चित ही मारा जाता।

(३४४) शिशिरबाधाया असंरक्षतः रुचिरबर्हभारात् वरम् अरमणीया पक्षती। – यूरोप में एक ऐसा पक्षी है जिसे ग्रीष्म काल में सुंदर पंख ऊगते हैं। किन्तु शिशिर काल में उनसे वह अपना संरक्षण नहीं कर पाता। एक दिन उसने अपने सुंदर पंखों की प्रशंसा सुनाते हुए कौए के पंखों की निंदा की। तब कौए ने कहा, "मेरे पंख भले ही सुंदर न हों किन्तु वे शिशिर काल में मुझे सुरक्षित रखते है। तेरे जैसा देशत्याग उस ऋतु में मुझे नहीं करना पड़ता।"

(३४५) न हि शलभग्राही वृश्चिकं गृह्णीयात्। – एक लडका टिड्डे पकड़ रहा था। बीच में एक बिच्छू को ही टिड्डा समझकर वह आगे बढ़ा तब बिच्छू ने कहा, मुझे अगर तेरा हाथ लगता तो अभी तक पकड़े हुए सभी टिड्डे मुक्त हो जाते और तुझे यहां से भागना पड़ता।

(३४६) आचारसुधारार्थं दर्पणोपयोगः न तु रूपस्पर्धार्थम्। – एक लड़के ने और उसकी बहन ने एक दिन आइने में पहिली बार अपना स्वरूप देखा। लड़के को अपने सुरूप का गर्व हो गया। वह बहन को चिढ़ाने लगा। दोनों झगड़ने लगे। तब पिताने लड़के से कहा आइने में जितना सुंदर स्वरूप तू ने देखा उतना ही सुंदर अपना आचरण रखने का प्रयत्न कर। और फिर लडकी से कहा तू लोगों से इतना मधुर वर्तव कर कि जिससे लोग तेरी कुरूपता को भूल जायें। दर्पण का उपयोग आचार में सुधार लाने के लिये करना चाहिए, रूपस्पर्धा के लिये नहीं।

(३४७) न हि सिंहोपदेशं प्रमाणीकृत्य शृंगोच्छेदः कर्तव्यः वृषभेण। – एक धृष्ट पुष्ट बैल को देख कर उसे खाने की इच्छा सिंह को हुई। किन्तु उसके तीक्ष्ण सींगों के वह डर रहा था। फिर भी पास जाकर उसके दर्शनीय रूप की स्तुति करते हुए उसने एक सुझाव दिया कि इन भद्दे सींगों के कारण तेरी दर्शनीयता में बाधा आ रही है, उन्हें अभी काट डाल। बैल ने उसका सुझाव मान कर अपना बलस्थान नष्ट कर आत्मघात कर लिया।

(३४८) देववंचकं देवोऽपि वंचयति। – किसी धूर्त ने बीमारी से सुधरने के निमित्त देवता को सौ बैलों का बलिदान देने की मनौती मानी। स्वास्थलाभ होने पर उसने सौ बैल मोम के बनाकर देवता को समर्पण किये। देवता ने उसकी इस अप्रामाणिकता का दंड देने निश्चय किया। एक दिन स्वप्न साक्षात्कार में प्रकट हुए देवता ने उसे कहा- कल अगर प्रातः तू समुद्र किनारे पहुंचेगा तो पांच सौ का लाभ होगा। वहां पहुंचते ही सागरी डाकुओं के उसे पकड़ लिया और विदेश में बेच ड़ाला। पांच सौ रूपयों का लाभ उन तस्करों को हुआ।

(३४९) न हि शुभाशुयोः परिज्ञाने काकस्य आरावः प्रमाणीक्रियते। – शकुन पक्षी की आवाज से शुभ और अशुभ का ज्ञान होता है। इस कारण उसका आदर होता है। कौए को उसका मत्सर होने लगा। एक दिन कुछ प्रवासी जा रहे थे। तब कौए ने शकुन पक्षी के समान तीन बार आवाज निकाली। तब उसे देख कर एक ने कहा, "यह तो कौए की आवाज है। इस का कोई अर्थ नहीं होता।"

(३५०) न हि शृगालस्य चिकित्सकत्वम् अपेक्षते कुक्कुटी। – एक सियार भक्ष्य की खोज में घूम रहा था। उसे मुर्गी का घर दिखा। वह उपरिस्थान में होने से उसने मुर्गी को पुकार कर कहा, तेरा स्वास्थ्य ठीक नहीं होगा तो नीचे उतर के मुझे जरा नाडी परीक्षा करने दे, मैं तुझे ठीक उपचार बताऊंगा। मुर्गी ने अपने स्थान से ही कहा, तेरा उपचार मैं जानती हूं। मुझे उसकी आवश्यकता नहीं।

(३५१) कुक्कुरस्य मांसखंड़ापहारः दक्षताम् उपदिशति सौनिकाय। – एक कसाई अपने काम में व्यग्र था। तब एक कुत्ता वहां से मांसखंड़ उठाकर भाग गया। उसे देख कर कसाई ने कहा, '"वह टुकड़ा मैने तुझे दान दिया है। इस लिए कि उसके अपहरण से मुझे दक्षता का पाठ मिला हैं।"

(३५२) स्वार्थपरायणस्य उपदेशं प्रमाणीकुर्वाणस्य वायसस्य अक्षोटफलम् अपहार्यते। – एक कौए को अखोट का फल कहीं मिल गया, किन्तु वह उसे फोड़ने में असमर्थ था। तब दूसरे धूर्त कौए ने उसे युक्ति बताई। आकाश में दूर जाकर तू अपना अखोट नीच पत्थर पर छोड़ दे। उससे वह अनायास फूटेगा। उपर से अखोट छोड़ कर वह नीचे आया तब उसने देखा कि फल का खाद्यांश उस धूर्त ने पहले ही खा लिया था।

(३५३) अपरस्य अक्षिद्वयनाशाय निजाक्षिनाशं प्रार्थयते मत्सरी।– लोभी और मत्सरी की प्रार्थना से भगवान प्रसन्न

हुए और बोले तुम दोनों में से पहला जो कुछ मांगेगा, उससे दुगुना मैं दूसरे को दूंगा। इस पर लोभी शांत रहा। मत्सरी ने अपने स्वभाव के अनुरूप मांगा - हे भगवान् मेरी एक आंख फूटे इतनी ही मेरी मांग है। तत्काल लोभी की दोनों आंखे फूट गई।

(३५४) पक्षच्छेदिनम् आदौ उपकुर्यात् पुनः पक्षच्छेदनिवारणाय। – किसी मनुष्य ने एक गरुड़ को खरीदा और असके पंख काटकर उसे मुर्गों के साथ रख दिया। गरुड अत्यंत दुःखी हुआ। वह दूसरे मनुष्य को बेचा गया तब उसने उसका लालन पालन करके पोसा। गरुड के पंख फिर से उत्पन्न होने पर उसने एक खरगोश को पकड़ लिया जब वह नए स्वामी को उसे समर्पण करने लगा तब उसे जानने वाले सियार ने गरुड़ को कहा, यह दूसरा आदमी सज्जन है अतः पहले स्वामी को इसे समर्पण कर उससे आत्मीयता कर ले, ताकि वह तुझे फिर से खरीद कर तेरे पंख ना काटे।

३५५) यद् विनष्टं तदेव अन्विष्यते अनारतम्। – उल्लू, कंटकीवृष और समुद्रपक्षी विदेश में व्यापार के लिए निकले। उल्लू ने साहुकारों के धन, कंटकीवृक्ष ने कपड़ा और समुद्र पक्षी ने सीसा बेचने लिया था। बीच में जहाज डूब गया। वे तीनों किनारे पहुंचे। तब से उल्लू साहुकारों के डर से अंधेरे में रहता है। कंटकीवृक्ष समीप आने वाले का कपड़ा पकड़कर देखता है। और समुद्रपक्षी बारंबार समुद्र में गोते लगाकर अपना खोया हुआ सीसा खोजते रहता है। जो नष्ट होता है उसी की संसार में खोज होती है।

(३५६) कीटो हि गरूडम् अपि पीडयितुं प्रभवति। – एक गरुड़ खरगोश को नित्य सताता था। बीटल जाति के कीड़े ने मना करने पर भी उसने खरगोश को सताकर मार ड़ाला। तबसे उसका बदला लेने के लिए बीटल गरुड़ के घौंसले में घुसकर उसके अंडे नीचे गिराने लगा। गरुड़ भगवान के शरण में गया और अपने अंडे भगवान की गोद में रखने लगा। तब बीटल ने उपर से गोबर का गोला उन अंडों पर डाला। भगवान ने कपडे झटकते ही अंडे नीचे गिरे और फूट गए। कहते हैं कि इस भय के कारण ही जिस ऋतु में बीटल कीडे प्रबल होते हैं, तब गरुड अंडे नहीं देते।

(३५७) अकाले उष्मागमं तर्कयित्वा प्रावरणं न विक्रीणियात्। – किसी मूर्ख ने अपनी सारी संपत्ति बेची। उसके पास केवल एक कोट बचा था। एक दिन ग्रीष्म का आगमन सूचित करने वाला (स्वॅलो नामक) पक्षी उसी कहीं दिखा। उसी दिन उसने अपना गरम कोट भी बेच डाला। उस के बाद अचानक हिमपात हुआ। भीषण सर्दी में उस पक्षी को मरते हुए देख कर उस दिवालिये ने कहा, तुझ पर विश्वास रखने कारण मैं भी अब मर रहा हूं।

(३५८) न हि कृत्रिमः केशमुकुटः स्थिरायते खल्वाटमस्तके। – एक गंजा मनुष्य बालों का मुकुट धारण कर, घोड़े पर जा रहा था। उलटी हवा से वह मुकुट उड़ गया। उसे गंजा देक कर रास्ते के लोग हंसने लगे, तब गंजे ने कहा, ''जिन बालों से यह मुकुट बना था, वे जिनके थे, उनके भी मस्तक पर नहीं रहे, तो फिर मेरे ही मस्तक पर कैसे स्थिर रहेंगे। इसमें हास्यास्पद बात कुछ भी नहीं।''

* * *

वर्ग ६
लौकिक न्यायांजलि से संगृहीत न्यायवचन

श्री जी. ए. **जेकब** १९ वीं (अंतिम) २० वीं शताब्दी के आरंभकाल में महाराष्ट्र में एक 'कर्नल' अर्थात् फौजी अधिकारी थे। किन्तु उन्हें संस्कृत वाङ्मय में महती अभिरुचि थी। उसके अनुरूप उन्होंने संस्कृत के विविध शास्त्रीय ग्रंथों मे यत्र तत्र बिखरे हुए रत्नों के समान तेजस्वी एवं चित्ताकर्षक 'न्यायों' का संकलन स्वयंप्रेरणा से किया।

एक अंग्रेज को और उस में भी फौजी अधिकारी (कर्नल) को संस्कृत वाङ्मय में अभिरुचि होना और उस में भी काव्य नाटकादि सुरस साहित्य के अलावा शबराचार्य, शंकराचार्य, मंडनमिश्र, वाचस्पति मिश्र, कुमारिलभट्ट, जयंतभट्ट, पार्थसारथि मिश्र; उदयनाचार्य सुरेश्वराचार्य, मम्मटाचार्य, आनंदवर्धनाचार्य, अभिनवगुप्त, श्रीहर्ष, वात्स्यायन, पतंजलि, धर्मोत्तराचार्य, हेमचंद्रसूरि, विद्यारण्य, इत्यादि स्वनामधन्य विश्ववंद्य महामनीषियों के तर्ककर्कश ग्रंथों में अभिरुचि होना अत्यंत कुतूहल का विषय है। अपने इस अध्ययन के फलस्वरूप "मॅन्युअल ऑफ हिन्दु पॅन्थिईझम" नामक प्रबंध भी कर्नल जेकब ने लिखा, (जिसकी तृतीय आवृत्ति ट्रूबनर्स ओरिएंटल सीरीज में सन १८९१ में प्रकाशित हो चुकी थी)। कर्नल जेकब ने और भी कुछ भारत के विषय में लिखा उदा. नैष्कर्म्यसिद्धि (सुरेश्वराचार्यकृत- संपादन), जिसका समग्रता से निर्देश करने की यहां आवश्यकता नहीं है। किन्तु उन्होंने "**लौकिक न्यायांजलि**" – नामक तीन पुस्तकों में शास्त्रोक्त न्यायों का जो चयन किया और उन में प्रत्येक न्याय का विवरण करने हेतु जो विविध ग्रंथों के (अध्याय, प्रकरण, श्लोकक्रमांक, पृष्ठसंख्या, पंक्तिसंख्या, पाठभेद, शब्दमात्र का भेद, इत्यादि बारीकी के साथ जो प्रमाण उपन्यस्त किए और उन संस्कृत वचनों के डॉ. विंटरनिटझ, प्रो. बूल्हर, डॉ. जी थिबौट, प्रो. एग्गेलिंग, डॉ. वेबर, प्रो. ए. ए. मॅक्डोनेल, प्रो. गंगानाथ झा, प्रो. सी. एच. ट्वाने, प्रो. कॉवेल, डॉ. कीलहॉर्न, डॉ. रायडर, प्रो. पी. पीटरसन, प्रो. गौघ, ऑर्थर वेनिस, जैसे ग्रंथकारों द्वारा किए हुए अधिकृत अंग्रेजी अनुवाद यत्र, तत्र सर्वत्र प्रस्तुत किए हैं। उनकी इस सूक्ष्म एवं व्यापक अध्ययन शीलता का अभिनंदन, विनम्र अभिवादन से ही हम कर सकते हैं।

प्राचीन भारतीय लेखकों में इस प्रकार लौकिक न्यायों का संग्रह करने का प्रयास **रघुनाथ वर्मा** ने लौकिक **न्यायरत्नाकर** और **लौकिकन्यायसंग्रह** नामक दो ग्रंथों के रूप में किया और इनका विवरण प्रायशः आध्यात्मिक दृष्टि से किया था। कर्नल जेकब ने अपने ग्रंथ में स्थान स्थान पर रघुनाथ वर्मा के ग्रंथों में उल्लिखित न्यायों का उल्लेख तथा उनके संस्कृत विवरण के अवतरण दिये हैं। लौकिक न्यायांजलि के तीनों भागों में कुल मिलाकर ४५० से अधिक न्यायों का संचयन हुआ है। तीनों भागों में न्यायों के चयन में वर्णानुसार अनुक्रम के अतिरिक्त अन्य कोई विशिष्ट उद्देश्य नहीं दिखाई देता। उनमें वर्णानुक्रम होने पर भी न्याय की खोज करने में संभाव्य कष्ट का निवारण करने के लिए उनके तृतीय खंड का प्रकाशन वर्णानुक्रमात्मक सूची के साथ किया है, जिस में प्रत्येक न्याय के आगे के आगे खंड का निर्देश ।, ।।, ।।। - चिन्हों से किया हुआ है। × × ×

अकाले कृतम् अकृतं स्यात् = अयोग्य समय पर किया हुआ कार्य न किए के समान होता है। संदर्भ – (१) न्यायमालाविस्तर (माधवाचार्य) – १०१-१-। (२) शाबरभाष्य – ६-२-२५-। (३) न्यायकन्दली में – **स्पष्टीकरण** – "**स्वकाले यदकुर्वन् तत् करोत्यन्यद् अचेतनः। प्रत्यवायोऽस्य तेनैव नाऽभावेन स जन्यते।।**" अर्थात् बुद्धिहीन मनुष्य यथोक्त समय पर जो करता है वह न करने के समान होने से "अकरणे प्रत्यवायः" दोष उसे लगता है। कर्तव्य के अभाव में प्रत्यवाय दोष नहीं लगता।

अक्षिपात्रन्याय = (अक्षिपात्र, अक्षिगोलक या चर्मचक्षु) ।- संदर्भ – (१) योगभाष्य - २-१५-। (२) मणिप्रभा (योगसूत्र का भाष्य)। (३) तात्पर्य टीका। (४) माध्यमक वृत्ति (बौद्धग्रंथ) स्पष्टीकरण- ज्ञानी या योगी पुरुष अक्षिपात्र के समान तीव्र संवेदनाशील होता है। **स्पष्टीकरण** – ऊर्णातन्तु या सूक्ष्मकेश, हाथ पर या शरीर के अन्य भाग पर पड़ने से क्लेश का अनुभव नहीं होता किन्तु वही अगर अक्षिपात्र में आ पड़े तो असत्य दुःख होता है। अज्ञानी पुरुष को जिसे दुःख नही होता, उसी कारण ज्ञानी पुरुष को असह्य दुःख होता है। "ऊर्णापक्ष्म यथैव हि करतलसंस्थं न विद्यते पुंभिः। अक्षिगतं तु तदेव हि जनयत्यार्तिं च पीडां च।।
"अक्षणगोलकेन तुल्यो विद्वान्।"

अंगुलिदीपिकया ध्वान्तविध्वंसन्याय = अंगुलि जैसे छोटे से दीपक से संपूर्ण अंधकार का नाश करने का प्रयास। **संदर्भ** – आत्मतत्त्वविवेक। **स्पष्टीकरण** – अल्पमात्र साधन से महान् कार्य करने का प्रयास उचित नहीं होता यह इस न्याय से स्पष्ट किया जाता है।

अंगुल्यग्रं न तेनैव अंगुल्यग्रेण स्पृश्यते = अंगुलि के अग्रभाग को उसी से स्पर्श नहीं हो सकता। **संदर्भ** = (१) न्यायवार्तिक तात्पर्य टीका। (२) मध्यमकवृत्ति। (३) श्लोकवार्तिक (शून्यवादखंड) पर पार्थसारथि मिश्र की टीका। (४) न्यायमकरंद (५) श्रीभाष्य (६) सर्वार्थसिद्धि। **स्पष्टीकरण** – "अंगुल्यग्रं यथात्मानं नात्मना स्प्रष्टुमर्हति। स्वांशेन ज्ञानमप्येवं

नात्मानं ज्ञातुम् अर्हति।।"
प्रकरणपंचिका और न्यायकणिका में इसी एक श्लोक द्वारा प्रस्तुत न्याय के आधार पर सिद्धान्त बताया गया है कि, – ज्ञान अपने अंश द्वारा अपने आपकों नही जान सकता। अथवा – "न तेनैव चित्तेन तदेव चित्तं शक्यं द्रष्टुम्" (मध्यमक) (अथवा – तया एव असिधारया सा एव असिधारा न शक्यते छेत्तुम्।) वृत्ति)

अंगुल्यग्रे मम हस्तियूथशतम् आस्ते = मेरी करांगुली पर सैकडो हाथियों की झूंड है। **संदर्भ** = (१) विवरण प्रमेय संग्रह। (२) चित्सुखी- २-३२-। (३) खंडनखंडखाद्य की टीका। (४) आत्मतत्त्वविवेक (उदयनाचार्य)। **स्पष्टीकरण** – यह एक उन्मत्तजल्पित का उदाहरण है। उम्बेकाचार्य इस विषय में कहते हैं "यदा आप्तोऽपि कस्मैचिद् उपदिशति न त्वया अननुभूतार्थ विषयं वाक्यं प्रयोक्तव्यम् यथा अंगुल्यग्रे..... तत्र अर्थव्यभिचारः स्फुटः।" जिसका अनुभव नहीं हो सकता ऐसे आप्तवाक्य पर विश्वास नही रखना चाहिए। समान उदाहरण – "मम कर्णकुहरं प्रविश्य सिंहः क्रीडति।" या – "मम कर्णे गजो गर्जति भेषजम् उच्यताम्। (उम्बेक एक विवाद्य नाम है)।

अग्निशिखान्याय = अग्निज्वाला की ऊर्ध्वगति का नियम। **संदर्भ** = सर्वदर्शनसंग्रह (जैन दर्शन)। **स्पष्टीकरण** – जिस प्रकार अग्नि की ज्वाला उपर ही जाती है उसी प्रकार कर्मरहित निःसंग आत्मा का ऊर्ध्वगमन ही होता है; उसे नीच गति कभी प्राप्त नहीं हो सकती।

समान न्याय = "एरंडबीज न्याय" (एरंड का बीज जल में स्वभावतः उपर आता है)।

अग्निहोत्र न्याय = जैमिनि के "यावज्जीवम् अग्निहोत्रं जुहोति" – (६-२-२३ से २६) इस सूत्र द्वारा प्रतिपादित सिद्धान्त के विषय में पूर्वपक्षी का मत है कि गृहस्थद्वारा प्रारंभ से अंतिम दिन तक अग्निहोत्र एकमात्र कर्म अखंड होना चाहिए। उसे अवांतर गौण कर्मों में दुर्लक्ष होने पर भी दोष नहीं लगता। उत्तर पक्ष का इस विषय में अभिप्राय है कि "प्रदोषम् अग्निहोत्रं होत्तव्यं व्युष्टायां प्रातः।" अग्निहोत्रविधि का विवरण शतपथ ब्राह्मण (काण्ड २, अध्याय ३-४) में सविस्तर मिलता है। इस विषय में वेदान्तियों का मत ब्रह्मसूत्र भाष्य (३-४-३२) में मिलता है।

अजाकृपाणीय न्याय = (बकरी और तलवार का न्याय) **संदर्भ** = (१) खंडनखण्डखाद्य (श्रीहर्षकृत)। (२) गणरत्नमहोदधि (वर्धमानकृत)। (३) पदमंजरी (काशिका टीका)। (४) खंडनोद्धार। (५) सिद्धान्तलेश। **स्पष्टीकरण** = खंभे को बंधी हुइ तलवार पर गला खुजाते हुए अकस्मात् बकरी की गर्दन कट जाना। अर्थात् अकल्पित कोई घटना होना। **समान न्याय** = (१) काकतालीय न्याय। (२) खल्वाट बिल्वीय न्याय

अजातपुत्र नामोत्कीर्तन न्याय = (जन्म से पूर्व पुत्र का नाम घोषित करना)। **संदर्भ** = न्यायमंजरी- न हि अजाते पुत्रे नामधेयकरणम्। अनुत्पन्नस्य अभिधानानुपपत्तेः।

अणुरपि विशेषोऽध्यवसायकरः = दो या अधिक समान वस्तुओं में अणुमात्र भेद होने से उन की भिन्नता स्थापित हो सकती है। **संदर्भ** = (१) आत्मतत्त्वविवेक की मथुरानाथ कृत टीका।

अत्यन्तपराजयाद् वरं संशयोऽपि = संपूर्णतया पराजय होने से जय-पराजय की (संशयास्पद विजय की) अवस्था भी अच्छी होती है। **संदर्भ** = (१) न्यायवार्तिक तात्पर्य टीका ५-१-४३। (२) न्यायमंजरी (एकान्त पराजयाद्वरं सन्देहः)। (३) रघुनाथवर्मा- "मारणाय गृहीतः अंगच्छेदं स्वीकरोति।" तथा "मरणाद् वरं व्याधिः।" (४) न्यायमालाविस्तार ६-२-७ प्रधानलोपाद् वरम् अंगलोपः। इसी भावार्थ का 'सर्वनाशे समुत्पन्ने अर्धं त्यजति पंडितः – इस सुभाषित में प्रतिपादन हुआ है।

अदग्ध-दहन न्याय = न जले हुए इन्धन का यथावसर दहन। **संदर्भ** = काव्यप्रकाश (३-५) **स्पष्टीकरण** = शब्द से मुख्य वाक्यार्थ की प्रतीति होने पर वह कारणवश बाधित होकर उसी शब्द से लक्ष्यार्थ की प्रतीति होती है और वह भी बाधित होकर उसके प्रयोजन की प्रतीति उसी शब्द से होती है, अंत में तथाकथित व्यंग्य या प्रतीयमान अर्थ भी उसी शब्द से प्रतीत होता है। अर्थप्रतीति की इस प्रक्रिया को अभिधावादी 'अदग्धदहनन्याय' कहते हैं।

अदित्सोः वणिजः प्रतिदिनं प्रतिलिखितश्वस्तन दिनभणन न्याय = देने की इच्छा न होने पर प्रतिदिन अगले दिन आने की सूचना देना। **संदर्भ** = (१) स्याद्वादमंजरी (मल्लिसेनकृत)। **स्पष्टीकरण** = सौगत (बौद्ध) मतानुसार "सर्वं सत् क्षणिकं" = माना जाता है। किन्तु व्यवहार में घटादि पदार्थ तत्क्षण विनष्ट होते नहीं दीखते। अतः इस आक्षेप के उत्तर में प्रस्तुत न्याय का प्रयोग होता है। उत्पन्न पदार्थ आज नहीं तो आगे कभी नष्ट होने ही वाले हैं।

अधिकरण सिद्धान्त न्याय = (एक सिद्धान्त को मानने पर दूसरे सिद्धान्त को मानने की आवश्यकता। **संदर्भ** = (१) न्यायसूत्र १-१-२८-३१। (२) तार्किकरक्षा (१-२९) (३) आत्मतत्त्वविवेक (४) आगमप्रामाण्य (यामुनाचार्यकृत) (५) न्यायवार्तिक तात्पर्यटीका। **स्पष्टीकरण** = एक क्षण में अनेक प्रकार का ज्ञान नहीं होता यह मानने पर ज्ञानेन्द्रियों से संबंध रखनेवाले मन का अणुत्व मानना आवश्यक होता है। ऐसा अणुत्व न मानने पर मन का एक साथ अनेक इन्द्रियों से संबध आता और उस कारण एकसाथ अनेक विषयों का ज्ञान होने की सम्भावना माननी होगी।

न्यायसूत्र में इसी संदर्भ में (१) सर्वतन्त्रसिद्धान्त = अर्थात् सभी शास्त्रों को सम्मत सिद्धान्त। **(२) प्रतितंत्र सिद्धान्त** = अर्थात् विशिष्ट शास्त्र में या संप्रदाय में सम्मत सिद्धान्त जिसे अन्यत्र मान्यता नहीं होती। **(३) अभ्युपगम**

सिद्धान्त = कल्पित या मनोनीत सिद्धान्त के कारण अपरिहार्य सिद्धान्त। जैसे पृथ्वी को स्थिर मानने पर दिन-रात होने के लिए सूर्य का परिभ्रमण मानना आवश्यक होता है।

अधिकार न्याय = यज्ञादि विशिष्ट कर्मों के अधिकार का न्याय। **संदर्भ** = मीमांसा सूत्र (६-११-३) (२) अर्थसंग्रह (लौगाक्षि भास्करकृत)। **स्पष्टीकरण** = "दर्शपूर्णमासाभ्यां स्वर्गकामो यजेत" या "ज्योतिष्टोमेन स्वर्गकामो यजेत" इत्यादि यज्ञविधिपरक वाक्यों में स्वर्गप्राप्ति की उत्कृष्ट इच्छा जिसे हो उसे ही यज्ञ का अधिकारी माना जाता है। इच्छा के अभाव में केवल वर्ण-आश्रमादि कारणों से यज्ञ का 'अधिकार' (पात्रता) नहीं माना जाता।

अध्यारोपापवाद न्याय – अध्यारोप = रज्जू-सीप जैसे सत्य वस्तु पर असत्य वस्तु का अज्ञानवश आरोपण। **अपवाद** = ज्ञानोपदेश से आरोपित सांप चांदी आदि असत्य वस्तु का निराकरण करते हुह अवशिष्ट सत्य तत्त्व का ज्ञान देना वेदान्त शास्त्र में इसी पद्धति से ब्रह्मज्ञान या आत्मज्ञान का उपदेश होता है। **संदर्भ** – (१) वेदान्तसार। (२) विवेकचूडामणि श्लो. । ४०।

अनधीते महाभाष्ये व्यर्था स्यात् पदमंजरी।
अधीतेऽपि महाभाष्ये व्यर्था स्यात् पदमंजरी।।

व्याकरण महाभाष्य का अध्ययन न होने पर पदमंजरी (हरदत्त मिश्रकृत काशिका की व्याख्या) का अध्ययन करना व्यर्थ है। इसी प्रकार महाभाष्य का अध्ययन करने पर भी पदमंजरी का अध्ययन निरर्थक (अनावश्यक) है। **संदर्भ** – (१) रघुनाथ वर्मा कृत लौकिक न्यायरत्नाकर। **स्पष्टीकरण** – गणपति पूजा की फलश्रुति में कहा गया है कि, "विद्यार्थी लभते विद्यां धनार्थी लभते धनम्। पुत्रार्थी लभते पुत्रान् मोक्षार्थी परमं पदम्।। अतः गणपति पूजन मात्र से सर्वलाभों की संभावना होने से अन्य देवताओं की आराधना अनावश्यक हो जाती है। इसी प्रकार पदमंजरी में महाभाष्य का सारा प्रतिपादन समाविष्ट होने से महाभाष्य का अध्ययन होने पर पदमंजरी के अध्ययन की आवश्यकता नहीं रहती। और महाभाष्य का अध्ययन न करते हुए केवल पदमंजरी का ही अध्ययन करने से यथार्थज्ञान का लाभ नही होगा। तात्पर्य यही है कि मौलिक आकर ग्रंथ ठीक पढ़े बिना उनकी टीका-टिप्पणी पढ़ना व्यर्थ होता हैं। जयन्तभट्ट ने अपनी न्यायमंजरी में यही भाव,

"कार्यं चेदवगम्येत किं कारणपरीक्षया।
कार्यं चेन्नावगम्येत किं कारणपरीक्षया।।

यह श्लोक दिया है अर्थात् – कार्य का ज्ञान होने पर कारण का अन्वेषण अनावश्यक है और कार्य का ज्ञान न होने पर भी कारण का अन्वेषण अनावश्यक है। इसी प्रकार

"कौमदी यदि कण्ठस्था वृथा भाष्ये परिश्रमः।
कौमुदी यद्यकण्ठस्था वृथा भाष्ये परिश्रमः।।

इत्यादि सूक्तियाँ प्रसिद्ध हैं।

अनन्तरस्य विधिर्वा भवति प्रतिषेधो वा = व्याकरण शास्त्र में जो विधि और प्रतिषेध आदिष्ट है वे समीपवर्ती नियमों या उदाहरणों से संबधित होते हैं। **संदर्भ** = (१) परिभाषेन्दुशेखर। पातंजल महाभाष्य में जेकब के मतानुसार निम्न लिखित दस स्थानों पर इस न्याय के उदाहरण मिलते हैं – १-१-४३ (वार्तिक)। १-२-४८ (वा. ७)। १-३-१४ (वा.३)। १-३-५८ (वा. ३)। १-४-१७। ३-१-६७ (वा. ५)। ७-१-२१ (वा. १)। ७-२-३ (वा. २)। और ७-३-८५ (वा.४)।

अनन्यलभ्यः शब्दार्थः = शब्द का मुख्य अर्थ वहीं होता है जो अन्य किसी आधार से प्राप्त नहीं होता। **संदर्भ** = (१) वेदान्तपरिभाषा (अ-४)। (२) आगमप्रामाण्य। (३) सर्वदर्शनसंग्रह (पूर्णप्रज्ञ भाष्य) – अनन्यलभ्य शास्त्रार्थः। (४) तंत्रवार्तिक- यावान् एव हि अनन्यलभ्यःअर्थः, स सर्वः शब्दार्थः)। (५) उदयनकृत कुसुमांजलिः = यः शब्दो यत्र वृत्तःअसति वृत्त्यन्तरे प्रयुज्यते स तस्य वाचकः, यथा स्वर्गशब्दः सुखविशेषे प्रयुज्यमानः स तस्य वाचकः। **स्पष्टीकरण** – स्वर्ग शब्द का प्रयोग दुःखहीन, अखंडित और इच्छित सुख के अर्थ में विद्वानों द्वारा किया गया है। उस शब्द का वह विशिष्ट अर्थ अन्य किसी प्रमाण द्वारा प्राप्त (या खंडित) नहीं होता। प्रत्येक शब्द का एकमात्र निश्चित अर्थ होता है। पर्याय शब्द अर्थ का आभास कराते हैं।

अनिषिद्धम् अनुमतम् = जिस युक्तिवाद का प्रतिषेध नहीं किया जाता वह सम्मत माना जाता है। **संदर्भ** = (१) परिशिष्टपर्व (हेमचन्द्र.)। (२) न्यायवार्तिक = "तन्त्रान्तरे मन इन्द्रियम् इति पठ्यते। तच्च इह न प्रतिपिध्यते। अप्रतिषेधात् उपात्तं तत्" अर्थात् अन्य शास्त्रों में मन को इन्द्रिय कहा है। उस का प्रतिषेध। यहां न होने के कारण आपको मन का इन्द्रियत्व सम्मत है। इस वचन से स्पष्टीकरण ठीक होता है।

अन्तरंग-बहिरंगयोः अन्तरंगं बलीयः = निकट संबंधी और दूर संबंधी नियमों के प्रसंग में निकट संबंध नियम बलवान् या महत्त्वपूर्ण मानना चाहिये। **संदर्भ** = (१) सीरदेव कृत (व्याकरण) परिभाषा। (२) परिभाषेन्दुशेखर (नागोजी)- (असिद्धं बहिरंगम् अन्तरंगे)। (३) शाबर भाष्य २-१-४। (४) विवरण प्रमेय संग्रह। (५) सुरेश्वराचार्यकृत संबंध वार्तिक की आनंदगिरिकृत टीका। **स्पष्टीकरण** = यह न्याय प्रमुख तया व्याकरण शास्त्र में कहा गया है। अन्तरंग और बहिरंग शब्दों का स्पष्टीकरण मतभेद का विषय हुआ है। अंग शब्द का अर्थ सहायक, उपकारक या निमित्त लेना हम योग्य समझते हैं।

अन्तर्दीपिकान्याय = (मध्यवर्ती दीपक का न्याय) **संदर्भ** = (१) मुण्डकोपनिषद् का शांकर भाष्य (३-१-५) (२) मुण्डकभाष्य (जिनदासकृत) **स्पष्टीकरण** = वाक्य में एक शब्द का अनेक शब्दों से संबंध होना। जैसे- सत्येन लभ्यः तपसा हि एष आत्मा। सम्यग् ज्ञानेन ब्रह्मचर्येण नित्यम्। =

इस मुण्डकोपनिषद के वाक्य में **'नित्यम्'** शब्द का प्रत्येक शब्द से संबन्ध जोडा जाता है।

समान न्याय = (१) देहलीदीपन्याय। (२) मध्यदीपन्याय।

अन्धकवर्तकीयन्याय = (अन्ध और वर्तका = (१) गिलरी (२) एक पक्षी) का न्याय)। **संदर्भ =** (१) गणरत्नमहोदधि (वर्धमानकृत) (२) यशस्तिलकचम्पूटीका (श्री श्रुतसागरकृत) **स्पष्टीकरण =**

संसारसागरमिमं भ्रमता नितान्तं।
जीवेन मानवभवः समवापि दैवात्।
तत्रापि यद् भुवनमान्यकुले प्रसूतिः। सत्संगतिश्च
तदिहान्धकवर्तकीयम्।।

(भावार्थ = संसार सागर में भटकते जीव को भाग्यवश सन्मान्य कुल में मानव जन्म और सत्संगति का लाभ होना यही अन्धकवर्तकीय है। (२) ताली बजाते हुए अंधे के हाथों में दुर्लभ वर्तक पक्षी पकड़ा जाना।

अन्धगज न्याय = (अंधे और हाथी का न्याय) **संदर्भ =** (१) उदान (६-४)- **एक बौद्ध ग्रंथ।** (२) नैष्कर्म्यसिद्धि (सुरेश्वाचार्यकृत)। (३) स्याद्वादमंजरी। (४) षड्दर्शन समुच्चय का जैनदर्शन (हरिभद्र सूरिकृत)। **स्पष्टीकरण =** अन्धों को संपूर्ण तया हाथी के शरीर का ज्ञान नहीं होता। जिस अवयव को उनका स्पर्श होता है वैसा ही हाथी उन्हे भाता है। मानव को ईश्वर का ज्ञान अन्धगजन्याय से ही होता है।

तदेतदद्वयं तत्त्वं निर्विकारं कुबुद्धिभिः।
जात्यन्ध गजदृष्टियेव कोटिशः परिकल्प्यते।। (सुरेश्वराचार्य)

अन्ध-गोलांगूलन्याय = (अन्धा और गाय की पूंछ का न्याय)। **संदर्भ =** वेदान्त सूत्रभाष्य (१-१-७) शंकराचार्य। (२) पंचपादिका विवरण। **स्पष्टीकरण =** गन्तव्य स्थान की खोज में घूमते हुए अन्धे के हाथ में किसी दुष्ट व्यक्ति द्वारा रास्ते में भटकती गाय की पूछ देकर कहना कि, इसी के सहारे तुम अपने गन्तव्य स्थान पर पहुंच सकोगे। अज्ञानी जीवों की वंचना मिथ्या शास्त्रों पर विश्वास रखने से इसी प्रकार होती है।

अन्धदर्पणन्याय = (अन्धे को आइना समर्पण करना) **संदर्भ =** (१) उपमितिभाव प्रपंच कथा। (२) न्यायसिद्धान्तदीप (शेषानन्त कृत)। (३) लौकिक न्यायरत्नाकर- तदुक्तं योग वासिष्ठे

यस्य नास्ति स्वयंप्रज्ञा शास्त्रं तस्य करोति किम्।
लोचनाभ्यां विहीनस्य दर्पणः किं करिष्यति।।

भावार्थ - स्वयं प्रज्ञाहीन व्यक्ति को शास्त्राध्ययनसे कोई लाभ नहीं हो सकता। नेत्रहीन को दर्पण मिलने से क्या लाभ होगा?

समान न्याय = अरण्यरोदनन्याय।

अन्धपरम्परान्याय = (एक अन्ध का अनुसरण करने वाले अनेक अन्धों की परंपरा का न्याय) **संदर्भ =** (१) **ब्रह्मसूत्रभाष्य** (शंकराचार्य)। (२) पदमंजरी। (३) तंत्रवार्तिक। (४) पंचपदिका। (५) भामती। (६) न्यायमंजरी।

"अन्धेनैव नीयमाना यथान्धाः" (कठोपनिषद)

अन्धस्येवान्धलग्नस्य विनिपातः पदेपदे = अंधे के सहारे चलने वाले का पतन पग पग पर होता हैं। **संदर्भ =** (१) भामती। (२) तत्वमुक्ताकलाप - ३-५०- की वेंकटनाथ कृत वृत्ति। (३) जयन्तभट्ट।

हस्तस्पर्शादिनाऽन्धेन विषमे पथि धावता।
अनुमानप्रधानेन विनिपातो न दुर्लभः।।

अन्यवेश्मस्थिताद् धूमात् न वेश्मान्तरम् अग्निमत् = एक घर में धुंआ देखकर दूसरे घर में अग्नि का प्रकोप नहीं माना जाता। **संदर्भ =** (१) तंत्रवार्तिक (जैमिनिसूत्र -१-३-१५) **स्पष्टीकरण =** कार्य और कारण में स्थल की और काल की भी भिन्नता मानना योग्य नहीं।

अन्यार्थम् अपि प्रकृतम् अन्यार्थं भवति = एक निमित्त से किया हुआ कार्य अन्य निमित्तों के लिए उपयोगी होते हैं। **संदर्भ =** महाभाष्य (१-१-२३ वार्तिक ४), १-३-१२ (वा. ५), ६-१-५०। शाल्यर्थं कुल्याः प्रणीयन्ते, ताभ्यश्च पानीयं पीयते, उपस्पृश्यते च, शालयश्च भाव्यन्ते।

अर्थात् - धान की खेती के निमित्त जलाशय बनाए जाते हैं पर वहां का पानी पीने और स्नान आदि के लिए भी उपयुक्त हो सकता है और धान की फसल तो उससे बढती ही है। (२) तन्त्रवार्तिक। (३) पंचपादिका। (४) विद्यारण्यकृत विवरणप्रमेयसंग्रह। **समान न्याय =** (१) कुल्याप्रणयनन्याय। (२) **जामात्रर्थं श्रपितस्य सूपादेः अतिथ्युपकारकत्वम्। अर्थात्** - जामाता के निमित्त पकाया मिष्टान्न अतिथि के लिए भी उपयुक्त होता है।

अपच्छेदन्याय = यज्ञ में पुरोहितों की कतार या तति में किसी एक (या अनेक) के कारण बाधा आना। **संदर्भ** - (१) वेदान्तकल्पतरुपरिमल। (२) भामती। (३) तंत्रवार्तिक। (४) वाचस्पति मिश्रकृत- न्यायवार्तिकतात्पर्य टीका। (५) सर्वार्थसिद्धि (वेंकटनाथ)। (६) श्रीभाष्य। (७) तत्त्वदीपन। **स्पष्टीकरण** - ज्योतिष्टोम याग के प्रथम सवन में पुरोहित वर्ग चीटियों के समान एक तति में चलते हैं। वे अपने अग्रगामी का कंधा पकड़ कर चलते हैं। इस में कदाचित् किसी एक के हाथ से अग्रेसर का कच्छ गिर पड़ता है जिसे 'एककर्तृकअपच्छेद' कहते हैं। इस प्रमाद का प्रायश्चित्त तथा संपूर्ण विधि का वर्णन जैमिनि सूत्रों में (६-५-४९ से ५६) और न्यायमाला विस्तार में संक्षेपतः विवरण हुआ है।

अपयन् उपयन् धर्मो विकरोति हि धर्मिणम् = जाने वाला या आने वाला गुणधर्म अपने आश्रयभूत धर्मी वस्तु में विकृति निर्माण करता है। **संदर्भ** - (१) नैष्कर्म्यसिद्धि २-३५-(प्रथम पंक्ति है - आगमापायिनिष्ठवात् अनित्यत्वम् इयाद् दृशिः।) (२) सर्वदर्शनसंग्रह- जिनानन्द विद्यासागर संपादित। **स्पष्टीकरण** - पदार्थ का रूप, रस, गंध और गुणधर्म बदलने से उसमें अन्य पदार्थत्व प्रतीत होता है।

अपराद्धेषोरिव धानुष्कस्य काण्डाडम्बरः = (वेध्य पर बाण न लगने पर भी धनुर्धर की आत्मस्तुति।) **संदर्भ** – (१) शिशुपालवध २-२७।

अनिर्लोडितकार्यस्य वाग्जालं वाग्मिनो वृथा।
निमित्तादपराद्धेषोः धानुष्कस्येव जल्पितम्।।

अपवादैः उत्सर्गाः बाध्यन्ते – सामान्य नियम विशेष नियमों से बाधित होते हैं। **संदर्भ** – व्या. महाभाष्य-२-१-२४ (वा. ५) (२) रघुवंश १५-७। (३) कुमारसंभव २-२७। (४) स्याद्वादमंजरी। **स्पष्टीकरण** – "न हिंस्यात् सर्वभूतानि" यह उत्सर्ग याने सार्वत्रिक समान नियम है। किन्तु इस औत्सर्गिक नियम का अपवाद "न श्रौतो हिंसाविधिर्दोषाय्" इस वचन से होने के कारण उसे मीमांसक अधिक बलवान मानते हैं। व्याकरण शास्त्र में इस न्याय का सर्वत्र पालन किया गया है। जैसी 'अकःसवर्णे दीर्घः' यह उत्सर्ग सूत्र है और "ईदूद्विवचनं प्रगृह्यम्" यह अपवाद सूत्र होने से द्विवचनी दीर्घ ईकार और उकार के पर सवर्ण आने पर भी दीर्घ एकरूप नहीं होता।

अप्राप्ते शास्त्रम् अर्थवत् = जब किसी विधि का प्रयोजन अन्य किसी कारण सिद्ध नहीं होता तब शास्त्रादेश के आधार पर वह स्थापित होता है। **संदर्भ** – (१) जैमिनि सूत्र-६-२-१८। (२) ब्रह्मसूत्र शांकर भाष्य-३-३-१८। (३) अधिकरणमाला (भारतीतीर्थकृत)-३-३-९। (४) तंत्रवार्तिक। (५) श्रीभाष्य। (६) न्यायकन्दली। (७) चित्सुखी-१-७। (८) सर्वदर्शन संग्रह (रामानुज दर्शन)। (९) सर्वार्थसिद्धि। (१०) तत्त्वदीपन = अनधिगते शास्त्रम् अर्थवत्। **स्पष्टीकरण** – श्रुति में प्राणविद्या के प्रतिपादन में भोजन के पूर्व तथा अन्त में आचमन बताया है। यह आचमन मुखमार्जन के हेतु स्मृति में बताया है किन्तु शास्त्र (वेद) वचन के कारण वह एक धार्मिक विधि माना जाता है।

अभ्यर्हितं पूर्वम् = अधिक महत्त्व वाले को प्रथम स्थान देना। **संदर्भ** – (१) पांतजलभाष्य-२-२-३४। (२) सायणकृत ऋग्वेद भाष्य। (३) जैमिनीयन्यायमाला विस्तार (अ. १२) (४) ब्रह्मसूत्र भाष्य (आनंदगिरिटीका) -(१-४-२८)। **स्पष्टीकरण** – मातापितरौ, श्रद्धामेधे इत्यादि द्वन्द्व समासों में अधिक महत्त्व के शब्दों का प्रथम स्थान माना गया है। सायणाचार्य ने चारों वेदों का समान महत्त्व होते हुए भी ऋग्वेद की व्याख्या प्रथम करने का समर्थन करते हुए कहा है – "ऋग्वेदस्य प्राथम्येन सर्वत्र आम्नातत्त्वात् अभ्यर्हितं पूर्वम् इतिन्यायेन अभ्यर्हितत्त्वात् (महत्त्वात्) तद्व्याख्यानम् आदौ युक्तम्"

अभ्युपगमसिद्धान्त न्याय = स्वश्रद्धा से स्वीकृत तत्त्वों के कारण निष्पन्न होने वाले सिद्धान्त। **संदर्भ** – (१) न्यायसूत्र (१-१-३१)। किरणावली (उदयनाचार्य) **स्पष्टीकरण** –शास्त्रवचनों पर श्रद्धा होने के कारण मरणोत्तर आत्मा का अस्तित्व मानने पर श्राद्धादि क्रिया तथा कर्मानुरूप पुनर्जन्म इस न्याय से माने जाते हैं।

अम्बुनि मज्जन्ति अलाबूनि ग्रावाणः प्लवन्ते – कद्दू के तुंबे पानी में डुबते है और पत्थर तैरते है। **संदर्भ** – (१) महाभारत शांतिपर्व (अ. LXIV) (२) शाबर भाष्य (१-१-५), (४-३-१०)। (३) संक्षेपशारीरक (२-२)। **स्पष्टीकरण** – प्रत्यक्ष के विरोधी वचनों का अप्रामाण्य प्रतिपादन करने में इस न्याय का प्रयोग होता है। जैसे प्रत्यक्षविरूद्ध वचनम् अप्रमाणम्, यथा अम्बुनि.....। पावकः शीतः इति। (शाबरभाष्य)

अयम् अपरो गण्डस्य उपरि स्फोटः = सूझन पर दूसरा फोड़ा उठना या एक फोडे पर दूसरा उत्पन्न होना। **संदर्भ** – (१) भामती (२-२-३७)। (२) मुद्राराक्षस नाटक (अंक ५) (३) शाकुन्तल (अंक २)। (४) विद्धशालभंजिका। **स्पष्टीकरण** – एक आपत्ति आने पर दूसरी उसी स्थान में उत्पन्न होने पर इस न्याय का प्रयोग होता है।

अरण्यरोदन न्याय = (निर्जन अरण्य में आक्रोश)। **संदर्भ** – रुद्रट कृत का व्यालंकार -८-३७- की नमिसाधु कृत टीका। (२) पंचतंत्र १-३९३। (३) किरणावली। (४) कुसुमांजलि- खंड २-२। **स्पष्टीकरण** – निष्फल कार्य करना। अन्य न्याय उदाहरण

अरण्यरुदितं कृतं, शवशरीरमुद्वर्तितं
स्थले कमलरोपणं, सुचिरमूषरे वर्षितम्।
श्वपुच्छमवनामितं, बधिरकर्णजापः कृतः
धृतोऽन्धमुखदर्पणः, यदबुधो जनःसेवितः।।

अरुणैकहायनी न्याय = एक वर्ष की अरुणा (गौ) से सोम खरीदना। **संदर्भ** – (१) तन्त्ववार्तिक -१-२-४१। (२) न्यायमंजरी। (३) वेदान्तकल्पतरुपरिमल। (४) जैमिनि सूत्र ३-१-१२। (५) न्यायमालाविस्तर। (६) श्रीमाष्य (रामानुज) (१-१-१३)। **स्पष्टीकरण** – ज्योतिष्टोम याग के वर्णन में इस न्याय का उल्लेख मीमांसा शास्त्र में हुआ है जिस में "अरुणा"- इस गुणवाचक शब्द में गुणविशिष्ट गौ का बोध होने की सम्भावना प्रतिपादित की जाती है। - "यद्यपि अमूर्तो गुणः तथापि हायनवद् अक्षिवत् च गोद्रव्यम् अवच्छिनत्ति। तत् च द्रव्यं साधनम् इति तद्द्वारा गुणस्य क्रयेण अन्वयो भवति।" गुणवाचक से गुणी का बोध- इस विषय पर शंकराचार्य और कुमारिल भट्ट ने प्रदीर्घ विवेचन किया है।

अरुन्धतीप्रदर्शन न्याय = सप्तर्षि के तारों में अरुन्धती का सूक्ष्म तारा दिखाना। **संदर्भ- (१) ब्रह्मसूत्र-भाष्य (१-१-८) (शंकराचार्य)। (२) वेदान्तसार टीका (नृसिंह सरस्वती)। स्पष्टीकरण** – अरुन्धती का तारा दिखाते समय प्रथम अन्यान्य तारों को अरुन्धती नाम से कहते हुए अन्त में मुख्य अरुन्धती को दिखाना। प्रारंभ में स्थूल विषयों का ग्रहण करवाते हुए अन्त में सूक्ष्म विषय का परिचय देना। **नामान्तर** = स्थूलारुन्धती न्याय।

अर्के चेन्मधु विन्देत किमर्थं पर्वतं व्रजेत्। = पास के वृक्ष पर मधु मिलना संभव हो तब उसकी खोज में पर्वत

किस लिए चढना। वह प्रयास व्यर्थ होता है। **संदर्भ** = (१) वेदान्तसूत्र (ब्रह्मसूत्र) भाष्य – (शंकराचार्य) ३-४-३। (२)शाबरभाष्य (१-२-४)। (३) सांख्यतत्त्वकौमुदी और (४) न्यायवार्तिक तात्पर्य टीका (वाचस्पति मिश्र कृत)। (५) तंत्र वार्तिक (१-२-१७) कुमारिल भट्ट। **स्पष्टीकरण** – अल्प प्रयास से इष्ट फल की प्राप्ति संभव होने पर उस की प्राप्ति के लिए अधिक परिश्रम करना व्यर्थ है।

अर्थी समर्थो विद्वान् अधिक्रियते = जिज्ञासु और बुद्धिमान् व्यक्ति ही ज्ञानप्राप्ति का अधिकारी होता है। **संदर्भ** – (१) सर्वदर्शनसंग्रह (जैमिनिखंड)। (२) वैयासिक न्यायमाला-१-३-९-। (३) ब्रह्मसूत्र शांकरभाष्य १-३-२५। इस विषय में श्री शंकराचार्य कहते है "शास्त्र हि अविशेषप्रवृत्तम् अपि मनुष्यान् एव अधिकरोति। शक्तत्वात् अर्थित्वात् अपर्युदस्तत्वात् उपनयनादिशास्त्रात् च।" **स्पष्टीकरण** – अर्थात् शास्त्रज्ञान सभी के लिए प्रवृत्त हुआ है किन्तु इसके ग्रहण का अधिकार केवल मनुष्य को है क्यों कि इसमें शक्ति, अर्थित्व (प्राप्ति की इच्छा), निषेध का अभाव और उपनयनादि धर्मशास्त्रोक्त संस्कार होते है। तात्पर्य वेदान्त जैसे शास्त्र के अध्ययन के लिए विशिष्ट अधिकार अपेक्षित होते है।

अर्धजरतीय न्याय = (स्त्री को आधी वृद्धा और आधी तरुणी समझना)। यथा स्त्री न तरुणी शल्यस्तनत्वात्, कृष्ण केशत्वात् न जरती वक्तुं शरक्यते। **संदर्भ** – (१) वैर्धमान। (२) ब्रह्म सूत्र भाष्य (शंकराचार्य) (१-१-१९/१-२-८)। (३) रामानन्द। (४) पतंजलि- व्याकरण महाभाष्य-४-१-७८। (५) सर्वदर्शन संग्रह में बौद्ध दर्शन। (६) ब्रह्मसूत्र तात्पर्य विवरण ३-२-२६। (७) सप्तपदार्थी। (८) विवरण प्रमेय संग्रह। (९) न्यायमंजरी। (१०) अद्वैत ब्रह्मसिद्धि। **स्पष्टीकरण** – (अ) नच अर्धजरतीयम् उचितम्। न हि कुकुट्या एको भागः पाकाय अपरो भागः प्रसवाय कल्प्यते। अथवा (आ) यथा लांगलवहने अनपेक्षित अश्वः रथवहने अपेक्ष्यते।

अर्धवैशस न्याय = (आधा शरीर काटना या आधा क्रौर्य) **संदर्भ** – (१) कुमारसंभव (कालिदास) ४-३१। विधिना कृत-मर्धवैशसम्। ननु मां कामवधे विमुंचता। (रति कहती है – मदन का वध (दहन) करते हुए मेरा वध न करने वाले विधाता ने 'अर्धवैशस' (वैशस = निर्दयता, क्रौर्य) किया है। (२) ब्रह्मसूत्र (शांकरभाष्य) ३-३-१८। (३) तंत्रवार्तिक। यथा – "अविरोधे श्रुतिमूलत्वं न मूलान्तरसंभवः। विरोधे त्वन्यमूलत्वम् इति स्याद् अर्धवैशसम्।। अर्थात् स्वमतानुकूल वेद वचनों को प्रमाण मानना और स्वमत विरोधी वचनों को अप्रमाण मानना 'अर्धवैशस' है। (४) न्यायकन्दली। (५) खण्डनखण्डखाद्य। (६) बृहदारण्य वार्तिक-१-४-१२७६ यथा- "न चार्धवैशसं युक्तं तत्त्वज्ञाने विवक्षिते। संशयो हि तथा श्रोतुःस्यादनिश्चयवाक्यतः।।

अलातचक्र न्याय = (अलातचक्र = जलती लकडी को वेग से घुमाने के कारण भासमान चक्राकार) **संदर्भ** – (१) पातंजल महाभाष्य ३-२-१२४। (२) न्यायमंजरी। (३) न्यायसूत्र ३-२-५९। (४) भामती। (५) शालीक। (६) वाक्यपदीय-१-१३१। **स्पष्टीकरण** – "प्रत्यक्षम् अनुमानाद् बलीयः" (शाबरभाक्य-३-१-१२) यह एक सर्वमान्य सा सिद्धान्त है किन्तु उसके विरोध में प्रस्तुत न्याय बताया गया है। अलातचक्र का ज्ञान प्रत्यक्ष होता है किन्तु अनुमान से वह प्रत्यक्ष ज्ञान बाधित होकर, उल्मुक (जलती लकड़ी) का ज्ञान होता है।

अलाभे मत्तकाशिन्या दृष्टा तिर्यक्षुंकामिता = (मत्तकाशिनी = (उपभोग्य सुंदरी) की प्राप्ति न होने पर (त्तिर्यक्) पशु से कामचेष्टा करना) **संदर्भ** – (१) आत्मतत्त्वविवेक (२) प्रमाणमाला (आनंदबोधाचार्य)। **स्पष्टीकरण** – जहां श्लोकादि की दुरूहता के कारण संपूर्ण अर्थ का ज्ञान नहीं होता वहां अल्प मात्र अर्थ के ज्ञान से संतुष्ट होना इस आशय में प्रस्तुत न्याय का प्रयोग हुआ है।

अवतप्ते नकुलस्थितम् = अति उष्ण स्थान पर मुंगूस नहीं ठहरता। **संदर्भ** = (१) व्या. महाभाष्य-(२-१-४७) ६-२-४९ (वा. ६)। **स्पष्टीकरण** – जो व्यक्ति किसी एक स्थान पर स्थिर न रहते हुए अल्प पीडा के कारण स्थान त्याग करता है उसका निर्देश इस न्याय से होता है – 'स यथा अवतप्ते नकुला न चिरं स्थातारः भवन्ति, एवं कार्याणि आरभ्य यो न चिरं तिष्ठति स उच्यते-अवतप्ते नकुलस्थितम्'....(म. भा.)। इसी अर्थ में **'तीर्थकाकन्याय'** का प्रयोग होता है – यथा तीर्थे काका व चिरं स्थातारः भवन्ति एवं यो गुरुकुलानि गत्वा न चिरं त्तिष्ठति से उच्यते तीर्थकाक' इति। व्या. म. भा. (२-१-४२)।

अवयवप्रसिद्धेः समुदायप्रसिद्धिः बलीयसी – कुछ सामासिक शब्दों में अवयवभूत प्रत्येक शब्द के अर्थ से शब्दसमुदाय का अर्थ बलवान् होता है। **संदर्भ** – (१) तंत्रवार्तिक (कुमारिल भट्ट) - (१-४-११)। (२) न्याय मंजरी। **स्पष्टीकरण** – 'अश्वकर्ण' शब्द एक विशिष्ट वृक्ष का वाचक है। उसके अवयव अश्व और कर्ण शब्दों के अर्थ से सामासिक शब्द के अर्थ से कोई संबंध नहीं होता। इसी कारण अश्वकर्ण वृक्ष का निर्देश 'वाजिश्रोत्र' जैसे शब्दों से नहीं हो सकता। किन्तु पंकज इत्यादि शब्दों में जहां शब्द के अवयवार्थ की प्रतीति होती है वहां जलज, नीरज, जैसे पर्यायवाचक शब्दों का प्रयोग हो सकता है। समुदाय प्रसिद्धि का दूसरा उदाहरण है 'काकजिह्वा' जो एक वनस्पति का नाम है। उसके अवयवार्थ नगण्य है।

अवश्यापेक्षित-अनपेक्षितयोः अपेक्षितं स्मरणीयम् = अवश्य अपेक्षित कार्य और अनपेक्षित कार्य एक साथ उपस्थित होने पर अपेक्षित कार्य का स्मरण रखना चाहिए। **संदर्भ** – रघुनाथ मिश्र कृत लौकिकन्यायरत्नाकर। **स्पष्टीकरण** = परीक्षा

के दिनोंछात्र को अनपेक्षित मिष्टान्न भोजनादि को त्याग कर अपेक्षित अध्ययन कार्य में समय व्यतीत करना चाहिये।

अविरविकन्याय = अवि = बकरा। अविक = बकरी। **संदर्भ** – (१) व्या. म. भाष्य- (४-१-८८), (८-१-८९), (४-२-६०), (६-३-१३१),(५-१-७), (५-१-२८), (६-२-११), (वा. २)), (२) न्यायमंजरी (जयन्त भट्ट) **स्पष्टीकरण** – अवि और अविक शब्द समानार्थक हैं। किन्तु 'बकरं का मांस' इस अर्थ का (आविक) शब्द अविक शब्द से ही निष्पन्न होता है। इस विषय में पतंजति कहते हैं – तत्र द्वयोः शब्दयोः समानार्थयोः एकेन विग्रह अपरस्मात् उत्पत्तिः भविष्यति अविरविक- न्यायेन। तद् यथा- अवेःमांसम् इति विगृह्य अविकशब्दात् उत्पत्तिःभवति आविकम् इति। अर्थात् 'आविक' शब्द का विग्रह अवेःमासम् होता है किन्तु तद्धित रूप ''अविक' शब्द से निष्पन्न होता है। समानार्थक शब्दों में भिन्नता का अंश इस न्याय द्वारा सूचित होता है।

अशक्तोऽहं गृहारम्भे शक्तोऽहं गृहभंजने = (घर बांधने में असमर्थ किन्तु उसे गिराने में समर्थ।) **संदर्भ** = मुद्राराक्षस नाटक टीका- ढुंढिराज कृत-३-११। **स्पष्टीकरण** –

घातयितुमेव नीचः परकार्यं वेत्ति न प्रसाधयितुम्।
पातयितुमेव शक्तिर्नाखोरुद्धर्तुम् अन्नपिटम्।। (पंचतंत्र १-३६३)

अर्थात् नीच पुरुष दूसरे कार्य नष्ट करना जानता है उसे सुधारना नहीं जानता। चूहा अन्नपात्र गिराना जानता है उसे उठाकर स्थान पर रखना नहीं जानता।

अशोकवनिका न्याय = (रावण द्वारा सीता लंका की अशोक वनिका में रखना) **संदर्भ** – (१) शशधरकृत न्याय-सिद्धान्त दीप की शेषानन्त कृत टीका। कार्यसिद्धि के अनेक उपाय होते हुए भी किसी विशिष्ट एकमात्र उपाय का यदृच्छा से अवलंबन करना। रावण के अनेक उद्यान होते हुए भी अशोकवनिका नामक उद्यान में सीता के निवास की व्यवस्था अहेतुक या यदृच्छा से हुई थी। सीता का शोक क्षीण करने के हेतु से वह नहीं हुई थी।

अश्मलोष्टन्याय = (पत्थर और मिट्टी के ढेले का न्याय) नामान्तर- पाषाणेष्टिका न्याय। **संदर्भ** – (१) ब्रह्मसूत्र भाष्य-३-३-६। (२) बृहदारण्यक उपनिषद-१-३-७। **स्पष्टीकरण** – (अ) मिट्टी का ढेला कपास के ढेले से कठिन होता है किन्तु वह पत्थर से दुर्बल होता है। (आ) पाषाण से टकराने से मिट्टी का ढेला स्वयं नष्ट हो जाता है। मराठी में कहावत है ''दगडापेक्षा वीट मऊ'' अर्थात् ईंट पत्थर की तुलना में नरम होती है। दो आपत्तियों में एक आपत्ति सुसह्य हो सकती है यह स्पष्ट करने से लिए इस न्याय का निदर्शन होता है।

अश्वतरी गर्भन्याय = गर्भ के कारण अश्वतरी का नाश होना। अश्वतरी = घोड़ी के उदर से गधे द्वारा उत्पन्न संतान। **संदर्भ** – (१) रघुनाथ। (२) हितोपदेश (२-१३५)। (३) पंचतंत्र २-३२/४-१४। 'अश्वतरी गर्दभाजा अश्वा उदरभेदेनैव प्रसूते इति प्रसिद्धम्।'' ''वृश्चिकादिःमातुः उदरं विदार्य जायते।'' (४) वेदान्तकल्पतरु। **समान न्याय** – (अ) कदली फलन्याय (आ) वृश्चिकीगर्भन्याय। (इ) कुलीरप्रसव न्याय। जहां कार्यद्वारा मूलभूत स्वकारण का नाश होता है वहां इन न्यायों के उदाहरण दिये जाते है।

अश्वारूढाः कथं चाश्वान् विस्मरेयुः सचेतनाः = बुद्धिमान् अश्वारूढ पुरुष को अपने ही अश्व का विस्मरण कैसे होगा। **संदर्भ-** (१) तंत्रवार्तिक (१-३-१८)। (२) शालीकनाथ। (३) तार्किकरक्षा (वरदराज)। (४) मध्यमकवृत्ति। **स्पष्टीकरण** – व्याकरण तथा अन्य शास्त्रों के भी निर्माता कभी कभी अपने ही बनाये हुए नियमों को भूल कर लेखन करते हैं। कुमारिल भट्ट ने अपने तंत्रवार्तिक में अपशब्द प्रयोगों के संबंध में अत्यन्त कटु आलोचना करते हुए कहा है ''अन्तो नास्त्यपशब्दानाम् इतिहास-पुराणयोः।।''

''सूत्र वार्तिकभाष्येषु दृश्यते चापशब्दनम्।
अश्वारूढाः कथं चाश्वान् विस्मरेयुः सचेतनाः।।''

कुछ मीमांसकों ने वेदप्रमाण्य स्थापित करते हुए भूल से अप्रामाण्य सूचित किया है।

असाधारण्येन व्यपदेशाःभवन्ति = असाधारणता के अनुसार पदार्थ का नामनिर्देश होता है। **संदर्भ-** (१) सर्वदर्शन संग्रह(अक्षपाद विभाग)। (२) शालिका। (३) भामती (१-३-१४) **स्पष्टीकरण** - 'न्यायशास्त्र' जिसे कहा जाता है उस शास्त्र में प्रमाण, प्रमेय इत्यादि १६ पदार्थों का प्रतिपादन होता है। फिर भी उसे ''न्यायशास्त्र'' यह संज्ञा इसी लिए दी गयी है कि, उसमें सर्वविद्यानुग्राहक तथा सर्वकर्मानुष्ठान साधक पदार्थ का (अर्थात् न्याय) का प्राधान्य है। वही उस शास्त्र का असाधारण प्रतिपाद्य विषय है।

असिधारा-मधुलेहन न्याय = तलवार की धारा से मधु चाटना। **संदर्भ** – (१) सर्वदर्शन संग्रह (जैन विभाग)। (२) बोधिचर्यावतार। **स्पष्टीकरण** – संसार मे कामोपभोग से प्राप्त सुख, दुःख मिश्रित होता है यह तत्त्व इस न्याय से स्पष्ट किया जाता है- ''कामैर्न तृप्तिः संसारे क्षुरधारापधूपमैः।। (बोधिचर्यावतार)

अस्नेहदीप न्याय = (तेल बिना दीपक)। **संदर्भ** – (१) योगवासिष्ठ (शुकनिर्वाणाध्याय)-२-१-४४। (२) रघुनाथ वर्मा – अस्मिन् च अध्याये अज्ञानं कारणम्। तत्त्वज्ञानेन वातदीपन्यायेन तन्निवृत्तिः। अर्थात् अध्यास (रज्जुसर्पज्ञान) का कारण है अज्ञान, जिसका निवारण 'वातदीप न्याय' से (वायु के झकोरे से दीप का बुझना) होता है। अज्ञान का नाश होने पर अस्नेह दीप न्याय से अर्थात् तेल के अभाव से दीपक जैसा अध्यास का निवारण होता है अर्थात् ज्ञान से अज्ञानलय और अज्ञानलय से अध्यास का लय होता है। केवल ज्ञानोदय से दोनों कार्य नहीं होते।

अस्त्रम् अस्त्रेण शाम्यति = अस्त्र का प्रशमन अस्त्र से ही होता है)। **संदर्भ** – (१) सुरेश्वर कृत नैष्कर्म्यसिद्धि -१-८१- पर ज्ञानोत्तम की टीका। **स्पष्टीकरण** -

विषं विषेण व्यथते वज्रं वज्रेण भिद्यते।
गजेन्द्रो दृष्टसारेण गजेन्द्रेणैव बध्यते।।
(नीतिसार-८-६७)

बलवान का प्रशमन या दमन तुल्यबल वाला ही कर सकता है, जैसे विष से विष का, वज्र से वज्र का और हाथी से हाथी का।

अहिकुण्डलन्याय = (सांप और उसके कुण्डल या मंडल का न्याय) **संदर्भ** – ब्रह्मसूत्र ३-२-२७- शां. भा.। **स्पष्टीकरण** – यथा अहिः (सर्पः) इति अभेदः कुण्डल आभोगे प्रांशुत्वादीनि च भेदः। भाषा में सांप और कुण्डल, मंडल, फणा इत्यादि भिन्न शब्दों का प्रयोग होते हुए भी वस्तुतः उनमें अभेद ही है। विशिष्ट अवस्था में सांप का शरीर देखने से इस भेद का निर्देश होता है। (२) अथवा सर्प का कुण्डलाकृति वेष्टन स्वाभाविक होता है अहिकुण्डल शब्द से उस के स्वाभाविक धर्म का निर्देश होता है। – तारानाथ कृत (वाचस्पत्यम्)।

अहिभुक्-कैवर्तक न्याय = (अहि = पोस्त नामक एक विषौषधि)- विषभक्षक और केवट का न्याय। **स्पष्टीकरण** – इस न्याय का मूल एक लौकिक कथा में बताया जाता हैं। एक विषभक्षक (अहिभुक्) नौका में बैठकर दूसरे से अलगता रखने हेतु अपने पैरों में रस्सी बांधकर सो गया। उसकी मजाक करने के लिए केवट ने वह रज्जू छोड़कर अपने पैरों में बांध ली। बाहर जाते समय केवट के पैर में रज्जु देखकर अहिभुक् कहने लगा- "अहम् अयम्। अयम् अहम्" (मैं वह हूं और वह मै हूं), और इसी विषय पर झगडने लगा। यह न्याय अज्ञानवश होने वाले तादात्म्य-अध्यास को स्पष्ट करने के लिए दिया जाता है। **संदर्भ** – रघुनाथ वर्मा का ग्रंथ.

अहृदयवचसाम् अहृदयम् उत्तरम् = सद्भावहीन वाक्यों को सद्भावहीन ही उत्तर मिलना चाहिए। **सन्दर्भ** – (१) वेदान्ततत्त्वविवेक। (२) तात्पर्यटीका। (३) न्यायदीपावली (आनंदबोधाचार्य)। स्पष्टीकरण – इसी अर्थ में "यादृशो यक्षः तादृशो बलिः।" "पिशाचानां पिशाचभाषयैव उत्तरं देयम्। शठे शाठ्यं समाचरेत्" "मायाचारो मायया बाधितव्यः" इत्यादि सूक्तियां प्रसिद्ध है।

आकाशमुष्टिहनन न्याय = आकाशपर मुष्टिका प्रहार करना) **संदर्भ** – सर्वदर्शनसंग्रह जैमिनिअध्याय। (२) तंत्रवार्तिक (३) पंचपादिका। (४) न्यायकन्दली। (५) न्यायकन्दलिका। **स्पष्टीकरण** – यस्तन्तून अनुपादाय तुरीमात्रपरिग्रहात्।

पटं कर्तुं समीहेत स हन्याद् व्योम मुष्टिभिः।। (तंत्रवार्तिक) तन्तु से विरहित केवल तुरी चलाकर जो वस्त्र बुनना चाहता है व आकाश में मुष्टि प्रहार करता है। अथवा "यथाकश्चिद् निशितकृपाण आकाशं प्रति व्यापादयन् "अर्थात् तीक्ष्ण तलवार के आघात आकाश पर प्रहार करने वाले के श्रम व्यर्थ होते है।

आख्यातानाम् अर्थं ब्रुवतां अधिकारिशक्तिः सहकारिणी = क्रियापदों द्वारा प्रतिपादित अर्थग्रह करने में श्रोता की शक्ति का सहकार आवश्यक होता है। **संदर्भ** -- (१) अर्थसंग्रह (लौगाक्षिभास्कर); (२) संबंधवार्तिक (सुरेश्वराचार्य) श्लोक ७५। (३) शाबरभाष्य (१-४-३०); (४) तंत्रवार्तिक (२-२-२७)

स्पष्टीकरण – शास्त्र के आदेश उन्ही के लिए होते है जो उनका यथोचित पालन करने में तन, मन, धन से पात्र होते है। इसी विषय को विशद करते हुए अर्थसंग्रह के टीकाकार रामेश्वर शिवयोगी भिक्षु कहते है, "यज्ञविधि के लिए अंध, बधिर, पंगु मनुष्य असमर्थता के कारण अनधिकारी माने जाते है। केवल विधिवचनों का आकलन होने से श्रोता को उसके पालन का अधिकार प्राप्त नहीं होता।

आदौ अन्ते च यद् नास्ति वर्तमानेऽपि तत् तथा। =(जिस पदार्थ का अस्तित्व आदि और अन्त में नहीं होता वह वर्तमान समय में भी नहीं के बराबर होता है।)

संदर्भ = गौडपादकृत माण्डूक्यकारिका। २-६/४-३१) (२) योगवासिष्ठ ४/४५/४५ (३) न्यायमंजरी (५-१-३९) **स्पष्टीकरण** – वेदान्तशास्त्र में तीन प्रकारका सत्य माना जाता है – (१) पारमार्थिक (ब्रह्म) (२) व्यावहारिक (इंद्रियगोचर सूर्यचंद्रादि) और (३) प्रतिभासिक (रज्जू-सर्प, शुक्तिका रजत इ.) इनमें २ और ३ क्रमांक के सत्य इस न्याय के उदाहरण है।

आम्रसेचन-पितृतर्पणन्याय = पितरों का तर्पण आम्र वृक्ष के समीप करने से आम्रसेचन और पितृतर्पण दोनों कार्य अनायास एक साथ होते हैं। **मंदर्भ** – (१) व्याकरण महाभाष्य (१-१-१) और ८-२-८-१ (२) न्यायमंजरी ५-१-३९ **स्पष्टीकरण** – एक ही प्रयत्न से जहा दो प्रयोजन सिद्ध होते है वहां इस न्याय का प्रयोग होता है। (आम्रश्च सिक्ताः पितरश्च प्रीणिताः। (पतंजलि व्या.म.भा.)

आम्रान पृष्टः कोविदारान् आचष्टे = (आम्रवृक्ष की जिज्ञासा व्यक्त करने पर कोविदार वृक्ष की जानकारी देना।) **संदर्भ** – लौकिक न्यायरत्नाकर (ले. रघुनाथ वर्मा)। (२) भामती (१-१-२२); (३) न्यायवार्तिक तात्पर्य टीका। (४) तत्त्व मुक्ताकलाप की टीका। (५) व्या. महाभाष्य। १-२-४५ स्पष्टीकरण – वादविवाद में विषयान्तर होने पर इस न्याय का प्रयोग होता है।

आम्रे फलार्थे निमित्ते (निमिते, निर्मिते) छायागन्धौ अनुत्पद्येते = आम्रवृक्ष फल के लिए लगाए जाते है। फिर भी उनसे छाया और सुगन्ध का लाभ होता ही है। **सन्दर्भ** – (१) आपस्तम्ब धर्मसूत्र (१-७-२०-३) (२) ब्रह्मसूत्र शांकरभाष्य (४-३-१४), (३) संबंधवार्तिक (सुरेश्वराचार्य) (श्लो.९६/९७); वेदान्तसार टीका (रामतीर्थकृत) **स्पष्टीकरण** – शास्त्रोक्त नित्य कर्म का आचरण प्रत्यवाय दोष का निराकरण

करने से धार्मिक लोग करते है। परंतु प्रस्तुत न्याय के अनुसार उससे अर्थादि अवान्तर फलों की प्राप्ति होती है। "धर्म चर्यमाणम् अर्थाः अनूत्पद्यन्ते" (आपस्तंबधःसू)। प्रत्येक कार्य का मुख्य फल के अतिरिक्त आनुषंगिक फल होता ही है।

आयुर्धृतम् = घृत (घी) ही आयु है। काव्यालंकार की नमिसाधुकृत टीका में –

आयुर्घृतं, नदी पुण्यं, भयं चौरः सुखं प्रिया।
वैरं द्यूतं, गुरुर्ज्ञानं श्रेयो ब्राह्मणपूजनम्।।

इस श्लोक में कारण और कार्य की एकात्मता सूचित करने वाले अन्य उदाहरण मिलते है। (२) व्या. महाभाष्य। १-१-५९ तथा ६-१-३२। (३) सुरेश्वराचार्य वार्तिक- १-५-१८४८-१ अन्य उदाहरण – चक्षुर्वै सत्यम्।

आर्द्रं वस्त्रं समन्ताद् वातानीतं रेणुजातम् उपादत्ते = गीले वस्त्र को चारो ओर की हवा से आने वाले धूलिकण चिपकते है। **सन्दर्भ** – (१) सर्वदर्शसंग्रह (जैन विभाग)। **स्पष्टीकरण** – पूर्वजन्मों के संस्कारों से युक्त जीवात्मा, अपने संस्कारों के कारण अनेकानेक कर्मों का संचय करता है। प्रस्तुत न्याय से यह विचार विशद किया जाता है। दूसरा न्याय है "तप्तायःपिण्डे जले क्षिप्ते अम्भःसमन्ताद् गृहणाति। अर्थात् तप्त लोह पिण्ड पानी में डालने पर वह सभी ओर से पानी एकत्र खींचता है।

आशामोदकतृप्तन्याय = काल्पनिक मिठाई से तृप्त होना। **सन्दर्भ** – (१) न्यायकन्दली। (२) खण्डनखण्डखाद्य। **स्पष्टीकरण** – "आशामोदक' से तृप्त होने वाले और प्रत्यक्ष मोदक खाने से तृप्त होने वाले को समान समान लाभ नहीं मिलता।

आषाढवाते चलति द्विपेन्द्रे चक्रीवतो वारिधिरेव काष्ठा = (चक्रीवत् = गधा) = आषाढ मास (वर्षाकाल) में तेज हवा के कारण जब बड़ा हाथी भी ढकेला जाता है तब गधा समुद्र तक फेका जाता है। **संदर्भ** – (१) वेदान्त शिक्षामणि (अमरदास की टीका) **स्पष्टीकरण** - वामदेवादि ब्रह्म साक्षात्कारी मुनियों को भी जो मुक्ति दुर्लभ है वह सामान्य ज्ञानी पुरुषों को मिला सुतराम् असंभव है, इस आशय को स्पष्ट करने हेतु प्रस्तुत न्याय का प्रयोग हुआ है।

आहूतेषु विहंगमेषु मशको नायान् पुरो वार्यते = संदर्भ – काव्यप्रकाश। **स्पष्टीकरण** – जब सारे विहंगमों (आकाश मार्ग से गमन करने वाले) पक्षियों को निमंत्रण दिया जाता है तब मशक (मच्छर) एक पक्षी होने के कारण वह भी संमुख आवे तो उसे नकारा नहीं जा सकता। सामान्य लक्षण से सभी लक्ष्यों का निर्देश होता है।

इतो व्याघ्रः इतः तटी = एक ओर से व्याघ्र और दूसरी ओर से पर्वत का तट। **संदर्भ**- (१)) परिशिष्ट पर्व (हेमचंद्र)। (२) स्याद्वादमंजरी। (३) उपमितिभव प्रपंचकथा। **स्पष्टीकरण** – जब दोनों ओर समान संकट उत्पन्न होता है तब उस द्विधा संकट की अवस्था का प्रस्तुत न्याय से उदाहरण देते हैं।

इन्द्रजालनिर्मित-सौधसमुद्रादिज्ञानवत् = संदर्भ – वेदान्तसार की नृसिंहसरस्वती कृत टीका। **स्पष्टीकरण** – ज्ञानोत्तर जगत् के मिथ्यात्व ज्ञान का स्वरूप, प्रस्तुत उदाहरण से स्पष्ट किया जाता है। आजकल चित्रपट (सिनेमा) का उदाहरण सब के परिचय का है।

इन्द्र-बिडौजा न्याय = इन्द्र का ही अन्य एक नाम है बिडौजाः (बिडं (दृढं) ओजः यस्य सः), किन्तु वह शब्द जनसाधारण को अपरिचित है। कुछ पंडित लोग इस प्रकार के अपरिचित एवं दुर्बोध शब्दों का प्रयोग करते हैं, जिस कारण उनके वाक्यों में दुर्बोधता आती है। सुबोध विषय को दुर्बोध करना यही इन्द्र-बिडौजा न्याय है।

इषुकार न्याय = (इषु = बाण) बाण बनाने वाले की एकाग्रता। **संदर्भ** – (१) शांतिपर्व अध्याय-१७८। (२) ब्रह्मसूत्र शांकरभाष्य- ३-२-१०। (३) सुरेश्वराचार्य कृत वार्तिक की आनंदगिरिकृत टीका १-५-१०६। (४) न्यायमकरंद टीका। **स्पष्टीकरण** –

"इषुकारो नरः कश्चिद् इषौ आसक्तमानसः।
समीपेनापि गच्छन्तं राजानं नावबुद्धवान्।। शांतिपर्व अ. १७८-.

इस श्लोक में इषुकार की अपने कार्य में कितनी तन्मयता होती है यह सूचित करते हुए कहा है कि उसे पास से जाने वाले राजा का भी भान नहीं रहता।

इषुवेगक्षय न्याय = बाणवेग का क्रमशः ऱ्हास। संदर्भ – ब्र.सू. शांकरभाष्य ३-३-३२। (२) बृहदारण्यक वार्तिक १-४-१५२९। **स्पष्टीकरण** – प्रारब्ध कर्म का क्षय उसका फलभोग पूर्ण होने पर ही होता है। इस सिद्धान्त का प्रतिपादन प्रस्तुत न्याय द्वारा किया जाता है। इस सिद्धान्त का प्रतिपादन प्रस्तुत न्याय द्वारा किया जाता है। **समान न्याय- कुलालचक्र न्याय।**

इष्यमाणस्य एवं प्राधान्यं न तु इच्छायाः = इच्छा से इच्छित वस्तु का महत्त्व अधिक। **संदर्भ** . (१) ब्र. सू. शां. भां. ४-१-५। वाचस्पति मिश्र भामती भाष्य में उलटा न्याय कहते हैं। 'निकृष्टदृष्टिः न उत्कृष्टे अध्यसितव्या इति लौकिको न्यायः। (३) सर्वदर्शन संग्रह (रामानुज विभाग)। **स्पष्टीकरण** – 'स्वर्गकामो यजेत' इस वाक्य में केवल इच्छा (काम) इष्यमाण (स्वर्ग) का महत्त्व अधिक माना जाता है। उसी प्रकार 'अथातो ब्रह्मजिज्ञासा' सूत्र में 'जिज्ञासा' (ज्ञान की इच्छा), से, इच्छित ज्ञान का महत्त्व अधिक मानना चाहिये।

उत्कृष्टदृष्टिः निकृष्टे अध्यसितव्या = निकृष्ट के प्रति उत्कृष्ट भाव धारण करना। **संदर्भ**– (१) ब्र.सू.शां.भा. ४-१-५। वाचस्पति मिश्र भामती भाष्य मे उलटा न्याय कहते हैं – उत्कृष्टे इति लौकिको न्यायः रामानुजाचार्य कहते हैं। उत्कृष्टे हि राजनि भृत्यदृष्टिः प्रत्यवायकरी, भृत्ये तु राजदृष्टिः अभ्युदयाय। **स्पष्टीकरण** – आदित्यादि निकृष्ट देवताओं के प्रति ब्रह्मदृष्टि रखते हुए उनकी उपासना करनी चाहिये।

उत्खातदंष्ट्रोरग न्याय = दांत उखाड़े हुए सर्प का न्याय। **संदर्भ** – (१) सुरेश्वराचार्य कृत बृहदारण्यकोपनिषद् भाष्य-१-४-१७४६- । **स्पष्टीकरण** – ब्रह्मविद्या से अविद्या या माया का निराकरण होने पर वह किसी प्रकार से ब्रह्मज्ञानी पुरुष को अपाय नहीं कर सकती, इस आशय का स्पष्टीकरण प्रस्तुत न्याय से दिया गया है। लौकिक व्यवहार में भी अवकाश प्राप्त न्यायाधीश किसी अपराधी को दण्ड नहीं दे सकता।

उदरे भृते कोशो भृतः। = पेट भरा हो तो कोश भरा। **संदर्भ** – (१) हेमचन्द्रकृत परिशिष्टपर्व। **स्पष्टीकरण** – भर पेट खाने को मिलने पर, धनार्जन का उद्योग न करने वाले आलसी का निर्देश प्रस्तुत न्याय से होता है। लौकिक व्यवहार में परीक्षा का प्रमाण पत्र हस्तगत होने पर स्वाध्याय न करने वाला व्यक्ति इसी न्याय का उदाहरण है।

उपजीव्यविरोधस्य अयुक्तत्त्वम् = जिस पर अपना अस्तित्व अवलंबित है उसका विरोध करना अयोग्य होता है। **संदर्भ** – (१) परिभाषेन्दुशेखर-८५, (२) खंडन-खण्डखाद्यम्, (३) वेदान्तकल्पतरु, (४) परिमल, (५) न्यायमकरन्द टीका। **स्पष्टीकरण** – व्याकरण शास्त्र में दो सूत्रों से सन्धि होने पर उनमें से एक सूत्र के आधार पर उस सन्धि का परिहार नहीं करना चाहिये।

उपवासाद् वरं भिक्षा = भूखा रहने से भीख मांगना अच्छा। **संदर्भ**– (१) रघुनाथ। (२) पंचदशी-(९-११९-१२०)। **स्पष्टीकरण**– बुद्धिमान्द्य के कारण, जीव-ब्रह्म का अभेद जो लोग सतत श्रवण करते हुए भी नहीं समझ पाते, ऐसे द्वैती लोगों को इष्टदेवता की आराधना करना ही उचित है, यह भाव प्रस्तुत न्याय से विशद किया जाता है। उपासना से इष्ट देवता की कृपा होने पर अद्वैत की अनुभूति होने की संभावना है।

उपसंजनिष्यमाणनिमित्तः अपवादः उपसंजात- निमित्तम् अपि उत्सर्गं बाधते। - सामान्य नियम (उत्सर्ग) का कार्य होते हुए भी अगर अपवाद का नियम लागू होने की संभावना हो तो वह उत्सर्गको बाधित करता है। **संदर्भ** – (१) रघुनाथ। (२) परिभाषेन्दुशेखर। **स्पष्टीकरण** - औत्सर्गिक नियम को, अपवाद प्रत्यक्ष प्राप्त हो या उसकी प्राप्ति संभाव्य हो तों भी, बाधित करता ही है। अपवाद की प्रबलता इस न्याय से बताई गयी है।

उभयतः पाशा रज्जु :- दोनों ओर से बांधने वाली रस्सी। **संदर्भ** – (१) सर्वदर्शनसंग्रह (जैमिनि प्रकरण), (२) व्या. महाभाष्य-६-१-६८ (वा. २ और ५), (३) तंत्रवार्तिक (३-६-४२), (४) विधिविवेक (मंडनमिश्र), (५) न्यायमंजरी, (६) कुसुमांजलि, (७) लक्षणावली, (८) खंडनखंडखाद्य, (९) चित्सुखी। **स्पष्टीकरण** - अभाव पदार्थ की चर्चा में कहा गया कि, अभाव यदि किसी का कारण नहीं हो सकता तो क्या वह किसी कार्य का हो सकता है? अगर वह कार्य नहीं है तो फिर घटापटादि का प्रध्वंसाभाव न होने कारण वे 'नित्य' माने जा सकते हैं। और फिर अगर वह कार्य हो सकता है तो उसके कारण होने में क्या आपत्ति है। ऐसे युक्तिवाद को "उभयतः पाशा रज्जु" कहते हैं।

उष्ट्रकण्टकभक्षण न्याय = (ऊंट का कांटे खाना) **संदर्भ** – (१) ब्रह्मसूत्र शांकरभाष्य-२-२-१। (२) आनंदगिरि भावना= (तत्तज्जातियोग्या वासना)। तद्विशेषाद् उष्ट्रादीनां कण्टकादौ सुखादिदर्शनात्। अर्थात् – विशिष्ट संस्कारों से दुःखदायक वस्तु से भी सुखप्राप्ति कहीं कहीं दिखाई देती है। (३) भामती भाष्य – "अदुःख-सुखादिस्वभावा अपि चन्दन-कुसुमादयः जातिकाल-अवस्थाद्यपेक्षया सुखदुःखादि हेतवः न तु स्वयं सुखादिस्वभावा इति रमणीयम्।" तात्पर्य संसार में कोई भी पदार्थ वस्तुतः सुखरूप या दुःखरूप नहीं है। देशकाल अवस्था के भेदों से उनसे सुख या दुःख की अनुभूति मात्र ही होती है। अतः बाह्य विषयों में आसक्त नहीं होना चाहिये।

उष्ट्रलगुड न्याय – (ऊंट और लकड़ी का न्याय। **संदर्भ** – (१) आत्मतत्त्वविवेक। (२) वेदान्तकल्पतरु। (३) न्यायदीपावली **स्पष्टीकरण** – जिस प्रकार ऊंट की पीठ पर रखी हुई लकड़ीयों से ही उस पर प्रहार किये जाते हैं, उसी प्रकार विवाद में पूर्व पक्षी द्वारा आरोपित दोष उत्तरपक्षी द्वारा उस पर लगाए जाते हैं। जैसे तार्किकों द्वारा उत्थापित आरोप वेदान्तियों द्वारा उन्हीं पर लादे जाते हैं।

उष्णभोजी न्याय – संदर्भ- (१) न्यायवार्तिक-१-३७। **स्पष्टीकरण** - न्यायवार्तिक में 'तद्धर्मभावी' शब्द का प्रयोग हुआ है, जिस का स्पष्टीकरण प्रस्तुत न्याय से किया जाता है। 'उष्णं भोक्तुं शीलम् अस्य' इस विग्रह के अनुसार "तद्धर्मं भावायितुं शीलम् अस्य" इस प्रकार 'तद्धर्मभावी' शब्द का अर्थ एक पक्ष द्वारा माना जाता है। दूसरे पक्ष के अनुसार इस शब्द का अर्थ 'दण्डिन्याय' से ग्राह्य माना जाता है। (देखिये- 'दण्डिन्याय')

ऊषरवृष्टि न्याय :- (ऊसर प्रदेश में वर्षण होना)। **संदर्भ** – परिशिष्टपर्व- (हेमचंद्रकृत) ८-४१७। **समान न्याय**- वन्ध्यामैथुन न्याय, अरण्यरोदन न्याय। **स्पष्टीकरण** – कृतघ्न पर उपकार करना, अपात्र व्यक्ति को विद्यादान देना इत्यादि कर्मों की निरर्थकता इस न्याय से स्पष्ट की जाती है।

ऋजुमार्गेण सिध्यतः अर्थस्य वक्रेण साधनायोगः = सरल उपाय से सिद्ध होने वाले विषय को वक्र से सिद्ध करना अयोग्य है। **संदर्भ**- (१) न्यायवार्तिकतात्पर्य टीका (वाचस्पति मिश्र)। (२) शालिक। (३) तर्कभाषा। **स्पष्टीकरण** – प्रमेय की सिद्धि जब साधर्म्ययुक्त प्रमाण से हो सकती है तब वैधर्म्ययुक्त उदाहरण से उसे सिद्ध करना योग्य नहीं। "अर्के चेन्मधु विन्देत किमर्थं पर्वतं व्रजेत्" इस पूर्वोक्त न्याय से प्रस्तुत न्याय समान है।

एकदेशविकृतम् अनन्यवत् :- एक अंश या अंग में

विकृति आने से वस्तु नहीं बदलती। **संदर्भ** – (१) पातंजल महाभाष्य-१-१-५६ (वा. १०), शिवसूत्र २, वार्तिक ४, २-४-८५ (वा. १०), ४-१-८३,६-१-६९ (वा. ३), ६-४-१४९ (वा. २), ८-३-८५। (२) परिभाषेन्दुशेखर-३७। (३)न्यायमंजरी (जयंतभट्ट)। **स्पष्टीकरण** – कुत्ते के कान या पूंछ कटने से वह घोड़ा या गधा नहीं माना जाता, वह कुत्ता ही रहता है।

एकम् अनुसन्धित्सतः अपरं प्रच्यवते = एक का पीछा करने में दूसरा छूट जाता है। **संदर्भ** – (१) सर्वदर्शन संग्रह (अर्हत् विभाग) (अक्षपाद विभाग) (२) खण्डनखण्डखाद्य। (३) तार्किकरक्षा (मल्लिनाथ)। **स्पष्टीकरण** – जडता का ज्ञान, जडता का अनुकरण नहीं करता (अर्थात् वह स्वयं जड नहीं होता) ऐसा मानने पर तो पदार्थ की जडता का ज्ञान ही नहीं हो सकेगा। अर्थात् एक मत सिद्ध करने के प्रयास में दूसरा मत दूषित हो जाता है।

एकवृन्तगत-फलद्वय न्याय = एक डेठ को दो फल लगना। **संदर्भ** – (१) काव्यादर्श (दण्डी-२-३१०)। (२) अलंकार सारसर्वस्व। (३) काव्यप्रदीप। (४) साहित्यदर्पण। (५) रसगंगाधर। (६) अलंकारकौस्तुभ। (७) साहित्य कौमुदी। **स्पष्टीकरण** – अलंकार शास्त्र में श्लेष अलंकार (जिसमें एक श्लोक से दो अर्थ मिलते हैं) का स्पष्टीकरण इस न्याय द्वारा किया गया है।

एकसम्बन्धिदर्शने अन्यसम्बन्धिस्मरणम् = एक व्यक्ति या पदार्थ को देखने पर, उससे संबधित दूसरे का स्मरण होना। **संदर्भ** – (१) न्यायप्रदीप (तर्कभाषा की टीका)।, (२) शिखामणि की अमरदास कृत टीका। (एक सम्बन्धि ज्ञानम् अपरसंबंधि स्मारकम्) (३) तात्पर्य टीका। **स्पष्टीकरण** – "हस्तिपकदर्शनं हस्तिस्मारकम्, तथा नद्यादिज्ञानस्य कुश-काश-जल-तुम्बिकाजलकानां तत्संबंधिनां स्मरणहेतुत्वम् (रघुनाथ वर्मा)। धूम देखते ही अग्नि का स्मरण होता है।

एकाकिनी प्रतिज्ञा हि प्रतिज्ञातं न साधयेत् = केवल विधान करने से सिद्धान्त स्थापित नहीं होता। **संदर्भ** – (१) सर्वदर्शनसंग्रह (बौद्धदर्शन)। (२) लौकिकन्यायसंग्रह। (३) न्यायवार्तिक। **स्पष्टीकरण** – अनुमान, उदाहरण, आप्तवाक्य इत्यादि प्रमाण न देते हुए द्वैत या अद्वैत मत के सिद्धान्तों की घोषणा मात्र करने से वे सिद्ध नहीं होते। "न हि प्रतिज्ञा प्रतिज्ञां साधयेत्" यह सिद्धान्त है।

एकाम् असिद्धिं परिहरतः द्वितीया आपद्यते = एक असिद्ध हेतु का परिहार करने के प्रयत्न में दूसरा असिद्ध हेतु उपस्थित होना। **संदर्भ** – (१) बौद्धधिक्कार (आत्मतत्त्वविवेक का अपर नाम)। (२) चित्सुखी (१-२४)। (३) तत्त्वमुक्ताकलाप की वेंकटनाथ कृत टीका (३-२२)। (४) न्याय सिद्धांजन (वेंककटनाथ कृत)। **स्पष्टीकरण** – न्यायशास्त्र में आश्रयासिद्ध, स्वरूपासिद्ध और व्याप्यतासिद्ध नामक तीन असिद्ध हेतु (हेत्वाभास) कहे हैं। शास्त्रार्थ में एक असिद्ध हेतु का परिहार करने के प्रयत्न में जब दूसरा असिद्ध हेतु उपस्थित होता है तब इस न्याय का प्रयोग होता है।

कटकगवोदाहरणम् = आवास (गोशाला) में बंधी हुई गाय का उदाहरण। **संदर्भ** – (१) खण्डनखण्डखाद्य। (२) आत्मतत्त्वविवेक (उदयनाचार्य)। **स्पष्टीकरण** – आवास में बांधी हुई गाय अश्वादि अन्य पशुओं को भागते देखकर अपने बन्धन-रज्जु के साथ भागने लगती है और बाद में उसी स्थान पर वापिस लौटती है। इसी प्रकार शास्त्रार्थ में खण्डित होने पर भी कुछ विचार पुनश्च उपस्थित होते है।

कण्ठचामीकर न्याय = (चामीकर = सुवर्णालंकार) गले में सुवर्णालंकार का न्याय। **संदर्भ** – वेदान्तपरिभाषा। (२) आत्मतत्त्वविवेक। **स्पष्टीकरण** – किसी व्यक्ति को, सुवर्णालंकार गले में होते हुए भी दूसरे के द्वारा सूचित हुए बिना उसका भान नहीं होता। इसी प्रकार जीवात्मा ब्रह्मस्वरूप होते हुए भी आचार्य से उपदेश मिले बिना मानव को उस के निजस्वरूप का भान नहीं होता।

कदलीफल न्याय = केले के फल का न्याय। **संदर्भ** – (१) नैष्कर्म्यसिद्धि-४-१४। (२) बोधिचर्यावतार (१-१२)। **स्पष्टीकरण** – कदली वृक्ष के फल उत्पन्न होने पर उनके कारण कदली वृक्ष का विनाश होता है, उसी प्रकार जिस बुद्धि तत्त्व के बल पर ब्रह्मज्ञान का उदय होता है, उसी से बुद्धि का विलय होता है। अर्थात् अद्वैत स्थापित होता है। (बुद्धिमेवाप मृद्नाति कदलीं तत्फलं यथा)।

समान न्याय = अश्वतरीगर्भन्याय।

कदम्बकोरक (गोलक या मुकुल) न्याय = कदम्ब वृक्ष की कलियों का न्याय। **संदर्भ** – (१) परिशिष्टपर्व (हेमचंद्र) (१-२४)। (२) भाषापरिच्छेद (श्लो. ६६)। **स्पष्टीकरण** – कदम्ब वृक्ष की सभी कलियां एक साथ खिलती है। अतः जहां एक साथ विकास या विस्तार होता है वहां प्रस्तुत उदाहरण दिया जाता है। सुखद स्पर्श से संपूर्ण शरीर पर इसी प्रकार रोमांच उठते है।

कन्यावरणार्थगत-मूर्खवर-गोत्र-प्रश्नोत्तरवत् = **संदर्भ** – तंत्रवार्तिक **स्पष्टीकरण** – कन्या के सौंदर्यादि गुणों से लुब्ध होकर उसकी मांग करने गये हुए मूर्ख कन्यार्थी को 'किं गोत्रम्' यह पहला ही प्रश्न पूछने पर वह मूर्ख कहता है – "यद् एव भवतां गोत्रं तदेव अस्माकम् अपि"। (धर्मशास्त्र के अनुसार सगोत्र विवाह निषिद्ध होता है) अतः वर के प्रस्तुत उत्तर में उसकी मूर्खता सूचित होती है।

कपिंजल न्याय = पपीहे (या टिटिहरी) का नियम। **संदर्भ** – (१) वाजसनेयी संहिता- (२४-२०)। (२) न्यायमालाविस्तर। (३) न्यायकन्दली। (४) तंत्रवार्तिक (२-१-१२/३-५-२६)। (५) परिमल। (६) शिखामणि। **स्पष्टीकरण** = वाजसनेयी संहिता (शुक्ल यजर्वेद) में

''वसन्ताय कपिंजलान् आलभेत'' इस आदेश में कपिंजल शब्द का बहुवचन होने के कारण संख्या विवाद्य विषय हुआ। जैमिनि ने आठ सूत्रों द्वारा इस संख्या के विषय में चर्चा करते हुए अंत में तीन कपिंजलों का आलभन (हनन) निर्धारित किया है। न्यायमालाविस्तार में बहुवचन से तीन मानने का समर्थन करते हुए कहा है- अवश्यं भावित्वेन, प्रथमं भावित्वेन लाघवेन च त्रित्वे उपात्ते शास्त्रार्थ सिद्धौ ततोऽधिक - पक्षिहिंसायां प्रत्यवायात्- त्रित्वमेव उपादेयम्।

कफोणांगुड न्याय = कोहनी पर लगा हुआ गुड़। **संदर्भ** - (१) आत्मतत्त्वविवेक (उदयनाचार्य) (२) सर्वदर्शन संग्रह (अक्षपाद) विभाग। **स्पष्टीकरण** - सांसारिक दुःखोंका संपूर्ण विलय ही अपवर्ग (मोक्ष या परम पुरुषार्थ) जो मानता है वह मनुष्य कोहनी का गुड चाटने की चेष्टा करता है। अपनी जीभ से कोहनी स्पर्श नहीं कर सकता, जैसे बिल्ली अपना कान नहीं चाट सकती।

कंबलनिर्णेजन न्याय = पैरों पर पटक कर कंबल साफ करना। **संदर्भ** - शाबर भाष्य- (२-२-२५)। **स्पष्टीकरण** - मैले कंबल को पैरो पर पटकते हुए साफ करने में दो कार्य एक साथ होते है, - कंबल और पैर दोनों एक साथ स्वच्छ होते हैं। एक ही प्रयत्न से दो लाभ उठाने की संभावना इस न्याय द्वारा सूचित होती है। ''निर्णेजनं हि उभयं करोति, कंबलशुद्धिं पादयोश्च पवित्रताम्।'' (शबराचार्य)।

समान न्याय - ''आम्रसेचन-पितृतर्पण न्याय।'' सकृत्कृते कृतः शास्त्रार्थः (अर्थात् कोई भी शास्त्रोक्त कर्म एक बार करने पर शास्त्रादेश का पालन हो जाता है। उसे दुहराने या बारंबार करने की आवश्यकता नहीं होती।

करविन्यस्त-बिल्व न्याय = हथेली पर रखें बेल के फल का न्याय।

संदर्भ - (१) सुरेश्वराचार्य कृत बृहद्वार्तिक- २-१-९५, २-५-१३६ (२) तैत्तिरीयोपनिषद् भाष्य (शंकराचार्य)

स्पष्टीकरण = हथेली पर रखे हुए बेल के फल का जिस प्रकार संपूर्णतया ज्ञान होता है, उसी प्रकार ब्रह्मज्ञान से संपूर्ण विश्व के रहस्य का ज्ञान संपूर्णतया होता है।

समान न्याय - करस्थ-अमलक न्याय। (हथेली पर रखे आंवले का ज्ञान।

करिबृंहित न्याय - हाथी के चीत्कार का न्याय। **संदर्भ** - काव्यप्रकाश (७-१०) की टीका काव्यप्रदीप (१) उदाहरण चन्द्रिका। **स्पष्टीकरण** - अमरकोश में हाथी की गर्जना को बृंहित शब्द कहा है। (बृंहितं करिगर्जितम्) अतः बृंहित शब्द मात्र से हाथी का बोध होने के कारण 'करिबृंहित' समास में करिशब्द के प्रयोग से 'अपुष्टार्थत्व' नामक काव्यदोष प्रतीत होता है। उक्त दोष का परिहार करने के लिए शास्त्रार्थकार कहते हैं कि ऐसे शब्द प्रयोगों में लक्षणा शक्तिद्वारा उत्कृष्टत्व की प्रतीति माननी चाहिये। अर्थात् 'करिगर्जित' याने हाथी की उत्कृष्ट गर्जना। इसी न्याय के **समान न्याय** - पुष्पमाला०, गजघटा०, नीलेन्दीवर०, पर्वताधित्यका०, पर्वतोपत्यका०, वाजिमन्दुरा०, मृगवागुरा०, तिलतैलं०, कर्णकुण्डल इत्यादि।

कर्मभूयस्त्वाद् फलभूयस्त्वम् = अधिक कर्म से अधिक फल की प्राप्ति होती है। **संदर्भ** - (१) विवरणप्रमेयसंग्रह (विद्यारण्य)। (२) शाबरभाष्य। (३) परिमल।

स्पष्टीकरण - प्रस्तुत न्याय में कथित निरपवाद सिद्धान्त के कारण शास्त्रोक्त विविध प्रकार की ब्रह्मोपासना से प्रत्येकशः समान फल की प्राप्ति नहीं मानी जा सकती। गुणों की न्यूनता तथा अधिकता के अनुसार फलों में भी न्यूनता और अधिकता होना संभव है।

कलंजन्याय = (कलंज = विषदिग्ध बाण से मृत हरिण का मांस) **संदर्भ** - (१) ब्रह्मसूत्र शांकरभाष्य (३-४-२८) की आनंदगिरि कृत टीका। (२) संक्षेप शारीरक। (३) श्रीभाष्य (१-१-४)। **स्पष्टीकरण** - ''न कलंजं भक्षयितव्यं, न लशुनं न गृंजनं च'' (गृंजन = (१) गाजर (२) गांजा) इस शास्त्रादेश का अर्थनिर्णय करने में 'पर्युदास' और 'प्रतिषेध' का विवाद निर्माण हुआ। **पर्युदास** = अभक्षणं कर्तव्यम्, **प्रतिषेध** = भक्षणं न कर्तव्यम्। इन उदाहरणों में सामान्य मनुष्य को समानार्थता प्रतीत होती है, किन्तु मीमांसक इन दो उदाहरणों में अर्थभिन्नता मानते हैं। पर्युदास में विधि और प्रतिषेध में निषेध कहा जाता है। इसी प्रकार ''नेक्षेत उद्यन्तम् आदित्यम्'' इस वचन में पर्युदास अर्थात् अ-निरीक्षण का विधि है। कलंज न्याय के (न कलंजं भक्षायेतव्यम्) वाक्य में जो 'नकलंज' है ऐसा मांस भक्षण करने का विधि है, निषेध नहीं।

कलशपुरःसर प्रासाद निर्माणन्याय = शिखरस्थ कलश की स्थापना के बाद मंदिर की निर्माण करना। **संदर्भ** - (१) उदयनकृत लक्षणावली की शार्ङ्गधारकृत टीका। **स्पष्टीकरण** - लक्षणावली में द्रव्य की व्याख्या ''गुण- अत्यन्त- अभाव- अनधिकरणम् (गुण के अत्यन्ताभाव का जो आश्रय नहीं होता। (अर्थात् जिस आधार पर गुण रहते हैं) उसे 'द्रव्य' कहते हैं। उक्त लक्षण का जो खण्डन वेदान्तियों द्वारा किया गया (अव्याप्तेरप्यतिव्याप्ते द्रव्यं नैव गुणाश्रयः आद्ये क्षणे गुणाभावाद गुणादावपि वीक्षणति।।) नैयायिक कहते हैं कि ''उत्पन्नं द्रव्यं क्षणम् अगुणं तिष्ठति'' और फिर भी द्रव्य का लक्षण ''गुणात्यन्ताभावाधिकरणं द्रव्यम्'' कहते हैं। इस विसंगति के उपहास में 'कलशन्याय' कहा गया है। संपूर्ण मंदिर की निर्मिति के समान अपने सत्कार्य का अभिमान रखने वाले के उपहास में प्रस्तुत न्याय का उपयोग किया जाता है।

काकतालीय न्याय = कौआ ताल वृक्ष पर बैठते ही उसका फल टूट कर किसी के सिर पर पडने से तत्काल मृत्यु होना। **संदर्भ** - (१) काशिका वृत्ति- सूत्र - ५-३-१०६। (२) पंचदशी (विद्याख्य) (९-१२)। (३) **ध्वन्यालोक** (आनंदवर्धन) (२-१६)। (४) न्यायवार्तिक तात्पर्य टीका।

(५) न्यायमंजरी। (६) शान्तिपर्वटीका (नीलकंठ गोविन्द)। **स्पष्टीकरण** - दो घटनाओं में कारणकार्य संबंध न होते हुए भी घटना अकस्मात् एक साथ होने पर प्रस्तुत न्याय से उसका उदाहरण दिया जाता है। नीलकण्ठ ने अपनी टीका में ताल अर्थात् ताली बजाते समय अकस्मात् दोनों करतलों के बीच आने से कौए पर आघात होना 'काकतालीय' कहा है। **समान न्याय** – अजाकृपाणीय, अंधकवर्तकीय, घुणाक्षर।

काकदधिघातक न्याय = दही को दूषित करने वाले कौए का दृष्टान्त। **संदर्भ** – (१) वाक्यपदीय (भर्तृहरि)। (२) तंत्रवार्तिक। (३) भामती (१-४-३) ईश्वरगीता (कूर्मपुराण का उत्तरभाग) ११-८। (४) वेदान्तपरिभाषा (अ-४) में जहदजहद् लक्षणा का उदाहरण (इसी को वेदान्त में भागलक्षणा या भागत्यागलक्षणा कहते हैं। **स्पष्टीकरण** – प्रस्तुत न्याय में 'काक' शब्द का निर्देश है उसका तात्पर्य काकेतर दधिदूषक कुत्ते आदि प्राणी के अर्थ में भी लिया जाता है। कौए से दही का रक्षण करते समय, अन्य दूषक प्राणियों की उपेक्षा अपेक्षित नहीं होती।

"काकेभ्यो रक्ष्यतां सर्पिः इति बालोऽपि चोदितः।
उपघातपरे वाक्ये न श्वादिभ्यो न रक्षति।।" (वाक्यपदीय २-३१३)

काकदन्तपरीक्षा न्याय = कौए के दातों का परीक्षण करना। **संदर्भ** – (१) न्यायबिन्दु टीका बौद्ध ग्रंथ)। (२) कठोपनिपद् भाष्य (शंकराचार्य)। (३) ध्वन्यालोक (अभिनवगुप्त की टीका-३-१९)। (४) पंचपादिका। (५) न्यायमंजरी (वायसदशन-विमर्श न्याय)। **स्पष्टीकरण** – कठोपनिषद् में नचिकेता ने जब यमराज से मरणोत्तर जीव की अवस्था के संबंध में पूछा तब यमराज ने जो उत्तर दिया उसका विवरण करते हुए श्रीशंकराचार्य कहते हैं – "प्रेत्य अस्ति नास्ति इति काकदन्तपरीक्षानुरूपं मा एवं प्रष्टुम् अर्हसि।" निरर्थक जिज्ञासा उदाहरण में इस न्याय का प्रयोग होता है।

काकाक्षि गोलक न्याय :- कौए की आँख का गोलक (जो दोनों ओर सरकता है।) **संदर्भ** – (१) हठयोग प्रदीपिका (स्वात्माराम) ४-१० की टीका ब्रह्मानन्द कृत। (२) ध्वन्यालोक (३-१) अभिनवगुप्त की टीका। (३) कामन्दकीय नीतिसार (११-२४) **स्पष्टीकरण** – कहा जाता है कि कौए की एक मात्र आँख होती है। परंतु आवश्यकता के अनुसार वह दोनों ओर सरकती है। उसी प्रकार कुछ वाक्यों में एक ही शब्द दो वाक्यों से संबंधित होता है तब इस न्याय का प्रयोग होता है। जैसे – "विविधैरासनैः कुम्भैर्विचित्रैः करणैरपि" इस वाक्य में 'अपि' शब्द कुम्भ और करण दोनों शब्दों से संबंधित कहा गया है।

काकाधिकरणत्व न्याय = जिस पर कौआ बैठा है वह स्थान। **संदर्भ** – (१) व्याकरण महाभाष्य १-१-२६ (वा. ३-४)। (२) विवरणप्रमेयसंग्रह। (३) संक्षेप शरिरक (१-२०६)। (४) तंत्रवार्तिक। (५) खंडनखंडखाद्य।

स्पष्टीकरण – देवदत्त के घर का पता बताते समय "काकवद् देवदत्तस्य गृहम्" (जिस पर कौआ बैठा है वह देवदत्त का घर है।) ऐसा संकेत करने पर कौआ उड जाने पर भी उस का बोध होता ही है। इस प्रकार के उदाहरणों में लाक्षणिक वृत्ति से पदार्थ का ज्ञान माना जाता है।

काश-कुशावलंबन न्याय = डूबते हुए मनुष्य के द्वारा काशकुश (घास) का सहारा लेना। **संदर्भ** – (१) सर्वदर्शन संग्रह (अर्हत्दर्शन और पाणिनीयदर्शन विभाग)। (२) नैकर्म्यसिद्धि (१-७६)। (३) न्याय मंजरी। (४) तंत्रवार्तिक (१-३-१८)। (५) ब्रह्मसूत्रभाष्य (आनंदगिरि)।

स्पष्टीकरण = जलतरणविद्या न जानने वाला नदी में डूबते समय जो कुश-काश जैसे क्षुद्र घास (कतृण) पकड़ने का प्रयास करता है उसी के समान प्रबल युक्तिवादों का खण्डन होने पर दुर्बल युक्तिवादों का आधार लेकर विवाद करने का प्रयास व्यर्थ होता है।

काकोलूक निशावत् = कौवा रात में देख नहीं सकता और उल्लू दिन में नहीं देख सकता। दोनो के दिन और रात अलग अलग होते है। **संदर्भ** – (१) भर्तृहरि-नीतिशतक (९३)। (२) सुरेश्वराचार्य कृत- बृहद्वार्तिक (१-४-३१३)। (३) नैष्कर्म्यसिद्ध (३-१११)। **स्पष्टीकरण** – ज्ञानी और अज्ञानी का भेद श्रीमद्भगवद्गीता में "या निशा सर्वभूतानां तस्यां जागर्ति संयमी। यस्यां जाग्रति भूतानि सा निशा पश्यतो मुनेः।।(२-६९)" इस सुप्रसिद्ध श्लोक में कहा है। उसी सिद्धान्त का उदाहरण प्रस्तुत न्याय से दिया जाता है। अज्ञानी को जिन विषयों में आसक्ति है उन में ज्ञानी को रुचि नहीं होती। और ज्ञानी जिस आत्मानंद में रममाण होता है उस के प्रति अज्ञानी की प्रवृत्ति ही नहीं होती।

काकोलूकनिशेवायं संसारोऽज्ञात्मवेदिनोः।। (सुरेश्वर)

काचिन्निषादी पुत्रं प्रसूते कश्चिन्निषादस्तु कषायपायी। = निषाद स्त्री पुत्र को जन्म देती है और कोई संबंधी निषाद उसके लिए बनाया हुआ कषाय पी जाता है। अर्थात् एक व्यक्ति परिश्रम करता है और दूसरा उसका लाभ उठाता है।

काण्डानुसमय न्याय = यज्ञादि धर्मक्रिया में एक ब्राह्मण को विष्टरदान से गो-दान का संपूर्ण देने पर, दूसरे अन्य ब्राह्मणों को उसी क्रमं से दान देना इसे 'काण्डानुसमय' कहते हैं। **संदर्भ** – (१) जैमिनिसूत्र (५-२-३)। (२) आश्वालायनगृसू १-२४-७ की टीका।

स्पष्टीकरण = ऋत्विजों को मधुपर्क का दान दो पद्धतियों से होता है। (१) **पदार्थनुसमय।** (२) **काण्डानुसमय।** पदार्थानुसमय में सभी ऋत्विजों को विष्टर (आसन) देने पर बाद में पाद्य अर्घ्य का यथाक्रम दान देना। काण्डानुसमय में एक को संपूर्ण दान देने पर दूसरों को उसी प्रकार संपूर्ण दान दिया जाता है।

कामिनीजिज्ञासा न्याय = संदर्भ – वाचस्पत्यम्।

स्पष्टीकरण – किसी कामिनी के प्रति चित्त आकृष्ट होने पर अन्य महत्त्वपूर्ण विषयों का विस्मरण होता है तब कामिनी आकर्षण के कारण अन्यविषयों का विस्मरण क्यों हुआ इस का स्पष्टीकरण देना असंभव होता है। ऐसे अज्ञात कारणों के संबंध में प्रस्तुत न्याय का प्रयोग होता है। (देखिए "मणिमन्त्रादिन्याय"।)

कुल्याप्रणयन न्याय :- खेती के निमित्त नहर निर्माण का न्याय। **संदर्भ** – (१) विवरणप्रमेयसंग्रह। **स्पष्टीकरण** – "शाल्यर्थं कुल्याः प्रणीयन्ते ताभ्यः एवं च पानीयं पीयते।" एक प्रयोजन से किए हुए कार्य से दूसरा कार्य भी सम्पन्न हो सकता है।

समान न्याय – अन्यार्थं प्रकृतम् अन्यार्थं भवति।"

कारणगुणप्रक्रम न्याय :- कारण के गुण कार्य में संक्रमित होते हैं।

संदर्भ – (१) वेदान्तसार (सदानन्द)।

स्पष्टीकरण – वेदान्त के अनुसार परब्रह्म से आकाश- वायु- अग्नि- जल और पृथ्वी इस क्रम से सृष्टि का विकास माना जाता है। इसमें कारण-कार्य का अनुक्रम से संबंध है। प्रस्तुत न्याय के अनुसार आकाश का शब्दगुण वायु में, वायु के शब्द- स्पर्श-गुण अग्नि में, अग्नि के शब्द- स्पर्श- रूप गुण जल में और जल के शब्द- स्पर्श- रूप- रस गुण पृथ्वी में अपने गन्ध गुण के साथ होते हैं।

कार्पास-रक्ततान्याय = (दृष्टान्त) - सरकी (कपास के बीज) को लाक्षा राग लगाकर लाल कपास की उत्पत्ति करना।

संदर्भ – (१) ब्रह्मसूत्रभाष्य (शंकराचार्य) (२-१-१८/२२-२०)। (२) सर्वदर्शनसंग्रह (अर्हत् दर्शन)। (३) स्याद्वादमंजरी। (४) षड्दर्शनसमुच्चय (कारिका-५) की मणिभद्रकृत टीका। (५) बृहदारण्यक वार्तिक। (६) न्यायमंजरी। (७) तत्त्वमुक्ताकलाप १-२९ की वृत्ति। (८) भामती-१-१-४।

स्पष्टीकरण – पूर्वजन्मों के संस्कार वर्तमान जीवन में भी प्रकट होते हैं वे (क्षणभंगवाद के अनुसार) तत्क्षण नष्ट नहीं होते, इस सिद्धान्त का प्रतिपादन प्रस्तुत न्याय से किया गया है।

कांस्यभोजि न्याय :- कासे के पात्र में भोजन का न्याय।

संदर्भ – (१) रघुनाथ कृत (लौकिकन्यायरत्नाकर)। (२) जैमिनिसूत्र (१२-२-३४)। (३) तंत्रवार्तिक। (४) विधिरसायन। (५) भामतीभाष्य। (६) वेदान्तकल्पतरु। (७) परिमल।

स्पष्टीकरण – दूसरे की सुविधा के लिए अपने जीवन में विशिष्ट नियम का पालन करना आवश्यक होता है, जैसे शिष्यने कांस्यपात्र में गुरु का उच्छिष्ट अन्न खाने का व्रत लेने के कारण, उसकी सुविधा के लिए गुरु भी कांस्यपात्र में भोजन करते हैं। रघुनाथ वर्मा इस संबंध में कहते है – "यद्यपि अयं शास्त्रीयन्यायः तथापि एतद्व्यवहारस्य लौकिकत्वात् सुन्दोपसुन्दन्यायवत् लौकिकषु परिगणितः।"

किम् आर्द्रकवणिजः वहित्रचिन्तया :- अद्रक के ब्यापारी को नाव की चिन्ता नहीं होती। **संदर्भ** – (१) आत्मतत्त्वविवेक। **स्पष्टीकरण** – संसार में माया की उपाधि के कारण भिन्न भिन्न प्रकार की अनुभूतियां जीवों को प्रत्यक्ष होती है। उनकी विचित्रता सिद्ध करने के लिए उदाहरणों का चयन करने की आवश्यकता नहीं होती। जैसे अद्रक के बेपारी को उसे नदी प्रवाह से ला जाने के लिए नौका की खोज करने की आवश्यकता नहीं होती। अद्रक के पंजी स्वयं बहते जा सकते हैं।

कुक्कुररोदन न्याय = (कुकुर = कुत्ता) कुत्ता प्रायः भोंकता है किन्तु कभी कभी वह रोने का स्वर निकालता है। यह रोदन स्वर अशुभ (भावी मृत्यु) का सूचक माना जाता है। अभद्र शब्दों का शुभ अवसर पर प्रयोग कुक्कुररोदन के समान होता है।

कूटकार्षापण न्याय = खोटे कार्षापण (सिक्का या नाणक) के त्याग का न्याय। **संदर्भ** – (१) तंत्रवार्तिक (कुमारिल भट्ट) १-३-३/१-३-८। (२) न्यायमंजरी। **स्पष्टीकरण** – श्रुति और स्मृति के वचनों में विरुद्धता होने में स्मृतिवचन को अग्राह्य मानना चाहिए। इस सिद्धान्त को स्पष्ट करते हुए कुमारिल भट्ट कहते है- "यो हि कूटकार्षापणेन कंचित् कालं लोकमध्ये व्यवहरति, न तेन विवेकज्ञानजनितव्युत्पत्तिना अपि तथैव व्यवहर्तव्यम्)" अर्थात् अज्ञान वश प्रमाण वस्तु का प्रयोग होने पर जब उसकी अप्रमाणता का ज्ञान हो जाता है तब विवेकी पुरुष ने खोटे रुपये के समान उसका त्याग करना चाहिए। (हमारे देश में अंग्रेजों के प्रचार के कारण आर्य जाति के आक्रमण का सिद्धान्त पढाया गया, किन्तु अब उस का अनेक प्रमाणों से खण्डन होने के कारण पाठ्य पुस्तकों से उसका निवारण होना चाहिए।)

कुठारच्छेद्यतां कुर्यात् नखच्छेद्यं न पंडितः = बुद्धिमान् पुरुष ने अपना प्रतिपादन 'कुठारच्छेद्य' करना चाहिए, उसे 'नखच्छेद्य' नहीं करना चाहिए। कुठार = परशु या कुल्हाड़ी) **संदर्भ** – (१) उपमितिभवप्रपंच कथा। **स्पष्टीकरण** – अपने सिद्धान्त का प्रतिपादन ऐसे प्रबल प्रमाणों के आधार पर करना चाहिए जिन का खण्डन करना विरोधियों को असम्भव होगा। इस विचार का प्रतिपादन प्रस्तुत दृष्टान्त से होता है। सुदृढ वृक्ष को तोड़ने में कुल्हाडी की आवश्यकता होती है तो दूर्वांकुर नाखून से काटे जाते हैं। किरणावली में उदयनाचार्य कहते हैं – "न खलु नखरंजनिका परशुच्छेद्यं छिनत्ति।"

कुड्यं विना चित्रकर्म : – दीवार (या कपड़े) के आधार बिना चित्र नहीं खींचा जा सकता। **संदर्भ** – (१) न्याय मंजरी। (२) सांख्यकारिका (४१)। (३) सांख्यसूत्र (३-१२) अनिरुद्ध कृत टीका। (४) तार्किकरक्षा-मल्लिनाथ की व्याख्या।

स्पष्टीकरण – आत्मसत्ता के अभाव में देह के प्रति अहंभावना होने की संभावना मानी जाय तो मृतदेह में भी अहंभावना होने की संभावना माननी होगी। जिस प्रकार आधारभूत भित्ती आदि के अभाव में चित्र नहीं बनाया जाता उसी प्रकार आत्मसत्ता के अभाव में 'अहं' प्रत्यय नहीं हो सकता।
समान न्याय – आवरणक-स्थाण्वादि विना छाया'। (छत या स्तंभ अभाव में छाया नहीं होती।

कूपखानक न्याय = कुवा खोदने वाले का न्याय।
संदर्भ – (१) पातंजल महाभाष्य (पस्पशाह्निक)
स्पष्टीकरण – कुवा खोदने वाले के शरीर को चिपका हुआ कीचड उसी कुए से निकाले हुए स्वच्छ जल से धोया जाता है, उसी प्रकार अपशब्दों के ज्ञान से उत्पन्न अधर्म द्रोष उसी अपशब्द ज्ञान से उत्पन्न शुद्ध शब्दों के ज्ञान से निवारित होकर, अभ्युदय स्वरूप धर्म की प्राप्ति होती है। अथवा रघुनाथ के अनुसार – विशिष्ट देवताविग्रह की उपासना से उत्पन्न द्वैत भावना का दोष उपासनाजन्य पुण्य की महिमा से अद्वैत बोध का उदय होने से समूल नष्ट होता है। एक ही कर्म से अधर्म हानि और धर्मप्राप्ति होने का आशय प्रस्तुत न्याय से सिद्ध होता है।

कूपमण्डूक (दर्दुर) न्याय :- कुए का मेंढक। **संदर्भ** – (१) प्रसन्नराघव नाटक। (२) उपमितिभावप्रपंच।
स्पष्टीकरण - यो नो निर्गत्य निःशेषां विलोकयति मेदिनीम्।
अनेकाद्भूतवृत्तान्तां स नरः कूपदर्दुरः।।
जो मनुष्य प्रवास न करते हुए अद्भुत प्रदेशों का अवलोकन नहीं करता वह कुए में रहने वाले मेंढक के समान अदूरदर्शी या क्षुद्रज्ञानी होता हैं।

कूपयन्त्रघटिका न्याय = रहट टिंडर न्याय।
संदर्भ – मृच्छकटिक- (१०-६०)।
स्पष्टीकरण – सांसारिक जीवन में जो उन्नत और अवनत अवस्था व्यक्ति या समाज को प्राप्त होती है उसके उदाहरण में प्रस्तुत न्याय का निर्देश होता है। जैसे रहट चलते समय कुछ टिंडर नीचे से भर कर आते है और कुछ उपर आते ही खाली होकर नीचे जाते है। कालिदास ने अपने मेघदूत में यही आशय "नीचैर्गच्छत्युपरि च दशा चक्रनेमिक्रमेण" इस पंक्ति में चक्रनेमिक्रम के उदाहरण से स्पष्ट किया है।

कूर्मांग न्याय = कछुवे के अंग का न्याय।
संदर्भ – (१) सर्वदर्शनसंग्रह (सांख्य.)। (२) सांख्यतत्त्व कौमुदी (वाचस्पति मिश्र) (९-१५)। (३) क्षुरिकोपनिषद (३)। (४) भगवद्गीता (२-५८)।
स्पष्टीकरण – सांख्यदर्शन में 'सत्कार्यवाद' का प्रतिपादन आग्रह से किया है। तदनुसार सत् (विद्यमान) वस्तु का अभाव नहीं होता और असत् का अस्तित्व या (भाव) नहीं होता। संसार में पदार्थों का भाव और अभाव केवल अवस्था बदलने के कारण प्रतीत सा होता है; जैसे कछुवा अपने अवयव बाहर निकालता है तब उनका अस्तित्व प्रतीत होता है और उन्हे अंदर खींच लेता है तब उनका अभाव सा प्रतीत होता है।

कूर्मी (कच्छपी) विलोकन न्याय : – (कूर्म (पुं) = कछुवा)।

कच्छपी निरंतर जल में ही रहती है। अपने अंडे को उसी जलाशय में सुरक्षित रखकर वह दूर से उस की ओर देखती रहती हैं। कहते है कि उसके विलोकन मात्र से अंडस्थ जीव का संवर्धन होता है। माता की वात्सल्यमयी दृष्टि का यह निदर्शन है। परमात्मा की कृपा इसी न्याय के अनुसार भक्तजनों का संरक्षण करती है।

कृतक्षौरस्य नक्षत्रपरीक्षा = क्षौर करने पर नक्षत्रों की परीक्षा करना।
संदर्भ – (१) न्यायमंजरी।
स्पष्टीकरण – संन्यास ग्रहण के लिए मुंडन करने पर विवाह योग के निमित्त ग्रह नक्षत्रादि की अनुकूलता का विचार करना जिस प्रकार अनुचित एवं निरर्थक है, उसी प्रकार निश्चित या दुर्बल प्रामाण्य उपस्थित करने के पश्चात् प्रबल प्रमाण से प्रमेय की सिद्धि करना व्यर्थ सिद्ध होता है।
समान न्याय – (१) कृतोद्वाहस्य लग्नपरीक्षा (विवाह के पश्चात्त कुण्डली देखना)। (२) मुण्डितशिरो नक्षत्रान्वेषणम्।

कृताकृतप्रसंगी यो विधिः स नित्यः – कृताकृतप्रसंगी नित्यं तद् विपरीतम् अनित्यम् (परिभाषा)।
संदर्भ – परिभाषेन्दुशेखर (नागोजी भट्ट) XL ii
स्पष्टीकरण – जिस कार्य के करने से लाभ निश्चित होता है किन्तु न करने से हानि की संभावना है वह कार्य नित्य (अनिवार्य) समझना चाहिए। जैसे किसी दुर्धर रोग में शस्त्रक्रिया करने पर सुधार होना संभवं है और न करने से मृत्यु अनिवार्य है ऐसी अवस्था में शस्त्रक्रिया नित्य आवश्यक माननी चाहिये।

कृत्रिमाकृत्रिमयोः कृत्रिमे कार्यसंप्रत्ययः = शब्द के पारिभाषिक और लौकिक अर्थों में विभिन्नता के कारण सन्देह होने पर 'कृत्रिम' अर्थात् पारिभाषिक अर्थ का ही ग्रहण करते हुए वाक्यार्थ का निर्धारण करना चाहिये।
संदर्भ – (१) परिभाषेन्दुशेखर (नागोजी)-परिभाषा क्र. ९। (२) व्याकरण महाभाष्य १-१-२३ (वा. ३)। (३) सीरदेव कृत परिभाषा संग्रह।
स्पष्टीकरण – व्याकरण शास्त्र में 'गुण' शब्द का प्रयोग जहां होता है वहां व्याकरणशास्त्रोक्त (अदेङ् गुणः) सूत्र के अनुसार निर्धारित कृत्रिम अर्थ ही लेना चाहिए। लौकिक व्यवहार में प्रयुक्त शौर्य धैर्यादि अकृत्रिम अर्थ लेना अनुचित है। उसी प्रकार साहित्यशास्त्र में 'गुण' शब्द से माधुर्य ओजः प्रसाद आदि गुणों का ग्रहण करना चाहिये।

(इति) कृत्वा चिन्ता न्याय :- (इस प्रकार कहना संभव है अतः यह विचार प्रस्तुत करते हैं।)

संदर्भ – (१) तंत्रवार्तिक (३-४-१)। (२) शास्त्रदीपिका। (३) शाबरभाष्य (११-३-१६/१२-२-११)।

स्पष्टीकरण – शास्त्रग्रथों में किसी विवाद्य विषय पर शास्त्रार्थ करते समय सिद्धान्ती पूर्वपक्ष के कुछ आक्षेपों का अपनी ओर से निर्देश करते हुए कहता है "इति कृत्वा चिन्त्यते" (अर्थात् इस प्रकार का आक्षेप आने की संभावना है अतः हम कहते हैं)। पूर्वपक्षी को आक्षेप लेने का थोडा भी अवसर न रहे इस लिए इस प्रकार का अवलंब होना प्रस्तुत न्याय का निदर्शक है।

केवलैः वचनैः निर्धन आधमर्णिक इव साधून भ्रामयन् = निर्धन कर्जदारं केवल वचनों से साहुकार को भ्रम में डालता रहता है।

संदर्भ – (१) आत्मतत्त्वविवेक।

स्पष्टीकरण – शास्त्रार्थ के समय जब जिस के पास कुछ ठोस युक्तिवाद नहीं होते ऐसा विवादी जिनमें परस्पराश्रय आदि दोष होते हैं ऐसे विधान करता है तब इस न्याय का प्रयोग किया जाता है।

क्रिया हि विकल्प्यते न वस्तु = विकल्प की संभावना क्रिया में होती है, मूलतत्त्व में नहीं।

संदर्भ – (१) ब्र. सू. शांकरभाष्य- १-१-२,२-१-२७। (२) आनंदगिरिकृत व्याख्या (१-४-१)। (३) सर्वदर्शनसंग्रह (रामानुज दर्शन)। (४) शास्त्रदीपिका (१-३-८)। (५) नैष्कर्म्यसिद्धि (३-८२)।

स्पष्टीकरण – जो विषय पुरुषाधीन हैं उसमें विकल्प हो सकता है, इस संबंध में श्री शंकराचार्य कहते हैं – "कर्तुम् अकर्तुम् अन्यथा कर्तुम् वा शक्यं लौकिकं वैदिकं च कर्म। यथा अश्वेन गच्छति, पद्भ्याम् अन्यथा वा गच्छति।.....न तु वस्तु (परमात्मा) एवं नैवम् अस्ति, नास्ति इति वा विकल्प्यते।" परमात्मस्वरूप पुरुषाधीन न होने से उसमें सत्, असत्, सगुण, निर्गुण इत्यादि विकल्पों की संभावना नहीं हो सकती।

क्व उष्ट्रः क्व च नीराजना – कहां ऊंट और कहां उसकी निराजना (आरती) की विधि।

संदर्भ – उपमिति-भवप्रपंच कथा।

स्पष्टीकरण – अग्निपुराण के २६७ वे अध्याय में युद्ध के निमित्त प्रस्थान करते समय सेनांगों की निराजना की विधि बताई है। ऊंट जैसे प्राणी और निराजना का कोई परस्पर संबंध नहीं होता। वे जानवर उस विधि को समझ नहीं पाते। फिर भी यह विधि करने की प्रथा थी। असंबद्ध विषयों के संबंध का उपहास प्रस्तुत न्याय से होता है।

क्षते क्षारम् = क्षत (जख्म) पर नमक छिड़कना।

संदर्भ – (१) उत्तररामचरितम् (४-७)। (२) मृच्छकटिक (५-१८)। (३) उपमितिभवप्रपंच। (कः क्षते क्षारनिक्षेपं विदधीत विचक्षणः)।

स्पष्टीकरण – असह्य दुःख को अधिक दुःसह करने का भाव प्रस्तुत न्याय से बताया जाता है।

क्षीर-नीर-न्याय = दूध-पानी मिश्रण का न्याय।

संदर्भ – (१) व्याकरण महाभाष्य-१-२-३२। (२) अलंकारसर्वस्व। (३) सरस्वती कण्ठाभरण। (४) कुवलयानन्द।

स्पष्टीकरण - अलंकार शास्त्र में दो (या अधिक) अलंकारों का अस्तित्व एक ही वाक्य में होना संभाव्य माना गया है। जब दोनों अलंकारों का उत्कटतासे संयोग होता है वह क्षीरनीरवत् **'संकर' अलंकार** माना जाता है। संकर अलंकार में जलदुग्ध मिश्रण के समान, दोनों अलंकारों का समान महत्व होने के कारण पृथक प्रतीति नहीं होती। किन्तु जब दोनों अलंकारों का पृथक् अस्तित्व प्रतीत होता है तब उसे 'तिल-तण्डुल न्याय' से **'संसृष्टि'** अलंकार कहते हैं। तिल-तण्डुल न्यायेन मिश्रत्वं **संसृष्टिः**। क्षीर-नीर न्यायेन मिश्रत्वं **संकरः**।

संकर बोधक –समान न्याय – (१) पांशुपानीय न्याय (धूल और पानी का मिश्रण)। (२) **चित्रवर्ण न्याय** – चित्र और वर्ण में एकात्मता। (३) **संसृष्टि बोधक अन्य न्याय**- (१) छाया-आदर्श न्याय। (२) नर-सिंह न्याय।

क्षीरं विहाय अरोचकग्रस्तः सौवीररुचिम् अनुभवति = (अपचन ग्रस्त रोगी द्वारा खीर छोड़ कर कांजी सेवन करना)।

संदर्भ – (१) माधवाचार्यकृत सर्वदर्शनसंग्रह (अक्षपाद दर्शन)। (२) आत्मतत्त्वविवेक (उदयनाचार्यकृत)।

स्पष्टीकरण – मुक्ति (मोक्ष) की चर्चा में सर्वदुःखनिवृत्ति ही मुक्ति है ऐसा कहने वाले को, आत्यंतिक सुखप्राप्ति ही मुक्ति का स्वरूप मानने वाले कहते हैं कि आपका प्रतिपादन अजीर्णग्रस्त रोगी द्वारा मीठी खीर को त्याग कर कांजी सेवन करने जैसा है। (इस प्रकार के विचित्र युक्तिवाद नाटकीय संवाद में योग्य हो सकते हैं, शास्त्रार्थ में उन्हें अयोग्य मानना चाहिये।) सौवीर = (१) बेर का फल, (२) कांजी।

खले कपोत (या कपोतिका) न्याय – खलिहान में कबूतरों का अकस्मात् अवतरण।

संदर्भ – (१) साहित्यदर्पण। (२) अलंकारसर्वस्व। (३) कुवलयानन्द। (४) शिशुपालवध (मल्लिनाथ टीका)-(१०-१६)। (५) न्यायमालाविस्तर (११-१-३)।

स्पष्टीकरण – कार्यकारण संबंध पर आधारित समुच्चय अलंकार में किसी कार्य को सफल करने में समर्थ एक प्रबल कारण होते हुए उसी स्थान पर अकस्मात् दूसरा सहायक कारण उपस्थित होना वैचित्र्य जनक माना जाता है। इस का स्पष्टीकरण खले-कपोत न्याय से किया जाता है। खलिहान में धान्य साफ करते समय अकस्मात् कबूतरों का समूह आने से उनके पंखों की जो हवा चलती है उससे धान्यसफाई में सहायता मिलती है। साहित्य दर्पण में "मानमस्या निराकर्तुं पादयोर्मे पतिष्यतः। उपकाराय दिष्ट्येदम् उदीर्णं घनगर्जितम् इस उदाहरण से प्रस्तुत न्याय पर आधारित समुच्चय अलंकार का स्पष्टीकरण दिया है।

प्रस्तुत श्लोक का आशय – नायक कहता है कि इस

नायका का मान निवारण करने के हेतु मैं उस के पैर पड़ रहा था तो मुझपर उपकार करने के लिए अकस्मात् घनगर्जना होने लगी जिस के कारण मानिनी का मान हरण शीघ्र हो गया।

खल्वाट-बिल्वीय न्याय = खुले गंजे मस्तक पर बेल का फल उपर से टपकना।

संदर्भ – (१) नीतिशतक (भर्तृहरि) श्लो. ९०। (२) वर्धमान (३-१९५)।

स्पष्टीकरण – भाग्यहीन पर अकस्मात् आपत्ति का आघात इस न्याय से स्पष्ट किया जाता है।

समान न्याय – अजाकृपाणीय, काकतालीय।

गगनरोमन्थ न्याय = आकाश को चबाना। **संदर्भ** — (१) सर्वदर्शनसंग्रह (रामानुज दर्शन, पाणिनिदर्शन)। (२) न्यायमंजरी (व्योम्नि रोमन्थकेलिवत्)। (३) शालिक। (४) न्यायमकरंद (गगनग्रासकल्प)

स्पष्टीकरण – यह निरर्थक प्रयास का उदाहरण है।

गजस्य वटकाष्ठभक्षणम्

संदर्भ – तंत्रवार्तिक (कुमारिल भट्ट)

स्पष्टीकरण – हाथी वटवृक्ष की मोटी शाखाएँ अनायास खा सकता है। 'सर्वं बलवतः पथ्यम्' न्याय का यह उदाहरण है। दुर्बलों ने उनका अनुकरण नहीं करना चाहिए। "न देवचरितं चरेत्" यह चाणक्य सूत्र इसी भाव का द्योतक है।

गड्डरिकाप्रवाह न्याय = भेड़ और बकरियों की लगातार पंक्ति का गमन।

संदर्भ – (१) वाचस्पत्यम्। (२) काव्यप्रकाश (७ उल्लास)। (३) साहित्यदर्पण (प्र. ६)। (४) ध्वन्यालोक (अभिनवगुप्त की टीका)। (५) काव्यप्रदीप (अ. ८)।

स्पष्टीकरण – गड्डरिका (या गड्डलिका, गड्डारिका, गड्डालिका) का समूह एक साथ तति में चलता है। उस में पहली गड्डरिका नदी में या गढ्ढे में गिर पडी तो अन्य सारी गड्डरिकाएँ उसी स्थान में गिर पड़ती हैं। यह अन्धानुकरण का उदाहरण है।

गन्धाश्मरजसा स्पृष्टो नष्टो दीपः पुनर्ज्वलेत्। = गन्धक के पिष्ट का स्पर्श होने पर बुझा हुआ दीप पुनः जलता है।

संदर्भ – (१) तत्त्वमुक्ताकलाप – (२-६५) वृत्ति।

स्पष्टीकरण – संसार से मुक्त आत्मा को सांसारिक अवस्था में संभाव्य दुर्गति की प्रतिकूलता तथा उस अवस्था के दुःख का नाश हो सकता है या नहीं इस संशय का निराकरण करते हुए तत्त्वमुक्ताकलाप की वृत्ति में प्रस्तुत न्याय का निर्देश करते हुए कहा है कि " पुनरपि दुःखसन्ततिः उदियात्।" अर्थात् एकबार नष्ट हुई सुख या दुःख की दशा बाद में तदनुकूल परिस्थिति आने पर वापिस लौट सकती है।

गर्गशतदण्ड न्यायः = गर्गों पर सौ रुपये का दण्ड लादना।

संदर्भ – (१) व्याकरण महाभाष्य १-१-१ (वा. १२)। १-१-७ (वा. १)। २-१-४। २-३-४६। ६-१-५ (वा. २)। ८-३-५८। ८-४-२ (वा. ३)। (२) शाबरभाष्य ३-१-१२। (३)) तन्त्रवार्तिक १-४-३। १-४-८।

स्पष्टीकरण – पातंजल महाभाष्य में दो परिभाषाएँ अनेक स्थानों पर निर्दिष्ट हैं – (१) प्रत्येकं वाक्यपरिसमाप्तिः और (२) समुदाये वाक्यपरिसमाप्तिः।। "देवदत्त-यज्ञदत्त-विष्णुमित्राः भोज्यन्ताम्" प्रत्येकं वाक्य समाप्ति का उदाहरण है। अर्थात् इस में प्रत्येक को व्यक्तिशः भोजन देने का अर्थ लेना चाहिए।। "गर्गाः शतं दण्डन्ताम्" इस में "समुदाये वाक्य परिसमाप्ति" है। अर्थात् सौ रुपयों का दण्ड सभी गर्गों से सामूहिकतया लेना अपेक्षित है। इस संबंध में कुमारिल भट्ट ने अपने श्लोकवार्तिक में सिद्धान्त कहा है – "शारीरे निग्रहे यत्र तत्र प्रत्येक भिन्नता। हिरण्यादानदण्डस्तु समुदाये समाप्यते।।"
अर्थात् शारीरिक दण्ड या (अनुग्रह) प्रत्येक व्यक्ति के लिए होता है किन्तु आर्थिक दण्ड समुदाय के लिए होता है।

गर्तवर्ति-गोधामांस-विभजन न्याय – (गोधा = घडियाल या मगरमच्छ) गड्ढे में छिपी गोधा के मांस के विभाजन पर विवाद करना।

संदर्भ – (१) रघुनाथ। (२) खंडनखंडखाद्य।

स्पष्टीकरण - जिस विषय का ज्ञान या लाभ नहीं हुआ उसके विभाग पर अधिकार करने के संबंध में विवाद करने में जो अनौचित्य या मूर्खता होती है उसका निर्देश प्रस्तुत न्याय से होता है।

गर्तस्थमृतसर्प न्याय – गर्त में मृतवत् या मृतावस्था में पड़े हुए सर्प का न्याय।

संदर्भ – (१) विज्ञानभिक्षुकृत ब्रह्मसूत्रभाष्य- (१-१-२)। "प्राक्सृष्टेः प्रलयाद् ऊर्ध्वं नासीत् किंचित् द्विजोतम" इस नारसिंह पुराण के वचन का विवरण करते हुए विज्ञानभिक्षु कहते हैं प्रलय के अनन्तर सृष्टि की पुनरुत्पत्ति होने तक प्रकृति के सारे व्यापार विरत होने के कारण गर्तस्थ मृतसर्पवत् चिन्मय मूल तत्त्व में विलीन थे। गर्तस्थित मृतवत् सर्प का पुनरुज्जीवन (जैसे मेंढ़क का) माना जाता है।

गले पादुका न्याय = गले में जूते बांधना।

संदर्भ – (१) चित्सुखी (१-११), वेदान्त परिभाषा। (२) आत्मतत्त्वविवेक। (३) खण्डनोद्धार। (४) उपमितिभवप्रपंच कथा।

स्पष्टीकरण – शास्त्रार्थ में युक्तिवादों का पूर्णतया खंडन होने पर वादी को प्रतिवादी के मत का स्वीकार करना अपरिहार्य होता है, किन्तु अगर वह उस का स्वीकार दुराग्रह के कारण नहीं करता तो प्रस्तुत न्याय के अनुसार, स्वमतविरोधी तत्त्व उसे स्वीकारने होते हैं। पांव के जूते गले में बांधने जैसी आपत्ति उस पर आती है।

गार्हपत्य न्याय = इन्द्र विषयक वेदमंत्र का अग्निहोत्रों के गार्हपत्य नामक अग्नि में आहुति के समय विनियोग।

संदर्भ – (१) मीमांसासूत्र (३-२-३,४)। (२) अर्थसंग्रह।

(३) भामती (३-३-२५)।

स्पष्टीकरण – जिस मंत्र में इन्द्र की स्तुति है ऐसे मंत्र का गार्हपत्य अग्नि में आहुति देते समय विनियोग होने से, वह आहुति इन्द्र को प्राप्त होती है; या गार्हपत्य अग्नि को यह संदेह निर्माण होता है। तब निर्णय दिया जाता है कि "सेयं श्रुतिःलिंगादिभ्यः प्रबला" अर्थात् "ऐन्द्रया (ऋचा) गार्हपत्यम् उपतिष्ठते" इस वाक्य में गार्हपत्य शब्द की द्वितीया और ऐन्द्री शब्द की तृतीया विभक्ति होने के कारण गार्हपत्य का महत्व (श्रुति के कारण) ऐन्द्री (लिंग) से अधिक है। प्रत्यक्ष निर्देश से सूचित निर्देश गौण मानना चाहिए, इस सिद्धान्त का बोध प्रस्तुत मीमांसा न्याय से होता है।

नामान्तर – ऐन्द्रीन्याय।

गुडजिह्विका न्याय = गुड जैसे मधुर पदार्थ के साथ अस्वादु औषध खिलाना।

संदर्भ – (१) वाचस्पत्यम्। (२) काव्यप्रदीप। (३) ध्ध्वनन्यालोक ३-३०- अभिनव गुप्त की टीका। (४)पदमंजरी। (५) न्यायवार्तिक तात्पर्यटीका।

स्पष्टीकरण – "स्वादुकाव्यरसोन्मिश्रं वाक्यार्थम् उपभुंजते।
प्रथमालीढ मधवः पिबन्ति कटु भेषजम्।।

अर्थात् जिस प्रकार बालक प्रथम मधुका आस्वाद मिलने पर कडुवा औषध पी जाते हैं, उसी प्रकार सुकुमार बुद्धि के छात्र काव्यरस के साथ अप्रिय शास्त्र का ज्ञान पा लेते हैं। शास्त्रग्रन्थों में लोगों को धर्मकृत्यों में प्रवृत्त करने के लिए गुडजिह्विका न्याय के अनुसार रोचक फलश्रुति बताई जाती है। उस से लोक धर्मकार्यों में प्रवृत्त होते हैं।

गृध्रावलोकन या (काकावलोकन न्याय) = गृध्र और काक (कौवा) ऐसे पक्षी है कि जिनकी दृष्टि को आकाश में घूमते हुए भी जमीन पर पड़े हुए मृत देह या गंदे पदार्थ तत्काल दिखाई देते हैं और उसी के आस पास वे संचार करते है। जो लोग भले लोगों के भी दोष ही देखते है वे इस न्याय के उदाहरण हैं।

गृहीत्वार्थं गताश्चौराः कस्तान् आच्छेत्तुम् अर्हति। = माल उठाकर भागे हुए चोरो को कौन रोख सकता है।

संदर्भ – (१) न्ययावार्तिकटीका। (१-१-२) वाचस्पति मिश्रकृत। (२) खण्डनोद्धार।

स्पष्टीकरण – तत्त्वज्ञान से मिथ्याज्ञान का निराकरण स्वरूपतः का विषयतः नहीं होता किन्तु फलतः होता है। मूल शुक्तिका का ज्ञान तत्रत्य रजतज्ञान की रजतविषयता का अपहार नहीं कर सकता। जो बात हो चुकी उस का निराकरण लौकिक व्यवहार में भी प्रायः नहीं होता।

गोदोहन न्याय = गोधन की इच्छा के कारण गोदोहन के पात्र में यज्ञजल लाना।

संदर्भ – (१) शांकरभाष्य (३-३-४२), (३-३-६५), (३-४-४५), (४-१-६। (२)सुरेश्वरकृत बृहदारण्यकोपनिषद् भाष्य (३-३-५१)। (३) जैमिनिसूत्र (४-१-२) पर शाबरभाष्य और न्यायमालाविस्तर। (४) तंत्रवार्तिक (३-६-४३)। (५) न्यायमंजरी। (६) श्लोकवार्तिक।

स्पष्टीकरण – गोधन की कामना रखने वाले याज्ञिक के लिए यज्ञ को आवश्यक जल, गोदोहन के पात्र में लाना आवश्यक माना गया है। अन्यथा उस पात्र की आवश्यकता नहीं। नित्य और अनित्य (या नैमित्तिक) कर्म का भेद सूचित करने के लिए प्रस्तुत न्याय का प्रयोग होता है। विशिष्ट काम्य कर्म में जो विशिष्ट नियम पालने योग्य होते है, उनका सामान्य नित्य कर्म में महत्व नहीं होता।

गोबलीवर्द न्याय = गाय और बैल का न्याय।

संदर्भ – (१) वाचस्पत्यम्। (२) मनुस्मृति ८-२८- कुल्लूकभट्ट की टीका। (३) काव्यप्रदीप (७-११)। (४) भामती। (५) न्यायवार्तिकतात्पर्य टीका।

स्पष्टीकरण - संस्कृत में गो शब्द का प्रयोग गाय और बैल दोनों अर्थों में (लिंग भेद से) होता है। जब 'गाः आनय बलीवर्दं च' यह वाक्य कहा जाता है तब उसमें पुनरुक्ति दोष न मानकर गायों के साथ बैल का विशेष निर्देश माना जाता है।

समान न्याय – (१) ब्राह्मण-वसिष्ठ न्याय। (२) ब्राह्मण-परिव्राजक न्याय।

गोमय-पायसीय न्याय = गोबर और दूध का न्याय।

संदर्भ – (१) योगसूत्र व्यासभाष्य (१-३२)। (२) योगवार्तिक। (३) न्यायवार्तिकतात्पर्य टीका। (४) सर्वदर्शनसंग्रह (बौद्धदर्शन)। (५) गणरत्नमहोदधि (३-१९६)।

स्पष्टीकरण – गोबर और दूध दोनों पदार्थ गाय से प्राप्त होते हैं इस लिए गोबर को दूध या दूख को गोबर मानना मूर्खता है। दोनों 'गोमय' अर्थात् गोविकार होने पर भी गोबर गोबर ही है और दूध दूंध ही है। दीनों में अभेद नहीं माना जा सकता।

गौणमुख्यकार्ययोः मुख्ये कार्यसम्प्रत्ययः :- शब्द के मुख्य और गौण (लाक्षणिक) अर्थ के विवाद में मुख्य अर्थ को प्राधान्य देकर कार्य करना चाहिये।

संदर्भ – (१) परिभाषेन्दुशेखर (१५)। (२) व्या. महाभाष्य १-१-१५, ६-३-४६, १-४-१०८, ८-३-८२, गौण-मुख्ययोः मुख्ये सम्प्रत्ययः। (३) ब्रह्मसूत्र भाष्य १-२-१३ (१-३-४) (आनंदगिरि टीका) (४-३-१२। (४) वेदान्तकल्पतरु। (५) शाबर भाष्य (३-२-१)।

स्पष्टीकरण – प्रायः शब्द के अनेक अर्थ भाषा में होते हैं। उनमें एक मुख्य और अन्य गौण अर्थ होते हैं इस विषय में शबराचार्य कहते हैं – "न हि अनभिधाय मुख्यं गौणम् अभिवदति शब्दः" अर्थात् शब्द अपने मुख्य अर्थ को प्रथम बताकर गौण अर्थ बताता है। (मुख्य अर्थ = संकेतित रूढ अर्थ)। शास्त्रार्थ में जब मुख्य और गौण अर्थ के विषय में विवाद्य संदेह उत्पन्न होता है तब मुख्य अर्थ को ही प्राधान्य

देना चाहिये।

व्यवहार में 'गो' शब्द बैल और बैल के समान बुद्धिहीन भारवाही मनुष्य के अर्थ में प्रयुक्त होता है। यह दूसरा अर्थ गौण (बुद्धिमान्द्य-वाहित्व आदि गुणों की समानता से) मानकर व्यवहार करना चाहिये।

ग्रहैकत्व न्याय = एक ग्रह (पात्र) का न्याय। अर्थात् एकवचनी शब्द होने पर भी अनेक सजातीयों का ग्रहण करना चाहिये।

संदर्भ – (१) मीमांसा सूत्र (३/१/१३-१५)। (२) मीमांसा परिभाषा (कृष्णयज्वा)। (३) न्यायमालाविस्तर। (४) तंत्रवार्तिक (कुमारिल भट्ट) (३-१-१४)। (५) न्यायमंजरी। (६) वेदान्तशिखामणि। (७) पातंजल भाष्य १-१-६९ पर कैयट की व्याख्या।

स्पष्टीकरण – "दशा पवित्रेण ग्रहं संमार्ष्टि" इस वाक्य में पवित्र वस्त्र से 'ग्रह' नामक पात्रों का पवित्रीकरण एकवचनी 'ग्रह' शब्द से होने के कारण संदेह उत्पन्न होता है कि क्या एक ही 'ग्रह' का मार्जन करना चाहिये या सभी ग्रहों का? प्रस्तुत वाक्य में 'ग्रह' प्रधान और मार्जन क्रिया गौण होने से सभी ग्रहों का मार्जन होते तक उस क्रिया की आवृत्ति करना योग्य माना जाता है। "प्रति प्रधानं च गुणः आवर्तनीयः" इस न्याय से एकवचनी ग्रह शब्द से सभी ग्रहों का ग्रहण माना जाता है।

ग्राव्णि रेखेव = पत्थर पर रेखा का न्याय।

संदर्भ – परिशिष्ट पर्व (१२-२७५)।

स्पष्टीकरण – अपरिवर्तनीय वचन का निर्देश प्रस्तुत दृष्टान्त से किया जाता है।

घटप्रदीप न्याय = घट के भीतर जलने वाला प्रदीप।

संदर्भ – (१) रघुनाथ। (२) ध्वन्यालोक (३-३३)। ध्वन्यालोक- लोचन (१-१२)।

स्पष्टीकरण – प्रदीप द्वारा घट प्रकाशित होने पर भी प्रदीप का प्रकाश निवृत्त नहीं होता, उसी प्रकार वाच्यार्थ और व्यंग्यार्थ में अविनाभाव संबंध होने के कारण व्यङ्ग्यार्थ की प्रतीति होने पर भी वाच्यार्थ का ज्ञान निवृत्त नहीं होता। रघुनाथ ने इस न्याय का प्रयोग घट के अन्तर्भाग मात्र को प्रकाशित करने वाले दीपक के समान, सीमित ज्ञान वाले व्यक्ति के निर्देश के निमित्त माना है।

घटीयन्त्र न्याय = कूप में लगाए घटी यन्त्र का न्याय।

संदर्भ – सुरेश्वराचार्य कृत (१) बृहद्वार्तिक ४-४-२८४, ६-२-१५८। (२) तैत्तिरीयभाष्य वार्तिक २-१-२२१। (३) नैष्कर्म्यसिद्धि कथा (अरघट्टघटीयन्त्र न्याय)। (५) कीर्तिकौमुदी (६-४३)।

स्पष्टीकरण – देखिये कूपयन्त्रघटिका न्याय।

अनिर्ज्ञातात्मतत्त्वः सन् कामबन्धनबन्धनः।
घटीयन्त्रवद्अश्रान्तो बंभ्रमीत्यनिशं नरः।। (सुरेश्वर)
मृतिबीजं भवेज्जन्म जन्मबीजं तथा मृतिः।
घटीयन्त्रवदश्रान्तो बंभ्रमीत्यनिशं नरः।। (तै. भा वार्तिक)

भावार्थ – तत्त्वज्ञान के अभाव से तथा वासनाओं के बन्धन से जीव घटीयंत्र के समान निरंतर जन्म-मरण के फेरे में पड़ता है।

घट्टकुटीप्रभात न्याय = चुंगी घर के निकट चौफटी का न्याय।

संदर्भ – (१) सर्वदर्शनसंग्रह (पाणिनिदर्शन)। (२) खण्डनखण्डखाद्य। (३) सिद्धान्तलेश। (४) विवरणप्रमेय संग्रह। (५) अद्वैतब्रह्मसिद्धि। (६) चित्सुखी-१-१२, २-२४। (७) कुसुमांजलि-३-१९३।

स्पष्टीकरण – चुंगी टालने के हेतु कोई गाड़ीवान रात में सीधा रास्ता छोड़कर दूसरी दिशा से जाने का प्रयास करता है किन्तु उषःकाल में वह उसी चुंगी घर के पास अपनी गाडी पहुंची हुई देखता है। अपना नियत कार्य टालकर अन्य कार्य करने के प्रयत्न में जब नियत कार्य अटल हो जाता है तब इस न्याय का प्रयोग करते हुए कहते है – "हन्त घट्टकुट्यां प्रभातम्।"

घुणाक्षर न्याय = लकड़ी खोदने वाले कीडे द्वारा निर्मित अक्षर का न्याय।

संदर्भ – (१) वर्धमान (३-१९५)। (२) प्रसन्नराघव नाटक। (३) राजतरंगिणी (४-१६७), माघकाव्य -३-५८।

स्पष्टीकरण – घुण नामक लकडी या कागज को फाडने वाले कीटक के द्वारा किसी वर्णाक्षर का रेखांकन होना एक आकस्मिक कार्य है। इस प्रकार के आकस्मिक अहेतुक कार्य की निर्मिति का निर्देश प्रस्तुत न्याय से होता है।

समान न्याय – काकतालीय। "तदेतत् काकतालीयं तदेतच्च घुणाक्षरम्"। यत् अकुशलेन दैवात् निष्पाद्यते तत् घुणाक्षरीयम् (वर्धमान)।

चक्रभ्रमण न्याय = कुम्हार के चक्र का भ्रमण।

संदर्भ – (१) सांख्यसूत्र ३-८२ अनिरुद्ध की व्याख्या। ब्रह्मसूत्र शांकरभाष्य ४-१-१५।

स्पष्टीकरण – 'अहं ब्रह्माऽस्मि' यह ज्ञान (अनुभव) होने पर भी, शरीर धारण करता हुआ जीव लौकिक और वैदिक कर्म करते ही रहता है। ब्रह्मज्ञान होते ही तत्क्षण ज्ञानी पुरुष शरीर से मुक्त नहीं होता। जीवन्मुक्त का शरीरधारण सांख्य और वेदान्त दर्शन में प्रस्तुत न्याय से स्पष्ट किया जाता है- "यथा दण्डापगमे संस्कारवशात् चक्रं भ्रमति, तथा विवेकिनाम् अपि देहधारणकर्मणः अक्षीणत्वात् न तत्क्षणात् मुक्तिः, किन्तु उपभोगादिना कर्मक्षयात् इति। कुलालचक्रमध्यस्थो विच्छिन्नोऽपि भ्रमेद् घटः।" दण्ड हटाने पर भी कुम्हार का चक्र मिट्टी के पात्र सहित भ्रमण करते ही रहता है।

चन्दन न्याय = चंदनबिंदु के स्पर्श का न्याय।

संदर्भ – ब्रह्मसूत्र-२-३-२३,२४, शांकरभाष्य।

स्पष्टीकरण – जीवात्मा शरीर के एक स्थान (हृदय) में रहते हुए भी संपूर्ण शरीर में व्याप्त होकर सर्वत्र संवेदना का अनुभव

करता है, इस तत्त्व का उदाहरण प्रस्तुत न्याय से ब्रह्मसूत्र में दिया गया है। हरिचन्दन का बिंदु शरीर के एक भाग में (भालप्रदेश) लगाने पर संपूर्ण शरीर में उस के कारण आह्लाद उत्पन्न होता है। (त्वग्-आत्मनोर्हि संवन्धः कृत्स्नायां त्वचि वर्तते। त्वक् च कृत्स्नशरीरव्यापिनी (शंकराचार्य)

चन्द्र चन्द्रिका न्याय =

संदर्भ – (१) शंकरविजय (आनंदगिरी)

स्पष्टीकरण – गुण-गुणी, शक्ति-शक्तिमान् इत्यादि में अभेद सिद्ध करने के हेतु प्रस्तुत न्याय का प्रयोग होता है। चन्द्र और चन्द्रिका (चंद्रप्रभा, कौमुदी, ज्योत्स्ना) में भिन्नता नहीं होती।

चित्रतुरग न्याय = घोड़े के चित्र का न्याय।

संदर्भ – (१) दशरूपक (प्र. ४)।

स्पष्टीकरण – जिस प्रकार तुरग (घोड़ा) आदि प्राणियों के चित्र (या खिलौने) देख कर बालक उसे सत्य मानते हुए आनंदित होता है, उसी प्रकार नाटक में राम सीता आदि का अभिनव करने वाले अभिनेताओं से दर्शक आनंदित होते है।

चित्राङ्गना न्याय = चित्रित स्त्री का न्याय।

संदर्भ – (१) योगवासिष्ठ ४-८-६९, ४-१-११,१२।

स्पष्टीकरण - जिस प्रकार चित्रित स्त्री, दिखने पर भी वास्तव में नहीं होती; उसका अस्तित्व मिथ्या होता है, उसी प्रकार दृश्य जगत् का इन्द्रियों द्वारा अनुभव आने पर भी वह (चित्रांगना के समान) मिथ्या है। मिथ्यात्व की कल्पना प्रस्तुत दृष्टान्त से स्पष्ट होती है।

समान न्याय – (१) चित्रानल, (२) चित्रामृत, (३) चित्रोद्यान, (४) चित्रपद्माकर इ.।

चिन्तामणिं परत्यज्य काचमणिग्रहण न्याय = चिंतामणि का त्याग कर, काच का स्वीकार।

संदर्भ – (१) शान्तिशतक (१२)। (२) हितोपदेश २-६०। (३) उपमितिभवप्रपंच।

स्पष्टीकरण – उत्तम वस्तु का त्याग कर निकृष्ट वस्तु का स्वीकार करने की मूढता का उदाहरण इस न्याय से दिया जाता है।

समान न्याय – (१) चन्दनं दग्ध्वा अंगारवाणिज्यम्। (२) सूत्रार्थं वैदूर्यखण्डनम्।

चेतनस्य यत्नहीनस्य ऊर्ध्वगतिः चेतनान्तराधीना :-

संदर्भ – (१) ब्रह्मसूत्रभाष्य – (आनंदगिरिव्याख्या) ४-३-५।

स्पष्टीकरण – प्रयत्नहीन चेतन (या ज्ञानी) व्यक्ति का ऊर्ध्वगमन होने के लिए दूसरे से चेतन तत्त्व की आवश्यकता होती है। प्रयत्नहीनता के कारण वह सचेतन होते हुए भी स्वयं ऊर्ध्वगमन नहीं कर सकता।

चौरापराधात् माण्डव्यनिग्रहः – चोर के अपराध के कारण किसी माण्डव्यऋषि को दण्ड होना।

संदर्भ – (१) सर्वदर्शनसंग्रह (पूर्णप्रज्ञदर्शन)। (२) आत्मतत्त्वविवेक। (३) खण्डनखण्डखाद्य।

स्पष्टीकरण – महाभारत के आदि पर्व में अणिमाण्डव्य का उपाख्यान है। उसी पर प्रस्तुत न्याय आधारित है। उपाख्यान में चोरों ने अपना चुराया माल माण्डव्य ऋषि के आश्रम में रखने से आरक्षियों ने उसे चोर ठहराकर फांसी पर लटकाया था। एक के अपराध के कारण दूसरे निरपराध को दण्ड होने की घटना में प्रस्तुत न्याय का प्रयोग होता है।

छत्रपादुकावशेष न्याय =

संदर्भ – (१) ब्र. सू. शां. भा. ३-१-८।

स्पष्टीकरण – सत्कर्मों द्वारा संचित पुण्य क्षीण होने पर जीवात्मा को मर्त्यलोक में आना पड़ता है। 'भाण्डानुसारितैल न्याय' से अल्पमात्र अवशिष्ट पुण्य से उसका स्वर्ग में निवास नहीं हो पाता। इस कल्पना का स्पष्टीकरण शंकराचार्य ने प्रस्तुत न्याय से किया है। राजकुल में निवास करने की इच्छा से बहुत सारे उपकरण लेकर प्रस्थान करने वाले किसी सज्जन के सारे मूल्यवान् उपकरण रास्ते में ही समाप्त होने पर अवशिष्ट छत्र-पादुका मात्र साथ में होने कारण वह वैभवसंपन्न राजप्रासाद में निवास नहीं कर सकता। उसी प्रकार केवल 'अनुशय' के बल पर जीवात्मा स्वर्ग में निवास नहीं कर सकता। (देखिए भांडानुसादि-स्नेहवत्)

छत्रिन्याय =

संदर्भ – (१) कठोपनिषद् शांकरभाष्य (३-१)। (२) ब्रह्मसूत्र (शां. भा.) ३-३-३४)। (३) गोपालयतीन्द्र शां. भा. टीका। (४) कुवलयानंद (उल्लास अलंकार)। (५) आनंदगिरिकृत ब्र. सू. भाष्य १-२-११, १-४-१२। (६) शाबर भाष्य-१-४-२८। (७) तंत्रवार्तिक-१-४-१८।

स्पष्टीकरण – रास्ते पर अनेक लोग छाते लेकर (धूप या वर्षा में) जाते देखकर 'छत्रिणो गच्छन्ति' ऐसा वाक्य प्रयोग किया जाता हैं। उसका अर्थ बहुसंख्य लोग छातेवाले है तथा कुछ बिना छाते के भी है इस प्रकार लेना चाहिए। साहचर्य के कारण इस प्रकार के शब्द प्रयोग व्यवहार में और शास्त्र में भी होते हैं।

छायापिशाची न्याय = आप्तोपदेश से पिशाची मानी गई छाया का विलय।

संदर्भ – (१) वेदान्तसार- नरसिंहसरस्वती की टीका।

स्पष्टीकरण - अपनी छाया को भ्रमवश पिशाची मान कर भयाकुल व्यक्ति का भय किसी आप्त के उपदेश से समाप्त होता है और वह पिशाची भी यथार्थ ज्ञान के कारण नष्ट होती है। अथवा अपने गले के रत्नहार का विस्मरण हुए व्यक्ति को उसकी प्राप्ति उसका बोध कराने पर होती है। अज्ञान का निराकरण आप्तोपदेश से होता है यह सिद्धान्त प्रस्तुत न्याय से स्पष्ट किया जाता है।

जल-कतकरेणु न्याय = कतक = १) निर्मली का पौधा। (२) रीठा।

संदर्भ – (१) मनुस्मृति-६-६७। (२) लौकिकन्यायसंग्रह। (३) लौकिकन्यायरत्नाकर। (४) आत्मबोध-५ (शंकराचार्य)।

(५) बृहद्वार्तिक (सुरेश्वर) ४-३-९७५-६। (६) परिशिष्टपर्व (हेमचंद्र) २-४। (७) तत्त्वमुक्ताकलाप (वेंकटनाथ)-२-५०।

स्पष्टीकरण – कतक रेणु के स्पर्श से जिस प्रकार मलिन जल स्यच्छ होता है उसी प्रकार ज्ञान और अभ्यास से जीवात्मा विशुद्ध होता है। (२) अथवा जिस प्रकार कतकरेणु अपने स्पर्श से मलिन जल को शुद्ध कर, स्वयं विलीन हो जाता है, उसी प्रकार तत्त्वज्ञान, अज्ञान का विलय, करने पर स्वयं विलीन हो जाता है।

जलतुम्बिका न्याय = मिट्टी से लिप्त या भरी हुई तुंबी को पानी में डुबाना।

संदर्भ – (१) सर्वदर्शनसंग्रह (जैन दर्शन)। (२) वेदान्तकल्पतरु परिमल।

स्पष्टीकरण – मिट्टी से लिप्त भरी हुई तुम्बी जल में डालने पर प्रथम नीचे जाती है किन्तु मिट्टी के पानी में धुल जाने पर वह अपने स्वभाव के कारण उपर आती है, उसी प्रकार देहादि मल क्षीण होने पर जीव अलोकाकाश में स्थिर होता है। "अयमेव तस्य मोक्षः इति दिगम्बराः"। (अलोकाकाश = जैन मत में कथित पंच अस्तिकायों आकाशास्तिकाय" कहा गया है जिस के दो प्रकार माने गये हैं – (१) लोकानाम् अंतर्वर्ति लोकाकाश और (२) मोक्षस्थानम् अलोकाकाशः (या आलोकाकाशः)।

ज्वरहर-तक्षकचूडालंकारोपदेश न्याय = (तक्षक = एक विषैला नाग) (चूंडालंकार = मस्तक का रत्न)

संदर्भ – (१) न्यायबिंदु टीका। (२) तात्पर्यटीका। (३) और न्यायकणिका (वाचस्पति मिश्र)।

स्पष्टीकरण – ज्वर निवारण के लिए तक्षक नाग का शिरोमणि लाने का उपदेश करना एक अशक्य कार्य का उपदेश है। किसी को असंभव कार्य करने का उपदेश देने के उपहास में प्रस्तुत न्याय का प्रयोग हो सकता है।

जातेष्टि न्याय – पुत्र जन्म निमित्त यज्ञ का न्याय।

संदर्भ – (१) जैमिनि सूत्र ४-३-३८,३९। (२) लक्षणावली टीका।

स्पष्टीकरण – पुत्रजन्म निमित्त जो इष्टि (यज्ञ) होती है उसकी आहुति का श्रेय, आहुति देने वाले पिता को मिलता है या जिस के जन्म निमित्त आहुति दी जाती है उस पुत्र को? इस सन्देह के समाधान में शास्त्र ने पुत्र को श्रेय का भागी बताया है। लौकिक व्यवहार में जो सरकारी काम के निमित्त प्रवास आदि करता है उस का व्ययभार सरकार पर पड़ता है। प्रवास करने वाले पर नहीं।

जामातृ-शुद्धि- न्याय = दामाद या जमाई द्वारा ग्रंथ का संशोधन।

संदर्भ – (१) मेरुतुग कृत प्रबन्धचिन्तामणि।

स्पष्टीकरण – एक कथा के अनुसार विक्रमादित्य ने वररुचि को अपनी कन्या प्रियंगुमंजरी के लिए योग्य वर की खोज करने का आदेश दिया। उस राजकन्या द्वारा हुए अपमान का बदला लेने के लिए वररुचि ने एक महिषीपाल को मौन पालन का आदेश देकर उसे महापंडित बनाया और उससे राजकन्या का विवाह सम्पन्न कराया। पति की परीक्षा लेने के लिए राजकन्या ने एक ग्रंथ के शुद्धीकरण करने का दायित्व उस पर सौंपा। उस मूर्ख ने अपनी नख छेदिनी से ग्रंथ के अक्षरों से सारे मात्रा और बिंदु के चिन्ह काट डाले। 'जामातृ शुद्धि न्याय' का संबंध इस प्रबन्धचिन्तामणि की कथा से है। (प्रस्तुत का मूर्ख जामात ही बाद में महाकवि कालिदास हुआ।)

जामात्रर्थं श्रपितस्य सूपादेः अतिथ्युपकारकत्वम् = दामाद के निमित्त पकाया हुआ मिष्टान्न अतिथि सत्कार में भी उपयुक्त होता है।

संदर्भ – (१) कुवलयानन्द (दीपक अलंकार का विवेचन)।

स्पष्टीकरण – एक ही कार्य से दो प्रयोजन एक साथ सिद्ध होते है तब प्रस्तुत न्याय का उदाहरण दिया जाता है।

समान न्याय – (१) देहली-दीपक-न्याय। (२) गृहार्थम् आरोपितस्य दीपस्य रथ्योपकारकत्वम् (घर के प्रकाश के लिए रखे हुए दीपक रास्ता भी प्रकाशित होता है।)

ज्ञानम् अज्ञानस्यैव निवर्तकम् = अज्ञान का विरोधी होने से ज्ञान केवल उसी का नाश कर सकता है।

संदर्भ – (१) रघुनाथ वर्मा कृत लौकिक न्यायरत्नाकर। तत्त्वज्ञान से अज्ञान का नाश, अज्ञान के नाश के कारण अध्यास (रज्जू-सर्प) का नाश होता है। इस प्रतिपादन पर सन्देह किया जाता है कि - केवल तत्त्वज्ञान से अज्ञान और अध्यास दोनों का नाश क्यों नहीं माना जाता? इस प्रश्न के उत्तर में वेदान्त का यह सिद्धान्त बताया जाता है कि, ज्ञान अज्ञान के विरोधी होने से वह उसी का नाश कर सकता है।

डमरुकमणि न्याय =

संदर्भ – (१) स्याद्वादमंजरी।

स्पष्टीकरण – डमरु वाद्य की दो डोरियों में बांधे मणि डमरु के दोनों अंगों पर आघात करते हुए ध्वनि निर्माण करते हैं, उसी प्रकार वाक्य के मध्य में प्रयुक्त शब्द पूर्व और अपर शब्द से संबंध रखते है। व्यवहार में दोनों पक्षों से समान संबंध रखने वाला व्यक्ति डमरुक मणि के समान होता है।

समान न्याय – घंटालोला न्याय (स्याद्वादमंजरी।)

टिट्टिभ न्याय =

संदर्भ – (१) हितोपदेश-२-१३७।

स्पष्टीकरण – टिट्टिभ पक्षी के बच्चे समुद्र में बाढ के कारण नष्ट होने पर, समुद्र से बदला लेने के उसके प्रयत्न की कथा पर प्रस्तुत न्याय आधारित है। उपहासास्पद आकांक्षा का उदाहरण प्रस्तुत न्याय से दिया जाता है।

तक्रकौण्डिन्य न्याय = कौण्डिन्य को ब्राह्मण होने पर भी तक्र देना।

संदर्भ – (१) बृहदारण्यवार्तिक -१-६-७१। (२) व्याकरण

महाभाष्य १-१-४७, ६-१-२(४), ६-२-१-, ६-४-१६३(२), ७-१-७२(३), ७-२-११७(२), ७-४-६१(४)। (३) परिभाषेन्दुशेखर ४७। (४) वाक्यपदीय २-३५२। (५) श्लोकवार्तिक। (६) तंत्रवार्तिक। (७) भामती ३-३-२६।

स्पष्टीकरण – "ब्राह्मणेभ्यो दधि दीयतां तक्रं कौण्डिन्याय"-इस वाक्य में निर्दिष्ट कौण्डिन्य ब्राह्मण होते हुए भी उसे दही के अलावा छाछ देना चाहिए, यह अर्थ लिया जाता है। उत्सर्ग-अपवाद संबंध का यह प्रसिद्ध उदाहरण है।

तटादर्शि-शकुन्त पोतन्याय = शकुन्त पक्षी पोत = नौका।

संदर्भ – (१) स्याद्वादमंजरी (हेमचंद्रकृत) श्लो. १९ की मल्लिषेणकृत टीका।

स्पष्टीकरण – समुद्र पर उड़ता हुआ पक्षी अकस्मात् किसी नौका के स्तम्भ पर बैठ का दूर तक प्रयाण होने पर वापिस अपने तट पर आने निकला तब तट न दिखने के कारण फिर उसी नौकास्तम्भ पर आ बैठा। मोहवश अपना मूल पक्ष छोड़कर दूसरे पक्ष का आश्रय लेकर, कुछ समय के बाद अपने मूल पक्ष में आने के प्रयत्न में जब कोई ठिकाना नहीं मिलता तब उसी दूसरे पक्ष का आश्रय अगतिकता के कारण लेना पड़ता है।

तत्क्रतु न्याय = (तत्क्रतुः तद्भवति) जो जिस की उपासना करता है वह उपास्य रूप होता है।

संदर्भ – (१) ब्रह्मसूत्र ४-३-१५। (२) वेदान्तकल्पतरु परिमल। (३) पंचदशी ९-१४५।

स्पष्टीकरण – ब्रह्मोपासना और प्रतीकोपासना में भेद है। जो ब्रह्मोपासना करता है वह ब्रह्म ही हो जाता है (तं यथा यथा उपासते तदेव भवति इति श्रुतेः) प्रतीकोपासना प्रतीक प्रधान या प्रतीकनिष्ठ होती है। अतः वह ब्रह्म प्राप्ति की दृष्टि से गौण है। श्रुति के अपवादभूत वचन छोड़कर सर्वत्र यहीं नियम प्रधान मानना चाहिए।

तत्प्रख्य न्याय = यज्ञ से संबंधित द्रव्य और देवता का अन्य प्रकार से निर्देश होने के कारण शास्त्रवचन की निरर्थकता असिद्ध होना

संदर्भ –(१) मीमांसासूत्र १-४-४; (२) अर्थसंग्रह (३) मीमांसान्यायप्रकाश (आपदेव) (४) उद्योत (नागेशकृत) २-३-३; (५) वेदान्तकल्पतरु परिमल।

स्पष्टीकरण – 'अग्निहोत्रं जुहोति' यह वाक्य उत्पत्तिविधि का उदाहरण मीमांसा शास्त्र में माना जाता है। किन्तु इस वाक्य में याग के द्रव्य और देवता का निर्देश नहीं है। वाक्य के 'अग्निहोत्र' शब्द में अग्नि शब्द का प्रयोग है किन्तु वह देवता वाचक नहीं है अपितु यज्ञ का नाम मात्र है। तथापि 'तत्प्रख्य न्याय' से यह उत्पत्तिविधि का उदाहरण मानना चाहिये। (अन्यथा 'दध्ना जुहोति' इस वाक्य में द्रव्य (दधि) का निर्देश होने से उत्पत्ति विधि का उदाहरण होगा और 'अग्निहोत्रं जुहोति' यह वाक्य देवतारूप का निर्देश के अभाव से निरर्थक मानना पडेगा।

उदा. २- प्रयाज में "समिधो अग्नआज्यस्य व्यन्तु" इस वाक्य में समिधा का दवतात्व प्राप्त होने से, "समिधो यजति" जैसे वाक्य में समधा शब्द तत्प्रख्य न्याय से कर्मनामधेय माना जाता है।

तत्स्थानापन्ने तद्धर्मलाभ =

संदर्भ – परिभाषा CXVI- नागोजी की टीका। (२) पातंजलभाष्य-१-१-५६।

स्पष्टीकरण – उपाध्याय का शिष्य यज्ञ स्थान में उपस्थित हो तो उसे वही सम्मान प्राप्त होता है। उसी प्रकार व्याकरण शास्त्र में आदेश को स्थानिवत् माना जाता है।

तदादि-तदन्त न्याय = जिसका आरंभ और जिसका अंत लिया गया है।

संदर्भ – जैमिनिसूत्र ५-१-२३,२४।

स्पष्टीकरण – अनुयाज और प्रयाज की आहुतियों में अदलबदल करने के हेतु इस न्याय का आश्रय मीमांसक लेते हैं।

समान न्याय – तदन्तापकर्ष न्याय – संदर्भ - वेदान्त कल्पतरु परिमल।

तदागमे हि तद् दृश्यते इति न्यायः :- एक के आगमन से दूसरे का दर्शन।

संदर्भ – (१) रघुनाथ वर्मा- लौकिक न्यायरत्नाकर। (२) तंत्रवार्तिक।

स्पष्टीकरण – सुखदुःखादि अनुभव जाग्रत् अवस्था में मिलते हैं और सुषुप्ति अवस्था में नहीं मिलते। इससे यह सिद्ध होता है कि वे अवस्था के धर्म हैं आत्मा के नहीं। सुषुप्ति में सुख-दुःख अनुभव आते तो प्रस्तुत न्याय के अनुसार उन्हें आत्मधर्म मानना पड़ता। (२) व्याकरण की दृष्टि से प्रकृति और प्रत्यय विशिष्ट क्रम से एकत्र आते हैं। जब प्रत्यय सुना जाता है तभी 'भावना' की प्रतीति होती है। अर्थात् इससे यह मानना आवश्यक होता है कि प्रत्यय से ही भावना की प्रतीति प्रस्तुत न्याय के अनुसार होती है।

तद्व्यपदेश न्याय = संज्ञावाचक न्याय। व्यपदेश = (१) उपमान, (२) सादृश्य, (३) संज्ञा।

संदर्भ – जैमिनि सूत्र- १-४-५।

स्पष्टीकरण – मीमांसा शास्त्र में (अ) अथैष श्येनेन अभिचरन् यजेत। (आ) अथैष सन्दंशेन अभिचरन् यजेत। (इ) अथैष गवाभिचरन् यजेत, इस प्रकार के वाक्य आते हैं, जिनमें श्येन, सन्दंश, गो शब्दों का तृतीया विभक्ति में प्रयोग होने के कारण वे यज्ञ के साधन होने का संदेह हो सकता है। किन्तु प्रस्तुत न्याय के अनुसार वे तद्व्यपदेश अर्थात् उन यज्ञों के व्यपदेश (संज्ञावाचक) हैं। (पुरुषमेध, अश्वमेध आदि शब्दों का अर्थ भी प्रस्तुत न्याय के अनुसार लेना उचित होगा)

समान न्याय – तत्प्रख्य न्याय।

तपनीयम् अपनीय वाससि ग्रन्थिकर्तारम् उपहसति, स्वयं च कनकम् उपादाय गगनांचले ग्रन्थिं करोति।

संदर्भ – आत्मतत्त्वविवेक।

स्पष्टीकरण – अपना सुवर्ण उठाकर कपड़े की गठड़ी में बांधने वाले का उपहास करते हुए, स्वतः का सुवर्ण आकाश के अंचल में बांधने का प्रयास करना। जिस विषय को त्याज्य कहा, उसी का संग्रह करने के प्रयास की उपहसनीयता प्रस्तुत न्याय द्वारा सूचित होती है। अथवा जिस विषय को संग्राह्य कहा उसी का त्याग करना भी इस दृष्टान्त से सूचित होता है। विरोधी पक्षियों की जातीयता या प्रादेशिकता का उपहास करते हुए अपनी जाति के या प्रदेश के लोगों का संगठन करने वाले आधुनिक नेता इस न्याय के उदाहरण कहे जा सकते हैं।

तप्तं तप्तेन सम्बध्यते = तप्त का तप्त से संबंध होता है।

संदर्भ – भामती ३-३-२५। विक्रमोर्वशीयम् २-१६।

स्पष्टीकरण – "अयम् एति पुत्रो राज्ञः पुरुषो अपसार्यताम्" इस वाक्य में 'राज्ञः' शब्द पुत्र और पुरुष शब्दों के बीच में है तथापि 'आकांक्षा' पुत्र शब्द से है (पुरुष शब्द से नहीं) अतः केवल सांनिध्य के कारण राज्ञः शब्द का पुरुष शब्द से संबन्ध नहीं होता, उसका कारण प्रस्तुत न्याय द्वारा स्पष्ट किया जाता है। आकांक्षा होने पर भी योग्य अर्थ की प्रतीति के लिए शब्दों में सान्निध्य की आवश्यकता होती है।

समान न्याय – रत्नं रत्नेन संगच्छते (मृच्छकटिक)।

तप्तायः पीताम्बुवत् = तप्त पात्र में विलीन जल।

संदर्भ – वेदान्तसार (रामतीर्थ की, तथा नृसिंह सरस्वती की टीका)। पंचतंत्र-१-२५०। नीतिशतक ६७।

स्पष्टीकरण – जिस प्रकार संतप्त लोह पात्र में पडा हुआ जल उसी पात्र में लीन या लुप्त हो जाता है उसी प्रकार निर्गुण ब्रह्म का साक्षात्कार होने पर ज्ञानी पुरुष के प्राण (अर्थात् प्राणसंज्ञक सूक्ष्म शरीर) प्रत्यक् ब्रह्म में प्रस्तुत न्याय के अनुसार विलीन होते है।

तमोदीपन्याय =

संदर्भ – (१) वेदान्तसिद्धान्तमुक्तावली। (२) सुरेश्वरकृत-तैत्तिरीयवार्तिक (२-१-१७७)।

स्पष्टीकरण – प्रत्यक्षादि प्रमाणों के द्वारा अज्ञान का ज्ञान प्राप्त करने का प्रयत्न दीपक की सहायता से अंधकार की खोज करने के समान मूर्खता है।

"अज्ञानं ज्ञातुम् इच्छेद् यो मानेनात्यन्तमूढधीः।
स तु नूनं तमः पश्येद् दीपेनोत्तमतेजसा।।" (वे.सि.मु.)

अथवा –

प्रमाणोत्पन्नया बुध्या योऽविद्यां द्रष्टुम् इच्छति।
दीपेनासौ ध्रुवं पश्येद् गुहाकुक्षिगतं तमः।। (सुरेश्वराचार्य)

तमःप्रकाशनिदर्शनम् = अन्धःकार और प्रकाश का संबंध।

संदर्भ – (१) पंचपादिका। (२) विवरणप्रमेयसंग्रह।

स्पष्टीकरण – अंधकार और प्रकाश का परस्पर विरुद्ध स्वभाव होने से जहां एक रहता है वहां दूसरा नहीं रहता। इसका अपवाद 'मन्दप्रदीपवेश्म' के दृष्टान्त द्वारा किया गया है। "मन्दप्रदीपे वेश्मनि तमसोऽपि ईषद् अनुवृत्तिः।" (वेश्मनि = घर में। ईषद् = किंचित्, अल्पमात्र) "सापवाद उत्सर्ग" का प्रस्तुत निदर्शन है।

तस्करकन्दु न्याय = कन्दु = तन्दुर, पतीली। रसोई घर में प्रविष्ट चोर का न्याय।

संदर्भ – (१) सुरेश्वराचार्यकृत बृहद्वार्तिक तथा तैत्तिरीयोपनिषद् भाष्य। (२) प्रस्तुत ग्रन्थ पर आनंदगिरि की टीका। (३) तैत्तिरीयवार्तिक।

स्पष्टीकरण – मिष्टान्न पकाने की पात्रता न होते हुए भी अगर कोई चोर रसोई घर में प्रवेश पाकर स्वामी के आदेशानुसार कन्दु जैसा पदार्थ करने का प्रयास करे, तो वह अपात्रता के कारण पकड़ा जा सकता है। उसी प्रकार ब्रह्मज्ञान की प्राप्ति का अधिकार न होते हुए भी अगर कोई ज्ञानमार्ग की साधना करेगा तो वह अपात्र सिद्ध होगा। यह अनधिकार चेष्टा का उदाहरण है।

तस्करस्य पुरस्तात् कक्षे सुवर्णम् उपेत्य सर्वांगोद्घाटनम् =

संदर्भ – सर्वदर्शन संग्रह (जैमिनि दर्शन)

स्पष्टीकरण – चोर के बगल में सोना मिल जाने पर अगर वह अपना सारे शरीर के अंग खुले कर बताए तो वह मूर्खता होगी। एक बार दोषोद्घाटन होने पर अपनी निर्दोषिता सिद्ध करने का मूर्खतापूर्ण प्रयत्न प्रस्तुत न्याय से स्पष्ट किया जाता है।

तिलतण्डुल न्याय = (तण्डुल = चावल)

संदर्भ – रुद्रटकृत काव्यालंकार- १०-२५।

स्पष्टीकरण – तिल और चावल एकत्रित होने पर भी वे अलग अलग दिखाई देते है। इस के विपरीत नीर और क्षीर एकत्रित होने पर उनकी पृथक्ता प्रतीत नहीं होती। अलंकार शास्त्र में दो अलंकार जहा एकत्रित आते है ऐसे संसृष्टि अलंकार में तिलतण्डुलन्याय और संकर अलंकार में नीर-क्षीर न्याय माना जाता है।

तीर्थकाक न्याय = तीर्थक्षेत्र के कौए।

स्पष्टीकरण – तीर्थक्षेत्र पवित्र होने पर भी वहां पर संचार करने वाले कौए गंदे वस्तुओं की ही खोज करते रहते हैं। उसी प्रकार दुर्जन, सज्जनों के दोष ही देखते हैं।

तुलोन्नमन न्याय = तराजू की डंडी एक ओर से उपर किये बिना दूसरी ओर नीचे नहीं जाती।

संदर्भ – (१) पंचपादिका। (२) न्यायवार्तिक (३-२-१२)। (३) न्यायमंजरी। (४) श्लोकवार्तिक। (६) विवरण प्रमेय।

स्पष्टीकरण – विरोधी मत का खंडन किये बिना, स्वमत की स्थापना असम्भव होने का आशय प्रस्तुत न्याय से प्रतिपादित होता है। अथवा एक कार्य किये बिना दूसरे कार्य की असम्भावना का यह उदाहरण है।

तुषकण्डन न्याय = भूसा कूटने का न्याय।

संदर्भ – (१)) पद्मपादकृत पंचपादिका। (२) हितोपदेश

४-१३। (३) सुरेश्वराचार्यकृत बृहद्वार्तिक और तैत्तिरीयवार्तिक। (४) न्यायमंजरी।

स्पष्टीकरण – निरर्थक प्रयत्नों का यह उदाहरण है। एकमात्र युक्तिवाद से खण्डन होने पर दूसरे युक्तिवाद की अनावश्यकता होना।

समान न्याय – (१) पिष्टपेषण न्याय। (२) वालुकासु मूत्रितम्। (३) जलमन्थन न्याय। (४) गदर्भरोमगणन। (५) दग्धदहन। (६) मृतमारण। (७) काकदन्तपरीक्षा।

तुष्यतु दुर्जन न्याय = पराभूत दुर्जन के समाधान का पुनश्च प्रयत्न।

संदर्भ – (१) अद्वैतब्रह्मसिद्धि। (२) भामती। (३) कुसुमांजली १-३)।

स्पष्टीकरण – विरोधी मत का खण्डन होने पर भी उसका असमाधान देखते हुए उसके खंडित मत का पुनश्च विवादार्थ स्वीकार करते हुए खंडन करने में इस न्याय का निर्देश होता है।

तृणजलायुका न्याय = जलाका, जलालुका, जलिका, जलुका, जलूका = जोंक

संदर्भ – बृहदारण्यक ४-४-३

स्पष्टीकरण – जलायुका घास के एक तिनके से दूसरे पर पकड लेने पर ही पहला तिनका छोड देती है। बृहदारण्यक में आत्मा का एक शरीर से दूसरे शरीर में संक्रमण इसी न्याय से विशद किया है।

तृणभक्षण न्याय =

संदर्भ – (१) प्रबन्धचिन्तामणि।

स्पष्टीकरण – प्रबल शत्रु को शरण जाते हुए दांतों में तृण लेकर जाने की परिपाटी थी। प्रस्तुत न्याय शरणागति का द्योतक है।

वैरिणोऽपि हि मुच्यन्ते प्राणान्ते तृणभक्षणात्।
तृणाहाराः सदैवैते हन्यन्ते पशवः कथम।।

(तृणभक्षण करने पर वैरी भी हत्या से मुक्त किये जाते हैं, तो फिर नित्य तृणभक्षण करने वाले इस (हरिणादि) पशुओं की हिंसा क्यों होती है?)

तृणारणिमणि न्याय = तृण+अरणि+मणि तीनों द्वारा अग्नि की उत्पत्ति की पद्धति भिन्न होती है।

संदर्भ – (१) न्यायमंजरी। (२) कुसुमांजलि। (३) वाचस्पत्यम्।

स्पष्टीकरण – एक ही कार्य की निष्पत्ति के अनेक कारण जहां होते हैं और जहां कार्य के स्वरूप में भेद दिखाई देते है वहां प्रस्तुत न्याय का उपयोग होता है।

तैलकलुषितशालिबीजात् अंकुरानुदय न्याय = तेल से दूषित धान के बीजोंसे अंकुर की उत्पत्ति न होना।

संदर्भ – (१) वेदान्तकल्पतरु। (२) ब्र. सू. शांकरभाष्य-२-३-३१, (आनंदगिरि टीका)। (३) न्यायमकरन्द।

स्पष्टीकरण – किसी पदार्थ में शक्ति होने पर भी प्रतिबन्धक निमित्त के कारण उससे कार्यनिष्पत्ति नहीं हों सकती यह सिद्धान्त प्रस्तुत न्याय से स्पष्ट किया जाता है।

समान न्याय – मूषिकभक्षितबीजादौ अंकुरादिजननप्रार्थना।

तैलपात्रधर न्याय – तेल से भरा पात्र एक बूंद भी न टपकाते हुए ले जाना।

संदर्भ – बोधिचर्यावतार ७-७०।

स्पष्टीकरण – जिस प्रकार तैलपात्रधर तैलबिंदु के टपकने से मृत्युदण्ड के शासन की भीति के कारण एकाग्र चित्त होता है, उसी प्रकार व्रतस्थ जीवन बिताना चाहिए।

त्यजेत् एकं कुलस्य अर्थे = संपूर्ण कुल के हितार्थ एक व्यक्ति का त्याग करें।

संदर्भ – (१) बृहदारण्यक भाष्य- आनंदगिरि की टीका १-१-२२। (२) लौकिक न्यायसंग्रह (रघुनाथ)।

स्पष्टीकरण – अधिक कल्याण के निमित्त अल्प हितकर वस्तु या व्यक्ति का त्याग करना उचित होता है।

समान न्याय = (१) सर्वनाशे समुत्पन्ने अर्धं त्यजति पण्डितः। (२) अल्पस्य हेतोर्बहु हातुमिच्छन् विचारमूढः प्रतिभासि मे त्वम् (कालिदास) (यह प्रस्तुत न्याय के व्यतिरेक का उदाहरण है)

त्यजेदेकं कुलस्यार्थे, ग्रामस्यार्थे कुलं त्यजेत्।
ग्रामं जनपदस्यार्थे आत्मार्थे पृथिवीं त्यजेत्।।

प्रस्तुत न्याय का यह सुभाषित सुप्रसिद्ध है।

दग्धपट न्याय = जले कपडे की रेखाओं का न्याय।

संदर्भ – वेदान्तसार की नरसिंहसरस्वती कृत टीका।

स्पष्टीकरण – कपडा या पीपल आदि वृक्ष का पत्ता जल जाने पर भी उस की रेखाए दग्धरूप में दिखाई देती है। उसी प्रकार "सर्वं खलु इदं ब्रह्म" ऐतदात्म्यम् इदं सर्वम्" यह वेदान्ततत्त्वज्ञान होने पर भी ज्ञानी पुरुष को देह-इन्द्रियादि का या प्रपंच का भान होता है। किन्तु वह भान "इन्द्रजालनिर्मित-सौध-समुद्रादि" ज्ञान के समान मिथ्या रूप से होता है।

सर्पमारणदण्ड न्याय =

संदर्भ – रघुनाथ कृत लौकिक न्यायरत्नाकर।

स्पष्टीकरण – किसी को सांप मारने के लिए डंडा लाने को कहा गया। उस गडबडी में उसे एक परशु मिला। उसी के डंडे से सांप को मारना छोडकर वह अपने परशु से काटने योग्य डंडे की खोज में इधर उधर दौडने लगा। उपहासास्पद प्रयत्नों का यह उदाहरण है।

समान न्याय – बकबन्धन न्याय देखिये

दण्डापूपिका न्याय = (अपूपिका = अपूप, मालपुआ, पूडी या चपाती।)

संदर्भ – (१) साहित्य कौमुदी ११-८। (२) कुवलयानन्द। (२) बृहदारण्यकोपनिषद्भाष्य वार्तिक १३५।

स्पष्टीकरण – यह न्याय अर्थापत्ति (प्रमाण) या काव्यार्थापत्ति अलंकार का उदाहरण है। एक दण्ड में अपूप गूंथ कर रखे जाने पर अगर किसी ने कहा कि वह दण्ड चूहे ने खा

लिया। उस पर विश्वास रखने वाले को अपूप भी चूहे ने ही खा लिये यह मानना पड़ता है। "पीनो देवदत्तः दिवा न भुंक्ते" यह शास्त्र में अर्थापत्ति का उदाहरण प्रसिद्ध है। देवदत्त दिन में न खाने पर भी पीन (मोटा) है अर्थात् वह रात में भोजन करता है यह मानना पड़ता है। अर्थापत्ति के (१) श्रुत-अर्थापत्ति और (२) दृष्ट- अर्थापत्ति नामक दो प्रकार माने जाते है।

दग्धेन्धनवह्नि न्याय = इन्धन जल जाने के कारण आग बुझना।

संदर्भ – (१) श्वेताश्वतर उपनिषद् ६-१९। (२) ब्रह्मसूत्र शांकरभाष्य १-१-४। (३) सुरेश्वरकृत बृहद्वार्तिक। (४) परमार्थसार।

स्पष्टीकरण – इन्धन जल जाने पर अग्नि स्वयमेव शान्त हो जाता है, उसी प्रकार सारे संकल्प-विकल्प समाप्त होने पर जीवात्मा शान्त होता है।

समान न्याय – जलकतक रेणुन्याय।

दण्डि न्याय =

संदर्भ – (१)) पातंजलभाष्य-सूत्र ८-२-८३। (२) न्यायवार्तिक अूत्र १-३७।

स्पष्टीकरण – न्यायवार्तिक में 'उदाहरण' का लक्षण देते समय "तद्धर्मभावी" [(अ) तद्धर्मं भावयितुं शीलम् अस्य इति। (आ) तद्धर्मभावो यस्य अस्ति सः।] शब्द का प्रयोग होता है और उसका विवरण उपरिनिर्दिष्ट दो प्रकारों से किया जाता है। प्रथम विवरण उष्णभोजीन्याय (उष्णं भोक्तु शीलम् अस्य) से और दूसरा दण्डिन्याय से (दण्डो यस्यास्ति सः दण्डी) माना जाता है। अर्थात् दण्ड धारण करना जिसका स्वभाव नहीं किन्तु जिसने किसी कारणवश दण्डधारण किया हो उसे दण्डी कहा गया है। दण्डी का अर्थ जब संन्यासी होगा तब वह 'उष्णभोजी' न्याय का उदाहरण होगा।

दामव्यालकट न्याय = दाम-व्याल और कट तीन आत्मज्ञान-हीन असुरों के नाम है।

संदर्भ – (१) योगवासिष्ठ में प्रस्तुत न्याय, "दाम-व्याल-कट न्यायो तस्माद् मा तेऽस्तु राघव। भीम-भास-दृढ न्यायो नित्यमस्तु तवानघ।।" इस श्लोक में निर्दिष्ट है और साथ में भीम-भास-दृढ न्याय का भी निर्देश है। प्रस्तुत न्याय का संबंध एक कथा से है जिस के अनुसार शंबरासुर ने अतिबलवान् दाम, काल और कट नामक असुर अपनी माया से निर्माण किये किन्तु वे अज्ञानी (आत्मज्ञानहीन) होने के कारण निधन होने पर उन्हें क्षुद्र मशक योनि प्राप्त हुई। दूसरे भीम-भास और दृढ उसी असुर ने अपनी माया से निर्माण किए किन्तु वे आत्मज्ञानसंपन्न होने के कारण मृत्यु के बाद उन्हें निर्वाण पद की प्राप्ति हुई। प्रस्तुत न्याय आत्मज्ञानहीनता का परिणाम स्पष्ट करता है।

दग्धबीज न्याय =

संदर्भ – (१) स्याद्वादमंजरी। (२) प्रबन्धचिन्तामणि। (३) योगवार्तिक (२-३)। (४) प्रबोधचन्द्रोदय।

स्पष्टीकरण – बीज जलने पर उससे अंकुर उत्पन्न नहीं हो सकते। उसी प्रकार कर्मबीज या वासना ज्ञानाग्नि से दग्ध होने पर पुनर्जन्म का संभव नहीं रहता।

दत्तम् एकधा सहस्रगुणम् उपलभ्यते = एक बार देने से हजार गुना फल प्राप्त होता है।

संदर्भ – (१) मेरुतुंगकृत प्रबन्धचिन्तामणि (जैन कथा संग्रह)

स्पष्टीकरण – कथा के अनुसार वीरधवल के अन्तकाल में तीर्थयात्री तेजःपाल से मार्ग में भेंट हुई, जिसने अपने पूर्वजन्म का सारा सुकृत फल (पुण्य) वीरधवल को समर्पण किया। इसका सहस्रगुणित फल तेजःपाल को जन्मान्तर में प्राप्त हुआ। प्रस्तुत न्याय पर आधारित सुभाषित अन्यत्र मिलते हैं।

दत्तार्ण-अधमर्ण इव स्वापः । कर्ज लौटाने पर कर्जदार की शांत निद्रा।

संदर्भ – हेमचन्द्रकृत परिशिष्ट पर्व २-५६३।

स्पष्टीकरण – दायित्व पूर्ण होने पर मिलने वाले समाधान का यह उदाहरण है।

समान न्याय – जातो ममायं विशदः प्रकामं।
प्रत्यर्पितन्यास इवान्तरात्मा।। (शाकुन्तल)

दधि-त्रपुसं प्रत्यक्षो ज्वरः = (त्रपुस = आपटे कोश के अनुसार टिन या रोगा।)

संदर्भ – (१) व्याकरण महाभाष्य १-१-५९ (वा. ६), ६-१-३२ (वा.६)।

स्पष्टीकरण – निमित्त (कारण) वाचक शब्द का प्रयोग वाक्य में न होते हुए भी निमित्त का ज्ञान होने की संभावना का यह न्याय उदाहरण है। त्रपुस् से संयुक्त दही के कारण ज्वर होता है; इस अर्थ में प्रस्तुत न्याय का प्रयोग है।

समान न्याय – (१) नड्वलोदकं पादरोगः (अर्थात् पादरोग का निमित्त नड्वलोदक का स्पर्श या सेवन है। नड्वल = सरकंडों से व्याप्त, या सरकंडो का ढेर (आपटे कोश) (२) आयुर्धृतम्। (३) दधिपयसी प्रत्यक्षो ज्वरः। (४) लाङ्गल जीवनम्। (५) अप्रियप्रतिवेशी प्रत्यक्ष आधिः। (आधिः = मानसिक पीडा या व्यथा।)

दवदाहस्य वेत्रबीजविनाशकत्वं रूपान्तर (रम्भांकुर) जनकत्वं च। = जंगल की आग से वेत्रबीज जलते हैं किन्तु उसी से कदली के अंकुर ऊगते है।

संदर्भ – (१) चित्सुखी-१-१४, १-१५। (२) न्यायवार्तिक तात्पर्य टीका। (३) भामती। (४) शिखामणि। (५) सर्वार्थ सिद्धि ११-४६। (६) मणिप्रभा ३-१४। (७) न्यायमकरंद।

स्पष्टीकरण – एक तत्त्व का विनाशक कारण दूसरे तत्त्व का उत्पादक भी हो सकता है यह सिद्धान्त प्रस्तुत न्याय से स्पष्ट किया जाता है। दावाग्नि वेत्रबीज का नाश करता है किन्तु वही कदली के अंकुरों का उत्पादक होता है। चित्सुखी में शास्त्राध्ययन में कुछ दोषों के कारण यथार्थज्ञान का प्रतिबन्ध

और अयथार्थ ज्ञान की उत्पत्ति जैसे दो कार्य होते हैं इस तत्त्व का प्रतिपादन प्रस्तुत न्याय से किया है।

दीर्घशष्कुली भक्षण न्याय = याज्ञवाक्यस्मृति के अनुसार शष्कुली = स्नेहपक्व, गो धूम (गेहू) का विकार। मराठी में करंजी।

संदर्भ – (१) तार्किकरक्षा। (२) न्यायप्रदीप (तर्कभाषा की व्याख्या)। (३) न्यायमंजरी (जयन्त भट्ट)।

स्पष्टीकरण – शष्कुली जैसा कठिन, मधुर, दीर्घाकार, मिष्टान्न खाते समय एकसाथ उसके अन्यान्य गुणों का ज्ञान होता सा प्रतीत होता है। किन्तु वह "शतपत्र पत्रशत भेदन-न्याय' से शीघ्रता के कारण होता है (वस्तुतः मन के अणुत्व के कारण (एक क्षण में एक ही प्रकार ज्ञान स्पर्श रसादि विषय का ज्ञान होता है।) (अणुत्वे तु इन्द्रिय-अप्राप्तेः न युगपद् ज्ञानानि भविष्यन्ति।)

दूरस्थवनस्पति न्याय = दो महान वृक्ष को दूर से देखने पर उनमें भेद नहीं दिखाई देता। वे एकरूप ही दीखते हैं।

संदर्भ – (१) लौकिक न्यायरत्नाकर। (२) चित्सुखी (अ-२)। (३) सांख्यकारिका-७। (४) संक्षेपशारीरक-१-४४। (५) पंचपादिका।

स्पष्टीकरण – पदार्थ का अस्तित्व होते हुए भी उसका ग्रहण दूर अंतर के कारण नहीं होता, यह सिद्धान्त प्रस्तुत न्याय से स्पष्ट किया जाता है। विद्यमान पदार्थ का ग्रहण न होने के छह कारण पतंजलि ने बताए हैं- "षड्भिः प्रकारैः सतां भावानाम् अनुपलब्धिः भवतिः" (१) अतिसन्निकर्षात् (२) अतिविप्रकर्षात्। (३) मूर्त्यन्तर - व्यवधानात्। तमसावृतत्वात्। (५) इन्द्रियदौर्बल्यात्। (६) अतिप्रमादात्। (व्या. म. भा. ४-१-३)

(देखिये सांख्यकारिकाः- अतिदूरात् सामीप्याद् इन्द्रियघाताद् मनोऽनवस्थानात्। सौक्ष्म्याद् व्यवधानात् समानाभिहारात् च।।)

देवदत्तशौर्य न्याय =

संदर्भ – (१) ब्र. सू. शांकरभाष्य ३-३-१०। (२) तन्त्रवार्तिक ३-६-४१। (३) श्लोकवार्तिक। (४) व्या. महाभाष्य-१-१-१-(वा. १३)।

स्पष्टीकरण – एक ही व्यक्ति के अवस्थाभेद, वेषान्तर, देशान्तर आदि कारणों से उसमें भिन्नता नहीं आती; इस तत्त्व का विवरण प्रस्तुत न्याय से होता है। अपने देश में शौर्यादि गुणों कारण प्रसिद्ध देवदत्त के देशान्तर गमन के कारण उसके गुणों का विलय नहीं होता। अथवा देवदत्त की अवस्थाओं में भेद होने पर उसका देवदत्तत्व लुप्त नहीं होता। "मुण्डेन हि कृते चौर्ये कुन्तलित्वावस्थायाम् अपि चौरोऽयम् इति व्यपदिश्यते"- कैयट (पातंजल भाष्य की टीका)

देवदत्तहन्तृहनन् न्याय = देवदत्त के हत्यारे को मारना।

संदर्भ – परिभाषेन्दुशेखर LXN। व्या. म. भा. १-१-५७ (वा. ४), ६-१-८६ वा. ३।

स्पष्टीकरण – देवदत्त के हत्यारे को मारने पर देवदत्त पुरुज्जीवित नहीं होता, उसी प्रकार अज्ञान के विनाशक ज्ञान का विलय होने पर फिर से अज्ञान का उदय होकर संसारबन्धन नहीं प्राप्त होता। इस न्याय का दूसरा स्पष्टीकरण नागोजीभट्ट ने दिया है- "देवदत्त हननोद्यतस्य तु हनने भवति एव उन्मज्जनम्"। अर्थात् देवदत्त का वध करने उद्युक्त हुए हत्यारे का पहले ही वध करने से देवदत्त जीवित रह सकता है।

देहलीदीपक न्याय = देहली पर रखे दीपक से दोनों कमरे प्रकाशित होना। (देहली = दरवाजे के चौखट की निचली लकड़ी, जिसे लांघकर कमरे में प्रवेश होता है।

संदर्भ – (१) शाबरभाष्य १२-१-३। (२) कुवलयानन्द। (३) सप्तपदार्थी (माधवकृत टीका)। (४) शंकरविजय (आनंदगिरिकृत)।

स्पष्टीकरण – एक उपाय से दो कार्यों की सिद्धि होना इस न्याय से स्पष्ट होता है।

समान न्याय – (१) जामात्रर्थं श्रपितस्य सूपादेः अतिथ्युपकारकत्वम्। (२) काकाक्षिगोलक न्याय।

धनंजय न्याय =

संदर्भ – रघुनाथ कृत - लौकिक न्यायरत्नाकर। (२) संक्षेपशरीरक २-३८। (३) वेदान्तसिद्धान्तमुक्तावली।

स्पष्टीकरण – 'मया हतांस्त्वं जहि" – इस गीता वचन के अनुसार भगवान् कृष्ण ने पहले ही मारे हुए कौरवों का धनंजय (अर्जुन) द्वारा पुनश्च कुरुक्षेत्र में संहार। परमात्मशक्ति की महिमा से उत्पन्न ज्ञान से द्वैतबुद्धि विनाश होने पर भी वेदान्त वाक्यों द्वारा उत्पन्न बोध से उसका पुनश्च विनाश प्रस्तुत न्याय से स्पष्ट किया जाता है। मूलतः सिद्ध कार्य का औपचारिक विधि से पुनः संपादन लौकिक व्यवहार में होता है। जैसे किसी निर्मित मार्ग पर लोगों की यात्रायात प्रारंभ होने पर भी किसी अधिकारी के करकमलों द्वारा उसका उद्घाटन समारोह किया जाता है।

धान्य-पलाल न्याय = (पलाल = पुआल, भूसी)

संदर्भ – (१) ब्रह्मबिन्दु-उपनिषद् १८। (२) पंचदशी-अ-४। (३) भामती। (४) सर्वदर्शनसंग्रह।(५) पातंजल महाभाष्य-१-२-३०, ३-३-१८, ३-४-२१ (वा. २), ४-१-९२।

स्पष्टीकरण – अन्नार्थी पुरुष पलाल सहित धान्य का स्वीकार करता हुआ, धान्य का ग्रहण और पलाल का त्याग करता है, उसी प्रकार ग्रन्थ के अध्येता ने उसमें लिखा हुआ ज्ञान-विज्ञान ग्रहण कर पुस्तक वापिस लौटाना चाहिए।

समान न्याय – मत्स्यार्थी सशल्कान् सकण्टकान् मत्स्यान् उपादत्ते। (शल्क = मछली का वल्कल या छिलका।)

धारावाहिक (बुद्धि) न्याय =

संदर्भ – (१) प्रकरण पंचिका। (२) वाचस्पत्यम्। (३) वेदान्तपरिभाषा।

स्पष्टीकरण – तेल की धारा जिस प्रकार अविच्छिन्नतासे बहती

है, उसी प्रकार "अहं ब्रह्माऽस्मि" ज्ञान अखंड होना यही जीवनमुक्त की अवस्था कही गई है।

न अगृहीते विशेषणे विशिष्टा बुद्धिः उदेति – विशेषण का ज्ञान हुए बिना केवल विशेष्य का ज्ञान नहीं होता।

संदर्भ – (१) न्यायमाला विस्तर। (२) कुसुमांजलि ३-२१। (३) तंत्रवार्तिक। (४) न्यायमाला विस्तर ३-१-६। (५) सप्तपदार्थी। (६) तार्किकरक्षा। (७) न्यायसूत्र वृत्ति २-२-५८। (८) न्यायमंजरी।

स्पष्टीकरण – ज्योतिष्टोम याग के विवरण में "अरुणया पिङ्गाक्ष्या एकहायन्या सोमं क्रीणाति" (लाल रंग तथा पिंगल (पीत) नेत्र वाली एक वर्ष की (गौ) देकर सोम खरीदता है) इस वाक्य में गुणवाचक विशेषणों से विशिष्ट गौ का बोध होता है। अर्थात् अमूर्त विशेषणों से मूर्त विशिष्ट (गौ) का बोध होता है।

समान न्याय – (१) अरुणैकहायनी न्याय।

न असाधितं करणम् :-

संदर्भ – (१) मीमांसा परिभाषा। (२) जैमिनीय न्यायमाला विस्तर

स्पष्टीकरण – 'अग्निहोत्रं जुहोति' इस वाक्य में द्वितीया, और 'ज्योतिष्टोमेन यजति' वाक्य में (याग वाचक शब्द की) तृतीया विभक्ति है। वास्तव में प्रस्तुत संदर्भ में करण अर्थ में तृतीया होना युक्तिसंगत है किन्तु प्रस्तुत न्याय – ("जो स्वयं सिद्ध नहीं वह किसी क्रिया को निष्पन्न करने वाला 'करण' (साधन) नहीं हो सकता) के अनुसार 'अग्निहोत्र' करण होने के हेतु उक्त वाक्य में प्रयुक्त द्वितीया को लक्षणा से करणार्थक मानना उचित समझा जाता है। (लौकिक व्यवहार में परशु आदि साधित हुए बिना वे छेदन क्रिया के उपकरण (साधन) नहीं होते।

न खलु नखरंजनिका परशुच्छेद्यं छिनत्ति =परशु से काटने योग्य वृप को नखरंजनिका (नखहरणी) नहीं काट सकती।

संदर्भ (१) उदयनाचार्य कृत किरणावली।

स्पष्टीकरण – श्रुतिवाक्य जैसे प्रबल प्रमाण का निराकरण काव्य नाटकों के वचनों से नहीं हो सकता।

न खलु शालग्रामे किरातशतसंकीर्ते प्रतिवसन् अपि ब्राह्मणः किरातो भवति =

संदर्भ – (१) योगभाष्य (वाचस्पति मिश्र)-१-६। (२) भामती १-१-५।

स्पष्टीकरण – जहां सैकड़ों किरात (वन्य जातीय) लोग रहते हैं ऐसे पर्वतग्राम (खर्वट) में निवास करने से ब्राह्मण किरात नहीं हो सकता। "न हि अश्वस्थाने गा पश्यन् अश्वोऽयम् इति अमूढो अध्यवस्थित (ब्रह्मसूत्र शांकरभाष्य-१-४-१) अश्वशाला में वैल को देखने पर कोई बुद्धिमान् पुरुष उसे अश्व नहीं समझता।

न च सर्वत्र तुल्यत्वं स्यात् प्रयोजककर्मणाम्

सन्दर्भ – (१) श्लोकवार्तिक (कुमारिल)। मुण्डक उपनिषद् शां.भा. ३-१-१

स्पष्टिकरण – प्रस्तुत न्याय कुमारिलभट्ट के निम्न लिखित श्लोक में हैं –

"चलनेन ह्यसिं योद्धा प्रयुक्ते छेदनं प्रति।
सेनापतिस्तु वाचैव भृत्यानां बिनियोजकः।
राजा सन्निधिमात्रेण विनियुंक्ते कदाचन।।

युद्ध रूप एक ही कार्य में योद्धा, सेनापति और राजा का कर्तृत्व विभिन्न स्वरूप होता है। राजा युद्ध स्थल में उपस्थित होकर प्रेरणा देता हैं; सेनापति वाणी से सैनिकों को आज्ञा देता है और योद्धा प्रत्यक्ष तलवार चला कर शत्रु की हत्या करता है। इस कार्यभिन्नता से, प्रयोजक कर्मों में सर्वत्र समानता नहीं होती यह न्याय सिद्ध होता है।

न च अंगागिभावम् अन्तरेण संघातः =

संदर्भ – पंचपादिका

स्पष्टीकरण – लोकायतिक (चार्वाक) मतवादी पांच ज्ञानेन्द्रियों और मन को ही आत्मा मानते हैं, उस में से एक एक इन्द्रिय के अभाव में एक एक विषय का ज्ञान नहीं होता (जैसे नेत्र के अभाव में रूप का ज्ञान नहीं होता) अतः प्रत्येक इन्द्रिय आत्मतत्त्व ही मानना चाहिए। इन्द्रिय ही चेतन और अहं प्रत्यय का विषय है। इस मत का खंडन करते हुए नैयायिक कहते हैं इन सभी इन्द्रियों को एकसाथ मिलाकर आत्मा नहीं मान सकते, क्यों कि इन्द्रियों की विषयों की ओर प्रवृत्ति अपने स्वयं के लिए नहीं होती, उनके भोक्ता के लिए होती है। अर्थात् आत्मा और इन्द्रियों में अंगागिभाव संबंध स्थापित होता है, एवं अंग-अंगि-भाव (प्रधान-गौणभाव) जहां होता है वहां संघात (द्रव्यारम्भक परस्पर संयोग) नहीं होता।

न यद् गिरिशृंगम् आरुह्य गृह्यते तत् अप्रत्यक्षम् =

संदर्भ – (१) तंत्रवार्तिक १-२-२। (२) न्यायमंजरी।

स्पष्टीकरण – गिरिशिखर पर आरोहण कर जिसे देखा जाता है उसे अप्रत्यक्ष नहीं माना जाता। शब्द का साधुत्व या असाधुत्व केवल श्रवण मात्र से नहीं समझ में आया तो भी वह किसी वैयाकरण के उपदेशक शब्दों के श्रवण से समझ में आ सकता है, जो पदार्थ जमीन पर खड़े रहकर प्रत्यक्ष नहीं दिखाई देता वह पर्वत के शिखर पर चढ़ने से प्रत्यक्ष गोचर हो सकता है।

नरसिंह न्याय = देखिये क्षीर-नीर न्याय

नर्तक न्याय =

संदर्भ – जैमिनीय न्यायमालाविस्तर ११-१-१०। (२) न्यायवार्तिक १-१०। (३) न्यायवार्तिक तात्पर्य टीका।

स्पष्टीकरण – रंगभूमि में एक ही समय अनेक लोग एकत्र सम्मिलित होने के कारण एक ही नर्तक (या नर्तकी) सभी सहृदयों का एक साथ मनोरंजन करता है जैसै दीपक अकेला अनेक लोगों को एक साथ प्रकाश देता है।

नष्टाश्व-दग्धरथ न्याय =

संदर्भ – (१) अष्टाध्यायी १-१-५० (वा. १६)। (२) शावरभाष्य-२-१-१)। (३) बृहदारण्यभाष्यवार्तिक (सुरेश्वर)

२-१-३८। (४) वेदान्तसार (रामतीर्थ टीका)। (५) तंत्रवार्तिक। (६) भगमती।

स्पष्टीकरण – प्रस्तुत न्याय एक कथा पर आधारित है, जिसमें दो प्रवासी अपने अपने रथ से जाते थे। रात को जिस गाव में वे रहे थे, वहां आग के कारण एक का घोड़ा नष्ट हुआ और दूसरे का रथ जल गया। उस आपत्ति में बचे हुए अश्व और रथ के संयोग से उन्होंने अपना प्रवास आगे शुरु किया। परस्पर सहयोग के तत्त्व का बोध प्रस्तुत न्याय से होता है।

नसि प्रोतोष्ट्र न्याय =

संदर्भ – (१) तत्त्वमुक्तावली (श्लो. ७८)। (२) तैत्तिरीय संहता २-१-१-२। (३) वनपर्व ३०-२६। (४) भागवत पुराण ६-३-१२।

स्पष्टीकरण – माया ईश्वर के वश में होती है किन्तु जीव उस माया के वश में होता है जैसा कि नाक में रस्सी बांधा हुआ ऊंट (या बैल)

समान न्याय = नसि ओत इव गोवृषः।

न हि अन्धस्य आज्यावेक्षणकर्मणा उपेते कर्मणि अधिकारः अस्ति =

संदर्भ – (१) वैयासिक न्यायमाला ३-४-२ (सूत्र- १८-२०)। (२) तंत्रवार्तिक १-४-२४।

स्पष्टीकरण – आज्यावेक्षण (यज्ञीय घी का निरीक्षण) जैसे कर्म में अन्ध (यजमान या ऋत्विक) को अधिकार (अक्षमता से कारण) नहीं होता।

समान न्याय – "नापि पङ्गोः विष्णुक्रमाद्युपेते कर्मणि अधिकारः" (वैयासिक न्यायमाला)।

न अन्यदृष्टं स्मरति अन्यः –

संदर्भ – (१) कुसुमांजलि (उदयन) १-१५। (२) योगभाष्य (व्यास) ३-१४। (३) न्यायभाष्य-१-१-१०। (४) स्याद्वादमंजरी। (५) न्यायमंजरी।

स्पष्टीकरण – एक मनुष्य ने जिसे देखा हो उसका स्मरण दूसरे को नहीं हो सकता।

न हि अन्यस्य वितथभावे अन्यस्य वैतथ्यं भवितुम् अर्हति =

संदर्भ – (१) शाबरभाष्य १-१-२। (२) श्लोकवार्तिक (पार्थसारथि मिश्र की टीका)।

स्पष्टीकरण – अनाप्त पौषेय वाक्य की व्यर्थता सिद्ध न होने से आप्त वाक्य की (अर्थात् श्रुतिवाक्य की) व्यर्थता सिद्ध नहीं होती।

समान न्याय – (१) न हि देवदत्तस्य श्यामत्वे यज्ञदत्तस्य अपि श्यामत्वं भवितुम् अर्हति। अर्थात् देवदत्त का श्यामत्व देखने पर यज्ञदत्त का श्यामत्व सिद्ध नहीं होता। (२) न हि खदिरगोचरे परशौ पलाशे द्वैधीभावो भवति। (देखिये) (३) अन्य वेश्मस्थिताद् धुमाद् न वेश्मान्तरम् अग्निमत्। (देखिये)

न हि अप्राप्य प्रदीपः प्रकाश्यं प्रकाशयति =

संदर्भ – (१) न्यायकन्दली। (२) न्यायमंजरी ५-१-७। (३) तार्किकरक्षा। (४) सर्वार्थसिद्धि (तत्त्वमुक्तावली की टीका)। (५) नागार्जुन-कारिका-७-११।

स्पष्टीकरण – दीपक के प्रकाश का संपर्क हुए बिना वह वस्तु को प्रकाशित नहीं करता। जिस हेतु में साध्य का साधकत्व नहीं होता, वह साध्य को सिद्ध नहीं कर सकता।

समान न्याय – न हि दाह्यम् अप्राप्तो दहनो दहति।

न हि एष स्थाणोः अपराधः यद् एनम् अन्धो न पश्यति =

संदर्भ – (१) निरुक्त (यास्ककृत)। (२) तात्पर्य टीका (वाचस्पति)। (३) कुसुमांजलि।

स्पष्टीकरण – निरीश्वरवादी कहते हैं कि ईश्वर के अस्तित्व में जो प्रमाण दिये जाते हैं उनकी विश्वसनीयता सिद्ध होने पर ईश्वर का अस्तित्व हम मान सकते हैं, प्रस्तुत विधान का खण्डन करने के लिये ईश्वरास्तित्ववादी प्रस्तुत न्याय उद्धृत करते हैं। अर्थात् कोई अंधा सामने के खंभे को नहीं देखता (और उस पर गिर पड़ता) तो उसमें खंभे का कोई दोष नहीं माना जा सकता।

न हि कठोरकण्ठीरवस्य कुरंगशावः प्रतिभटो भवति =

संदर्भ – (१) सर्वदर्शनसंग्रह (अक्षपाददर्शन)। (२) शालीक।

स्पष्टीकरण - हिरन का बछडा तरुण सिंह का प्रतिस्पर्धी नहीं होता।

समान न्याय – (१) न अल्पीयसा महतः अभिभवः। छोटा वच्चा बडे आदमी पर आक्रमण नहीं कर सकता।

न हि करस्थकंकणदर्शनाय आदर्शापेक्षा =

संदर्भ – (१) कर्पूरमंजरी।

स्पष्टीकरण – हाथ का कंकण देखने के लिये आईने की आवश्यकता नहीं होती अर्थात् प्रत्यक्ष प्रमाण से ज्ञात वस्तु की यथार्थता के सिद्ध करने के लिये अनुमान आदि दूसरे प्रमाणों की आवश्यकता नहीं होती।

न हि काकिन्यां नष्टायां तदन्वेषणं कार्षापणेन क्रियते =

संदर्भ – शाबर भाष्य -४-३-३९।

स्पष्टीकरण – कौड़ी नष्ट होने पर उस की खोज में कार्षापण (बहुमूल्य नाणक) खर्च नहीं किया जाता।

समान न्याय - "अल्पस्य हेतोर्बहु हातुम् इच्छन्।
विचारमूढः प्रतिभासि मे त्वम्।। रघुवंश २

न हि केवलभोजी देवदत्तःअन्यैः सह पंक्त्यां भुंजानः अन्यत्वं प्रतिपद्यते =-

संदर्भ-- तंत्रवार्तिक।

स्पष्टीकरण – नित्य एकान्त में भोजन करने वाला देवदत्त किसी दिन लोगों के साथ पंक्ति में भोजन करेन लगा तो उसमें अन्यत्व नहीं आता। (देवदत्त, देवदत्त ही रहता है)।

समान न्याय – श्वा कर्णे वा पुच्छे छिन्ने श्वा एव भवति, न अश्वो न गर्दभः।

न हि क्वचिद् अश्रवणम् अन्यत्र श्रुतं निवारयितुम् उत्सहते =

संदर्भ – (१) ब्र. सू. शां. भा. २-४-१। (२) वैयासिक न्यायमाला २-३-२ (सू. ८)। (३) श्लोक वार्तिक ४-१६१। (४) योगभाष्य (वाचस्पति मिश्र) २-२२।

स्पष्टीकरण – किसी विषय का एक स्थान में श्रवण या दर्शन नहीं होता इस का अर्थ उसका अन्यत्र अभाव नहीं माना जा सकता। अन्धे को पदार्थ के रूप का दर्शन नहीं होता, अतः आंख वाला उसका अभाव नहीं मानेगा, क्यों कि वह उसे प्रत्यक्ष देख सकता है।

न हि खदिरगोचरे परशौ पलाशे द्वैधीभावो भवति =

संदर्भ – (१) भामती २-२-२८। (२) योगभाष्य टीका १-७। (३) न्यायवार्तिक तात्पर्य टीका। (४) अद्वैतब्रह्मसिद्धि।

स्पष्टीकरण – खदिर वृक्ष पर परशु का आघात होने से पलाश वृक्ष के दो विभाग नहीं होते। उसी प्रकार प्रमाण और प्रमेय के विषय भिन्न होनेपर प्रमाण द्वारा प्रमेय की सिद्धि नहीं हो सकती।

न हि गोधा सर्पन्ती सर्पणाद् अहिः भवति = (गोधा = छिपकली, गोह)

संदर्भ – व्या. महाभाष्य १-१-२३ (४), १-३-१२ (५), ६-१-५०।

स्पष्टीकरण – सांप के समान गोधा भी संसर्पण करती है किन्तु उसी एक मात्र गुण या क्रिया की समानता के कारण वह सांप नहीं मानी जा सकती। गुण या क्रिया की समानता के कारण सजातीयता या समानता हो सकती है किन्तु तद्रूपता नहीं होती।

न हि गोः गडुनि जाते, विषाणे वा भग्ने, गोत्वं तिरोधीयते =

संदर्भ – (१) तंत्रवार्तिक २-१-३४.

स्पष्टीकरण – (गडु = पीठ पर कूबड, गलगण्ड। विषाण = सींग) बैल के शरीर पर गडु (जैसा विकार) होने से या उसका सींग टूटने से उस का बैलपन नहीं छिपता। 'एकदेशविकृतम् अनन्यवत्' इस परिभाषा में कहा गया सिद्धान्त प्रस्तुत न्याय द्वारा स्पष्ट होता है।

समान न्याय – छिन्न-श्वपुच्छ दृष्टान्त।

न हि ग्रामस्थः कदा ग्रामं प्राप्नुयाम् इति अरण्यस्थ इव आशास्ते =

संदर्भ – बृहदारण्यक शां. भा. १-३-२८।

स्पष्टीकरण – अरण्य में निवास करने वाले को अपने गाव में कब पहुचूंगा यह चिन्ता होती है, जो गांव में ही निवास करता है उसे यह चिन्ता नहीं होती। उसी प्रकार 'अहं ब्रह्मास्मि' यह अनुभूति होने पर सामान्य साधक के समान ब्रह्मप्राप्ति की आशा या अपेक्षा नहीं रहती।

न हि त्रिपुत्रः द्विपुत्रः इति कथ्यते =

संदर्भ – (१) काशिकावृत्ति। (२) पातंजल भाष्य ६-४-९६, ३-१-१२ (वा-४) ३-३-१९, ६-१-४५, ६-१-७१ (वा-७), ६-१-१३५ (वा-१२), ६-३-३४ (वा-७), ७-१-३७ (वा-७)।

स्पष्टीकरण – 'छादेर्घेऽद्व्युपसर्गस्य' इस पाणिनि सूत्र में छादि धातु को घ (कृत् प्रत्यय अ) लगने पर अगर उसके पीछे अद्वि-उपसर्ग हो तो वह ऱ्हस्व स्वर युक्त होता है। यहां 'अद्वि' शब्द का अर्थ दो से कम (अर्थात् एक या एक भी न होना) लेना उचित मान कर - प्रच्छ दन्तच्छद इत्यादि रूप साधु माने गये हैं। दो या दो से अधिक उपसर्ग आने पर – समुपच्छाद और समुपाभिच्छाद – प्रयोग साधु होगें। 'अद्वि' शब्द का इस प्रकार अर्थ प्रस्तुत न्याय से योग्य माना जाता है। 'द्विपुत्रःआनीयताम्' वाक्य का अर्थ त्रिपुत्र (यद्यपि उसके दो पुत्र होते है) नहीं होता। "अब्राह्मणम् आनय" वाक्य में अब्राह्मण का अर्थ ब्राह्मण सदृश मनुष्य होता है, बैल या गधा नहीं होता।

न हि नारिकेलद्वीपवासिनः अप्रसिद्धगोश्रवणात् कुकुदादिभिःतदर्थप्रतिपत्तिः भवति :-

संदर्भ – (१) न्यायवार्तिक ३-१-६७। (२) प्रशस्तपादकृत वैशेषिकभाष्य। (३) न्यायमंजरी (जयंत भट्ट)। (४) तात्पर्य टीका। (५) अर्वार्थ सिद्धि।

स्पष्टीकरण – नारिकेल द्वीप समूह के अन्तर्गत) के लोगों ने गाय कभी देखी न होने के कारण केवल गो शब्द सुनने से (सास्नाककुद युक्त) गाय या बैल की प्रतीति उन्हें नहीं होती। अथवा सास्ना ककुदयुक्त प्राणी देखने पर भी उस के व्यक्तित्व के संबंध में उन्हें निश्चय नहीं होता। अदृष्टपूर्व पदार्थ की केवल शब्द या लक्षण सुनने से कल्पना नहीं हो सकती यह सिद्धान्त प्रस्तुत न्याय द्वारा बताया जाता है।

न हि निन्दा निंद्यं निन्दितुं प्रयुज्यते किं तर्हि विधेयं स्तोतुम् (निन्दितात् इतरत् प्रशंसितुम्) :-

संदर्भ – शाबरभाष्य २-४-२०। (२) तंत्रवार्तिक। (३) बृहदारण्यकोपनिषद्भाष्य (आनंदगिरि) २-५-१६। (४) आगमप्रामाण्य।

स्पष्टीकरण – पांचरात्रदर्शन में "चतुर्षु वेदेषु पुरुषार्थम् अलभमानः शाण्डिल्यः इदं शास्त्रम् अधीतवान्" इस वचन द्वारा वेदनिन्दा व्यक्त होने से उसे वेदमूलक दर्शन नहीं माना जा सकता। इस आक्षेप का परिहार करने हेतु प्रस्तुत न्याय कहा जाता है। शास्त्रग्रन्थों में जो निन्दावचन आते हैं वे निन्दापरक नहीं होते किन्तु निन्दित विषय के अतिरिक्त जो प्रतिपाद्य हैं उसकी प्रशंसा के निमित्त उनका प्रयोग होता है। जैसे "अश्वमेधसहस्रेभ्यः सत्यमेवातिरिच्यते" इत्यादि।

न हि पद्भ्यां पलायितुं पारयमाणः जानुभ्यां रंहितुम् अर्हति =

संदर्भ – ब्र. सू. शांकरभाष्य -३-१-१०।

स्पष्टीकरण – कार्ष्णाजिनि के मतानुसार शील (या विशिष्ट कर्म करने का स्वभाव) पुनर्जन्म का कारण बताया गया। इस मत के खंडन में शंकराचार्य कहते हैं "न हि कर्मणि संभवति

शूलाद् योन्यपत्तिः युक्ता'' पुनर्जन्म के लिये केवल कर्म ही पर्याप्त कारण होने से 'शील' को कारण मानना सयुक्तिक नहीं। जो पैरों से दौड सकता है वह घुटने से रंहण (लड़खड़ाते चलना) नहीं करता।

न हि पूतं स्याद् गोक्षीरं श्वदृतौ धृतम् = (श्वदृतिनिक्षिप्तक्षीरन्याय)

संदर्भ – (१) माधवकृत जैमिनीय-न्यायमाला विस्तर १-३-४। (२) आगमप्रमाण्य (यामुनाचार्य)। (३) विष्णुस्मृति ३९-९। मनुस्मृति २-११४।

स्पष्टीकरण – अहिंसा सत्य, अस्तेय, ब्रह्मचर्य और अपरिग्रह का उपदेश वेदों में है और शाक्य मुनि भी उन्हीं तत्त्वों का उपदेश देते हैं। तथापि वैदिक धर्मशास्त्र की दृष्टि से प्रामाण्य श्रुतिवचनों में ही होता है। शाक्यमुनि का प्रस्तुत उपदेश ''कुत्ते के चमड़े की थैली में रखे गोरस के समान अपवित्र होगा''। वेदोपदेश से प्रस्तुत उपदेश में साम्य होने के कारण उस का प्रामाण्य मानने पर अन्य अवैदिक कर्मों का उनका उपदेश भी प्रमाण मानने की आपत्ति आवेगी। शाक्यमुनि का पंचशीलात्मक उपदेश समुचित होने पर भी कुमारिल भट्ट जैसे वेदनिष्ठ आचार्य ''न सा स्मृतिः धर्मे प्रमाणम्'' कहते हैं और अपने मत का समर्थन प्रस्तुत न्याय से करते है। (विवाहादि धार्मिक संस्कारों के मंत्रों का अनुवाद विधि के समय कहने से उस में पवित्रता के अभाव की प्रतीति होती है।)

न हि भवति तरक्षुः प्रतिपक्षो हरिणशावकस्य =

संदर्भ – (१) न्यायवार्तिक तात्पर्य टीका।

स्पष्टीकरण – तरक्षु (बिज्जू या लकडबग्धा) हिरन के बछडे का प्रतिद्वन्द्वी नहीं होता। अर्थात् समान सामर्थ्यशाली ही एक दूसरे के प्रतिद्वन्द्वी हो सकते हैं।

समान न्याय – न हि कठोरकण्ठीरवस्य कुरंगशावः प्रतिभटो भवति। (देखिये)

न हि भिक्षुकाः सन्ति इति स्थाल्यो नाधिश्रीयन्ते, न च मृगाः सन्ति इति यवाः न उप्यन्ते :-

संदर्भ – (१) व्याकरणमहाभाष्य १-१-३९ (वा-१६, ४-१-१ (वा-१५), ६-१-१३ (वा-१३)। (२) न्यायवार्तिक तात्पर्य टीका (वाचस्पति मिश्र)। (३) भामती। (४) सर्वदर्शनसंग्रह (चार्वाक दर्शन)। (५) पंचपादिका। (६) जीवन्मुक्तिविवेक। (७) प्रमाणमाला। (८) हितोपदेश २-५०।

स्पष्टीकरण - (गांव में) भिखारी अधिक है इस कारण रसोई के पात्र चूल्हे पर रखना बंद नहीं होता, अथवा (खेत के आसपास) जानवर अधिक है इस लिए यवधान्य खेत में बोआ नहीं जाता ऐसा नहीं। उसी प्रकार भावी काल में जिस के कारण दुःख होने की संभावना है ऐसे मिष्टान्नादि सेवन के उपस्थित सुख का कोई त्याग नहीं करता। ''कैरजीर्णभयाद् भ्रातर् भोजनं परिहीयते (हितोपदेश)

न हि भिक्षुको भिक्षुकान्तरं याचितुम् अर्हति सति अन्यस्मिन् अभिक्षुके =

संदर्भ – (१) शास्त्रदीपिका ८-३-५। (२) शाबरभाष्य ८-३-११। (३) न्यायमालाविस्तर।

स्पष्टीकरण - दान देने में समर्थ दूसरा व्यक्ति उपस्थित हो तो एक भिखारी ने दूसरे भिखारी से भीख नहीं मंगनी चाहिये।

न हि भूमौ अम्भोरुहं सत् इति दुष्टाक्षस्य अपि नभसि तत् अवभासते –

संदर्भ – (१) चित्सुखी १-१७।

स्पष्टीकरण – दृष्टिदोष के कारण जलोत्पन्न फूल भूमि पर ऊगा सा किसी को दिखा, तो उस का अर्थ यह नहीं कि वह फूल उसे आकाश में भी दिखाई देगा।

न हि यद् देवदत्तस्य युध्यमानस्य स्थानम् अवगतं, तद् एव भुंजानस्य अपि भवति –

संदर्भ – (१) तन्त्रवार्तिक।

स्पष्टीकरण – लड़ते समय देवदत्त का जो स्थान था वही उसके भोजन के समय नहीं हो सकता। मुनष्य का स्थान कोई भी कार्य के अनुसार होता है, वह स्वभावतः उसका नहीं होता। भाषा में शब्द एक ही होने पर प्रयोजन के अनुसार उसकी शक्ति में अभिधा, लक्षणा व्यंजना आदि भेद उत्पन्न होते हैं।

न हि वर विघाताय कन्योद्वाहः =

संदर्भ – (१) ब्रह्मसूत्र शांकर भाष्य -४-१-२। (२) सर्वदर्शन संग्रह (पूर्णप्रज्ञदर्शन)। (३) जीवन्मुक्तिविवेक। (४) लौकिक न्यायसंग्रह। (५) वाचस्पत्यम्।

स्पष्टीकरण – जिसके कारण अनिष्ट आपत्ति की संभावना हो सकती है ऐसी इष्ट वस्तु का भी स्वीकार नहीं करना चाहिये यही प्रस्तुत न्याय का आशय है।

समान न्याय – (१) वरघाताय कन्यावरणम्। (२) विषकन्या-समाश्लेषः।

न हि विधिशतेन अपि तथा पुरुषः प्रवर्तते यथा लोभेन =

संदर्भ – (१) तंत्रवार्तिक ३-४-३४। (२) न्यायकणिका। (३) संबंधवार्तिक श्लो. १०४०-४१। (४) अनुभूतिप्रकाश १३-२७७। व्या. महाभाष्य-१-३-७२।

स्पष्टीकरण – ''ऋत्विग्भ्यो दक्षिणां दद्यात्'' इस वाक्य में केवल दक्षिणा देने का विधान है (लेने का नहीं)। फिर भी ऋत्विजों के लोभ का कारण वह बिना कहे सूचित होता है। यही आशय जयन्त भट्ट ने निम्न सुभाषित द्वारा व्यक्त किया है।

''चपेटापरिहाराय मोदकप्राप्तयेऽपि वा।
प्रवर्तते बटुर्नासौ जुहुधीति नियोगतः।।''

पतंजलि कहते है- ''याजका यजन्ति गा लप्स्यामहे इति। कर्मकराः कुर्वन्ति पादिकाम् अहर्लप्स्यामहे इति।'' इसी अर्थ में ''प्रयोजनम् अनुद्दिश्य न मन्दोऽपि प्रवर्तते'' – यह न्याय कहा गया है।

न हि श्यामाकबीजं परिकर्मसहस्रेण अपि कलमांकुराय

कल्पते =

संदर्भ – (१) न्यायवार्तिक तात्पर्य टीका (वाचस्पति)। (२) भामती (१-२-१८) (४-१-१)।

स्पष्टीकरण – श्यामाक (सावां चावल) के बीज पर हजार संस्कार करने पर भी उस से धान का अंकुर नहीं ऊग पाता। क्यों की कारण-कार्य संबंध निश्चित है।

समान न्याय – (१) न हि जातु वटांकुरः कुटजबीजात् जायते।

न हि सर्वः सर्वं जानाति :-

संदर्भ – (१) लौकिक न्यायसंग्रह (रघुनाथ)। (२) उपमितिभवप्रपंचकथा। (३) आत्मतत्त्वविवेक।

स्पष्टीकरण – संसार में सर्वज्ञ कोई नहीं यह भाव। 'सर्वज्ञः सुगतो बुद्धः' "सर्वज्ञः स हि माधवः", 'पूर्णप्रज्ञ' इत्यादि स्तुतिवचन उन महानुभावों की बुद्धिमत्ता के गौरवार्थ हैं।

सुभाषित – 'सर्वः सर्वं न जानाति सिद्धमेतत् जगत्त्रये"

न हि सहस्रेणापि अंधैः पाटच्चरेभ्यः गृहं रक्ष्यते =

संदर्भ – न्यायवार्तिक टीका (वाचस्पति) १-२-२।

स्पष्टीकरण – हजार अंधों द्वारा चोरों से घर का रक्षण नहीं हो सकता। केवल संख्याबल के कारण असमर्थ समर्थ नहीं हो पाते।

न हि सुतीक्ष्णा अपि असिधारा स्वं छेत्तुम् आहितव्यापारा =

संदर्भ – (१) स्याद्वादमंजरी। (२) नागार्जुन (ईश्वरभंगकारिका)। (३) तात्पर्य टीका। (४) न्यायमकरंद। (५) सर्वार्थसिद्धि (वेंकटनाथ)।

स्पष्टीकरण – तलवार की धारा अत्यन्त तीक्ष्ण होने पर भी अपना ही उच्छेद नहीं कर सकती।

समान न्याय – "न तेन एव अंगुल्यग्रेण तदेव अगुल्यग्रं शक्यते स्प्रष्टुम्।" (देखिये)। साधन का साधनत्व उसी साधन से खंडित नहीं हो सकता। उस के लिए दूसरा साधन (या प्रमाण) उपस्थित करना चाहिये।

न हि सुशिक्षितोऽपि नटबटुः स्वस्कन्धम् आरोढुं पटुः =

संदर्भ – (१) ब्रह्मसूत्र शांकरभाष्य ३-३-५४। (२) तैत्तिरीयभाष्य वार्तिक (सुरेश्वर)। (३) भामती १-३-४१। (४) खण्डनखण्डखाद्य-विद्यासागरी टीका – "न हि पटुतरोऽपि नटबटुः स्वस्कन्धम् आरुह्य नरीनर्ति (नृत्यति)"।

स्पष्टीकरण – अत्यंत कुशल युवा नट भी अपने ही कंधे पर आरोहण नहीं कर पाता (या अपने कंधे पर खड़ा होकर नाच नहीं सकता)। अपने ही वचनों से अपने मत सिद्ध नहीं किये जा सकते।

न हि स्वतः असती शक्तिः कर्तुम् अन्येन शक्यते =

संदर्भ – (१) ब्र. सू. शांकर भाष्य २-१-२४। (२) श्लोकवार्तिक २-४७। (३) न्यायकणिका। (४) न्यायमंजरी।

स्पष्टीकरण – ब्रह्माण्ड के निर्माण की शक्ति परब्रह्म तत्त्व में स्वयंभू है, दूसरे किसी की सहायता विश्व की निर्मिति के लिए अपेक्षित नहीं होती। जैसे दूध में दधिरूप होने की स्वयंभू शक्ति होती है, (उष्णतादि से उस निजी शक्ति को अधिक चालना मात्र मिलती है। स्वयंभू शक्ति के बिना उष्णतादि से अगर दूध का दही होना संभव होता तो केवल उष्णता के कारण वायु या आकाश का भी दही हो जाता। अतः शंकराचार्य कहते हैं – "न हि वायुःआकाशो वा औष्ण्यादिना बलाद् दधिभावम् आपद्यते।" साधन सामग्रया (सती शक्तिः) उपधीयते (आनंदगिरि)

समान न्याय –

(१) "न व्यापारशतेनापि शुकवत् पाठ्यते बकः।"

(२) "मुक्तारत्नस्य शाणाश्मघर्षणं नोपयुज्यते।"

नासिकाग्रेण कर्णमूलकर्षण न्याय =

संदर्भ – (१) बृहदारण्यकवार्तिक (सुरेश्वाचार्य-४-३-११८४।

स्पष्टीकरण – असम्भाव्य कर्म करने की मूढता का उदाहरण प्रस्तुत न्याय में मिलता है। नाक की नोंक से अपने ही कान के मूल को खींचने की चेष्टा में यही मूढ़ता दिखाई देती है।

समान न्याय – स्वस्कन्धारोहण न्याय।

निरामयस्य किम् आयुर्वेदविदा =

संदर्भ – प्रबन्धचिंतामणि (बाण-मयूर कथा)

स्पष्टीकरण – निरोगी मनुष्य को आयुर्वेद के विशेषज्ञ से क्या काम?

निषादस्थपतिन्याय =

संदर्भ – (१) जैमिनिसूत्र ६-१-५१,५२। (२) ब्र. सू. शां. भा. १-३-१५ की भामती टीका। (३) रामानुज भाष्य ब्र. सू.। (४) वेदान्तकल्पतरु। (५) वेदान्तकल्पतरुपरिमल। (६) कैयट १-३ की व्याख्या।

स्पष्टीकरण – 'निषादस्थपति' शब्द का प्रयोग वेद में हुआ है। इस सामासिक शब्द का विग्रह (१) निषादश्च असौ स्थपतिः। (२) निषादानां स्थपतिः इन दो (कर्मधारय और तत्पुरुष) प्रकारों से हो सकता है। इस संदेह में कर्मधारय समास प्रशस्त माना जाता है। क्यों कि तत्पुरुष में सरलता अधिक है। कर्मधारय विग्रह के अनुसार 'निषादस्थपति' (षष्ठी तत्पुरुष की अपेक्षा) श्रेष्ठ होने से रुद्रयोग का अधिकारी माना जाता है। प्रस्तुत न्याय के कारण षष्ठी तत्पुरुष से कर्मधारय समास बलवत्तर माना जाता है। (षष्ठी समासात् कर्मधारयो बलीयान् (वाचस्पति मिश्र)। शांकरभाष्य में प्रयुक्त "ब्रह्मलोक" समास का संदेह वाचस्पति मिश्र ने प्रस्तुत न्याय के आधार पर निवारण किया है।

नो खलु अन्धाः सहस्रम् अपि पान्थाः पन्थानं विदन्ति =

संदर्भ –- (१ङ) भामती १-१-५।

स्पष्टीकरण - अन्धे प्रवासी हजार होने पर भी अपना गन्तव्य मार्ग नहीं जान सकते। जड प्रकृति द्वारा उत्पन्न कर्मेन्द्रियाँ मन बुद्धि और अहंकार सत्त्वप्रधान होने पर भी चैतन्यधर्म आत्मा का साक्षात्कार नहीं कर सकते।

पंकप्रक्षालन न्याय =
संदर्भ – (१) पंचतंत्र २-१५७। (२) ब्र. सू. शां. भा. ३-२-२२ (आनंदगिरि टीका) ४-१-१६, भामती, भाष्यरत्नप्रभा। (३) विवरण प्रमेय संग्रह।
स्पष्टीकरण = "धर्मार्थं यस्य वित्तेहा वरं तस्य निरीहता" इस पंचतंत्र के प्रस्तुत न्याय का सोदाहरण उल्लेख हुआ है। धर्म के निमित्त संपत्ति की इच्छा करना और फिर धर्म कर्मों से, द्रव्यार्जन के निमित्त लगा हुआ पाप धोना, पहले कीचड़ शरीर को लगाकर बाद में धोने के समान है। अतः मन में धन की आकांक्षा (अच्छे कार्य के लिए भी) नहीं रखना चाहिये। इसी प्रकार अन्य पुण्यकर्मों के समान अग्निहोत्रादि वेदोक्त कर्म भी स्वर्गादि विनाशी फल देते हैं। अतः मुमुक्षु ने पंकप्रक्षालन न्याय से उनका अनुष्ठान न करना ही अच्छा (शंकराचार्य)

पङ्गुअन्ध न्याय = पंगु और अंध का सहयोग।
संदर्भ – (१) सांख्यकारिका २१। (२) सर्वदर्शनसंग्रह (सांख्य दर्शन)।
स्पष्टीकरण – पंगु गतिरहित और अंधा दृष्टिरहित होने से दोनों एकाकी गमन नहीं कर सकते किन्तु अंधे के कंधे पर पंगु बैठे अर्थात् एक दूसरे का सहारा लें तो वे गन्तव्य स्थान पर पहुच सकते हैं। सांख्य दर्शन के अनुसार पुरुष क्रियारहित, और प्रकृति ज्ञान शक्तिरहित होने से दोनों के संयोग से सृष्टि की निर्मिति तथा पुरुष को अपवर्ग (मुक्ति, कैवल्य) की प्राप्ति होती है ।

पंजरचालन न्याय =
संदर्भ – (१) वेदान्त सूत्र २-४-९ शांकरभाष्य
स्पष्टीकरण – एक पिंजड़े में वंद रखे भिन्न भिन्न जाति के ग्यारह पक्षी संगठित होकर पिंजड़े को हिला सकते है, उसी प्रकार ग्यारह इन्द्रियाँ (परस्पर भिन्न व्यापार होने पर भी) एकत्रित होकर एक प्राण नामक वृत्ति निर्माण करने की संभावना हो सकती है। अपने पूर्वपक्षी के युक्तिवाद में श्री शंकराचार्य ने प्रस्तुत न्याय का निर्देश किया है।

पंजरमुक्तपक्षिन्याय =
संदर्भ – (१) वेदान्तकल्पतरुपरिमल।
स्पष्टीकरण – पिंजडे से मुक्त हुआ तोता आदि पक्षी स्वभावतः ऊर्ध्व गमन करता है, उसी प्रकार जीवात्मा इस शरीर के बंधन से मुक्त होने पर ऊर्ध्व गमन करता है।
समान न्याय – (१) जलतुंबिका न्याय (देखिये)। (२) जलनिर्भिन्न-परिणतएरंडबीज न्याय (पानी के कारण फूटे हुए एरंडबीज का भूमि के उपर ऊगना)।

पण्डकम् उद्वाह्य मुग्धायाः पुत्रप्रार्थनम् = (पण्डक = नपुंसक) (नपुंसक से विवाहित मुग्धा स्त्री की पुत्र के लिए (पति से) प्रार्थना)
संदर्भ – (१) योगसूत्र (व्यासभाष्य) २-२५। (२) न्यायवार्तिक तात्पर्य टीका। (३) चित्सुखी। (४) खंडनखंडखाद्य।
स्पष्टीकरण – व्यासभाष्य में प्रस्तुत न्याय का संबंध 'पंडकोपाख्यान' में बताया गया है, "मुग्धया भार्यया अभिधीयते; पण्डक आर्यपुत्र अपत्यवती में भगिनी, किमर्थं नाम न अहम्। स ताम् आह- मृतोऽहं ते अपत्यम् उत्पादयिष्यामि इति।" वाचस्पति मिश्र प्रस्तुत संदर्भ में कहते हैं कि, योगशास्त्रोक्त कैवल्य (मुक्ति, निःश्रेयस) का उपहास करने हेतु नास्तिक द्वारा प्रस्तुत न्याय का उपयोग किया जाता हैं। न्यायदर्शन के अनुसार हेतु का सपक्ष और असपक्ष से अविनाभाव संबंध होता है। किन्तु अगर उसका पक्ष (जहां साध्य को सिद्ध करना है) से कोई संवध न होगा तब वह हेतु पक्ष में साध्य की सिद्धि करने में नपुंसक सा होता है। इस विचित्र अवस्था का स्पष्टीकरण प्रस्तुत न्याय से होता है।

पदार्थानुसमय न्याय = पदार्थों के अनुक्रम का न्याय।
संदर्भ – (१) जैमिनिसूत्र ५-२-१२। (२) कात्यायन श्रौत सूत्र (कर्काचार्यटीका)
स्पष्टीकरण – (१) एक वैदिक विधि यथानुक्रम पूर्ण होने पर दूसरा विधि यथानुक्रम पूर्ण करना। उसी प्रकार बाद में कर्तव्य विधि करते रहना। (२) जब अनेक व्यक्तियों को धान्य वस्त्र आदि अनेक वस्तुओं का दान देना हो तब एक वस्तु का दान सभी दानीय व्यक्तियों को देने के बाद दूसरे तीसरे इत्यादि वस्तुओं का दान देना
समान न्याय – काण्डानुसमय न्याय (देखिये)।

परतन्त्र बहिर्मनः =
संदर्भ – (१) विधिविवेक (मंडनमिश्र)। (२) सर्वदर्शन संग्रह। (३) चित्सुखी १-१२। (४) विद्यासागरी (खंडनखंडखाद्य की टीका)
स्पष्टीकरण – जो कहते हैं कि शुक्तिका पर होने वाला रजत का ज्ञान इन्द्रियजन्य है, उन्हें विरोधक पूंछते है कि, "क्या वह रजत-ज्ञान मानस (मनोजन्म) है या बाह्य चक्षु से हुआ है? अगर उसे मानस ज्ञान कहोगे तो प्रस्तुत न्याय (अर्थात् श्रोत्र चक्षु आदि ज्ञानेन्द्रियों के बाह्य विषय निश्चित हैं। किन्तु बाह्य विषयों के ज्ञान के बारे में मन परतंत्र याने अन्य ज्ञानेन्द्रिय की सहायता पर अवलंबित होता है।

परस्परविरोधे हि न प्रकारान्तरस्थितिः =
संदर्भ – (१) कुसुमांजलि ३-८। (२) तत्त्वमुक्ताकलाप ३-४८। (३) खंडनखंडखाद्य (३)। (४) लक्षणावली (उदयनाचार्य)। (५) सर्वदर्शनसंग्रह (प्र-२)। (६) तत्त्वदीपन (परस्परविरोधिनोः अन्यतरनिषेधे अन्यतरव्यवस्था)।
स्पष्टीकरण = जब किसी विषय के संबंध में दो मत परस्पर विरुद्ध होते तब (१) दोनों को समानरूप नहीं माना जा सकता (क्यों कि उनका विरोध प्रत्यक्ष है। (२) दोनों मतों के अतिरिक्त (दोनों को या किसी एक को भी असंमत) तीसरा पर्याय भी नहीं सुझाया जा सकता (क्यों कि दोनों में से एक का मत सत्य होने की संभावना हो सकती है।)

प्रकारान्तर शब्द का विवरण रघुनाथ ने- "न, प्रकारान्तरस्य ताभ्याम् अन्यस्य प्रकारस्य स्थितिः किन्तु तदन्यतरस्य इत्यर्थः" इस वाक्य द्वारा किया है। अर्थात् वे दोनों में से एक सत्य होने की संभावना मानते हैं।

पर्जन्यवत् =

संदर्भ – (१) व्याकरण महाभाष्य- १-२-९, ६-१-१२७। (२) परिभाषा (नागोजी) CXI। (३) सर्वदर्शन संग्रह (पाणिनिदर्शन)। (४) ब्र. सू,. शां. भा. २-३-४२। (५) हितोपदेश १-१६१।

स्पष्टीकरण – (१) व्याकरण शास्त्र में रूपसिद्धि में सामान्य और विशेष नियमों की प्राप्ति पर्जन्यवत् (जहां उनकी प्राप्ति है और जहां नहीं ऐसे सभी उदाहरणों में एकसाथ) मानी जाती है। पतंजलि कहते हैं – "कृतकारि खलु अपि शास्त्रं पर्जन्यवत्। तद् यथा। पर्जन्यो यावद् ऊनं पूर्णं च सर्वम् अभिवर्षति। (२) वेदान्त शास्त्र में इसी पर्जन्यवत् न्याय के आधार पर शंकराचार्य कहते हैं – "जिस प्रकार पर्जन्य अन्यान्य प्रकार के बीजों को अंकुरित करता हैं परंतु उनके निजी अंगभूत भेद के कारण अंकुरों या फलों में भिन्नता आती है, उसी प्रकार जीवगत कर्म भेद के अनुसार सृष्टि में विषमता और निर्घृणता दिखाई देती है। 'ईश्वरस्तु पर्जन्यवत् दृष्टव्यः।'

पर्णमयी न्याय = पर्णमयी = पलाश के लकड़े से बनाया हुआ चमस (चम्मच), चमस को वैदिक परिभाषा में 'जुहू' कहते हैं।

संदर्भ – (१) भामती ३-३-६१। (२) परिमल। (३) शालीक।

स्पष्टीकरण – प्रस्तुत न्याय का संबंध 'गोदोहोन न्याय' से है जिस में अनित्यता का भाव सूचित होता है (जैसे गोधन की अपेक्षा से आयोजित यज्ञ में ही गोदोहन पात्र में यज्ञ के लिए जल लाया जाता है, अन्यथा उसकी आवश्यकता नहीं होती।) इस अनित्यता के विरुद्ध नित्यता का आशय व्यक्त करने के लिए 'पर्णमयी न्याय' का निर्देश होता है। 'जुहू' नित्य पर्णमयी ही होती है। पलाश के अतिरिक्त दूसरे किसी लकड़ी का जुहू की निर्मिति के लिए उपयोग नहीं होता।

पलालकूटस्य सादृश्यं कुंजरादिना = पलाल = पुआल, सूखा घास, भूसी) पुआल की ढेर का हाथी से सादृश्य।

संदर्भ – (१) श्लोकवार्तिक (कुमारिल)।

स्पष्टीकरण – सादृश्य दो प्रकार का होता है। (१) दो विसदृश पदार्थों में कल्पना मात्र से आरोपित सादृश्य जो पास जाकर देखने से समाप्त होता है। (२) दो समान गुण पदार्थों का सादृश्य जो समीप से देखने पर भी बाधित नहीं होता। ("न बाध्यते समीपादौ यत् तु सादृश्यमेव तत्" (कुमारिल भट्ट)- यही वास्तव में सादृश्य माना जाता है। प्रस्तुत न्याय कल्पित सादृश्य का उदाहरण है। देखिये 'दूरस्थ वनस्पति न्याय'

पश्यसि अद्रौ ज्वलदग्निं न पुनः पादयोः अधः =

संदर्भ – परिशिष्ट पर्व (हेमचंद्र) १-३८२।

स्पष्टीकरण – दूसरों को सदुपदेश देने वालों (अन्यं शिक्षा विचक्षणाः) किन्तु स्वयं उसी उपदेश का पालन न करने वालों का उपहास प्रस्तुत न्याय से होता है। वे पर्वत पर की आग देखते हैं किन्तु अपने पैरों तले जलती हुई आग नहीं देख पाते।

पाटच्चरलुण्टिते वेश्मनि यामिकजागरणम् =

संदर्भ – (१) खंडनखंडखाद्य-

स्पष्टीकरण – प्रयोजन समाप्त होने के बाद किसी कार्य का प्रारंभ करना, लुटेरों ने घर लूटने के बाद गृहरक्षक सिपाही के जागरण समान होता है।

पाटनम् अन्तरेण विषव्रणानां नोपशान्ति =

संदर्भ – (१) जैमिनीय न्यायमालाविस्तर ३-८-४।

स्पष्टीकरण – विषव्रण का शमन शल्य क्रिया के बिना नहीं हो सकता। दुःखमय मानव जीवन में विश्रांति के लिए ही करुणामय भगवान् शिव संहारक रुद्ररूप होते हैं। शिवपुराण में प्रस्तुत उदाहरण द्वारा इस न्याय को स्पष्ट किया है।

पाठक्रम न्याय = (प्रावर्तिकक्रमन्याय)।

संदर्भ – (१) जैमिनिसूत्र- ५-१-४-७। (२) भामती ४-३-६। (३) ब्रह्मसूत्रभाष्य टीका (आनंदगिरि) २-३-१५।

स्पष्टीकरण – मीमांसा शास्त्र में छह प्रकार के क्रम बताये हैं (१) श्रुतिक्रम (श्रुतिबलीयस्त्व न्याय)। (२) अर्थक्रम। (३) पाठक्रम। (४) प्रवृत्तिक्रम (प्रावर्तिकक्रम न्याय)। (५) स्थानक्रम। (६) मुख्यक्रम। वेदवचनों के अर्थ निर्धारण में इन क्रमों का महत्व वेदान्त शास्त्र में भी माना जाता है। पाठक्रम का उदाहरण शाबर भाष्य में "समिधो यजति, तनूनपातं यजति, इडो यजति, बर्हिर्यजति, स्वाहाकारं यजति इति" ये पांच प्रयाज की आहुतियाँ हैं, और इनका विधान 'पाठक्रम' (अर्थात् पाठ में जिस क्रम से वाक्य योजना है उसी) के अनुसार ही होना चाहिये। भामतीभाष्य में पाठक्रमाद् "**अर्थक्रमः**" (अर्थ का औचित्य देखकर निर्धारित क्रम) बलवान्" यह सिद्धान्त बता कर अर्थ के अनुसार वेदान्तसूत्रों के पाठक्रम में परिवर्तन किया है।

पादप्रसारिका न्याय = (भिक्षुपादप्रसारिका न्याय)

संदर्भ – (१) उपमितिभवप्रपंच कथा। (२) न्यायमंजरी। (३) खंडनखंडखाद्य।

स्पष्टीकरण – लौकिक व्यवहार में किसी लोभी को थोड़ी जगह देने पर वह धीरे धीरे पैर लंबे करते हुये पुरी जहग स्वाधीन कर लेता है। रेलगाडी में प्रस्तुत न्याय का अनुभव सभी को आता है। शास्त्र में सूक्ष्म तर्क द्वारा प्रतिपादित सिद्धान्त स्थूलबुद्धि की लोगों के समझ में नहीं आता किन्तु "केवल साहचर्य नियम वर्णन" से अर्थात् अन्वय-व्यतिरेकात्मक दृष्टान्त या निदर्शन से वह उन्हें समझाया जा सकता है। इसी को न्यायमंजरी में पादप्रसारिका न्याय कहा गया है।

पिककूजन न्याय = (पिक = कोकिल, कोयल)

पिक एक ऐसा पक्षी है जो वसंत ऋतु के अतिरिक्त अन्य

ऋतुओं में अपना कूजन नहीं करता और जब करता है तब अत्यंत मधुर स्वर में करता है। मितभाषी, वाक्संयमी तथा केवल मधुर भाषी लोग इस न्याय के उदाहरण हैं।

पिण्डम् उत्सृज्य (हित्वा) करं लेढि =
संदर्भ – (१) पंचपादिका।
स्पष्टीकरण – मिष्टान्न का त्याग कर, हाथ चाटना अर्थात् मुख्य विषय को छोड़कर गौण निरर्थक विषय की चर्चा में समय नष्ट करना।
समान न्याय – क्षीरं विहाय अरोचक्रग्रस्तः सौवीररुचिम् अनुभवति। (देखिये)

पिण्याकयाचनार्थं गतस्य खारिकातैलदातृत्त्वाभ्युपगमः = पिण्याक = तिल या सरसों की खाल। खारिका = १६ द्रोण के बराबर अनाज का माप या ३२ या ६४ सेर का माप।
संदर्भ – (१) सर्वदर्शनसंग्रह (पूर्णप्रज्ञदर्शन)।
स्पष्टीकरण – एक पिण्याक की याचना करते हुए एक "खारिका" भर तेल के दान का अभिवचन मिलना। अर्थात् अल्प अपेक्षा की पूर्तता अत्यधिक लाभ से होना।

पित्रनुसृतस्तनंधय न्याय = पिता के द्वारा बालक का अनुसरण।
संदर्भ – (१) लौकिकन्यायसंग्रह। (२) पंचदशी (विद्यारण्य)-७-२८६-८८।
स्पष्टीकरण – बालक ने ताडन, अधिक्षेप जैसा अयोग्य व्यवहार करने पर भी, पिता क्रोध नहीं करता अपितु उसका लालन ही करता है। उसी प्रकार अज्ञानी द्वारा निन्दा या स्तुति होने पर आत्मज्ञानी क्रुद्ध या प्रसन्न नहीं होता। वह तो अपने जिस आचरण से उन अज्ञों का उद्बोधन होगा ऐसा ही आचरण करता है। (कृतकृत्यस्य तत्त्वविदः अविद्वदुद्धारातिरिक्त-कर्तव्यअभावात् यथा तदुद्धारः स्यात् तथैव कर्तव्यम्।)

पिशाचानां पिशाचभाषया एव उत्तरं देयम् =
संदर्भ – (१) तत्त्वमुक्तावली (सर्वार्थसिद्धि व्याख्या) २-४९, ४-१३।
स्पष्टीकरण – 'शठे शाठ्यं समाचरेत्' इस कौटिलीय सिद्धान्त का विवरण पिशाचों को पिशाचों की भाषा में ही उत्तर देना चाहिये इस प्रस्तुत न्याय से होता है।
समान न्याय – यादृशो यक्षः तादृशो बलिः।

पिष्टपेषण न्याय =
संदर्भ – (१) शाबर भाष्य ९-२-३। (२) तंत्रवार्तिक १२-२-१६। (३) केन-उपनिषद-शांकरभाष्य-३२। (४) आपस्तम्ब गृह्यसूत्र- १४-९- सुदर्शनाचार्य की टीका
स्पष्टीकरण – एक बार कार्य हो जाने पर पुनः उसे करने का प्रयास, पिष्ट को पुनश्च पीसने जैसा निरर्थक होता है। यथोचित उत्तर मिलने पर पुनश्च उसी विषय में प्रश्न पूछना या पूछे हुए प्रश्न का पुनः उत्तर देना निरर्थक है।
समान न्याय – (१) स्निग्धस्य स्नेहनम्। (२) तुषकण्डन न्याय।

पुरस्ताद् अपवादा अनन्तरान् विधीन् बाधन्ते (नोत्तरान्) =
संदर्भ – (१) परिभाषा LIX (नागोजी भट्ट)। (२) व्या. महाभाष्य ६-१-८९ (वा-२), १-१-२८, ३-२-१(६), ३-३-९५, ३-४-८५, ४-१-५५, ४-३-१३२(६), ४-३-१५६(७), ६-१-१०२(६), ६-४-१६३(२), और ८-३-११२।
स्पष्टीकरण – यह व्याकरण शास्त्र (पाणिनीय) विषयक परिभाषात्मक न्याय है। इस के अनुसार जो अपवाद सूत्र, उत्सर्गसूत्र से पहले अष्टाध्यायी में आते हैं वे समीपतम सूत्रों में विहित विधि को बाधित करते हैं, तदनन्तर के सूत्रों में कथित विधि को उनसे बाधा नहीं आती।

पूर्वं हि अपवादा अभिनिविशन्ते पश्चाद् उत्सर्गाः =
संदर्भ – (१) परिभाषा ६२- (नागोजी)। (२) व्या. महाभाष्य-२-४-८५ (वा-११), ३-१-३ (वा-१०), ३-२-१२४ (वा-१०), ४-१-८९ (वा-२), ६-१-५ (वा-२), ६-१-१६१, १८६।
स्पष्टीकरण – व्याकरण शास्त्र में रूपसिद्धि की दृष्टि से प्रथम अपवाद बोधक सूत्रों का विचार होता है और बाद में अपवाद के विषय को छोडकर औत्सर्गिक (सामान्य) नियमों को विचार में लिया जाता है।

पुष्टलगुड न्याय =
संदर्भ – (१) अद्वैतसिद्धि।
स्पष्टीकरण – भोंकने वाले अनेक कुत्तों को एक साथ भगाने कि लिए, एक पुष्ट कुत्ते पर फेंक मारे डंडे से उस के साथ आजूबाजू के बाकी कुत्तों पर भी आघात हो कर वे सब भाग जाते हैं। शास्त्रार्थ में इसी प्रकार एक मत का प्रबल तर्क से खण्डन होने पर अन्य दुर्बल मतों का भी खंडन होता है।
समान न्याय – प्रधानमल्लनिबर्हण न्याय (देखिये)

प्रकल्प्य वा अपवाद-विषयं ततः उत्सर्गः अभिनिविशते =
संदर्भ – (१) व्या. महाभाष्य- २-४-८५ (वा-११), ३-१-३ (वा-१०), ३-२-१२४ (वा-१०), ६-१-५ (वा-२), ६-१-१६१, ६-१-१८६। (२) परिभाषेन्दुशेखर।
स्पष्टीकरण – उपरिनिर्दिष्ट (पूर्वं ह्यपवादाः... न्याय (या परिभाषा) का यह पूरक या पर्यायात्मक न्याय है। इसके अनुसार पहले अपवादभूत उदाहरणों को अलग से रखते हुए अवशिष्ट उदाहरणों का उत्सर्ग के अनुसार विचार होता है।

प्रकृतिप्रत्ययौ प्रत्ययार्थं सह ब्रूतः =
संदर्भ – (१) पातंजल भाष्य ३-१-६७ (वा-२)। (२) शाबरभाष्य ३-४-१३, १०-९-२४। (३) तंत्रवार्तिक ३-१-१२। (४) विवरणप्रमेयसंग्रह। (५) सर्वदर्शनसंग्रह (रामानुज दर्शन)। (६) न्यायमालाविस्तर (माधवाचार्य)-३-४-८। (७) न्यायमंजरी (जयंत भट्ट) (८) तंत्रवार्तिक २-१-१।

स्पष्टीकरण – व्याकरण और मीमांसा के क्षेत्र में प्रस्तुत न्याय को विशेष महत्व है। शब्द का श्रवण होने पर जिस अर्थ का ज्ञान होता है, उस में प्रकृति (धातु) और प्रत्यय दोनों मिलकर प्रत्यय का अर्थ एक साथ बताते हैं। शब्द के दोनों घटकावयवों में प्रत्यय का अर्थ (जिसे मीमांसक 'भावना' अर्थात् "भवितुः भवनानुकूलो भावयितुः व्यापारविशेषः" अर्थ-संग्रह) कहते हैं, शाब्दिकों के मतानुसार प्रधान माना गया है। उसी की प्रतीति प्रकृति और प्रत्यय के संयोग द्वारा शब्द से होती है।

प्रतिनिधिन्याय =

संदर्भ – (१) जैमिनिसूत्र ६-३-१३ से १७। (इन पांच सूत्रों के नाम है – "नित्यकर्मणः अनित्यप्रारब्धकर्मणःच, प्रतिनिधिना समापनाधिकरणम्")। (२) ब्रह्मसूत्र शांकरभाष्य ३-३-४०।

स्पष्टीकरण – यज्ञकर्म में शास्त्रद्वारा विहित द्रव्यादि की किसी अनिवार्य कारण से प्राप्ति होने की संभावना नहीं होती, तब प्रस्तुत न्याय के अनुसार शास्त्रोक्त अन्य पदार्थ का उपयोग किया जाता है। जहां सोम वनस्पति मिलना संभव नहीं वहां पूतिका तृण का और जब व्रीहि (चावल) मिलना असंभव होगा तब नीवार (जंगली चावल जो बिना जोये बोये उत्पन्न होते हैं, मराठी में जिसे देवधान कहते हैं।) का उपयोग करना "प्रतिनिधि न्याय" का उदाहरण है। आजकल सत्यनारायण पूजा में "वस्त्रोपवस्त्रार्थे अक्षताः समर्पयामि" कहते हुए पूजाविधि गृहस्थों द्वारा होती है।

प्रतिप्रधानं गुण आवर्तनीयः = (प्रतिप्रधानम् अंगावृत्तिः)

संदर्भ – (१) जैमिनीय न्यायमालाविस्तर ३-१-७। (२) मीमांसापरिभाषा। (३) जैमिनीयन्यायसूत्रवृत्ति।

स्पष्टीकरण = शास्त्र में कहा है- "दशापवित्रेण ग्रहं संमार्ष्टि" (दशापवित्र से ग्रह का संमार्जन करना है) इस वाक्य में ग्रह शब्द की द्वितीया विभक्ति के कारण, (उसकी उद्देश्यता और प्रयोजनवत्ता के कारण) ग्रह की प्रधानता तथा संमार्जन की गौणता सूचित होती है। अतः प्रस्तुत न्याय (प्रत्येक प्रधान वस्तु के साथ गौण क्रिया की आवृत्ति होनी चाहिए) के अनुसार प्रकृत विधि में जितने ग्रह होगें, उनका प्रत्येकशः संमार्जन किया जाता है।

समान न्याय = 'ग्रहैकत्व न्याय' (देखिये)

प्रत्यक्षे किम् अनुमानम् =

संदर्भ – (१) तंत्रवार्तिक (कुमारिल भट्ट)। (२) वेदान्त कल्पतरु (अमलानंद)। (३) शाबरभाष्य ३-१-१२ (प्रत्यक्षम् अनुमानाद् बलीयः)।

स्पष्टीकरण – शास्त्रों में प्रत्यक्ष, अनुमान और आप्तवाक्य मुख्यतः प्रबल प्रमाण माने गये हैं। इन तीनों में प्रत्यक्ष (इन्द्रिय और विषय के संनिकर्ष से उत्पन्न) ज्ञान प्रस्तुत न्याय से प्रबलतम माना जाता है। "न हि हस्तिनि दृष्टे अपि तत्पदेन अनुमिष्यते" (तंत्रवार्तिक) या "न हि प्रत्यक्षेण करिणि दृष्टे अपि चीत्कारेण तम् अनुमिमते प्रज्ञावन्तः" (तात्पर्य टीका)। अर्थात् हाथी को प्रत्यक्ष देखते हुए उसके पदचिन्हों को देखकर या चीत्कारों को सुनकर उस के अस्तित्व का अनुमान नहीं किया जाता। प्रस्तुत न्याय के विरोध में देखिये "अलातचक्र न्याय"।

प्रदीपवत् = (प्रदीप न्याय)

संदर्भ – (१) व्याकरण महाभाष्य १-१-४९ (वा-४), २-१-१। (२) उद्योत पर नागेश की टीका। (३) शाबर भाष्य ११-१-६०।

स्पष्टीकरण – व्याकरण महाभाष्य में 'अधिकरण' और 'परिभाषा' में भेद स्पष्ट करने के निमित्त प्रस्तुत दृष्टान्त देते है- "कश्चिद् एकदेशस्थः सर्वं शास्त्रम् अभिज्वलयति, यथा प्रदीपः सुप्रज्वलितः एकदेशस्थः सर्वं वेश्म अभिज्वलयति"। इसी प्रदीप के समान परिभाषा एकदेशस्थिता होने पर भी सर्वव्यापकता के कारण संपूर्ण शास्त्र रूप भवन को प्रकाशित करती है।

समान न्याय – नर्तक न्याय (देखिये)।

प्रदीपे सति प्रदीपं प्रज्वाल्य तमोनाशाय यतमानः =

संदर्भ – (१) खंडनखंडखाद्य। (२) उपदेशसाहस्री १७-४१। (३) बृहदारण्यवार्तिक (सुरेश्वराचार्य) ४-३-५०१। (छ) न्यायमंजरी। (५) न्यायसूत्र ५-१-१०।

स्पष्टीकरण – कार्य का साधन उपस्थित होते हुए दूसरा तत्सम साधन उपस्थित करना, अंधकार का निवारण करने वाला प्रदीप जलते हुए दूसरा दीपक उसी स्थान पर लाने के समान है। अथवा लघु प्रयास से कार्यसिद्धि होना संभाव्य होते हुए बड़ा प्रयास करना निरर्थक होता है।

प्रधानमल्ल-निबर्हण न्याय – (निबर्हण = मर्दन, ध्वंस, वध)

संदर्भ – (१) वेदान्तसूत्र शांकरभाष्य-१-४-२८, २-१-१२। (२) सर्वदर्शनसंग्रह (रामानुजदर्शन)

स्पष्टीकरण – सांख्य दर्शन के प्रधान (प्रकृति) कारणवाद का खंडन करने पर श्री शंकराचार्य कहते हैं जिस प्रकार प्रधान (सर्वश्रेष्ठ) मल्ल का पराभव करने पर अन्य अल्पबल वाले मल्लों का पराभव बिना कहे सिद्ध हो जाता है। उसी प्रकार प्रधानकारणवाद का यहां खंडन हो जाने से 'अणुकारणवाद' आदि दुर्बल मतों का खंडन हो चुका है।

प्रपानकरस न्याय = प्रपानक = शरबत।

संदर्भ – (१) साहित्यदर्पण ४६। (२) न्यायमंजरी। (३) तात्पर्य टीका।

स्पष्टीकरण – जिस प्रकार खांड, नागकेशर, मरिच, एला इत्यादि स्वाद वाले पदार्थ पानी में एकत्रित मिलाकर स्वतंत्र आस्वाद वाला प्रपानक (या पानक) निर्माण होता है उसी प्रकार योग्यता, आकांक्षा और आसक्ति युक्त अनेक पदों (शब्दों) के समुच्चय से वाक्य और प्रत्येक पद के अर्थ के

संयोग से वाक्यार्थ सिद्ध होता है। काव्य में विभाव, अनुभाव और व्यभिचारी भावों के संयोग से प्रपानक रस न्याय से प्रतीयमान पृथक् अर्थ की निष्पत्ति होती है। साहित्यशास्त्र का रससिद्धान्त स्थापित करने में प्रस्तुत न्याय विशेष महत्व रखता है।

प्रमाणवत्त्वाद् आयातः प्रवाहः केन वार्यते =

संदर्भ – (१) सर्वदर्शनसंग्रह (अर्हद्दर्शन)।

स्पष्टीकरण – प्रबल प्रमाणों द्वारा आया हुआ सिद्धान्त का प्रवाह किसी के द्वारा रोका नहीं जाता। पदार्थ की प्रत्यक्ष प्रतीति याने प्रतिक्षण भंगुर (अर्थात् क्षणिक) असंख्य अनुभूतियों का एक अखंडित प्रवाह है। यह तथ्य युक्तिवाद से सिद्ध होने के कारण प्रस्तुत न्याय के अनुसार क्षणिकता के सिद्धान्त को कौन रोक सकता है? ऐसा क्षणिकतावादी कहते है।

प्रमाणवन्त्यदृष्टानि कल्प्यानि सुबहून्यपि =

संदर्भ – (१) तंत्रवार्तिक २-१-५। (२) बृहदारण्यक वार्तिक (सुरेश्वर)। (३) तात्पर्य टीका। (४) चित्सुखी १-२३। (५) खंडनखंडखाद्यौ (६) तत्त्वदीपन। (७) भामती।

स्पष्टीकरण – "अदृष्टशतभागोऽपि न कल्प्यो ह्यप्रमाणकः।
(बालाग्रशतभागोऽपि न कल्प्यो निष्प्रमाणकः)।
प्रमाणवन्त्यदृष्टानि कल्प्यानि सुबहून्यपि।।

इस श्लोक द्वारा प्रस्तुत न्याय कहा गया है। अर्थात् अप्रमाण विचार का शतांश भी अदृष्ट भाग नहीं स्वीकारना चाहिये। किन्तु प्रमाण युक्त होने पर अनेक अदृष्ट विषयों को ग्राह्य मानना चाहिये। अपूर्व और अदृष्ट मीमांसा दर्शन के पारिभाषिक शब्द हैं। **अपूर्व** = यज्ञ करने पर स्वर्ग-सुख देने वाला कोई (कल्पित) विशिष्ट गुण। मीमांसा दर्शन में प्रधानापृर्व, अंगापूर्व और कलिकापूर्व नामक तीन अपूर्व के प्रकार कह हैं। **अदृष्ट** = मनुष्य के पूर्वसुकृत के कारण उसमें उत्पन्न हुआ विशेष गुण या सामर्थ्य।

प्रयोजनम् अनुद्दिश्य न मन्दोऽपि प्रवर्तते =

संदर्भ – (१) श्लोकवार्तिक। (२) न्यायमंजरी। (३) न्यायकणिका (वाचस्पति)। (४) ब्र. सू. भाष्य टीका आनंदगिरीकृत (२-२-१)। (५) व्याकरण म. भा. ३-१-२६ (वा-१४)। (६) वाक्यपदीय "निमित्तेभ्यः प्रवर्तन्ते सर्वे एव स्वभूतये।"

स्पष्टीकरण – प्रजापति ने इस सृष्टि का निर्माण किसी प्रयोजन (उद्देश्य) से किया या नहीं इस विषय की चर्चा में न्यायमंजरी कार अपना अभिप्राय देते हैं कि – "निष्प्रयोजनायां प्रवृत्तौ अपेक्षापूर्वकारित्वात् उन्मत्ततुल्योऽसौ भवेत्' अर्थात् प्रयोजन के बिना इस संसार में मूढ भी किसी कार्य की प्रवृत्त नहीं होता यह न्याय होने से, प्रजापति ने अगर किसी प्रयोजन के बिना संसार की निर्मिति की ऐसा मानने पर उसे उन्मत्ततुल्य मानना पड़ेगा। (अर्थात् वह उन्मत्त न होने के कारण उसके द्वारा इस संसार की उत्पत्ति किसी विशिष्ट प्रयोजन से ही हुई है।)

प्रसक्तं हिं प्रतिसिध्यते = (प्रसज्यप्रतिषेध न्याय)।

संदर्भ – (१) सर्वदर्शनसंग्रह (योग दर्शन)। (२) वाचस्पत्यम्। (३) व्या. महाभाष्य १-४-५०। (५) वाक्यपदीय २-८६। (५) वेदान्तचिन्तामणि। (६) बृहद्वार्तिक (सुरजश्वराचार्य) ३-९-७९। (७) साहित्यदर्पण = पर्युदासः स विज्ञेयः यत्रोत्तरपदेन तञ्। उदा. 'अब्राह्मणम् आनय'। (प्रसज्य प्रतिषेधः स विज्ञेयः क्रियया सह यत्र नञ्।। उदा. नेक्षेत उद्यन्तम् आदित्यम्।

स्पष्टीकरण – जब किसी पदार्थ पर आरोप करते हुए उस आरोप का प्रतिषेध किया जाता है, जैसे 'वायौ रूपं नास्ति' इस वाक्य में वायु पर रूप का आरोप अध्याहृत मान कर इस का निषेध किया गया है। अत्यन्ताभाव मे आरोपित भाव का निषेध होता है।

प्रस्तरप्रहरण न्याय = (प्रस्तर = (मीमांसादर्शन में) यज्ञवेदी पर बिछाये मुट्ठीभर दर्भ जिन पर यज्ञ के पात्र रखे जाते हैं।)

संदर्भ – (१) जैमिनिसूक्त ३-२-११ से १४। (२) शास्त्रदीपिका।

स्षटीकरण – प्रस्तुत न्याय मीमांसाशास्त्र से संबधित है। यज्ञ की समाप्ति होने पर 'प्रस्तर' का 'सूक्तवाक' मंत्रों से यज्ञ- कुंड में 'प्रहरण' (अर्पण, हवन) होता है। इस संबंध में संदेह उपस्थित किया गया है, जिसके निर्णय में कहा जाता है कि 'प्रस्तरप्रहरण' क्रिया से सूक्तवाक मंत्रों का महत्व गौण है, क्यों कि प्रस्तरप्रहरण द्वारा दो प्रयोजन – (१) यज्ञपात्रों की स्थापना और (२) देवताओं की आहुति) सिद्ध होते है। (यज्ञ में उपयोजित किसी भी वस्तु को सुरक्षित रखना या इधर उधर फेंक देना अनुचित माना गया है। उन वस्तुओं को पूर्णतया अग्नि में समर्पण करना 'प्रत्तिपत्ति' कहा गया है। अर्थात् 'प्रस्तर' की प्रतिपत्ति होती है।

फलवत्संनिधौ अफलं तदंगम् =

संदर्भ – (१) ब्र. सू. शां. भा. २-१-१४। (२) शाबरभाष्य ४-४-१९। (३) न्यायमालाबिस्तर ४-३-१६ (सूत्र ३७। (४) न्यायवार्तिक तात्पर्य टीका। (५) विवरण प्रमेय संग्रह।

स्पष्टीकरण – जिस यज्ञादि कर्म के विशिष्ट फल (युद्धविजय, पुत्रप्राप्ति इ.) शास्त्र में कहे गये है ऐसे कर्म के साथ विशिष्ट फल विरहित कुछ कर्मों का विधान होगा, तो वह उस सफल कर्म का अंगभूत (गौण) कर्म समझना चाहिये। लौकिक व्यवहार में वधूवर को आशीर्वाद देने के उद्देश्य से विवाह समारोह में जब कोई जाता है तब वहां अन्य मित्रों की भेट (उद्दिष्ट न होने के कारण) अंगभूत या गौण मानी जाती है।

फलवत्सहकार न्याय = सहकार = आम्रवृक्ष।

संदर्भ – (१) आपस्तम्ब धर्मसूत्र १-७-२०।

स्पष्टीकरण – फलप्राप्ति के हेतु लगाये हुए आम्रवृक्ष से छाया, सुगंध, इत्यादि अवांतर लाभ भी अनायास होते है उसी प्रकार रघुनाथ वर्मा कहते हैं, "श्रीगणेशजी की आराधना एक फल प्राप्त होने की इच्छा से करने पर अन्य भी फल अनायास आनुषंगिकता से प्राप्त होते हैं।

बकबन्धन न्याय = (बकबन्धन प्रयास) = एक

उपहसनीय प्रयास।

संदर्भ – (१) तत्त्वदीपन (पंचपादिका विवरण की टीका)।

स्पष्टीकरण – किसी ने बक (बगुले) को बंधन में डालने का उपाय पूछने पर उसे किसी मूर्ख ने उपाय बताया – पहले बगुले को अपने हाथों में पकड़कर उसके मस्तक पर नवनीत लीपा जाय। सूर्य किरणों से वह नवनीत (मखखन) पिघलने पर उस की आंखों में जाने से वह अंधा होगा तब उसे बंधन में डालना संभव होता है। इसी प्रकार का हास्यास्पद उदाहरण 'दण्डसर्पमारण न्याय'- स्वर्ग की प्राप्ति का निरपवाद साधन यज्ञ को मानने वाले का उपहास प्रस्तुत न्याय से उपरिनिर्दिष्ट टीका द्वारा किया गया है। यज्ञ रूप साधन की समाप्ति होते ही स्वर्ग किसी को नहीं मिलता अर्थात् यज्ञ कर्म और स्वर्ग के बीच में श्रुतार्थापत्ति प्रमाण से 'अपूर्व' के उत्पत्ति मानी जाती है। मीमांसकों का यह ''अपूर्व'' वेदवचन के सामर्थ्य से उत्पन्न होता है। इस कल्पना का उपहास प्रस्तुत न्याय से किया गया है।

बधिरकर्णजप न्याय = बहरे के कान में गुनगुनाना।

संदर्भ – (१) उपमितिभवप्रपंच कथा। (२) न्यायमंजरी। (३) नैष्कर्म्यसिद्धि।

स्पष्टीकरण – अपात्र व्यक्ति से व्यवहार करने का उदाहरण।

समान न्याय – बधिरे कर्णजापोऽयम्। अन्धे नृत्त प्रदर्शनम्। ऊषरे बीजनिक्षेपः मूर्खे या धर्मदेशना। (१) अरण्यरोदन न्याय। (२) शवशरीर-इद्वर्तन न्याय। (३) हस्तिस्नान।

बहुच्छिद्रघट-प्रदीप न्याय – अनेक छिद्रयुक्त घट में जलने वाला प्रदीप

संदर्भ – (१) शंकराचार्य कृत दक्षिणामूर्ति स्तोत्र (श्लो. ४)- प्रस्तुत श्लोक का विवरण सुरेश्वराचार्य ने अपने 'मानसोल्लास' में ३७ श्लोकों द्वारा किया है।

स्पष्टीकरण – अनेक छिद्रयुक्त घट में जलने वाले प्रदीप की किरणें बाहर की वस्तुओं को प्रकाशित करती हैं, उसी प्रकार शरीररूपी घट के अंदर की जीवोपाधिभूता बुद्धि बाहर जाकर बाह्य विषयों का ग्रहण करती है। उसी बुद्धि से संबंधित होने के कारण चिदाभास भी देह के बाहर जाता सा प्रतीत होता है। ''तमेव भान्तम् अनुभाति सर्व, तस्य भासा सर्वमिदं विभाति '' इस उपनिषद वाक्यपर प्रस्तुत न्याय में कथित उदाहरण आधारित है।

बर्हिस्न्याय = (बर्हिस् = कुश घास)

संदर्भ – जैमिनिसूत्र ३-२-१-२।

स्पष्टीकरण – 'बर्हिर्देवसदनं दामि' (मैं देवताओं के आसन निमित्त बर्हिस् को काटता हूँ)- इस वाक्य में प्रयुक्त बर्हिस् शब्द के दो अर्थ (१) कुश घास और (२) कुशघास का बिछौना (बिस्तर) भाषा में होते हैं। अतः अर्थ के निर्धारण में सन्देह उत्पन्न होता है। तब ''गौणमुख्ययोः मुख्ये कार्यसंप्रत्ययः'' इस न्याय के आधार पर मुख्य अर्थ का ग्रहण होता है। शब्दार्थ का संदेह प्रस्तुत न्याय से सूचित होता है।

बलवदपि शिक्षितानाम् आत्मन्यप्रत्ययं चेतः ।=

संदर्भ – (१) शाकुन्तलः १-२। (२) तार्किकरक्षा।

स्पष्टीकरण - प्राचीन समय में शास्त्रार्थ के समय उपस्थित विद्वान् श्रोताओं से यह अपेक्षा की जाती थी वे ''प्रामादिक कथाभासशंका-व्यावर्तन'' करें अर्थात् शास्त्रार्थ में विषयान्तर न होने दें। इस अपेक्षा का कारण प्रस्तुत न्याय में कहा गया है। अत्यंत प्रगाढ अध्ययन करने पर भी विद्वानों के मन में आत्मविश्वास नहीं होता। (इस की प्रथम पंक्ति में कालिदास कहते हैं – ''आपरितोषाद् विदुषां न साधु मन्ये प्रयोगविज्ञानम्'' (जब तक विद्वानों का समाधान नहीं होगा तब तक में अपने नाट्य प्रयोग को विज्ञान के योग्य नहीं मानता।)

बहुवृकाकृष्टमृग न्याय = वृक = भेडिया, कौआ, लुटेरा इ.।

संदर्भ – रघुनाथ- लौ. न्या. रत्नाकर।

स्पष्टीकरण – अनेक वृकों द्वारा इधर उधर खींचा जाने वाला मृग।

समान न्याय – बहुराजक देश न्याय (देखिये)।

बहुराजकदेश न्याय =

संदर्भ – (१) अनुभूतिप्रकाश अ-१९ १२-१३।

स्पष्टीकरण – सारी ज्ञानेन्द्रियों को कौन प्रेरित करता है इस प्रश्न के उत्तर में ईश्वर का निर्देश होने पर प्रश्न होता है कि जब इन्द्रियाँ अनेक (५+१) है और वे परस्पर विलक्षण हैं तब ईश्वर एक नहीं हो सकता और अनेक - ईश्वरत्व माना तो प्रस्तुत न्याय के अनुसार (एक देश में अनेक राजा) उन अनेक ईश्वरों में ऐकमत्य नहीं हो सकता, (प्रस्तुत शास्त्रार्थ के उदाहरण में ईश्वर की एकता और अनेकता दोनों संदेहास्पद मानी है।)

बहूनाम् अनुग्रहो न्याय =

संदर्भ – (१) जैमिनीय न्यायमाला विस्तर ७-१-५। (२) कैयट कृत....नागेश की टीका।

स्पष्टीकरण – अनेकों का परस्पर अनुग्रह (उपकारकत्व या सहकार्य) न्यायानुकूल या अन्याय निवारक होता है।

समान न्याय - ''तृणरज्जुन्याय'' (तृणैः संपाद्यते रज्जुः तया नागोऽपि बध्यते। (नाग= हाथी)

बालस्य प्रदीपकलिकाक्रीडयैव नगरदाहः :-

संदर्भ - (१) कुसुमांजलि (उदयन) ५-३। (२) स्याद्वाद्मंजरी।

स्पष्टीकरण - दीपक की बत्ती से बच्चे के खेलने के कारण सारे नगर को आग लग सकती है। जगत् की उत्पत्ति में ईश्वर को सापेक्ष या निरपेक्ष मानने में कुछ तार्किक दोष उत्पन्न होते है अतः ईश्वर का जगत्कारणत्व न मानने में प्रस्तुत न्याय उपस्थित होकर, अनर्थ (अर्थात् जगत् का कारणहीनत्व) उत्पन्न होगा।

बालाग्रशतभागोऽपि न्याय =
संदर्भ – (१) रघुनाथ वर्मा।
स्पष्टीकरण – बालाग्रशतभागोऽपि न कल्प्यो निष्प्रमाणकः।
प्रमाणवन्त्यदृष्टानि कल्प्यानि सुबहून्यपि।।
अर्थात् प्रमाण विरहित विचार अल्पमात्र (बालाग्र का शतांश) भी नहीं मानना चाहिए किन्तु प्रमाण पर आधारित सैकड़ों अदृष्ट विषयों को भी मानना चाहिये। देखिये – प्रमाणवन्त्यदृष्टानि....

बीजांकुर न्याय =
संदर्भ – (१) ब्रह्मसूत्र शां. भा. २-१-३६, ३-२-९। (२) सर्वदर्शन संग्रह (अर्हद्दर्शन)। (३) वेदान्तसार (रामतीर्थ टीका)। (४) पंचपादिका।
स्पष्टीकरण – कर्म और शरीर के संबंध में यह कहा जा सकता है कि, कर्म के बिना शरीर और शरीर के बिना कर्म उत्पन्न नहीं होता। इसमें इतरेतराश्रयत्व दोष आने से दोनों में प्रथम किसी की उत्पत्ति हुई यह सिद्ध नहीं होता। जैसे बीज से अंकुर और अंकुर से बीज उत्पन्न होता है इनमें प्रथम बीज हुआ या अंकुर हुआ यह कोई निश्चित नहीं कह सकता। ऐसी अवस्था में संसार को अनादित्व या नित्यत्व की कल्पना ग्रहण करने से प्रस्तुत इतरेतराश्रयत्व दोष से मुक्तता होती है।

बुभुक्षितस्य किं निमन्त्रणाग्रहः
उत्कण्ठितस्य किं केका-रवश्रावणम् –
संदर्भ – (१) प्रबन्धचिन्तामणि (कुमारपाल कथा)।
स्पष्टीकरण - एक राजा ने किसी धार्मिक व्यक्ति (हेमचंद्र) को सोमनाथ मंदिर की तीर्थयात्रा निमित्त आग्रह पूर्ण निमंत्रण देने पर उसने राजा को प्रस्तुत न्याय द्वारा उत्तर दिया, 'भूखे आदमी को भोजन के निमित्त आग्रह निमंत्रण की आवश्यकता नहीं होती, या विरही कामार्त की उत्कण्ठा बढ़ाने के लिए उसे केकारव (मयूरध्वनी) सुनाने की आवश्यकता नहीं होती।'' अर्थात् मुझ जैसे धार्मिक को मूलतः ही तीर्थयात्रा की इच्छा होती है। उस के लिए आग्रहयुक्त राजा के निमंत्रण की क्या आवश्यकता?

ब्राह्मणग्राम न्याय ।
संदर्भ – (१) वेदान्तकल्पतरु परिमल। (२) तंत्रवार्तिक।
स्पष्टीकरण – ब्राह्मणग्राम शब्द का विवरण दो प्रकारों से हो सकता है – (१) प्रचुर ब्राह्मण ग्रामः (अर्थात् जिस में अन्य ग्रामों की अपेक्षा ब्राह्मणों की बहुसंख्या है। (२) ब्राह्मणप्रचुर ग्राम (अर्थात् विशिष्ट एक ही गाव) में ब्राह्मणों की प्रचुरता के कारण शूद्रों की अल्पता सूचित होती है। यह अर्थभेद प्राचुर्य के संबंध में ही होता है, अल्पत्व के संबंध में नहीं।
समान न्याय – मल्लग्राम न्याय। (देखिये)

ब्राह्मणपरिव्राजक न्याय =
संदर्भ – ब्र. सू. शां. भा. १-४-१६, २-३-१५, ३-१-११, तंत्रवार्तिक।
स्पष्टीकरण – ''ब्राह्मणाः भोजयितव्याः परिव्राजकाश्च'' इस वाक्य में परिव्राजक (संन्यासी) ब्राह्मण होने के कारण 'ब्राह्मणाः' शब्द से उनका भी ग्रहण होता है, किन्तु परिव्राजकों का पृथक् निर्देश होने से उनका विशिष्ट महत्व सूचित होता है।

ब्राह्मणवसिष्ठ न्याय =
संदर्भ – पदमंजरी।
स्पष्टीकरण – 'ब्राह्मणा आगताः वसिष्ठोऽपि आगतः' इस वाक्य में वसिष्ठ ब्राह्मण होते हुए भी उनके पृथक् ग्रहण से प्राधान्य सूचित होता है।
समान न्याय – (१) ब्राह्मणपरिव्राजक न्याय। (२) तक्रकौण्डिन्य न्याय। (३) गो-बलीवर्द न्याय।

ब्राह्मणश्रमणन्याय = श्रमण = बौद्ध संन्यासी।
संदर्भ = (१) काव्यप्रकाश। (२) साहित्यदर्पण।
स्पष्टीकरण = बौद्धों में चातुवर्ण्य व्यवस्था अमान्य होने के कारण बौद्ध संन्यासी ब्राह्मण नहीं होता। अतः किसी व्यक्ति का निर्देश 'ब्राह्मणश्रमण' शब्द से करने पर यह बोध होता है कि वह व्यक्ति श्रमणत्व का स्वीकार करने से पहले ब्राह्मण वर्ण का था।

भक्षितेऽपि लशुने न शान्तो व्याधिः =
संदर्भ – (१) वेदान्तसार- नृसिंहसरस्वतीकृत टीका। (२) वेदान्तकल्पतरु परिमल।
स्पष्टीकरण – लहसुन खाने पर भी किसी का रोग शान्त नहीं होता, उसी प्रकार प्रबल तर्कों से विमत का खंडन करने पर भी किसी दुराग्रही का समाधान नहीं हो पाता।

भर्छुन्याय =-
संदर्भ – (१) संक्षेपशारीरक टीका- १-१४।
स्पष्टीकरण – प्रस्तुत न्याय एक लौकिक कथा पर आधारित है। भर्छु नामक ब्राह्मण अपने पाण्डित्य आदि गुणों के कारण उस देश के राजा से बडा सम्मान पाता था। इस कारण अन्य अल्पज्ञ राजपंडित उसका मत्सर करने लगे। उन मत्सरी लोगों ने एकत्रित होकर भर्छु की आंखे बांध कर उसे दूर पर्वतारण्य में छोड़ दिया। राजा की जिज्ञासा पूर्ण करने के लिए उन्होंने कहा कि भर्छु जंगल में मर गया। अब उसका पिशाच भटकता दिखाई देता है। राजा का उस मिथ्या प्रचार पर विश्वास हो गया था। एक दिन उपवन में विहार करते हुए राजा ने भर्छु का वह कल्पित पिशाच देखा। पूछताछ होने पर सत्य प्रकाश में आया। प्रमाणभूत वेदादि ग्रंथों पर, 'प्रमातृदोष' (उन्हें पढ़ने वालों का अल्पमतित्व) के कारण अविश्वास निर्माण हो सकता है किन्तु शास्त्रीय दृष्टि से चिन्तन करने पर वह अप्रामाण्य बुद्धि का निवारण होकर उन्हीं ग्रंथों से सत्यज्ञान का लाभ हो सकता है यह तत्त्व प्रस्तुत कथाश्रित न्याय द्वारा प्रतिपादित होता है।

भस्मनि आज्याहुतिः न्याय =
संदर्भ – (१) उपमिति-भव-प्रपंच कथा। (२) परिशिष्टपर्व

(हेमचंद्र)-१-५८। (३) छान्दोग्य उपनिषद् ५-२४-१। (४) नैष्कर्म्यसिद्धि।

स्पष्टीकरण – मूर्खों को उपदेश देना, अपात्र व्यक्तियों का सम्मान करना, अविधिपूर्वक धर्मकर्म करना इत्यादि कार्यों की निरर्थकता प्रस्तुत न्याय से स्पष्ट की जाती है। प्रज्वलित यज्ञ कुण्ड में आज्याहुति देना उचित है, वह कुण्डाग्नि बुझने के कारण, या अनवधान के कारण भस्म में डालना निरर्थक प्रयास है।

भाण्डानुसारिस्नेहवत् =

संदर्भ – (१)) ब्र. सू. शां. भा. ३-१-८।

स्पष्टीकरण – जिस पुण्य के कारण जीवात्मा स्वर्ग में आरोहण करता है, उस पुण्य की समाप्ति होने पर वह मर्त्यलोक में प्रवेश करता है। (क्षीणे पुण्ये मर्त्यलोकं विशन्ति (भ. गीता)। इस विषय में चर्चा करते हुए शंकराचार्य कहते है स्वर्गप्रद कर्म का कुछ अल्पमात्र अवशेष उसी प्रत्यागत जीवात्मा में संचित रहता है। इसी अवशिष्ट पुण्यांश को 'अनुशय' कहते हैं। अनुशय की कल्पना स्पष्ट करने के लिए प्रस्तुत न्याय का निर्देश हुआ है। जिस प्रकार पात्र में भरा हुआ तेल रिक्त हो जाने पर उस पात्र के अंदर तेल का कुछ अंश चिपका रहता है उसी प्रकार स्वर्गभोग का पुण्य रिक्त होने पर जीवात्मा 'अनुशय' से युक्त होता है। पुण्य के इतने अल्पांश के कारण वह स्वर्गवास नहीं कर सकता इसी कारण मर्त्यलोक में उसका प्रत्यागमन होता है। देखिये "छत्रपादुकावेश न्याय"।

भाण्डालेख्य न्याय = भण्डालेख्य न्याय/भाण्ड = बर्तन, पात्र। भण्ड = ढोंगी, बनावटी संन्यासी।

संदर्भ – (१) खंडनखंडखाद्य (शंकर मिश्र कृत टीका)। (२) तात्पर्य टीका।

स्पष्टीकरण – भाण्ड पर की रेखा-उपरेखाएँ सभी भाण्डों पर समान होने के कारण उसे देखकर अपना विशिष्ट पात्र पहचाना नहीं जाता। उनके कारण विशिष्ट पात्र का ज्ञान नहीं होता। अपने पात्र की पहचान के लिए पृथक् भाण्डालेख्य होना आवश्यक होता है। (२) विद्यासागरी (खंडनखंडखाद्य) की विद्यासागरकृत टीका में "भण्डालेख्यन्याय" का निर्देश है और उसका विवरण भी दूसरे प्रकार का है – देवदत्त की पत्नी किस अपत्य को जन्म देगी इस प्रश्न के उत्तर में 'भण्ड' लिखता है 'पुत्रो न पुत्री'। इस वाक्य में निषेधार्थक 'न' का संयोग पुत्र और पुत्री दोनों शब्दों से हो सकता है। उसका किसी एक से नियत संबंध न होने से भंड का उत्तर किसी भी अवस्था में सही निकलेगा।

भारैकदेशावतरण न्याय = भार का कुछ अंश उतारना।

संदर्भ – (१) तंत्रवार्तिक १-३-२२। (२) न्यायमंजरी (जयंतभट्ट)।

स्पष्टीकरण – पूर्वपक्षी द्वारा उत्पादित विपर्यस्त ज्ञान का खंडन उसी समय करते हुए 'सम्यक् ज्ञान' उत्पन्न करना बड़ा भारी काम होता है। इस अवस्था में पूर्वपक्षी के समक्ष मार्मिक संशय स्थापन करने से उत्तर पक्षी का भार हलका सा होता है। यही प्रस्तुत न्याय का स्वरूप है। (पाश्चात्य अन्वेषकों ने आर्यों के भारत पर आक्रमण का विपर्यस्त सिद्धान्त भारतीय नवशिक्षितों की बुद्धि पर लाद दिया है। उसका खंडन अनेक प्रमाणों से होने पर भी वह विपर्यस्त ज्ञान अभी तक निवारित नहीं हुआ। ऐसी अवस्था में आर्याक्रमण के विषय में मार्मिक संशय उत्पन्न करना 'भारैकदेशावतरण' के लिए आवश्यक है।)

भिक्षुपादप्रसारण न्याय =

संदर्भ – (१) तारानाथ। (२) सर्वदर्शन संग्रह (बौद्धदर्शन)। (३) तत्त्वमुक्ताकलाप (वेंकटनाथ)।

भिक्षु को अल्प काल निवास के निमित्त थोड़ी जगह देने पर वह धीरे धीरे पैर लंबे करते हुए पूरी जगह अपना लेता है। उसी प्रकार माध्यमिक (बौद्ध) दर्शनवादी का क्षणभंगवाद स्वीकृत करने पर वह धीरे धीरे 'सर्वं शून्यम्' यह सिद्धान्त भी स्थापित करता है।

भीम-भास-दृढ न्याय = (देखिये – दाम-व्याल-कट न्याय)

संदर्भ – योगवासिष्ठ।

भूतं भव्याय उपदिश्यते इति न्यायः =

संदर्भ – (१) तंत्रवार्तिक (कुमारिल)-२-१-५। (२) संक्षेपशारीरक १-१४३। (३) अर्थसंग्रह। (४) तत्त्वदीपन।

स्पष्टीकरण – मीमांसकों (जैमिनि और शाबरमुनि वेदों का अर्थ निर्धारित करने में सर्वश्रेष्ठ अधिकारी माने गये हैं। (तौ च वेदार्थनिर्णये अधिकृतौ इति तदुक्तम् एव ग्रहीतुम् उचितम् सं. शारीरक) के मतानुसार प्रस्तुत न्याय का विवरण है कि भूत (समाप्त यज्ञकर्म) का प्रयोजन भव्य (भावी स्वर्गप्राप्ति इ. फल) में होता है। अर्थात् वेदों में आदिष्ट कर्मों का पालन फलप्राप्ति के निमित्त होता है, जिस के लिए कर्मद्वारा 'अपूर्व' की उत्पत्ति अवश्य माननी चाहिये। "भूतं भव्यशेषम्" (अथवा सिद्धं साध्यशेषम्) यही मीमांसकों का आशय है। वेदान्त में यह न्याय "भूताय भव्यम्" अर्थात् ज्ञानकाण्ड में वेदान्त के वचनों का प्रयोजन भूतपरक (भूत = सत्य सिद्ध ब्रह्म) माना जाता है।

भूमि-रथिक न्याय =

संदर्भ – (१) शाबरभाष्य-७-२-१५, ९-२-१३। (२) जैमिनीय न्यायमाला विस्तर ९-१-६, ९-२-२। (३) लौ. न्या. रत्नाकर (रघुनाथ वर्मा)।

स्पष्टीकरण – रथयुद्ध में कौशल्य प्राप्त होने के लिए रथिक भूमि पर रथ का रेखाचित्र खींच कर अभ्यास करते थे, उसी प्रकार विद्या का ग्रहण और धारण ठीक होने के हेतु गुरु-शिष्य आपस में शास्त्रार्थ का अध्ययन करें यह अभिप्राय प्रस्तुत न्याय से सूचित होता है।

समान न्याय – (१) शुष्क-इष्टि न्याय। (२) शकुनिग्राहक गति न्याय। (देखिये)

भूलिंग न्याय –

संदर्भ – (१) महाभारत (सभापर्व। (२) रघुनाथ लौ. न्या. रत्नाकर। (३) परिशिष्टपर्व।

स्पष्टीकरण – 'भूलिंग' नामक पक्षी "मा साहसम्" (साहस मत करो) यह उपदेश दूसरों के लिए रटता हुआ स्वयं सिंह (या सुप्त व्याघ्र) के दांतों में चिपका हुआ मांस स्वयं खाता है। "परोपदेशे पाण्डित्यं" का उदाहरण प्रस्तुत न्याय में मिलता है।

भौतविचार न्याय = भौत = विक्षिप्त, पागल।

संदर्भ – (१) आत्मतत्त्वविवेक।

स्पष्टीकरण – किसी पागल ने राजमहल के महाद्वार पर महान् हाथी देखने पर यह विचार किया कि (१) क्या यह अंधकार है। (२) जलवाहक है। (३) "राजद्वारे स्मश्माने च यस्तिष्ठति स बान्धवः" – इस न्याय से मेरा बान्धव है। (५) या भूमिस्थित किसी की छाया है इ.। अपने इन विकल्पों का परिहार भी उतने ही मूर्खता पूर्ण तर्कों से वह करता है।

समान न्याय – 'मूर्खविचारणा'

भ्रष्टावसर न्याय =

संदर्भ – (१) परिभाषा XIV)नागोजी भट्ट)। (२) तंत्रवार्तिक ३-५-४६।

स्पष्टीकरण – विशिष्ट कर्म करने का नियत अवसर बीत जाने पर उसे करना 'विगुण' (निष्फल, अनुचित) होता है। सुभाषित- "वित्ते अतीते वितरणे मतिः" अथवा शीते अतीते कंबलप्रावरणम्।

मणिप्रभा-मणिमति न्याय .

संदर्भ – (१) सर्वदर्शनसंग्रह (बौद्ध दर्शन)। (२) पंचदशी (अ-९)। (३) न्यायकन्दली। (४) शालीक। (५) आत्मतत्त्वविवेक। (६) तार्किकरक्षा।

स्पष्टीकरण – मणि की प्रभा को देखते हुए उसे ही भ्रमवश मणि समझने वाला अगर उसे स्पर्श करे तो उसे प्रत्यक्ष मणि की प्राप्ति हो सकती है। उसी प्रकार निर्गुण परमात्मा को सगुण मानकर उसी के अगुण स्वरूप का ध्यान करने पर निर्गुण परमात्मा की अनुभूति हो सकती है। इस प्रकार के भ्रम को "संवादीभ्रम" कहते हैं। किन्तु दरवाजे के रन्ध्र से बाहर चमकते हुए अन्तर्गत दीपक की सूक्ष्म दीप्ति को मणि समझने वाले को उसके ग्रहण के प्रयत्न से मणि की प्राप्ति नहीं हो सकती, क्यों कि यह "विसंवादी भ्रम" है। इसी प्रकार के रज्जुसर्प, शुक्तिका-रजत आदि भ्रमों के मूल अधिष्ठान में सत्यता का अंश नहीं होता। (दीपप्रभा-मणिभ्रान्तिः विसंवादिभ्रमः स्मृतः। मणिप्रभामणिभ्रान्तिः संवादिभ्रम उच्यते।।

मणिमन्त्रादि न्याय =

संदर्भ – (१) वाचस्पत्यम्। (२) कुसुमांजलि १-१०। (३) संक्षेपशारीरक ३-८७, ८८, ९१। (४) तत्त्वमुक्ताकलाप ४-१०३, ५-९९। (५) विद्वन्मण्डन।

घटपटादि के कारण – कार्यसंबंध में एक 'अवान्तर कारण' दिखाई देता है जिसके द्वारा मृतिका, तन्तु आदि कारणों से कार्य की उत्पत्ति सिद्ध होती है, मृत्तिका-तन्तु आदि से घट-पट की निर्मिति में उष्णता, प्रकाश आदि सहायभूत अवान्तर कारणों का अस्तित्व 'लोकसिद्ध' है। किन्तु जहां कारण से कार्य कैसे उत्पन्न हुआ यह बात समझ में नहीं आती, (लोकसिद्ध अवान्तर कारण के अभाव से) वहां प्रस्तुत न्याय का प्रयोग होता है। प्रभावशाली मणि और मंत्रों से अकस्मात् अग्नि प्रदीप्त होता है और प्रदीप अग्नि बुझ जाता है। उसी प्रकार जहां कारण-कार्य में कोई संबंध सिद्ध नहीं होता। अथवा कामिनी के प्रति चित्त आकृष्ट होने का कारण तो (उसके सौंदर्य आदि गुण) समझ में आते हैं किन्तु उस आकर्षण के कारण, अन्य विषयों का विस्मरण होने का विशिष्ट कारण समझ में नहीं आता, ऐसी अवस्था में प्रस्तुत न्याय का या "कामिनीजिज्ञासा" का प्रयोग होता है।

मणिविक्रय दृष्टान्त =

संदर्भ – १) छान्दोग्य उपनिषद् (शां. भा.) १-१-१०। (२) ब्र. सू. भाष्य की टीका (आनंदगिरि) ३-२-४२।

स्पष्टीकरण – कर्मकाण्डवादी कर्म का फल कर्ता के ज्ञान या अज्ञान पर निर्भर नहीं मानते। "हरीतकी भक्षण" न्याय से (देखिये) वे अपना पक्ष स्थापित करते है। उनके खंडन में शंकराचार्य द्वारा प्रस्तुत दृष्टान्त दिया गया है। "यदेव विद्यया (विज्ञानेन) युक्तः सन् कर्म करोति, तदेव कर्म वीर्यवत्तरम्- (अविद्वत्कर्मणः अधिकफलं) भवति" यह अपना मत प्रतिपादन करने के लिए शंकराचार्य ने प्रस्तुत दृष्टान्त दिया है। रत्नविक्रय में विक्रेता एक शबर (अज्ञ वनवासी) और क्रेता वणिक् (रत्नपरीक्षक) होगा तो दोनों की दृष्टि में रत्न का मूल्य भिन्न होता है। ज्ञानी को उसी प्रकार कर्म का फल अधिक मिलता है।

मण्डूकप्लुति न्याय =

संदर्भ – १) व्याकरण महाभाष्य(१) १-१-३ (वा-२), ५-२-४(२), ६-१-१७, ६-३-४९, ७-२-११७। (२) भामती १-३-३९, (३) न्यायसूत्र २-८०।

स्पष्टीकरण – विषय के प्रतिपादन में एक विषय के पास के विषय मेंढ़क के समान लांघकर, दूरस्थ विषय से संबधित होना ही 'मण्डूकप्लुति' है। व्याकरण में पाणिनीय सूत्रों का स्पष्टीकरण करने में इस न्याय की अनेक स्थानों पर आवश्यकता मानी गयी है।

मण्डूकवसाक्ताक्षाणां वंशेषु उरगभ्रमः = (वसा = चरबी। वंश = बांस)

संदर्भ – (१) श्लोकवार्तिक। (२) तात्पर्य टीका। (३) तत्त्वमुक्ताकलाप (२-६४) की सर्वार्थसिद्धि व्याख्या। (४) परिमल।

स्पष्टीकरण – भ्रम तभी होता है जब आरोप्य (रज्जु, वंशदण्ड इ.) और आरोप विषय (सर्प) का पूर्वज्ञान होता है। उसके अभाव में भ्रम नहीं हो सकता। इस प्रकार के भ्रम का

निवारण यथार्थदर्शन से हो सकता है। भ्रम होने के लिए अक्षिदोष की आवश्यकता होती है, जो (१) स्वाभाविक और (२) अंधकारादि निमित्तान्तरजन्य होती है। मंडूकवसा (मेंढ़क की चरबी) से जिनकी आंखों पर पटल छा जाता है ऐसे प्राणियों को बांस पर (सादृश्य कारण) उरग (सर्प) का भ्रम हो सकता है। जिनकी बुद्धि में दूषित पूर्वग्रह के कारण एकांगिकता निर्माण होती है वे विशुद्ध तत्त्वार्थ ग्रहण नहीं कर पाते।

मदशक्तिवत् = (लोकायतिक मत)।

संदर्भ – (१) ब्र. सू. शां. भा. ३-३-५३ (आनंदगिरि टीका)। (२) षड्दर्शनसमुच्चय (कारिका-९४)। (३) शालिका। (४) न्यायमंजरी।

स्पष्टीकरण – ताम्बूल, मद्य आदि के कारण शरीर में मदशक्ति उत्पन्न होती हैं। उसी प्रकार लोकायतिक दर्शन के अनुसार प्रत्येक महाभूत में व्यक्तिशः न दिखाई देने वाला ज्ञान देहाकार में परिणत भूतसंहति (समुदाय) में उत्पन्न होता है। उनके मतानुसार शरीर में व्यक्त होने वाला चैतन्य भी मदशक्ति के समान ही है।

मधु पश्यसि दुर्बुद्धे प्रपातं नानुपश्यसि =

संदर्भ – (१) शांतिपर्व (मोक्षधर्म) CCEXI -। (२) न्यायमकरंद (आनंदबोधाचार्य)। (३) देवीभागवत। (४) वनपर्व CCCXXXV २१। (५) उद्योगपर्व L२७। (६) द्रोणपर्व Li-11, cxxxiii-१०। (७) स्त्रीपर्व १-३७। (८) शास्त्रदीपिका ३-६-३।

स्पष्टीकरण – शहद के छाते में भरे हुए मधु के लोभ से वृक्ष की दुर्बल शाखा पर आरोहण करने वाले मूढ को लोभ के कारण भावी परिणाम (अर्थात् वृक्ष से अधःपात) ध्यान में नहीं आता।

समान न्याय – घृतं पश्यति मार्जारः यथा न लगुडं तथा (सुभाषित)

मध्यदीपिका न्याय = (मध्यमणि न्याय)

संदर्भ – (१) न्यायमंजरी। (२) माण्डूक्य-भाष्य (शांकर) १-१-३। (३) वेदान्तसार (रामतीर्थ टीका)।

स्पष्टीकरण – दही का मटका देखने के लिये लाया हुआ दीपक, दूसरी ओर रखे हुए अपूप जैसे पदार्थ भी प्रकाशित करता है।

समान न्याय – (१) देहलीदीपक। (२) मध्यमणि०- नथनी जैसे नासाभरण में दो मोतियों के बीच का लाल रत्न दोनों मोतियों को अपनी कान्ति एकसाथ समान देता

मध्ये अपवादाः पूर्वान् विधीन् बाधन्ते नोत्तरान् =

संदर्भ – (१) व्याकरण महाभाष्य ३-२-१ (वा-६), ४-१-५५ (वा-४), ४-१-११४ (वा४,६), ४-३-१३२ (वा-६), ४-३-१५६ (वा-७), ६-१-१०२ (वा-६), ६-१-१६६, ६-३-६८ (वा-५), ६-४-१४८ (वा-५), ७-२-४४ (वा-४),

स्पष्टीकरण – पाणिनीय व्याकरण में अपवाद सूत्रों के पूर्व और अनन्तर जो विधिसूत्र होते हैं, उनमें से पूर्ववर्ती विधियों के अपवाद सूत्र बाधित करते है। परवर्ती विधि उन अपवादों से बाधित नहीं होते। (लौकिक व्यवहार में पुलीस ने हाथ दिखाने पर पीछे के लोगों को रुकना पड़ता है, जो पहले चले गये वे आगे जा सकते हैं।)

मन्दविषन्याय =

संदर्भ – (१) लौ. न्या. रत्नाकर (पूर्वभाग न्याय १५०)। (२)) शास्त्रदीपिका १-३-४।

स्पष्टीकरण – 'सद्योभुक्तं विषं मन्दम् अन्यथा तीव्रम्' अर्थात् सेवन किया हुआ सामान्य विष तत्काल 'मन्द' होता है अतः उसका प्रतिकार तत्काल हो सकता है। कुछ समय बीत जाने पर वह ''तीव्रविष'' होता है तब उसका प्रतिकार दुष्कर होता है। समाज में प्रवृत्त नये दुराचारों का शासनद्वारा आरंभ काल में प्रशमन 'मन्दविष' न्याय से हो सकता है। बाद में वह दुराचार (दहेज जैसा) दृढमूल होने पर 'तीव्रविष' न्याय से निवारित होना दुर्घट हो जाता है। तीव्रविषन्याय से सामाजिक दुष्ट प्रथाएँ कानून से भी नहीं हटती।

महताऽपि प्रयत्नेन तमिस्रायां परामृशन्।
कृष्णाशुक्लविवेकं हि न कश्चिद् अधिगच्छति।।

संदर्भ – (१) तंत्रवार्तिक १-३-१।

स्पष्टीकरण – रात के गहन अंधकार में प्रयत्नपूर्वक परीक्षण करने से भी पदार्थ का रंग काला है या सफेद है इसका निर्णय कोई नहीं करता। मनुस्मृति जैसे प्राचीन ग्रंथों में बताये गये कुछ विधि-निषेधों का मूल अज्ञात होने के कारण वे वेदोक्त विधिरूप वाक्यों पर या अर्थवादरूप वाक्यों पर आधारित है इसका निर्णय असम्भव मानते हुए कुमारिल भट्ट ने प्रस्तुत न्याय का विधान किया है।

महति दर्पणे महद् मुखं तदेव कनीनिकायाम् अणु =

संदर्भ – तात्पर्य टीका।

स्पष्टीकरण – वस्तु को व्यक्त करने वाले माध्यम के भेद के कारण उसके आकार, वर्ण आदि गुणों में भेद प्रतीत होता है, मूलस्वरूप में वह भेद नहीं होता, जैसे बड़े दर्पण (आइना) में जो मुख बड़ा दीखता है, वही नेत्र की कनीनिका में छोटासा दिखाई देता है।

महार्णवयुगच्छिद्र-कूर्मग्रीवार्पण न्याय =

संदर्भ – (१) बोधिचर्यावतार (शातिदेव) १-४ टीका। (२) सुभाषित रत्नकरंडक कथा (सूरकृत)। (३) मज्झिमनिकाय (पाली ग्रन्थ)। (४)) योगवासिष्ठ।

स्पष्टीकरण = प्रस्तुत न्याय का प्रयोजन नरजन्म आदि की प्राप्ति की दुर्लभता स्पष्ट करना यही है, किन्तु उक्त वाक्य से अर्थ का निर्धारण अन्यान्य प्रकार से होने से यह न्याय दुर्बोध माना गया है। योगवासिष्ठ (जो विविध दृष्टान्तों का भाण्डागार सा है) में ''**चलार्णवयुगच्छिद्रकर्मग्रीवाप्रवेशवत्**'' इस प्रकार यह न्याय उल्लिखित है, जिसका अर्थ बोधसार (वेदान्त

विषयक ग्रंथ) के लेखक नरहरि ने, "दो चंचल महार्णवों के संगम में फसे हुए कूर्म को दोनों ओर से फटकारे लगने के कारण बीच में ग्रीवाप्रवेश (शरीर प्रवेश) करना दुष्कर होता है, इसी प्रकार मानव को अनेक विषयों के बीच से आत्मविवेक की दिशा में प्रगति करना कठिन होता है।

महिषीस्नेह-प्रतिबद्ध-भिक्षु दृष्टान्त =

संदर्भ – पंचदशी ९-४५।

स्पष्टीकरण –- महिषी = (१) पटरानी, दासी, व्यभिचारिणी, भैंस। महिषी की आसक्ति के कारण परमार्थ मार्ग में प्रवृत्त न होने वाला भिक्षु। (महाराष्ट्र के संतशिरोमणि तुकाराम की कथा में यह बताया जाता है कि अन्तकाल में उन्हें स्वर्ग ले जाने दिव्य विमान आया, तब उन्होंने अपनी पत्नी को साथ आने के लिए संदेश भेजा, जिसके उत्तर में उसने संदेश भेजा कि मेरी भैंस जनने वाली है, अतः मुझे स्वर्ग में आने की फुरसत नहीं)

मात्स्य न्याय =

संदर्भ – (१) योगवासिष्ठ (प्रल्हाद- आख्यान) ५-३७-७। (२) कामन्दकीय नीतिसार २-४०। (३) मनुस्मृति ७-२०। (४) कथासरित्सागर cii-६३।

स्पष्टीकरण = संसार में दो प्रकार का विरोध होता है। (१) तुल्यबल विरोध। (२) प्रबल-निर्बल विरोध। सुन्दोपसुन्द न्याय द्वारा तुल्यबल विरोध का उदाहरण दिया जाता है और मात्स्य न्याय प्रबल-दुर्बल विरोध का प्रसिद्ध उदाहरण है। समुद्र में प्रबल मत्स्य दुर्बल मत्स्यों को खा जाते हैं, उसी प्रकार अराजक राष्ट्र में प्रबल लोग दुर्बलों का नाश करते है।

मानाधीना मेयसिद्धि =

संदर्भ – (१) सर्वदर्शनसंग्रह (अक्षपाद दर्शन)। (२) तत्त्वप्रदीपिका (चित्सुखी) २-१८। (३) संक्षेप शारीरक १-४८७। (४) विवरण प्रमेय संग्रह। (५) सांख्यकारिका ४।

स्पष्टीकरण – वैशेषिक दर्शन में "प्रमाण-प्रमेय....." इस क्रम से पदार्थो का विचार करते समय कहा गया है, प्रमेय की सिद्धि प्रमाण के अधीन होती है अर्थात् मान (प्रमाण) समझ में आये बिना मेय (प्रमेय) समझ में नहीं आ सकता। संक्षेप शारीरक में कहा है कि "मानेन मेयावगतिः" यह क्रम कर्मकाण्ड जैसे स्थूल विषयों में योग्य होगा, किन्तु वेदान्त का मेय (प्रमेय) अजड (सूक्ष्म) होने के कारण यहां "मेयेन मानावगतिः" यह क्रम उचित होगा।

भारणाय गृहीतः अंगच्छेदं स्वीकरोति =

संदर्भ – (१) बोधिचर्यावतार ६-७२।

स्पष्टीकरण – मृत्युदण्ड निर्धारित होने पर अगर हाथ, पांव आदि किसी अंग मात्र का विच्छेद करने से मुक्तता मिलने की संभावना होगी तो दण्ड्य व्यक्ति उस पर्याय का स्वीकार करता है। मृत्युलोक में नरजन्म या नरकवास यह पर्याय उपस्थित होने पर मनुष्य नरजन्म का स्वीकार करेगा।

मालतीगन्धगुणविद् दर्भे न रमते ह्यलिः =

संदर्भ – (१) उपमितिभव प्रपंचकथा।

स्पष्टीकरण – किसी वस्तु का मर्मज्ञ अन्य गुणहीन वस्तु का स्वीकार नहीं करता, यह भाव प्रस्तुत न्याय से स्पष्ट किया जाता है। मालती के सुगन्ध को जानने वाला भ्रमर दर्भ घास पवित्र होने पर भी उस में रममाण नहीं होता।

माषराशिप्रविष्टमषी न्याय =

संदर्भ – (१) मृच्छकटिक। (२) किरणावली (उदयन)। (३) सर्वार्थसिद्धि (वेंकटनाथ)।

स्पष्टीकरण –- उड़द की राशि में प्रविष्ट स्याही की गोली भेद ग्रहण न होने के कारण स्वतंत्र रूप में नहीं पहचानी जाती। इसे सांख्य दर्शन में 'समानाभिहार' कहा है जिस के कारण प्रत्यक्ष ज्ञान में व्यत्यय आता है।

समान न्याय = नीलोत्पलवने कादम्ब - (कादंब = नील कमल के समान रंग का पक्षी)।

मिथिलायां प्रदग्धायां न में दहति किंचन =

संदर्भ – (१) शांतिपर्व अ. १७८। (ख) बृठदार. शां. भा. १-४१५। (३) खंडनखंडखाद्य।

स्पष्टीकरण – ज्ञानी पुरुष में कर्मअभाव के कारण उसे अज्ञानी के समान कर्मक्षय स्वरूप संसारदुःख कभी नहीं होता। जनक राजा ब्रह्मज्ञानी होने के कारण कहता है, 'मिथिला (राजधानी) को आग लगने पर मेरा कुछ भी नहीं जलेगा' क्यों कि मै इसकी ममता से अलिप्त हूँ। निर्मम और निरंहकारी पुरुष को किसी हानि के कारण दुःख नहीं होता।

मुंजात् इषीकोद्धरणं न्याय =

संदर्भ – (१) पंचदशी (रामकृष्ण की टीका)। (२) शतपथ ब्राह्मण ४-३-३-१६। (३) कठ-उपनिषद् ४-१७। (४) बृहदारण्यक वार्तिक ४-४-१२७७।

स्पष्टीकरण – मुंज नामक घास की डंडी के भीतर होने वाला सूक्ष्म और दीर्घ तंतु (इषीका) जिस प्रकार कुशलता से बाहर निकाला जाता है, उसी प्रकार अन्नमय प्राणमय आदि कोषों के अंतरंग में विराजमान जीवात्मा ध्यानादि उपाय से उन कोषों से बाहर निकाला जाता है। इस प्रकार पंचकोशों से मुक्त जीवात्मा परब्रह्मस्वरूप होता है।

मुण्डितशिरो-नक्षत्रान्वेषण न्याय =

संदर्भ – (१) न्यायमंजरी।

स्पष्टीकरण – मुण्डन होने पर तत्काल विवाह का मुहूर्त पंचांग में देखना एक व्यर्थता का उदाहरण है।

समान न्याय – (१) विवाहनन्तरं वरपरीक्षा। (२) कृते कार्ये किं मुहूर्तप्रश्नेन। (३) कृतक्षौरस्य नक्षत्रपरीक्षा।

मुनिः मनुते मूर्खो मुच्यते =

संदर्भ – (१) वेदान्ततत्त्वविवेक।

स्पष्टीकरण – असंभवनीयता का यह दृष्टान्त है। कोई मुनि ब्रह्मज्ञान का श्रवण, मनन, निदिध्यासन करे और उस के कारण

उसका मूर्ख शिष्य मुक्ति पावे यह बात संभव नहीं है। जिसका कर्म, उसी को फलप्राप्ति होगी यही निरपवाद सत्य है।

मूषासिक्त ताम्र न्याय =

संदर्भ – (१) उपदेशसाहस्त्री (शंकराचार्य) १४-३, (रामतीर्थ टीका)। (२) ब्र. सू. शां. भा. १-१-१२। (३) तैत्तिरिय वार्तिक।

स्पष्टीकरण – मूस में डाला हुआ तांबे का द्रव मूस के आकार का होता है, उसी प्रकार इन्द्रिय द्वारा बहिर्गत चित्त विषयाकार होता है।

मूषिकभक्षितबीजादौ अंकुरादिजननप्रार्थना =

संदर्भ – (१) सर्वदर्शनसंग्रह (बौद्धदर्शन)।

स्पष्टीकरण – चूहे द्वारा कुतरे हुए बीजों से अंकुर उत्पन्न होने की अपेक्षा करना। अर्थात् कारण का सामर्थ्य क्षीण होने पर उससे कार्य की उत्पत्ति की अपेक्षा करना व्यर्थ है।

मृतं डुण्डुभम् आसाद्य काकोऽपि गरुडायते = (डुण्डुभ= निर्विष सांप)।

संदर्भ – (१) बोधिचर्यावतार ७-७२।

स्पष्टीकरण – मरा हुआ डुंडुभ मिलने पर कौआ भी गरुड़ जैसा आवेश धारण करता है।

यः करोति स एव भुंक्ते =

संदर्भ – (१) न्यायवार्तिक ३-१-४। (२) तात्पर्य टीका।

स्पष्टीकरण – पुनर्जन्म तथा कर्मफल के सिद्धान्तों को निरपवाद प्रमाण मानने वाले सभी लोग प्रस्तुत न्याय का उल्लेख यथावसर करते हैं। जो जिस कर्म का कर्ता है, वह उस कर्म का फल (इस जन्ममें या आगामी किसी जन्म में) अवश्य भोगेगा। कर्मफल का भोक्ता दूसरा (माता, पिता, पुत्र, पति, पत्नी इ.) कोई नहीं होता यही प्रस्तुत न्याय का मुख्य आशय है।

यः कारयति स करोत्येव =

संदर्भ – (१) ब्र.सू.शां.भा. (आनंदगिरि भाष्य) १-२-११। (२) मुण्डक उपनिषद् शां. भा. ३-१-१। (ध) तात्पर्य टीका।

स्पष्टीकरण – 'ऋतं पिबन्तौ सुकृतस्य लोके' इस मंत्र में 'पिबन्तौ' (दो पीने वाले) शब्द का प्रयोग है। वस्तुतः उन में से एक (जीवात्मा) पान करने वाला (अर्थात् कर्मफल का भोक्ता) है और दूसरा (परमात्मा) कर्मफल का भोग देने वाला है। इस अवस्था में प्रस्तुत न्याय के अनुसार जो प्रयोजक कर्ता है वह भी कर्ता ही माना जाता है। "पाचयितरि पक्तृत्व-प्रसिद्धिः" अर्थात् चांवल का पाक (भात) तो अग्नि करता है किन्तु रसोइया "पकाने वाला" माना जाता है।

यत् करभस्य पृष्ठे न माति तत् कण्ठे निबध्यते = (करभ = ऊंट)

संदर्भ – (१) उपमितिभवप्रपंच कथा।

स्पष्टीकरण – एक भार असह्य होते हुए, दूसरा भार लादा जाता है। जो सामान ऊंट की पीठ पर नहीं रखा जा सकता, वह उसके गले में बांधा जाता है। अभागी जीव का यह उदाहरण है।

यत् कृतकं तद् अनित्यम् = (यद् अनित्यं तत् कृतकम्)

संदर्भ – (१) न्यायबिन्दु। (२) विवरणप्रमेयसंग्रह। (३) न्यायवार्तिक तात्पर्य टीका।

स्पष्टीकरण – घट पट आदि पदार्थ कृतक (कृत्रिम) होने के कारण अनित्य होते हैं। किन्तु नैयायिकों द्वारा कथित 'प्रध्वंसाभाव' कृतक होने पर भी नित्य माना जाता है। यही न्याय दूसरे शब्दों में भी कहा जाता है – "यत् अनित्यं तत् कृतकम्" = जो अनित्य है वह कृत्रिम ही होना चाहिए।

यत्राकृतिः तत्र गुणा वसन्ति =

संदर्भ – (१) परिशिष्ट पर्व (हेमचंद्र) ४३-२३३।

स्पष्टीकरण – जहां सात्विक देहाकृति दिखाई देती है वहां सात्विक गुणों की संभावना की जाती है। (प्रस्तुत न्याय के अपवाद भी व्यवहार में मिलते हैं।)

यद् अभिधित्सितं तद् अभिधीयतां, फले व्यक्तिः भविष्यति =

संदर्भ – तार्किकरक्षा।

स्पष्टीकरण – प्राचीन ग्रंथकार श्रोता (या अध्येता) के मन में अपने प्रतिपाद्य विषय के संबंध में अनुकूल भाव निर्माण करने हेतु ग्रन्थ के अध्ययन का फल (स्वर्गप्राप्ति, मोक्ष इ.) बताया करते थे। उनकी इस प्रवृत्ति का किंचित् उपहास करने वाले प्रस्तुत न्याय का निर्देश करते थे। अर्थात् ग्रंथकार को अपने ग्रंथ के संबंध में जो भी कहने की इच्छा हो वह भले ही कहे, उक्त फल मिलने पर ही इस कथन का याथार्थ्य सिद्ध होगा।

यद् अश्वेन हतं पुरा तत् पश्चोद् गर्दभः प्राप्तुं केन उपायेन शक्नुयात् =

संदर्भ – प्रस्तुत न्याय तंत्रवार्तिक में कुमारिल भट्ट द्वारा दो (या तीन) प्रकार के वाक्यों में बताया गया है। (१) "अश्वैरपहृतं को हि गर्दभैः प्राप्तुम् अर्हति"। (२) "गर्दभेनापनीतं हि हरेद् नाश्वः चिराद् गतः"। ((३) उपरिनिर्दिष्ट वाक्य) प्रस्तुत न्याय का प्रयोग श्रुति और स्मृति के प्रामाण्य के विषय में हुआ है। श्रुतिवचन पर जिसकी श्रद्धा है। ऐसे जिज्ञासु का स्मृति के तद्विरोधी वचनों से समाधान नहीं होता। जिस पदार्थ का अपहरण शीघ्र गति के वाहन से हो चुका है, उसकी प्राप्ति मंद गति के वाहन से नहीं होती, दूसरे वाक्य के अनुसार मंद गति के वाहन से जिसका अपहरण हो चुका है ऐसे वस्तु की प्राप्ति विलंब होने पर तेज गति के वाहन से भी नहीं हो सकती। श्रुतिवचन के पूर्व स्मृतिवचन मात्र का श्रवण होने से उस पर दृढ हुई श्रद्धा, बाद में प्रबल श्रुतिवचन से भी विचलित नहीं होती।

यद्ग्रहे यदपेक्षं चक्षुः, तदभावग्रहेऽपि तद् अपेक्ष्यते =

संदर्भ = (१) सर्वदर्शनसंग्रह (औलूक्य दर्शन)। (२) किरणावली (उदयन(। (३) लक्षणावली टीका।

स्पष्टीककरण – घट-पटादि पदार्थों के अस्तित्व और अभाव का ग्रहण करने नेत्रेन्द्रिय को प्रकाश के सहाय की अपेक्षा होती है। किन्तु स्वयं प्रकाश को प्रकाश का ग्रहण करने, दूसरे प्रकाश की आवश्यकता नहीं होती। प्रस्तुत न्याय के अनुसार जिस (पदार्थ) का ग्रहण करने के लिये चक्षु (नेत्र) को जिसके सहाय की आवश्यकता होती है, उस पदार्थ के अभाव का ग्रहण करने के लिये भी उसीकी सहायता की अपेक्षा होती है, अर्थात् प्रकाश का ग्रहण जिस प्रकार (प्रकाश के सहाय्य बिना) होता है, उसी प्रकार प्रकाशाभाव का भी ग्रहण प्रकाश सहाय के बिना होता है।

यद्विवाहः तद्गीतगानम् =

संदर्भ – रघुनाथ वर्मा।

स्पष्टीकरण – जिसका विवाह निश्चित करना हो उसके ही गुणों का वर्णन किया जाता है।

यद्विशेषयोः कार्यकारणभावः, असति बाधके तत्सामान्ययोः अपि =

संदर्भ – (१) लौ. न्या. रत्नाकर (रघुनाथ)। (२) शिखामणि टीका।

स्पष्टीकरण – विशिष्ट उदाहरण में जिनमें कार्य-कारण भाव दिखाई देता है, वही तज्जातीय सामान्य विषय में भी होता है। एक अंकुर ऊगने के लिए बीज की आवश्यकता देखने पर यह सिद्ध होता है कि किसी भी अंकुर की उत्पत्ति के लिए बीज की ही आवश्यकता होती है। लेकिन उसमें यदि बाधक तत्त्व का अस्तित्व होगा (जैसा जला हुआ या कीटदुष्ट बीज) तो यह नियम सिद्ध नहीं होगा।

यववराहाधिकरण न्याय =

संदर्भ – (१) ब्र. सू. शां. भा. २-३-४५ (आनंदगिरि टीका), ३-४-४२। (२) शाबरभाष्य १-३-८-९। (३) भामती १-३-२२, ३-३-५२। (४) वेदान्तकल्पतरु। (भ) शालिका। (६) तात्पर्य टीका। (७) कुसुमांजलि। (८) न्यायमंजरी।

स्पष्टीकरण – मीमांसा शास्त्र में शास्त्रप्रसिद्ध- अर्थ-प्रामाण्य- अधिकरण (अथवा आर्य- म्लेच्छ- अधिकरण) नामक अधिकरण में यव और वराह इन दो शब्दों के अर्थ की सुसंस्कृत, शिष्ट तथा म्लेच्छ (अशुद्धभाषी अनपढ) लोगों के व्यवहार में भिन्न अर्थ की चर्चा आती है। उस निमित्त यह सिद्धान्त बताया गया है कि, इस प्रकार की अर्थभेद की आपत्ति में शिष्ट लोगों द्वारा तथा विद्यमान कोश आदि ग्रन्थों द्वारा स्वीकृत अर्थों का ही ग्रहण करना चाहिए। (लोकप्रसिद्धिः शास्त्रप्रसिद्ध्या बाध्यते। आनंदगिरि। (**यव** = (१) शिष्टों का अर्थ- जौ।

(२) म्लेच्छों का अर्थ = **वराह** = (१) सूअर, (२) गाय, कौवा।)

यश्च उभयोः समो दोषः न तेन एकः चोद्यो भवति =

संदर्भ – (१) सर्वदर्शनसंग्रह (पाणिनिदर्शन)। (२) पातंजल म. भा. ६-१-९ (वा-२)। (३) शबर (८-३-१४)। (४) न्यायमंजरी। (५) सांख्यसूत्र १-६- (अनिरुद्धकृत टीका)। (६) तंत्रवार्तिक। (७) न्यायमंजरी। (८) तर्कभाषा।

स्पष्टीकरण – शास्त्रार्थ में जब दोनों पक्षों का दोष समान (या एक ही) होता है, तब उसका आरोप किसी एक पर नहीं लगाया जाता।

यस्य नास्ति पुत्रः न तस्य पुत्रस्य क्रीडनकानि क्रियन्ते :-

संदर्भ – (१) शाबर भाष्य १०-३-५। (२) न्यायरत्नमाला (पार्थसारथि मिश्र)।

स्पष्टीकरण – जिस कर्म के अंग विधि होते ही नहीं, उसके अंगविधि के विशेष विधि बताना कितना निरर्थक है उसका उदाहरण प्रस्तुत न्याय में मिलता है। जिसका पुत्र ही नहीं है उसके पुत्र के लिए खिलौने नहीं बनाये जाते।

समान न्याय – अजातपुत्रनामोत्कीर्तन।

यस्य अज्ञानै भ्रमः तस्य भ्रान्तः सम्यक् च वेत्ति सः =

संदर्भ – (१) वेदान्तसार (VI) रामतीर्थ टीका। (२) विद्यासागरी। (३) संक्षेप शारीरक ३-८। (४) तत्त्वदीपन।

स्पष्टीकरण – जीवात्मा तत्त्वतः परमात्मा का ही अंश है किन्तु वह अज्ञान का आश्रय लेता है और उसी कारण उसे भ्रम (मैं देह हूं) होता है। किन्तु भ्रान्त होने पर भी उसे (श्रवण-मननादि के श्रम द्वारा) सम्यक् ज्ञान (सोऽहम्, अहं ब्रह्मास्मि) होता है। इसी लिये तत्त्वज्ञान के ग्रन्थों की महत्ता या उपयुक्तता है, अन्यथा सारे दर्शन निष्फल होते।

यस्य उन्मूलनाय यस्य प्रसक्तिः भवति, ततः तस्य बलवत्त्वम् =

संदर्भ – (१) परिभाषा (नागोजी) cxii। (२) पातंजल भाष्य १-१-६३ (वा-६)।

स्पष्टीकरण – जो जिसका उन्मूलन करना चाहता है वह उस (उन्मूलनीय विषय) से अधिक बलवान होना चाहिये (जिस प्रकार कंस का निषूदन करने वाला श्रीकृष्ण उससे अधिक बलवान् था)। व्याकरण शास्त्र में इसी लौकिक न्याय के आधार पर "निषेधाश्च बलीयांसः" यह सिद्धान्त कहा गया है।

याचितकमण्डन न्याय = (याचितक = याचना से प्राप्त। मण्डन = अलंकार, आभूषण।

संदर्भ – (१) नैषधीयचरित ७-५६। (२) तार्किकरक्षा। (३) खंडनोद्धार। (४) काव्य प्रदीप टीका (वैद्यनाथ तत्सत्)।

स्पष्टीकरण – यथार्थ अनुभव पर आधारित अयथार्थ विषय को भी कहीं कहीं यथार्थ माना जाता है। तब वह प्रस्तुत न्याय का विषय होता है अर्थात् उधार अलंकारों से अलंकृत होने के समान होता है।

यादृशो यक्षः तादृशो बलिः = जिस प्रकार का यक्ष (भूत योनि) उसी प्रकार की बलि देनी चाहिये।

संदर्भ – (१) न्यायवार्तिकतात्पर्य टीका। (२) भामती ४-१-१५। (३) न्यायमंजरी। (४) न्यायकन्दली (श्रीधर)। (५) तत्त्वमुक्ताकलाप (वृत्ति) २-४९।

स्पष्टीकरण – जो दुर्बुद्धि के कारण सद्विचारों का तथा उनके सभ्य प्रवक्ता का असह्य वाणी से विरोध या उपहास करता है, उसका खंडन भी उसी तीखे प्रकार से ('शठे शाठ्यं समाचरेत्' न्याय के अनुसार) करना चाहिये, इस तत्त्व का प्रस्तुत न्याय से प्रतिपादन किया है। मांस प्रिय यक्ष का केवल दूध दही के नैवेद्य से समाधान नहीं होता।

समान न्याय – पिशाचानां पिशाचभाषया एव उत्तरं देयम्। अभाव प्रमाण से अभाव का ही ज्ञान होता है, इस मत के खंडन में, वृष्टि के अभाव के कारण वायु-अभ्र संयोग का (भाव का) ज्ञान होता है, यह प्रमाण देकर "न नाम यादृशो यक्षः बलिरपि तादृशः" इस वाक्य व्दारा प्रस्तुत न्याय का प्रतिवाद न्यायमंजरी में हुआ है।

यावत् तैलं तावद् आख्यानम्। यावत् स्नानं तावत् पुण्यम्। = जब तक दीपक में तेल होता है, तब तक सभा में (प्रकाश होने के कारण) वक्ता का प्रवचन चलता है। इसी का भावार्थ 'यावत् स्नानं......' न्याय से बनाया गया है। अल्पजीवी कार्यों का या कर्ताओं के कर्तृत्व का निर्देश प्रस्तुत न्याय से होता है।

यावद्वचनं वाचनिकम् = (वाचनिक = शब्दों द्वारा व्यक्त अर्थ या संदेश)।

संदर्भ – (१) तंत्रवार्तिक (कुमारिल भट्ट) ३-५-१९। (२) शाबर भाष्य २-३-२। (३) भामती ४-१-४, ४-३-४। (४) लौ. न्या. संग्रह।

स्पष्टीकरण – ग्रंथों में विशिष्ट व्यक्ति के लिए वचनों द्वारा जितना आदेश दिया गया होगा उतना ही उसने स्वीकारना चाहिये, अपने मत से कम या अधिक अर्थ नहीं लेना चाहिये। औषधोपचार के संबंध में उत्तम डाक्टर या वैद्य की सूचना का पालन करने की दृष्टि से प्रस्तुत न्याय अत्यंत उपकारक है।

येन न अप्राप्ते यो विधिः आरभ्यते, स तस्य बाधको भवति =

संदर्भ – (१) परिभाषा ५७। (२) व्या. महाभाष्य १-१-६ (वा-१), १-१-२८, ३-४-८५ (वा-२), ६-१-२ (वा-४), ६-१-१६६, ६-३-६८ (वा-५), ६-४-१६३ (वा-२), ७-२-४४ (वा-४), ७-२-१७७ (वा-२), ८-२-२३ (वा-५), ८-२-७२, ८-३-११२।

स्पष्टीकरण – 'न अप्राप्त' का अर्थ है प्राप्त (विधि का बल बढ़ाने के लिये दो नकारों का प्रयोग होता है)। अर्थात् (प्राप्ते यो विधिः आरभ्यते) सामान्य विधि की (उत्सर्ग के कारण) प्राप्ति होने पर भी, जिस विधि की प्राप्ति होती है वह उस प्राप्त सामान्य विधि का बाधक होता है। यही 'अपवाद' शब्द का अर्थ है, जिस का स्पष्टीकरण 'तक्रंकौण्डिन्य न्याय' द्वारा किया गया है।

रथकार न्याय =

संदर्भ – (१) जैमिनीय न्यायमाला विस्तर (सू-६-१-४-५०)। (२) परिभाषेन्दु शेखर ९८। (३) न्यायमंजरी।

स्पष्टीकरण – आधान विधि के संबंध में शास्त्र में कहा है – "वर्षासु रथकारः आदधीत"। इस वाक्य में प्रयुक्त 'रथकार' शब्द के दो अर्थ मिलते हैं। – (१) रूढिप्राप्त अर्थ के अनुसार माहिष्य द्वारा करणी स्त्री से उत्पन्न व्यक्ति। (माहिष्य = वैश्य स्त्री से क्षत्रिय द्वारा उत्पन्न। करणी = शूद्र स्त्री से वैश्य द्वारा उत्पन्न (स्त्री)। (२) योगप्राप्त अर्थ के अनुसार रथ करने वाला। इस विवाद में **"रूढिः योगम् अपहरति"** अथवा 'अवयव प्रसिद्धेः समुदायप्रसिद्धिः बलीयसी" इस न्याय से 'रथकार' शब्द का अर्थ उपरिनिर्दिष्ट संकरोत्पन्न व्यक्ति यह धर्मशास्त्रोक्त रूढार्थ ग्रहण करना प्रस्तुत न्याय का अर्थ है।

राजपुत्रव्याध न्याय =

संदर्भ – (१) बृहदारण्यकोपदिषद् शां. भा. २-१-२०। (२) बृहद्वार्तिक) सुरेश्वराचार्य)। (३) सिद्धान्तलेश। (४) सांख्यसूत्रभाष्य ((१) अनिरुद्धकृत, (२) माधवकृत)। (५) भामती १-४-२२।

स्पष्टीकरण – माता-पिता द्वारा अर्भकावस्था में परित्यक्त राजपुत्र का किसी व्याध के घर में पालन-पोषण होने के कारण वह अपने आपको व्याध ही समझता है। बाद में किसी जानकार ने उसके व्यक्तित्व का परिचय देने पर आत्मपरिचय के कारण वह राजपुत्र हो जाता है। इस कथा में प्रस्तुत न्याय का मूल है और शंकराचार्य आदि वेदान्ती 'तत् त्वम् असि' इस महावाक्य में निहित आत्मबोध का महत्व प्रस्तुत न्याय से स्पष्ट करते हैं।

समान न्याय – सिंह-मेष न्याय।

राजपुरप्रवेश न्याय =

संदर्भ – (१) रघुनाथ वर्मा कृत लौकिक न्यायसंग्रह, तथा लौ. न्या. रत्नाकर। (२) वाचस्पत्यम्। (३) व्या.म. भा. (नागेश कृत प्रदीप की कैयट कृत उद्योष टीका) १-१-५८ (वा-१)।

स्पष्टीकरण – जटिल प्रदीर्घता के कारण दुर्बोध वाक्यों का अर्थ शब्दों का यथोचित क्रम (अन्वय) लगाने पर ही बुद्धि में प्रवेश कर सकता है; इस तथ्य का यह न्याय उदाहरण है। राजपुर में भीडभाड के साथ प्रवेश नहीं मिलता, वहां अनुक्रम से एक तति में प्रवेश करना आवश्यक होता है। (राजपुरे हि क्रमेण एव बहूनां पुरुषाणां प्रवेशो भवति, न युगपत्)।

राजार्थौपयिकं नित्यम् उष्ट्रो वहति कुंकुमम् =

संदर्भ – (१) तंत्रवार्तिक।

ऊंट अपनी पीठ पर कुंकुम अर्थात् केसर का भार वहन करता है किन्तु स्वयं उसे उसका कोई उपयोग नहीं होता। उस कुंकुम का भार ऊंट पर होता किन्तु उसका उपयोग राजा को होता है। (राजार्थौपयिक = राजा के लिये उपयोगी)। कोई मूल्यवान् वस्तु किसी के स्वाधीन होने पर भी अगर वह उसके उपयोग की न हो तो वह उस के लिए गौण होती है। वह जिसके

हेतु अपने पास रखता है उसके लिये वह प्रधान होती है।

रात्रिसत्र न्याय =

संदर्भ – (१) ब्रह्मसूत्र १-२-२४ (कल्पतरु)। (२) ब्र. सू. शांकरभाष्य ३-३-३८ (आनंदगिरि और अमलानंद)। (३) पंचपादिका विवरण। (४) शालिका। (५) तत्त्वमुक्ताकलाप ५-८१। (६) जैमिनिसूत्र ४-३-१७-१९।

स्पष्टीकरण – वेदों में जिन कर्मों का सामान्य फलनिर्देश होने से विशेष फल का स्पष्ट निर्देश नहीं दिया होता, उनके विशिष्ट फल की कल्पना अर्थवादात्मक वचनों से की जाती है। जिस व्यक्ति को मोक्ष या ब्रह्मज्ञान की इच्छा हो ऐसे व्यक्ति ने वेदान्तशास्त्र में 'अर्थवाद' के रूप में कथित मोक्ष या ब्रह्मज्ञान रूपी फल ही अपना साध्य मानकर वेदान्त का श्रवण मनन और निदिध्यासन करना यही प्रस्तुत न्याय का आशय है।

राधा-वेध न्याय = (राधा = धनुर्धारी के वेध्य स्थान में चित्रित छोटीसी पुतली)

संदर्भ – (१) उपमितिभवप्रपंच कथा।

स्पष्टीकरण – वेध्यस्थान में चित्रित राधा पर तीर चलाने की पात्रता दीर्घ अभ्यास से ही प्राप्त हो सकती है। उसी प्रकार मनुष्य जन्म की प्राप्ति और सत्कर्मों में प्रवृत्ति अनायास प्राप्त नहीं होती। यह दुर्लभ प्राप्ति 'राधावेध' के समान है।

रुधिरसम्पर्कवतो विषस्य शरीरे प्रसर्पणम् =

संदर्भ – (१) बोधिचर्यावतार ७-६९।

स्पष्टीकरण – शरीर के स्वल्पमात्र व्रण के रक्त से, विष का लेशमात्र संपर्क आने पर, वह सारे शरीर में फैल जाता है, उसी प्रकार अन्तःकरण में लेशमात्र विकार उत्पन्न होने पर वह चित्त को व्याप्त करता है। (अणुमात्रस्य अपि दोषस्य अवकाशो न दातव्यः इति भावः)।

रुमाक्षिप्तकाष्ठ न्याय = रुमा = विशिष्ट लवणाकरः अथवा लवणखनिभूयिष्ठविषयः)

संदर्भ – (१) तंत्रवार्तिक। (२) योगभाष्य (वाचस्पति ४-१४। (३) तत्त्वमुक्ताकलाप (वेंकटनाथ) ५-२८।

स्पष्टीकरण – रूमा (नमक की खदान) में डाला गया काष्ठ भी नमकीन हो जाता है, उसी प्रकार चित्त जिस विषय में मग्न होता है, उसीसे तद्रूप हो जाता है। (दूसरा दृष्टान्त – मेरु पर्वत की सुवर्णमय भूमि में जो उत्पन्न होता है वह सुवर्णमय होता है। यह गुणसंक्रम का उदाहरण है।

रूढिः योगम् अपहरति =

संदर्भ – (१) विवरणप्रमेयसंग्रह। (२) न्यायप्रदीप (तर्कभाषा की व्याख्या)। (३) पंचपादिका विवरण। (४) ब्र. सू. शां. भा. (आनंदगिरि टीका) १-३-४२।

स्पष्टीकरण = शब्द का लोकरूढ अर्थ (उसके अवयवार्थों के संयोग से निष्पन्न) यौगिक अर्थ का अपहार करता है (अर्थात् रूढार्थ यौगिक अर्थ से बलवान् होता है। उदा. 'अज' शब्द का लौकिक अर्थ है बकरा किन्तु योगप्राप्त शास्त्रीय अर्थ है परमात्मा।

रेखागवय न्याय =

संदर्भ – (१) रघुनाथ वर्मा। (२) तात्पर्य टीका (वाचस्पति)। (३) वेदान्तकल्पतरुपरिमल। (४) व्या. महाभाष्य की कैयट टीका १-१-४६।

स्पष्टीकरण – 'गवय' नामक वन्य प्राणी को न जानने वाले ग्रामवासी को उसका ज्ञान देने के लिए गवय की रेखाकृति से वनवासी कल्पना देता है। जब तक वास्तव गवय को वह ग्रामीण नहीं देखता तब तक 'रेखागवय' को ही वह गाय समझता है। बाद में वन में घूमते समय वास्तव गवय को देखकर रेखागवय के मिथ्यात्व की उसे प्रतीति होती है। वैयाकरण कहते हैं कि शब्द के प्रकृति - प्रत्यय आदि असत्य अंशों के अर्थज्ञान द्वारा शब्दरूप सत्य का अर्थ ज्ञान दिया जाता है।

रोहणाचललाभे रत्नसंपदः सम्पन्नाः =

संदर्भ – (१) सर्वदर्शन संग्रह (प्रत्यभिज्ञानदर्शन)।

स्पष्टीकरण – रोहणाचल एक दिव्य पर्वत माना गया है जहाँ पहुचने पर सारी रत्नसंपत्ति का तत्काल लाभ होता है। उसी प्रकार परमेश्वर पद की प्राप्ति होने पर सर्व सुखों की प्राप्ति होने से अन्य किसी के प्राप्त की अपेक्षा नहीं रहती।

लक्षणप्रमाणाभ्यां वस्तुसिद्धिः =

संदर्भ – (१) रघुनाथ वर्मा कृत लौ. न्या. रत्नाकर। (२) शिखामणि (वेदान्तपरिभाषा की टीका)।

स्पष्टीकरण – पृथ्वी आदि पंच महाभूतों का अस्तित्व गंध आदि प्रत्यक्ष प्रमाण के अनुभव से सिद्ध होता है। इसी प्रकार अग्नि, इन्द्र, आदित्य आदि देवताओं का अस्तित्व वेद-पुराण आदि आप्तवाक्यों से सिद्ध होता है और ब्रह्म की सत्ता भूत-भौतिक पदार्थों की उत्पत्ति से तथा वेदान्त वाक्यों से सिद्ध होती है।

लांगलं जीवनम् =

संदर्भ – (१) संबंधवार्तिक (सुरेश्वर)।

स्पष्टीकरण – जहां साध्य और साधन में अभेद प्रतिपादन करना होता है वहां साध्य को ही साधन कहते हैं। हल एक जीवन का सर्वोत्तम साधन है यह भाव व्यक्त करने के लिए हल (लांगल) को ही प्रस्तुत न्याय में जीवन कहा है। इसी प्रकार आयुर्घृतम्, सुखं रामा (स्त्री) इत्यादि वाक्य प्रसिद्ध हैं।

लोष्टप्रस्तार न्याय =

संदर्भ – ध्वन्यालोक टीका (लोचन) (ले. अभिनवगुप्त) ३-१६।

स्पष्टीकरण – अनन्त वैचित्र्य का यह उदाहरण है। खेत में हल चलाने पर मिट्टि के ढेले (लोष्ट) अगणित प्रस्तारों के आकार में अन्यान्य स्थानों पर दिखाई देते हैं। (प्रस्तार = छन्दःशास्त्र में भेदों समेत छन्द की ऱ्हस्व तथा दीर्घ मात्राओं की द्योतिका तालिका। और प्रस्तर= पत्थर, चट्टान।

वटयक्ष न्याय =

संदर्भ – (१) न्यायसूत्र विवरण। (२) न्यायमंजरी। (३) श्लोकवार्तिक। (४) तार्किकरक्षा।

स्पष्टीकरण – "इह वटे यक्षः (भूत, पिशाच) वसति" ग्रामवृद्धों का यह वाक्य ऐतिह्य का उदाहरण शास्त्रों में प्रसिद्ध है। जो ऐतिह्य का प्रमाण्य नहीं मानते वे कहते है कि, इस प्रकार के वाक्यों का मूल वक्ता अज्ञात होने से इसे 'आप्तवचन के समान प्रमाण नहीं माना जा सकता।

वध्य-घातक न्याय =

संदर्भ – (१) तैत्तिरीय वार्तिक २-१-६६। (२) प्रशस्तपादभाष्य। (३) चित्सुखी ४-४। (४) नैष्कर्म्यसिद्धि १-५५, ३-८५।

स्पष्टीकरण – खेत में अधिक मूषक सांप आदि प्राणियों का उपद्रव देखने पर वहां उनके घातक मार्जार, नकुल, मयूर आदि प्राणियों के अभाव का ज्ञान अर्थापत्ति से होता है, उसी प्रकार "सत्यं ज्ञानम् अनन्तं" इत्यादि शब्दों से परमार्थ तत्त्व का ज्ञान होने से वहां असत्य, अज्ञान और अन्त (विनाश) आदि का अभाव प्रतीत होता है। वध्य और घातक एकत्र नहीं रह सकते।

समान न्याय – (१) पंचास्य-उरण-न्याय। (पंचास्य = सिंह, उरण = भेड़। (२) अहि-नकुल न्याय। (अहि = सांप, नकुल = मुंगूस)।

वन-सिंह न्याय =

संदर्भ – (१) वेदान्तकल्पतरुपरिमल। (२) उद्योगपर्व (म. भा.) ३७-४६।

स्पष्टीकरण – वन के कारण सिंह किरातों से और सिंह के कारण वन उच्छेदकों से सुरक्षित रहता हैं। जहां एक दूसरे का सहायक होता है, वहां प्रस्तुत न्याय का प्रयोग होता है।

समान न्याय – (१) ऱ्हद-नक्र न्याय। (ऱ्हद = सरोवर, नक्र = घडियाल, मकर) (२) प्रमाण-तर्क न्याय। शास्त्रार्थ में प्रमाणों से तर्क को और तर्क से प्रमाणों को प्रतिष्ठा प्राप्त होती है।

वरगोष्ठि न्याय =

संदर्भ – (१) रघुनाथ वर्मा। (२) पंचपादिका।

स्पष्टीकरण – वधूपक्ष और वरपक्ष का एकमत होने पर ही विवाह निश्चित होता है और किसी कारण एकमत नहीं हुआ तो संबंध टूट जाता है। उसी प्रकार शास्त्रार्थ में दोनों पक्ष जब एक दूसरे का खंडन करते हैं और प्रमुख विवाद्य विषय पर एकमत नहीं कर पाते तब उनका संबंध नहीं हो सकता।

वरम् अद्य कपोतः श्वः मयूरात् =

स्पष्टीकरण – आज मिलने वाला कपोत (कबूतर) कल मिलने की संभावना होने वाले मोर से अच्छा मानना चाहिये।

वरं सांशयिकात् निष्कात् असांशयिकः कार्षापणः =

संदर्भ – (१) वात्स्यायन कामसूत्र।

स्पष्टीकरण – संशयास्पद 'निष्क' से संशयमुक्त 'कार्षापण' लेना अच्छा है। **निष्क** = एक अल्पमूल्य नाणक। **कार्षापण** = बहुमूल्य नाणक।

वर्चोन्याय =

संदर्भ – जैमिनि सूत्र ३-८-२५-२७।

स्पष्टीकरण – दर्श-पौर्णिमासी यज्ञ विधि में ऋत्विक् गण प्रार्थना करते हैं, "ममाग्ने वर्चो विहवेष्वस्तु" (हे अग्नि देवता मेरी इन आहुतियों में वर्चस् (वीर्य, बल, शक्ति, कान्ति) हो।) इसके फल के संबंध में विवाद करते समय पूर्वपक्षी कहता है कि, प्रस्तुत प्रार्थना का फल ऋत्विजों को मिलता है किन्तु निर्णयानुसार यजमान को वह प्राप्त होता है। प्रस्तुत विवाद्य मंत्र में 'वर्चस्' शब्द के कारण 'वर्चोन्याय' संज्ञा आई।

वात-दीप न्याय = (हवा चलने से दीप बुझना)

संदर्भ – (१) लौकिक न्यायरत्नाकर।

स्पष्टीकरण – जिस प्रकार वात से दीप बुझता है उसी प्रकार तत्त्वज्ञान से अध्यास का कारण (अज्ञान) समाप्त होता हैं।

विक्रीत-गवी रक्षण न्याय =

संदर्भ – (१) आत्मतत्त्वविवेक (उदयन)।

स्पष्टीकरण – गाय बेचने पर भी उस पर का अपना अधिकार न छोड़ना एक अपराध माना गया है, जिसे (धर्मशास्त्र में) "विक्रीय असंप्रदान' कहते हैं।

विपुलकदलीफल-लिप्सया जिह्वाच्छेदनम् =

संदर्भ – (१) सर्वदर्शनसंग्रह (पूर्णप्रज्ञ दर्शन)।

स्पष्टीकरण – जो अद्वैतवादी परमात्मा से अभेद की आकांक्षा रखते हुए द्वैतवादियों की विष्णुभक्ति का उपहास करते थे उनके खंडन में प्रस्तुत न्याय कहा गया है। द्वैतवादी कहते है कि अद्वैतवादियों का यह सगुण विष्णुभक्ति का अद्वैतत्व की आशा से विरोध, केले की आशा से अपनी ही जीभ काटने के समान है। जीभ काटने पर केला मिला तो भी उसका मधुर स्वाद नहीं मिलेगा। अद्वैतावस्था में विष्णुभक्ति का आनंद नहीं मिलेगा।

विलूननासिकस्य आदर्शदर्शनम् =

संदर्भ – (१) प्रबन्धचिन्तामणि।

स्पष्टीकरण – किसी का नाक काट कर उसे आईना दिखाना। अर्थात् किसी के व्यंगत्व का जानबूझ कर उल्लेख कर उसे चिढ़ाना।

विवाहप्रवृत्तभृत्यानुगतराजवत् =

संदर्भ – काव्यप्रकाश।

स्पष्टीकरण – सेवक सदैव राजा का अनुगमन करता है किन्तु सेवक के विवाह में उसका विशिष्ट महत्त्व होने के कारण, उस की बारात में, राजा सेवक का अनुगमन करता है। साहित्य में प्राणभूत रस श्रेष्ठ होता है। किन्तु रसवत्, प्रेय, ऊर्जस्वी, और समाहित इन अलंकारों में रस (प्रस्तुत न्याय के अनुसार) गौण होता है।

विश्वजित् न्याय =

संदर्भ – (१) जैमिनिसूत्र ४-३-१०-१६, ६-७-१-२०। (२) भामती। (३) वेदान्तकल्पतरु। (४) पंचपादिका विवरण।

(५) न्यायमंजरी। (६) सर्वदर्शनसंग्रह (मीमांसा)

विश्वजित् (सांवत्सरिक गवाम् अयन का एक भाग) यज्ञ से किस फल की प्राप्ति होती है इसका स्पष्ट निर्देश न होने के कारण फल के संबंध में जिज्ञासा निर्माण होती है। उसके प्रशमनार्थ शबरचार्य ने कहा है- "अनादिष्टफले कर्मणि स्वर्गः फलम्"। अनुक्त स्वर्गफल का निर्देश प्रस्तुत न्याय से होता है।

विषकुम्भः पयोमुखः =

संदर्भ – (१) प्रबन्धचिन्तामणि (मेरुतुंगाचार्य)। (२) चाणक्य।

स्पष्टीकरण – अप्रत्यक्ष कार्यघात करने वाला किन्तु प्रत्यक्ष मधुरभाषी सहकारी अंदर विष और उपर दूध से भरे हुए कुम्भ के समान होता है। उसका त्याग करना चाहिये।

विषकृमिन्याय =

स्पष्टीकरण – विष के कारण अन्य जीव मरते हैं किन्तु जो कृमि कीटक विष में ही उत्पन्न होते हैं, उनके लिए विष ही जीवन है।

विषवृक्ष न्याय =

संदर्भ – (१) कुमारसंभव २-५। (२) पंचतंत्र १-२४५। (३) खंडनखंडखाद्य। (४) उपमितिभवप्रपंच कथा।

स्पष्टीकरण – जिस वृक्ष का आरोपण स्वयं किया हो उसका उच्छेदन अपने ही हाथ से करना अनुचित है। अगर वह करना आवश्यक हो तब वह दूसरे के द्वारा करवाना उचित है।

वीची-तरंग न्याय = (वीची और तरंग = लहरे)

संदर्भ – (१) भाषा परिच्छेद (१६५, १६६)। (२) सांख्यसूत्र व्याख्या (महादेव)।

स्पष्टीकरण - समुद्र की लहरें एक दूसरे के पीछे चलती हैं। उत्पन्न शब्द का ग्रहण वीची-तरंग न्याय से श्रोता के कर्णेन्द्रिय तक पहुंचता हैं यह एक मत है और दूसरा मत है कि वह 'कदंबगोलकं' न्याय से एक साथ चारों ओर प्रसृत होने के कारण सभी ओर वह सुनाई देता है।

विहंगावलोकन न्याय =

विहंग (पक्षी) आकाश में नीचे का प्रदेश देखता है, तब उसे उस प्रदेश की सभी विशेषताएँ सूक्ष्म रूप में एकसाथ दिखाई देती हैं। रामायण, महाभारत जैसे विशाल ग्रंथों का अल्पकाल में संपूर्ण तया आकलन (या प्रतिपादन) विहंगावलोकन न्याय से अल्पांश में किया जाता है।

वृक्षप्रकम्पन (प्रचलन) न्याय ।

संदर्भ – (१) रघुनाथ वर्मा। (२) व्या. महाभाष्य ६-१-१ (वा-३)

स्पष्टीकरण – वृक्ष पर चढ़े हुए व्यक्ति को नीचे खड़े हुये लोग अपनी अपनी विशिष्ट शाखा (फललाभ के निमित्त) हिलाने के लिए कहते हैं, तब सभी का एक साथ समाधान करने के लिए वह संपूर्ण वृक्ष को ही प्रकम्पित करता है। प्राचीन ग्रंथों में धर्म, काव्य, सत्य, अहिंसा, इत्यादि शब्दों के अन्यान्य अर्थ बताये गये हैं। उन सभी अर्थों का समुच्चय करना मतभेदों के कारण संभव नहीं होता, ऐसी अवस्था में सर्वसंमत (सर्व-अविरुद्ध) एक अर्थ का स्वीकार करना प्रस्तुत न्याय का निदर्शन है।

वृक्षच्छेद न्याय =

संदर्भ – न्यायवार्तिक।

स्पष्टीकरण – जब बड़े वृक्ष का छेदन करना होता है तब उसकी शाखा-प्रशाखाएँ पहले काटना उचित होता है। अथवा वृक्षच्छेद के लिए लाये हुए शस्त्रों से उसकी शाखा भी काटी जा सकती है।

वृश्चिकभिया पलायमानः आशीविषमुखे निपतितः =

संदर्भ – (१) न्यायवार्तिकतात्पर्य टीका। (२) कुसुमांजलि २-३। (३) विद्वन्मण्डन। (४) न्यायमकरंद।

स्पष्टीकरण – (वृश्चिक = बिच्छू। आशीविष= विषैला सांप) वृश्चिक के भय से भागते हुए आशीविष के मुख में गिर पड़ना। अल्पसंकट से मुक्त होने के प्रयत्न में भीषण आपत्ति में फसना।

वृश्चिकीगर्भ न्याय = देखिये अश्वतरी गर्भन्याय।

वृद्धकुमारी-वाक्य न्याय =

संदर्भ – (१) व्या. महाभाष्य ८-२-३। (२) तंत्रवार्तिक २-२-२।

स्पष्टीकरण - किसी दरिद्री वृद्धकुमारी को प्रसन्न होने पर इन्द्र ने कहा 'वरं ब्रूहि'। तब उस वृद्धा कुमारी ने कहा- "पुत्रा मे बहुक्षीरघृतम् ओदनं (भात) कांस्यपात्र्यां भुंजीरन्"। इस एक ही वाक्य में उसने पति, पुत्र, गोधन, धान्य इत्यादि सभी कुछ इन्द्र से मांग लिया। यही आशय 'वृद्धब्राह्मणवर न्याय द्वारा व्यक्त किया गया है। पुत्रहीन ब्राह्मण इन्द्र से कहता है- "स्वपौत्रं राजसिंहासनस्थितं द्रष्टुम् इच्छामि"।

वृद्धिम् इष्टवतः मूलम् अपि नष्टम् =

संदर्भ – (१) सर्वदर्शनसंग्रह। (२) वाचस्पत्यम्। (३) खंडनखंडखाद्य। (४) पंचदशी ७-८। (५) वेदान्तकल्पतरु। (६) स्याद्वाद मंजरी। (७) कुवलयानंद।

स्पष्टीकरण – वृद्धि = व्याज। (१) अधिक ब्याज की आशा में मूल कर्ज की राशि नष्ट होना। (२) वृक्ष की शीघ्र वृद्धि की अपेक्षा में अधिक सिंचन के कारण मूल नष्ट होना। (३) इष्ट प्राप्ति की आशा से प्रयत्न करने पर इष्ट के स्थान में अनिष्ट की आपत्ति आना। यही विषम अलंकार का स्वरूप है। कुवलयानंद में 'विषम' के स्पष्टीकरण में दृष्टान्त दिया है कि, "भक्ष्यप्रेप्सया सर्पपिटिकां दृष्ट्वा प्रविष्टस्य मूषकस्य न केवलं भक्ष्यस्य अलाभः किन्तु स्वरूपहानिः अपि"।

व्यापकव्यावृत्त्या व्याप्यव्यावृत्ति =

संदर्भ – (१) सर्वदर्शन (बौद्धदर्शन)। (२) रघुनाथवर्मा। (३) शालिका।

स्पष्टीकरण – धूम और वह्नि का संबंध 'व्याप्य-व्यापक' संबंध कहा जाता है। इन में धूम (जो वह्नि का द्योतक लिंग है) 'व्याप्य' और धूम दर्शन से ज्ञात होने वाला वह्नि 'व्यापक'

है। प्रस्तुत न्याय के अनुसार व्यापक (वह्नि) का व्यावृत्ति (अत्यन्ताभाव) जहां होती है (जैसे जलाशय में) वहां 'व्याप्य' की भी व्यावृत्ति होती है। अर्थात् जलाशय में (बाहर आया हुआ) धूम पटल प्रत्यक्ष देखने पर भी अग्नि का अनुमान नहीं हो सकता। 'व्यापकाभावे व्याप्यं नास्ति'

व्याल-नकुल न्याय = (अहि-नकुल न्याय)

संदर्भ – (१) पंचतंत्र कथा (५-२)। (२) आत्मतत्त्वविवेक (उदयन)। पाणिनि-२-४-९।

स्पष्टीकरण – शास्त्रों में जिनका विरोध शाश्वतिक (येषां च विरोधः शाश्वतिकः) अर्थात् अनादिसिद्ध या निरपवाद होता है, उनका निर्देश प्रस्तुत न्याय से होता है।

शकुनिग्राहकगति न्याय = (शकुनि = पक्षी)

संदर्भ – (१) शाबर भाष्य ९-१-२२।

स्पष्टीकरण – पक्षी की शिकार करने वाला, मंद गति से शब्द, ध्वनि न करते हुए सावधानता से चलता है। उसकी उस गति का प्रयोजन, शांतता, मौन, पैर के तले किसी जीव की हत्या न होने की बुद्धि, नहीं होता किन्तु पक्षी को पकड़ने की इच्छा होती है। यज्ञ में कुछ क्रियाये 'उपांशु' (मौन सहित) होती हैं उनका प्रयोजन उपांशुत्व नहीं अपितु यज्ञ संपादन होता है।

शंख न्याय = (शंखध्वनिवेला न्याय)

संदर्भ – (१) न्यायमालाविस्तर एवं। (२) शाबर भाष्य (जैमिनि सूत्र १०-८-६२-७०)। (३) विधिरसायन (अप्पय्य दीक्षित)। (४) विधिविवेक।

स्पष्टीकरण – शाबरभाष्य में "उपांशुयाज" विषयक चर्चा में प्रस्तुत न्याय का निर्देश होता है। उपांशुयाज (जिस में मंदस्वर में या मन में ही मंत्रोच्चार करते हुए आहुतियां दी जाती हैं) पौर्णिमा को, अग्नि की और अग्निसोम की आहुतियों के मध्य काल में होता है। कभी कभी अग्निसोम की आहुति वर्जित करते हैं तब उपांशुयाज के मध्य काल के संबंध में संदेह निर्माण होता है। इस संदेह का निवारण प्रस्तुत 'शंख न्याय' से किया गया है। 'शंखवेलायाम् आगन्तव्यम्' इस वाक्य में शंखध्वनि की दैनंदिन वेला का निर्देश होने से जिस दिन (या जिस स्थान में) शंखध्वनि नहीं होती वहां भी वही दैनंदिन निश्चित वेला का संकेत ग्रहण किया जाता है। (शंखवेला, पटहवेला, नागवेला इत्यादि शब्दप्रयोग प्राचीन काल में विशिष्ट समय का निर्देश करने होता था।

शतपत्र-पत्रशत-भेदन न्याय = (शतपत्र = सौ पंखुड़ियों वाला कमलपुष्प)।

संदर्भ – (१) कुवलयानन्द (समुच्चय अलंकार)। (२)) साहित्यदर्पण (असंलक्ष्यक्रमव्यंग्य)। (३) सांख्यसूत्र (अनिरुद्ध टीका। (४) न्यायकन्दली (श्रीधर)। (५) श्लोकवार्तिक। (६) न्यायवार्तिक। (७) स्याद्वादमंजरी। (८) तात्पर्य टीका। (९) न्यायमंजरी। (१०) तार्किकरक्षा टीका। (११) तर्कभाषा टीका।

स्पष्टीकरण – जहां क्रियाओं का अनेकत्व वास्तव में होते हुए भी उनकी शीघ्रगति के कारण वे ध्यान में नहीं आती (अथवा कवि को उनकी शीघ्रता सूचित करने होती है वहां उनका यौगपद्य (एककालिकत्व) प्रस्तुत न्याय के अनुसार माना जाता है। शतपत्र की एक सौ पंखुडियों के पुट में सुई का प्रवेश एक साथ या तत्क्षण प्रतीत होता है किन्तु उन एक सौ पंखुडियों के छेदन में भी क्रम होता ही है। (यही न्याय शतपत्र के वाचक, उत्पल, कोकनद, आदि शब्दों का उल्लेख करते हुए यत्र तत्र उल्लिखित हुआ है।)

शते पंचाशत् =

संदर्भ – (१) वाचस्पत्यम्। (२) वेदान्तकल्पतरु।

स्पष्टीकरण – पंचाशत् (५०) का अन्तर्भाव शत (सौ) में होता है। व्यापक में व्याप्य अन्तर्भूत होता है यह सिद्धान्त प्रस्तुत न्याय से निर्दिष्ट होता है।

शरपुरुषीय न्याय =

संदर्भ – (१) गणरत्नमहोदधि-टीका (वर्धमान कृत) ३-१९६।

स्पष्टीकरण – प्राकार के पीछे छिपा हुआ सैनिक जिस क्षण खड़ा हुआ, उसी क्षण बाहर से छोड़ा हुआ शर (तीर) लगकर उसका अकस्मात् वध होना।

समान न्याय – (१) अजाकृपाणीय। (२) खल्वाटबिल्वीय। (३) काकतालीय।

शर्कराउन्मज्जनीय न्याय = (शर्करा = कंकर, छोटा पत्थर)

संदर्भ – (१) गणरत्नमहोदधि (वर्धमान टीका) ३-१९६।

स्पष्टीकरण – जिस क्षण उपर से शर्करा कुंए में फेंकी गई, उसी क्षण तैराक का पानी के उपर उठने से कंकर के आघात से मस्तक में क्षत होना। यह भी आकस्मिक का द्योतक न्याय है। देखिये – शरपुरुकीय. इत्यादि न्याय।

शलभ न्याय = (शलभ = टिड्डा, टिड्डी)

संदर्भ – (१) कुमारसंभव ४-४०। (२) शिशुपाल वध २-११७। (३) राजतरंसगिणी ७-१७५। (४) कामंदकीय (नीतिसार) १-४३। (५(वेणीसंहार १-१९।

स्पष्टीकरण – शलभ का स्वभाव है कि वह दीपज्योति पर कूद कर उसे बुझाने का प्रयत्न करता है। (मेरुतुंग कवि कहते हैं कि उसे दीपज्योति की उज्ज्वलता सहन नहीं होती) इस प्रयत्न में प्रायः वह स्वयं जलकर मर जाता है। प्रस्तुत न्याय में टिड्डे के विनाश की ओर ही संकेत किया गया है।

शवोद्वर्तन न्याय = (शव = मृतशरीर। उद्वर्तन = सुगंधित लेप लगाना)।

स्पष्टीकरण – निरर्थक प्रयास करना।

समान न्याय – अरण्यरोदन न्याय।

सुभाषित – अरण्यरुदितं कृतं शवशरीरमुद्वर्तितम्।

शाखाचन्द्र न्याय =

संदर्भ – (१) तैत्तिरीय भाष्य वार्तिक २-१-२३२। (२)

विवरण प्रमेय संग्रह।

स्पष्टीकरण – शुद्धपक्ष की प्रतिपदा में चंद्ररेखा सूक्ष्म होने से कारण आकाश में उसका निश्चित स्थान दिखाने के लिए सामने के वृक्ष की जिस शाखा पर वह दीखती है उस की ओर अंगुलिनिर्देश किया जाता है। उस शाखा को देखने पर चंद्रकला अनायास देखी जा सकती है। वेदान्त शास्त्र में अन्नमय, प्राणमय, मनोमय, विज्ञानमय और आनंदमय कोश का यथाक्रम ज्ञान देते हुए कोशातीत आत्मतत्त्व का ज्ञान प्रस्तुत न्याय के अनुसार दिया जाता है।

शान्तिकर्मणि वेतालोदयः =

संदर्भ – (१) न्यायमकरंद (चित्सुख मुनि की टीका)। (२) भामती। (३) विधिविवेक (भंडन मिश्र)।

स्पष्टीकरण = शान्तिकर्म (आश्वलायन गृह्यसूत्र (४-६-१) के अनुसार पुत्र, गुरु, गाय आदि प्रिय व्यक्ति के निधन निमित्त कर्तव्य विधि) शान्तिकर्म में वेताल (भूत, पिशाच) का उत्थान होना, उस कर्म की विफलता का द्योतक है। न्यायमकंरद में अभेद सिद्ध करने वाले विद्वान के द्वारा भेद वाचक श्रुतिवचनों का उद्धरण होने के संदर्भ में प्रस्तुत न्याय द्वारा उपहास किया है। पाठ है।

शाब्दी आकांक्षा शब्देन एव पूर्यते =

संदर्भ – (१) सर्वदर्शनसंग्रह (अंतिम प्रकरण)। (२) वेदान्तकल्पतरुपरिमल। (३) काव्यप्रदीप (वैद्यनाथ टीका)। (४) कुसुमांजलि हरिदासवृत्ति ३-१५ और रुचिदत्त की टीका। (५) साहित्यदर्पण २-१८।

स्पष्टीकरण – शब्दों के समुच्चय से 'वाक्य' होने के लिए उन में, योग्यता, आकांक्षा और सन्निधि (या आसत्ति) इन तीन बातों की आवश्यकता होती है। गौः अश्वः हस्ती, पुरुषः इन चार शब्दों में योग्यता और सन्निधि होने पर भी उनमें परस्पर 'आकांक्षा' न होने के कारण उनके द्वारा वाक्य नहीं बनता। उन शब्दों को जिन विशिष्ट शब्दों की आकांक्षा है वह तद्वाचक शब्दों से ही पूर्ण हो सकती है, कल्पान मात्र से नहीं।

शालिसमृद्धौ कोद्रवाशनत्यागः = धान की समृद्धि होने पर कोद्रव (कोदो नामक क्षुद्रधान्य) खाना छूट जाता है।

स्पष्टीकरण – दीर्घकाल श्रवन मननादि करने पर भी जिन मन्दबुद्धि साधकों को जीव-ब्रह्म के अभेद का अनुभव नहीं होता, वे अपने इष्ट देवता की आराधना ही करें। आराधना से ईश्वरकृपा के कारण अद्वैतानुभूति होने पर भेदबुद्धि का त्याग हो सकता है। यह आशय प्रस्तुत न्याय से स्पष्ट किया जाता है।

शाल्यादिविषयस्य मुशलादेः करणस्य श्यामाके अभिघातः भवति =

संदर्भ – (१) न्यायवार्तिक।

स्पष्टीकरण – (शाली = धान) (श्यामाक = सावां चावल)। मूसली के आघात शाली पर न हो कर, श्यामाक पर होना, अर्थात् जिस पर क्रिया होना उससे भिन्न पदार्थ पर होना अनुचित है। दशरथ राजा का शब्दवेधी बाण हाथी के स्थान पर श्रवणकुमार को लगा था।

शास्त्रफलं प्रयोक्तरि =

संदर्भ – (१) जैमिनिसूत्र ३-७-१८। (२) तात्पर्यटीका (वाचस्पति मिश्र)। (३) भामती। (४) तत्त्वमुक्तकलाप २-५९। (५) पातंजल भाष्य १-३-७२।

स्पष्टीकरण – प्रस्तुत न्याय याने जैमिनि का सूत्र (३-७-१८) है। इसके अनुसार शास्त्र में जो कर्म जिसके लिये बताया होगा उसी को उसका (विधि करने पर) यथोचित फल मिलेगा। उसे न करने पर या अयुक्त रीति से करने पर उसका दोष भी उसीको मिलेगा। अर्थात् पिता, पुत्र, पत्नी, आदि को फल नहीं मिलेगा। इस विषय में तत्वमुक्तकलापकार कहते हैं। ''अन्यः चेत् अन्यकर्मजनितफलभुक्, शास्त्रवैयाकुली (व्याकुलता) स्यात्'' अर्थात् यदि एक ने किए हुए कर्म का फल दूसरे को भोगना पड़े तब तो शास्त्र ही व्यर्थ होगा। (प्रस्तुत नियम शास्त्रोक्त कर्मों के ही संबंध में ग्राह्य है)।

शिबिकोद्वाहकनरवत् :- (शिबिका = पालकी, डोली, अर्थी।)

संदर्भ – (१) न्यायमंजरी (जयंत भट्ट)। (२) बृहदारण्यकवार्तिक १-४-१६००।

स्पष्टीकरण – शिबिका के वाहक सब मिलकर एक ही कार्य करते हैं। उसी प्रकार सारे शब्द मिलकर एक वाक्यार्थ कहते है। अनेकों द्वारा एक कार्य होना प्रस्तुत न्याय का आशय है।

शिरश्छेदेऽपि शतं न ददाति, विंशतिपंचकं तु प्रयच्छति, शाकटिकः =

संदर्भ – (१) सर्वदर्शनसंग्रह (पूर्णप्रज्ञदर्शन)। (२) आत्मतत्त्वविवेक। (३) तत्त्वमुक्ताकलाप २-७१। (४) खण्डनोद्धार। (५) न्यायमंजरी।

स्पष्टीकरण – अद्वैतवादी कहते है कि ''हम इस प्रपंच (संसार) का मिथ्यात्व मानते हैं, उसका 'असत्त्व' (अभाव) नहीं मानते''। (प्रपंचस्य मिथ्यात्वम् अभ्युपेयते न असत्त्वम्) उनके इस युक्तिवाद का उपहास प्रस्तुत न्यायवाक्य से पूर्णप्रज्ञ दर्शनवादी करते है। सिर काटने पर भी सौ रुपये नहीं दूंगा। ऐसा आवेश से कहते हुए पांच बार बीस रुपये देने वाले शाकटिक (गाड़ीवान) के समान ही अद्वैतवादियों का असत्त्व-विरोध और मिथ्यात्व स्वीकार है। (असत्व और मिथ्यात्व में केवल शब्द भेद है।

शिरोवेष्टनेन अंगुल्या नासिकास्पर्शनम् =

संदर्भ – (१) ब्रह्मसूत्र (विज्ञानभिक्षु-भाष्य) ३-३-३७।

स्पष्टीकरण – प्राणायाम क्रिया के लिए नाक सीधे न पकडते, सिर के पीछे से हाथ मुड़कर नाक पकडने के प्रयास को 'द्राविड प्राणायाम' कहते हैं। प्रस्तुत न्याय उसी 'द्राविड प्राणायाम' का बोध करता हैं। सुबोध सरलशब्दों में जो आशय व्यक्त

हो सकता हैं उसे दुर्बोध शब्दों द्वारा क्लिष्ट आलंकारिक ढंग से कहना अनुचित है।

शीर्षे सर्पः देशान्तरे वैद्यः =

संदर्भ – (१) क़र्पूरमंज़री (एक प्राकृतसदृक) अंक ४। (२) मुद्राराक्षसनाटक १-२१।

स्पष्टीकरण – मस्तक पर सर्प और विदेश में वैद्य।

समान न्याय – (१) हिमवति दिव्यौषधयः। शीर्षे सर्पः समाविष्टः।।

(मस्तक पर सर्प और हिमालय में उस की विषबाधा रोकने वाली दिव्य औषधियाँ। (२) उपरिघनं दूरे दयिता।

शिलाघनमध्यस्थ-प्रदीपसहस्त्रप्रथनवत् =

संदर्भ – (१) शांकर भाष्य (ब्र. सू.) २-२-२८।

स्पष्टीकरण – दृढशिलाखंड के अंदर हजार प्रदीप जल रहे हैं ऐसा कहना। अर्थात् असंभाव्य, अकल्पनीय विचार व्यक्त करना। जिस को किसी प्रमाण का आधार नही और जिसका कोई प्रवक्ता नहीं ऐसे विचार को दीपकवत् स्वयं प्रकाशी कहना प्रस्तुत न्याय के अनुसार हास्यास्पद है।

शुकनलिका न्याय =

संदर्भ – (१) उद्योग पर्व (म. भा.) xcvi-४२। (२) गोपाल-उतरतापनीय उपनिषद्-८।

स्पष्टीकरण – पिंजडे की डंडी पर लगाई हुई पोली नलिका पर बैठने वाला शुक (तोता) अपने भार से नलिका के साथ उपर-नीचे चक्कर काटता है और मन में समझता है कि मैं उड़ रहा हूं। वेदान्त मे इस न्याय द्वारा जीवात्मा के भ्रम का स्वरूप स्पष्ट किया जाता है। तत्त्वतः जीवात्मा परमात्मा ही होने से उसमें भोक्तृत्व, बन्ध-मोक्ष आदि का संभव ही नहीं किन्तु माया के बन्धन के कारण (नलिका स्थित शुक के समान) स्वयं को कर्ता, भोक्ता बद्ध मुक्त मानता है।

शुकावलोकन = (शुक = तोता) आम, अमरूद, जामुन जैसे फल वृक्ष पर लगने पर तोता ही एक ऐसा पक्षी है जो उनमें से परिपक्व फल पहचान कर उसका आस्वाद लेता है। वह कच्चे फलों को चोंच नहीं लगाता। सद्गुणों का ग्रहण करने वाला सज्जन प्रस्तुत न्याय का उदाहरण है।

शुष्केष्टि न्याय : = (इष्टि = यज्ञ)

संदर्भ – (१) शाबर भाष्य ९-२-१३।

स्पष्टीकरण – पौरोहित्य सीखने वाले छात्रों को यज्ञादि विधियों का सप्रयोग बोध कराने हेतु जो क्रियाएँ गुरुकुल में की जाती हैं (जिन में यथोचित आहुतियाँ आदि नहीं दी जाती) उन्हें "शुष्क इष्टि" कहते हैं। (इसी प्रकार प्रयोजनहीन वाद को 'शुष्कवाद' कहते हैं।

शृंगग्राहिका न्याय = शृंगस्य ग्रहणं यस्यां क्रियायां, सा शृंगग्राहिका।

संदर्भ – (१) शंकरानंद कृत आत्मपुराण (की रामकृष्ण कृत टीका) ४-५६१-६२। (२) बृहदारण्यकोपनिषद् भाष्य-वार्तिक (सुरेश्वर)। (३) उद्योग पर्व XLV-९-नीलकंठी टीका। (४) भामती-३-२-२२।

स्पष्टीकरण – गो समूह में मेरी गाय कोन सी है इस प्रश्न का उत्तर उसकी गाय का शृंग पकड़ कर गोपाल देता है (एषा ते बहुक्षीरा गौः इति)। इस प्रकार (गाय इत्यादि) बाह्य विषयों का ज्ञान प्रत्यक्ष द्वारा हो सकता है किन्तु ब्रह्म का ज्ञान इस 'शृंगग्राहिका न्याय' से प्रत्यक्ष द्वारा नहीं हो सकता। (शृंगग्राहिका = गाय या बैल के सींग पकड़ने की क्रिया)।

श्येनकपोतीय न्याय = (श्येन = बाज, शिकरा। कपोत = कबूतर)

संदर्भ – (१) गणरत्नमहोदधि ३-१९५, वर्धमान टीका। (२) श्येन-कपोतीयम् उपाख्यानम् (महाभारत-वनपर्व)।

कपोत पक्षी का उडते उडते अकस्मात् श्येन के पास पहुंचने के कारण नाश होना। आकस्मिक दुर्योग का यह उदाहरण है।

श्रवणकुमार वध न्याय =

रामायण के प्रारंभ में मृगया निमित्त रात के अंधेर में राजा दशरथ के हाथी निमित्त छोड़े हुए बाण से श्रवणकुमार की हत्या हुई। अविवेक या अज्ञान से निंद्यकर्म होता है।

समान न्याय – शाल्यादिविषये मुशलादेः श्यामाके अभिहतिः।

श्रुतिबलीयस्त्व न्याय = देखिये – पाठक्रम न्याय।

श्वः कार्यम् अद्य कुर्वीत ।=

संदर्भ – (१) शांतिपर्व। (२) प्रबन्धचिन्तामणि।

स्पष्टीकरण – "श्वः कार्यम् अद्य कुर्वीत, पूर्वाह्णे चापराह्णिकम्।
न हि प्रतीक्षते मृत्युः कृतं वाऽस्य न वा कृतम्।।"

भावार्थ – आने वाले कल का काम आज कीजिये और सायंकाल का मध्याह्न के पहले निपट लीजिये। तुम्हारा काम पूर्ण हुआ या नहीं इसका विचार मृत्यु नहीं करता। इसी आशय में कहा गया है "गृहीत इव केशेतु मृत्युना धर्मम् आचरेत्।।" (मृत्यु ने अपनी चोटी पकड़ रखी है यह समझ कर धर्म का पालन करो।

श्वपुच्छ-उन्नामन न्याय =

संदर्भ – उपमितिभवप्रपंचकथा।

स्पष्टीकरण – कुत्ते की दुम सीधी करना।

समान न्याय – अरण्यरोदन, शवोद्वर्तन, वन्ध्यामैथुन इ.। निरर्थक प्रयास।

श्वलीढम् इव पायसम् =

संदर्भ – (१) सर्वदर्शनसंग्रह।

स्पष्टीकरण – कुत्ते ने चाटा हुआ दूध (या कोई भी मिष्टान्न) अपवित्र ही होता है। उसी प्रकार सकाम बुद्धि से किया हुआ तप आदि महान् सत्कर्म वासना के कारण दूषित होता है। वह ईश्वर को प्रिय नहीं होता।

श्वश्रू-निर्गच्छोक्ति न्याय =

संदर्भ – (१) नैष्कर्म्यसिद्धि (सुरेश्वराचार्य) १-२८, ज्ञानोत्तम

कृत टीका।

स्पष्टीकरण – दरवाजे पर आये भिखारी को बहु ने "नास्तिक भिक्षा निर्गच्छ" कहने पर सास ने उसी भिखारी को वापस बुलाकर कहना, "नास्ति भिक्षा, निर्गच्छ"। यह वृथा अहंकारी के व्यवहार का उदाहरण है।

श्वा कर्णे वा पुच्छे वा छिन्ने श्वा एव भवति, न अश्वः न गर्दभः =

संदर्भ – (१) शिवसूत्र-२ प्रदीपोद्योत (नागेश कृत कैयट की व्याख्या की व्याख्या)। (२) परिभाषेन्दुशेखर-३७। (३) तंत्रवार्तिक -२-१-३४।

स्पष्टीकण – "एक देशविकृतम् अनन्यवत्" इस व्याकरण -वार्तिक का प्रस्तुत उदाहरण है। कुत्ते का कान या पुच्छ काटने पर भी वह कुत्ता ही रहता है, घोड़ा या गधा नहीं होता। अंशतः परिवर्तन से मूल स्वरूप में भेद नहीं होता।

षोडशि ग्रहण-अग्रहणन्याय =

संदर्भ – (१) ब्र. सू. शां. भा. १--२, २-१-२७, १-४-१३, ३-३-२६ (आनंदगिरि)। (२) अर्थसंग्रह (लौगाक्षिभास्कर)। (३) व्या. महाभाष्य (प्रदीपोद्योत)।

स्पष्टीकरण – अतिरात्र नामक याग (जो रातभर होता है) में षोडशि नामक स्तोत्र (स्तुतिपर वेदमंत्र) का पाठ करने के संबंध में "अतिरात्रे षोडशिनं गृहणाति" और "न अतिरात्रे षोडशिनं गृहणाति" इन विरोधी वचनों के कारण मतभेद हुआ है। इस अवस्था में षोडशिग्रहण वैकल्पिक (कर्ता की इच्छा पर निर्भर) माना जाता है। अर्थात् उसके ग्रहण-अग्रहण के कारण अतिरात्र याग में कोई दोष नहीं आता। लौकिक व्यवहार में भी प्रस्तुत न्याय के अनेक उदाहरण मिल सकते हैं। जैसे विवाह की निमंत्रण पत्रिका मिलने पर तटस्थ व्यक्ति की उपस्थिति ऐच्छिक होती है।

सकृत् कृते कृतः शास्त्रार्थः =

संदर्भ – (१) व्या. महाभाष्य ६-१-८४ (वा-४), १०८ (वा-३), ६-४-१०४ (वा-३)। (२) शाबर भाष्य ११-१-२८,३५, १२-३-१०। (३) विवरणप्रमेयसंग्रह। (४) भामती ४-१-१२।

स्पष्टीकरण – शास्त्रादेश के अनुसार कुछ विधियों का आचरण अनेक बार करना आवश्यक होता है, किन्तु समय, सामर्थ्य इत्यादि के अभाव में 'सकृत्' (एक बार) उसका आचरण करते हुए लोग कर्तव्यपूर्ति का समाधान मान लेते है यह प्रस्तुत न्याय का आशय है। धर्मशास्त्र में पिता या माता के मरणोपरान्त अनेक श्राद्धविधि बातए है किन्तु उन को समय आदि के अभाव के कारण करते रहना असंभव होता है ऐसी अवस्था में प्रस्तुत न्याय के आधार पर एक वार्षिक श्राद्ध सामान्य श्रद्धालु लोग करते हैं।

सकृद्गति न्याय =

संदर्भ – (१) परिभाषेन्दुशेखर; व्या. महाभाष्य १-१-५६ (वा-२५/२६/२७), १-४-२ वा-७, ६-३-४२ वा-५, ६-३-१३९, ६-४-६२ (वा-२), ७-१-२६, ७-१-७३।

स्पष्टीकरण – प्रस्तुत न्याय 'सकृद्गतौ विप्रतिषेधे यद्बाधितं तद् बाधितम् एव" इस नागोजी की परिभाषा का अंश है। रूपसिद्धि में दो सूत्र एक साथ प्राप्त होकर, परस्पर के बाधक होते हैं। ऐसी अवस्था में जिस एक को गौणत्व प्राप्त होता है वह सदा के लिए गौण ही रहता है। इस का स्पष्टीकरण एक लौकिक उदाहरण से पतंजलि ने अपने भाष्य में (१-४-२) दिया है- दो समान पुरुषों की सेवा करने वाला उनके काम यथाक्रम कर सकता है किन्तु जब उन दोनों के दो काम दो भिन्न स्थानों पर करने का आदेश एक साथ मिलता है तब वह असंभवता के कारण कुछ भी नहीं करता।

सकृत्प्रवृत्तायाः किम् अवगुंठनेन =

संदर्भ – (१) तत्त्ववार्तिक ३-१-१२। (२) शास्त्रदीपिका (पार्थसारथि मिश्र) १-४-४।

स्पष्टीकरण – (सकृत् =) एक बार कुकर्म में प्रवृत्त हुई स्त्री ने फिर अवगुंठन (ओढनी, प्रवरण) से मुख आच्छादित करने से कोई लाभ नहीं। उससे उसकी सुशीलता स्थापित नहीं होती।

सत्र न्याय =

संदर्भ – जैमिनि सूत्र ६-३-२२।

स्पष्टीकरण – दीर्घ कालीन सत्र (यज्ञ) में अनेक (कम से कम १७) यजमानों की आवश्यकता मानी गयी है। सत्र संपूर्ण होने के पहले अगर उनमें से एक अगतिकता के कारण सहभागी होने में असमर्थ हो (या उसका देहान्त हो) तब दूसरा व्यक्ति सहभागी होकर उसका अवशिष्ट कार्य पूर्ण कर सकता है। किन्तु जिस सत्र में एक ही यजमान होता है वहां इस प्रकार का संकट आने पर अगर दूसरा व्यक्ति उस सत्र को पूर्ण करने में सहयोग देता है तब उसके कर्म का फल पहले यजमान को ही मिलता है। लौकिक व्यवहार में कर्म का दृष्ट फल प्रतिनिधि को ही मिलता है किन्तु वैदिक कर्मों का अदृष्ट या अपूर्व फल प्रतिनिधि को प्रस्तुत न्याय के अनुसार नहीं मिलता। (देखिये – "रात्रिसत्र न्याय" इसके अनुसार, कर्म का फल अर्थवाद वाक्यों में बताया हुआ माना जाता है, यदि विधि में उसका विशिष्ट फल निर्दिष्ट नहीं हो जाता है।)

संदिग्धस्य वाक्यशेषात् निर्णयः =

संदर्भ – (१) जैमिनिसूत्र १-४-२९। (२) शास्त्रदीपिका १-३-८। (भामती ३-३-३४।

स्पष्टीकरण – वाक्य में प्रयुक्त शब्द का संबंध अन्य किस शब्द के साथ लेना चाहिये या उसका क्या अर्थ लेना चाहिये यह संदेह कई स्थानों पर निर्माण होता है। उसका निर्णय प्रस्तुत न्याय से होता है। प्रस्तुत न्याय के अनुसार ऐसी अवस्था में वाक्यशेष (संदर्भ) के अनुसार अर्थ लगाना

चाहिये। यह एक मीमांसा शास्त्र का सिद्धान्त है।

संदिग्धे न्यायः प्रवर्तते =

संदर्भ – (१) नैष्कर्म्यसिद्धि ४-३।

स्पष्टीकरण – जिस विषय में संदेह हो (और जिस के निर्णय का प्रयोजन हो) ऐसे ही विषय के संबंध में न्याय (तर्क) की आवश्यकता होती है। जो असंदिग्ध, निर्णीत, और प्रयोजन शून्य विषय होता है उस के प्रतिपादन हेतु तर्क प्रस्तुत करने की आवश्यकता नहीं माननी चाहिये।

सदृशात् सदृशोदयः =

संदर्भ – (१) व्या. महाभाष्य १-४-३०। (२) ब्र. सू. शां. भा. २-१-६। (३) कुसुमांजलि वृत्ति (उदयन) २-२।

स्पष्टीकरण – जो जिस से उत्पन्न होता है वह उसी के समान (रूप, गुण, क्रिया आदि विषयों में) होता है यह सामान्य नियम है। इसका प्रतिवाद करते हुए जयन्त भट्ट कहते हैं –

"न चैष नियमो लोके सदृशात् सदृशोद्भवः।
वृश्चिकादेः समुत्पादो गोमयाद् अपि दृश्यते।।"

अर्थात् गोमय (गोबर) से वृश्चिक (बिच्छु) आदि की उत्पत्ति होती है इस कारण "सदृशात् सदृशोत्पत्तिः" यह नियम निश्चित नहीं कहा जा सकता। (आधुनिक विज्ञान (बायोजेनिसिस का सिद्धान्त) मत 'गोमयात् वृश्चिकोत्पत्तिः' दृष्टान्त को निराधार कहता है।)

समुदाये वाक्यपरिसमाप्तिः संभवति एकवाक्यत्वे वाक्यभेदश्च न इष्यते। –

संदर्भ – (१) जैमिनिसूत्र १-१-४। (२) श्लोकवार्तिक। (३) भामती १-१-२८, १-३-१३, १-४-३, १-४-१६, ३-३-५७, ३-४-२०। (४) ब्र. सू. शां. भा. (आनंदगिरि) १-२-१५, १-४-३, २-३-२, ३-३-१४।

स्पष्टीकरण – जब वाक्य को एक (अखंड) मानने में कोई आपत्ति नहीं होती, तब उसमें विभाजन करते हुए दो वाक्य मानना उचित नहीं। किंबहुना दो वक्ताओं द्वारा उच्चारित शब्दों में साकांक्षता हो, तो भी वहां एकवाक्यत्व ही मानना चाहिये।

संभवे व्यभिचारे च स्याद् विशेषणम् अर्थवत् =

संदर्भ – (१) संक्षेपशारीरक-टीका। (२) विद्यासागरी (खंडनखंडखाद्य की टीका)। (३) तंत्रवार्तिक १-३-१८= (जैमिनि १-३-२४)। (४) बृहदारण्यकोपनिषद् भाष्य वार्तिक (सुरेश्वराचार्य) ६-२।

पातंजल भाष्य में "ब्राह्मणेन निष्कारणः षडंगो वेदःअध्येयः" यह आदेश दिया है। इस वाक्य में 'षडंग' इस वेद के विशेषण का अर्थ "श्रुति-लिंग" इत्यादि मीमांसा सूत्रोक्त के अन्तर्गत अंग मीमांसक मानते हैं उनका खंडन पतंजलि प्रस्तुत न्याय के आधार पर करते हैं। अर्थात् – जब किसी वाक्य में प्रतुक्त विशेषण समुचित हो और उसके बिना (व्यभिचार) (विपरीत अर्थ) व्यक्त होने की संभावना हो तब ही, विषेषण यथार्थ होता है। इस दृष्टि से "षडंग" विशेषण का अर्थ व्याकरण निरुक्त आदि बाह्य अंग लेना ही उचित कहा गया है।

सर्वं ज्ञानं धर्मिणि अभ्रान्तं, प्रकारे तु व्यत्ययः =

संदर्भ – (१) चित्सुखी २-१८। (२) सप्तपदार्थी। (३) तत्त्वमुक्तकलाप ४-१०४। (४) खण्डनखण्डखाद्य (विद्यासागरी टीका)।

स्पष्टीकरण – चमकती वस्तु को दूर से देखकर रजत (चांदी) का ज्ञान होने पर उसे प्रत्यक्ष हाथ में उठाने पर सींप का ज्ञान होता है। इस अवस्था में प्रथमतः धर्मी (विशिष्ट धर्मयुक्त पदार्थ) को देखते ही जो ज्ञान हुआ था वह अभ्रान्त था किन्तु उसके प्रकार में भ्रम था। इसी न्याय के आधार पर पदार्थ का 'निर्विकल्पक' ज्ञान (जिसमें वस्तुस्वरूप का निर्णय नहीं होता) को भी 'प्रमा' (यथार्थ ज्ञान) स्वरूप माना गया है।

सर्वं बलवतः पथ्यम् =

संदर्भ – (१) तंत्रवार्तिक (कुमारिल)। (२) तात्पर्य टीका (वाचसपति मिश्र)।

स्पष्टीकरण = बलवान् को किसी की बाधा या पीड़ा नहीं हो सकती। हाथी वटकाष्ठ खाकर हजम कर सकता है। कुछ महापुरुषों के चरित्रों में धर्मव्यतिक्रम की घटनाएँ मिलती हैं, उनसे उनका अपयश नहीं होता। दुर्बल साधारण जनों ने उनका अनुकरण नहीं करना चाहिये। (नैतत् समाचरेत् जातु मनसाऽपि ह्यनीश्वरः (भागवत १०-३३).

सर्वशाखाप्रत्ययम् एकं कर्म =

संदर्भ – (१) जैमिनिसूत्र २-४-८-३२। (२) तंत्रवार्तिक। (३) पंचपादका विवरण। (४) न्यायमंजरी। (५) विवरण प्रमेय संग्रह। (६) श्रीभाष्य ३-३-५३।

स्पष्टीकरण – कर्म एक ऐसा तत्त्व है जिस पर वेदों की सभी शाखाओं का विश्वास है। कर्मकाण्डवादी मीमांसकों की दृष्टि से यह अत्यंत महत्त्वपूर्ण सिद्धान्त है। जैमिनि ने अपने मीमांसा सूत्रों में इस सिद्धान्त का प्रतिपादन (उपरिनिर्दिष्ट) २५ सूत्रों द्वारा किया है। इसी न्याय के अनुसार अहिंसा और सत्य ऐसे तत्त्व हैं जिन पर विश्व के सभी धर्मों का विश्वास है।

सविशेषणे हीति न्याय =

संदर्भ – (१) वेदान्तपरिभाषा (प्र-७)। (२) तात्पर्य टीका। (३) आत्मतत्त्वविवेक। (४) लौकिक न्यायसंग्रह।

स्पष्टीकरण – प्रस्तुत न्याय संपूर्णतः "सविशेषणे हि विधिनिषेधौ, विशेष्ये बाध्ये सति, विशेषणम् उपसंक्रमतः" इस वाक्य द्वारा वेदान्त परिभाषा में कहा है। जब कोई विधि या निषेध, विशेषण युक्त विशेष्य के संबंध में शास्त्र में कहा जाता है, तब विशेष्य में उसकी बाधा (किसी कारणवश) होने पर, वह विधि या निषेध विशेषण से संबंधित होता है। जैसे "रात के समय शस्त्रधारी चोर का नगर प्रवेश निषिद्ध हो" इतना आदेश देने पर अगर कोई शस्त्रधारीप्रवेश करने का प्रयत्न करता हो तो वह चोर न होने पर भी उसके विशेषण (शस्त्रधारी) के कारण प्रस्तुत आदेश द्वारा रोका जा सकता है।

सहैव दशभिः सार्धं भारं वहति गर्दभी =
संदर्भ – (१) तंत्रवार्तिक। (२) भामती ३-४-३३। (३) वेदान्त शिखमणि। (४) आनंदगिरि कृत शां. भा. टीका ३-४-३३।
स्पष्टीकरण – वेदान्त मतानुसार अविद्यामूलक कर्मों से ब्रह्मप्राप्ति नहीं होती अपितु विद्या ही वह कार्य करती है। प्रस्तुत विचार का स्पष्टीकरण उक्त न्याय से दिया गया है। गर्दभी के दस पुत्र होते हैं किन्तु प्रत्यक्ष भार उसीको उठाना पडता है। पुत्रों के कारण कोई लाभ नहीं होता।

साकमेधीय न्याय =
संदर्भ – (१) मीमांसा सूत्र ५-१-१९-२२।
स्पष्टीकरण – (साकम् = सह, साथ। एध = आहुति।) चातुर्मास्य यागों में "साकमेध" (साकम्+एध) नामक आहुतियों को तृतीय कहा हैं। वास्तव में प्रस्तुत याग दो दिन चलते हैं। इन में सात आहुतियों के तीन गुट, या समूह पहले दिन और अवशिष्ट आहुतियों के समूह दूसरे दिन समर्पण होते हैं, फिर भी साकमेधीय आहुतियों को "तृतीय" कहा जाता है। कुछ ग्रंथों की 'शतक' संज्ञा होती है किन्तु प्रत्यक्षतः उनकी श्लोक संख्या सौ से कम या अधिक होती है।

साक्षः पुरुषः परेण चेत् नीयते, नूनम् अक्षिभ्यां न पश्यति =
संदर्भ – (१) शाबरभाष्य १-२-३१। (२) न्यायमंजरी (जयंत भट्ट)।
स्पष्टीकरण – आंखोंवाला यदि दूसरे द्वारा चलाया जाता है तो वह मानों अपनी आंखों से नहीं देखा करता। यज्ञों में जिन मंत्रों का प्रयोग होता है उनका अर्थज्ञान याज्ञिक को होने की आवश्यकता नहीं; अपने इस मत का प्रतिपादन मीमांसा शास्त्र में करते हुए पूर्वपक्षीद्वारा प्रस्तुत न्याय का आधार दिया गया है। उनका कहना है कि यज्ञविधि के लिए जिन्होंने ग्रंथरचना कर रखी है उन्होंने उन मंत्रों के अर्थ का विचार किया ही होगा। अर्थज्ञान की योजना हमारे पास होने पर भी उसके लिए अपनी बुद्धि का उपयोग करने की आवश्यकता नहीं।

सामान्यविधिः अस्पष्टः =
संदर्भ – (१) लौकिक न्यायरत्नाकर। (२) तंत्रवार्तिक ३-४-४७। (३) वेदान्तकल्पतरुपरिमल। (४) न्यायसुधा (तंत्रवार्तिक टीका १-२-४२)। (५) शाबरभाष्य १०-८-१६।
स्पष्टीकरण – 'वृक्षम् आनय', 'वस्तूनि आनेयानि' इस प्रकार के वाक्यों में वृक्ष, वस्तु जैसे सामान्यवाची शब्दों से आज्ञापालक को विशिष्ट वृक्ष या वस्तु का बोध नहीं होता। ऐसे वाक्यों से यथोचित बोध होने के लिए विशेष वाचक शब्दों की आवश्यकता होती है।

सावकाश-निरवकाशयोः निरवकाशो बलीयान् –
संदर्भ – (१) रघुनाथ वर्मा लौ. न्या. र.। (२) ब्र. सू. शां. भा. २-१-१। (आनंदगिरि टीका २-१-४,६,१३। (३) आगमप्रामाण्य (यामुनाचार्य)। (४) न्यायमकरंद (चित्सुख मुनि)। (भ) व्या. महाभाष्य २-१-६९। (६) स्याद्वादमंजरी।

'अग्निषोमीयं पशुम् आलभेत' इस वेदवाक्य में पशु के आलभन (हिंसा) का निरवकाश (या निरपवाद) आदेश है। अतः इससे 'न हिंस्यात् सर्वाभूतानि' इस सामान्य निषेध को बाधा आती है। उसी प्रकार वेदप्रामाण्यवादी प्रत्यक्ष अनुभव को सावकाश और वेदवाक्य को निरवकाश कहते हुए कहते हैं, "न च अनुभवेन श्रुतेः बाधः शक्यः। श्रुतेः निरवकाशत्वात्। व्यवहार में उच्चन्यायालय के निर्णय का खंडन वरिष्ट न्यायालय के निर्णय से होता है क्यों कि वह "निरवकाश" है।

सिकताकूप न्याय =
संदर्भ – (१) ब्र. सू. शां. भा. २-२-३२।
स्पष्टीकरण – सिकता (रेतीली जमीन) में कुंआ खोदते समय वह सभी और से गिरते या ढलते रहता है। बौद्ध मत का खंडन करते हुह श्री शंकराचार्य ने उसे 'सिकताकूप' की उपमा दी है। (किंबहुना सर्वप्रकारेण यथा यथा अयं वैनाशिक (बौद्ध) समयः उपपत्तिमत्वाय परीक्ष्यते, तथा तथा सिकताकूपवद् विदीर्यते एव। न कांचित् तत्र उपपत्तिं पश्यामः।)

सिकता-तैल न्याय =
संदर्भ – (१) नीतिशतक (५)। (२) ब्र. सू.शां. भा. २-१-१६। (३) योगवासिष्ठ २-५-२३। (४) न्यायमंजरी। (५) परिशिष्टपर्व (हेमचंद्र)।
स्पष्टीकरण – कोई भी कार्य चाहे किसी भी उपादानकारण से प्रयत्न की पराकाष्ठा करने पर भी नहीं निष्पन्न होता, इस सिद्धान्त का यह प्रसिद्ध उदाहरण है। रेती से तेल किसी अवस्था में नहीं निकल सकता।

सिंह-मेष न्याय =
स्पष्टीकरण – भेड़ों के परिवार में पाला गया सिंह का बछडा अपने आप को भेड़ ही समझते हुए कायर बनता है। या इस के विपरीत सिंह के परिवार में पाला गया भेड़ का बछडा अपने को सिंह मानकर हाथी से लढने के आवेश में आता है इन कथाओं में निर्दिष्ट बछड़ों को जल में उनका प्रतिबिंब दिखाने पर स्वरूपज्ञान होता है। उसी प्रकार मानव को गुरूपदेश के अनुसार आध्यात्मिक साधना से "अहं ब्रह्मास्मि" यह स्वरूपज्ञान होता है। देखिये – राजपुत्र-व्याध न्याय।

सिंहावलोकन न्याय =
संदर्भ – (१) तैत्तिरीय प्रातिशाख्य २-५१, ४-४, १३-२,१५। (२) वनपर्व (म. भा.) नीलकण्ठी ccxxi.१। (३) भामती २-३-६। (४) सांख्यतत्त्व कौमुदी ७। (५) न्यायवार्तिक तात्पर्य टीका (वाचस्पति मिश्र)। (६) परिशिष्ट पर्व (हेमचंद्र) १-६३।
स्पष्टीकरण – भक्ष्य की हत्या करने पर पीछे और आगे देखना, सिंह का स्वभाव है, इसी वैशिष्ट्य से प्रस्तुत न्याय का नामकरण हुआ हैं। वाक्य में ऐसे कुछ शब्द होते हैं जिनका पीछे और आगे के शब्द से संबंध जोड़कर वाक्य

का अर्थ निर्धारित किया जाता है।

सुन्द-उपसुन्द न्याय =

संदर्भ – (१) सांख्यतत्त्वकौमुदी १३। (२) लौ. व्या. संग्रह (रघुनाथ वर्मा)। (३) कामंदकीय नीतिसार ९-६१। (४) सर्वार्थसिद्धि (तत्त्वमुक्ताकलाप २-५३ की टीका)।

स्पष्टीकरण – महाभारत में वर्णित कथा के अनुसार इन दो असुर बन्धुओं ने ब्रह्मा से यह वरदान मांगा कि हम दोनों में वैरभाव कभी उत्पन्न न हो। किन्तु जब तिलोत्तमा नामक अप्सरा की अभिलाषा दोनों के मन में प्रबल हुई तब वे आपस में लड़कर नष्ट हो गये। स्वार्थ-लोभ के कारण बैर कहीं भी निर्माण होता है। कुछ नैयायिकों के मतानुसार उत्पन्न शब्द 'वीची-तरंग न्याय' से अंत तक पहुंचने पर, अन्त्य और उपान्त्य शब्द एक दूसरे का नाश प्रस्तुत न्याय के अनुसार करते हैं। सुन्दोपसुन्द न्याय में दो तुल्यबल विरोधकों का संघर्ष अभिप्रेत है। 'मात्स्य न्याय' में प्रबल-दुर्बल विरोध सूचित है।

सुभगाभिक्षुक न्याय =

संदर्भ – (१) रघुनाथ कृत लौ. न्या सं.। (२) आत्मतत्त्वविवेक।

स्पष्टीकरण – सुभगा (एक स्त्री) और भिक्षुक दुष्ट हत्यारों के भय से किसीके आश्रय में गए। तब शरणागत का कर्तव्य और हत्यारों का भय इस संकट में फसा हुआ वह आश्रयदाता सुभगा का रक्षण करता है और भिक्षुक का त्याग करता है। उसके इस निर्णय में उसकी स्वयं प्रेरणा ही एकमात्र प्रमाण है। भगवद्गीता जैसे ग्रंथ का भगवद्वचन के कारण वेदवत् प्रामाण्य मानना या पौरुषेयत्व के कारण अप्रामाण्य मानना इस संदेह में निर्णय कोई दूसरा नहीं दे सकता। सुभगाभिक्षुक न्याय से स्वयंनिर्णय ही उचित होगा।

सूक्तवाक न्याय =

संदर्भ – जैमिनि सूत्र ३-२-१५-१८।

स्पष्टीकरण – दर्श-पौर्णिमास यज्ञों में "सूक्तवाकेन प्रस्तरं प्रहरति" (सूक्तवाक = स्तुतिगान। प्रस्तर = देवताओं के आसनोपयुक्त दर्भ। प्रहरति = आहुति देता है।) इस आदेश में 'सूक्तवाक' शब्द का प्रयोग हुआ है। सूक्तवाक में अनेक मंत्रों का अन्तर्भाव होने के कारण संदेह होने में कुछ आवश्यक मंत्रों का पाठ का पाठ करना योग्य होगा। शाबरभाष्य में प्रस्तुत संदेह में कुछ आवश्यक मंत्रों का पाठ करने का निर्णय दिया है। इस कारण से संदेह स्थलों में आवश्यक भागों का स्वीकार प्रस्तुत न्याय से सूचित होता है।

सूचीकटाह न्याय =

संदर्भ – (१) काव्यप्रकाश। (२) साहित्यकौमुदी ४-१। (३) सप्तपदार्थी।

स्पष्टीकरण – शास्त्रग्रंथ में विषय व्यवस्था की सुविधा के लिए किसी प्रदीर्घ विषय का प्रतिपादन करते समय बीच में अगर छोटे से अवांतर विषय का स्पष्टीकरण करने की आवश्यकता पड़ती है तो ग्रंथकार उस छोटे विषय को उसी स्थान पर स्पष्ट कर देते हैं। कटाह बनाने में व्यग्र लोहकार के पास अगर कोई अपनी सूची (सुई) दुरुस्त करने आता है तो वह उस छोटे काम को पहले पूरा करते हुए बाद में अपना मुख्य काम करता है। इसी व्यवहार से प्रस्तुत न्याय का नामकरण हुआ है।

सूत्रबद्ध शकुनि न्याय =

संदर्भ – छांदोग्य उपनिषद् ६-८-२। (२) अनुभूतिप्रकाश ३-८१ (विद्यारण्य)। (३) पंचदशी ११-४७।

स्पष्टीकरण – सूत्र से बंधा हुआ शकुनि (पक्षी) उड़ने के प्रयत्न में कुछ अंतर तक जा कर अपने बंधन स्थान पर वापिस लौटता है। इसी न्याय का उल्लेख करते हुए छांदोग्य उपनिषद् में मन के संबंध में कहा है – "एवम् एवं खलु सोम्य तत् मनः दिशं दिशं पतित्वा अन्यत्र आयतनम् अलब्धा प्राणम् एव उपश्रयते। प्राणबन्धनं हि सोम्य मनः।

सूत्र-शाटिका न्याय =

संदर्भ – (१) रघुनाथ (लौ. न्या. रत्नाकर)। (२) व्या. महाभाष्य १-३-१२ (वा-२) २-१-५१ (वा-४)। (३) तंत्रवार्तिक ३-७-३३। (४) न्यायसूत्र ४-१-५०। (५) तात्पर्य टीका। (६) सांख्यतत्त्व कौमुदी (९)।

स्पष्टीकरण – "अस्य सूत्रस्य शाटकं (शाटिकां) वापय" इस वाक्य में यह गड़बड़ है कि "यदि शाटकः, न वातव्यः। अथ वातव्यः, न शाटकः। शाटको वातव्यश्च इति विप्रतिषिद्धम्" अर्थात् सूत बुनने के पहले शाटक (छाटी) नहीं होता और शाटक हो चुका तो वह सूत नहीं रहता) इस विप्रतिषेध दोष का परिहार 'भाविनी संज्ञा' का आशय लेने से होता है। प्रस्तुत न्याय उसीका द्योतक है।

सोपानत्के पादे द्वितीयाम् उपानहम् अशक्यत्वात् न उपादत्ते =

संदर्भ – (१) शाबरभाष्य १-२-३३।

स्पष्टीकरण – सिद्धान्त का एकबार ग्रहण होने पर फिर उसका ग्रहण करने का प्रयत्न कोई नहीं करता। यह आशय पैर में एक जूता पहने पर दूसरा जूता (उपानह) पहनने के आवश्यकता किसी को नहीं होती इस उदाहरण से प्रस्तुत न्याय में बताया है।

सोपानारोहण न्याय। =

संदर्भ – (१) भामती १-३-८।

स्पष्टीकरण – ब्रह्मज्ञान या आत्मज्ञान अति सूक्ष्मतम विषय होने के कारण स्थूल बुद्धि के जिज्ञासु को सोपान (सीढ़ी) के आश्रय से जिस प्रकार एक एक कदम उपर आरोहण कराया जाता है, उसी प्रकार स्थूल अन्नमय कोश (शरीर) से प्रारंभ कर सूक्ष्म, सूक्ष्मतर, सूक्ष्मतम इस क्रम से ज्ञेय का यथार्थ ज्ञान दिया जाता है। लौकिक व्यवहार में भी इसी न्याय के अनुसार प्राथमिक शाला से विश्वविद्यालय तक लौकिक विषयों का ज्ञान कराया जाता है।

सौभरि न्याय =

संदर्भ – (१) विष्णुपुराण ४-२। (२) भागवतपुराण ९-६। (३) भामती ४-४-११। (४) न्याय- सिद्धान्तांजन। (५) तत्त्वमुक्ताकलाप-वृत्ति ३-२२।

स्पष्टीकरण – सौभरि आख्यान में कहा जाता है कि जलाशय में १२ वर्ष अखंड तपस्या करने पर मछलियों की रतिक्रीडा और तन्मूलक प्रसन्नता देखकर उस वृद्ध ऋषि ने तत्काल विवाहार्थ मांधाता महाराज की पचास कन्याओं में से एक की मांग की, अन्तःपुर में उस का अपूर्व रूपयौवन देखकर सभी कन्याओं ने उससे स्वयंवर किया। कन्याओं का पारिवारिक जीवन देखने जब मांधाता गये तब सभी कन्याओं ने कहा कि पतिराज मुझे छोड़कर अन्यत्र जाते ही नहीं। प्रस्तुत कथा पर आधारित इस न्याय में एक ही आत्मतत्त्व उपाधि भेद के कारण नाना स्वरूपों में व्यक्त होता है यह सिद्धान्त बताया गया है।

स्थाली-पुलाक न्याय ।=

संदर्भ – (१) व्याकरण महाभाष्य १-४-२३ (वा-१५)। (२) शाबरभाष्य ७-४-१२। (३) तंत्रवार्तिक ३-५। (४) वेदान्तकल्पतरु। (५) कल्पतरुपरिमल। (६) तत्त्वमुक्ताकलाप। (७) परिशिष्टपर्व (हेमचंद्र) ७-९४।

स्पष्टीकरण – स्थाली में चांवल पकते समय उस की पक्व-अपक्व अवस्था, का अनुमान दो चार पुलाकों (पकते हुए चांवल के दाने) को दबाकर किया जाता है। उसी प्रकार किसी ग्रंथ की योग्यता उसका अल्पमात्र अंश पढने पर समझ में आ सकती है। इसी कारण पतंजलि कहते है- ''पर्याप्तो हि एकः पुलाकः स्थाल्याः निदर्शनाय।''

स्थावर-जंगमविष न्याय =

संदर्भ – (१) रघुनाथ वर्मा (लौ. न्या. संग्रह)। (२) महाभारत (आदिपर्व-भीमविषभोजन)। (३) तत्त्वमुक्ताकलाप (सर्वार्थसिद्धि टीका) २-५३।

स्पष्टीकरण – स्थावर विष (वनस्पतिजन्य या खनिज) जंगम विष (सर्पादि विषैले प्राणियों का) जंगम विष स्थावर का विनाश करता है। महाभारत आदिपर्व में भीम की विषान्न बाधा नागदंश से नष्ट हुई यह कथा प्रसिद्ध है। शुक्तिका में रजत का भान होता है तब उसका प्रशमन शुक्तिका के वास्तव ज्ञान से ही होता है।

स्थूणानिखनन न्याय = (स्थूणा- खंभा, स्तंभ)

संदर्भ – (१) वेदान्तसूत्र शां. भा. २-१-३४, ३-३-५३, ३-४-२, शाबर भाष्य ७-२।

स्पष्टीकरण = स्थूणा को मजबूत खड़ा करने के लिए उस का अंश गाड़ते समय उसे बार बार हिलाते शिथिल करने पर गाडा जाता है, जिससे वह दृढ मजबूत खड़ा होता है। उसी प्रकार सिद्धान्त की स्थापना करते समय शास्त्रकार अपने सिद्धांत की युक्तिपूर्वक एक बार स्थापना करने के बाद अपने ही प्रमाणों पर आक्षेप उठाते हुए उनका पुनश्च खंडन करते हुए अपने मौलिक सिद्धान्त को सुप्रतिष्ठित करते हैं। इसी न्याय के अनुसार सृष्टि की उत्पत्ति आदि का कारण ईश्वर ही है इस सिद्धान्त की एकबार स्थापना करने पर शंकराचार्य कहते हैं – ''पुनश्च जगज्जन्मादिहेतुत्वम् ईश्वरस्य आक्षिप्यतें, स्थूणा- निखननन्यायेन प्रतीतार्थस्य दृढीकरणाय।''

स्फटिक-लौहित्य न्याय –

संदर्भ – (१) परमार्थसार (श्लो।. १६,६१,)। (२) सांख्यसूत्र (अनिरुद्ध टीका) २/३५। (३) आत्मबोध (श्लो. १४)। (४) सर्वदर्शनसंग्रह। (५) कुवलयानन्द (अतद्गुण-अलंकार)। (६) विवरणप्रमेय।

स्पष्टीकरण – स्फटिक मणि स्वभावतः निर्मल होने पर भी लोहित (लाल) रंग के फूल के संपर्क से लाल दिखाई देता है और फूल हटा लेने पर उसका स्वरूप दिखाई देता है। उसी प्रकार परमात्मा उपाधि के कारण नानाविध गुणों से युक्त दिखाई देता है और उपाधित्याग से सच्चिदानन्दघन स्वरूप में व्यक्त होता है।

स्वविषमूर्च्छितः भुजंगः आत्मानम् एव दशति =

संदर्भ – (१) आत्मतत्त्वविवेक (उदयन)।

स्पष्टीकरण – अपने ही विष से उन्मत्त हुआ भुजंग अपने ही शरीर को डसता है। लौकिक व्यवहार में अपने ही पक्ष का स्वार्थवश त्याग करते हुए दूसरे विरोधी पक्ष में प्रवेश करने वाला राजकीय नेता अपने पूर्वपक्ष की निंदा इसी न्याय के अनुसार करताा हुआ दिखाई देता है।

स्वांगं स्वव्यवधायकं न भवति =

संदर्भ – (१) सर्वदर्शनसंग्रह (अक्षपाददर्शन)। (२) भामती ३-१-३२। (३) तात्पर्य टीका। (४) तार्किकरक्षा। (५) न्यायमकरंद टीका। (६) खंडनखंडखाद्य।

स्पष्टीकरण – कार्य की पूर्तता किसी आश्रित या पुत्र आदि परिवार के अंगभूत घटक के द्वारा हुई तो भी उसका श्रेय प्रमुख पुरुष को दिया जाता है। इस बात का समर्थन प्रस्तुत न्याय से होता है। अपना ही अंग (स्वांग) अपने प्रकट होने में व्यवधान नहीं डालता। व्यवधान दूसरे का होता है, अपना ही नहीं।

स्वांगुलिज्वालया परं दिधक्षुः स परं दहेद् वा न वा स्वांगुलिदाहम् अनुभवति =

संदर्भ – (१) न्यायवार्तिक २-१-१२।

स्पष्टीकरण – अपनी अंगुलि को जला कर दूसरे को जलाने की इच्छा रखने वाला, दूसरे को जला सके या न सके, वह अपनी उंगली में दाह वेदना का अनुभव अवश्य पाता है। जो किसी भी अवस्था में साध्य का साधक हो ही नहीं सकता, उसका असाधकत्व सिद्ध करने का जो प्रयास करता है वह प्रस्तुत न्याय के अनुसार स्वयं उसका साधकत्व मान लेने की मूर्खता करता है।

स्वामि-भृत्य न्याय = (स्वामि = मालिक, भृत्य= नौकर।)

संदर्भ – (१) ब्र. सू. शां. भा. २-१-४, २-३-४३। (२) वेदान्तसार (रामतीर्थ टीका)।

स्पष्टीकरण – स्वामी और भृत्य में यथाक्रम पोषक- पोष्य, सेव्य- सेवक, आश्रय- आश्रित इत्यादि प्रकार का संबंध होता है। भक्तिमार्गी द्वैतवादी लोग ईश्वर और भक्त में इसी प्रकार का संबंध मानते हैं। वे अग्नि-स्फुल्लिंग वत् या समुद्र-तरंगवत् अंशाशिभाव संबंध नहीं मानते।

स्वेदजनिमित्तेन शाटकत्यागः =

संदर्भ – उपमितिभवप्रपंचकथा।

स्पष्टीकरण – खटमलों के कारण वस्त्र का ही त्याग करना।

समान न्याय – "यूकाभिया कन्थात्यागः"। "अल्पस्य हेतोः बहु हातुम् इच्छन्"।

हरीतकीं भक्षयतोः तद्रसाभिज्ञ-इतरयोः विरेचनम् =

संदर्भ – (१) छांदोग्य उपनिषद् शां. भा. १-१-१०।

स्पष्टीकरण – कर्म के फल का संबंध, कर्ता के ज्ञान या अज्ञान से नहीं होता, वह कर्म की युक्त-अयुक्तता पर निर्भर होता है। जैसे हरीतकी (हर्रे, हिरडे) के सेवन उसका विशेषज्ञ (आयुर्वेदज्ञ) करे या अन्य अज्ञ करे, तो भी विरेचन रूप फल समान ही होगा। ('यदेव विद्यया करोति तदेव वीर्यवत्तरं भवति' इस मत के खंडन में कर्मकाण्डवादी द्वारा प्रस्तुत न्याय का निर्देश हुआ है।

हिरण्यनिधिदृष्टान्तः =

संदर्भ – (१) छांदोग्य उप. ८-३-२। (२) संबंधवार्तिक (सुरेश्वर.) (श्लो. २९४-९५। (३) पंचदशी ९-३०,४०।

स्पष्टीकरण – जमीन में गाड़कर रखे हुए सुवर्णनिधि को उसी स्थान पर संचार करने पर भी अज्ञानी नहीं जानता। वेदों का सतत पारायण करने पर भी वेदार्थ ठीक से जानने वाला मोक्ष का अधिकारी नहीं होता।

ह्रदनक्र न्याय = (देखिये – वन-सिंह न्याय)

संदर्भग्रंथ

ग्रंथ		ग्रंथकार
अद्वैत ब्रह्म सिद्धि	-	सदानन्द यति
अलंकार सर्वस्व	-	राजानक रुय्यक
आपस्तंब गृह्यसूत्र-टीका	-	सुदर्शनार्य
आत्मतत्त्वविवेक	-	उदयनाचार्य
उपमितिभवप्रपंच कथा	-	सिद्धर्षि
उपदेशसाहस्री	-	शंकराचार्य
" " टीका	-	रामतीर्थ
कथासरित्सागर	-	सोमदेवभट्ट
कामसूत्र	-	वात्स्यायन
काव्यादर्श	-	दण्डी
काव्यालंकार	-	रुद्रट
" " टीका	-	नमिसाधु
काव्यप्रदीप	-	गोविन्द
" " टीका	-	वैद्यनाथ
काव्यप्रकाश	-	मम्मटाचार्य+अल्लटाचार्य
कुसुमांजलि	-	उदयन
कुवलयानन्द	-	अप्पय्यदीक्षित
" " टीका	-	विद्यानाथ
खंडनखंडखाद्य	-	श्री हर्ष
" " टीका	-	शंकर मिश्र
" " "	-	विद्यासागरी
" " (खंडनोद्धार)	-	वाचस्पति (१७ श.)
गणरत्नमहोदधि	-	वर्धमान
चित्सुखी	-	चित्सुखमुनि
जीवन्मुक्तिविवेक	-	विद्यारण्य
तैत्तिरीयोपनिषद् भाष्य वार्तिक	-	सुरेश्वराचार्य
" " " " टीका	-	आनंदज्ञान
तंत्रवार्तिक	-	कुमारिल भट्ट
तत्त्वमुक्ताकलाप	-	वेंकटनाथ
तार्किकरक्षा	-	वरदराज
" टीका	-	मल्लिनाथ
ध्वन्यालोक	-	आनंदवर्धन
" टीका	-	अभिनवगुप्त
नीतिसार	-	कामंदकी
नैष्कर्म्यसिद्धि	-	सुरेश्वराचार्य
" " टीका	-	ज्ञानोत्तम
न्यायबिंदु टीका	-	धर्मोत्तराचार्य
न्यायकंदली (प्रशस्तपाद-भाष्य टीका)	-	श्रीधर
न्यायमकरंद	-	आनंदबोध
" टीका	-	चित्सुख मुनि
न्यायमंजरी	-	जयन्त भट्ट
न्यायसिद्धान्त दीपिका	-	शेषधराचार्य
" " टीका	-	शेषानन्त
न्यायवार्तिक	-	उद्योतकर
न्यायवार्तिक तात्पर्य टीका	-	वाचस्पति मिश्र
न्यायावली	-	सत्यव्रत सामश्रमी
पदमंजरी (काशिकावृत्ति की टीका)		
पंचदशी	-	विद्यारण्य
" टीका	-	रामकृष्ण
पंचपादिका (शांकरभाष्य ब्रह्मसूत्र चतुःसूत्री की टीका)	-	पद्मपादाचार्य
पंचतंत्र	-	विष्णु शर्मा
परिशिष्ट पर्व	-	हेमचंद्र
प्रसन्नराघव (नाटक)	-	जयदेव

भामती	-	वाचस्पति मिश्र
भाषापरिच्छेद	-	
भेदधिक्कार	-	नृसिंह मुनि
ब्रह्मसूत्रभाष्य	-	शंकराचार्य
ब्रह्मसूत्रतात्पर्य विवरण	-	
बृहदारण्यकोपनिषद् भाष्य वार्तिक	-	सुरेश्वराचार्य
'' '' '' टीका	-	आनंदगिरि
महाभारत	-	व्यास
'' टीका	-	नीलकंठ गोविंद
महाभाष्य	-	पतंजलि
मनुस्मृति (टीका-७)	-	मनु
मीमांसासूत्र	-	जैमिनि
'' '' भाष्य	-	शबराचार्य
मुद्राराक्षस	-	
' टीका	-	ढुण्डिराज
मृच्छकटिक	-	शूद्रक
यशस्तिलकचम्पू	-	सोमदेव
'' '' टीका	-	श्री श्रुतसागर
योगसूत्र	-	पंतजलि
'' भाष्य	-	व्यास
' टीका	-	वाचस्पति मिश्र
योगवार्तिक	-	विज्ञान भिक्षु
योगवासिष्ठ	-	वाल्मीकि
'' टीका	-	आनंदबोधेन्द्र
राजतरंगिणी	-	कल्हण
रामायण	-	वाल्मीकि
रसगंगाधर	-	जगन्नाथ पंडित

लौकिक न्यायांजलि (३ भाग)	-	कर्नल जी. ए. जेकब
विवरण प्रमेय संग्रह	-	विद्यारण्य
विद्वन्मण्डन (अद्वैत विरोधी ग्रंथ)	-	विठ्ठल उपाध्याय
वेदान्त कल्पतरु (भामती प्रस्थान की टीका)	-	अमलानंद
वेदान्त कल्पतरु परिमल	-	अप्पय्य दीक्षिय
वेदान्तसार	-	सदानंद
'' टीका	-	(१) नृसिंहसरस्वती, (रामतीर्थ)
वेदान्त सिद्धान्त मुक्तावली	-	प्रकाशानंद
शंकरविजय	-	आनंदगिरि
शास्त्रदीपिका	-	पार्थसारथि मिश्र
श्लोक वार्तिक	-	कुमारिल भट्ट
षड्दर्शन समुच्चय	-	हरिभद्रसूरि
संक्षेप शारीरक	-	सर्वज्ञात्ममुनि
सप्तपदार्थी	-	शिवादित्य
'' टीका	-	माधव सरस्वती
सांख्यतत्त्वकौमुदी	-	वाचस्पति मिश्र
सांख्यसूत्रवृत्ति	-	अनिरुद्ध
सर्वदर्शन संग्रह	-	माधव
सिद्धान्तलेश	-	अप्पय्य दीक्षित
स्याद्वादमंजरी (हेमचंद्रकृत वीतराग स्तुतिटी की टीका)	-	मल्लिषेण
हठयोगप्रदीपिका	-	स्वात्माराम
'' '' टीका	-	ब्रह्मानन्द

★ ★ ★

वर्ग - ७

संकीर्ण लौकिक न्याय वचन

अकरणात् मन्दकरणं श्रेय – (सत्कर्म) सर्वथा न करने से थोड़ा करना श्रेयस्कर है। प्रस्तुत न्याय के अनुसार शास्त्रीय दृष्टि से जो कर्म विहित है उसीका मन्दकरण श्रेयस्कर है।

अकृष्टवपन न्याय – कृषिक्षेत्र में बीज के सफल होने के लिए हल से कर्षण करना अत्यावश्यक है। उसके बिना खेत में बीज वपन निष्फल होता है। पूर्वसिद्धता के बिना कोई कार्य करने पर वह निष्फल होता है इस वास्तवता का निदर्शक प्रस्तुत न्याय है।

अक्षपाद न्याय – अक्षपाद ऋषि ने स्वमतविरोधी व्यास का मुख अपने अक्षि (नेत्र) से न देखने की प्रतिज्ञा करने पर व्यास की प्रार्थना से विरोधी भाव छोड़कर आपने पाद (चरण) में नेत्र उत्पन्न करते हुए उनका दर्शन लिया। कड़ी प्रतिज्ञा का पालन किसी निराले मार्ग से करना, जिसमें प्रतिज्ञापालन और व्यवहार संपादन दोनों की सिद्धि होती है।

अग्निज्वालानिर्वाण न्याय – अग्नि की ज्वाला शान्त होने पर पुनः दिखाई नहीं देती। बौद्धमत में इसी न्याय से निर्वाण का स्वरूप स्पष्ट किया जाता है। निर्वाण प्राप्त होने पर मनुष्य पुनः व्यक्त नहीं होता।

अंकानां वामतो गतिः – प्राचीन गणित शास्त्र में संख्या की गणना करने का नियम। इसके अनुसार १८८३ संख्या की गणना "त्र्यशीति- अधिक- अष्टशताधिकम् एकसहस्रम्" इस प्रकार होती है। अथवा गुण-वसु-गज-भू मित कहते हैं।

अंगार न्याय – अंगार = कोयला, जलता हुआ या बुझा हुआ, किसी भी अवस्था में अहित ही करता है। जलता हुआ दाह पीड़ा देता है और बुझा हुआ हाथ काले करता है। (उष्णो दहति चांगारः शीतः कृष्णायते करम् – इस उक्ति पर आधारित)।

अधिकरण सिद्धान्त – किसी सिद्धान्त की स्थापना के लिए कुछ अवांतर विषयों के प्रतिपादन की आवश्यकता होती है। उसके बिना वह सिद्धान्त प्रस्थापित नहीं होता जैसे – दर्शन और स्पर्शन आदि के द्वारा एक ही पदार्थ का ग्रहण करने के कारण देह-इन्द्रियों से पृथक् आत्मा का अस्तित्व होता है। इस सिद्धान्त की यथोचित स्थापना के लिए इन्द्रियों का नानात्व, उनके प्रत्येकशः स्वतंत्र शब्दादि विषय, उन विषयों के आकलन के कारण उनके अस्तित्व का अनुमान, शब्द स्पर्श आदि (पांच) विषयों या गुणों से पृथक् (उनके आश्रयभूत) आकाश-वायु आदि द्रव्य इत्यादि विषयों की प्रारंभ में ठीक स्थापना, होने से इन सभी से पृथक् आत्मतत्त्व का अस्तित्व ठीक स्थापित होता है। प्रस्तुत न्याय का अवलंब शास्त्रार्थ में अपेक्षित है। (वात्स्यायन १-१-३०)

अन्य मतानुसार जिस सिद्धान्त की स्थापना होने पर अवांतर सिद्धान्त अनायास स्थापित होते है; उसे '**अधिकरणसिद्धांत**' कहा जाता है। जैसे सृष्टि का कर्ता ईश्वर है यह सिद्धान्त स्थापित होने पर उसका सर्वज्ञत्व और सर्वशक्तिमत्त्व अनायास स्थापित होता हैं। (तर्कभाषा)

अध्वरकल्पेष्टि न्याय – शत्रु को यज्ञ का फल प्राप्त न हो इस हेतु से अध्वरकल्पेष्टि का अनुष्ठान करते हैं। शत्रु के अहित के लिये किये जाने वाले कार्य इसके उदाहरण हैं। निर्वाचन के दिनों में विपक्ष को बहुमत प्राप्त न हो इसी उद्देश्य से मतदाताओं का दान देना इस न्याय का उदाहरण कहा जा सकता है।

अध्वरवधन्याय – पशु यज्ञ में पशु की हत्या यथाविधि होती है किन्तु "तस्माद् यज्ञे वधोऽवधः" (५-३९) इस मनुवचन के अनुसार इस पशुवध में हत्या या हिंसा नहीं मानी जाती। ध्वरा (हिंसा) होते हुए भी यज्ञ को 'अध्वर' इसी कारण कहा जाता है। शास्त्रवचन या कानून के आधार पर अपराध को अपराध न मानना इस न्याय का स्वरूप है; जैसे आजकल मद्यपान कानून के आधार पर अपराध नहीं होता।

अनवयवो हि काकादिः एकजातीय संबंधेन गृहवृक्षादिषु उपलभ्यते – कौवा, तोता आदि पक्षी वृक्ष पर बैठे दिखाई देते हैं किन्तु वे उस वृक्ष का अवयव न होने से, जिस संयोग संबंध से वे वृक्ष पर रहते हैं, उसीसे वे गृह मन्दिर आदि स्थानों पर भी रह सकते हैं। व्याकरण में प्रत्ययगत अनुबन्ध, प्रत्ययों के अवयव ही होते हैं। इस सिद्धान्त का प्रतिपादक यह एक लौकिक न्याय है। (परिभाषेन्दुशेखर - परिभाषा ५)।

अनादेशदेवता न्याय – जिस स्मार्त कृत्य में विशिष्ट देवता की उपासना आदि का निर्देश नहीं होता वहां अग्नि, सूर्य, वायु और प्रजापति – इन चार देवताओं का ग्रहण करते हैं। जिस बालक को अपने वास्तव माता-पिता का ज्ञान नहीं होता वह अपने पालन-पोषण कर्ता को इसी न्याय से माता-पिता मानता है। उदा. महाभारत का कर्ण।

अनीत्वा पङ्कतां धूलिम् उदकं नावतिष्ठते – धूलि को कीचड़ में परिवर्तित किए बिना जल स्थित नहीं होता (शत्रु को दबाए बिना वीर सांस नहीं लेता इस तथ्य का निदर्शन)।

अन्नपूर्णान्नग्रहण न्याय – काशीक्षेत्रस्थ अन्नपूर्णा देवता, क्षेत्रवासी सभी प्राणीमात्र का अन्नग्रहण समाप्त होने पर अन्नग्रहण करती है। लोगों की सारी सुविधाएं होने परही अपनी सुविधा का विचार करना।

अन्यदीयैरलंकारैः नाहंकारो विभूषणे – दूसरे के अलंकारों से विभूषित होने पर अलंकारों के प्रति अहंकार उत्पन्न नहीं होता।

अपि धन्वन्तरिर्वैद्यःकिं करोतु गतायुषि – साक्षात् धन्वन्तरि

भी वैद्य हों तो भी गतायुष रोगों का क्या (कल्याण) कर सकेंगे?

अपवादपरिहारेण उत्सर्गस्य व्यवस्थितिः – "न हिंस्यात् सर्वा भूतानि" यह उत्सर्ग। (सामान्य शास्त्र) है। अपवाद है - 'अग्निषोमीयं पशुम् आलभेत' यह वेद वचन। अपवाद को छोड़कर सामान्य शास्त्र की विधि या निषेध योग्य माने जाते हैं। प्रस्तुत न्याय सभी शास्त्रों में प्रमाणभूत है।

अबिल्वदल- शिवपूजन न्याय – "बिल्वात् परतरं नास्ति येन तुष्यति शंकरः।" - इस वचन के अनुसार शिवजी को बिल्वदल अत्यंत प्रिय है। अतः बिल्वदल विरहित शिवपूजा निरर्थक मानी जाती है। मुख्य कर्तव्य के अतिरिक्त किए गए अवान्तर सारे कार्य निरर्थक होते हैं।

अभिवान्यवत्सा न्याय – किसी गौ का निजी बछड़ा न होने पर दूसरा बछड़ा उसके सामने रखकर उसका दूध दुहा जाता है। आकर्षण या प्रलोभन दिखाकर जिनसे अपना स्वार्थ प्राप्त किया जाता है, ऐसे लोगों का निर्देश प्रस्तुत न्याय से होता है।

अमृतं राहवे मृत्युः विषं रुद्रस्य भूषणम् – राहु के लिए अमृत मृत्यु का कारण हुआ किंतु रुद्र भगवान के लिए विष भी भूषण का कारण हुआ।

अर्चयन्ति नरा नागं न तार्क्ष्यं न शिखण्डिनम् – लोग (उपद्रव कारक) नाग की पूजा करते हैं; न कि (उसे मारने वाले) गरुड़ की या मोर की।

अर्थदुःख न्याय – लोग सुख का साधन समझ कर अर्थ (संपत्ति) के पीछे लगते हैं किन्तु वह सदा ही दुःखदायक होती हैं। "अर्थानाम् अर्जने दुःखम्, अर्जितानां च रक्षणे। आये दुःखं व्यये दुखं धिगर्था दुःखभाजनम्" अर्थात् अर्थों की प्राप्ति के और उसके रक्षण के लिए दुःख ही सहन करना पड़ता है। उसकी आय और व्यय दोनों में दुःख ही मिलता है। लोग जिसे सुखसाधन मानते हैं वह तत्त्वतः दुःख का कारण होता है।

अर्थभेदेन शब्दभेदः – श्लेषयुक्त काव्य में एक शब्द दो या अधिक अर्थों में प्रयुक्त होता है। ऐसे स्थलों पर वर्णानुक्रम से शब्द एक ही होते हुए दो शब्द माने जाते हैं। एकत्व में अनेकत्व दिखाना इस न्याय का प्रयोजन है।

अर्थालंकार न्याय – काव्य में शब्दों में परिवर्तन होने पर भी अर्थालंकार में परिवर्तन नहीं होता। दार्ष्टान्तिक – जहां बहिरंग में परितर्वन होने पर भी अन्तरंग में परिवर्तन नहीं होता। उदा. मानव का स्वभाव।

अर्धाधान न्याय = अर्धाधान स्मार्ताग्नि का रूपांतर श्रौताग्नि में करना। दार्ष्टान्तिक = एक काम के लिये नियुक्त व्यक्ति को विशिष्ट परिस्थिति में दूसरे काम पर नियुक्त करना।

अर्शोतिसारग्रहणी विकाराः प्रायेण चान्योन्यंनिदानभूताः।। अग्निमान्य के कारण उत्पन्न होनेवाले अर्श, (बवासीर) अतिसार और ग्रहणी ये तीन विकार एक दूसरे के कारण उत्पन्न होते हैं। अर्थात् इनमें से कोई भी एक विकार प्रथम उत्पन्न होने पर दूसरा और उससे तीसरा उत्पन्न होकर मनुष्य का नाश करता है।

अवटकच्छन्याय – (अवट = गढ़ा) गढ़े में घुसा हुआ कछुवा अन्य कुछ नहीं जानता। अनुभवशून्य व्यक्ति का निर्देश इस न्याय से होता है। सामान न्याय = कूपमण्डूक, उदुंबरकृमि।

अवयवे समुदायोपचार न्याय – किसी अवयव वाचक शब्द के प्रयोग के स्थान में उसके अवयवी वाचक शब्द का प्रयोग करना। उदा. संस्कृत नाटक के प्रारंभ में "नाद्यन्ते सूत्रधारः" इस वाक्य में प्रयुक्त 'नान्दी' शब्द इसका उदाहरण है। यहां नांद्यवयववाचक 'पूर्वरंग' शब्द के स्थान में नान्दी (समुदायवाचक) शब्द का प्रयोग हुआ है। इसी के विपरीत **'समुदाये अवयवोपचार न्याय'** भी माना जाता है।

अश्मरी न्याय – अश्मरी एक दुःखदायक मूत्ररोग है। आयुर्वेद के अनुसार यह रोग प्रारंभावस्था में औषधों से सुधरा जाता है किन्तु अधिक बढ़ने पर शस्त्रक्रिया ही करनी पड़ती है।

अश्मरी दारुणो व्याधिरन्तकप्रतिमो मतः।
तरुणो भषजैः साध्यः प्रवृद्धश्छेदमर्हति।।

समाज कंटकों का दमन भी इसी न्याय से होता है।

अश्व-महिषिका न्याय – घोड़े और भैंसे के बीच स्वाभाविक शत्रुता होती है। अतः स्वाभाविक शत्रुता का निर्देश प्रस्तुत न्याय से होता है। सामान्य न्याय - अहि-नकुल न्याय, मार्जार मूषक न्याय, अश्व, शृगालिका न्याय।

असाध्यः कुरुते कोपं प्राप्ते काले दुरामयः – असाध्य दुष्ट रोग समय आने पर प्रक्षुब्ध होता है।

अहितो देहजो व्याधिः हितमारण्यमौषधम् – देह में उत्पन्न होने पर भी व्याधि अहितहि करता है और औषध अरण्य में उत्पन्न होने पर भी हित करता है।

आकण्ठं जलमग्नोऽपि श्वा लिहत्येव जिह्वया – जल में आकण्ठ डूबता हुआ भी कुत्ता जीभ से ही जल चाटता है।

आकृतिगण न्याय – पाणिनीय व्याकरण में अनेक नाम तथा धातुओं के गणों का निर्देश आता है। उनमें पठित गणों के अन्तर्भूत शब्दों के लिए विशिष्ट गुण, वृद्धि आदि कार्य शास्त्र में बताए गए हैं। आकृतिगण शब्द ऐसे शब्दों का निर्देश करता है, जिनकी गणना गणपाठों में नहीं होती। अनिर्दिष्टों का गण में अन्तर्भाव आकृतिगण के कारण होता है। उदा. शकन्ध्वादि आकृतिगण होने से पररूप सन्धि गणबाह्य शब्दों में भी हो सकती है।

आयुर्घृतम् न्याय – घृत (घी) मनुष्य की आयु या बल बढ़ाता है। अर्थात् घृत आयु का हेतु है। अतः उपचार या लक्षणा शक्ति के आधार पर घृत को आयु कहा जाता है। इसी उपचारात्मक न्याय के अनुसार लोल्लट मतानुयायी साहित्य शास्त्री काव्य को 'रसवत्' कहते हैं। क्यों कि काव्य (दृश्य या श्रव्य) रसोत्पत्ति का हेतु है। कारण और कार्य के तादात्म्य पर यह न्याय आधारित है। इसी प्रकार 'गृहं दाराः', 'सुखं प्रिया' इत्यादि न्याय माने जाते हैं।

आकृतिगणे सूत्राऽनुपदर्शितानानम् अपि ग्रहणम् – पाणिनीय व्याकरण में कुछ शब्दों की सिद्धि सूत्रों द्वारा कही जाती है, किन्तु उसी विशिष्ट प्रकार के अन्य शब्द भी भाषा में होते हुए भी सूत्रों द्वारा स्पष्ट निर्देश न होने से उनकी सिद्धि संदेहास्पद होती है। ऐसी अवस्था में आकृतिगणोऽयम् कहा जाता है जिसका अर्थ भाषा में विद्यमान किन्तु सूत्रद्वारा अनिदर्शित हो इस प्रकार के शब्दों की सिद्धि माननी चाहिये।

आज्यघृत न्याय – आज्य (पिघला हुआ घी) और घृत (घन अवस्था का घी) दोनों वस्तुतः एक ही हैं। अवस्था भेद के कारण संज्ञाभेद होता है। यही न्याय बाल युवा वृद्ध आदि संज्ञाभेद में दिखाई देता है।

आर्द्रक शुण्ठीन्याय – अद्रक और शुण्ठी (सौंठ) तत्त्वतः एक ही द्रव्य हैं किन्तु संस्कार के कारण उनके स्वरूप, संज्ञा और गुणधर्म में भिन्नता आती है। आर्द्रक के कन्द का छिलका हटाकर पानी या दूध में उबालकर सुखाने पर सोंठ तैयार होती है। अन्य न्याय - दुग्ध-दधिन्याय, दधि-तक्रन्याय, नवनीत घृतन्याय।

आर्द्रवस्त्रन्याय – आर्द्र (गीला) वस्त्र हवा में उड़ ने वाले धूलिकणों को तत्काल चिपका लेता है। उसी प्रकार कषायदोष युक्त अन्तःकरण में चारों ओर के दोष चिपकते हैं।

आर्षप्रयोग न्याय – रामायण, महाभारत आदि प्राचीन साहित्य में पाणिनीय व्याकरण दृष्ट्या असाधु शब्द मिलते हैं; किन्तु उन्हें असाधु न कहते हुए ''आर्ष'' मानकर निर्दोष माना जाता है। विशिष्ट अधिकार सम्पन्न व्यक्तियों के प्रमादों की निर्दोषिता इस न्याय से सूचित होती है।

आलानबन्धन न्याय – हाथी को बांधने के लिये विशिष्ट खंभा तथा विशिष्ट रस्सा ही उपयोग में आता है। अति बलवान शत्रु को वश करने के लिये विशिष्ट उपाय की आवश्यकता इस से सूचित होती है। (आलान = हाथी को बांधने योग्य खंभा तथा रस्सा)।

इतरेन्धजन्मा यो धूमः सोऽगुरुभवो धूपः – 'धूम' उसे कहते हैं जो सामान्य इन्धन के जलने पर उत्पन्न होता है किन्तु अगुरु के जलने पर जो उत्पन्न होता है उसे 'धूप' कहते हैं।

इन्द्रः शक्रः पुरन्दर न्याय – इन्द्र, शक्र और पुरन्दर एक ही देवता के नाम हैं। यह नाम भेद निमित्तों की भिन्नता के कारण होता है। लौकिक व्यवहार में एक ही व्यक्ति चाचा, मामा, दादा आदि भिन्न संज्ञाओं से संबंधभेद के कारण निर्दिष्ट होता है।

उडुपेन सागरतरणम् – तमेड़ या डोंगी के सहारे अपार समुद्र का उल्लंघन करना। अल्पसाधन से महान कार्य करना इसी प्रकार असंभव होता है।

उत्क्षेप-स्थपनी-मर्मवेध न्याय – मानव शरीर में कानों के समीप उत्क्षेप और भ्रूमध्य में स्थपनी नामक मर्म होता है। प्रायः किसी भी मर्मस्थान में शल्यप्रवेश होने पर मनुष्य मरता है। किन्तु इन दो मर्मस्थानों का यह वैशिष्ट्य कहा गया है कि यहां प्रविष्ट हुआ शल्य न निकाला तो मनुष्य जीवित रह सकता है और शल्य निकला या निकाला गया तो मनुष्य तत्काल मरता है।

उत्पलवर्णा न्याय – उत्पलवर्णा एक बौद्ध भिक्षुणी थी। उसके सौंदर्य के कारण अनेक राजकुमारों ने उसकी मांग की थी। किसी एक को कन्या का दान देने से अन्य सभी शत्रुत्व करेंगे इस भय से पिता ने उसे प्रव्रज्या का आदेश दिया था। यह न्याय पलायनवादी प्रवृत्ति का द्योतक है। पिता की पलायन नीति से अनेकों का शत्रुत्व तो नहीं हुआ किंतु कन्या अविवाहित रह गयी।

उदिते तु सहस्रांशौ न खद्योतो न चन्द्रमाः – सहस्रकिरणों वाले सूर्य का उदय होने पर जुगनु या चन्द्रमा का अस्तित्व नहीं रहता।

उदुंबरसमित्समर्पण न्याय – ग्रहयज्ञ में नव ग्रहों की पृथक पृथक् वृक्षों की समिधा आवश्यक होती है। उनमें किसी के अभाव में उदुंबर की समिधा ग्राह्य मानी जाती है। (इसी प्रकार पूजा के षोडशोपचार में किसी उपचार का अभाव होने पर अक्षता से उसकी पूर्ति होती है। विशिष्ट व्यक्ति का अभाव पूर्ण करने वाले या किसी का भी प्रतिनिधित्व करने की क्षमता रखने वाले सर्वगुणसंपन्न व्यक्ति का यह दृष्टान्त है।

उन्मीलनी एकादशी न्याय – पद्मपुराण में उन्मीलनी एकादशी का निर्देश है। अहोरात्र की मर्यादा पूर्ण होने पर भी दूसरे दिन एक घटिका तक अवशिष्ट रहने वाली यह विशिष्ट तिथि है। अपने अधिकार पद के अतिरिक्त दूसरे पद पर अधिकार चलाने वाले का निर्देश इस न्याय से हो सकता है।

''उपपदविभक्तेः कारकविभक्तिर्बलीयसी'' – विभक्ति के दो प्रकारों के संबंध में विवाद का निर्णय इस न्याय से वैयाकरण करते हैं।

उभयनिर्देशे पंचमी निर्देशो बलीयान् – व्याकरण में ''ङःसि धुट्'' (८-३-२९) इत्यादि सूत्रों में पंचमी तथा सप्तमी दोनों विभक्तियों से निर्दिष्ट आगमादि कार्य का विधान मिलता है। तब निर्माण होने वाले सन्देह का निराकरण इस न्याय से होता है। जहां पंचमी और सप्तमी का निर्देश हो वहां पंचमी विभक्ति को बलवत्तर मानते हुए कार्य करना चाहिये।

उमामाहेश्वरीतिथि न्याय – अष्टमी में नवमी का और नवमी में अष्टमी का योग उक्त तिथि का लक्षण है। एक व्यक्ति में दो प्रकार के गुणों का यह निदर्शन है जैसे महाराज जनक में राजत्व और ऋषित्व दोनों गुण थे।

उमावर्णान्तर न्याय – भगवती उमा मूलतः गौरी थी। निशादेवी के स्पर्श से वह काली हो गई। इस वर्णान्तर से वह शिव को अप्रिय हुई। फिर तपश्चर्या से गौरी होकर शिव की प्रिया हुई। मूलतः सत्प्रवृत्त व्यक्ति किसी के संपर्क से दुष्प्रवृत्त होता और फिर व्रतनियमों से सत्प्रवृत्त होता है। ऐसे परिवर्तन का

निर्देश प्रस्तुत न्याय से होता है।

ऋद्धिश्चित्तविकारिणी – चित्त में विकार निर्माण करना धन समृद्धि का स्वभाव है।

एककार्यनियुक्तानां बहूनां सह वा प्रवृत्तिः सह वा निवृत्तिः – किसी एक विशिष्ट कार्य के निमित्त जो लोग नियुक्त होते है वे सभी मिलकर उस कार्य में प्रवृत्त तथा निवृत्त होते हैं। पाणिनीय सूत्र में अनुवृत्ति करते समय वह इस लौकिक न्याय के अनुसार होती है। पूर्व सूत्र में उच्चारित परस्परान्वित अर्थ वाले सभी शब्दों की एक साथ अनुवृत्ति उत्तर सूत्र में होती है।

एकानंगापूजा न्याय – हिंदु संस्कृति में पत्नी ने पति का भोजन होने पर ही भोजन करने की रूढ़ि हैं। कार्तिक मास में (४, ८, ९ या १४ शुक्ल तिथि को 'एकानंगा व्रत' में इस रूढ़ि के विपरीत भोजन होता है। रूढ़ि के विपरीत आचार का निर्देश प्रस्तुत न्याय से होता है।

एधापेक्षवह्नि न्याय – इंधन समाप्त होने की अवस्था में स्फुलिंग रूप अग्नि, एधा (इंधन) की अपेक्षा करता है। आपत्ति में पड़ा हुआ तेजस्वी पुरुष अनुकूल साधनादि की अपेक्षा इसी प्रकार करता है।

औषधिपंचांग न्याय – औषधि गुणकारी होने के लिए एक ही वृक्ष के त्वचा, पत्र, पुष्प, मूल और फल योग्य माने जाते हैं। राष्ट्र के मंत्रिमंडल में एक ही पक्ष की समान योग्यता के व्यक्ति इसी न्याय से योग्य होते है। भिन्न पक्षीय लोगों का मंत्रिमंडल स्थिर नहीं होता।

कटिसूत्रबंधन न्याय – जन्मनक्षत्र पर प्रत्येक वर्ष में कटिसूत्र बांधना आवश्यक है किन्तु आश्वलायन सूत्र के अनुसार धार्मिक कृत्यों में उसे उतारकर रखना आवश्यक माना है। विशिष्ट कर्तव्य के समय प्रिय व्यक्तियों को दूर रखने की आवश्यकता इस दृष्टान्त से स्पष्ट होती है।

कठसंततिन्याय – काश्मीर निवासी कठशाखीय समाज में कुरूप और दुर्बल अपत्य को एक महीने के अंदर मारने की प्रथा थी। इसी पर आधारित प्रस्तुत न्याय अनावश्यक वस्तुओं या प्रथाओं का नाश करने का सूचक है।

कतकस्पर्शन्याय – गन्दे जल में कतक (निर्मली या रीठा) वृक्ष के फल का स्पर्श होने पर वह जल निर्मल होता है। सत्संगति के उत्तम परिणाम का यह निदर्शन है।

फलं कतकवृक्षस्य यद्यप्यमबुप्रसादम्।

न नाम ग्रहणादेव तस्य वारि प्रसीदति। (मनु. ६-६७)

कपोतपोतकैरेकः श्येनो जातु न बाध्यते – कपोतपक्षी के बच्चे अनेक होने पर भी वे अकेले श्येन पक्षी को बाधा नहीं पहुंचा सकते।

कर्केतनमणि न्याय – कर्केतन नामक पीतवर्ण मणि को सुवर्ण पात्र में अग्निदाह देने पर उसका तेज बढ़ता है इस श्रद्धा पर आधारित न्याय। विपत्ति में गुणी जनों के गुण अधिक प्रकट होते हैं इस तथ्य का दृष्टान्त।

कर्णकोटरगं वारि वारिणैवावकृष्यते – कान के छेद में गया हुआ पानी, पानी मारकर ही बाहर निकाला जाता है।

कर्णावतंस न्याय – अवतंस शब्द का अर्थ है कर्ण (कान) का अलंकार। अतः उसके साथ 'कर्ण शब्द के प्रयोग का प्रयोजन नहीं होता। समानन्याय = **राहोः शिरः न्याय।** (राहु का सिर के अतिरिक्त कोई अंग नही। अतः राहुशब्द सिर का ही वाचक है।

कश्यपादान न्याय – परशुराम ने समस्त पृथ्वी का दान कश्यप ऋषि को दिया था किन्तु कश्यप ने सभी ब्राह्मणों को उसका दान दिया! प्राप्त दान का समर्पण करने का यह दृष्टान्त है।

कस्याप्यननुभूतार्थे साक्षित्वं नोपयुज्यते – जिस विषय का, जिस किसीने अनुभव नहीं पाया होगा, वह उस अननुभूत विषय का साक्षी नहीं हो सकता। "विषय की अनुभूति के बिना उस विषय का साक्षी होना असंभव है।" (विवेक चूडामणि-२१७)

काकाक्षिगोलक न्याय – कौए की एक ही आँख दोनों ओर सरकती हुई देख सकती है। 'न वेति विभाषा' इस पाणिनिसूत्र में प्रयुक्त 'इति शब्द' इसी न्याय से न और वा दोनों शब्दों से संबंधित होकर उन्हें स्वरूपपरक न रखते हुए अर्थपरक करता है। इसी कारण 'न' और 'वा' इस सूत्र में निषेध और विकल्प के वाचक हुए हैं।

काकवद् देवदत्तस्य गृहम् – देवदत्त के घर पर कौए बैठे हुए देख कर उस घर का पता, देवदत्त का घर वहीं है जहां कौए बैठे थे। इस वाक्य से बताया जाता है। उस घर पर पहुंचते समय वे कौए दूसरे किसी के घर पर बैठे होते हैं। ऐसी अवस्था में 'काकवत्' शब्द का अर्थ सद्यःस्थितिदर्शक नही माना जाता अपि तु पूर्वस्थितिदर्शक माना जाता हैं। "साम्प्रतिकाभावे भूतपूर्वस्थितिः" इस परिभाषा (क्र. ७७) का स्पष्टीकरण प्रस्तुत लौकिक न्याय से किया है। (परिभाषेन्दु शेखर)। देवदत्त का घर दूसरे किसी को बेचा जाने पर भी उसे 'देवदत्त का घर' इस न्याय के अनुसार कहा जाता है।

कीटको भ्रमरं ध्यानम् भ्रमरत्वाय कल्पते – भ्रमर का ध्यान करने वाला कीटक स्वयं भ्रमर हो जाता है। इसी न्याय से नित्य परमात्मा का ध्यान करने वाला परमात्मास्वरूप हो जाता है।

कीर्तिमुख न्याय – पद्मपुराण की एक कथा के अनुसार भगवान शिव ने असुरों का नाश करने के लिए सिंहमुख नामक गण का निर्माण किया। असुरों का भक्षण करने पर उसने अपना ही शरीर खाया। उसका मुख मात्र बाकी रहा। शिवजी ने उसे 'कीर्तिमुख' नाम दिया। दूसरों का नाश करने के प्रयत्न में अपना ही नाश करने वालों का यह निदर्शक है।

कीलोत्पाटकवानर न्याय – कीलोत्पाटन, जो बढ़ई का काम है अगर बंदर करने लगा तो वह मर सकता हैं। दूसरे के काम में हस्तक्षेप करने का उपहास करना इस न्याय का प्रयोजन है।

कुठारैर्दण्डनिर्मुक्तैर्भिद्यन्ते तरवः कथम्। – डंडा निकाल

लेने पर कुल्हाड़ियों से वृक्ष कैसे काटे जाएंगे? वृक्षरूप काष्ठ का नाश काष्ठरूप डंडे की सहायता से ही होता है।

कुमारव्रत न्याय – कुमारव्रत में बौद्धिक सामर्थ्य की वृद्धि के लिए दूध के साथ ब्राह्मी वनस्पति के रस का सेवन कहा गया है। आध्यात्मिक शक्ति की वृद्धि भौतिक उपचार से करने के प्रयत्न का यह दृष्टान्त है।

कुमुदिनी-चंद्रालिंगन न्याय – चंद्रोदय होने पर कुमुदिनी (चंद्रविकासी कमल) प्रफुल्ल होती है मानों वह अपने प्रियतम को आलिंगन ही देती है। किन्तु दोनों अपना अपना स्थान नहीं छोड़ते। प्रियतम के दर्शन से सात्विक आनंद का यह निदर्शन है।

कूटस्थसुवर्ण न्याय – (कूट = सुनार या लुहार के काम में आने वाली ऐरण) सुनार अपने कूट पर ठोक पीट कर सोने को अन्यान्य आकार विकार देता है। किन्तु उसका आधारभूत कूट निर्विकार रहता है। स्थूल और सूक्ष्म देह के आश्रय में रहते हुये उसके सुख-दुःखों से अलिप्त रहने वाले जीवात्मा की निर्विकारता का यह दृष्टान्त प्रसिद्ध है।

कूप-जल-ग्रहण न्याय – कूप (कुआं) में भरपूर जल होता हैं। किन्तु उस जल की अपेक्षा करने वाला अपनी आवश्यकता के अनुसार ही कूप से जलग्रहण करता है। उसी प्रकार ग्रंथालयों में असंख्य ग्रन्थ होते हैं किन्तु अध्येता व्यक्ति अपनी आवश्यकता के अनुसार ही ग्रंथ का चयन करता है।

काचमूल्येन चिन्तामणिविक्रयः – कांच के मूल्य में चिन्तामणि का विक्रय। बहुमूल्य वस्तु का व्यर्थ कार्य में उपयोग करना इस न्याय का भाव है; जैसे मोक्षपद की प्राप्ति में उपयुक्त सिद्ध होने वाले मानव शरीर का उपयोग केवल विषयोपभोग के लिए करना।

कांचनपिंड-भूषण न्याय – सोने का गोला देखने से ही सौंदर्य की प्रतीति नहीं होती किन्तु उसी स्वर्ण पिण्ड का आभूषण में रूपांतर होने पर सौंदर्य की प्रतीति आती है। सत्संस्कार से व्यक्ति की योग्यता बढ़ती है यह इस न्याय का बोध है।

कानीनपितृत्वन्याय – याज्ञवल्क्य के मतानुसार कानीन (अविवाहित कन्या का पुत्र) की माता अविवाहित ही रही तो मातामह धर्मतः उसका पिता होता है। अनिच्छा से या अनपेक्षित रीत्या किसी पर लादे गये दायित्व का उदाहरण।

कान्ता-सुतालिंगनभेद न्याय – आलिंगन की क्रिया समान होते हुए भी पत्नी और पुत्री के आलिंगन में भावना की भिन्नता के कारण तत्वतः भेद होता है। बाह्यांग की समानता में भी आंतरिक भाव-भिन्नता से भिन्नता होती है यह इस न्याय का आशय है।

कामेश्वरीपूजा न्याय – गुवाहाटी की कामाख्या देवी के पांच रूपों में से एक को कामेश्वरी कहते हैं। इसकी पूजा बांये हाथ से करने की प्रथा है। सामान्य लौकिक नियम के अपवाद का यह उदाहरण है।

कारीरीष्टिन्याय – पर्जन्य की अपेक्षा से कारिरीष्टि का आयोजन होता है। इस में हवि के लिए बनाए करीर (सत्तु पिंडों) की आहुति पर्जन्य वृष्टि होने पर ही देने का नियम है। अतः याज्ञिक लोग तीन दिनों तक पर्जन्य की प्रतीक्षा करते थे। अन्त में पर्जन्यवृष्टि न हुई तो भी आहुतियां दी जाती थीं। किसी आवश्यक कर्तव्य में प्रतीक्षा की काल मर्यादा का यह उदाहरण है।

कार्यकारण-भावस्य उपकारनियतत्वम् = कार्य के द्वारा कारण का अस्तित्व सिद्ध होता है और कारण के गुण कार्य को स्वतः प्राप्त होते है। यही दोनों का अनिवार्य परस्पर उपकारकत्व है।

काल-पाशयोग-न्याय – ज्योतिषशास्त्र में काल और पाश का स्थान दिन में और रात्रि में सदैव उत्तर-दक्षिण अर्थात् परस्पर विरुद्ध होता है। परस्पर नित्य विरोध में रहने वाले मत या संप्रदाय का यह दृष्टान्त है। राजनीति में कुछ पक्षों का संबंध इसी न्याय से दिखाई देता है।

काश्यप गोत्रीय न्याय – जिन्हें अपने गोत्र का ज्ञान नहीं होता अथवा जो लोग गोत्रहीन होते हैं, वे सब काश्यपगोत्र के माने जाते हैं। सर्व समावेशक सिद्धान्त (या संस्था) का दृष्टान्त।

किं जातु गुंजाफलंभूषणानाम्। सुवर्णकारेण वनेचरणाम्। – (विक्रमांकदेवचरित) = गुंजा के अलंकार धारण करने वाले जंगली लोगों को सुनार से क्या प्रयोजन? (समानन्याय – अंधस्य दर्पणेन किम् = अंधे को आइने से क्या प्रयोजन।)

किन्नर-लिंग न्याय – एक मत के अनुसार किन्नर योनि के प्राणी (अश्वमुखी मानव या मनुष्य मुखी पक्षी) का प्रत्येक मास में लिंग परिवर्तन होता है। समाज में बारंबार पक्ष परिवर्तन या वृत्ति परिवर्तन करने वालों का उपहास करने वाला यह निदर्शन है।

कूर्मगात्रोत्पत्ति-विलय न्याय – कूर्म (कछुवा) अपने अवयवों का प्रसारण और आकुंचन करता है। प्रसारण में नए अवयव उत्पन्न नहीं होते और संकोचन में उनका लोप नहीं होता। वीरशैव मतानुसार संसार की उत्पत्ति और विलय इसी प्रकार होते हैं।

कृशताभिमता देहे पीनता न तु शोफतः – शरीर में सूजन के कारण मुटापा आने से तो कृशता अच्छी।

केदारवत् जलाकारन्याय – धान के खेत में जलप्रवाह पहुंचने पर वहां जिस आकार के भूखंड बनाये होते हैं वही आकार जल को प्राप्त होता है। उसी प्रकार चित्तवृत्ति इन्द्रियोंद्वारा जिस विषय का ग्रहण करती हैं, तदाकार हो जाती हैं। (योगसूत्र १-४)

केनाऽपि मृद्भिन्नतया स्वरूपं घटस्य सन्दर्शयितुं न शक्यते – कोई भी व्यक्ति घट का स्वरूप मृत्तिका से भिन्नतया नहीं दिखा सकता। (उपादान कारण से कार्य की भिन्नता हो ही नहीं सकती)। (विवेक चूडामणी २३१)

केयूर-अंगद न्याय – दोनों बाहुभूषण समान होते हैं। लंबगुच्छ

युक्त अंगद को केयूर कहते हैं। **दार्ष्टान्तिक** – लौकिक व्यवहार में समान उपाधिकारी व्यक्ति की, अधिकार भेद के कारण, भिन्नता मानी जाती है। उदा. शिक्षक और प्राध्यापक। मंत्री- उपमंत्री इ.।

कैमुतिकन्याय – संस्कृत में 'किमुत तथा किमु' और कितना अधिक, अर्थ में प्रयुक्त होते हैं। उसीसे प्रस्तुत न्याय का नामकरण हुआ है। ''यौवनं धनसम्पत्तिः प्रभुत्त्वम् अविवेकिता। एकैकमपि अनर्थाय **किमु** यत्र चतुष्टयम्'' अर्थात् जीवन में यौवन आदि चारों में एक एक भी अनर्थ करने के लिये पर्याप्त है। फिर जहां इन चारों का अस्तित्व हो वहां कितने अनर्थों की संभावना है कोई यह निश्चय से नहीं कह सकता। इस सुभाषित में प्रस्तुत न्याय का प्रयोग हुआ है।

कैमुतिक न्याय – जिस विशिष्ट प्रकार से एक विषय सिद्ध होता, उसी प्रकार से दूसरा भी तत्समान विषय सिद्ध होने में क्या आपत्ति है इस प्रकार का प्रश्नात्मक उत्तर देना।

क्रकच योग न्याय – ज्योतिष शास्त्र में वारों और तिथियों के क्रम में उलट-पुलट होने को क्रकच योग कहते हैं। उदा. शनिवार, शुक्रवार इस वारों के उलटे क्रम में तिथियाँ षष्ठी, सप्तमी, इस सरल क्रम में आना। ऐसे योग अशुभ तथा अशांतिकारक होते हैं। जिस गांव या प्रदेश में दो समाजों की नीति-रीति एक दूसरे के विपरीत होती हैं उसका यह दृष्टान्त है। (रामजन्मभूमि पर हिंदु राममंदिर का निर्माण चाहते हैं और मुसलमान नहीं चाहते यह 'क्रकचयोग' ही है।)

क्रौंचीचिन्तनन्याय – कहते हैं कि क्रौंच-पक्षिणी अपने शावकों को कोटर में रख कर सुदूर संचार करती है व अपने स्मरणमात्र से उन श्यावकों का परिपोषण करती है। अपने दूरस्थ प्रिय शिष्य का रक्षण सद्‌गुरु इसी न्याय के अनुसार करते हैं।

क्षयमासन्याय – आश्विन अधिक मास होने पर (यह १४१ वर्षों में होता है), पौष क्षयमास होता है। तब मार्गशीर्ष मास में दो प्रहर मार्गशीर्ष और दो प्रहर पौष मास मान कर एक ही महीने में दोनों महीनों के धर्मकृत्य करते हैं। इसी न्याय से एक व्यक्ति कार्यालय में नौकर और घर में मालिक होता है। एक में दो का समावेश इसका स्वरूप है।

क्षेत्र माहात्म्य न्याय – पुराणों में जिस क्षेत्र या देवता के माहात्म्य का वर्णन होता है, उसीको सर्वश्रेष्ठ सर्वोच्च कहने की प्रथा सर्वत्र दिखाई देती है। निजी वस्तुओं को सर्वश्रेष्ठ कहने की मनुष्य-प्रवृत्ति का ही यह निदर्शन हैं।

खद्योत-खगद्योत न्याय – खद्योत (जुगनू) एक खग (आंकाश में उड़ने वाला) तेजस्वी पक्षी है और सूर्य भी 'खग' ही है। किन्तु समान विशेषण से दोनों की तुलना नहीं होती। खग (सूर्य) का उदय होते ही खद्योत निष्प्रभ हो जाता है। महाप्रभावी व्यक्ति और उसी नाम के सामान्य व्यक्ति का अंतर प्रस्तुत न्याय से स्पष्ट होता है।

गंगानाथदेवत्व न्याय – गंगानाथ नामक एक दुराचारी पुरुष की हत्या होने पर वह पिशाच हुआ। बाद में उसे देवत्व प्राप्त हुआ। अधम स्थान से अकस्मात् उच्च पद की प्राप्ति का यह निदर्शन है।

गजनिमीलिकान्याय – हाथी जब रास्ते से चलता है तब आजूबाजू के लोग, प्राणी तथा अन्य किसी की ओर वह नहीं देखता। कुत्तां जैसे प्राणियां का भोंकना नहीं सुनता। बाह्य परिस्थिति के ओर दुर्लक्ष करते हुए अपनी धुन में चलता रहना इस न्याय का भाव है।

गजस्नान न्याय – हाथी का स्नान एक निरर्थक संस्कार होता है। भरपूर नहाने पर भी वह कूडा-करकट अपनी सूंड से उठा कर शरीर पर फेंकते रहता है। वेदान्ती कहते हैं जिसका चित्त संयमित नहीं, उनकी सभी धार्मिक क्रियाएं हस्तिस्नान या गजस्नान के समान होती हैं।

गणेशः स्तौति मार्जारं स्ववाहस्याभिरक्षणे – अपन वाहन की रक्षा के लिए गणेशजी को भी बिल्ली की स्तुति करनी पड़ती है।

गमकस्वर न्याय – संगीत के स्वरों का एक निश्चित श्रुति-स्थान होता है। स्वर जब अपनी श्रुति के स्थान से दूसरी श्रुति का आश्रय लेता है तब उसे गमक स्वर कहते हैं। अपना एक अधिकार स्थान कायम रखते हुए दूसरे अधिकार का अंशत स्वीकार करने वाले लोगों का यह निदर्शन है।

गरुड-सुमुख न्याय – गरुड 'नागान्तक' है किन्तु सुमुख नामक नाग को इंद्र ने अमरत्व देने के कारण वह अवध्य हो गया। इस कारण गरुड़ का इंद्र से विरोध निर्माण हुआ। भगवान् विष्णु को यह विरोध पसंद नहीं था। गरुड़ का गर्वहरण करने के लिए श्रीविष्णु ने सुमुख को अंगूठे से उड़ाकर गरुड़ की छाती पर स्थान दिया। अपने शत्रु को सम्हालने का दायित्व जिनको निभाना होता है ऐसे लोगों का यह न्याय निदर्शन है।

गवामयन न्याय – तांड्य ब्राह्मण की एक कथा के अनुसार खुर और शृंग की प्राप्ति के हेतु गायों ने सत्र का प्रारंभ किया। दस महीनों के बाद उन्हें फलप्राप्ति हुई किन्तु कुछ गाएं सत्र आगे भी चलाती रहीं। अंत में उनके खुर और शृंग टूट गए। फलप्राप्ति होने पर भी काम करते रहने वालों के निष्फल प्रयास का यह दृष्टान्त है।

गवाशिर-यवाशिरन्याय – सोमरस में गोरस मिलाने पर 'गवाशिर' तथा जौ मिलाने पर 'यवाशिर' नामक मिश्रण कहा जाता है। एक ही पदार्थ के स्वरूप भेद के कारण संज्ञा भेद होता है, इस तत्व का यह दृष्टान्त है।

गर्दभबलिन्याय – व्रतस्थ यजमान ने स्त्री-गमन का अपराध करने पर प्रायश्चित्त में गर्दभ की बलि देने का आदेश धर्मशास्त्र में दिया गया है। एक के अपराध का दण्ड दूसरे को देने का यह निदर्शन है।

गर्भवती मरण स्थान – जब गर्भवती स्त्री मरती है तब उसका गर्भ जीवित नहीं होता, वह भी मृत अवस्था में होता

है। मूल आश्रय का नाश होने पर आश्रितों का भी नाश होता है इस तथ्य का उदाहरण।

गाढपंकनिमग्नाङ्गो मातङ्गोऽप्यवसीदति – गहरे कीचड़ में शरीर फंस जाने पर बलवान् हाथी भी नष्ट होता है।

गाणंगणिक न्याय – जैनपंथ के नियमानुसार विशिष्ट गण में प्रवेश पाने पर किसी भी श्रमण को उस गण में ६ महीनों तक रहना आवश्यक माना जाता है। जो श्रमण ६ महीनों के अंदर ही गण बदल देता है, उसका अधिक्षेप गाणंगणिक संज्ञा से होता है। (वर्तमान राजकीय जीवन में सभी पक्षों में पक्षबदल करने वालों का निदर्शन यह न्याय है।)

गायत्र्यन्तेषु सर्वेषु पादेषु पादान्ते एव यतिः – छंदस् शास्त्र में उक्ता, अत्युक्ता मध्या, प्रतिष्ठा, सुप्रतिष्ठा, और गायत्री इन जातियों के छन्दों में यति (विराम स्थान) अंत में ही होता है। अर्थात् अन्य जाति के छंदो या वृत्तों में यतिस्थान पाद के बीच में भी होते हैं।

गार्हपत्याग्नि न्याय – यज्ञ के तीन अग्नियों में अरणिमंथन से गार्हपत्य प्रथम उत्पन्न होता है। गार्हपत्यायतन से उद्धृत अग्नि से ही दक्षिणाग्नि और आहवनीय अग्नि स्थापित होते हैं। अतः गार्हपत्य तीनों में श्रेष्ठ है। प्रधान संस्था से उत्पन्न अवांतर संस्था आदि का निर्देश प्रस्तुत न्याय के दृष्टांत से हो सकता है।

गुरुपुष्ययोग न्याय – फलज्योतिषी गुरुपुष्य योग को अत्यंत शुभ (अमृतसिद्धि) योग शास्त्रतः मानते हैं। किन्तु इस मुहूर्त पर विवाह होने पर भी प्रभु रामचंद्र का गृहस्थाश्रमी जीवन कष्टप्रद रहा। अतः यह शुभ मुहूर्त विवाह के लिए अयोग्य माना जाता है। शास्त्रीय सिद्धान्त को रूढ़ि के कारण बाधा आती हैं इस तथ्य का यह उदाहरण है।

गो-बलीवर्दन्याय – 'गावः गच्छन्ति' कहने से बलीवर्दोऽपि गच्छति' का अभिप्राय निकल जाता है। किन्तु गौ से विशेषता सूचित करने के लिए 'बलीवर्द' (सांड) का पृथक् निर्देश करना (गोबलीवर्दः गच्छन्ति कहना) इस न्याय का स्वरूप है। साहित्य शास्त्र में 'अनुभाव' शब्द 'सात्त्विक भाव' का भी सूचक माना जाता है; किन्तु अष्ट सात्विक भावों का पृथक् निर्देश (गो-बलीवर्दन्याय से) उनकी विशेषता की सूचना के लिए होता है।

गोमयाद् वृश्चिकोत्पत्तिः – गोबर से बिच्छू की उत्पत्ति होना। उत्तम कारण से अधम कार्य की उत्पत्ति का उदाहरण।

ग्राहं दारुधिया धृत्वा नदीं को नु तरिष्यति – काष्ठ मानकर मगर को पकड़ने पर नदी कौन पार कर सकता है? (विवेक चूडामणि-८६)।

गोविंदशयनव्रत- नयाय – आषाढ शुद्ध एकादशी (शयनी एकादशी) से विष्णुसेवा-परक यह व्रत प्रारंभ होता है। इस व्रत का पालन करने वाले चार महीनों के व्रतकाल में अपने व्रत के अतिरिक्त अन्य कोई भी मंगलकार्य नहीं करते। अपने स्वीकृत ध्येय साधक कार्य के अतिरिक्त अन्य कोई भी कार्य न करने का यह उदाहरण है।

गौणमुख्ययोः मुख्ये कार्यसम्प्रत्ययः – व्याकरण शास्त्र में किसी शब्द में आदेश-गुण-वृद्धि आदि कार्य निर्दिष्ट किये जानेपर, यदि वह शब्द मुख्यार्थवाचक होता है, तब वह कार्य किया जाता है; वही शब्द जब गौण अर्थ का वाचक होता है तब शास्त्रदिष्ट कार्य नहीं होता। ('महादेव' शब्द में महत् शब्द मुख्यार्थ का वाचक होने से त्कार में 'आ' आदेश होता है। किन्तु महद्भूतश्चन्द्रमाः' इस उदाहरण में महत् शब्द गौण अर्थ का वाचक होने से 'आ' आदेश नहीं होता। (परिभाषेन्दुशेखर- परिभाषा-१५)

ग्राह्या म्लेच्छप्रसिद्धिस्तु विरोधादर्शते सति – अपने सिद्धान्तों का यदि विरोध नहीं होता तभी म्लेच्छ शास्त्रों के प्रसिद्ध मतों का प्रामाण्य मानना चाहिए। (जैमिनीय न्याय)।

घटकंचुकी न्याय – दक्षिण भारत के वाममार्गी लोक 'घटकंचुकी'- नामक एक समारोह करते थे। इसमें स्त्री-पुरुषों की संख्या समान होती थी। स्त्रियां अपनी कंचुकियां एक घट में जमा करती थीं। मद्य-मांस सेवन करने के बाद सभी पुरुष घट में रखी, एक एक कंचुकी उठाते थे। जिस स्त्री की कंचुकी जिस पुरुष को मिलती थी वह, उस रात उस स्त्री से संभोग करता था।

घट-प्रदीपन्याय – दीप के प्रकाश से, अंधकार के कारण अव्यक्त पदार्थ की 'अभिव्यक्ति' होती है। दूध से दही के समान उत्पत्ति नहीं होती। साहित्य शास्त्र में विभाव अनुभाव आदि से रस की 'अभिव्यक्ति' घटप्रदीप न्याय से तथा दुग्ध-दधि न्याय से 'उत्पत्ति' मानने वाले पक्ष हैं।

चन्दनभारहरखर न्याय – चन्दन का भार ढोने वाला गदहा केवल भार को जानता है उसे चन्दन के सुगन्ध का ज्ञान नहीं होता। (यथा खरश्चन्दन भारवाही भारस्य वेत्ता न तु चन्दनस्य।)।

(सामान्यन्याय – **शर्करागोणीहरवृषभन्याय** = शक्कर की गोणियां ढोने वाला बैल)

चन्द्र-चन्द्रिका न्याय – चंद्र और चंद्रिका शब्द भिन्न है किन्तु वे अभिन्न रहते हैं। भिन्नता में अभिन्नता का दृष्टान्त।

शारदचन्द्रामृतकणास्वाद न्याय – कहते हैं कि शरद् काल में चन्द्रकिरणों से दिव्य अमृतकण झरते हैं। किन्तु चकोर पक्षी ही उसका आस्वाद ले सकते हैं। सुज्ञ और रसिक मनुष्य ही रामायण-महाभारतादि रसार्द्र ग्रन्थों का आस्वाद पा सकते हैं। यह इस न्याय का बोध है।

चम्पाषष्ठी-योग-न्याय – भाद्रपद शु. षष्ठी को मंगलवार, विशाखा नक्षत्र, तथा वैधृति योग ३० वर्षों में एक बार आता है। अतः किसी दुर्लभ योग का निर्देश 'चम्पाषष्ठी योग' नाम से होता है। दुर्घट योगायोग का यह निदर्शन है।

चित्रगुप्त-पुत्र-न्याय – एक कथा के अनुसार चित्रगुप्त (यमराज

का लेखनिक) के १२ पुत्र थे। वे बारह स्थानों में अलग अलग कार्यों में नियुक्त हुए। बाद में उनके स्वतंत्र बारह वंश हुए जो आपस में रोटी-बेटी व्यवहार निषिद्ध मानने लगे। मूल एकता में अनेकता का यह उदाहरण है।

चित्रचन्द्रेन्दुन्याय =

चन्द्रे महाह्लादिनि दीप्यमाने चित्रेन्दुमालोकयितुं क इच्छेत्।।
अत्यंत आल्हाददायक चन्द्रमा आकाश में प्रकाशमान रहने पर चन्द्र का चित्र देखने की इच्छा कौन करेगा।

छन्दोवत् सूत्राणि भवन्ति – पाणिनि के सूत्र वैदिक मंत्रों के समान अपरिवर्तनीय होते हैं। अतः सूत्र में जहां परिवर्तन की संभावना होती है वहां भी उसमें परिवर्तन नहीं किया जाता। उदा. 'अ अ' यह अष्टाध्यायी का अंतिम सूत्र 'अस्य अः' हो (अर्थात् विवृत प्रयत्नवान् ऱ्हस्व अ के स्थान में संवृत प्रयत्नवान् ऱ्हस्व अ होना चाहिये।), फिर भी प्रस्तुत न्याय के अनुसार वह यथावत् स्थिति में ही शुद्ध माना जाता है।

छायानिधि-च्छाया-न्यायः – छायानिधि एक विशिष्ट पक्षी को कहते हैं। ऐसे पक्षी की छाया जिस पर पड़ती है, वह राजपद पाता है, ऐसी लोगों में श्रद्धा हैं। अपनी कृपाच्छाया से शिष्य को परमपद देने वाले सद्‌गुरु का यह दृष्टान्त है।

छिन्नपुच्छे शुनि श्वत्वव्यवहार – कुत्ते की पूंछ कट जाने पर भी उसे कुत्ता ही कहते हैं। 'एकदेशविकृतम् अनन्यवत्'' इस परिभाषा (क्र. ३७) का यह निदर्शन है।

छेत्तुमप्यागते छायां नोपसंहरते द्रुमः – अपना उच्छेद करने हेतु आये हुए पर से भी, वृक्ष अपनी छाया दूर नहीं करता।

जयेत् पूर्वं हि दोषाणां भवेद् यो बलवत्तरः।। – आयुर्वेद में वायोरनन्तरं पित्तं, पित्तस्यानन्तरं कफम्'' यह दोषों को दूर करने का क्रम माना जाता है। किन्तु इन तीनों में से जो अधिक बलवान् होता है उसे प्रथम परास्त करना चाहिये। देश के शत्रुओं के संबंध में यही न्याय प्रशस्त मानना चाहिये।

जलौका-चूषण न्याय – जलौका एक ऐसा जीव है जो शुद्ध और दुष्ट रक्त में प्रथम दुष्टरक्त ही पीता है। (हंसक्षीर- न्याय के यह विपरीत न्याय है।

जीर्णस्य चन्दनतरोरामोद उपजायते – चन्दन का वृक्ष जीर्ण होने पर उसमें सुगन्ध उत्पन्न होता है।

जीर्णां नावं न चारुहेत् – जीर्ण नौका में आरोहण नहीं करना चाहिये।

ज्वलति चलितेन्धनोऽग्निः विप्रकृतः पन्नगः फणां कुरुते – इन्धन हिलाने पर अग्नि अधिक जलती है और पीड़ा देने पर नाग अपना फन उभारता है।

टिट्टिभीयत्न न्यायः – टिट्टिभ पक्षिणी के अंडे समुद्र में डूब जाने पर, उसने अपने अंडे वापिस करने की प्रार्थना की किन्तु वह समुद्र ने नहीं मानी। तब बड़े आवेश के साथ टिट्टिभी अपनी चोंच से समुद्र को शुष्क करने का प्रयत्न करने लगी। असमर्थ व्यक्ति द्वारा महान् कार्य करने के विफल प्रयत्न का यह न्याय निदर्शन है।

तक्र कौण्डिन्य न्याय – ''सभी ब्राह्मणों को दही दिया जाय किन्तु कौण्डिन्य को मट्ठा।'' (सर्वेभ्यो ब्राह्मणेभ्यो दधि दीयताम् तक्रं कौण्डिन्याय) इस वाक्य में कौडिण्य ब्राह्मण होने पर भी उसे मठ्ठा देने का आदेश दही का निषेध सूचित करता है। ''अचोरहाभ्यां द्वे'' (८-४-४६) इस पाणिनि-सूत्र में रेफ तथा हकार के परे आने वाले 'यर' प्रत्याहारस्थ सभी वर्णों को द्वित्व करने का आदेश है। द्वित्व के निमित्तभूत रेफ का अन्तर्भाव यर् प्रत्याहार में होने के कारण उसका भी द्वित्व होना चाहिये। उसका निषेध 'तक्रकौण्डिन्य न्याय' से होता है।

तन्मध्यपतितः तद्ग्रहणेन गृह्यते' – शब्दों की मूलावस्था में किसी वर्ण का सन्निवेश होने पर वह मूलरूप से भिन्न नहीं माना जाता। उदा. एषः और एषकः शब्द समानार्थक होते हैं।

तावच्च शोभते मूर्खो यावत् किंचिन्न भाषते – मूर्ख तब तक अच्छा भाता है, जब तक वह कुछ नहीं बोलता।

तिलतैलमेव मृष्टं येन न दृष्टं घृतं क्वापि – जिसने कभी भी घी नहीं देखा वह मनुष्य तिल्ली के तेल की ही प्रशंसा करता है।

तिलोत्तमाभिलाषेण वैरं सुन्दोपसुन्दयोः – एक मात्र तिलोत्तमा की अभिलाषा ही सुन्द और उपसुन्द में बैर का कारण हुई। (एक ही विषय की अभिलाषा उत्पन्न होना ही सर्वत्र बैर का कारण होता है।)

तुरुष्क न्याय – तुरुष्क या शिलारस एक ऐसी औषधि है जिसका रस या गोंद प्रारंभ में दुर्गन्धयुक्त होता है, परन्तु पुराना होने पर वह विशिष्ट सुगन्ध से युक्त होता है। (इस का मुख्य उत्पत्ति स्थान एशिया माइनर और अरबस्थान है। संस्कृत में इसके पर्याय- पिण्याक, पिण्डित, कपिज, पिण्डक, कपितैल, पिंगल, आदि उल्लिखित हैं।) कालप्रभाव से अयोग्य व्यक्ति का योग्य व्यक्तित्व में होने वाले परिवर्तन का यह उत्तम उदाहरण है। इसे हम **''वाल्मीकिन्याय''** भी कह सकते हैं। प्रारंभ में एक हिंस्र डाकू का कालान्तर में महर्षि में रूपान्तर हो गया।

तुल्यबलविरोधे विकल्पः न्याय – वदवचनों में कभी कभी परस्पर विरुद्ध विधियों का विधान दो भिन्न भिन्न स्थानों पर मिलता है। वेद प्रमाणभूत धर्मग्रंथ होने के कारण ऐसी संदेहावस्था में दोनों वचनों का प्राबल्य समान होता है। अतः धर्माचारी पुरुष ने अपनी सदसद्‌विवेक बुद्धि के अनुसार किसी एक वाक्य को प्रमाण मान कर विधि करना चाहिए। (गौतम सूत्र १-५)।

तृणमपि दग्धुमशक्तो वडवाग्निः संपिबत्यग्निम् – जो वडवानल घास का तिनका भी नहीं जला सकता, वह समुद्र को पी जाता है। अथवा जो समुद्र को पी जाता है वह तिनका भी नहीं जला सकता।

तृणात् संजायते क्षीरं क्षीरात् संजायते विषम्। – (गाय ने खाए हुए) तृण से दूध उत्पन्न होता है; और (सांप ने पीए हुए) दूध से विष उत्पन्न होता है।

त्र्यहःस्पृक्तिथि-न्याय – ज्योतिषशास्त्र के अनुसार उदयक्षण की तिथि ही दिन की तिथि मानी जाती है। किन्तु कभी कभी चन्द्रमा की अनियत गति के कारण, तिथि में वृद्धि और क्षय माने जाते हैं। जब एक ही तिथि, एक वार के उदय से पूर्व की घटिका में, उसी वार के उदय काल में और बाद के दिन में उदय घटिका में रहती है तब उस तिथि को त्र्यहःस्पृक्)- तीन दिनों को स्पर्श करने वाली) वृद्धितिथि कहते हैं।

किसी व्यक्ति को मातृकुल, पितृकुल और श्वशुर कुल की संपत्ति भाग्यवश प्राप्त होती है। ऐसा व्यक्ति लौकिक दृष्ट्या प्रस्तुत न्याय का उदाहरण है। (मुसलमान समाज भारत में अल्प संख्यता का, पाकिस्तान में बहुसंख्यता का, तथा मुसलमानी राष्ट्रों से मुसलमानता का लाभ लेते हैं। वे भी प्रस्तुत न्याय के निदर्शक हो सकते हैं।)

तुल्यबलविरोधे विकल्पः – शास्त्र में कई विवाद्य विषयों पर भिन्न भिन्न विद्वान ग्रन्थकारों के परस्पर विरुद्ध मत दिखाई देते हैं। इस अवस्था को तुल्यबलविरोध कहते हैं। ऐसी अवस्था में सामान्य लोग किसी एक अर्थ का स्वीकार करें यही इस न्याय का आदेश है। धर्मशास्त्र में तुल्यबल विरोध के उदाहरण सर्वत्र दिखाई देते हैं।

दक्षिणाहीन-कर्म-फल न्याय – धार्मिक कर्म की सफलता तभी होती है जब उसके पुरोहित को पर्याप्त दक्षिणा दी जाती है। अन्यथा वह कर्म निष्फल या 'मृत' माना जाता है। कर्मों का फल तो होता ही है, क्यों कि कोई भी कर्म फलरहित नहीं होता। यह शास्त्र का सिद्धान्त है। अतः दक्षिणाहीन कर्म का जो भी फल निष्पन्न होता है उस पर कर्ता का अधिकार न होने से, देवी भागवत के अनुसार बलिराजा को मिलता है। जिस पदार्थ पर किसी विशिष्ट व्यक्ति का अधिकार सिद्ध नहीं होता, उस पर राजा का स्वामित्व होता है। स्वामित्व-हीन पदार्थ संसार में नहीं होता यह प्रस्तुत न्याय का आशय है।

दग्धस्यागुरुखण्डस्य स्फारीभवति सौरभम् – अगुरु का टुकड़ा जलने से ही उसका सुगंध फैलता है।

दर्श-पौर्णिमास न्याय – अमावस्या के ३ और पौर्णिमा के ३ मिलाकर होने वाले ६ वैदिक यागों का फल एकमात्र माना जाता है। लौकिक व्यवहार में जब अनेक कर्मो का एक फल होता है (जैसे विश्व विद्यालय के छात्र अनेक परीक्षाए देकर अंत में एक उच्च उपाधि प्राप्त करते हैं) उसका प्रस्तुत न्याय निदर्शन होता हैं।

दीपशिखा-नित्यत्व-न्याय – दीप की ज्योति प्रतिक्षण उत्पन्न और विलीन होती रहती हैं किन्तु वह रात से प्रभात तक एक ही प्रतीत होती है। इसी न्याय से बौद्ध दार्शनिक आत्मा की अनित्यता सिद्ध करते हैं। पुनर्जन्म में आत्मा वही नहीं होता और दूसरा भी नहीं होता। इसी प्रकार "जलप्रवाह" न्याय में प्रतिक्षण बहता हुआ जल एक प्रवाह रूप प्रतीत होता है। "सर्वं क्षणिकम्" इस बौद्ध सिद्धान्त का समर्थन इस न्याय से होता है।

दीपशिखा-संचार-न्याय – प्राचीन काल में अंधेरे में घूमते समय दीपशिखा (जलती मशाल) साथ में लेकर लोग घूमते थे। दीपशिखा, जिस घर मंदिर आदि के समीप पहुंचती है उसे प्रकाशित करती है और जिससे दूर जाती उसे प्रकाशहीन करती है। यही उपमा कालिदास ने स्वयंवर मंडप में वरमाला लेकर चलती हुई विदर्भकुमारी इन्दुमती को दी है जिसके कारण उन्हें "दीपशिखाकालिदास" कहते हैं।

दुग्ध-दधि-न्याय – दूध का दही होने पर पुनः उसका दूध नहीं होता। इसे 'सर्वविकृतपरिणाम' कहते हैं। अपरिवर्तनीय विकार का निर्देश इस न्याय से होता है।

दुग्धदात्रीति गौर्गेहि पोष्यते न तु धर्मतः – गाय दूध देती है इस लिए उसे लोग घर में पोसते हैं, केवल धर्मबुद्धि से उस का पोषण नहीं होता। (सत्कर्म स्वार्थ-बुद्धि के कारण होता है, केवल परमार्थबुद्धि से नहीं).

दूरतः पर्वता रम्याः – पर्वत दूरसे ही सुंदर होते है।

दृश्यं तमसि न पश्यति दीपेन विना स चक्षुरपि। – आखों वाला भी मनुष्य अंधकार में दीप के बिना दृश्य पदार्थ को नहीं देख सकता। (सहायक की आवश्यकता का निदर्शन)

देवदत्तस्य अंगाधिक्ये तद्विशिष्टस्य एव देवदत्तग्रहणेन ग्रहणं दृश्यते – देवदत्त के अवयव अधिक या कम होने पर (अर्थात् श्मश्रुप्रवृद्धि होने पर या हाथ पैर कट जाने पर) भी देवदत्त शब्द द्वारा न्यून या अधिक अवयव से युक्त देवदत्त का ही ग्रहण किया जाता है। (जिस शब्द में आगम होता है उसका वह अवयव होने के कारण, आगमरहित शब्द द्वारा), आगमसहित शब्द का भी ग्रहण होता है, इस सिद्धान्त का बोधक यह एक लौकिक न्याय है। (परिभाषेन्दु शेखर - ११)।

द्वंद्वयज्ञ न्याय – सोमयाग के एकाह प्रकारों में १० प्रकार के द्वन्द्वयज्ञ माने गए हैं। इनमें एक यज्ञ करने पर दूसरे का अनुष्ठान अवश्य करना पड़ता है। व्यवहार में अनेक कार्य द्वन्द्वयज्ञ से होते हैं। उदा. किसी तीर्थक्षेत्र में जाने पर वहां के प्रमुख दैवत का दर्शन आवश्यक होता है। धन कमाने पर दान आवश्यक होता है। चुनाव के पहले कोई घोषणा करने पर बाद में उसका पालन आवश्यक होता है।

द्वादशरात्र याग न्याय – यज्ञशास्त्र में व्यह (दो दिनों का) से एकादश रात्र तक के याग **'अहीन'** कहलाते हैं। त्रयोदश रात्र से आगे के **'सत्र'** कहलाते हैं। द्वादशाह याग दोनों के मध्य में होने से अहीनात्म तथा सत्रात्मक भी होता है। प्रभु रामचंद्र इस न्याय का उदाहरण हैं। वे अवतार भी है और मानव भी हैं। या गुरुगोविंद सिंह संत भी हैं और वीर भी हैं।

धातूनाम् अनेकार्थत्वम् – धातुपाठ में धातुओं के परिगणित विशिष्ट अर्थ दिए गए हैं। किन्तु प्रस्तुत न्याय के अनुसार विविध शास्त्रकारों या महाकवियों ने जिन विविध अर्थों में उनका प्रयोग किया होता वे भी धातु के अर्थ ग्राह्य माने जाते हैं।

धान्य-पलाल न्याय – धान्य खरीदते समय पलाल (भूसा) भी खरीदना होता है परंतु धान्य पकाने के समय वह भूसा अलग किया जाता है। **"सूत्रे लिंगवचनम् अतन्त्रम्"** इस परिभाषा (क्र. ७४) का स्पष्टीकरण इस लौकिक न्याय से किया जाता है। पाणिनीय सूत्रों में प्रयुक्त शब्दों के लिंग और वचन धान्य के साथ आने वाले भूसे के समान व्यर्थ होते हैं। उनका अस्तित्व ध्यान में न लेते हुए शास्त्र का आदेश माना जाता है।

नकुलहत्या न्याय – अपने शिशु का रक्षण करने नियुक्त नेवले के मुंह पर रक्त देख कर शिशुहत्या की आशंका से अकस्मात् उसकी हत्या करना और बाद में नेवले द्वारा मारे गये सांप तथा सुरक्षित शिशु को देखकर पछताने वाली स्त्री की कथा पर आधारित न्याय। अविवेक से किए गए कृत्य के पश्चात्ताप का यह दृष्टान्त है।

न कूपखननं युक्तं प्रदीप्ते वह्निना गृहे – घर को आग लगने पर कुआं खोदना योग्य नहीं होता।

न क्वापि हते अपि उत्तमर्णे अधमर्णः ऋणाद् विमुच्यते। – साहूकार का वध करने से कर्जदार कर्ज से मुक्त नहीं होता।

न खलु अपनीत-नवनीतं दधि पुनर्मथ्यते – माखन निकाला जाने पर दही का मंथन नही होता। निःसत्व पदार्थ या व्यक्ति से परामर्श कोई नहीं करता।

न खलु एकपुत्रसत्त्वे एकस्मिन् एव ज्येष्ठकनिष्ठत्वादि व्यवहारः – जिसका एक ही पुत्र होता है वह उसी को ज्येष्ठ, मध्यम, कनिष्ठ नहीं कह सकता। अर्थात् अनेक पुत्रवाला पिता ज्येष्ठ, मध्यम, कनिष्ठ पुत्र का निर्देश कर सकता है। "व्यपदेशिवद् एकस्मिन्' इस परिभाषा (क्र. ३०) का यह निदर्शन है। (परिभाषेन्दुशेखर)।

न खलु कामातुराऽपि सिंही शृगालम् अभिसरति – कामातुर होने पर भी सिंही सियार की ओर नहीं जाती।

न खलु क्षुत्क्षामोऽपि सिंहः जीर्णं तृणम् अत्ति। – भूख से दुर्बल होने पर भी सिंह सूखा घास नहीं खाता। तेजस्वी पुरुष के स्वभाव का यह निदर्शन है।

न खलु देवभूतोऽपि 'पूषा' नारिकेलास्वादने प्रभवति – दक्षयज्ञध्वंस में वीरभद्र ने पूषन् देवता के दांत तोड़ने के कारण वह दन्तहीन हुआ। नारियल का आस्वाद, दांत वाला ही ले सकता है। पूषा देवता होने पर भी दन्तहीन होने पर उसका रसास्वाद नहीं ले सका। श्रेष्ठ पुरुष भी साधन हीन होने पर कोई कार्य नहीं कर सकता।

नगरनिवासे नागरता न्याय – महानगर में निवास करने वाले को अनायास नागरता या सुसभ्यता प्राप्त होती है। सत्संग के कारण विवेक, सुविचार आदि श्रेष्ठ गुण मनुष्य को अनायास प्राप्त होते हैं यह इस न्याय का बोध है।

न गच्छति विना पानं व्याधिरौषधिशब्दतः। (विवेक चूडामणि ६४) – औषधि का पान न करते हुए, केवल औषधि का शब्दोच्चार करने से व्याधि का निवारण नहीं होता।

नग्नक्षपणके देशे रजकः किं करिष्यति – जिस देश में सारे नग्न क्षपणक (दिगंबर साधु) रहते हो वहां धोबी क्या करेगा?

न सर्पस्य मुखे रक्तं न दष्टस्य कलेवरे – सांप जब किसी को काटता है तब न उसके मुख पर और न काटे हुए व्यक्ति के शरीर पर रक्त दिखाई देता है। (भ्रष्ट अधिकारी इसी प्रकार पैसे खाते हैं)

न सुवर्णे ध्वनिस्तादृग् यादृक् कांस्ये प्रजायते – सोने में वैसी ध्वनि नहीं होती, जैसी कांसे में होती है।

नोदके शकटं याति न च नौर्गच्छति स्थले – गाड़ी जल में नहीं चलती, नौका जमीन पर नहीं चलती।

नहि अब्राह्मणम् आनय इति उक्ते लोष्ठम् आनीय कृती भवति – अब्राह्मण को लाइये, यह आज्ञा दी जाने पर मृत्पिण्ड (ब्राह्मण न होने के कारण) लाने से आज्ञापालन नहीं होता। "नञ् इव-युक्तमन्यसदृशाधिकरणे, तथा ह्यर्थगतिः" इस परिभाषा (क्र. ७५) में प्रयुक्त नञ् और इव शब्दों का अर्थ, तद्‌भिन्न किन्तु तत्सदृश (सादृशं भेदघटितम् इस न्याय के अनुसार) लेना चाहिये। इस तत्त्व का स्पष्टीकरण प्रस्तुत लौकिक न्याय से होता है। (परिभाषेन्दुशेखर)

नहि एकम् उदाहरणं योगारम्भं प्रयोजयति – एक मात्र उदाहरण के लिए व्याकरण शास्त्र में किये गये सूत्र, सर्वसामान्य सूत्र नहीं होते। अर्थात् ऐसे सूत्रों के आधार पण अन्य रूपों की सिद्धि नहीं हो सकती। (योगारम्भ – सामान्य उत्सर्गात्मक सूत्र)

न हि कीटवेधादयो रत्नस्य रत्नत्वं व्याहन्तुम् ईशाः किन्तु उपादेयतारतम्यम् एव कर्तुम् – कीटानुवेध होने या न होने से रत्न की रत्नता में बाधा नहीं आती, किन्तु उसकी उपादेयता में तारतम्य कीटानुवेध के कारण आता है। इस न्याय के अनुसार काव्य में किंचित् दोष की मात्रा होने पर उसका काव्यत्व समाप्त नहीं होता किन्तु उसकी उत्तमता में बाधा आती है।

न हि क्वचिद् अपि लोके अविद्याध्यस्तेन धर्मेण कस्यचिद् उपकारः वा अपकारः वा दृष्टः। – संसार में कहीं भी अविद्या द्वारा आरोपित धर्म से किसी का भी उपकार या अपकार होता नहीं देखा जाता।

न हि गजराजो राजगजो भवति – हाथियों का राजा, राजा का हाथी नहीं होता। अर्थात् किसी क्षेत्र में गुणवत्ता से श्रेष्ठव्यक्ति, श्रेष्ठ अधिकारी नहीं होता। उसी प्रकार 'न च राजगजो गजराजो भवति' – राजा का हाथी, हाथियों का राजा नहीं होता, यह न्याय भी तथ्य है।

न हि चन्दनस्पर्शज्ञानं तज्जन्य सुखज्ञानं च एकदा भवति– चन्दन के स्पर्श का ज्ञान जिस क्षण होता है, उसी क्षण स्पर्श सुख का ज्ञान नहीं होता। इस न्याय के अनुसार काव्यरस की प्रतीति के क्षण में विभाव अनुभावादि की प्रतीति नहीं मानी जाती। इस कारण रसप्रतीति स्वरूप व्यापार 'कृतिरूप' नहीं माना जाता। अर्थात् काव्यरसास्वाद और विभावादि के

ज्ञान में कार्य-कारण संबंध नहीं होता।

न हि चूडामणिः पादे नूपुरं मूर्ध्नि धार्यते – चूडामणि (मस्तकालंकार) पैरों में और नूपुर (पैरों का अलंकार) मस्तक पर धारण नहीं किया जाता।

न हि निन्दा निन्द्यं निन्दितुं प्रवर्तते अपि तु विधेयं स्तोतुम्'' – तंत्रवार्तिक २-४-२१ जैमिनि सूत्र)। – शास्त्र में निन्दा वचन का हेतु केवल निन्द्य विषय की निन्दा ही नहीं होता, वह विहित विषय की प्रशंसा के निमित्त होती है।

न हि भिक्षुकाः सन्ति इति स्थाल्यो नाधिश्रियन्ते – गांव में भिखारी बहुत हैं इस कारण कभी भोजन पकाना बंद नहीं किया जाता। कामविकार में कुछ दोष है इस कारण काम पुरुषार्थ को निषिद्ध नहीं मानना चाहिये, इस तत्व का स्पष्टीकरण कामसूत्र (१.२.४८) में प्रस्तुत न्याय से किया है।

न हि मशकमुष्टौ गगनं धार्यते। – मच्छर की मुठ्ठी में आकाश बद्ध नहीं हो सकता। क्षुद्र अन्तःकरण में महान् तत्त्व नहीं समाते।

न हि मृगाः सन्ति इति यवाः न उप्यन्ते – खेत में जानवर घुसेंगे इस आशंका से धान्य बोना बंद नहीं किया जाता। काम विकार में कुछ दोष है इस कारण कामपुरुषार्थ निषिद्ध नहीं माना जाता – इस तत्व का स्पष्टीकरण प्रस्तुत न्याय द्वारा काम सूत्र (१.२.४८) में किया है।

न हि समुद्रफेनः समुद्रतीराद् अन्यत्र उपलभ्यते – समुद्रफेन एक ऐसी औषधि है जो समुद्र के तट पर ही प्राप्त हो सकती है। समुद्र में रहने वाले एक प्राणी का यह अस्थिविशेष होने के कारण यह समुद्र की लहरों पर फेन के समान तैरता हुआ दिखाई देता है और समुद्र के तीर पर पड़ा रहता है। विशिष्ट पदार्थ या व्यक्ति विशिष्ट स्थान पर ही प्राप्त होते हैं इस सिद्धान्त का यह उदाहरण है।

नहुषः शक्रतां प्राप्य च्युतोऽगस्त्यावमाननात् – नहुष को इन्द्र पद मिलने पर भी अगस्त्य ऋषि का अपमान करने के कारण वह पदच्युत हुआ। (श्रेष्ठपद मिलने पर भी पूज्य व्यक्तियों का अपमान नहीं करना चाहिये।

नादनिधिन्याय – कहते हैं कि नादनिधि नामक एक विशिष्ट मणि अपने स्पर्श मात्र से किसी भी धातु का सुवर्ण में रूपान्तर करता है। अपने साहचर्य से शिष्य को उच्च पदवी का अधिकारी करने वाले सद्गुरु का यह दृष्टान्त है।

नाधिष्ठानाद् भिन्नता कल्पितस्य (वि.चू.२३१) – कोई भी कल्पित पदार्थ अपने अधिष्ठान (मूलाधार) से भिन्न नहीं होता। (ब्रह्म तत्त्व पर कल्पित विश्व, ब्रह्म से भिन्न नहीं हो सकता)।

नान्तरेणाचं व्यंजनस्य उच्चारणं भवति (महाभाष्य) – अच् (स्वर) की सहायता के बिना किसी भी केवल व्यंजन का उच्चारण नहीं होता।

नानुबन्धकृतम् अनेकाल्त्वम् – ''अनेकाल् शित् सर्वस्य'' सूत्र के अनुसार अनेक 'अल्' (वर्ण) वाला आदेश संपूर्ण स्थानी को होता है। उदा. 'जसः शी' (७-१-१७) सूत्र से 'जस्' प्रत्यय के स्थान पर 'शी' सर्वादेश होता है। प्रस्तुत परिभाषा में 'अनेकाल्' शब्द की मर्यादा बतायी है। तदनुसार 'आदेश' में होने वाले अनुबन्धों के कारण उसे 'अनेकाल्' नहीं मानना चाहिए। अर्थात् अनुबन्धों का लोप होने पर अगर एक ही 'अल्' (वर्ण) बाकी रहा तो उस अनेकाल् वाले आदेश-प्रत्यय आदि को 'एकाल्' ही मानना चाहिये। उदा. अर्वन् शब्द को तृ'' आदेश होता है। वह ऋकार अनुबन्ध का लोप होने पर 'एकाल्' होने के कारण सर्वादेश नहीं होता.

मरीचिकावारि महाप्रवाहः नार्दीकरोत्यूषरभूमिभागम् – मृगजल का प्रवाह कितना भी विशाल हो तो भी वह ऊषर भूमि को आर्द्र नहीं कर सकता। आरोपित पदार्थ अपने अधिष्ठान में परिवर्तन नहीं कर सकता।

निक्षिप्तं हि मुखे रत्नं न कुर्यात् प्राणधारणम् – मुख में धारण करने से भी रत्नप्राण धारण नहीं कर सकता। (अर्थात् प्राणधारणा अन्न से ही होती है; रत्न से नहीं)

निपात्यते महावृक्षः तत्समीपक्षितिक्षयात् – पास की मिट्टी क्षीण करने के बाद ही महावृक्ष का पतन किया जाता है।

निवसन्नन्तर्दारुणि लंघ्यो वह्निर्न तु ज्वलितः – अग्नि जब तक काष्ठ में ही होती है तब तक उसको लांघ सकते हैं। वह जलने लगती है तब उसका उल्लंघन कोई भी नहीं कर सकता।

निर्गलिताम्बुगर्भं शरद्घनं नार्दति चातकोऽपि – जिसका जल समाप्त हो चुका है ऐसे शरद ऋतु के मेघ से चातक पक्षी भी याचना नहीं करता। दार्ष्टान्तिक - निर्धन को संसार में कोई नहीं पूछता।

निर्विषेणाऽपि सर्पेण कर्तव्या महती फणा – विषहीन होने पर भी साप ने अपना फन उभारना चाहिये।

निवान्यवत्सान्याय – किसी गाय का बछड़ा मरने पर वह दूध नहीं देती। ऐसी अवस्था में उसका दोहन करने के लिए दूसरा कोई बछड़ा उसके सामने रखकर उसका स्वामी दूध निकाल लेता है। इसी न्याय के अनुसार निर्वाचन के समय धूर्त नेता जनता को मिथ्या प्रलोभन दिखाकर उनके मत प्राप्त करते हैं।

निःशंकं दीयते लोकैः पश्य भस्मचये पदम्। – भस्म का ढेरा दाहहीन होने के कारण लोग उस पर निःशंक पैर रखते हैं।

निषादस्थपति-वेदाध्ययन-न्याय – धर्मशास्त्र में स्त्री और शूद्रों का वेदाध्ययन निषिद्ध कहा है। किन्तु 'निषादस्थपतिं याजयेत्' इस वचन से निषादस्थपति (जो जन्मना शूद्र है) को यजन का अधिकार भी दिया है। अतः उसे मात्र यज्ञोपयुक्त वेदविभाग के अध्ययन का अधिकारी माना जाता है; संपूर्ण वेद का नहीं। अन्य शूद्रों के लिए निषेध निरपवाद है। यह अपवाद

का उदाहरण है।

नीलोत्पलपत्रधारया शमीलताछेदनम् – नीलकमल के किसलय की कोर से शमीवृक्ष को काटना। अयोग्य साधन से दुष्कर कार्य करने का निष्फल प्रयास करना।

नृपदारीभूतदासी-न्याय – किसी दासी को राजा की पत्नी होने का भाग्य मिलने पर उसका दासीत्व समाप्त होता है और वह श्रेष्ठ संमान का अधिकार पाती है। राजमान्यता या विद्वन्मान्यता से सामान्य विषय की योग्यता बढ़ती है।

नेत्रांजन न्यायः – कहते हैं कि सिद्ध पुरुष द्वारा नेत्रांजन प्राप्त होने पर भूमिगत गूढ, धन, निधि प्रत्यक्ष दिखाई देते हैं। गुरुकृपा या ईशकृपा से सभी प्रकार का ज्ञान तत्त्वसाक्षात्कार से होता है, इस सिद्धान्त का बोधक यह न्याय है।

नोदन्वानर्थितामेति सदाम्भोभिः प्रपूर्यते – याचक न होने पर भी समुद्र नदियों के जल से भरा जाता है। (योग्य व्यक्ति को कभी याचना नहीं करनी पड़ती)

पंचाग्निसाधन न्याय – ग्रीष्म ऋतु में चारों ओर धधकते हुए अग्निकुंडों के मध्य भाग में बैठकर आकाश में सूर्य की ओर देखना। अत्यंत असह्य परिस्थितियों में स्थिर रहते हुए किए जाने वाले कार्य का निर्देश इस न्याय से होता है।

पदार्थः पदार्थेन एव अन्वेति न तु पदार्थैकदेशेन – एक शब्द के अर्थ का संबंध दूसरे शब्द के संपूर्ण अर्थ से होता है। इस न्याय का अपवाद है 'चैत्रस्य पिता' – इस वाक्य में चैत्र शब्द का संबंध पिता के पितृत्व से है, अन्य गुणों से नहीं। (इसे **चैत्र-पितृन्याय**' भी कह सकते हैं।)

पयोऽपि शौण्डिकी हस्ते मदिरां मन्यते जनः – शराब बेचने वाली के हाथ के दूध को भी लोग शराब ही समझते हैं।

परिणतिसुरसम् आम्रफलं परिणतिविरसं पनसफलम् – पकने पर आम का फल सुरस होता है और कटहल का फल विरस होता है। काल का परिणाम सर्वत्र समान नहीं होता।

परीक्षित्-निधनन्याय – अभिमन्यु के पुत्र राजा परीक्षित् का निधन-दिन ऋषिशाप के कारण निश्चित हो चुका था। उसे टालने के लिए परीक्षित् ने अनेक उपायों का अवलंब किया, फिर भी उसे वह टाल न सका। मृत्यु की अटलता प्रस्तुत न्याय से सूचित होती है।

पर्याप्तो ह्येकः पुलाकः स्थाल्याः निदर्शनाय – चांवल का एक ही कण संपूर्ण चावल की पक्वावस्था समझने के लिए पर्याप्त होता है।

पश्यति पित्तोपहतः शशिशुभ्रं शंखमपि पीतम् – पित्तविकार से पीड़ित (पीलिया का रोगी) मनुष्य चन्द्र के समान शुभ्र शंख को भी पीला ही देखता है।

पाणिनीयसूत्रप्रणयन न्याय – पाणिनि एक बार सूत्र करने पर उस में अदलबदल नहीं करते थे। दार्ष्टान्तिक- रचना में किसी प्रकार परिवर्तन न करना।

पार्थधन्वित्व न्याय – "लक्ष्मणो लघुसन्धानः दूरपाती च राघवः। कर्णो दृढप्रहारी च पार्थस्यैते त्रगोगुणाः इस सुभाषित के अनुसार लक्ष्मण, राम और कर्ण में धनुर्धारी का एक एक श्रेष्ठ गुण था और अर्जुन में लघुसन्धान (शीघ्र वेध), दूरपात और दृढप्रहार ये तीनों गुण थे। सर्वगुणसंपन्न व्यक्ति का निर्देश इस न्याय से हो सकता है।

पिण्ड-ब्रह्माण्ड न्याय – ब्रह्माण्ड में याने समष्टिरूप चतुर्दश भुवनात्मक परमात्मा के विराट् शरीर में अन्तर्भूत सभी तत्त्व, पिण्ड याने व्यष्टिस्वरूप देह में विद्यमान होते हैं। ब्राह्माण्ड से ही पिण्डाण्ड की उत्पत्ति होने के कारण दोनों में कारण- कार्य संबंध है। जहां कारण-कार्य संबंध होता है वहां अभिन्नता या एकरूपता होती है। उदा. सुवर्ण और अलंकार।

पुरस्तादपवाद न्याय – व्याकरण शास्त्र में पूर्वपठित अपवाद का नियम अग्रिम समीपस्थ नियम का बाधक होता है। उसके पश्चात्वर्ती नियम का वह बाधक नहीं होता। इस न्याय के अनुसार 'एत्येधत्यूठ्सु, (६-१-८९) सूत्र मे विहित वृद्धि, एङि पररूपम् (उसके पश्चात् आने वाले ओमाङोश्च (६-१-९५) का बाधक नहीं होता। (पुरुस्तादपवादा अनन्तरान् विधीन् बाधन्ते नोत्तरान्) परिभाषा)।

पूरोत्पीडे तडागस्य परीवाहः प्रतिक्रिया – तालाब में पूर आने पर प्रवाह खोलना ही उपाय होता है।

पैशुन्येन गतौ राहोश्चन्द्रार्कौ भक्षणीयताम् – अपनी दुष्टता के कारण ही चन्द्र और सूर्य राहु के भक्ष्य हुए।

प्रतिहर्तृदक्षिणान्याय – सोमयाग में प्रतिहर्ता नामक ऋत्विज को सब के बाद दक्षिणा दी जाती है। किसी कार्य के पूर्णविराम का यह निदर्शन है।

प्रत्ययग्रहणे तदन्तग्रहणम् (तदन्ता ग्राह्याः) – पाणिनिसूत्रों में जहां प्रत्ययों का निर्देश होता है वहां प्रत्ययान्त शब्द का ग्रहण करना चाहिये। (प्रस्तुत न्याय के बावजूद पाणिनि ने 'सुप्तिङन्तं पदम्' (१-४-१४) सूत्र में 'अन्त' शब्द का प्रयोग किया है। न्यायतः वह अनावश्यक होने के कारण "संज्ञाविधि में तदन्तविधि नहीं होती" इस न्याय का ज्ञापक माना जाता है।)

प्रदीपो भूमिगेहान्तर्ध्वान्तं हन्ति न भानुमान् – तयखाने के अंधकार का नाश दीप करता है, सूर्य नहीं।

प्रदीपः स्नेहमादत्ते दशयाऽभ्यन्तरस्थया – अंतरंग में प्रविष्ट बात की दशा के द्वारा, दीपक सारा स्नेह चूस लेता है।

प्रभूततैलो दीपो हि चिरं भद्राणि पश्यति – जिस दीपक में भरपूर तेल भरा होता है, वही दीर्घकाल मंगल देख सकता है।

प्रसूतिसमयो मातृ-गर्भयोः संरक्षणविकल्पे मातरम् एव यत्नतः संरक्षति वैद्यः। – प्रसूति के समय माता और गर्भ दोनों में से एक का संरक्षण करने का विकल्प होने पर, वैद्य प्रयत्नपूर्वक माता का ही संरक्षण करता है।

प्रातिपादिकग्रहणे लिङ्गविशिष्टस्यापि ग्रहणम् – सुप्-तद्धित आदि प्रत्ययों की विधि के निमित्त जहां प्रातिपादिक (नाम) शब्दों का ग्रहण करना होता है, वहां उसके स्त्रीलिंगात्मक

शब्द का भी ग्रहण होता है।

प्रामाणिकी न भवति भ्रान्त्या मोहितकल्पना – भ्रान्ति से मोहग्रस्त होने पर उत्पन्न होने वाली कल्पना, प्रामाणिक (अर्थात् प्रमाणसिद्ध) नहीं होती। (विवेकचूडामणि-१९६)

प्रारब्धकर्मणां भोगादेव क्षयः – मनुष्य के संचित कर्मों में जो कर्म फलोन्मुख होते हैं उन्हे 'प्रारब्ध' (दैव) कहते हैं। ऐसे प्रारब्ध कर्मों का क्षय केवल उनके फलों को भुगतने पर ही होता है। यह कर्मफल विषयक न्याय है। इसी कारण नल, युधिष्ठिर, श्रीराम जैसे महात्माओं को भी जीवन में वनवासादि घोर कष्ट सहन करने पड़े।

प्रायः कूपस्तृषं हन्ति जनानां न तु वारिधि : – लोगों की प्यास (छोटा होने पर भी) कुंआ बुझाता है, समुद्र महान् होने पर भी नहीं बुझाता।

प्ररोचनया प्रवर्तते द्वेषान्निवर्तते (शाबरभाष्य) – रुचि उत्पन्न होने पर मनुष्य सत्कर्म में प्रवृत्त होता है। और द्वेष उत्पन्न होने पर कुकर्म से निवृत्त होता है। (शास्त्र में अर्थवाद स्वरूप वचनों का यही उपयोग है।

बन्धुलकौशल्य न्याय – बंधुल एक जाति है जो मिट्टी या राख से सोने के कण बटोर कर सोनार के पास ले जाती है। यह एक विशिष्ट कौशल्य का काम है। सामान्य लोगों में उत्तम गुणी जनों का चयन करनेवाले कुशल कार्यकर्ता का यह दृष्टान्त है।

बागुलजन्ममरणन्याय – जिसका जन्म और मरण दोनों असंभव होते है ऐसे काल्पनिक पुरुष के जन्म-मरण की कथा बच्चों को सुनाई जाती है। उसी प्रकार ईश्वर और ब्रह्म में अभेद होने पर भी शिष्यबोधार्थ प्रथम भेद-प्रतिपादन और फिर अभेद-प्रतिपादन किया जाता है।

बालवृद्धबाधिर्यन्यायः = (असाध्यं चिरबाधिर्यं बालस्य) स्थविरस्यच – इस शास्त्र वचन के अनुसार बालक या बूढ़ा दीर्घकाल से बधिर हो तो उसकी बधिरता दुरुस्त नहीं होती। कुछ लोगों के विचार अनुभव आने पर भी नहीं बदलते इस वास्तवता का यह निदर्शन है।

ब्रह्मकपालश्राद्धन्याय – हिमालय में अलकनंदा नदी के अन्तर्गत एक भव्यशिला को ब्रह्मकपाल कहते हैं। इस शिला पर श्राद्धविधि करने के बाद किसी के लिए श्राद्ध करने की आवश्यकता नहीं रहती। लौकिक व्यवहार में उच्चतम पद या उपाधि की प्राप्ति ब्रह्मकपाल श्राद्ध के समान ही होती है।

भारुण्डखगविनाश न्याय – एकोदराः पृथग्ग्रीवा अन्योन्य फलभक्षिणः।। इस श्लोक में न्याय का स्पष्टीकरण मिलता है। एक पेट और दो मुंह वाले भारुण्ड पक्षी को सहयोग से जीना चाहिये। एक मुंह ने यदि विषैला फल खा लिया तो दूसरा भी उस के साथ समाप्त होता है। किसी भी राष्ट्र का स्वरूप भारुण्ड के समान ही होता है। राष्ट्र के घटकों में विभिन्नता भले ही हो, उन्हें परस्पर सहयोग से ही जीना चाहिये।

भुक्तवन्तं प्रति मा भुंक्था इति ब्रूयात् तेन किं कृतं स्यात् – भोजन समाप्त होने पर किसी व्यक्ति को, अब तुम मत खाओ, कहने से क्या लाभ! जो स्वयं किसी कार्य में प्रवृत्त नहीं होता, उसे प्रवृत्त न होने का आदेश देने की आवश्यकता नहीं होती।

भूमौ स्थितस्य पतनाद् भयमेव नास्ति – जो भूमि पर ही खड़ा रहता है। उसे गिरने का भय नहीं होता.

भ्रमरस्य पद्मपरागास्वादनम् – भ्रमर पद्मपराग का आस्वाद रसिकता से लेते हैं। किन्तु पद्मपुष्प को उसका कोई भान नहीं रहता या उसे उसका उपद्रव नहीं होता। साहित्य संगीतादि ललित कलाओं का आस्वाद इसी भ्रमर न्याय से लेना चाहिये।

मणि-प्रभा न्याय – मणि और उसकी प्रभा का निकटतम संबंध होता है। प्रभा की खोज करने में मणि का लाभ होता है। नाद और ब्रह्म का संबंध संगीत शास्त्र में इसी न्याय के अनुसार निकटतम माना है। नाद के अनुसंधान से ब्रह्मप्राप्ति इस न्याय से मानी जाती है।

मणिरणुरपि भूषणाय पुंसः। न तु पृथुलापि शिला विलास-हेतुः – मणि अणुसमान होने पर भी भूषणास्पद होता है, बहुत बड़ी होने पर भी शिला भूषणास्पद नहीं होती।

मद्यविषन्याय – वैद्यक शास्त्र के अनुसार मद्य में तीक्ष्ण, उष्ण, रुक्ष आदि दस दोष हैं। विष में भी दस दोष होते हैं। अन्तर इतना ही है कि विष के दोषधर्म अति उत्कट होने के कारण तत्काल विनाश करते हैं और मद्य के दोष तत्काल ओजःक्षय करते हैं। दोषों में उत्कटता आने पर वे तत्काल विनाशक होते हैं।

मधुना सिंचनैर्भूयः किं निम्बो मधुरायते – बारंबार मधु से सिंचन करने पर क्या नींब मधुर होता है?

मधुरापि हि मूर्छयते विषविटपसमाश्रिता वल्ली – विषवृक्ष पर फैलने वाली लता मधुर होने पर भी मूर्छित ही करती है।

मलय-न्याय (या चन्दन-न्याय) – मलयगिरि पर चन्दनवृक्ष उगते हैं। उसके अंगभूत सुगंध के कारण उसके आसपास के सामान्य वृक्ष भी चन्दन के समान सुगन्धित होते हैं। अपने सत्संग से लोगों का चारित्र्य सुधारने वाले महापुरुषों का यह दृष्टान्त है।

मलये भिल्लपुरन्ध्री चन्दनतरुकाष्ठमिन्धनं कुरूते – मलय पर्वत में रहने वाली भिल्लस्त्रियाँ चन्दन काष्ठ का ही इन्धन करती हैं।

मलिनदर्पण-न्याय – शुद्ध दर्पण (आइना) में प्रतिबिंब स्वच्छ दिखाई देता है किन्तु उसपर धूलि इत्यादि के कारण मलिनता से प्रतिबिंब नहीं दिखाई देता। (शाकुन्तल ७-३२)

महाकाल-निर्माल्य-न्याय = किसी देवमूर्ति या देवलिंग पर समर्पित बिल्वदल पुष्प आदि निर्माल्यवत् माने जाते हैं। उज्जयिनी महाकाल को समर्पित होने पर वे निर्माल्य नहीं माने जाते व पुनः समर्पित किए जाते हैं। इसी न्याय से व्यवहार में कुछ पदच्युत अधिकारी पुनश्च अधिकारारूढ़ होते हैं।

महादान न्याय – सुवर्ण, हाथी, घोड़ा, भूमि, गृह आदि

विशिष्ट पदार्थों का दान देने वाला पुण्य का और लेने वाला पाप का धनरु माना जाता है। एक व्यक्ति के लिए हितकर और दूसरे लिए अहितकर होने वाले एक विशिष्ट कर्म का यह दृष्टान्त है।

माठर-कौण्डिन्यन्याय – ब्राह्मणा भोज्यन्ताम्। माठरकौण्डिन्यौ परिवेविषताम्" इस वाक्य द्वारा यह न्याय कहा जाता है। इसका आशय यही है, - माठर और कौण्डिन्य दोनों ब्राह्मण होने पर भी वे ब्राह्मणों के साथ भोजन नहीं करेंगे। परोसने का काम समाप्त होने पर वे भोजन कर सकते हैं।

मारुतो हि दावानलस्य सखा भवति न दीपस्य – वायु वलवान् दावानल का सखा होता है, दुर्बल दीपक का नहीं।

मालतीकुसुमामोदं घ्राणं वेत्ति न लोचनम् – मालती के फूलों के सुगन्ध को नाक जानता है, आंखे नहीं।

मालती मधुरास्तीति मधुपः केन शिक्ष्यते – मालती का पुष्प मधुर होता है यह बात भ्रमर को कौन सिखाता है?

मालव-मालव्य न्याय – पाणिनीय व्याकरण के अनुसार (५-३-११४) की काशिका) मालव याने मालवगण राज्य का अधिपति और मालव्य याने उसी राज्य का अधिकार हीन क्षत्रिय। अधिकार भेद से संज्ञा भेद इस न्याय से सूचित होता है। इसी संदर्भ में क्षुद्रक और क्षुद्रक्य शब्द भी अधिकार भेद के सूचक हैं। क्षुद्रक एक विशिष्ट गण की संज्ञा थी।

मासिकानिवृत्ति न्याय – मृत व्यक्ति के निमित्त प्रथम वार्षिक श्राद्ध होने के पूर्व १२ मासिक श्राद्ध होते हैं। किसी कारणवश यह नियम पालना असंभव हो तो एक साथ सभी मासिक श्राद्ध करने का नियम धर्मशास्त्र ने माना है। अनेक कर्तव्य एक साथ निपट लेने की सुविधा इस न्याय का स्वरूप है।

मुकुटे रोपितः काचश्चरणाभरणे मणिः – मुकुट में कांच और चरणालंकार में रत्न नहीं जड़ाया जाता।

मुक्तारत्नस्य शाणाश्मघर्षणं नोपयुज्यते – मोती को सतेज करने के लिए शाणाश्म पर घिसने की आवश्यकता नहीं होती।

मुख-अवयव प्रमाण न्याय – शिल्पशास्त्र में मूर्ति के मुख की उंचाई का परिमाण (१२ अंगुल) निश्चित माना गया है। मूर्ति के अन्य सारे अवयवों के परिणाम, मुख की उचाई के प्रमाण में होना आवश्यक माना जाता है। इस न्याय के अनुसार राष्ट्र के राजकीय, सामाजिक, आर्थिक आदि अंगों की व्यवस्था एकात्मता को मुख्य प्रमाण मान कर होनी चाहिये। एकात्मता राष्ट्रमुख है।

मूलसिंचन न्याय – वृक्ष के मूल में जलसिंचन करने पर उसकी सभी शाखाओं का पोषण होता है। अतः मूल में ही वृक्ष का सिंचन करना श्रेयस्कर होता है। गौण कार्यों के बजाय मौलिक कार्यों में अपना सर्वस्व समर्पण करना ही योग्य होता है। यही इस न्याय का बोध है।

मूषिक-विष-प्रसर्पण-न्याय – चूहे का विष शरीर में शेष रहता है तब वह अभ्रदर्शन के कारण बढ़ता है। (सशेषं मूषिकविषं प्रकुप्यत्यभ्रदर्शने)। समाज जीवन में कोई दोष अवशिष्ट रहने पर वे विशिष्ट परिस्थितियों में बढ़ने लगते हैं इस वस्तुस्थिति का यह निदर्शन है।

मृदंगो मुखलेपेन करोति मधुरं ध्वनिम् – मुखलेप होने पर ही मृदंग मधुर ध्वनि करता है।

मृद्गन्ध- कुसुमगन्ध न्याय – मृत्तिका पुष्प का गंध ग्रहण करती है। किन्तु मृत्तिका में पड़ा हुआ पुष्प मृत्तिका का गंध नहीं ग्रहण करता। उत्तम और अधम के सहवास में अधम द्वारा उत्तम के गुणों का ग्रहण प्रस्तुत न्याय से सूचित होता है।

मृद्भाण्ड-दूषण-न्याय – माटी का पात्र एक बार जूठा होने पर अशुद्ध या अपवित्र माना जाता है। वह पुनः शुद्ध नहीं होता, अतः फेंक दिया जाता है। हिंदुसमाज के धर्मभ्रष्ट लोग इसी न्याय से सदा के लिए अशुद्ध माने गये।

मेघाच्छन्न - सूर्य न्याय – सूर्य अपने तेज से मेघों की निर्मिति करता है और उन्हीं के द्वारा आच्छादित सा दिखता है किन्तु वह तत्त्वतः आच्छादित नहीं होता। काश्मीरीय शैव दर्शन में इसी दृष्टान्त से परमेश्वर और उसकी शक्ति से निर्मित माया की उपाधियों का सिद्धान्त स्पष्ट किया है।

मोहापाये नास्त्यवस्तु स्वभावात् (वि.चू. १९८) – मोह या भ्रम का नाश होने पर अवस्तु (अर्थात् मिथ्या वस्तु) स्वभावतः नष्ट होती है। (वह अवस्तु का स्वभाव ही होता है)।

मौनायन्ते भृशकलकले कोकिला भेकवृन्दे – जिस ऋतु में मेंढ़क आक्रोश करते हैं, उस (वर्षा) ऋतु में उनकी चिल्लाहट सुन कर कोकिल मौन धारण करते हैं। क्षुद्र लोग जहां बकवास करते हैं, वहां गंभीर प्रकृति के लोग मौन धारण करते हैं।

मौनिनः कलहो नास्ति – मौन धारण करने वाले का किसी से झगड़ा नहीं होता।

य आकाशे क्षिपेद् भूतिं मूर्ध्नि तस्यैव सा पतेत् – जो उपर आकाश में राख बिखरेगा उसी के मस्तक पर वह पड़ेगी।

यत्र अनेकविधमान्तर्यं तत्र स्थानतः आन्तर्यं बलीयः – व्याकरण की प्रक्रिया में एक स्थानी वर्ण में अनेक प्रकार के तत्सदृश आदेश जब प्राप्त होते हैं, तब ताल्वादि उच्चारणस्थान की सदृशता को बलवत्तर मानना चाहिये। वर्णों में आन्तर्य (सादृश्य के चार प्रकारः – (१) उच्चारस्थान कृत। (२) गुण (उच्चार प्रयत्न) कृत। (३) प्रमाण (मात्रा) कृत। (४) अर्थकृत।

यथा ज्ञेयं तथा ज्ञानम् – रज्जु के स्थान पर रज्जु का ही ज्ञान यथार्थ ज्ञान है। उस अधिष्ठान पर सर्प का ज्ञान ही भ्रम है। इसी न्याय के अनुसार सर्वव्यापी चेतन ब्रह्म का जड जगत् के रूप में होने वाला ज्ञान भ्रम है।

यथा स्वदेहस्य परिच्छेदाय न प्रमाणान्तरापेक्षा, ततः अपि अन्तरतमत्वात् आत्मतः तदवगतिं प्रति न प्रमाणान्तरापेक्षा। – (गीता शां.भा. १८-५०) – जैसे अपने शरीर को जानने के लिए अन्य प्रमाण की अपेक्षा नहीं होती, वैसे ही आत्मा उससे भी अधिक अन्तरतम होने के कारण, आत्मा को जानने के लिए अन्य किसी प्रमाणा की आवश्यकता नहीं होती।

यः शिष्यते स लुप्यमानार्थाभिधायी – व्याकरण में एकशेष द्वन्द्व समास (पितरौ, भ्रातरौ, श्वशुरौ इत्यादि) में दो शब्दों में से एक शब्द अवशिष्ट रहता है और वह दूसरे संबंधित शब्द का बोध करता है। एकशेष द्वन्द्वसमास प्रस्तुत न्याय पर आधारित है।

याति यन्तुः प्रमादेन गजो व्यालत्ववाच्यताम् – महावत के दोष के कारण गज को 'व्याल' यह निंदाव्यंजक संज्ञा प्राप्त होती है। (व्याल – दुष्ट हिंसक हाथी को व्याल कहते हैं और गज उत्तम हाथी को। इन्द्र के ऐरावत का एक विशेषण है गज!

या या संज्ञा सा सा फलवती – पाणिनीय व्याकरण में अनेक संज्ञाओं का विधान हुआ है। जिन वर्णों या शब्दों को जो जो संज्ञा शास्त्रतः प्राप्त होती है उनमें संज्ञा के अनुसार आगम, आदेश लोप आदि कार्य होना आवश्यक है। अन्यथा वह संज्ञा निरर्थक होगी है। लौकिक व्यवहार में भी यही न्याय माना जाता है।

यावद्-वृश्चिक-दर्शन-न्याय – पितृपक्ष में महालय श्राद्ध (अर्थात्) सभी पूर्वजों एवं मृत आप्तों के लिए श्राद्धविधि धर्मशास्त्र में कही है। किन्तु किसी कारणवश पितृपक्ष की विशिष्ट तिथि पर श्राद्धविधि न हो सकी तो 'यावद् वृश्चिकदर्शनम्' इस शास्त्रवचन के अनुसार वृश्चिकराशि में सूर्यप्रवेश होने तक किसी भी योग्य तिथि को श्राद्ध हो सकता है। आवश्यक कर्तव्य किसी न किसी समय करना ही चाहिये यह इस न्याय का आशय है।

येन विना यदनुपपन्नं तत् तेन आक्षिप्यते – जिसके अभाव में जिसकी उपपत्ति नहीं होती या संगति नहीं लगती, उस अविद्यमान वर्ण का अंगीकार करना चाहिये। 'वान्तो यि प्रत्यये' (६-१-७९) इस पाणिनि सूत्र में वकारान्त (अव् आव्) आदेश का ही निर्देश किया है। किन्तु ये 'वान्त' आदेश जिन्हें होते हैं उन ओ- औ का निर्देश नहीं किया है। प्रस्तुत न्याय के अनुसार ओ औ का आक्षेप (अर्थात अंगीकार) उनके अभाव में भी किया जाता है। अन्यथा सूत्र निरर्थक सिद्ध होता है।

योगलिंगपूजाधिकार न्याय – श्री शंकराचार्य ने कैलास से लाया हुआ योगलिंग कांची-कामकोटिमठ में स्थापन किया है। उसकी पूजा का अधिकार ब्रह्मचर्याश्रम से संन्यास आश्रम में प्रवेश करने वाले को ही होता है। विशिष्ट दायित्व की पात्रता का यह उदाहरण है।

रघुकौत्स दान-प्रतिग्रहन्याय – विश्वजित् नामक यज्ञ में सर्वस्व दान करने के पश्चात् सम्राट् रघु के पास वरतंतुका शिष्य १४ कोटि की धनराशि की याचना लेकर आया ऐसी कथा रघुवंश में है।

रघुने इतनी महान् राशि की प्राप्ति के लिए कुबेर पर अभियान की सिद्धता की। दूसरे दिन प्रातः आकाश से सुवर्णवृष्टि हुई तब रघु ने उस संपूर्ण सुवर्ण राशि का कौत्स को दान दी। किन्तु कौत्स ने गुरुदक्षिणा से अधिक धन का अस्वीकार किया। इस विवाद का वर्णन कालिदास ने 'गुरुप्रदेयाऽधिक निःस्पृहोऽर्थी। नृपोऽर्थिकामाद् अधिकप्रदश्च''।। इस वचन में किया है। जहां दाता और प्रतिग्रहीता दोनों निःस्पृह होते हैं तब इस न्यायं का निर्देश उचित है।

रज्ज्वां सर्पो भ्रान्तिकालीन एव – रज्जु पर सर्प का अस्तित्व भ्रान्ति के काल में ही होता है। (अर्थात प्रकाश के कारण भ्रान्ति का निवारण होते ही वह आभासित सर्प नष्ट होता है। (विवेकचूडामणि १९९)

रजःपवन न्याय –पवन के साथ रजः कण उड़ते हैं; किन्तु वे पवन के अंगभूत घटक नहीं होते। अतः उनके अभाव में भी पवन बहता है। परंतु पवन की सहायता न होने पर रजःकण नहीं उड़ सकते।

रथस्वरूप न्याय – रथ के चक्र, नेमि, धुरा, उपस्थ आदि किसी भी भाग की रथ संज्ञा नहीं होती। सभी भागों के समुदाय की संज्ञा रथ होती है। इसी न्याय के आधार पर बौद्ध दार्शनिक आत्मा को रूप, वेदना, संज्ञा, संस्कार और विज्ञान नामक पांच संस्धों का समुदाय मानते हैं। वे आत्मा नामक पृथक् पदार्थ का अस्तित्व नहीं मानते। इसी प्रकार देह **स्वरूप न्याय** भी माना जाता है।

रम्भाप्रसूति न्याय – रम्भा अर्थात केली के वृक्ष की प्रसूति एक ही बार होती है और बाद में वह मरता है। जीवन में एक ही बार यश कीर्ति की सफलता प्राप्त होना और उसी में जीवन की समाप्ति होना इस अवस्था का यह उदाहरण है।

रवेरविषयं वस्तु किं न दीपः प्रकाशयेत् – सूर्य जिस वस्तु को प्रकाशित नहीं करता, उसे क्या दीप प्रकाशित नहीं करेगा।

रागमालिका न्याय – कर्नाटक संगीत में रागमालिका नामक एकं गीतरचना का प्रकार होता है, जिसमें जितने राग या ताल प्रयुक्त होते हैं उतने ही चरण होते हैं। आमंत्रित लोगों के आसन आदि की सीमित व्यवस्था करनें के व्यवहार का यह दृष्टान्त है। **ताल मालिका** में राग एक किन्तु प्रत्येक चरण में ताल भिन्न होते हैं।

राजगमनन्याय – अनेक लोगों के साथ राजा को जाते हुए देखकर 'वह राजा जा रहा है' इस प्रकार वाक्य प्रयोग होता है इसका कारण उन अनेक लोगों में राजा मुख्य होता है। प्रधानाप्रधानयोः प्रधाने कार्यसम्प्रत्ययः इस परिभाषा (क्र. १०६) का स्पष्टीकरण प्रस्तुत लौकिक न्याय से होता है।

राजाहमिति शब्दान्नो राजा भवितुमर्हति । – मै राजा हूं. ऐसा केवल उद्घोष करने से कोई राजा नहीं होता। (विवेक

चूडामणी-६६)

रासभस्य द्राक्षाभक्षणम् – द्राक्षा जैसे मधुर फल का आस्वाद लेने गधा योग्य नहीं होता। अनुचित व्यक्ति द्वारा किसी पदार्थ के मूल्यांकन का उपहास इस न्याय से होता है।

लवणदान न्याय – नमक देवों को अप्रिय किन्तु पितरों को प्रिय होता है। एक ही पदार्थ किसी एक को अप्रिय किन्तु दूसरे को प्रिय होता है। प्रजा को जो प्रिय हो वह यदि राजा को अप्रिय हो तो ऐसी अवस्था में प्रजा का प्रिय करना 'लवणदान' न्याय होता है।

लवणमीन न्याय – किसी मांत्रिक ने लवण से मछली बनाकर उसे सजीव किया। वह लवणमयी होने के कारण पानी में नहीं रह सकती और सजीव होने के कारण जल बिना जी नहीं सकती। जीवन्मुक्त (जो शरीरादि का त्याग नहीं कर सकता और शरीरादि में रममाण नहीं हो सकता) का यह निदर्शन है।

लताजालके हि मशको निबध्यते न तु मतंगजः – मकड़ी के जाल में मच्छर बद्ध हो सकते हैं, हाथी नहीं।

लोकः प्रयागवासी कूपे स्नानं समाचरति – प्रयागवासी लोग (त्रिवेणी संगम पास में होते हुए भी) कुएं पर स्नान करते हैं।

लाभार्थी मेषपो मेषं शष्पैः पुष्णाति पेशलैः – लाभ के कारण ही मेषपाल कोमल घास खिलाकर भेड़ का पोषण करता है।

लौगाक्षीप्रवर न्याय – वैदिक समाज में गोत्र और प्रवरों का संबंध नित्य माना जाता है किन्तु लौगाक्षी गोत्र के प्रवर दिन और रात में बदलते हैं। वे दिन में वसिष्ठ और रात को कश्यप प्रवर युक्त होते हैं। वारंवार पक्ष आदि के परिवर्तन का यह दृष्टान्त है।

वराश्वपातेन हतो विराजते। न रासभस्योपरि संस्थितो नरः।। – अच्छे घोड़े पर से गिरा हुआ भी मनुष्य जैसी शोभा देता है, उतना गधे पर बैठने वाला नहीं।

वर्षामेघानुगत – शारदमेघन्याय – वर्षाऋतु मे मेघों के बाद शरद ऋतु के निर्जल मेघों का आगमन। उत्तम राजा के पश्चात् दुष्ट राजा का आगमन होना।

वह्नि-स्फुलिंग-न्याय – अग्नि और उसके स्फुलिंगों में अंशतः भेद और अंशतः अभेद होता है। सर्वथा अभेद इसलिए नहीं माना जाता कि वह्नि के समान केवल स्फुलिंग के द्वारा पाकादि क्रिया नहीं होती और सर्वथा भेद इस लिए नहीं माना जाता कि जलकण के समान सूक्ष्मरूप होते हुए भी जलकणों की शीतलता का अनुभव स्फुलिंगों में नहीं होता। शिव और जीव का संबंध वह्निस्फुलिंग न्याय से भेद-अभेद-स्वरूप माना जाता है।

वांग-नीलिका-न्याय – कुपित वात-पित्त के कारण मुख पर काला दाग उत्पन्न होता है। उसे वैद्यक शास्त्र में वांग कहते हैं। किन्तु वही दाग मुख के अतिरिक्त अन्य स्थान पर व्यक्त होने पर उसे **'नीलिका'** कहते हैं। स्थान भेद के कारण संज्ञाभेद का यह उदाहरण हैं।

वाक्यापरिसमाप्ति-न्याय – अनेक वाक्यों के समूह को **महावाक्य** कहते हैं। इन वाक्यों में एक अङ्गी (प्रमुख) और अन्य वाक्य अंगभूत होते हैं। प्रस्तुत न्याय का तात्पर्य यह है कि, महावाक्य का अर्थ पूर्णतया निश्चित होने तक उस वाक्य में कहे हुए तथ्यों का उपयोग नहीं किया जाता। पाणिनीय व्याकरण में सूत्रों का समग्र अर्थ निर्धारण करने में इस न्याय का आधार लिया जाता है। महावाक्य के अंगभूत सभी उपवाक्यों की एकवाक्यता होने पर ही महावाक्य का अर्थ निश्चित होता है।

वाताशयगतविष न्याय – आयुर्वेद के अनुसार मनुष्य शरीर में कफाशय, पित्ताशय और वाताशय तीन प्रकार के आशय का कोश होते हैं। विषप्रयोग कफाशय में हुआ तो वह सहज साध्य होता है। पित्ताशय में विषप्रवेश होने पर कुछ प्रयत्नों से उसका निवारण होने की संभावना होती है। किन्तु वाताशय में विषप्रवेश होने पर वह दुःसाध्य या असाध्य होता है। किसी राष्ट्र के जीवन में परकीय संस्कृति की कुप्रथाओं का प्रभाव वृद्ध समाज पर, फिर युवक वर्ग पर और अंततः बाल-किशोर वर्ग पर जब होता है तब इस न्याय के अनुसार वह दुःसाध्य या असाध्य होता है।

वायुनाऽऽनीयते मेघः पुनस्तेनैव नीयते। (वि.चू. १७४) – जिस वायु के कारण मेघ आता है उसी कारण वह जाता भी है।

वारणकाष्ठ न्याय – 'अहोमार्थाणि वारणानि भवन्ति (आप.श्रौ.सू. १-१५-११) इस विधान के अनुसार यज्ञविधि के विशिष्ट पात्र उदुंबर पलाश आदि विशिष्ट काष्ठ के ही बनते हैं। किन्तु उलूखल आदि जो पात्र यज्ञार्थक नहीं होते उनकी निर्मिति में वरण (या वारण) नामक वृक्ष के काष्ठ का प्रयोग होता है। संस्था के, परिवार में कुछ व्यक्ति ऐसे होते हैं जिनका विशिष्ट नियोजित कार्य नहीं होता, किंतु अन्य सभी कार्यों में उनका उपयोग होता है। वे 'वारण काष्ठ' से होते हैं।

वासुदेव न्याय – कृष्ण और बलभद्र दोनों वसुदेव के पुत्र हैं। किन्तु वासुदेव (वसुदेव का पुत्र) नाम से कृष्ण ही पहचाने जाते हैं, बलभद्र नहीं। दार्ष्टान्तिक – संस्कृत वाङमय में गीता नामक १०८ ग्रंथ माने जाते हैं। किन्तु 'गीता' शब्द से भगवद्गीता का ही बोध सर्वत्र होता है। समान न्याय – दाशरथि न्याय। दाशरथि शब्द का अर्थ केवल श्रीराम ही होता है।

विनम्य पूर्वं सिंहोऽपि हन्ति हस्तिनमोजसा – सिंह भी पहले नम्र होकर फिर अपने सामर्थ्य से हाथी को मारता है। (आक्रमण करने के पहले नम्रता धारण करने की नीति का निदर्शन)

विना मलयमन्यत्र चन्दनं प्ररोहति – मलय पर्वत के अतिरिक्त अन्य स्थान में चन्दन के वृक्ष नहीं ऊगते।

विप्रतिषेधे परं कार्यम् – पाणिनि की अष्टाध्यायी में सूत्रों के अनुक्रम का विशेष महत्त्व माना गया है। फिर भी दो विभिन्न स्थानों पर चरितार्थ होने वाले दो सूत्र एक ही स्थान पर तुल्यबल से उपस्थित होते हैं। ऐसे अवसर पर अनुक्रम

से पर सूत्र के अनुसार कार्य होता है। मनोरथः (मनस् + रथः) रूप की सिद्धि में 'हशि च' (६-१-१४) और 'रो रि' (८-३-१४) दोनों सूत्र उपस्थित होते हैं। प्रस्तुत न्याय के अनुसार 'रोरि' परसूत्र होने से 'मनारथ' रूप सिद्ध होता है किन्तु 'पूर्वत्रासिद्धम्' सूत्र के कारण वह असिद्ध होने से 'मनोरथः' रूप सिद्ध होता है।

विवाहाग्नि-गृह्यग्नि न्याय – विवाह के समय प्रज्ज्वलित अग्नि की, गृह की यज्ञशाला में स्थापना होने पर, उसे 'गृह्याग्नि' संज्ञा प्राप्त होती है। अधिकार भेद के कारण व्यक्ति की उपाधि में होने वाले परिवर्तन का यह दृष्टान्त है।

विषजातकृमि न्याय – विषमें ही जन्म पाने वाले कृमि विष से नहीं मरते।

विषदिग्धमिष्टान्नन्याय – मिष्टान्न में विष मिश्रित होने पर वह मिष्टान्न मूलतः स्वादु होने पर भी विष ही माना जाता है। कुसंगति के कारण भले मनुष्य में दुष्टता आती है।

विषुवान्दिन-न्याय – संवत्सर रात्र सत्र में छह महीनों का पूर्वपक्ष समाप्त होने पर, उत्तर पक्ष के पहले जो दिन होता हैं उसे 'विषुवान् दिन' कहते हैं। इसकी गणना मास में या संवत्सर में नहीं होती। यह उभय-पक्षातीत दिन होता है। समाज में कुछ लोक विपुवान् दिन के समान पक्षभेदों से अतीत होते हैं.

वृक्षच्छाया न्याय – वृक्ष के बिना छाया और छाया के विना वृक्ष का अस्तित्व असम्भव होता है। अविनाभावसंबंध का यह उदाहरण है।

वेश्यांगनेव नृपनीतिरनेकरूपा – राजनीति वेश्या स्त्री के समान अनेक रूप धारण करती है।

वैद्यविदग्धंमन्यो हि दुश्चिकित्स्यो रोगी भवति – अपने आप को उत्तम वैद्य मानने वाले रोगी की चिकित्सा करना कठीन होता है। किसी भी अहंकारी या अहम्मन्य मनुष्य को हितोपदेश करना संभव नहीं होता।

व्याधा मृगवधं कर्तुं सम्यग् गायन्ति सुस्वरम् – हिरन का वध करने के हेतु ही शिकारी अच्छे स्वर में गाते हैं।

शतर्चिनः न्यायः – ऋग्वेद प्रथम मंडल में १०० सूक्तों को रचयिता थे विश्वामित्र-पुत्र मधुच्छदा ऋषि। सौ ऋचाओं का प्रणयन करने के कारण उन्हें 'शतर्चिः' संज्ञा प्राप्त हुई। बाद में उस मंडल के सभी ऋषियों को 'शतर्चिनः' संज्ञा प्राप्त हुई। एक श्रेष्ट पुरुष के कारण परिवार के सभी लोगों को जहां श्रेय प्राप्त होता है वहां इस न्याय का प्रयोग होता है। (समानन्याय = छत्रिन्याय)

शशकविषाणप्रदान-न्याय – संसार में जो वस्तु अस्तित्व में ही नहीं, उसका दान नहीं हो सकता। शशकविषाण (खरगोश का सींग) एक वंध्यापुत्र के समान अत्यंताभाव का उदाहरण है। उसका आदान प्रदान नहीं हो सकता।

श्वा यदि क्रियते राजा

स्वाभाविक गुणों, दोषों या प्रवृत्तियों में किसी भी अवस्था में परिवर्तन नहीं हो सकता यह सिद्धान्त प्रस्तुत न्याय से कहा जाता है। कुत्ता (श्वा) यदि राजा भी बनाया गया तो भी वह जूते ही चबाता रहेगा।

शल्यसारथ्य न्याय – भारतीय युद्ध में शल्य ने कर्ण का सारथ्य स्वीकार किया, किन्तु अपने भाषण द्वारा वह अपने रथी का तेजोवध करता रहा। अपने साथी को प्रोत्साहित करने के बजाय निरुत्साहित करने वाले सहकारी का यह उदाहरण है।

शल्यसैनापत्य न्याय – गते भीष्मे हते द्रोणे कर्णे च निधनं गते। आशा बलवती राजन् शाल्यो जेत्स्यति पाण्डवान्।।'' इस महाभारत के वचन पर आधारित न्याय। सभी श्रेष्ठ आधार नष्ट होने पर निष्कृष्ट आधार से महान् आशा करने का यह दृष्टान्त है।

शाब्दी हि आकांक्षा शब्देन एव पूर्यते। – शब्दबोध की इच्छा शब्द के द्वारा ही पूर्ण होती है। घटम् शब्द सुनने पर जो जिज्ञासा उत्पन्न होती है वह आनय, नय आदि शब्दों के श्रवण से ही पूर्ण होती है।

शिशुजल्पितानन्द-न्यायः – मातापिता को किसी विद्वान् के व्याख्यान से भी अपने अपत्य की तुतली वाणी सुनकर अधिक आनंद होता है। नितान्त आत्मीयता की विशेषता इस न्याय से स्पष्ट होती है।

शून्यन्याय – शून्य का कोई अपना मूल्य नहीं होता किंतु उस के गुणाकार से फल शून्य होता है और भागाकार से फल अनंत होता है। उसी प्रकार व्यवहार में किसी एक व्यक्ति के कारण कभी संपूर्ण कार्यहानि होती है और कभी संपूर्ण यशप्राप्ति होती है जैसे रामायण में बिभीषण के कारण रावण पक्ष का पराजय हुआ और महाभारत में श्रीकृष्ण के कारण पांडवों को जयप्राप्ति हुई।

श्येनयागदक्षिणा-न्याय – श्येनयाग में दक्षिणा की गौ काणत्व खंजत्व आदि दोषो से युक्त होती है। दान के समय काटे चुभा कर उसे लहूलुहान कर दिया जाता है। ''मरी गाय बम्मन को दान' का यह न्याय उदाहरण है।

शैवालापसारण-न्याय – स्वच्छ जलाशय को आच्छादित करने वाला शैवाल (काई) हटाने पर दूर होता है। किन्तु वह शीघ्र ही पुनः जलाशय को आच्छादित करता है। माया को विवेक से दूर किये जाने पर भी वह स्वभावतः बुद्धि को आवृत करती है।

श्येनो विहंगमानेव हिनस्ति न भुजंगमान् – श्येन एक पक्षी होकर भी पक्षियों को ही मारता है, वह सांप को नहीं मारता।

श्राद्धदत्तान्न-न्याय – श्राद्ध का अन्नदान ब्राह्मण शरीर में प्रविष्ट होकर पितर ग्रहण करते हैं। इसी प्रकार निर्वाचन में दिया हुआ मत उसके पक्ष का बल बढ़ाने में कारणीभूत होता है। (श्राद्धे दत्तम् अन्नं द्विजशरीरे प्रविश्य पितरो भुंजते' इस गरुड पुराण के वचन पर आधारित।)

श्वानमैथुन न्याय – कुछ विषय (जैसे अधिकार- प्राप्ति, गर्भाधान, धनलाभ) आरंभ में सुखकर किन्तु उनके निर्गम के समय दुःखदायक होते हैं। श्वान मैथुन उन्हीं में से एक है।

संगीतशास्त्रविज्ञोऽपि नाशक्तो गातुमर्हति

शास्त्रज्ञानी और कलाकार का भेद यहां कहा गया है। संगीत शास्त्र के पंडित शास्त्रार्थ कर सकते हैं, वे कलाकार के समान संगीत का कार्यक्रम नहीं प्रस्तुत कर सकते। गायन के लिए विशिष्ट शक्ति की अपेक्षा होती है।

सन्धिं न याति स्फुटितं लाक्षालेपेन मौक्तिकम् – फूटा हुआ मोती लाख लगाकर नहीं जोड़ा जा सकता।

सन्धिविश्लेष न्याय – ''दलिते उत्पले एते अक्षिणी अमलाङ्गि ते' (अर्थ हे निर्मलांगि। ते रे ये नेत्र प्रफुल्ल नीलकमल ही हैं।) यह पद्यरचना, व्याकरण शास्त्र के 'प्रगृह्यत्व' नियम के अनुसार निर्दोष है। प्रगृह्यत्व के कारण यहां सन्धियाँ नहीं हुईं। किन्तु इसमें सन्ध्यभाव का अतिरेक साहित्यिक दृष्टि से दोषास्पद माना जाता है। इसी प्रकार **सन्ध्यश्लीलत्व, सन्धिकष्टत्व** जैसे व्याकरण-दोष और हतवृत्तत्व आदि छन्दो-दोष इस न्याय के उदाहरण हो सकते हैं। इसी न्याय के अनुसार धर्मशास्त्र की दृष्टि से निर्दोष सिद्ध होने वाली रूढियाँ लौकिक व्यवहार में (देश, काल, परिस्थिति के कारण) दुष्ट माननी चाहिये।

सन्निपातलक्षणो विधिः अनिमित्तं तद्विघातस्य – उपजीव्य (उपकारक) के सम्बन्ध को मानकर होने वाली विधि (कार्य), उस संबंध के विनाश का निमित्त नहीं होती। उदा. रामाय रूप की सिद्धि में 'ङे' प्रत्यय के स्थान पर 'राम' शब्द' का अन्तिम 'अ' ऱ्हस्व होने के कारण 'य' आदेश 'ङेर्यः' (७-१-१३) सूत्र से होता है। तब 'सुपि च' सूत्र से दीर्घ होकर रामाय-रूप सिद्ध होता है। इस दीर्घत्व पर आक्षेप उठाने वाले प्रस्तुत 'परिभाषा' का प्रमाण देते हैं। किन्तु स्वयं पाणिनि द्वारा 'कष्टाय क्रमणे' सूत्र में दीर्घत्व किये जाने के कारण यह परिभाषा अनित्य मानी जाती है। (कष्टाय क्रमणे सूत्र अनित्यत्व का ''ज्ञापक'' माना जाता है। देखिये ज्ञापक।

सन्त्रेऽनले सन्ति न सन्ति दीप्ते। अर्शोऽतिसारग्रहणी विकाराः अर्श (बवासीर), अतिसार और ग्रहणी ये तीन रोग एक दूसरे के कारण उत्पन्न होते हैं। वे जठराग्नि मंद होने पर होते हैं और दीप्त होने पर उत्पन्न ही नहीं होते।

समुद्रावगाहन न्याय – संसार की सभी पवित्र नदियां समुद्र में विलीन होती हैं। अतः समुद्र में गंगा यमुना आदि सभी पवित्र नदियों का पावित्र्य समाविष्ट होने के कारण समुद्रस्नान से सभी तीर्थों के स्नान का पुण्य प्राप्त हो सकता है। एक में अनेकों के समावेश का यह दृष्टान्त है। **समान न्याय** – सर्व पदं हस्तिपदे निमग्नम् – हाथी के पांव में सभी पाव निमग्न होते हैं।)

संपूर्णेऽपि तडागे काकः कुम्भोदकं पिबति – जलपूर्ण तालाव पास में होने पर भी कौआ मटके का ही पानी पीता है।

सर्पकुण्डल न्याय – सर्प का शरीर कुण्डलाकृति होने पर पुनः उसके प्रयत्न से मूल आकार ग्रहण करता है। इसे अर्धविकृत परिणाम कहते है। परिवर्तनीय विकार का निर्देश इस न्याय से होता है।

सर्वान् परित्यजेदर्थान् स्वाध्यायस्य विरोधिनः – स्वाध्याय में बाधा ड़ालने वाले सभी विषयों का त्याग करना चाहिये।

सर्वे विधयः छन्दसि विकल्प्यन्ते – पाणिनीय सूत्रों द्वारा कथित सभी विधि वैदिक भाषा में वैकल्पिक होते हैं। उदाहरणार्थ पाणिनीय सूत्रों के अनुसार 'युध्' धातु का रूप 'युध्यते' (आत्मने पदी) ही होना चाहिये किन्तु इस परिभाषा के अनुसार 'युध्यति' यह वैदिक प्रयोग शुद्ध माना जाता है।

सर्वो द्वन्द्वो विभाषया एकवद् भवति – समाहार, इतरेतर आदि प्रकार के सभी द्वन्द्व समास विकल्प से एक वचनान्त होते हैं। इस परिभाषा के कारण घटपटौ और घटपटम् ऐसे दोनों सामासिक शब्द शुद्ध माने जाते हैं।

संसर्पमास न्याय – पौष क्षयमास होने पर मार्गशीर्ष में उसका समावेश मानकर दोनों मासों के धर्मकृत्य एक ही मास में होते हैं। एक ही व्यक्ति में दो संस्थाओं के अधिकार समाविष्ट होना इस न्याय का उदाहरण है।

संस्कृतपारदसेवनेन ये रोगाः निवार्यन्ते ते एव असंस्कृतपारदसेवनेन प्रादुर्भवन्ति – जो रोग संस्कृत पारद के सेवन से हटते है वे ही असंस्कृत पारद के सेवन से शरीर में उत्पन्न होते हैं।

सूत्रेषु अदृष्टं पदं सूत्रान्तरात् अनुवर्तनीयं सर्वत्र – पाणिनीय व्याकरण में सूत्रों में सभी आवश्यक शब्दों का प्रयोग नहीं होता, इस लिए यह न्याय कहा गया है। इसके अनुसार सूत्र में जो आवश्यक शब्द नहीं दिखते वे पूर्ववर्ती सूत्रों से ले कर सूत्रार्थ की पूर्ति करनी चाहिए। उदा. आद्गुणः सूत्र में 'इको यणचि' सूत्र से 'अचि' शब्द का ग्रहण होता है। इस पद्धति को अनुवृत्ति कहते हैं। अनुवृत्ति के तीन प्रकार (१) सिंहावलोकनवत् (२) मण्डूकप्लुतिवत् (३) गंगास्रोतोवत्।

सोपानपंक्तिप्रच्युत-केलिकन्दुकन्याय – सीढ़ी पर चढते हुए बालक का क्रीडाकंदुक (गेंद) हाथ से गिर पड़े तो व नीचे ही जाता है। साधक का चित्त ध्येय से विचलित होने पर इसी प्रकार अन्य विषयों में आकृष्ट हो जाता है।

अन्धुपृच्छा न्याय – समुद्र के तट पर अन्धु (कुंआ) की पृच्छा करना। समुद्र जलमय होता है किन्तु वह सारा जल खारा होने के कारण प्यास नहीं बुझा सकता। अतः समुद्र के तीर पर भटकने वाला प्यासा मनुष्य कुएं का पता पूछता है। समृद्धि में भी दारिद्रय के अनुभव का यह उदाहरण है।

सूतवशा-न्याय – एक बार ब्याकर फिर गर्भिणी न होने वाली गौ को सूतवशा कहते हैं। व्याकरण के अनुसार किसी धातु या प्रातिपदिक को एक विशिष्ट प्रत्यय लगने पर वहीं या उसी अर्थ का दूसरा प्रत्यय पुनः नहीं लगता। व्यवहार

में भी कुछ प्रयोग एक बार सफल होते हैं। वे फिर सफल नहीं होते इस बात का निदर्शन प्रस्तुत न्याय है।

सोपानारोहणावरोणन्याय – मनुष्य सीढ़ी पर जिस क्रम से आरोहण करता है उसके उलटे क्रम से वह उतरता है। सृष्टि का प्रलय इसी न्याय के अनुसार मानना उचित समझा जाता है। वैशेषिक मतानुसार इस न्याय के विपरीत प्रलय माना गया है। अतः श्री शंकराचार्य उस मत को अग्राह्य मानते हैं।

स्कन्दप्रिय न्याय – स्कन्दप्रिय (या, कंदप्पिय) एक प्राचीन संप्रदाय का नाम हैं। इस संप्रदाय के लोग हास्य विनोद द्वारा उपजीविका करते हैं। वे दूसरों को हंसाते हैं किन्तु स्वयं नहीं हंसते । दूसरों को कार्य प्रवृत्त करने वाले किन्तु स्वयं उससे अलिप्त रहने वाले लोगों का दृष्टान्त।

स्वनाशायैव हि न्यस्तो दर्पात् सर्पमुखे करः – दर्प के कारण सर्प के मुख में हाथ डालना अपने ही नाश को कारणीभूत होता है।

स्वगात्राण्यपि भाराय भवन्ति हि विपर्यये – विपरीत समय में अपने ही देह के अवयव भारभूत होते हैं।

स्वभाव-अनिराकरण न्याय – उष्णता अग्नि का स्वभाव है। अग्नि किसी अवस्था में उसका निराकरण नहीं कर सकती। निराकरण आगंतुक पदार्थ का गुण का होता है, स्वभाव का नहीं। अद्वैती आत्मा का निराकरण असंभव मानते हैं।

हस्तिस्नान न्याय – हाथी जलाशय में स्नान तो करता हैं किन्तु जलाशय से बाहर आते ही शरीर पर धूलि बिखेर कर पूर्ववत् अस्वच्छ हो जाता है। नैमित्तिक पवित्रता धारण करने वाले असंयमी लोगों का यह उदाहरण है। (सुभाषित – अवशेन्द्रियचितानां हस्तिस्नानमिव क्रियाः।)

हस्ती हेमसहस्रेण क्रीयते न मृगाधिपः – हजार सुवर्ण मुद्राओं से हाथी खरीदा जा सकता है, सिंह नहीं।

होतारमपि जुह्वन्तं दहत्येव हुताशनः – आहुतियाँ देने वाले याज्ञिक को भी यज्ञाग्नि जलाती है। (क्रोधी पुरुष उपकार करने वाले को भी समय आने पर पीड़ा देता है।

★ ★ ★

वर्ग - ८

दृष्टान्त पाठ से संगृहीत दृष्टान्तस्वरूप न्याय

संस्कृत वाङ्मय कोश के प्रस्तुत तृतीय खंड के अन्तर्गत न्यायवचन संग्रह के प्रस्तुत विभाग में श्रीसर्वज्ञ चक्रधर निरूपित दृष्टान्तपाठ ग्रन्थ में संकलित सभी दृष्टान्तों का चयन दिया जा रहा है। **श्री चक्रधर स्वामी** जन्मना दक्षिण गुजरात के भरवस (अर्वाचीन नाम भडोच) के राजकुमार थे। १३ वीं शती के प्रारंभ वे अपना स्थल छोड़कर विदर्भस्थित रामटेक (पद्मभूषण म. म. डॉ. वा. वि. मिराशी के अन्वेषणानुसार यही कालिदासकृत मेघदूत काव्य में उल्लिखित रामगिरि है। महाराष्ट्र शासन ने इस गिरि पर छोटासा कालिदास स्मारक स्थापन किया है।) की तीर्थयात्रा के निमित्त प्रवास करते थे। मार्ग में आज के अमरावती जिले के अन्तर्गत रिधपुर (ऋद्धिपुर) नामक गांव में गोविंद प्रभु नाम सिद्ध पुरुष के अनुग्रह के कारण, चक्रधर का जीवन वैराग्यमय हो गया। उस शक्तिपात के कारण उनका सारा व्यक्तित्व बदल गया। बारह वर्षों का काल उन्होंने विदर्भ में रहकर तपस्या में व्यतीत किया। वे इधर उधर प्रवास करते थे। आंध्र में कमलनायक नामक सज्जन की कन्या हंसांबा से चक्रधर का विवाह हुआ। असाधारण व्यक्तित्व के कारण अनेक स्त्री-पुरुष उनका उपदेश तथा अनुग्रह प्राप्त करने आते थे, जिन में **केशिराजबास** नामक एक व्युत्पन्न पंडित थे। श्री चक्रधरस्वामी के निर्याण के पश्चात् उनके द्वारा प्रवर्तित 'महानुभाव मार्ग' के श्रेष्ठ अनुयायी लोगों की इच्छा के अनुसार केशिराज ने जो रचनाएँ की उनमें रत्नमालास्तोत्र (लीलाचरित्र नामक चक्रधरचरित्र का संस्कृत पद्यानुवाद), मूर्तिप्रकाश और दृष्टांतपाठ उल्लेखनीय हैं। दृष्टांतपाठ में मूलसूत्र और उनका विवरण करने वाले दृष्टान्त स्वयं श्रीचक्रधर निरूपित माने जाते हैं। इन दृष्टान्तों का मुख्य आध्यात्मिक आशय विशद करने वाला दार्ष्टान्तिक नामक अंश अत्यंत सतर्कता से केशिराज ने लिखा है। इसी कारण वे मराठी गद्य लेखन के प्रथमाचार्य माने जाते हैं। महानुभाव मार्ग में इस दृष्टान्तपाठ को चक्रधर के सिद्धान्तों का उपनिषद् माना जाता है। इन दृष्टान्तों की कुल संख्या ११४ है। अन्तर्गत प्रमाणों के आधार पर ये दृष्टान्त सन १२६४ से ७२ तक के काल में २१ पुरुष एवं १० स्त्री शिष्यों को निरूपित हुए। केशिराज ने उनका विषयानुरूप यथोचित क्रम से संकलन करने पर उन्हें अपने दार्ष्टान्तिकों सहित "सकललिपि" नामक साम्प्रदायिक लिपि में लिखा था। वे स्वयं अच्छे संस्कृत पंडित होने कारण उन्होंने इन दृष्टान्तों पर आधारित 'दृष्टान्तस्तोत्रम्' की रचना की। इस संस्कृत स्तोत्र में प्रायः एक श्लोक में दृष्टान्त, अगले श्लोक में दार्ष्टान्तिक और अंतिम पंक्ति में "तमहं समिच्छे", "तमाश्रयेऽहम्", "द्रक्ष्ये परेशं कदा", " तं चक्रधरं नमामि"- इस प्रकार प्रार्थना की है। संस्कृत के समृद्ध स्तोत्र साहित्य में केशिराज का प्रस्तुत दृष्टान्तस्तोत्र एक अनोखा योगदान है। श्रीमद्भागवत के अन्तर्गत सैकड़ों स्तोत्रों में जिस प्रकार परमात्मा की स्तुति के द्वारा सांख्यदर्शन की परिभाषा में वेदान्त और भक्तिशास्त्र का ज्ञान संमिश्रित हुआ है, उसी प्रकार केशिराज के 'दृष्टान्तस्तोत्रम्' में श्रीसर्वज्ञ चक्रधरस्वामी द्वार निरूपित भगवद्भक्ति, गुरुभक्ति एवं अध्यात्मविद्या का सारसर्वस्व संगृहीत हुआ है।

महानुभाव संप्रदाय का उद्गम १३ वीं शती के आरंभकाल में महाराष्ट्र (विदर्भ) में हुआ। संस्थापक गुजराती होने पर भी वे अन्तर्बाह्य मराठी हो गए थे। तत्कालीन ग्रामीण समाज में उनका संचार अधिक मात्रा में होने के कारण वे उसी समाज की भाषा में उपदेश करते थे और उसी भाषा का आग्रह भी रखते थे। इस कारण आज तक संप्रदाय की प्रमाणभूत भाषा मराठी है। पंजाबी या काश्मीरी महानुभाव भी श्रद्धापूर्वक मराठी का अध्ययन करते हैं। मराठी के प्रभाव के कारण दृष्टान्त स्तोत्र सांप्रदायिकों में उपेक्षित सा रहा।

हमने प्रस्तुत कोश में संस्कृत स्तोत्र तथा मूल मराठी दृष्टान्त दार्ष्टान्तिकों पर आधारित संस्कृत भाषा में दृष्टान्तों का चयन किया है। यह प्रयास हमने इस लिये किया कि भारत के सर्वभाषीय सन्तसाहित्य में भक्ति, वैराग्य, अध्यात्म आदि विषयों का प्रतिपादन प्रायः इसी प्रकार दृष्टान्तों से हुआ है। आधुनिक युग के विश्ववंद्य संत श्रीरामकृष्ण परमहंसदेव के उपदेश वचनों में भी चक्रधरोक्त अनेक दृष्टान्तों का आभास होता है।

हमारे संस्कृत दृष्टान्तों की कुल संख्या १०० है, जब कि मूल मराठी दृष्टान्तों की संख्या ११४ है। हमने कुछ समान दृष्टान्तों का एकत्रित चयन करने के कारण यह संख्याभेद हुआ है। दृष्टान्त के प्रारंभ में **दृष्टान्तपाठ का क्रमांक** और अंत में **दृष्टान्तस्तोत्रम् का श्लोक क्रमांक** दिया है। संस्कृत प्रेमी हिंदी पाठकों के लिए यह एक अनोखा उपहार हो सकता है।

■ ■ ■

(१-२-३) अन्तर्दृक्-परदृक्-परापरदृक्-दृष्टान्तः। (१) = घर के अंदर रहने वाला केवल अंदर का ही देख सकता है, बाहर रहने वाला बाहरका ही देखता है, किंतु जो घर की देहली पर खड़ा होता है वह अंदर का और बाहर का भी देख सकता है। परमात्मा परापरदृक् होता है, सामान्य लोग अन्तर दृक् और परदृक् होते हैं।

(४-५-६) कुक्कुट-मीन-कूर्म जननी - दृष्टान्तः। (२-३) = अण्डस्थ कुक्कुटशिशु का पोषण कुक्कुटी अपने स्पर्श से करती है, मछली अपने अर्भकों का पोषण दृष्टिक्षेप मात्र से करती है और कछुवी दूसरे तीर पर रखे हुए अपने अण्डजों का पोषण केवल अन्तःस्थ स्मरण मात्र से करती है। उसी प्रकार सद्गुरु स्वरूप परमेश्वर अपने भक्तजनों का मंगल स्पर्श,

दर्शन और चिन्तन मात्र से करते है।

(७) शब्दवेधिसुरस- दृष्टान्तः। (३) = शब्दवेधिरस नामक सिद्धि का एक प्रकार माना गया है। जिस पुरुष के पास यह सिद्धि होती है उसके द्वारा उच्चारित शब्द के स्पर्श मात्र से तांबे का सोने में रूपांतर होता है। सद्‌गुरु के शब्दात्मक उपदेश से जड जीवों के जीवन का उद्धार ऐसे ही होता है।

(८) समुद्रदान दृष्टान्तः। (४-५) = समुद्र के पास जाने वाले कुछ लोग कौड़िया, सीप, जैसे पदार्थ पाकर संतुष्ट होते हैं, अन्य कोई माणिक, मोती पाकर संतुष्ट होते हैं, किन्तु कोई अन्य लोग अनर्घ रत्नों के प्राप्ति की प्रतीक्षा में समुद्र के पास ही निवास करते हैं। उन्हें यथावसर उसका लाभ होने से वे सन्तुष्ट होते हैं। सद्‌गुरु स्वरूप परमात्मा से इसी प्रकार भक्तजन अपनी अपनी अपेक्षा के अनुसार लाभ उठाते हैं। मोक्षविद्या का लाभ पाने वाले उन्हीं के पास वास्तव्य करते हैं।

(९) सोमकान्त- सुधाद्रव- दृष्टान्तः। (६) = चन्द्रकिरणों के स्पर्श से सामान्य शिला पाषाण शीतल होते हैं, किन्तु सोमकान्त (या चन्द्रकान्त) एक पाषाण होते हुए भी, उनके स्पर्श मात्र से उससे सुधाद्रव निर्माण होता है। सद्‌गुरु के सहवास से कुछ अनधिकारी भक्तों को विशेष सुख अवश्य होता है, किन्तु जो अधिकारी भक्त होते हैं, उन्हें बोधदातृत्व प्राप्त होता है।

(१०) वज्राकार- दृष्टान्तः। (७-९) = हीरों की खदान में पहुंच का कुछ लोग हीरे का कणमात्र पाकर संतुष्ट होते हैं, कुछ लोग बड़ा हीरा पाकर प्रसन्न होते हैं। किन्तु कोई ऐसे अभागे होते हैं कि उनके उपर खदान की चट्टान गिरती है। सद्‌गुरु के सहवास में इसी भांति कुछ लोग छोटा मोटा लाभ पाते हैं, तो कुछ लोग दुर्भाग्यवश आपत्ति में फंसते हैं।

(११) कल्पतरुतलस्थित-वायक दृष्टान्तः। (१०-११) = कोई एक बुनकर कल्पवृक्ष के तले बैठा था। उसकी शाखा को देखकर अपने वयनसाधन का (करघे का) स्मरण उसके मन में हुआ। तत्काल करघा मिलने पर वह कल्पवृक्ष से करघे ही मांगता रहा, दूसरी अच्छी मांग करने की कल्पना में संसारी लोग अपने पारिवारिक सुखसाधनों की ही अपेक्षा व्यक्त करते हैं।

(१२) कूपयन्त्रघटिका दृष्टान्तः। (११) = कुंए के चक्के पर लगाई घटमाला में चार अवस्थाएँ दिखाई देती हैं। (१) आपूरण, (२) आगमन, (३) रेचन, (४) निर्गमन। इसी भाँति संसार में जीवों की भी चार अवस्थाएँ होती हैं।

(१३) चोरद्रष्टृ-मंचारूढ दृष्टान्तः। (१२-१३) = खेत में चोरी करने वाले मनुष्यों को पकडने पर जब ताडन दण्डन की पीड़ा दी जा रही थी, तब उनके कष्ट देख कर कुछ लोग दया व्यक्त कर रहे थे। उनमें एक मंचकार (मचान पर बैठ कर खेत की रखवाली करने वाला) था। वह उन चोरों के कष्ट देख कर शांत चित्त से देखता रहा। इस का कारण यही था कि उस मंचकार ने उन के चौर्यकर्म स्वयं देखे थे। इसी प्रकार अंतर्ज्ञानी पुरुष पापियों को कष्ट में देख कर शांत चित्त से देखते रहते हैं।

(१४) सामग्रीद्वययुत-नयन दृष्टान्त। (१४) = नयनों में दो प्रकार की सामग्री होती है। उनमें से जब तैजसी सामग्री बढती है तब मनुष्य रत्न का अन्तर्गत तेज भी देख सकता है। किन्तु जब मेदोमयी या मांसमयी सामग्री बढ़ती है तब वह अंधा हो जाता है। इसी प्रकार बुद्धि में विद्याभिवृद्धि से देवदेवताओं का साक्षात्कार होता है, किन्तु अज्ञान की वृद्धि से जड़ता आती है।

(१५) निर्मलह्रदस्थ-शर्करादान दृष्टान्तः। (१५) = निर्मल सरोवर में चमकीले पाषाण देखने पर उन्हें सुलभ मानकर पाने के लिए एक मूर्ख विविध प्रकार से प्रयास करता है, किन्तु उस जलाशय की गहराई के कारण उसे कुछ भी प्राप्त नहीं होता। अवर विद्या के साधन से परमेश्वर की प्राप्ति नहीं होती।

(१६) कुर्वन्ति वै बंदिकरा हि चौराः वेश्यानटानां वचनं न राज्ञः। (१६) = किसी एक गुलाम के पास कुछ अच्छी वस्तु थी। राजा ने तथा अन्य अधिकारियों ने मांगने पर भी उसने वह नहीं दी, किन्तु वेश्या नट आदि हीन लोगों ने मांगने पर वह उसने तत्काल उन्हें दे दी। संसार में ईश्वर ने मांगने पर भी जीव अपना जीवित उसे समर्पण नहीं करता। किन्तु क्षुद्र लोगों को स्वेच्छा से समर्पण करता है।

(१७) काकसूकर दृष्टान्तः। (१७) = कौए और सूअर जैसे प्राणी मैले में प्रयत्नपूर्वक सार खोजते हैं। मैले का सार भी मल ही होता है। वैषयिक व्यवहार में कितनी भी खोज करने पर परमार्थ नहीं मिलता।

(१८) गोवत्स-मज्जन दृष्टान्तः। (१८) = एक गाय का बछड़ा तृषार्त होकर कुंए के आस पास घूमता देख कर, धार्मिक पुरुष का वेश धारण करने वाले एक दुर्जन ने उसे उठाकर कुए में डाल दिया। इसी प्रकार दांभिक लोग अज्ञजनों का अधःपात करते हैं।

(१९) निबद्धपशु-गलबन्धन दृष्टान्तः।(१९) = दृढ रज्जू से बंधी हुई गाय, मुक्तता पाने के लिए खूंटे के चारों ओर घूमती है तब वह अधिकाधिक बद्ध होकर सांस रुकने से मर भी जाती है। किन्तु जिसने उसे बांधकर रखा, वह स्वयं आकर उसे गलबंधन से तुरंत मुक्त कर सकता है।

(२०) वज्रकीटकी रोग दृष्टान्तः। (२०-२१) = वज्रकीटकी नामक एक दुर्धर रोग है। अनेक उपाय करके भी वैद्य उससे रोगी को मुक्त नहीं कर सकते। अंत में रोगी अयोग्य औषधि के सेवन से मर जाता है। भवरोग भी इसी प्रकार दुर्धर है। केवल सद्‌गुरु ही जीव को उससे मुक्ति दे सकते हैं।

(२१,२२,२३) खाद्य-अन्न-अमृत- दृष्टान्तः। (२१-२३)

= सामान्य खाद्य पदार्थ से तात्कालिक क्षुधानिवृत्ति होती है, अन्न सेवन से संपूर्ण क्षुधानिवृत्ति होती है, किन्तु अमृत सेवन से तो अमरत्व प्राप्त होता है। मरणोत्तर उत्तम जन्म, स्वर्ग प्राप्ति और मोक्ष रूप तीन फलों की प्राप्ति में इसी प्रकार का अंतर होता है।

(२४) वटबीज दृष्टान्तः। (२३-२४) = वट का बीज सूक्ष्म होता है किन्तु भूमि और जल का संपर्क होने पर उसी बीज से संपूर्ण वटवृक्ष उत्पन्न होता है। अविद्या का चित् तत्त्व से संपर्क होने पर यह संसारवृक्ष उसी प्रकार उत्पन्न होता हैं।

(२५) घृताक्तघास दृष्टान्तः। (२५) = घी-चांवल बच्चे को खिलाने के लिए माता विविध प्रयत्न करती है किन्तु बच्चा इधर उधर खाने के कारण माता के हाथ से नहीं खाता। लौकिक विद्या से ही तृप्त होने के कारण मनुष्य सद्‌गुरु द्वारा कृपापूर्वक दिया हुआ ब्रह्मज्ञान नहीं ग्रहण करता।

(२६) जलपुरीषशिला-पादन्यास दृष्टान्तः। (२६) = शैवलाच्छादित पत्थर पर पांव रख कर खड़ा होने का प्रयत्न करते ही मनुष्य फिसल कर गिर पड़ता है। अधिकारहीन मनुष्य को उपदेश देने पर वह फिसल जाता है, स्थिर नहीं होता।

(२७) जलान्तःस्थितशिलाशुष्कता दृष्टान्तः। (२७-२८) = जलप्रवाह में निरंतर पड़ी हुई शिला को बाहर निकाल कर फोड़ने पर वह अंदर में शुष्क ही दिखाई देती हैं। संतसंग में रहते हुए भी अनेक लोग इसी प्रकार संतसंस्कारहीन ही रहते हैं।

(२८) अवान्तर-तृणपिहित-क्षेत्र दृष्टान्तः। (२९) = जिस खेत में तन घास बढ़ा होगा उस पर हलकर्षण, तृणोत्पाटन आदि संस्कार किए बिना कुछ भी नहीं ऊगता। संस्कार होने पर ही फसल निकलती है। राजसी तामसी भावों से भरा हुआ अन्तःकरण इसी प्रकार संस्कार की अपेक्षा रखता है।

(३०) कर्णाश्म (या कर्णसाश्म) दृष्टान्तः। (३०) = कर्ण (कर्णस) नामक एक पाषाण अत्यंत कठिन होता है किन्तु उस पर कुछ विशिष्ट संस्कार करने पर वह फूट सकता है और उस से कुछ सुंदर मूर्तियां बनाई जा सकती हैं। मनुष्य का अन्तःकरण भी इसी प्रकार संस्कारों की अपेक्षा रखता हैं। संस्कारित अन्तःकरण से देवत्व प्रकट हो सकता है।

(३०) चन्दनसमीपस्थवंश दृष्टान्तः। (३१) = चन्दनवृक्ष के आस पास बढ़े हुए सामान्य बदरी वृक्ष आदि वृक्ष सुगंधित होने के कारण काटने योग्य होते हैं, किन्तु बांस का वृक्ष चंदन के संस्कार से विरहित एवं अंदर से पोला होता है। वह अग्राह्य होता है। इसी प्रकार हृदयशून्य पुरुष सत्संग में कोई संस्कार ग्रहण नहीं करते।

(३१-३४) चतुर्विधवालुक दृष्टान्तः। (३२-३५) = चार प्रकार के वालुक (उर्वारुक) फल होते हैं :– (१) जरठ, (२) बाह्यतः अच्छा, (३) सड़ा हुआ, (४) कोमल तथा निर्दोष। इन में से पहले तीन प्रकार त्याज्य और केवल चौथा ग्राह्य होता है। संसार में भी कोई अतिवृद्ध, भक्तिजड, कर्मजड, एवं सर्वाधिकारी किशोर होते हैं। इन चार प्रकार के साधकों में चौथे प्रकार के किशोर अवस्था के साधक ही योग्य होते हैं।

(३५) वृन्दावण दृष्टान्तः। (३६) = वृन्दावण नामक फल जब तक कोमल होता है तभी तक वह लता से तोड़ा जाता है, जरठ होने पर वह तूटता ही नहीं, किन्तु अधिक प्रयास करने पर मूल लता ही जड से उखड़ जाती है। जो लोग शरीर और मन से जरठ होते हैं वे मोहग्रस्त अवस्था से बाहर नहीं निकलते।

(३६) सन्निपातग्रस्त-भृत्य दृष्टान्तः। (३७) = किसी एक स्वामी का सेवक सन्निपात की अवस्था में स्वामी को गालियां देता है किन्तु स्वामी उसकी अवस्था जानकर सब सहन कर लेता है। उस अवस्था में उसके रक्षण का दायित्व स्वीकार करने जो सिद्ध होगा उसे वह सुवर्णराशि देने की घोषणा करता है। सेवक का स्वास्थ्य लौट आने पर किसी ने उसकी मांग की तब वही स्वामी नकारता है।

(२९) विषयासक्त दृष्टान्तः। (३८) = विषयासक्त मनुष्य अपने उपभोग्य वस्तु की खोज में गांवगांव भटकता है। जहां उसे वह मिलती है वहीं रहकर उपभोग लेता है। इसी प्रकार सद्‌गुरु सत्पात्र की खोज में घूमते हैं, जहां योग्य शिष्य या भक्त मिलता है उस पर अनुग्रह करते हैं।

(३८) दूरस्थजननी दृष्टान्तः। (३९) = कोई माता काम धाम के निमित्त दूर जाती है फिर भी स्तन से दूध पिघलते ही वह जान लेती है कि मेरा अर्भक को अव भूख लगी होगी। परमात्मा भी जीव की व्याकुलता दूर से ही जानते हैं।

(३९) विभीतकप्रद-मातृ दृष्टान्तः। (४०) = किसी माता का शिशु अजीर्ण के कारण खाता नहीं था। तब माता बेहडा-हर्रा का कषाय पिलाकर उसकी भूख उद्दीपित करती है और खिलाती है। परमात्मा भी इसी प्रकार भक्त में व्याकुलता निर्माण कर उस पर अनुग्रह करते हैं।

(४१) छुरिकाशोधनन्याय। (४१-४५) = किसी लुहार के पास पुरानी जीर्ण छुरी बेचने लायी गई थी। वह उसे खरीद कर अन्यान्य प्रकार के संस्कार एवं सुधार से राजा को बेचता है। राजा को वह छुरी इतनी प्रिय होती है कि वह रात-दिन खाते-सोते समय अपने पास ही उसे सम्हालता है। संस्कारित जीव को सद्‌गुरु भी नित्य अपने पास ही रखते हैं।

(४१)जात्यंधरुम्भण दृष्टान्तः। (४६-४७) = किसी जात्यन्ध ने किसी के भाषण में दूध के गुण सुने। वह पूछने लगा, दूध कैसा? उत्तर- बगुले के समान। फिर पूछा बगुला कैसा? उत्तर- हल जैसा। प्रश्न- हल कैसा? उसी जात्यंध को ठीक समझाने उस व्यक्ति ने उसका हाथ टेढ़ा कर समझाया। एक दिन जात्यंध ने हल को स्पर्श किया। उसका टेढ़ा आकार जानकर यही दूध है ऐसा मानकर वह खाने लगा। उसका मुंह फट गया। किसी के कहने पर भी वह उसे दूध ही समझता रहा। अज्ञानी लोगों को परमात्मा का ज्ञान इसी प्रकार

प्राप्त होता है और वे उसी को प्रमाण मानते हैं। इसी का नाम है अंधश्रद्धा!

(४२) शकृन्मृणमयफल दृष्टान्तः। (४८-४९) = एक क्षुधार्त मनुष्य किसी एक मंदिर में आम, केले, जामुन आदि सुंदर फल देखने पर मोहित हो कर खाने लगता है, तब उसके मुख में गोबर मिट्टी जाती है क्यों की वे फल गोबर-मिट्टी के ही बनाये थे। असत् पदार्थ सत्स्वरूप मानने से यही दुर्गति होती है।

(४३) हस्तिदर्शने जात्यंधविवाद दृष्टान्तः। (५०-५१) = हाथी का एक एक अवयव देख कर जन्मांध लोग उसे तदाकार ही मानकर आपस में मतभेद के कारण झगड़ते हैं, तब आंख वाला उन्हें समझाने का प्रयत्न करता है कि आप कहते हैं वे सारे हाथी के अवयव मात्र हैं। सामान्य मनुष्य का ज्ञान उसकी ग्रहण शक्ति के प्रमाण में होता है, उसमें पूर्णता नहीं होती।

(४४) वमद्बालक-पान दृष्टान्तः। (५१-५२) = किसी एक माता के शिशु को दूध पीते समय उसे कै हो जाती थी। कै होने पर भी माता उसे पिलाती ही थी। पड़ोसिन ने उसे इस बारे में टोका तो वह माता कहती है, यह दूध कभी तो बच्चे के पेट में ठहरे यही मेरी अपेक्षा है। सद्गुरु इसी प्रकार बारंबार भूलने वाले शिष्यं को वहीं उपदेश करते रहते हैं।

(४५) कपालपरीक्षा दृष्टान्तः। (५३-५४) = धातु की मूर्ति आदि काम करने वाले कारीगर अपनी मूस की परीक्षा करते समय बारीक शलाका उसके एक कान में घुसाते है, अगर वह शलाका मूस के दूसरे कान से या मुख आदि अन्य रन्ध्र से बाहर निकल पड़ती तब उसे त्याज्य समझते हैं किन्तु जब वह शलाला अंदर ही रहती है तब उसे अच्छी मानते हैं। इसी प्रकार जो शिष्य गुरु के उपदेश को भूल जाता है, या उसका अन्यत्र निवेदन करते रहता है, वह अयोग्य होता है। जो अन्तःकरण में उपदेश को धारण करते हुए तदनुसार आचरण करता है उसे उत्तम शिष्य मानना चाहिये।

(४६) मोदल-पयःपान दृष्टान्तः। (५५) = मोदल नामक पात्र का अंदर ग्रहण करने का द्वार छोटा और बार विसर्जन करने पर द्वार बड़ा होता है। अतः उसमें भरा गया पानी अंदर रहता ही नहीं। सद्गुरु द्वारा कथित रहस्य इसी प्रकार बाहर प्रकट करने से नष्ट हो जाता है।

(४७) रोमन्थकृत्-पशु दृष्टान्तः। (५६) = पशु वन में कहीं भी चरते रहता है किन्तु पेट भरने पर एक स्थान पर बैठकर रोमन्थ क्रिया (चर्वित-चर्वण) करता है जिससे उसकी तुष्टि और पुष्टि होती है। सद्गुरु के उपदेश का श्रवण होने पर इसी प्रकार मनन करने से योग्यता प्राप्त होती है।

(४८) कर्मचाण्डाल दृष्टान्तः। (५७) = जन्मना ब्राह्मण होने पर भी जो मनुष्य निजी कर्म छोड़कर अन्त्यजों का कर्म करता है उसे कर्मचाण्डाल कहते हैं। ऐसा पुरुष जातिचाण्डाल से नीच समझना चाहिए। ऐसे कर्मचाण्डाल ब्राह्मण को ब्राह्मणों के साथ भोजन नहीं दिया जाता। ज्ञानी पुरुष अगर अज्ञानी के समान व्यवहार करे तो वह भी ज्ञानी नहीं माना जाएगा।

(४९) गोष्ठस्थितगो दृष्टान्तः। (५८-६०) = गोशाला में बारिश, कीचड़, कीटक आदि से पीडित गौ को दुःखमुक्त करने के लिए उसका स्वामी उसे घर के अंदर बांध रखता है। वहां से मुक्त करने पर वह गाय अपनी पहली गोशाला में (जहां उसे अनेक क्लेश थे) जाती है। सामान्य लोग इसी प्रकार उत्तम उपदेश मिलने पर भी अपनी पूर्व अवस्था नहीं छोड़ते।

(५०) मंचारुढोपदेश दृष्टान्तः। (६१-६२) = मंच पर खड़ा हुआ किसान, रास्ते से आने वाले लोगों को सामने के दो मार्गों के विषय में कहता है कि, अमुक एक मार्ग से जाने में चोर या शेर का भय है, दूसरे मार्ग से जाने पर उत्तम नगर मिलेगा। इसी प्रकार सद्गुरु सन्मार्ग और असन्मार्ग या विधि और अविधि दोनों बताते हैं। वे कार्य नहीं करवाते।

(५१) अयाचितव्रत दृष्टान्तः। (६३) = अयाचित व्रती साधु दूसरे किसी के द्वारा निमंत्रण मिलने पर ही भोजन करते हैं अन्यथा भूखे रहते है। उन्हें अयाचित जो अन्न मिलता है उसका वे ग्रहण करते हैं। बाद में उस अन्न का सप्त धातुओं में परिवर्तन करने का कार्य शरीरस्थ व्यान वायु करता है। उन्हें स्वयं तन्निमित्त कुछ भी प्रयास करने की आवश्यकता नहीं होती। इसी प्रकार मनुष्य ने अपना कर्तव्य करना पर्याप्त हैं, उसका अन्य सारा कल्याण सद्गुरु स्वरूप परमात्मा करते हैं।

(५२) दीक्षितकन्या दृष्टान्तः। (६४) = एक दीक्षित ब्राह्मण की कन्या थी। विषयासक्ति के कारण उसने किसी धीवर से संबंध रखा और संबंध होनें के बाद लोकलाज का त्याग कर उसका सारा परिवार अपनाया। इसी प्रकार सद्गुरु की सेवा करने वाले ने अपना सर्वस्व छोड़कर गुरुपरिवार आदि को अपनाना चाहिये।

(५३) कुष्टपीडित दृष्टान्तः। (६५) = किसी एक मनुष्य का शरीर कुष्टरोग से पीड़ित होने पर उसके परिवार के सभी आप्तजनों ने उसे बाहर खदेड़ दिया। यह बेचारा गांव के बाहर मंदिर में गया। भगवान् की प्रार्थना करते हुए उसने कहा, हे भगवान् अब इस संसार में तू ही मेरा है और मै तेरा हूं। भगवान् की कृपा से अन्न वस्त्र उसे मिलते रहे। इसी कुष्टी के भांति अगर भक्त, भगवान् की शरण ले तो उसका योगक्षेम निभाते हैं।

(५४) सुवर्णोपकरण दृष्टान्तः। (६६-६७) = किसी महात्मा के पास एक स्पर्शमणि था। वह किसी निर्धन ब्राह्मण के घर में रात की विश्रांति निमित्त रहा। ब्राह्मण ने उसकी सद्भाव से सेवा शुश्रूषा की, तब प्रसन्न होकर महात्मा ने ब्राह्मण को सारे लोहे के औजार अपनी खटिया के नीचे रखने

की सूचना की। प्रातः काल में उन लोहे के उपकरणों का स्पर्शमणि के स्पर्श से सुवर्णमय करते हुए महात्मा वहां से निकल गये। खेत में काम करते समय उन सुवर्णमय औजारों से काम होना असंभव देखकर ब्राह्मण दुःखित होकर महात्मा की निंदा करने लगा। किन्तु उसकी पत्नी ने कहा, इसी कारण हमारा दारिद्रय समाप्त हो गया है। सत्संग के कारण जीवन में परिवर्तन के कारण कुछ अज्ञ लोग दुःखी होते हैं। वस्तुतः वह सुधार अभिनन्दनीय होता है।

(५५) वानरीशिशु दृष्टान्तः। (६८-७०) = बंदरी अपने बच्चे के साथ वृक्ष की एक शाखा से दूसरी शाखा पर कूदती हुई भागती है। उसे देखकर सामान्य लोग बच्चा कहीं गिर न पड़े यह चिन्ता करते हैं। किन्तु बच्चे को सम्हालना वानरी ठीक जानती है। अपने आश्रित भक्त की रक्षा करने की पद्धति इसी प्रकार भगवान् ने अपनाई हैं। भक्त का एक ही कर्तव्य है कि वह वानरशिशु के समान भगवत्स्वरूप माता का आश्रय ले।

(५६) मंकोटक-दृष्टान्तः। (७१) = मकड़ी अपनी प्रिय वस्तु को जब पकड़ती है तब शरीर टूटने पर भी वह उसे नहीं छोड़ती। इसी प्रकार भक्त ने भगवान् का आश्रय नहीं छोड़ना चाहिये।

(५७) व्यतीपातदान दृष्टान्तः। (७२-७३) = कोई एक राजा व्यतीपात के पर्व पर दान देता था। उसके महाद्वार पर अनेक याचक प्रतीक्षा में बैठे रहते थे। किन्तु राजा के क्रीडा स्नान भोजन आदि कार्यक्रम समाप्त होने में विलंब के कारण कई याचक महाद्वार से निकल जाते थे। अर्थात् जो अंत तक प्रतीक्षा में बैठे रहते थे उन्हीं को दान मिलता था। सद्गुरुकृपा की अपेक्षा रखने वाले को चाहिए कि वह उबकर उन कि संगत छोड कर न जाय।

(५८) देहदण्डन दृष्टान्त। (७४-७५) = एक शस्त्रविद्या का गुरु अपने शिष्यों को शस्त्र चलाना सिखाता था। उनके कोई दोष होने पर वह उन्हें डंडे से पीटता था और गंदी गालियाँ देता था। जो शिष्य यह देहदण्डन सहन करते थे वे शस्त्रविद्या में नैपुण्य प्राप्त करते थे। किन्तु कुछ शिष्य त्रस्त होकर भाग जाते थे। पांच सात दिनों के बाद वे जब वापस लौटते थे। तब वह गुरु उन्हें अच्छे आसन पर बिठाकर उनका आदर करता था और प्राथमिक प्रश्न पूछा करता था। जो शिष्य गुरु के पास रह कर सारे कष्ट सहन करते हैं उन्हीं की प्रगति होती है, दूसरों की नहीं।

(५९) भर्त्रादिशपालन दृष्टान्त। (७६-७७) = किसी एक पति ने अपनी पत्नी को आदेश दे रखा था कि वह किसी भी कारण घर के बाहर ना देखे। जब घर के सामने बारात जा रही थी तो वह पतिव्रता स्त्री अड़ोस पड़ोस की स्त्रियों को वधू-वर के रूप वस्त्र इत्यादि के बारे में पूछने लगी। सभी स्त्रियों ने उसे अंदर से ही देखने का आग्रह किया, तब वह बोली मेरे पति की आज्ञा उनकी अनुपस्थिति में भी मुझे पालनी है। उनकी दृष्टि सदैव मुझ पर रहती ही है। शिष्य ने अपने सद्गुरु के आदेशों का निरपवाद पालन करना चाहिये क्यों कि गुरु की दृष्टि सदैव अपने प्रिय शिष्य पर होती हैं।

(६०) गृहपशुसंगोपन दृष्टान्त। (७८) = जिन गाय, बैल, कुत्ता आदि घर के पशुओं का संगोपन ममता से होता है, वे सारा काम करने में हिचकिचाते नहीं, संगोपन न होने पर वे त्रस्त होकर निकल जाते हैं। सभी जीव इसी पद्धति से बर्ताव करते हैं।

(६१) सामान्यस्त्री दृष्टान्त। (७९-८०) = कोई वारांगना का जीवन बिताने वाली स्त्री थी। वह अनेकों की सेवा करती थी, किन्तु विवाह करके वह एक पुरुष की सेवा में जीवन बिताने लगी। तब उसे पतिव्रता की प्रतिष्ठा प्राप्त हुई। अन्यान्य विषयों के पीछे भागने वाले जीव जब ईश्वर की शरण में जाते हैं तब उनकी योग्यता बढ़ती हैं।

(६२) कर्तव्यनिष्ठदासी दृष्टान्त। (८१) = एक गृहदासी थी। वह किसी प्रकार की अपेक्षा न रखकर कर्तव्यबुद्धि से स्वामी के घर के सभी काम करती थी। उसकी स्वामिनी जब भोजन करने बैठती थी तब अपने हिस्से का आधा अन्न उसे प्रथम देने के बाद ही भोजन करती। कर्तव्यनिष्ठ सेवक या सेविका की सेवा स्वयं स्वामी या स्वामिनी भी करते हैं।

(६३) पतिव्रता दृष्टान्त। (८२) = जो पतिव्रता स्त्री अनन्य भाव से पति की सभी प्रकार सेवा अविश्रांत करती है, उसका पति अपनी सारी संपत्ति उसके अधीन कर देता है। उसी प्रकार के भक्तों को सद्गुरु अपना सर्वस्व समर्पण करते हैं।

(६४) निकटस्थितदर्वी दृष्टान्त। (८३) = रसोई वाली अन्यान्य पदार्थ सिद्ध करते समय जो चम्मच हाथ के पास हो उसी से सारे काम कर करते हुए सारी रसोई सिद्ध करती है। सद्गुरु भी अपने निकट रहने वाले से सभी काम करवाते हुए उसे योग्यता देते हैं।

(६५) अग्नि दृष्टान्त। (८४) = अग्नि के संपर्क से गीले, सूखे, छोटे, बडे सभी प्रकार के काष्ठ भस्मसात् होते हैं। सद्गुरु के संपर्क से सभी प्रकार के कर्मफल उसी प्रकार नष्ट होते हैं।

(६६) चणकभर्जनकृद् दृष्टान्त। (८५) = चने-फुटाने वाला चनों पर भिगाना, सुखाना आदि संस्कार करते हुए उन्हें गुड के साथ खाने योग्य करता है। उसी प्रकार सद्गुरु शिष्य पर नाना प्रकार के संस्कार करते हुए उन्हें सुयोग्य करते हैं।

(६७) गुडकृद् दृष्टान्त। (८५-८६) = ईख के रस का गुड में रूपांतर करते समय उस पर अनेक प्रकार के संस्कार गुड बनाने वाला करता है। रस का घने गुड में रूपांतर होने पर उसका स्थानांतर सुकर होता है।

(६८) दुर्बलमातृ दृष्टान्त। (८७) = एक निर्धन एवं दुर्बल माता का पुत्र दूध के लिए व्याकुल हुआ। तब वह

माता अपने पास का सामान गिरवी रख कर उसके लिये दूध लाकर उसे तृप्त करती है। अत्यंत आग्रह रखने पर सद्गुरु अपने शिष्य की जिज्ञासा पूर्ण करते ही हैं।

(६९) वृक्षत्वक् दृष्टान्त। (८८) = जिस वृक्ष की खाल मीठी होती है उसका फल मधुर होता है यह कहने की आवश्यकता ही नहीं होती। जिस का साधन उत्तम उसका साध्य भी उत्तम ही होता है।

(७०) जलतस्करिणी दृष्टान्त। (८९-९०) = जलतस्करिणी नामक एक यंत्र प्राचीन काल में था। इस का एक मुख बंद करने पर दूसरा, फिर तीसरा चौथा इस प्रकार मुख बहते ही रहते थे। मुख्य मुख बंद करने पर सभी मुखों से पानी बहना बंद होता था। अन्य इंद्रियों के संयम की अपेक्षा रसनेन्द्रिय का संयम करने पर सभी इन्द्रियों का संयम अनायास होता है। वैसे ही एक ब्रह्मविद्या प्राप्त होते पर अन्य सभी विद्याएँ प्राप्त होती है।

(७१) चातक दृष्टान्त। (९१) = चातक एक ऐसा पक्षी है जो किसी नदी, तालाब, आदि का जल प्यासा होने पर भी नहीं पीता, वह केवल मेघजल से ही अपनी प्यास बुझाता है। एकनिष्ठ भक्त परमात्माकी कृपा से जो मिलता है उसीसे अपनी तृप्ति करता है, अन्य विषयोपभोग वह चाहता ही नहीं।

(७२) राजपुत्र दृष्टान्त। (९२) = किसी एक राजा का राज्याधिकार नष्ट होने पर उसके सभी आश्रित अधिकारी गण यत्र तत्र सेवा के निमित्त चले गए। किन्तु उस राजा का पुत्र स्वाभिमान से जीवन विता रहा था। राज्य की प्राप्ति पुनश्च होने पर सारे सेवक अधिकारी गण वापस लौटे। राजा ने अपने पुत्र के बारे में पूछा तव सभी ने उनके स्वाभिमान पूर्ण स्वतंत्र जीवनक्रम का वर्णन किया। राजा ने उसे वापस बुलाकर आधा राज्य समर्पण किया। एक निष्ठ भक्त को सद्गुरु अपने समान योग्यता देते है।

(७३) ऋणग्रस्त दृष्टान्त। (९४) = किसी एक गाव में एक मनुष्य था जिस ने कई लोगों से कर्जा लिया था। यथासमय यथाशक्ति व अंशतः अपना कर्जा चुकाता था किन्तु उससे मुक्त होने की संभावना न रहने पर वह अपने देश के राजा को शरण गया। उसकी दुर्बल अवस्था देखकर आधा ऋण राजाने माफ कर दिया और बचा हुआ आधा अपनी ओर से चुकाने का स्वीकार किया, और यह भी मान्य किया कि वह बेचारा जिस समय जितना वापस लौटाएगा उसका स्वीकार होगा। अनेक देवताओं के ऋण में फंसा हुआ जीव जब ईश्वर को शरण जाता है तब वह उससे नित्य और नैमित्तिक विधिका नियम बताकर उसे मुक्त करता है।

(७४) सदनस्थशत्रु दृष्टान्त। (९५-९६) = अपना शत्रु भाग कर अगर किसी बलवान के घर का आश्रय लेकर रहे तो उसकी हत्या करना चाहने वाले उसकी प्रतीक्षा में बाहर ही घूमते रहते है। किन्तु अगर वह अविचार से अकेला ही घर के बाहर निकल पडे तो वे हत्यारे लोग तुरन्त उस मार डालते है। इस संसार में जीव की हत्या करने काम, क्रोधादि शत्रु नित्य उद्युक्त रहते है। किन्तु जब तक वह सद्गुरु या ईश्वर के शरण में होता है तब तक वह सुरक्षित रहता है। अविवेक से उनका त्याग होने ही वे शत्रु उसे नष्ट करते है।

(७५) अग्निसंबंध दृष्टान्त। (९७-९८) = अग्नि के सान्निध्य से वात, पित्त, श्लेष्म जैसे विकारों की बाधा नहीं होती। इस लिए अग्नि के सान्निध्य में वातादि विकारों से पीड़ित व्यक्ति को रहना चाहिये। जब इन विकारों के पीड़ा की संभावना नहीं रहती, तब संपर्क से दूर होने से अपाय नहीं होता।

(७६) कोमलवट दृष्टान्त। (९९-१००) = वट वृक्ष जब कोमल अवस्था में होता है तब उसे भेड़ बकरी भी खा जाते हैं। उस अवस्था में उसके संरक्षण और संवर्धन की व्यवस्था करना आवश्यक होता है। बाद में सुदृढ होने पर हाथी भी बांधे जा सकते हैं। कोमल ज्ञानी पुरुष को नित्य नैमित्तिक कर्मों तथा विधि-निषेधों का ठीक पालन करते हुए अपनी आध्यात्मिक शक्ति बढ़ानी चाहिये। ज्ञान प्राप्त होने पर विषय रस के कारण वह विचलित नहीं होता।

(७७-७८) तुरंगसंभोग दृष्टान्त। (१०१-१०२) = घोडा जब तक संभोग नहीं करता तब तक उस में बल उत्साह वेग आदि गुण होते हैं। संभोग से क्षीणता आने पर वह राजा के वाहन के योग्य नहीं होता। यही अवस्था मनुष्य की भी समझनी चाहिये। विषयोपभोगों से वह निस्सत्व होता है। कुछ व्रतचर्या से वह सुधरता है किन्तु ब्रह्मचारी की योग्यता उसे प्राप्त नहीं होती।

(७९) ऋष्यशृंग दृष्टान्त। (१०३-१०५) = ऋष्यशृंग ऋषि स्त्री-पुरुष में भेद भी नहीं जानता था, किन्तु स्त्रियों का संबंध आने पर उसका, उन्नत अवस्था से पतन हुआ। स्त्रियों के संपर्क से एक महान् ऋषि का भी पतन हो सकता है। तब सामान्य व्यक्ति के बारे में कहने की आवश्यकता ही नहीं।

(८०) राजहंस दृष्टान्त। (१०६) = राजहंस का चित्त मानस सरोवर के अतिरिक्त अन्य किसी नदी, तालाब, सरोवर आदि जलाशयों में रममाण नहीं होता। भक्तों को भी परमात्मा के अतिरिक्त अन्य कुछ भी प्रिय नहीं होता।

(८१) राजकिंकरकृत- अपहरण दृष्टान्त। (१०८) = राजा का सेवक अगर राजमहल से सामान्य वस्तु उठाकर ले जाता है तो राजा उसे सहन करता है। किन्तु जब कोषागार से धन ले जाता तब वह सहन नहीं करता। कभी कभी वह भी सहन करता है किन्तु जब भांडार से कोई वस्तु चुराकर ले जाता है तब वह अपराध सहन नहीं किया जाता। मनुष्य अपनी विशिष्ट अभिरुचि के कारण किसी पदार्थ का उपभोग लेता है तब सद्गुरु क्षमा करते हैं। किन्तु जब वह विषयोपभोग करता है और उसमें भी अतिरेक करने लगता है तब वे क्षमा नहीं करते।

(८२) स्त्रीप्रमाद दृष्टान्त। (१०८-१०९) = कोई स्त्री अगर पिता भ्राता आदि को स्पर्श करे तो भी पति को वह सहन नहीं होता किन्तु वह उस संबंध में कुछ कर भी नहीं सकता। वही स्त्री अगर पर पुरुष के शरीर को उसी प्रकार स्पर्श करेगी तो पति उसे पीटता है। इसी प्रकार शिष्य ने कुछ प्रमाद करने पर सद्गुरु कुछ नहीं कहते। किन्तु अपना मुख्य कर्तव्य छोड़ दे तो वे सहन नहीं करते।

(८३) द्विभार्या दृष्टान्त। (११०-१११) = किसी एक पुरुष की दो पत्नियां थी, एक प्रिय दूसरी अप्रिय। अप्रिय पत्नी को अन्न, वस्त्र अलंकार आदि सारे सुखोपभोग वह देता था किन्तु शृंगार सुख प्रिय पत्नी को ही देता था। इसी प्रकार सद्गुरु अपने शिष्य परिवार के सभी लोगों से उत्तम व्यवहार करते हैं। किन्तु अतिप्रिय अनन्य भक्त को ही अपनी योग्यता देते हैं।

(८४) दुर्भगा दृष्टान्त। (११२-१३) = पत्नी के किसी अपराध के कारण पति ने उस का त्याग सा किया। वह बेचारी उसी घर में दीन दुखी होकर रहती थी। पिता, भ्राता का दिया हुआ कुछ भी नहीं लेती थी। वह अत्यंत कृश और दुःखार्त हो गई। उसकी निष्ठा तथा दुरवस्था देखकर पति का हृदय परिवर्तन हुआ। तत्पश्चात् वह उस परिवार की स्वामिनी हुई। सद्गुरु भी किसी अपराध के कारण शिष्य की उपेक्षा करते है किन्तु वह निष्ठापूर्वक उन्हींकी सेवा में रहा तो उस पर पूर्ण अनुग्रह करते हैं।

(८५) शय्यापालनी दृष्टान्त। (११४) = पति के शय्यागार की देखभाल करने वाली एक स्त्री (परस्त्री को वहां प्रवेश न देने वाली) सभी प्रकार से निष्ठा पूर्वक पति की सेवा करती थी। उसकी सेवावृत्ति देख कर पड़ोस की शूद्र स्त्री भी अपने पति के सेवा उसी प्रकार करने लगी, जिससे शय्यापालनी स्त्री के समान उसका भी कल्याण हुआ। इसी प्रकार महात्मा के पास रहने वाले पुरुष का आचरण देख कर, तदनुसार बर्ताव करने वाले का भी कल्याण होता है।

(८६) अग्निदग्ध सारमेय दृष्टान्त। (११५) = आग में शरीर जलने पर कुत्ता अशांत होकर दाहशमन के लिए स्थान स्थान पर भटकता रहता है किन्तु उसका शरीरदाह कहीं भी शान्त नहीं होता। भक्त के अन्तःकरण में इसी प्रकार की जलन होनी चाहिये।

(८७,८८,८९) विरहदग्धा दृष्टान्त। (११६) = विरह से दुःखित पतिव्रताओं की अवस्था तीन प्रकार से व्यक्त होती है। एक विरहिणी, पति के वस्तुएँ देखकर एवं उसका कुछ वृत्तान्त सुन कर समाधान पाती है। दूसरी विरहिणी पति की वस्तुएँ तथा संदेशवार्ता सुनकर भी शांति का अनुभव नहीं करती और तीसरी आत्यंतिक विरहदग्धा स्त्री पति के अतिरिक्त अन्य किसी पदार्थ का भान नहीं रखती। वह चंदन और कीचड, अन्न और माटी, खांड और धूली एक समान समझती है। भक्तों की भक्ति भी इसी भांति तीन प्रकार की होती है।

(९०) जलमण्डपिका दृष्टान्त। (११९) = किसी ने अपने कुएं में जलमण्डपिका (ज्वालामुखी नामक पानी में ही बढने वाली वनस्पति) की शाखा लगा रखी। इधर उधर से धूली के कणों का पोषण मिलने के कारण वह इतनी अधिक बढ़ी कि कुए में जल के अस्तित्व में संदेह होने लगा। उस लता की असंख्य शाखा-प्रशाखाएँ काटकर उसे बाहर फेकने के प्रयत्नों में वह हैरान हो गया। अधर्म के कारण अविद्या की वृद्धि भी इसी भांति होकर धर्म को लुप्त करती है।

(९१) आभीरदेशीय-महत्तरी दृष्टान्त। (१२०-२२) = अहीर देश (महाराष्ट्र के खानदेश विभाग के उत्तर का गुजराती प्रदेश) की एक वृद्धा स्त्री पुत्रवियोग से दुःखित होकर महाराष्ट्र में आई। वह जिसके आश्रय में रही उस की पत्नी की मृत्यु हुई। तब उस सज्जन ने बाल-बच्चों के लालन पालन का काम उस वृद्धा पर सौंपा। बाद में वह पुरुष भी मर गया। तब उस वृद्धा पर ही उसके सारे परिवार का पालन पोषण का भार आ पड़ा जिस के कारण वह अतयंत दुःख का अनुभव करती रही। सर्वसंगपरित्याग करने पर भी कुछ लोग उस वृद्धा के समान माया मोह में फंस कर दुख का अनुभव लेते रहते हैं।

(९२) वरत्रारोहण दृष्टान्त। (१२३) = रस्से पर चढ़कर चलने की कुशलता दिखाने वाला मनुष्य दाहिने बाये ओर न देखते हुए एकाग्र चित्त से चलता है तब वह नीचे गिरता नहीं। किन्तु जब वह क्षणमात्र चित्त विचलित होकर इधर उधर देखता है तब वह तत्काल नीचे गिर पड़ता है। पारमार्थिक जीवन में इसी प्रकार की आत्यन्तिक एकाग्रता अपेक्षित होती है।

(९३) खड्गधारागमन दृष्टान्त। (१२४-२५) = तलवार की धार पर चलना महाकठिन कर्म होता है। जिसके शरीर में लाघव और बुद्धि में कौशल्य होता है वही खड्गधारा पर आरोहण तथा गमन कर सकता है। पारमार्थिक जीवन में आचार की निपुणता तथा विचारों की पूर्णता हुए बिना उसमें सफलता प्राप्त नहीं होती।

(९४) देवपूजक दृष्टान्त। (१२६-२८) = किसी मंदिर का एक पुजारी था। एक दिन वह गांवभोजन में भरपेट खाकर आया। अतिभोजन के कारण मंदिर में ही सो गया। धीरे धीरे इस प्रकार जाड्य के कारण उसकी सेवा में शिथिलता और नियमबाह्यता आने लगी। बाद मे एक स्त्री मंदिर में सेवा निमित्त आने लगी। पुजारी का ब्रह्मचर्य व्रत समाप्त हुआ। बालबच्चे हुए। उनके कारण उसे मंदिर के बाहर रहने का आदेश दिया गया। अंत में पारिवारिक जीवन में व्यग्र होने के कारण उसकी उपासना पूजा बंद हो गई। पारमार्थिक जीवन में अवैधता एक बार आने पर वह बढती ही जाती है।

(९५) कीर्तिपरायण दृष्टान्त। (१२९) = एक पुजारी मंदिर में बड़ी निष्ठा से और आस्थापूर्वक भगवान् की उपासना करता था। उसके उत्तम व्यवहार के कारण उसकी सर्वत्र कीर्ति

हुई। अपनी कीर्ति सम्हालने में ही वह तत्पर रहा, जिसके कारण उपासना का उचित फल उसे नहीं मिला। भगवान् ने उसे केवल सत्कीर्ति ही दी। पारमार्थिक उपासक ने कीर्ति का पीछा नहीं करना चाहिये।

(९६) भ्रमर-कीट दृष्टान्त। (१३०-३१) = एक विशिष्ट जाति का भ्रमर होता है जो किसी कीड़े को पकड़कर डंख मारकर अपनी पेशी में बंद कर देता है। वह बेचारा कीटक प्राणभय के कारण उसी भ्रमर का निरंतर स्मरण करता है। उस के कारण उसका रूपान्तर भ्रमरस्वरूप में होता है। सद्गुरु शिष्य को सहवास में रखते है और बाद में उसे दूर रखते हुये वियोग के निमित्त उससे अपना चिन्तन करवाते हैं। जिससे शिष्य तद्रूप हो जाता है।

(९७) बालविधवा दृष्टान्त। (१३२) = बालविधवा चित्तविकारों के शमन करने हेतु कृच्छ्र चांद्रायण जैसे कठिन व्रत करते हुह अपना देह शुष्कप्राय करती है, जिससे इन्द्रिय संयम पूर्वक वह पवित्र जीवन बिता सकती है। पारमार्थिक जीवन में इसी प्रकार देहदमन से विकार शमन करने की आवश्यकता होती है।

(९८) मातृविह्वल शिशु दृष्टान्त। (१३४-३५) = बाल बच्चेवाली किसी स्त्री का कोई पुत्र खिलौने से, दूसरा कोई खिलाने से, तीसरा नए कपड़ों से प्रसन्नता और समाधान पाता है। किन्तु एक पुत्र ऐसा भी होता है कि जो खिलौने, खिलाने से शांत होता नहीं। माता की गोद में बैठकर दूध पीने के लिए व्याकुल होकर वह आर्त स्वर से आक्रोश करता है। ऐसे पुत्र को ही माता अपनी गोद में लेकर स्तनपान देती है। इसी बालक के समान व्याकुल होने वाले भक्त को ही परमात्मा के सहवास का सुख मिलता हैं।

(९९) निद्रितक्षीरपान दृष्टान्त। (१३६-३८) = कोई बालक भूखा ही सो जाता है। माता उसकी भूख जानती हुए नींद में ही उसे दूध पिला देती है। प्रातः ऊठते ही बच्चा माता से कहता है कि 'मै रातभर भूखा ही सोया था। माता का दूध पिलाना वह गहरी नींद के कारण नहीं जानता। सद्गुरु शिष्य पर जो अनुग्रह करते हैं उसे अज्ञानी शिष्य नहीं जानता।

(१००) शैवलाच्छादित जलाशय दृष्टान्त। (१३८) = कोई प्यासा मनुष्य रास्ते में जलाशय तो देखता है किन्तु उपर छाए बबूल के पत्तों से निर्मित काई से सारा जल आच्छादित होता है। तब वह पास जाकर हाथ से काई हटाकर पानी पीता है। उसके तृप्त होने पर फिर जल काई से आच्छादित हो जाता है। सद्गुरु शिष्य के जीवन पर छाया हुए मल दूर हटाकर उसमें अपनी शक्ति का संचार कर देते है। बाद में उसका जीवन पहले जैसा ही दिखाई देता है।

(१०१) लोचनालोकन दृष्टान्त। (१३९-४०) = मनुष्य अपनी आंखों से बाहर की सारी सृष्टि को देख सकता है किन्तु वह अपनी आखों को ही नहीं देख सकता। जब दर्पण जैसा साधन प्राप्त होता है तब वह उसके सहारे आखों को भी देख सकता है। आत्मा सभी अनात्म पदार्थों को देखता है किन्तु उसे आत्मसाक्षात्कार किसी साधना के द्वारा ही होता है।

(१०२) दूरदृश्य दृष्टान्त। (१४१) = मनुष्य को दूर से देखने पर वृक्ष का ज्ञान तो होता है किन्तु वह उस वृक्ष की विशेष जाति को नहीं जान सकता। समीप जाने पर वृक्ष की जाति का ज्ञान होता है। किन्तु जब वह उस की छाया में खड़ा होता है तब उसे सारे वैशिष्ट्यों सहित उस वृक्ष का ज्ञान होता है। परमात्मतत्त्व के ज्ञान की इसी भांति तीन अवस्थाएँ होती हैं।

(१०३) निद्रित जागरूक दृष्टान्त। (१४२) = कोई अर्धसुप्त अर्धजाग्रत् अवस्था में बाहर से पुकार सुनता है तब वह पुकारने वाले को तो जान लेता है, किन्तु उसके वस्त्र-प्रावरण आदि का ज्ञान उसे नहीं होता। समीप जाने पर वह भी ज्ञान उसे होता है। श्रवण मात्र से आत्मतत्त्व का ज्ञान जितना होता है उससे अधिक ध्यान मार्ग से समीप पहुंचने पर होता है।

(१०४) स्वप्न दृष्टान्त। (१४३) = स्वप्न अवस्था में मनुष्य देखता है कि मुझे शेर खा गया, या मैं हाथी पर सवार हुआ घूम रहा हूं। जाग्रत् अवस्था प्राप्त होते उन दोनों अनुभवों का मिथ्यात्व प्रतीत होता है किन्तु उनके कारण जो दुःख और सुख की संवेदना हुई वह तो तथ्यरूप होती है। इसी भांति प्रपंच और उसकी अनुभूतियाँ व्यवहार दशा में (अपरोक्षानुभूति में) प्रतीत होती है किन्तु परोक्षानुभूति होने पर उनका मिथ्यात्व प्रतीत होता हैं।

(१०५) स्वप्नमूत्रित दृष्टान्त। (१४४-४५) = स्वप्न में पेशाब करने वाला यह मानता है कि वह मूत्रालय में जाकर पेशाब कर रहा है। जाग्रतावस्था में देखता है तब वह अपना बिछौना गीला पाता है। स्वप्न का अनुभव जागृति में मिथ्या प्रतीत हुआ। किन्तु गंदे कपड़े तो धोने ही पड़ेंगे। इसी प्रकार परमात्मतत्त्व का ज्ञान होने पर भी जीवअवस्था में लगी मलिनता दूर करनी ही होती है। सद्गुरु द्वारा प्राप्त ज्ञान से ही वह मलिनता दूर होती है।

(१०६) आम्लरस क्षालन दृष्टान्त। (१४६) = छुरिंका पर घर्षण आदि संस्कारों से कुछ तेज आता है किन्तु जब आम्लरस से उसका प्रक्षालन किया जाता है तब कुछ विशेष तेज उसमें चमचमाता है। इसी भांति जीव का सामर्थ्य सामान्य संस्कारों की अपेक्षा विशेष संस्कार से अधिक मात्रा में व्यक्त होता हैं।

(१०७) सुप्त-प्रबुद्ध दृष्टान्त। (१४७-४८) = कोई मनुष्य गहरी नींद से जागृत होता है, तब वह तीव्र तृषा का अनुभव करता है। बाजू में कहीं जल रखा होता है। किन्तु निद्रा की पकड़ में होने के कारण जल पिये बिना फिर से लेट जाता है। परमार्थ साधक का अज्ञान निवृत्त होने के बाद भी उसकी

कारणभूत अविद्या निवृत्त न होने के कारण उसे आत्मप्राप्ति नहीं होती।

(१०८) जवनिका दृष्टान्त। (१४९) = जवनिका (पड़दा) के होने से उस के पीछे का दृश्य अस्पष्ट दिखाई देता है। पड़दा हटाने पर वह दृष्य स्पष्ट दीखने लगता है। उसी भांति अविद्या के होते हुए आत्मानुभूति नहीं होती। अविद्या की निवृत्ति होते ही आत्मसाक्षात्कार होता है।

(१०९) उत्क्षारितधौतवस्त्र दृष्टान्त। (१५०) = सामान्य उपायों से कपड़ा धोने पर उसका सारा मल नहीं निकलता, किन्तु उसे क्षारयुक्त जल से धोने पर वह निर्मल एवं चमकदार होता है। सामान्य ज्ञान से अज्ञान का निवारण नहीं होता, विशेष ज्ञान से ही अज्ञान रूपी मल का निस्सारण होकर ज्ञान का प्रकाश फैलता है।

(११०) स्पर्शमणि दृष्टान्त। (१५१) = पारस के स्पर्शमात्र से लोहे के सारे गुणधर्म बदल कर उसका सोने में रूपांतर होता है। किन्तु उसका पारस में रूपांतर नहीं होता। उसी प्रकार गुरुकृपा से जीव का जीवत्व दूर होकर उसे उत्तम अवस्था प्राप्त होती है किन्तु उसे ईश्वरत्व नहीं प्राप्त होता।

(१११) चन्दनयोग दृष्टान्त। (१५२) = चन्दन वृक्ष की समीपता के कारण अन्य वृक्षों को उसका सुगंध प्राप्त होता है किन्तु उनका चन्दन में रूपांतर नहीं होता। सद्‌गुरु के सांनिध्य में शिष्यों के विकार नष्ट होते हैं, भक्तिभाव का उदय होता है। किन्तु सद्‌गुरु की विशेष योग्यता उन्हें प्राप्त नहीं होती।

(११२) शरणागत दृष्टान्त। (१५३) = कोई भयाकुल मनुष्य राजा की शरण में जाता है तो राजा उसे आश्रय देकर उसका संरक्षण करता है। किन्तु राज्यदान के अवसर पर वह अपने औरस पुत्र को ही यौवराज्य समर्पण करता है।

(११३) राज्याभिषेक दृष्टान्त। (१५३) = कोई भी राजा अपने पुत्र का ही राज्याभिषेक करता है, अन्य कोई पुरुष सुयोग्य होने पर भी उसे वह अपना पद नहीं देता।

(११४) सितास्वादन दृष्टान्त। (१५४) = शक्कर होना अच्छा, या शक्कर खाना अच्छा? इस प्रश्न के उत्तर में शक्कर खाना ही अच्छा कहा जाएगा। उसी प्रकार ब्रह्मानुभूति और ब्रह्मभाव की प्राप्ति के संदेह में यही कहना योग्य होगा कि ब्रह्मानुभूति ही प्रशस्य है।

■ ■ ■

(न्याय-वर्गीकरण)

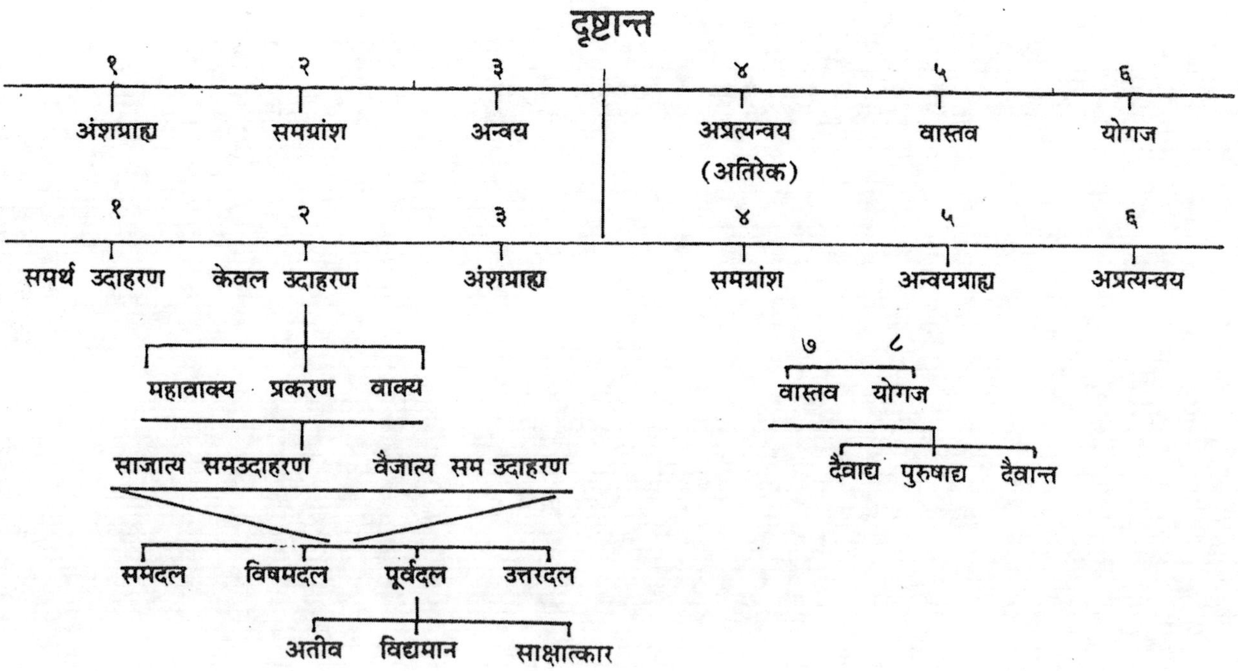
दृष्टान्त
१ अंशग्राह्य
२ समग्रांश
३ अन्वय
४ अप्रत्यन्वय (अतिरेक)
५ वास्तव
६ योगज
१ समर्थ उदाहरण
२ केवल उदाहरण
३ अंशग्राह्य
४ समग्रांश
५ अन्वयग्राह्य
६ अप्रत्यन्वय
महावाक्य
प्रकरण
वाक्य
साजात्य समउदाहरण
वैजात्य सम उदाहरण
समदल
विषमदल
पूर्वदल
उत्तरदल
अतीव
विद्यमान
साक्षात्कार
७ वास्तव
८ योगज
दैवाद्य
पुरुषाद्य
दैवान्त

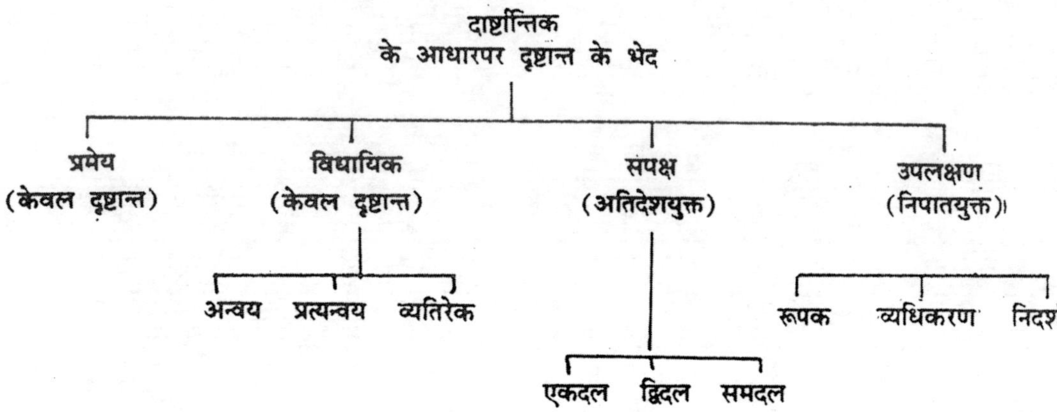
दार्ष्टान्तिक
के आधारपर दृष्टान्त के भेद
प्रमेय (केवल दृष्टान्त)
विधायिक (केवल दृष्टान्त)
सपक्ष (अतिदेशयुक्त)
उपलक्षण (निपातयुक्त)।
अन्वय
प्रत्यन्वय
व्यतिरेक
एकदल
द्विदल
समदल
रूपक
व्यधिकरण
निदर्शन

संस्कृत वाङ्मय कोश
तृतीय खण्ड
संदर्भग्रंथ सूची

अंकगणित : नृसिंह बापूदेव शास्त्री
प्रकाशित राग (२ भाग) : न. दे. पत्की
अर्थसंग्रह : लौगाक्षिभास्कर
आयुर्वेद का बृहद् इतिहास : अत्रिदेव विद्यालंकार
आयुर्वेद प्रकाश : माधव उपाध्याय
ईश्वर प्रत्यभिज्ञाविमर्शिनी : अभिनवगुप्ताचार्य
ऋक् प्रतिशाख्य : शौनक
ऐतरेय ब्राह्मण भाष्य : सायण
कात्यायन श्रौतसूत्र (सरलावृत्ति) : म. म. विद्याधर गौड
कामसूत्र : वात्स्यायन
कृष्ण यजुर्वेद भाष्य (तैत्तिरीय संहिता) : सायणाचार्य
कौटिलीय अर्थशास्त्र : आर्य चाणक्य
गणितीय कोश : डॉ.ब्रजमोहन
घेरण्ड संहिता : घेरण्डाचार्य
चतुर्विधमुक्तिलक्षण : श्री ज्ञानेश्वर
चरणव्यूह : शौनकाचार्य
छन्दोमंजरी : गंगादास
छन्दःसूत्र : हलायुध टीका संहिता
जिनरत्नकोश : जैन आत्मानंद सभा,
जैन धर्मामृत : डॉ. उमेश मिश्र
जैन साहित्य का बृहद् इतिहास (६ खंड) : पार्श्वनाथ विद्याश्रम शोध संस्थान
जैमिनीय सूत्रार्थ संग्रह : ऋषिपुत्र परमेश्वर
तंत्रसंग्रह : गोपीनाथ कविराज
तंत्रराज : काशीराम विद्यावाचस्पति
तर्कभाषा : केशवमिश्र
तर्कसंग्रह : अन्नम्भट्ट
तांत्रिक साहित्य : गोपीनाथ कविराज
ताल प्रकाश : भगवत् शरण शर्मा
तैत्तिरीय ब्राह्मण भाष्य : सायण
दशरूपक : धनिक-धनंजय
द्रव्यगुण शास्त्र : गो. आ. फडके
धन्वन्तरि निघण्टु : व्याख्या झारखण्डे ओझा, उमापति मिश्र
नाट्यशास्त्र (सटीक) : भरताचार्य
निगमान्त पथ संदीपक : श्री गुलाबराव महाराज
निदिध्यासन प्रकाश : श्री गुलाबराव महाराज
न्यायकोश : म. म. भीमाचार्य झळकीकर
न्यायभाष्य : वात्स्यायन मुनि
न्यायसिद्धान्तमाला : जयराम
पंचदशी : विद्यारण्य
व्याख्या : अच्युतराय मोडक
पदार्थमाला : नीलकण्ठमिश्र
पाणिनीय शिक्षा : पाणिनि
पातंजल योगसूत्र (व्यास भाष्य) : पतंजलि
पातंजल महाभाष्य : पतंजलि
परिभाषेन्दुशेखर : नागेशभट्ट
(मराठी भाष्य) : रावबहादुर नारायणराव वाडेगावकर
पूर्णप्रज्ञदर्शन (ब्रह्मसूत्रभाष्य) : मध्वाचार्य
प्रतिशाख्यों में प्रयुक्त पारिभाषिक शब्दों का आलोचनात्मक अध्ययन : डॉ. इन्द्र
प्रत्ययकोश : श्री गुंडेराव हरकारे
प्रशस्तपादभाष्य : प्रशस्तपाद
बृहत्संहिता : वराहमिहिर (व्याख्या - अच्युतानंद झा)
बौद्ध दर्शन मीमांसा : पद्मभूषण बलदेव उपाध्याय
बौद्धधर्मदर्शन : आचार्य नरेन्द्रदेव
ब्रह्मस्फुटसिद्धान्त : ब्रह्मगुप्त
भारतीय ज्योतिष का इतिहास : डॉ. गोरखप्रसाद
भारतीय दर्शन : पद्मभूषण बलदेव उपाध्याय
भारतीय वास्तुकला : श्री गुप्ते
भारतीय संगीत का इतिहास : डॉ. शरच्चन्द्र परांजपे
भारतीय संस्कृति कोश (१० खण्ड) : पं. महादेवशास्त्री जोशी
मनुस्मृति : मनु
मन्वर्थ मुक्तावली : कुल्लूकभट्ट
मानसायुर्वेद : श्री गुलाबराव महाराज
मीमांसा दर्शन : डॉ. मंडन मिश्र
मीमांसानुक्रमणिका : मण्डनमिश्र
मीमांसा परिभाषा : कृष्ण यज्वा
यतीन्द्रदीपिका : रामानुजाचार्य
योगवासिष्ठ : वाल्मीकि
योगसारसंग्रह : विज्ञान भिक्षु
योगसूत्र न्यायभाष्य : व्यास

लघुमंजूषा	:	नागेश
वृत्तरत्नाकर	:	नारायणभट्ट (सटीक)
वेदपरिभाषाकारिका	:	बालकृष्ण रामचंद्र
वेदान्त पदार्थोद्दिश दीपिका	:	प्रज्ञाचक्षु गुलाबराव महाराज
वेदार्थदीपिका	:	सायणाचार्य
वेदार्थ प्रकाश	:	सायण
वैदिक कोश	:	डॉ. सूर्यकान्त
वैदिक वाङ्मय का इतिहास	:	पं. भगवद्दत्त
वैदिक साहित्य और संस्कृति	:	पं. बलदेव उपाध्याय
वैदिक साहित्य और संस्कृति	:	वाचस्पति गरौला
वैद्यपरिभाषा	:	नारायणदास वैद्य
वैयाकरणभूषणसार	:	कौण्डभट्ट
वैयाकरण सिद्धान्त कौमुदी	:	भट्टोजी दीक्षित (व्याख्या-गोपालदास पांडेय)
शतपथ ब्राह्मण भाष्य	:	सायण
शब्देन्दुशेखर	:	नागेश
शार्ङ्गधर संहिता	:	शार्ङ्गधर
शास्त्रदीपिका	:	पार्थसारथि
शास्त्रवार्तासमुच्चय	:	हरिभद्रसूरि
शारीरक सूत्र भाष्य	:	श्रीशंकराचार्य
श्रीमद्भगवद्गीता	:	श्री शंकराचार्य
श्रीमद्भागवत	:	वेदव्यास
श्रुतबोध	:	कालिदास
षोडशपदार्थी	:	गणेशदास
संकेतकोश	:	श्री ह्णमन्ते
सप्तपदार्थी	:	शिवादित्य
संगीत रत्नाकर	:	निःशंक शाङ्र्गदेव
(मराठी भाष्य)	:	डॉ. तारळेकर
संगीत विषयक संस्कृत ग्रंथ (मराठी)	:	चैतन्य देसाई
सरस्वती कण्ठाभरण	:	भोजदेव
सर्वदर्शनसंग्रह	:	माधवाचार्य
सर्वलक्षण संग्रह		
संस्कृत व्याकरण शास्त्र का इतिहास	:	पं. युधिष्ठिर
संस्कृत हिंदी कोश	:	वामन शिवराम आपटे
सांख्यकारिका	:	गौडपाद भाष्य
सांख्यतत्त्वकौमुदी	:	वाचस्पति मिश्र
साहित्यदर्पण	:	विश्वनाथ
सिद्धान्त शिरोमणि	:	भाष्कराचार्य
स्याद्वादरत्नाकर	:	वादिदेव सूरि
स्वाराज्यसिद्धि	:	श्री सुरेश्वराचार्य
सुश्रुतसंहिता व्याख्या	:	दत्तो बल्लाळ बोरकर
हठयोग प्रदीपिका	:	स्वात्माराम
हिंदीविश्वकोश		
हिन्दु गणित शास्त्र का इतिहास (अनुवादक-	:	विभूतिभूषण दत्त कृपाशंकर शुक्ल)
हिंदुस्थानी संगीत पद्धति	:	पं. भातखंडे

■ ■ ■